2016 中国电力年鉴

《中国电力年鉴》编辑委员会

本年鉴连续三届荣获中央级年鉴
评比一等奖

图书在版编目(CIP)数据

2016中国电力年鉴/《中国电力年鉴》编辑委员会编. —北京：中国电力出版社，2016.12
ISBN 978-7-5123-9980-8

Ⅰ.①2… Ⅱ.①中… Ⅲ.①电力工业－中国－2016－年鉴 Ⅳ.①F426.61-54

中国版本图书馆CIP数据核字（2016）第265045号

中国电力出版社出版、发行
（北京市东城区北京站西街19号 100005 http://www.cepp.sgcc.com.cn）
北京盛通印刷股份有限公司印刷
各地新华书店经售
*
2016年12月第一版 2016年12月北京第一次印刷
787毫米×1092毫米 16开本 51.5印张 1798千字 19插页
定价 **298.00** 元

2015年4月20日，在中国国家主席习近平（后排左一）和巴基斯坦总理谢里夫（后排右一）的共同见证下，在巴基斯坦总理府国家电网公司、中国三峡集团、中国电建分别与巴方相关企业签署了合作协议。

（国家电网公司 中国三峡集团 中国电建 提供）

2015年8月31日，在中国国家主席习近平（后排右一）和老挝国家主席朱马里（后排左一）的见证下，中国电建与老挝政府在北京人民大会堂签署了老挝南欧江流域梯级水电站项目（二期）的特许经营协议和购电协议。

（中国电建 提供）

2015年10月20日，在中国国家主席习近平（后排左一）和英国首相卡梅伦（后排右一）的见证下，中国华电与英国BP集团签署了液化天然气（LNG）销售和购买协议。（中国华电 提供）

2015年11月2日，在中国国家主席习近平（后排右一）和法国总统奥朗德（后排左一）的见证下，大唐集团董事长陈进行（前排右二）与法国电力集团董事长乐维（前排左一）、三门峡市市长赵海燕（前排右一）在北京人民大会堂共同签署了“中国大唐集团公司与法国电力集团关于三门峡市热电联产项目合作意向书”。（大唐集团 提供）

2015年12月，在南非举办的“中非合作论坛”上，中国国家主席习近平（前排中间）与非洲各国政要参观了中国电建所属北京勘测设计研究院总承包、水电五局承建的“埃塞俄比亚阿达玛二期风电项目”模型。（中国电建 提供）

2015年5月19日上午，在中国国务院总理李克强（前排左一）和巴西总统罗塞夫（前排左二）的共同见证下，中国三峡集团董事长卢纯（前排右二）与葡电集团首席执行官梅希亚（前排右一）在巴西总统府签订了32.1万kW巴西风电项目股权交割协议。（中国三峡集团 提供）

2015年5月22日，在中国国务院总理李克强（后排左一）和秘鲁总统奥良塔·乌马拉（后排右一）的共同见证下，中国三峡集团董事长卢纯（前排左一）和秘鲁能矿部部长罗萨·玛丽亚·奥尔蒂斯·里奥斯（前排右一）在秘鲁总统府签订了“建立能源领域开发合作机制谅解备忘录”。（中国三峡集团 提供）

2015年6月30日下午，在中法两国总理李克强（后排右二）、瓦尔斯（后排右一）的共同见证下，中国三峡集团与法国阿尔斯通、中国核工业集团与法国电力集团分别签署了合作文件。（中国三峡集团 提供）

2015年1月31日上午，全国政协主席俞正声（前排中）在河北保定调研期间，到国电联合动力技术（保定）有限公司考察。

（国电集团 提供）

2015年7月18日，国务院副总理张高丽（第一排左八），越南政府副总理阮春福（第一排左七）在中国南方电网公司董事长赵建国（第一排右一）的陪同下看望和慰问了越南永新燃煤电厂中越双方项目建设人员。

（南网国际公司 提供）

2015年5月22日，“第一届中国创新科技成果交流会”在广州召开。国家副主席李源潮（前排右一），全国政协副主席、中国科协主席韩启德等，参观了电机、能源领域的科技成果展示。

（中国电机工程学会 提供）

2015年2月3日，2015'中国水电发展论坛暨水力发电科学技术奖颁奖典礼在北京举行。
（中国水力发电工程学会 提供）

2015年2月3日，国家电网公司董事长刘振亚所著《全球能源互联网》首发仪式暨专家座谈会在北京举行。
（国家电网公司 提供）

2015年5月19～22日，2015世界水电大会在北京举办。
（中国水力发电工程学会 提供）

2015年5月20日上午，英文学术期刊《CSEE Journal of Power and Energy Systems》（《中国电机工程学会 电力与能源系统学报》，简称CSEE JPES）在北京举行创刊首发仪式。
（中国电机工程学会 提供）

2015年7月7日，中国水力发电工程学会在北京组织召开了澜沧江上游（西藏段）梯级水电开发经济性研究高层论坛 。
（中国水力发电工程学会 提供）

2015年7月29～31日，全国高拱坝及大中型水电工程建设管理经验交流会在四川召开。
（中国水力发电工程学会 提供）

2015年9月18日，国家能源局副局长郑栅洁（前排中）一行到广西电网公司首座3C绿色变电站——110kV越秀变电站调研。

（广西电网公司 提供）

2015年9月19～25日，中国电机工程学会组织参加了2015年全国科普日北京主场活动，中国科协党组成员、书记处书记王春法（右一），学术部部长宋军（右二）出席活动并到学会展台听取抽水蓄能电站展览介绍。

（中国电机工程学会 提供）

图为“新能源与储能运行控制”国家重点实验室的移动检测车。（中国电科院 提供）

图为“电网环境保护”国家重点实验室的VFTO试验平台。（中国电科院 提供）

图为“智能电网保护与运行控制”国家重点实验室的验证中心研究实验平台。（南瑞集团 提供）

2015年9月30日，中国电科院申报的“新能源与储能运行控制”“电网环境保护”、南瑞集团申报的“智能电网保护与运行控制”国家重点实验室通过国家评审并获批准建设。

2015年11月18日上午，中国电机工程学会年会在湖北省武汉市开幕，与会领导及专家学者参观了2015年电力科技创新成果展。（中国电机工程学会 提供）

2015年11月，顾毓琇电机工程奖颁奖典礼在武汉举行。海军工程大学电力电子技术研究所所长、中国工程院院士马伟明教授和清华大学电机系张伯明教授分别获2014年度、2015年度“顾毓琇电机工程奖”。

（中国电机工程学会 提供）

2015年12月3～5日，国家发展改革委副主任、国家能源局局长努尔·白克力（前排左一）带领调研组赴上海、浙江调研。图为中国核工业集团总经理钱智民（前排右一）在浙江秦山核电基地科普宣传展厅为调研组进行讲解。

（国家能源局 提供）

2015年12月6日，全国电力安全生产现场工作会议在大唐滨州发电公司召开。国家发展改革委副主任、国家能源局局长努尔·白克力出席会议并讲话。（大唐集团 提供）

2015年12月18日，国网重庆电力承担的国家科技支撑计划项目“山地城市电动汽车分时租赁模式及支撑技术研究与示范应用”在重庆启动。（国网重庆电力 提供）

国际合作与交流

2015年2月4日，中国电建所属中国水电厄瓜多尔科卡科多·辛克雷水电站（150万kW）输水隧洞贯通。图为厄瓜多尔副总统格拉斯与中国电建员工同欢呼。

（中国电建 提供）

2015年2月16日，葛洲坝集团承建的阿根廷基什内尔—塞佩里克水电站项目（174万kW）在卡拉法特市举行动工仪式，阿根廷总统克里斯蒂娜（居中举手演讲者）出席仪式并发表讲话。

（中国能建 提供）

2015年3月3～9日，国网经研院赴巴基斯坦开展新疆—巴基斯坦直流输电工程预可研工作调研收资和技术交流，对直流受端站址进行现场踏勘。

（国网经研院 提供）

2015年5月25日，黄河水电公司与美国亮源能源公司、上海电气亮源光热工程有限公司共同签署建设青海德令哈光热发电项目合资协议。

（黄河水电公司 提供）

2015年6月5日，中国华电集团公司目前最大海外投资项目、中国电建所属上海电建承建的印尼巴厘岛3×142MW燃煤电厂项目1号机组顺利通过168h满负荷试运行，正式投产发电。6月29日，2号机组完成168h满负荷试运行。8月1日，该电厂3台机组全部投产发电。（中国华电 中国电建 提供）

2015年7月6日，中电工程与马来西亚捷硕公司（JAKS）在马来西亚吉隆坡正式签署越南海阳火电厂BOT项目投资协议。该项目是“一带一路”重点项目，也是迄今为止中国公司在越南单笔投资金额最大的项目。

（中国能建 提供）

2015年8月28日，中国电建承建的吉尔吉斯斯坦南北电力大动脉——达特卡—克明500kV输变电工程竣工。

（中国电建 提供）

2015年9月17日，葛洲坝集团施工建设的巴基斯坦尼鲁姆·杰卢姆水电工程（总装机容量96.3万kW）调压竖井顺利贯通。该竖井开挖深度353.2m，直径10.7m，其深度位居亚洲在建水电工程之最。

（中国能建 提供）

2015年9月17日，浙能集团首个参与建设的境外项目——越南翁安电厂一期工程（2×600MW）举行投产庆典。越南政府总理阮晋勇出席典礼并为该电厂投产剪彩。

（浙能集团 提供）

2015年10月14日，南网科研院代表南方电网公司参加比特加兰国际电力（BIXPO）技术论坛。

（南网科研院 提供）

2015年10月26日，大唐集团副董事长、总经理王野平率团赴泰国出席2015年亚太电协CEO会议，并到大唐环境产业集团泰国项目部调研。图为10月29日泰国曼谷现场考察（左一为王野平）。

（大唐集团 提供）

2015年10月31日，中国电建承建的布维水电工程（总装机容量404MW）荣膺加纳“2015年度工程实施方案奖”。

（中国电建 提供）

2015年11月6日，山东电建一公司承建的印度KMPCL项目荣获2015年度“印度电力杰出工程奖”。

（中国电建 提供）

2015年11月14日，葛洲坝集团承建的老挝会兰庞雅水电站（88MW）举行竣工仪式，葛洲坝集团荣获老挝国家电力特殊贡献奖。

（中国能建 提供）

2015年11月17日，2014～2015年度“中国建设工程鲁班奖”颁奖表彰大会在北京钓鱼台国宾馆举行，河北电建一公司承建的白俄罗斯别列佐夫电站（总装机容量1385MW）项目榜上有名。

（中国电建 提供）

2015年11月29日下午，由南方电网公司与老挝合作建设的230kV老挝北部电网工程在老挝琅勃拉邦举行通电移交仪式。

（南方电网公司 提供）

2015年12月22日，由中国电建海投公司投资建设的老挝南欧江五级电站（总装机容量240MW）首台机组并网发电。12月23日15时，该电站2号机（80MW）定子顺利吊装成功。

（中国电建 提供）

2015年12月23日，中国电建承担机电设备成套总承包的越南莱州水电站（1200MW）首台机组提前发电。

（中国电建 提供）

2015年2月9日18时36分，万州电厂新建工程1号机组顺利完成168h试运行。图为万州电厂航拍全景。

（中电工程 提供）

2015年4月8日24时，神华国华孟津电厂2号机组“超低排放”改造工程顺利通过168h运行，并正式移交生产，成为河南省首台通过168h运行的“超低排放”燃煤发电机组。

（神华集团 提供）

2015年6月1日9时13分，中国首台660MW超超临界二次再热机组——华能安源电厂新建工程1号机组首次并网发电成功。

（华能集团 提供）

2015年9月16日，浙能集团在宁夏首个控股火电项目——宁夏枣泉电厂一期工程（2×660MW）主厂房浇注第一方混凝土，标志着该工程正式开工建设。

（浙能集团 提供）

2015年9月18日15时18分，由中电工程华东院承担主体工程设计的平圩三期工程（2×1000MW）第二台机组圆满完成168h满负荷试运行，正式投入商业运行。

（中国能建 提供）

2015年9月25日，国电泰州电厂二期2×1000MW二次再热超超临界3号机组一次顺利完成168h满负荷试运行，该机组的自动化控制系统（DCS）由国电智深提供。

（国电科环 提供）

2015年12月14日，浙江省“十二五”重点建设项目——浙能台州第二发电厂2台百万千瓦机组全部投产发电。至此，浙能集团装机容量达到30670MW。

（浙能集团 提供）

2015年12月23日22时6分，山东电建一公司承建的华能莱芜“上大压小”2×1000MW机组工程6号机组完成168h满负荷试运行。

（中国电建 提供）

2015年12月28日，江西丰城电厂三期（2×1000MW）扩建工程正式开工。

（中国能建 提供）

2015年12月29日，江西省首台、大唐集团公司“十二五”末确保投产的百万千瓦机组——江西大唐国际抚州发电公司1号发电机组完成168h满负荷试运行，正式投产发电。

（大唐集团 提供）

2015年7月11日，由水电顾问投资公司投资建设、中国电建昆明勘测设计研究院EPC总承包的云南大湾水电站（49.8MW）最后一台机组完成72h试运行后正式并网发电。

（中国电建 提供）

2015年7月19日，由葛洲坝集团承建的藏木水电站（总装机容量51万kW）5号发电机组，顺利完成72h试运行后投入商业运行。10月13日，西藏藏木水电站全部投产。

（中国能建 提供）

2015年11月18日，中国施工企业管理协会公布2014～2015年度国家优质工程奖，葛洲坝集团承建的福建仙游抽水蓄能电站获得全国工程建设质量最高奖——国家优质工程金质奖。图为福建仙游抽水蓄能电站全景。

（中国能建 提供）

2015年11月30日，南方电网公司成立后首个全资建设的国家重点工程——清远抽水蓄能电站首台机组完成15天考核试运行，正式投入商业运行，实现投产发电。图为清远抽水蓄能电站上水库全景。

（南网传媒 提供）

2015年12月19日23时18分，华能亚让水电站3号机组完成72h试运行投入商业运营，标志着华能对口援助墨脱骨干电源项目全面建成投产。

（华能集团 提供）

2015年12月24日，中国第三座千万千瓦级巨型电站——乌东德水电站工程建设动员会召开。葛洲坝集团三峡建设公司承担了该工程约70%以上的施工份额。

（中国能建 提供）

2015年12月，中国电建贵阳勘测设计研究院勘测设计的西藏果多水电站（装机容量150MW）投产发电。
（中国电建 提供）

2015年，300m级溪洛渡拱坝智能化建设关键技术荣获国家科学技术进步奖二等奖。图为溪洛渡拱坝全景。
（中国电建 提供）

2015年5月31日11时18分，湖南省装机容量最大的风电项目——华能苏宝顶风电场（总装机容量15万kW）75台风机全部通过240h试运行，正式投产发电。（华能集团 提供）

2015年6月5日，山东电建二公司承建的广东阳江核电站2号百万千瓦机组投入商业运行。（中国电建 提供）

2015年7月31日，由水电新能源公司投资建设的江苏如东海上风电二期工程（32×2.5MW）首批机组并网发电。

（中国电建 提供）

2015年10月25日，上海电建参建的防城港核电项目1号机组（108万kW）并网发电。

（中国电建 提供）

2015年12月31日，青海新能源并网容量突破600万kW。图为海西州格尔木市国电电力光伏电站。

（国网青海电力 提供）

2015年1月18日～2月8日，普侨直流年度停电检修全面展开。图为昆明供电局检修人员在铁塔上紧固耐张线夹螺栓。

（云南电网公司 提供）

2015年1月19日，施工人员在广西“十二五”重点项目——500kV美林变电站工程建设现场进行构架安装。

（广西电网公司 提供）

2015年2月，酒泉—湖南±800kV特高压直流工程重庆段开工建设，工程进入组塔施工阶段。

（国网重庆电力 提供）

2015年2月6日，无人机正近距离拍摄贵州电网线路情况。

（贵州电网公司 提供）

2015年3月27日，晋北1000kV特高压变电站在山西应县正式开工建设。

（国网山西电力 提供）

2015年4月15日，重庆首座500kV智能变电站——玉屏变电站竣工投运。

（国网重庆电力 提供）

2015年5月18日，灵川—绍兴±800kV特高压直流输电工程豫4标段开始放线。

（国网河南电力 提供）

2015年6月23日，云南砚山至广西靖西第二回500kV交流输电工程（简称滇南二回送出工程）施工现场，施工人员正在紧张有序地放线。

（南方电网公司 提供）

2015年6月29日，山西晋北—江苏南京±800kV特高压直流输电工程开工，开工动员大会（山西会场）在朔州市召开。

（国网山西电力 提供）

2015年7月22日，青海果洛与青海主网联网工程（塔拉750kV输变电工程）开工。

（国网青海电力 提供）

2015年8月20日，浙江观音岩水电站直流工程交流STATCOM整机试验顺利完成。

（南网科研院 提供）

2015年9月3日，锡盟—山东1000kV特高压交流输电线路工程18标段组塔施工现场。

（国家电网公司 提供）

2015年10月16日，国家电网公司系统内首座330kV“标准配送式”智能化变电站示范工程、国网青海电力首座“预制舱式”智能变电站——330kV南朔输变电工程顺利投运。

（国网青海电力 提供）

2015年10月17日，国网四川电力在国内首次进行特高压线路跨越特高压线路施工。图为电力员工正在地面40m以上的绝缘子串上作业。

（国网四川电力 提供）

2015年10月30日，500kV超高压、长距离、大容量的“南方主网与海南电网第二回联网工程”陆地工程在海南澄迈破土动工。图为南方主网与海南电网第二回联网工程开工现场。

（南方电网公司 提供）

2015年11月15日，世界上首座交直流混合变电站——特高压泰州变电站1000kV区域设备安装工作进入收尾阶段。图为特高压泰州变电站1000kV GIS设备安装现场。

（国家电网公司 提供）

2015年11月25日，甘肃灵州换流站750kV GIS主设备及世界最长主母线完工。

（国网直流公司 提供）

2015年12月10日，灵州—绍兴±800kV特高压直流输电工程±800kV灵州换流站预验收工作正式启动。

（国网宁夏电力 提供 李可克 摄）

2015年12月11日，南瑞集团承担的国家电网公司重大科技示范工程、江苏南京220kV西环网UPFC（统一潮流控制器）工程顺利投运。

（国网江苏电力 南瑞集团 提供）

2015年12月15日，上海庙—山东±800kV特高压直流工程开工动员大会在临沂沂南县召开。

（国网山东电力 提供）

2015年12月17日，南瑞集团承担的厦门±320kV柔性直流输电科技示范工程投运。图为换流阀。

（南瑞集团 提供）

2015年12月30日，锡盟—泰州±800kV特高压直流输电线路工程（山东段）首基铁塔基础开工建设。

（国家电网公司 提供）

2015年12月，淮南—南京—上海1000kV特高压工程（淮上线北环）3标段全线贯通。

（国网安徽电力 提供 白立泉 摄）

2015年，国网辽宁电力全面开展设备综合大检修工作，累计完成设备综合检修188项。图为检修工作现场。

（国网辽宁电力 提供 翁吉伟 摄）

2015年4月22日，西安供电公司浐灞分客服中心在糜家桥小区宣传安全用电知识。

（国网陕西电力 提供 原开 摄）

2015年5月26日，国网新疆电力团委倡议发起的“爱心超市”在新疆和田策勒县恰合玛村和亚博依村公司驻村工作组驻地开业。

（国网新疆电力 提供）

2015年6月3日，国网湖北电力应急抢修人员在“东方之星”客轮翻沉现场开展救援保电工作。

（国网湖北电力 提供）

2015年6月13日，贵州安顺供电局深入人口密集的新天地居民住宅小区，开展“节约能源　低碳生活”公益宣传活动，积极倡导节约能源、保护生态、低碳出行的生活方式及消费理念。

（贵州电网公司 提供）

2015年6月26日，国网四川电力累计投资72.5亿元，于2015年6月全面完成四川无电地区的电力建设任务。图为电力员工在最后一批通电的四川甘孜藏族自治州白玉县河坡乡生戈村登杆作业。

（国网四川电力 提供　薛玉斌 摄）

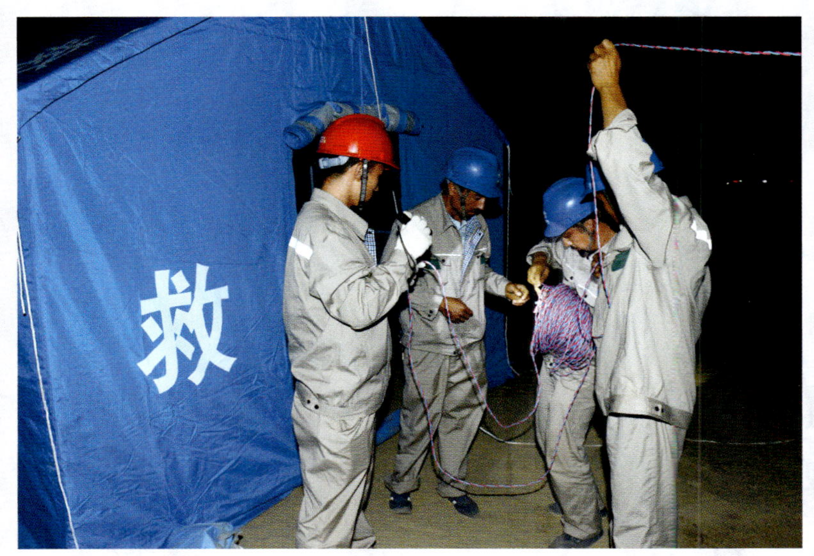

2015年7月3日9时7分，新疆和田地区皮山县发生6.5级地震，国网新疆电力紧急启动地震灾害应急响应，组织人员设备赴灾区保障供电。

（国网新疆电力 提供）

2015年8月9日，国网福建电力抢修队伍对“苏迪罗”台风造成的倒杆断线进行抢修。

（国网福建电力 提供 李志杰 摄）

2015年9月28日，第14届“葛洲坝之夜”职工文艺演出在葛洲坝青少年宫广场举行。

（葛洲坝集团 提供）

2015年9月17日，国网黑龙江电力“中国梦，国网情”企业文化知识竞赛决赛现场。

（国网黑龙江电力 提供 肖秀花 摄）

2015年10月4日17时，突发龙卷风造成广州500kV广南变电站首次全站失压，广州供电局5h恢复40.9万户供电，创造快速复电的“广州速度”。

（南方电网公司 提供）

2015年国庆节期间，台风“彩虹”突袭广西，对广西电网8个网区21个县域电网造成严重损害，广西电网公司迅速展开抗台风保供电工作。

（广西电网公司 提供）

2015年10月22日，国网恩施供电公司背篓电工在建南镇槽坪村运送配网改造铁件和金具等物资。

（国网湖北电力 提供）

图为国网海南供电公司员工给10kV同德县秀一路线路合闸送电。
（国网青海电力 提供）

图为孩子们告别了昏暗的烛光，高兴地聚在一起完成作业。
（国网新疆电力 提供）

2015年12月31日，青海2.95万户、新疆61.46万户农牧民告别“低电压”，用上了安全、优质的“放心电”。

《中国电力年鉴》编委会

《2016中国电力年鉴》

《中国电力年鉴》编辑部

特约撰稿人（按姓氏笔画排列）

于丽娜　于秋生　马　伟　马建伟　马海洋　王大玮　王文扬
王生龙　王永福　王亚耀　王　伟　王宇宾　王红亮　王金宇
王洪涛　王振华　王　哲　王晋雄　王晓刚　王　健　王　媛
王　震　王　鑫　牛晨晖　牛新宇　方　磊　尹　东　尹兰英
尹　路　石德禄　龙　云　叶　俭　申雁冰　田风廷　生红莹
包丹阳　冯有维　冯星光　宁　昕　吉　炜　吕巧珍　吕　昕
吕洪林　朱　军　朱建军　朱德康　乔仁贵　乔增亮　刘之阳
刘永辉　刘　严　刘　环　刘　虎　刘　昊　刘　凯　刘　胜
刘前卫　刘富长　闫　雨　汤日成　汤洪海　安晓滨　许为宁
孙　杨　孙　炜　孙宗琼　孙建锋　孙健敏　孙　慧　严　艺
严　宇　苏文治　苏　玲　李丰富　李　云　李少宝　李成东
李　刚　李　竹　李　杨　李青春　李国栋　李国柱　李　明
李　岩　李　峥　李晓光　李　萌　李　曼　李　然　李　斌
李　鹏　李增彬　李震宇　杨本渤　杨　宁　杨志宏　杨　明
杨宝杰　杨　倞　杨　琦　时　伟　吴国建　吴　静　旷路明
何　剑　余国太　邹　精　辛镇瀚　汪文安　汪美顺　汪　峰
张　戈　张长生　张宁池　张吉飞　张　全　张红宪　张志远
张　妍　张国龙　张　欣　张　显　张耿福　张晓东　张　涛
张祥全　张　猛　张朝阳　张鹏飞　陆宇航　陈永平　陈　刚
陈伟勇　陈俊章　陈原子　邵　进　范建斌　林志雄　林新生
罗旭杰　罗春林　岳　赢　金　焱　周宏宇　周　俊　周　晖
周　琳　周　翔　庞　博　郑伟华　郑洪华　项　薇　赵艳玲
赵哲源　赵　晔　赵峻毅　赵海翔　赵　儆　郝爱军　郝悍勇
荆岫岩　胡　浩　柏峻峰　柏曦东　钟文芳　姜　升　姚伟锋

姚建国　姚惠珍　娜日斯　贾宝钦　夏　雪　原增光　顾宇桂
徐明慧　徐玲铃　徐　亮　栾凤奎　栾松涛　高天天　高灵超
高海峰　高　澈　郭建勇　郭皓池　郭新宇　黄李明　黄　哲
黄　荷　黄　清　黄　辉　梅志农　曹坤茂　曹爱民　曹瑞光
盛　兴　常小冰　常　宁　崔丙锋　崔　昊　梁志峰　彭　江
彭　波　彭楚宁　葛　睿　韩　勇　程军生　程志华　程彦韬
舒　清　童云梅　曾令康　曾京文　曾　楠　谢　文　雷定演
蔡靖波　谭荣胤　缪莉庆　樊　涛　滕　林　潘红艳　薛美琳
藏家宁

编辑说明

1.《中国电力年鉴》（简称《年鉴》）于1993年创刊，已连续出版22期，是一本融史实性、资料性为一体的专业年鉴，也是一本全面实用，文、图、表并茂的综合性大型年刊。其主要服务对象为从事电力科研、生产、建设、经营管理的有关人员，以及与电力相关的政府和企事业单位的有关人员。

2. 本《年鉴》的编纂指导思想为：围绕电力工业改革与发展的主线，全面记载电力工业建设与发展、生产与经营、科技进步、国际合作等各方面的成就和工作。

3. 本《年鉴》是在国家能源局的领导和中国电力企业联合会的支持下，由国家电网公司、中国南方电网有限责任公司、中国华能集团公司、中国大唐集团公司、中国华电集团公司、中国国电集团公司、国家电力投资集团公司等共同组织编写的。《年鉴》编委会由国家能源局、中国电力企业联合会、两大电网公司、五大发电集团公司、两个建设集团公司，以及其他电力相关企业的主要负责人组成，并作为《中国电力年鉴》的领导机构，决定《年鉴》编辑出版的指导思想和主要内容。

4. 本期《年鉴》主要收录了2015年中国电力工业各方面所取得的成绩，重点反映了2015年电力工业发展和电力建设、经营管理、科技创新与发展、国际合作、文化建设等内容。本期《年鉴》在框架结构上做了小幅调整，取消了“生产经营”篇目，“国际合作”篇目下分成“战略合作”和“国际工程”

两个栏目。

5. 本期《年鉴》的框架结构由篇目、栏目、条目3个层次组成，设有特载，概览，电力建设，科技发展与创新，国际合作，行业管理，电力论坛，文化建设，科研、教育与学术团体，电力企业，地区电力，大事记，文献，统计资料，企业风采等篇目。本期《年鉴》仍采用文章和条目两种体裁，以条目为主，并配有具有史料价值的彩图100余幅。为方便读者检索和查阅，本《年鉴》正文前有中、英文目录，正文后有内容索引。

6. 本《年鉴》实行文责自负。《年鉴》框架设计及文章类条目均由编委会审定，条目内容、数据、彩图等均由撰稿单位校核及审定。需说明的是，本《年鉴》统计资料及有关全国数据的图表一般未包括我国台湾省和港澳地区的数据。

目　　录

概　览

电力建设

科技发展与创新

国际合作

文化建设

科研、教育与学术团体

电力企业

统计资料

企业风采

附　录

索　引

Contents

From Editor

Special Contributions

Overview

Electric Power Construction

Science & Technology Developments and Innovations

International Cooperation

Electricity Industry Management

Electric Power Forums

Culture Construction

Scientific Research, Education and Academic Organizations

Electric Power Enterprises

Regional Electric Power Industry

Key Events

Documents

Statistics

Enterprises

Appendix

Index

彩图目录

党和国家领导人关注电力

2015年4月20日，在中国国家主席习近平（后排左一）和巴基斯坦总理谢里夫（后排右一）的共同见证下，在巴基斯坦总理府国家电网公司、中国三峡集团、中国电建分别与巴方相关企业签署了合作协议。

（国家电网公司　中国三峡集团　中国电建　提供）

2015年8月31日，在中国国家主席习近平（后排右一）和老挝国家主席朱马里（后排左一）的见证下，中国电建与老挝政府在北京人民大会堂签署了老挝南欧江流域梯级水电站项目（二期）的特许经营协议和购电协议。

（中国电建　提供）

2015年10月20日，在中国国家主席习近平（后排左一）和英国首相卡梅伦（后排右一）的见证下，中国华电与英国BP集团签署了液化天然气（LNG）销售和购买协议。

（中国华电　提供）

2015年11月2日，在中国国家主席习近平（后排右一）和法国总统奥朗德（后排左一）的见证下，大唐集团董事长陈进行（前排右二）与法国电力集团董事长乐维（前排左一）、三门峡市市长赵海燕（前排右一）在北京人民大会堂共同签署了“中国大唐集团公司与法国电力集团关于三门峡市热电联产项目合作意向书”。

（大唐集团　提供）

2015年12月，在南非举办的“中非合作论坛”上，中国国家主席习近平（前排中间）与非洲各国政要参观了中国电建所属北京勘测设计研究院总承包、水电五局承建的“埃塞俄比亚阿达玛二期风电项目”模型。

（中国电建　提供）

2015年5月19日上午，在中国国务院总理李克强（前排左一）和巴西总统罗塞夫（前排左二）的共同见证下，中国三峡集团董事长卢纯（前排右二）与葡电集团首席执行官梅希亚（前排右一）在巴西总统府签订了32.1万kW巴西风电项目股权交割协议。

（中国三峡集团　提供）

2015年5月22日，在中国国务院总理李克强（后排左一）和秘鲁总统奥良塔·乌马拉（后排右一）的共同见证下，中国三峡集团董事长卢纯（前排左一）和秘鲁能矿部部长罗萨·玛丽亚·奥尔蒂斯·里奥斯（前排右一）在秘鲁总统府签订了“建立能源领域开发合作机制谅解备忘录”。

（中国三峡集团　提供）

2015年6月30日下午，在中法两国总理李克强（后排右二）、瓦尔斯（后排右一）的共同见证下，中国三峡集团与法国阿尔斯通、中国核工业集团与法国电力集团分别签署了合作文件。

（中国三峡集团　提供）

2015年1月31日上午，全国政协主席俞正声（前排中）在河北保定调研期间，到国电联合动力技术（保定）有限公司考察。

（国电集团　提供）

2015年7月18日，国务院副总理张高丽（第一排左八），越南政府副总理阮春福（第一排左七）在中国南方电网公司董事长赵建国（第一排右一）的陪同下看望和慰问了越南永新燃煤电厂中越双方项目建设人员。

（南网国际公司　提供）

2015年5月22日，“第一届中国创新科技成果交流会”在广州召开。国家副主席李源潮（前排右一），全国政协副主席、中国科协主席韩启德等，参观了电机、能源领域的科技成果展示。

（中国电机工程学会　提供）

重要电力事件

2015年2月3日，2015’中国水电发展论坛暨水力发电科学技术奖颁奖典礼在北京举行。

（中国水力发电工程学会　提供）

2015年2月3日，国家电网公司董事长刘振亚所著《全球能源互联网》首发仪式暨专家座谈会在北京举行。

（国家电网公司　提供）

2015年5月19～22日，2015世界水电大会在北京举办。

（中国水力发电工程学会　提供）

2015年5月20日上午，英文学术期刊《CSEE Journal of Power and Energy Systems》（《中国电机工程学会　电力与能源系统学报》，简称CSEE JPES）在北京举行创刊首发仪式。

（中国电机工程学会　提供）

2015年7月7日，中国水力发电工程学会在北京组织召开了澜沧江上游（西藏段）梯级水电开发经济性研究高层论坛。

（中国水力发电工程学会　提供）

2015年7月29～31日，全国高拱坝及大中型水电工程建设管理经验交流会在四川召开。

（中国水力发电工程学会　提供）

2015年9月18日，国家能源局副局长郑栅洁（前排中）一行到广西电网公司首座3C绿色变电站——110kV越秀变电站调研。

（广西电网公司　提供）

2015年9月19～25日，中国电机工程学会组织参加了2015年全国科普日北京主场活动，中国科协党组成员、书记处书记王春法（右一），学术部部长宋军（右二）出席活动并到学会展台听取抽水蓄能电站展览介绍。

（中国电机工程学会　提供）

2015年9月30日，中国电科院申报的“新能源与储能运行控制”“电网环境保护”、南瑞集团申报的“智能电网保护与运行控制”国家重点实验室通过国家评审并获批准建设。

（中国电科院　中国电机工程学会　提供）

2015年11月18日上午，中国电机工程学会年会在湖北省武汉市开幕，与会领导及专家学者参观了2015年电力科技创新成果展。

（中国电机工程学会　提供）

2015年11月，顾毓琇电机工程奖颁奖典礼在武汉举行。海军工程大学电力电子技术研究所所长、中国工程院院士马伟明教授和清华大学电机系张伯明教授分别获2014年度、2015年度“顾毓琇电机工程奖”。

（中国电机工程学会　提供）

2015年12月3～5日，国家发展改革委副主任、国家能源局局长努尔·白克力（前排左一）带领调研组赴上海、浙江调研。图为中国核工业集团总经理钱智民（前排右一）在浙江秦山核电基地科普宣传展厅为调研组进行讲解。

（国家能源局　提供）

2015年12月6日，全国电力安全生产现场工作会议在大唐滨州发电公司召开。国家发展改革委副主任、国家能源局局长努尔·白克力出席会议并讲话。

（大唐集团　提供）

2015年12月18日，国网重庆电力承担的国家科技支撑计划项目“山地城市电动汽车分时租赁模式及支撑技术研究与示范应用”在重庆启动。

（国网重庆电力　提供）

国际合作与交流

2015年2月4日，中国电建所属中国水电厄瓜多尔科卡科多·辛克雷水电站（150万kW）输水隧洞贯通。图为厄瓜多尔副总统格拉斯与中国电建员工同欢呼。

（中国电建　提供）

2015年2月16日，葛洲坝集团承建的阿根廷基什内尔—塞佩里克水电站项目（174万kW）在卡拉法特市举行动工仪式，阿根廷总统克里斯蒂娜（居中举手演讲者）出席仪式并发表讲话。

（中国能建　提供）

2015年3月3～9日，国网经研院赴巴基斯坦开展新疆—巴基斯坦直流输电工程预可研工作调研收资和技术交流，对直流受端站址进行现场踏勘。

（国网经研院　提供）

2015年5月25日，黄河水电公司与美国亮源能源公司、上海电气亮源光热工程有限公司共同签署建设青海德令哈光热发电项目合资协议。

（黄河水电公司　湜供）

2015年6月5日，中国华电集团公司目前最大海外投资项目、中国电建所属上海电建承建的印尼巴厘岛3×142MW燃煤电厂项目1号机组顺利通过168h满负荷试运行，正式投产发电。6月29日，2号机组完成168h满负荷试运行。8月1日，该电厂3台机组全部投产发电。

（中国华电　中国电建　提供）

2015年7月6日，中电工程与马来西亚捷硕公司(JAKS)在马来西亚吉隆坡正式签署越南海阳火电厂BOT项目投资协议。该项目是“一带一路”重点项目，也是迄今为止中国公司在越南单笔投资金额最大的项目。

（中国能建　提供）

2015年8月28日，中国电建承建的吉尔吉斯斯坦南北电力大动脉——达特卡—克明500kV输变电工程竣工。

（中国电建　提供）

2015年9月17日，葛洲坝集团施工建设的巴基斯坦尼鲁姆·杰卢姆水电工程（总装机容量96.3万kW）调压竖井顺利贯通。该竖井开挖深度353.2m，直径10.7m，其深度位居亚洲在建水电工程之最。

（中国能建　提供）

2015年9月17日，浙能集团首个参与建设的境外项目——越南翁安电厂一期工程（2×600MW）举行投产庆典。越南政府总理阮晋勇出席典礼并为该电厂投产剪彩。

（浙能集团　提供）

2015年10月14日，南网科研院代表南方电网公司参加比特加兰国际电力（BIXPO）技术论坛。

（南网科研院　提供）

2015年10月26日，大唐集团副董事长、总经理王野平率团赴泰国出席2015年亚太电协CEO会议，并到大唐环境产业集团泰国项目部调研。图为10月29日泰国曼谷现场考察（左一为王野平）。

（大唐集团　提供）

2015年10月31日，中国电建承建的布维水电工程（总装机容量404MW）荣膺加纳“2015年度工程实施方案奖”。

（中国电建　提供）

2015年11月6日，山东电建一公司承建的印度KMPCL项目荣获2015年度“印度电力杰出工程奖”。

（中国电建　提供）

2015年11月14日，葛洲坝集团承建的老挝会兰庞雅水电站（88MW）举行竣工仪式，葛洲坝集团荣获老挝国家电力特殊贡献奖。

（中国能建　提供）

2015年11月17日，2014～2015年度“中国建设工程鲁班奖”颁奖表彰大会在北京钓鱼台国宾馆举行，河北电建一公司承建的白俄罗斯别列佐夫电站（总装机容量1385MW）项目榜上有名。

（中国电建　提供）

2015年11月29日下午，由南方电网公司与老挝合作建设的230kV老挝北部电网工程在老挝琅勃拉邦举行通电移交仪式。

（南方电网公司　提供）

2015年12月22日，由中国电建海投公司投资建设的老挝南欧江五级电站（总装机容量240MW）首台机组并网发电。12月23日15时，该电站2号机（80MW）定子顺利吊装成功。

（中国电建　提供）

2015年12月23日，中国电建承担机电设备成套总承包的越南莱州水电站（1200MW）首台机组提前发电。

（中国电建　提供）

发电·火力发电

2015年2月9日18时36分，万州电厂新建工程1号机组顺利完成168h试运行。图为万州电厂航拍全景。

（中电工程　提供）

2015年4月8日24时，神华国华孟津电厂2号机组“超低排放”改造工程顺利通过168h运行，并正式移交生产，成为河南省首台通过168h运行的“超低排放”燃煤发电机组。

（神华集团　提供）

2015年6月1日9时13分，中国首台660MW超超临界二次再热机组——华能安源电厂新建工程1号机组首次并网发电成功。

（华能集团　提供）

2015年9月16日，浙能集团在宁夏首个控股火电项目——宁夏枣泉电厂一期工程（2×660MW）主厂房浇注第一方混凝土，标志着该工程正式开工建设。

（浙能集团　提供）

2015年9月18日15时18分，由中电工程华东院承担主体工程设计的平圩三期工程（2×1000MW）第二台机组圆满完成168h满负荷试运行，正式投入商业运行。

（中国能建　提供）

2015年9月25日，国电泰州电厂二期2×1000MW二次再热超超临界3号机组一次顺利完成168h满负荷试运行，该机组的自动化控制系统（DCS）由国电智深提供。

（国电科环　提供）

2015年12月14日，浙江省“十二五”重点建设项目——浙能台州第二发电厂2台百万千瓦机组全部投产发电。至此，浙能集团装机容量达到30670MW。

（浙能集团　提供）

2015年12月23日22时6分，山东电建一公司承建的华能莱芜“上大压小”2×1000MW机组工程6号机组完成168h满负荷试运行。

（中国电建　提供）

2015年12月28日，江西丰城电厂三期（2×1000MW）扩建工程正式开工。

（中国能建　提供）

2015年12月29日，江西省首台、大唐集团公司“十二五”末确保投产的百万千瓦机组——江西大唐国际抚州发电公司1号发电机组完成168h满负荷试运行，正式投产发电。

（大唐集团　提供）

发电·水力发电

2015年7月11日，由水电顾问投资公司投资建设、中国电建昆明勘测设计研究院EPC总承包的云南大湾水电站（49.8MW）最后一台机组完成72h试运行后正式并网发电。

（中国电建　提供）

2015年7月19日，由葛洲坝集团承建的藏木水电站（总装机容量51万kW）5号发电机组，顺利完成72h试运行后投入商业运行。10月13日，西藏藏木水电站全部投产。

（中国能建　提供）

2015年11月18日，中国施工企业管理协会公布2014～2015年度国家优质工程奖，葛洲坝集团承建的福建仙游抽水蓄能电站获得全国工程建设质量最高奖——国家优质工程金质奖。图为福建仙游抽水蓄能电站全景。

（中国能建　提供）

2015年11月30日，南方电网公司成立后首个全资建设的国家重点工程——清远抽水蓄能电站首台机组完成15天考核试运行，正式投入商业运行，实现投产发电。图为清远抽水蓄能电站上水库全景。

（南网传媒　提供）

2015年12月19日23时18分，华能亚让水电站3号机组完成72h试运行投入商业运营，标志着华能对口援助墨脱骨干电源项目全面建成投产。

（华能集团　提供）

2015年12月24日，中国第三座千万千瓦级巨型电站——乌东德水电站工程建设动员会召开。葛洲坝集团三峡建设公司承担了该工程约70%以上的施工份额。

（中国能建　提供）

2015年12月，中国电建贵阳勘测设计研究院勘测设计的西藏果多水电站（装机容量150MW）投产发电。

（中国电建　提供）

2015年，300m级溪洛渡拱坝智能化建设关键技术荣获国家科学技术进步奖二等奖。图为溪洛渡拱坝全景。

（中国电建　提供）

发电·核电及新能源发电

2015年5月31日11时18分，湖南省装机容量最大的风电项目——华能苏宝顶风电场（总装机容量15万kW）75台风机全部通过240h试运行，正式投产发电。

（华能集团　提供）

2015年6月5日，山东电建二公司承建的广东阳江核电站2号百万千瓦机组投入商业运行。

（中国电建　提供）

2015年7月31日，由水电新能源公司投资建设的江苏如东海上风电二期工程（32×2.5MW）首批机组并网发电。

（中国电建　提供）

2015年10月25日，上海电建参建的防城港核电项目1号机组（108万kW）并网发电。

（中国电建　提供）

2015年12月31日，青海新能源并网容量突破600万kW。图为海西州格尔木市国电电力光伏电站。

（国网青海电力　提供）

输变电工程

2015年1月18日～2月8日，普侨直流年度停电检修全面展开。图为昆明供电局检修人员在铁塔上紧固耐张线夹螺栓。

（云南电网公司　提供）

2015年1月19日，施工人员在广西“十二五”重点项目——500kV美林变电站工程建设现场进行构架安装。

（广西电网公司　提供）

2015年2月，酒泉—湖南±800kV特高压直流工程重庆段开工建设，工程进入组塔施工阶段。

（国网重庆电力　提供）

2015年2月6日，无人机正近距离拍摄贵州电网线路情况。

（贵州电网公司　提供）

2015年3月27日，晋北1000kV特高压变电站在山西应县正式开工建设。

（国网山西电力　提供）

2015年4月15日，重庆首座500kV智能变电站——玉屏变电站竣工投运。

（国网重庆电力　提供）

2015年5月18日，灵川—绍兴±800kV特高压直流输电工程豫4标段开始放线。

（国网河南电力　提供）

2015年6月23日，云南砚山至广西靖西第二回500kV交流输电工程（简称滇南二回送出工程）施工现场，施工人员正在紧张有序地放线。

（南方电网公司　提供）

2015年6月29日，山西晋北—江苏南京±800kV特高压直流输电工程开工，开工动员大会（山西会场）在朔州市召开。

（国网山西电力　提供）

2015年7月22日，青海果洛与青海主网联网工程

（塔拉750kV输变电工程）开工。

（国网青海电力　提供）

2015年8月20日，浙江观音岩水电站直流工程交流STATCOM整机试验顺利完成。

（南网科研院　提供）

2015年9月3日，锡盟—山东1000kV特高压交流输电线路工程18标段组塔施工现场。

（国家电网公司　提供）

2015年10月16日，国家电网公司系统内首座330kV“标准配送式”智能化变电站示范工程、国网青海电力首座“预制舱式”智能变电站——330kV南朔输变电工程顺利投运。

（国网青海电力　提供）

2015年10月17日，国网四川电力在国内首次进行特高压线路跨越特高压线路施工。图为电力员工正在地面40m以上的绝缘子串上作业。

（国网四川电力　提供）

2015年10月30日，500kV超高压、长距离、大容量的“南方主网与海南电网第二回联网工程”陆地工程在海南澄迈破土动工。图为南方主网与海南电网第二回联网工程开工现场。

（南方电网公司　提供）

2015年11月15日，世界上首座交直流混合变电站——特高压泰州变电站1000kV区域设备安装工作进入收尾阶段。图为特高压泰州变电站1000kV GIS设备安装现场。

（国家电网公司　提供）

2015年11月25日，甘肃灵州换流站750kV GIS主设备及世界最长主母线完工。

（国网直流公司　提供）

2015年12月10日，灵州—绍兴±800kV特高压直流输电工程±800kV灵州换流站预验收工作正式启动。

（国网宁夏电力　提供　李可克　摄）

2015年12月11日，南瑞集团承担的国家电网公司重大科技示范工程、江苏南京220kV西环网UPFC（统一潮流控制器）工程顺利投运。

（国网江苏电力　南瑞集团　提供）

2015年12月15日，上海庙—山东±800kV特高压直流工程开工动员大会在临沂沂南县召开。

（国网山东电力　提供）

2015年12月17日，南瑞集团承担的厦门±320kV柔性直流输电科技示范工程投运。图为换流阀。

（南瑞集团　提供）

2015年12月30日，锡盟—泰州±800kV特高压直流输电线路工程（山东段）首基铁塔基础开工建设。

（国家电网公司　提供）

2015年12月，淮南—南京—上海1000kV特高压工程（淮上线北环）3标段全线贯通。

（国网安徽电力　提供　白立泉　摄）

2015年，国网辽宁电力全面开展设备综合大检修工作，累计完成设备综合检修188项。图为检修工作现场。

（国网辽宁电力　提供　翁吉伟　摄）

党的建设与精神文明建设

2015年4月22日，西安供电公司浐灞分客服中心在糜家桥小区宣传安全用电知识。

（国网陕西电力　提供　原开　摄）

2015年5月26日，国网新疆电力团委倡议发起的“爱心超市”在新疆和田策勒县恰合玛村和亚博依村公司驻村工作组驻地开业。

（国网新疆电力　提供）

2015年6月3日，国网湖北电力应急抢修人员在“东方之星”客轮翻沉现场开展救援保电工作。

（国网湖北电力　提供）

2015年6月13日，贵州安顺供电局深入人口密集的新天地居民住宅小区，开展“节约能源　低碳生活”公益宣传活动，积极倡导节约能源、保护生态、低碳出行的生活方式及消费理念。

（贵州电网公司　提供）

2015年6月26日，国网四川电力累计投资72.5亿元，于2015年6月全面完成四川无电地区的电力建设任务。图为电力员工在最后一批通电的四川甘孜藏族自治州白玉县河坡乡生戈村登杆作业。

（国网四川电力　提供　薛玉斌　摄）

2015年7月3日9时7分，新疆和田地区皮山县发生6.5级地震，国网新疆电力紧急启动地震灾害应急响应，组织人员设备赴灾区保障供电。

（国网新疆电力　提供）

2015年8月9日，国网福建电力抢修队伍对“苏迪罗”台风造成的倒杆断线进行抢修。

（国网福建电力　提供　李志杰　摄）

2015年9月28日，第14届“葛洲坝之夜”职工文艺演出在葛洲坝青少年宫广场举行。

（葛洲坝集团　提供）

2015年9月17日，国网黑龙江电力“中国梦，国网情”企业文化知识竞赛决赛现场。

（国网黑龙江电力　提供　肖秀花　摄）

2015年10月4日17时，突发龙卷风造成广州500kV广南变电站首次全站失压，广州供电局5h恢复40.9万户供电，创造快速复电的“广州速度”。

（南方电网公司　提供）

2015年国庆节期间，台风“彩虹”突袭广西，对广西电网8个网区21个县域电网造成严重损害，广西电网公司迅速展开抗台风保供电工作。

（广西电网公司　提供）

2015年10月22日，国网恩施供电公司背篓电工在建南镇槽坪村运送配网改造铁件和金具等物资。

（国网湖北电力　提供）

2015年12月31日，青海2.95万户、新疆61.46万户农牧民告别“低电压”，用上了安全、优质的“放心电”。

（国网青海电力　国网新疆电力　提供）

特　　载

党和国家领导人关注电力

习近平就中国核工业创建60周年做出重要指示

2015年1月，在中国核工业创建60周年之际，中共中央总书记、国家主席、中央军委主席习近平做出重要指示，对中国核工业取得的成就给予充分肯定，为新形势下中国核工业发展指明了方向。

习近平指出，60年来，几代核工业人艰苦创业、开拓创新，推动中国核工业从无到有、从小到大，取得了举世瞩目的成就，为国家安全和经济建设做出了突出贡献。核工业是高科技战略产业，是国家安全的重要基石。要坚持安全发展、创新发展，坚持和平利用核能，全面提升核工业的核心竞争力，续写中国核工业新的辉煌篇章。

习近平见证中国和巴基斯坦能源电力领域深度合作

2015年4月20日，中共中央总书记、国家主席习近平在伊斯兰堡同巴基斯坦总理谢里夫举行会谈。双方一致同意将中巴关系提升为全天候战略合作伙伴关系，不断充实中巴命运共同体内涵，致力于中巴世代友好。在中巴规划的合作蓝图中，双方将以中巴经济走廊建设为中心，以瓜达尔港、交通基础设施、能源、产业合作为重点，形成“1+4”合作布局，实现合作共赢和共同发展。

习近平访巴期间，两国能源合作全面提速：中巴领导人见证开工多座电站、丝路基金“首单”花落巴基斯坦卡洛特水电站、多个能源电力项目签订融资协议。

中巴两国在20日发布的联合声明中明确：“丝路基金宣布入股三峡南亚公司，与长江三峡集团等机构联合开发巴基斯坦卡洛特水电站等清洁能源项目。”

习近平倡议探讨构建全球能源互联网

2015年9月26日，中共中央总书记、国家主席习近平在纽约联合国总部出席联合国发展峰会并发表题为《谋共同永续发展　做合作共赢伙伴》的重要讲话，强调国际社会要以2015年后发展议程为新起点，共同走出一条公平、开放、全面、创新的发展之路，努力实现各国共同发展。中国以落实2015年后发展议程为己任，团结协作，推动全球发展事业不断向前。

习近平宣布，中国将设立“南南合作援助基金”，首期提供20亿美元，支持发展中国家落实2015年后发展议程。中国将继续增加对最不发达国家投资，力争2030年达到120亿美元。中国将免除对有关最不发达国家、内陆发展中国家、小岛屿发展中国家截至2015年底到期未还的政府间无息贷款债务。中国将设立国际发展知识中心，同各国一道研究和交流适合各自国情的发展理论和发展实践。中国倡议探讨构建全球能源互联网，推动以清洁和绿色方式满足全球电力需求。中国也愿意同有关各方一道，继续推进“一带一路”建设，推动亚洲基础设施投资银行和金砖国家新开发银行早日投入运营、发挥作用，为发展中国家经济增长和民生改善贡献力量。中国郑重承诺以落实2015年后发展议程为己任，团结协作，推动全球发展事业不断向前。

习近平和卡梅伦见证中国广核集团与法国电力集团签订英国新建核电项目投资协议

英国当地时间2015年10月21日下午，在中共中央总书记、国家主席习近平和英国首相卡梅伦的见证下，中国广核集团（简称中广核）董事长贺禹和法国电力集团首席执行官Jean-Bernard Levy在伦敦正式签订英国新建核电项目的投资协议，中广核牵头的中方联合体将与法国电力共同投资兴建英国欣克利角C核电项目（HPC项目），并共同推进塞兹韦尔C（SZC项目）和布拉德韦尔B（BRB项目）两大后续核电项目，其中布拉德韦尔B项目拟采用中国自主三代核电技术“华龙一号”。

中广核挺入英伦首次在老牌核电强国建设核电站，这是中国核电走出去的里程碑式事件，也标志着“华龙一号”技术得到了欧洲发达国家的认可。

习近平出席中非装备制造业展开幕仪式

2015年12月2日，在中共中央总书记、国家主席习近平和南非总统祖马的共同见证下，中国国家电网公司与南非电力公司在比勒陀利亚总统府签署了《中国国家电网公司与南非电力 Eskom 国有控股有限公司战略合作备忘录》，两国大型国有电力企业的战略合作正式启动。

此次战略合作将进一步加快坚强智能电网等先进技术推广应用，促进两国电力技术经验交流，加强电力装备产能合作，对巩固两国伙伴关系、增进两国经贸合作具有重要意义。

李克强主持国务院常务会议　部署加快核电等中国装备“走出去”

2015 年 1 月 28 日，中共中央政治局常委、国务院总理李克强主持召开国务院常务会议，部署加快铁路、核电、建材生产线等中国装备“走出去”，推进国际产能合作、提升合作层次；确定支持发展“众创空间”的政策措施，为创业创新搭建新平台。

会议认为，对接相关国家建设和发展需求，通过政府推动、企业主导，运用商业模式，促进中国重大装备和优势产能“走出去”，开展产能合作，实现互利共赢，不仅是扩大国际投资经贸合作的重要机遇，可以形成新的外贸增长点，也是国内产业优化升级的重要抓手。会议确定，一是大力开拓铁路、核电等重大装备国际市场，整合行业资源，创新对外合作模式，探索采取合资、公私合营等投资运营方式，为有需求的国家提供工程设计咨询、施工建设、装备供应、运营维护等全方位服务，并通过国际合作开拓第三方市场。二是以钢铁、有色、建材、轻纺等行业为重点，针对国际市场需要，支持企业利用国内装备在境外建设上下游配套的生产线，实现产品、技术和合规标准“走出去”。三是通过对外工程承包、对外投资等，巩固通信、电力、工程机械、船舶等成套设备出口。支持企业境外并购、建立海外研发中心等，提高跨国经营能力。四是完善支持政策。用好外经贸发展专项资金等现有政策，立足长远支持一批重大项目。按照市场原则，拓宽外汇储备运用渠道，支持企业在境内外发行股票或债券募集资金，发挥政策性金融工具作用，为重大装备和优势产能“走出去”提供合理的融资便利。五是强化统筹配套。加强境外投资监管，规范企业经营秩序，坚决防止恶性竞争。建立健全风险评估和突发事件应急机制，强化风险防控，确保中国企业和公民在境外的安全。六是注重履行企业社会责任，带动当地就业，加强人员培训，做好后续服务。把中国优势产能和装备打造成国家新“名片”。

李克强同法国总理会谈时强调继续做大做强核能等传统领域合作

2015 年 1 月 29 日下午，中共中央政治局常委、国务院总理李克强在人民大会堂北大厅举行仪式欢迎法国总理曼努埃尔·瓦尔斯对中国进行正式访问。欢迎仪式后，李克强同瓦尔斯举行了会谈。

李克强指出，双方要继续做大做强核能、航空航天、高铁等传统领域合作，共同开拓第三方市场；开拓医疗卫生、生态环保、金融等新兴领域合作，助力各自经济发展和民生改善；挖掘双边贸易投资潜力，促进人员往来便利化。希望法方进一步放宽对华高技术产品出口，并为中国企业赴法投资提供更加开放、公平、友善的市场环境。

会谈后，两国总理共同见证了能源、航天、电力、环保等领域双边合作文件的签署。

李克强就中国核工业创建60周年做出重要批示

2015 年 1 月，在中国核工业创建 60 周年之际，中共中央政治局常委、国务院总理李克强做出批示指出，希望弘扬传统，聚焦前沿，全面提升核工业竞争优势，推动核电装备“走出去”，确保核安全万无一失，为把中国建成核工业强国而继续奋斗。

60 年前，党中央审时度势、高瞻远瞩，做出了发展中国原子能事业的战略决策。60 年来，在党中央正确领导下，在全国各行各业大力协同和全国各族人民大力支持下，中国建立了世界上只有少数国家拥有的完整的核科技工业体系，实现了核能大规模和平利用，为国家经济社会发展、增强国家综合实力、保障国家能源安全、提高人民生活水平做出了积极贡献。

李克强主持国务院常务会议　部署推进国际产能和装备制造合作

2015 年 5 月 6 日，中共中央政治局常委、国务院总理李克强主持召开国务院常务会议，确定进一步简政放权、取消非行政许可审批类别，把改革推向纵深；部署推进国际产能和装备制造合作，以扩大开放促发展升级；决定试点对购买商业健康保险给予个人所得税优惠，运用更多资源更好保障民生。

会议认为，契合国外需求和意愿，推动国际产能和装备制造合作，有利于中国经济与世界经济深度融合、促进世界经济复苏，更可以倒逼中国企业提质增效、实现优进优出，打造高水平开放型经济，促进互利共赢。会议要求，要聚焦铁路、电力、通信、建材、工程机械等具有比较优势的领域，对接不同地区尤其是“一带一路”沿线国家需要，以国有、民营等各类企业为主体，灵活采取投资、工程建设、技术合作等方式，带动装备等出口，促进相关国家就业扩大和经济发展，用质量和信誉建口碑、树形象。

李克强与罗塞夫共同出席美丽山水电站特高压直流输电项目视频奠基仪式

2015年5月19日，中共中央政治局常委、国务院总理李克强和巴西总统罗塞夫在巴西利亚总统府共同出席了美丽山水电站特高压直流输电项目视频奠基仪式。该项目是国家电网公司在海外中标的首个特高压输电项目，此举标志着特高压技术“走出去”取得重大突破，是中巴电力合作领域新的重要里程碑。

李克强主持召开国家应对气候变化及节能减排工作领导小组会议

2015年6月12日，中共中央政治局常委、国务院总理、国家应对气候变化及节能减排工作领导小组组长李克强主持召开国家应对气候变化及节能减排工作领导小组会议，研究提交《联合国气候变化框架公约》缔约方会议的中国国家自主贡献文件，并做重要讲话。

中共中央政治局常委、国务院副总理张高丽出席会议。

李克强说，应对气候变化是国际社会的共同任务，也是中国科学发展的内在要求。中国政府高度重视应对气候变化问题，把绿色低碳循环经济发展作为生态文明建设的重要内容，主动实施一系列举措，取得明显成效。2014年，中国单位国内生产总值能耗和二氧化碳排放分别比2005年下降29.9%和33.8%，“十二五”节能减排约束性指标可以顺利完成。中国已成为世界节能和利用新能源、可再生能源第一大国，为全球应对气候变化做出了实实在在的贡献。

李克强指出，积极应对气候变化，不仅是中国保障经济、能源、生态、粮食安全以及人民生命财产安全，促进可持续发展的重要方面，也是深度参与全球治理、打造人类命运共同体、推动共同发展的责任担当。中国作为负责任的大国，将坚持“共同但有区别的责任”原则、公平原则和各自能力原则，承担与自身国情、发展阶段和实际能力相符的国际义务，中国将按照2030年左右二氧化碳排放达到峰值且将努力早日达峰的目标，继续积极主动加大节能减排力度，大幅降低单位国内生产总值二氧化碳排放量，进一步提高非化石能源占一次能源消费比重和森林蓄积量，不断提高减缓和适应气候变化能力，为促进全球绿色低碳转型与发展路径创新做出自身最大努力。

李克强说，中国致力于《联合国气候变化框架公约》全面、有效和持续实施，愿与各方一道携手努力推动巴黎会议达成一个全面、平衡、有力度的协议。中国将积极开展多边和双边国际磋商，特别是进一步加大气候变化南南合作力度，建立应对气候变化南南合作基金，在资金、技术和能力建设上为小岛屿国家、最不发达国家和非洲等发展中国家提供力所能及的帮助和支持，共同推动形成公平合理、合作共赢的全球气候治理体系，共同建设人类美好家园。

李克强考察中国核电工程有限公司

2015年6月15日，中共中央政治局常委、国务院总理李克强到中国核电工程有限公司考察并主持召开座谈会。

在中国核电工程有限公司，李克强详细了解“华龙一号”等中国三代核电自主创新成果。他说，核电是中国高端装备制造的佼佼者，我们推动生态文明建设、积极应对气候变化，需要发展包括核电在内的绿色清洁能源。他强调，发展核电的头等大事是安全，必须严格按照国际最高标准进行设计、验证、建设、运营，确保质量一流，绝对安全。

李克强通过视频连线向核电装备制造企业和建设工地一线员工表示慰问。他勉励大家要抓住发展机遇，加快创新成果在示范运用中树品牌、建信誉，同时积极主动开展国际产能合作，不断提升自身竞争力和影响力，与相关国家优势互补，共同开拓第三方市场。

李克强对全国节能与新能源汽车产业发展推进工作座谈会做出重要批示

2015年10月22日，全国节能与新能源汽车产业发展推进工作座谈会在北京召开。中共中央政治局常委、国务院总理李克强做出重要批示。批示指出：加快发展节能与新能源汽车，是促进汽车产业转型升级、抢占国际竞争制高点的紧迫任务，也是推动绿色发展、培育新的经济增长点的重要举措。要突出重点、合理布局，针对产业发展的“瓶颈”和“短板”，着力突破核心技术和关键零部件制约、提升自主创新能力和技术水平，落实和完善扶持政策、优化配套环境，创新商业模式、扩大先进适用的节能与新能源汽车的市场应用，走出一条健康可持续的产业发展新路，为经济增长和民生改善注入新动力。

李克强主持召开国务院常务会议决定全面实施燃煤电厂超低排放和节能改造

2015年12月2日，中共中央政治局常委、国务院总理李克强主持召开国务院常务会议，决定全面实施燃煤电厂超低排放和节能改造，大幅降低发电煤耗和污染排放。

会议指出，按照绿色发展要求，落实国务院大气污染防治行动计划，通过加快燃煤电厂升级改造，在全国全面推广超低排放和世界一流水平的能耗标准，是推进化石能源清洁化、改善大气质量、缓解资源约束的重要举措。会议决定，在2020年前，对燃煤机组全面实施超低排放和节能改造，使所有现役电厂每千瓦时平均煤耗低于310g、新建电厂平均煤耗低于300g，对落后产能和不符合相关强制性标准要求的坚决淘汰关停，东、中部地区要提前至2017年和2018年达标。改造完成后，每年可节约原煤约1亿t、减少二氧化碳排放1.8亿t，电力行业主要污染物排放总量可降低60%左右。会议要求，对超低排放和节能改造要加大政策激励，改造投入以企业为主，中央和地方予以政策扶持，并加大优惠信贷、发债等融资支持。中央财政大气污染防治专项资金向节能减排效果好的省份适度倾斜。同时，要结合“十三五”规划推出所有煤电机组均须达到的单位能耗底限标准。

张高丽看望中越永新火电厂合作项目建设人员

2015年7月18日，越南永新燃煤电厂一期BOT项目开工建设仪式在越南首都河内举行。开工仪式后，中共中央政治局常委、国务院副总理张高丽看望了中越永新火电厂合作项目建设人员，并祝贺电厂开工。

产　业　政　策

全国燃煤发电上网电价和工商业用电价格下调

2015年4月8日，中共中央政治局常委、国务院总理李克强主持召开国务院常务会议，决定下调全国燃煤发电上网电价和全国工商业用电价格。

会议决定，为降低企业成本、稳定市场预期、促进经济增长、有扶有控调整产业结构，适当下调燃煤发电上网电价和工商业用电价格。一是按照煤电价格联动机制，下调全国燃煤发电上网电价平均每千瓦时约2分钱。二是实行商业用电与工业用电同价，将全国工商业用电价格平均每千瓦时下调约1.8分钱，减轻企业电费负担。继续对高耗能产业采取差别电价，并明确目录，加大惩罚性电价执行力度。三是利用降价空间，适当疏导天然气发电价格以及脱硝、除尘、超低排放等环保电价的突出结构性矛盾，促进节能减排和大气污染防治。

国务院办公厅关于加快电动汽车充电基础设施建设的指导意见

2015年9月29日，为加快电动汽车充电基础设施建设，国务院以国办发〔2015〕73号文，印发《国务院办公厅关于加快电动汽车充电基础设施建设的指导意见》。

意见提出了加快电动汽车充电基础设施建设的总体要求。

意见还提出要加大建设力度、完善服务体系、强化支撑保障、做好组织实施。

燃煤发电上网电价调整

2015年12月23日，中共中央政治局常委、国务院总理李克强主持召开国务院常务会议，部署推进农村一、二、三产业融合发展，以结构性改革强农惠农；确定进一步显著提高直接融资比重措施，提升金融服务实体经济效率；决定下调全国燃煤发电上网电价，减轻企业负担，促进结构优化。

会议决定，通过疏导电价矛盾，促进减轻企业负担、节能减排和工业结构调整。根据发电成本变化情况，从2016年1月1日起下调燃煤发电上网电价，全国平均每千瓦时降低约3分钱，降价金额重点用于同幅度降低一般工商业销售电价、支持燃煤电厂超低排放改造和可再生能源发展，并设立工业企业结构调整专项资金，支持地方在淘汰煤炭、钢铁行业落后产能中安置下岗失业人员等。同时，完善煤电价格联动机制，对高耗能行业继续实施差别、惩罚性和阶梯电价，推动产业升级。

国家发展改革委关于规范天然气发电上网电价管理有关问题的通知

国家发展改革委发布特急文件《国家发展改革委关于规范天然气发电上网电价管理有关问题的通知》，第一次明确提出气电标杆电价政策，决定按照天然气发电成本、社会效益和用户承受能力确定对天然气发电实行差别化上网电价机制，具备条件的地区天然气发电可以通过市场竞争或电力用户协商确定电价，建立气电价格联动机制等。

通知要求，根据天然气发电在电力系统中的作用及投产时间，实行差别化的上网电价，对天然气热电联产发电机组、天然气调峰发电机组的上网电价实行标杆电价政策，同时鼓励天然气分布式能源与电力用户直接签订交易合同，自主协商确定电量和价格，具备条件的地区天然气发电可以通过市场竞争与电力用户协商确定电价。

燃煤电厂超低排放获电价支持

为推进煤炭清洁高效利用、促进节能减排和大气污染治理，国家发展改革委、环境保护部、国家能源局联合发布《关于实行燃煤电厂超低排放电价支持政策有关问题的通知》，明确对符合超低限值要求的燃煤发电企业给予最高每千瓦时1分钱的上网电价支持，支持政策实行事后兑付、季度结算，并与超低排放情况挂钩。

通知指出，为鼓励引导超低排放，对经所在地省级环保部门验收合格并符合上述超低限值要求的燃煤发电企业给予适当的上网电价支持。其中，对2016年1月1日以前已经并网运行的现役机组，其统购上网电量加价每千瓦时1分钱（含税）；对2016年1月1日之后并网运行的新建机组，其统购上网电量加价每千瓦时0.5分钱（含税）。

通知强调，省级能源主管部门负责确认适用上网电价支持政策的机组类型。超低排放电价政策增加的购电支出在销售电价调整时疏导。地方制定更严格超低排放标准的，鼓励地方出台相关支持奖励政策措施。

通知明确，超低排放电价支持政策实行事后兑付、季度结算，并与超低排放情况挂钩。省级环保部门于每一季度开始之日起15个工作日内对上一季度燃煤机组超低排放情况进行核查并形成监测报告，同时抄送省级价格主管部门。电网企业自收到环保部门出具的监测报告之日起10个工作日内向燃煤电厂兑现电价加价资金。对符合超低限值的时间比率达到或高于99%的机组，该季度加价电量按其上网电量的100%执行；对符合超低限值的时间比率低于99%但达到或超过80%的机组，该季度加价电量按其上网电量乘以符合超低限值的时间比率扣减10%的比例计算；对符合超低限值的时间比率低于80%的机组，该季度不享受电价加价政策。其中，烟尘、二氧化硫、氮氧化物排放中有一项不符合超低排放标准的，即视为该时段不符合超低排放标准。燃煤电厂弄虚作假篡改超低排放数据的，自篡改数据的季度起三个季度内不得享受加价政策。

国家发展改革委、国家能源局关于促进智能电网发展的指导意见

为促进智能电网发展，2015年7月6日，国家发展改革委和国家能源局以发改运行〔2015〕1518号文，印发指导意见。意见指出：发展智能电网，有利于进一步提高电网接纳和优化配置多种能源的能力，实现能源生产和消费的综合调配；有利于推动清洁能源、分布式能源的科学利用，从而全面构建安全、高效、清洁的现代能源保障体系；有利于支撑新型工业化和新型城镇化建设，提高民生服务水平；有利于带动上下游产业转型升级，实现中国能源科技和装备水平的全面提升。

意见还提出了促进智能电网发展的总体要求、主要任务和保障措施。

国家发展改革委关于加快配电网建设改造的指导意见

2015年8月20日，国家发展改革委以发改能源〔2015〕1899号文，印发《国家发展改革委关于加快配电网建设改造的指导意见》，要求落实中央稳增长政策，加快配电网建设改造。

意见提出加快配电网建设改造的总体要求。意见还提出要加强规划统筹，提升发展理念；增强供电能力，有效服务民生；提高装备水平，促进节能降耗；推动智能互联，打造服务平台；加大扶持力度，完善政策保障；落实主体责任，加强监督管理。

财政部、国家税务总局就风力发电增值税政策发出通知

财政部、国家税务总局以财税〔2015〕74号文，就风力发电增值税政策发出通知如下：

为鼓励利用风力发电，促进相关产业健康发展，自2015年7月1日起，对纳税人销售自产的利用风力生产的电力产品，实行增值税即征即退50%的政策。

国家能源局关于鼓励社会资本投资水电站的指导意见

2015年1月12日，为贯彻落实《国务院关于创新重点领域投融资机制鼓励社会投资的指导意见》（国发〔2014〕60号）有关要求，鼓励和引导社会投资，规范和完善水电投资环境，促进水电持续健康有序发展，国家能源局以国能新能〔2015〕8号文印发《国家能源局关于鼓励社会资本投资水电站的指导意见》。意见提出要充分认识鼓励社会投资的重要意义、发挥市场在资源配置中的作用、确立企业在投资中的主体地位、加强政府宏观调控和市场监管、完善社会资本投资的政策措施。

国家能源局、工业和信息化部、国家认监委关于促进先进光伏技术产品应用和产业升级的意见

2013年国务院发布《关于促进光伏产业健康发展的若干意见》（国发〔2013〕24号）以来，中国光伏技术进步明显加快，市场规模迅速扩大，为光伏产业发展提供了有力的市场支撑。与此同时，也出现了部分落后产能不能及时退出市场、先进技术产品无法进入市场、光伏产业整体技术升级缓慢、光伏发电工程质量存在隐患等问题。2015年6月1日，为促进先进光伏技术产品应用和产业升级，加强光伏产品和工程质量管理，国家能源局等三部门以国能新能〔2015〕194号文，联合印发《国家能源局、工业和信息化部、国家认监委关于促进先进光伏技术产品应用和产业升级的意见》。

意见提出：发挥市场对技术进步的引导作用；严格执行光伏产品市场准入标准；实施“领跑者”计划；发挥财政资金和政府采购支持光伏发电技术进步的作用；加强光伏产品检测认证；加强工程产品质量管理；加强技术监测和监督；完善光伏发电运行信息监测体系。

国家能源局关于推进新能源微电网示范项目建设的指导意见

可再生能源发展“十二五”规划把新能源微电网作为可再生能源和分布式能源发展机制创新的重要方向。近年来，有关研究机构和企业开展新能源微电网技术研究和应用探索，具备了建设新能源微电网示范工程的工作基础。为加快推进新能源微电网示范工程建设，探索适应新能源发展的微电网技术及运营管理体制，2015年7月13日，国家能源局以国能新能〔2015〕265号文，印发《国家能源局关于推进新能源微电网示范项目建设的指导意见》。

意见指出要充分认识新能源微电网建设的重要意义。

意见还提出了示范项目建设目的和原则、建设内容及有关要求等。

国家能源局关于印发《配电网建设改造行动计划（2015～2020年）》的通知

2015年7月31日，国家能源局以国能电力〔2015〕290号文，印发《配电网建设改造行动计划（2015～2020年）》。

计划指出：配电网是国民经济和社会发展的重要公共基础设施。近年来，中国配电网建设投入不断加大，配电网发展取得显著成效，但用电水平相对国际先进水平仍有差距，城乡区域发展不平衡，供电质量有待改善。建设城乡统筹、安全可靠、经济高效、技术先进、环境友好的配电网设施和服务体系一举多得，既能够保障民生、拉动投资，又能够带动制造业水平的提升，为适应能源互联、推动“互联网＋”发展提供有力支撑，对于稳增长、促改革、调结构、惠民生具有重要意义。

计划还提出配电网建设改造行动计划的指导思想、行动目标、重点任务、政策保障、组织实施。

体 制 改 革

中共中央、国务院关于进一步深化电力体制改革的若干意见

2015年3月15日，《中共中央、国务院关于进一步深化电力体制改革的若干意见》（中发〔2015〕9号）发布。

意见指出，深化电力体制改革是一项紧迫的任务，事关中国能源安全和经济社会发展全局。要在进一步完善政企分开、厂网分开、主辅分开的基础上，按照管住中间、放开两头的体制架构，以建立健全电力行业“有法可依、政企分开、主体规范、交易公平、价格合理、监管有效”的市场体制为目标，加快构建有效竞争的市场结构和市场体系，形成主要由市场决定能源价格的机制，逐步打破垄断、有序放开竞争性业务，实现供应多元化，促进公平竞争、节能环保。

意见强调，要有序放开输配以外的竞争性环节电价，有序向社会资本放开配售电业务，有序放开公益性和调节性以外的发用电计划；继续深化对区域电网建设和适合中国国情的输配体制研究；推进交易机构相对独立，规范运行；进一步强化政府监管和电力统筹规划，强化电力安全高效运行和可靠供应。

国家发展改革委发布新电改4个配套文件

2015年3月15日，《中共中央、国务院关于进一步深化电力体制改革的若干意见》（中发〔2015〕9号）发布，随后，国家发展改革委会同各部委陆续发布了《关于改善电力运行，调节促进清洁能源多发满发的指导意见》《关于完善电力应急机制做好电力需求侧管理城市综合试点工作的通知》《关于贯彻中发〔2015〕9号文件精神，加快推进输配电价改革的通知》《关于完善跨省跨区电能交易价格形成机制有关问题的通知》等4个新电改配套文件。

4个配套文件包括1个《指导意见》和3个《通知》。《指导意见》明确，各省（区、市）政府主管部门组织编制本地区年度电力电量平衡方案时，应采取措施落实可再生能源发电全额保障性收购制度，在保障电网安全稳定的前提下，全额安排可再生能源发电。3个《通知》分别明确，试点城市及所在省份以更加市场化的方式保障电力供需平衡；扩大输配单价改革试点范围，全面开展输配电价摸底测算工作，改革对电网企业的监管模式，积极稳妥推进电价市场化；完善跨省跨区电能交易价格形成机制，并对跨省跨区送电专项输电工程进行成本监审，根据成本监审结果重新核定输电价格。

国家发展改革委、国家能源局发布6个电改配套文件

为贯彻落实《中共中央、国务院关于进一步深化电力体制改革的若干意见》（中发〔2015〕9号）精神，加快推进电力体制改革实施，国家发展改革委、国家能源局会同有关部门研究发布了《关于推进输配电价改革的实施意见》《关于推进电力市场建设的实施意见》《关于电力交易机构组建和规范运行的实施意见》《关于有序放开发用电计划的实施意见》《关于推进售电侧改革的实施意见》《关于加强和规范燃煤自备电厂监督管理的指导意见》等6个电力体制改革配套文件。

6个配套文件包括5个《实施意见》和1个《指导意见》，着眼于为电力体制改革实施工作提供有力指导，对中发〔2015〕9号文部署的重点改革任务都提出了明确详细的“施工图”，将坚持市场化改革方向，守住供电安全底线，在中发〔2015〕9号文和配套文件框架内加快推进一批电力体制改革试点，鼓励基层创新，支持多模式探索，健全工作机制，加强各方联运，在试点基础上稳妥有序推进各项改革落实，使改革红利得到充分释放。

国家能源局加快推进电力体制改革工作

为贯彻落实中发〔2015〕9号文件精神，国家能源局加快推进电力体制改革工作。

一、明确电力体制改革重点工作

年初，经国家能源局全面深化改革领导小组和局长办公会审议通过，印发了《国家能源局关于落实电力体制改革重点任务分工方案》，明确了国家能源局推进电力体制改革的思路、原则和具体工作内容。

二、分工起草电力体制改革配套文件

配合国家发展改革委组织电力体制改革6个电改配套文件（发改经体〔2015〕2752号）起草工作。在开展课题研究和组织专家论证基础上，会同委相关司局负责起草《关于推进电力市场建设的实施意见》《关于电力交易机构组建和规范运行的实施意见》《关于推进售电侧改革的实施意见》《关于加强和规范燃煤自备电厂监督管理的指导意见》等工作，积极参与《关于推进输配电价改革的实施意见》和《关于有序放开发用电计划的实施意见》等文件的起草讨论。

三、有序推动电力体制改革试点工作

一是会同国家发展改革委研究批复云南、贵州电力体制改革综合试点，指导地方组织实施；二是会同国家发展改革委研究批复重庆、广东售电侧改革试点方案，指导地方加快推进；三是推进蒙西新能源消纳和电力体制创新综合示范区电力体制改革试点建设；四是研究制订京津冀、南方区域电力市场方案；五是配合国家发展改革委对批复的输配电价改革试点，组织有关派出机构开展成本监审。

四、深入研究电力交易机构组建工作

一是召开电力交易机构组建工作会，会同国家发展改革委听取有关单位对电力交易机构组建的意见，安排部署下一步工作；二是研究推动北京、广州电力交易中心及其他区域及省（区、市）电力交易机构组建工作；三是研究制订北京、广州电力交易中心市场管理委员会组建方案。

五、制定电力市场交易规则和监管办法

制定《电力市场基本规则》《电力中长期交易基本规则》《电力市场监管办法》等3个文件，起草《售电市场监管办法（试行）》等，并与国家发展改革委联合发布了《输配电价成本监审办法（试行）》。

六、逐步推动社会资本投资配电业务

一是逐步推动向符合条件的市场主体放开增量配电业务投资，鼓励南方电网公司开展深圳前海供电合作项目混合所有制改革试点；二是积极推动重庆、江西、贵州等地开展社会资本投资配电业务改革；三是鼓励以混合所有制方式发展配电业务，并推进分布式能源发展等试点工作。

七、有序推进新疆能源体制综合改革

赴新疆开展调研，组织新疆维吾尔自治区发展改革委、兵团、能源企业等召开座谈会，听取新疆能源发展面临的问题和建议，进一步梳理了新疆能源发展存在的体制机制问题，并制定了《关于开展新疆能源综合改革试点初步方案》。

八、推进西藏电力体制改革

贯彻落实中央西藏工作会议精神，会同西藏自治区发展改革委、能源局开展西藏电力体制改革研究，并组成调研组赴西藏开展调研，梳理西藏电力发展存在的体制机制问题，研究提出西藏电力体制改革初步方案。

九、组织召开电改文件解读工作会议

电力体制改革配套文件印发后，组织各省（区、市）能源主管部门及能源局各派出机构，召开配套文件解读暨推进试点工作座谈会，明确了改革试点工作要求，组织试点工作情况交流，并进行了文件解读。

十、全面开展电力体制改革宣传工作

一是印发国家能源局电力体制改革新闻宣传总体方案；二是以新闻通气会、开辟门户网站专栏、在平面媒体刊登答记者问等多种形式解读配套文件；三是向中办、国办、中改办上报电力体制改革相关信息，及时反映改革动态。

十一、深入开展电力体制改革相关研究

组织有关单位开展电力体制改革相关重点问题研究，为交易机构组建、电力市场建设、社会资本投资配电业务、分布式能源发展等试点工作的组织实施提供决策依据。

国家电力投资集团公司成立

2015年5月29日，经国务院批准，中国电力投资集团公司（简称中电投）与国家核电技术公司（简称国家核电）宣布合并，合并后新组建国家电力投资集团公司（简称国家电投）。新公司继承了原中电投和国家核电已有业务，是中国三大核电开发建设运营商之一。公司注册资本金450亿元，资产总额7223亿元，员工总数近14万人，年销售收入1800多亿元，利润过百亿元，业务涵盖电力、煤炭、铝业、物流、金融等领域。电力总装机容量超过1亿kW，其中：火电6458.39万kW，水电2094.07万kW，核电335.65万kW，太阳能发电397.13万kW，风电729.98万kW，在全部电力装机容量中清洁能源比重占39.41%。公司拥有煤炭产能8040万t，电解铝产能272万t，铁路运营里程504km，拥有7家上市公司，包括2家香港红筹股公司和5家境内A股公司，海外资产分布在24个国家（地区）。

2015年7月15日，历时两年的中电投和国家核电重组工作迎来节点性时刻——国家电力投资集团公司正式挂牌成立。

首个省级电网独立输配电价体系建立

2015年9月30日，国家发展改革委下发了《关于内蒙古自治区西部电网2015～2017年输配电价的批复》，同意内蒙古新的电价机制从2015年10月1日在蒙西电网开始实施，这标志着全国第一个省级电网独立输配电价体系在北部边疆内蒙古成功建立。

国家发展改革委批复的蒙西电网不同电压等级、不同用户的输配电价，是中国第一个按照“准许成本加合理收益”原则测算的、能够直接用于电力市场交易的省级电网独立输配电价，为“放开两头”、推进发电和售电价格市场化创造条件、奠定基础。此次输配电价改革主要按照“准许成本加合理收益”的原则进行，以3年为一个监管周期，对电网准许总收入进行监管。

概　览

2015 年全国电力工业综述

（王信茂）

一、电力供需进一步宽松

2015 年，电力生产消费呈现新常态特征，全国电力供需形势进一步宽松。

分区域看，华北区域全年全社会用电量同比下降 0.1%，统调最高用电负荷增长 0.3%，年底发电装机增长 8.7%。区域电力供需总体平衡略宽松，蒙西、山西供应能力富余，山东电网夏季出现错峰、日最大错峰负荷 161 万 kW；东北区域全年全社会用电量同比下降 2.0%，统调最高用电负荷下降 0.4%，年底发电装机增长 3.2%。区域供应能力富余较多，吉林、黑龙江“弃风”问题进一步加剧；华东区域全年全社会用电量同比增长 1.8%，统调最高用电负荷增长 4.3%，年底发电装机增长 11.6%。区域电力供需总体宽松，福建供应能力富余，安徽 12 月出现错峰、日最大错峰负荷 25 万 kW。华中区域全年全社会用电量同比增长 0.4%，统调最高用电负荷增长 2.8%，年底发电装机增长 8.8%，区域电力供需总体宽松，江西、河南电网出现少量错峰，区域火电设备利用小时比 2014 年明显下降，四川火电设备利用小时 2682h，汛期电力富余，“弃水”电量较多；西北区域全年全社会用电量同比增长 1.4%，统调最高用电负荷增长 2.8%，年底发电装机增长 21.9%。区域电力供应能力富余较多，火电设备利用小时比 2014 年降低 555h，甘肃、新疆风电设备利用小时分别比 2014 年降低 412、523h，“弃风”问题进一步加剧。南方区域全年全社会用电量同比增长 0.3%，统调最高用电负荷增长 4.0%，年底发电装机增长 8.7%。区域电力供需总体宽松，海南 8 月前电力供应偏紧，日最大错峰负荷 69.4 万 kW，但随着新机组投产，供需形势明显缓和。云南电力富余，“弃水”电量增加，火电设备利用小时 1973h，比 2014 年降低 906h。

二、电力消费低速增长，用电结构持续改善

全年全国全社会用电量 56 933 亿 kWh，比 2014 年增长 0.96%，增速比 2014 年回落 3.18 个百分点。其中，第一、三产业和城乡居民生活用电量增速均高于 2014 年；而第二产业用电量增速大幅回落，自 21 世纪以来首度出现负增长，是全社会用电低速增长的主要原因。分季度用电增长依次为 0.82%、1.68%、0.10%和 1.26%。全国电力消费弹性系数为 0.14，比 2014 年回落 0.42 个百分点。

从用电结构看，第一产业用电量 1040 亿 kWh，比 2014 年增长 2.55%；第二产业用电量 41 442 亿 kWh，比 2014 年下降 0.79%，对全社会用电量增长的贡献率为 −60.71%；第三产业用电量 7166 亿 kWh，比 2014 年增长 7.42%，对全社会用电量增长的贡献率为 91.64%。第三产业中，以互联网、大数据、云计算等新一代信息技术为主要代表的信息传输计算机服务和软件业用电增长 14.8%，延续高速增长势头，反映出中国转方式、调结构取得了积极进展；城乡居民生活用电量 7285 亿 kWh，比 2014 年增长 5.01%，对全社会用电量增长的贡献率为 64.30%。随着中国城镇化以及家庭电气化水平逐步提高，呈现出居民生活用电量稳步增长的态势。2015 年全国人均电力消费 4142kWh。全国工业用电量 40 743 亿 kWh，比 2014 年下降 0.74%，其占全社会用电量的比重为 71.56%，比 2014 年降低 0.87 个百分点，对全社会用电量增长的贡献率为 −56.43%。全国轻、重工业用电量分别为 6772 亿 kWh 和 33 971 亿 kWh，分别比 2014 年增长 1.41%和下降 1.16%，增速分别比 2014 年回落 2.73 个百分点和 5.41 个百分点。化学原料及化学制品制造业、非金属矿物制品业、黑色金属冶炼及压延加工业、有色金属冶炼及压延加工业四大重点行业合计用电量 17 895 亿 kWh，比 2014 年下降 1.89%，增速比 2014 年降低 6.70 个百分点，占全社会用电量的 31.43%，对全社会用电量增长的贡献率为 −63.81%。四大高耗能行业用电快速回落导致第二产业乃至全社会用电增速明显放缓，四大高耗能对电力消费增速放缓产生的影响明显超过其对国内生产总值和工业增加值波动的影响，这也是全社会用电量增速回落幅度大于经济增速回落幅度的主要原因。在四大重点行业中，有色金属冶炼及压延加工业和化学原料及化学制品制造业用电量分别为 5378 亿 kWh 和 4355 亿 kWh，分别比 2014 年增长 6.38%和 1.72%。黑色金属冶炼及压延加工业和非金属矿物制品业用电量分别为 5057 亿 kWh 和 3105 亿 kWh，分别比 2014 年下降 9.34%和 6.62%。

分地区看，广东、山东、江苏、浙江、河北、河南、内蒙古和新疆八省全社会用电量超过 2000 亿 kWh。全社会用电量增速高于全国平均水平（0.96%）的省（区、市）共有 16 个，分别是新疆（13.69%）、西藏（19.27%）、海南（8.13%）、江西（6.75%）、内蒙古（5.22%）、宁夏（3.48%）、安徽（3.45%）、山东（2.77%）、上海（2.67%）、江苏（2.04%）、广西（2.01%）、北京（1.67%）、广东（1.44）、浙江（1.35%）、湖南（1.17%）、黑龙江（1.11%）。全社会用电量负增长的省份共有 10 个，分别是福建（−0.21%）、陕西（−0.35%）、四川（−1.11%）、河南（−1.37%）、吉林（−2.37%）、辽宁（−2.64%）、河北（−4.18%）、山西（−4.69%）、云南（−5.94%）、青海（−9.02%）。

三、电力供应能力总体充足，局部过剩

全国发电装机快速增长。2015 年底全国发电装机容量 152 527 万 kW，装机规模继续保持世界首位，比 2014 年增长 10.62%，增速较 2014 年提高 1.67 个百分点。其中，水电 31 954 万 kW，比 2014 年增长 4.82%；火电

100 954 万 kW，比 2014 年增长 7.85%；核电 2717 万 kW，比 2014 年增长 35.31%；并网风电 13 075 万 kW，比 2014 年增长 35.40%；并网太阳能发电 4218 万 kW，比 2014 年增长 69.66%。年末全国人均装机规模 1.11kW，比 2014 年增加 0.11kW。

分区域看，华北、华东、华中、南方、西北、东北区域发电装机容量分别为 3.27 亿、3.01 亿、3.02 亿、2.69 亿、2.05 亿、1.21 亿 kW，比 2014 年分别增加 2810 万、3145 万、2510 万、2263 万、3532 万、378 万 kW。全国有 14 个省份的发电装机容量超过 5000 万 kW，其中内蒙古、广东、山东发电装机容量分别为 10 397 万、9817 万、9716 万 kW。江苏、四川、浙江、云南超过 7000 万 kW，新疆、山西、河南、湖北超过 6000 万 kW，发电装机容量低于 1000 万 kW 的省份只有海南、西藏。西藏、宁夏、新疆、海南四个省份的发电装机容量增速超过 20%。

电源结构继续优化。2015 年底全国水电、核电、并网风电、并网太阳能发电装机容量占全国发电装机容量的比重为 34.83%，比 2014 年提高 1.73 个百分点；火电装机容量占全国发电装机容量的比重为 65.92%，比 2014 年下降 1.69 个百分点。其中煤电装机容量占全国发电装机容量的比重为 59.01%，比 2014 年降低 1.73 个百分点。60 万 kW 及以上火电机组容量所占比重达到 42.91%，比 2014 年提高 1.4 个百分点。全年完成超低排放改造机组容量约 1.4 亿 kW，污染物排放量大幅下降。全年退役、关停火电机组容量 1091 万 kW，比 2014 年增加 182 万 kW。火电机组平均单机容量 12.89 万 kW，比 2014 年增加 0.4 万 kW。

电网规模进一步扩大。全国电网 35kV 及以上输电线路回路长度 169.68 万 km，比 2014 年增长 4.20%，其中 220kV 及以上输电线路回路长度 62.10 万 km，比 2014 年增长 5.34%；全国电网 35kV 及以上变电设备容量 56.99 亿 kVA，比 2014 年增长 8.21%，其中 220kV 及以上变电设备容量 33.66 亿 kVA，比 2014 年增长 8.86%，电网输配电规模也居世界首位。分省份看，全国共有 15 个省份的 220kV 及以上输电线路回路长度超过 2 万 km，分别是江苏、四川、内蒙古、广东、河北、山东、湖北、浙江、河南、辽宁、云南、新疆、山西、安徽和湖南，其中江苏、四川、内蒙古、广东、河北分别达至 3.80 万、3.51 万、3.46 万、3.15 万、3.11 万 km。全国共有 13 个省份的 220kV 及以上变电设备容量超过 1 亿 kVA，分别是江苏、广东、浙江、山东、河北、四川、河南、辽宁、内蒙古、上海、湖北、山西和安徽，其中江苏、广东分别达到 2.92 亿、2.84 亿 kVA。

全面解决了无电人口用电问题。2015 年，国家能源局制定的《全面解决无电人口用电问题三年行动计划（2013－2015 年）》得到落实，中国全面解决了无电人口用电问题。

跨区跨境电力输送能力继续提高。国家电网公司跨区输电工程输电能力超过 6900 万 kW，其中，交直流联网工程跨区输电能力超过 5850 万 kW，跨区点对网输送能力超过 1050 万 kW；糯扎渡水电站送广东 ±800kV 特高压直流工程全部建成投运，中国南方电网有限公司“西电东送”形成“八交八直”的输电通道，送电规模达到 3650 万 kW。南方电网与香港、澳门联网送电。中国分别与俄罗斯、蒙古、越南、缅甸和老挝等国实现了跨国输电线路互联和电量交换。在大湄公河次区域，缅甸电厂以 1 回 500kV、2 回 220kV 线路送电中国；中国以 3 回 220kV、3 回 110kV 线路供电越南；中国以 1 回 115kV 线路供电老挝。中国东北电网与俄罗斯远东电网建成了 3 条输电通道；中国新疆通过 35kV、内蒙古西部通过 220kV 和 110kV 输电线路与蒙古国实现一定规模的电力交易。中国与周边国家跨国电力交换能力超过 200 万 kW，电网境内外优化配置资源功能逐步显现。

四、电力生产运行安全平稳

非化石能源发电量高速增长，火电发电量负增长。2015 年全国全口径发电量 57 399 亿 kWh，比 2014 年增长 1.05%。其中，水电 11 127 亿 kWh，同比增长 4.96%，受新增机组容量大幅减少的影响，增速同比降低 13.87 个百分点，水电发电量占全部发电量的比重为 19.39%，同比提高 0.73 个百分点；火电 42 307 亿 kWh，同比下降 1.68%，增速同比降低 3.61 个百分点，是自改革开放以来年度首度负增长，火电发电量占全部发电量的比重为 73.71%，同比降低 1.72 个百分点；核电、并网风电、并网太阳能发电分别为 1714 亿、1856 亿、395 亿 kWh，同比分别增长 28.64%、16.17%、67.92%。水电、核电、并网风电和并网太阳能发电等非化石能源发电量合计比 2014 年增长 10.24%，非化石能源发电量占全口径发电量的比重为 27.23%，比 2014 年提高 2.18 个百分点。发电量增速超过 10% 的省（区、市）为西藏（48.13%）、新疆（18.41%）、北京（14.08%）、江西（12.06%），同比下降超过 5% 的省份有吉林（－7.10%）、山西（－7.01%）。全国 6000kW 及以上电厂发电设备利用小时 3988h，比 2014 年降低 360h。其中，水电 3590h，同比降低 79h；火电 4364h，为 1969 年以来的年度最低值，同比降低 414h；核电 7403h，同比降低 384h；风电 1724h，同比降低 176h。

电煤供需持续宽松。全国煤炭市场需求继续下降，煤炭供应能力充足。全国煤炭产量 36.9 亿 t，同比下降 3.5%；全国煤炭净进口 2.0 亿 t，同比下降 30.4%。受宏观经济增长放缓、产业结构调整等因素影响，全国煤炭消费量同比下降 4.0%左右，电力、钢铁、建材等主要用煤行业耗煤减少。电煤供需持续宽松，全年发电供热消耗原煤 18.84 亿 t，其中发电耗原煤 16.73 亿 t，同比减少 6.79%，供热耗原煤 2.11 亿 t，同比增长 11.3%。全国主要发电企业耗煤 12.84 亿 t，同比减少 1.19 亿 t。电煤库存总体维持正常水平，市场价格继续回落。

跨区跨省送电增速回落。全国跨区送电量完成 3311 亿 kWh，比 2014 年增长 2.79%，由于电力需求趋缓，全国跨区送电量增速比 2014 年回落 20.24 个百分点。其中，华北电网送出电量 255 亿 kWh，比 2014 年下降 19.47%。东北送华北 176 亿 kWh，比 2014 年下降 17.98%。华东送华中 15 亿 kWh，比 2014 年增长 33.11%。华中区域电网送出电量 1657 亿 kWh，比 2014 年增长 3.91%，由于水情较好，汛期送西北增幅较大。华中区域电网送西北 77 亿 kWh，比 2014 年增长 69.73%；西北电网区域送出电量 895 亿 kWh，比 2014 年增长 14.43%，其中西北通过哈郑直流送河南 250 亿 kWh，比 2014 年增长 92.67%。南方电网“西电东送”完成电量 1891 亿 kWh，比 2014 年增长 9.79%，同比回落 21.29 个百分点。全国跨省输出电量 9482 亿 kWh，比 2014 年下降 1.08%，增速同比回落 11.49 个百分点。全国电力进出口电量合计 253 亿 kWh，比 2014 年增长 3.53%。其中，进口电量 59 亿 kWh，比 2014 年下降 3.02%。出口电量 194 亿 kWh，比 2014 年增长 5.69%。

电力生产运行安全可靠。在电网结构日趋复杂，地震、台风、泥石流等各类自然灾害频发的情况下，电力行业深入贯彻落实新《安全生产法》，圆满完成全国“两会”、纪念抗日战争胜利 70 周年等重大活动保电工作。全年没有发生重大以上电力人身伤亡事故，没有发生重大电力安全事故，没有发生较大电力设备事故，没有发生电力系统水电站大坝垮坝、漫坝以及对社会造成重大影响的事件，电力供应满足了经济社会发展和人民生活水平提高的需要。全国发生电力人身伤亡事故 36 起，死亡 49 人，同比事故起数减少 10 起，死亡人数减少 14 人。

电力设备可靠性指标保持较高水平。全国 10 万 kW 及以上燃煤机组等效可用系数为 92.57%，比 2014 年提高 0.73 个百分点。等效强迫停运率为 0.39%，与 2014 年持平。非计划停运次数为每台年 0.34 次，比 2014 年减少 0.2 次；4 万 kW 及以上水电机组等效可用系数为 92.05%，比 2014 年降低 0.55 个百分点。等效强迫停运率为 0.08%，比 2014 年降低 0.03 个百分点。非计划停运次数为每台年 0.27 次，比 2014 年减少 0.03 次；全国电网 220kV 及以上电压等级 13 类输变电设施可靠性指标呈上升趋势，其中全国电网 220kV 及以上电压等级架空线路、变压器、断路器三类主要设施的可用系数分别为 99.600%、99.887%、99.953%，比 2014 年分别提高 0.108、0.030、0.027 个百分点。在运直流输电系统合计能量可用率、能量利用率分别为 95.220%、50.61%，同比分别提高 1.322%、1.5%。强迫能量不可用率为 0.317%，上升了 0.137 个百分点。全国 10（6、20）kV 供电系统用户平均供电可靠率 99.880%，用户平均停电次数 2.52 次，用户年平均停电时间 10.50h。其中城市、农村用户平均供电可靠率分别为 99.953%、99.855%，同比分别降低了 0.018、0.080 个百分点，用户年平均停电次数分别为 1.07、3.03 次，用户年平均停电时间分别为 4.08、12.74h。

五、电力建设保持稳定增长

电力投资较快增长。全国电力工程建设完成投资 8576 亿元，比 2014 年增长 9.87%。其中，电源、电网工程建设分别完成投资 3936 亿、4640 亿元，比 2014 年分别增长 6.78%、12.64%，分别占全国电力工程建设完成投资额的 45.90%、54.10%。电网工程建设完成投资占比比 2014 年提高 1.33 个百分点。

在电源投资中，全国核电、并网风电及并网太阳能光伏发电完成投资分别比 2014 年增加 6.07%、31.10%和 45.21%；水电完成投资 789 亿元，比 2014 年下降 16.28%；常规煤电完成投资 1061.4 亿元，比 2014 年增长 11.83%。非化石能源发电投资占电源总投资的比重为 70.45%，比 2014 年提高 1.49 个百分点。分区域来看，受水电和火电投资明显下降的影响，华中区域电源工程建设完成投资 684 亿元，同比下降 11.75%，占全国电源投资比重比 2014 年下降 3.65 个百分点；西北区域和东北区域电源完成投资分别比 2014 年提高 35.87%和 32.07%，完成投资占全国电源投资比重分别比 2014 年提高 4.17 和 1.06 个百分点；华北区域完成投资额比 2014 年增长 12.26%，占全国电源投资的比重比 2014 年提高 0.85 个百分点；南方区域和华东区域电源建设完成投资情况与 2014 年基本持平，同比分别增长 0.23%和 1.22%，区域完成投资占全国电源投资的比重比 2014 年分别下降 1.47 个百分点和 0.97 个百分点。

全国电网工程建设分电压等级看，除 220kV 等级完成投资同比下降 3.97%外，其他等级完成投资均比 2014 年有不同程度的增长，其中±500、1000kV 和 750kV 等级增长幅度均在 40%以上。分区域电网看，华东区域、东北区域和国网总部完成投资比 2014 年有所下降，其他区域完成投资均比 2014 年有不同程度的增长，其中西北区域、华中区域和华北区域增幅超过 20%；华东区域投资规模最大，占全国比重达到 24.67%，但投资增速比 2014 年回落较多。贯彻落实《关于加快配电网建设改造的指导意见》和《配电网建设改造行动计划（2015－2020 年）》，加快城镇配电网建设改造。全年全国安排城网建设改造专项建设基金 130 亿元，带动新增投资 1140 亿元；安排农网改造资金 1628 亿元，其中中央预算内资金 282 亿元。

新增电源规模创历年新高。全国基建新增发电生产能力 13 184 万 kW，是历年新投产发电装机最多的一年，比 2014 年多投产 2741 万 kW。其中，水电 1375 万 kW，比 2014 年少投产 805 万 kW。新投大型水电站项目主要有国电集团公司四川大渡河大岗山水电站 4 台机组合计 260 万 kW、中国大唐集团公司云南金沙江观音岩水电站 3 台机组合计 180 万 kW 和中国华电集团公司云南金沙江梨园水电站 1 台 60 万 kW 机组，内蒙古呼和浩特抽水蓄能电站 2 台机组合计 60 万 kW，广东清远抽水蓄能电站 1 台机组 32 万 kW；火电 6678 万 kW（其中燃气 695 万 kW、常规煤电 5402 万 kW），新增规模比 2014 年增加 1887 万 kW，全年新投产百万机组 16 台；核电新投产 6 台机组合计 612 万 kW，分别为辽宁红沿河一期、浙江秦山一期、福建宁德一期、福建福清一期、海南昌江一期以及广东阳江各 1 台机组，比 2014 年多投产 65 万 kW；新增并网风电、并网太阳能发电分别为 3139 万 kW 和 1380 万 kW，均创年度新增新高。在全年新增发电装机容量中，非化石能源发电装机占比为 49.73%。年末全国主要电力企业在建电源规模 1.82 亿 kW，同比增长 25.35%。

新增电网规模同比下降，电网结构优化。全国新增交流 110kV 及以上输电线路长度 57 110km，比 2014 年下降 4.50%，其中，110、220、1000kV 新增线路长度分别比 2014 年下降 10.66%、0.20%和 99.59%，而 330、500、750kV 分别比 2014 年增长 79.87%、1.61%和 24.78%。全国交流新增 110kV 及以上变电设备容量 29 432 万 kVA，比 2014 年下降 4.61%，其中，新增 110、220、330kV 电压等级变电设备容量分别比 2014 年下降 11.36%、24.06%和 13.36%，而 500kV 和 750kV 等级分别比 2014 年增长 17.54%和 440.91%。全国直流工程输电线路长度没有新增，±800kV 特高压直流工程换流容量新增 250 万 kW。

部分重点电网工程相继开工或投运，电网大范围资源优化配置的能力将进一步提升。糯扎渡电站送电广东±800kV 特高压直流工程全部建成投运。酒泉—湖南±800kV 特高压直流工程、云南电网与南方电网主网背靠背直流异步联网工程、南方电网主网与海南电网第二回联网工程开工建设。辽宁绥中电厂改接华北电网 500kV 工程正式投运。为落实国务院发布的《大气污染防治行动计划》，蒙西—天津南 1000kV 特高压交流工程、榆横—潍坊 1000kV 特高压交流工程、晋北—南京±800kV 特高压直流工程、锡盟—泰州±800kV 特高压直流工程、上海庙—山东±800kV 特高压直流工程 5 条输电通道均正式开工建设。

电力建设工程造价稳步下降。因原材料价格下降，燃煤发电、水电、太阳能光伏发电以及电网工程单位平均造价同比小幅回落，回落幅度分布在 1.5%～5% 区间内。风电工程单位造价小幅回升了 1.57%。

电力优质工程不断涌现。22 项工程获国家优质工程奖（其中 5 项工程获国家优质工程金质奖，17 项工程获国家优质工程奖），5 项工程获中国建设工程鲁班奖（其中 4 项工程获中国建设工程鲁班奖，1 项工程获鲁班境外奖），13 项工程获中国安装工程优质奖，32 项工程获中国电力优质工程奖，5 项工程获中国电力优质工程奖（中小型）、2 项工程获中国电力优质工程境外奖。

六、节能减排成效显著

能耗指标继续下降。全国 6000kW 及以上火电厂机组平均供电标准煤耗 315g/kWh，比 2014 年降低 4g/kWh，煤电机组供电煤耗继续保持世界先进水平；全国 6000kW 及以上电厂厂用电率 5.09%，比 2014 年提高 0.24 个百分点；全国线路损失率为 6.64%，与 2014 年持平。

污染物排放大幅减少。据中电联初步分析，2015 年全国电力烟尘排放量约为 40 万 t，比 2014 年下降 59.2%。单位火电发电量烟尘排放量 0.09g/kWh，比 2014 年下降 0.14g/kWh；全国电力二氧化硫排放量约为 200 万 t，比 2014 年下降 67.7%。单位火电发电量二氧化硫排放量为 0.47g/kWh，比 2014 年下降 1g/kWh；电力氮氧化物排放量约为 180 万 t，比 2014 年下降约 71.0%。单位火电发电量氮氧化物排放量为 0.43g/kWh，比 2014 年下降 1.04g/kWh；年末全国已投运火电厂烟气脱硫机组容量约 8.2 亿 kW，占全国煤电机组容量的 91.20%。已投运火电厂烟气脱硝机组容量约 8.5 亿 kW，占全国煤电机组容量的 94.54%。全国火电厂单位发电量耗水量 1.4kg/kWh，比 2014 年降低 0.2kg/kWh，每千瓦时发电量废水排放量 0.07kg，比 2014 年降低 0.01kg。

电力需求侧节能有成效。在保障电力安全可靠、协调发展的大前提下，政府、行业、企业贯彻落实能源消费革命，共同推进电力需求侧管理，建立并不断完善需求侧响应体系，加大移峰填谷能力建设，引导用户优化用电负荷，促进清洁能源消纳，确立 19 家工业领域电力需求侧管理评价机构，共有 15 个省份、2000 余家工业企业实施了需求侧管理工作；国家电网和南方电网超额完成年度电力需求侧管理目标任务，共节约电量 142.7 亿 kWh，节约电力 327.3 万 kW。

应对气候变化工作取得新进展。据中电联初步统计分析，2015 年，全国每千瓦时火电发电量二氧化碳排放约 850g，比 2005 年下降 18.9%；每千瓦时发电量二氧化碳排放约 627g，比 2005 年下降 26.9%。以 2005 年为基准年，2006～2015 年，电力行业通过发展非化石能源、降低供电煤耗和降低线损率等措施累计减少二氧化碳排放约 76 亿 t。其中供电煤耗的降低对电力行业二氧化碳减排贡献率为 48%，非化石能源发展贡献率为 50%。

七、电力装备和科技水平进一步提升

电力企业技术进步成果丰硕。2015 年，电力企业获得国家科学技术进步奖 5 项（其中二等奖 5 项）；获得中国电力科学技术奖 91 项，包括 2015 年度中国电力技术发明奖 5 项，中国电力科学技术进步奖 86 项（其中，一等奖 8 项，二等奖 26 项）。15 家大型电力企业的国内专利申请量 32 002 项，2015 年度专利授权量和有效量分别为 16 214 项和 64 836 项，涉外专利授权量和有效量分别为 14 项和 41 项；累计发表论文 16 277 篇，其中 SCI 和 EI 收录论文分别为 397 篇和 1437 篇，占论文发表总篇数的比重分别为 2.07%和 3.72%。

在电网领域，世界首次采用大容量柔性直流与常规直流组合模式的背靠背直流工程——鲁西背靠背直流工程正式开工建设，世界上首个采用真双极接线±320kV 柔性直流输电科技示范工程在厦门正式投运。

在电源领域，随着世界首台 66 万 kW 超超临界二次再热燃煤机组——中国华能集团公司江西安源电厂 1 号机组和世界首台 100 万 kW 超超临界二次再热燃煤发电机组——中国国电集团公司泰州电厂二期工程 3 号机组相继投运，标志着二次再热发电技术在国内得到推广应用；世界首台 35 万 kW 超临界循环流化床机组——山西国金电力公司 1 号机组投运；中国大型先进压水堆 CAP1400 示范工程完成全部关键试验验证工作，主泵、数字化仪控系统样机研制基本完成，示范工程已启动核准前评估；中国自主三代核电技术“华龙一号”示范工程——中国核工业集团公司福清 5 号核电机组正式开工建设，成为中国正式迈入世界先进核电技术国家行列的里程碑。

八、电力企业经营状况较好

截至 2015 年年底，全国规模以上电力企业 5581 家（年产值 2000 万元以上的企业）。其中，电网企业 1483 家，占电力企业总数的 26.57%；发电企业 4098 家，占比 73.43%。国有控股电力企业 3800 家，占电力企业总数的 68.09%。共有 10 家电力企业入围 2015 年“世界 500 强企业”，分别是国家电网公司、中国南方电网有限责任公司、中国神华集团有限公司、中国华能集团公司、中国电力建设集团有限公司、中国华电集团公司、中国能源建设集团有限公司、中国大唐集团公司和中国电力投资集团公司。

全国规模以上电力企业资产总额 115 859 亿元，比 2014 年增长 8.64%。其中，电力供应企业资产总额 50 869 亿元，比 2014 年增长 13.59%，占全国电力企业资产总额的 43.91%；发电企业资产总额 64 989 亿元，比 2014 年增长 5.06%，占全国电力企业资产总额的 56.09%。

全国电力企业负债总额 71 116 亿元，比 2014 年增长 4.44%。其中，电力供应企业负债总额 27 589 亿元，比 2014 年增长 6.59%，占全国电力企业负债总额的 38.79%；发电企业负债总额 43 527 亿元，比 2014 年增长 3.12%，占全国电力企业负债总额的 61.21%。

全国电力企业资产负债率为 61.38%，比 2014 年降低 2.47 个百分点。电力供应企业资产负债率 54.24%，比 2014 年降低 3.56 个百分点。发电企业资产负债率 66.98%，比 2014 年降低 1.26 个百分点。

受煤炭价格大幅下降的影响，全国规模以上电力企业利润总额 4680 亿元，比 2014 年增长 13.57%。其中，电力供应企业利润总额 1213 亿元，比 2014 年增长 13.02%；发电企业利润总额 3467 亿元，比 2014 年增长 13.77%。在发电企业中，火电、水电、核电、风电企业和太阳能发电企业利润总额分别为 2266 亿、735 亿、183 亿、182 亿元和 59 亿元，分别比 2014 年增长 13.32%、10.44%、21.62%、11.14% 和 69.69%。从资产利润率来看，全国规模以上工业企业资产利润率为 5.76%，电力企业为 4.04%，依然差距明显，但有所缩小。在全国 5581 家规模以上电力企业中，亏损企业 1168 家，亏损面达到 20.93%。其中，电网企业亏损面为 26.10%，发电企业亏损面为 19.06%。

九、国际合作取得新进展

电力企业积极实施“走出去”与“一带一路”战略，谋划能源电力领域合作，推动能源装备“走出去”，积极参与全球能源治理。电力企业分别与美国、俄罗斯、英国、法国、德国、西班牙、比利时、葡萄牙、罗马尼亚、立陶宛、哈萨克斯坦、秘鲁、厄瓜多尔、南非、埃塞俄比亚、肯尼亚、津巴布韦、韩国、巴基斯坦、马来西亚、印度尼西亚、蒙古国、老挝等 20 多个国家的地方政府、企业、大学签署合作协议和备忘录，共同开展战略合作。其中，国网中国电力技术装备有限公司与埃塞俄比亚国家电力公司和肯尼亚输电公司签署合同，承建东非地区第一条高压直流输电线路“埃塞—肯尼亚 500kV 直流输电线路”；中国广核集团有限公司与法国电力集团签订英国新建核电项目的投资协议，其中巴拉德维尔 B 核电项目拟采用“华龙一号”技术，这是中国核电“走出去”的里程碑式项目，也标志着该技术得到欧洲发达国家的认可；中国长江三峡集团公司与俄罗斯水电公司签署《关于双方成立合资公司开发俄罗斯下布列亚水电项目的合作意向协议》。

十、行业管理与服务不断创新

行业管理逐步规范高效。行业服务水平不断提高。2015 年，国家能源局积极推进简政放权，共取消、下放 21 项、34 子项行政审批事项，全部取消非行政审批事项。持续加强大气污染治理力度，印发《煤电节能减排监督管理暂行办法》《2015 年中央发电企业煤电节能减排升级改造目标任务书》，全年共安排节能改造容量 1.8 亿 kW、超低排放改造容量 7847 万 kW。合理布局清洁能源发展，全年核准开工核电机组 8 台合计 880 万 kW。风电开发布局进一步优化，下达光伏发电建设规模 2410 万 kW，启动太阳能热发电示范项目建设。开展电力标准化管理工作，立项合计318项，加强标委会的组织管理和协调。建立健全电力工程质量监督工作机制，进一步确立完善的“总站一中心站一项目站”管理体系，开发完成全国在建电力工程项目统计系统，开展在建项目专项督查。

2015年度全国电力供需形势分析

随着中国经济发展进入新常态，电力生产消费也呈现新常态特征。电力供应结构持续优化，电力消费增长减速换挡、结构不断调整，电力消费增长主要动力呈现由高耗能向新兴产业、服务业和居民生活用电转换，电力供需形势由偏紧转为宽松。

2015年，受宏观经济尤其是工业生产下行、产业结构调整、工业转型升级以及气温等因素影响，全社会用电量同比增长0.5%，增速同比回落3.3个百分点，第二产业用电量同比下降1.4%，40年来首次负增长。固定资产投资特别是房地产投资增速持续放缓，导致黑色金属冶炼和建材行业用电同比分别下降9.3%和6.7%，两行业用电下降合计下拉全社会用电量增速1.3个百分点，是第二产业用电量下降、全社会用电量低速增长的主要原因；两行业带动全社会用电增速放缓的影响明显超过其对经济和工业增加值放缓产生的影响，这是全社会用电增速回落幅度大于经济和工业增加值增速回落幅度的主要原因。四大高耗能行业用电量比重同比降低1.2个百分点，第三产业和城乡居民生活用电比重同比分别提高0.8个百分点和0.6个百分点，分别拉动全社会用电量增长0.9个百分点和0.6个百分点，反映出国家经济结构调整效果明显，工业转型升级步伐加快，拉动用电增长的主要动力正在从传统高耗能产业向新兴产业、服务业和生活用电转换，电力消费结构在不断调整。全年新增发电装机容量创历史最高水平，年底发电装机容量达到15.1亿kW，供应能力充足，非化石能源发展迅速，年底非化石能源发电装机比重提高到35.0%；火电发电量负增长，利用小时降至4329h，创1969年以来新低。全国电力供需进一步宽松、部分地区富余。

（一）国内生产总值和工业增加值增速同比回落

根据国家统计局数据，2015年国民经济运行保持了总体平稳、稳中有进、稳中有好的发展态势。按可比价格计算，国内生产总值同比增长6.9%，增速同比回落0.4个百分点，各季度增速依次为7.0%、7.0%、6.9%和6.8%。2009～2015年分季度GDP增速情况见图1。

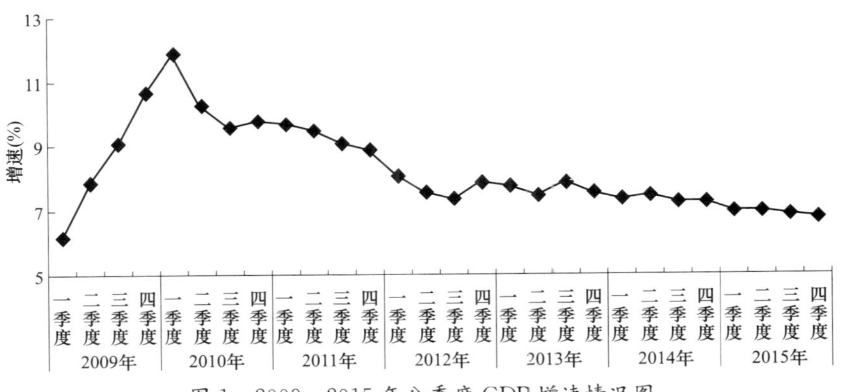

图1　2009～2015年分季度GDP增速情况图

2015年，工业生产增速回落，但工业升级态势明显，全国规模以上工业增加值按可比价格计算同比增长6.1%，增速同比回落2.2个百分点，其中高技术产业增加值同比增长10.2%，占规模以上工业的比重为11.8%，同比提高1.2个百分点。投资增速回落，固定资产投资（不含农户）同比名义增长10.0%（扣除价格因素实际增长12.0%，实际增速比2014年回落2.9个百分点），房地产开发投资同比名义增长1.0%（扣除价格因素实际增长2.8%）。商品销售较快增长，社会消费品零售总额同比名义增长10.7%（扣除价格因素实际增长10.6%），其中网上零售额同比增长33.3%。进出口负增长，进出口总额（以人民币计）同比下降7.0%，其中，出口下降1.8%，进口下降13.2%，进出口相抵，顺差36 865亿人民币。产业结构继续优化，第三产业增加值占国内生产总值的比重为50.5%，同比提高2.4个百分点，高出第二产业比重10.0个百分点。节能降耗继续取得新进展，全年单位国内生产总值能耗同比下降5.6%。2014～2015年分月全国规模以上工业增加值增速情况、全国固定资产投资（当年累计）增速情况见图2和图3。

（二）电力消费减速换挡、消费结构不断调整、消费增长主要动力转化，电力消费反映经济新常态特征

根据中国电力企业联合会年度快报统计，2015年

全国全社会用电量❶ 5.55 万亿 kWh，同比增长 0.5%，增速同比回落 3.3 个百分点，创 1974 年（增长 0.1%）以来最低水平。“十二五”时期，全社会用电量年均增长 5.7%，自“十五”时期以来持续放缓，电力消费换挡减速趋势明显。各个五年规划时期全社会用电量增速情况见图 4。

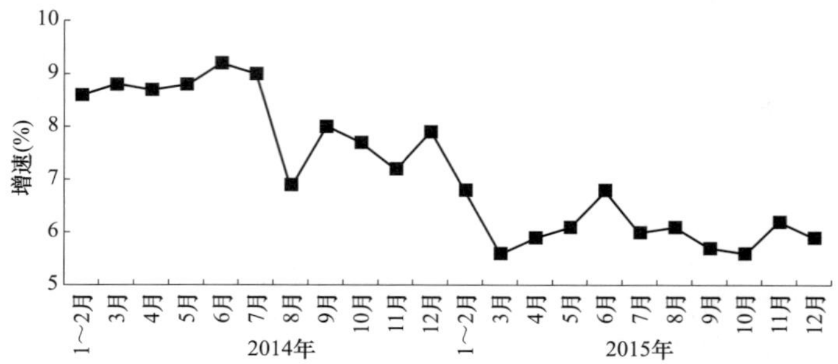

图 2　2014～2015 年分月全国规模以上工业增加值增速情况图

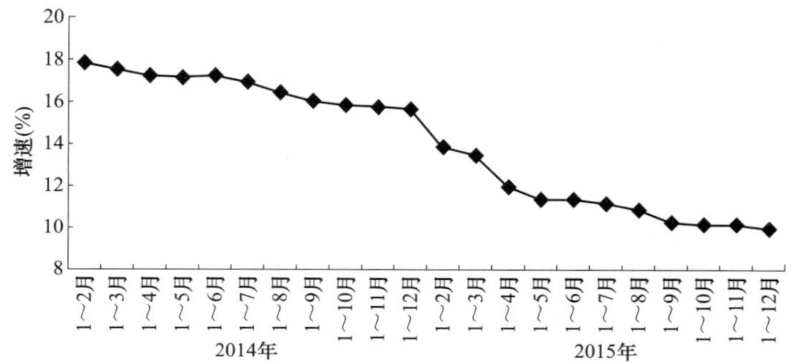

图 3　2014～2015 年分月全国固定资产投资（当年累计）增速情况图

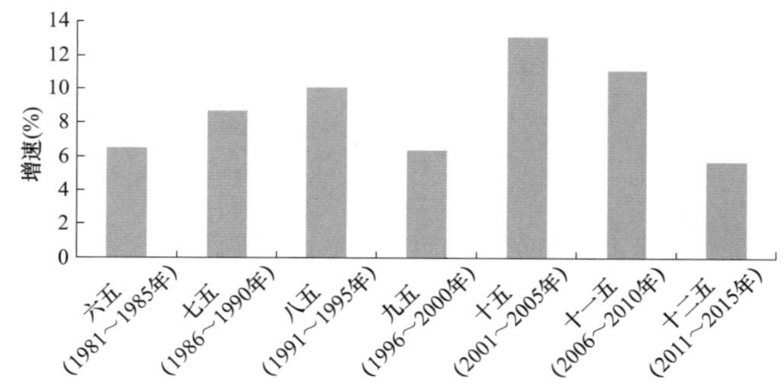

图 4　各个五年规划时期全社会用电量增速情况图

2015 年电力消费增速放缓是经济增速放缓、经济结构优化等必然因素和气温等随机偶然因素共同作用、相互叠加的结果。分析具体原因：

一是宏观经济及其工业生产增长趋缓，特别是部分重化工行业生产明显下滑的影响。市场需求增长乏力，大部分工业产品价格持续下跌，企业开工率相对偏低，全年规模以上工业增加值增速同比回落 2.2 个百分点，固定资产投资名义增速同比回落 5.7 个百分点，房地产市场低迷，钢铁、建材等部分重化工行业明显下滑，如粗钢、生铁、水泥和平板玻璃产量同比分别下降 2.3%、3.5%、4.9% 和 8.6%。

二是产业结构调整和工业转型升级影响。国家持续加大经济结构调整力度，第三产业增加值占 GDP 比重分别比 2014 年和 2010 年提高 2.4 个百分点和 6.3 个百分点；工业转型升级步伐加快，高新技术行

❶　本报告中的用电量为月报及年度快报统计口径，其中新疆为新疆电力公司经营区域数据（未包含新疆生产建设兵团供电区域用电量）。

业比重上升，高耗能行业比重下降，电能利用效率提升，第二产业单位增加值电耗明显下降。

三是气温因素影响。据国家气象部门监测，2015年大部分地区冬季偏暖、夏季气温偏低，抑制用电负荷及电量增长。

四是电力生产自身耗电减少的影响。全国跨省区输送电量增速大幅回落，线损电量同比下降 3.7%，火电发电量负增长导致火电厂厂用电量增速回落。

2009～2015 年分季度全社会用电量及其增速情况见图 5。

分季度看，2015 年下半年增速持续下滑，其中有4个月月度用电量负增长，第四季度为 2009 年第三季度以来首次负增长，用电形势比预期更为严峻，反映出当前实体经济仍处于探底过程中。

2014～2015 年分月全社会用电量及其增速情况见图 6。

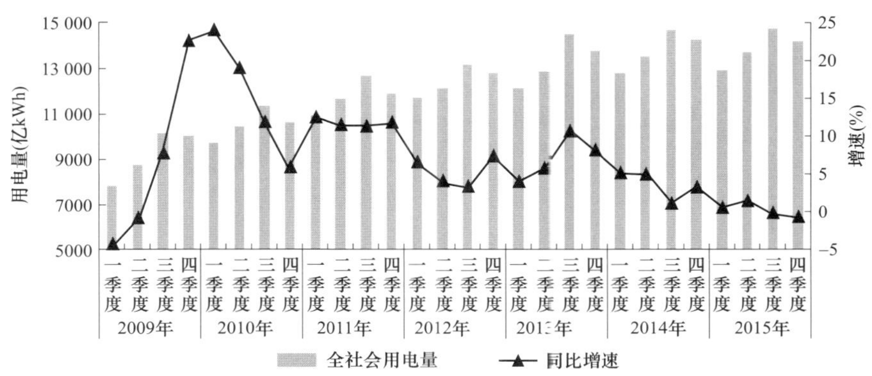

图 5 2009～2015 年分季度全社会用电量及其增速情况图

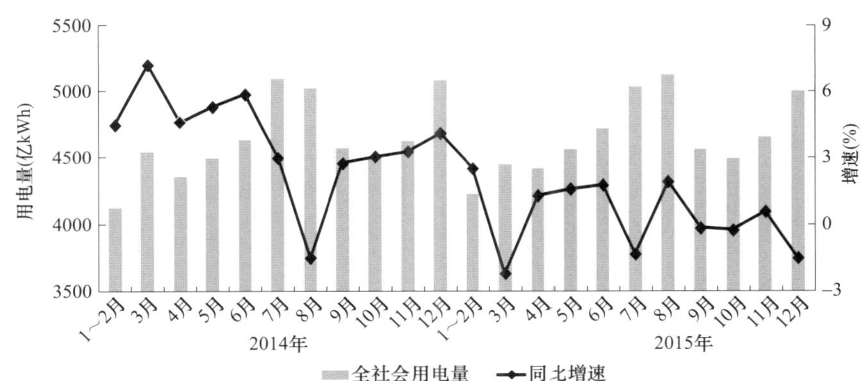

图 6 2014～2015 年分月全社会用电量及其增速情况图

注：图中 1～2 月用电量显示的是 1～2 月合计用电量的平均值；1～2 月增速显示的是 1～2 月合计用电量增速。

电力消费结构不断调整，四大高耗能行业比重下降。2015 年，第一、二、三产业及城乡居民生活用电量占全社会用电量的比重分别为 1.8%、72.2%、12.9%和 13.1%。第三产业和城乡居民生活用电量比重分别比 2014 年提高 0.8 个百分点和 0.6 个百分点，分别比 2010 年提高 2.2 个百分点和 1.0 个百分点；第二产业用电量比重分别比 2014 年和 2010 年降低 1.4 个百分点和 2.7 个百分点，其中四大高耗能行业（化工、建材、黑色金属冶炼、有色金属冶炼）用电量比重分别降低 1.2 个百分点和 2.0 个百分点，反映出国家经济结构调整和转型升级效果显现，且 2015 年步伐明显加快。

2015 年电力消费结构与 2010、2014 年对比情况见图 7，2010～2015 年全社会及各产业用电量增长情况见图 8。

电力消费主要特点有：

1. 第二产业及其工业用电量负增长，黑色金属冶炼和建材行业用电量大幅下降是最主要原因

2015 年，第二产业用电量 4.0 万亿 kWh，同比下降 1.4%，增速同比回落 5.2 个百分点；“十二五”时期年均增长 5.0%，比“十一五”回落 6.0 个百分点。2015 年，第二产业用电量负增长下拉全社会用电增速 1.1 个百分点，是全社会用电低速增长的主要原因。分季度看，各季度增速依次为－0.6%、

－0.3%、－1.9%和－2.7%，自 2013 年三季度以来持续放缓。分地区看，东、中、西部和东北地区同比分别下降 1.3%、1.7%、0.6%和 4.9%，增速同比分别回落 4.6、4.7、6.2 个百分点和 5.7 个百分点，西部地区回落幅度最大。2010～2015 年分季度第二产业用电量及其增速情况见图 9。

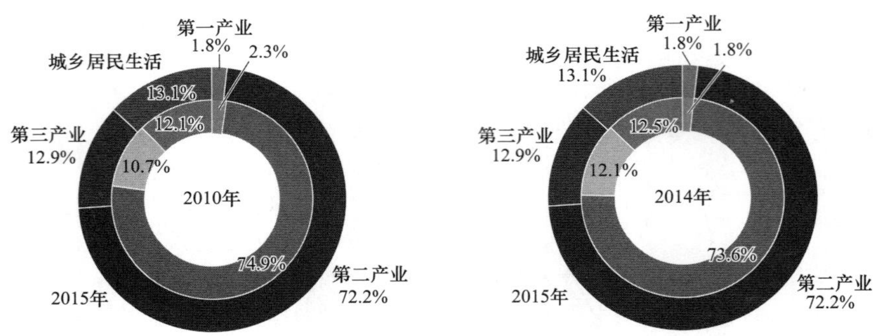

图 7　2015 年电力消费结构与 2010、2014 年对比情况图

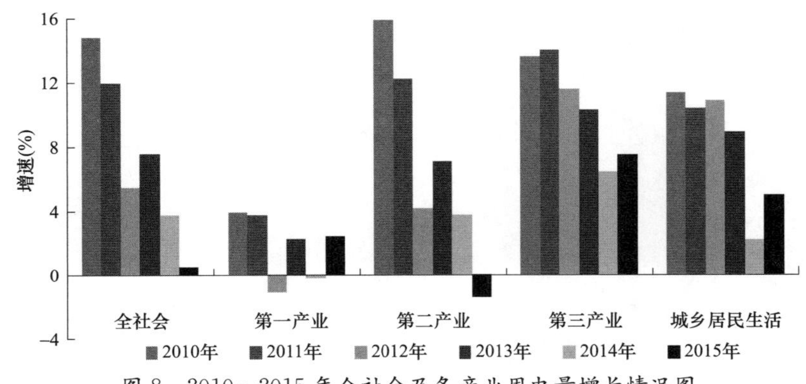

图 8　2010～2015 年全社会及各产业用电量增长情况图

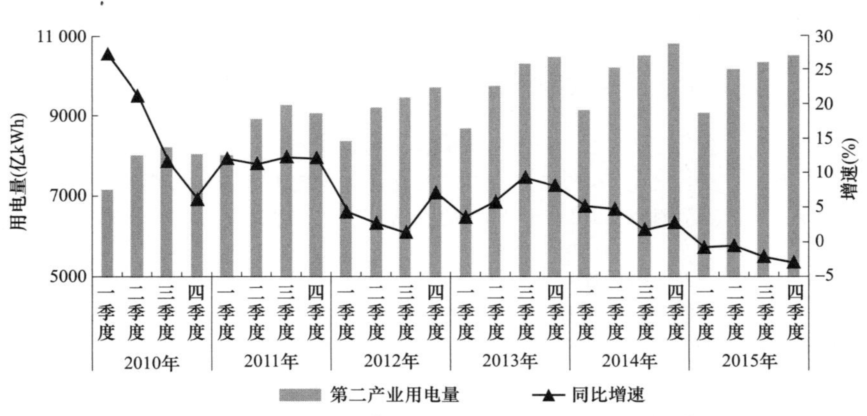

图 9　2010～2015 年分季度第二产业用电量及其增速情况图

2015 年，工业用电量 3.93 万亿 kWh，同比下降 1.4%，增速同比回落 5.1 个百分点；“十二五”时期年均增长 4.9%，比“十一五”回落 6.0 个百分点。分季度看，各季度增速依次为－0.7%、－0.2%、－1.9% 和－2.7%。分轻、重工业看，轻、重工业用电同比分别增长 1.3%和－1.9%，轻工业用电形势好于重工业，主要是内需消费市场总体保持平稳增长，也是国家提出的更好地发挥消费基础作用以及惠民生、保民生政策效果的体现。分三大门类看，采矿业用电下降 8.8%；电力、燃气及水的生产和供应业用电增长 0.9%；制造业用电同比下降 1.4%，增速同比回落 5.9 个百分点，“十二五”时期年均增长

5.0%，比"十一五"回落6.6个百分点，2015年各季度增速依次为0.0%、0.1%、-1.9%和-3.5%，四季度加速回落。"十一五""十二五"全社会及各产业用电平均增长情况见图10。

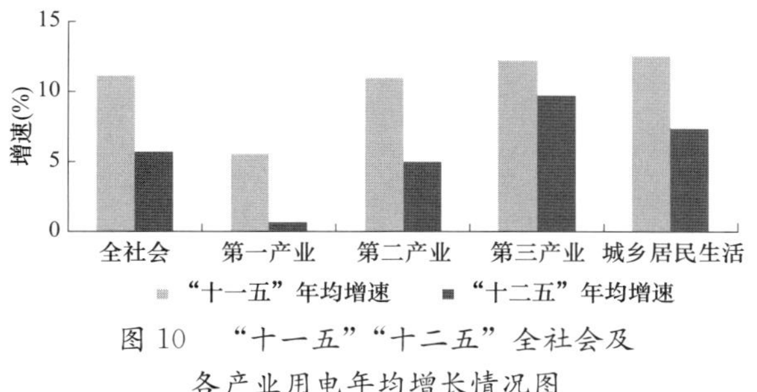

图10　"十一五""十二五"全社会及各产业用电年均增长情况图

2015年，四大高耗能行业合计用电同比下降3.4%，增速同比回落7.1个百分点，"十二五"时期年均增长4.4%，比"十一五"回落7.8个百分点，回落幅度超过工业。分季度看，各季度增速依次为-1.3%、-1.7%、-3.6%和-6.6%，四季度降幅明显扩大，直接带动当季全社会用电量负增长。分地区看，东、中、西部和东北地区同比分别下降4.3%、4.0%、1.5%和9.4%，增速同比分别回落7.4、5.1、7.7个百分点和8.9个百分点。分行业看，化工、建材、黑色金属、有色金属行业用电同比分别增长2.2%、-6.7%、-9.3%和1.5%，增速同比分别回落2.2、12.2、10.9个百分点和2.9个百分点；其中化工行业用电最平稳、增速最高；受主要有色产品价格下滑及出口增速放缓影响，第四季度有色行业用电同比下降4.7%，增速比第三季度回落5.6个百分点；受固定资产投资增速回落特别是房地产市场低迷等因素影响，黑色金属冶炼和建材行业用电量大幅回落，两行业合计下拉全社会用电量增速1.3个百分点，是全社会用电增速大幅回落、第二产业及其工业用电负增长的最主要原因（若扣除这两个行业，全社会及制造业用电分别增长2.2%和1.6%，第二产业及工业用电分别增长0.5%和0.6%），可见，高耗能行业快速回落导致全社会用电增速明显放缓，其对电力消费增速放缓产生的影响明显超过其对经济和工业增加值波动的影响，这也是全社会用电量增速回落幅度大于经济和工业增加值增速回落幅度的主要原因。"十二五"时期，建材、有色金属冶炼和黑色金属冶炼行业用电年均增速分别比"十一五"回落7.5、10.5个百分点和11.5个百分点，回落幅度远大于其他制造业行业，这既是全社会用电增速换挡的最主要原因，也反映出传统工业结构在持续调整。2014、2015年制造业及四大高耗能行业用电增速见图11。

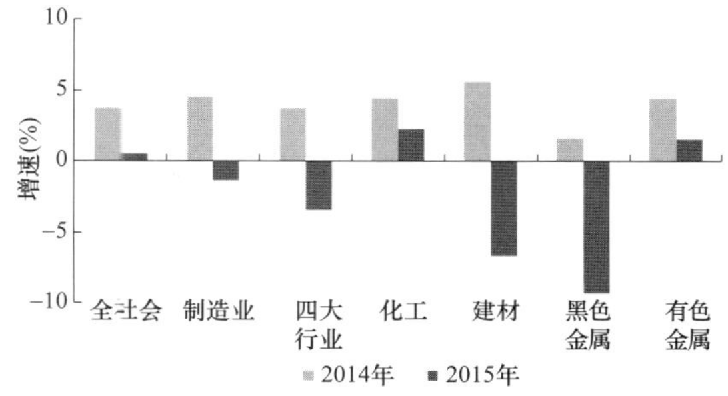

图11　2014、2015年制造业及四大高耗能行业用电增速图

2015年，在其他制造业中，有14个行业用电同比正增长，其中交通运输电气电子设备制造业用电增长4.8%，工艺品及其他制造业用电增长3.4%，纺织业用电增长2.4%，而通用及专用设备制造业用电同比下降2.2%。

2. 第三产业用电保持中高速增长，信息软件业用电延续高速增长势头

与第三产业保持较快增长相对应，2015年，第三产业用电量7158亿kWh，同比增长7.5%，增速同比提高1.1个百分点，拉动全社会用电量增长0.9个百分点，是稳定全社会用电增长的最主要力量；"十二五"时期年均增长9.8%，比同期第二产业用电增速高4.8个百分点。分季度看，各季度增速依次为7.0%、9.2%、6.2%和7.8%。分地区看，东、中、西部和东北地区同比分别增长6.9%、8.4%、8.2%和7.3%。2010～2015年分季度第三产业用电量及其增速情况见图12。

第三产业内分行业用电反映出国家转方式、调结构取得积极进展。以互联网、大数据、云计算等新一代信息技术为主要代表的信息化加快发展，带动信息传输计算机服务和软件业用电增长14.8%。随着消费转向大众消费，近两年用电持续低迷的住宿和餐饮业用电增长3.4%，同比提高2.2个百分点。批发和零售业用电增长7.6%，金融、房地产、商务及居民服务业用电增长7.5%，交通运输仓储邮政业增长6.3%。

3. 城乡居民生活用电量中速增长，增速同比提高

随着中国城镇化率以及居民电气化水平逐步提高，居民家庭用电量也稳步增加。2015年，城乡居民生活用电量7276亿kWh，同比增长5.0%，增速同比提高2.8个百分点，拉动全社会用电量增长0.6个百分点；"十二五"时期年均增长7.4%，比"十一五"时期回落5.1个百分点。分季度看，各季度增速依次为2.6%、7.4%、4.2%和6.5%。分地区看，东、中、西部和东北地区同比分别增长5.2%、4.4%、5.1%和5.3%。2010～2015年分季度城乡居民生活用电量及其增速见图13。

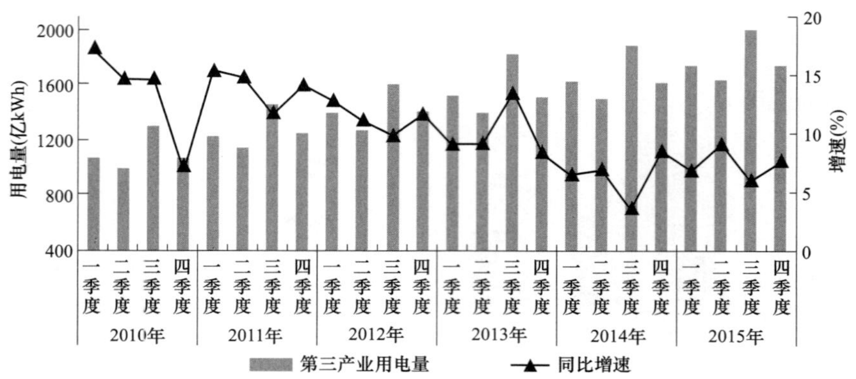

图 12　2010～2015 年分季度第三产业用电量及其增速情况图

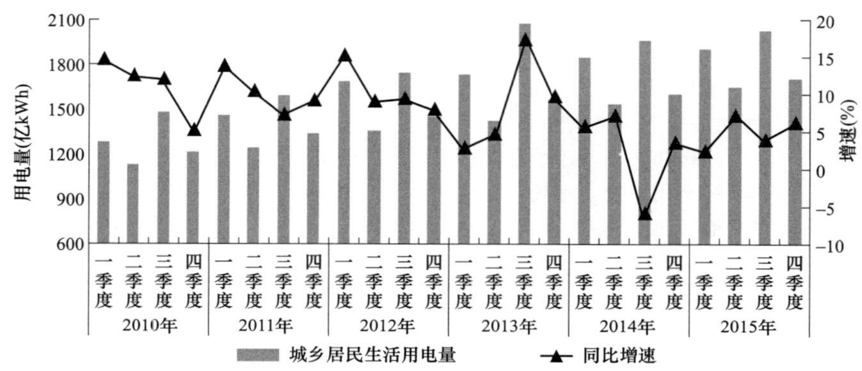

图 13　2010～2015 年分季度城乡居民生活用电量及其增速情况图

“十二五”时期，第三产业和城乡居民生活用电年均增速分别超过同期第二产业增速 4.8 个百分点和 2.4 个百分点，拉动电力消费增长的主要动力正在从高耗能产业向第三产业和生活用电转换。

第一产业用电量 1020 亿 kWh，同比增长 2.5%。

4. 东部地区用电增速最高、用电增长稳定作用突出，西部地区用电增速大幅回落

东部地区全社会用电同比增长 0.8%，增速同比回落 2.7 个百分点，“十二五”时期年均增长 4.9%，比“十一五”回落 5.7 个百分点；占全国比重为 48.1%，比 2010 年降低 1.8 个百分点。分季度看，各季度增速依次为 1.3%、1.9%、－0.5%和 0.3%，四季度是唯一实现正增长的地区。分产业看，第二产业用电量下降 1.3%，增速同比回落 2.6 个百分点，其中四大高耗能行业下降 4.3%，增速同比回落 7.3 个百分点；第三产业用电量增长 6.9%，增速同比提高 2.1 个百分点；城乡居民生活用电量增长 5.2%，增速同比提高 2.8 个百分点。分省份看，河北受钢铁等高耗能行业大幅回落、京津冀地区节能减排等因素影响，用电量持续负增长。总体来看，东部地区大部分省份产业结构调整较早，高耗能产业比重相对偏小，经济形势相对较好，用电在各地区中增速最高，占全国用电比重最大，2015 年其用电增长拉动全国用电增长 0.4 个百分点，是全国用电增长的主要稳定力量。

中部地区全社会用电量同比增长 0.2%，增速同比回落 1.5 个百分点，“十二五”时期年均增长 5.3%，比“十一五”回落 6.1 个百分点；占全国比重为 18.8%，比 2010 年降低 0.4 个百分点。分季度看，各季度增速依次为－0.8%、0.2%、1.5%和－0.1%。分产业看，第二产业用电量下降 1.7%，同比回落 4.7 个百分点，其中四大高耗能行业下降 4.0%，同比回落 5.1 个百分点；第三产业用电量增长 8.4%，同比增长 2.1 个百分点；城乡居民生活用电量同比增长 4.4%，同比增长 7.5 个百分点。分省份看，山西、河南用电同比分别下降 4.7%和 1.4%，部分高耗能行业用电大幅下降是主因。

西部地区全社会用电量同比增长 0.8%，增速同比回落 4.0 个百分点，“十二五”时期年均增长 8.5%，比“十一五”回落 4.6 个百分点；占全国比重为 26.8%，比 2010 年提高 3.2 个百分点，但 2015

年比重仅提高 0.1 个百分点，提高幅度明显缩小。分季度看，各季度用电增速依次为 1.9%、3.3%、0.7%和−2.8%，下半年以来增速逐季回落，第四季度出现负增长，且降幅为各地区中最大。分产业看，第二产业用电量下降 0.6%，同比回落 6.2 个百分点，其中四大高耗能行业同比下降 1.5%，同比回落 7.7 个百分点；第三产业用电增长 8.2%，同比回落 3.5 个百分点；城乡居民生活用电增长 5.1%，同比回落 2.6 个百分点。分省份看，新疆、内蒙古、宁夏和广西用电量增速高于西部地区平均水平（但增速远低于 2014 年）；受高耗能行业用电增速大幅回落影响，青海、云南、四川和陕西用电量负增长。

东北地区全社会用电量同比下降 1.7%，增速同比回落 3.4 个百分点，“十二五”时期年均增长 2.9%，比“十一五”回落 5.4 个百分点；占全国比重为 6.3%，比 2010 年降低 0.9 个百分点。分季度看，各季度增速依次为−2.1%、−1.9%、−1.4%和−1.4%，下半年降幅有所收窄。分产业看，第二产业用电量下降 4.9%，同比回落 5.7 个百分点，其中四大高耗能行业同比下降 9.4%，同比回落 10.0 个百分点；第三产业用电量增长 7.3%，同比增长 1.8 个百分点；城乡居民生活用电量增长 5.3%，同比增长 3.3 个百分点。分省份看，黑龙江用电量增长 1.1%，而辽宁和吉林同比分别下降 2.6%、2.4%。总体来看，作为传统原材料基地和重工业基地，东北地区产业结构相对单一，受宏观和工业经济放缓影响和冲击更为明显。

（三）电力供应充足，非化石能源发电快速发展、发电生产结构持续优化，火电设备利用小时创新低

根据中国电力企业联合会年度快报统计，2015 年，全国主要电力企业合计完成投资 8694 亿元，同比增长 11.4%，投资规模创年度电力投资新高；“十二五”时期累计投资 3.9 万亿元，比“十一五”增长 21.1%。2015 年，为贯彻落实《大气污染防治行动计划》《关于加快配电网建设改造的指导意见》《配电网建设改造行动计划（2015～2020 年）》等文件要求，实现稳增长、调结构、惠民生和促升级目标，电网公司进一步加大电网基础设施投资力度，全年完成电网投资 4603 亿元，同比增长 11.7%，“十二五”时期累计投资 2.0 万亿元，比“十一五”增长 34.8%；完成电源投资 4091 亿元，同比增长 11.0%，“十二五”时期累计投资 1.9 万亿元，比“十一五”增长 9.7%。

2015 年，全国基建新增 220kV 及以上变电设备容量 21 785 万 kVA，同比减少 573 万 kVA；新增 220kV 及以上输电线路长度 33 152km，同比减少 2815km；新增直流换流容量 250 万 kW，同比减少 3610 万 kW。全国净增发电装机容量 1.4 亿 kW，创年度净增规模历史新高。

截至 2015 年底，全国全口径发电装机容量[1] 15.1 亿 kW，同比增长 10.5%，“十二五”时期累计净增发电装机容量 5.4 亿 kW，年均增长 9.3%，其中累计净增非化石能源发电装机容量 2.7 亿 kW，2015 年底非化石能源发电装机容量 5.3 亿 kW，同比增长 15.7%，“十二五”时期年均增长 15.2%，推动电源结构逐年优化，2015 年底全国非化石能源发电容量占比为 35.0%，比 2010 年提高 8.1 个百分点。2015 年，全国全口径发电量 5.60 万亿 kWh，同比增长 0.6%，“十二五”时期年均增长 5.8%；其中非化石能源发电量 1.56 万亿 kWh，同比增长 9.6%，“十二五”时期年均增长 13.5%，2015 年非化石能源发电量占总发电量的 27.8%，比 2010 年提高 8.3 个百分点。2015 年，全国发电设备利用小时 3969h[2]，同比降低 349h，已连续三年下降，为 1969 年以来的年度最低水平。2001～2015 年发电设备利用小时情况见图 14。

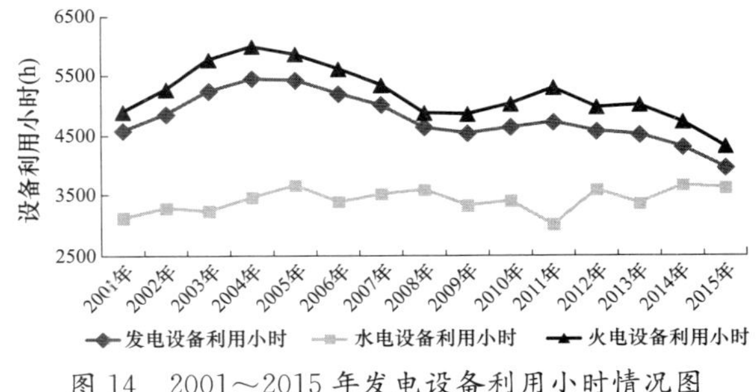

图 14　2001～2015 年发电设备利用小时情况图

1. 水电投资连续两年下降，水电发电量较快增长，设备利用小时保持较高水平

“十二五”时期，西南水电基地溪洛渡、向家坝等一批大中型水电工程投产，带动全国水电装机容量净增 1.0 亿 kW，其中四川、云南分别净增 3870 万 kW 和 3338 万 kW。但“十二五”时期全国水电新开工规模明显萎缩，2015 年底全国主要发电企业常规水电在建规模仅有 3200 万 kW，全年水电投资同口径同比下降 17.0%，连续两年下降，全年净增水电装机容量 1493 万 kW。2015 年底，全国全口径水电装机容量 3.2 亿 kW（其中抽水蓄能 2271 万 kW），同比增长 4.9%。

[1] 本报告中的发电指标（装机容量、发电量和设备利用小时）均为年度快报统计口径，未包含新疆生产建设兵团、陕西地方电力公司供电区域。

[2] 本报告中的发电设备利用小时均为 6000kW 及以上电厂口径。

2015年，全国平均降水量较常年偏多3%，呈现汛期降水偏晚、偏少，汛后降水偏多的特征；全年水电发电量1.11万亿kWh，同比增长5.1%，“十二五”时期年均增长10.2%。分省看，四川、云南和湖北水电发电量超过1000亿kWh，三省合计水电发电量占全国的56.2%；与2010年相比，四川、云南和贵州西南三省水电发电量增量占全国水电发电量增量的80.8%。西南水电集中投产，水力发电增量过于集中，在增加电力供应能力、优化电源结构的同时，也给送出和消纳造成较大压力，在用电负荷持续低迷时期更加突出。据部分企业反映，西南部分省份“弃水”仍比较严重。

2015年，全国水电设备利用小时3621h，为近20年来的年度第三高水平（2005、2014年分别为3664h和3669h），同比减少48h。分省来看，广西、四川和云南分别达到4380、4286h和4276h。与2014年相比，在水电装机容量超过1000万kW的省份中，四川、云南和广西超过4000h，而浙江、广东分别仅有2137h和1762h。

2. 并网风电、太阳能发电装机容量及发电量快速增长

2015年，风电投资完成1159亿元，同比增长26.6%。主要受2016年初风电上网电价调整预期影响，2015年基建新增并网风电装机再创新高，年底全国并网风电装机容量1.3亿kW，其中内蒙古、新疆、甘肃和河北风电装机容量分别达到2425万、1691万、1252万kW和1022万kW，“十二五”时期风电呈现爆发式增长，累计净增装机容量近1亿kW。2015年底，全国并网风电装机占比为8.5%，比2010年提高5.5个百分点，其中甘肃（27.0%）、新疆（26.1%）、宁夏（26.0%）、内蒙古（23.3%）比重超过20%，黑龙江、河北、吉林比重超过15%。

2015年，全国并网风电发电量1851亿kWh，同比增长15.8%，“十二五”时期年均增长30.2%；全国风电发电量占总发电量的比重为3.3%，比2010年提高2.1个百分点。分省看，河北、山西等7个省份风电发电量超过100亿kWh，其中内蒙古408亿kWh；河北等8个省份风电发电量占本省发电量的比重超过5%，其中内蒙古、甘肃分别达到10.4%和10.3%。风电比重较高且消纳市场有限对风电消纳造成较大压力，据多家企业反映，“三北”部分地区弃风率同比上升，在甘肃、吉林、新疆、辽宁等地区的弃风率超过30%。

2015年，全国风电设备利用小时1728h，同比降低172h。在并网风电装机容量超过500万kW的9个省份中，2015年风电利用小时均低于1900h，其中内蒙古、河北、山东和辽宁超过全国平均水平，甘肃、新疆仅有1184h和1571h；与2014年相比，仅辽宁、山东略有提高，而新疆、甘肃和宁夏分别降低523、412h和359h。

2014年下半年以来，国家密集出台了一系列扶持太阳能发电产业发展政策，极大地促进了太阳能发电规模化发展。东部地区分布式光伏发电在加快增长，西北地区光伏发电大基地呈规模化增加，这是“十二五”期间新能源建设发展的亮点。受当地市场需求疲软、消纳压力较大等因素影响，西北部分太阳能发电装机比重较高的省份“弃光”问题比较突出。据多家企业反映，部分企业在甘肃、新疆弃光率超过25%。

3. 新投产核电装机规模创年度新高，发电量高速增长

2015年，核电投资完成560亿元，同比增长5.2%；全年净增核电机组600万kW，年底核电装机容量2608万kW，同比增长29.9%，“十二五”时期，有核电装机的省份增至7个，核电装机容量净增1526万kW、年均增长19.2%。

2015年，全国核电发电量1695亿kWh，同比增长27.2%。核电设备利用小时7350h，同比降低437h；各省核电设备利用小时均不同程度降低，其中辽宁5815h、同比降低1064h，福建6885h、同比降低371h，省内用电需求放缓及核电机组集中投产是主要原因。

4. 火电装机大规模投产，发电量连续两年负增长，利用小时创新低

发电项目审批权下放后，地方建设火电的积极性较高，2015年火电投资完成1396亿元，同比增加22.0%，全国净增火电装机容量7202万kW（其中煤电5186万kW），为近几年来年度投产最多的一年，在需求明显放缓的环境下，导致供需形势进一步宽松。2015年底，全国全口径火电装机容量9.9亿kW，同比增长7.8%（其中煤电8.8亿kW，增长6.2%；气电6637万kW，增长16.5%），“十二五”时期净增2.8亿kW，略低于“十一五”净增量（3.2亿kW），年均增长6.9%；全国火电装机占比为65.7%，比2010年降低7.7个百分点，电源结构调整效果明显。分省来看，内蒙古、江苏、浙江、山东、河南和广东火电装机容量超过5000万kW。

2015年，全国全口径火电发电量4.10万亿kWh，同比下降2.3%。受电力消费需求放缓、非化石能源发电量高速增长等因素影响，火电市场受到明显挤压，火电发电量已连续两年负增长，“十二五”时期年均增长3.7%，比“十一五”降低7.1个百分点；2015年，火电发电量占总发电量的比重仍高达73.1%，虽然非化石能源装机比重提高，但由于其发电负荷特性限制、调峰能力不足、电量占比较低，火

电在电力系统中的基础性地位仍难以改变，且作用越来越突出。分月来看，火电发电量自 2014 年 7 月份（2015 年 8 月份除外）以来持续负增长。分省来看，全国共有 21 个省份火电发电量同比下降，其中云南（－33.7％）、四川（－21.5％）、广西（－18.1％）和福建（－13.2％）下降幅度超过 10％，电力消费需求放缓以及水电多发（福建为核电集中投产）是主要原因，山西、青海、湖南、吉林和河南下降超过 5％。

2015 年，全国火电设备利用小时 4329h，同比降低 410h，为 1969 年以来的年度最低值。分省份看，全国共有 13 个省份火电利用小时高于全国平均水平，其中海南达到 5586h，宁夏和江苏超过 5000h；而云南（1879h）、四川（2682h）、广西（3193h）、吉林（3326h）等 11 个省份低于 4000h。与 2014 年相比，全国仅江西增加 92h，重庆、云南、福建、广西和四川分别下降 1985、1000、953、921h 和 870h。

2015 年，全国 6000kW 及以上电厂火电机组供电标准煤耗 315g/kWh，同比降低 4g/kWh，超额完成国家《节能减排“十二五”规划》确定的 2015 年 325g/kWh 的规划目标。

5. 跨省区送电量增速大幅回落

2015 年以来，受电力需求增速放缓、省内平衡能力增强等因素影响，全国跨省区送电量增速明显放缓。2015 年，全国跨区送电量 3080 亿 kWh，同比增长 2.8％，增速同比回落 10.3 个百分点，“十二五”时期年均增长 15.6％。2015 年跨区送电量增长主要是前两年投产的特高压工程新增送出，如华中送华东 1323 亿 kWh，同比增长 3.6％，主要是锦苏直流、宾金直流送电分别增长 8.2％和 32.7％；西北外送电量 664 亿 kWh，同比增长 21.0％，主要是哈郑直流送电增长 92.7％。而华北、东北外送电量同比分别下降 19.5％和 18.0％。

2015 年，全国跨省送出电量 8883 亿 kWh，同比下降 1.8％，增速比 2014 年回落 12.6 个百分点。在主要输出省份中，四川、云南和贵州送出电量 1267 亿、761 亿 kWh 和 756 亿 kWh，同比增长 8.5％、4.8％和 12.7％；而内蒙古、湖北和山西送出电量同比下降 4.4％、15.1％ 和 12.6％。在主要输入省（市）中，仅广东（6.8％）、浙江（3.0％）、山东（2.4％）和江苏（0.2％）输入电量同比增加，而辽宁、北京、河北和上海输入电量同比分别下降 9.4％、6.3％、6.0％和 0.7％。另外，南方电网“西电东送”电量 1891 亿 kWh，同比增长 9.8％；三峡电站送出电量 866 亿 kWh，同比下降 12.0％。

6. 电煤供应持续宽松，发电用天然气供应总体平稳

2015 年，全国煤炭市场需求下降，煤炭供应能力充足，且煤消费已经连续两年负增长，电煤供需持续宽松，电煤价格回落幅度较大。全年全国煤炭产量 36.9 亿 t，同比下降 3.5％；全国煤炭净进口 2.0 亿 t，同比下降 30.4％。受宏观经济增长放缓、产业结构调整等因素影响，全国煤炭消费量同比下降 4.0％左右，电力、钢铁、建材等主要用煤行业耗煤减少。2015 年年底全国重点电厂电煤库存 7358 万 t 左右，可用 20 天。

2015 年，全国天然气消费市场需求增长明显放缓，天然气发电供气总体有保障。气价下调一定程度上缓解了天然气电厂经营压力，但仍有部分气电企业亏损。

（四）全国电力供需进一步宽松、部分地区富余

近几年来，随着供应能力持续增强以及电力需求明显放缓，全国电力供需形势发生根本转变，供需总体实现由紧转松。2015 年全国电力供需形势进一步宽松、部分地区富余。分电网区域看：

华北区域电力供需总体平衡略宽松，蒙西和山西富余。全年全社会用电量 1.31 万亿 kWh，同比下降 0.1％，增速同比回落 3.6 个百分点；各季度用电增速依次为 0.0％、0.1％、－0.6％和－0.1％；区域统调最高用电负荷 1.93 亿 kW，同比增长 0.3％。净增发电装机容量 2540 万 kW，其中净增火电 1409 万 kW、并网风电 629 万 kW、并网太阳能发电 452 万 kW；年底发电装机容量 3.16 亿 kW，同比增长 8.7％，其中火电 2.59 亿 kW、并网风电 4001 万 kW、并网太阳能发电 900 万 kW。区域电力供需总体宽松，蒙西、山西供应能力富余，山东电网夏季出现错峰；全年发电利用小时 4209h，同比降低 409h，其中火电 4723h（其中煤电 4781h，在各区域中最高），降低 372h，风电 1844h，降低 129h。

东北区域电力供应能力富余较多。全年全社会用电量 3908 亿 kWh，同比下降 2.0％，增速同比回落 4.4 个百分点；各季度用电增速依次为－2.3％、－2.5％、－1.6％和－1.4％；统调最高用电负荷 5439 万 kW，同比下降 0.4％。净增发电装机容量 378 万 kW，其中净增并网风电 184 万 kW；年底发电装机容量 1.21 亿 kW，同比增长 3.2％，其中火电 8453 万 kW、并网风电 2467 万 kW。东北区域电力供应能力富余较多，全年发电利用小时 3434h，同比降低 175h，其中火电 4070h（其中煤电 4058h），降低 160h，风电 1647h，降低 67h，吉林、黑龙江风电仅有 1430、1520h，“弃风”问题比较突出。

华东区域电力供需总体宽松。全年全社会用电量 1.36 万亿 kWh，同比增长 1.8％，增速同比回落 0.4 个百分点，在六个区域中回落幅度最小，主要是第三产业及城乡居民生活用电增速同比提高 3.0 个百分点和 9.9 个百分点；各季度用电增速依次为 3.0％、

2.4%、0.9%和1.0%，其中第四季度为唯一正增长的区域；统调最高用电负荷2.30亿kW，同比增长4.3%。净增发电装机容量3133万kW，其中净增火电2186万kW、并网太阳能发电378万kW；年底发电装机容量3.01亿kW，同比增长11.6%，其中火电2.44亿kW、核电1402万kW、并网风电885万kW、并网太阳能发电741万kW。区域电力供需总体宽松，12月份安徽出现错峰；全年发电利用小时4321h，同比降低310h，其中火电4442h（其中煤电4738h），降低380h，风电1972h，降低165h。

华中区域电力供需总体宽松，四川和湖南富余。全年全社会用电量9947亿kWh，同比增长0.4%，增速同比回落2.1个百分点；各季度用电增速依次为－0.2%、0.9%、1.3%和－0.5%；统调最高用电负荷1.55亿kW，同比增长2.8%。净增发电装机容量2431万kW，其中净增水电722万kW、火电1314万kW；年底发电装机容量3.01亿kW、同比增长8.8%，其中水电1.37亿kW、火电1.57亿kW、并网风电532万kW。区域电力供需总体宽松，江西、河南电网出现错峰；四川电网汛期电力富余，“弃水”电量较多；区域发电利用小时3848h，同比降低347h，其中水电3887h，降低155h，风电2010h，提高48h，火电3877h（其中煤电3847h，在各区域中最低），降低479h，四川煤电利用小时2595h。

西北区域电力供应能力富余较多。全年全社会用电量5500亿kWh，同比增长1.4%，增速同比回落5.3个百分点；各季度用电增速依次为3.2%、4.1%、1.0%和－2.5%，四季度增速由正转负，主要是受高耗能行业增速加速下滑带动；统调最高用电负荷7343万kW，同比增长2.8%。净增发电装机容量3582万kW，其中净增火电1237万kW、并网风电1581万kW、并网太阳能发电627万kW；年底发电装机容量1.99亿kW，同比增长21.9%，其中火电1.09亿kW、并网风电3927万kW、并网太阳能发电2100万kW。区域电力供应能力富余较多，全年发电利用小时3639h，同比降低530h，其中火电4678h（其中煤电4729h），降低537h，风电1445h，降低290h，甘肃、新疆风电分别仅有1184、1571h，同比分别降低412、523h。

南方区域电力供需总体宽松，云南富余较多。全年全社会用电量9529亿kWh，同比增长0.3%，增速同比回落6.5个百分点，在各区域中回落幅度最大；各季度增速依次为0.0%、3.8%、－1.1%和－1.2%；统调最高用电负荷1.42亿kW，同比增长4.0%。净增发电装机容量2134万kW，其中净增水电545万kW、火电1004万kW；年底发电装机容量2.68亿kW，同比增长8.7%，其中水电1.09亿kW、火电1.37亿kW、核电1003万kW、并网风电1019万kW。区域电力供需总体宽松，海南8月前电力供应偏紧，但随着新电厂投产、供需形势明显缓和；云南电力富余，“弃水”电量较多，火电利用小时仅有1879h，同比降低1000h。全年区域发电利用小时3900h，同比降低290h，其中水电3950h，提高68h，火电3796h（其中煤电3913h），同比降低544h，在各区域中降幅最大。

2014、2015年各区域全社会用电量增速情况见图15。

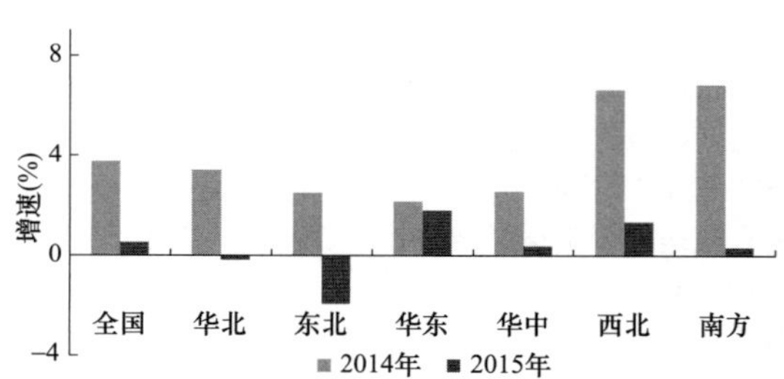

图15　2014、2015年各区域全社会用电量增速情况图

电力建设

电 力 规 划

“十三五”规划建议能源亮点

2015年11月3日，《中共中央关于制定国民经济和社会发展第十三个五年规划的建议》发布。面向“十三五”时期的经济社会发展，“清洁低碳”“能源安全储备”“开放竞争”等正在成为能源领域未来五年发展的亮点。

在坚持绿色发展理念中，建议指出，推动低碳循环发展。推进能源革命，加快能源技术创新，建设清洁低碳、安全高效的现代能源体系。同时强调，要主动控制碳排放，实施近零碳排放区示范工程。

在创新发展层面，建议指出，要拓展基础设施建设空间。完善能源安全储备制度。

在建议中，能源价改也成为创新发展的重要内容。建议指出，要创新和完善宏观调控方式。减少政府对价格形成的干预，全面放开竞争性领域商品和服务价格，放开电力、石油、天然气、交通运输等领域竞争性环节价格。

风电“十三五”将淡化装机目标

“十三五”风电规划将淡化装机目标，重在调整政策，并重点解决补贴资金、弃风限电问题。

“十三五”风电规划目标、电价和政策措施还在研究中，未最后落定。规划目标下限是不低于“十二五”时期年度市场增量；不限电地区建设规模上不封顶。

“十三五”风电工作重点不是规划目标，而是“稳中求进”，保持政策稳定性，具体包括：装机目标不低于“十二五”时期年度市场增量；项目布局集中与分散并举；完善补贴政策，促进可再生能源全额保障性收购制度落地。“十三五”会积极拓展的领域包括：消纳能力充足的地区建设规模上不封顶；推动技术进步，促使风电成本下降；在行政管理领域进一步简化风电项目的市场准入等。

“十三五”能源规划主要方向

2015年11月9日，国家能源局在北京召开全国“十三五”能源规划工作座谈会。会议指出，“十三五”时期是全面建成小康社会、实现第一个百年奋斗目标的决胜阶段，是贯彻落实习近平总书记关于能源发展“四个革命、一个合作”战略思想的第一个五年规划期。做好能源规划工作，必须以转变能源发展方式和提高能源发展质量为中心，着力推进能源生产和消费革命，着力推进能源创新发展、协调发展、绿色发展、开放发展和共享发展，努力建设清洁低碳、安全高效的现代能源体系，为全面建成小康社会、实现建党百年奋斗目标提供安全可靠的能源保障。

会议强调，遵循五中全会确定的“五大发展理念”，“十三五”时期能源发展改革的主要任务，要从以下五个方面来谋划：

一是坚持创新发展。加快成熟技术的产业化推广应用和关键核心技术的集中攻关，争取在新一轮能源科技革命中走在世界的前列。加快能源体制机制创新，破解制约能源创新发展的体制约束。大力推动能源发展模式和商业模式创新，实施合同能源管理、需求侧管理等市场化机制。

二是坚持协调发展。优化产业布局，合理调控煤炭、火电、炼油产能建设，提高资源配置效率。着力推进能源系统优化，实施电力和天然气调峰能力提升、分布式能源和智能电网发展、互联网+智慧能源等行动计划，显著提高能源系统的智能化水平和运行效率。

三是坚持绿色发展。围绕“两增加、一提高”三个目标（即增加非化石能源消费比重，增加天然气消费比重，提高煤炭清洁利用水平），继续控制能源消费总量，推进重点地区煤炭减量替代，大力发展非化石能源，大力推进化石能源清洁高效利用，加快重点领域用能方式变革。

四是坚持开放发展。重点落实“一带一路”战略，深化周边和沿线能源国际合作，推动重大能源项目落地。继续推进核电、水电、火电及特高压输电“走出去”，带动相关装备、技术与服务贸易“走出去”。

五是坚持共享发展。适应人民群众生活条件改善要求，加快天然气管网建设，推进城乡配电网升级改造，为扩大民用天然气和电力消费创造条件。把能源发展和扶贫攻坚有机结合起来，重大能源工程项目优先向贫困地区倾斜。

国家电网公司“十二五”总结（摘要）

“十二五”是国家电网公司改革发展、攻坚克难、勇攀高峰的重要时期。五年来，公司坚定不移推进“两个转变”，确立了公司科学发展总战略，开创了世界特高压发展新时代，走出了一条中国特色电网企业创新发展之路。

一、电网跨越发展的五年。着眼解决世界能源、环境和气候变化难题，推动构建全球能源互联网。从保障能源安全、优化能源结构、促进生态文明大局出发，推动以电代煤、以电代油、电从远方来、来的是清洁发电，加快转变能源和电力发展方式，解决电网“两头薄弱”问题，国家电网网架结构、配置能力、科技装备、整体功能全面跨越提升。“十二五”电网累计投资 1.8 万亿元，110（66）kV 及以上输电线路、变电容量分别增长 46%和 64%，跨区跨省输电能力增长 2.5 倍。特高压工程从试验示范到全面建设，输送容量不断突破，大范围优化配置资源能力大幅提升。累计建成“三交四直”工程，在建“四交五直”工程，在运在建和获得核准线路长度、变电（换流）容量分别达 2.88 万 km 和 2.94 亿 kVA（kW）。在雪域高原架起青藏、川藏两条电力“天路”，实现除台湾以外的全国电网互联。建成投运世界输送距离最长、容量最大的哈密南—郑州特高压直流工程，完善 750kV 主网架。配电网投入持续加大，110kV 及以下配电网投资占电网基建投资的 52%，供电能力和质量显著提高，城市、农村用户年均停电时间分别减少 5h、18.8h。建成张北风光储输、天津中新生态城等一批智能电网示范工程。

二、经营业绩大幅提升的五年。公司营业收入居央企首位，迈上 2 万亿元台阶，年均增长 6.3%。资产总额迈上 3 万亿元台阶，年均增长 8.4%；资产负债率较 2010 年降低 6.4 个百分点。累计招聘高校毕业生 7.9 万人，内部人力资源市场优化配置 9.6 万人，全员劳动生产率提高 25 万元/人年。境内低成本融资 9108 亿元、境外融资 66 亿美元，节约利息 547 亿元。连续 3 年获得国际三大评级机构国家主权级信用评级。产业、金融和国际业务对公司利润贡献度从 25%提高到 42%。

三、开放发展走向世界的五年。统筹境外投资运营、工程总承包、国际投融资平台建设，成功投资运营 6 个国家和地区的骨干能源网。成功中标巴西美丽山特高压送出工程，埃塞俄比亚、印度、波兰等国电网工程总承包取得突破，公司海外工程承包、设备出口合同金额分别达 212 亿美元、18 亿美元。

四、自主创新能力显著增强的五年。建成功能齐全、世界领先的特高压和大电网综合实验研究体系，拥有国家级实验室 18 个。攻克特高压、智能电网、新能源等领域核心技术，取得一大批拥有自主知识产权、占据世界电网技术制高点的重大成果。累计获国家科学技术奖 19 项、中国专利奖 46 项、中国电力科学技术奖 221 项；累计拥有专利 50 165 项，比 2010 年增长 6.7 倍，连续五年居央企首位；主导编制 22 项国际标准，形成国家、行业标准 839 项。

五、体制机制重大变革的五年。历时五年全面建成管理集约、业务集成、资源共享、运转高效的“三集五大”体系，形成基于“五位一体”新机制的现代企业管理架构。建成国际领先的“三个中心”，电网调控中心实现全网统一调控、安全经济运行和故障快速处置，3.48 万座变电站实现无人值守；运营监测（控）中心实现对主营业务、核心资源、关键流程全面实时监控；客户服务中心实现 95598 全业务集中和全天候服务。各级供电企业机构精简 37%，用工总量逐年递减。

六、全面履行责任的五年。国家电网满足了 GDP 年均增长 7.8%的用电需求，新增并网发电装机容量 4.2 亿 kW。风电、光伏发电装机容量分别比 2010 年增长 3.1 倍和 48 倍，国家电网成为世界风电并网规模最大、光伏发电增长最快的电网。五年消纳可再生能源发电 37 568 亿 kWh，减少煤炭消耗 11.9 亿 t，减排二氧化碳 29.7 亿 t、二氧化硫 8925 万 t、氮氧化物 4462 万 t。2006 年以来累计投资 381 亿元，解决 192 万户、750 万无电人口通电问题，实现“户户通电”目标。连续 10 年发布社会责任报告，获中国企业社会责任特别金奖，“国家电网”品牌蝉联中国 500 最具价值品牌第二名。

中国华能集团公司“十二五”总结（摘要）

“十二五”期间，中国华能集团公司（简称华能集团）不断深化对市场经济规律和企业发展规律的认识，加快转变发展方式，有效防范和化解各种风险挑战，持续推进做强做优做大，全面完成了“十二五”规划任务和创建世界一流企业阶段性目标，实现了“十二五”圆满收官。

一、打造具有国际竞争力的综合能源集团，综合实力达到世界先进水平

一是公司发展再上新台阶。华能集团装机容量超过 1.6 亿 kW，装机规模居世界第一，五年年均增长 7.2%。“十二五”累计发电是“十一五”的 1.6 倍，约占同期全国发电量的 11%。

二是经营业绩行业最优。华能集团“十二五”累计合并收入和合并利润分别是“十一五”的 1.8 倍和 3.5 倍，资产负债率持续下降。华能集团连续获业绩考核 A 级、央企负责人任期考核 A 级和任期“业绩优秀企业”称号。

三是实现创建世界一流企业阶段性目标。在波士顿咨询公司建立的世界同类能源企业对标中，华能集团综合实力由“十一五”末的第 13 名提升至第 8 名。世界 500 强排名由 2010 年的第 313 位上升至第 224 位。

二、转型升级，结构布局加快调整

一是清洁能源装机大幅增加。2015 年低碳清洁能源装机是 2010 年的 2.3 倍，比 2010 年提高了 11 个百分点。水电、风电、燃机装机年均增长率分别为 14%、25.5%和 15.1%，光伏发电装机发展到 100 万 kW。

二是发展布局得到优化。华能集团项目开发实现了 31 个省区市全覆盖。开发建设蒙西、陇东、准东等特高压煤电基地，建成海门 3 号和 4 号、沁北三期等港口、路口煤电项目，建成小湾、糯扎渡、龙开口等大型水电项目，新能源公司装机、效益型、基地型风电项目开发、海外装机均取得新成效。

三是煤电结构持续优化。热电联产和 30 万 kW 及以上超临界、超超临界煤电装机占煤电比重比“十一五”末提高 6 个百分点。供电煤耗、厂用电率五年分别下降 16.94g/kWh、0.98 个百分点，2015 年二氧化硫、氮氧化物和烟尘排放绩效比 2010 年分别下降 71%、83%和 69%，保持行业领先。

四是金融和科技产业稳步发展。金融产业受托及管理资产是 2010 年的 5.6 倍，利润总额是 2010 年的 3.3 倍，年均增长 27%；为公司系统提供了有力的信贷支持，降低了资金成本。科技产业快速健康发展，2015 年利润是 2010 年的 4.4 倍，年均增长 35%。

三、深化改革、推进创新，企业活力、效率和竞争力进一步增强

一是公司改革取得显著成效。健全完善三级管控体系，理顺管理关系，推行物资、燃料、核电、煤炭、煤化工等专业化管理，开展营销管理体制改革，完善预算、前期、基建、财务等体制机制，开展新能源项目区域集约化管理，整体管控能力稳步提高。完善三级风险防控体系，加强制度和标准化建设，建立风险预警机制，依法治企能力不断提升。

二是资本运营成果丰硕。明确了通过各专业板块上市，实现集团资产整体上市的资本运营战略蓝图和路线图。在资本市场融资、处置低效无效资产及水电、金融、科技、煤炭、物流等板块上市资源方面取得进展。

三是持续引领中国发电行业技术进步。建成具有自主知识产权的国内首台 IGCC 示范电站，建成国内首座超超临界二次再热发电厂。在长兴建成国内首座高效超超临界机组；在南京电厂投运国内首个 700℃关键部件验证试验平台。国家重大科技专项——世界首台高温气冷堆示范工程获核准并在石岛湾开建，关键设备研发制造取得重大突破。新能源公司建成国内首个分散式风电项目。在三亚建成国内首个 1.5MW 太阳能热发电示范装置。承担国家级项目课题 47 项，获国家科技进步奖 2 项、省部级科技奖 67 项，获得专利 733 项。

中国国电集团公司“十三五”规划基本情况

一、“十二五”发展工作

“十二五”时期，中国国电集团公司（简称国电集团）转变发展理念，从企业实际出发，贯彻落实中央部署和各项产业政策，确立并实施“一五五”战略，调整电源结构，优化资产布局，着力提高企业核心竞争力。水电风电等清洁可再生能源装机占比由 20%提高到近 30%，风电装机容量由 897 万 kW 增加到 2304 万 kW，煤电百万千瓦机组由 4 台增加到 9 台，超临界、超超临界机组占比由 30%提高到 49%，在国资委经营业绩考核中年年荣获 A 级。至 2015 年末，国电集团资产总额 7840 亿元，装机容量 1.35 亿 kW，资产负债率 81.98%。

在此期间，国电集团成功建成泰州、布连电厂两座国家煤电节能减排示范电站。泰州二期二次再热百万千瓦机组发电效率 47.92%，优于当今国内外最好水平，比国内百万千瓦机组最好水平高 1.2 个百分点，发电煤耗 256.2g/kWh，比当今世界最好水平低 6g/kWh，比国内常规百万千瓦机组平均水平低 14g/kWh，烟尘、二氧化硫和氮氧化物排放浓度分别为 4.58、20、36mg/m^3（标况），低于国家超低排放标准。布连电厂一期 2×66 万 kW 超超临界燃煤空冷发电机组采用辅机单列式布置方案，节能提效和综合效益显著，机组供电煤耗 292.9g/kWh，厂用电率 4.20%，达到世界同类空冷机组最好水平。

二、“十三五”规划情况

（一）主要考虑

（1）中国经济发展进入新常态，呈现速度变化、结构优化、动力转换三大特点，预计经济年均增速 6.5%左右。

（2）根据国家能源局、中电联规划研究成果，全国全社会用电量年均增长约 4.8%，预计 2020 年达到

7万亿kWh。

（3）绿色低碳成为电力行业发展方向，可再生能源利用将加快发展，火电节能减排、灵活运行等要求将更趋严苛。

（二）指导思想

坚持稳中求进、稳中求优总基调，坚定不移地执行集团"一五五"核心战略，遵循经济和市场规律，主动适应新常态，把握新常态，坚持以五大发展理念为引领，扎实做好"五篇文章"，全力打造"五个国电"，以"双提升"为抓手，精细管理，追求卓越，更加注重发展质量和效益，全面建成一流综合性电力集团。

（三）基本原则

1. 切实做到"六个必须"

必须坚持科学发展；必须全面深化改革；必须加强党的建设；必须正视困难挑战；必须优化发展环境；必须维护安全稳定。

2. 坚持发展"六项原则"

坚持创新驱动原则；坚持质量效益原则；坚持绿色低碳原则；坚持市场导向原则；坚持协调协同原则；坚持共建共享原则。

（四）规划目标

与国家规划衔接，国电集团"十三五"主要目标是：

（1）期末总装机容量1.68亿kW，水电风电等清洁可再生能源装机占比34.2%；

（2）煤电供电标准煤耗307g/kWh，完成环境保护部下达的污染物排放总量控制目标任务；

（3）净资产收益率5.5%以上，资产负债率降至80%以下，全员劳动生产率100万元/人年。

（五）发展重点

（1）继续巩固风电优势。抓住风电发展窗口期，继续加大陆上风电投资，规划期新增风电1440万kW，重点推动福建、江苏、山东、广西、贵州、安徽、云南等省区项目；积极稳妥开发海上风电，有序推进浙江、福建、江苏等地的优质项目。

（2）积极有效开发水电。规划核准开工旭龙、奔子栏等大中型水电794万kW，新增投产231万kW，力争2020年实现水电装机容量1800万kW以上。根据设计优化成果、送出和消纳落实情况，择机开工大渡河金川、巴底、枕头坝二级、沙坪一级等梯级电站。

（3）从严控制煤电规模。严格按照煤电"三个一批"政策要求，坚持市场导向，坚持优中选优。有序推进东南沿海、煤电基地外送和大中城市热电项目，打造一批超低排放、超低能耗的智能化信息化示范电站。统筹产业政策、人员稳定、电网支撑等因素，稳妥有序关停小火电机组。

（4）高度关注"两网投资"。加大现役机组供热改造，积极拓展热网项目投资，通过供热改造新增供热面积3000万m^2，新增工业供热能力1500万t/a；积极探索配电网投资机会，争取在国家电改试点省份取得突破性进展。

（5）择机推进燃气发电。重点考虑在东部沿海省份布局、储备具备调峰功能和稳定供热负荷的燃机项目；抓好浙江南浔项目基本建设和生产运营；根据市场、政策及管网建设情况，适时开工部分重点项目。

（6）适度开发优质光伏发电项目。在内蒙古、青海、新疆、宁夏等资源条件优越、送出条件落实地区，择优适度开工部分项目，重点推进5万kW级及以上规模电站开发。

（7）促进煤炭稳产增效。按照产业政策要求，加快煤炭资源整合，推进重点煤矿项目的前期工作；抓好煤炭产业安全、稳产、控亏，加强产运协调，强化量本两条控制线，稳定生产矿井经营秩序；处置效益差、风险高的中小煤矿。

（8）加快相关产业转型。科技环保产业瘦身健体，整合节能环保高科技产品技术；深化产融结合，以资本控股为平台，完善金融产业链，稳步推进金融平台外延式发展；建设集约化、专业化、市场化的现代物资物流和后勤保障体系。

（9）稳步拓展海外市场。聚焦"一带一路"沿线支点国家及政局稳定、法治健全、资源富集、需求旺盛、汇率相对稳定的发达国家及新兴国家市场，以新能源绿地项目投资和技术装备出口为重点，积极寻求风电、太阳能发电、大中型清洁高效火电、配网项目以及并购项目投资机会，推动技术装备和节能环保工程承包"走出去"。

（10）积极探索智慧能源。积极开展集团信息化、数字化、智能化建设，总结风电省级远程监控中心、大数据分析中心，智慧水电站、智能火电厂等成熟经验，利用新技术，将先进的传感测量、信息通信、自动控制、人工智能、大数据等信息技术和发电生产过程的工业化技术相结合，并与电厂的基础设施高度集成，积极探索建设涵盖设备智能化、信息一体化与大数据增值服务的新型现代化示范智能电厂，实现少人甚至无人值守，提高企业生产效率和安全运行管理水平。

中国长江三峡集团公司"十二五"规划完成情况总结

2015年，中国长江三峡集团公司（简称中国三峡集团）"十二五"发展实现圆满收官。五年来特别是三峡集团新领导班子组建以来，中国三峡集团紧紧围绕“新三峡梦”谋篇布局，高质量建成一批世界级水电工程，成功实施一系列重大资本运作，装机规模比两年前增长 40%，比五年前增长 171%；年发电量比两年前增长 51%，比五年前增长 96%；资产总额比两年前增长 30%，比五年前增长 96%；主营业务收入比两年前增长 49%，比五年前增长 114%；利润总额比两年前增长 60%，比五年前增长 143%。装机容量、营业收入、利润总额等主要经营指标再创历史新高，公司规模、经营业绩、发展质量再次迈上新台阶，成功实现由单一水电开发向水电流域滚动开发和风电、太阳能等清洁能源同时开发，由单一国内市场向国内市场与国际市场两个市场同时并举，由单一工程建设向工程建设与资本运作两种手段同时并重“三大转变”，中国三峡集团综合实力、核心竞争力、可持续发展能力和抗风险能力持续提升，品牌知名度、美誉度、认可度和影响力不断增强，成功迈入快速做强做优做大的崭新阶段，初步具备国际一流清洁能源集团雏形，为“十三五”发展奠定坚实基础。

电 源 建 设

“华龙一号”示范工程开工建设

2015 年 4 月 15 日，中共中央政治局常委、国务院总理李克强主持召开国务院常务会议，决定核准建设“华龙一号”三代核电技术示范机组，在调整能源结构中促进稳增长。

“华龙一号”是中核集团和中国广核集团在中国几十年核电科研、设计、制造、建设和运维经验基础上，充分借鉴国际三代核电技术先进理念，采用国际最高安全标准研发设计的自主化三代核电机型。

此次核准的“华龙一号”三代核电技术示范机组落地项目为福清核电站，该电站项目分为一、二两期。此次核准的是该项目二期工程 5、6 号机组。

2015 年 5 月 7 日，“华龙一号”示范工程——福清 5 号机组正式开工。这标志着中国自主三代核电技术正式进入建设阶段，是中国核电建设史上的里程碑时刻。

2015 年 12 月 22 日，中国第三代自主核电品牌“华龙一号”全球示范工程第二台机组福清核电 6 号机组核岛底板浇注第一罐混凝土，机组正式开工建设，标志着“华龙一号”示范工程进入全面建设阶段。

随着福清核电站 6 台核电机组陆续投产、建设，届时，福清核电站将成为中国继秦山核电基地、大亚湾岭澳核电基地之后，又一个以核能为特色的清洁能源基地。

全国并网风电装机容量突破 1 亿 kW

截至 2015 年 2 月底，中国并网风电装机容量突破 1 亿 kW，达到 10 004 万 kW，继续稳居中国第三大发电类型和世界风电装机首位。中国 31 个省份均有并网风电场，其中内蒙古、甘肃并网风电装机容量分别达到 2125 万 kW 和 1053 万 kW，河北、新疆、山东和辽宁超过 500 万 kW。

2005 年底全国并网风电装机容量 106 万 kW。2006 年实施了《可再生能源法》后，中国风电进入大规模发展阶段，风电装机规模持续迅猛增长，2009 年并网风电装机容量突破 1000 万 kW。在 2012 年突破 5000 万 kW，取代美国成为世界第一风电装机大国。2015 年 2 月底突破 1 亿 kW，成为中国风电发展史上的又一座新的里程碑。

河北丰宁抽水蓄能电站工程

河北丰宁抽水蓄能电站位于河北省承德市丰宁满族自治县境内，电站规划总装机容量 3600MW，具有周调节性能，分两期建设。丰宁二期工程与一期工程共用上下水库。电站枢纽工程由上水库、下水库、水道系统、地下厂房系统和开关站等建筑物组成。上水库大坝采用钢筋混凝土面板堆石坝坝型，最大坝高 123.3m，总库容 4882 万 m^3。下水库利用已建成的丰宁水库改建而成，总库容 6583 万 m^3。丰宁一期工程于 2013 年 5 月正式开工建设。丰宁二期建设规模 1800MW，安装 6 台 300MW 可逆式水泵水轮发电机组，设计年平均发电量 31.44 亿 kWh，年抽水电量为 41.92 亿 kWh。电站建成后以 500kV 输电线路接入京津及冀北电网。一期工程投资 99.47 亿元，2013 年 7 月开工，总工期 75 个月，首台机组 2020 年 12 月投产。丰宁二期工程总投资 87.5 亿元，总工期 87 个月，于 2015 年 9 月开工，计划 2021 年 4 月首台机组投产。

山东沂蒙抽水蓄能电站工程

山东沂蒙抽水蓄能电站位于山东省临沂市费县境内，总装机容量1200MW，安装4台单机容量300MW的可逆式水泵水轮机组，电站额定水头375m，设计年平均发电量20.08亿kWh，年抽水电量26.77亿kWh。电站枢纽由上水库、下水库、水道系统、地下厂房系统以及地面开关站等建筑物组成。上水库正常蓄水位606m，死水位571m，调节库容800万m^3。大坝为沥青混凝土面板堆石坝，最大坝高117.4m。下水库正常蓄水位220m，死水位190m，调节库容869万m^3，由拦河坝和泄洪放空洞组成，拦河坝最大坝高78.6m。工程筹建期14个月。电站项目总投资73.7亿元，工程总工期78个月。

工程于2015年6月开工，计划2021年12月首台机组投产。电站建成后，将承担山东电网的调峰、调频和事故备用任务，改善火电机组运行条件，保障核电机组高效运行，促进风电消纳和节能减排。

安徽金寨抽水蓄能电站工程

安徽金寨抽水蓄能电站位于安徽省六安市金寨县境内，总装机规模为1200MW，安装4台单机容量300MW的可逆式水泵水轮发电机组。电站设计年抽水电量26.8亿kWh，年发电量20.1亿kWh。电站枢纽由上水库、下水库、输水系统和地下厂房系统等建筑物组成。上、下水库大坝均为混凝土面板堆石坝，上水库最大坝高76m，下水库最大坝高98.5m。引水系统采取2洞4机、尾水系统采用单机单洞方式布置。上水库正常蓄水位593m，死水位569m，总库容1641万m^3。下水库正常蓄水位255m，死水位225m，总库容1613万m^3。电站项目总投资为74.67亿元，施工总工期77个月。

工程于2015年6月开工，计划2021年8月首台机组投产。电站建成后，以两回500kV线路接入安徽电网，在系统中承担调峰、填谷、调频、调相和紧急事故备用任务，并可为系统提供大容量的储能服务，对满足电网调峰需求、维护电网安全稳定运行、提高供电质量和电网运行的经济性、促进资源有效利用具有重要作用。

河南天池抽水蓄能电站工程

河南天池抽水蓄能电站位于河南省南阳市南召县马市坪乡境内，电站装机规模为1200MW，安装4台单机容量300MW的混流可逆式水泵水轮发电机组，设计年平均发电量9.62亿kWh，年抽水电量12.83亿kWh，为周调节抽水蓄能电站。电站枢纽由上水库、下水库、水道系统、地下厂房系统以及地面开关站等建筑物组成。上、下水库大坝均为混凝土面板堆石坝，最大坝高分别为118.40m及100.60m。上水库正常蓄水位1063m，死水位1020m，总库容1578万m^3。下水库正常蓄水位537.5m，死水位510m，总库容1785万m^3。电站项目总投资为67.51亿元，施工总工期69个月。

工程于2015年6月开工，计划2021年10月首台机组投产。电站建成后，将进一步优化河南省内电源结构与布局，提高华中电网、河南电网安全经济运行水平。

山东文登抽水蓄能电站工程

山东文登抽水蓄能电站位于山东省威海市文登区界石镇境内。项目设计总装机容量1800MW，安装6台单机容量300MW的立轴单级混流可逆式水泵水轮机组，设计年发电量27.1亿kWh，年抽水电量36.1亿kWh，为日调节抽水蓄能电站。电站建成后以500kV输电线路接入山东电网。电站枢纽由上水库、下水库、输水系统和地下厂房系统等建筑物组成。上、下水库大坝均为钢筋混凝土面板堆石坝，最大坝高分别为101、50.5m，总库容分别为924万、1109万m^3。项目总投资87.5亿元，工程总工期76个月。工程于2015年9月开工，计划2022年4月首台机组投产。

重庆蟠龙抽水蓄能电站工程

重庆蟠龙抽水蓄能电站位于重庆市綦江区西部中峰镇境内。项目设计总装机容量为1200MW，安装4台单机容量300MW的可逆式水泵水轮机组，设计年平均发电量20.04亿kWh，年抽水电量26.72亿kWh，为日调节抽水蓄能电站。电站建成后以500kV输电线路接入重庆电网。电站枢纽由上水库、下水库、输水系统、地下厂房系统及地面开关站等建筑物组成。上、下水库大坝均为混凝土面板堆石坝，最大坝高分别为52、79.3m，总库容分别为1123.6万、1487万m^3。项目总投资71.18亿元，工程总工期78个月。工程于2015年9月开工，计划2022年5月首台机组投产。

江西大唐国际抚州发电项目一期工程

江西大唐国际抚州发电项目位于抚州市临川区鹏田乡，距离抚州市27km。一期工程新建2×1000MW超超临界燃煤发电机组，由大唐国际发电股份有限公司（股比51%）和法国电力集团（股比49%）共同出资建设。

2015年12月29日，1号机组高质量投产，建设工期仅22个月，比计划提前4个月，创国内百万机组最短纪录；2号机组于2016年4月27日一次性高质量通过168h试运，正式投产发电，标志着抚州发电公司一期2台1000MW工程全面竣工投产。

该项目是全国第一个做社会稳定风险评估的项目；是国家能源局“三定”方案公布之后正式核准的第一个电源项目，是江西省第一个百万千瓦机组项目。

黄金坪水电站

黄金坪水电站系大渡河干流的第11级电站，上接长河坝水电站，下游为泸定水电站，为保证电站大坝下游区河段生态及景观的完整性和稳定性，工程采用水库大坝和“一站两厂”的混合式开发，电站总装机容量850MW，安装4台200MW和2台25MW机组，投产后设计年发电量38.58亿kWh，年上缴税金上亿元，是国家西部大开发重点工程、国家支持藏区发展重点工程。

黄金坪水电站为Ⅱ等大（2）型水电站，是以单一发电为主的引水式电站，枢纽建筑物主要由沥青混凝土心墙堆石坝、泄洪建筑物和引水发电建筑物等组成，大坝高85.50m，发电正常蓄水位1476m，相应库容1.28亿m^3，具备日调节能力，所发电量通过1回500kV线路接入四川省电网。

2008年1月，项目开始现场“五通一平”工作；2011年2月17日，项目获得国家发展改革委正式核准；2011年12月16日，完成大江截流，项目正式进入主体工程施工阶段；2015年12月21日，黄金坪1号机组顺利通过72h试运行并投入商业运营。

黄金坪水电站位于四川省甘孜州康定县境内，工程总投资110亿元人民币，项目的建设对于开发绿色清洁能源、促进节能减排、川电东送战略实施以及带动藏区经济发展都具有十分重要的意义。同时，还可减少400万t的碳排放量，将真正实现经济效益、环境效益、社会效益的三赢局面。

观音岩水电站

观音岩水电站位于云南省丽江市华坪县（左岸）与四川省攀枝花市（右岸）交界的金沙江中游河段，系金沙江中游规划的八个梯级电站的最末一个电站。

观音岩水电站为Ⅰ等大（1）型工程，以发电为主，兼顾防洪和供水。电站装机容量3000（5×600）MW，多年平均发电量单独运行为120.68亿kWh，上游龙盘电站投入运行后为136.22亿kWh。电站正常蓄水位库容20.72亿m^3，拦河大坝为混合坝，坝后式厂房。

2008年12月一期导流明渠开始施工，2010年11月大坝混凝土开始浇注，2011年1月二期大江截流，2013年1月三期截流，2014年9月大坝全线浇注到坝顶高程，2014年12月21日首台机组投产发电，2、3、4号机组分别于2015年4月30日、2015年8月31日和2015年12月14日投产发电。金沙江作为全国最大的水电能源基地，随着金安桥、观音岩等中游梯级电站的投产发电，金沙江中游梯级电站将成为“西电东送”的主力。

除了发电效益，观音岩水库每天提供攀枝花市区城市生活用水40万m^3，保障了城市生活用水的安全。观音岩水电站设置了2.53亿m^3的防洪库容，可将攀枝花市防洪标准由目前的30年一遇提高到50年一遇，满足攀枝花市的防洪要求。

大唐集团滨州2×350MW “上大压小”热电联产新建项目

大唐集团滨州2×350MW“上大压小”热电联产新建项目是按照国家“节能减排”“上大压小”的政策要求，为满足滨州市中心供热需求以及山东电力负荷的增长，通过“上大压小”的方式进行建设，本期建设2台350MW国产超临界热电联产燃煤机组，留有扩建条件。锅炉采用超临界变压直流炉，汽轮机采用超临界抽凝汽式汽轮机，发电机采用水氢氢冷却发电机。

2015年10月22日、12月15日两台机组分别通过168h试运，实现年内机组“双投”。

该项目是山东省“十二五”电源发展规划的重点项目，是国家鼓励发展的能源建设项目。项目投产后，将有效缓解滨州市区居民采暖和工业用汽严重不足问题，改善城市环境，优化电网结构，带动和促进当地及周边区域经济发展。项目设计年发电量38.5亿kWh、年供热量896万GJ，同步建设脱硫、脱硝、除尘等高效环保装置，烟尘、二氧化硫、氮氧化物排放浓度分别不高于5、35、50mg/m³，达到燃机排放标准。供热能力达1300万m³，工业供汽量160t/h。替代小火电机组容量245MW，关停燃煤小锅炉177台，每年可节约标准煤约19万t。

国电泰州二期超超临界二次再热火电项目

国电泰州二期2×1000MW超超临界二次再热火电项目，位于江苏省泰州市高港区永安洲镇福沙村，北距泰州市中心29km，西临长江。宁启铁路、新长铁路和沿江一级公路均从厂区附近通过，水陆交通便利。

该项目是世界首台自主设计研发的百万千瓦二次再热燃煤发电机组，是国家能源局二次再热燃煤发电示范项目，同时是国家科技部“十二五”科技支撑计划项目。项目所采用的二次再热技术、主机及控制参数等均具有完全的自主知识产权，锅炉采用塔式炉，汽轮机采用五缸四排气方案，主蒸汽压力31MPa、主蒸汽温度600℃、一次和二次再热蒸汽温度都为610℃，综合参数为世界领先水平，也是二次再热机组世界最大容量。

2012年5月31日，项目获得国家能源局同意开展前期工作的“路条”，2014年9月2日，正式获得国家发展改革委核准。在项目建设过程中，泰州二期项目扎实开展精细化管理、洁净化施工，机组所有节点进度均一次成功，主机油循环提前合格，机组从首次并网到100万kW满负荷出力仅用不到4天时间，机组汽水品质自并网后不到24h便达到了运行标准。2015年9月25日，世界首台百万千瓦二次再热机组——泰州二期3号机组正式投产，机组发电效率47.82%，发电煤耗256.8g/kWh，供电煤耗为266.5g/kWh，机组发电效率比国外最好二次再热发电机组高0.82个百分点。机组发电煤耗比当今世界最好水平低6g/kWh，二氧化碳排放量减少5个百分点，二氧化硫、氮氧化物、粉尘排放全面优于国家超低排放限值。

海南国电西南部电厂火电项目

海南国电西南部电厂位于海南省西南部乐东黎族自治县境内，厂址位于乐东县莺歌海镇以北约2km。厂址西临北部湾，地理位置优越，交通方便。电厂煤码头港址位于莺歌嘴附近，水深条件较好。

该项目是海南省“十二五”重点电源建设项目，也是“中国国电集团公司与海南省政府投资建设海南电力能源项目合作框架协议”战略规划下，中国国电集团公司在海南省投资的第一个火电项目。项目于2014年5月19日获得国家发展改革委核准，批复造价为368900万元。

该工程汽轮机、锅炉、发电机由哈尔滨三大主机厂提供，机组设计主参数为24.2MPa/566℃/566℃，发电煤耗283.33g/kWh，发电厂用电率（含脱硫）5.6%，全厂热效率43.41%。项目同步安装高效脱硫、脱硝、除尘装置，NO_x、SO_2、烟尘排放均达到超低排放水平。

2014年6月30日，工程实现高标准开工，1、2号机组分别于2015年7月31日和10月16日通过168h试运行，转入商业运行。1号机组仅用13个月实现投产，创同类项目建设最先进工期记录，为缓解海南省紧张的用电局面做出贡献。

国电泰安2×350MW热电联产机组工程

国电泰安2×350MW热电联产项目位于山东省泰安市高新区东南侧，北距泰安市约9.6km，厂址东距京沪铁路北集坡车站约280m，公路、铁路交通便利。

该项目为“上大压小”项目，是泰安市加快发展集中供热建设、创建国家环保模范城市的重点工程。2012年2月28日，该项目获得国家能源局同意开展前期工作的“路条”；2013年3月18日，正式获得国家发展改革委核准。

该工程机组采用超临界参数，机组设计主参数为24.2MPa/566℃/566℃，设计发电煤耗282.93g/kWh，发电厂用电率（含脱硫）6.04%。项目同步安装高效脱硫、脱硝、除尘装置，NO_x、SO_2、烟尘排放均达到燃气轮机水平。

项目1、2号机组分别于2015年8月7日、10月26日通过168h满负荷试运，投产发电。项目建设过程中严格坚持中国国电集团公司“四高四优”标准，两台机组实现高质量投产，于2016年1月29日以较高的成绩通过中国国电集团公司达标投产复检。

国电西藏尼洋河多布水电站工程

多布水电站为尼洋河流域规划梯级电站的第三级，是尼洋河综合治理与保护控制性工程和优选项目，也是中国国电集团公司在藏首个水电项目，位于西藏自治区林芝市巴宜区镜内。工程主要任务为发电。电站装机4台单机容量30MW的灯泡贯流式机组，总装机容量120MW，属三等中型工程。

工程枢纽主要由右岸土工膜防渗砂砾石坝、左岸泄洪闸、发电厂房、左副坝等建筑物组成，电站正常蓄水位3076m，正常蓄水位以下库容6500万m^3，总库容8500万m^3，为日调节水库。

多布水电站主体工程于2014年7月12日取得国家发展改革委核准，2014年12月11日大江截流，2015年8月29日首台机组投产发电，2016年1月17日4台机组全部投产发电。

国电宁夏方家庄电厂工程

由中国能建江苏省电力建设第一工程有限公司承建的国电宁夏方家庄电厂2×1000MW超超临界间接空冷燃煤火电机组工程，于2015年8月16日正式开工。该工程是宁夏回族自治区和中国国电集团公司“十二五”重点电力建设项目，是宁浙±800kV特高压直流输电工程重要配套电源项目之一，是中国国电集团公司及所属宁夏分公司的“一号工程”，也是中国国电集团公司在西北地区开工建设的第一个百万千瓦机组项目。

龙源安徽全椒龙王尖风电项目

龙源安徽全椒龙王尖风电项目位于安徽省滁州市全椒县境内，距离县城区西南约20km处。项目总装机容量49.5MW，共安装25台由国电联合动力技术有限公司生产的风力发电机组，风电场通过一机一变的形式，经过2条35kV配电线路汇流与一期大山项目共用一座110kV升压站，通过一条110kV送出线路送至220kV古河变电站与系统并网，送出线路总长27.8km。

全椒龙王尖风电场地貌以丘陵为主，山势起伏绵延，海拔为150～350m，且地形复杂，场内80m高测风塔实测年平均风速为5.76m/s，属于典型内陆地区低风速风电场。为提高项目的经济性，在机位数量确定的前提下，对风资源较差且有效湍流符合条件的机位混装了4台UP2000-115的风电机组，在确保安全的同时最大限度地捕获风能，经测算混装后，项目整体利用小时增加约35h以上。预计项目年上网电量10 341万kWh，年利用小时2089h。

该项目于2014年11月通过中国国电集团公司投资决策，2015年1月正式开工，同年12月全部投产发电。

三峡水利枢纽工程

2015年，三峡水利枢纽工程（简称三峡工程）连续第十二年实现高效稳定运行，10月28日，连续第六次成功实现175m试验性蓄水目标；有效减轻了中下游防汛压力，防洪、发电、航运、抗旱、补水等综合效益全面发挥。

2015年三峡工程投资计划7.66亿元，实际完成投资4.62亿元，占年度计划的60.36%。其中：建安工程完成投资0.98亿元，比计划投资（2.08亿元）减少1.1亿元，设备费完成投资0.54亿元，比计划投资（2.74亿元）减少2.2亿元。

2015年三峡地下电站投资计划0.43亿元，实际完成投资0.23亿元，占年度计划的52.83%。

截至2015年底，三峡工程累计完成投资1702.03亿元，其中：枢纽工程完成静态投资495.93亿元，占枢纽工程概算500.9亿元的99.00%；库区移民完成静态投资530.02亿元，占库区移民静态投资530.02亿元的100%；价差524.74亿元；贷款利息151.33亿元。静态、动态投资均控制在国家批准的概算及预测的投资范围内。

加强设备巡检维护和诊断分析，确保机组满发稳发，采取了水位上浮运行、提前蓄水等优化调度措施。7月1日最大入库洪峰39 000m^3/s，最大出库流量31 000m^3/s，洪水资源全部实现有效利用，水资源利用率首次达到100%。2015年三峡电站发电量870亿kWh，完成年计划发电量的97.8%。

2015年三峡船闸共运行10 657闸次，通过船舶4.4万艘次，通过旅客48万人次。过闸船舶实载货运量达到1.1亿t，较2014年增长159万t（1.46%），继2011年后第3次超过1亿t。三峡船闸通航率为97.99%，高于84.1%的设计指标，主要运行设备完好率100%，设备设施处于良好工况。

2015年，升船机土建与金结安装工程质量共评定528个单元，一次合格率100%。

2015年，三峡升船机工程建设取得重大进展，土建及安装工程全部完成，进入全系统调试阶段，年内顺利实现全流程带船调试试验。枢纽管理区规划项目实施有序推进，顺利实现质量、安全“双零”管理目标。

溪洛渡水电站

2015年是溪洛渡水电站开工的第十年，也是全部机组投产运行的第 1 个完整年。9 月 29 日，溪洛渡水库成功蓄水至 600m 正常蓄水位。电站开始全面发挥防洪、发电等社会经济效益，年发电量 552 亿 kWh。

溪洛渡水电站工程 2015 年计划投资 39.56 亿元，实际完成投资 28.84 亿元，占计划的 72.91%，其中：建筑安装工程完成投资 3.57 亿元，比计划投资（5.58 亿元）减少 2.01 亿元，设备费完成投资 3.80 亿元，比计划投资（4.91 亿元）减少 1.11 亿元，建设征地和移民安置完成投资 18.08 亿元，比计划投资（26.61 亿元）减少 8.53 亿元。

截至 2015 年底，溪洛渡水电站工程自开工累计完成投资 830.75 亿元，其中：建筑安装工程完成投资 232.80 亿元，永久设备完成投资 98.94 亿元，建设征地及移民安置费完成投资 230.59 亿元，其他费用完成投资 108.83 亿元，贷款利息 159.60 亿元。

2015 年全年共评定土建、金结单元工程 1015 个，验收合格 1015 个，验收合格率 100%。

汛前完成大坝土建和金属结构安装工程尾工项目施工，6 月 20 日完成水垫塘排干检修；10 月底完成下游河道及雾化边坡整治工程施工；汛前完成 2 号交通洞永久安全度汛补充设施工程施工。

向家坝水电站

2015 年是向家坝水电站开工的第九年，也是全部机组投产运行的第 1 个完整年，主体工程（除升船机外）施工及消缺工作基本收尾，顺利实现汛末 380m 蓄水；电站开始全面发挥防洪、发电等社会经济效益，年发电量 307 亿 kWh。

向家坝水电站 2015 年计划投资 41.67 亿元，实际完成投资 24.64 亿元，占全年计划投资 59.13%；其中：建安工程完成投资 3.95 亿元，比计划投资（9.28 亿元）减少 5.33 亿元，设备费完成投资 3.31 亿元，比计划投资（2.82 亿元）增加 0.49 亿元。建设征地及移民安置费完成投资 14.80 亿元，比计划投资（26.08 亿元）减少 11.28 亿元。

截至 2015 年底，向家坝水电站工程自开工累计完成投资 717.79 亿元，其中：建安工程完成投资 155.75 亿元，永久设备完成投资 68.14 亿元，建设征地及移民安置费完成投资 322.99 亿元，其他费用完成投资 67.22 亿元，贷款利息 103.68 亿元。

2015 年共评定单元工程 2636 个，一次合格单元 2633 个，一次合格率 99.89%；优良单元数 2503 个，优良率 94.95%。

2015 年，翻坝转运系统安全运行 338 天，转运总量 297.39 万 t，其中磷矿 271.41 万 t，占年转运量的 91%；煤矿 25.98 万 t，占年转运量的 9%；最高日转运量 1.5 万 t，日均转运量 8798.56t。

升船机工程：下游引航道主导航墙混凝土浇注至设计高程 286.4m。升船机螺母柱二期埋件安装至设计高程 388.4m；螺母柱设备安装至高程 305.01～323.10m（设计高程 386.15m）；齿条二期埋件安装至设计高程 384.97m；齿条设备安装至设计高程 383.2m；船厢纵向导轨安装至设计高程 381.5m；对接锁定导轨安装至设计高程 383m。11 月 21 日，启动了三期围堰拆除施工，年内完成了经济断面以外的挖除；同步开展船厢单机和分系统调试。

翻坝转运横江大桥工程：2015 年 2 月 14 日正式开工建设，完成水富岸和宜宾岸主拱桥台施工；完成水富岸引桥 1～4 号桥墩施工；完成水富岸第一跨（跨地方简易公路及天然气管道）现浇箱梁施工。

神华集团安庆电厂二期工程

安徽安庆皖江发电有限责任公司安庆电厂二期 2×1000MW 扩建工程是安徽省政府与神华集团战略合作的重要支撑项目，是安徽省“十二五”能源建设规划重点项目，也是安徽省“861”重点建设项目和神华集团十大重点工程。工程建设规模为 2×1000MW 超超临界湿冷燃煤发电机组，同步建成石灰石—石膏湿法脱硫、SCR 烟气脱硝及电除尘等先进环保设施。

3 号机组自 2015 年 5 月 24 日 2 时 58 分进入 168h 满负荷试运行，期间供电煤耗等各类经济技术指标处于全国领先水平，烟尘、二氧化硫、氮氧化物排放浓度分别为 2.6、6.5、21.5mg/m^3，远远低于国家规定的排放标准，接近零排放。

该工程由中国能建中国电力工程顾问集团有限公司采用 EPC 总承包模式承建。3、4 号机组分别于 2015 年 5 月 31 日和 6 月 19 日通过 168h 试运行，完成双机投产。该工程是国内首座全寿命周期的整体数字化电厂，首次设计应用厂用电监控系统（ECMS）与网络监控系统（NCS）合一的电气监控系统等，实现全自动化监控管理。通过建设单位 76 项设计创新优化和“五新”技术的实践应用，机组主要经济技术指标创全国同类型机组最优纪录，实现了“超低排放”。

神华集团新疆哈密煤电工程

神华集团国能哈密煤电有限公司 4×660MW 项目是国家电网 ±800kV 哈郑特高压直流输电工程的

主要电源支撑点，工程建设 4×660MW 超临界空冷燃煤发电机组。投产后，年发电量 145.2 亿 kWh，年均缴税约 2.7 亿元，能够带动和促进新疆哈密地区相关产业发展，也有利于满足河南电网电力负荷日益增长需要，对于推进国家能源局哈密煤电基地规划和新疆维吾尔自治区“疆电外送”战略、推动哈密优势资源转换发展具有重要的战略意义。

1 号机组于 2015 年 5 月投产，2、3 号机组分别于 2014 年 12 月和 2015 年 1 月正式投产发电。

神华集团鸳鸯湖电厂二期工程

2015 年 5 月 26 日，随着神华集团国能宁夏煤电公司鸳鸯湖电厂二期 2×1100MW 机组扩建工程浇注第一方混凝土，标志着世界首个百万千瓦级超超临界间接空冷燃煤机组项目正式开工。

鸳鸯湖电厂二期 2×1100MW 机组扩建工程是国家规划建设的宁东至浙江±800kV 特高压直流输电工程的重点配套电源项目。

该项目建成后将成为宁东煤电基地唯一的两期工程同时外送电的电厂，总装机容量达到 3520MW (2×660MW+2×1100MW)，也将成为宁东煤电基地装机规模最大的电厂。项目投产运营后各项指标均能达到国内领先水平，有利于促进宁夏资源优势向经济优势转化；同时，将满足浙江省电力需求发展需要，对促进宁夏回族自治区经济发展、维护民族团结起到重要的作用。

神华万州电厂新建工程

由中国能建中国电力工程顾问集团有限公司 EPC 总承包建设的重庆神华万州电厂一期 2×1050MW 超超临界燃煤发电机组工程 1、2 号机组分别于 2015 年 2 月 9 日和 9 月 18 日完成 168h 试运行并移交生产，机组运行稳定、性能良好，各项技术经济和排放指标均达到或优于设计值。该工程是西南地区首个单机百万千瓦机组工程，也是国内首个高效一次再热、超净排放百万千瓦机组工程，同时也是三峡库区移民补偿工程。

安谷水电站

安谷水电站为大渡河干流梯级开发的最后一级，坝址位于大渡河安谷河段的生姜坡。安谷水电站上游距已建的沙湾水电站约 35km，下游距乐山市区约 15km。该项目具有发电、防洪、航运、灌溉和供水，兼顾湿地生态和河网生境保护等综合利用功能。安谷水电站为Ⅱ等大（2）型工程。正常蓄水位 398.00m，相应库容为 6330 万 m^3。电站采用混合式开发，装机容量 4×190MW+1×12MW（生态机组），额定水头 33.0m/21.0m，设计引用流量 2576.0m^3/s+64.9m^3/s，水轮机均为轴流转桨式水轮机，采用 2 回 220kV 线路接入系统。多年平均发电量 31.44 亿 kWh。2012 年 2 月获国家发展改革委核准批复。按照 2011 年二季度价格水平测算，工程静态总投资 82.05 亿元（其中建设征地及移民安置补偿投资 10.62 亿元)，动态总投资为 96.99 亿元。

2015 年，在 2014 年 12 月实现首台机组发电目标及三台机组投运的基础上，继续快速推动剩余两台机组的安装和土建配套施工，3、4 号机组分别于 4 月 30 日、8 月 28 日进入 72h 试运行，至此，安谷水电站 5 台机组已全部投产发电。截至 2015 年底，累计完成投资 77.99 亿元，电站安全运行 350 天，投产后总发电量约 25 亿 kWh。

（刘元秀）

春堂坝水电站

春堂坝水电站位于四川省阿坝州境内，为沃日河梯级开发中的第四级，采用引水式开发。电站拦河坝采用混凝土闸坝形式，最大坝高 21.5m，引水隧洞长 13.059km。电站装机 3 台，单机容量 18MW，总装机容量 54MW，总投资 7.81 亿元，设计年平均发电量 2.37 亿 kWh。该电站于 2010 年 12 月 30 日核准，主体工程于 2012 年 9 月动工。

2015 年春堂坝电站首部枢纽工程于 9 月 30 日按期完工，并开展了大坝安全鉴定；引水隧洞工程开挖于 9 月 12 日全线贯通，至 2015 年底累计完成混凝土衬砌 6509.1m；厂区枢纽土建主体工程按期完工，电力生产筹备工作有序推进。截至 2015 年底累计完成投资 52 034 万元。

（刘元秀）

杨家湾水电站

杨家湾水电站工程位于四川省阿坝州境内，为小金川支流抚边河水电梯级规划中的第四级电站。水电站为引水式开发，引水隧洞长 11.366km，水库正常蓄水位 2574m，具有日调节性能。该电站装机 3 台，单机容量 20MW，总装机容量 60MW，设计年平均发电量 2.59 亿 kWh，总投资 8.38 亿元。2011 年 12 月 15 日获得四川省发展改革委核准批复。前期场内交通工程于 2012 年 6 月开工建设。

2015 年杨家湾电站首部枢纽工程于 10 月 30 日提前一个月完成闸首一枯截流；引水隧洞支洞开挖支护按期完成，除 6 号支洞剩余 110m 外，全面进入主洞开挖施工；厂区枢纽工程主厂房第一层开挖支护按期完成。截至 2015 年底累计完成投资 19 346 万元。

（刘元秀）

乌东德水电站

2015 年 12 月 16 日，动态投资超千亿的中国第三座千万千瓦级水电站乌东德水电站正式获国务院核准，并计划“十三五”末首批机组投产发电，是中国三峡集团在金沙江下游水电开发中的又一重大里程碑。截至 2015 年底，乌东德水电站工程自开工累计完成投资 236.90 亿元，其中：建筑安装工程完成投资 130.99 亿元，建设征地及移民安置费完成投资 14.00 亿元，成昆铁路补偿完成投资 30.5 亿元，其他费用完成投资 38.88 亿元，贷款利息 22.53 亿元。

乌东德水电站是金沙江下游河段四个水电梯级——乌东德、白鹤滩、溪洛渡、向家坝中的最上游梯级，开发任务以发电为主，兼顾防洪，水库总库容 74.08 亿 m^3，电站装机容量 10 200MW，多年平均发电量 389.3 亿 kWh。大坝为混凝土双曲拱坝，坝顶高程 988m，最大坝高 270m；左右岸地下电站各安装 6 台单机 850MW 的混流式水轮发电机组；施工导流采用河床一次截流、隧洞导流方式（左岸 2 条，右岸 3 条，4 大 1 小）。中国水利水电第六工程局有限公司承接了乌东德水电站右岸地下电站土建及金属结构安装工程等 11 个标段的施工任务，中国水利水电第十四工程局有限公司承接了乌东德水电站右岸导流隧洞工程等标段的施工任务；中国电建集团西北勘测设计研究院有限公司承担了监理任务。

该水电站由中国能建葛洲坝集团三峡建设公司主要承建，是国家“西电东送”骨干工程。大坝防渗墙平台防护工程于 2015 年 6 月 18 日完成防渗墙汛前部分施工任务，提前 4 天完成防护工程施工，达到防渗墙平台度汛形象目标，为工程安全度汛打下了坚实的基础。施工单位通过精细管理，不断优化施工方案，用不到两个月的时间完成约 5.4 万 m^2 的混凝土护板施工任务，确保了该项工程的高效推进，并在接头管下设施工中，创造了 97.25m 防渗墙接头管最深纪录。

福建仙游抽水蓄能电站

中国能建葛洲坝集团股份有限公司承建的福建省第一座大型抽水蓄能电站，全国唯一已投运的周调节抽水蓄能电站——福建仙游 4×300MW 抽水蓄能电站，2015 年 6 月荣获中国电力优质工程奖，2015 年 11 月 23 日荣获全国工程建设质量最高奖——国家优质工程金质奖。仙游抽水蓄能电站自主体工程开工至首台机组投产发电，仅历时 47 个月，至全面投产并投入商业运行仅历时 56 个月，创造了抽水蓄能电站建设最快纪录。该工程首次使用中国具有完全自主知识产权的 500m 水头段 300MW 级大容量抽水蓄能机组，成功应用中国自主研发、制造、安装的单根超千米的 500kV 电缆及终端，实现国产化首创。电站建成后，以独特的灵活性和强大的功能随调随启，投入紧急发电、调频调相和旋转备用运行，为保证电网安全稳定运行提供了有力的支撑。

电站于 2009 年 5 月正式开工，2012 年 5 月和 7 月上、下库相继开始蓄水，2013 年 4 月首台机组投产，12 月 4 台机组全部投产。

铜陵电厂六期“上大压小”扩建工程

由中国能建中国电力工程顾问集团有限公司采用 EPC 总承包模式承建的安徽铜陵电厂六期“上大压小”2×1000MW 超超临界燃煤发电机组扩建工程 6 号机组，于 2015 年 7 月 18 日开工建设。该工程 5 号机组已于 2011 年先期投产发电，获得第六届工程总承包金钥匙奖、第三届全国电力行业设备管理创新奖、中国电力质量管理成果二等奖。是安徽省首台百万千瓦机组及单机容量最大的火力发电机组，也是国内首个以 EPC 总承包模式承建的百万千瓦机组工程。

淮南平圩电厂三期工程

由中国能建安徽电力建设第二工程有限公司承建的安徽淮南平圩电厂三期 2×1000MW 超超临界燃煤发电机组工程于 2015 年 12 月 28 日正式竣工。该工程是国务院批准实施的《皖江城市带承接产业转移示范区规划》中带动区域整体协调发展的重大项目和安徽省“十二五”能源建设规划重点项目，是“皖电东送”二期工程的四个电源点之一、国家电网“皖电东送”特高压线路配套的唯一百万千瓦级电源项目，属目前国内火电最高效、节能、环保的发电项目，是国内首个同时拥有“单机容量百万千瓦、主变压器电压百万等级、外送线路百万特高压”的世界首台“三百工程”项目。

华润海丰电厂工程

由中国能建安徽电力建设第二工程有限公司承建的广东华润海丰电厂 2×1000MW 超超临界燃煤发电机组工程于 2015 年 3 月 7 日竣工。该工程是华润集团在广东省投资的首个百万千瓦级火力发电项目，是广东省“十二五”规划重点工程、广东地区首个实现“超洁净排放”的百万千瓦机组燃煤电厂。

浙江台州第二发电厂“上大压小”新建工程

由中国能建浙江省火电建设有限公司承建的台州第二发电厂 2×1000MW 级超超临界国产燃煤发电机组，1、2 号机组分别于 2015 年 9 月 14 日、12 月 14 日完成 168h 试运行并转入商业运营，实现了一年双投的目标。该工程在国内火电厂中率先使用日本湿法电除尘器技术和管式热媒水烟气换热器技术，大气污染物排放指标达到了燃气机组的排放标准。工程同步建设了两座亚洲最大的加肋型海水冷却塔，采用二次循环冷却技术，减少常规电厂温排水对海洋环境的影响。

江西丰城电厂三期扩建工程

江西丰城电厂三期扩建工程位于江西省丰城市西面石上村铜鼓山。本期工程按照规划扩建 2×1000MW 超超临界二次再热燃煤机组，同步建设烟气脱硫、脱硝设施，建成后电厂装机容量达到 4600MW（4×300MW＋2×700MW＋2×1000MW）。

工程采用 EPC 总承包模式建设，由中国电力工程顾问集团中南电力设计院有限公司总承包。工程于 2015 年 12 月 28 日开工（主厂房浇第一灌混凝土），7、8 号机组分别计划于 2017 年 11 月 28 日和 2018 年 2 月 28 日完成 168h 试运行。

大藤峡水利枢纽工程

中国能建葛洲坝集团股份有限公司承建的大藤峡水利枢纽工程位于珠江流域西江水系的黔江河段末端，枢纽建筑物主要包括泄水、发电、通航、挡水、灌溉取水及过鱼建筑物等，总库容 34.79×108m^3，总装机容量 1600MW，工程规模为Ⅰ等大（1）型工程，合同金额 18.95 亿元，2015 年中标并开工，截至 2015 年 8 月 31 日船闸开挖一期工程初步告捷并移交，实现了第一个节点工期目标。

雅砻江两河口水电站开挖工程

中国能建葛洲坝集团股份有限公司承建的雅砻江两河口水电站开挖工程Ⅱ标位于四川省甘孜州雅江县，2013 年 8 月 16 日开工，项目工期 38.5 个月，合同金额 17.94 亿元。工程于 2015 年 11 月 29 日实现截流节点目标，项目部提前完成首批关键目标，在两河口移民代建工程中树立了榜样，并荣获两河口 2015 年度先进集体和先进工作者称号。

电站装机容量 3000MW，多年平均发电量 110.62 亿 kWh。水库正常蓄水位为 286.5m，库容 101.54 亿 m^3，调节库容 65.60 亿 m^3，具有多年调节能力。

电 网 建 设

淮南—南京—上海 1000kV 特高压交流输变电工程

淮南—南京—上海 1000kV 交流输变电工程是华东特高压主网架的重要组成部分。工程 2014 年 4 月获得核准，计划 2017 年 12 月全部建成投运。

工程新建南京、泰州和苏州变电站，扩建淮南、沪西变电站，跨越淮河和长江，变电容量 12GVA，线路全长 759.4km，其中 723.8km 同塔双回路架设，其余同塔四回路架设。

安徽淮南平圩电厂三期扩建的 5 号百万千瓦机组，于 2015 年 4 月 16 日并入特高压电网，使平圩电厂成为世界上首个一次直接升压至 1000kV 后接入特高压电网的发电厂。平圩电厂三期送出工程包括扩建淮南变电站1个1000kV出线间隔，新建同塔双回线路约5km（单侧挂线），由国家电网公司出资建设。送出工程于2015年4月4日完成72h试运行，满足发电厂的并网需求。

蒙西—天津南1000kV特高压交流输变电工程

蒙西—天津南1000kV特高压交流输变电工程是落实国家大气污染防治行动计划重点建设的12条输电通道之一。工程对于满足蒙西、晋北煤电基地电力外送需要，满足京津冀地区电力需求，满足经济社会发展和能源资源更大范围优化配置需要，具有重要意义。工程于2015年1月6日获得国家核准，计划2016年12月建成投运。

工程新建蒙西、晋北、北京西、天津南4座变电站，新增变电容量24GVA，新建输电线路2×627.1km，新建北京东—济南双回线路开断环入天津南变电站线路工程，新建线路长度2×7.8km。工程途经内蒙古、山西、河北和天津四省（区、市）。工程核准动态总投资175.2亿元人民币，由国家电网公司，国网天津、河北、山西电力共同出资建设。

工程承担京津冀地区重要送电任务，可靠性要求高。特高压设备批量扩大后，将面临有效产能不足和批量生产质量稳定性控制的问题，大批量设备生产、运输、安装和试验，钢管塔大批量供货质量稳定性控制困难。蒙西、晋北变电站地处黄土高原，公路运输路径达2000km，桥梁涵洞加固改造难度大，运输安全要求高。沿线交叉跨越多，拆迁量大，建设实施难度大。

榆横—潍坊1000kV特高压交流输变电工程

榆横—潍坊1000kV特高压交流输变电工程为国家大气污染防治行动计划12条重点输电通道建设工程之一。建设该工程，可发挥特高压输电大容量、远距离、多落点以及网络功能优势，提高陕北、山西地区煤炭基地电力外送能力，满足河北、山东电网负荷增长需求，实现更大范围资源优化配置，改善生态环境质量。工程于2015年5月6日获得国家核准，5月12日正式开工建设。

工程新建晋中、石家庄、潍坊3座变电站和榆横开关站，新增变电容量1500万kVA，并扩建济南变电站出线间隔；新建榆横—晋中—石家庄—济南—潍坊双回线路，线路全长2×1059.3km（含黄河大跨越2×3.3km）。线路途经陕西、山西、河北、山东四省。工程核准动态总投资241.8亿元人民币，由国网陕西、山西、河北、山东电力共同出资建设。

该工程是迄今为止输电距离最长的特高压交流输变电工程，承担华北东部地区重要送电任务，可靠性要求高。榆横站最低温度为－29℃，晋中、潍坊变电站站址区域地震烈度达8度，需按9度抗震设防，晋中变电站需首次采用解体运输的特高压变压器。全线海拔分布在0～1900m，地质条件种类繁多，需统筹考虑工程设计的标准化与差异化。工程多个站址深处内地，大件运输困难。设备物资供货与多个工程供货期重叠度高，生产供货压力大。工程建设地域广阔，沿线交叉跨越多，拆迁量大，政策处理实施难度大。

酒泉—湖南±800kV特高压直流输电工程

酒泉—湖南±800kV特高压直流输电工程是首个服务于风电等新能源送出的特高压直流输电工程，是国家电网公司投资建设的第6回特高压直流工程。工程对于落实西部大开发战略，推动西北地区资源优势向经济优势转化和跨越式发展，带动装备制造业转型升级，推动风电、太阳能等新能源的集约化规模开发，改善大气环境质量等具有十分重要的意义。工程2015年5月18日获得国家核准，6月3日正式开工，计划2017年6月双极建成投运。

工程采用“±800kV直流电压、800万kW输送功率”的“双800”技术方案，西起甘肃酒泉换流站，东至湖南湘潭换流站，线路途经甘肃、陕西、重庆、湖北、湖南5省（市），全长2387.4km。其中，送端酒泉换流站接入750kV交流电网，受端湘潭换流站接入500kV交流电网。工程静态投资253.4亿元，动态投资259.96亿元。

晋北—江苏±800kV特高压直流输电工程

晋北—江苏±800kV特高压直流输电工程是落实国家大气污染防治行动计划重点建设的12条输电通道的重点工程之一，是国家电网公司投资建设的第7回特高压直流工程。工程对于保障能源安全、促进清洁发展，推动山西煤电基地发展，缓解江苏地区能源供需矛盾，满足江苏地区电力需求及经济发展具有重要意义。工程2015年6月10日获得国家核准，6月29日正式开工，计划2017年4月双极建成投运。

工程采用“±800kV直流电压、800万kW输送功率”的“双800”技术方案，西起山西晋北换流站，东至江苏南京换流站，线路途经山西、河北、河南、山东、江苏、安徽6省，全长1119km。送端晋北换流站、受端南京换流站均接入500kV交流电网。工程静态投资154.4亿元，动态投资158.7亿元。

锡盟—泰州±800kV特高压直流输电工程

锡盟—泰州±800kV特高压直流输电工程是落实国家大气污染防治行动计划重点建设的12条输电通道的重点工程之一，是国家电网公司首批输送容量达到1000万kW、采用分层接入的±800kV特高压直流输电工程。工程对于促进内蒙古能源基地开发，加快能源富集地区资源优势向经济优势转化，改善大气环境质量，带动电工装备制造业转型升级具有重要意义。工程2015年10月28日获得国家核准，12月4日正式开工建设，计划2017年10月竣工投产。

工程额定电压±800kV，输送容量1000万kW，起于内蒙古锡盟换流站，止于江苏泰州换流站，线路途经内蒙古、河北、天津、山东、江苏5省（区、市），全长约1621km。锡盟换流站接入500kV电网；泰州换流站分层接入500kV和1000kV电网；两站均配置2台300MVA调相机；线路工程首次采用8分裂1250mm^{2}大截面导线。工程静态投资225.21亿元，动态投资231.66亿元。

上海庙—山东±800kV特高压直流输电工程

上海庙—山东±800kV特高压直流输电工程是落实国家大气污染防治行动计划重点建设的12条输电通道的重点工程之一，是国家电网公司首批输送容量达到1000万kW、采用分层接入的±800kV特高压直流输电工程。工程对提高内蒙古鄂尔多斯煤电基地外送能力，满足山东地区用电负荷增长需要，改善生态环境质量有重要意义。工程2015年12月1日获得国家核准，12月4日正式开工建设，计划2017年12月竣工投产。

工程额定电压±800kV，输送容量1000万kW，西起内蒙古自治区鄂尔多斯市上海庙换流站，东至山东省临沂市临沂换流站，线路途经内蒙古、陕西、山西、河北、河南、山东6省（区），全长1220km。其中，上海庙换流站接入500kV电网；临沂换流站分层接入500kV和1000kV电网，配置3台300MVA调相机；线路工程首次采用8分裂1250mm^{2}大截面导线。工程静态投资212.8亿元，动态投资220.6亿元。

（肖　鲲　周海鹰）

库车—阿克苏—巴楚—喀什750kV输变电工程

该工程分为库车—阿克苏、阿克苏—巴楚、巴楚—喀什3个部分，其中阿克苏—巴楚750kV线路已于2013年建成并降压运行，本期主要建设库车—阿克苏段、巴楚—喀什段。

库车—阿克苏段工程是新疆骨干电网库车—阿克苏—巴楚—喀什750kV输变电工程的一部分，是为贯彻落实党中央国务院实施“西部大开发”战略目标，提高北疆电网向南疆电网送电能力以及新疆与西北主网之间供电可靠性的重要工程。

新建库车—阿克苏单回输电线路，全长279.66km，共有铁塔589基。库车750kV变电站扩建一个不完整串出线至阿克苏一回。新建阿克苏750kV变电站：本期规模1组150万kVA，750kV出线；远期出线6回，分别至库车2回、巴楚2回、预留2回；本期出线2回，至库车1回、巴楚1回。2014年6月3日获得核准，7月批复初步设计，9月开工。2015年10月21日投运。

巴楚—喀什段工程是新疆750kV电网建成“三环网、双通道、两延伸”骨干网架的重要支撑项目，可大幅提高自治区西北部电网向南疆的送电能力，为南疆三地州经济快速发展提供可靠的电力保障。线路起自巴楚750kV变电站，止于喀什750kV变电站，途经巴楚县、伽师县和疏附县3县和伽师总场。全线单回路架设，线路长度184.4km。喀什变电站新建150万kVA主变压器1组，750kV出线1回，远期规划出线6回。220kV出线远期规划14回，本期6回。巴楚750kV变电站新建150万kVA主变压器1组，本期出线2回，220kV远期出线14回，本期出线4回。2014年6月3日获国家能源局核准，12月19日初步设计批复，11月25日开工建设，2015年12月20日投运。

沙湖750kV输变电工程

该工程是宁夏电网建设史上投资最大、建设规模最大、参与人数最多的输变电工程，是满足宁夏石嘴山地区未来15年负荷发展需要的重点建设项目，更是满足宁东—浙江±800kV特高压直流输电工程安全稳定运行的动力源，是宁夏首座750kV智能变电站，更是宁夏北部330/220kV电磁环网实施解环的必要条件。

新建沙湖750kV变电站，扩建银川东750kV变电站、贺兰山750kV变电站，新建贺兰山—沙湖、银川东—沙湖750kV线路。变电容量210万kVA，线路总长467.6km，新建杆塔548基。工程于2013年12月获得核准，12月底开工，2015年8月投运。

2014年10月，贺兰山—沙湖线路工程获国家电网公司2014年第二次输变电工程线路安全质量流动红旗；2015年10月，沙湖750kV输变电工程被宁夏自治区总工会授予“工人先锋号”荣誉称号。

天山（哈密南）换流站750kV联络变压器扩建工程

工程新增2组210万kVA联络变压器、扩建750、500kV母线及各新增2个不完整串；新建500kV联络线2回，新建线路单回路3.71km，双回路1.388km；新建单回路铁塔14基，双回路铁塔5基。全线导线采用4×JL/G1A-720/50型钢芯铝绞线，分裂间距500mm；全线架设双地线，双回路段架设两根OPGW-150光缆；单回路段每回地线架设一根OPGW-150光缆和一根JLB20A-150型铝包钢绞线；改造35kV站用电源，改造750kV哈天Ⅱ线，改造750kV天烟Ⅰ、Ⅱ回线，改造天山接地极线路。

2014年6月3日获国家发展改革委核准，2014年7月30日初步设计批复，2014年9月20日开工，2015年10月21日正式投运。

（李　明　张友富　徐世玉
彭　鹏　郝玉靖　徐康泰）

辽宁绥中电厂改接华北电网工程

该工程是国家落实大气污染防治行动计划首条输电通道，是国家振兴东北老工业基地重点项目，也是连接东北与华北电网重要输电工程。工程投运后，将增加东北送华北的电力电量，减少京津冀地区大气污染，促进东北风电消纳。

工程建设任务主要包括高岭换流站改扩建工程，500kV绥高3号线改接华北侧及新建1条由绥中电厂至高岭换流站华北侧500kV绥高4号线工程。

工程于2014年12月获得核准批复，2015年1月取得初步设计评审意见、3月获得批复。工程于2015年3月10日开工建设，6月29日第一阶段完成华北侧线路温升改造以及高岭站相关改造工作，东北送华北具备225万kW输送能力；8月19日第二阶段完成绥高3、4号线建设与安稳、通信系统改造，绥中电厂2×100万kW机组并入华北电网，东北送华北具备425万kW输送能力；9月20日第三阶段完成高岭换流站华北侧滤波器大组、东北侧滤波器小组投运，东北送华北具备500万kW输送能力，提前41天实现工程整体投运。

江苏扬州北500kV输变电工程

该工程是江苏重点智能化电网建设工程，与500kV江都变电站、扬州西变电站构成“铁三角”格局，形成扬州地区稳定供电强网，对于江苏坚强电网建设和扬州、泰州等苏中地区的经济发展有着积极推动作用。

变电站围墙内占地面积4.91hm^2，总建筑面积1216m^2。本期站内安装100万kVA主变压器2组，500kV出线4回；220kV出线13回。架空线路路径折单长度99.4km，新建铁塔126基。工程于2013年12月开工建设，于2015年4月竣工投产。

该工程是国内首次使用管型母线焊接机器人，创新管型母线焊接的工艺，改善焊接环境，有效提高管型母线焊接的效率和质量。依托工程应用“建设部建筑业10项新技术”7大项15个子项，应用国家电网公司电力新技术9项，已获得国家专利3项、电力建设科技创新成果4项、电力建设优秀QC成果2项、电力建设工法1项。荣获江苏省2015年第一批建筑施工标准化文明示范工地。2015年12月，变电工程通过国家电网公司创优示范工程核检。

山东海阳核电500kV送出工程

该工程是国家重点能源战略项目——海阳核电站的配套送出工程，承担着6台百万千瓦级压水堆核电机组向内地输送清洁能源的重任。该工程的建成投运将大幅改善、优化山东电网电源布局和电网结构，为环渤海经济区快速发展发挥巨大推动作用。

该工程包括崂山500kV变电站海阳核电间隔扩建工程、莱阳500kV变电站海阳核电间隔扩建工程、大泽500kV变电站海阳核电间隔扩建工程；海阳核电—莱阳、海阳核电—大泽、海阳核电—崂山线路工程，线路长度375km，折单736km。2013年4月10日开工，2015年10月31日竣工投产。

海阳核电—莱阳线路工程荣获国家电网公司2014年输变电工程项目管理流动红旗、2015年优质工程奖。

（李　明　张友富　吴兴林　张　廷
苏扩军　郝玉靖　徐康泰）

云南电网主网与南方电网主网异步联网工程

2015年6月12日，云南电网主网与南方电网主网异步联网工程（简称鲁西背靠背直流工程）正式开工建设。工程建设地点位于云南省罗平县，总投资35亿元，计划于2016年6月投产。工程直流电压达±350kV，一期工程包括1000MW柔性直流和1000MW常规直流，最终规模达到3000MW；计划2016年6月30日建成投运。

背靠背直流工程，是将高压直流输电的整流站和逆变站合并在一个换流站内，在同一处完成交流变直流、再由直流变交流的换流过程。鲁西背靠背直流工程实现了三个“首次”：一是在世界首次采用大容量柔性直流与常规直流组合模式；二是首次建设世界最高电压、最大容量柔性直流输电工程；三是在国内首次研制了单相三绕组换流变压器、柔性直流换流阀及阀控、单相双绕组连接变压器以及直流控制保护等换流站主设备。

随着云南西部水电的开发投运，东西交流电网送电距离越来越远，交直流混合运行电网结构日趋复杂，发生多回直流同时闭锁或相继闭锁故障的风险加大，对南方电网整体安全稳定运行造成威胁。该工程投产后，将实现云南电网与南方电网主网相连的3条500kV交流线路全部异步联网，可有效化解交直流功率转移引起的电网安全稳定问题，简化复杂故障下电网安全稳定控制策略，避免大面积停电风险。

该项工程的建设，不仅能够促进高电压、大容量柔性直流输电整体设计技术、试验技术、装备制造业的发展创新，带动输变电行业的产业结构升级，更能提升中国在柔性直流输电领域的技术水平，对今后国内柔性直流输电技术相关产业将起到明显的示范、带动作用。

国内首个滩涂500kV东海岛输变电工程

500kV东海岛输变电工程施工历时19个月，于2015年6月20日投产送电，该工程是国内首个建于滩涂的500kV输变电工程。

该工程施工点地处东海岛的滨海滩涂和海积平原，输电线路跨越粤海铁路、红树林和大门涵水道，多座铁塔位于不利施工的滩涂地段，地质松软且都为淤泥，给施工造成一定难度。

为避免对东海岛红树林造成破坏，线路工程选择“大跨越”方式，即架线跨越约1200m宽的大门涵水道。然而，用于架设线路的两座铁塔都高达160m左右，相当于50层楼高，塔材质量超过530t。普通铁塔每条“腿”只需要一根桩，而大跨越铁塔四个塔基分别内含9根桩，为保证塔基不下沉，每根桩都打到地下30m深左右，混凝土使用量相当于陆地大跨越铁塔的4～5倍。

500kV东海岛输变电工程位于易受台风侵袭的“重灾区”湛江。500kV东海岛变电站采用全联合钢架结构，最大设计风速39m/s，为广东最高，至少可抵御13级台风。

该工程可为湛江两个超千亿工程提供“电动力”，同时也给粤东西北产业集群发展提供有力保障，进一步提高当地居民的供电可靠性。

500kV南方主网与海南电网第二回联网工程

2015年10月30日，在海南省委省政府和电力企业的共同努力下，500kV超高压、长距离、大容量的“南方主网与海南电网第二回联网工程”陆地工程在海南澄迈破土动工。

联网二回工程起于广东湛江港城变电站，止于海南福山变电站，线路全长175.5km（包括144.5km架空线和31km海底电缆）。项目由海南省人民政府、中国南方电网公司、中国核工业集团和中国华能集团共同投资32亿元建设，于2015年7月25日取得国家发展改革委核准，计划于2019年1月20日完工。

在联网一回的基础上，联网二回将极大化解海南电网“大机小网”安全风险，提高昌江核电机组运行安全性，降低火电机组的调峰深度，推进节能减排，保障国家实施经略南海战略。项目建成后，海南与大陆将实现双回线路联网，增加600MW输送能力，相当于2015年海南全省最大用电负荷的六分之一。

联网二回在技术上有诸多创新：比如在陆地部分，海缆登陆段将剥除铠装以提高载流量，架空线路将加强防雷性能以提高海底电缆绝缘的安全性；在海域，将对航道风险量化评估后进行差异化保护，海底电缆应急抢修也将开展国产化研究等。

大气污染防治行动计划“四交四直”特高压工程

2015年12月15日，大气污染防治行动计划“四交四直”特高压工程全面建设暨“两直”（即锡盟—泰州、上海庙—山东±800kV特高压直流输电工程）工程开工动员大会在京召开。国家发展改革委副主任、国家能源局局长努尔·白克力出席动员大会，并与国家电网公司董事长、党组书记刘振亚共同启动工程开工水晶球。

“两直”工程既可发挥跨区域投资带动作用，又有利于加快能源基地节约化开发，优化东部能源结构，防治雾霾，支撑地方经济发展，意义重大。

锡盟—泰州工程途经内蒙古、河北、天津、山东、江苏5省（区、市），新建锡盟、泰州2座换流站，换流容量2000万kW，线路全长1620km，工程投资254亿元。上海庙—山东工程途经内蒙古、陕西、山西、河北、河南、山东6省（区），新建上海庙、临沂2座换流站，换流容量2000万kW，线路全长1238km，工程投资221亿元。“两直”工程首次将±800kV直流输电容量从800万kW大幅提升到1000万kW，并全面采用中国自主研发的特高压直流输电技术和装备，有助于进一步提升中国在世界电网技术和电工装备制造领域的影响力与竞争力。

国家发展改革委、国家能源局启动新增农村电网改造升级项目

为实施有效投资、促进经济平稳增长，按照国务院部署，国家发展改革委、国家能源局启动实施了2015年新增农村电网改造升级近千亿投资项目，涉及河北、山西、内蒙古、辽宁、吉林、黑龙江、安徽、福建、江西、山东、河南、湖北、湖南、广西、海南、重庆、四川、贵州、云南、西藏、陕西、甘肃、青海、宁夏、新疆25个省（区、市）及新疆生产建设兵团，共计项目2139个，遍及中西部地区1629个县，投资约926.2亿元，其中中央预算内投资200亿元、银行贷款726.2亿元。此次新增农网近千亿投资，共计新建和改造110（66）kV变电站415座，线路8500km左右，35kV变电站978座，线路9300km左右，10kV线路13万km，配电变压器14.4万台，低压线路32.4万km，户表改造627.3万户。

国家发展改革委、国家能源局组织了国家电网公司、南方电网公司以及地方电网企业，承担此次新增投资项目实施任务。其中，国家电网公司负责实施21个省（区、市）供区农网改造升级，项目共计1556个，总投资679.1亿元；南方电网公司负责实施广西、海南、云南、贵州四省（区）供区农网改造升级，项目共计134个，总投资62.4亿元；四川水电集团、广西水利电业集团、陕西地方电力集团、郴电国际集团、内蒙古电力集团公司、云南保山电力公司、重庆三峡水利电力集团等9家地方电网企业负责实施各自供区内农网改造升级，项目共计449个，总投资184.7亿元。国家发展改革委、国家能源局要求各项目单位务必于7月份开始全面开工建设，按时完成项目建设任务。

通过大规模农网项目实施，适应全面建设小康社会以及社会主义新农村和新型城镇化建设的要求，加快改善农村用电条件，提升电力普遍服务水平，缩小城乡电力差距，加快农村消费升级，促进经济平稳增长。

获　奖　项　目

2014～2015年度国家优质工程奖电力行业工程项目

金质奖

序号	工　程　名　称	施工单位（建设、参建）
1	江苏华电句容电厂“上大压小”新建工程	华电江苏能源有限公司句容发电厂 中国能源建设集团江苏省电力建设第一工程有限公司 中国能源建设集团江苏省电力建设第三工程有限公司 中国华电工程（集团）有限公司 北京振冲工程股份有限公司 河北建设勘察研究院有限公司 中国能源建设集团江苏省电力设计院有限公司

续表

序号	工　程　名　称	施工单位（建设、参建）
2	哈密南—郑州±800kV特高压直流输电工程	国家电网公司直流建设分公司 国网新疆电力公司 国网甘肃电力公司 国网宁夏电力公司 国网陕西省电力公司 国网山西省电力公司 国网河南省电力公司 中国能源建设集团天津电力建设有限公司 新疆维吾尔自治区送变电工程公司 山东送变电工程公司 甘肃送变电工程公司 浙江省二建建设集团有限公司 河南送变电工程公司 陕西送变电工程公司 宁夏送变电工程公司 山西送变电工程公司 安徽送变电工程公司 河北省送变电公司 河南省第二建筑工程发展有限公司 中国电力科学研究院
3	浙江浙能六横电厂新建工程（2×1000MW）	浙江浙能中煤舟山煤电有限责任公司 中国能源建设集团浙江火电建设有限公司 浙江省二建建设集团有限公司 浙江天地环保工程有限公司 杭州意能电力技术有限公司 浙江省电力建设有限公司 上海基础工程集团有限公司 浙江大经建设集团股份有限公司 北京博奇电力科技有限公司
4	福建仙游抽水蓄能工程	福建仙游抽水蓄能有限公司 中国葛洲坝集团股份有限公司 中国水利水电第一工程局有限公司 中国水利水电第十二工程局有限公司 中国安能建设总公司 中国水利水电第十六工程局有限公司 中国水利水电第十四工程局有限公司
5	安徽田集电厂二期扩建工程	淮沪煤电有限公司 中国能源建设集团安徽电力建设第一工程有限公司 中国能源建设集团浙江火电建设有限公司 上海电力建筑工程公司

国家优质工程奖

序号	工程名称	施工单位（建设、参建）
1	安徽马鞍山电厂“上大压小”扩建工程	皖能马鞍山发电有限公司 中国能源建设集团安徽电力建设第二工程有限公司 中国能源建设集团安徽电力建设第一工程有限公司 蓝天环保设备工程有限公司 中勘冶金勘察设计研究院有限责任公司 西安热工研究院有限公司 安徽新力电业科技咨询有限责任公司
2	华润盘锦热电厂“上大压小”新建工程	华润电力（盘锦）有限公司 安徽电力建设第二工程公司 东北电力烟塔工程有限公司 河南四建股份有限公司 河南第二火电建设公司 哈尔滨锅炉厂有限责任公司 辽宁东科电力有限公司
3	华能临沂热电“上大压小”扩建工程	华能临沂发电有限公司 山东电力建设第一工程公司 山东电力建设第二工程公司 山东中实易通集团有限公司 西安热工研究院有限公司
4	北京京能未来科技城燃气热电联产项目	北京京能未来燃气热电有限公司 中国能源建设集团浙江火电建设有限公司
5	重庆合川发电有限责任公司二期扩建工程	重庆合川发电有限责任公司 江西省水电工程局 东北电业管理局烟塔工程公司 河南火电第二建设公司 中国能源建设集团浙江省火电建设有限公司 重庆电力建设总公司 中电投远达环保工程有限公司
6	云南澜沧江功果桥水电站	华能澜沧江水电股份有限公司苗尾·功果桥水电工程建设管理局 中国水利水电第四工程局有限公司 中国水利水电第十四工程局有限公司
7	华能大理五子坡（一、二、三期）148.5MW风电工程	华能大理风力发电有限公司 云南惠丰工程建设有限公司 湖北至高建设集团有限公司 中铁十九局集团第二工程有限公司
8	山西龙源神池继阳山150MW风电工程	龙源电力集团股份有限公司 山西龙源风力发电有限公司 大同市世正建设有限公司 山西玉通道桥建设有限公司 代县信怡路桥建设有限公司 中国十七冶集团有限公司 中铁十二局集团电气化有限公司 中石化第四建设有限公司 沈阳吉地安风电科技有限公司 山西吉通电力发展有限公司 山西华辰输变电工程有限公司 天津蓝巢特种吊装工程有限公司

续表

序号	工　程　名　称	施工单位（建设、参建）
9	云南 500kV 建塘—黄坪输电线路工程	云南电网有限责任公司建设分公司 天津送变电工程公司 中国能源建设集团云南火电建设有限公司 甘肃送变电工程公司 云南省送变电工程公司
10	山西吕梁兴县（固贤）500kV 变电站新建工程	国网山西省电力公司建设管理中心 国网山西供电工程承装公司
11	兴县—吕梁 500kV 线路工程	国网山西省电力公司建设管理中心 国网山西送变电工程公司 国网山西供电工程承装公司
12	园顶 500kV 变电站工程	国网福建省电力有限公司经济技术研究院 福建省送变电工程有限公司
13	岱宗 500kV 变电站工程	国网山东省电力公司经济技术研究院 山东送变电工程公司 泰安腾飞实业有限公司 山东电力研究院
14	500kV 吴宁变电站工程	国网浙江省电力公司 浙江省送变电工程公司
15	500kV 遵义东（诗乡）变电站新建工程	遵义供电局 贵州送变电工程公司
16	500kV 木棉变电站工程	广州供电局有限公司 广东省输变电工程公司 中国能源建设集团广东电力工程局有限公司
17	四川甘孜新都桥 500kV 变电站工程	国网四川省电力公司建设管理中心 四川蜀能电力有限公司

2014～2015 年度中国建设工程鲁班奖电力行业工程项目（第二批）

序号	工　程　名　称	承　建　单　位	参　建　单　位
1	安徽凤台电厂二期扩建工程	中国能源建设集团安徽电力建设第二工程有限公司 中国能源建设集团浙江火电建设有限公司 浙江省建工集团有限责任公司	华丰建设股份有限公司 浙江天地环保工程有限公司
2	500kV 建塘变电站工程	云南省送变电工程公司	

续表

序号	工程名称	承建单位	参建单位
3	濮阳东500kV变电站工程	河南省第二建筑工程发展有限公司河南第一火电建设公司	
4	500kV纵江（东纵）变电站工程	广东威恒输变电工程有限公司	
5	重庆市玉滩水库扩建工程（水库枢纽工程）	中国葛洲坝集团股份有限公司	

2015年度中国电力优质工程奖获奖项目

序号	工程名称	建设单位	施工单位
1	江苏华电句容电厂2×1000MW“上大压小”新建工程	华电江苏能源有限公司句容发电厂	江苏省电力建设第一工程公司 江苏省电力建设第三工程公司 河北建设勘察研究院有限公司 北京振冲工程股份有限公司 中国华电工程（集团）有限公司
2	新疆华电喀什热电有限责任公司2×350MW热电联产工程	新疆华电喀什热电有限责任公司	中国能源建设集团安徽电力建设第一工程有限公司 中国能源建设集团甘肃火电工程公司 中国华电工程（集团）有限公司华电水务工程有限公司 中国华电工程（集团）有限公司环保分公司 河北亿能烟塔工程有限公司
3	大唐呼图壁热电厂2×300MW工程	大唐呼图壁能源开发有限公司热电厂	天津电力建设公司 湖北省电力建设第二工程公司 中国能建新疆电力建设公司 河南省第二建设集团有限公司
4	江苏华电吴江2×180MW燃气-蒸汽联合循环热电联产工程	江苏华电吴江热电有限公司	浙江省建工集团有限责任公司 中国能建集团公司江苏省电力建设第一工程公司
5	安徽田集电厂二期2×660MW扩建工程	淮沪煤电有限公司	中国能源建设集团安徽电力建设第一工程有限公司 中国能源建设集团浙江火电建设有限公司 上海电力建筑工程公司 中交三航工程局有限公司

续表

序号	工程名称	建设单位	施工单位
6	重庆合川发电有限责任公司二期 2×660MW 扩建工程	重庆合川发电有限责任公司	江西省水电工程局 东北电业管理局烟塔工程公司 河南第二火电建设公司 浙江省火电建设公司 重庆电力建设总公司 中电投远达环保工程有限公司
7	华能临沂热电 2×350MW “上大压小”扩建工程	华能临沂发电有限公司	山东电力建设第一工程公司 山东电力建设第二工程公司
8	北京京能未来科技城 255MW 燃气热电联产工程	北京京能未来燃气热电有限公司	浙江省火电建设公司
9	淮浙煤电凤台电厂二期 2×660MW 扩建工程	淮浙煤电有限责任公司凤台发电分公司	中国能源建设集团浙江火电建设有限公司 中国能源建设集团安徽电力建设第二工程公司 浙江省建工集团有限责任公司 浙江天地环保工程有限公司 华丰建设股份有限公司
10	安徽马鞍山电厂 2×660MW “上大压小”扩建工程	皖能马鞍山发电有限公司	中国能源建设集团安徽电力建设第一工程有限公司 中国能源建设集团安徽电力建设第二工程有限公司 江苏省水利建设工程有限公司
11	天津华电武清燃气分布式能源站 2×200MW 级燃气-蒸汽联合循环供热机组工程	天津华电福源热电有限公司	中国能源建设集团天津电力建设公司 中国华电工程（集团）有限公司
12	浙江浙能六横电厂 2×1000MW 新建工程	浙江浙能中煤舟山煤电有限责任公司	浙江省火电建设公司 浙江二建建设集团有限公司 浙江天地环保工程有限公司 上海基础工程有限公司 浙江大经建设集团有限公司 浙江省地矿建设有限公司
13	辽宁华润盘锦热电厂 2×350MW “上大压小”新建工程	华润电力（盘锦）有限公司	中国能源建设集团安徽电力建设第二工程公司 中国能源建设集团东北电力烟塔工程有限公司 河南四建股份有限公司 中国电力建设集团有限公司河南第二火电建设公司 哈尔滨电气股份有限公司环保事业部
14	杭州华电半山 3×415MW 天然气热电联产工程	杭州华电半山发电有限公司	中国能源建设集团浙江火电建设有限公司 浙江伊麦克斯基础工程有限公司 北京绿创声学工程股份有限公司

续表

序号	工程名称	建设单位	施工单位
15	福建仙游 4×300MW 抽水蓄能电站工程	福建仙游抽水蓄能有限公司	中国葛洲坝集团股份有限公司 中国水利水电第一工程局有限公司 中国水利水电第十二工程局有限公司 中国安能建设总公司 中国水利水电第十六工程局有限公司 中国水利水电第十四工程局有限公司
16	云南金沙江龙开口 5×360MW 水电站工程	华能龙开口水电工程建设管理局	中国水利水电第八工程局有限公司 中国葛洲坝集团股份有限公司
17	夏县泗交镇一期 49.5MW 风电工程	夏县天润风电有限公司	中铁十七局集团第一工程有限公司 山西晋通送变电有限公司 中冶天工集团有限公司
18	华能大理五子坡（一、二、三期）148.5MW 风电工程	华能大理风力发电有限公司	四川三鑫建筑工程有限公司 中铁十九局集团第二工程有限公司 湖北至高建设集团有限公司 中电大型设备安装工程有限公司 云南盟宇电力工程有限公司 四川省送变电建设有限责任公司 云南惠丰工程建设有限公司
19	山西龙源神池继阳山 150MW 风电工程	山西龙源风力发电有限公司	中国十七冶集团有限公司 中铁十二局电气化工程有限公司 中石化第四建设有限公司 山西电通电力安装有限责任公司 山西华辰输变电工程有限公司 天津蓝巢特种吊装工程有限公司
20	哈密南—郑州±800kV 特高压直流输电工程	国家电网公司直流建设分公司 国家电网公司新疆电力公司 国家电网公司甘肃省电力公司 国家电网公司陕西省电力公司 国家电网公司宁夏电力公司 国家电网公司山西省电力公司 国家电网公司河南省电力公司	中国能源建设集团天津电力建设公司 新疆维吾尔自治区送变电工程公司 山东送变电工程公司 甘肃送变电工程公司 浙江省二建建设集团有限公司 河南送变电工程公司 河南省第二建筑工程发展有限公司 宁夏送变电工程公司 陕西送变电工程公司 山西送变电工程公司 安徽送变电工程公司 河北省送变电公司
21	±800kV 特高压直流双龙换流站工程	国家电网公司直流建设分公司	中国电力工程顾问集团中南电力设计院有限公司 中国电力工程顾问集团华北电力设计院有限公司 国家电网公司北京经济技术研究院

续表

序号	工程名称	建设单位	施工单位
22	河南濮阳东500kV变电站工程	国网河南省电力公司	河南第一火电建设公司 河南省第二建筑工程发展有限公司
23	四川甘孜新都桥500kV变电站工程	国网四川省电力公司建设管理中心	四川蜀能电力有限公司
24	岱宗500kV变电站工程	国网山东省电力公司经济技术研究院	山东送变电工程公司 泰安腾飞实业有限公司
25	吕梁兴县（固贤）500kV变电站工程	国网山西省电力公司建设管理中心	国网山西供电工程承装公司
26	福建园顶500kV变电站工程	国网福建省电力有限公司经济技术研究院	福建省送变电工程有限公司
27	500kV吴宁变电站工程	国网浙江省电力公司	
28	山西兴县—吕梁500kV输电线路工程	国网山西省电力公司建设管理中心	国网山西送变电工程公司 国网山西供电工程承装公司
29	云南500kV建塘输变电工程	云南电网有限责任公司建设分公司	云南省送变电工程公司 甘肃送变电工程公司 天津送变电工程公司 云南省火电建设公司
30	500kV纵江（东纵）变电站工程	广东电网有限责任公司东莞供电局	广东威恒输变电工程有限公司
31	500kV木棉变电站工程	广州供电局有限公司	中国能源建设集团广东省电力工业局有限公司
32	500kV遵义东（诗乡）变电站新建工程	遵义供电局	贵州送变电工程公司
中小型工程项目			
1	华能沁北电厂三期2×1000MW“上大压小”机组安装工程	华能沁北发电有限责任公司	河南省第二建设集团有限公司 浙江省火电建设公司 河南第二火电建设公司
2	珠海220kV环澳（富祥）变电站工程	广东电网有限责任公司珠海供电局	
3	220kV红星变电站增容改造工程	广东电网有限责任公司佛山供电局	
4	220kV广信变电站工程	广西电网有限责任公司电网建设分公司	广西送变电建设公司
5	夏德日（泽库）110kV变电站工程	国网青海省电力公司黄化供电公司	青海黄化电业实业公司

续表

序号	工程名称	建设单位	施工单位
境外工程项目			
1	柬埔寨额勒赛下游水电站338MW工程	中国华电额勒赛下游水电项目（柬埔寨）有限公司	中国葛洲坝集团股份有限公司 中国水利水电第十六工程局有限公司 中国水电建设集团十五工程局有限公司 中国水利水电第八工程局有限公司
2	斯里兰卡普特拉姆二期2×300MW燃煤电站工程	斯里兰卡国家电力公司	河南第一火电建设公司 中国港湾工程有限责任公司 上海电气输配电工程成套有限公司

2015～2016年度中国安装工程优质奖（中国安装之星）电力行业工程项目（第一批）

序号	工程名称	承建单位	参建单位
1	华能大庆2×350MW热电联产项目2号机组工程	中国能源建设集团黑龙江省火电第三工程有限公司	
2	杭州华电下沙天然气热电联产项目	杭州华电下沙热电有限公司	
3	乌苏石化工业园220kV输变电安装工程	四川省送变电建设有限责任公司	
4	华能临沂热电2×350MW“上大压小”扩建工程	山东电力建设第一工程公司	
5	聊城羡林220kV变电站新建工程	聊城电力华昌工程有限公司	临沂正信工程监理有限公司（监理单位）
6	日照双墩埠牵引站供电220kV线路工程	日照阳光合源电力工程有限公司	
7	烟台芝罘220kV变电站整体改造变电站工程	烟台东源送变电工程有限责任公司	青岛嘉城电力工程监理有限公司（监理单位） 烟台电力设计院有限责任公司（设计单位）
8	云湖220kV变电站工程	山东五洲电气股份有限公司	
9	泰安500kV岱宗站220kV送出工程	泰安腾飞实业有限公司 山东联诚电力工程有限公司	国网山东省电力公司泰安供电公司（建设单位）
10	浙江浙能六横电厂（2×1000MW）新建工程	中国能源建设集团浙江火电建设有限公司	
11	四川甘孜新都桥500kV变电站工程	四川蜀能电力有限公司	国网四川省电力公司建设管理中心（建设单位） 中国电力工程顾问集团西南电力设计院有限公司（设计单位） 四川电力工程建设监理有限责任公司（监理单位）

续表

序号	工程名称	承建单位	参建单位
12	220kV 环澳（富祥）变电站工程	珠海电力建设工程有限公司	广东电网有限责任公司珠海供电局（建设单位） 珠海电力设计院有限公司（设计单位）
13	晋中天湖 220kV 变电站工程	国网山西送变电工程公司	国网山西省电力公司建设管理中心（建设单位） 山西锦通工程项目管理咨询有限公司（监理单位） 晋中电力设计院（设计单位）
14	华能沁北电厂三期 2×1000MW“上大压小”扩建安装工程	华能沁北发电有限责任公司	浙江省火电建设公司（华能沁北电厂工程项目经理部）（建设单位） 河南第二火电建设公司（华能沁北工程项目部）（建设单位）

2015 年度全国工程建设项目优秀设计成果电力行业获奖项目

序号	工程名称	主设计单位
一等奖		
1	安徽田集电厂二期扩建工程	中国电力工程顾问集团华东电力设计院有限公司
2	浙江浙能六横电厂新建工程	中国能源建设集团浙江省电力设计院有限公司
3	哈密南—郑州±800kV 特高压直流输电工程换流站及接地极工程	中南电力设计院有限公司 西北电力设计院有限公司 河南省电力勘测设计院 新疆电力设计院有限公司 华北电力设计院有限公司
4	江苏华电句容发电有限公司一期（2×1000MW）新建工程	中国能源建设集团江苏省电力设计院有限公司
5	福建仙游抽水蓄能电站工程	中国电建集团华东勘测设计研究院有限公司
二等奖		
1	云南澜沧江功果桥水电站工程	中国电建集团西北勘测设计研究院有限公司
2	云南建塘 500kV 输变电工程	中国电力工程顾问集团西南电力设计院有限公司
3	安徽马鞍山电厂“上大压小”扩建工程	中国电力工程顾问集团中南电力设计院

500kV 吴宁变电站获两项国家级工程奖

浙江东阳 500kV 吴宁变电站工程被评为 2014～2015 年度国家优质工程奖，这是该工程继荣获中国电力优质工程奖之后的又一殊荣。

吴宁变电站是浙江首座 500kV 全数字化智能变电站。该工程采用成熟可靠的工艺和技术，全站按数字化和智能化标准建设，具有设备简洁化、网络归一化、设备集成化，安全可靠性更强、操作更简便、工作效率更高、人力资源最大化利用等优点。同时，该工程一举创下了浙江省内首个按数据网第二平面执行、首个采用埋地式电缆沟等 11 项 500kV 变电站建设先例，在建期间就被国家电网公司授予了“变电工程质量管理流动红旗”称号。

合川发电二期工程荣获国家优质工程奖

国家电投重庆分公司所属合川发电二期工程被中国施工企业管理协会评定为“2014～2015年度国家优质工程奖”，这是该工程继获得中国电力优质工程奖后取得的又一项殊荣。

合川发电二期工程大力采用了新技术、新材料、新工艺。一期和二期工程2台机组之间采用邻炉加热技术，使锅炉冷、热态清洗期间不点火，加快启动速度、节约燃油、燃煤、电耗；采用单台100%汽动给水泵配一台给水泵汽轮机，前置泵与主泵同轴，取消电动给水泵，与常规采用两台50%的汽泵并设置一台启动电泵相比节约投资，汽泵效率提高1%以上，节约厂用电；将再热蒸汽系统的压降从国内现行设计规范中的10%高压缸排汽压力降到7%；抽汽系统压降优化，达到汽轮机热耗下降的目的，发电标准煤耗降低1g/kWh；锅炉启动系统按不带循环泵启动系统配置，与带启动循环泵的系统相比，节省投资1000万元以上；前烟道采用圆形烟道，两台机组节约钢材约124t；引风机与脱硫增压风机合并设置；同时，该公司对空气预热器密封装置进行技术改造，使空气预热器漏风率降到4.5%，在全负荷工况下有效降低了三大风机电耗。

合川发电二期工程安装2台660MW超超临界燃煤发电机组。这2台机组分别于2013年6月和2014年8月投产发电。

科技发展与创新

重 大 奖 项

2015年度国家科学技术进步奖电力行业获奖项目（通用项目）

一等奖				
序号	项目名称	主要完成人	主要完成单位	推荐单位
1	水库大坝安全保障关键技术研究与应用	张建云、蔡跃波、李　云、贾金生、汪小刚、盛金保、李　雷、顾冲时、宣国祥、杨正华、王士军、魏迎奇、卢正超、彭雪辉、王晓刚	水利部交通运输部国家能源局南京水利科学研究院，中国水利水电科学研究院，河海大学，长江水利委员会长江科学院，黄河水利委员会黄河水利科学研究院，长江勘测规划设计研究有限责任公司，南京大学，中国人民解放军理工大学，江苏南大先腾信息产业有限公司，杭州市青山水库管理处	水利部

二等奖				
序号	项目名称	主要完成人	主要完成单位	推荐单位
1	电网雷击防护关键技术与应用	陈维江、陈家宏、曾　嵘、谷山强、钱冠军、贺恒鑫、吕　军、王　剑、冯万兴、沈海滨	国网电力科学研究院，中国电力科学研究院，清华大学，武汉三相电力科技有限公司，海南电网有限责任公司，华中科技大学，国网电力科学研究院武汉南瑞有限责任公司	中国电机工程学会
2	大功率特种电源的多时间尺度精确控制技术及其系列产品开发	杨　旭、王兆安、卓　放、裴云庆、白小青、姚为正、于文斌、李　瑞、郭春龙、侯霄峰	西安交通大学，许继电源有限公司，西安爱科赛博电气股份有限公司，中国科学院上海应用物理研究所，西安电力电子技术研究所	陕西省
3	特大型水轮机控制系统关键技术、成套装备与产业化	魏守平、刘文斌、文劲宇、陈　克、程时杰、毕亚雄、周志军、余志强、孙建波、李大虎	华中科技大学，中国长江三峡集团公司，中国长江电力股份有限公司，长江三峡能事达电气股份有限公司，国网湖北省电力公司，天津电气科学研究院有限公司，武汉国测三联水电设备有限公司	湖北省
4	预防交直流混联电网大面积停电的快速防控与故障隔离技术及应用	马世英、郭小江、郑　超、郭剑波、庞晓艳、蒋宜国、唐晓骏、宋墩文、李柏青、熊　敏	中国电力科学研究院，国网四川省电力公司	北京市

续表

二等奖				
序号	项目名称	主要完成人	主要完成单位	推荐单位
5	青藏电力联网工程		国家电网公司，中国电力科学研究院，中国科学院寒区旱区环境与工程研究所，国网北京经济技术研究院，中国电力工程顾问集团西北电力设计院，中国人民武装警察部队水电指挥部，中国西电电气股份有限公司	中国电机工程学会
6	300m 级溪洛渡拱坝智能化建设关键技术	樊启祥、王仁坤、张超然、周绍武、李庆斌、张国新、洪文浩、戴科夫、彭　华、周宜红	中国长江三峡集团公司，清华大学，中国电建集团成都勘测设计研究院有限公司，中国水利水电科学研究院，中国水利水电第八工程局有限公司，武汉英思工程科技股份有限公司，三峡大学	国务院三峡工程建设委员会办公室
7	水工岩体特性评价与工程利用关键技术	邬爱清、杨启贵、陈胜宏、盛　谦、吴海斌、董学晟、周火明、丁秀丽、尹健民、陈尚法	长江水利委员会长江科学院，长江勘测规划设计研究有限责任公司，武汉大学，中国科学院武汉岩土力学研究所，中国长江三峡集团公司	湖北省

2015 年度国家技术发明奖
电力行业获奖项目（通用项目）

二等奖			
序号	项　目　名　称	主要完成人	推荐单位
1	燃煤烟气选择性催化脱硝关键技术研发及应用	李俊华（清华大学） 郝吉明（清华大学） 刘汉强（北京国电龙源环保工程有限公司） 汪德志（江苏龙源催化剂有限公司） 黄　锐（重庆远达催化剂制造有限公司） 王兰武（四川华铁钒钛科技股份有限公司）	环境保护部
2	全钒液流电池储能技术及应用	张华民（中国科学院大连化学物理研究所） 马相坤（大连融科储能技术发展有限公司） 李先锋（中国科学院大连化学物理研究所） 刘宗浩（大连融科储能技术发展有限公司） 高素军（大连融科储能技术发展有限公司） 陈　剑（中国科学院大连化学物理研究所）	中国科学院
3	高性能中心给粉旋流煤粉燃烧技术	李争起（哈尔滨工业大学） 陈智超（哈尔滨工业大学） 孙　锐（哈尔滨工业大学） 曾令艳（哈尔滨工业大学） 方占岭（大唐国际发电股份有限公司） 秦裕琨（哈尔滨工业大学）	黑龙江省

2015 年度中国电力科学技术进步奖获奖项目

序号	等级	获奖项目	受奖单位	受奖人
1	一等	超 300m 高拱坝混凝土优质快速施工关键技术研究及应用	雅砻江流域水电开发有限公司、中国电建集团成都勘测设计研究院有限公司、中国水利水电科学研究院、中国葛洲坝集团第二工程有限公司、中国水利水电第七工程局有限公司、长江水利委员会工程建设监理中心（湖北）、天津大学、中国葛洲坝集团勘测设计有限公司、葛洲坝集团第五工程有限公司、四川省自贡运输机械集团股份有限公司	王继敏、周　钟、祁宁春、张国新、段绍辉、宁金华、钟登华、杨友山、郗举科、王国平、刘　毅、胡书红、唐忠敏、谭恺炎、罗作仟、齐拥军、罗孝明、蒋林魁、张　磊、袁绪昌
2	一等	电网大面积污闪事故防治关键技术及工程应用	中国电力科学研究院、清华大学、国网冀北电力有限公司电力科学研究院、国网上海市电力公司电力科学研究院、国网河南省电力公司电力科学研究院、国网山东省电力公司电力科学研究院、国网辽宁省电力有限公司电力科学研究院、国网湖北省电力公司、国网青海省电力公司电力科学研究院、大连电瓷集团股份有限公司、襄阳国网合成绝缘子有限责任公司、淄博泰光电力器材厂、河北硅谷化工有限公司、四川宜宾环球集团有限公司	宿志一、梁曦东、陈　原、范建斌、吕　军、李庆峰、吴光亚、钱之银、王绍武、周　军、阎　东、沈庆河、杨铁军、殷　禹、马建国、高海峰、张仲秋、范　炬、肖　嵘、戴建军
3	一等	大型互联电网联络线安全运行与控制关键技术及应用	中国电力科学研究院、国家电力调度控制中心、国网新疆电力公司、华中科技大学、清华大学、山东大学、武汉大学	汤　涌、孙华东、易　俊、李文锋、林伟芳、许　涛、何　剑、王安斯、张　健、李　莹、文劲宇、沈　沉、李常刚、王　琦、顾卓远
4	一等	600MW 超临界循环流化床锅炉技术开发与工程示范	神华集团有限责任公司、东方电气集团东方锅炉股份有限公司、清华大学、神华国能集团有限公司、中国电力工程顾问集团西南电力设计院、四川白马循环流化床示范电站有限责任公司、四川电力建设三公司、北京国电智深控制技术有限公司、四川电力工业调整试验所、江苏宜刚耐火材料有限公司、诸暨市沣泽动力机械有限公司、南通大通宝富风机有限公司、长沙深湘通用有限公司、青岛嘉能海诺电力设备有限公司	胡昌华、凌　文、杨　虎、吴玉新、马怀新、陈　英、巩李明、刘吉臻、李星华、肖创英、霍锁善、陈晓平、罗晓康、张文清、陈　峰、魏建国、陶世健、唐　俊、袁德鹏、朱再兴
5	一等	电网信息安全主动防御关键技术与自主可控装备	中国电力科学研究院、国网智能电网研究院、南京南瑞集团公司、启明星辰信息技术集团股份有限公司、北京大学、北京北信源软件股份有限公司、华北电力大学、中国信息安全测评中心、北京奇虎科技有限公司	高昆仑、张　涛、刘建明、林为民、王继业、张　波、刘　莹、周　亮、李　凌、杨维永、王健斌、关　志、齐向东、李　鹏、吴克河、李春燕、黄益彬

续表

序号	等级	获奖项目	受 奖 单 位	受 奖 人
6	一等	250MW级整体煤气化联合循环发电（IGCC）关键技术及工程应用	中国华能集团公司、中国华能集团清洁能源技术研究院有限公司、绿色煤电有限公司、华能（天津）煤气化发电有限公司、西安热工研究院有限公司、华能国际电力股份有限公司、上海锅炉厂有限公司、中国电力工程顾问集团西北电力设计院有限公司、中石化宁波工程公司、中国能源建设集团天津电力建设有限公司、中石化第四建设有限公司	胡建民、许世森、苏文斌、毛　巍、任永强、刘振华、赵　平、徐　越、张　旭、高景辉、陈　刚、王剑钊、夏军仓、杨　震、李晓黎
7	一等	新能源发电优化调度关键技术及应用	中国电力科学研究院、国网吉林省电力有限公司、国网辽宁省电力有限公司、国网新疆电力公司、国网青海省电力公司	王伟胜、刘　纯、董　存、黄越辉、冯双磊、王　勃、刘德伟、范高锋、王跃峰、王　铮、马　珂、孙　勇、葛延峰、肖桂莲、张节潭
8	一等	基于多维信息交互的电网保护与控制关键技术研究与示范	中国南方电网电力调度控制中心、广州供电局有限公司、贵州电网有限责任公司、广东电网有限责任公司韶关供电局、南京南瑞继保工程技术有限公司、北京四方继保自动化股份有限公司、华中科技大学	赵曼勇、文　安、汪际峰、黄维芳、李　力、刘育权、高昌培、周红阳、潘　斌、秦红霞、陈朝晖、王　莉、田　霖、魏承志、李银红
9	二等	串补输电及采用阻塞滤波器抑制严重次同步谐振技术研发与应用	大唐国际发电股份有限公司、内蒙古大唐国际托克托发电有限责任公司、中国电力工程顾问集团华北电力设计院有限公司、华北电网有限公司、华北电力科学研究院有限责任公司、上海交通大学、东方电气集团东方汽轮机有限公司	王绍德、王振彪、佟义英、刘　平、王　蓓、冯树礼、梁燕钧、孟繁逵、张仁伟、胡春涛、任树东、王　征、高　洵、吴　涛、王有忠、朱　芸、王西田
10	二等	数字化电能计量量值溯源技术研究及标准装置研制	广东电网有限责任公司电力科学研究院、深圳市星龙科技股份有限公司、华中科技大学	潘　峰、林国营、肖　勇、何宏明、孟金岭、谭跃凯、孙卫明、李海涛、张鼎衢、赵　伟
11	二等	提升系统稳定运行能力的直流极控层优化控制技术研究及应用	中国电力科学研究院、河海大学、国网宁夏电力公司电力科学研究院、国家电网公司直流建设分公司	印永华、郭　强、王华伟、雷　霄、李新年、卫志农、许　涛、王　珂、王晶芳、庞广恒
12	二等	±800kV特高压直流线路带电作业关键技术研究与工具研制及应用	国网湖南省电力公司、国网湖北省电力公司、中国电力科学研究院、湖南安培电力带电作业有限公司、湖南太平昌盛电器有限公司、兴化市佳辉电力器具有限公司、陕西斯福特电力科技有限公司	刘夏清、刘　凯、邹德华、黄松泉、王　剑、雷冬云、任承贤、龚政雄、肖　宾、马建国
13	二等	超-特高压交直流同塔多回输电线路杆塔荷载及结构研究	中国电力科学研究院	李清华、韩军科、邢海军、高　雁、吴　静、杨风利、李茂华、朱彬荣、胡晓光、张子富、高　渊
14	二等	特高压直流输电线路宽频域电晕电流测量技术研究及工程应用	中国电力科学研究院、北京航空航天大学、国网西藏电力有限公司电力科学研究院、清华大学、国网河南省电力公司	陆家榆、刘元庆、袁海文、杨立峰、吕建勋、王秋生、何金良、德吉措姆、赵录兴、鞠　勇
15	二等	面向智慧城市的智能电网综合优化关键技术研究与示范应用	江苏省电力公司南京供电公司、国电南瑞科技股份有限公司、河海大学、东南大学、国网电力科学研究院、国网陕西省电力公司电力科学研究院	沈培锋、陈星莺、赵仰东、陈　楷、朱　红、韦　磊、吴　琳、刘　健、陈庭记、嵇文路、余　昆、肖　晶、杜红卫、王春宁、罗　兴、王　勇、许洪华

续表

序号	等级	获奖项目	受奖单位	受奖人
16	二等	城市电网储能电站关键技术研究与应用	国网上海市电力公司、上海交通大学、中国电力科学研究院、中国科学院上海硅酸盐研究所、许继电源有限公司、上海电力学院、上海电气钠硫储能技术有限公司	阮前途、张　宇、刘　东、叶季蕾、陈海波、刘　宇、方　陈、滕乐天、俞国勤、曹智慧、葛红花、时珊珊、何维国、温兆银
17	二等	计量集约化生产运行关键技术研究、设备研制及推广应用	中国电力科学研究院、国网浙江省电力公司、国网重庆市电力公司、国网河南省电力公司、江苏省电力公司、国网冀北电力有限公司、国网山东省电力公司、国网电力科学研究院	苏胜新、章　欣、郑安刚、胡江溢、杜蜀薇、杜新纲、黄金娟、范　洁、邹和平、徐英辉、王　雍、侯兴哲、彭楚宁、鲁观娜、郭红霞、刘　宣
18	二等	集中式95598一体化服务平台关键技术及应用	国家电网公司客户服务中心、北京中电普华信息技术有限公司、国网天津市电力公司、江苏省电力公司、国家电网公司信息通信分公司、上海易谷网络科技有限公司	吴杏平、程志华、杨　维、唐文升、欧阳红、何维民、黄爱颖、刘　军、付振罡、方红旺
19	二等	电力系统云仿真技术研究及系统开发	中国电力科学研究院、国网山东省电力公司电力科学研究院、国网河南省电力公司电力科学研究院、国网新疆电力公司电力科学研究院、国网宁夏电力公司电力科学研究院	李亚楼、麻常辉、陈　勇、田　芳、何春江、张振安、周孝信、臧主峰、杨　冬、周智强
20	二等	超长输水发电系统水力特性及巨型差动式调压室关键技术	中国电建集团华东勘测设计研究院有限公司、雅砻江流域水电开发有限公司、武汉大学、河海大学、华中科技大学	张春生、吴世勇、陈祥荣、潘益斌、曾雄辉、鞠小明、杨建东、张　健、刘昌玉、吴　疆
21	二等	600m级高陡边坡开挖加固技术与安全控制	中国水利水电第七工程局有限公司、中国水利水电第四工程局有限公司、中国水利水电第八工程局有限公司、中国水利水电第三工程局有限公司、四川大学	向　建、席　浩、尹岳降、王鹏禹、李洪涛、吴　旭、李克信、秦健飞、廖　勇、周家文
22	二等	复杂环境高坝大功率泄洪新型消能技术研究与应用	中国电建集团中南勘测设计研究院有限公司、中国长江三峡集团公司、四川大学、中国葛洲坝集团公司三峡建设工程有限公司、天津大学、中国水利水电科学研究院、南京水利科学研究院	张超然、冯树荣、潘江洋、许唯临、彭　冈、张金婉、王　毅、张建民、张永涛、戴晓兵、高　鹏、陈　伟、李延农
23	二等	工业污泥在燃煤电站中无害化和资源化处置关键技术研究及应用	广东电网有限责任公司电力科学研究院、华南理工大学、广州市旺隆热电有限公司、华中科技大学、广东科立恩环保科技有限公司	殷立宝、马晓茜、毛庆汉、徐齐胜、廖宏楷、张　成、田　丰、李德波、廖艳芬、阚伟民
24	二等	“W”火焰锅炉低NO_x煤粉燃烧技术	烟台龙源电力技术股份有限公司、国电荥阳煤电一体化有限公司、国电九江发电有限公司	唐　宏、李　明、韩林川、祁永胜、张超群、李保亮、刘鹏飞、张文振、王家兴、秦学堂
25	二等	反渗透专用阻垢剂性能评定方法及装置的研究和应用	国网河南省电力公司电力科学研究院、西安热工研究院有限公司、河南省日立信股份有限公司	张小霓、吴文龙、王锋涛、田　利、汪献忠、王绪文、朱莉娜、董雪峰
26	二等	600MW超临界汽轮机控制和保护系统关键技术及应用	北京国电智深控制技术有限公司	夏　明、孙　瑜、田雨聪、于光辉、刘　乐、张　智、麻贵峰、李亚群、张东明、李军奇

续表

序号	等级	获奖项目	受奖单位	受奖人
27	二等	多维度全流程火力发电节能关键技术研究与应用	贵州电力试验研究院、华中科技大学、上海交通大学	石　践、文贤馗、张锐锋、李小军、肖　永、邓彤天、陈玉忠、罗小鹏、侯玉波、何洪流
28	二等	适应无旁路脱硫和低氮燃烧的燃煤机组RB及协调控制关键技术研究	华北电力科学研究院有限责任公司、神华国华（北京）电力研究院有限公司、华北电力大学、北京华科新纪热控工程技术有限公司、陕西国华锦界能源有限责任公司、内蒙古大唐国际托克托发电有限责任公司	李卫华、康静秋、解　明、张秋生、杨振勇、庞力平、骆　意、张福仲、鲁学农、杨怀旺、甘　泉、刘　磊、尚　勇
29	二等	国产1000MW超超临界燃煤发电机组FCB功能研究及应用	北京国华电力有限责任公司、广东国华粤电台山发电有限公司、神华国华（北京）电力研究院有限公司	宋　畅、孙　月、张晓波、宫广正、甘超齐、范永胜、李广瑞、尹武昌、周翔龙、陆成骏、杨文超、杨铁强、张敏优、肖华宾
30	二等	基于C&S技术的集团级发电设备故障预警与优化系统的研究应用	浙江浙能技术研究院有限公司、浙江天工自信科技工程有限公司、浙江省能源集团有限公司	吴国潮、朱松强、章　勤、滕卫明、王建强、刘　林、范海东、李仙列、张震伟
31	二等	准东煤锅炉结渣、沾污防控技术研究及应用	西安热工研究院有限公司	姚　伟、杨忠灿、张喜来、刘家利、王桂芳、蒙　毅、方顺利、张　森、李仁义、王志超
32	二等	复杂地基地震安全分析关键技术研究与工程应用	中广核工程有限公司、大连理工大学	李忠诚、陈惠明、许波涛、林　皋、董占发、朱绍军、凡　红、李建波、许海涛、张　涛
33	二等	分布式电源灵活友好并网关键技术研究与工程示范	中国电力科学研究院、国电南瑞科技股份有限公司、南京南瑞太阳能科技有限公司、国网上海市电力公司、国网河南省电力公司、国网天津市电力公司、国网福建省电力有限公司	苏　剑、林弘宇、盛万兴、李　刚、刘海涛、王　伟、谢　伟、王　伟、吴　鸣、李　洋、柳劲松、季　宇、冯　炜、苏雪源、于建成、赵　波
34	二等	风电场、光伏电站集群控制系统研究与开发	国网甘肃省电力公司、国网电力科学研究院、清华大学、上海交通大学、华北电力大学、许继集团有限公司	王　多、徐泰山、鲁宗相、汪宁渤、行　舟、王增平、蔡　旭、韩旭杉、王昊昊、周　强

2015年度中国电力技术发明奖获奖项目

序号	等级	获奖项目	受奖人
1	一等	电网大范围山火灾害防治关键技术与装备	陆佳政、张红先、冉茂农、吴传平、徐勋建、刘　毓
2	二等	梯级水电站群智能生态调控技术及工程应用	戴会超、毛劲乔、戴凌全、蒋定国、王　煜、张培培
3	三等	300MW级大型抽水蓄能机组保护关键技术	沈全荣、陈　俊、严　伟、王　光、王　凯、郭自刚
4	三等	电力系统安全自动装置建模仿真和控制策略智能化辅助决策	吴国旸、王　毅、仲悟之、汤　涌、董毅峰、宋新立
5	三等	光电复合海缆实时立体监测关键技术及应用	吴飞龙、李永倩、郑小莉、詹仁俊、吕安强、徐　杰

2015年度水力发电科学技术奖获奖项目

序号	等级	项 目 名 称	受 奖 单 位	主要完成人
1	特等	我国大型抽水蓄能电站建设关键技术研究与实践	中国水利水电科学研究院、国网新源控股有限公司、中国电建集团华东勘测设计研究院有限公司、中国电建集团北京勘测设计研究院有限公司、西安理工大学、北京中水科海利工程技术有限公司	张春生、贾金生、张振有、郝荣国、姜忠见、郝巨涛、鲁一晖、侯 靖、王为标、朱银邦、汪易森、黄悦照、郑全春、吕明治、岳跃真、邓 刚、欧阳金惠、李 冰、余梁蜀、刘增宏、许要武、张克钊、马锋玲、王建华、何世海、夏世法、吴关叶、李曙光、徐建军、张福成、吴宏炜、周垂一、江亚丽、李振中、郑齐峰、孙志恒、李金荣、陈丽芬、汪正兴、刘加进、渠守尚、杨伟才、冯仕能、周长兴、赵贤学、王樱畯、黄 昊、刘建峰、李 蓉、王登银
2	一等	中国数字水电基础信息与分析平台	中国电建集团成都勘测设计研究院有限公司、水电水利规划设计总院、中国水电工程顾问集团有限公司	晏志勇、王 斌、郑声安、周建平、章建跃、陈万涛、邱向东、宋述军、刘永亮、梁吉欣、赖 刚、仇 欣、陈 旭、吴鹤鹤、何家欢
3	一等	溪洛渡770MW水轮发电机组研制	东方电气集团东方电机有限公司、中国长江三峡集团公司	王亚林、张天鹏、郭 靖、曾明富、杨仕福、邹祖冰、林洪德、宋 敏、李 棵、黄智欣、唐万斌、廖毅刚、邓建安、付封旗、冷 瑞
4	一等	600m级高陡边坡开挖加固技术与安全控制	中国水利水电第七工程局有限公司、中国水利水电第四工程局有限公司、中国水利水电第八工程局有限公司、中国水利水电第三工程局有限公司、四川大学	向 建、席 浩、尹岳降、王鹏禹、李洪涛、吴 旭、李克信、秦健飞、廖 勇、周家文、李正兵、牛宏力、陈 勇、李国君、周宏伟
5	一等	复杂环境高坝大功率泄洪新型消能技术研究与应用	中国电建集团中南勘测设计研究院有限公司、中国长江三峡集团公司、四川大学、中国葛洲坝集团三峡建设工程有限公司、天津大学、中国水利水电科学研究院、南京水利科学研究院	张超然、冯树荣、彭 冈、潘江洋、许唯临、张金婉、王 毅、张永涛、张建民、戴晓兵、高 鹏、陈 伟、李延农、张苾萃、曾雄辉
6	一等	水电工程低热硅酸盐水泥混凝土特性与应用关键技术	中国长江三峡集团公司、中国水利水电科学研究院、长江水利委员会长江科学院、中国建筑材料科学研究总院、中国电建集团华东勘测设计研究院有限公司	樊启祥、李文伟、杨华全、陈改新、姚 燕、洪文浩、彭 冈、聂庆华、樊义林、李新宇、文寨军、董 芸、高 鹏、李 果、纪国晋
7	一等	大型水电机组故障诊断与优化控制关键技术及应用	华中科技大学、雅砻江流域水电开发有限公司、南京南瑞集团公司水利水电技术分公司、松江河水力发电有限公司	周建中、李超顺、常 黎、吴世勇、徐 洁、王立勇、郭玉恒、夏 洲、高占荣、张红芳、徐学琴、姚景宇、潘伟峰、朱文龙、许颜贺
8	一等	大渡河下游梯级电站群变尺度预报调控一体化技术研究及实施	国电大渡河流域水电开发有限公司、四川大学、长江水利委员会水文局、南京南瑞集团公司	涂扬举、周业荣、黄炜斌、李攀光、贺玉彬、陶春华、王金龙、陈仕军、杨忠伟、尤 渺、周新春、孙尔军、罗 玮、张祥金、邹祖建

续表

序号	等级	项目名称	受奖单位	主要完成人
9	一等	雅砻江流域水电生态环境保护关键技术研究及应用	雅砻江流域水电开发有限公司、中国科学院生态环境研究中心、水利部交通运输部国家能源局南京水利科学研究院、中国电建集团华东勘测设计研究院有限公司、水利部中国科学院水工程生态研究所、中国水利水电科学研究院	吴世勇、陈求稳、孙双科、常剑波、侯　靖、王红梅、周济芳、李若男、陈祥荣、梁银铨、邓龙君、曹　薇、柳海涛、甘维熊、曾如奎
10	一等	堆石坝除险加固成套技术	长江勘测规划设计研究有限责任公司、武汉大学、中国水电基础局有限公司、长江三峡勘测研究院有限公司（武汉）	周和清、杨启贵、谭界雄、卢建华、程勇刚、刘　锐、王秘学、王大江、李文书、宋应玉、肖恩尚、陈志康、位　敏、高大水、田　波
11	一等	水电工程扰动陡边坡生境构筑与生态调控技术	三峡大学、中国科学院水利部成都山地灾害与环境研究所、中国长江三峡集团公司向家坝工程建设部、中国葛洲坝集团三峡建设工程有限公司	许文年、夏振尧、陈芳清、王建柱、马树清、游　勇、丁　瑜、周明涛、刘大翔、柳金峰、夏　栋、许　阳、赵冰琴、杨悦舒、李铭怡
12	一等	大型水轮发电机组铸锻件系列技术标准及工程应用	中国长江三峡集团公司、清华大学、东方电气集团东方电机有限公司、哈尔滨电机厂有限责任公司、中国科学院金属研究所、沈阳铸造研究所	张成平、胡伟明、马庆贤、马德生、戴　江、吴　英、李文学、刘功梅、陈　瑞、刘永红、王　培、康进武、霍　岩、刘　洁、侯敬军
13	一等	大型抽水蓄能电站施工关键技术	中国人民武装警察部队水电第二总队、中国水利水电第一工程局有限公司	张利荣、严匡柠、仲启波、李宜忠、陈剑华、马进潮、杨　涛、刘　剑、占小星、赵军峰、何席兵、卢文平、江泽森、齐建飞、刘伟艳
14	二等	水电富集电网电能消纳协调控制方法与关键技术	大连理工大学、云南电力调度控制中心、华能澜沧江水电股份有限公司集控中心	程春田、蔡华祥、申建建、李秀峰、李　刚、郭有安、蔡建章、武新宇、涂启玉、廖胜利
15	二等	海上（潮间带）风电场海床勘察测试技术研发与应用	中国电建集团华东勘测设计研究院有限公司、浙江华东建设工程有限公司	汪明元、单治钢、狄圣杰、张　昆、张祖国、王松平、易神州、杜文博、张　琳、崔超朋
16	二等	深厚覆盖层上高心墙堆石坝防渗系统关键技术研究与应用	中国电建集团成都勘测设计研究院有限公司	余　挺、叶发明、郝元麟、王寿根、余学明、王　平、何顺宾、伍小玉、王晓东、张　丹
17	二等	高土石坝抗震性能及抗震安全研究	水电水利规划设计总院、大连理工大学、南京水利科学研究院、河海大学、中国水利水电科学研究院	党林才、杜小凯、严永璞、孔宪京、郦能惠、杨　贵、刘小生、赵剑明、刘汉龙、李登华
18	二等	特高拱坝梯度控裂理论与成套技术	清华大学、中国长江三峡集团公司、中国水利水电第八工程局有限公司、华能澜沧江水电股份有限公司、成都中大华瑞科技有限公司	李庆斌、胡　昱、林　鹏、汪志林、孙志禹、艾永平、于永军、翁文林、柯文虎、蒋小春
19	二等	向家坝800MW混流式水轮发电机组研制与工程应用	哈尔滨电机厂有限责任公司、中国长江三峡集团公司	覃大清、马文豪、卜良峰、杜建国、高洪军、韩旭东、周亚信、陶星明、刘功梅、安志华
20	二等	大HD值790MPa钢岔管国产化开发研究与工程应用	内蒙古呼和浩特抽水蓄能发电有限责任公司、中国电建集团北京勘测设计研究院有限公司、中国水利水电第八工程局有限公司、宝山钢铁股份有限公司、四川大西洋焊接材料股份有限公司	毛三军、陈初龙、李振中、刘自成、姚正鸿、蒋　勇、肖　荣、靳红泽、钱玉英、王　剑

续表

序号	等级	项目名称	受奖单位	主要完成人
21	二等	高海浪强震地区土工管袋防波堤工程关键技术	中国水利水电第八工程局有限公司、中国水利水电第十二工程局有限公司	曹积民、涂怀健、曾翼虎、杨明辉、沈仲涛、王　超
22	二等	高水头大流量底流消能关键技术研究及应用	中国电建集团成都勘测设计研究院有限公司、雅砻江流域水电开发有限公司、中国水利水电科学研究院	肖平西、聂　强、袁　琼、陈　强、闫　勇、孙双科、井向阳、刘　侠、周喜德、童　伟
23	二等	振动时效技术在大型发电设备工件上的应用研究	哈尔滨大电机研究所、哈尔滨电机厂有限责任公司	侯世璞、文道维、赵　鹏、王辉亭、吴彦军、李　景、李　滨、程广福、过　洁
24	二等	水电运检业务一体化管理研究与应用	国网新源控股有限公司、北京许继电气有限公司	冯伊平、任志武、张亚武、荆岫岩、李　华、刘红超、李国和、何一纯、宋旭峰、张永会
25	二等	300m级特高拱坝复杂地基灌浆施工关键技术	中国水利水电第七工程局有限公司、雅砻江流域水电开发有限公司	李正兵、段绍辉、陈旭东、蒋学林、黄　平、廖　军、李其虎、王新平、肖　铧、吴火兵
26	二等	卷扬式启闭机智能化设计研究与应用	中国电建集团北京勘测设计研究院有限公司	杜俊玮、范国芳、刘顺强、王新泉、张丛茂、陈　红、高　楷、雷　松、王宇观
27	二等	300m级双曲拱坝快速施工及实时温控技术	中国水利水电第七工程局有限公司、中国葛洲坝集团第二工程有限公司	郗举科、米清文、罗建林、魏　平、赵海洋、赵胜利、李永德、常耀华、郭　益、管大刚

2014年度能源软科学优秀研究成果奖电力行业获奖项目

序号	成果名称	成果完成单位	成果完成人
		一等奖	
1	“大型先进压水堆核电站”重大专项知识产权管理体系研究	国家核电技术有限公司	王　峥、刘　伟、马　燕、荣　健、李晓萌、吴爱红、范霁红、张万平、胡　娟、蒋　烨
2	推动能源生产与消费革命研究	国家发展和改革委员会能源研究所	高世宪、任东明、张有生、白　泉、李　际、刘静茹、杨　光、谢旭轩、东　铭、刘　坚
3	电力交易机构组建及运行规则研究	上海期货与衍生品研究院有限责任公司、国家能源局华东监管局	高　辉、邱智健、刘志红、魏　萍、刘平凡、郑子旋、刘　星、杨立兵
		二等奖	
1	“十三五”时期及未来十年推进能源生产和消费革命的主要举措和政策建议	国家能源局发展规划司	刘　琦、何勇健、刘建平、张晓东、葛　炬、杨瑞广、韩逾瑾、董少廷、丁日新
2	能源替代战略途径及风电消纳综合效益分析研究	北京能源发展研究基地、内蒙古东部电力有限公司、通辽市人民政府	谭忠富、周凤翱、董安友、王　伟、鞠立伟、许亚林、宋艺航、张　晨、张欣昙

续表

序号	成果名称	成果完成单位	成果完成人
3	国外电力市场建设与投资环境研究	中国社会科学院工业经济研究所	史 丹、冯永晟、孙洪波、王永利、聂新伟、李玉婷、裴庆冰、伊淑彪
4	智能电网支撑智慧城市发展策略研究	国家电网公司、国网能源研究院、国网信息通信产业有限公司	沈 江、林弘宇、王 阳、王 伟、胡 波、徐 明、李 刚、甄 岩、李温静、刘 林
5	中国能源革命的缘起、目标与实现路径	中国人民大学、国家能源局市场监管司、华北电力大学	郑新业、黄少中、郭 琎、傅佳莎、张 蕾、吴施美、虞义华、刘崇明、宋 枫、魏 楚
6	海上风电电价补贴研究及政策建议	水电水利规划设计总院、中国电建集团华东勘测设计研究院有限公司、中国电建集团中南勘测设计研究院有限公司、中国能建集团广东省电力设计院有限公司、上海勘测设计研究院有限公司	谢宏文、赵生校、张佳丽、钟 耀、周 冰、胡志坚、王尼娜、陈晓锋、黄静波、黄洁亭
7	水库移民逐年货币补偿问题研究报告	水电水利规划设计总院、国家发展改革委农村经济司、国家能源局新能源与可再生能源司、国家水能风能研究中心	龚和平、高俊才、史立山、王 斌、杜孝忠、熊敏峰、彭幼平、张江平、李 珂、张秋平
8	电力需求侧响应机制政策设计与实施研究	国家发展和改革委员会能源研究所	周伏秋、刘 虹、冯升波、王 娟、苗 韧、韩 旭、李淑祎
9	CCUS 技术与中国煤基能源体系可持续发展的关系研究	神华科学技术研究院有限责任公司	蒋文化、聂立功、姜大霖、毛亚林、张九天、李晓春、孙海林、潘 莹

2014 年度中国施工企业管理协会科学技术奖科技创新成果电力行业获奖项目

序号	成果名称	主要完成单位	主要完成人员	推荐单位
特等奖				
1	风电场、光伏电站集群控制系统研究与开发	国网甘肃省电力公司、国网电力科学研究院、清华大学、上海交通大学、华北电力大学、许继集团	王 多、汪宁渤、徐泰山、鲁宗相、行 舟、王增平、蔡 旭、马彦宏、王昊昊、周 强、乔 颖、刘文颖、于海洋、李 征、李惠军、马 明、丁 坤、陈 勇、路 亮、陈 钊	中国电力建设企业协会
一等奖				
1	三维建模技术在超超临界机组四大管道配管上的应用	中国能源建设集团天津电力建设有限公司	梁 勇、孟庆若、甘 波、梁丙海、张 军、李文奎	中国能源建设集团有限公司
2	国内首台再热汽温623℃高效超超临界机组节能优化技术研究与应用	淮沪煤电有限公司田集发电厂、华东电力设计院、上海电气电站集团有限公司	戴苏峰、李 峰、潘龙兴、方 杰、夏 杰、邓文祥、蒋 健、薛锦安、吴仕芳、诸育枫、付文龙、段传浩、杜 强、项 林、王艳丽	中国电力建设企业协会

续表

序号	成果名称	主要完成单位	主要完成人员	推荐单位
3	一种用以防治石膏雨的新型湿烟囱技术研究与应用	中国电力工程顾问集团中南电力设计院有限公司、中国电力工程顾问集团科技开发有限公司、中国电力建设工程咨询有限公司	陈　牧、张江霖、范振中、田庆峰、同代表、高建平、郭　建、张习强、崔　杰、毛　鸿	中国电力建设企业协会
4	适应大规模风电并网的无功电压协调控制系统研发与工程应用	中国电力科学研究院、华北电力大学、国网新疆电力公司、国网辽宁省电力有限公司	董天骄、于　汀、韩　巍、毕天姝、董　雷、吴新景、杜佳桐、王　伟、张　锋、薛安成、李时光、王子安、罗卫华、范士雄、杨　洋	中国电力建设企业协会
5	±800kV 特高压直流输电工程系统试验技术研究及应用	中国电力科学研究院	杨万开、王华伟、王　亮、王晶芳、庞广恒、白光亚、刘宝宏、张卫东、孙　栩、林少伯、李新年、谢国平、刘　翀、吴娅妮、张晋华	中国电力建设企业协会
6	特高压直流多分裂大截面导线牵张共场张力架线施工技术研究与应用	葛洲坝集团电力有限责任公司、中国能源建设集团广东火电工程有限公司、中国葛洲坝集团第二工程有限公司	龚社春、姚卫星、李晓明、高鹏飞、侯林高、聂金鸿、陶光立、吴琴凤、王　静、曹雪飞、李　娟、林　雯	中国能源建设集团有限公司
7	特高边坡工程施工关键技术研究与应用	中国水利水电第七工程局有限公司、中国水利水电第四工程局有限公司、中国水利水电第八工程局有限公司、中国水利水电第三工程局有限公司、四川大学	吴　旭、席　浩、尹岳降、王鹏禹、李洪涛、向　建、李克信、秦健飞、廖　勇、周家文、李正兵、牛宏力、陈　勇、李国君、周宏伟	中国电力建设集团有限公司
8	变电站配电装置与构架新技术综合研究与应用	中国能源建设集团安徽省电力设计院有限公司	荣发兵、邱新刚、张龙骧、陈华春、周海鹏、张立军、尹　凌、孔宪扬、汪源生、孙明刚	中国能源建设集团有限公司
9	沿海地区输电线路桩基础耐蚀性能及防护措施研究	河北省电力勘测设计研究院、中国电力科学研究院	李志强、韩　斐、张　琰、李占岭、吴晓铎、赵贞欣、赵怀宇、王　辉、丁士君、刘华清、李　旭、闫　生、张博雄、韩志伟、王　炜	中国电力建设企业协会
10	核电站牺牲混凝土的开发研究	中建电力建设有限公司、中国建筑第二工程局有限公司、东南大学、青岛理工大学	孙　伟、张志明、李景芳、蒋金洋、李　政、张巧芬、金祖权、程惠敏、李绍纯、李杰青	中国建筑股份有限公司
11	复杂地质条件下特大型地下洞室群施工关键技术研究与应用	中国葛洲坝集团第二工程有限公司、葛洲坝集团第五工程有限公司、葛洲坝集团三峡建设工程有限公司、葛洲坝集团电力有限责任公司	周　伟、向旭辉、张建均、苏　海、王忠祥、王泽光、杨忠兴、王文忠、吴志友、丁宗海、林景峰、谢永福、徐　涛、何崇东、吴　磊	中国能源建设集团有限公司
12	700MW 水轮发电机组蒸发冷却系统安装调试技术研究	中国葛洲坝集团机电建设有限公司	江小兵、刘灿学、陈　强、莫文华、吴建洪、徐海林、李志宏、张红海、崔慧丽、王　东、卫书满、刘兴文、徐文杰、孙嘉睿、刘振攀	中国能源建设集团有限公司
13	溪洛渡特高拱坝施工关键技术研究及应用	中国水利水电第八工程局有限公司、中国长江三峡集团公司、中国水电顾问集团成都勘测设计研究院有限公司、四川二滩国际工程咨询有限责任公司	洪文浩、陈文夫、邬　昆、戴科夫、于永军、涂怀健、周政国、王　沁、赵文光、汤秀国	中国电力建设企业协会

续表

序号	成果名称	主要完成单位	主要完成人员	推荐单位
14	复杂环境高坝大功率泄洪新型消能技术研究与应用	中国电建集团中南勘测设计研究院有限公司、中国长江三峡集团公司、四川大学	张超然、冯树荣、潘江洋、许唯临、彭　冈、张金婉、王　毅、张建民、张永涛、戴晓兵、高　鹏、陈　伟、李延农、张苾萃、曾雄辉	中国电力建设集团有限公司
15	混凝土坝施工过程智能控制关键技术	中国电建集团成都勘测设计研究院有限公司	王仁坤、陈万涛、邱向东、李家亮、尹习双、钟桂良、刘金飞、王明涛、赖　刚、黄　玮、刘永亮、宋述军、赵文光、王祥峰、柏显麟	中国电力建设集团有限公司
16	巨型机组地下引水发电系统安全稳定关键技术研究与应用	中国电建集团中南勘测设计研究院有限公司、中国长江三峡集团公司、武汉大学	潘江洋、彭　冈、辜晓原、刘益勇、王忠耀、郭云强、杨建东、曾祥喜、陈　伟、覃玉兰、王　毅、许　莉、黄玉锋、孙常玉	中国电力建设集团有限公司
17	西藏高原地区水工混凝土制备技术及应用	葛洲坝集团第五工程有限公司、中国葛洲坝集团基础工程有限公司、中国葛洲坝集团第二工程有限公司	刘　宏、王东风、王祖军、梁　序、李小联、张忠桥、郝格超、邢建军、李　进、严　冰、陶　晖、齐学雷、朱　果	中国能源建设集团有限公司
18	300m 级双曲拱坝快速施工及实时温控技术	中国水利水电第七工程局有限公司	郗举科、米清文、罗建林、魏　平、赵海洋、赵胜利、李永德、常耀华、郭　益、管大刚、黄　平、周　强、胡建军、刘明生、汤　荣	中国电力建设集团有限公司
19	BLJ600-60 自行履带式混凝土布料机	中国水利水电第八工程局有限公司、湖南大学	漆新江、孙　红、涂怀建、周长江、张祖义、贺　彬、王启茂、王　剑、张黎阳、张志强、孙永卫、周　勇、黄　立	中国电力建设集团有限公司
20	超长距离、大断面引水隧洞钻孔灌浆施工机械化研究与应用	中国水利水电第七工程局有限公司	殷国权、夏中伏、李红福、张刚武、单卫华、曾　健、胡小顺、漆巨彬、王天西、韩卫东、李　翔、邹　刚、郑方品、曾　建、熊　雨	中国电力建设集团有限公司
21	高强钢压力钢管制造安装及焊接施工技术	中国水利水电第三工程局有限公司、北京石油化工学院	周　林、张育林、盛连才、薛　龙、邹　勇、梁艺华、来显社、李　刚、岑　伦、刘家华、屈　刚、杨党辉、张胜平、袁文德、胡昌春	中国电力建设集团有限公司
		二等奖		
1	大型火电机组螺旋水冷壁安装用专用施工平台	中国能源建设集团安徽电力建设第二工程有限公司	陈建明、俞经河、孟　蔚、程东林、郭晓玮、陈　锋、李志明、袁　飞	中国电力建设企业协会
2	大型电站锅炉 EDTA 化学清洗关键技术研究与应用	中国能源建设集团安徽电力建设第一工程有限公司、西安协力动力科技有限公司	孔德丰、李美玲、何　瑜、陈学安、陈延春	中国电力建设企业协会
3	电力建设生产指挥系统的开发及应用	山东电力建设第二工程公司	张仕涛、侯端美、岳增智、肖玉桥、姜士昭、李恒安、张　耸、刘顺刚、潘　彬、李国华	中国电力建设集团有限公司
4	HR3C 钢及 HR3CSuper304H 异种钢焊接技术研究与应用	中国能源建设集团安徽电力建设第一工程有限公司	董明俊、傅求华、李国云、徐继辉	中国电力建设企业协会

续表

序号	成果名称	主要完成单位	主要完成人员	推荐单位
5	火电站施工过程三维可视化仿真系统	山东电力建设第三工程公司	韦汝泉、王金海、王海军、施文斌、张凯、亓玉成、张国立、王晓雷、滥道成、刘刚	中国电力建设集团有限公司
6	地下综合管廊管道穿装工艺研究与应用	山东电力建设第二工程公司	邢金超、杨勇、周红、张开峰、孙勇、张庆泉、高文川	中国电力建设集团有限公司
7	上汽660MW超超临界汽轮机安装技术研究与应用	中国能源建设集团安徽电力建设第一工程有限公司	罗楟能、孔德丰、李嘉、王怀祥、陈祥	中国电力建设企业协会
8	HS80T新型扒杆与塔吊联合吊装锅炉大板梁施工技术研究与应用	中国能源建设集团黑龙江省火电第三工程有限公司	史万龙、郭江滨、李庆峰、刘东民、赵国君、韦展辽、李春光、杨浩然、吕庆军、李淑杰	中国能源建设集团有限公司
9	AP1000三代核电站发电机定子吊装施工技术	中国能源建设集团江苏省电力建设第三工程有限公司	闻捷、胡立平、王佐、刘贤彬、庄海青、钱平、张勇、薛志勇、杨晓明、张阳	中国能源建设集团有限公司
10	采用滚胶布与压铅丝相结合调整汽轮机汽封间隙	中国能源建设集团黑龙江省火电第三工程有限公司	张文源、王佐仁、李全忠、陈英哲、姜晖、赵国君、李淑杰、李立中、洛佳成、靖小林	中国能源建设集团有限公司
11	新建百万机组湿式电除尘器的应用	浙江浙能中煤舟山煤电有限责任公司、浙江南源环境工程技术有限公司、浙江浙能技术研究院有限公司	朱松强、李必正、王民军、陈舜德、胡宇观、陈海江、陈镭、赵宁宁、罗钟高	中国电力建设企业协会
12	660MW燃油机组火检系统偷看漏看解决方案研究及应用	山东电力建设第三工程公司、上海神明控制工程有限公司	王海莲、黄志高、李平、张杨、李芹胜、邵明春、魏源、宋建华、张继收	中国电力建设集团有限公司
13	悬挂式液压提升装置吊装发电机定子技术的研发与应用	中国能源建设集团安徽电力建设第一工程有限公司	黄立新、成林峰、王朱勤、吴标	中国电力建设企业协会
14	印度电站项目IBR认证研究及应用	山东电力建设第三工程公司	鲁福魁、李昌美、周伟、刘双奎、罗超、于洪涛	中国电力建设集团有限公司
15	汽轮机润滑油系统在线切换冲洗技术研究与应用	中国能源建设集团安徽电力建设第一工程有限公司	孔德丰、汪公河、张中琼、陆忠良、陈鹏	中国电力建设企业协会
16	第三代EPR核电站常规岛施工技术研究	中建电力建设有限公司、中国建筑第二工程局有限公司	张志明、程惠敏、谢利红、关正文、李小座、姚俊、李均雄、王海兵、姜会浩、张巧芬	中国建筑股份有限公司
17	大型机组发电厂工程施工技术	浙江省二建建设集团有限公司	陈春雷、郑小平、陈旭辉、沈漪红、项元富、张幸祥、李明明、党月海、沈燕	浙江省建筑业行业协会
18	斜吊法进行1000MW火电机组定子吊装研究与应用	中国能源建设集团天津电力建设有限公司、天津蓝巢特种吊装工程有限公司	张永良、杜玉松、樊友田、赵耀煌、徐军杰	中国能源建设集团有限公司
19	快固混凝土在抢修及修复工程中的研究与应用	中国葛洲坝集团第三工程有限公司	刘章、薛新利、董国庆、柳同祥、任彩红、夏永忠、陈松、白现军、黄芳、李林辉	中国能源建设集团有限公司
20	贯通式潜孔锤反循环钻进技术在复杂地层中的应用研究	中国水利水电第七工程局有限公司	杨富平、李正兵、廖军、李春雷、宋立平、焦瑞锋、刘代贤、漆巨彬、石叶、王恒	中国电力建设集团有限公司

续表

序号	成果名称	主要完成单位	主要完成人员	推荐单位
21	桁架转换结构在大跨煤仓间布置中的研究与应用	中国能建集团江苏省电力设计院有限公司、华电江苏能源有限公司句容发电厂	徐　昆、葛小丰、郝俊涛、刘欣良、叶小平、唐兆芳、许　宁、朱庆东、沈　涛、夏文详	中国电力建设企业协会
22	软土地区复合扩顶灌注桩水平承载性能研究及应用	中国能源建设集团浙江省电力设计院有限公司、国网浙江省电力公司	邢月龙、但汉波、王立忠、郭　勇、高志林、陈　哲、王星洁、尹勋祥、陈永清	中国电力建设企业协会
23	600MW级超超临界机组汽机房（含除氧层）设计优化研究	中国能源建设集团浙江省电力设计院有限公司	卢婉珍、唐艳玲、沈又幸、钱海平、李　琪、张卫灵、胡　蓉、光　旭、徐红波、陈　青	中国能源建设集团有限公司
24	改进型电动爬模施工冷却塔技术开发研究	中国能源建设集团安徽电力建设第二工程有限	徐西兴、姚　磊、刘亚芬、吴艳涛、黄　航、杨　明	中国能源建设集团有限公司
25	一种高效污水处理工艺研究	葛洲坝集团第一工程有限公司	贾志营、肖卓文、喻　玥、鲍玉征、张　海、曾利红、王蓓蓓、李　莉、万培江	中国能源建设集团有限公司
26	城市复杂环境深厚硬岩地连墙施工关键技术	中国电建集团铁路建设有限公司、中国水电基础局有限公司	任立志、胡　斌、胡德华、朱瑞喜、夏洪华、刘永波、李国保、郭宪忠、李　伟、任彦顺	中国电力建设集团有限公司
27	组合电器绝缘状态检测与评估关键技术研究及应用	江苏省电力公司电力科学研究院、西安交通大学、江苏省电力公司常州供电公司	杨景刚、贾勇勇、高　山、周志成、赵　科、陶加贵、陶风波、刘　洋、吴　昊、李彦明	中国电力建设企业协会
28	输电线路密集带电跨越封网技术研究与应用	葛洲坝集团电力有限责任公司、青海送变电工程公司、中国葛洲坝集团第二工程有限公司	龚祖春、姚卫星、李晓明、高鹏飞、王　静、吴琴凤、李　娟、张灵利、候德权、陶光立	中国能源建设集团有限公司
29	百万千瓦机组全厂DCS应用研究	中国能源建设集团浙江省电力设计院有限公司	陈若春、沈又幸、李　琪、袁勤勇、斯林军、陈华东、洪来根、沈洪流、吴伟军、陈　桦	中国能源建设集团有限公司
30	1000kV特高压A字柱钢管施工技术研究	浙江省送变电工程公司	赵水忠、朱雷鹤、徐重力、赵建永、邹忠明、陈太国、王　劼、谭小兵	中国电力建设企业协会
31	锦屏一级水电站软弱低渗透破碎岩体水泥—环氧复合灌浆处理技术	中国水利水电第七工程局有限公司	党玉辉、姚　昕、任跃勤、石　军、邓　强、李俊涛、王远勋、刘　超、林　军、邹　刚	中国电力建设集团有限公司
32	特高压变电站格构式构架施工方法	国网山西送变电工程公司	纪建明、胡延军、赵建平、田小文、王　凯、张人英、张　敏、王粤术、张　耀、张　毅	中国电力建设企业协会
33	直流融冰装置与输电线路连接方式研究	四川电力设计咨询有限责任公司	吴家林、王亚莉、何立新、李　晔、王正华、李根富	中国电力建设企业协会
34	山区高填方工程填料勘察关键技术研究与应用	中国电建集团昆明勘测设计研究院有限公司	张志清、高才坤、肖长安、何世聪、王时平、戴国强、付运祥、苏　宁、曾宪强、刘宗选	中国电力建设集团有限公司
35	Q690钢管杆塔设计试验研究	河南省电力勘测设计院	贾志杰、曹志民、郭咏华、张建明、张　斌、杨宗奇、丁宏伟	中国电力建设集团有限公司
36	高海浪强震地区土工管袋防波堤工程关键技术	中国水利水电第八工程局有限公司、中国水利水电第十二工程局有限公司	曹积民、涂怀健、曾翼虎、杨明辉、沈仲涛、王　超	中国电力建设集团有限公司

续表

序号	成果名称	主要完成单位	主要完成人员	推荐单位
37	复杂环境围海筑堤施工技术	中国水利水电第十二工程局有限公司	李洪林、徐培土、沈益源、李秋生、方旭光、严大顺、戴　军、马黎明、刘树军、朱孝生	中国电力建设集团有限公司
38	大跨度预应力混凝土连续梁桥腹板裂缝预防技术	葛洲坝集团第五工程有限公司	吕芝林、彭元平、符　强、刘　雄、朱洪涛、黎国华、田明昱、张建花、程春雨	中国能源建设集团有限公司
39	贵广高铁悬臂浇筑四线连续箱梁施工工艺	中国水利水电第十三工程局有限公司、中国水利水电第十四工程局有限公司	徐建亭、温建明、刘建平、郭世波、黄云刚、谷兆普、高连琳、胡治纲、时贞祥、辛志高	中国电力建设集团有限公司
40	深切峡谷预制箱式拱桥施工技术	中国水利水电第十二工程局有限公司	占根法、梁　雨、练新军、劳俭翁、金长昌、凡　刚、王宏伟、吕海涛	中国电力建设集团有限公司
41	岩滩水电站扩机工程同网多组多向多爆源控制爆破技术	中国葛洲坝集团第二工程有限公司、葛洲坝集团三峡建设工程有限公司、葛洲坝集团第五工程有限公司、葛洲坝集团电力有限责任公司	刘礼政、陈洪志、陈　群、张鹏飞、朱少俊、倪永祺、胡宝清、张文敏、王红军、吴昌锐	中国能源建设集团有限公司
42	水工混凝土裂缝化学灌浆允许压力研究	葛洲坝集团试验检测有限公司、重庆大学	李　焰、吴建华、李开熹、龚智敏、陈卫烈、李　耕、李鹏飞	中国能源建设集团有限公司
43	三峡升船机平衡重系统安装技术研究与应用	中国葛洲坝集团机电建设有限公司、中国人民解放军 75310 部队	张为明、陈　强、卫书满、曾从华、徐海林、雷雄韬、马照云、吴　凯、刘维训、罗　彬	中国能源建设集团有限公司
44	大型表孔泄流水电站消力池底板修复施工技术研究	中国水利水电第三工程局有限公司	田启超、韩培栋、罗永红、李灼然、李昊霖、祁彦波、张　刚、何保泉	中国电力建设集团有限公司
45	深孔化学灌浆关键技术研究与应用	中国葛洲坝集团基础工程有限公司、葛洲坝集团第五工程有限公司	覃建庭、焦家训、李小勇、童　耀、刘　强、苟永平、陈　钒、曹　炜、黄胜利、马懋兵	中国能源建设集团有限公司
46	水工隧洞采用悬臂式掘进机快速施工关键技术	葛洲坝集团第五工程有限公司、中国葛洲坝集团第二工程有限公司	王祖军、王建波、彭元平、朱海燕、秦　明、赵芳甫、严泽洪、刘松林、杨　伟	中国能源建设集团有限公司
47	高工况大口径 PCCP 管结构优化与工艺创新	中国水利水电第十三工程局有限公司、水电十三局恒华（彰武）管业有限公司、辽宁西北供水有限责任公司阜新分公司	杨　涛、米兰彬、吴悦人、温建明、罗　涛、王　心、潘雪松、师宁焉、何　玉、张　勇	中国电力建设集团有限公司
48	底横轴翻板闸门制造与安装关键技术研究	安徽水安建设集团股份有限公司、中国电建集团华东勘测设计研究院有限公司	徐永仁、杨　毅、胡葆文、唐绪好、胡涛勇、王　涛、赵　春、王传荣、赵文军、张黎明	安徽省建筑业协会
49	大跨度薄壁 U 型渡槽造槽机施工内外模变形技术研究	葛洲坝集团第一工程有限公司	陈谋建、黎学皓、庞文占、崔玉松、熊建武、刘明丽、王丽屏、王国旺、周炼钢、支黎明	中国能源建设集团有限公司
50	高抗硫酸盐侵蚀环境下普硅水泥混凝土改性研究与应用	中国葛洲坝集团第三工程有限公司	薛新利、董国庆、柳同祥、曾新立、刘　章、任彩红、李东飞、王立红、夏永忠、陈　松	中国能源建设集团有限公司
51	复杂地质条件下 N—J 水电站地下厂房开挖施工技术研究	中国葛洲坝集团第三工程有限公司	冯兴龙、王焕明、胡臬光、陈恩瑜、汪文桥、朱泽浩、曾玲珑、毛彝陵、陈方明、张宏山	中国能源建设集团有限公司

续表

序号	成果名称	主要完成单位	主要完成人员	推荐单位
52	核工程抗强辐射屏蔽混凝土试验研究	中国核工业二四建设有限公司、四川中核艾瑞特工程检测有限公司	张辉赤、张仕兵、沈媛媛、杜秀清、刘学良、刘向荣、沈　兴、毛焰珠、胡　帅、叶　勇	中国建筑业协会核工业建设分会
53	高重力坝地基深厚软弱破碎岩体处理技术研究与应用	中国电建集团中南勘测设计研究院有限公司、中国长江三峡集团公司、清华大学、武汉大学、天津大学	樊启祥、冯树荣、彭　冈、潘江洋、张永涛、王　毅、曾祥喜、邹阳生、王恩志	中国电力建设集团有限公司
54	水平薄层围岩大型地下洞室群围岩稳定及工程措施研究与应用	中国电建集团北京勘测设计研究院有限公司、中国水利水电第四工程局有限公司、武汉大学	周长兴、严旭东、张　捷、张沁成、赵朝霞、张万祝、杨喜军、林　山、王志国、白　宇	中国电力建设集团有限公司
55	GPS数字技术在高面板堆石坝填筑施工中的应用	中国水利水电第十二工程局有限公司	练新军、项建明、周一峰、劳俭翁、赵仲舒、占　懿、姜国平、韩　冷、杨忠凯、潘际才	中国电力建设集团有限公司
56	高坝大泄量孔洞群下闸及封堵技术研究与应用	中国水利水电第八工程局有限公司	于永军、戴科夫、李金宝、陶建宁、杨　静、沈有辉、吴菊初、丁寿波、吴林艳、邓　芳	中国电力建设集团有限公司
57	破碎岩层锚固工程偏心跟管钻进施工技术研究及应用	中国水利水电第四工程局有限公司	吴旺宗、潘忠义、张　兴、何见春、付新梅、董军益	中国电力建设集团有限公司
58	超高粉煤灰掺量的水工混凝土关键技术研究	中国电建集团贵阳勘测设计研究院有限公司、武汉大学	张细和、范福平、曾正宾、何金荣、何　真、杨金娣、谭建军、李　勇、王建琦、田小岩	中国电力建设集团有限公司
59	基于3S与物探集成技术的三维地质模型应用研究	中国电建集团昆明勘测设计研究院有限公司、中南大学	高才坤、王自高、吴学明、肖长安、汤井田、戴国强、唐　力、张志清、徐　辉、刘　杰	中国电力建设集团有限公司
60	近海水工建筑物耐久性劣化及对策研究	广东水电二局股份有限公司	谢祥明、谢彦辉、林建伟、余青山、胡　磊、姚楚康、孟庆红、赵雅玲、汪永剑、李　意	广东省建筑业协会
61	寒冷地区砾石土心墙坝冬季施工技术	中国水利水电第五工程局有限公司	阙丕林、张　平、左红燕、刘　丽、罗　帅、李　佳、唐　凯、王玉岭、罗福勇、管依贵	中国电力建设集团有限公司
62	溪洛渡右岸电站800MW级机组优质高效安装技术	中国水利水电第八工程局有限公司	黄小松、周光荣、丁一波、何　伟、叶　波、杨家菊、殷湘黔、胡　镪、王启茂、孙永卫	中国电力建设集团有限公司
63	高土石坝砾石土掺配及含水量调整技术	中国水利水电第五工程局有限公司	刚永才、张　平、万　兵、叶沙锋、林建清、刘　丽、罗　帅、李　佳、王玉岭、唐　凯	中国电力建设集团有限公司
64	超高落差散状物料多级竖井连续运输技术	中国水利水电第八工程局有限公司	李　兵、刘志和、涂怀健、张祖义、刘金明、罗　艳、常玉坤	中国电力建设集团有限公司
65	土石方机械智能化施工技术	中国水利水电第五工程局有限公司	吴高见、赵　军、刚永才、刘新民、童卫东、周进前、斯功伟、曾铁刚、董正鹏、周佐健	中国电力建设集团有限公司
66	高拱坝闸墩U型预应力锚索施工技术研究与应用	中国水利水电第八工程局有限公司、重庆大学	姜命强、贺　毅、蒋和平、于永军、文海家、郭国华、刘宗胜、王海东、周政国、邓文明	中国电力建设集团有限公司

续表

序号	成果名称	主要完成单位	主要完成人员	推荐单位
67	百米级深厚覆盖层防渗帷幕灌浆技术	中国水利水电第七工程局有限公司	陈旭东、刘　涛、张先平、张　杰、温　涛、骆秋林、邓朝廷、李　翔、郭元旺、黄伟杰、刘　军、朱　荀	中国电力建设集团有限公司
68	长河坝水电站砾石土心墙坝土料检测方法与评价标准研究	中国水利水电第五工程局有限公司	李法海、薛　凯、田中涛、周广稳、樊　鹏、韩　兴、江万红、杨培青、陈　曦、陈世文	中国电力建设集团有限公司
69	低抗冲流速深厚覆盖层河床截流技术	中国水利水电第三工程局有限公司	王永刚、符学鑫、周兴安、赵维刚、杨　晶、褚立波、丁佳音、郭青礼、米振柱、徐鲁成	中国电力建设集团有限公司
70	大型复杂地下洞室群高强度交通运输系统仿真优化与运行管理	中铁十八局集团有限公司、雅砻江流域水电开发有限公司、中铁十八局集团隧道工程有限公司、三峡大学	王森昌、陈拥军、杨安林、杨　远、伍　洋、王晓东、杨银伟、胡　斌、杨　弘、袁超燚	中国铁建股份有限公司

2014年度中国施工企业管理协会科学技术奖科技创新先进企业电力行业获奖名单

序号	推荐单位	企业名称
1	中国电力建设集团有限公司	中国水利水电第十三工程局有限公司
2	中国电力建设集团有限公司	中国水利水电第七工程局有限公司
3	中国电力建设集团有限公司	中国水利水电第三工程局有限公司
4	中国电力建设集团有限公司	中国水利水电第十四工程局有限公司
5	中国电力建设集团有限公司	中国水利水电第五工程局有限公司
6	四川省建筑业协会	中国核工业二四建设有限公司
7	中国电力建设集团有限公司	中国水利水电第四工程局有限公司
8	中国电力建设集团有限公司	山东电力建设第二工程公司
9	中国电力建设集团有限公司	中国水利水电第八工程局有限公司
10	中国电力建设集团有限公司	山东电力建设第三工程公司
11	中国能源建设集团有限公司	葛洲坝集团电力有限责任公司
12	中国能源建设集团有限公司	中国葛洲坝集团机械船舶有限公司
13	中国电力建设企业协会	浙江省送变电工程公司
14	中国电力建设集团有限公司	中国电建集团铁路建设有限公司
15	中国能源建设集团有限公司	中国能源建设集团广东火电工程有限公司
16	中国能源建设集团有限公司	中国能源建设集团天津电力建设有限公司
17	中国能源建设集团有限公司	中国能源建设集团浙江省电力设计院有限公司
18	中国能源建设集团有限公司	中国能源建设集团山西电力建设有限公司
19	中国电力建设集团有限公司	河南第二火电建设公司
20	中国能源建设集团有限公司	中国能源建设集团安徽电力建设第二工程有限公司

续表

序号	推 荐 单 位	企 业 名 称
21	中国电力建设企业协会	中国能源建设集团广东电力工程局有限公司
22	中国能源建设集团有限公司	中国能源建设集团浙江火电建设有限公司
23	中国电力建设集团有限公司	中国水电建设集团十五工程局有限公司

“国家电网智能电网创新工程”项目获国家科学技术进步奖一等奖

2015年1月9日上午，一年一度的国家科学技术奖励大会在北京隆重举行。党和国家领导人习近平、李克强、刘云山、张高丽出席大会并为获奖代表颁奖。本届大会共计授奖318项成果、8位科技专家和1个外国组织，其中能源、化工领域收获颇丰。

其中，由国家电网公司组织申报的“国家电网智能电网创新工程”项目获得2014年度国家科学技术进步一等奖。国家电网公司于2009年正式启动坚强智能电网建设，至2014年年底累计建成诸如国家风光储输示范工程等32类305项智能电网试点项目，并先后参与编制了21项智能电网国际标准，显著扩大了国际影响力，有效提升了中国在国际智能电网领域的话语权。

青藏电力联网工程荣获国家科学技术奖二等奖

该工程是世界上海拔最高、穿越多年冻土地段最长的输变电工程。中国能建所属中国电力工程顾问集团西北电力设计院有限公司等单位参与项目设计建设。工程历时5年，完成了50项关键技术研究，成功解决了诸多世界性难题。提出了适合高原多年冻土的多种杆塔基础型式和专门的施工技术，以及冻土基础只需一个冻结期即可转序施工的理论；提出了外绝缘与电磁环境高海拔修正方法；提出了“强直弱交”系统运行控制策略和西藏电网安全稳定控制措施；建立了统一的三级生理卫生保障体系，取得了特高海拔（4500m以上）高原疾病的临床救治技术的突破；建立了特高海拔电网工程迹地植被恢复技术体系，高原生态环境得到有效保护和恢复；实现了高海拔换流站设备的制造、运输和安全可靠运行。项目形成专利49项、国家级和部级工法8项，制定标准规范13项，发表论文100余篇，出版《青藏电力联网工程》丛书12册；获得中国工业大奖、中华宝钢环境奖、首批“国家水土保持生态文明工程”、国家优质工程金奖、国家优质投资项目特别奖，750kV西宁、日月山变电站分别获中国建筑工程“鲁班奖”。该工程获得2015年度国家科学技术奖二等奖。

该项目投运彻底结束了西藏孤网历史，解决了西藏缺电问题，极大地改善了群众生产、生活条件，为维护边疆稳定、增进民族团结发挥了极为重要的作用。工程投运标志着中国完全掌握了高海拔、冻土区地区交、直流输电关键技术和直流设备制造能力，提升了电网工程建设技术水平，推动了中国电网建设技术的进步和升级。自投运以来累计输电量相当于替代原煤运输75万t，减排CO_2 195万t，为改善当地生态环境做出了积极贡献。

重点科技项目

电动汽车五项新国标发布

2015年12月28日，质检总局、国家标准委联合国家能源局、工信部、科技部等部门，在北京发布新修订的电动汽车充电接口及通信协议等5项国家标准，新标准于2016年1月1日起实施。

电动汽车充电用接口及通信协议作为实现电动汽车传导充电的基本要素，其技术内容的统一和规范，是保证电动汽车与充电基础设施互联互通的技术基础。此次5项标准修订全面提升了充电的安全性和兼容性。

在安全性方面，新标准增加了充电接口温度监控、电子锁、绝缘监测和泄放电路等功能，细化了直流充电车端接口安全防护措施，明确禁止不安全的充电模式应用，能够有效避免发生人员触电、设备燃烧等事故，保证充电时对电动汽车以及使用者的安全。

在兼容性方面，交直流充电接口型式及结构与原有标准兼容，新标准修改了部分触头和机械锁尺寸，但新旧插头插座能够相互配合，直流充电接口增加的电子锁止装置，不影响新旧产品间的电气连接，用户仅需更新通信协议版本，即可实现新供电设备和电动汽车能够保障基本的充电功能。

中国电动汽车直流接口、控制导引电路、通信协议等国家标准与美国、欧洲、日本并列为世界 4 大直流充电接口标准，提升了中国在国际充换电领域的影响力。

电动汽车智能充放储一体化电站系统及工程示范

2015 年 3 月 26 日，由国网上海市电力公司牵头的国家 863 计划课题——“电动汽车智能充放储一体化电站系统及工程示范”通过国家科技部组织的技术验收。

“电动汽车智能充放储一体化电站系统及工程示范”课题是国家 863 计划“智能电网关键技术研发（一期）”专项 21 个课题之一。课题于 2011 年 10 月获得国家科技部的立项批复，同期课题研究工作正式启动，2012 年 8 月示范工程建设全面启动。该课题由国网上海市电力公司牵头，完成了广义能量调度策略研究、梯次电池筛选成组研究、一体化监控系统开发、多用途变流装置研发、商业运营模式研究和示范工程建设 6 个研究任务，达到并超额完成了课题考核指标要求。依托课题建设的示范工程将电动汽车充电站、换电站、储能站和梯次利用等多功能进行融合，建成系统规模达到 0.125 万 kW/0.225 万 kWh 电动汽车充放储一体化电站，对外向电动汽车提供包括慢充、快充、换电等多种方式的一站式能源服务，对内向电网提供包括削峰填谷、无功电压支撑和供电可靠性提升等增值服务。

光伏发电并网关键技术标准研究

2015 年 6 月 3 日，“光伏发电并网关键技术标准研究”项目通过验收。该项目构建了中国完善的光伏发电并网标准体系，能够为中国并网光伏电站的建设、验收、运行和维护提供全面指导，并促进中国光伏产业健康发展。该项目是国家质量监督检验检疫总局的质检公益性行业科研专项项目，由中国电力企业联合会牵头，中国电力科学研究院参与并承担了重要的研究工作。

并网技术标准是保障光伏可靠并网、安全稳定运行和高效消纳的基础。中国光伏采用大规模集中式和分布式并举的开发模式，具有“大规模集中开发，远距离大容量送出”和“点多面广分散接入、高穿透率集群式开发”的特点，发展模式与国外不同，无法直接采用国外并网标准。此前，标准和技术的缺失制约了光伏发电产业的发展。

通过研究国内外光伏并网发电的标准体系，分析中国光伏产业发展以及标准需求，该项目构建了中国光伏发电并网标准体系框架，包括基础通用、勘察设计、施工验收及质量评定、运行维修和并网检测四大类 80 余项标准。项目还制定了符合中国国情的光伏发电并网国家标准 13 项、行业标准 11 项，均已发布或报批。

电网消纳大规模间歇式能源的协调控制关键技术

2015 年 6 月 27 日，由许继集团有限公司牵头、中国电力科学研究院参与的国家 863 计划课题“电网消纳大规模间歇式能源的协调控制关键技术”通过国家科技部组织的技术验收。验收组专家听取了有关汇报，审阅了验收资料，考察了现场系统，一致认为该课题完成了任务书规定的技术研究任务，达到了考核指标，同意通过技术验收。

“电网消纳大规模间歇式能源的协调控制关键技术”课题是 863 计划先进能源技术领域“智能电网高级分析与优化运行关键技术”重大项目课题之一。该课题研究了间歇式能源发电系统建模、有功/无功协调控制、并网功率平滑控制、抑制电网低频振荡、间歇式能源发电系统无功补偿及故障穿越、电气故障诊断及自愈等关键技术，研制了 500kW 间歇式能源功率平滑变流装置、2MW 具有无功补偿功能及故障穿越功能的并网变流装置、1MW 具有有功/无功功能的功率试验平台、1.5MW 间歇式能源发电系统电网故障模拟装置等关键设备。课题发表学术论文 36 篇，申请发明专利 33 项（已授权 5 项），编制企业标准 5 项。

电网信息可视化及互动化技术研究

2015 年 8 月，由国家电网公司承担的国家 863 计划课题“电网信息可视化及互动化技术研究”通过国家科技部验收。

该课题由信通产业集团、南瑞集团、国网江苏电力等单位承担，针对电动汽车发展对智能充换电服务信息化、智能化的需求，基于物联网的电动汽车信息平台，对物联网在电动汽车运营管理信息中的充换电服务、智能交互、综合监控等关键核心环节应用进行了技术研究。该课题采用无线传感、感知标签、全球定位技术（GPS）、无线宽带移动通信技术，开发了电动汽车智能充换电服务网络支撑平台，构建了跨区域、全覆盖的充换电服务网络，实现对电动汽车、电池、充电站、人员及设备安全的在线监控、一体化集中管控、资源的优化配置以及设备的全寿命管理，使充换电站和电动汽车用户充分了解可用的资源及资源的使用状况，实现资源的统一配置和高效优质服务。

该课题研究成果已在上海、苏州和杭州试点应用。研究成果为最终形成完整的智能充换电服务网络奠定了基础，可满足电动汽车大规模产业化发展需要，推动充换电服务网络设施建设和商业化运营，促进电动汽车充换电服务相关产业链的形成，同时为节能减排和能源结构调整做出贡献。

特高压大型组塔装备的优化技术研究

2015 年 10 月 26 日，由中国电力科学研究院牵头的国家电网公司科技项目——“特高压大型组塔装备的优化技术研究”通过验收。验收专家一致认为，项目完成了合同规定的研究内容，同意项目通过验收，项目成果可全面应用于特高压工程建设，将为提高中国输电线路组塔施工技术水平提供技术保证。

系列化单动臂落地抱杆和双平臂落地抱杆等大型组塔施工装备已经成功应用于特高压工程建设，具有安全保护装置齐全、施工安全性高等特点，但抱杆部分部件单件重量偏重，在地形条件复杂、施工环境恶劣的现场进行安装、组立、拆卸、转场较为困难，而且现有铁塔组立施工技术标准不能完全反映大型落地抱杆组塔的技术及工艺特点。因此，结合工程实际需求，开展适用于特高压工程的单动臂、双平臂落地抱杆的优化技术研究及其组塔施工、安装与验收工艺研究。

该项目基于 SXD50 单动臂落地抱杆回转总成的结构特点及功能，提出了单动臂落地抱杆回转上支座的凹槽式结构优化设计，减重 19%；针对 SXD50 落地抱杆提出了平行四边形结构的可摇动平衡臂，可实现抱杆杆身的后倾力矩与工作前倾力矩平衡；提出了 T2T100 双平臂落地抱杆结构优化方案及施工工艺优化方案，可有效减少施工人员劳动强度，增强装备的工程适用性。项目完成了《单动臂落地抱杆安装及验收规程》等 4 项标准报批稿，可规范大型铁塔的组立施工工艺，提高施工安全性，更好地满足输电线路组塔施工需求。

该项目提出的常设式双平臂收臂装置、回转平台结构优化等技术已应用于 T2T100、T2T80 等双平臂落地抱杆中，并在锡盟—山东特高压交流工程中进行了应用，有效减少了施工人员的高处作业，降低了施工强度，项目成果可广泛应用于大型落地抱杆的优化技术。

高海拔地区特高压交流工程关键技术深化研究

2015 年 11 月，由中国电力科学研究院主要承担的国家电网公司重点科技项目“高海拔地区特高压交流工程关键技术深化研究”通过验收。项目研究成果提升了中国高海拔地区特高压等级外绝缘和导线电磁特性研究水平，将进一步增强中国高海拔输变电技术研究现场试验能力。

外绝缘和导线电磁特性海拔修正方法对于输电工程设计的可靠性和经济性具有重要影响。国际上通用的海拔修正方法主要适用于 2000m 及以下地区，电压幅值低于特高压等级要求。该项目提出的海拔修正方法可满足交流 1000kV 电压等级最高 4300m 海拔下的空气间隙、绝缘子电压修正及导线电晕特性参数海拔修正，技术指标显著提升。

中国高海拔外绝缘试验研究工作主要依托高海拔试验基地开展，现场海拔高度是固定海拔。该项目 4000kV 高海拔快装式长波前冲击电压发生装置研制成功后，满足了不同海拔高度现场特高压等级冲击电压试验条件，为后续高海拔地区输变电技术的深入研究奠定了基础。项目研究建立了中国首套高海拔地区特高压等级电晕笼试验系统，增强了中国高海拔地区特高压分裂导线电晕特性研究手段。

项目研究成果将广泛应用于中国高海拔地区超、特高压交流输变电工程建设，具有良好的经济和社会效益，将进一步推动中国高海拔输电技术的快速发展。

特高压直流套管关键技术研究

2015 年 11 月，由中国电科院牵头的国家电网公司重点科技项目“特高压直流套管关键技术研究”通过验收。项目研制了 ±1100kV/5455A 特高压直流 SF_6 气体绝缘穿墙套管样机和 ±500kV/2800A 直流换流变套管样机，研究成果可全面提升中国超/特高压直流套管设计和制造水平，对于打破国外对超/特高压直流套管的垄断，实现超/特高压直流套管的国产化具有重要意义。

直流套管一直是制约中国直流工程建设和设备国产化的瓶颈。目前，中国超/特高压直流换流站所用直流套管完全依赖国外进口，而±1100kV 特高压直流套管研制更是一个世界性难题，国内外均处于初步研究阶段。因此，国家电网公司立项开展特高压直流套管关键技术研究，旨在掌握特高压直流穿墙套管和换流变套管研制核心技术，满足超/特高压直流工程建设的需要。

该项目建立了具有自主知识产权的特高压直流套管优化设计平台，解决了特高压直流套管内外绝缘结构优化设计、制造工艺及试验关键技术，全面掌握了具有自主知识产权的特高压直流套管研制与试验的核心技术。研制的“U”形结构的±1100kV特高压直流穿墙套管，其技术指标达到国际领先水平，填补了国内外特高压直流穿墙套管研究领域的诸多空白；研制的±500kV换流变套管，其技术指标达到国际先进水平，可直接应用于工程。

规模化光伏发电运行控制关键技术研究与示范

2015年11月14日，由中国电力科学研究院牵头的国家电网公司科技项目“规模化光伏发电运行控制关键技术研究与示范”通过验收。

随着光伏电站规模的不断扩大，接入系统光伏电站的电压等级也不断提高，光伏发电容量在系统中的比例越来越高，对电力系统的影响范围也显著增加。从规模化光伏发电运行控制关键技术环节的角度出发，以资源评估与功率预测技术为基础，重点解决规模化光伏发电的功率控制、电压调节、故障穿越等主要问题，能够为规模化光伏发电友好接入提供技术保障。

该项目依托规模化（集中式、分散式）示范光伏电站的规划、建设和运行，研究了基于分钟级实测气象数据的太阳能资源评估方法，揭示了规模化光伏发电与电网的相互影响，构建了规模化光伏发电并网技术体系，突破了规模化光伏发电并网运行控制、电能质量调节、故障穿越等关键技术，建立了大规模光伏电站群有功和无功控制系统以及大型光伏电站智能监控系统，并实现工程示范应用。

厦门柔性直流输电科技示范工程

厦门柔性直流输电科技示范工程（简称厦门柔直工程）是世界上电压等级最高、输送容量最大的真双极接线柔性直流输电工程。工程起点为厦门市翔安南部地区的彭厝换流站、落点为厦门岛内湖里区的湖边换流站，额定电压±320kV，额定容量100万kW，路径总长10.7km，全部为陆地电缆。

2013年10月28日，完成工程可研评审。2013年12月19日，工程获厦门市发展改革委核准批复。2014年7月，工程正式开工建设。2015年12月17日，工程正式投运。

厦门柔直工程是世界上首个采用真双极接线的柔性直流输电工程，电压等级、输送容量和技术水平均达到世界最高水平。

厦门柔直工程的建成投运，标志着中国全面掌握高压大容量柔性直流输电工程设计、设备制造、工程施工调试、运营等关键技术，具备工程成套能力，为开拓国际柔性直流工程市场奠定基础，为更高、更大输送容量柔性直流输电工程的建设提供可复制、可推广的经验，也为全球能源互联网的构建提供先行实践。

（罗　湘　修　建）

中国首个统一潮流控制器示范工程

2015年12月11日，南瑞集团承建的南京220kV西环网统一潮流控制器示范工程正式投运，该示范工程将有效提升局部电网的供电能力、满足局部电网潮流控制的迫切需求，同时为通过潮流优化控制提升中国现有电网供电能力起到示范作用，为在更高电压等级电网的工程应用奠定基础。

统一潮流控制器（UPFC）是当今世界上电力电子技术应用的制高点，作为第三代FACTS设备代表，是迄今为止功能最全面的FACTS装置。UPFC不仅可以解决功率输送不平衡问题、提升电网潮流输送能力，同时对于优化系统的运行、提高系统的暂态稳定、阻尼系统的振荡具有显著的作用，应用前景广阔。目前，世界范围内仅投运了三套UPFC装置，国内该领域还是空白。南瑞集团研制的具有完全自主知识产权的统一潮流控制器，包括UPFC控制保护系统、电压源型换流阀及阀控系统、晶闸管旁路开关等核心设备，首次采用模块化多电平技术，从本质上提升了中国柔性直流输电设备的国际竞争力，突破了UPFC的技术瓶颈，为中国电网的优化运行又增加了一种安全、可靠、运行维护方便的潮流调节方案，具有显著的经济和社会效益。

江苏智能楼宇示范工程

结合电力需求侧管理试点城市建设，在江苏省苏州、南京100座楼宇开展示范，推动楼宇负荷的智能调控工作，通过电网与用户的双向互动，实现楼宇负荷的“无序”用电到“有序”调控。示范工程完成楼宇智能化改造，实现对用户用电数据的分项监测和统一管理，建立大规模空调负荷的虚拟调峰机组模型，应用动态优化、柔性调控、多边界安全防护等新技术，通过调节楼宇空调的运行方式、运行参数，柔性调节用电负荷。2015年8月5日，执行楼宇负荷的智能调控，有40栋楼宇参与响应，柔性降荷12MW，降低高峰时段电网调峰的压力，提高供电的可靠性及电网安全性，在缩小峰谷差的同时，降低输配电线路的损耗，提高电网运行的经济性，提升电力公司的服务水平。在用户方面，通过改造空调系统，可提升用户设备自动化水平和可控性，减少电费支出，提高用户的节能意识与水平。项目建设100栋公共建筑非生产空调调控，投资2811万元，高峰时可降负荷10～20MW，以10MW削减量估算，产生的社会总效益8895万元，每年减少温室气体排放超过500t。

基于多维信息交互的电网保护与控制关键技术研究

该项目成果获2015年度中国电力科学技术奖一等奖。

该项目取得创新成果如下：① 构建了层次化控制保护体系，解决了传统继电保护误动或拒动及开关拒动引起的设备烧毁、事故扩大难题，引领了未来系统保护的发展方向；② 突破了继电保护、自动化、通信信息等学科交叉融合的信息壁垒，实现了故障隔离、孤网稳定及故障恢复的全过程协同优化控制，为大型互联电网的安全稳定控制提供了一种有效手段；③ 攻克了区域数据共享、多站点时间同步的技术难题，实现了故障快速、精确定位，为智能配电网的发展提供重要技术支撑；④ 解决了继电保护与安稳控制和备用电源间协调配合问题，为大型互联电网的安全稳定控制提供了一种有效手段；⑤ 创立了利用自动化平台实时获取线路功率信息的控制技术，解决了分布式电源接入后的孤岛电网稳定运行问题。

依托项目成果，南方电网公司在7个典型区域电网、39个站点建成区域控制保护系统，并经受了多次区内外故障考验，运行状况良好。项目的成功应用标志着中国在电网自愈控制技术、信息交互与共享技术、多系统融合技术等智能配电网的关键技术方面取得重大突破，有效提升中国电网运行控制的智能一体化水平。

灵活互动的智能用电关键技术研究

2015年3月24日，国家高技术研究发展计划（863计划）“智能电网关键技术研究（一期）”项目“灵活互动的智能用电关键技术研究”课题在南宁通过国家科技部技术验收。该课题是广西电网公司承担的首个国家863重点科技课题，同时也是目前国内参与互动试验用户最多、规模最大的智能电网示范应用项目。

该课题于2012年1月正式启动，旨在探索供电企业与用电客户之间建立智能用电双向互动的全新的用电模式。通过全面实施智能用电，推动节能减排战略的实施，同时依托互联网＋智能用电，支撑智慧城市发展，此外，还可以提高电网的安全稳定运行水平和供电可靠性。

高压大容量多端柔性直流输电关键技术开发、装备研制及工程应用

该项目成果荣获2015年度中国机械工业科学技术奖一等奖。该项目成功研发了多端柔性直流输电系统，建成了世界首个多端柔性直流输电示范工程，实现了风电通过多端柔性直流输电系统输送并网。项目在研发过程中，首次建立了多端柔性直流输电技术体系，国内首次研发出应用于实际工程的百千伏、百兆瓦级模块化多电平换流阀，首次研发出多风电场接入多换流站的超高速、高精度控制保护系统，建立了高压大容量多端柔性直流输电仿真及试验测试平台。南澳多端柔性直流输电示范工程自2013年12月底投运以来，运行稳定可靠，提高了风电利用率。该项目技术成果已应用于南方电网主网架与云南电网异步联网工程中，带动了国内先进柔性直流输电装备产业化发展，取得了显著的经济效益和社会效益。

智能配电网自愈控制技术研究与开发

2015年1月27日，国家高技术研究发展计划（863计划）“智能电网关键技术研发（一期）”项目——“智能配电网自愈控制技术研究与开发”课题在广东佛山通过验收。该项目以广东金融高新技术服务区为依托，建成含多种分布式电源及储能系统、集自愈控制技术的演示培训、技术验证、现场测试为一体的示范工程。自愈系统可在0.12s内切除故障，项目成功运转后，示范区内配电网2s内可实现转供电，供电可靠率达99.999%。该项目率先在国内完成智能配电网自愈控制统一支撑平台与自愈控制主站系统开发，其示范工程是目前国内最大规模配网自愈控制示范工程。

串补输电及采用阻塞滤波器抑制严重次同步谐振技术研发与应用

该项目成果获2015年度中国电力科学技术奖二

等奖。

该项目由大唐国际发电股份有限公司、内蒙古大唐国际托克托发电有限责任公司、中国电力工程顾问集团华北电力设计院有限公司、华北电网有限公司、华北电力科学研究院有限责任公司、上海交通大学、东方电气集团东方汽轮机有限公司联合完成。

在该项目中，提出了一种经济性高、输电能力大、安全可靠性好的远距离交流输电方案，解决了多个电厂的远距离输送问题；针对发挥该方案优势的最大障碍——次同步谐振（SSR）问题开展了长期的研究、试验与验证工作，在SSR措施选择与研究、机组轴系优化设计、阻塞滤波器成套设计、机组轴系参数准确测试、发电机参数准确测试、SSR分析研究方法等相关的技术领域均取得了较大突破，并在内蒙古大唐国际托克托电厂（简称托克托电厂）实现了典型示范应用，取得了很好的效果，这些技术突破与创新推动了电力科技进步。其中机组轴系优化设计为汽轮机设计领域，其他均为电气工程领域。

该项目的主要创新和技术突破如下：

（1）提出了将电源适当分组与联合，每组采用3～4回串补线路直接输送至负荷中心的远距离交流输电方案，丰富了电网规划理论与应用，解决了多个电厂（群）的远距离送电问题，取得了电网和输电安全、经济、有效的效果。

（2）研究了至今几乎所有实用的SSR预防抑制措施，选择了至今最有效的BF预防托电SSR，并针对托克托电厂已有机组研究确定了可采用的最高串补度，将托克托电厂串补输电系统几乎优化到了极致，并成功实施，运行至今，经济性、SSR稳定性均好，从而为上述3～4回串补交流输电方案提供了一个更加典型的示范；研究水平和能力不断得到提高。

（3）提出了轴系抗扭振性能指标，并据此开展了轴系优化设计，开辟了解决SSR及提高串补度的新途径，避免了托克托电厂及上都扩建及空冷机组性能恶化，从而保证了托克托电厂4回线路输送10台机组这一经济示范项目的实现。

（4）在机组轴系、发电机参数准确测试等五个以上的方面取得重大技术突破，解决了BF成套设计的难题，突破了串补远距离输送火电的瓶颈，实现了托克托电厂典型示范应用。

1）首次研发了轴系参数测试方法及其测辨系统，性能优于世界仅有此技术的GE公司，获华北电网有限公司科技进步一等奖。

2）首次研发了异步自励磁（IGE）分析方法及其手段，解决了GE不能解决的问题，处世界领先水平。

3）首次研发了同步机参数测辨方法及其手段，获得发明专利。

4）首次研发了阻塞滤波器（BF）成套设计方法与手段，获发明专利。

5）首次研发了异步自励磁（IGE）保护解决实际问题，形成新的装备，获发明专利。

火电厂烟气脱硝成套技术

该项目成果获2015年度中国电力科学技术奖三等奖。

大唐环境产业集团股份有限公司联合清华大学、东南大学通过技术攻关，开发了具有自主知识产权的火电厂烟气脱硝成套技术研发成果，包括SCR烟气脱硝技术、尿素热解制氨技术、低能耗尿素催化水解技术在内的用于火电脱硝领域的成套技术。

主要技术创新如下：

（1）研发形成了一整套具有自主知识产权的SCR烟气脱硝技术，在国内首次系统研究了烟道组件和导流板对流场的影响因素；开发了新型喷氨格栅和混合器专利技术，并在已有工程的基础上，逐步研究和开发出具有自主知识产权的相关工艺计算程序。该技术先后申请了8项发明专利、1项软件著作权和27项其他知识产权。

（2）研发形成了具有自主知识产权的尿素热解制氨成套技术。该技术先后申请了10项发明专利和7项其他知识产权。

（3）研发形成了具有自主知识产权的尿素催化水解制氨成套技术。该技术设计了产氨量150kg/h，尿素利用率99%，最大分解时间小于120s的尿素催化水解反应系统。该技术先后申请了11项专利。

（4）开发了具有自主知识产权的SNCR脱硝技术。建立了可以广泛推广应用的SNCR脱硝模块设计；建立了SNCR系统控制策略，为SNCR脱硝技术自动化和可靠性提高奠定了基础。共形成8项专利成果，建立了完善的SNCR技术专利群。

国内首例600MW空、湿冷机组联合提效项目

该项目成果获2015年度中国电力科学技术奖三等奖。

该项目由内蒙古大唐国际托克托发电有限责任公司完成。

主要技术创新如下：

（1）该项目技术改造是利用托克托电厂4、5号机组不同的冷却方式，充分发挥湿冷、空冷机组的特点，挖掘机组的节能潜力，提高机组经济性的有益尝

试，具有一定的推广价值。

（2）该项目利用空冷机组的排汽余热来加热湿冷机组凝结水，以减少湿冷机组低压加热器的抽汽和空冷机组的背压，从而降低两台机组发电煤耗，是一种较好的余热利用方式，为火电机组余热利用开辟了新的途径，完全符合国家节能减排、绿色环保的政策。

（3）该项目技术改造的特点是充分利用电厂空地、系统和设备增加不多，却能有效利用空冷机组排汽余热，降低供电煤耗，节约燃料成本，既增加电厂收益，也可以取得良好的社会影响力。

超600℃百万千瓦等级超超临界机组关键技术研究

中国国电集团公司泰州电厂建设的世界首台百万千瓦超超临界二次再热发电机组，于2015年9月建成投产，是当今世界上发电效率最高、供电煤耗最低、环保指标最优的燃煤发电机组，被国家发展改革委能源局授予“国家煤电节能减排示范电站”称号。该项目为国家科技支撑计划依托项目，国家能源局示范工程，由中国国电集团公司牵头组织，自主设计、自主制造，具有完全自主知识产权。机组采用了当今世界上最先进的环保技术，大气污染物排放远低于国家超低排放限值，优于燃气轮机排放水平，优于欧盟、美国、日本燃煤电站排放最好水平。

项目共申请国内专利52项，其中发明专利33项；获得国内专利授权37项，其中发明专利19项。目前，二次再热技术已推广至规划建设的26台2396万kW清洁燃煤火电机组，将带动产业投资近1000亿元。项目成功实施，推动了中国火力发电技术升级，提高了中国大型发电装备设计制造和运行水平，建立了完整的产业链，发挥了良好的示范作用。

燃煤锅炉烟气选择性催化还原脱硝关键技术

该项目由国电龙源环保工程有限公司承担，荣获2015年度国家技术发明奖二等奖，依托国家863计划，针对SCR催化剂的关键和核心问题，研究开发了自主知识产权的催化剂核心配方和催化剂关键成型工艺，开发出了高效脱硝催化剂制备工艺，建立了催化剂评价系统和标准，可测试催化剂活性及稳定性。同时研制催化剂生产中核心设备，形成采用国产设备的催化剂规模化生产线。

项目共申请国内专利29项，其中发明专利15项；获得国内专利授权25项，其中发明专利10项。产品打破了“十五”“十一五”期间国外脱硝催化剂公司垄断中国市场的局面，成为国内“十二五”火电厂全面脱硝的主流产品。自主研发的选择性催化还原脱硝技术，成功应用于在建、投运机组超过1.2亿kW，年减排氮氧化物超过100万t。

含可再生能源的孤立电网的运行控制技术及示范

2015年8月5日，由中电投蒙东能源承担的国家863计划重大课题“含可再生能源的孤立电网的运行控制技术及示范”，通过国家科技部专家验收，项目对该领域今后间歇性可再生能源供应高载能企业和替代高排放能源，以及大规模风电非并网运行的经验积累具有重要借鉴作用和示范意义。

自2012年3月课题启动以来，课题组围绕含大规模可再生能源的孤岛型微电网系统开展研究，以微电网及其所接入的大规模可再生能源为研究对象，以保证孤岛型微电网的安全稳定和经济高效运行为目标，有序开展了孤立电网的频率稳定机理与负荷一频率控制、电压稳定机理与动态电压稳定控制、可再生能源接入孤立电网等关键技术研究，课题研制的微电网的发电、输电、调度及闭环控制系统，为孤岛型微电网系统设计、建设和运行起到了关键支撑作用。作为该课题的依托工程——霍林河循环经济示范工程，是世界上首个风—火—铝联合运行的孤立电网，包含130万kW火电机组、30万kW风电机组、93万kW电解铝负荷及配套的电网工程及二次系统，通过示范工程的建设和运行，中电投蒙东能源构建了大比例消纳风电的“煤—电—铝”产业链，有效降低了电解铝的购电成本，释放了闲置产能，提高了项目抵御经济风险的能力。

该项目作为基于局域电网对优化调度方式的研究成果，将为今后更大范围的新能源消纳以及智能电网技术开发应用产生积极作用。

300m级溪洛渡拱坝智能化建设关键技术

溪洛渡水电站装机容量1386万kW，是中国第二、世界第三大水电站，拱坝坝身泄洪流量及泄洪功率、地震设防标准、地下厂房洞室群规模均居世界特高拱坝之首，对安全要求极高。中国电建成都勘测设计院通过深入分析特高拱坝的工作性态、作用机理，研究特高拱坝在实际地震作用下的响应过程，分析特高拱坝面临的施工技术难题，系统建立了特高拱坝建设关键技术相关的理论方法，并结合工程实际情况，建立合理的控制标准。从理论、方法、关键技术到成套装备形成了完备的智能化建设体系，取得了一系列原创成果，开创了智能高拱坝建设之先河，实现了“无缝大坝”的建设目标，引领水电工程设计建设走向智能化。主要技术成果已在向家坝、白鹤滩、乌东德、藏木等工程推广应用。

1月8日，由中国三峡集团牵头完成的“300m溪洛渡拱坝智能化建设关键技术”荣获2015年度国家科技进步二等奖。

拥有自主知识产权的600MW循环流化床锅炉机组

神华四川白马公司建设的600MW循环流化床锅炉（CFB）示范机组2014年12月通过了中国电机学会组织的成果鉴定。该机组是中国首台自主创新研发的、在燃煤发电领域拥有完全自主知识产权的、世界容量最大的600MW超临界循环流化床示范机组。机组的顺利投运，标志着中国已成功掌握了大型超临界循环流化床锅炉的设计、制造、安装、调试、运行等各方面技术，揭开了中国国产600MW超临界循环流化床机组建设的崭新一页。同时，也标志着中国采用低煤耗、低成本污染控制的大型循环流化床燃烧技术达到世界领先水平，在世界循环流化床锅炉发展史上具有里程碑的意义。2015年该机组获得中国电机学会电力行业、中国机械工业联合会、教育部科技进步奖三个一等奖。

核反应堆专用机器人技术与应用

2015年5月29日，由中广核牵头的国家863计划“核反应堆专用机器人技术与应用”课题在广西防城港核电基地通过国家科技部专家组的验收。

在核电站的应急救灾、事故处理、设备维修等方面，机器人及相关技术具有重要的应用价值。“核电站专用机器人技术与应用”以核电站工程和运营需求为背景，致力于研制在核环境下代替人员进行工作或提高核电站安全性和经济性的机器人，该课题由中国广核集团（简称中广核）牵头，中广核下属的中科华核电技术研究院有限公司、中广核检测技术有限公司，以及北京航空航天大学、北京理工大学、河北工业大学等单位共同参与并完成。课题组经过4年多的研究攻关，掌握了相关应用技术并研制成功若干工程样机产品，且部分产品已经安装在防城港核电站得到工程示范应用。

科技部专家组对于“核反应堆专用机器人技术与应用”课题研发的六款核电智能机器人进行了现场见证。这六款核电智能机器人包括反应堆换料机器人、反应堆整体螺栓拉伸机、反应堆压力容器无损检测机器人、核电站多功能水下爬行机器人、蒸汽发生器一次侧堵板操作机器人、核电站微小型作业潜艇等。专家组在听取了课题材料的汇报等程序后，对该课题给予91.4分、“优秀”的成绩进行验收。课题的验收，进一步奠定了中广核在核电特殊领域机器人研究与应用方面的行业引领地位，为中国核电智能装备及机器人技术的深入研究与应用开启了新篇章。核电机器人能满足核电特殊的工作环境，特别是耐辐照等，在同等的功能需求下，在其他工业领域也将有广泛的应用前景。

海上风电场建设关键技术研究

2015年1月23日，中国电建所属水电顾问集团承担的863计划先进能源技术领域“海上风电场建设关键技术研究”主题项目“海上风资源、海况及地质勘测测量技术研究”课题通过科技部高技术中心专家组验收。该课题以大唐莱州湾海上风电场项目为研究对象，建立海上风资源测量、海洋水文和环境条件测量示范平台，解决存在于海上风电场工程勘测、设计、建设等关键技术难题。通过该项课题研究，取得了海上大型风电场前期工作中最基础和关键的风电外部环境参数，形成自主知识产权的测量核心技术及分析评估方法。该课题的完成将推动中国海上风电场的建设步伐，并进一步促进国内风电机组制造、设计、施工、运营行业的整体技术发展，为中国风电场大规模建设奠定坚实的基础。

600MW超临界流化床锅炉技术

该项目由中国能建所属中国电力工程顾问集团西南电力设计院有限公司承担研究，科学论证并拟定了600MW超临界循环流化床锅炉热力系统、烟风系统、全新超大出力石灰石制备系统及紧急补水系统，创造性建立了600MW超临界循环流化床锅炉发电系统集成技术，研究开发了600MW超临界CFB锅炉机组的辅机选型技术，参与拟定锅炉控制策略，创新了紧凑型主厂房，完成了600MW超临界循环流化床锅炉发电示范工程设计，主要技术指标和排放指标实际运行值符合设计期望值。

该项目获得2015年度中国电力科学技术奖一等奖，为解决中国电力生产和绿色煤炭中低热值燃料的高效清洁利用问题提供了条件，改善了煤炭生产地区的劣质燃料堆弃污染和产业升级，推动了锅炉制造厂的产业结构调整和优化升级，提高企业和相关行业竞争能力，实现行业技术跨越，促进行业技术进步，具有显著的社会经济效益。

超高海拔高压输变电工程设计关键技术

该项目由中国能建所属中电工程西南电力设计院有限公司等单位承担研究。项目针对交流高压绝缘特性在高海拔、污秽环境条件下的非线性特点，通过在不同海拔试验场的绝缘特性真型试验，深入开展了220、500kV电压等级2000～4000m海拔变电工程、3500～5500m海拔线路工程的电气设备外绝缘、长绝缘子串、长空气间隙、导线及金具电晕等研究取得了全面突破，取得了多项极具使用价值的研究成果。

该科技成果获得19项专利，其中3项国家发明专利已公告，16项实用新型专利已授权；出版专著2本。经四川省科技厅组织鉴定，认为该项目成功解决了高海拔地区交流高压输变电工程设计中的一系列关键技术难题，取得了系列工程化的研究成果，整体达到了国际先进水平，其中500kV高海拔外绝缘特性研究和工程设计技术达到了国际领先水平。该研究成果2015年获四川省科学技术进步奖一等奖。

该研究成果填补了国内外高海拔输变电工程外绝缘特性研究的空白，开拓和创新了高海拔输变电工程设计思路和方法，对加快西部地区资源优势转化为经济优势、推动西部地区跨越发展和长治久安具有重要意义。根据“十三五”西部水电送出规划，以同类项目带来的经济社会效益进行类比计算，川、滇、藏高海拔地区新增的百余项输变电工程应用本课题研究成果后将带来巨大的经济社会生态效益，变电站将节约土地1200余亩，线路通道将减少林木砍伐6000余亩，节省投资近50亿元，项目具有显著的社会生态效益。

核电厂非均质、非硬质岩地基勘察和抗震适应性研究

中国能源建设集团广东省电力设计研究院有限公司在国内外核电工程勘测设计实践的基础上，以非均质、非硬质岩石地基核电厂址为研究对象，研究不同类型非均质和非硬质岩石地基勘察评价方法及手段、研究不同地震环境下非均质和非硬质岩石地基与结构的动力学相互作用、研究核电厂抗震设计关键技术，建立非均质、非硬质岩石地基核电厂选址、地基勘测、抗震设计和安全分析评价体系。解决了5点关键问题：非均质、非硬质岩核岛地基的勘察、测试；复杂核岛地基三维岩土体结构探测和数字模拟；复杂核岛地基的动力学计算模型构建和动力学参数取值；核岛地基复杂场地条件和岩土参数不确定性对核电厂结构楼层反应谱的敏感性分析；非均质和非硬质岩核岛地基的核电站选址标准和抗震适应性评价。

该项目形成国家标准1部、电力行业标准1部，系统解决了核电厂核岛及常规岛工程地质测绘和适宜性评价的标准问题。建立了核电勘察体系和数值模拟评价技术，系统地解决了硬土及软岩厂址勘察复杂、评价困难等问题。获得国家专利3项、电力工程设计专有技术3项、计算机软件著作权登记证书3项。这些成果均已推广应用到核电工程岩土力学指标确定之中，为进一步推广应用到岩石力学与工程领域的调查和评价奠定了基础。发表非均质、非硬质岩场地勘察和评价相关科研论文7篇，其中SCI检索1篇、EI检索2篇、中文核心3篇。该项目获2015年度中国核能行业协会科学技术奖二等奖。

该项目成果突破了中国核电厂核岛非均质和非硬质岩地基选址禁区，丰富了中国核电厂核岛非均质和非硬质岩地基选址标准，解决了不同类型地基岩土参数与AP-1000和EPR等三代核电厂标准设计条件的接口问题，确定了中国三代核电站核岛厂房楼层反应谱的地基动态参数适应范围，对三代核电厂标准设计的定型和推广提供了基础数据，为核电厂选址和设计适应性评价提供了量化依据。福岛核事故后，在核电重启的大背景下，随着厂址地质及岩土条件的复杂性和核安全审批的严格性提出了更高要求，项目成果具有更好的推广和应用前景。

国际合作

战 略 合 作

【中国和巴基斯坦能源电力领域深度合作】 2015年4月20日，国家主席习近平在伊斯兰堡同巴基斯坦总理谢里夫举行会谈。双方一致同意将中巴关系提升为全天候战略合作伙伴关系，不断充实中巴命运共同体内涵，致力于中巴世代友好。在中巴规划的合作蓝图中，双方将以中巴经济走廊建设为中心，以瓜达尔港、交通基础设施、能源、产业合作为重点，形成"1+4"合作布局，实现合作共赢和共同发展。

习近平访巴期间，两国能源合作全面提速：中巴领导人见证开工多座电站、丝路基金"首单"花落巴基斯坦卡洛特水电站、多个能源电力项目签订融资协议。

中巴两国在20日发布的联合声明中明确："丝路基金宣布入股三峡南亚公司，与长江三峡集团等机构联合开发巴基斯坦卡洛特水电站等清洁能源项目。"

卡洛特水电站规划装机容量72万kW，年发电32.13亿kWh，总投资约16.5亿美元。卡洛特水电站计划采用BOT模式运作，于2015年年底开工建设，2020年投入运营，运营期30年，到期后无偿转让给巴基斯坦政府。

中国电建与巴方代表签署了卡西姆港燃煤电站项目和大沃风电项目相关协议。

中国电建集团海外投资有限公司和卡塔尔AMC公司共同投资开发的卡西姆港2台66万kW燃煤机组，年发电量达95亿kWh。中国电建旗下水电顾问公司投资的大沃、萨察尔风电项目（装机容量4.95万、5万kW），于2015年4月20日开工。

另外，由联合能源集团投资建设、葛洲坝集团担任工程总承包商的吉姆普尔风电项目一期工程（装机容量10万kW）、中兴能源光伏电站（装机容量90万kW）也于2015年4月20日开工。

巴基斯坦电力短缺现象比较严重，全国日均电力缺口为400万kW，夏季高峰时期每天电力缺口高达750万kW，已成为制约经济发展的瓶颈。在"一带一路"战略引领下，中国三峡集团、中国电建、中国能建、中国华能等中资企业积极参与巴基斯坦传统及新能源领域投资建设，推进一批巴方急需的水电、火电、太阳能、风电等能源项目，尽快解决当地能源短缺难题。

【中国签署新的国际能源宪章宣言】 2015年5月20～21日，受荷兰政府邀请，国家发展改革委副主任、国家能源局局长努尔·白克力率团出席在荷兰海牙举办的能源宪章（Energy Charter）部长级会议，并代表中国签署了新的《国际能源宪章宣言》。

能源宪章是一个致力于加强能源生产国与消费国之间、国家与企业之间、企业与企业之间多维度对话，推动能源多边合作的国际性组织，总部位于布鲁塞尔。其合作领域涵盖了整个能源产业链，涉及能源投资促进与保护、能源贸易、能源过境运输、争端解决以及能源效率等方面。中国2001年12月成为该组织受邀观察员国。近年来双方通过人员互访、召开研讨会和信息交流等方式开展了大量合作。本次签署国际能源宪章宣言，标志着中国由受邀观察员国变为签约观察员国，在国际能源治理的道路上迈出了新的一步。

会议通过了新的《国际能源宪章宣言》，新宣言将该组织的关注范围扩大至能源减贫等新的领域，该宣言只包含一些原则性的声明，任何接受这些原则的国家都可以签署。所有签署这一宣言的国家还会应邀参加对1994年《能源宪章条约》各个条款的修改工作，并就新的《国际能源宪章条约》达成共识。中国也将在本次签署宣言的基础上与能源宪章进一步深化合作。

【中英签署民用核能领域合作声明】 2015年10月21日，中国国家能源局和大不列颠及北爱尔兰联合王国能源与气候变化部在伦敦签署并发表《2015民用核能领域合作声明》，双方认识到安全、可靠发展核能在支持经济发展和提供经济可靠低碳能源方面具有重要作用。

双方重申他们根据各自国际义务有效实施核材料出口管制的承诺。

双方拥有共同目标，在公平平等基础上，深化民用核能领域的工业、研发和下一代核电技术合作并建立长期互利伙伴关系。

根据2013年签订的《中华人民共和国政府和大不列颠及北爱尔兰联合王国政府关于加强民用核能领域合作的谅解备忘录》，双方在互利互惠基础上，已经确定了民用核能领域的一系列合作行动并取得一定进展。

双方认识到根据2013年谅解备忘录成立的中英民用核能工作组发挥了有效地牵头协调作用，并对当前取得成果予以肯定。双方认识到在民用核能行业建立广泛、长期伙伴关系的潜力。

双方欢迎对方投资和参与各自新建民用核能项

目，并认识到民用核能政策和技术对两国乃至全世界民用核电项目健康、可持续发展具有重要作用。

双方欢迎商业性战略投资协议的签署，该协议确定了中国企业和法国电力公司关于他们在英国新建核电项目建议方案的关键条款，包括中方在欣克利角核电项目投资33.5%。双方对欣克利角项目差价合约和国务大臣投资者协议定稿表示欢迎。双方认识到该项目作为中英法三国合作的样板，将使所有伙伴从中受益。

双方欢迎中方企业小比例投入并参与法国电力公司在萨福克的塞斯维尔核电项目开发阶段工作。该项目计划建设两台欧洲压水堆（EPR）机组。

双方欢迎由中方牵头、法国电力公司参与合作在布拉德韦尔厂址新建一个核电项目的提议，并将建设该新核电项目，如该项目能满足届时对所有英国新建核电项目适用的规划、环境、安全要求及其他监管要求。

双方认识到任何拟在英国部署的中国反应堆设计，在英国实际部署之前，都将提交英国独立监管机构进行通用设计评审（GDA）。双方期待，欣克利角项目完整协议文件签署之后，中国反应堆设计将在2016年提交通用设计评审。双方认识到英国核监管机构的独立性并认识到在英国部署反应堆必须满足监管机构的严格要求。

中国牵头的英国实体将提交反应堆设计进行通用设计评审，并寻求与具有通用设计评审经验的企业开展合作，在评审过程中为其提供帮助，包括任何方面的再设计工作，以便成功完成通用设计评审。这标志着真正的长期战略伙伴关系正式建立，不仅在英国，而且包括中国和第三国的部署。

双方根据2013年谅解备忘录，将继续推动两国工业界之间的合作，按照各自国内法规要求，寻找合作机遇。双方认识到中英供应链在英国新建核电项目方面的互补性，并将按照各自法律，通过新建核电站，切实为当地和国家经济积累经济和社会效益。

双方同意增进相互之间的沟通，促进两国企业在中国、英国和其他第三国开拓合作机遇。双方同意帮助有关企业熟悉各自市场并积极寻求推动中英企业间建立真正的伙伴关系，开发英国、中国和第三国项目，包括但不限于核蒸汽供应系统和核电厂配套设施。

双方认识到训练有素的人员队伍对民用核能合作顺利交付的重要性，决定共同努力推动技能开发和培训项目。中方认识到大量本地技术人员对英国新建核电项目的实施具有重要意义。

双方注意到目前特别是2014年《关于加强民用核工业燃料循环全产业链合作的谅解备忘录》框架下燃料循环合作取得的进展并认识到增进核燃料循环后端合作的愿望。双方欢迎有关政府部门在推进商业伙伴合作中发挥的协调作用，并愿意在互利伙伴关系基础上推动该领域合作。

双方表达了继续在核研究和开发领域开展合作的愿望。双方同意支持两国研究机构建立并运行民用核能联合研究和创新中心。双方同意并鼓励该中心开展民用核能领域双方共同感兴趣并且对两国国家研究项目具有重要意义的研究工作。

双方认识到国际间民用核研究和开发学术合作的意义，并鼓励各自学术研究机构和设施考虑在该领域的合作机遇。

双方强调公众理解和支持对开发核电项目具有重要意义，同意继续加强在该领域的沟通和交流。

【中国和IEA建立联盟关系】 2015年11月17～18日，国家发展改革委副主任、国家能源局局长努尔·白克力率团出席国际能源署（IEA）2015年部长级会议。会议期间，中国、印度尼西亚、泰国与国际能源署共同发布关于启动联盟（Association）的联合部长宣言，从而正式与国际能源署建立联盟关系，在能源安全、能源数据和统计、能源政策分析等领域加强合作。

国际能源署最初于2012年提出建立联盟的倡议，邀请中国、巴西、印度、印度尼西亚、墨西哥、俄罗斯和南非7个伙伴国加入，并于2013年11月举行的国际能源署部长级会议期间发布了关于启动建立联盟磋商的多边联合声明。经过两年的磋商，国际能源署率先与中国和印尼建立联盟关系，并允向更多的新兴经济体敞开大门。

联盟关系的建立，较此前的伙伴国更进一步，有利于深化中国等新兴经济体和国际能源署之间的互信与理解，提升各领域合作水平，为中国能源发展和改革大局服务。在联盟的基础上，双方关系下一步发展与走向，取决于国际能源署自身现代化改革进程，以及中国参与全球能源治理的实际需要。

【国家电网公司董事长会见美国能源部部长、世界银行行长和美国国务院气候变化特使】 美国当地时间2015年11月13日，国家电网公司董事长、党组书记刘振亚在美国华盛顿分别与美国能源部部长莫尼兹、世界银行行长金墉和美国国务院气候变化特使斯特恩进行会谈，并赠送《特高压交直流电网》和《全球能源互联网》（英文版）。

会谈中，刘振亚重点介绍了基于特高压技术突破和成功实践，为解决能源发展面临的资源紧张、环境污染、气候变化三大难题，需要加快构建全球能源互联网，深入阐述了全球能源互联网的内涵和构建全球能源互联网重要意义、总体思路、发展目标和预期成效。刘振亚提出，要落实习近平主席在联合国发展峰会上“探讨构建全球能源互联网，推动以清洁和绿色方式满足全球电力需求”的倡议，发挥政府部门、国际组织的作用和影响力，积极促进世界各国重视、支持并共同推动全球能源互联网发展，保障能源安全和可持续发展。刘振亚认为，发展全球能源互联网具有现实紧迫性，希望美国政府积极支持两国能源和电力企业、科研机构、高等院校等加强互利合作，推动全球能源互联网加快发展，为人类社会做出积极贡献。

莫尼兹、金墉、斯特恩都对构建全球能源互联网表示重视、支持和高度赞赏。莫尼兹部长向刘振亚赠送了美国能源政策、技术研究报告，认为全球能源互联网是一个宏伟的目标和伟大的构想，美国将在技术创新和电网发展方面做出努力，促进清洁能源发展、应对气候变化，这与构建全球能源互联网的核心要义是一致的。金墉表示，全球能源互联网是一个非常令人鼓舞的愿景，将对未来能源发展带来巨大变化，在解决非洲缺电和贫困问题中也将发挥重要作用，世界银行将密切关注全球能源互联网的发展。斯特恩表示，全球能源互联网非常具有前瞻性，期望通过构建全球能源互联网，建立碳减排机制，在促进世界各国气候变化谈判和清洁发展中发挥积极作用。

会谈中，刘振亚与莫尼兹、金墉、斯特恩围绕构建全球能源互联网、保障能源安全、促进低碳减排进行了深入讨论，就全球能源互联网技术创新、实现途径、经济性和竞争力，以及特高压技术、电网发展机制等方面进一步加强务实合作、共同推动全球能源互联网发展达成重要共识。

【国家电网公司与南非电力公司启动战略合作】 2015 年 12 月 2 日，在中国国家主席习近平和南非总统祖马的共同见证下，国家电网公司与南非电力公司在比勒陀利亚总统府签署了《中国国家电网公司与南非电力 Eskom 国有控股有限公司战略合作备忘录》，两国大型国有电力企业的战略合作正式启动。

国家电网方面表示，此次战略合作将进一步加快坚强智能电网等先进技术推广应用，促进两国电力技术经验交流，加强电力装备产能合作，对巩固两国伙伴关系、增进两国经贸合作具有重要意义。

此次协议签署得到两国政府相关部门的高度关注，合作内容涵盖输配电和可再生能源项目开发、特高压和智能电网技术开发与应用、项目咨询、国际组织合作、技术培训等多个领域，中南电力基础设施建设合作将打开新的篇章。

中国国家电网公司秉承长期战略投资理念，以其领先的技术，丰富的电网运行经验和雄厚的资金实力为支撑，布局全球，境外投资超过 100 亿美元，海外资产达到 250 多亿美元，拥有菲律宾、巴西、葡萄牙、澳大利亚、意大利、中国香港等国家和地区的大型电网和能源网的特许经营权。

【全球能源互联网中欧技术装备研讨会在德国柏林召开】 德国当地时间 2015 年 12 月 10 日～11 日，全球能源互联网中欧技术装备研讨会在柏林召开。会议由中国国家电网公司和德国电气电子及通信技术学会共同主办，来自有关国际组织、中欧能源电力企业、研究机构、高等院校的 70 多位代表出席会议。德国电气电子及通信技术协会董事长齐默尔博士、中国驻德国大使史明德、德国联邦外贸与投资署总经理彭泽博士出席研讨会并致辞。中国国家电网公司董事长刘振亚发表题为“携手攻克技术装备难题　推动全球能源互联网创新发展”的主旨演讲。18 位专家做专题发言，与会代表共同为全球能源互联网技术装备创新建言献策，取得了重要成果。

刘振亚重点阐述了什么是全球能源互联网、为什么要构建全球能源互联网、如何构建全球能源互联网等内容。他指出，能源是经济社会的“血液”。化石能源的大量开发和使用，带来资源紧张、环境污染和气候变化三大严峻挑战。应对挑战的根本出路，是加快实施“两个替代”，构建全球能源互联网。

刘振亚指出，特高压、智能电网和清洁能源技术和装备的创新突破，为构建全球能源互联网奠定了基础。中国已全面掌握特高压核心技术和全套设备制造能力。欧盟提出到 2020 年欧洲各国跨国输电能力不低于本国发电装机的 10%，这一目标与构建全球能源互联网的方向是一致的。全球已形成北美、欧洲、俄罗斯—波罗的海三个特大型互联电网，欧洲超级电网、东北亚互联电网、北非向欧洲输电的“沙漠计划”等电网互联计划正在积极推进，这些都将成为全球能源互联网的重要组成部分。

刘振亚指出，构建全球能源互联网，符合全人类的共同利益，也为世界能源和电力技术创新、装备制造提供了巨大空间和历史机遇。希望参会各方加强合作，建立协同攻关机制，搭建高水平研究平台，尽快在特高压领域、智能电网领域、清洁能源领域、电网运行控制领域取得新的重大突破，推动全球能源互联网创新发展。

在柏林期间，12 月 9 日，刘振亚会见了葡萄牙国家能源网公司董事长兼首席执行官罗德里格·科斯塔；会见了意大利电网公司和都灵理工大学高层，见证了三方就共同推动先进输配电技术发展签署谅解备忘录。12 月 11 日，刘振亚会见了英国伯明翰大学副校长斯科菲尔德，见证了国网智研院与英国伯明翰大学就电网储能技术合作签署谅解备忘录。会见中，外方企业和高校高层均对全球能源互联网理念表示高度赞赏，认为是宏伟的目标和伟大的构想，愿意在技术研发、电网发展等方面加强与中国国家电网公司的合作，推动全球能源互联网为世界可持续发展发挥重大作用。

【南方电网公司倡议发起第二届周边国家电力企业高峰会】 2015年4月9日，由南方电网公司倡议发起的周边国家电力企业高峰会第二届峰会在老挝召开。峰会由老挝国家电力公司主办，中国南方电网公司、老挝国家电力公司、越南电力集团、泰国国家发电局、缅甸电力部、柬埔寨国家电力公司共六家电力企业30多位代表出席会议。老挝国家电力公司总经理西沙瓦、中国南方电网公司副总工程师么虹（受南方电网公司董事长赵建国委托）、越南电力集团技术部主任杜梦雄、泰国国家发电局副总经理苏通、缅甸电力部副总工程师登都亚、柬埔寨国家电力公司副总经理盖奥出席峰会并致辞。在峰会上，六国电力企业代表共同签署了第二届周边国家电力企业高峰会议纪要。峰会后，南方电网公司与老挝国家电力公司签署了《南方电网公司与老挝国家电力公司战略合作谅解备忘录》，南方电网公司所属云南国际有限责任公司与老挝国家电力公司签署了《中老500kV交流联网项目谅解备忘录》。峰会期间，么虹分别与老挝国家电力公司、缅甸电力部、柬埔寨国家电力公司、泰国国家发电局举行了双边会谈。

【南方电网公司董事长会见英国驻华大使一行】 2015年4月13日，南方电网公司董事长赵建国与到访的英国驻华大使吴百纳（Barbara Woodward）一行进行会谈。双方就深化中英能源领域的沟通与合作进行了友好交流，共同推进南方电网公司与伯明翰大学在智能配电网技术、需求侧管理、储能技术等方面建立科研合作关系。

【美国政府代表团及美国能源企业代表团到访南方电网公司】 2015年4月17日下午，南方电网公司董事长赵建国与美国能源部副部长伊丽莎白·舍尔伍德·兰道尔带领的美国政府代表团一行进行会谈，双方围绕中美清洁能源、智能电网、提高能效等议题，探讨了未来的合作空间。副总经理王久玲与美国能源企业代表团一行进行了会谈，双方就智能电网、绿色电网及可再生能源等议题进行了深入交流。

【BP和中国华电签署百亿美元液化天然气合同】 2015年10月20日，在国家主席习近平和英国首相卡梅伦的见证下，中国华电集团公司与英国BP集团签署了液化天然气（简称LNG）销售和购买协议。根据该协议，BP将向中国华电供应每年高达100万t的LNG，为期20年，总价值高达100亿美元。该协议的签署，在促进中国与BP、中国与英国作为全球贸易伙伴联系的同时，将帮助中国通过使用低碳燃料，实现改善空气质量、降低排放的承诺。发展低碳清洁的能源产业是中国华电的一贯思路，中国华电与BP签署的LNG长协合同，既符合两家公司的共同利益，也契合两国能源发展政策。

【国电集团组织与东京电力公司交流学习】 为推动技术交流与合作，中国国电集团公司组织国际技术交流活动。2015年6月，出访团组与东京电力公司进行务实的技术和商务交流。通过对日本先进燃煤电厂的组织架构、生产运营管理体系和检修管理模式的充分了解和学习，为推进企业提升生产运行管控水平提供借鉴作用，也对积极应对当前严峻生产经营形势具有重要意义。

【国电集团大范围加入国际高层次交流与合作平台】 2015年中国国电集团公司首次大范围地参与国际高层次交流机制和平台，包括世界经济论坛、中国国际商会、APEC中国工商理事会、国际商会中国国家委员会环境与能源委员会及中国—中东欧联合商会5个高层次国际交流平台。参与国际交流峰会及论坛，并发表演讲，宣传中国国电集团公司的优势产业和国际化战略，提升集团公司国际形象和影响力。高层次国际交流与合作平台的搭建为“走出去”工作建立高层信息和交流渠道，成为中国国电集团公司拓展国际产能合作战略布局的重要举措。

【国家电投与南非核能集团签署CAP1400项目管理合作协议】 2015年12月2日，在中国国家主席习近平和南非总统祖马的共同见证下，国家电投旗下国家核电与南非核能集团签署“CAP1400项目管理合作协议”。根据协议，南非核能集团将组织南非核电项目管理人员到国家电投CAP1400示范工程现场进行培训，国家电投将为南非培养CAP1400技术的高级项目管理人才。该协议的签署对深化两国核电合作、推进CAP1400南非项目开发具有重要意义。

根据南非核电发展规划，南非在2030年前将建设960万kW核电机组，并计划于2015年启动核电招标。自2013年以来，国家电投致力于南非核电市场开发，CAP1400作为中国政府在南非的主推机型，取得了一系列重要进展。

【中国三峡集团与巴水电开发署(WAPDA)签订合作备忘录】 2015年3月9～12日，中国三峡集团董事长卢纯，副总经理林初学一行访问巴基斯坦，与巴基斯坦总统马努恩·侯赛因、总理纳瓦兹·谢里夫等政要以及中国驻巴大使孙卫东会谈，与巴水电开发署（WAPDA）签订合作备忘录。

【中国三峡集团亮相第七届世界水展】 第七届世界水论坛暨世界水展于2015年4月12～17日在韩国大邱会展中心（EXCO）和庆州和白会展中心

(HICO）同时举行。来自170多个国家和地区的领导人、国际机构相关人士、研究学者、企业家等3.5万人共聚一堂，共商全球面临的水资源问题。中国三峡集团应邀参展。

【世界银行国际金融公司IFC正式参股三峡南亚公司】 2015年4月22日上午，在巴基斯坦总统马努恩·侯赛因和中国三峡集团董事长卢纯的共同见证下，中国三峡集团副总经理林初学、中国三峡南亚公司董事长王绍锋和世界银行国际金融公司(International Finance Corporation，IFC）巴基斯坦负责人Nadeem Siddiqui在巴首都伊斯兰堡总统府签订了关于三峡南亚公司的股东协议，标志着IFC正式完成了战略投资三峡南亚公司的法律手续。IFC将正式以三峡南亚公司股东的身份参与三峡南亚公司在巴基斯坦的清洁能源项目开发与收购工作。

【三峡巴西公司成功收购30万kW水电资产】 当地时间2015年8月24日晚上11时，中国三峡巴西公司（简称三峡巴西）与巴西TPI公司在圣保罗签署股权收购协议，成功收购巴西TPI公司所拥有的Garibaldi水电站、Salto水电站共30.8万kW水电资产以及电力交易平台TNE公司的全部股权。当地时间2015年11月26日，三峡巴西与Triunfo公司顺利签署TPI（与Triunfo公司水电资产并购项目）股权交割协议，完成收购。交易完成后，三峡巴西作为首家投资巴西的中国发电企业，拥有权益总装机百万千瓦，业务分布在巴西8个州，为巴西当地重要的发电企业之一，将为巴西电力产业发展及经济建设做出较为显著的贡献。

国际工程

【国家电网公司投资建设巴基斯坦输变电项目】 2015年4月，国家电网公司与巴基斯坦签署合作协议，以BOOT（建设、拥有、运行、移交）模式投资建设巴基斯坦输变电项目。

国家电网公司与巴基斯坦水电部和国家输电公司签署了“默蒂亚里—拉合尔和默蒂亚里/卡西姆港—费萨拉巴德输变电项目合作协议”。这是巴基斯坦首个向境外投资者开放的输变电项目。这一输变电项目已纳入中巴经济走廊能源合作优先实施项目清单，计划先期建设默蒂亚里—拉合尔输变电工程，采用高压直流输电技术，输电距离约900km，输送容量400万kW。

通过项目建设，国家电网公司实现高压直流输电技术从设计、研发、制造、建设和运营等全套技术输出，为巴方提供整体性解决方案，缓解巴基斯坦中北部地区缺电严重的情况，为各中资企业在巴基斯坦南部投资建设电源项目建成配套的送出工程。

【中越永新燃煤电厂一期BOT项目】 2015年7月18日，越南永新燃煤电厂一期BOT项目开工建设仪式在越南首都河内举行。

越南永新一期项目位于越南平顺省，建设规模为两台60万kW级超临界火电机组，预计总投资17.55亿美元，是目前中国企业在越南投资规模最大的电厂项目，也是中国企业在越南的第一个BOT电力项目。越南永新燃煤电厂一期BOT项目由南方电网公司(控股)、中国电力国际有限公司和越南煤炭集团电力公司共同投资建设，建设总承包商为中能建广东电力设计研究院有限公司与广东火电工程有限公司组成的联合体。该电厂是越南首个采用超临界“W”火焰炉技术的电厂，总装机容量为2台620MW超临界火电机组，建设期48个月，特许运营期25年，期满后将无偿移交给越南政府。预计2018年年底一号机组投运，2019年上半年全厂投运。中国能建所属广东院和广东火电联合体共同承担本项目的建设工作。越南永新燃煤电厂一期BOT项目是目前中国在越南最大规模的电力投资项目，也是中国企业在越南的第一个BOT电力项目。该项目已列入越南第七个电力总体规划，是越南重点基础设施项目之一。目前总体进度累计实际完成约15%，其中设计累计完成约36%，采购累计完成约16%，施工累计完成约12%。该项目作为践行国家“一带一路”战略的重要举措，对促进中越两国扩大经贸交流，推进中国产能和装备制造国际合作具有重要意义。

【230kV老挝北部电网EPC项目】 2015年9月27日，230kV老挝北部电网EPC项目第一节点各变电站成功并网运行。该项目于2014年3月11日开工，由南方电网云南国际公司总承包，项目横跨老挝北部4省，包括4个变电站和4条线路的建设，合同金额3.02亿美元，是南方电网公司落实国家“一带一路”战略、加快“走出去”步伐的重点项目。项目投运后，将使老挝北部电网由115kV提级到230kV，形成全国统一的230kV骨干网架，并留有与中国南方电网互联互通的接口。

【华能山东巴基斯坦萨希瓦尔2×660MW燃煤电站工程】 项目位于巴基斯坦旁遮普省萨希瓦尔市，

项目总包方为华能山东分公司，中国电力工程顾问集团中南电力设计院有限公司负责项目的设计服务工作。该项目规划容量为 2×660MW＋2×1000MW，本期工程建设 2×660MW 超临界燃煤机组，留有扩建余地。该项目为“一带一路”及“中巴经济走廊”的重点项目，受到中巴双方的高度重视，中国电力工程顾问集团中南电力设计院有限公司负责施工监理服务。

【中国华电印尼巴厘岛项目】 2015 年 8 月 11 日，由中国华电集团公司投资修建的印度尼西亚巴厘岛一期燃煤电厂项目举行竣工投产仪式，这标志着中国与印尼在能源和基础设施建设领域的深入合作迈入新阶段。中国华电巴厘岛燃煤电厂项目总投资额约为 6.7 亿美元，中国华电下属公司华电工程作为投资方和总承包商负责建设并控股运营电厂 30 年。该电厂使用高效清洁燃煤技术，运营过程中不产生污染。

【国电集团南非德阿风电项目】 南非德阿Ⅰ期和德阿Ⅱ期北区两个风电项目是中国国电集团公司继收购加拿大 10 万 kW 风电项目后，拓展海外风电市场取得的又一重大突破，项目总容量为 24.45 万 kW，由中国国电集团公司所属龙源电力、南非穆利洛可再生能源公司及项目所在地黑人社区公司共同开发，龙源电力为控股股东。该项目 2015 年融资关闭正式完成，此为海外项目取得的又一重大阶段性成果，也标志着南非项目正式进入工程准备及施工建设阶段。两项目均由龙源电力在南非成立的龙源南非工程管理公司负责 EPC 总承包建设，全部采用中国国电自主设计生产的风机，预计 2017 年投入商业运行。

【上阿特巴拉水利枢纽工程】 2015 年 1 月 14 日，苏丹上阿特巴拉水利枢纽项目 C1-B 标段实现下闸蓄水，标志着项目实施取得了重大胜利。苏丹上阿特巴拉水利枢纽项目为中国三峡集团承建项目，总装机容量 32 万 kW，主要功能为灌溉、供水兼顾发电。建成后形成两个连通的水库，库容约 36 亿 m^3，灌溉面积 50 万 hm^2，为当地及周边 700 万人口解决灌溉用水以及为 300 万人提供饮水保障。

【中国三峡集团签订图尔古松电站设计合同】 2015 年 1 月 7 日上午，中国三峡集团中国水利电力对外公司举行哈萨克斯坦图尔古松水电站设计合同签约仪式。哈萨克斯坦图尔古松水电站项目于 2014 年 11 月 17 日签订 EPC 总承包合同，装机总容量 24.9MW，该工程是中国三峡集团在哈萨克斯坦的第二个水电站总承包工程。

【中国三峡集团几内亚凯乐塔项目】 当地时间 2015 年 9 月 28 日，中国三峡集团所属中国水利电力对外公司举行了几内亚凯乐塔水利枢纽项目投产发电庆典。凯乐塔水电站 2015 年 4 月 23 日正式开始下闸蓄水，5 月 28 日首台机组（3 号机）正式启动并网发电。

2015 年 5 月，几内亚国家货币几内亚法郎 2015 年新版发布，新增 20 000 面额钞票，几内亚凯乐塔水利枢纽工程整体形象成为新版 20 000 面额钞票的背景图案。

凯乐塔水利枢纽工程位于几内亚共和国孔库雷河流域，距离首都科纳克里约 140km。业主为几内亚能源水利部。项目资金 25%由几内亚政府出资，75%由中国进出口银行提供优惠买方信贷；项目由中国三峡集团所属中国水利电力对外公司总承包进行建设，于 2012 年 4 月 18 日开工，工期 48 个月，建成后电站多年平均发电量约为 9.65 亿 kWh。该项目是中几两国目前合作开发的最大水电施工项目，也是几内亚在建的最大的水电工程项目。

【中国三峡集团马来西亚沐若电站】 2015 年 1 月 22 日，随着最后一台机组 72h 试运行圆满结束，马来西亚沐若水电站项目机组安装调试工作全部完成。截至 1 月 28 日，机组累计发电量约 2.7 亿 kWh，沐若水电站全面进入商业运行阶段。沐若水电工程是拉让河上游四级梯级开发中的第 2 个梯级电站，由中国三峡集团 EPC 总承包，工程主要任务是发电，是马来西亚推行的第二能源计划中的一个重要工程。电站总装机容量为 94.4 万 kW。

【老挝南椰 2 水电站】 当地时间 2015 年 10 月 2 日，中国三峡集团在老挝投资建设的南椰 2 水电站正式投产发电，这是中国三峡集团迄今在老挝投入运营的最大 BOOT 项目。南椰 2 水电站 4 月 10 日下闸蓄水，8 月 6 日首台机组（3 号机组）完成 72h 连续带负荷试运行，8 月 11 日 3 号机组并网发电，正式投入初期商业运行。

【中国三峡集团中标巴西 500 万 kW 水电项目】 当地时间 2015 年 11 月 25 日上午 10 时许，中国三峡集团在圣保罗证券交易所参加巴西朱比亚和伊利亚水电站（装机容量分别为 155.1 万 kW 和 344.4 万 kW）特许经营权竞拍并成功中标。此次特许经营权的总投资为 138 亿雷亚尔，约合 37 亿美元，特许经营期自 2016 年 1 月 1 日起算共计 30 年。2016 年项目全部电量出售给监管市场，预计当年将获得 23.8 亿雷亚尔发电收入，自 2017 年起，70%电量出售给监管市场，30%出售给自由市场，电价将随通胀指数逐年调整。

【几内亚苏阿皮蒂水电站项目】 当地时间 2015 年 12 月 22 日，几内亚政府隆重举行了苏阿皮蒂水电站项目奠基仪式。几内亚总统阿尔法·孔戴、几内亚政府高层官员、多国外交使节，中国驻几内亚大使卞建强和中国三峡集团中水电公司副总经理、总工程师陈先明出席了奠基仪式。

苏阿皮蒂水电站项目由中国三峡集团承建。苏阿皮蒂水电站位于几内亚境内孔库雷河上，距下游凯乐塔水电站仅 6km，处在该流域阶梯化开发的第二阶梯上，总装机容量 450MW，大坝长度 1148m，最大坝高 116m，建成后将会进一步解决几内亚国内电力紧缺的局面，并将改善下游凯乐塔水电站在枯水期的运行效率，对几内亚改善民生、发展国民经济具有十分重大的战略意义。

【神华集团爪哇燃煤发电项目】 神华国华（印尼）爪哇 7 项目厂址位于印尼雅加达西北约 100km，万丹省西冷市与芝勒贡市之间，厂址西距芝勒贡市约 6km，东南距西冷市约 15km，交通条件较为便利。项目公司由神华国华电力公司与 PJB 公司按照 70%、30%股比合资成立公司。电厂拟建 2×1000MW 级超超临界燃煤发电机组，采用直流循环，配套建设海水脱硫、海水淡化设施，预留脱硝装置。工程计划 2017 年 7 月开工，1 号机组 2019 年 12 月商业运行，2 号机组于 2020 年 6 月商业运行（均比 PPA 协议提前两个月）。

【神华集团南苏燃煤发电项目】 神华国华（印尼）南苏 1 号项目厂址位于印尼苏门答腊岛南苏省穆印县，距南苏省省会巨港约 93km，距印尼南苏公司约 15km。项目公司由神华国华电力公司与 LPE 公司按照 75%、25%股比合资成立公司。项目为“电厂+送出线路”工程，拟建设 2×350MW 超临界燃煤发电机组，预留脱硫、脱硝场地和条件，建设 275kV 送出线路 2 回，距离约 78km，建成后移交 PLN 拥有、运营，投资在 E 电价中返还。两台机组分别计划于 2020 年 6 月、2020 年 9 月实现商业运行。

【中国电建中标墨西哥水电站项目】 2015 年 1 月 12 日，中国电建所属中国水电国际公司中标墨西哥国家电力公司（CFE）一个水电站项目合同，将为该国南部建设一座 240MW 的大型水力发电站。合同的签订，标志着中国电建在墨西哥的首个项目落地，将为中国电建在拉丁美洲的战略性布局打下坚实基础。

中标项目为奇科森（Chicoasen）二期，电站装机为 3 台单机 80MW 的贯流式机组（目前国际上最大单机贯流式机组），以及 1 台 1850kW 的生态机组。建成后将向恰帕斯（Chiapas）州的 53.7 万户家庭供电，项目施工时间预计为 42 个月。恰帕斯是连接墨西哥同中美洲的重要枢纽，这里自然资源丰富，以不到墨西哥 4%的面积，提供了全国 54%的水利电力、13%的天然气和 13%的玉米。

奇科森水电站二期是格里哈尔瓦河（Grijalva）总体规划的一部分。1980 年完工奇科森水电站一期曾是墨西哥最大的水力发电站，装机容量为 2400MW，该电站的曼努埃尔—莫雷诺—托雷斯大坝高 261m，也是世界上最大的水坝之一，坝顶长 485m，水库库容 16.1 亿 m^3，工程主要用于发电和防洪。

【中国电建签署阿根廷阿劳科风电项目总承包合同】 阿根廷首都布宜诺斯艾利斯当地时间 2015 年 1 月 21 日，中国电建所属水电顾问国际公司总经理助理冯凌越及水电顾问阿根廷分公司授权人涂水平代表水电顾问与拉里奥哈省省长贝德埃雷拉共同签署了阿根廷拉里奥哈省阿劳科（Arauco）104MW 风电融资总承包项目的商务合同。

该项目的签约标志着中国电建在阿根廷市场的业务开拓取得重大突破，扩大了 POWERCHINA 与 HYDROCHINA 品牌影响力，为水电顾问重点深化阿根廷清洁能源市场并依托中国电建旗下资源拓展市政、水务等基础设施领域奠定了更坚实的基础。

【中国电建中标印尼明古鲁燃煤电站 BOOT 项目】 2015 年 9 月 10 日，中国电建所属电建海投公司正式中标印尼明古鲁燃煤电站 BOOT 项目，并进入购电协议（PPA）谈判阶段。该项目是电建海投公司第一个以公开竞标的方式获得的电力投资项目，也是中国电建在印尼市场开发的第一个火电类投资项目。

印尼明古鲁燃煤电站项目位于苏门答腊岛明古鲁省，是印尼国家电力公司公开招标的火电 IPP 项目。项目包括建设净装机容量为 2×100MW 的燃煤电站、150kV 输变电线路、卸煤码头及相关配套设施，计划于 2019 年底投入商业运营，运营期 25 年。印度尼西亚是公司重点开发的国际市场之一，该项目的成功开发，符合国家“一带一路”战略。

【中国电建签约菲律宾首个 2×66.8 万 kW 超临界燃煤机组 EPC 项目】 2015 年 10 月 27 日，菲律宾迪格宁（GNPD）2×66.8 万 kW 燃煤发电机组 EPC 项目签字仪式在中国电建总部举行。中国电建副总经理王斌、项目业主方吉内罗纳卡电力公司（GNPOWER）总裁兼首席执行官丹尼尔·查尔莫斯和阿亚拉能源股份公司（ACEHI）常务董事约翰·埃里克·弗朗西亚出席签约仪式并先后致辞，中国进出口银行和中国出口信用保险公司受邀见证签约仪式。

迪格宁电站位于菲律宾巴丹半岛马利万斯市，是菲律宾第一个超临界电站项目，包括 8 万 t 的输煤码头及两个 120m 直径的圆形煤场以及海水脱硫系统。由迪格宁电力公司、阿亚拉能源股份公司和黑石集团所属的赛德电力共同投资，由中国电建上海院和河南院联合总承包。

【中国电建与津巴布韦签署旺吉电站扩机项目协议】 2015 年 12 月 1 日，在中国国家主席习近平和津巴布韦总统穆加贝的见证下，中国电建董事长晏志勇与津巴布韦能源及电力发展部部长乌登盖签署了合同金额约11.74亿美元的旺吉电站扩机项目协议。中国进出口银行与津财政部签署了旺吉电站项目贷款协议。标志着津巴布韦30年来最大基础设施建设项目落地。

旺吉电站是津巴布韦首个按照PPP模式建设的大型基础设施建设项目。2014年10月，中国电建与津巴布韦电力公司签署了该电站扩建项目EPC协议。项目位于津巴布韦首都哈拉雷西约800公里的旺吉镇附近的产煤区，现有装机6台机组，总容量92万kW，由于年久失修、设备老化等原因，实际出力不到50万kW。项目建成后，装机总容量将扩大至152万kW。本期扩建项目包括两台单机30万kW燃煤机组和配套的附属设施、变电站和线路工程。

此外，由中国电建集团所属中国水电承包的卡里巴湖南岸水电站扩机项目也在2014年9月动工。这个造价为3.55亿美元的项目将使该水电站装机总容量由75万kW提升至105万kW。旺吉和卡里巴两个电站扩机项目将在2018年前完工。

【厄瓜多尔科卡科多·辛克雷水电站】 科卡科多·辛克雷水电站位于厄瓜多尔东北部的亚马孙河上游，距首都基多130km，主体工程由首部枢纽、输水隧洞、调节水库和地下厂房四个部分组成，共安装8台单机18.75万kW的高水头冲击式机组。电站总投资23亿美元，总装机容量150万kW，年发电量88亿kWh，为中国电建打入南美中高端市场的第一个水电项目，是中国在海外建成投产的最大水电站，也是中厄两国深度合作的重大典范性工程。为确保项目顺利实施，由中国电建所属中国水电建设集团国际工程有限公司与中国水电十四工程局有限公司组成联营体，从国内抽调精兵强将，并在全球聘请业界顶级专家组成技术咨询团队。2015年12月15日，辛克雷水电站提前实现了输水隧洞通水和首台发电机组有水调试两个重大节点目标，水电站按照施工进度顺利建设。

【喀麦隆颂东水电项目】 2015年1月19日，中国水电工程顾问集团有限公司与喀麦隆水资源与能源部签署了喀麦隆颂东（Songdong）水电项目EPC总承包合同，合同金额为7.496亿美元。项目装机容量270MW，是喀麦隆政府规划的重点水电资源点之一，也是政府优先发展项目之一。喀麦隆经济部于2015年11月28日签署申贷函，并与中国银行签署融资基本条款。

【墨西哥奇瓜森Ⅱ水电站】 中国水电建设集团国际工程有限公司以中国水电哥斯达黎加股份有限公司的名义与墨西哥当地三家公司组成联营体（简称OSDC联营体），于2015年1月23日与业主CFE签署墨西哥奇瓜森Ⅱ水电站项目合同，金额为3.864亿美元，1月29日正式生效。墨西哥奇瓜森Ⅱ水电站为河床式电站，主要包括导流明渠、溢流坝、混凝土挡水坝、发电进水口、发电厂房等建筑物。电站装机为3台单机容量80MW灯泡贯流式机组（额定总装机容量240MW），建成后将为全球单机发电量最大的灯泡式机组，预计年发电量5.71亿kWh。项目业主为墨西哥联邦电力委员会，工期1251天。融资合同于2015年12月1日签订。

【巴基斯坦卡西姆燃煤电站】 由中水电海外投资有限公司和卡塔尔AMC公司共同投资开发的卡西姆港2台660MW燃煤电站，项目总投资约20.85亿美元，年发电量可达95亿kWh，预计2017年年底实现首台机组发电，是中巴经济走廊排在首位的“优先实施项目”，一直受到中巴两国政府的高度重视。该项目于2015年5月正式开工。

【摩洛哥努奥光热电站二期、三期项目(200MW储热槽式光热电站+150MW储热塔式光热电站)】 项目位于摩洛哥东南部瓦尔扎扎特市努奥太阳能发电园区，中国电力工程顾问集团西北电力设计院有限公司负责勘测设计工作。项目规划是二期为单机200MW储热槽式光热电站、三期工程为单机150MW储热塔式光热电站，是目前世界上单机容量最大的槽式和塔式太阳能热发电站项目，也是中国电力工程顾问集团西北电力设计院有限公司第一个海外光热项目。这项总投资为20亿美元的独立电站项目由摩洛哥太阳能管理局、沙特水电公司和西班牙SENER公司共同出资建设，由中国电建与西班牙SENER公司联合体EPC总承包。

【赞比亚下凯富峡水电站】 2015年10月19日，中国水电建设集团国际工程有限公司与赞比亚下凯富峡开发公司签订下凯富峡水电站项目EPC合同，合同总额15.66亿美元，工期51个月。下凯富峡水电站总装机容量750MW，是赞比亚40年来投资开发的第一个大型水电站项目，建成后将成为赞比亚第三大水电站，可将赞比亚现有电力供应水平提升38%。中国水利水电第十一工程局有限公司与中国电建西北勘测设计研究院组成紧密型联营体具体负责项目实施。

【中国能建中标海外核电施工项目】 2015年4月，中国能建江苏电建三公司中标巴基斯坦卡拉奇核电厂2、3号机组常规岛土建、安装施工项目。该项目是中巴两国政府合作项目，是采用中国完全具有自主知识产权的“华龙一号”核电技术的首个海外核电项目，是中国能建首个海外核电施工项目，标志着中国能建服务国家“一带一路”战略取得重大成果，开启了“走出去”新征程。

巴基斯坦卡拉奇核电厂2、3号机组建设项目是目前巴基斯坦国内最大的核电项目，是中国大力推动中国核电“走出去”战略的标志性项目，也是中国实施“中巴经济走廊”和“一带一路”战略建设的重要成果，被巴基斯坦总理纳瓦兹·谢里夫（Nawaz Sharif）誉为“电力供应的重要来源”，具有重大政治意义。该项目厂址位于阿拉伯海沿岸，建设两台百万千瓦级ACP1000核电机组，项目总造价95.9亿美元，是中国在巴基斯坦建设的第二大能源项目。中国能建江苏电建三公司此次中标的标段包含卡拉奇核电厂2、3号机组常规岛建筑、安装工程及部分BOP建筑、安装工程和相关物项的采购等。2号机组常规岛计划开工日期为2015年11月30日，2、3号常规岛建设工期约52个月。

【葛洲坝集团卡塔尔默加水池工程】 2015年5月12日，葛洲坝五公司与葛洲坝国际公司联合承建的卡塔尔默加水池工程奠基仪式在卡塔尔乌姆锡拉勒区隆重举行。卡塔尔总理阿卜杜拉·本·纳赛尔·本·哈利法·阿勒萨尼出席奠基仪式并按下启动按钮。

卡塔尔默加水池为世界上最大的单体水池，该项目和周边的海水淡化厂进行连接，形成完整的供水系统。建成后可满足卡塔尔全国7天以上的用水需求，大大改善当地居民饮用水安全，对当地的经济发展将起到重要的促进作用。

葛洲坝五公司与葛洲坝国际公司联合参建的项目E标段位于阿布纳卡拉，距卡塔尔首都多哈约30km，主要包括5座49.6万m^3的主蓄水池、1座加压泵站、33.2km工艺干管及相关配套设施工程，总工期36个月。

【中电工程尼日利亚输电线路】 2015年5月11日，中电工程华北院承建的尼日利亚330kV双回输电线路总承包工程Ajaokuta-Lokoja-Gwagwalada（简称ALG项目）竣工剪彩仪式在Gwagwalada变电站举行，尼日利亚副总统桑博为项目剪彩。

ALG项目为中电工程华北院在尼日利亚独立承建的输电线路总承包项目，线路全长约250km。自2006年5月签订总包合同以来，该院投入精干力量组建项目团队，克服种种困难，信守承诺，历时近7年，向尼日利亚人民交上了一份满意的答卷。

【中国能建签订菲律宾康塞普森燃煤电厂运维项目合同】 2015年7月29日，中国能源建设集团东北电力第一工程有限公司（简称东电一公司）与菲律宾康塞普森电力公司在沈阳签署菲律宾康塞普森135MW循环流化床燃煤电厂运行维护项目合同书。这是该公司首次承接的集电厂运行、维护、检修一体的国外工程，标志着该公司海外市场开发取得新突破。

菲律宾康塞普森电站项目位于菲律宾班乃岛依洛依洛省康塞普森市，一期工程安装一台135MW发电机组、430t/h循环流化床锅炉。2012年12月，东电一公司以总承包方式承建菲律宾康塞普森135MW循环流化床燃煤电厂建设项目，工程于2013年6月25日开工，预计2016年6月25日完成240h可靠性试运行。本次签订的运营和维护服务合同内容分为运行前阶段和电厂运行阶段两部分，合同期共计6年。

【阿根廷基塞水电站】 该项目由中国能建所属葛洲坝集团与当地依琳公司组成外部联营体中标。项目业主为阿根廷联邦计划经济部。项目位于阿根廷圣克鲁斯省中南部的圣克鲁斯河上，距首都布宜诺斯艾利斯以南2100km，由两个在同一河流相距65km的NK（总统）水电站和JC（省长）水电站组成，共装机11台，总装机容量为1740MW。项目工作内容包括设计、供货、施工及15年的运行维护，质保期2年，项目工期66个月。截至2015年年底，项目累计完成营业收入占合同金额的12%。主要进行场内道路修筑、营地建设、地质补勘钻孔以及物资采购、设计等工作，进度满足要求。

【巴基斯坦尼鲁姆-杰卢姆水电站】 该项目由中国能建所属葛洲坝集团和中国机械设备进出口公司组成联合体中标实施。项目位于巴基斯坦克什米尔特区首府地区，距离首都伊斯兰堡约200km。项目为长隧洞引水式水电站，电站总装机4台，装机总容量963MW；永久建筑物主要由混凝土重力坝、溢洪道和左岸沉砂池、引水隧洞、调压井、地下厂房、开关站及附属设施等组成，工期103个月。截至2015年年底，项目关键线路上的引水隧洞累计完成隧洞设计的86%。土石方明挖基本完工，大坝首部枢纽混凝土浇筑完成设计量的62%。项目情况总体可控，履约情况良好。

【厄瓜多尔索普拉多拉水电站】 该项目由中国能建所属葛洲坝集团与FOPECA公司组成松散性联营体签署合同。项目距离首都基多以南600km，工程内容包括导流工程、取水工程、引水工程、地下厂房、尾水工程、开关站操作区、瓜鲁马尔至门德斯道路等，工期1438天。截至2015年年底，项目主体工程进入尾声，主要进行机电安装和调试工作，项目履约总体受控。

【埃塞GD3水电站】 该项目以中国能建所属葛洲坝集团名义中标，合同类型为EPC总承包。项目业主为埃塞电力公司，工程师为美国哈扎咨询公司。项目位于埃塞俄比亚首都亚的斯亚贝巴南部约400km，靠近索马里、肯尼亚边境地带。电站装机容量254MW，由3台84.7MW的立轴混流式水轮发电机组组成，工作内容包括坝区建筑物、输水系统建筑物以及发电厂房建筑物，合同工期60.5个月。截至2015年年底，项目完成营业收入占合同金额的85%，项目履约整体满足要求。

【白俄罗斯核电输出总承包项目】 白俄罗斯核电送出项目主要为新建并修复白俄罗斯核电站外送的输变电系统，输电线路途经格罗德诺州、维捷布斯克州及明斯克州，包括330、110kV及35kV单回输电线路的新建、拆旧及更换光缆；新建1个330kV变电站；扩建4个330kV变电站等。其中330kV新建单回路输电线路20条，线路长度合计1039.01km。项目总承包商为中国能建所属中电工程华北电力设计院公司，资金来源为中国进出口银行的优惠买方信贷，总承包合同于2014年12月8日开始计算工期，预计完工日为2018年12月31日。目前工程进展顺利，工程进度满足合同工期要求。

【孟加拉沙吉巴扎联合循环电厂】 孟加拉沙吉巴扎330MW燃机循环联合电站项目为9E级二拖一联合循环电站，机组联合循环净出力约为330MW，项目位于孟加拉国东北地区，距离达卡140km，靠近印度边境约20km，由中国能建所属广东院与广东火电工程有限公司以联营体模式承担的EPC总成包项目。项目资金来源中15%由EVN自筹资金提供，85%由EVN以买方信贷的方式向中国进出口银行为主的银团贷款。截至目前，设计进度完成86.78%；设备采购、生产、运输进度完成99.37%；现场施工进度完成70.41%。

【老挝XE NAMNOY水电站230kV&115kV线路】 项目位于老挝巴色，规模为230kV双回架空线路113km，115kV单回架空线路7km，项目工期30个月。设计标准为全部采用美国标准设计。业主为韩国SK集团，EPC总承包方为中电工程，中国电力工程顾问集团东北电力设计院有限公司负责勘测设计以及项目管理工作。该项目是中国电力工程顾问集团东北电力设计院有限公司电网项目非国家标准的首次实战应用，同时也是中国电力工程顾问集团东北电力设计院有限公司项目执行团队首次赴境外开展电网项目执行工作。

【巴基斯坦必凯1180MW联合循环电站】 该项目位于巴基斯坦国旁遮普邦省会拉合尔以西约60km处，项目业主为巴基斯坦Quaid-E-Azam电力公司，EPC总承包方为哈尔滨国际电气工程有限责任公司，中国电力工程顾问集团东北电力设计院有限公司负责本项目的勘测设计工作。项目总装机容量为1180MW，采用2+2+1的配置，即2台9HA燃机、2台余热锅炉和1台汽轮机发电机组。项目工期为17个月单循环发电。设计标准为全部采用美国标准。该项目是中国企业在海外承建的第一个容量最大、效率最高的209HA的H级联合循环电站项目。

【深能安所固电力(加纳)有限公司二期工程2×9E燃气联合循环机组】 项目位于西非加纳共和国大阿克拉省特马市，项目业主为深能安所固电力（加纳）有限公司，EPC总承包方为广东火电工程有限公司，中国电力工程顾问集团东北电力设计院有限公司负责项目的勘测设计工作。项目总装机容量为360MW，共安装两套机组，按照PG9171E重型燃气轮机与国产余热锅炉及汽轮发电机组配套，构成“1+1+1”建制的燃气—蒸汽联合循环单元发电机组。其中一套机组由深圳月亮湾电厂搬迁一部分设备外加新购一部分设备组成，另一套机组设备全部为新购置。

【马耳他D3改造项目】 该项目位于马耳他南部MARSAXLOKK湾边的DELIMARA区域，项目业主为上海电力股份有限公司、马耳他能源公司，项目规模为拟将现有的8台18V46内燃机组改造为4台50DF+4台SG机组，8台内燃机本体改造的设备及安装费由原设备供应商瓦锡兰负责报价并实施，中国电力工程顾问集团华东电力设计院有限公司将配合本体改造同步进行外围的改造，拟增加一台出力为8t/h的辅助锅炉，新增一台回收低压蒸汽的凝汽器。目前，中国电力工程顾问集团华东电力设计院有限公司已配合上海电力完成可行性研究及初步设计阶段工作，正在进行施工图阶段编制工作。

【委内瑞拉科赫德斯输变电项目】 项目位于委内瑞拉科赫德斯州北部地区，业主为CORPOELEC委内瑞拉电力公司，甲方为中工国际工程股份有限公司。项目规模包括新建400/115kV Cojedes变电站、新建115/13.8kV San Carlos Ⅱ变电站、新建115/34.5/13.8kV Tinaco变电站、新建115/13.8kV Hilanderia变电站，相关对侧站以及相关的新建高压输电线路。中国电力工程顾问集团华东电力设计院有限公司已于2015年5月与中工国际工程股份有限公司签署了勘察设计合同，目前项目已进入详细设计阶段，各项工作都在有序推进中。

【巴基斯坦吉姆普尔联合能源风电场项目】 项目位于巴基斯坦，本期容量为100MW，项目总包方是葛洲坝集团股份有限公司，中国电力工程顾问集团中南电力设计院有限公司负责项目的勘测设计工作。该项目是中国能建在“中巴经济走廊”及“一带一路”的首个风电总承包项目，是中国电力工程顾问集团中南电力设计院有限公司设计的首个海外风电项目，也有望成为中国在“中巴经济走廊”首个完工项目。

【巴西美丽山水电±800kV特高压直流送出二期项目换流站及配套工程】 项目位于巴西，项目总包方为中国电力技术装备有限公司，中国电力工程顾问集团中南电力设计院有限公司负责完成两端换流站、接地极及交流配套改造等项目的工程勘察设计工作。

【埃塞—肯尼亚±500kV直流输电线路工程】 项目位于埃塞俄比亚，项目总包方为中国电力技术装备有限公司，中国电力工程顾问集团中南电力设计院有限公司负责埃塞俄比亚境内约300km的±500kV直流输电线路和2座OPGW中继站土建部分的勘察设计服务工作。该项目是中国电力工程顾问集团中南电力设计院有限公司承担的首个国际银行框架下的输电工程。

【埃及EETC 500kV输电线路工程】 项目位于埃及，项目总包方为中国电力技术装备有限公司，中国电力工程顾问集团中南电力设计院有限公司负责约600km的500kV同塔双回交流输电线路的勘察设计服务工作。该项目是目前埃及国内规模最大、电压等级最高的输电线路项目，是中国电力工程顾问集团中南电力设计院有限公司承担的首个阿拉伯国家的输电线路工程。

【越南海阳2×600MW燃煤电站工程EPC项目】 项目位为越南海阳省，项目规模为2×600MW CFB机组，是由中电工程和马来西亚捷硕集团联合投资建设的BOT模式的项目。项目EPC总承包被分割成EPC1和EPC2两部分，中电工程国际工程有限公司和中国电力工程顾问集团西南电力设计院有限公司组成的联合体负责EPC1。项目于2015年签约，正开展初步设计、总包前期策划、施工分包和主机招标工作。

【越南沿海三燃煤电站1×688MW扩建工程输煤系统项目】 项目位于越南茶荣省，越南沿海三燃煤电站扩建1×688MW机组由日本住友和BV联合体EPC建设，中国电力工程顾问集团西南电力设计院有限公司进行该项目的技术支撑。中国电力工程顾问集团西南电力设计院有限公司于2015年签订项目设计分包合同，正在开展施工图设计。

【印尼芝拉扎三期1×1000MW扩建工程】 项目位于印尼爪哇岛中爪哇省，项目总包方为成达公司，中国电力工程顾问集团西南电力设计院有限公司进行设计技术支撑。中国电力工程顾问集团西南电力设计院有限公司已于2015年签订本项目勘测设计分包合同，也是中国电力工程顾问集团西南电力设计院有限公司第一台境外1000MW机组勘测设计合同。项目正在融资。

【白俄罗斯17MW光伏电站建设项目】 项目位于白俄罗斯格罗德诺州得斯莫尔贡区，项目的业主生态能源有限公司。中国电力工程顾问集团华北电力设计院有限公司作为该项目的EPC总包商与业主签署了总承包合同。中国电力工程顾问集团华北电力设计院有限公司正协助业主与中信保公司和银行进行项目融资。

行业管理

电 力 监 管

电力建设工程质量专项监管报告

为进一步加强电力建设工程质量监督管理，理顺电力工程质量监督管理体制，规范电力质监机构行为、督促电力建设工程参建各方落实主体责任，确保工程质量，按照《国家能源局关于印发2014年下半年重点专项监管工作计划的通知》和《关于开展电力工程质量专项监管督查工作的通知》的要求，国家能源局自2014年7～10月组织开展了电力建设工程质量专项监管，对辽宁、吉林、安徽、山西、江西、甘肃、湖南、贵州、内蒙古（蒙东地区）等省区进行了督查，其中江西省作为能源局驻点督查地区。根据各地督查情况，2015年4月，国家能源局发布《电力建设工程质量专项监管报告》如下：

一、基本情况

国家能源局于2014年7月底在江西南昌召开启动会，制定专项监管实施方案，成立专项监管督查组，全面部署专项监管工作。辽宁、吉林、安徽、山西、江西、甘肃、湖南、贵州、内蒙古（蒙东地区）等省区所辖派出机构按照总体安排和要求，结合当地实际开展了现场检查。

本次专项监管主要内容包括《国家能源局关于加强电力工程质量监督工作的通知》（国能安全〔2014〕206号）贯彻落实情况、《电力工程质量监督检查大纲》和系列规章制度贯彻落实情况、工程建设各方主体责任落实情况、工程建设质量情况以及监督机构工作开展情况等五个方面。本次专项监管现场督查工程主要侧重于220kV及以上输变电工程和大容量、大机组发电工程，以及风电工程和垃圾发电工程。

现场督查按照突出重点、以点带面、点面结合的工作原则开展检查，并采取听取汇报、查阅资料、现场查验、抽查实测、跟踪检查、座谈评议等方式，同时，对影响工程质量安全的关键部位，委托检测机构进行了随机抽样检测。

从本次专项监管和现场督查情况看，大部分电力工程质量监督机构、电力工程建设单位及参建各方都比较重视工程质量监督管理工作，能够依法履行工程质量监督和管理职责，保持质量管理体系有序运转，在电力建设规模不断扩大的情况下，总体保持了电力工程质量基本受控和持续健康发展。《国家能源局关于加强电力工程质量监督工作的通知》（国能安全〔2014〕206号）印发后，大部分单位能够积极行动，进一步规范工程质量管理行为，努力提升工程质量监督管理工作水平。

但是，本次专项监管现场督查也发现许多亟待解决的问题。据统计，本次专项监管督查，共检查工程项目81项，检查组共发现问题935例，其中质量管理方面问题477例，实体质量方面问题458例。所发现问题中，涉及输变电工程方面的问题363例，火电建设工程方面问题151例，水电建设工程方面问题60例，风电建设工程方面问题320例，垃圾发电工程方面问题41例。现场督察组在监管督查过程中，共下发整改通知书65份，下达停工令2份。

二、存在的主要问题

（一）部分工程项目基本建设和质量监管程序执行不到位，存在开工前未进行质量监督注册、违规投运等问题

督查发现，此类问题共46例，占所发现问题的4.9%，主要表现在部分建设工程未在开工前进行质量监督注册、边设计边施工、工程未经验收即投入运行，不符合基本建设程序和验收规程。尤其是部分风电、光伏发电、垃圾发电等可再生能源项目建设工程不履行质量监督手续现象比较突出。

（二）监理人员履职不到位，现场监理机构形同虚设

督查发现，此类问题共137例，占所发现问题的14.7%，主要表现在大部分监理单位现场监理制度不健全，未制定有针对性的现场监理措施；监理专业人员配置不合理，监理人员素质差，无证上岗；监理项目部未配置齐全的必要检测仪器；监理记录等资料真实性较差。

（三）资质审核把关不严，违法违规现象突出

督查发现，此类问题共73例，占所发现问题的7.8%，主要表现在参建单位存在超越资质范围承接工程以及相关人员无证上岗、跨专业签字等严重违规现象。

（四）工程分包管理较为混乱，存在违法转包和违规分包等问题

督查发现，此类问题共26例，占所有问题2.7%，主要表现在建设单位对承包单位的承包行为疏于管理；承包单位对分包单位的资质资格把关不

严，部分承包单位存在将主体工程违法转包等现象；部分分包队伍管理混乱，人员素质差，无证上岗现象比较普遍，工程质量安全管理不到位。

（五）工程建设强制性标准执行不到位，设计、施工存在违规问题

督查发现，此类问题共113例，占所发现问题的12.1%，主要表现在工程建设执行强制性标准方面，各工程项目普遍存在执行标准滞后、更新不及时等问题。在施工过程中，混凝土工程、电气设备接地和检测试验方面存在的违反工程建设强制性标准的问题较为突出。

（六）部分质量检测机构管理混乱，检测试验报告内容弄虚作假

督查发现，此类问题共41例，占所发现问题的4.4%，主要表现在现场检测没有编制施工检测试验计划、抽样检测比例不合格、检测指标不全以及部分检查资质管理不规范等问题，有的检测机构甚至出具内容不完整的检测报告，严重危及工程质量安全。

（七）建设工程质量管控措施不到位，部分工程实体质量问题突出

督查发现，此类问题共197例，占所发现问题的21.1%，主要表现在参建单位在设计、施工、检测、验收等各环节的质量管控措施不到位，工程实体质量不合格，较为突出的是混凝土质量控制不合格，试块强度检测不合格，以及电气防雷接地施工工艺不符合规程规范要求等问题，大部分质量监督机构对110kV以下输变电工程质量监督不到位现象也比较普遍。造成部分工程实体质量问题突出。

（八）工程质量过程控制不到位，部分资料、数据失真

督查发现，此类问题共106例，占所发现问题的11.3%，主要表现在工程质量管理资料缺失、部分数据失真、引用的施工标准错误或不完整、后补变更签证资料等，不能真实反映质量管理过程，影响工程质量资料的可追溯性。

三、监管建议

针对上述影响电力工程建设质量的诸多问题，为进一步强化电力工程质量监督工作，建议进一步健全电力工程质量监督工作体系和工作机制，明确电力工程质量监督工作的各项保障措施，完善责权分明的政府监督管理体系，从政策法规、标准体系等方面多措并举，统筹电力工程建设管理、勘察设计、施工、工程监理和监督检测等方面的质量管理工作，确保电力工程建设质量，促进电力工业安全健康快速发展。

（一）进一步健全电力工程质量监督组织体系

督查发现，目前的电力工程质量监督机构绝大部分都设在电力企业内部，在工作中普遍存在机构不健全、人员配置不到位等问题，难以独立、有效地履行政府的质量监督职能，难以做到电力建设工程质量监督全覆盖。建议国家有关部门加快质量监督机构体系建设，在机构设置、人员编制、财政经费方面给予保障，确保电力工程质量监督工作有效开展，保证工程质量管理可控在控，逐步实现由国家能源主管部门归口管理、独立履行质监职责的电力工程质量监督机构组织体系。

（二）进一步完善电力工程质量管理协调机制

督查发现，在部分地区35kV及以下输变电工程、垃圾发电等电源工程的质量监督工作中还存在电力工程质量监督机构与地方质量监督机构职能交叉，质监职责不清的问题，造成工作重复、缺位等情况，影响工程建设质量。针对当前中国电力发展速度快、建设规模大、技术难度高、外部风险因素多等实际，建议进一步加强建设、电力、水利、质检等行政主管部门的统筹协调，明确电力工程质量监督管理职责，落实各方监管责任，建立部门间的沟通协调、信息共享和联合执法的长效工作机制，形成监管合力，推动企业履行社会责任，科学有效管控和降低工程质量安全风险。

水电基地弃水问题驻点四川监管报告

2015年4月，按照国家能源局《关于印发2014年下半年重点专项监管工作计划的通知》（国能监管〔2014〕346号）要求，2014年9～10月，国家能源局组织开展了部分水电基地弃水驻点四川专项监管工作。根据监管情况，形成本报告。

一、基本情况

（一）四川省电力基本概况

四川省作为国家“十二五”规划的重要能源基地，电源结构以水电为主，是典型的能源输出省份，具有以下特点：

一是水电装机比重大。截至2013年年底，四川电网全口径装机容量6862.25万kW，水电5266.23万kW，占比76.74%。2014年12月底，水电装机容量达到6293万kW，占全省总装机容量的比例上升到79.9%。

二是与外部电网联接紧密。作为重要外送基地，目前四川电网通过“四直四交”分别与华东、西北、华中电网相联，最大外送能力2660万kW左右。其中向家坝—上海（简称复奉）、锦屏—苏南（简称锦苏）、溪洛渡—浙西（简称宾金）等三条±800kV特

高压直流与华东相联，德阳—宝鸡（简称德宝）±500kV 直流与西北相联，4 回 500kV 交流与华中（重庆）相联（简称川渝联络线）。

三是供需形势从季节性偏紧转为总体宽裕。由于四川省丰期水电出力与枯期相差悬殊（2.4∶1），2010～2013 年，四川丰枯季节电力供需不平衡矛盾突出，呈现“丰余枯缺”的特点。随着大批水电机组集中投产，四川发电能力进一步提高，近两年经济与电力需求增速的减缓，供需形势由季节性偏紧转为总体宽裕，呈现“丰余枯不缺”的新特点。

四是燃煤发电企业经营困难。由于水电机组大量投产，加上以外送为主的大型水电站“留川电量”大量增加，燃煤机组平均利用小时不断下降，从 2010 年的 4387h 下降到 2014 年的 3448h，预计今后还将进一步下降，企业经营日趋困难。

五是存在水电季节性弃水现象。由于四川水电资源禀赋，绝大部分水电站调节性能较差，在来水偏丰年份，受负荷日变化影响必然产生调峰弃水。随着近年来电源结构调整步伐加快，水电机组适度超前发展，今后几年水电弃水将持续存在。

（二）四川省政府和电力企业为促进水电消纳采取的措施

针对近年来丰期水电消纳矛盾突出的情况，四川省政府有关部门和电力企业积极采取措施，促进水电消纳。

一是大力建设水电送出通道，促进四川水电有效送出。为适应省内水电开发重心西移的新形势，建成了省内 8 条 500kV 水电集中送出通道，保证在丰水期将超过 3000 万 kW 的水电汇集送至负荷中心。积极推进四川跨省区特高压外送通道建设，建成 3 回特高压直流，送电能力得到大幅提升，与±500kV 德宝直流、500kV 黄岩一万县双回交流线路、500kV 洪沟—板桥双回交流线路，共同构成四川电网与外省的“四交四直”联网格局，2012、2013 年外送电量分别达到 342 亿、690 亿 kWh，2014 年达到 1116.5 亿 kWh。

二是加快电网建设，优化电网运行方式，提高水电消纳能力。500kV 洪板双回线路改造于汛前完成，一定程度上缓和了由于川渝断面南通道重载造成川渝断面输送能力下降问题。通过攀枝花地区电网改造，电网支撑电源河门口和攀煤火电厂在丰水期停机备用，增加水电消纳空间。500kV 东锦线安全稳定控制策略调整，提高了四川借道锦苏直流送电能力。利用平水期外送通道空间启动外送并降低水库水位运行，增加了水库蓄能，降低了汛期弃水压力。

三是四川省政府部门出台政策，支持水电消纳。通过开展自备电厂停发消纳富余水电的“替代发电”政策，鼓励燃煤自备电厂停用，由水电企业替代发电，既缓解了火电经营困难，又促进了富余水电消纳。

四是积极开拓区域外消纳空间，促进四川水电外送。为尽可能消纳四川水电，华东区域发电机组频繁启停调峰或长时间调停，压低本地发电企业上网电量合同完成率，减少当地发电量为消纳四川水电腾出电量空间。2014 年汛期（6～10 月）四川水电送华东电量 651.21 亿 kWh，同比增长 84.9%。

二、弃水情况及原因分析

（一）水电弃水情况

1. 2013～2014 年弃水情况

据核查统计，2013 年四川省调（不含国调厂）水电站共发生调峰弃水损失电量 25.8 亿 kWh。2014 年 1～8 月四川省省调（不含国调厂）水电站共产生调峰弃水损失电量 57.1 亿 kWh，四川省 2014 年全年调峰弃水损失电量 96.8 亿 kWh，占丰水期水电发电量的 14.93%。

2. 2015～2017 年弃水电量预计

根据国家能源主管部门初步安排，预计 2020 年四川省电源装机总容量为 11 228 万 kW，其中水电 9100 万 kW，2014～2020 年预计投产大型水电 2839 万 kW，其中 2014～2016 年投产 1678 万 kW，占比 64%，是四川水电集中投产期。

四川省 2015～2020 年负荷水平考虑两类方案：一是线性外推预测方案，即预测 2015～2020 年四川省最大负荷同比增速略高于 2014 年实际值（3.3%），达到 4%；二是“十三五”全国电力规划研究推荐方案，预计 2015 年最大负荷达到 3950 万 kW，在此基础上每年增加 7.0%。

根据四川省电力系统平水年弃水电量及丰水期水电空闲容量的平衡预计结果，2015～2020 年，四川均将出现不同程度丰期弃水问题。如不考虑任何措施，按照线性外推负荷方案，弃水电量将持续增加，2020 年达到最大值，约 350 亿 kWh，占当年水电发电量的 8.64 %。如按照在“十三五”电力规划研究推荐方案，2017 年是四川省水电弃水最为严重的年份，为 190 亿～200 亿 kWh，占当年水电发电量的 5.18%～5.45%。

如通过挖掘现有的外送通道输电能力，比如向上、溪浙、锦苏丰期 24h 直线运行、利用川渝Ⅰ、Ⅱ交流通道 85 万 kW 输电裕度、德宝直流 24h 直线运行等措施，大约可减少四川丰期弃水电量 60 亿～80 亿 kWh。如川渝第三通道加快建设，在 2016 年汛前投产，预计还可减少弃水电量 40 亿～53 亿 kWh。

（二）弃水主要原因分析

通过专项监管分析，造成四川水电弃水的主要原因是：水电快速发展与电力需求增长缓慢不匹配，汛期来水偏丰，低谷时段电力系统运行需要水电调峰弃水，现有外送通道能力尚有潜力可挖，局部网架薄弱和特高压输送通道能力受限，火电调度运行管理有待进一步优化。

1. 水电快速发展与电力需求增长缓慢不匹配

当前，中国正在加快转变电力发展方式，着力推进电力结构优化和产业升级，四川水电资源丰富，具备集中规模开发条件。“十二五”期间每年有1000万kW以上水电装机增长，水电呈现集中投产态势，预计2015、2020年将分别达到7000万kW和9000万kW。

从电力需求看，四川省售电量增速不高，由“十二五”初的16.4%下降到3.4%，电力供需不能自我平衡。同时作为四川水电消纳市场的华中、华东区域，近年来自身平衡能力逐年加强，电力供需处于宽松状态，外购电力意愿不强，因此，不可避免产生一定程度的弃水。如大渡河流域的泸定（92万kW）、长河坝（260万kW）、黄金坪（85万kW）在前期论证阶段，均送往华东及华中四省区，由于目标消纳地负荷增长低于预期，暂时没有额外电力需求空间，难以规划确定相应的输电通道。

2. 汛期来水偏丰，低谷时段电力系统运行需要水电调峰弃水

从水电运行特性来看，来水偏丰年份，汛期四川省水电机组具备全天满发条件，由于低谷时段水电总出力超过负荷需求，在保障电力系统安全运行的前提下，需要水电机组部分时段调峰弃水。因而该时段产生的少量弃水，与水电机组检修弃水和工程弃水一样，都是水电运行的正常现象。

3. 现有外送通道能力尚有潜力可挖

四川省调和国调通过协调向家坝、溪洛渡电厂开机组合，加快宾金直流建设与投运，在消纳四川水电做了大量工作，也取得明显成效。但通过专项监管发现，如果挖掘通道潜力，部分时段一些线路的输送能力还可以进一步提高，减少调峰弃水量。

一是复奉直流（设计输送能力640万kW）2014年6月1～25日平均最大输送容量仅413万kW，按照复奉、宾金直流输电系统稳定运行规定，通过变化开机方式，在向家坝水电站增加1～2台开机的情况下，四川省调度水电机组通过复奉直流平均可增加外送100万kW以上，预计可多送出四川水电约7.6亿kWh。

二是德宝直流（设计能力300万kW）由于受端西北电网局部断面受限原因，在2014年6～8月部分时段输送功率达不到120万kW的控制能力，少送出四川水电约2.2亿kWh。如果德宝直流达到设计能力，汛期还可多送出四川水电近65亿kWh。

三是川渝通道在2014年夏季大方式下，如果通过优化向家坝、溪洛渡等大型国调水电站出力，减少80万～100万kW出力，同时增加约100万～125万kW的四川省调水电站出力，在保障复奉、宾金直流满功率送出条件下，川渝通道输送能力可提高到380万kW，7、8月可多送出四川水电约6.4亿kWh。

4. 局部网架薄弱和特高压输送通道能力受限

一是部分负荷中心网架薄弱。成都等负荷中心地区由于500kV变电容量不足，供电能力满足不了用户需求，汛期仍需要火电运行来满足供电需求。2014年汛期，金堂、江油、东岳等火力发电厂为满足负荷中心地区供电需求，增加火电发电量18.3亿kWh。相应造成水电弃水电量18.3亿kWh。与之类似，部分局部电网如增加调相机等电网调压手段，需开机的火电机组也可在汛期退出运行，为水电消纳腾出空间。

二是地方县级供电企业的网架有待加强。目前，四川电网除国网四川省电力公司外，还有四川水电集团等独立的地方电网企业，基本上通过110kV单回线与四川电网相联。近年来，地方电网的供电区域经济社会快速发展，供电负荷增长较快，现有的110kV并网、35kV为骨架的供电网络已难以满足用电需求，迫切需要建设220kV输变电工程，但由于项目建设缺乏协调机制，工程迟迟未能建设，制约了当地电力负荷的增长，一定程度影响当地水电的消纳。

三是特高压交流单线工程及运行方式对四川省内水电消纳存在制约。长治—南阳—荆门1000kV特高交流示范工程属于单项输电线路，因送电能力受限及送电功率及方向制约，丰水期攀西断面受限达140万kW。随着雅砻江流域官地、锦东、锦西等水电站建成投产，预计窝电情况将进一步加剧。对此情况，四川省调年度运行方式报告也进行了反映，并建议国调统筹考虑。

5. 火电调度运行管理有待进一步优化

一是部分汛期应停机的火电机组仍运行发电。6～8月丰水期间，除电力系统运行必要的火电机组开机运行外，其余火电机组应停机备用。但通过专项监管发现，应该停机备用的白马新厂、攀煤火电厂、云潭电厂等5家火电厂仍在并网运行，这些电厂的多发电量相应造成水电的弃水电量，初步计算达到9.07亿kWh。

二是电源支撑点火电机组未按最小出力运行。金堂、太白、广安、戎州、方山等11家电厂作为电网安全运行必要的电源支撑点，汛期开机运行未按照签订的并网调度协议明确的最小技术出力安排发电，多发电量6.21亿kWh。

三是火电机组调峰能力不足。作为电源支撑点的

11 家火电厂，最小技术出力超出行业正常水平，调峰能力只有 30%～45%，达不到行业调整能力 50%的平均水平，其中：60 万 kW 机组在 40%～45%，低于行业正常水平 5%～10%；30 万 kW 及 20 万 kW 机组在 30%～43%，低于行业正常水平 2%～15%。初步估算，6～8 月丰水期间增加水电机组弃水电量 3.93 亿 kWh。

（三）其他问题

1. 国家节能发电调度政策执行不到位

四川是节能发电调度试点省，但仍以年度计划电量形式安排各类机组基础电量，水电机组电量安排不充分，火电基础电量一定程度挤占了水电空间。同时，由于没有制定出台有效的节能发电补偿办法，火电企业依靠政府计划给予的部分基础电量与水电进行替代交易获得经济补偿，未能完全体现市场机制下的优化和公平。

2. 上网侧丰枯、峰谷电价政策削峰填谷作用不明显，影响水电企业收入

四川省发电侧执行水电丰枯、峰谷电价政策。由于各电厂执行的峰谷比例不平衡，以及电厂不能自主安排峰谷出力，峰谷分时电价政策的削峰填谷作用不明显。水电企业执行丰枯、峰谷电价结果平均电费收入低于国家批复上网电价的收入。经初步统计，2013 年四川省内合同电量部分，水电企业减少收入 122.91 万元，外送电量部分，水电企业减少收入 176 439.29 万元。

3. 发电权交易行为不规范

2013 年起，四川省发电企业之间协商开展发电权替代交易。2013、2014 年四川省电力公司均按照替代方（水电）上网电价（价格较低）予以结算，与国家发电权交易监管规定不符。经初步核实，2013 年 6～9 月与按照被替代方上网电价结算形成价差资金 5047 万元，2014 年 6～8 月形成价差资金 1.6 亿元。

4. 新建机组调试期部分上网电量未予计量和结算

国网四川省电力公司未按国家规定对新建机组首次并网后至整套设备调试运行开始时点期间电量进行计量，对发电机组满负荷启动试验（72h 或 168h）调试运行前的电量，不抄表计量，不予结算。初步统计，2009 年～2014 年 8 月底，全省共有 320 台新建火电和水电机组投产进入商业运营，从抽检的部分机组看，新建机组在满负荷启动试验之前的调试上网电量未计量，而调度自动化系统显示机组有发电出力。

三、监管意见

（一）整改要求

1. 严格执行国家节能发电调度政策，加强调度运行管理

严格执行国家《节能发电调度办法（试行）》。优先调度水电等可再生发电资源。国调、区域网调要加强区域优化和协调，合理调整各区域（省）的发电机组启停机方式，实现清洁能源在区域和全国范围内的消纳。完善节能发电调度配套政策，平衡和协调各类机组之间的经济利益。

2. 纠正“水火替代”电费结算中不规范行为

国网四川省电力公司要纠正“水火替代”交易中按替代方（水电）上网电价结算电费的行为，按照被替代方上网电价结算电费。对 2013、2014 年“水火替代”交易暂留存的收益，按照发电权交易的相关规定处理，四川能源监管办负责督促落实。

3. 纠正新建机组并网调试期上网电量结算不规范行为

国网四川省电力公司要严格按照国家有关规定，做好发电机组调试电量和商业运营电量的计量，按照国家电价政策结算发电企业调试资金和商业运营电费，对 2009～2014 年新建火电和水电机组调试电量进行全面梳理统计。有关发电企业要配合做好机组调试电量统计工作。四川能源监管办负责督促落实。

（二）监管建议

1. 加强水电项目规划建设与实际用电需求的协调

一是综合考虑四川水电基地的定位，改变仅以四川一省作为规划范围，建立包括重庆等省（市）在内的电力规划和消纳，实现四川水电在更大范围内的资源配置和消纳。

二是以实际用电负荷需求为导向，科学确定发电能力和用电增长关系，以中长期用电合同作为电站核准的前置条件，优化和动态调整四川电力规划特别是四川水电项目规划，合理安排水电机组建设、投产时序，避免压缩工期提前投产。

2. 加强电源电网统筹协调，加快外送通道建设

一是加快启动川渝第三通道建设工作，提升川渝通道总体输电能力。研究论证四川与西北区域进一步扩大丰枯互济送电规模的可行性，根据四川水电与甘肃风电之间季节性差异，研究不同类型清洁能源之间的互补性，在切实落实好消纳市场的前提下，建设相应的外送通道。

二是优先考虑核准和建设调节性能好的水电项目。面对弃水形势，适当推迟部分水电站投产时序，优化四川水电自身结构，提高整体调节性能，减少水电丰枯期出力差距。

3. 挖掘现有输电通道能力

四川作为重要外送基地，通过“四直四交”与外部电网相联，最大设计外送能力 2660 万 kW。国调和四川省调要在保障电网安全可靠运行基础上，进一步加强输电线路调度运行研究和管理，通过优化国调省

调发电机组开机方式、加强新投产设备运行管理、优化输电断面潮流、协调区外受电市场等措施，充分挖掘现有通道资源和输电设施，提高通道输送能力，促进水电资源更好消纳。

4. 加大省内电网建设改造力度

一是加强省内部分负荷中心网架的建设和改造，增强500kV主网架供电能力，排除网架约束对火电开机方式的依赖，满足丰水期水电全额输送负荷中心的要求。推动地方电网与主网协调发展，合理提高地方电网与四川主网的并网电压等级，提升供电能力，促进水电消纳。

二是研究特高压交流线路与四川电网的相互影响，找出电网薄弱点，及时采取措施，增强1000kV与500kV主网架之间的电气联系，消除水电送出断面约束问题。

5. 优化火电机组调度运行管理

一是调度机构要优化电网开机方式和发电组合，在丰水期间，合理安排火电机组开机和出力，除为保障电网安全稳定运行和调峰调频所必需的火电机组开机外，其他火电机组原则上一律不准开机运行，为水电机组提供更大的消纳空间。

二是加强火电机组最小技术出力管理，针对弃水期间火电未按最小方式运行问题，要完善相关运行制度，优化水火运行方式。发电企业要进一步加强发电设备改造，切实提高火电机组调峰能力。深化辅助服务补偿机制，利用市场规则实现电网调峰需要，提高丰期水电消纳能力。

三是根据四川燃煤机组丰水期主要用于负荷备用，季节性出力的特点，建议在水电比重较大的省份实施“两部制”电价，容量电价用于补偿电源建设固定成本，电量电价反映生产运行变动成本。

6. 完善价格政策，引入市场机制

一是建议取消四川省发电侧峰谷分时电价。尽快出台节能发电调度经济补偿办法，平衡和协调各类机组之间的经济利益。支持火电企业试行两部制电价，缓解火电企业的经营困难。

二是加快省内电力市场建设，改进和完善现有“水火替代”做法，充分发挥市场主体的积极性。积极参与跨省跨区电能交易，实现水电资源在更大范围的消纳。

7. 建立统一的弃水电量统计管理办法

目前国家层面对水电弃水没有统一的定义和统计计算办法，各方理解差异较大，统计和计算方法不一。建议国家能源局制定弃水定义和标准，界定电力系统运行需要的调峰弃水范围，规范弃水电量的统计和计算。

2014年在建电网工程项目许可制度执行情况专项监管报告

2015年6月，国家能源局以监管公告2015年第15号（总第32号）文，发布《2014年在建电网工程项目许可制度执行情况专项监管报告》。其相关内容如下：

为进一步加强电力市场准入监管，促进电力建设工程市场规范发展，通过严格依法监管，严肃处理检查出的重点问题，以点带面发挥好专项监管示范作用，按照《国家能源局关于印发2014下半年重点专项监管工作计划的通知》（国能监管〔2014〕346号）要求，2014年9～12月，国家能源局在全国9省（区、市）开展了在建电网工程项目许可制度执行情况专项监管工作，除河南省驻点检查专项监管情况单独形成监管报告发布外，根据其他8省（区、市）专项监管情况形成本报告。

一、基本情况

按照国家能源局统一部署，资质中心下发了《关于做好2014年在建电网工程项目许可制度执行情况专项监管有关工作的通知》（资质综〔2014〕15号），对专项监管任务提出了具体要求，下半年重点对河南、上海、山西、黑龙江、江苏、青海、海南、湖北、内蒙古（蒙西地区）等9省（区、市）在建电网工程项目许可制度执行情况开展专项监管，主要对相关电网企业以及电力建设施工企业执行许可制度，工程是否存在转包或违法分包等情况开展检查工作。本次专项监管以2014年在建220kV及以上电网工程项目为主，内蒙古（蒙西地区）等省份延伸到110kV等电压等级，上海延伸到电力用户工程进行检查。其中河南省为驻点检查省份。从专项监管情况看，大部分受检企业能够按照监管机构的要求认真开展自查自纠，及时报送相关材料，如实汇报执行许可管理制度的情况，并积极配合开展现场检查工作。

二、专项监管中发现的主要问题

从本次专项监管工作总体情况来看，多数电网企业、承装（修、试）电力设施企业能够落实承装（修、试）电力设施许可制度，但仍发现部分企业或个人存在违反许可制度的行为，主要表现在：

（一）个别施工企业伪造许可证从事承装（修、试）电力设施活动；

（二）个别施工企业无证从事承装（修、试）电力设施活动；

（三）部分承装（修、试）电力设施企业违反许可管理制度分包工程；

（四）个别承装（修、试）电力设施企业出租、出借许可证，施工单位挂靠借用许可证承担工程；

（五）部分承装（修、试）电力设施企业未认真执行跨区作业报告；

（六）部分承装（修、试）电力设施企业在施工过程中使用无证电工或超许可类别电工；

（七）个别承装（修、试）电力设施企业许可证有效期届满、许可延续未通过继续承揽工程；

（八）部分承装（修、试）电力设施企业未按规定提交年度自查报告。

三、监管意见

（一）对上述违反许可制度的行为，按规定责令有关单位整改；需进行行政处罚的，按程序做出行政处罚；伪造许可证涉嫌犯罪的依法移送公安机关；伪造许可证和无证施工企业将列入黑名单，禁止从事承装（修、试）电力设施活动。

（二）电网企业要进一步规范执行承装（修、试）电力设施许可制度。一是在工程建设管理、招投标、生产管理等制度中将执行许可证制度作为开展电力设施业务的必备条件，严禁将工程发包（分包）给无证或超越许可资质的承装（修、试）电力设施企业承担；二是着重加强对所属施工单位的管理，对所属施工单位执行许可制度情况进行监管，坚决杜绝转包、违法分包等违规行为，重点在分包业务环节，规范对分包施工企业许可资质、跨区作业备案的管理，及时与施工所在地派出机构联系；三是采取有效措施推进电力工程建设市场的公平开放，进一步打破市场壁垒，保障符合许可条件的各类市场主体平等参与电建市场竞争的权利。

（三）承装（修、试）电力设施企业要进一步严格遵守承装（修、试）电力设施许可制度和电工进网作业许可制度。一是必须依法取得许可证，并在许可范围内开展生产经营活动，在生产经营活动中自觉接受监管机构的监管；二是严格按照规定向工程所在地的监管机构进行跨区作业备案报告；三是在承揽电力工程活动中，严禁涂改、伪造许可证，严禁出租、出借及挂靠、借用许可证，或者以非法授权等方式允许其他企业、个人以本企业名义从事承装（修、试）电力设施活动等违规行为；四是不得违规转包分包工程，将承装（修、试）电力设施业务分包给未取得相应许可资质的企业承担；五是严格执行电工进网作业许可制度，不得允许电气作业人员无电工进网作业许可证或超越许可范围进网作业；六是进一步加强对工程施工现场活动的管理，确保施工安全和工程质量；七是认真落实有关监管要求，严格执行年度自查报告等日常监管制度。

2013～2014 年度全国电力企业价格情况监管通报（摘要）

为全面反映全国各地电力价格信息及变化情况，更好地实施成本与价格监管，切实维护好电力市场秩序，2015 年 8 月，国家能源局组织对全国主要电力企业 2013～2014 年度价格情况进行了统计分析，形成《2013～2014 年度全国电力企业价格情况监管通报》［国家能源局监管公告〔2015〕第 16 号（总第 33 号）］。

一、综合厂用电率

（一）燃煤机组

从全国（不含西藏，下同）看，燃煤发电企业平均综合厂用电率 2013、2014 年分别为 7.01%、6.99%，2014 年同比下降 0.29%。2013 年北京最高，为 9.8%，江苏最低，为 4.67%；2014 年北京最高，为 9.9%，江苏最低，为 4.49%。

从江苏、山东、广东、河南、山西五个重点省份❶看，2013 年平均综合厂用电率为 6.63%；2014 年为 6.94%，其中江苏最低，为 4.49%，河南最高，为 9.07%。详见图 1-1。

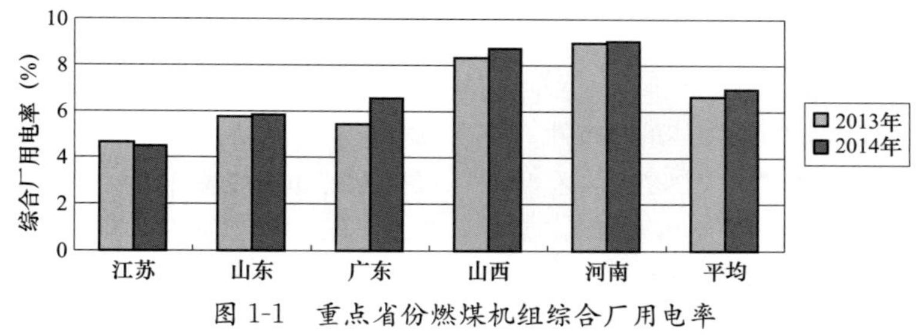

图 1-1　重点省份燃煤机组综合厂用电率

❶ 本文重点省份选取该类型机组发电量排序前 5 名（风电机组为前 6 名）省份。

（二）水电机组

从全国看，水力发电企业平均综合厂用电率2013、2014年分别为1.54%、1.38%，2014年同比下降10.28%。2013年海南最高，为5.8%，云南最低，为0.19%；2014年安徽最高，为3.35%，云南最低，为0.19%。

从四川、湖北、云南、贵州、青海五个重点省份看，2013、2014年平均综合厂用电率均为0.76%，2014年云南最低，为0.19%，四川最高，为1.25%。详见图1-2。

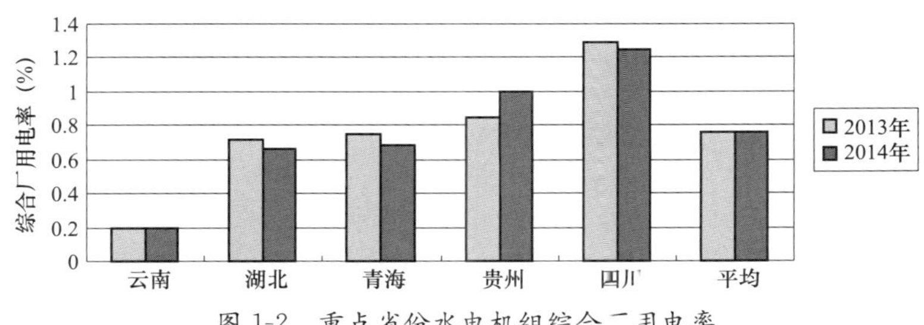

图1-2　重点省份水电机组综合厂用电率

（三）风电机组

从全国看，风力发电企业平均综合厂用电率2013、2014年分别为2.50%、2.51%，2014年同比增长0.76%。2013年青海最高，为3.91%，海南最低，为0.56%；2014年宁夏最高，为4.1%，陕西最低，为1.21%。

从蒙西、河北、蒙东、甘肃、辽宁、山东六个重点省份（地区）看，2013年平均综合厂用电率为2.05%；2014年为2.01%，其中蒙东最低，为1.15%，山东最高，为2.69%。详见图1-3。

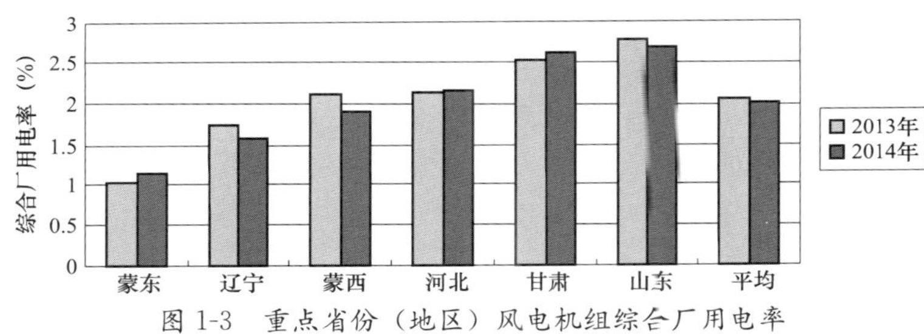

图1-3　重点省份（地区）风电机组综合厂用电率

（四）其他机组

从全国看，燃气发电、核电、太阳能发电、生物质发电平均综合厂用电率2013年分别为2.66%、6.27%、10.2%和9.64%，2014年分别为2.59%、6.24%、8.59%和9.46%，2014年同比下降分别为2.48%、0.48%、15.86%和1.89%。详见图1-4。

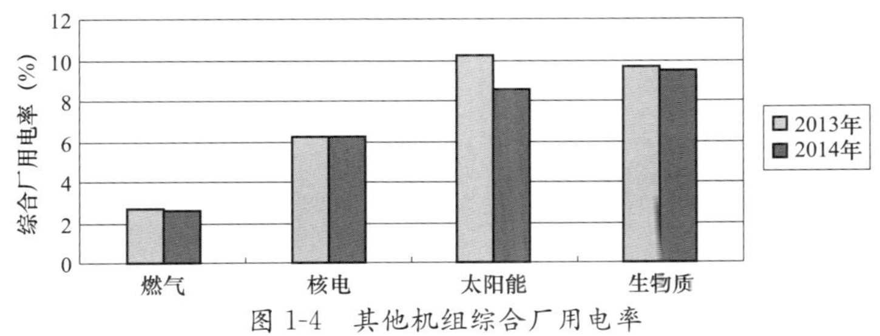

图1-4　其他机组综合厂用电率

二、平均上网电价（含税）

（一）燃煤机组

从全国看，燃煤机组平均上网电价2013、2014年分别为427.01、418.77元/MWh，2014年同比下降1.93%。2013年广东最高，为544.28元/MWh，新疆最低，为256.74元/MWh；2014年广东最高，为536.36元/MWh，新疆最低，为253.90元/MWh。

从江苏、山东、广东、河南、山西五个重点省份看，2013年平均上网电价为454.68元/MWh；2014年为448.67元/MWh，同比下降1.32%，其中广东最高，为536.36元/MWh，山西最低，为384.42元/MWh。详见图2-1。

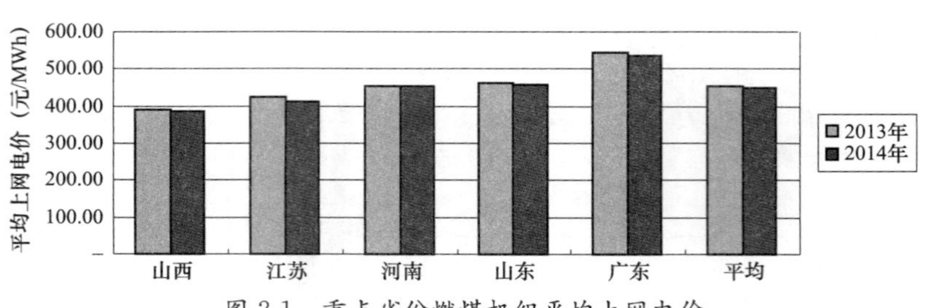

图 2-1 重点省份燃煤机组平均上网电价

（二）水电机组

从全国看，水电机组平均上网电价 2013、2014 年分别为 283.19、291.61 元/MWh，2014 年同比增长 2.97%。2013 年浙江最高，为 689.46 元/MWh，甘肃最低，为 208.08 元/MWh；2014 年浙江最高，为 693.03 元/MWh，甘肃最低，为 207.66 元/MWh。

从四川、湖北、云南、贵州、青海五个重点省份看，2013 年平均上网电价为 269.10 元/MWh；2014 年为 278.87 元/MWh，同比增长 3.63%，其中四川最高，为 304.98 元/MWh，云南最低，为 250.15 元/MWh。详见图 2。

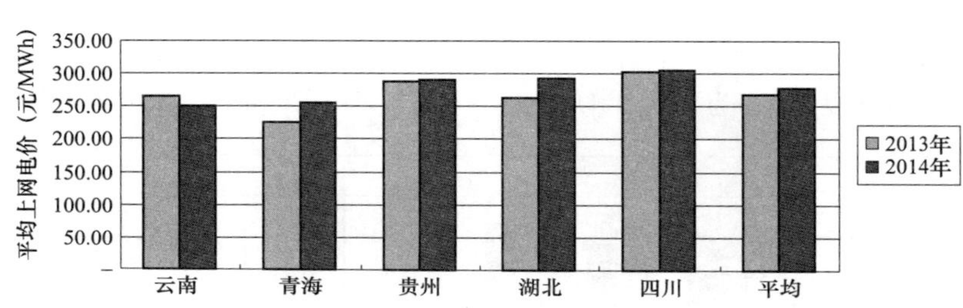

图 2-2 重点省份水电机组平均上网电价

（三）风电机组

从全国看，风电机组平均上网电价 2013、2014 年分别为 562.31、572.06 元/MWh，2014 年同比增长 1.73%。2013 年上海最高，为 878.97 元/MWh，蒙东最低，为 467.04 元/MWh；2014 年青海最高，为 831.55 元/MWh，云南最低，为 477.89 元/MWh。

从蒙西、河北、蒙东、甘肃、辽宁、山东重点省份（地区）看，2013 年平均上网电价为 562.34 元/MWh；2014 年为 570.47 元/MWh，同比增长 1.45%，其中，山东最高，为 755.73 元/MWh，蒙西最低，为 507.66 元/MWh。详见图 2-3。

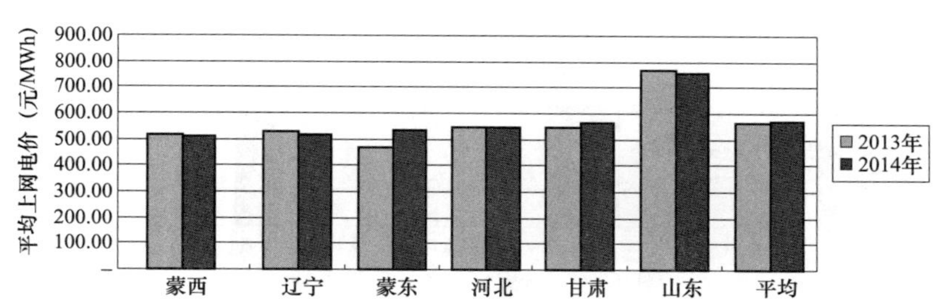

图 2-3 重点省份（地区）风电机组平均上网电价

（四）其他机组

从全国看，燃气发电、核电、太阳能发电、生物质发电平均上网电价 2013 年分别为 682.60、436.15、1064.37 元/MWh 和 720.23 元/MWh；2014 年分别为 758.36、455.70、1075.82 元/MWh 和 846.14 元/MWh，2014 年同比增长分别为 11.1%、4.48%、1.08%和 17.48%。详见图 2-4。

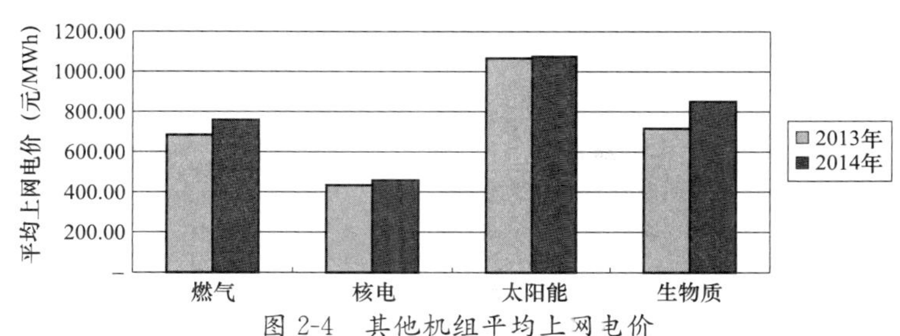

图 2-4　其他机组平均上网电价

三、线损率

电网企业平均线损率 2013、2014 年分别为 6.53%、6.20%，2014 年同比下降 5.05%。

从企业看，2013 年国家电网公司线损率最高，为 7.27%，内蒙古电力公司最低，为 4.42%；2014 年南方电网公司线损率最高，为 6.94 %，内蒙古电力公司最低，为 4.29 %。详见表 1。

表 1　电网企业线损率统计表　单位：%

项　目	国家电网公司	南方电网公司	内蒙古电力公司	平均
2014 年	6.81	6.94	4.29	6.20
2013 年	7.27	7.2	4.42	6.53
增长额	−0.46	−0.26	−0.13	−0.33
增长率（%）	−6.33	−3.61	−2.94	−5.05

从各省（区、市）情况看，2013 年新疆最高，为 11.47%，青海最低，为 3.72%；2014 年四川最高，为 9.45%，青海最低，为 3.08%。

四、平均购销差价（不含税）

电网企业平均购销差价（含线损）2013、2014 年分别为 192.7、208.11 元/MWh，2014 年同比增长 8.0%；扣除线损，电网企业平均购销差价 2013、2014 年分别为 168.21、185.32 元/MWh，2014 年同比增长 10.17%。

从企业看，购销差价（含线损）南方电网公司最高，2013、2014 年分别为 214.76、225.97 元/MWh；内蒙古电力公司最低，2013、2014 年分别为 108.88、104.98 元/MWh。详见表 2。

表 2　电网企业平均购销差价（不含税）统计表　单位：元/MWh

项　目		国家电网公司	南方电网公司	内蒙古电力公司	平均
购销差价（含线损）	2014 年	210.46	225.97	104.98	208.11
	2013 年	193.49	214.76	108.88	192.7
	增长额	16.97	11.21	−3.91	15.42
	增长率（%）	8.77	5.22	−3.59	8.0
购销差价（不含线损）	2014 年	187.71	199.65	91.73	185.32
	2013 年	168.99	186.55	94.85	168.21
	增长额	18.72	13.1	−3.12	17.1
	增长率（%）	11.08	7.02	−3.3	10.17

从各省（区、市）情况看，购销差价（含线损）2013 年江西最高，为 243.95 元/MWh，宁夏最低，为 94.98 元/MWh；2014 年江西最高，为 251.24 元/MWh，青海最低，为 94.84 元/MWh。

五、平均销售电价（含税）

电网企业平均销售电价 2013、2014 年分别为 635.49、647.05 元/MWh，2014 年同比增长 1.82%。

从企业看，平均销售电价南方电网公司最高，

2013、2014年分别为672.24、677.42元/MWh；内蒙古电力公司最低，2013、2014年分别为412.06、400.88元/MWh。详见表3。

表3 电网企业平均销售电价统计表 单位：元/MWh

项 目	国家电网公司	南方电网公司	内蒙古电力公司	平均
2014年	650.53	677.42	400.88	647.05
2013年	636.54	672.24	412.06	635.49
增长额	13.99	5.18	−11.19	11.56
增长率（%）	2.2	0.77	−2.71	1.82

注 不含政府性基金及附加，含税。

从各省（区、市）平均销售电价看，深圳最高，2013、2014年分别为836.62、827.82元/MWh；青海最低，2013、2014年分别为382.43、384.24元/MWh。

从分类销售电价看，一般工商业及其他用电平均电价最高，2013、2014年分别为843.93、856.51元/MWh；大工业用电平均电价2013、2014年分别为652.47、655.86元/MWh；居民用电类别平均电价（到户价）2013、2014年分别为555.22、557.48元/MWh。详见图3。

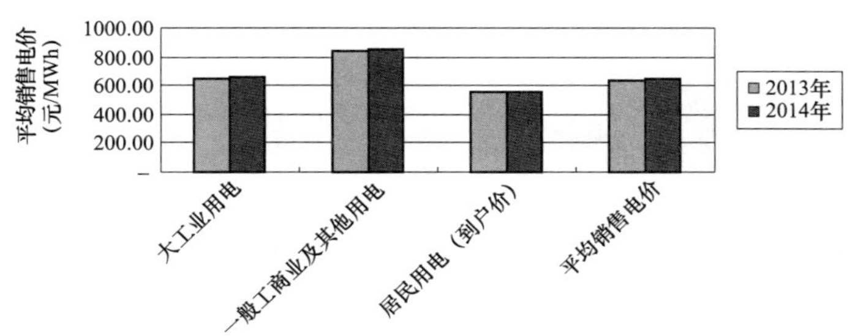

图3 分类销售电价对比图

注：分类销售电价为国家电网公司和南方电网公司加权平均数。

从各省（区、市）居民用电类别平均电价（到户价）水平看，深圳最高，2013、2014年分别为711.62、715.17元/MWh；青海最低，2013、2014年分别为405.94、406.99元/MWh。

六、政府性基金及附加（含税）

随销售电价征收的政府性基金及附加，2013、2014年全国平均水平为35.05、38.96元/MWh（电网企业省内售电量口径平均值），2014年同比增长11.17%。

政府性基金及附加主要有5种，即重大水利工程建设基金、农网还贷资金、水库移民后期扶持资金、可再生能源发展基金、城市公用事业附加。

从各省（区、市）政府性基金及附加平均水平看，重庆最高，2013、2014年分别为60.08、65.76元/MWh；新疆最低，2013、2014年分别为7.94、9.14元/MWh。

行 业 服 务

中国电力企业联合会

【综述】

（一）履行程序，圆满完成第六届理事会换届工作

组建换届选举筹备工作组，围绕换届工作任务提前谋划、精心组织，成功召开中国电力企业联合会（简称中电联）第六次全国会员代表大会暨第六届理事会第一次会议，选举产生新一届理事会理事单位及理事、常务理事单位及常务理事、理事会领导班子，依法有序圆满完成了第六届理事会换届选举工作。

（二）紧密围绕电力体制改革，积极建言献策

多次参加国家发展改革委、国家能源局组织召开的电力体制改革9号文及配套文件座谈会，反映对电

改及配套文件的意见建议，切实反映企业诉求；积极参与电力改革相关工作；参与《电力法》等重大法规政策研究，按照电力体制改革工作实施方案的部署，研究新的信用评价体系建设，组织落实“电力行业信用体系建设指导意见”。

（三）开展行业重大问题研究，促进行业科学发展

做好新常态下的电力需求分析预测，完善行业统计信息平台建设，及时发布2015年年度、季度电力供需分析预测报告；开展“十三五”电力发展规划相关研究，参与国家能源局组织的配电网建设改造行动计划编制及电力规划管理办法起草工作；深入开展“特高压与超高压交流输电经济比较”“电源开发布局”“‘十三五’电力节能减排规划”等一系列行业发展重大问题研究。

（四）积极有效反映行业诉求，创造良好政策环境

受国家发展改革委委托开展《电力企业参与碳排放交易关键问题研究》；向全国人大法工委、国务院法制办分别报送对《大气污染防治法》《环境保护税法》的意见；向国家发展改革委报送关于东北地区电煤运行存在的问题及建议；参与全国政协、中国工程院有关煤炭清洁利用重大课题研究，在政策制订征求意见中充分反映行业企业诉求。

（五）创新服务方式，稳步提升专业服务质量

一是积极开展行业国际化服务。举办2015年中国国际清洁能源博览暨清洁能源峰会及第十届上海国际电力设备及技术展览会，组织参加2015年亚太电协CEO会议，服务“一带一路”发展战略，推动中哈、中印尼、中埃、中非、中俄等电力国际合作。二是积极开展行业宣传和信息服务。编制《中国电力工业现状与展望》服务手册，为电力行业代表委员参政议政提供参考；完成《中国电力行业年度发展报告2015》编制；编辑完成《电力史话》；举办2015电力主题日活动，做好电力体制改革宣传及舆情应对。三是开展首届中国电力创新奖评奖工作。完成首届“中国电力创新奖”评奖工作，评选出51个获奖项目，代表了电力行业工程技术、行业管理创新的先进水平。四是推进重点领域的行业标准管理及体系建设。加强电力标准制修订管理，完成标准报批303项，批准发布201项，下达计划311项；开展风电、光伏、垃圾发电、核电常规岛等新能源标准制定，完成电动汽车充电接口及通信协议标准修订；担任中国电动汽车充电基础设施促进联盟执行副理事长单位。五是切实加强电力行业市场诚信体系建设。编制发布电力行业信用规范、指导意见以及《电力企业信用评价规范》等4项信用评价标准，对近500家企业开展信用等级评价，发布年度《电力行业信用风险报告》及《年度电力行业市场诚信体系建设工作报告》。六是深入开拓专业服务领域及品牌业务。进一步完善电力工程质量监督工作体系，开发质量监督检查系统，做好专项质监督查；稳步推进配电网工程概算指标、电网检修技改工程定额及费用计算规定的修编工作；加强电力可靠性监督管理，开展可靠性标准建设，与国家能源局联合召开2015年电力可靠性指标发布会；强化电力行业职业技能鉴定质量管理，推进信息网络化平台建设，完成2015年版国家职业分类大典修订工作；首次承担川藏联网工程等具有代表性的重大项目后评价，承担特高压直流输电工程结算审核项目，填补了最高电压等级直流输电工程造价咨询业务的空白；组织电力企业开展工业与互联网创新试点、两化融合管理体系贯标试点、科技成果、新产品鉴定及发电机组对标；推进电力需求侧管理评价，14个省市试点工作取得阶段性成果。

（六）立根固本，深入开展“三严三实”专题教育

认真组织开展“三严三实”专题教育，制定专题教育学习方案，举办党员集体学习和专题集中交流研讨，加强机关党建工作和干部队伍建设，加强落实党建主体责任和“一岗双责”制度。

【中电联组织机构】

（一）2015年中电联机构设置及人员变动情况

（1）中电联本部现设置12个职能部门，2个直属单位，参股1个股份制公司。12个职能部门为：理事会办公厅、规划与统计信息部、研究室（电力行业应对气候变化中心）、国际合作部、人力资源部（机关党委）、财务与资产管理部、文化建设与对外联络部（新闻宣传中心）、电力定额管理部（电力工程造价与定额管理总站）、电力工程质量监督管理部（电力工程质量监督总站）、标准化管理中心、可靠性管理中心（国家能源局电力可靠性管理中心）、技能鉴定与教育培训中心（电力行业职业技能鉴定指导中心）。2个直属单位为：中国电力企业联合会电力建设技术经济咨询中心（中电联兴业投资发展有限公司）、中国电力企业联合会科技开发服务中心［中电联（北京）科技发展有限公司］。参股的股份制公司为：华凯投资集团有限公司。

（2）人员变动情况：中电联本部2015底实有职

工总数161人，与2014年相比，通过上级任命增加1人，公开招聘增加2人，减少企业派驻交流4人，退休8人，辞职2人。

（二）干部配置

（1）中电联第五届理事会领导成员（2015年12月23日止）：

理事长：刘振亚

党组书记：杨昆

常务副理事长：孙玉才

专职副理事长、党组成员、机关党委书记：魏昭峰

秘书长、党组成员：王志轩

（2）中电联第五届理事会专职顾问：谢振华、王永干

（3）副秘书长：孙永安、沈维春

（4）中电联第六届理事会领导成员（2015年12月23日起）：

理事长：刘振亚

常务副理事长、党组书记：杨昆

专职副理事长兼秘书长：于崇德

专职副理事长：魏昭峰、王志轩

副秘书长：沈维春、安洪光、许松林、江宇峰

（5）2015年度部门（中心）公司领导干部及助理：

理事会办公厅主任：沈维春（兼）

理事会办公厅副主任：张志锋

规划与统计信息部副主任：游敏

规划与统计信息部副主任：梁维列

规划与统计信息部主任助理：王光

研究室主任：潘荔

国际合作部副主任：吴添荣

国际合作部副主任：王军

人力资源部（机关党委）副主任：李晓霞

人力资源部（机关党委）副主任、机关党委副书记、机关工会主席：张海涛

财务与资产管理部副主任：孙红旗

文化建设与对外联络部副主任：张海洋

文化建设与对外联络部副主任：白俊文

电力定额管理部副主任：郭玮

电力定额管理部主任助理：董士波

电力工程质量监督管理部副主任：张天文

标准化管理中心主任：许松林

标准化管理中心副主任：刘永东

可靠性管理中心主任：米建华

可靠性管理中心副主任：陈丽娟

技能鉴定与教育培训中心主任：薛静

技能鉴定与教育培训中心副主任：孙建华

中国电力企业联合会电力建设技术经济咨询中心副主任，中电联兴业投资发展有限公司副总经理、党总支书记：黄成刚

中国电力企业联合会电力建设技术经济咨询中心副主任、中电联兴业投资发展有限公司副总经理：左晓文

中国电力企业联合会电力建设技术经济咨询中心主任助理、中电联兴业投资发展有限公司总经理助理：张慧翔

中国电力企业联合会电力建设技术经济咨询中心主任助理、中电联兴业投资发展有限公司总经理助理：张天光

中国电力企业联合会电力建设技术经济咨询中心主任助理、中电联兴业投资发展有限公司总经理助理：周霞

中国电力企业联合会电力建设技术经济咨询中心副局级调研员：褚农

中国电力企业联合会科技开发服务中心主任，中电联（北京）科技发展有限公司总经理、党总支副书记：江宇峰

中国电力企业联合会科技开发服务中心副主任，中电联（北京）科技发展有限公司副总经理、党总支书记：胡小正

中国电力企业联合会科技开发服务中心副主任、中电联（北京）科技发展有限公司副总经理：罗勇

中国电力企业联合会科技开发服务中心副主任、中电联（北京）科技发展有限公司副总经理：王慧

中国电力企业联合会科技开发服务中心总工程师、中电联（北京）科技发展有限公司总工程师：尹松

中国电力企业联合会科技开发服务中心主任助理：郝继红

华凯投资集团有限公司董事长、中国电力企业联合会电力建设技术经济咨询中心副主任、中电联兴业投资发展有限公司副总经理：崔照胜

华凯投资集团有限公司副董事长：徐绍忠

【电力行业发展规划与电力发展课题研究】

（1）开展《特高压与超高压交流输电经济比较研究》工作。按照《国家能源局综合司关于委托开展特高压交流课题研究的函》（国能综电力〔2014〕994号）要求，在开展大量调研的基础上，深入分析特高压与超高压交流输电工程投资的变化趋势和节能降耗效果，完成了《特高压与超高压交流输电经济比较研究》报告。

（2）开展《电源开发布局研究》课题研究。采取水电、风电、太阳能发电、核电、煤电、天然气发电六个子课题和一个综合课题相互协调、共同推进的研

究方式。课题内容广泛征集理事长、副理事长单位近年来组织开展完成的电力发展规划成果及相关课题研究成果，并深入新疆、甘肃、河南、浙江、江苏、四川、上海等地对重点问题进行调研；组织专家及课题组成员对重点内容进行充分讨论和审核。于2015年年底全部完成水电、风电、太阳能发电、核电、煤电、天然气发电课题研究报告。

（3）开展“十三五”电力发展规划相关研究工作。参与国家能源局组织的《关于加快推进配电网建设改造的指导意见》的修订和《配电网建设改造行动计划（2015～2020年）》的编制工作；参加国家能源局“十三五”电力规划工作组会议、2015～2018年各省电力平衡研讨会、2015年全国电网运行方式座谈会，以及国家发展改革委组织的“十三五”发电装机与电网布局规划研究座谈会等专业会议，为会议提供了相关基础资料，提出了行业协会的专业意见；参与国家能源局组织的电力规划管理办法起草工作，积极反映中电联研究成果和行业意见。

【电力统计与经济运行分析】

（一）电力统计工作

（1）完成2014年电力工业统计年度快报汇总、审核完成2014年电力工业统计年度快报，由国家能源局发布，为社会、政府、电力行业、电力企业提供决策参考。在2014年电力工业统计年度快报的基础上，完成2014年电力工业运行情况简报，满足社会、政府、电力行业、电力企业进一步把握电力统计数据内涵、研判2014年电力工业运行情况的需求。

（2）完成2014年电力行业统计年报，形成《电力工业统计资料汇编（统计专业本）》《电力工业统计资料汇编（行业服务本）》和《电力工业统计资料提要》，发送统计体系、会员企业、政府部门，为进一步开展电力规划、政策研究、历史对比提供决策研究依据。完成2014年县级供电企业年度数据统计工作，提交能源局。

（3）完成2015年月度统计快报、统计月报和电力工业运行简况。月度电力工业运行简况在中电联网站和电力报发布。

（4）完成月度政府信息报送工作，每月向国家发展改革委、国家能源局、工信部报送电力行业运行信息。2015年3月20日向国家能源局报送《全国并网风电装机容量首次突破1亿kW》专报信息，被国办采用。

（5）完成省间电量输入输出情况（逐月报送国家统计局）、五大集团效益共享数据等其他定期统计工作。

（6）开展统计信息平台一期测试完善工作。建立了行业统计数据库，提高了统计工作效率，为数据挖掘、工作质量提升奠定基础。组织统计信息平台系统上线试运行，做好一期开发工作总结、汇报，组织一期项目验收，开展统计信息平台上线应用交流与培训。

（二）经济运行分析

（1）完成《2015年度全国电力供需形势分析预测报告》。预测报告新闻稿在中国电力报和中电联官方网站上发布，上报稿报送国家发展改革委等10个政府部门和理事长、副理事长单位，详细稿寄送各理事单位。

（2）完成季度、半年电力供需分析预测报告。组织召开专家座谈会，邀请有关国家宏观经济部门、电网企业、发电企业和研究机构专家研讨经济运行和电力供需形势。报告新闻稿向社会和媒体发布，上报稿报送国家发展改革委等10个政府部门和理事长、副理事长单位，详细稿寄送各理事单位。

（3）完成各月电力供需分析材料，全年共完成各种会议材料60余份。参加每月国家发展改革委、中央财经办、财政部、国家能源局、工信部、国资委等部门召开的座谈会，并进行电力供需分析汇报。4、10月为国务院领导组织召开的各行业协会经济运行情况汇报会准备书面汇报材料。

（4）完成《2015年上半年电力运行分析及下半年走势预测》《2015年电力运行分析及2016年走势预测》并上报国家能源局。完成《GDP、工业增加值与用电量关系研究》。

（5）按期完成信息上报工作。一是每月按时上报电力运行信息及趋势性、苗头性和倾向性问题，其中报送国家发展改革委运行局信息14条，报送能源局信息37条，报送工信部产业司信息48条；二是每月向中央财办报送主要运行数据和运行情况分析材料；三是每月向国家发展改革委基础产业司报送电力运行分析材料；四是不定期向国家发展改革委国民经济综合司报送电力运行分析材料。

（6）开展电力监测预警应用工作。按照工信部要求，应用其共享的预测预警工具，组织预测预警在电力行业初步应用，形成电力行业预测预警应用交流材料，提交工信部经济运行局。

【电力国际合作管理与服务】

（一）发挥电力企业“走出去”服务平台作用

（1）配合“一带一路”战略，服务电力企业“走出去”。2015年，中电联积极配合中国“一带一路”发展战略，密切联系有关电力企业，重点推动中哈、中印尼、中埃、中非、中国—东盟重点国家、中俄等电力国际合作，为电力企业“走出去”提供了实效服务。

（2）联合中国国际商会为电力企业“走出去”打

造专业服务平台。为进一步完善中电联及电力贸促会服务体系及内容，深度利用中国国际商会平台和资源，中电联及电力贸促会与中国国际商会积极开展深度合作，积极研讨为中电联会员单位提供政策研究、贸易投资信息、贸易投资预警、调解贸易摩擦及纠纷、综合法律服务、知识产权保护等方面的综合服务。

（3）推荐会员企业参加“中国企业走进东盟评选活动”。中电联积极组织推荐了中国水利水电第七工程局有限公司、中国水利水电第十工程局、中国电建集团北京勘测设计研究院有限公司、中国电建集团昆明勘测设计研究院有限公司、中国大唐集团科技工程有限公司等五家企业参选“2015 电力企业走进东盟成功企业和杰出企业家”，为中国电力企业开拓东盟市场提供了有益帮助。

（4）为南方电网公司国际评级提供意见。为协助南方电网开展国际评级，提升其国际合作业务发展，中电联分别会见穆迪投资者服务公司、惠誉评级公司和标准普尔评级公司等三家国际评级机构代表，就南方电网公司开展国际信用评级工作向三家评级机构详细介绍和分析了中国电力行点等宏观与微观情况，并解答三家评级机构提出的相关问题。

（二）深化电力信息服务

（1）搜集统计中国主要电力企业在国际交流、对外投资、工程承包、设备与技术出口等方面的数据，并对数据进行总结分析，完成《中国电力行业发展报告 2015》国际合作篇，集中反映电力行业 2014 年国际合作总体情况，展示电力行业国际合作发展成就。

（2）对“十二五”期间（2011－2015 年）电力国际合作项目情况进行了统计分析，完成“十二五”期间电力国际合作总结报告，并提交国家能源局。报告总结了“十二五”期间电力对外投资、工程承包及电力设备出口等情况及特点，指出当前电力国际合作面临的机遇与挑战，并提出有关建议。

（3）完成《中国电力企业对外投资合作总结与展望（2015）》。分总结篇和展望篇，除分析总结近五年电力行业国际合作情况外，重点汇编了专家、咨询机构关于“一带一路”对中国电力行业未来影响的观点文章，以便帮助电力企业把握下一步“走出去”工作重点。

（4）贴近企业需求，做好《电力国际信息参考》。2015 年，共编译出版《电力国际信息参考》24 期，重点关注国际能源电力发展热点，并及时反馈行业国际动态。

（5）为会员企业提供对外投资合作政策法规信息。编写完成《中国对外投资合作政策法规汇编（2014）》，为企业及时了解国家现行“走出去”相关政策信息提供帮助。

（三）开展国际交流合作

（1）加强国际交流合作，传达中国电力行业观点。2015 年，来自美国、英国、日本、澳大利亚、沙特及中国台湾等国家和地区的多个代表团访问中电联，就行业规划与发展、标准、投资合作等议题进行交流。通过与来访的美国能源部、英国皇家测量师学会、日本九州电力公司、澳大利亚清洁能源理事会、台湾旅沙电力协会等境内外同行的交流，中电联积极塑造电力行业良好形象，宣传中国电力企业在清洁能源、低碳发展等方面做出的优异成绩。其中，中电联与英国皇家测量师学会在过去 5 年良好合作关系的基础上续签了双方的合作备忘录，为双方未来更广泛地开展交流合作奠定了基础。

（2）举办和参与国际会议展览，多渠道开展国际交流。一是组织中国电力企业代表出席在泰国举办的 2015 年亚太电协 CEO 会议。大会以“能源永续与安全：电力工业的选择与挑战”为主题。中电联党组书记杨昆代表中国大陆出席了会议期间召开的亚太电协执委会会议暨第 41 届理事会会议。国家电网公司、南方电网公司、华能集团、大唐集团、中国华电、国电集团、国家电投等中方主要亚太电协会员企业均派企业高层率代表团出席了会议，增进了中国电力企业与亚太同行间的交流。二是与第 24 届世界能源大会主办方协商合作。积极与世界能源理事会伦敦总部及承办方土耳其筹委会联络，了解筹备工作进展情况，介绍中电联在组织 2013 年世界能源大会的成功经验并商谈合作事宜。积极向国家能源局国际司汇报筹备工作情况，争取政府有关部门的协助。三是赴泰国推介中电联及电力贸促会组织国内企业参加第 21 届亚太电协大会及展览会相关事宜，并跟踪大会及展览会进展事宜。四是多渠道了解 2017 年阿斯塔纳世博会组织进展情况并商谈合作事宜。五是组织会员企业和中电联专业部门专家出席丹麦使馆、德国国际合作机构等机构组织的专题研讨会，促进行业对外发出声音。六是组织中澳德储能市场交流讨论会，由澳洲、德国储能协会和中电联有关部门就三国储能市场情况相互交流并向国内相关企业进行介绍。

（四）做大做强品牌展会

（1）积极优化展览项目方案、联合外部优势力量，努力提高展会质量与规模。先后成功召开 2015 年中国国际清洁能源博览暨清洁能源峰会、第十届上海国际电力设备及技术展览会和 2015 珠海智能电网大会暨中国（珠海）国际智能电网展览会。

（2）与其他主办方共同举办国际会展，在国际展会中塑造中电联电力专业展会形象。与中国－东盟商务理事会共同举办中国－东盟博览会电力工业与新能源展，与中国电力发展促进会共同举办了中国一东盟电力合作与发展论坛，配合国家能源局成功举办了东亚峰会清洁能源论坛电力分论坛。作为支持单位参与举办了中国（甘肃）国际新能源博览会、中国（无锡）国际新能源大会暨展览会和科博会中国能源战略论坛暨2015中国绿色电力发展峰会。

【电力政策研究与电力节能环保】

（1）积极参与重大法律修订工作，反映行业意见。组织召开《大气法》企业研讨会，形成中电联意见反馈全国人大法工委；组织发电集团研究第二次征求意见的环境税法草案，形成中电联意见反馈国务院法制办；组织相关核电企业讨论《核安全法》（征求意见稿），形成行业意见建议报送人大环资委。

（2）针对行业发展热点难点问题，开展行业重大问题研究。圆满完成“电力改革及国企改革对电力行业发展的影响研究”和“电力节能减排‘十三五’规划研究”课题研究工作。其中，针对电力体制改革有关问题组织召开座谈会，邀请理事长单位、各副理事长单位政策研究部门负责人就当前电力体制改革对企业发展影响、以及如何在改革配套文件制订过程中反映电力企业的诉求进行了交流，凝聚了共识。

（3）围绕新形势下节能环保低碳新问题开展相关研究。利用多个平台向媒体和社会传达中国煤电清洁利用的成效与作用；组织完成了两会手册煤电清洁发展情况；开展电力环境污染第三方治理问题研究，代国家发展改革委环资司起草了《关于在火电厂全面推行环境污染第三方治理的指导意见》（代拟稿）；受环保部委托启动排污许可实施方案与技术指南研究；开展新常态下电力发展系统优化研究；开展《碳交易对电力行业影响研究》；启动世界银行委托的《电力行业参与全国碳交易关键问题研究》；完成国家质检总局委托的《电力行业应对气候变化技术标准体系及应急标准研究》等。

（4）加强企业调研与技术交流，对重大政策反馈行业诉求和意见。针对行业改革与发展、节能减排升级改造、电力需求侧管理等情况，组织开展专项调研和技术交流50余次、召开和参加各类行业研讨会40余次；全年完成向国家发展改革委、环境保护部、国家能源局、工信部等部委提交材料、复函等20余件。

（5）搭建并借助节能减排低碳行业平台，深化管理与服务工作。成立由中电联牵头，多家大型发电集团公司参与的电力行业碳交易工作组，建立行业层面碳交易沟通协调机制，促进电力行业有效开展碳交易工作；借助电力节能标委会平台开展行业标准管理，顺利完成节能标委会的换届工作，积极开展标准制修订工作，加强标准编写培训和宣贯等；组织召开2015年度大型发电集团环保联系会，会上分析当前电力环保工作面临的形势、美国排污许可证实施情况及对中国的启示，各发电集团代表交流环保工作进展、存在问题及下一步主要工作等。

（6）完成首届中国电力创新奖评奖工作。经过形式审查、专业评审、综合评审、现场核查、评审委员会评审、公示及异议处理等过程，评出了首届中国电力创新奖一、二、三等奖获奖项目，并于2015年10月14日，在上海举办了颁奖仪式。

（7）组织开展中电联重要报告和文稿编制。完成《电力史话》《中电联五届概览》《中国电力行业年度发展报告2015》等编制工作；完成《中国电力行业节能减排成就（2005～2014）》中英文材料编写，并作为宣传材料在巴黎气候大会上展示电力行业节能减排主要成就。

【电力标准管理与服务】

（一）标准项目计划及发布

（1）电力标准计划下达311项，其中国家标准59项，行业标准252项。申报2016年电力标准制修订计划250项。其中，申报2016年工程建设国家标准计划项目21项，申报2016年行业标准制修订计划项目229项，包括核电标准计划项目10项。

（2）2015年经有关部门批准发布标准共201项。其中，能源局批准发布电力行业标准162项，国家标准39项，批准发布的国家标准中，国家标准化管理委员会批准发布国家标准36项，住房和城乡建设部批准发布工程建设国家标准3项。

（3）完成标准报批303项。2015年标准化工作以智能电网、新能源发电、配电网建设、电动汽车充电设施以及电力生产建设急需为重点，制定并报批标准303项，其中国家标准63项，行业标准240项。

（二）标准化重点建设

（1）完成中电联标准方案的制定。根据《国务院关于改进和加强标准化工作的意见》中“培育发展社会团体标准，增加标准有效供给”以及全国标准化工作会议精神，组织起草了《中电联标准编制管理办法》等一系列管理文件并确定了中电联标准的工作重点，组织开展了中电联标准的计划征集。中电联标准计划的重点确定在电动汽车充电设施、配电网、电力工业重大装备等领域。

（2）落实国家发展改革委和国家能源局要求，完成配电网标准制定。完成《配电网规划设计技术导则》《配电网改造技术导则》《配电网自动化技术导则》等三项标准的制修订工作，有力地支持了配电网的建设改造。

（3）完善电动汽车充电设施标准体系。进一步完善了充换电设施标准体系，形成了包括充换电设施术语、动力电池箱、充电系统及设备、充换电接口、换电系统及设备、充换电站及服务网络、建设与运行、附加设备等八个部分共58项标准的充换电标准体系。制定了充电接口及通信协议标准、充电设施关键设备标准、充换电站建设标准、换电设备标准、充电设施运行维护标准等关键技术标准，开展了充电互操作性测试活动，解决了充电兼容性问题。

（4）开展“十三五”电力标准化规划的编制。一是确定了“十三五”电力标准化规划编制的指导思想、基本原则；二是确定了编制的工作方法、重点领域和发展目标；三是明确了具体分工和时间节点，并开展了相关调研等工作。目前，“十三五”电力标准化规划已基本完成，是指导未来五年电力标准化工作的重要文献。

（5）开展相关课题研究。一是受国家能源局委托，组织开展“能源监管标准化工作机制研究和分析”课题的研究与编制任务；二是组织开展全国电力监管标准化技术委员会标准体系框架研究；三是启动《配电自动化智能终端技术规范》《自动需求响应系统通用技术规范》等海峡两岸智能电网共通标准研究与编制。

（三）国际标准化工作取得新进展

（1）中电联批准为国际电工委员会智慧能源系统委员会（IEC/SyC）国内技术对口单位，这将为能源互联网标准化工作奠定基础，且已组织推荐电力专家参加IEC/TC 8相关工作组和IEC/SyC智慧能源系统委员会。

（2）向国家标准委提交承担IEC/TC 122特高压交流系统委员会和IEC/SC 8A大容量可再生能源接入电网分技术委员会国内技术对口的申请。

（3）受国家标准化管理委员会委托，组织并承办了中德电动汽车标准化工作组第三次会议和中德电动汽车标准化技术交流会。

（4）向国家标准委报送《额定电压1kV及以下绝缘穿刺线夹》《可再生能源并网　术语、定义和符号》等国际标准提案，《直流偏磁抑制装置技术规范》《用于移动储能单元（电动汽车）的低压连接器》《高压直流系统规划导则》等三项提案获得投票通过，完成了《电动汽车电池更换系统——通用要求》《并网光伏逆变器低电压穿越测试规程》两项国际标准的制定。

（5）继续组织电力标准英文版的翻译工作，向国家标准委、住房和城乡建设部提交电力标准英文版翻译计划，并下达中电联英文标准翻译计划57项。

【电力可靠性管理与服务】

（1）组织召开2015年电力可靠性指标发布会。国家能源局和中电联在北京联合召开了2015年电力可靠性指标发布会。会议回顾总结了全国电力可靠性30年的发展历程，发布了2014年度电力可靠性指标，通报了电力可靠性管理工作情况。

（2）完成2015年可靠性数据的采集、分析和发布工作。完成年度全国电力可靠性数据的采集、汇总和分析等基础工作，编写各类报告10册，向理事长、副理事长单位，常务理事单位，理事单位和直管会员单位发放年度机组手册、可靠性管理年报、趋势分析及同业对标报告1000余份，深化了数据应用，实现了可靠性数据的全行业共享，为电力系统规划、设计制造、设备选型、安装调试、生产运行、检修维护等各环节工作提供了技术支撑。

（3）组织召开第四届电力行业可靠性管理标准化技术委员会第一次会议，换届成立第四届可靠性标委会。会议总结了标委会当前在体系建设、专业领域、数据标准和标准执行等方面工作，对下一阶段工作进行了安排。会议对《供电系统用户供电可靠性评价规程》《输变电设施可靠性管理研究》《中压配电网可靠性评估导则》（送审稿）进行了审查。对《发电设备可靠性评价规程　第1部分：通则部分》《电力可靠性管理信息系统数据接口规范》《可靠性标委会“十三五”规划（2016～2020）》（初稿）进行了讨论。

（4）按计划开展专项研究工作。一是编写了《全国300MW等级循环流化床锅炉机组可靠性分析报告》，对中国大容量等级循环流化床锅炉机组发展现状、300MW等级循环流化床锅炉机组技术特点和可靠性指标进行了全面分析，提出了机组运行中存在的主要问题和相关建议。二是开展适合中国电力工业发展需求的输变电设施可靠性管理研究，对新形势下输变电设施可靠性及输电系统可靠性的管理对象、内容、评价指标以及应用系统的需求和原则进行全面分析，提出未来发展的重点方向和管理体系。三是在《用户供电可靠性基础性评估》理论研究的基础上，选取部分供电企业的配网关键业务指标进行实证研究，分析当前全国配网业务基础指标与供电可靠性指标的相关性规律，对用户供电可靠性重点因素影响分析、供电可靠性水平评价和指标规范性判断提供依据。

（5）开展电力可靠性管理工程技术人员岗位培训。在河北省秦皇岛举办“发电可靠性管理工程技术人员培训班（共两期）”“输变电可靠性管理工程技术人员培训班”和“供电可靠性管理工程技术人员培训班”。培训内容包括电力可靠性管理制度、电力可靠性基础理论、电力可靠性评价规程、电力可靠性管理信息系统、电力可靠性技术应用与发展等，共有800多位来自全国电力企业的可靠性管理专责人员参加了培训并通过考试。

【电力行业职业技能鉴定与教育培训管理及服务】

（一）职业技能鉴定工作

（1）进一步推进电力行业职业技能鉴定信息网络

化平台建设工作。完成年度电力行业职业鉴定题库修订建设任务，召开了5次审定会议，组织完成对46个电力行业特有职业（工种）题库审定工作，陆续导入考核平台；结合行业技能鉴定工作开展情况，针对电改以后电力行业企业组织架构变化趋势，完善行业技能鉴定网络化管理体系，利用信息化技术和“互联网＋”优势，继续推动技能鉴定信息化平台建设。

（2）完成2014年度电力行业特有职业（工种）高级技师评审工作。共5369人申报，5250人通过了初审，4252人通过了专家评审委员会评审、上网公示及评审委员会审核批准，获得了电力行业高级技师资格，通过率79.20%。

（3）进一步加强电力行业职业技能鉴定质量管理。依据《电力行业职业技能鉴定站管理办法》的规定，组织成立了15个专家评估小组，分别对福建省水力发电国家职业技能鉴定站等29个电力鉴定站开展了评估检查。

（4）完成《国家职业分类大典（电力行业部分）》修订工作。按照人社部国家职业分类大典修订工作办公室的部署安排，参加了大典修订办公室组织的修订意见现场沟通交流会议，组织行业技术技能专家完成2015年版《国家职业分类大典（电力行业部分）》的终稿审核校稿工作。

（二）教育培训工作

（1）开展电力行业仿真培训工作。一是印发《电力行业仿真培训基地评估办法》《电力行业仿真培训基地复查指标》《电力行业仿真培训指导教师考试大纲》《电力行业仿真培训与考核大纲》。二是开展2015年度电力行业仿真培训基地评估认证工作，共授予火电、变电和水电7个仿真基地。完成电力仿真培训基地2014年度年检工作和2015年复查评估工作。三是开展电力行业仿真培训指导教师考试认证和复证工作，42人通过了高级指导教师认证，84名高级指导教师通过了复证。152人通过了指导教师认证，35名指导教师通过了复证。

（2）开展职业技能竞赛。一是与全国机械职业教育教学指导委员会合作，举办2015年教育部高等职业院校“风光互补发电系统安装与调试技能竞赛”和中等职业院校“光伏发电设备安装与调试技能竞赛”。二是举办全国电力职业教育教学指导委员会2015年高等职业院校学生大型火电机组集控运行技术技能竞赛。

（3）完成教育部下达的电力类专业高等职业教育25个专业简介的修编工作，“行业指导职业院校专业改革与实践项目”3个课题的结题验收工作。

（4）完成2014年电力行业人才培训信息统计与分析工作。完成2014年度电力行业人才培训信息统计各单位数据审核汇总、初步分析工作。

【电力工程造价与定额管理及服务】

（一）电力工程计价依据的编制和管理工作

一是完成“2015年版电网技术改造、检修工程定额及费用计算规定”的审查、发布和出版工作。二是完成发电工程和抽水蓄能电站检修工程定额的编制工作。三是完成住房城乡建设部通用安装定额《热力设备安装工程》与《电气设备安装工程》的编制任务。四是全面启动2016年版电力建设工程估算指标编制工作。五是开展新版20kV及以下配电网工程定额修订工作。六是推进电力建设工程工程量清单计价与计量规范的修订。

（二）电力工程造价管理工作

（1）对已发布的各册定额价格水平进行科学调整。跟进工程造价构成要素的市场价格变化，按时调整和发布了“发电工程概、预算定额价格水平调整系数”“电网工程概、预算定额价格水平调整系数”“电力建筑工程施工机械价差”“20kV及以下配电网工程、电网技术改造工程和检修工程预算定额价格水平调整系数”。

（2）定期发布电力建设工程设备、材料信息价格。编制、出版《20kV及以下配网工程设备材料价格信息》《电力工程主要设备、材料信息价格》；另外，还借助于电力工程造价信息网，建立了相关价格信息的发布常态机制，为准确计算工程投资提供了可靠的参考依据。

（3）电力建设投资价格指数发布工作。为落实国家宏观调控政策，合理控制电力建设投资规模，参照国家统计局价格指数测算方法和建设部标准定额研究所的相关研究成果，结合电力工程建设的实际特点，研究构建、编制和发布年度《电力建设投资价格指数报告》，及时上报了国家发展改革委。

（4）加强电力工程造价信息网建设，进一步完善工程造价信息服务体系。电力工程造价信息网肩负着政策发布、专家答疑、造价员管理等重任，为了提升服务能力，以便为会员单位提供更加高效优质的工程造价信息交流平台，组织召开了中国电力工程造价信息网工作研讨会议，与各电力企业有关人员研究如何利用中国电力工程造价信息网，为电力工程造价管理服务。

（三）工程造价管理基础及前沿理论课题研究

（1）完成“建筑信息模型（BIM）在电力工程造价中的应用研究”“电力建设工程造价指数研究”“计价定额编制规则研究”等课题的研究工作。

（2）协同电力规划设计总院联合编制了《中国电

力技术经济发展研究报告（2015）》。该研究报告是一本让造价从业人员更系统掌握工程造价工作、让更多人认识工程造价行业的媒介和窗口，于 2015 年 10 月首次发布，以后将形成常态发布机制。

（四）行业管理和服务工作

（1）有序推进造价员资格认证和换证工作。完成了 2014 年电力行业造价员资格认证考试通过人员名单网上公示，有序开展资格证书的制作、发放工作。并同时开展了电力造价员资格证书期满换证工作。

（2）提升执业素质，指导并协助初审机构开展造价员继续教育工作。为提高电力行业造价、从业人员的业务素质，专委会指导并协助初审机构开展造价员继续教育工作，内容涉及计价依据体系、工程量清单计价规范、工程概预算编制和施工结算等。

（3）圆满完成优秀成果和优秀论文初选及推荐工作。为配合中价协的优秀造价咨询成果及优秀论文评比活动有序开展，先期展开电力行业内的评优活动。经过中价协的终评，推荐的优秀成果和优秀论文获奖率很高。

（4）在广泛调研和收资的基础上，下发了《关于落实〈国家发展改革委关于进一步放开建设项目专业服务价格的通知〉的指导意见》（中电联定额〔2015〕162 号文），使各企业在编制建设工程投资估算和初步设计概算编制时有据可依。

（5）配合国家能源局开展电力建设工程投资年度监管工作，并协助电力规划设计院撰写监管报告。

（6）组织召开了电网企业、发电企业、中国电建集团公司、中国能建集团公司等电力企业工程造价管理协调会。

（7）组织召开“2015 年全国电力工程造价与定额管理工作暨五届四次电力专委会工作会议”，会议深刻分析当前电力行业改革发展所面临的新形势，倾听企业的建议，促进行业的交流，全面总结和创新推进全国电力工程造价与定额管理工作。

【电力工程质量监督管理与服务】

（1）编制完成《风力发电工程质量监督检查大纲》和《光伏发电工程质量监督检查大纲》。根据国家能源局的委托，编制组按照分散与集中工作相结合的原则，合理安排，按时完成各阶段的任务。两册大纲的报批稿已分别于 6 月和 8 月报送国家能源局审批。该大纲将为下一步科学规范地开展质量监督工作、有效保障风电、光伏发电工程建设质量奠定了基础。

（2）颁布实施《电力工程检测试验管理办法》。将电力工程检测试验机构划分为土建、金属、电气和热控四个专业类别，重点强化了对检测试验机构资源配置、技术管理和实际操作能力的要求，增加了检测项目能力划分标准。

（3）印发《电力工程竣工验收操作手册》。以火力发电工程和输变电工程为主，简要讲述了竣工验收的依据性文件、竣工验收应具备的条件、竣工验收的主要流程等内容，并结合实际工程给出了操作实例。该手册为内部使用，主要为各部门、各企业组织竣工验收提供具体的参考操作依据。

（4）编制完成《输变电工程质量监督检查标准化清单》和《火力发电工程质量监督检查标准化清单》，并出版发行。电力工程质量监督标准化清单作为现场监督检查的操作手册，共包括输变电、火电等七册。该清单把工程各检查节点的检查依据、检查要点和问题描述等均以清单形式进行表述，既方便了大家的使用，同时也为下一步将工程监督检查工作标准化、电子化打好了技术基础。

（5）《电力工程质量检查员管理办法》通过专家审查。为保障电力工程质量安全，规范工程质量检查人员管理，根据各电力建设企业的共同要求，依据国家和电力行业工程建设专业人员持证上岗有关规定，组织制定了《电力工程质量检查员管理办法》。该办法已通过了专家会议的审查，并向主管部门申请颁布实施。

（6）组织完成国家能源局安排的新疆、四川等七个重点省区的工程质量专项督查工作。根据国家能源局 2015 年专项监管计划，质监总站共组织 8 批检查组，对新疆、四川等七个重点省区的 20 个在建项目进行了工程质量专项督查。共发现问题 431 例，签署专家意见书 26 份。质监总站根据职责下达整改通知书 15 份。在 11 月 13 日召开专项监管总结会上，国家能源局对本次督查工作给予了高度评价。

（7）成功举办 2015 年中国国际电力检测试验技术交流会。在 2015 年中国国际电力设备及技术展览会（简称 EP 展）期间，举办了中国国际电力检测检验技术交流会。本次交流会的举办，对于进一步规范检测试验机构的资质认证，加强电力行业检测试验机构管理，促进电力行业检测市场竞争的规范化将发挥积极的作用。

（8）完成 2015 年工程质量监督专业人员培训考核。2015 年度专业人员培训考核以集中培训方式开展，分别由河南、山西、湖南、广东和辽宁中心站承办，共有来自全国的 1578 名质监师和专家参加了培训考核。

（9）完成福建罗源湾、天津北疆等九个试验示范工程的阶段性监督检查任务。共形成专家意见书 76 份。在监督检查中共发现问题 2241 项，其中涉及质量管理行为的有 826 项，涉及工程实体质量的有 1402 项，抽样检测发现重大质量问题 13 项。通过督促整改，及时消除了这些工程质量隐患。

(10) 完成2015年全国在建电力工程规模统计。依靠工程质量监督检查信息平台，分上半年和下半年两次，对全国在建电力工程项目进行了统计，并编制印发了《全国在建电力工程项目名录》。该名录以省(自治区、直辖市) 为单位，统计了全国在建的所有110千伏及以上输变电工程、火电工程、核电、风电、光伏、生物质能发电和部分水电工程(不含水利部批准的项目)的建设规模和开竣工等信息。

(11) 研究提出《重大设备监理条例》(送审稿) 修改意见。根据国家能源局委托，质监总站组织专家对《重大设备监理条例》(送审稿) 进行了专题研究讨论，共整理提出12条修改意见，已经及时反馈给国家能源局。

【电力行业文化建设与对外宣传服务】

(一) 电力行业文化建设

(1) 深入宣贯落实党中央国务院关于文化建设的相关精神，不断改进电力行业文化建设成果的推广和应用。《当代电力文化》杂志在2015年里不断改进栏目设置，拓宽约稿渠道，加大原创比例，逐步打造成为电力行业文化建设成果交流和展示的重要平台。并加强与电力文学艺术协会的合作，组织了一系列丰富多彩的行业文学创作、电力书法摄影等文化实践活动，积极推动了电力行业文化的创新与落地。

(2) 创新性开展电力行业企业文化优秀成果评审。组建了评审专家库，创新评审方式，召开了现场评审交流会，为企业文化建设搭建了沟通交流平台。2015年，共评选出15家企业文化建设示范单位、105项优秀成果。

(二) 对外宣传服务

(1) 深入开展"7·26"中国电力日主题活动。在天津举办"7·26"中国电力日主场纪念活动，同期举办了新时期全国电力行业社会责任实践与表达高层研讨会，号召电力行业企业共同行动开展电力企业履行社会责任实践成果展示、传播活动，促进电力企业和电力行业内外共同关注电力改革与发展的巨大成就。

(2) 拟定了《中电联电力体制改革新闻宣传工作方案》，充分发挥中电联"三刊一网"的宣传平台优势，策划组织了系列电改专题和专家特稿，梳理并详细解释了新电改关键词和着重点，邀请行业内电改专家对新电改进行权威解读，同时通过官方新媒体渠道有效推送。发挥网站优势，紧跟改革动态，跟踪报道转发中央媒体和会员单位新闻稿300余篇。

(3) 编辑出版《中国电力工业现状与展望(2015)》，继续做好为行业"两会"代表委员服务工作。内容涵盖电力行业发展情况综述、电力行业热点共性问题等，引起了行业代表委员们的积极关注，产生了良好的社会反响。

(4) 及时发布中电联重大新闻、重要研究课题、行业统计数据及会领导署名文章。加大对电力体制改革、核电发展、特高压建设、电力行业贯彻落实"一带一路"战略、电动汽车等重大选题的宣传报道力度，取得了良好的传播效果。

(三) 做好信息报送工作

进一步加强信息宣传工作。坚持信息报送"精、准、快"的工作目标，全年共向各部委报送各类信息456条。其中国家发展改革委288条、工信部144条、国家能源局24条。在向工信部报送信息的19家行业协会、国家发展改革委报送信息的21家行业协会中排名均为第4位。

【党群工作】

(1) 组织开展"三严三实"专题教育。制定了中电联本部开展专题教育工作安排，举办了本部"三严三实"专题党课会、专题学习研讨交流会等学习会，组织各支部进行了三个专题学习活动，梳理了各部门"不严不实"问题整改的意见建议，汇总上报国家能源局的三个专题工作小结和200多份个人书面发言材料，组织召开了党员领导干部专题民主生活会和支部专题组织生活会。

(2) 组织开展职工理论学习活动。制定印发了党组理论学习中心组2015年学习计划，组织召开了以全国"两会"精神学习、"三严三实"教育为主题的3次中心组学习会。及时配发了习近平总书记重要讲话论述读本等15种学习材料。组织开展了职工读书征文活动，58篇征文分获一、二、三等奖，10篇读书征文入选国家能源局同读《抗战家书》优秀读书文章汇编，其中2篇在国家能源局的学习交流会上宣讲交流。组织党员干部积极参加了国家能源局举办的专题报告会等学习教育活动。

(3) 加强中电联机关党建工作。召开了3次中电联机关党委委员会议，研究、布置和检查机关党委的工作。制定印发了2015年中电联机关党建工作要点、职工理论学习计划表和党支部工作手册。批复成立了华凯公司党总支和调整了兴业公司党总支委员组成及分工。完成国家能源局党代会16名中电联党代表和国家发展改革委党代会3名中电联党代表候选人的选举和参会组织工作。发展了1名预备党员、转正了3名预备党员、转移了42名党员组织关系。组织开展了中电联机关党建述职评议工作。

(4) 抓好中电联本部党风廉政建设。制订印发了本部2015年党风廉政建设和反腐败工作要点和本部落实党风廉政建设主体责任实施细则；组织开展了反腐倡廉“两项规定”自查自纠工作，本部 17 个部门和单位的 168 名干部填报了个人自查报告表，向国家能源局报送了自查工作报告。

（5）群团组织开展了各具特色的职工文体活动。举办了 70 余人参赛的扑克牌升级比赛和参赛人次 300 多的踢毽、跳绳、羽毛球、乒乓球四项冬季健身比赛活动。举办了本部职工健康知识讲座和 70 余名女职工参加的以“快乐健康”为主题的“三八”国际劳动妇女节套圈比赛活动。成功承办了国家能源局 2015 年春季职工健身活动，300 多名局机关及直属在京单位职工参加了春季职工健步走和跳绳比赛。组织职工参加中央国家机关第四届职工运动会比赛，承办的中央国家机关第四届职工运动会国家能源局太极拳代表队获得 24 式太极拳比赛二等奖的好成绩。做好节日慰问等福利工作，对家庭困难职工、职工遗属、女职工进行了节日慰问和职工生日慰问，为职工发放劳保用品，为职工办理了年度公园年票等。

中电联分会及代管学协会

【中电联供电分会】

（1）围绕大局，认真履责。2015 年年初，根据分会规则和工作需要，调整了供电分会秘书长，对分会整合和换届改选做了大量的摸底和调研工作，使供电分会的各项工作平稳有序开展，为分会下一步的整合和改选打下了基础。按时完成供电分会月、季、年度的工作情况汇报、年鉴编写、有关财务报表和相关材料的报送工作，积极参加中电联组织的各类相关会议。

（2）加强基础性服务工作。一是在广东肇庆召开了供电分会部分会员代表座谈会。通过座谈交流，基层供电企业可以从分会了解许多关于供电企业改革发展、技术进步、管理创新的信息，加速互相学习共同提高的步伐。二是与中电联科技服务中心共同为内蒙古电力有限责任公司营销工作“十三五”发展规划开展评审工作。

（3）做好舆论引导和信息宣传工作。一是突出对党的路线、方针、政策和电力体制改革方面的宣传。二是突出对供电企业的典型经验的宣传，营造创新工作氛围、创建信息平台，弘扬重大事件、电力职工的忘我精神和先进事迹。三是突出新闻报道的时效性、真实性、准确性，确保刊登的信息准确无误，真实可靠。四是突出《供电企业管理》刊物的可读性、观赏性，保证专业刊物严肃性，同时适当添加一些艺术元素，收到了较好的效果。五是紧跟形势，贴近供电企业需求，在电力节能减排、清洁能源发电、智能电网、电动汽车充电站、特高压等建设上加以宣传报道。

（4）强化自律，抓好自身队伍建设。一是完善内部管理制度，积极推进管理体系建设工作；二是坚持部门例会制度，发扬民主、集思广益、探讨如何打造新形势下的行业协会，如何保持供电分会科学、健康、协调发展等问题；三是组织专题学习，学习上级文件精神、供电生产及企业管理知识、相关政策法规知识，增强服务本领，提高分会人员责任感和使命感；四是采取措施，加强财务管理。按时完成财务预决算和财务审计工作；五是增强凝聚力，利用不同途径与会员单位加强沟通，了解企业诉求；六是加大执行力度，分会各项工作按照程序运作、注重考评，对重要活动、重要事项采取目标分解、责任到人。

【中电联火电分会】

（1）完善基础建设，强化分会管理。一是广泛调研，征求意见，结合会员单位需求，研究起草分会决策类制度、活动举办管理办法，为适时发布专项管理制度做好基础准备工作，持续完善分会制度体系建设。二是落实中电联关于进一步规范分支机构工作精神以及严肃财经纪律，杜绝小金库相关工作要求，在中电联财务部统一管控下，持续规范分会财务管理，确保分会运作依法合规。三是持续完善分会基础档案和台账，进一步规范分会秘书处办公室管理工作。四是积极跟踪并参与中电联理事会换届工作，进一步理顺关系，并积极推进分会领导班子换届。

（2）以会员满意为标志，不断提升服务质量。一是持续完善门户网站建设，拓宽信息渠道，做好日常维护，在确保网络安全的基础上，进一步提升网站用户响应度。二是组织好论坛活动，线上论坛实时发布各会员企业成熟管理经验论文，相互借鉴、共同提高。线下论坛将在时机成熟后，举办相关活动。三是积极参与火电企业行业管理，按照中电联统一部署，组织会员企业参加相关科技活动、相关专家推荐，推动火电企业管理创新。四是加强会员与社会各界的联系，协调会员关系，维护会员利益，积极反映企业诉求。2015 年，多家沿海煤电企业因进口煤采购业务产生法律纠纷，火电分会积极行动，在福州组织召开了专题研讨会，会议达成一致意见。会后，中电联授权火电分会向福州高院发函反应情况，为维护企业合法利益、规避经营风险做出积极努力。五是紧紧依靠会员企业，力促分会工作效率提升，推进分会建设发展。加大宣传会员工作力度，与会员共享发展成果。

（3）积极吸纳会员，增强凝聚力。一是以目标为导向，深入分析原分会会员流失问题症结所在，采取有效措施，持续吸纳火电企业入会，年内新入会企业三家。二是改变工作方式，拓展思路，变被动为主动，积极与电力行业相关企业建立联络，争取适度发展火电行业上下游相关企业、研发单位入会，致力于优化分会会员结构。三是及时完成分会会员入会审批、备案和注册工作。四是加大工作力度，确保完成当年会费收缴任务，确保分会运作收支平衡、健康发展。

（4）狠抓作风建设，提高团队工作水平。一是按照中电联党组统一部署，加强组织，扎实开展好会员单位党的群众路线教育实践活动，确保活动取得实效。二是健全分会秘书处定期学习制度，严格学习纪律，组织参加外部业务培训活动，力促团队能力建设再上新台阶。三是积极参与中电联管理，加大与各兄弟协会的交流工作力度，吸收成熟经验，不断改进工作方法，保质保量完成好上级交办的各项工作任务。

【中电联水电分会】

（1）在安徽港口湾水力发电厂召开 2015 年工作会议。分会各会长单位、拟承办 2015 年相关活动的会员单位等 16 家参加了会议。会议听取了分会 2015 年工作计划，就 2015 年分会的专题活动进行了安排、布置。

（2）召开新闻宣传暨文化创新成果分享会。来自全国 30 余家水电厂代表参加会议。有 8 家单位代表作主题发言，展示了新闻宣传和企业文化创新成果；表彰了 12 家新闻宣传和文化创新先进单位。通过交流与学习分享成果，引导和激励各会员单位的新闻宣传和文化建设与时俱进。

（3）组织进行全国水电机组增容及技术改造经验交流。26 家单位的 58 位代表出席会议。各单位结合本单位实际情况，对机组增容改造技术经验、安全稳定生产、创造经济效益、扶持地方发展、提升企业管理等方面的经验成果进行了深入交流，互相借鉴先进经验、取长补短。

（4）优化平台阵地，提升服务质量。把一个网站、两本刊物作为会员单位交流、沟通的平台和宣传的阵地。一是按照年初确定的相关宣传重点和主题，开展专题或专栏宣传，在《中国水电站》杂志 2015 年第二期上开辟企业法制管理方面的专栏。二是通过召开通讯员工作会、在线交流等方式，对会员单位通讯员开展写作培训。三是编辑《中国水电站》3 期，网上刊登《水电厂信息》21 期。结合水电分会专项工作编发了《全国水电厂企业文化建设论文集》《水电机组增容及改造论文集》。

【中电联电力试验研究分会】

（1）召开 2015 年会长办公会暨三届五次理事大会。会议总结了分会 2014 年的工作成绩，部署了 2015 年的重点工作，对组织召开中电联电力试验研究分会生产工作会、经营工作会、专题技术交流会、联络员工作会等工作做了安排。审议通过了分会 2014 年财务执行情况报告，原则上通过 2015 年财务预算方案。

（2）召开 2015 年生产工作会议。就新形势下如何更好地提升技术监督服务水平、保障电网安全稳定运行等问题开展了深入的交流和讨论。

（3）召开 2015 年联络员工作会。就如何促进管理提升以及办公室工作取得的经验和成果进行了充分交流，进一步加强了各理事单位之间的联系和基层管理。

（4）为进一步提高分会各理事单位的科研实力，增强分会凝聚力，结合各单位专业发展和技术需求，分会在不同专业领域共举办了 5 次专题技术交流会议，而且在技术交流会期间为各理事单位组织了 4 次专题培训。

（5）启动了《中电联电力试验研究分会“十三五”发展规划》编制工作。拟就电力科学（试验）研究单位和分会的发展以及涉及电力体制改革、关系电力行业发展的重大政策、管理等问题提出意见和建议，最终形成专题报告报国家、行业等有关单位。

【中电联电力职业安全卫生分会】

（1）做好年度全国电力职工技术成果奖（职业卫生类）的评审。2015 年度成果奖共有 12 家单位 40 多个职业卫生类项目参评，各项目的质量有明显提高，共有 29 个项目推荐并入围。这一奖项的开展较好激励了从事职业卫生或健康管理的电力职工的工作热情。

（2）支持会员单位职业安全卫生课题评审。分会积极支持全国电力环境检测监督总站（山东电力研究院）和吉林省电力科学研究院有限公司在职业卫生课题申报或标准起草、职业危害预评价等职业卫生技术服务方面的工作，派出专家参与课题指导、评审或验收工作。

【中电联电力装备分会】

（1）积极向会员单位提供各类技术服务。分会先后组织了对电力机具、电站起重机械、牵张设备、电站高压管道等专业的课题调研。

（2）积极开展了新能源、新设备、新工艺的调研工作，先后对华电新能源公司、北京电力设备总厂等进行了实地考察。

（3）做好上半年“电力动态双日刊”的转发工作，均及时转发给各有关会员单位。

【中电联节能环保分会】

（1）召开中电联节能环保分会 2015 年年会。国家发展改革委环资司副司长赵鹏高、时任中电联党组成员、秘书长王志轩出席会议并讲话，国电科学技术研究院院长、分会会长刘建民做工作报告，分会副会长兼秘书长潘荔主持会议并做会议总结。分会会长单位、副会长单位、会员单位及指导委员会的近200名代表参加会议。年会同期召开了分会一届四次会长会议。

（2）开展调研活动。根据电力行业节能环保工作需要，结合会员单位需求，针对节能减排技术的研发与应用推广、环保达标情况、超低排放相关问题等，组织了14次调研活动。

（3）贯彻落实国家法规政策。一是根据国家发展改革委《关于印发能效“领跑者”制度实施方案的通知》（发改环资〔2014〕3001号）要求，有序推进电力行业能效“领跑者”活动。按照国家能源局要求，组织起草了《电力行业能效“领跑者”工作方案》（代拟稿）报送国家能源局。对树立电力行业能效标杆、推动电力行业进一步提高能源利用效率、实现全社会节能减排目标具有重要意义。二是推动燃煤电厂环境污染第三方治理工作。协助中电联研究室编制《燃煤电厂环境污染第三方治理指导意见》报送国家发展改革委，并组织开展了配套研究。

（4）积极搭建交流与服务平台。一是完成2015年电力行业节能和低碳技术推广工作。向国家发展改革委推荐了4项节能技术和1项低碳技术。其中，3项节能技术和1项低碳技术正式纳入国家发展改革委发布的《国家重点推广的低碳技术目录》（第二批）和《国家重点节能低碳技术推广目录（2015年本，节能部分）》中。二是在南京组织召开了2015年电力节能环保技术成果交流会。三是在上海组织召开了2015年电力行业节能环保论坛暨技术应用交流会。

（5）开展专业统计工作。发布了2014年度火电厂烟气脱硫、脱硝、除尘产业信息；启动了2015年度火电厂烟气脱硫脱硝产业信息登记工作；完成了2014年火电厂环境统计年报工作；完成了2015年火电厂环境统计年报报表制度修订工作。

（6）举办专业培训活动。举办了2015年电力行业烟气脱硝运行维护及管理人员培训、燃煤电厂烟气污染物治理达标排放及优化运行管理培训，考核合格后，向学员颁发了继续教育证书。

（7）加强与会员单位沟通联系。全年向会员单位发送6期《电力行业节能环保信息》。

【中国电力建设企业协会】

（1）针对新情况及行业热点问题积极组织开展调研与沟通工作。一是为深入了解会员单位的服务需求，协会尤京常务副会长带队分别走访了两大建设及南方电网等集团公司，沟通有关情况，并及时改进完善相关业务服务工作。二是组织启动了电力工程监理行业现状与发展前景的调研工作，以客观的分析取得的成绩和存在的问题，进一步探索其发展方向和具体途径。三是针对火电工程普遍存在的“低于成本价”的招投标现象，协会组织了由两大建设集团公司、五大发电集团公司相关部门和单位参与的“合理成本价”的调研活动。

（2）不断加强电力建设行业服务工作。一是电力建设企业基本信息统计工作，以统计快报的形式及时提供了相关的行业信息服务，并按时向国家统计局等有关部门报送了《2014年度电力建设施工企业统计年报》和2015年各季度的统计季报，完成了《2014年度全国电力建设企业统计资料汇编》和《2014年度全国电力建设行业统计分析报告》。二是电力建设领域信用体系建设工作，完成了以协会网站为载体，以履约能力和守信行为为主要内容的行业信用信息查询系统的建设（收录了近3年的相关信息），定期发布《电力建设信用动态管理信息报告》，完成了30家电力建设企业信用等级评价工作，以及95家企业的信用年检工作和64家企业的信用复评工作，并向有关企业发出征询函5份、整改函3份、警示函6份。三是电力建设标准制修订工作，根据有关部门下达的标准编制计划，完成了《火力发电工程施工组织设计导则》等11项标准的编制出版工作，以及《火力发电工程消防施工技术导则》等10项标准的征求意见工作，启动了《火电工程质量评价》等七项标准编制工作，进一步完善了电力建设标准体系，并及时组织了新颁标准的宣贯活动。四是电力建设工程质量监督工作，根据中电联质量监督总站的安排，截至11月25日，共完成了九项火电建设工程的41次质量监督检查工作，并对近三年累计发现的2169项问题进行了归类分析。配合总站完成了《风力发电工程质量监督检查大纲》和《光伏发电工程质量监督检查大纲》修编工作，以及《电力工程质量监督检查标准化清单》（地基处理阶段）的编制工作。

（3）积极开展电力工程建设咨询服务工作。一是积极开展全过程质量控制咨询服务，根据企业申请，组织专家开展现场咨询服务活动，推进全过程质量控制，明确管控要点，预控质量风险，为提升电力工程建设质量发挥了积极的作用，并及时总结经验，完成了《创优5》和《创优6》的编写工作，以及《电力建设标准负面清单系统》《电力建设标准大数据系统》及《电力建设标准培训考核系统》三套软件系统的研发编制工作。一年来，共组织专家开展了240次全过程质量控制和创优咨询服务活动，对15项电力工程建设项目进行了达标投产复检。二是开展优质工程评选工作，根据企业申报，经严格的初审、现场核查、评委会审定等程序，2015年共有39项电力工程建设项目获中国电力优质工程奖（含境外工程）。经择优推荐，有17项获国家优质工程奖，5项获国家优质工程金奖，5项获中国建设工程鲁班奖（含境外工程），多年来，电力工程建设项目获奖数量稳居各工业行业之首。三是科技成果及工法的推广应用工作，为及时总结推广应用先进的科技成果和工法，促进电力建设领域的技术进步，协会组织开展了相关的评选工作，2015年共评选出392项电力建设科学技术进步奖，207项中国电力建设工法，经择优推荐，有22项获中施企协科技创新成果奖，有5项工法通过了由住建部组织的国家级工法的评审。

（4）根据岗位需求开展相应的培训与评审工作。一年来，结合岗位需求和专业特性，截至11月底，先后举办了32期电力工程监理师（员）岗位培训班，2期电力工程总监岗位培训班，3期电力工程调试人员岗位培训班，10期工程质量评价人员培训班。经评审，1877人取得了相应的电力工程监理岗位资格，865人取得了相应的电力工程调试岗位资格，194人取得了相应的质量评价岗位资格。2752人完成了国家注册监理师继续教育培训，1486人完成了电力工程监理网络继续教育培训。根据特高压直流输电工程建设的需要，配合国网直流部开展了特高压直流线路工程安全管理与技能培训工作，举办了2期培训班，273人参加了培训。

（5）配合国家能源局开展有关工作。根据国家能源局关于开展全国电力行业建设工程落实施工方案专项行动的工作部署，作为技术支持单位，配合组织抽查了辽宁、江苏等7地区的17个在建电力工程项目，发现问题823例，并就整改事宜与相关人员进行了充分的交流。受国家能源局委托，协会组织进行了电力建设施工企业、电力工程建设项目的安全生产标准化评审报告审核工作，共有48家电力建设施工企业、13个电力工程建设项目通过审核获达标证书。

（6）开展双优评选活动。为营造争先创优氛围，协会定期组织行业优秀集体和个人的评选工作，在择优推荐参加的全国性评选活动中，有12家电力施工企业获得全国工程建设优秀企业称号，4人获得全国优秀施工企业家称号、2人获得全国优秀建造师称号、20人获得全国工程建设优秀项目经理称号、11人获得全国工程建设优秀高级职业经理人称号。

（7）自身能力建设方面。一是初步完成了反映各会员单位年施工量、获奖工程、施工机械、安全管理、人员结构等主要情况的企业能力查询系统建设工作，录入了近三年的相关信息。二是对近年来质量监督检查和安全专项督查中发现的问题进行了归类分析，以进一步加强相关的业务培训与现场咨询服务工作的针对性，并向会员单位提供了相关的信息服务。三是在规范协会组织行为，积极开展有关业务工作，发挥应有作用方面得到了有关政府部门的认可。

【中国电力规划设计协会】

（1）关注行业改革，把握发展方向。一是编写《协会中长期战略发展规划》，引导协会长期、健康发展。二是深入开展行业政策调查研究，使会员单位进一步了解行业政策、发展趋势等信息。三是继续密切关注行业改革动向。根据国家能源局政策法规司、国资委巡视组的要求，提供了《关于制止电网公司重建规划设计体系的报告》。

（2）做好政府委托工作，发挥桥梁和纽带作用。一是严密做好电气工程师注册与考试管理。二是压力管道设计资格鉴定评审。

（3）实施行业自律，优化市场环境。一是监督电力勘测设计招投标，2015年共监督协调了10个发电项目，取得较好的效果。二是开展电力工程项目服务成本测算，为市场价格条件下行业自律工作的有效开展奠定了基础。三是做好行业统计信息。发布了“2014年度省级及以上设计单位对标标杆指标”“2014年度供用电设计单位对标标杆指标”。编写完成了《2014年度电力勘测设计统计年报分析报告》。四是组织投保工程设计责任险。2015年投保工程设计责任险44家，投保工程设计责任保险，增强了参保单位的风险意识。五是组织召开了2015年电力勘测设计行业工程总承包经验交流会暨工程建设项目管理专委会工作会议。

（4）强化质量管理，提升行业发展水平。一是修改完善了《电力勘测设计行业质量检查管理办法》并于5月份颁布。二是组织申报电力行业质量奖。三是召开了2015年全国电力勘测设计行业QC小组活动成果发表会，共评选出全国电力勘测设计行业优秀QC小组活动成果72项。

（5）加强技术管理，促进行业技术创新。一是积极维护会员利益。针对AVEVA公司软件产品采购和使用等方面问题多次与AVEVA公司洽谈，并正式签署了备忘录，统一组织全行业进行AVEVA软件升级和服务工作。二是规范行业技术管理工作。《火力发电厂系统设计说明》编制工作有序开展。完善、修订了《电力工程设计专有技术评审及管理办法》。修订并颁布了《电力勘测设计行业软件评审办法》。三是组织召开了电力勘测设计行业供电设计单位数字档案馆试点工作启动会，开展数字化档案馆在供配电会员单位的推广工作。四是组织评选第二批全国电力勘测设计行业供配电设计专家。

（6）开展行业标准化建设，推进电力设计标准国际化。一是健全行业标准。完成《2015年电力勘测设计行业标准设计制（修）订项目》《钢栈桥标准设计》《超（超）临界机组凝汽式汽机顺控逻辑》等行业标准，规范了《铁塔设计软件》《冷却塔尺寸计算及制图自动化软件》等计算机软件并颁发证书。二是中外标准比较研究成果显著。着手出版《中国电力设计标准与国际标准和国外标准比较研究》发电工程（除暖通、消防专业）、输变电工程、勘测工程、新能源工程成果。

（7）牢固树立服务第一理念，满足会员企业需求。组织2014年度电力行业“四优”和水电优秀工程勘测项目评审。共评出电力行业“四优”项目260项，其中一等奖61项，二等奖78项，三等奖121项。优秀水电工程勘测设计项目35项，其中一等奖12项，二等奖10项，三等奖13项。

【中国电力技术市场协会】

（1）不断强化内部管理，提升服务和管理水平。一是协会陆续完成名称变更，社团执照、组织机构代码证、公章和财务变更，社团组织机构年检和审计等一系列工作。二是完成了协会年度评估指标的申报，及相关审核材料的组织工作，同时完成了社会组织评估专家对协会的实地考察和质询工作。2015年6月被评为2A等级社团（民服函〔2015〕14号）。三是协会不断加强内部管理和财务管理，完善各项规章制度，规范工作流程，提高工作效率。

（2）精心组织召开专业会议，努力搭建高效的交流平台。一是组织召开第七次电力企业科技工作联络会，充分发挥这一平台的交流和联络作用。二是筹备了2015（第二届）电力科技管理论坛，同时开展了论坛创新成果评选等工作。三是组织召开了2015（首届）电力行业化学检测技术及中心化验室建设论坛、第六届火电行业化学专业年会，开展了电力化学专业先进和标杆中心化验室评选等工作。四是完成了第一届电力行业锅炉压力容器安全监督管理工程师考委会的换届工作。五是完成了第一届电力行业热工自动化委员会换届工作，并召开2015年全国发电厂热工自动化专业年会，开展行业热工技术工作先进电厂、先进实验室和先进个人评选活动。六是完成了《火电机组能效水平对标及竞赛办法》和节能技术的培训工作。七是成立了电力行业电力设施保护及防止窃电专业技术委员会，为电力设施保护及防窃电工作的开展献计献策。

（3）完善协会专业技术组织，为会员提供全方位服务。一是完成了全国燃气机组技术交流协作会的组建工作，并召开了第一届年会。二是组织召开了2015年全国大中型水电厂技术协作网第十一届年会，会议就大型自并励励磁系统网源协调参数整定、水轮发电机调速器和AGC网源协调等专题，进行了互动交流，听取了专家和代表对水电厂技术协作网工作的意见和建议。三是开展了电网公司电子商务平台常态化、配电网标准化建设及新技术应用成果等培训工作。

【中国水利电力质量管理协会】

（1）积极开展质量管理小组活动。形成了“全部评审、精品交流、大会点评、共同提高”的QC小组活动成果评审新模式，提高了各小组参与活动的积极性和主动性。引领各QC小组向标杆学习，树立起全国电力行业QC成果的品牌。2015年，共计520个小组荣获全国电力行业优秀质量管理小组，77家企业荣获质量管理小组活动优秀企业，73名基层和相关企业领导荣获质量管理小组活动卓越领导者，82名个人荣获质量管理小组活动优秀推进者，28个小组通过行业推荐荣获全国优秀质量小组。

（2）通过在全国电力行业开展质量信得过班组活动，促进了企业加强质量管理基础工作，提升了企业基础管理的软实力。2015年有100个班组荣获全国电力行业质量信得过班组，15个班组荣获全国质量信得过班组。

（3）积极推动全国电力行业质量奖评审工作。修订了电力行业质量奖评审办法，增设了对连续获三次质量特别奖的企业授予质量金奖，并授予质量金奖企业主要领导为优秀领导者和推进者。2015年有25家企业荣获全国电力行业实施卓越绩效模式先进企业，2家企业获得全国电力行业质量奖，7个企业再获全国电力行业质量特别奖，6家企业获得全国电力行业质量金奖，优秀领导者35人，优秀推进者113人。1家企业获全国实施卓越绩效模式先进企业特别奖，1人获全国卓越领导者，2人获全国优秀推进者，天津电力公司获全国质量奖。

（4）积极组织开展“四满意”活动。即用户满意企业、用户满意服务、用户满意产品、用户满意工程。2015年有36家企业荣获全国电力行业用户满意企业，18项服务荣获全国电力行业用户满意服务，13个产品荣获全国电力行业用户满意产品，7项工程荣获全国电力行业用户满意建筑工程。

【中国电力体育协会】

（1）在云南省大理市召开2015年中国电力体协会长扩大会议。传达2015年全国体育局长会议精神；总结中国电力体协2014年主要工作；研究部署2015年电力行业职工体育工作；与会各单位进行职工体育工作交流；考察中国水利水电第十四工程局有限公司体育设施和开展职工体育活动情况。

（2）第八届全国行业体协职工乒乓球比赛北京广安体育馆落下帷幕。电力体协经过顽强拼搏获得混合团体第五名的好成绩。

（3）由中国电力体育协会、中国电力网球协会主办，中国华电集团公司工委承办的2015年在京电力单位网球友谊赛在北京奥体中心网球馆举行。来自6

家在京电力集团公司的50多名网球好手参加了本次友谊赛。

(4) 2015年全国电力行业职工乒乓球比赛在山东省潍坊市鲁能乒乓球学校举行。来自电力行业的13支代表队150多名运动员参加了比赛。

(5) 由中国电力体育协会、中国电力桥牌协会主办的2015年全国电力行业职工桥牌锦标赛在湖北省宜昌市举行。来自全国电力行业的33支代表队200多名运动员参加了这次比赛。

【中国电力教育协会】

(1) 完成协会换届事宜。召开了中国电力教育协会第三次会员代表大会，经会员代表表决通过了各项议案，正式成立第三届理事会。完成了协会法定代表人变更手续。

(2) 电力教育基金管理工作。完成了电力教育基金管理委员会换届工作。制定并印发《电力行业技能人才培育突出贡献奖评选表彰管理办法》，开展了2015年电力行业技能人才培育突出贡献奖评选活动，国网技术学院等3个单位和李红新等9人获得2015年“电力行业技能人才培育突出贡献奖”。

(3) 协助中国电力企业联合会技能鉴定与教育培训中心开展电力行业仿真培训工作。

(4) 其他工作。配合完成《中国电力教育》杂志转交中电联文联部承办单位的变更管理与新版技术支持工作；与中国电力企业联合会文化建设与对外联络部联合举办了2015年中国电力教育论坛；成立了中国电力教育协会电力仿真培训委员会；筹备了中国电力教育协会输配电专业培训委员会。

【中国国际贸易促进委员会电力行业委员会】

(1) 召开2015年电力贸促会会长办公会。会上总结了2014年电力贸促会的工作成绩，明确了2015年的工作内容及思路，深入探讨了电力贸促会服务发展方向。

(2) 与中国国际商会积极开展深度合作，积极研讨为中电联会员单位提供政策研究、贸易投资信息、贸易投资预警、调解贸易摩擦及纠纷、综合法律服务、知识产权保护等方面的综合服务。同时推荐国内有代表性、有实力的电力企业加入国际商会中国国家委员会专业委员会——环境与能源委员会、贸易与投资政策委员会、企业责任与反腐败委员会，为推动电力企业参与国际商事规则制定起到积极作用。

(3) 参与完成《中国电力企业对外投资合作总结与展望（2015）》《电力国际信息参考》《中国对外投资合作政策法规汇编（2014）》。

(4) 协助中电联举办2015年中国国际清洁能源博览暨清洁能源峰会、第十届上海国际电力设备及技术展览会和2015珠海智能电网大会暨中国（珠海）国际智能电网展览会。

【中国电力发展促进会】

(1) 把“构建能源行业智库，促进电力科学发展”作为协会首要任务和全年工作重点。起草制定了《专家智库管理办法》，抽调专人充实能源研究中心工作。

(2) 开展《中国电力年鉴》编制工作。先后召开年鉴编辑部大纲审查会、年鉴工作会议，对撰稿人进行业务培训，收到良好的效果。

(3) 品牌会议影响力进一步扩大。组织召开“2015中国电力发展论坛”“2015电力运行形势（年中）高端交流分析会”“2015中国一东盟电力合作与发展论坛”，与电力人才研究会共同举办首届电力行业人力资源管理创新论坛暨电力企业人力资源高管联席会议。

(4) 举行中国电力网供应链商务平台上线发布会。开放注册以来已经有注册用户一万多名，各类产品信息三万多种，未来将有更多的电力采购企业和电力供应企业入驻，力争尽早实现交易。

(5) 召开中国电力发展促进会第三届理事会五次理事会扩大会议。中电联等36家会长、副会长及理事单位的理事或代表参加了会议。

【中国电力职工思想政治研究会】

(1) 认真做好2015年度立项课题申报管理工作。根据年度工作计划，组织各会员单位根据《中国电力思想政治工作研究会2014～2015年重点课题》和《中国电力思想政治工作研究会重点课题管理办法》，结合行业实际情况，围绕重点参考选题，积极申报研究课题。

(2) 重点开展《全国电力职工价值取向和电力行业形象建设调研研究》的专项课题调研，了解和掌握新时期电力员工的价值取向，进一步探索公约落地的方法和路径，研究电力行业形象建设的关键要素和实现路径。

(3) 加强对优秀研究成果的宣传、应用和转化工作。组织了《中国电力思想政治工作研究会2015年课题研究优秀成果》评选，并将在2016年编辑出版全国电力企业党建思想政治工作优秀研究成果文集。

(4) 积极组织开展第六届常务理事会第四次会议、2015年中国电力政研会秘书长会议、2015年中国电力政研会年会系列活动。

(5) 大力开展思想政治工作和文化建设评先树优活动。认真做好全国电力行业思想政治工作“双优”和2015年课题研究优秀成果评选表彰工作。

【中国电力文学艺术协会】

(1) 促进文协的规范化建设。一是制定2015年度工作计划、顺利完成2014年度年检工作。二是与各协会及上级主管部门建立定期沟通工作机制，全力支持、协助各专业分会开展活动。三是定期将月度工作总结报送至中国文联。四是起草《电力文协财务与资产管理办法》《电力文协公文管理办法》。五是拟定电力文协二级专业协会费用报销管理细则及工作流程。

（2）积极推进各项工作、会议及活动。一是参加民政部“全国先进社会组织”评选。二是推荐吴力、陈富强参加中央宣传部、人力资源社会保障部、中国文联开展的“第四届全国中青年德艺双馨文艺工作者”评选。三是成立了关于开展“深入社会、扎根人民”主题实践活动领导小组。开展的“到人民中去”文艺志愿主要活动被刊载到中国文联文艺志愿服务简报上，并荣获优秀组织单位。四是组织电力行业 50 余名摄影家到浙江三门火电、核电基地，举行“中国梦·劳动美”电力摄协文艺志愿者公益拍摄活动。五是全力支持并参与了电力书协关于“铭记历史　珍爱和平”纪念中国人民抗日战争暨世界反法西斯战争胜利 70 周年全国电力书法展览。

【电力系统人才研究会】

（1）积极配合中国人才研究会开展社团评估工作，搜集整理有关资料，提供 2013、2014 年发展会员情况、开展活动的相关材料、工作计划和总结。

（2）与中国电力发展促进会联合举办“电力行业人力资源管理创新论坛暨 2015 电力企业人力资源高管联席会”，围绕“创新驱动，电力行业人才管理转型与发展”的主题，共同探讨电力行业创新型人才队伍建设的发展战略和路径，共同研讨电力企业人力资源开发与管理的难点热点问题，交流人力资源管理的好做法和好理念，促进电力行业人力资源管理工作者的交流。

电力论坛

工 作 报 告

【国家电网公司 2016 年工作报告(摘要)】

一、2015 年工作回顾

电力供应安全可靠。认真贯彻国家安全生产工作部署，安全大检查和隐患排查治理取得实效。积极应对特高压“强直弱交”和新能源大规模接网等挑战，多措并举保障了电网安全稳定运行。针对天津港“8·12”特大事故和台风、洪涝、雨雪冰冻等自然灾害，全力抢险救援，及时恢复供电。圆满完成抗日战争胜利 70 周年纪念活动、西藏自治区成立 50 周年和新疆维吾尔自治区成立 60 周年庆祝活动等重要保电任务。特高压跨区跨省输送电量 1534 亿 kWh，同比增长 12.2%；消纳西南水电 1236 亿 kWh，同比增长 10.1%。新能源累计并网装机 1.66 亿 kW，其中风电 1.17 亿 kW、太阳能发电 3973 万 kW；全年消纳风电、太阳能发电量 2038 亿 kWh，同比增长 21.3%。

电网发展成效显著。列入国家大气污染防治行动计划的“四交四直”和酒泉—湖南特高压直流工程全面开工。准东—皖南±1100kV 特高压直流工程获得核准。立足优化能源配置、加快清洁发展、保障电网安全，深入研究同步电网发展格局，编制“十三五”电网发展规划。完成 30 个重点城市市区和 30 个非重点城市核心区配电网建设改造。解决了 10 个县域电网与主网联系薄弱和 664 万农村用户“低电压”问题。山东沂蒙、安徽金寨、河南天池等 6 个抽水蓄能电站开工建设，在建规模 1730 万 kW。新装智能电表 6450 万只，累计实现用电信息自动采集 3.17 亿户。累计建成智能变电站 2300 座、充换电站 1537 座、充电桩 2.96 万个。哈密南—郑州特高压直流工程、福建仙游抽水蓄能电站荣获国家优质工程金奖。

积极推动构建全球能源互联网。习近平总书记在联合国发展峰会上发表重要讲话，倡议构建全球能源互联网，推动以清洁和绿色方式满足全球电力需求，得到国内外广泛支持和响应。公司认真贯彻落实，积极宣传宣讲，搭建交流合作平台，成功主办中美、中欧全球能源互联网技术装备研讨会。与国际能源署组建全球能源互联网联合工作组，与美国国家可再生能源实验室、阿贡国家实验室、英国伯明翰大学开展合作，联合攻关。组建全球能源互联网集团有限公司，推动成立全球能源互联网发展合作组织。

经营业绩稳健提升。应对售电增长乏力、投入持续增加、成本刚性增长严峻形势，大力增收节支、降本增效，强化电费回收预警预控，效益创历史新高，为稳增长做出积极贡献。实施电能替代项目 1.72 万个，替代电量 760 亿 kWh。开展低成本融资 1993 亿元，其中境内、外分别发债 861 亿元和 10 亿欧元。产业、金融、国际业务在市场开拓、资本运作、转型升级等方面取得新突破。电子商城和车联网平台上线运营。巴西美丽山特高压送出工程一期奠基开工、二期成功中标。

各项改革协调推进。贯彻中央深化电力体制改革和国资国企改革部署，积极参与配套政策研究、试点方案制订、《电力法》修订等工作。规范董事会建设，完善法人治理结构。安徽、湖北、宁夏输配电价改革试点有序推进。积极组建北京电力交易中心。“五位一体”机制建设向纵深推进，“三集五大”体系不断巩固提升。严格各级企业负责人薪酬管理，完成岗位绩效工资制度改革。稳妥推进集体企业改革改制，精简集体企业 524 户。

科技创新成果丰硕。大电网重大专项 6 类项目 44 个课题研究全面完成。±1100kV 特高压直流关键技术及设备、±800kV 特高压直流受端分层接入和柔性交直流输电技术等研发取得重要突破。世界上电压等级最高、输送容量最大的厦门柔性直流输电工程，自主研发、代表世界柔性交流输电最高水平的南京统一潮流控制器等重大科技示范工程建成投运。公司 5 个实验室入选国家重点实验室。获国家科学技术进步奖 5 项。新增专利 10 022 项，获中国专利奖金奖 1 项、优秀奖 12 项，获奖数量居全国第一。开展职工技术创新竞赛等活动，激发了基层创造活力。

党的建设进一步加强。深入学习贯彻习近平总书记系列重要讲话精神，认真落实中央加强党的建设各项部署，深入开展“三严三实”专题教育，全面整改“不严不实”问题，严肃党的政治纪律、政治规矩。认真落实“两个责任”和“一岗双责”。深入学习贯彻《中国共产党章程》（简称《党章》）、《中国共产党廉洁自律准则》（简称《准则》）和《中国共产党纪律处分条例》（简称《条例》），开展警示教育，广大党员和干部职工思想作风明显改进。积极配合中央专项巡视，完成巡视反馈意见整改落实，得到中央纪委、中央巡视办、中央巡视组和国资委党委肯定。深化服务型党组织建设、电网先锋党支部创建、共产党员服务队竞赛，基层党支部战斗堡垒作用和党员先锋模范作用进一步发挥。开展“争做最美国网人”活动，弘扬社会主义核心价值观，涌现出一大批先进集体和个人。

2015年，公司系统295家单位获全国文明单位，64名职工获全国劳动模范，高君芷当选全国道德模范，10名职工获中央企业劳动模范、10家单位获中央企业先进集体称号，11个集体获全国青年文明号。公司评出10名特等劳模、155名劳模、230个先进班组和200名优秀班组长。

二、2016年重点工作

2016年是全面实施"十三五"规划的开局之年。公司工作总的要求是：认真贯彻党的十八届五中全会和中央经济工作会议精神，落实国资委各项部署，深化改革、锐意创新、精益管理、依法治企，提高发展质量和效率效益，确保安全稳定和优质服务，实现"两个转变"新突破，为经济社会发展做出积极贡献。

重点做好九个方面工作：一是全力做好安全工作；二是努力提升电力服务水平；三是加快各级电网协调发展；四是全面强化经营管理；五是加快产业、金融、国际业务发展；六是坚持依法从严治企；七是做好各项改革工作；八是多出快出科技成果；九是全面贯彻从严治党要求。

【中国南方电网有限责任公司2016年工作报告(摘要)】

一、2015年工作回顾

2015年，南方电网保持安全稳定运行，全系统没有发生电力安全和设备事故，三级及以上电力安全事件同比下降43%；最高统调负荷1.42亿kW，增长4%。全年完成售电量7822亿kWh，下降0.5%；西电东送电量1891亿kWh，增长9.8%；营业收入4707亿元，减少1%；利润总额192.3亿元，增长28.6%，创历史最好水平；EVA 57.3亿元，增加10.3亿元；固定资产投资834亿元；资产总额6362亿元，资产负债率61.36%。公司连续9年获得国资委经营业绩考核A级，并荣获中央企业经济效益突出贡献一等奖。在世界500强企业排名中列第113位，比2014年上升2位。

（一）安全生产保持稳定局面

全面加强系统运行风险的动态闭环管控。深入开展差异化运维和规范化检修。探索运用"机巡+人巡"的巡维模式，完成6.7万km输电线路机巡工作。圆满完成抗日战争胜利70周年纪念活动、博鳌亚洲论坛等16项重大保供电工作。成功应对强台风"彩虹"的猛烈袭击，在较短时间内全面恢复了447.3万户受影响客户的供电。

（二）电网持续快速发展

加强重点项目和城乡配电网建设。完成公司"十三五"电网规划研究，滚动修编《南方电网发展规划（2013—2020年）》。采取重要举措加快电网建设，普侨直流普洱接地极、500kV滇南外送二回交流工程、清远抽水蓄能电站1号机组实现投产。500kV海南联网二回工程及梅州、阳江抽水蓄能电站开工建设。滇西北至广东±800kV特高压直流工程获得核准。完成2015年第一、二批中央农网改造升级投资59.5亿元，完成率100%。加强物资招标采购规范化、集约化管理，网、省两级物资采购集中度达90.4%。

（三）客户服务水平持续提高

强化客户停电集中监控，加强配网运行管理和故障情况下快速复电机制建设。全网实施配网带电作业同比增加23.1%。深入开展业扩报装、电能质量和用电安全三项治理。全网报装接电时间平均提前46天。在广东地区将业扩投资界面延伸至客户建筑的土地产权红线，截至2015年年底为客户节约投资11.2亿元。创新服务渠道，开通互联网、微信营业厅等服务渠道，非现金交费客户比例达到85%。全年客户平均停电时间9.93h/户，同比下降14.4%。5家供电局进入全国供电可靠性十强。第三方客户满意度79分，接近国际先进水平；公司在广东、广西、云南、贵州以及广州、深圳社情民意机构客户满意度调查中位列第一。

（四）稳增长任务圆满完成

强化成本管控，成本费用占营业收入比重同比下降1.13个百分点。全年购水电比重达到40.4%，同比提高3.4个百分点。做好电费回收，当年电费回收率99.9%以上。落实中央八项规定精神，办公、差旅、会议、业务招待、出国等五项费用同比下降5.2%。开展亏损企业专项治理，亏损面和亏损额分别下降34%、20%。推进"两金"清理，"两金"余额下降11.6%。强化闲置物资再利用，报废资产净值率降低0.8个百分点。加强资金集中管理，加大资本运作力度，公司财务绩效被国资委评为优秀。配合做好国家审计署开展稳增长政策落实情况等跟踪审计，加大内部审计力度，全年完成审计项目1378项，纠正违规金额4.12亿元，促进增收节支1.19亿元。积极配合监事会开展当期监督，做好问题整改。制定公司全面推进依法治企的实施意见，扎实贯彻执行；加强法律案件管理，避免和挽回经济损失7.96亿元。

（五）各项改革稳妥推进

配合做好云南、贵州输配电价改革试点准备工作，推广应用深圳改革试点经验。广东、广西、云南、贵州成立电力交易中心，广东电力交易技术支持系统成功上线运行，全年全网组织市场化交易电量880亿kWh。开展混合所有制试点，成立全国首个开展增量配电网业务的混合所有制供电企业——深圳前海及蛇口电网。落实央企负责人薪酬制度改革要求，收入分配向生产单位和基层一线倾斜。

（六）科技创新成果丰硕

12个国家863计划项目全部按期通过国家验收。全年获得授权专利2427件，其中发明专利772件，同比分别增加58%、79%；年度发明专利授权量在中央企业中排名第14位。职工创新成果中有3项获得全国能源化工系统优秀职工技术创新成果奖，54项成果获得全国电力职工技术成果奖。

（七）"走出去"取得新突破

正在开展境外电力合作重点项目总投资156亿元，带动116亿元的国内施工、技术、服务、装备等进入国际市场。其中，越南永新电厂一期BOT项目开工建设，老挝南塔河1号水电站实现截流，老挝北部电网EPC项目按期投产，中老、中缅、中泰联网项目前期工作加快推进。根据国家能源局安排，公司作为组长单位牵头组织3600万元电力物资，支援缅甸抗击特大洪灾。调整优化公司驻外办事机构，成立公司国际情报中心。整合境外电力合作项目资产，将广东、云南跨境购售电资产分别划转至南网国际公司和云南国际公司。

（八）节能减排成效明显

强化节能发电调度管理，全年减少标准煤消耗1505万t，减少二氧化碳排放4003万t、二氧化硫37万t。单位发受电量化石能耗同比降低28g/kWh。全年全网新增风电装机容量288万kW、光伏装机容量67万kW，同比分别增长37.5%、68.7%。加强线损管理，全年综合线损率6.72%，下降0.22个百分点。编制公司支持电动汽车充电基础设施建设方案，合理布局充电服务网络。实施合同能源管理，全年客户侧节约电量8.78亿kWh，超额完成国家节约电力电量"两个千分之三"目标。

（九）创先工作进一步深化

持续完善一体化作业标准体系，实现基层业务的全覆盖。编制全网统一的指标体系，精简班组管理通用记录，为基层减负。扎实推进农电规范化建设，加强供电所基础管理。积极推进企业管理信息系统2.0版建设，年底前全面投运。资产、营销、人资、财务管理四大信息系统上线试运行，各系统核心业务功能模块基本实现了全员应用。

（十）党的建设全面加强

在全系统扎实开展"三严三实"专题教育，加强不严不实问题整改，严肃党的政治纪律和政治规矩。编制《党委书记工作手册》和《党支部书记工作手册》，制订《基层党委书记工作到位标准》，促进党建工作责任落实。试点开展基层党组织书记述职考核评价。完成全部党委、党支部的换届选举整改工作。落实党管干部原则，公司选人用人工作满意度达98.93%。对2010年以来公司党组管理干部中的"带病提拔""带病上岗"问题进行倒查和追责。加强了领导干部个人有关事项报告和因私出国（境）管理。

落实中央巡视组反馈意见，深入开展专项治理，整改任务按期完成，常态化工作持续推进。认真处置中央巡视组移交的信访举报件，加大自主查办案件力度。抓好"两个责任"落实，全面开展党组（党委）书记、纪检组长（纪委书记）约谈工作；实行纪检组长（纪委书记）对同级领导班子成员廉洁评价制度。坚决查处违反中央八项规定精神问题。加大内部巡视力度，实现对分、子公司巡视的全覆盖。

加强人才队伍建设和精神文明建设。全员绩效考核覆盖率和一线技能人员持证率均达100%。充分发挥职代会作用，畅通职工参与民主管理渠道，维护职工合法权益。认真落实离退休老同志"两项待遇"，连续6年开展敬老日活动。公司系统获得全国模范职工之家、全国劳模等国家级集体荣誉34个，个人荣誉11个；省部级集体荣誉219个，个人荣誉190个。

二、"十三五"改革发展重点任务

（一）建设智能、高效、可靠、绿色的现代化电网

要统筹推动各级电网协调发展，优化主网、做强配网、升级农网，推动电力绿色转型，提高资源配置效率。

（二）做强做优做大公司业务

要深化客户服务创新，建立稳定的回报机制，健全电力市场配套运作机制，拓展市场化售电业务、综合能源业务、金融业务、国际业务，探索延伸业务，做优品牌形象。

（三）强化体制机制创新

分类管控管制业务、竞争性业务。完善现代企业制度和创新驱动机制。持续完善先进管理体系。

三、2016年工作安排

（一）牢牢守住安全生产底线

强化安全基础管理，落实安全生产责任制。提高设备健康运行水平。完善公司应急管理。

（二）全力完成稳增长任务

积极增供扩销，努力降本增效。开展专项治理活动。优化资金全过程管理，强化经营监督。

（三）大力推进电网绿色协调发展

优化电网投资，加快重点工程建设。提高物资保障能力。持续深化节能减排。

（四）着力加快"走出去"步伐

高质量推进重点项目建设。加大与周边国家电网互联互通，拓展境外业务。

（五）全力推进各项改革

继续做好电力体制改革有关工作。探索开展混合所有制改革。稳妥推进职工持股企业改革。

（六）大力推进科技创新

完善科技创新体系，抓好重大科技攻关，深化“双创”工作。

（七）持续深化创先工作

继续夯实一体化管理基础，巩固一体化工作成果。积极推进管理精益化和企业级信息系统实用化。

（八）落实公司加强党的建设要求

从严从实抓好党的建设落实党建工作责任。加强队伍建设和反腐倡廉建设。巩固和深化巡视整改工作成果，持之以恒落实中央八项规定精神，严厉查处顶风违纪行为。

【中国华能集团公司 2016 年工作报告(摘要)】

一、2015 年工作回顾

2015 年，华能集团未发生较大及以上安全事故，确保了生产、经营、政治和形象安全。全年发电量 6146 亿 kWh，合并利润同比增长 13.9%，EVA 同比持平。核准低碳清洁能源项目 698 万 kW，低碳清洁能源装机比重达到 28.8%，同比提高 1.7 个百分点。全面贯彻落实党和国家的方针政策，中央专项巡视整改落实工作取得阶段性成效，党建工作责任制和党风廉政建设“两个责任”进一步落实，基层党组织和党员队伍建设得到加强；企业和职工队伍保持稳定。

（1）巡视整改取得阶段性成效。全力配合中央第七巡视组专项巡视，坚决把巡视整改作为一项重大政治任务，围绕巡视反馈的 3 个方面问题和 6 条整改意见建议，制订整改总体方案和 16 个整改专项方案，按期全面完成 222 条整改措施，制订修订制度 134 项；深入开展巡视整改“回头看”，对发现的问题做到立行立改、即知即改，不断深化巡视整改工作。根据国资委纪委巡视整改督查组在公司的随机调查显示，93.8%的受访干部职工对本企业领导班子巡视整改工作满意，93.7%的受访干部职工认为巡视整改工作推动了企业健康发展。

（2）安全生产和节能减排工作得到加强。认真贯彻落实新《安全生产法》，建立依法治安机制，推进“五落实五到位”工作，高标准建设华能电厂安全生产管理体系，71%的火电厂和 85%的大中型水电厂完成体系确认；设备可靠性指标保持行业领先，10 台机组进入全国火电机组可靠性指标排行榜，获奖总数在五大发电集团中排名第一；煤炭产业深入开展“打非治违”和零星工程安全管理提升等活动，13 个煤矿被评为国家一级安全标准化矿井；节能减排水平不断提升。在行业率先推进节能降耗技术集成应用，煤机及 6 个主力机型供电煤耗保持行业领先，其中百万千瓦超超临界机组供电煤耗由第二位提升到第一位。金陵 1 号等 15 台机组获全国火电能效最优机组，获奖台数占总数的 44%。单机 30 万 kW 及以上电厂全部建成优秀“两型”企业。全部煤机实现达标排放，累计 2069 万千瓦机组完成超低排放改造。

（3）经营业绩再创新高。建立业绩分档、对标考核机制，加强增收节支、扭亏减亏等短板治理，强化经营在线监控和预警，合并利润、净利润、归属母公司净利润创历史最好水平。全面完成国资委考核指标和稳增长任务，被授予“2015 年度中央企业经营业绩考核工作先进单位”；积极参与市场竞争，公司综合、煤电利用小时对标排名第一，风电利用小时提升至第二位，注重客户培育与维护，大用户直供电量同比增长 155%。

（4）发展工作取得新成绩。新开工和投产项目中，低碳清洁能源项目分别占 53%和 54%。风电、光伏投产规模创历史新高，风电当年投产规模在五大发电集团中领先。在安源电厂投产中国首台二次再热机组；莱芜百万千瓦级二次再热项目投产，供电煤耗全国最低。临沂热电、功果桥水电、五子坡风电项目获国家优质工程奖。牵头与国内装备制造企业、电力建设企业打造走出去联合体。

（5）科技创新迈出新步伐。天津 IGCC 示范电站获中国电力科技进步一等奖，满负荷连续运行超过 80 天。具有自主知识产权的煤制天然气甲烷化催化剂、有机薄膜光伏电池等技术研发成功。人才创新创业基地、西安科研试验及产业基地一期工程投入使用；建立“马洪琪院士科研工作站”和博士后科研工作站；煤基清洁能源国家重点实验室及“大型燃煤电站运行优化及污染物控制关键技术与示范”等 4 项国家级科技项目通过验收。科技产业利润达到 6 亿元，同比增长 9%。烟气污染物一体化脱除、节能降耗等先进技术得到推广应用。

二、2016 年工作思路

深入贯彻落实党的十八大、十八届三中、四中、五中全会和十八届中央纪委六次全会精神，认真学习贯彻习近平总书记系列重要讲话精神，认真落实中央经济工作会议和中央企业负责人会议的各项决策部署，按照“五位一体”总体布局和“四个全面”战略布局，践行五大发展理念，始终坚持以提高发展质量和效益为中心，以提升竞争力为总抓手，以全面从严治党为重要保障，突出抓好提质增效，突出抓好结构调整，突出抓好改革创新，突出抓好低效无效资产处置，突出抓好防范风险，确保全面完成年度四大绩效、获得国资委业绩考核 A 级目标，为“十三五”实现良好开局，加快创建世界一流企业奠定更加坚实的基础。

三、2016 年重点工作

(1) 夯实安全生产基础，推进安全精细化管理。

(2) 狠抓增收拓收、降本节支，提升企业经营业绩。

(3) 加快结构调整，稳步实施企业国际化战略。

(4) 深入推进节能降耗，认真履行企业环保责任。

(5) 提升管理规范化、精准化水平，持续推进创一流工作。

(6) 聚焦提高竞争力，抓好企业改革创新。

(7) 大力加强党的建设，着力构建和谐企业。

【中国大唐集团公司 2016 年工作报告(摘要)】

一、2015 年工作回顾

(一) 经营效益再创新高

2015 年，集团公司经营业绩再创历史新高，整体盈利能力不断提升，利润、净利润、归母利均创组建以来最好水平。全年实现利润总额 171.36 亿元，同比增加 50.78 亿元；净利润 98.94 亿元，同比增加 35.89 亿元；归母利 11.29 亿元，同比增加 10.56 亿元；累计实现经济增加值（EVA）33.62 亿元，同比增加 0.34 亿元。

(二) 结构调整稳步推进

电源结构持续优化，全年完成电源投产容量 655.11 万 kW，其中清洁能源占 74.05 %，投产规模较年初目标增加 249.48 万 kW。海外项目建设加快推进，老挝北本、萨拉康水电项目已完成项目的独立评审和可研修编工作；巴基斯坦卡西姆港火电项目已完成合资协议签署和可研设计。产业结构调整稳步推进，部分非电产业保持了较好的发展态势，金融板块全年实现利润 19.82 亿元，同比增利 5 亿元；科环板块实现利润 10.82 亿元，同比增利 1.03 亿元；商贸物流板块实现利润 2.03 亿元，同比增加 3764 万元。

(三) 安全生产保持平稳

认真贯彻落实国家安全生产的要求和部署，强化责任和制度落实，全面推进本质安全企业建设，保持了安全生产稳定局面，圆满完成了“两节”“两会”、党的十八届五中全会以及抗日战争胜利 70 周年阅兵等重大节日和重大活动期间的保电供热任务。

(四) 节能减排大力推进

全年完成供电煤耗 309.62g/kWh，同比降低 3.24g/kWh；发电厂用电率完成 3.97%，同比降低 0.33 个百分点。全年完成 58 台机组超低排放改造，均达到预期改造效果，截至 2015 年年底，集团公司超低排放机组达到 65 台共 2228.5 万 kW，占煤电机组容量的 25.2%，处于行业先进水平。

(五) 创新驱动不断增强

全年新增科技成果 364 项，4 项获得省部级奖励，18 项获得全国电力职工技术奖，获奖成果位居五大发电集团首位。年度新增专利 1033 件，累计专利达 2824 件，其中发明专利 276 件，新增数和总量继续保持五大发电集团第一位。主持和参加制定国标、行标 51 项，国际标准 7 项，均居发电行业首位。

(六) 资本运作取得突破

圆满完成了华银电力和桂冠电力重大资产重组工作，集团公司持有华银电力的股权比例由 33.40%提高到 53.53%，降低其资产负债率 7.5 个百分点。桂冠电力重组后，装机规模超过 1000 万 kW，集团公司持有桂冠电力的股权比例提高到了 59.50%，为后续资本运作奠定了坚实基础。

(七) 管控能力不断提升

编制了《集团公司发展战略纲要》，提出了“一五八”战略框架，进一步明确了集团公司战略定位、发展方向、战略目标。体制机制改革稳步推进，燃料集中采购及管理、区域资产整合、系统人力资源整合、二级公司本部大部制、参与售电业务等“五项改革”试点工作有序推进，部分成果已在系统企业复制推广。生产调度中心、燃料调度中心和资金调度中心已全面建成并上线运行，实现了对集团公司核心资源、关键流程的有效控制。

(八) 党的建设不断加强

切实加强党建思想政治工作，深入推进党风廉政建设，扎实开展“三严三实”专题教育，进一步加强干部人才队伍建设，营造了风清气正、干事创业的良好氛围。

二、面临的形势及工作思路（略）

三、2016 年重点工作

(一) 千方百计降本增效，积极拓展盈利空间

(二) 加快结构调整，大力提升发展质量

(三) 全面落实“七个加强”，确保安全生产稳定

(四) 加强环保综合治理，提高节能减排水平

(五) 深化资本运作，切实加强亏损企业治理

(六) 大力推动科技创新，加快创新型企业建设

(七) 坚持依法从严治企，不断增强管控能力

(八) 加强党的建设，不断提升保障能力

【中国华电集团公司 2016 年工作报告(摘要)】

一、2015 年工作回顾

2015 年，中国华电在党中央、国务院以及国资委的正确领导下，积极应对经济下行压力加大、电量需求下滑、金融市场动荡、煤炭产能过剩等错综复杂的

外部形势，紧紧围绕“改革创新调结构，做实强基稳增长”这条主线，着力转方式、调结构、推改革、提效益、抓整改，各项工作取得新的成绩。一是项目发展硕果累累。二是经营业绩逆势提升。三是深化改革有序推进。四是安全环保总体可控。五是员工队伍和谐稳定。

二、2016 年重点任务

2016 年是“十三五”规划的开局之年，是公司适应新常态、开启新征程、谋求新发展的重要一年。公司上下要进一步认清形势，坚定信心，凝心聚力，锐意进取，全力实现“十三五”良好开局，推动公司可持续发展。总的工作思路是：认真贯彻落实党的十八届三中、四中、五中全会精神及中央经济工作会议、中央企业和地方国资委负责人会议精神，牢牢把握中央提出的“去产能、去库存、去杠杆、降成本、补短板”五项任务要求，加快结构调整，全面提质增效，推进改革创新，夯实安全基础，抓好依法治企，加强队伍建设，确保全面完成各项目标任务，继续保持国资委业绩考核 A 级企业。

重点做好以下工作：一是进一步调整优化结构，着力提升发展质量效益。积极跟踪国家和地方“十三五”能源规划，进一步完善公司“十三五”规划，及早印发实施。坚定不移做强发电主业，协同发展相关产业。二是进一步抓好开源节流，着力提升经营效益。积极参与市场竞争，千方百计增产增收，多措并举降本增效，全力以赴扭亏增盈。三是进一步深化改革创新，着力增强动力活力。持续深化重点领域改革，确保改革取得成效。四是进一步强化责任落实，着力夯实安全生产基础。严格落实各级安全生产责任制，强化重点领域安全治理和薄弱环节管理，推动本质安全型企业建设。五是进一步发挥科技支撑作用，着力提升节能减排水平。加大节能环保工作力度，加快推进科技成果转化。六是进一步推进依法治企，着力提升风险防控能力。抓好法制工作新五年规划落实，加大法律审核把关和审计监督力度，提高公司系统全员法律素质水平，向社会各界展示华电良好的法治形象。七是进一步加强党建和队伍建设，着力构建和谐企业。坚持全面从严治党，切实把“一岗双责”落到实处；加强和谐企业建设，创新人才开发工作机制，为经营发展提供智力支撑。

【中国国电集团公司 2016 年工作报告(摘要)】

2015 年，中国国电集团公司坚决贯彻党中央、国务院的重大决策，全面落实“一五五”战略，深入推进“双提升”工作，准确把握形势，有效驾驭局面，保持了安全生产总体平稳、经营发展持续向好、职工队伍和谐稳定的良好态势。全年完成发电量 4837 亿 kWh，售热量 1.9 亿 GJ，煤炭产量 6218 万 t，装机容量达到 1.35 亿 kW，资产总额 7840 亿元，营业收入 1934 亿元，利润 227 亿元，资产负债率 81.98%，全面完成国资委考核指标和保增长任务。

（一）坚持战略引领，结构调整取得新突破

以“一五五”战略为引领，突出质量效益，优化布局结构，超（超）临界机组占比 49.1%，同比提高 1.7 个百分点；清洁可再生能源装机比重达 29.9%，同比增加 3.1 个百分点。加强投资管控，投资重点向主业集中，电源投资占比 81.2%，清洁能源占比 68.4%。深化前期工作，一批重大项目取得突破性进展，宿迁二期、蚌埠二期、方家庄、准东五彩湾、安顺三期等 1128 万 kW 煤电项目获得核准。风电核准容量 356 万 kW，其中海上风电 90 万 kW。推进金沙江和大渡河干流水电开发，双江口项目获得核准。积极稳妥“走出去”，加拿大德芙琳项目投产实现盈利，南非德阿项目进入施工阶段。加快资产盘活优化，落实资产处置三年规划，完成 17 个项目资产转让。

深入推进基本建设“双提升”，加强关键环节控制，强化全过程管理，工程质量和效益全面提升。严格开工审查，落实投资条件，优化建设时序，邯郸、朝阳、蚌埠二期、方家庄等 834 万 kW 项目高标准开工。坚持“四高四优五控制”，落实生产运营准备，签订“3－1”责任书，高质量完成 960 万 kW 投产，火电、风电、水电均投产 300 万 kW 以上。国家能源示范项目、国家科技支撑项目泰州二期顺利投产，＃3 机组成为世界首台百万千瓦超超临界二次再热燃煤发电机组，综合指标世界最优，标志着中国火电发展技术水平达到世界领先水平。

（二）深化“双提升”，经济效益实现新提升

紧紧扭住生产运营这个基础，深入开展安全生产标准化建设，扎实做好设备治理和节能减排改造，设备可靠性和能效水平不断提高。在全国火电机组可靠性评价和能效对标竞赛中，5 台机组获可靠性金牌机组，41 台机组取得优胜，创历年最佳成绩。一批重点治理企业生产运营管理、绩效指标显著提升。

突出抓好营销、燃料和成本资金三条防线，强化关键要素控制，主要技术经济指标持续提升。

落实新机生效策略，优化设计施工，加强生产准备，新投产机组增利 22 亿元，泰州、泰安、大岗山、枕头坝、江苏风电等新投项目运行稳定。

（三）夯实管理基础，安全环保工作再上新台阶

认真贯彻《安全生产法》，全面落实各级安全责任，深入开展“三反四保”、应急演练、危险品和重点领域安全整治等专项工作，企业安全基础更加牢固。全系统未发生较大及以上人身死亡和设备事故，98%的企业安全生产无事故，256 家企业实现连续安

全生产1000天以上，火电企业实现零死亡、零重伤、零重大设备事故、零供热事故。

加快推进重点区域和企业环保治理，2126万kW机组实现超低排放，脱硫、脱硝装机占比均达到100%，全面完成年度治理目标和“十二五”环保改造任务。加强环保项目管理，完成155项环保技改工程，平均停机时间缩短30%以上。推动节能减排技术创新，“基于热能梯级利用原理的热电联产供热技术优化研究与应用”获得中国电力科学技术一等奖。

（四）加强依法治企，体制机制建设取得新进展

高度重视、全力配合中央巡视，扎实推进整改落实。实施投资、财务、燃料、物资“四个集中管控”。做好国家审计署经济责任审计、监事会监督检查配合和整改工作。认真开展内部审计、监察和巡视工作，完成内部审计105项，完成32家单位“两个责任”落实专项检查，完成10家单位巡视和8家单位整改检查，有效堵塞管理漏洞。制定实施法制工作五年规划，开展合同审核11.6万件，分类指导处理重大案件，避免和挽回经济损失。

（五）落实全面从严治党，党建思想政治工作取得新成效

认真学习习近平总书记系列重要讲话精神，落实全面从严治党要求，落实“两个责任”，加强党建和党风廉政建设。集团公司党建工作经验在国资委全国性会议上交流。巩固党的群众路线教育实践活动成果，扎实开展“三严三实”专题教育，坚决贯彻中央八项规定精神，持之以恒纠正“四风”。加强企业文化和精神文明建设，培育践行社会主义核心价值观。高度重视信访维稳工作，“中国国电”品牌价值和影响力不断提升。

一年来，在党中央、国务院的坚强领导下，集团公司全体干部职工同心协力，攻坚克难，主动把握经营局面，有效驾驭复杂形势，“一五五”战略更加深入人心，“双提升”工作成效更加显著，全面完成保增长各项目标任务，为集团公司健康可持续发展奠定良好基础。

综合分析当前面临的形势和新常态新变化，国电集团2016年的总体目标是：全面从严治党，全力“保A创优”，确保国资委考核A级，争创行业优秀。效益方面，坚持以价值创造为导向，夯实火电盈利基础，提升清洁能源贡献度，推进综合产业转型升级努力实现恢复性增长。全年完成发电量4900亿kWh，煤炭产量6050万t，供电煤耗降至308.9g/kWh，利用小时和标煤单价保持行业先进。发展方面，坚持以五大理念为引领，立足质量效益，做强做优主业，抓好布局结构战略性调整，加快推进重点前期项目，加强优化重点领域资产，培育塑造竞争新优势。投资规模控制在600亿元，新投电源项目792万kW，新开工664万kW。安全方面，坚持“大安全”理念，强化基础管理，强化制度执行，强化责任落实，确保不发生影响集团公司形象的安全、环保、违法、廉政和稳定事件。

【国家电力投资集团公司2016年工作报告(摘要)】

2015年是集团公司的改革重组年。集团公司全年完成发电量3807.87亿kWh，实现利润139.68亿元，归属于母公司净利润17.58亿元，经济增加值28.32亿元，创历史最高水平，利润增幅在五大发电集团中排名第一。到2015年年底，集团公司资产总额7751亿元，装机容量1.07亿kW，新增产能1076.89万kW。清洁能源比重达到40%，位列五大发电集团首位。资产和业务分布在全国31个省区市及马耳他、缅甸、日本等36个国家和地区，开始形成以清洁能源为主导的综合能源集团。

（一）贯彻中央战略部署，重组改革实现新突破

落实党中央、国务院关于核能企业整合的战略部署，圆满完成中电投与国家核电重组，并确立了新的战略构想，明确了战略目标和路径，解决了建设什么样的国家电投和如何建设的问题。在总部整合基础上，完成核电、金融、科研、教育培训等业务板块重组，以及海外公司和湖北、安徽等8家省区分支机构组建工作，开始形成核电、常规电创新驱动、协同发展的产业优势，奠定了向更高目标迈进的基础。

（二）全力履行保增长责任，效益水平再上新台阶

统筹施策，全面强化增收节支。狠抓煤价控制、市场营销和节能降耗，煤电入厂标煤单价控制在450元/t，同比下降100元/t，减少支出77亿元，供电煤耗下降4.34g/kWh，发电量增幅居五大集团第一位。

（三）突出发展第一要务，结构调整跨入新阶段

坚持走清洁能源发展之路，资源向核心业务集中，重点加快战略性项目和清洁能源项目发展，全年核准电力项目176个，容量2506万kW，创集团历史新高。核电项目前期进展顺利。红沿河二期取得核准并开工建设，石岛湾CAP1400示范工程及海阳3、4号机组即将核准，初步形成石岛湾、海阳、红沿河三大核电基地。火电结构调整步伐加快。江苏滨海、河南焦作、山西神头二期、贵州普安、黔西、新疆准东、湖北大别山等一批60万kW及以上火电项目获得核准。新能源开发势头强劲，全年核准容量761万

kW。青海共和100MW国家光伏发电试验测试基地获得国家能源局批复。国际化发展布局加快形成。南非核电和土耳其核电前期工作进展顺利。成功收购澳大利亚太平洋水电公司，新增装机容量91.5万kW，储备项目151.6万kW。以马耳他并购项目交割和整合完成为标志，进入欧盟电力市场。土耳其、巴基斯坦、埃及、坦桑尼亚火电项目取得突破，越南永兴项目开工建设，缅甸项目取得新进展。积极探索电力新兴业态。重庆港桥工业园区配售电项目获得国家首批试点批复，平潭、莆田、香河等综合能源项目进展顺利，推动了商业模式创新，开始迈出从传统发电企业向综合能源供应商转型的步伐。

（四）坚持创新驱动战略，核电自主化获得新进步

坚持创新驱动引领，在三代核电技术引进、消化、吸收、再创新和产业链建设方面取得了重要进展。AP1000自主化依托项目主泵问题成功解决。国产化CAP1000标准设计、设备国产化等已经能够支撑我国后续AP1000项目自主化、批量化建设。CAP1400示范工程核准评估工作全面完成，具备核准开工条件。CAP1700研发工作顺利启动，概念设计专题研究基本结束。核电站数字化仪控系统成功在平东电厂DCS改造中应用。核电自主化关键设计与安全分析软件包（COSINE）正式发布。

（五）从严整改巡视问题，企业管理取得新成效

积极配合中央巡视工作，高标准落实整改。组织开展“3211”巡视专项整改（三个专项整治，两个集中检查，一个专题教育，一份权力清单），巡视整改报告向党内和社会公开，得到中央巡视组的充分肯定。配合国资委专项督查，组织巡视整改“回头看”，巩固巡视整改成果。对巡视、审计发现的有关工程建设、招投标、违反八项规定等情节严重的问题，从严落实“一案双查”，既追究直接责任人责任，也追究组织和领导的管理责任。坚持依法从严治企。把依法治企放在更加突出的位置，重大事项、规章制度、合同三项审查率达100%，法律风险防范机制进一步完善，全年没有发生重大的责任性纠纷案件。针对安全事故多发频发，开展隐患排查专项行动，加大安全监管力度，严肃责任追究，总体上扭转了被动局面。认真履行环保责任，完成39台机组环保改造，二氧化碳、氮氧化物等主要污染物实现达标排放。

（六）践行“三严三实”要求，从严治党开辟新境界

党的建设进一步加强。深入开展“三严三实”专题教育，认真学习党章党纪和习近平总书记系列讲话精神，深刻剖析和整改存在的问题，取得了良好效果。党组确立“大党建、强体系、聚人心、创价值”的党建工作总体思路，着力构建组织体系、责任体系、制度体系、评价体系和创新体系。党风廉政建设进一步深化。认真落实“两个责任”，签订主体责任书，层层传导压力，以严肃问责推动责任落实。把纪律和规矩挺在前面，组织学习《准则》和《条例》，盯住高线，守住底线，制定并严格执行“5条禁令、23个不准”，坚定不移落实中央八项规定。

【中国长江三峡集团公司2016年工作报告（摘要）】

一、2015年工作回顾

2015年，集团公司全面完成年度生产经营目标任务，实现了“十二五”圆满收官。

——稳增长目标任务超额完成。全年发电量2009.8亿kWh；利润总额同比增长11.8%；上缴利税319.2亿元，创历史最高水平；全员劳动生产率、成本利润率在央企中继续保持领先。

——装机规模再次迈上新台阶。2015年末集团可控装机容量5954.5万kW，其中水电装机占国内水电总装机的15.8%；巴西朱比亚和伊利亚电站完成交割后，集团可控装机容量达到6454万kW。国内新能源装机容量突破600万kW，海外可控和权益装机容量突破1100万kW。

——资产质量继续保持优良。截至2015年年底集团资产总额5620亿元，同比增长18.3%；资产负债率45%。被国际评级机构授予国家主权信用评级，首次在全球同步发行美元、欧元双币种债券，奠定了集团公司在国际资本市场的卓越地位。

——安全生产形势持续好转。2015年，集团公司管理区域内没有发生电力安全事故，没有发生较大以上设备事故，没有发生较大及以上人身伤亡事故。

一年来，集团公司各项工作取得新进展。

（一）乌东德水电站成功通过国家核准，金沙江水电开发迈上新征程

乌东德水电站成功通过国家核准，主体工程全面进入大规模施工阶段，移民迁建准备工作全面展开。白鹤滩水电站环评报告通过审查，移民安置规划大纲审查启动。

溪洛渡、向家坝两站收尾工作有序推进，逐步实现从建设阶段向运行阶段平稳过渡。

（二）三峡工程综合效益显著发挥，流域梯级枢纽运行管理迈入新阶段

三峡水库连续第6年实现175m试验性蓄水目标，全年累计为下游补水291亿m^3。三峡船闸年过闸货运总量达1.1亿t。三峡升船机实船试验获得阶段性成功。三峡大坝景区全年接待游客207万人次。流域

梯级电站 82 台机组全部安全稳定运行。

（三）新能源业务再上新台阶，国际化发展实现新跨越

国内新能源业务新增装机 200 万 kW。全面启动三个项目共 100 万 kW 海上风电前期工作，积极推进海上风电装备工业园建设。江苏响水 20 万 kW 近海风电项目首批机组投入运行。呼蓄电站全面建成投产，长龙山抽蓄电站开工建设。战略入股国网新源公司。

国际业务紧紧围绕"一带一路"战略，初步完成在"三大市场"的业务布局。集团公司主要领导先后 7 次在中外领导人见证下签署重大项目和合作协议 9 项，为国际业务发展储备了丰富资源。中标巴西朱比亚和伊利亚两电站（500 万 kW）30 年特许经营权，三峡巴西公司成为巴西第二大私营发电企业。高质量建成几内亚凯乐塔、老挝南椰 2、马来西亚沐若等一批在当地具有重大影响的项目，开工建设巴基斯坦卡洛特、巴风二期等项目，成功获得科哈拉等一批项目开发权。加强对葡电股权管理，连续 5 年获得良好预期收益；同葡电公司合作，成功进入全球领先的海上风电市场。成功承办 2015 年世界水电大会。

（四）资本金融业务成果丰硕，可持续发展增添新动力

成功实施一系列重大资本运作和并购重组。

积极推进溪洛渡、向家坝两站资产证券化，将 2000 亿元资产注入长江电力，重大资产重组预案获得市场高度认可。成功控股并表湖北能源，新增可控装机容量 600 万 kW 左右，实现长江干流四座电站和清江梯级电站的联合优化调度，同时获得一个新的区域性综合能源发展平台。

发起设立 4 支投资基金。海外账务及资金池建设取得突破性进展，保险业务实现高度集中管理。

（五）集团管控架构基本形成，体制机制改革取得新突破

坚持集团化、市场化、现代化、国际化总方向，深入推进体制机制改革，取得重要成果。

调整总部管控方式，明确总部职能定位，制定出台总部"三定"方案，实现总部职能全覆盖。积极推进业务板块整合。如期完成三峡新能源公司制改造。

建立经济运行分析制度。推进以风险为导向的内部控制体系建设，积极开展内控评价。推动法律工作与经营管理深度融合。

（六）深入开展"三严三实"专题教育，党建和反腐倡廉工作开创新局面

全面加强党的建设，党组班子建设、"三严三实"专题教育、履行"两个责任"、落实"三项整改"等工作得到中组部、中纪委高度肯定。

充分发挥巡视利剑和震慑作用，营造了风清气正心齐的政治生态和干事创业环境。认真学习贯彻《准则》和《条例》，完善反腐倡廉制度体系，深入开展廉洁风险防控。

（七）认真履行央企社会责任，企业形象实现新提升

启动三峡库区和金沙江下游水电站库区精准扶贫工作。扎实开展定点扶贫、对口支援及企地共建活动，全年对外捐赠 1.1 亿元。将新能源开发与精准扶贫相结合，在曲阳创立"光伏＋"开发模式，实现企地互利共赢。深入开展电力援藏、教育援藏，28 县给排水工程有序实施。帮助缅甸政府开展防洪救灾，受到当地政府和社会高度评价。三峡公益基金会通过民政部审批，三峡公益品牌正在形成。

二、2016 年重点工作

（一）坚持生态优先，持续高水平运行管理流域梯级枢纽

（二）坚持打造精品工程，切实抓好乌东德、白鹤滩等大型工程建设

（三）坚持规模和效益并重，推动新能源业务差异化发展

（四）坚持服务"一带一路"战略，全力打造"走出去"升级版

（五）坚持问题导向，持续深化体制机制改革

（六）坚持效益导向，全面加强企业管理

（七）坚持"双零"目标，全面加强质量安全工作

（八）坚持创新发展和绿色发展，全面加强科技环保工作

（九）坚持从严从实，全面加强党建工作

（十）坚持共享发展理念，积极履行企业社会责任

【神华集团有限责任公司 2016 年工作报告（摘要）】

一、2015 年工作回顾

2015 年，在国家宏观经济进入新常态，能源供给严重过剩、有效需求不足的艰难形势下，集团公司党组率领全体干部员工，顶住重重压力，克服极端困难，上下团结一心，逆势图强，积极谋划、奋力开拓、加快改革创新，取得了值得骄傲的成绩。

自产商品煤量：完成 40 160 万 t。煤炭销售：完成 48 478 万 t。铁路总运量：完成 38 120 万 t。港口：两港卸车完成 17 604 万 t，装船完成 16 503 万 t。航运：货运装船量 6787 万 t。电力：发电完成 3151 亿 kWh。煤制油化工：主要油品化工品完成 807 万 t。

其中油化品完成 408 万 t；焦炭完成 399 万 t。

2015 年工作呈现出三大亮点：

一是挺住了央企脊梁。2015 年，在国家宏观经济形势严峻，稳增长任务艰巨的情况下，集团公司克服能源需求不旺、价格下滑的重重困难，仍然实现良好的成绩，位于央企前列。

二是认真履行社会责任。过去一年，煤炭行业产能严重过剩，国内煤炭需求出现十五年以来的最大降幅。在这种情况下，作为煤炭龙头企业，集团主动担当，带头减产达 5000 万 t，并牵头推动产地联盟，为稳定市场、缓解行业困难尽到了应有的责任。

三是大幅提升了神华的品牌价值。2015 年，集团“1245”清洁能源战略经过一年多的实践和完善，不仅在集团上下达成了共识，而且得到了社会各界的广泛认同，得到了国务院领导、国家相关部委的高度认可。

回顾 2015 年经济运行工作，有以下八个特点：

一是战略布局效应充分显现，应对市场能力得以发挥，综合盈利能力依然强劲。过去一年，集团一体化经营优势充分显现，抵抗市场风险能力充分发挥，经营业绩继续保持央企和行业的领先水平。

二是积极应对市场变化，坚持稳价保量策略，销售工作成绩卓著。电力板块顾全大局，牢固树立“卖电就是卖煤”意识，积极开展市场营销。

三是各业务板块运营管理亮点纷呈，适应市场能力进一步增强。电力板块抓存量、拓增量，顺势而为。狠抓机组稳定运行，争发、抢发电量，发电设备等效可用系数同比增加 0.42 个百分点。

四是本安体系建设深入推进，安全生产创历史最高水平。全集团杜绝了 3 人以上较大事故，煤矿亿吨死亡率为 0.45，相当于全国平均水平的 2.5%，化工、铁路、港口、航运四大板块均实现“零死亡”目标。

五是多措并举，成本管控取得突出成效。除部分减产限产幅度较大的单位外，绝大多数单位完成下降 5%的可控成本控制目标。

六是转型升级步伐加快，清洁能源发展战略逐步落地。经过一年多探索和实践，“1245”清洁能源发展战略目标落实步伐正在加快，成为集团发展的总纲领。在其指引下编制完成了《清洁能源发展战略行动计划》和集团公司“十三五”规划。

七是深化改革工作全面推进，企业可持续发展的体制机制性障碍开始破题。集团整体深化改革顶层设计方案出台。先后印发了“集团深化改革实施意见 36 条”和“子分公司指导意见 55 条”，明确了改革路线图。集团和中国神华治理水平有了新的提升，董事会运作更加规范高效。

八是党的建设和反腐倡廉工作扎实有效，集团发展的政治保障能力进一步增强。党建和反腐败工作是国有企业的独特政治优势，是企业核心竞争力的重要保障。

二、2016 年工作安排

2016 年生产经营方针和主要目标：全力以赴拓市场，千方百计降成本，广开门路找货源，确保完成自产商品煤量 41 217 万 t，商品煤销售量 48 157 万 t，其中下水煤销售 20 500 万 t，自营铁路货运量 37 935 万 t，黄骅港、天津煤码头两港装船量 18 570 万 t，发电量 3215 亿 kWh，航运量 6500 万 t，主要化工品产量 953 万 t。营业收入 2023 亿元，利润总额 205 亿元。

为实现 2016 年工作目标，从经营管理角度，首先要在思想认识上把握好以下三个方面：一要正确认识清洁能源发展战略在神华发展史上的重大意义；二要正确认识当前一段时期实行投资控制的重要意义；三要正确认识维护职工合法权益与三项制度改革的关系。

2016 年要重点做好如下四个方面工作：

(1) 加快转型发展步伐。一是推动深化改革，挖掘转型提升新源泉。二是抓好科技创新，增添发展新动能。三是创新内部体制机制，释放发展新活力。四是深化国际化布局，打造发展新支点。

(2) 守住生产安全和环境安全红线。2016 年，要深刻领会玉卓董事长提出的“四个深刻认识”，做到有效控制事故总量，坚决杜绝较大以上事故发生；要坚定信心，咬住安全生产“零死亡”、环保工作“零事件”目标，抓出实实在在成效来；要从严治企，从安全生产和节能环保抓起，不断强化安全生产责任制落实；要以冬季安全大检查整改为契机，全力抓好岁末年初安全生产各项工作。

(3) 提升一体化运营效率。煤炭销售，要抓好下水煤这个关键指标，确保下水煤占北方七港下水煤总量份额不低于 40%。运输方面，按照放开经营的原则，在保证集团煤炭和化学品运输的基础上，努力寻找货源，增加运输板块收益。煤炭方面，煤炭板块在做好销售工作基础上，最主要任务是降低成本。电力方面，全面开展内外部对标工作，提升电力业务管理品质。煤化工方面，运行项目要加强设备维护和管理，抓好设备预知维修，强化周期性定检设备的管理，确保主体装置实现长周期、高负荷运行。

(4) 突出加强党风廉政建设和企业文化建设。集团党的建设暨反腐败工作会议将对党的建设和反腐败工作做出全面部署，要结合学习习近平总书记讲话精神，结合“三严三实”要求，全面从严治党，把纪律和规矩挺在前面，认真贯彻落实“两个条例”，保证党委主体责任和纪委监督责任到位，确保企业在正确的航道上平稳前进。

【中国电力建设集团有限公司 2016 年工作报告(摘要)】

2015 年中国电建上下主动适应新常态，坚持市场和效益导向，加快结构调整与转型升级步伐，大力推进精益化管理、提质增效，较好地完成了全年经营目标任务，综合实力进一步提升。2015 年，中国电建在世界 500 强企业和中国企业 500 强排名中，分别位列第 253 位和第 46 位，较 2014 年分别提升 60、11 位；首次以中国电建名义参与全球 250 强总承包企业和全球 150 强设计企业排名，分别位列第 7 位和第 3 位；全球三大信用评级机构给予公司"A－"或"A3"长期主体信用评级，体现了国际资本市场对公司发展实力和前景的高度认可。股份公司荣获中国证券"2015 年中国最受投资者尊重的上市公司"、香港《大公报》中国证券金紫荆奖之"最佳上市公司"等奖项，得到投资者广泛好评。

（一）年度经营任务全面完成

公司全年实现营业收入 2838.07 亿元，同比增长 7.1%；实现利润总额 115.68 亿元，同比增长 5.01%；新签合同 4450 亿元，同比增长 13.2%；年末资产总额达到 5010.31 亿元，同比增长 21.26%；合同存量 8193.21 亿元，同比增长 21.1%。实现经济增加值 23.89 亿元；资产负债率 81.74%；亏损企业户数减少至 5 家，亏损额同比减少 0.45 亿元；全员劳动生产率达到 142.6 万元/人年，同比增长 11.9%。

（二）产业结构与经营布局不断优化

一是国内传统业务市场持续巩固。在国内传统水利、电力工程建设市场整体萎缩的情况下，深挖潜力，市场优势地位继续巩固。水电七局与华东院联营体中标合同额 60.4 亿元的杨房沟水电站设计施工总承包项目，开创了国内大型水电项目承包模式的先例，取得国内水电 EPC 项目的历史性突破；水电十二局与水电五局联营体中标合同额 51.95 亿元的两河口大坝项目，是目前国内最高的土石坝；成都院中标合同额 32.3 亿元的两河口水电站库区代建工程设计施工总承包项目，是公司承包的库区代建制规模最大的总承包项目；全年国内抽水蓄能电站预可研项目招标 11 个，全部由公司中标。

二是国内非传统业务发展势头良好。各子企业围绕主业开展相关多元化调整，横向拓宽业务领域、纵向深耕市场空间，实现了非传统业务的快速发展。全年非传统业务新签合同 1343.72 亿元，同比增长 23.5%，占比 30.3%；完成营业收入 752.32 亿元，同比增长 1.9%，占比 26.5%。

三是投资业务利润贡献稳步提升。在稳定公司利润来源的同时，有效发挥了产业结构调整转型的积极作用。全年实现利润 20.1 亿元，同比增长 28.9%，其中，电力项目实现利润 9.4 亿元。公司控股运营装机规模突破 1000 万 kW，权益装机规模 840.67 万 kW。房地产业务全年实现销售额 205.48 亿元，实现营业收入 128.58 亿元，实现利润 13.18 亿元。

四是新业务孵化培育力度加大。财务公司、水环境治理公司、建筑集团、产业基金公司、海投香港公司、航空港建设公司、水务环保等一批新业务公司成立，公司新增长点、新增长极、新增长带加快形成。

（三）国际业务平稳有序发展

公司继续坚持国际优先发展，不断完善国际资源配置，国际经营能力与管理水平稳步提升。

一是调整优化国际经营资源，形成国际市场竞争合力，打造适应新形势下的国际业务一体化管控和运营体系。全年新签合同 1593.45 亿元，占比 35.7%，同比增长 16.6%；完成营业收入 722 亿元，占比 25.4%，同比增长 13%；实现利润 37.28 亿元，占比 32.2%，公司国际竞争力进一步增强。

二是积极完善市场布局，加强重点国别、区域市场开拓。紧跟国家"一带一路"战略，开展高层营销，推动双边合作项目落地，重点推动了中巴经济走廊和亚洲铁路互联互通一揽子项目，巴基斯坦卡西姆港应急燃煤电站、中老铁路、雅万高铁项目顺利开工。截至 2015 年年末，公司在 101 个国家设有 160 个驻外机构，在 116 个国家执行勘测设计咨询、工程承包、装备与贸易供货等合同 1863 项，在建项目合同总金额 6958.9 亿元人民币。

三是创新商业模式，成功签署一批海外重大项目。公司与子企业组成联营体模式签订合同额 11.3 亿美元的菲律宾超临界燃煤电站项目；协助融资＋EPC 模式中标合同额 17.17 亿美元的孟加拉国萨拉姆燃煤电站项目和合同额 15.66 亿美元的赞比亚下凯富峡水电站项目；小比例参股＋协助融资＋EPC 模式中标合同额 5.5 亿美元的津巴布韦旺吉电站扩机项目；以 EPC 模式中标巴西美丽山±800kV 特高压项目三个标段，这是拉美第一条、全球第四条±800kV 特高压输变电线路。

四是加强海外业务经营管理，提升经营质量。针对海外在建项目，采取"一项目、一对策"的方式制定实施方案，取得明显成效。强化海外投资带动作用，全年海外新增投资 41.23 亿元，带动海外工程总承包比例占到 6%，海外投资与工程承包的协同效应显现。德国 TLT 公司接管后实现良性可持续发展。

（四）经营质量继续提升

一是高端营销引领作用显著。加强与政府、企业及金融机构的对接，统筹协调区域市场开发，推动一大批重大项目落地。全年共签署17项战略合作协议，重点对接了云南、西藏、深圳、成都、武汉、济南等地方政府及铁路总公司、中关村发展集团、西藏开投等相关央地企业，实质性推动了深圳、成都、武汉、长沙、哈尔滨地铁及玉溪高速公路等项目。

二是商业模式不断创新，产业链一体化能力得到加强。全年以BOT、EPC、FEPC、PPP等模式承揽的较大规模项目金额达2500亿元，大型项目包括合同额268亿元的中山至开平高速公路BOT项目、合同额143亿元的杭州大江东产业集聚区基础设施PPP项目。中标深圳茅洲河界河综合整治工程EPC项目，公司在水环境综合治理领域实现重大突破。公司成立专门机构，统筹协调、有效衔接投资和规划、设计、施工、装备制造、运营等各环节，积极推进公司产业链一体化能力建设，全年以工程总承包方式新签合同1700亿元。电力勘测设计、工程、装备制造企业主动延伸自身传统优势或依托公司实力积极营销属地化、区域化的基础设施市场，取得积极成效。

三是金融创新能力不断提升。顺利通过中国银监会批复成立财务公司，公司金融业务已初具雏形。强化资金集约化管理，深化银企合作，公司授信额度达到7070.8亿元。通过统借统还、调剂资金等手段节约各类财务费用4.06亿元。各子企业在公司的部署下积极开展金融创新，全年实现权益类融资142亿元，同比增幅近4倍，直接融资占对外融资总额超过20%，有效降低了融资成本。

四是扎实开展降本增效，努力提高企业效益。通过实施集中采购管理、全面预算管理、治理减亏清欠等工作增加效益。公司全年设备物资集中采购总额达530.7亿元，集采率达到73.5%；投资与建设项目集中招标金额达到380亿元，设备采购成本、招标项目成本同比大幅下降。

（五）体制机制改革深入推进

公司深入推进体制机制改革，加快资源整合步伐，破除影响企业发展的制度性约束，企业发展内生动力明显增强。

一是公司制改革扎实稳步实施。水电、风电勘测设计板块资产注入工作顺利完成；电力勘测设计、工程、装备制造企业的公司制改建工作全面启动，部分具备条件的企业完成了改制工商登记。

二是内部重组整合步伐加快。瞄准业务结构和区域布局优化目标，实施了贵州电建一公司与贵州电建二公司、河南院与海南院、上海装备公司与海南设备厂等6组12家子企业的重组整合。目前公司直接管理的子企业数量从成立时的105户减少到84户。对扭亏无望的子企业实施歇业、退出，吉林电建职工分流安置、在建项目接管等工作平稳推进。

三是历史遗留问题逐步得到解决。全面推进厂办大集体改革和清理规范关联企业工作，重点对改革进展慢、任务重的单位进行调研督导。全年完成了47户厂办大集体改革，清理规范了68户关联企业。

（六）基础管理水平持续提高

公司各级领导、各级管理人员各司其职、各尽其能，相互协调配合，着力加强基础管理工作，巩固管理提升活动成果，初步形成了扎实、有效的公司管理体系。

一是财务与资产管理能力持续增强。全面预算管理有效推进，业绩考核导向作用不断强化，预算管理及业绩考核的战略支撑功能不断凸显；加强带息负债管控力度，严控债务风险；强化风险性资产管理，积极开展“两金”占用专项清理；加快低效无效资产处置进程，盘活存量资产；强化资产评估和产权管理，资产收购及处置程序进一步规范。

二是内部监督作用有效发挥。法律审核已覆盖公司重要决策、改革改制、经营管理等各个领域，法律管理与中心工作的融合更加紧密，专业支撑价值进一步显现。风险管理与内部控制工作更加扎实有效。对非洲、欧洲、东南亚地区的项目进行了审计调研，完成了13家子企业的领导干部任期经济责任审计，审计过程监督与风险预警作用不断提升。主动延伸监督触角，围绕重大项目和经营管理薄弱环节开展效能监察和专项治理，全年累计开展效能监察419项，提出整改意见2158条，对规范管理、堵塞漏洞起到了促进作用。

三是科技创新的驱动作用得到增强。公司参与的京沪高铁项目荣获国家科技进步特等奖，是公司在非传统业务科技领域取得的最高荣誉；溪洛渡拱坝智能化建设关键技术荣获国家科技进步二等奖；特高边坡工程施工关键技术研究与应用、超深埋隧洞高水压大流量涌水处理技术、南水北调引水工程关键施工技术研究与应用等82项科技成果达到国际领先或国际先进水平。全年获得国家科技进步奖2项、国家级工法25项、省部级科技进步奖208项，获得授权专利1655项。目前，公司系统高新技术企业58家，国家级和省级研发平台达到5家和47家。

四是安全质量管理实现可控在控。完善安全生产“党政同责”和“四个责任体系”，开展滚动式安全质量检查考核，狠抓过程管控与整改落实。全年事故起数、伤亡人数同比分别下降27%和36%；自然灾害事故大幅减少。工程项目验收优良率、境外工程一次验收合格率等指标明显提升，全年共获得鲁班奖4项，其中境外鲁班奖3项；国家优质工程金奖2项，国家优质工程奖4项。

五是人才管理工作有序推进。不断拓宽人才引进渠道，进行人才分类分级管理，建设员工职业发展体系，加大对核心人才和转型升级新业务人才的引进和培养力度，实施领军人才队伍与院士培养工作。积极运用选人用人工作“大数据”分析要求，建立完善领导人员能力素质模型，构建企业领导人员管理体系，促进选人用人工作更加科学有效。

六是积极推动各板块企业适应行业新的发展形势和竞争态势。切实推动电力工程企业由生存型向发展型转变，扶优扶强领军企业、转型发展骨干企业、做精基干企业、重组困难企业。积极适应国内电力消纳新形势，推动甘肃、四川、云南等区域内发电企业统筹运营、联合营销，推进区域电量营销工作取得实效。

七是信息化管理水平不断提高。公司集中采购平台、工程招标平台及具有公司自主知识产权的项目管理信息系统（PRP）建成并投入使用。核心管控、决策支持和协同办公系统在系统内推广应用，采用“互联网＋能源工程”模式的电建云启动建设，公司信息化基础设施建设进一步加快。

（七）党群工作水平不断加强

一是继续健全党委主体责任，落实责任体系，切实推动公司反腐败斗争形势的良性转变，保障企业健康发展。精心策划组织“三严三实”专题教育，坚持严格标准、问题导向、务求实效，扎实推进不严不实问题整改。积极推进依法治企、阳光央企建设，健全完善信息公开领导体制和工作机制。认真整改落实国务院国资委巡视反馈意见整改措施，巡视反馈意见已全部整改落实。

二是企业文化和精神文明建设进一步强化，精神文明“三创建”“最美电建人”等活动取得良好效果。海外企业文化管理、对外宣传等工作获得中宣部、国务院国资委等表彰。

三是组织参加了全国电力职工技术成果奖、电力行业企业管理创新优秀成果评选等多项全国技能大赛，并取得良好成绩。

【中国能源建设集团有限公司2016年工作报告（摘要）】

2015年，中国能建继续保持了世界500强和中央企业负责人经营业绩考核A级，各项工作取得了新成绩，企业呈现出持续健康发展的良好态势。

（一）保持稳定增长成绩显著

全年完成新签合同额同比增长18.89%，预计实现营业收入同比增长11.84%，实现利润总额同比增长29.62%，主要经营指标完成符合预判、好于预期、优于可比公司。

（二）企业改革实现重大突破

中国能建于12月10日在香港H股成功上市，在不考虑增发情况下，募集资金净额123亿元港币，成为2015年中央企业融资规模最大的海外IPO。成功上市，标志着公司体制机制发生深刻变革，翻开了发展的新篇章，为实现生产经营和资本经营双轮驱动创造了良好条件。

推进内部改革改制方面：一是全面推进厂办大集体企业改革，95%的主办企业改革实施方案获得批复，86%的在职集体职工获得妥善安置；二是研究出台政策方案，稳步实施困难企业与亏损企业改革重组和专项治理；三是开展企业办社会职能和解决历史遗留问题情况调查梳理，推动历史遗留问题解决；四是逐步完善企业功能，搭建业务平台，成立了投资分公司、国际分公司、科技发展公司等功能性平台公司，推动公司资源集约规模效应与整体协同优势的进一步发挥。

（三）转型升级步伐不断加快

全年勘测设计及咨询业务保持平稳发展，实现营业收入同比增长2.34%；工程建设业务快速增长，完成新签合同同比增长19.23%，实现营业收入同比增长10.64%；装备制造业务探索新的经营模式，成套供应和系统集成稳步推进。

一是国际经营能力显著提升。围绕“一带一路”战略科学布局，不断增强各级企业独立开拓市场能力，直接与境外业主签约比重进一步提升，国际业务对企业发展的支撑作用更加突出。完成新签合同额同比增长18.81%；实现营业收入同比增长25.56%，利润总额同比增长66.50%；三项指标的占比分别上升0.50、1.60个百分点和6.38个百分点。亚非等传统市场保持稳定，欧美等新市场签约比例上升，成功签约安哥拉水电站、土耳其和立陶宛燃煤电站、科特迪瓦太阳能电站等一批重大项目，电力项目对外直接签约有望继续保持中国企业排名第一。

二是工程总承包业务快速发展。有效发挥龙头企业引领作用和一体化协同优势，工程总承包业务国际国内签约额同比和占比均大幅提升，全年完成新签合同额同比增长18.75%；实现营业收入同比增长21.70%；两项指标的占比分别上升1.28、0.88个百分点。签约喀麦隆姆伊拉莫格水电站、埃及国家乡村卫生项目、湖北鄂州电厂三期、海口南渡江引水工程等一批重大项目，彰显了公司作为电力行业全面解决方案提供商的综合实力。

三是非电业务份额持续增加。更加注重能力培养，持续开拓市政、铁路、码头等市场，成功进入地铁建设市场。全年签约同比增长31.88%，占比上升4.20个百分点。签约武汉市轨道交通27号线一期工程、川藏铁路拉萨至林芝段、常州运河路198号项目、锦州港煤炭码头一期工程、卡塔尔默加水库及泵站、伊拉克纳杰夫水泥厂等一批有代表性的非电项目，展示了公司跨行业发展的巨大潜力，拓宽了市场领域。

四是投资兴企战略稳步实施。全年投资完成同比增长30.77%。浙江海盐、湖南汝城白云仙和陕西黄龙界头庙等一批优质新能源项目建成投产，节能环保、污染治理等新兴业务成为新的经济增长点，房地产、水泥和民爆等业务为企业提质增效做出了突出贡献，投资业务利润总额占公司整体比重快速增长。

五是创新驱动激发发展活力。加大科技创新力度，编制完成“十三五”科技发展规划和信息化规划，开展科技项目众筹取得进展，科技成果应用增效明显。新增国家级企业技术中心1家，院士专家工作站、省级企业技术中心等创新载体5家，提升了技术创新孵化功能。完成了“超600℃的1200MW等级超超临界发电技术”“二次再热机组热力系统优化与集成”等重要项目的研究工作，“AP系列三代核电站用核级电动装置研究”等一批科研成果成功应用于工程实践。全年获得国家级科技奖励2项，省部级科技奖励18项，行业级科技奖励138项；编制国家和行业技术标准72项；获得软件著作权93项；获得专利授权1338项，同比增长34%。部分企业积极承担国家能源、电力等“十三五”规划、地方能源及电力规划、企业及产业规划研究，积极参与国际能源合作专项规划研究和国际业务规则制订，发挥了行业智库作用，引领了生产经营业务开展。注重商业模式创新，签约唐山丰南基础设施建设、贵阳保税区等一批PPP项目，成为市场签约有力补充。注重产品创新，有效扩大了市场份额。

（四）企业管理进一步规范

一是股份公司运行不断规范。建立和完善股份公司制度体系，理顺各层级企业间管理关系，健全各级企业法人治理结构，初步搭建了现代企业架构。坚持依法治企、规范运作，股份公司运行平稳有序。

二是战略管控得到加强。强化战略引领作用，编制完成公司滚动发展规划和投资业务规划，完善了战略规划体系；各级企业根据战略规划，明确定位和目标，正加快形成与具有国际竞争力工程公司相匹配的规模与能力。持续推进与地方政府和企业战略合作，先后与河北、吉林、天津、武汉等地方政府和神华集团、中华电力、山东高速等企业签订战略合作协议，为企业发展搭建了高端平台。

三是管理增效成效显著。坚持向管理要效益，持续深化经营管控，强化激励约束，通过采取降本增效、增收节支、治理亏损等措施，不断降低营运成本，促进经济效益明显提升。公司成本费用占营业收入比重预计同比下降0.32个百分点，营业收入利润率预计同比提高0.51个百分点。纳入公司专项治理总体方案的154家各级亏损企业中，55家企业扭亏为盈，71家同比减亏。电子采购平台上线运行，上线采购总金额740亿元，上线采购率70.4%，有效降低了采购成本，采购综合成本降低率达到3.62%。严格落实安全生产责任制，加大监督检查力度，安全生产形势总体平稳。

四是监督保障作用有效发挥。抓好国资委巡视组和国有重点大型企业监事会反映问题的整改落实。健全内部控制体系，通过开展审计、监察和巡视工作，发现和整改了一批制约发展的突出问题，促进了企业持续健康发展。

（五）党建和党风廉政建设持续加强

坚持全面从严治党管党，扎实抓好党风廉政建设和反腐败工作，为改革发展稳定提供了坚强的政治保障。一是按照国资委党委统一安排，扎实开展好“三严三实”专题学习研讨，高质量召开专题民主生活会，解决了各级领导班子和领导干部作风建设中存在的突出问题。二是全面落实从严治党责任，制定完善党建工作制度，明确党建工作根本举措，创新党建工作内容和方式，党建工作作用得到较好发挥。三是抓好领导班子建设和后备干部队伍建设，完善干部选拔任用方式，增强了班子整体功能；创新人才引进方式，市场化选聘了一批优秀人才，加大教育培训力度，优化了人才队伍结构和素质。四是认真落实“两个责任”，坚持把党风廉政建设和反腐败工作与中心工作同部署、同实施、同检查；持之以恒贯彻落实中央八项规定精神，持续抓好了作风建设；严肃责任追究，查处了一批违纪违规行为。五是加大正面宣传和舆论引导力度，挖掘选树先进典型，培育具有中国能建特色的企业文化，提升了品牌影响力。六是深入开展精神文明建设和职工队伍建设，支持群团组织在深化改革、推动发展、维护稳定、构建和谐企业中积极发挥作用，取得了较好成效。

2016年重点做好五个方面的工作：一是全力以赴保持稳定增长；二是坚持不懈规范公司运作；三是积极有序深化内部改革；四是加快完善企业发展功能；五是持之以恒抓好党建与思想政治工作。

电 力 会 议

全国节能与新能源汽车产业发展推进工作座谈会

2015 年 10 月 22 日，全国节能与新能源汽车产业发展推进工作座谈会在北京召开。中共中央政治局常委、国务院总理李克强做出重要批示。批示指出：加快发展节能与新能源汽车，是促进汽车产业转型升级、抢占国际竞争制高点的紧迫任务，也是推动绿色发展、培育新的经济增长点的重要举措。要突出重点、合理布局，针对产业发展的“瓶颈”和“短板”，着力突破核心技术和关键零部件制约、提升自主创新能力和技术水平，落实和完善扶持政策、优化配套环境，创新商业模式、扩大先进适用的节能与新能源汽车的市场应用，走出一条健康可持续的产业发展新路，为经济增长和民生改善注入新动力。

中共中央政治局委员、国务院副总理马凯出席会议并讲话。他强调，要深入贯彻李克强总理重要批示精神，坚持“市场主导、创新驱动、重点突破、协调发展”，落实完善政策措施，建立公平市场秩序，从供给和需求两方面发力，加快动力电池革命性突破，大力推进充电设施建设，努力实现 2020 年新能源汽车规划目标，加快把我国建设成为新能源汽车强国。

马凯充分肯定了节能与新能源汽车产业发展规划发布实施以来取得的喜人成绩，全面分析了今后时期面临的风险挑战和困难问题。马凯指出，发展新能源汽车如逆水行舟，不进则退，要进一步增强紧迫感、责任感，采取更加有力有效措施，扎实推进各项工作，加快把新能源汽车搞上去。要抓住动力电池这个核心，明确近期发展路线，实施锂电升级工程，完善研发测试条件，推动电池技术早日实现革命性突破。要突破充电设施制约瓶颈，加强规划指导，完善标准规范，加大扶持力度，鼓励商业创新，加快建成适度超前的充电基础设施体系。要打破地方保护壁垒，取消限行限购，加强质量安全监管，建立统一开放、有序竞争的全国市场。要强化企业内生动力，研究制定燃油消耗量管理办法，建立油耗积分交易制度，形成既有激励、又有约束的长效机制。

全国电力体制改革工作电视电话会议

2015 年 4 月 17 日，国家发展改革委召开全国电力体制改革工作电视电话会议，贯彻落实《中共中央国务院关于进一步深化电力体制改革的若干意见》（中发〔2015〕9 号）精神，并对今后一段时间电力改革、运行、能源供应等方面的工作进行部署。国家发展改革委党组书记、主任徐绍史，委党组成员、副主任、国家能源局局长努尔·白克力出席会议并做重要讲话。国家发展改革委党组成员、副主任连维良主持会议。

会议认为，深化电力体制改革是落实全面深化改革战略部署的一项重要任务，事关我国能源安全和经济社会发展全局，对国家繁荣发展、人民生活改善、社会长治久安至关重要。中发〔2015〕9 号文件彰显了党中央、国务院立足全局推进改革的决心和信心，标志着能源领域市场化改革的重大突破。各级政府和各有关部门要充分认识电力体制改革的重大意义，切实增强责任感和紧迫感，把电力体制改革稳步推向深入。

会议强调，各有关部门要深刻领会文件精神，通过有序放开输配以外的竞争性环节电价，有序向社会资本放开配售电业务，有序放开公益性和调节性以外的发用电计划，推进交易机构相对独立、规范运行，进一步强化电力统筹规划，加强电力安全高效运行和可靠供应，同时，进一步强化政府监管，为电力行业持续健康发展保驾护航。

会议要求，落实中发〔2015〕9 号文件，要确保正确的改革方向，做到改革不走样，有实效。要在改革中保留必要的公益性调节性发用电计划，以确保居民生活、农业、公益性服务用电。要通过电网企业功能定位的调整，从内在机制上确保电网对可再生能源的公平开放，推进可再生能源的开发利用。要避免借改革的名义发展高耗能产业，使直接交易等改革探索变成降低高耗能企业成本的特殊政策。要通过改革加强输配电网的规划落实，及时协调输变电设施建设中存在的问题，推进城乡电网改造、优化配电网布局。

会议指出，电力体制改革是一项系统性工程，涉及面广、影响深远，各地区各部门要加强组织协调，立足全局，立足国情，立足实际，着力处理好政策顶层设计与分层对接、政策统一性与政策差异性的关系。从全局出发，凝聚共识，克服部门利益掣肘，科学安排计划进度，把做好顶层设计与尊重基层首创精神结合起来。充分考虑企业和社会的承受能力，对可能出现的各类风险，超前预估、周密部署，做好应对预案，确保电力生产经营正常运行，人民生活不受影响。在电价形成机制、售电侧放开、市场平台建设、增量配电投资放开及分布式电源等方面制定出台配套政策，把改革工作落实到位。不断完善我国的电力监管组织体系，构建组织结构健全，自律、监督、服务、协调等职能完备的电力监管组织，加强对电力投资、运营的监管力度。

2016 年全国能源工作会议

2015 年 12 月 29 日，2016 年全国能源工作会议在北京召开。会议传达了国务院总理李克强、副总理张高丽对本次会议做出的重要批示。国家发展改革委主任徐绍史出席会议并讲话。国家发展改革委副主任、国家能源局局长努尔·白克力在会上做了题为《勇于担当　奋发有为　努力建设清洁低碳安全高效的现代能源体系》的报告。

徐绍史充分肯定了 2015 年能源工作成绩。他指出，一年来，在党中央、国务院坚强领导下，国家能源局和全国能源系统围绕中心、服务大局、开拓创新、锐意进取，实现“十二五”能源发展改革工作圆满收官，为全面开创“十三五”工作新局面奠定了坚实基础。一是能源发展思路方式有创新、有实效。在发挥好能源投资的关键作用、消费的基础作用方面做了大量创新性工作。能源领域有效投资大幅增长，新型能源消费业态蓬勃发展，能源对外合作取得重大突破。二是能源结构调整有力度、有进展。扎实做好煤炭清洁利用这篇大文章，大力发展非化石能源，油气替代煤炭、非化石替代化石能源取得积极进展，能源惠民、利民成效显著。三是能源体制改革有突破、有成效。突出目标导向和问题导向，着力打通发展快车道，形成了一批有效制度供给，自身改革力度不断加大。

徐绍史强调，引领经济新常态、落实发展新理念，对能源发展提出了新要求。当前，我国能源发展处于战略转型期，正在经历一场深刻的生产消费革命。国家能源局和全国能源系统要把思想、行动统一到中央重大判断和决策部署上来，准确把握经济发展新常态、新特征，围绕引领经济新常态、落实发展新理念，充分认识速度变化是发展的必经阶段、结构变化是产业迈向中高端水平的内在要求、动力转换是能源发展的根本出路，积极探索和找准工作着力点。

徐绍史要求，全国能源系统要努力改革创新、锐意进取，全面做好当前和今后一段时期能源发展工作。一要以供给侧为重点，加快能源革命进程，积极稳妥化解过剩产能，优化产业布局，着力提升电网调峰能力，大力推进能源对外投资合作；二要以创新为引领，增强能源革命驱动力，加快成熟技术产业化，增强传统装备核心竞争力，培育壮大战略性新兴产业，重点推进电力体制改革和油气体制改革；三要以扩大有效需求为抓手，提供更加清洁、便捷、智能化的能源服务，大力推进用能方式变革，鼓励发展新型能源消费业态，加强重点地区能源发展，实施好农村电网和配电网建设改造；四要统筹融合业务党务队伍建设，推动职能转变和作风建设再上新台阶。

努尔·白克力指出，2015 年，面对错综复杂的国内外环境和经济下行压力加大的形势，全国能源系统深入贯彻落实党中央、国务院决策部署和中央财经领导小组第六次、第九次会议及新一届国家能源委员会首次会议精神，主动适应经济发展新常态，转变观念、开拓进取、扎实工作，各项工作取得了新进展：

一是将保障能源供应放在重要位置，为经济社会发展和稳增长提供有力支撑。一方面，认真抓好能源生产供应，全年能源供应总体平稳，能源供需较为宽松。预计全年能源生产总量 35.8 亿 t 标煤，同比下降 0.5%。能源净进口量 7.0 亿 t 标煤。能源消费总量 43 亿 t 标煤，同比增长 0.9%。非化石能源消费比重 12%，比 2014 年提高 0.8 个百分点；煤炭消费比重 64.4%，比 2014 年下降 1.7 个百分点。另一方面，科学规划、有序安排能源重大项目建设，拉动全社会投资效应明显。2015 年 1～11 月，煤炭开采和洗选、油气开采、石油炼化、电力和核燃料加工等固定资产投资达 3.26 万亿元，占全社会固定资产投资总额 6.6%。

二是着力加快清洁能源发展，能源结构进一步优化。第一，安全高效发展核电。全年新投产核电机组 820 万 kW，核准开工核电机组 880 万 kW。全国在运核电机组达到 2550 万 kW；在建及已核准机组 3203 万 kW，在建规模居世界第一。拥有自主知识产权的“华龙一号”三代核电示范工程开工建设。第二，大力发展可再生能源，预计到 2015 年年底，水电、风电、光伏发电装机容量分别达到 3.2 亿、1.2 亿、4300 万 kW 左右，可再生能源发电总装机容量达到 4.8 亿 kW 左右。第三，加快开发利用天然气。国内天然气产量保持稳定增长。

三是以落实大气污染防治任务为契机，促进能源清洁高效利用取得显著成效。推进煤电节能减排升级改造，全年共安排节能改造容量 1.8 亿 kW、超低排放改造容量 7847 万 kW。大气污染防治 12 条重点输电通道建设进展顺利。牵头实施加快成品油质量升级国家专项行动。推进电动汽车充电基础设施建设。推进煤炭清洁化开发利用，淘汰落后火电机组 423 万 kW，淘汰落后煤矿超过 1000 处、产能超过 7000 万 t。实施清洁能源发展示范建设。

四是以“一带一路”战略为引领，推动能源国际合作取得突破。务实推动重点国家、地区合作，中俄、中亚、中巴、中英、中美、中法能源国际合作取得新突破。统筹谋划推进能源领域“一带一路”合作。大力推动能源装备“走出去”。积极参与全球能源治理。

五是以贯彻落实中发〔2015〕9号文件为重点，推进能源改革迈出新步伐。积极推进电力改革，印发6个配套文件，研究启动改革试点工作；稳步推进油气改革，推动上海石油天然气交易中心组建运营；积极推进能源价格改革；加强能源立法。

六是大力推进科技创新，能源科技水平进一步提升。加强重大能源科技战略规划研究编制。组织开展重大能源科技示范。依托重大工程推动能源装备国产化。开展能源行业标准化工作。

七是深入推进简政放权、转变职能，能源行业管理能力不断强化。深入推进简政放权，取消下放21项、34子项行政审批事项，取消全部非行政许可审批事项。启动规划、战略研究编制。创新能源监管方式。强化安全监管。进一步优化服务。

八是加大民生能源建设力度，能源普遍服务水平又有提高。全面解决无电人口用电问题。加快推进配电网建设改造。大规模实施农网改造升级工程。积极开展能源扶贫工作。

九是以“三严三实”专题教育为带动，党风廉政建设和反腐败工作深入开展。

努尔·白克力表示，2015年是“十二五”收官之年。5年来，特别是党的十八大以来，习近平总书记、李克强总理等中央领导同志亲力亲为推动能源工作，多次主持召开会议，做出一系列重要指示和批示，为我国能源发展明确行动纲领、制定发展方针、部署重大战略任务。能源行业坚决贯彻落实党中央、国务院决策部署，锐意进取、攻坚克难，推动我国能源发展取得显著成就。

全国电力安全生产电视电话会议

2015年1月29日，国家能源局在北京召开2015年全国电力安全生产电视电话会议，认真贯彻党中央、国务院领导同志关于安全生产工作重要指示批示精神，落实全国安全生产电视电话会议、全国安全生产工作会议精神和全国能源工作会议部署，总结2014年电力安全生产工作，部署2015年重点任务。国家发展改革委副主任、国家能源局局长努尔·白克力出席会议并讲话。他强调，要强化红线意识和底线思维，进一步增强做好电力安全生产工作的责任感和紧迫感，确保电力安全生产形势持续稳定。

国家能源局副局长史玉波主持会议，国家安全监管总局副局长孙华山出席会议并讲话，国家能源局总工程师杨昆通报了全国电力安全生产工作情况。

努尔·白克力在讲话中指出，2014年，电力行业各单位认真贯彻落实党中央、国务院关于加强安全生产工作的决策部署，狠抓责任落实，强化制度建设，加强安全监管，整治薄弱环节，各项工作取得积极进展，安全生产责任进一步落实、注重建章立制取得长足进展、隐患排查治理工作进一步深化、安全监管工作不断强化、重大保电任务圆满完成、电力安全生产基础进一步夯实，全国电力安全生产形势保持了持续稳定态势。

努尔·白克力强调，2015年是贯彻落实党的十八届三中、四中全会和中央经济工作会议精神，全面深化改革之年，是全面推进依法治国的开局之年，也是全面完成“十二五”规划的收官之年，做好电力安全生产工作，要深刻把握和领会中央领导同志，特别是习近平总书记关于安全生产工作的系列讲话，并不折不扣地予以落实。要服务能源发展大局，主动适应新常态，落实新举措。必须牢固树立红线意识，始终把安全生产放在一切工作的首位，真正把安全生产作为不能触碰、不可逾越的高压线，把红线作为守护生命安全的保护线。必须居安思危，未雨绸缪，以对党和人民高度负责的精神，从国民经济发展和能源发展的战略高度谋划安全工作，着力落实政府监管责任和企业主体责任，努力防范各类事故发生。

会议明确，2015年电力安全生产工作的总体要求是：认真贯彻党的十八届三中、四中全会精神和习近平总书记、李克强总理关于安全生产工作的重要论述，贯彻落实全国能源工作会议精神，以及全国安全生产电视电话会议、全国安全生产工作会议精神，切实强化红线意识和底线思维，推进依法治安，主动适应新常态，加强安全监管，强化责任落实，建立完善电力安全生产责任体系，健全电力安全生产长效机制，继续保持电力安全生产形势持续稳定的良好局面。

努尔·白克力还对做好2015年电力安全生产监督管理工作提出了6点要求。一是推进依法治安，提高电力行业安全生产监督管理的法制化、规范化水平；二是加强隐患治理，筑牢安全生产的坚实防线；三是坚持问题导向，做好电力安全生产监督管理工作；四是注重事前预防，构建安全生产长效机制；五是深化应急管理，提高电力突发事件应急处置能力；六是加强基础建设，提升安全生产保障能力。

孙华山充分肯定了2014年国家能源局、各级能源监管机构及电力企业保障电力安全生产采取的重要举措及取得的成绩。他强调，2015年做好电力安全生产工作，要以学习贯彻新的《安全生产法》为契机，加快依法治安；着力落实企业安全生产主体责任，率先做到安全责任“五落实”；积极开拓创新，大力推进安全生产标准化，加强隐患排查治理；强化应急管理工作，筑牢安全生产防线。

史玉波在总结讲话中强调，国家能源局各单位要认真传达、深刻领会此次会议精神，自觉把思想行动统一到党中央、国务院关于安全生产工作的部署上来。细化目标任务，狠抓贯彻落实，按照会议明确的总体要求和主要任务，结合实际，安排好2015年各项工作。春节临近，“两会”也即将召开，各单位要认真开展安全检查和隐患排查工作，把工作做深做细做实，全力确保电力安全可靠供应。

国家能源局召开全面深化改革协调领导小组会议

2015年4月13日，国家能源局召开全面深化改革协调领导小组会议，研究落实《中共中央、国务院关于进一步深化电力体制改革的若干意见》(中发〔2015〕9号)，部署电力体制改革、石油天然气体制改革和行政审批制度改革有关工作。国家发展改革委副主任、国家能源局局长努尔·白克力主持会议并做重要讲话。他强调，要认真贯彻落实党中央、国务院决策部署，在国家发展改革委统一领导下，坚持市场化改革方向，强化责任、勇于担当，积极进取、主动作为，扎实推进、稳步实施，确保电力体制改革取得实实在在的成果，石油天然气体制改革开好头、起好步，继续推进国家能源局行政审批制度改革，为保障国家能源安全和经济社会发展做出应有贡献。

会议指出，进一步深化电力体制改革具有重大意义，是积极推动能源生产和消费革命的重要举措，是适应经济发展新常态、转变电力发展方式的迫切需要，是发挥市场配置资源决定性作用、构建竞争性市场结构的有效途径。

会议对扎实推进电力体制改革重点任务进行了部署。要求认真学习领会和贯彻中央文件精神，按照国家发展改革委统一安排，抓紧做好电力市场化交易建设、电力交易机构组建、促进新能源和可再生能源发展等方面配套文件的起草工作，加强电力统筹规划和科学监管，确保电力安全运行和可靠供应。要精心组织、密切配合，有序推进试点工作并适时总结推广。要加强统筹协调，形成工作合力，营造良好氛围，确保改革稳妥推进。

会议还对推进石油天然气体制改革，继续推进能源行政审批制度改革等工作做了部署。要求根据中央全面深化改革领导小组和国务院工作部署，在国家发展改革委领导下，坚持市场化改革方向和问题导向，积极推动石油天然气体制改革。继续取消和下放行政审批事项，加强后续监管，优化审批程序，创新项目管理方式，切实提高能源项目管理效率和透明度。

2015年电力调度交易监管暨规范电力市场秩序工作会

2015年4月，国家能源局市场监管司在福州组织召开电力调度交易监管暨规范电力市场秩序工作会和培训会，及时贯彻落实《国家能源局2015年能源工作指导意见》，进一步规范电力市场秩序，做好2015年电力调度交易监管和供电监管等工作。

会议对2014年电力调度交易与市场秩序监管、供电监管等工作进行了总结，具体安排了2015年主要工作；对电力调度交易与市场秩序监管、供电监管、辅助服务补偿机制深度试点、典型电网工程投资成效监管等具体工作内容进行了研究讨论；部分派出机构就监管工作中的探索实践和经验做法做了典型交流。

为进一步提高派出机构监管业务能力，会议就“供电监管内容、方法及常见问题”“电力调度运行职能和交易过程简介”“电力调度交易和市场秩序监管内容、方法及常见问题”“两个细则发展历程与深度试点”“基于新能源消纳的辅助服务市场化机制”等五个方面的内容进行了专题培训。

会议要求各派出机构在电力改革和发展新形势下，要主动作为，善有作为，针对所在地存在的突出问题和典型性问题，要开展有效监管，依法依规监管，形成有质量、有分量、有影响力、应解决实际问题的监管报告，并在监管实践中不断提高监管能力和水平。要做好2015年监管工作，必须加强问题监管、闭环监管、专项监管，继续坚持横向互动、纵向联动、同频共振，形成全国一盘棋。

落实“一带一路”战略推进能源国际合作会议

2015年5月8日，国家能源局召开落实“一带一路”战略推进能源国际合作会议，全面贯彻落实党中央、国务院关于推进“丝绸之路经济带”和“21世纪海上丝绸之路”（简称“一带一路”）建设战略，部署能源系统务实推进“一带一路”能源国际合作重点工作任务。国家发展改革委副主任、国家能源局局长努尔·白克力出席会议并做重要讲话，国家能源局副局长史玉波主持会议。

努尔·白克力表示，“一带一路”战略是以习近平同志为总书记的新一届中央领导集体在新形势下提出的战略构想与合作倡议，具有深刻的时代背景和很强的现实意义，得到了国际社会的高度关注和有关国家的积极响应。要准确把握“一带一路”战略的基本内涵和总体目标，深刻理解“一带一路”建设的重大意义。

努尔·白克力指出，“一带一路”沿线各国资源禀赋各异，经济互补性较强，彼此合作潜力和空间很大，“一带一路”战略的实施，对于推进我国与沿线国家能源国际合作，具有深远的现实意义。能源系统要深入学习，认真领会，重点加强能源基础设施互联互通合作，共同维护油气运输通道安全，推进跨境电力与输电通道建设，积极开展区域电网升级改造合作。

努尔·白克力对能源系统深入贯彻落实“一带一路”战略规划，推进“一带一路”能源合作提出几点明确要求：一要强化组织领导；二要加强分工协作；三要强化企业实施主体作用；四要发挥各地开放优势。此外，他还提出，希望有关部委继续对“一带一路”能源工作给予指导、支持和帮助，并请金融、保险机构进一步加大对“一带一路”能源合作的金融保险支持。

努尔·白克力强调，“一带一路”战略，意义重大，规划宏伟，特别是能源作为国家的基础产业和战略资源，“一带一路”规划赋予我们的任务艰巨、责任重大。能源系统特别是各级领导要高度重视，统一思想，凝神聚力，确保把“一带一路”建设能源合作各项工作抓实抓好抓出成效。一定要认真贯彻党中央的决策部署，以强烈的责任感、使命感和高度负责的精神扎实做好规划工作，为加快推进“一带一路”建设战略规划的实施，实现沿线国家共商共建、互利共赢做出应有的贡献。

全国水电站大坝安全工作会议

2015年5月14日，国家能源局在北京召开全国水电站大坝安全工作会议。国家发展改革委副主任、国家能源局局长努尔·白克力在会上强调，要提高思想认识，落实安全责任，扎实做好汛期及水电站大坝安全工作。国家能源局副局长史玉波主持会议，并对今后一段时间水电站大坝安全监督管理工作进行部署。

会议指出，水电站大坝安全运行不仅直接影响电力企业的安全生产和经济效益，同时关系到水电站大坝下游千百万人民的生命财产安全，更关系到国民经济可持续发展。电力体制改革十几年来，在党中央、国务院的正确领导、各电力企业和从事水电站大坝安全管理的广大干部员工共同努力下，大坝安全监管体制、机制和技术队伍持续稳定并不断完善，大坝安全工作取得显著成绩：水电站大坝安全监督管理法规体系不断健全，水电站大坝安全运行主体责任得到有效落实，水电站大坝安全注册登记、定期检查、信息化建设工作扎实开展，水电站安全隐患排查治理和大坝除险加固工作不断强化，水电站应急处置能力明显提高，确保了电力系统运行水电站没有发生重大以上设备事故，没有发生垮坝、洪水漫坝等灾难性事故，有力促进了水电事业发展，为国民经济持续健康快速发展和社会和谐稳定提供了重要保障。

会议强调，我国未来水电建设工程规模巨大，而且大都分布在地质条件十分复杂、灾害频发、地震震级高的西部高山峡谷地区，其建设开发技术和运行管理难度巨大、突发事件应急处置任务艰巨。与此同时，面对新《安全生产法》等法规制度提出的新要求、极端气象条件和自然灾害带来的严峻考验、高坝大库对安全技术管理提出的新挑战，以及水电站大坝设备老化，大坝管理水平、人员素质参差不齐等问题，各单位要充分认清当前形势，以对党、对国家、对人民高度负责的态度，进一步加强对水电站安全工作极端重要性的认识，以最坚决的态度在工作中全力以赴、认真研究解决，始终坚持做到思想上警钟长鸣，行动上常抓不懈，扎实做好水电站大坝安全监督管理的各项工作，确保人民群众生命财产安全和水电站大坝运行安全。

会议明确，今后一段时期电力系统水电站安全工作的总体要求是：认真贯彻党的十八届三中、四中全会精神和习近平总书记、李克强总理关于安全生产工作的重要论述，贯彻落实《水电站大坝运行安全监督管理规定》等规章制度，坚持“安全第一、预防为主、综合治理”的方针，强化红线意识和底线思维，推进依法治安，强化责任落实，建立健全电力安全生产长效机制，切实做好水电站安全工作，为国民经济可持续发展和维护社会稳定提供安全保障。

水电站安全工作的主要目标是：杜绝重大以上电力生产人身伤亡事故，杜绝水电站大坝垮坝、洪水漫坝等对社会造成重大影响的灾难性事故发生，防止主设备严重损坏和水淹厂房等恶性事故的发生，保证水电站安全稳定可靠运行。

会议强调，确保水电站大坝安全，务必要强化规章执行，健全电力安全监督管理工作机制；落实安全责任，强化水电站大坝全过程安全管理；抓实汛前准备，确保电力系统和水电站大坝安全度汛。要重点做好以下七方面工作：一是坚持依法治安，全面做好有关法规制度的贯彻落实；二是抓重点治源头，强化水电工程建设施工安全监督管理工作；三是加强行政执法，确保水电站大坝安全注册行政许可制度有效执行；四是强化风险管控，进一步做好水电站大坝安全定期检查和除险加固；五是创新管理手段，加快推进大坝安全信息化建设和成果应用；六是强化应急管理，确保大坝运行安全和社会公共安全；七是加强国际交流，促进水电站大坝运行安全管理水平不断提升。

2015 年电力可靠性指标发布会

2015 年 6 月 12 日，国家能源局和中国电力企业联合会在北京联合召开 2015 年电力可靠性指标发布会，发布 2014 年度电力可靠性指标，学习贯彻国家能源局关于加强电力可靠性监督管理有关文件精神，全面总结 30 年来中国电力可靠性监督管理工作，部署今后一段时期电力可靠性监督管理工作。

截至 2014 年年底，中国参与可靠性统计的 100MW 及以上火电、40MW 及以上水电机组每台每年非计划停运次数分别为 0.48、0.30 次，是 30 年前的 1/12、1/16。全年“零非停”机组越来越普遍，连续运行机组不断增多，指标远远领先于北美国家水平。

2014 年，全国电网 220kV 及以上变压器、断路器、架空线路三类主要设施强迫停运率均较 30 年前下降一个数量级。直流输电系统可靠性水平也普遍好于国际同类系统。1991～2014 年，城市用户平均停电时间由 96.55h 下降到 2.59h。

全国电力安全生产委员会全体会议

2015 年 8 月 4 日，国家能源局在北京召开全国电力安全生产委员会全体会议，贯彻落实国务院安全生产委员会全体会议精神，安排部署有关电力安全生产重点工作，确保电力安全生产形势持续稳定，为经济社会发展和抗日战争胜利 70 周年纪念活动提供安全可靠电力供应。国家能源局副局长史玉波出席会议并讲话。

会议首先传达了国务院安全生产委员会 7 月 28 日全体会议精神。会议强调，各单位要按照国家发展改革委副主任、国家能源局局长努尔·白克力提出的“以坚决的态度抓好安全生产”要求，认真贯彻落实国务院安全生产委员会全体会议精神，做好电力安全生产工作。

史玉波指出，2015 年以来，电力行业认真贯彻落实党中央、国务院关于安全生产工作的一系列重要决策部署和习近平总书记、李克强总理关于安全生产工作的重要论述，强化红线意识，推进依法治安，安全生产责任体系进一步健全、电力安全生产法规体系进一步完善、电力安全生产监督管理职责进一步强化、电力安全专项监管工作持续深入开展、电力应急管理进一步强化、电力安全生产工作基础进一步巩固，电力安全生产保持了持续平稳的态势。

史玉波表示，在电力安全生产保持稳定局面的同时，各单位必须清醒地看到，伴随着电网和电源建设规模不断扩大，大电网结构日趋复杂，控制难度不断加大，电网安全风险始终存在；自然灾害和外力破坏事件频发，反恐怖形势依然严峻，对电力系统安全运行的影响日益增大。针对面临的诸多风险和挑战，各单位必须时刻保持高度警惕。

史玉波强调，当前，抗日战争胜利 70 周年纪念活动保电工作已进入重要时刻，防台风、防汛和迎峰度夏工作也进入关键阶段，确保电力安全生产形势持续稳定工作显得尤为重要。值此关键阶段，史玉波对做好电力安全生产工作提出五项要求：

一要进一步强化电力安全生产责任落实。要以宣贯新颁布的《电力安全生产监督管理办法》为契机，加强有关法律法规的宣贯工作，落实安全生产监督管理职责，狠抓电力企业安全生产主体责任的落实。

二要全力做好抗日战争胜利 70 周年纪念活动保电各项工作，加强重要电力设施安全保卫和反恐怖防范工作，落实人防、物防、技防措施。加强安全生产隐患排查治理，加强保电关键设备、关键线路和关键时段的安全巡查和隐患排查。做好电力监控系统安全防护和信息安全工作，做好应急准备和信息报送工作。确保纪念活动期间，电力保障实现零闪动、零差错、零投诉，电力系统安全稳定运行和电力可靠供应万无一失。

三要深入开展电力安全生产大检查。各单位要把集中开展安全生产大检查作为当前安全生产工作的首要任务，切实做到“全覆盖、零容忍、严执法、重实效”，坚决堵塞安全生产漏洞，严格落实整改责任和措施，着力提升企业安全保障水平。

四要继续保持“打非治违”高压态势。各单位要以对人民生命财产安全高度负责的精神，针对 2015 年以来重特大事故暴露出的非法违法生产经营建设新情况、新特点，集中严厉打击各类非法违法生产经营建设行为，坚决治理纠正违规违章行为。

五要继续做好“迎峰度夏”期间安全生产工作。各单位要强化安全隐患排查治理和风险管控，精心组织设备运维保障，努力防范发生安全生产事故和大面积停电事故。

全国电动汽车充电基础设施促进联盟成立暨建设经验交流现场会

2015 年 10 月 12 日，国家能源局会同有关部门在江苏省常州市组织召开全国电动汽车充电基础设施促进联盟成立暨建设经验交流现场会，贯彻党中央、国务院有关决策精神，落实国务院常务会议关于加快电动汽车充电基础设施建设的有关部署，成立国家电动汽车充电基础设施促进联盟，交流建设经验，推动全国电动汽车充电基础设施建设。国家能源局副局长郑栅洁出席会议，宣读了国务院副总理马凯同志的贺词，宣布国家电动汽车充电基础设施促进联盟正式成立并做具体工作布置；江苏省委常委、常务副省长李云峰出席会议并致辞。

郑栅洁指出，大力推进电动汽车充电基础设施建设，有利于解决电动汽车充电难题，对于打造大众创业、万众创新和增加公共产品、公共服务“双引擎”，实现稳增长、调结构、惠民生具有重要意义。近年来，我国充电基础设施建设取得了一定成绩，积累了大量经验。但当前充电设施发展仍然存在认识不统一、配套政策不完善、协调推进难度大、标准规范不健全等问题。为此，国家专门出台了《国务院办公厅关于加快电动汽车充电基础设施的指导意见》和《电动汽车充电基础设施发展指南（2015～2020 年）》，明确提出到 2020 年要完成为 500 万辆电动汽车配套建设相应规模的充电基础设施的任务目标。完成这个目标，时间紧迫、任务艰巨。各地、各企业要高度重视，充分认识当前我们贯彻落实党中央、国务院决策部署的重要性和紧迫性，以及加快推进充电基础设施建设对于推广应用新能源汽车的重要意义，从促进汽车工业发展和培育经济新增长点的全局高度，加快充电基础设施建设。

郑栅洁强调，下一步要加大工作力度，重点抓好以下工作：一是加大规划编制和落实力度，做实做细规划，明确年度实施计划，落实责任主体，抓好组织实施，确保实现规划目标；二是加大政策支持和落实力度，各地和各有关方面要加深对政策的理解，准确把握并出台支持政策，用好用活并落实政策；三是加大运营服务和管理力度，满足用户需求，各充电设施运营商要大力推进“互联网＋充电基础设施”，提升充电设施运营服务质量；四是加大宣传力度，营造良好气氛。

郑栅洁要求，要充分发挥电动汽车充电基础设施促进联盟的作用。他表示，根据国务院的总体部署，国家设立电动汽车充电基础设施促进联盟，联盟由国内主要电动汽车制造商、能源供应商、通讯服务商、充电设施制造商、充电运营服务商、第三方机构和相关社团组织组成，对于促进充电设施标准的研究制定和宣贯实施，促进建立和完善充电设施认证体系，促进充电运营服务规范化和规模化发展，促进充电设施互联互通和建立充电设施网络智能管理平台等具有重要作用。联盟成立后，一要建立互联互通促进机制；二要加快完善标准规范；三要做好服务工作，培育良好的市场服务和应用环境，有效推动电动汽车充电基础设施建设良性发展。

全国电力安全生产现场工作会议

2015 年 12 月 6 日，国家能源局在山东省滨州市召开全国电力安全生产现场工作会，通报 2015 年 1～10 月全国电力安全生产情况，宣贯近期新颁布的有关电力安全生产规章制度，交流安全生产工作经验，分析当前能源安全面临的形势，部署电力安全生产重点工作任务。国家发展改革委副主任、国家能源局局长努尔・白克力出席会议并讲话，山东省副省长张务锋、大唐集团董事长陈进行出席会议并致辞。国家能源局副局长王晓林主持会议。

努尔・白克力指出，党中央、国务院高度重视能源工作，党的十八届五中全会强调必须坚持节约资源和保护环境的基本国策，建设清洁低碳、安全高效的现代能源体系。电力工业是国民经济基础命脉产业，直接关系到国民经济发展和社会稳定，直接关系到清洁低碳、安全高效的现代能源体系建设，直接关系到小康社会能否如期全面建成，加强电力安全监管、做好电力安全生产工作至关重要。要准确把握经济社会发展对电力安全生产工作的要求，以对党和人民高度负责的精神，进一步增强做好电力安全生产工作的责任感和使命感，着力落实责任，采取有效措施，认真做好电力安全生产各项工作，为全面建成小康社会提供安全可靠的电力保障。

努尔・白克力强调，能源行业要认真学习贯彻党的十八届五中全会精神和习近平总书记关于安全生产的系列重要讲话要求，牢固树立安全发展观念，坚持人民利益至上，坚持目标导向与问题导向相统一，始终把安全生产工作放在更加突出、更加重要的位置。全国电力行业要着眼当前、立足长远，落实安全生产责任，重点做好以下工作：一要牢固树立安全发展观念，始终坚守安全红线，时刻绷紧安全生产这根弦，把安全发展观念贯穿在企业生产经营、企业发展的始终；二要进一步落实电力企业安全生产主体责任，按照“党政同责、一岗双责、失职追责”要求，强化安全生产第一意识，完善安全生产责任体系有关制度规程，加强安全生产基础能力建设；三要进一步落实电力安全监管责任，切实强化电力安全行业监管、属地监管和综合监管责任，各司其职、切实履职，形成监管合力；四要进一步加强电力安全生产监管执法，健全完善安全生产法规制度和标准规范，创新安全生产监管执法机制，规范安全生产监管执法行为，加强安全生产监管执法能力建设。

努尔·白克力要求，要采取有效措施，全力做好当前电力安全生产工作。目前，正值迎峰度冬的关键时期，必须坚持“命”字在心、“严”字当头和“实”字担肩，以高度的担当精神，采取切实措施，重点做好七点工作：一是加强电力人身伤亡事故防范工作；二是确保不发生电网大面积停电事故；三是确保水电站大坝运行安全；四是加强电力建设工程施工安全管理；五是深化安全隐患排查治理；六是扎实做好反恐怖及防范工作；七是不断夯实安全基础。

王晓林在总结讲话中强调，全国电力行业要深入学习领会会议精神，认真抓好贯彻落实。一要抓好对会议精神的传达学习，积极借鉴和吸收先进单位在会上交流的典型经验，结合本单位实际，细化分解任务，明确责任，共同推动安全生产和监管工作再上新台阶；二要努力做好对有关规章制度的宣传贯彻。对照2015年检查中发现的问题，开展自查自纠，及时做好隐患排查。结合本单位实际，积极修编大面积停电预案，全面推进预案的演练，不断提高电力应急管理能力；三要切实做好迎峰度冬期间的安全生产工作。各单位要严防重特大事故的发生，确保2015年度工作圆满收官，并为2016年度工作打下良好基础。

“十三五”能源规划工作座谈会

为深入学习贯彻党的十八届五中全会精神，交流国家和省级能源规划编制情况，安排部署下一阶段规划工作，2015年11月9日，国家能源局在北京召开全国“十三五”能源规划工作座谈会。国家发展改革委副主任、国家能源局局长努尔·白克力同志出席会议并做重要讲话。国家能源局副局长刘琦同志主持会议。

会议传达学习了党的十八届五中全会精神。会议认为，五中全会审议通过的《“十三五”规划建议》阐明了党和国家的战略意图，明确了今后五年发展的指导思想、基本原则、目标要求、基本理念和重大举措，体现了“四个全面”战略布局和“五位一体”总体布局，顺应了我国经济发展新常态的内在要求，具有很强的思想性、战略性、前瞻性、指导性。创新、协调、绿色、开放、共享五大发展理念，在理论和实践上有新的突破，对破解发展难题、增强发展动力、厚植发展优势具有重大指导意义。

会议指出，“十三五”时期是全面建成小康社会、实现第一个百年奋斗目标的决胜阶段，是贯彻落实习近平总书记关于能源发展“四个革命、一个合作”战略思想的第一个五年规划期。做好能源规划工作，必须深入贯彻落实党的十八大和十八届三中、四中、五中全会精神，以转变能源发展方式和提高能源发展质量为中心，着力推进能源生产和消费革命，着力推进能源创新发展、协调发展、绿色发展、开放发展和共享发展，努力建设清洁低碳、安全高效的现代能源体系，为全面建成小康社会、实现建党百年奋斗目标提供安全可靠的能源保障。

会议强调，遵循五中全会确定的“五大发展理念”，“十三五”时期能源发展改革的主要任务，要从五个方面来谋划。即坚持创新发展；坚持协调发展；坚持绿色发展；坚持开放发展；坚持共享发展。

会议要求，能源战线要深入学习贯彻十八届五中全会精神，按照习近平总书记提出的“四个革命、一个合作”总要求和全会确立的新理念、新思路，以强烈的使命感和高度的责任感，扎实做好各项工作，尽心尽力编制出一部经得起历史检验、符合经济社会发展规律、让党和人民群众满意的“十三五”能源规划，为推动能源生产和消费革命，实现“两个百年”奋斗目标和中华民族伟大复兴的中国梦做出应有贡献。

2015年中国电力减排研究发布会

2015年12月28日，由中国电力企业联合会和美国环保协会共同完成的《中国电力减排研究2015》（简称《研究》）在北京发布。

《研究》从电力污染物控制政策、节能政策、碳减排政策等方面进行了系统分析，认为中国电力污染物控制政策已形成体系，电力碳减排政策体系也已初步建立。但电力污染物控制政策仍然存在政出多门、监督不规范的问题。

《研究》分析，“十三五”期间，国家将持续保持节能减排的高压态势，电力节能降碳水平进一步提高，电力污染物排放实现快速下降，市场机制将发挥更大作用。但同时，企业节能减排成本和违法风险不断提高将成为“十三五”电力减排的趋势。

为完善电力减排政策，《研究》提出了五点建议：一是充分认识电力发展对建设低碳社会的重要作用，快速有序发展非化石能源发电，注重更大范围的各种电能与各种资源的优势互补，持续提高煤炭转换为电力的比重和电能占终端能源消费的比重；二是完善以低碳发展为目标导向的能源电力法规政策框架体系，应逐步建立以低碳发展为统领的、完整的、协调配套的法规政策和制度体系；三是建立健全以市场为导向的减排新机制，充分发挥碳排放交易等体现能源效率的市场手段促进减排，避免多重市场手段间的重复交叉；四是整合现行各项减排政策制度，将排污许可建设为固定点源环境管理的核心制度；五是依法科学开展煤电超低排放改造工作，完善标准支撑体系。

2015 中国电力 EPC 论坛

2015 年 3 月 18 日，由西门子（中国）有限公司和中国电建共同主办的“2015 中国电力 EPC❶ 论坛”在北京举行。西门子股份公司管理委员会成员戴俪思、西门子（中国）有限公司总裁兼首席执行官赫尔曼、中国电建董事长晏志勇，以及来自全球的政府官员、知名国际电力投资商及 EPC 工程承包商、相关行业协会等，共计 60 余家单位 300 多名代表出席此次论坛。

此次论坛以“瞻世界、筑未来”为主题，就世界能源市场发展趋势、中国企业开拓海外电力市场展望，以及中国电力 EPC 企业走出去面临的“新常态”等话题展开了讨论。

在国际市场上，可再生能源和燃机电站发展潜力巨大，环保、高效的发电技术日益赢得市场。众多发展中国家所面临的电力短缺等严峻挑战为中国电力 EPC 企业带来了新的发展机遇，越来越多的中国企业在国际化战略引领下走向世界，积极参与海外电力市场重大项目的开发、建设和运营。

第九届中国新能源国际高峰论坛

由全国工商联新能源商会举办的第九届中国新能源国际高峰论坛于 2015 年 4 月 15～16 日在北京国家会议中心举办。论坛主题为“新能源，为新常态带路”。4 月 15 日，在论坛上汉能控股集团与全国工商联新能源商会联合发布了《全球新能源发展报告 2015》（简称《报告》）。《报告》显示，2014 年全球新能源发电延续了高速增长的趋势，年发电量同比增长达到 19%。其中，光伏发电和风电仍然“挑大梁”。同时，全球能源体系也将搭上“分布式＋移动”的顺风车，推动人类使用能源的历史进入新篇章。

按照新能源类型，《报告》共涉及全球电力市场、光伏、光热发电、风电、生物质能、地热能、海洋能、储能、碳市场和全球移动能源十大领域，分别介绍了各类新能源 2014 年的产业发展概况、融资情况、市场情况以及对未来市场发展的展望。

《报告》显示，2014 年全球总发电量 23 131.2 亿 kWh，同比增长 3.2%。化石燃料发电量占全球总发电量比重的 66.6%，比重持续下降。新能源发电延续了高速增长趋势，年发电量同比增速达到 19%，占全球发电量总额的 6.2%。

《报告》还显示，风电和光伏发电仍在新能源发展中“挑大梁”。2014 年全球新能源发电累计装机容量 653GW，其中风电占比达 55.1%，光伏发电占比达 28.9%。

《报告》指出，全球光伏发电市场的新增装机容量又创新高，达到 47GW。尤需注意的是，全球光伏发电市场的竞争格局也已悄然发生变化，在 2014 年全球新增装机容量排名前十的国家中，除中国连续两年稳居榜首外，日本和美国的排名也快速增长，分别跃居亚、季军。反而以往的主力军德国无论是财政补贴还是新能源规模均趋于一个稳定乃至降低趋势。

《报告》显示，中国多晶硅产能占全球总产能的 45%，晶硅电池片、晶硅组件产能则占到 75%以上。应用方面，中国的光伏发电新增装机量抢眼，达到了 13GW，且预计 2015 年可达到 15～20GW。

《报告》预测，2015～2020 年太阳能发电增速将超过风电增速，并将原因归结于光伏发电系统价格的持续下降和发电效率的不断提高。据悉，2010～2014 年的 5 年间，光伏发电组件价格下降了 60.5%，光伏发电系统价格下降了 52%。预计 2015～2020 年，大型光伏发电系统价格仍将保持平稳降低的态势，有望再降低 21.9%。

2015 年中国国际清洁能源博览会暨中国清洁电力峰会

2015 年 4 月 1 日，2015 年中国国际清洁能源博览会暨中国清洁电力峰会在北京中国国际展览中心隆重开幕。博览会以“发展清洁能源，推动能源革命”为主题，包括展会和峰会两个部分。

展会主要展示内容包括智能电网、太阳能光伏、太阳能光热、风能、分布式能源、天然气能源以及生物质能相关技术和装备。

作为中国电力行业最高规格行业盛会——中国清洁电力峰会与展会同期举办。峰会包括一个主论坛和五场专业分论坛，与政企专家共同讨论光伏发电标准、太阳能光伏电站建设投融资、太阳能光热产业及技术发展、分布式能源发展与天然气发电，以及生物质能等行业热点话题。全球行业知名的 Intersolar 太

❶ EPC，即 Engineering Procurement-Construction，设计采购施工总承包。

阳能专业论坛也再度与峰会同期举办，携国内外知名专家探讨行业最新进展与先进技术。

2015 世界水电大会

2015 年 5 月 19～21 日，以“塑造未来，推动水电可持续发展”为主题的 2015 世界水电大会在北京怀柔雁栖湖畔召开，340 余位外国代表及 400 多位国内代表集聚一起，共商水电发展大计。

2015 世界水电大会组委会名誉主席、国家发展和改革委副主任、国家能源局局长努尔·白克力向大会发来书面致辞。他表示，水电在全球能源供应中发挥着重要作用，对应对全球气候变化有重大意义。目前，全球水电发展已经进入新的阶段，同时也面临着来自环境、水资源等方面的挑战。希望通过本次大会，全球范围内的各利益相关方一道共商世界水电发展大计，推动全球水电可持续发展。

国家能源局副局长刘琦出席会议并讲话。他表示，中国水电的总装机已经突破 3 亿 kW，约占全球水电总装机的 27%，并且拥有了包括规划、设计、施工、装备制造、输变电等在内的全产业链整合能力。中国还先后与 80 多个国家建立了水电规划、建设和投资的长期合作关系，成为推动世界水电发展的重要力量。

世界水电协会（IHA）主席肯·亚当斯表示，就世界水电发展状况来看，作为可再生清洁能源，水电具有技术成熟、成本低廉、运行灵活的特点，世界各国都把水电发展放在能源建设的优先位置，“可持续”一直是水电建设与发展的主基调，优先发展水电也已成为国际共识。

5 月 20 日，中国水力发电工程学会副秘书长张博庭在大会上表示：预计到 2050 年，包括抽水蓄能电站在内的中国水电总装机容量将达到 6.6 亿 kW，水电年发电量将达到 2.19 万亿 kWh。届时，中国水能资源的技术可开发率将达到 80%。达到目前发达国家的平均水平。

与会代表探讨交流了未来水电开发中如何注重生态环保、如何提升现有水电利用效率等问题。

“我们在水电的利益各相关方达成了共识，就是让水电可持续发展，实现共赢，共同塑造水电的未来。”5 月 21 日 18 时，随着《IHA 北京水电宣言》的发布，2015 世界水电大会落下了帷幕。在这次会议上，除设立“聚焦中国”“国际合作与水电开发”“水电行业的未来——非洲”“评估需求和机遇——亚洲”等专题交流活动外，还举行了“水电开发与可持续性的平衡”“水电的宏观经济效益”“水电投资如何平衡风险和回报”等 20 余个分会和多个论坛。来自 60 多个国家和地区的近千名代表就这些备受关注的问题进行了广泛讨论。

第五届中国国际储能大会

2015 年 5 月 13～14 日，第五届中国国际储能大会在上海召开。大会由中国化学与物理电源行业协会与中国储能网主办，中国化学与物理电源行业协会储能应用分会和中国投资协会储能产业投资促进中心联合支持。

会议上，来自美国、日本、德国、韩国、英国、澳大利亚加拿大等国的多位前沿科学家、专业人士，就当前储能技术发展、监管支持政策制定，以及产业商业化运营模式展开了热烈讨论，并提出了各自的评判与建议。会议期间，还举行了国家储能产业“十三五”重大课题研究专家组讨论会，并成立了中国化学与物理电源行业协会储能应用分会。

与会代表一致认为，随着可再生能源利用的日益广泛，储能在全球能源领域发挥的作用也在日渐增强。中国化学与物理电源行业协会秘书长刘彦龙在演讲中指出，随着世界能源格局的变革，清洁能源已经成为主流，太阳能、风能等绿色能源生产的电力正在逐步改变传统的电网结构，但由于这些电力来源都具有一定的随机性，会对电网调峰和系统安全造成不利影响，因此，可靠的储能技术就成为发展上述能源不可或缺的支撑和缓冲，储能产业也受到了越来越多的关注。

美国能源部太平洋西北国家实验室首席科学家 John Lemmon 则以美国电力格局为例指出，可再生能源发电替代传统能源发电已是大势所趋，因此储能市场的发展潜力是巨大的。目前，行业急需解决的是，如何将储能系统解决方案打造得更加灵活、可靠。与此同时，储能在协调新能源介入、电力控制系统应用、分布式能源发展、工业节能和智能微电网等方面也将发挥越来越重要的作用。

不过，虽然储能产业发展方向明确，但是，刘彦龙也表示，目前的储能项目基本都停留在示范应用阶段，技术、市场、投资模式、商业模式仍然充满了不确定性，因此，可靠性高、经济性好的储能技术解决方案是全球储能也需要持续关注的重点。

对于储能技术创新，中国工程院院士杨裕生强调，对于储能领域重要产品之一的蓄电池，业界应该给予正确认识和合理使用。就未来发展趋势而言，多样化应该是电池技术的发展方向。

此外，与会专家和行业人士十分看好中国储能产业未来的发展前景。

亚信非政府论坛首次年会

2015年5月25日，以“未来十年的亚洲：安全与发展”为主题的亚信非政府论坛首次年会在北京举行。亚洲能源安全是首次论坛年会关注的核心问题之一，也是亚信关注的安全与发展问题的一项具体内容，更是亚洲未来十年可持续发展的一个重大战略问题。

论坛共设六场专题会议，在由中国社会科学院世界经济与政治研究所承办的“2015年亚信非政府论坛能源安全圆桌会”上，来自亚信成员国、观察员国的40余位能源、外交与战略领域的与会者就“构建亚洲能源安全合作框架：从共识走向行动”，达成了诸多共识和倡议，对于扩大亚洲地区能源安全对话和协作，推进亚洲能源发展进程具有积极意义。

举办亚信非政府论坛是习近平主席于2014年5月在亚洲相互协作与信任措施会议第四次峰会上提出的重要倡议，旨在建立亚信各方民间交流网络，传播亚信安全理念、提升亚信影响力、推进地区安全治理。

2015 中国国际能源峰会

2015年9月7日，由中国机械工业联合会与中国石油和化学工业联合会，联合中国电工技术学会、中国动力工程学会、中国能源汽车传播集团（《中国能源报》）、上海电器科学研究院共同主办的“2015中国国际能源峰会暨展览会”开幕仪式在北京国际展览中心举行。

期间，国家能源局总经济师李冶、工业和信息化部装备司副司长李东、原机械工业部副部长陆燕荪相继发表了演讲。中国机械工业联合会会长、党委书记王瑞祥，中国石油和化学工业联合会党委书记、常务副会长李寿生，中国电力企业联合会党组书记、常务副会长杨昆，中国煤炭工业协会会长、党委书记王显政，中国可再生能源学会理事长石定寰共同出席了2015中国能源产业协作圆桌会议。中国能源汽车传播集团董事长、《中国能源报》社社长李庆文做了总结陈辞。开幕式由《中国能源报》总编辑解树江主持。协同、协作、共赢，成为与会代表的共同话题。

2015中国国际能源峰会是由中国机械工业联合会、中国石油和化学工业联合会、中国电力企业联合会、中国煤炭协会和中国可再生能源学会第一次联袂举办的论坛，5家协会将通过这一平台，建立常态化的工作机制，加强行业之间的信息沟通，了解行业上下游的各种需求，坚持市场导向，坚持问题导向，促进行业、企业间的协同、协作，提高整个产业发展水平，实现互利共赢。

首届国际能源变革论坛

2015年11月6日，首届国际能源变革论坛在江苏省苏州市举办。国务委员王勇出席开幕式并致辞。

王勇指出，能源是人类发展的重要物质基础，能源开发利用是国际社会共同关注的重大战略问题。为应对生态环境挑战、实现可持续发展，当前新一轮重大能源变革正在兴起。中国将始终坚持绿色发展理念，坚持节约资源和保护环境的基本国策，以更加积极有效的措施，加快能源技术创新，大力推动能源变革，全面节约和高效利用资源，建设清洁低碳、安全高效的现代能源体系，为世界能源转型发展做出积极贡献。

王勇强调，推动全球能源转型，实现绿色持续发展，是人类社会的共同事业。各国应携手并进，积极推动能源领域改革创新，深入探索转型之路，加快实现能源生产和消费的根本性变革；破除障碍，加大支持，加快可再生能源开发利用，大力提升可再生能源在能源结构中的比重；加强国际交流，建立更加密切的能源合作机制，加快构建全球能源互联网，不断提高能源配置效率。

国家发展改革委副主任、国家能源局局长努尔·白克力在致辞中说，在世界能源格局深刻调整和新一轮能源革命背景下，我国将与世界各国就产能、科技装备、基础设施互联互通和完善国际能源治理体系等四方面加强国际合作，共同推进能源转型变革。

国家电网公司董事长、党组书记刘振亚指出，构建全球能源互联网是世界能源变革的必由之路。刘振亚指出，要构建中国能源互联网，加快电力转型发展。大力推动清洁能源发展，创新推动能源转型升级，共同推动构建全球能源互联网。

第二届东亚峰会清洁能源论坛

2015年11月18日，第二届东亚峰会清洁能源论坛在海南省海口市召开。论坛以“共建绿色能源网络，服务经济社会发展”为主题，提出了“探索建立绿色能源网络”的倡议，以促进本地区能源基础设施互联互通，推进清洁能源开发，化解能源贫困。倡议得到了与会代表的一致认同。国家能源局副局长张玉清出席论坛开幕式并致辞。

张玉清指出，东亚是世界经济最具活力的地区之一，也是全球重要的能源消费市场和生产基地。通过能源合作，域内国家间的联系更加紧密。随着世界各国共同应对能源安全和气候变化所带来的压力愈发凸显，对能源需求的不断增长和环境保护意识的日益加强，大力发展和推广应用清洁能源已成必然趋势，以核电、水电、风电、光伏为代表的清洁能源将在人类未来的社会生活和经济发展中发挥越来越重要的作用。

张玉清表示，作为东亚峰会机制的成员，中国正在大力发展清洁能源，愿与域内国家分享在核电、水电、风电、光伏、智能电网等领域的经验和成果，为人人享有清洁能源而努力。

为加快落实“建立绿色能源网络”倡议，张玉清提出，希望域内各国积极参与、共同推动，努力将本论坛打造成为东亚区域内绿色能源网络最佳的交流、合作和展示平台，探讨域内国家开展合作新思路，实现区域能源互联互通，优化区域资源配置，平等互信、合作共赢、携手并进，共同促进本地区清洁能源发展，为应对全球气候变化和驱动本地区经济社会可持续发展贡献智慧和力量。

中电联第六次全国会员代表大会

2015 年 12 月 23 日，中国电力企业联合会（以下简称中电联）第六次全国会员代表大会暨第六届理事会第一次会议在北京召开，原电力工业部部长史大桢，原国家电力监管委员会主席柴松岳，全国政协经济委员会副主任、国家发展改革委原副主任、国家能源局原局长吴新雄出席会议。国家能源局副局长郑栅洁出席会议并讲话，民政部等有关部门负责同志出席会议。

会议选举产生了中电联第六届理事会常务理事单位、常务理事、理事长、副理事长、秘书长，聘任了副秘书长，表决通过了中电联 2016 年经费预算和会议决议。

郑栅洁代表国家能源局对大会的召开表示热烈祝贺。他表示，中电联第五届理事会成立以来，适应行业改革发展的新形势、新要求，不断强化服务宗旨，拓宽服务内容，提升服务质量，提高服务水平，在促进行业发展、推动电力改革、加强行业自律管理、反映企业诉求等方面做出了积极贡献，得到了政府和企业的信任，行业代表性和社会影响力不断增强。随着电力体制改革的不断深化，中电联作为行业协会的作用将更加突出。希望中电联在第六届理事会的领导下，一是围绕国家能源战略发挥行业协会作用；二是结合政府简政放权，进一步完善服务职能；三是深入调查研究，积极建言献策；四是加强中电联自身建设，为企业、政府和社会提供更好的服务。

中电联第六届理事会理事长刘振亚代表新一届领导集体做了发言。他表示，面对新形势、新任务、新挑战，中电联将认真贯彻中央决策部署，着眼于建设国内领先、国际一流行业协会的目标，坚持立足行业、服务企业、联系政府、沟通社会的定位，以转变能源和电力发展方式为主线，以提升行业服务能力、凝聚行业发展合力、扩大行业影响力为重点，充分发挥战略研究、决策支撑、沟通协调、专业服务平台作用，促进电力工业可持续发展，为服务经济社会发展做出积极贡献。

会议号召会员单位要把思想认识统一到党的十八大和十八届三中、四中、五中全会精神上来，面对新形势，迎接新挑战，凝聚行业力量，贡献企业智慧，推动我国电力工业创新发展、绿色发展、和谐发展，为经济社会发展做出新的更大的贡献！

中俄电力领域合作工作组第一次会议

2015 年 2 月 3 日，中俄电力领域合作工作组第一次会议在北京召开。会议进一步落实中国与俄罗斯两国元首会晤成果。工作组中方主席、国家能源局副局长王禹民与工作组俄方主席、俄罗斯能源部副部长克拉夫琴科出席会议并讲话。

王禹民指出，2013 年以来，在中俄两国领导及政府间能源合作分委会的正确指导下，双方电力合作机制日趋完善，电力贸易保持稳定，火电、水电及输电合作项目取得积极进展，企业间交流更加密切，合作领域不断拓展，电力合作取得丰硕成果。

王禹民对进一步加强中俄电力合作提出三点希望。一是大力推进中俄电力在更广泛领域合作，促进电力全产业链合作，服务两国经济。二是不断加强两国政府及企业间沟通交流，充分发挥政府搭台、中国“丝绸之路经济带”合作平台作用，利用好亚洲基础设施银行等金融机构，为电力合作提供支持。三是请俄方继续关注合作项目中存在的一些问题并给予支持，建议俄方在项目用地、电力设备进口标准及税收等方面出台相关优惠政策，进一步缩短项目建设期和建设成本，提高经济性。

克拉夫琴科表示，俄中电力合作前景广阔、影响深远、意义重大，俄罗斯相信，通过双方共同努力，所有电力合作项目都会得到完美落实，俄方愿进一步加强同中国的联系沟通，并对电力合作前景充满信心。

会议结束后，王禹民还与克拉夫琴科共同签署了《中俄电力合作工作组第一次会议纪要》。

专家观点

共绘世界能源变革的新蓝图[1]

（努尔·白克力）

纵观当今世界，人类在享受经济增长、科技进步、社会发展所带来巨大成果的同时，也逐渐清晰地认识到由于过度使用和依赖化石能源所带来的危机，面临日趋严峻的能源安全问题、气候变化以及生态环境挑战，迫使我们必须重新思考如何利用能源这一古老而又崭新的话题。

为适应世界能源发展变革的新形势，加速中国能源转型步伐，中国国家能源局、江苏省人民政府、国际可再生能源署共同举办2015国际能源变革论坛。论坛汇聚全球能源领域政界、科学界、产业界的领导者，立足全球视野，努力构建关于未来能源发展和转型的交流、对话、合作平台，探讨未来全球能源发展面临的机遇和挑战，分享清洁能源和环保领域的技术创新和有益实践，为世界各国政府、产业组织、商界精英在可持续发展领域的决策提供依据和思路，构建合作共赢新模式、新机制，助推全球特别是中国能源转型和可持续发展，意义十分重大。

自人类开发利用能源以来，能源始终处于转型变革之中。变革是绝对的，不变是相对的。能源变革既有漫长的量变积累，也有飞跃式的质的革命。可以说，人类生产力的每一次大的飞跃，都伴随着一场深刻的能源革命。回顾历史，人类社会经历了从薪柴到煤炭，从煤炭到油气两次能源革命，由此推动了全球两次工业革命。从薪柴到煤炭的更替经历了上千年，推动人类社会实现了由农耕文明向工业文明的转变。从煤炭到油气的更替也已跨越了一、二百年，推动人类社会迈入了工业化和城镇化快速发展的历史时期。

当今世界，能源格局正在深刻调整，新一轮能源革命已经开始。在新能源技术、信息技术和全球碳减排压力的推动下，未来世界的主体能源应当是绿色低碳的，生产消费模式应当是高度智能化的，天然气和非化石能源有可能成为未来的主体能源。

中国政府高度重视并致力于推动能源转型变革。2014年6月，习近平主席亲自主持召开会议，专门研究能源发展问题，明确提出推动能源生产消费革命是中国能源发展的基本国策，其基本内容可以概括为“四个革命、一个合作”，即：推动能源消费革命、供给革命、技术革命和体制革命，全方位加强国际合作。根据习近平主席“四个革命、一个合作”的战略思想，中国政府发布了《能源发展战略行动计划（2014～2020年）》，确立了“节约、清洁、安全”的战略方针和“节约优先、立足国内、绿色低碳、创新驱动”的发展战略。

10月29日闭幕的中共十八届五中全会，描绘了未来五年中国经济社会发展的宏伟蓝图，确立了创新、协调、绿色、开放、共享的发展理念；强调必须把创新摆在国家发展全局的核心位置，强调必须坚持节约资源和保护环境的基本国策，建立绿色低碳循环发展产业体系，这是关系我国发展全局的一场深刻变革。能源绿色低碳发展是这场变革不可或缺的组成部分。

能源绿色低碳发展的具体内涵是：把发展清洁低碳能源作为调整能源结构的主攻方向，大幅度增加非化石能源消费比重，逐步提高天然气消费比重，减少二氧化碳排放，建设清洁低碳、安全高效的现代能源体系，促进生态文明建设。

中国确立的能源绿色低碳发展目标是：到2020年，非化石能源占一次能源消费总量的比重达到15%左右，单位国内生产总值二氧化碳排放量比2005年下降40%～45%；到2030年，非化石能源占一次能源消费总量的比重达到20%左右，单位国内生产总值二氧化碳排放量比2005年下降60%～65%；2030年前后碳排放达到峰值，并力争尽早达到峰值。

在经济全球化时代，各国能源相互关联、彼此影响。我们既关注自身安全，也高度重视共同安全。任何一个国家都不可能仅凭自己的力量实现能源转型变革。互利共赢、共谋发展已经成为世界潮流。世界各国应当携起手来，共同推动全球能源转型变革，共同维护全球能源安全。

第一，大力深化产能合作。世界各国在能源资源禀赋、产业发展、能源结构等方面各有不同，不论是发达国家还是发展中国家，都可以做到优势互补，共同发展。中国愿意与世界各国加强在传统能源资源勘探开发和可再生能源领域的开发合作，融合各自的资源、资本和技术优势，形成能源资源合作上下游一体

[1] 源自在国际能源变革论坛上的致辞。

化的产业链，共同提高全球能源供应能力，维护能源安全。

第二，加强能源科技装备合作。各国应当鼓励能源企业，打破地域壁垒，加强技术交流与合作，共同分享在可再生能源、先进核电、大规模储能、智能电网、碳捕集封存和利用、建筑和工业能效等方面的先进技术与管理经验，使企业成为世界能源转型变革的生力军。同时，中国正在由制造大国向制造强国转变，传统能源产业升级和能源服务业的快速发展将为技术领先国家提供更多的市场机会；中国的能源装备性价比较高，能源重大工程建设能力强，可以满足不同发展阶段国家的需要，促进当地经济发展和民生改善。

第三，共同推动基础设施互联互通。在 9 月 26 日召开的联合国大会上，习近平主席提出了共同探讨推动全球能源互联网建设的倡议。中国将重点加强与“一带一路”国家在能源基础设施方面的互联互通，推动跨境能源通道建设，开展区域电网建设合作，共享区域能源资源和能源收益，共同维护国际能源通道安全，提升区域发展和能源服务水平。

第四，携手完善国际能源治理体系。国际能源治理体系是由全球各国共建共享的，中国也是现行能源治理体系的参与者、建设者和贡献者。随着世界能源变革进程的持续推进，能源治理体系也应与时俱进，不断完善。世界各国应当共同推动建设互利共赢、开放包容、公平有序的新型能源治理体系，促进世界能源创新发展、协调发展、绿色发展，使能源发展的成果更多地惠及世界各国人民。

当今世界经济和能源形势复杂多变，能源变革也存在诸多困难和挑战。我们更要坚定信心，坚持不懈、齐心协力来推动世界能源变革。中国愿与世界各国人民一道，大力推进能源变革，全面加强国际合作，推动世界能源走上绿色、低碳、智能的发展道路，让世界成为能源充足、天蓝地绿、和平和谐的“地球村”。

全球能源互联网与中国电力转型之路

（刘振亚）

2015 年 9 月 26 日，习近平主席在联合国发展峰会上倡议“探讨构建全球能源互联网，推动以清洁和绿色方式满足全球电力需求”，对于推动能源革命、促进节能减排、应对气候变化，实现经济、社会、环境协调发展具有重大而深远的意义。9 月 14 日，联合国秘书长潘基文在联合国总部指出，全球能源互联网在应对气候变化中将发挥重要作用，联合国将大力支持和推动构建全球能源互联网，促进人类社会可持续发展。这次论坛聚焦“全球能源革命与能源转型”，研讨未来能源发展方向，对于落实习近平主席重要倡议，共同解决人类可持续发展面临的能源和环境问题，将起到重要促进作用。

一、构建全球能源互联网是世界能源变革的必由之路

全球能源互联网，是以特高压电网为骨干网架、全球互联的坚强智能电网，是清洁能源在全球范围大规模开发、配置、利用的基础平台，实质就是“特高压电网＋智能电网＋清洁能源”。特高压电网是关键，智能电网是基础，清洁能源是重点。从深层次看，全球能源互联网是集能源传输、资源配置、市场交易、信息交互、智能服务于一体的“物联网”，是共建共享、互联互通、开放兼容的“巨系统”，是创造巨大经济、社会、环境综合价值的和平发展平台。全球能源互联网和信息互联网都是经济全球化的必然产物。全球能源互联网就像人的“血管系统”，信息互联网就像“神经系统”，“神经系统”已经互联，“血管系统”也一定能够互联，必将为人类带来巨大福祉。

二、构建中国能源互联网，加快电力转型发展

目前，加快清洁发展、构建中国能源互联网的条件已经具备。资源方面，中国可再生能源资源丰富，仅开发千分之一就能满足能源需求。技术装备方面，中国已全面掌握具有自主知识产权的特高压核心技术和全套设备制造能力。经济性方面，随着技术进步，新能源的经济性和竞争力不断提高，有望在 2020 年左右超过化石能源。

通过加快建设中国能源互联网，到 2020、2030 年，全国发电装机容量将分别达到 21 亿、33 亿 kW，其中清洁能源装机容量分别达到 8.6 亿、18.9 亿 kW，占总装机容量的 40%、57%；跨区输电规模分别超过 5.5 亿、11.3 亿 kW，其中清洁能源分别占 50%、71%。到 2050 年，全国发电装机容量达到 60 亿 kW，其中清洁能源装机容量 54 亿 kW，占 90%。煤电装机容量将在 2020～2025 年间达到 12 亿 kW 左右的峰值，此后新增电力需求主要靠清洁能源满足，煤电厂逐步减少发电并有计划关停，到 2050 年煤电装机容量下降到 4 亿 kW 左右。

为加快构建中国能源互联网，促进构建全球能源互联网，提几点倡议：

（一）大力推动清洁能源发展。实施清洁能源优先发展战略，坚持集中式与分布式统筹开发，促进能源结构优化和绿色发展转型，实现从化石能源为主向清洁能源为主转变。中国重点应加快西南水电和西部、北部新能源集约化开发和大规模外送，高效有序发展各类分布式清洁能源。同时，严格控制东中部新

增煤电，并逐步减少现有燃煤电厂发电。

（二）创新推动能源转型升级。转方式、调结构，根本要靠创新。没有创新，产业结构调整就无法实现。要把创新作为能源转型升级的着力点，以创新破解难题，支撑和引领发展。重点围绕清洁能源生产、传输、存储、利用等领域前沿技术，集中力量开展技术攻关和联合研发，在核心技术和关键设备上尽快实现新突破。要高度重视技术创新和新能源发展对装备制造业的影响，积极推动结构调整和产业转型升级。

（三）共同推动构建全球能源互联网。构建全球能源互联网，符合全人类的共同利益，是世界各国的共同目标，既面临历史机遇，也面临新的挑战，需要各方面共同努力、形成合力。要不断解放思想、转变观念，顺应发展大势，前瞻谋划、积极主动推进这一宏伟事业。我们将秉持开放创新、互利共赢的原则，加强沟通、凝聚共识，与国内外同行一道，共同推动全球能源互联网创新发展，为人类社会可持续发展做出积极贡献。

（根据论坛上主旨演讲整理）

“十三五”电力规划应强调系统优化——兼论规划工作如何适应能源革命的要求

（何勇健）

长期以来，我国电力发展基本遵循“扩张保供”的思路，即通过发电装机和输配电容量的增加，满足不同地区不同时段的用电需求。这种以数量扩张为主要特征的电力规划模式，在电力高度紧张时期对保障电力安全供应发挥了重要作用，也与当时经济社会发展要求“不缺电”为第一要务的大环境相适应。但当经济发展进入新常态后，这种规划理念和方法就日益凸显出其固有的弊端与缺陷。2015 年 6 月，习近平总书记提出能源“四个革命、一个合作”的战略构想，标志着我国进入能源生产和消费革命的新时代，对能源规划特别是电力规划提出了更高的要求和期望。为适应新形势发展的需要，“十三五”时期亟需对电力规划进行革命性的调整和创新。

一、沿袭传统规划方法带来的矛盾和挑战

（一）火电利用小时屡创新低，惯性发展将会雪上加霜

“十二五”以来，我国发电机组利用小时总体呈持续下降态势，2014 年为 4286h，创 1978 年以来最低水平。其中，火电利用小时下降趋势更为明显，从 2010 年的 5300h 降到 2014 年的 4700h 左右，2015 年上半年继续下行，同比下降 10%。

“十三五”及未来较长时期，火电发展将面临更为严峻的形势。从电力供需平衡分析，目前已核准和发路条火电项目的发电能力已超过“十三五”新增电力需求。按“十三五”年均用电增长 5.5%（这已是偏乐观的增速）测算，预计 2020 年全社会用电量约 7.4 万亿 kWh，比 2015 年新增 1.7 万亿 kWh。要实现 2020 年非化石能源占比 15%的目标，核电、水电、风电等非化石能源发电量需比 2015 年新增 8000 亿 kWh 以上。按照非化石能源优先发展的原则，扣除非化石能源发电量后，“十三五”留给火电的增长空间仅为 9000 亿 kWh 左右，新增火电装机 2 亿 kW（按平均利用 4500h 测算）即可满足需求。而目前全国火电机组核准在建规模 1.9 亿 kW，已发路条约 2 亿 kW，若放任这些项目全部在“十三五”建成投产，则 2020 年火电将达到 13 亿 kW，比 2015 年增加 3 亿 kW 左右。因此，如果按已发路条来确定“十三五”火电规模，则火电装机将明显大于实际需求。

与此相对应，若按路条规模规划火电发展，“十三五”火电利用小时将进一步下滑，预计 2020 年下降至 4000h 左右，同时负荷率下降，企业效益可能急剧恶化。若按此方式惯性发展，火电机组将长期低于正常发电小时和功率低效运行，造成设备闲置和“大马拉小车”，使发电单位能耗和污染物排放均大幅增加，不利于能源清洁高效发展，也将极大增加全社会用电成本。

值得注意的是，在上述 13 亿 kW 火电装机中，煤电机组占了 12 亿 kW 左右。随着经济发展进入新常态，电力需求急剧放缓，国家为防治大气污染又严格控制煤炭消费（东部已实行煤炭减量替代政策），今后新增的电力需求，将主要由清洁低碳的非化石能源来提供。因此，如果“十三五”电力规划不对煤电进行合理调控，2020 年煤电装机可能会超过我国长远所需要的煤电总装机峰值，也即意味着煤电机组永久过剩。这是“十三五”规划与以往任何五年规划都不同的特点，需引起高度关注。

从实际情况看，当前火电建设步伐未慢反快。新一届政府行政审批制度改革后，火电核准权限已下放至地方，基于发展惯性和本位主义，地方政府仍有扩张建电厂的投资冲动，很多地方不但未能主动调整建设节奏，反而加快核准速度。最近不少省份出现了火电集中开工和投产的情况，加剧了过剩矛盾。而大量新上的火电装机可能只是为了满足一年中仅有百十个小时的尖峰用电需要（这些少量的尖峰用电需求，完全可以通过需求侧管理进行调节），实际上是非常不经济的。但从地方利益考虑，这种保供免责增税的惯性决策模式，又有其合理性。对此新情况，国家还没有建立相应的调控机制，也缺乏有效的制衡手段。如

果任其发展，只能寄希望于发电企业能明智地“用脚投票”，根据市场需求主动放缓建设步伐，但这显然不是下放审批权的初衷，也会带来新的无序。因此，当前各地火电发展的乱象，亟需国家通过“十三五”规划建立新的“游戏规则”，依法依规进行统筹平衡和总量约束。

（二）新能源上网消纳难和竞争力不强的矛盾凸显，可持续发展难以为继

我国能源生产和消费呈现典型的逆向分布特点，风电等可再生能源也不例外。风电和太阳能资源主要集中在西北部地区，但当地由于经济欠发达，电力市场容量不大，消纳能力较弱。因此，可再生能源集中大规模发展需要借助跨区输电通道，将多余的电能送到东中部负荷中心。但这种发展模式有其局限性，“十三五”将遇到更大的瓶颈制约。

一是电网消纳能力有限。按照“三北”地区弃风率控制在5%，其余地区不弃风测算，2020年全国最大风电消纳能力仅2.2亿kW，其中“三北”地区就地消纳能力仅1.1亿kW，无法满足当地大规模开发风电的需要。西北部地区由于用电量小，消纳光伏发电的能力也远小于生产能力。

二是可再生能源外送通道难以落实。大气污染防治12条输电通道以及已投运的风火打捆外送专用通道中，已确定配套外送风电1500万kW、光伏发电400万kW左右。经测算，所有输电通道经挖潜还可再打捆外送2000万kW左右风电，“十三五”只有约4000万kW的可再生能源外送能力。由于通道建设受制于跨区电力输送的客观需要，如果“十三五”安排更多的输电通道用于输送风电，将对电力总体优化布局造成较大冲击。

三是可再生能源外送不宜超过合理上限。可再生能源发电外送有7%以上的损耗，加上需大量配套调峰电源，当外送距离超过2000km，项目经济性将很差，还不如在东中部当地发展分散式风电和分布式光伏发电。

四是可再生能源补贴增加及电价下降压力进一步加大。目前，全国可再生能源电力补贴资金缺口已达到165亿元。按照“十三五”发展目标和现行电价标准匡算，补贴资金缺口还将增加700多亿元，可再生能源电价附加需由每千瓦时1.5分提高至2分以上，加价压力很大。国务院发布的《能源发展战略行动计划（2014～2020年）》要求“2020年风电发电成本与煤电相当、光伏发电实现用户侧平价上网”，但从现实情况看，可再生能源行业并未将此作为一个硬性的约束条件，主动倒逼提高技术降低成本，而是继续按照现有电价水平追求数量扩张。当可再生能源发展到较大规模后，电价较高、补贴不足、竞争力不强的缺点将会越来越制约其可持续发展。

（三）优质调峰机组无用武之地且发展后劲严重不足

未来一段时期，我国电力系统的调峰任务将愈来愈重且渐趋复杂。一是用电结构的变化使尖峰负荷问题日益突出，需求侧峰谷差将逐步拉大。二是风电和光伏发电还将快速发展，其间歇性特点决定了无法提供大规模稳定电力，在储能技术成熟前，系统必须承担更加繁重的调峰责任。

在我国现有电源结构中，具有优良调峰性能的抽水蓄能、燃气电站以及龙头水电站等机组所占比重很小，仅为5%左右。同时，由于没有相应的调峰补偿或峰谷电价机制，这些数量很少的调峰机组也未发挥应有作用。电网出于利益考虑，没有优化调度这些调峰机组的积极性，使它们大都处于“半停工”或“晒太阳”状态（个别抽水蓄能电站一年仅发500h左右，大多数燃气电站每年发电都低于3000h）。电力系统主要的调峰任务，实际上大多由煤电机组承担，这也是造成煤电利用小时低的主要原因之一。同时，过度参与调峰还造成了煤电机组负荷率低下，百万千瓦超超临界机组很多时候被迫压到一半以下的功率出力，实际上处于亚临界运行状态，使整个电力系统效率低下，环境成本大幅上升。

更大的隐患是，如果沿袭这种运行模式和电价机制，电力系统最需要的优质调峰机组将继续“稀缺”下去且缺口会越来越大，因为建设此类机组成本补偿和投资回报均没有保障，没有企业愿意投资。随着风电、光伏发电等不稳定电力的逐渐增加，电网只能将越来越重的调峰责任继续强加给煤电企业，使其新老机组均陷入低效运行的怪圈，形成电力系统低能效、高排放、高成本的恶性循环，最终给广大消费者和社会带来沉重负担。

（四）电网形成“长途输送”的路径依赖，安全与经济性面临考验，也与智能化、分布式发展的方向背道而驰

“胡焕庸线”所揭示的我国资源和人文地理逆向分布的特征，决定了远距离大规模输电成为一定历史时期内我国能源布局的客观选择，但这一模式只在一定阶段和范围内有其合理性，一旦适用条件改变，就应重新审视其发展方向和趋势，而“十三五”可能正处于这一转变的关键节点上。

当前，我国电力消费已进入中低速增长阶段，经济发达的东部地区尤为明显，如上海2014年用电负增长，2015年上半年东部11个省份中有2个负增长，5个省份用电量增速低于1.5%。与此相对应，东部地区需要的“西电东送”等外来电增速也大幅降低，跨区输电的需求增长量及其紧迫性、必要性都在进入

一个新的转折窗口。在这一背景下，国家为防治大气污染已规划的12条输电通道以及水电、风火打捆等专项输送通道已基本能满足“十三五”东中部省份电力增长需求。若在此基础上，进一步布局建设更多的特高压输电通道，会形成以下潜在风险：

一是可能造成输电能力大幅闲置，运行维护成本高，安全隐患突出，巨额投资形不成应有的经济和社会效益。

二是市场竞争力堪忧。一条特高压输电线路投资大都在几百亿元，输电成本很高，电送到东中部省份后，电价很可能高于当地火电标杆电价。目前已有不少东中部省份提出要按照市场原则（电价可承受，电力供应曲线可调节）合理接纳外来电。初步匡算，已规划的12条通道的输电量，“十三五”也不一定能完全被受电省份接受和消纳。

三是与未来电网发展方向和潮流不符。从国际上看，电网发展方向应是与新能源和分布式能源大规模发展相适应的微电网、智能电网、能源互联网等形态，以小微、智能、就地平衡消纳为主要特征。大规模的特高压输电很难与此发展模式接轨和协同，未来可能面临沉重的转型压力。

综合分析，如果超越实际需求大规模发展特高压跨区输电，将会加重电网对“长途输送”以及电力在全国甚至更大范围内平衡消纳的路径依赖。且不论特高压交流同步电网的安全性问题，单是其可能带来的供需脱节以及容量冗余、成本搁浅等问题，就应在“十三五”规划中审慎论证决策。从发展趋势看，未来全国新建的工业园区、新城镇、公共建筑、居民小区等大都会逐渐采用新能源、分布式能源（天然气热电冷三联供和太阳能、地热能等耦合集成）加微电网供能方式，拥有自己的智能“自供区”。在不远的将来，电力系统乃至整个能源系统的形态都将发生翻天覆地的变化，对跨区输电的依赖度会越来越低。因此，特高压输电需要在“十三五”这个关键节点上，做出前瞻性、战略性的理性抉择，合理确定发展定位、输送流向和规模，防止未来过犹不及。

更值得警惕的是，当前发展特高压输电，一个很重要的理由是为了输送西北部的风电和光伏发电，以满足东部清洁用电需求。而为了消纳这些综合成本很高的可再生能源电量，如果用风光火打捆方式不计代价远距离输送，实际上是舍本逐末，最终会被市场证明难以持续。大规模远距离输送风电和光伏发电，当超过合理的范围和成本时，其发展模式就有些像“往岩石山上运石头”，劳而无功。但当我们在实际工作中强调加快发展可再生能源时，却很容易忽视这个常识，这是做能源系统规划工作千万要引以为戒的。

（五）用户仍停留在“被动消费”层次，没有用电选择权和响应能力

用户是电力系统中非常重要的一环，但按以往的电力规划方法，用户几乎是被遗忘的市场主体，除了被动接受电力供应外，对电力系统的运行基本上无能为力。

究其原因，主要是用户参与电力系统响应的基本条件都是缺失的。一是没有智能电表和智能用电设施，用户不知道何时是系统的峰谷，设备也不支持调节峰谷，当然也无从削峰填谷；二是没有智能电价制度，峰、谷、平段电价水平都一样，用户没有积极性去为电网调峰；三是没有智能调度制度，或者说没有形成智能电网体系，发电、供电企业与用户未形成良性互动关系。

在此规划理念及配套硬件设施和软件制度下，覆盖电力供、需两端的综合资源规划方法难以发挥作用，用户只能在电力供需矛盾的漩涡中隔岸观火，却不能参与到这场它本来最擅长的救火运动中。

（六）电力系统效率偏低，社会用能成本居高不下，拖累经济竞争力

以上几个方面的弊端集中起来，将会产生电力系统持续低效和僵化的严重后果。从电力行业投资效率看，我国近十多年来呈明显下降趋势。如1995年，每新增1kWh发电量需投入资金约1.3元，2000～2007年稳定在1.5元左右，2012、2013年却分别上升为2.8元和2元。电网2011年投资为2003年的3.5倍，但新增变电容量仅为2003年的2倍，新增输电线路长度仅为2003年的1.3倍。从单位GDP电耗和能耗看，我国分别为870kWh/万元和0.7t标准煤/万元，是世界平均水平的2.1倍和2倍，远高于美、日、欧等发达国家，也大幅高于印度、巴西等发展中国家。从电价水平看，我国工商业电价远高于美国和韩国，也高于俄罗斯等新兴国家。“十三五”如果电力规划方法和机制不改，我国电力粗放发展和低效运行的格局仍将延续，高效智能的能源系统无从构建，经济社会发展用能成本仍将高企，在国际竞争中将处于不利地位。

二、对策思路及建议

电力系统及其支撑的工业体系一旦形成，对经济发展有较强的路径锁定效应，直接影响一国的综合竞争力。“规划科学是最大的效益，规划失误是最大的浪费”，加强统筹规划和系统优化是提升能源效率和经济效益的重要途径，也是落实“四革命一合作”能源战略的有效抓手。“十三五”及未来一段时期，我国电力发展仍有较大的增量空间，应当适应新常态，树立系统、全面、协调的规划理念，建立“全国一盘棋”的统一规划机制，采用综合资源规划等方法，统筹增量优化与存量调整，打造高效、智能、安全的现代电力系统，全面提升系统效率、经济效益和环保水平。建议重点实施以下举措。

（一）下大力气提高电力系统调峰和消纳可再生能源的能力

“十三五”应统一思想，尽快行动，补上电力系统缺少优质调峰机组的短板，摆脱现行主要靠煤电调峰的路径依赖。重点是加快建设抽水蓄能、流域龙头水电站等调峰机组，适度发展天然气调峰电站，加强风、光、火、水、气等多种电源和储能设施集成互补。尽管优质调峰机组成本相对较高，但系统节省的投资和成本，将远大于新增调峰机组的支出，这样将促进电力系统大幅降低成本，提高效率，社会用能福利也将明显提升。

为了使上述优质调峰机组最大化发挥作用，应配套建立调峰成本补偿机制，如实行上网峰谷电价，或建立调峰调频等辅助服务交易市场等，激励并约束电网企业改进和完善电力调度，增强系统自适应能力，统筹用好各类型机组的调峰功能，大幅提高电力设备利用小时和负荷率。初步测算，西北、华北电网通过增加5%的系统调峰能力，预计可多消纳风电700万kW和1000万kW，电网的风电消纳能力可提高50%左右；通过建设一个多年调节龙头水电站（如金沙江龙盘电站），可使枯水期电量提高一倍以上。

同时，应改变风电不能弃风的机械论观点。多方面研究表明，适当弃风特别是主动弃掉发电时间很短的尖峰电量，可大幅增强电网吸纳风电的能力。据测算，“十三五”如果机械地全额保障性收购风电，完全不允许弃风，全国仅能消纳风电约1.5亿kW；如果考虑全国弃风5%，则可消纳风电3.4亿kW，消纳能力提高一倍以上，其中“三北”地区就可消纳风电1.1亿kW，消纳能力提高两倍左右。同时，应出台政策鼓励风电、光伏发电优先就地消纳（如利用低谷电量供热、制氢、给电动汽车充电等）和分布式发展，减轻跨区输送压力，化解大量弃风弃光的困境。

另外，对风电等可再生能源应采取逐步降价、合理调控发展速度和规模的策略，减少对补贴的依赖，赢得更大更长远的发展空间。从成本变化趋势和市场投资积极性看，我国可再生能源有较大的降价潜力。在补贴不到位的情况下，目前有的地区光伏发电项目转手出让两次后仍有利可图，各类市场主体对投资可再生能源发电热情不减，可见当前的电价还是很有吸引力的，反过来也说明降价是可行和需要的。从欧美的经验教训看，可再生能源补贴不宜无限制增加，否则会使整个产业“不思进取”，最终丧失竞争力和发展机遇。“十三五”期间，应根据社会承受力，设定未来若干年可再生能源上网电价标准和补贴规模，并提前向社会公布，通过倒逼机制促进企业的技术进步和优胜劣汰，这样才有利于整个产业的可持续发展。

（二）打造智能电力系统，着力增强用户响应能力

长期以来，我国对电力需求侧管理重视不足，在规划中更未得到合理体现。应及早变革规划思路，充分考虑需求侧调峰错峰和节能提效潜力，推行电力供应与需求紧密结合的综合资源规划办法。根据国际经验，利用电力需求响应资源（即调动用户主动“削峰填谷”）比新建调峰电源可降低成本25%～35%。初步测算，如果通过电力需求响应将占系统最大负荷5%左右的尖峰负荷（全年持续时间仅50～100h）削减，华东电网可以减少约1200万kW的电力装机，全国可以减少4500万kW左右。“十三五”时期，可选择用电峰谷差较大的电网开展智能用电示范，全面实施“能效电厂”建设工程，扩大实施峰谷、丰枯分时电价及可中断电价等科学价格制度，引入合同能源管理等市场化机制，提高用户响应能力，减少系统调峰压力。

（三）充分挖掘现有电力系统潜力，尽量减少新增火电和跨区输电

在电力系统加强调峰能力建设和需求侧管理的基础上，“十三五”规划应根据各地具体情况，按照保障发电机组合理利用小时数的原则，在充分挖掘现有机组发电潜力后，再确定新增火电空间。对目前电力盈余较多地区，应严格控制火电建设规模，部分已发路条的项目建议推迟建设或取消。按行政审批改革的新要求，对确需上马的路条项目，应纳入“十三五”电力规划和能源规划，通过规划确立路条项目的合法性。同时，建议对电力市场尚未落实、建设必要性不充分的特高压输电通道，暂缓决策上马。初步匡算，电力系统优化平衡后，“十三五”可减少有关煤电机组、特高压输电通道建设，以及推迟“三北”基地风电建设，合计可节省投资约8000亿元，相当于全国电力供应完全成本平均每千瓦时电约降低2分钱。

同时，应逐步改变电力项目由各企业“跑马圈地”后政府审批的办法，改由政府部门委托中立的研究咨询机构按规划统一做前期论证工作，确定布局原则、准入标准和总体规模后，通过招投标确定项目业主和价格（政府统一开展项目前期论证，相比企业各自为战可节省大量费用，还可从前期论证成果出让费中获取一定收益），实际上相当于将电力市场竞争提前到建设环节，有利于从源头控制电力系统成本。

（四）将电力与其他能源耦合集成，构建多能互补、梯级利用的终端供能系统

代表能源变革方向的分布式能源和智能电网等战略性新兴产业，目前在我国发展不理想，主要原因是找不到有效实施的载体和应用方式，价格不具竞争

力。综合分析预判，发展终端集成供能系统是一个很好的突破口。能源集成利用可大幅提高效率，如天然气热电冷三联供效率达80%～90%，可将现行单一供能方式的效率提高一倍左右。当前我国终端供能体系规划滞后，与城市规划、工业园区规划等严重脱节，电力、热力、燃气等不同供能系统缺乏统筹衔接，能源梯级利用程度较低。我国仍处于城镇化加速发展进程中，未来还会建设一大批新城镇、新产业园区、物流及服务业中心，对这些新增的用能需求，加强终端供能系统集成尤为重要。建议实施一体化供能工程，统筹规划建设电力、热力、供冷、燃气和智能微网等基础设施，推广新能源与传统能源相结合、小型分散与集中利用相结合的新型用能方式，使不同类型能源集成互补，实现“高能高用、低能低用、温度对口、梯级利用”，全面提升能源系统效率。

（五）结合电力体制改革，尽快调整有关政策和机制，为“十三五”电力规划创造更大的优化空间

实现电力规划的根本性转变，除以上相关理念和方法创新外，还有赖于体制机制和政策的支撑，换言之，电力体制改革及其营造的市场环境是否到位，将决定电力规划转型的成败。因此，“十三五”还应从改革体制、调整政策入手，寻求电力规划更大的优化发展空间，力求使市场相关利益方实现帕累托最优，而系统成本最低。中共中央、国务院《关于进一步深化电力体制改革的若干意见》（中发〔2015〕9号）针对性地提出了“加强电力统筹规划和科学监管”的新要求，一方面说明现行电力规划协调统筹不够，离系统优化还有较大差距；另一方面也说明了通过改革换取各方多赢、总体利益最大化的规划空间还很大。“十三五”可重点在以下几个矛盾突出的领域多做文章，使电力改革与规划工作相互促进，获得双赢的局面：加快放开售电和配电业务，为能源新业态健康发展创造条件；通过市场手段改变水电、风电等可再生能源跨区输送价格及利益分配机制，促进可再生能源良性发展；统筹改革气、电价格机制，促进电力与天然气相得益彰协调发展。

综上所述，“十三五”电力和能源发展的新形势，以及全面推进能源生产和消费革命的新要求，迫切需要电力规划进行创新调整，建立科学、灵活、务实的规划方法和体系并严格实施，开创电力高效、系统、协调发展的新局面。唯其如此，才能填补电力行业简政放权后出现的管理空白，也才能使“四革命一合作”的国家能源战略真正落到实处，并为建立有中国特色的现代能源治理体系提供有力支撑。

文化建设

社 会 责 任

中央发电企业领衔企业社会责任指数

企业社会责任报告是保障企业利益相关方的知情权、参与权和监督权，增进理解互信、提升经营绩效的重要手段。自 2006 年国家电网公司率先在中央企业里发布首份企业社会责任报告以来，各大发电企业紧随其后，相继加入坚持每年定期发布社会责任报告的行列，系统推进各项社会责任工作。

各大发电企业 2015 年发布的社会责任报告，普遍呈现出更加真诚、开放和创新的特点。报告对电力专业术语使用通俗易懂的语言进行介绍，便于社会公众理解；对企业负面信息不回避，各项信息数据清晰准确时效性强，积极回应利益相关方的质疑；在内容编排上更加务实、更趋合理，从高屋建瓴的企业发展战略，到企业在保护消费者权益、依法治企、保障员工权益、市场责任和环境责任等各个维度的表现，均采用一目了然的数据图表、深入浅出的案例分析等图文并茂的方式进行阐述；报告在开头或最后一致加入了履责承诺、社会绩效表、第三方评价、指标索引、意见反馈表等责任沟通内容。此外，发电企业特别注重议题的前瞻性，报告议题积极与国家政策、社会热点相结合，如电力体制改革、依法治企等信息的披露。

在差异性方面，大唐集团、国家电投等部分发电企业在报告中直接呈现了其资产分布，绝大部分发电企业公布了其具体的组织架构，华能集团、神华集团和国家电投使用了较大篇幅介绍了其在履行安全责任方面的内容，国家电投、中国华电重点呈现了其在海外运营“走出去”的发展成果，中国华电采用 H5 版本报告，还通过微信等新媒体平台拓宽传播渠道，提高了报告的共享性……

2015 年各大发电企业社会责任报告的最后，都提到了企业对未来的展望或承诺，以展示其进一步履行中央企业经济、社会和政治三大责任的决心与信心。

华能集团在其 2015 年履责承诺中提出了安全、经济、环保和社会四大目标，其中包括 2015 年核准电源项目 1000 万 kW，完成供电煤耗 308g/kWh，全部燃煤机组达标排放等。

大唐集团则描绘出企业发展的蓝图，直言 2015 年要确保核准容量 926 万 kW、投产 406 万 kW，加快产业结构调整，优化非电产业发展，推进产业融合和国际业务发展等。

中国华电采用表格对比的方式进行了回顾和展望，清晰地指出社会责任工作的重点和方向，提出要参考电力生产业指南，优化社会责任指标体系，落实 2020 年华电社会责任规划。

国电集团按照其做好“五篇文章”，打造“五个国电”，全面建设一流综合性电力集团的发展战略，在效益、环保、创新、廉洁和保障员工权益 5 个方面提出了具体目标。

国家电投对照联合国全球契约行动十项原则，为企业行动提出严格要求，承诺 2015 年完成发电量 4000 亿 kWh，完成供电煤耗 308.89g/kWh，小火电关停 40.30 万 kW，确保“六不发生”等。

值得一提的是，神华集团在朝着建设世界一流清洁能源供应商努力的同时，将努力让企业的发展红利惠及社会全体，2014 年神华集团向社会捐赠总额达到了 5.2 亿元，今后神华集团将构建地企利益分享长效机制，承担起更多的责任，助推地区经济发展。

长期以来，电力行业努力推动企业社会责任工作发展，如今也逐渐得到了社会各方的认可。

2015 年 11 月 1 日，中国社科院企业社会责任研究中心连续第 7 年发布了《企业社会责任蓝皮书（2015）》，披露了我国 300 强企业社会责任发展指数，其中电力行业以 71.1 分、四星级评价的平均成绩位列各个行业的第一位，领衔我国企业共同推进社会责任发展。

蓝皮书指出，7 年以来，随着政府、媒体、协会以及企业自身对社会责任的持续关注，企业社会责任在我国不断向纵深发展、持续改进。尤其对于作为国民经济重要基础产业和公用事业的电力行业而言，履行社会责任已经成为提升企业综合竞争力、推进协调可持续发展的重要课题。

在现阶段，我国企业社会责任水平整体仍处在起步阶段，而电力行业挺身而出走在了前面，各大电力企业在社会责任推进、社会责任融入管理、社会责任沟通和社会责任成效等方面分别取得了不同程度的成绩。总体而言，电力行业责任管理优于责任实践，社会责任表现最佳，尤其注重责任沟通、依法经营和利益相关方参与，在客户服务方面表现还欠佳。

就发电领域而言，大部分发电企业已建立起较为完善的社会责任管理架构和组织体系，华能集团、国家电投等多家发电企业均设立了专门的社会责任工作部门。领先的发电企业已将社会责任上升到企业战略层面，中国华电建立起社会责任指标体系，使社会责任工作真正融入日常生产经营管理。大唐集团、国电集团等发电企业在每年社会责任报告发布后，通过公众调查、媒体关注点分析等方式，主动跟踪、了解利益相关方对已披露信息的评价、建议和需求，将其纳入企业日常管理，改进和优化现行运营方式，严格兑现每年的履责承诺，对利益相关方的期许进行全面回应，系统提升企业管理水平和综合价值创造能力。

目前，各大发电集团已不再停留于满足稳定的能源供应，纷纷转向大力发展核电、水电、风电、太阳能等清洁能源，在火电上大力推行超低排放改造等节能减排技术手段，实现能源供给的多样化、清洁化与高效化；与此同时，发电企业社会责任关注的内容也从创造价值、环境保护扩大到满足员工价值需求、职业安全、慈善事业等领域，并开始积极探索与利益相关方沟通对话的模式。可以说，发电企业履行社会责任已经从过去对压力或事件的被动回应，转向了主动进行社会责任实践并取得了值得社会认可的成果。

电力行业社会责任发展指数（2015）

排名	企业名称	责任指数	星级水平
1	中国华电集团公司	89.8	★★★★★
2	中国南方电网有限责任公司	88.4	★★★★★
3	中国华能集团公司	87.6	★★★★★
4	国家电网公司	84.0	★★★★★
5	华润电力控股有限公司	82.4	★★★★★
6	中国电力投资集团公司（现国家电力投资集团公司）	75.8	★★★★
7	中国国电集团公司	72.6	★★★★
8	中国广核集团有限公司	65.0	★★★★
9	神华集团国华电力公司	60.0	★★★★
10	中国大唐集团公司	56.3	★★★
11	广东省粤电集团有限公司	45.8	★★★
12	国投电力控股股份有限公司	45.6	★★★

（数据来源：中国社科院企业社会责任研究中心）

社会责任报告

国家电网公司社会责任 2015年，国家电网公司坚持探索、实践、检验和完善科学的企业社会责任观，积极回应利益相关方关切，通过履责行动和卓越绩效践行经济、社会、环境综合价值最大化的基本理念。

1. 履责意愿

探索、实践、检验、完善科学的企业社会责任观。国家电网公司深入贯彻中央精神和国资委工作要求，牢固树立科学的企业社会责任观，做优秀企业公民，坚持以透明和道德的行为，有效管理自身决策和活动对利益相关方的影响，追求经济、社会、环境综合价值最大化。责任源于使命，始于战略。阐述国家电网公司将社会责任作为发展战略的基因和内核，以构建全球能源互联网为可持续发展的方向，大力实施“两个替代”，促进清洁能源大规模开发、大范围配置，保障能源安全、清洁、高效可持续供应的愿景。责任植于管理，成于机制。通过提升能力、强化沟通、探索根植、实施项目、推动融合来实现全面社会责任管理，满足利益相关方诉求，推动公司各项工作提升，实现企业与社会共赢。

2. 履责行为

一是保障可靠可信赖的能源供应。履行科学发展、卓越管理、安全供电、科技创新责任。电网发展的经济、社会、环境综合价值。累计建成“三交四直”特高压工程，在建“四交五直”特高压工程，纳入“国家大气污染防治行动计划”的“四交四直”特高压工程全部开工，特高压累计送电超过4347亿kWh，跨区跨省输电1534亿kWh，电网优化配置资源能力进一步提高；推进智能电网创新示范工程，累计建成智能变电站2300座，智能电网试点项目3422项；针对天津港“8·12”特大事故和台风、洪涝、雨雪冰冻等自然灾害，全力抢险救援，及时恢复供电；圆满完成抗战胜利70周年纪念活动、西藏自治区成立50周年活动和新疆维吾尔自治区成立60周年活动等重大保电任务。公司发展的经营管理绩效与科技创新成果。巩固提升“三集五大”体系，深化完善通用制度建设，大力开拓新领域、新业务。2015年公司新增专利10 022项，获中国专利奖金奖1项，优秀奖12项，5个实验室入选国家重点实验室。产业、金融、国际业务实现利润400亿元，电子商城和车联网平台正式上线运营。

二是负责任地对待每一个利益相关方。履行优质服务、伙伴共赢、服务三农、企业公民责任。对用户负责，新装智能电表6450万只，累计实现用电信息自动采集3.17亿户，国网电子商城正式上线运营。对三农负责，治理农村“低电压”用户663.5万户；累计解决192万户、750万无电人口通电问题。对伙伴负责，服务发电企业，与装备制造与设计施工企业共同发展，积极推进责任采购。对社区负责，定点扶贫和对口援助持续改善当地民生，深入开展助学、助老、助残活动和员工志愿服务，“特高压电网奖学金”影响持续扩大。

三是努力做绿色发展的表率。履行环保低碳责任，积极构建全球能源互联网。积极推动清洁替代和电能替代。国家电网公司累计新能源并网装机容量1.66亿kW，开工建设两批共6个抽水蓄能电站，全年实施替代项目1.72万个，替代电量760亿kWh，累计完成替代电量1403亿kWh，在能源终端消费环节累计减少标准煤消耗6300万t，积极应对气候变化促进社会节能。累计建成充换电站1537座，建成充电桩2.96万个，基本建成京港澳、京沪、京台、沈海、青银、沪蓉和宁沪杭环线高速公路快充网络，覆盖城市81座，高速公路1.1万km，积极开展发电权交易和节能发电调度，电能站终端能源占比达到22%，推动全社会实现二氧化碳减排9.06亿t。

四是负责任地开展国际化运营。牢固树立全球视野，推进国际能源合作的行动。立足世界可持续发展的制定国际化战略。落实“一带一路”积极开展国际产能合作，与国际组织共同促进全球能源合作机制建立，积极推动全球能源互联网由战略走向实践。负责任地开展国际化运营的业绩。负责任运营菲律宾、巴西、澳大利亚、葡萄牙、意大利、中国香港等国家和地区的海外资产，遵循国际规范和当地法律，尊重当地文化支持社区发展，促进当地就业并保护生态环境。

五是保证运营透明度和接受社会监督。坚持透明开放运营，自觉接受监管监督，凝聚可持续发展合力。持续深化社会沟通。健全对外信息披露机制，以沟通赢信任、增共识、促合作，主动回应媒体关注和社会关切，召开各类新闻发布会720余次，通过微博微信等新媒体与社会各界互动对话。为能源可持续发展建言献策。不断完善利益相关方参与战略与机制，推动重大发展理念赢得广泛认同，全球能源互联网在国内外取得强烈反响。自觉接受监管监督。落实中央巡视意见反馈整改工作，持续深入推进作风建设，扎实推进“三严三实”专题教育，持之以恒纠正“四风”。

3. 履责主体

企业对员工负责。负责任地对待每一位员工，自觉维护员工合法权益，保证员工安全与健康，重视员工成长与发展。强调员工是企业最重要的利益相关方之一，公司履行好员工发展责任，是履行好各项社会责任的前提和基础。员工对社会负责。通过推进全面社会责任管理和责任根植基层，使员工自觉树立利益相关方和综合价值视角，实践透明运营和绿色发展理念，实现“内部工作外部化，外部期望内部化”。

4. 履责亮点

深入贯彻中央精神和国资委工作要求。国家电网公司深入贯彻党的十八届五中全会精神，牢固树立创新、协调、绿色、开放和共享发展的理念；贯彻落实2015年中央经济工作会议精神，认识新常态、适应新常态、引领新常态，努力实现多方面工作重点转变；落实国资委工作部署，推动社会责任与企业改革发展相结合，与强化企业管理相结合，与坚持依法治企相结合，把履行社会责任作为做强做优做大中央企业的一项重要任务抓紧抓好。

积极推动构建全球能源互联网。贯彻习近平总书记在联大发展峰会上的重要讲话精神，加快推动构建全球能源互联网，推动能源生产和消费革命，努力为世界能源可持续发展做出积极贡献的行动与绩效。国家电网公司全面掌握特高压关键技术，建成“三交四直”特高压工程，在建“四交六直”特高压工程，智能电网技术实现全面突破，大力支持和保障清洁能源并网消纳，加快推进与周边国家电网互联互通，为构建全球能源互联网打下了坚实基础。报告同时还展示了2015年公司科技创新、管理创新、优质服务、国际化战略、公益事业、企业文化等内质外形建设的丰硕成果。

社会责任根植成果丰硕。国家电网公司将综合价值最大化作为工作的出发点和落脚点，通过推动责任根植基层，将外部期望转化为内部工作目标。2015年，国家电网公司深入推进社会责任根植项目制，坚持问题导向、价值导向、变化导向、品牌导向，牢固树立利益相关方视角，培育278个社会责任根植项目，推动营销服务、运维检修、电网建设、优质服务、业务运行、安全供电、职能管理、公益工作、综合管理等核心业务工作创新，经过近一年的实践检验，形成了一批具有示范效应、可借鉴、可推广、可传播的优秀社会责任根植项目成果。展现了社会责任根植“时时可创新，事事可创新，人人可创新，处处可创新”的工作成效和社会价值。

中国南方电网有限责任公司社会责任　2015年中国南方电网有限责任公司（简称南方电网公司）社会责任报告以电力供应、绿色环保、经济效益、社会和谐及责任管理五大内容为主体，专题论述了南方电网公司在国际合作、抗击台风和深化改革方面成绩。

1. 电力供应

2015年，客户平均停电时间为9.93h/户，城市客户年平均停电时间下降至5.42h。中山、佛山、江门、深圳、玉溪位列2014年全国供电可靠性前十名。2015年第三方客户满意度得分79分。解决业扩受限49万kVA，全年业扩报装满意度达81.7%，大客户业扩报装平均缩短业扩46天，业扩报装投诉率同比下降40%。

2. 绿色环保

截至 2015 年年底，南方电网公司非化石能源装机占比 49.8%，高于全国 34%的平均水平。加强降损技术研发投入，持续开展高损耗、低电压台区改造。科学制定降损管理制度，重点加强高损县级供电企业线损管理，开展帮扶活动。服务客户节能，支持电动汽车产业发展。启动重点城市公共服务领域示范性充电基础设施、城市之间交通网络充电设施、公司系统内部充电基础设施等三大领域的投资建设，全年充换电 19 万车，全年服务电动汽车充换电 458 万 kWh。

绿色环保关键绩效

公司主要业务数据	2011 年	2012 年	2013 年	2014 年	2015 年
西电东送电量（亿 kWh）	969	1243	1314	1723	1891
助力客户节能（亿 kWh）	19.75	8.12	9.3	9.03	9.94
综合线损率（%）	6.54	7.25	7.20	6.94	6.72
节能发电调度相当于节约标准煤（万 t）	227	513	561	1096	1505

3. 经济绩效

主动适应新常态，积极推动国有企业改革和电力体制改革，提升运营能力。加快转变发展方式，持续优化经营管理。成立增收节支、亏损企业专项治理和“两金”占用专项清理工作领导小组，降低运营成本。2015 年，公司单位可控成本 100.6 元/MWh，净资产收益率 6.09%，资产负债 61.36%。

经济效益关键绩效

公司主要业务数据	2011 年	2012 年	2013 年	2014 年	2015 年
资产总额（亿元）	5275	5556	5872	6191	6362
售电量（亿 kWh）	6668	7010	7433	7859	7822
世界五百强排名（位）	149	152	134	115	113
营业收入（亿元）	3912	4210	4482	4738	4707
利税总额（亿元）	337	382	407	501	535.5

4. 社会和谐

主动承担电力普遍服务，统筹城乡电力发展，服务三农发展，持续加强农网建设，全力提升农网供电能力和供电质量；全力推进一体化、规范化管理在农电落地，不断提高农电管理和服务水平。

2015 年员工参与志愿者活动 21 940 人次，服务群众近 30 万人次，完成扶贫项目资金投入共计 1600 万元。

社会和谐关键绩效

公司主要业务数据	2011 年	2012 年	2013 年	2014 年	2015 年
农网建设改造投资（亿元）	213	242	205	182.9	173
农村客户平均停电时间（h/户）	42.59	38.66	29.25	15.31	12.17
员工参与志愿者活动（人次）	63 889	58 000	50 029	21 370	21 940
对外捐赠总额（万元）	8280	4790	4790	6176.8	13 358
员工培训率（%）	96.5	96.0	96.0	95.0	96.4

5. 责任管理

健全社会责任组织机构，修订完善社会责任管理制度，实施以议题管理为抓手的社会责任管理新模式。开展多项社会责任专项研究，参与国务院国资委《中央企业“十三五”社会责任战略规划》调研，承担《利益相关方和议题管理研究》子课题。参加《中国企业社会责任报告编写指南 3.0 之电力供应业》的编写。连续四年开展国际先进企业社会责任报告实证研究。

坚持将社会责任融入具体运营业务，加大社会责任示范基地平台建设，2010 年以来，先后建成挂牌 9 家社会责任示范基地。

抗击台风“彩虹”。2015 年 10 月 4 日，强台风“彩虹”在湛江登陆，导致广南变电站全站失压，造成广州番禺、海珠等区共计 40.9 万户居民停电。累计投入抢修人员 37 579 名、车辆 6503 辆，广州 5 h 恢复供电，全网 7 天全部恢复供电，刷新重大灾害后的复电速度。

中国华能集团公司社会责任 2015 年中国华能集团公司社会责任报告以“创新、协调、绿色、开放、共享”为主题，重点阐述 2015 年以来，公司坚持以创建具有国际竞争力的世界一流企业为引领，以加快转型升级为主导，以提高发展质量和效益为中心，推进可持续发展所做的工作、对利益相关方负责的行动和取得的成效。

始终牢记“三色公司”使命，构建具有华能特色的履责模式。将社会责任理念、可持续发展要求融入社会责任建设的全过程。明确推进可持续发展要重点履行好“四大责任”——安全责任、经济责任、环境责任和社会责任；践行“可持续发展宣言”，努力做“五个表率”——做促进经济社会全面发展的表率，做建设资源节约型、环境友好型社会的表率，做企业与社会和谐共进的表率，做以人为本、利益共享的表率，做社会道德实践的表率，推进“五个发展”——创新、协调、绿色、开放和共享发展，构建起了具有华能特色的“3455”可持续发展模式。

始终保持履行社会责任的高度自觉，实施“一体两翼”社会责任管理战略。制定实施和谐发展战略、《社会责任管理提升工作计划》《社会责任工作推进计划》，形成了以“创建世界一流企业和谐发展战略”为引领，以社会责任“管理提升计划”和“工作推进计划”为两翼，相互依托、有机衔接的社会责任工作机制。进一步完善总部、二级单位、基层企业社会责任领导体制和工作机制，强化了公司系统上下贯通、整体协调的工作组织体系。

始终遵循负责任企业的基本准则，树立“责任华能”的良好形象。连续第 10 年向社会发布可持续发展报告（社会责任报告），报告连续 5 年被中国社科院企业社会责任研究中心评为五星级报告。针对近年来社会关注的大气污染、生态环保、节能减排、社会关爱等热点话题，重点开展了清洁高效煤电、重大科技创新示范、定点扶贫援助等社会责任品牌项目建设，打造了绿色煤电天津 IGCC 示范电站、石岛湾高温气冷堆核电、澜沧江“百千万”工程等社会责任品牌项目。华能“绿色煤电计划”“绿色发展行动计划”等先后荣获“中央企业最佳社会责任实践”“中国企业十大绿色行动”等称号。

始终致力于企业与社会的和谐发展，持续助力贫困地区脱贫攻坚。从 1995 年开始，相继在陕甘宁革命老区所在的陕西榆林、甘肃庄浪、宁夏海原等地开展扶贫工作，帮助贫困村解决缺路、缺水、缺电等问题，在新疆、青海和西藏开展援疆援青援藏任务。坚持产业扶贫与改善民生并重，在贫困地区优先建设能源电力项目，先后在陕西照金、江西瑞金、山东沂蒙等革命老区建设了一批能源电力项目，为促进老区经济发展贡献力量。积极承担国家解决无电人口用电问题专项工作，在新疆克州、青海黄南州、西藏墨脱、芒康等地区，援建发供电设备，为农牧民送去光明。

中国大唐集团公司社会责任 中国大唐集团公司自 2007 年正式面向社会发布首份企业年度社会责任报告以来，已连续发布第 9 份社会责任报告，2015 年中国大唐集团公司社会责任报告获评中国社会科学院企业社会责任研究中心的最高评级——五星级。

2015 年报告通过优化结构、创造价值、保障安全、创新驱动、绿色发展和合作共享 6 个方面展示了集团公司作为科学发展的实践者、经济价值的创造者、安全发展的守护者和追求卓越的践行者、生态文明的建设者、美好未来的创建者的良好形象。报告还创新性地设置了年度专题，分别从“十二五”成就、“两优化三中心”、超低排放改造和加强党的建设等方面展示了集团公司取得的经营成果和社会责任管理成果。

中国华电集团公司社会责任 在中国社科院每年发布的《企业社会责任蓝皮书》中，中国华电在中国企业 300 强社会责任发展指数排名从 2009 年上榜之初的第 23 名攀升至 2015 年的第 2 名、电力行业第 1 名，连续三年获中国企业 300 强、国有企业 100 强社会责任发展指数五星级评价，步入“卓越者”之列。公司自 2008 年以来连续八年向社会和主流媒体发布社会责任报告，报告连续三年被中国企业社会责任报告评级专家委员会评为“五星级报告”，并入选《企业社会责任蓝皮书（2015）》“十大责任报告”。

1. 责任能力

2015 年，在社会责任工作领导小组的指导下，公司开展了首届优秀社会责任案例征集活动，通过网络评选和专家意见征求等环节，最终评选出十佳案例和优秀案例共 45 个，并整理汇编成《中国华电集团公司首届优秀社会责任案例集》。2015 年，公司“超低排放助力减排升级”案例获得了联合国全球契约“中国十大绿色技术创新”奖。

2. 产业发展

公司完成利润 256 亿元，同比增长 24.5%；上缴利税 448.1 亿元，同比增长 17.9%；资产负债率 81.6%，同比降低 1.6 个百分点，公司利润总额、净利润、净资产收益率、国有资产保值增值率等主要经营指标继续保持同类型企业前列。一批战略性项目获核准，全年核准电源项目超过 3000 万 kW，创出历史纪录，新能源、气电装机双双突破 1000 万 kW，公司电源结构和区域布局明显优化。

3. 环境管理

2015 年二氧化硫、氮氧化物排放总量比 2010 年分别下降 38.18%、42.17%，完成“十二五”减排任务的 239%、134%；脱硫、脱硝项目分别超额完成 78 台、2976.9 万 kW 和 75 台、2124.4 万 kW。公司供电煤耗完成 305.2g/kWh，同比下降 4.7g/kWh；燃油单耗 8.91t/亿 kWh，同比下降 0.59t/亿 kWh。

研究编制了国内碳排放权交易情况及公司应对策略，同时，研究制订了《中国华电集团公司温室气体排放统计管理办法》，健全了中国华电碳排放基础统计和核算工作体系。完成公司系统火电企业碳盘查工作，为2016年全国碳市场配额分配争取工作做好基础数据准备；在“五市两省”试点地区的所属9家控排企业认真落实年度碳排放配额清缴，完成年度排放履约工作，履约率为100%。开展碳排放权交易能力建设，组织开展了中国华电碳盘查项目能力建设专题培训，现场培训800人次，集中培训500人次，为全面参与国内碳排放交易工作奠定了基础。

4. 依法治企

落实国资委建设法治央企要求与集团公司依法治企、建设法治华电各项部署，制定实施《中国华电集团公司关于落实中央企业法制工作新五年规划的实施方案》。推进公司系统总法律顾问专职化。开展法律风险防范工作，制订《重大合同管理办法》，完成公司定期合同及案件纠纷清理工作，加强对并购项目尽职报告的法律审查。持续加强法治教育，强化法治观念，全面完成“六五”普法工作，实现系统各单位、各级领导班子成员和经营管理人员普法履责率达到三个100%，职工群众参与率达到98%以上。开展“三严三实”专题教育，持续深入改进作风，督促党员领导干部做政治上的明白人。开展廉政教育，通过举行“反腐倡廉宣传教育月”“遵章守纪承诺”、宣讲《党章》和《条例》等活动，增强公司系统遵规守纪的自觉性。

5. 经济效益

2015年，完成抗日战争胜利70周年纪念日等重大活动保供电任务。全年发电量完成4837亿kWh。其中：水电844亿kWh，火电3831亿kWh，风电和光伏162亿kWh。2015年全年生产原煤4804万t，同比增长7.3%。供热面积达3.89亿m^2，同比增长23.5%；供热量完成2.05亿GJ，同比增长10.22%；供热机组热电比完成28%，同比增长2个百分点，确保了供热安全稳定可靠。

6. 海外市场

截至2015年年底，公司控股海外在运装机容量92.2万kW，境外技术服务累计完成总装机容量3435.5万kW。印尼巴淡、柬埔寨额勒赛水电项目、西班牙巴辛风电等项目运营稳定，印尼巴厘岛项目正式进入商业运行，俄罗斯捷宁斯卡娅项目积极推进，越南沿海二期项目启动，与英国BP公司签署了LNG长协贸易合同。此外，公司签署了印尼马穆朱燃煤电站和西西拉水电两个EPC项目，新签技术服务项目合同400万kW，正在执行项目15个，1074万kW，累计进出口总额近10亿元。组织动员各参建中资企业，开展“国有界、爱无边”的爱心公益活动。捐赠善款及物品，支持当地各种公益事业发展，为所在地的减贫脱贫、教育、医疗、防灾救灾、体育文化活动等做出了贡献。

7. 致力和谐

投身社会公益，组织参与援藏援疆援青、捐资助学、志愿服务、扶贫救灾、社区建设等公益活动。响应国家定点扶贫政策号召，逐个落实青藏疆地区投资建设项目，促进受援地区社会稳定、经济发展和民生改善，树立了负责任的央企形象。开展志愿服务活动，向社会传递正能量，截至2015年年底，公司已成立144支郭明义爱心团队，志愿者队伍不断发展壮大，志愿活动健康发展。支持贫困地区教育事业发展，心系教育、情系教育、献身教育。同时，探索开展青年支教志愿者服务活动，帮助贫困地区学校解决师资短缺问题。

8. 员工成长

加强教育培训工作，提高员工岗位能力和职业素质；拓宽员工职业发展通道，促进员工成长成才。开展大规模培训，全年共举办各类、各专业培训班3281期，共计培训36万余人次，全员培训率达85%以上。创新人才评价模式，组织开展专业技术和技能人才的评价工作，激发各类人才活力。关心员工生活，组织员工活动，丰富员工文化精神生活；帮助困难员工走出困境。开展技术比武、技能大赛等一系列主题教育实践活动，丰富员工文化生活，提升员工自身素质。推进基层工会的群众化、民主化，进一步巩固工会组织全覆盖，印发中国华电“三力”工会建设的实施意见、建设标准和考评办法，提升服务职工意识和能力。2015年，24家二级单位成立了工会，19家成立了工委；三级企业成立了222家工会。目前共有全国模范之家49个、省级模范职工之家85个。印发《集团公司厂务公开工作规范》，选举产生了集团公司职工董事，公司企业民主管理体系进一步健全完善。开展了企业民主管理专项检查。各单位及时制订或修订了本单位的民主管理制度，提高了职代会运行质量，确保厂务公开及时、全面、规范。2015年，公司全年落实职工代表提案1988件，组织职工代表巡视检查280次，保护职工的合法权益。

中国国电集团公司社会责任　2015年，中国国电集团公司坚持以“全面承担企业社会责任”的负责态度，大力实施“一五五”战略，不断深化“双提升”工作，企业的经济、社会、环境综合价值创造能力不断提升，为经济社会可持续发展做出了新的贡献。

电源结构更加优化。投资向清洁可再生能源以及大型清洁高效火电机组倾斜，60万kW以上火电机组占比48.7%，清洁可再生能源装机比重达29.9%，风电装机世界第一。

企业治理不断完善。贯彻国资国企和电力体制改革部署，继续深化战略型、决策型董事会建设，着力完善“四三三”管控体制，全面实施投资、财务、燃料和采购集中管控，企业决策、监督和制度体系更加完善。

经营绩效再创新高。筑牢营销、燃料和成本资金“三条防线”，实施“新机生效、治亏见效、降本增效”经营策略，全面完成国资委考核目标和“保增长”任务，未发生较大及以上安全环保事故，脱硫、脱硝装机占比均达到100%。

资产质量有效提升。落实资产处置三年规划，完成17个项目资产转让。流动资产周转率同比增加0.18次，负债总额和负债率实现“双降”。推动节能减排技术创新，拥有发明专利437项。

和谐建设深入推进。18个单位获评全国文明单位，4名职工荣获全国劳动模范称号，116名共产党员获省部级以上表彰。深入推进惠民工程，筹集帮扶资金930余万元，补助困难职工2578名。积极参与社会公益和地企共建，对外捐赠719.95万元。

国家电力投资集团公司社会责任 2016年6月26日，国家电力投资集团公司（简称国家电投）在北京对外发布国家电投2015社会责任报告。该报告是国家电投组建后发布的第一份社会责任报告。报告以引领核电发展，奉献绿色能源为主题，从“致力清洁发展、铸造中国品牌、珍惜地球资源、建设平安央企、增进员工福祉、共享价值创造”六个方面系统披露了2015年国家电投在经济、社会和环境方面的履责实践和成效，全面展现了作为集核电、常规电、煤炭、铝业、现代物流业于一体的综合性能源集团在履行责任，推动企业可持续发展方面的突出成绩。

在经济绩效方面，国家电投在改革重组的同时，保证了经济效益稳步增长，超额完成国资委年度和任期考核目标，取得了改革发展新成绩。全年完成发电量3807.87亿kWh，实现利润139.57亿元，归属于母公司净利润18.19亿元，经济增加值28.22亿元，创历史最高水平。到2015年底，资产总额7738亿元，装机容量1.07亿kW，清洁能源比重超过40%。资产和业务分布在全国31个省区市及马耳他、缅甸、日本等36个国家和地区，开始形成以清洁能源为主导的国际化综合能源集团。

在社会绩效方面，国家电投模范履行企业公民的责任和义务，积极回馈社会。2015年，供热设备的可用系数达到100%，全年供热量1.44亿GJ，确保了电力供应和民生服务。常态化开展公益捐赠、“映山红”爱心助学、爱心志愿服务社区活动，2015年，为社会救灾和公益事业捐赠616万元；服务社区20余万人次；13年累计捐建希望小学12所，捐建爱心书屋38个，资助学生8042人。持续开展定点扶贫，2015年，向河南商城县、四川美姑县、陕西延川县、青海贵南县4个扶贫点投入民生建设资金2579.8万元，制定“十三五”精准扶贫规划。筹资1.1亿元，圆满完成无电区建设任务，解决了青海1市4县（玉树市、囊谦县、杂多县、治多县、称多县）、新疆两区（和田、阿克苏）、西藏林芝察隅县近18万人的生产、生活用电问题。

在环境绩效方面，国家电投以奉献绿色能源，为子孙留下碧水蓝天为使命，努力在发展的同时关注生态环境保护。发展清洁能源。2015年，国家电投把投资重点放在核电、新能源板块，加快推进新能源建设，当年新能源总装机规模达到1483万kW，新能源、水电、核电等清洁能源装机比重超过40%，保持业内第一。煤电产业确保全过程绿色生产，努力降低能耗和排放。“十二五”期间，累计投入节能改造资金近50亿元，供电煤耗从2011年321.77g/kWh下降到307.5g/kWh，累计下降了14.27g/kWh；所有火电机组达到国家新的《火电厂大气污染物排放标准》，并对15台机组进行超低排放改造，改造后污染物排放指标远低于燃机排放标准。水电产业严格执行环评要求，注重保护生态环境和生物多样性。加强鱼类增殖放流站建设和珍稀特有鱼类人工繁殖与放流工作，保护珍稀古树名木，仅沅水流域水电站每年放流各类鱼种200万余尾，设置人工鱼巢2万余个。煤炭和铝土矿产业加强土地复垦及厂区绿化，改善矿区周连自然环境。就连清洁能源光伏发电产业也在积极探索光伏电站与荒漠化治理和土地综合利用方面的科学研究，创新发展青海龙羊峡水光互补项目、江苏建湖渔光互补项目、江西乐平农（林）光互补项目。其中龙羊峡水光互补项目不仅没有造成当地环境的破坏和草场的退化，反而降低了地表风蚀和蒸发量，使得塔拉滩草原植被得到恢复，草原生产力有所提高。而建湖渔光互补、乐平农（林）光互补项目，不仅为当地提供了绿色能源，并且一地多用促进当地渔、农（林）业增收，提升土地综合利用效率。

中国长江三峡集团公司社会责任 过去五年，中国长江三峡集团公司（简称中国三峡集团）服务国家战略，充分发挥水电工程的综合效益，践行环保承诺，助力移民可持续发展，积极奉献回馈社会。

1. 三峡、葛洲坝、溪洛渡、向家坝等枢纽运行，发挥巨大综合效益

三峡工程累计拦蓄洪水831亿m^3，相当于21个北京密云水库。

三峡工程累计为长江中下游补水1204亿m^3，相当于北京市近32年用水总量，2.68亿人一年用水总量。

三峡船闸累计运行52 358闸次，通过货物50 349万t，连续3次实现了国内内河最大船闸检修质量、安全“双零”目标，保证了长江航运畅通。

2. 保护环境，维护生态平衡

“十二五”期间，三峡集团向社会提供清洁电力7514.2亿kWh，相当于减少二氧化碳排放量6.2亿t，减少二氧化硫排放量293万t，减少烟尘排放量82.7万t；相当于种植阔叶林168.6万hm^2，相当于减少2.0排量小汽车32 892.6万辆。

三峡苗圃中心成立8年来，共引种并繁殖珙桐、红豆杉等三峡特有、珍稀植物224个品种共29 500多株苗木，成活率达90%以上。

“十二五”期间，增殖放流珍稀特有鱼类累计1781万余尾，特有鱼类人工繁殖不断取得重大技术突破，初步建成中华鲟洄游监测系统。

3. 多方共赢，共促和谐发展

员工方面，不断完善培训体系，培训支出累计14 484万元、培训71.8万人次；建立职工应急帮扶中心；帮助青年员工解决交友、婚恋等“四难”问题；职代会提案办结率和满意率100%。

公益方面，扎实开展定点扶贫、对口支援及企地共建活动，对外捐赠累计5.2亿元。将新能源开发与精准扶贫相结合，在曲阳创立“光伏＋”开发模式，实现企地互利共赢。于2014年开启教育援藏新模式。

移民方面，2011年与全国妇联共同设立“水库移民妇女发展扶持基金”，累计投入资金3000万元，资助学生7957名，大病救助748人，建设妇女之家40个，投放母亲健康快车8辆，投入妇女技能培训经费178.9万元。发展特色农业。建设基础设施。

神华集团有限责任公司社会责任　神华集团拥有“自上而下”覆盖全集团各级机构的社会责任管理组织体系，建立健全的社会责任培训机制。积极参加对外交流活动，邀请外部利益相关方“走进神华”，提升神华形象。荣获“全国煤炭工业社会责任报告优秀企业”“中国工业行业履行社会责任五星级企业”“中国企业200强公众透明度——最佳责任沟通创新奖”等一系列荣誉。

2015年，神华集团共计投入援藏援青定点扶贫资金5800万元。对口支援西藏聂荣县3650万元，建设项目17个；对口支援青海刚察县1200万元，建设项目2个；定点帮扶陕西米脂县350万元，共建设项目25个；定点帮扶陕西吴堡县200万元，建设项目10个，从总部机关选派了1人挂职吴堡县寇家塬镇横沟村任第一书记，进一步加强基层组织和推动精准扶贫；定点帮扶四川布拖县200万元，用于建设拖觉镇幼儿园。定点帮扶四川普格县200万元，辅助县财政进行普格县教育园区建设项目。

2015年共捐资3.6亿元，用于开展各类公益慈善项目。其中，在全国范围内救助0～18岁贫困家庭白血病、先心病患儿10 092名；在河北、江西、云南等地区向中小学捐赠图书价值11 735万码洋、502万册，建立5689所神华爱心书屋；在云南、广西、内蒙古、新疆、江西、青海捐资1303.6万元（捐建7所神华爱心学校）；捐资8850万元开展援藏援青项目，为当地农牧民改善生活基础设施等；捐资866万元开展定点扶贫项目，帮助四川省、陕西省贫困县改善教育、医疗等民生条件；在新疆和田地区捐资250万元，开展贫困高校学生开展捐资助学活动。神华公益基金会共获得中央财政支持社会组织参与社会服务项目资金200万元，基金会另配套资金121.9万元，分别用于开展支持医务社工运用专业方法开展医务社工服务、救助西部六省区贫困家庭先心病儿童，总受益4870人次；2015年启动“新生儿先心病免费筛查项目”，为1052名新生儿提供免费先心病筛查服务；向中国煤矿尘肺病防治基金会捐赠100万元，专项用于开展煤矿职工尘肺病的治疗与预防；向新疆、内蒙古自治区捐资340万元（捐赠24辆“母亲健康快车”）；第一时间向天津港“8·12”特大爆炸事故捐赠500万元。

中国电力建设集团有限公司社会责任　中国电力建设集团公司（简称中国电建）2015年社会责任报告参考国务院国资委《关于中央企业履行社会责任的指导意见》和《中央企业“十二五”和谐发展战略实施纲要》、全球报告倡议组织（GRI）《可持续发展报告指南》（G4版）、国际标准组织ISO26000、中国社会科学院企业社会责任研究中心《中国企业社会责任报告编写指南（CASS-CSR3.0）》编写。报告主体包括“创新驱动，引领产业发展”“坚守安全，点亮生命之路”“节能减排，贡献友好环境”“以人为本，建设幸福企业”“情暖社区，共享发展成果”“深耕海外，共谱合作新篇”六个部分，全面披露了中国电建2015年在经济、社会、环境方面的履责实践和工作绩效。

2015年，中国电建坚持共赢发展理念，全面推动改革创新，持续激发内部活力，强化安全、质量管理，推动可持续健康发展。主要经营指标平稳增长，全年实现营业收入2866亿元（同比增长8.15%）、利润总额116亿元（同比增长5.04%）、新签合同额4450亿元（同比增长13.2%），上缴税金153亿元（同比增长18.78%），连续第三年获评中央企业经营业绩考核A级企业。

中国电建积极推行“清洁生产，绿色生活”的环保理念，投身绿色新兴产业和清洁能源开发利用，为国家能源结构调整贡献力量。中国电建设计施工的龙滩水电工程项目被确定为国家水土保持生态文明工程，投资的攀西百万级山地光伏群首期项目顺利投产，成功中标茅洲河治理试验段工程以及茅洲河水环境治理EPC项目，将“事耀民生，业润社会”的责任理念贯彻始终。

中国电建积极发挥专业优势，参与社区建设、抢险救灾、帮扶救助等公益事业。积极投入人员、设备参与深圳市光明新区“12·20”特别重大滑坡事故、天津滨海爆炸事故、尼泊尔强震抢险救援工作，受到社会的广泛赞誉。2015 年，中国电建及所属企业定点扶贫县（乡、村）达 14 个，定点扶贫项目 23 个，帮扶资金总投入 728 万元，再次荣获云南省“社会扶贫先进集体”称号。

中国电建积极发挥行业优势，促进当地实现资源优势转换，通过技术援助、人才援助、资金援助、产业援助等多种方式，缓解新疆、西藏等少数民族及边远地区电力供应紧张局面，提高边疆地区牧民群众生产生活水平。2015 年，中国电建援建的西藏边坝县水电站 2 台机组正式投产发电、新荣水电站实现成功截流，为西藏自治区成立 50 周年献上了一份厚礼。中国电建因 2012 年以来为缓解西藏昌都供电紧张、提高当地电力普遍服务水平做出积极贡献，被国家能源局评为全面解决无电人口用电问题先进单位。

中国能源建设集团有限公司社会责任 中国能建高度重视企业社会责任工作，在企业战略中明确提出了和谐发展战略，紧密结合改革发展实际和重点工作部署，不断完善社会责任管理制度，加强社会责任指标体系建设，逐步将社会责任融入企业各项工作中，有效管理企业运营对市场、社会和环境的影响，推动了企业发展和履行社会责任良性循环。

2015 年，中国能建及所属单位积极履行社会责任，致力于社会和谐建设，参加第四届中国公益慈善项目交流展示会，彰显了积极投身社会慈善与公益事业的央企形象；发布《2014 年社会责任报告》，披露了中国能建及所属企业 2014 年在经济、环境和社会等方面的工作绩效；7 家企业获得全国文明单位称号，7 名职工当选全国劳模。积极开展援疆援藏援青工作，在新疆、西藏、青海及四川云南甘肃等省藏区承建工程项目 1467 个，在促进地方就业的同时，选派 3 名技术干部赴新疆、西藏挂职。采取毕业生招聘、成熟人才引进等方式吸纳社会人才，带动就业，全年为社会提供就业岗位 5274 个。加大对劳模和弱势群体的关爱力度，为所属工程、装备企业拨付慰问帮扶专项资金 598.4 万元，全年共对外捐赠 844.68 万元。积极参与定点扶贫工作，西北院、广西院累计投入资金 140 余万元，用于陕西镇巴县社区服务站项目建设和广西西林县足别乡央龙屯屯内道路硬化工程建设；派驻定点扶贫县挂职干部 4 人，促进了当地贫困群众增收。所属企业在“走出去”过程中，牢记央企使命，葛洲坝集团为赤道几内亚无偿捐赠了 5 口公益水井，缓解了当地 5000 多名居民饮水难问题；在尼泊尔大地震中，在自身受灾情况下为当地 1000 多名受灾民众提供住房、饮水及食品帮助，体现了央企责任和担当。中电工程华北院向国际 SOS 组织成员——白俄罗斯巴拉乌良那 SOS 儿童村捐赠了校车。

2015 年，中国能建认真落实责任，严格进行考核，从依法合规、改进提升和创新增效三个层面指导、规范所属企业的节能环保工作。推进开展绿色施工示范工程创建活动，倡导企业积极开展节能环保新兴业务；推进行业节能减排技术应用，在电力工程规划、设计、咨询、施工、调试服务中，发挥技术研发优势，推进高效发电、热电联产、余热余压利用、新能源、可再生能源、垃圾发电、分布式能源、智能电网等节能技术、设备的研发和应用，为行业和社会提供了优质的节能减排服务。搭（承）建平台推广煤电超低排放、清洁能源等节能减排技术；加强节能减排技术改造，节约能源降低排放。全年未发生环境保护和节能减排违法、违规事件；能源消费总量 401 万 t 标准煤；万元营业收入能耗（可比价）同比下降 1.69%；二氧化硫、化学需氧量、氮氧化物和氨氮排放总量分别同比下降 5.81%、3.87%、5.21% 和 4.12%。

中国核能电力股份有限公司社会责任 中国核能电力股份有限公司（简称中国核电）自 2012 年发布首份社会责任报告以来，已经连续发布 4 年。2015 年中国核能电力股份有限公司社会责任报告重点阐述了中国核电 2015 年的重要事件和公众关注点，围绕“安全、环境、经济、人文”的核心责任议题，积极回应社会期望和各方关切，以更加完整的框架内容展现了中国核电对“魅力核电　美丽中国”的承诺和追求，传递了中国核电积极负责的社会责任形象。

1. 倾力安全：110 堆·年零事故

截至 2015 年，中国核电创造了超过 110 堆·年零事故运行的业绩，负荷因子接近 90%，连续三年国内领先，生产死亡事故为零，WANO 指数位居前列。

2. 给力环境：减少标煤消耗约 1.7 亿 t

截至 2015 年底，中国核电累积发电 5298 亿 kWh，相当于减少标煤消耗约 1.7 亿 t，减排二氧化碳约 5.6 亿 t，减排二氧化硫约 414 万 t，减排氮氧化物约 276 万 t，相当于造林约 152 万 hm^2，面积可覆盖整个北京，相当于减少汽车使用 160 亿辆（按照 1.6L 轻型车每年行驶 2 万 km 计算）。

3. 助力经济：资产总额约达到 2500 亿元

2015 年资产总额约达到 2500 亿元，员工人数突破 10 000 人，控股在运机组 14 台，装机总量 1151.2 万 kW，控股在建机组 11 台，装机总量 1209.8 万 kW，控股在运机组居国内第一。

“华龙一号”是中国 30 年自主创新、成功孕育的具有完整自主知识产权的三代核电品牌，“华龙一号”的诞生标志着中国迈入世界先进核电技术的“第一阵营”。2015年5月7日自主三代核电技术“华龙一号”全球首堆示范工程——福清核电5号机组开工建设。“华龙一号”的诞生，使中国成为继美国、法国、俄罗斯等之后，又一个具有独立自主的三代核电技术的国家，是中国从核大国向核强国迈进的重要标志，是国家实施“一带一路”战略和核电“走出去”战略的国家名片。

2015年6月10日，中国核电正式在上海证券交易所挂牌上市，核电上市成为中国核电2015的年度记忆，也是中国核电资本实力的充分证明。它是沪深两市第一支纯正核电股，在开盘瞬间以43.95%的涨幅秒涨停，它募集资金总额131.9亿元，核电上市大幅提升了资产证券化率、品牌知名度、资金保障能力。

4. 致力人文：让生活更美好

中国核电在服务地方建设的同时，开展多种形式的公益志愿活动，组织爱心捐赠、社区关爱、义务献血等活动，持续服务弱势群体，增进社区福祉。支持教育、助力民生、帮助弱势人群，传递公益爱心，促进社会和谐。

新闻出版

英大传媒投资集团有限公司

企业概况 英大传媒投资集团有限公司（简称英大传媒集团）是国家电网公司的全资子公司，于2008年8月7日正式成立。英大传媒集团以新闻、出版为核心业务，具有优良的新闻宣传、图书出版资质和良好的品牌策划、渠道营销、广告经营能力。旗下拥有《国家电网报》、《亮报》、《国家电网》杂志、《能源评论》杂志、《英大金融》杂志、《供用电》杂志、《电力需求侧管理》杂志、《脊梁》杂志、《水电自动化与大坝监测》杂志、国家电网电视频道（SGTV）、英大网（www.indaa.com.cn）、电网新闻网（内网news.sgcc.com.cn）、书香网、《国家电网报》手机报等媒体；拥有以“电网头条”、国家电网报等为代表的微信公众号、APP客户端、微博新媒体；年出版发行电力、电子、教材、经管、建筑、机械、外语、少儿等领域各类图书、音像电子产品3000多种；同时开展品牌策划、会议展览、广告营销、装帧设计、投资与资产管理及相关咨询业务。英大传媒集团是新闻出版广电总局新闻出版领域体制改革重点联系单位。

英大传媒集团下设《国家电网报》社有限公司、中国电力出版社有限公司、英大传媒投资集团南京有限公司、英大传媒投资集团武汉有限公司、英大传媒（上海）有限公司、国网卓越传媒广告（北京）有限公司等6个全资子公司，参股人民网有限公司、体坛传媒集团股份有限公司、北京世纪东方科技发展有限公司等社会化传媒企业。共设有7个职能部门，17个业务中心，在国家电网公司所属网省公司及相关单位建立了39个记者站，在全国设立40个图书营销站店。

人力资源 截至年底，英大传媒集团共有在岗员工422人，其中博士研究生5人，硕士研究生164人，占员工总数的40.05%；大学本科213人，占50.47%。专业技术人员中，正高级27人，占员工总数的6.4%；副高级56人，占13.27%；中级175人，占41.47%。员工平均年龄37.1岁。

开展干部交流锻炼，14名干部实现轮岗交流，为多岗位培养锻炼、复合能力提升创造条件。加强人才引进和培养，解决结构性缺员问题。完善绩效管理指标库，进一步量化细化考核指标。建立健全岗位绩效薪点工资制度，进一步优化业务计件、提成工资核算办法，促进薪酬体系从传统保障型向创新激励性转变。首次开展两期青年骨干员工脱产培训，创新培训形式，打造内部培训师队伍。2015年，共举办、参加各类培训80余场，参培人员达4082人次。

经营管理 规范管理。启动“五位一体”协同机制建设以及人力资源、经营诊断分析。完善资金审批权限规定，细化、规范个人劳务支出管理。开展股权投资项目后评价，配合做好体坛传媒等股权投资项目的上市筹备相关工作。落实企业所得税和增值税优惠政策。完成依法治企审计自查自纠工作。完成12项商标注册申请，加大著作权维权力度，保护知识产权。

基础管理。严格招标、非招标采购范围及流程，做好报废物资拍卖工作。二里沟办公区职工食堂投运。完成大厦无线网络建设、二里沟机房改造和亦庄信息机房搬迁，信息化办公水平进一步提高。大兴库房改造整治取得成效，有效消除安全隐患。完成住房公积金统一归口管理。综合档案室投入使用。

服务公司软实力建设 重大主题传播。创新主题传播开展形式，重点报道加强原创性，重点工作宣传突出新颖性。累计完成国家电网公司总部下达的新闻宣传任务430项。以创新会议报道形式开展全国“两会”、国家电网公司“两会”等会议报道。全媒体联动开展国家电网公司“三严三实”专题教育、纪念抗日战争胜利70周年等主题宣传，实现线上线下同步传播。

媒体融合发展。开展“媒体融合发展年”主题活动，加快新媒体平台建设，探索建立新闻信息“中央厨房”机制，发起成立“电网新媒体联盟”，推进国网系统新媒体资源共享与信息互动。面向全体职工征集新媒体项目，鼓励分布式创新，激发内部创新活力。初步形成由微信、微博、客户端构成的新媒体矩阵。新媒体旗舰产品“电网头条”APP上线试运行。

对外传播。策划组织“一带一路　电力先行”、中国碳市场高峰论坛等主题传播活动。制定智库传播平台建设方案及发展规划，加快推进高端智库传播平台建设。在中央主流媒体、门户网站发表一大批稿件。完成巴西中国装备制造业大型展览、“三集五大”成就展等项目。《国家电网报》连续第二次入选全国“百强报纸”，52件作品获评中国产经新闻奖等奖项，《国家电网报》编辑中心获得“全国青年文明号”称号。英大网获“新闻出版业融合发展示范网站”称号。手机报获2015央企手机报创新运营奖、卓越传播奖。

重点出版项目。编辑出版《全球能源互联网》等一批重点图书。国家出版基金项目《中国电力百科全书（第三版）》数据库版按期出版。完成“十二五”国家重点图书出版规划项目终评总结和“十三五”国家重点图书出版规划项目申报。《特高压交直流电网》英、俄文版，《全球能源互联网》英文版出版发行。加快推进《电力系统过电压测量及分析》等20个版权输出项目。《中国非化石能源发展目标及其实现路径》入选“经典中国国际出版工程”。

数字出版与知识服务工作。开展国家电网公司系统科技查新数据库及科技研发数据库需求调研，完成科技知识资源服务平台需求报告编制。建设运营中国电力百科网，打造数字出版示范项目。参与电力专业数字出版有关国家标准和企业标准制订，开展知识资源库试点建设。推进国网知识管理项目，完成图书文献类数据资产整合工作，实现统一管理。完成“智能电网（输变电部分）知识服务关键技术”课题研究。加强数字内容资源基础建设，完成500余种工具书、2000余种长销科技书数字化加工。

出版资源建设。与国网山东、江苏电力等单位建立战略合作伙伴关系，拓宽合作领域，加强作者和出版资源开发。与国网湖南电力、中国华电集团工会等单位合作建设百余家职工书屋，开拓销售市场。完成分销平台及电商物流配送中心系统搭建，深化与新华书店网站、国网商城等电商平台合作，进一步拓展网络营销渠道。安全月等专题图书推广取得良好收益。《新能源利用的未来——风光储输》《高拱坝抗震安全》分获“第五届中华优秀出版物奖”音像出版物奖、提名奖，10余部作品获中国电力优秀科普作品奖。

党的建设和精神文明建设　落实中央全面从严治党要求，加强党建工作。学习《准则》《条例》，严明政治纪律、政治规矩。推进“三严三实”专题教育，聚焦对党忠诚、个人干净、敢于担当，解决“不严不实”问题。加强党风廉政建设，落实党组主体责任和纪检组监督责任，强化“一岗双责”。优化调整党支部设置，选优配强党务工作者。配合中央巡视，加强问题整改，进一步严肃纪律。

企业文化建设。开展“践行核心价值观、争做最美国网人”活动和企业文化建设示范点创建活动。开展EAP员工帮助计划，落实人文关爱工程。落实离退休人员各项待遇。开展“新传媒”青年创效计划，推动职工干事创业。

“十二五”发展回顾　公司建设。在传统新闻出版行业不景气的形势下，保持平稳增长态势；投资入股人民网等一批优质项目，强化外联功能，增强发展后劲。总资产由4.96亿元增加到17.68亿元，增长2.56倍；净资产由3.41亿元增加到14.55亿元，增长3.27倍。

主题传播和舆论引导。从两报三刊拓展为集两报八刊、视频、网络、手机报、新媒体等于一体的媒体集群，建立包括微信公众号、微博公众号、APP应用的新媒体矩阵，丰富媒体业态、优化传播内容、拓展传播渠道。

传播电力科技。特高压、全球能源互联网、“三集五大”等技术、管理创新成果出版。一系列具有重大影响力的项目出版发行，多部作品获中国出版政府奖、中华优秀出版物奖等重要奖项，一批代表国际领先水平的专著输出到欧美主流出版市场。

提升干部职工队伍素质。大学以上学历人员比例由80.4%提高到91.9%。研究生以上学历人员比例由31.17%提高到40.99%。劳动生产率由38.90万元/人年增长到56.77万元/人年。

（王红亮）

中国电力出版社有限公司

企业概况　中国电力出版社有限公司（简称中国电力出版社）是英大传媒投资集团有限公司的全资子公司，主管单位为国家电网公司，是以图书出版为主体，音像制品、电子出版物、数字出版共同发展的大型科技出版企业，出版专业包括电力工程、能源动力工程、水利水电工程、建筑机械工程，以及电工电子技术、自动化技术和经济管理、外语教学等领域。

2015年，中国电力出版社共出版各类出版物4350种，2035万册，其中新品2354种、重印1996种，生产规模达到6.26亿元。2015年，共有19个项目获得国家电网公司科技著作出版资金资助，并列入中国电力出版社出版计划。

重大出版项目 2015年，《全球能源互联网》《统一潮流控制器技术及应用》《企业资产全寿命周期管理》等一批重点著作出版。国家"十二五"重点图书出版项目、国家出版基金资助项目《潘家铮全集》的审稿、编辑工作完成，"十三五"国家重点图书出版规划项目《电力工程设计手册》进入稿件编写、中耕阶段。国家出版基金项目《中国电力百科全书（第三版）》数据库版按期出版。

2015年2月3日，《全球能源互联网》举办首发仪式暨专家座谈会。本书作者国家电网公司董事长刘振亚出席首发仪式暨专家座谈会，国家电网公司董事、总经理舒印彪主持首发仪式暨专家座谈会。《全球能源互联网》全书分8章30节，共42万多字。内容涵盖全球能源发展现状与挑战、清洁替代与电能替代、全球能源观、全球能源电力供需、构建全球能源互联网、全球能源互联网技术创新、全球能源互联网研究和实践基础、全球能源互联网改变世界等方面。

2015年1月，国家"十二五"重点图书出版项目《潘家铮全集》入选国家出版基金资助项目。8月和12月在北京分别召开全书内容的审稿会和终审会。10月，全书稿件的编辑加工和出版环节的复审、终审、发稿等工作全面完成。《潘家铮全集》是为缅怀著名水工结构专家、两院院士潘家铮对中国能源和电力事业做出的贡献，传承他留下的科学技术和文化遗产，由国家电网公司组织30余位专家整理出版的，于2013年12月启动。中国电力出版社作为主要承担单位，全面组织、策划了该书的编辑出版工作。全书包括科技著作、科技论文、科幻小说、科普文章、散文、讲话、诗歌、书信等各类作品，共计18卷，约1200万字。

2015年，《电力工程设计手册》召开立项评审会，确定各册名称及主编人，确定手册的编写要求及体例文件。31个分册由主编拟定编写大纲，并组织召开大纲审查会；第一批12分册启动编写，责任编辑深入中耕检查。《电力工程设计手册》是"十三五"国家重点图书出版规划项目，全套手册分为勘测、火电工程、输变电工程、综合4大类31个分册。手册由中国电力工程顾问集团组织六大区域电力设计院专家编写，于2014年12月启动编制工作。

数字出版 2015年，数字出版与知识服务工作加快推进。开展国家电网公司系统科技查新数据库及科技研发数据库需求调研，完成科技知识资源服务平台需求报告编制。建设运营中国电力百科网，打造数字出版示范项目。参与电力专业数字出版有关国家标准和企业标准制订，开展知识资源库试点建设。推进国家电网公司知识管理项目，完成图书文献类数据资产整合工作，实现统一管理。完成智能电网（输变电部分）知识服务关键技术课题研究。加强数字内容资源基础建设，完成500余种工具书、2000余种长销科技书数字化加工。

资源建设 2015年，出版资源建设进一步加强。与国网山东电力、江苏电力等单位建立战略合作伙伴关系，拓宽合作领域，加强作者和出版资源开发。与国网湖南电力、中国华电集团工会等单位合作建设百余家职工书屋，不断提升业务水平。完成分销平台及电商物流配送中心系统搭建，深化与新华书店网站、国网商城等电商平台合作，网络营销渠道进一步拓展。

国际合作 2015年，中国电力出版社继续深化对外交流与合作工作，完成《全球能源互联网》（英文版）等10个项目的版权输出和出版工作，引进各类图书30余种，《特高压交直流电网》《全球能源互联网》举办了英文版首发式。

2015年2月11日（美国东部当地时间2月10日），《特高压交直流电网》英文版首发式在佛罗里达州奥兰多市举办。电气与电子工程师学会电力和能源协会（IEEE PES）执行总监帕特里克·瑞安、美国能源部前助理部长罗伯特·吉、美国中陆地区电网独立运营公司副总裁韦恩·舒格，以及爱思唯尔国际出版公司首席执行官罗恩·莫比德、董事长池永硕、科技图书执行总裁苏珊娜·比德尔等出席了首发式。本书英文版由爱思唯尔出版集团出版，全球范围内发行。本书俄文版同年出版。

2015年9月14日，美国爱迪生电气协会（EEI）、爱思唯尔出版集团在纽约举办全球能源互联研讨会暨国家电网公司董事长刘振亚所著《全球能源互联网》英文版发布仪式。纽约总领馆经商室、联合国组织、国际能源署等有关组织和哥伦比亚大学等学术机构共计200余人应邀参加研讨。刘振亚作为特邀嘉宾在研讨会上致辞，他重点阐述了建设全球能源互联网的战略构想，以能源可持续发展的紧迫性和特高压技术的可行性为基础，提出了以特高压技术为依托在全球范围内输送清洁能源，解决可持续发展问题的战略思路。气候变化议会总干事、联合国气候变化助理总干事、国际能源署署长特别代表等出席会议并发言。

荣誉 《潘家铮全集》《电力系统在线动态安全监测与预警技术》入选2015年度国家出版基金资助项目，《中国非化石能源发展目标及其实现路径》入选"经典中国国际出版工程"。《高拱坝抗震安全》荣获第五届中华优秀出版物图书提名奖，《新能源利用的未来——风光储输》荣获"第五届中华优秀出版物奖"音像出版物奖，《智慧能源——我们这一万年》

《风吹电来　蒙汉双语读物》等10余部作品获中国电力优秀科普作品奖。

（于丽娜　胡顺增）

中国电力传媒集团有限公司

企业概况　中国电力传媒集团有限公司（简称中电传媒）是由中国电力报社经转企改制组建成立，先后隶属于电力部、水利电力部、能源部、电力工业部、国家电力公司、国家电力监管委员会；2013年3月，国家能源局和国家电力监管委员会重组后，划归国家能源局主管。

改制前，属自收自支的正局级中央事业单位。2006年开始实行编委会领导下的总编辑负责制。2011年8月，被列入第一批非时政报刊出版单位体制改革试点单位及中宣部、国家新闻出版总署转企改制重点推介单位，相继完成了清产核资、注销事业编制、企业国有资产登记、梳理劳动关系、社保接续等一系列转企改制工作；2012年1月6日挂牌组建中国电力传媒集团有限公司；2012年12月20日完成集团工商注册，正式更名中国电力传媒集团有限公司。

中电传媒注册资本3亿元人民币，总资产5亿元，年产值3亿元。主营业务包括报刊出版和发行、广告、网络传播、展览展示、设计制作、网络电视、图书出版、信息咨询、技术开发与转让、酒店管理、商业贸易、文化地产、实业投资等。

近年来，在上级党组的领导和支持下，经过全体员工共同努力，中电集团积极转变思路，进行体制机制创新，夯实了媒体基础，拓展了经营领域，公司治理结构、媒体质量、数据平台建设、资本实力、产业布局、人才队伍和管理水平都取得了显著提高，逐步建立起集团化发展基础。

媒体建设。中电集团已由当初的一报一刊发展成为涵盖《中国电力报》、《中国电力报·国家能源报道》、《中国电业》系列杂志、《电力决策与舆情参考》、中国电力新闻网、中国电力网络电视台、中电联合图书中心和《国家能源报道》客户端、《中电掌媒》掌上客户端、微博、微信以及中国电力（能源）公用信息发布平台、全国煤炭交易信息分析平台、民族手工艺品研发传承平台等多种媒体形式的综合性全媒体平台。其中，核心媒体《中国电力报》，于1982年1月1日创刊，是全国电力行业唯一覆盖全行业的专业媒体。2015年，发行量达19万余份。《中国发电》杂志创办于1950年的《人民电业》，具有60余年的历史，是全国电力行业创办时间最早、覆盖面最广的杂志，目前发行量达3万余份。

数据平台建设。2012年以来，中电传媒成功申报中国电力（能源）公共信息传播平台、全国煤炭交易数据分析平台、民族手工艺品研发传承平台、一代天骄北方民族影视城项目。中电传媒成功获得非主管部门的资金支持，这在历史上是前所未有的，也充分体现了中央文资办和相关政府部门对中电传媒事业发展的高度重视和支持。

人才队伍建设。已由2006年的100人壮大到400余人。其中，35岁以下员工占比54%。博士5人，硕士48人，本科234人，本科及以上学历占比73%。拥有高级职称38人，中级职称51人，专业领域集中于新闻、财务、管理学等，初步形成了一支熟悉新闻传媒和资本市场的高素质专业人才队伍。

组织机构　2015年中电传媒组织机构见图。

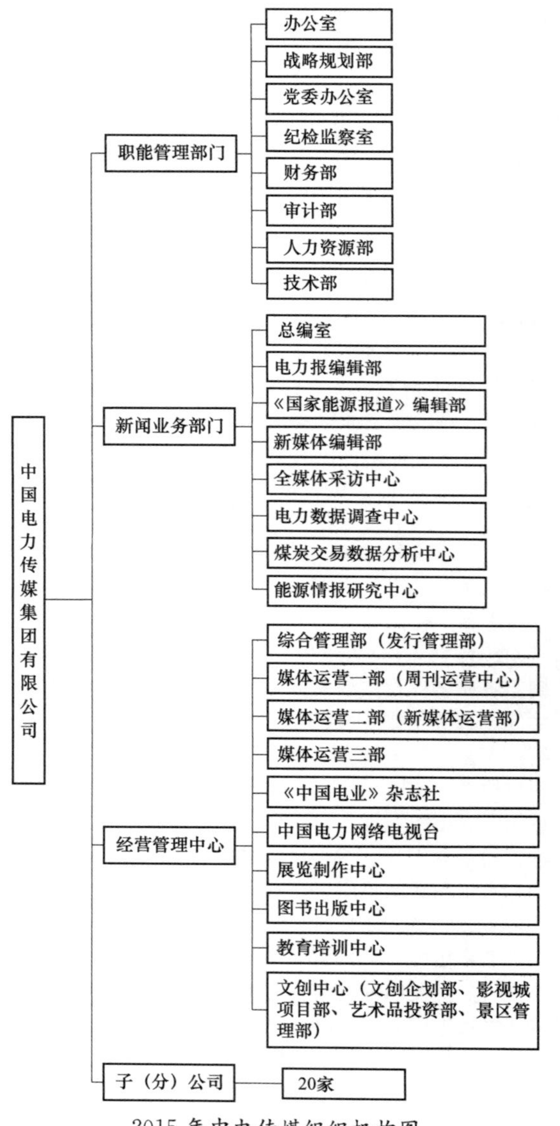

2015年中电传媒组织机构图

记者站建设。30 多年来，记者站建设不断加强，已在全国 31 个省、区、市（不含香港、澳门、台湾）建立注册记者站 29 家，广东、河北两家记者站正在办理注册登记，共有驻地记者 142 名。

其他相关组织。目前，中国电力报刊协会、中国电力书法家协会的常设机构设在中电传媒内，由中电传媒负责开展协会的日常活动、编发会刊、整合协会资源。2015 年 7 月，经过推选，中电传媒又承担了中国报协行业报委员会会长单位和秘书处的相关工作；同时，经推选成为中国报刊协会的副会长单位。通过组织、协调和服务会员单位，积极发挥了协会的桥梁和纽带作用，同时也加强了集团与政府部门、行业企业、兄弟媒体以及社会各界的沟通和联系，为中电传媒发展创造了良好的外部环境。

主要工作 中国电力传媒集团公司所属各个媒体肩负着宣传党和国家政策方针、解读电力和能源行业政策、发布行业信息、引导行业舆论的使命，牢牢把握正确的舆论导向和文化产业发展方向，以“权威、全面、诠释”的报道方针，以更加开阔的视野、更加扎实的作风、更加有力的措施，全面建设成为导向正确、主业突出、实力雄厚、核心竞争力强的现代传媒集团，在加快推进文化传媒改革的历史进程中谱写出行业媒体崛起的新篇章。

新闻采编工作取得新成果。2015 年，新闻采编工作以报纸改版为契机，以提升采编质量为核心，以全媒融合报道和传播为手段，以健全的制度建设为保障，出色地完成了改版工作和各项报道任务，产生了一批有行业影响力的稿件和报道，初步形成了全媒体传播的业态，媒体影响力和公信力大幅提升，赢得了多位局领导、业内专家及行业企业多方面的肯定。

一是加强策划，积极提升舆论引导意识和能力。积极提升独家报道实力，产生了一批有行业影响力的稿件和报道。在两会期间推出国家能源局局长努尔·白克力以及其他局党组领导和电力企业代表的独家专访，在业内引起轰动。国家能源局官方网站和社会媒体选用中国电力报、中电新闻网的稿件越来越多，视频新闻则基本全部来源于中国电力网络电视台。

积极提升策划意识。通过集团领导亲自统筹策划、记者赴一线采访的方式，围绕中央和能源局中心工作，推出独家采访实录，成功开展“电力能源企业服务新疆经济社会发展 60 周年”系列宣传报道。从公共新闻信息挖掘新闻，推出以“人均一个千瓦大讨论”为代表的专题报道，在行业报道领域树立了一个标杆，彰显了中电传媒新闻价值判断和信息整合加工能力。

二是找准定位，全面提升媒体质量。通过改版，重视数据处理和图表应用，活跃了版面形式。对电改 9 号文、煤电节能减排升级、“一带一路”等能源行业热点话题，结合各媒体、各版面的定位，以栏目带动版面，进行了大量有角度、有深度的系列报道。

将报道重点向行业重要企业倾斜，突出报道的行业先进性和指导性。报纸、杂志、中电新闻网基本实现行业重点企业的头条全面覆盖。中国电力网络电视的新闻制作水平也有了很大提高。

三是打破壁垒，全力推动媒体融合。在报纸改版的带动下，中电新闻网和中电网络电视台分别进行了内容和版式的重新定位和调整，形成了涵盖“纸媒—网络媒体—音视频—移动终端”等多元化的全媒体传播链条，初步形成了系统的信息发布联动机制和新闻产品产业链协作模式。

经营工作取得新突破。2015 年，集团各经营部门充分发挥主观能动性，采取切实可行的开发、经营策略，努力寻求新突破，集团经营工作稳步推进。提前完成 2015 年主要经济指标。《中国电力报》、《中国电业》系列杂志 2015 年发行工作继续保持平稳。

管理水平迈上新台阶。为适应集团化发展要求，提升领导班子、干部队伍的管理与执行能力。一是加强战略管理，明确发展目标，初步形成集团战略规划的整体框架。二是围绕公司治理、新闻质量、人力资源等 9 项重点工作，修订、细化、补充和完善 103 篇规章制度，形成了集团公司第二版的制度修订汇编和员工手册、媒体手册等精编手册，有效提升了集团战略管理、项目管理、风险管理和职能管理水平，规范了工作流程。三是推进管理工作的科学化和精细化。以经营责任制、工作责任制和党风廉政建设责任为基础，推进项目管理，规范风险管理，细化财务管理，加大审计力度，补足职能管理的短板和漏洞。

南方电网传媒有限公司

公司概况 南方电网传媒有限公司（简称南网传媒公司）是中国南方电网有限责任公司的控股子公司，成立于 2010 年 9 月 3 日，总部设在广州。

南网传媒公司注册资本为 1 亿元，6 个股东分别为中国南方电网公司、广东电网公司、广西电网公司、云南电网公司、贵州电网公司、海南电网公司。

南网传媒公司主要经营范围包括：广播剧、电视剧、动画片、专题、专栏，综艺的制作、复制、发行；传媒产业的投资、资产管理和经营业务；设计、制作、发布、代理国内外各类广告，企业品牌形象策划与相关服务；网页设计及制作，计算机信息技术相关服务；承办会议、展览展示，体育赛事类活动承办及服务，演艺、娱乐类活动的组织与策划；版权、专利的转让及代理服务，著作权代理服务；文化用品、标识标牌的设计、制作及销售；室内装饰的设计及制作；上述相关业务的咨询、培训服务。

领导班子

董事长、党组书记、总经理：李晓彤

党组副书记、纪检组长、工会主席：张燕维

副总经理、党组成员：焦向阳

副总经理、党组成员：陈向阳

副总经理、党组成员：雷树华

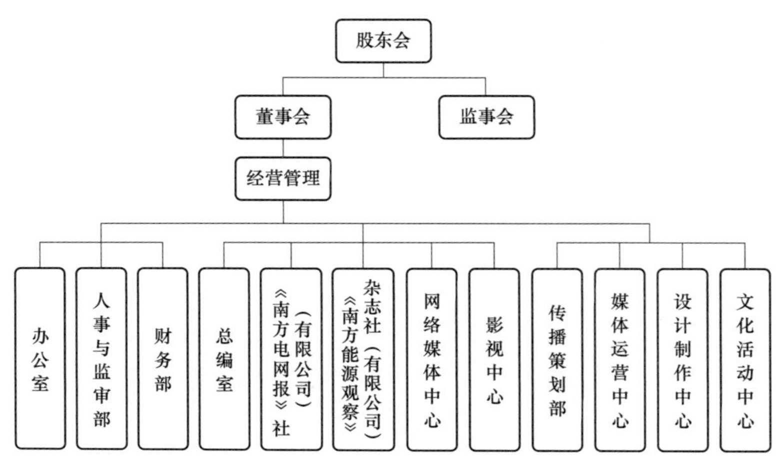

2015 年南网传媒公司组织机构图

组织机构 南网传媒公司下设两家全资子公司和12个业务部门。其中，南方电网报社与《南方电网报》社有限公司、南方能源观察杂志社与《南方能源观察》杂志社有限公司分别合署办公。2015 年南网传媒公司组织机构见图。

新闻宣传服务 宣传中央精神及南方电网公司党组落实中央精神的举措和成效，及时反映南方电网公司落实“一带一路”、创先发展等重大战略实况。策划“从严治党、正风肃纪”“新常态、新转型”两大宣传主线并贯穿全年。各媒体围绕两大主线开展的报刊系列报道、视频连续报道、网页专题，并利用新媒体 H5 等，提高新闻传播效果。

研究挖掘国内外电力改革经验得失，为电网改革发展提供参考。完成国家能源局国际电力市场发展动态及对中国电力体制改革借鉴的课题研究。

强化舆情监测和新闻应急工作。2015 年舆情响应率达到 100%。积极开展抗击强台风等重要时期的报道，提升新闻应急工作的主动性、系统性、专业性。

媒体平台建设 注重内容生产质量，报纸、杂志及新闻联播网分别推出《前海启航》《一分钟读懂六大电改配套文件》《最可爱的人》等精品报道。加大新媒体传播力度，提高新闻渗透力，南网 50Hz 开展“一度电之旅”等新媒体策划，提升知名度和关注度。

2015 年，南方电网报报送的新闻作品获年度国企好新闻一等奖、中国电力新闻奖一等奖。南方能源观察杂志多篇文章入选国家有关部委《改革内参》《智库言论》，南网 50Hz 微博微信粉丝总量位列政务微博微信排行榜前列，先后获评“中央企业最具影响力新媒体账号”“最具传播力政务头条号 TOP10”称号。

新媒体运营与网络建设 主动适应新媒体发展，通过走访阿里巴巴、腾讯、新浪、搜狐、今日头条等新媒体，洽谈新闻宣传、舆情应对、活动合作等方面的业务合作。

与国务院国资委新闻中心和清华大学、中国人民大学、复旦大学、暨南大学等签署战略合作协议。协助国资委新闻中心举办央企 2015 年新媒体年会，进一步强化双方互动交流和传播资源的共享。联合暨南大学新闻与传播学院开展对外传播课题研究。

南网品牌服务 提炼强化“辛苦我一人，点亮千万家”的南网精神。成功举办第四届“感动南网”评选表彰活动，挖掘、打造并广泛传播了“背夹巡线队”“飞火传奇”“电网创客”“康巴索男”等一大批先进典型。

举办第四届全球智库峰会“能源的变革”专题论坛，打造 eo 圆桌专家研讨、第三届“能源青年行”

暑期调研计划、第三届能源记者促进计划等品牌项目，塑造展示南方电网现代化电网企业形象。

在公益宣传中增创“电亮梦想微行动”“电亮民族美”等活动，在新媒体上进行议程设置，强化南方电网品牌关于绿色发展的理念。

经营业务 面对传统广告业务和活动执行业务市场下滑的压力，各经营部门通过加强客户沟通、分区对接维护客户关系，不断提升服务质量，稳定了公司在品牌宣传、VIS制作、舆情监测、重大工程项目影像档案等多个板块的经营收入。

积极转型适应行业发展，在传播策划中强化微信、微博、H5技术的利用，提升传播效果，拓展客户群体。完成电商平台的筹建及运营、珠江千里行活动的策划及实施、南网技术论坛的招商等。来自网外业务收入的比例进一步提高。

基础管理 及时修编、制定公司制度，强化制度基础。开展招投标领域的专项治理，初步形成供应商库和专家库。分级分类开展招标采购专题培训，提升员工合规意识。大力推进采购业务的公开框架招标，公司全年公开招标比例大幅上升。

开展两金清理，彻底查清历史存在的跑冒滴漏问题，提高财务数据质量。印发实施履职待遇、业务支出等相关管理制度，出台记者境外采访差旅费报销标准，控制职务消费和经营成本。

党建和精神文明建设 深入学习贯彻习近平总书记系列重要讲话精神，按照南方电网公司统一部署，扎实开展“三严三实”专题教育，严肃党的政治纪律和政治规矩。制定《党支部政治学习流程》《发展党员工作流程》等制度，组织学习《基层党支部书记工作手册》，开展党支部书记到位标准讨论，组织两期党支部书记、支部委员及学习联络人培训，强化党建工作基础。开展“身边的党员榜样”评选展示活动，激发正能量。

按期完成巡视整改工作。成立党风廉政建设责任制领导小组，加强对党风廉政建设和反腐败工作的组织领导。层层签订主体责任书和岗位廉洁承诺书。开展廉洁风险点查找工作，制定防控措施269项；开展廉规考试和纪律教育月等活动，强化全员的规矩意识和防腐拒变的能力。开展党风廉政建设责任落实情况考核，确保主体责任落实到位。

队伍建设 紧扣传媒行业前沿和业务需求，与清华大学、复旦大学等知名高校联合举办脱产培训。修订总编辑奖评选办法并开展季度、年度总编辑奖评选，通过专业岗位竞赛促进采编人员专业能力的提升。以开展“职工小家”建设为试点，强化组织文化和团队建设。成立羽毛球、足球、普拉提等文体活动协会。开展纪念“五四”运动96周年系列活动、女生读书周等活动，持续引领青年价值观。鼓励全员组织发起各类经验交流分享突出展现个人特长。

主要事件

2015年，南网传媒公司先后与国资委新闻中心、新浪广东、中国人民大学和暨南大学新闻与传播学院签订战略合作协议。

1月，由南方电网官方微博微信@南网50Hz发起的“电亮梦想微行动”公益活动圆满收官。微信话题＃电亮梦想微行动＃阅读量超过3000万，讨论量超过7000条，相关微信、微博累计转发8000次。

1月17日，南网传媒公司2015年工作会议暨一届三次职工代表大会召开。李晓彤董事长做了题为《夯实基础，创新思路，努力提升传媒专业化服务水平》的报告。

6月，南方电网公益广告影视片《家风篇》在中央电视台播出，以勤俭节约为主线，传递绿色地球、家风传承、环保节约的观念。

6月27日，第四届全球智库峰会“全球可持续发展：能源的变革”专题论坛在京举行。论坛由中国国际经济交流中心主办，《南方能源观察》杂志承办。

7月17日，南网传媒公司召开2014年度股东会暨二届四次董事会、二届二次监事会会议，审议通过了2014年财务决算、利润分配，2015年财务预算、委托贷款发放等议案。

9月24日，由南方电网公司主办，南网传媒公司承办的第四届“感动南网”颁奖礼在广州举行，为33万南网员工共同推举的10位感动人物和5个感动团队颁奖。

10月，超强台风“彩虹”登陆，南网传媒公司投入42人参与新闻报道，派出8名记者奔赴一线进行采访报道。第一时间推出抗风抢修情况进行滚动报道。

10～12月，南网传媒公司联合多家单位组织“珠江千里行团队”和“海南环岛行”电动汽车公益自驾活动，倡导绿色环保出行。

12月11日，由国务院国资委新闻中心、中央企业媒体联盟主办，南方电网公司与《国资报告》杂志社承办，南网传媒公司协办的第三届中国企业新媒体年会在北京举行。@南网50Hz获评“2015年度中央企业最具影响力新媒体账号”。

获奖项目

第二十二届国家级企业管理现代化创新成果电力行业获奖名单

等级	成果名称	申报单位	主要创造人	参与创造人
一等	电网企业以“两个一流”为目标的国际化战略决策与实施	国家电网公司	刘振亚 舒印彪	杜至刚、程梦蓉、于　军、吕运强、朱光超、贾志强、文　博、阮前途、山社武、蔡鸿贤
一等	电网企业面向全价值链的节能服务管理	江苏省电力公司	尹积军 李　斌	何大春、顾国栋、文乐斌、季　强、颜庆国、奚巍民、杨　斌、阮文骏、李志祥、杨　枫
一等	军工企业基于内部控制的价值创造管理	中国核工业集团公司	李季泽	刘银亮、赵　强、王　蕾、初笑音
一等	电力装备企业以服务企业战略为导向的财务管理提升	许继集团有限公司	肖忠文 郑东晖	郑　阳、张红燕、朱敬冬、任海生、杜丹丹、祝　刚
一等	电网企业基于风险指数等级的安全生产管理	国网北京市电力公司	刘润生 盛宇军	王继永、李洪斌、李海峰、穆克彬、张惟中、赵留学、聂卫刚、樊　萱
二等	提升国际竞争力的多元化融资体系建设	中国电建集团海外投资有限公司	李　铮 石　嵩	吕　毅、王　浩
二等	发电企业基于信息平台的全面安全生产管理	华能国际电力股份有限公司日照电厂	刘顺富 孙树华	冯玉民、朱延华、崔雪良、李玉平、刘　玮、刘　斌、卢京成、赵森德
二等	IGCC 绿色煤电技术首次工程化应用管理	华能（天津）煤气化发电有限公司	刘振华 秦建明	曹其宣、张　东、步新战、李志强、田若森、袁庆奎、王　振、李金杰、王文超
二等	以体系化、规范化、信息化、刚性化为核心的制度管理变革	神华集团有限责任公司	韩建国 周大宇	邬京忠、许立新、李国忠、张　骐、张昕宇、许　平、陈　慧、刘建明、王熠楠、魏永新
二等	多种类清洁能源分层次消纳及替代战略实施	国网辽宁省电力有限公司大连供电公司	张建坤 于晓辉	唐如海、宋文峰、李春平、杨万清、张葆刚、王长青、王跃东、李振威、宫海峰、孙　成
二等	复杂人文、自然环境下的大型电力联网工程绿色施工管理	国网四川省电力公司	王抒祥 丁燕生	李　俭、白仕雄、周　林、罗　辉、李　刚、黄华明、陈　钢、刘　林、游　川、朱　健

续表

等级	成果名称	申报单位	主要创造人	参与创造人
二等	核燃料元件制造企业实现产品、工艺自主化的技术创新管理	中核建中核燃料元件有限公司	肖　林 丁建波	任宇洪、华月强、邓　话、沈财禄、尤亚飞、张　兵、李　羽、郭　翔、权　泉、谢志刚
二等	基于古村落文化遗产保护的特色供电管理	国网安徽省电力公司黄山供电公司	程升平 唐龙江	曹　俐、程金松、钱孝飞、凌晓斌、陶　军、陈　洋、任志莲、宋浩杰、孙　磊、吴怀波
二等	电网企业基于依法治企的审计成果运用管理	国网湖南省电力公司	肖安全 沈志斌	朱运根、曾泽华、文素华、彭运民
二等	供电企业基于地理信息系统的不动产精益管理	国网福建省电力有限公司福州供电公司	郑佩祥 陈建中	李宇哲、郑友谊、李　侃、郑　晟、林舒娘、林正祥、蔡芝炜
二等	县级供电企业能效服务体系构建	国网浙江义乌市供电公司	贾成杰 陈荣健	吴向荣、吴青军、俞江桥、张拥政、楼文炜、黄立峰、冯竹建、马向东、丁华建、吴　俊
二等	地方电网企业全业务链的节能降损管理	国网甘肃省电力公司张掖供电公司	牛晓兵 陈　军	李树林、袁晓燕、张振兴、王艳丽、王雅宁、成　宏
二等	煤化工企业基于“五型”计分卡的全员绩效管理	神华宁夏煤业集团有限责任公司煤炭化学工业分公司	姚　敏	张玉柱、李天财、兰志强、王玉芹、倪晓东、赵春晓、田　馨
二等	以高可靠、高品质为目标的网格化供电服务管理	国网上海市电力公司浦东供电公司	吴英姿 何维国	张　彦、沈正华、孙阳盛、陈　东、张　骋、吴正骅、谢邦鹏、沈　健、康晓燕、柯洁珣
二等	高海拔企业员工健康评价与保障管理	国网青海省电力公司	毕红卫 李增业	范新科、张　骏、李　健、石英慧、赵国英、王凤鸣、宋小兰、王　珂、吕　彦、魏戈武
二等	客户导向的配电故障抢修智能化服务管理	广东电网有限责任公司佛山供电局	吴树鸿 倪伟东	陆锦培、汤志锐、罗伟明、邱桂华、何　炎、黄猛才、何锦飞、邓昆英、严周宇、丘　忠
二等	大型露天煤矿“十佳班组长”机制的创建	华能伊敏煤电有限责任公司	李树学 刘建国	许振水、刘爱民、杨　扬、陈禹含、裴　宾、李宝国
二等	能源企业全方位对标管理	北京能源投资（集团）有限公司	郭明星	孟文涛、王彦民、唐鑫炳、金生祥、梅东升、葛青峰、张　玫、王永志、周德发、杨洪舟
二等	供电企业以体制机制建设为核心的网络舆情管理	国网陕西省电力公司西安供电公司	邬捷龙 陶轶华	杨　文、张　婷、杨引虎、洪　华、白开峰、韩　琦、李东海、苏靖童、梁　沂、张　芸

续表

等级	成果名称	申报单位	主要创造人	参与创造人
二等	供电企业推广电能替代的协同管理	国网冀北电力有限公司唐山供电公司	宋天民 刘福义	曲　雷、张西术、钱玉春、姚玉永、张　鸿、赵树志、李　钢、温　晶、张春燕、石　婕
二等	供电公司以“四配一体”为核心的配电网管理	国网山东省电力公司青岛供电公司	孙敬国 刘明岩	贾亚军、于立涛、董　林、徐　群、李　军、公伟勇、周生奇、王淑敏
二等	基于精细化气象信息的电网设备风险管理	国网河南省电力公司	侯清国 刘长义	邱武斌、周　宁、贺　鸿、李　哲、褚双伟、黄莎莎、夏大伟、梁　允、张　鹏、王肖剑
二等	火电企业以降低维护成本为目标的设备检修精益管理	吉林电力股份有限公司白城发电公司	陶新建 林　军	靳东来、吴润华、吕　峰、王国涛、朱景权、张伟康、李茂清、徐振军、张　民、慕瑛琪
二等	基层电网企业以“包片进村”为依托的农电管理提升	国网四川省电力公司眉山供电公司	张建明 金富怀	刘开金、杨迎春、吴永建、傅秀芹、王　锦、何　易、杨建军、阳志明、蒋　迪、李　晋
二等	大型火电企业“做强做优”为目标的管理提升	华能沁北发电有限责任公司	周根拴 韩吉亮	赵树春、张道瑞、彭宗贵、李吉峰、朱双军、赵德清、王贵文、陈美端、刘鑫辉、李建高
二等	供电企业基于综合管控平台的资源融合管理	国网山东省电力公司潍坊供电公司	孙　华 孙　晓	程学启、王华松、王　靓、周　扬、张国明、张进玉、王　君、王东升、周建鹏、王炳荣
二等	满足差异化客户需求的供电服务管理	国网重庆市电力公司市区供电分公司	钟筱军 陶时伟	张建中、田　迅、鲜艳霞、付　友、罗雅文、周洪超、肖小龙
二等	大型企业集团战略管理体系的构建与支撑	国网能源研究院	刘振亚	王　敏、伍　萱、孙盛鹏、张运洲、邱忠涛、桂　衡、许　兵、周海洋、邱洪基、赵九斤
二等	电网企业基于成长导向的员工帮助计划体系建设	国网天津市电力公司	钱朝阳	尚锦山、周　群、陈玉涛、杨子平、靳春鹏、王海文、周凌云、彭　词、孙建其、周静雯
二等	电力企业以现场作业风险管控为核心的“631”安全生产管理	大唐甘肃发电有限公司	李江海 梁永磐	陈自强、王培钧、贾进荣、李世虎、罗爱珍、隋丽娜、白会平、魏翠芳、蔺许刚、慕喜典
二等	区域发电企业基于信息平台的设备健康管理	华能国际电力股份有限公司湖北分公司	张国平	韩国庆、杜志民、邱逢涛
二等	以无人值班为目标的水电厂智能化设备管理	华能澜沧江水电股份有限公司小湾水电厂	鲁俊兵 乔进国	张德选、赵晓嘉、胡　丰、曹一凡、龚登位、徐德新、齐巨涛、纪正堂、刘启文、朱　宏
二等	科研单位的知识型员工心理管理能力建设	国网江西省电力科学研究院	徐　宁 张　琴	游勇华、陈　文、高美玲、赵　莹、孙目元、刘月凡、谢慕林、袁　晨、熊有坚、卢铭庆

2015 年电力行业企业文化建设示范单位

序号	企业名称	序号	企业名称
1	国网新疆电力公司	9	国电大渡河流域水电开发有限公司
2	大唐南京发电厂	10	中国葛洲坝集团国际工程有限公司
3	安徽华电宿州发电有限公司	11	大亚湾核电运营管理有限责任公司
4	国网湖北省电力公司	12	中国电建集团华东勘测设计研究院有限公司
5	中核核电运行管理有限公司	13	广东惠州天然气发电有限公司
6	中国电力国际有限公司	14	国网重庆市电力公司
7	云南电网有限责任公司普洱供电局	15	绥中发电有限责任公司
8	华能（天津）煤气化发电有限公司		

2015 年电力行业企业文化建设优秀成果名单

序号	奖项	标　　题	主要创造人	参与创造人	申报单位
1	一等奖	构建评价体系　铸造诚信企业	吴远波	李晓亮、张　彬、刘霈霈　张　伟	国网山东省电力公司莱芜供电公司
2	一等奖	构建企业精神践行平台	钱朝阳、王昕伟	唐宝岩、杨子平、贾珊珊、张　旭、李　蓬	国网天津市电力公司
3	一等奖	探索最速曲线　培育卓越文化树	吴秀江、陈　华	杨　龙、尚大俭、刘　霞	中国核能电力股份有限公司
4	一等奖	核心价值观“FUN”式宣教　促进员工知行合一	张根发	张　湧、王晓东、谷庆利、曹　扬、曹君贤、陈振兴	国网上海市区供电公司
5	一等奖	实施“五心”工程　打造文化心工场	李明磊	吕吉生、袁胜凯、王柳青	云南电网有限责任公司楚雄供电局
6	一等奖	深化先进典型建设机制　弘扬国网公司品牌形象	卜劲松、张晓峰	杨　洁、史昕烨、刘晶坤、闫　宇	国网黑龙江省电力有限公司
7	一等奖	实施“阳光心理增强计划”创新发展新时期企业文化	刘学东、贺晋年	高林浩、郭晓燕、张永红、路军平、郭海凤	大唐太原第二热电厂
8	一等奖	“聚能文化”价值理念转化实践与研究	王建文	李必辉	华能山东石岛湾核电有限公司
9	一等奖	以“三型海投”为目标的海外特色品牌企业文化建设	盛玉明	赵新华、李胜会	中国电建集团海外投资有限公司

续表

序号	奖项	标题	主要创造人	参与创造人	申报单位
10	一等奖	深耕“四个根植”推进卓越实践——“光耀365”企业文化落地实践工程	黄惠英	蔡艺华、周雪梅、徐福兴、安　若、林丽雅、吴兆磊、温永贤、张珺珺、张卫斌	国网福建电力有限公司厦门供电公司
11	一等奖	“大唐精神”在企业遍地开花	刘建龙	李永华、杨站英、孙　亮	大唐河北发电有限公司
12	一等奖	人人用心，大家安心，让安心成为一种追求	王　峥	申作家、黄升博、黄顺发、何兴友、余文卓	深圳供电局有限公司输电管理所
13	一等奖	建设黄河水电特色文化助推“三步走”战略顺利实施	谢小平、李固旺	孙蔚泓、马小兰、冯天才、朱晓惠	黄河上游水电开发有限责任公司
14	一等奖	推进廉洁文化建设　保障企业健康发展	徐宝福、王晓光	韩奎政、孔　强、黄　健、孙少华、马桂红	华电国际邹县发电厂
15	一等奖	落实企业理念建设幸福家园	全生明、彭建国	张　骏、严　瑜、陈海龙	国网青海省电力公司
16	一等奖	文化创先　聚力发展——广西电网有限责任公司文化创先的实践与探索	朱　艳	黄　莹、黎　芳	广西电网有限责任公司
17	一等奖	在传承中加强企业文化子文化建设	高　原、向先锋		华能武汉发电有限责任公司
18	一等奖	以价值创造理念引领管理和效益“双提升”	陈　忠、郑久华	陈如轩、张　钰、王宗凯、郭海莲、张　峰	国电电力发展股份有限公司大同第二发电厂（国电电力大同发电有限责任公司）
19	一等奖	文化接力工程推进企业转型升级	张　桥、彭拥兵	牟善铸	中国水利水电第七工程局有限公司
20	一等奖	积极培育“家园”文化推进和谐“福电”建设	罗华林	姜天培、陈碧芳、陈海斌	国电福州发电有限公司
21	一等奖	构建“五大体系”　助力企业文化建设	高　昂、王新平	孙　冰、白雪娟	中国能源建设集团山西省电力勘测设计院有限公司
22	一等奖	发挥传统媒体与新媒体的优势以推动企业文化建设	张从昕	盖　超、伏　睿、冯　冲、段　然	山东电力工程咨询院有限公司
23	一等奖	文化互动的规与律	朱江涛	田亚琴、毛凯军、成树月、刘期飞	浙江国华浙能发电有限公司

续表

序号	奖项	标　　题	主要创造人	参与创造人	申报单位
24	一等奖	边远地区电力企业“家园”文化建设探索	刘红梅	宋　军、卢　同	神华国能陕西德源府谷能源有限公司
25	一等奖	“能建湘军”企业文化体系	乐周礼、李维国	陈　菊、张维明、谢风华	中国能源建设集团湖南火电建设有限公司
26	一等奖	以“领先文化”推动企业创新发展	郭　良	李文学、静铁岩、李学忠、徐　鸣、邱丹芬	华能南方分公司
27	一等奖	秦山精神体现核工业精神新的时代价值	李大宽、鄢　斌	高　飞、田桂红、刘永清	秦山核电有限公司
28	一等奖	“开旗风”文化引领建设一流能源企业	王长征、吕向翌	郭文顺、孙卫东、王丽佳	华电内蒙古开鲁风电有限公司
29	一等奖	塑造以精益管理为内核的优秀企业文化	高　强	张冠群	秦皇岛发电有限责任公司
30	一等奖	以“水文化”构筑特色企业之魂	李宪强	卢伟国、蔡　苓	江苏国信淮安燃气发电有限责任公司
31	二等奖	实施“十分有爱”光明行动　传播企业核心价值观	杨舍近	杨曙光、王存华、郑　珂、李　靖	国网河南省电力公司濮阳供电公司
32	二等奖	“六最”项目的探索与实践	赵　均		天津大唐国际盘山发电有限责任公司
33	二等奖	加强班组企业文化建设　推进“五统一”企业文化落地	覃君松	潘道金	国网湖南省电力公司
34	二等奖	“五微”浸润传播统一企业文化	傅　强	江晨霞、王妮娜、曾祥林	国网江西省电力公司赣西供电分公司
35	二等奖	借助教育培训平台弘扬社会主义核心价值观和国家电网公司统一企业文化	焦保利、潘玉明	刘　琳、徐兴君、胥家硕、刘　瑾	国家电网公司高级培训中心
36	二等奖	“需求导向、双擎实践、三层平台”打造核心价值观践行品牌	陈春明、赵小平	丁良金、廉永华、孙远强、李　旺、徐宁涛	国网宁夏电力公司中卫供电公司
37	二等奖	在社会主义核心价值观深植中彰显文化新魅力	王英坤	展学平、张培巧、于国敏、吴　征	大唐山东发电有限公司
38	二等奖	建设“共同家园”　深植南网文化	龙正杰、黄　勇	粟　林、田　康、孙树芳、彭　程、苟昌迅	贵州电网有限责任公司安顺供电局
39	二等奖	打造文化软实力　推动公司科学发展	王永祥	张立胜、石　青、张建宏、陈　旭	华能澜沧江水电股份有限公司
40	二等奖	坚持文化引领　促进核电工程安全高效建设	卢洪早、刘增荣	田锡清、王　勇、叶小丹、李　超	三门核电有限公司

续表

序号	奖项	标　　题	主要创造人	参与创造人	申报单位
41	二等奖	培育“文化郁金香” 弘扬文化主旋律	冯　凯、任守东	罗　毅、周志付、李丹丹、孙峰烈	国网辽宁省电力有限公司
42	二等奖	安全文化——铸就煤矿安全生产坚实盾牌	孙国基	王志民、丁占东、金海林、赵立新	中国国电平庄煤业（集团）公司
43	二等奖	弘扬“红钻文化” 凝聚企业共识 激发价值创造	唐其练、许思龙	孙　蓉	中国电建集团江西省电力设计院
44	二等奖	七迳供电所“41”班组文化	杨芒生	邓卫强、陈　荣、戴金强、梁陈兵、梁原喜、苏剑秋	广东电网有限责任公司茂名供电局
45	二等奖	文化建设“上水平” 企业发展“创一流”	张国强、隋树波	王学训、李　磊	华能曲阜热电有限公司
46	二等奖	重组企业母子文化建设的实践与探索	刘克昌	逯天寿、韩　剑、冯立波	中国华能集团华亭煤业公司
47	二等奖	培育特质文化　铸就发展之魂	金国华	孙海博、刘津含	国家电投吉林电力股份有限公司
48	二等奖	“五统一”企业文化在安全生产领域落地实践	李　强	闫永升、罗长明、朱利明	国网山西省电力公司
49	二等奖	推进企业文化创新　提升企业核心竞争力	徐　力	王乃龙、王伊迪	中核辽宁核电有限公司
50	二等奖	建设“钻石文化” 缔造精品工程	肖　英	张焕臣、王田洲、李永顺	山东电力建设第二工程公司
51	二等奖	打造诚信文化　铸造民族品牌	邱忠昌、黄焕袍	夏　明、崔永吉、王金华、刘吉利、郭文玮、王　燕	北京国电智深控制技术有限公司
52	二等奖	创新职工发展评价机制　推进“以人为本”企业文化建设	陈伟群、沈又幸	姜庆泉、郭俊科、徐雪波、毛　丽、章达军	中国能源建设集团浙江省电力设计院有限公司
53	二等奖	关于上海院文化融合的研究	范秀山	崔益铭	中国长江三峡集团公司党群工作部
54	二等奖	推进国家电网公司企业文化“五统一”在控股企业的落地实践	郭　炬、张圣集	杨秀岐、孟凡强	国网节能服务有限公司
55	二等奖	中央企业安全文化建设的创新与实践	付　军	李宏兵、王　丹、李名松、郑君奎、张爱梅、商适宇	葛洲坝易普力股份有限公司
56	二等奖	弘扬“大禹文化” 助力企业发展	张玉峰	冯真理、李朝晖、程铁强	中国水利水电第十一工程局

续表

序号	奖项	标　　题	主要创造人	参与创造人	申报单位
57	二等奖	风电精神内聚人心、生态标杆外树形象	周志刚、刘　洋、万文彦		中广核风电有限公司
58	二等奖	深化责任文化体系建设　提高企业核心竞争力	姜志山、荣旭东		北方联合电力有限责任公司
59	二等奖	五色青年文化聚力青春建功淮电	杨　峰、马凌云	李亚楠	大唐淮北发电厂
60	二等奖	戚电公司掌上“微”媒体　构建企业文化“新”形态	王　振	孙雨晨、陈一峰	江苏华电戚墅堰发电有限公司
61	二等奖	国电范坪公司“强执行、明荣辱，振士气、促一流”执行文化	彭庆生、吕　群	刘国平、梁红伟、田小虎、王军龙、郭永红	国电兰州范坪热电有限公司
62	二等奖	以“道德讲堂”助推企业文化建设	杨建兴、王立公	顾佳平、邵衍伟、王占礼、石立斌	江苏国华陈家港发电有限公司
63	二等奖	坚持文化为引导　打造“三同”团队	童　强、杨　劲	赵惠康、蔡燕丽	华能新能源股份有限公司云南分公司
64	二等奖	打造新常态下的“工程师文化”，推动企业文化传承与发展	尚　涛、黄蔚亮	荣　莹、单　巍、陈乃添	中国南方电网有限责任公司超高压输电公司广州局
65	二等奖	以锆业精神　铸企业之魂	高鹏飞	常晓峰、訾锡金	国核宝钛锆业股份公司
66	二等奖	文化助力发展　品牌赢得信誉	刘　宝	艾　民、徐　杰、岳　静	中国水利水电第六工程局有限公司
67	二等奖	以企业文化促进管理提升的探索和实践——“知-信-行-效”四步走，文化引领显真功	陆国俊	于文静、黄炎光、杜堉榕、邱晓茵、许诗琪、吴　杰	广州供电局有限公司电力试验研究院
68	二等奖	“12348 工程”打造“四个南电”	古世军、黄书辉	王国强、韦　晶	国电南宁发电有限责任公司
69	二等奖	“三为文化”的培育建设和系统思考	杨　巍	梁鲁燕、黄海东	华电能源股份有限公司牡丹江第二发电厂
70	二等奖	交给我　请放心	周如荣	张南放、江明霞	上海上电漕泾发电有限公司
71	优秀奖	提升软实力支撑硬发展	陈永和、郭家强	田振全、刘静宇、王晓玉、靳宝东、赵新文	河北大唐国际唐山热电有限责任公司
72	优秀奖	国网眉山供电公司共产党员志愿者“心连心”服务站项目	金富怀、刘开金	何　易、康穆洲、李政刚、任承松、陈　跃、王文敏	国网四川省电力公司眉山供电公司

续表

序号	奖项	标　题	主要创造人	参与创造人	申报单位
73	优秀奖	以“三全”活动为抓手全面推进企业文化落地	刘　焱、许婉卿	涂红君、徐　蕊、戴雨露	国电资本控股有限公司
74	优秀奖	深化“五项行动” 创建和谐龙电	彭振玲	王凯杰、刘燕彬、李　猛	国电河北龙山发电有限责任公司
75	优秀奖	以主题年活动为载体推进文化传播与深植，引领企业发展	何健康	黄世平、曾令雄、林　莹、王焕凤	韶关发电厂
76	优秀奖	“最美文化”催生“最美电厂”	尹　斌、花　莹	牛团结、李　莉、朱子清、王之然、张　静	大唐苏州热电有限责任公司
77	优秀奖	“红蓝动力”母子文化对接及融合	马　杰	何文华、曾　晶、颜　悦	广东省粤电集团有限公司珠海发电厂
78	优秀奖	构建特色文化　助力转型发展	王曙平	顾　谦、冉路超、严镇威、柳自山	中国水利水电第十四工程局
79	优秀奖	以文化软实力提升企业品牌影响力	陈　涛	冉　颢、张勇武	中国电力工程顾问集团西北电力设计院有限公司
80	优秀奖	以文化力量推进大渡河“流域检修模式”建设	丁继云、侯远航	杨俊双、洪　钢、王建华、代述明、孟宪宽	国电大渡河检修安装有限公司
81	优秀奖	舍得品牌文化	姚子麟	张书谨	浙江浙能天然气运行有限公司
82	优秀奖	构建江西中电企业文化体系	胡　辉	刘成仁、刘　飒、华建亮	江西中电电力工程有限责任公司
83	优秀奖	坦诚做人　激情做事　勇于创新　追求卓越	李镇光	解明学、刘云德、石建繁	三峡财务有限责任公司
84	优秀奖	安全文化子体系建设实践和成果	何　伟、张宗亮、张子彬	王宗文、周　丹、李应林	中国电建集团昆明勘测设计研究院有限公司
85	优秀奖	水电厂生产班组文化建设实践	王东林	续元勋	长江电力溪洛渡电厂
86	优秀奖	文化融合促进企业发展	张海英	时　代	上海发电设备成套设计研究院
87	优秀奖	推进“四维”企业文化建设　引领务实攻坚创效	刘相锐、水振钧	阮　宝、魏　剑、周龙梅、陈　旭	大唐珲春发电厂
88	优秀奖	真情牵线山海，点亮黎乡苗寨	符永辉	谢　军	海南电网有限责任公司昌江供电局
89	优秀奖	卓越文化	孙金华	蒋　锋	浙江浙能长兴发电有限公司

续表

序号	奖项	标题	主要创造人	参与创造人	申报单位
90	优秀奖	核安全文化建设	丘建宇、朱洪喜	李　臻、李建钢、侯雁初、汪开敏、朱渊虹	中国能源建设集团浙江火电建设有限公司
91	优秀奖	“流体文化”引领企业发展	陶建根	徐　超、刘丽娅	浙江浙能石油新能源有限公司
92	优秀奖	发展多元文化　创建一流企业	廖敏杰	邓　攀	湖北西塞山发电有限公司
93	优秀奖	“优”而“化”之创造优质	李永茂	王先文、胡俊杰、杜会兵、牛玉宝	中国能源建设集团山西电力建设有限公司
94	优秀奖	文化引领　教育为本　打造“道德讲堂”特色平台	李　刚、蔡升华	丁永辉、李泽萍、卞大祝、杨　芳	中国能源建设集团江苏省电力设计院有限公司
95	优秀奖	广前公司企业文化建设成果	陈创庭、郭棋霖	张羽中、李丽文、诸鲁珊	深圳市广前电力有限公司
96	优秀奖	东华热电“融创”企业文化	冯　韬	卜德海、王晓伟、祁辅忠	包头东华热电有限公司
97	优秀奖	“泰电文化”理念体系	祖向群	马力佳、张　莹、王晓赫	大连泰山热电有限公司
98	优秀奖	机制完善力促责任制落实	孙　月	刘　平、唐　旺	广东国华粤电台山发电有限公司
99	优秀奖	在三代核电项目上推进员工“一次把事情做好”	邹俊魏	董诗明、时　光、孔　源、曾　强、李　康、刘雪莎	台山核电合营有限公司
100	优秀奖	员工是企业最大财富，企业是员工长期依靠	万闻炜	胡　嵘、凌　冰、吴祎玮	上海外高桥发电有限责任公司
101	优秀奖	培育特色文化　推动科学发展	张国来	杜　宁	石家庄良村热电有限公司
102	优秀奖	建设“三合一”特色文化驱动企业创新发展	郝宏生	何志宜、童　星	中电投江西核电有限公司
103	优秀奖	百舸争流竞风采	段　伟	王振山、王敏捷	神华内蒙古国华准格尔发电有限责任公司
104	优秀奖	“原点之光”企业文化	陈群娥	王建伟	泾阳县供电分公司
105	优秀奖	宜川县供电分公司“铸魂之路”	冯长喜	刘旭东	宜川县供电分公司

2015年电力行业企业管理创新优秀成果获奖名单

序号	等级	成果名称	主创人	参与创作人	成果创作单位
1	一等奖	国家电网公司系统工作报告分析评价与战略管控体系建设	王　敏、伍　萱、孙盛鹏	桂　衡、邱忠涛、贺明军、赵九斤、何　欣、吴　鹏、张　桦、王　燕、赵　杨、赵　静	国家电网公司
2	一等奖	以价值引领为核心的项目预算全过程闭环管控体系研究与应用	徐　鸿、陈贵东	袁勇刚、方剑华、邹　迪、曾　力、甘　雨、马　林、郑李键、娄欣轩、毛育冬、葛　巍	国家电网公司
3	一等奖	深化资产全寿命周期管理研究与实践	单业才、张建功	胡庆辉、沈　力、田洪迅、张兴辉、王宏刚、储　惠、王天君	国家电网公司
4	一等奖	以提升“三基”管理水平为目标的班组建设“四大体系”构建与实施	蒋　斌、杜　军	张学俊、宋士锋、张　平、姜志强、靳占新、杨　军、闫　斌、李玉华、胡金东、赵树生	国网山东省电力公司
5	一等奖	大型发电集团全面创新管理理论探索与实践成效	陈进行	王　森、李云峰、陈剑锋、杨新林、王亚军、黄　辉	中国大唐集团公司
6	一等奖	深化运营分析，有效发挥运营监测（控）作用	崔吉峰	李国良、魏晓菁、林建军、张　朋、张志刚、李毅松、王　军、梁云丹、范鹏展	国家电网公司
7	一等奖	集团公司业务管理体系的设计、建设与应用	陈　勉、杨晋柏	刘静萍、贺晓柏、吴　畏、黄　鲲、池超鹏、禄昱滢	南方电网有限公司
8	一等奖	以清洁能源消纳与电能替代为核心的供电企业新型能力建设	于晓辉、唐如海	宋文峰、李春平、杨万清、张葆刚、李振威、王跃东、吴江宁、梁　辉、矫　捷、栾敬钊	国网辽宁省电力有限公司大连供电公司
9	一等奖	互联网融合在大型能源集团的管理创新与实践	吕庭彦	侯君达、张　健、陈荣敏、丁　罕	中国大唐集团公司

续表

序号	等级	成果名称	主创人	参与创作人	成果创作单位
10	一等奖	国家电力投资集团公司股权管理系统	关绮鸿、李　前	钱　阔、周放生、于炎炎、曹保钧、宋怡强、李雪莲、徐鹏展	国家电力投资集团公司
11	一等奖	基于资源优化配置及全口径统计的综合计划全过程闭环管控	张　宁、董朝武	王子建、刘道新、白江红、徐敏杰、冯星光、张　健、沙宗恒、冯　义	国家电网公司
12	一等奖	大型企业集团总部“五位一体”绩效管理体系建设	田　博、王西胜	肖兴立、娄雪娟、刘伟达、李　博、张国红、臧　伟、陈　宇、张　健	国家电网公司
13	一等奖	电力企业数据资产管理体系建设	王抒祥、葛兆军	林　敏、向晓蕾、罗晓伊、李淑静、徐厚东、李赋欣、佟如意、粟之梁	国网四川省电力公司
14	一等奖	基于数据资产管理的“量价费损”在线监测应用与实践	尹正民、赖　平	夏怀民、周想凌、万　磊、詹智民、王　斌、朱银军、林　光、应红霞	国网湖北省电力公司，国网湖北省电力公司武汉供电公司
15	一等奖	电厂信息化内部控制管理体系创新与实践	许　健、段续丽、黄朝全	蔡洪旺、杜成章、张　毅、姜晓丽、李海斌、徐　彬、曹杰锋、陶　媛	华能国际电力股份有限公司
16	一等奖	“全员全额全口径”管理体系研究与实践	杜宝增、李　峰	严光升、陈春武、郭松山、张鹏辉、李　青、鞠宇平、李　鹏、刘浩杰、齐金昌、陈　琦	国家电网公司
17	一等奖	探索“八元”机制，破解“四大”难题——中国大唐集团总部用人机制的创新与实践	栗宝卿	肖　征、李　凯、王小群、焦绍臣、雷　鸣、张海梅、白雪梅、肖振杉	中国大唐集团公司
18	一等奖	基于电力景气指数的宏观经济形势分析与应用	陈　山、胡志广	杨晶晶、庞　鹏、纪　涵、王国瑞、陆小鹏、于德龙、屈　利、陈倩菱、傅柯盟、黄子财	广东电网有限责任公司企管部

续表

序号	等级	成果名称	主创人	参与创作人	成果创作单位
19	一等奖	基于“三流”合一“两化”融合的生产管控系统构建探索	吕　峰、林　军	王国涛、朱景权、徐振军、张伟康、李茂清、丛德聚、李学富、赵大朋、刘子兴、潘翔峰、李海涛	吉林电力股份有限公司白城发电公司
20	一等奖	中央企业资产评估管理体系建设与实施	高光夫、沈汝浪	王　伟、马　锋、王振京、刘敬山、王燕蓉、王　宁、王晨杰、权忠光、石一兵、张月梅	国家电力投资集团公司
21	一等奖	以现代信息技术创新企业培训管理实践	赵英华	刘庆伏、吴志雄、王　波、熊　文、赵军亮	华能国际电力股份有限公司上安电厂
22	一等奖	基于管线一体的城市地下电网数字化安全管控体系构建	王抒祥、董京营	刘　勇、李科峰、贺　军、涂彦明、樊晓锋、何永祥、戴功鹏、何　东、杨小兵、张涵轶	国网四川省电力公司成都供电公司
23	一等奖	以股份制和指标认领为核心的对标管理提升机制探索和实践	李卫东、阙　波	徐东辉、叶　炯、赵赛锋、白　熊、俞　军、王从波	国网浙江省电力公司
24	一等奖	以卓越流程体系建设推进一体化落地	胡　帆	冯悦波、余梅梅、辛旭武、赵婉婷、舒思维	深圳供电局有限公司
25	一等奖	分布式光伏电站运维管理体系的创新与实践	王坚东、韩志军	王培林、王坚敏、吴智刚、黄宏盛、王　广、朱伟、李　南、胡佳媛、黄权飞、施丙富	国网浙江嘉善县供电公司
26	一等奖	构建面向用户的配电网综合评价指标体系	刘克俭、范振华	张明文、周爱国、张新义、胡　平、董　昕、袁建普、凌云鹏、贺春光	国网河北省电力公司
27	一等奖	大型火力发电企业数字化过程管控与决策支持系统的开发与实践	李京修、王开喜	周保杰、李　鹏、孙式国、赵书新、张学滨、李　刚、朱天民	华电国际电力股份有限公司邹县发电厂

续表

序号	等级	成果名称	主创人	参与创作人	成果创作单位
28	一等奖	围绕中心 引学入企 激发青年 创新创效活力	陈 辉、孙少杰	梁 彤、林木根、吴士祥、朱 化、唐八莹、林菁云	华能国际电力股份有限公司福州电厂
29	一等奖	多维度线损对标管理评价体系的构建与实施	韦 峥、黄柳军	陈伟荣、黄坚勇、文香军、刘 刚、李云芬、覃海志	广西电网有限责任公司
30	一等奖	构建项目预算闭环管理管控机制，全面提升项目预算管控效率	温振龙、张 举	殷全新、雷莉萍、孔令武、王燕云、高雪江、房 玲、侯永亮	国网山西省电力公司
31	一等奖	以提升供电服务水平为着力点的配电网建设与运营管理	张 磊、陈灵欣	何 伟、黄坚明、林俊山、林 健、苏雪源、苏华东、江仰鉴、熊 军	国网福建电力厦门供电公司
32	一等奖	走出去为导向的国际工程公司集团化管控体系建设	罗必雄、谭捷华	黄志秋、夏文波、梁汉东、余 平、伍广俭、雷之光、朱海成、梁慧玲、高 洋、田 帅	中国能源建设集团广东省电力设计研究院有限公司
33	一等奖	火电企业信息化管控平台的开发及应用	陈 浩、王德旭	费伟东、张立贤、贾永成、侯春江、刁家平、潘 涛	中国国电集团东北分公司双鸭山发电有限公司
34	一等奖	核电工程建安承包商安全质量考评体系的创建	顾 健、毕宏达	王 强、李小民、蒋崇勇、李伟平、隋 阳、王 欣	福建福清核电有限公司
35	一等奖	经济新常态下加快建筑施工企业转型升级实践探析	詹 鸿	冷向阳、熊 勇、胡义重	葛洲坝集团第五工程有限公司
36	一等奖	发电厂并网运行和辅助服务职能预测分析决策管理	周姚芳、黄启东	张建龙、宋振明、鲍丽娟、韦向忠、张于平、朱志辉、胡 炜、孙成富	浙江浙能嘉兴发电有限公司
37	一等奖	设计院基于信息化融合的财务与业务一体化管理	蔡升华、郭纪中	王 斌、潘大明、王更生、郑 攀、诸怡旻、黄 倩、陈 晖、潘亚娴、陶语彦、周伟佳	中国能源建设集团江苏省电力设计院有限公司
38	一等奖	以输配电价改革推动建立电网企业发展新机制	杨志鹏、陈正飞	郑福康、陈 力、李 宁、陈 妍、陈 牧、梁 冬、刘小敏、董 靓、卢占宽、王嘉豪	深圳供电局有限公司

续表

序号	等级	成果名称	主创人	参与创作人	成果创作单位
39	一等奖	基于大数据的安全生产风险管控体系建设	刘润生、盛宇军	王继永、李洪斌、李海峰、穆克彬、张惟中、赵留学、聂卫刚、樊萱	国网北京市电力公司
40	一等奖	引入金融创新机制，确保BT项目成功运行——BT项目回购方式研究	陈波、丁永泉	党卫、杜明、杨志强、韩磊、黄婉、唐鲸、李玮静、卢勇华龙婕妤、王文辉	中国电力建设股份有限公司
41	一等奖	区域发电公司“节约、经济、高效”优化运行体系构建与实施	张勋奎	魏治俊、张燕京、朱亚锋	大唐江苏发电有限公司
42	一等奖	解决供电企业冗员与结构性缺员的探索与实践	林俊昌、刘浩明	张南、余伟凌、陈丽	广州供电局有限公司
43	一等奖	县级供电企业能源管理体系的创建与引领	贾成杰、陈荣健	吴青军、俞江桥、张拥政、楼文炜、黄立峰、冯竹建、马向东、吴俊	国网浙江义乌市供电公司
44	一等奖	燃气发电企业以信息化为基础的标准化管理体系建设与应用	李宪强、姜东升、卢伟国	李崇琦、吕晓东、展金雪、蔡苓	江苏国信淮安燃气发电有限责任公司
45	一等奖	六维节能管控模式研究构建与实施	王承亮、于凤典	黄鹏、路兴海、亓新亮、亓立峰、秦呈燕、郭建功、焦玉峰	华电国际电力股份有限公司技术服务中心、华电国际莱城发电厂
46	一等奖	创新型管理模式在水电、新能源管理中的探索与实践	张军、秦开敏	胡小梅、邓赟、刘璀巍、齐信、胡龙、邱永光、谭亮、刘海	华电新疆发电有限公司
47	一等奖	基于流程的“三集五大”协同运转机制建设	钱朝阳	王迎秋、尚锦山、郑建雄、杨华、周群、韩一明、王春英、谢颂果、牛嵩山、杨剑慧	国网天津市电力公司
48	一等奖	建立健全境外投资风险管理体系的创新与实践	朱光超、李宏	吕世荣、张丽芳、于冰、余荣华	国网国际公司
49	二等奖	“三步走”梯级递进式加强团组织建设探索与实践	罗来友、史晓梅	龚海丹、殷和全、盛友鹏、刘瑾、叶莉、应炬锋、温鹏举	中国华电集团公司

续表

序号	等级	成果名称	主创人	参与创作人	成果创作单位
50	二等奖	电网投资能力管理研究与应用	杨付忠、胡明安	张兴华、崔罡、赵志刚	国家电网公司
51	二等奖	运用动态管理机制提升承包商管理水平	于俊岭、关雷	李庆江、朱学文、刘冬根、甘卓辉、何雯、江涛、袁太平	南方电网有限公司
52	二等奖	配电网综合节能改造中EPC管理模式的创新与实践	牛进苍	任志刚、辛卫东、武志刚、韩克存、苏永智、王兴照、孙冰莹、王志梁、刘硕菊、吕学宾	国网山东省电力公司
53	二等奖	经营管理风险分析及风险管理导向审计模式	孙世奇	王森、金昌铉、邱国峰、胡旋、程俊春、陈亮、刘波	南方电网有限公司
54	二等奖	公司管理制度体系建设及运行创新成果	邓建利	任华、郭国川、刘春瑞、孙新宇、田志平、刘树根、赵荣兰、丁月	国网法律部
55	二等奖	以“感恩”为价值导向的电力企业文化建设与实践	刘福义、宋天民	王冬生、王阳、奚悦、陈伟、刘明明、孙娜、张汉涛、楚燕	国网唐山供电公司
56	二等奖	客户分群分析管理探索与应用	杨骏伟、王国瑞	谢辉、严宇平、毛莉萍、陈海燕、钱正浩、陈军、王大伟、鲁军、吴广财、许晖、林少练	广东电网有限责任公司
57	二等奖	加强设备退役全过程管理，降低资产报废净值率，提升资产效益的管理创新与实践	吴宇宁、吴国沛	饶毅、李华、刘琦、陈菁、乡立、吴志刚、黄东文、颜军、刁均伟、林茵茵	广州供电局有限公司
58	二等奖	检修规范化工作机制的创建与实施	谢化安、黄伟雄	何伟斌、刘锦宁、孙德兴、张庆波、王文洪、梁竞雷	广东电网有限责任公司东莞供电局
59	二等奖	大型风电企业立体安全体系的构建与实施	陈子新、王金山	赵子丰、王东辉	大唐新能源股份有限公司内蒙古分公司
60	二等奖	标准化管理助推企业班组建设	李福生、陈雷	陈宁、姜广东、吕泉根、顾群、曹懋峰	中国能源建设集团南京线路器材有限公司

续表

序号	等级	成果名称	主创人	参与创作人	成果创作单位
61	二等奖	财务公司对标管理创效	刘世瑞	付子媛、王美英、许方瀚、付子媛	中国华电集团财务有限公司
62	二等奖	基于“项目两制”下的专业实体化经营管理	董俊顺、韩友喜	周烈、牛永德、李宝成	中国能源建设集团安徽电力建设第一工程有限公司
63	二等奖	创新运用P6软件、提升造价管理水平	江　军、黄建新	廖建华、丁伟平、黄桂平、李　玲、陈　通	国电汉川发电有限公司
64	二等奖	基于改进型平衡计分卡的新型全员绩效管理体系在核电企业的构建与实施	魏国良、鞠德重	吴义中、唐明杰、李文韬、李海韬、蔡　峰、赵永军、孙珊珊、边伟佳、罗文兵	江苏核电有限公司
65	二等奖	搭建员工发展平台促进企业可持续发展	孙　磊、厉　平	李厚全、王　珩、孙显明、黄学伟、徐海立、庞丰才、马立文、邹清满、张虎男	国电电力大连开发区热电厂
66	二等奖	大数据思维提升发电企业经营能力	刘兴国	张武、韩宝忠、梁亚龙、黄龙军、司志强、田存仁、王　斌	广东大唐国际潮州发电有限责任公司
67	二等奖	电力建设工程项目分包组织模式及管理方法研究	彭德威、李　涟	乐周礼、李维国、黄卫东、吴　杰、陈振兴、刘尧星、杨宇祥、唐孝华、谭　杰	中国能源建设集团湖南火电建设有限公司
68	二等奖	多方位、全过程、集约化施工企业经验反馈系统的开发和应用	乐群立、丘建宇	张晓兰、张春红、胡香红、朱玉丽、陈娟英、李建钢、张淑萍、沈卫国、李　臻、魏友富	中国能源建设集团浙江火电建设有限公司

科研、教育与学术团体

【中国电力科学研究院】

单位概况 中国电力科学研究院（简称中国电科院）成立于1951年，是国家电网公司直属科研单位，是中国电力行业多学科、综合性的科研机构，主要从事大电网安全分析与运行控制、特高压交直流输电、灵活交流输电、大规模新能源接入等电网关键领域的技术研究，研究范围涵盖电力科学及其相关领域的各个方面。建有主要实验室50个，其中国家重点实验室3个，国家工程实验室3个，国家工程研究中心1个，国家能源研发（实验）中心3个。拥有11个通过中国国家认证认可的监督管理委员会、中国合格评定国家认可委员会认证认可的检验检测和校准的法定计量机构（含国网计量中心），可承担456个检测对象（产品）的检验检测工作，电网领域试验检测业务覆盖面达90%以上。

2015年，中国电科院获国家电网公司及以上科技奖励167项（其中，国家科技进步奖二等奖3项，中国专利金奖1项、优秀奖2项，省部级科技进步奖一等奖4项，中国电力科学技术奖一等奖4项）。获专利授权330项（其中发明专利授权233项），申请海外专利21项。发表科技论文618篇，出版科技专著25部，登记软件著作权114项，获批发布技术标准147项，实现成果转化25项。

人力资源 中国电科院用工总量2038人，其中：博士研究生307人，硕士研究生1069人；正高级职称106人，副高级职称651人；平均年龄36.7岁；人才当量密度1.3111。拥有中国科学院院士1人，中国工程院院士6人（含双聘院士4人），国家级有突出贡献的中青年专家2人，百千万人才工程国家级人选3人，享受国务院政府特殊津贴专家21人，中央直接联系的专家3人，国家“千人计划”人选10人，“万人计划”人选1人，中青年科技创新领军人才1人，国家电网公司科技领军人才5人，国家电网公司优秀专家人才43人，国家电网公司专业领军人才23人，国家电网公司优秀专家人才后备77人。

2015年，中国电科院入选国家创新人才培养示范基地，1人入选“百千万人才工程”国家级人选，2人获批享受国务院政府特殊津贴。全年开办各级干部轮训班7期，全员培训万余人次。落实国家电网公司“三考”要求，推行全员电子化考勤管理，建立岗位绩效工资制度。稳步推进员工职业生涯体系建设，136名员工首次通过评审实现职级晋升。发布技术专家管理办法，修订干部管理办法，打通干部与专家人才双向交流通道。组织37人参加挂职挂岗锻炼。选派3人进藏帮扶。2015年企业负责人业绩考核在科研教培板块排名第一，绩效等级为A级。

经营管理 深化预算管理和标准成本应用，开展全院成本效益分析。加强往来款管理，完成国资委及国家电网公司“两金”压降要求。实现集中采购全覆盖，初步建立中标供应商后评价体系。完成全院物资资源清查，重点低值易耗品管理系统上线。

基础建设及管理。云计算中心（一期）上线运行，建成统一管理支撑平台、微信平台，全院信息通信应用环境和用户体验显著提升。科技研发中心大楼基本完工，荣获北京市建筑结构长城杯金奖。西藏高海拔试验基地综合维修等项目竣工验收。构建保密管理体系。加强隐患排查治理、应急安全管理和质量管理。通过“三标”体系复评认证现场审核。

依法治企。发布法治企业建设方案。发布实施院规章制度管理委员会工作实施细则，制修订补充34项、审议废止16项规章制度，在国家电网公司通用制度基础上，基本建成院规章制度体系。梳理全院管理流程195项，编撰院管理流程手册。配合国家电网公司科技项目研发费用专项审计，完成经济责任审计2项，内部常规审计204项。深化协同监督机制运行。建立招标监督人员由所在单位纪检组织派出机制。落实党风廉政建设“两个责任”，开展反腐倡廉监督检查和党风廉政建设检查考核。

科技创新 完成重大科研攻关任务，22项政府科技项目、129项国家电网公司科技项目和91项院自筹项目通过验收。新能源与储能运行控制、电网环境保护2个国家重点实验室获批立项。

电力系统分析与控制保护技术。完成大电网重大专项课题27个，突破安全稳定特征提取、判稳以及控制等关键技术，提出继电保护隐性故障辨识方法并完成预警系统开发。±800kV特高压直流受端分层接入技术取得重要进展。

自动化与信息通信技术研究。完成新一代调度自动化系统原型开发验证。开展云计算、电力大数据研究，在福建调控云中心实现技术落地应用。初步建成公司级测试云平台，建成工控系统仿真测试环境。

高电压与输变电技术。±1100kV特高压直流关键技术及设备研发取得突破。提出特高压线路电磁环境及外绝缘高海拔修正方法。研发大截面铝合金芯导线及配套金具。

配用电与计量技术。完成配电网运行优化控制系统、故障分析系统开发。成功研发10～50kW虚拟同步发电机系列样机，研制供用电安全控制终端等智能设备，研发的电、水、气、热四表合一采集技术实现推广应用。

新能源与电工技术。建成覆盖全网的高精度电力气象预报系统，电力气象发布平台上线运行。完成海量电池数据管理平台的开发，突破储能系统集成技术，实现兆瓦级储能系统应用。

支撑服务 承担国家电网公司总部18个部门及3个分部364项技术服务项目，投入工作量23.3万人·天。建立技术监督过程管控和沟通协调常态机制。修订发布院技术服务管理办法、院技术服务奖管理办法，完成首次院技术服务奖评选。

支撑“大规划”。完成国家能源局8个特高压交流课题研究。协助国家能源局完成配电网建设改造行动计划。协助国家电网公司总部编制“十三五”电网、科技、运检、调控等专项规划。

支撑“大建设”。承担13条特高压工程前期和建设支撑任务。为在建“四交五直”特高压工程提供专项研究、设备监造、系统调试、质量监督、施工机具安全评估等支撑服务。

支撑“大运行”。启动新一代特高压交直流电网仿真平台建设。参与国调中心运行方式计算。完成21个分部及省公司在线安全分析。完成藏中电网停电事故分析，提出安控系统改造方案。

支撑“大检修”。推进国家电网公司设备状态评价中心信息平台、特高压设备状态预警中心建设。保护设备状态检修系统在天津等地上线运行。完成特高压交直流设备技术监督及运行分析。

支撑“大营销”。完成全国统一电力市场交易平台研发建设。完成计量体系管控模块开发。完成电能服务管理平台二期、三期深化应用开发。牵头成立电力行业密码应用技术体系研究专项工作组。

检验认证 院检验检测管理体系通过复评审，获取新的检测资质，并扩项84个检测对象（产品），完成产品认证实施规则开发。

管理体系。建立检验检测奖惩机制。依据CNAS文件要求，完成检验检测管理体系文件修订改版。检验检测体系通过实验室认可、资质认定二合一复评审及扩项评审，完善检测业务管理系统，实现全院检测业务在线委托和报告审批。

产品认证。中电赛普检验认证（北京）有限公司获批实验室认可、资质认定和一般工业产品认证资质。完成10个电力产品认证实施规则和技术规范开发，光伏并网逆变器等2个产品项目通过国家认监委自愿性产品认证行政审批。42人通过中国认证认可协会（CCAA）组织的全国统考。

国际化工作 国际业务与合作。推广全球能源互联网理念，完成北极风电对俄咨询、亚欧洲际联网项目。为巴西美丽山二期、巴基斯坦直流工程提供技术支持，完成埃塞俄比亚500kV串补工程火花间隙等产品供货及安装。参与主办第六届沙漠行动计划组织(Dii)年会。承办第四届中国—南非电力技术研讨会。建成葡萄牙研发中心规范化管理体系，完成仿真实验室及变电站测试平台主体建设。与美国阿贡国家实验室、美国国家大气研究中心（NCAR）等机构开展合作研究。选派8名技术人员赴国外培养。创办《CSEE JPES》英文期刊。

国际组织与标准化工作。参与IEC智慧能源及微电网领域标准顶层设计。主导编制的新能源领域IEC标准提前1年获批发布。在IEEE、IEC主导发起并成功立项2项标准，在CIGRE发起并获批成立直流配电可行性研究工作组。

党的建设和精神文明建设 党的建设。学习贯彻习近平总书记系列重要讲话精神，开展“三严三实”专题教育，院领导班子成员深入基层实地调研，征集意见建议208条，全部进行了答复和解释，查摆和整改“不严不实”问题，在党的思想政治建设和作风建设方面取得实效。深化服务型党组织建设，组建5支共产党员服务队，打造科研技术尖兵团队。

企业文化建设。完成“科技、光荣、梦想”主题宣传系列活动，推动中国电科院品牌形象提升。开展“你看我拍”原创视频征集及“践行核心价值观、争做最美国网人”主题活动。组织“奋斗的青春最美丽”主题团日活动。参加国家电网公司青年创新创意大赛。开展“书香国网、幸福家园”女职工读书活动。定期组织老年合唱团、门球、台球及书法等比赛活动。

2015年，中国电科院获AAA级电力建设企业信用评价，获“全国优秀调试企业”“全国优秀设备监理单位”称号，获“北京市工程咨询成果一等奖”。特高压交流试验基地获评“优秀全国科普教育基地”。系统所共产党员服务队获国家电网公司“优秀共产党员服务队”称号，保护所党支部、电自所第三党支部获国家电网公司“电网先锋党支部”称号，新能源所新能源发电并网特性评价室获国家电网公司“工人先锋号”称号。院团委获国家电网公司“五四红旗团委”称号，高压所团总支获国家电网公司“五四红旗团支部”称号。岳雷、朱宽军获国家电网公司“劳动模范”称号，岳雷、陆家榆获国家电网公司“优秀共产党员”“最美国网人”称号，李庆获国家电网公司“优秀班组长”称号，刘元庆获国家电网公司“杰出青年岗位能手”称号，倪达获“中央企业优秀共青团员”称号。评选产生8个先进单位（集体）、“十大标兵”及116名先进工作者。《中国电机工程学报》连续13次荣获“百种中国杰出学术期刊”称号。

“十二五”发展回顾 科技成果。获国家科技进步奖7项，其中特等奖1项、一等奖1项。获中国专利金奖1项，中国专利优秀奖9项。获中国标准创新贡献一等奖2项。获省部级科技奖励130项，其中一等奖10项。获中国电力科学技术奖96项，其中一等奖18项。获首届中国电力创新奖5项。获国家电网公司级科技奖254项。与“十一五”相比，“十二五”期间获公司级以上科技奖励增长154%，其中国家级奖励增长46%；获专利授权增长323%，其中发明专利授权增长885%；发表科技论文增长118%；出版科技专著增长125%；登记软件著作权增长353%；编制并获批发布国家行业标准增长169%。技术转让（许可）从无到有，完成成果转化82项，共实现技术转让（许可）收入3.02亿元。

技术攻关。研制世界首套1000kV特高压串补装置和750kV可控并联电抗器，研究±1100kV特高压直流输电、特高压交流紧凑型输电及±800kV同塔双回输电关键技术，推动特/超高压技术进步和装备制造产业升级。牵头组织建成世界范围内控制直流工程规模及容量最大的交直流协调控制系统，研发的智能电网调度系统（D5000）核心技术在10余个省级以上调度中心应用，牵头组织研制新一代智能变电站107个型号关键设备。建成国内首个面向电力生产运行的数值天气预报中心，开发世界首套大规模多类型电池储能电站监控系统、风光联合功率预测系统，支撑建成国家风光储输示范工程。建成国际上规模最大、覆盖用户最广的用电信息采集系统。

支撑服务。配合国家电网公司完成“十二五”电网滚动规划和2013～2020年国家电网发展规划。完成“三交四直”特高压工程、青藏联网工程等重大工程的技术研究、系统调试、质量监督及设备监造等任务。建成智能电网调度控制系统运维、配电网规划分析、分布式电源运营管理、计量生产调度、电能服务管理等平台。累计为国家电网公司总部（分部）提供计划内支撑服务1677项，投入工作量96.43万人天，分别为“十一五”时期的164%和193%。服务满意率连续4年超过99%。

检测认证。统一全院检验检测品牌，覆盖电网领域90%检验检测业务。整合检验检测管理体系，将各自独立认证认可的9个检测中心，整合到以院名义认证认可的“二合一”管理体系中，发布院检验检测标识，提升管理效率和品牌影响力。检验检测管理体系通过监督、复评和扩项共计7次评审，主要新增输变电设备状态监测装置、信息技术软件、电力通信网络设备、储能电池、电力电缆和光伏太阳能发电设备等检测能力；可承担456个检测对象（产品）的检验检测工作，是“十一五”时期的159%。

科研基础环境建设。电网安全与节能国家重点实验室、电力系统仿真国家工程实验室通过验收，国家能源智能电网技术研发（实验）中心3个分中心基本建成。新能源与储能运行控制、电网环境保护2个国家重点实验室获批立项，国家重点实验室数量达3个，居国家电网公司系统首位。建设完善张北风电试验基地，在主楼建成全新的国网计量中心，科技研发中心大楼即将投入使用。

国际化工作。筹建并运营国家电网公司首个海外研发机构（葡萄牙研发中心），代表国家电网公司投资入股Dii。为国家电网公司海外投资、电网运营和重大海外工程提供有力技术支撑。串补装置关键设备、系统仿真工具走向海外市场。开拓新能源、超高压装备等方面的国际试验检测业务。与法国电力集团研究总院等10多家国际知名机构建立战略合作关系，与美国阿贡国家实验室、美国斯坦福大学等机构开展联合研究。首次担任IEC技术委员会主席职务，在IEC主导发起2个技术委员会并承担秘书处工作。当选IERE副主席单位。主导编制国际标准14项，190余人次参与国际学术组织工作，相比“十一五”分别增长2.5倍和5.3倍。

人才队伍建设。作为国家电网公司首家单位入选国家创新人才培养示范基地。实施员工职业生涯体系，初步建成院级技术专家体系，优化国家级、国家电网公司级人才推选机制。新增6支国家电网公司科技攻关团队，1人当选中国工程院院士，7人入选国家级专家，164人入选国家电网公司级专家。1人获何梁何利基金科技进步奖，1人获茅以升北京青年科技奖。国家“千人计划”专家到岗人数达10人。累计招聘高校毕业生526人，引进成熟人才29人，培养博士研究生65人，硕士研究生109人。研究生及以上学历人员占比提高37%，中、高级职称人员占比分别提高11%和27%。

依法治企。完善依法治理体系，设立规章制度委员会并有效运转，形成规章制度立改废及宣贯考核的有效管理机制，落实“三重一大”决策制度与程序，基本建成“全面覆盖、全程管控”的制度体系。依法运营基础更为扎实，综合计划、预算管理以及人财物管理规范化水平显著增强，获得设备监理甲级、工程调试特级、工程咨询等企业资质及人员资质。建立协同监督机制，依法依规处理问责。坚持依法维权，妥善处理各类纠纷案件，五年来未发生因违法决策造成较大损失或影响的事件。

（何　剑）

【南瑞集团公司】

单位概况　南瑞集团公司（简称南瑞集团）是国家电网公司直属单位，与国网电力科学研究院实行“两块牌子、一套班子”运行管理。主要从事电力自动化及保护、信息通信、电力电子、智能化电气设备、发电及水利自动化设备、轨道交通及工业自动化设备、非晶合金变压器等的研发、设计、制造、销售、工程服务及工程总承包业务，是中国最大的电气设备成套供应商。

南瑞集团是第二批国家创新型企业，具有计算机信息系统集成一级资质，是国家科技部设立的“国家电力自动化工程技术研究中心”和国家发展改革委设立的“电力系统自动化—系统控制和经济运行国家工程研究中心”的依托单位，是国家火炬计划重点高新技术企业和国家认定企业技术中心。2015年，获批建设“智能电网保护与运行控制”国家重点实验室。《现代电力系统与清洁能源学报》（*Journal of Modern Power Systems and Clean Energy*）全英文学术期刊进入SCI数据库。通过第三批全国文明单位复查，获“全国模范职工之家”称号。

南瑞集团实行总经理负责制，设立14个职能部门、6个支撑机构、28个产业公司（包括国电南瑞、置信电气两家上市公司，股票代码600406、600517），设有电气工程一级学科硕士授权点、博士后科研工作站、企业研究生工作站。在南京、北京、上海等20多个城市建有产业基地，在区域电网中心和重点省会城市设有营销服务中心，在23个国家设立子公司和办事处，产品出口到全球80多个国家和地区。形成了电网自动化及工业控制、信息通信及现代服务业、继电保护及柔性输电、发电及水利环保、智能化电气设备、非晶合金变压器、电线电缆七个优势明显、主营业务突出的产业群，拥有40余条产品线、190余条子产品线、500多种具有自主知识产权的高新技术产品。连续十四届进入中国软件企业百强（列第6位），连续十届成为中国十大创新软件企业。

领导班子

总经理、党组副书记：奚国富

党组书记、副总经理：张建伟

副总经理、党组成员：吴维宁

副总经理、党组成员：胡江溢

党组成员、工会主席：丁海东

总会计师、党组成员：张宁杰

副总经理、党组成员：任伟理

党组成员、国电南瑞科技股份有限公司总经理：季侃

副总经理、总工程师、党组成员：郑玉平

党组成员、纪检组长：张国辉

副总经理：闵涛

名誉院长、中国工程院院士：薛禹胜

名誉院长、中国工程院院士：沈国荣

组织机构 南瑞集团2015年组织机构见图。

企业管理 2015年，南瑞集团合并报表口径新签合同额531.6亿元，同比增长17%。

建立综合计划评价模型，加强月度预算过程管控。发行中期票据10亿元。深化安全管理提升，排查整改隐患60项，3家单位通过国家电网公司安全设施标准化建设验收。通过ISO 20000信息技术服务资质认证，完成34项重大工程内部监造，组织质量事件调查处理和“回头看”，建立工程现场应急处置机制。推广ERP往来管理平台和关联交易平台，运营监测系统试点上线。开展数据治理。强化保密和信息安全管理，未发生重大失泄密事件。

推进机制创新。明确平台型公司业务定位。建立信息通信企业内部协同模式。事业部制改革获得成功，推进“五统一”（统一设计、统一零部件、统一供应商、统一生产制造、统一工艺流程）工作，江苏主变压器租赁项目完成288个变电站建设。完成未来3年产品与技术规划，制订未来5年大成果培育计划，组织重大专项研究。试点项目经理责任制。组建专家咨询委员会，举办南瑞论坛。开展成果集中鉴定，17项成果获高度评价。优化企业负责人业绩考核指标体系，试点员工岗位绩效工资，实施逾龄账款回收、重大市场拓展、重要成果转化、重点工程实施、重大管理提升等专项激励与协议工资制。

强化依法从严治企。配合中央巡视工作。配合完成原总经理任期经济责任审计，开展依法治企自查自纠。加强领导干部经济责任审计，开展境外企业财务审计，推进审计在线监督，完成各类审计200余项。完成9个协同监督事项，实施23个效能监察项目。开展普法教育13次，发布法律风险防范指引10部、合同履行风险预案19部，重大决策、重要合同、规章制度法律审核率100%。

人力资源 截至2015年底，南瑞集团拥有各类专业技术人员16 000余人，博士、硕士3834人。国家级人才38名，其中，中国工程院院士2名、“百千万人才工程”国家级人选9名、“千人计划”国家特聘专家3名、中青年科技创新领军人才1名、享受国务院特殊津贴专家23名。国家电网公司级（含省部行业级）专家人才187名，其中国家电网公司科技领军人才4名、专业领军人才18名、优秀专家人才44名、优秀专家人才后备36名，省部行业级有突出贡献中青年专家、科学技术带头人等85名。博士研究生导师7名，硕士研究生导师123名。

生产管理 生产管理系统试点运行，实现合同执行和生产运营指标实时监控。实施精益改善137项。建立一次企业产销协同机制，实施开关柜、配电变压器等产能调配和外委统一管理。制订200项工程服务标准。实现二级单位物资计划集中管控，规范定向需求管理，完善总包、租赁和科研类物资采购流程。发布合格供应商名录，处理不良行为供应商，冻结供应商1.3万家。完成637名评标专家入库，落实专家抽选取会议决策程序。制造执行系统二期项目上线运行。完成52万条物料主数据标准化梳理。

南瑞集团2015年组织机构图

产业发展 优化产业布局。制定“十三五”发展规划，完成全球能源互联网、电动汽车、融资租赁等20项专题研究，编制“中国制造2025”行动计划落实方案。开展21家单位经营诊断分析，推进股权清理和亏损企业专项治理工作。成立低碳技术中心，获碳排放核查单位资质，2项温室气体自愿减排方法学通过国家发展改革委备案发布。完成光伏电站运维、节能环保发展模式、储能和电建业务研究。产业基础设施建设扎实推进。智能电网科研产业（南京）基地一期完成结算审计和产权证办理，二期生产检测3号楼主体完工，光伏楼主体封顶。南瑞集团非晶合金产业园一期竣工投产。国家电网公司（常州）电气设备检测中心一期取得资质证书并开展业务，二期全面开工建设。

加强市场营销。与28家客户签订战略合作协议，组织17家省电力公司集中开展配网新技术新产品交流。加强电力电子、整站招标、标准化配电变压器台区等市场策划，签约23个智能地调系统，实施14个港口岸电、26个省电动汽车项目。系统外市场稳步增长，大型远距离海上风电监控设备打破国外垄断，高压直流互感器校验系统进入南网市场，信息化产品进入医疗和军队系统，与上汽通用签署5年22万套电动汽车充电设备框采协议，签订8条铁路综合监控系统。承担浙江、福建、南京电力设备经营性租赁项目，承接福建、浙江配网节能及江苏调度运维项目，签订235个设计项目、3个EMC项目、20个EPC项目。获信息系统灾难备份与恢复一级、信息系统安全集成服务一级等17项资质，通过涉密信息系统集成甲级资质现场复查。

科技创新 承担的世界电压等级最高和输送容量最大的厦门柔直工程、国际首个基于IGBT的统一潮流控制器示范工程建成投运，世界首套1100kV可控并联电抗器、国产首套核电机组励磁系统、“互联网+”雷电云平台投入应用。完成世界单台处理能力最大的低阶煤分质综合利用设备、虚拟同步机样机研发。新型智能变电站、新型配电终端、岸电变频电源、智慧照明系统、电动汽车充电计量单元、电力4G安全可信通信终端等研制成功。列车自动监控系统通过劳氏SIL认证。百万伏级GIL通过型式试验。

全年获科技奖励102项，其中省部级以上63项。获国家科技进步二等奖1项（“电网雷击防护关键技术与应用”项目）。获专利授权400项、中国专利优秀奖4项，登记软件著作权125项。组织拟订的国家及行业标准17项、公司标准31项得到发布。发表核心期刊论文314篇、出版论著3部。

国际化工作 全年签订国际合同36.66亿元；实现营业收入14.12亿元，增长94%。

调整国际业务体系，国际业务分公司实体化运行。28项产品新获国际认证。新获8个国家商标注册。推进巴基斯坦直流、蒙古煤电送出及英法柔性输电等项目。5次中标泰国变电站项目，签约菲律宾和泰国光伏电站、肯尼亚输变电总包项目，承建埃塞俄比亚配网项目，控制保护产品突破波兰、希腊市场。新立项IEC标准《工业用插头和插座——用于移动储能单元的低压连接器》、CIGRE技术报告《电力系统稳定控制系统框架设计的建议》，主导IEC标准《电动汽车电池更换系统　第1部分：通用与导则》进入发布阶段，《电动汽车电池更换系统　第2部分：安全要求》进入最终草案阶段。

党的建设和精神文明建设 开展“三严三实”教育，整改“不严不实”问题。落实党风廉政建设责任制，发布“两个责任”清单。网上廉洁教育基地上线运行，纪委书记下基层工作，全年未发生影响集团形象的事件。发展党员142名，建设17个政工品牌。举办6期‘文化南瑞·员工大讲堂”，开展党员服务队竞赛，选树最美国网人，评选精神文明创新奖，建设企业文化示范点，“四个一百”创建成效明显。承办公司青创赛区域赛，总决赛名列前茅。

深化和谐企业建设，加强职工代表巡视检查，选聘总经理联络员。开展劳动竞赛，举办“身边的榜样”劳模精神宣讲和“出彩南瑞人”才艺展示，实施“十件实事”工程。强化品牌工作协同联动，外部媒体报道3060篇。加强后勤保障，员工医食住行服务水平持续提升。落实离退休老同志政治生活待遇。加强值班、信访和舆情管理，企业和谐稳定。吴维宁获“江苏省最美三创三先之星”称号，聂德鑫获湖北省劳动模范，罗剑波获国家电网公司劳动模范，张强获江苏省“五一”劳动奖章。

主要事件

1月7日，南瑞集团与国网智研院签署战略合作框架协议。

1月8日，南瑞集团1250mm^{2}大截面导线获江苏省高新技术产品认定。

1月12日，南瑞集团承担的下一代互联网技术在智能电网应用研究示范工程项目通过验收，项目关键技术研究成果达到国际领先水平。

1月16日，国网电力科学研究院入选湖北省碳排放核查机构。

1月26日，东南大学—国电南瑞能源管控联合研发中心成立。

1月29日，国网电力科学研究院实验验证中心成为UL国内首家电动汽车充电设施领域认可实验室。

2月2～3日，南瑞集团召开二届二次职代会暨2015年工作会议。

2月15日，南瑞集团16项科技成果荣获2014年度中国电力科学技术奖，其中一等奖5项、二等奖2项、三等奖9项。

4月2日，江苏省委副书记、省长李学勇到国电南瑞浦口园区视察工作。

4月10日，南瑞集团参与承担的863课题“智能配用电园区技术集成研究”课题通过国家科技部验收。

4月16日，南瑞集团参与承担的863计划课题“高渗透率间歇性能源的区域电网关键技术研究和示范”通过国家科技部验收。

4月18日，南瑞集团承担的863计划课题“风电场、光伏电站集群控制系统研究与开发”通过国家科技部验收，填补了国内外在新能源规模化控制方面的空白。

4月21日，南瑞集团与中电投上海电力公司签署战略合作协议。

6月3日，南瑞集团承办科技部2015年发展中国家培训项目。

6月5日，南瑞集团与中建一局签署战略合作框架协议。

6月8日，南瑞集团与顺风国际清洁能源公司签署战略合作框架协议。

6月9日，南瑞集团与浙江省电力设计院签署战略合作框架协议。

6月11日，南瑞集团承担的863计划课题风电抽蓄联合优化技术通过验收。

6月19日，南瑞集团与协鑫（集团）控股有限公司签署战略合作框架协议。

6月19日，南瑞集团研发的国产首套核电励磁系统在田湾核电站投运，打破进口产品垄断。

7月21日，南瑞集团召开2015年年中工作会议。

7月31日，南瑞集团能效测评中心入选首批工业领域电力需求侧管理评价机构。

8月14日，南瑞集团研制的电力行业首套变电站智能防雷保护监测系统在北京110kV松山智能变电站投运。

8月15日，南瑞集团研发的国内首套“互联网+”雷电云平台上线运行。

8月19日，南瑞集团召开技术发展专家咨询委员会成立大会，委员会由电力、计算机、信息通信、新材料等领域20余名行业顶尖教授专家组成。

8月20日，南瑞集团举办宽带集群电力应用技术研讨会暨IT基础架构新产品发布会。

8月24日，南瑞集团获信息系统安全集成一级服务资质认证。

9月6日，南瑞集团52项成果荣获2015年度国家电网公司科学技术进步奖。其中，特等奖1项、一等奖6项、二等奖17项、三等奖25项；技术标准创新贡献一等奖1项、专利一等奖2项。

9月14日，南瑞集团与国网福建电力、国网节能服务公司签署战略合作协议。

9月29日，南瑞集团创办的《现代电力系统与清洁能源学报》（*Journal of Modern Power Systems and Clean Energy*）全英文学术期刊正式进入SCI数据库。

9月30日，南瑞集团申报的“智能电网保护与运行控制”国家重点实验室通过国家评审并获批准建设，进入为期2年的建设期。

10月12日，国家能源局副局长郑栅洁到南瑞集团调研工作。

10月15日，南瑞集团自主研制的500kW自同步电压源虚拟同步机在青海离网光储联合发电项目投运。

11月11日，南瑞集团与中能建江苏省电力设计院签署战略合作框架协议。

11月13日，南瑞集团与甘肃省电力公司签署深化合作协议。

11月13日，南瑞集团与招商银行南京分行签订银企战略合作协议。

11月26日，南瑞集团与英大汇通融资租赁公司签署战略合作协议。

11月26日，南瑞集团与苏美达集团签订国际业务战略合作框架协议。

11月30日，南瑞集团17项科技成果通过中国电机工程学会鉴定，其中，7项成果总体达到国际领先水平，5项成果总体达到国际先进水平。

12月4日，国家发展改革委副主任、国家能源局局长努尔·白克力到浙江电腾云光伏科技有限公司调研工作。

12月11日，南瑞集团承担的南京220kV西环网统一潮流控制器工程正式投运。

12月17日，南瑞集团承担的厦门±320kV柔性直流输电科技示范工程投运。

12月29日，南瑞集团与常州天合光能有限公司签署战略合作框架协议。

【国网电力科学研究院】

见南瑞集团公司。

【国网北京经济技术研究院】

单位概况 国网北京经济技术研究院（简称国网经研院）是国家电网公司电网规划和工程设计技术归口单位，公司直属科研单位，为公司电网发展提供技术支撑和智力支持，构建了经研体系，对省市经研院（所）进行业务指导，归口协调外部设计单位，负责电网规划、工程设计、项目评审、技术经济及相关标准研究和制定工作，具有“工程设计电力行业专业甲级资质”和“工程咨询甲级资格”，是国家发展改革委认定的承担国家委托投资咨询评估任务的咨询机构，拥有国家能源特高压直流输电工程成套设计研发（实验）中心、大电网规划与量化分析实验室、电网工程技术经济实验室、电网工程航空遥感与线路智能巡检联合实验室、直流输电实时仿真实验室、工程设计评审平台等6个国家和公司级实验室（平台），培育了规划、设计、评审等核心业务能力，形成了从特高压交直流到配电网各专业齐备的全业务体系。

国网经研院以“技术领先、服务优质”的经研理念，坚持创新发展，深入开展国家电网发展规划研究及煤电、水电、风电等大型能源基地输电规划，牵头特高压等重大电网工程设计，开展输变电工程造价分析，通过项目评审把关技术原则，贯彻国家电网公司“三通一标”和全寿命周期管理理念，加强新技术推广应用，合理控制工程投资，提升国家电网公司电网发展质量水平。围绕特高压交直流系统、大电网安全、柔性直流输电、新一代智能变电站等前沿、前瞻性技术研究，承担国家电网公司和国家级重大科研攻关，开展规划设计核心业务行业标准和国家标准的制定，推动特高压、智能电网等先进技术转化为国际标准。

领导班子

院长、党组副书记：刘开俊

党组书记、副院长：常浩、雷体钧、韩丰、文卫兵、袁兆祥

党组成员、纪检组长、工会主席：李明奎

副院长：马为民

总工程师：宋璇坤

人力资源 国网经研院设7个职能部门、10个业务部门、2个子公司。10个经研分院，与所在省经研院实行“两个机构、一班人马”的管理模式。拥有2名“新世纪百千万人才工程”国家级人选，5名享受国务院政府特殊津贴专家，2名公司“科技领军人才”，16名公司“专业领军人才”，11名公司“优秀专家人才”，拥有各类国家级注册师107人，3个公司级科技攻关团队。

经营管理 调整和优化专业配置，强化直流研究和系统分析，完成信息规划与架构管理督查业务划转整合，注销通信设计院，健全完善企业运行机制。带动省级经研院参与重大规划研究、设计牵头和科研攻关，开展经研体系科技进步奖评选，发挥体系力量推进工作。梳理规范业务流程，加强工作衔接协同。开展业务管控平台建设，推进数据资源共享。制定岗（职）级序列管理办法，构建岗位绩效工资制度新模式。推进“三全五依”法治企业建设，编制完成《依法治企法律保障工作指引》。开展国家电网公司科技项目研发费用专项审计和依法治企自查自纠。

电网规划 落实“一带一路”国家战略，开展全球能源互联网实施路线及与周边国家电网互联互通研究，为全球能源互联网构建提供理论依据。开展同步电网格局研究，深入论证国家电网公司同步电网格局方案、目标网架及建设时序，完成《国家电网公司“十三五”电网发展规划（建议稿）》和主网架、配电网、通信网、智能化、信息化专项规划编制，参与调控规划编制。全面完成承担的9个交流特高压课题论证和15个课题相关工作，保障了国家电网公司战略落实。强化交直流混合大电网系统特性研究，开展张北柔性直流电网系统论证，推动可再生能源柔性直流送出及消纳示范。

配电网工作 完成《国家电网公司配电网建设改造行动计划（2015—2020年）》和国家电网公司“十三五”生产技术改造规划，建立贯彻配电网建设改造全过程的统筹规划机制。编制配电网示范应用物料目录，修编配电网工程典型设计，规范设备选型应用，提出“光伏扶贫”项目接入原则和典型方案，推进配电网标准体系建设。制定配电网规划数据标准，构建规划基础信息库，夯实配电网数据基础。完成《微电网工程设计规范》《配电网规划基础信息与数据集成技术导则》等标准编制。

工程设计 开展特高压工程项目前期工作，优化山东环网、华中环网、扎鲁特—山东、雅中—江西系统方案以及“五交八直”系统论证，完成“四交两直”和酒泉—湖南工程可研设计牵头。安排“四交五直”初步设计、施工图设计，完成特高压换流站加装调相机工程可研报告和初设方案。开展11个直流工程成套设计，提出世界上电压等级最高、容量最大的特高压直流工程系统方案和换流站主设备技术规范，推动直流电压等级、输电容量双提升。完成厦门柔性直流工程成套设计、控制保护联调及现场调试，提出渝鄂联网工程背靠背柔性直流技术方案。开展巴基斯坦±660kV直流工程成套设计，完成巴西美丽山特高压直流送出工程二期投标技术支撑。深化新一代智能变电站示范工程技术成果，主导整体设计优化、标准与典型设计编制，指导50座扩大示范工程建设。设备监造拓展到特高压交流领域，完成4个特高压工程和2个柔性直流工程主设备监造。首次中标完成高海拔地区500kV送电工程设计，勘察设计取得新成效。完成勘察设备招标采购，引进紧缺专业技术人才，推进勘察资质升级。

咨询评价 进入国家发展改革委认定的工程评估资格“短名单”，项目评审的主导地位持续增强。全面完成年度评审任务，累计评审各类项目479批次，

完成输变电工程可研及初设评审投资 956.9 亿元，通过技术优化核减投资 54.5 亿元，核减比例 5.7%。支撑国家电网公司资产全寿命周期管理体系常态化运行和深化应用，完成 27 家省级公司和 6 家直属单位“成熟型”评价验收，5 家省级公司达到“领先型”标准。

技经研究 深化技术经济指标研究，完成输变电工程年度造价分析。制定 35～750kV 通用造价、可研投资估算造价控制标准，完成输变电工程投资及主设备价格趋势研究，实现输变电工程造价控制线、设备材料价格信息定期权威发布。开展特高压交直工程、农网改造及无电地区后评价工作，研究制定国家电网公司输变电工程后评价内容深度规定。制定±800kV 特高压直流工程计价依据、重要电网项目前期费计列标准。开展淮南—上海特高压交流工程施工图预算编制、项目可研经济性与财务合规性评价以及新预规下 WBS 架构设计，为国家电网公司电网建设全过程投资管控提供支持。

科研创新 牵头完成“大电网构建关键技术研究”重大专项，在同步电网合理规模确定、特高压电网建设时序优化、清洁能源大规模外送等方面形成了一批研究成果。开展特高压直流关键技术攻关，研究解决了±800kV 直流送电 1000 万 kW、±1100kV 直流送电 1200 万 kW 关键技术问题。创新开展柔性直流工程技术方案研究，构建世界上首套五端柔性直流系统实时数字仿真平台。提出完整的新一代智能变电站设计理论方法、关键支撑技术和设计软件工具，建立新一代智能变电站设计理论体系。构建大电网规划实验室，引进先进适用工具软件、完善自有知识产权软件、开发外围辅助工具，依托统一规划平台实现国家电网规划数据统一归集、规划工具统一共享。完善国家能源特高压直流成套设计研发中心，搭建直流成套技术平台和柔性直流实时数字仿真平台，强化成套设计、仿真研发、运维支持及技术培训能力。技经实验室累计收录 11.72 万个工程造价数据，充分发挥实验室的造价数据中心、技经定额研究中心和投资决策支撑中心作用。扎实做好国家电网公司标准制修订工作，推进 36 项特高压、智能电网等国际、国家、行业、企业相关标准编制。8 项成果获 2015 年国家电网公司科技进步奖、技术发明奖，新增专利 8 项，公开发表论文 32 篇。积极推动国家电网公司科技成果转化完善提升，研究制定国家电网公司重大科技成果转化项目实施方案，为国家电网公司科技成果转化机制顶层设计和完善提升提供技术支持。

党的建设和精神文明建设 深入开展“三严三实”专题教育，落实“两个责任”，履行“一岗双责”，加强作风建设和支部建设，发挥党组政治核心作用、党支部战斗堡垒作用和党员先锋模范作用。党风廉政建设现场检查获得好评。构建党政工团齐抓共管协同推进的文化建设格局，推进企业文化全面融入院各项工作，发挥企业文化的保障和引领作用。25 名个人、7 个先进集体获国家电网公司各类表彰。举办职工摄影书画展、健步走、义务植树、趣味运动会。组织退休员工健康疗养。开展困难职工“送温暖”活动。

（高天天）

【国网能源研究院】

单位概况 国网能源研究院（简称国网能源院）是国家电网公司的全资子公司，是国家电网公司从事软科学研究及重大决策咨询服务的直属科研单位，是国家电网公司的智库机构。

国网能源院围绕国家电网公司发展战略和核心业务开展研究，密切服务国家有关部门，主要从事能源电力行业战略规划、电力体制机制改革、企业战略与运营管理等领域的决策咨询，形成能源电力发展战略与规划、经济与能源电力供需分析、企业战略与管理、体制改革与电力市场、能源电力价格等优势专业。拥有工程咨询单位甲级资格，是世界银行、亚洲银行注册咨询单位，入选成为国家能源局第一批研究咨询基地，博士后科研工作站已运转 8 年。

截至 2015 年年底，国网能源院设职能部门 5 个：办公室（内设后勤服务中心）、科研发展部、财务资产部（周转金管理中心）、人力资源部、党群工作部（监察审计部）。业务部门 9 个：全球能源互联网研究中心、企业战略研究所、能源战略与规划研究所（科技项目咨询中心、《中国电力》杂志社）、经济与能源供需研究所、电网发展综合研究所、新能源与统计研究所、管理咨询研究所（企业运营研究中心）、财会与审计研究所、能源决策支持技术研发中心。下属单位 1 个：国网人才评价中心。

人力资源 截至 2015 年年底，国网能源院拥有享受国务院政府特殊津贴专家 3 人，国家级有突出贡献的中青年专家 1 人，国家“青年千人计划”引进人才 1 人，国家电网公司专业领军人才（含培养期）14 人，国家电网公司优秀专家人才 8 人，国家电网公司优秀专家人才后备 8 人。

2015 年，国网能源院择优录用高校毕业生 17 人，面向国网系统引进 6 人，向国网总部输送业务骨干 5 人。3 名省市电力公司青年骨干到国网能源院培养锻炼。选拔任用室主任及以上干部 25 人。进一步优化国网能源院“青年英才工程”选拔机制，新增 14 人、7 个项目入选工程。国网能源院组建的适应高比例新能源的电力规划技术研究团队，新认定成为国家电网公司级科技攻关团队。26 人次获国家电网公司表彰奖励，2 人荣获国家电网公司劳动模范称号，1 人被评为“最美国网人”。

经营管理 落实国家电网公司各项决策部署和高端智库建设总体安排，推进全球能源互联网等重点研究工作。共开展研究项目和在线任务 831 项，被国家电网公司及政府部门采纳的决策咨询建议 55 项，获得国家电网公司及以上等级的研究奖项 36 项。完成科研、人财物集约化、依法治企、安全稳定等考核指标。在国家电网公司 2015 年度企业负责人业绩考核中被评为 A 级。

智库建设。落实国家电网公司智库建设方案，经批准成立全球能源互联网研究中心。研究编制国家电网公司智库建设规划，提交研究平台、交流平台以及专家委员会和专业人才库建设方案。全球能源研究统一平台完成项目立项。配合制定的国家电网公司软科学成果奖励办法正式实施。启动国家高端智库建设试点申报前期准备工作。与美国国家可再生能源实验室签署合作研究备忘录。同美国劳伦斯伯克利实验室等研究机构达成合作意向。连续第 7 年召开基础研究年度报告发布会。

精益管理。编制国网能源院“十三五”发展规划。严格执行国家电网公司新发布的通用制度，编发《管理工作简易操作手册》。加强督察督办，推动年度重点工作按计划完成。完善项目组织申报，科技项目督导落实。强化内控体系建设，完成增收节支工作。深化全面预算管理，应用项目费用查询信息化模块。配合国家电网公司完成科技项目研发费用专项审计。

课题研究 战略研究。完成国家电网公司 2015 年重大战略课题研究和发布。按期修订国家电网公司发展战略纲要，完善主要参与编写的《国家电网公司管理创新实践报告》。开展国家电网公司国际业务拓展模式、非洲市场战略研究等课题研究，承担新业务布局等研究任务。配合总结评估国家电网公司“三集五大”体系建设成效，作为主要参与单位，编写完成“三集五大”管理变革探索与实践报告。撰写报送专报 26 篇，其中 20 篇获得国家电网公司领导批示。33 篇分析报告被《国家电网专报》《国网内参》采用。为国家电网公司战略分析例会提供成果 162 项。

全球能源互联网研究。完成《全球能源互联网发展报告》和《全球能源统计分析与展望》初稿。北极风电开发与全球能源互联网展望通过验收。参与亚洲联网规划研究并形成初步成果。牵头编写《IEC 全球能源互联网白皮书》。协助国家电网公司发布《全球能源互联网》专著。完成 20 家省市公司和 6 家直属单位的《全球能源互联网》巡回宣讲，开展培训授课 52 次。配合国家电网公司筹备全球能源互联网大会，参与组织全球能源互联网技术装备研讨会等国际会议。承办第七届外洽会全球能源互联网专题论坛。

改革研究。开展电力改革关键问题研究，参与配套政策、市场规则和试点方案的研究制定，完成输配电价水平测算。承担国网系统电力改革宣贯和培训 30 余次，公开发表《电改应把握好四个重点关系》等分析文章。跟踪国资国企改革动态，为国家电网公司超前谋划提供参考信息。开展集体企业改革改制研究，协助完成省公司方案审核。参与研究提出《电力法》修订意见。

“十三五”规划研究。参与同步电网发展格局研究，滚动开展电力需求预测、电力流测算论证等工作，支撑国家电网公司“十三五”电网规划的编制与完善。与政府主管部门沟通，与承担国家能源规划研究的机构定期交换意见。牵头编写国家电网公司“十三五”规划总报告，参与编制国家电网公司国际化、人资、财务等近 10 项专项规划。

服务政府决策。开展政府委托项目 41 项。编写的促进智能电网发展指导意见等文件，分别由国务院、国家部委印发。承担国家能源局特高压交流论证专题任务，参与国家能源“十三五”发展规划研究。撰写的《中国电力转型发展远景》发布于首届国际能源变革论坛。根据国家发改委安排，开发建设国家电力需求侧管理平台，完成二期概要设计。参加输配电价改革试点咨询及方案研究。受国资委委托，完成电力央企“十三五”规划、央企科技创新战略研究等课题研究。

在线支撑。完成运营、经营和电网分析三大诊断任务。编写“煤改电”分析报告。深化电能替代潜力分析。参与东北、西北弃风弃光问题调研。配合研究确定各省公司投资总控目标。完成国家电网公司各级各类人才比例方案设计。协助国家电网公司完成预算编制、财务决算和电价决算。对标分析、光伏扶贫、军民融合等研究取得新成果。

基础能力建设。电力供需实验室扩展升级项目基本完成开发，经营与财务仿真实验室功能更趋完备。清洁能源发展战略决策支持系统完成中期开发，智能配用电辅助决策支持系统进入调试阶段。承建的国家电网公司运营监测（控）离线研究分析平台部分功能具备应用条件，交互式基础研究信息平台正式启用。

党的建设和精神文明建设 开展“三严三实”专题教育，组织党课 5 次、学习研讨 4 次，领导班子查摆“不严不实”问题 12 个，制定整改措施 28 条。举办廉政党课，落实“三项谈话”制度。围绕“四个着力”，排查整改突出问题，完成依法治企自查自纠。针对“三重一大”决策执行、八项规定落实情况，深化协同监督，形成“一书两报告”19 份。完成党的群众路线教育实践活动整改落实“回头看”工作。

创建企业文化建设示范点，完成企业文化重点项目。开展合理化建议征集、女职工读书和劳模精神宣传活动。职工联欢、运动会和篮球赛等形成品牌。心理热线与咨询服务、中医义诊、儿童图书展览及订阅广受欢迎。加强员工关怀，走访慰问生病员工。组织离退休老同志集体活动。完善“三家”建设，为各办公室配置小型健身器材，新增图书资料1000余册。

“十二五”发展回顾 重大理论成果。在经济与电力关系方面，提出电力景气指数，揭示不同发展阶段电力经济间的内在规律。在能源结构优化方面，提出综合资源战略规划理论方法、大范围能源配置理论等，促进清洁能源快速发展。在电价改革方面，提出电网“存量、增量定价”方法和跨省区输电定价理论，为完善电价形成机制提供了理论支撑。出版专著、译著12部，发布基础研究年度报告50篇，形成学术成果品牌。

支撑国家电网公司战略决策和运营管理创新。组织完成50项重大战略课题。2015年被采纳的决策建议数量比2010年增长20%以上。累计获得国家电网公司领导批示百余次。实现从离线研究到在线研究的转变，规划研究等职责在国家电网公司18项制度中得到明确。承担了“三集五大”体系、运营监测（控）业务体系建设的大量研究任务，为国家电网公司体制机制变革提供支撑。

服务国家政策制定和改革咨询论证。承担国家发展改革委、国家能源局、国资委、财政部、科技部等政府部门委托的重大研究任务107项，2015年项目数量比2010年增长6倍。在电力供需预测、促进风电发展等方面的研究成果，获得国务院总理、副总理批示6次。编写电动汽车基础设施建设等3份政策文件，承担电力需求侧管理、能源预测预警两个国家级平台的建设和管理工作，实现了新的突破。

自主创新能力。收集国内外经济、能源、电力数据信息，初步构建覆盖完整业务链、功能较为完备的能源软科学研究工具体系。获得国家电网公司及以上等级研究奖项190项次，2015年获奖数量比2010年翻了一番。累计获得发明专利受理32项、授权7项，比2010年增长10倍以上。申请获批计算机软件著作权30项。

队伍建设。实施职业发展“双通道”、青年英才工程等创新举措，建立由首席专家、高级专家、专家及各层级研究人员构成的人才梯队。在能源电力规划、电力供需分析等领域，拥有10余名知名专家，国家电网公司级专家比2010年增长近7倍。创立了3支国家电网公司级科技攻关团队。向国网总部输送15名骨干人才。人才当量密度长期保持国网系统首位。

完善管理机制。先后组织“报告质量年”和“精益管理年”活动，形成较完善的管理标准、工作流程和报告模板。探索实施集中与分散相结合的办公机制。建立多层次的工作计划体系和项目督导机制。初步建成共享平台，落实共享考核机制，成果和信息共享取得实效。实施综合计划和财务预算双管控，从业务发起到财务办结的完整流程基本形成。建立“职工之家”“党员之家”和“青年之家”，形成企业与员工共同发展的和谐文化。

（张红宪）

【国网智能电网研究院】

单位概况 国网智能电网研究院（简称国网智研院）是国家电网公司高端研发机构，在直流输电、电力电子、信息通信、计算应用、电工新材料、电力电子器件及应用、智能感知与量测、能源转化与新型储能等智能电网关键技术领域开展核心技术研究和设备开发，服务国家电网公司“一强三优”现代企业建设。设置6个职能部门、1个支撑部门，拥有直流输电技术、电力电子、电工新材料及微电子、信息通信、计算及应用5个研究所和智研院美国研究院、智研院欧洲研究院2个海外研究院。

截至2015年年底，累计申请专利375项（其中发明专利326项）；获专利授权127项（其中发明专利授权77项）；申报海外专利11项。国家、行业标准立项26项，制（修）订国家电网公司标准20项。技术服务满意率99.9%，在直属科研单位中排名第一。获国家专利金奖1项，省部级（行业）科技进步奖7项，国家电网公司科技进步奖6项。

人力资源 截至2015年年底，国网智研院用工总数475人，其中中央全民人员467人，其他人员8人。具有研究生学历人员占员工总数的84.42%，具有高级职称人员占员工总数的29.89%。拥有国家“千人计划”专家7人，享受国务院政府特殊津贴专家6人，中央直接联系高级专家1人、新世纪百千万人才2人，国家电网公司科技领军人才1人，国家电网公司专业领军人才10人，国家财政部全国会计领军（后备）人才1人，国家电网公司优秀专家人才6人，国家电网公司优秀专家人才后备10人。

经营管理 深化财力集约化管理，探索适用于科研单位的EVA理念，构建基于利润总额、内部资源共享、战略性业务拓展、占用资本成本的EVA考核评价体系。搭建原始凭证电子化审批管理平台，完成财务报销与支付一体化建设，提升经营全过程管控水平。适应矩阵式管理需求，深化应用信息化数据集成平台，实现分析结果实时获取，动态、多维度展示，实时监控和查询每一个项目执行进度。资金实时监控系统投入运行，实现境内外资金动态监控，在线核查。建设科研小额物资的超市化采购目录，完成集团级年度集中采购目录的编制，实现物资管理信息化系统上线应用。取消三级采购，两级集中管控率和采购率均达100%，缩短合同签订的周期。全年物资采购工作零事故，未出现物资从业人员廉政问题。建成“双通道、多路径”的员工职业发展通道体系。

规划、计划管理。编制《国网智能电网研究院“十三五”发展规划》。履行“三上三下”程序，完成院2016年综合计划项目储备库建设、总控目标建议及综合计划建议（草案）三个阶段工作。强化综合计划过程管控，完成2015年综合计划各项指标。

合同及规章制度管理。执行国家电网公司2015年统一合同文本，按照国家电网公司经法一级部署系统流程，完成对外签订合同的审核、流转、归档工作，合同审核率达到100%。执行国家电网公司规章制度管理规定，及时申报通用制度差异性条款及补充制度，确保院规章制度符合国家电网公司的统一要求。

依法治企。贯彻十八届四中全会和国家电网公司党组1号文件精神，建立完善协同高效的业务规范体系，控制经营风险；发挥协同监督作用，加强风险事项研判布控，关键环节得到有效监督；拓展审计边界，创新审计方法，整改落实，提升审计监督力度和成效。

国际化发展 围绕全球能源互联网发展需求，海外院加强重点领域规划，完成智能芯片、电力大数据试验平台一期建设。参加国际大电网会议（CIGRE）工作组、IEEE等国际学术类会议16次，配合国际部完成全球能源互联网中美、中欧技术装备研讨会，举办直流电网国际高峰论坛。出席中德科技项目合作高峰论坛以及相关项目国际会议。与欧洲多个研究所、高校建立较为紧密的联系。积极拓展与美国太平洋西北国家实验室（PNNL）、劳伦斯伯克利（LBNL）实验室等十余家科研机构以及南加州爱迪生公司、ABB等电力企业的合作沟通，初步构建对外关系网络。

科技创新 围绕全球能源互联网建设技术需求，提出高压直流输电、灵活交流输电、非电化学储能与能源转化、信息通信、先进计算、电工新材料、功率半导体等11个技术创新领域，形成智研院、海外院“十三五”发展规划和科技规划。完成信息通信领域专业整合。

科研能力。“特高压直流换流阀”“电网信息安全主动防御”获得2016年国家科技奖候选资格。“先进输电技术”国家重点实验室、“直流电网技术与仿真”北京市重点实验室、公司技术标准创新基地成功获批。“高压直流输电技术与装备团队”入选国家重点领域创新团队。由国家“千人计划”专家安婷担任召集人的国际大电网会议（CIGRE）“直流电网标准模型”工作组获得批准。国家科技重大专项（02专项）“国产高压大功率IGBT模块电力系统应用工程”、国家能源局项目“直流电网装备用压接型IGBT器件研制”获批。牵头承担500kV直流断路器、±500kV/3000MW柔性直流换流阀、柔性变电站、深冷液化空气储能、半波长输电柔性控制技术等重大项目。

核心技术攻关。自主研制的世界首套±320kV/1000MW柔性直流换流阀及阀控系统在厦门柔性直流工程成功投运。突破200kV高压直流断路器的关键技术，成功实现技术成果向产业单位的转化。在国际上首次提出特高压换流阀换相失败的主动防御技术，显著提高换流阀设备的运行可靠性，成功应用于灵州—绍兴特高压直流输电工程。在中央企业率先提出国际业务数据安全传输和保密管理整体解决方案，自主研发国际业务数据安全传输系统并成功应用，破解跨境商密数据安全传输面临的多个重大难题。±1100kV/5000A特高压直流换流阀、统一潮流控制器（UPFC）等重大成果通过中国电机工程学会鉴定，整体技术达到国际领先水平。完成±100kV高压直流电缆绝缘料制备。突破T700级碳纤维制备技术，获得原丝样品。±800kV特高压换流阀、±200kV直流断路器等国际领先技术完成许可转化。

党的建设和精神文明建设 开展“三严三实”专题教育，开展党组书记谈心谈话、领导班子带头讲专题党课，增强各级党员干部的责任感和使命感。建立海外院、信通所、计算所党组织，完善劳务派遣联合党建机制，开展“七一”党员宣誓活动和“两优一先”评选表彰。开展院长联络员座谈会、“季度之星”评比、“相约青春·创新奉献”演讲比赛、“一带一路：大国之翼”主题讲座、“信通杯”羽毛球比赛、职工趣味运动会等职工活动。

获评国家电网公司文明单位、企业文化建设示范点、纪检监察先进集体、党风廉政建设责任制现场考核优秀单位、先进班组（“工人先锋号”）、电网先锋党支部、五四红旗团支部、优秀共产党员服务队（优秀奖1支、提名奖2支）等集体荣誉；获中电联全国电力职工技术创新一、二、三等奖各2项，国家电网公司职工技术创新成果奖2项（一等奖和三等奖各1项），国家电网公司青年创新创意奖3项（银奖1项、铜奖2项）；1人获“中国电力科学技术杰出贡献奖”、1人获“中国电力优秀青年工程师”、1人获“中央企业青年岗位能手”；9人获国家电网公司专项工作奖励和荣誉称号。荣获首届“未来科技城杯”央企羽毛球比赛冠军，荣获未来科技城管委会摄影比赛一等奖、三等奖、佳作奖。

（苏　玲）

【南方电网科学研究院有限责任公司】

单位概况 南方电网科学研究院有限责任公司（简称南网科研院）于2010年成立，是中国南方电网有限责任公司（简称南方电网公司）的控股子公司，注册资本1亿元。

南网科研院主要负责为南方电网公司主营业务提供全方位技术服务；开展电网基础性、共性、前瞻性核心技术研发；承担国家级、省部级和公司系统重大课题的研究与实施；承担电网安全稳定评估、系统安全运行仿真等咨询服务、交直流输电工程的系统集成及科研示范工程项目建设等业务。

南网科研院成立以来累计承担国家级科技项目26项，获得省部级以上科技奖励38项，拥有专利524项，在直流输电等技术领域具有优势，拥有工程调试特级、设备监理甲级以及咨询、设计、第三方节能量审核等资质，建成首个国家重点实验室“直流输电技术国家重点实验室”；“特高压工程技术国家工程实验室”“国家能源大电网技术研发”等一批重点实验室已达到国际一流水平；2014年被南方电网公司认定为“南方电网公司中央研究院”。

领导班子

董事长、党组书记：饶宏

院　长：曾勇刚

党组副书记、纪检组组长：刘智宏

副院长：具小平

副院长：李鹏

副院长：黎小林

组织机构 南网科研院设股东会、董事会和监事会；内设综合管理部、计划财务部、人事政工部、科技生产部四个职能管理部门、系统研究所、直流输电技术研究所、电网仿真与控制技术研究所、高电压技术研究所、智能电网研究所、计量与用电技术研究所、生产技术支持中心、技术情报所八个专业所以及一个杂志社。

人力资源 截至2015年年末，共有员工333人，平均年龄33岁，科研人员占比83%，硕士研究生以上人员占80%，高级职称占35%，其中国家千人计划人才5名、新世纪百千万人才1名、广东省领军人才2名、国务院特贴专家4名、公司高级技术专家11名。

科技创新 基础研究。启动“十三五”科技规划，申报“十三五”国家级项目9项，承担国家级项目16项，实施4个南方电网公司重大专项，重点推进“158”基础性、前瞻性研究计划，超前研究制约电网发展和安全的关键技术难题，其中“智能微电网”项目成功研发中央控制器和一体化终端并在示范工程应用，“直流断路器”项目成功研制110kV直流断路器样机，“柔直配电网”项目提出示范工程技术方案，“高压大容量柔直”项目确定了±500kV/3000MW柔性直流输电系统的主回路技术方案和3000A元器件结构与技术规范，直流接地极、油气管道防护、交流滤波器断路器等专项研究成果有力支撑了工程应用。

核心技术。自主研发的“交直流混联电网仿真软件DSP”完成了机电—电磁暂态仿真程序与PSCAD/EMTDC电磁暂态仿真程序的接口开发，实现南方电网实际系统的仿真测试；“交直流电网电磁机电混合实时仿真平台SMRT”攻克与OS2镜像系统互联的技术难题，成果列入南方电网公司科技成果重点推广目录，在年度运行风险校核、故障分析、调度培训和科研项目中广泛应用；110kV芯片化保护装置具备产业化发展条件，在两个不同电压等级变电站投入试运行；变电站驾驶舱实现包含八类信息的变电站全景状态信息平台，开发移动终端APP应用，满足变电站人员智能化需求，整体运维效率提升10%。

创新平台建设。“直流输电技术国家重点实验室”成为南方电网公司系统首个国家重点实验室；“国家能源柔直研发中心”“国家能源风光储并网重点实验室”通过国家能源局评审；双创基地“10+2”实验室具备开展大电网实时仿真、电能表密钥注入及入网检测、外绝缘试验、覆冰终端检测等业务能力。

科研影响力。构建以中央研究院为龙头、全网一盘棋的差异化科技创新支撑体系，对省级公司承担的国家级项目提供技术指导，推进全网科技资源优化整合；逐步扩大国家工程实验室开放基金、广东励志电网科技奖励基金、青年创新基金影响力，初步形成平台共享、科研众包的协同创新格局；深化交流合作，编制内蒙古电力公司“十三五”科技规划，参与IGBT、能源互联网产业创新技术联盟，策划与英国、美国高校和实验室的技术合作；首次举办交直流大电网仿真技术国际研讨会，发起成立CIGRE仿真研究工作组，提升仿真技术国际影响力。

电网安全稳定技术支撑与服务 承担直流运行可靠性提升专项工作，研究解决直流入地电流、控制保护板卡冗余、交流滤波器断路器方面的技术难题；承接防范系统风险的8项重点工作，提出确保直流满负荷运行的大地回线运行边界条件和入地电流对油气管道影响防护措施；提出稳控优化策略、异步系统综合控制运行方案、广东柔直分区比选方案，发挥系统运行风险分析、防范及决策支持作用。

探索网级技术监督模式，组织开展电压质量技术监督和评估；开展设备标准比对和工艺技术研究；构建输变电设备状态监测系统标准体系，完成输变电类15项技术规范修订，提升监测系统的监测准确性，拓展监测范围；直升机/无人机机巡作业技术支持系统上线运行；全年完成设备故障调查和分析 12 起，形成设备运行评价报告 16 份，“彩虹”强台风设备受损分析和西藏地震灾后评估报告取得应用实效。

建成南方电网公司计量费控体系，形成完整技术标准体系和密钥管理体系；获得国家商密产品生产许可资质，建成南方电网唯一具备费控检测能力的实验室；推进电能量数据中心及配用电大数据平台建设，全网停电时间统计、电压质量、行业用电分析、负荷分析等高级应用投入运行；负责南方电网公司电动汽车充电基础设施五年规划；“全国电力需求侧管理技术标委会”进入最后批复环节。

完成南方电网公司“6＋1”系统第三方测评，协助开展全网信息安全大检查，负责全网互联网信息安全实时监测和电力监控系统安全防护现场抽查；协助国家能源局及其南方监管局、云南监管办开展信息安全专项检查；信息安全实验室获批国家信息安全 CISP 培训机构，荣获 2015 年度全国电力信息安全等级保护测评先进单位。

南方电网首个能源经济综合研究平台投入运行，完成宏观经济分析、财务运营仿真分析等专题报告 50 余份；南方电网公司国际情报中心挂靠南网科研院，建成能源行业首个国际情报信息共享平台，情报系统年访问量近 200 万人次，同比增长 20%；《南方电网技术》正式入选中文核心期刊，在电工学科类排名第 12 位。

工程咨询支撑　统筹推进六个直流工程，按期完成金中、观音岩、异步联网直流工程总体技术方案、系统研究报告和设备规范书等工作，开展控制保护 FPT/DPT 试验，解决工程建设过程中出现的关键技术问题；开展滇西北工程设备抗震专题研究及试验，攻克高地震烈度高海拔直流主设备选型技术难题，保证工期进度；同步推进两渡工程孤岛运行调试，确保糯扎渡直流工程“6·30”前具备双极满功率运行条件，为提升西电东送能力和迎峰度夏安全运行提供技术支撑；加强设备监造，搭建直流主设备绝缘审核技术平台，协调处理 94 项设备技术问题。

加快直流工程国际化步伐，发挥直流工程核心技术优势，落实南方电网公司“走出去”工作部署，完成“中亚四国”国际多端直流工程技术投标及澄清工作。

队伍建设　加大人才引进力度，依托“海外高层次人才创新创业基地”，新增“千人计划”2 人，引进国内外高校毕业生和社会人才 56 人、外聘专家 4 人，人力资源规模达到 333 人。

发挥千人计划专家作用，探索实施科技项目扁平化管理模式；新选拔技术专家 30 名、室主任 7 名，确定 32 名核心人才、73 名后备人才；推进“核心人才攀高计划”，选拔 19 名青年技术骨干带着任务赴国外高校、科研机构开展联合攻关；举办“科研大讲堂”“远航者训练营”等专业培训 45 期，培训 1882 人次。

严格干部管理和监督。全院各级领导干部践行“三严三实”要求；严格按职数配备干部，全年提拔及调整副处级以上干部 9 人次；完善干部任前谈话、日常谈心、任前档案审核工作；推进中层管理人员薪酬改革；加强领导干部因私出国、个人有关事项请示报告管理，把遵守法规制度作为干部的重要约束。

经营管理　实现南网科研院“十二五”上水平战略目标，明确“十三五”创先进阶段的发展策略、发展重点和发展举措；完善南网科研院工作规则等 10 项重大基础管理制度，健全法人治理、业务管理和制度体系，三重一大事项依法决策，做到三项法律审核 100%。

实施年度市场开发计划，技术服务、科研、工程咨询业务量稳中有升，全年新签合同额 4.48 亿元；建立院所两级经营绩效分析模型；应用《项目成本标准手册》，成本费用占营业收入比同比下降 3%；落实南方电网公司增收节支工作要求，项目采购比预算结余 10%；加强招标采购管理，严格控制单一来源采购，采用批次采购、集中审查的工作方式，提升采购工作质量和效率。

完成科研综合管理系统三期竣工验收，投入使用财务系统 V2.0，全年系统运行率 99.79%；完成 43 项信息安全加固措施，率先推广商业秘密信息系统，加强信息系统运维，提升信息安全防御能力。

党的建设和精神文明建设　推进“三严三实”专题教育。完成专题调研、专题党课和三个阶段的学习研讨；认真梳理各领域“不严不实”问题 187 项，限期完成整改 212 条，切实以问题为导向促作风转变和管理提升。

认真落实中央专项巡视整改意见，制定 10 个方面 38 项措施，整改任务 8 月份全面完成，形成 78 项工作成果；配合南方电网公司巡视组做好巡视回访。

建立党建党廉月度会议机制；制定 9 类 43 项 176 个时间节点的党建工作清单，每月完成率 100%；首次下达支部书记岗位责任书，定期与支部书记谈心谈话；规范基层党支部工作，坚持每周政治学习。

健全党风廉政建设工作体系，完善纪检组月度例会机制，支部纪检委员深入部所，细化监督；首次开展 1 次内部巡视、2 次内部检查，针对性开展 4 项专项监察；党组书记、纪检组长约谈 140 余人次，做到提醒在先、施教于先；严格落实中央八项规定精神，持之以恒纠正“四风”，全年没有出现违反相关标准的违纪违规现象；开展全员廉洁承诺，实现岗位“红线”全覆盖，举办廉洁培训班，开展纪律教育月活动。

加强党建带工建带团建，发挥民主管理职能，首次获得全网厂务公开A级认证。全年办理职代会提案7项、职工合理化建议13项，2件提议入选南方电网公司职代会提案；组织开展“健步走”“家企同欢乐科技伴我行”等主题活动，职工书屋上线运行；全年开展各类慰问工作50余次。

举办“互联网+青年思维”沙龙、“科研新鲜人讲堂”“跃动青春”等主题团日活动；开展“感动南网”候选典型仿真团队、“60天大会战”、身边的党员榜样等专题宣传。

主要事件

2月6日，南网科研院召开2015年工作会议暨一届五次职工代表大会。

2月9日，南网科研院召开2015年反腐倡廉建设工作会议。

3月16日，南网科研院召开2015年安全生产委员会第一次全体会议。

4月8日，《南方电网报》对“感动南网”候选团队——南网科研院电网仿真技术研究团队，以《虚拟电网上的“战士”》为标题进行了先进事迹宣传。

4月17日，南网科研院召开一届七次工会委员会扩大会议。

5月8日，南网科研院召开第七次股东会，第二届第二次董事会、监事会。

7月1日，南网科研院召开纪念建党94周年党员大会暨党课培训。

7月24日，南网科研院召开2015年半年工作座谈会。

8月20日，观音岩STATCOM整机试验顺利完成。

10月14日，南网科研院代表南方电网公司参加比特加兰国际电力（BIXPO）技术论坛。

12月1日，南网科研院承办2015年南方电网国际技术论坛。

12月3日，南网科研院召开2015年度专家委员会会议。

【西安热工研究院有限公司】

单位概况 西安热工研究院有限公司（简称西安热工院），是中国电力行业国家级热能动力科学技术研究与热力发电技术开发的机构。主要专业于1951年在北京创建，1965年迁址西安成立西安热工研究所；先后隶属燃料工业部、电力工业部、水利电力部、能源部、国家电力公司，期间随国家电力体制改革依次更名为电力工业部热工研究院（1994年）、国家电力公司热工研究院（1998年）、国电热工研究院（2001年），2003年，成为由中国华能集团公司控股，中国大唐集团公司、中国华电集团公司、中国国电集团公司、中国电力投资集团公司参股的有限责任公司，并正式更名为西安热工研究院有限公司。

西安热工院拥有国家发展改革委（原国家计委）设立的电站锅炉煤清洁燃烧国家工程研究中心，国家能源局设立的国家能源清洁高效火力发电技术研发中心，国家科技部设立的煤基清洁能源国家重点实验室，陕西省科技厅设立的陕西省燃煤电站锅炉环保工程技术研究中心；并与华能集团技术创新中心实行一套人马、两块牌子的运作方式。西安热工院设有硕士学位授予点和博士后工作站，是国家级4个专业技术标准委员会（含分委会、标准工作组）、电力行业7个专业技术标准委员会、电力行业5个归口质量检测中心以及中国电机工程学会4个专业委员会的挂靠单位，是国家中文核心期刊、科技核心期刊《热力发电》的主办单位。

领导班子

院长、党组副书记：林伟杰

党组书记、副院长：刘伟

副院长、党组成员：王月明

副院长、党组成员：汪德良

副院长、党组成员：范长信

总会计师、党组成员：曲景辉

党组纪检组组长、副院长：赵宗让

副院长、党组成员：牟春华

副院长、党组成员：吕怀安

组织机构 ① 职能管理部门略有变动，原监察审计部分为监察部与审计部、北京分公司业务管理部撤销。目前，职能管理部门共有11个（院长工作部、科研管理部、市场部、预算部、人力资源部、资产财务部、政工保障部、监察部、审计部、教育培训部、事务部）。此外，在院长工作部、预算部和事务部的归口管理下分别设置了独立运作的安全监察室、采购中心和基地建设办公室。② 专业技术部门中，电站水处理药剂技术部撤销。③ 二级子公司有所变动，原西安西热水处理药剂有限公司重组更名为西安西热电站化学科技有限公司。截至2015年年底，除母公司外，共有二级子公司12家（其中全资子公司8家，控股子公司4家），有分公司3家。

人员组成 2015年年末，全部在岗职工人数1112人。其中：硕士及以上人员665人；高级工程师及以上人员351人（正高级150人，副高级201人）。

科技工作

1. 科研奖项

获2015年度陕西省科技进步奖3项：① 湿式电除尘（雾）器技术开发及工程应用（二等奖）；② 选择性吸附式汽轮机油再生技术研究与装置研制应用

（二等奖）；③ 汽轮机叶片水蚀及固体颗粒侵蚀损伤的修复与防护技术研究及应用（三等奖）。

获2015年度中国电力科学技术奖8项（主持完成5项、参与完成3项）。主持完成的有：① 准东煤结渣沾污防控技术研究及推广应用（二等奖）；② 选择性吸附式汽轮机油再生技术研究与装置研制应用（三等奖）；③ 表面活性胺停用保护剂的研究开发及应用（三等奖）；④ 火电厂SCR性能诊断技术研究（三等奖）；⑤ 核电站厚壁铸钢部件穿透性缺陷焊接修复技术开发与工程应用（三等奖）。参与完成的有：① 250MW级整体煤气化联合循环发电（IGCC）关键技术及工程应用（一等奖）；② 反渗透专用阻垢剂性能评定方法及装置的研究和应用（二等奖）；③ 汽轮发电机合金轴瓦超声波检测工艺方法研究及应用（三等奖）。

获得中国核能行业协会科学技术进步奖1项：核电站厚壁铸钢部件穿透性缺陷焊接修复技术开发与工程应用（三等奖）。

获得中国特种设备检验协会科学技术进步奖1项：超（超）临界锅炉检验检测关键技术及装置研究与应用。

获得全国电力职工技术成果奖2项：① 超（超）临界锅炉受热面超温与蒸汽温度偏差治理技术研究（一等奖）；② 基于凝结水变符合和深度滑压的节能优化控制系统开发及应用（二等奖）。

2015年有3项成果通过技术鉴定：①“电厂用痕量氯离子分析仪”达国际领先水平；②“W火焰炉低氮燃烧技术”达国际先进水平；③“核电站厚壁铸钢部件穿透性缺陷焊接修复技术”达国际先进、国内领先水平。

2. 专利

2015年共获得授权专利160项。其中，发明专利37项：① 一种圆环形分段式错流烟气净化吸附塔；② 基于自然伽马谱分析的火电厂煤质在线监测系统及方法；③ 一种新型错一对流烟气净化吸附塔；④ 一种水轮机过流部件耐磨蚀涂层的喷涂方法；⑤ 一种抑制发电厂直接空冷凝汽器运行腐蚀的方法；⑥ 一种智能型电磁过滤器及其控制方法；⑦ 一种火电厂热力系统分段氧化处理系统及处理方法；⑧ 一种高强耐蚀镍铁铬基高温合金及其制备方法；⑨ 一种电力用油再生处理微孔极性诱导吸附剂及其制备方法；⑩ 一种多层式活性焦烟气净化吸附塔；⑪ 一种锅炉气力清灰装置；⑫ 一种局部涡流和整体旋流相结合的花瓣型喷氨格栅；⑬ 一种采用板式蒸发冷凝器组的直接空冷机组系统；⑭ 一种尿素溶液水解反应器；⑮ 一种快速确定汽轮机定滑压优化曲线的方法；⑯ 一种火电厂烟气汞的采样枪；⑰ 一种离子交换树脂再生废水资源回收系统及方法；⑱ 一种蜂窝型SCR脱硝催化剂的再生方法；⑲ 一种循环水排污水膜法回用系统；⑳ 一种电力用油再生滤芯及其孔排布滤芯内筒；㉑ 一种逆流式电除盐膜块离线清洗装置；㉒ 电站锅炉化学清洗动态模拟试验装置及制作和试验方法；㉓ 烟气脱硝的控制方法和装置；㉔ 一种给水低含量加氧精确控制方法及控制系统；㉕ 蒸汽发生装置；㉖ 一种发电机内冷水处理系统及处理方法；㉗ 多煤种适应型低NO_x燃烧系统；㉘ 一种多污染物一体化干法脱除的烟气净化系统及工艺；㉙ 一种利用脉冲爆震燃烧的地面燃气轮机；㉚ 一种旋转爆震燃气轮机；㉛ 超低氮多级可调强弱旋流对冲气体燃烧器；㉜ 一种电站锅炉SNCR脱硝控制系统及其控制方法；㉝ 一种利用压缩空气吹扫清洁螺旋管式换热器的方法；㉞ 一种旋转爆震燃烧室；㉟ 锅炉管内壁氧化皮剥落试验装置；㊱ 一种酸碱再生废水处理系统及方法；㊲ 一种离线清洗钙中毒SCR脱硝催化剂的清洗剂及清洗方法。实用新型专利123项（名称略）。

3. 软件著作权

2015年度获得软件著作权45项。包括：① 基于锅炉蓄热补偿结构的火电机组煤质自动校正软件；② 机组能耗曲线和污染物排放曲线监视系统；③ 智能工业生产报表系统；④ 工业数据库安全镜像传输软件；⑤ 高温气冷堆启停系统工程设计验证与优化系统软件；⑥ Android巡点检仪系统；⑦ 火电厂设备故障预警系统配置管理器软件；⑧ 火电厂设备故障预警系统Web客户端软件；⑨ 调试仪器设备管理系统；⑩ AMS-FDMS数据库接口软件；⑪ PROFIBUS-DPV0嵌入式协议栈软件；⑫ PROFIBUS-DPV1嵌入式协议栈软件；⑬ PROFIBUS数据分析软件；⑭ 气蚀计算服务器软件；⑮ 气蚀计算客户端软件；⑯ 机组短周期日常性能监测及诊断系统；⑰ 火电机组运行氧量优化系统；⑱ 火电机组远程辅助诊断系统；⑲ 火电机组冷端运行优化系统；⑳ 厂级负荷优化分配系统；㉑ 耗差分析与指标竞赛系统；㉒ 火电厂可靠性管理系统；㉓ 基于海量历史数据火电机组运行参数智能在线寻优系统；㉔ 火电厂尿素水解制氨工艺设计软件；㉕ 睿腾实时数据库软件；㉖ 数据质量监测及分析系统；㉗ 设备状态检修平台软件；㉘ 火电机组污染物排放在线监测及考核系统；㉙ 火电厂班组管理系统；㉚ 具有辐射修正的对冲扩散火焰仿真计算软件；㉛ 辐射修正对冲扩散火焰数值计算数据库系统；㉜ 睿腾系统管理工具软件；㉝ 风力发电机组状态监测与故障诊断系统；㉞ 火电厂厂级监控实时数据查询系统；㉟ 火电厂厂级监控实时数据报表系统；㊱ 火电厂厂级监控信息系统门户发布平台；

㊲ 火电厂同步绩效系统；㊳ 实时数据库代理服务器软件；㊴ 数据采集客户端软件；㊵ DPV0状态机软件；㊶ DPV1状态机软件；㊷ 火力发电厂继电保护定值整定计算软件；㊸ 方形煤仓群仓配煤优化系统；㊹ 现场总线设备监控管理系统OPC接口软件；㊺ 现场总线设备监控管理系统组态软件。

4. 专著和论文

2015年，由西安热工院专业人员主编的《火电厂烟气污染物超低排放技术》《火电厂烟气污染物超低排放技术》《烟气催化脱硝关键技术研发及应用》《水力发电厂技术监督标准汇编》《火力发电厂技术监督标准汇编》(上、下册）等5部专著和《热辐射工程热力学——太阳能利用》《碳捕集》《ASME PTC 46—1996 电厂整体性能试验标准》《ASME PTC 6—2004 汽轮机性能试验规程》等4部译著由中国电力出版社正式出版发行。在2015年度的核心期刊上，西安热工院专业人员共发表论文272篇。

5. 纵向科研项目

2015年新增科研项目71项。其中：国家、省级科技项10项，政府后补助项目5项，华能科技项目13项。

全年在研项目119项，按计划进度进行，其中国家、省级科技项目23项、华能项目39项、院自立项目57项，其中37项项目在年内已全面完成，并通过了项目验收。

6. 经营服务类技术项目

全年执行的横向经营服务类技术项目达到3570多项（包括技术服务和咨询类2890多项；产品设备销售和工程类680多项）。项目涉及火电、风电、水电、核电、煤炭、石化、有色金属以及市政等领域，涵盖国内30多个省（市、区），并涉及国外12个国家和地区。项目执行情况得到广泛好评，收到来自国内外客户、项目合作方等发来的表扬信、感谢信共60多份，充分肯定了西安热工院的专业水平和服务质量。荣获年度“全国优秀设备工程监理单位服务成果奖”“全国电力建设优秀调试企业”等行业级荣誉；由西安热工院调试、已投运的华能临沂热电2号350MW机组等4个项目荣获年度“中国电力优质工程奖”；由于在华能天津临港燃气热电联产项目中出色地完成了设备监造、控制组态和机组调试等服务项目，荣获“天津市五一劳动奖状”。

7. 科研平台和基础设施

科研平台和基础设施建设和运营取得积极进展。推进电气中心建设，明确电气中心的研发和业务重点；根据能源互联网发展趋势，启动智能中心建设，明确了智能中心的发展方向和目标；加快山西低碳中心的建设和运作，明确定位和研发重点；进一步理顺工程研究中心的运作机制，形成5个第一层面研发团队（含2个“千人”专家团队)。“煤基清洁能源国家重点实验室”“陕西省燃煤电站锅炉环保工程技术研究中心”均建成并通过验收；“国家能源清洁高效火力发电技术研发中心”依托阎良科研试验产业基地建设，取得阶段性进展。全面完成新办公楼建设和入驻，办公环境和服务明显改善。阎良科研试验及产业基地一期项目竣工并通过初步验收，二期项目按期封顶。

8. 资质证书

西安热工院的质量、环境、职业健康安全管理体系（三标一体）证书以及工程咨询、电力工程调试、设备监理、特种设备（压力容器）检验、环境工程设计、热喷涂、电力设施承试、节能服务专项资质、安全生产达标评审资质等各项专业资质全面有效保持；高新技术企业证书有效保持。西安热工院下设的西安西热锅炉环保工程有限公司获得“纳税信用A级纳税人”荣誉；下设的西安西热节能技术有限公司首次取得“电力施工总承包三级资质证书”，为节能和相关工程业务的开展创造了重要条件；下设的西安西热水务环保有限公司获得“高新技术企业证书”。

9. 技术报告

全年完成各类技术报告3500余份、实验报告1100余份、质检报告1000余份。

其他荣誉　2015年，西安热工院再次荣获华能集团公司“先进企业”“文明单位”和“绩效考核A级企业”“五四红旗团委”称号；再次荣获“全国电力建设优秀调试企业”“西安市纳税先进单位”“A级纳税人”称号；获得“天津市五一劳动奖状”、陕西省“厂务公开民主管理工作先进单位”称号；持续被评为电力行业“AAA级信用企业”。

牛国平荣获“陕西省五一劳动奖章”；杨寿敏荣获中国电机工程学会“中国电力科学技术杰出贡献奖”；姚明宇荣获中国电机工程学会“中国电力优秀科技工作者奖”；林伟杰荣获陕西省“厂务公开民主管理工作先进个人”称号。

四大绩效

1. 安全绩效

安全形势保持稳定，未发生较大及以上事故，确保了生产、经营、政治和形象安全。

2. 经营绩效

实现主营业务收入27.3亿元；实现利润6.1亿元，完成年度指标（5.57亿元）的108.9%，同比增幅11.0%；实现EVA 3.9亿元，完成年度指标（3.64亿元）的108.2%。

3. 发展绩效

主持完成的9项科研成果获得省部级科技奖项

(中国电力科技奖 5 项，陕西省科技奖 3 项，中国核能协会科技奖 1 项)，超额完成华能集团下达的科技奖项年度指标（7 项）；参与完成的 3 项科技成果获中国电力科技奖。申报专利 273 项（其中发明 139 项)，同比增 83 项；获授权专利 160 项（其中发明 37 项)，同比增 78 项；折合完成专利 336 项，完成年度指标（150 项）的 224.0%。获软件著作权 45 项，同比增 22 项，完成年度指标（11 项）的 409.0%。出版译、专著 9 部，同比增 5 部；发表论文 195 篇（其中 SCI 论文 11 篇、EI 论文 12 篇)，同比增 41 篇；折合完成论文 272 篇，完成年度指标（160 篇）的 170.0%。

4. 党建绩效

贯彻落实党和国家方针政策；巡视整改落实工作取得阶段性成效，党的意识、纪律意识、法治意识不断加强；党建工作责任进一步强化，党风廉政建设“两个责任”进一步落实；巩固和拓展党的群众路线教育实践活动成果，“三严三实”专题教育扎实有效推进；基层党组织和党员队伍建设得到加强；未发生企业领导人员和经营人员违法、违纪案件；企业和职工队伍保持稳定。

国际合作与交流 2015 年，进一步加强国际合作与交流，与美国、德国、法国、韩国等国际知名的科研机构和国家级电力公司、国际知名的大型企业集团等开展了 22 次技术交流活动。执行了涉及海外印度、巴基斯坦等 12 个国家和地区的 43 项技术服务项目，涉外项目合同额合计 1.83 亿元。接待来自美国、法国、德国、日本等 4 个国家 20 批 75 人次来访；办理赴美国、日本、韩国、德国、法国、伊朗、土耳其、越南、巴基斯坦、印度、马来西亚、老挝等 12 个国家 38 批 121 人次因公出国手续。

挂靠的行业学会、质检中心、标委会、硕士点、博士后站、专业期刊 中国电机工程学会四个专委会（火电专委会、热工自动化专委会、材料专委会、清洁低碳专委会）按计划举办了多次学术研讨会、技术交流等科技活动，取得良好成效。

“电力工业热力发电设备及材料质量检验测试中心”“电站工业发电用煤质量监督检验中心”“电力工业热工计量测试中心”等中心的工作有序进行，电力工业西安锅炉压力容器检验中心于 2015 年 5 月 7 日通过了国家认证认可监督管理委员会的复查、扩项审核等工作，并换发了“资质认定计量认证证书”。

四个国家标准化技术委员会机构（全国电气化学标委会、全国电站过程监控及信息标委会、全国环保产品标委会水处理设备分技术委员会、全国燃气轮机标委会联合循环发电工作组）和七个电力行业标准化技术委员会（电站锅炉标委会、电站汽轮机标委会、电厂化学标委会、电站金属材料标委会、电站阀门标委会、热工信息与自动化标委会、联合循环发电标委会)，均按计划组织开展了标准的制（修）订、审查和宣贯工作；其标准化工作通过了中国电力企业联合会标准化中心组织的年度检查。

硕士学位授予点：研究生教育质量进一步提升，在与高校联合培养方面继续创新、取得良好效果；招生、教培、科研、学位评定等工作按计划进行。2015 年内，研究生毕业并获硕士学位者 10 人，新招收研究生 8 人；在读研究生 28 人。

博士后科研工作站：根据 2015 年度全国博士后综合评估结果，西安热工院博士后科研工作站在评估中获良好等级，并被评为“陕西省优秀博士后工作站”。年内出站博士后 3 人，新进站博士后 1 人；年内在站博士后 2 人；科研工作如期进行。

由西安热工院与中国电机工程学会共同主办的专业期刊《热力发电》，全年按计划完成编辑出版 12 期，连续 7 次入选“全国中文核心期刊”、连续 4 次入选“中国科技核心期刊”，同时，还荣获“第三届陕西省科技期刊优秀奖”。

主要事件

2 月 11 日，西安热工院召开四届五次职工代表大会暨西安热工院及创新中心（中国华能集团技术创新中心，简称创新中心）2015 年工作会议。院长林伟杰在会上做了题为《积极适应新形势，主动落实新举措，推进科技创新和卓越运营再上新台阶》的工作报告。会议贯彻华能集团 2015 年工作会议精神，总结了西安热工院 2014 年度的各项工作，研究部署了 2015 年度工作任务；表彰了先进集体、优秀干部、优秀处所及项目组、优秀职工。

3 月 12 日，华能集团副总经理刘国跃到西安热工院调研，听取了院长林伟杰所做的工作汇报，对西安热工院的工作表示了充分肯定，就西安热工院进一步加大对基建工作的支撑力度、推进节能环保新技术新应用提出了要求；并考察了西安热工院工程研究中心和除雾器、材料、化学等实验室。

3 月 16 日，为促进西安热工院品牌建设，在全院开展“品牌建设年”活动，并印发活动方案。

5 月 26 日，西安热工院召开科研工作会议。副院长王月明做了题为《深化科研体制改革，推动科技创新发展》的工作报告，院长林伟杰做了题为《践行“三严三实”，加快科技创新，推进企业发展》的重要讲话。会议结合“三严三实”专题教育，总结了西安热工院 2014 年度科研工作情况及“十二五”以来取得的主要科研成就，部署了 2015 年下半年科研工作；提出今后一段时期科研体制机制改革、科研工作的思路和总体目标。

6 月 24 日，中国电机工程学会副理事长兼秘书长谢明亮一行到西安热工院工作访问，对挂靠在西安热工院的中国电机工程学会各专委会历年来积极开展和参与发电领域的学术交流活动等学会工作给予了充分肯定，就目前学会工作中存在的问题和有关专委会下一步工作方向进行了探讨与交流。

7月24日，召开了西安热工院及创新中心2015年年中工作会议暨上半年经济活动分析会议，院长林伟杰在会上做了题为《践行“三严三实”，深化改革创新，全面完成年度各项目标任务》的工作报告，总结了西安热工院及创新中心2015年上半年各项工作，分析了面临形势，对2015年下半年工作做了部署，书记刘伟做了总结讲话。会议还对2015年西安热工院“四优”党支部、优秀党务工作者及“四优”共产党员进行了表彰。

7月31日，华能集团副总经理叶向东、总经理助理蒋敏华等一行到西安热工院调研指导工作，听取了院长林伟杰的工作汇报及院领导班子成员对各分管领域的工作汇报，对西安热工院今后的发展提出了具体要求；并考察了西安热工院新办公大楼有关设施及展厅。

8月14日，美国公共事业监管委员联合会主席Edgar女士率美国公共事业监管委员会、美国能源部代表团到访西安热工院，双方就洁净煤技术发展等方面进行了交流和合作洽谈。

9月8日～10月15日，华能集团审计部审计工作组到西安热工院，进行对西安热工院总经理（院长）林伟杰任期经济责任审计，审计工作涉及西安热工院运营的各个方面。

10月10日，国家新闻出版广电总局印发《关于同意〈热力发电〉变更主办单位的批复》，同意《热力发电》增加中国电机工程学会为第二主办单位（西安热工院为第一主办单位）。

10月13～15日，中国电机工程学会（CSEE）火力发电专业委员会与国际空冷凝汽器学会（ACCUG）联合主办、西安热工院承办的“2015国际空冷凝汽器会议（IACCC）”在西安成功举办。来自美国、加拿大、荷兰、德国、日本、韩国、意大利和东道主中国等8个国家的80多名代表参加了会议。中国电机工程学会火力发电专业委员会主任委员、西安热工院院长林伟杰代表会议主办方和承办单位到会致辞。

10月20日，西安热工院召开2015年第三季度经济活动分析会议暨经营工作会议。副院长吕怀安做了题为《坚持“三严三实”，坚定信念，全力以赴，全面完成年度经营目标任务》的经营工作报告，院长林伟杰做了重要讲话，总结了2015年以来的主要工作，对下阶段重点工作进行了部署。

10月20日，由西安热工院、西热锅炉环保公司自主设计的华能左权电厂尿素水解制氨装置通过168h试运行并热态移交业主，该装置为华能集团目前投产的容量最大的尿素水解制氨装置，也是目前国内投产的容量最大的同类装置之一。

11月25～27日，按照华能集团与韩国电力公司签订的战略合作框架协议有关工作计划，西安热工院院长林伟杰、副院长汪德良一行6人赴韩国访问，与韩国电力公司副总裁、韩国电力技术研究院院长Choi In-gyu进行了技术交流和合作会谈。

12月10日，西安热工院阎良科研试验产业基地二期项目锅炉环保技术实验楼主体工程封顶，标志着该基地二期项目主体结构全部完成。同日，该基地一期项目通过竣工验收。

（姚惠珍）

【中国大唐集团技术经济研究院】

见中国大唐集团干部培训学院。

【中国大唐集团科学技术研究院】

单位概况 中国大唐集团科学技术研究院有限公司（简称大唐科研院）成立于2013年12月，是中国大唐集团公司（简称大唐集团）根据中央、国务院、中组部相关工作意见和大唐集团科学可持续发展的内在需求而成立的研究院，大唐科研院是打造科技创新体系的重要环节，也是大唐集团加快转变发展方式，提高科技创新能力，实现做强做优的重要保证。

大唐科研院坚持以大唐集团发展战略和产业发展规划为指导，以服务大唐集团生产、经营、建设和改革发展为宗旨，紧密围绕大唐集团在建在役发电资产，开展技术服务支撑；紧密围绕大唐集团生产、经营、建设中遇到的实际问题和困难，开展技术难题攻关；紧密围绕大唐集团未来高新技术产业和战略型新兴产业发展重点，开展前沿技术研发（简称“三个紧密围绕”），是集技术监督中心、技术服务中心、科技研发中心、科技信息中心（简称“四个中心”）于一体的研究机构。

大唐科研院面向大唐集团主业、面向生产建设经营实际、面向大唐集团未来发展（简称“三个面向”），坚持“电力工程技术研究与能源技术经济研究并重、技术服务与科研开发并重”，努力发展“能源政策研究、高新技术研发、电力工程技术研究、能源工程咨询服务”四大支柱业务，形成与大唐集团发展战略相匹配、具有大唐特色的业务体系，为服务支撑大唐集团科学发展贡献力量。

领导班子

院长：高智溥

党委书记、副院长：常征

党委委员、纪委书记、工会主席、副院长：彭强

党委委员、副院长：田高产

总工程师：吴智泉

组织机构 经过两年的组建，基本形成院所两级管理构架。本部先后成立5个职能部门，分别是综合管理部、计划财务部、人力资源部（科研院博士后工作站挂靠在人力资源部）、生产技术与安全监督部和科研管理与科技信息部；3个专业技术研究所，分别是火力发电技术研究所、新能源技术研究所和能源技术经济研究所（下设工程技术咨询中心、技术经济中心、产业经济中心和能源政策研究中心）；2个中心，分别是两优化研究中心和信息中心；4个区域电力试验研究所，分别是东北、华东、华中、西北所；从大唐技术经济研究院划转了大唐（北京）能源科技有限公司；同时大唐集团千人专家办公室、计量中心、锅炉压力容器检验中心和大坝安全监督管理中心均挂靠在大唐科研院。

同时，华北电力试验研究所、大唐水电科学技术研究所以及新能源技术研究所的内设机构太阳能技术研究中心和风电技术研究所也已经组建，基本具备正式运营的条件，实现东北、华东、华中、西北、华北、西南的区域布局和火电、水电、新能源、技术经济和政策理论研究的专业布局。

经营局面 大唐科研院面向大唐集团安全生产实际，建立了以区域电力试验研究所为主体的专业技术保障体系；面向大唐集团经营建设，建立了以能源技术经济研究所为主体的电力工程和技术经济咨询服务体系；面向大唐集团未来发展，建立了以科研院本部专业技术研究所为主体，区域电力试验研究所为依托的科技研发体系；面向大唐集团技术信息管理，建立了以信息中心为主体的科技情报和技术标准规范支撑体系。

经过两年多的组建发展，大唐科研院已经逐步形成了生产技术服务、科技研发和技术经济三大核心业务领域。其中生产技术服务主要包括对现场的技术监督、技术服务和技术保障，主要由四个区域电力试验研究所和正在筹备的华北所、水电所承担，基本实现了生产的全过程、全覆盖；科技研发则按照前沿、引领、支撑三个层次，面向关键、共性技术问题，面向未来发展，开展科技攻关和科技研发，主要由本部的专业所承担，其中DSI、分级燃烧技术、污染物协同脱除等4项经电机工程学会鉴定达到了国际先进水平，9项达到国内领先水平；技术经济主要做好能源政策研究，做好基建项目从前期、投资、可研、初设、基建、运营、后评价等工作的全寿命周期技术经济支撑，形成了诸多具有领先水平的技术创新亮点，在东营项目上汽轮机采用先进的六缸六排汽技术，在雷州项目上百万机组由高效超超临界机组改为高效超超临界二次再热机组，在蔚县项目上主机参数由高效超临界机组改为高效超超临界机组，有效地提高了机组投产后的先进性和竞争能力。此外，大唐科研院为了拓宽业务领域，积极锻炼队伍，提高技术水平在2015年3月取得了电力工程特级调试资质，陆续开展了姜堰、平罗等项目的调试业务。

安全生产 从2015年开始，大唐科研院遵循“有序开展、不断不乱，质量和水平不降”的要求，承接服务区域内发电企业的技术监督和技术服务工作。四个区域所陆续承接了大唐集团所属19个省份，约8053万kW机组的技术监督、技术服务工作。为了保证工作的平稳过渡，各单位均制定了《技术服务和技术保障工作方案》，成立了技术监督和技术服务领导小组和工作小组。为发电企业的安全生产、经济运行、节能减排提供必要的技术保障，解决大量生产技术问题和难题。2015年以来，共计完成了120余家发电企业的技术监督动态检查工作，发现各类问题共计8610余项，其中严重问题1360余项，共计完成各类技术服务项目4120余项，试验项目6360余项，为53家发电企业制定了检修计划，解决技术难题80余项，及时发出预警通知21次，收到来自服务企业的感谢信25封。

节能减排 在优化设计工作方面，做到优化设计全方位、全过程和全覆盖。完成了雷州、东营等34个火电项目，观音岩、黄金坪等15个水电项目，以及122个风电项目和7个光伏发电项目，涉及投资金额超过1500亿元的项目优化设计审查及工程咨询工作，提出审查意见2500余项，节约投资资金超过25亿元。完成可研、初设、各类优化、造价、重大变更、标书编制、技术方案等审查工作1020余项；完成17家基层企业的燃料标准化管理评价工作和12家基层企业的项目后评价工作。总结、固化、推广、应用23项优化设计成果。使锡林浩特、平罗、滁州、唐山北郊、葫芦岛、吉木萨尔等6个火电项目设计供电煤耗平均下降2.38g/kWh，厂用电率降低0.487%；29个风电项目可利用小时数增加64.12h。在优化运行工作方面，充分发挥科研院技术保障和技术支撑作用，为大唐集团的运行调整、节能降耗、设备升级改造提供科学的意见与建议。对陕西、山西等9家分子公司的21家发电企业进行了现场技术诊断和技术支持工作。完成优化运行调研报告、技术报告和专题报告30余份。进一步加强技术改造支撑力度，确保技术改造效果。完成64台除尘器改造后评估工作，审查超低排放、通流、供热、烟囱防腐等各类技术改造方案112项。为16台机组综合升级改造制定了优化方案，全程参加19台机组综合升级改造的技术方案调研和方案论证工作，应邀对26家发电企业进行了优化运行的综合指导。

企业文化 秉承“价值思维、效益导向”理念，进一步弘扬“务实、奉献、创新、奋进”大唐精神。树立“让发展成为主题、让创新成为习惯、让对标成为文化、让攻坚成为机制”的文化氛围。继续从实际出发、从问题出发、从目标出发；坚持真理、修正错误；坚持深化改革，依法治企；坚持顶层设计，有序推进；坚持求真务实、真抓实干；坚持创新驱动、科学发展；坚持规范管理、提升质量的工作原则；发扬“讲科学、讲技术、讲民主、讲规范”的优良作风。坚持“三个面向”和“三个紧密围绕”的工作方针和“独立自主、自力更生、艰苦奋斗、勤俭建院”的工作方法，努力实现“三年迈出三大步”的发展目标。

党建思想政治工作 健全各级党组织，各区域电力试验研究所党委均直接隶属所在地的省委组织部，提升管理平台，配备专职的党委书记，各级党组织的政治核心作用发挥正常，党风廉政主体责任履行到位。开展“两学一做”学习教育工作，利用网站、电视和微信等媒体，结合党风廉政宣传教育月活动，以个人自学、集中学习研讨、创新方式讲党课等多种形式，组织开展学习教育。学习贯彻落实《准则》和《条例》，遵守中央八项规定精神和大唐集团 24 条规定，落实四风“回头看”各项工作安排。建立健全区域电力试验研究所工会、团委组织机构；组织开展民生工程“六最”项目建设活动 19 项；在青年员工中开展“青春建功、助力发展”等主题活动，增强青年员工建功成才的热情。弘扬“务实、奉献、创新、奋进”大唐精神，一贯倡导科学的精神、民主的思想，求真务实、真抓实干的工作作风，形成具有科研院特色的“讲科学、讲技术、讲民主、讲规范”工作氛围。

【国电新能源技术研究院】

单位概述 国电新能源技术研究院（简称国电新能源院）是中国国电集团公司（简称国电集团）在中组部、国资委支持下，贯彻落实中央“千人计划”战略决策和建设海外高层次人才创新创业基地的实施载体，是国电集团建设一流综合性电力集团、实施科技创新战略的重要举措。2015 年以来，国电新能源院围绕集团“一五五”发展战略，贯彻落实国电集团确立的“优化管理模式，实现体制机制创新，在产研结合上下功夫，在科技资源整合上下功夫，在重点项目攻关上下功夫，在成果转化应用上下功夫，在核心关键技术方面，一定要有所作为、有所突破”的工作要求着力打造科技创新平台，充分发挥了科技研发、人才集聚、交流合作、科技宣传和人才培训的五个平台作用，各项工作取得了显著成效，为加快建设国内领先国际一流研究机构做出贡献。

目标任务 国电新能源院在对科研体制机制建设进行充分调研、思考和探索的基础上，结合自身工作实际，形成了《新能源院“双提升”工作方案》。在“双提升”工作中，国电集团进一步明确了国电新能源院今后一段时间的功能定位和工作任务：一是围绕国电集团主业组织院部开展科研项目技术攻关；二是发挥科技交流与合作平台作用；三是开展国电集团科技相关工作的咨询与评估服务；四是负责各研究所承担的所有国电集团重大科技项目的过程管理，以及国电集团委托的其他单位承担的重大科技项目的过程管理。这 4 项任务的明确，既是国电新能源建院以来科研体制机制方面的重要突破，也是国电新能源院“双提升”工作取得的阶段性成果，为国电新能源院“十三五”期间的建设发展指明了努力方向。同时，进一步加强引人用人机制，提升服务保障体系，完善国电新能源院的各项基础建设。

科研攻关 一是加速科研成果产出。2015 年，国电新能源院本部共开展研究课题 16 项，包括国际、国家级、省部级科技项目 7 项，国电集团科技项目 9 项。2015 年新增专利申请 8 项，其中发明专利 5 项，新增授权专利 9 项，其中发明专利 4 项；共发表高水平学术论文 8 篇，其中 SCI 收录 4 篇，EI 收录 1 篇。国电集团重点科技项目“高效低成本晶硅异质结电池的研发与产业化”已完成结题验收，经专家鉴定该技术处于国际先进水平。“煤伴储提取技术及高效利用技术研究”“新型燃气再热联合循环发电系统开发及产业化示范”2 个国电集团重点科技项目已结题，即将完成验收工作。北京市科委重点科技项目“废弃脱硝催化剂再生及回收处理技术研究”完成中电联组织的成果鉴定，结论为“总体技术达到国际先进水平”，目前正在进行成果转移。

二是注重前沿技术储备。“特种高分子材料对燃煤火电厂烟气中细微颗粒物的深度脱除技术”项目通过中期检查，并申报了北京市科委 2015 年度科技创新基地培育与发展专项项目，获得北京市财政经费支持。“光电催化高效制氢及安全便捷储氢技术的研究”“超超临界机组高温材料时效脆化的无损检测技术开发”等项目申报了国电集团 2016 年储备项目和北京市科委“新材料、纳米技术领域的原创性技术”储备项目。

合作交流 一是加强科研项目国际合作。2015 年国电新能源院共开展 5 个国际合作项目，分别与麻省理工学院、乔治亚理工学院、西澳大学等国际著名高校就“低阶煤热解”“生物质燃料电池”和“火电厂粉煤灰高效利用”等课题开展合作。被科技部授权担任中美“能源与水”项目“火电厂水资源减量利用”子议题的牵头组织单位。

二是促进技术合作与交流。围绕火力发电、可再生能源、节能减排等领域共组织学术交流活动20余次，先后邀请麻省理工学院、美国国家风能研究所等国际著名院校和机构的专家举办交流讲座。国电新能源院发起并与未来城管委会共同主办了未来城首届科技创新论坛，加强了与未来城各央企研究机构的交流合作。

三是积极与APEC能源工作组构建合作机制。选派研发人员赴台湾考察交流燃料电池的研发生产工艺。举办了APEC燃料电池国际论坛，400余名亚太地区燃料电池领域的专家学者、协会和企业代表参加了论坛，国电新能源院围绕“低温高效直接生物质燃料电池”做了主题报告，产生了巨大的国际影响力，人民日报、新华网等20余家国内主流媒体进行了新闻报道。

内控管理 一是在提升科技管理方面。完善了科技管理制度体系，完成了《国电集团科技项目委托新能源院管理暂行办法》起草工作，出台了科技项目经费使用、物资采购等一系列制度，完善了科技管理制度体系，为承担国电集团委托的重点项目的过程管理做好了充分的准备。提升了科技管理能力，全面梳理各类科技项目，总结了科研项目过程管理的相关经验。加强对科研项目经费使用情况的管控，聘请科技专业审计公司开展内审工作。按照国电集团部署，扎实推进科技创新资金的收缴与分配工作。开展科技咨询与评估工作，完成了国电集团科技专家库建设，协助国电集团评审科技项目36项。受国电集团委托，完成国电集团“十三五”科技规划的专家调研、专家咨询和文本修改工作，编写了太阳能光热发电技术调研报告。编制完成了国电新能源院“十三五”期间的发展规划和科技规划，明确了“十三五”期间实施“1585工程”的战略构想。

二是在规范院部管理方面。加强集中管控，严格贯彻执行国电集团“四个集中管控”要求，完善财务管理体系，加强预算编制与资金安全管理，对公务用车、办公用房和员工培训等费用支出进行有效管控，国电新能源院“三公”经费等八项费用连续3年保持下降。成立了院招标委员会，印发了招标和询价采购管理办法，规范了采购流程。对固定资产进行了清理核查，确保账卡物相符、各项资产安全可控。提升了行政管理效能，完善行政管理制度体系，注重加强办公效率、改善办公环境，开展了院区控烟行动，完成档案室建设和归档工作，着力提升保密工作水平。完成了门户网站、微信公众平台的建设，发布重要新闻和工作动态60余篇，打造了对外宣传的窗口和平台。

三是在加强服务保障方面。开办科技阅览室，购买科技图书2000余册，为科研工作提供了便利。完善院区建设，提升了安全服务保障，2015年，完成了工程结算的正式上报工作，312号厂房改造基本完成，打造了集篮球、羽毛球、乒乓球场地为一体的文体休闲活动中心。成立了院区安全委员会，落实安全生产责任制，规范了实验室危化品的贮存、使用，开展了消防培训和应急演练，实现了院区安全生产零事故目标。建立了物业服务管理管道，强化与置业的沟通协调，定期召开院区服务保障座谈会，解决员工的后顾之忧。

党建工作和精神文明建设 国电新能源院党组学习贯彻党的十八届四中、五中全会精神，根据国电集团党组工作部署，结合科技研发与管理的工作实际，落实党建工作的各项任务。

一是开展“三严三实”专题教育。按照中央总体部署和国电集团党组要求，把开展专题教育作为国电新能源院重大政治任务来抓，制定并严格执行《新能源院开展“三严三实”专题教育实施方案》，党组负责人带头讲党课，党组中心组开展三次专题研讨会，坚持问题导向，对照正反两面典型，结合工作实际，从严从实改进工作作风。

二是推进党建工作。根据国电集团《党建工作考核管理办法》相关要求，加强院党组的政治核心作用，定期或不定期的召开院党组会议，研究决策院各项重大工作。贯彻落实党组中心组学习制度，坚持每月不少于一次中心组学习，将党的重要会议与重要文件精神以及重要理论、国电集团党组重要决策及重要会议精神等作为主要学习内容，组织学习并开展讨论交流，党组成员坚持撰写学习心得，并针对有关专题开展调研撰写调研报告。结合研究院“三强四创”党组织建设目标，制定实施细则；完善院部党总支和党支部工作制度，加强党员管理，统一开展“党员活动日”活动时间和内容。强化员工的思想政治建设，开展送书促学活动，累计为员工送书3.6万元，同时建设阅览室，购置科技、管理等各类书籍，促进员工个人素质的提高。加强网站建设，并开设了国电新能源院微信平台，在加大网站信息量的同时，逐步提升各类信息的质量，有效拓展国电新能源院的社会形象。

三是落实党风廉政建设“两个责任”。国电新能源院党组与各部门签署了党风廉政建设责任书，制订了国电新能源院《招标工作监督管理办法》，印发了《2015年度纪检监察工作要点》。坚持“三重一大”集体决策制度，所有涉及“三重一大”项目均坚持院长办公会决策，2015年以来共召开17次院长办公会，共对45项议题进行审议决策。在中心组理论学习时，多次专题组织学习中纪委全会精神和党风廉政建设有关规定、文章，强化对反腐倡廉的思想认识。深入推进惩防体系建设，组织学习《身边的警示》《重点学习篇目》并进行了反腐倡廉知识测试。与昌平区检察院开展“检企共建”活动，联合举办了预防职务犯罪案例展览，并组织院区入驻单位员工观看。组织科技管理、工程建设管理部门进行有针对性的反腐防腐风险点分析，查找源头，从源头筑牢防腐堤坝。针对重点项目进行专项效能监察立项，提高科技研发效能。

四是丰富员工文化生活。加强工会建设，将每月的第二个周五设为“工会活动日”，将工会活动制度化、规范化，提升员工凝聚力。通过召开员工大会等形式，开展院务公开，让全员参与管理，推进民主管理进程。先后组织到“对口支山”实地体验生活、院部与各入驻单位新年团拜会、院部全体员工新年大联欢等系列活动；组织员工进行体检，邀请专家进行健康咨询；组织院区趣味运动会，组织员工参加未来城长走活动及摄影比赛，组队参加入驻央企篮球赛、羽毛球赛；提供各类健身器材及乒乓球、羽毛球、桌球等运动设施等。

五是激发青年员工创新活力。成立了青年工作委员会，组织青年员工、吸引青年员工参与各项创新活动，拓宽青年员工成长空间。组织参观中国人民抗日纪念馆，纪念抗日战争胜利70周年，学习和传承中华民族团结不屈的抗战精神；组织开展“我与GNETI”主题征文活动，通过青年员工到国电新能源院的切身感受，激发青年员工爱院、建院、爱岗、敬业的热情。组织开展院区青年创新论坛，通过院区青年研发人员对创新课题的研究与交流，搭建青年科研工作者交流平台，充分发挥青年研发人员的创新创造能力。开展了员工团队合作与创新能力培训，通过团队合作项目的培训，强化青年员工团队意识、协作意识。组织开展昌平区中学生科技课题的现场教育，在促进中学生学好物理、化学基础学科的同时，也彰显青年科技人员的社会责任感。

主要事件

1月9日，国电新能源院召开2014年度员工考核民主测评大会。

2月9日，国电新能源院召开2015年工作会议。

4月9日，北京市政协常委、政协科技委员会主任申建军赴国电新能源院调研。

5月8日，北京市科委党组书记呼文亮一行赴国电新能源院调研。

5月29日，国电新能源院成立青年工作委员会。

6月8日，发电系统功能材料实验室被北京市认定为重点实验室。

6月13日，由国电新能源院、北京国电龙源环保工程有限公司共同研发的“废弃脱硝催化剂再生及回收处理技术研究”项目，顺利通过了中国电力企业联合会在北京市组织召开的科技成果鉴定。

6月23日，国电新能源院“絮凝剂深度除尘”课题成功获评北京市专项项目。

7月30日，国电新能源院成功获得2015年亚太经合组织（APEC）能源组项目基金资助。

8月13日，国电新能源院自主研发的“碳捕集”和“互补式能源系统”两项发明专利获国家授权。

9月11日，法国韦利济市副市长一行来国电新能源院调研考察。

10月29日，由国电新能源院牵头、国电光伏有限公司参与的国电集团重点科技项目——“高效低成本晶硅异质结电池的研发与产业化（一期）”顺利通过国电集团科综部组织的专家验收。

12月18日，国电新能源院青年工作委员会举办“国电新能源技术研究院第一届青年创新论坛‘青年科创面对面’”。

（李　然）

【国电能源研究院】

单位概况　国电能源研究院（简称国电能源院）成立于2008年10月，与中国国电集团公司技术经济咨询中心采取“一套人马、两块牌子”的方式运行，是国电集团从事软科学研究及项目评估审查服务的全资企业。国电能源院（中心）职责定位是：以国电集团“一五五”战略为指引，以“双提升”为抓手，承担国电集团项目论证工作（投资决策前的评估、项目审查、造价管理及后评价）；开展国电集团经营发展改革等重大课题研究。

主要业绩　2015年，在国电集团的正确领导和各个部门的大力支持下，国电能源院全面加强作风建设，切实践行“三严三实”要求，围绕国电集团“一五五”战略部署和“双提升”相关工作要求，着力把握新常态下电力行业的新形势新特点，以质量与效益为导向，不断夯实基础管理，全力推进业务工作，国电集团委托项目评估工作完成率100%，下达课题研究任务完成率100%，完成2015年任期考核责任目标。

专题研究共完成60项，其中能源视点36期；评估审查共完成148项，其中前评估110项，后评价14项，审查项目7项，造价咨询17项；信息服务共完成231项，其中《每日信息》219期，《领导讲话摘录及政策法规汇编》12期。获得2014年度中国电力创新奖三等奖；获2014～2015年度国电集团文明单位。

院务管理　深入推进“双提升”工作，不断强化内部管理。一是持续推进管理提升，规范和完善基础管理体系。组织开展了质量管理体系（ISO 9001）管理内部审查工作，确保了业务工作全过程处于受控状态，保证输入有指导、过程有控制、中间有检查、成品有把关、成果有保存，实现了制度与管理的不断自我完善和提升，规范业务工作的开展。二是完善财务管理体系，加强制度执行刚性。梳理财务系统报销流程，发挥预算管控作用，提升财务管理效率；严格八项费用管控；强化资金经营理念，做好资金收支计划，资金报销已全部通过网银和支票结算，实现库存现金“零”管理；有计划地开展岗位轮岗，增进财务业务交流，加强会计人员继续教育培训、职称和学历教育，并选派人员参加国电集团财务知识大赛，提高专业能力。三是加大员工培训力度，建设学习型团队。全年员工共参加培训 25 项，其中国电集团主办的培训班 9 项。同时，组织院内内部培训 16 次，内容涉及战略、财经、工程造价、发电等，培训 290 余人次，培训覆盖率达到 100%。通过培训，引导员工爱学习、练本领、比本事，积极打造学习型团队。

课题研究 2015 年，国电能源院紧紧围绕国电集团“一五五”发展战略，贯彻落实国电集团务虚会、工作会、院工作会的重要指示精神，坚持以提高质量和效益为导向，聚焦关键领域、重点问题，准确把握宏观经济、能源行业、电力企业的发展趋势，开展了一系列重大课题研究，完成专题研究 60 期。一是宏观趋势研究。随着中国经济进入“新常态”，电力行业面临的外部环境更加复杂，对中国中长期电力需求和峰值进行了预测，组织开展了“十三五”电力行业发展环境分析、国电集团“十三五”产业发展战略规划研究等，为国电集团规划编制提出了相关建议。二是行业政策研究。紧密跟踪国家和地方的国有企业及电力行业改革动态，及时开展了新一轮电力改革对当前发电行业的影响分析，并提出了相关的应对措施和建议；完成了电力改革及国企改革对电力行业发展的影响研究，为相关决策部门在制定改革方案之前提供了理论支撑；完成了地方能源政策对发电企业经营发展的影响等课题。三是清洁能源研究。围绕国家清洁能源发展情况，开展了天然气发电趋势、风电发展形势、太阳能发电产业发展战略等相关研究，为国电集团相关产业发展提供了参考。其中中国太阳能发电产业发展战略研究获得中电联 2014 年度中国电力创新三等奖，为国家能源管理部门制定太阳能产业政策提供了详实的理论与数据支撑。四是财经及资本市场研究。围绕资金成本、债券市场、金融形势、资本市场等方面，开展了相关研究，为国电集团项目造价提供参考。

评估审查 2015 年，国电能源院严格遵守实事求是、科学公正的原则，切实做好前评估、后评价、造价咨询、设计审查等工作，严格把关，注重质量，积极为国电集团科学决策提供支撑。共完成 148 项，其中前评估 110 项，后评价 14，设计审查 7 项，造价咨询 17 项。一是前评估。着重在评估报告的深度和规范性方面深入开展工作，加强评估报告的深度和准确性。进一步规范资料收集、项目策划、现场调研、数据复核计算等工作流程和每个流程的工作细节，在提高质量的同时提高效率。二是后评价。开展了国电集团 2013～2014 年度后评价项目现场调研和报告编制工作，针对国电能源院领导对后评价工作提出的新要求，编制完成了《新建项目后评价报告（摘要）编制模板》，研究确定了后评价项目经济效益测算方法，提升了工作质量、提高了工作效率、规范了报告内容。三是造价管理咨询工作。主要开展了火电造价目标编制、水电、煤矿执行概算审查、最高投标限价编制、结算审查等工作，涵盖了工程建设造价管理的各个阶段。四是设计审查工作。进一步提高了设计审查流程和审查方法的水平，不仅较好地控制了工程投资、优化了设计方案、提高了技术经济指标、减少了污染物的排放，又使各个项目的设计思路统一到国电集团绿色电站指导方针上来，为项目投运后可持续、可盈利、具备较强竞争力打下了基础。

信息服务 信息服务方面，紧密围绕国内外宏观经济、能源经济、产业政策，电力、煤炭、新能源、发电技术、财经、资本运作等行业和领域，以及国内外知名能源电力企业的情况，收集整理了各种信息，并加强了对信息的研究分析工作。全年发布《每日信息》219 期。为使国电集团领导及时掌握国家和主管部门的领导讲话主要精神，了解最新政策动态及国内外大型能源企业的动态，完成了《领导讲话摘要和政策法规汇编》12 期。

党建工作 2015 年，国电能源院贯彻中央及习近平总书记关于加强党建的重要指示精神，落实国电集团“一五五”战略和“双提升”工作，开展党建政工工作，取得了不错的业绩，并获得了国电集团年度文明单位称号。一是抓组织建设，完善基层组织。二是抓统筹规划，推动责任落实。三是抓管理标准，完善制度。进一步健全党建思想政治工作制度体系，抓好各项制度的落实。根据工作需要，研究制定了党建工作要点、党委中心组年度学习计划和落实“两个责任”的具体实施办法。四是抓学习教育，提高综合素质能力。适应党建工作新形势、企业发展新任务，认真落实国电集团“创建学习型党组织、争做学习型员工”要求。五是积极开展专题教育，贯彻从严治党思想。根据国电集团党组“三严三实”专题教育实施方案的要求，国电能源院党委结合工作实际，认真组织开展了一系列集中学习教育活动。准确把握专题教育主题、原则和步骤，抓好专题党课、专题学习研讨、专题民主生活会和组织生活会、整改落实和立规执纪四个“关键动作”。

廉洁教育 国电能源院党委始终坚持廉洁教育工

作，以“两个责任”为着力点，完善内控机制，强化教育防范。以党委会、中心组等形式及时传达学习中央和国电集团有关党风廉政建设和反腐败工作部署。以“讲案例、学法规、划底线”为主题开展反腐倡廉基层行活动，用身边真实案例震撼思想、教育全体员工；为新入职员工赠送《履职忠告——公职人员清正廉洁读本》；组织国电能源全体员工收看反腐倡廉宣教片；购买发放了《十八大以来廉政新规定》《法律的故事》《身边的警示》等书籍；组织了国电能源院全体成员集中学习《准则》和《条例》，并进行考试测试；配合12月9日世界反腐败日，制作宣教海报；节假日等重要时间节点发送“廉洁从业提醒”邮件；印发《国电能源研究院2015年纪检监察工作要点》。国电能源院党委班子成员积极配合、聚焦中心、狠抓主业，有效地推动党风政风持续好转，为国电能源院和国电集团的健康、和谐发展提供强有力的政治和纪律保证。

企业文化 坚持企业文化引领，营造有利于优秀人才健康成长、专心干事的良好氛围，努力将国电能源院员工队伍建设成一支团结奋进的和谐团队，为中心工作保驾护航。时时关心员工生活，把他们的冷暖放在心上，对家庭生活中遇到的问题，及时给予关怀和解决。同时，工会为增强员工体质，激发工作活力不定期开展各类文体活动。通过活动的开展，在全院营造健康成长、团结和睦、专心干事的良好氛围。

（刘 凯）

【国电科学技术研究院】

单位概况 国电科学技术研究院成立于2008年10月22日，在国电环境保护研究院和中国国电集团安全生产技术服务中心的基础上组建。国电科学技术研究院与国电环境保护研究院实行一套人马、两块牌子的管理模式，是中国国电集团公司直属科研单位。

国电科学技术研究院拥有电力工程调试单位能力资格等级、特种设备检验检测机构核准、CMA计量认证、工程咨询甲级、环境影响评价甲级、环境工程设计甲级以及环保工程总承包、安全评价咨询、环保设施运营等资质证书，是国家高新技术企业。国电科学技术研究院是中国电机工程学会环境保护专业委员会、电力行业环境保护标准化技术委员会、中国电力企业联合会节能环保分会的挂靠单位。主办在国内外公开发行的《电力科技与环保》期刊。

2015年，国电科学技术研究院完成营业收入14.77亿元，实现利润1.44亿元。

技术服务 落实五项评价计划。全年完成了对30家火电（含2家综合评估）、13家水电厂的技术监督评价，18家火电、13家水电、44家风电企业的安全性评价，10家火电厂的节能评价，24家火电厂的环保评价或脱硫脱硝超低排放专项检查，10家火电厂的煤炭采制化评价。完成了对55家电厂液氨系统的安全评估，对13家电厂安全文明生产标准化的现场督导和16家电厂的组织验收工作。完成日常技术支持与服务539项，解决了双鸭山电厂220kV绝缘子裂纹、范坪电厂汽轮机轴位移大、荆州电厂2号机定子线棒击穿、谏壁电厂锅炉大口径三通裂纹、大武口电厂2号炉飞灰大渣可燃物含量高等问题和缺陷。纠正了当地电科院对吉林热电厂9号机转子匝间短路的错误判断。注重问题整改，闭环管理，五项评价整改率达到70%以上。采用供热抽汽蝶阀、凝结水节流参与负荷调节新技术，实施了东胜2号机组控制系统优化，AGC各项性能指标均得到明显提升。对华蓥山电厂、宝鸡第二电厂主变压器绝缘事故深入进行了技术分析，提出了防范措施，开展了全部主变压器油色谱普查分析工作，对参数异常的变压器进行了重点监督。

推进技术监督工作。补充了各技术监督站电气等专业仪器设备。完善了“技术监督信息平台”，推出了设备台账、对标分析等模块，通过了国电集团的验收。加强了基础工作，建立了电测、热工、化学标准实验室，压力表、功率表等13项标准检定项目通过了国家计量局等机构的考核认证。2015年增加了对谏壁、石嘴山等电厂的技术监督，负责技术监督机组容量达3132万kW，较试点电厂增加2000万kW左右。深化了服务，完成了宝鸡第二电厂、荆州等电厂的水平衡测试，彻底摸排了取水、用水、排水情况，提出了优化用水结构分级利用方案。在做好在役电厂技术监督工作的同时，开展了对吴忠电厂基建项目全过程全部专业，汉川、乐东等电厂项目金属专业的技术监督，发现了乐东电厂汽轮机叶片裂纹等重大设备缺陷。

实施新机调试和机组大修试验。经申请取得了电源工程类特级调试单位资质，全年完成了乐东电厂1、2号机组，泰安电厂2号机组和无锡蓝天电厂2台燃气—蒸汽联合循环机组调试工作，做到了一次启动成功，乐东电厂1号机组创造了372天最短工期并网的国内最好成绩。密切与电厂沟通，全院协同完成了31台火电机组大修煤耗查定试验，对庄河电厂2号机组、丰城电厂2号机组等5台机组进行了优化运行试验，降低煤耗2g/kWh以上。完成了谏壁、常州等30多家电厂超低排放环保检测工作。完成了泰安电厂1、2号机组等6台新建机组性能考核试验。开展了对织金等火电建设项目质量监督检查和哈密、泰安等电厂项目的精细化检查验收工作。

环评业务覆盖全国。环科所采取事业部制运作模式，加强绩效考核，调动了技术人员的积极性，尽管受到审批权限下放的不利影响，收入利润仍稳中有升。火电环评业务发挥了品牌优势，保持稳定；电磁环评、环境监理业务和三同时业务继续拓展，承接了第一批西藏电信13个市县基站环境影响评价工作，开展了海南三沙市数字移动通信基站工程环评，环评业务首次实现在国内各省份的全覆盖。

加强煤检技术服务工作。开展了对82家火电企业存查煤样的监督抽查工作，全年分6期抽查了956个入厂、入炉煤样，经对每个样品发热量、硫分、挥发分、灰分等4个指标的严格检测复核，确认电厂化验数据的误差、发热量偏高超差引起了国电集团及各分子公司的高度关注，经指标比较关联分析，查找了原因，每期发出监督抽查通报，提出整改措施，对东胜、范坪等20多家企业进行了现场指导，后期抽查的指标准确度有了较大提高。开展了对23台全自动制样机、133台机采装置的性能试验，解决了滦河电厂全自动制样机灰分偏倚大等问题，有力保障了燃料智能化管理系统建设顺利进行。

开展节能减排可研咨询。开展了300MW级亚临界机组综合升级改造技术研究，编制了谏壁电厂2×330MW机组升级改造可行性研究报告。利用技术优势，完成了双鸭山等58个电厂的环保设施提效和超低排放可研工作。根据委托，完成了安顺电厂3号机组升级改造等国电集团1000万元以上技改项目以及铜陵、大开等电厂水处理项目评估工作。

完成培训任务。按计划完成了煤检人员上岗取证培训班5期，值长培训班5期，安全管理及安全文明生产标准化培训班5期，环保管理培训班3期，燃料智能化管理培训班2期，精细化培训班1期。针对连续发生的主变压器绝缘损坏事故，为加强设备管理，提高电气和化学技术人员的故障分析诊断水平，举办了4期变压器油中溶解气体分析诊断技术培训班。全年培训2119人次。通过精心组织，充分准备，深入讲解，互动交流，切实提高了参培人员的技术水平，深受欢迎。

科技研发 获批建设企业国家重点实验室。2015年9月，国电科学技术研究院申报的“清洁高效燃煤发电与污染控制国家重点实验室”被科技部批准为第三批企业国家重点实验室，标志着国电科学技术研究院研发平台建设迈上了更高的台阶，为争取国家科技项目、开展研发工作打下了扎实的基础。基本完成了国家环境保护大气物理模拟与污染物控制重点实验室建设，扩建了5000m³/h（标况）烟气量活性焦硫硝汞脱除实验室，技术装备水平和研发能力达行业领先水平。

承担国家、省级政府资助项目数量创新高。“大容量火电机组高效梯级供热技术开发及工程示范”获批国家科技支撑计划，“二次细颗粒物主要前体物监测仪器开发和应用”“电磁超声无损检测设备开发和应用”列入国家重大科学仪器设备开发专项，“大中型火电空冷机组高效利用低品位余热系统技术研究”获批北京市科委成果转化资助计划，“燃煤锅炉烟气污染物超低排放技术示范工程”列入江苏省环保科研计划。

完成重点课题研究。国家863计划课题“燃煤电站低温多污染物综合控制技术研究”，中试脱硫效率达96%～98%，脱硝效率达76%～80%，脱汞效率达90%以上，达到了预期的目标。国电集团重点课题“防止空气预热器堵塞的SCR脱硝系统优化技术研究”，开发了一套优化喷氨分布减少氨逃逸、空气预热器在线高压水清洗防治技术，并在大同电厂9号机组开展了试验，减缓堵塞、节约厂用电成效明显。国电集团重点课题“燃煤电厂水资源分级利用技术路线的研究”，提出了分级利用、分类处理、充分回用的方案，通过了评审验收。

2015年获得各类知识产权102项，其中发明专利15项，实用新型专利57项，外观设计专利10项，软件著作权20项。“燃煤氮氧化物排放与控制”获中国环境保护科学技术一等奖。“湿式静电除尘技术研究及应用”获国电集团科技进步一等奖。

科研成果应用 扩大技术应用范围。主动参与竞争，“基于热能梯级利用原理的热电联产供热技术”成功中标应用于山西兴能发电有限公司一、二期供热改造项目。应用导电玻璃钢湿除技术，完成了对谏壁电厂11、12号机组及榆次电厂1号机组等10台机组技术改造；应用脱硫提效技术，完成了对丰城3、4号机组及红雁池1号机组的改造，烟气排放均达到了超低排放标准。

推进产品升级换代。研发出第三代高频脉冲电源，首批产品在宝鸡第二电厂、谏壁等电厂试用成功，提高了除尘效率，降低了能耗，减少了PM2.5排放。“超低排放气态污染物监测仪器”测量精确度和稳定性高，检测下限低，填补了国内空白。研发出燃料智能化管控系统，成功用在丰城、大开等8个EPC项目上。研发出煤炭全自动制样机，指标性能优良。

推动产品销售使用。加大了营销力度，研制的多种金属检测仪器，包括微型裂纹检测仪、底片扫描仪、智能手电、卷尺内窥镜、履带爬行器、管道蠕动机器人等，适应生产需要，市场销售业绩稳定向好，检测仪器在榆次电厂1号机组大修、肇庆电厂2号机组氧化皮检测中发挥了重要作用。

“双提升”工作 精心策划，制定方案。根据国电集团“双提升”工作总体部署和综合产业“双提升”的具体要求，结合实际，制定了实施方案。与服务、科研、生产工作密切结合，与西安热工研究院有限公司和华电电力科学研究院对标，查找了与对标企业在管控能效、资产经营与优化、技术监督与服务、科技创新、安全与质量等5个方面存在的差距和瓶颈问题。提出了营业收入、技术监督和服务工作计划完成率、科技项目完成率等7个对标指标，制订了2015～2017年工作目标。

理顺关系，调整机构。国电科学技术研究院与国电环境保护研究院实行两块牌子、一套人马的管理模式，存在产权、财务关系复杂，资金管控风险，资质维护困难，人工成本、管理费用分摊不准等问题，遵照国电集团领导调研指示以及审计整改意见，经反复研究，提出了业务机构整合方案，将国电环境保护研究院并入国电科学技术研究院，撤销、划转与发展方向不符的机构，方案经国电集团董事长办公会审议通过。经优化，二级机构由26个减为21个，理顺了管理，加强了主业，清晰了盈利模式。2015年年底，基本完成了股权划转、资质转换、保险变更、工商登记等工作。按照国电集团部署，成立了财务共享中心。

加强宣传，推进依法治企。制定了法制工作新五年规划实施方案，利用院网站、协同办公系统、宣传橱窗、手机短信等载体，开展了《劳动法》《安全生产法》《合同法》《计量法》等与企业经营有关法律法规的宣传学习。邀请法律专家举办了“国有企业领导法治思维与法律方法之养成”“劳动用工管理”等4场法律专题讲座，增强了法律意识。修订了《投资管理办法》《招投标管理办法》，严格规范了招标、采购工作，全年完成公开招标项目134个，无投诉事项。

积极探索，建立市场机制。在北京国电蓝天节能科技开发有限公司和南京电力设备质量性能检验中心建立了董事会、监事会制度，北京国电蓝天节能科技开发有限公司选聘了职业经理人，应用现代企业制度加强管理、明晰权利义务，促其自主经营，自我发展壮大。

强化管理，提高效率。加强了科技项目管理，对在研项目进行了梳理，合并、取消了部分项目，重新安排了工作计划，按季督促，计划内项目除个别项目延期外，均在2015年底完成了验收结题。完善了信息系统，强化了安全措施，修改办公流程40多个，新增流程12个，投用CA安全认证系统，开通了办公系统和远光财务系统移动审批；建设了项目管理一体化平台，党建、人资模块上线运行。提升了档案管理水平，修订了文件材料归档范围和档案保管期限表，升级了档案信息化系统，收集整理归档了多年积累下来的基建、科技、咨询等项目档案。充分利用高新技术企业所得税优惠政策，2015年共减免税额1215万元。

严守红线，确保安全。安全监察人员和项目负责人，加强了对节能减排工程、机组调试现场、院内技改项目的安全管理，明确责任，细化措施。针对发现的从业人员防护、特种作业、临时用电、危险化学品管理、便携式工器具使用、防火防爆等方面的问题，及时发出整改通知，提出工作要求。全年未发生生产人身伤害和设备损坏事故。

集中管控，压降八项费用。认真落实国电集团巡视、党风廉政建设“两个责任”专项检查、审计等整改要求，遵守制度，规范管理。强化预算刚性，对部门和项目费用实施预算控制，两审三把关，超支超标不报。车辆集中管理调度，取消院领导公务用车，理顺了全院车辆产权使用关系，杜绝了公车私用和单位混用。跟踪审计，聘请专业审计公司每季度对院本部及所属单位内控制度的建立和执行情况、“三公”经费等八项费用支出是否符合规定等事项开展审计。2015年，全院八项费用7153万元，其中：业务招待费同比降低61%，车辆使用费同比降低66%，会议费同比降低36%。

党群工作　加强组织建设。严格按照《党章》和上级要求，召开党代会，做好院党委换届工作，选举产生了第二届党委和纪委。根据各单位党员人数和区域分布情况，新设立3个党委、3个党总支，党支部由10个增加为27个。制订了党建工作考核办法、党建政工工作年度评价办法、党组织负责人抓党建工作述职评议考核制度，认真开展了考核工作。工会、共青团开展了特色活动，“单银忠劳模工作室”入选国电集团首批劳模创新工作室，“火电厂烟气脱硝氨逃逸监测关键技术及设备研发”项目获国电集团首届青年创新创效成果一等奖。

开展“三严三实”专题教育。精心组织，院处级及以上干部认真参加了“三严三实”专题教育，学习了《党章》、十八大及十八届各次全会精神、习近平总书记重要讲话，开展了专题学习研讨，查找整改了不严不实问题。改造了领导办公室，面积符合规定。

廉政建设常抓不懈。认真落实党风廉政建设党委主体责任和纪委监督责任，严格执行“三重一大”集体决策制度，签订了《党风廉政建设责任书》，举办了预防职务犯罪专题讲座，定期为中层及以上领导干部发送廉洁短信，对全部招标项目进行了监督检查，对举报案件，认真调查、走访取证、依规处理。

实施惠民工程。持续实施补充医疗保险，增加了体检项目。提供员工培训学习机会和锻炼舞台，坚持实施了取得硕士博士学位补助政策和获得科技成果奖励制度。大修浦口院区，改善了办公、生活、文体活动的环境。关怀劳动模范和困难职工，定期慰问，给予补助。

【水电水利规划设计总院】

单位概况 水电水利规划设计总院（简称水电总院）的历史可追溯到1950年成立的燃料工业部水力发电工程局、1953年成立的水力发电建设总局和1954年成立的水电建设总局勘测设计局，1956年成立的电力部水力发电建设总局设计院、1957年成立的北京水力发电设计总院（1958年水利电力部勘测设计总局）。

2002年，国家组建中国水电工程顾问集团公司（简称水电顾问集团），主要成员有北京、西北等7个设计院，咨询公司、中国水电顾问有限公司共9个单位，1个事业单位：国家电力公司水电水利规划设计总院。水电总院作为水电顾问集团直接管理的事业单位，负责归口管理全国水电等可再生能源行业技术管理和设计审查工作，与水电顾问集团总部合署办公。

2011年9月，根据国家对电网主辅分离改革及电力设计、施工企业一体化重组方案，组建中国电力建设集团有限公司（简称中国电建）。同年11月，水电总院与水电顾问集团分离，由中国电建直接管理，生产经营、相关职能管理人员于2012年分开，独立运作，为中国电建所属事业单位。

2014年7月，为了进一步深化体制机制创新，更好地服务于政府和支持电建集团技术发展，中国电建决定水电总院和水电顾问集团下的咨询公司进行重组，并于2015年初完成重组。

水电总院受国家有关部门委托，承担着行业规划、技术管理、工程验收、质量监督、标准制定和政策研究等工作，并受托管理可再生能源（水电、风电、潮汐发电）定额站，水电、风电安全设施竣工验收，国家可再生能源发电工程质量监督总站，国家可再生能源信息管理中心；是国家能源局设立的16个能源研究咨询基地之一；同时，承担管理着水电、风电行业标准化技术委员会（组）共8个。

水电总院以水电、风电、太阳能光伏发电等专业配备齐全的高级技术人才队伍为支撑，在水电、风电、太阳能光伏发电建设领域发挥着不可替代的作用，为中国水电、风电、太阳能光伏发电等事业的兴旺发达做出了重要贡献。

领导班子 2015年1月，中国电建调整了水电总院领导班子，领导班子成员11人，郑声安为院长、临时党委副书记，彭程为临时党委书记、副院长，李昇、王忠耀、顾洪宾、袁建新、龚和平、彭土标、易跃春为副院长，毛璐为临时党委副书记、临时纪委书记、工会主席候选人，彭才德为总工程师。

2015年5月，水电总院党员大会和工会会员代表大会相继召开，选举郑声安、彭程、李昇、王忠耀、顾洪宾、袁建新、龚和平、彭土标、易跃春、毛璐为党委委员，其中彭程为党委书记、郑声安为党委副书记，毛璐为党委副书记、纪委书记、工会主席。

2015年12月，中国电建再次调整了水电总院领导班子，何忠为党委副书记，毛璐不再担任党委副书记。水电总院领导班子成员增加至12人。

组织机构 截至2015年年底，水电总院正式员工234人。设职能部门8个，分别为院长办公室、人力资源部、党委工作部/工会办公室、计划发展部、财务资产部、技术质量安全部、纪委办公室/监察审计部、科技标准部；业务部门14个，其中，以专业建设为主的业务部门5个，分别是规划部、水工部、施工部、地质部、机电部；以经营管理为主的业务部门4个，分别是安全验收部、工程质量监督总站、水电业务部、国际业务部；经营管理与专业建设并重的业务部门5个，分别是环境保护部、水库经济部、工程造价部、新能源部、信息数据中心。临时机构2个：流域协调办、院级项目部。下属法人单位2个：中国水利水电建设工程咨询有限公司、《水力发电》杂志社。国家级、行业级挂牌机构5个：国家水能风能研究中心、国家水电工程技术研发中心、水电工程质量监督总站、国家可再生能源定额站、国家可再生能源信息管理中心。

水电总院具有教授级高工职称的113人，占48%，具有副高职称的54人，占23%。具有硕士及以上学位的92人，占40%，超过九成的员工具有大学本科以上学历。

主要经济指标 2015年水电总院完成新签合同金额35 700万元，实现营业收入32 160万元，利润总额5565万元，分别完成计划目标的102%、100%和100%，圆满完成2015年各项经营指标。

改革发展 2015年，为贯彻中国电建关于深化改革的总体部署，结合水电总院工作实际，推进水电总院内部机构改革和体制机制创新，为水电总院转型发展注入全新动力，水电总院加强了战略顶层设计，持续推进改革重组。

2015年，全面完成水电总院与咨询公司的整合重组工作，整合以后水电总院的经营规模明显扩大，核心能力进一步加强，产业链更加完善，也为服务质量的提升和经营范围的拓展创造良好条件。加强顶层设计，基本完成院“十三五”战略修编，围绕行业发展要求和趋势，结合自身能力与优势，提出了水电总院发展规划纲要，并在此基础上，按照水电总院发展目标的要求，提出了人力资源规划、科技发展规划、信息化规划、企业文化规划等职能规划和业务发展规划，初步建立了较为完整的战略规划体系。同时深入优化调整组织架构，以战略、市场和业务三大目标为导向，深入推进内部机构改革，完成了水电总院和咨询公司两个法人单位的组织机构设置和部门职责编制工作；根据业务和市场发展需要，加快推进二级机构改革步伐；完成了定额站组织架构，设立定额分站；完成了新能源部和信息数据中心的二级机构建设调整工作，按照管控要求明确职责定位。

结合自身特点，水电总院加快建立健全企业管理标准体系和管理制度，重新梳理经营管理体系，初步建立了项目管理体系，进一步完善绩效管理体系，初步建立了预算管理体系，启动了知识管理体系建设工作，全面加强选人用人工作、畅通人才发展渠道，加强内部信息化建设，建立风险管理与内控体系，积极稳妥推进企业文化建设，扎实推进三标一体化建设，认真开展安全生产和节能减排、环境保护、职业健康三项业务管理工作。

经营管理 针对水电总院与咨询公司整合以后经营管理模式的重大变化，开展经营管理办法修订工作，建立以《经营管理办法》为总纲，以其他系列文件为支撑，实行分类管理、分级管控、广泛参与的经营管理模式，进一步规范了总院经营管理流程和思路。

2015 年水电总院持续推动高端营销，积极开展对国家有关部委、省级政府部门、重要企事业单位的一系列拜访、会谈。水电总院主要领导带队与国家能源局能源节约和科技装备司、四川省发展改革委、四川省扶贫移民局、青海省发展改革委、河北省能源局、云南省能源局、西藏自治区发展改革委等政府部门及中水电海外投资有限公司、中国华能集团公司、中国长江三峡集团公司、黄河上游水电开发有限责任公司、雅砻江流域水电开发有限公司、金沙江上游水电开发有限公司、国电大渡河公司、中国南方电网有限责任公司等企业进行拜访会谈，进一步明确了简政放权背景下促进水电新能源业务发展的合作思路；与西藏自治区发展改革委、中国水利水电第十四工程局有限公司、华电福新能源有限公司等单位签署了战略合作框架协议。

重大项目 国内方面，为配合开展“十三五”能源、电力和可再生能源发展规划等战略研究，水电总院完成了黄河上游（湖口至尔多）河段水电规划审查，积极推进新疆准东、四川凉山州、张家口三期风电场，山西大同、青海海南州和海西州太阳能发电，内蒙古、黑龙江垦生物质能制气示范区等大型新能源基地的规划建设；依托大气污染和特高压外送通道规划配套新能源跨区外送，包括哈密、晋北、锡盟、宁东等风光火打捆外送基地；建成了国家能源局可再生能源发电项目信息管理系统平台，承接了河北省、西藏自治区等省级可再生能源平台、哈密地区综合能源基地和大同采煤沉陷区国家先进技术光伏发电示范基地信息公共服务平台建设工作。并且，承担工程设计审查 213 项、验收工作 45 项、工程质量监督 74 项、技术咨询工作 177 项、安全鉴定工作 56 项以及“十三五”重点推进的重大水利工程中的 11 个项目的投资咨询评估工作。

走向海外 为响应国家能源电力“走出去”战略，推动“一带一路”战略的实施，水电总院主动与国家发展改革委、能源局、外交部等单位进行对接，主动承担了“一带一路”建设能源合作专项规划、中巴经济走廊能源规划、孟中印缅经济走廊能源合作研究、中缅电力合作规划、2030 能源生产和消费革命战略研究，成功举办了第二届东亚峰会清洁能源论坛等工作，与国际能源署 IEA、国际可再生能源署 IRENA 等国际组织，以及丝路基金、国家开发银行、国家进出口银行等金融机构开展交流合作，不断拓展国际技术服务市场。

科技创新 为切实提升总院核心竞争力，水电总院把科技创新摆在战略发展的核心位置。水电总院依托中国电建技术中心总部的平台开展了大量工作，包括政策研究、标准体系研究、规划、项目咨询、信息化建设、国际项目技术服务以及安全应急技术创新战略联盟平台建设等在内的 7 项具体工作。

党群工作和企业文化建设 2015 年，水电总院通过“务实”“创新”全面推动党的“五大建设”。确立党建工作理念：“以三条主线为统领和目标，运用好各个载体，打造好两个平台，突出强调‘小而精’，切实推动党建工作接地气，与经营发展深度融合”。“三条主线”是：以思想、组织、制度、作风和反腐倡廉五大建设为重点，建立良好政治生态；以企业精神、人文关怀和市场形象建设为重点，建设优秀企业文化；以推动转型升级、落实战略为重点，创新平台和载体，找准工作切入点，提升党建工作效果，增强党建价值创造。“两个平台”：一是学习平台，二是思想交流与人文关怀平台，着力打造“学习型、服务型、创新型”党组织。“载体”是：党内集中学习教育活动；党委中心组学习；小党课促大党建活动；水电总院大讲堂；知识管理；企业文化建设；党团日活动；干部联系群众制度和部门工作会商机制，等等。

水电总院完成了《总院企业文化诊断报告》《十三五企业文化建设规划》等基础工作，企业文化建设对水电总院市场形象、品牌影响、高端营销氛围影响力初步呈现。

（马　伟　张　妍）

【电力规划设计总院】

单位概况 电力规划设计总院（电力规划总院有

限公司，简称电规总院），隶属于中国能源建设集团有限公司（简称中国能建），是中国能源建设股份有限公司发起人之一。

电规总院是国家能源局重要的技术和研究咨询支撑单位。2009年以来，国家能源局在电规总院设立了国家电力规划研究中心、能源行业设计标准化技术委员会、国家700℃超超临界燃煤发电技术创新联盟秘书处、电力工程造价发布牵头单位、国家能源局研究咨询基地等5个机构。

作为国家级高端咨询机构，电规总院主要面向政府部门、金融机构、能源、电力及相关行业企业提供服务，主要业务领域是能源及电力行业产业政策、发展战略、发展规划、高新技术等课题研究，电力工程项目评审、评估和咨询，科研标准化等工作，具有国家发展和改革委员会认定的电力工程项目评估资格。

国家能源局依托电规总院成立了国家电力规划研究中心，为国家能源主管部门制订和实施电力发展战略、政策和规划等提供全面的技术支持和咨询服务，下设战略、规划、信息、发电、电网等5个研究所，以及东北、华东、中南、西北、西南、华北、南方等7个区域分中心。

经国家能源局批准，电规总院成为中国能源领域行业标准化管理机构之一，对电力规划设计相关标准制定工作行使管理职责，并负责能源行业电力系统规划设计、发电设计、电网设计、火电和电网工程技术经济专业共4个标准化技术委员会的日常管理及标准立项、报批等工作。

作为中国电力规划设计行业的“国家队”，电规总院在各主要业务领域均处于国际一流、国内领先水平。近十年来，完成了中国中长期电力需求发展趋势研究、全国电力工业发展规划、西电东送规划研究等重大规划研究课题200余项，为电力行业科学发展做出了重要贡献。承担了煤电节能减排升级行动计划、电力体制改革等上百项重大产业政策研究，一批研究成果已被政府部门采纳或作为制定相应产业政策的支撑性研究成果。开展了特高压交直流输变电技术、智能电网技术、高参数大容量火力发电厂设计技术、核电设计技术、节能环保技术等科研创新工作，拥有上百项技术专利和发明成果，相关成果在工程实践中得到广泛应用。组织和承担编写了近200项国家标准和行业标准，在能源行业电力规划设计标准化工作中发挥着主导作用。

领导班子

院长、党组副书记：谢秋野

党组书记、副院长：梁政平

副院长、党组成员：孙锐

党组成员、纪检组长、副院长：徐小东

党组成员：万明忠

总工程师、党组成员：赵锦洋

组织机构 电规总院设有院长工作部、人力资源部、财务管理部、计划发展部、科技信息部、规划研究部、发电工程部、电网工程部、技术经济部、信息技术中心（北京洛斯达科技发展有限公司，简称洛斯达公司）。

企业战略及体制改革 在结合内外环境变化以及电规总院自身发展需要的基础上，一是成立了国际业务部、政策研究室、核电处、智能电网处、配电网处等专业部门，内部组织结构调整取得新进展。二是完成《电规总院中长期战略规划》（2013年版）的修编工作，将围绕“能源智囊，国家智库”一个战略定位，强化业务转型与创新发展、市场拓展与品牌运作、能源大数据分析与研究、核心人才队伍培养与建设、运营管理与整合资源等五大核心能力，推进客户群体多元化，结构调整与价值链延伸，组织与运营体系调整，人才培养与服务意识转变四项战略转型，推动企业实现创新发展。

人力资源 截至2015年底，电规总院在职员工238人，其中教授级高级工程师83人，高级工程师90人，中级及以下38人，拥有各类注册师比重47%，博士85人，硕士68人。拥有全国工程勘察设计大师2人，享受政府特殊津贴专家4人，特级专家9人，专家10人，青年专家19人。

生产经营 2015年，电规总院加强市场开拓，精心组织生产，经营业绩稳步增长，综合实力快速提升，圆满完成各项生产经营目标。开展高端咨询111项，开展常规咨询评审700余项，签订合同总额4.52亿元，完成计划指标的113%；实现营业收入4.02亿元，完成计划指标的103%；实现利润总额2138.20万元，完成计划指标的119%。

重点工作

（1）全国电力工业发展“十三五”规划研究。为贯彻党的十八大全会精神，确保中国电力工业健康可持续发展，2014年年初以来，受国家能源局委托，电规总院全面承担了全国电力工业发展“十三五”规划研究工作，陆续完成了26项重点专题研究报告及全国“十三五”电力规划研究报告初稿。

（2）全国“十三五”能源规划咨询。国家能源局规划司委托电规总院牵头，中国煤炭工业发展研究中心、中国石油经济技术研究院、中国石化经济技术研究院、水电水利规划设计总院、国网能源研究院、中国科学院过程研究所等单位共同开展“十三五”能源规划咨询工作。到地方有代表性的能源企业调研，参与“十三五”能源发展规划前期重大课题的中间检查；主动开展多项专题研究，编写了“能源‘十三五’规划重大问题的初步考虑”等多个汇报材料，对能源需求预测、石油和天然气开发利用、煤炭开发利用、煤电发展、核电、可再生能源、电力输送通道、能源科技、能源体制改革等重大问题进行了科学论证，为能源规划的编写打下了坚实的基础。在编写阶段，完成了“十三五”能源规划基本思路的编制工作，分析了当前能源发展面临的形势，研究了“十三五”能源规划的总体思路，提出了“十三五”期间能源发展的重点任务。

（3）“十三五”风电和光伏发电电力输送与消纳规划研究。电规总院受国家能源局委托，为中国可再生能源规模化发展项目（CRESP）二期项资助项目。该项目是国家制定新能源“十三五”发展规划的重要支撑研究课题之一，其成果是确定“十三五”风电、光伏发电发展规模的重要决策依据。内容主要包括风电、光伏发电的出力特性、消纳能力、输送规划及布局优化等方面的研究。

（4）福建福清核电厂5、6号机组全范围评审。受中国核工业集团公司委托，电规总院于2015年5～12月首次承担并完成福建福清核电厂5、6号机组工程初步设计全面评审工作。

（5）太阳能光热发电项目咨询评审。2015年2月2～4日，电规总院在河北省石家庄市组织召开了中信张北2×50MW太阳能热发电项目可行性研究报告审查会。2015年10月电规总院与天津滨海光热技术研究院有限公签订了咨询服务合同，为阿克塞50MW槽式太阳能热发电项目及其高温熔盐光热发电试验平台提供全过程技术咨询服务。开展国家能源局太阳能热发电示范项目评选、青海省太阳能热发电选址规划等高端咨询业务。

（6）准东—华东±1100kV特高压直流输电工程评审。

（7）淮南—南京—上海1000kV交流特高压输变电工程苏通GIL管廊工程评审。

（8）《中国电力技术经济发展研究报告》。2015年3月电规总院、电力工程造价与定额管理总站联合启动了《中国电力技术经济发展研究报告》的首次编制，2015年11月对社会各界进行发布。该报告是反映年度电力技术经济发展状况的综合性刊物，以国家和电力行业统计数据为依据，对中国上一年度的电力技术经济工作进行了总结，对下一年度及今后的工作做出了展望。

（9）2013、2014年投产电力工程项目造价发布及2015年典型电网工程投资成效监管工作。2015年3月，受国家能源局市场监管司委托，电规总院汇同水电水利规划设计总院继续开展2013、2014年投产电力工程项目造价情况分析工作。统计分析项目范围为2013、2014年内投产的火电工程、水电工程（含抽水蓄能）、风电工程、光伏发电工程、110～750kV输变电工程及特高压交、直流输电工程，工程造价包括概算及决算数据。2015年10月初完成数据整理工作，2016年5月形成报告终稿。

（10）核电出口项目经济分析方法研究。2014年10月，受国家能源局委托，电规总院开展了《核电出口项目经济分析方法研究》的课题工作。课题组通过实地调研与集中编制，于2015年2月完成报告初稿；2015年3月，中国核电技术装备“走出去”产业联盟召开了课题研讨会，课题组综合各产业联盟单位广泛讨论的建议完善了报告内容，并于月底通过课题审查，完成终稿。

（11）煤电规划建设风险预警研究。2015年8月受国家能源局委托，开展了煤电规划建设风险预警研究工作，2016年3月完成工作。

（12）建设国网新疆电力公司大数据智库。建设内容包括大数据展厅、工作业务平台和管理决策智库三部分，项目由洛斯达公司负责实施，第一阶段工作于2015年1月1日开始建设，2015年12月正式投运。

（13）举办2015年（第二届）全国电网技术交流会。11月24～25日，由电规总院、中国电力规划设计协会、国家电力规划研究中心联合主办的2015年（第二届）全国电网技术交流会隆重召开。国家能源局、中国电机工程学会、中国电力规划设计协会、国家电网公司、南方电网公司、中国电建、内蒙古电力（集团）有限责任公司等单位领导出席了会议。

（14）参股的中国能建在香港联交所主板上市。12月10日，中国能源建设股份有限公司成功在香港联合交易所主板上市。电规总院作为上市发起人之一和股东单位之一参加了此次上市仪式，见证了中国能建在联交所成功上市这一重要时刻。

（15）深入开展“管理提升年”活动。发展战略规划完成滚动更新，对企业未来发展做出了全局性、长远性和系统性的安排；完成了122项管理标准和制度的编制发布，基本建立起结构完整、理念先进的现代企业管理制度体系；开展专业技术人员职业发展通道和激励机制完善方案研究，搭建起科学合理的人才培养平台；建设了全面预算管理信息系统，切实推进降本增效；完成了内部控制体系建设并全面开展了试运行工作，提高了风险管控水平；开展了考核机制建设，明确了考核指标体系和业绩考核要求；成功获得工程咨询单位资格证书（甲级）和电力行业工程造价咨询资质（电网甲级、发电甲级），通过工程造价咨询企业甲级资质平移审核；完成高新企业证书申报及公示工作；建立起质量管理体系，并顺利通过中电联

（北京）认证中心的认证。

安全质量环保工作 安全生产。2015年，未发生任何火灾、交通、安全生产事故，实现了“零死亡、零伤害、零事故”的安全生产目标，安全生产形势总体良好，下属单位北京洛斯达科技发展有限公司获得中国能建安全生产先进单位，3名员工获中国能建安全生产先进个人荣誉称号。成立以法人为第一责任人的安全生产委员会，制定《安全生产管理办法》等一系列管理制度和《火灾事故应急预案》等一整套专项应急预案；组织新《安全生产法》等国家法律、法规的宣贯，提升全体职工安全意识；开展消防安全培训，结合“11·9”全国消防日，组织开展消防演习和疏散应急演练，提高单位整体应急救援能力；组织召开2015年安全生产工作会议和“两大安保”工作专题会，配合政府和公安机关做好重大活动和节假日期间的安全维稳工作，为抗日战争胜利70周年纪念活动和北京2015年世界田径锦标赛营造良好氛围，为企业形象增光添彩；按照政府部门和中国能建要求，开展安全生产大检查、安全生产活动月、打非治违等专项活动，做好办公区域安全管理和应急值守工作。

环保工作。2015年，未发生任何环境责任事件；未发生任何环境污染事故；完成中国能建下达的环境保护和节能减排工作指标；三废排放控制满足相关标准要求；固体废物处置及时率100%，2名员工获得中国能建环境保护和节能减排先进个人荣誉称号。成立以法人为第一责任人的环境保护和节能减排领导小组，制定《环境保护和节能减排管理办法》等管理制度；组织召开2015年环境保护和节能减排工作会议；积极开展新《环境保护法》等国家法律、法规的宣贯；策划“六·五”世界环境日和全国节能宣传周等专项活动；做好日常水、电、油的消耗统计工作。

科技发展与创新 开展科研、标准化项目82项，参加的国家科技支撑计划项目“二次再热机组热力系统优化与集成”通过专家验收，牵头组织的“700℃超超临界机组汽轮机铸锻件和高温管道及管件研制实施方案”获得国家能源局批准立项，完成主编、参编技术标准报批稿14项。获得发明专利5项、实用新型专利7项、软件著作权20项，发表技术论文40余篇。获科技奖及工程奖30余项，其中“大气污染防治行动计划重点输电通道研究论证”获2014年度全国优秀工程咨询成果奖一等奖；“±800kV云广特高压直流输电工程项目后评价报告”获2014年度全国优秀工程咨询成果奖二等奖；“2011～2012年投产电力工程项目造价情况”获得中国建设工程造价管理协会颁发的第四届优秀工程造价成果一等奖。“火电工程限额设计参考造价指标（2012年水平）及相关重大专题研究”获2015年度中国电力科学技术奖三等奖。

共完成科研项目18项，“700℃超超临界燃煤发电技术研究”“电力规划的节能减排研究”等重点研究项目均已取得阶段性成果；获得各类科技进步奖以及工程奖共计30多项，其中“大型燃煤电厂设计技术研究与应用”获中国电力科学技术一等奖，“大气污染防治行动计划重点输电通道研究论证”获全国优秀工程咨询成果奖一等奖；获得“太阳能发电与火力发电复合的汽轮发电机组及实现方法”等5项发明专利，“一种脱除烟气中多种污染物的系统及锅炉”等7项实用新型专利，火力发电工程经济评价软件等20项取得软件著作权；发表技术论文40余篇。

2015年获得国家能源局42项电力设计行业标准立项，首次编制太阳能热发电行业标准；开展电力设计行业大纲审查12项、送审稿审查12项、报批24项、出版36项，电力规划设计行业标准化体系不断完善。

信息化建设 组织编写了《“十三五”信息化规划》，编制并发布了7项信息化管理办法，进一步加强了信息化工作的统筹性和规范化。按计划启动了新公文处理系统、全面预算管理信息系统、新邮件系统的建设并于当年上线运行，完成企业内网改版升级和近10个在用信息系统的正常运维，企业信息化水平不断提高。增强了集中采购量和基于中国能建电子采购平台的采购管理，保证了计算机类设备与服务采购的阳光透明。加固了基础网络和基础软硬件设施建设，保障了全年网络和信息系统的正常运行，未发生重大安全事故，未发生失泄密事件。

国际合作与交流 先后参与了中美、中俄、中澳、中蒙等政府间能源合作机制；与蒙古国能源经济研究院等机构签订了战略合作协议；参加第九届中日节能环保综合论坛和第八届中日联合委员会会议，受邀加入中日联合委员会；作为委员单位参加了国际能源署洁净煤中心第63届执委会会议、第七届洁净煤技术国际交流会议等活动。完成了中国出口信用保险公司承保的巴基斯坦塔尔煤田Ⅱ区2×33万kW煤电站项目咨询服务，在电规总院“中巴经济走廊”能源规划成果基础上，实现了首个煤电咨询项目的落地，也是电规总院与金融机构合作开拓海外电力市场的重要里程碑。所属企业洛斯达公司先后开展了“巴基斯坦默蒂亚里—拉合尔±660kV输电线路工程”海拉瓦辅助路径优化项目、“巴西美丽山二期直流输电线路工程”的信息化服务和施工管理服务工作、坦桑尼亚400kV输电线路工程航空摄影及外业工作，中标“约旦国家能源信息管理系统”项目。

党建工作、工会工作和职工队伍建设 成立中共电力规划总院有限公司委员会，完善党委领导班子配备，调整党支部及支部委员设置，完成与中国电力工程顾问集团有限公司机关党委的党务管理工作交接，先后编制印发12项制度和《党员手册》，健全党建工作体制机制。通过党委中心组学习、授课培训、知识答题、专栏推广等方式，学习贯彻党的十八届四中、五中全会精神及习近平总书记系列重要讲话精神，贯彻执行上级重大决策部署，推进“三严三实”专题教育工作，落实党风廉政建设和反腐败“两个责任”，取得了显著成效。创建企业微信公众号“电规总院”，推广企业品牌，提升企业影响力。

发挥工会职能，维护职工合法权益。推进工会组织建设，建立健全制度体系，开展职工慰问帮扶、互助互济、文体活动，组织多次职工代表临时会议，切实维护职工合法权益，保障职工参与管理和监督的民主权利。

加强职工队伍建设，打造精英化人才梯队。强化干部教育培训，组织中层干部参加管理能力培训；组织开展青年职工座谈会和“复兴之路”参观学习活动，向中国能建推荐优秀青年和集体，9人获得中国能建“青年岗位能手”称号，1个班组获得中国能建“青年文明号”；服务管理离退休职工，落实相关政策和待遇。组织开展2015年度先进集体和先进个人评选工作，发挥先进典型的示范带动作用。

文化建设 开展企业文化建设，构筑员工精神家园。宣贯中国能建企业文化，编制《员工手册》和《企业文化规划（2016～2020）》，开辟在线“道德讲堂”专栏，铸就文化共识，增强归属感。

加大企业宣传力度，树立企业品牌形象。强化行业主流媒体宣传，在《中国能源报》《中国电力报》《中国能建周刊》等行业主流媒体上发表多篇文章，提升企业影响力；创建企业微信公众账号，发布消息200余条，提高了业内外人士对电规总院工作的关注度；修订企业宣传画册，推广传递企业形象。

【中国水利水电科学研究院】

单位概况 中国水利水电科学研究院（简称中国水科院）是以水利水电公益型研究和应用技术科学研究为主，面向全国的专业齐全的综合性科研机构，是全国水利水电科学技术研究的中心。它着重解决水利、水电建设中的重大关键技术问题，承担行业基础和应用基础研究及新技术、新成果的推广。

主要研究领域包括水文水资源、水环境与生态、防洪抗旱与减灾、水土保持与江湖治理、农村水利、水力学、牧区水利、河流水库泥沙、新型建筑材料、岩土工程及地基加固、工程抗震、遥感、高效水轮机及水泵、电站计算机监控和水情测报自动化系统、电站通信及自动化设备、火电核电站冷却水及环境、试验仪器及水利史研究等方面。同时还进行水利水电工程经济、环境问题的咨询及评估、工程安全监测及缺陷处理、工程安全鉴定、工程监理等。

中国水科院是国家“水利工程”一级重点学科单位，设有8个硕士、8个博士学科授予点，并设有2个一级学科博士后流动站。拥有4个国家级中心：国家节水灌溉北京工程技术中心、国家能源水能高效利用与大坝安全技术研发中心、国家农业灌排设备质量监督检验中心和国家水电可持续发展研究中心。

中国水科院具有国家核准的安全评价机构资质证书、工程咨询资格甲级证书、水文、水资源调查评价甲级、建设项目环境影响评价甲级、编制开发建设项目水土保持方案资格甲级、建设工程地震安全性评价许可甲级、监理队伍资质甲级、设计乙级、施工贰级资质证书，以及通过国家质量监督检验检疫总局的计量认证。

目前在职人数1438人，其中中国科学院、中国工程院院士6人，高级工程师、教授共有701人。具有博士、硕士学位300余人。固定资产6亿元，具有国内外先进水平的大型试验设备有：三维六自由度震动试验台、450gt土工离心试验机、大型减压厢、高精度水力机械试验台等大型设备120台套，水力学、冷却水、泥沙、岩土、结构与材料、抗震、水利、水力机械、计算机监控、水情测报、调速器等综合试验室32座，科研设备总值近1亿元。

中国水科院与国外著名科研机构、高等院校以及国际上重要的学术团体有广泛的交流与合作。国际泥沙研究培训中心（IRTCES）、国际大坝委员会（ICOLD）中国委员会、中国灌排委员会（ICID）中国委员会、国际水利与环境工程学会（IAHR）中国委员会、全球水伙伴（GWP）中国委员会、世界泥沙研究学会（WASER）中国秘书处、世界水土保持协会（WASWAC）秘书处等均挂靠在中国水科院。

领导班子

院长：匡尚富

党委书记：曾大林

副院长：贾金生、杨晓东、刘之平、胡春宏、汪小刚

纪委书记：夏连强

组织机构 职能部门有院办公室、党委工作部门、院工会、人事劳动教育处、科研管理与规划计划处、国际合作处、财务与资产管理处、监察与审计处。科技研究所（中心）有水资源研究所、水环境研究所、水利研究所、工程抗震研究中心、岩土工程研究所、泥沙研究所、水力学研究所、水电可持续发展研究中心、牧区水利科学研究所、国家重点实验室筹建办、减灾中心。综合事业部有综合事业部办公室、

离退休干部处、研究生部、标准化中心、图书学报部。科技企业有中水科总公司、中水科信（网络中心）、中水科技公司、天津水利电力机电研究所、中水科海利公司。后勤企业有北京爱德服务总公司、北院综合管理小区、南院综合管理小区、门诊部、安全管理委员会、试验基地管理部。

主要工作

1. 科研创新收获新成绩

一是争取项目签订新合同。争取国家科技支撑计划、国家自然基金、公益类行业专项等重大纵向项目，及地方水利水电重大工程建设等横向项目，全年新签合同总额 11.59 亿元，其中纵向合同总额 2.29 亿元；横向合同总额 9.30 亿元。

二是科研创新取得新成果。加强重大项目研究，注重科研质量，2015 年共提交研究报告 478 份、发表论文 566 篇、出版专著 52 部、授权专利 116 项、制修订标准 18 项。创新成果获得省部级以上奖励 25 项，其中国家奖 4 项。

三是重点研究取得新进展。加强前瞻性与战略性研究，代表性成果包括："国家智能水网框架设计""气候变化对旱涝灾害的影响及风险应对""非均匀悬移质不平衡输沙理论"。加强关键技术攻关，代表性成果包括："我国大型抽水蓄能电站建设关键技术研究""综合节水灌溉及优化配套关键技术""高坝水工抗震安全关键技术"。加强系统软件和产品研发，代表性成果包括："洪水风险图管理与应用系统""水电站计算机监控系统 H9000""混凝土坝数字监控系统""基于云技术的水利工程建设管理设计平台"。

2. 科技支撑发挥新作用

一是防洪抗旱减灾方面。承担"全国山洪灾害防治项目""全国重点地区洪水风险图编制项目"，新编制《区域旱情等级》，举办《抗旱预案编制导则》宣贯培训。

二是水生态文明建设方面。协助落实最严格水资源管理制度；负责完成国家水资源监控能力建设项目通用软件和中央平台应用系统研发与实施；负责编制《水生态文明城市建设评价导则》；参与编制《河湖生态保护修复规划技术导则》《河湖水系连通技术指南》。

三是农业节水灌溉方面。加强高标准农田水利工程建设与管理模式研究，完成各类节水灌溉设备检测报告 200 余份；发布《牧区草地灌溉工程项目可行性研究报告编制规程》等地方标准 5 项。

四是农村饮水安全方面。全程参与农村饮水安全专项检查与技术指导，参与复核偏远地区"十二五"末农村饮水不安全人口，编制《全国农村饮水提质增效"十三五"规划》。

五是重大工程建设方面。围绕 172 项重点水利工程建设，研究提出淮河蚌埠以下河道、黄河下游河道等整治方案建议；承担广西大藤峡、江西峡江、西藏拉洛水利枢纽及配套灌区工程等关键技术支撑；承担了一系列重大水利水电工程运行管理安全监控、隐患排查与除险加固及工程建设关键技术攻关与技术支撑等任务，保障工程建设与运行安全。

3. 人才队伍获得新增强

一是人才队伍结构不断优化。新招聘高学历应届毕业生 23 人，引进博士后或有海外经历的科技人才 19 人。

二是高层次人才不断增多。2 人入选国家百千万人才工程、1 人入选科技部中青年科技创新领军人才、1 人入选中组部万人计划青年拔尖人才，新增教授级高工 30 人、高级工程师 47 人，加强了水利部 5151 人才选拔等。全院现有院士 6 人、百千万工程国家级人选 11 人，高级工程师以上共有 701 人，形成了以院士领衔、高层次高水平专家牵头、中青年科技骨干为主的科研队伍。

三是干部队伍素养不断提升。2 名处级干部和 4 名科技干部参加援藏和定点扶贫、7 名处级干部参与轮岗任职、16 名 32 岁以下的年轻干部跨单位交流，新选拔聘任处级干部 11 人，增强了中层领导干部队伍。

四是研究生质量不断提高。加强新招学生的专业面试和优秀学生奖励，新招硕士和博士研究生共 71 人，新进站博士后 21 人，生源质量不断提高；注重教育质量，加大激励力度，提高培养质量，授予硕士和博士学位 58 人。

4. 科研条件取得新提升

一是加强科研平台建设。"流域水循环模拟与调控国家重点实验室"成为第一个由行业科研院所作为依托单位建设的评估获得优秀的国家重点实验室。中国水科院形成了 1 个国家重点实验室、2 个水利部重点实验室、32 个院级实验室组成的试验平台体系；4 个国家级工程中心、8 个水利部部级中心、13 个研究所、4 个科技企业组成的研发机构平台体系。

二是加强试验基地建设。延庆试验基地的工程力学综合试验厅、水资源与水土保持工程技术综合试验厅、自动控制与仿真试验大厅已基本建成，即将投入使用；大兴试验基地的水力学、江河泥沙、节水灌溉、水力机械试验大厅等在应用中不断完善，承担完成重大科研任务，大型高速水流减压箱、水力机械实验平台等规模和功能均居国内领先、国际先进水平；牧区试验基地的风洞试验室通过验收，居国内行业领先水平，一批野外试验基地也为科学研究提供了有力支撑。

三是加强仪器设备升级改造。“大型土工离心机升级改造及试验研究平台建设”项目建议书获得国家发展改革委批复；“高性能大型地震模拟振动台建设”完成前期调研，项目建设书已提交水利部；新购置一批先进的水文、水环境、水生态、泥沙、土工、结构材料、遥感等仪器设备及计算机软件等完成验收、投入使用，科研试验能力与精度显著提升。

四是加强信息化建设。持续加强网络基础设施建设与安全运行维护体系建设，建立了高性能计算集群，计算速度为12.26万亿次/s，存储系统裸容量配置56.88TB，聚合带宽达到3GB/s以上，计算能力显著提高；开发建设了全国山洪灾害防治、全国重大水利工程、全国中小河流治理项目等多个基础数据库。

五是加强专业资质建设管理。中国水科院再次成为具有承担国家发展改革委委托投资咨询评估任务的咨询机构，提升了中国水科院在国家重大项目咨询评估领域的重要地位；新通过了高新技术企业资格认定，为中国水科院加快科技成果转化、促进科技创新等提供了新的条件；顺利通过了ISO 9001质量管理体系认证监督审核，工程检测中心通过国家计量认证复查现场评审，工程咨询甲级资质、水利工程质量检测甲级资质、大中型水闸安全评价等专业资质为争取项目提供了重要保障。

5. 对外发展扩大新空间

一是稳定机制加强交流合作。与中国电建等新签订了合作协议3项、与国（境）外机构新签署了合作协议6项，共计与32家国内相关单位、32家国际组织或机构签订了长期稳定的合作协议。派遣专家142人次出访30个国家和地区，接待14个国家和地区的来访共200人次，国际影响不断扩大。

二是搭建平台促进交流合作。承办了全国水力学、泥沙、自动化、水利工程渗流等全国性学术会议和水安全高端学术论坛8个，承办了第七届世界水论坛专家团工作及多个分会场、第五届河口海岸国际研讨会、第七届碾压混凝土坝国际研讨会等10个，促进国内外交流、提升学术水平；承办的《水利学报》《中国水利水电科学研究院学报》《泥沙研究》等国内期刊5份，《国际泥沙研究》《国际水土保持研究》国际期刊2份，办刊质量逐年提升、影响不断扩大，《水利学报》连续14年荣获“中国百种杰出学术期刊”，还成功入选中国科协首次设立的精品科技期刊TOP50项目；院学报由季刊改为月刊，并入选中文核心期刊要目。

三是依托组织促进交流合作。国际水利与环境工程学会北京办公室正式成立、推动世界水土保持学会完成登记并承担秘书处工作，中国水科院现承担了世界泥沙学会、世界水土保持协会、国际大坝委员会、国际灌排委员会等8大涉水组织秘书处工作，还加入了世界水理事会和世界水电协会，不断扩大国际影响，促进交流合作。

四是承担项目促进交流合作。利用世行、亚行、UNDP、UNEP、UNESCO及国家国际科技合作等渠道，积极承担政府间科技项目，中德、中澳合作项目进展顺利，开展了中芬、中瑞、中法等合作项目。

6. 党建工作得到新加强

一是强化理论武装。重视理论学习，举办党委中心组（扩大）学习会、举办各类培训班，与党中央保持高度一致。

二是强化主题活动。深入开展“三严三实”专题教育，筑牢党员干部思想防线。

三是强化“两个责任”。加强过程监督与重点事项严密监督检查，坚决维护党纪政纪的权威性、严肃性。

四是强化精神文明。中国水科院首次荣获“首都文明单位标兵”，保持了“全国文明单位”和“全国水利文明单位”等荣誉称号。

主要事件

4月12日，第七届世界水论坛在韩国大邱召开。韩国总统朴槿惠出席了论坛开幕式并致辞。中国水科院副院长贾金生率水利专家团参加学术交流活动。

5月19～21日，2015世界水电大会在北京召开。中国水科院与中国水力发电工程学会、中国长江三峡集团公司和中国大坝协会联合承办。

5月19日，院长匡尚富会见来华出席2015世界水电大会的国际水电协会主席肯·亚当斯和执行主任里查德·泰勒，双方就加强交流与合作进行了会谈。

5月22日，法国电力集团发电与工程部高级副总裁、国际水电协会副主席让·弗朗索瓦·阿斯托非一行访问中国水科院，就开展深入合作进行了会谈并签署了合作备忘录。

6月16日，第12届中国水科院与韩国建设技术研究院（KICT）双边研讨会在中国水科院召开。

7月7日，中国水科院与中国电力建设集团有限公司正式签订科学技术合作框架协议。

7月29日，中国水科院与法国电力集团（EDF）召开项目启动视频会议。

8月26日，由中国水科院主办的《中国水利水电科学研究院学报》被《中文核心期刊要目总览》（第七版）评为“中文核心期刊”。

10月27日，院长匡尚富、副院长刘之平出席在上海召开的第十九届海峡两岸水利科技交流研讨会。

11月27日，中国水科院被国家发展改革委授予委托投资咨询评估任务咨询机构。

12月4日，中国水科院“流域水循环模拟与调控国家重点实验室”在科技部“2015年数理和地学领域国家重点实验室评估处理结果”为优秀。

（安晓滨）

【华北电力大学】

单位概况 华北电力大学占地面积97.928 3万m²，学校产权校舍建筑面积104.146 0万m²。固定资产总值318 223.08万元，其中，教学、科研仪器设备资产值68 383.45万元。图书馆建筑面积36 932m²，藏书238.503万册。全年教育经费投入174 782.88万元，其中，国家拨款90 594.63万元，自筹经费84 188.25万元。学校拥有计算机16 809台，网络多媒体教室345间，信息化设备资产值23 486.01万元，网络信息点26 011个，校园网出口总带宽7000Mbit/s，电子邮件系统用户28 742个，上网课程98门，数字资源量483 463GB，管理信息系统数据总量20 750GB。

学校设有直属学院10个，教学部2个，另设有国际教育学院、研究生院、继续教育学院、艺术教育中心和工程训练中心；开设本科专业63个；拥有一级学科博士学位授权点5个和二级学科博士学位授权点30个，一级学科硕士学位授权点23个和二级学科硕士学位授权点123个；博士后科研流动站5个，其中博士后研究人员出站20人，进站17人和在站45人。

学校拥有国家级重点学科2个、省部级重点学科25个，国家重点实验室1个，国家工程试验室1个、国家工程技术研究中心1个、教育部重点实验室2个、教育部工程技术研究中心1个、北京市重点实验室7个、北京市工程技术研究中心2个，另有北京市哲学社会科学研究基地1个。

2015年，学校有教职工2922人，其中，专任教师1801人，包括教授396人、副教授621人；博士生导师217人、硕士生导师893人；中国工程院院士2人、双聘院士5人。“千人计划”专家10人，国家“万人计划”科技创新领军人才1人，“万人计划”青年拔尖人才支持计划1人，国家教学名师获得者1人，“长江学者”特聘教授6人、国家有突出贡献专家7人。获国家“杰出青年科学基金”资助人员7人，入选国家“百千万人才工程”人员9人，“973计划”首席科学家5人，教育部“新世纪优秀人才支持计划”40人。外籍教师6人，均为教授。

2015年，学校毕业生13 996人，其中，学历教育学生中全日制研究生2212人（博士生146人、硕士生2066人），普通本专科生5215人（本科生5215人，专科生0人），成人教育本专科生5115人（本科生3451人、专科生1664人）。在职人员攻读硕士学位1185人。外国留学生269人。本科毕业生就业率97.45%。研究生就业率98.3%。招生11 992人，其中，学历教育学生中全日制研究生2539人（博士生200人、硕士生2339人），普通本专科生5476人（本科生5476人，专科生0人），成人教育本专科生2302人（本科生1714人、专科生588人）。在职人员攻读硕士学位1467人。外国留学生208人。在校生49 984人，其中，学历教育学生中全日制研究生7938人（博士生1110人、硕士生6828人）、普通本专科生21 852人（本科生21 852人、专科生0人），成人教育本专科生12 808人（本科生8677人、专科生4131人）。在职人员获取硕士学位7016人。外国留学生370人。学校网址：www.ncepu.edu.cn。

领导班子

党委书记：吴志功

校长：刘吉臻

党委副书记：张金辉、李双辰、郝英杰

副校长：张金辉、安连锁、杨勇平、孙平生、孙忠权、王增平

纪委书记：李双辰

党委常委：吴志功、刘吉臻、张金辉、安连锁、李双辰、郝英杰、杨勇平、孙平生、孙忠权、张天兴

二成果获国家科技奖 2015年1月9日，2014年度国家科学技术奖颁奖大会在北京举行。华北电力大学2项科技成果获奖。刘吉臻教授为第一完成人、华北电力大学为第一完成单位的“大型超超临界机组自动化成套控制系统关键技术及应用”项目获国家科学技术进步二等奖。该项目通过自主创新，在大型超超临界机组复合建模理论与状态重构技术等方面取得重大突破，项目申请发明专利60项，其中已授权专利20项；获软件著作权46项；发表SCI收录论文22篇，EI收录论文23篇。项目先后通过科技部、国家能源局、中国电机工程学会组织的项目验收和技术鉴定。李成榕教授作为第三完成人、华北电力大学为第二完成单位参与的“气体绝缘装备特高频局部放电检测关键技术及其应用”项目获国家技术发明奖二等奖，这也是学校首次获得国家技术发明奖。项目获授权发明专利18项、实用新型6项及软件著作权1项；发表SCI论文49篇，EI论文185篇；研发的SF_6气体绝缘装备绝缘状态在线监测装置得到广泛应用。

一“973”项目获批 4月，国家科技部公布国家重点基础研究发展计划（“973计划”）2015年项目，以华北电力大学杨勇平教授作为首席科学家申报的项目“燃煤发电系统能源高效清洁利用的基础研究”获批准立项。该项目面向国家能源领域的重大需求，组织华北电力大学、西安交通大学、浙江大学、清华大学、华中科技大学及中科院物理所等国内一流的科研单位和团队，围绕燃煤发电能耗和污染物的发生机

理、分布规律和相互作用机制凝练科学问题，从单元、过程和系统耦合的角度，发展高参数燃煤发电全工况高效热功转换、能源梯级利用和污染物协同控制的新理论、新方法，将力争在燃煤发电系统高效利用关键技术上取得突破。2009～2013年期间，杨勇平团队承担完成国家燃煤发电领域第一个“973计划”项目“大型燃煤发电机组过程节能的基础研究”并获得国家科技进步二等奖2项。此次项目获批是该校在燃煤发电领域首次获得“973计划”的连续支持，是该校基础研究和原始创新能力提升的重要标志。

刘吉臻当选中国工程院院士 12月7日，中国工程院公布2015年中国工程院院士增选结果，华北电力大学刘吉臻教授当选为中国工程院能源与矿业工程学部院士。刘吉臻，1976年毕业于华北电力学院热工测量及其自动化专业，1982年本校发电厂工程专业研究生毕业后留校任教。1989年和1994年在加拿大皇后大学（Queen's University）作高级访问学者和访问教授。担任“新能源电力系统国家重点实验室”主任，“973计划”项目首席科学家。刘吉臻是中国著名的火力发电控制专家，长期从事大机组建模、检测、控制理论与技术研究，带领团队攻克行业发展面临的多项关键技术难题，取得具有开创性、系统性的研究成果。2004年成功研发国内第一套大型火电厂监控信息系统，2011年成功研发国内最大容量1000MW超超临界机组成套控制系统，2013年成功研发世界首台600MW超临界循环流化床机组控制系统。研究成果在工程中得到广泛应用，取得显著社会经济效益。刘吉臻获国家科技进步二等奖两项（排名第一），省部级科技进步奖4项。出版学术著作5部，发表SCI论文32篇，EI论文118篇。获授权发明专利17项。培养了博士研究生36名，硕士研究生68名。

主要工作

1. 开展“三严三实”专题教育，推进党建和宣传思想工作

按照中央统一部署和上级有关要求，学校开展“三严三实”专题教育，以“纪律严、标准高、制度实”为要求持续深入推进党的思想建设和作风建设。针对党风廉政建设方面可能存在的问题和隐患开展自查自纠，并对工作重点开展了监督检查和专项治理。学校全面加强和改进新形势下宣传思想工作，11月，与北京大学等兄弟院校成立了北京市“中国特色社会主义理论大众化和国际传播”协同创新中心。

2.《华北电力大学章程》获批核准

6月26日，教育部印发《中华人民共和国教育部高等学校章程核准书第71号（华北电力大学）》文件，正式通过《华北电力大学章程》，标志着学校现代大学制度建设取得新进展。学校将以大学章程为依法自主办学、实施管理和履行公共职能的基本准则和依据，按照建设中国特色现代大学制度的要求，完善法人治理结构，健全内部管理体制，依法治校、科学发展。

3. 推进一流学科建设，编制“十三五”发展规划纲要

根据全国教育事业发展“十三五”规划编制工作的统一部署和教育部具体要求，学校历时半年时间编制《华北电力大学“十三五”发展规划纲要》。“十三五”规划以一流学科为统领，以创新发展为主线，以人才培养为中心，以队伍建设为抓手，以综合改革为保障，落实大学章程，提升治理能力，增强服务水平，积极推进学校内涵发展、转型发展、创新发展、特色发展。

4.《华北电力大学综合改革方案》获准备案并开始实施

11月6日，国家教育体制改革领导小组办公室正式复函学校，同意对《华北电力大学综合改革方案》予以备案，标志着学校综合改革从方案编制转入方案实施新阶段。该方案着力解决改革发展过程中的突出问题，重点推进人才培养模式、科研机制、劳动人事制度、治理结构和治理体系等领域的改革，初步构建起系统完备、科学规范、运行有效、具有华电自身特色的治理体系，为学校今后五年乃至更长一段时间的改革发展提供行动指南。

5.“大人才”战略取得新进展

学校探索教师分类评级体系建设，激发各类人员的内生动力，形成人才聚集和学术领军人才脱颖而出的氛围。李永平教授与毕天姝教授同时入选2014年国家创新人才推进计划，王祥科教授入选全球2015年高被引科学家，徐进良教授和李永平教授入选2014年中国高被引学者榜单，李永平教授获“中国青年女科学家奖”。学校对72名处级干部进行国际化专题培训，选派近50多名青年教师出国研修，不断提高人才的学术水平、业务能力和国际化视野。

6. 一批国家重大研究课题立项和验收通过，科研经费5.85亿元

杨勇平教授为首席科学家的“973计划”项目、张兴平教授为首席专家的国家社科基金重大项目以及姚建曦教授牵头的国家“863”计划课题获批立项。陆道纲教授和牛风雷教授参与国家重大专项项目研究。王晓东教授和徐超教授分别获得国家自然科学基金委“国家杰出青年科学基金项目”和“国家优秀青年科学基金项目”立项资助。刘吉臻教授、崔翔教授等负责的国家自然科学基金重点项目等10项重点科研项目和人才项目以“优秀”成绩通过验收。学校新增一个“111引智基地”项目，总数增至5个，排在

全国高校前列。2015 年学校科研总经费再创新高，达到 5.85 亿元。

7. 高水平科技成果质量和数量实现双丰收

学校科研成果获得各类省部级以上科研奖励 31 项，其中一等奖 7 项。黄国和教授与唐振武教授 3 篇 Letter 论文在 *Nature*、*Science* 等高水平期刊上发表。3 篇论文入选 2014 年中国百篇最具影响力的国际学术论文和最具影响力的国内学术论文。2014 年学校被中国科技论文引文数据库（CSTPCD）收录论文 1520 篇，被科学引文索引扩展版（SCI）收录论文 649 篇，在全国高校中排名前进 10 名。

8. 生源质量和人才培养质量持续提升

2015 年录取分数线大幅度提升，学生各类获奖级别和数量显著增多，生源质量再创历史新高。学生在国际商业模拟竞赛“PEAKTIME”全球总决赛、全国大学生数学建模竞赛、大学生电子设计竞赛、美国国际大学生数学建模赛、“挑战杯”全国大学生课外学术科技作品竞赛中均获优异成绩，获奖项目超过 368 项；多项绿色电力扶贫公益创新项目受到国家的资助和表彰。“电力经济管理虚拟仿真实验教学中心”入选国家级虚拟仿真实验教学中心。7 月份，入选“全国高校实践育人创新创业基地”。

9. 学校产学研合作亮点纷呈

学校与山西大学签署战略合作协议，双方在学科建设、人才培养、科技创新、合作交流及资源共享等领域开展战略合作。围绕智能电网、电力体制改革等重点领域，学校与珠海市政府谋划开展包括珠海研究院、智能电网科技园等“三位一体”校地合作项目。学校作为发起单位成立“中国国际新能源应急产业创新联盟”和“中国电谷第三代半导体产业技术创新战略联盟”，参加“中国电谷智能电网装备产业技术创新联盟”。学校国家大学科技园成为“保定·中关村创新中心”首批合作伙伴。

主要事件

1 月 9 日，2014 年度国家科学技术奖颁奖大会在北京举行。华北电力大学 2 项科技成果获奖。刘吉臻教授作为第一完成人、华北电力大学为第一完成单位的“大型超超临界机组自动化成套控制系统关键技术及应用”项目获国家科学技术进步二等奖。李成榕教授作为第三完成人、华北电力大学为第二完成单位参与的“气体绝缘装备特高频局部放电检测关键技术及其应用”项目获国家技术发明奖二等奖，这也是学校首次获国家技术发明奖。

1 月 16 日，华北电力大学李永平教授获第十一届中国青年女科学家奖，这是该奖项创办以来学校首次获奖。

2 月 6～10 日，华北电力大学共派出 171 支参赛队参加 2015 年美国国际大学生数学建模竞赛，北京校部 50 支参赛队，获一等奖 10 项，二等奖 18 项；保定校区 121 支参赛队，共获一等奖 12 项，二等奖 55 项。此外，由保定校区机械系教师何玉灵指导，计科 1203 班王炜康、机械 1202 班徐达、工商 1201 班张知秋等三名学生组成的参赛队获 2015 年美国大学生数学建模竞赛（MCM/ICM）国际特等奖提名奖（Finalist）（MCM 全球前 22 名），这是学校学生参加美国国际大学生数学建模竞赛以来获得的最高奖项。

3 月 17 日，华北电力大学—罗克韦尔自动化实验室揭牌。该实验室的成立将推动工程教育改革、培养具有工程实践能力和创新精神的高级工程技术人才。

3 月 18 日，“中国电谷智能电网装备产业技术创新联盟”成立大会在保定电谷国际酒店召开。产业联盟首批发起单位共 30 家，华北电力大学既是联盟发起单位，也是联盟技术委员会单位。产业联盟的建立，将进一步发挥优秀企业的带动作用，实现校企之间合作共赢。

3 月，科技部下发《关于国家重点基础研究发展计划 2015 年项目立项的通知》（国科发基〔2015〕63 号），以华北电力大学杨勇平教授作为首席科学家申报的项目“燃煤发电系统能源高效清洁利用的基础研究”获批立项。

4 月 13～14 日，中国—欧盟研究及创新伙伴计划启动。该计划主要资助欧盟的博士、博士后和学者赴中国高校及科研院所开展高水平科学研究，从而建立和加强欧盟科研界同中国研究机构和院校的长期战略合作关系。华北电力大学入选的计划有可再生能源、能效及城市可持续能源解决领域，杨勇平教授为项目总负责人。

4 月 18～19 日，700℃超超临界燃煤发电关键技术国际研讨会在华北电力大学召开。会议由华北电力大学和德国斯图加特大学 MPA Stuttgart 主办，国家 700℃超超临界燃煤发电技术创新联盟协办。会议由华北电力大学徐鸿教授和德国斯图加特大学卡尔·麦勒教授（Prof. Karl Maile）共同组织发起，旨在分享欧盟和中国在 700℃等级超超临界燃煤发电技术中关键技术问题的研究进展和高温材料特性方面的研究经验和成果。

4 月 26 日，由华北电力大学作为首席科学家单位，西安交通大学、清华大学、浙江大学、中国科学院工程热物理研究所和华中科技大学共同承担的国家重点基础研究发展计划（“973 计划”）项目“燃煤发电系统能源高效清洁利用的基础研究”启动。

6 月，教育部公布第七批 158 门国家精品视频公开课名单，华北电力大学经管学院教师赵洱岽的《沟通的力量》入选。至此，学校已有 2 门国家精品视频公开课。

7月14日，党委书记、教育基金会理事长吴志功与中电联控股有限公司董事局主席吕小康签署捐赠协议，中电联控股有限公司将1000万元人民币及其公司10%的股权（价值1000万元人民币）捐赠给学校教育基金会，用于支持学校的发展建设。

7月20日，教育部公布50家“全国高校实践育人创新创业基地”入选名单，华北电力大学入选。

7月29日，大航控股集团有限公司向华北电力大学教育基金会捐赠人民币1000万元和价值600万元股权，捐赠款主要用于支持学校新能源微电网领域的发展建设。捐赠协议由党委书记、教育基金会理事长吴志功与大航控股集团有限公司董事长薛军共同签署。

8月29日，创新中国行之保定站——中国电谷·智慧能源创新峰会在保定·中关村创新中心举办。峰会由保定国家高新区管委会、华北电力大学、中关村软件园联合主办。

8月，以徐进良教授为首席科学家的国家重点基础研究发展计划（“973计划”）项目“锅炉低温烟气余热深度利用的基础研究”课题验收会议在华北电力大学召开。专家组认为，项目初步形成烟气余热利用理论、方法与技术，解决了若干技术难题，在学术上具有重要意义，推动相关交叉学科的发展，若干技术具有推广应用价值，项目的6个课题通过验收。

9月21～22日，华北电力大学推荐的“基于光伏沼气互补发电装置的开发”项目获首届“协鑫杯”大学生绿色能源科技创新大赛一等奖。

9月，华北电力大学与山西大学在太原签署战略合作框架协议。根据协议，双方将紧密围绕山西能源电力产业发展需求及山西大学发展的实际需要，开展能源电力学科领域的战略合作，在学科建设、人才培养、科技创新、合作交流及资源共享等重点领域，建立长期稳定的合作机制，积极推进全方位深层次的广泛合作。

10月17～18日，第四届IET可再生能源发电国际会议（4th Renewable Power Generation Conference, RPG2015）在华北电力大学召开。会议由IET主办，华北电力大学承办。刘吉臻教授出席并做主旨发言，从新能源电力系统的定义、特征出发，结合中国“富煤、贫油、少气”的电源结构，提出大力提升燃煤火电机组的弹性运行能力，并给出智能优化协调控制、凝结水节流、冷却工质节流、供热抽汽节流调节等解决方案，为规模化新能源电力的消纳奠定基础。鞠平教授、Bikash Pal教授、袁小明教授分别围绕可再生能源发电及其并网难题做大会报告。

11月3～7日，华北电力大学“核电站BAS/COC试验智能专家系统”获得第十七届中国国际工业博览会高校展区“优秀展品奖一等奖”，并获高校展区“优秀组织奖”。

11月16日，华北电力大学中欧可再生能源创新中心揭牌。

11月，华北电力大学能源动力与机械工程学院陈宏霞副教授和徐进良教授申请的发明专利“Internal Liquid Separating Hood Type Condensation Heat Exchange Tube（PCT专利号：PCT/CN2012/00274、美国专利号：13/984，659）”获美国专利局授权。

11月，华北电力大学能源互联网研究中心成立。该中心致力于整合校内外能源领域的优势科研力量，形成由经济管理、电气、能源与动力、可再生能源、信息与通信、人文社科等多学科、跨专业的科研团队，在科学研究、产业化和人才培养方面，对能源互联网的未来发挥重要的支撑作用。

12月7日，中国工程院公布2015年中国工程院院士增选结果，华北电力大学刘吉臻教授当选为中国工程院能源与矿业工程学部院士。

12月，国家教育体制改革领导小组办公室下发《关于同意〈华北电力大学综合改革方案〉备案的函》，并对学校认真组织实施提出具体要求，标志着《华北电力大学综合改革方案》完成制定工作，正式经国家批准备案，开始进入全面实施阶段。

（王振华）

【东北电力大学】

单位概况 东北电力大学位于吉林省吉林市，是吉林省重点大学，始建于1949年，是新中国建立的第一所电力工科学校，1958年定名为吉林电力学院，1978年更名为东北电力学院。原隶属电力部、国家电力公司，2000年起，实行“中央与地方共建，以地方管理为主”的管理模式，2005年学校更名为东北电力大学。2012年学校入选为国家“中西部高校基础能力建设工程”重点建设高校。

学校坚持以人才培养、科学研究、社会服务、文化传承与创新为己任，主动适应国家电力工业和吉林省的经济建设需求，形成了以电力特色为主，多学科交叉融合，较为完整的学科体系。学校共有15个教学院系，43个本科专业，涵盖了工、理、管、文、法、经、教育、艺术8个学科门类。学校是博士学位授权单位，有电气工程、动力工程及工程热物理2个博士学位授权一级学科，1个博士后流动站，有11个硕士学位授权一级学科，49个硕士学位授权二级学科，有吉林省优势特色重点学科6个，其中吉林省重中之重重点学科2个，有工程硕士（含7个授权领域）、体育硕士、翻译硕士3个硕士专业学位授权类别，具有硕士研究生推免权。学校现有全日制在校生近 19 000 人。

学校有教职工 1402 人，拥有高级职称人员 500 余人，其中中国工程院院士 1 人（双聘），国家万人计划第一批人选 2 人，全国杰出专业技术人才 2 人，国家级有突出贡献的中青年专家 3 人，新世纪百千万人才工程国家级人选 4 人，国务院政府特殊津贴获得者 33 人，国家级教学名师 1 人。拥有“教育部长江学者和创新团队发展计划”创新团队 2 个，国家级教学团队 2 个。

学校坚持教学工作中心地位不动摇，积极构筑并不断优化创新人才培养体系。现有国家级特色专业 5 个，国家级精品课程 4 门，国家级实验教学示范中心 2 个，国家级虚拟仿真实验教学中心 1 个，吉林省实验教学示范中心 10 个。“十一五”以来，学校获国家级优秀教学成果奖 3 项。学校是国家大学生文化素质教育基地、全国社会体育人才培训和科研基地，首批国家级工程实践教育中心建设单位，“卓越工程师教育培养计划”试点高校，国家级专业技术人员继续教育基地。

学校始终坚持“面向国家重大需求、积极服务地方经济社会发展”的科研方针，不断提高学术研究水平、科技创新能力。学校有国家地方联合工程实验室 1 个，国家大学科技园 1 个，省部共建教育部重点实验室、教育部工程研究中心在内的省部级重点实验室、研究中心、文科基地等 23 个，吉林省重大需求协同创新中心 4 个。近 5 年，学校承担包括国家 973 计划项目、863 计划项目、国家科技支撑计划项目、国家科技重大专项、国家重大科学仪器设备开发专项、国家自然科学基金重点项目等各级各类科研课题 1600 余项，取得了一大批高水平研究成果，获国家科技进步二等奖 2 项，省部级科研成果奖 108 项，为推动科技进步以及电力工业和地方经济建设与发展做出了重要贡献。

学校先后与美国、日本、英国、俄罗斯、韩国、德国等国的高校或科研机构开展了多种形式的科技和学术交流。1998 年获批培养外国留学生。2000 年，国务院学位办批准学校与美国犹他州立大学合作实施学士学位教育。2012 年，学校与英国史翠克莱德大学合作举办的电气工程及其自动化专业本科教育合作项目获教育部批准。2011 年，学校获批为国家留学基金委青年骨干教师出国研修项目实施院校。2013 年，经教育部批准成为中国政府奖学金来华留学生接受院校。

近年来，学校被授予全国文明单位、全国厂务公开民主管理先进单位、全国民族团结进步模范集体、全国模范职工之家、“全国毕业生就业典型经验 50 强高校”、吉林省先进基层党组织等荣誉称号。涌现出全国优秀科技工作者、全国职工职业道德建设先进个人、全国三八红旗手、全国优秀思想政治工作者、全国优秀党务工作者等一大批先进教师群体和以全国大学生自强之星标兵等为代表的优秀大学生群体。

“十二五”期间，学校以办人民满意大学，培养社会主义事业合格建设者和可靠接班人为目标，深入实施“人才强校、创新驱动、特色发展”战略，继续解放思想，与时俱进，开拓创新，为建设特色鲜明的高水平教学研究型大学而不懈奋斗。

领导班子

党委书记：李岩峰

校　长：李国庆

副校长：蔡国伟

纪委书记：吕海龙

副校长：王建国

党委副书记：王喜库

副校长：关晓辉

副校长：李忱（2015 年 12 月 31 日任）

教学改革与建设　学校始终高度重视教育教学改革与建设工作，2015 年以迎接教育部本科教学审核式评估为主线，以推进教学改革与建设“272”工程为重点，在广大干部师生的共同努力下取得了许多新成果。

顺利通过教育部本科教学工作审核评估，赢得教育部专家组高度评价和充分认可；举办了首届教师教学竞赛，获奖成绩与职称晋级直接挂钩，一等奖获得者享有职称晋级直通权，进一步激发了广大教师教学工作的热情，巩固了教学中心地位，在 2015 年职称评定中，通过教学竞赛，有 1 名教师由副教授直接晋升为教授，有 2 名教师由讲师直接晋升为副教授。创新作法得到中国教育报、吉林日报等媒体的集中报道。获批省教育科学“十二五”规划课题 17 项，省职业教育与成人教育研究课题 3 项；省品牌专业建设点 4 个，省级卓越工程师教育培养计划试点专业 3 个；获批国家级实验教学示范中心和国家级虚拟仿真实验教学中心各 1 个，省级人才培养模式创新实验区 3 个。全年参加科技竞赛学生数占学生总数近 50%，在国家、省级科技竞赛中获奖 203 项。

科技创新　学校贯彻落实“十二五”科研提升工程，突出学校学科特色与科研优势，进一步加强与相关高校、科研院所和政府企业间的学术交流与产学研合作。

科研项目获批层次、数量实现新提升。学校获批 973 计划资助项目 1 项，国家自然科学基金项目、国家社科基金项目等 21 项，获批省发展改革委、科技厅、教育厅等项目共 84 项。学校学报影响因子在所属类目期刊排名中由 2013 年的 240 位跃升至 2015 年的第 117 位；学校教师发表 SCI、SSCI、EI、CSSCI

论文377篇，授权发明专利27件，公开出版学术专著20部，一篇学术论文获能源与环境研究领域最权威的奖项——国际埃尼奖提名。科研平台建设取得新成绩。获批省级人文社科重点研究基地1个，吉林省高校创新团队4个，吉林省重大需求协同创新中心3个，“十二五”立项建设省高校重点实验室2个，获批中央地方共建、吉林省财政专项科研平台建设基金4805万元。主动服务吉林经济建设和行业发展。学校与国网吉林省电力公司联合建立“能源互联网联合创新研究中心”；在吉林市科技局组织的科技大市场成果发布会上，学校精选15项项目参加了技术交易大会；与江苏省姜堰经开区管委会、吉林经开区管委会签订校地合作协议等；学校结合创新创业新形势新要求，积极发挥国家大学科技园的作用。

学科建设和研究生教育 贯彻落实学校学科建设与研究生教育工作会议精神，以“学科建设创新工程”和“研究生教育质量提升工程”为主线，不断提升学校综合办学实力和核心竞争力。组织各学科研究制定“十三五”学科建设和发展规划；完成了2015年度省级优势特色重点学科、重中之重学科信息年报工作和“长白山学者”的遴选工作，一名教师被评为“长白山学者”特聘教授；进一步加强研究生教育培养工作，与广东电网公司签订合作建设研究生工作站协议，在吉林省优秀硕士学位论文评选中学校有14篇入选。

人才队伍建设 学校始终把师资队伍建设作为高水平大学建设的重中之重，坚定不移地贯彻落实“人才强校”战略，以人才引进工作为重点，同时加强对校内人才的培养，进一步提升了学校师资队伍建设水平。

2015年引进学科（学术）带头人等高层次人才4人，引进具有博士学位的青年教师49人。积极选派教师到国内外知名院校访学及参加各类专业学习和培训，选派140余名教师到国内外做访问学者、参加短期培训班、高级研修班、攻读博士后、参加学术会议等；开辟了青年教师的社会生产实践培训新渠道，选派50名青年教师赴国网技术学院进行了培训学习、50余名教师赴白山市浑江发电公司进行集中社会生产实践培训；并成功举办“教师入职暨新进教师培训月”活动。

获批“百千万工程国家级人选”1人、国家级“有突出贡献中青年专家”1人；吉林省第五批拔尖创新人才4人、长白山学者特聘教授1人。

学生教育管理 学校党委坚持将加强和改进大学生思想政治教育作为提升人才培养质量的关键环节，以培育践行社会主义核心价值观、实现立德树人根本目标为重点，扎实有效地推动各项工作的开展。

坚持青年思想政治引领，坚持创新育人、实践育人和文化育人相结合。一名学生被评为“全国优秀共青团员”，两名学生获得青少年科技创新省长奖，暑期“三下乡”社会实践获批国家级重点团队1支、省级重点团队10支，开展青年志愿服务、迷你马拉松公益挑战等活动51项。学风建设再上新台阶。举办“班风、班训、班规、班歌”展演活动，进一步加强了班风、学风建设；首次设立并实行学习进步奖学金制度，进一步激发了学生的学习热情；落实《大学生一年级教育管理工作目标实施方案》，强化新生入学教育工作。心理健康教育工作结硕果。学校心理教育与咨询中心荣获“全国大学生心理健康教育工作优秀机构”。学工队伍建设上水平。举办学校第五届辅导员职业能力大赛，在吉林省第三届高校辅导员职业能力大赛中获得优秀组织奖和个人优秀奖2项。

招生与就业 在本科第一批次招生的省份由从2014年的7个增加到10个，在所有招生省份中，录取分数超过当地批次录取控制分数线80分以上省份8个，录取平均分数超过当地一本线的省份有22个。2015届毕业生参加国家电网公司统一考试，进入国家电网公司的有904人，在全国高校（校区）排名第一；2015届4472名毕业生中，有52.6%的学生进入能源电力系统，2015年底就业率达到95%以上。

加强创新创业就业教育工作。召开了学校创业就业工作会议，出台了7个方面的文件；在吉林省高校中率先开设“社会企业创业启蒙”公共选修课；在中国“互联网+”创新创业大赛、吉林省第二届创业大赛中获奖十余项，获批吉林省全民创业基金资助50万元，吉林市就业局创业模拟实训场地建设资助10万元。

国际合作与交流 教师公派出国留学访学和学生出国留学人数创新高，留学生招生规模进一步扩大，管理和服务水平进一步规范，校际交流、中外合作办学和外国专家等方面工作稳步发展。一名外教荣获“吉林省优秀外国专家”荣誉称号，学校获批2个国家优秀本科生国际交流项目。

办学条件和服务保障 加强校园民生工程建设。2015年共投资6170万元完成省专项资助修缮项目15项，学校自立修缮项目16项，为师生营造了良好的工作学习生活环境；学校新建的46 000m^2的能源电力实验教学中心、42 396m^2的第四教学楼和新图书馆投入使用；投入近300万元，启动了校园部分区域景观区建设工程和第四期成树移植工程，校园新环境优美亮丽、秩序井然，得到广大师生、校友一致称赞，有力彰显了学校办学实力和管理水平。加强节约型校园建设与数字化校园建设。通过新型节能洁具和节能灯具更换，预计年节省电费20余万元；通过供水系统改造，节省电费及维修费20余万元，学校荣获“吉林省节约型公共机构示范单位”、吉林省第一批“节水型单位”，获得奖励资金10万元。校园一卡通项目建设实施中，通过整合社会资源，为学校节约经费200万元；无线网络建设覆盖校园全部公共区域，以信息化促进精细化管理，实现“让数据多跑路，师生少跑腿”，提升了管理效率。

党的建设 学校党委落实管党治党主体责任，不断丰富载体，增强基层党建，进一步提升党建科学化水平，学校党建工作经验得到吉林电视台《新闻联播》的报道。

不断强化基层党组织建设。组织开展了学校基层党委书记抓党建工作述职评议工作；创新党建载体，在全校范围内开展“明星党支部”创建活动和“希望工程”建设；在人民网建立学校党建云平台，学校党委荣获人民网2015年度“优秀党建云平台暨基层党建宣传示范单位”称号，1人获“中国共产党新闻网优秀通讯员”荣誉称号。完善科学选人用人机制，在学校《处级领导干部选拔任用工作办法》中明确了“学术回归”机制，从制度层面激发了干部干事创业活力。强化干部教育培养，共计选派29人分别到国家教育行政学院、省级以上党干校培训、省内外政府机构挂职或担任科技顾问。加强了思政课主渠道建设，教学水平和学习效果明显提高，在全省思政“精彩一课”评选中获奖7项。加强精神文明建设，学校通过复检保持了“全国文明单位”的荣誉称号。落实党风廉政建设党委主体责任和纪委监督责任。加强了对《准则》与《条例》等党内法规的学习。举行廉政文化进校园系列活动，开展预防职务犯罪警示教育；加强中央“八项规定”的监督执行，持之以恒的推动作风建设。强化了对组织、人事、财务、基建、采购、招生等关键领域的监督，确保了风清气正的学校事业氛围。

【国家电网管理学院】

单位概况 国家电网管理学院（中共国家电网公司党校，简称管理学院）是国家电网公司直属的教育研究单位。管理学院拥有学员公寓、报告厅、会议室、研修室和配套的图书馆、阅览室等设施，拥有先进的音频采集系统和可视会议系统、领导力测评系统等。下设6个部门，其中：职能部门2个，分别为综合管理部、财务资产部；业务部门3个，分别为教务管理部、培训开发部（党校部）、知识管理中心（管理科学图书馆）；支撑部门1个，为后勤保障部；挂靠单位1个，为领导力开发研究中心；管理单位1个，为蟒山会议中心。

人力资源 截至2015年底，管理学院共有员工143人，其中高级职称员工21人，研究生学历员工30人（博士13人，硕士17人），国家电网公司级优秀专家人才1人。

2015年，管理学院围绕发展规划和重点工作目标，实施全员绩效考核，创新人才培养方式。组织人才选拔工作，激励员工学习提升岗位胜任能力，推动学院人才梯队建设；加强班组建设，组织开展全工种技能大赛、火灾应急演练、消防安全培训等，开班文化礼仪、管理沟通等专题讲座。

经营管理 院外培训和专业服务新机制。根据委托单位需求，提供培训和测评、咨询等专业服务。全年累计开展各类院外培训22场次、咨询服务7次、测评服务及系统支撑16次，总计服务人数达1.4万余人。正式设立知识管理中心，探索建立经营类知识管理产品体系。明晰管理科学图书馆建设目标思路，丰富完善图书报刊、有声读物、中文数据库，依托图书馆组织开展文化沙龙。以服务国家电网公司国际化相关工作为切入点，深入开展国际化业务调研，探索适合管理学院特色的国际化业务开展路径，完成相关调研报告。

基础管理。加强调查研究和督察督办，强化重要事项的监督落实。规范事务性工作运转机制和流程，加强日常工作的统筹协调和有序执行。实施全员绩效考核，完成各层级人员薪酬调控。开展内部经济责任审计。深化预算管理，从严从紧控制各类成本和非生产性支出。提升财务稽核和财税管理水平，细化风险管理措施，加强财务信息化建设，会计管理基础不断夯实。

培训与研究 组织实施党校青干班、局级领导轮训班、新任局级研讨班、纪检书记培训班及党校负责人培训班等培训项目10个，承办国家电网公司重要会议2个，完成培训量7674人天。编制局级领导轮训班和青干班教学计划及实施方案，制定青干班学习计划“二十四节气表”。强化课程特色，培训班组织学习贯彻习近平总书记系列重要讲话精神和“四个全面”战略部署，落实“三严三实”教育，围绕国家电网公司“两会”工作部署，开设国家电网公司工作专题讲座，有关公司领导为学员进行专题讲座。青干班执行中央党校分校教学计划，落实“一个中心，四个方面”的教学布局。开展结构化研讨、案例教学等多样化教学方式。开设院士论坛，聚焦热点问题。举办沙龙活动，开展读书活动、专题研讨与论文交流、辩论赛、社会实践活动。对培训班实行封闭管理，落实中央关于改进工作作风、密切联系群众的“八项规定”和国家电网公司各项要求，加强培训过程管控，采用严细准备、严格管理、严密实施、严实考核的“四严”管理模式，确保培训项目的平稳有序实施。建设培训师资库，开发完成相应师资信息的分类整理。

科研工作。按照自主研究、共同研究、参与研究三条途径，研究开发课题和研究项目两种形式，参与国网总部、相关单位的实践性研究，发挥管理学院对国家电网公司干部队伍建设的支撑服务作用。加强研究项目立项管控，注重研究项目储备，完成6个项目的验收，申报2016年项目储备3项，制定《管理学院科研奖励意见（试行）》。发挥学院学术委员会作用，充实专家队伍，修订《管理学院学术委员会章程》。

自主研究的4个项目结题并通过验收，3个项目完成年度任务。其中："领导行为案例库建设"项目建立了案例库标准和检索体系，并收集领导行为案例素材400余篇；"培训评估模型与关键技术研究"已经应用到实际工作中；"系统党校建设研究"结果成为国家电网公司决策的依据。共同研究的"适应两个一流要求的省公司领导班子考评体系"项目获国家电网公司2015年度软科学成果一等奖；"领导力测评研究"课题获管理创新二等奖；参与研究的"基于全产业链分析的国际化人才管理体系研究"项目及"国际化人才管理体系建设"调研报告分别获国家电网公司2015年度软科学成果二等奖、三等奖；《破人才之困，护巨轮远航——国家电网公司国际化人才管理实践》案例，入选中组部干部教育经典案例教材。全年共取得3项软件著作权，公开发表学术论文10篇，获得2015年度全国电力企业管理创新论文大赛一等奖1项、二等奖3项。

领导力开发研究 推进课题研究，完成国家电网公司科技项目《领导梯队开发管理决策支持系统构建研究》，开发支撑民主评议、竞争性选拔、在线测评、互动式培训的领导力发展管理系统，总使用量突破万余人次。完成国家电网公司管理咨询项目《领导行为案例库建设研究》，形成案例收集、编制、更新常态化机制，为国家电网公司领导力课程开发、领导行为数据库建设、提炼国家电网公司文化基因等提供支持。完成国资控股市场化信托企业权力运作与党风廉政建设机制研究课题，探索市场化金融企业混合所有制建设。配合国家电网公司人事部完成国家电网公司管理咨询项目《适应"两个一流"要求的省公司领导班子考评体系研究》。推进《领导力开发测评研究》，自主开发针对干部能力素质的测评问卷及其评价规则和评语库；建立众评、专评、自评相结合的"一体两翼"测评模式；探索建立有效的领导力测评工具体系和日常测评机制，为积累形成干部队伍"大数据"、强化干部的日常分析与管理提供平台。

课程开发，围绕"提升干部专项领导能力、党性修养提升与价值观教育、补充前沿知识拓展干部视野、贯彻公司战略意图解决实际问题"4条主线，开发系列课程；围绕"岗位胜任、解决问题、能力素质"3条主线开发微电影课程系列，实现课程开发工作常态化。完善网络大学领导力学院建设，新开发网络课程25门150学时。加强培训师队伍建设，培养内部培训师7名。

提升对外服务能力，先后为中央党校系统骨干研修班、国有企业高管培训发展联盟、国家电网公司局级领导干部培训班等系统内外部单位提供领导力测评及培训服务，为总部招聘、2015年党校青干班、干部人事部门主要负责人培训班提供系统支撑、测评、授课等服务，为国网天津、山东、山西、上海、重庆、浙江电力和国网新源公司、中国电财、鲁能集团等系统内单位提供了咨询、授课、领导力测评、民主测评及相关系统支撑服务。

党的建设和精神文明建设 完成"三严三实"专题教育。完成党组书记讲专题党课、专题学习研讨、召开民主生活会和组织生活会、整改落实和立规执纪等规定程序和工作。列清单、设时限，对梳理出的"不严不实"问题进行整改落实和立规执纪。

建立健全党建工作机制。学习习近平总书记系列重要讲话精神、贯彻党的十八届三中、四中、五中全会精神。整合党工团组织优势，组建共产党员服务队，开展培训教育、项目开发、后勤保障、爱心公益等"四项服务行动"。

（徐明慧）

【中共国家电网公司党校】

见国家电网管理学院。

【国家电网公司高级培训中心】

单位概况 国家电网公司高级培训中心（简称国网高培中心）是国家电网公司直属的教育培训单位，是国家电网公司专业管理人员以及高素质、复合型、国际化人才的培训基地，为国家电网公司人才培养和软实力建设提供服务保障与智力支持。

国网高培中心位于北京市海淀区清河，占地86亩，建筑面积约7.2万m^2，有报告厅3个、教室18间、研讨室16间、餐厅7个，学员住宿房间785间。教学培训设施完善，拥有配套的教学楼、学员公寓、学员餐厅和活动场所等，有音视频采集系统、电视电话会议系统、网络教室、演播教室等，基本实现校园WiFi全覆盖，建成数字化校园系统，支撑国家电网公司网络大学建设。

国网高培中心下设7个部门：综合管理处、教务管理处（培训信息化发展中心）、教学研究处、教学培训处、党群工作处（监察审计处）、财务资产处和后勤保障处。后勤保障处下设17个班组。

人力资源 截至2015年末，国网高培中心共有职工 342 人。其中，高级职称 21 人（正高级 4 人，副高级 17 人），中级职称 19 人，初级 1 人；硕士及以上学历员工 41 人（博士 12 人，硕士 29 人）。

修订干部管理办法，健全完善干部管理制度，加强对领导干部的制度监管、证件监管和个人事项监管。优化完善岗位绩效工资制度，推进职员评级定级工作。定期开展部门及员工季度及年度绩效考核，强化考核结果的应用。组织开展电力体制改革、“互联网+”等专题培训共计 67 个；开展英语培训、专家人才培训等重点培训项目。开展兼职培训师队伍建设，14 名员工登台讲授了 17 门课程。

经营管理 全年共完成培训、会议、考试项目 413 个，共 10.31 万人天。重点完成总部处级班、第二期专业领军人才第二阶段集中培训、10 期各单位本部主要负责人轮训和 10 期各单位新任副处级干部轮训等培训项目。完成国家电网公司三批毕业生招聘考试的命题及组织工作。承办国家电网公司 2015 年科技暨智能电网、品牌建设、财务决算等重要工作会议。完成 2015 年国际青年电力论坛接待任务。

强化国家电网公司通用制度宣贯执行，梳理完善制度体系，废止 44 项、修订 22 项、保留 13 项、新建 4 项，健全规范制度体系。加强财务预算与执行管控，深化对预算和综合计划执行情况监控，加大增收节支工作力度。提高全面风险管理水平，开展日常财务稽核和税务自查，实施授课教师课酬电子化发放。物资管控模块上线运行，实现物资（二级）采购、价值、实物管理分离。加强集中采购管理，强化采购过程管控。加大督察督办工作力度，完成督办事项 117 件。

教学与培训 培训创新。改进讲授式教学，推进多元化培训方式应用，强化研究式、案例式、互动式、行动式教学，提高学员参与度，增强培训实效。制定培训方案设计规范，提升方案设计标准化水平。新编《教师授课指南》，加强师资课前沟通，增强授课针对性。修订《班主任工作手册》，提升培训管理精益化水平。丰富学员课余活动，开展第二课堂，筹划“名家讲坛”“经典放映”两大主题活动，全年累计组织 96 次，4000 余人次参加，丰富学员课余活动。优化教学评估，开发移动评估 APP，提高评估质量和效率。

培训资源建设。聘请特高压知名专家，开发 8 个领域 23 门特高压系列课程。自主开发 13 门“金话筒”系列课程，部分课程在国网高培中心和省公司授课，两门课程荣获国家电网公司优秀课件奖。国网基层管理案例首次应用于培训教学。协助国家电网公司体改办开展“三集五大”教学案例研发。出版自主编写教材《地市供电企业管理最佳实践 50 例》。完成 9 门网络课程录制，开发 6 门全球能源互联网和 3 门特高压微课。共开发新师资 160 余位。完成国家电网公司高级兼职培训师选拔认证的方案策划和组织实施工作。

培训研究能力新突破。根据国家电网公司部署，牵头开展管理类 24 个岗位培训规范开发，配合完成人资专业培训规范试点开发工作。制定全球能源互联网相关培训方案，建立特高压普及类培训产品体系，同步开发出课堂讲授、网络视频、移动微课三类系列培训产品。推进人才测评技术应用，完成 PDP 测评产品的引进和内化开发，人才测评课程由国网高培中心员工授课 18 次。开展青年创新研究项目，加强人才培养的思想创新、理论创新。制订创新实验室的建设思路和方案。

信息化建设。支撑国家电网公司网络大学建设，建立定期汇报机制，全年共完成推送学习、在线培训班、题库自测、脱产培训班网络培训等共计 45 项。组织实施国家电网公司在线考试项目，共计近 45 万人次参加考试。探索“互联网+培训”研究和应用，搭建掌上高培和微信公众平台，获得相关软件著作权 6 项。开发移动评估、网上报名功能，探索移动教学管理。完善演播教室功能，扩展课件录制、情景模拟等多模式应用，实施电教设备高清改造。

对外交流合作。同国网天津电力、国网西藏电力、国网能源院签订战略合作协议，合作开展人才培养开发、课题研究等。组织赴西北 5 省调研培训需求，交流工作成效。应湖南管培中心等多家省公司培训中心要求，提供培训管理人员培训，分享培训管理经验，相互学习，共同进步。与培训行业具备较高影响力的《培训》杂志建立定期沟通机制，受邀在《培训》杂志年会上发表演讲。参加中国企业微课大赛，获得两项奖项。

优质服务 开展标准化建设，合计编制优质服务工作规范 8 项，提升服务标准化水平。强化安全管理，制定安全工作奖惩实施方案，建立“四级四类”安全事件等级标准，修订完善总体应急预案和 19 项专项预案，开展“安全生产月”系列活动，整治安全缺陷隐患。加强食品安全源头管控，获评食品安全量化分级考核 A 级两星。开创优质服务新模式，举办美食周活动，推出 24 节气养生食谱，开发精品菜谱，丰富现场制作品种。完善综合服务中心职能，实现“一号通”信息化服务，全年受理各项业务 52 090 项。提升院区硬件环境，组织实施演播教室完善，语音通信系统，升级电力监控设备和中控室机房改造，9 号楼附属用房及设备设施改造，8 号楼室内给排水改造等技改大修项目。

党的建设和精神文明建设 落实中央“四个全

面”部署，加强党的建设。开展“三严三实”专题教育，召开专题民主生活会和组织生活会，针对查摆问题，立行立改、限时销号。强化党风廉政建设。制定“两个责任”分解表，落实全员“一岗双责”。细化各部门协同监督责任，提高协同监督实效。加强共产党员服务队建设，开展“六微”（微平台、微课堂、微案例、微研究、微竞赛、微教材）活动，赴省公司送培上门服务。促进国家电网公司统一企业文化传播和落地，完成两个重点项目，推动优秀企业文化传播和落地成果转化和应用。开展“回望·展望·奋进”主题活动，梳理高培中心成立十五年来发展历程。创新团青活动载体，举办“青年岗位能手”“青年服务示范岗”评选活动，增强青年员工的争先意识和服务水平。加强民主管理，制定职工代表大会实施办法，持续开展合理化建议活动。开展各项文体活动，丰富员工业余生活。做好离退休人员各项服务工作。

2015 年，国网高培中心获得“首都文明单位”“国家电网公司文明单位”“国家电网公司精神文明建设创新奖”“北京市节水型单位”等荣誉称号。共产党员服务队荣获国家电网公司优秀共产党员服务队荣誉称号，1 人入选“最美国网人”，1 人被评为公司级劳动模范。中心第五党支部被评为“电网先锋党支部”，第一团支部被评为“五四红旗团支部”。“最佳实践案例开发及在培训教学中的应用”获得全国电力行业质量管理小组活动优秀成果三等奖。“专业领军人才培养体系建设”课题获得国家电网公司管理创新成果三等奖。两项培训项目获得国际绩效改进协会中国区颁发的“绩效改进最佳实践奖”以及在线教育资讯网颁发的 2015 年“最佳学习文化促进奖”。

“十二五”发展回顾　“十二五”期间，国网高培中心年教育培训规模突破 10 万人天，并持续高位运行，培训质量和综合服务满意率均超过 98%。2013～2014 年，连续两年获国家电网公司业绩考核 A 级单位。

培训体系建设。开展培训方案设计及标准化建设。制订培训方案设计管理标准、培训方案设计管理流程、班主任工作手册等。实施课程开发及分类管理。完成新课程分类体系，建立三级课程体系（8 类一级模块、20 类二级模块、22 类三级模块）。组织对 1350 位师资进行课程分类，开发完成管理类 20 个专业、近 6 万道试题。开展内训师认证、培养工作。协助国家电网公司人资部完成对 362 名国家电网公司级高级兼职培训师资格的确认；加强国网高培中心内训师培养力度，10 余名员工走上讲台。

科研开发与管理。围绕人才培养重点任务，开展课题研究项目 47 个，获得外部科研奖励 15 项，其中，全国性奖励 2 项，国家电网公司科研奖励 12 项，中电联奖励 1 项。先后制订科研管理制度 2 个，科研管理工作标准 1 个，课题研究工作标准 1 个，科研管理流程 8 个。设立评选科技进步奖项，完善奖励办法。

信息化支撑。初步实现培训业务的信息化管理。实现培训项目预订等关键节点的线上审核，培训信息的数字化存储和查询，客房、教室资源信息化管理等。完成国家电网公司统一推广系统建设要求。完成数字化校园系统自主建设和国家电网公司 33 个集中部署系统建设、信息网络扩容、演播教室建设，建立数字化校园系统与统一推广应用系统所需的接口。创造性支撑国家电网公司网络大学发展。累计完成网络培训考试 259 917 人天（在线考 255 563 人天，混合培训 3382 人天，推送学习 972 人天）。

后勤服务保障能力。升级改造院区环境，建设 10 号学员集体宿舍楼，总建筑面积 1.1 万 m^2，合计 210 间学员宿舍，缓解培训资源紧张的局面。完成院区电梯及消防系统维修改造、电力监控设备维修、屋面防水维修、篮球场和网球场等十数项非生产性大修技改工作。优化班组管理流程及标准，完善班组职责分工，加强班组能力建设，开展员工体验式培训，强化服务意识。

（石德禄）

【国网技术学院】

单位概况　国网技术学院（简称技术学院）成立于 2008 年 12 月 30 日，原与山东电力高等专科学校、山东电力研究院三块牌子、一套班子。根据国家电网公司党组决定，2009 年 11 月 26 日，技术学院与山东电力研究院分开设立，成为直属国家电网公司管理的企业职业培训机构；2010 年 11 月 8 日，中国共产主义青年团国家电网公司团校在技术学院挂牌成立；2011 年 12 月 31 日，技术学院与山东省电力学校合并，实施一体化运作；2012 年 8 月 30 日，技术学院设立成都、长春、西安三所分院；2014 年 7 月 10 日，技术学院设立苏州分院，确立了“资源共享、优势互补、分工明确、协调发展”的集约化大培训体系。

技术学院主要承担国家电网公司新入职员工、高层次技术技能人才、高端紧缺人才、团青干部、资格认证等 6 大类 17 项核心培训业务，是国家电网公司培训创新研发基地、团青干部培养基地、企业文化传播基地；国家电网公司系统技术技能人才培训开发中心、新技术新技能推广示范中心；国家电网公司技术技能人才培养国际合作交流平台。获“2015 年度中国最佳企业大学排行榜”第一名。首次荣获“中国最具价值企业大学”称号、中国在线教育“博奥奖”。连续 7 年蝉联“中国企业教育先进单位百强”。

人力资源　截至 2015 年年底，技术学院有职工

568 人。其中：硕士及以上学历占员工总数的 27.5%；副高及以上职称占员工总数的 49.5%；省部级以上专家人才 19 人。5 人入选国家电网公司优秀专家人才后备，1 人被评为山东省教学名师，1 人获“最美国网人”称号，2 人获国家电网公司劳动模范、优秀班组长称号，3 人获中央企业优秀团干部、国家电网公司优秀团干部和青年岗位能手称号，68 人取得高级技师资格，67 人取得高级企业培训师、心理咨询师资格，其中 2 人取得国家二级（全国最高级别）心理咨询师证书。

经营管理 与送培单位沟通协调，完成年度培训费归集任务。加强全过程管理和监督，完成 37 项工程建设任务，实训设施专业覆盖率达 95%以上，服务条件进一步改善。强化综合计划和预算管控，规范合同管理、工程建设及物资设备招标采购。开展依法治企和经济责任审计问题整改落实，完成整改 30 项。按照国家电网公司批复意见，制定了集体企业改革改制实施方案。开展固定资产、重点低值易耗品清查。

教学与培训 2015 年，举办培训班 297 期，3.92 万人，212.02 万人天，年培训量同比增长 25.74%。其中，新员工培训班 6 期，2 万人，200.08 万人天，同比增长 32.57%；国家电网公司计划内短期培训班 228 期，1.64 万人，8.27 万人天；委托类培训班 63 期，0.28 万人，3.67 万人天；分院完成培训班 53 期，0.73 万人，46.29 万人天，同比增长 39.5%；基地完成新员工培训 0.26 万人，28.31 万人天，同比增长 31.06%。培训质量满意率 99.50%，综合服务满意率 97.11%。完成学历教育教学工作量 4.98 万课时。输送毕业生 472 名，就业率达 99.4%，招收新生 755 名。

服务全球能源互联网发展战略，举办《全球能源互联网》宣贯师资培训班，组织 1.1 万名学员开展《全球能源互联网》知识讲座、网上学习、主题征文等活动。举办国网澳洲资产公司技术交流培训班，与国网菲律宾公司达成初步合作意向。

培训创新。采用理论学习与现场实践相结合的方式举办特高压换流站运维技术培训班。开发专用教材，举办新一代智能变电站技术培训班。举办班组长培训师、设备带电检测培训师、高级兼职培训师认证培训班。为国网江苏、福建电力举办交直流特高压技术技能培训班。创新“五大”体系储备性开发等培训项目 78 个。高端人才订制化培养、培训标准输出迈出坚实步伐。

规范培训管理。制定培训教育质量评价管理办法等 12 项制度。遴选品牌培训项目 20 个。培训管理信息系统应用范围覆盖学院、分院、基地及各省公司，培训管理数据实现实时分析、监控。

网络大学年登录人数突破 3000 万人次，满足 10 万人同时在线的要求。完成网络大学总部服务器扩容等工作。发布网络培训资源建设指南，开发公司级课件 1158 个、省直分院特色功能 10 项、特色培训项目 6 个。完成国家电网公司通用制度宣贯培训。推进班组长能力素质提升等线上、线下“混合式”培训。完成国家电网公司 9 次竞赛的支持保障工作。

举办师德作风建设及教师素质提升培训班 3 期，培训 233 人次。修订完善 8 个专业人才培养方案，编制专业规范 8 个、课程标准 130 项，实现教学内容与职业标准等“五个对接”。组织 10 名教师参加国家级、省级教学竞赛 4 次，2 人获国家级三等奖，1 人获省级一等奖。开展学历教育十年“回头看”活动。制定“2+1”现代学徒制人才培养方案，“校企”办学模式实现新突破。

党的建设和精神文明建设 学习习近平总书记系列重要讲话精神和有关文件、读本，通过读原著、讲党课、学习研讨，领会核心要义和精神实质。全体干部进课堂、到一线，累计开展各类调研 83 次。坚持问题导向，整肃纪律、整改工作、整顿作风，立行立改，有效促进了干部作风建设的持续提升。召开专题民主（组织）生活会，开展批评与自我批评，达到“团结—批评—团结”的目的。

党风廉政建设，制定党总支书记定期报告制度、党员干部“十不准”及廉政建设责任清单等 6 项制度。丰富“五廉建院”内容，举办“守法尚德，清正廉洁”主题教育活动，组织全体干部接受廉政警示教育，开展廉政谈话 48 人次，征集廉洁征文 297 篇。承办国家电网公司“青年文化周”暨“五四”表彰会活动。学院 1 项企业文化传播课题获评国家电网公司企业文化建设优秀案例。

“十二五”发展回顾 “十二五”期间，技术学院累计举办培训班 1133 期，培训学员 13.8 万人，培训量 766 万人天。其中，新员工培训 24 期 7 万人 711 万人天，连续四年实现国家电网公司新员工培训全员覆盖。新员工培训规模由每期 500 人增加到 8600 人，增长 16 倍。培训涵盖国家电网公司特高压、智能电网、专业领军等高端人才培训。

推进培训设施建设，增强培训能力。累计建成实训室（场）99 个，新建学训场所 9.1 万 m^2，整修、改造食宿学训设施 8.5 万 m^2，实现 17 项核心培训业务全覆盖，具备 200 万人天的年培训能力。网络大学在国家电网公司全部 60 家单位上线运行，上线总课件 4067 个，在线学习超过 1400 万人次。

“十二五”期间，累计为国家培养输送大专毕业生 8010 人，中专毕业生 6795 人，大、中专应届毕业生就业率始终保持在 90%以上，位居全省同类院校前列。实现普通高职、五年一贯制、定向生三类生源同步培养的学历教育新格局。

开展党的群众路线教育实践活动和“三严三实”专题教育，执行中央“八项规定”，强化廉政风险防控。未发生干部员工违法违纪事件。连续四年荣获省级文明单位荣誉称号。

（崔　昊）

【国家电网公司团校】

见国网技术学院。

【中共中国南方电网有限责任公司党校】

单位概况　中共中国南方电网有限责任公司党校（简称南网党校）和中国南方电网有限责任公司干部学院（简称南网干部学院）是南方电网公司党组为加强中国南方电网有限责任公司（简称南方电网公司）各级领导班子和党员干部队伍建设，提高企业领导干部政治理论水平和战略思考、系统思维能力，搭建的南方电网公司领导干部提高党性修养和综合素质的高端教育培训平台，成立于2011年4月8日。

中国南方电网有限责任公司教育培训评价中心（简称南网培训中心）是南方电网公司党组为整合南方电网公司系统培训资源，提升培训工作的系统性设立的机构，于2011年7月27日根据《关于调整公司南网培训中心等机构设置的通知》正式成立。南网党校、南网干部学院与南网培训中心合署办公，实行分公司管理模式，实体化运作，2011年9月16日完成工商注册登记。

南网党校主要负责培训南方电网公司党员领导干部，开展党的理论宣传与研究工作，承担南方电网公司系统副处级及以上党员干部和中青年后备党员干部的轮训培训，着重培养党员干部的党性综合素质和党的理论知识。

南网干部学院主要负责培养南方电网公司高层次经营管理人才和政策研究人才；为南方电网公司提供决策咨询服务，开展企业管理等领域理论研究；承担南方电网公司系统副处级及以上干部和部分优秀中青年后备干部的培训工作，研究南方电网公司干部教育培训工作中的重大问题，参与制定南方电网公司干部培训规划和政策，着重培养干部的战略思维、生产经营、应急管理、科学决策、领导能力等方面的综合素质，提升推动南方电网公司科学发展的能力。

南网培训中心是南方电网公司培训高层次专业技术人才和技能人才的重要基地，主要负责承担南方电网公司下达的各类技术、技能人才的教育培训任务；承担南方电网公司下达的专业技术资格评定及高级技师技能鉴定工作；为南方电网公司的员工招聘、人才甄选等提供领导力测评、选拔测评与考试服务；协助南方电网公司开展教育培训和人才评价体系研究与建设的相关工作。

南网培训中心主要经营范围包括：① 从事与电网经营和电力供应有关的科学研究、技术开发、咨询服务和培训业务；② 经营国家批准或允许的其他业务。

领导班子　南网党校校长由南方电网公司党组书记、董事长赵建国兼任，第一副校长由南方电网公司副总经理杨晋柏兼任，赵杰任南网党校常务副校长、南网干部学院院长和南网培训中心党委书记、主任，吕志任南网党校副校长，南网干部学院副院长和南网培训中心党委委员、副主任、工会主席，吕益华任南网党校副校长，南网干部学院副院长和南网培训中心党委委员、副主任、纪委书记。

组织机构　南网培训中心、南网党校和南网干部学院合署办公，日常管理实行一体化运作，设置一套内部机构，配置一套工作人员。内部机构设综合管理处、教学管理处、培训管理处、网络培训处和人才评价处5个处室。

人员状况　截至2015年末，南网党校、南网干部学院和培训中心共有员工51人，中心领导3人，处室负责人6人，主管和专责36人，派遣制员工6人；其中硕士研究生及以上学历13人，大学本科35人。员工中拥有高级职称19人、中级职称18人、初级职称3人。员工平均年龄36.7岁。

年度工作　2015年，南网党校和南网培训中心抓好“三严三实”专题教育，开展党风建设和防堵“蚁穴”专项工作，开展理想信念教育，推进南方电网公司领导力实验室建设和“互联网＋培训”研究实践，创新培训理念方法，提升培训工作系统性。

南网党校和南网培训中心创新开发“信仰的力量”理想信念教育体验式培训项目。成功举办南方电网公司2015年“创先杯”微课大赛。发挥领导力评价实验室作用，推广南方电网公司管理人员心理素质测评系统。全年组织实施各类培训班75期，培训学员3994人次，平均满意度95.4%；举办网络培训班10期，培训学员20万人次以上；开展高级及以上职称评审1941人次，开展心理素质测评8392人。

（1）办学能力建设。采用项目组织型培训管理，完成南方电网公司党组管理干部党性修养提升轮训班、南方电网公司基层党组织书记轮训班等重点培训任务。设计理想信念教育体验式培训项目，完成项目一期工程贵州和广州线路的开发，在遵义会议会址、中共三大会址等5个教学点正式挂牌“理想信念教育基地”，为南方电网公司总部及系统内各单位举办理想信念教育培训班22期，培训1136人次，项目经验总结在中组部《全国干部教育通讯》专题刊发。

（2）领导力发展研究。推进领导力实验室建设，运用自主开发的心理素质测评工具，率先对南网培训中心员工开展心理素质测评，将结果应用于民主生活会中。组织完成南方电网公司处级、科级管理人员的心理素质测评，共7946人。开展核心人才培训项目体系建设研究，开发管理者情商培养与提升课程，《国有企业青年干部成长成才机制研究》成果获央企政研会优秀研究成果三等奖。率先使用南方电网公司网络培训与评价系统开展职称评审，完成2014年度高级专业技术资格评审工作。

(3) 网络教育培训。探索“互联网＋培训”模式，搭建南方电网公司一体化网络培训运营管理框架，编制三年发展规划。推广南方电网公司网络培训与评价系统，系统在南方电网公司总部、南网培训中心及七家专业公司上线试运行。开发南方电网公司新员工、专业技术人员等系列网络课程的重点课件137门，建立南方电网公司微课技术标准，开发微课209门。举办南方电网公司“创先杯”微课大赛，收集甄选优秀作品3558件。获得“2014年度中国企业最佳学习项目奖”等行业奖项7个，《互联网思维下的网络培训运营体系建设探索》获全国电力企业管理创新优秀论文一等奖。

(4) 培训体系建设。组织成立南网党校教学管理委员会，建立教委会工作机制，拓展培训资源整合平台。协助南方电网公司人力资源部开展公司级内训师选聘工作，聘任首批公司级培训师168名。开展南方电网公司创先管理案例库建设，在重点培训项目中开展案例教学，并获邀在中国大连高级经理学院进行经验分享。加强培训过程监控，深化培训实施流程研究成果应用，实现培训管理的无纸化、信息化。

(5) 党建与内控管理。开展“三严三实”专题教育，全面查摆不严不实问题，组织安排专题党课、专题研讨和民主生活会。抓好巡视反馈意见的整改落实，明确整改工作的具体措施，按时保质完成各项整改任务。全面贯彻南方电网公司党风建设和反腐败工作部署，严格落实“两个责任”，强化纪委监督执纪问责，开展廉洁风险防控防堵“蚁穴”专项工作，全面排查岗位廉洁风险，建立健全廉洁风险防控机制。全力配合南方电网公司例行审计。凝聚“正能量”，传播“好声音”，全年在南方电网公司内外媒体发表稿件133篇次，树立良好的党校形象。

【中国南方电网有限责任公司干部学院】

见中共中国南方电网有限责任公司党校。

【中国南方电网有限责任公司教育培训评价中心】

见中共中国南方电网有限责任公司党校。

【中共中国大唐集团公司党校】

见中国大唐集团干部培训学校。

【中国大唐集团干部培训学院】

单位概况 中国大唐集团干部培训学院（简称大唐干部学院）成立于2009年3月4日，是中国大唐集团公司（简称大唐集团）的全资子公司和直接管理的教育培训咨询机构，与中共中国大唐集团公司党校、中国大唐集团技术经济研究院实行“三位一体管理”，是中央党校教学基地，主要承担大唐集团党员领导干部、高中级经营管理人员、后备干部、专业人才培训和管理咨询，以及大唐集团会议中心接待服务工作，是大唐集团的教育培训中心和综合接待服务中心。

大唐干部学院以服务大唐集团发展为导向，紧密围绕大唐集团公司人才队伍建设和系统企业实际需求，致力于打造大唐集团多层次、多渠道、全覆盖的干部教育培训工作格局，开发了涵盖大唐集团党员领导干部培训、高中级经营管理人员培训、后备干部培养和专业人才的系列精品课程。

大唐干部学院现有教职工近400人，内设培训策划、教研教务、办公室、人力资源、计划财务、党群监审等部门，具有较丰富的培训师资和针对性强的课程，逐步形成了符合在职人员教育规律、具有学院特色的“大平台教育、分方向培养、模块化管理”的培训模式。

开展同行间的学术交流与合作，先后与中共中央党校、国家行政学院、中国井冈山干部学院、国家会计学院、清华大学、北京大学、华北电力大学等国内众多知名院校、培训机构建立了战略合作关系，开展了良好合作，建立并拥有了500多名国内知名的专家学者师资库。

大唐干部学院地处北京市怀柔区，拥有现代化教室、客房、会议厅及各类服务设施，同时可容纳600余人住宿学习，并能承接国内外各类高层次的会议及培训业务。

教学与培训 探索高效、生动的培训方式，提升教育培训管理水平，得到学员的认可。全年学员满意度达到88.9%。一是重点班次有特色。精心打造了党校“70后”“80后”培训班和财务骨干班等精品班次。优化课程设计，创新授课模式和教学活动，受到学员的广泛欢迎。试行积分管理制度，充分调动了学员的学习积极性。二是培训模式有创新。2015年对集团系统新入职毕业生采用1＋N模式实施培训，2966名新入职毕业生分别在大唐集团的11个培训基地进行培训，统一管理要求、课程设置、师资配置、评价标准、同步实施，有效整合利用了大唐集团培训资源，保证了培训质量。三是工作思路有拓展。赴华为开展专题调研，同时与知名高校合作，借鉴成熟课程模块，引入高端师资，进一步丰富了大唐干部学院的课程体系。

经营管理 一是增收提效实现突破。全年共举办培训班149期，同比增加65期，培训1.46万人次，同比增加0.48万人次。酒店接待9.5万人天，同比增加1.7万人天，客房出租率达到52.8%，同比增加8.2个百分点。二是成本管控效果明显。费用总额增幅远低于收入增幅。

体制机制改革 加大体制机制创新力度，将原有培训教务部按照“前台实施、后台支撑”的原则划分为教务管理部和培训策划部两个部门，提高工作效能。立改废制度26项，提高规范管理水平。通过建立培训营销管理制度和工作积分考核管理制度，提高员工工作积极性、工作效率和工作质量。通过完善督查督办管理办法，确保重点工作的扎实有效推进。

基础设施建设 加大基础设施投入，开展了一系列工程项目建设。一是盘活闲置资源。将展厅改造为可容纳140余人同时就餐的“唐韵轩”餐厅；将4栋专家楼的套间改造为标间，增加床位84个；将两个KTV包间改造为可分别容纳60人和50人培训的教室；将原员工餐厅改造为28间员工宿舍，降低客房资源占用；将原技经部所在办公区改造为档案室。通过深入挖掘院内的存量资产，有效地提高了服务能力，提升了服务品质。二是加快基础设施改造。开展了场外道路铺设、停车场改造、室外篮球场建设、地热水利用等项目，提升了院区的整体面貌。会同大唐集团政工部开展文化环境提升创作活动，创作的作品悬挂在酒店各区域，提升了酒店的文化艺术素养。三是推进信息化项目建设。成立智慧校园建设领导小组，实施无线WiFi系统、唐韵厅远程视频会议系统和教务管理系统建设。目前教务管理系统建设已进入招标流程，无线WiFi系统和远程视频会议系统已经投入试运行。

企业管控 一是强化风险管理，完善内控体系。对全院风险点进行全面梳理，围绕安全生产、财务管理等领域，开展风险点分析和内部控制，确定管控指标体系，制定全院内部控制风险实施计划，并分解落实到各相关部门，对存在风险点的单位下发了整改通知。健全风险管控体系，明确各单位兼职风险管理人员，定期检查报告，不断加强内控管理。二是强化过程管控，夯实安全基础。组织召开安全生产专题会议，提高安全生产意识，落实安全生产汇报制度，加大安全监察一线力量，加强巡回检查，开展安全考试测评，实施应急演练，安全局面可控在控。三是强化审计整改，堵塞管理漏洞。做好各类审计、检查查出问题的整改落实工作，明确责任单位、责任人，逐项梳理，对账销号，并开展“回头看”，确保审计整改到位落实。探索完善“派驻制”，向酒店公司派出监察组，对酒店公司承办的11个工程项目进行了专项监督，提出专项监督建议45项，核减工程造价23.5万元。同时，依托工程结算审计，邀请外部审计师开展了工程项目管理的专题培训，达到了通过审计整改提高管理水平的目的。四是强化责任落实，加大奖惩力度。制定印发《员工工作质量管理和违规违纪处理暂行规定》，干部员工有55人次受到问责和经济处罚。每月对院级重点工作和部门重点工作进行梳理打分，并在月度薪酬中落实奖惩，2015年，全院月度工作完成率超过95%。

作风建设 一是狠抓“三严三实”专题教育。坚持做到规定动作必做、规定内容必学、规定党课必讲、规定会议必开、规定活动必搞、存在问题必改。高质量完成专题党课，“三严三实”专题集中学习和研讨14次。组织开展“践行三严三实、强化六种意识”专题党日、“忠诚、干净、担当”专题征文等活动。全体党员均制定措施，逐项进行“不严不实”问题整改。二是狠抓党风廉政建设。年初召开党风廉政建设工作会，逐级签订了《党风廉政建设责任书》，领导干部签订了《廉洁自律承诺书》。举办党风廉政方面的专题学习5次。结合审计和“五类问题”专项检查，完成9项问题的整改落实。深入学习《准则》和《条例》，制定印发《严格干部纪律约束八项要求及处理办法》。开展廉洁谈话32人次，约谈全院所有9名领导干部。召开全院专门的述廉大会，听取9名领导干部的述廉报告，并组织全院干部员工进行民主评议。

党建人才工作 完成直属党委换届选举。加强基层组织建设。2015年度，1个党支部获得大唐集团先进基层党组织称号，分别有1人获得大唐集团劳动模范、大唐集团优秀共产党员、“十佳”优秀党务工作者称号。实施环境文化提升工程，树立正确用人导向，突出以业绩为核心，让干实事的人得到重用和应有待遇。根据业务职能需要，面向系统内外依规依纪开展人员招聘，引进7名员工，充实职工队伍。全面开展酒店公司劳动用工改革，对374个岗位中的100个核心岗位引入竞争机制，开展招聘工作。成立基层分工会，进行院团委换届，加强工团组织。首次召开了院一届一次职代会。开展职工代表安全生产专项巡视、“金点子”合理化建议征集，举办了各类专业技术比赛。组织青年员工开展创新创效竞赛等活动，引导和激励团员青年投身“青春建功、助力发展”主题实践。努力为职工办实事、办好事，进行了职工餐厅改造、职工宿舍改造、职工活动室和职工自行车棚、停车场、洗车房、篮球羽毛球场建设，年初向职工承诺的7个“六最”工程项目如期完工投用。

【中国电机工程学会】

单位概况 中国电机工程学会（简称电机学会）是由从事电机工程相关领域的科学技术工作者及有关单位自愿组成并依法登记成立的全国性、学术性、非营利性社会组织，成立于1934年，办事机构设在北京，挂靠国家电网公司，接受社团登记管理机关中华人民共和国民政部和业务主管单位中国科学技术协会的业务指导和监督管理。

电机学会的最高权力机构是会员代表大会，其领导机构是理事会和常务理事会。电机学会设有8个工作委员会、38个专业委员会，33个省级学会是电机学会的单位会员。中国电力科学技术奖励工作办公室、国际大电网委员会中国国家委员会秘书处、国际供电会议组织中国国家委员会秘书处也设在电机学会办事机构。

领导班子

理事长：郑宝森

副理事长：帅军庆、谢明亮、王良友、刘国跃、金耀华、邓建玲、米树华、苏力、张诚、王树民、王斌、赵洁、刘吉臻、宋永华、陈斌

秘书长（兼）：谢明亮

副秘书长：陈小良、范建斌、余建国、梁昌乾、李少华、刘传柱、钟鲁文、曹保钧

组织机构 包括理事会，常务理事会、工作委员会、专业委员会和电机学会工作本部。省级学会是电机学会的团体会员。电机学会下设组织、学术、科普、外事、编辑、咨询、青年和教育、名词术语8个工作委员会，有覆盖电机工程各个专业领域的38个专业委员会。33个省、直辖市、自治区电机学会为电机学会会员。

学会建设 坚持民主办会、依法办会，坚持以学术立会，以会员为中心，以服务为宗旨，在推动科技创新、加强学术交流、开展科技奖励、推进科学普及、加强国际合作等方面取得了新的成绩，电机学会的影响力、凝聚力、服务能力不断提升，促进了电力行业科技进步。电机学会工作得到了中国科协的充分肯定，荣获了民政部“全国先进社会组织”和中国科协“学会创新与服务能力提升工程优秀社团”称号。

编制完成《中国电机工程学会“十三五”发展规划》及学术研究、科普、编辑、信息化4个专题规划，探索电机学会持续健康发展的体制机制，科学设定规划目标，谋划电机学会未来发展。修订《中国电机工程学会工作委员会工作办法》，分支机构管理得到加强。

重点加强对合同、固定资产等的管理，重新修订并发布实施《合同管理办法》《固定资产管理办法》等。

加大对员工的培训力度和投入，根据工作需要和人员现状，分析培训需求，制订年度培训计划。全年完成了《微网与智能配电网》《新电改背景下的能源互联网技术》等10个专题的专业知识普及培训，234人次参加了培训。创新方法开展英语培训，聘请外教每周对骨干员工进行个性化的英语面授培训，300多人次参加了面授课。

服务创新 2015年，电机学会出版并发布了《“十三五”电力科技重大技术方向研究报告》。报告提出了重点研究的9大技术方向、38项关键技术，梳理出“十二五”电力科技二十项重大技术进展和“十三五”电力科技二十项重点关注技术。报告内容力求全面、系统、准确，并具有一定的前瞻性，为国家有关部门、电力行业开展“十三五”电力规划编制和关键技术研究提供参考和借鉴。

开展创新驱动助力工程，推动区域和产业协同创新。联合国家电网公司及国网河北省电力公司共同开展了“保定智能电网创新示范工程”建设工作，建成并展示了新能源管理、智能变电站、智能输电线路、配电自动化、智能故障抢修系统、用户用电智能交互系统等智能电网关键技术示范项目；编写《保定“十三五”智能电网发展规划》；依托国网保定供电公司建立了中国电机工程学会保定服务站。

完善汇集行业内科研、高校、设计、生产、制造等领域2000余名专业技术人才的专家库，专家库实行动态更新维护，确保专家信息的准确性和有效性。

2015年共完成科技成果评价197项；开发建成了科技成果评价网上申报系统，实现了成果评价全业务工作的网上办理；履行科技成果登记工作，全年共完成成果登记749项。

履行科技查新管理服务职能，确认并审核了覆盖全国25个省（自治区、直辖市）的39家查新机构的电力科技查新资质。建立并滚动扩充了中国电力科技成果数据库。

电机学会推荐的“电网雷击防护关键技术与应用”和“青藏电力联网工程”项目荣获国家科学技术进步奖二等奖。

2015年，推进团体标准工作，充分调研了IEEE标准协会、IEC（国际电工委员会）、ISO（国际标准化委员会）等的组织机构、管理体系、申请流程、程序文件等，制定电机学会团体标准管理办法，建立团体标准化组织机构。完成《1000kV交流特高压输电线路用带串联间隙金属氧化物避雷器技术规范》和《1000kV变压器/电抗器高压侧出线装置技术规范》标准的制定。

学术期刊 根据科技部中国科学技术信息研究所出版的《中国科技期刊引证报告》（核心版），2015年度《中国电机工程学报》综合评价总分在动力与电力工程类期刊中已连续13年排名第一。该刊再次荣获“百种中国杰出学术期刊”称号，4篇论文入选“中国百篇最具影响优秀国内学术论文”。在第四届《中国

学术期刊评价研究报告（2015～2016）》中，获评“RCCSE 中国权威学术期刊（A+）”，在动力与电气工程学科 158 种期刊中排名第一；31 篇论文获得“领跑者 5000——中国精品科技期刊顶尖论文”。获中国科协精品科技期刊工程 2015 年 Top50 项目资助。

2015 年，电机学会创办了英文刊《中国电机工程学会电力与能源系统学报》（CSEE JPES），季刊。该刊采用国际在线投审稿系统 ScholarOne；运用为全球电力科技工作者所熟知的 IEEE Xplore 数字图书馆发布期刊论文，采用开放获取（OA）形式发布。根据期刊定位与办刊宗旨，组建了由 98 位具有国际影响力的编委会及顾问团队，其中外籍编委 34 人，编委大部分为 IEEE 会士或 IET 会士。5 月 20 日，在北京举办了创刊首发仪式。2015 年，该刊出版 4 期，在 IEEE Xplore 的下载量为 300 次/篇。

加强对主办、与专委会联合主办、专委会主办的《农村电气化》《热力发电》等 16 种刊物的管理，有效提升了刊物的学术质量和影响力。其中，电机学会联合主办的《高电压技术》首次获得中国科协精品期刊项目资助。

学科发展研究 完善学科发展研究机制，组建了首席科学家由院士担任的学科发展报告专家研究团队，形成了包括学科发展研究、专业发展研究报告编撰体系，完成中国科协项目“2014—2015 动力与电气工程学科发展研究”，编撰出《2014—2015 年动力与电气工程学科发展报告》。报告涉及发电、输电及配用电等各个环节。

决策咨询 开展行业科技发展趋势、行业和社会关注热点问题研究类咨询项目，完成《电网新技术应用前景研究一无线输电技术应用研究》项目，形成了总技术报告、总论、7 个分报告及专利检索报告，共计约 53 万字；完成中国工程院“三峡电力系统评估”咨询课题，形成了《三峡工程电力系统评估咨询报告》；完成《电力新材料基础理论及新技术应用展望研究》项目的科研论证和前期工作。

国际学术交流 精心组织在境内召开的国际会议。

6 月 25～26 日，2015 变电站复合绝缘子技术及应用国际研讨会（SPIC 2015）在甘肃敦煌召开。来自美国、意大利等 10 多个国家的 140 余位专家就变电站复合绝缘子的设计、试验、制造、应用等经验进行了深入的交流。

9 月 21～23 日，第六届现代电力系统自动化和保护国际会议（APAP 2015）在南京召开，来自 28 个国家和地区的 300 多位专家学者通过主旨报告、专题研讨会、论文和张贴、技术参观、技术展览等方式进行了多元化交流。

此外，还组织了国际大电网委员会（CIGRE）的一系列活动，包括女工程师论坛、变压器专委会 2015 年度会议暨与高压设备和变电站专委会联合研讨会、保护与自动化专业委员会年度会议暨学术研讨会等国际学术交流活动。

积极参与国际学术交流，组织参加 2015 年国际供电会议（CIRED2015）、第二十一届电机工程国际会议（ICEE2015）、美国电气电子工程师学会电力与能源分会（IEEE PES）年会、2015 年高压直流技术国际会议（HVDC2015）、世界工程师大会等国际会议，为科技工作者更多地参与国际交流提供了机会。电机学会英国分会主办了“2015 中英智能电网论坛”，推动了中英两国在智能电网建设方面的合作。

国内主要学术会议 持续创新学术交流形式，依托总会、专委会、学术工作委员会的合力，形成了既注重规模、数量，更注重质量的学术交流新局面。初步建立了分层有序、功能互补的学术交流架构。成功举办了 2015 年年会，积极联合其他社团共同组织开展了 4 项大型专题学术会议，与专委会等分支机构共完成了 90 余场学术交流活动，取得了较好的效果和影响。

2015 年，电机学会围绕“能源革命与电力发展”主题召开学术年会，同期举行技术论坛、专题研讨会、专委会年会、技能竞赛等活动 10 余场，中国科协和湖北省领导、10 位院士及科技工作者共计 1100 余人参加会议，年会规模、质量、参与度以及影响力大幅度提升。

联合其他学会、企业、高校组织召开“2015 全国高校电气工程学院院（校）长论坛”“首届中国太阳能热发电大会”等学术活动，取得了良好效果。

两岸交流 电机学会继续深化与台湾智慧型电网产业协会的合作关系，先后在福建平潭、台北、南京、成都等地召开 4 次海峡两岸共通标准工作组会议。《配电自动化智能终端技术规范》和《电力用户需求响应节约电力测量与验证规范》两项共通标准已分别投票通过送审稿，进入报批审查程序。此项工作得到了国标委、中国科协的高度认可和充分肯定。主办的“海峡两岸智能电网共通标准工作组 2015 年第四次会议”是“第六届海峡两岸标准计量检验认证认可及消费品安全研讨会”同期唯一召开的专业组会议。“两岸共通标准和国际标准互认”特色工作在中国科协第十五期学会改革发展论坛上作典型经验交流，反响强烈，塑造了“中国电机工程学会标准”品牌。

国际组织任职 推荐中国专家在国际组织担任领导职务。电机学会副理事长兼秘书长谢明亮任国际大电网委员会（CIGRE）理事会成员、指导委员会委员，电机工程国际会议（ICEE）共同主席。2015 年推荐39名专家加入国际大电网委员会（CIGRE）各工作组，进一步提升了中国电力行业在国际上的影响力与话语权。

国际交往 加强与国际学术组织的交流与合作，与美国电气电子工程师学会（IEEE）、国际供电会议组织（CIRED）、国际大电网委员会（CIGRE）、英国工程技术学会（IET）、美国机械工程师协会（ASME）、美国电气电子工程师学会电力与能源分会（IEEE PES）高层进行会谈，就学会之间加强学术合作、制定国际标准、开展工程师认证、出版学术刊物等相关内容进行了交流和探讨，并与美国电气电子工程师学会（IEEE）达成了双方标准互认意向。

科普活动 电机学会组织"'电'亮智慧生活"展览获得中国科协授予的"2015年全国科普日北京主场优秀活动组织单位"称号。

继续开展电力科普教育基地授牌，"特高压直流试验基地"等11家单位被命名为"电力科普教育基地"。

面向欠发达地区开展科普下乡活动。组织了"电力科普毕节行""科普送书进凉山""爱心助学"等活动，开展爱心捐赠、科普知识互动宣传，帮助少数民族地区中小学生和民众了解电力科技知识。

开展2013～2014年度优秀电力科普作品评选，鼓励原创科普作品。

表彰举荐优秀科技工作者 通过科协项目资助、学会资金支持、依托单位配套支撑、导师培养指导相结合的方式，开展"青年人才托举工程"24项。

开展优秀科技人才表彰推荐工作，电机学会推荐的陈维江成功当选中科院院士，康重庆、王东入选科技部中青年科技创新领军人才。

设立"中国电力年度科技人物奖"，评选出"中国电力科学技术杰出贡献奖"10人、"中国电力优秀科技工作者奖"50人、"中国电力优秀青年工程师奖"40人。

完成2015年"顾毓琇电机工程奖"评审工作，并在年会上为2014、2015年的获奖者马伟明、张伯明，以及年度人物奖获奖代表颁奖。

信息化建设 2015年电机学会推进信息化建设工作，搭建包含数字化图书馆和人员信息库在内的电机学会自主的数据中心；完成门户网站升级改造；实现了门户网站、人员信息库、数字化图书馆和部分业务系统的单点登录；完成移动端APP和微信公众号的初步建设。

构建一体化信息平台，完成会员信息管理系统改造，完善信息化服务方式，提升服务满意度。定期主动向会员推送电机学会编辑出版的《动力与电气工程师》《电信息》，以及学术活动预报等电子资讯信息服务及节日问候。

党建和精神文明建设 加强电机学会办事机构党组织建设，贯彻中央"八项规定"，开展"三严三实"专题教育活动。参加中国科协2015年"党建强会"计划"十百千"特色活动，组织开展"绿色科普，将爱随行"党建活动，完成中国科协学会党建研究会2015年度调研课题。

建立会员日专题网页，宣传电机学会的特色活动和中国电力科技人物奖。组织会员参加了中国科协摄影展、乒乓球赛及射击赛等活动，其中有5幅作品入选了科协摄影展并在中国科技馆展出，射击比赛获团体三等奖。

主要事件

1. 2015年中国电机工程学会年会

11月17～20日，2015年中国电机工程学会年会在武汉召开，年会主题为"能源革命与电力发展"，电机学会理事长郑宝森致开幕辞。中国科协党组成员、书记处书记王春法，湖北省人民政府副省长许克振和日本电气学会会长大西公平在开幕式上讲话致辞。工业和信息化部副部长、中国科学院院士怀进鹏，中国工程院院士杜祥琬，国家电网公司副总经理王敏，中国工程院院士马伟明作主旨报告。电机学会副理事长兼秘书长谢明亮主持大会。

出席本次年会的专家、学者等各领域的科技工作者共计1100余人，规模创学会纪录。10位院士参会并做报告。与会专家共同围绕能源革命和电力发展的有关重大问题展开交流讨论。本次年会内容丰富，首次联合10家专委会承担了分会场组织工作，充分调动了专委会的积极性，发挥了电机学会整体优势。会议形式丰富有技术论坛、专题研讨会、专业委员会年会、表彰、展示和发布会。年会共征集论文2200余篇，录用790篇，评选出优秀论文57篇。

2. 启动发布《"十三五"电力科技重大技术方向研究报告》和《2014～2015动力与电气工程学科发展报告》

为了共享学术研究成果，把握电力科技发展前沿，电机学会充分发挥在动力与电气工程学科建设中的重要作用，于11月18日在2015年中国电机工程学会年会期间，召开了《"十三五"电力科技重大技术方向研究报告》和《2014—2015动力与电气工程学科发展报告》发布会。

发布会上，中国科学院院士、电机学会学术工作委员会主任委员周孝信发布了"我国'十二五'电力科技二十项重大技术进展和'十三五'电力科技二十项重点关注技术"，并做了关于"十三五"电力科技重大技术方向的研究报告。参与《2014—2015动力与电气工程学科发展报告（2015）》编写的9位专家分别围绕“动力与电气工程学科发展综合分析”“清洁高效发电”“电力环保”“可再生能源发电”“核能发电”“输电系统”“输变电装备”“智能配用电”和“电力电子”9个专题报告深入解读了相关的技术进展及发展趋势。

3. CIGRE中国国家委员会会员代表会议

9月7日，国际大电网委员会（CIGRE）中国国家委员会会员代表会议在京召开。会议产生了新一届CIGRE国家委员会指导委员会和技术委员会，明确了国家委员会的工作任务和目标，具有重要的里程碑意义。CIGRE中国国家委员会主席、国家电网公司董事长刘振亚在会上讲话。

此前，在7月7日召开的CIGRE中国国家委员会指导委员会上产生了新一届CIGRE中国国家委员会主席、副主席、秘书长和副秘书长。国家电网公司董事长刘振亚担任国家委员会主席，中国电机工程学会理事长郑宝森和南方电网公司副总经理、中国电机工程学会副理事长王良友担任副主席；中国电机工程学会副理事长兼秘书长谢明亮担任秘书长。

本次会员代表会议通过了“关于CIGRE中国国家委员会指导委员会组成原则及人选建议的报告”和“关于CIGRE中国国家委员会技术委员会组成原则及人选建议的报告”，指导委员会主席、副主席分别由国家委员会主席、副主席兼任，指导委员会委员由国家委员会秘书长及技术委员会主任委员和副主任委员担任。技术委员会由周孝信担任主任委员，程时杰等5位院士和21名CIGRE专委会中方委员等担任副主任委员和委员。

4. “十三五”电力科技规划专题研讨会

5月8日，电机学会在北京组织召开“十三五”电力科技规划专题研讨会，邀请到院士、专家共计60余人出席会议。

研讨会上，中国工程院院士潘垣提出了当前中国能源的主要矛盾还是“源”的判断，他指出“十三五”电力科技规划要立足于中国的国情，更要着眼于世界的格局，分层次、分远近进行规划。中国工程院院士雷清泉结合欧盟能源材料技术路线图指出了未来中国能源电力传输领域需要重点突破的关键技术。中国科学院院士周孝信对会议成果的总结和提炼提出了具体的建议，他指出要从动力与电气工程学科领域基础研究和当前与未来一段时间电力行业技术发展需求两个方面着手编写专报。把关于未来电力科技发展的意见和建议反馈给政府和各电力企业，为中国“十三五”电力科技规划出谋划策。

5. 海峡两岸智能电网暨清洁能源技术研讨会

6月15日，电机学会在厦门市组织召开“海峡两岸智能电网暨清洁能源技术研讨会”，该研讨会是第七届海峡论坛·2015海峡科技专家论坛的分会场之一，会议主题为“探索清洁能源发展　助推两岸电网合作”。

会议得到了海峡两岸广大电机工程领域的专家和科技工作者的积极响应，共收到论文180多篇，经专家审核录取89篇，内容涵盖基础理论探讨、关键技术研究、设备研制及工程应用等方面。会议安排了“智能电网”和“清洁能源”两个分组讨论会。

会议还促成了海峡两岸的产研合作，厦门大学能源学院与深圳鑫明光实业有限公司就CIGS薄膜电池研发项目签署了合作协议。

6. 海峡两岸智能配电网与新能源技术及应用研讨会

9月8～9日，由中国科协主办，中国电机工程学会和台湾智慧型电网产业协会承办的“海峡两岸智能配电网与新能源技术及应用研讨会”在江苏南京召开。本次研讨会是“中国科协2015海峡两岸青年科学家学术活动月”的内容之一，也是活动月启动会议。

中国科学技术协会学会学术部副部长刘兴平出席学术活动月启动仪式并致辞。他表示，“海峡两岸青年科学家学术活动月”已成为两岸青年科学家交流与交往的重要平台，通过这个平台，两岸青年科学家不仅可以在学术思想、科技成果方面沟通信息，相互启迪，更重要的是实现了两岸青年增进了解、交融情感、合作共赢的共同愿望，并为今后进一步的互动合作打好了坚实的基础。

此次研讨会分为“智能配电网技术发展”和“新能源技术及应用”两个专题研讨部分，涵盖技术报告15篇，其中台湾代表团5篇，报告内容充分突出技术性、实用性和前瞻性。来自两岸电力系统、科研院所、高校、电力设备制造企业以及标准工作组的120余位专家、学者到会交流研讨。

7. 2015变电站复合绝缘子技术及应用国际研讨会（SPIC 2015）

6月25～26日，2015变电站复合绝缘子技术及应用国际研讨会（SPIC 2015）在甘肃省敦煌市召开。会上汇集了来自美国、意大利、瑞典等多个国家的140余位专家，旨在通过变电站复合外绝缘技术的探讨与交流，搭建一个业内彼此了解与沟通的平台，共同促进复合外绝缘技术的发展，推动全球电力外绝缘技术和产业的进步。

与会专家就变电站复合绝缘子的设计、试验、制造、应用等经验进行交流。发言专家从各自的应用体验入手，围绕电网工程的设计、建设和运维等，讨论了变电站复合绝缘子防脆断坍塌、防爆炸、防污闪、全寿命周期运行等方面的技术特性。通过激烈讨论、深入探讨，与会专家对复合外绝缘有了更深层次的认识，认为随着变电站复合绝缘子在电网工程和国内外区域日益广泛的应用，复合外绝缘已经成为未来外绝缘领域的趋势。会议还组织与会专家参观了敦煌沙洲750kV全复合绝缘变电站。

8. 第六届现代电力系统自动化和保护国际会议（APAP2015）

2015年9月21～23日，第六届现代电力系统自动化和保护国际会议（APAP 2015）在南京召开，来自国内外28个国家和地区的300多位专家参加了会议。

APAP2015国际会议由中国电机工程学会主办。中国工程院院士杨奇逊主持了会议的主旨报告，6位专家分别从电力系统三道防线、广域保护、就地安装保护、数据整合、数字仿真、保护技术发展等方面做了精彩的发言。

会议共收到国内外摘要268篇，最终录用174篇，中国水利水电出版社出版了专题论文集。

【中国水力发电工程学会】

单位概况 中国水力发电工程学会（简称水电学会）是由全国水力发电工程科学技术工作者自愿组成并依法登记的全国性非营利学术团体，是国家发展水力发电工程科技事业的重要社会力量，是中国科学技术协会的组成部分。中国水力发电工程学会于1980年成立，现有会员4万余人，团体会员206个（其中省级水力发电工程学会22个），下属31个专业委员会和1个工作委员会，现有中国科学院和中国工程院院士48人。

领导班子

理事长：张基尧

常务副理事长兼代秘书长：李菊根

副理事长（按姓氏笔画排序）：丁焰章、么虹、王琳、王森、王光谦、匡尚富、朱跃龙、刘国跃、孙玉才、吴贵辉、邱希亮、张建云、岳曦、周创兵、郑声安、施洪祥、贺建华、夏忠、晏志勇、高嵩、喻新强、程念高、樊海斌

服务创新型国家和社会建设 联合国务院发展研究中心、华能西藏发电有限公司、华电金沙江上游水电开发有限公司、国电大渡河流域水电开发有限公司、雅砻江流域水电开发有限公司、四川大学共同开展“新常态下中国水电可持续发展政策研究”课题，主要针对西南重点是藏区水电开发成本上升的矛盾，探讨建言具有可操作性的国家对水电开发的财税金融政策的支持渠道，提升水电作为清洁能源的市场竞争力，提高水电企业开发水电的积极性，促进中国特别是西南水电开发的健康可持续发展。

推进完成了“澜沧江上游（西藏段）梯级水电开发经济性研究”课题，期间组织召开了相关高层论坛，并向有关部门提交了政策建议，积极为澜沧江上游（西藏段）水力资源的科学、合理、有效开发，为政府有关部门制定能源发展政策提供决策参考，推动相关项目的建设进展。

开展了“四川大渡河大岗山水电站机组启动试运行技术咨询”课题，为电站机组能够按期安全高效投入商业运营提供技术支撑。此外，完成了“瀑布沟及以下梯级水电站群智能调度技术研究”“嘉陵江亭子口水利枢纽电站运行风险综合评估研究”等课题的结题或扫尾工作。

9月，水电学会和梯级调度控制专委会在成都举办了《流域梯级水电站集中控制规程》培训班，帮助行业有关单位学习和掌握梯级水电站集中控制相关要求，促进该规范在实践中更好地贯彻实施和推广，共有33家单位的120余名代表参加了培训。

各专委会共举办各类培训班14期，参加培训人员1530人次。

决策咨询 7月组织召开了澜沧江上游西藏段梯级水电开发经济性研究高层论坛，国务院有关部门、西藏自治区，以及多家企业集团、流域公司、设计院、高校、媒体等单位70多名领导和专家就澜沧江上游水电开发、远距离输电、电力消纳中的工程成本、社会成本、生态成本等进行了广泛交流和研讨，积极为促进藏东南水电开发和推动藏区社会稳定、经济可持续发展献计献策，为中央开好第六次西藏工作会议、政府有关部门制定“十三五”规划和能源发展政策提供决策参考。会后，形成了《关于澜沧江上游（西藏段）梯级水电开发经济性研究成果的报告》，报送国家发展改革委、国家能源局、财政部、税务总局等有关部委和部门。

8月组织召开了水力发电弃水问题座谈会，针对近三年来西南地区（主要为川、滇两省）水电弃水问题进行座谈研讨。来自政府部门、电网企业、水力发电企业、研究机构、行业协会、新闻媒体等单位的领导和专家参加了会议。与会人员分析原因，提出了减少弃水的建议，多家主流媒体进行了连续报道。会后学会形成了有关建议报告，报送国家发展改革委和能源局，同时通过《电力决策与舆情参考》送有关领导和部门参阅。

学会建设 1月在北京召开了“全国各省级水电学会和各专业委员会秘书长及管理员工作会议”，对2014年工作进行总结并对2015年学会重点工作做出了部署安排，来自全国22个省级水电学会和31个专业（工作）委员会的秘书长、管理员和代表近80人参加了会议。会议强调了要切实转变工作作风，打好基础、提升水平，加强国际合作和向国际水平看齐，努力把学会品牌打造好，服务于国家经济社会发展，

并提出了办好学会的几项标准：① 组织机构的建立和专业人员的配备；② 科技论坛和科技鉴定的召开和推广；③ 为会员服务的质量和水平；④ 建设好网站以巩固宣传阵地；⑤ 做好单位会员和个人会员的信息管理；⑥ 组织好水电科普宣传活动；⑦ 收缴好会费和搞好科技创收以维持正常运作；⑧ 尽最大能力做好水电公益事业；⑨ 办好年鉴报纸杂志；⑩ 发挥好专委会作用以推动各专业领域科学技术均衡发展。

10 月在北京召开了七届四次理事会，185 名理事和代表出席会议。张基尧理事长做《适应经济新常态，谋划发展新思路，努力促进我国水力发电事业可持续发展》的工作报告，全面总结成绩，提出未来一年的目标和八个方面的主要工作任务，要求“抓住全面深化改革的机遇，适应经济新常态，转观念、促创新，抓管理、强素质，努力搭建好服务平台，进一步提升服务能力和水平，努力做好承接政府职能转移工作；充分调动广大水电工作者的积极性和创造性，大力推进水电科学技术进步，促进学会健康可持续发展，为推动我国水电事业更好地发展做出应有贡献”。

加强对专委会的管理和领导，按照理事会的要求，抓好各专委会和省级学会的组织建设，要求按照届次年限规定，做到按期换届。发挥专委会的专业学科带头作用和组织能力，促进专委会活动高水平、经常化；进一步加强与省级学会的联系和指导，密切工作关系。

加强秘书处自身能力建设。不定期召开秘书长办公会和秘书处全体人员工作会议，检查落实和完成好年度各项工作任务；对各会员单位的通信联系方式进行更新，保证学会与会员单位和理事的联络通畅；进一步加强内部管理，完善规章制度，进一步提高人员整体素质、服务能力和水平，推动学会的组织建设、制度建设和能力建设；加强财务管理，较好地完成了全年会费收缴工作，并且努力做好课题项目创收，保证了学会活动和秘书处工作正常运转。

1 月，水电学会与中国能源建设集团有限公司联合举办了 2015 年中国水电发展论坛暨水力发电科学技术奖颁奖典礼，有关部委、水电和电力行业专家学者 300 余人出席了论坛。大会贯彻执行中央八项规定、六项禁令的要求，坚持隆重、热烈、简朴、节俭办会。

潘家铮水电科技基金自 2008 年由学会发起设立，至 2015 年底已有 55 家单位和 9 名个人捐资，基金规模已达 4644 万元。12 月 17 日，由中国水力发电工程学会和潘家铮水电科技基金管理委员会主办、清华大学承办的“第七届潘家铮水电奖学金颁奖典礼”在北京市举行。在基金收益支撑下，截至 2015 年已有 340 多名学子获“潘家铮水电奖学金”、9 位水电专家获“潘家铮奖”、290 个水电科研项目获“水力发电科学技术奖”。水电学会通过科学管理，防范风险、有效运作，确保潘家铮基金每年理财所得收益能够支撑基金当年度的奖励和管理成本支出，保障基金可持续发展。

学术期刊 重视做好会刊《水力发电学报》（简称《学报》）管理和出版工作。在新一届编委会领导下，《学报》由双月刊变更为单月刊，2015 年共收到论文稿件 560 篇（比 2014 年增加 109 篇），录用刊登 277 篇。《学报》核心影响因子 0.641，比 2014 年有所提升，在 21 种水利工程类刊物中排名第三。《学报》不断寻求新突破，自 2015 年第 7 期起，采用特邀专家撰写论文作为首篇论文刊登，通过对新常态下中国水电建设新阶段面临的关键问题进行探讨，起到从学科理论上引领的作用。完成了“2015 年度《水力发电学报》优秀论文奖”评定工作，共评出一等奖 2 篇，二等奖 3 篇，三等奖 5 篇。

保证了《中国水力发电年鉴》（第十九卷）和《中国水力发电信息（2015 年报）》的编撰和按时出版，在中国水电发展论坛和理事会上赠送、邮寄各会员单位、理事和有关领导，并且将《中国水力发电信息（2015 年报）》挂网供会员下载。

学科发展研究 为进一步提高水电工程在地质灾害防范方面的可操作性，水电学会和风险管理专委会共同组织编制《大中型水电站地质灾害预警及应急管理技术标准》，2015 年已完成大纲审查并按分工陆续进行编写工作，力争 2016 年完成编写任务并上报有关部门审批和发布。

国际学术会议 5 月 19～21 日，以“塑造未来，推动水电可持续发展”为主题的世界水电大会在北京隆重召开，来自 60 多个国家和地区的政府、企业、民间团体、研究机构和金融机构等 800 多名全球水电行业领袖、专家和代表集聚一起，共商世界水电发展大计。大会由国际水电协会（IHA）主办，在中国国家能源局和中国科学技术协会支持下，由中国水力发电学会、中国三峡集团、中国大坝协会和中国水科院四家单位联合承办。

国内主要学术会议 7 月底在四川石棉县组织召开了全国高拱坝及大中型水电工程建设管理经验交流会，多名院士及来自全国的水电开发、设计、施工企业、科研院和高校的 100 余名专家学者，围绕高拱坝及大中型水电工程的枢纽布置和坝工设计、高拱坝设计分析的新理论和新方法、高拱坝的动力特性和抗震设计、高拱坝建设的生态环境效应等专题进行了广泛研讨与深入交流，取得了积极成果。

各专业委员会和省级水电学会是学会工作的基础

和重要组成部分。一年来，学会各专业委员会贯彻学术活动“高水平、经常化”的要求，分别召开了1次或多次形式多样、内容丰富的学术交流和学术研讨或学术年会，这些活动紧紧围绕科技创新和技术进步，精彩纷呈。据不完全统计，2015年学会所属31个专业委员会和1个工作委员会共举办各种学术年会或专题学术交流活动31场次，参加人数3900人次，交流论文986篇，编辑出版论文集17种，印发4000余册，发表论文840多篇，印制论文光盘550余张。各地方水力发电学会发挥自身优势，活动内容丰富、形式多样，湖南、福建、陕西、广东等学会活动频繁且办得有声有色，北京、甘肃、广西、四川、江苏、贵州、宁夏等学会活动亮点纷呈，青海、河北、河南、湖北、上海、浙江、天津、山西、云南、安徽等学会也是生机勃勃积极活动。南方片区和北方片区水电学会联络会和学术交流会越办越好，水平不断提高。联合办会新模式得到有效推广，如云贵川粤桂湘六省（区）学会联合召开“水电站运行管理及检修技术研讨会”、甘湘宁津四省（区、市）学会联合召开“水电站扩容改造和自动控制技术交流会”、青湘粤三省学会联合召开“水电站施工技术与建设管理经验交流会”等，效果显著。

两岸交流 5月，水电学会理事长会见了来访的台湾中兴工程科技基金会（简称中兴基金）理事长一行，双方就进一步推进海峡两岸水电水利科技交流与合作进行了会谈。会上双方一致表示，水电学会和中兴基金会在水利水电工程科技界一脉相承，双方互有专长，又相互融合，秉承发展，双方经过近年来的频繁来往、交流互动，不但情谊深长，更为两岸工程师搭起了学术交流和经验共享的平台，共同为推进两岸水利水电科技发展做出了努力和贡献。相信双方在今后的进一步往来合作中，定能将这种良好的共处氛围和浓浓情谊不断推向深入，结出更加丰硕的科技交流成果。会上双方互赠了学术资料书籍。

国际交往 2015年在筹办国际水电大会期间，国际水电协会（IHA）高层5次访问水电学会，双方主要就大会筹办事项进行了沟通交流，有序推进了大会的胜利召开。

8月，水电学会和美国大自然保护协会（TNC）、国际水电协会（IHA）共同在成都举办了第2期《水电可持续性评估规范》培训班，近50人参加了培训。《水电可持续性评估规范》综合考虑水电开发的技术、经济、环境和社会要素，提出了一套水电可持续性的量化评估方法，并适用于水电工程规划、准备、建设、运行和更新改造的全生命周期，体现了国际水电界对水电可持续发展的最新认识，已在多个国家进行了试点和推广。中国作为世界水电大国，自2011年《水电可持续性评估规范》在中国发布以来IHA就致力推行，以助推中国水电可持续发展。

科普活动 2013年水电学会组建了首支水电科普传播专家团队，近两年来在世界水日、全国科普日等期间组织的科普论坛中发挥了积极作用，取得了较好的宣传效果，获得了中国科协2014、2015年的专项经费资助。为进一步扩大水电科普专家队伍，充分发挥老科技工作者的作用，2015年又积极筹划组建一支以离退休老专家为主的水电科普传播团队，但由于首席传播专家需要一位院士来担任，目前正抓紧协调有关人选，争取尽早组建第二支传播团队，以增加水电科普传播的强度和频率。

3月22日，在第23届“世界水日”和第28届“中国水周”到来之际，为响应联合国确定的“节约水资源，保障水安全”活动主题，水电学会和中国大坝协会联合在清华大学举办了“水安全科普论坛”，邀请行业知名专家做了《转变思路，加强水资源开发，为打造天蓝地绿水净的美好家园做出贡献》《龙头水电站的水安全保障作用》《中国水安全的关键科技问题》等精彩报告。10余家主流媒体记者，以及清华大学土木水利学院的学生共40多人参加论坛。围绕中国水库大坝、水电站建设和保障水安全的问题，以及当前大众比较关心的清洁能源发展、雾霾治理等社会热点，与会媒体踊跃提问，几位专家的专业回答赢得了大家的一致认可。会后各大媒体持续进行了宣传报道，大量网站进行了转载，宣传效果明显。

9月20日，在一年一度的全国科普日到来之际，水电学会联合中国科普作家协会举办了“小水电的生态作用科普论坛”，邀请有关专家做了小水电的历史作用与现实担当、发展小水电提升绿色能源影响力、世界小水电的发展状况与趋势、站在人类文明的高度看小水电的生态作用等精彩报告，解答与会20多家媒体疑问。通过交流，大家一致认为小水电不仅是一个为人民谋福祉、为农村带来光明的伟大事业，而且也是联合国所倡导的应对气候变化、减排温室气体的一个重要手段，同时还是中国实现减排承诺的重要保障。会后多家媒体进行了宣传报道。

及时组织科普传播专家撰写文章，对社会上针对水电的歪曲和不实言论正面进行有力澄清，就有关热点舆论进行释疑解惑，以正视听，传递水电正能量。例如，4月份个别环保官员在一份审批乌东德水电站的环评报告中，声称不得再建设小南海水电站，对此在社会上引起了较大争议。小南海水电站是国务院不久前批复的长江流域综合规划的重要组成部分，是打造长江经济带的一个重要节点，为及时回击大量媒体的负面炒作，水电学会科普传播专家撰写了《小南海水电站的闹剧与真相》等有分量的科普文章，以事实为依据，以法律为准绳，同时从促进长江流域科学发展的重要意义等方面，很好地回答了社会各界关于小南海的各种误解和疑惑，环保部也把那份不得再建设小南海水电站的文件从官网上撤了下来。此外，为正确引导社会舆论，中国三峡集团委托香港卫视拍摄一部《中国大坝》的科普宣传片，水电科普传播团队的多名专家积极协助、支持和参与其中，力图借此机会进一步增加水利水电科学传播力度和效果。

继续维护好学会“中国水电网”网站，2015 年对网站栏目和功能设置做了进一步完善，致力打造中国水电行业门户网站，发挥好网络宣传主阵地的重要作用，大力推动水电科普和舆论宣传。紧跟“互联网+”网络发展新常态，开通了微信公众号“中国水力发电工程学会”（CSHE1980），加强掌中舆情宣传力度。

科技评价 积极参与科技奖励第三方评价。根据国务院《关于取消和下放一批行政审批项目等事项的决定》有关规定，为切实做好社会科技奖励的管理工作，提升社会科技奖励的整体水平，鼓励和引导社会力量设立“目标定位准确、专业特色鲜明、严格自律管理”的专业化科技奖，建立“信息公开、行业自律、政府指导、第三方评价、社会监督、合作竞争”的社会科技奖励管理新模式，国家科技奖励办 8 月份委托中国科学技术信息研究所对各社会科技奖励进行了第三方评价。评价采取定性（统计数据）和定量（汇报答辩）相结合的方式，评价结果与推荐国家奖资格挂钩。水电学会秘书处于 9 月份精心准备并申报了“水力发电科学技术奖”有关评价材料，12 月份进行了现场汇报和答辩，目前正在等待评价结果。

继续办好“水力发电科学技术奖”。2015 年是连续第六个年度开展评奖工作，5 月份组织申报，先后经过奖励工作办公室的形式审查、近 70 位专家的网络初审、30 多位专家的会议二审和 25 位奖励委员会委员的会议终审，11 月底从申报的 136 个项目中评审出 49 个拟授奖项目，其中特等奖 1 项、一等奖 12 项、二等奖 14 项、三等奖 22 项。评审结果经在中国水电网公示无异议后，在 2016 中国水电发展论坛上进行了颁奖。为了更好地宣传水力发电科学技术奖获奖项目，促进科技成果转化，编印了《水力发电科学技术奖获奖项目成果汇编（2015 年度）》，以便更好地宣传、推广获奖科技成果。

开展科技成果评价工作。全年共受理承担了 12 个单位的 22 项成果的鉴定评价工作，还有 20 多个项目是由行业内大的企业集团组织、水电学会参加（主要专家由水电学会选派）鉴定的。按政府机构改革的要求，把积极开展科技评价作为学会“承接政府职能转移”的一项重要工作，发挥好“全行业科技工作者组成的”科技社团所具有的行业内水平最高、专业范围最广的专家团体作用，并且是可以对科技评价结果承担法律责任的组织作用。

表彰举荐优秀科技工作者 组织专家对通过水电学会渠道申报的两院院士人选进行了评审，推荐中国工程院院士候选人 2 人（经科协进一步推荐，成为有效候选人）和中国科学院院士候选人 1 人。

在中国科协领导下开展了世界工程组织联合会（简称 WFEO，由联合国教科文组织赞助成立）杰出工程奖、哈西布·萨巴格（Hassib J. Sabbagh）杰出工程建设奖和杰出工程教育奖评选工作，学会组织对三个奖项的申报材料进行了评审和推荐，最终陆佑楣院士荣获 2015 WFEO 杰出工程奖、雅砻江流域水电开发有限公司“锦屏水电工程项目团队”荣获 2015 WFEO 杰出工程建设奖殊荣，12 月 3 日在日本举行的世界工程师大会上进行了颁奖。

组织开展了第 11 届光华工程科技奖推选工作，评选推荐光华工程奖和光华青年奖候选人各 1 名并上报至中国科协。

学会创新发展 为促进潘家铮水电科技基金发展壮大，不断创新扩大基金支持活动范围，更好地服务于水电公益事业，自 2013 年起组织开展大学生暑期水电社会实践教育活动，选取典型骨干水电工程项目，使参加活动的学生通过工程实践和亲身体验，激发工程创造和创新活力。“2015 大学生暑期水电社会实践教育活动”于 7 月下旬在四川雅砻江流域的锦屏一、二级水电站顺利完成，共有来自清华大学、浙江大学等全国 15 所高等学府的 23 名“潘家铮水电奖学金”获奖学生和其他优秀学生参加。

党建强会 学会党支部根据中国科协党委和挂靠单位党委有关精神和要求，参加上级党组织的活动，组织开展“三严三实”专题活动和党员民主生活会，做好秘书处党支部工作，开展“党建强会”活动，发挥党员先锋模范作用，带动群众爱岗敬业，为学会发展和水电事业多做贡献。

主要事件

1. 2015 年中国水电发展论坛暨水电科技奖颁奖典礼在北京举行

2 月 1 日，一年一度的水电盛会“2015 年中国水电发展论坛暨水力发电科学技术奖颁奖典礼”在北京隆重举行，大会由中国水力发电学会和中国能源建设集团有限公司联合主办。中国科学院院士张楚汉，中国工程院院士陈祖煜、朱伯芳、韩其为、陈厚群、王浩、胡春宏、张建云、钮新强、钟登华，以及来自全国水力发电战线 80 余单位 300 多名水电工作者代表参加了大会。大会贯彻执行中央八项规定、六项禁令的要求，坚持隆重、热烈、简朴、节俭办会。

中国水力发电学会理事长张基尧、中国能源建设集团有限公司董事长汪建平分别代表主办单位致辞。国家发展改革委原副主任、国家能源局原局长张国宝，国务院三峡工程建设委员会办公室副主任陈飞，中国工程院院士、南京水利科学院院长张建云，中国电力建设集团有限公司副总经理王民浩分别做讲话。

会上，由周大兵主持举行了2014年水力发电科学技术奖颁奖典礼。共有46个项目获奖，其中特等奖4项、一等奖6项、二等奖12项、三等奖24项。由中国长江三峡集团公司等承担的“300m级溪洛渡拱坝智能化建设关键技术”项目、雅砻江流域水电开发有限公司等承担的“锦屏二级水电站深埋长大水工隧洞群建设关键技术”等项目获得特等奖。同时还进行了《水力发电学报》优秀论文奖颁奖。

按照惯例，大会还进行了中国水电会旗交接仪式。2016年中国水电发展论坛暨水电科技奖颁奖典礼将由国家开发投资公司承办。

2. 2015世界水电大会在北京成功举办

5月19～21日，以“塑造未来，推动水电可持续发展”为主题的世界水电大会在北京隆重召开，来自60多个国家和地区的政府、企业、民间团体、研究机构和金融机构等800多名全球水电行业领袖、专家和代表集聚一起，共商世界水电发展大计。大会由国际水电协会（IHA）主办，在中国国家能源局和中国科学技术协会支持下，由中国水力发电学会、中国长江三峡集团、中国大坝协会和中国水科院四家单位联合承办。

国际水电协会发表了《北京水电宣言》，提出“2050年2050GW”的世界水电发展目标，并确认“中国水电发展处于全球领先地位，在国际上发挥着越来越重要的作用”。

3. 全国高拱坝及大中型水电工程建设管理经验交流会在四川召开

7月29～31日，由中国水力发电工程学会主办、国电大渡河流域水电开发有限公司承办的“全国高拱坝及大中型水电工程建设管理经验交流会”在四川石棉召开。中国科学院院士张楚汉，中国工程院院士钟登华、缪昌文，雅安市副市长王冬林，石棉县委书记曾令举，中国水电学会常务副理事长兼代秘书长李菊根，中国长江三峡集团公司副总经理樊启祥，中国电力建设集团有限公司总工程师周建平，国电大渡河流域水电开发有限公司总经理涂扬举，以及来自全国的水电开发、设计、施工企业、科研院和高校的100余名专家学者参加了大会。

4. 澜沧江上游（西藏段）梯级水电开发经济性研究高层论坛在北京召开

7月7日，中国水力发电工程学会在北京组织召开了“澜沧江上游（西藏段）梯级水电开发经济性研究高层论坛”。水电学会理事长张基尧，国家能源局电力司司长韩水、新能源和可再生能源司副司长史立山，中国华能集团公司副总经理张廷克，国家发展改革委投资司处长陈长耀，国务院发展研究中心研究员王亦楠，水电水利规划设计总院党委书记彭程，国家税务总局税收科学研究所副处长欧阳明出席会议并讲话。来自政府有关部门、两大电网、电力企业、规划设计、流域开发、研究机构等单位近70人参加会议。

（雷定演）

电力企业

国家电网公司

【公司概况】 国家电网公司成立于2002年12月29日，公司按集团公司模式运作，经营区域覆盖26个省（自治区、直辖市），覆盖国土面积的88%以上，供电人口超过11亿人。公司稳健运营在菲律宾、巴西、葡萄牙、澳大利亚等国家的海外资产。公司连续11年被评为中央企业业绩考核A级企业、名列中国服务业企业500强榜首，连续5年居《财富》世界500强排名第七位。

2015年，公司特高压跨区跨省输送电量1534亿kWh，同比增长12.2%；消纳西南水电1236亿kWh，同比增长10.1%。新能源累计并网装机容量1.66亿kW，其中风电1.17亿kW、太阳能发电3973万kW；全年消纳风电、太阳能发电量2038亿kWh，同比增长21.3%。

新装智能电能表6450万只，累计实现用电信息自动采集3.17亿户。累计建成智能变电站2300座、充换电站1537座、充电桩2.96万个。

与国际能源署组建全球能源互联网联合工作组，与美国国家可再生能源实验室、阿贡国家实验室、英国伯明翰大学开展合作，联合攻关。组建全球能源互联网集团有限公司，推动成立全球能源互联网发展合作组织。

实施电能替代项目1.72万个，替代电量760亿kWh。开展低成本融资1993亿元，其中境内、外分别发债861亿元和10亿欧元。集中招标采购金额5077亿元，节约资金483亿元。

【领导班子】

国家电网公司董事长、党组书记：刘振亚

国家电网公司董事、总经理、党组成员：舒印彪

国家电网公司副总经理、党组成员：陈月明

国家电网公司副总经理、党组成员：杨庆

国家电网公司副总经理、党组成员：栾军

国家电网公司总会计师、党组成员：李汝革

国家电网公司党组成员、中央纪委驻国家电网公司纪检组组长：潘晓军

国家电网公司副总经理、党组成员：王敏

国家电网公司党组成员、职工董事、工会主席：刘广迎

国家电网公司副总经理：韩君

国家电网公司副总经理：刘泽洪

【组织机构】 2015年国家电网公司组织机构见图。

【电网概况】

1. 国家电网基本情况

截至年底，公司系统主要电网（国调直调、华北、华东、华中、东北、西北、西南）装机容量1 083 485MW，其中火电762 174MW，常规水电149 157MW，抽水蓄能17 830MW，核电17 400MW，风电107 245.3MW，光伏发电27 134.3MW。主要电网220kV以上交流降压变电容量2 589 862.5MVA，同比增长8.23%；220kV以上交流输电线路长度483 955.9km，同比增长6.49%。

2015年新投产220kV以上输电线路29 491.8km（1124条），同比增长6.49%，变电容量197 032.5MVA（621台），同比增长8.23%，新增统调装机容量106 838.6MW，同比增长10.94%。跨国跨区能力达68 555MW，同比增长6.02%。

详见表1～表6。

2. 国家电网调度装备和运行指标

截至年底，公司系统220kV及以上交流系统（含西藏110kV系统）继电保护装置共有151 405台，同比2014年增加9657台，增幅为6.81%。共有微机型保护装置151 405台（含RADSS保护49台），全网微机化率100%，同比2014年微机化率（99.93%）提高0.07个百分点。共有国产保护147 191台，保护装置国产化率97.20%，同比2014年（96.56%）提高0.64个百分点。保护装置共动作19 088次，其中正确动作19 081次，不正确动作7次（误动7次、拒动0次），正确动作率99.963%，同比2014年（99.950%）提高0.013个百分点。

截至年底，国调、网调、省调、地调和县调五级调度建设运行的自动化系统共有1492套，其中，智能电网调度控制系统97套（包括33套省级及以上调度系统和64套地调系统），备调智能电网调度控制系统139套（包括18套省级调度系统和121套地调系统）；地、县调SCADA/EMS系统共757套，备调SCADA/EMS系统129套；动态稳定监测预警系统（DSA）8套；广域相量测量系统（WAMS）6套；调度计划系统（OPS）25套；电能量计量系统（TMR）213套；调度员培训仿真系统（DTS）166套；调度管理系统（OMS）131套；雷电定位系统（LLS）8套；保护管理系统5套；水调自动化系统31套；变电站集中监控系统38套。

公司调度管辖范围内110kV及以上电压等级厂站监控系统和设备RTU共2172套，厂站监控系统18 498套，电能量远方终端12 995套，PMU 2726套。

调度数据网络全网完成骨干网双平面架构，完成

国家电网公司

总部（32个部门）
- 办公厅（董事会办公室）
- 总师办公室
- 全球能源互联网办公室
- 研究室
- 发展策划部
- 财务资产部
- 安全监察质量部
- 运维检修部
- 营销部（农电工作部）
- 科技部
- 基建部
- 交流建设部
- 直流建设部
- 信息通信部
- 物资部（招投标管理中心）
- 产业发展部
- 对外联络部（品牌建设中心）
- 国际合作部
- 审计部
- 经济法律部
- 人事董事部
- 人力资源部
- 体制改革办公室
- 离退休工作部
- 后勤工作部
- 思想政治工作部（与公司团委、直属党委合署办公）
- 监察局（与中纪委驻公司纪检组合署办公）
- 工会
- 国家电力调度控制中心
- 国家电网运营监测（控）中心
- 国家电网电力交易中心
- 企业管理协会

分部（6个）
- 华北分部
- 华东分部
- 华中分部
- 东北分部
- 西北分部
- 西南分部

国家电网公司

省公司（27个）
- 国网北京市电力公司
- 国网天津市电力公司
- 国网河北省电力公司
- 国网冀北电力有限公司
- 国网山西省电力公司
- 国网山东省电力公司
- 国网上海市电力公司
- 国网江苏省电力公司
- 国网浙江省电力公司
- 国网安徽省电力公司
- 国网福建省电力有限公司
- 国网辽宁省电力有限公司
- 国网吉林省电力有限公司
- 国网黑龙江省电力有限公司
- 国网内蒙古东部电力有限公司
- 国网湖北省电力公司
- 国网湖南省电力公司
- 国网河南省电力公司
- 国网江西省电力公司
- 国网四川省电力公司
- 国网重庆市电力公司
- 国网陕西省电力公司
- 国网甘肃省电力公司
- 国网青海省电力公司
- 国网宁夏电力公司
- 国网新疆电力公司
- 国网西藏电力有限公司

科研教培单位（7个）
- 中国电力科学研究院
- 国网北京经济技术研究院
- 国网能源研究院
- 国网智能电网研究院
- 国家电网管理学院（中共国家电网公司党校）
- 国家电网公司高级培训中心
- 国网技术学院（国家电网公司团校）

专业公司（6个）
- 国家电网公司运行分公司
- 国家电网公司直流建设分公司
- 国家电网公司交流建设分公司
- 国家电网公司信息通信分公司
- 国家电网公司客户服务中心
- 国家电网公司国际业务服务分公司

产业公司（17个）
- 南瑞集团有限公司
- 中国电力技术装备有限公司（国家电网公司工程管理分公司）
- 鲁能集团有限公司
- 国网新源控股有限公司（国网新源水电有限公司）
- 全球能源互联网集团有限公司
- 国网国际发展有限公司
- 国网通用航空有限公司
- 国网物资有限公司
- 国网中兴有限公司
- 英大传媒投资集团有限公司
- 许继集团有限公司
- 平高集团有限公司
- 山东电工电气集团有限公司
- 国网节能服务有限公司
- 国网信息通信产业集团有限公司
- 国网电动汽车服务有限公司
- 国网电子商务有限公司

金融企业（7个）
- 国网英大国际控股集团有限公司
- 中国电力财务有限公司
- 英大泰和财产保险股份有限公司
- 英大泰和人寿保险股份有限公司
- 英大长安保险经纪集团有限公司
- 英大国际信托有限责任公司
- 英大证券有限责任公司

2015年国家电网公司组织机构图

表 1

截至 2015 年底国家电网公司系统统调装机容量

电网名称	总容量		火电		常规水电		抽水蓄能		核电		风电[①]		光伏发电[①]		其他[②]	
	台数（座数）	容量（MW）	台数	容量（MW）	台数	容量（MW）	台数	容量（MW）	台数	容量（MW）	座数	容量（MW）	座数	容量（MW）	台数	容量（MW）
国调直调	75（0）	50 780	8	5280	67	45 500	0	0	0	0	0	0	0	0	0	0
华北	961（595）	278 877.75	862	225 815.25	40	2061.9	23	5470	1	25	390	37 074.56	205	7311.86	35	1119.18
华东	975（112）	267 089.49	730	227 408.28	199	8789	30	6980	16	14 019	90	7855.68	22	2037.53	0	0
华中、西南	1665（84）	260 021.46	399	138 700.2	1220	111 345.43	16	3790	0	0	68	4422.7	16	784.13	30	979
东北	490（265）	111 836.56	358	76 108	101	5458.3	6	1500	3	3356.37	255	24 817.99	10	149.9	22	446
西北	655（782）	165 659.73	390	94 142.25	261	21 502.35	4	90	0	0	308	33 074.3	474	16 850.83	0	0
合计	4746（1838）	1 083 484.99	2739	762 173.98	1821	149 156.98	79	17 830	20	17 400.37	1111	107 245.2	727	27 134.25	87	2544.18

① 风电场、光伏电站按座数统计，表 2 同。

② 其他类型的机组是指地热、秸秆发电等电源，表 2 同。

表 2

2015 年内国家电网公司系统新增统调装机容量

电网名称	总容量			火电			常规水电			抽水蓄能			核电			风电			光伏发电			其他		
	台数（座数）	容量（MW）	增幅（%）	台数	容量（MW）	增幅（%）	台数	容量（MW）	增幅（%）	台数	容量（MW）	增幅（%）	台数	容量（MW）	增幅（%）	座数	容量（MW）	增幅（%）	座数	容量（MW）	增幅（%）	台数	容量（MW）	增幅（%）
国调直调	5（0）	3300	6.95	5	3300	166.67	0	0	0.00	0	0	0.00	0	0	0.00	0	0	0.00	0	0	0.00	0	0	0.00
华北	42（171）	21 130.2	8.20	38	13 261.3	6.24	0	0	0.00	3	900	19.69	0	0	0.00	81	3810.8	11.46	90	3155	75.90	1	3	0.27
华东	71（38）	28 767.35	12.07	65	22 093.7	10.76	3	143.3	1.66	0	0	0.00	3	3267	30.39	27	2070.4	35.79	11	1193	141.26	0	0	0.00
华中、西南	88（45）	21 805.48	9.15	23	12 094	9.55	63	6603.4	6.30	0	0	0.00	0	0	0.00	31	2319.0	110.23	14	714.1	1020.2	2	75	8.30
东北	15（26）	6634.34	6.31	6	2370	3.21	5	33	0.61	0	0	0.00	1	1118.8	50.00	22	2982.6	13.66	4	40	36.40	3	90	25.28
西北	44（250）	28 501.2	20.78	30	10 665	12.78	14	481	2.29	0	0	0.00	0	0	0.00	125	12 734	62.60	125	4621	37.79	0	0	0.00
合计	259（530）	106 838.6	10.94	162	60 484.0	8.62	85	7260.7	5.12	3	900	5.32	4	4385.8	33.70	286	23 917	28.70	244	9723	55.85	6	168	7.07

表 3 截至2015年底国家电网公司系统220kV及以上统调降压变电容量

电网名称	总计		1000/750kV		500kV		330kV		220kV	
	台数	容量（MVA）	台数	容量（MVA）	台数	容量（MVA）	台数	容量（MVA）	台数	容量（MVA）
国调直调	21	58 500	19	57 000	2	1500	0	0	0	0
华北	3006	683 289	2	6000	294	246 310	0	0	2710	430 979
华东	3158	801 171	13	39 000	318	280 750	0	0	2827	481 421
华中、西南	2501	595 533.38	4	12 000	281	240 453	0	0	2216	343 080.38
东北	1205	232 781.16	0	0	103	88 933	0	0	1102	143 848.16
西北	882	277 088	61	108 500	0	0	426	103 898	395	64 690
合计	10 752	2 589 862.5	80	165 500	994	856 446	426	103 898	9250	1 464 018.5

表 4 2015年内国家电网公司系统新增统调变电容量

电网名称	总计			1000/750kV			500kV			330kV			220kV		
	台数	容量（MW）	增幅（%）	台数	容量（MW）	增幅（%）	台数	容量（MW）	增幅（%）	台数	容量（MW）	增幅（%）	台数	容量（MW）	增幅（%）
国调直调	0	0	0.00	0	0	0.00	0	0	0.00	0	0	0.00	0	0	0.00
华北	141	41 201.5	6.42	0	0	0.00	21	20 450	9.05	0	0	0.00	120	20 751.5	5.06
华东	182	58 200	7.83	0	0	0.00	27	27 300	10.77	0	0	0.00	155	30 900	6.86
华中、西南	127	39 044.5	7.02	0	0	0.00	20	20 600	9.37	0	0	0.00	107	18 444.5	5.68
东北	76	15 183.5	6.98	0	0	0.00	7	7662	9.43	0	0	0.00	69	7521.5	5.52
西北	95	43 403	18.57	14	23 400	27.50	0	0	0.00	40	12 030	13.09	41	7973	14.06
合计	621	197 033	8.23	14	23 400	27.50	75	76 012	9.74	40	12 030	13.09	492	85 590.5	6.21

表 5　截至 2015 年底国家电网公司系统 220kV 及以上统调线路长度

电网名称	总计		1000/750kV		500kV		330kV		220kV	
	条数	长度（km）	条数	长度（km）	条数	长度（km）	条数	长度（km）	条数	长度（km）
国调直调	73	6861.8	15	3152.6	57	3709.1	1	0.1	0	0
华北	3987	112 155.454	0	0	387	30 790.071	0	0	3600	81 365.383
华东	4647	108 203.786	13	2512.6	524	30 862	0	0	4110	74 829.186
华中、西南	3840	126 864.107	1	281	510	39 924.773	0	0	3329	86 658.334
东北	1798	68 047.3065	0	0	170	16 970.127	0	0	1628	51 077.1795
西北	1363	68 257.281	95	15 821	6	489	621	27 673	641	24 274.281
合计	15 637	483 955.934	110	18 973.6	1598	119 104.97	621	27 673	13 308	318 204.364

表 6　2015 年内国家电网公司系统 220kV 及以上新增统调线路长度

电网名称	总计			1000/750kV			500kV			330kV			220kV		
	条数	长度（km）	增幅（%）	条数	长度（km）	增幅（%）	条数	长度（km）	增幅（%）	条数	长度（km）	增幅（%）	条数	长度（km）	增幅（%）
国调直调	3	64.8	0.95	1	4.8	0.15	2	60	1.64	0	0	0.00	0	0	0.00
华北	257	7415.538	7.08	0	0	0.00	32	2651.124	9.42	0	0	0.00	225	4764.414	6.22
华东	377	7235.6	7.17	1	5	0.20	47	2268.0	7.93	0	0	0.00	329	4962.6	7.10
华中、西南	216	5991.47	4.96	0	0	0.00	37	1744.94	4.57	0	0	0.00	179	4246.53	5.15
东北	143	3675.846	5.71	0	0	0.00	7	520.406	3.16	0	0	0.00	136	3155.44	6.58
西北	131	5173.389	8.20	12	1647	11.62	2	63	14.79	56	2085.697	8.15	61	1377.692	6.02
合计	1124	29 491.815	6.49	13	1652	9.54	125	7247.49	6.48	56	2085.697	8.15	930	18 506.628	6.18

316个接入网建设和改造，网络整体规模达48 766个节点，实现220kV以上厂站网络双覆盖，110（66）kV厂站的网络覆盖率达99.54%，35kV厂站的网络覆盖率达99.49%。

（叶　俭　郭建勇　王永福）

【战略体系】

公司使命——奉献清洁能源、建设和谐社会

公司宗旨——“四个服务”（服务党和国家工作大局、服务电力客户、服务发电企业、服务经济社会发展）

核心价值观——诚信、责任、创新、奉献

企业精神——努力超越、追求卓越

战略愿景——“两个一流”（建成世界一流电网、国际一流企业）

战略目标——“一强三优”现代公司（电网坚强，资产优良、服务优质、业绩优秀）

战略途径——“两个转变”（转变电网发展方式，转变公司发展方式）

根本保证——“三个建设”（公司党的建设、队伍建设、企业文化建设）

基本方针——“四化”方针（集团化运作、集约化发展、精益化管理、标准化建设）

工作思路——“三抓一创、内质外形”（“三抓一创”：抓发展、抓队伍、抓管理、创一流。“内质外形”：全面提高安全素质、质量素质、效益素质、科技素质和队伍素质；塑造认真负责的国企形象、真诚规范的服务形象、严格高效的管理形象、公平诚信的市场形象、团结进取的团队形象）

【电网规划与发展】

电网发展重大问题研究　研究“十三五”能源电力和电网发展有关重大问题，编制完成公司“十三五”电网发展规划（建议稿），上报国家能源局。

电网作为国民经济基础产业，需适度超前发展。建议2020年全社会用电量按照8万亿kWh考虑，“十三五”年均增速7.5%、电力弹性系数1.1。

发展清洁能源，推动能源结构调整和布局优化。预计2020年全国电源装机总量20.7亿kW，其中水电、风电、太阳能发电分别达到3.47亿、2.4亿、1.5亿kW，清洁能源装机占比由2015年的33.5%提高到2020年的39.3%；煤电装机容量11.2亿kW，占比由2015年的59%下降为2020年的54.2%。

科学规划电网布局，加快构建清洁低碳安全高效的现代能源体系。公司提出在现有电网格局基础上，形成东部、西部两个同步电网。“十三五”末期，随着两个同步电网格局的形成，“西电东送”电力规模从1.1亿kW提高到3.1亿kW，每年可替代原煤7亿t，减排二氧化碳14亿t、二氧化硫230万t、氮氧化物230万t、烟尘35万t，PM2.5污染降低20%。“十四五”期间进一步加强东部、西部电网联网，到2025年国家电网形成一个同步电网，基本建成中国能源互联网。

加快现代配电网建设，服务社会民生。在北京、上海等17个城市核心区建设高可靠性示范区，建设53个新型城镇化配电网示范区。采用先进适用技术，推动电能替代。满足1.96万座充电站、405.6万台充电桩接入需求，为400万辆电动汽车提供充电服务；完成80%港口岸电工程建设；推广电采暖。提高配电网智能化水平，服务清洁能源发展。满足新能源、分布式电源并网需求，建设用户智能友好互动工程。配电自动化覆盖率达到90%，10kV以上配电通信网全覆盖，智能电能表覆盖率达到100%。

贯彻习近平总书记重要倡议，推动全球能源互联网建设。全球能源互联网是以特高压电网为骨干网架、全球互联的坚强智能电网，实质就是“智能电网+特高压电网+清洁能源”，智能电网是基础，特高压电网是关键，清洁能源是根本。中国特高压发展世界领先，智能电网建设走在世界前列，新能源装机位居世界第一，具备推动构建全球能源互联网的先发优势和主导条件。发挥中国智能电网、特高压、清洁能源发展的领先优势，以“一带一路”沿线国家的电网互联互通为突破口，推动全球能源互联网建设。

特高压电网发展　“两交五直”7项特高压工程获得核准，大气污染防治行动计划“四交四直”工程全面开工。蒙西—天津南交流工程、榆横—潍坊交流工程、酒泉—湖南直流工程、晋北—江苏直流工程、锡盟—江苏直流工程、上海庙—山东直流工程、准东—华东直流工程获得核准。上述7项工程，新增变电（换流）总容量1.4亿kVA（kW），新建输电线路1.3万km，总投资1723亿元。12月15日，大气污染防治行动计划“四交四直”特高压工程全面建设暨“两直”工程（锡盟—江苏、上海庙—山东）开工动员大会在北京召开，标志着国家大气污染防治行动计划“四交四直”工程全部启动。

准东—皖南直流工程首次采用±1100kV电压等级，特高压直流输电容量由1000万kW提升到1200万kW，该工程是目前世界上电压等级最高、输送容量最大、输电距离最远、技术水平最高的特高压输电工程。

配电网建设改造规划与行动计划　2015年，公司加强统一规划，配电网投资达2155亿元，配电网发展迈上新台阶。

1. 公司“十三五”配电网建设改造规划

2015年上半年，公司组织编制完成《国家电网公司“十三五”配电网建设与改造规划》（简称《配电网规划》）。规划到2020年，公司将建成安全可靠、

坚固耐用、经济高效、灵活先进、绿色低碳、环境友好的坚强智能配电网。

《配电网规划》包括公司总部、省、地市、县四个层面的配电网建设改造规划，农村电网、配电通信网、配电网智能化3个专项规划，以及12个专题研究报告等。

按照国家能源局要求，编制完成《国家电网公司农村电网改造升级“十三五”规划》（简称《农网规划》），以支持新型城镇化、农业现代化和美丽乡村建设为主线，统筹城乡电网发展，提出增强供电能力、完善网架结构、提升农网装备水平、做好边远贫困地区电力建设、加快农网智能化发展等重点任务。

2. 公司配电网建设改造行动计划（2015～2020年）

8月，《国家发展改革委关于加快配电网建设改造的指导意见》和《国家能源局关于印发配电网建设改造行动计划（2015～2020年）的通知》正式印发，对全国配电网建设改造工作提出总体要求。

公司在《配电网规划》基础上，编制完成《国家电网公司配电网建设改造行动计划（2015～2020年）》，对照国家能源局要求，将投资规模分解到各省、各年度，建设规模落实到具体项目。

抽水蓄能发展 加快抽水蓄能建设，开工安徽金寨等6座抽水蓄能电站，总装机容量840万kW，年度开工规模创历史新高。

1. 公司“十三五”抽水蓄能规划研究

2015年“十三五”抽水蓄能重点布局在中东部地区，满足沿海核电大规模发展、风电等清洁能源大规模受入形势下的电网调峰、备用要求；东北、西北地区安排一定规模抽水蓄能，满足新能源大规模开发需要。“十三五”期间，公司安排新开工抽水蓄能项目28个，总装机容量3525万kW。预计到2020年，公司在运抽水蓄能电站25座，装机容量2446万kW；在建电站36座，装机容量4455万kW；在运、在建总装机容量达到6901万kW。

2. 常规水电和抽水蓄能混合开发研究

结合西北地区抽水蓄能站址资源不能满足新能源大规模开发运行需要的实际情况，公司创新提出结合常规水电混合开发抽水蓄能。经过研究和梳理，在西北地区的黄河上游初步选出可开发站址10个，择优推荐“龙羊峡—拉西瓦”、哇让、循化3个站址作为混合开发试点。

3. 抽水蓄能电站项目建设和前期工作

2015年，公司开工建设抽水蓄能工程6项（安徽金寨、山东沂蒙、河南天池、河北丰宁二期、山东文登、重庆蟠龙），上报并取得核准1项（河北丰宁二期），装机容量180万kW；批复可研4项（河北丰宁二期、陕西镇安、福建厦门、江苏句容），装机容量595万kW；完成可研1项（新疆阜康），装机容量120万kW；完成建设必要性论证2项（浙江衢江、浙江磐安），装机容量240万kW；完成预可研审查11项（浙江衢江、浙江磐安、安徽宁国、新疆哈密、河北抚宁、江西洪屏二期、江西奉新、山西浑源、山西垣曲、山东潍坊、重庆丰都），装机容量1320万kW。

节能减排管理

1. 主要节能减排指标完成情况

线损率指标。公司线损率6.78%，同比下降0.28个百分点，相应节约电量104亿kWh，相当于节约标煤330万t、减排二氧化碳820万t。线损率比国资委第四任期（2013～2015年）考核目标（7.25%）低0.47个百分点。

万元产值综合能耗指标。公司综合能源消费量3292万t，万元产值综合能耗0.1396t标煤（可比价），同比下降3.52%，比国资委第四任期考核目标（0.18t标煤）低0.0404t标煤。

2. 服务电力行业和社会节能减排

加强电网线损管理，实现节能降耗。推进同期线损管理系统建设，在10市县试点建设同期线损管理系统。

加强坚强智能电网建设，提升电网节能减排能力。截至年底，在运在建和获得核准特高压线路长度、变电（换流）容量分别达2.88万km和2.94亿kVA（kW）。加大配电网投资力度，完成30个重点城市市区和30个非重点城市核心区配电网建设改造，综合治理农村“低电压”665万户，提升农村电力普遍服务水平。发挥抽水蓄能电站作用，减少弃水弃风电量，促进电力系统节能减排。公司15座大型抽水蓄能电站平均利用小时数达到1757h。

支持和服务新能源发展。公司19个省区基本不弃风、23个省区基本不弃光，部分地区运行指标与国外先进水平基本相当。发挥系统调峰能力，在负荷低谷时段尽可能多安排新能源发电。

开展跨区跨省电力交易，优化能源资源配置。利用特高压电网开展跨区跨省电力交易，大范围消纳清洁能源。公司清洁能源跨区跨省外送电量3304亿kWh，同比增加4.36%。推进发电权交易，以高效节能发电机组替代高能耗发电机组，完成交易电量1132亿kWh，实现节约标准煤741万t，分别减排二氧化碳和二氧化硫1927万、13万t。

推进两个替代（清洁替代、电能替代），扩大替代范围，提高电能在终端能源消费中的比重，服务生态文明建设。全年共完成电能替代项目1.72万个，完成替代电量760亿kWh。

特高压关键技术研究

1. 大电网控制技术

系统掌握交直流动态耦合的电网故障特征和稳定控制机理，在国际上首次提出特高压换流阀换相失败主动防御技术，并成功应用于±800kV灵州—绍兴特高压直流输电工程。

2. 特高压交流输电技术

建立中国首套高海拔地区特高压等级外绝缘及电磁环境相关试验系统；提出适应工程运输限制条件的1500MVA特高压解体变压器技术方案，完成1000MVA/1000kV分解运输型变压器样机研制；首次研制出特高压GIL并开展示范应用，产品参数国际先进，满足高电压、大电流、长距离的大输电容量要求，拥有完全自主知识产权，解决特高压工程跨江难题；完成世界首台400Mvar/1100kV并联电抗器研制，完成支柱式、GIS式特高压光纤互感器样机研制并通过型式试验。完成特高压自主化GIS的研制及鉴定，主要性能指标和技术参数达到国际领先水平，彻底实现特高压GIS的自主化生产，并实现工程应用；研发适用于1000kV电压等级的直升机带电作业绝缘试验平台。

3. 特高压直流输电技术

研制±800kV/6250A特高压直流输电换流阀，并应用于±800kV特高压直流输电工程；提出特高压±800kV直流输电线路避雷器技术标准，完成±800kV直流输电线路避雷器样机研制、试验和安装设计，掌握了生产制造工艺；研制±800kV/6250A特高压光纤式直流电流互感器，测量精度满足0.2级；完成±800kV直流隔离开关全套型式试验研制；完成±1100kV直流线路避雷器及U形结构±1100kV直流气体绝缘穿墙套管样机；自主研制±1100kV/7000A特高压光纤式直流电流互感器测量精度满足0.2级，测量范围达到7000A；完成±1100kV特高压直流电压分压器样机研制课题。成功研制±1100kV直流电压分压器，测量精度满足0.2级，测量范围±1650kV；成功研制±1100kV直流滤波电阻器。完成±1100kV特高压直流阀厅用接地开关的研制和试验。

4. 虚拟同步机技术

实施公司千人计划专项项目“基于虚拟同步发电机的分布式电源并网关键技术研究”，创新发展虚拟同步机技术的理论方法，突破虚拟同步机单机设计与多机协调控制关键技术，率先成功自主研制国内首套“10、30、50kW虚拟同步机”系列样机，基本解决了虚拟同步机单机设计和多机并联的瓶颈问题。

（杨　宁　郭皓池　王　哲　滕　林　栾凤奎　孙建锋）

【智能电网】

智能电网试点示范工程建设　建成投运31项智能电网创新示范工程，截至年底，累计建成智能电网试点示范工程342项。有序推进各项工程建设，打造一批国际领先的智能电网精品工程和亮点工程。

风光储输示范工程通过专家组现场考评，荣获国家优质投资项目最高奖——中国工业大奖。

新一代智能变电站示范工程

1. 召开新一代智能变电站工作部署会

1月22日，新一代智能变电站工作部署会在北京召开。会议肯定了变电站智能化的发展方向和取得的各项成果，要求深化关键技术研究，提升智能变电站建设、运维管理水平，提升变电站智能化水平，确保安全可靠运行。会议对变电站智能化发展中存在的问题进行研讨，明确改进提升的总体思路。会议要求有关单位（部门）明确分工和管理职责，做好新一代智能变电站的建设运维工作，加大智能变电站综合培训力度，强化关键技术研究与智能化设备检测，加快完善智能变电站标准体系。

2. 6座示范站稳定运行

6座示范站自投运2年以来，保持平稳运行态势。单站最大负载率上升为39%，未发生非计划停运事故，共经历电网故障5次（2014年4次、2015年1次），保护均正确动作。设备状态良好，操作、运维正常。自2014年下半年6座示范站进入稳定运行期后，2015年设备缺陷大幅度减少，由2014年的9.5个/站年减少为3个/站年，下降70%。

3. 推进扩大示范工程建设

制订并发布典型设计。编制110、220kV新一代智能变电站典型设计，规范设计方案。典型设计已正式发布。

推进工程建设。加强扩大示范工程现场督导和全过程管控，对试点应用全光纤电流互感器的3个220kV变电站、330kV富平变电站重点督导。50个扩大示范工程中，已建成18个站，其余各站计划2016年建成。

4. 召开新一代智能变电站工作总结会

12月18日，召开新一代智能变电站工作总结会，会议肯定新一代智能变电站取得的各项成果以及智能变电站30项提升措施的落实成效，要求加强研究，大胆创新，实现智能变电站安全、可靠、经济、优质、简便的根本目标。会议要求扩大新一代智能变电站建设规模，重点攻关隔离断路器、光纤互感器和二次系统集成三大技术，加强宣贯培训，推进设备及设计标准化，在实践中加快提升新技术成熟度。

（王　伟　陆宇航）

【农网发展】

农村电网改造升级 公司连续六年累计下达农网改造升级工程投资计划3520.4亿元，截至年底，累计完成投资3048.6亿元，占投资计划的86.6%。累计新建和改造10kV线路46.65万km、配电变压器53.3万台，新建和改造低压线路74.02万km，改造户表2232.27万户。农村电网供电能力大幅增加，农网35～110kV变电容量达8.5kVA，是2010年的1.4倍，农村户均配电变压器容量达1.72kVA，户均供电能力比2010年提高65%。偏远地区农网全面加强，“十二五”期间累计解决西部地区23个县域电网“孤网运行”问题和中西部地区124个县域电网与主网联系薄弱问题；西藏自治区新增26个县、累计58个县实现大电网覆盖；累计解决农村“低电压”3071万户，农村“低电压”问题得到有效治理。

2015年，国家加大农村电网建设改造投入力度，共分5个批次下达投资计划1191.96亿元，占公司2010年以来全部农网改造升级工程投资计划的33.9%。完成当年下达投资720.22亿元，完成比例为60.42%，其中：上半年下达中西部22省中央预算内投资计划和山东省自筹资本金投资计划312.85亿元，完成投资311.89亿元；7月，下达中西部22省新增中央预算内投资计划679.11亿元，完成投资345.58亿元；9月，下达东部7省专项建设基金投资计划200亿元，完成投资62.75亿元。

公司全年完成农网改造升级工程投资780.58亿元（含以上年度结转投资），建成投产35kV及以上输电线路8933km、变电站848座、变电容量1444.2万kVA，新建改造10kV线路10.32万km、配电变压器12.65万台，新建改造低压线路20万km，改造户表305万户。

无电地区电力建设 2015年，公司投资58.8亿元，于上半年为公司经营区最后4.4万户、21万人口解决了用电问题，提前半年完成国家能源局确定的无电人口通电任务，解决了公司经营区大电网延伸覆盖范围内无电人口的用电问题。自2006年公司实施“户户通电”工程以来，累计为191.7万无电户、749.6万无电人口解决了通电问题，完成投资398.7亿元，建成投产35kV及以上输电线路19 154km、变电站651座、变电容量5453MVA，新建改造10kV线路9.35万km、配电变压器5.69万台，新建改造低压线路17.9万km。

农电供电保障工作 完成农网春节保供电。做好农网抗旱灌溉及抗灾抢险保供电工作。2015年春、夏季，公司投入抗旱保电服务队11 013支，出动抗旱保电人员388 625人次，消除灌溉设施缺陷13 568处，提供抗旱、排灌发电机3123台（296 925kW），新增排灌用变压器9877台（502 352kVA），临时架设10kV线路6107.9km，低压线路19 337.9km，累计投入资金115 632.7万元。灌溉农田12 578.9万亩，打井9711眼，保障了抗旱、排灌用电需求。

农网供电质量和“低电压”治理

1. 农村“低电压”综合治理

据2014年末调查，公司有“低电压”847.6万户。为提升农网供电质量，满足客户用电需求，公司决定再利用两年时间实施农村“低电压”专项治理，2015年，治理农村“低电压”505万户，完成农村“低电压”治理目标的60%。

2. 农网供电电压质量监管

公司重视农网供电电压质量监管工作，落实《国家电网公司关于加快推进2015年电能质量在线监测系统深化应用工作的通知》（国家电网安质〔2015〕191号）工作要求，推进农网供电质量在线监测。

截至年底，已实现农网87 615个电压监测点在线监测，占应装设电压监测点数量的102.7%，其中A类电压监测点2193个、B类2951个、C类10 861个、D类51 871个。

公司总部定点扶贫 2015年共安排4.4亿元支持湖北“三县一区”（秭归县、长阳县、巴东县、神农架林区）进行农村配电网改造升级，同时向五县区（湖北“三县一区”和青海玛多县）无偿捐赠扶贫资金2280万元、带动地方投入2043万元，实施扶贫项目48个。

（宁 昕 王金宇 陈俊章 余国太 朱建军 朱 军）

【规划、计划与投资管理】

“十三五”公司发展规划 2015年公司职工代表大会做出部署，由总部15个职能部门负责，科研设计等直属单位支撑，省级公司参与，开展公司规划编制。规划涵盖电网、产业、金融、国际化4大业务板块，包括建设、调控运行、运检、营销、人力资源、科技、信息化等11项专业管理。经过反复修改完善，形成“十三五”公司发展规划总报告和15个专项规划报告。15个专项规划覆盖公司各项主营业务及专业管理，包括电网发展规划、直属产业发展规划、金融业务发展规划、国际化发展规划、建设管理规划、调控运行规划、运检管理规划、营销发展规划、人力资源规划、财务发展规划、物资管理规划、科技规划、信息化规划、法治建设规划、企业文化建设规划。

计划与经营管理 2015年，公司积极应对电量增速下滑不利影响，加快电网发展，强化经营管理，提升供电服务水平，综合计划执行情况总体良好。

2015年，公司发展总投入5356亿元，同比增长7.7%；固定资产投资4695亿元，同比增长16.1%，其中电网投资4521亿元，同比增长17.1%，均创历史新高。110（66）kV及以上线路开工6.1万km，投产4.6万km；变电（换流）容量开工3.8亿kVA（kW），投产2.5亿kVA（kW）。完成售电量34 506亿kWh，同比降低0.2%。国家电力市场交易电量7221亿kWh，同比降低0.3%。营业收入20 750亿元，同比降低0.8%。实现利润865亿元，增加53亿元。经济增加值221亿元，增加1.4亿元。公司收入、利润分别跃居央企第1位、第2位，保持全球同业首位。资产总额31 149亿元，增加2220亿元。资产负债率55.4%，同比下降0.7个百分点。全员劳动生产率65.3万元/人年，同比增长1.5%。

1. 售电量负增长

2015年，受工业增长乏力等因素影响，公司售电量同比下降0.2%，公司成立以来首次出现年度负增长，增速较2014年回落3.2个百分点。分季度看，一至四季度分别增长−0.2%、0.6%、−0.3%、−0.8%，四季度电量下降较为明显。分区域看，华东、华中、东北、华北、西北电网售电增速分别为2.0%、0.2%、−1.0%、−2.0%和−2.6%，售电量增速较2014年均有所回落。分省看，受居民、商业电量增长等因素带动影响，国网蒙东、江西电力等16家单位售电量正增长；受工业生产增长乏力，部分高耗能企业停、限产等因素影响，国网青海、冀北电力等11家单位售电量负增长。从售电结构看，2015年大工业、居民、商业售电量同比增长分别为−3.3%、8.2%和9.2%，居民、商业电量增速高于公司平均增速8.4个百分点和9.4个百分点。

2. 能源资源配置取得新成效

2015年，各单位克服购电省用电市场低迷等不利因素，超计划完成国家电力市场交易电量目标任务。全年完成跨区交易电量3520亿kWh，同比增长2.7%；跨省交易电量3701亿kWh，同比下降3.1%。特高压远距离、大容量输送优势得到发挥，交易电量达到1534亿kWh，同比增长12.2%。清洁能源消纳持续增长，跨区跨省消纳清洁能源3304亿kWh，同比增长4.4%，汛期实现复奉、锦苏、宾金三大特高压直流和德宝直流满功率运行，全年共消纳四川水电2353亿kWh，其中跨区跨省外送1232亿kWh，同比增加110亿kWh。全年风电、太阳能等新能源跨区跨省外送294亿kWh，同比增加104亿kWh。

3. 重要电网项目加快推进

安徽平圩电厂特高压配套送出、厦门柔性直流输电科技示范工程建成投运，大气污染防治行动计划"四交四直"和酒泉—湖南特高压直流工程全面建设，准东—皖南特高压直流工程获得核准。安徽金寨、山东沂蒙、河北丰宁等6个抽水蓄能电站开工建设。持续加大配电网投入，全年累计完成投资2114亿元，有效解决农村"低电压"问题，全面完成国家电网范围内"户户通电"任务。

4. 经营效益保持稳定

2015年，公司各单位进一步加强经营管理，努力增收节支、持续降本增效，优化成本结构，提高投入产出效率。公司主要效益指标再创历史新高，经营发展情况良好。实现利润865.2亿元，同比增加53.1亿元；实现EVA（经济增加值）221亿元；成本收入比97.27%；净资产收益率5.15%；流动资产周转率6.45次；资产负债率55.4%，较2014年末下降0.7个百分点。

5. 金融、直属产业发展态势良好

明确直属产业单位功能定位、核心业务和发展目标，转变生产方式，创新商业模式，把握市场机遇，注重经营管理水平提升。拓展金融业务，增加金融产品和服务，完善营销模式，推进金融产业创新发展。

投资管理

1. 固定资产投资

2015年初安排固定资产投资计划4396亿元。计划执行过程中，结合电力供需形势和电网发展需要，优化投资安排，将全年投资计划调整为4679亿元（开工、投产规模也相应调整）。全年固定资产投资完成4695亿元，比2014年增加651亿元，完成年计划的100.3%。其中，电网投资完成4521亿元，占总投资的96.3%；产业投资完成93亿元，占总投资的2%；小型基建投资完成64亿元，占总投资的1.4%。

2. 电网开工规模

2015年开工110（66）kV及以上输电线路6.1万km、变电（换流）容量3.8亿kVA，其中1000kV线路3329km、变电容量3900万kVA，750kV线路2515km、变电容量2790万kVA，500kV线路6693km、变电容量6830万kVA，330kV线路2370km、变电容量711万kVA，220kV线路1.5万km、变电容量7606万kVA，110（66）kV线路2.5万km、变电容量9101万kVA；直流线路6383km、换流容量7200万kW。开工的重点项目有"两交"（蒙西—天津南、榆横—潍坊）、"四直"（酒泉—湖南、锡盟—泰州、晋北—南京、上海庙—山东）特高压工程。

3. 电网投产规模

2015年投产110（66）kV及以上输电线路4.6

万 km、变电（换流）容量 2.5 亿 kVA，其中 1000kV 线路 5km，750kV 线路 1639km、变电容量 3570 万 kVA，500kV 线路 5858km、变电容量 7005 万 kVA，330kV 线路 2162km、变电容量 642 万 kVA，220kV 线路 1.6 万 km、变电容量 7018 万 kVA，110（66）kV 线路 2.1 万 km、变电容量 6474 万 kVA。投产的重点项目有平圩电厂 1000kV 送出工程、西安南等 750kV 输变电工程、绥中电厂改接华北电网 500kV 输变电工程。

4.“援藏”投资管理

2015 年，公司贯彻党中央、国务院第五次西藏工作座谈会推进西藏实现跨越式发展和长治久安的战略部署，落实《国家发展改革委关于进一步改进和加强对口支援西藏项目管理工作的通知》（发改地区〔2015〕2450 号），继续对西藏自治区阿里地区措勤县开展对口援助工作。全年共安排对口援助资金 2900 万元，优先支持改善教育民生、增强农牧民生产就业技能、加强经济技术交流合作的援助项目，促进措勤县经济发展和社会进步。

（吴　静　冯星光　张鹏飞　张　全）

【人力资源管理】

领导班子和干部队伍建设　2015 年，公司坚持从严治党、从严管理干部，践行“三严三实”要求，深化应用中央巡视成果，围绕深化“两个转变”、创建“两个一流”目标选好用好干部，各项工作扎实推进。

干部教育培训。举办 5 期领导干部培训班，培训领导干部 288 人，对 46 名新任职领导干部开展调训，选拔培训优秀青年干部 52 人。贯彻落实中组部关于对基层党组织书记进行集中轮训的通知要求，依托公司系统各级党校等培训机构，分级分批对公司 3 万余名党组织书记进行集中轮训，提高各级党组织的服务能力和履职能力。

以好干部标准选人用人。集中修订、制定《领导干部管理办法》等核心制度 7 项，把好干部标准作为选人用人的基本准则，明确动议、民主推荐、考察、讨论决定、任职等各环节要求，从严加强领导干部管理。坚持正确的用人导向，注重从基层一线，从条件艰苦、工作困难、情况复杂的岗位选拔人才，注重各区域、各年龄段干部的均衡使用，新提拔干部 80.3% 来自中西部地区和基层单位，干部队伍平均年龄下降近 1 岁。

人才队伍建设　坚持“人才强企”战略，完善人才选培机制，加强人才梯队建设，开展紧缺人才培养引进和人才帮扶等工作，改善人才队伍结构，提升整体质量。

加大各级各类人才选拔力度。2015 年，新增国家级人才 20 人，其中中国科学院院士 1 人，享受国务院特殊津贴专家 17 人，“百千万人才工程”国家级人选 1 人，有突出贡献的中青年科学技术专家 1 人。截至 2015 年底，公司共有国家级人才 327 人，其中：两院院士 7 人，国家“千人计划”人选 25 人，国家“万人计划”人选 1 人，有突出贡献的中青年科学技术专家 13 人，享受国务院政府特殊津贴专家 146 人，“百千万人才工程”国家级人选 24 人，创新人才推进计划“中青年科技创新领军人才”4 人，“中华技能大奖”获得者 3 人，全国技术能手 59 人，全国青年岗位能手 45 人。

充实各级各类人才梯队。评选产生 10 名科技领军人才，逐级选拔产生 800 名公司级、2400 名省公司级、4800 名地市公司级优秀专家人才和 2401 名公司级、5442 名省公司级、9241 名地市公司级优秀专家人才后备。截至 2015 年底，公司四级四类人才总量达到 7.4 万人，比“十二五”初期增长 106%。

培养引进高层次紧缺人才。通过项目培训、人才引进等方式，培养引进特高压、智能电网等专项紧缺人才 1000 名，组织开展 36 期特高压及智能电网紧缺人才培训班，培训人数达 3280 人。

组织西部五省和西藏电力公司 90 名优秀青年骨干，赴东部省份电力公司进行为期半年的实践锻炼工作，加快西部优秀人才培养。实施 3 个专项培训项目，为国网西藏电力培训 130 名专业人员。

2015 年，分三批招聘高校毕业生 2.34 万人，同比增加 44.75%，创历史新高。到西藏、新疆、青海等地区工作 2600 人，是历年来最多的一次。落实特高压专项人才储备 0.13 万人、乡镇供电所专项人才储备 0.49 万人。

职工教育培训　推进教育培训“五统一”，深化网络大学应用，促进职工能力素质和工作业绩提升。

2015 年，完成 9.05 万名班组长（供电所长）脱产培训和网络培训。统一组织 2 万名新入职员工集训。举办各单位本部部门主要负责人、新任副处级干部集中培训 20 期、1649 人次。全年共举办各类培训班 83 722 期，培训 360.4 万人次，全员培训率达到 94.55%，同比提高 0.25 个百分点。

组织员工参加网络学习 1129 万人次，网络考试 125 万人次，累计网络培训 1025 万学时。

（王宇宾　李　鹏　曹爱民　刘　严　高　澈　李　峥）

【体制机制创新】

改革重大课题研究　2015 年，公司超前谋划，先后开展公司科技项目、管理咨询项目、重大专项课题等研究，承接国家有关部委的改革研究项目，开展省级改革试点评估研究，形成理论与实践相结合的研究任务体系。

开展新一轮电力体制改革试点模式及实施方案研究。超前研究提出适合中国国情的电力改革试点模式和实施方案。项目分为一个总报告和三个专题报告，针对新一轮电力改革试点中电力市场建设、售电侧放开、取消发电计划、电价改革、增量配电投资业务放开等改革措施中的关键问题，研究提出国家新一轮电力改革试点的总体思路、主要内容、推进方式、省份选择以及试点成效评估方法。项目研究成果直接应用于公司向国家有关部委的沟通汇报，并在试点方案研究制定工作中发挥作用。该项目荣获公司首届软科学成果奖一等奖。

开展增量改革理论及运行机制在电力市场化改革中的应用研究。“增量改革”思路是中国过去三十年改革的宝贵经验，深入推进电力体制改革需要借鉴这一成功经验。项目分为一个总报告和三个专题报告，构建了与电力行业特点相适应的增量改革理论模型，提出中国电力改革的成效评价方法，进行初步定量评价，并提出发电侧、售电侧和电价的改革思路和国家电力市场化改革路径。

开展电力体制改革重大专题研究。为做好改革前期研究工作，推动改革政策落地，自 2015 年初，开展电价机制、电力市场建设、售电侧放开、增量配电投资放开与新能源发展 4 个方面的重大改革问题专题研究，形成 40 余万字的课题研究成果，形成公司关于深化电力体制改革的核心观点和工作思路。下半年，结合改革政策出台情况，开展省级电力体制改革试点评估分析，研究起草《省电力改革综合试点分析》模板，组织国网安徽、湖北、宁夏、山西、陕西、四川、重庆电力等 7 家单位开展实测分析，为后续开展试点实施工作创造条件。

承担国务院国资委委托的国有企业地位与作用研究。按照有关安排，公司承担“国有企业定位及作用研究”的研究任务。经过深入研究、广泛听取专家意见和反复研讨，最终形成专题研究报告。2015 年底，专题研究成果提交国务院国资委。

管理创新 公司始终把管理创新作为体制机制变革的重要途径，紧紧围绕建设“一强三优”现代公司，以服务支撑“两个转变”和“三集五大”高效运行为重点，总结提炼卓越管理品牌，开展富有成效的企业管理创新实践活动，推动企业管理水平提升。

坚持战略引领，着力打造公司管理品牌。《国家电网公司卓越管理白皮书》提炼概括了卓越管理模式，梳理了公司多年来的管理实践，提炼了公司“163”卓越管理体系。“1”是指 1 个战略，即以“一强三优”现代公司为核心的战略体系；“6”是指 6 大支柱，即公司运作集团化、核心资源集约化、电网业务精益化、运营管控标准化、管理平台信息化、公司发展国际化；“3”是指 3 个中心，即电网调控中心、运营监测（控）中心、客户服务中心。“163”卓越管理体系融合领导力、发展战略、组织管控、核心资源、业务布局、保障支撑、成效指标、评价改进等各项关键要素，强调公司整体运行的安全质量、效率效益，强调以卓越管理造就卓越业绩。

注重体制机制创新，健全完善公司管理创新工作体系。在工作流程、管理标准、制度建设等各个方面积极创新，建立完善组织保障、运行体系、过程管控、评价激励、信息化应用等创新管理常态工作机制，落实各项保障措施，实现创新工作的规范化管理。按照“统一组织，分级管理”的原则，加强管理创新工作的领导。修订《国家电网公司管理创新工作管理办法》，增加表彰奖励条款，激发广大干部、员工参与管理创新的积极性。以信息化促进管理精益化，完善管理创新信息系统，实现管理创新日常工作水平提升。

2015 年，共形成管理创新成果 234 项，其中，获全国企业管理现代化创新成果一等奖 4 项、二等奖 19 项；电力行业管理创新成果一等奖 35 项、二等奖 16 项；公司内部遴选优秀管理创新成果 100 项，管理创新推广成果 60 项。

（黄李明　张志远　王　健　刘　胜）

【安全管理】

安全生产与监督管理 2015 年，公司推进安全管理提升活动 35 项主要内容，开展安全大检查和缺陷隐患整治，完成全年各项工作任务，保持安全生产良好局面。公司全年未发生一般及以上电网和设备事故。

统筹抓好全年安全工作组织、策划、督导和落实。贯彻《中华人民共和国安全生产法》，修订《国家电网公司安全工作奖惩规定》，编制《国家电网公司质量事件调查办法》《国家电网公司电力安全工作规程（电网建设部分）（试行）》、Q/GDW 11370—2015《国家电网公司电工制造安全工作规程》和《国家电网公司水电工程建设安全管理规范》。强化电网运行、设备运维、故障抢修、防汛防灾措施，应对雨雪冰冻灾害影响，做好迎峰度夏（冬）工作。加强全员《国家电网公司电力安全工作规程》学习培训，随机调考成绩逐年提升，平均分较 2014 年提高 4.38 分。开展安全生产月活动，公司获得国家优秀组织奖。

开展安全大检查和缺陷隐患整治，全系统累计排查缺陷隐患 46 059 条，整改完成率 96.6%，剩余 1573 条列入跨年度计划并逐项登记建档。

健全电网运行风险预警管控机制，制定成效评估指数，建立审核批准、监督检查和总结评估制度，加强预警发布、执行、反馈、评估的全过程闭环管理，促进直（分）调、省调、地（县）调各级电网运行风险预警管控机制规范运转。辨识主网检修、施工陪停等风险，强化专业协同，逐月监督检查，总（分）部、省公司对四级以上风险全部到现场督查，保障电网安全运行和重点项目推进。

各专业安全管理。建立特高压建设总部协同监督机制，逐月开展“四不两直”（不发通知、不打招呼、不听汇报、不用陪同接待，直奔基层、直插现场）检查。组织跨越施工专项督查，保障2877处跨越输电线路、高速公路、高铁等施工安全。开展农网改造升级工程巡回检查和安全承载力评估。组织调度通信大楼供电隐患整改“回头看”。完成9家省级公司信息通信、11家水电厂安全性评价。开展水电厂大坝、抽水蓄能电站建设、电工制造业安全设施标准化、煤矿防治水等检查，整治问题530项。完成水电安全监控“五系统一中心”❶试点建设。组织通航作业安全大整顿，完善飞行作业安全工作流程和安全措施。

全面质量监督管理。完成5家省公司和6家直属单位资产全寿命管理体系建设验收，27家省公司和业务相关直属单位均达到“成熟型”水平，并同步开展“领先型”建设，建成具有国际先进水平和公司特色的资产全寿命周期管理体系，《资产全寿命周期管理创新与实践》获得中国电力行业管理创新一等奖。推进电能质量在线监测系统建设，实现智能采集装置城市全覆盖、农村范围覆盖60%。组织配电设备质量抽检督查，抽检配电变压器2.9万台、电力电缆1.5万根。开展基建工程、优质服务质量专项督查和“质量月”活动。统计分析质量事件2.23万起，督促各类质量问题整改落实。

完成应急保电任务。开展供电企业应急能力建设评估，组织省间协同演练，加强应急物资管理。针对自然灾害频发、重要保电多、任务重，统筹应急资源，加强协调指挥，强化应急值守，科学组织台风、地震、洪涝、雨雪冰冻灾害应对，完成抗日战争胜利70周年纪念活动、田径世锦赛、西藏自治区成立50周年、新疆维吾尔自治区成立60周年、上海合作组织政府首脑理事会、第二届世界互联网大会等重大保电任务。

可靠性管理　按照公司“安全管理提升”活动的工作安排，以自动采集为手段，以电能质量在线监测系统建设为支撑，夯实基础管理工作，坚持管理创新，加大量化考核力度，提高管控实效性，提升管理穿透力，提升可靠性管理工作水平。截至12月底，公司系统城市、农网用户供电可靠率分别为99.957%、99.85%，城市、农网用户平均停电时间分别为3.741、13.14h/户。220kV及以上电压等级输变电系统可用系数达到99.671%，其中，输电回路和变电回路可用系数分别是99.642%和99.721%；架空线路、变压器和断路器可用系数分别达到99.321%、99.744%和99.854%。直流输电系统全年累计输送电量2529.41亿kWh，同比增加150.02亿kWh，平均能量可用率为95.07%，同比上升1.87个百分点。

全面质量监督管理　2015年，健全质量监督管理体系，完善质量监督管理机制，开展质量监督检查专项活动，促进公司质量监督管理水平持续提升，确保电网、设备安全稳定运行。

加强质量事件分析整改工作，全年共统计分析质量事件14 050起（其中，物资质量事件8768起，运检质量事件2988起，工程质量事件2294起）；以抽查方式（七级以上或330kV以上事件为必查）对质量事件报告加强日常审核，共组织专项审核2次，抽查报告7000余份，通报整改问题1100余个；对公司发生的330kV以上质量事件重点跟踪分析落实情况，每季度发布《公司质量监督工作情况通报》，分析并通报问题，督促有关单位提升整改效果。

加强工程设备质量督查工作。由公司总部和各分部组织，全年先后对国网湖北、宁夏电力等10家单位的24个在建项目进行督查，各省公司对所辖电网建设工程项目质量采用自查和督查相结合的方式进行。全公司共发现问题1685个，全部进行督促整改。

加强供电优质服务质量监督工作，组织由各分部牵头组成督查组，于8～10月以区域内检查和区域间互查方式，组织开展供电服务质量及可靠性管理专项督查活动，共督查国网湖南、青海、河北电力等12家单位，发现问题132项，均督促整改完成。

组织开展配电变压器、电力电缆质量抽检工作。全年共抽检配电变压器生产厂家16 699个，抽检配电变压器34 358台，发现问题690台，挽回经济损失2667万元（10～12月统计挽回损失情况，下同）；抽检电力电缆生产厂家2471个，抽检电力电缆16 847卷/根，发现问题247卷/根，挽回经济损失2772万元。为进一步加强抽检设备和抽检指标覆盖率，增加对杆塔、架空绝缘导线、柱上断路器、环网柜和其他配电设备抽检，共发现问题数量453台（卷/根），挽回经济损失551.5万元。

❶ 水电基建单位安全监控“五系统一中心”指人员定位管理系统，视频监控与应急广播通信系统，地质预警系统，洞室风量监测与强制通风系统，防坠保护系统，应急指挥中心；水电生产单位安全监控“五系统一中心”指人员定位管理系统，视频监控与应急广播通信系统，水工安全预警系统，安全环境监控系统，防坠保护系统，应急指挥中心。

“质量月”期间，公司系统12.7万人次参加各类活动，采取多种形式广泛宣传，发放各类宣传材料100.5万份。安质部组织编发公司工作动态（质量月活动交流专刊），向国家质检总局及时汇报进展情况，并报送专题总结报告。

（曹坤茂）

工程建设安全管理 以策划引领推动实现全年安全目标。结合“基建安全质量年”活动，以推进基建安全质量通用制度“落地”为重点，开展三级策划宣贯、四阶段推进实施、分阶段总结。组织各单位开展年度安全管理策划，通过基建管理系统开展网上评审及工作成效评价。全年基建安全局面保持稳定。

防控施工安全重大风险。开展施工安全重大风险预警工作，每月实时监控重大风险作业进程，全年共监控重大风险作业583项。对可能导致特高压输电大通道和重要联络线运行安全的44项施工作业跟踪督办，落实安全措施。

排查治理安全隐患。汲取国内重特大事故教训，组织开展基建安全大检查，跟踪闭环整改安全大检查及隐患排查治理发现问题。组织各省公司开展日常安全巡视检查，全年巡查在建工程5665项（次），发现治理问题41 000余条。

加强季节性施工安全管理。针对季节特点和工程建设规律，组织落实春季复工、夏季高温防汛、秋季作业高峰和冬季施工措施。结合流动红旗竞赛检查，通过基建管理系统下发整改通知单500余条，跟踪整改闭环。加强防灾避险管理，全年排查治理2578项工程，制定落实治理防范措施。组织基建工程抗击“莲花”“灿鸿”“苏迪罗”“杜鹃”台风，确保在建工程安全度汛。

加强节假日重要时段安全管控。加强重要时段安全管理，控制节假日加班，掌握假期不停工项目信息，强化安全措施落实，推行重大节日领导到岗到位、“零报告”制度，发布“复工五项基本条件”，确保各节假日和全国两会、“9·3”阅兵期间基建安全。

强化措施方案管理。组织施工方案专项监督检查，共抽查1700个项目，省公司督查450个项目，检查20 500余份施工方案和作业指导书的编制和执行情况，排查问题13 300余条。总部督查国网四川、陕西、浙江、蒙东电力的8个在建项目，下发整改通知单51份。加强跨越重要输电通道安全管理，编发《输电线路跨越重要输电通道施工安全技术措施》，规范跨越重要输电通道施工安全技术管理。

农电安全管理 2015年，公司加强农网工程现场安全管控，加大农村用电安全管理和农村低压配网安全隐患治理力度，指导国网四川电力做好县供电企业管理小水电站的防汛安全，农网整体运行平稳，实现连续三年零事故。

强化施工安全教育培训工作，组织各单位6796支施工队伍，共178 375名施工人员做好农网工程建设安全培训教育和安全工作规程考试，提高施工人员安全意识。指导各单位开展农网工程施工作业现场隐患查找、风险防范工作，加强农网工程现场安全管控。开展专项安全督查。

督导国网黑龙江、西藏电力等代管县供电企业落实农电检修、施工反事故措施，深化农网安全隐患排查治理，开展农电安全生产违章专项整治；开展以“三查三防”（查责任落实、查现场管控、查专业管理，防人身事故、防误操作事故、防电网事故）为重点的安全自查、督查，做好农网春（秋）检工作，防范人身事故和误操作事故。

组织开展农村用电安全重大管理创新示范工程建设，督促各单位配合地方政府，因地制宜加快构建政企联动、乡村实施、电力服务共建机制。发布34项农村用电安全典型经验。提炼6大项、21小项重点研究和实践任务，指导11家省公司开展试点工作。

落实公司防汛工作要求，调查代管县和股份制县供电企业管理的小水电站基本情况。重点排查46座蓄水式小水电站的安全隐患。

（王大玮　吕洪林　王文扬　杨宝杰　梅志农　郑伟华　王亚耀　陈　刚　生红莹　方　磊　尹　东　朱建军）

【运检管理】

2015年，公司29座直流换流站发生换流站原因导致的直流强迫停运12次，同比增加2次，其中特高压直流闭锁8次，同比增加6次；常规直流闭锁4次，同比减少4次；单阀组闭锁2次，单极闭锁8次，双极闭锁2次，平均单极闭锁0.39次/(极·年)。发生330kV及以上变电设备故障跳闸29次，同比减少8次，其中330kV及以上变压器故障跳闸2次，故障跳闸率0.062次/(百台·年)，同比降低54.7%；发生330kV及以上断路器（含组合电器）故障跳闸15次，故障跳闸率0.124次/(百台·年)，同比降低61.5%。公司重要输电通道未发生五级以上设备事件，未发生因直流线路故障导致的双极闭锁。500kV（330kV）及以上输电线路故障停运174次，同比减少12次，同比下降6.5%，故障停运率每年每百千米0.098次，同比减少0.013次，同比下降12%。

生产技术改造 2015年，公司完成生产技术改造项目投资417.9亿元，改造35kV及以上输电线路（含电缆）7555.1km，变压器689台，断路器（含高压开关柜）14 194台；改造10kV及以下配电线路

117 800.4km，配电变压器 57 476 台，柱上开关 13 767 台；改造二次系统设备 36 100 套，通信线路 5179.4km。

状态检修 2015 年，公司以状态检修技术标准、管理标准和工作标准为基础，以设备运行状态管理为核心，以专家队伍建设、检测装备和信息化平台开发为保障，以开关柜等设备为突破口，开展输变电设备差异化状态检修策略研究工作，提升状态检修质量。输变电状态检修设备涵盖输电线路、变压器、断路器等 19 类电网主设备。在电网设备方面，从省检修公司到市、县供电公司实现状态检修专业的全覆盖，从主网到配电网开展状态检修。

电力设施保护 2015 年，公司依托全国电力电信广播电视设施安全保护工作部际联席会议办公室（简称“三电办”），加强三大特高压直流线路等重要输电通道安全防范和安防设施排查治理，完善电力设施安全保护工作体系和机制，确保电网安全稳定运行和可靠供电。

重大活动保电。针对全国两会、抗日战争胜利 70 周年、北京世锦赛、西藏自治区成立 50 周年、新疆维吾尔自治区成立 60 周年等重大活动，以及天津港“8·12”特别重大火灾爆炸应急保电等突发事件，增加相关变电站和输配电线路的特巡频次，开展设备运行状态检（监）测，对重点站线实行全天候巡视和定点看护，对线路沿线各类外力破坏隐患点进行 24h 蹲守以及做好应急抢修人员、材料和工器具准备等措施。全年累计出动保电人员 2.9 万人次，车辆 2665 车次，巡视线路 6760 条次，16.4 万 km。

配电管理 截至 2015 年底，公司系统有10（6）～20kV 配电网线路 328.3 万 km，同比增长 2.5%，配电变压器 373.9 万台，容量 9.3 亿 kVA，同比增长 12%。其中城市配电网线路 62.7 万 km，配电变压器 93.7 万台，容量 4.3 亿 kVA；县域配电网线路 265.6 万 km，配电变压器 280.2 万台，容量 5 亿 kVA。10（6）～20kV 电缆线路 46.3 万 km，同比增长 17.8%。开展配电网不停电作业 57.18 万次，减少停电 3358 万时户。

防汛与大坝安全管理 防汛工作部署。4 月，公司印发做好防汛及大坝安全工作的通知，对防汛和大坝安全工作提出明确要求；公司基建部、运检部分别于 4 月下发通知，部署防汛检查工作；5 月 26 日，公司组织召开 2015 年迎峰度夏安全生产电视电话会议，就 2015 年防汛防灾形势做了动员和部署。6 月 10 日，公司防汛办公室组织召开 2015 年公司防汛工作电视电话会议，对防汛工作进行再部署和再落实。

防汛检查。4～6 月，公司组织 5 个水电检查组和 5 个供电检查组，按区域开展水电生产和基建、供电单位防汛检查工作。汛期对部分水电站及丰满重建工程开展防汛督查。

抢险抗灾。汛期，公司系统累计投入应急抢修人员 18 万余人次，抢修车辆 7 万余车次、发电车 79 台、发电机 248 台、配电变压器 381 台、水泥杆 2600 根、导线 116t、电缆 231km、海事卫星电话 21 台、集群移动电话 2950 部、会议电话系统、应急会议系统终端 12 台、应急通信车 2 辆。

大坝安全管理。组织开展新安江、柘林等 12 座大坝定期检查工作。各单位汛前、汛期及汛后组织开展大坝巡视检查和设备维护，保证大坝泄洪设施和备用电源安全可靠运行。各单位加强对水库大坝和水工建筑物的监测管理工作，制定汛期大坝加密观测方案，加密重要观测项目的观测频次和现场检查频率，完善观测项目，按规定向大坝中心报送监测数据。

水库调度管理。入汛以来，各单位和调度部门加强水库调度管理，与气象部门会商，科学预测水库来水，调整调度方式，与地方政府沟通，服从有管辖权的地方政府防汛指挥部的统一调度指挥，发挥水库在防洪、发电等方面的综合效益。各水电站服从地方政府防汛指挥部的指挥，依靠气象预报系统和水情自动测报系统，优化水库调度工作，提前满发预泄腾库，实现发电和蓄水的双赢。

直升机作业管理 2015 年，直升机累计完成输电线路巡视 10.8 万 km，发现缺陷 13 339 处，其中严重及以上缺陷 516 处；安全飞行 9922h，起降 5808 架次。

（孙　杨　彭　波　张吉飞　杨本渤　刘　昊　徐玲铃　邵　进　张祥全　张吉飞　周宏宇　项　薇　荆岫岩　朱德康　陈伟勇　彭　江　金　焱　张祥全　张吉飞）

【电网调度运行】

发用电及电力供需 发用电情况。2015 年，受经济增速放缓、产业结构调整及节能减排等因素影响，全国发电量同比微增，年累计完成 54 526.86 亿 kWh，日均 149.39 亿 kWh，同比增长 0.05%，较 2014 年（3.00%）下降 2.95 个百分点，增幅为 1980 年以来的最低值。公司经营区调度发受电量年累计完成 41 891.26 亿 kWh，日均 114.77 亿 kWh，同比降低 0.14%，较 2014 年（2.46%）下降 2.32 个百分点。全国最高日发电量 178.87 亿 kWh（7 月 29 日），同比增长 0.16%。

2015 年，公司各分区电网调度发受电量增幅同比依次为西北（2.20%），华东（1.28%），华中、西南（−0.64%），华北（−1.72%），东北（−1.96%）。公司经营区域内，西藏（17.21%）、新疆（15.87%）

等13个省级电网发受电量同比为正增长，较2014年减少7个；青海（－8.45%）、宁夏（－6.76%）、冀北（－5.72%）等14个省级电网为负增长。

电力供需。2015年，公司经营区域共有17个省级电网用电负荷创历史新高，较2014年减少3个，其中西藏、新疆2个省级电网增幅大于10%，北京、上海为2013年以来首次创新高。

2015年，各分区电网负荷水平增长总体放缓。华东、华中、西南、西北电网最高发受电力同比小幅增长，其余分区电网调度最高发受电力基本与2014年持平。

2015年，受机组非计划停机、环保改造及断面受限等因素影响，共有5个省级电网出现有序用电情况，公司区域日最大电力缺口为171万kW（7月30日）。

清洁能源消纳。2015年底，公司调度范围内清洁能源装机达3.81亿kW，同比增长19.3%，其中新能源装机1.66亿kW，同比增长38.8%。各级调度加强新能源优先调度，强化水库优化运行，挖掘系统调峰潜力，滚动分析消纳能力，加大跨省跨区输送，发挥大电网资源优化配置作用，实现清洁能源利用。在公司经营区域用电量负增长的情况下，年累计消纳清洁能源（不含蒙西）9817亿kWh，同比增长8.6%，其中新能源发电量同比增长22%。四川水电跨区跨省外送电量1232亿kWh，同比增长9.8%，再创历史新高。

电能替代。2015年，公司累计推广实施电能替代项目1.72万个，完成替代电量760亿kWh，完成年度计划任务的117%，拉动公司售电量增长2.2个百分点，相当于在能源终端消费环节减少标煤消耗2400万t，减排二氧化碳6000万t，减排二氧化硫、氮氧化物和烟尘140万t。

跨区电网运行 2015年，跨区联网系统得到加强，大范围资源优化配置能力提高。公司跨国、跨区通道输电能力达到6855万kW，较2014年提高389万kW（特高压天中直流提升100万kW；伊穆直流提升80万kW；柴拉直流提升9万kW；缓中切改后跨区火电提升200万kW）。天中直流配套花园、绿洲电厂共4台火电机组投产，国调直调机组容量达到5012万kW。

（1）二次系统运行。

1）继电保护。截至2015年底，公司国调直调设备共有3795套保护设备，其中交流系统保护设备2573套，直流系统保护设备1222套。交流系统保护设备微机化率100%，国产化率100%，光纤化率99.62%。国调交流系统1000kV保护设备132台，500kV保护设备2354台，330kV保护设备68台，220kV保护设备19台。运行年限在1年以内的86台，2～5年的1654台，6～10年的681台，10年以上的152台。国调直流系统主机578套，保护装置644台。

国调直调交流系统保护动作262次，其中正确动作261次，不正确动作1次，正确动作率99.6%；直流系统保护动作188次，正确动作率100%，其中直流极保护动作14次，交流滤波器保护动作22次，直流线路保护动作135次，换流变压器保护动作17次。

2）电网调度自动化。2015年，各分调、省调厂站数据遥测合格率均达99.5%以上，为安全校核、在线稳定分析基础数据；西南分中心按计划完成智能电网调度控制系统建设并投入运行；完成61套地区智能电网调度控制系统改造项目的立项和可研评审，落实30套系统可研批复并开工建设；备用调度系统立项97项，批复项目80个并于年内建成投运，具备地县调度容灾备用能力；调度数据网络建设基本完成“十二五”规划目标，110kV厂站覆盖率99.51%，35kV厂站覆盖率99.41%，其中24个省市（区）110/35kV厂站覆盖率100%。

2015年，公司省级以上电力调度自动化系统总体运行平稳。统计的7项运行指标中，4项指标高于2014年，2项持平，1项降低，具体见表7。

表7　各分调、省调电力调度自动化系统运行指标同比情况表

序号	指　标	2015年	2014年
1	子站设备可用率（%）	99.999	99.993
2	数据通信系统可用率（%）	99.998	99.993
3	计算机系统可用率（%）	100.00	100.00
4	事故遥信动作正确率（%）	100.00	100.00
5	AGC控制合格率（%）	98.381	98.295
6	状态估计可用率（%）	99.857	99.780
7	厂站遥测数据合格率（%）	99.77	99.81

（2）跨区送电。2015年，公司经营区域跨区累计交易电量3519.93亿kWh，同比增长2.7%。

特高压交流输电交易电量77.85亿kWh，同比降低41.78%；特高压直流跨区输电交易电量增长，完成1269.53亿kWh，同比增长21.21%。其中，特高压复奉、锦苏、宾金直流合计电量1018.66亿kWh，同比增长12.92%。特高压天中直流电量250.87亿kWh，同比增长89.96%；东北送华北完成电量210.10亿kWh，同比降低3.35%；西北送华中（华

东、华北）完成电量 111.47 亿 kWh，同比降低 12.30%。其中，送华中 70.85 亿 kWh，同比降低 34.03%；送华东 26.57 亿 kWh；送华北 14.04 亿 kWh。华中（四川水电）送西北完成电量 76.14 亿 kWh，同比增长 67.38%。银东直流完成电量 295.75 亿 kWh，同比增长 4.83%。

水电及新能源运行

（1）水电运行。2015 年，公司区域内重点水电厂总可调水量为 1027.28 亿 m^3，总蓄能值为 250.88 亿 kWh，同比分别减少 41.36 亿 m^3 和 8.68 亿 kWh。其中，国调直调水电厂可调水量为 287.88 亿 m^3，总蓄能值为 87.01 亿 kWh，同比分别增加 18.87 亿 m^3 和 3.75 亿 kWh。

（2）新能源运行。

1）新能源装机占比提升。2015 年，公司调度范围内（含蒙西）新能源（含生物质、地热等）新增装机 46 340MW，累计并网容量 1.66 亿 kW，同比增长 38.8%。华北、东北、西北新能源装机占总装机比例分别为 15%、22%、31%，有 15 个省级电网新能源成为第二大装机电源。风电新增 28 740MW，新增规模创近四年新高，累计并网容量 1.17 亿 kW，增长 32.7%；其中，新疆、宁夏、甘肃、山西分别新增 8870、4040、2440、2140MW。光伏发电新增 16 030MW，累计并网容量 39 730MW，增长 62.5%；其中，江苏、青海、宁夏、蒙西、浙江、山东分别新增 1860、1510、1350、1230、1140、1020MW。

2）新能源发电量增长。公司调度范围内新能源累计发电量 2533.6 亿 kWh，增长 20.7%。其中，风电发电量 1661 亿 kWh，增长 14.3%；光伏发电量 377.3 亿 kWh，增长 66.4%。风电最大电力达到 4525 万 kW，同比增长 30%，创历史新高。其中，华北、东北和西北地区风电发电量分别增长 13.1%、4.8%和 14.1%；冀北、吉林、甘肃和新疆等省区风电日发电量占当地日发电总量比例最大值、风电出力占当地总发电出力比例最大值均超过 20%。

分月来看，风电发电量季节差异明显，春、冬较大，夏、秋较小。最大月发电量出现在 5 月，为 171.96 亿 kWh。华北、东北、西北电网风电月最大发电量分别为 68.09 亿、48.87 亿、37.7 亿 kWh。

3）新能源利用小时数下滑。2015 年，公司调度范围内风电利用小时数 1696h，减少 181h；风电大省仅辽宁和山东分别提高 47h 和 14h，其余均有所减少。光伏发电利用小时数 1189h，减少 38h。

2015 年，公司经营区域（不含蒙西）弃风总量 269.4 亿 kWh，增加 179%，集中在“三北”地区；其中西北 166 亿 kWh、东北 81 亿 kWh、华北 23 亿 kWh。公司经营区域平均弃风率达 14%，比 2014 年（7.5%）增加 6.5 个百分点。

公司经营区域弃光总量 46.5 亿 kWh，同比增长 94%，均出现在西北 4 省区。公司经营区域平均弃光率达 11%。

弃风在时空分布上总体呈现地域性、季节性和时段性。弃风主要集中在新能源发展较快、装机规模较大地区。弃风主要集中在冬季供暖期。弃风主要出现在低谷时段。

（王　震　梁志峰　姚伟锋　葛　睿
郭建勇　王永福　叶　俭　邹　精）

【电力市场建设和运营】

电力市场建设和管理　2015 年，推进电力市场建设和交易机构相对独立等工作，构建覆盖总（分）部及 26 个省公司的电力市场交易平台，促进能源资源大范围优化配置。

深化改革研究。按照深化电力体制改革工作的整体部署，研究提出建设全国统一电力市场、以子公司方式组建交易机构等符合中国国情和电网发展实际的意见建议。组织编制《电力中长期交易规则》《跨区跨省交易运营规则》《双边交易运营规则》等 5 项交易规则初稿，研究提出银东直流跨区电力用户直接交易方案，为电力市场建设奠定基础。各单位参与电力市场有关方案、管理制度的编制工作，加强与政府的沟通汇报，配合有关市场规则、方案的编制，反映公司有关意见，推进电力市场建设。国网华东分部、国网湖南电力、国网能源院等单位参与有关重大问题和规则研究，并提出意见建议。

推进改革落实。推进北京电力交易中心组建工作，研究提出组建方案和公司章程，明确其定位、组织形式与业务范围，梳理优化交易与电网企业其他业务的职责界面和流程。探索建立由电网企业、发电企业、售电企业、电力用户等市场主体组成的市场管理委员会。

加强市场成员管理。针对改革后市场主体注册的新要求，配合国家发展改革委研究编制电力市场主体注册办法，规范市场主体注册工作。各单位均按照要求开展市场成员注册工作，共注册市场成员 27 470 家，注册率达 100%。组织开展注册信息质量评价工作，为交易平台深化应用提供保障。

电力市场运营

1. 能源资源大范围优化配置

交易电量完成情况。2015 年，国家电力市场交易电量 7221.42 亿 kWh，同比下降 0.34%。其中，跨区电量 3519.93 亿 kWh，同比增长 2.70%，跨省交易电量 3701.49 亿 kWh，同比下降 3.06%。特高压交易电量 1534.43 亿 kWh，同比增长 12.23%；大煤电交易电量 1891.06 亿 kWh，同比增长 1.53%；大水电交易电量 2440.18 亿 kWh，同比下降 0.51%；大核电交易电量 294.04 亿 kWh，同比下降 1.35%；其他输电交易电量 2323.13 亿 kWh，同比增长 1.50%。

发电权交易情况。2015 年，公司经营区域完成发电权交易电量 1131.54 亿 kWh，同比减少 3.11%，实现节约标煤 741.04 万 t，分别减少二氧化硫和二氧化碳排放 13.23 万 t 和 1926.91 万 t。其中，小火电机组关停发电权交易电量 501.05 亿 kWh，占总交易电量的 44.3%；在役机组发电权交易电量 630.50 亿 kWh，占总交易电量的 55.7%。

2. 提高清洁能源消纳水平

2015 年，公司跨区跨省消纳清洁能源 3304 亿 kWh，同比增长 4.4%。

消纳四川富余水电。全年共消纳四川水电 2353 亿 kWh，其中跨区跨省外送 1232 亿 kWh，同比增加 110 亿 kWh。

首次实现西藏富余水电外送。通过青藏直流和川藏联网工程，将西藏 3.4 亿 kWh 富余水电送出，开创西藏地区能源资源开发利用新局面。

扩大新能源消纳规模。挖掘交易空间，通过年度、短期等多种交易方式，促进新能源大范围消纳。全年风电、太阳能等新能源跨区跨省外送电量 294 亿 kWh，同比增加 104 亿 kWh。开展东北低谷富余风电与北京集中电采暖项目的直接交易，促进京津冀地区大气污染防治，减少东北地区低谷弃风。

营销服务

(1) 95598 运营管理。2015 年是公司 95598 全网全业务集中运营后的第一年，全年 95598 电话呼入 1.09 亿通，月均呼入 906.51 万通。其中，3 月电话呼入 695.22 万通，为全年最低；8 月电话呼入 1309.27 万通，为全年最高，首次经受住迎峰度夏的大话务考验。2015 年，公司 95598 人工话务接通率 99.14%，回访满意率 99.46%，工单派发及时率 99.98%，工单派发准确率 99.99%，电话服务满意率 99.84%。

(2) 推进"互联网+"。2015 年，公司"掌上电力"APP 稳定运行，各单位电力微信公众号陆续建立和开通，公司拥有包括 95598 网站、支付宝、财付通、金融银行网站在内的 6 种网上营业厅应用。2015 年，公司网上营业厅注册用户达 8099.7 万户，超额完成全年 7000 万注册用户的推广目标。

(3) 用电安全管理。2015 年，公司组织有关单位完善灾害应急预案，落实抢修人员 24 小时值守，完成受 4 月 25 日尼泊尔 8.1 级强震影响的西藏日喀则地区的抗震救灾工作。7～9 月，公司取得抗击"莲花""灿鸿""苏迪罗""杜鹃"等强台风工作的胜利。2015 年，公司查处窃电案件 4.65 万件，追补电量 1.49 亿 kWh，追补电费及违约金 3.32 亿元。公司规范 95598 窃电举报工单管理，加强反窃电实验室建设，总结反窃电工作典型经验，建立并完善各单位沟通交流机制。

(4) 智能电能表及用电信息采集系统建设。2015 年，公司新装智能电能表 6450 万只，超额完成年度建设计划。累计推广应用智能电能表 3.13 亿只，累计实现用电信息自动采集 3.17 亿户，其中专用变压器用户和公用变压器台区采集覆盖率分别达 96.8 % 和 96.6%，15 家单位基本实现智能电能表全覆盖，24 家单位基本实现专用、公用变压器计量点采集全覆盖。公司总体日均采集成功率达 98%以上。

(5) "四表合一"采集。响应国家"互联网+"和"智慧城市"建设发展理念，利用公司已建成的广泛覆盖城乡用户的智能电能表和用电信息采集网络，为水、气、热行业提供自动抄表和计量数据采集的延伸服务，解决水、气、热表等无源设备采集难问题。2015 年，在 26 家省公司完成示范项目覆盖 10 万用户，制定系列技术标准，促进公用事业能源计量数据自动采集。

电动汽车智能充换电服务网络建设运营 充换电设施建设。加强京津冀鲁、长三角等重点地区充电设施建设，全年建成充电站 919 座、充电桩 5838 个，累计建成充换电站 1537 座、充电桩 2.96 万个，形成京港澳等 8 条高速公路快充网络，覆盖 81 个城市，续行里程 1.1 万 km。累计完成充换电量 7.3 亿 kWh。加快电动汽车充换电业务发展，将电动汽车充换电服务作为主营业务，组建国网电动汽车服务有限公司，促进公司化运作、专业化管理。

充换电设施"互联网+"支撑体系建设。深化"互联网+"应用，集充换电设施监控、信息服务、资费结算、车辆服务、生活服务等业务于一体的车联网智能平台上线运营，用户可通过易充电手机客户端（APP）或登录网站（www.echargenet.com）获得互动服务。创新线上线下高效互动运维管理新模式，实现充电设备实时在线监测、故障报警、自动派单、跟踪评价等。向社会充电服务商全面开放，促进互联互通，提升用户便捷充电感受。

充换电设施标准体系。累计完成国家标准 22 项、行业标准 27 项、企业标准 56 项。承担国际电工委员会（IEC）3 项国际标准编制工作，其中 IEC 62840-1《电动汽车换电系统　第 1 部分：通用要求与导则》全票通过，成为电动汽车领域由中国主导完成的首项国际标准。推动完成电动汽车充电接口及通信协议等 5 项国标修订并发布，规范电动汽车和充电设施产业发展，促进互联互通。坚持“中国市场—中国标准”，主动与国外车企开展充电对接测试，推动日产、宝马、特斯拉等国外车企采用或承诺采用中国标准，维护国内市场标准自主权，支撑中国电动汽车产业发展。

充换电设施供电服务。加强配电网规划建设，研究充电设施负荷特性及大规模接入对电网的影响，制定接入电网典型方案，明确电能质量治理措施，加大投入，满足充电设施并网工程建设需求，确保配电网与充电设施发展有效衔接。精简业扩手续，提高办电效率，加快充电设施报装接电，全年完成充换电设施报装接电 1.5 万户，容量 26.65 万 kVA，累计完成报装接电 1.78 万户，容量 36.22 万 kVA。

充换电技术研究。“电动汽车充电对电网的影响及有序充电研究”等 3 项智能电网国家“863”项目通过国家科技部验收。“电动汽车充电对电网的影响及有序充电”相关研究成果通过中国电机工程学会成果鉴定，在集中充电模式下的有序充电实践方面达到国际领先水平。“电动汽车充换电设施效能提升与运营技术研究及应用”获得山东省科技进步二等奖。发表《面向私人电动汽车的城市公共充电网络运营服务能力评估方法与仿真研究》等学术论文 24 篇，《一种电动汽车多口直流充电桩及其控制方法》等 11 项国家发明专利获得授权。

拓展节能服务市场。2015 年，签订节能项目合同 635 个，总投资 24.7 亿元。发挥能效服务网络的宣传推广作用。在公司经营区域成立 685 个能效服务小组，吸收 5996 家工业企业成员，举办政策研讨、节能交流等各种活动 1147 次，促进和帮助企业客户落实国家节能减排政策。

通过实施电网节能改造，引导社会企业实施节能项目，2015 年节约电力 269 万 kW，节约电量 122 亿 kWh，超额完成国家发展改革委下达的节约电力电量考核目标。

（李国栋　刘永辉　庞　博　张　显　李　竹　孙　炜　顾宇桂　李晓光　吕巧珍　谢　文　汤洪海　周　琳　徐　亮　李增彬　严　宇　彭楚宁　周　晖　马建伟　王　鑫）

【科技创新】

编制公司“十三五”科技规划　公司集中优势科研力量，组织完成“十三五”科技规划编制，支撑全球能源互联网重大专项研究方向。以促进电网各环节及相关支撑技术发展为目标，设置电网安全分析与仿真技术等 17 个技术领域；以加强交叉领域协同攻关为目标，设置全球能源互联网等 4 个重点跨领域技术专题；以支撑科研专业管理为目标，设置技术标准等 5 个管理专项。

重大科技攻关

1. 大电网安全技术研究

经过 4 年多的科研攻关，大电网重大专项 44 项课题全部通过正式验收。截至 2014 年底，专项累计完成论文 320 余篇，技术报告 110 余本，申请专利 180 多项，开发软件、系统、装置 20 多套。形成大电网规划方法体系，应用于青海、甘肃等新能源基地外送规划、“三华”特高压同步电网、西北 750kV 电网构建及时序优化安排。提出负阻尼振荡与强迫振荡的辨识方法和扰动源定位方法，揭示大电网扰动冲击与振荡传播机理，分析四川尖山故障导致特高压长治—南阳联络线解列的原因并提出抑制方法。提出符合实际特性的主要类型风电模型以及风电模型参数实测方法，为实际风电场模型参数的建立奠定技术基础。实现特高压直流实测建模，并应用于哈密—郑州、锦屏—苏南直流工程等仿真分析。提出直流多落点送、受端交流电网的动态无功备用容量优化调整技术，为实际电网运行提供分析手段。提出励磁系统及 PSS 参数优化方法，并应用于淮南—上海特高压工程。开发电网状态变化趋势在线分析系统，提升对电网运行状态变化的预防预控和应对能力，并在华中和黑龙江电网开展示范应用。基于项目研发的继电保护装置正确动作。无功电压紧急控制技术在酒泉、嘉峪关风电基地开启示范应用。

2. 实用型关键技术研究

完成特高压系统电容器组开关弧触头材料、弧触头抗烧蚀、电气特性与机械特性优化配合、选相控制技术等关键技术研究，研制样机并通过 3000 次电寿命试验。完成直升机特高压带电作业电气试验方法、基础数据、带电作业操作工艺及工器具研究，在国内外首次完成 1000kV 特高压线路直升机带电作业全部工作内容。完成变压器和 GIS 内置式特高频传感器特性、特高频电磁波信号传播特性研究，提出内置式特高频传感器的校准接口和优化布置方法并研制出监测系统。研究 1100kV GIS 的状态检测技术与评估方法，提出特高频和超声波局部放电监测装置的现场校验方案，建立基于多参量的综合诊断系统。研究特高压高速接地开关（HSES）典型应用工况和工作条件，完成 HSES 结构设计、特性优化和样机制造，并通过型式试验验证。分析和研究现有电子式互感器评估技术体系及技术规范、高故障率及低计量可信度等，提出新型电子式互感器的性能检测方法、状态评价方法、长期运行稳定性和可靠性评估方法及检修策略，研制出电子式互感器误差特性校验系统。

3. 特高压输电技术研究及核心设备研制

研制出方便运输的大容量特高压变压器，单相 100 万 kVA 特高压变压器容量增大 50%。研制出

±1100kV 直流 SF_6 气体绝缘穿墙套管和±500kV 干式换流变压器阀侧套管样机，形成±1100kV 换流变压器阀侧套管设计和制造方案。研制特高压交流串联补偿用限压器（MOV）试验样机和设备并在工程中应用。建立特高压输电线路接地装置冲击特性模拟试验和仿真分析方法，得到典型杆塔接地装置的冲击特性及其变化规律，为基础独立接地及特高压杆塔接地差异化设计奠定基础。完成取消特高压线路断路器合闸电阻、取消 GIS 变电站隔离开关阻尼电阻、取消特高压母线避雷器等相关研究，为优化特高压工程过电压水平和设备绝缘设计、降低工程造价提供依据。完成±1100kV 特高压直流输电系统过电压抑制措施、避雷器特性和配置、线路差异化防雷技术、系统谐振特性及抑制措施、换流变压器励磁涌流对交直流系统的影响研究。完成 1100kV 全光纤电流互感器的典型故障模式、故障特征参量的在线监测方法研究，提出互感器典型故障防御措施。

4. 智能电网关键技术研究及核心设备研制

研究建立含发电计划与调频和备用计划协调优化的调度模型、基于概率场景的日前发电调度模型、风电和光伏发电的随机性模型、抽水蓄能和储能的调度运行模型，开发适应大规模间歇能源接入的日前安全约束发电优化调度软件。研究并提出调度自动化主站系统评估指标体系，实现主站系统的在线监测评估，开发主站模拟及扰动环境生成系统软件，为出厂验收和软件开发提供标准平台；设计智能组件可靠性、失效模式及失效机理的检验与测试方法，构建并开发智能组件功能与性能检测的试验环境和变电站一体化监控系统检测软件。研究涵盖系统集成、设备整合和新技术实用化的智能变电站集成整合方案，研制相关产品样机，解决设备功能单一、集成度低、电子式互感器等新技术实用化程度低、变电站对主站支撑不足等问题。研究智能变电站二次模型文件与配置文件的标准化接口、二次施工图标准化、智能变电站运行信息融合分析技术，提出基于多参量辨识的智能变电站二次系统故障诊断及评估方法。

5. 电网防灾减灾技术

研制出集成场磨式、微型传感器等多种探测方式为一体的雷电预警装置，研究以大气电场、雷电定位、卫星云图等数据融合为基础的输电线路综合预警方法及模型，建立输电线路临近预警技术及系统，在国网湖北、浙江、江苏、安徽电力实现 20 个电网雷电预警装置的布点、组网示范应用。研究提出考虑平均风不均匀性的导线风压不均匀系数取值、采用防振锤进行钢管塔微风振动灾害防治的技术措施、强对流天气下电气间隙取值，为强风区输电线路抗风设计提供参考和技术依据。

6. 配用电及分布式电源技术研究

研究智能配用电技术支撑体系、信息交互与数据通信方式、典型模式与安全防护体系、建设评价指标与评价方法，研发覆盖多时间尺度的智能配电网数字仿真平台。完成用电信息采集系统深化应用、用户用能管理服务能力提升、智能用电互动化支撑平台、基于新型通信技术（230MHz—WiMAX）用电信息采集等方面的关键技术攻关与系统研发。研究主动配电网的源网荷协调运行特性与机制、含大规模分布式电源和多样性负荷的主动配电网优化规划技术、主动配电网时空全过程评估技术及开发、主动型城市配电网综合评估与优化规划示范应用，掌握分布式电源与多样性负荷大规模接入下的主动配电网协调规划技术，在国网江苏、北京、天津、河北电力 4 个示范区的试点应用。开展提高配电自动化系统相间短路故障处理能力、基于暂态分量的配电网单相接地故障定位技术、基于多源信息融合的配电网故障分析技术、配电网故障风险评估及安全预警技术等研究，开发配电网相间短路故障处理应用软件、单相接地故障区段定位应用软件、分布与集中相结合的配电网故障分析软件，研制出具有单相接地故障检测功能的配电自动化终端和配电网单相接地故障综合治理装置，建立含分布式电源并满足差异化用户供电可靠性要求的配电网故障停电风险评估与在线预警系统。

7. 电力电子及新材料关键技术研究

研制出国内首台±320kV 换流变压器及换流阀设备、首套柔性直流控制保护装置和首条高压±320kV 直流电缆，并在厦门成功投运。将模块化多电平换流器（MMC）技术、最大通流能力晶闸管、快速断路器、巡检机器人等应用于南京 UPFC（统一潮流控制器）关键技术研究和示范装置样机研制中，确保工程投运。研制出±1100kV 特高压换流阀样机，完成关键零部件的型式试验并具备工程应用条件。研制出 200kV 高压直流断路器样机。研究建立数字式电能质量监测终端检测技术研究及检测系统平台、10kV/2MVA 电能质量谐波扰动源试验平台。开展 10～500kV 复合材料杆塔耐老化性能、结构轻量化设计、防污秽特性、覆冰特性等关键技术研究，研制复合材料杆塔系列样机。研制出轻质高强纳米改性铝合金复合材料，采用热轧和热拉拔相结合的混合成型工艺，研制出高强铝合金芯铝绞线，完成性能测试分析并进行试点应用。

科技创新体系建设 海外研究院建设。完善内控管理制度，健全科技项目管理细则，制修订财务管控等 15 项制度，规避经营风险。美国研究院现有人员 17 名（其中派驻管理人员 4 名），推进智能芯片、电力大数据、超导输电和电池储能等项目的研发，同步完成智能芯片、大数据2个实验室的建设工作，建立智能芯片和大数据2支研发团队。6月，刘振亚董事长视察美国研究院。欧洲研究院现有人员9名（其中派驻管理人员3名），推进直流电缆、氢储能、相变储能和提高风机效率等项目的研发，启动欧洲技术资源信息地图的绘制工作以掌握欧洲主要科研机构的技术研发方向。10月下达的大规模海上风电场柔性直流、新型栅极结构IGBT前期研究等前瞻性基础研究等7个项目，美国研究院承担5个、欧洲研究院承担2个。海外研究院在政府、学术机构、企业三个层面开展对外合作，构建良好对外关系网络。

信通专业整合。① 科技部印发指导性文件，指导开展整合工作。各单位相互签订“业务划转协议”，有序推进划转工作。② 国网智研院实际划转到岗164人，国网经研院实际划转到岗15人，中国电科院新增设分析评估室。中国电科院与国网智研院签署资产划转协议，5月完成资产划转账务处理工作。按照“资产（含无形资产）随人员和业务走”的原则，中国电科院、国网智研院、南瑞集团等单位于9月底完成全部专利划转事宜。中国电科院、国网智研院、国网经研院已于年初将需调整的综合计划协商一致，并列入2015年综合计划。③ 中国电科院、国网智研院各增设1个科室，保证人员团队稳定。推进在研项目和业务工作，新划至国网智研院的总部科技项目推进顺利，新划至国网经研院的“十三五”信息化规划编制业务于6月通过初审。围绕提升信通领域基础性、前瞻性研究能力开展项目布局，国网智研院承接信息网络安全公司重点实验室建设运营；新的计算所、信通所申报电网业务大数据分析、大电网信息安全主动预警等前沿课题。

实验室管理。成功申报5个国家实验室。首次引入指南申报及联合实验室申报模式，完成第四批实验室命名，命名6个实验室为公司重点实验室，命名8个实验室为公司实验室，命名6个实验室为公司联合实验室，将6个实验室列入公司实验室培育名单。命名后公司级实验室达84个，其中重点实验室31个、公司实验室47个、联合实验室6个，填补新材料、智能芯片、先进计算等新型领域公司实验能力空白。

技术标准工作 完成“十三五”技术标准规划编制。完成2015年度技术标准制修订任务，发布公司企业标准307项，形成国家、行业标准175项，242项标准纳入国家、行业标准制修订计划，获得“电力变压器直流偏磁抑制装置”等5项IEC、IEEE标准主导制定权，牵头“直流配电”等3个CIGRE工作组。主导编制的《光伏并网逆变器低电压穿越测试规程》等4项IEC标准正式颁布，IEC标准《电动汽车电池更换系统　通用要求》进入出版环节。完成“五大”技术标准体系修订及在27家省市公司的宣贯。完成“安全供电业务连续性标准化研究”等标准专项研究课题。全国微电网与分布式电源并网标准化技术委员会获批筹建，能源行业电力安全工器具等标委会进入公示阶段。“新能源发电并网技术标准体系研制与应用”获首届中国电力创新奖一等奖，另有4个项目分别获得二、三等奖。

科技奖励工作 2015年，公司获国家科学技术进步奖5项，中国专利奖13项，中国电力科学技术奖45项，其他省部级科学技术奖励206项。

国家科学技术进步奖。公司获国家科学技术进步二等奖5项（2015年度动力电气与民用核电评审组一等奖空缺），其中牵头申报项目获奖3项，参与项目获奖2项。公司获奖数量占动力电气与民用核电组总授奖数（6项）的83.3%。

中国专利奖。公司获奖等级和数量位列全国第一。获中国专利金奖1项，优秀奖12项。“一种模块化多电平换流器阀保护方法”是电力行业2015年度唯一获得中国专利金奖的专利。

中国电力科学技术奖。公司一等奖获奖成果数量及占比再创历史新高，获中国电力技术发明一等奖1项、三等奖3项，中国电力科学技术进步一等奖6项、二等奖14项、三等奖21项。其中一等奖占获奖总数的75%。

其他省部级科学技术奖励。公司系统共获得省（自治区、直辖市）科学技术奖191项，其中，国网河北、山西、山东、湖北、河南、四川、辽宁、吉林、陕西、青海、宁夏电力，中国电科院、国网智研院、许继集团等14家单位的15项成果获得所在省（自治区、直辖市）科学技术奖一等奖。获中国机械工业科学技术奖15项，其中，获一等奖1项。

公司级科技奖励。新设技术发明奖、技术标准创新贡献奖、专利奖三个奖项，与原有的科学技术进步奖共同构成新的公司科学技术奖励体系，实现与国家科技奖励体系的衔接。实施“引入外部专家评议制度”，完成公司新科技奖励体系下的首次评审，共评出公司科技进步奖123项，其中，特等奖1项、一等奖16项、二等奖41项、三等奖65项；公司技术发明奖16项，其中，一等奖2项、二等奖7项、三等奖7项；公司技术标准创新贡献奖15项，其中，一等奖2项、二等奖5项、三等奖8项；公司专利奖32项，其中，一等奖4项、二等奖13项、三等奖15项。

知识产权管理 2015年，公司申请专利22 428项，其中，发明专利10 523项，占全年全部专利申请总量的47%，年度发明专利申请量排名位列央企第一；获得授权专利10 022项，其中发明专利2350项，占全年全部专利授权量的 23.4%。截至 2015 年底，公司累计拥有专利 50 165 项，其中，发明专利 8330 项，累计拥有有效专利量排名央企第一。

2015 年，公司围绕特高压、智能电网等重点技术领域，开展国际专利申请。全年共申请国际专利 120 项，获得国际专利授权 11 项。截至 2015 年底，公司累计拥有有效国际专利 36 项。

2015 年，完成 127 项科技成果的评审及转化对接工作，44 项达成转化意向，科研单位全年成果转化收益达 2 亿元。

2015 年，公司出版科技论著 103 部，发表科技论文 3361 篇，其中发表在 SCI、EI、ISTP 和 ISR 源刊上的论文 837 篇。

环保工作

健全环保管理制度体系，修订发布 2015 年版公司环境污染事件处置应急预案，完成电网建设项目环境影响评价管理办法修订。推进环保基础管理，编制完成企业标准《输变电工程环境监理规范》，修订《电网环境保护管理手册》。提升环保管理子系统实用化水平，完成 110～220kV 电网建设项目环保基础信息录入，加强项目关键节点管控，增强数据统计与分析功能，结合运行期环保技术监督，充实变电站噪声、电磁环境等监测数据。开展年度环保工作检查，细化检查提纲和资料清单，突出重点工作落实，强化业绩考核和闭环管理。

健全环评和验收调查报告内审机制，调整审核重点、严格把关，确保高质量报批。合理安排计划，强化定期督导，确保 330kV 及以上电网建设项目竣工环保验收计划完成。公司系统全年新开工 110kV 及以上电网建设项目 2022 项，环评率连续七年保持 100%；通过竣工环保验收的 110kV 及以上电网建设项目 1775 项，验收率连续三年实现 100%。

落实公司环保技术监督规定，强化全过程环保技术监督。编制印发重点工程环保水保专项检查大纲，促进环保水保措施落实。推进变电站运行期噪声监测和超标治理，各单位全年完成 5011 个变电站噪声监测，并对 43 个噪声超标的变电站进行治理。跟踪国家有关持久性有机污染物处置的政策，推进国网河南、黑龙江电力含多氯联苯电力设备封存点环境无害化处置工作。除国网西藏电力外，26 家省级公司六氟化硫回收处理中心建设任务完成。公司系统各单位全年共回收并净化处理六氟化硫气体 47.1t，相当于减排二氧化碳 112.6 万 t。

完成电网环保发展战略与管理技术研究，提出公司“十三五”环保工作定位、发展战略及实现路径。加强公司环保领域实验室能力建设，中国电科院武汉分院申报的电网环境保护实验室入选国家重点实验室。

（姚建国　周　翔　张晓东　周　俊　李震宇　孙建锋　赵海翔　李　刚　高海峰　刘前卫　盛　兴　汪美顺）

【信息通信】

SG-ERP 建设　截至 2015 年底，公司建成全球规模最大的电力专用通信网和功能覆盖最全、统一性最高的一体化集团企业级信息系统，完成从 SG186“填补空白式”向 SG-ERP“全面集中集成式”跨越。公司连续 4 次在国资委组织的中央企业信息化水平评价中获评 A 级，并被工信部确定为国家级“两化融合示范单位”。

信息通信新技术创新发展行动计划　为加强大数据、云计算、物联网和移动互联等信息通信新技术研发和应用，发挥新技术对电网发展和企业创新中的关键核心作用，公司第 33 次党组会决定在“十三五”期间全面启动信息通信新技术推动智能电网和“一强三优”现代公司创新发展行动计划（简称行动计划）。行动计划总体内容包括“四项目标、六大领域；四条主线、六年计划”，规划开展 241 项工作任务，其中 2015～2016 年试点阶段计划开展 169 项。2015 年在关键技术研发、基础平台建设、重点应用推进和信通安全保障四方面开展 73 项工作任务。

电力通信网建设　2015 年，公司光缆总长度 126 万 km，通信设备总量 40.3 万台（套），通信站 5.1 万座，通信业务通道总量 39.2 万条，较 2014 年分别增长 7.7%、11.3%、5.4%和 10.7%。

信息通信“十三五”发展　完成公司“十三五”信息化规划总报告和 13 份专题报告编写。2～6 月，开展一体化平台、信息通信网络需求分析、业务应用系统、信通技术支撑智能电网创新发展、信息通信新技术应用、现状分析、信息安全、运行维护、人才队伍、专业管理、直属产业、直属金融、投资成效分析等 13 个专题编写，形成 13 份专题报告。6～10 月，督促指导公司 6 分部、27 家省公司、33 家直属单位完成本单位信息化规划编制，组织完成专家评审。10 月，完成公司“十三五”信息化规划总报告编制。

完成公司“十三五”通信网规划报告编制。8 月 25 日，组织召开“十三五”通信网规划编制启动会；9 月 10 日，下发规划报告编制大纲，9 月 15 日，召开宣贯会；9～10 月，督促指导 27 家省公司、284 家地市公司分别完成省级通信网、地市级通信网“十三五”规划编制，组织完成专家评审；10 月 29 日，召开 2015 年通信工作座谈会，总结“十二五”期间通信工作成绩，分析通信专业面临的内外部形势和严峻挑战，部署 58 项工作任务，印发《国网信通部关于印发加强通信工程标准化建设指导意见的通知》《国网信通部关于推进通信工程建设一体化管理的通知》《国网信通部关于加强公司系统通信安全生产工作的通知》，明确“十三五”通信工作目标和要求；12月，完成公司“十三五”通信网规划总报告编制，包括340本通信网规划报告、5100张规划数据表、4080幅规划图纸。

加强通信网规划的专业管理，参与“十三五”配电网规划和技改规划中通信相关部分的编制，强化与通信网规划的衔接。

（樊　涛　程志华　柏峻峰　崔丙锋　刘　虎　张朝阳　曾　楠　高灵超　郝悍勇　王晋雄　李　云　曾令康　常　宁　杨　琦　于秋生　张宁池　汪　峰　曾京文　孙　慧）

【国际化发展】

海外资产经营　2015年，公司稳健运营在菲律宾、巴西、葡萄牙、澳大利亚、意大利和中国香港等国家和地区的资产，收益情况良好。推进本土化运营，参与社会公益活动，树立中国企业良好形象。

国际重点项目前期工作　落实“一带一路”战略，开拓国际电力市场，扩大国际电力市场投资，推进国际产能合作。

3月，公司与印度尼西亚国家电力公司签署合作框架协议。4月，在中巴两国领导人的见证下，公司与巴基斯坦水电部和国家输电公司签署“默蒂亚里—拉合尔及默蒂亚里/卡西姆港—费萨拉巴德输变电项目合作协议”，其中优先实施默蒂亚里—拉合尔±660kV直流输电项目。5月和9月，公司与俄罗斯电网公司分别签署关于设立合资公司开展电网业务的合作协议和关于合作实施托木斯克州500kV输变电项目的备忘录，明确在俄罗斯注册成立合资公司，开展电网投资、建设和运营项目。6月，刚果（金）政府启动英加3项目招标，公司与中国三峡集团共同牵头组建中方联营体参与竞标。该项目是在非洲构建全球能源互联网的重要项目。

7月，公司独立中标巴西美丽山水电特高压直流送出二期项目，实现中国特高压“走出去”再次重大突破。

国际能源合作　公司推进与周边国家电力基础设施互联互通。11月，在中蒙两国领导人的共同见证下，公司与蒙古国能源部签署“中国国家电网公司、蒙古国能源部关于合作开展锡伯敖包煤电输一体化项目可行性研究的协议”。2015年公司从俄罗斯购电33亿kWh。

海外工程承包、设备出口及技术咨询　12月，公司与南非电力公司在位于比勒陀利亚的南非总统府签署“国家电网公司与南非电力公司战略合作备忘录”。根据该备忘录，双方将在输配电和可再生能源项目、特高压和智能电网技术、项目咨询等多个领域开展合作。公司在埃塞俄比亚承建的埃塞500kV骨干网项目全线竣工。公司中标埃塞俄比亚—肯尼亚直流输电项目埃塞俄比亚境内两个线路标段。2015年，公司推进南美市场项目，委内瑞拉国家电力调度系统自动化改造项目完成分包采购、开标评审并确定中标单位。

公司开拓东南亚国家电力市场，与老挝国家电力公司签署老挝色贡西格玛2B水电站至色贡2变电站230kV输变电项目、首都万象500/230kV环网输变电项目工程总承包合同，与缅甸国家电力公司签署北克钦邦与230kV主干网连通工程总承包项目合同。

2015年，公司境外新签工程承包、装备出口和技术咨询服务项目共计438个，合同金额约32亿美元。

国际交流活动　主要外事活动。国家主席习近平在联合国发展峰会上提出构建全球能源互联网的倡议，刘振亚董事长参加国际能源署部长级会议、联合国气候大会工商专题论坛等并作主旨发言，公司组织召开全球能源互联网中美、中欧技术装备研讨会，发布《全球能源互联网》英文版，全球能源互联网理念取得共识。

公司重要出访活动。1月，赴印尼、新加坡、澳大利亚推动海外项目合作。2月，赴俄罗斯、意大利、瑞士推动项目合作并参加IEC相关会议。4月，赴巴基斯坦推进中巴电力合作，签署潜在项目合作协议。5月，赴阿联酋、巴西和法国推进项目合作，参加有关高访活动及商业与气候峰会。赴巴西、德国参加全球可持续电力合作组织2015领导人峰会。6月，赴俄罗斯参加2015圣彼得堡国际经济论坛。赴美国、中国香港参加联合国全球契约15周年会议并推进项目合作。赴比利时、波兰参加第十届中欧工商峰会并推进工程项目合作。9月，赴美国参加《全球能源互联网》研讨会暨英文版首发式。赴伊朗推进中伊电力合作。10月，赴英国参加第四届中英能源对话。赴泰国参加亚太电协CEO会议。赴新加坡参加新加坡能源周并出席《全球能源互联网》新书推介活动，赴印尼推动有关国际项目。11月，赴美国参加全球能源互联网中美技术装备研讨会，与万通集团、通用集团进行金融交流。赴法国出席国际能源署部长级会议并发言。赴阿联酋参加特大电网运行机构组织年会及论坛。赴肯尼亚为国际电工委员会（IEC）非洲办公室揭牌。12月，赴法国出席第二十一届联合国气候大会工商专题论坛和技术革新论坛并作主题发言。赴德国出席全球能源互联网中欧技术装备研讨会并作主旨发言。

重要外事会见。1月，舒印彪总经理会见西门子公司董事会成员博乐仁一行。4月，刘振亚董事长会见全球电力倡议执行主席菲利普一行。5月，舒印彪总经理会见英国斯特拉斯克莱德大学校长麦克唐纳一行。7月，刘振亚董事长会见国际能源署候任署长毕罗尔。9月，刘振亚董事长会见加拿大魁北克水电公司董事长迈克尔·彭纳一行。10月，刘振亚董事长会见美国阿贡国家实验室院长李特伍德一行，以及日本“关于科学技术与人类未来的国际论坛”理事长尾身幸次先生一行。11月，刘振亚董事长会见法国电力公司董事长兼首席执行官乐维一行、丹麦电网公司总裁兼首席执行官安德烈森，以及联合国副秘书长沙姆沙德·阿赫塔尔。12月，刘振亚董事长会见挪威Xynteo咨询公司董事长兼首席执行官比耶兰一行、葡萄牙国家能源网公司董事长兼首席执行官罗德里格·科斯塔、英国伯明翰大学副校长斯科菲尔德，以及剑桥能源咨询公司副主席耶金。

参与的重要国际会议。2月，参加瑞士国际电工委员会（IEC）执行委员会和标准管理局会议。6月，参加瑞士IEC执行委员会、标准管理局、理事局等高层管理会议。9月，组织召开IEC首席执行官中国产业战略圆桌会议。10月，参加白俄罗斯IEC第79次大会和高层管理会议；参加南非国际大电网委员会（CIGRE）/IEC联合技术研讨会，并作主旨发言。

国际组织和国际标准制定 公司加强与世界可持续发展工商理事会（WBCSD）、全球可持续电力合作组织（GESP）、国际能源署（IEA）、二十国集团工商组织（B20）等知名国际组织的交流。6月起，公司担任GSEP年度轮值主席单位，领导各成员公司开展相关项目合作和交流活动。8月，加入爱迪生电气协会（EEI），成为其国际会员。

在第79届IEC大会上，舒印彪总经理竞选连任IEC副主席，与会各方一致同意在IEC市场战略局设立新的全球能源互联网白皮书项目，成立“智慧城市主席特别顾问组”，由舒印彪总经理担任召集人。7月，公司参加IEEE电力与能源协会2015年会，发起“全球能源互联网”特别研讨会、“清洁发电与管理的全球实践”“智能电网实施与运行的全球实践”“配电网规划国际合作”等研讨会。9月，舒印彪总经理作为IEC副主席主持召开IEC首席执行官中国产业战略圆桌会议，并作主旨发言。9月，公司举办CIGRE A2变压器专业委员会年会及A2专委会、A3高压设备、B3变电站专委会联合技术研讨会。

公司主导编制的《并网光伏逆变器低电压穿越测试规程》IEC国际标准获批提前正式发布；公司在IEC发起并正式立项《电力变压器直流偏磁抑制装置技术规范》《用于移动储能单元（电动汽车）的低压连接器》《高压直流系统规划导则》三项标准，在电气与电子工程师学会（IEEE）发起并正式立项《微电网规划与设计》《交流架空输电线路设计导则》两项标准。公司在国际大电网委员会（CIGRE）发起并成立系统研究用直流电网标准模型、电网稳定控制系统框架设计、中压直流配电可靠性研究三个新工作组并担任召集人。

课题研究与国际信息 开展战略性课题研究，完成《国家电网公司“十三五”国际化发展规划》和《基于国家“一带一路”战略的公司国际业务拓展模式创新研究》报告，参与国家能源局等政府部门组织的“一带一路”合作规划研究。

（汪文安 李 明 马海洋 薛美琳 韩 勇 吕 昕 李 杨 赵 晔 陈原子 黄 哲 赵 儆 夏 雪 闫 雨 范建斌 王晓刚 胡 浩 牛晨晖）

【党建工作】

组织建设 截至12月31日，公司系统党组织总数32 929个，其中党组62个、党委2214个、党总支2081个、党支部28 572个。党员总数605 223名，其中在岗党员478 448名、离退休党员125 261名、学生党员973名、其他党员541名。

党风廉政建设 2015年，公司党组落实中央决策部署，坚持党要管党、从严治党，坚持依法从严治企，全面落实“两个责任”，创新管理体制机制，整治“四风”和不严不实问题，查处各类违规违纪行为，增强干部职工拒腐防变意识，完善公司特色惩防体系。

巡视配合和整改任务。组成30个核查小组，核查中央巡视组交办的2005件廉政问题线索，对违规违纪行为坚决查处、从严问责。中央巡视组反馈意见后，公司党组落实巡视整改的主体责任，研究制定15个方面35项整改措施、154项整改任务，逐项落实，挂牌督办，对账销号。修订组织人事、工程建设、物资招标等方面21项通用制度，推动巡视整改制度化、长效化。各单位对照自查，发现问题180个，制定并落实整改措施778项。

全面落实“两个责任”。公司党组多次召开会议，专题研究落实“两个责任”具体措施，制定责任清单，细化任务分解。组织层层签订党风廉政建设责任书，传导压力，增强党员领导干部责任意识，做到守土有责、守土负责、守土尽责。

贯彻中央八项规定精神。公司党组落实中央八项规定精神，制定改进作风30条实施细则并贯彻落实，推进正风肃纪常态化。开展“三严三实”专题教育，解决不严不实问题，增强党员干部的党性修养、宗旨意识、思想作风和纪律意识。加强监督检查，紧盯节假日等重要时间节点，查纠“四风”问题。2013～2015年，公司系统“三公”经费累计压降超过80%；清理清退超标超编公车，总量压减17%，使用费下降55%。落实定点会议制度，控制会议规模和数量，总部会议数量下降35%，电视电话会议比例提高至55%。贯彻中央关于停止新建楼堂馆所的要求，严格小型基建项目计划管理。清理整顿各级班子成员办公用房，压减使用面积。强化供电服务监督检查，投诉处理及时率100%，满意率97.9%。

依法从严治企。贯彻中央全面依法治国各项部署，推进“三全五依”法治企业建设，编制并宣贯《法治企业行为指引》，增强干部职工依法依规办事的自觉性。制订发布五批455项通用制度，建成全面覆盖、一贯到底的通用制度体系，提高管理规范化水平。连续四年开展依法治企综合检查，发现问题并严肃整改。开展集体企业改革改制、重组整合，精简集体企业524户，提升发展质量和规范管理水平。

纪律审查工作。坚持纪严于法、纪在法前，把握运用监督执纪“四种形态”，既紧盯重点人、重点事、重点领域，严肃查处违规违纪行为；又关注纪律、作风建设方面的共性问题，抓早抓小、防微杜渐。每月进行信访案件分析，每季度进行风险隐患排查，预警处置廉政风险343个。

廉洁自律教育。组织学习《准则》和《条例》，党员干部对照法规检查和整改存在的问题。剖析公司系统重要案件，在公司职代会、季度会上作典型案例通报和专题发言，以案说法、以案明纪。坚持在公司系统干部、新员工等培训中，设置党风廉政教育课程。各单位利用廉政教育基地和网上教育平台，开展党规党纪考试、领导干部讲廉政党课等廉政教育活动1.2万余次，党员干部参加警示教育90余万人次。

纪检监察队伍建设。执行纪检组长（纪委书记）定期报告工作制度，公司所属二级单位纪检组长（纪委书记）报告工作86人次。落实纪检组长（纪委书记）交流任职和定期轮岗要求，公司所属二级单位10名纪检组长（纪委书记）进行了交流和轮岗。加强纪检监察干部教育培训，组织新任纪检监察岗位领导干部参加中央纪委业务培训班。举办公司各单位纪检组长（纪委书记）研讨班，综合业务、招标监督和纪律审查培训班，培训688人次。

精神文明建设　坚持为民服务宗旨，加强共产党员服务队建设，在27个省（自治区、直辖市）公司、16个直属单位规范建设3731支共产党员服务队，队员7.5万余人。评选表彰100支国家电网优秀（金牌）共产党员服务队，以赛促建、以竞促优，在提升服务质量、发挥引领作用、传播核心价值、锤炼队伍素质等方面形成示范效应。党员服务队主动亮身份、亮职责、亮承诺，全年累计参与重大保电37 596次，开展抢修抢险、排除故障185万次，建立社区服务点58 402个，直接服务客户3541万人次，志愿帮扶96万人次，收到锦旗、表扬信11 182件，受到群众投票点赞3416万个。中央、省部级领导视察或批示172人次，《人民日报》、中央电视台等中央媒体报道3568篇，获得省级及以上荣誉817个、1047人次。

组织开展精神文明建设创新奖评选，表彰100个精神文明建设创新项目。组织公司文明单位评选表彰，指导在京直属单位开展首都文明单位创建。公司现有全国文明单位295家，省级文明单位（标兵）1600余家。做好第五届全国道德模范推荐工作，国网福建电力离休干部高君芷获全国道德模范荣誉称号，公司5名员工获全国道德模范提名奖，获奖人数占全部中央企业获奖人数的1/3。

团青工作　青年思想引导。组织贯彻中央关于加强和改进群团工作会议精神。开展“我为核心价值观代言”“学党史、知党情、跟党走”等主题实践活动，引导青年增强中国特色社会主义道路自信、理论自信、制度自信。开展“知形势、明使命、强信念、同发展”系列教育活动，引导青年在思想、行动上与公司党组保持高度一致。依托公司团校资源，举办首届青年文化周活动，指导各级团组织开展“奋斗青春分享会”活动552场，引导广大青年扎根基层、岗位建功，指导各级团组织开办微信公众号326个，覆盖公司系统全体青年员工，利用微信矩阵，及时传播公司党组声音，传递正能量。加强主题策划和精品栏目打造，推出《送电工》《万万没有想到》《师傅》等一批青年原创微电影、微故事，其中《送电工》登上“中国梦想秀”和央视“群英汇”舞台，《万万没有想到》网络点击量超300万。

青年岗位建功。围绕保证安全生产，开展“青年身边无事故”“青年安全生产示范岗”等活动，强化青年安全生产意识，提高生产技能，2015年公司13个集体获“全国青年安全生产示范岗”。围绕落实“四个服务”宗旨，开展“95598光明服务”“青年文明号示范行动”等活动，公司系统19个集体获“全国青年文明号”“中央企业青年文明号”称号。组织青年突击队、抢险队1296支，完成特高压建设、重大政治保供电、抗击自然灾害等急难险重任务。以“创新让电网运维更安全高效”为主题，开展首届青年创新创意大赛，打造青年实现自我价值平台，共征集3500个项目，吸引1.2万名青年参与。

服务青年成长。开展公司“五四”和“杰出（优秀）青年岗位能手”表彰活动，在公司各个领域树立青年榜样，激发广大青年学技术、提技能、比贡献的热情。开设“青年技术论坛”，举办“青年竞技拉力赛”，开展岗位练兵、技能比武、导师带徒等活动。开展“推优入党”“推优荐才”工作。2015 年，公司表彰优秀共青团干部（团员）100 名，4 人获“全国优秀共青团干（团员）”荣誉，17 人获“中央企业优秀共青团干（团员）”称号。2015 年，公司各级团组织开展青年员工帮扶活动 5240 次，组织文体活动 7600 次、联谊交友活动 2410 次，建立服务青年品牌阵地 300 余个。

青年志愿服务。围绕促进安全用电和优质服务、关爱留守儿童和敬老助残等主题，连续 13 年开展“青春光明行”活动，参与人数 220 万人次，服务对象 70 万人。遴选优秀项目参加第二届中国青年志愿服务项目大赛，获得 4 金 4 银成绩，金牌和奖牌数均位列央企第一名。

团组织建设。规范团的机构设置，理顺团的组织关系，指导基层团组织按时换届改选，扩大共青团工作的有效覆盖。截至 2015 年底，公司现有基层团委 632 个、团总支 426 个、团支部 7882 个。2015 年，公司系统 8 个团组织获“全国五四红旗团委（团支部）”称号，10 个团组织获“中央企业五四红旗团委（团支部）”称号。指导各级团组织举办团干部、青年文明号号长、新入职员工等培训班 890 期，直接培训基层团干部 7830 人次，集中培训新入职员工 1.6 万人，新任团干部上岗培训率达 100%。

企业文化建设 2015 年，公司企业文化建设以继续深化“核心价值观 · 卓越实践”主题活动为主线，以“四个一百”创建为抓手，全面总结推广卓越企业文化建设成果，深入推进项目化管理，加强评价考核研究，开展“十三五”企业文化建设规划编制工作，为“十三五”企业文化建设工作奠定良好基础。

开展“践行核心价值观，争做最美国网人”活动，推进卓越文化传播。各单位围绕特高压电网建设、安全生产、优质服务、“三集五大”体系巩固提升和“三全五依”法治企业建设，开展“最美十”评选活动，面向群众、面向班组、面向一线寻找和发展“最美身边人”。活动共评选出 100 名不同岗位、不同专业、不同特点的诚信榜样、敬业楷模、创新能手和道德模范。活动期间，公司企业文化专题网站共发布“最美瞬间”425 个、“最美故事”111 篇。活动中涌现出高君芷、邢少仑、邹林根、黄小清、刘源、贾明理等第五届全国道德模范及其提名奖获得者；陈牧云被中宣部、国资委授予十佳“国企敬业好员工”称号，被评为十佳“最美央企人”。

开展企业文化建设示范点创建工作，推进卓越文化落地。坚持企业文化建设重心下移，狠抓企业文化在基层的落地实践，引领基层单位推进企业文化建设，推进企业文化进基层、进班组、进站所。公司所属 27 家省级公司、34 家直属单位围绕“践行核心价值观 · 卓越实践”主题，组织所属市县公司、乡镇供电所和基层班组结合电网建设、安全生产、优质服务、经营管理、产业发展、金融发展、信息化建设、队伍建设、反腐倡廉、社会责任、品牌建设、后勤管理、民主管理、调度交易、运营监测（控）等专业工作，开展企业文化建设示范点创建工作，实现全业务领域覆盖和全员参与。活动共评选出 100 个县供电公司和乡镇供电所企业文化建设示范点。

（李　萌　苏文治　杨志宏　尹　路　乔增亮）

【品牌建设】

对外传播 全球能源互联网传播。围绕学习贯彻习近平总书记联合国发展峰会重要讲话精神，《全球能源互联网》专著中英文版首发，全球能源互联网中美、中欧技术装备研讨会、投融资高层研讨会召开等，主动传播构建全球能源互联网的意义。刘振亚董事长在《人民日报》《人民政协报》发表署名文章，接受新华社专访，出席纽约、柏林、香港媒体采访活动，系统阐述核心理念。推进全球能源互联网传播进政府、进高校、进论坛、进社区，推动全球能源互联网从战略构想走向共同行动。

特高压主题传播。中巴两国领导人共同为巴西美丽山特高压输电工程奠基揭幕，被媒体誉为特高压的国家典礼。《人民日报》头版头条加要闻、新华社内参深度报道特高压技术推动中国装备制造业走出去。《科学世界》杂志刊发《走进特高压》封面文章及长篇系列报道。中央电视台新闻联播、科技日报头版报道准东—皖南±1100kV 特高压直流工程开工、全球首次百万千瓦机组直接并入特高压电网的创新突破。《特高压交直流电网》专著俄文、英文版首发传播，彰显中国特高压国际影响力。结合大气污染防治行动计划“四交四直”特高压工程建设、特高压迎峰度夏千里行，传播特高压对大气污染防治，稳增长、调结构、惠民生的重大意义。

责任央企形象传播。南京西环网统一潮流控制器、厦门柔性直流示范工程传播，彰显公司科技创新贡献。安徽金寨等 6 个抽水蓄能工程开工传播，传递服务清洁能源发展作用。中央电视台官方微博直播“电动汽车京沪行”，点击量突破 2.6 亿次，刷新传播纪录。大型纪录片《建设者》两集播出公司员工事迹，国庆特别节目推出《江山如此多娇——大国工程》等 3 篇系列报道。

社会责任管理 构建社会责任管理体系。围绕可持续发展目标，完善发展战略、治理机制、制度体系、管理流程和考核机制，打造追求综合价值最大化的卓越组织。编制发布《社会责任推进工作手册》《关于组织实施社会责任根植项目制的指导意见》等制度文件，为社会责任管理提供制度保障。

实施全面社会责任管理。按照“全员参与、全过程覆盖、全方位融合”的要求，实施综合价值管理、社会和环境风险管理、利益相关方管理、透明度管理。深化实施“15333”工程，在推进单位制定和实施“一个”可持续发展战略，推动社会责任管理融入“五大”体系建设，推动决策管理、流程管理和绩效管理“三项”基础管理融合社会责任管理理念，开展公益管理、利益相关方管理、沟通管理“三项”社会责任专项管理，梳理特色履责实践、管理实践和履责故事“三方面”管理成果。

推进社会责任根植基层。引导员工自觉树立综合价值和利益相关方视角、透明运营和绿色发展理念。实施社会责任根植项目制，选择公司工作或业务，应用项目管理方法，坚持问题导向、价值导向、变化导向、品牌导向，以社会责任理念促进提质增效。2015年，确立实施278个根植项目，打造出一批具有示范效应、可借鉴、可推广、可传播的优秀成果。

强化社会责任沟通。实现社会沟通方式转变，变工作沟通为价值沟通，变单纯重视主管部门汇报和媒体宣传为全面开展利益相关方沟通和社会化传播，变单纯输出信息为开展社会对话和互动。建立完善社会责任报告发布机制，连续10年率先发布《国家电网公司社会责任报告》，发挥社会责任报告的信息披露平台作用，全方位回应利益相关方关注的社会责任议题。

2015年，公司社会责任工作获“金蜜蜂2015优秀企业社会责任报告·长青奖”“中国工业企业履行社会责任五星级奖”“中国企业200强公众透明度典范奖”等荣誉。联合国全球契约中国网络授予公司“中国企业十大绿色行动奖”。

公益事业 2015年，公司共发生1113笔对外捐赠，总金额1.28亿元，其中通过基金会实施1500万元。捐赠范围包括向受灾地区、定点扶贫地区、残疾人事业、教育事业、医疗卫生事业、文化体育事业、环境保护事业的捐赠，以及援助西藏、新疆等地区的捐赠。

“特高压电网奖学金”项目。在2014年捐赠300万元的基础上，2015年，公司向特高压奖学基金再捐赠700万元，基金募集资金规模由2300万元上升到3000万元，每年奖励学子人数从160名增加到180名，覆盖高校由17所增加到20所。10月，举行“特高压电网奖学金”颁奖活动。

对口援藏项目。援助阿里地区措勤县资金2900万元。其中措勤县供电项目投入747.5万元，用于10kV电网建设和光伏电站扩建工程。民生工程投入1619万元，新建141套农牧民安居房，建设幼儿园和中小学附属工程。其他基础设施建设投入400万元。社会公共设施投入133.5万元，用于措勤县工会办公建设。

“践行民生责任行动”项目。组织国网江苏电力对接江苏省委省政府养老、文化、助学等民生实事工程，与团省委、省民政厅、省新闻出版局合作，开展“苏电爱心助学”“苏电敬老助养”“苏电文化下乡”活动，在江苏省内特高压沿线地区新建10所希望小学，为苏北69家“农村老年关爱之家”安装双折、侧翻多功能护理床，为苏北欠发达地区的2000个数字农家书屋配套安装无线上网设备。

扶贫项目。在湖北省秭归县、长阳县、巴东县和神农架林区，公司捐赠扶贫资金1200万元、带动地方投入2043万元，实施产业扶贫、基础设施建设、文化教育、医疗卫生扶贫项目41个，增强贫困地区“造血”功能。在玛多县公司援助扶贫资金1080万元，促进玛多县经济社会发展。组织国网安徽电力捐赠260万元，定点帮扶金寨县汤家汇镇金刚台村，实施道路建设项目，解决5000多人出行难问题。开展“苏电对口扶贫”公益项目，实施江苏响水扶贫工作，开展帮扶项目55个，使每个经济薄弱村年增加集体收入近4万元。组织国网辽宁电力对口帮扶朝阳市喀左县公营子镇五家村，捐赠80万元，在当地开展配套管路设施、沼气池、道路亮化、农民培训及配电线路改造等扶贫项目。组织国网锦州供电公司对口帮扶义县头道河乡侯家岭村，捐赠80万元，用于配电线路改造、抗旱灌溉、危房改造、村路修缮、村民培训等项目，提高当地抗旱自救能力。

品牌管理 开展“十三五”品牌建设规划编制工作。根据公司品牌建设工作职能变化和定位调整，编制公司“十三五”品牌建设规划，立足于公司内外部环境发生的深刻变化，总结公司品牌建设面临的新形势新要求，分析存在的主要问题；提出公司“十三五”公司品牌建设指导思想、总体目标、基本原则，明确“十三五”规划重点工作，以及相关保障措施。

2015年，公司以2508.18亿元的品牌价值，名列2015年中国500最具价值品牌排行榜第二名，品牌价值与2014年相比提升92.56亿元，品牌价值连续9年持续攀升。

（林新生）

【国家电网公司华北分部】

分部概况 国家电网公司华北分部（简称国网华北分部），主要负责监督、检查国家电网公司重大决策在华北区域内的贯彻实施，并负责承担华北区域电力调度、安全质量监督、电力交易、审计业务的管理与协调等项职能。内设综合管理处（社保中心）、财务处、安全监察质量处、审计处、党群工作处、离退休工作处、国家电网华北电力调控分中心、国家电网华北电力交易分中心8个处室。

领导班子

国家电网公司副总工程师，国家电网公司华北分部主任、党组书记，华北电网有限公司执行董事、总经理、党组书记：余卫国

国家电网公司离退休工作部党委书记、副主任（2015年6月任职），国家电网公司华北分部副主任、党组成员，华北电网有限公司副总经理、党组成员，北京电力医院董事长：张刚

国家电网公司华北分部副主任、党组成员，华北电网有限公司副总经理、党组成员，兼国家电力调度控制中心副主任：赵玉柱

国家电网公司华北分部副主任、党组成员、纪检组长，华北电网有限公司副总经理、党组成员、纪检组长：常世平

国家电网公司华北分部副主任、党组成员、工会主席，华北电网有限公司副总经理、党组成员、工会主席：徐钦田

国家电网公司华北分部副主任、党组成员，华北电网有限公司副总经理、党组成员，兼国家电网公司安全监察部副主任：王利群（2015年7月任职）

国家电网公司华北分部顾问，华北电网有限公司顾问：郭要斌

国家电网公司华北分部顾问，华北电网有限公司顾问：孙刚（2015年1月任职）

国家电网公司华北分部副局级调研员，华北电网有限公司副局级调研员：王志刚

国家电网公司华北分部副局级调研员，华北电网有限公司副局级调研员：任振良（2015年2月任职）

国家电网公司华北分部副局级调研员，华北电网有限公司副局级调研员：赵平（2015年1月退休）

电网概况 华北电网500kV主网架格局为“八横三纵”，华北电网区外联络仍然维持“一交两直”格局，国网华北分别通过交流特高压长南一线与华中电网联络，通过高岭换流站背靠背直流与东北电网联络，通过银东直流与西北电网联络。山西、蒙西电网为电源送出地区，东部京津唐电网、河北南网和山东电网为受电地区。山西电网、蒙西电网通过联络线将电力送入京津冀地区，河北南网通过多回联络线与华北主网紧密联系，山东电网通过500kV辛聊双回线、500kV黄滨双回线与华北主网联系。截至2015年底，华北电网装机容量29 722万kW，最大负荷19 103万kW。北京、山东、河北南部电网负荷均创历史新高。华北电网风电装机容量3675万kW，占总装机容量12.4%，最大风电电力2115万kW，全年风电电量610亿kWh；京津唐电网风电装机容量886万kW，占总装机容量13.3%，最大风电电力602万kW，全年风电电量163亿kWh。“十二五”期间，华北电网风电装机容量年均增长23%，发电量年均增长26%。

电网调度 推进深化国调分调一体化各项工作，提高电网调控能力和安全水平。将安全管理提升活动贯穿全年始终，持续完善安全保障组织机构，健全电网运行风险预警机制，实现风险评估、发布预警、监督落实的全过程闭环管理。强化应急预案和应急演练，加强应急处置能力。组织完成“京津冀区域电网资产安全、效能和周期成本整体最优”专题研究，深化资产全寿命周期管理应用。借鉴其他分部先进经验，加强输变电资产委托运维安全管理。增强大楼安保措施，完成UPS运行等专项检查。贯彻《电网运行准则》和《国家电网调度运行管理规程》，组织细化华北电网运行规范。11月中旬，华北地区经历大范围的雨雪冰冻天气，国网华北分部详细制定临时运行控制极限，滚动做好电网运行方式安排，加强实时监控和潮流调整，提高电网对故障冲击的承受能力，抗击11月下旬大面积极端恶劣天气，正确处置连续发生18条500kV线路58次跳闸的罕见故障。全年华北电网最大负荷达19 103万kW。绥中电厂改接华北电网等重点工程按期完工，全年共完成25项220kV及以上新设备启动。绥中电厂改接华北电网工程是国家落实大气污染防治行动计划首条输电通道，是国家振兴东北老工业基地重点项目，也是连接东北与华北电网重要输电工程。工程投运后，将增加东北送华北的电力电量，减少京津冀地区大气污染，促进东北风电消纳。结合历次重大政治保电经验，落实“全国保华北、华北保北京”原则，梳理完善电网运行安全、应急保障、信息保密、调度大楼安全等方面预案；组织北京市调、天津市调、冀北调度开展联合反事故演习；落实安全应急预案和风险预警要求，强化重点环节安全管控；发挥大电网资源优化配置作用，开展网间、省间联络线支援，保证电力稳定可靠供应；关注环保要求，加强与发电企业的协调沟通，科学安排机组启停，完成全国两会、抗日战争胜利70周年纪念活动及田径世锦赛等重大政治保电任务。

特高压建设 组织全员学习全球能源互联网内涵和意义。组织专业人员赴国网华东分部开展学习调研，强化特高压专业知识储备。组织完成京津唐电网“十三五”调峰能力、特高压模式下京津冀鲁电网受电能力、特高压过渡期华北电网动态稳定等专题研究。完成锡盟—山东特高压交流工程23项停电配合任务。组织开展区域内工程跨越和施工现场安全质量督查。参与总部组织的特高压工程继电保护、自动化、通信等专业初设评审和二次系统、设备出厂联调等工作。定期召开前期工作推进会，梳理各相关单位

工作进展，及时发现并解决制约工作进度的关键问题。北京东特高压配套等6项跨省输变电工程前期工作均按期完成年内目标。开展张北柔性直流电网示范工程可研和前期工作。

电力交易 开展跨省短期电力交易，取得良好的社会效益和经济效益；利用区域内负荷特性差异，组织京津唐电网和山东电网开展错峰支援，提高输电通道利用率；加强电力互济和应急支持，缓解京津唐、河北南部、山东电网平衡紧张局面，保障华北地区的电力供应。完成全国统一电力市场交易平台工作部署，率先实现核心业务模块全面单轨制应用，高效支撑交易、结算等工作开展。提高优质服务水平，组织召开厂网联席会和新能源消纳新闻通气会，信息披露更加规范有效。

落实国家能源发展战略，采取多项措施，保障新能源消纳。在编制年度、月度电量计划时，全额预留新能源发电空间。最大限度挖掘火电调峰能力，严格控制供热机组低谷发电出力，并促进常规机组参与50%以下深度调峰。将华北区域各抽水蓄能电厂信息接入调度技术支持系统，采取用足用好抽水蓄能机组等多项措施消纳新能源。发挥大电网资源配置优势，利用不同地区间风电发电的错时特性，组织华北区域内跨省调峰支援。利用跨区通道，消纳区外新能源。在做好本地风电消纳工作的基础上，开展跨区大范围清洁能源消纳。华北电网风电最大电力突破2000万kW，同比增长13.8%。“十二五”期间，华北电网风电发电量超过2300亿kWh，减少原煤消耗1.11亿t，减少二氧化碳排放1.97亿t。落实国家电网公司“全国一盘棋”消纳新能源的工作部署，体现特高压电网在推动清洁能源大规模开发、远距离输送、大范围利用方面的独有优势。依靠科技支撑和机制建设，促进新能源消纳。在河北省张家口地区建成国家风光储输示范工程，通过风光互补、储能调节、智能输电，实现平稳可控的电力输出，缓解风电随机波动性对电网运行的影响。试点建成涵盖河北省北部风电、太阳能等间歇式能源和常规火电机组的全方位调度支持系统，实现新能源与常规能源的无缝集成、协调优化。在京津唐电网创新性地开展机组调峰机制建设，对在电网负荷低谷期间调峰的火电机组进行补偿，挖掘机组调峰潜力，为消纳低谷风电创造更加有利条件。

分部管理 按照国家电网公司干部选拔任用和职员职级管理规定，拓宽职业生涯发展通道，完成干部调整、职员晋级和岗位交流工作。持续加大综合计划和预算过程管控力度，强化跟踪分析，及时发现和解决问题，加强项目储备管理，增强综合计划管控能力，完成全年计划目标。强化成本费用管控，压降“三公”及会议费用。执行领导干部个人有关事项报告等管理制度。按时间进度推进干部人事档案专项审核工作。规范劳务派遣用工管理，完成部分后勤服务业务外包工作。强化薪酬福利管理，完成国家电网公司下达的工资福利计划。推进一体化运作，实施“精益、精细、精准”管理。建立健全《重点工作任务》年度制定、季度调整、滚动优化的全过程管理机制，实行逐级审核和按期销项，99项重点工作任务全部完成年内目标。加强信息安全、保密工作和档案管理，加大宣传教育和督导检查力度，未发生违规和失泄密事件。完成依法治企自查自纠工作的内部检查和整改落实，加强招标采购等关键流程的监督检查。

党群工作 按照国家电网公司党组统一部署，制定并落实分部“三严三实”专题教育实施方案，各级领导带头讲党课，组织开展四次集中学习研讨。召开专题民主生活会和专题组织生活会，查摆问题，开展批评和自我批评，制定整改问题清单。落实全面从严治党要求，拧紧思想“总开关”，开展服务型党组织建设，逐级落实党建工作责任，开展党员民主评议，选树典型，发挥党员先锋模范作用。组织学习新《党章》《准则》《条例》。强化“两个责任”和“一岗双责”，召开协同监督工作联席会议，层层签订党风廉政建设责任书和岗位责任书，开展自查自纠，杜绝“四风”问题发生。调查核实国家电网公司转办的中央巡视组移交的信访件。强化思想理论武装，践行社会主义核心价值观和国家电网公司基本价值理念。开展形势任务教育，举办“学习·提升·健康”大讲堂6期，开展向国网全国道德模范学习活动。组织开展“书香国网·幸福家园”主题读书等活动。关心关爱职工生活，开展患大病职工、生育职工和重大困难职工的“三必访”，开展各类文体协会活动。落实离退休人员“两项待遇”，坚持政治上尊重、思想上关心、生活上照顾，组织多种形式的文化活动，完成华北区域司局级老领导健康休养工作。

主要事件

1月15日，国网华北分部组织召开2015年华北电网厂网联席会暨2014年电能交易信息发布会。

1月23日，国家电网公司华北分部、华北电网有限公司第三届职工代表大会第二次会议暨2015年工作会议召开。

2月12日，国网华北分部召开2015年反腐倡廉建设工作会议。

3月11日，国网华北分部组织召开华北电网2015年度方式汇报会，华北区域各省级公司及华北电科院参加会议。

3月16日，国网华北分部完成全国两会保电任务。

3月24日，国网华北分部召开2015年政工工作会议。

4月10日，国网华北分部召开2015年工会工作会议。

4月14日，国网华北分部在北京组织召开华北地区跨省市500kV输变电工程前期工作推进会。会议介绍了北京东特高压配套、蔚县电厂送出、房山—南蔡、张南—昌平第三回线和北京东—通州各工程的前期工作进展情况，并对下一步各工程可研和前期工作提出了要求。

4月16日，国网华北分部召开党组扩大会议暨2015年第二季度工作会议。

5月13日18时30分，京津唐电网风电最大电力首次突破500万kW，达到513.2万kW，同比增长27.8%。

6月11日，国家电网公司副总工程师，国网华北分部主任、党组书记余卫国以“践行‘三严三实’要求，以优良作风推动分部工作再上新台阶”为主题，为分部党员干部讲“三严三实”专题党课，对分部“三严三实”专题教育进行全面部署和启动。

6月16日，国网华北分部在京组织召开2015年华北电网迎峰度夏工作会。

6月18日，华北电网2015年迎峰度夏厂网联席会暨上半年电能交易信息发布会在北京召开。

7月13日早峰，华北最大负荷达到18 581万kW；京津唐电网最大负荷5260万kW，逼近历史最高。北京电网最大负荷1816万kW，河北南网负荷3299万kW，均创历史新高。

7月17日，国网华北分部2015年年中工作会议召开。

7月29日，华北电网最大发受电电力19 267万kW，创历史新高。入夏以来，北京电网、河北南网、山东电网最大发受电电力分别达到1831万、3286万、6437万kW，均创新高；京津唐电网、天津电网最大发受电电力逼近历史极值，山西、蒙西电网最大发受电电力接近夏季最大值。

8月10日，国家发展改革委正式核准批复张家口蔚县电厂送出500kV输变电工程。该工程是国网华北分部组织开展前期工作并取得核准批复文件的首个跨省区500kV输变电工程。新建张家口蔚县电厂—北京门头沟变电站500kV线路2×168km，途经河北省、北京市，将蔚县电厂2台660MW机组电力直送至京津唐电网负荷中心，满足首都用电需要。

8月11日，华北电网最大发受电电力18 572万kW，其中京津唐电网最大发受电电力5218万kW创2015年年内新高，其余各省网最大发受电电力逼近历史最大值。8月12日，京津唐电网最大发受电电力5338万kW，北京电网最大发受电电力1842万kW，均创历史新高，华北电网运行保持平稳。

8月19日15时39分，辽宁绥中电厂改接华北电网工程建成投运。该工程是国家加快推进大气污染防治行动计划的12条重点输电通道之一，对振兴东北老工业基地、减少京津冀地区大气污染、解决东北地区“窝电”问题具有重要意义。工程投运后，绥中电厂2×100万kW机组并入华北电网，东北向华北送电能力达到500万kW。

9月3日12时，国网华北分部完成2015年北京田径世锦赛和纪念抗日战争胜利70周年阅兵活动供电保障工作。

9月30日，国家发展和改革委员会正式核准批复北京东特高压变电站500kV配套送出工程。北京东特高压变电站是国家大气污染防治行动计划12条重点输电通道之一——锡盟—山东特高压交流工程中的重要变电站，其配套500kV工程可以实现特高压与当地电网的有效衔接，满足京津及冀北电网负荷发展需要，加强京津冀北电网主网架结构，对负荷中心受端电网起到有效的支撑作用。

10月1日，国网华北分部实现了全国统一电力市场平台核心业务模块全面单轨制应用，在国家电网系统各单位尚属首家。

10月25日，华北电网“十二五”期间重点工程500kV乌吉第二回线路启动调试工作结束，正式投产，华北电网西部乌海、吉兰太地区供电可靠性和受电能力大为增加，该工程的投运对内蒙古乌海、吉兰太地区的安全供电提供了有力保障。

10月28日，华北电网2015年三季度电能交易信息发布会在北京召开。

10月29日，国网华北分部完成十八届五中全会保电任务，会议期间，华北电网最大负荷为15 719万kW，京津唐电网最大负荷为4133万kW；电网频率合格率100%，电压合格率100%，高峰时段旋备充足，未发生拉限电情况，电网运行整体平稳。

11月14日08时，位于山西省的华北电网500kV桐乡正式投产。500kV桐乡变电站破口接入500kV临城（临汾—运城）双回线路，建有1台1000MVA变压器。

11月15日14时，位于天津市的京津唐电网500kV静海输变电工程正式投产。该站新建2台1200MVA变压器，破口接入500kV骅桥（黄骅—板桥）双回线路。

11月20～25日，华北地区经历大范围的雨雪冰冻天气，华北电网山西外送通道500kV线路共9回线，7回发生跳闸，短时间内出现$N-5$状态，为历年罕见，电网安全运行形势极其严峻。面对高频次、大范围的线路跳闸，华北电力调控人员下令试送跳闸线路，以最快速度恢复电网方式。

12月2日18时，华北电网、京津唐电网风电双创新高，华北电网风电最大电力突破2000万kW，达到2115万kW，同比增长13.8%。与此同时，京津唐电网风电最大电力突破600万kW，达到602万kW，同比增长39.4%。截至11月底，华北电网风电装机容量达到3667万kW，同比增长25.8%，呈现明显增长。

（李　斌）

【国家电网公司华东分部】

分部概况　国家电网公司华东分部（简称国网华东分部）与华东电网有限公司实行两块牌子、一套机构和人员合署办公，承担国家电网公司赋予的电网调度控制、电力交易、安全质量监督、审计监督等业务职能，确保国家电网公司重大决策部署在华东区域内的贯彻落实。内设综合管理处、财务处、安全监察质量处、审计处、党群工作处、离退休工作处、国家电网华东电力调控分中心、国家电网华东电力交易分中心8个处室，下属华东电网公司物业公司1家二级机构。

电网概况　华东区域电网供电范围包括上海市、江苏、浙江、安徽和福建省，土地面积47.1万km^2，占全国的4.9%，经济总量约占全国的1/3，为全国1/5的人口提供供电服务。截至年底，华东电网有特高压输电线路“两交三直”在运，“一交四直”特高压工程在建。三条特高压直流通道，最大输送能力达2160万kW，送入华东电网的区外电力约占最高负荷的9.4%，并且全部是西南清洁水电，华东地区是清洁能源消纳的主要市场。

截至年底，华东电网1000kV统调线路共13条，长度为2482.9km，500kV统调线路共524条，长度为30 862km。500kV厂站共211座，其中：变电站138座，开关站6座，电厂67座。500kV变压器共318台，变电容量28 075万kVA。

截至年底，华东电网装机容量30 111万kW，其中：火电装机容量24 375万kW，占80.95%；水电装机容量2707万kW，占8.99%；核电装机容量1402万kW，占4.66%；风电及其他装机容量1627万kW，占5.4%。华东电网全社会用电量13 565.79亿kWh，同比增长1.78%；全网最高用电负荷23 028万kW，同比增长4.32%。华东全网累计发电量12 164亿kWh，同比增长1.63%。

电网调度　电网运行。2015年，“两交三直”特高压骨干网架首次完整经受年度运行考验。特高压直流故障多发，全年共发生12次闭锁、紧急停等事件，其中4次出现大功率损失，严重冲击华东主网安全。国网华东分部及时启动应急预案，快速准确处置事故，发挥备用共享机制作用，保障电网安全运行和可靠供电。厄尔尼诺现象影响频繁，迎峰度夏期间华东电网先后遭受“灿鸿”“苏迪罗”“杜鹃”等多次强台风袭击。“苏迪罗”台风期间，福建部分地区创下单日最大降雨量纪录，负荷损失严重，并且伴随水电大发，电力大量富余，低谷负备用缺口达200万kW。国网华东分部安排2700万kW机组调停，协调相关省市接收福建向外增送电力，合计帮助福建消纳富余电量1.25亿kWh，缓解福建电力电量平衡困难。强化电网运行控制，高度重视特高压直流安全管理，落实各项安全防控措施，完成迎峰度夏、度冬任务。服从、服务特高压直流整体运行安全，短时间内平稳完成81条线路的298台断路器保护重合闸时间调整工作。配合国网总部开展调相机建设应用研究。提升一次调频管理水平，分析梳理10类重点问题并逐一落实整治措施。保障880项主网重要停电任务和78个新设备启动。完成第二届世界互联网大会等重大保电任务。

特高压建设配合。优化停电计划，注重刚性管理，实施淮南—南京—上海特高压交流工程和灵州—绍兴特高压直流工程施工配合停电75项，未发生任何电网安全事故和工期延误情况。完成特高压南京站、泰州站配套500kV项目的启动调试，以及淮南至泰州段的特高压线路参数测试工作。编制方案，优化现场调度，加强网源协调，强化安全措施，确保平圩三期机组一次性启动成功，确保世界首个一次升压直接接入特高压电网的电源项目顺利投运。

探索大气污染防治工作。推广实施清洁能源服务大气污染防治工作，纳入上海市工业行业空气重度污染应急工作机制，得到上海市委、市政府主要领导和经信委等部门认可，在年内空气重度污染时段累计增送上海清洁电量2.6亿kWh。先后应江苏、浙江省政府要求，在中国—中东欧国家领导人会晤和第二届世界互联网大会期间，启动大气污染防治联动机制，保障会议环境质量。

技术管理。开展特高压交直流混联电网运行特性分析和控制策略研究，完成《华东电力系统调度控制管理细则》修订工作，出版发行国内首部交流特高压继电保护专著《交流特高压电网继电保护整定运行技术》。国网华东分部“十三五”信息化规划通过评审，基本完成华东电网“十三五”通信网规划。电网调度运行管理国际对标工作取得阶段性成果，先后组织4次国际交流活动，发表4篇高质量国际性论文，完成20项重点指标的对标任务，确立11个国际领先指标。

电力交易　2015年，国网华东分部承担国家电力市场交易电量指标共2396亿kWh，全年实际完成

2464亿kWh，计划完成率为102.82%。2015年跨区交易年度计划电量（含阳城，下同）1440亿kWh；全年实际完成1485亿kWh，同比增长3.12%；其中年度交易电量1473亿kWh，同比增长3.16%；短期交易电量11.34亿kWh，同比下降3.50%。跨省交易电量1124亿kWh，同比增长18.85%。组织的各类发电权交易电量共计执行15.68亿kWh。

清洁能源消纳。“十二五”期间，国网华东分部每年都全额完成消纳任务。2015年，华东电网清洁能源消纳面对更多不利因素。用电需求持续不振，全社会用电量增速仅为1.78%，省际市场化交易电量为近年最低，西南水电汛期推迟，长三角电网低谷负备用不足问题进一步加剧。网内火电机组利用小时数继续大幅下滑，比2014年减少458h，水火电协调矛盾更加突出。华东分部积极与各省市公司沟通协调，组织低谷调峰置换电量37亿kWh支援上海和浙江，走访调研核电企业，扭转了固有的管理模式和思维习惯，推动核电机组参与调峰，有效缓解了低谷调峰困难。全年消纳西南水电首次突破1000亿kWh大关，逆势增长11.41%，超过年度计划38亿kWh，再创历史新高。

组织浙福特高压交易。发挥跨省电力交易平台功能，配合国家电力市场统一交易平台建设。面对浙福投运后缺乏配套电源和省外购电需求的不利局面，主动组织相关省市研究浙福特高压市场化交易方案，从电网运行安全角度强化浙福特高压送电的必要性，取得国网总部、政府相关部门和能监机构的理解支持。交易电量达26.3亿kWh，满足浙福特高压运行电量要求。

扩大跨省发电权交易规模。落实国家节能减排政策，组织洛河、平圩等皖电东送高效机组替代安徽省内低效小机组发电8.18亿kWh，袁庄厂内超超临界机组替代超临界机组7.5亿kWh。共可节约标煤约4.36万t，减排二氧化硫872t，减排二氧化碳11.60万t。

跨省关口计量管理。多次组织省市研讨培训，梳理完善“三集五大”新常态下的跨省关口计量管理标准，理顺工程、技改、周检等相关业务流程。周期开展计量装置检测，加强准确度精益化影响调研。加强跨省工程计量装置建设管理，完善信息系统和基础信息，提高信息化管理水平。

分部管理 全年完成经营指标任务。加强公务用车管理，执行车辆日常定点停放和节日封存制度，完成超标车辆处置。印发重点工作任务表，修订业绩考核指标体系，建立重点任务按月督察和反馈机制，推进完成全年目标任务。

贯彻落实国家电网公司关于电力体制改革的工作部署。坚持主动服务，赴安徽实地调研输配电价改革试点情况，学习交流国家电网公司有关要求部署，让省市公司尽早了解改革推进情况。印发国网华东分部工作规则，修订“三重一大”决策实施办法及决策主要事项，规范决策类会议管理，增设纪检、审计和法律的决策论证环节，提高了决策科学化水平。完成领导任期经济责任审计的迎审工作，首次对自主实施的技改大修项目进行全覆盖审计。完成领导干部个人有关事项集中报告工作。严格因私出国（境）审批管理。完善合同管理，主动防范风险，提高合同流转效率。加强信息安全和保密工作，通过信息系统账号权限专项整治工作的现场检查，开展保密知识竞赛，全年未发生失泄密事件。

科技管理 完成12项科技项目实施工作，获得各类科技进步奖5项，其中，“提升特高压直流运行过渡期输电能力的安全稳定控制技术研究及应用”成果获国家电网公司科技进步奖二等奖，“特高压交直流混联电网继电保护关键运行技术研究与工程应用”等2项成果获国家电网公司科技进步奖三等奖。

党群工作 深化党的建设。推进“三严三实”专题教育，结合中心工作，突出问题导向，强化严实作风，作为代表在国家电网公司学习研讨会上作交流发言。落实中央“八项规定”精神，组织学习《准则》《条例》。开展“党风廉政建设‘两个责任’在一线”课题研究，相关成果经上海市纪委推荐，在《党史与党建》杂志公开发表。推进廉洁文化建设，被上海市经信委评为廉洁文化建设先进组织单位，廉洁文化微电影作品获英大传媒优秀电视作品展评二等奖。

落实以德育企。提倡“党员作榜样、员工精气神”，开展主题实践活动，组织党员“学党章、亮身份、温誓词、守承诺”。在国家电网公司“四个一百”创建活动中成绩优异，“践行公司核心价值观，弘扬卓越企业文化”项目获得国家电网公司精神文明建设创新一等奖，成为分部唯一获奖项目，龚晓平荣获“最美国网人”称号。邀请宁波供电公司道德模范举办“榜样的力量”报告会，鼓舞员工提升道德素质。发挥公众微信平台和职工文化长廊作用，传播企业文化和安全生产理念。

提升队伍素质。12位员工赴国网总部、国网西南分部和华东能监局开展交流锻炼。加强专业领军人才培养考核，搭建专家授课平台，举办授课技巧专项培训，7人荣获国家电网公司“专业领军人才”称号，5人获评国家电网公司“优秀专家人才”，19人被聘为国家电网公司高级兼职培训师。新进员工在国家电网公司集中培训中表现突出，全部被授予“优秀学员”称号。深化全员教育培训工作，探索开展主管级员工脱产培训，完成国网华东分部中长期人力资源规划研究，细化加强队伍建设和优化员工队伍结构的具体措施。开展离退休工作，实现对离退休员工“生活照顾好、活动安排好、学习组织好”的工作目标。开展青年沙龙、爱心义卖等团青活动。在国家电网公司“青年创新创效大赛”中获铜奖，并作为各分部唯一代表，受邀参加获奖项目的展示活动。

（李　曼）

【国家电网公司华中分部】

分部概况　国家电网公司华中分部（简称国网华中分部）与华中电网有限公司实行两块牌子、一套机构和人员合署办公，负责管理、协调华中区域内的电网运行、安全质量监督、审计监督、电力交易等业务。内设综合管理处、财务处、安全监察质量处、审计处、党群工作处、离退休工作处、国家电网华中电力调控分中心和国家电网华中电力交易分中心 8 个处室，下设物业分公司 1 家二级机构。

电网概况　12 月 30 日，川渝电网调度管理职责正式移交西南分部。移交后，华中电网供电范围包括湖北、河南、湖南、江西四省，土地面积约 73 万 km^2，供电区域常住人口 2.7 亿。

华中电网是以湖北电网为中心，包含江西，河南、湖南的辐射状跨省电网，在“全国联网、西电东送、南北互供”的战略格局中具有举足轻重的地位。目前，华中电网通过 1 回 1000kV 特高压交流线路与华北电网相联，通过 1 回±800kV 直流线路和 2 座背靠背换流站与西北电网相联，通过 4 回±500kV 直流线路与华东电网相联，通过 4 回 500kV 交流线路与西南电网相联，通过 1 回±500kV 直流线路与南方电网相联。

截至年底，华中地区调度口径发电装机容量 18 949 万 kW（含三峡电站，下同），其中水电占 31.60%、火电占 63.56%、新能源及其他占 4.85%。华中地区调度口径发电量 6502 亿 kWh，其中水电占 28.91%、火电占 69.94%、新能源及其他占 1.15%。华中地区调度口径年累计用电量、年最高用电负荷为 6384 亿 kWh、11 158 万 kW，同比增长－0.57%、2.40%。1000kV 输电线路总长 640 km，1000kV 公用变电站 2 座、变电容量 1200 万 kVA；±800kV 直流线路总长 2987km，±500kV 直流线路 5422km；500kV 交流输电线路总长 24 724km，500kV 公用变电站 102 座、变电容量 14 305 万 kVA。

2015 年，华中电网（含川渝）新投产调度口径发电机组 504 台（座）、总容量 2362 万 kW，其中：火电 52 台、容量 1239 万 kW，占 52.46%；水电 267 台、容量 693 万 kW，占 29.34%；新增风能、光伏发电及生物质能发电容量之和所占比率约 18.20%。新增单机容量在 60 万 kW 及以上机组 20 台、容量 1398 万 kW，占新增总装机容量的 59.19%。

华中电网（含川渝）新投产 220kV 及以上变电站 67 座、变压器 127 台、容量 3904 万 kVA，其中：500kV 变电站 11 座、变压器 20 台、容量 2060 万 kVA；220kV 变电站 35 座、变压器 62 台、容量 1143 万 kVA。

华中电网（含川渝）新投产 500kV 输电线路 35 条、长度 1429km，220kV 输电线路 179 条、长度 4247km。

电网调度　组织全网安全大检查和隐患排查整治，共计消除内部风险隐患 31 项，提前 1 年完成 801 支缺陷 TA 更换任务。针对“强直弱交”安全风险，落实电网补强、运行控制、网源协调措施，华中电网频率、电压合格率，保护、安控装置正确动作率等指标均达到 100%。发布五级及以上电网运行风险预警 17 次，制定专项预案 20 项，开展反事故演练 12 次，正确处置 149 起 500kV 及以上系统故障。支援“东方之星”沉船救援工作，确保电网安全和电力可靠供应，完成抗日战争胜利 70 周年阅兵、郑州上合组织峰会等重大保电任务。

强化各级调度工作协同和跨专业协作，全年完成重大检修 693 项，累计缩短停电过渡期 31 天。科学安排特高压及 500kV 系统 7 线同停，配合完成特高压灵绍直流跨越施工任务。加强跨区交换能力建设，天中直流送电能力、德宝直流外送能力分别提升 100 万 kW 和 150 万 kW。历时两年，完成华中南北走廊光纤通信系统改造工程。

支持西南电网建设，与国网西南分部开展技术交流，派出 60 人次深度参与筹建工作，协助培训 11 名调度、交易人员，配合编制调度规程等 10 项规章制度。12 月 30 日，川渝电网调度管理职责正式移交国网西南分部。

电力交易　应对用电增长乏力局面，实现国家电力市场交易电量增长 6.4%。华中区域特高压输送电量 1347 亿 kWh，增长 14.1%。推行中长期合约机制，签订交易合同 32 份，购售电量 1700 亿 kWh。

水电消纳。四川水电外送周期 209 天、最大电力 2780 万 kW、外送电量 1231 亿 kWh，均刷新纪录。直调水电厂水能利用率提高达 8.2%，连续 6 年未发生调峰弃水。

新能源消纳。签订全国第一笔跨区发电权交易单，达成西北新能源与华中火电置换交易 2 亿 kWh。邀请地方政府参与交易洽谈，增加西北新能源送华中短期交易 17.7 亿 kWh。召开新能源运行消纳情况新闻发布会，宣传公司清洁替代、绿色发展的成果和理念。

跟踪输配电价改革进程，超前研究应对措施。电力市场技术支撑平台实现单轨制运行。启动省间联络线负线损治理工作。

分部管理 规范重要领域和关键环节运作，提升预算执行均衡性、可控性，综合计划完成率达100%。贯彻落实《分部绩效考核管理办法》，完成各项考核指标。

强化直属电网资产委托运维管理，技改项目完成率为95.2%，资金完成率为95.07%，大修项目和资金完成率均为100%。完善招标采购内控流程，全年定标节资率达9.8%。规范废旧物资处置。信息化后评估工作在分部中获唯一“A+”评级。

完成国网总部下达的3项审计任务，提出审计建议33条。开展依法治企自查自纠，配合分部任期经济责任审计，按期完成11项整改任务。

后勤市场化改革和社会化工作，办公区和生活区物业服务移交社会管理。优化劳动用工结构，完成国网总部下达的人力资源管控目标。开展“两楼”维修改造，进一步完善功能布局。

科技管理 2015年，国网华中分部研究开发项目44项，其中：总部管理结转项目1项，分部新开项目15项，分部结转项目10项，技术服务18项。在大电网安全分析与规划技术、电网安全控制与保护技术、电力系统自动化技术、输变电设备运行及管理技术等领域，开展“特高压交直流跨区互联大电网形势下华中电网振荡模式与安全防控措施适应性研究”“干式空心电抗器过热故障预警系统研制”“输电线路杆塔运行寿命评估关键技术研究”“电网复杂故障应急处置关键技术研究”等项目研究。

主持研究的科技项目“智能电网多级业务协同一体化调控运行系统及应用”和“大区互联电网联络线控制及系统频率稳定机理研究及应用”分别荣获2015年度湖北省科技进步奖二等奖和三等奖；申报的专利项目“一种距离保护振荡闭锁中对称开放的加速方法”荣获国家电网公司2015年度科学技术奖专利奖三等奖；参与研究的科技项目“保障西南三大特高压直流同时满功率运行的关键技术研究及应用”和“基于广域量测信息的大电网低频振荡控制关键技术与应用”分别荣获国家电网公司2015年度科学技术进步奖二等奖和三等奖。新申请发明专利4项。国网华中分部授权专利2项。26项新技术在专项工程中得到应用。

党群工作 学习贯彻习近平总书记系列重要讲话精神，开展“三严三实”专题教育，做好讲党课、集中学习、交心谈心、民主评议等工作，整改“不严不实”问题，严肃党的政治纪律、政治规矩。学习贯彻《党章》《准则》和《条例》，落实“两个责任”，加大党风廉政建设力度。

为纪念抗日战争胜利70周年，举办老同志演唱会、职工书画、摄影展等系列活动。开展区域500kV变电运维劳动竞赛。在国家电网公司网站、报纸、杂志等媒体刊发稿件70篇。开展“看变化、读经典、写回忆、讲故事”活动。加强保密检查和定密管理，荣获“湖北省直密码工作目标管理量化考核优秀单位”。成功协办中国电机工程学会2015年年会。

加强全员教育培训，开展系列读书活动，举办电力改革、经济形势、军事动态等大型讲座8次。选派14名优秀员工到国网总部、国网西南分部和地方政府挂职锻炼。打通工程技术人员专业晋升通道，10名专业人才取得湖北省正高职称。柳焕章劳模创新工作室获得省部级及以上奖励10项，申请国内外专利11项，发表高质量论文13篇，编制国家、行业、企业标准6项，被湖北省总工会命名为“湖北省示范性职工（劳模）创新工作室”。

（李国柱）

【国家电网公司东北分部】

分部概况 国家电网公司东北分部（简称国网东北分部）于2011年4月成立，与东北电网有限公司实行两块牌子、一套机构和人员，在此基础上，实行总部和分部一体化运作。负责管理协调东北区域内的电网运行、安全质量监督、审计监督、电力交易等业务，同时做好自身的党群、综合行政管理工作；负责中朝水力发电公司中方电厂的管理。内设综合管理处、财务处、安全监察质量处、审计处、党群工作处、电力调控分中心、电力交易分中心和中朝水力发电公司理事会中方业务局8个处室，下设机关事务管理中心，直管中朝鸭绿江界河上的云峰、太平湾和长甸三个水电厂，以及临江电站筹建处和望江楼水电站工程建设局。

电网概况 东北电网以500kV线路为骨干输电网架，500kV主网架已经覆盖东北地区的绝大部分电源基地和负荷中心；辽吉、吉黑省间500kV联络线均达到4回；蒙东电网通过1回±500kV直流线路和6回500kV交流线路向东北主网送电。东北地区电源和负荷分布的特点决定东北电网“西电东送，北电南送”的格局。东北电网通过直流背靠背与华北电网联网；俄罗斯通过直流背靠背向黑龙江送电。

截至年底，东北电网总装机容量为12 227.02万kW。火电装机容量为8572.62万kW，约占总装机容量的70.11%；水电装机容量为804.46万kW，约占总装机容量的6.58%；风电装机容量为2466.71万kW，约占总装机容量的20.17%；核电装机容量为335.4万kW，约占总装机容量的2.74%；生物质装机容量为6.08万kW，约占总装机容量的0.04%；太阳能装机容量为83.23万kW，约占总装机容量的

0.68%。2015 年，东北电网总发电量 4116.73 亿 kWh，同比降低 2.01%。全社会用电量完成 3931.29 亿 kWh，同比降低 1.81%。最大发电电力为 5922.9 万 kW，同比降低 2.28%。500kV 线路长度 16 922.45km，500kV 变电容量 8893.3 万 kVA。

电网调度 截至 12 月底，东北电网安全运行 6028 天。2015 年，东北分部加强主网管理，确保电网安全运行，完成《新建发输变电工程设备投运指导性计划》《发、输变电设备检修计划》等规定的编制，为实现全年电网安全运行和新设备有序投产提供了技术依据。按月开展滚动校核分析和运行方式研究，落实年、月、周计划管理制度，优化电源运行方式，合理安排设备检修，控制西电东送通道潮流。提前分析新设备投产、电网结构优化和重大检修方式，做好安全校核、编制事故预案，加强安全自动装置的维护管理，提高系统抵御风险水平。12 月 1 日，完成蒙东呼伦贝尔地区电网调度关系调整工作。配合丰满水电站全面治理（重建）工程建设，做好施工期水库调度工作。

与地方政府沟通协调，促进地方经济建设。创造条件，安排兴安热电厂 1 号机组（330MW）和伊春热电厂 1、2 号机（350MW）并网，解决当地的供热、民生问题；保证锦联电厂自备机组的顺利投产，为内蒙古自治区经济发展做出了积极贡献。统筹安排全网资源，合理调整黑龙江省关口联络线计划，在保证各地区正常调峰的基础上，增加黑龙江省腰荷及尖峰时段的外送电量，帮助龙煤集团摆脱困境。

保障重点工程投产。确保绥中两台百万千瓦机组改接华北电网工程在国庆节前投产。安排重要断面电磁环网解环。推动吉林省公司完成吉林东配套 220kV 输变电工程和 500kV 包家变电站 2 号主变压器建设工作。10 月 26 日，220kV 哈长线（哈达湾—长春）解环，实现长春与吉林城网分区供电。

加强新能源优先调度管理，提高风电接纳能力。发挥调峰辅助服务系统作用，挖掘电网低谷调峰潜力，同时组织跨省调峰支援，加强网省调峰互济，全网有偿辅助服务电量完成 15.40 亿 kWh，释放火电机组调峰潜力。科学安排火电和抽水蓄能机组运行方式为接纳风电创造空间。开展风电送华北市场交易，开拓风电跨区消纳市场。提高风功率预测精度，可续制定日前计划，合理安排风电送出线路在小风期进行检修，减少弃风。

电力交易 累计至 12 月，完成国家电力市场交易电量 657.49 亿 kWh（含蒙东风电送辽宁），跨省互供电量完成情况为：东北电网送出 594.31 亿 kWh，辽宁联络线受入 412.92 亿 kWh，吉林联络线送出 15.13 亿 kWh，黑龙江联络线送出 34.09 亿 kWh，蒙东联络线受入 76.69 亿 kWh，俄电送出 22.72 亿 kWh。2015 年，交易分中心共签订购合同 420 份，合同签订率和备案率均达 100%。电量结算及时率和准确率均实现 100%。

2015 年，在原《东北电力调峰辅助服务市场监管办法（试行）》《〈东北电力调峰辅助服务市场监管办法（试行）〉操作细则》实施的基础上，交易分中心承担对调峰辅助服务市场监管办法部分章节的修编工作，增加“风电与可中断负荷低谷用电调峰交易”和“火电停机备用与新能源调峰交易”等新交易品种。

探索利用市场手段加大消纳清洁能源比重。年初在东北三省一区交易中心主任座谈会上研究讨论蒙东风电跨省消纳的可行性，探索通过市场手段缓解弃风问题。2015 年，实现了蒙东风电送辽宁的跨省交易，取得突破性进展（交易电量为 48 亿 kWh）。组织开展东北区域风电送华北交易工作。开展东北电网风电企业与北京供热企业直接交易的相关工作。开展蒙东地区电力用户与风电企业直接交易试点工作。开展蒙东地区风火替代发电权交易工作。进一步修改完成“蒙东地区电力用户与风电企业直接交易规则”，已经通过相关部门讨论，待能源局征求意见后发文。就风电消纳问题广泛调研、交流，沟通工作思路和设想。利用课题研究和论坛等多种形式，探讨如何发挥市场交易作用，提高东北电网清洁能源接纳能力。

跨区域送华北交易。2015 年东北送华北交易电量为 173.64 亿 kWh，其中火电企业 120.36kWh，风电企业 52.71 亿 kWh。风电跨区域与北京供热企业之直接交易 2015 年供暖期的交易电量为 0.55 亿 kWh。2015 年，共完成分部直购电厂之间的发电权交易电量 7.9 亿 kWh。抚铝与伊敏电厂全年完成跨省电力用户与发电企业直接交易电量 27.28 亿 kWh。蒙东直接交易，2015 年经政府部门核准的电力用户为 18 家，发电企业 9 家，全年共达成交易电量 81 亿 kWh。除火电企业参与直接交易外，还进行风电参与直接交易的试点，交易电量为 0.75 亿 kWh。

开展电力用户与发电企业直接交易。组织开展了蒙东地区电力用户与发电企业直接交易（交易电量为 81 亿 kWh）。根据东北电网运营形势，依据辽宁抚顺铝厂和华能伊敏煤电公司跨省直接交易意向，经协调各方意见并进行安全校核后，按照国家发改委文件和国网总部《电力用户与发电企业直接交易及输配电服务合同》的示范文本，开展辽宁抚顺铝厂和华能伊敏煤电公司跨省直接协商交易合同签订工作（交易电量为 27 亿 kWh），并安排运行方式予以落实。年底针对抚铝停产和拖欠电费等问题又组织相关单位和部门召开协调会议，服务于电力用户和发电企业。主动协调内蒙古经信委、东北能源监管局开展风电直接交易试点。依据内蒙古和谊镍铬复合材料有限公司、华能通辽风力发电有限公司的直接交易意向，经过与调度中心分月平衡及安全校核后，完成风电直接交易电量0.75亿kWh。

中朝界河电厂 2015年，云峰水库全年来水总量49.86亿m^3，比多年平均减少30.56%；太平湾水库来水总量103.02亿m^3，比多年平均减少50.11%。云峰、太平湾、长甸发电厂完成发电量11.48亿kWh；中朝水力发电公司完成发电量28.64亿kWh，为中朝水力发电公司历史最低电量，其中，中朝电量差1.04亿kWh（中方多用）。

界河电厂机组启停420次，完成对系统的调峰、调频任务。三厂自动装置投入率、正确动作率，继电保护投入率、自动开停机成功率，主设备完好率指标均为100%。未发生八级及以上事故（事件）。三厂分别实现连续安全生产纪录：云峰发电厂4753天，太平湾发电厂3361天，长甸发电厂699天。三厂安全形势平稳。

推进界河电厂重点工程电缆综合治理工程。云峰发电厂完成工程总量20%，太平湾厂完成工程总量40%，长甸发电厂开工准备工作已经就绪。2017年三厂电缆综合治理工程可全部完工。中朝界河电厂通信、保护系统建设工程实施。完成水长线、渭卧线OPGW地线更换及保护安装工作。按照计划，渭集线ADSS跨江光缆施工，将于2016年1月过境施工，工程计划2016年6月前全部竣工。

根据中朝水力发电公司理事会决议，中方完成边珠电站中方侧勘测工作，并进行相关问题的分析：分析该工程对流域规划的影响；分析该工程对深浦站址的影响；核实该电站基本参数；为对朝谈判进行图们江资源分配提供依据。

完成电能表查抄管理规定修订工作。根据第66次理事会决议，中方在2000年第53次理事会批准的管理办法的基础上，于2015年10月完成《中朝水力发电公司所属发电厂电能表查抄管理规定》修订工作，双方经过会议讨论通过，并签署了纪要。

成功化解望江楼、文岳电站建设外事风险。中方倡议并组织召开了中朝水力发电公司望江楼、文岳电站建设工程基建理事临时特别会议，并达成重要共识：双方认为望江楼、文岳电站应同时审查设计、同时过境施工、同时蓄水、共同建立相应的会商和监督机制，协调解决工程建设过程中出现的问题。

2015年，中朝水力发电公司成功召开各类专业会议及67次理事会议共计13次，共形成专业会议纪要9个，其中理事级以上会议4次，并得到理事会批准。中朝双方在67次理事会上就望江楼、文岳电站建设、界河电厂通信及继电保护改造工程建设、水丰大坝安全检查遗留问题处理等问题上取得重要突破；在流域开发建设，界河电厂技术改造等方面达成多项共识。

分部管理 落实总部、分部一体化运作要求，做好国调分调一体化、调控一体化的各项工作。配合开展内蒙古扎鲁特—山东青州±800kV直流特高压工程的可研评审工作。配合完成绥中电厂改接华北电网工作。建立调研学习机制，组织开展赴三省一区电力公司、政府相关部门和发电企业的调研活动，为深入推进相关工作提供参考。

履行分部各项职能。完成蒙东呼伦贝尔地区电网调度关系调整工作。加强与俄方沟通，做好黑河背靠背工程的调度运行工作，提高运行可靠性。配合丰满水电站全面治理工程建设，做好水库调度工作，保障水库下游生产生活用水。履行安全和审计监督职能，完成对省公司及有关单位的相关督查任务。

强化财务管理，深化预算集约调控，从全区域层面优化资源配置。完善输变电资产委托运维管理体系，修订《委托运维资产财务管理办法》，提升资产委托运维管理实效。落实依法治企要求，建立财务安全管控制度，规范各项费用管理和支出。开展电价政策研究，配合跨区跨省电价调整工作。推进界河财务集约化管理，建立科学合理的财务管理体系。保证界河基建工程资本金及工程建设资金需求。

强化审计监督，完成国网总部下达的审计项目计划。配合完成分部原主要负责人任期经济责任审计工作。开展迎审自查及审计问题整改工作，完成委托运维资产技改工程项目竣工决算审计，预警各类经营风险。在审计项目中强化审计系统应用，推进审计信息化、标准化建设。

依法从严治企，排查梳理问题和风险，落实整改措施。强化物资管理，开展7批集中招标，中标金额3.59亿元，节资率达9%。依法合规组织开展集体企业改革改制工作，督导检查集体企业规范管理情况，做好集体企业资产清查等工作。推进主多分开遗留问题整改工作。

科技管理 开展"东北电网'风电岛'调控模式研究及建设"项目研究工作，计划2015、2016年两年完成。该项目在国内率先提出风电（清洁能源）EMS系统、"风电岛"调控系统的理念，并开展相关理论研究及工程实践。项目采用模块化结构研究开发，包括风电岛调控技术平台高级应用研究及开发、风电岛调控技术平台关键技术研究和风电岛调控数据挖掘与分析三个子课题。

党群工作 学习贯彻党的十八届五中全会和习近平总书记系列重要讲话精神，提高党员干部政治素质。开展"三严三实"专题教育，各级领导干部讲党课71场，组织专题学习研讨20次。推进党支部标准化建设的研究与实践，提升党建工作科学化水平。履行“两个责任”，落实管党治党的各项措施。落实反腐倡廉建设要求，完善协同监督机制，推进惩治和预防腐败体系建设。

加强干部管理与考核，提升干部能力素质。组织开展基层单位创建“四好”领导班子和负责人业绩考核。选派3人到国家电网总部和国网西南分部培养锻炼。加大教育培训力度，全年累计培训107人次，完成14个工种160名生产技能岗位人员职业技能鉴定。

发挥宣传媒介作用，展示企业工作动态。履行社会责任，继续选派人员组成驻村工作队到建平县张家营子镇进行对口帮扶。加强民主管理，发挥工会组织的桥梁作用，推进班组标准化建设，开展“送温暖、送健康、送文化”活动。服务青年成长成才，发挥青年的生力军和突击队作用。推进后勤标准化建设，完成各项后勤保障工作。落实离退休员工“两项待遇”。

（王生龙）

【国家电网公司西北分部】

分部概况 国家电网公司西北分部（简称国网西北分部）是国家电网公司所属分公司性质的分支机构，与西北电网有限公司实行两块牌子、一套机构和人员管理。主要承担西北区域电力调控、电能交易、安全质量监督、审计监督等职责，现有长期员工220人。

截至2015年年底，国网西北分部资产总额6.13亿元，负债总额0.23亿元，所有者权益5.90亿元。电网资产主要包括：750kV电网变电站1座，跨省输电线路1条；330kV变电站5座，跨省联络线7条。此外，经营性租赁总部750kV变电站1座、750kV输电线路3条。以上电网资产全部委托资产所在地省（区）电力公司运行维护。

领导班子

国家电网公司副总工程师，国家电网公司西北分部主任、党组书记，西北电网有限公司总经理、党组书记：孙正运

国家电网公司西北分部副主任、党组成员，西北电网有限公司副总经理、党组成员兼国家电网公司安全监察质量部副主任：左玉玺

国家电网公司西北分部副主任、党组成员，西北电网有限公司副总经理、党组成员兼国家电力调控中心副主任：张磊

国家电网公司西北分部副主任、党组成员，西北电网有限公司副总经理、党组成员兼国家电网公司审计部副主任：穆银安

国家电网公司西北分部党组成员、纪检组长、工会主席，西北电网有限公司党组成员、纪检组长、工会主席：刘武能

国家电网公司西北分部正局级调研员，西北电网有限公司正局级调研员：魏海平

国家电网公司西北分部正局级调研员，西北电网有限公司正局级调研员：杨玉林

组织机构 国网西北分部内设综合管理处（离退休工作处）、财务处、安全监察质量处、审计处、党群工作处、国家电网西北电力调控分中心（黄河上中游水量调度委员会办公室）、国家电网西北电力交易分中心7个处室。

电网概况 截至2015年末，西北五省区（含西藏）调度口径装机4593台（座），容量191 956MW，其中火电104 245MW，占总装机容量的54.31%；水电29 900MW，占总装机容量的15.58%；风电36 481MW，占总装机容量的19.00%；光伏发电19 857MW，占总装机容量的10.34%；其他1471MW，占总装机容量的0.77%。

西北电网600MW及以上大容量机组共计51台（含国调直调），容量34 890MW，占总装机容量的18.18%。

直接接入750kV及以上输电网络的机组17 860MW，占总装机容量的9.30%；直接接入330（500）kV输电网络的机组55 638MW，占总装机容量的28.98%；直接接入220kV网络的机组42 800MW，占总装机容量的22.30%。直接接入110kV及以下网络的机组75 658MW，占总装机容量的39.42%。

各省（区）装机容量分别为：陕西33 157MW，占总装机容量的17.27%；甘肃41 751MW，占总装机容量的21.75%；青海20 645MW，占总装机容量的10.76%；宁夏28 685MW，占总装机容量的14.94%；新疆65 994MW，占总装机容量的34.38%；西藏1721MW，占总装机容量的0.90%（其中西北分中心直调26 396MW，占总装机容量的13.75%）。

截至2015年年底，西北五省区（含西藏）系统220kV及以上降压变压器变电容量277 088MVA，其中750kV变压器容量为108 500MVA（41变电站，61变压器），330kV降压变压器变电容量为103 898MVA（245变电站，426变压器）。西北电网220kV及以上交流输电线路长度63 258km（1338条），其中750kV线路长度为15 821km（95条），330kV线路长度为27 673km（621条）。

电网调度 西北电网全年调度口径最大用电负荷为7304万kW，同比增长2.76%；累计用电量5346.99亿kWh，同比增长0.31%，全网用电增速明显放缓，部分省份呈现负增长；统调口径总装机规模达1.91亿kW，年内新增装机容量2667万kW，新增

装机中约50%源于新能源，目前新能源装机规模达5618万kW，占总装机容量的29.4%。其中风电装机容量3647万kW，占统调总装机容量的19.11%，光伏发电装机容量1971万kW，占统调总装机容量10.3%；全网总发电量达5933亿kWh，同比增长1.65%，新能源发电量598.7亿kWh，同比增长21.84%。新能源最大出力为4月15日的1671万kW，占当天全网最大用电负荷的27.3%，日最大发电量为6月10日的26 105万kWh，占当日全网用电量的17.4%。

西藏电网总用电量39.5亿kWh，同比增长17.21%。最大负荷73万kW，同比增长14.07%；柴拉直流的安全运行满足了西藏电网供需平衡和富裕电量外送需求，年内累计向藏中电网输送电量5.42亿kWh，向西北主网输送电量3.32亿kWh。

西北电力调控分中心全年各项生产计划指标完成情况良好，责任频率合格率、考核点电压合格率、继电保护正确动作率、AGC功能年投运率和控制合格率均达100%。

截至2015年底，西北电网调度安全运行6306天。

全年完成的主要工作任务：

（1）完成国调重点工作任务。落实国家电网公司2015年调度控制重点工作任务安排，牵头完成750kV库车—阿克苏—巴楚—喀什重点输变电工程投运调试，作为主要参与单位密切配合国调中心开展光伏三基信息梳理、电网典型故障处置案例汇编、适应风电间歇性特点的日前安全校核技术研究，孤岛孤网稳定问题核查等相关工作。在年度各项重点工作中，涉及国网西北分部共49项任务，均按要求顺利完成。

（2）实现电网安全稳定运行和电力有序供应。合理安排电网运行方式，规范预案编制120余项，严格落实保电方案和相关预案，完成抗日战争胜利70周年纪念日、西藏自治区和新疆维吾尔自治区大庆等15项重要时段保电任务；强化电网检修计划刚性管理，保证主网架合理的强度，年内检修计划完成率达到80%，较2014年提高约20个百分点；强化风险预警管理，西北电网调度系统全年共发布风险预警941项，其中国网西北分部发布预警87项，保障了风险防范措施有效落实；持续深化隐患排查治理，组织春秋两季安全运行大检查工作，实现了对750kV厂站、330kV关口站及其一次、二次设备的全覆盖，进一步夯实了安全运行基础；加强电网运行实时控制，提升全系统事故应急响应能力，成功处置柴拉直流极Ⅰ紧急停运、恶劣天气导致陕西多条次线路故障等10多起严重电网故障，确保了主网安全稳定运行。

（3）完成重点工程投运和试验检修工作。制定保障直流安全运行的稳定控制方案，完成柴拉、德宝直流反送及大负荷试验，首次实现德宝直流满功率、柴拉大功率向西北送电，天中直流外送功率达到500万kW；统筹做好陕西东南部、宁夏沙湖地区、新疆南疆750kV工程等9项重点输变电工程启动调试工作，满足陕东南等局部地区用电需求，750kV主网进一步延伸和补强；保障天中直流及近区11条750kV线路年度检修工作。

（4）主网安全稳定管控持续深化。发挥西北电网安全稳定领导小组作用，持续加强电网安全稳定管理，切实落实年度“大反措”计划，确保网内电网安全稳定重大事项宣贯到位、衔接到位、执行到位；完成西北电网2～3年运行方式研究与滚动校核，超前发现问题，提出措施建议，并开展电网调峰能力、特高压直流投产等专题研究，保障电网安全发展；开展电磁环网解环专题研究与实施，已完成青海与主网、陕西宝鸡电网、甘肃河西电网等部分电磁环网解环工作；根据网架与负荷变化，提前开展二、三道防线适应性分析，核查控制装置运行状况，及时做好控制策略优化。

（5）调度专业管理精细化水平显著提升。不断完善联络线管理体系，推动联络线CPS及机组UCPS考核模式研究和试运行，全网电力电量平衡规范性及有序性显著提升，大电网控制能力进一步加强；在全国率先开展月度火电机组组合工作，将全网30万kW火电机组启停计划细化到日，强化全网备用管理与发电进度管控，“三公”调度水平大幅提高；组织开展调度机构与其他生产部门、单位安全界面梳理和制度补强工作，完成西北电网调度控制管理、安全自动装置运行管理等16项专业管理细则的修制定工作，进一步落实各单位、部门责任；完善西北电网“大运行”工作月度评价工作，进一步优化核心指标11类55项，评价内容根据调度工作重点滚动微调，有效提高安全生产保障能力、督察力度和调度重点工作的执行力度；扎实推进基础数据整治、通信“双设备、双电源、双路由”排查等专项工作，进一步夯实专业管理基础。

电力交易　2015年，西北电网完成跨区跨省交易电量850.5亿kWh，同比增长14.3%，完成国家电网公司年度综合计划775亿kWh的109.7%。其中：通过灵宝、德宝直流送华中及转送华东、华北交易电量112.5亿kWh，完成年度计划（78亿kWh）的144.25%；通过银东直流送山东交易电量295.75亿kWh，完成年度计划（288亿kWh）的102.7%；通过天中直流送河南交易电量248.9亿kWh，完成年度计划（235亿kWh）的105.9%；通过柴拉直流送西藏电量5.42亿kWh，完成年度计划（4.9亿kWh）

的 110.7%；通过柴拉直流消纳藏中水电电量 3.32 亿 kWh，完成年度计划（3.3 亿 kWh）的 100.6%；通过德宝直流消纳四川水电电量 73.41 亿 kWh，完成年度计划（74.9 亿 kWh）的 98%；

西北区域内省间交易电量 111.2 亿 kWh，完成年度计划（90.9 亿 kWh）的 122.35%。

国网西北分部完成交易售电收入（含增值税）111.09 亿元，发生交易购电成本 106.78 亿元，实现电能交易毛利润 4.31 亿元。

2015 年电能交易工作特点是：

（1）在主要受端用电市场低迷（2015 年华中、华东、华北售电增速分别为 0.16%、1.95%、－2%）的不利环境及西北区域内售电量下滑（2015 年西北区域售电增速为－2.62%）的严峻形势下，2015 年西北电网完成跨区跨省交易电量 850.5 亿 kWh，与 2014 年实际 744 亿 kWh 相比，增长 14.3%，完成国家电网公司下达年度综合计划 775 亿 kWh 的 109.7%。其中银东直流西北送山东年交易电量首次突破 295 亿 kWh，年输电利用小时为 7393h。

（2）按照国网年度集中交易结果，2015 年灵宝、德宝通道多个月份几乎无交易电量。国网西北分部积极适应新能源间歇性和随机性特点，努力发挥分部在运营现货交易方面的不可替代作用，灵活运用省间电价差异和清洁消纳政策，主动争取短期临时交易，取得较好效果。全年通过努力，增加短期交易电量（不含天中直流和青海跨省购电交易）122 亿 kWh。其中月度及以内短期临时交易电量 96.59 亿 kWh；日前实时交易电量 25.82 亿 kWh。

（3）以服务新能源发展为宗旨，采取集中打捆、短期临时、发电权交易、合同转让、日前实时、替代自备及主控区置换等多项措施，全力保障新能源跨地区消纳。全年以跨区跨省送出交易方式为主消纳新能源电量 163.5 亿 kWh，同比增长 72%。其中以市场化交易方式结算消纳新能源电量 151.93 亿 kWh，以非市场化主控区置换消纳新能源电量 11.57 亿 kWh。以上措施有效促进了西北区域新能源减弃增发和大范围消纳，使得风电弃风限电率由 60.6% 降低到 30.22%，在区域售电量负增长的不利情况下，实现新能源发电量同比增长 21.8%。

（4）以服务青海稳定经济增长和疏导甘肃、宁夏电力供大于求矛盾为目标，依据国家发展改革委《关于完善跨省跨区电能交易价格形成机制有关问题的通知》（发改价格〔2015〕962 号），结合地方出台电价政策实际，按照发电与用电分享边际贡献的原则，探索青海大用户与甘肃、宁夏发电企业价格联动的跨省电能交易，增加青海西部水电电解铝用电电量 18 亿 kWh，避免了青海黄河鑫业公司停产减少用电 21.6 亿 kWh。

（5）落实国家电网公司下达的水电消纳任务，统筹各直流通道外送交易安排，合理制定四川、西藏、青海水电消纳分月及分时交易计划。加强与陕西发展改革委、宁夏经信委、西北能监局及陕西火电企业的沟通解释，防范风险和矛盾积累，实现水电跨区跨省消纳的和谐稳健运营。2015 年，消纳四川水电 73.4 亿 kWh，同比增长 65%，消纳电力首次达到德宝直流工程华中送西北方向的设计最大功率 300 万 kW，消纳电量首次超过设计电量（47.3 亿～66.7 亿 kWh），创历史新高。消纳黄河水电 11.8 亿 kWh，同比增长 39%；首次消纳西藏水电 3.3 亿 kWh。

分部管理 总部分部一体化运作持续深化。在国家电网公司党组的坚强领导下，国网西北分部全体干部员工服从集团整体发展战略，主动适应一体化运作要求，坚持准确定位不越位、积极履职不缺位，认真开展业务职责流程梳理，主动与总部相关部门开展工作对接，迅速建立了新秩序，打开了新局面。分部管理更加规范。坚持依法从严治企，建立健全全面风险管理和内控体系，经营风险得到有效控制，依法治企规范管理水平显著提升。严格落实国家电网公司通用制度，总部分部一体化运转日趋顺畅，分部作用有效发挥。率先实施调控一体化，完成西北电网调度管辖范围调整，实现了国分调一体化运作。积极履行安全质量监督职责，受托开展审计监督检查，创新组织电力市场交易，分部职责得到有效落实，分部作用得以有效发挥，得到了省（区）公司的广泛认可和国家电网公司党组的高度肯定。

一是推进预算精益化管理。各项财务预算指标全面完成，专项投资财务结算率较往年明显提升，可控费用比预算节支 1128 万元。“三公”经费及会议费得到有效控制，年度增收节支任务全面完成。二是强化企业财务基础工作，规范会计核算，全面完成会计基础达标创优，财务管控能力进一步增强，财务状况保持稳定。三是顺利完成任期经济责任审计、新疆二通道投资成效检查等迎审配合工作，精心组织完成总部交办的 4 项重点审计任务。四是加强审计成果应用，强化项目和资产管理，清理往来款项，积极推进曲江共建楼房产证办理等历史遗留问题整改，化解了经营风险。五是严格落实国家人社部和国家电网公司关于规范用工管理的各项要求，按期完成劳务派遣用工向服务外包用工的转换，实现了平稳过渡。

认真践行“三严三实”，分部“三个建设”持续加强。一是“三严三实”专题教育取得实效。学习习近平总书记系列讲话和党的十八届五中全会精神。党员领导干部带头，通过专题党课、民主生活会等方式，认真查找不严不实问题，建立整改清单，对照落实整改。二是队伍建设持续加强。开展以电网调控、智能变电站运行等为重点的专业实操培训，以“职工讲堂”、全员轮训等多种形式深化培训，累计培训45期、2330人次，促进了分部队伍素质和管理水平提升。三是创新创效成绩显著。倡导“发现问题就是成绩、解决问题就是创新”的管理理念，为广大职工提供创新和干事的平台。分部涌现出一批技术和管理创新项目，调控分中心一项成果荣获国家电网公司青年创新创意大赛铜奖。围绕提高工作质量和效率，完善管理制度和实施细则，绩效考核管理进一步加强。四是民主管理不断深入。坚持民主协同监督，在关系职工切身利益等热点难点问题上坚持充分沟通，广泛听取意见建议，车库管理进一步规范，后勤服务质量进一步提升。五是以人为本持续深化。修缮办公和后勤设施，推进大楼空调新风系统改造，为职工营造健康的工作生活环境。组织开展全员读书和多种兴趣小组活动，提高了职工健康素质，丰富了职工文化生活，企业凝聚力和向心力显著提升。

在国家电网公司“一特四大”战略引领和“东西帮扶”政策的支持下，西北依托坚强智能送端电网，大力推进能源资源更大范围优化配置，积极服务区域经济社会发展，树立了国家电网良好的品牌形象，得到各省（区）政府的充分肯定和大力支持。

科技管理 2015年，国网西北分部全面完成了科技项目管理任务，科技创新工作取得一定成果。一是加强科技项目执行管控，编制印发《国网西北分部2015年科技项目年度监督检查实施方案》和《2015年国网西北分部科技项目验收计划》。组织召开项目启动会和季度考评会，按季度对国网西北分部管理的科技项目执行情况进行督查分析，赴课题组开展国网西北分部2015年4个在研科技项目执行情况中期检查和经费使用情况监督，截至11月，2015年国网西北分部管理的4个当年科技项目已全部通过验收。二是完成国网西北分部承担国家电网公司总部在研“750kV敞开式变电站低噪声关键技术方案研究”项目的验收和资料归档各项工作。配合总部督促做好国家863科技项目“间歇式电源并网规划与随机全过程分析技术研究与开发”验收整改相关工作。三是组织2015年度国家电网公司和陕西省科技进步奖申报、公示及推荐和答辩工作，调控分中心《大规模集中入网新能源建模及应用研究》项目获陕西省科技进步三等奖。四是组织开展“十三五”科研技术需求征集和2016年科技项目储备工作。完成2016年国网西北分部科技项目储备计划建议编制和储备库项目可研论证、分级、评审和批复、入库及上报工作。并按照国家电网公司总部审查意见，优化调整2016年国网西北分部科技项目储备及专项建议，完成《国网西北分部研究开发专项2015年调整建议及2016年总控目标建议报告》上报。五是组织开展国网西北分部全员创新创意相关工作。编制完成《国网西北分部开展全员科技创新创意活动实施方案》和《国网西北分部全员创新创意管理办法（试行）》，组织开展国网西北分部全员创新创意项目征集、评审相关工作。六是组织完成2016年国网西北分部技术服务项目征集及上报工作。七是组织开展了国网西北分部2010～2014年科技成果推广应用调研的工作，赴华东开展科技管理调研，起草编制了《国网西北分部科技成果推广应用管理办法（试行）》，并征求意见。八是配合国网西北分部领导离任审计，完成对2012～2013年科技项目审计检查的相关工作。九是开展研究开发费执行情况梳理，完成国网西北分部科技项目增收节支方案，做好增收节支相关工作。

党群工作 按照国家电网公司党组要求，国网西北分部把握时政热点，制订年度党组中心组学习计划，每月安排各部门（支部）政治理论学习内容。重点组织学习了习近平总书记系列重要讲话以及国家电网公司和国网西北分部重要工作会议精神、刘振亚董事长及孙正运同志讲话等。精心设计制作宣传展板，设立学习动漫链接。组织参加国家电网公司“三集五大”网络知识竞赛，并荣获组织奖。组织收看抗日战争胜利70周年阅兵庆祝活动，开展“抗战胜利70周年”主题观影活动。

开展“三严三实”专题教育，深入推进思想政治和干部作风建设。制定《国网西北分部“三严三实”专题教育实施细则》，配发学习资料。组织党组书记分部专题党课，协调党组成员分管处室专题党课。认真完成四次专题学习研讨任务。梳理分部班子10条“不严不实”问题，拟定了12条整改措施。组织副处级及以上领导干部进行问题剖析，并制定整改措施。

制定了《2015年国网西北分部党建工作任务分解一览表》《关于深化“四风”整治、巩固和拓展党的群众路线教育实践活动成果的实施意见》。开展了两次支部党课活动。组织支部结对扶贫帮困活动，彰显“国家电网”爱心品牌。积极申报党内先进奖项，分部两个党支部、两名党员、两名党务人员分获国家电网公司“电网先锋党支部”“优秀共产党员”“优秀党务工作者”光荣称号。

召开国网西北分部2015年反腐倡廉建设工作会议，组织签订党风廉政建设责任书。组织各处室、物业公司党政主要负责人向纪检组长汇报廉政建设工作。召开两次半年协同监督会议，督导落实“八项规定”及党风廉政建设制度规定。春节、五一、中秋节、国庆节前，编发廉洁警示短信，持之以恒反对“四风”，警钟长鸣。配合国家电网公司监察局调查有关问题，按时完成了国家电网公司交办信访件的调查工作。

开展继电保护安全自动装置专业劳动竞赛，促进西北电网安全稳定运行。举办“秀厨艺、赛美食”餐饮技艺比武活动，推进“健康食堂”创建。召开劳模座谈会，组织西北电力系统劳模先进代表健康疗养。开展“夏送清凉”慰问活动，走访慰问西北电力系统和分部一线员工，慰问劳模先进代表、退休老同志。对婚丧病退等情况慰问，共慰问30多名员工，并发放了慰问金。“八一”建军节前，慰问了军民共建单位。

努力丰富员工业余文体活动，开展“追梦2015”职工健步活动；组织职工兴趣小组活动，举办职工篮球、乒乓球、羽毛球比赛。同时，还推荐文学作品参加了国家电网公司工会文学评选并获得二等奖，编辑出版了六期《西北电业职工》杂志。

主要事件

1月5日，按照国家电网公司统一安排，由国网西北分部组织实施柴拉直流30万kW大负荷试验，试验期间柴拉直流系统运行稳定，各项测试数据均在标准许可范围内，试验取得成功。

截至2月24日24：00，国网西北分部完成2015年春节保电任务。春节期间，全网最大负荷5791万kW，同比减少2.89%；全网最大日用电量12.96亿kWh，日均用电量12.79亿kWh，同比减少1.35%。节日期间，共完成跨区交易3.31亿kWh，完成跨省交易3.16亿kWh。

截至2015年2月28日，国网西北电力调控分中心安全运行6000天。

截至3月16日，国网西北分部完成全国“两会”西北电网保电任务。全国“两会”期间，西北全网（五省区）最大负荷6296万kW，同比增长－2.4%；全网日均用电量14.11亿kWh，最大日用电量14.29亿kWh，与2014年基本持平。

3月20日，刘家峡出库流量增至春灌综合用水流量，标志着2014～2015年黄河上游梯级水库防凌调度任务结束。3月24日，黄河内蒙古封冻河段全线开河，开河时间接近常年。

3月31日下午，陕西省人民政府举行“大爱在三秦”全省慈善促进大会，西北电网有限公司荣获首届“三秦善星（企业）”奖。

5月3日，西北电网光伏发电最大出力为1018万kW，占当天全网最大负荷的16.2%，光伏电力及负荷占比均创新高。截至当日，西北光伏发电装机容量达到1658万kW，占全网各类电源总装机容量的9.7%。

5月12日，榆横—潍坊1000kV特高压交流输变电工程开工建设。该工程是落实国家大气污染防治行动计划重点建设的12条输电通道之一，是国家电网特高压骨干网架的重要组成部分。

6月3日，酒泉—湖南±800kV特高压直流输电工程正式开工建设。工程建成后，预计将新增西北电力外送能力800万kW，对于促进酒泉能源基地开发，保障湖南乃至华中东部地区电力可靠供应，改善生态环境质量，具有十分重要的意义。

6月4日上午，中共陕西省委组织召开陕西电力“十三五”规划汇报专题会议。国家电网公司副总工程师、西北分部主任孙正运汇报了“十三五”电力（网）发展规划情况。陕西省委书记赵正永主持会议并做了重要讲话。

6月9日，西北电网参加并完成国家电网2015年迎峰度夏联合反事故演习。

6月12日，随着四川水电发电量不断增加，德宝直流完成年检开始向西北反送功率，送电功率120万kW，西北电网消纳四川富余水电工作全面展开。

7月9日，西北电网省间联络线管理考核正式试运行一年工作总结会议在西安召开。国网陕西、甘肃、青海、宁夏、新疆电力主管领导及相关人员参加了会议。

为防御台风影响，支援四川电网，缓解弃水矛盾，西北电网全力消纳四川富余水电，7月11～12日，德宝直流受电功率提高100万kW，投运以来首次实现全天300万kW满功率受电。

7月22日，青海果洛与青海主网联网工程、塔拉750kV输变电工程在青海西宁、共和县和玛沁县三地同时举行开工动员大会。青海省常委、副省长张建民宣布工程开工。国家电网公司总经理助理喻新强做了讲话。国家电网公司副总工程师、国网西北分部主任、党组书记孙正运主持会议。国网青海电力相关负责人做发言。

7月25日，柴拉直流年检结束恢复运行，直流反送功率首次达30万kW稳定运行。

7月31日，西北电网负荷达7304万kW，同比增长6.29%；用电量16.59亿kWh，同比增长4.3%，负荷、用电量双创新高。其中：陕西电网最高负荷为1890万kW，同比增长8.19%；用电量3.98亿kWh，同比增长7.07%，负荷、用电量双创新高。

8月13日，国网西北分部进行调度大楼配电系统全停再启动及UPS电源切换试验，旨在汲取相关安全事件教训，确保国网西北分部调度通信大楼供电安全。

8月27日，宁夏回族自治区人民政府常务副主席张超超一行到国网西北分部调研。

9月9～10日，国网西北分部组织开展西北电网单机20万kW及以上机组一次调频全网试验。参试机组144台，总计容量5224.5万kW，完成六项试验任务，取得预期效果。

9月17日，国网西北分部组织开展电力调控主备调切换演练，实现了首次完全在甘肃兰州备调值守48h的任务，实战检验了兰州备调的应急能力。

截至9月26日，西北电网官亭—兰州东750kV输变电示范工程实现安全稳定运行10周年。该工程是中国自主建设的第一个750kV输变电工程，实现了西北电网从330kV到750kV电压等级的历史性跨越。

10月23日，国家电网公司副总经理、党组成员王敏一行到国网西北分部调研指导工作，慰问分部干部员工，充分肯定了国网西北分部成立以来各项工作取得的显著成绩，并就进一步做好当前和今后一个时期工作提出了希望和要求。

11月1日，柴拉直流西藏送出功率逐步降低至零，2015年西藏水电外送消纳任务圆满完成。2015年，西藏水电累计外送电量3.3亿kWh，最大外送电力24万kW，均创历史新高，相当于减少受电地区煤炭消耗11万t，减排二氧化碳30万t。

11月6日，西北与华中直流联网工程德宝直流顺利完成功率反转，标志着西北完成2015年四川水电消纳任务。全年通过德宝直流累计受入四川水电73.4亿kWh，创历史新高，德宝直流受入功率在投运后首次达到300万kW。

11月16日，国网西北分部组织开展西北电网2015年迎峰过冬联合反事故演习。演习紧密结合西北电网冬季运行特点和薄弱环节，各级调控运行人员和运维人员成功处置了各类预设突发事件和电网故障，确保了电网安全稳定运行，取得了良好效果。

12月11日，国家电网公司青年创新创意大赛表彰暨展示活动在北京举行。国网西北分部“大容量多FACTS设备接入AVC系统控制技术”荣获铜奖。

12月14日，国网西北分部召开干部大会，宣布国家电网公司调整国网西北分部班子成员的决定。调整后，刘武能同志任中共国家电网公司西北分部党组成员、中共国家电网公司西北分部党组纪律检查组组长、国家电网公司西北分部工会主席，中共西北电网有限公司党组成员、中共西北电网有限公司党组纪律检查组组长、西北电网有限公司工会主席（试用期一年）；杨玉林同志任国家电网公司西北分部正局级调研员、西北电网有限公司正局级调研员。

（程军生）

【国家电网公司西南分部】

分部概况 国家电网公司西南分部（简称国网西南分部）成立于2014年11月8日，是国家电网公司为推动川藏水电资源开发利用，促进西南（川渝藏）经济社会发展，保障国家能源安全高效供应而成立的非法人管理机构，与国家电网公司总部实行一体化运作。主要职责是统筹规划西南水电开发、西南电网建设有关工作；负责区域电网调度管理、运行控制以及省间电力交易有关工作。内设4个处室，包括综合管理处（党群工作处）、财务处、安全技术与工程管理处、西南电力调度控制分中心。

电网概况 西南电网区域包括四川省、重庆市和西藏自治区，区域面积约177万km^2。西南电网东联华东和华中电网、北接西北电网，其中：与华东电网通过±800kV复奉、锦苏、宾金三大特高压直流输电线路相联，总输电容量2160万kW；与西北电网通过±500kV德宝直流相联，输电容量300万kW；与华中电网通过四回500kV交流线路相联；西藏电网分为藏中电网、昌都电网和阿里电网三个不相联的部分，藏中电网通过±400kV柴拉直流与西北电网相联，输电容量60万kW，昌都电网通过川藏联络线与四川电网相联。截至2015年底，西南电网调度口径总装机容量10 396.6万kW，其中：水电7687.8万kW，占73.9%；火电2576.3万kW，占24.8%；风电、光伏发电及其他133.7万kW，占1.3%。西南电网共有500kV变电站57座，总变电容量9740万kVA；500kV输电线路200条，线路长度15 944km。

电网调度 12月30日10时起，与各方完成调度权交接，正式开展实时调度业务。调度管辖范围：直调500kV川渝省间联络线（黄岩—万县双线、洪沟—板桥双线）、500kV川藏省间联络线（巴塘—澜沧江双线）、二滩电厂及其送出线路，授权四川省调、重庆市调管辖以外500kV设备。

分部管理 始终坚持标准化、规范化运作，制定工作规则和议事规则，落实党组会、办公会、周例会、碰头会等会议制度。按照国家电网公司总部统一部署建设队伍，以借调、应届大学生招聘、公开招聘、挂职（培养）锻炼等多种方式分批次补入人员。建立与四川省委、省政府、省国资委以及国家电网公司总部、网内省公司值班、公文、会议渠道。落实综合计划和预算管理，出台多项财务实施细则。严把程序关，确保合同管理规范化。

党群工作 按照国家电网公司党组和四川省国资委党委统一部署，开展党的组织活动。开展“三严三实”专题教育，抓好学习，上好党课；对照典型，研讨交流；深刻剖析、严肃批评，深化党的思想政治建设和作风建设。全体党员集中学习《准则》《党章》《条例》，参加知识竞赛，牢记廉洁自律要求和党的纪律底线。召开党员大会，成立机关党委和机关纪委。成立工会委员会和工会经费审查委员会。搭建内部学习交流平台，举办“员工讲堂”。

（罗春林）

【国家电网公司运行分公司】

单位概况 国家电网公司运行分公司（简称国网运行公司）成立于2004年12月18日，是从事特高压直流输电工程换流站运维检修业务的专业公司。主要负责在运的±800kV复龙、奉贤、天山、中州、锦屏、苏州、宜宾等7座换流站的运维检修管理，以及在建±800kV酒泉、锡盟、上海庙和±1100kV古泉、昌吉等换流站的生产准备工作，并为国家电网公司总部相关部门和属地化换流站提供直流运检专业支撑服务。下设上海、宜宾、郑州、哈密等4个管理处，分别负责所在区域各特高压换流站的运检管理和生产准备工作。

人力资源 2015年，共招聘毕业生84人，其中为±800kV酒泉—湖南工程酒泉换流站储备15人、±800kV锡盟—泰州工程锡盟换流站储备11人、±800kV上海庙—山东工程上海庙换流站储备16人、±800kV蒙西—武汉工程蒙西换流站储备6人、±1000kV昌吉—古泉工程昌吉换流站储备7人。截至年底，共有长期职工412人，平均年龄30.1岁，本科及以上员工比例达到96%。

修订完善专家人才管理制度，评选聘任国网、运行公司、管理处三级优秀专家人才45名，建立了一支梯度分明、业务精湛、素质过硬的人才队伍。交流干部、骨干11人，其中支援哈密管理处5人，选聘主任（经理）助理、主任工程师6人，促进干部骨干快速成长。核定员工职级、岗级和薪级。推进岗位履责与绩效指标相对应、与薪酬分配相挂钩，激励约束机制进一步完善。组织实施新员工培训，促进新员工快速转变角色、适应岗位要求。举办换流站运行技能、继电保护、阀水冷系统等7期培训班，促进一线人员业务水平提升。推广应用网络大学学习平台，营造全员自主学习的良好氛围。

经营管理 财务和物资管理。加强预算执行管控和跟踪分析，推行预算附带里程碑实施计划，实时管控预算执行明细，进一步规范各级预算管理。开展会计基础工作规范化评估，促进会计基础工作水平提升。严格招标文件集中审查，细化评标评分标准，加强评标专家管理，进一步规范招评标行为。制定落实换流站一次备品仓储优化方案，推进备品仓储优化治理。建成公司物资仓储管理系统，实现了对物资仓储、使用全过程的集约在线管理。

依法治企从严管理。针对资金管理、会计基础、预算执行、薪酬福利等重点环节，定期开展财务稽核。通过下发整改通知书、召开现场分析会以及约谈说清楚等方式，通报稽核情况，提出整改要求，督促整改落实。应用统一合同文本，强化签订前严格审核、签订后实时跟踪，切实防范合同履约风险。制定印发车辆、食堂、物业、周转房等工作规范，开展“一流三化”综合管理评价暨后勤管理专项检查，促进各单位综合及后勤管理进一步规范。

安全生产 2015年，贯彻落实国家电网公司关于安全生产工作的各项部署要求，推进安全管理提升。吸取多起重大安全事故教训，推进安全大检查和缺陷隐患整治，及时消除设备异常缺陷，提高各站设备的健康水平。修订公司安全生产奖惩规定、突发事件处置应急预案。开展管理人员安全法律制度学习考试，开展新《安全生产法》知识竞赛，统一组织《安规》调考，进一步增强各级人员安全责任意识。迎峰度夏期间，面对复奉、锦苏、宾金三大直流长期满功率运行，天中直流首次大负荷运行的严峻考验，面对特高压直流输电系统逐渐暴露的一些深层次缺陷和隐患，落实各项运维保障措施，加大监视巡视、监测检测、分析评估等工作力度，及时发现并消除设备缺陷隐患，协调处理设备疑难问题，确保所辖各特高压换流站安全稳定运行。

2015年，没有发生一般及以上人身、电网、设备事故；四大直流全年累计输送电量达1270亿kWh，同比增长21.3%，超额完成年度输电计划，有力保障川电、疆电可靠外送，缓解了东中部地区资源环境紧张局面。

运检管理 运检作业标准化建设。完善运检作业标准体系，编制印发《特高压换流站运行方式及设备运行通用规定》《设备带电检测作业标准》，制订、修编年度检修管理办法、年度检修准备工作细则、外包工程项目监督管理细则以及标准化作业指导书等一系列制度标准。提高运检作业的安全和质量水平。加强对作业标准执行情况的监督检查，确保各项标准落地执行，规范现场作业行为。

设备状态管理。通过加大运行监视、设备巡视、在线监测、带电检测工作力度，加强对设备状态数据的“日比对、周分析”，及时发现处理设备异常缺陷。发现并处理锦屏换流站换流阀阻尼电容爆裂、中州换流站光TA绝缘外套闪络、天山站挂线构架螺栓脱落等严重及以上缺陷134项，紧急处理复龙换流站换流变压器保护装置异常、锦屏换流站换流变压器氢气含量异常增长等危急缺陷10项，避免了运行设备故障和直流强迫停运。

设备缺陷隐患治理。完成天山换流站极Ⅱ低端换流阀完善化改造等隐患治理和可靠性提升项目79项，更换套管漏气、异常产气换流变压器7台，改造设备发热接头2624个，大幅提升设备健康水平。及时处置宜宾和天山站换流变压器阀侧套管SF_6渗漏等重大设备缺陷，保障特高压直流安全稳定运行。

信息化、智能化管控。推进生产管理系统PMS2.0上线应用，核查治理PMS系统中的台账信息，提升基础数据的准确性。加快推进远程诊断系统建设，实现对在运特高压换流站OWS信息接入，涵盖8座特高压换流站的故障录波和综自信息，集成视频监视、会议会商等设备设施功能。推进一体化在线监测系统完善应用，新增在线监测传感器1277个。推广应用巡检机器人和智能巡检系统，提高一线运检工作效率。

推进新工程验收作业标准化，落实验收质量追溯制度，加强重点验收项目管理。成立特高压换流站生产准备技术支持专家团队，参与各项新工程前期工作，通过参加工程可研、设计、技术论证和规范书评审，推动反事故措施和完善化意见落实。累计参加新工程前期会议110余次，提出改进意见200余条。协助属地省公司开展属地化新建换流站生产准备工作，参与巴西美丽山、巴基斯坦默拉等国外直流的工程前期工作。

专业支撑 专业标准制定工作。协助国网科技部、国网运检部和国调中心等部门，起草IEC国际标准《高压直流系统运行导则》，制定、修订《高压直流输电系统保护标准化设备入网检测标准》《±800kV直流换流站运行规程》等21项行业、企业技术标准。组织开展阀厅专用灭火器产品研发，完成样机研制、产品鉴定工作，填补了阀厅消防器材空白。配合中国电科院开展特高压交直流变电设备状态预警系统关键技术研究，推动解决有关技术问题。

发挥故障远程诊断分析作用。针对换流站复杂故障，利用换流站远程诊断系统、视频会议系统等技术手段，集中专业力量，及时开展故障远程诊断分析，协助国网总部制定故障处理策略。迎峰度夏期间，先后7次启动应急机制，协同现场开展故障分析，快速查明"7·13""7·19""9·19"等直流系统故障原因，为国网总部决策提供技术支持，缩短恢复送电时间。

跨区电网资产管理。协助国网总部完成三沪、锦苏直流工程等跨区电网核心资产竣工转资，国网山东电力500kV陵县变电站工程审计整改，以及辽宁等8家省公司受托跨区电网5.15亿元资产报废账务处理，开展输配电价改革试点相关工作和实物资产管理工作以及输变电工程成本效益分析，为国家电网总部决策提供支撑。

党的建设和精神文明建设 党的建设。学习贯彻习近平总书记系列重要讲话精神，按照国家电网公司党组部署要求，开展"三严三实"专题教育。国网运行公司党组率先垂范，开展学习研讨，深入基层调研座谈。各级领导班子坚持问题导向，整改不严不实问题，促进了工作绩效、作风形象全面提升。学习贯彻《党章》《准则》和《条例》，改进干部员工思想作风。贯彻执行"八项规定"，减少会议费支出51%，压减可控费用。配齐配强基层党组织书记，落实"两个责任"和"一岗双责"。国网运行公司没有发生"四违""四风"问题。

企业文化建设。开展最美员工评选活动。召开援藏工作座谈会，引导鼓励干部员工到边远艰苦地区锻炼成长。13名业务骨干主动申请进藏帮扶支援。开展"践行核心价值观，最美国网运行人"主题影像展评、"坚韧坚守、创新创效"随手拍等系列活动。利用电子内刊、微信公众号等平台传播先进人物事迹。国网运行公司荣获国家电网公司"哈密南—郑州±800kV特高压直流输电工程先进单位"称号。10个集体、37人次获得国家电网公司专项表彰或通报表扬。

（姜　升）

【国家电网公司直流建设分公司】

单位概况 国家电网公司直流建设分公司（简称国网直流公司）为非独立法人机构，是国家电网公司的分公司，是国家电网公司直流电网建设的管理执行机构，为国家电网公司特高压和重点跨区直流工程项目建设提供专业化管理服务，主要开展特高压换流站工程现场管理、直流工程业务技术支撑和直流设备监造管理。本部设综合管理部、计划部、财务部、安全质量部、党群工作部五个职能部门，换流站管理部、线路管理部、物资与监造部、宜昌工程建设部、常州工程建设部、北方工程建设部、四川工程建设部7个工程建设部。

人力资源 截至年底，国网直流公司职工总数120人，其中：本部员工61人，工程建设部现有员工59人。人才当量密度1.263 2；研究生及以上学历人数49人，占比41%，具有本科及以上学历人员110人，占比91.7%。100人具备专业资格技能，42人具有各类管理证书。

完成"三定"工作，规范干部序列与部门职责，形成科学完善、运转高效的组织体系。完成岗位工资套改工作。开展公司级优秀专家人才选聘，建立三级三类人才梯队。建立业主项目部项目经理及专责任职资格评聘、员工交流锻炼等管理制度，完善项目经理管理机制。

经营管理 强化预算执行关键节点管控，实现总预算与单控费用双控制目标，优化现场管理费用预算标准，依据合同规范现场费用管理，杜绝甲乙方费用混用，严格执行"八项规定"，采取封存闲置车辆，增加视频会议等措施，重点管控"三公"经费，降低管理费用，实施《工程依法合规建设管理策划》，规范设计变更、工程款支付等流程，规范施工阶段性结算管理。完善制度体系。加强公司规章制度建设，开展通用制度集中培训，组织网络大学学习；强化制度执行与落实，形成以制度管人、管事、管企业的局面；完成企业负责人任期经济责任审计、工程建设部主要负责人离任审计、清算审计、依法治企自查自纠等审计及迎审工作，高质量完成审计问题整改，巩固和应用审计成果。

技经管理。结合工程量清单计价要求编制换流站造价管理标准化策划方案。实施技经两级管控，前移造价管控关口，落实业主项目部造价管理职责。研究现场签证标准流程，明确风险管控、合规性办理等关键要素。完成灵州换流站建筑工程分阶段结算，青藏联网工程扩建竣工预结算。

财务管控。推行财务“一体化”管控。健全工程投资预算体系，规范工程资金预算申请和拨付标准流程。实行全口径竣工决算编制，提前3个月完成溪浙工程决算编制，按时完成三沪工程决算修编和资产转资。推进“多出资主体特高压工程全过程财务管理标准化研究”。

档案管理。哈郑工程档案通过国家档案验收。溪浙工程档案通过国家电网公司验收。三峡输变电工程、宁东、向上、锦苏直流工程档案移交完成。制定《特高压工程档案管理实施细则》，推动多建管主体下档案管理标准化建设。获得十年评选一次的“国家电网公司档案工作先进集体”荣誉称号。

标准化建设。在直属单位率先开展“五位一体”协同机制建设，梳理完善业务流程，发布《部门职责规范》与《标准岗位名录》，编制形成389项流程手册、129个岗位手册，建立岗位绩效指标库，实现标准化管理“横向协同、纵向贯通”系统功能。深化项目管理标准化建设，推广应用直流工程建设管控系统和设备监造标准化管控系统。优化“公司+业主项目部”两级管控机制。固化全过程管理方案和风险防控，完善项目管理“一纲八策划”管理体系。拓展完善质量、环境、职业健康、资产全寿命周期“四标”管理体系，规范公司管理行为。

科技创新。建立科技项目储备库，立项69项，承担国网总部科技任务8项，按期完成5项国网总部科技项目及56项公司科技项目，8个项目获得中电建协科技进步奖，3个项目分获国家电网公司职工技术创新优秀成果等奖项。建成国网直流公司技术标准体系，包括12大类53小类859项技术标准。

工程建设　开工建设灵州、酒泉、晋北、锡盟、上海庙换流站，换流容量4000万kW。灵州换流站主体工程3月1日开工，优化施工工序，避开土建冬季施工。采取装配式电缆沟等施工技术提高施工效率。年底基本完成土建施工，电气安装完成70%。实施GIS设备安装五级防护措施，研究控制特殊环境下设备安装质量，保障了国内规模最大750kV GIS耐压局部放电试验一次性通过。酒泉换流站8月12日开工，如期完成场平交接。年底完成主控楼及综合楼结构封顶，主要设备基础出零米。晋北换流站换流区主体工程10月25日开工，实施场平分阶段移交，场平、桩基、土建交叉施工，确保满足里程碑计划。年底完成换流区零米以下基础浇筑。锡盟换流站超前组织冬季冻土场地保温，为春季复工大规模作业创造条件，有序推进场平施工，现场办公及生产临建基本就绪。上海庙换流站创新不等高场平移交方案，减少挖填方重复工作量9.2万m^3，解决挖方区持力层暴露和水分蒸发造成砂土松散、密实度降低等难题。推进准东—皖南±1100kV、渝鄂背靠背工程业主项目部组建，开展项目“一纲八策划”（现场建设管理大纲，项目管理策划、依法合规现场管理策划、风险管控策划、安全管理总体策划、工程建设创优策划、环境保护与水土保持策划、创新技术应用示范工程策划、创绿色施工示范工程策划）、技术支撑策划等工作。提前介入准东—皖南±1100kV特高压工程场平管控，组织柔性直流输电技术培训。跟踪扎鲁特—青州、雅中—南昌等工程核准进展及前期准备工作。三峡输变电工程高质量通过国家竣工验收。拉萨扩建6月复工，7月22日完成调试并投产移交。灵州换流站荣获安全质量流动红旗，双龙站荣获中国电力优质工程奖，哈郑工程荣获国家优质工程金奖。

安全管控　深化“保证、保障、监督”三个体系，强化安全主体责任、领导责任和监督责任落实。强化安全风险管控和隐患整治，全年排查和整治隐患累计354条。协同监督累计发现问题463项，及时督促问题整改，确保本质安全。灵州换流站针对脚手架搭设、交叉施工、换流变压器安装、低频加热装置使用等风险，制定挂牌督查、红灯警示专项管控措施。采用多旋翼无人机实施“全天候、全过程、全角度”立体安全巡查。晋北、酒泉换流站加强深基坑施工、冬季施工等重大风险管控。酒泉换流站创新实施“人员机械动态管控一体化平台”，提高现场安全管控实效。深化工程建设强制性条文执行和标准工艺应用，完成换流站阀厅巡视走道安装等5项标准工艺研究，现场共执行标准工艺156项，强条215条。

物资监造管理　梳理监造标准与规范，形成直流主设备监造作业卡，覆盖9大类设备，共252项管控环节，2196条具体见证项目。应用监造标准化管控系统，推进驻厂监造标准化管理。梳理设备质量风险90余条，排查电磁线破损等隐患100余项。

及时预警并协调新东北电气集团高压开关有限公司的罐式断路器、保定天威保变电气股份有限公司、特变电工沈阳变压器集团有限公司及瑞典 ABB 等厂家设备制造进度。补充换流变压器原材料入厂检验项目，审查换流变压器、平波电抗器出厂试验项目并提出意见 20 余条。组织专家多次论证灵绍工程换流变压器网侧电压提升出厂试验不合格问题，协调处理灵绍罐式断路器电容器表面不光滑、平波电抗器运输磕碰等。

技术支撑 开展灵绍特高压工程等 5 项工程技术支撑，累计支撑换流站 5 座、线路 8073km。成立灵州—绍兴等 6 个特高压技术支撑工作组，签订三方协议，支撑代表常驻现场，优化完善“团队支撑、两级管控”技术支撑机制，加快直流工程管控系统与基建系统深度融合。组织特高压工程建设管理交底，完成灵绍线 1250mm^2 大截面导线压接施工等关键技术培训。完善酒泉—湖南、晋北—南京等工程“一纲八策划”标准。规范特高压工程技术资料、施工工艺及质量控制流程。专题研究绍兴站主控楼、阀厅施工等关键环节进度管控措施。参与灵绍特高压工程架线、设计创优、防火墙施工等方案审查 76 次。

党的建设和精神文明建设 学习习近平总书记系列重要讲话精神，开展“三严三实”专题教育，国网直流公司领导带头开展专题学习研讨，查摆问题、剖析原因，开展批评与自我批评，整改“不严不实”问题。加强支部党建工作，所有支部年度考核均为优秀。

党风廉政建设。履行“两个责任”，学习贯彻《准则》和《条例》。编制《工程现场临时党支部规范化管理操作手册》，规范灵州、酒泉站临时党支部建设。组织开展“党员身边无缺陷”等 18 项主题活动。创新廉政风险防控协同监督机制，实行分层审核、分类备案管理。

工会及团青工作。深化职工民主管理，审议公司工资套改、劳务派遣转外包等相关事项。规范实施公司年休假、疗养、业主项目部人员调休管理。开展灵绍、酒湖工程劳动竞赛，营造比学赶帮超良好氛围。成立北方、常州建设部团支部，发挥基层团组织作用，服务特高压发展大局。

企业文化建设。完成“践行核心价值观、争做最美国网人”主题活动和企业文化示范点创建工作。完成“‘五统一’企业文化在灵绍特高压工程落地实践”等 2 个企业文化项目，1 项案例获国家电网公司企业文化优秀案例三等奖。开展公司专业化管理和特高压大规模建设专题宣传。

2015 年，国网直流公司获得“中央企业先进集体”“国家电网公司±800kV 溪浙特高压工程先进单位”“国家电网公司档案工作先进集体”等荣誉。国网直流公司本部获“国家电网公司文明单位”，常州工程建设部获“国家电网公司环境保护工作先进集体”，北方工程建设部党支部获“国家电网公司‘电网先锋党支部’”，四川工程建设部团支部获“国家电网公司‘五四红旗团支部’”，常州工程建设部获得国家电网公司“企业文化示范点”。黄杰、陈力、刘凯峰被评为中央企业劳模，寻凯、杨洪瑞被评为国家电网公司劳动模范。共计 66 人次获得国家电网公司各类表彰。

“十二五”发展回顾 “十二五”期间，国网直流公司先后建成宁东—山东工程、三沪二回工程、青藏联网工程、中俄联网黑河工程，锦苏、哈郑、溪浙三个±800kV 特高压直流工程。直流工程投产容量 5510 万 kW，线路长度 2482km。向上、锦苏、哈郑、青藏联网、宁东—山东五项直流工程获得国家优质工程金奖，青藏联网工程获得中国工业大奖、中华宝钢环境奖。

按照国家电网公司提出“总部统筹协调、省公司属地建设管理、专业公司技术支撑”总体要求，完善国网直流公司负责送端换流站建设管理，属地公司负责“四通一平”和属地协调的联合业主项目部建设管理模式。创新“团队支撑、两级管控”技术支撑模式，技术支撑线路长度 3890km，支撑换流容量 800 万 kW。

（刘　环）

【国家电网公司交流建设分公司】

单位概况 国家电网公司交流建设分公司（简称国网交流公司）是国家电网公司的直属专业化电网建设管理单位，主要从事国家电网公司直接投资或担任项目法人单位的特高压交流输变电工程和跨区电网重点交流输变电工程的建设管理、技术统筹和管理支撑工作。

国网交流公司共设置 12 个部门，分别是总经理工作部、计划与物资部（12 月 14 日起为计划部）、财务部、安全质量部、工程管理部、信息科技部、党群工作部［12 月 14 日起为党群工作部（监察审计部）］、宜昌工程建设部、武汉工程建设部、郑州工程建设部、华北工程建设部、华东工程建设部。

人力资源 截至年末，共有职工 104 人，其中：博士研究生 17 人、硕士研究生 39 人、本科 45 人，占员工总量的 97%；正高级职称 1 人、副高级职称 71 人，占员工总量的 69%；一级建造师 22 人、监理工程师 7 人、造价工程师 5 人、咨询工程师（投资）2 人、安全工程师 11 人、其他职业资格 7 人次。组织各类培训 1658 人次。实施“交流接力者”培养计划，开展专家梯队建设，选拔产生国家电网公司优秀专家人才2人、国家电网公司优秀专家人才后备5人、高级兼职培训师5人，增选国网交流公司级优秀专家人才5人、优秀专家人才后备6人。2015年末，国网交流公司人才当量密度为1.4413，较2014年末提高3.23%，位居国网系统第二名、专业公司板块第一名。

经营管理 2015年，国网交流公司完成电网建设项目投资19.5774亿元，投资计划完成率100%，资金到位率100%。实施月度综合计划，基本实现各类资源统筹管理。严格年度综合计划管理，完成全年各专项指标。累计完成合同签订212份，合同金额共计4.0377亿元。分批有序组织招投标，累计完成采购项目招标29项，采购金额共计1170万元。

深化一级财务管理工作，各工程建设部财务全部移至公司账务部，简化财务工作级次，优化财务岗位设置，实现会计集中核算、资金集中管理、预算集约管控。配合国网财务部进行会计基础规范化评估，完善基础工作程序。

资产全寿命周期管理体系通过国家电网公司评价验收，达到“成熟型”水平。

工程建设 安徽淮南平圩电厂三期1000kV送出工程淮南1000kV变电站扩建工程于4月4日正式投入运行。淮南—南京—上海工程1000kV交流特高压输变电工程的淮南1000kV变电站扩建工程投运前竣工验收工作全部结束，沪西1000kV变电站扩建工程于11月20日完成系统调试，转入运行阶段。锡盟—山东1000kV特高压交流输变电工程的锡盟1000kV变电站新建工程完成土建施工，主设备安装进入高峰，荣获国家电网公司2015年第二次输变电工程流动红旗竞赛项目管理流动红旗。蒙西—天津南1000kV特高压交流输变电工程的蒙西1000kV变电站新建工程组织了“奋战一百天”活动，土建施工基本结束，进行主设备安装工作。

安全管控 宣贯新《安全生产法》，修订《国网交流公司工程安全管理办法》。组织开展年度“安全管理提升”和“基建安全质量年”活动，推进基建通用制度“落地”，解决制度执行不严格、过程管控不到位等问题，实现年度“双零”（安全零死亡、质量零缺陷）。

总部协同安全监督。年初与国网安质部、基建部、交流部共同建立特高压工程总部协同安全监督工作机制并不断完善。作为实施主体，组织完成四轮协同监督检查，覆盖全部在建特高压交流工程及建设管理单位，累计发现问题789项并监督整改实现闭环管理。初步开发完成了特高压交流工程安全监督标准化智能终端。

开展重要跨越施工、施工方案管理、安全文明施工费使用管理、主设备安全质量工艺管控等一系列安全专项行动与监督检查，组织第三方开展施工机具安全性能评估，预警、督办在建“四交”工程安全风险2500余项。

统筹支撑 浙北—福州1000kV特高压交流输变电工程通过绿色施工和新技术应用示范工程验收和水土保持验收。淮南—南京—上海、锡盟—山东、蒙西—天津南、榆横—潍坊1000kV特高压交流输变电工程同期建设，包括变电站17座、变电容量6600万kVA、线路2×3180km；同时开展锡盟—胜利、济南—枣庄—临沂—潍坊工程等后续特高压交流工程的前期策划筹备工作。针对7个省公司首次参与特高压交流工程建设的情况，推广应用《现场建设管理标准化工作手册》。实施特高压工程综合计划管理，促进4个专业管理单位、10个建设管理单位及近百个参建单位之间各项工作计划的有序衔接。制定在建工程的一级网络计划，审定工程各阶段停电计划。组织4轮特高压工程现场安全协同监督，覆盖全部在建工程和建设管理单位，累计发现问题789项并监督整改闭环，初步构建标准化协同监督检查体系。印发《施工方案规范管理指导意见》，组建工程技术专家组，累计组织82次、324项重大施工方案审查并着重督导方案的执行与落地。面向属地省公司和工程参建单位，分层次组织专业管理培训和技术培训、现场观摩和交流，共10批次1000余人次。调研支撑单位需求，针对工期时间紧、建设难度大的变电站开展专项支撑；抓住建设环节中高难度、高风险的主要矛盾，事前预警、事中监督，提高支撑工作精准度。

科技创新 依托皖电东送工程、浙北—福州工程开展的“多轮组合式滑车”等10项研究课题成果获2015年中国电力建设科技进步奖（一等奖1项，二等奖5项，三等奖4项）。“特高压GIS移动厂房”等2项成果获国家电网公司科技进步二等奖，《1000kV架空输电线路铁塔组立施工工艺导则》等3项标准获技术标准创新贡献奖三等奖。

开展现场建设类专题28项，其中2015年新立项专题5项，验收结题11项。“北斗高分二号遥感技术在特高压工程现场建设中的深化应用研究”，利用北斗和遥感技术实现对施工现场的遥感监测；为解决制约特高压主变压器运输和安装难题，开展解体式特高压交流变压器现场安装实施方案研究；应对北方严寒地区的主设备安装难题，开展高寒地带特高压主设备安装研究；开展全过程机械化施工试点专题。开展特高压线路工程施工技术导向研究。

引导开展科技项目建议申报，“长江中下游江中输电杆塔基础施工关键技术研究”等三项科研建议列入国网科技部2016年科技项目计划，并联合提出项目申请。2项发明专利获得授权，6项实用新型专利获得授权，申请1项发明专利和1项实用新型专利，累计拥有有效专利46项。牵头编制国家电网公司企业标准1项，参与编制电力行业标准1项。15篇稿件被中国电机工程学会年会录用，其中《高寒地带特高压主设备安装研究》等2篇论文被评为年会优秀论文。

党的建设和精神文明建设 开展“三严三实”专题教育，组织开展艰苦奋斗大讨论，开展领导讲党课、专题研讨、民主生活会和整改落实工作。开展共产党员服务队竞赛活动，组织成立锡盟、蒙西特高压工程现场临时联合党支部，发挥基层党组织战斗堡垒作用和党员先锋模范作用。获得“首都文明单位”荣誉称号和“国家电网公司文明单位”荣誉称号。开展道德讲坛等活动，设立文体活动兴趣小组，组织开展乒乓球、羽毛球比赛、摄影比赛，开展太极拳教学、工间广播操、登山拓展、台球竞技等活动。开展争创“最美国网人”活动，华北工程建设部获优秀共产党员服务队，徐国庆获“最美国网人”荣誉，王继纯、王志强获“最美国网人”提名奖。

“十二五”发展回顾 参与建设管理特高压输电线路2×4440km、变电容量1.17亿kVA，直接管理建设特高压输电线路2×656km、变电容量3300万kVA。探索特高压交流工程建设管理模式不断完善和成熟。开展统筹支撑工作模式研究，开展总部协同监督、工程综合计划管理，工程建设管理标准化体系取得了重要的阶段性成果。

科研成果。“十二五”以来，主导开发了电动扭矩扳手、特种基坑开挖机具等新型工器具；推广落地抱杆组塔、GIS安装移动厂房等先进实用技术；系统开展重型货运索道标准化、跨越重要设施技术等基础性研究；试点应用直升机运输材料和组塔、北斗卫星遥感等新技术；完善特高压建设管理统筹支撑工作机制，实现特高压施工装备、技术、管理等全方位创新。组织开展科技专题研究60项；获得国家科技进步特等奖1项、电力行业科技进步奖18项、国家电网公司科技进步奖5项，累计拥有专利50项；累计获得电力行业管理创新成果奖2项，国家电网公司管理创新成果奖2项、管理咨询和调研成果奖6项。

管理制度、技术标准、工作规范。总结特高压工程建设管理经验，落实特高压建设管理新要求，形成以“六统一”标准化手册为统领，涵盖档案、环保、水保等各专业的特高压建设管理标准体系，为统筹支撑工作奠定了制度和规范基础。开展特高压双回路钢管塔施工费等技经标准研究，进一步完善特高压工程计价标准体系。参与特高压技术标准编制和升级，累计形成国家标准5项，电力行业标准9项，国网企业标准34项，获得国家电网公司技术标准创新贡献奖3项。落实人力资源“三全”“三定”“三考”，开展财务一级管理，强化集中招标管理。建立了以特高压建设业务为核心的基础、管理、工作和技术四大标准体系；创新推行综合计划管理，强化整体工作协同。迎接国家审计署、国家电网公司审计检查9次，结合审计检查抓整改闭环和制度执行，建立了以国家电网公司通用制度为主、自有制度为辅的制度体系，规范化管理水平明显提高。

（李　岩）

【国家电网公司信息通信分公司】

单位概况 国家电网公司信息通信分公司（简称国网信通公司）承担国家电网公司投资及组织的骨干通信网以及骨干信息网的建设管理，承担涉及国网总部电网调度和管理通信业务的通信网及骨干信息网的运行和维护等工作，承担国网总部、公司一级部署和相关直属单位信息系统的运行维护等工作，同时承担国网总部信息通信技术支持、科研成果和专利管理等服务工作。国网信通公司设置办公室、计划财务部、安全生产部、人力资源部、离退休工作部、党群工作部和信息通信调度监控中心、信息通信运维检修中心、信息通信工程中心、信息通信技术保障中心（科技成果与专利服务中心）。

2015年，信息通信系统运行率99.98%，通信通道可用率99.99%，信息通信建设任务完成率100%，信息通信服务满意率98%，完成国家电网公司各项考核目标。

人力资源 国网信通公司现有员工251人，其中：职能部门41人，业务中心194人；30岁以下人员占比33%，30～50岁人员占比42%，50岁以上人员占比25%；信息和通信专业占比63%，电力专业占比8%，管理及其他专业占比29%。实施岗位绩效工资制度，改进绩效考核管理，开展“五位一体”协同机制建设，加强业务外包用工管理，实行二线领导干部制度，进一步规范干部人事管理。开展与网省公司双向交流培养，推荐11名员工到国网总部、省公司挂职锻炼，接收省公司6人到国网信通公司挂职交流锻炼。

经营管理 启动调度同质化管理，编制下发调度监控等4个工作细则和检修现场作业等2个工作规范，完成分部、省公司全部32家单位网管终端补齐，组织各省运维人员开展网管培训。落实运维属地化管理，编制印发《通信系统运维作业指导书》等标准化文档，统一属地化运维工作规范，完成北京光环网运维责任移交工作，实现国网直调通信系统属地化运维模式的统一。工程建管一体化创出实效，实行“总部统一组织，国网信通公司总体建设管理，属地信通公司分工负责”的一体化建设管理模式，确保特高压配套通信工程建设顺利推进。客服规范化体系初具雏形，规范“国网统筹管理，省公司分级负责”两级客服体系，组织编制12项一体化客服作业指导书和实施细则，加快推进一线客服资源有效整合。

加强专业管理，开展综合计划管控指标动态跟踪管理，强化预算用款事前审核，初步制定运维标准成本体系，完善“月统计、季考核、年总评”的计划预算管控机制。加强物资采购计划管控和横向协同，开展招标重要事项决策的合规审查，确保招标采购全过程依法合规。牵头完成《直属产业单位“十三五”信息化规划专题报告》《国家电网公司省际骨干传输网专项规划报告》等编制工作，为国家电网公司“十三五”规划提供支撑。完善重点工作“计划—执行—反馈—考核”闭环管理机制，加强重点工作督查督办。加强基础管理。严格办公计算机、公务用车和临时人员餐卡管理，完成白广路办公区办公用房调整。规范保密工作“三大管理”，印发涉密事项目录。加强北京灾备中心园区人员出入管理。组织开展办公类物资、生产类设备资产清查，完善账卡物等基础资料管理。完善各类档案的建档、归档管理，被列为国家电网公司档案管理规范单位。不断改进新闻宣传和信息报送，信息工作连续2年在33家直属单位中名列第四。资产全寿命周期管理体系通过国家电网公司现场评价。加强依法治企。进一步细化明确“三重一大”决策事项清单，完善重要事项请示签报制度。强化纪检、监察、审计、法律协同监督力度，依法治企自查自纠常态化开展，监察监督覆盖范围由招标采购扩大到设备验收、员工招聘、人才评价等领域。

安全生产　强化安全责任意识，开展两轮全员安全知识考试，持续开展安全风险事例调查分析，制定应急响应工作规范，实行安全生产连续百日奖励制度。开展隐患排查，查出8类208项风险点，确保逐项检查、逐项验收、逐项销号。开展“反违章”安全周活动，梳理现场作业制度181项。落实账号权限管理规定，完成1163套操作系统、129个数据库、157个中间件、628 726个各类用户的账号权限检查整改。落实信通调度与电网调度协调机制，强化通信检修计划管理与风险管控，规范方式变更闭环管理。创新信息通信现场作业安全管控模式，结合专业特点落实“两票三制”安全规定。

调度监控　加强调控值班和实时监控，正确指挥处置直调信息系统异常321次、直调通信系统异常181次。有序安排检修工作，全年完成信息检修799次，通信检修1791次。实施龙政光传输系统技术改造，提前完成232条通信通道业务割接，消除超期服役设备隐患。完成西单547通信机房改造，安全准确割接在运业务1657条。开展电子商务平台等一级部署信息系统专项优化，做好集中部署ERP等系统业务运维工作。完成抗日战争胜利70周年保电等重大信息通信保障任务，应对超强台风“灿鸿”“苏迪罗”和华北区域大雪冰冻灾害，完成迎峰度夏、迎峰度冬工作。

工程建设　特高压配套通信工程进入建设高峰期，全年新开工7项，在建通信工程光缆总长度1.82万km。完成“四交五直”年度建设任务，新建光缆3000km，建设通信站点50余个。及时建成投运一体化全景信息应急值守平台系统，组织各省开展会视通二期及数据网优化整合等技改项目建设，组织协调西南分部信息通信系统建设。实现信息化项目管理中心平稳交接，协调推进60余个信息化项目部署上线，完成软硬件资源池、内网邮件升级改造、I6000（一期）等信息化项目年度建设任务。

技术保障　开展金牌用户现场巡检、信息通信服务专项提升等活动，全年完成现场服务9886次。完善会议电视系统运维管理机制，面向全网组织会议电视系统运维提升和技能比武活动，高质量完成各类会议技术保障6170次。规范三线技术支持工作管理，创新组织省公司开展信息系统高级巡检，及时发现问题，促进问题解决。完成中央巡视组进驻期间的技术保障以及全球能源互联网网站开通工作，为国网总部各部门及专业应用提供支撑。

运维检修　梳理形成安全基线库，基线遵从率90.6%，同比提升53.1个百分点。持续开展系统补丁安装、漏洞修复等工作，主动排查4项首发漏洞，整改漏洞1600余项，深入排查分析堡垒机修改服务器密码、系统木马上传等异常事件。开展对外网站（系统）安全整治工作，消除安全薄弱环节。联合各省信通公司，组建国家电网公司信息安全内控（蓝队）联盟，开展红蓝队攻防演练。依托实验室开展16个项目测试，提升信息安全防御能力。

科技创新　牵头承担的2项国家科技项目通过验收，21项信通公司科技项目按计划推进。开展信通专业新技术跟踪研究，提供深度报告32篇。组织各省公司及直属单位完成47项通信技术标准制度的制定、修订。超长距光通信技术研究试验取得突破，在实验环境首次成功实现100G单波单跨627km无中继光纤传输。组织编著《特高压大电网系统通信工程技术》，发表科技论文56篇，发布实施行业标准、企业标准各9项，新获科技专利授权12项、软件著作权7项。科研项目先后获得国家电网公司科学技术进步一等奖、技术发明一等奖、专利奖二等奖和北京市科技进步三等奖等荣誉。青年创新创意项目获国家电网公司银奖2个、铜奖1个。制定科技成果指标体系与评价方法，持续推进国家电网公司重点领域专利布局，完成国网总部400项专利权维护工作，助力国家电网公司荣获中国专利金奖。搭建查新协作平台，完成查新课题726项。

党的建设和精神文明建设 开展“三严三实”专题教育。组织党员干部学习教育，召开专题民主生活会，开展党员“改进作风”承诺践诺活动，梳理整改“不严不实”问题。严肃党的政治纪律、政治规矩，坚持“党政同责”，落实党组主体责任和纪委监督责任，实行“一岗双责”。严格落实中央八项规定。建立重要节假日廉洁警示提醒制度，将廉政风险防控和安全生产工作同部署、同安排。按季度组织开展八项规定执行情况自查，实行零报告制度。严格控制“三公”消费，“三公”费用列支大幅削减。贯彻落实《准则》和《条例》，坚持高标准，严守纪律底线。加强队伍建设。加大专业培训力度，加强骨干员工轮岗交流锻炼，开展“五比一创”技能竞赛，创建3个劳模创新工作室，举办青年创新创意大赛，组建共产党员服务队，增建南城离退休活动站。

“十二五”发展回顾 截至2015年年底，一级骨干通信系统共有光传输设备829台套，设备总台套数是“十一五”末2.3倍。一级骨干通信系统使用光缆共计71 964.47km，同比增加246.09km，光缆总长是“十一五”末的1.9倍；一级骨干通信系统共有光通信站471个，站点总数是“十一五”末的1.9倍。国家电网公司数据通信骨干网共有路由器设备489台，设备总数是“十一五”末的1.7倍，共承载10类VPN业务。一级骨干通信系统共承载保护、安控、调度数据网、调度交换等生产业务966条，业务总条数是“十一五”末的1.6倍。国网信通调度监控信息系统1392套，其中监控全网信息系统（不含直调）1173套，监控直调信息系统219套，负责运维信息系统219套。累计建成“三交四直”特高压配套通信工程以及青藏联网、川藏联网工程配套通信工程。工程建设221.5G光传输单跨距离突破400km，实验室单波100G系统实现单跨628km传输，创造世界纪录；工程建设管理精益求精，强化工艺管控和现场安全风险管控，为重大电网工程顺利投产做出贡献。会视通会议系统建成，覆盖国网总部，所有分部、省、地市，18家国网直属单位以及194个县公司，最大同时在线会场数2110个，参会人员超过6万人，打造了企业级一体化、网络化、自助化、规范化的统一公共视频服务平台。

（黄　荷）

中国南方电网有限责任公司

【公司概况】 中国南方电网有限责任公司（简称南方电网公司）是根据国务院关于电力体制改革的统一部署和国务院《关于印发电力体制改革方案的通知》（国发〔2002〕5号）、国务院《关于组建中国南方电网有限责任公司有关问题的批复》（国函〔2003〕114号）和国家发展和改革委员会《关于印发〈中国南方电网有限责任公司组建方案〉和〈中国南方电网有限责任公司章程〉的通知》（发改能源〔2003〕2101号）等文件精神，由广东省、海南省和国家电网公司在广西、贵州、云南所属电网资产为基础组建的国有企业。经国务院批准，2002年12月29日挂牌成立，2004年6月18日完成工商注册登记。总部设在广州市。属中央管理，在国家实行计划单列，财务关系在财政部单列，由国务院国资委履行出资人职责。根据《关于中国南方电网有限责任公司部分权益协议转让有关问题的批复》（国资产权〔2006〕1480号）和《关于调整国家电网公司所持中国南方电网有限责任公司部分股权有关事项的通知》（国资收益〔2012〕1117号），南方电网公司注册资本为人民币600亿元，各方比例为：广东省38.4%，中国人寿保险（集团）公司32%，国务院国资委26.4%（暂时由中国国新控股有限责任公司代持），海南省3.2%。

2015年，南方电网公司保持安全稳定运行，全系统没有发生电力安全和设备事故，三级及以上电力安全事件同比下降43%；最高统调负荷1.42亿kW，增长4%。全年完成售电量7822亿kWh，下降0.5%；西电东送电量1891亿kWh，增长9.8%；营业收入4694.26亿元，减少1%；利润总额193.69亿元，增长29.28%，创历史最好水平；经济增加值（EVA）57.3亿元，增加10.3亿元；固定资产投资834亿元；资产总额6400.10亿元。南方电网公司连续9年获得国资委经营业绩考核A级，并荣获中央企业经济效益突出贡献一等奖。在世界500强企业排名中列第113位，比2014年上升2位。南方电网公司在广东、广西、云南、贵州以及广州、深圳社情民意机构客户满意度调查中位列第一。

【领导班子】 2015年，南方电网公司领导班子发生调整。4月30日，免去肖鹏、祁达才的中国南方电网有限责任公司党组成员、董事、副总经理职务。7月13日，杨志宏任中国南方电网有限责任公司党组成员、党组纪检组组长，免去孙晓毅的中国南方电网有限责任公司党组纪检组组长职务。7月14日，曹志安任中国南方电网有限责任公司董事、党组副书记，免去钟俊的中国南方电网有限责任公司董事、党组成员职务。7月29日，曹志安任中国南方电网有限责任公司总经理，钟俊不再担任中国南方电网有限责任公司总经理职务。12月11日，江毅、陈允鹏任中国南方电网有限责任公司党组成员、副总经理，免去王久玲的中国南方电网有限责任公司党组成员、董事、副总经理职务。

截至2015年12月30日，南方电网公司领导共9位：

公司党组书记、董事长：赵建国

公司党组副书记、董事、总经理：曹志安

公司党组成员、副总经理：王良友

公司党组成员、副总经理：贺锡强

公司总会计师：李文中

公司党组成员、副总经理：杨晋柏

公司党组成员、党组纪检组组长：杨志宏

公司党组成员、副总经理：江毅

公司党组成员、副总经理：陈允鹏

【组织机构】 南方电网公司总部设有21个部门，以及南方电网电力调度控制中心（与系统运行部合署）。下设超高压输电公司、调峰调频发电公司、教育培训评价中心（南方电网公司党校、干部学院）、招标服务中心4家分公司，广东电网公司、广西电网公司、云南电网公司、贵州电网公司、海南电网公司、广州供电局有限公司、深圳供电局有限公司和南方电网国际有限责任公司［南方电网国际（香港）有限公司］8家全资子公司，以及南方电网科学研究院有限责任公司、南方电网综合能源有限公司、南方电网财务有限公司、南方电网传媒有限公司和鼎和财产保险股份有限公司等5家控股子公司。详见2015年南方电网公司组织机构图。

【安全生产】 加强系统运行风险的动态闭环管控，全年制定并落实防范电网10大运行风险的43项重点工作、278项措施，有效化解22次一般及以上事故风险。开展差异化运维和规范化检修，发现并处理紧急重大缺陷及隐患2587项。探索运用“机巡＋人巡”的巡维模式，完成6.7万km输电线路机巡工作，累计发现并解决缺陷和隐患2.5余万处。完成抗日战争胜利70周年纪念活动、博鳌亚洲论坛等16项重大保供电工作。发挥“灾前防、灾中守、灾后抢”的防灾应急机制作用，成功应对强台风“彩虹”的猛烈袭击，在较短时间内全面恢复了447.3万户受影响客户的供电，特别是在龙卷风导致500kV广南站全站失电压事件中，广州供电局5h即恢复客户供电，5天全面恢复电网正常运行，创造了特大型城市电网在极端故障下复电的“南网速度”。

【电网发展】 在电网建设投资方面，在年初700亿元投资计划的基础上，追加投资134亿元，争取国家专项建设基金，加强重点项目和城乡配电网建设。完成2015年第一、二批中央农网改造升级投资59.5亿元，完成率100%。在电网规划方面，完成南方电网公司“十三五”电网规划研究，滚动修编《南方电网发展规划（2013～2020年）》，采取6项重要举措加快电网建设进度。

在电网建设方面：5月30日，普侨直流普洱接地极投产，为迎峰度夏期间满负荷送电创造条件。6月30日，500kV滇南外送二回交流工程投产。11月30日，清远抽水蓄能电站1号机组投产。海南联网二回工程、梅州抽水蓄能工程、阳江抽水蓄能先后于9、10、11月开工建设。12月28日滇西北—广东±800kV特高压直流工程获国家发展改革委核准。广东500kV纵江变电站工程、云南500kV建塘输变电工程荣获“鲁班奖”。在管理方面，深化标准设计和典型造价V1.0应用。加强物资招标采购规范化、集约化管理。网、省两级物资采购集中度达90.4%。

【客户服务】 强化客户停电集中监控，加强配网运行管理和故障情况下快速复电机制建设。推广带电作业，全网实施配网带电作业5.72万次，同比增加23.1%。开展业扩报装、电能质量和用电安全三项治理，解决用电受限、停电频繁、电能质量低等问题。加快解决业扩报装受限，提高业扩效率。全年全网解决业扩报装受限问题117宗，解决受限容量49万kVA，增供电量10亿kWh。全面推行业扩标准化管理，动态监控大客户业扩报装进度，业扩时间平均缩短46天，增加销售电量24亿kWh。以实现“家门口接电”为目标，在广东地区将业扩投资界面延伸至客户建筑的土地产权红线，截至2015年底为客户节约投资11.2亿元。全年接收客户工程资产119亿元。推行营销标准化、专业化、集约化管理。创新服务渠道，整合优化实体营业厅，开通互联网、微信营业厅等服务渠道，非现金交费客户比例达到85%。全年客户平均停电时间9.93h，同比下降14.4%。中山、佛山、江门、深圳、玉溪供电局进入全国供电可靠性十强。第三方客户满意度79分，接近国际先进水平；南方电网公司在广东、广西、云南、贵州以及广州、

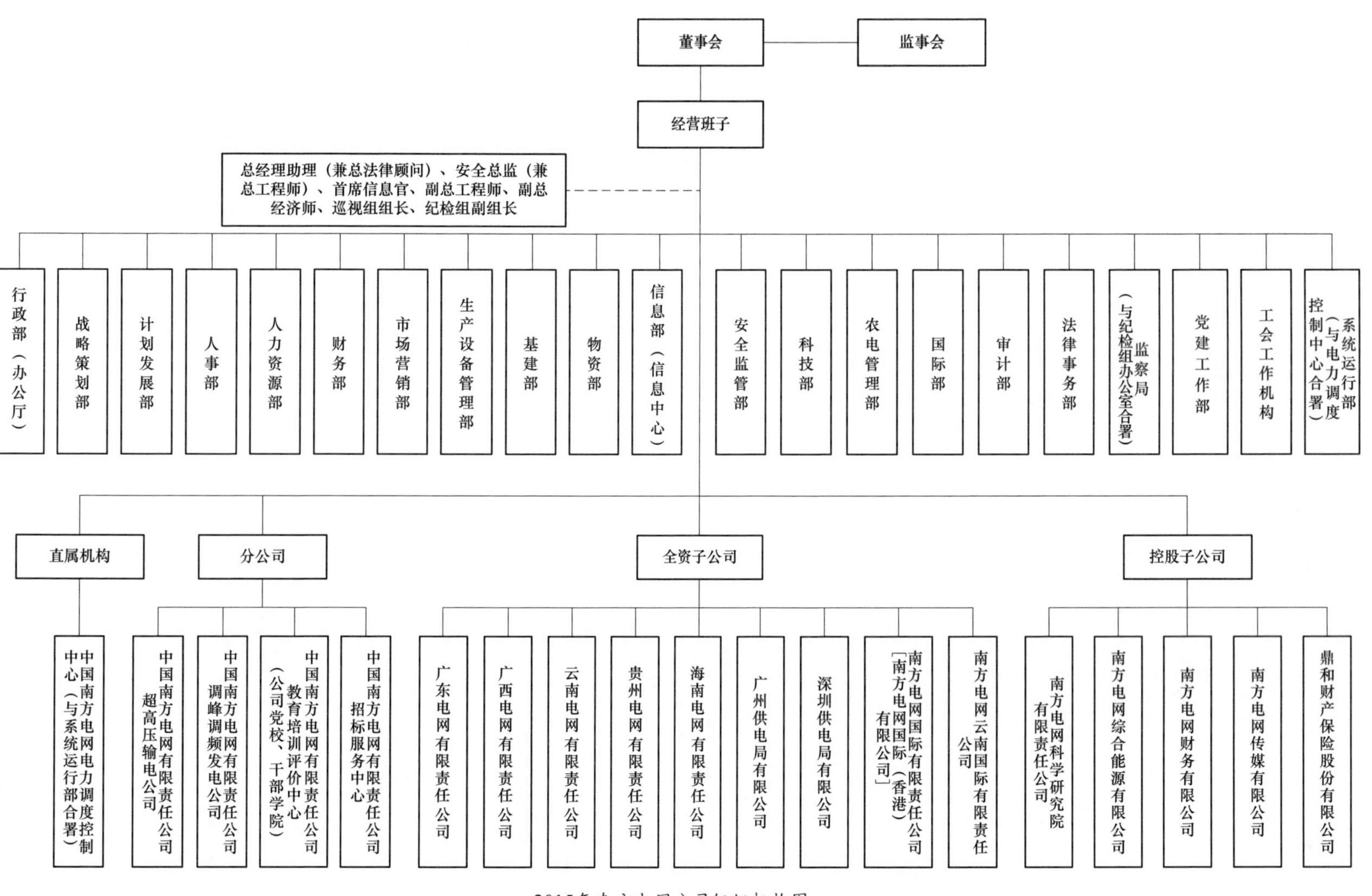

2015年南方电网公司组织机构图

深圳社情民意机构客户满意度调查中位列第一。

【稳增长工作】 落实国资委关于全力以赴稳增长的要求，开源节流、降本增效。强化全员、全要素、全过程成本管控，成本费用占营业收入比重同比下降1.13个百分点。探索电力市场化机制，明确西电东送市场化交易的电量及电价机制。全年增送云南富余水电60.5亿kWh，全年购水电比重达到40.4%，同比提高3.4个百分点，购电成本大幅降低。做好电费回收，当年电费回收率99.9%以上。落实中央八项规定精神，办公、差旅、会议、业务招待、出国等五项费用同比下降5.2%。开展亏损企业专项治理，逐户制定和落实扭亏脱困方案，亏损面和亏损额分别下降34%、20%。推进“两金”清理，“两金”余额下降11.6%。强化闲置物资再利用，严格规范固定资产报废管理，报废资产净值率降低0.8个百分点。加强资金集中管理，取得运作收益22.8亿元。加大资本运作力度，通过盘活可出售金融资产，增加投资收益12.7亿元。南方电网公司财务绩效评价被国资委评为优秀。配合做好国家审计署开展稳增长政策落实情况等跟踪审计，加大内部审计力度，全年完成审计项目1378项，纠正违规金额4.12亿元，促进增收节支1.19亿元。加强法律案件管理，避免和挽回经济损失7.96亿元。

【深化改革】 配合国家部委研究制定《关于推进电力市场建设的实施意见》等6项改革配套政策。成立6个改革专项工作组，组织专题研究贵安新区、广州开发区配售侧改革试点，以及滇西北项目混合所有制改革等有关问题。应用深圳改革试点经验，配合做好云南、贵州输配电价改革试点准备工作。在广东、广西、云南、贵州成立电力交易中心，广东电力交易技术支持系统成功上线运行，全年全网组织市场化交易电量880亿kWh。各省区推进省内电力直接交易试点，全年直接交易电量741亿kWh，电价平均降低7分/kWh，累计减少客户电费52亿元。开展混合所有制试点，牵头组建合资公司运营的深圳前海蛇口供电有限公司，成为国家电改文件出台后第一家增量配电网混合所有制现代城市供电企业。针对88个地市级供电局、232个县级公司的职工持股企业实施开展3轮排查及6轮整改，完成相互占用资产1.14亿元、主业职工违规持股1.81亿元的清理整顿。落实央企负责人薪酬制度改革要求，进一步规范、理顺收入分配秩序，向生产单位和基层一线倾斜，基本形成合理有序的收入分配格局。

【科技发展与创新】 2015年，南方电网公司12个国家863计划项目全部按期通过国家验收。“直流输电技术”实验室入选国家重点实验室。全年获得授权专利2427件，同比增加58%，其中发明专利772件，同比增加79%；年度发明专利授权量在中央企业中排名第14位。获省部级以上科技奖励41项，“多维信息交互电网保护与控制”成果获中国电力科学技术奖一等奖，“大容量高电压多端柔性直流输电”成果获中国机械工业科学技术奖一等奖。职工创新3项成果获得全国能源化工系统优秀职工技术创新成果奖，54项成果获得全国电力职工技术成果奖。

【国际合作】 完成南方电网“一带一路”电力合作规划研究并上报国家能源局。开展海外工程承包和资产并购，正在开展境外电力合作重点项目总投资156亿元，带动116亿元的国内施工、技术、服务、装备等进入国际市场。其中，越南永新电厂一期BOT项目于7月开工建设，老挝南塔河1号水电站提前一年实现截流。老挝北部电网EPC项目10月竣工投运。中老、中缅、中泰联网项目前期工作加快推进。深化与周边国家交流合作，为老挝培养38名电力专业留学生及近百名电网技术人员。根据国家能源局安排，作为组长单位牵头组织3600万元电力物资，支援缅甸抗击特大洪灾。推进大湄公河次区域（GMS）的电力合作，倡议发起周边国家电力企业高峰会第二届峰会。调整优化南方电网公司驻外办事机构，成立南方电网公司国际情报中心，完成南方电网公司驻泰国、越南、老挝、缅甸办事处的组织机构建立。整合境外电力合作项目资产，将广东、云南跨境购售电资产分别划转至南网国际公司和云南国际公司。组建跨境资金池，打通境内外资金融通渠道。南方电网公司获得标普、穆迪、惠誉三大国际评级机构给予的国家主权级最高信用评级。

【节能减排】 强化节能发电调度管理，全年减少标准煤消耗1505万t，减少二氧化碳、二氧化硫排放分别为4003万、37万t。单位发受电量化石能耗144g/kWh，同比降低28g/kWh，远低于全国平均水平。配合政府做好“十三五”新能源发展规划研究。支持新能源有序协调发展，全年全网新增风电装机容量288万kW、光伏发电装机容量67万kW，同比分别增长37.5%、68.7%。深化线损“四分”管理，全年综合线损率6.72%，下降0.22个百分点。编制南方电网公司支持电动汽车充电基础设施建设方案，合理布局充电服务网络；全年完成充电19万车次，充电电量458万kWh。实施合同能源管理，全年客户侧节约电量8.78亿kWh，超额完成国家节约电力电量“两个千分之三”目标。

【创先工作】 完善一体化作业标准体系，制定南方电网公司一体化作业标准体系推广应用指导意见，推进作业标准本地化。全年优化作业标准53 832份，实现基层各项业务的全面覆盖。编制全网统一的指标体系。首次在总部层面开展班组管理通用记录优化工作，将现行 83 项班组管理通用记录优化精简至 18 项，减轻基层负担。推进农电规范化建设，加强供电所基础管理。推进企业管理信息系统 2.0 版建设，年底前实现全面投运。资产、营销、人资、财务管理四大信息系统完成上线试运行，覆盖 90%以上的单位和 90%以上的业务，各系统核心业务功能模块基本实现全员应用。推进企业级数据库和中间件国产化工作，形成一批具有自主知识产权的信息化成果。

【党建工作】 全面落实从严治党，加强思想建设，在全系统建立起政治学习常态机制。各级党组（党委）中心组认真贯彻习近平总书记系列重要讲话精神，在全系统开展“三严三实”专题教育，加强不严不实问题整改，抓好《党章》《准则》《条例》学习，严肃党的政治纪律和政治规矩。组织近 200 名南方电网公司党组管理干部分 4 期到中国井冈山干部学院进行党性修养提升轮训。强化基层党组织建设，编制《党委书记工作手册》和《党支部书记工作手册》，制订《基层党委书记工作到位标准》，促进党建工作责任落实。试点开展基层党组织书记述职考核评价，并对南方电网公司三级、四级单位党组织书记进行为期一周的轮训。完成 91 个党委、266 个党支部的换届选举整改工作，总体完成率达到 100%。向中组部报告的工作经验《落实管党责任　强化工作指导　南方电网公司有序推进基层党组织换届选举》，首次入选中组部《全国基层组织建设工作情况通报》。落实党管干部原则，严格做到干部档案“凡提必审”、个人有关事项报告“凡提必核”。对 2010 年以来南方电网公司党组管理干部中 6 名人员“带病提拔”“带病上岗”问题进行倒查和追责。2015 年南方电网公司选人用人工作满意度达 98.93%，为历年最高。

【中央巡视整改和纪检监察工作】 落实中央巡视组反馈意见，开展工程项目和设备采购领域权力寻租、电力营销领域权力寻租、企业奢侈浪费、领导人员亲属违规经商办企业、主业向职工持股企业输送利益五个专项治理，立行立改的整改任务全部按期完成，常态化工作持续推进。认真处置中央巡视组移交的信访举报件。抓好“两个责任”落实，全面开展党组（党委）书记、纪检组长（纪委书记）约谈工作；实行纪检组长（纪委书记）对同级领导班子成员廉洁评价制度。加大自主查办案件力度和违反中央八项规定精神问题的查处力度。加大内部巡视力度，实现对分、子公司巡视的全覆盖。

【队伍建设】 加强人才队伍建设和精神文明建设。对 50 名优秀年轻干部进行素质再提升集中培训。深化全员绩效管理，业绩考核覆盖率达到 100%。严格技能岗位资格准入管理，一线技能人员持证率达到 100%。完成 82 个技能实训室建设，举办各类培训班 8239 期，培训 62.2 万人次。广泛开展劳动技能竞赛，涌现出一批行业领先的技术能手。

【超高压输电公司】

公司概况　超高压输电公司是南方电网公司的分公司，在原国家电力公司南方公司的基础上改组成立，于 2003 年 2 月 16 日正式挂牌运作，负责建设、运营、维护和管理南方电网跨省区骨干网架和重要联络输电线路。截至 2015 年底，超高压输电公司管辖的西电东送主通道形成了“八交七直”的网络结构，即 500kV 天广交流一、二、三、四回，500kV 贵广交流双回，施贤线双回等八条交流输电线路，以及 ±500kV天广直流、高肇直流、兴安直流、牛从甲、乙直流，±800kV 楚穗直流、普侨直流等七条直流输电线路。西电东送能力（送端）达到 38 600MW［向广东送电能力（受端）达 31 410MW］。500kV 及以上线路长度合计 18 440km，其中 800kV 特高压线路 2788km，500kV 海底电缆 31km，500kV 及以上线路占全网 40.7 %。拥有 500kV 变电站 18 座（花都、福山、青岩、黎平、崇左、独山、南宁、来宾、桂林、柳东、河池、平果、百色、永安、梧州、贺州、罗平、武平），500kV 及以上换流站 12 座（马窝、广州、高坡、肇庆、兴仁、宝安、牛寨、从西、楚雄、穗东、普洱、侨乡）、500kV 串补站 7 座（平果、百色、河池、砚山、桂林、贺州、玉林），变电容量 32 500MVA，换流容量 28 883MVA（单端），串补容量 7516Mvar。2015 年超高压输电公司完成售电量 1729 亿 kWh，实现主营业务收入 601 亿元，实现利润 7.53 亿元，EVA 3.99 亿元，完成考核指标。资产总额 571 亿元。

领导班子

总经理、党委书记：宫宇

党委委员、副总经理：庞准

党委委员、副总经理：俞彦

党委委员、副总经理：赵建宁

党委委员、纪委书记：黄立新

党委委员、副总经理：杜鹏

党委委员、总会计师：唐忠良

党委委员、工会主席：卢文生

总经济师：邓庆健

组织机构　超高压输电公司本部设办公室（小型基建部、新闻中心、档案管理中心挂靠办公室管理）、企业管理部、计划发展部、人力资源部（社保中心、年金中心合署）、财务部、生产设备管理部、安全监管部、科技部、基建部、审计部、监察部（纪委办公室合署）、党建工作部（直属党委办公室、团委合署）和工会工作部（离退休人员管理中心挂靠工会管理）13 个职能部门，信息通信运维中心、物流服务中心、培训与评价中心3个直属机构，以及海南联网工程项目部（简称海南联网项目部）、溪洛渡右岸电站送电广东双回±500kV直流输电工程项目部（简称溪洛渡项目部）、糯扎渡送电广东±800kV特高压直流输电工程项目部（简称糯扎渡项目部）、金沙江中游电站送电广西直流输电工程项目部（简称金中项目部）、云南鲁西背靠背直流异步联网工程项目部（简称异步联网项目部）、滇西北送电广东±800kV直流工程项目部（简称滇西北项目部）6个业主项目部。下设二级机构，包括广州、贵阳、昆明、南宁、柳州、梧州、百色、天生桥、曲靖、大理10个超高压局（其中广州、贵阳、昆明超高压局为特大型企业；广州超高压局设海口分局，贵阳超高压局设黎平分局）、检修试验中心（品控技术支持中心、机巡作业中心合署）。另设有5个专业公司，包括广东南方电力通信有限公司、广东南电物资有限公司、广东天广工程监理咨询有限公司、广东美居物业管理有限公司、广东新天河宾馆有限公司。截至2015年12月31日，超高压输电公司有员工5058人，其中劳动合同制员工3334人。全口径统计，本科学历2150人，研究生及以上学历379人；中级及以上职称员工1033人；40岁以下员工3347人。

安全生产 2015年未发生事故和一级事件。事件总数和三级以上事件数同比下降25%和31%，实现连续三年双降。直流综合能量可用率为96.81%，连续4年保持在96.5%以上较高水平；单回直流年平均闭锁、临停次数分别为2.5次和3.7次，同比下降均超过30%；主设备综合可用系数达99.91%；继电保护正确动作率99.94%，故障快速切除率、安自装置正确动作率100%；生产实时控制业务通信通道平均中断时间0min；关键应用系统可用率99.94%。全年发生直流闭锁18次，同比减少8次。

风险管控 落实防范电网10大风险防控措施，实行“分层、分级、分类、分专业”动态管控。按期完成不正确动作可能导致系统失稳的87个交流间隔、16套安自装置的出口传动试验。对11组15处重大线路交叉跨越风险点开展走线检查和压接管X射线探伤。防控了翁源接地极与油气管网交互影响带来的安全风险。针对普侨无接地极运行电网风险，提出11项校核建议，促使南方电网公司运行方式重大修正，形成“两阶段、四要素”运维体系，实现无接地极方式安全运行213天。

设备管理 优化运维策略，全年开展直流Ⅰ、Ⅱ级设备特巡16 895台次。实施特殊线路区段动态巡维管控，清明节期间通道内发生的65起山火均得到及时处置。强台风“彩虹”过后，对500kV福港线开展风后直升机巡视，及时发现紧急缺陷，避免事故发生。制定设备风险防范措施并抓好落实，完善运维手段，初步建成运维自动化系统。

科技工作 国家863计划课题按期通过国家科技部验收。年度入库科技项目数和资金数保持增长，重大科技专项占整个南方电网公司的1/3。换流阀特种作业工具等4项成果纳入南方电网公司重点推广目录。专利授权数与申请数分别同比增加38%、42%。输电线路参数测量成果获南方电网公司科技进步一等奖。“直流设备状态评估与故障诊断实验室”成为南方电网公司第5个重点实验室。应用“众包”模式开展前期研究，实施科技提升措施56项。

电网建设 2015年超高压输电公司固定资产投资87.42亿元（含小型基建），续建、新建及建设准备工程共18项。完成滇西北直流工程、海南联网二回工程、滇南外送二回工程、靖西至崇左输电工程的核准支持文件办理。全年开工项目7项，投产项目7项，进度计划完成率100%。

全年完成电网建设投资83.136亿元，完成率101.14%；进度计划完成率100%；投产计划完成率100%；人身死亡人数为0；WHS合格率98.41%；工程造价控制指标97.5分，均优于年初设定目标。实现了滇南外送二回通道投产、罗平、永安主变压器扩建项目投产。

经营管理 2015年，超高压输电公司完成售电量1729亿kWh。实现主营业务收入601亿元。实现利润7.53亿元，EVA 3.99亿元，完成考核指标。资产总额571亿元。综合线损率5.59%，低于考核值0.06个百分点。单位可控成本17.47亿元，低于考核值2.43亿元。报废资产净值率8.12%，低于计划值9个百分点。全员劳动生产率174.7万元/人年。万元固定资产售电量21.45千kWh/万元。信息化评级继续保持A级。

压缩非生产性支出，节约供电成本2.5亿元，其中五项经费同比下降18%。促成“两渡”直流、金中直流等项目融资合同利率下浮，年节约利息约0.6亿元。加强税务筹划、资金管理和保险理赔，取得管理效益1.5亿元。完成“两金”压降5%目标。应用自动电压无功控制系统，减少电量损耗1.7亿kWh。完善计量检定管理体系，完成16所变电站共858台（组）计量设备的自主检定，占比56%，超额完成年度目标。

制定并全面推进依法治企工作实施计划。研究制定企业经营管理负面清单1729项，首次建立制度监控清单。修订合同、招投标、供应商管理等一系列制度。管理制度、重要经营决策、合同法律审核率保持100%。开展严肃财经纪律和“小金库”专项治理、财务信息化安全自查及整改工作。配合完成南方电网公司2015年例行审计，完成23项内部审计及海南联网工程、西电东送网络完善工程竣工决算审计整改。

资产、营销、财务、人资、GIS企业级管理信息系统按期实现上线运行，系统覆盖率等各核心指标均达到100%。优化一体化作业标准体系，发布管理制度22项，编制本地化业务指导书562项、作业指导书5626项，实现一体化作业标准在基层的全面覆盖。加强一体化规范化管理，梳理例行任务，优化重点任务框架。完善组织绩效考核标准，精简班组记录。完成超高压输电公司“十年志”编制。

节能降耗 在年度计划基础上，充分利用通道富余送电能力，组织开展云南送广东市场化电力交易，消纳云南富余水电61亿kWh；抓住红水河流域来水偏丰有利契机，优化送电安排，超年度计划消纳天生桥、龙滩水电站电量85亿kWh。组织签订海南、广东互送电能协议，向海南送电10.3亿kWh，缓解海南电源性缺电矛盾。应用AVC系统等技术手段，配合总调优化交直流系统功率分配，节约线损电量9.1亿kWh。在售电量同比增长12%情况下，主网架综合线损率5.59%，比南方电网公司年度考核指标低0.06个百分点，同比低0.08个百分点。

队伍建设 组织实施员工培训127期4619人次，培训覆盖率100%。以生产技能和安全意识为重点制定实施了新员工三年培训计划。实施分专业的高水平技术技能人才培养。组建讲师团开展巡讲10期。立足岗位开展“中国梦 劳动美”等系列技能竞赛、技术比武和劳动竞赛。

推广岗位绩效评价指标体系，开展1081人次技能人员及生产辅助人员的岗位胜任能力评价，评价合格率95.7%。实施规范劳动合同管理专项整治。首次印发《超高压输电公司员工手册》。实施薪酬分配改革，持续向基层倾斜，一线员工收入稳中有增。

党建和党风廉政建设 梳理党建工作重点任务26项，制定配套措施和要求97项，分层级编制工作指标表和工作任务表，开展季度考核，实施问题反馈、专项抽查与跟踪督办。连续两年以述职评议方式开展基层党委书记年度考评，构建党委、支部、党员三级闭环考核体系。完成超高压输电公司系统党组织的换届改选。创新开展“支部建在站上”专项工作，在具备条件的19个换流站、变电站上建立支部。

开展“三严三实”专题教育。推广应用南方电网公司《基层党委书记工作手册》和《基层党支部书记工作手册》，开展党组织书记到位标准大讨论和问卷调研；编写应知应会培训课程及考查题库，轮训和普考相结合提升党组织带头人能力素质。

做好中央巡视组反馈意见整改工作，按计划推进完成对照承接的72项具体措施。健全责任约谈、督促落实和考核机制，约谈基层党委书记、纪委书记15人次，完善年度责任制考核、基层纪委书记述职考核工作机制。党委巡察组对16个所属单位进行全覆盖巡察。开展招标和非招标采购监督，强化7类领域的主要廉洁风险防控。查办信访举报12件、案件1件，严肃查处违纪违规问题。2015年，超高压输电公司在南方电网公司党风廉政建设年度考核中荣获优秀，列分、子公司第二名。

精神文明建设 运用微信平台、新媒体互动直播等方式展现电力工人风采。组织开展五四青年座谈会、“重走西电东送路”及青年微创新大赛等共青团品牌活动。推进劳模工作室、职工之家建设，南宁局和广州局穗东换流站分获全国模范职工之家和职工小家称号。2015年直流输电设备管理团队、胡蓉分别被授予南方电网公司集体、个人一等功，南宁局覃平当选“感动南网”年度人物。

主要事件

2月5日，超高压输电公司召开2015年工作会议暨三届四次职工代表大会，总经理宫宇作题为《把握新常态 落实“稳进治”以从严治党、依法治企引领西电东送改革发展》的工作报告。

5月27日，超高压输电公司承担的首个国家863课题“含大规模新能源的交直流互联大电网智能运行与柔性控制关键技术”通过国家科技部验收。

5月29日，南方电网主网与海南电网第二回联网工程500kV海底电缆及附属设备国际招标在广州开标。

5月30日，糯扎渡直流工程普洱接地极全面建成投运。

6月12日，云南电网主网与南方电网主网异步联网工程正式开工建设。

6月12日，国家能源局印发《牛从直流单极闭锁故障下入地电流对油气管道安全影响的临时处置措施和应急方案》，翁源接地极与油气管道相互影响问题得到初步解决。

6月30日，南方电网公司重点工程、超高压输电公司首个“3C”绿色电网示范工程——500kV靖西变电站建成投运。

7月9～10日，超高压输电公司召开2015年半年工作会暨7月办公会议，部署下半年工作。

12月29日，滇西北—广东±800kV特高压直流输电工程获国家发展改革委核准。

12月31日，超高压输电公司完成售电量1729亿kWh，超年度计划161亿kWh，同比增长12%。

（辛镇瀚 王洪涛）

【调峰调频发电公司】

公司概况 调峰调频发电公司（简称调峰调频公司）是中国南方电网有限责任公司在鲁布革水力发电

厂（简称鲁布革电厂）、天生桥水力发电总厂（简称天生桥电厂）和广东蓄能发电有限公司（简称广蓄公司）的资产（含股权）基础上组建的专业化分公司，受南方电网公司委托管理以上资产或行使相关的出资人权利。2006年7月，调峰调频发电公司成立，同年11月挂牌，本部位于广东省广州市。

调峰调频公司中文全称为中国南方电网有限责任公司调峰调频发电公司，中文简称为南方电网公司调峰调频发电公司，英文全称为CSG Power Generation Company，英文缩写为PGC。按照南方电网公司的授权进行经营管理，负责南方电网的调峰调频发电业务，统一运营、维护、管理和建设南方电网调峰调频电厂，开展相关的电力购销、调峰调频服务、科学研究、技术开发、咨询服务和培训等业务，开展南方电网公司授权的其他业务，为南方电网公司安全、经济、优质运行服务。

截至2015年，调峰调频公司建成投运的电厂4座，总装机容量672万kW；在建抽水蓄能电站5座，装机容量548万kW；建成国内首个兆瓦级电池储能站深圳宝清电池储能站，投运6MW。

领导班子

总经理、党组副书记：林涛

党组书记、副总经理：刘国刚

副总经理、党组成员：陈涛

副总经理、党组成员：李品清

党组成员、工会主席：李继宝

副总经理、党组成员：李定林

副总经理、党组成员：刘亚军

党组成员、纪检组长：祝谦

总会计师、党组成员：唐生君

组织机构 调峰调频公司本部设办公室、人力资源部、财务部、企业管理部、计划发展部、生产设备管理部、基建部、安全监管部、审计部、监察部、党建工作部、工会工作机构、物资部（与物流服务中心合署办公）13个部门。生产运行基地建设办公室、新闻中心、年金社保中心、建设征地和移民安置工作办公室、离退休管理中心5个挂靠机构；培训与评价中心、物流服务中心、信息通信运维中心（按照二级单位管理）、员工服务中心（暂挂靠办公室）4个直属中心。下设天生桥二级水力发电有限公司（简称天生桥电厂、天二公司）、鲁布革水力发电厂（简称鲁布革电厂）、广东抽水蓄能发电有限公司（简称广蓄公司）、惠州蓄能发电有限公司（简称惠蓄公司，惠州蓄能水电厂）、惠州抽水蓄能电站建设管理局、清远蓄能发电有限公司（简称清蓄公司）、深圳蓄能发电有限公司（简称深蓄公司）、海南蓄能发电有限公司（简称海蓄公司）、阳江抽水蓄能电站项目部（简称阳蓄）、梅州抽水蓄能电站项目部（简称梅蓄）、检修试验中心11个所属单位。

安全生产 安全指标。2015年，调峰调频公司保持安全生产局面的持续稳定，未发生南方电网公司考核的事故事件，未发生电力一级事件。全年共发生五至二级电力安全事件14起，安全事件总数同比减少4起。

生产技术指标。调峰调频公司19项指标（南方电网公司下达的为15项），18项达到或优于计划值，断路器可用系数1项指标低于计划值1.38个百分点。抽水蓄能机组应急响应13次，应急启动35台次，应急启动容量9840MW，成功率100%。生产实时控制业务通信通道继续保持零中断，公司信息化水平达到南方电网A级水平。

电源建设指标。电源建设各项目主要关键节点目标基本按计划实现，总体质量控制（WHS）合格率为99.15%，里程碑进度计划完成率为100% ，一级进度计划完成率为100%。

电厂运行 调峰调频公司各电厂2015年运行正常。全年机组启动成功率99.8%，优于计划值0.45个百分点；机组非计划停运4.23次/台，优于计划值5.77次/台；电厂机组等效可用系数86.98%，优于计划值1.38个百分点；机组强迫停运率0.69%，优于计划值0.26个百分点；220kV及以上继电保护正确动作率93.4%，优于计划值0.4个百分点；全年机组计划停运时间占不可用小时总数的92.1%。

2015年11月30日，清远抽水蓄能电站1号机组投运，调峰调频公司抽水蓄能机组装机达到17台，总装机容量5120MW，常规水电机组10台，总装机容量1920MW。2015年调频调峰公司机组发电启动7545次，同比增加9.47%；抽水启动4103次，同比增加19.38%；机组调相运行3417次，同比增加8.82%。

2015年各电厂按计划完成27台机组设备、25台主变压器设备、155条线路的预试定检工作，完成2台机组大修，1台机组扩大性小修，22台机组小修。组织开展121项变电设备和328台次机组设备的特巡特维工作。

设备管理 2015年累计修订14项设备管理制度、2项业务指导书，新增4项管理制度、7项业务指导书，废止22项管理制度。修编设备检修管理实施细则和设备检修质量管理业务指导书；完成水轮机、发电机、输变电设备等18类设备的检修规程编制；完善设备检修维护手册，编制发布6类44份输变电设备检修维护手册，编制完成5类31份发电机、水轮机设备及相关辅助设备的检修维护手册。

首次组织公司层面的检修计划审查，组织编制未来5～10年设备检修规划及“十三五”技改规划。完成天生桥电厂闸门井检修、500kV GIS 开关大修、广蓄B厂套管改造等一批重要设备检修技改工作的监督指导。制定年度检修计划 56 项、预试定检计划 198 项，全年完成检修 54 项、预试定检 207 项，其中机组 A 修 2 项、B 修 1 项，C 修 22 项。设备检修、预试定检项目均按期完成。

编制发电设备运维策略，编制发电设备状态评价导则、缺陷定级标准、风险评估标准等技术标准，发布发电机、水轮机、励磁、SFC 等 8 类设备的状态评价导则，制定发电设备运维策略及管控机制文件，规范发电设备状态评价及运维策略管理。制定设备状态监测分析管理系统建设规划，启动设备状态监测分析管理系统的第一阶段建设工作。

制定并完成年度电网和设备安全生产风险防控措施 62 项。加强重大、高危工作现场作业风险督查。

修编完善发电设备缺陷定级标准库，全年消除紧急缺陷 62 项、重大缺陷 11 项，消缺率 100%；消除一般缺陷 1013 项，消缺率 90.98%。

信息化建设 推进 CSG Ⅱ 企业级信息系统在调峰调频公司的落地；加强信息化技术研究与创新，应用虚拟化技术。全面实现调峰调频公司“十二五”信息化规划的建设目标。

科技创新 国家 863 项目“大容量储能系统设计及其监控管理与保护技术”通过验收。2015 年调峰调频公司获得南方电网公司科技奖励成果 4 项（其中科技进步、专利、职创各获三等奖 1 项，技改获二等奖 1 项）；获得授权专利 26 项，申请专利 46 项，获得软件著作权登记 14 项。参与国标建设，完成了四项国标送审稿的预审。

物资管理 一级物资需求计划申报准确率 100%，特殊需求采购率 0%；公司系统物资采购的公开采购率 80%，网省两级物资招标集中度 92%，评标专家出勤率 22%；80%的供货量中供应商数量为 9 家，品控的物资品类覆盖度 100%，品控的供应商覆盖度 100%，7 天准时供货率 100%，物资合同签订及时率 87%；储备物资库存金额占比 99%，库存常规储备物资周转率 15.38%。库存闲置物资金额 0 万元，闲置物资再利用率 100%，库存报废物资金额 0 万元，仓库持证上岗率 44%。

电源建设 截至 2015 年底，调峰调频公司在运的抽水蓄能电站有广蓄电厂 2400MW、惠蓄电厂 2400MW，清远抽水蓄能电站首台机 320MW；在运的常规水电站有天生桥电厂 1320MW、鲁布革电厂 600MW；在运电站总装机容量 7040MW。在建抽水蓄能电站 5 座，分别是清远抽水蓄能电站 1280MW，其中首台机组 320MW 已投产，剩余机组计划 2016 年全部投产；深圳抽水蓄能电站 1200MW，海南抽水蓄能电站 600MW，计划于“十三五”期间投产；阳江抽水蓄能电站 1200MW、梅州抽水蓄能电站 1200MW，计划于“十四五”期间投产。与中广核集团就合作设立的梅州蓄能发电有限公司、阳江蓄能发电有限公司已取得南方电网公司批复。海南抽水蓄能项目混合所有制改革试点工作方案和计划已上报南方电网公司。

经营管理 经营指标。2015 年调峰调频公司常规水电厂上网电量为 113.81 亿 kWh，同比增加 21.3%，完成年度计划 93.31 亿 kWh 的 121.97%。其中，天生桥电厂累计上网电量 86.19 亿 kWh，同比增加 25.7%；鲁布革电厂累计上网电量 27.62 亿 kWh，同比增加 8.45%。抽水蓄能电厂上网电量 42.16 亿 kWh，同比增加 15.89%。

营销工作。开展营销管理系统的承接及本地化新增业务上线试运行，编制营销管理系统推广实施方案。完成鲁布革电厂、天生桥电厂的年度购售电合同，以及广蓄一期 50%容量的服务合同，洽谈并签订惠蓄服务合同补充协议，启动清蓄电站服务合同的洽商及签办。

财务管理。以鲁布革电厂为试点，对日常修理费等 6 项费用性项目开展“费用性项目储备库”建设工作。2015 年资金计划平均准确率超过 98%，资金归集率和银行账户监控率保持在 100%，确保资金安全事故“零”发生。2015 年 9 月 7 日，调频调峰公司财务管理信息系统上线运行。开展“两金”压降专项工作，2015 年两金存量规模累计压降 15.81%。

节能降耗。2015 年调峰调频公司厂用电率持续下降，常规电厂为 0.09%，抽水蓄能电厂为 0.38%。惠蓄电厂厂用电实现自动抄表功能，清蓄电站厂用电系统计量设计变更方案落实，梅蓄电站、阳蓄电站在可研设计阶段完善有关设计变更。提出调峰调频电厂厂用电系统计量设置技术规范。开展抽水蓄能电站绿色指标体系及评价标准的研究工作，制定出系统的、符合南方区域特点的、覆盖电站全生命周期的绿色指标体系及评价标准。

人力资源管理 领导班子建设。截至 2015 年底，公司处级干部 119 人，其中正处级 46 人，副处级 73 人，平均年龄 46.11 岁。修订印发《公司领导人员管理办法》《公司所属单位领导班子和领导人员综合考核评价办法》《公司本部科级干部管理办法》和《公司所属单位科级干部备案管理和报告办法》4 项管理制度。编制印发《公司 2015－2017 年干部教育培训规划》。根据培训规划，举办青年干部培训班、处级干部财务经营管理培训班。

人才队伍建设。编制印发《公司人力资源规划》，对未来十年的人力资源需求与供给进行预测，对新建项目各阶段土建及生产骨干人员调配岗位及数量进行超前谋划。2015年统筹调配47名员工。2015年，调峰调频公司共有技术专家5人，技能专家8人，其中新增4名助理技能专家。2015年新增初级专业技术资格41人，中级专业技术资格66人，高级专业技术资格16人，专业技术资格人数占比为62.71%；新增高级工1人、技师29人，职业技能等级人数占比为23.33%。

劳资管理。编制印发《公司薪酬改革实施方案》，拓展应用到人到岗工资基数核定模式，将调峰调频公司系统所有单位纳入到统一、精准的工资基数核定体系。调整优化创先单位绩效工资倾斜系数，加大工资分配向生产一线岗位倾斜力度。落实调峰调频公司直属中心和项目部薪酬管理模式调整工作，进一步理顺调峰调频公司二级机构收入分配关系。

教育培训。2015年共培训18 603人次，人均培训56.86学时。修订印发《公司教育培训经费管理细则》等4项制度；完成119人公司级内训师选聘；建成“十二五”培训基地规划中16个实训室，惠蓄基地远程视频会议系统建成投运；编制印发《专业技术人员岗位评价标准和培训规范》；开发完成176个技能电子课件。实现培训评价的统计分析、职称评定、技能专家选聘等工作集约化管理；创新实施2015年新员工“三大类别、四个阶段、六个模块”培训与评价；首次自主开展水轮发电机组值班员和水轮机检修工两个工种技师鉴定。“内部课程—内训师—企业岗位经验传承循环机制研究与实践”研究成果获南方电网公司2015年管理创新成果优秀奖。

监察审计 纪检监察工作。严格规范信访举报办理程序，建立信访案件办理集体审议机制。通过开展教育会、约谈、修订规章制度等方式，强化以案治本工作。2015年，下发监察建议书7份，建议否决3个评标结果，将4家供应商列入黑名单。完成71项立行立改任务并持续推进15项常态化整改任务；对9家所属单位开展内部巡视，指出了干部选拔任用、招投标监督管理、固定资产投资等8个方面存在的问题。

审计工作。2015年7～10月，对深圳供电局开展交叉例行审计。根据《调峰调频发电公司党组关于中央巡视组反馈意见的整改方案》安排，对天生桥电厂与鲁布革电厂开展专项审计调查，督促被审单位及时整改。对审计整改实行销号式管理，对2014年以来内外部审计和“整改治理年”发现问题及整改情况进行梳理，实时更新审计整改管理台账，对责任单位进行跟踪检查并形成检查报告。

党建和精神文明建设 党建工作。各级党组织开展“三严三实”专题教育，完成6个基层党委换届改选工作。组织系统内361名科级以上干部签订了《党风廉政建设主体责任书》。2015年开展9个基层党委书记现场述职和18个机关党支部述职考评工作。

企业文化和精神文明。组织拍摄和编写宣传片和风采录，展示广蓄电厂自动化班组作为南网首批班组文化示范点的先进经验和精神风貌。组织9个单位开展第二批企业文化示范单位示范点申报，确定14个示范单位示范点创建单位和班组；调峰调频公司本部和广蓄电厂完成广东省文明单位复查工作，鲁布革电厂获评“南方电网公司2013～2015年文明单位”称号。

共青团工作。“调峰调频青年”微信平台共发布原创图文信息660条，拥有用户885人；开展第二届青年微电影大赛，征集作品11部，拍摄微电影“南网村官”，获南方电网公司职工微电影大赛金奖。组织200余名青年开展指标竞赛活动；开展青年“微创新”大赛，征集创新成果37项，评选出14项获奖成果。“南网哥哥”爱心团队开展活动20余次，服务群众600人次，累计志愿服务时间超600h。召开公司第三次团代会，选举产生调峰调频公司第三届共青团委员会；开展“团干部如何健康成长”大讨论活动，开展专题调研及交流活动9次。

2014年度所获荣誉。2015年，调峰调频公司系统评选出先进工作者30人，先进集体16个，2人获得广东省五一劳动奖章，5人获得广东省职工经济创新技术能手及广东省技术能手称号，1人获得“广东省十项工程劳动竞赛模范工人”称号，鲁布革电厂获得“云南省工人先锋号”称号，信通中心获得“广东省工人先锋号”称号。

主要事件

1月27日，香港中华电力有限公司在广州蓄能水电厂举行“广州蓄能水电厂（一期）二十年运作无工伤事故纪录暨一号机组二十年A级检修10 000工作日无工时损失”安全颁奖典礼活动。

2月3日，调峰调频公司以视频会议形式召开2015年工作会议暨二届三次职工代表大会。总经理林涛做了题为《深化创先 依法治企 全力推动公司科学健康可持续发展》的工作报告，会议表彰了公司2014年度先进集体和先进工作者。

2月10日，调峰调频公司与阿尔斯通水电设备（中国）有限公司、哈电集团现代制造服务产业有限责任公司、ABB（Hong Kong）Limite、东方电气集团东方电机有限公司签订备品配件采购战略合作协议，约定在水电站机组备品配件采购和储备方面达成共同合作意向。

4月9日，由调峰调频公司承担的国家863计划课题“大容量储能系统设计及其监控管理与保护技术”课题通过国家科技部验收。

7月9日，深蓄电站上水库下闸蓄水。

7月29日，广东省发展改革委下发《广东省发展改革委关于梅州抽水蓄能电站项目核准的批复》（粤发改能电函〔2015〕3259号），同意建设梅州抽水蓄能电站，标志着该电站将进入全面开工建设阶段。梅蓄电站是国家发展改革委抽水蓄能电站核准权下放后，广东省发展改革委核准的首个抽水蓄能建设项目，是广东省“十二五”规划的重点项目。

9月30日，南方电网公司召开梅州抽水蓄能电站开工建设动员会，梅州抽水蓄能电站建设全面启动。

10月29日，广东省发展改革委下发《广东省发展改革委关于阳江抽水蓄能电站项目核准的批复》（粤发改能电函〔2015〕4785号），同意建设阳江抽水蓄能电站。

11月23日，阳江抽水蓄能电站召开开工建设动员会。

11月30日，南方电网公司成立后首个全资建设的抽水蓄能电站清远抽水蓄能电站首台机组投产发电。

【南方电网国际有限责任公司】

公司概况 南方电网国际有限责任公司（简称南网国际公司）于2007年2月16日在广东深圳注册成立，是南方电网公司的全资子公司，注册资本金6亿元。南网国际公司经营范围为：跨国（境）输变电项目资产经营；投资与管理电力及相关项目和股权；电力工程承包和劳务合作；对外技术合作与技术进出口；国际贸易；设备成套及货物进出口贸易；中介和信息服务。

南方电网国际（香港）有限公司（简称香港公司）于2005年12月在香港注册成立，是南方电网公司的全资子公司，注册资本金800万美元。香港公司是南方电网公司的境外投融资平台，按照南方电网公司的决策部署投资境外项目，开展境外投融资业务。受南方电网公司委托，南网国际公司负责对香港公司进行日常运作和管理工作。香港公司的经营范围主要包括：境内外电力设施投资、经营与管理；跨国（境）的购售电贸易；境外电力及相关项目和股权的投资、经营与管理；境外电力工程承包和劳务合作；对外技术合作和技术进出口；国际贸易。

领导班子

南网国际公司领导班子成员组成如下：

董事长、党组成员、企业法定代表人：王兵

党组书记、副董事长、纪检组长：梁周

董事、总经理、党组成员：杨华

董事、副总经理、党组成员、总会计师：周佑明

董事、副总经理、党组成员：韩瑞

董事、副总经理、党组成员：张倓志

香港公司领导班子组成如下：

董事长：王兵

副董事长：梁周

董事、总经理：杨华

董事、副总经理：周佑明

董事、副总经理：韩瑞

董事、副总经理：张倓志

组织机构 南网国际公司本部设有办公室、企业管理部、计划发展部、财务部、合约部、工程管理部、物资部7个部门，有分公司2家，境外公司2家，参控股公司4家。香港公司设投资计划管理委员会、资金预算管理委员会。

人员状况 截至2015年末，南网国际公司员工总数148人（全口径，含越南和老挝项目公司）。构成情况具体如下：

（1）公司本部。公司本部98人，其中：劳动合同制员工92人（占比93.88%，含派驻越南项目公司11人，派驻老挝项目公司8人），劳务派遣制人员6人（占比6.12%）。

（2）越南永新一期电力有限公司（简称越南项目公司）。越南项目公司38人。其中：国际公司派驻11人、其他股东方派驻14人、项目公司聘用员工13人（中国籍4人，越南籍9人）。

（3）老挝南塔河1号电力有限公司（简称老挝项目公司）。老挝项目公司31人。其中：国际公司派驻8人，项目公司聘用员工23人（中国籍10人，老挝籍13人）。

业务发展

（1）越南永兴燃煤火电厂一期BOT项目。2015年7月18日，越南永兴燃煤火电厂一期BOT项目开工揭幕仪式在河内举行，项目进入建设阶段。截至2015年底，越南项目总体工程进度完成9%，年度完成总投资2.7亿美元，全年未发生安全责任事件。

（2）老挝南塔河1号水电站项目。2015年5月15日，老挝能矿部正式发函确认特许权协议生效，南塔河项目的所有法律合同文件生效。10月30日，在遭遇了30年一遇超标洪水情况下，导流洞工程完工并具备过流条件。11月6日，工程比原定计划提前一年实现大江截流。截至2015年底，老挝项目主体工程总体进度完成32.41%，年内完成工程投资1.05亿美元，全年未发生安全责任事件。

（3）澳门跨境购售电业务。2015年7月底，南网国际公司与广东电网公司完成澳门送电资产划转，11月完成购电协议和运维协议的签署，与澳方完成了供电合同主体变更。8月开始对澳售电收入由南网国际公司收取。

（4）中亚四国输电项目。按照南方电网公司的统一部署，与特变电工组成联合体开展中亚四国输电项目投标工作。南网国际公司作为南方电网公司内部牵头单位，组织南网科研院、超高压输电公司等专业单位开展工作。联合体于7月8日向业主提交技术标书，成为唯一有效投标方。经三次技术澄清后，12月底提交了更新的技术标书。

（5）进出口贸易和物流服务。承担老挝南塔河1号水电站项目机电设备成套采购工作，并与业主签订了成套设备采购合同；承接了越南项目主机设备集港运输服务，与东方电气签订了集港运输服务合同。

经营管理

（1）战略规划管理。2015年5月，成立南网国际公司发展战略研究工作小组，编制形成南网国际公司发展战略。

（2）人力资源管理。编制南网国际公司2015～2017年定岗定编方案，开展27个岗位的人员招聘工作，引入34名具备相关工作经验、适应岗位要求的人员。制定南网国际公司本部工资方案，统一工资模块和工资结构，统一业绩考核和工资支付方式，实现工资分配管理一体化。开展派驻人员薪酬管理以及项目所在国当地的薪酬调研工作，明确境外公司薪酬管理的原则性事项。

（3）内控及风险体系管理。编制《境外子公司财务管控规定》，对财务综合管理、资金管理、预算管理、重大事项管理等予以明确规定。严格境外银行账户管控，实施资金支付联签制度。启动项目法律风险管理体系建设工作，编制日常经营法律风险管理工具，修订授权委托管理、合同、招标和非招标管理等制度。加强对物资采购、招标管理等关键领域的监督，完成物资管理效能监察工作。组织签订2015年安全生产责任书。组织境外项目公司开展项目危险源、环境因素识别、评价和预控工作。发布《南网国际公司2015年安全生产风险报告》，加强防洪度汛应急管理，落实安全生产风险防范措施。成立全面风险管理小组，梳理公司在投资、经营、安全、法律和财务等方面的风险清单，明确责任主体。

党建和精神文明建设

（1）“三严三实”专题教育。建立健全督导机制，严格执行学习情况报告制度。坚持领导带头讲党课，南网国际公司党组成员及党员干部讲党课共计19人次。开展严以修身、严以律已、严以用权三个专题研讨；对查找梳理74项“不严不实”问题，实行问题清单、责任清单、办结清单“三张清单”工作法进行立行立改。

（2）党建工作责任制。建立党支部书记向南网国际公司直属党委报告党建工作制度。南网国际公司党组全年开展18次集体学习，推动中心组集体学习常态化。严格落实“三会一课”、组织生活会、党员先进性测评等制度。完善南网国际公司党组决策机制和议事规则，规范和约束南网国际公司领导人员决策行为。制定《直属党委境外企业党支部和党员管理暂行办法》，对境外企业党组织的设置、职责和党员管理做出规定。

（3）党员队伍建设。年内各支部开展政治学习232次，集中学习率99.1%。宣传讲解《党委书记工作手册》《党支部书记工作手册》，组织下属单位党支部书记参加基层党组织书记轮训班。实行境外党支部党建工作季度专报机制和党支部书记定期述职、谈心机制。发挥“南网国际党建宣传”微信平台作用，全年共发布专题教育信息300余则，阅读量达1.3万余次。境外企业开展“七·一”重温入党誓言、纪念抗日战争胜利70周年网络祭奠、“心系山区儿童，携手爱心捐助”等特色党日活动。

（4）党风建设与反腐败工作。抓好巡视整改，成立巡视整改工作领导小组，28个整改项目全部完成，并制定和修编18项制度。组织开展“加强纪律建设全面从严治党”为主题的纪律教育月活动，深入学习贯彻《党章》《准则》和《条例》。纪检组长每季度约谈境外项目公司负责人，及时了解境外项目公司党员管理、支部建设以及反腐倡廉工作开展情况。成立南网国际公司监督管理委员会，整合监督力量。开展接待、用车、会议、差旅等相关制度执行情况的专项治理，业务招待费同比下降84.51%，会议费下降72.63%，出国经费同比下降59.50%，办公经费同比下降8.47%。

（5）精神文明建设。组织职工学习党的十八届四中、五中全会精神和习近平总书记系列重要讲话精神。推进职工文化建设和推进南网文化的宣贯、转化和落地工作。2015年，越南项目获得越南工贸部颁发的融资工作突出贡献集体和个人荣誉奖状；老挝项目团队荣获2015“感动南网”团队称号。老挝南塔河1号团队荣获第四届“感动南网”集体奖。

主要事件

4月20日，南网国际公司与老挝南塔河1号电力有限公司签署“老挝南塔河1号水电站项目机电设备成套采购合同”，合同金额4108.56万美元。合同约定由南网国际公司为老挝南塔河1号电力有限公司提供老挝南塔河1号水电站项目的成套机电设备。

5月15日，老挝政府签发确认函，确认老挝南塔河1号水电站项目特许权协议（CA）正式生效。

5月26日，越南项目贷款代理行中国银行胡志明分行向五家贷款银行发出满足融资关闭先决条件通知，越南项目实现融资关闭。6月5日，越南项目融资关闭暨首笔贷款资金放款仪式在广州举行，此举标志着项目开发成功，项目将正式进入开工建设期。

6月11日，香港公司已出售完毕所持有的全部中广核美亚电力股票，获得净回报1.29亿港元，实现回报率75%，对应年化回报率为109%。

6月15～16日，越南项目开工启动会议在现场召开，越南项目于6月16日正式起计工期。7月18日，越南项目开工揭幕仪式在河内举行，中国商务部副部长钟山、国家发展改革委副主任胡祖才、越南工贸部副部长陈俊英、平顺省副省长黄清景、工贸部能源总局局长邓辉强，以及项目投资方代表南方电网公司党组书记、董事长赵建国共同为项目揭幕。

6月25日，经南方电网公司董事会研究决定，将广东电网公司澳门跨境购售电资产划转南网国际公司。7月31日，公司取得经南方电网公司批准的对澳送电整合资产调拨单。从8月1日开始，原值5.57亿、净值3.85亿元的对澳送电资产正式成为公司资产。

7月18日，中共中央政治局常委、国务院副总理张高丽，越共中央政治局委员、越南政府副总理阮春福在中国南方电网公司党组书记、董事长赵建国陪同下看望和慰问越南项目建设人员，并听取了南方电网公司和越南工贸部关于项目进展情况的汇报。

10月29日，老挝南塔河项目通过工程截流验收，提前一年完成工程截流。11月6日，老挝南塔河1号水电站举行截流仪式，老挝政府副总理宋沙瓦、能源矿产部部长坎马尼、波乔省省长康潘、南塔省省长佩塔翁以及中国驻老挝经商参处参赞赵文宇应邀出席，南方电网公司党组成员孙晓毅、南网国际公司董事长王兵、副总经理韩瑞等出席上述仪式。

11月6日，老挝南塔河1号水电站举行截流仪式，项目里程碑进度整整比工程计划提前1年。

11月23日，香港公司与中国能源建设股份有限公司及其承销团队签署基石投资协议，认购6000万美元中国能建即将公开发行上市的股票。

12月16日，标普、穆迪和惠誉三大国际信用评级机构正式发布公告，授予南方电网公司国家主权级国际信用评级，标普AA－/穆迪Aa3/惠誉A＋，南方电网国际（香港）有限公司惠誉评级A。

【南方电网国际（香港）有限公司】 见南方电网国际有限责任公司。

【南方电网综合能源有限公司】

公司概况 南方电网综合能源有限公司（简称南网能源公司）是南方电网公司旗下专门开展节能减排工作的专业子公司，2010年12月在广州挂牌成立，注册资本10亿元，截至2015年12月，资产总额33.4亿元，下辖参控股企业30家。成立以来，相继获得“国家发展改革委备案节能服务公司”“国家工信部推荐节能服务公司”“2014年节能服务公司百强榜第二名”等荣誉，被中国节能协会节能服务产业委员会（EMCA）评为“十二五”节能服务产业突出贡献企业。

南网能源公司以“国内领先 、国际知名现代能源综合服务商”为战略目标，主营“节能服务、新能源开发、能源综合利用”三大板块业务，成立5年来，累计开发节能减排项目600余个，节约电量14.21亿kWh，相当于节约标准煤45.9万t，减排二氧化碳141.67万t；累计为超过5000家大工业客户实施节能诊断，实施工业节能项目424个，开展电机及注塑机能效提升项目百余个，改造容量超过18万kW；承接LED照明节能项目152个，推广LED灯具172万盏，占广东省同期同类项目的60%；托管建筑楼宇面积124万m^2，托管电量达1.9亿kWh；建设分布式光伏发电项目312.3MW，成为国内最大的屋顶分布式光伏发电投资运营商；与珠海、东莞等10余家地市政府签订节能减排战略合作协议，与英美日德等6国13家机构开展国际合作。

领导班子

董事长、党组书记：秦华

董事、总经理、党组成员：周支柱

纪检组组长、党组成员：潘超

副总经理、党组成员：陈庆前

副总经理、工会主席、党组成员：曹重

总会计师：颜朋

副总经理：陈朴

副巡视员：张晓英

组织机构 本部设综合部、人力资源部（与党建工作部合署）、监察审计部、财务部、市场经营部、安全监管部、节能服务事业部、建筑节能事业部、能源综合利用事业部、新能源事业部、节能照明事业部等职能部门，拥有4个分公司，即深圳分公司、东莞分公司、海南分公司、上海分公司。拥有8个控股公司，即综合能源贵州公司、综合能源云南公司、南方电网综合能源广西有限公司、珠海综合能源公司、佛山综合能源公司、广州智业节能科技公司、贵州南能智光综合能源公司、云南广能新能源有限公司。

经营管理

（1）企业管理。完善法人治理体系，规范公司关联交易管理，推动下属参控股单位企业治理规范运作，加强企业规范化管理；搭建公司法律风险跟踪评价及管控平台，健全法律共享中心组织架构，强化所属单位法律风险管控，推行重大投资项目法律顾问制度。

（2）人力资源管理。开展职业经理人薪酬试点工作，提高南网能源公司对优秀人才的吸引力。强化培训体系建设，构建具有南网能源公司特色的培训课程体系。开展分层分类教育培训，全年培训1230人次、培训覆盖率100%。开展关键岗位后备人才培养计划，建立本部与分子公司间人才双向培养机制。

（3）财务管理。2015年，南网能源公司完成扩股增资，资本金由3.5亿元增至10亿元。加强经营情况分析监控，着重于对收入总额、利润、投资计划、应收账款、资金计划等方面的监控分析。优化融资模式和融资策略，探索融资租赁、产业投资基金、PPP等新型融资方式。打开融资成本下行通道，资金成本全面下降。

（4）安全管理。建立健全安全生产制度管理体系，发布安全管理制度17项、作业指导书12项、安全技术交底模板43项，形成具有能源公司特色的安全管理制度体系。全面落实安全生产责任制，强化安全检查大检查，开展全员安规考试。

（5）品牌建设。开展公司品牌创新工作，策划和参与“企业社会责任国际论坛、南网社会责任周、全国节能宣传周、公司五周年”等主题宣传活动，品牌影响力和知名度持续提升，“南网能源”关键字搜索达519万条，被中国节能协会节能服务产业委员会（EMCA）评为“十二五”节能服务产业突出贡献企业。

业务发展

（1）工业节能。开展中石化系统电机能效提升和广东省电机能效提升工作，改造电机和注塑机4605台（18万kW），年节电量可达2835万kWh。实施司法系统高效电磁厨房示范项目推广实施方案，实施肇庆供电局电磁厨房节能改造项目，以合同能源管理等模式创新开展配电节能改造，推动河源供电局配电网电能质量提升试点项目。搭建佛山市电力需求侧管理平台，2015年接入约2万家大工业客户关口数据，完成370多个能效电厂项目备案，具备21万kW需求响应负荷削减能力。整合国际及行业资源，实施广东太古可口可乐、佛山欧神诺陶瓷、中山乐美达注塑机等节能改造项目，服务和推动客户能效提升。

（2）建筑节能。完成南方电网公司生产科研综合基地新技术应用和配套冷源项目95%工程量，与广州大学城能源公司等单位签订合作框架协议，在金沙洲医院等项目开展新商业模式试点，推动商业模式由单一的能源托管向集中供冷BOO/BOT、冷站收购+节能改造等多种模式转变。广州供电局大厦节能改造项目和新技术应用项目获得广州市2015年度节能示范项目，自主研发的“看能”产品获“广东省优秀云计算产品和应用奖”和“十二五节能减排科技创新成果先进技术”称号，并取得节能减排与低碳环保领域（试点）推广协同运用资格。

（3）节能照明业务。开展贵州侗乡大健康产业示范区公共景观和照明节能PPP项目，意向投资额逾5亿元。自主完成南方电网公司生产科研综合基地调度大厅、交易大厅和信息中心的智能照明方案设计和产品研发，开发“乐客思”自主品牌和产品，打造“五位一体”的变电站绿色专业照明解决方案，建成全网首个绿色智能照明变电站——220kV罗涌变电站，申请专利21项。编制的《南方电网变电站照明技术规范》列入南方电网2016年技术标准。与照明产业链上下游380个厂家建立合作关系，建立覆盖照明全领域的优质LED产品库，与广州光亚集团合作成立南网能源光亚照明研究院，搭建高端照明设计的资源整合平台和照明灯光学术交流平台，通过线上微课堂、线下培训班等方式，为照明设计人员、城市管理者等服务对象提供培训约1000人次。

（4）清洁能源开发业务。截至2015年底，并网光伏发电项目244MW，在建项目85MW，2015年新签项目81MW，并开发意向合作项目128MW，成为国内最大的屋顶分布式光伏发电投资运营商。推进台山富华、美的制冷、佛山本田等21个重点项目顺利投产，全球最大单厂分布式光伏发电项目——52.3MW中山格兰仕项目实现投产及并网发电。继续开展桂山海上风电项目核准工作。东澳岛建成风、光、柴、储智能海岛微电网，所有负荷均接入智能电网运行；桂山岛微电网在全面接管用户的基础上，完成智能微电网基建工程，进入全网功能调试和完善阶段。两个海岛全年累计发电1620万kWh，较2014年同期增长179%。

（5）能源综合利用产业。天然气分布式能源方面，广州从化鳌头天然气分布式能源项目建成投产，继续推进广州超级计算中心天然气分布式能源站、广州中新知识城分布式能源站建设，开发深圳低碳城天然气分布式能源项目等一批优质储备项目。生物质能方面，推进广西上思昌菱生物质发电项目建设。瓦斯发电、余热余压利用业务方面，完成云南曲靖呈钢余热发电项目建设，截至2015年底，已建成或即将建成的余热发电项目规模约35MW，累计发电4465万kWh，建设及参股投资瓦斯电站总装机容量达35.2MW，年度累计发电量7085万kWh。

（6）“互联网+”一站式节能服务窗口。以“互联网+”为切入点，打造南度度节能服务网、南电商城、节能APP三位一体的一站式服务平台。截至2015年底，网聚34个省市1157家注册会员，撮合节能项目9亿元；自主研发系列节能及新能源系统，取得8项软件著作权，其中“南度度节能信息公共服务平台”获得南方电网公司2015年科技奖励三等奖。

党建和精神文明建设

(1) 党组织建设。落实全年党建要点工作，加强基层党组织思想建设、组织建设、作风建设。通过专题座谈会、公司领导/支部书记讲党课、知识测试、主题宣传等形式，开展“三严三实”专题教育；制定《党建责任制考核办法》，开展主题党日活动10次，完成本部党支部书记与支委公推直选工作。

(2) 党风廉政建设。制定《2015年反腐倡廉建设工作要点》，向各部门、单位负责人下发2015年党风廉政建设主体责任和监督责任通知书，选聘南网能源公司本部各部门和各基层单位特邀监督员20名，构建区域公司监督网络体系。

(3) 企业文化建设。做好工会民主管理与维权帮扶日常工作，举办南网能源公司2015年运动会，组织8个文体协会开展各类文体活动，丰富职工业余生活。

主要事件

1月5日，南网能源公司中国铝业遵义氧化铝有限公司热电厂锅炉2×630kW送风机节能技术改造项目通过验收，改造后风机节电率达49.6%，被中国节能协会节能服务产业委员会评为“2015合同能源管理优秀示范项目”。

1月28日，南网能源公司获得中国节能协会节能服务产业委员会（EMCA）颁发的“工业领域”“建筑领域”“公共设施领域”节能服务公司综合能力AAAAA等级证书，成为全国唯一一家囊括全部领域最高评级的公司。

6月4日，南网能源公司出席第10届中国企业社会责任国际论坛并获“金蜜蜂·永续发展奖”。

7月23日，南网能源公司荣获“全国工业领域电力需求侧管理一级服务机构”资质，成为全国27家一级服务机构之一。

8月26日，南网能源公司投资建设的“美的制冷顺德工厂分布式光伏示范项目”荣获“2015年度中国分布式能源优秀项目特等奖”，成为2015年度国内唯一获此殊荣的分布式光伏发电项目。

9月18日，南网能源公司投建的全球单厂最大屋顶光伏发电项目——“中山格兰仕屋面52.38MW分布式太阳能光伏发电应用示范项目”并网投产。

10月23日，南网能源公司实施的长虹集团注塑机节能改造项目在美国华盛顿举办的“第六届中美能效论坛”上，获评“中美合同能源管理示范项目”。

11月11日，南网能源公司打造的全国首家节能与新能源电商平台“南电商城”全新上线。

12月22日，南网能源公司实施的全国最大的轨道交通照明改造项目——深圳地铁及其所属物业LED照明及广告灯箱改造项目通过验收。项目改造后照明灯具部分的综合节电率超过65%，每年节约电费超过2000万元。

12月，南网能源公司完成增资，资本金由3.5亿元增至10亿元。

中国华能集团公司

【公司概况】 中国华能集团公司（简称华能集团）是经国务院批准成立的国有重要骨干企业。华能集团注册资本200亿元人民币，主营业务为：电源开发、投资、建设、经营和管理，电力（热力）生产和销售，金融、煤炭、交通运输、新能源、环保相关产业及产品的开发、投资、建设、生产、销售，实业投资经营及管理。

华能集团致力于建设具有国际竞争力的大企业集团。截至2015年底，华能集团境内外全资及控股电厂装机容量达到1.6亿kW，为电力主业发展服务的煤炭、金融、科技研发、交通运输等产业初具规模，华能集团在中国发电企业中率先进入世界企业500强，2015年排名第224位。

【领导班子】

总经理、党组副书记：曹培玺

党组书记、副总经理：黄永达

副总经理、党组成员：张廷克

总会计师、党组成员：郭珺明

副总经理、党组成员：寇伟

副总经理、党组成员：刘国跃

副总经理、党组成员：孙智勇

党组成员、纪检组组长：赵建明

副总经理、党组成员：叶向东

【组织机构】 见2015年华能集团组织机构图。

【生产经营】 2015年，华能集团按照强化“三个意识”、努力做到“六个更加注重”的要求，巡视整改取得阶段性成效，完成各项目标任务。

安全绩效。未发生较大及以上事故，生产、经营、政治和形象安全得到有效保障。

经营绩效。完成发电量6146亿kWh，其中国内发电量6040亿kWh，同比下降5%；完成煤炭产量6515万t，同比下降12.2%；完成供电煤耗305.78g/

公司组织架构

总部部门

- 办公厅
- 规划发展部
- 预算与综合计划部
- 企业管理与法律事务部
- 运营协调部
- 财务部
- 资本运营与股权管理部
- 安全监督与生产部
- 科技环保部
- 基本建设部（股份公司工程部）
- 物资部
- 国际合作部
- 人力资源部（离退休人员办公室）
- 监察部
- 审计部
- 思想政治工作部
- 工会工作委员会

事业部及专业办公室

- 电力开发事业部
- 核电事业部
- 煤炭事业部
- 煤化工管理办公室
- 页岩气开发利用办公室

直属单位

- 中共中央党校中国华能集团公司党校（教育培训中心）
- 技术经济研究院
- 信息中心
- 新闻中心
- 人才基地建设办公室（人才基地建设管理中心）

产业公司

- 华能国际电力开发公司
- 绿色煤电有限公司
- 华能国际电力股份有限公司
- 华能新能源股份有限公司
- 华能核电开发有限公司
- 华能能源交通产业控股有限公司
- 华能煤业有限公司
- 中国华能集团燃料有限公司
- 华能资本服务有限公司
- 中国华能财务有限责任公司
- 中国华能集团清洁能源技术研究院有限公司
- 华能综合产业公司
- 华能置业有限公司
- 中国华能集团香港有限公司
- 华能海外企业管理服务有限公司
- 西安热工研究院有限公司
- 华能集团技术创新中心

区域分公司

- 中国华能集团公司华北分公司
- 中国华能集团公司东北分公司
- 中国华能集团公司华东分公司
- 中国华能集团公司华中分公司
- 中国华能集团公司南方分公司
- 中国华能集团公司西北分公司
- 中国华能集团公司河北分公司
- 中国华能集团公司山西分公司
- 中国华能集团公司江苏分公司
- 中国华能集团公司浙江分公司
- 中国华能集团公司安徽分公司
- 中国华能集团公司福建分公司
- 中国华能集团公司江西分公司
- 中国华能集团公司河南分公司
- 中国华能集团公司湖南分公司
- 中国华能集团公司海南分公司
- 中国华能集团公司重庆分公司
- 中国华能集团公司云南分公司
- 中国华能集团公司青海分公司
- 中国华能集团公司西藏分公司
- 中国华能集团公司广西分公司筹备组
- 中国华能集团公司贵州分公司筹备组

区域子公司

- 北方联合电力有限责任公司
- 华能澜沧江水电股份有限公司
- 华能呼伦贝尔能源开发有限公司
- 华能山东发电有限公司
- 华能四川水电有限公司
- 华能吉林发电有限公司
- 华能黑龙江发电有限公司
- 华能陕西发电有限公司
- 华能宁夏能源有限公司
- 华能甘肃能源开发有限公司
- 华能青海发电有限公司
- 华能西藏雅鲁藏布江水电开发投资有限公司
- 华能新疆能源开发有限公司

直管单位

- 华能山东石岛湾核电有限公司
- 华能石岛湾核电开发有限公司
- 华能海南实业有限公司
- 华能招标有限公司

2015 年华能集团组织机构图

kWh，同比下降 4.23g/kWh；完成厂用电率 4.24%，同比下降 0.17 个百分点。

发展绩效。投产新机 960 万 kW，2015 年底华能集团境内外全资及控股电厂装机容量达到 16 063 万 kW，同比增长 6%。核准低碳清洁能源项目 698 万 kW。低碳清洁能源装机比重达到 28.8%，同比提高 1.7 个百分点。

党建绩效。学习贯彻党的十八大和十八届三中、四中、五中全会及习近平总书记系列重要讲话精神，贯彻落实党和国家的方针政策；中央专项巡视整改落实工作取得阶段性成效，党的意识、纪律意识、规矩意识、法治意识增强；党建工作责任制进一步强化，党风廉政建设“两个责任”进一步落实；巩固和拓展党的群众路线教育实践活动成果，推进“三严三实”专题教育；基层党组织和党员队伍建设得到加强；企业和职工队伍保持稳定。

【结构调整】 华能集团落实科学发展观，发展低碳清洁能源，优化结构调整，各项工作取得新突破。新开工和投产项目中，低碳清洁能源项目分别占53%和54%。建成西藏地区首个大型水电项目——藏木水电站，为藏中电网提供了强大的电源支撑。风电、光伏发电投产规模创历史新高，风电当年投产规模在五大发电集团中领先，华能集团首个海上风电项目开工建设，首个分布式光伏发电项目、大型山地光伏发电项目投产。280万kW风电项目和凉山州风电基地纳入国家第五批核准计划。荣成石岛湾核电基地列入国家“十三五”规划，CAP1400核电示范项目基本完成核准前评估；福建霞浦核电项目列入国家核电中长期发展规划。在安源电厂投产中国首台二次再热机组；莱芜百万千瓦级二次再热项目投产，供电煤耗全国最低。洛阳、伊春辅机单系列热电机组，东山燃机等项目高质量投产。新投产燃煤、风电和光伏发电项目单位千瓦造价分别同比下降5%、3%和2%。临沂热电、功果桥水电、五子坡风电项目获国家优质工程奖。重庆黔江区块页岩气勘探和准东煤制气项目有序推进。湖州市新能源汽车充电网络示范项目开工建设。

【国际化经营】 巴基斯坦萨希瓦尔电源项目建设顺利推进，墨西哥燃气和风电项目投产。永诚保险入驻中国—白俄罗斯工业园。科技服务项目涉及海外12个国家，合同金额近2亿元。与巴基斯坦、韩国、西班牙、法国等国家的能源企业签订合作协议。牵头与国内装备制造企业、电力建设企业打造走出去联合体。

【科技创新】 华能集团围绕提升竞争力，整合科技力量，鼓励生产技术科技创新和科技攻关，着力解决重点难点问题。天津IGCC示范电站获中国电力科技进步一等奖，满负荷连续运行超过80天。具有自主知识产权的煤制天然气甲烷化催化剂、有机薄膜光伏电池等技术研发成功。人才创新创业基地、西安科研试验及产业基地一期工程投入使用；建立“马洪琪院士科研工作站”和博士后科研工作站；煤基清洁能源国家重点实验室及“大型燃煤电站运行优化及污染物控制关键技术与示范”等4项国家级科技项目通过验收。科技产业利润达到6亿元，同比增长9%。烟气污染物一体化脱除、节能降耗等先进技术得到推广应用。

【企业管理】 华能集团出台公司改革指导意见，明确改革路线图。整合管理资源，总部基建部与股份公司工程部实现合署办公；成立物资部，建立“两级集采、三级管理”机制；财务公司、招标公司实现职能独立，成为总部直管单位，专业化、集约化管理水平进一步提高。发挥区域营销主体作用，在6个区域开展营销改革试点，成立省级销售公司。印发依法治企工作指导意见，制订并实施华能集团法制工作五年规划。总法律顾问专职化专业化建设有序开展，部分历史遗留的重大诉讼案件得到处理。深化内控体系建设，完善考核评价制度，完成171家单位内控评价。加强审计监督，强化整改责任落实，建立审计信息系统，健全审计闭环管理机制。开展审计整改“回头看”，整改完成率达到96.3%。编制产业发展战略及“十三五”规划、创一流“十三五”规划。19项管理成果获电力行业管理创新奖，获奖总数行业最多；4项成果获第一届中国电力创新奖。围绕国家改革政策和华能集团生产经营等重点问题开展软科学研究，形成了20多项研究成果。开展财务集中和共享工作研究。“数字华能”建设步伐加快，在线经营系统推广到二级单位，ERP系统覆盖率达到90%以上，电子商务平台实现产业板块全覆盖。推进财务、基建、法律等信息系统开发。

【党建工作】 配合中央第七巡视组专项巡视，成立整改工作领导小组、办公室和专项整改工作小组，华能集团主要领导总负责，其他党组成员分管负责，狠抓整改落实。华能集团党组与二级单位党政主要负责人签订整改责任书，落实整改责任。围绕巡视反馈的3个方面问题和6条整改意见建议，制订整改总体方案和16个整改专项方案，建立整改台账，明确整改时限、责任单位和责任人。按期完成222条整改措施，制订修订制度134项，健全完善责任追究机制。通过巡视整改，“两个责任”落实和成效层层弱化问题得到有效改善，执行中央八项规定精神的自觉性进一步提高，“三重一大”、招投标、选人用人等方面存在的问题得到认真解决。

开展巡视整改“回头看”，对发现的问题做到立行立改、即知即改，深化巡视整改工作。巡视整改体现了“四个紧密结合”：即巡视整改与加强党建紧密结合，与落实“两个责任”紧密结合，与加强企业管理紧密结合，与落实中央八项规定精神紧密结合。国资委纪委巡视整改督查组在华能集团的随机调查显示，93.8%的受访干部职工对本企业领导班子巡视整改工作满意，93.7%的受访干部职工认为巡视整改工作推动了企业健康发展。

中国大唐集团公司

【公司概况】 中国大唐集团公司（简称大唐集团）成立于2002年12月29日，是中央直接管理的国有特大型发电企业集团，是国务院批准的国家授权投资的机构和国家控股公司试点。注册资本金为人民币180.09亿元。

大唐集团实施以集团公司、分子公司、基层企业三级责任主体的管理体制和运行模式，资产分布于国内31个省区市及境外美国、缅甸、柬埔寨、老挝等多个国家和地区；拥有上市公司4家、分公司6家、省发电公司13家、专业公司10家，各级境外单位13家，各级金融子企业6家；除母公司外共有各级子企业689家。大唐集团员工总数10.2万人，资产总额达7295亿元，发电装机规模达到1.32亿kW，其中清洁能源装机比重达到29.47%。2015年，大唐集团发电量为4800亿kWh，供热量为16 598万GJ，煤炭产量637.36万t。

2015年，大唐集团履行社会责任，推进节能减排，提前完成国家下达的“十二五”节能减排任务。全年完成供电煤耗312.86g/kWh，比2010年下降15.13g/kWh，完成综合厂用电率5.71%，比2010年下降0.47%。推进燃煤机组环保达标排放改造和“超低排放”改造。截至2015年底，大唐集团火电机组脱硫装备率达到100%，脱硝装备率达到96.78%，“超低排放”机组容量达到62台、2128.5万kW。污染物排放控制保持行业先进水平。

【领导班子】

董事长、党组书记：陈进行

副董事长、总经理、党组副书记：王野平

副总经理、党组成员：李小琳

副总经理、党组成员：邹嘉华

副总经理、党组成员：胡绳木

副总经理、党组成员：王森

党组成员、纪检组长：熊皓

副总经理：金耀华

副总经理、党组成员：栗宝卿

总会计师、党组成员：刘传东

【组织机构】 见2015年大唐集团组织机构图。

【经营局面】 2015年，大唐集团合并资产总额7357.75亿元，负债总额6067.49亿元，权益总额1290.26亿元，其中归属母公司所有者权益417.42亿元；实现利润171.36亿元，资产负债率完成82.46%，较2014年末降低0.88个百分点。

2015年，大唐集团电力板块累计实现利润228.71亿元，同比增利26.75亿元。其中火电（含热）实现利润162.18亿元，同比减利11.88亿元；水电实现利润59.14亿元，同比增利34.85亿元；风电实现利润5.92亿元，同比增利4.13亿元；太阳能实现利润1.47亿元，同比减利0.35亿元。

大唐集团非电板块累计实现利润－57.35亿元，同比减亏24.03亿元。在非电板块中，除金融、科技环保、物流板块盈利外，其他非电板块均处于亏损状况，以能源化工、燃料经营和煤炭开采三个板块亏损最为明显。

在大唐集团运营的28家二级企业中（在湘企业算一家、在桂企业算一家），累积盈利企业19家，累积亏损企业9家，亏损面32.14%，9家累计亏损二级企业共亏损38.67亿元。

【战略重组】 一是重大资产重组完成。完成华银电力和桂冠电力重大资产重组工作，大唐集团持有华银电力的股权比例由33.40%提高到53.53%，降低其资产负债率7.5个百分点。桂冠电力重组后，装机规模超过1000万kW，大唐集团持有桂冠电力的股权比例提高到59.50%。

二是大唐环境H股已具备上市条件。2015年2月5日，大唐集团环保节能产业上市全面启动，先后完成股份公司改制、证监会核准和联交所上市聆讯，大唐环境H股已具备上市的所有条件。考虑到香港资本市场低迷等因素，大唐集团决定暂停在2015年底上市，将寻找合适的时间窗口择机完成发行并上市。

三是低效无效资产处置取得进展。处置怀化石煤、生物质发电、杭州瑞唐、南京自动化公司等一批低效无效资产。截至2015年底，大唐集团累计完成低效无效资产处置项目总计142项，占总项目数311项的45.66%；同时，处置工作取得突破性进展的项目总计120项，占总项目数的38.59%。

四是内部资源整合和优化配置成效显著。推进新能源公司部分前期项目转让、南京电厂送出线路协议转让以及部分优质水电、供热等资源收购等多项资产转让和收购项目，进一步对华创公司、西津运维公司、雅安公司、山东技术公司、渝能集团、同舟科技所属公司进行股权优化工作，降低管理成本、优化产权层级、提高管理效率。此外，推进和完善了江苏分公司、四川分公司、云南分公司的改制工作。

中国大唐集团公司（总部）

- 董事会办公室
- 办公厅（政策与法律部、国际合作部）
- 规划发展部
- 计划营销部
- 人力资源部
- 财务管理部
- 资本运营与产权管理部
- 安全生产部
- 工程管理部
- 燃料管理部
- 科技信息部
- 物资管理部（招投标中心）
- 煤炭产业部
- 核电部
- 政工部（新闻中心）
- 审计部
- 监察部（党组纪检组办公室）
- 工会工作部

上市公司

- 大唐国际发电股份有限公司（三级企业37 四级企业76）
- 大唐华银电力股份有限公司（三级企业18 四级企业3）
- 广西桂冠电力股份有限公司（三级企业14 四级企业14）
- 中国大唐集团新能源股份有限公司（三级企业28）

分公司

- 大唐湖南分公司
- 大唐广西分公司（龙滩水电开发有限公司）
- 大唐山西分公司（三级企业9）
- 大唐上海分公司（三级企业2）
- 大唐西藏分公司
- 大唐宁夏分公司（三级企业1）

省发电公司

- 大唐河北发电有限公司（三级企业13）
- 大唐吉林发电有限公司（三级企业11）
- 大唐黑龙江发电有限公司（三级企业11 四级企业5）
- 大唐江苏发电有限公司（三级企业7）
- 大唐安徽发电有限公司（三级企业10）
- 大唐山东发电有限公司（三级企业15）
- 大唐河南发电有限公司（三级企业15）
- 大唐四川发电有限公司（三级企业10）
- 大唐贵州发电有限公司（三级企业7）
- 大唐云南发电有限公司（三级企业8）
- 大唐陕西发电有限公司（三级企业17 四级企业2）
- 大唐甘肃发电有限公司（三级企业10）
- 大唐新疆发电有限公司（三级企业5）

专业公司

- 中国大唐集团海外投资有限公司（三级企业8）
- 中国水利电力物资有限公司（三级企业22 四级企业3）
- 大唐电力燃料有限公司（三级企业1）
- 中国大唐集团财务有限公司（金融资产管理办公室）
- 中国大唐集团煤业有限公司（三级企业5）
- 中国大唐集团资本控股有限公司（三级企业4）
- 中国大唐集团核电有限公司
- 大唐环境产业集团股份有限公司（三级企业7 四级企业2）
- 中国大唐集团科学技术研究院有限公司（三级企业5）
- 中国大唐集团海外技术服务有限公司

直属企业 直管企业

- 中国大唐集团技术经济研究院（中国大唐集团干部培训学院）（三级企业1）
- 重庆渝能（产业）集团公司（三级企业6）

2015年大唐集团组织机构图

五是战略合作进一步加强。在“央企进山西”活动中，与晋煤集团签署了《战略合作框架协议》；与开滦集团合作项目取得进展；与陕煤化集团、法国电力等能源企业的战略合作正在推进；与中广核在阳西项目成立公司上达成一致；与中核集团完成中国核燃料有限公司股权多元化合作协议签署工作。

【深化改革】 学习贯彻党的十八届三中、四中、五中全会精神，制定实施方案，做好改革工作的顶层设计，确立了4类17项改革任务。一是围绕各专项改革，分别制订工作方案。并按照国资委部署做好剥离企业办社会职能改革，上报《中国大唐集团公司厂办大集体改革总体方案》，在驻湘豫吉赣企业试点“三供一业”分离移交。二是开展试点，加快推进改革工作的落地实施。按照问题导向、上下联动、总部示范的原则，开展大唐集团总部人事制度改革、二级单位本部大部制改革、区域管理主体一体化改革、燃料管理体制改革、人力资源优化改革五项试点，取得阶段性成效。贯彻落实党中央国务院总体部署和国资委有关要求，围绕17项深化改革的重点领域，开展大量的调研和研究，形成大量研究报告、建议方案和配套措施，企业内部分类改革、公司制股份制改革、公司法人治理结构、劳动人事分配制度改革、企业内部布局结构调整与重组、创新驱动战略的体制机制等领域的改革工作取得了明显成效，显著提升了企业治理能力。

一是推动企业内部分类改革。以《指导意见》分类改革精神为指引，进一步明确电力、煤炭、环保产业、金融产业、商贸物流、国际业务六大板块的战略定位和发展目标，划分为主营业务、支撑业务和国际业务三个大类，分类推进发展改革。电力、煤炭板块属关系国民经济命脉的重要行业，作为大唐集团主营业务，推动朝着做强做优的战略方向，重点发展。环保、金融和商贸物流板块属于充分竞争领域，作为集团的支撑业务，按照做精做优、服务主业的战略方向，稳步发展。国际业务作为落实“一带一路”战略的板块，将上升为集团战略重点，加快发展。另外，对煤化工板块，加快推进资产重组。

二是推进公司制股份制改革。按照《指导意见》明确的完善现代企业制度要求，加快推进系统企业公司制股份制改革。重点做好环保产业板块的整体改制上市工作。已获得中国证监会的正式核准文件，向香港联合交易所成功提交了A1表格及配套招股说明书，并正在组织香港联交所的反馈意见回复。

三是健全公司法人治理结构。作为电力行业首家建设规范董事会单位，开展规范董事会建设，健全法人治理结构。制订“三重一大”决策制度办法、公司章程、董事会议事规则等基本制度及配套制度。董事会下设战略与投资、提名、薪酬与考核、审计与风险管理四个专门委员会。董事会外部董事占多数，实现科学决策、高效执行和有效监督。建设符合大唐集团特色的规范、高效、和谐董事会，实现董事会决策的科学民主高效，以及与经营管理的畅顺有效衔接。

四是深化劳动人事分配制度改革方面。创新干部选拔任用方法，提出“四重八看”，即重“品德、业绩、基层、公论”的导向和看“理想、担当、显绩、潜绩、经历、能力、评价、口碑”的选拔任用方法和操作标准体系，建立相应制度。建立“三能”选人用人机制，率先在央企总部实施全员岗位聘任制，累计已调整半数以上岗位；在二级单位开展大部制改革试点，中层干部全部重新聘任，一般干部重新择岗，实现了“能进能出、能上能下”。以专家库建设为抓手推进专业人才队伍建设，提高人才比较优势，优化人才结构，提升人才培养和使用的针对性，并实现了人力资源的集中调配和使用。推行分类考核，健全以分类考核为核心的系统企业经营业绩考核体系，以及依托岗位责任书的员工全员业绩考核体系。优化内部分配秩序，建立以绩效为中心的薪酬分配机制，实现了企业业绩考核与工资总额、企业负责人年度绩效薪金联动，坚持分配重点向基层、关键岗位和低收入人员倾斜，发挥好分配激励的主导作用。

五是推进企业内部布局结构调整与重组。推进电源结构、股权结构、产业结构和布局结构“四大结构”调整，取得显著成效。清洁能源装机占比、六大板块产业协调度，以及母公司在优质资产、项目股权占比大幅度提升，归母利连续三年大幅度改善。完成华银电力、桂冠电力两家上市公司资产重组，共募资近29亿元，提升了上市公司的再融资能力和可持续发展能力。推进低效无效资产处置，已完成以及取得突破性进展的项目计257项，占比83%。继续推进煤化工产业重组。保持与国资委、参与重组单位的沟通，根据形势变化，及时研究调整策略。

六是建立实施创新驱动战略的体制机制。科技创新体系不断完善，形成涵盖职能管理、科技平台、研发转化“三位一体”的创新体系。科技平台建设加快推进，建设国家及省部级重点实验室7个、院士博士工作站5个，成为国家首批“专利运营试点企业”和工信部“互联网与工业融合创新试点示范企业”。获得国家及行业科技进步奖130多项、专利2332件、软件著作权93项；完成19项“863”计划及“973”计划前沿技术研究目标，掌握一批关键技术。创新驱动作用增强，科技创新成果运用于项目前期、工程建设及生产管理，提高了项目建设质量、环保水平和运营效率，支撑了发展方式转变。

七是推动管理创新优化管控模式。以“科技引领、管理创新、流程再造”理念为引领，实施管理创新。开展“两优化”工作，提升项目建设与运营管理水平。即以提高效率、降低造价为目的，对在建电源项目开展优化设计，较大幅度改善项目煤耗、造价等技术经济指标；以确保安全、降本增效为目的，对在役项目开展优化运行，通过升级改造推进节能减排新技术应用。建成“三个调度中心”，对核心资源和主要业务的集约化管理，提升管控能力。即生产调度中心实现覆盖集团各发电企业的在线监控、集中指挥与优化调度，提高对发电主业的精细化管理水平；资金调度中心实现了对集团各经营主体的银行账户在线监控、业务结算统一管理、资金定向支付、预算刚性控制、风险事前预警等功能；燃料调度中心实现全集团燃料成本在线监控，供应商统一集中管理、市场煤阳光竞价，以及全集团资源优化配置和调度，实现对火电企业最大成本项的有效控制。深化全面计划、全面预算、全面风险和全面责任“四全管理”改革，通过流程再造，实现对集团主要业务流程、关键工作程序的全程闭环控制。

八是发展混合所有制经济。作为国有独资公司，主要通过二、三级企业以上市、并购重组、发行可转债、合资合作等方式发展混合所有制经济，发挥国有资本的引领、带动、扩散功能。从实现效果来看，发展混合所有制增强了国有资本的控制力、影响力，实现了国有资本与其他所有制资本的共赢发展。

九是强化内部监督防止国有资产流失。落实《指导意见》以及《关于加强和改进企业国有资产监督防止国有资产流失的意见》要求，总结中央专项巡视中揭示的问题与风险，强化内部监督。制定（修订）《大唐集团党组议事规则》《关于贯彻落实十八届中央纪委第五次全会精神的实施意见》等，强化制度支撑。推进物资招投标、煤炭采购、工程建设、资金管理等领域改革，完善资金调度中心、燃料调度中心，以及招投标中心功能，加强对关键部门、岗位的监督。定期开展内部审计，开展“五类问题”专项检查，以及“严肃财经纪律，强化财务管理”专项活动；标本兼治做好检查发现问题的整改，推动完善内部监督机制。按照国资委有关加强审计工作的要求，研究提出加强审计队伍建设、推进审计成果运用的思路。

十是加强和改进党对国有企业的领导。坚持和完善“双向进入、交叉任职”领导体制，充实二级企业管党治党力量，系统二级企业党政分设企业 21 家、二级企业配备专职纪检组长 19 家。落实党管干部、党管人才职责，深化干部人事制度改革，干部人才队伍建设成效突出，2014 年选人用人满意度达 99.06%，在中央企业中名列前茅。提升纪检部门执纪监督问责能力，解决落实“两个责任”等方面的突出问题，建立健全内部巡视制度、问责追责机制等，强化纪检“三转”工作和履职能力。开展“三严三实”专题教育，专题教育成果得到中组部干部五局、组织二局和国资委党建局的肯定。

【安全生产】 贯彻落实国家安全生产的要求和部署，强化责任和制度落实，推进本质安全企业建设，保持安全生产稳定局面，完成“两节”“两会”、党的十八届五中全会以及抗日战争胜利 70 周年阅兵等重大节日和重大活动期间的保电供热任务。

一是安全专项活动扎实开展。组织开展了春秋季、防洪度汛安全检查和“六打六治”专项行动，安全风险得到有效管控。按照“违章就是事故”的理念，开展“违章模拟事故分析”，推动反违章工作深入开展。通过国家安监总局等部门联合开展的涉煤央企煤矿安全生产检查，受到高度评价。落实各种保电、防汛度夏、保供热等保障措施，抵御东河流“6·28”历史最大洪水，确保度汛安全，确保“9·3”阅兵保电、夏季高峰用电和防汛安全，完成保民生供热工作。

二是本质安全企业建设不断深化。落实《安全生产法》要求，组织对集团公司安全生产主要制度进行修订和完善，进一步明确责任界面，加大责任追究和考核力度。组织安全生产管理人员进行业务培训，实现 100%持证上岗。推进安全风险控制评估，将安全风险控制评估工作纳入中国大唐创一流管理指标，组织对《安全风险控制指导手册》进行全面修订，完成 80 家发电企业安全风险控制评估外审工作，超前预控安全风险，安全管理水平持续提升。

三是设备治理不断加强。编制印发了《火电企业设备隐患排查治理手册》，组织对安阳、虎山、宁德等企业进行查评。推进点检定修，对锅炉四管泄漏较严重的企业实施综合治理，并挂牌督办，潮州百万机组事故抢修比计划工期提前 8 天完工。深化“降缺陷、降非停、创金牌”活动，集团公司有 8 台机组入选全国优胜机组，占全部优胜机组的 17.8%。

【科技创新】 一是科技创新体系进一步完善。制定“十三五”科技发展规划和科技产业专项规划，构建“横向协同、纵向贯通”的创新管理体系和研发体系。召开科技工作大会和专家委员会，明确科技创新工作目标和重点工作，制定发布相关制度，科技创新意识增强，创新能力和技术保障能力提升。

二是科技创新成果丰硕。全年新增科技成果 364 项，4 项获得省部级奖励，18 项获得全国电力职工技术奖，获奖成果位居五大发电集团首位。年度新增专利 1033 件，累计专利达 2824 件，其中发明专利 276 件，新增数和总量继续保持五大发电集团第一位。主持和参加制定国标、行标51项，国际标准7项，均居五大发电集团首位。

三是科技产业稳步发展。脱硝、脱硫特许经营装机容量分别为2610万kW和3230万kW，均实现达标排放，盈利水平提升。脱硝催化剂年产能达到4万m^3，已累计生产7万m^3，市场占有率达42%，产量、销量均居国内第一，累计实现利润7亿元。环保工程累计业务量位居国内前列，2015年新签合同额24.64亿元。2015年，科技板块合计实现收入119.86亿元，同比增长33.62%；实现利润10.82亿元，同比增长10.52%。

四是管理创新成果丰硕。组织开展管理创新活动，在全国电力企业管理创新奖评选中，大唐集团获奖数量和质量均列五大集团首位，获得“全国先进生产力典范企业奖”“中国能源环保行业新标杆企业奖”等奖项。

五是信息化建设取得显著成效。贯彻落实“六统一”要求，信息化管控体系和机制进一步完善。“三大中心”、总部门户系统、信息化管控平台等一批信息系统上线运行，提升大唐集团集中管控能力。网络与信息安全工作开创新局面，完成抗日战争胜利70周年、两会等重要活动的网络与信息安全保障工作。推广信息化新技术和加强两化融合工作，探讨制定了“发电工业4.0”标准，1项成果获电力行业管理创新成果一等奖，7项成果获电力行业信息化成果奖。

【节能减排】 一是“达设计值”活动成效显著。深化以“达设计值”为主要抓手的“优化运行”工作，明确215台燃煤机组达“设计值”和“20%行业先进值”的相关指标，构建“达设计值”框架体系，促进机组能效指标的提升。全年完成供电煤耗309.62g/kWh，同比降低3.24g/kWh；发电厂用电率完成3.97%，同比降低0.33个百分点。

二是超低排放改造位居行业前列。按照国家超低排放改造“提速扩围”要求，推进超低排放改造，印发《中国大唐燃煤电厂烟气污染物超低排放技术改造指导意见》，明确现有排放标准下各种超低排放改造的技术路线，全年完成58台机组超低排放改造，均达到预期改造效果，截至2015年底，大唐集团超低排放机组达到65台共2228.5万kW，占煤电机组容量的25.2%，处于行业先进水平，在五大发电集团中比例最高。

三是污染物排放绩效达到行业先进水平。将环保设施等同于主设备进行管理，保证环保设施可靠运行。加强环保应急事件管理，及时响应应急预案要求。开展脱硫、脱硝特许经营，规范专业管理，提升环保管理水平。坚持污染物达标排放“日分析、周通报和月点评”工作机制，组织开展内部总量核查核算，强化环保事件调查处理和问责机制，污染物排放绩效达到了行业先进水平。2015年，大唐集团二氧化硫、氮氧化物、烟尘和废水排放绩效分别完成每千瓦时0.69、1.18、0.15g和115g，同比降低0.28、0.56、0.09g和41g，均全面完成了年度目标争取值。

【党建人才思想政治工作】 一是“三严三实”专题教育卓有成效。在巩固拓展群众路线教育实践活动成果的基础上，开展“三严三实”专题教育，形成转作风、反“四风”长效机制，增强系统广大党员干部践行“三严三实”要求的自觉性和主动性，得到上级有关部门的充分肯定。党的十八届五中全会召开后，举办系统企业主要负责人研讨班，学习宣贯全会精神；落实大唐集团党员教育培训方案，举办3期专题培训班。评选表彰大唐集团年度先进基层党组织、优秀共产党员和优秀党务工作者。

二是党风廉政建设不断强化。抓好《准则》和《条例》的学习宣贯，系统各单位组织党章党规党纪教育活动1869项，参加人数达11万人次。围绕“两个责任”落实，系统各企业逐级签订党风廉政建设责任书7178份，党组织负责人逐级约谈下属企业党政负责人439人次，纪检组长（纪委书记）逐级约谈下属企业负责人528人次。针对巡视反馈问题狠抓整改落实，明确58项整改任务，自查自纠问题423项，经过2个月的集中整改，整改成效得到中央巡视办、第十一巡视组、社会各界和系统上下的高度评价。组织开展以“增强党性观念，严明党的纪律”为主题的党风建设和反腐败工作宣传教育月活动。加大纪律审查力度，2015年，大唐集团系统接受信访举报同比增长43.3%，立案42件，给予党纪政纪处分74人次（71人），给予诫勉谈话、警示谈话、通报批评等处理40人。

三是干部人才队伍建设进一步加强。2015年，大唐集团党组对26家二级企业和28家基层企业领导班子进行调整配备，调整任免119人，新提任副主任级以上干部19人，其中“70”后10人。落实从严治党要求，21家二级企业实现了党政分设，19家二级企业配备了专职纪检组长。启动大唐集团干部管理制度修编工作，举办大唐集团党校第六期青年干部培训班和第一期“80后”优秀青年人才培训班，选派68名年轻干部参加了2015年度横向挂职锻炼，以挂实岗方式选调了42名干部补充配备总部岗位，建立专家库人才体系，选调优秀生产人员参加人力资源和财务管理的脱产培训。

四是宣传思想工作成效显著。组织开展“大唐精神在身边”故事讲述活动超过100场，报道优秀事迹400余篇。组织策划“强化六种意识”“一带一路”

“大唐在海外”等重点报道，发挥新闻宣传统一思想、引导舆论、鼓舞干劲的作用。2015 年，系统内有 15 家单位获得或保持了“全国文明单位”荣誉称号。组织 26 家企业举办第九届“企业开放日”活动，邀请 2000 多名社会各界人士走进大唐、了解大唐。坚持正面宣传和舆情处置并重，处置多起重大舆情，降低负面舆情影响。

五是和谐企业建设协调推进。组织开展民生工程“六最”项目建设活动和“幸福大唐、温暖同行”主题活动，改善职工生产生活条件，2200 多名困难职工得到帮扶。履行社会责任，开展援藏、援疆、援青和定点扶贫工作。加强信访、内保和维稳工作，确保企业和职工队伍稳定。开展“青春建功、助力发展”等主题实践活动，评选了第五届“十大杰出青年”，增强青年员工的创业热情。

【国际业务】 一是国际业务板块规模进一步扩大，盈利能力提升。2015 年，大唐集团境外投资业务取得突破，境外三个电力项目保持安全稳定运行，发输电资产经营情况持续向好；开拓“一带一路”沿线国家电力市场，在老挝、巴基斯坦等国家电力项目前期工作取得重大突破；对外工程承包业务进展顺利，泰国两个总包项目进行工程收尾阶段；海外技术服务业务稳步推进，2015 年底成立大唐海外技术服务公司，整合工作有序进行；国际贸易业务规模和利润水平保持平稳。

二是“一带一路”建设进一步加强。2015 年，大唐集团积极参与“一带一路”建设，研究成立“一带一路”建设工作领导小组，统筹国际业务改革发展各项工作；由办公厅（国际合作部）牵头，会同国际业务相关分子公司，研究制定国际业务“十三五”专项规划；加强境外企业安全防范工作，组织开展年度境外机构应急演练。

三是外事管理工作效果明显。2015 年，大唐集团贯彻落实中央关于加强统一领导，从严规范管理外事工作的相关要求，科学制订年度因公出国（境）计划，对出国（境）团组任务进行严格审批。

四是国际交流工作成果丰硕。2015 年，大唐集团深化与世界知名企业的交流与合作，签署多项合作协议，建立战略合作伙伴关系。2015 年 11 月，在中法两国领导人见证下，大唐集团与法电集团、三门峡市政府共同签署了有关三门峡市热电联产项目的合作意向书，双方将合作为当地居民提供热力服务。

【大唐国际发电股份有限公司】

公司概况 大唐国际发电股份有限公司（简称大唐国际）成立于 1994 年 12 月，公司本部位于北京。1997 年于香港及伦敦上市，2006 年于上海证券交易所正式上市，是第一家在伦敦上市的中国企业、第一家在香港上市的中国电力企业，也是第一家同时在香港、伦敦、上海三地上市的中国企业。大唐国际经营产业以发电为主，包括火电、水电、风电、太阳能、核电等项目，并涉足煤炭、煤化工、交通、循环经济等领域。2015 年，大唐国际再次入选“全球能源公司 250 强”“中国上市公司资本品牌价值百强”，荣获《财资》杂志评选的“最佳公司治理、社会与环境责任、投资者关系金奖”、金紫荆“最佳投资者关系管理上市公司奖”等奖项。

领导班子

总经理、党组副书记：吴静

党组书记、副总经理：王国平

党组成员、副总经理：简英俊、傅国强

党组成员、副总经理、工会主席：付东

党组成员、党组纪检组组长：余美萍

党组成员、副总经理：洪绍斌、孟繁逵

党组成员、总会计师：刘全成

总工程师：佟义英

总经济师：应学军

总工程师：方占岭

组织机构 大唐国际本部设总经理工作部（国际合作部）、发展与规划部、综合计划部、证券与资本运营部、人力资源部、财务部、生产部、燃料管理部、安全环保部、工程建设部、企业文化部（思想政治工作部）、监察审计部。专业/区域公司有能源化工公司、燃料公司（香港公司）、同舟科技公司、核电公司、内蒙古分公司、辽宁分公司、浙江分公司、福建分公司、江西分公司、广东分公司、重庆分公司（渝能集团公司）、云南电力公司、山西代表处、青海能源公司筹备处。基层企业包括京（3 家）、津（1 家）、冀（10 家）、辽（5 家）、蒙（14 家）、晋（4 家）、宁（2 家）、苏（3 家）、赣（3 家）、川（3 家）、渝（8 家）、青（2 家）、浙（3 家）、闽（2 家）、粤（5 家）、藏（1 家）、滇（6 家）。

经营业绩 2015 年，大唐国际实现管理口径经营利润 100.18 亿元，首次突破百亿大关。在集中处理历史积累问题 33.55 亿元的情况下，按照中国会计准则计算，实现利润总额 65.68 亿元，同比增长 26.03%；实现归属于上市公司股东的净利润 28.09 亿元，同比增长 56.20%。截至 2015 年 12 月 31 日，公司资产总额为 3033.68 亿元，同比增长 0.31%；资产负债率为 79.12%，同比降低 0.01 个百分点。

发展建设 在“十二五”收官之年，大唐国际重点项目开发及建设接连取得突破性进展。全年核准发电项目 19 个、合计 948.85 万 kW，核准容量创历史新高。成功核准广东雷州和新余二期项目，为大唐国际“十三五”发展增添了 4 台百万千瓦机组储备。锡林浩特电厂入选内蒙古特高压外送电源项目。抢抓京津冀协同发展机遇推进区域项目开发，唐山北郊热电获得核准，河北大滩风电成为公司一次性核准容量最大的风电项目。全年新投机组容量219.59万kW，其中火电机组100万kW、水电机组104.64万kW、风电机组14.95万kW。抚州1号机组提前投产发电。黄金坪水电提前实现“一年四投”。截至2015年12月31日，大唐国际管理口径发电装机总容量为4233.72万kW，同比增长5.47%。火电、水电、风电、光伏发电所占装机比例分别为80.71%、14.41%、4.43%、0.45%，清洁及可再生能源所占比重比2014年末增加2.27个百分点，电源结构进一步优化。

安全生产 完成“抗日战争胜利70周年阅兵”“两节”“两会”以及大负荷期间的保电任务，大坝6号、潮州3号、托克托7号、呼热电2号机组荣获全国可靠性A级机组称号。非电企业安全生产管理体系进一步健全，风险评估、隐患排查及问题整改取得实效。以大唐国际科技工作会议为契机强化科技管理，国家“863”计划重点项目——“合成气完全甲烷化成套工艺技术开发”通过国家科技部验收；获得行业科技进步二等奖2项；新获授权专利245项，其中发明专利45项。全年完成供电煤耗305.72g/kWh，同比降低3.55g/kWh。在全国600MW机组能效对标及竞赛中，有9台机组获奖。

党建和精神文明建设 推进“三严三实”专题教育，以问题为导向，完成专题党课、专题研讨、专题调研，召开专题民主生活会，查摆出的“不严不实”问题已按计划整改。加强公司系统各级企业党的组织建设，提升党建工作规范化、制度化水平。坚持以抓纪律、抓作风、抓惩治、抓预防为重点，落实党风廉政建设“两个责任”。严肃查处信访案件，推进专项监督，开展内部审计，以“五类问题”检查为契机深化专项治理，纪检监察审计工作的纠偏、堵漏、提效作用更加明显。强化民主管理，发挥各级职代会职能。突出载体创新，带动青年员工立足岗位成长成才。大唐国际荣获“首都文明单位标兵”称号。

【中国大唐集团新能源股份有限公司】

公司概况 中国大唐集团新能源股份有限公司（简称大唐新能源公司）是中国大唐集团公司从事新能源开发的专业化子公司，是国内领先的以风电开发为主的纯可再生能源公司。

大唐新能源公司业务主要以风力发电开发为主，同时涉及太阳能、煤层气发电等新能源领域。大唐新能源公司拥有经验丰富的前期开发、技术咨询、安装设计、工程建设、机组调试、运营维护、CDM开发等经验，拥有风电场群远程集中控制、电网友好型风场建设集成等行业先进技术。拥有世界上规模最大的区域性风电场之一——内蒙古赛罕坝风电场，亚洲首座海上示范性风电场——上海东海大桥风电场，拥有技术和标准国内领先的“电网友好型”风电场——内蒙古东山风电场，拥有专业的管理团队和多项国家“863”科技项目及专利技术，与多家世界500强企业、国内外新能源研究机构和科研院所建立战略合作关系。

大唐新能源公司从2003年开始风电开发工作。2005年8月，首批机组并网发电，实现了大唐集团风电项目“零”的突破。2009年1月5日，中国大唐集团新能源有限责任公司成立，成为中国大唐集团发展新能源的专业化平台。2010年7月9日，中国大唐集团新能源股份有限公司改制成立，2010年12月17日，成功在香港上市。

截至2015年12月底，装机规模达到715.2万kW，其中风电703万kW，光伏发电11.7万kW，煤层气发电0.5万kW。资产分布在全国18个省市自治区。

领导班子

总经理、党组副书记：张春雷

党组书记、副总经理：米克艳

副总经理、党组成员：焦建清、胡国栋

副总经理、党组成员、工会主席、总法律顾问：孟令宾

总会计师、党组成员：陈崧

党组成员、纪检组长：陈伟庆

总工程师：赵宗林

组织机构 设总经理工作部（国际合作、政策与法律部）、发展规划部（新能源发展研究中心）、计划营销部、人力资源部（培训中心）、财务管理部、资本运营与产权管理部、安全生产部（生产信息中心）、工程管理部、海外业务部（科技信息部）、政工部（企业文化部）、监察审计部（纪检组办公室）、工会工作部、发展战略研究室。

所管理单位包括大唐新能源赤峰公司、大唐新能源甘肃公司、大唐新能源通辽公司、大唐新能源山东公司、大唐新能源宁夏公司、大唐新能源黑龙江公司、大唐新能源锡盟公司、大唐新能源蒙西公司、大唐新能源辽宁公司、大唐新能源山西公司、大唐新能源西南公司、大唐新能源河南公司、大唐新能源陕西公司、大唐新能源广西公司、大唐新能源河北公司、大唐新能源广东公司、大唐新能源安徽公司、大唐新能源华东公司（海上风电事业部）、大唐新能源福建公司、大唐昌裕（北京）新能源有限公司、大唐新能源试验研究院、大唐新能源科技产业开发公司。

经营业绩 2015年大唐新能源公司实现利润总

额 1.55 亿元（其中：风电企业实现利润 0.96 亿元，光伏发电企业实现利润 0.31 亿元，煤层气发电企业实现利润 0.02 亿元，非电企业实现利润 0.26 亿元）；净利润 0.63 亿元，归属母公司净利润 0.14 亿元。

安全生产 推动安全生产监督体系和保证体系建设，狠抓安全生产责任和制度落实，生产管理体系更加完善。深化设备专项治理，设备健康水平全面提升。风机可利用率达到 97.87%，同比升高 0.78 个百分点。深入开展达设计值活动，完成风电场、光伏电站设计值体系建立工作，强化技术改造工作，狠抓风场移交验收管理，累计发电量完成 107.61 亿 kWh，同比增加 4.26 亿 kWh，发电量增长率为 4.12%。全年未发生一般及以上安全生产事故，实现连续安全生产 1841 天，安全生产保持稳定局面。

提质增效 加快优化调整步伐，持续优化区域结构和产业结构。完成项目核准 146 万 kW，不限电地区核准项目比例由 2010 年末的 13%提高到 63%。青岛海西 25 万 kW、河北王起营 30 万 kW 两个大项目获得核准，为区域结构调整提供强有力支撑。江苏、北京实现风电项目核准零的突破，拓展不限电区域布局。光伏发电项目开发取得突破，山西利民 2 万 kW、青海共和 1 万 kW 光伏发电项目获得备案。加快新项目投产力度，甘肃瓜州、宁夏同心等 18 个项目实现全部投产，重庆丰都、黑龙江祝三、湖北龙感湖等 6 个项目实现了部分投产，新增并网容量 116.25 万 kW，投产容量取得历史性新高。抢抓利率下调的有利时机，多措并举开展债务重组工作，债务结构不断优化，全年长短期债务比达到 71.9%，下降了 19.68 个百分点。财务费用同比减少 3.22 亿元，千瓦财务费用同比减少 84.17 元，降幅达 21.02%。

管理提升 加快企业管理改革进程，实施区域管理主体的整合，基层管理主体由年初 29 家减少到 22 家。探索符合新能源专业实际的管理中心、生产中心和生活中心建设原则，确定了“集中监控、少人值守、运维一体、专业检修”的生产管理模式，风电调度中心建设完成，安全生产管控平台、物资管理系统、资金调度中心上线运行，实现按预算调度资金及财务数据集中存储和管理。深化“标准化良好行为企业”达标创建工作，赤峰公司、山东公司、黑龙江公司成为国内风电行业仅有的 4A 级“标准化良好行为企业”。

科技创新 加快构建风电上下游产业技术服务体系，风、光资源评估水平达到国内先进水平，CCER 项目开发取得新突破，首个项目实现减排收益。风机提效技术研究取得新成果，全国首台叶尖加长示范风机在莱州风场完成安装，单台机组年发电量增加 6%。叶片梯级加长批量应用可行性研究、变桨控制策略优化技术成果取得新进展，通用型风机控制系统自主研发成功。全年新增专利授权 63 项，其中已授权发明专利 7 项。大唐新能源公司被授予北京市专利试点单位，同时被国标委批复为国际电工委员会/太阳能光热电厂技术委员会（IEC/TC117）第一国内技术对口单位，并代表中国参与国际光热标准制定，成为五大发电集团首家国际标准化组织的国内技术对口单位。

党建及文化建设 开展“三严三实”专题教育，公司系统讲授党课 231 场次，开展调研 132 次，发现问题 491 个，提出措施 622 条。党建工作不断规范，22 家基层企业建立了党委，9 个党委完成属地注册，建立党支部 80 个，党组织体系和制度体系逐步完善。3 个集体荣获大唐集团“先进基层党组织”，2 人荣获大唐集团“优秀共产党员”，2 人荣获大唐集团“优秀党务工作者”称号。群团工作深入推进，基层职代会建制率实现 100%。积极开展青年“岗、号、手、队”创建活动，大唐新能源公司系统 1 名青年员工荣获 2015 年中国电力年度科技人物奖，3 名青年员工获中央企业青年岗位能手称号。大唐新能源公司系统获得省部级及以上集体和个人荣誉 61 项。大唐新能源公司继续保持“首都文明单位”称号，并首次被评为“全国文明单位”。

主要事件

1 月 4 日，大唐新能源公司干部宣布大会在北京召开，张春雷任公司总经理、党组副书记。

1 月 8 日，大唐新能源公司召开 2015 年第一次安委会。

1 月 21 日，大唐新能源公司召开一届二次职代会暨 2015 年工作会议。

3 月 4 日，大唐新能源公司召开二届十三次董事会，聘任张春雷为公司副董事长。

3 月 27 日，大唐新能源公司召开 2015 年第一次临时股东大会。

3 月 27 日，大唐新能源公司召开二届十四次董事会暨二届六次监事会议。

3 月 31 日，大唐新能源公司在香港举行 2014 年度业绩发布会。

6 月 30 日，大唐新能源公司在北京召开 2014 年度股东周年大会。

7 月 16 日，大唐新能源公司召开 2015 年年中工作会议。

8 月 21 日，大唐新能源公司在北京召开二届十七次董事会暨二届七次监事会。

8 月 25 日，大唐新能源公司在香港举行 2015 年中期业绩发布会。

10 月 19 日，大唐集团召开大唐新能源公司领导班子调整干部宣布大会。米克艳任大唐新能源公司党组书记、副总经理，陈伟庆任公司党组成员、纪检组长。

12月18日，大唐新能源公司在北京召开2015年第二次临时股东大会。

【大唐华银电力股份有限公司】

公司概况 大唐华银电力股份有限公司（简称大唐华银）成立于1993年1月。1996年8月，大唐华银股票在上海证券交易所上市。经营范围涉足发电（火电、水电、风电、垃圾发电）、煤炭开采、科技信息等领域。

大唐华银地处中国中部，是“西电东送”“北电南送”的重要战略通道，为湖南和所涉区域经济和社会可持续发展提供能源产品和服务。大唐华银一直积极开发新的电源点和发展相关非电项目，以提高公司核心竞争能力和盈利能力。截至2015年12月31日，大唐华银总资产196.16亿元，拥有18家分子公司，运营机组554.57万kW，其中火电524万kW，占94.49%，水电15.4万kW，占2.78%，风电等新能源15.17万kW，占2.74%，在建机组9.9万kW。

领导班子

总经理、党组副书记：侯国力

党组书记、副总经理：王万春

副总经理、党组成员：俞东江、周浩、韩旭东

副总经理、工会主席、党组成员：罗日平

纪检组长、党组成员：吴启良

总会计师、党组成员：罗建军

组织机构 本部设置12个部分，即总经理工作部、发展计划部、人力资源部、财务部、安全生产部、工程管理部、多种经营部、党群工作部、监察审计部、矿业产业部、资本运营部、燃料管理中心；拥有15家全资和控股子公司，即大唐湘潭发电有限责任公司、大唐华银株洲发电有限公司、大唐华银张家界水电有限公司、大唐华银怀化巫水流域水电开发有限公司、大唐华银湖南新能源有限公司、大唐华银芷江新能源开发有限责任公司、湖南大唐华银地产有限公司、湖南大唐先一科技有限公司、内蒙古大唐华银锡东能源开发有限公司、大唐华银怀化石煤资源开发有限公司、大唐华银欣正锡林郭勒风力发电有限责任公司、湖南大唐燃料开发有限责任公司、大唐华银益阳金塘冲水库发电有限公司、湖南华银能源技术有限公司、大唐华银湘潭环保发电有限公司；3家分公司，即大唐华银金竹山火力发电分公司、大唐华银电力股份有限公司耒阳分公司、大唐华银红壁岩水力发电厂。

经营局面 应对湖南罕见凉夏暖冬带来火电机组利用小时大幅下滑的市场挑战，外争电量，内控成本，经营效益再创历史新高。实现当期利润7.77亿元，同比增利3.31亿元，比预算目标多完成5.57亿元；完成经济增加值3.51亿元，同比增利1.26亿元，比预算目标多完成3.57亿元；期末资产负债率81.01%，同比下降7.58个百分点，比预算目标多降7.99个百分点，超额完成大唐集团下达的业绩考核任务。

安全生产 贯彻落实新《安全生产法》，推进本质安全型企业建设，未发生重伤及以上人身事故，未发生人员责任造成的设备损坏事故，未发生环境污染事件。

抓检修，开展机组检修过程管理和质量检查，完成火电机组大修1台，小修13台；完成水电机组大修2台，小修21台次；完成重大修理项目146项，重大技改项目170项。降非停，落实降非停措施，火电机组非异停9次，同比减少9次。保安全。开展春季秋季安全大检查、安全月活动、安全风险控制评估活动及其整改工作；完成4家火电企业、2家水电企业、1家风电企业安全风险控制外部评估，完成基层企业党政主要领导持证上岗计划。

管理提升 夯实企业管理基础。开展“降非停，保安全”“抓掺烧，降煤价”“对标杆，提效益”“调薪酬，增活力”“强基础，严管理”等五个专项行动，集中精力解难事，扭转大唐华银安全生产基础不牢、人力资源配置不优、企业规章制度不全、工作部署执行不力的管理颓势。

整章建制。以大唐集团规章制度为蓝本，清理公司管理办法，开展制度修订、新建、废止工作，基本消除了“无章可循”的管理漏洞。开展制度宣贯活动，组织领导干部和专业岗位制度考试，有效遏制了“有章不循”的管理乱象。

启动大唐华银发展战略研究。适应国家推进能源“四个革命”的新形势，对接大唐集团“一五八”发展战略，制订大唐华银2016～2030年战略纲要，提出了立足电力、依托集团、稳健经营、创新发展，建设创新型优质电能服务商的发展构想。

项目进展 对接湖南能源发展规划，坚持效益至上的原则，稳步推进项目开发与建设。核准怀化石煤发电项目（2×30万kW）、怀化芷江西晃山风电场二期工程（4.2万kW）、绥宁宝鼎山风电场二期工程（5万kW），配合大唐国际做好雷州项目（2×100万kW）核准工作，处理东莞三联热电项目迁建阳江地区相关事宜，争取耒阳三期工程纳入湖南省能源发展“十三五”规划。

节能减排 强化环保设施运行维护，节能减排指标得到优化。二氧化硫超排5次，同比减少4次，超排时间5.0h，同比减少92.0h；氮氧化物超排12次，

同比减少17次，超排时间16.3h，同比减少333.2h。强化污染物排放管理，二氧化硫、氮氧化物、烟尘、废水排放绩效分别完成0.27、0.40、0.06g/kWh和186.0g/kWh，同比分别减少31.8%、49.6%、40.6%和2.4%。

资本运作 紧扣“盘存量、引增量，加快公司资产结构调整”的工作目标，完成华银电力资产重组，推进低效无效资产处置。抢在股灾之前完成华银定向发行股份，收购大唐耒阳发电厂全部经营性资产、大唐湘潭发电有限责任公司100%股权、大唐华银张家界水电有限公司35%股权的资产重组工作，恢复大唐华银上市公司融资功能。完成怀化石煤综合利用项目挂牌转让；完成衡阳、郴州环保发电项目股权转让；完成湘潭环保发电对外租赁经营；出售“压小”容量，成功处置历史遗留资产。

党建和精神文明建设 以“三严三实”专题教育和“新华银新气象”系列活动为重点，加强企业党的建设，深化主题宣传，营造风清气正的良好氛围。建立各级领导班子成员专题教育联系点；查找“不严以修身、不严以律己、不严以用权”问题，制定并落实整改措施；公司网站开辟“新华银新气象”专题，《大唐湘军》报推出“新华银新气象”专栏，开展“新华银新气象”暨“大唐精神”宣贯巡回汇演，凝聚建设“新华银”的合力。

按照“党委负主体责任、纪委负监督责任”的要求，落实“一岗双责”，坚持“一案双查”，筑牢反腐拒变防线。抓好《准则》和《条例》的学习宣贯，党政一把手讲廉政党课，组织党组（党委）中心组廉政专题学习、基层单位纪委书记廉政专题制度辅导。

主要荣誉 大唐华银荣获“湖南100强企业”称号。大唐湘潭发电有限责任公司荣获“湖南省100强企业”“湖南省环境诚信企业”“第五届全国电力行业设备管理工作先进单位”“湖南省电力行业信息报道工作先进单位”称号。大唐华银金竹山火力发电分公司荣获“中央企业法制宣传教育先进单位”“《中国电力报》优秀通讯站”“湖南省‘欢乐潇湘’优秀文艺团队”称号，及“三晋安全杯”安全法律网络知识竞赛优秀组织奖、“湖南省学术组织工作优秀奖”。大唐华银电力股份有限公司耒阳分公司荣获“全国‘安康杯’竞赛优胜单位”“全国工会职工书屋示范点”“中国企业文化创新优秀单位”称号，其燃料运输部货运岗荣获“全国五一巾帼标兵岗”称号、燃料运输部分工会荣获“全国模范职工小家”称号。大唐华银株洲发电有限公司荣获“湖南省文明单位”“第五届全国电力行业设备管理工作先进单位”“湖南省电力安全生产工作先进单位”称号，其培训服务中心荣获“全国模范职工小家”称号，汪毅刚工作室荣获“湖南省职工（劳模）示范创新工作室”称号，设备管理部“大型铸钢件缺陷处理优化工艺研究”荣获湖南省电力科学技术奖三等奖，公司代表队荣获“中国梦劳动美”职工法律知识竞赛湖南省决赛一等奖。大唐华银攸县能源有限公司荣获“《中国电力报》优秀通讯站”“湖南省电力行业信息报道工作先进单位”称号。大唐华银（湖南）新能源有限公司荣获“湖南省电力安全生产先进单位”称号，其南山二期风电场荣获“全国风电场生产运行指标对标及竞赛”华东地区湖南省一等奖。

袁丽萍荣获“全国优秀工会工作者”称号及湖南省“芙蓉杯”竞赛征文一等奖。晏嫦婷荣获“中央企业优秀共青团干部”称号。戴利旗荣获“湖南省电力安全生产先进个人”称号。陶钰荣获“国资委企业信息化登高行动主题征文比赛三等奖”。大唐湘潭发电有限责任公司夏柏龙荣获全国电力行业群众路线教育主题征文三等奖，胡昊荣获“中国电力企业技术能手”称号，杨俊义荣获“全国电力企业管理创新论文三等奖，向勇林荣获“湖南省电力安全生产先进个人”称号，张磊荣获“湖南省优秀政研干部”称号，荣晓曦荣获“国家能源统计工作先进个人”称号，陈一玙荣获湖南省优秀政研成果三等奖。大唐华银金竹山火力发电分公司高福国荣获全国发电企业管理提升最佳实践征文一等奖、“湖南省优秀思想政治工作者”称号，赵国光、谢红卫等“一种表面换热技术与相变换热技术相结合的尾部烟气余热回收技术改造”荣获全国设备管理创新成果奖一等奖、“世界首台600MW超临界W火焰锅炉机组协调及主汽温度控制优化技术研究”荣获全国设备管理创新成果奖二等奖，赵国光、伍懿等“600MW机组发电机轴瓦异常振动特性研究”荣获全国设备管理创新成果奖三等奖，赵智能荣获国家安全月摄影比赛三等奖，梁周红荣获“《中国电力报》优秀通讯员”称号，王希寰荣获湖南电力技术论坛优秀论文三等奖，谢麟角荣获湖南省“最美芙蓉花”摄影作品三等奖。大唐华银电力股份有限公司耒阳分公司彭朝晖荣获“湖南省劳动模范”称号，杨宏业荣获“湖南省践行‘三严三实推进作风建设’主题征文”三等奖，唐棣华荣获“中国电力传媒优秀通讯员”称号，程荣、史勇、成珍“美丽文化引领美丽生活”荣获中国企业文化创新优秀成果奖，谷晓霞《浅析女职工如何在新常态下提升自己的价值》荣获湖南省“芙蓉杯竞赛征文三等奖”。大唐华银株洲发电有限公司汪毅刚荣获“湖南省劳动模范”称号，黄姝荣获“全国五一巾帼标兵”称号，陈泽彦荣获“第五届全国电力行业设备管理先进工作者”称号，刘显旺荣获“湖南省十大杰出青年”称号，熊文明荣获“湖南省电力安全生产工作先进个人”称号，刘应山、周虎、陈腊民、周荣荣获全国电力职工技术成果三等奖，曾嘉湘“全过程融入‘四责’理念强化降热值差效能监察”荣获全国电力企业管理创新成果评审委员会、《中国电力企业管理》杂志社全国电力企业管理创新优秀论文三等奖，陈迈《发电厂耗差分析与运行绩效考核系统建设的模式与实践》荣获国资委企业信息化登高行动主题征文二等奖，冯健、陈泽彦、刘应山、陈腊民、何县宇、夏尊美、王红樱“大型铸钢件缺陷处理优化工艺研究”荣获湖南省电力科学技术奖三等奖，贺鹰“火电厂设备智能诊断系统研究与应用”荣获湖南省电力行业信息化优秀成果三等奖。大唐华银攸县能源有限公司何铁光、邓建源《冷却塔施工电梯附着脚手架坍塌事故分析》荣获湖南省动力工程学术论文二等奖，杨扬《火电厂灰渣烫伤事故的原因分析及防范措施》荣获湖南省动力工程学术论文三等奖。大唐华银张家界水电有限公司秦声刚荣获“湖南省电力安全生产工作先进个人”称号。大唐华银欣正风力发电有限责任公司颜辉轩荣获全国电力企业管理创新优秀论文大赛一等奖，刘朴荣获得全国电力企业管理创新优秀论文大赛二等奖。湖南大唐先一科技有限公司刘元议、邹光球、张成煜、李号彩“火电企业燃料量质价保真管控体系创新与实践”荣获全国电力行业企业管理创新成果二等奖。

中国华电集团公司

【公司概况】 中国华电集团公司（简称中国华电）是国家实施电力体制改革、由国务院批准组建的五家全国性国有独资发电企业集团之一。2002 年 12 月 29 日，中国华电在人民大会堂揭牌成立，注册资本 120 亿元人民币，主营业务为：电力生产、热力生产和供应；与电力相关的煤炭等一次能源开发；相关专业技术服务。

截至 2015 年底，中国华电发电装机容量 21 744 万 kW，资产总额 7496 亿元，控股煤矿产能达到 6500 万 t/年，资产主要分布在山东、贵州、黑龙江、四川、福建、江苏等 32 个省（自治区、直辖市）以及俄罗斯、柬埔寨、印尼等国家。控股华电福新能源股份有限公司、华电国际电力股份有限公司、华电能源电力股份有限公司、国电南京自动化股份有限公司、贵州黔源电力股份有限公司、沈阳金山能源股份有限公司、华电重工股份有限公司等上市公司。

【领导班子】

董事长、党组书记：李庆奎

董事、总经理、党组成员：程念高

党组副书记、副总经理：任书辉

党组成员、副总经理：辛保安、邓建玲、陈建华

党组成员、纪检组长：蒋亮平

副总经理：杨清廷

总会计师：邵国勇

【组织机构】 见 2015 年中国华电组织机构图。

【年度业绩】 2015 年，中国华电贯彻落实科学发展观，应对经济下行压力加大、电量需求下滑、金融市场动荡、煤炭产能过剩等错综复杂的外部形势，紧紧围绕“改革创新调结构，做实强基稳增长”这条主线，着力转方式、调结构、推改革、提效益、抓整改，各项工作取得新的成绩。全年总体保持安全稳定，没有发生较大及以上安全生产事故，没有发生对公司稳定造成不利影响的事件。完成销售收入 2000 亿元，同比减少 5.9%；实现利润 256 亿元，同比增长 24.5%；实现利税 431 亿元，同比增长 17.9%；资产负债率 81.96%，同比降低 1.22 个百分点；完成全口径发电量 4892 亿 kWh，同比降低 1.14%；生产原煤 4805 万 t，同比增长 7.3%；中国华电在世界 500 强排名第 345 位，较 2014 年提升 23 位。

【结构调整】 贯彻落实国家能源战略，编制“十三五”发展规划，把发展的质量效益放在首位，紧跟政策走向，突出战略重点，推进重点区域、重点项目发展，中国华电核准装机容量和 60 万 kW 及以上大机组容量均创成立以来最高纪录。句容二期、莱州二期、可门三期、平江一期、芜湖二期第 1 台、昌吉英格玛、汕头一期等一大批战略性大火电项目获得核准，累计在沿海沿江、能源基地送出端核准百万千瓦机组 9 台、60 万 kW 级机组 16 台，占比 85.3%。发展可再生能源，苏洼龙、俄日等水电项目获得核准，中东部地区新能源储备和项目核准比重稳步提高；清洁能源占比提升至 37.1%，比 2014 年上升了 3.7 个百分点。适应煤炭经营形势变化，科学把控发展节奏，重点抓好证照办理，小纪汗、肖家洼、甜水堡等煤矿取得相关许可批复，贵州区域煤矿整合重组有序推进。融入国家“一带一路”“互联互通”战略，围绕“两片一链”加快布局，海外运营、在建和核准待开工项目累计超过 400 万

董事会

经理层

- 办公厅(企业改革办公室)
- 董事会办公室
- 战略规划部
- 人事部
- 人力资源部
- 财务与风险管理部
- 火电产业部
- 水电与新能源产业部
- 煤炭产业部
- 安全监督管理部
- 科技环保部
- 经济运营部
- 资本运营与产权管理部
- 政治工作部
- 监察部（纪检组办公室）
- 审计部
- 企业管理与法律事务部
- 信息管理部
- 工委办公室
- 国际业务部
- 金融产业部
- 科工与物资管理部

- 山东、河南、安徽、河北、浙江、福建、宁夏、甘肃、上海、湖南、广东、天津分公司(12家)
- 华电湖北发电有限公司
- 华电内蒙古能源有限公司
- 沈阳金山能源股份有限公司
- 华电陕西能源有限公司
- 华电新疆发电有限公司
- 华电福新能源股份有限公司
- 华电云南发电有限公司
- 云南华电怒江水电开发有限公司
- 云南金沙江中游水电开发有限公司
- 华电四川发电有限公司
- 华电国际电力股份有限公司
- 华电山西能源有限公司
- 贵州乌江水电开发有限公司
- 贵州黔源电力股份公司
- 华电能源股份有限公司
- 华电煤业集团有限公司
- 中国华电工程（集团）有限公司
- 中国华电集团科学技术研究总院
- 国电南京自动化股份公司
- 中国华电集团资本控股有限公司
- 中国华电集团财务有限公司
- 华鑫国际信托有限公司
- 中国华电集团发电运营有限公司
- 中国华电集团物资有限公司
- 华电招标有限公司
- 华电置业有限公司
- 中国华电香港有限公司
- 中国华电集团高级培训中心
- 华电金沙江上游水电开发有限公司
- 华电江苏能源有限公司
- 华电西藏能源有限公司
- 中国华电集团清洁能源有限公司
- 华电广西能源有限公司

2015年中国华电组织机构图

kW，新签境外运维合同容量 400 万 kW，境外运维装机容量突破 1000 万 kW。

【深化改革】 贯彻落实中央和上级改革部署，按照改革顶层设计，召开专题会议，开展专项研究，加强督导推动，改革工作深入推进。按照建立现代企业制度要求，建立以董事会为中心的法人治理结构，修订完善公司党组会、董事会、董事长办公会、总经理办公会等议事规则，初步构建起权责对等、运转协调、有效制衡的现代企业法人治理体系。落实“抓总、做实、做优、强基”的管控体制，调整完善总部机构设置，加大对二级单位特别是区域公司的管理授权，区域公司投资多元化、管理一体化格局初步形成。推进发电区域化、煤炭专业化改革，完成 14 家煤矿、47 家发电企业管理移交。加快推进电力市场化改革，初步搭建区域一体化营销平台，组建内蒙古、贵州等首批区域售电公司，其他区域售电公司筹建工作有序实施。开展专题研究，在国际业务、科技体制、科工和金融产业等重点领域改革方面，形成初步改革方案。

【生产经营】 2015 年，中国华电按照国资委保增长统一部署，应对经济下行压力，外拓市场，内强管理，降本增效，公司利润总额、净利润、归属母公司净利润、净资产收益率、保值增值率等主要经营指标稳居行业前列。强化运营协调，优化电量结构，全年争取市场电量超过 600 亿 kWh，优化转移电量超过 200 亿 kWh。加强煤炭运销，统筹内外销售，自产煤内销率达到 51%，不连沟煤矿铁路外运突破 1000 万 t。实施规模化、集约化、精益化管控，燃料、物资、资金“大成本”管理取得明显成效。加强厂内燃料管理，44 家单位入厂煤标准化实验室通过国家评定。定向施策抓好煤矿减亏，强化成本对标，适时停产无边际贡献煤矿 14 家。优化债务结构，加大直接融资，清理“两金”占用，期末融资利率同比降低 1.05 个百分点。

【安全环保】 贯彻上级关于安全生产和环保工作部署，加大执行落实力度，总体保持平稳局面。落实各级安全责任，完善安全制度和规范体系，开展季节安全大检查、“六打六治”、外包工程等专项行动，注重安全检查和隐患排查治理，推进应急救援和安全培训能力建设，完成抗日战争胜利 70 周年纪念等重要活动安全保电任务，公司系统 109 家企业保持了 2000 天以上的长周期安全生产运行。完善科技创新体系，推进智能发电、智能热网、分布式能源等关键技术研发，成功申报国家互联网与工业融合创新试点企业，国家分布式能源系统测试技术研究室通过审批，全年新增授权专利 588 项。落实国家环保政策要求，组织开展“环境守法宣传年”“华电环保行”系列活动，通过环保部年度减排核查核算。健全环保监管体系，构建“互联网+环保监督”的新模式。加快推进煤电机组环保改造，提前超额完成国家确定的“十二五”减排目标，在完成责任书项目的基础上，又分别完成脱硫升级改造 85 台 2291 万 kW、脱硝升级改造 85 台 2049 万 kW，完成超低排放改造和建设 30 台 1013 万 kW。

【信息化建设】 2015 年，中国华电完成了 ERP 一期项目推广实施，试点单位以合同管理为纽带，实现业务财务支付一体化单轨上线运行。完成网络安全统一管控项目，网络信息安全达到国内领先水平。持续深化燃料管理、PMIS 基建项目管理和营销决策信息系统等核心业务系统应用，虚拟化及云门户平台正式上线运行，实现集团私有云服务。

【党建和队伍建设】 加强领导班子和干部队伍建设，全年调整各级领导干部 549 人次，完善竞争性选拔机制、标准和流程，营造风清气正、干事创业的环境。加强干部监督，在全系统组织开展报告个人事项检查和干部人事档案审核。组织实施“千人计划”，全年开展干部教育培训 905 人次，开展较大规模的总部空缺岗位、系统部分领导岗位的公推遴选，加大干部公开选拔力度。抓好人才队伍建设，完善市场化用工机制和员工职位序列体系，推进大定员管理，率先在同行业推行了涵盖企业管理、生产和后勤“三位一体”的大定员管理模式，满足实际工作需要。优化绩效考核和薪酬调控体系，推进差异化、专业化、精细化考核和全员业绩考核，激励约束效果进一步增强。加强员工培训，建设员工培训标准体系，整合培训资源，推进达标培训、持证上岗，选拔高层次专家人才，开展电力安全应急、燃煤采制化、火电继电保护、党群业务等技能大赛，员工队伍素质进一步提高。加强企业文化和品牌建设，修订《华电宪章》，启用新的形象平台，开展“读万卷书、行万里路”等系列活动，展现了企业和员工良好形象。履行社会责任，发布《2015 年社会责任报告》，入选十大责任国企，社会责任发展指数位列全国第二位。

（李成东）

【中国华电科工集团有限公司】

公司概况 中国华电科工集团有限公司（简称华电科工）是中国华电集团公司 100%投资的有限责任公司，是中国华电集团公司科工产业板块的重要组成部分和发展平台，前身可追溯到国家电力公司电力机械局、水电部机械局。华电科工现有在职员工 5654 人。华电科工作为电力行业唯一一家企业成功入围中国工业大奖候选名单。下属的华电电科院、水处理分公司首次评为中国华电四星级科工企业。

领导班子

董事长、党组书记：孙青松

党组成员、副总经理：马骏彪（正主任级）

党组成员、副总经理：刁培滨

党组成员、副总经理：姜学寿、彭刚平

党组成员、纪检组长兼工委主任：侯佳伟

党组成员：王汝贵

党组成员、副总经理：李林威

总工程师：沈明忠

巡视员：黄湘

年度业绩 2015 年，华电科工资产总额达到 306.32 亿元，实现营业收入 132.97 亿元，利润 6.52 亿元，资产负债率 74.33%。与五大发电集团科工板块主要企业相比，营业收入、利润总额、净资产收益率等主要经营指标位居前列，重工、电站总承包、水务工程等业务继续处于领先水平。

经营管理 市场营销取得突破。全年新签合同额 200 亿元，集团外新签合同额 51 亿元。华电重工成功中标江苏滨海北区 10 万 kW 海上风电项目，标志着海上风电工程综合实力已获得业界的充分认可。华电机械院加快传统产业转型升级，实现了塔机、烟囱防腐、电站装备等业务市场新拓展。水处理分公司签订红沿河核电等 3 个海水淡化项目，在核电海水淡化领域实现"零"的突破。新能源分公司在新疆、山西等区域签订光伏发电或风电资源框架合作协议 56 万 kW，为新能源投资业务做好了资源储备。分布式能源分公司加强市场跟踪，签订天津北辰项目总承包合同，中标四川能投广安项目总承包工程；签订 4 台燃机维修合约式服务合同，合同金额 2.2 亿元，为改善合资公司经营状况奠定了基础。华电万方开拓安全评估业务，完成 50 多个发电工程建设项目安全生产标准化评审和安全评价。围绕"两片一链"，加快"走出去"步伐，越南沿海二期完成股权收购方案变更审批、境外投资证书签发等工作；获得印尼西西拉水电站、越南沿海三期扩建卸船机、委内瑞拉水处理系统和越南核电凝结水项目，国际市场业务空间进一步扩大。

工程建设成效显著。华电科工项目在建规模 340.82 亿元。江陵项目作为华电科工一号工程，高标准、严要求，超前做好达标创优、施工准备、质量工艺、安全文明施工"四个策划"，开展工程整体设计优化，实施设计优化方案 91 项，主体工程有序推进。中煤榆林项目顺利投入商业运行，连续三年被评为年度"优秀 EPC 总承包商"；参建的江苏句容百万机组工程荣获国家优质工程金奖，总承包建设的江苏吴江项目、参建的新疆喀什项目等 5 项工程荣获 2015 年度中国电力优质工程奖。风电、光伏发电项目总承包规模大幅增加，总装机容量 175 万 kW，11 个风电、太阳能光伏发电项目克服工期紧、自然条件恶劣等困难，成功按期投产发电。承建脱硫、脱硝、湿除项目机组 89 台，总装机容量达到 910 万 kW 左右，为煤电机组环保改造和"十二五"节能减排目标实现做出重要贡献。

生产经营业绩突出。截至 2015 年底，华电科工投资规模达到 105.78 亿元。巴厘岛电厂正式进入商业运营，彰显了华电科工国际品牌形象，投产不到半年，累计发电 14.29 亿 kWh，实现营业收入 3 亿元，利润 8000 多万元；巴淡电厂机组实现营业收入 2 亿多元，利润 4000 多万元。重工四大制造基地加快向效益中心转变，完成销售收入 14 亿多元，利润 6000 多万元。脱硫脱硝 BOT 业务经营效益持续向好，实现营业收入 1.8 亿元，利润 5000 多万元。华电水务市场占有率和品牌影响力不断提高，在运水厂日处理水量 28 万 t。山东节能公司制造的国内最大流量高效卧式循环水泵样机通过试运行，泵效率的节能评价值优于国家标准。产业园分布式能源站实现了机组发电并网运行，开创了国内最大的楼宇式分布式能源站并网、上网先例。

改革开展 战略实施成效明显。"十二五"期间，加快转方式、调结构、优布局，各业务板块实现长足发展，资产总额、营业收入跨入百亿级行列。依靠工程承包获取收益的单一发展局面得到有效改观，装备制造和资产经营业务成为新的增长极，华电重工成功登陆上交所。圆形料场成套设备、火电四大管道连续多年保持行业龙头地位，特种胶带输送机、电站空冷系统业务处于国内领先，工业噪声治理、海上风电工程打开局面；脱硝工程累计投运容量跃居国内行业第二位，火电和核电常规岛水处理工程市场占有率位居行业首位；总承包建设的西塞山项目被中国华电树为 60 万 kW 样板工程，印尼阿萨汉项目被誉为中国企业走向国际市场的"名片"；太阳能热发电、生物质沼气发电等专业技术和品牌位居国内领先地位；率先捕捉到分布式能源产业发展先机，形成了主机设备、总承包、运营服务一体化的特色产业链。

体制机制持续优化。落实中国华电科工产业改革部署，公司正式更名为中国华电科工集团有限公司，编制业务整合方案，将公司业务优化整合为科技研发、重工及高端制造、环保及新能源、电站投资建设四大业务板块，更加突出科技创新驱动产业发展、转型升级的作用。按照现代企业制度和法人治理结构要求，规范"三重一大"民主决策程序、决策范围，完善日常决策和运行机制，科学民主决策水平不断提高。

科技创新 创新基础更加稳固。细化分解科研考核指标，加大研发费用投入、专利、新技术及产品的创收等指标考核力度，持续激发了各单位科技创新的积极性。制定下发2015年科技项目开发计划，确定新立科技项目103项、结转项目88项，在研科技项目达到191项。加快科技研发平台建设，华电科工再次通过国家高新技术企业认定，国家分布式能源系统测试技术研究室通过审批；成立中国华电环境保护监督技术中心，构建了“互联网＋环保监督”新模式；“火力发电系统能效检测技术实验平台”等能源自主创新项目按计划稳步推进。华电重工、华电机械院成功创建国家级博士后科研工作站。

研发成果日益丰富。推进关键核心技术的研发、验收和评价，提升公司科技含量和核心竞争力。截至2015年底，共获得专利287项，同比增长91%；其中发明专利42项，同比增长100%；共计持有专利823项，其中发明专利94项。华电科工11项科技成果通过中国华电或行业协会成果评审，获得评审专家的高度评价，7项成果达到国际先进、国内领先水平；4项中国华电重点科技项目通过验收；9项科技成果获得2015年度中国华电科技进步奖；2项成果获得中电联首届中国电力创新奖。环保型超大储量数字化圆形料场系统顺利获批为北京市高新技术成果转化项目；燃气电厂低频噪声源头治理成套装备被列入《国家鼓励发展的重大环保技术装备目录》。

技术转化不断加速。自主研发的湿式除尘技术成功应用于天津军粮城电厂9、10号机组改造工程，作为国家煤电机组环保改造示范项目，正式通过天津市环保局验收；在此基础上，获得了山东莱州1号机组、天生港等13个湿式除尘项目。以陕西杨凌项目为依托，高效除尘脱硫塔技术顺利完成研究成果转化，打造超低排放技术的又一成功案例；自主研发的污水处理近零排放技术转入工业化应用，签订内蒙古河西等3个电厂废水零排放项目，为开辟水处理超净排放市场奠定基础。引进新型空间网架技术，签订土右、十里泉等多个电厂煤场封闭项目合同。开展机组高效亚临界节能改造，创新燃煤机组冷源节能技术，在邹县电厂60万kW燃煤机组示范应用，降低供电煤耗约1.5g/kWh。开展火电机组性能优化、智能供热、余热利用等节能降耗技术改造，为中国华电燃煤机组供电煤耗指标位居五大发电集团前列做出重要贡献。

【华电煤业集团有限公司】

公司概况 2005年8月，中国华电集团公司在重组原华电燃料有限公司和华电开发投资有限公司的基础上，组建了华电煤业集团有限公司（简称华电煤业），主要负责煤炭及相关产业的开发。

华电煤业秉持价值思维理念，践行“服务华电、创造价值”的公司使命，坚持“煤为核心、物流通畅、运销高效”的发展思路，实施“三步走”发展战略，协同推进煤炭、物流、煤化工（电力）、运销四大产业板块发展，着力构建以煤炭产业为核心，集煤、电、化、路、港、航为一体的产业架构。截至2015年12月底，华电煤业注册资本36.57亿元，总资产599.19亿元，净资产155.26亿元，资产负债率74%（华电煤业还受托管理中国华电晋、陕、蒙、新、黑五个区域公司的14个煤矿，管理口径资产总额737亿元、净资产187亿元），煤炭产能5509万t；本部设17个职能部门，下设6个分支机构、4家全资子公司、12家控股子公司、19家参股公司，在册员工总人数10382人。

领导班子

董事长、党组书记：丁焕德

总经理：管春峰

副总经理、党组副书记：殷作如

副总经理：李强德、张忠贵、路万科、兰毅

党组纪检组组长、工委主任、总法律顾问：杨信

总会计师：梁璟洲

年度业绩 2015年，华电煤业生产原煤4836万t，同比增加30.2%。商品煤销售量4287万t，同比增加36.8%。甲醇产量55万t，同比增加153.1%。发电量51.68亿kWh，同比增加22.9%。港口接卸量1050万t。船舶货运量2012万t，同比增加2.9%。

经营管理 协调落实中国华电自产煤系统内购销计划，控股煤炭系统内客户已覆盖10个区域的28家电厂，系统内销售量达1658万t，同比增加491万t，增幅42%，内销率45%。大力开拓非电用户，扩大销售半径，提升外销量，控股煤炭系统外销售量达2232万t，同比增加266万t，增幅14%。通过争取铁路运输“一口价”优惠政策，不连沟煤矿山东区域直达列运费降低30～50元/t，铁路外运量达882万t。榆横煤电公司在化工煤市场的开发与竞争中成绩显著，化工煤销售占比达49%。锦兴公司坚持“零库存”销售策略，把握地销市场话语权，区域市场影响力明显增强。运销公司与隆德公司合力打造陆港联运的销售通道，隆德公司实现下水煤销售72万t。凯越煤化优化生产工艺，加强设备管理，提高设备完好率，生产运行安全平稳，煤制甲醇单位完全成本比下达指标低123元/t。在锦兴公司、白芦煤业、福建储运成功开展7S管理试点工作。在中国华电煤炭产业部的组织下，编写了中国华电煤炭企业7S管理“技术规范”和“推进务实”。不连沟公司建立了覆盖煤炭企业生产经营管理全过程、企业员工全参与的全面预算管理体系，实现了定额管理、预算管理和业务管理的有机结合。梳理完善生产消耗定额标准，设计定

额编制标准模板102个，完成定额管理手册编制，在肖家洼煤矿实现部分试应用。开展税收筹划，取得西部大开发所得税优惠6762万元；获得税务局备案的专项设备投资额6140万元，抵免所得税376万元。与2014年相比，吨煤完全成本下降4.6元/t，节约成本近1.8亿元。出台《亏损及停产停工企业管理暂行办法》，突出以效益为导向的薪酬分配激励机制。执行“月度考核、季度调整、年度清算”的组织绩效考核制度，坚持每月考评打分、每月上会研究、每月考核通报。

项目发展 以依法合规经营、提高发展质量为目标，加快前期手续和证照办理，加强重点项目建设管理。不连沟煤矿物流园及选煤厂项目取得年度用地指标。小纪汗煤矿取得采矿证和土地使用手续，铁路专用线贯通。隆德煤矿取得土地使用证，除矿井150万t/年环评外，其他证照均已取得。甜水堡二矿井下主要生产系统已竣工，地面煤流及外运简易装车系统已形成，成功实现试运转。可可盖煤矿项目签署东部矿权转让协议。推进煤基芳烃项目前期工作，工艺方案和总图方案基本确定。不连沟电厂、兴县电厂取得核准。印尼萨拉托加电源项目通过集团公司发起决策。福建储运可门疏港铁路建成通车。

党的建设、精神文明建设和企业文化建设 按照中国华电构建“大党建”格局的总体部署，针对华电煤业所属企业地域分布广、行业跨度大、混合所有制企业多的实际状况，深化党建工作创新。推进基层党组织“达标、创优、建示范”活动，开展党建“结对子”帮扶活动，系统党建工作水平得到大幅提升。到2015年底，在基层党组织中，示范党组织、优秀党组织分别达到12.5%、6.3%。按照落实“两个责任”和“一岗双责”的要求，完善党风廉政建设领导体制和工作机制，执纪监督水平不断提升，问责力度不断加大，反腐倡廉的氛围已经形成。开展群众路线教育、“三严三实”专题教育，执行中央“八项规定”和中国华电党组“22项具体要求”，党员、干部的作风明显改善。组织整改中央巡视组和国家审计署查出的问题，对不连沟公司等4家单位开展内部巡视和问题整改，加大审计工作力度，启动内部控制评价，提升了依法、依规治企的能力和水平。构建企业文化理念体系，在市场形势愈发严峻的情况下，华电煤业系统广大干部员工的凝聚力、精气神愈发增强。

【华电福新能源股份有限公司】

公司概况 华电福新能源股份有限公司（简称华电福新）前身为华电福建发电有限公司（简称福建公司），福建公司成立于2004年10月，是中国华电集团公司在福建设立的全资子公司。2010年10月福建公司更名为华电福新能源有限公司，并与华电新能源发展有限公司进行资产重组，2011年8月改制为华电福新能源股份有限公司，2012年6月在香港联交所上市，注册资本76.22亿元人民币。截至2015年底，华电福新股权构成为中国华电集团公司占59.57%、中国电力工程顾问集团科技开发有限公司占3.03%、昆仑信托有限责任公司占2.43%、贵州乌江水电开发有限责任公司占2.25%、中国华电科工集团有限公司占0.94%、兴业创新资本管理有限公司占0.91%、福建省大同创业投资有限公司占0.30%、流通股占30.57%。

华电福新主要业务为电力生产、销售，电力建设、管理咨询，电力资源综合利用，环保及其他高新技术开发等与发电相关的产业。《华电福新发展战略及投资规划》（2013～2017年）研究分析了国际国内能源形势，结合公司发展现状，提出了“坚持可持续发展理念，以清洁能源发电为主线，发展国内市场，拓展国际市场；加快发展风（光）电，推进高效煤电，发展水电，超前布局气电（含燃气分布式能源），发展核电等其他清洁能源项目；加快产业链条延伸，参与港口、物流、LNG及碳资产开发等产业”的发展战略。

华电福新本部设置综合管理部（法律事务部）、规划发展部、人力资源部、财务管理部、资本运营与产权管理部、安全生产部、工程建设部、证券市场部、监察审计部、企业文化部（政治工作部）共10个部门。公司所属企业187家，其中全资单位98家，控股单位73家，分公司及筹备处16家。

华电福新拥有包括水电、风电、煤电、分布式、核电、太阳能和生物质能等多种发电类型，资产分布在全国27个省、市、自治区。截至2015年底，华电福新控股装机容量达1384.52万kW，其中水电250.79万kW，煤电360万kW，风电641.73万kW，太阳能79.97万kW，分布式及生物质能52.03万kW。水电方面，作为华东第一大水电公司，拥有福建省境内七个龙头水库；风电方面，作为中国领先的风电运营商，2015年风电投产容量超过100万kW；火电方面，可门电厂拥有全国最大的电厂自备码头，4台超临界燃煤发电机组全部安装脱硫脱硝及除尘系统等空气污染防治设施，达到业内高效清洁利用的先进水平；分布式能源方面，广州大学城项目为中国目前投产最大的天然气分布式能源项目；太阳能方面，已初步建立起青海、甘肃等多个光电基地；核电方面，持有福建福清核电39%的股权、三门核电10%的股权。

领导班子

董事长、党组书记：方正

董事：江炳思、李立新、陶云鹏、宗孝磊、周小谦、张白、陶志刚

监事会主席：李长旭

监事：王崑、胡晓红、闫仲军、邹宣永、陈文新、丁瑞玲、侯佳伟

党组成员、总经理：舒福平

党组成员、副总经理：霍广钊

党组成员、总会计师、总法律顾问：杨艺

党组成员、副总经理：王志军

党组成员、纪检组长、工委主任：闫仲军

党组成员、副总经理：孙涛

主要领导人员变动情况如下：

2015 年 5 月，孙涛任公司党组成员、副总经理；2015 年 9 月，舒福平任公司党组成员、总经理。

年度工作业绩 2015 年，华电福新实现利润总额 26.23 亿元，同比下降 2.2%。累计完成发电量 371.80 亿 kWh，同比增加 1.8%；实现销售收入 153.47 亿元，同比增长 10.4%；资产负债率 78.4%。

生产经营管理 经营方面。一是水电板块贡献超预期。年度水情前枯后丰，通过统筹做好防汛、防台、发电、设备等方面工作，开展水库和流域优化经济调度，发电量创历史新高。池潭、金湖、华安、闽兴、太禹等单位发电量创历史最高水平，池潭、安砂利用小时分别达 6972、6195h，实现长时间无故障满负荷运行。二是煤电板块在挤压中抢占空间。在利用小时大幅下降、上网电价下调的严峻形势下，通过实施整体营销策略，全力抢发电量，努力争取市场化电量 57.4 亿 kWh（超过市场份额 1.95%）。全年煤电利用小时超过“三同”小时数约 50h，在五大集团中位列第二位。同时主动争取环保电价政策，永安两台机组和可门 2 号机组实现超低排放，从 2016 年 1 月起在福建省率先享受 1 分/kWh 的超低排放电价补贴，永安两台机组比正常流程提早一个月享受 1 分/kWh 的脱硝电价补贴。三是风光板块结构优化亮点呈现。湖南、山东电价争取成果显著，郴州公司取得 0.7 元/kWh 的电价，乳山公司争取了 7 分/kWh 的省内电价补贴并于年内全部结算。安徽、湖南、云南、河北、福清、茂名超额完成年度发电任务，福清、湖南利用小时达 3449、2272h，分别比 2014 年增加 611、574h。四是分布式板块经营好转。协调广西南宁、上海莘庄、江西九江燃机长服打捆招标，预计年降费用近 1000 万元。南宁公司主动争取两部制电价政策，全年利润突破 3000 万元。九江公司通过与中石油等石油企业谈判提前降低气价，全年综合气价在国家降价基础上再降低 0.5 元/m^3，降低成本 4000 多万元，实现扭亏为盈。厦门分布式、泰州医药城等单位积极争取各种国家、地方补贴。

安全生产方面。一是完善制度强规矩。针对安全生产管理特别是新能源板块存在的突出问题，制定、修订了安全事件性质认定、责任追究、技改、检修等 13 项管理制度，填补了部分业务的制度空白，管理更加有章可循。二是督查督办抓落实。运用生产营销视频会、生产运营监控中心和信息平台，掌握各板块安全生产状况，开展重要事项约谈、督查督办及现场专项检查和专题分析。按照“四不放过”原则，对主设备损坏事件进行问责，对生产指标异常、火电“非停”多发、风电火险、大部件损坏以及锚杆断裂等事件进行了重点督办，下达整改通知书 13 份共计 122 项整改要求，相关单位按闭环整改要求进行办理。三是设备整治见成效。开展华锐、南车风机设备综合治理，库仑风场整治后的机组经历了 11～12 月份大风期考验，大风时段停机数大幅下降，效果初步显现。针对风机齿轮箱、发电机、叶片等大部件损坏和雷害、锚杆断裂等问题进行了专题研讨，提出相关措施。水电老机组改造和增效扩容项目有序推进，华安、高砂、范厝、万安溪部分改造机组投产，达到了性能提升、安全改善的预期效果。

资金管理方面。一是降低融资成本。利用国家四次降息的有利时机，福新系统内提前归还、置换或下调高息贷款共 79.18 亿元，年节约利息支出 3400 万元，系统内新增银行授信 94 亿元。福新本部发行三期低于基准利率 16%～19%总额 45 亿元的超短融资，节约财务费用 1300 万元；取得基石投资中能建 H 股综合年化利率仅 1.7%的 5000 万美元等额港币一年期信用贷款。二是减少资金沉淀。压缩闲置资金，通过内部调拨调剂余缺，实行月末余额限额制，平均减少存量资金 2 亿元。通过委贷置换 8.5 亿元内部拆借，化解资金风险。三是严控资产负债率。围绕资产负债率红线做好资金预算和控制，按照效益优先、战略项目优先原则安排资本金、搭桥、打捆等融资保障手段。发行 20 亿元永续中票，降低公司资产负债率 2.3%。四是电费回收颗粒归仓。通过强化考核，督促各项目及时签订购电合同，完善可再生能源电价附加资金的申报、电费回收工作，除可再生能源补贴外，没有陈欠电费。2015 年来，大部分区域可再生能源电价附加资金结算滞后时间不超过一个季度，全年累计回收可再生能源电价附加资金 31.5 亿元。

项目发展 前期与并购方面。一是高效煤电项目取得新成效。可门三期 2×100 万 kW 项目获得核准，邵武三期 2×66 万 kW 项目全面开工建设，诏安港电一体项目完成立项，并进入福建省“十三五”能源规划。二是水电发展取得新进展。中国华电第一个抽水蓄能示范项目——周宁 120 万 kW 项目交通洞开工，项目取得环评批复，古田溪一级 11 万 kW 改扩建项

目实现“双投”，池潭扩建10万kW项目于11月正式动工。河北、海南、湖北、安徽等抽水蓄能项目开展评估工作。三是风光板块发展和布局优化持续加快。甘肃毛井一期40万kW、内蒙古达茂旗20万kW、乌套海二期20万kW等项目以及中部、东南部的江苏滨海、河南宜阳、安徽无为二期、云南莲花山、山东高唐等一批风光电项目实现并网。福建、安徽、云南、江西等一批中东南部风电项目获得核准，宜春丰顶山4.8万kW项目核准实现了华电福新在江西风电零的突破。福建海坛海峡30万kW海上风电进入国家规划，浙江玉环40万kW海上风电取得路条。“两江一岛”战略中的平潭海上陆上风电等项目完成预可研审查。全年中东南风光项目在建和并网容量达100万kW，并网容量占比由14%提高到20.5%，布局得到进一步优化。四是涉气产业迎来新机遇。涉气项目的边界条件随着天然气价格走低，原放缓的项目迎来发展机遇。广东江门23万kW分布式项目桩基工程开工，广东清远15万kW分布式项目获得核准，上海莘庄二期、青岛流亭空港分布式项目通过中国华电立项并报地方核准，合肥巢湖20万kW分布式项目完成项目发起并上报中国华电发起备案，和地方政府及中石化签署了广西北海LNG大型燃机项目三边战略合作协议。五是资产并购成效进一步显现。首批中国风电10个容量总计63.6万kW风电项目取得阶段性成果，其中5个容量总计39.6万kW项目已并网发电，运行情况良好。借助乌拉特中旗风电项目，与川井20万kW风电项目共建220kV送出工程，输送容量可达60万kW，盘活了停工近五年的川井项目，并为中国华电在乌拉特中旗、川井区域锁定百万千瓦风电项目奠定了基础。完成三门核电10%股权收购工作，实施新能源公司股权资产71.6亿元有偿上划公司本部的整合工作，完成58家工商变更，减少了产权管理层级，化解了税收风险。

项目建设方面。全年在建项目达58个448.09万kW，连续两年新增容量突破200万kW，完成北方Ⅰ、Ⅱ、Ⅲ类地区17个170.2万kW风电项目保电价建设任务。一是以强业主管控促进度。准确分析把控建设过程中的各种问题，强化业主管控和协调力度，强化施工准备，严管节点计划，重视主设备交货进度，保持送出工程与主体工程同步建设。福建古田溪水电站扩建工程、甘肃毛井、内蒙古达茂旗、云南大黑山、江苏滨海等一批工程项目以较快速度推进，邵武三期于10月18日顺利开工。二是以全寿命周期效益最大化保质量。开工前进一步做好主机选型、微观选址、总平道路、工艺系统等设计优化工作，充分利用风资源，保障每台风机年等效利用小时不低于1800h。新疆哈密、浙江长兴、湖北金泉等项目经优化审查后利用小时明显上升。创新采用风电机组带方案招标方式，优选主机供应商及主机机型，提高主机整机及其关键部件可靠性。对箱式变压器等设备选用性价比高、应用广、售后好的优质品牌。三是以全过程优化降造价。加大设计优化，严审内控概算，风电项目内控概算动态加权平均造价（不含送出）7555.13元/kW，比中国华电立项决策加权平均造价（不含送出）低409.29元/kW，总投资降低3.63亿元。光电项目内控概算动态加权平均造价（不含送出）8105.71元/kW，比中国华电立项决策加权平均造价低242.01元/kW，总投资额降低3625万元。加强合同履约监管力度和过程管控，务实推进竣工结算工作，全面完成了41个项目的工程竣工结算。四是以标准化推动基建管理上台阶。严格基建程序管理，制定了微观选址、道路及大件运输、变电站标准化设计、风机基础施工等4个指导意见，编写了《华电福新南方山地风电项目建设流程》，完成了风机、塔筒、箱变等设备材料招标技术规范书标准化范本编制，有效地提高基建管理规范化水平。

改革发展 一是推进管控平台建设。建设生产运营监控中心并投入试运行，逐步发挥生产指挥等功能。财务集中管控平台正式上线，实现新能源板块财务数据集中部署，逐步实现精细化管理在线监控功能。按照中国华电统一部署，有序推进水电、风电远程集控和火电、水电ERP（第二批）工作。二是加强员工队伍建设。2015年录用高校毕业生509名，同时开展了2016年毕业生集中招聘工作，组织3家单位进行179人的市场化用工招聘，努力提升数量和质量，满足用工需求。利用公司系统火电、水电、风电、分布式四大培训基地，开展继保励磁、防汛和水库调度、风电运维等系列岗位培训工作，提升从业人员管理、技术和技能水平。编制风电运行、检修培训题库，建立风电培训、测评系统，全面开展全员持证上岗工作，开展了一期生产骨干培训考试和6次网络考试，共742人参试，合格率达92%。选拔10人参加全国第二届风电运维技能大赛，取得了优异成绩，9人获得个人和团体二、三等奖。参加中国华电举办的应急技能大赛，获得个人和团体二、三等奖。

党的建设、精神文明建设、企业文化建设 开展“三严三实”专题教育，查摆分析“不严不实”问题，建立健全整改落实机制，收到良好效果。制定实施了《关于落实“两个责任”的实施方案》，与公司本部党支部、基层企业党委逐一签订了党风廉政建设责任书，将落实情况作为重要指标列入绩效合约，抓好薪酬挂钩和刚性兑现。组织开展公司系统落实“两个责任”、“三重一大”决策、“五项经费”管理专项检查，查找不足，督促整改落实。成立党风廉政建设和反腐败工作协调办公室，及时掌握各监督领域发现问题，提出解决建议，促进信息共享、职能互补、行动协调。制定实施《领导干部谈话制度实施办法》，针对存在问题及时约谈有关单位“一把手”，注重抓早抓小，防止小错演变成大错。以中央巡视反馈意见和国家审计署发现问题整改为主线，开展问题线索“大起底”，加大信访举报查办力度，形成强有力震慑。对所属22家单位近年审计发现的133个问题开展“回头看”，健全“挂牌督办”机制，整改一项，摘牌一项，防控生产经营风险。积极开展基建项目全过程跟踪审计、企业领导人员离任经济责任审计、各类专项审计，及时揭示管理风险，堵塞管理漏洞。

【华电国际电力股份有限公司】

公司概况 华电国际电力股份有限公司（简称华电国际）前身为山东国际电源开发股份有限公司（简称山国电公司），于1994年6月28日在山东济南注册成立，成立时总股本为38.25亿股，总装机容量182.5万kW。

1999年6月30日，山国电公司H股在香港联交所上市，总股本增至52.56亿股。其中，境外上市外资股为14.31亿股。2002年底电力体制改革之后，山国电公司划归中国华电集团公司。为适应企业改革与发展需要，2003年11月1日，山国电公司正式更名为华电国际电力股份有限公司。2005年2月3日，华电国际A股作为国内询价发行第一股，在上海证券交易所正式挂牌上市。发行A股后，华电国际总股本达到60.21亿股。其中中国华电占50.01%的股份；香港H股股东占23.77%的股份。2009年6月20日，华电国际办公地点由山东济南迁至北京，注册地未变。2009年12月1日和2012年6月21日，华电国际先后非公开发行A股7.5亿股和6亿股，总股本增至73.71亿股，其中中国华电占44.19%的股份，H股股东占19.41%的股份。2014年7月18～30日，华电国际先后非公开发行A股11.5亿股和新增发行H股2.86亿股，总股本由73.71亿股增至88.07亿股，其中中国华电占50.04%的股份，其他H股股东占18.52%的股份，其他A股股东占31.44%的股份。2015年9月8日，华电国际非公开发行A股10.56亿股，总股本由88.07亿股增至98.63亿股，其中中国华电占46.84%的股份，其他H股股东占28.50%的股份，其他A股股东占24.66%的股份。

华电国际主要业务为建设、经营管理发电厂和其他与发电相关的产业，发展领域由单一的火电拓展到水电、风电、生物质能发电、太阳能发电、核电和煤炭产业。发展区域由山东一地拓展到四川、宁夏、安徽、河南、河北、浙江、内蒙古、天津、山西、重庆、广东和湖北等13个省市（自治区、直辖市）。

截至2015年底，华电国际本部下设“一室十二部”。分别是办公室、战略管理部、计划发展部、人力资源部、财务资产部、安全生产部、市场管理部、工程建设部、煤炭产业部、证券融资部、政治工作部、监察部、审计部。

截至2015年底，华电国际控股发电总装机容量4577.53万kW，资产总额2066.55亿元。所属单位共有137家，其中：分公司10家，分别是华电国际北京分公司、华电国际山东分公司、华电国际安徽分公司、华电国际宁夏分公司、华电国际浙江分公司、华电国际河北分公司、华电国际河南分公司、华电国际天津分公司、华电国际广东分公司、华电国际四川分公司；子公司1家，为华电湖北发电有限公司；专业公司3家，分别是华电国际物资有限公司、华电国际项目管理有限公司、华电国际山东信息管理有限公司；技术服务中心1家，为华电国际电力股份有限公司技术服务中心；全资及控股发电企业88家；控股煤炭企业8家；煤炭运销公司4家；投资管理公司7家；控股热力公司13家；港务公司1家；电力工程公司1家。

领导班子

董事长：李庆奎

副董事长：陈建华、王映黎

董事：陈斌、耿元柱、苟伟、褚玉、张科

独立董事：丁惠平、王大树、宗文龙、魏建

监事会主席：李晓鹏

监事：彭兴宇

职工监事：陈斌、魏爱云

独立监事：查剑秋

总经理：陈斌

党委书记、副总经理：耿元柱

副总经理：彭国泉、邢世邦、王慧明

财务总监：陈存来

纪委书记、工委主任：陈斌

副总经理、总工程师：谢云

年度工作业绩 2015年，华电国际实现利润138.15亿元，同比增加31.68亿元；总资产突破2000亿元，达2066.55亿元；营业收入突破700亿元，达710.15亿元；控股发电装机容量突破4500万kW，达4577.53万kW，其中清洁能源占比19.59%；控股煤矿批复产能达1035万t/年，控参股煤炭资源储量达24.2亿t。资产负债率72.95%，较2015年初降低3.49个百分点。

生产经营管理 安全生产管理。落实新《安全生产法》，开展季节性安全检查、重大危险源管理督查等工作，安全生产保持总体平稳。全年水电板块实现“零非停”，火电机组强迫停运年台均次数0.44，同比降低 0.48，创历史最好水平，11 家火电企业实现“零非停”。推进节能环保，2015 年共有 17 台机组达到超低排放要求。供电煤耗完成 303.37g/kWh，在可比上市公司中排名第二，同比降低 2.40g/kWh。29 台机组荣获全国火电优胜机组称号。全面推进 7S 管理，设备治理水平和精益化管理水平明显提升。加强煤矿安全监督，煤矿安全状况稳定。

经营管理。实施“板块互补、要素互补”经营策略，区域公司利润中心和基层企业成本控制中心的管理职能得到有效发挥。一是市场营销业绩突出。全年争取市场电量 184 亿 kWh，完成发电量 1910.54 亿 kWh，7 个区域利用小时超“三同”水平。统筹优化发电结构，通过多种替代方式增加效益 5.9 亿元。科学开拓热力市场，供热业务实现效益 13.76 亿元，同比增长 37.97%。做好电热费回收工作，回收陈欠电热费 2.46 亿元。二是燃料管理持续增强。发挥规模采购优势，科学制定采购策略，合理控制进煤节奏，入厂标煤单价完成 518.3 元/t，同比降低 144.7 元/t，降幅保持全行业领先水平。加强掺配掺烧精细化管理，节约燃料成本 1.7 亿元。三是资金管控和政策争取力度加大。抓住央行连续降准降息的有利时机，开展存量借款置换，控制债券融资规模，资金成本率完成 5.21%，较预算低 0.41 个百分点，财务费用较预算减少 10.74 亿元。开展亏损企业“一厂一策”专项治理，累计减亏 4393 万元。加强政策研究，争取到财税等政策资金 8.98 亿元。

项目发展 抢抓战略机遇，实施三级联动机制，加快项目发展和结构调整的步伐，莱州二期、芜湖二期第一台机组、汕头一期、江陵一期、永利一期等重点项目共 820 万 kW 获得核准，60 万 kW 及以上机组容量占比 91.46%。龙口四期、裕华二期第一台机组分别列入山东、河北省 2015 年度建设规划。湛江一期、定陶一期有望进入广东、山东“十三五”规划。加快清洁能源项目开发，核准风电 84.2 万 kW、水电 6.9 万 kW、光电 36 万 kW、气电 30 万 kW。持续提升工程管理水平，实施技术创新和设计优化，朔州热电、江东燃机、卡基娃水电、肥城风电等 297.19 万 kW 项目顺利投产。加强基建招标管理，完成基建招标金额 113.93 亿元，较概算节省投资 23.6 亿元。

改革发展 稳妥做好管理授权，在满足资本市场对上市公司要求的前提下，进一步加大对分公司的授权，为区域“做实”奠定了基础。推进“强基”工作，14 家单位获得“五星级发电企业”称号。发挥集约化采购、市场化运作、专业化管理优势，打造煤炭物流供应链，控价议价、保障供应能力持续提升。贯彻中国华电煤炭专业化改革部署，进一步厘清了煤炭产业的管理层次和内容。加强信息化建设，开展 FAM 系统优化升级，深化六大核心业务模块规范应用，与中国华电 ERP 实现实时功能对接。加大科技、管理创新力度，获得国家级、中国华电级科技奖 20 项，中电联管理创新奖 7 项。深入开展内控评价，完善制度、优化流程、强化考核，风险防控能力进一步增强。推进法制建设，制定法制工作新五年规划，强化法律审核把关，协调处理法律纠纷案件，促进依法合规经营。

党的建设、精神文明建设、企业文化建设 开展“三严三实”专题教育，在部分中央企业座谈会上交流经验，工作成效得到上级党组织充分肯定。加强和改进党的建设，强化政治、制度、服务三大保障。加强服务型党组织建设、党建工作标准化，深化党建创新行动，组织活力持续增强。坚持“四个纪检”工作理念，落实全面从严治党、“两个责任”“一岗双责”要求，严肃执纪强化监督，落实中央“八项规定”，推进重点领域权力制衡机制建设，党风廉政建设和反腐败工作进一步加强。加大宣传思想、企业文化、精神文明建设和工团工作力度，深化民主管理和创新创效，凝聚力和向心力进一步增强。华电国际荣获“中央企业党建思想政治工作研究先进集体”称号，华电国际总部被授予“首都文明单位”称号。

中国国电集团公司

【公司概况】 中国国电集团公司（简称国电集团）是在原国家电力公司部分企事业单位基础上组建，经国务院批准，于 2002 年 12 月 29 日成立的以发电为主的综合性电力集团。自 2010 年进入世界 500 强以来，连续 6 年上榜，2015 年排名 343 位。

国电集团主要从事资产经营与管理；从事电源的开发、投资、建设、经营和管理，组织电力（热力）生产和销售；从事煤炭、高新技术、节能环保、交通运输、物资物流、金融保险、装备制造、技术服务、信息咨询等电力业务相关的投资、建设、经营和管理；从事国内外投融资业务，开展外贸流通经营、国际合作、对外工程承包和对外劳务合作等业务；经营国家批准或允许的其他业务。目前，国电集团初步形成了以发电为主体，煤炭、科技环保、金融保险、物资物流等相关产业协同发展的产业格局，产业遍布全国31个省、市、自治区。

2015年，国电集团全面完成国资委考核指标和保增长任务，在国资委经营业绩考核中荣获A级。

截至2015年年底，国电集团资产总额7840亿元，营业收入1934亿元，可控装机容量1.35亿kW，完成发电量4837亿kWh，售热量1.9亿GJ，煤炭产量6218万t。新能源和可再生能源装机占比提高到29.9%，火电60万kW及以上机组占比提高到48.7%，风电装机容量提高到2303万kW，成为世界第一。

【领导班子】

党组书记、董事长：乔保平

党组成员、董事、总经理：陈飞虎

党组成员、副总经理：张国厚

党组成员、副总经理、工委主任：高嵩

党组成员、副总经理：米树华

党组成员、副总经理：谢长军

党组成员、总会计师：陈斌

党组成员、纪检组组长：郭瑞廷

【组织机构】 截至2015年底，国电集团本部共设置22个职能部门（含3个中心和2个办公室），共有二级管理单位45家，基层管理单位520家。详见2015年国电集团组织机构图。

【改革发展】 重视深化改革工作，贯彻落实党的十八大、十八届三中全会精神和《中共中央国务院关于深化国有企业改革的指导意见》等文件精神，成立了以党组书记、董事长乔保平为组长，党组成员、董事、总经理陈飞虎为副组长的全面深化改革领导小组，领导小组下设办公室和7个专项工作组（公司治理、结构调整和投资管控、干部人事薪酬和体制机制、绩效考核、风险管控、股权结构、党建制度），负责统筹协调、系统研究、深入推进改革工作。2015年以来，国电集团根据中央和国资委改革部署，结合中央巡视反馈意见整改，突出问题导向，坚持立行立改，深化企业内部改革，取得了积极成效。

1. 实施“四个集中管控”

根据中央巡视组反馈意见，经国电集团党组、董事会研究决定，实施投资、财务、物资、燃料“四个集中管控”改革，构建统一领导、分级负责、管控规范、运转有效的集中管控体系。

在投资集中管控方面，制定《投资集中管控管理办法》，国电集团上收全部投资决策权，完善投资决策机制，取消计划与投资管理委员会，成立投资专家咨询委员会，加强投资项目的可研论证和经济性评价，实行签字背书制度和责任追究制度；出台《战略规划管理办法》，修订《投资管理办法》，明确各级单位的职责和管理规范，进一步加强战略规划和投资项目管理，防止未批先建、未签先建和走“绿色通道”等不良现象的发生。

在财务集中管控方面，制定《财务集中管控实施方案》，着力构建“总部集约管控，财务共享中心、二级公司集中实施，金融产业单位协同”的资金集中管控架构，建立统一、集成、先进的资金集中管控信息平台，形成“银行账户集中、结算集中、融资集中、资金预算集中”的管控模式，促进资金管控从事后保障向资源配置、价值创造转变。集团总部成立财务共享中心，在有关省区设立29个分中心，将基层实体分散的资金收付、会计核算等职能集中，实现财务管理由核算型向集中管控型、价值创造型转变。

在物资集中管控方面，制定《采购与物资集中管控模式及组织建设方案》，扩大采购和招标范围，实现管理全覆盖，坚持应招尽招，加强集采配送，降低采购成本。集团总部设立招标与采购管理部，回收管理权限，强化管理职能。组建集团招标与采购管理委员会，下设4个专业委员会，明确职责权限，健全议事规则，全面加强对采购与招标的组织领导。统一招标代理平台，将龙源工程、中能电力的招标代理业务和相关人员并入国电诚信公司，组建统一的招标代理机构，负责国电集团所有招标代理工作。全面推行电子采购，所有招标采购和非招标采购全部纳入电子采购平台运行。

在燃料集中管控方面，以“优库、控价、提质”为目标，按照统一平台、集中管控，阳光采购、竞价交易，智能管理、公正验收，集成信息、实时监督的管控原则，构建燃料集中管控体系。修订国电集团《燃料管理办法》，制定印发《年度合同煤炭采购管理办法》《煤炭阳光采购管理办法》等制度，围绕煤炭采购、验收、结算等关键环节，合理划分管控职责，明确管控流程，建立国电集团对国有大矿年度合同采购进行统一管控、分（子）公司对现货煤炭采购进行区域管控的总体架构。在管控手段上，加快燃料管控信息平台建设，对燃料管理信息系统进行升级改造，对煤炭采购交易平台进行功能完善，使之与燃料智能化管理系统进行集成和融合，固化管理权限和操作流程，实现“煤炭采购阳光化、入厂验收智能化、煤款支付集中化、监督控制实时化”的目标，保证燃料管理全过程公开、公平、公正，从根本上堵塞漏洞、提升管理、预防腐败。

2. 深化干部人事制度改革

在选人用人方面，从改进组织考察程序、建立选

中国国电集团公司

- 办公厅
- 董事会办公室
- 计划发展部
- 人力资源部
- 财务管理部
- 安全生产部
- 市场营销部
- 工程建设部
- 企业管理与法律事务部
- 资本与资产管理部
- 科技与综合产业部
- 审计部
- 监察部（纪检办）
- 工会工作委员会
- 政治工作部
- 国际合作与海外业务部
- 燃料管理部
- 水电与新能源发展部
- 煤炭与化工管理部
- 党组巡视工作办公室
- 采购与物资管理部
- 财务共享中心

- 国电华北电力有限公司
- 国电东北电力有限公司
- 国电内蒙古电力有限公司（国电内蒙古能源有限公司、国电内蒙古分公司）
- 国电福建电力有限公司
- 国电江西电力有限公司
- 国电山东电力有限公司
- 国电河南电力有限公司
- 国电湖北电力有限公司
- 国电广东电力有限公司
- 国电广西电力有限公司
- 国电四川电力有限公司
- 国电贵州电力有限公司
- 国电云南电力有限公司
- 国电陕西电力有限公司
- 国电甘肃电力有限公司
- 国电江苏电力有限公司
- 国电安徽电力有限公司
- 国电湖南电力有限公司筹备组
- 国电上海分公司
- 国电海南分公司
- 国电重庆分公司
- 国电西藏分公司
- 国电青海分公司
- 国电新疆分公司（国电新疆电力有限公司）
- 国电宁夏分公司
- 国电浙江分公司
- 国电天津分公司
- 国电山西分公司
- 国电河北分公司
- 国电黑龙江分公司
- 国电吉林分公司
- 国电电力发展股份有限公司
- 龙源电力集团股份有限公司
- 国电科技环保集团股份有限公司
- 内蒙古平庄煤业（集团）有限责任公司
- 国电大渡河流域水电开发有限公司
- 国电长源电力股份有限公司
- 国电物资集团有限公司
- 国电燃料有限公司
- 国电置业有限公司
- 国电资本控股有限公司
- 国电海外电力股份有限公司
- 国电科学技术研究院
- 国电能源研究院
- 国电新能源技术研究院

2015年国电集团组织机构图

人用人过程倒溯和问题倒查机制、优化领导人员职级管理等方面，加强和完善干部人事制度体系。制定印发《组织考察办法》《选拔任用工作纪实办法》《选拔任用工作责任追究办法》等多项制度。

在领导人员考核方面，修订完善《领导班子和领导人员综合考核评价办法》，加大企业绩效和个人绩效的权重，加大公司领导对二级单位主要负责人的考核权重。改进民主测评方法，全面推行班子副职业绩考核制度，组织162名二级单位班子副职签订了年度目标责任书。

在完善收入分配体系方面，研究制订企业负责人薪酬分配制度，企业领导人员基薪由简单按规模确定，调整为按利润、规模和管理水平确定，并根据考核结果适当拉开班子副职收入差距。坚持分配向效益好的企业、向一线和艰苦边远地区倾斜。建立了艰苦边远地区津贴制度，惠及4000多名艰苦地区一线人员。

在干部监督工作方面，国电集团人力资源部增设干部监督处，加强选人用人监督，把好动议提名关、考察考核关、程序步骤关。从干部初始酝酿，纪检组长（纪委书记）就开始全程参与。建立干部任前审核机制，对拟任职人员进行个人有关事项抽查核实和人事档案核查工作。

3. 深化电力营销改革

适应深化电力体制改革要求，组织研究电力营销改革方案，提出了集团总部、分（子）公司和基层电厂的营销机构和人员配置方案，明确以省为单位覆盖集团各企业的市场营销委员会组建原则和参与各省电力市场建设的基本规则，建立健全与电力营销新常态相适应的组织管理体系、技术支撑体系和制度保障体系。启动国电集团电力营销信息平台建设，构建适应市场化要求的电力营销支持系统。开展售电公司商业模式研究，探索售电公司组建方案，指导有关分（子）公司研究注册售电公司，启动相关业务。

4. 推进下属单位业务整合

推进国电燃料公司业务整合，剥离煤矿业务机构，剥离部分省区燃料销售业务机构，整合航运物流企业，撤销低效无效资产机构，清理转让参股企业股权，优化本部机构设置，加强煤炭企业专业化管理。

推进国电物资集团公司业务机构整合，退出非主营业务，注销空壳企业；理顺配送公司（中心）的管理关系；整合招标代理机构，将国电龙源电力技术工程有限责任公司、中能电力科技开发有限公司的招标代理业务及相关人员并入国电诚信招标有限公司，组建统一的招标代理机构。

推进国电科技环保集团股份公司所属特许经营业务整合。将北京国电龙源环保工程有限公司所属延吉、沈阳等23家分公司相关特许经营业务移交发电企业管理。

推进国电科学技术研究院业务机构整合，将国电环境保护研究院所属院所、企业及参股企业股权划转至电科院，环保院变为电科院的直属机构，环保院所属南京国电环保科技有限公司变为电科院控股企业，环境工程研究所变为电科院直属研究所，撤销环境科学研究所。撤销、划转与发展方向不符的机构。调整完善电科院本部机构编制。

【经营管理】 2015年以来，国电集团以“一五五”战略为指引，以“双提升”工作为抓手，应对市场和政策变化，瞄准经营、发展、安全三大核心绩效，推进各项工作，安全生产运营总体平稳，经营发展态势持续向好，从严治党和依法治企全面加强，总体上较好地驾驭了形势，实现了管理和效益的新提升，全面完成国资委考核指标和“保增长”任务。

1. 经营绩效再创新高

深入推进“双提升”工作，突出问题导向，坚持深度对标，强化考核激励，企业基本面貌明显改善。全年完成发电量4837亿kWh，煤炭产量6218万t，利润总额超额完成年度预算目标，经济绩效再创历史最好水平。推进落实“新机生效、治亏见效、降本增效”经营策略，新投产项目增利22亿元，27户重点治亏单位同比减亏9.4亿元，6户实现盈利。三项费用在营业收入下降9.4%的情况下实现同比下降。扎牢营销、燃料和成本资金“三条防线”，建立生产经营例会制度，强化关键要素过程控制，夯实发电主业盈利基础。火电产业较好驾驭了用电增速下滑、电价下调、环保改造、竞争加剧等复杂严峻局面。深化“三同”对标，火电利用小时可比企业领先；强化燃料管理，标煤单价及同比降幅均处于可比企业第二位；科学开展精细化掺烧，节约燃料成本14.4亿元；加强成本资金管控，成本费用同比压降42亿元。风电产业紧盯风能利用率，加强经济运行管理，利用小时高于全国平均水平171h，实现利润45.4亿元。水电加强水情预测分析，优化水库调度策略，弃水损失电量同比减少13.5%，发电耗水率同比降低6%。加强产业战略协同，推进业务重组整合，相关产业在市场深度调整中较好地控制住了态势。

2. 发展质量持续提升

坚持战略引领，突出质量效益，依据国家战略推进和能源政策变化，优化结构布局，深化前期基建“双提升”。加强投资管控，综合平衡投资计划，投资重点向主业集中，电源投资占比81.2%，清洁能源占比68.4%。深化前期工作，一批重大项目取得突破性进展，宿迁二期、蚌埠二期、方家庄、准东五彩湾、安顺三期等1128万kW煤电项目获得核准。严格开工审查，落实投资条件，细排重点地区重点项目，邯郸、朝阳、蚌埠二期、方家庄等834万kW项目高标准开工。坚持“四高四优”标准，强化过程精益管理，落实生产运营准备，签订“3+1”责任书，高质量完成960万kW投产目标，泰州二期、乐东、哈密、泰安等重点火电项目如期投产，大岗山、枕头坝、多布等大型水电项目全部投运，风电完成投产300万kW以上目标，投产容量和进度创历年最好水平。持续优化电源结构和产业布局，60万kW及以上火电机组比重达48.7%，同比增加0.2个百分点，清洁可再生能源装机比重达29.9%，同比增加3.1个百分点。加快资产优化盘活，落实资产处置三年规划，推动物资、燃料、特许经营业务整合，完成寺家庄、库尔勒等17个项目的资产转让。

3. 安全基础平稳向好

贯彻国家安全环保部署要求，安全生产保持平稳，2015年以来未发生较大及以上人身死亡和设备事故，98%的企业安全生产无事故，256家企业实现连续安全生产1000天以上。持续优化生产运行，设备可靠性和能效指标不断改善，完成供电煤耗310.4g/kWh，同比降低2.4g/kWh，发电厂用电率4.54%，同比下降0.14个百分点，在全国火电机组能效对标中获奖等级和台数可比领先。推进“三反四保”工作，加强隐患排查治理和专项整治，与分（子）公司签订设备治理和安全文明生产达标责任书。积极应对日益严峻的环保形势，落实国家环保部核查意见，加强环保能力建设，加快推进重点区域和企业环保治理，2126万kW机组实现超低排放，脱硫、脱硝装机占比均达到100%，全面完成年度治理目标和“十二五”环保改造任务。

【项目推进】 2015年，国电集团上收所属企业投资决策权，实施战略规划集中、项目审批集中、投资计划集中、强化投资监管的“三集中、一监管”投资集中管控模式。完善投资决策论证机制，设立投资专家咨询委员会，发挥内外部专家在揭示投资项目重大问题、主要风险，改进优化方案等方面的作用。

坚持效益优先、质量第一，分析市场、研究政策，科学制定“十三五”发展规划，有效推进重点项目前期工作。国电山东博兴电厂一期2×100万kW机组工程、国电宁夏方家庄电厂项目以及国电兰州热电“上大压小”异地扩建工程等大型清洁高效燃煤发电项目取得核准批复。

实施投资计划年总控、季调控、月监控，把握投资节奏，全年完成投资657亿元，新增电源装机容量960万kW，其中水电343万kW、风电308万kW，火电306万kW。建成泰州二期世界首台百万千瓦超超临界二次再热燃煤发电机组，污染物排放远低于超低排放标准，创造了转换效率、发电煤耗等指标全球领先。四川大渡河大岗山、枕头坝一级等一批优质水电项目顺利投产，风电继续保持世界第一领先优势。国电集团年末可控装机容量1.35亿kW，水电、风电等清洁可再生能源装机所占比例同比提高3.1个百分点，达到29.9%。

【走向海外】 2015年，国电集团坚持以提高质量和效益为中心，统筹利用国际国内两种资源、两个市场，立足自身优势，以优势企业为核心，实施专业化的指导管理，推行差异化竞争策略，聚焦“一带一路”沿线支点国家和政治经济稳定、法律健全、发展潜力大的重点区域，创新方式路径，主动防控风险，加快推动一批优质项目落地，培育新的增长点，提升国电集团国际化经营能力和水平。

1. 境外投资情况

龙源加拿大德芙琳风电项目：该项目位于加拿大安大略省，一期装机容量9.91万kW，共安装49台GE风力发电机组。该项目于2014年12月1日正式投入商业运营。2015年度，德芙林风电开发有限公司实现营业收入19 433.77万元，利润总额2293.08万元，净利润2293.08万元。2015年末，经国电集团审批，德芙琳二期15万kW风电项目立项，将力争参加2016年安大略省政府风电招标。

龙源南非风电项目：龙源从2009年开始跟踪南非可再生能源市场，在2013年8月截止的第三轮招标中，捆绑国产风机联合动力，中标德阿Ⅰ期和德阿Ⅱ期北区两个风电项目，共计244.5MW，项目位于南非中部西开普省。其中德阿Ⅰ期项目为该轮所有中标项目中最高电价。2015年2月，两个风电项目实现融资关闭，2015年10月，经国电集团批准，两个风电项目正式开工，预计2017年第四季度投产。

2. 技术、产品出口情况

推进具有比较优势的新能源及节能环保技术和设备“走出去”。国电科环集团完成新签合同额10.95亿元，其中主要包括：联合动力向龙源电力南非项目销售风机合同金额8.18亿元；龙源环保中标土耳其泽塔三期2×66万kW火电项目脱硫脱硝EP标段，合同金额2.37亿元；烟台龙源公司同时中标土耳其泽塔三期的等离子设备标段，合同金额为895万元等。

3. 积极拓展国际交流平台情况

参与国际高层次交流机制和平台，包括加入世界经济论坛、中国国际商会、APEC中国工商理事会、国际商会中国国家委员会环境与能源委员会及中国-

中东欧联合商会中方理事会等5个高层次国际交流平台。参与高访活动和国际高层峰会并发表演讲，宣传自身优势产业和国际化战略，提升国际形象和影响力。2015年，国电集团出席高层国际会议共13场，组织技术交流活动30余场。

【党建和精神文明建设】 学习贯彻习近平总书记系列重要讲话精神，贯彻落实中央及国资委党委全面从严治党的部署要求，履行管党治党责任，落实党建工作责任制，围绕实施“一五五”战略，深化“双提升”工作，系统谋划，开展党建工作。坚持从严从实，“三严三实”专题教育取得成效。坚持抓基层、打基础，实施“6+1”基层党支部建设工程，出台国电集团《进一步提高党支部工作质量和实效的意见》，建立了加强基层党支部建设的长效机制。党建考核体系不断完善，制定国电集团《党组（党委）书记抓党建工作述职评议考核办法》《党建政工工作年度评价暂行办法》，形成三级联动、分级负责、全面立体的“1+1”党建工作考核体系。开展“我为核心价值观代言，我为一五五战略添彩”主题实践活动。开展“青年争当首席师”和“青春建功一五五”系列主题实践活动。实施品牌建设战略规划，加强新闻宣传推介，树立责任央企形象，国电集团优秀共产党员、龙源西藏公司总经理张晞入选首届十名“最美央企人”，“中国国电”的品牌价值和影响力不断提升。

【国电电力发展股份有限公司】

公司概况 2015年，国电电力发展股份有限公司（简称国电电力）全年完成发电量1686.57亿kWh，实现利润97.58亿元，主要经济技术指标居于可比企业前列。

安全生产 安全管理扎实深入。落实各级安全生产责任，扎实开展“三反四保”、安全警示教育等活动，安全管理水平有效提升。实行隐患分级管控、分类治理，建立重大隐患挂牌督办机制，公司系统累计排查治理隐患2000余项。加强应急管理体系建设，建立完善应急预案和应急处置卡，强化应急演练，公司应急处置能力有效提升。

标准化建设有序推进。开展文明生产治理和达标创建活动，北仑公司、东胜公司、布连电厂高标准通过达标验收。推进检修管理标准化，规范检修现场和作业工序，机组检修水平有效提升。制定环保、运行标准化实施细则，东胜公司、酒泉公司率先开展试点工作。

生产运营有效加强。优化经济运行，加强设备治理，公司系统非停次数同比下降30%；创新应用水电、新能源“理论发电量平衡分析法”，千方百计提高水能、风能、光能利用率，增加发电效益。加强煤炭企业运营管理，察哈素煤矿生产原煤1051万t，实现高水平达产。能耗指标持续优化。制定并实施三年节能减排规划和治理路线图，加强设备检修维护和技术改造，主要能耗指标持续改善，供电煤耗完成303.42g/kWh，同比降低4.08g/kWh；发电厂用电率完成3.87%，同比下降0.28个百分点；17台机组在全国火电机组能效对标竞赛中获奖，大同公司10号机、蚌埠公司2号机、石嘴山公司2号机、东胜公司2号机荣获一等奖。

环保能力不断增强。落实国家环保政策要求，全力推进环保改造和超低排放改造；加强环保设施运行维护，建立小时超限分析和责任考核机制，火电机组全部实现达标排放。其中北仑公司6号、7号机组和泰州公司1、2号机组等共计14台机组全面完成超低排放改造工作并已投入运行。二氧化硫、氮氧化物度电排放较2013年分别下降65.4%和72.7%。

企业转型 全年核准电源容量1000.39万kW，投产546.75万kW，清洁可再生能源装机占总装机容量32.6%。

投资管控有效加强。加强投资集中管控，成立投资专家咨询委员会，理顺投资决策管控机制，项目投资风险控制能力有效增强；坚决杜绝计划外投资，全年完成投资203.7亿元，完成投资计划的94.23%。

重点火电项目取得突破。优化火电结构布局，加快大型煤电基地、东部沿海地区和输煤输电通道的火电布局和开发，大力发展大容量、高参数、清洁环保火电项目。以外送电项目为龙头，全力推进优质火电项目开发，宁夏方家庄、安徽蚌埠二期、新疆五彩湾、宁夏大武口扩建等项目获得核准，湖东、长滩、上海庙项目列入中咨公司特高压外送电项目推荐名单。截至2015年底，60万kW及以上火电装机占总装机容量的58.96%。

清洁能源发展成果显著。推进大中型水电资源开发，全力支持大渡河公司、新疆公司实施流域梯级开发，积极稳妥推进西藏帕隆藏布流域规划，提升水电发展质量和效益。加快优质风电项目开发，全年核准风电126.39万kW。

“走出去”工作步伐加快。紧跟国家“一带一路”政策，加强投资机会研究，新西兰、哈萨克斯坦风电项目、印尼火电项目、宣威公司富余产能转移项目正加快推进。

资产处置积极有效。优化资产结构，吴忠热电完成股权转让，普兰店项目具备挂牌条件；加大低效无效资产处置力度，舟山大宗商品交易公司、青田水利等项目成功转让。

工程建设有序推进。以“四高四优”“投产3+1”

为目标，细化落实基建项目八大管控目标，方家庄、邯郸、朝阳等新建项目高标准“出零米”；抢抓风电开发机遇，加快推进风电建设，全年高质量投产风电78.85万kW，风电投产容量创历史新高。

强化管理 以对标管理为抓手，推进“双提升”工作，按照“区域先进、集团先进、行业先进、国际先进”逐级迈进，经营绩效持续提升。

开拓市场争发电量。加强市场营销，优化运行方式，度电必争，加强利用小时“四维”对标，深化“争电量”竞赛活动，全年完成发电量1686.57亿kWh；发电设备利用小时完成4077h，其中火电完成4499h，高于全国平均水平170h，北仑公司、大开厂等企业区域对标排名第一。积极应对电价调整，电价平均降幅低于全国0.36分/kWh。

加强燃料科学管理。紧跟煤炭市场变化，优化采购策略，全力以赴控价保供，入炉综合标煤单价完成399.77元/t，同比降低89.21元/t；北仑公司、东胜公司、英化热电等单位煤价区域最低。深入推进燃料智能化建设，酒泉公司等12家火电企业（15台套）智能化系统建成投运。现货阳光采购实现全覆盖，全年发布采购计划3839万t，节约燃料成本3.35亿元。推广大同公司精细化配煤掺烧模型，全年掺烧经济煤种2954万t，节约燃料费6.09亿元。

严格资金成本管控。实施低成本战略、深化成本费用对标、逐级落实管控责任、推进成本费用的源头化管理和过程控制，在发电利用小时大幅下行的情况下，公司度电可控固定成本同比基本持平。严控管理费用支出，公司系统八项费用同比降低15.8%，“三公”经费同比下降28.65%。

改革创新 机制创新扎实有效。实施“四个集中管控”，成立采购与物资管理部、财务共享中心，优化管理流程，堵塞管理漏洞。坚持做实本部，建立本部部门权责清单，以基层企业工作实效衡量部门监管成效，推动管理重心下移。健全“五位一体”管控体系，增加燃料、营销等监管模块，强化应急值守和在线监控，促进管控模式由管结果向管过程转变。

三改工作稳步实施。科学核定13家新能源企业组织机构和定员标准，实现业务、定员和薪酬的有效关联。推进全口径人工成本管理，公司系统委托运营费、劳务费和修理人工费合计同比降低1.3亿元。全面清理整顿多经企业，公司系统多经企业数量由60家缩减至26家。

队伍建设有效加强。严格干部选拔任用程序，建立完善组织考察、责任追究、记实等制度，试行选拔任用提名制度，选人用人更加规范。加强干部执企能力建设，举办领导人员职业素养研修班，干部队伍素质得到提升。推动“首席制”和职业发展通道建设，评聘公司高级专家19名、首席师10名，其中9名员工获国电集团首席师殊荣。加强全员教育培训，员工培训率达到93%。

依法治企深入推进。实施《法制工作新五年规划》，开展法治宣传教育，强化合规经营管理，公司系统依法决策、依法经营能力有效增强。有效整合法治资源，建立法治建设联席会议制度，开展法律风险排查，法律风险防范能力得到提升。

全面风险管理有效实施。建立公司全面风险管理体系并有效运转，加强预警指标监控、风险评估和成果应用，企业风险得到有效防范。加强经济责任审计和专项审计，“三公”经费审计覆盖面达到100%；基建审减金额近5500万元。

资本运作 资本运作稳步推进。完成55亿元可转债转股，公司资产负债率降低0.76个百分点；创新融资方式，以同期限最低利率成功发行五年期15亿元公司债券，制定新能源资产证券化融资方案，探索基层企业融资新渠道。强化投资者关系管理，入选“上证50指数”样本股，连续两年被评为“中国最受投资者尊重的百家上市公司”，荣获“2015年亚洲公共事业巨头白金表现奖”，为国内唯一获奖企业。

资金管理成效突出。利用降准降息的有利时机，全力置换高息贷款，公司系统累计置换高息贷款1026亿元。大力引进低成本资金，低利率发行10期共284亿元超短期融资券，发行不带息票据73.66亿元，资金成本有效降低。综合资金成本率完成4.59%，同比降低0.7个百分点，累计节约财务费用8.1亿元；资产负债率完成72.21%，较年初降低1.08个百分点。加强纳税筹划和保险理赔，全年取得非经常收益2.4亿元，取得财产保险理赔4388万元。

党建和企业文化建设 深化党建活动成果。开展党的群众路线教育实践活动和“三严三实”专题教育，深入开展党建“双提升”“双联”“转型升级当先锋，挖潜提效作贡献”活动，解决企业经营发展难题486项，党的政治优势得到充分发挥。

加强反腐倡廉建设。以建设“廉洁国电”为目标，聚焦中心任务，落实党风廉政建设“两个责任”，突出监督执纪问责，强化警示教育，深化“本质廉洁型”企业创建，党风建设和反腐倡廉工作取得了新进展。开展重点领域效能监察107项，节约资金或降低成本10 241.3万元，挽回经济损失4945.5万元，增加经济收益2869.3万元。

推进和谐企业建设。弘扬家园文化，组织“道德讲堂”等宣讲活动216场次；加强企业民主管理，推进班组标准化建设，深入实施惠民工程，企业保持和谐稳定。

主要事件

1月21日，中国电力企业联合会授予国电电力“电力行业信用企业”称号，信用等级AAA级，该级别是目前电力行业企业信用评定的最高等级。

2月26日，国电电力55亿元可转债成功完成转股，转股率达到99.92%。本次转股结束后，总股本增至196.50亿股，其中中国国电持有46.06%。

4月28日，国家能源局公布“十二五”第五批风电项目核准计划，国电电力14个项目总计73.25万kW风电装机容量被纳入核准计划，占全国总规模的2.15%。

7月，国电电力成立法制工作新五年规划领导小组，全面部署实施公司法制工作新五年规划。2015年开展了年度企业法律风险排查，出台《法治建设联席会议工作办法》，全面打造“法治国电电力，阳光国电电力”。

8月22日，国电电力邯郸东郊热电有限责任公司2×35万kW热电工程进入主体施工阶段，预计2017年投产。

8月26日，国电电力朝阳热电有限公司2×35万kW新建工程进入主体施工阶段，预计2017年投产。

8月28日，国电宁夏方家庄电厂2×100万kW机组工程全面开工，预计2017年投产。该项目是国电集团首个“西电东送”百万千瓦级火电项目，也是世界首台百万级超超临界间接空冷机组。

8月，国电电力系统14台火电机组在中国电力企业联合会“2014年度全国火电机组能效对标及竞赛第四十四届年会”上获奖，其中，4台机组荣获一等奖，7台机组获二等奖，3台机组获三等奖。

9月，国电江苏泰州公司二期工程3号机组通过168h连续满负荷试运行，其脱硫、脱硝装置也同步投运。该项目建设两台百万千瓦超超临界二次再热燃煤发电机组，是二次再热技术首次在国内应用到百万千瓦超超临界燃煤发电机组。

10月11日，在由《中国能源报》和中国能源经济研究院共同推出的2015年全球新能源企业500强发布会暨新能源发展高峰论坛上，国电电力荣获“2015年全球新能源企业500强”称号，位列全球新能源企业500强第200位。

在8月底完成本部全面风险管理体系建设后，10月，国电电力正式启动第一批全面风险管理体系推广工作，选取涵盖火电、水电、新能源、煤炭、多晶硅等业务板块的9家单位开展体系建设。

截至10月31日，国电大渡河流域水电开发有限公司大岗山水电站最后一台机组通过72h试运行，实现年内高标准高质量全投目标，新增装机容量260万kW。该电站是大渡河干流22级梯级开发的第14级，共安装4台65万kW机组。

截至12月17日，国电电力全年高质量投产15个风电场78.85万kW，所有风机实现并网发电。15个风场主要分布在山西、宁夏、山东、湖南等电力消纳能力较强的区域。

2015年，国电电力以良好的经营业绩和市场形象，荣获“中国最受投资者尊重的百家上市公司”“中国主板上市公司价值百强”“金牛最佳分红回报公司”等奖项，入选“普氏能源资讯全球能源企业250强”，蝉联“中国最受投资者尊重的百家上市公司”奖，并成为中国大陆唯一获得“2015年亚洲公共事业巨头白金表现奖”的企业。

【龙源电力集团股份有限公司】

公司概况 龙源电力集团股份有限公司（简称龙源电力）最早前身为龙源电力技术开发公司，成立于1993年1月，隶属于国家能源部。1999年6月，龙源、中能、福霖三家公司合并重组为龙源电力集团公司。2002年底，在电力体制改革中划归中国国电集团公司。2009年7月，经国务院国资委批准，正式改制为龙源电力集团股份有限公司。同年12月10日，龙源电力在香港成功上市，成为首家在境外上市的国有新能源发电企业。

龙源电力是国内最早从事新能源开发的电力企业，主要从事风电场的设计、开发、建设、管理和运营。同时，还经营火电、太阳能、生物质、潮汐、地热等其他发电项目。截至2015年底，龙源电力控股装机容量达17 950MW，其中风电控股装机容量达到15 765MW，为全球最大风电运营商；火电1875MW；太阳能发电190MW，形成一定发展规模；生物质发电114MW、潮汐发电4.1MW、地热发电2MW。

龙源电力获国家能源局授牌成立了“国家能源风电运营技术研发中心”，引领行业技术升级。经人力资源和社会保障部批准，成立了“国电龙源风力发电国家职业技能鉴定站”。

安全生产 总结事故教训，查找安全生产薄弱环节，采取了一系列安全管理强化措施。发生风电一类障碍50次，同比减少26次，发生一般设备事故1次，同比减少2次。其他能源发生非计划停运4次，同比减少1次。一是推进安全生产制度化、规范化管理。针对风电特点及存在的问题，进一步明确了各级岗位安全责任、规范了关键环节作业流程、强化了现场安全防护措施，同时建立了基层领导下现场工作机制并纳入专项考核。二是加大安全检查和整治力度。在全系统深入开展了两轮专项督查，特别由公司领导带队实施的“四不两直”安全检查，发现问题后对相关人员进行了考核问责，起到了明显的警醒作用。三是深入落实反事故措施。全面梳理总结历年各类事故教训，编制了《重点反事故措施汇总表》，要求各单位逐项对照检查，发现问题限期整改。制定了《风电企业防止人身伤亡事故专项措施》，提出防坠落、防触电等6大方面、106项具体措施，有效提升了人身事故防范能力。四是加强安全生产能力建设。开展了5期安全专题培训，组织全系统200多名生产管理人员，深入学习新安全生产法、公司20条安全生产红线和《风电事故典型案例汇编》等重要内容，同时在全系统大范围推行安规考试，对2700多名一线生产人员进行测评，促进了各级人员安全意识和业务素质的提升。

经营管理 一是预算管理取得实效。实施存量、增量项目分类管理，分析生产经营特点及历史数据，制定年度、月度预算目标，科学引导各单位资产经营活动，全力压降成本费用，风电单位容量成本费用同比下降57.08元/kW，降幅7.63%。二是资金成本优势凸显。运用公司债、超短融、永续中票、海外项目债等各种融资工具，筹措低成本资金，年末时点资金成本率4.2%，进一步巩固了在国电集团及行业的领先地位。福建、浙江公司资金成本率控制在3.5%以内。2015年5月，标准普尔将龙源电力主体评级由“BBB+”上调至“A－”，增强了龙源电力在国际资金市场的融资竞争力。三是财务集中管控稳步推进。按照国电集团“三集三化”新体制建设要求，借助华南财务中心试点建设的成功经验，成立龙源电力财务共享中心，推进财务管理由核算型向集中型、价值创造型转变。强化费用管控，持续开展存量带息负债动态管理，风电单位容量财务费用同比大幅下降36.69元/kW，降幅16.7%。四是火电经营效益保持领先。江阴苏龙、南通天生港两家火电企业牢固树立市场意识、效益意识，在科学安排基数电量基础上，争取奖励电量、替代电量，同时加强燃料精细化管理、拓展供热市场，生产经营水平进一步提升。火电平均利用小时数5040h，在江苏“五大三同”对标中排名第一，领先平均值826h；入炉综合标准煤单价448.9元/t，同比降低115.86元/t。两家火电企业8台机组中已有7台完成超低排放改造，获得补贴电价。五是其他新能源各版块全面实现盈利。光伏电站开展电量智慧营销，潮汐、地热项目优化设备经济运行，江苏、黑龙江公司对所属生物质电厂强化燃料管理和设备治理，东海、友谊两家公司均实现扭亏为盈。

企业转型 一是强化战略引领发展。编制“十三五”风电发展规划，深度分析政策环境及市场形势，从3000万kW有效储备项目中，梳理出开发条件较成熟、收益水平较高的项目311个、容量2319万kW，作为“十三五”发展备选项目，力争2020年累计投产风电超过2500万kW。二是深化合作开发。发挥龙源电力风电专业优势和国电分子公司属地区位优势，加大项目合作力度。目前累计签订合作项目35个、容量287万kW，涉及12个省份，其中已投产项目47万kW。三是稳妥开发海上风电。2015年在江苏、福建两省共计核准海上项目90万kW，目前累计储备海上项目超过300万kW。与振华重工联合研制的新一代自升式海上风电施工船，成功运用于福建南日岛近海4台样机吊装，保持海上风电技术领先优势。

机制创新 一是加快推进国际一流企业建设。对照“723”标准体系各项指标定位和管理取向，梳理规范公司本部和基层单位200余项规章制度，将国际一流标准内化到各项业务管理和工作流程中。继2014年绩效管理案例荣获全国电力行业管理创新一等奖后，《新能源企业一流标准体系建设》案例在2015年再次获得该奖项。二是创新完善考核机制。经过两年时间的摸索和实践，建立了从本部机关到基层班组、覆盖风电开发全过程的月度绩效评价考核管理体系，并按照国电集团结构化考核要求、动态调整考核指标和评分方法，调动员工的积极性和关切度。三是全面推行新型风电运检模式。根据《风电场运检管理模式标准化指导手册》，各单位结合风电场规模、机型、环境等特点，在全系统300多个风电场全面实施运检体系标准化建设，进一步规范岗位设置和人员管理。目前公司系统风电场生产劳动定员2.3人/万kW，处于行业领先水平。四是推进班组标准化建设。制定了《风电企业班组建设标准化工作指导手册》，在风电行业率先提出“六型”标准化班组的定位，内容涉及17个重点要素，为促进安全生产标准化建设奠定了坚实基础。目前已建成首批10个先进班组，辽宁、浙江两家公司先后被国电集团授予班组建设示范基地。

工程建设 强化基建全过程管控。一是提前落实开工条件。创新工作思路，加快工作节奏，完成全部招标时间较往年提前了3个月。同时，超前谋划落实环评、水土、送出等外部条件，一季度绝大部分项目顺利实现开工。二是严格工程节点管控。创新建立基建流程标准化管控模型，细化100多个进度控制节点，特别是超前评估预判各种工程难点，提前采取应对措施，确保工程按期推进。江苏、甘肃、云南、贵州等公司科学安排工期，创新现场施工组织方式，上半年均实现项目达标投产。三是全力协调设备供货。切实发挥主机供货协调小组、驻厂催货小组的重要作用，全年组织召开33次供货协调会，及时统筹解决设备排产、供货调整、部件更换、设备运输等方面存在的问题，设备供货进度和质量得到有效保障。江苏海上、山东、贵州、山西等公司派人驻厂催货，与厂家共同研究供货方案，保证了设备到场的成套性和及时性。

全力打造优质工程。树立“向基建要效益”理念，2015年在风机价格大幅上涨209元/kW的情况下，全年投产项目平均造价7564元/kW，较2014年度不升反降。一是强化工程质量管控。建立质量保证、控制和监督体系，开展重点区域督查，严格关键环节验收。山西神池项目先后荣获2015年度“中国电力优质工程奖”和“国家优质工程奖”。二是严控工程造价。优化风电场道路、风机基础和升压站等设计方案，对工程进行合理“瘦身”。严格实施招标最高限价审查，同时发挥规模优势，以集中打捆招标方式压降塔架及电气设备采购价格。三是实现南非项目高标准开工。充分借鉴加拿大海外项目建设施工经验，提前研究落实各种政策和边界条件，创新采用EPC方式同步建设两期项目，实行基建全过程动态节点管控，全力打造海外优质工程。2015年12月，国资委张毅主任一行赴南非调研期间，对龙源电力项目开发、风险管控等方面给予了高度评价。

党建与企业文化建设 党建科学化水平不断提升。一是加强党的建设。加快构建“大党建”格局，研究制定党建三年规划，推进基层党组织标准化建设，实施党建工作与行政业务同部署、同规划、同考核一体化管理。优秀党员代表张晞继荣获“全国劳动模范”荣誉称号后，又入围10名“最美央企人”。二是深入推进党风廉政建设。落实“两个责任”，建立廉洁从业风险防控和评价机制，加大信访查办、执纪监督力度，强化廉政责任考核及反腐倡廉教育，筑牢公司廉洁防线。配合中央巡视工作，按照相关要求，从严从速对公司系统办公用房、公务用车进行了整改。三是深入开展“三严三实”专题教育。按照中央和国电集团统一部署，召开专题汇报会、学习讨论会以及民主生活会，并组织开展领导讲党课、集中调研、互查互学、主题实践等活动，增强各级党员干部践行“三严三实”要求的思想自觉和行动自觉。

企业氛围和谐稳定。一是开展企业文化建设。通过组织开展“道德讲堂”系列讲座、“爱国爱企爱家庭、争做文明国电人”等活动，推动家园文化入脑、入心、入行。开展风电开发建设劳动竞赛，激发广大员工干事创业的热情。辽宁公司入围集团公司首批“劳模创新工作室”，成为鼓励员工立足岗位创新、推动企业转型发展的典范。二是实施惠民工程。推进绿色关爱行动，制定并实施《2015～2016年关爱职工行动实施计划》，通过“送温暖”活动以及职工互助基金，加大对困难职工、一线职工的帮扶和关爱力度。开展“学雷锋活动月”“青春悦读”等特色活动，活跃工作氛围。继2014年被全国总工会授予“全国五一劳动奖状”后，2015年又被授予“全国模范职工之家”荣誉称号。三是加强新闻宣传和舆论引导。结合年度重点工作和取得的成果，面向系统内外、社会各界加强新闻策划和舆论宣传引导，展示企业的良好形象，同时围绕公司中心工作，通过媒体平台客观反映限电、补贴欠款等行业共性问题，建言献策，促进行业健康发展。四是风电运检竞赛再创佳绩。在组织公司内部、国电集团风电运检技能竞赛的基础上，通过开展视频培训、技术交流，提高员工技能水平，全力备战第二届全国风电运检技能竞赛，7支代表队全部获奖，其中辽宁公司2支代表队荣获团体一等奖，张恩富、惠晓文荣获全国能源化学系统五一劳动奖章。

【国电资本控股有限公司】

公司概况 国电资本控股有限公司是中国国电集团公司为贯彻落实科学发展观，实施企业转型战略，加快金融产业发展，构建多元化金融平台而依法设立的具有独立法人资格的全资子公司，承担国电集团系统金融资源整合、金融股权投资、金融资产管理的职能，加强对金融产业的统一管理，对国电集团所属全资、控股、参股的金融企业相应国有股权行使出资人权利。公司成立于2009年12月16日，注册资本金64亿元。

组织机构 公司设董事会和监事会并履行相应职责。公司本部设十九个部门，分别是总经理工作部、运营风险管理办公室、人力资源部、产融结合与市场营销部、投资投行部、信贷管理部、资金结算部、财务管理部、审计部、风险管理与法律事务部、政治工作部、股权管理部、纪检监察部、信息科技部、营业管理中心、企业年金核算管理部、大额资金（流动）监控部、特殊资金（流动）监控部、金融共享中心筹备组。

公司拥有财务公司、财险、寿险等7个金融牌照，所属企业有国电财务有限公司、长江财产保险股份有限公司、瑞泰人寿保险有限公司、石嘴山银行、国电保险经纪（北京）有限公司、融资租赁公司、中电资产管理有限公司等。

主要业务 主要从事金融投资及资产管理；资产受托管理；投资策划；咨询服务等业务。对所属全资、控股、参股企业的有关国有资产和国有股权行使出资人权利，对有关企业国有资产和国有股权依法进行经管理和监督，并相应承担资产保值增值责任。

2015年，围绕“一五五”核心战略思想，坚持稳中求进、稳中求优，着力抓好“双提升”工作，开展产融结合、融融协同，在新常态、新形势下，经营业绩再创新高，克服连续五次降息的影响，资产总额超过1100亿元，营业收入48.44亿元，实现利润23.91亿元，实现经济增加值9.65亿元，系统外创效比例75%以上，金融板块整体经营业绩再上新台阶，各项改革措施取得新成效，完成国电集团年度考核目标，荣获国电集团2015年度先进单位和国电集团党建工作先进集体称号，并获得国电一级红旗奖状；公司本部被评为国电集团2014～2015年度文明单位标兵。

1. 整合服务能力，实体化建设实现新突破

（1）加强机构调整、建设，加快金融控股集团管理体制和机制建设。2015年，按照国电集团部署，完成资本控股公司与财务公司机构整合工作，在符合监管要求的前提下进一步完善机构设置，提升综合服务能力。各单位继续保持良好发展态势，机构建设更加注重效益和质量，长江财险山东分公司、石嘴山固原分行正式运营。

（2）持续提升管控能力，出资人制度得到全面有效落实。落实国电集团关于强化战略、风险、投资、高管薪酬“四个强化”工作要求，与石嘴山银行等企业全面签订目标责任书；对长江财险实行高管薪酬与效益挂钩激励机制；瑞泰人寿完善董事会议案上会前的审批流程；融资租赁实现独立运营，治理结构更加科学。

（3）队伍建设不断健全，深入探索创新人才机制。财务公司配合国电集团共享中心的组建；各专员组实现财务公司“眼、口、手、足”的职能延伸；大客户经理制对提升资金归集度和资金计划的准确性发挥了重要作用。长江财险积极研究“职业经理人”实施路径，打造职业化金融企业经营管理人才队伍。

2. 强化创效能力，市场化建设再上新台阶

2015年，资本控股公司制定了票据业务制度流程，强化风险管控。2015年票据业务规模67.56亿元。

资金池建设方面，加强与银行、信托、证券等外部金融机构的沟通合作，通过黄金租借方式融入外部低成本资金。办理集团委贷资金。财务顾问工作方面，完成大渡河公司第一期超短期融资债券等财务顾问工作；保险经纪公司完成了涵盖国电电力等七家企业、19个资产处置项目。搭建海外平台方面，设计了海外投融资平台的经营模式及经济效益预测，为进一步拓宽投融资渠道奠定了基础。加强服务质量方面，截至年末，有1018家单位在财务公司开立了1296个存款账户，继续保持“国电网银”全覆盖。

3. 深化协同能力，一体化建设取得新成效

2015年，财务公司无偿为国电集团提供网络结算服务，资金结算量达2.2万亿元，与石嘴山银行“两地三中心”互为灾备中心建设工作正式开展。长江财险积极拓展集团公司外的股东项目，实现其他股东业务增长；瑞泰人寿开发了国电集团员工“退休无忧”终身重疾产品，惠及近7万余名国电集团员工及家属；石嘴山银行成功归集烟台龙源上市资金和山东中华电力公司资金，吸收国电集团年金协议存款，为国电集团提供了票据贴现支持。

4. 提升执企能力，制度化建设取得新进展

一是深入开展对标工作。坚持重对标、硬考核、强激励、严约束的指导思想，进一步建立完善所属各单位的独立对标体系。2015年，资本控股公司在五大集团对标中保持住了第二梯队的地位。二是完善管理制度和决策流程。做好制度的“立、改、废”工作，修订完善25项规章制度，金融产业管理制度体系得到优化，决策流程不断完善。三是开展全方位风险排查。将“自下而上”自我排查、纠正风险点与“自上而下”现场检查、督促整改相结合，风险管理责任落实到部门、单位和个人。融资租赁公司进一步梳理资金来源、排查经营风险，通过平仓化解外汇风险。四是推进重点审计工作。开展审计“回头看”，加强对审计意见落实情况的跟踪。开展公司本部及6家单位现场检查工作，对审计中发现的问题进行严肃整改。

党建工作 一是完成中央巡视各项配合工作。加强“三公”经费等八项费用管控，防止“四风”反弹。对各级检查机关要求整改的事项，在思想上，做到讲政治、讲原则、讲规矩；在行动中，做到马上改、持续改、改到位。二是党建工作科学化水平进一步提升。坚持融入中心、进入管理，注重夯实基础、服务提效，制定出台并积极推行《公司党建工作考核管理办法》，推进“三严三实”专题教育，以严成事，以实求效的作风生态进一步形成。三是党组织作用进一步发挥。严肃基层党组织生活，严把党员入口关，开展入党动机分析经验被国务院国资委《全国基层组织建设工作情况通报》刊发。组织开展公司“一先两优”评选，公司系统1名党员获国电集团优秀共产党员称号；财务公司党支部获评国电集团优秀党支部；积极参加“国电楷模”活动，一名优秀个人及一个优秀集体分别进入复评前20名及前100名。四是反腐倡廉监督大格局进一步形成。制定《关于落实两个责任的实施细则》《干部约谈工作实施办法》等制度，为落实“两个责任”、强化监督提供了制度支持和工作抓手；整合内部资源和力量，形成纪检监察工作整体合力；执行提醒约谈制度，分层次组织开展党风廉政建设“双约谈”工作，实现对部门负责人、关键风险点岗位人员约谈全覆盖；开展干部任前谈话，与新提任中层管理人员进行廉洁自律约谈；加强纪检监察队伍自身建设，建立“一述、一书、一表”自我监督管理机制；组织开展“三学一筑”反腐倡廉教育系列

活动，督促干部员工自觉遵守廉洁自律规定。五是员工幸福指数进一步提升。创新成立员工“自组织”9个，形成“自主管理强素质、全员提升促发展”的良好氛围。公司“自组织”的成功做法获得国电集团认可并推荐交流。完成微信平台、文化长廊、职工书屋及咖啡一角的落成设立。

（赵峻毅）

【国电科技环保集团股份有限公司】

公司概况 国电科技环保集团股份有限公司（简称国电科环）前身为国电科技环保集团有限公司，成立于2004年11月26日，是中国国电集团公司整合所属高科技产业组建的企业集团，是目前中国最大的常规燃煤电厂节能环保服务商及领先的可再生能源系统服务及设备制造商。

经营管理 践行“一个目标、五篇文章、五个国电”的核心战略思想，强化集中管控，推进资产优化，加强技术培育，改革体制机制，面对宏观经济增速放缓、风电和光伏发电产能过剩、火电投资规模压缩、外部市场竞争加剧、经营成本上升等多重困难，加强集中管控，推行集约化管理，实现了企业的平稳发展。全年实现营业收入199.70亿元，所有者权益79.03亿元。

2015年国电科环仍把节能环保产业作为优先发展业务。龙源环保脱硫脱硝除尘项目投产机组148台、合计4825.8万kW，在建项目118台、合计4569万kW，为国电集团全面完成年度治理目标和“十二五”环保改造任务提供了有力支撑；都匀有机胺脱硫制酸项目基本完成技术改造，系统设备运行安全稳定，组织完成了环评竣工验收的现场监测工作，重要污染物排放基本达标。联合动力全年生产风机1374台、243万kW，累计发运风机1493台、266.05万kW，其中系统内发运风机1202台、213.1万kW，保障了国电集团2015年风电投产任务。龙源工程承建的海南乐东电站两台机组全部并网发电，各项指标运行优良，建设工期仅用16个月，创造了同类项目建设最先进工期；克服哈密大南湖项目自然环境恶劣、施工资源匮乏等困难，按照国电集团“四高四优”要求，实现了1号机组高标准投产，创造了国内同类机组工程建设较好水平；加快发展优质项目，与国电山东公司就参股博兴电厂30%股权达成合作意向；收购泰州、谏壁等江苏区域6台百万千瓦机组脱硝特许经营优质资产，签署风电项目开发框架协议150万kW，加大风电项目储备力度，进一步改善公司盈利结构。

开展“双提升”工作，服务保障能力不断增强。国电龙源工程公司总承包的海南国电西南部电厂EPC工程，实现了首台机组13个月高标准投产发电，16个月实现双投的目标，创造了国内同类机组工程进展最快纪录。联合动力2MW超低速风机70天无故障运行。龙源环保“废烟气脱硝催化剂再生技术”通过技术鉴定，标志着国电科环具备了从新脱硝催化剂生产、工程应用到废旧催化剂再生及回收再利用的整套核心技术，奠定了国电科环在该领域的技术领先地位。华电天仁承建的国电和风北镇储能项目顺利通过专家组验收，该项目是目前亚洲最大的锂电池储能项目。开发的国内首个“云＋ERP”平台的离散型制造应用系统上线，项目的实施提高了项目执行能力、合同风险管控能力，实现了项目、设计、生产、采购、库存、销售、财务各环节的数据统一流转，提高了精细化管理水平。风机运维检修服务获得TÜV德国莱茵颁发的风电运维体系与能力国际SoC评估证书，成为国内首批通过该评估的企业，对于提升国电科环在中国风电运维市场的综合竞争力具有重要意义。

科技创新 坚持走科技创新之路，抢占未来技术和产业发展的制高点，致力于电站脱硫脱硝、等离子体点火、合同能源管理、水处理、电站自动控制、电站空冷、风电设备制造等核心技术的开发推广，形成了强大的技术研发、设备制造和工程实施能力，产值和利润保持高速增长，成为中国电力高科技领域的领先企业。坚持科技创新和产业化并举，通过原始创新、集成创新与引进消化吸收再创新，取得一大批科技创新成果。其中等离子体点火技术水平居世界第一位，锅炉燃烧降氮、烟气湿法脱硫、海水脱硫、烟气脱硝技术始终保持国内领先地位，龙源环保、烟台龙源、联合动力、国电智深已成为享誉社会的知名品牌。截至2015年12月31日，拥有“风电设备及系统技术国家重点实验室”等5个国家级科研平台、2个省级重点实验室、12个省级企业技术（工程技术）研究中心、2个博士后科研工作站；已获批科技部科技支撑项目2项：煤电厂烟气一体化协同超净治理技术及工程示范、大型风电场智能化运行维护关键技术研究及示范。目前，国电科环在研科技项目共计78项，其中国家部委、省市等系统外立项在研科技项目共计24项；2015年度共计获得知识产权272项，其中发明专利87项 发明专利比例逐年递增。累计拥有知识产权数量1783项（其中国际发明专利22项，发明专利312项）。

党建与企业文化建设 开展“学党章党规、学系列讲话，做合格党员”专题教育，以及国电集团党组确定的“一名党员一滴清水”专题学习活动，加强督促检查，确保取得实实在在的效果。各级党委书记作为抓党建的第一责任人，把主体责任贯彻到党的建设、管理、监督之中，强化“一岗双责”意识，形成党建工作合力。

基层党建迈上新台阶。把纪律挺在前面，强化执纪监督问责。量化党建考核标准，加大考核权重，深入实施党委书记抓党建述职评议，把党建工作与干部的进退留转“硬挂钩”，使党建工作由过去的“软任务”转变为“硬指标”。

继续做好惠民工程，努力打造“幸福国电”。坚持全心全意依靠职工办企业的方针，虚心听取职工群众的意见和建议，集中群众智慧，为企业决策服务。加大“惠民工程”投入，关心职工群众疾苦，改善生产生活条件，建立正常的工资增长和职级晋升机制，持续提升职工幸福指数。弘扬“家园”文化，构建“科环以人为本，员工以企为家”的和谐局面。

主要事件

1月31日，中共中央政治局常委、全国政协主席俞正声到国电联合动力技术（保定）有限公司考察。俞正声充分肯定了国电集团致力发展绿色新能源产业、风电运营全球第一、联合动力风机市场占有率位居全国第二以及风机远销美国的成绩，鼓励企业加强技术创新，推动体制机制创新，继续发展绿色、低碳产业。

3月12日，国电科环与内蒙古锡林郭勒盟苏尼特左旗人民政府签署《新能源合作开发框架协议》。通过此次合作协议的签署，实现政企双赢，大力发展新能源产业，为当地经济发展做出贡献。

5月17日，龙源环保在中国电力企业联合会发布了2014年度火电厂脱硫、脱硝、特许经营3项指标中名列第一。截至2014年底，国电科环累计投运火电厂脱硫工程机组9993万kW，脱硝工程机组9410.25万kW，累计签订合同脱硫特许经营机组3006万kW，均列行业第一，且远远领先于其他公司。

7月27日，龙源技术收到印度阿达尼电力公司的喜报，TIRODA（提隆达）电厂1号锅炉共节省燃油300t左右，节油率达到并远超过合同要求。同时，微油点火产品也以不同途径相继在印尼、赞比亚、柬埔寨、塔吉克斯坦等国家落户，并得到了国际用户的广泛关注和认可。

7月31日，龙源工程总承包的海南国电西南部电厂EPC工程1号机组顺利通过168h试运行，高标准投产发电，实现了13个月投产的目标，创造了国内同类机组工程进展最快纪录。工程建设还取得水压、风压、厂用受电、锅炉点火、汽轮机冲转、发电机并网、168h七个试运一次成功的骄人成果。

9月25日，国电泰州电厂二期2×1000MW二次再热超超临界3号机组一次完成168h满负荷试运行，担任该机组“大脑”重任的自动化控制系统（DCS）由国电智深提供。试运行期间，机组自动投入率100%、保护投入率100%，一次调频、AGC均通过了电网考核。

10月11日，《中国能源报》、中国能源经济研究院联合发布“2015全球新源500强”，国电科环凭借在新能源装备制造等领域的卓越表现，名列“全球新能源500强”榜单第16位，并连续两年获得“全球新能源500强卓越贡献奖”。同时，国电科环所属联合动力名列榜单第77位。

11月6日，国电科环所属龙源环保“可实现二氧化硫超低排放的双循环石灰石石膏湿法烟气脱硫工程技术”和华电天仁“电站锅炉燃烧状态监测及综合优化控制系统”荣获中国电力创新二等奖，联合动力“1.5MW超低速风电机组研发”和龙源技术“煤粉锅炉双尺度超低氮燃烧技术”荣获电力创新三等奖。

11月10日，国家科技支撑计划课题“燃煤电厂烟气一体化协同超净治理技术及工程示范”启动大会在国电科环召开。课题主要研究燃煤电厂烟气污染物超净排放工艺，形成“等离子体低氮燃烧+SCR脱硝+低低温电除尘器+石灰石－石膏湿法双循环脱硫+湿式深度净化”的集成控制技术，并将在蚌埠二期新建600MW燃煤机组上进行示范应用。

11月23日，以联合动力为依托单位进行建设的“风电设备及控制国家重点实验室”顺利通过国家科技部验收。建设期间，实验室先后承担了国家级与省部级重点项目6项；发表论文46篇；获得授权专利259项；参与制定国家标准5项、行业标准2项。

11月29日，龙源环保获得“十二五”节能减排先进单位证书和奖牌。“十二五”期间，国电科环实现累计投产脱硫装机容量约8500万kW，脱硝装机容量约11 000万kW，领先排名第二位的企业近1倍。其中，脱硫深度减排约2500万kW，为“十二五”节能减排工作做出了重要贡献。

（张　欣）

【国电大渡河流域水电开发有限公司】

公司概况　国电大渡河流域水电开发有限公司（简称大渡河公司）于2000年11月在成都注册成立，是集水电、新能源开发建设与运营管理于一体的大型能源开发公司，为中国国电集团公司所属特一类企业。大渡河公司股东分别为中国国电集团公司、国电电力发展股份有限公司、四川川投能源股份有限公司。公司领导班子9人，机关本部设立13个部门，下属22个基层单位，在岗职工2156人。

大渡河公司主要负责大渡河流域、西藏帕隆藏布流域水电开发，拥有大渡河干流、支流以及西藏帕隆藏布流域水电资源约 3000 万 kW。其中，大渡河干流水电项目 17 个，总装机容量约 1755 万 kW(含合作开发的双江口项目 200 万 kW)，建成投产的有龚嘴、铜街子、瀑布沟、深溪沟、大岗山、枕头坝一级 6 个水电站，总装机容量 902.5 万 kW；在建的有双江口、猴子岩、沙坪二级 3 个水电站，总装机容量 404.8 万 kW；前期项目有金川、安宁、巴底、丹巴、枕头坝二级、沙坪一级、老鹰岩一级、二级 8 个水电站，总装机容量约 447 万 kW。截至 2015 年 12 月 31 日，资产规模 863 亿元，累计发电量 1923 亿 kWh，投运装机容量 966.24 万 kW，其中，在川装机容量 936.74 万 kW。大渡河公司秉承国电集团家园文化，积极履行社会职责，建立四川省国电大渡河爱心帮扶基金会。2015 年，大渡河爱心帮扶基金会完成了 13 个爱心帮扶项目，资助贫困大中学生 108 名，配合地方党委政府开展了丹巴县、峨边县精准扶贫工作。

大渡河公司成立以来，先后荣获全国“五一劳动奖状”、全国“厂务公开先进单位”称号，建成“全国模范职工之家”，被国务院国资委评为“抗震救灾先进集体”和“中央企业先进基层党组织”；获得国电集团“国电特级奖状”“绩效贡献特别奖”等荣誉，累计获得省部级科技成果奖 62 项，取得 85 项知识产权成果，成为四川省工业企业最大规模 50 强企业。

企业管理 在“双提升”工作方面，按照国电集团统一部署要求，开展 13 个专项课题研究，开辟宣传平台贯彻到班组、到一线职工，组织召开了黑马“双提升”研修班，掀起厘清思路、转变观念的“思想风暴”。坚持对标手段，以问题查摆为突破口，开展季度问题查摆，注重阶段性、分层性、分类性和重点性，确保及时查摆、及时销案。组织开展生产、基建“双提升”工作经验交流，做到互促互进，共同提升。通过对接国电集团进一步优化了公司对标指标体系，突出利润总额、EVA、考核利用小时完成差异率 3 个关键对标指标。深入问题调研和意见征求，开展上下级沟通汇报，历时 8 月修订完善了目标责任制考核办法并加强宣贯，为大渡河公司顺利完成考核目标、促进考核激励起到了积极的杠杆作用。在战略规划方面，完成了《干流开发时序优化报告》《“十三五”发展规划及十年发展展望思路》等 4 个规划报告，牵头开展了近 10 项“十三五”专项规划；做好了“政策参谋”。建立健全了政研工作机制。形成了完善的周、月、年政研报告体系，完成政研报告 38 期，对涉及公司经营发展的约 150 个政策信息进行了及时跟踪和分析。组织开展《大渡河下游梯级电站电价改革试点研究》《大渡河下游梯级资源整合研究》以及《新常态下中国水电可持续发展政策研究》等事关大渡河公司未来发展的 3 个重大课题研究。研究和争取政策创效，四次申报国家建设项目专项债券资金，金川有望获得补助资金，将有效地提高项目收益指标。在“三会”管理方面，把好三会“程序关”，全年完成股东会、董事会及监事会 9 个重要会议的筹备组织工作，办理 44 项授权事宜，配合完成工商注册、控参股公司章程修订、购售电等相关三会工作，完成改制优缺点分析报告、《董事会会议议事规则(试行)》等 5 个办法，梳理 5 项三会业务流程图，三会管理更趋规范化。在制度建设方面，抓好制度修编，本部全年累计完成 137 项制度的修编工作，开展三次制度宣贯视频会议，编制公司制度体系建设方案，制定公司《规章制度管理办法》，初步搭建起制度管理的体系框架，公司制度管理更加规范化、程序化。

安全管理 宣贯《安全生产法》，每月更新发布“危险源（点）责任清单”，组织编制各单位、部门及岗位人员安全生产责任标准，建立片区应急联动机制和电力安全专业组定期交流机制，出台安全专业管理标准，加强班组安全建设，规范安全生产作业行为，实现安全管控全覆盖，确保“零事故”目标。改革创新，完善安全生产工作机制。组织制定 13 家基层单位星级企业创建规划和 3 类基层单位星级企业考核标准；深化“三反四保”工作，建立健全反违章工作机制；新增《反恐防暴管理办法》等 3 个制度，修订《生产安全责任制考核办法》等 45 项办法；建立片区应急联动机制；建立电力安全专业组定期交流机制，出台了安全专业管理标准；加强班组安全建设，强化员工相互保护、相互监督的作用。完成年度设备检修工作，规范检修准备、现场管理、质量控制、验收评价等环节和行为，干流机组保持“零非停”。开展防汛检查和地灾隐患排查治理，有效应对流域几次强降雨和洪峰的考验。集中推进安全风险管控，印发《推行 NOSA 安健环综合管理工作的指导意见》，形成安全风险管控体系总体框架，库坝安全信息综合管理系统建设实现龚、铜两站上线试运行；加强对大坝、洞室、库岸边坡等巡视监测，及时分析数据变化；完善可靠性管理体系，形成统计分析常态机制；试点创建危险源管理微信群，及时发布最新危险源动态信息。修订完善《设备检修标准》和《生产现场文明施工管理办法》；规范检修准备、现场管理、质量控制、验收评价等环节和行为。组织开展“三反四保”、安全生产月等专项活动，启动库坝安全信息系统建设，提升了安全保障能力。截至 2015 年 12 月 31 日，大渡河公司安全稳定保持良好，实现全年安全生产“零”事故和稳定“零”事件，公司系统连续安全生产 3776 天。

生产经营 夯实生产运营基础，抓好经济运行，确保了安全生产和“零非停”。坚持流域统调度，通过集控中心实施流域水电联合优化调度，提高水资源的综合利用率，2015年11月16日，大渡河集控中心顺利实现大岗山、枕头坝两站远方集控，大渡河干流梯级联合调度从两厂四站拓展到四厂六站，增强水电联动、优化调度的规模效应。全力增收创效，成立生产增效、基建增效、财务管控增效、相关产业及营销增效四个专业组，建立营销共享中心，签订大用户战略合作协议，通过优化水库调度，实现经济运行，电量综合结构同比提高0.60%。深化精益运维管理，推行“一厂两站”“运维合一”“无人值班（少人值守），远方集控”新型生产管理模式，培育了一支政治素质好、技术业务精、覆盖大中小型水电机组的生产管理人才队伍，龚电总厂、瀑电总厂被评为国电集团五星级企业。按照公司职能调整和国电集团对市场营销管理架构的要求，对市场营销战线进行了专业化的调整。成立市场经营部，实现对流域电站“量价费”合并口径的专业化管理；对投产电站所在单位要求成立独立的市场营销处，深化落实基层单位主体责任；组建营销共享服务中心，自主开发了一套完善的市场营销共享服务系统，将营销平台集中、前移，提升了营销能力和管控力度，顺应电改要求，完成新能源售电中心的组建。狠抓增收创效，经营管控全面加强，成立生产增效、基建增效、财务管控增效、相关产业及营销增效四个专业组，制定《公司增收节支工作方案》，落实增效措施，确保全年利润目标。加强资金集中管理，压降融资成本，融资成本较年初时点下降18.30%。严控差旅费、会议费、业务招待费，八项费用同比进一步降低。

工程建设 落实国电集团“投产即盈利”的要求，高度重视大岗山、枕头坝一级两个项目移民、送出问题，多方协调、攻坚克难，蓄水阶段质量监督、安全鉴定、移民环保等各项验收一次性顺利通过，两站8台机组均一次性启动成功、一次性并网成功，顺利通过72h试运行并成功转商，送出工程按期投运，实现年内全投目标，创造一年内投产机组数量最多、装机规模最大的新纪录，提高国电集团清洁能源比重近3个百分点。猴子岩、沙坪二级两个项目建设有序推进，形象进度可控在控，全年投资控制在国电集团下达的计划内，猴子岩水电站大坝工程、沙坪二级水电站厂房机组段工程浇筑分别提前15天和35天完成，枕头坝一级、沙坪二级提前1年完成移民安置任务并通过蓄水验收。创新管理模式，成立双江口建设管理分公司负责枢纽工程建设，2015年12月8日成功实现双江口河道截流，主体工程招标顺利推进，为建成西部大开发和藏区绿色典范工程创造了条件。新成立计划合同部，归口管理基建与生产的综合计划与统计、招标、合同、造价“二条线四大块”工作，依托“双提升”“两个转变”经营定位，实现招标、合同专业分散管理到统一管理，较好改善电力生产合同管理薄弱环节，促进计划合同转向资源整合、风险管控、增收创效的工作思路。管理结构更清晰，公司本部与所属单位形成法人治理结构和授权管理相结合的计划合同运转模式，向基层单位下放采购文件审核权、采购评审组织权、变更索赔费用审批权、合同会签权、完工结算审核权，缩短业务链条，既落实集团公司集中管控要求，又发挥二级单位主体作用、能动作用、效率作用。计划合同管控体系更完善，修订核心制度体系7个，健全综合计划、采购及合同重大事项审议机制，形成采购月计划、合同造价季报告、采委会、合同委员会办公室专题审查常态机制，完善非招标方式采购项目合同立项程序。制约监督机制更有效，计划统计坚持总体统筹与专业分工相结合，采购坚持评标、监标、复审、决标四者独立，合同坚持变更立项与费用审核分离，造价坚持目标制订与执行分离，经济业务坚持初审、复核、批准三级管控。业务工作更数据化，将业务工作环节化、流程化，形成数据集成集中，搭建业务管理信息平台，升级造价管理系统向智慧计划合同逐渐迈进，增加采购内控信息平台，完善生产业务管理平台，逐渐实现计划合同各专业全部线上工作。执行“公开、公平、公正”招标管理总要求，提升招评标质量。

智慧企业建设 加快推进“两个转变”，即从基建生产型企业向经营型企业转变，从行政管理模式向智慧企业管理模式转变。经过一年的努力，“智慧大渡河”战略规划正加快实施，基础平台及部分单元模块建设已初见成效，特别是在中国原工程院常务副院长潘云鹤院士及专家团队的大力指导下，智慧企业建设取得了积极进展，走在了同类型企业的前列。以加强顶层设计引领智慧企业建设，在大数据、智慧企业建设的理论基础上，不断创新思维、调整思路，探索智慧大渡河的总蓝图和路线图，多次邀请知名专家学者和企业进行交流，并经过多次深入研讨最终形成了《“智慧大渡河”战略研究与总体规划报告》，为全面建成智慧大渡河奠定了基础。各部门、各单位及各专业小组根据公司战略研究与总体规划报告，加快制定各自单元和模块的建设方案，有序推进智慧单元建设。利用会议、调研、培训等多种平台，开展了智慧企业建设等一系列专题宣讲，推广智慧企业建设的方案和思路。加强智慧企业建设宣传，强化专业人才培养，智慧企业建设得到了业内、科研院校和企业的高度关注，智慧大渡河建设方案入选了清华大学商学院授课案例。智慧IT建设快速推进，通过整合全流域信息化基础资源，采用华为公司最新云平台套件构建的集云存储、云计算、云桌面等功能于一体的公司私有云计算中心已建成投运，为后期大数据中心建设和应用奠定基础。IT 规划、数据治理、管控模型、标准规范、宣贯策划等多个维度全面推进。搭建移动开发和应用平台，在原有的公文审批、电力市场信息展示等应用基础上，增加了自动考勤、智慧工程信息展示等应用，正在研究协同办公、车辆管理、物业（家政）服务、网上购物等移动应用场景，计划实现所有智慧业务单元应用向移动端延伸。智慧业务单元（智慧工程、智慧电厂、智慧调度、智慧检修），经行业专家多次专题讨论和工程实践探索，已初步总结、提炼形成了各生产业务单元具体的建设方案和企业标准，并与中电联标准委员会取得联系和支持，力争年内发布成为行业首批智慧企业建设标准。在智慧工程方面，完成了智慧工程建设总体方案编制和初审，同步实施了 3D 数字厂房，混凝土生产、运输及浇筑全过程监控等应用项目，已取得初步成效。后期拟在双江口电站全面实施智慧工程建设，增强现场感知能力和控制能力，实现电站建设过程中进度、质量、安全、环保水保等全面掌控。在智慧电厂方面，大渡河公司多次召开智慧电厂推进专题会，编制完成智慧电厂建设方案、技术导则，组织进行了内部讨论。在智慧检修、智慧调度方面，已完成建设方案编制。职能管控单元和智慧服务单元建设逐步铺开。规划发展中心、工程管控中心、安全生产管控中心、市场营销中心、人财物集约管控中心、内控审计中心六大职能管控单元和智慧监理、智慧物流、智慧行政三个智慧服务单元建设工作也在积极有序开展。目前除已建成投运的流域集控中心以外，财务共享中心运行逐步完善，公司财务管控更加有效。安全生产管控中心的智慧大坝监测项目已经完成建设，正开展试运行工作。在智慧行政单元中的智慧后勤管理方面，将引入物联网、视频识别、RFID 等技术，以加强梯调大楼安全防范为试点，逐步实现大楼管控的智能化。

人力资源 重视人才培养，打造职工成长成才平台。规范收入分配，向基层一线职工倾斜，稳定职工队伍。落实本部月度绩效考核与绩效奖金挂钩，激励约束机制不断完善。推行本部职工薪酬与经营效益同向浮动，每月兑现奖惩。首次开展新提拔干部“军事化”培训，培训力度有增强，2015 年 120 个毕业生计划指标全部执行到位，执行完成率 100%，创历史最高。盘点公司电力生产人才现状，结合国电集团首席师管理指导意见精神，评聘各级首席师 13 名，拓宽了技能人员成长平台。多次组织召开筹建方案研讨会，多方协调，为猴子岩、沙坪发电筹备处调配电力生产骨干人才 30 余名。加大年轻人才多岗锻炼力度，从基层选派了 7 名职工到机关挂职锻炼，并形成了定期轮换机制。选派 8 人挂职（借用）到地方政府、上级单位，接收地方政府选派 3 人到公司挂职，承办国电集团援助新疆阿克苏地区党政领导干部培训班，完成贵州红枫电厂、国电海南大广坝生产人员委托培训 4 期，累计培训人次 76 人次。全年完成干部自主选学 32 期，培训学员 400 人次，累计完成各类培训 5881 人次，参与国电集团网络课堂培训 117 人，共计 9436.4 学时。全面铺开职业技能鉴定业务，全年鉴定人数 170 人次，创历年新高。首次组织开展新提拔干部集中强化培训，43 名新提拔干部参加为期 20 天的强化培训，取得了良好效果。规范领导干部个人有关事项报告，完成公司系统领导班子及领导人员 2014 年度考核、结果反馈等工作。完善领导人员因私出入境备案管理和护照管理工作。

依法治企 强化“法治大渡河”建设，把好法务“规划关”，制定了公司法制工作新五年规划实施细则，积极谋划未来五年法制工作重点，推动“法治大渡河”建设进入实质性阶段。把好法律“纠纷关”，探索完善法治工作集中管控，强化两级单位法律事务的分工协作，完善重大案件、法律风险的集中管控和会商应对机制。完成革什扎李明案等一批重大案件的应对处理，开展法律顾问集中选聘，整合优化公司系统律所资源，实现外聘法律顾问对公司经营管理各环节的全面覆盖。把好律师“管理关”，务实创新外聘律所管理模式，制定了《外聘律师事务所管理实施细则》，创新外聘律所考核方式，外聘律所服务响应的及时性和准确性大为提高，服务质量稳步提升。把好法律“风险关”，妥善处理各类法律风险隐患，全方位跟踪应对诉讼纠纷案件，2015 年度新发诉讼案件 5 起，结案 5 起，全部以胜诉或调解结案，直接挽回经济损失 969.15 万元，各类法律风险隐患得到了及时有效处理。强化巡视发现问题整改，配合开展中央巡视组在国电集团的巡视有关工作，按时准确提供相关资料和情况核查，按“两个规范”要求开展大金源公司股权清理、转让等有关工作，完成大金源公司管理层风险股清理，新华、四八四主业职工股权清退转让 1720 人次，组织进行大渡河公司自 2009 年以来历次股权清退确认工作。强化审计工作，通过内部审计和外委会计事务所审计相结合的方式，将内外部审计有机融为一体，覆盖财务经营审计和经济责任审计，提升审计成果的质量和水平，工程审计价值体现充分，共完成基建 578 项完工结算和变更索赔审计，送审金额 27.15 亿元，审减金额 6790.21 万元，审减率 2.5%，加快审计信息化建设步伐，确定审计管理信息系统、工程审计管理系统、基于内部控制与风险管理的审计系统三期建设目标，年内完成询价文件编制评审及合同签订等准备工作。强化经济责任审计力度，严格按照程序组织实施经责审计工作，严格审计查证、查实，严格依照法律法规和政策，目标责任制考核和行业标准，对被审计领导干部履行经济责任情况做出客观、公正、实事求是的评价，并区别情况界定被审计领导干部所应当承担的责任，审计成果运用取得新突破，完善审计发现问题及整改落实情况的通报制度，现场跟踪督促国电集团经责审计发现问题整改，定期对成果进行总结和通报。

节能减排 推进节能减排，拓展碳资产管理新业务。碳资产开发成果丰硕。成功注册深溪沟、沙坪二级2个CCER项目，获取20个CCER项目资源，储备CCER可签发量500万t/年，成为集团公司碳资产管理平台之一。管理资质不断升级，完成国家CCER登记簿和北京碳交所开户，启动了碳盘查资质申请，新增了碳资产经营业务范围。管理团队实力提升，建立碳资产专业管理团队，组织了5次专题培训，环境保护、碳资产管理等专业人员不断充实。管理规模不断扩大，具备项目全过程独立开发能力，已开发项目11个，正在开发项目16个。拥有600万t可交易CCER现货。开发范围不断拓宽，与国电系统内外多家公司签订了11个CCER项目开发合同，达成20个项目合作意向。管理体系不断丰富，构建形成了碳资产培训、咨询服务、盘查（核查）、产品开发、销售经营和信息化管理等六大模块。经营能力不断增强，完成了2万t CCER碳中和交易，销售CCER 4万t，获得15万t碳减排补偿，碳交易获得收益合计112万元。

科技创新 重视科技创新工作，全年累计获得2项省部级科技进步奖，21项知识产权授权，共组织开展重大技术咨询24次，解决技术难题31项，为工程高质量建设奠定了基础。承办全国高拱坝经验交流会和中国大坝协会2015学术年会，宣传大渡河流域三座高坝建设的管理成就。修编完善前期、验收、质量等工程建设规章制度，开展智慧工程、基建增效、双江口建管模式及地下厂房EPC等课题研究，为项目科学决策、高效推进提供了保障。

工会工作 履行两级工会维护、教育、建设、参与职能，推进厂务公开民主管理、深化基层班组建设，开展惠民工程、送温暖工作，组织承办了国电集团优秀技能选手座谈会，举办大渡河公司水轮机值班员技能竞赛，召开了大岗山、枕头坝投产发电表彰大会，举办了职工才艺展示、书画摄影展、第三届综合运动会、线上健走等活动，丰富职工文化生活。组织了“双同”爱心基金会理事会议，落实了2015年爱心帮扶项目。完成了公司团委换届，评选了首届“大渡河青年五四奖章”，举办了团干部培训班和素质拓展活动，激发群团活力。

党建工作 强化监督检查，新成立了纪检监察部，贯彻中央八项规定精神，开展了“守纪律、讲规矩”专项整治督查和“小金库”专项治理，规范了履职待遇、业务支出管理。强化党纪法规学习，坚持“八项费用”专项审计倒查机制，督促整改问题，作风建设进一步改进，公司系统保持了风清气正。廉洁自律的干事创业氛围。学习贯彻习近平总书记系列重要讲话精神，开展“三严三实”专题教育，制定了实施方案、工作计划及流程图，成立工作机构，建立了公司领导人员联系点、工作报告制度。坚持月度集体学习机制，高质量完成了领导人员讲党课、三个专题学习讨论等工作，做到了两手抓两不误两促进，《中央企业“三严三实”专题教育情况通报》第1期刊载了大渡河公司专题教育开展情况。完善公司党建考核机制建设，修订了党建工作考核管理办法，开展了党委书记抓党建述职评议试点工作，实现了党建考核与经济考核挂钩。抓基层打基础取得实效，标杆党支部建设多次受到国务院国资委、国电集团领导的高度评价。作为组长单位，完成了国电集团重大课题《提高基层党支部工作质量和实效》的研究工作。完善考核机制，强化党建责任落实，修订了党建工作考核管理办法，实现了党建考核与经济考核挂钩。建立了政工工作、党委书记抓党建述职等规章制度，强化党委书记抓党建“主业”意识和第一责任人责任，构建科学合理的党建工作考核评价机制。组织与基层党政负责人签订工作责任书，坚持季度政工例会制度，开展基层党委换届、党员发展两项工作自查，组织党建工作交叉检查、随机抽查，确保党建责任落到实处。抓基层打基础，推进标杆支部建设，牢固树立抓基层强基础的鲜明导向，制定了《关于进一步加强党支部建设的指导意见》，在3个基层党委开展标杆支部建设工作，建成标准化党员活动室41个，完善了党支部“一册一本三盒”台账管理。加强党务干部队伍建设，完成基层党务机构设置、党务力量配置调查摸底，举办新任职党组织书记培训班，开展了党支部工作创新案例、党组织书记优秀党课征集活动，组织党支部书记讲党课PK、支部业务交流研讨，进一步提高了党务干部的履职能力。承办国电集团基层党支部书记示范培训班，交流了公司党建工作、支部建设工作经验。营造积极氛围，宣传文化成效明显。深入宣贯国电家园文化，调整完善了文化标示标牌。完成公司团委换届工作，评选了大渡河公司首届“大渡河青年五四奖章”，“我为核心价值观代言”活动经验被国务院国资委和国电集团发文推广。创新创效项目在国电集团公司首届评选活动中荣获一等奖2个、二等奖2个、三等奖3个。宣传平台进一步完善，手机报正式投运，形成了“一报一网”为主，微信、手机报为辅的立体化宣传平台。践行三严三实，统一团队思想认识。深化精神文明建设，在公司系统形成了文明单位梯次创建的格局，瀑电总厂建设成为全国文明单位。

主要事件

1月14日，国电集团副总经理谢长军在成都拜会四川省副省长王宁，双方就国电集团在川企业发展，推动四川清洁能源开发交换了意见。

2月9～11日，国电集团总经理陈飞虎到大渡河公司调研，全面了解大渡河公司运营情况和大渡河水电开发现状，要求大渡河公司坚持稳中求进、稳中求优，深化作风建设，打好改革发展攻坚战、保A争先阵地战、反腐倡廉持久战，努力提升发展质量和效益。

3月31日20时48分，大渡河沙坪二级水电站二期工程成功截流，工程全面进入开工以来首个土建施工和机电金结“双高峰”。该电站坝址位于乐山市峨边县境内，总装机容量34.8万kW，于2012年3月获得核准。

4月9日，双江口水电站项目获得国家发展改革委核准，项目建设正式拉开大幕。该电站是大渡河上游龙头电站，总装机容量200万kW。

4月13日，大渡河老鹰岩水电站开发方式获得四川省发展改革委批复，原则同意老鹰岩河段采取“二级”开发方案，其中一级装机容量约22万kW、二级装机容量35万kW。

4月，国电大渡河瀑电总厂荣获第四届全国文明单位荣誉称号，标志着大渡河公司精神文明创建工作迈上了新台阶。

5月13日和15日，大渡河公司分别举行大岗山和瀑布沟、深溪沟水电站珍稀鱼类增殖放流活动，向大渡河放流珍惜鱼苗22万尾和55.65万尾，促进了河流生态文明建设。

5月30日，大渡河公司“智慧大渡河”建设战略研究咨询与总体规划通过外部专家评审，率先在国内启动智慧企业建设。

7月13日，四川省人民政府举行大渡河双江口、雅砻江杨房沟水电站开工仪式。四川省副省长甘霖宣布两个水电站正式开工，并与国电集团副总经理谢长军、国家开发投资公司副总经理阳晓辉共同启动了开工发令装置。

7月29～31日，由大渡河公司承办的“全国高拱坝及大中型水电工程建设管理经验交流会”在雅安石棉召开。大会就中国高拱坝建设的技术创新、风险控制、安全评价方法，大型水电工程在规划、设计、施工、运行、管理等方面的经验以及加快中国大中型水电站建设的相关问题进行了交流、探讨和研究。

8月28日，四川省总工会在大渡河大岗山水电站召开大岗山、枕头坝一级水电站投产发电劳动竞赛表彰大会。会议总结了两电站建设的成功经验，表彰了在工程建设中做出突出贡献的单位和个人。

9月11日，大渡河公司召开干部大会，宣布了国电集团党组干部任免决定，高廷源任大渡河公司党委委员、纪委书记，杨卫不再担任大渡河公司党委委员、纪委书记。

9月21～23日，国电集团副总经理张国厚、国资委党建局副局长姚焕到大渡河公司和大渡河流域调研党建工作。

9月24～26日，中国大坝协会2015学术年会暨第七届碾压混凝土坝国际研讨会在成都举行，大渡河公司总经理涂扬举以《大渡河流域三座典型高坝建设中的主要技术创新》为题向大会作专题报告。期间中国大坝协会理事长、水利部原部长汪恕诚到国电大渡河公司调研，听取了大渡河水电发展情况汇报，考察了流域梯级电站集控中心。

10月26～27日，国家能源局副局长王晓林到大渡河公司调研电力安全生产和大坝安全管理情况，在瀑布沟水电站黑马营地就落实安全生产主体责任、强化大坝安全监督及应急管理等进行了座谈交流，要求进一步加强大坝安全管理，全力以赴确保电站安全稳定运行。

10月27日，大渡河铜街子水电站14号机组增容改造成果通过四川省经信委组织的改造后出力鉴定，各项技术参数均满足相关规程规范的要求，机组容量由15万kW增加到了17.5万kW。

10月29日，四川铁能投资有限公司、深圳能源集团股份有限公司、大渡河公司、大唐国际发电股份有限公司、华电国际电力股份有限公司五方在成都共同签订双江口公司增资扩股协议。此举标志着双江口水电站完成了股权多元化改革，大渡河水电开发进入新阶段。

11月7日，大渡河大岗山、枕头坝一级水电站最后一台机组先后通过72h试运行，大渡河公司年内实现投产装机容量332万kW目标，创造了电站投产新的纪录，大渡河公司投产总装机容量达到966.24万kW。

11月9日，国电大渡河新能源公司自主开发的沙坪二级水电站自愿减排项目（CCER项目）通过国家发展改革委审核并顺利注册。这是中国目前碳交易市场中年签发量最大的CCER备案项目，标志着该电站全面投产后，每年可产生碳减排量达 116 万 t。

12 月 16 日，四川省副省长甘霖到大渡河公司调研，听取了大渡河公司生产经营与工程建设情况汇报，对“十三五”时期四川电力能源规划与发展问题进行了探讨。甘霖要求大渡河公司坚定不移地加快水电清洁能源开发，发挥好水电对传统化石能源的替代效应。

国家电力投资集团公司

【公司概况】 国家电力投资集团公司（简称国家电投）成立于 2015 年 5 月，由原中国电力投资集团公司（简称中电投）与国家核电技术公司（简称国家核电）重组组建。注册资本 450 亿元，资产总额 7738 亿元，员工总数 12.9 万人，2015 年销售收入 1924.04 亿元。拥有 7 家上市公司，包括 2 家香港红筹股公司和 5 家国内 A 股公司。国家电投连续 4 年进入世界五百强，2015 年居第 403 位。

国家电投是中国五大发电集团之一。电力总装机容量 10 740 万 kW，其中：火电 6827 万 kW，水电 2094 万 kW，核电 336 万 kW，太阳能发电 485 万 kW，风电 998 万 kW，在全部电力装机容量中清洁能源比重占 40.06%，具有鲜明的清洁发展特色。年发电量 3807.87 亿 kWh，年供热量 1.44 亿 GJ。同时拥有煤炭产能 8040 万 t，电解铝产能 248.5 万 t，铁路运营里程 331km。

国家电投是中国三大核电开发建设运营商之一。拥有山东海阳、辽宁红沿河、山东荣成等多座在运在建核电站，以及一批沿海和内陆厂址资源，是中国实施三代核电自主化的主体、载体和平台，以及大型先进压水堆国家科技重大专项的牵头实施单位，肩负着国家三代核电自主化、产业化、国际化的光荣使命，具备核电研发设计、工程建设、相关设备材料制造和运营管理的完整产业链和强大技术实力。

国家电投境外业务分布在日本、澳大利亚、马耳他、印度、土耳其、巴基斯坦、南非、巴西、缅甸等 36 个国家（地区），投资运营项目可控装机容量 109.62 万 kW，投资在建项目可控装机容量 1002.05 万 kW，已签署合资协议并开展前期工作的投资项目可控装机容量 514 万 kW，具备在火电、核电、新能源、输变电等领域为工程建设和运营提供全方位、全产业链服务的资质和能力。

【领导班子】

董事长、党组书记：王炳华

总经理、党组副书记：孟振平

党组成员、副总经理：余剑锋

党组成员、副总经理：马璐

党组成员、副总经理：时家林

党组成员、副总经理：魏锁

党组成员、总会计师：王益华

党组成员、副总经理：夏忠

党组成员、纪检组组长：邓文奎

【组织机构】 截至 2015 年末，共有二级单位 51 家，其中分公司 15 家；全资、控股子公司 33 家；直属机构 3 家。见 2015 年国家电投组织机构图。

【发展状况】 2015 年是国家电投的改革重组年。国家电投党组团结和带领广大干部职工，深入贯彻党中央、国务院的决策部署，立足当前，着眼长远，统筹内外两个市场，在经济下行压力不断加大的情况下，保证了经济效益稳步增长，超额完成国资委年度和任期考核目标，全面完成节能减排、安全稳定、党风廉政建设任务，取得了改革发展新成绩。全年完成发电量 3807.87 亿 kWh，实现利润 139.68 亿元，归属于母公司净利润 17.58 亿元，EVA28.32 亿元，创历史最好水平，利润增幅在五大发电集团中排名第二。到 2015 年底，国家电投装机容量 1.07 亿 kW，清洁能源比重达到 40%，位列五大发电集团首位。资产总额 7751 亿元，分布在全国 31 个省区市和马耳他、缅甸、日本等 35 个国家和地区，基本形成以清洁能源为主导的综合能源企业集团。

【重组改革】 落实党中央、国务院关于核能企业整合的战略部署，圆满完成中电投与国家核电重组，并确立了新的战略构想，明确了战略目标和路径，解决了建设什么样的国家电投和如何建设的问题。在总部整合基础上，完成核电、金融、科研、教育培训等业务板块重组，以及海外公司和湖北、安徽等 8 家省区分支机构组建工作，开始形成核电、常规电创新驱动、协同发展的产业优势，奠定了向更高目标迈进的基础。研究建立规范的公司治理结构，完成公司章程和相关议事规则修订，建立规范董事会试点已经启动。按照建设国有资本投资公司的总体要求，总部确立“战略、评价、激励、监督、服务”功能定位，建立权力清单制度，下放事权达 50%，在项目审批和生

国家电力投资集团公司

- 办公厅
- 战略规划部
- 人力资源部
- 财务与资产管理部（专职董监事办公室）
- 分析评价部
- 科技管理部（重大专项办公室）
- 政策研究与知识产权部（体制改革办公室）
- 法律事务部
- 国际业务部
- 物资与采购部
- 火电部（售电业务部）
- 水电与新能源部
- 煤炭物流部
- 铝业部
- 高新产业部
- 安全质量环保部（政府采购部）
- 审计内控部
- 纪检监察部
- 党群工作部（工会工作委员会）

二级单位51家

分公司15家

- 中国电力投资集团公司华东分公司
- 中国电力投资集团公司华北分公司
- 国家电力投资集团公司湖南分公司
- 中国电力投资集团公司云南分公司
- 中国电力投资集团公司重庆分公司
- 中国电力投资集团公司西藏分公司
- 国家电力投资集团公司安徽分公司
- 国家电力投资集团公司湖北分公司
- 国家电力投资集团公司福建分公司
- 国家电力投资集团公司陕西分公司
- 国家电力投资集团公司甘肃分公司
- 国家电力投资集团公司山东分公司
- 国家电力投资集团公司浙江分公司
- 国家电力投资集团公司黑龙江分公司
- 中国电力投资集团公司物资装备分公司

全资控股企业33家

- 国家核电技术公司
- 中国电力国际有限公司
- 中国电能成套设备有限公司
- 中电投东北电力有限公司
- 中电投南方电力有限公司
- 中电投河南电力有限公司
- 中电投江西电力有限公司
- 中电投河北电力有限公司
- 中电投江苏电力有限公司
- 中电投四川电力有限公司
- 吉林省能源交通总公司
- 中电投云南国际电力投资有限公司
- 中电投国际矿业投资有限公司
- 中电投物流有限责任公司
- 国家电投资本控股公司
- 国家电投科学技术研究院有限公司
- 国家电力投资集团公司信息技术有限公司（中心）
- 国家电力投资集团海外发展有限公司
- 黄河上游水电开发有限责任公司
- 五凌电力有限公司
- 上海电力股份有限公司
- 中电投远达环保（集团）股份有限公司
- 国家电投财务有限公司
- 中电投蒙东能源集团有限责任公司
- 吉林电力股份有限公司
- 中电投宁夏青铜峡能源铝业集团有限公司
- 中电投贵州金元集团股份有限公司
- 中电投铝业国际贸易有限公司
- 中电投新疆能源化工集团有限责任公司
- 中电投伊犁能源化工有限责任公司
- 中电投蒙西能源有限责任公司
- 石家庄东方能源股份有限公司
- 中电联合重型燃气轮机技术有限公司

直属机构3家

- 国家电投领导力学院（党校）
- 国家电投人才学院
- 国家电投资金管理中心

2015年国家电投组织机构图

产运营等领域赋予二级单位更多的自主权。出台专职董监事管理办法，向出资企业派出董事监事，并加强对董监事履职的管理。深入推进产权、分配、人才制度改革。“向日葵”项目全面启动，康富租赁成功在新三板挂牌，资产证券化工作取得实质性进展。积极推进分配制度改革，建立以效益为导向的考核评价体系，实行收入与利润增长紧密挂钩的效益工资决定机制。融和控股试行职业经理人制度，中电远达探索分红权激励，山东院开展核心骨干持股，均取得较好的效果。以奋斗者为本，注重人才培养和储备，探索建立员工职业发展“双通道”。在国家百千万人才工程选拔中，1人获得“有突出贡献中青年专家”称号。

【保增长工作】 统筹施策，全面强化增收节支。狠抓煤价控制、市场营销和节能降耗，煤电入厂标煤单价控制在450元/t，同比下降100元/t，减少支出77亿元，供电煤耗下降4.34g/kWh，发电量增幅居五大集团第一位。火电、水电、新能源、金融板块分别实现利润104亿、31亿、14.7亿、24.16亿元，同比分别增加26.5亿、3.1亿、6.7亿、6.1亿元。煤炭物流、工程建设、物资装备、设计咨询、环保产业等电站服务业积极拓展外部市场，为保增长做出重要贡献。加大政策争取力度，全年营业外净收益23.28亿元。开展“亏损企业专项治理”。对天泰、鼎泰、启明星等扭亏无望的企业实施清算，关停电解铝产能28.3万t；对亏损严重的电解铝企业果断限产，停产37万t。全年煤炭、铝业亏损分别控制在9.9亿元和28.9亿元。注重提高增长质量。组织宁夏能源铝业等7家单位开展清产核资，深入推进低效无效资产清理和处置，严控国有资产流失风险，最大限度地提高资产处置收益。所属单位中，国家核电全面完成与国资委签订的责任目标，中电国际、上海电力、资本控股、五凌电力、江西公司、黄河公司、河南公司、成套公司、东北公司利润位居前列，为完成保增长目标做出了突出贡献。

【结构调整】 坚持走清洁能源发展之路，资源向核心业务集中，重点加快战略性项目和清洁能源项目发展，全年核准电力项目176个，容量2506万kW，创历史新高。核电项目前期进展顺利。红沿河二期取得核准并开工建设，石岛湾CAP1400示范工程、海阳3、4号机组即将核准，初步形成石岛湾、海阳、红沿河三大核电基地。火电结构调整步伐加快。江苏滨海、河南焦作、山西神头二期、贵州普安、黔西、新疆准东、湖北大别山等一批60万kW及以上火电项目获得核准。新能源开发势头强劲，全年核准容量761万kW。青海共和100kW国家光伏发电试验测试基地获得国家能源局批复。

【国际业务】 国际化发展布局加快形成。南非核电和土耳其核电前期工作进展顺利。成功收购澳大利亚太平洋水电公司，新增装机容量91.5万kW，储备项目151.6万kW。以马耳他并购项目交割和整合完成为标志，进入欧盟电力市场。土耳其、巴基斯坦、埃及、坦桑尼亚火电项目取得突破，越南永兴项目开工建设，缅甸项目取得新进展。积极探索电力新兴业态。重庆港桥工业园区配售电项目获得国家首批试点批复，平潭、莆田、香河等综合能源项目进展顺利，推动了商业模式创新，开始迈出从传统发电企业向综合能源供应商转型的步伐。

【创新发展】 坚持创新驱动引领，在三代核电技术引进、消化、吸收、再创新和产业链建设方面取得了重要进展。AP1000自主化依托项目主泵问题成功解决。国产化CAP1000标准设计、设备国产化等已经能够支撑中国后续AP1000项目自主化、批量化建设。CAP1400示范工程核准评估工作全面完成，具备核准开工条件。CAP1700研发工作顺利启动，概念设计专题研究基本结束。核电站数字化仪控系统成功在平东电厂DCS改造中应用。核电自主化关键设计与安全分析软件包（COSINE）正式发布。常规电技术创新取得实质进展。龙羊峡水电站水光互补发电技术引领国内光伏发电新方向，承担的国家863重大科技项目“含可再生能源的孤立电网的运行控制技术及示范”顺利完成，上海成套院在节能减排技术研发、700℃材料研制方面取得重大突破，中电远达脱硝催化剂再生技术获国家技术发明二等奖，达到国际先进水平。

【企业管理】 配合中央巡视工作，高标准落实整改。组织开展“3211”巡视专项整改（三个专项整治，两个集中检查，一个专题教育，一份权力清单），巡视整改报告向党内和社会公开，得到中央巡视组的充分肯定。配合国资委专项督查，组织巡视整改“回头看”，巩固巡视整改成果。对巡视、审计发现的有关工程建设、招投标、违反八项规定等情节严重的问题，从严落实“一案双查”，既追究直接责任人责任，也追究组织和领导的管理责任。全年共约谈26名二级单位负责人，查处违纪违规案件53起，党政纪处分131人。坚持依法从严治企。把依法治企放在更加突出的位置，重大事项、规章制度、合同三项审查率达100%，法律风险防范机制进一步完善，全年没有发生重大的责任性纠纷案件。针对安全事故多发频发，开展隐患排查专项行动，加大安全监管力度，严肃责任追究，总体上扭转了被动局面。认真履行环保责任，完成39台机组环保改造，二氧化碳、氮氧化物等主要污染物实现达标排放。严抓建设管理，工程建设管理水平持续提升，平圩5号机组投产后连续运行创全国纪录，田集二期项目获国家优质工程金奖，工程造价创行业标杆，合川项目获得国家优质工程奖，茶园1号机组投产工期达到行业先进水平，田集3号等21台机组获得全国大机组能效竞赛奖。持续推进信息化建设。东北公司、吉电股份、新疆能源化工、华北分公司完成ERP推广，目前已有16家单位上线运行。推进生产运营监管等系统建设，火电、水电、新能源电厂实现实时监控，在运210台火电机组排放等环保监管数据实现统一监控。

【从严治党】 党的建设进一步加强。开展“三严三实”专题教育，学习党章党纪和习近平总书记系列讲话精神，深刻剖析和整改存在的问题，取得了良好效果。党组确立“大党建、强体系、聚人心、创价值”的党建工作总体思路，着力构建组织体系、责任体系、制度体系、评价体系和创新体系。党风廉政建设进一步深化。落实“两个责任”，签订主体责任书，层层传导压力，以严肃问责推动责任落实。把纪律和规矩挺在前面，组织学习《准则》和《条例》，盯住高线，守住底线，制定并严格执行“5条禁令、23个不准”，坚定不移落实中央八项规定。

【企业文化与社会责任】 企业文化建设进一步提升。构建起具有国家电投特质的“和文化”体系，在行业内外形成较强的品牌影响力，重视宣传的先导作用，营造良好的内外部环境，形成汇聚员工引领发展的生动局面。开展“改革创新·青年先行”主题实践活动，涌现出一批职工技术创新成果、职工创新工作室、青年岗位能手。

履行企业社会责任进一步深入。组织开展河南商城、四川美姑和陕西延川定点扶贫、对口援建青藏区、贵州纳雍县的帮扶工作。按时完成新疆、青海无电区光伏发电建设任务，完成“十二五”电力援藏任务。

【中国电力国际有限公司】

公司概况 中国电力国际有限公司（简称中电国际），于1994年经国务院批准在香港注册成立，是电力部境外融资的窗口企业，1998年改组为国家电力公司全资子公司。2002年，按照国家电力体制改革整体部署，中电国际成为中国电力投资集团公司全资子公司。2015年，中国电力投资集团公司与国家核电技术公司重组，成立国家电力投资集团公司（简称国家电投），中电国际成为国家电投的重要骨干企业。

中电国际主要从事电源项目的开发与运营，包括燃煤发电、水力发电、天然气发电、风电、光伏发电、生物质及垃圾环保发电、热电联产、煤电联营项目等。中电国际成立之后，特别是旗下中国电力国际发展有限公司（简称中国电力）在香港上市以来，坚守主业、锐意进取，从单一的火电结构发展为水、火、新能源并举的格局。中电国际秉承“不仅给世界带来光明与动力，还要为子孙后代留下一片碧水蓝天”的理念，坚持绿色、低碳发展，注重履行社会责任。在全国率先进入新能源领域，率先实施“上大压小”，建设清洁高效火电基地；坚持创新驱动，探索开展新能源和智能电网相结合的新型能源服务业务；围绕“一带一路”战略，积极开拓海外电源项目。坚持“精品检修、核电高端、多元服务”检修发展之路，着力打造国内核电检修第一品牌。

2003年，中电国际入股澳门电力，首开中资公司投资境外输配电业务之先河。2004年，中国电力在香港联交所成功上市，为境内五大发电集团中首家红筹公司，并为目前水电比例最高的境外上市发电公司，其控股的“五凌电力”为国内领先的水电开发公司之一。2006年，控股成立中电国际新能源控股有限公司（简称中电新能源），为境内第一家在香港上市的新能源专业公司。自2004年以来，中国电力已累计实现股权融资126亿元、境外债务融资121亿元。2015年，中国电力纳入摩根士丹利国际资本指数（MSCI指数），成为中国指数成分股。

截至2015年底，中电国际总装机规模2794万kW，清洁能源占比27.7%；资产总额1220亿元，资产分布在全国23个省、市、自治区和香港、澳门特别行政区。职工总人数1.8万人。

领导班子

党组书记、董事长：王炳华

党组副书记、总经理：余兵

党组成员、副总经理：王志颖

副总经理：赵亚洲

党组成员、副总经理：赵新炎

党组成员、纪检组长、工会主席：谷晓东

党组成员、副总经理、财务总监：徐立红

党组成员、副总经理：黄晨

党组成员、副总经理：黄云涛

总工程师：孙贵根

经营业绩 考核口径利润57.14亿元，高于奋斗目标40.39个百分点，再创国家电投所属单位盈利新标杆。EVA率4.11%，高于目标1个百分点。入厂标准煤单价468.78元/t，同比下降19.66个百分点，降低燃料采购成本22.8亿元。考核口径发电量730.87亿kWh，同比持平；售热量398.12万GJ，同比增加9.06%。煤电机组利用小时相对值完成102.79%。各发电单位成立独立市场营销机构，全力做好电力营销，全年获得市场电量93.66亿kWh。积极开展电价工作，增利7.93亿元。在运28台火电机组全部取得环保电价，年增收6.3亿元。

项目发展 全年累计核准容量741万kW，“路条”315万kW，共计1056万kW，其中清洁能源占比 36.94%。

煤电方面。山西神头二期 2 台 100 万 kW 扩建项目、大别山二期 2 台 66 万 kW 扩建项目、贵州普安 2 台 66 万 kW 新建项目、河南商丘 2 台 35 万 kW 热电联产项目获得核准。姚孟扩建 2 台 100 万 kW 项目进入“十三五”电源建设规划初稿，并列排序第一。

清洁能源方面。河北霸州等生物质环保、甘肃古浪等风电、湖北麻城铁门岗等光伏发电共计 86.76 万 kW 项目获得核准。湖南五强溪扩机等水电、广西宜州等燃机、安徽凤台等生物质环保、湖南汝城狮子岭等风电、白银景泰三期等光伏发电共计 219.4 万 kW 项目取得“路条”。其中，山西大同 10 万 kW 光伏发电项目成为国家首个先进技术“领跑者”示范项目，在 59 家单位竞争中以评优排序第一中标，有效提升公司品牌。

能源服务方面。深入研究电改 9 号文及配套文件，全面启动、部署能源服务创新发展，成立领导小组，开展能源服务创新发展战略培训。依托四川成都、贵州贵安、广东江门等国家级高新区重点项目，以创新的思维和方法大力发展分布式能源、智能微网、能源互联网等综合能源服务业务。推动配售电业务拓展，广东江门取得综合能源服务执照，芜湖发电等取得售电营业执照。积极推进入股四川能投地方配售电资产。

国际化方面。越南永兴项目实现融资关闭，首台机组开工建设，运维谈判稳步推进。中电胡布项目取得巴基斯坦政府颁布的项目意向函，开展五大合同的谈判工作。太平洋水电并购项目已签署收购协议，老挝坡诺水电等境外项目稳步推进。

核电检修方面。开展三标认证工作，引进有核岛检修经验的人才，推动核岛检维修的规范化、标准化建设。作为海洋核电技术支持方，参与调试和生产准备工作。承担红沿河核电三台机组的日常维护、BOP 运维、4 号机组生产准备等工作，全程参与机组大修和管理。与田湾核电达成常规岛大修监理合作事宜，通过了中核合格供应商评审。

工程建设 全年投产容量 218 万 kW，其中清洁能源投产 18 万 kW；平圩三期实现双投，百万机组增至 4 台，占国家电投一半。全年新开工容量 235 万 kW，其中新能源项目 10 个共 23 万 kW。

从工程设计、设备选型、安装调试等重点环节入手，做好工程质量控制。平圩 5 号机组 168h 试运后连续运行 103 天，创全国纪录。平圩三期结算动态总投资低于执行概算 2.2 亿元，剔除百万变压器因素，创国内百万机组标杆。

召开光伏发电项目现场观摩、培训会，提高项目建设管理水平。开展湿法除尘技术研究，指导项目初步设计、设备选型。目前，普安项目、四会项目、东莞燃机、海口环保，以及其他 11 个新能源项目安全质量可控在控，神头二期、大别山二期、商丘热电等重点煤电项目开工准备工作有序推进。

安全环保 开展状态报告和根本原因分析，推动管理者巡视。推进安健环体系建设，开展 TOP10 风险管控，完成第一轮体系外部评估。开展安全生产标准化达标评级，8 个煤电单位和中电新能源 10 个单位完成授牌。

完成常熟、神头、姚孟各一台机组超洁净排放改造，二氧化硫、氮氧化物、烟尘分别减排 1.9 万、2.7 万、0.32 万 t，超额完成年度减排任务。完成清河 2 台 60 万 kW、常熟 2 台 100 万 kW、姚孟 2 台 30 万 kW 机组供热改造。全年供电煤耗完成 304.81g/kWh，低于目标值 2.39g/kWh；综合厂用电率完成 4.74%，低于目标值 0.03 个百分点。在全国火电机组能效对标竞赛中，大别山 1 号机组等 3 台 60 万 kW 机组获奖。

持续强化设备管理，机组等效可用系数完成 93.26%，提升 0.65 个百分点。26 台次火电机组长周期连续运行，芜湖 2 号机组连续运行超过 300 天，居 60 万 kW 机组首位；常熟 5 号机组连续运行 245 天，居 100 万 kW 机组首位。

党建和队伍建设 组织学习党章党纪和习近平总书记系列重要讲话精神。开展“三严三实”专题教育活动。建立党建工作联系点，推进党支部标准化建设。按照从严治党、从严治企要求，明晰党委主体责任和纪委监督责任；落实监督执纪问责要求，加大招投标、选人用人等信访查处；开展 607 人次关爱提醒谈心，筑牢党员干部拒腐防变思想防线。

落实稳定工作责任制，完成稳定工作目标。开展“安康杯”劳动竞赛和建功立业活动，评选中电国际第三届劳动模范。创建 15 个职工创新工作室，平圩获得“国家电投职工技术创新基地”称号。加强班组建设，深化团青工作，开展“五四”先进评选表彰活动。

组织“唱响光明行，共筑中国梦”主题活动。搭建“静水深流光明行”微信平台，开展“感动中电十大奋斗者”评选等主题活动，积极营造“以奋斗者为本”的工作氛围。

修订领导人员管理工作程序，开展领导人员个人事项报告工作。开展境外项目安防知识和国际化业务英语培训。在国家电投火电机组集控值班员技能竞赛中，中电国际获得集体、个人多项第一，8 人被授予“国资委中央企业技术能手”，占国家电投三分之二。清河、姚孟、平圩、常熟四家培训基地列为国家电投特色人才培训基地。

【黄河上游水电开发有限责任公司】

领导班子

（1）公司第五届董事会。

董事长：谢小平

董事：季亦平、沈汝浪、徐树彪、谢小平、李固旺、周杰、黄天云、梁军军、孙蔚泓

（2）公司第四届监事会。

监事会主席：郭庚良

监事会成员：郭庚良、曹松林、王兴玉

（3）公司经营班子。

总经理：李固旺

副总经理：张俊才（兼总工程师）、杨存龙、魏显贵、于森（兼有色金属总工程师）、刘柏年（兼新能源总工程师）

财务总监：周杰

工会主席、纪检组长：孙蔚泓

（4）公司党组成员组成。

书记：谢小平

副书记：李固旺

成员：张俊才、杨存龙、魏显贵、于森、周杰、孙蔚泓。

组织机构 黄河上游水电开发有限责任公司（简称黄河水电公司）本部：办公室、计划与发展部、人力资源部、财务部、物资与采购部、政策与法律部（体制改革办公室）、科技与信息部、水电与新能源生产部、水电与新能源工程部（征地移民办公室）、电力营销部、铝业部、高新产业部、火电部、安全与环境保护监察部、审计与内控部、政治工作部、监察部、工会办公室。

本部职能中心：审计内控中心、会计核算中心、梯级电站集中控制管理中心、新闻中心、档案中心。

下设二级单位：班多发电分公司、龙羊峡发电分公司、拉西瓦发电分公司、李家峡发电分公司、公伯峡发电分公司、积石峡发电分公司、陇电分公司、宁电分公司、西宁发电分公司、新能源发电部、甘肃黄河水电公司、甘肃中电投新能源发电公司、兰州新区热电分公司、中型水电公司（黑河发电分公司）、陕西黄河能源公司、汉中水电公司、工程建设分公司、新能源系统集成公司、光伏产业技术公司、电力检修公司、物资公司、鑫业公司、西安太阳能电力公司、黄河工电光能发电公司、新能源分公司、黄河矿业公司、光热发电事业部、羊曲发电分公司筹建处、瑞典风电项目筹建处。

支持性机构：大坝管理中心、培训服务中心。

主要指标 全年完成发电量 383.96 亿 kWh，其中水电 348.54 亿 kWh、光伏发电 28.04 亿 kWh、风电 5.66 亿 kWh、火电试运电量 1.72 亿 kWh；电解铝产量 52.22 万 t；多晶硅产量 2007.21t；太阳能电池产量 543.41MW；组件产量 491.93MW。全年营业收入 145.93 亿元，全年完成固定资产投资 93.33 亿元。截至 2015 年底，资产总额 773.71 亿元。

项目发展 全年共取得电力项目“路条”9 项，总容量 72.95 万 kW；取得项目核准 15 项，规模 190.8 万 kW。全年新增电力产能 200.8 万 kW，其中火电 132 万 kW、新能源发电 68.8 万 kW。截至 2015 年底，总装机容量达到 1465.96 万 kW，其中水电 1078.4 万 kW、火电 132 万 kW、光伏发电 211.01 万 kW、风电 44.55 万 kW。大力推进项目前期，羊曲、班多、茨哈水电项目前期工作突破瓶颈，启动核准程序；共和 10 万 kW 国家级光伏发电工程试验基地获得国家能源局批复，新能源项目发展超额完成国家电投下达的计划指标；实现夏日哈木镍钴矿探矿权转让。签订了埃塞俄比亚、喀麦隆水电项目政府间谅解备忘录，储备规模约 175 万 kW，“走出去”战略稳步推进。确保重点工程建设进度，羊曲水电站工程克服重重困难，于年底具备了截流条件；拉西瓦水电站顺利通过竣工阶段达标投产验收，水库水位抬升至 2452m 正常蓄水位；积石峡水库水位抬升到 1850m，通过水土保持专项验收；茨哈峡水电站工程可研阶段坝址坝型、坝线及枢纽布置格局选择等专题研究报告完成内审。西宁火电年内完成 1 号机组 168h 试运行，主要指标优良；2 号机组于 12 月 31 日实现首次并网。新能源发电项目建设规模 98.8 万 kW，新增发电装机容量达到 68.8 万 kW，为历年之最。

发展规划 结合企业发展基础、产业结构和地域优势，科学编制公司“十三五”及中长期产业发展规划，以及新能源产业、科技与信息、境外投资项目等专项发展规划。主动编制了海南州千万千瓦级水光风互补清洁能源基地、海西州千万千瓦级新能源基地、青海省光热发电项目电源规划，积极协调政府纳入地方规划，为推进公司“十三五”发展和清洁能源项目的获取创造了有利的条件。

安全管理 宣贯新《安全生产法》和《环境保护法》，开展电力生产“安全工作落实年”活动，不断加强安全生产责任体系“五落实五到位”，强化“十个务必落实到位”。开展了安全月活动、安全生产大检查、“六打六治”打非治违专项行动，组织开展危险化学品和易燃易爆物品、铝业生产和火电等工程建设领域专项整治活动。梳理“两票三制”执行规定，落实隐患排查治理责任措施，稳定安全生产局面。电力生产单位安全生产标准化评审问题整改完成率 96%，隐患整改完成率 99%。完善专项应急预案，组织防汛实战、危化品泄漏事故等应急演练。公司系统把安全生产摆在更突出的位置，深化、细化工作措施，不断强化长效机制。稳步推进各单位安健环体系建设，组织进行了班多发电分公司等 3 家单位的第二方评估、鑫业公司等 4 家单位的第三方评估，拉西

瓦、积石峡发电分公司取得二钻等级，陇电分公司取得一钻等级。提早策划、安排、检查、落实防汛与大坝安全工作，实现安全度汛。推进“集中控制、远程诊断、实时维护”建设，实现了青海境内所有新能源电站远程集控管理试运行。加强检修维护质量评估，组织完成水电机组检修78台次。规范技术监督工作，加强日常管理和问题整改。

生产经营 加强电力生产经济运行管理，龙羊峡水库2015年来水148亿m^3，较多年均值偏少27%。针对来水偏枯问题，加大人工增雨，增加黄河径流量约6.19亿m^3；努力协调黄委会、网调争取多发电，龙羊峡水库出库达177.46亿m^3。开展电力协同产业挖潜增效，优化各项生产指标，调整购销策略，落实节能降耗措施，全力压降生产成本。电解铝全年吨铝完全成本较2014年降低660元。多晶硅项目继续优化国家重大科研02专项研究成果，以提高质量为核心，狠抓技术创新、工艺管理、挖潜增效工作，电子级多晶硅销售占国内用量的10%。电池组件转换效率不断提升，单晶、多晶电池平均转换效率继续保持行业先进水平；M2规格单晶组件成为国内首批19家满足国家能源局光伏“领跑者”计划要求的生产企业。西宁切片项目进入试生产阶段，黄河水电公司光伏产业链基本形成。加强综合计划和预算指标的动态监控、跟踪分析，保证了各项指标可控在控。积极实施多渠道融资，优化债务结构，在保障资金供应的同时降低融资成本。

基础管理 推进制度体系建设，29部一级制度草案已经全部形成。公司系统11家单位开展标准化创建工作，3家列为国家电投第三批“标准化良好行为企业”创建试点单位。坚持以公开招标作为合格供应商引入的主要方式，严格合格供应商评价和动态管理。推进铝业生产原辅材料直采，降低生产成本。开展法律风险防范，实现了经济合同法律审核把关率100%。获得第二届“青海企业信用建设示范单位”、“2015青海企业50强”和“法律进企业示范点”称号。根据发展需要调整组织机构，新组建公司光热发电事业部等。对新能源管控模式、集控中心管理定位和机构设置、科技创新体系建设、电力营销和交易机构组建、部分二级单位劳动人事集中管理等问题进行深入研究，快速适应电力体制改革要求。研究企业人才队伍现状，转聘基层单位部分经验丰富的中层干部担任专业师，充实了专业技术队伍。内控管理水平和风险管控能力不断提升。推行“先审计整改，再正式离任”的领导干部经济责任审计制度，协调开展38个工程项目的结算和财务竣工决算审计；建立了风险预警指标体系、重大决策事项风险管理汇报机制，完成25家单位内控体系建设、事权手册执行情况的自评及检查工作，综合产业板块成本管理内控评价进一步加强。

科技创新 成立智能光伏电站联合创新中心，拓展公司科技创新体系建设。承担的青海省重大科技专项“大规模水光互补关键技术研究及示范”项目，填补了国内大规模水光互补关键技术的空白，达到国际领先水平；承担的青海省重大科技专项“百兆瓦级并网光伏电站关键技术研究”项目，优化了电站技术参数设计，设备选型和配置更加合理，提高了电站安全稳定运行水平和发电效率。完成智能光伏电站示范建设，在业界率先使用“互联网+光伏”模式，建成全球最大的智能光伏电站大数据应用中心。开展了新能源电站管控模式研究等8项软课题研究，《ERP系统在固定资产管理中的应用》获中电联企业管理创新二等奖，《综合能源企业财务集约化管理的探索与实践》等获得青海省企业管理创新一等奖1个、二等奖4个。年内建设的4家单位ERP系统按期完成，信息门户系统投运，加强了公司信息化顶层应用。

党群工作 把开展“三严三实”专题教育作为全面落实从严治党要求的重要举措，以上率下，作风建设取得了显著成效。贯彻省委要求，深入开展“弘扬企业精神、践行核心价值”主题教育活动，与安全生产、经营管理深度融合，推进企业健康发展。开展以“学习党规党纪、从严依法治企”为主题的反腐倡廉宣传教育月活动，通过组织集中学习教育、关爱提醒谈心、党纪法规考试等系列活动，筑牢党员干部拒腐防变思想道德防线。认真落实巡视整改工作，从严查处信访举报问题和违规违纪案件，深化风险防控和源头治理。开展“三重一大”决策制度执行和工程建设管理、物资管理、燃料管理等关键环节效能监察，严格监督落实整改。进一步完善干部选拔任用和考核评价制度，年内对所有中层干部和基层单位领导班子进行民主测评。从严落实“中央八项规定”，完成了党风廉政建设目标任务。积极宣贯集团公司“和”文化理念，促进企业文化融合升级。持续开展青年“号、手、岗、队”活动，充分发挥群团组织的价值导向作用。多渠道多媒体加强宣传，为企业发展创造了良好的内外部舆论环境。

履行社会责任 援建玉树的261座独立光伏供电工程年内全部投运，完成玉树无电地区电力建设任务，使18.5万农牧民告别无电历史，国家能源局为此致函国家电投表示感谢。年内落实国家电投援青工作对口支援资金500万元，主要用于贵南县塔秀乡塔秀村、巴塘新村高原美丽乡村建设项目，以及建设贵南县残疾人就业扶贫基地，购置残疾人托养服务中心配套设备等。注重环境保护，5月份在积石峡水电站水库放流35万尾1龄花斑裸鲤。

主要事件

1月6日，黄河水电公司荣获2014年全国职业病防治知识竞赛优胜单位奖。

1月8日，光伏产业技术公司获“青海省科技型企业”称号。

1月11日，黄河水电公司荣获青海省“2014年度工业经济运行先进企业”称号。

1月14日，新能源分公司承担的2011年度青海省经委科技项目“多晶硅生产四氯化硅循环利用产业化技术研究”和2013年度青海省经委科技项目“生产集成电路用高纯原生多晶硅的技术研究及工艺优化研究”，通过省经委会、西宁市经委和东川工业园区经发局组织的专家组验收。

2月11日，陕西省发展改革委授予太阳能电力公司陕西省“高技术产业和战略新兴产业重点企业”。

2月13日，在青海省安全生产委员会会议上，拉西瓦发电分公司、鑫业公司、新能源分公司荣获“青海省安全生产先进企业”称号。

2月，公伯峡发电分公司被中国电力企业联合会授予“AAAA级标准化良好行为企业”。

3月2日，黄河水电公司400MW切片项目一期200MW单晶切片工程，在西宁经济技术开发区东川工业园区开工建设。

3月16日，陇电分公司盐锅峡电站4号机完成72h试运行归调，标志着该机组增容改造工程竣工。通过技改，机组由44MW增容至51.2MW。

3月30日，黄河水电公司智能光伏电站建设成果新闻发布会在西宁召开。会上，黄河水电公司董事长谢小平作主题演讲；会场演示了远程监控与管理等内容；国务院参事、中国可再生能源学会理事长石定寰对新闻发布会给予了高度评价。

4月10日，大格勒风电场日发电量达100.478万kWh，刷新了该风电场日发电量的最高纪录。

4月21日，黄河水电公司组织专家召开光伏产业技术公司“碳净化炉设备优化改造研究”科研项目验收及成果鉴定会。专家委员会一致认为，该成果达到国内领先水平。

4月，太阳能电力公司西宁电池制造分厂团支部被中央企业团工委授予“中央企业五四红旗团支部”称号。

5月1日，新能源集成公司共和项目部荣获共青团中央、国家安全监管总局颁发的2014年度“全国青年安全生产示范岗”称号。

5月7日14时，中型水电公司尕垭口49.5MW风电项目14号风机正式启动。至此，该项目25台机组全部实现并网运行。

5月25日，黄河水电公司董事长谢小平与美国亮源能源公司董事长大卫·拉姆、上海电气亮源光热工程有限公司总经理毕成业，共同签署建设青海德令哈光热发电项目合资协议。依据协议，三方共同出资，建设德令哈光热发电一期2×135MW项目。

5月31日，黄河水电公司格尔木四期60MW并网光伏发电项目工程开工建设。

6月3日，在贵阳召开的2014年度全国大型水电厂（站）劳动竞赛暨经验交流会上，公伯峡发电分公司荣获“节能环保”专项竞赛先进单位称号。

6月4日，新能源分公司入围“2015年（首届）中国电子材料50强企业”。

6月23日，黄河水电公司申报的《综合能源企业财务集约化管理的探索与实践》获第三届青海省企业管理现代化创新成果一等奖，申报的《基于高效率低衰减低成本晶硅电池设计和新技术开发》《流域及大型水电建设项目科技档案分类创新研究及应用》《光伏电站生产运营标准化管理建设与应用》和《通过改造阳极结构提高电解铝降低阳极毛耗控制管理》获二等奖。

6月，鑫业公司申报的“一种监测和准确判断在线电解槽阴极内衬破的方法”，取得国家知识产权局发明专利证书。

7月10日，黄河水电公司荣获“2015青海企业50强”称号。

7月31日18时，青铜峡水电站2号技改机组完成72h试运行正式归调。技改后的机组额定功率由36MW增至42MW。

8月5日，黄河水电公司与华为技术有限公司共同成立的“智能光伏联合创新中心”揭牌。

9月1日，青海省企业信用协会印发《关于获得2015年“第二届青海企业信用建设示范单位”和“诚信建设优秀企业家”荣誉称号的通知》，黄河水电公司获“信用建设示范单位”称号。

9月8日，由西北网调牵头、中国电力科学院主导、龙羊峡水光互补光伏电站配合的“间歇式电源并网规划与随机全过程分析技术研究与开发”863课题试验项目，在龙羊峡水光互补光伏电站顺利完成。

9月12日，黄河水电公司共和县150MW、中型水电公司共和50MW并网光伏发电项目开工建设。

9月28日16时，黄河水电公司切吉石乃海49.5MW风电场33台风机全部并网发电。

10月20日，黄河水电公司与瑞典耶姆特风电有限责任公司草签了开发瑞典风电项目合资协议。新组建的合资公司将负责黄河水电公司在瑞典风电的投资、开发、运营等。

11月3日，白天赐风电场一期49.5MW首台风机（16号）并网发电。

11月4日，在举办的“2015中国（无锡）国际光伏产品检测认证及标准技术论坛”上，太阳能电力公司组件通过首批光伏“领跑者”认证。

11月20日，黄河水电公司承担的青海玉树州无电地区电力建设供电工程独立光伏电站项目最后一座电站——囊谦县桑麦尼姑寺40kW电站完成送电调试，具备试运行条件。黄河水电公司作为援建单位，历经600多天建设，建设独立光伏电站261座，总容量9940kW，使玉树州一市四县18.5万人告别了无电历史。

11月23日，白天赐风电一期第一回路17台1.5MW风机全部并网发电。

12月6日16时58分，甘肃新能源发电公司会宁丁家沟风电场首批3台机组一次启动并网成功，标志着会宁丁家沟风电场机组并网带电。

12月11日，白天赐风电场一期49.5MW工程29台风机全部实现并网发电。

12月11日，青海省委书记骆惠宁，青海省副省长王黎明，在黄河水电公司董事长谢小平等陪同下，到太阳能西宁分公司200MW切片项目考察调研，并赞扬黄河水电公司走生态光伏、产业一体化协同发展的道路。

12月14日，黄河水电公司工会被中华全国总工会授予全国“模范职工之家”称号。

12月24日11时45分，格尔木四期60MW并网光伏发电项目西区10MW 1号子阵1号逆变器首台并网发电。

12月30日19时09分，世界海拔最高的超超临界西宁火电项目1号机组顺利通过168h试运行。

12月31日18时02分，西宁火电项目2号机组首次并网一次成功。

12月31日，由新能源集成公司承担建设的黄河水电公司共和150MW、中型公司50MW光伏电站首台逆变器并网发电。

12月31日，格尔木东出口110kV盛鑫变电站及格尔木四期南区50MW光伏电站并网发电。

2015年，黄河水电公司新增电力装机容量200.8万kW（其中火电132万kW，风电19.8万kW，光伏发电49万kW），是“十二五”期间投产规模最多的一年。

（许为宁）

中国长江三峡集团公司

【公司概况】 为建设三峡、开发长江，经中国国务院批准，中国长江三峡工程开发总公司于1993年9月27日成立。2009年9月27日，更名为中国长江三峡集团公司（简称中国三峡集团）。经过20多年的持续快速发展，中国三峡集团已经成为中国最大的清洁能源集团和世界上最大的水电开发企业。

中国三峡集团战略定位是以大型水电开发与运营为主的清洁能源集团，主营业务包括大型水电开发、风电太阳能等新能源开发、海外清洁能源开发、电力生产以及相关专业技术服务、水资源综合开发与利用等，目前致力于打造国际一流清洁能源集团。根据国家授权，中国三峡集团全面负责三峡工程的建设和经营，滚动开发金沙江下游的溪洛渡、向家坝、乌东德、白鹤滩四座巨型水电站。

截至2015年底，中国三峡集团可控装机容量5954.5万kW，其中水电装机占国内水电总装机容量的15.8%；集团资产总额5633.7亿元，资产负债率45.1%。2015年全年实现发电量2009.8亿kWh，营业收入635.2亿元，利润总额344.7亿元。全年利润总额、归属母公司净利润、成本费用利润率、全员劳动生产率、人均利润、人均上缴国家利税等指标在央企名列前茅。

中国三峡集团拥有中国三峡建设管理公司、中国长江电力股份有限公司（集团控股上市公司）、三峡国际能源投资集团有限公司、中国三峡新能源公司、湖北能源集团股份有限公司（集团控股上市公司）、中国水利水电对外公司、三峡资本控股有限责任公司等全资和控股子公司。

【领导班子】

（1）2015年中国三峡集团董事会：

董事长：卢纯

董事：王琳

外部董事：王志森、师金泉、李新华、吴晓根

职工董事：姚元军

（2）2015年中国三峡集团领导班子：

董事长、党组书记：卢纯

董事、总经理、党组副书记：王琳

党组副书记、副总经理：林初学

党组成员、副总经理：毕亚雄
党组成员、副总经理：樊启祥
党组成员、副总经理：沙先华
党组成员、副总经理：张诚
党组成员、总会计师：杨亚
党组成员、纪检组长：龙飞

【组织机构】 2010 年，中国三峡集团设立董事会，并建立规范董事会制度。2012 年，国务院派驻监事会进驻中国三峡集团。在内部组织机构方面，中国三峡集团设有投资论证委员会、招标采购委员会、预算委员会、科学技术委员会、安全生产委员会、考核委员会等 6 个专业委员会；设有办公厅（党组办公室）、战略规划部（董事会与监事会办公室）、计划发展部、资产财务部、人力资源部、科技管理部（总师办公室）、环境保护部、质量安全部、企业管理部、法律事务部、市场营销部、审计部、党群工作部（工会工作部、直属党委办公室）、纪检监察部（党组纪检组办公室、巡视工作领导小组办公室）、宣传与品牌部、国际事务部、信息中心、招标采购管理中心等 18 个职能部门；设有三峡枢纽建设运行管理局、移民工作局等 2 个特设机构；设有机电工程局、三峡发展研究院等 2 个直属机构；设有西藏分公司、福建分公司 2 个分公司；共有 24 家全资和控股子公司、2 家控股上市公司。

【体制改革】 按照总体偏战略型管控模式调整总部管控方式，明确总部作为战略规划中心、重大投融资决策中心、资源协调配置中心、风险管控中心和支持服务中心的职能定位，制定出台总部“三定”方案，优化总部机构设置和人员配备，实现总部职能全覆盖。全面修订绩效考核制度和领导班子综合考核评价办法，科学设置考核分类和指标体系，完善计分规则，加大考核结果应用，考核的导向作用进一步发挥。

推进业务板块整合，组建成立建设管理公司、三峡国际公司、资本控股公司、三峡出版传媒公司、资产管理中心，初步实现资源的优化配置和集约利用。如期完成三峡新能源公司体制改造，为股改上市创造条件。

【节能减排】 中国三峡集团紧跟国家能源发展战略，加大水电、风电、太阳能等清洁能源的开发利用，坚持将风电、太阳能等新能源业务作为第二主业进行打造，加大优质资源获取力度，积极探索风、光、水、蓄互补的多种开发模式，为社会提供更多的清洁能源。

2015 年，中国三峡集团清洁能源发电量 2000.1 亿 kWh，相当于减排二氧化碳 1.6 亿 t，相当于种植阔叶林 44.9 万 hm^2。

签署 CDM（清洁发展机制）合同 86 个；注册 8 个 VCS（自愿碳减排）项目，完成 140 万 t CER 交割；新增 CCER（中国温室气体自愿减排）项目备案 18 个，新增减排量备案 5 个，75 万 t CCER 减排量在国家发展和改革委员会签发备案；成功交易商都二期、调兵山二期、化德二至八期等约 28 万 t CCER 减排量。

中国三峡集团注重加强水资源保护，不断提高水资源的利用水平，致力于实现水资源的最大化利用。通过梯级电站联合优化调度和中小洪水资源化利用，精益运行，挖掘水能潜力。2015 年，随着溪洛渡、向家坝电站的投产，三峡—葛洲坝、溪洛渡—向家坝“四库联调”局面初步形成。在来水偏少的不利局面下，中国三峡集团统筹安排机组检修和水库蓄水，实现最大限度优化利用来水资源。三峡电站实现全年无弃水，水能利用率达到 100%，真正做到了“未弃一方水”。

【科技创新】 中国三峡集团推进建设以上海勘测设计研究院有限公司为主的海上风电等新能源科创研发平台；协助南京河海科技有限公司完成水资源高效利用与工程安全国家工程研究中心评价工作。

2015 年 12 月 3 日，世界工程组织联合会（WFEO）授予中国三峡集团陆佑楣院士工程成就奖，陆佑楣院士是该奖项设立 27 年以来中国大陆第一个获奖的工程师。2015 年，中国三峡集团博士后工作站在全国 2079 个博士后工作站综合评估中位居第 22 位，获“全国优秀博士后科研工作站”荣誉称号。2015 年，中国三峡集团共承担国家 863、973 科技支撑计划以及国家海洋局专项等省级以上科技项目 18 项，获得国家科技进步二等奖 3 项，省部级科技进步奖 15 项。中国三峡集团积极挖掘科技创新成果和知识产权成果，2015 年度授权专利 350 项，其中发明专利 70 余项，登记软件著作权 32 项，是 2014 年度的 2 倍。

中国三峡集团江苏响水 20 万 kW 近海风电项目首批机组建成投运，成为中国首个建成投运的近海风电项目，填补中国多项海上风电技术空白。2015 年，中国三峡集团申报的国家海洋可再生能源专项资金项目——浙江舟山潮流能示范工程项目得到国家海洋局批准。溪洛渡工程建设中应用的“300m 级溪洛渡拱坝智能化建设关键技术”荣获 2015 年国家科技进步二等奖，解决了拱坝在设计、实施、初期运行阶段的关键技术问题，开创了智能高拱坝建设之先河。

【信息化建设】 2015 年，TGPMS 在中国三峡集团流域梯级水电工程开发建设中持续创新不断深化应用，并推广到集团外 60 多个大型工程建设项目，管理的工程投资额达1.5万亿元，成为中国工程建设信息化领域的标杆。自主研发的移民管理信息系统在溪洛渡、向家坝两座水电站全面应用，并推广到乌东德、白鹤滩及海外卡洛特项目，开创了国内外移民管理信息化成功范例。新一代电力生产管理系统（ePMS）延伸到向家坝、溪洛渡、成都调控中心，满足了集团跨区域大型电站群的电力生产管理需要。长江电力于2015年顺利通过两化融合管理体系外部评审并取得工信部颁发的证书，成为全国200家首批“两化融合管理体系”达标企业之一，被国资委评为央企信息化示范工程。信息化覆盖所有新能源业务，建成多地域、多项目集群管理平台。

国际业务信息化取得突破，自主研发的工程建设、电力生产、移民管理等信息系统在老挝南立1-2和南椰2电站、巴基斯坦卡洛特项目上线应用，成为中国水电“走出去”新名片。财务、人力资源、办公自动化、视频会议系统等系统快速延伸应用，开发建设计划统计系统、电子招投标采购平台、审计管理信息系统、电能营销系统、安全生产管理与应急指挥系统、视频监控集成平台、综合运营监控系统投入运行，网络平台建设紧跟业务发展，实现了主要业务范围全覆盖，基于云计算基础架构的北京、成都、宜昌三地数据中心已基本形成。中国三峡集团共取得软件著作权证书100多项，信息化自主创新能力不断增强。

【国际业务】 国际业务紧紧围绕“一带一路”战略，初步完成在“三大市场”的业务布局。中国三峡集团主要领导先后7次在中外领导人见证下签署重大项目和合作协议9项，为国际业务发展储备了丰富资源。

中标巴西朱比亚和伊利亚两电站（500万kW）30年特许经营权，三峡巴西公司成为巴西第二大私营发电企业。

建成几内亚凯乐塔、老挝南椰2、马来西亚沐若等一批在当地具有重大影响的项目，开工建设巴基斯坦卡洛特、巴风二期等项目，获得科哈拉等一批项目开发权，为“一带一路”和“中巴经济走廊”建设做出重要贡献。

加强对葡电股权管理，连续5年获得良好预期收益；加强同葡电公司合作，联合开发英国海上风电，进入全球领先的海上风电市场。承办2015年世界水电大会，增强了在全球水电领域的影响力。

【党建工作】 贯彻习近平总书记系列重要讲话精神，落实“两个责任”和“一岗双责”，加强党的建设、党组班子建设、“三严三实”专题教育，履行“两个责任”，落实“三项整改”等工作。

坚持以上率下、示范带动，高质量开展专题党课、学习研讨、民主生活会和组织生活会，增强了党内组织生活的政治性和严肃性。坚持边学边查边改、立行立改，深入查找、及时整改“不严不实”问题，提高了践行“三严三实”的思想自觉和行动自觉。加强基层党组织建设，首次召开组织工作会议，举办党建工作培训班，及时在新成立单位设立党组织，基本完成总部机关党支部换届选举，夯实了党建工作基础。严格落实党管人才方针，完善干部监督管理机制，调整党组管理干部123人次。

按照“一个中心、四个着力”的要求，对8家单位开展常规巡视，对21家单位进行专项巡查，严肃查处一批违纪违法案件，营造了风清气正心齐的政治生态和干事创业环境。

学习贯彻《准则》和《条例》，完善反腐倡廉制度体系，开展廉洁风险防控，提高广大党员干部廉洁自律意识。建立履行“两个责任”专题约谈机制，落实党建工作和党风廉政建设责任制。

【中国长江电力股份有限公司】

公司概况 中国长江电力股份有限公司（简称长江电力）是经国务院批准，由中国长江三峡集团公司作为主发起人，联合华能国际电力股份有限公司、中国核工业集团公司、中国石油天然气集团公司、中国葛洲坝水利水电工程集团有限公司和长江水利委员会长江勘测规划设计研究院等五家企业以发起方式设立的股份有限公司。

长江电力创立于2002年9月29日，2003年11月在上交所IPO挂牌上市，发行股份23.26亿股，发行价4.30元/股，股票代码600900。目前长江电力的股权结构为：总股本220亿股，中国三峡集团持股占61.92%，云南能投持股占4%，四川能投持股占4%，中核集团持股占1.19%，华能国际持股占1.17%，中国石油持股占0.93%，其他投资者持股占26.79%。

长江电力是中国三峡集团控股的上市公司，主要从事水力发电业务，现拥有三峡、葛洲坝、溪洛渡和向家坝四座电站的全部发电资产，运行管理的水电装机容量达4553.7万kW，年发电能力约1900亿kWh，是中国目前最大的水电上市公司。

组织机构 长江电力目前设有董事会办公室、总经理工作部、战略投资部、生产技术部、财务部、市场营销部、企业管理部（审计部、法律事务办公室）、经营管理部、党群工作部、人力资源部、安全监察部、纪检监察部（纪委办公室）、信息化工作部等13个部门；三峡水力发电厂、葛洲坝水力发电厂、溪洛渡水力发电厂、向家坝水力发电厂、检修厂、三峡水利枢纽梯级调度通信中心、乌东德和白鹤滩电力生产筹备组、技术研究中心等8家生产单位；北京长电创新投资管理有限公司、中国三峡国际电力运营有限公司［中国长电国际（香港）有限公司］、成都分公司、长江三峡实业有限公司、长江三峡水电工程有限公司、三峡电能有限公司、三峡金沙江川云水电开发有限公司、三峡高科信息技术有限责任公司等 8 家子企业。

人员组成 长江电力员工总数为 6165 人，其中本部机关、挂靠派出机构和电力生产单位等共有在岗员工 3624 人；长江三峡实业有限公司、长江三峡水电工程有限公司、三峡高科信息技术有限责任公司和三峡电能有限公司等四家子企业共有员工 2541 人。在岗员工平均年龄 38 岁，本科及以上学历 3533 人，约占 57.31%；中共党员 2469 人，约占 40.05%；女员工 1804 人，约占 29.26%。

（乔仁贵　严　艺）

神华集团有限责任公司

【公司概况】 神华集团有限责任公司（简称神华集团）是于 1995 年 10 月经国务院批准设立的国有独资公司，属中央直管国有重要骨干企业，是以煤为基础，集电力、铁路、港口、航运、煤制油与煤化工为一体，产运销一条龙经营的特大型能源企业，是目前中国规模最大、现代化程度最高的煤炭企业和世界上最大的煤炭供应商。主要经营国务院授权范围内的国有资产，开发煤炭等资源性产品，进行电力、热力、港口、铁路、航运、煤制油、煤化工等行业领域的投资、管理；规划、组织、协调、管理神华集团所属企业在上述行业领域内的生产经营活动。总部设在北京。由神华集团独家发起成立的中国神华能源股份有限公司分别在香港、上海上市。神华集团在 2015 年度《财富》全球 500 强企业中排名第 196 位。

截至 2015 年底，神华集团共有全资和控股子公司 21 家，投入生产的煤矿 54 个，投运电厂总装机容量 7851 万 kW，拥有 2155km 的自营铁路、2.7 亿 t 吞吐能力的港口和煤码头以及拥有船舶 40 艘的航运公司，总资产 9314 亿元，在册员工 20.8 万人。

2015 年，神华集团围绕“1245”清洁能源发展战略（“1”即瞄准“一个目标”，创建世界一流清洁能源供应商；“2”即抓好“两个转变”，转变发展理念，转变发展方式；“4”即推进“四个发展”，安全发展、转型发展、创新发展、和谐发展；“5”即实现“五个提高”，提高企业的发展质量和效益，提高企业管理水平，提高国际化能力，提高企业软实力，提高履行社会责任的能力），生产经营取得了难能可贵的成绩。完成自产商品煤量 4.01 亿 t、煤炭销量 4.85 亿 t、发电量 3171 亿 kWh、自营铁路运量 3.64 亿 t、主要油品化工品 807 万 t、港口吞吐量 1.76 亿 t，货运装船量 6787 万 t，实现营业收入 2364 亿元、利润总额 318 亿元。国有资本保值增值率处于行业优秀水平，企业经济贡献率连续多年居全国煤炭行业第一，年利润总额在中央直管企业中名列前茅，安全生产多年来保持世界先进水平。

【领导班子】

党组书记、董事长：张玉卓

党组成员、副董事长、总经理：凌文

党组副书记、副总经理、总裁、总信息师：韩建国

党组成员、副总经理、高级副总裁、总法律顾问：李东

党组成员、党组纪检组组长、直属党委书记：卞宝驰

副总经理、高级副总裁：王金力

【组织机构】 见 2015 年神华集团组织机构图。

【企业管理】 2015 年，神华集团不断优化“五型企业”建设体系，与清洁能源发展战略对接，全面发挥绩效考评的引领作用。完成《关于集团公司经济增加值有关情况的分析报告》。对神华集团及重点子分公司在生产运营、价值创造管理方面存在的问题进行系统分析，对全面提升整体价值创造能力提出解决方案。完成《关于神华蒙西煤化公司煤炭成本管控情况的调研报告》，对该公司成本管理的先进做法和主要成效进行了分析。组织子分公司推出一系列成本控制案例，并在全集团推广交流。跟进国资改革进程，把握企业改革机遇，提升管控治理和运营保障水平，提出集团管控模式变革路径等相关建议。按照国资委 95 号文等最新文件精神，调整完善神华集团产权转让办法。统筹盘活存量股权，在改革提效、减员分流、压缩成本、关停并转和处置低效无效资产等方面实施了一系列应对举措。

神华集团制度管理工作继续向“系统完备、科学规范、运行有效”的目标深入推进，2015 年，神华集团对总部现行的 785 项制度进行全面梳理，确保各类规范性文件在管理要求上的一致性。各领域制度日趋完善，有力支撑生产运营；制度全生命周期在线管理

得到推广，业务流程更加规范。制度管理系统人员账户大幅增长，超过 10 万个；制度数据超过 4.5 万项；点击量 330 多万次，制度浏览超过 22 万次，启动业务流程 3.8 万多次。

2015 年，各级单位新增、修订入库制度共计 9886 项。其中，总部 110 项、二级单位 2390 项，三级及以下单位 7386 项。全集团依托制度管理系统开展制度培训 1397 次，制度执行检查 611 次。

【业务重组与改革改制】 跟进国资改革进程，把握企业改革机遇，提升管控治理和运营保障水平，提出集团管控模式变革路径等相关建议。

(1) 统筹盘活存量股权，资产经营成果显著。2015 年按照国资委 95 号文等最新文件精神，调整完善神华集团产权转让办法。在交易组织方面，与总部相关职能部门密切协同，建立了全面的法律审核制度，制定妥善的障碍性问题解决方案；建立了评估结果二次复核制度，为交易定价提供可靠基础；依托国有股权交易平台的价值发现功能，广泛征集意向受让方；对于大额度股权交易，加强转让合同管理，签订担保协议，严格按照国资委要求的分期方式回收款项及延期利息。

(2) 全面做好重点亏损企业减亏脱困管理支持。立足亏损企业实际，协同总部相关职能部门着力在改革提效、减员分流、压缩成本、关停并转和处置低效无效资产等方面实施了一系列应对举措，牵头制定并推动落实《支持乌海能源公司减亏脱困框架性意见》《支持乌海能源公司减亏脱困工作举措》。加强与国资委相关司局的沟通汇报，争取减亏脱困政策支持。

【人力资源管理】 2015 年，神华集团对办公厅、董事会办公室等 11 个部门进行了整合调整，整合后总部部门减少 6 个，处室减少 6 个，减少编制 38 人，减少人员 7 人，总部部门精简到 28 个；推进 18 家子分公司总部机构编制的规范管理，通过批复“三定”方案，明确了部分子分公司总部职能部门、人员编制及部门负责人职数，进一步“倒逼”子分公司精简总部中层人员和管理人员，减少机构设置，减少劳动用工 11 495 人，其中合同工减少 3764 人，劳务工减少 7731 人。截至 2015 年年底，神华集团中层以上领导人员共 438 人，其中女干部 28 人，占 6.39%；领导班子 6 人（党组成员 5 人）；其他领导 8 人，包括工会主席 1 人、股份高管 6 人、总助 1 人；中层领导人员 424 人，其中正职级 119 人、副职级 305 人。中层领导人员按归属分，总部 86 人，二级单位 338 人。大学本科及以上学历人员比例增长到 26.68%。2015 年末比 2013 年末增加研究生及以上人员 466 人，大学本科 5874 人；具备专业技术职务任职资格的有 6.04 万人，其中，正高级 344 人，副高级 6926 人，中级 17 616 人，初级 35 548 人，副高级及以上职称占 12%。选送 22 位神华集团领导和中层主要领导干部参加了中组部“一校五院”的调训；开展了 2 期“党委书记培训班”和 4 期“专项巡视动员培训班”；举办了 2 期“高级经理人培训班”，完成了集团中层副职的第一轮轮训；组织了 3 期“中青年干部培训班”和 1 期“子分公司生产单位负责人经营管理知识培训班”等重点培训项目；协同总部业务部门举办了近 40 个各类业务培训班，全年共有近 3000 位管理人员参加了培训。

【安全生产】 2015 年，神华集团贯彻落实习近平总书记、李克强总理等中央领导同志的重要指示批示，召开安全生产专题视频会议，制定下发了《神华集团深入开展安全生产大检查工作方案》（神华安〔2015〕502 号），成立 4 个督导组，由集团领导分别带队，分三个阶段全面开展安全生产大检查。安全大检查期间，神华集团共成立检查组 264 个，出动检查人员 3800 多人（次）。全年共成立 49 个督查组，分别开展了煤矿“一通三防”与水害防治、煤化工企业危险品储运、电力设备装置、路港防洪等专项检查 69 次。先后 30 余次采取“四不两直”（不发通知、不打招呼、不听汇报、不用陪同接待、直奔基层、直插现场）等方式突击检查安全生产工作。各子分公司共组织召开安全生产专题会议 875 次，其中安委会会议 195 次、安全视频会议 390 次。

全年电力业务没有发生人身伤亡事故和重大设备损坏事故，没有发生重大环境污染事件。针对新机投产高峰期即将到来的实际情况，为规范生产准备工作，确保基建与生产平稳过渡，开展生产准备专项检查；强化非停系统分析，通过设备治理，台均非停次数连续三年下降。全年 10 万 kW 及以上机组累计发生非停 50 次，台均非停 0.33 次，同比下降 0.02 次；全年等效可用系数 94.13%，同比提高 0.43 个百分点；等效强迫停运率为 0.31%，同比升高 0.1 个百分点。2015 年度共有 3 台机组实现了全年连续运行，分别是准格尔 2 号机组、锦界 4 号机组、定州 3 号机组，还有多台机组创连续运行较长纪录。

【生产经营】 神华集团的电力产业是煤炭产业链的延伸，是神华一体化模式的重要组成部分。依托神华集团煤电路港航一体化资源优势，建设一批高效率、高参数、大容量的火力发电项目。在注重火力发电的同时，发展新能源产业，形成了“六大区域、九大基地”的风电开发建设格局。主营发电业务的分公司有国华电力公司、神华国能（神东电力）集团、神皖能

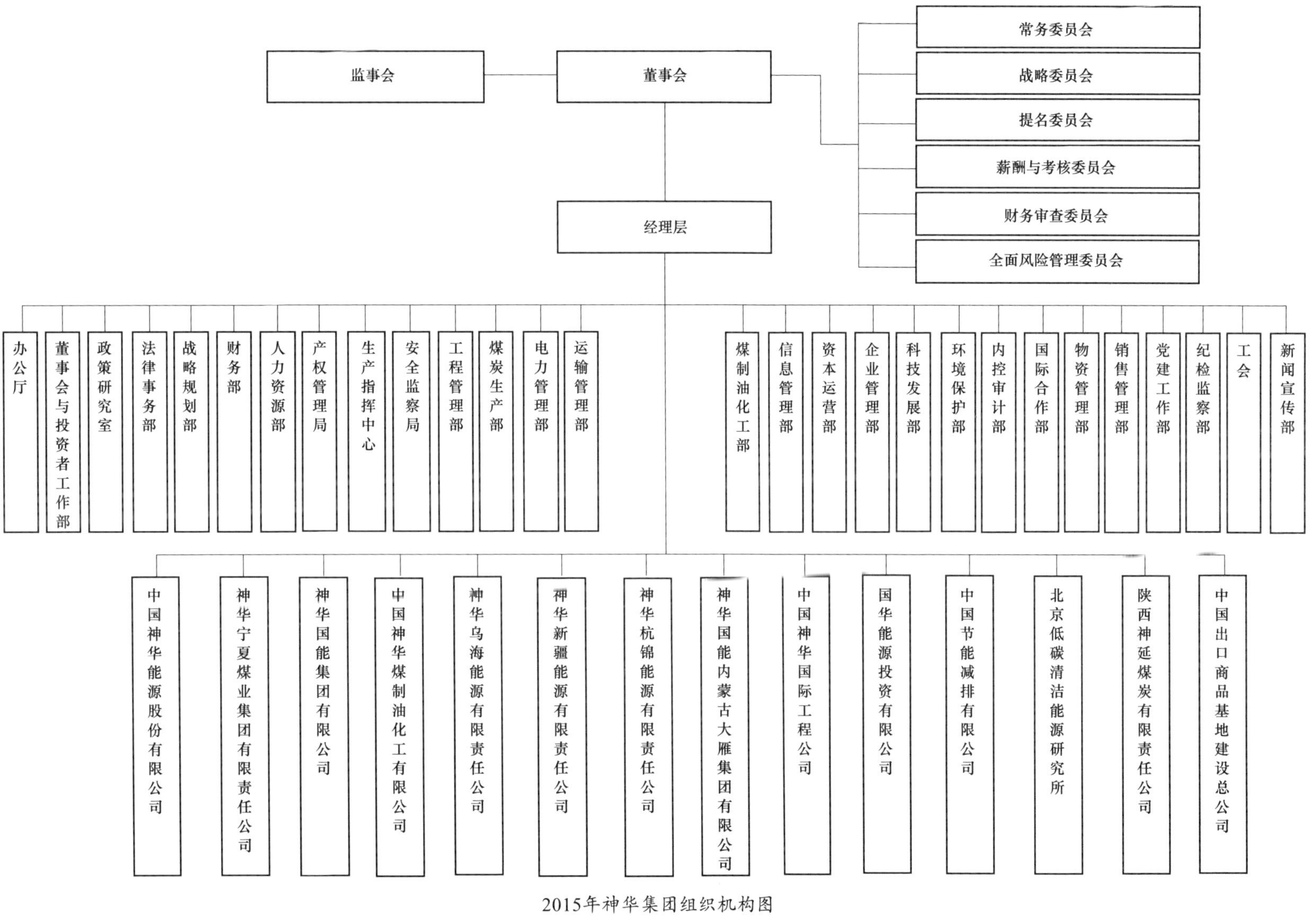

2015年神华集团组织机构图

源有限责任公司、神华福建能源有限责任公司、神华四川能源有限公司、国华能源投资有限公司，另外，神宁煤业集团、煤制油化工公司、准能集团、乌海能源公司、胜利能源公司、国节能公司、神华大雁集团有各自的坑口电站或自备电厂。

截至2015年底，神华集团投运发电设备装机容量达到7851万kW，火电总装机容量7230万kW。公用火电厂53家，公用火电机组163台，其中燃煤机组113台，煤矸石机组42台，燃机2台，低浓度瓦斯机组6台；自备火电厂11家。全集团可再生能源装机容量621万kW，其中风电厂52个，总装机容量591万kW；光伏电站8个，总装机容量18万kW；水电站5个，总装机容量12.5万kW。已达到近零或超低排放的机组共计45台2401万kW，占神华集团煤电装机容量的33.92%。全年累计发电3151亿kWh，同比减少2.7%；发电机组全年平均利用小时为4301h，同比下降611h，火电利用小时4516h，同比下降669h；火电机组供电煤耗为318.24g/kWh，同比下降4.16g/kWh；发电厂用电率6.31%，同比下降0.11个百分点；10万kW以上火电机组等效可用系数94.09%，同比增加0.38个百分点。

【科技创新】 2015年，神华集团批复科技项目123项，全年科技投入金额59.8亿元，研发投入金额27.3亿元。主要围绕重大采掘装备研制、煤炭绿色开采、燃煤电厂超低排放、CFB机组高效燃烧、重载铁路关键技术与核心装备研制等领域开展重大技术攻关。截至2015年底，神华集团承担的各类国家级科研项目/课题24项，居中国煤炭行业首位，获得2.24亿元国家经费支持。神华集团共设办研发机构14家，包括国家级研发机构3家，国家级企业技术中心1家、省级企业技术中心3家，神华集团直属科技创新机构3家，二级公司企业技术中心4家。神华集团拥有3个院士工作站、8个企业博士后科研工作站。神华集团“煤炭开采水资源保护与利用”国家重点实验室成为整个煤炭行业仅有的8个国家级重点实验室之一。神华集团完成专利申请超过1030件，其中发明专利申请超350件。全年获专利授权超830件，其中发明专利授权超250件，发明专利授权量比2014年增长46%，专利质量进步明显。神华集团“一种矿井地下水的分布式利用方法”发明专利获得中国第十七届专利金奖，这是该奖设立26年以来，煤炭行业获得的第三个专利金奖。

【国际业务】 2015年，神华集团贯彻国资委监事会境外国有资产检查意见，落实集团整改方案，因公出访审批严格照章办事，敢于堵住无实质内容的团组，出国团组数、人数、费用连续三年下降，杜绝了一般性出国考察，出访成效显著提高。在清洁发展方面，与塔州水电、通用电气（阿尔斯通）、美国久益等公司交流合作，组织接待美国泰拉能源、德国MANZ公司和以色列OSR公司等潜在技术合作伙伴的来访；推动中美清洁能源交流，组织接待美国国会代表团和美国能源部相关人员来访等活动，促进煤炭清洁利用的国际交流。在务实合作方面，大力开展招商引资与三菱商事、LG集团等多家日、韩能源类企业进行了广泛接触，推销神华自主煤电超低排放技术，探讨清洁煤炭技术合作及合作开发第三方市场等事宜；接待吉尔吉斯政府代表团，探讨投资当地煤电路一体化项目；跟踪在印尼、蒙、俄、澳等国的项目合作进展，并多次接待上述几国高访团组。在中外人员交流方面，参与和推动与美国哈佛大学、西弗吉尼亚大学、澳大利亚莫纳什大学等著名学府以及通用电气等国际知名企业就交流培训事宜进行沟通洽谈，促成神华管理学院与GE克劳顿管理学院的交流。在外宣方面，继续积极利用世界煤炭协会、国际能源署所属煤炭工业咨询委员会等多边平台和中外交流双边渠道，大力宣传神华清洁绿色发展的良好形象。

截至2015年底，神华集团在澳大利亚塔州投运风电装机容量33.8万kW；印尼投运火电装机容量30万kW，在建火电装机容量270万kW。

【信息化建设】 2015年，神华集团统筹建设统一、集中的经营管理信息系统，在此基础上向数据分析、生产控制等方向拓展，坚持价值导向，促进企业变革，拥抱“互联网+”时代。信息化建设从过去几年的全面建设期转入持续的深化应用期。业务系统建设在广度深度上继续扩展，以关联交易协同为重点提升领域，并在数字矿山、数字电力、数字铁路等领域以价值为导向加快建设步伐。同时利用大数据、云计算、移动技术等新兴技术，深挖数据的价值，在经济新常态下，支撑传统的业务模式的创新变革。完成数字神华及“十三五”信息化规划工作，全面提升信息安全水平、完善信息化管控体系，取得了显著成效。加强统建系统使用水平评价工作，扩大评价范围，有效监督和促进业务系统在子分公司的顺利推广应用，有效提升集团集中管控能力。以互联网的模式推进统一防病毒安全管理系统项目的建设，全集团统一防病毒软件安装总数已超过6.6万台，整体部署率大于86%，呈稳步上升趋势，通过该系统建设为全集团信息化建设提供大量宝贵数据并大幅提升了整体安全水平。

2015年，神华集团信息安全保障工程项目正式启动，作为国资委信息安全整体规划的示范工程，项目将完成互联网出口整合、数据中心网络安全防护体系实施、外部信息安全支撑体系建设、工业控制安全可研、安全开发体系建设等内容，该项目的实施，将助推神华集团信息安全再上新台阶。

【节能减排】 2015年，神华集团紧紧围绕年度《神华集团公司节能环保共同行动方案》主线，注重挖掘在线监控平台管理潜力，加快实施节能环保重点工程，治理10项重大环境安全隐患，组织开展万家企业节能攻关和温室气体减排，单位产品能耗和污染物排放降幅高于计划目标，超额完成“十二五”考核任务，全年未发生较大及以上环境安全事件。

制订年度节能环保专项工作计划，分别批复节能环保重点工程76项和88项、专项资金65亿元和20亿元。编制完成“十三五”节能环保规划初稿，包括节能降耗、环境保护、产业发展和碳排放管理4大篇章，制定了子（分）公司目标任务和重点工程。编制绿色发电节能环保升级改造行动计划，加快实施煤电机组节能环保升级改造，到2020年供电煤耗力争达到295g/kWh（标准煤），全面实现大气污染物超低排放。完成环保部年度减排考核任务各项主要污染物总量减排目标，通过国家环境保护部的年度考核；完成国资委“十二五”考核指标的年度控制任务和国资委对神华集团“第四任期”考核指标的年度控制任务；完成发展改革委“万千企业节能低碳行动”节能量考核指标总量的146%，节能量累计完成663.5万吨标准煤。

电力业务“超低排放”机组已在神华国华分公司三河电厂、舟山电厂、定州电厂、惠州电厂和大港电厂投入运行。舟山电厂4号机是我国第一个“超低排放”新建机组。三河电厂1号机组是京津冀首台达到燃气机组排放标准的“超低排放”燃煤机组，被国家能源局授予“国家煤电节能减排示范电站”称号。截至2015年底，神华集团超低排放燃煤发电机组达45台，占燃煤机组总容量的1/3。神华“超低排放”技术在长三角、京津冀、珠三角等国家三大区域经济圈均取得成功应用，对神华火电清洁发展、煤炭清洁高效利用具有里程碑意义。

【党建工作】 围绕深入贯彻落实党的十八大和十八届三中、四中、五中全会精神及习近平总书记系列重要讲话精神，以进一步深化“四风”整治、巩固和拓展党的群众路线教育实践活动为抓手，开展“三严三实”专题教育，坚持党要管党、从严治党，夯实基础，落实责任，完善机制，发挥党的政治优势，为推动集团改革发展提供了坚强的政治保障。按照统一部署、梯次展开、压茬进行、立体督导的方式，分两批开展教育实践活动。深入查摆问题召开高质量的民主生活会，开展“三严三实”专题教育，加强党的基层组织建设，完善集团直属党委的办事机构，充实直属党委办公室工作力量，进一步强化了神华集团总部及在京企业党组织和党员管理。进一步加强企业文化和精神文明建设，组织开展了《神华故事》征集出版活动，推动神华文化理念人格化、具体化。加强党建基础理论研究和党的制度建设，与中组部党建研究所联合开展“新常态下如何正确处理加强企业党的建设与完善公司法人治理结构的关系、建设中国特色社会主义合格市场主体与追求企业利润最大化的关系”课题研究。按照国资委党委要求，加强党员发展教育管理，开展贯彻实施《中国共产党发展党员工作细则》情况调研，规范并纠正发展党员过程中6个方面的突出问题。开展团青工作，以党组领导讲团课、团干部培训、团干部学习研讨等方式，学习贯彻中央党的群团工作会议精神。

【神华国华电力公司】

企业概况 神华国华电力公司是北京国华电力有限责任公司和中国神华能源股份有限公司国华电力分公司的统称。北京国华电力有限责任公司成立于1999年3月，是神华集团以火力发电为主营业务的全资子公司，2005年2月，按照神华集团资产上市方案，将北京国华电力有限责任公司部分资产注入上市公司，并设立了中国神华能源股份有限公司国华电力分公司。

神华国华电力公司目前主要业务范围是：电力项目投资、开发及经营管理；发电、供热及其副产品的生产和销售；新能源项目的开发、生产及经营管理；电力、能源项目咨询；能源与环保技术开发、技术转让、技术咨询、技术服务等内容。

神华国华电力公司依托神华集团“煤、电、路、港、航”一体化的资源优势，按照“点、线、面”相结合的方针策略，重点在坑口、港口、路口和负荷中心建设了一批高效率、高参数、大容量火电机组，国内资产主要分布在北京、天津、河北、内蒙古、辽宁、陕西、宁夏、河南、湖南、山东、江苏、浙江、江西、广东、广西15个省、直辖市、自治区。境外投资项目分布在印度尼西亚。

截至2015年底，神华国华电力公司拥有21家发电单位、9家已核准建设单位，管控资产总额1597亿元，运营装机容量3554万kW。2015年完成发电量1676亿kWh，利润总额151.1亿元，供电煤耗308.5g/kWh，发电设备等效可用系数95.18%。其中，供电煤耗、发电设备等效可用系数均创公司历史最好水平。神华国华电力公司从1999年3月成立到2015年12月底，累计发电量1.57万亿kWh，累计实现利润1084亿元。

领导班子 中国神华能源股份有限公司总裁助理，北京国华电力有限责任公司董事长，中国神华能源股份有限公司国华电力分公司总经理，北京国华电

力有限责任公司党委副书记：肖创英

北京国华电力有限责任公司党委书记、副总经理，中国神华能源股份有限公司国华电力分公司副总经理：夏利

北京国华电力有限责任公司、中国神华能源股份有限公司国华电力分公司副总经理兼财务总监，党委委员：许山成

北京国华电力有限责任公司党委副书记、纪委书记，北京国华电力有限责任公司、中国神华能源股份有限公司国华电力分公司工会主席：赵世斌

中国神华能源股份有限公司国华电力分公司总工程师、总信息师，党委委员：陈寅彪

中国神华能源股份有限公司国华电力分公司副总经理、总法律顾问，党委委员：耿育

中国神华能源股份有限公司国华电力分公司副总经理，党委委员：陈杭君

中国神华能源股份有限公司国华电力分公司副总经理、新闻发言人：许定峰

中国神华能源股份有限公司国华电力分公司总经理助理：金强

组织机构 2015年底，神华国华电力公司本部设有16个部门，分别是总经理工作部、党建工作部（工会办公室、离退休办公室）、法律事务部、内部控制部、战略发展部、人力资源部（社会保险办公室）、生产技术部（调度室）、节能环保部、安健环监察部（电力安全监察中心）、纪检监察部、财务产权部（国华国际财务部）、经营管理部、工程建设部、基建项目部、科技信息部、国际合作部。

主要工作 2015年，神华国华电力公司全年发电1676亿kWh，实现利润151.1亿元，实现净利润114.2亿元，经济增加值（EVA）57.4亿元，净资产收益率（ROE）12.1%。

（1）安全生产。落实安全生产责任制和安全生产奖惩机制，推进安全风险预控管理体系和安全生产标准化建设，本安体系建设再夺集团电力板块第一，连续第9次荣获全国“安康杯”竞赛活动“优胜单位”。浙江、广东等区域电厂有效地应对“灿鸿”“彩虹”台风的影响，京津冀区域电厂完成抗日战争胜利70周年阅兵、北京田径世锦赛等政治保电任务。全年等效可用系数95.18%，创历史新高，41台机组全年无非停，其中锦界全厂4台机组在7042利用小时下全年无非停，准电2号机组截至2015年底连续运行947天，创造国华机组连续运行最长天数纪录。

（2）节能环保。加强能耗诊断和运行指标分析，抓好节能改造，实施协同攻关降耗，全年5台机组完成通流改造，供电煤耗平均降幅10g/kWh以上。完成绥中电厂1、2号机组综合升级改造，联合国内外相关单位攻克俄制机组最长轴系（59.5m）汽轮发电机组通流改造等技术难题。全年供电煤耗308.5g/kWh，同比降低1g/kWh，创历史最好水平。完成19台机组“超低排放”改造，三河、孟津、盘山三家单位实现全厂“超低排放”，其中三河、孟津两厂分别成为河北、河南首家现役煤电“超低排放”企业。环境信息公开系统上线运行，成为国内第一家集中发布环保信息的发电公司。国家环保部2015年上半年主要污染物总量减排核查，神华国华电力公司12家电厂直接免于检查或免于现场检查。

（3）经营管理。策划并执行抢发电策略，“超低排放”机组争取奖励电量9亿kWh；绥中电厂2×100万kW机组由东北电网改送华北电网多发电5亿kWh；徐州电厂“来煤加电”争取电量增量5亿kWh；北京热电获得三年的关停补偿电量指标，年度替代指标13亿kWh。内蒙古营销中心联手集团兄弟单位获得包铝大用户全部32亿kWh直供电量，其中准电获得17亿kWh。增加电量16.8亿kWh。全年利用小时4791h，超全国火电平均利用小时约400h。印尼南苏电厂利用小时达6598h，发电量超PPA合同约定11%以上，被评为“印尼十佳电力公司”。

各单位落实《国华电力增收节支56条措施》降本增效，优化绥孟徐煤炭运输通道节约燃料成本2.66亿元，实施经济煤采购节约1.06亿元，其中宁东电厂充分利用工程煤，全年节约4600万元，燃料成本降幅达15%。提升资金使用效率，财务费用同比降低1.23亿元。全年售电单位成本248.4元/MWh，同比降低19元/MWh。在开源创效方面，落实“超低排放”机组环保电价，年内增利2700余万元，其中孟津电厂完成环保改造后最短时间内获得1分/kWh的“超低排放”电价，为公司首家落实“超低排放”补贴电价的单位。2015年锦界、台山、宁海的利润位列公司前三甲，利润贡献均超过20亿元。全年实现利润151.1亿元，占神华集团利润总额的48%，成为神华集团经营业绩的重要支撑。

（4）发展建设。抓好煤电项目核准，推进能源项目开发，宁东二期（2×66万kW）、清远一期（2×100万kW）、岳阳一期（2×100万kW）取得核准，三河三期5号机组（1×35万kW）、锦界三期（2×66万kW）取得路条，组织申报国家太阳能热发电示范项目，涉足核电领域，寻求合作机会。加大海外项目开发力度，连续中标印尼南苏1项目（2×35万kW）、爪哇7项目（2×100万kW），印尼运营及中标装机容量达到300万kW。

2015年在建装机容量1500万kW，完成投资66亿元。建立具有国华特色的GHepc工程建设模式，编制相关配套管理标准，在宁东二期、柳州等项目建

设中试点应用，利用市场机制整合优化了资源配置。北京燃气热电“二拖一”95万kW机组工程于2015年8月份顺利投产，性能指标全部优于设计值，实现当年投产当年盈利。

（5）科技创新。推进实施“科技创新引领计划”，加强创新平台建设。研究院博士后科研工作站在全国2000余个博士后科研工作站综合评价中位列第17位，被评为优秀等级；承担国家级课题4项，实现主持国家级项目零的突破；基层单位建立了96个创新工作室，完成创新成果55项。多项科技成果获得行业认可，“超低热值极年轻褐煤综合利用发电”获得印尼国家能源效益奖提名，“大型化低温多效蒸馏海水淡化成套技术自主研发及工程应用”获得2014年度中国电力创新奖一等奖，6项成果获得2014年度中国电力科学技术进步奖，占全国火电类获奖项目数的22%。完成“智能国华”顶层设计，加快推进“智能国华”试点项目落地，北京燃气热电智能电站一体化云平台与电站工程同步投运，实现预定的基本功能。

（6）党群工作。以“有根、有力、有效”为原则，坚持“以人为本”，营造企业和谐氛围。落实“两个责任”，探索并实施“1+3”齐抓共管模式，建立廉洁档案，开展专项巡视，作风建设定期“回头看”。成立巡视工作机构和六个区域纪检监察中心，完善集约共享大纪检工作模式。开展“三严三实”专题教育，举办17期“领导干部践行‘三严三实’提升履职能力系列培训班”。公司党委被评为神华集团先进基层党组织。北京热电厂完成关停后的人员安置工作。立足员工需求，组织心理资本提升培训，开展社会保险、职称评审等政策咨询与服务，举办第四届“国华电力杯”职工沙滩排球运动会。开展全员参与、持续改善的合理化建议征集活动，公司征集的42条合理化建议被评为神华集团职工优秀合理化建议；一届五次职工代表大会11项职工提案全部得到落实；8人获得神华集团劳动模范荣誉称号。获得全国文明单位、节俭养德全民节约行动先进单位、中央企业团工委“五四红旗团委”和中央企业青年文明号等多项荣誉。

（7）体制机制。以价值创造为核心统筹推进资源配置。一是机构完善，成立“国家级煤炭清洁高效利用创新示范中心”、核电发展办公室、印尼项目建设运营中心等专门机构，为未来发展搭好“架子”。二是薪酬激励，每月下达月度绩效、工效和团队价值创造奖励工资计划，实现了分配与绩效、工效“双挂钩”。三是干部成长，建立完善与企业发展相适应的选人用人工作机制，修订领导干部、后备人才等一系列管理办法和实施意见。全年提拔任用干部88人，干部交流任职273人次，公开选聘营销中心主任、总工程师、安全总监17人，事业发展促进了干部成长，新生力量推动了公司创新发展。四是人才培养，全面实施“2015千人成才计划”，累计选拔青年人才872名，纳入青年人才库培养锻炼，第一期研修生45名顺利结业，第二期研修生56名按计划开班。选拔优秀青年人才到子（分）公司总助级岗位、中层岗位和印电公司关键岗位学习锻炼，16名青年人才到印尼关键岗位学习锻炼，5名印尼籍学员在三河电厂学习。在神华集团组织的档案职业技能竞赛中，神华国华电力公司代表队共有9人获得个人一、二、三等奖，占神华集团获奖总人数的一半。

主要事件

1月9日　国华印尼（南苏）发电有限公司二期工程扩建2台35万kW燃煤发电机组项目获得印度尼西亚国家矿能部批复。

1月23日，宁夏国华宁东发电有限公司二期工程扩建2台66万kW燃煤发电机组项目获得宁夏回族自治区发展改革委核准批复。

2月，神华国华电力公司被中央精神文明建设指导委员会授予“全国文明单位”荣誉称号。

3月20日11时09分，神华国华国际电力股份有限公司北京热电分公司1号机组正式与电网解列，正式关停。

3月，神华国华电力公司被首都精神文明建设委员会授予“首都文明单位标兵”荣誉称号。

4月，神华国华电力公司被中华全国总工会、国家安全生产监督管理总局授予“全国‘安康杯’竞赛优胜单位”荣誉称号。

5月，神华国华电力公司被中共中央宣传部、国家发展与改革委员会评为“节俭养德全民节约行动先进单位”。

6月4日，神华国华电力公司环境信息公开发布系统正式上线，成为国内第一家电力企业总部集中公开全公司环境信息的发电企业。

8月7日9时58分，神华国华（北京）燃气热电有限公司“二拖一”95万kW燃气热电机组通过168h试运行，正式投产。

8月11日，神华国华清远发电有限责任公司一期工程新建2台100万kW燃煤发电机组项目获得广东省发展改革委核准批复。

8月20日　绥中发电有限责任公司4号100万kW燃煤发电机组成功并入华北电网运行，标志着国家能源局“关于加快推进大气污染防治行动计划”的12条重点输电通道建设的首个项目提前半个月竣工。

11月9日，神华国华电力公司中标印度尼西亚南苏1号（2×35万kW）项目。

11月20日，神华国华华容电厂一期工程新建2

台100万kW燃煤发电机组项目获得湖南省发展改革委核准批复。

12月15日，神华国华电力公司中标印度尼西亚爪哇7（2×100万kW）项目。

（陈永平）

【神华国能(神东电力)集团公司】

公司概况 神华国能（神东电力）集团公司（简称国能集团公司）是神华国能集团有限公司与神华神东电力有限责任公司管理整合后的统称。神华国能集团有限公司前身为国网能源开发有限公司，成立于2008年4月，2012年4月从国家电网公司整体重组并入神华集团。神华神东电力有限责任公司成立于1996年11月，于2007年8月31日整体注入中国神华能源股份有限公司。2012年12月，神华集团决定对两公司进行管理整合，实行“一个平台、两个公司、一体化运营”的管理模式。2015年12月，神华集团决定在国能集团公司开展煤电一体化改革试点，目前煤矿管理权移交工作已经完成，正在进一步理顺管理秩序，着力推进管理深度融合。

作为神华集团煤电板块的重要骨干企业，国能集团公司紧密依托神华集团“煤、电、路、港、航、煤化工”一体化产业优势，致力于开发新疆哈密、山西河曲、宁夏鸳鸯湖、内蒙古呼伦贝尔、黑龙江宝清等煤电一体化产业基地，规划建设了一批大容量、高效环保机组和高产高效矿井，并立足国内前沿技术，开发建设了一大批资源综合利用发电项目。截至2015年底，国能集团公司在全国17个省、区、市拥有全资和控股子（分）公司61家。运营火电厂27座、火电机组66台，风电场3个、风机277台，装机总容量2603万kW；生产矿井7对、设计（核定）生产能力5400万t/年。在建电源项目11个，装机容量1262万kW；在建矿井3对，产能2780万t/年，正在开展前期工作的煤电项目60余个。

2015年，国能集团公司发电量991.7亿kWh；商品煤销量2792万t；营业收入314.7亿元；利润总额37.2亿元，其中电力业务50.3亿元。

领导班子

董事长、党委副书记：宋畅
党委书记：袁德鹏
总经理：李瑞欣
副总经理：陈维民
工会主席：董云鹏
副总经理：徐建杰
副总经理、财务总监：贺鹏
纪委书记：刘永平
副总经理：李沛然、彭广虎
总工程师：陈英
总经济师：周明立

组织机构 国能集团公司共设18个职能部门、9个直属中心，员工总数2.4万人。

重大改革 2015年12月，为了充分发挥资源共享优势，提高协同效应，降低运营成本，神华集团党组研究决定在国能集团公司实施煤电一体化改革。截至2015年12月底，国能集团公司完成全部所属煤矿的管理权接收工作。颁布实施了《神华国能（神东电力）集团公司实施煤电一体化管理改革方案》《神华国能（神东电力）集团公司煤矿管理方式》等文件和配套制度，初步确定了管理模式，明确了管理职责和界面划分，目前，正在进一步理顺管理秩序，着力推进管理深度融合。

战略合作 2015年8月，国能集团公司与中铝控股的华阳矿业开发有限公司在庆阳签署煤电一体化项目合作框架协议，双方将合作开发庆阳罗川2×1000MW电厂＋罗川300万t/年煤矿项目。

2015年8月，国能集团公司与陕西省富平县人民政府签订《项目合作协议》，政府支持公司在富平县高新技术产业开发区筹建综合能源供应示范项目，并委派富平县东部开发建设有限公司作为出资人履行相关权利和义务，双方共同发起设立项目筹建处，联合组建合资公司，负责示范项目的开发建设和管理运营。11月，国能集团公司与富平县东部开发建设有限公司、陕西省地方电力（集团）有限公司、陕西金源投资控股集团有限公司签订《关于设立神华富平综合能源有限公司协议》，四方共同投资建设富平综合能源供应项目。

经营管理 开展“权力清单”试点工作。2014年8月，启动公司内部管理授权体系建设工作，编制完成了《内部管理授权办法》，2015年9月23日正式出台，规范了公司授权管理，强化了内部控制。依据公司内部管理授权办法，出台《公司内部管理授权手册（试行）》，确定总部承担的授权事项599项，将决策事项采用表单化呈现，规范了经营管理行为，明确各管理界面关系，提高了经营决策效率。

制度与管理。2015年，下发了《关于开展公司与神华集团制度对接梳理工作的通知》，共修订完善16项相关制度及工作流程，开展制度全面上线运行工作，新增制度发布19项，新修订制度58项，规范了制度管理工作。

“五型”企业管理。2015年，组织各单位签订经营业绩考评责任书，根据各单位不同业务性质，分列煤电一体、发电、基建、煤矿、直属公司等11大类型，设置不同类别的考核项及考核指标，区别分配考核权重，完成所属45家生产和基建单位2014年度“五型企业”建设绩效考评工作，保证了考评结果的公正透明。

企业管理提升。2015 年，下发了《管理创新成果奖励办法》，对管理创新工作成果的评选奖励做出了明确规定，组织完成了向中电联申报 2014 年度管理创新成果 5 项。

经济本安建设。2015 年，开展了 2012～2014 年“三重一大”业务执行情况专项检查，汇总编制完成了执行情况检查报告和自查情况表，并上报神华集团。推进审计成果应用，开展经济责任审计 19 项，完成前期费用专项审计 2 项，开展工程结算审计 2 项。

生产运行 2015 年，发电量 991.7 亿 kWh；市场占有率 101.2%；供热量 2387 万 GJ。

生产管理。2015 年，国能集团公司发电生产工作把握问题导向，以专业化、标准化为抓手，管控重点领域，修编完善了 20 项发电生产管理制度，编制下发《关于加强公司发电生产工作的指导意见》，颁布《关于加强 2015 年控制“非停”措施的通知》，深化专业基础管理，检修、运行标准化工作稳步推进，生产管理水平不断提升。

指标对标。2015 年，全国循环流化床发电机组能效对标及竞赛中，保德电厂 1 号机组获 150MW 级纯凝机组一等奖、2 号机组获 150MW 级纯凝机组二等奖、亿利电厂 4 号机组获 150MW 级纯凝机组二等奖、店塔电厂 6 号机组获 150MW 级纯凝机组三等奖、上湾热电厂 1 号机组 150MW 级空冷供热 CFB 锅炉机组一等奖、郭家湾电厂 1 号机组 300MW 级空冷纯凝 CFB 锅炉机组三等奖。

安全生产 2015 年，国能集团公司安全技措投入 1859.4 万元，未发生火灾事故、一般及以上设备事故。

安全监督管理。采取春（秋）季等季节性安全大检查、安全性评价专家查评（复评）内部检查与外部评价相结合的方式，强化了安全监督检查效果。以突击检查、随机抽查、回头复查的方式，持续开展“四不两直”（不发通知、不打招呼、不听汇报、不陪同接待、直奔基层、直插现场）检查，将“四不两直”检查常态化。针对基建施工调试项目多、风险大的特点，下发了《关于进一步加强基建项目试运安全管理工作的通知》，增加了检查次数并派驻专人现场督导，保证了机组试运安全。

生产本安体系建设。推进生产本安体系建设，探索安全风险预控管理体系与传统电力管理结合的模式，下发《关于进一步加强安全风险预控体系建设的指导意见》《风险预控体系管理手册》。按照神华集团《发电企业风险预控管理实用范本》，指导各单位修订完善工作任务风险数据库，初步形成了人员、设备、管理“三位一体”的安全生产管控体系。

2015 年，国能集团公司 35 家生产运营单位参与神华集团本安企业建设达标考核，6 家单位达到一级，占神华集团一级单位总数（58 家）的 10.34%。有 11 家单位达到二级，占神华集团二级单位总数（122 家）的 9.02%。

风险预控。下发《关于开展反“三违”活动年的指导意见》，开展春（秋）季安全生产大检查、风险预控体系审核、安全性评价等工作，排查安全隐患。督促新投产机组对照安评、25 项反措要求，梳理设备、设施及基建遗留问题和隐患，按照隐患等级挂牌督办，所有隐患均按照“发现（排查）—评估—报告—治理（控制）—验收—销号”的流程形成了闭环管理。

应急救援体系建设。编制发布了《公司安全生产应急管理办法》《电力企业应急预案培训手册》，修编完善了公司应急预案，监督各单位设置应急管理机构、配备应急管理人员，编制专项及现场处置应急预案，并定期开展应急演练，启动“双盲”演练 39 次，应急处置能力得到有效提升。

基本建设 2015 年，续建电源项目 6 个，装机总容量 8520MW；新开工项目 4 个，装机总容量 4120MW。

科技创新 2015 年，完成科技投入 4848.5 万元，承担国家级科研项目 1 项，神华集团级项目 11 项，公司级项目 66 项。全年申请专利 102 项（其中发明专利 25 项），受理 74 项，同比增加 21 项，取得专利授权 54 项，发表论文 191 篇。

新技术应用。国能集团公司选择大港电厂、鸳鸯湖电厂、王曲电厂三个试点单位，开展 300、600MW 等级燃煤机组环保示范电厂建设，走出了一条实现燃煤电厂大气污染物超低排放的新途径。2015 年，国能集团公司应用超低排放技术路线环保改造和基建机组超过 20 台，节省直接建设费用约 6 亿元。截至 2015 年底，国能集团公司 15 台机组达到超低排放能力，占运营机组的 23%。

科技成果。开展国家级 CFB 企业技术中心的筹建工作，推动 600MW CFB 机组技术成果转化，2015 年 6 月神华集团批复国能集团公司成立“神华集团循环流化床技术研发中心”，2015 年 8 月，神华集团 CFB 技术研发中心在山西太原成立。研究循环流化床技术，为神华集团建设以低热值煤、煤矸石或煤泥为燃料的高参数、低排放示范机组提供技术支撑。“CFB 锅炉炉内一体化耦合脱硫脱硝技术”“大型火电厂高效空蒸复合冷却技术研究”获得 2014 年度中国电力创新奖二等奖、三等奖。

环境保护与节能减排 截至 2015 年低，完成 14

台机组脱硝改造，6 台机组脱硫改造，14 台机组烟尘治理，超低排放改造完成 14 台机组，超额完成神华集团下达的 18 项年度改造任务。开展 CFB 机组脱硫、脱硝技术研究，探索 CFB 机组的环保技术改造工艺。具有完全自主知识产权，技术水平世界领先的四川白马 600MW CFB 示范机组于 2015 年 11 月 13 日通过神华集团预验收，正在申请国家级（国家发展改革委）验收。2015 年，未发生环境污染事故和较大以上环境群体性事件。

信息化建设 2015 年，编制完成“十三五”信息化规划和《基建单位信息化建设指导意见》，明确公司对基建单位信息化建设的管理原则，确定建设内容，编制完成了 MIS 软硬件、SIS、基建 PMIS 等建设技术标准。推进万州数字化电厂和鸳鸯湖百万机组智能化电厂建设，万州数字化电厂移交和运营平台、煤场数字化管理系统已经上线运行，鸳鸯湖百万机组智能化电厂建设方案初稿已经编制完成。完善和新增 7 个业务模块，创新开展了移动平台智能诊断方案研究。

党群工作 党组织建设。2015 年实施党建品牌项目化管理，发挥党建品牌的示范带动效应。制（修）订党建制度 16 个，推进部分基层党组织换届选举和属地化管理工作。完成神华集团专项巡视有关问题整改工作。2015 年，国能集团公司党委荣获“神华集团公司先进基层党组织”称号，6 家基层党组织和 13 名先进个人荣获神华集团党组表彰。印发《深入开展“三严三实”专题教育实施方案》，以党委书记讲党课形式启动“三严三实”专题教育，总部及基层单位共讲授专题党课 241 次，累计授课 379 学时，8738 人次参加听课，遴选刊发交流专题党课课件 88 篇。

工会工作。推进“职工关爱”工程，印发《关于开展“真诚、热情、实在”职工之家建设活动的工作意见》《关于进一步加强“真诚、热情、实在”职工之家建设的通知》，支持基层单位开展建家活动，荣获“全国模范职工之家”称号。“王曲发电公司黄林”“店塔发电公司杨建清”被命名为神华集团级劳模创新工作室。开展了 2015 年“安康杯”竞赛活动。组织申报神华集团劳动模范和先进集体，6 名劳模和 4 个先进集体受到神华集团表彰。

共青团工作。加强团的自身建设，建立了团青工作例会、团干部学习制度，开展了基层团组织量化考核评价工作。开展五四团青评选表彰活动和“奋斗的青春最美丽”主题系列活动，青年集体和个人获集团级以上荣誉 16 个。开展“学技术、练技能、提素质、创一流”青年素质提升活动。组织“讲述身边的企业故事”主题演讲比赛、首届影像大赛、原创诗歌评选活动，承办神华原创诗歌大赛预赛，并获得神华原创诗歌大赛诗词类一等奖、优秀组织奖等五个奖项。

新闻宣传工作。2015 年，持续加强宣传工作管理，通过制度修编不断建立完善宣传考核评价、信息报送等多项标准规范。加强对外宣传策划，突出宣传了落实公司年度工作会、党的群众路线活动、“三严三实”专题教育活动、基层典型经验等主题。内部网站累计发布各类新闻稿件 13 871 篇，在神华集团内网网站发布各类新闻稿件达 809 篇，在中央、行业、地方媒体发布新闻稿件 960 篇，在《神华能源报》发表稿件 77 篇，较好地宣传了公司形象和工作业绩。

企业文化建设 坚持“煤电一体，绿色发展”理念，制定印发了《企业文化建设纲要》。推进安全文化建设，确定了“以人为本、生命至上，风险预控、守土有责，文化引领、主动安全”的安全理念。组织微电影创作，向神华集团报送了 10 部微电影作品。抓实职工思想政治工作课题研究工作，形成了 211 篇政研课题研究成果。推进文明单位创建，有 19 家单位被评为 2013～2014 年度文明单位、89 人被评为先进个人。7 家基层单位获得神华集团公司第一届“文明单位”称号，9 家基层单位获得省部级文明单位，1 家省部级文明单位标兵，1 家全国文明单位。2015 年，开展了“全员读书”暨“素质提升年”活动。

（张国龙）

【国华能源投资有限公司】

公司概况 国华能源投资有限公司（简称国华投资公司）成立于 1998 年 3 月，前身为国家计委以煤代油专用资金办公室，1999 年划归神华集团管理，总部位于北京市东城区东直门南大街 3 号神华国华投资大厦。国华投资公司以风电、太阳能光伏发电等可再生能源的开发、建设、运营为主业。国华投资公司关注国家新能源产业发展，发展风电业务，在河北、山东、江苏及东南沿海、内蒙古、新疆及西北、东北等风资源丰富地区，形成了“六大区域”的风电发展格局。在大力发展风电的同时，还开展对太阳能光伏发电、生物质能发电等其他可再生能源的研究和前期开发工作，拓宽可再生能源的开发领域。此外，国华投资公司开展投资及资产管理、物业及置业管理等相关业务，取得了良好的经济效益，为可再生能源业务的发展提供了重要支持。

2015 年，国华投资公司完成营业收入 62.7 亿元，完成计划的 100.43%，同比增长 11.94%。实现利润总额 50.17 亿元，完成计划的 104.5%，同比增长 23%；其中，风电利润 16.01 亿元，完成计划的 116%，同比增长 32%。发电量 102 亿 kWh，完成计划的 102%，同比增长 9.2%；相当于减排二氧化碳 997 万 t，节约标准煤 378 万 t。风电投资与装机、并网：完成投资78亿元，完成计划的136.8%；新增装机容量100.3万kW，新增并网36.94万kW；截至2015年底，累计装机容量653.765万kW，累计并网578.399万kW。安全形势良好，未发生政治、经济、安全生产责任事故。

领导班子

神华集团总经理助理、国华投资公司董事长、党委副书记：谢友泉

总经理、党委副书记：王会娟

党委书记：许立新

副总经理：史颖君

党委副书记、纪委书记：杜维平

副总经理、财务总监：刘江

总工程师：施跃文

副总经理：陈岩、郝清亮、康明虎、王广群、刘颖

组织机构 截至2015年底，国华投资公司员工总数3416人；总部设有职能部门13个，分别是综合管理部（信息中心）、人力资源部（培训中心、神华国华职业技能鉴定站）、企业管理部、财务部、项目开发部（新能源产业发展研究中心、碳资产管理中心）、项目建设部（造价中心）、生产部（电力营销中心、生产调度中心）、安健环部、资产管理部、风险控制部（法律事务部）、纪检监察部、政治工作部、置业管理部。

2015年公司系统拥有56家全资、控股子公司，其中综合性管理公司1家、直属风电项目公司48家、五星级饭店公司1家、房地产物业管理公司6家，其中，境外合资企业1家。

重大改革 2015年，国华投资公司深入推进企业改革，8月3日公司重组上市“623”项目正式启动，根据工作安排，陆续完成了业务、财务及法律尽职调查、审计评估等环节的工作，并注册神华新能源公司，完成了51家风电、光伏发电项目公司的股权无偿划转，重组阶段所有实质性工作已基本结束，进入上市前的准备阶段。在推进“623”项目的同时，落实神华集团《关于子分公司深化改革指导意见》，研究改革实施方案，初步明确了阶段目标和措施。完成《“十三五”发展规划》编制，并分别制定人力资源、信息化、社会责任等专项规划，确定“到2020年末，以风电为主的可再生能源装机容量达到1517万kW，年发电量268亿kWh，利润31亿元”的目标。根据神华集团的部署，对国内电力市场改革和集团进军电力零售业务等重大课题进行了深入调研分析。与塔州水电公司达成合作意向，共同研究在澳洲和国内市场开展电力零售合作的路径和方式。结合“创建一流清洁能源供应商”的战略，开展了神华可再生能源业务2030～2050年发展展望专题研究。

战略合作 2015年，国华投资公司各地签署风电开发协议共计106万kW、太阳能开发协议共计106万kW。其中，签署的风电协议主要包括：山东52万kW，巴盟120万kW，河北、通辽各20万kW。

经营管理 一是盈利能力持续提升，可再生能源业务的利润稳步增长，投资及资产管理业务的利润贡献突出；二是电力生产能力大幅提升，发电量突破100亿kWh，连续两年超额完成神华集团下达任务目标；三是项目前期工作成果丰硕，两年核准规模超过370万kW；四是企业改革创新取得重大进展，截至2015年底，已完成51家风电、光伏发电等新能源公司的股权无偿划转，重组阶段所有实质性工作基本结束，全面进入上市前的准备阶段；五是大物业和置业项目经营情况良好，并且连续两年大物业服务客户满意度考评得分90分以上。

生产运行 2015年生产工作主要围绕“安全、效益、发电”三个方面展开；重点是抓好电力营销、设备治理、生产管理提升三项工作；中心目标是“发电、发电，再发电”，努力为公司增创效益。电力营销方面。紧跟电力市场形势和政策变化，更新和完善营销体制机制，确保电量“送得出去”。设备管理工作。风机设备方面，调集专业力量集中开展了风机设备专项治理行动，利用小风季节集中对风机设备群发缺陷、频发故障进行了全面整治。生产管理提升工作。风电场管理方面，在生产系统内全力推进场长负责制，理顺区域公司和风电场的责权利关系；设备管理方面，推行风机点检和自主预试检修工作，努力压缩外委项目范围；绩效管理方面，组织开展小指标竞赛活动，实现增电量、创效益的目的；标准体系建设方面，开展技术监督标准体系的研究，形成完善的风电技术监督标准。

安全生产 2015年，各业务板块实现安全运营。推进落实基建本安体系，强化施工现场安全管控，全年未发生影响工程进度和质量的安全事件，基建安全形势可控。加强风险预控体系标准化建设，强化体系运行过程的流程化管控，保证预控体系的落地实施。开展各类安全检查，以检查促安全；2014年秋检发现的16项挂牌隐患已整改完毕，2015年秋检共发现挂牌隐患11项，相关单位已制定了整改计划，落实责任，积极整改。截至2015年12月31日，风电板块累计实现安全生产4863天，继续保持行业先进水平。满井、国泰等7家风电场被评为神华集团本安一级单位，栖霞、黄骅等11家风电场被评为神华集团本安二级单位。《物业企业风险预控管理体系要求》及《物业企业风险预控管理体系评价标准》有效落地实施，各物业单位认真细化完善安全管控方案及各类应

急预案，进一步夯实了物业本安的基础。

基本建设 2015年，国华投资公司以新疆、宁夏等区域的“保电价”项目为重点，统筹安排，全力推进，在时间紧、任务重的情况下，克服设备供货紧张、吊装队伍供不应求等困难，完成年度基建任务。全年共有18个在建项目，其中11个竣工投产，新增装机容量100.3万kW，2015年底累计装机容量653.765万kW，超额完成“十二五”末装机容量600万kW的规划目标。为保证基本建设项目的顺利进行，国华投资公司加强建设中的各项管理工作。一是进一步完善基建管理制度体系，加强全过程控制，从设计源头确保工程质量，同时加强设计优化，降低工程造价。二是严控造价管理关键环节，全年共计完成76个项目招标控制价审查，审减4804万元。三是优化物资采购流程，有效实施主要设备监造及检验的管理方式，对集采设备实施监造全覆盖，确保设备质量安全可靠。

科技创新 2015年，完成科研投入金额1297万元，投入率0.2%。共申请专利6项，其中发明专利1项。

环境保护与节能减排 2015年，完成发电量102亿kWh，相当于减排二氧化碳997万t，节约标准煤378万t。截至2015年底，累计发电量454.89亿kWh，相当于累计减排二氧化碳4303.5万t，节约标准煤1546.87万t。

信息化建设 完成神华集团信息化基础统建系统建设和10家新公司ERP部署；加大信息安全管控力度，保证了各信息系统安全运行。荣获中国信息协会颁发的“中国能源企业信息化管理创新奖”。

党建思想政治工作 开展“三严三实”专题教育，完成了各项规定任务，各单位把“三严三实”的要求融贯到日常工作中，公司上下的工作作风更加严谨务实。加强基层党组织建设，提升党建基础工作的规范化水平，取得实效。

纪检监察 2015年5月26日，国华投资公司正式设立纪检监察部。5月11日～6月9日，神华集团党组第三巡视组对国华投资公司进行了巡视，6月25日，第三巡视组向国华投资公司党委反馈了巡视意见，指出了巡视中发现的主要问题，对做好今后工作提出了意见建议。公司各部门有效联动，形成整改合力。

（李少宝）

中国电力建设集团有限公司

【公司概况】 中国电力建设集团有限公司（简称中国电建）是经国务院批准，于2011年年底在中国水利水电建设集团公司、中国水电工程顾问集团公司和国家电网公司、中国南方电网有限责任公司所属的14个省（市、区）电力勘测设计、工程、装备制造企业基础上组建的国有独资公司。

中国电力建设股份有限公司是中国电力建设集团公司的主要子公司，是跨国经营的综合性大型企业，于2009年11月30日，由中国水利水电建设集团公司和中国水电工程顾问集团公司在北京共同发起设立。该公司于2011年10月18日在上海证券交易所上市，股票代码601669，于2014年1月2日完成更名手续，公司名称由“中国水利水电建设股份有限公司”变更为“中国电力建设股份有限公司”，证券简称自2014年1月16日起，由“中国水电”变更为“中国电建”。

中国电建是提供水利电力工程及基础设施投融资、规划设计、工程施工、装备制造、运营管理为一体的综合性建设集团，主营业务为建筑工程（含勘测、规划、设计和工程承包），电力、水利（水务）及其他资源开发与经营，房地产开发与经营，相关装备制造与租赁。此外，受国家有关部委委托，承担了国家水电、风电、太阳能等清洁能源和新能源的规划、审查等职能。中国电建电力建设（规划、设计、施工等）能力和业绩位居全球行业第一。

中国电建注册资本金300亿元，员工20万人。截至2015年底，资产总额5010.31亿元，实现营业收入2838.07亿元、实现利润115.68亿元。

中国电建的战略定位：全球清洁可再生能源和水利（水务）资源开发建设行业的领先者，全球基础设施建设服务的骨干企业；中国电力和水利工程建设行业的龙头企业，中国房地产开发与经营的重要企业，带动行业结构优化、产业升级、产品和服务出口的重要力量。战略目标是：承担“大使命”，实施“大集团、大市场、大品牌”战略，成为清洁可再生能源和水利（水务）电力工程建设行业国际领先，提供集成式、全产业链、综合性基础设施建设服务，拥有核心技术和国际知名品牌，具有较强国际竞争力的质量效益型世界一流综合性建设集团。战略举措是：实施转型升级战略、国际化发展战略、创新驱动发展战略、人才强企战略、和谐发展战略。

中国电建的核心竞争力：一是行业优势世界领先。中国电建的水利水电规划设计、施工管理和技术水平达到世界一流，水利电力建设一体化（规划、设计、施工等）能力和业绩位居全球第一，是中国水电行业的领军企业和享誉国际的第一品牌。承担了国内大中型以上水电站65%以上的建设任务、80%以上的规划设计任务和全球50%以上的大中型水利水电建设市场，设计建成了国内外大中型水电站二百余座、水电装机总容量超过2亿kW，是中国水利水电和风电建设技术标准与规程规范的主要编制修订单位。二是价值创造能力卓越。中国电建拥有工程勘察综合甲级、工程设计综合甲级、水利水电工程施工总承包特级、公路工程施工总承包特级、房屋建筑工程施工总承包特级、电力工程施工总承包一级、进出口贸易权、对外工程承包经营权等资质权益，精通EPC、FEPC、BOT、BT、BOT＋BT、PPP等多种商业模式及运营策略，具备驾驭大型复杂工程的综合管理能力，能够为水利水电、火电、风电及城市、交通、民生基础设施等领域提供集成式、一站式服务，为项目创造更大价值，为业主实现更多回报，与业主共同成长。三是知名品牌蜚声全球。中国电建紧跟国家“一带一路”战略，参建并推动巴基斯坦卡西姆港应急燃煤电站、中老铁路、雅万高铁等重点项目。截至2015年底，在全球101个国家设有160个驻外机构，在116个国家执行勘测设计咨询、工程承包、装备与贸易供货等合同1863项，海外业务以亚洲、非洲为主，辐射美洲、大洋洲和东欧，形成了以水利、电力建设为核心，涉及公路和轨道交通、市政、房建、水处理等领域综合发展的“大土木、大建筑”多元化市场结构。中国电建拥有的多个知名品牌蜚声海内外，具备较强的国际竞争力和影响力。承建的苏丹麦洛维水电站、印度嘉佳火电厂、沙特拉比格项目、印尼佳蒂格大坝、马来西亚巴贡水电站、安哥拉本格拉体育场、摩洛哥伊阿高速公路等全球瞩目的重点大型工程已成为所在国标志性工程，并多次荣获海外工程金质奖、国际工程鲁班奖。四是工程技术能力世界一流。中国电建拥有世界一流的综合工程建设施工能力、世界顶尖的坝工技术、世界领先的水电站机电安装施工、高等级铁路工程施工、城市轨道交通工程施工、地基基础处理、特大型地下洞室施工、岩土高边坡加固处理、砂石料制备施工等技术，具有大中型水利水电工程及城市、交通、民生基础设施工程设计、咨询及监理、监造的技术实力。截至2015年底，共有5个国家级研发机构，47个省级研发机构，7个院士工作站，6个博士后工作站，56家企业及下属子企业被认定为省级高新技术企业，4家企业被认定为科技部火炬计划重点高新技术企业；获得国家级科技进步奖103项、省部级科技进步奖1491项，拥有专利5568项（其中发明专利681项）；制修订国家及行业标准400余项。

【领导班子】

（1）中国电力建设集团有限公司：

董事长、总经理、党委副书记：晏志勇

党委书记、董事：马宗林

党委常委：孙洪水、王民浩

党委副书记、纪委书记：陈永录

党委副书记：马立

党委常委：王斌、袁柏松、姚强、李跃平、王首丽、孙璀

（2）中国电力建设股份有限公司：

董事长、党委副书记：晏志勇

党委书记、副董事长：马宗林

总经理、董事、党委常委：孙洪水

副总经理、党委常委：王民浩

党委副书记、纪委书记：陈永录

党委副书记：马立

副总经理、党委常委：王斌、袁柏松、姚强、李跃平

监事会主席、党委常委：王首丽

总会计师、党委常委：孙璀

【组织机构】 见2015年中国电建组织机构图。

【改革发展】 2015年，中国电建在世界500强企业和中国企业500强排名中，分别位列第253位和第46位，较2014年分别提升60位、11位；首次以中国电建名义参与全球250强总承包企业和全球150强设计企业排名，分别位列第7位和第3位；全球三大信用评级机构给予公司“A－”或“A3”长期主体信用评级，体现了国际资本市场对公司发展实力和前景的高度认可，荣获中国证券“2015年中国最受投资者尊重的上市公司”、香港《大公报》中国证券金紫荆奖之“最佳上市公司”等奖项，得到投资者广泛好评。

（一）年度经营任务全面完成

2015年，全年实现营业收入2838.07亿元，同比增长7.1%；实现利润总额115.68亿元，同比增长5.01%；新签合同4450亿元，同比增长13.2%；年末资产总额达到5010.31亿元，同比增长21.26%；合同存量8193.21亿元，同比增长21.1%。实现经济增加值23.89亿元；资产负债率81.74%；全员劳动生产率达到142.6万元/人年，同比增长11.9%。

（二）产业结构与经营布局不断优化

一是国为传统业务市场持续巩固。在国内传统水利、电力工程建设市场整体萎缩的情况下，深挖潜力，

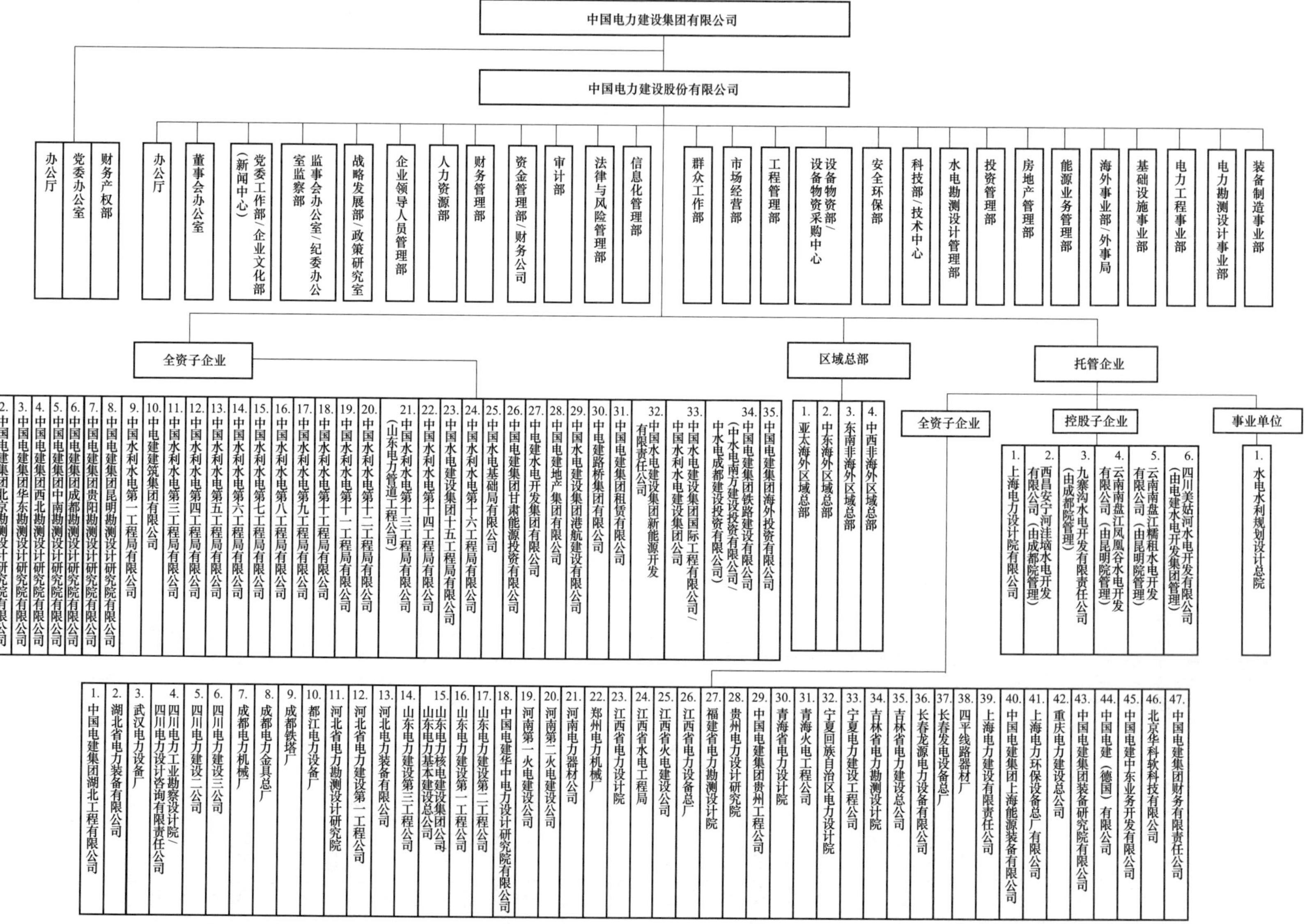

2015年中国电建组织机构图

市场优势地位继续巩固。水电七局与华东院联营体中标合同额60.4亿元的杨房沟水电站设计施工总承包项目，开创了国内大型水电项目承包模式的先例，取得国内水电EPC项目的历史性突破；水电十二局与水电五局联营体中标合同额51.95亿元的两河口大坝项目，是目前国内最高的土石坝；成都院中标合同额32.3亿元的两河口水电站库区代建工程设计施工总承包项目，是中国电建承包的库区代建制规模最大的总承包项目；全年国内抽水蓄能电站预可研项目招标11个，全部由中国电建中标。

二是国内非传统业务发展势头良好。各子企业围绕主业开展相关多元化调整，横向拓宽业务领域、纵向深耕市场空间，实现了非传统业务的快速发展。全年非传统业务新签合同1343.72亿元，同比增长23.5%，占比30.3%；完成营业收入752.32亿元，同比增长1.9%，占比26.5%。非传统业务市场空间持续扩大，市场竞争能力持续提升。

三是投资业务利润贡献稳步提升。在稳定公司利润来源的同时，有效发挥了产业结构调整转型的积极作用。全年实现利润20.1亿元，同比增长28.9%，其中，电力项目实现利润9.4亿元。控股运营装机规模突破1000万kW，权益装机规模840.67万kW。房地产业务全年实现销售额205.48亿元，实现营业收入128.58亿元，实现利润13.18亿元。

四是新业务孵化培育力度加大。财务公司、水环境治理公司、建筑集团、产业基金公司、海投香港公司、航空港建设公司、水务环保等一批新业务公司成立，中国电建新增长点、新增长极、新增长带加快形成。

(三) 国际业务平稳有序发展

一是调整优化国际经营资源，形成国际市场竞争合力，打造适应新形势下的国际业务一体化管控和运营体系。全年新签合同1593.45亿元，占比35.7%，同比增长16.6%；完成营业收入722亿元，占比25.4%，同比增长13%；实现利润37.28亿元，占比32.2%，中国电建国际竞争力进一步增强。

二是积极完善市场布局，加强重点国别、区域市场开拓。紧跟国家“一带一路”战略，开展高层营销，推动双边合作项目落地，重点推动了中巴经济走廊和亚洲铁路互联互通一揽子项目，巴基斯坦卡西姆港应急燃煤电站、中老铁路、雅万高铁项目顺利开工。截至年末，中国电建在101个国家设有160个驻外机构，在116个国家执行勘测设计咨询、工程承包、装备与贸易供货等合同1863项，在建项目合同总金额6958.9亿元人民币。

三是创新商业模式，成功签署一批海外重大项目。中国电建与子企业组成联营体模式签订合同额11.3亿美元的菲律宾超临界燃煤电站项目；协助融资+EPC模式中标合同额17.17亿美元的孟加拉国萨拉姆燃煤电站项目和合同额15.66亿美元的赞比亚下凯富峡水电站项目；小比例参股+协助融资+EPC模式中标合同额5.5亿美元的津巴布韦旺吉电站扩机项目；以EPC模式中标巴西美丽山±800kV特高压项目三个标段，这是拉美第一条、全球第四条±800kV特高压输变电线路。

四是加强海外业务经营管理，提升经营质量。针对海外在建项目，采取“一项目、一对策”的方式制定实施方案，取得明显成效。强化海外投资带动作用，全年海外新增投资41.23亿元，带动海外工程总承包比例占到6%，海外投资与工程承包的协同效应显现。德国TLT公司接管后实现良性可持续发展。

(四) 经营质量继续提升

一是高端营销引领作用显著。加强与政府、企业及金融机构的对接，统筹协调区域市场开发，推动一大批重大项目落地。全年共签署17项战略合作协议，重点对接了云南、西藏、深圳、成都、武汉、济南等地方政府及铁路总公司、中关村发展集团、西藏开投等相关央地企业，实质性推动了深圳、成都、武汉、长沙、哈尔滨地铁及玉溪高速公路等项目。

二是商业模式不断创新，产业链一体化能力得到加强。全年以BOT、EPC、FEPC、PPP等模式承揽的较大规模项目金额达2500亿元，大型项目包括合同额268亿元的中山至开平高速公路BOT项目、合同额143亿元的杭州大江东产业集聚区基础设施PPP项目。中标深圳茅洲河界河综合整治工程EPC项目，在水环境综合治理领域实现重大突破。公司成立专门机构，统筹协调、有效衔接投资和规划、设计、施工、装备制造、运营等各环节，积极推进公司产业链一体化能力建设，全年以工程总承包方式新签合同1700亿元。电力勘测设计、工程、装备制造企业主动延伸自身传统优势或依托公司实力积极营销属地化、区域化的基础设施市场，取得积极成效。

三是金融创新能力不断提升。顺利通过中国银监会批复成立财务公司，中国电建金融业务已初具雏形。强化资金集约化管理，深化银企合作，中国电建授信额度达到7070.8亿元。通过统借统还、调剂资金等手段节约各类财务费用4.06亿元。各子企业在中国电建的部署下积极开展金融创新，全年实现权益类融资142亿元，同比增幅近4倍，直接融资占对外融资总额超过20%，有效降低了融资成本。

四是扎实开展降本增效，努力提高企业效益。通过实施集中采购管理、全面预算管理、治理减亏清欠等工作增加效益。全年设备物资集中采购总额达530.7亿元，集采率达到73.5%；投资与建设项目集中招标金额达到380亿元，设备采购成本、招标项目成本同比大幅下降。

（五）体制机制改革深入推进

一是公司制改革扎实稳步实施，整体改制上市取得重大进展。水电、风电勘测设计板块资产注入工作顺利完成，电建股份的产业链进一步完善，价值创造能力得到增加；电力勘测设计、工程、装备制造企业的公司制改建工作全面启动，部分具备条件的企业完成了改制工商登记。

二是内部重组整合步伐加快。瞄准业务结构和区域布局优化目标，实施了贵州电建一公司与贵州电建二公司、河南院与海南院、上海装备公司与海南设备厂等6组12家子企业的重组整合。直接管理的子企业数量从成立时的105户减少到84户。对扭亏无望的子企业实施歇业、退出，吉林电建职工分流安置、在建项目接管等工作平稳推进。

三是历史遗留问题逐步得到解决。全面推进厂办大集体改革和清理规范关联企业工作，重点对改革进展慢、任务重的单位进行调研督导。全年完成了47户厂办大集体改革，清理规范了68户关联企业。

（六）基础管理水平持续提高

一是财务与资产管理能力持续增强。全面预算管理有效推进，业绩考核导向作用不断强化，预算管理及业绩考核的战略支撑功能不断凸显；加强带息负债管控力度，严控债务风险；强化风险性资产管理，积极开展“两金”占用专项清理；加快低效无效资产处置进程，盘活存量资产；强化资产评估和产权管理，资产收购及处置程序进一步规范。

二是内部监督作用有效发挥。法律审核已覆盖公司重要决策、改革改制、经营管理等各个领域，法律管理与中心工作的融合更加紧密，专业支撑价值进一步显现。风险管理与内部控制工作更加扎实有效。对非洲、欧洲、东南亚地区的项目进行了审计调研，完成了13家子企业的领导干部任期经济责任审计，审计过程监督与风险预警作用不断提升。主动延伸监督触角，围绕重大项目和经营管理薄弱环节开展效能监察和专项治理，全年累计开展效能监察419项，提出整改意见2158条，对规范管理、堵塞漏洞起到了促进作用。

三是科技创新的驱动作用得到增强。参与的京沪高铁项目荣获国家科技进步特等奖，是中国电建在非传统业务科技领域取得的最高荣誉；溪洛渡拱坝智能化建设关键技术荣获国家科技进步二等奖；特高边坡工程施工关键技术研究与应用、超深埋隧洞高水压大流量涌水处理技术、南水北调引水工程关键施工技术研究与应用等82项科技成果达到国际领先或国际先进水平。全年获得国家科技进步奖2项、国家级工法25项、省部级科技进步奖208项，获得授权专利1655项。目前，公司系统高新技术企业58家，国家级和省级研发平台达到5家和47家。

四是安全质量管理实现可控在控。完善安全生产“党政同责”和“四个责任体系”，开展滚动式安全质量检查考核，狠抓过程管控与整改落实。全年事故起数、伤亡人数同比分别下降27%和36%；自然灾害事故大幅减少。工程项目验收优良率、境外工程一次验收合格率等指标明显提升，全年共获得鲁班奖4项，其中境外鲁班奖3项；国家优质工程金奖2项，国家优质工程奖4项。

五是人才管理工作有序推进。不断拓宽人才引进渠道，进行人才分类分级管理，建设员工职业发展体系，加大对核心人才和转型升级新业务人才的引进和培养力度，实施领军人才队伍与院士培养工作。积极运用选人用人工作“大数据”分析要求，建立完善领导人员能力素质模型，构建企业领导人员管理体系，促进选人用人工作更加科学有效。

六是积极推动各板块企业适应行业新的发展形势和竞争态势。推动电力工程企业由生存型向发展型转变，扶优扶强领军企业、转型发展骨干企业、做精基干企业、重组困难企业。适应国内电力消纳新形势，推动甘肃、四川、云南等区域内发电企业统筹运营、联合营销，推进区域电量营销工作取得实效。

七是信息化管理水平不断提高。中国电建集中采购平台、工程招标平台及具有公司自主知识产权的项目管理信息系统（PRP）建成并投入使用。核心管控、决策支持和协同办公系统在系统内推广应用，采用“互联网+能源工程”模式的电建云启动建设，信息化基础设施建设进一步加快。

（七）党群工作水平不断加强

一是继续健全党委主体责任，落实责任体系，切实推动公司反腐败斗争形势的良性转变，保障企业健康发展。策划组织“三严三实”专题教育，坚持严格标准、问题导向、务求实效，推进不严不实问题整改。推进依法治企、阳光央企建设，健全完善信息公开领导体制和工作机制。整改落实国务院国资委巡视反馈意见整改措施，巡视反馈意见已全部整改落实。

二是企业文化和精神文明建设进一步强化，精神文明“三创建”、“最美电建人”等活动取得良好效果。海外企业文化管理、对外宣传等工作获得中宣部、国务院国资委等表彰。

三是组织参加全国电力职工技术成果奖、电力行业企业管理创新优秀成果评选等多项全国技能大赛，并取得良好成绩。

【走向海外】 中国电建在2015年《财富》世界500强企业中排名第253位，较2014年提升60位；首次以POWERCHINA的名义参与2015年ENR全球设计企业150强和ENR全球承包商250强排名，分别位列第3位和第7位，在电力建设领域均位列中资企业第一；并获得穆迪A3和标普A一和惠誉A一信用评级。

境外投资业务开展情况：

截至2015年，中国电建在境外16个国家实施投资项目33个，其中正式运营项目6个，在建项目7个，开展前期工作项目20个。2015年新增境外固定资产投资总额41.23亿元，历年累计完成投资总额150.95亿元，其中跨国并购投资总额8.25亿元，固定资产投资总额142.70亿元。

对外承包工程业务开展情况：

2015年，中国电建对外承包工程业务实现稳步增长，完成营业收入690亿元，同比增长8%，占比24%。新签合同额1593亿元，同比增长16.3%，占比35%。围绕核心优势，大力推动从“水电”向“大电力”的转型，火电项目、新能源项目签约额占比明显加大，占比达到46%。

截至2015年，中国电建50家子企业在87个国家执行工程承包类项目合同1143项，在建合同总金额6636.8亿元。境外中方人员28 392人，雇佣项目所在国人员56 035人，雇佣第三国人员6564人，在建工程项目境外合计总人数90 991人。

国际重大投融资项目 截至2015年底，中国电建在境外16个国家实施投资项目33个，其中正式投产运营项目6个，在建项目7个，前期工作20个。2015年新增境外固定资产投资总额41.23亿元，历年累计完成投资总额150.95亿元，其中跨国并购投资总额8.25亿元，固定资产投资总额142.70亿元。

驻外机构 截至2015年底，中国电建在106个国家设有339个驻外机构。其中电建股份在104个国家设有290个驻外机构（统计数据包括股份公司、水电国际、水电顾问、顾问国际、海投、设计院、工程局、基础局、路桥公司在内）。

按地域划分：大洋洲3个国家3个驻外机构，非洲39个国家111个驻外机构，美洲17国家41个驻外机构；欧洲11个国家18驻外机构，亚洲36个国家166个驻外机构。

按机构性质划分：17个区域业务总部、20个区域经理部、125个代表处、62个分公司、44个全资子公司、36个控股公司、8个参股公司、1个项目公司、1个离岸公司、25个办事处。

（冯有维）

【中国水电工程顾问集团有限公司】

公司概况 2015年，根据中国电建整体部署，中国水电工程顾问集团有限公司（简称水电顾问集团）完成了与水电顾问投资公司整合工作，整合后的水电顾问集团重新定位为：作为经营实体承继并做强做大HYDROCHINA品牌，是中国电建国际业务、国内国际可再生能源投资的重要窗口和平台公司之一。

领导班子

执行董事（法定代表人）、总经理、党委副书记：黄河

党委书记、副总经理：曹春江

副总经理、安全总监：卢红伟

副总经理：赵家旺、孔德安、张金秀、张念木、李宁君、陈观福

监事、党委副书记、纪委书记、工会主席、总法律顾问：宋学军

总会计师：田建平

副总经理：李岳军、杨正广

组织机构与人员构成 2015年，水电顾问集团设有总经理工作部、党群工作部、战略发展部、人力资源部/离退休管理处、市场经营部、财务资产部、纪检监察部/审计部/法律与风险管理部、安全环保部/科技质量部、项目管理部/设备物资部、融资部、技术中心、国际业务部、投资业务部、运行业务部、海外区域总部等部门，设立战略咨询委员会、海外项目评估委员会、投资评估委员会3个专业委员会。截至2015年底，水电顾问集团职工总数653人，其中：高级职称92人，占职工总数的14.1%；中级职称134人，占职工总数的20.5%；初级职称236人，占职工总数的36.1%。

主要经济指标 2015年，水电顾问集团实现营业收入32.59亿元，完成年度考核目标的114%；实现利润总额2.07亿元，完成年度考核目标的131%；全员劳动生产率498万元/人；新签合同额110.11亿元，其中，国际业务新签合同109.38亿元。公司资产总额145.02亿元，负债总额107.37亿元，所有者权益37.65亿元，资产负债率74.04%。

企业资质、资信 水电顾问集团拥有中华人民共和国对外承包工程资格证书、自理报检企业备案登记证明书；工程勘察综合类甲级资格证书；工程设计电力行业甲级资格证书、工程设计水利行业甲级资格证书；工程咨询单位水电专业甲级资格证书、工程咨询单位（工程项目管理）甲级资格证书、工程咨询单位生态建设和环境工程专业丙级资格证书；中华人民共和国海关报关单位注册登记证书；对外贸易经营者备案登记表；高新技术企业证书；质量管理体系、环境

管理体系、职业健康安全管理体系认证证书等各类资格证书。

改革发展

(1) 高效整合资源，组织机构深化改革取得成效。2015年，根据中国电建管控要求和整合后水电顾问集团本部、子公司功能定位，水电顾问集团分步推进组织机构调整，建立了适应水电顾问集团管控需求和业务运营特点的管理和运行体系。最大程度发挥现有资源能力，适应新的组织架构需要，重新梳理并颁布各部门职责，组织开展中层干部的选聘工作，开展公司规章制度的清理和制修订工作。同时，为了满足业务发展需要，新设了多个驻外办事机构，成立"战略咨询委员会""投资评审委员会""海外项目风险评估委员会"等专业委员会。

(2) 启动"十三五"规划编制工作。按照中国电建"十三五"投资规划编制工作总体安排，分别完成了水电顾问集团国内能源"十三五"投资规划编制，提出了"十三五"末水电顾问集团国内电力投产装机容量达到600万kW的远景目标、水电顾问集团海外"十三五"投资规划以及水务、战略新兴产业"十三五"投资规划及水电顾问"十三五"科技发展（创新）规划。

(3) 主动研究谋划战略性新兴业务。开展国内外水务、环保业务发展前瞻性研究，形成国内外水务、环保产业发展现状和前景分析报告、中国电建水务、环保产业发展建议书、中国电建水务环保发展规划等研究成果，为中国电建决策提供参考和支撑。

经营管理 2015年，水电顾问集团落实改革发展和经营管理工作部署，围绕平台公司发展定位，主动作为，推进以国际经营和新能源投资为重点的业务拓展，全力适应与水电顾问投资公司整合后的新结构、新局面，抢占市场机遇，规范制度体系，夯实管理基础，企业保持了快速增长的发展势头。

(1) 国际市场开拓实现重大突破，国际业务步入跨越式发展轨道。2015年新签国际合同是2014年的5倍，喀麦隆颂东水电项目、越南富叻1风电项目、加纳ACH燃煤发电项目、蒙古国阿曼河2020MW火电项目、阿根廷谭波拉综合水利枢纽项目等一批具有国际影响力和重大带动作用的项目瓜熟蒂落。重点国别传统业务与新兴业务开发互相促进，在发挥水电、风电的传统技术优势的同时，积极推进水务、公路、火电等非传统新兴业务的开发经营。

(2) 国内可再生能源投资稳步增长，成功跻身全球新能源强企。2015年，可再生能源投资业务营业收入首次超越10亿元，利润总额首次突破1亿元。水电顾问投资公司成功跻身2015全球新能源企业500强，位列第446位。国内新签可再生能源项目开发权(223万kW)和新增核准装机规模(47.3万kW)均创历年新高。国内投资建设的首个并网光伏发电项目大庄光伏电站投产发电，整体发电结构已形成风、水、光互补的格局。

(3) 投产项目电力运维能力不断提高。投产装机容量达111.67万kW，其中风电82.69万kW，水电27.98万kW，光伏发电1万kW，年发电能力突破30亿kWh。各电厂设备总体运行情况稳定，风电机组平均可利用率98.01%，水电机组可利用率均为100%，未发生非计划停机事件；首座并网光伏电站运行正常，积累了光伏电站运行经验。

重大项目 截至2015年底，水电顾问集团在建项目14个，国际项目11个，国内投资项目3个，总体进展顺利。

(1) 国内项目。湖南隆回宝莲风电项目、贵州关岭永宁风电项目、云南大湾水电站、云南卢西小海子风电项目工程完建，全部机组并网发电，德州风电场首批机组并网发电。

(2) 国外项目。埃塞俄比亚阿达玛二期风电项目、巴基斯坦萨菲尔风电项目和泰国贴萨吉太阳能发电项目全部机组投产发电，工程即将竣工；巴基斯坦塔帕风电EPC项目、越南中宋水电和富叻风电、厄瓜多尔德尔西水电站项目引水隧洞等8个在建项目进展顺利。埃塞俄比亚的斯亚贝巴城市电网升级改造项目、巴基斯坦萨察尔风电项目、肯尼亚利姆如风电项目、孟加拉达卡达舍尔甘地污水处理项目、伊朗纳玛水电项目和阿根廷阿劳科风电等6个处于筹建期的项目，筹建工作正有序开展。其中，巴基斯坦萨菲尔项目正式具备向业主移交的全部条件，该项目是电建集团在海外承接的第一个纯项目融资的风电项目。国内投资的戛洒江一级水电站、塔石风电场实现核准进入筹建，朝阳并网光伏发电项目完成前期工作即将开工建设。

(3) 工程创先争优，喜获行业殊荣。水电顾问集团总承包建设的埃塞俄比亚阿达玛一期风电场项目喜获菲迪克(FIDIC)2015年度工程提名奖，该奖项被誉为行业"诺贝尔奖"。泸西县大坡顶风电场工程获得"中国电建2015年度优质工程奖"。

走向海外 水电顾问集团落实"高端切入、规划先行、技术领先、融资推动"的国际发展思路，推进国际业务多元化战略，突出抓好以国际优先、投资发展为重点的转型升级，在国际市场形成了以规划咨询、工程承包、项目投资为核心业务的"三大板块"。

(1) 坚持推行规划先行，平台公司引领作用显现。借力中国电建重大项目前期规划专项资金的杠杆作用，对"一带一路"战略沿线涉及的国家进行集中梳理和研究，主动承担行业规划任务。通过为目标国提供服务和一揽子解决方案，获得市场资源，培育和开拓重大项目。受国家发展改革委对外经济研究所的委托，承担了中国与老挝、柬埔寨、斯里兰卡、印度尼西亚四国电力合作规划研究工作。组织开展了马达加斯加能源发展规划、埃塞俄比亚水力资源普查、肯尼亚电力市场规划、巴基斯坦旁遮普省能源发展规划、蒙古国电力系统规划等项目规划，一些重大项目进入国家间有关合作协议，为项目孵化创造了积极条件。

（2）发挥投资带动作用，海外投资业务破茧起步。水电顾问集团投资的巴基斯坦大沃（Dawood）风电项目开工建设，在缅甸、菲律宾、英国、丹麦、德国、埃塞、肯尼亚、喀麦隆等国别市场，多个投资项目前期工作有序推进；与澳大利亚恩图拉、华东院三方签署了收购澳大利亚恩图拉水电设计院的框架协议，前期工作开展顺利。

（3）打造业内战略联盟，引领集团海外项目开拓。水电顾问集团与宁夏电建、贵州设计院组成联营体签署了总装机容量 750MW 的加纳 ACH 燃煤发电项目；积极推进与中国水电建设集团国际工程有限公司共同投资开发塞拉利昂宾康格三级水电项目。以灵活的投资方式切入欧洲成熟的海上风电市场和行业，与丹麦 Dong 能源集团、丹麦 Ramboll 集团、德国莱茵能源集团、法国电力公司、Vestas 等全球海上风电领军开发、设计、运营和制造企业建立战略合作伙伴关系，积极探讨并参与欧洲海上风电项目投资运作。

（4）规范品牌使用管理，国际影响力不断提升。水电顾问集团与北京院、西北院、华东院、中南院、成都院、贵阳院、昆明院等 7 家勘测设计院共同研究制订了品牌使用管理办法和实施细则，“HYDROCHINA”品牌成为中国电建国际业务高端营销的三大品牌之一。2015 年 12 月，在南非举行的“中非装备制造业展”开幕式上，国家主席习近平向非洲各国政要推介了阿达玛二期风电项目，极大地提升了 HYDROCHINA 品牌的影响力。

科技创新 参加国家能源局风电行业标准《风电场工程可行性研究报告编制规程》修订和《风电场工程施工环境保护规范》编制工作；开展“三标管理体系”认证工作，确立 18 项公司级科研课题研究。“哥斯达黎加 Caplulin—San Pablo 水电站 BIM 应用成果”在中国建设工程首届 BIM 大赛中斩获单项评比一等奖。“中国数字水电基础信息与分析平台”荣获 2015 年度中国电建科学技术奖特等奖。“中美水电工程技术标准对照研究”获中国电建科学技术奖二等奖，“风电场生产信息化系统的开发及应用”获中国电建科学技术奖三等奖。荣获授权发明专利 4 项、实用新型专利 4 项、软件著作权 2 项。荣获电建股份科技进步二、三等奖各 1 个。水电顾问通过高新技术企业资格认定。

党群工作和企业文化建设 开展“三严三实”专题教育，党建和反腐倡廉建设持续加强。按照“一计划”“两同步”“三落实”“四对准”的工作思路，先后组织了党委书记讲专题党课、三次集体学习和三次学习研讨。结合“三严三实”专题教育全年组织 8 次党委中心组集体学习，深入学习领会党的十八届三中、四中、五中全会和习近平总书记系列重要讲话精神。

党建和反腐倡廉建设进一步加强。先后召开党员代表大会、二届二次职工代表大会、第二次团代会，进一步完善党、工、团领导体系，健全各级基层组织。以落实“两个责任”为主线推进党风建设和反腐败工作。完善惩治和预防腐败体系，将廉洁风险防控融入“三标”体系和管理体系建设。持之以恒抓好中央“八项规定”精神落实和反“四风”工作，聚焦重点领域、关键环节、重要时点开展专项检查、效能监察和监督检查，作风建设得到进一步加强。一年来，公司未发现干部职工违纪违法问题。

企业文化建设富有成效。加强精神文明建设，实施文化融合，强化文化凝聚。开展社会主义核心价值体系教育，组织文化理念和实例征集。深化“职工之家”建设活动，探索打造“全能型”职工之家。水电顾问投资公司荣获 2012～2014 年度“首都文明单位”荣誉称号。8 月初，国务院国资委宣传局局长、文明委副主任卢卫东，宣传局副局长、文明办主任韩天，中国电建党委书记马宗林等领导专程赴张北公司调研基层精神文明和企业文化建设情况并给予高度评价。加强新闻宣传工作，完成企业中文网站改版，发行《中国水电顾问》双月刊，完善新闻宣传工作机制。水电顾问荣获“《中国电力报》2015 年度优秀通讯站”称号，水电顾问投资公司荣获中国电建 2014 年度“先进记者站”称号。

社会责任 水电顾问集团坚持履行社会责任，在依法合规经营、诚信经营，保持生产经营持续稳定健康发展的同时，勇担央企使命，积极履行社会责任，实现企业与社会、环境的和谐发展。2015 年全年年新增投产水电、风电装机容量 25.62 万 kW，实现上网电量 25.08 亿 kWh，相当于节省标煤 30.82 万 t，为环保事业做出了贡献。安全生产零事故，未发生环保违规和环境污染事件等。

（张耿福）

中国能源建设集团有限公司

【公司概况】 中国能源建设集团有限公司（简称中国能建）是经国务院批准成立、由国务院国有资产监督管理委员会履行出资人职责的国有独资公司，成立于2011年9月29日，是集电力和能源规划咨询、勘测设计、工程承包、装备制造、投资运营等于一体的国内领先、国际先进的特大型能源建设企业，是世界500强企业和中央企业负责人经营业绩考核A级企业。

2015年，中国能建完成签约同比增长18.89%，实现营业收入同比增长11.84%，实现利润总额同比增长29.62%。年末资产总额达到2670.86亿元，同比增长42.66%。中国能建再次进入世界500强，排名第391位，较2014年提升74位，继续保持了中央企业负责人经营业绩考核A级。中国能源建设股份有限公司（简称中国能建股份）于2015年12月10日在香港H股成功上市。

【领导班子】

董事长、总经理：汪建平

党委书记、董事：丁焰章

党委副书记：张羡崇

党委常委：赵洁、聂凯、吴春利、于刚、周厚贵、兰春杰、陈关中

党委常委、纪委书记：李子勇

【组织机构】 见2015年中国能建组织机构图。

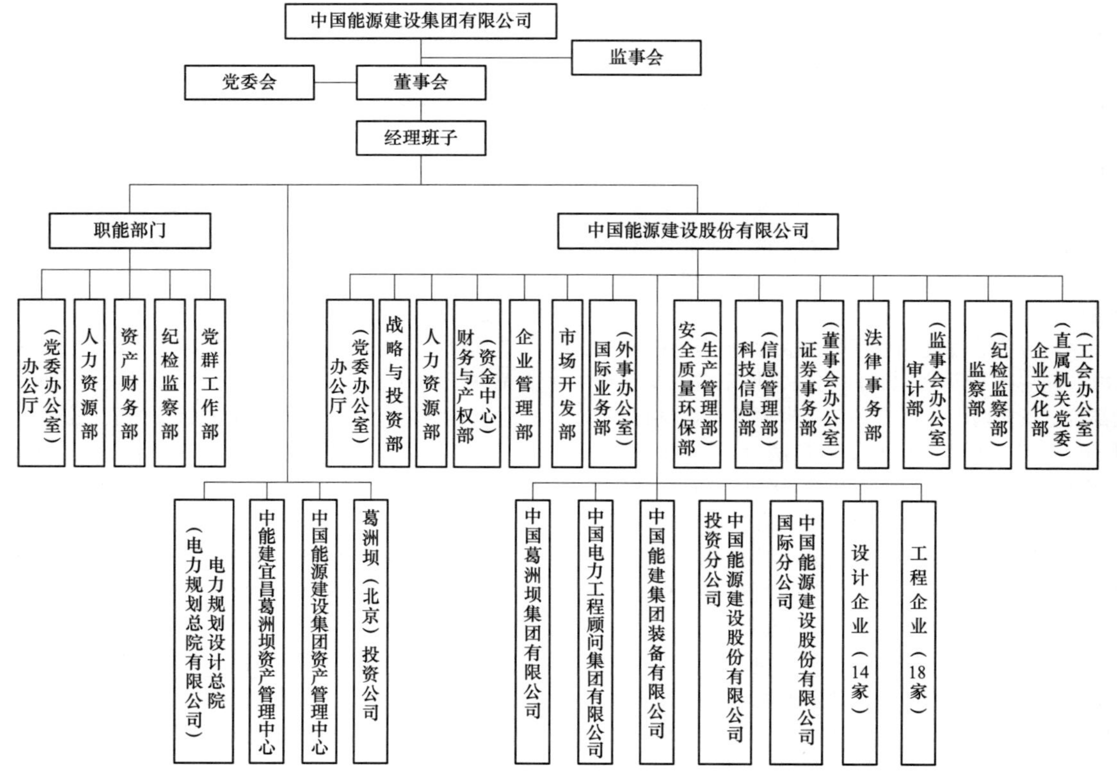

2015年中国能建组织机构图

【战略与体制改革】 中国能建肩负“世界能源，中国能建”组织使命，秉承“行业领先，世界一流”的战略愿景，以打造“两型两化”（科技型、管理型，国际化、多元化）、具有国际竞争力的工程公司为主要目标，全面实施转型升级、国际化、多元化、资源优化、和谐发展五大总体战略，不断促进企业转型升级、产业结构调整、竞争能力提升。

2015年，中国能建围绕实现整体上市目标，深入

推进改革改制工作，优化资源配置，增强了企业活力，完善了体制机制。一是实现了中国能建股份公司整体上市。在2014年组建中国能源建设股份有限公司的基础上，中国能建股份于2015年12月10日在H股上市，在不考虑增发情况下，募集资金净额123亿元港币，成为2015年中央企业融资规模最大的海外IPO。二是着力推进所属企业法人治理结构搭建工作。根据股份公司实现H股上市的新形势新情况，着力推进了股份公司与改制后各级企业法人治理结构搭建工作，并逐步健全完善与规范其运行机制。制定规范的工作规则、议事规则，引进独立董事，从制度上保证了各公司治理机构权责明确、各负其责、有效制衡、协调运转。三是全面推进厂办大集体企业改革。95%的主办企业改革实施方案获得批复，86%的在职集体职工获得妥善安置，较大程度减轻了国有主体企业负担，为下一步改革发展提供了前提条件。四是完成了企业办社会职能和历史遗留问题全面调查工作，为下一步有效解决这些问题奠定了坚实基础，为有针对性地开展国有企业改革工作提供了有力依据。五是及时开展亏损企业专项治理工作。按照国务院国资委《关于中央企业开展亏损企业专项治理工作的通知》精神与要求，结合实际，及时将亏损企业治理工作纳入了中国能建2015年重点工作任务，组织开展了专项治理工作。六是实施企业重组整合，着力推进了北京电建与山西电建二公司的改革重组。七是进一步完善公司功能，推进股份公司业务平台公司建设。组建投资分公司、国际分公司、科技发展公司等集团层面的有关平台公司，完善总部功能。修改完善现有平台公司的功能定位与职责范围，提高其整合利用集团内部相关资源的能力，协调推进集团内部相关资源的集约化、协同性。

【科技发展与创新】 2015年，中国能建研究编制了“十三五”科技发展规划，开展协同创新，通过科研协同促进成果共享，推动科技成果转化，一批成果在工程中转化应用，取得了良好的经济效益和社会效益，促进了企业转型升级。国家科技支撑计划项目“超600℃的1200MW等级超超临界发电技术研究开发”和“二次再热机组热力系统优化与集成”完成研究工作。“AP系列三代核电站用核级电动装置”等一批公司科技项目研究取得突破，成果已应用于工程实践。科技创新能力得到加强，新增国家级企业技术中心1家，院士专家工作站1个，省级企业技术中心等省市级技术创新平台5个。全年获得国家级科技奖励2项，省部级科技奖励18项，行业级科技奖励130项；主编、参编的国家和行业标准220项，编制完成并发布了10项国家标准、44项行业标准；获得软件著作权114项；获得专利授权1349项，专利授权同比增长6.6%，其中发明专利252项，累计拥有有效专利5310项，其中发明专利616项。所属葛洲坝集团一公司参与完成的“国防工程精确爆破技术创新及应用”和中电工程西北院参与完成的“青藏电力联网工程”荣获国家科学技术进步二等奖。

【信息化建设】 2015年，中国能建持续加强信息化建设，编制了“十三五”信息化规划，深化主营业务应用，推进两化融合试点企业建设，信息化工作取得显著成绩。在2015年电力行业信息化成果评选中，中国能建所属企业共有15项成果获奖，其中葛洲坝电力公司《密集带电线路封网跨越方案设计软件及其仿真研究与应用》、山西院《电力资源三维信息系统》和广东院《设计一体化平台建设》等3项成果获一等奖。依托运营一体化和规划设计一体化两个平台，积极参与国家及地方政府层面的各类信息化工作，积极承揽相关业务，培育了能源经济分析能力，拓展了技经软件市场。同时，借助国家能源企业“走出去”的契机，聚焦亚非市场，大力推进信息化国际业务。

一是开展管理信息系统建设，支持集团管控。建设了总部内网门户系统和数据备份系统。人力资源管理系统、集团沟通平台建成上线运行，实现了人力资源整体管控、分层管理的业务模式，沟通平台系统实现了数据安全前提下的即时消息沟通和有关信息系统的集成等，为办公提供了便利。

二是进一步深化主营业务应用，支持政府决策和业务升级。① 完成了国家能源局规划司委托的“基于大数据技术的能源数据采集与应用研究”和“能源预警预测信息化实现技术路线研究”科研项目，完成了国家能源局信息中心委托的国家能源局信息化规划、行业标准化相关工作。② 持续完善国家能源规划基础数据库、中国能源基础信息网、中国电力信息资源平台等的建设，开展了电力需求预测模型、电力供需形势分析系统、电力项目信息系统、电网工程智能决策支持系统等的建设。③ 完善以三维设计为核心的发电数字化设计平台建设，建设设计与管理一体化的数字化协同平台，实现了纵向数据协同和横向专业协同，实现了工程设计过程中文件的有序交换、版本的有效控制、成品的智能管理等功能，实现了数字化设计对采购、施工、调试和运维的支撑，并可支撑电厂全生命周期管理的数字化移交。④ 全面开展电网三维设计平台建设。深化数字化设计在变电设计中的应用，在具备电气一次、二次、土建施工图能力基础上向建筑、水暖等专业拓展应用；开展了输电线路三维设计的一体化平台建设，三维选线、电网GIS系统得到广泛应用，具备前期选线、三维展示、工程数据管理等基本功能。⑤在工程建设业务中初步建立起多项目管控平台和资源调度系统，完善了分包商考核、资产管理等功能，全面覆盖工程建设全过程，将项目管理系统与企业管理信息系统有效贯通，实现管理业务协同和信息共享，理顺了项目管理信息流，强化了对项目执行的总体管控和支撑。利用移动云技术，大大加快业务流转处理速度，效益明显。

三是加强新技术的探索及推广应用。积极探索“大云物移”新技术的应用，把“大云物移”新技术应用理念贯穿到“十三五”信息化规划中，率先将邮件系统部署到公有云上。召开了公司设计企业信息化技术交流会，针对性地交流了新技术应用，大力推进云计算、大数据等前沿技术应用，重塑流程和应用模式，为公司转型升级及提升核心竞争力做出贡献。

四是持续推进两化融合试点企业建设，积极鼓励并组织所属企业申报信息化和工业化融合管理体系贯标试点企业。2015年，中国能建所属葛洲坝易普力股份有限公司、葛洲坝集团水泥有限公司确定为两化融合管理体系贯标试点企业；所属北京洛斯达科技发展有限公司确定为2015年互联网与工业融合创新试点企业。

【安全质量环保】 2015年，中国能建安全生产工作以健全管理体系和责任体系为主线，创新工作思路和管控手段，强化安全生产基础管理，大力开展安全隐患排查治理和专项整治活动及安全标准化建设等工作，有效防范了事故和风险，安全生产形势持续稳定。中国能建股份获得国家安监总局“三晋安全杯”安全法律网络知识竞赛组织奖，中电工程被国务院安委会授予“2015年全国安全生产月活动先进单位”称号，天津电建、山西电建获得省级“安全文化示范企业”称号，安徽电建一公司获得“2014年全国‘安康杯’竞赛示范单位”称号，中能装备南京线材公司、天津电建等7家单位获得“2014年全国‘安康杯’竞赛优胜单位”称号，广西水电工程局获得“2014年度全国‘安康杯’竞赛安全文化宣传工作先进单位”称号，安徽电建二公司电仪试验班、广西水电工程局南宁兴典混凝土有限责任公司泵送班获得“2014年度全国‘安康杯’竞赛活动优胜班组”称号，安徽电建一公司热动汽机本体班、焊接高压一班、安徽电建二公司电仪试验班获全国安康杯竞赛“全国企业班组安全建设与管理成果展示一等奖”，葛洲坝三峡建工山东龙潭沟项目部获得水利部“全国水利建设工程文明工地”称号，安徽电建一公司热动汽轮机本体班获得能源局“2014年度全国青年安全生产示范岗”，葛洲坝集团获得2014年度“湖北省安全生产红旗单位”，葛洲坝集团股份有限公司、中电工程西南院等7家单位获得省部级安全生产先进单位。

2015年，中国能建从依法合规、改进提升和创新增效三个层面指导、规范所属企业的节能环保工作。推进开展绿色施工示范工程创建活动，倡导企业积极开展节能环保新兴业务；推进行业节能减排技术应用，在电力工程规划、设计、咨询、施工、调试服务中，发挥技术研发优势，推进高效发电、热电联产、余热余压利用、新能源、可再生能源、垃圾发电、分布式能源、智能电网等节能技术、设备的研发和应用，为行业和社会提供了优质的节能减排服务。搭（承）建平台推广煤电超低排放、清洁能源等节能减排技术；加强节能减排技术改造，节约能源降低排放。2015年，中国能建未发生环境保护和节能减排违法、违规事件；能源消费总量401万t标准煤；万元营业收入能耗（可比价）同比下降1.69%；二氧化硫、化学需氧量、氮氧化物和氨氮排放总量分别同比下降5.81%、3.87%、5.21%和4.12%。

【党建、工会、职工队伍建设】 坚持党要管党、从严治党，坚持“围绕中心、服务大局”，全面推进党群工作，取得良好成效。中国能建总部首次获得“首都文明单位”称号，5家单位获得“全国文明单位”称号，4项党建思想政治工作研究成果、9项企业文化成果获得行业优秀成果奖，获得2个全国“青年文明号”、7个“全国劳模”称号。

全面加强党的建设和思想政治建设。深入开展“三严三实”专题教育，狠抓专题党课、专题学习研讨、专题民主生活会和组织生活会、整改落实和立规执纪“四个关键动作”，取得良好效果；公司党委中心组集中学习7次、自学5次；所属企业党委（党组）中心组集中学习800多次；加强职工思想动态分析，各所属企业撰写职工思想动态分析报告80余篇。实施所属企业党组织书记、副书记年度书面述职制度；举办公司基层党组织书记培训班，100余名党组织书记参加了培训，推荐3名党组织书记（委员）参加了中央企业基层党组织书记示范培训班；开展了两年一次的“一先两优”评选，表彰先进基层党组织45个、优秀共产党员和优秀党务工作者75名；建立完善了股份公司及直属机关党组织，督促完成了2家企业党组改党委工作；加强了对新单位党组织建立、调整，明确党组织隶属关系等相关工作的指导。修订建立股份公司党建制度近30项，推进党建和思想政治工作制度化、规范化。积极开展党建工作研究创新，成立了政研会及6个学组，积极开展课题研究，发布的4项党建思想政治工作研究成果获中电联优秀成果奖；公司党委主要领导先后带队深入到9家企业和工程项目开展调研，听取意见，形成了调研报告和指导意见，并在国资委网站及《中国能源报》《当代电力文化》等进行宣传推介。浙江火电党建量化考核经验得到国资委党委及巡视组肯定，并在国企党组织书记培训班上进行交流。

全面推进工会工作。制度建设和组织建设得到加强，修订工会工作制度12项。劳模工程创新创效，7名职工被党中央、国务院授予“全国劳模”称号；9名职工获评省级劳动模范，1名职工获评省级五一劳动奖章，5个集体受到所在地省委省政府表彰；30名职工被评比表彰为“中国能建劳动模范”。慰问帮扶更加深入，深入广西西林县和陕西镇巴县开展定点扶贫调研，科学制定2015～2017年扶贫规划，委派2名干部驻村挂职第一书记，推进2015年出资142万元的“三缺”扶贫项目落地实施。职工文体活动丰富多彩，荣获第二届全国职工微影视大赛5个奖项、全国电力行业职工乒乓球比赛男子双打冠军、男子团体亚军。

全面加强职工队伍建设。成功举办公司第一届档案职业技能竞赛、测量工职业技能大赛，6名选手被授予“中国能建技术能手”称号。组织参加全国和行业大赛4次，5名选手在第五届全国职工职业技能大赛焊工决赛中获奖，其中2名选手被授予“全国技术能手”称号，3名选手被授予“省级技术能手”称号；在中国技能大赛——中央企业测量工大赛中，1名选手获铜奖并被授予“中央企业技术能手”称号，公司荣获优秀组织奖；在中央企业档案职业技能大赛中，获团体决赛优胜奖，3名选手获个人决赛优秀选手奖；在中电协第四届吊装大赛中，获二等奖1个、优胜奖3个、团体三等奖和优胜奖各1个。群众性经济技术创新结硕果，获得第七届全国电力职工技术创新成果奖一等奖1项、二等奖6项、三等奖18项；获得能源化学工会职工创新成果奖一等奖2项、二等奖5项、三等奖16项。组织13家所属企业149名学员参加中央企业班组长岗位管理能力资格认证远程培训。

【企业文化建设】 全面推进企业文化建设，品牌形象进一步提升。提炼完成并印发了《中国能建核心理念和行为准则》，确定了企业各项工作的最高指导思想。品牌推广有效推进，完成了900m^{2}的总部形象展厅、企业文化展区和总部大楼导视工程，完成形象画册、形象宣传片制作，修订完成了《品牌视觉形象管理规范》，实现了企业文化成果的有形化、可视化。主题活动反响较好，举办了“新起点、新跨越”主题摄影、书法、文学大赛、一线员工故事征集活动；2015中国水电论坛、世界水电大会等展会的品牌导入有效推介了集团品牌。加强内外宣传，建成《中国能建周刊》、门户网站、微信和APP“四位一体”宣传平台，积极推进网站群子站建设，累计建成69个企业子站；APP正式上线，“能建视界”官方微信总浏览量突破50万人次，粉丝量、转发量、关注度持续攀升。多次在央视播出主要领导专访和相关新闻，国资委网站信息采用量居央企前列，获得国企好新闻一等奖和三等奖各1个。加强精神文明建设，创新实施道德讲堂建设区域协作，取得良好效果。

【国际合作与交流】 继续加快“走出去”步伐，大力实施国际业务优先发展战略，积极参加全球电力和基础设施建设，主动服务于国家政治、经济外交和对外开放战略，国际化经营不断取得突破，成为公司发展的重要支撑。

从经营规模来看，2015年，中国能建国际业务新签合同、营业收入和利润均大幅增长，较公司成立之初均实现了翻番。国际新签合同、营业收入和利润在公司总业务中的占比分别达到33.59%、14.55%和28.62%，继续保持稳步上升趋势。

从市场储备来看，中国能建国际业务合同存量超过3000亿元，各单位共跟踪国际项目920多个，项目总金额超过2000亿美元。

从地域分布来看，中国能建各单位共设立了境外分支机构185个，分布在亚洲、非洲、拉美、欧洲等地区的80多个国家，基本覆盖了全球主要承包工程市场。围绕“一带一路”进行国际市场布局，目前在“一带一路”沿线65个国家中的52个国家开展了业务，并设立了分支机构116个，涵盖“一带一路”沿线主要国家。在建项目300多个，项目金额超过1500亿元。“一带一路”国家业务占国际业务总量的45%左右。

从专业领域来看，中国能建国际业务已形成电力项目和非电项目协调发展的局面。电力领域的核心竞争优势不断加强，连续两年电力项目对外直接签约超过100亿美元。同时公司业务不断向水利、路桥、房建、市政、港航、铁路和供排水等国际非电基础设施建设领域延伸，非电项目签约金额占全部签约的比重超过25%。

依托中国能建全产业链优势，所属单位积极为客户提供一站式综合解决方案和全生命周期的管理服务，中国能建在中国对外承包工程行业的影响力不断提升。2015年，葛洲坝集团在“250家国际承包商”中排名第44位，较2014年提升了7位，在全部入选的65家中资公司中排名第6位。中电工程在“225家国际工程设计公司”中排名第96位，较2014年提升了50位，首次入选“250家国际承包商”，位列第234位。天津电建在“250家国际承包商”排名第138

位，较2014年提升91位。

（张　猛）

【中国电力工程顾问集团有限公司】

公司概况　中国电力工程顾问集团有限公司（简称中电工程），前身为中国电力工程顾问集团公司，于2002年底在原国家电力公司所属中国电力工程顾问（集团）有限公司基础上组建，现为中国能源建设集团有限公司的全资子公司。

中电工程是面向国内外市场，为政府部门、金融机构、投资方、发展商和项目法人提供电力工程一体化解决方案的服务商，主要从事电力规划研究、咨询、评估与工程勘察、设计、服务、工程总承包，电力项目投资与经营及相关专有技术产品开发等业务。

中电工程在职员工9000余人，其中国家级勘察设计大师11人，享受政府特殊津贴的专家126人。

中电工程在电力勘察设计技术上处于国内领先地位，在百万千瓦级超超临界燃煤机组、核电常规岛、洁净煤发电、空冷机组、特高压交直流输变电等勘察设计前沿技术方面具有国内领先优势。中电工程承担了全国电力市场分析、电能消纳、电源电网规划、西电东送、全国联网，电力产业结构优化升级等电力发展规划研究工作；完成了国内大量发电工程和输变电工程的勘察设计工作，承接了几十个国家的数百项电力工程。中电工程开创了“以设计为龙头的EPC建设模式”，完成了中国首台60万kW级、100万kW级机组电站等一批EPC总承包工程。中电工程在中国电力勘察设计行业的科研、标准化工作中发挥着主导作用，承担了全国约90%的电力勘察设计科研、标准化任务，承担着电力新技术研究和国外先进技术的引进、消化和创新等工作。

近十余年来，中电工程连续进入美国工程新闻记录（ENR）“全球150强设计公司”和“世界225强设计公司”排名，2015年分别名列第42位和96位；在“2015全球最大250家承包商”排名中，中电工程名列第124位；首次进入“2015全球最大250家国际承包商”，排名第234位；连续位居前列进入“中国承包商、工程设计企业双60强”，荣膺2014年“中国工程设计企业60强”第2名；中电工程所属六大区电力设计院多年连续进入中国勘察设计综合实力百强。

2015年共完成新签合同额434.53亿元，同比2014年增长4.62%。实现利润总额18.52亿元，同比增长10.83%；实现经济增加值（EVA）11.32亿元。

领导班子

执行董事、总经理、党组书记：吴春利

副总经理、党组成员、纪检组长：沈融

副总经理、党组成员：李兵

副总经理、党组成员、总法律顾问：车洪林

党组成员、总工程师：李宝金

组织机构　内部主要设有总经理工作部、人力资源部、财务与产权管理部、企业发展部、工程管理部（安全质量环保部）、国际事业部、科技信息管理部、监察审计部、党群工作部、机关工会、资金结算中心、工程技术中心、核电技术中心、IGCC技术中心、空冷技术中心、高压直流技术中心、智能电网技术中心、电站冷却塔技术中心、褐煤技术中心、太阳能热发电技术中心、CFB技术中心、烟气治理技术中心共22个部门。

下属子企业有东北电力设计院有限公司、华东电力设计院有限公司、中南电力设计院有限公司、西北电力设计院有限公司、西南电力设计院有限公司、华北电力设计院有限公司、中国电力建设工程咨询有限公司、中国电力工程顾问集团投资有限公司、中国电力工程顾问集团国际工程有限公司共10家子企业。

体制改革　2015年，中电工程所属企业中国电力工程顾问集团投资有限公司（简称投资公司）通过其香港子公司中国电力工程顾问集团（香港）投资有限公司（简称CPEIC HK）认购捷硕太平洋电力有限公司（简称JPP）发行的股票，从而取得JPP 70%的股权，完成对捷硕海阳电力有限公司（简称BOT）的投资事项，出资资金为自有资金，投资公司于2015年12月21日完成首笔资本金3347.4万美元注入越南海阳2×600MW燃煤项目公司（BOT），标志着投资中电工程正式控股投资首个海外大型火电项目。

人力资源　截至2015年底，共有在职职工8958人，45岁以下员工5715人，大学本科及以上人员7106人，副处级以上干部1047人，高级以上职称人员4340人，各类执业注册人员2345人。

2015年，人力资源部按照重点工作安排，不断强化服务意识，努力提高工作水平，全面总结、梳理和完善人事、薪酬管理、考核分配等人力资源管理制度，配合做好集团重大工程项目人力资源调配，调整和改革收入分配工作，做好工资总额预算管理和企业负责人薪酬管理工作。

生产经营　2015年，中电工程共完成新签合同额434.53亿元，同比增长4.62%。其中国内业务318.95亿元，同比增长4.65%；国际业务115.58亿元，同比增长4.51%。

全年实现营业收入224.19亿元，同比增长8.67%；实现利润总额18.52亿元，同比增长10.83%。

2015年，面对依然复杂和严峻的市场环境，中电工程上下齐心，克难奋进，积极推进各重点业务板块的可持续增长。

传统勘察设计业务巩固发展。全年新签勘察设计业务合同52.06亿元，虽然同比减少，但在行业内仍处于主导地位。

发电方面，签约了淮南矿业集团潘集电厂一期2×1000MW燃煤机组工程勘察设计合同等各阶段百万机组63台6430万kW；大唐滁州电厂2×660MW机组工程勘察设计等各阶段60万kW机组60台3888万kW。截至2015年底，全国已投产1000MW级超超临界机组共85台，中电工程完成了59台，占比达69%。

电网方面，承接各阶段750kV及以上交流项目39项，各阶段±800kV及以上特高压直流项目14项，送电线路设计长度2315.69km。其中，六大院全部中标全球电压等级最高、输电规模最大的直流输变电工程——准东—华东±1100kV特高压直流输电工程。

核电方面，签约了湖南桃花江核电1、2号机组常规岛及其BOP的设计与技术服务分包框架协议、田湾核电站扩建工程5、6号机组可行性研究阶段电力系统设计服务、四川核电前期初步可行性研究等核电项目，中标了漳州核电1～4号机组工程常规岛设计和技术服务合同。

总承包业务规模化发展。全年新签总承包业务合同379.12亿元，同比增长10.02%，占全年合同额的87.25%。继续保持了大型火电总承包优势，签订了山西盂县2×1000MW发电项目等合同；调整总承包经营策略，利用国家煤电基地建设和节能减排降耗政策机遇，开拓煤电基地新建工程、小型机组和在运行机组环保节能改造等领域的总承包市场，创新组织模式，抢占市场先机，签订了青海桥头3×660MW"上大压小"火电工程等合同；继续加大建设周期短、风险小、效益好的风电、光伏发电、输变电总承包业务的开发；以"投资＋EPC总承包"方式，签订了陕西黄龙界头庙风电、大唐湖南白云仙风电总承包等项目。

国际业务加快发展。2015年，中电工程不断创新国际业务模式，在"投资＋BOT"上实现了质的突破。发挥技术优势，在特高压、核电、9H级联合循环电站等海外高端项目上取得突破。深挖国际市场潜能，承揽海外传统火电和光热、风电等新能源项目，推动国际业务范围突破。各单位围绕重点地区，发挥属地化经营优势，通过新设分公司、代表处，以点带面，逐步扩展和延伸市场范围。全年新签订了乌基斯坦联合循环电站、蒙古和立陶宛燃煤电站、摩洛哥光热、老挝输电项目等一批勘察设计和总承包业务，新签合同额同比增长4.51%。

新能源业务创新发展。中电工程在保持风电、太阳能光伏发电、垃圾焚烧发电和生物质发电等领域的优势基础上，开展创新，力争多地域、多领域的突破。全年新签新能源业务合同54.68亿元。签订了同一厂区内综合垃圾发电和生物质发电的安徽省灵璧电厂项目、国内首座槽式高温熔盐光热发电项目、国内单机容量最大的塔式熔盐光热发电项目、新疆哈密200MW风电场项目EPC总承包合同、内蒙古固阳红泥井风电场风光一体化10MW光伏发电EPC总承包等项目。

非电业务努力发展。继续在市政建设、工业与民用建筑、铁路、交通等方面开拓进取，全年新签非电业务合同额34.84亿元。拓展农村土地确权、地质灾害治理、海水淡化、小型水处理工程和地下综合管廊建设等领域，签订廊坊开发区住宅项目施工图设计、都安县自来水厂项目勘察设计等合同。

投资兴业卓有成效。中电工程在抓好电力勘察设计和总承包业务不放松的同时，进一步开展投资兴业工作，通过对"投资＋EPC总承包"商业运营模式的不断探索和创新，成功打造了业务和利润的新增长点。

完善投资平台和投资模式。进一步明确了"投资兴企"的发展理念，以煤电一体化、冷热电联产发电及新能源发电等领域为重点，深入挖掘优质电源点项目的开发潜力，推进控股型项目和重点项目后续开发工作。加大协同开发力度，发挥各单位在区域资源方面的优势，推进"投资＋EPC总承包"的良性投资开发模式，促进了实业投资与工程总承包业务的协同发展，以及投资业务与工程业务共同扩张的跨越式发展，为项目投融资带动产业链延伸积累了丰富经验。

集中力量打造大型火电投资项目。越南海阳2×600MW燃煤项目作为中电工程迄今为止开发的最大规模的投资项目（投资约114亿元），以及迄今为止中国公司在越南单笔投资金额最大的项目，目前投资协议、认购协议、融资合同已签署完毕。该项目涉及中、马、越三国，具有较强的地区合作意义，也是"一带一路"重点项目，对于中电工程大力开拓国际市场、提升自身综合实力具有重要作用。

大力推进新能源投资项目。控股投资的浙江海盐、湖南汝城白云仙及陕西黄龙界头庙三个风电场项目均已投产发电，全年累计完成发电量13 361.37kWh，电费收入6004.82万元，实现利润1922.86万元。依托已完成风电项目的资源优势和开发经验，进一步加深与项目所在地政府的良好关系，全力推进已有项目的二期开发。白云仙风电和黄龙界头庙风电二期项目正在加快推进前期工作。

安全质量环保工作 开展安全生产制度建设、隐患排查治理、“安全生产月”活动、打非治违专项行动、安全生产专项培训等一系列工作，全面落实各级安全生产责任制，提高了安全生产管理水平，确保了中国能建安全生产形势持续稳定。2015年中电工程及各子企业未发生生产安全事故，安全生产形势稳定可控。全面完成了节能减排工作目标，严格按照中国能建下达的2015年节能减排指标进行过程控制，三废排放控制满足相关标准要求；固体废物处置及时率100%，未发生对企业正常生产经营活动有较大影响的节能减排违法、违规事件。

科技发展与创新 2015年，中电工程启动了《电力工程设计手册》编撰工作。完成“超600℃的1200MW等级超超临界发电技术研究开发”“二次再热机组热力系统优化与集成”等国家支撑计划项目研究工作，以及50项集团公司重点科研项目。编制完成了《电力系统继电保护设计技术规范》《高压直流架空输电线路设计技术规程》《火力发电厂节能设计规范》国家标准和《特高压架空输电线路大跨越设计技术规定》《换流站二次系统设计技术规程》等10项行业标准；编制完成集团公司企业标准12项，发布科技成果50项。同时中电工程还开展了“智慧能源小镇”“智慧城市”方案研究等工作。中电工程综合运用科技创新成果设计的国电泰州2×1000MW二次再热燃煤发电示范项目，设计发电煤耗256.2g/kWh，大气污染物排放浓度低于燃机排放限值。

2015年，中电工程共获得省部级及以上科技奖44项：其中，“青藏电力联网工程”荣获国家科技进步奖二等奖；“600MW超临界循环流化床锅炉技术开发与工程示范”“250MW级整体煤气化联合循环发电（IGCC）关键技术及工程应用”“串补输电及采用阻塞滤波器抑制严重次同步谐振技术研发与应用”等6个项目荣获2015年度中国电力科学技术奖。

2015年，中电工程新申请专利307项，其中发明专利87项；获得专利授权288项，其中发明专利53项；共持有专利1243项，其中发明专利129项。新增专有技术27项，共持有专有技术131项。

信息化建设 2015年，中电工程持续加大信息化投入，全年共投入信息化建设费用12 000万元，新增软件著作权33项，“沿海三期电站数字化协同设计”荣获建设部“创新杯”建筑信息模型设计大赛最佳工业工程类BIM应用一等奖。信息化建设取得了新的成绩。

在企业管理信息化方面，中电工程不断完善企业综合管理信息平台，实现企业管理和设计管理各职能全覆盖；融合知识管理的数字化档案馆建设初见成效。

在主营业务信息化方面，一是继续深化以系统设计和三维布置设计为主线的发电设计集成平台的应用；二是深入建设以三维为核心的送变电集成设计平台、一体化勘测平台；三是在新能源领域引入信息化工具，不断提升中电工程在风电、太阳能光伏、太阳能光热等领域的设计能力；四是建设和深化应用多项目EPC综合管控平台，进一步提升中电工程总承包项目的精细化管理水平。

在网络安全和网络基础设施建设方面，一方面，不断加大网络安全设施的建设投入，提高网络与信息安全防护水平；另一方面，通过信息平台与移动终端的结合和企业云的建设，进一步提高企业信息化应用水平，降低的信息化运营成本。

国际合作与交流 2015年共计完成新签国际业务合同额115.58亿元，同比增长4.51%，完成全年考核指标的100.5%。

党建工作、工会工作及职工队伍建设

（1）党建工作。开展“三严三实”专题教育活动。制定了实施方案，公司党组书记带头讲授党课，对公司专题教育做出部署，将专题学习研讨和党组中心组学习相结合，重点围绕“严以修身、严以用权、严以律己”三项专题开展研讨，召开了以践行“三严三实”为主题的民主生活会，重点查找和解决“不严不实”问题。通过教育活动增强了集团公司各级领导班子的主体意识、示范意识，责任意识、担当意识；营造了风清气正，团结和谐，创业干事的企业环境；培养了一支信念坚定，作风顽强，执行力强，勇于创新，敢于担当的过硬干部队伍，巩固了党的群众路线教育实践活动成果，保持了企业良好作风，对实现中国能建战略目标起到了关键作用。

（2）工会工作及职工队伍建设。一是围绕中心，服务生产，持续开展建功立业活动。各级工会组织以“建功在企业、和谐促发展”为主题，把组织开展形式多样的劳动竞赛和技术比武作为服务企业发展的一项重要工作来抓。二是找准定位，发挥作用，不断深化企业民主管理。各级工会组织始终把维护职工合法权益与促进企业发展相统一，引导广大职工凝聚共识，汇聚力量，实现企业持续发展和职工成长的“双赢”目标。三是关心职工，做好服务，为职工办实事。按照“面对面、心贴心、实打实服务职工在基层”的工作要求，以服务职工为宗旨，关心爱护职工，为职工办好事、办实事。四是提高能力，增强活力，不断提高工会工作水平。各企业工会组织，在履职过程中，不断加强学习，紧跟时代步伐，采取请进来、走出去等方法，开展培训和交流；以工会工作创先争优活动为抓手，着力在服务发展、服务职工上下功夫；创建“模范职工之家”，增强工会组织凝聚力。

文化建设 2015年12月，发布年度十大新闻，包括成立院士专家工作站、中标神华江油煤炭储备发电一体化新建工程、开展“三严三实”专题教育活动、国内首座全寿命周期整体数字化电厂（2×100万kW）投产、签署越南海阳BOT项目投资协议等。

2016年4月，发布《2015年社会责任报告》，这是中电工程发布的第六份社会责任报告。报告详细披露了中电工程2015年扎实开展“三严三实”专题教育活动，自觉履行社会责任，在经营管理、优质服务、安全生产、持续发展、关爱员工、和谐稳定方面做出的重大履责行动及其工作成效。

2015年6月1日，国务院国资委在北京召开中央企业首都精神文明创建工作推进会，中电工程总部在继续保持全国文明单位的基础上，又荣获“首都文明单位标兵”荣誉称号。

制定了三年扶贫工作规划，并按规划选定了陕西省镇巴县仁村镇2015年的扶贫项目，“东院坝小组平板桥项目”和“东院社区服务站项目”两项工程进行捐资扶贫，共捐资62万元。

主要事件

1月27日，中电工程院士专家工作站授牌仪式隆重举行，中国工程院岑可法院士、倪维斗院士、岳光溪院士、黄其励院士正式进站开展工作。中国工程院岑可法院士、倪维斗院士、岳光溪院士出席授牌仪式会议并现场接受聘书。

1月27～28日，中电工程在京召开2015年工作会议暨职代会。

2月6日，中国能建（股份）董事长、党委书记汪建平一行莅临浙江海盐风电场考察指导工作。

4月10日，中电工程和河南省邓州市政府在北京签署了2×660MW热电联产项目战略合作框架协议。

4月25日，西南院公司牵头与天津电建组成的EPC联合体在神华四川江油煤炭储备发电一体化新建工程EPC总承包项目中一举中标。该项目规划分两期建设100万t国家煤炭应急储备基地和4×100万kW燃煤电厂，一期建设50万t国家煤炭应急储备基地，配套建设2×100万kW超超临界机组。该项目开创了中国以设计为龙头、牵头与施工企业协同承揽，实施总承包项目的创新模式。

6月19日8时18分，由华北院公司和咨询公司联合总承包的国内首座全寿命周期整体数字化电厂——神皖安庆电厂二期2×100万kW扩建工程4号机组168h满负荷试运一次圆满成功，实现了“近零排放”的高标准，主要经济和技术指标创全国同类型机组最优纪录。

7月，中国电力企业联合会发布《关于表彰“2015年度全国电力企业管理创新优秀论文、优秀组织单位、先进组织个人”的决定》，对全国电力行业企业管理创新优秀论文进行表彰。中电工程共12篇论文获奖，其中一等奖4项，二等奖3项，三等奖5项。

7月，经中国电力规划设计协会组织专家评审，评选出2014年度电力行业“四优”奖（优秀勘测、优秀设计、优秀标准设计和优秀计算机软件）。中电工程共有72个项目获奖，其中一等奖28项、二等奖18项、三等奖26项。

7月5～8日，中电工程在海外投资规模最大的项目——越南海阳BOT项目投资协议签约仪式在马来西亚举行。越南海阳BOT项目位于越南河内附近的海阳省境内，装机容量为2×60万kW亚临界机组，配4台CFB锅炉。BOT合同特许经营期25年。海阳BOT项目涉及中、马、越三国，具有较强的地区合作意义。该项目是中电工程在海外投资规模最大的项目，也是中国公司迄今为止在越南的投资项目中单笔投资金额最大的项目。

7月6日，中电工程六大设计院公司全部中标准东—华东±1100kV特高压直流输电工程。该工程是目前全球电压等级最高，输电规模最大的直流输变电工程。

8月，中国工程咨询协会公布了2014年度全国优秀工程咨询成果奖评选结果，中电工程10个工程项目获奖，其中一等奖2项，二等奖5项，三等奖3项。

8月，美国《工程新闻纪录》（ENR）公布了“2015国际工程设计公司225强”和“2015全球工程设计公司150强”排名。中电工程自2003年首次参加并入选ENR排名以来，已经连续13年获此殊荣。在“2015国际工程设计公司225强”排名中，公司名列第96位，与2014年相比前进50个名次；在“2015全球工程设计公司150强”排名中，公司名列第42位，与2014年持平。

8月4日上午，四川省人民政府副省长甘霖一行到西南院调研四川省电力建设工作方案。

8月18日，陕西省发展和改革委员会以陕发改煤电〔2015〕1144号文件，通知西北电力设计院有限公司设立“陕西省电力规划研究中心”。

8月20日，华北院和咨询公司联合成立的中东公司揭牌仪式在迪拜举行。

9月24日，中南院与中国电力技术装备有限公司签订了巴西美丽山水电±800kV特高压直流送出二期项目换流站及配套工程勘察设计合同。

9月25日17时58分，由华东院承担工程设计的国电泰州电厂二期（2×100万kW二次再热）工程3号机组圆满完成168h连续满负荷试验，正式投入商业运行。工程设计发电煤耗256.2g/kWh，比当今世界最好水平还要低6g/kWh，代表当今最领先的火力发电技术。

10月10日和11月12日，东北院接连中标巴基斯坦必凯（Bhikki）118万kW联合循环电站和百路凯（Balloki）122.3万kW联合循环电站勘测咨询与设计分包项目，这两个项目均采用代表世界领先技术的9H级联合循环电站设计技术。

10月27日，国务院国有重点大型企业监事会主席李萍，中国能建董事长、党委书记汪建平莅临中南院调研指导工作。

12月3～4日，青海省投资集团有限公司3×66万kW“上大压小”火电机组项目投资框架协议暨EPC总承包合同签字仪式举行。

【中国葛洲坝集团有限公司】

公司概况 中国葛洲坝集团有限公司（简称葛洲坝集团，英文简称CGGC）成立于1970年，是世界500强企业——中国能源建设集团有限公司的核心成员企业。近年来，葛洲坝集团通过结构调整、转型升级、改革创新和科技进步，已经成为一家集投资、建筑、环保、房地产、水泥、民爆、装备制造和金融等八大业务板块为一体、具有国际竞争力的跨国经营集团。截至2015年底，总资产达到1240亿元，员工4万余人。

2015年，葛洲坝集团利润增幅和利润率在建筑央企中名列第一；在《财富》杂志发布的2015年度“中国企业500强”排行榜中名列第79位；在美国《工程新闻记录》（ENR）发布的2015年度全球“250家国际承包商”和“250家全球承包商”排行榜中名列第44位和第33位。葛洲坝集团多次被评为“最受投资者尊敬的上市公司”“湖北省最佳盈利上市公司”。

葛洲坝集团独家承建了葛洲坝工程，刷新了中国水利水电工程施工的最高水准；作为主承包商建设了世界最大水利枢纽工程——三峡工程，将中国的筑坝技术推向世界一流。通过投资建设和承包施工等方式，为世界奉献各类工程杰作5000余项，在大江大河截流、筑坝、地下工程、大型机组安装等领域占据世界技术制高点，在水电、火电、电网、核电、交通、市政、水利、园区等大建安领域，同样发挥着领军作用。葛洲坝集团年投资能力达到800亿元。作为国务院国资委首批确定的16家以房地产为主业的央企之一，跻身全国房企百强；拥有全国最大特种水泥生产基地，水泥销量位列全国十强；拥有集科研、生产、销售、爆破服务于一体的民爆完整产业链，产能及综合实力雄踞行业三甲。非建筑板块营业收入占比已超过30%，利润贡献率超过60%。国际业务营收、利润、签约贡献率分别达到20%、30%、40%。

2015年，国际签约和营业收入分列“走出去”企业第5位和第7位，签约总额占“走出去”企业的6.26%。2万多名中、外籍员工分布在全球136个国家和地区，业务范围扩展到大建安领域，海外投资稳健开展，多元化经营格局已然形成。

领导班子

董事长、党委常委：聂凯

党委书记、副总经理、纪委书记、工会主席、董事：付俊雄

党委常委、总经理、董事：和建生

党委副书记（至2015.10.26）、副总经理（至2015.12.1）：邢德勇

党委常委、总会计师：崔大桥

党委常委、副总经理：周力争

党委常委（至2015.4.15）、副总经理（至2015.6.1）：邱小平

党委常委、副总经理、总工程师、首席信息官：江小兵

党委常委、董事会秘书：彭立权

党委常委、副总经理：任建国、宋领、陈晓华

总经济师、总法律顾问：徐志国

总经理助理、安全总监：宋玉才

总经理助理：龚祖春、刘灿学、邓银启、李恩义、黄浩、郭成洲

组织机构 设办公室、党委工作部、直属机关工作委员会、企业管理部、财务产权部、证券事务部、人力资源部、生产管理部、投资管理部、国际业务部、市场开发部、科技信息部、安全质量环保部、集中采购中心、风险控制部、审计部、纪检监察部、工会工作部、董监事工作部19个直属机关职能部门，资金结算中心、社会保险事业管理中心、离退休人员管理办公室、综合管理部、培训中心（党校）、传媒中心6个经营管理服务单位，PPP项目管理部1个事业部，5个派驻子企业监事会，北京办事处、上海办事处、驻新疆联络办公室3个办事处。

国际业务 国际业务涉及全球100多个国家，国际在建项目主要分布在东南亚、南亚、中东、非洲、

南美、大洋洲等国家和地区，国际工程承包经营领域包括水电、火电、房建、市政、桥梁、公路、铁路、港航、灌溉、输变电、设备供货等多个专业，EPC项目、融资项目等高端项目占主要比例，国际承包工程各在建项目履约顺利，安全、质量和环保工作实现“零事故”“零投诉”目标，各项指标均在监控范围以内。

2015年，葛洲坝集团再次当选为中国对外承包工程商会副会长单位，连续7年获得中国对外承包工程商会和中国机电产品进出口商会企业信用AAA最高等级。

战略重组 将分布于不同子公司的供水、供电、供气、通信等公用事业业务和资源整合至电力公司，搭建了葛洲坝公用事业投资发展平台公司；将二公司的机电安装业务整合到机电公司，实现了机电安装资源和能力向优势企业集中；将中固公司划转绿园公司，实现了环保业务聚集；在国内率先对高速公路资源实行集约化、专业化、标准化管理，3条高速公路整体实现盈利。

(1) 大连环嘉投资项目。绿园公司于2015年6月与大连环嘉集团实际控制人王金平先生签署葛洲坝环嘉再生资源有限公司出资协议书，双方合资设立葛洲坝环嘉（大连）再生资源有限公司，绿园公司出资5.5亿元控股55%。葛洲坝环嘉公司现已正常运营，效益良好。

(2) 收购凯丹水务75%股权项目。凯丹水务于2007年成立，作为以色列泰合国际集团在华业务发展平台，是公司最终控制人——凯丹集团（荷兰）的四级子公司，主要负责投资、开发和运营中国大陆地区各类水务项目。2015年1月15日，投资公司与泰合集团签署股份买卖协议（SPA）及股东协议（SHA），以4.725亿元收购凯丹水务75%股份，项目于2015年3月4日完成股份交割。

体制改革 在子公司逐步建立了“权力制衡、责权清晰、决策科学、程序严谨、运行高效、监督独立”的治理结构运行体系，增强了子企业自律能力、独立闯市场能力，实现了公司的放权管理。同时为促进子企业与集团的战略协同和规范运作、科学决策，不断修改完善治理结构体系，建立了董监事工作联席会议制度和董监事与职能部门联动机制，构建了公司总部、专职董监事、所属企业上下一体的沟通平台，提升总部管理水平和效率。

人力资源 总部机关下设干部管理处、员工管理处、薪酬管理处、教育培训处，外事管理、机关人事管理等相关职能划出人力资源部。2015年招聘大学毕业生2093人，其中：博士研究生2人，实现了博士研究生零的突破；硕士研究生189人，同比增长6%；一本本科生784人，同比增长18.1%。通过多种渠道，运用市场化选聘的方式，引进成熟人才106人。

制定了商务专家、财会专家评选办法，启动了公司工程技术专家评选。推荐优秀人才参加国家、省级专家评选，共推荐国务院政府特殊津贴、国家百千万人才工程等评选5人，4名职工获评湖北省首席技师，3名职工入选湖北省高技能人才培养工程。

开展中高层干部培训、董监事培训、PPP项目管理培训、国际业务人才培训等高端、新兴业务的培训，总部全年共举办重点培训项目60期，培训9529人次。统筹规划各职能系统培训和所属单位培训工作，举办专业技能工种的实务操作培训，以公司重点施工项目点为基地，先后开展8期共1350人的技能专场培训。开展国际业务人员赴国际公司挂职锻炼，启动第三期8名子企业人员到国际公司挂职1年。推进国际项目培训，全年培训学员401人。

加强干部管理，提升干部素质能力。一是从严规范干部基础管理。进一步梳理和规范干部选任程序，启动干部人事档案专项审核工作，落实干部任前重要事项核查要求，规范领导因私出国审批。制定出台了《领导干部选拔任用暂行办法》《处级干部管理暂行办法》，规范领导干部选拔任用和各单位总助配备工作。二是多种方式促进干部素质能力提升。以考核、培训、交流等方式提高干部综合能力，组织18家单位的领导干部测评工作，开展中青年干部培训、中层干部培训、专职董监事培训等，培训各级领导干部148人次，选派6名干部参加中国能建交流挂职，选派3名处级干部到硚口区直管单位挂职锻炼。三是优化干部队伍选配。完成绿园公司、机船公司、置业公司等单位干部配置，选配干部充实专职董、监事队伍，助力各单位治理结构。截至11月10日，提拔干部28人，干部交流任职39人。

生产经营

1. 合同签约

全年新签合同1815.98亿元，同比增长32%。其中，国际工程签约695.15亿元、同比增长22.36%，国内工程签约1120.83亿元、同比增长38.79%。

2. 企业总产值

2015年，完成企业总产值818.14亿元，同比增长12.7%。

建筑业：2015年完成建筑业产值564.75亿元，同比增长2.48%，占企业总产值的68.98%，较2014年下降6.87个百分点。其中，国内工程完成产值404.44亿元，同比下降3.89%；国际工程完成产值160.31亿元，同比增长23.09%。

工业：2015年完成工业产值145.81亿元，同比增长69.27%，占企业总产值的比重为17.80%，较2014年上升5.95个百分点。

三产业：2015年完成三产业产值107.58亿元，同比增长21.09%，占企业总产值的比重为13.25%，较2014年上升0.92个百分点。

3. 营业收入

2015年，全年实现营业收入822.74亿元，同比增长14.9%。其中，国际业务实现营业收入175.84亿元，同比增长28.42%。

安全生产 全年未发生较大事故及以上事故，减少了一般事故，确保了公司安全生产形势的稳定。

节能减排 2015年未发生环境事件、环境保护和节能减排违法违规事件；节能减排指标优于中国能建下达的年度控制指标，二氧化硫排放量7828.16t，化学需氧量排放量7223.22t，氮氧化物排放量17 677.41t，氨氮排放量1083.47t，分别比2014年减少2.75%、1.91%、2.07%、1.91%。

文体活动 策划举办了元旦长跑、新春联欢会、"葛洲坝之夜"职工文艺汇演、篮球赛等品牌文体活动。举办了美术书法摄影展，在《湖北画报》刊发了优秀作品专辑。扶持建立了10个职工书屋。成立了葛洲坝职工男子篮球队，组织参加了全国电力行业职工乒乓球赛等比赛，取得了较好成绩。

党建工作 截至2015年底，有直属党委23个，党总支1个；基层党总支191个，党支部664个，党员总数22 495人，其中在职职工党员12 401人。

葛洲坝集团在改革发展中遵循中央全面从严治党要求，贯彻党的十八大以来中央系列重要会议精神和习近平总书记系列重要讲话精神。党建工作坚持融入中心、服务大局，贯彻落实党中央和上级党委的决策部署，把党建当作工程来做，着力构建党建工作"五大工程"（核心工程、堡垒工程、清廉工程、文化工程、和谐工程），发挥"三个作用"，提升党建工作的科学化水平，把党建优势转化为企业核心竞争力，助推了公司持续健康发展。

文化建设 会同党校、二级单位企业文化骨干人才，成立了企业文化课题组，历时2个月对阳光、创新、诚信、责任4个核心理念，和谐、学习、合作、规则、执行、自信、包容、契约8个基础理念，以及精神风貌、合作理念、纠错原则、荣辱观、社会责任观等5个其他价值理念进行了释义，数次易稿，初步设计制作了企业文化手册。

组织策划"阳光、创新、诚信、责任"为主题的演讲比赛、"最美瞬间"征集及评选活动。响应中国能建"新起点 新跨越"主题活动，征集并报送了1000余份摄影、书法、文学作品，荣获摄影特等奖等12个奖项。

主要事件

1月15日，葛洲坝集团旗下投资公司与泰合集团资产管理公司签署了"关于凯丹水务国际集团（香港）有限公司75%的股权买卖协议"。

1月21日，葛洲坝集团积极参与习近平访斐接待工作获赞誉。

2月4日晚，由葛洲坝集团与阿根廷EISA公司组成联营体实施的阿根廷基什内尔—塞佩里克水电站项目开工令签署及视频开工仪式在北京隆重举行，阿根廷总统宣布基什内尔—塞佩里克水电站开工。

2月12日，葛洲股份荣膺"最受投资者尊重的百家上市公司"称号并受邀出席在北京举行的颁奖典礼。

2月16日，葛洲坝集团承建的阿根廷基什内尔—塞佩里克水电站项目在卡拉法特市举行了隆重的动工仪式。阿根廷总统克里斯蒂娜出席仪式并讲话。

3月6日，由葛洲坝集团以PBD实施模式承建的加纳凯蓬供水扩建项目主体工程正式完工。

3月16日，由葛洲坝集团承建的纳米比亚北方公路阶段性移交，纳米比亚总统波汉巴出席公路的阶段性移交仪式。

3月19日，全国人大常委、华侨委副主任、致公党中央副主席杨邦杰，全国人大常委、教科文卫委副主任、致公党中央副主席严以新一行到葛洲坝集团承建的广西大藤峡水利枢纽工程建设现场考察。

4月25日，葛洲坝集团积极应对尼泊尔8.1级大地震，地震发生后，葛洲坝集团第一时间启动应急预案，全力以赴抗震救灾。

4月30日，葛洲坝集团发布第六届董事会第四次会议（临时）决议公告，董事会全票通过向尼泊尔地震灾区捐款20万美元的决定。

5月4日下午，葛洲坝集团承建的印尼塔卡拉燃煤电站项目开工，印尼总统佐科主持开工仪式。

5月5日，葛洲坝集团为尼泊尔地震灾区捐赠仪式在尼泊尔驻华大使馆举行。

5月12日，葛洲坝集团参建的卡塔尔默加水池工程举行奠基仪式，卡塔尔总理阿卜杜拉·本·纳赛尔·本·哈利法·阿勒萨尼出席奠基仪式并按下启动按钮。

5月16日，由葛洲坝集团承建的老挝沙湾拿吉色萨拉龙一赛格灌溉项目正式竣工交付。

5月24日，葛洲坝集团与贵州省贵阳市综合保税区签订建设项目PPP合作框架协议。

6月18日，葛洲坝集团5.5亿控股设立再生资源公司。

7月31日，葛洲坝集团与雅砻江流域水电开发有限公司在成都举行两河口水电站泄水建筑物系统工程施工合同签字仪式。

7月31日，葛洲坝集团包揽中央企业技能大赛中国能建选拔赛前五名。

8月5日，葛洲坝集团承建的龙开口水电站荣获中国电力优质工程奖。

8月26日，由葛洲坝集团参建的福建仙游抽水蓄能电站工程和云南金沙江龙开口水电站工程荣获2015年度中国电力优质工程奖。

8月17日，葛洲坝集团签订“大藤峡水利枢纽工程船闸、黔江副坝、南木江副坝土建及机电、金属结构安装施工”合同。

8月28日，中国建筑企业管理协会发布2015年中国建筑企业500强排行榜，葛洲坝集团跻身中国建筑企业500强第10位。

8月30日，葛洲坝集团发布重大合同公告，中标喀麦隆姆巴拉姆－纳贝巴铁矿矿区配套铁路和港口项目。

9月9日，葛洲坝集团与贵阳综合保税区在武汉签订建设项目PPP合同。

9月29日，葛洲坝集团中标唐山市139亿元基建及棚户区改造项目。

10月16日，葛洲坝集团连续七年获评中国机电产品进出口商会企业信用AAA等级。

11月17日，葛洲坝集团中标海口市南渡江引水工程PPP项目。

11月14日，老挝会兰庞雅水电站举行竣工仪式，葛洲坝集团凭借一流的施工业绩和较强的履约能力荣获老挝国家电力特殊贡献奖。

11月17日，葛洲坝集团承建的重庆玉滩水库扩建工程荣获鲁班奖。

11月18日，葛洲坝集团承建的福建仙游抽水蓄能电站获国家优质工程金质奖。

11月25日，葛洲坝集团股份有限公司与厄瓜多尔雅蔡国家项目公司签署厄瓜多尔雅蔡知识城一期项目合同。

12月4日，葛洲坝集团参加中非合作论坛。

12月18日，葛洲坝集团中标重庆市南川区工业园区整体开发建设项目，中标金额82亿元人民币。

12月22日，葛洲坝集团获第二届乌干达中资企业商会“企业社会责任奖”。

12月28日，葛洲坝集团4项工法在1314项参评工法中脱颖而出，荣获“2013～2014年度国家级工法”。

中国核能电力股份有限公司

【公司概况】 中国核能电力股份有限公司（简称中国核电，股票代码601985），总部设在北京，由中国核工业集团公司、中国长江三峡集团公司、中国远洋运输（集团）总公司、航天投资控股有限公司共同出资设立，中国核工业集团公司控股。经营范围涵盖核电项目的开发、投资、建设、运营与管理，核电运行安全技术研究及相关技术服务与咨询业务等领域。

2015年6月10日，中国核电作为A股第一家纯核电企业成功上市。截至2015年底，拥有控股子公司15家，合营公司一家，参股公司2家；控股在役核电机组14台，装机容量1151.2万kW；控股在建核电机组11台，装机容量1211.6万kW，总资产规模约2500亿元，员工总数超过10 000人。

【领导班子】

总经理：陈桦

党委书记：吴秀江

副总经理（正局级）：何小剑

副总经理（正局级）：丁淑英

副总经理（正局级）：孙银根

副总经理：马明泽

副总经理：卓宇云

副总经理：谢嘉杰

董事会秘书：罗小未

【组织机构】 2015年中国核电组织机构见图1，中国核电主要控股及参股公司见图2。

【企业管理】 中国核电建立健全现代企业制度，全面推进公司“规模化、标准化、国际化”战略。公司治理结构、管理制度与内控体系建设不断完善；实施前期开发、工程建设、运行管理、安全质量、集中采购、信息化、组织机构、岗位设置、薪酬福利、成本管理、企业文化、公众沟通等各领域的标准化建设；培养和形成了一支高素质核电厂工程建设管理、生产运行和经营管理人才队伍，拥有各类专业技术和管理人才 6281 人，其中本科及以上学历占比达到 82.85%；各核电厂拥有操纵员 937 名，高级操纵员 537 名。

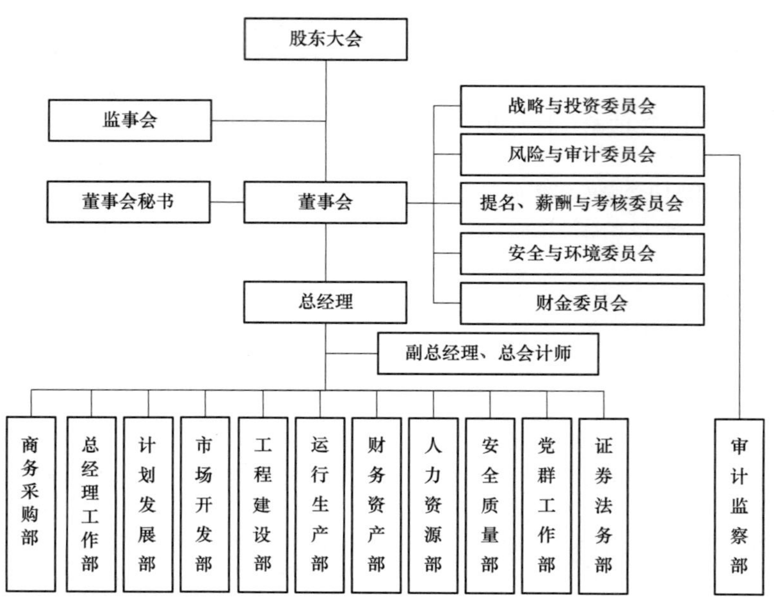

图 1　2015 年中国核电组织机构图

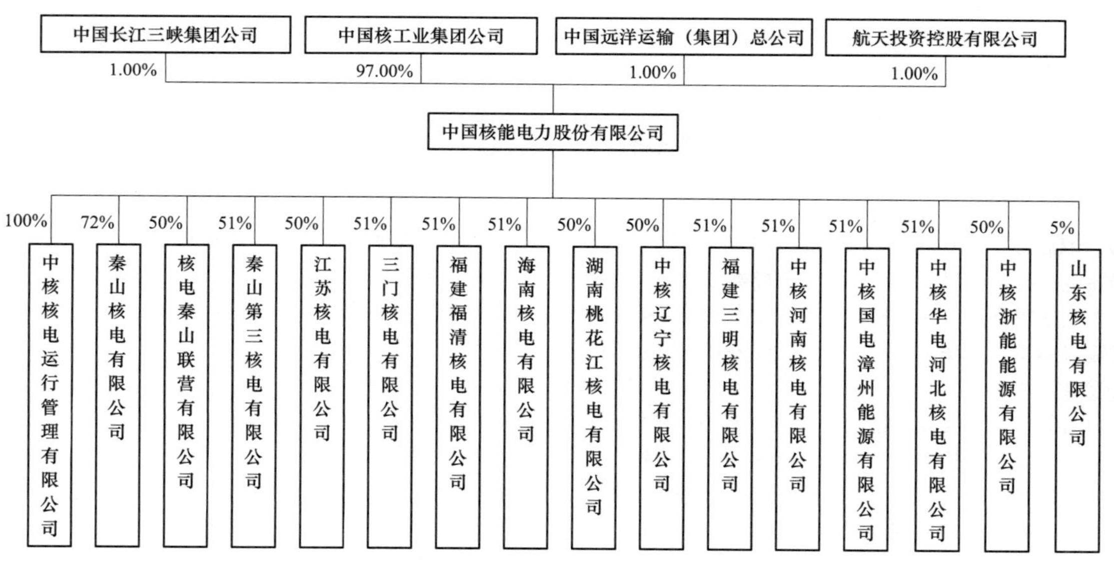

图 2　中国核电主要控股及参股公司

【人力资源管理】 推进岗位标准化建设，加强关键岗位人才管理，为新建项目人员引进及培养提供了依据。同时，依据中国核电能力素质模型，制定了面向高层、中层、基层干部及后备人员的管理课程体系，为统一各层级干部及后备人员管理培训相关标准奠定了基础。统筹协调完成 2015 年核电板块新员工入职培训，积极筹划国际化培训工作，为国际化业务开展培养和储备人才。

【安全管理】 截至 2015 年，中国核电创造了超过 110 堆年零事故运行的业绩，负荷因子接近 90%，连续三年国内领先，生产死亡事故为零，WANO 指数位居前列。

【生产经营】 2015 年资产总额达到 2500 亿元，员工人数突破 10 000 人，控股在运机组 14 台，装机总量 1151.2 万 kW，控股在建机组 11 台，装机总量 1211.6 万 kW，控股在运机组国内第一。

2015 年 6 月 10 日，中国核电正式在上海证券交易所挂牌上市，核电上市成为中国核电 2015 的年度记忆，也是中国核电资本实力的充分证明。它是沪深两市第一支纯正核电股，在开盘瞬间以 43.95％的涨幅秒涨停，募集资金总额 131.9 亿元，核电上市大幅提升了资产证券化率、品牌知名度、资金保障能力。

【科技创新】 “华龙一号”是中国 30 年自主创新的具有完整自主知识产权的三代核电品牌，“华龙一号”的诞生标志着中国迈入世界先进核电技术的“第一阵营”。2015 年 5 月 7 日自主三代核电技术“华龙一号”全球首堆示范工程——福清核电 5 号机组开工建设。“华龙一号”的诞生，使中国成为继美国、法国、俄罗斯等之后，又一个具有独立自主的三代核电技术的国家，是中国从核大国向核强国迈进的重要标志，是国家实施“一带一路”战略和核电“走出去”战略的国家名片。

【节能减排】 截至 2015 年底，中国核电累积发电 5298 亿 kWh，相当于减少标煤消耗约 1.7 亿 t，减排二氧化碳约 5.6 亿 t，减排二氧化硫约 414 万 t，减排氮氧化物约 276 万 t，相当于造林约 152 万 hm^2，面积可覆盖整个北京，相当于减少汽车使用 160 亿辆（按照 1.6L 轻型车每年行驶 2 万 km 计算）。

【党建工作】 开展教育实践活动“回头看”和“三严三实”专题教育工作，2015 年 5 月 12 日，中国核电启动“三严三实”专题教育工作，并以“三严三实”为标准，做好群众路线教育实践活动回头看工作，加强党组织建设，用科学理论武装头脑。全年共开展了 21 次中心组学习，通过学习引导，强化干部作风建设。在 2015 年党群绩效考核工作中，公司党委党群绩效考核成绩名列前茅，进一步加强基层党组织战斗力和凝聚力，保障机组安全稳定运行，保障工程建设安全推进，保障群众得到更多实惠，保障职工思想稳定。对于党风廉政建设工作组织落实，中国核电每季度召开专题党委会研究党风廉政建设工作，分析研判反腐倡廉形势；将党风廉政建设工作与业务工作有机结合，做到同部署、同落实、同检查、同考核。

国投电力控股股份有限公司

【公司概况】 国投电力控股股份有限公司（简称国投电力公司），英文名 SDIC Power Holdings Co.，Ltd.，前身是中国石化湖北兴化股份有限公司（简称湖北兴化），主营业务为石油化工。国投电力公司是由湖北兴化与国家开发投资公司（简称国投公司）于 2002 年进行资产置换后变更登记设立的股份有限公司，主营业务变更为电力的生产和供应。至此，国投公司成为国投电力公司第一大股东。截至 2015 年 12 月 31 日，国投电力公司总股本 6 786 023 347 股，其中，国投公司持股 3 483 729 752 股，占总股本的 51.34％。

国投公司成立于 1995 年 5 月 5 日，是国务院批准设立的国家投资控股公司和中央直接管理的国有重要骨干企业之一。国投公司注册资本 194.7 亿元，截至 2015 年末，资产总额 4955 亿元。2015 年实现营业收入 1135 亿元，利润 165 亿元。在国务院国资委年度业绩考核中，连续 11 年获得 A 级，并在连续三个任期考核中成为“业绩优秀企业”。

截至 2015 年末，国投电力公司已投产控股装机容量 2707.45 万 kW，已投产控股装机中，水电 1657 万 kW，占比 61.2％；火电 975.6 万 kW，占比 36.03％；风电 64.05 万 kW，占比 2.37％；光伏发电 10.8 万 kW，占比 0.40％。

截至 2015 年末，公司总资产 1835.45 亿元，归属于母公司所有者权益 265.78 亿元，归属于上市公司股东的每股净资产 3.92 元/股，资产负债率 72.00％。实现营业收入 312.80 亿元，利润总额 109.81 亿元。

2015 年新增装机容量 125.7 万 kW，其中：四川省新增水电 45 万 kW，安徽省新增火电 66 万 kW，新疆地区新增风电 9.9 万 kW，云南省新增风电 4.8 万 kW。年内新核准装机容量 564.8 万 kW，其中水电 150 万 kW、火电 400 万 kW、风电 14.8 万 kW。截至 2015 年末，在建装机容量 1121.8 万 kW。

【领导班子】

董事长：胡刚

总经理：黄昭沪

党委书记：郭启刚

副总经理：曲立新、李俊、赵风波

董事会秘书：杨林

【组织机构】 见 2015 年国投电力公司组织机构图。

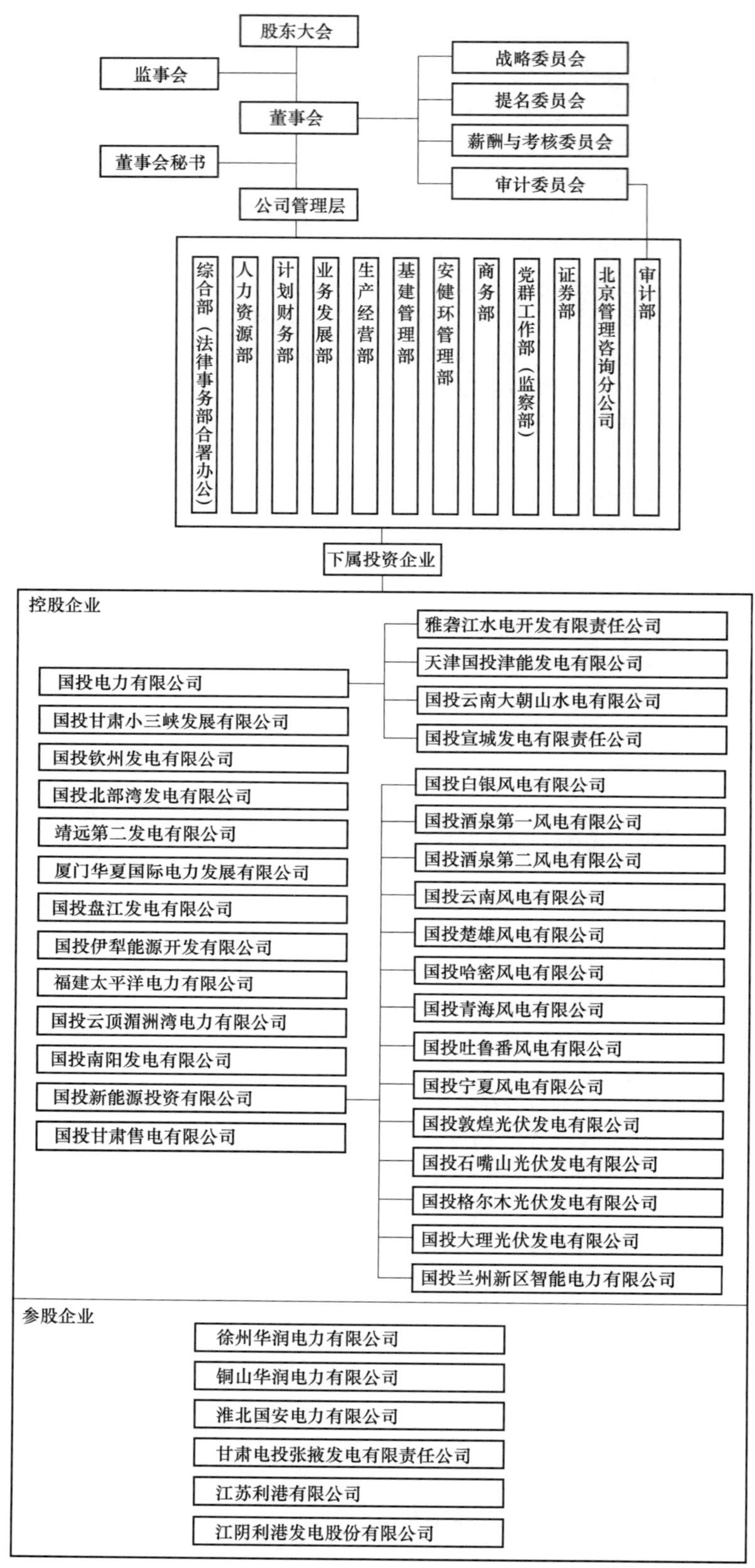

2015 年国投电力公司组织机构图

【经营管理】

（1）推进自主安全管理体系建设，构建全覆盖、易操作的安全精细化管理体系；组建安全生产专家库，严格选拔首批25名安全生产专家；细化应急管理，修订、编制8个专项应急预案，组织开展综合应急演练；指导投资企业完善安健环机构建设、明确岗位职责。

（2）加强对投资企业生产运行、检修及技改的过程管控，开创性推行技术监督再监督工作，建立了技术监督再监督评价体系。

（3）全面落实《燃煤发电节能环保行动计划（2015～2019年）》，年内国投北疆被列为全国超低排放试点单位并完成1、2号机组烟气污染物超低排放改造，通过了国家能源管理体系认证。

（4）稳步推进科技创新，年内在废水零排放、碳排放权交易、超低排放等方面开展了53项课题研究，申请国家专利18项，获得授权专利6项（发明专利2项），获得省部级及行业协会科技进步奖25项。

（5）以项目策划为基础确定基建项目建设方案及管理模式；以设计导则、基建管理制度范本为标准，做好总平审查、初设审查、新能源总体方案审查以及制度建设；以行业标准及工作大纲为模板，进行基建检查及百万机组建设评价。

（6）为提高预算分析的针对性和有效性，摸索建立电力板块盈利模型，将投资企业盈利能力和竞价条件直观展现，为企业市场竞价提供专业支持。

（7）深入研判公司未来5年的资金平衡状况，克服困难推进股权融资工作；调整宣传策略，着力向市场传递公司竞争优势和中长期投资价值；连续三年入围“中国上市公司资本品牌价值百强”和“中国上市公司资本品牌溢价百强”。

（8）适时召开电力板块合同管理研讨会，交流合同管理和风险防范相关经验，要求各投资企业适应新变化、结合大数据应用，加强合同全过程控制。

（9）开展人力资源效能体系建设，推动板块人力资源管理效能的整体提升；初步构建领导力模型和员工能力素质模型，梳理绩效考核方案，夯实人力资源管理基础。

【发展战略】 适应新形势，关注能源改革与市场变化，创新发展模式。有序建设雅砻江中游水电，优化存量火电 发展风险可控、有盈利能力的海外项目，确保公司持续健康稳定发展，努力建成管理规范、治理完善的绩优蓝筹上市公司。

地区电力

华北地区

【国家能源局华北监管局】

基本情况 国家能源局华北监管局（简称华北能源监管局）是国家能源局的派出机构，设于北京市，负责北京、天津、河北和内蒙古（西部电网）的能源监管工作及对山西、山东能源监管办的业务指导。内设综合处、市场监管处、行业监管处、电力安全监管处、资质管理处、稽查处和监察室（机关党委），并分设天津、河北和内蒙古业务办公室。

领导班子 党组书记、局长李廷勇（2011 年 9 月 27 日～2015 年 11 月 26 日）、郭智（2015 年 11 月 26 日起）；党组成员、巡视员郑玉平（女）（2014 年 10 月 28 日～2015 年 9 月 25 日）；党组成员、副局长张学先。

主要工作

（1）市场监管。

1）加强厂网界面监管，落实好“三公”调度报告制度等五项制度，了解厂网间问题，规范市场秩序，促进厂网和谐。

2）做好重点专项监管，完成电力市场秩序、价格成本和冀北风电消纳情况专项监管，启动蒙西电网特许权风电运营情况监管。

3）深化“两个细则”运行，修订个别条款以保证公平性，提高整体运行效率，挖掘新能源消纳潜力。

4）推进价格与财务监管，召开华北区域各省（区、市）电力企业生产经营情况座谈会；配合内蒙古政府出台输配电价改革试点方案，开展冀北输配电成本专项检查。

5）深入研究电力市场，配合法改司、市场司完成京津冀电力交易机构组建方案和电力市场建设方案拟定。形成京津唐电网市场试点初步思路，完成内蒙古电力多边交易市场深化方案研究。

（2）行业监管。全面落实专项监管任务，开展河北燃煤发电机组超低排放升级改造专项监管、火电规划及建设落实情况专项监管等重点问题专项监管工作，建立加强简政放权后续监管电力项目台账登记制度，监督落实国家重大电力举措。

（3）电力安全监管。

1）圆满完成政治保供电，遵循“四早两多”（早谋划、早部署、早准备、早落实、多协调、多帮助）的政治保电理念，圆满完成 2015 年“两会”、世界田径世锦赛、纪念抗日战争胜利 70 周年等重大活动电力保障。

2）重申电力安全监管要求，印发《华北能源监管局关于明确对电力企业许可和安全突出问题监管要求的通知》。

3）全面落实安全专项监管，开展安全生产大检查、电网安全风险管控、迎峰度夏及防汛抗旱、电力工程质量督查等 8 类安全生产督查或督导，共检查企业 65 家，下发整改通知书 33 份。

4）有序推进日常安全监管，部署发电、电网、电力建设等安全监管工作，组织召开年度安全生产、运行方式、培训等会议。

5）依法组织事故调查，完成华能北京热电有限责任公司“3·13”2 号机组一般设备事故调查处理。

（4）稽查。

1）健全 12398 热线管理，2015 年，共收到有效信息 2852 件，其中反映停电抢修、服务行为等 720 件，占 32.47%，较去年下降 29%。共受理投诉举报事项 38 件，均按期办结。

2）定期通报，对涉及供电企业的投诉举报信息，按省市县三级统计和省市两级定期通报，约谈问题突出的，重点跟踪整改。

3）深入调研，开展供电企业配电台区管理情况、居民住宅小区供用电情况、12398 投诉举报外部会商转办机制等调研。

4）拓宽稽查思路，提升监管效能，与电力企业纪检监察部门联合稽查；开展以配电“变压器负载率、三相不平衡率、接地电阻合格率”三项技术指标为核心的配电台区监管模式试点。

5）做好供电监管和用户受电工程市场秩序专项监管，促进企业规范服务行为。

资质管理

（1）依法依规办理电力业务许可。2015 年，发电许可证新颁发 53 个、变更 93 个、注销 3 个；承装（修、试）电力设施许可证新颁发 145 个、变更 284 个，延续 25 个，注销 150 个；电工进网作业许可证约 2 万人新取得，3 万人续期。目前共有持证发电企业 666 家（不含豁免小水电），持证承装（修、试）电力设施企业 1849 家，持证电工共约 22 万人。换发发输供电企业许可证。

（2）加强许可后续监管，及时完成承装（修、试）企业年度自查在门户网站公告。完成超期服役机组许可延期和火电机组增容许可。修订许可制度，取消中介服务。

（3）推进专项监管，完成燃煤火电机组执行许可制度和 110kV 及以上在建电网工程执行承装（修、试）电力设施许可制度情况专项监管。

（4）推进“先照后证”改革衔接，多次参加北京市“先照后证”改革工作联席会议，提出建议并报送实施方案。

【国家能源局山西监管办公室】

基本情况 国家能源局山西监管办公室（简称山西能源监管办）内设综合处、市场监管处、行业监管处、电力安全监管处、资质管理处、稽查处 6 个职能处室。

领导班子 党组书记、监管专员张建平；党组成员、专员助理宋晋冀。

主要工作

（1）电力安全监管。一是建立安全协同监管机制。首次将地方政府电力管理部门纳入电力安全监管体系。二是落实企业安全生产主体责任。初步建成“企业自查、主管单位复查、政府部门督查”的全覆盖工作机制。三是狠抓四项专项监管，深化隐患排查治理。积极开展电网安全风险管控等专项监管。完善重大隐患挂牌督办制度，排查整改率达 98.2%。四是不断夯实基层基础。积极组织开展电力安全培训，培训率达到 90%，同时完成 325 家在晋电力施工单位基础档案建设。

（2）市场准入监管。一是建立行政许可电子政务平台。实现办内全部行政审批业务网上审批，并依托网络巡查实现了电工进网作业省内巡考全覆盖。二是加强电力建设工程备案管理，对备案过程中发现的使用资质证书无效施工企业下发整改通知书，有效规范了施工市场。三是开展自备电厂调研摸底工作。通过对目标发电企业基础信息的汇总分析，为进一步规范自备电厂监管提供数据支持。四是规范高电压等级电网工程市场。责成不具备高电压等级电网工程施工能力但仍持有相应许可的企业退出相应市场。

（3）市场运行监管。一是切实减少企业负担。提出取消用电企业减容或暂停期限限制、缓交新增用电户临时接电费用 2 条减负措施，预计全年减负 3.48 亿元。二是大力推进电力市场化改革：① 首次开展跨省区送电市场竞价。出台了跨省市场交易规则，启动外送电市场竞价交易，向河北南网增送 64 亿 kWh。② 推进大用户直接交易。2015 年山西省电力直接交易规模约 164.5 亿 kWh，占全省工业用电量 11%，发电侧较上网标杆价平均下降 66 元/MWh。36 家发电企业与 68 家电力大用户参加。③ 推动开展风火深度调峰交易。2 月底首次实施交易电力 2 万 kW，交易电量 4 万 kWh，交易价格 350 元/MWh，山西省辅助服务市场交易迈出新步伐。

（4）推进电力体制改革。一是强化低热值煤发电监管。通过无线方式实现平朔煤矸石电厂入炉煤热值信息实时传送，完成山西首台低热值煤发电远程在线非现场监管。二是规范普遍服务行为。出台《关于规范小区物业供电行为的公告》。三是能源监管一体化信息平台扎实起步。能源监管一体化信息平台建设已完成硬件采购，进入软件招标阶段，有望在 2016 年内基本完成软件开发。下阶段将加快由电力向能源监管转变，逐步建成高效运转的能源监管信息系统。

（5）电力行政执法。一是及时处理电力投诉举报事项。全年登录 12398 热线平台 17 011 人次，按照规定受理 1539 件，办结率为 100%。二是促进配网供电能力提升。制定并下发了《山西省供电“两率”监测工作方案》；完成《山西省配电网投资运营情况分析报告》；推进“一户一表”改造，目前已改造完成 127.8 万户，占到需改造数的 32.4%。三是进一步加大违法违规案件查处力度。查处一批典型案件，已对 8 家涉嫌违法企业行政处罚，责令供电企业处理 5 人，追补电费 1.1 万。

【国家能源局山东监管办公室】

基本情况 国家能源局山东监管办公室（简称山东能源监管办）内设综合处、市场监管处、行业监管处、电力安全监管处、资质管理处、稽查处。

领导班子 党组书记、监管专员付海波；党组成员、副专员左卫华；党组成员、副巡视员孙永成。

主要工作

（1）山东省全年组织开展电力直接交易 200 亿 kWh，电价平均降幅 1.5 分/kWh，用户累计减少电费支出 3 亿多元。

（2）山东省在全国率先实现合规电源送出工程全部回购。积极协调厂网关系，推动电源送出工程回购。华能嘉祥电厂、华电章丘电厂、国电石横电厂等 3 个送出工程与电网达成回购协议，电网企业已累计。

（3）山东省电力安全形势持续稳定，全年未发生较大及以上电力人身伤亡和电力设备事故，未发生环境污染和对社会造成重大影响的事故，有力地保障了电力系统稳定运行和电力可靠供应。

（4）行政许可制度改革。制订《能源项目核准权限下放后规划建设监管实施方案》，加大对电力规划投资、项目优选和建设情况的监管，取消机组转商运审批，抓好事中、事后监管。修订承装（修、试）电力设施许可证机具设备标准，简化机具设备数量和型号要求，设备数量降低 50%，减少企业资金支出 30%左右。

（5）电力体制改革。推动全省电力体制改革，通过召开电改主题座谈会、专家报告会、深入企业调研等形式进行宣贯。省有关部门、单位、高校、企业以及社会组织积极回应，共举办各类电改座谈会、报告会200多场（次），成立或在工商营业范围内增加售电业务的售电企业已经超过100家。

(6)“嵌入式”电力现场监管。对2家市级供电企业、4家县级供电企业开展供电驻点监管，统一设立专门的驻点监管办公室，对驻点企业的供电能力、供电质量和供电服务等工作进行常态监管。派驻专人驻点锡盟—山东1000kV特高压交流输变电工程（山东段）、国华寿光发电厂一期（2×1000MW）新建工程，对工程建设期间的施工安全、工程质量进行全过程无缝监管。

(7)根据山东省自备电厂运行特点，制定出台统调自备电厂并网运行管理考核标准，建立考核技术支持系统，共计16家企业的48台684万kW机组纳入考核，优化了电网调度环境，厂网关系更加协调。

(8)住宅小区电力配套费政策专项监管。联合山东省住建厅，组织济南等10个地市21家房地产开发企业，分析探讨小区配套费实行以来存在的困难和问题，抽调专人赴菏泽等6个地市进行现场检查和调研，走访房地产开发企业6家，检查供电企业9家、承装（修、试）企业3家。督促电网企业修订了《小区配套工程建设标准》，将小区配套工程面向社会公开招标，促进配套工程市场开放，节约建设资金上亿元。

【国网北京市电力公司】

企业概况 国网北京市电力公司（简称国网北京电力）是国家电网公司的子公司，前身是1905年创建的京师华商电灯股份有限公司。2003年以前作为华北电力集团公司的直属单位，按地市公司实施“收支两条线”管理；2003年成为华北电力集团公司授权经营、独立核算的分公司，由国家电网公司按省公司直接管理；2008年成为独立法人企业。

2015年，完成售电量860.50亿kWh，营业收入580.97亿元，实现利润总额11.69亿元。国网北京电力拥有35kV及以上变电站483座，变电容量8650万kVA，输电线路8995km、电缆1921km；历史最大负荷1856.6万kW，负荷密度约1000kW/km^2；城市供电可靠率达到99.980%，处于国内领先水平。北京电网已经形成六大分区相互支持的坚强结构，具备较强的资源配置能力和抵御风险能力。同时，北京电网又是一个典型的受端电网，本地发电仅占全部用电负荷的30%，其余70%的电力依靠山西、内蒙古等地输入。

2015年，国网北京电力业绩考核进入国家电网公司A段行列，获得对标管理标杆，获得安全管理、人力管理、财力管理、规划管理、建设管理、配套保障管理等5项专业标杆。已连续8年获得全国“安康杯”竞赛优胜企业称号，继续保持全国文明单位和首都文明单位标兵荣誉称号。

领导班子

国家电网公司副总工程师兼国网北京市电力公司总经理、党委副书记：李同智（2015年11月任）

总经理、党委副书记：尹昌新（2015年11月离任）

党委书记、副总经理：杨新法

副总经理、党委常委：刘润生

副总经理、党委常委：安建强

副总经理、党委常委：杜小波

副总经理、党委常委：唐屹峰

总会计师、党委常委：李路

副总经理、党委常委、工会主席：王西胜

党委常委、纪委书记：张铁恒

党委常委，城区公司总经理、党委副书记：孙兴泉

副总经理，通州公司总经理、党委副书记：赖祥生（2015年12月改任，原任公司总工程师）

副局级调研员：柏磊

副局级调研员：李国华（2015年9月退休）

组织机构 国网北京电力下辖二级单位29个，包括供电公司16个、业务支撑和实施机构10个、其他单位3个。

电网概况 截至2015年底，北京地区共有发电厂27座，发电机组204台，总装机容量10647MW；其中火电厂（含燃气）12座，发电机组44台，总装机容量9313MW；水电站（含抽水蓄能）6座，发电机组18台，总装机容量1013MW；风电场1座，发电机组124台，总装机容量186MW；垃圾、沼气及核电厂7座，发电机组18台，总装机容量135MW。110kV及以上变电站465座，变压器1158台，变电容量107682.4MVA。110kV及以上架空线路557条，共6735.99km；110kV及以上电缆线路895条，共1795.03km。

2015年，华北500kV主网八横三纵通道中，西电东送八横中四个通道、三纵中一纵为北京电网外受电通道；北京电网500kV层面由9座变电站形成扩大双环网结构，西北部和南部分别外扩至张家口和河北地区，通过500kV 10个通道20回线路与外网联络，为北京电网3/4的负荷提供外送电源支撑；220kV层面由7座500kV变电站的220kV母联开关作为分区点，形成昌城、城顺朝、朝顺通、通安兴、兴房门、门海昌6个相对独立的供电分区，各分区之间通过联络线互为备用；110kV及以下电网除并网线路外，全部开环运行，形成辐射状电网覆盖

全市。

人力资源 截至2015年底，国网北京电力共有全民职工8255人，其中研究生及以上学历1263人，本科学历3693人，专科学历1789人；高级职称1217人，中级职称1689人；技师及以上职业资格3569人，高级工2260人，中级工378人。全口径劳动生产率实现1 418 286元/（人·年），在国家电网公司同业对标中位列A段，人才当量密度达到1.108 3，在国家电网公司系统省公司中排名第5。

编制深化"三集五大"体系建设实施方案及"三集五大"机构设置和人员配置方案。完成非供电企业业务流程建设，实现业务全覆盖。选取13个供电公司的33个班组作为试点单位，完成作业流程体系构建，实现班组"智能派单、自动定位、规范作业、提升绩效"四步走作业模式。

开展业务委托后国网北京电力定员管理和应用机制研究。制定《岗位管理实施细则》《职员职级序列管理实施细则》，印发《深化业务外包工作方案》《公司青年人才培养工作指导意见》和《公司内部市场运行管理实施细则》，制定和实施《公司岗位绩效工资管理办法》。薪酬分配重点向关键核心岗位、优秀专家人才、绩效突出员工、艰苦边远地区倾斜。

分解量化国家电网公司业绩考核指标体系，制订29项考核要素年度提升和内控超越目标，制订《本部业绩考核工作评价细则》和《所属单位及其企业负责人业绩考核管理办法》，按期分析业绩考核完成情况，量化、细化、流程化分解指标权重，实施考核要素排名和得分率目标"双提升工程"。

编制《公司培训机构安全管理实施方案》《实操安全与应急知识读本》，制定《培训工作隐患管控治理标准及现场应急处置预案》。重点开展领导干部、本部人员、技师、专家人才、班组长和优秀青年员工培训。作为国家电网公司网络大学试点单位，完成省直分院个性化页面上线工作，开展网络大学培训考试计划180项。78人当选国家电网公司专家人才后备，352人成为省、地两级专家人才后备，9人被授予国家电网公司专业领军人才称号。

电网建设与发展 年内与市政府联合编制《首都电力提升行动计划》，落实《北京电网中长期发展规划》和《北京电网中长期发展空间布局规划》，将特高压规划及北京电网规划成果全面纳入北京市能源电力发展规划。滚动修编并对接发布"网格化"配电网规划。服务新能源和分布式电源发展，新增新能源装机容量11.77万kW，新增分布式电源并网1.03万kW。

推进外受电通道规划前期工作，蔚县电厂—门头沟、北京东破口顺太取得国家立项核准批复。房山—南蔡、张南—昌平第三回核准工作有序推进，北京东—通州完成全部北京市支持性文件办理。与通州、顺义、平谷等区政府签署电网建设合作协议，完成12座变电站、7.3万m^2保护性圈地。取得北京市重大工程"绿通"项目39项、输变电工程核准批复50项、核准变电容量571万kVA。

推动《10kV及以下配电网建设技术规范》地方标准发布实施，"以'强简强'供电模式为目标的规划管理创新"获得北京市管理创新一等奖。完成一体化电量与线损系统试点任务，并获得电力行业信息化成果一等奖。

全年开工110kV及以上输变电工程17项，新建变电容量662万kVA、线路184km；投产110kV及以上输变电工程27项，新增变电容量280万kVA、线路329km；完成35kV及以上电力线路迁改工程15项、78.7km。以团结湖220kV输变电工程投产为标志，四大热电中心配套电力工程历时四年建设完成。北京东—顺义、太平特高压下送工程完成全部基础施工。锡盟—山东特高压交流输变电工程出资管理进展有序。完成莱市口变电站附属设施建设。完成城区范围2.4万户、累计31万户"煤改电"改造。推动首都核心区基本实现无煤化，龙潭湖、报国寺等配套工程均按期投产。累计建成电动汽车充换电站278座、充电桩4610个，提供充换电服务225万次，充电量6755万kWh。完成12座城际快充站、3260台城市快充桩的建设选址和物资招标等工作，建设投资约12亿元。

启动新一轮农网改造提升行动，以农村"煤改电"为契机，促成市政府出台相关文件支持性政策。总投资11.9亿元，完成168个村约5万户农村居民"煤改电"工程建设，新建和改造10kV线路1184km；新装配电变压器1337台，容量405 095kVA；新建和改造低压线路2635km。

持续深化基建安全质量"亮牌"考核机制，全年未发生基建安全质量事故（事件）。开展变电站工程土建专业标准工艺竞赛，推广质量标杆示范工程建设成果。25项输变电工程全部通过国家电网公司优质工程核查，优质工程率实现100%，220kV永定、110kV梁庄变电站工程荣获国家电网公司创优示范优胜项目称号。完成"室内GIS间隔对接小环境研究"等2项新技术研究。《基于"五位一体"的工程项目一体化管理》入选国家电网公司"五位一体"综合类典型案例库。建立"分层管理、动态考核、灵活培训"的基建信息化工作机制。

经营管理 固定资产投资完成232.55亿元，售电量完成860.5亿kWh，同比增长2.26%；线损率累计完成6.88%。提前完成2016年全口径项目储备

5534项423.99亿元，提前安排2016年度夏防汛及配电网专项项目8033项34亿元。编制年度发电量计划，有效化解关停燃煤电厂三年替代发电增加购电成本14.2亿元的风险。争取到三批国家专项建设基金，取得“煤改电”补贴资金批复10.5亿元，取得外部渠道资金23亿元。

新增用电客户20.67万户，新增容量902.22万kVA，同比增长7.07%。实现电能替代电量19.11亿kWh；节约电力15.29万kW，节约电量6.51亿kWh。电价执行准确率达到99.99%。加强电费回收管控，集团户扩展至8户，回收资金13.14亿元，建立电费回收约谈机制，实施月调度、日监控，制定“一户一策”回收方案。联合北京市发展改革委、公安局开展反窃电行动，全年追补电费和违约使用电费3550.60万元。当年电费回收率实现100%。

全年换装智能电能表165万只，累计投运728万只、采集台区6.4万台，采集覆盖率达到97%。建成计量中心、供电公司两级集中监控体系，发现及处置采集数据异常问题46万起，追补电费5472万元。丰台地区试点完成电、水、气三表集抄。开展“促业扩、压结存”专项行动，精简报装手续，实行“一证受理”，压缩业务环节。优化调整业扩报装集约模式，将10kV 5000kVA及以上报装项目调整为客服中心全流程办理。为防治雾霾改善北京地区空气质量，组织区外电厂替代关停燃煤电厂发电，完成发电权交易电量57.11亿kWh，同比增长1400%，节约标煤33.39万t，减排CO_2 86.82万t，减排SO_2 7026t。开展北京集中电采暖采购东北富余风电的大用户直接交易，年度采暖季采购电量0.5亿kWh。配合华北能源监管局、北京市发展改革委推进北京农村新增分户电采暖用户与冀北富余风电直接交易工作，探索直接交易新机制。

全年共组织开展109个批次的采购工作，集中采购金额103.44亿元，物资集中采购率99.9%，物资类采购电子商务平台应用率100%，物资公开采购率达到98.8%，物资供应完成率99.53%。全年共制定物资供应计划52.94亿元，物资到货金额50.88亿元，完成132家供应商资质能力核实。

组织开展售电侧等专项研究，及时调整运营策略，初步完成输配电价测算。持续深化“三集五大”体系，全面完成55项重点任务，统筹解决33项体系落地难题。完成两级制度清理，基本建成国网北京电力制度体系。

拓展审计监督范围，两级审计共完成各类项目107项，促进增收节支9386万元。完成对所属17家单位240项工程的竣工决算审计。完成国家审计署“稳增长”跟踪审计、北京市审计局产业统筹资金绩效审计的延伸审计配合工作。两级审计共6个审计项目获评2015年国家电网公司优秀审计项目。

年内有38项管理创新成果获得省部级以上奖项，其中首次获得国家级管理创新成果一等奖，连续三年被评为北京市管理创新工作优秀组织单位。35项QC小组活动成果获得省部级以上奖项。4个QC小组荣获“全国优秀质量管理小组”荣誉称号，6个班组荣获“全国质量信得过班组”荣誉称号。

安全生产 完善安全规章制度建设，相继出台《安全双准入管理规定》《安全巡检工作规范及安全事件调查管理规定》《变电、线路和配电安全规程补充细则》。细化“一单、三档、一表”管理，建立隐患工作日常巡查和周通报制度，确保各类隐患风险可控、能控、在控。完善应急处置预案，加强应急演练，共开展综合应急演练80场次，专项演练184场次。全年共启动应急响应65次，并成功应对“11·25”冰灾等多起恶劣天气及突发事件。

统筹推进“大检修”体系建设，开展成效评估，研究解决体系运转问题。制定大检修体系深化建设方案并获得国家电网公司批复。开展有效制度梳理，发布政治供电常态化、配网故障解体分析、隧道资源审批等标准规范。夯实运检业务管理基础，开发应用配网精益化管理模块，推进电缆网精益化管理系统建设。在国家电网公司系统首家实现PMS2.0配调配抢模块单轨运行，首家实现小时级台区运行监测。推进机器人巡检和直升机线路航巡，新装436套输变电在线监测装置。在平谷、怀柔、延庆公司开展小电流接地系统单柜接地故障选线试点建设。开展变电设备、电缆隧道专项评估，落实差异化运维措施。提升输电线路管控能力，500kV昌海线等线缆混合线路实现故障点快速定位。147座变电站、521座配电站室安装溢水报警系统，提高防汛监测能力。提升配网承载能力，开展配网示范工程建设。完成配电自动化监视评估系统建设。亦庄公司配电自动化自愈功能全面投入运行。

全年完成政治供电任务192项，累计保电天数达318天。重点完成全国“两会”、抗日战争胜利70周年“9·3”阅兵、北京田径世锦赛等重大政治供电保障任务，实现“服务零差错、供电零闪动、客户零投诉”的保电目标。

科技创新与信息化建设 牵头863课题“电动汽车充电对电网的影响及有序充电研究”；参与国家支撑计划课题“优质电力园区关键技术研究及示范”通过国家科技部验收；“主动配电网关键技术研究及示范”863课题推进顺利；“交直流混合配电网关键技术”课题获国家科技部863计划立项批复。获中国电力科学技术奖1项、北京市科学技术奖5项、国家电网公司科技进步奖8项。申请专利571项，其中发明申请279项。授权专利444项，其中发明授权56项，申请海外专利6项。

完成40余项110kV及以上电网建设项目环评、环保验收内审和信息公开工作。完成126座110kV及以上变电站电磁环境监测。推进配电网建设改造暨营配调数据深化应用试点工作，“五系统一平台”相继上线，26项业务提升逐步投入使用。首次实现“站—线—变—箱—户”信息贯通。全年完成信息化项目145个，获得中国电力行业信息化成果一等奖2项、二等奖4项、三等奖2项，国家电网公司信息化建设优质项目1项。完成“十三五”信息化和通信规划，开展2006～2013年229个信息化建设项目后评估，开展2012～2014年292个信息化运维项目评估，并通过国家电网公司集中审查与集中验评。全年信息系统事件数保持0记录，完成国家电网公司信息通信人才能力素质模型等39项试点任务。制定配电通信网技术标准11项，完成2014年项目总量100%及2015年项目总量60%的年度建设任务。完成综合语音平台供电所、营业网点终端建设，实现35kV及以上变电站、主要办公场所、营销网点、分支机构的光纤覆盖率达到100%。制定通信专业安全隐患排查标准和隐患管控措施，制定配电通信网技术及安全监督方案，以及配电通信网运行管理规定。承担并完成《国家电网公司通信运行方式管理办法》等3项技术标准及管理制度编制工作，完成“OPGW光缆接地方式及实验技术研究”课题。

优质服务 加强客户服务中心建设，将其打造成服务调度中心、业务处理中心、信息分析中心和稽查管控中心，开展营销关键业务质量稽查，突出整改业务质量问题。创新服务举措，开展高压客户业扩报装现场勘查预约与全程短信导航服务。营业厅开通无线网络，布设自助交费设施，在国家电网公司系统率先开展信用卡购电服务。开展居民24小时应急送电服务15.5万次。拓展购电渠道，代收机构增至16家，实现城镇“十分钟交费圈”和农村“村村有交费点”。大力推广手机APP、电力微信，注册客户突破130万户，居民客户网络渠道交费率达到33%。拓展电费充值卡代销渠道，电费充值卡发行销售达到132.53万张。短信定制客户达到340万户，全年发送服务短信1414万条。推动市政府相关部门出台全国首个客户用电安全地方标准《高压电力用户安全用电规范》。全年开展重要客户差异化延伸服务工作975项。建立国网北京电力、属地两级供电服务分析例会机制，全年召开投诉分析周例会48次，分析服务类投诉问题141件，全年服务类投诉占比下降21.97%。加强重点台区监测治理，强化低电压、分换装项目进度管控，供电质量类投诉同比降低16.4%。编制发布配电网抢修工作规范，提升配网故障处置响应、抢修服务管理水平。推进民生工程建设，完成16个老旧小区改造，惠及居民客户1.45万户。完成6项轨道交通、3290万m^2保障房送电任务。规范电力市场秩序，开展季度、年度电力交易与市场秩序评价。加强对发电企业的专业服务和沟通，应用交易大厅做好服务和问询答复等工作。精细月度电量计划和购电结算管理，交易结算准确率100%。

开展共产党员服务队集团化、标准化、规范化建设和“五心服务进万家”工程，调整组建124支服务队，办好“北京电力红马甲”微信公众号，开展第二届服务队竞赛，评选出金牌、优秀服务队各12支；在国家电网公司服务队竞赛中，国网北京电力5支服务队获奖。

持续开展“电靓京城”品牌传播与塑造活动，讲好“国网故事”，传递“国网声音”，与《人民日报》、新华社、《人民政协报》等主流媒体加强战略合作，围绕全球能源互联网、京津冀一体化、北京行政副中心建设、新能源发展、“三严三实”专题教育等重大主题开展传播。在中央权威媒体发稿227篇次，《北京日报》、北京电视台等市属媒体发稿1013篇次。积极回应社会关切，引导价值认同，全年保持舆情总体平稳。发布《电靓京城 服务国际一流和谐宜居之都建设2015》白皮书，披露服务首都经济社会发展的绩效。国网北京电力企业社会责任工作获评“金蜜蜂·生态文明奖”。“电力爱心教室”公益项目入选2014年度大型国企社会责任实践金牌案例。第四次获得首都经济界“奥斯卡”大奖，获评北京“最具影响力十大企业”称号。

党的建设和精神文明建设 深入开展“三严三实”专题教育。238名党员领导干部完成了专题党课教育，领导开展“基层一日”活动，各级领导干部开展基层专题调研476次。领导班子征集意见建议梳理成61条，整改完成28条，33条做到了件件有整改措施或回音。各党支部全部完成组织生活会及民主评议党员工作。

落实党风廉政建设主体责任，召开专题会议部署工作，开展各层面党组织书记和政工干部培训，调整机关党委委员设置，成立调控中心党总支。根据集体企业改革需要，2个单位由党支部调整为党委，2个单位由党支部调整为党总支。组建华商电灯公司党委。

加强党风廉政建设和反腐败工作，开展各类警示教育434场次，直接受教育面达3万人次。细化“两个责任”，量化考核标准，配套制定了7方面42项重点廉政风险防控任务清单。深化领导干部“七廉”活动，并大力实施重点岗位人员“四个一”廉政专项行动，各级动态梳理重点岗位 1789 人，累计交流 1954 人次。全面实施八项规定交叉互查和业扩报装专项巡察，促进业务管理更加严格规范。荣获国家电网公司纪检监察工作先进单位。

全员开展“遵规守纪，岗位奉献”主题教育活动，组织开展了“中国梦·国网情”主题宣传、“道德讲堂”建设、共产党员服务队竞赛、企业文化示范点创建、“我们的价值观”百姓宣讲、“最美国网人”评选、思想政治工作创新实践等活动，共有 2 支服务队、3 名员工、3 个项目、4 个班组入选国家电网公司“百队百人百项百点”受到表彰。国网北京电力所属 9 个单位荣获全国文明单位称号，28 个单位荣获首都文明单位及标兵称号，员工陈牧云和张文新分别当选“最美央企人”和“北京榜样”。获得国家电网公司首届“青年创新创意大赛”1 项金奖 2 项铜奖、全国第二届青年志愿服务项目大赛银奖。

推进落实职工素质建设工程三年规划，搭建多维度的职工成长“绿色通道”。推进创新成果孵化基地建设，建立成果转化闭环机制，26 项优秀成果得到广泛应用。4 个工作室被评为市级职工创新工作室，9 项成果分获全国能源化学工会、北京市总工会和国家电网公司工会职工创新成果一、二、三等奖。培养选树具有时代特征和先进性的优秀集体和个人，张文新获得全国劳动模范，解思江、王小宁、李孟东 3 名同志获得北京市劳模，城区公司政治供电核心区运管中心获得北京市模范集体。

抗日战争胜利 70 周年电力保障 国网北京电力开展 105 座变电（开闭）站、413 条主配网线路的状态检测工作，梳理 61 个重要保电客户的内外部电源和用电安全状况，针对每一个重要客户编制供电保障手册，实现“体系完善、设备完好、方式可靠、保障有力”的筹备阶段工作目标。阅兵活动期间，北京电网最大负荷 967.6 万 kW，按照北京市阅兵活动期间空气质量保障方案要求，北京电网停备燃煤机组 3 台，压减燃气电厂出力 385 万 kW，全网最大发电出力 490 万 kW，外受电比例 49.4%，全网保持“全接线、全保护”运行，电力平衡形势良好，未出现重点设备及线路重载、过载和限负荷情况，未发生造成保电客户供电影响的电网故障。保电期间日最大投入保障人员 9640 人，车辆 895 辆；日均投入保障人员 5745 人，车辆 533 辆；累计上岗保障人员 2.87 万人次，车辆 2665 车次；每日安排发电车 11 台套 10 032kW 在指定地点集结待命，同时针对故宫博物院、中山公园、161 中学安排发电车 3 台套 3400kW 在现场执行任务，实现了“主网运行安全零闪动、配网供电可靠零差错、服务优质高效零投诉”的保电目标。

主要事件

2 月 28 日，全国精神文明建设工作表彰暨学雷锋志愿服务大会在北京举行。国网北京电力共 9 家单位被授予“全国文明单位”称号，数量约占北京市 62 家获表彰单位的 1/7。至此，国网北京电力“全国文明单位”增至 11 家。

3 月 27 日，由新京报社主办，市委宣传部、市委社会工委、首都精神文明办指导的第八届“十大感动社会人物”评选结果揭晓，国网北京电力员工贾立刚获得“十大感动社会人物”荣誉称号。

3 月 27 日，国网北京电力牵头承担的国家 863 计划智能电网关键技术研发（一期）项目“电动汽车充电对电网的影响及有序充电研究”课题，顺利通过国家科技部验收。

4 月 10 日，国网北京电力组织完成农村“煤改电”项目可研审核。按照北京市农村地区力争完成 5 万户居民取暖“煤改电”工程任务要求，2015 年启动新一轮农村电网升级改造工作，全年预计对 158 个村实施电采暖改造，涉及居民约 5 万户。

4 月 14 日，国网北京电力制定了《首都电网提升行动计划（2015～2020 年）》，计划利用 5 年时间，实施一系列重大项目建设，全面提升电网的供应和保障能力，为首都经济社会发展提供坚强的电力保障。

4 月 15 日，北京遭遇近 13 年来最强沙尘天气侵袭，国网北京电力做足准备积极应对恶劣天气，首都电网安全稳定运行，经受住了考验。

4 月 29 日，国网北京电力电费充值卡累计销售量突破 100 万张。

5 月 7 日，国网北京电力发布 2015 年度白皮书。这是继 2013 年、2014 年之后，国网北京电力发布的第三份年度社会责任工作白皮书。白皮书由四个篇章组成，共 50 页，近 1 万字。

5 月 15 日，国网北京电力 80 人成功当选国家电网公司优秀专家人才后备。

6 月 5 日，国网北京电力荣获“金蜜蜂·生态文明奖”称号。同时，国网北京电力社会责任实践案例《推行“电能替代”工程，护佑首都蓝天》入选《2014 金蜜蜂责任竞争力案例集》。

7 月 29 日，国网北京电力共产党员服务队正式在新华通讯社挂牌成立服务站。

8 月 5 日，国网北京电力正式在北京地区全面推广信用卡交纳电费服务，满足广大客户更方便、更快捷的多渠道交费需要。

8 月 13 日，北京电网夏季第三次改写最大负荷历史纪录 1856.6 万 kW。

8 月 31 日，张家口蔚县电厂—北京门头沟 500kV

送出工程正式取得国家发展改革委正式项目核准批复文件。这是北京电网自2008年大同—房山500kV三回线路取得核准、7年后首次批准建设的外受电通道工程，也是国网北京电力第一条参与规划建设的外受电通道工程。

9月18日，国网北京电力荣获北京市委市政府颁发的“中国人民抗日战争暨世界反法西斯战争胜利70周年纪念活动北京市服务保障工作先进集体”和“2015年北京国际田联世界田径锦标赛突出贡献单位”荣誉称号。

9月26日，国网北京电力组织检修公司人员在500kV房都线开展带电处缺工作。这是国网北京电力应用等电位吊篮法，首次以不停电方式开展500kV线路处缺工作。

9月28日，中共中央宣传部、国务院国资委在中国网络电视台向全社会公开发布10名“国企敬业好员工”，国网北京电力员工陈牧云当选“国企敬业好员工”。

11月25日，北京电网负荷达到1656.5万kW，突破2014年1582万kW的纪录，创冬季电网负荷历史新高。

12月22日，在第七届“北京影响力”评选中，国网北京电力荣获“最具影响力十大企业奖”称号，这已是国网北京电力第四次斩获此活动大奖。

【国网天津市电力公司】

企业概况 国网天津市电力公司（简称国网天津电力）隶属国家电网公司，负责天津电网规划、建设和运营，致力于为经济社会发展提供安全、经济、清洁、高效的电力能源供应。供电面积1.19万km^2，供电服务人口超过1400万，供电客户数564.4万户。2015年，售电量完成644.61亿kWh，新增35kV及以上变电容量411万kVA、输电线路483km。同业对标位列国家电网公司综合管理标杆第五名，企业负责人业绩考核连续四年被评为国家电网公司A级，成功获评第十五届全国质量奖。

电网概况 天津电网是华北电网的重要组成部分，位于华北电网东部。通过北郊—安定、盘山—通州2回500kV交流线路与北京电网相联，通过吴庄—霸州双回、静海—黄骅双回共计4回500kV交流线路与河北南网相联，通过安各庄—芦台双回500kV交流线路与冀北电网相联。

截至2015年底，天津电网共有500kV变电站7座，500kV主变压器16台，变电容量15 120MVA。共有500kV线路19条，天津维护段长度804.098km。220kV变电站69座，220kV主变压器159台，容量28 446MVA。220kV线路225条，线路长度3084.969km。110kV变电站143座，110kV主变压器294台，容量14 382MVA。110kV线路320条，线路长度3852.343km。35kV变电站267座，35kV主变压器583台，容量10 468.6MVA。35kV线路1285条，线路长度8360.506km。

人力资源 2015年，人力资源管理荣获“国家电网公司专业管理标杆”称号。代表国家电网公司在中央企业员工帮助计划工作交流会做专题发言。人才管理突出“人岗匹配”。构建管理素养、内在素质和知识技能三级员工能力素质模型，开发GCE（基于成长的能力素质评价中心）网络测评平台，以人机对话方式开展模型构建和员工测评。开展本部结构化交流、统筹重点岗位交流，首次遴选16名优秀干部员工“上挂下派”，人力资源内部市场交流887人。按照“三统一”原则（统一转签工作节奏、统一政策宣传口径、统一考试测评模式），规范劳务派遣用工。整合培训资源，对外与国网高培中心签订战略合作协议，对内统筹网络大学、微信平台、博士后科研工作站等网络、生产、科研和实训等资源利用，拓宽人才培养渠道。组建专家领衔项目团队981个，实施43个行动学习项目。开展34个专业岗位练兵，首次实现全工种技能鉴定。推动人力资源价值创造、评价与分配协同管理，实施指标、任务、安全和监督四类问责事项结构化过程考核，创新构建事业、待遇、关怀为核心的多维度激励体系，深化一体化关爱平台和EAP服务系统建设，开展全员心理服务和心检，开展专题“幸福驿站”和差异化员工关爱机制建设。完善岗位绩效工资制度，加大优秀人才和关键岗位倾斜力度，制定“三种人”及“业主项目经理”差异化激励措施。编制《绩效经理人操作手册》，发挥绩效经理人作用。1名技能人员荣获国务院特殊津贴，3名员工荣获国家电网公司技术能手，2名员工分别入选天津市青年拔尖人才和技能大师，101人入选国家电网公司优秀专家人才后备。

电网建设与发展 承接全球能源互联网落地，开展宣传宣讲，搭建交流合作平台。研究特高压大电网发展格局，编制完成“十三五”电网发展规划。加快入津特高压建设，天津南变电站土建主体完工，“两交”（锡盟—山东1000kV、蒙西—天津南1000kV）工程分别完成架线40%、组塔50%，锡盟—泰州直流工程首基开工；配套500kV工程实现“3开1投”（北疆电厂二期送出工程、双青500kV输变电工程、天津南500kV配套送出工程开工；静海500kV输变电工程投产）目标。加强工程质量管控，锡盟—山东1000kV、南蔡500kV电源线工程获国家电网公司流动红旗，芦新河变电站获国家电网公司优秀设计一等奖。完善城市供电网架构，基本实现中心城区配电自动化和配电通信网全覆盖。建设中新生态城智能电网创新示范区，建成投运全球能源互联网主题展厅。建成移交国网客服北方园区，获得国家绿色建筑最高认证。

经营管理 导入电网企业卓越绩效模式，推动管理与国际标准接轨。推进管理创新实践，“三池”管理荣获中国项目管理成就奖；两个项目获得电力行业管理创新一等奖；荣获国家电网公司系统“五位一体”优秀案例综合与专业评选“双第一”。稳妥实施岗位绩效工资制度。完成审计署稳增长延伸审计。牵头编制《法治企业行为指引》。创新招标采购方式，投运物资评标基地，实现单个批次全部货物远程异地评标。主动参与电力改革，省级电力市场交易平台通过验收。开展集体企业改革改制，完善制度体系，优化产业结构，完成年度任务。开展管理会计与大数据融合研究，建成两个大数据应用场景，建成资金实时监控、信息实时反映平台，实现投标保证金闭环管理。建立用户工程结算清算一体化、项目常态关闭等工作机制及营销费用分解标准，实现项目资金一体化管理、项目预算双重管控、标准成本全业务覆盖。建立财务风险预警体系，完成财权分布梳理，建立预算应急释放流程，补充危化风险应急案例和保险理赔预案。获评2015年国家电网公司财务专业管理标杆。组建电能替代供应商联盟，替代电量完成117%。推进“三全五依”法治企业建设，国网天津电力荣获国务院、国资委授予的“2011～2015年中央企业法制宣传教育先进单位”称号。

安全生产 全年未发生7级及以上安全事件，连续6年实现安全生产“零事故”。组织“强基除患”大检查，获得国务院安委会办公室授予的全国“安全生产月”活动先进单位称号。深化特高压运行准备，首次实现220kV 6分区供电和调控运行全业务备用。东丽500kV变电站首批获评国家电网公司精益管理红旗变电站。完成全部16座智能变电站运行规程修编。地市级重要输电通道评估试点经验被国家电网公司推广。建成配电网全过程管控平台，实现规划、建设、运维、抢修信息共享。创新360°全景监控等手段，保证特高压等重大基建现场安全。完成天津港“8·12”特大事故电力应急处置，形成危化风险下应抢险2项预案、6项经验。完成抗日战争胜利70周年纪念活动等54项重要保电任务。全年外力破坏下降31%。完成本部后勤安全保卫提升工程，建成基于后勤一体化框架下的后勤应急保障体系。

营销工作 完成售电量644.61亿kWh，替代电量17.55亿kWh，当年电费回收率100%，线损率6.75%。构建自贸区高快新供电服务体系，创新供电服务管控机制，推进“互联网＋电力服务”，持续完善“掌上电力”APP、微信网络服务渠道功能，“四心”（舒心交费、安心用电、贴心便捷、暖心延伸）优质服务模式等获得专家组的充分肯定。完善通用制度，完成覆盖全业务的标准化作业流程体系，专业案例获国家电网公司系统第一，完成国家电网公司电费抄核收业务融合与流程再造试点任务，创新智能电能表旧表自动分拣处理系统，建立故障表分拣分析方法和故障数据库，承担国家电网公司检定系统效能提升课题研究，首家通过国家电网公司“四线一库一平台”系统实用化验收，全自动检定技术自校验系统研究获批地方技术标准。推动电能替代项目458个，承担国家能源局发布《关于加快实施“煤改电”推广应用的指导意见》的任务，编写《电能替代技术发展与应用》，承办国家电网公司电能替代现场会。获评国家电网公司电能替代工作先进单位，同业对标排名位于国家电网公司第六名，涉及业绩考核的四个营销指标全部实现A级。

科技与信息化 在配电网技术、输变电设备运行与管理技术、大电网安全分析与规划技术、电力系统自动化技术、电网安全控制与保护技术等领域共计开展研究项目101项。建成中新天津生态城智能电网展厅提升完善工程，完成中新天津生态城智能电网创新示范区建设主要项目建设。首个国家863计划项目课题“智能配用电园区技术集成研究”通过国家科技部验收，成果达到国际领先水平。编制重大科技成果培育五年计划，获天津市科技进步一等奖1项，二、三等奖3项，国家电网公司科技奖8项。全年完成专利申请654项（其中发明327项），获得专利授权319项（其中发明48项）。初步构建科技成果推广应用体系。两个QC小组获评全国优秀质量管理小组。“两化”（信息化和工业化）融合贯标通过工信部评审。

优质服务 围绕特高压建设、电能替代等重点工作，与河东等六区举行高层会谈，与市公交集团签订战略合作协议。电采暖、港口岸电分别纳入市“十三五”供热规划和《天津市大气污染防治条例》。提前对接重点区域用电需求，完成天津国家自主创新示范区“一区二十一园”电网规划。推进重点工程建设，新建、改造自贸区供电营业厅3座，完成8个小区、10所中小学电采暖改造。推广便捷电子化服务，远程交费覆盖率达到10%。服务美丽乡村建设，完成677个“低电压”台区治理任务。连续5年获得“城市民生贡献奖”，对接融入区域发展实践纳入全国MBA教学案例。

开展“双走访”和“六进”活动，解决服务群众“最后一公里”问题，客户回访满意率达99.7%。做好保障房、日楼区电力设施改造、地铁等市政重点工程供电服务。完成抗日战争胜利70周年期间有序用电保电任务。完成39项路灯照明保障任务，实施中心城区路灯设施提升整治工程。创新“互联网+电力服务”，推出信息查询、温馨提示、远方充值等智能服务。落实天津市改善农村人居环境实施意见，完成150个美丽乡村建设任务，加快农村电网建设改造，完成572个行政村、23 113个低电压户治理，开展农村供电设施综合整治，农网标准化台区比例为64%，10kV线路标准化比例达到48%。

推进营配调数据准确采录和末端融合，实现479座变电站、4786条公线、130条专线、37 009台公用变压器、63 797台专用变压器、619 175个低压表箱、5 435 726户低压客户信息关系的准确对应。开展基础数据质量管理，推行客户电子档案，创新编制客户档案数据字典，完善营销业务应用系统应急预案，强化营销自动化系统管理。开展大数据业务分析，设计场景应用，开展负荷预测、窃电治理、服务管控、电能表库存管理等分析，辅助营销业务决策。在国网天津宝坻供电公司等试点开展“水电”合一集采工作，实现3000户水电表远采集抄。升级改造全部19座230MHz无线专网基站，推广应用高速率230Mbit/s采集终端，系统数据并发处理能力提高20%。构建“2015～2016年充换电设施建设行动计划”，完成2015～2020年充电基础设施规划站址布点，累计建成充换电站点49处、充电桩426个。

党的建设和精神文明建设 印发“三严三实”专题教育实施方案，建立沟通协调、双周报、专报等工作机制，查摆各级班子问题，实施内外部检查制定整改措施，“三严三实”专题教育问题整改率达100%。开展优秀共产党员服务队、“最美国网人”、企业文化建设示范点和精神文明建设创新项目等“四个一百”创建工作。国网天津电力获评中宣部基层理论宣讲先进集体，是全国32家获奖单位中唯一的企业。建设卓越企业文化管理、实践、成果体系，开展文化竞标，编辑《卓越力量》案例集、故事集；开展“品质、领先、卓越”主题教育活动，实施“卓越”主题大讨论、征文、演讲等，以及“卓越实践进班组”项目874项和全员卓越建功行动8000多项，国网天津电力卓越企业文化建设实践得到“全国质量奖”创奖评审组高度评价，获“全国质量文化示范单位”荣誉称号。拓展建立30个班组层面创新工作室；提升党团员“创新创效”活动成效，连续三年参与人数和立项数量增幅超30%，实现年内专利申报与取得授权“双破百”。实施员工帮助计划，深化健康服务中心与健康食堂建设，建立全方位一体化员工健康服务新模式；依托11个职工文体协会，组织“铸卓越，展风采”职工文化系列活动；国网天津电力作品《又是大雨倾盆时》获国家电网公司职工优秀文学作品一等奖。关爱离退休人员，年内帮扶困难人员153名，离退休人员满意率提升4.3%。开展“学雷锋日”“全国助残日”等联合行动，服务百姓超万人，“天津电力心连心——童心圆”项目获第二届中国青年志愿服务项目大赛金奖、天津市青年志愿服务“百项示范项目”大赛金奖。

天津港“8·12”特大火灾爆炸事故电力抢险救灾工作 2015年8月12日23时34分左右，位于天津港的瑞海国际物流公司危险品仓库发生爆炸，国网天津电力立即启动重大社会事件应急响应，开展应急处置工作。国网天津滨海供电公司两组配电抢修人员爆炸发生半小时内到达现场处理故障，并立即启动应急指挥中心。随后国网天津电力启动应急响应，开启应急指挥系统，联系天津市政府应急指挥中心，协作开展应急响应。迅速建立三级应急指挥机构主动对接天津市应急指挥机构，分别建立市、区应急指挥中心和现场指挥部，分工负责资源统筹、电网生产指挥、现场资源协调和现场应急处置四项工作。各相关专业联动开展电网保电，对重要客户保电；向市政府应急办汇报电网抢修和参与灾后救援工作情况；协调公安部门对滨海地区重要供电通道联合开展24小时不间断巡视，保障医院等重点单位供电；运检、调控、安质联动协作，修复受损设备；外联部与各基层单位协作占领新闻阵地。完成应急物资供应，共计28个批次，总金额693.8万元，为受灾地区应急指挥和人员安置点供电以及供电抢修提供物资保障；迅速建立后勤保障体系，全天候现场送餐工作，电力医院组建三个现场医疗小组轮流为一线人员进行服务，开展现场巡诊服务，EAP心理咨询人员随健康服务队进入现场为员工进行心理咨询服务。

从8月13日凌晨开始至9月5日结束，共计24天，完成上级交予的各项任务，受到市委市政府、国家电网公司以及社会的广泛赞誉。

（王　媛）

【国网河北省电力公司】

企业概况 国网河北省电力公司（简称国网河北电力）是国家电网公司的全资企业，主要负责河北省南部地区电网规划建设、运行管理和电力交易。营业区包括石家庄、保定、衡水、沧州、邢台和邯郸6市102个县（区、市）。供电区域面积8.38万km^2，服务人口约5053.49万人。

2015年完成总投资194.61亿元、同比增长49.05%，其中电网投资146.88亿元，投产110kV及以上线路1160km、变电容量996万kVA。售电量完成1468.13亿kWh、同比降低0.41%，营业收入835.44亿元，实现利润6.15亿元，上缴税费35.46亿元。市场占有率96.92%，线损率7.83%，电费回收率100%。资产总额805.67亿元，资产负债率62.21%。全员劳动生产率39.71万元/人年，同比增长1.4%。

领导班子

总经理、党组副书记：刘克俭

党组书记、副总经理：钱平

党组成员、纪检组长：胡锐

党组成员、副总经理：白林杰

党组成员、副总经理：范振华

党组成员、副总经理：董双武

党组成员、副总经理：邢晨

党组成员、工会主席：赵社宏

党组成员、副总经理：朱薪志

党组成员、石家庄公司总经理、党委副书记：李景中

总会计师：夏俊

总工程师：苑立国

组织机构 国网河北电力本部下设23个职能部门，直属供电、施工、科研、物资、培训和信息通信企业14个，经营区域内县级供电企业100个。

电网概况 河北电网南部以500kV和220kV构成主网架，北部通过500kV房保双线、保霸双线、骅桥双线与京津唐电网相联，西部通过500kV神保双线、阳北双线、潞辛双线与山西电网相联，南部通过500kV辛洹线与华中电网相联，东部通过500kV辛聊双线、黄滨双线与山东电网相联。2015年底，河北省南部电网拥有500kV变电站16座，变电容量3301万kVA，线路4209km；220kV变电站180座，变电容量6143万kVA，线路10 466km。

人力资源 人力资源专业5项业绩指标全面完成，其中：人员配置率完成158.7%，人才当量密度完成1.089，均优于国家电网公司计划值；“五位一体”建设任务完成率、全口径劳动生产率、全口径人事费用率3项完成计划值。

于2015年11月27日，平稳有序、依法规范完成农电用工合同签订工作，自愿申请签订供电服务公司全日制劳动用工合同39 998人，自愿申请终止劳动合同1890人，农电用工总量压降近5%。同时，建立了全员驻所集中管理模式，实现了农电用工劳动关系和组织方式的同步调整规范。

9月1日起，正式实施岗位绩效工资制度，全面覆盖5.12万名长期职工；实现全口径用工10.64万人的工资集中审核发放，统一规范了工资发放的项目、标准、列支渠道等。

举办集中培训班5273期、培训179 960人次；在上级竞赛调考中2项获得团体表彰，5人获得个人表彰。加强人才选拔培养。新增国家电网公司专业领军人才14人、国家电网公司优秀专家人才后备31人、公司级优秀专家人才342人；组织评定中级及以上职称1391人；新增技师、高级技师390人。人才当量密度持续提升。

电网建设与发展 2015年，锡盟—山东工程提前6个月全线架通，榆横—潍坊、蒙西—天津南、晋北—江苏工程和北京西、石家庄变电站全部超前里程碑计划。配套500kV保东、保沧等工程协同推进。编制完成“十三五”电网规划，省市经研院所全部成为政府电力规划咨询机构。110kV及以上工程年度开工投产率达到100%。健全配电网建设管理机制，高质量完成1.12万个单项工程，2015年配网基建和农网改造升级工程全部当年开工、当年投产，解决35万户“低电压”问题。推广智能电能表830万只，覆盖率提升至76.62%，采集成功率达到98.5%。建成保定智能电网创新示范工程、渤海新区智能港口等项目。特高压锡盟—山东、500kV西柏坡变电站工程分别获得国家电网公司项目管理和质量管理流动红旗，8项工程获得国家电网公司农网百佳工程。

经营管理 全面推行企业级项目管理，加强综合计划“双闭环”管控，创新实施投资目标预控，计划和预算执行质量进度创历史最好水平，“一核心两闭环的企业级项目管理”获得国家电网公司管理创新成果一等奖。加强运营监测，以综合计划、财务预算、重点任务为主线，实现事前导入、事中监测和闭环管控，异动问题整改率达到91%，业务规范性明显提升。以信息化支撑精益管理，营财一体化通过国家电网公司验收，PMS2.0、全国统一电力市场交易平台实现单轨运行，营配调贯通取得阶段性成果。健全线损管理机制和责任体系。加强资金集约运作，加大县公司资金归集力度，降低融资成本2.89亿元。加大市场开拓力度，建立业扩报装快速响应机制，争取电能替代支持政策，加快推广“煤改电”等项目，完成替代电量63.38亿kWh。全面开展“三重一大”决策、供电所财务收支、配电网建设等专项检查，推进依法治企自查自纠，内外部审计发现问题整改率达到98.07%。集体企业实现盈利5.17亿元、同比增长10.2%。

安全生产 坚持安全第一方针，狠抓各级安全责任落实，深入开展安全大检查，排查整治隐患1400余项。完善电网运行和管理机制，强化电网风险管控和应急防控，率先建成全电网实时数据中心。面对燃煤机组大规模集中改造、空气质量与电力供应双保等挑战，充分发挥大电网优势，创新市场交易手段，圆满完成迎峰度夏、抗日战争胜利70周年纪念活动等保电任务。大运行专业连续3年获得国家电网公司专业管理标杆，强化资产全寿命周期管理，深化变压器

等主要设备运行风险治理，全面推行带电作业和差异化状态检修。强化营销服务规范。狠抓配网故障分析和跳闸治理，加大投诉治理考核力度，投诉数量同比下降 20.1%。

营销工作 全面推广业扩新模式。完成 SG186 低压、高压业扩流程调整改造，规范 10kV 及以下配网应急项目管理，提高业扩工作效率，全面落实国家电网公司新要求，在基层单位自查清理业扩受限问题的基础上，省公司开展现场办公，解决了 16 个业扩项目配网报装受限问题，实现近年来管控最严、手续最简、环节最精的报装新模式。石家庄公司试点开展电话报装，有效减少了低压业扩“吃拿卡要”和工单体外流转问题。

争取政府支持政策，保定公司率先推动市政府出台专项补贴政策。国网河北电力全力推广电锅炉、电窑炉、热泵、分散式电采暖、电蓄能等各类电能替代技术。截至 11 月底，推动实施电能替代项目 3260 个，累计实现替代电量 57.15 亿 kWh，替代电量完成率达 107.83%。落实国家电网公司战略部署，完成 14 座高速公路充电站建设任务，服务京津冀协同发展需要，完成 136 座充电站选址和设备、施工招标工作。

在国家电网公司系统率先建立省级采集管控与运维支撑平台，实现采集数据广泛共享，支撑量价费损、配电变压器运行监测、配网调控指挥、低电压治理等应用 30 余项。营销自动抄表核算比率，远程费控，负荷控制取得实质性进展。目前采集覆盖区自动抄表核算比重达到 91.67%、远程费控应用已接入 3.8 万户高压用户和 709 万户低压用户，基本具备负荷控制条件的负荷达到 136 万 kV。

完成自建售电系统清理，建成一体化交费平台，实现交费设备和交费渠道的统一管理，有效规范了收费业务。推进“互联网+”服务新模式，建成智能互动服务平台，通过手机客户端、微信客户端、短信平台和 95598 客户服务网站，实现了电量电费查询、停电信息推送和在线交费等业务，推广用户超过 50 万，提前完成年度推广任务。

全面落实电费回收责任制，关口前移、强化管控，实施电费目标月调度，在当前外部经济形势严峻的情况下，各单位发扬“三千”精神，实现当年电费回收率 100%，陈欠电费减少 9064.85 万元，陈欠电费回收 30.7%。保定公司成功化解英利集团电费回收风险，邯郸公司试点开展将客户欠费、窃电及违约用电等信息纳入人民银行征信系统。

实现了对全省 10 903 条 10kV 线路和 33.9 万个台区的同期线损自动统计，10kV 同期线损采集数据应用率为 95.04%，智能表覆盖区低压用户采集数据应用率达到 89.25%，同期线损统计结果逐步归真，指导开展降损分析，准确锁定异常线路管理出血点，线损异常线路比率下降 24 个百分点。

结合年度营销重点工作，深入开展在线稽查和专项稽查，分级现场稽查工作常态化开展，截至 11 月末，发现并处理问题 9278 项，实现堵漏增收 4474.42 万元。深入推进反窃电，警电联合查窃机制全面覆盖，截至 11 月末，共查处窃电用户 4763 户，追补电量 1165.28 万 kWh，追补电费及违约使用电费 2939.18 万元。

科技与信息化 科技和信息化项目资金全部按计划完成，科学建立了 2016 年科技、信息化项目储备库，确保规划重点工作落实、落地。贯彻国家电网公司电网发展战略部署，组织开展全球能源互联网宣讲与培训。组织研究“大云物移”新技术，制定“大数据”应用工作方案，并从拓展数据标准、强化数据管控、持续数据接入三个方面实施了公共数据资源建设，有效支撑数据共享及大数据应用分析，为解决数据不真不全、难于实现数据贯通问题奠定了基础。

加强科技成果培育，超额完成了全年专利任务，获得国家电网公司及以上科技成果奖励 11 项，“基于 EMS 在线数据的智能电网仿真测试平台开发”项目获得省科技一等奖（全省仅 4 项），实现了获河北省科技一等奖零的突破。保定中国电谷智能电网综合建设工程通过验收，总体达到国际先进水平，并在此基础上开展了中国科协保定智能电网创新示范建设。完成了智能港口智能电网创新示范工程建设，开展“电能替代”工作。

完成了数据通信网优化整合改造，市公司实现双设备千兆双上联，提升了市公司接入带宽和网络安全水平；全面完成了供电所（营业厅）网络覆盖和带宽提升工作，提升了县域通信网带宽。全力推进第一批 52 家县公司“子改分”集约融合信息系统适应性调整工作，已完成 ERP、协同办公系统、营销系统等 18 个信息系统调整。完成电能量采集与监控系统升级改造、设备（资产）运维精益管理系统（PMS2.0）、营配一体化、营财一体化等重点项目建设实施，满足业务管理需求。

推进信息通信运维集约化，开展信息系统实用化诊断分析和整改，完成 2012～2014 年信息通信运维服务评估，加强和规范通信资源数据治理和维护，提升信息系统深化应用水平。

牵头编写国标委智能电网综合标准化、通信网验收测试规范等国家标准和企业标准，积极申报“国家电网公司技术标准创新基地”。完成工信部 2015 年两化融合管理体系贯标试点工作并受到充分肯定，被评为国家电网公司信息系统实用化诊断分析优秀单位和国家电网公司直属单位信息系统运行管理提升工作优秀帮扶单位并分别做了典型发言。“供电企业提升通信网建设质量和效益的光缆线路迁建创新实践”等入选国家电网公司“三集五大”体系最佳实践案例。

优质服务 出台了加强市县公司投诉治理工作考核意见，实施投诉综合评价，加大人为责任投诉考核。开展典型诉求案例挂牌督办，建立内部常态核查机制，对突出问题、典型问题重点跟踪。1～11月发生投诉5841件，日均17.4件，较去年同期下降25.5%，投诉治理取得显著成效。

推广异地收费业务，打造城乡一体化交费服务圈，“零距离”即时交费渠道初步建立，农村“村村设点”基本实现；大力推广支付宝、翼支付等远程自助服务，客户随时随地交费成为现实。

强化95598运营管理。1～11月份95598业务处理回访满意率完成99.73%，位于国家电网公司首位，客户用电诉求得到及时有效的解决。

开展竞赛培训调考工作。组队参加国家电网公司第五届供电“服务之星”劳动竞赛，石家庄公司万强获得国家电网公司“十佳服务之星”称号。

制定了《关于规范供电所管理指导意见》，提出了“集中式组织、专业化管理、全天候服务”的新供电所业务运行模式，对供电所业务进行了系统梳理，明确安全管理、运维检修、营销服务等20大类、143项工作项目，对18项主要工作项目编制了流程图，实现了农电工劳动用工形式由非全日制、松散式管理向全日制、集中式管理的转变。

党的建设与精神文明建设 开展“解放思想、抢抓机遇、奋发作为、协同发展”大讨论和“结对学习、共促发展”活动，组织省公司本部23个党支部、市公司机关77个党支部与100个县公司领导班子结成对子，认真查找不严不实问题（其中国网河北电力本部查找出自身存在问题69项、了解到县公司工作面临困难97项），切实更新观念、改进作风、共促提高。

深入开展共产党员服务队竞赛，成立特高压工程共产党员服务队，建立内外网和微信平台宣传阵地，量化细化考核指标，加强过程管理，提高共产党员服务队的影响力。广泛开展“践行核心价值观，争做最美国网人”活动，通过微视频、微故事、微信平台、事迹宣讲等方式，选树、宣传、展示最美人物，评选20名国网河北电力“最美国网人”，13名员工在国家电网公司层面宣传。开展企业文化建设示范点创建，围绕“三降”（降线损、降投诉、降信访件）强管理定措施，推动企业文化进基层、进班组、进站所，以文化管理促专业管理提升，评选20个企业文化建设示范点。分级分类推进精神文明建设创新创效，指导基层单位做好成果总结提炼。择优推荐4支共产党员服务队、3名最美员工、4个示范点、4个创新项目参加国家电网公司评选。

规范基层党组织管理，落实《中共国网河北省电力公司党组关于进一步加强基层党组织建设的实施意见》，印发基层党支部工作细则和发展党员工作细则，国网河北电力公司系统103个党支部完成优化设置工作。指导8个基层单位稳妥有序完成党委换届，组织举办2期县公司党委书记和5期党支部书记共计306人次培训，增强了基层党组织书记的业务素质。以创建“电网先锋党支部”为载体，开展“党员先锋”和纪念抗日战争胜利70周年系列宣传活动，评选表彰国网河北电力公司系统“电网先锋党支部”53个、优秀共产党员108名和优秀党务工作者55名。

制作宣传展板组织开展“强党性、守纪律、讲规矩”主题教育月活动。116个党委、1298个党支部、28 700余名党员干部参加活动。

抗日战争胜利70周年纪念活动供电保障工作 周密组织抗日战争胜利70周年阅兵保电工作，加强重点设备巡视防护，出动保电人员110 980人次、车辆23 177台次，安排巡护人员3219名、车辆431台，实现了“零闪动、零差错、零投诉”目标。同时圆满完成抗日战争胜利70周年阅兵及2015年世界田径锦标赛、特高压工程开工等重要活动信息通信保障任务，圆满完成公安部网络与信息安全攻防演习，提升了信息通信安全防护能力。积极克服华北区域雨雪冰冻影响，组织开展了500kV阳北Ⅰ线OPGW抢修和大房Ⅲ线OPGW防护工作，有力保障了国家电网公司骨干通信网的安全运行。

（刘富长）

【国网冀北电力有限公司】

企业概况 国网冀北电力有限公司（简称国网冀北电力）隶属国家电网公司，肩负着保障首都供电安全、服务冀北地区经济社会发展、服务国家新能源发展的职责使命。供电营业区域包括唐山、张家口、秦皇岛、承德、廊坊5市，43个县（区、市），供电面积约10.41万km^2。本部设置23个部门（中心），所属二级单位17家，职工总数24 851人；2015年投产110kV及以上工程69项，线路长度3226.87km、变电容量1585万kVA，里程碑计划100%完成；实现售电量1239.62亿kWh。

电网概况 冀北电网属于“西电东送、北电南供”的受电方，主要由河北省北部的唐山、张家口、秦皇岛、承德和廊坊5个地市电网组成，其中，秦皇岛地区还承担着北戴河暑期保电任务。截至2015年底，冀北地区总装机容量2832万kW，其中清洁能源装机占比41.2%，最大负荷2100万kW，全社会用电量 1425.14 亿 kWh；运维 500kV 变电站 26 座，线路 10 619.45km；220kV 变电站 113 座，线路 9352.76km。

人力资源 健全干部管理制度体系，优化领导班子结构，全面实行党政交叉任职，有序推进干部交流。实施本部招聘选聘，开展双向挂职（岗）锻炼、关键岗位人员交流。完成首轮县级供电企业负责人全员培训，首次集中开展基层新任副科级干部培训。4 项专业调考竞赛成绩排名国家电网公司系统前列，33 名职工入选国家电网公司优秀专家人才，65 人入选国家电网公司优秀专家人才后备。加强班组建设管理考核，达标班组比例达到 89.2%。

电网建设与发展 保障京津冀协同发展、河北省经济转型升级用电需求，克服冀北五市售电量大幅下滑带来的经营压力，持续加大电网投资和建设规模，提升电力大规模输送和保障能力。编制“十三五”电网发展规划，特高压等重点项目纳入河北省“十三五”能源规划。特高压建设全面提速，如期完成“两交两直”特高压工程前期工作。锡盟—山东、蒙西—天津南特高压交流工程按里程碑计划推进，锡盟—泰州特高压直流工程顺利开工。首次引入特高压输电线路直升机吊装组塔，填补中国电力组塔技术空白。500kV 曹妃甸输变电工程等 69 项工程按期投产，500kV 廊坊南输变电工程等 43 项重点工程如期开工。2015 年农网改造升级工程全部竣工，新增工程完成实物工作量。安装智能电能表 245.8 万只，覆盖率达到 99.34%。解决低电压 18.1 万户。6 项农网工程入选国家电网公司“百佳工程”。

经营管理 “三集五大”体系持续巩固完善，“五位一体”机制建设向纵深拓展，29 项案例入选国家电网公司最佳实践案例库。贯彻落实第五批通用制度，修编发布、清理废止相关制度标准 336 项。8 家县级供电企业“子改分”试点单位全部实现分公司模式运营，有效破解多级法人模式下的机制壁垒和管理障碍，为推进市县公司同质化发展、加大电网投入创造条件。全面深化县级供电企业和乡镇供电所管理“两个提升”工程，整改管理薄弱环节 106 个，供电所数量减少 225 个、精简率 36.59%。率先完成 13 000 余名农电工规范管理任务。完成集体企业改革改制年度任务。开展内部审计 223 项，整改突出问题 687 项。国网冀北电力荣膺“全国电力行业实施卓越绩效模式先进企业”。

安全生产 贯彻国家安全生产工作部署，安全大检查、管理提升及“六打六治”打击非法违法生产经营专项行动取得实效，全面加强“西电东送”“北电南供”输电大通道和枢纽变电站运维管控，保障电力可靠供应。科学优化电网运行方式，强化电网安全风险辨识，治理隐患 320 处。充分发挥大电网优势，成功应对 2100 万 kW 夏季大负荷考验和雨雪冰冻灾害等突发事件。严格落实安全责任，巩固隐患排查治理和风险管控长效机制，有序推进春秋检预试，首次实现国内高海拔地区 500kV 紧凑型直线塔带电作业，完成高天Ⅲ回线路改造等 40 项迎峰度夏（冬）重点工作。配电网不停电作业实现地（市）、县域全覆盖。PMS2.0 系统实现单轨运行。

营销工作 落实增收节支行动计划，完善成本利润联动机制，完成年度经营目标。增供扩销，实施电能替代项目 1517 个，完成替代电量 62.36 亿 kWh。构建京津冀电动汽车充换电业务“十通十联”快充联网，开工建设高速公路充电站 109 座、城市充电站 43 座、充电桩 1000 余个。开辟业扩报装“绿色通道”，保障充电设施用电接入，冀北五市全社会年度充换电量 421 万 kWh，同比增长 12 倍。强化高风险客户“一户一策”，电费回收率保持 100%。健全购电管理体系，降低购电费用 4000 余万元。开展堵漏增收“百日攻坚”，强化营销稽查和“量、价、费、损”专题监测，挽回损失 5500 余万元。全面应用投资预算管控，压降工程预算。加强集中招标采购管理。

科技与信息化 风光储输示范工程位列全国工业电力行业评审第一名，顺利通过中国工业大奖现场考评，荣获国家优质投资项目最高奖。建成国内首条超长距离通信线路和国家电网公司首个 4G 无线电力专网。与中国电科院签署战略合作框架协议。国网冀北电力获得电力行业信息化成果 9 项、省部级以上科技奖 16 项。

优质服务 服务新能源发展，全面建成张家口“三站四线”500kV 风电外送通道，冀北电网风电发电瞬时出力突破 500 万 kW、日发电量突破 1 亿 kWh。风电和光伏发电并网容量分别达到 943.3 万 kW 和 110.8 万 kW，较 2012 年成立之初分别增长 1.2 倍和 26.2 倍。在售电量同比下降 8.25%的情况下，冀北区域新能源装机占统调装机比例超过 46%，占比位居全国第一。全年累计消纳新能源上网电量 158.72 亿 kWh，同比增长 8.97%。以客户需求为导向，推动北京亦庄·永清产业园、中国联通华北基地等京津冀协同发展和冬奥会重点项目实现高效衔接、无缝对接。践行“四个服务”宗旨，健全服务设施，规范服务行为，精简办电程序，严格执行业扩报装“一口对外”要求，开展客户投诉专项整治，平均接电时间缩短 4.79 天/户，客户满意率提升 1.52 个百分点。

党的建设和精神文明建设 深入学习贯彻习近平总书记系列重要讲话精神，扎实推进“三严三实”专题教育，全面整改“不严不实”问题。建立党群例会制度，开展“四项活动”，形成一批可复制、能推广的党群示范点建设成果。开展“本部建设年”活动。开展《党章》《准则》和《条例》专题警示教育，建立党风廉政建设责任落实约谈机制，全面落实“两个责任”“一岗双责”，配合中央第八巡视组完成巡视期间各项工作。构建“三大体系”，实现班组建设标准可量化、易考核。建成职工创新创效优秀成果推广基地。新华社、人民日报等主流媒体刊发宣传稿件300余篇。国网冀北电力荣获中国青年志愿服务大赛金奖，2名职工分获全国劳动模范、北京市劳动模范称号，4名职工获河北省五一劳动奖章，3家单位荣获河北省五一劳动奖状，2个集体分别获得“全国巾帼文明岗”和“全国五一巾帼标兵岗”称号，9个集体荣获河北省工人先锋号。

抗日战争胜利70周年纪念活动供电保障工作 国网冀北电力统筹制定活动期间保电方案，完成抗日战争胜利70周年纪念活动供电保障任务。全面排查输变配电设备、电力设施保护区及重要场所安全隐患，确保重要保电设备“零缺陷”运行。特级保电时段，全部500kV变电站恢复有人值班，确保故障及时处理，保障电网安全运行。落实电力设施保护措施，加强政企、警企联动，确保不发生外力破坏影响电网安全事件。加强安全保卫工作和防恐措施，严格执行调度通信大楼、重要变电站等场所车辆、人员安全检查措施。组建5683人保电抢修队伍，实行24小时常态备勤值班。重要保电时段应急指挥系统时刻保持待命状态，各级负责人带班值守，随时调度处置应急情况。

（赵哲源）

【国网山西省电力公司】

企业概况 国网山西省电力公司（简称国网山西电力）是国家电网公司全资子公司，属国有特大型企业，以电网规划、建设、运行管理及电力调度、经营等为主营业务，下设11个市供电公司、99个县级供电公司，供电区域覆盖全省除12个趸售县以外的108个县（市、区），肩负着山西省3664万人民电力供应的基本使命，承担着向京津唐、河北、江苏、湖北、山东等地外送电力的重要任务，服务客户约958.55万户，拥有资产718.13亿元，员工2.93万人。2015年，国网山西电力完成省内售电量1305.06亿kWh，外送电量300.37亿kWh。

电网概况 截至2015年底，山西电网总装机容量70 705.575MW。按调度单位划分，国调装机容量3300MW，阳城电厂以点对网方式送江苏电网；华北网调直调机组容量5920MW；省调装机容量57 551.8MW（其中进入商运容量为56 501.8MW）；地区小电厂合计容量3933.775MW。省调机组按机组性质划分，光伏电站28座，容量1065MW；风电场68座，容量6688.8MW；煤层气电厂1座，容量120MW；燃气机组9台，容量1845MW（全部供热）；水电厂4座（含抽水蓄能）16台，容量2288MW；火电机组167台，容量45 545MW（其中供热机组112台，容量28 655MW，占比为62.9%；空冷机组130台，容量37 275MW，占比81.8%。循环流化床机组62台，容量10 985MW，占比为24.1%）。

共有220kV及以上电压等级变电站235座，主变压器511台，变电容量103 089.574MVA，其中特高压变电站1座，变压器2台，容量6000MVA；500kV变电站21座（含榆社开闭站），主变压器39台，容量33 500MVA；220kV变电站213座，主变压器470台，容量63 589.574MVA。

共有220kV及以上输电线路717条，线路长度20 337.793km（不含跨省输电线路）。其中500kV线路81条，长度5180.689km；220kV线路636条，15 157.104km（其中省调线路548条，13 689.417km）。另有跨省输电线路29条，长度3433.739km。

人力资源 发布实施《人力资源计划管理实施细则》，下达全口径用工总量、各类用工人工成本、全资及控股单位专项计划等38项人力资源指标计划；印发《人力资源信息与统计管理细则》，组织开展人员信息基础数据核查工作，人资信息化管理基础得到有效夯实。首次实行公开选择单位和岗位，择优录用高校毕业生642人，其中硕士研究生176人，比2014年增加42人，人才素质进一步提升。承办第十三届全国电力人才招聘大会，圆满完成2016年第一批毕业生招聘考试工作。组建11个地市供电服务公司，编制完成16项配套管理制度及相关合同、协议文本，细化工作措施，逐级签订工作责任书，确保规范农电用工管理工作落实到位。制定10个管理实施细则，积极引导人员合理流动，盘活内部存量1577人；精心选派12名专业人员开展对藏帮扶和东西人才帮扶工作。

统一省、市、县、所各层级岗位等级序列标准，规范供电单位60个典型班组分类，统一《岗位绩效工资套改归档表》等薪酬管理台账格式，顺利通过国家电网公司薪酬制度建设专业验收，相关推广经验被《国网动态》专题采用刊登。印发《县公司企业负责人薪酬管理指导意见》，按照“尊重历史、逐步过渡、缩小差距”的原则，全面核定所属99个县公司520名企业负责人的年薪标准。员工薪酬分配向一线艰苦岗位、关键核心岗位、优秀专家人才、“双师型”人才、绩效突出员工倾斜，员工岗级与个人素质挂钩，激励员工不断提高自身技术技能素质，有力推动了各层级单位的机构设置、工作流程、人员素质向“三集五大”体系要求转型。

加强培训质量监管，进行全过程各环节检查，提高培训效能；加强培训安全管理，杜绝安全事故发生，国网山西技培中心取得国家电网公司培训安全检查第二名。采用“案例研讨”、模块化教学等手段，开展技能人员持证上岗培训，突出培训对象的针对性，全年共组织完成16个专业共4305人的持证上岗培训。开启“互联网+”培训新模式，开发编制培训课件、教材讲义和应用题库，实现自主自助学习和资源共享的针对性培训。将“竞赛调考成绩”纳入业绩考核、人力资源集约化、同业对标指标中，强化随机抽考，全员参与、层层选拔，不断加大对各单位、各部门考核力度。专家人才培养取得新突破，110人当选国家电网公司优秀专家人才后备，录取比例60.8%，位列国家电网公司第六名；发挥优秀专家和专家工作室辐射引领作用，立足专业工作解决生产实际问题，促进高技能人才队伍建设。

电网建设与发展 2015年，国网山西电力共完成电网建设项目投资完成133.48亿元，同比增长30.38%，创历史新高。其中：特高压项目完成投资21.76亿元，500kV项目完成投资12.52亿元；220kV项目完成投资35.10亿元；110kV项目完成投资19.56亿元；35kV及以下项目完成投资45.22亿元。新开工工程96项，线路长度2335.03km，变电容量1055.3万kVA，其中：500kV变电容量400.00万kVA，线路670km；220kV变电容量360万kVA，线路861.61km；110kV变电容量295.3万kVA，线路803.42km。全年投产工程72项，线路长度2489.01km，变电容量830.45万kVA，其中：500kV变电容量300.00万kVA，线路151.6km；220kV变电容量318万kVA，线路1495.79km；110kV变电容量212.45万kVA，线路841.62km。

列入国家大气污染防治行动计划的“两交三直”特高压工程全部核准开工，灵州—绍兴（山西段）直流全线架通。着眼新型综合能源基地建设，落地山西的电网投资突破170亿元。特高压、电网建设分别列入全省十大标志性工程、十大重点投资领域。500kV“西通道”等重点工程加快建设，500kV龙城站、桐乡站等一批重点工程顺利投产，新增220kV及以上变电站15座、变电容量613.2万kVA，线路66条、长度1613.7km。中部电网实现南北分区运行，短路容量超标、区域全黑风险有效化解。2015年农网改造升级工程全部投运，新增工程全面开工，35.73万户“低电压”问题得到治理。参建的1000kV哈密—郑州直流线路荣获国家优质工程金质奖，500kV兴县变电站、吕梁—兴县线路荣获国家优质工程奖，±800kV灵州—绍兴（山西段）、500kV运城东线路夺得国家电网公司安全质量管理流动红旗，220kV天湖变电站荣获“中国安装之星”奖。

经营管理 加强精益管理，一体化电量与线损管理处于国家电网公司前列，线损率同比降低0.11个百分点。巩固依法治企长效机制，开展电网建设、农网改造等日常在线审计监督，内外部审计发现问题整改率达到91.35%。深入研究中央电力体制改革部署，多次向山西省委省政府主要领导汇报沟通，积极参与全省电改综合试点方案制定。巩固提升“三集五大”体系，全面推进“五位一体”深化应用，流程体系实现全业务覆盖，582项制度、2503项标准、2490条绩效考核指标、2032个风控点与流程环节动态匹配。岗位绩效工资制度改革平稳推进，市县企业负责人全部实现年薪制管理。投资设立“众辉供电服务公司”，规范农电劳动用工管理。调研摸排底数，加强监督管理，稳妥推进集体企业改革改制。建成主要经营指标管控平台，实现财务、营销等9个重点专业176个核心指标实时监测。8项科技成果获国家电网公司、山西省科技进步奖，2项管理成果获全国电力行业管理创新成果一等奖，7项典型经验入选入围国家电网公司同业对标典型经验库。

安全生产 开展安全大检查和缺陷隐患整治，层层强化责任落实，全面管控各类风险，积极应对恶劣天气频发、保供热与风电消纳矛盾突出等多重考验，未发生一般及以上人身、电网、设备事故和恶性误操作事故，实现基建安全“零死亡”、工程质量“零缺陷”。建立省市县三级全覆盖安全督察（纠察）体系，派出人员1.6万人次，覆盖现场7655个，查纠违章1179起，确保了作业现场安全有序。以电网年度运行方式为统领，深入开展电网滚动分析，推行二次设备精益化管理，调度运行管理评为国家电网公司标杆。常态开展风险分析预警，全省500kV变电站实现集中管理，开启无人值守模式，加强重要站线运维，圆满完成抗日战争胜利70周年等重要保电工作。建成7座观冰站和自动气象站，成功应对3次大范围雨雪冰冻突发灾害。

2015年，国网山西电力未发生人身重伤死亡事故，未发生大面积停电事故，未发生重大设备事故，未发生火灾和交通伤亡事故，未发生信息安全事件。实现无重大设备事故5946天。

营销工作与优质服务 积极应对售电增长乏力、投入持续增加、成本刚性增长的严峻形势，全面落实“两增”措施，千方百计提质增效。大力增供扩销，净增业扩报装容量973.4万kVA，同比增长8.3%；推广实施电能替代项目434个，增售电量43亿kWh；配合开展大用户直接交易，完成电量161.75亿kWh；短时支援交易电量98.89亿kWh，增收1.95亿元。

全力增收节支，积极争取电价财税政策支持，趸售电价与燃煤标杆上网电价“倒挂”问题得以解决，燃气、煤层气以及脱硝、除尘、超低排放等电价矛盾足额疏导，首次实现外送电市场化定价，减免用户资产接收和新建电网项目税收5.46亿元。实施高风险企业“一户一策”、驻场催收等措施，千方百计确保电费足额回收。

推进省级分布式智能仓储系统建设，新建智能仓储库房2座，购置安装计量周转柜和应急抢修箱1169个，覆盖供电所达到70%以上，规范供电所表计领用，推进营配末端表计抢修有效衔接。加快省计量中心能力提升，深入应用实践计量资产“集约化管理、属地化运维”管理新模式，推行计量资产条码终身唯一性，全年检定、配送计量器具83.86万台，推行各级库存常态化核查盘点机制，完成11个地市公司库存盘点，计量生产过程实现精确到日、精准到台的精益化管控。持续开展智能电能表全寿命各环节质量监督管控，累计完成11个供货厂商的智能表全性能检测、样品比对和抽样试验，完成低压计量箱全性能检测，完成了通信组网能力测试建设，智能表质量管控水平持续提升。

围绕山西省“六大发展”，发挥责任央企表率作用，落实工业减负措施，主动对接重点工程，及时满足供电需求。积极消纳清洁能源，最大接纳风电441万kW、光伏56万kW，创历史新高。电力交易平台率先实现单轨运行，交易全业务线上运作。推行“一证办理、一站式服务”业扩报装新模式，精简手续流程，低压、高压客户接电时间分别缩短20%、5%。贯通营配调数据，实现站、线、变、箱、表、户信息实时交互和同步更新。开展营业厅全天候远程互动服务，推广应用移动互联服务平台，及时满足客户需求。

科技与信息化 全面落实安全责任制，持续推进国网山西电力及各单位信息机房的隐患排查治理工作，狠抓信息系统账号权限整改治理、信息系统业务授权许可使用等专项工作，累计发现隐患88项，整改85项，整改率95%以上，完成全国两会及抗日战争胜利70周年阅兵等重大安全保障任务。定期组织信息通信安全常规督查和专项监督检查，组织全省优秀信息通信人员参加红蓝队对攻培训调考，组织网络安全攻防（红蓝）演习，积极开展信息系统性能优化、信息通信联合应急演练等工作，在国家电网公司信通部组织的网络攻防对抗邀请赛中，由晋缘网络公司和临汾公司组成的山西蓝队夺得蓝队第一名。

编制完成国网山西电力“十三五”科技规划。立足山西省委省政府“三个”基地（建设京津冀清洁能源生产供应基地、国家级的新型综合能源基地和全球低碳创新基地），围绕电网发展“送得出、供得畅、用得好”的总要求，充分发挥科技创新的引领支撑作用，集中力量建设1～2个国家电网公司重点实验室，在特高压交直流电网运行、新能源并网安全和消纳、电网防灾减灾、输变电设备智能巡视检修（影像分析）及带电作业等方面实现科技新突破。省电科院、省经研院出色的配合完成了规划的需求调研、制定和完善工作。

2015年，国网山西电力获省部级科技奖8项（其中国家电网公司科技进步奖和山西省科技奖各4项），同比增加2项，其中一等奖2项、二等奖2项、三等奖4项。省检修公司“超特高压输电线路带电运检一体化关键技术及装置的研究与应用”获山西省科技一等奖，获得了国家电网公司的表扬。全年共申请专利775项，其中申请发明专利330项，分别完成指标的124.4%、122.67%；授权专利650项，其中授权发明专利112项，分别完成下达指标的173.8%、203.63%；登记软件著作权30项；发表论文750余篇。

党的建设和精神文明建设 深入学习贯彻习近平总书记系列重要讲话精神，扎实开展“三严三实”专题教育，各级领导干部带头讲党课，组织专题学习研讨，召开专题民主生活会，全面整改不严不实问题。认真学习《党章》《准则》和《条例》，开展“以案说规”警示教育，实施“两查三督一评”廉政风险防控，巡察“两个责任”落实情况，广大党员和干部职工思想作风明显改进。有机融合“四好”班子考核、领导干部年度考评和后备干部推荐，科学配备领导班子，营造了良好用人导向。开展“创先争优、强化作风、提升管理”主题实践活动，推进企业文化在电网建设等领域落地实践。发布22册班组工作手册，班组优化提升全面推进。开展职工代表巡视检查，促进职代会决议和重点工作落实。上线运行新媒体“晋电在线”新闻客户端，大力开展“学习月”“健步走”等文体活动，保持了和谐稳定良好局面。

2015年，国网山西电力本部和所属11个市供电公司保持“全国文明单位”。2个单位和集体分获全国“五一劳动奖状”及全国工人先锋号称号；13个单位和集体分获全省“五一劳动奖状”及工人先锋号、国家电网公司先进集体、先进班组称号。3名个人分获全国“五一劳动奖章”及全国劳动模范、国家电网公司特级劳动模范称号；15名个人分获全省“五一劳动奖章”及国家电网劳动模范、优秀班组长称号。

主要事件

1月28日，蒙西—天津南1000kV特高压交流输变电工程线路工程（山西段）首基掏挖式基础完成试浇，标志着蒙西—天津南特高压交流输变电工程（山西段）已进入全面建设阶段。

3月27日上午，国网山西电力在500kV忻州变电站组织召开了500忻州、雁同变电站运检业务划转工作会议，顺利完成两座500kV变电站运检业务由属地公司向检修公司的划转。

3月31日～4月2日，山西省出现大面积冻雨灾害天气，受此影响，省内电网输电线路发生了不同程度的覆冰跳闸故障。共计造成22条110kV及以上线路跳闸。经过连续抢修，截至4月7日8时，覆冰造成的4000余个台区、20余万断电用户，已基本恢复供电。

5月6日，山西省发展改革委下发《关于将长子高河电厂送出工程等输电工程列入山西省2015～2017年电网建设规划的通知》（晋发改能源发〔2015〕262号），同意国网山西电力122项110～1000kV输变电项目纳入规划。省发展改革委要求国土、水利、环保、住建等部门以及项目所在地政府对所列电网项目给予支持，优先开展相关工作。

5月12日，国家电网公司在北京召开榆横—潍坊1000kV特高压交流输变电工程（简称榆横—潍坊工程）开工动员电视电话会议。

5月25日，山西省人大常委会副主任、山西省总工会主席田喜荣，国网山西电力党组书记李强为“范春燕劳模创新工作室”揭牌。

6月16日，国网山西电力兴县500kV变电站工程和兴县—吕梁500kV线路工程两个工程项目获得2015年度中国电力优质工程奖。

6月29日，山西晋北—江苏南京±800kV特高压直流输电工程（简称晋北－江苏工程）开工，开工动员大会（山西会场）在朔州市召开。

9月9日，创办世界电动车协会，被誉为“亚洲电动车之父”的陈清泉院士，参观太原迎西电动公交车充换电站，对该站运营模式和技术方案给予了高度评价，认为该站设计解决了电动公交车充换电站设计及建设方面的关键技术问题，达到国际领先水平。

10月26日15时52分，山西电网风力发电出力再创新高，达到440.9万kW，占当时山西电网直调用电的25.5%，全日风电电量达到8555.8万kWh，占当日山西电网直调用电总电量20.9%。

11月3日晚，山西省首座110kV移动式变电站在夏县水头工业园正式挂网试运行。

11月25日，灵州—绍兴±800kV特高压直流输电线路工程G1270－G1282放线区段左侧导线走板顺利牵引到位，标志着该工程山西段全线贯通。

11月27日，由国网山西电力与太原理工大学联合组建的“电力系统运行与控制山西省重点建设实验室”学术委员会成立大会暨第一次会议在太原召开，中国科学院周孝信院士担任该学术委员会主任。

12月18日，220kV蒋家坪、卧龙洞风电场顺利启动，标志着国网山西电力首次完成两座220kV风电场同时投运，也是首次同时并网20万kW风电机组。

（龙　云）

【国网山东省电力公司】

企业概况　国网山东省电力公司（简称国网山东电力）是国家电网公司的全资子公司。国网山东电力服务电力客户3886万，是全国最多的省份。2015年，全省全社会用电量5117.05亿kWh，同比增长2.77%。完成售电量3027亿kWh，同比基本持平。实现营业收入1879.97亿元，利润62.15亿元，经济增加值31.52亿元。国网山东电力保持国家电网公司同业对标标杆单位，业绩考核排名提升至第二位。

组织机构　国网山东电力本部设23个部门，下属28家单位（17家地市公司、8个业务支撑和实施机构、3个综合单位），管理98家县供电公司。

电网概况　山东电网已建成“五横三纵”500kV超高压坚强骨干网架，通过±660kV银东直流和500kV辛聊双线、滨黄双线等3条输电大通道，与西北电网、华北电网联网，接受省外来电能力达750万kW。1000kV锡盟—山东、榆横—潍坊及±800kV上海庙—临沂“两交三直”特高压工程核准开工。截至2015年底，山东电网拥有110kV及以上变电站（换流站）1687座、变电（换流）容量3.06亿kVA（kW），线路5.57万km。

人力资源　截至2015年底，国网山东电力全口径用工总量为152 033人，同比减少2092人，其中长期职工75 200人，同比减少1741人，农电业务用工42 643人，同比减少627人。全口径劳动生产率完成550 023元/（人·年），同比增长8.75%。全口径人才当量密度1.034 2，同比增长4.49%，高技能人才比例89.907 2%，同比增长2.237 1个百分点。技师、高级技师占技能人员比例62.931 3%，同比增长12.125 1个百分点。

电网建设与发展　开展全球能源互联网宣传宣讲，在山东大学举办专题讲座，颁发了特高压电网奖学金。全力加快“特高压入鲁”，各项工程综合进度全线领先。其中，锡盟—山东交流工程（山东段）线路架设率先完成，济南站电气安装完成75%；榆横—潍坊交流工程全面进入组塔阶段，潍坊站主控通信楼率先封顶；锡盟—泰州、上海庙—山东直流工程核准开工，临沂换流站场平、临建等全面展开；晋北—南京直流工程基础浇筑90%。国家电网公司多次在山东召开现场会，推广国网山东电力项目管理和施工工艺经验。2015年开工35kV及以上工程394项，规模为线路长度6334km、变电容量2467万kVA；投产

35kV及以上工程269项，规模为线路长度5257km、变电容量2401万kVA。500kV工程规模再创历史新高，实现“七投产、七开工”。新建改造中低压线路4.29万km，新增更换配变3.08万台，消除全部16.8万户长期和季节性低电压。锡盟—山东特高压线路、变电工程及500kV高青站荣获国家电网公司流动红旗，500kV岱宗站获国家优质工程奖。国网山东电力与省总工会联合开展“特高压入鲁”等重点工程立功竞赛活动，5个集体、10名个人、28个班组分别被授予“富民兴鲁”劳动奖状（奖章）、山东省工人先锋号称号。8项农网工程入选国家电网公司“百佳工程”，居系统首位。科学编制电网“十三五”发展规划，率先开展省市县三级城乡电网规划编制审批。

经营管理 落实7大项20条增收节支措施。大力推动全省同价，取消优惠电价，为输配电价改革奠定了良好基础。开展“法治企业建设年”活动，加强经济责任、工程投资等重点项目审计，圆满完成国家电网公司经济责任审计等迎审工作。加强运营监测，发现异动4093个，发出协同工单2642份。对县公司安排资产租赁等项目支持，与中电财签订合作协议，开辟了融资新通道。

巩固提升“三集五大”体系，解决各层面问题230项，经研院所人才支撑、配网抢修协同配合效率等不断增强。推进“五位一体”深化应用，全员培训、流程要素比对等走在系统前列，作业级流程构建规范被国家电网公司作为统一建设模板，配网抢修端到端流程监控得到国家电网公司领导批示肯定。97家县公司顺利转入分公司模式运行。集体企业改革改制主体任务基本完成，压减企业139家，全面建立市县企业资本纽带关系，产业布局和产权关系进一步优化。实施岗位绩效工资制度改革，首次对工资制度进行规范统一。完成全部农电用工合同转签，实现组织模式、用工方式、管理制度“三统一”。

荣获全国企业管理现代化创新成果奖2项、首届中国电力创新奖2项、电力行业管理创新一等奖2项、山东省管理创新一等奖38项。班组建设“四大体系”实现县公司和供电所全覆盖，“班组大讲堂”劳动竞赛、“金种子”班组长培养创出新品牌，行业内外1732个班组“牵手共赢·结对共建”，山东省总工会、经信委召开现场会推广经验。乡镇供电所生产营业用房典型设计应用经验在国家电网公司推广。推进青年岗位创新创效创优，6个项目在国家电网公司首届青年创新创意大赛上获奖。

安全生产 严格落实各级安全责任，深入学习新《安全生产法》。开展安全隐患排查整治，消除各类隐患1.01万项。安全顺利完成银东直流年检、30台220kV变压器抗短路能力改造等春秋检停电检修8792项。各级领导和管理人员到位监督6.32万人次，督查现场1.63万处，查处违章2893起。开展输电线路防外破特别行动，建成覆盖各级电网的运行风险预警管控体系，实施Ⅰ、Ⅱ级防护1412条次，220kV及以上线路外破故障同比下降15.8%，配网线路故障跳闸同比下降33.1%。积极应对强对流、台风、暴风雪灾害袭击，推动全部市县开展政企联合处置大面积停电应急演练，圆满完成国际历史科学大会、世界休闲体育大会等重要保电任务。

营销工作 实施业扩提速行动，完成送电3244万kVA，同比增长5.03%。消除业扩受限项目2118户，释放用电容量131万kVA。实施电能替代项目1521个，替代电量84.12亿kWh。建成高速公路快充站26座，电动汽车充换电量在全国率先突破1亿kWh。安装智能表425万只，实现智能表应用和用电信息采集“两个全覆盖”。“四表合一”建设规模和运行成效全国领先，国家电网公司在山东召开现场会。推广远程费控1700余万户，电费回收100%。创新建设首家电力积分网上商城，微信、手机客户端绑定量突破800万。完成全部客户的营配调数据核查对应和测绘定位，建立起准确完善的“站—线—变—箱—表—户”关联关系，有效支撑客户服务业务应用，率先通过国家电网公司验收。

科技和信息化 与山东大学联合成立全球能源互联网（山东）协同创新中心、山东省特高压输变电技术与装备重点实验室。1项国家863课题、2项国家物联网应用示范工程分别通过国家科技部和发展改革委验收。荣获省部级及以上科技奖励49项，其中±660kV带电作业获国家科技进步二等奖。智能公司获得国家级工业设计中心命名，机器人巡检获中国专利优秀奖，小型化激光导航变电站巡检机器人荣获省工业设计大赛金奖。年度申请发明专利4700项、国际专利8项，授权发明365项。PMS2.0项目率先实现全省全面运行。建立“两化融合”管理体系贯标机制，在国内电力行业和山东第一家通过国家工信部认定。技术标准实施评价通过国家电网公司验收，信息化后评估获第一名。

优质服务 建立客户导向型“大服务”组织保障、监督考核、规章制度、技术支撑体系，服务质量和效率不断提升，经验做法在《国网内参》刊发。加强营业窗口模板化管理，出台“四项规范”和“两本手册”，实施营业厅集中监控，窗口投诉同比下降59.6%。营配调贯通顺利通过国家电网公司首批验收。加强停送电和抢修服务管理，实行延期送电“说清楚”制度，10kV非计划停电同比降低42%，延期送电同比降低81.1%。建立“区域协作、市县一体”不停电作业体系，带电作业25.3万次，同比增长

216%，减少停电1098万时户。建立“五个一”标准化抢修流程和工作体系，故障抢修平均处理时长同比缩短16.4%，抢修服务投诉同比下降31.9%。连续7年保持山东九大公共服务业客户满意度测评第一名。

党的建设和精神文明建设 深入开展“三严三实”专题教育，修订《领导干部管理办法》等干部管理核心制度，加强班子建设和干部监督管理。组织120支共产党员服务队开展立功竞赛，评选表彰“电网先锋党支部”优秀创新成果30项。严格落实“两个责任”，规范纪律审查工作程序，认真学习贯彻《党章》《准则》和《条例》，“四个导向”型反腐倡廉机制建设得到国家电网公司充分肯定。深入实施“大培训”工程，25名员工获全国全省技术能手、首席技师，入选国家电网公司级专家人才、专家后备人数居系统首位。博士后科研工作站成功获批，竞赛调考保持国家电网公司第一，其中5项包揽团体、个人“双第一”。青年员工吴长静勇夺央企首届档案职业技能竞赛第一名，为国家电网公司获得“双第一”做出积极贡献。王进当选中国能源化学工会兼职副主席。开展“劳模身边再出劳模，能手身边再出能手”主题活动，组织劳模先进事迹巡回报告会21场。第十届文化体育节圆满闭幕。“善小”志愿服务队荣获首批全国志愿服务示范团队。荣获中国省级电网公司最佳透明度管理奖、山东省履行社会责任示范企业。贯彻中国足球改革发展总体方案，全面加强鲁能俱乐部的运营管理。首所鲁能泰山城市足球学校在滨州挂牌成立，山东省校园足球教练员培训基地落户鲁能足校。搭建离退休人员“文化养老”平台，制作五集《见证》文献纪录片。员工健康体检实现全口径覆盖，同比增长102.78%。强化社保依法管理，员工“五险一金”参保率达到100%。落实信访维稳责任，保持和谐稳定。

（栾松涛　郝爱军）

【内蒙古电力(集团)有限责任公司】

企业概况 内蒙古电力（集团）有限责任公司（简称内蒙古公司）是直属自治区管理的省级电网企业。截至2015年底，其所属二级单位28个。2015年，内蒙古公司售电量完成1370.3亿kWh，同比降低5.99%。其中地区售电量1108.5亿kWh，同比降低7.4%；东送华北电网电量261.8亿kWh，同比增长0.5%。线损率完成4.42%，比年度计划低0.73个百分点。内蒙古公司在中国企业500强榜单中名列第219位，在自治区30强企业中排名首位。

领导班子

董事长、党委书记：王玉成（蒙古族）

董事、党委副书记、总经理：于立新（蒙古族）（2015年5月离任）

董事、党委副书记、总经理：贾振国（2015年8月任职）

董事：高野（2015年8月离职）

董事：司永涛（2015年8月任职）

董事：周茂林

董事、党委委员：李普强

党委委员、党委副书记：耿白

党委委员、纪委书记：张日成

党委委员、总会计师：孙文彪

党委委员、工会主席：白振英

党委委员、副总经理：郝智强

党委委员、副总经理兼总工程师：魏哲明（蒙古族）

副总经理兼总经济师：侯生明

副总经理：藺蒙

副总经理：牛继荣

副巡视员：李燕（女）

组织机构 二级单位28个，其中供电单位12个、直属生产、费用单位7个、纳入电网核算子公司4个、独立核算单位5个、其他1个。

总部职能部门22个，其中：行政职能部门20个，分别为办公室、董事会办公室、机关工作部、发展策划部、市场营销部、生产技术部、安全质量监察部、工程建设部、财务资产部、人力资源部、农电部、企业管理部（法律事务中心）、审计部、干部管理部、监察部、离退休管理部、特高压及跨区电网工作部、电力调度控制中心、电力交易中心、物资部、信息通信部；党群职能部门4个，分别为纪委、工会、党委办公室（宣传部）、组织部。

总部挂靠机构8个，分别电力新闻中心、住房资金管理中心、质量监督检测中心、东郊工程建设办公室、企业管理协会、政研会（文协）、电机工程学会、老干部（职工）活动中心。

电网建设与发展 坚持依法合规推进电网建设，严格执行“两门”“两库”“两计划”前期管理制度，加大电网前期工作力度，全年新增储备项目122项，储备投资65.4亿元，蒙西电网“十三五”发展规划完成初审，24项500kV输变电工程纳入国家总体规划，配电网发展纳入国家配电网建设改造行动计划。全年完成固定资产投资117.96亿元，188项电网工程实现开工，年度6项重点工程和其他73项输变电工程实现投产。全面加强工程管理，推广应用标准工艺，开展流动红旗评选活动，工程质量不断提升，水洞沟110kV输变电工程被评为“鄂尔多斯市示范样板工程”，3项公司级标准工艺示范工程申报参评自治区“草原杯”。

成立了落实“十个全覆盖”工程任务协调领导小

组，坚持“高标准、严要求、抓落地”，主动联系各级地方政府，联动形成合力，层层传导压力，全年累计完成各类农网改造升级和农电技改工程投资38亿元，圆满完成3191户新能源农牧民用户和34个边防哨所新能源转网电任务。

发展战略 2015年，协同内外部专家，认真总结“十二五”期间取得的成就和经验，分析“十三五”面临的机遇和挑战，深入研究四中、五中全会对能源企业发展提出的新要求，以及互联网+行动计划对电网行业即将带来的创新变革等专题，初步制定发展战略。编写了总体规划（送审稿）。内蒙古公司“十三五”的战略目标是：履行国企责任，服务全区大局，实现转型发展，打造全新“责任蒙电”。到2020年，把内蒙古公司建设成为电网坚强、服务卓越、治理科学、管理精益、文化优秀的现代电网企业。

人力资源 2015年，完成了ERP系统人资模块推广实施上线工作。组织实施了2015年招录高校毕业生工作，共招录以1143名高校毕业生。同时完成了相应的就业协议书签订、入职资格复审和分配单位工作。

教育培训工作方面，截至2015年，培训量达20 593人天。安排各专业部室在培训中心举办78期专业技术培训班。2015年，共认定2014年度专业技术资格1114人。开展了2013年度专业技术资格评审工作，经国家电网公司评审通过了527人，其中工程师313人，高级工程师259人。

社会保险方面，核定2015年17 801人的养老保险交费基数，完成了2014年退休人员、在职死亡、调出系统外、出国定居、解除劳动合同等580人的企业年金支付工作。完成2015年度所属各单位企业年金缴费基数的核定工作。

安全生产 严格落实安全生产责任制，全网共发现各类缺陷25 784项，消除率94.72%。全年未发生重大电网、设备事故，未发生交通、消防安全事故，安全生产保持良好态势，截至2015年末，电网实现长周期安全运行6702天，圆满完成“4·15”抗震抢险、全国第十届民运会、纪念抗日战争胜利70周年、首届中蒙博览会等各类重大保电任务。全年累计消纳新能源电量301.9亿kWh，同比增长18.4%，按等量替代火电计算，节约标煤1017万t，减少排放二氧化碳2536万t、二氧化硫超过2万t。

经营管理 统筹开展了“十三五”总体规划和16个子规划编制工作。全面开展内蒙古公司总部和4个试点单位的标准化建设工作，技术标准、管理标准和工作标准体系初步建立，鄂尔多斯电业局被认定为“全国电力企业标准化良好行为AAAA企业”。坚持公平公正、公开透明，业绩考核公信力进一步提升。

加强财务集约化、信息化、标准化、精益化管理，推进全面预算管理，严控成本费用支出，严格开支定额和限额标准，努力压缩非生产性可控费用，生产经营资金需求得到有效保障，“三公”经费同比大幅降低。强化资金集中管控，优化财务资源配置，积极开展存量资金运作，加强投资收益回笼，存量资金收益同比增加1.43亿元，增长148.69%。

营销工作 向蒙古国送电突破10亿kWh。全年完成多边交易电量561.92亿kWh，同比增长54.9%。电费回收率完成99.95%。全年完成报装2.37万户，送电1.86万户，送电容量534.92万kVA。以95598为抓手，加强服务质量时限过程管控，加大投诉分析督办力度，百万客户投诉量完成197次，同比下降38次。

农电工作 理顺农电管理体制工作。按照内蒙古公司理顺农电管理体制整体要求，农电部已于6月底完成与各相关职能部门的专业管理移交工作，并配合有关部门做好遗留问题的处理及相关延续性工作。

“十个全覆盖”工程推进工作。成立“十个全覆盖”工程建设领导小组并下设办公室，设在农电部，明确办公室工作职责及实施方案，梳理计划内的和需增补的“十个全覆盖”项目的分布和完成情况，明确工作重点，按照先后有序、重点督导、整体推进的原则开展工作。

农网及通电工程建设情况。一是配合自治区发展改革委完成了2013年农网改造升级工程验收工作；二是组织完成2014年农网改造升级尾留工程；三是完成2015年农网改造升级35～110kV工程的初步设计及概算的批复工作，并配合发策部、基建部、生产部、营销部、信息部等部门做好工程的对接移交工作；四是梳理2014年以前农网工程遗留问题；五是建立健全5.3万户新能源用户原始台账，以便今后运行维护工作顺利开展；六是按照自治区政府、人大、政协，以及民委等部门和新闻媒体要求，上报“十个全覆盖”、“兴边富民”工程各项总结和评议材料；七是按照国家和自治区能源局要求，组织开展新增2015年农网改造升级20亿元投资项目的可研审核及上报工作。到2015年底基本完成2014年及以前农网改造升级工程建设、结算、决算、审计工作，完成2010年农网改造升级工程结余资金项目建设工作。

科技与信息化 组织下达2015年科技计划项目68项，费用合计4605万元。组织完成2014年度科技成果奖评审工作，评选出科技进步一等奖4项，二等奖12项，三等奖46项，优秀科技论文奖37项，优秀情报奖5项。组织科技计划项目验收工作，完成了锡林郭勒电业局、巴彦淖尔电业局等单位的2014年科技项目验收。编写了“十三五”科技发展规划，完成标准化建设业务梳理、管理流程图绘制及技术标准编写工作，完成新技术推广应用管理办法编制工作。

国际合作 配合完成蒙古国国家电网公司、蒙古国电力监管委员会来访接待任务，完成有关供用电合同续签工作。

国际结算工作，截至2015年11月底，累计完成220kV电力出口99 022万kWh，较2014年同期增长8.9%；累计完成出口电费结汇64 173万元人民币，较2014年同期增长8%；成功收取OT项目年度运维费1980.5万元，回收率100%；主动与OT公司接洽，传达电价调整政策，诚信履行售电合同，两次与OT签订补充协议并分别于7月、11月结算期执行。

工会工作 2月10日，召开2015年工作会暨四届五次职代会。征集职代会提案122件，立案83件，提案办结率100%。出台了《关于进一步落实全心全意依靠职工办企业方针的实施意见》《2014～2018年厂务公开民主管理工作五年规划》《2015年厂务公开工作要点》等指导性文件。

深入开展"安康杯"竞赛活动，所属22个单位、1426个班组、19 537名职工参加了活动，参赛率达98%。在2016年工作会暨五届一次职代会上评选表彰6个"安康杯"竞赛优胜单位、43个优胜集体、64名先进工作者。

对所属各单位申报的合理化建议及经济技术创新成果进行评审，共评审各类奖项51项，并对评审结果进行公示。组织专家对2015年创新项目进行立项审定，确定创新项目34项，拨付创新资金187.24万元。

截至2015年底，内蒙古公司共建成全国职工创新工作室1个、自治区级12个、公司级87个。其中，53个职工创新工作室获评自治区或公司"工人先锋号"。

扶贫工作方面，帮扶困难职工1110人、大病职工51人，发放救助资金214.3万元；金秋助学帮扶困难职工子女32人，发放助学金20.4万元；组织开展迎峰度夏及重大生产基建保电现场慰问，发放慰问金50万元；帮助解决了23名特困子女就业。积极参加自治区青基会希望工程圆梦行动，资助学生10人，资助金额4万元。2015年，定点帮扶投入资金35万元。

党群与精神文明建设 认真学习贯彻党的十八届三中、四中、五中全会和习近平总书记系列重要讲话精神，深入开展"三严三实"专题教育活动，突出教育主题，强化问题导向，坚持从严从实，确保了专项教育活动扎实有效开展。严格落实党风廉政建设"两个责任"，各级领导干部切实履行"一岗双责"，加大监督执纪问责，全面启动内部巡视，全年共受理问题线索100件，通过初核立案26件，给予党政纪处分52人次、组织处理48人次，下达监察建议书9份，党风廉政建设和反腐败工作持续加强。

加大新闻宣传力度，开辟了微信平台，《内蒙古电力报》增刊至每周两期，新闻宣传时效性大幅度提高。以培育和践行社会主义核心价值观为主线，持续加强企业文化和精神文明建设，注重思想政治工作创新，深入开展"中国梦·尽责圆梦"主题实践活动，营造出员工爱岗敬业、实干圆梦的良好氛围。选树先进典型，发挥榜样力量，内蒙古公司系统8人荣获自治区劳动模范，1人荣获全国劳动模范，1人当选"中国电力楷模"，1人荣登"中国好人榜"，内蒙古公司连续两年获评全区"最具社会责任感企业"，所属单位在地方文明单位创建工作中名列前茅。

认真落实中央《关于加强和改进党的群团工作的意见》精神，着力加强工会、共青团工作。召开了内蒙古公司第六届团代会，选举产生新一届团组织领导机构，确定了下一阶段的工作目标。充分发挥职代会职能，广大员工积极参与民主决策，深入开展职工维权和扶贫帮困工作，继续按照自治区精准扶贫工作要求，做好兴安盟吉力化嘎查的定点帮扶工作。推进"幸福企业"创建活动深入开展，成功举办第六届职工运动会、"我的风采、我的梦"迎新年文艺活动，充分展现了广大员工爱企敬业、团结奋进、争先创优的良好精神风貌。

主要事件

1月1日，内蒙古公司全面启动理顺农电管理体制工作，并确定全面启动理顺农电管理体制改革，以农电资产整合并账为第一阶段，最终实现农电管理体制与现行对所属供电企业管理模式的全面融合。

1月6日，中国银监会做出批复，同意内蒙古电力公司在内蒙古自治区呼和浩特市筹建内蒙古电力集团财务有限责任公司。

1月21日，由中国电力企业联合会主办的"2014年度电力行业信用体系建设工作会议"在上海召开。内蒙古公司被授予3A企业信用等级证书。

2月28日，全国精神文明建设工作表彰暨学雷锋志愿服务大会在北京举行。内蒙古公司所属7家单位被授予第四批全国文明单位称号，12家单位继续保留全国文明单位荣誉称号。

4月9日，首届"中国电力楷模"选树活动发布会在北京举行。内蒙古公司包头供电局固阳电力公司职工郭建刚被选树为"中国电力楷模"，薛家湾供电局职工李红卫获"中国电力楷模提名奖"。

4月24日，在自治区党委、政府召开的劳动模范和先进工作者表彰大会上，包头供电局崔家增等8名公司系统职工荣获自治区劳动模范称号。

6月8日，内蒙古公司ERP系统推广实现整体上线试运行。

6月9日，国家发展改革委批复了内蒙古西部电网输配电价改革试点方案。

6月10日，由国电南瑞和内蒙古公司联合承担的国家863科技项目“大规模风电与大容量抽水储能在电网中的联合优化运行技术”课题，通过了国家科技部高技术研究发展中心组织的现场验收。

7月10日，内蒙古公司有托县工业园区500kV输变电工程、阿拉腾敖包220kV开闭站输变电工程、发展110kV变电站扩建2号主变压器工程、五里营110kV输变电工程获得核准，项目核准投资总计为132 833万元。

7月24日，内蒙古电力集团节能服务公司成为全国首批获得“工业领域电力需求侧管理评价机构”资质的19家单位之一，12名人员获得工业领域电力需求侧管理评价师资格。

7月31日，500kV白腾Ⅰ线顺利启动，超高压供电局500kV白音高勒变电站正式投产运行。

是月，内蒙古公司获得全国“安康杯”示范单位称号。

8月19、20日，乌海电业局输电处的带电作业班荣膺“全国电力行业质量信得过班组”称号，并被推荐为“全国质量信得过班组”。

8月22日，中国企业联合会和中国企业家协会发布“2015中国企业500强”，内蒙古公司以582.065 2亿元营业收入排名第219位。此外，自治区企业联合会公布2015年内蒙古自治区企业30强，内蒙古公司获榜首。

8月31日，内蒙古电力公司召开领导干部会议，宣布自治区党委、自治区国资委党委决定，贾振国同志任内蒙古电力（集团）有限责任公司董事、党委副书记、总经理。

10月16日，内蒙古电力集团财务有限责任公司在呼和浩特开业揭牌。

10月25日上午10时17分，500kV吉兰太变电站5032断路器顺利合上，该站与500kV乌海变电站的乌吉Ⅱ回线路顺利合环成功，乌海—吉兰太第二回500kV输变电工程正式投运。

10月，内蒙古公司被授予“全国质量管理小组优秀企业”，鄂尔多斯电业局、巴彦淖尔电业局、乌海电业局和阿拉善电业局QC小组被授予“全国优秀质量管理小组”荣誉称号。

11月20日、21日，鄂尔多斯电业局以482分的优异成绩获得“全国电力企业标准化良好行为AAAA级企业”称号。

是月，内蒙古公司被国家人力资源和社会保障部、全国博士后管委会批准设立博士后科研工作站。

12月4日，内蒙古公司对蒙古国年度出口电量首次突破10亿kWh。

12月15日，自治区政府新闻办公室发布消息，国家电网公司“大气污染防治行动计划‘四交四直’特高压工程建设暨‘两直’工程动员大会”在北京召开。至此，内蒙古境内“两直两交”特高压工程全部开工。

12月16日，内蒙古电力经济技术研究院在呼和浩特举行揭牌仪式。

12月18日，内蒙古公司“国家认定企业技术中心”和“博士后科研工作站”揭牌仪式成功举行。

（包丹阳）

【中国华电集团公司山东分公司】

企业概况 中国华电集团公司山东分公司（简称华电山东分公司）成立于2009年7月，是中国华电集团公司在山东省的派出机构，与华电国际电力股份有限公司山东分公司“一套人员，两块牌子”，负责华电集团在山东区域的发展规划、能源项目开发、生产运营管理、电力市场营销、统一对外协调等工作。

领导班子

总经理、党组成员：季军

党组书记：袁明刚

党组成员、副总经理：黄鹏

党组成员、副总经理、总工程师：厉吉文

党组成员、副总经理：董凤亮、李京修

党组成员、党组纪检组组长、工委主任：来建民

主要领导人员变动情况：2015年3月，来建民任党组成员、党组纪检组组长、工委主任。2015年5月，季军任总经理、党组成员；李京修任党组成员、副总经理；白桦不再担任总经理、党组成员职务。

组织机构 截至2015年12月31日，华电山东分公司下设办公室（法律事务部）、规划建设部、人力资源部、财务资产部、安全生产部、市场运营部、政治工作部（工会办公室）、监察审计部（纪检组办公室）、燃料管理部9个部门，管理10家火电企业、17家新能源企业（含福新能源4家）、5家热力公司和1家港务公司，装机容量1611.27万kW，是集团公司装机规模最大的区域公司。

工作业绩 2015年，华电山东分公司完成发电量833亿kWh，综合供电煤耗完成303.89g/kWh，同比降低3.42g/kWh；完成供热量3479万GJ，同比增加506万GJ；新投产容量27.94万kW。完成利润总额95.6亿元，同比增加15.5亿元，盈利额度占集团公司盈利总额的37%，利润、净资产收益率、EVA均创历史最好水平。

生产经营管理

（1）经营业绩。华电山东分公司盈利额度继续保

持集团公司各区域公司首位，所属火电、风电企业均超额完成利润目标，其中邹县电厂盈利28.9亿元，莱州公司、潍坊公司超10亿元。一是市场运营扎实有效。以利用小时达到“三同”水平为底线，制定市场营销专项奖励办法，每天分析、每月奖惩计划兑现情况，全年机组利用小时完成5348h，高于电网平均水平106h。开拓有效市场电量78亿kWh，合理优化转移电量20.85亿kWh，增加效益2.48亿元。积极争取政策支持和各项补贴，4台机组脱硝电价、24台机组除尘电价、2台超净排放机组电价获得批复。强化供热板块化管理，开拓热力市场，新增供热面积约1300万m^2。章丘公司成功实现跨区长距离向济南东部供热，取得了良好的经济、社会效益。二是燃料管理不断加强。按照“降煤价、优结构、控库存、利环保”的策略，优化进煤结构，控制合理库存，严控采购成本。通过多次谈判，将结算依据由矿发改为到厂验收，定价周期由年度调整为季度，3次下调煤价共125元/t，降低了长协煤价倒挂的影响。深入开展“燃煤监督年”活动，加强入厂煤全过程管理，燃煤监督长效机制初步形成。入厂煤标准化实验室实现区域全覆盖，所属十家火电企业全部通过CNAS认可，燃料质检综合楼选址新建单位7家，改建单位3家，通过高起点、高标准建设，提升燃煤采制化管理能力和操作技术水平。三是财务管理进一步强化。加强经济活动分析和全过程预算，实施现金流周预算管理，实现资金日归集率100%、月精确率98%。坚持向政策要效益，争取财税费优惠4.4亿元。

（2）安全生产。坚持安全、节能、环保、技术“四轮驱动”，按照“党政同责、一岗双责、失职追责”的要求，全面落实安全生产责任制。认真贯彻新《安全生产法》，强化安全生产的红线意识、责任意识和忧患意识，推行安全诚信体系建设，加大对责任性、重复性不安全事件的追责力度，建立安全生产承诺制度，开展隐患排查治理、检修精细化管理、运行“零误操作”等专项活动，实施外包工程安全诚信管理。建立机组“非停”奖惩机制，机组“非停”得到有效控制。落实新《环境保护法》及“两个等同于”要求，健全环保管理标准体系，加强环保指标日常监管，环保设施可靠性切实提高。结合国家、地方对污染排放的要求，组织实施环保治理改造，全年完成超低排放改造机组11台；制定并执行《山东分公司环保信息通报制度》，及时掌握区域内各单位环保管理异常情况；定期组织专家对其环保管理情况和设施运行情况进行风险评估，评估结果给予通报。

项目发展 火电项目核准266万kW、取得“路条”132万kW。新能源装机容量突破60万kW，较2015年初翻了一番，电源结构不合理的短板有效改善。重点火电项目方面，莱州二期2×100万kW、十里泉扩建第二台66万kW获得核准，龙口四期2×66万kW取得“路条”，定陶一期2×100万kW获得集团立项并完成可研审查。其中，龙口四期以“调结构”的方式进入山东省2015年火电建设追加规模。建立以安全、质量、进度、造价为主控目标的基建工程责任制，科学开展设计方案优化，基建工程高质量投产。新能源发展成效显著，肥城安临站、肥城桃园、枣庄台儿庄、莱西南墅一期、莱州郭家店二期、龙口北马6个风电项目合计27.94万kW投产，沂源徐家庄等5个风电项目合计25万kW核准待建，枣庄台儿庄等4个光伏项目合计9万kW完成备案。拓展新能源资源145万kW，其中发起章丘长白山等9个风电项目合计86万kW、龙口北马等6个光伏项目合计15万kW，项目资源制约瓶颈得到有效缓解。

改革发展

（1）区域集约化管控。制定实施深化“做实”工作方案，扎实推进改革创新，提升区域集约化管理水平，管理体系不断完善。依据集团公司“做实”工作指引和华电国际新管理界面，明确职责定位，全面加强职能管理，修订及新建规章制度254项，形成一整套管理标准体系，保证各项工作有标准、管理范围全覆盖；建立机关部门、员工两个层面的工作标准，实现“职责无漏项、量化有依据、质量有要求”。管理平台进一步健全。以第一时间抢占电力市场为目标，加快区域一体化营销体系建设。研究新能源管理整合方案，优化管控模式，促进区域新能源项目快速发展。完善绩效管理，加强过程跟踪控制，强化兑现激励，促进压力层层传递、任务逐级落实、目标逐级保障。基础管理得到夯实。树立“两个一样”的理念，以设备治理为重点持续强化7S管理，设备健康水平和职工素养明显提升。创新开展样板企业验收工作，邹县电厂、莱州公司被评为7S管理标杆企业，4家单位被授予7S管理先进企业称号。

（2）人力资源配置。强化干部队伍建设，严格选拔任用程序，对7家单位班子进行调整充实，干部队伍的凝聚力、战斗力不断提升。推进大定员管理，开展超员企业定向调配工作，接收毕业生人数创历史新高，人力资源配置持续优化。统筹区域培训资源，对厂处级领导人员、党群从业人员和新入职员工三支队伍进行全员集中培训，组织各专业培训班21场次，队伍素质持续提升，夺得集团公司技能大赛团体一、二等奖各3项，包揽集团公司电力安全竞赛前8名、华电国际环保竞赛前12名，19人荣获集团公司技术能手称号。

（3）技术创新管理。深化能耗指标对标，20台机组在全国火电机组能效对标竞赛中荣获优胜机组称号，其中5台机组获得一等奖。莱州2号、章丘3号、莱城4号三台机组被评为集团公司标杆机组。科技创新取得新成果。新增授权专利14项，获得集团公司科学技术进步奖9项、山东省科技奖8项。“大型再热机组循环水直接供热改造技术的研究与应用”科技项目荣获联合国“全球人居环境绿色技术（产品）范例”大奖。

党的建设、精神文明建设、企业文化建设 深入开展“三严三实”专题教育，举办区域专题视频党课，开展集中学习研讨，党员干部作风建设持续加强。围绕提升党建科学化水平，修订完善党建绩效考评体系，组织直属机关党委换届选举，开展政治工作年度查评，对照上级要求查找短板并积极整改，在集团公司党建绩效考评中名列前茅。深化党建创新，党建工作绩效评价、品牌建设相关课题研究分获中央企业、集团公司政研成果一等奖，党组中心组学习经验在集团公司作典型推广。落实全面从严治党、“两个责任”“一岗双责”要求，严守八项规定，深入贯彻廉洁自律准则和纪律处分条例，建立“明、述、询、查、评”制度12项，健全内控制度体系，党风廉政建设进一步加强。践行社会主义核心价值观，大力加强精神文明创建，企业被评为“山东省文明单位”。品牌建设取得新突破，多项工作被人民日报等权威媒体报道，所属莱州公司等8家单位被授予集团公司五星级企业，品牌建设规划得到有效落实。强化“三力”工会建设，深化“五型”班组创建，推进团青建功立业，山东分公司团委被评为“中央企业五四红旗团委”和“山东省先进团委”。

东　北　地　区

【国家能源局东北监管局】

基本情况 国家能源局东北监管局（简称东北能源监管局）是国家能源局在东北区域的派出机构，负责辖区内电力等能源的监督管理和行政执法工作，以及电力安全监管工作。

东北能源监管局内设9个职能处室：综合处、市场监管处、行业监管处、电力安全监管处、资质管理处、稽查处、综合监察室（机关党委）、吉林监管业务办公室、黑龙江监管业务办公室。

领导班子 党组书记、局长戴俊良；党组成员、副局长吴大明；党组成员、副局长郭建宇；党组成员、综合处处长张锐。

主要工作

（1）电力直接交易。一是黑龙江省直接交易市场正式启动，为14家用户减少用电成本约4830万元；二是辽宁省电力直接交易规模同比增加17倍，并灵活采取了多种交易模式，提高火电468个利用小时，减少98家用户用电成本11.5亿元；三是创新蒙东直接交易机制，引入电力用户间竞争，全年交易电量同比增长132%。

（2）东北辅助服务市场体系建设。东北电力辅助服务调峰市场自2015年以来运行平稳，显著缓解了东北电力系统调峰困难。2015年，全网有偿调峰辅助服务合计补偿费用6.58亿元，合理反映了东北电力调峰辅助服务的市场价值，比照市场启动前新挖掘火电调峰潜力100万kW，风电受益多发电量51.9亿kWh，提高东北风电216个利用小时。

（3）规划研究。成立4个专题小组开展“十三五”电力发展规划研究，提出系统性解决方案，并形成《东北区域“十三五”电力发展规划意见建议研究报告》。

（4）电力外送。一是协调推进绥电二期改接华北工程，向华北送电年增90亿kWh。二是拓展区域外消纳空间，组织180亿kWh电量外送华北，缓解了东北火电机组利用率连年下滑的势头。

（5）项目前期介入。一是认真开展新建电源投资开发秩序专项监管。二是全过程监督火电项目优选工作，促进火电科学有序发展。三是建立规划内电力项目信息台账，加强项目信息跟踪。四是开展黑龙江省热电项目审批简政放权落实情况专项监管。

（6）隐患风险防控。东北区域电力安全形势总体良好，2015年，未发生较大及以上电网和设备事故，未发生较大及以上人身伤亡事故。

（7）行政执法。2015年对10家违法企业进行行政处罚，涉及金额60余万元，处罚企业范围广，包括水电、风电、电力施工等多家企业。对208家不再具备许可条件的承装（修、试）电力设施企业办理了许可证注销手续，并探索建立黑名单制度。

（8）供电服务质量监管。一是深入农村偏远地区开展供电质量专项监管工作，共发现并督促整改八个方面450项问题。二是12398投诉举报热线全年共收到有效信息555件，接待来访28次，受理62件，办结率100%，满意率93%。首创微信官方公众号受理投诉举报，拓展投诉举报受理渠道。三是研究出台了

《关于建立东北区域重大项目办电绿色通道的通知》，切实解决重大项目办电过程遇到的困难和问题。

【国网辽宁省电力有限公司】

企业概况 国网辽宁省电力有限公司（简称国网辽宁电力）成立于1999年，是国家电网公司的全资子公司。截至2015年底，供电营业区域14.8万km^2，供电人口4380余万。2015年，国网辽宁电力售电量1591.79亿kWh。

2015年，国网辽宁电力先后荣获国家电网公司战略管理和智库建设先进单位、发展工作先进单位、基建管理先进单位、档案工作先进单位、电力交易工作先进集体、离退休工作先进集体，以及辽宁省定点扶贫先进单位等多项荣誉称号。

辽宁电网是东北电网的重要组成部分，是东北电网与华北电网连接的枢纽。经500kV蒲梨、丰徐四回线与吉林电网相连，经科沙双回线与蒙东通辽电网相连，经青燕、青北四回线与蒙东赤峰电网相连，经±500kV伊穆直流直接受入蒙东呼伦贝尔地区电力，经500kV高岭背靠背换流站与华北电网相连，肩负着支援三华电网的重要任务。

截至2015年底，辽宁电网装机总容量为4322万kW。其中：火电机组容量3074万kW，占71.13%；风电机组容量639万kW，占14.78%；水电机组容量293万kW，占6.78%；核电机组容量300万kW，占6.94%；太阳能电站容量16万kW，占0.38%。同比新增发电装机容量130万kW，其中风电30万kW，核电100万kW，太阳能电站9万kW，火电同比减少9万kW。

领导班子

总经理、党组副书记：张建坤

党组书记、副总经理：冯凯

副总经理、党组成员：张印明

副总经理、党组成员：陈兆庆

副总经理、党组成员：牟景旭

总会计师、党组成员：赵洪伟

副总经理、党组成员：张国威

党组成员：于晓辉

副总经理、党组成员：路俊海

党组成员、工会主席：马曙光

党组成员、纪检组长：李旸

总工程师：沈力

副局级调研员：薛建伟、赵振伟、王芝茗、林则学、池源。

组织机构 截至2015年底，国网辽宁电力机关本部设立23个管理机构：办公室，发展策划部，财务资产部，安全监察质量部（保卫部），运维检修部，营销部（农电工作部），科技信通部（智能电网办公室），建设部，物资部（招投标管理中心），对外联络部（品牌建设中心），审计部，经济法律部（体改办），人事董事部，人力资源部（社保中心），离退休工作部，后勤工作部，思想政治工作部（直属党委办公室、团委），监察部（纪委办公室），电力调度控制中心，运营监测（控）中心，电力交易中心，工会，企协分会。下辖14各市供电公司、13个直属单位。

人力资源 截至2015年底，国网辽宁电力全口径用工总量75 310人，同比口径减少6288人。人才当量密度0.984 7，同比增长0.009 2。

引入顶层设计成果，高效推进“五位一体”深化应用，实现了全业务覆盖。定编定岗定员管理持续优化。规范机构职责，理顺管理关系。完善典型岗位名录，规范ERP集中部署系统岗位数据。深化定员应用，优化用工策略，测算完成2015年版劳动定员。推进业务外包试点，开展输电运检、配网抢修、抄表催费、后勤服务外包工作。规划计划管控更加集约高效，全面诊断分析人力资源现状，编制完成“十三五”人力资源规划。

全面完成人事人资管理问题自查整改。依法清理规范劳务派遣用工，各单位主业劳务派遣用工减少2299人。下达9项内部市场运行管理实施细则。全员培训取得新成效。落实国家电网公司全员培训规划，开展国家电网公司网络大学深化应用试点工作。开展培训师教学技能竞赛，认证兼职培训师427人。开展培训机构安全大检查，完成调度员、变电运维、用电信息采集岗位学习路径图设计工作。人才培养实现新突破。新增国务院特殊津贴专家2名、辽宁省百千万人才8名（其中百层次2名），国家电网公司级优秀专家人才后备135名、优秀专家人才31名，公司级专家后备319名、专家150名，各级各类人才达到1348名。

薪酬分配制度改革任务完成。自2015年1月1日起，为农电用工建立了住房公积金。开展了绩效管理诊断分析工作，开展绩效管理课题研究工作。建立从企业负责人到一线员工的绩效指标体系，进一步强化了绩效指标的完整性和实效性。

电网发展 完成16项专项规划编制工作及18项规划专题研究，科学制定“十三五”发展规划。全面深入开展电网诊断分析，明确“十三五”电网规划建设重点，创新“一市一表”和“问题编码”管理手段，开展电网建设与改造。不断加大电网项目储备工作，共完成66kV及以上可研批复129项，10kV及以下可研批复1388项，资金108.18亿元。2015年辽宁电网66kV及以上输电线路开工1372.62km、投产1615.70km，变电开工357万kVA、投产1061.36万kVA。其中，沈阳白清寨、朝阳利州500kV输变电工程顺利投运，唐家、西海、鹤乡和阜新500kV输变电工程建设稳步推进；沈丹客运专线、丹大快速铁路等外部供电工程及时投运，为电气化铁路的开通运营提供了电力保障。

经营管理 2015年，全年完成全口径购电量1772.65亿kWh，同比降低3.29%，其中购省内发电企业上网电量1288.77亿kWh，同比降低1.84%；购联络线电量483.88亿kWh，同比降低6.96%；联络线送出电量77.70亿kWh，同比降低8.83%。剔除联络线送出电量，全省净购电量1694.96亿kWh，同比降低3.02%。

2015年完成送华北交易电量59.86亿kWh，其中火电送华北交易电量44.17亿kWh，风电送华北交易电量14.69亿kWh时，核电送华北交易电量1亿kWh。

开展综合计划和预算在线监测业务推广工作，深化巩固核心资源、关键流程和专题监测，以“久久为功”理念为指引，以“实际、实用、实效”为目标，努力夯实运营工作基础，持续加强运营数据资产管理。深入开展专题监测分析，对“十二五”电网发展有关数据进行挖掘，进行电网投资效益、风电运营、线损、协议库存监测分析。同时对供电服务流程、物资供应深化监测、计划和预算项目监测、基于大成本运营、“量价费损”、新进住宅供电工程等进行重点监测分析。“特大型电网企业运营监测（控）平台”系统建设成果获省政府科技进步三等奖。

深化财务实时管控，建立全面预算闭环管理体系和投资回报挂钩体系，实现项目、资金一体化管控。优化融资结构管理，降低融资成本。有效开展股权投资清理整合，将产权级次压缩到3级。深入开展资金成本、在建工程及财务安全大检查，加强经营诊断分析。疏导环保电价矛盾，建立居民阶梯电价。开展内控评价、实时监督和标准流程稽核工作，有效防范经营风险。开展会计基础创优工作，会计核算的规范性和会计监督的有效性得到提升。

进一步深化物力集约化管理，实施供应链全流程管控，加强集中采购规范化管理，推行物资类、服务类集中采购全部电子商务平台线上实施，主动强化专业沟通协同，贯通物力资源服务。集中采购经济效益明显，省公司层面共完成集中采购39个批次93.75亿元，共节约资金13.88亿元，节资率12.9%。

国网辽宁电力审计工作持续做好依法从严治企的整改与规范工作。2015年共完成审计项目373项，签证审计2976项。提出审计建议1691条，已采纳1638条。

围绕安全稳定、电网建设、供电服务、经营管理等重点领域，开展法制建设与保障工作。配合电力立法工作，形成2015年立法论证工作阶段性成果。加强合同管理，统一合同文本类合同使用率100%，审核把关率100%，实现了合同管理“三全五依”（全员守法、全面覆盖、全程管控，依法治理、依法决策、依法运营、依法监督、依法维权）法律服务与保障。2015年度共处理纠纷案件238件，标的总额4.66亿元，累计避免损失1.06亿元。积极开展普法宣传工作，完善制度建设，形成了以国家电网公司通用制度为核心、省市两级制度为补充的规章制度体系。完成了“三集五大”体系巩固提升工作，推进了集体企业改革改制工作。

安全生产 开展“安全管理提升”“隐患排查治理”活动，治理隐患10 431项。严格现场安全管控和监督考核，开展“四不两直”（不发通知、不打招呼、不听汇报、不用陪同接待，直奔基层、直插现场）违章稽查，有效保障作业安全。健全管理体系，强化全过程技术监督，做实薄弱方式预警和安全风险管控，保障电网及设备安全运行，安全事件同比降低3%。圆满完成春秋检、迎峰度夏（冬）以及重大活动、重要节日、防汛抗旱等保电任务。

2015年是国网辽宁电力资产全寿命周期管理体系正式运行的第一年，国网辽宁电力顺利通过国家电网公司的督导评价和监督评价。体系运行常态化工作方面，完成了省公司层面现状诊断报告17份、市公司及直属单位222份，县公司73份。组织完善“省、市、县”目标体系，共完成省公司目标文件17份、市公司及直属单位195份、县级公司334份、班组663份，共计1209份。梳理形成107项资产管理绩效指标体系。持续完善资产管理风险信息库，共梳理一级风险15条，二级风险69条，三级风险239条，四级风险507条；市供电公司及检修分公司共梳理班组风险37 913条。根据梳理结果，对27个程序文件进行更新完善，增强体系文件的可用性、易用性，更好地指导各层级人员协同工作，有力支撑了体系工作的开展。累计对市公司开展培训14次，共培训基层骨干1000余人次。66kV及以上电压等级13类设备数据对应率达100%，10kV配电8类设备数据对应率达99.95%。

预防为主，全面提升应急管理水平。一是按照五个体系、四种能力和两个系统的原则要求，编制完成“十三五”应急体系建设规划。二是国网沈阳供电公司高分通过国家电网公司专家组应急能力评估。三是在无脚本桌面推演的基础上完成了国网阜新、大连、鞍山、沈阳供电公司功能性演练试点，确保了演练质量和效果，达到了预期目的。四是结合地域特点和环境特点，组织国网大连供电公司应急救援基干分队封闭拉练、为整体应急救援基干分队体系建设打下坚实基础。五是应对“11·7”冻雨天气。11月6日至8日，辽宁出现了历史罕见的低温雨雪冰冻天气，大连、营口局部沿海地区覆冰厚度超过百年一遇。国网辽宁电力上下积极应对，快速响应，各负其责，保障了辽宁电网安全稳定运行。2015年全省范围内结合重点时期、重要事件、重要用户与居民关注重点，共计组织演练302次，8657人次，其中桌面演练155次，4367人次；实兵演练147次，4290人次。

国网辽宁电力负责运维的高岭换流站作为东北电网送华北电网的重要通道，国家电网公司将其列为重点保电单位，圆满完成了高岭换流站运维工作，圆满完成了抗日战争胜利70周年纪念活动。

营销工作 精益管理提质增效。持续发扬“三千精神”，对598户高风险客户实行“一户一策”管理，坚定推行预付费方式，月均预收电费占应收电费的78%，有效预控电费风险。与省经信委合作完成《辽宁省供电企业计费算法及依据》，规范营业计费算法和217项智能化核算规则，落实工商业电价调整等政策，严格企业自备电厂管理。持续开展营业大普查及高损台区反窃电检查，累计追补电费及违约使用电费1.3亿元。

市场开拓取得积极进展。落实“一证受理”制度，开放2000kVA以下业扩容量，高压客户平均接电时间缩短2.1天。因地制宜实施热泵、电锅炉等电能替代项目，开展港口岸电、油田电钻机示范工程建设，完成替代电量45.76亿kWh，超过考核指标38.6%。

“一分双无”助推业务模式变革创新。“无人工抄表”占比超过95%，“无人工催费”占比超过70%，60万批量新装用户实现分户送电，13.43万户实施远程费控，自动化抄表、智能化核算、实时化费控水平明显提升；基本完成城区抄表收费、采集运维等岗位职责调整，有效提升了专业协同效率，新型电费抄核收模式逐步形成。

智能用电业务创新发展。加快营配调信息采录进度，完成4.83万台客户专用变压器、13.8万台公用变压器、506万块电能表的信息普查、采录和治理工作，跨专业信息实时贯通能力不断加强。提高智能电能表采集应用规模，现场运行1882.09万只，采集实现率97.5%。沟通高速公路等管理部门，完成沈海高速沿线服务区13座电动汽车快充站的建设任务。

全面建成智能集约的省级计量中心。计量中心“四线一库”（单相电能表流水线、三相电能表流水线、互感器流水线、采集终端流水线、智能电能表仓储利库）正式运行，集中检定电能表超过400万只，实验室通过中国合格评定国家认可委员会认证，综合实验能力跨入国际一流行列。

节能服务项目有序实施。强化与各行业的节能技术交流与培训，提供能效服务，全年节约电力19.73万kW、节约电量8.35亿kWh。

农电工作 农网供电水平稳步提高。建立综合考评机制，强化工程安全、质量、进度、结决算等各关键环节管控，顺利通过省发展改革委稽查及国家电网公司审计。2011年农网结余工程全部完成，2014年农网工程通过省公司项目法人验收，2015年第一批农网工程全部竣工，2015年新增农网工程形象进度完成37.1%，国网阜新、营口、盘锦供电公司10kV工程和国网本溪供电公司0.4kV工程被评为“国网公司农网百佳工程”。建立“低电压”长效治理机制，完成22.2万户“低电压”问题整治。

“两个提升”工程成效显著。加大供电所基础建设投入，推行一体化信息系统，精简规范班组资料，扎实推进县供电企业及乡镇供电所管理提升工程。分别对4家县公司开展定点帮扶和对口帮扶工作。盖州陈屯、抚顺县高湾、辽阳县首山供电所被中国电力传媒集团评为“中国最美供电所”。

科技与信息化 2015年，国网辽宁电力承担国家项目4项，国家电网公司项目49项，各级项目稳步推进。国网辽宁电力牵头承担的2015年国家科技计划支撑项目“高压电制热储热提升可再生能源消纳的关键技术”已顺利启动，将于2017年完成；牵头承担的国家863课题“储能系统提高间歇式电源接入能力关键技术研究与开发”于5月通过国家科技部验收；参与完成的国家863课题“电动汽车与电网互动技术研究”于12月通过国家科技部验收；参与完成的国家科技重大专项课题“面向智能电网的安全监控、输电效率、计量及用户交互的传感器网络研发与应用验证”于7月通过国家工信部验收。申报的国家电网公司“智能变电站二次系统运维技术科技攻关团队”成功获批。已有的两个国家电网公司级实验室建设取得新进展，“电力系统运行仿真实验室”增补了清洁能源物理仿真装置，承担的2项国家电网公司总部管理项目顺利通过验收；“高电压强电流实验室”完成了大电流试验、防污实验设备改造，顺利通过国网公司专家组复查。编制完成《“十三五”科技规划》，并顺利通过了国家电网公司组织的评审。

2015年，国网辽宁电力共有22项科技成果获得上级奖励，其中，国家电网公司奖励10项（一等奖2项，二等奖1项，三等奖7项），中国电力奖4项（一等奖2项，三等奖2项），省政府奖励8项（一等奖1项，二等奖5项，三等奖2项）。其中“大型供电企业综合信息安全平台建设及关键技术研究”获得了辽宁省科技进步一等奖。

全年共申请专利664项，其中发明专利申请402

项；专利授权259项，其中发明专利授权60项；全部完成国家电网公司下达的专利指标。参与编制的国家标准《复合材料芯架空导线》(GB/T 32502—2016)成功颁布；牵头承担的6项行标、5项企标均按计划实施。

2015年，国网辽宁电力完成本公司“十三五”信息化规划编制，并牵头承担国家电网公司“十三五”信息化规划“业务应用专题”编制工作；完成153项信息化项目建设任务，涉及人资、财务、物资、营销、运检、信通等21个专业部门和单位，承担国家电网公司试点、重点信息化项目18项，“集体企业管控模块和业务应用平台研发及实施”获得年度优质项目称号；着力开展业务系统实用化提升工作，建立问题提报解决长效机制，完成5套核心业务系统实用化诊断分析，发现并解决问题448个；全年未发生各级信息安全事件，累计发现并整改安全隐患653项，网络与信息系统保持安全稳定运行；全年信息化工作获得国家工信部“两化融合贯标示范单位”、国家电网公司“新技术创新优秀集体”“信息系统实用化诊断先进示范单位”等多项荣誉。

优质服务 深入开展“十百千”客户走访活动。各级主要领导带队，深入现场了解客户需求，提供差异化服务。全省共走访客户1830户，深度分析八大行业生产经营形势，研判电力市场走势，为经营决策提供了坚实基础，对走访发现问题的处理率达到98%，赢得了各级政府赞誉和社会好评。

共创“你用电，我用心”新服务取得实效。组织基层单位座谈15次，引导员工开展“用心服务”大讨论500余次，换位感知客户体验，以更高的标准、创新的举措感动客户。开通专题网站，收集可推广典型经验502篇，发布宣传报道2443篇，提炼“用心服务”工作法，推动服务工作真正向“市场和客户导向型”转变，服务投诉同比降低9.83%。《国家电网报》对活动成果进行了宣传报道。

95598协同运营能力增强。编发《95598业务处理规范手册》，扩大95598网站、手机APP、微信等网上营业厅应用规模，实现线上服务申请、银联交费等功能。

党建工作 开展党员领导干部“三严三实”专题教育。制定《党员联系群众管理办法》，推行党员“一带二”、党员干部联系点，推进作风建设常态化、长效化。印发《中共国网辽宁省电力有限公司党组关于进一步加强领导干部组织生活的通知》，强化领导干部双重组织生活。命名36家党建示范点，制定基层党组织工作规范、通用标准“模板”，标准化建设初显成效。组织共产党员服务队竞赛，锦州杜雷、阜新格日勒、抚顺雷锋号等3支服务队荣获国家电网优秀共产党员服务队称号；开展“两先两优”(先进党委、先进党支部，优秀共产党员、优秀党务工作者)评选表彰和推荐工作，16个集体、51名个人荣获国家电网公司党组先进称号，2个集体、2名个人荣获辽宁省国资委党委先进称号。

队伍建设 创新形势任务教育载体，制作形势任务教育宣传动漫，组织3.2万人次参加宣贯知识竞赛，印发《员工学习手册》4.6万册。评选表彰第四届“十佳道德模范”23人，广泛宣传模范事迹。

35家单位分别荣获全国、辽宁省和国家电网公司文明单位称号。国网辽宁电力团委被评为“中央企业五四红旗团委”。

实施“文化满天星”“文化航标”企业文化重点项目，国网抚顺公司被中宣部命名为第一批全国学雷锋活动示范点，4个精神文明创新项目、3名最美国网人、4个企业文化建设示范点得到国家电网公司表彰。2项成果获国家电网公司企业文化建设成果二等奖，1项案例被评为国家电网公司“三集五大”体系最佳实践案例。

主要事件

1月25、26日，国网辽宁电力召开第四届职工代表大会第二次会议暨2015年工作会议，总经理张建坤做了题为《破冰开拓、跃起攀升，奋力推进“两个转变”实现新突破》的工作报告，党组书记冯凯做会议总结。

3月31日，国网辽宁电力举行“传递信的温暖”主题活动启动仪式，对主题活动进行全面部署。

4月21日，国网辽宁电力承担的国家863计划项目“储能系统提高间歇式电源接入能力关键技术研究与开发”通过国家科技部验收。

4月23日，大连供电公司赵文武、鞍山供电公司王家峰、盘锦供电公司姜广敏、朝阳供电公司金亮荣获“全国劳动模范”称号；另外，国网辽宁电力公司系统12人荣获“辽宁省五一劳动奖章”。五四前夕，国网辽宁电力团委荣获“中央企业五四红旗团委”称号，抚顺供电公司变电运检室团支部被评为“全国五四红旗团支部”，盘锦供电公司李楠当选“国网公司优秀青年岗位技术能手”，铁岭供电公司赵晨星当选“辽宁省十大最美青工”。

7月16日，国网辽宁电力召开“十百千”客户走访活动工作座谈会。

7月30日，在全省工会劳动保护工作暨“安康杯”竞赛总结推进会议上，本溪供电公司被授予“辽宁五一劳动奖状”，铁岭供电公司李英锋被授予“辽宁五一劳动奖章”，营口供电公司检修分公司变电二次运检一班、朝阳供电公司电力调度控制中心配网调控班分别被授予“辽宁工人先锋号”。

2015 年，国网辽宁电力深入开展安全管理提升活动，圆满完成春秋检、迎峰度夏（冬）工作，以及节日假期、重要活动保电任务，确保了电网安全稳定运行。

8 月 22 日，国网辽宁电力开展“查隐患、反违章、控风险”主题“安全日”活动，深刻汲取天津港“8·12”特大火灾爆炸事故教训。

8 月，国网辽宁电力对系统内参加过抗日战争和世界反法西斯战争的老战士、老同志和烈士遗属开展走访慰问活动。

9 月 8 日，国网辽宁电力举行“赵永彬创新工作室”揭牌仪式。

11 月 6～8 日，辽宁地区出现大范围雨雪冰冻天气，造成线路、设备覆冰严重，全省 38 万客户停电，国网辽宁电力启动应急预案，相关部门和单位协同联动、全力应对，第一时间恢复了供电。

11 月 14 日，在中国企业管理研究会主办的“2015 年中国省级电网公司社会责任论坛”上，国网辽宁电力荣获省级电网企业“最佳责任沟通创新奖”。

12 月 11 日，国家电网公司首届青年创新创意大赛优秀成果展示会暨颁奖仪式在北京举行，抚顺供电公司“柔性接地电阻测试仪”获得金奖，锦州供电公司“配电现场作业用螺旋锚式接地极”获得银奖，盘锦供电公司“辐射状 GIS 变电站结构布置”获得铜奖。

（杨　明）

【国网吉林省电力有限公司】

企业概况　国网吉林省电力有限公司（简称国网吉林电力）是以建设、运营电网为主营业务的国家大一型企业，是国家电网公司全资子公司，对所属企业和单位的国有资产承担保值增值责任，依法对省内及相关电网实施调度管理，承担着保障安全、经济、清洁、可持续的电力供应的使命。国网吉林电力供电营业面积 18.74 万 km^2，拥有供电客户 1318 万户，供电服务人口 2700 余万人。资产总额 430.2 亿元，职工人数 25 059 人。

2015 年国网吉林电力完成固定资产投资 54.18 亿元；售电量 501.32 亿 kWh，同比降低 3.86%；当年电费回收率 100%，连续实现第 10 个安全年。

领导班子

总经理、党组副书记：王金行

党组书记、副总经理：蔡敬东

党组成员、副总经理：朱教新

党组成员、副总经理、长春供电公司总经理、党委副书记：辛国良

党组成员、工会主席：吴联梓

党组成员、纪检组长：张成军

党组成员、总会计师：李随东

党组成员、副总经理：马明焕

副总经理：吴越

总工程师：孙文胜

组织机构　国网吉林电力本部设置职能部门 23 个，省公司层面业务支撑和实施机构 8 家，地市供电公司 9 家。

电网概况　吉林电网位于东北电网的中部，北连黑龙江电网，南接辽宁电网，西临内蒙古东部电网，在满足全省电力供应的同时，还是东北电网北电南送的重要通道。截至 2015 年末，吉林电网有 500kV 变电站 11 座，变电容量 1881.3 万 kVA，线路长度 2865.4km；220kV 变电站 80 座，变电容量 2067.6 万 kVA，线路长度 11 045.6km。初步形成了以梨树—金城—合心—龙嘉—包家—东丰为枢纽，向四周辐射覆盖全省 9 个地市州的 500kV 坚强电网，并分别与辽宁、黑龙江、蒙东电网相联，电力交换能力和资源优化配置能力显著提高，电网供电能力和运行可靠性明显增强。

吉林省电源分布特点是水电主要分布在东部，西部以风电为主，火电以城市热电联产机组为主。近年来，吉林省电源建设快速发展。截至 2015 年末，吉林省全口径装机容量 2611.47 万 kW，其中：水电装机容量 377.23 万 kW，占 14.45%；火电装机容量 1783.14 万 kW（其中热电装机容量 1314.84 万 kW），占 68.28%；风电装机容量 444.38 万 kW，占 17.02%；生物质能发电装机容量 0.29 万 kW，占 0.01%；太阳能发电装机容量 6.72 万 kW，占 0.26%。

人力资源　坚持正确用人导向，强化人才选拔培养，加大干部锻炼交流，深化全员教育培训，全面增强队伍能力素质。修订领导班子考核、领导干部管理等 8 项制度，干部选拔、考核、培养更加规范。采取岗位竞聘方式公开选拔 13 名优秀青年员工到本部急需岗位，选拔 29 名基层优秀员工到本部挂岗锻炼。深化企业负责人业绩考核，修订企业负责人业绩考核办法，编制印发县公司企业负责人业绩考核工作指导意见，实现省市县逐级考核的纵向贯通。扎实推进全员绩效管理，推广绩效管理信息系统一线员工考核模块上线运行。加大教育培训力度，举办各级培训班 2478 期，全员培训率达到 94.51%，有 6 人和 30 人分别当选国家电网公司级优秀专家人才和优秀专家人才后备，3 人当选吉林省第五批拔尖创新人才。创新实施“双挂双提”工程，推动省市县公司企业文化、管理模式传递交融，首批为 172 人，其中 9 人到国网吉林电力本部挂职。严把员工入口关，妥善接收安置复转军人，择优招聘高校毕业生 583 人，新入企员工

质量显著提高。完善岗位绩效工资制度，激励员工提升素质和岗位奉献，员工队伍整体素质显著提升。福利项目管控平台顺利上线运行，逐步形成福利计划、费用管控、财务结果一体化管理。全年共举办公司层面各类培训班315期，培训员工2.9万人次，在岗"三无"人员全面消除。在国家电网公司各项竞赛调考中，国网吉林电力员工获得优异成绩。有31人在竞赛调考中受到表彰，为历年人数最多；人力资源专业规章制度普考获"优秀团体"称号；乡镇供电所岗位知识技能等4个竞赛调考获优秀组织奖。截至2015年底，国网吉林电力共有全民所有制在职职工25 059人，其中具有大学专科及以上人员19 797人；副高及以上专业技术资格人员2189人，中级专业技术资格人员4089人，高级工及以上人员11 306人。在任国家电网公司级专家57人。人才当量密度0.986 7，同比增长4.1%。

电网建设与发展 组织编制完成"十三五"电网发展规划和17项专题研究报告，并上报省能源局，吉林特高压项目和电网规划全部纳入吉林省电力发展规划、吉林省国民经济和社会发展第十三个五年规划并上报国家能源局。广泛开展全球能源互联网宣传宣讲，与东北电力大学联合成立能源互联网联合创新研究中心，推动全球能源互联网战略实施。扎鲁特—吉林配套500kV工程可研前期工作顺利开展，为缓解吉林省窝电问题奠定坚实基础。完成长白、长西等4条电气化铁路配套供电工程可研前期工作。取得吉林南、丰满水电站送出和甜水变电站间隔扩建等500kV工程核准批复。电网建设投资36.31亿元，投产66kV及以上项目59项，投产输电线路1662.27km、变电容量231.65万kVA，输变电优质工程率连续三年达到100%。建成投运包家变电站主变压器扩建、江北、兴原等输变电工程。吉图珲电气化铁路配套供电工程提前送电，保证了"东北最美高铁"按期通车。加快农网改造升级工程建设，解决14.27万户农村"低电压"问题。安装智能电能表110万只，累计完成1216万只，用电信息实现全覆盖、全采集。

经营管理 建立综合计划全过程、全业务、全单位立体管控，加强经营诊断和成本管控，增收节支，利润创历史最高水平。配合省政府落实128户企业用电补贴政策，拉动售电量39亿kWh；推动大用户完成直接交易电量22.94亿kWh；实施电能替代增加电量23.93亿kWh；全年外送电量44.5亿kWh，外送电收益1.33亿元。落实"一证受理、一次性告知、首问负责制"等工作要求，业扩报装时限平均缩短4.3个工作日。开展电费回收百日攻坚，通钢集团等企业拖欠电费全部收回。通过争取电价政策、高位减持股票等措施，增收创效2.27亿元。集中招标采购金额59.2亿元，节约资金3.8亿元。14家县公司消除累计亏损，5家子公司扭亏减亏，累计亏损减少5亿元。面对用电低迷局面，千方百计增供扩销，与吉林铁合金等20户企业开展直购电交易，推广地源热泵214万m^2、电采暖234万m^2、电窑炉62.56万kW。超前研判电费风险，对通钢等高耗能企业实施"一户一方案"电费回收策略，电费收取连续9年实现"双结零"。开展降本增效专项活动，推行8项重点费用弹性管理，可控费用压降30%。争取电价政策支持，推动疏导环保电价及小水电电价矛盾8元/MWh。清理应收款4.4亿元，回笼货币资金3.5亿元。

2015年，国网吉林电力全口径劳动生产率34.38万元/人年，同比增长7.88%。业绩考核保持B级。同业对标实现突破，综合、业绩、管理对标分别排名第17、16、17位，同比均提高3位；获得东北区域"综合标杆单位""业绩标杆单位"及"安全管理""物力管理""运行管理""检修管理""营销管理"5个专业标杆单位称号。

安全生产 修编完成省市县三级机构安全职责规范，涵盖22家二级单位和150家三级单位，安全职责实现全覆盖。开展安全大检查、输电线路"三违二源"和设备缺陷隐患排查治理，发现问题4971项，整改完成93%。推进调控一体化业务融合，在国内率先实现省调对500kV变电站隔离开关常态化远方遥控操作。科学安排电网运行方式，健全风电优先调度机制，加强辅助服务市场化调节，有效缓解电网调峰和供热矛盾。严格应急预案和"双人双岗"值班管理，及时发布电网风险与恶劣天气预警，成功应对"5·31"风灾、台风"天鹅"过境以"10·21"松原地震等灾害考验。与515家重要电力客户重新签订新版供用电合同，明确划分了安全责任，并取得政府认定。制定并严格执行重大活动供电保障意见，圆满完成中央领导视察、抗日战争胜利70周年阅兵等重要时段保电任务。被评为国家电网公司2015年资产全寿命周期管理体系深化应用优秀单位。

营销工作 2015年，售电量完成501.32亿kWh，同比降低3.86%；市场占有率完成94.61%，同比提高0.13%；售电平均单价完成659.01元/MWh，可比口径提高4.16元/MWh；营业外增收完成1745.4万元，完成年计划的167.19%；客户满意率完成99.07%，比国家电网公司98%管控指标提高1.07个百分点。先后荣获吉林省消费者满意单位、工业企业服务年先进单位、保障性安居工程责任制考核先进单位等荣誉称号。积极推进营配贯通建设，完成629万户的数据采录并实现关系准确对应。

电能替代取得新成效。成功推动省政府出台《吉林省电采暖试点工作方案》和《吉林省电采暖试点项目管理办法（暂行）》，取得政策大力支持。创新电能替代服务机制，试点成立新能源开发服务公司，为开展电能替代的企业提供咨询、设计、业扩报装、施工等一条龙服务。积极开展电能替代示范项目建设，在农村积极推广农业电排灌、炊具电器化、电采暖等替代项目。建立与用电企业间的战略合作新模式，成功实施油田钻井油改电，增容 1 万 kVA 用于勘探钻井电机井代替油机井。累计完成增加电量 23.22 亿 kWh，完成国家电网公司下达指标的 154.8%。

通过能效服务的积极实施，国网吉林电力全年节约电量 2.28 亿 kWh，完成年度指标 114%；节约电力 7.29 万 kW，完成年度指标 122%，能效服务工作实现新跨越。

科技与信息化

（1）科技成果及知识产权。获得行业级二等奖 1 项，各类省部级科技进步奖 6 项，国家电网公司奖 5 项；颁发国网吉林电力科技进步奖 69 项，其中科技进步类 21 项，合理化建议及技术改进类 39 项，软成果类 9 项；申请专利 172 项，其中发明专利 110 项；获得专利授权 63 项，其中发明专利授权 20 项，实现了专利运营工作的新突破。

（2）信息化项目建设管理。开展一体化平台优化完善，完成完善提升函审数量共 105 次，上报完善提升需求 30 个，在国家电网公司的典型经验函审排名中多次取得好成绩。深化硬件资源池建设成果，有效解决资源不足的困境。“集体企业管控模块和业务应用平台研发及实施”“全国统一电力市场技术支撑平台（一期）”2 项信息化项目荣获国家电网公司信息化建设实施优质项目。“运营监测（控）信息支持系统”“一体化电网规划设计平台”两个建设项目获中电联信息化优秀成果二等奖，“协同办公一级部署试点实施”获中电联信息化优秀成果三等奖。

（3）信息系统深化应用。积极推进并完成乡镇供电所及班组一体化信息系统试点建设，完成基层单位信息系统应用培训班 32 期，分类分层培训学员 6953 人次，发放培训资料 8200 多份。不断完善信息系统运维服务机制，组建业务应用专家团队，共解决用户问题 1357 个，收集有代表性需求 35 个，有效地提升了服务质量。完成自主知识产权的微门户建设，提升了县供电公司和乡镇供电所的即时通信水平。

（4）信息安全。积极推进账号权限治理及信息系统业务授权许可使用管理工作。完成业务系统用户账号及权限审批流程制订工作，编制《目录服务系统用户临时工号审批表》及《信息系统业务授权审批表》，圆满完成了重要节日及活动期间的信息运行保障工作。组织开展外网网站（系统）梳理、调研工作，关停“不必要、不规范、不安全”的网站（系统），确保现有外网网站（系统）安全运行。在国家电网公司举办的信息安全红蓝队调考中取得较好成绩，团体排名位列网省公司第 11 位，并荣获优秀组织奖。

优质服务 实施人民群众用电满意工程。开展市、县、所三级服务评优活动，出台提升服务指标十项措施，常态化开展供电服务明察暗访、视频监控巡访、电话抽访等工作，对发现的问题跟踪整改，服务品质持续改善。顺利完成节假日、重大活动和“3·15”期间客户侧供电保障和优质服务工作。组织与重要电力客户重新签订新版供用电合同，进一步明晰供用电双方安全责任，按照“一户一档”建立重要电力客户信息档案，按照“一户一案”编制重要电力客户应急供电现场处置方案，隐患排查治理“服务、通知、报告、督办”到位率 100%。“客户导向的投诉协同处理机制”获评国家电网公司同业对标专业推荐典型经验。95598 客户满意率达到 99.51%，比国家电网公司 98%管控指标提高 1.51 个百分点。省公司、松原公司客服中心、延边公司客服中心和龙分中心荣获吉林省消费者满意单位荣誉称号。在省消协组织开展的长春地区水、电、气等六家公共服务行业满意度测评中，供电名列第一。优质服务水平不断提升，在国家电网公司组织开展的第三方满意度测评中连续两年取得优异成绩。电费交费网点达到 4.7 万个，城市“十分钟交费圈”和农村“村村有交费点”全面建成。

依法治企 宣贯法治企业行为指引并将其纳入基础培训。编制修订 16 项辅助类规章制度。集约整合内部法律顾问和外部律师资源，成立律师库，建立重大疑难案件集体会商处理机制。落实国家电网公司经济责任审计意见，报告反映问题全部整改落实。开展依法治企自查自纠，发现问题 149 项，完成整改 79.87%。实施农网专项检查和交叉互查，检查发现问题整改 96.2%。加强过程管控，建立定期审计常态机制，开展重点小型基建项目现场跟踪和结算审计。编发《工程管理风险防范手册》，提出 10 个方面 62 项风险控制点，有效避免同类问题重复发生。服务类、物资类集中采购管控范围分别达到 95%、100%，公开采购率达 99%以上。

党的建设和精神文明建设 深入学习习近平总书记系列重要讲话精神，认真落实从严治党要求，扎实开展“三严三实”专题教育，宣传贯彻《党章》《准则》《条例》，党员干部职工思想作风明显改进。制定“两个责任”清单，深化“六步工作法”，明确 58 项措施，完成 21 家单位和 638 家供电所巡访监察。全年在中央媒体发稿 75 篇。上报信息有 9 次被转报至国资委以及国办、中办，有关农网工程专报得到国务院总理、副总理批示，被省政府评为“上报国办信息突出贡献单位”。档案工作获国家电网公司先进单位。信访稳定工作连续5年被国家电网公司通报表扬，连续4年被评为吉林省先进。开展健康讲座和咨询，组织流动体检车下基层，落实离退休老同志“两项待遇”，加强网络信息安全和保密管理。

2015年，国网吉林电力涌现出一大批先进集体和个人。调控中心调度处获“全国青年文明号”称号。吕清森当选中国电力楷模，初建美等3名职工获全国劳动模范。真大伟等3名职工获国家电网公司劳动模范；通化样子哨镇供电所等7个班组被评为国家电网公司先进班组，95%班组实现国家电网公司达标。13个集体、3名职工在国家电网公司“四个一百”竞赛中受到表彰。表彰长春公司等6个先进二级单位、吉林磐石市供电公司等9个先进县公司、通化清河供电所等40个先进班组；李亚明等20名劳动模范、陈照华等50名先进工作者、张义勇等40名优秀班组长。表彰同业对标各类标杆单位62个、“抓两头、带中间”管理提升标杆供电所9个。被评为吉林省文明行业、模范集体，蝉联全国文明单位。

主要事件

4月9日，首届中国电力楷模选树活动发布会在北京召开。国网吉林供电公司员工吕清森当选中国电力楷模。

4月28日，国网吉林电力圆满完成首次线上大用户直供电交易。本次交易共有13家电力大用户和22家发电企业参加，总成交电量为9.5226亿kWh。

7月9日，国网吉林电力组织召开了国家科技支撑计划项目“消纳风电的热-电联合优化规划及运行控制技术”启动会。

8月2日，白城市通榆地区遭遇龙卷风袭击，对当地电力设备设施造成破坏，国网吉林电力迅速启动应急抢险机制，全力抢修恢复受损电网。

8月26日晚，台风“天鹅”在延边、白山等地横行，大雨如注。国网吉林电力超前部署，全面布防，制定了防范台风“天鹅”的各项措施，加强值班值守，全力应对台风来袭。

8月27日下午，中共吉林省委宣传部、吉林省文明办在吉林电视台“吉林好人”发布厅举行了“吉林好人”发布活动，公开发布了2015年第二季度“吉林好人标兵”和“吉林好人”的先进事迹，国网吉林电力员工王艳波当选。

8月25～28日，国家电网公司培训师教学技能竞赛在国网技术学院举行，国网吉林电力取得兼职组团体第七名的成绩，并荣获优秀组织奖及优秀课件奖，国网吉林电力选手李莉娟获专职组个人一等奖，李默获兼职组个人三等奖。

9月18日，国网吉林电力召开全面推进员工诉求服务中心工作研讨会。

11月3日13时17分，被誉为“电力神鹰”的全国“五一劳动奖章”获得者吕清森乘坐国网通航公司直升机，从空中巡视了他曾徒步巡视36年的红白线。

11月5日，国家电网公司全球能源互联网巡回宣讲走进吉林，解读了国家主席习近平9月26日在联大发展峰会上关于“探讨构建全球能源互联网，推动以清洁和绿色方式满足全球电力需求”的倡议。

12月28日，国网吉林电力完成用电信息采集工程1200万块智能电能表的安装、调试任务，实现用电信息采集系统“全采集、全覆盖”。

12月30日，国网吉林电力召开新能源运行消纳情况新闻发布会，就落实国家能源发展战略，支持和服务吉林省新能源发展有关情况进行介绍。

12月31日，国网吉林电力顺利实现连续第十个安全年。

（李青春）

【国网黑龙江省电力有限公司】

企业概况 国家电网黑龙江省电力有限公司（简称国网黑龙江电力）是国家电网公司全资子公司、国有特大型企业，负责建设、运行维护黑龙江电网和全供电区安全可靠供电。供电营业区域面积47万km^2，占东北供电区域总面积的58.3%，各类用电客户1631.7万户。截至2015年底，国网黑龙江电力资产总额549.9亿元。直接管理单位26个，其中地（市）级供电企业13个。管理农电企业131个，其中代管县级农电企业66个，农垦、森工供电企业65个。全口径用工6.64万人。

领导班子

总经理、党组副书记、党组成员：丁扬

党组书记、副总经理、党组成员：卜劲松（2015年1月～2015年11月）

党组书记、副总经理、党组成员：李永莱（2015年11月～2015年12月）

副总经理、党组成员：王明波

副总经理、党组成员：张满洲

党组成员、纪检组长：陈晓东

副总经理、党组成员：李运灵

副总经理、党组成员：李长林

副总经理、党组成员：王志伟

党组成员、工会主席：吴德义

党组成员，国网哈尔滨供电公司总经理、党委副书记：朱玉库

总会计师：梅仉和

组织机构 本部职能部门：办公室、发展策划部、财务资产部、安全检查质量部（保卫部）、运维检修部、营销部、农电工作部、科技通信部（智

能电网办公室）、建设部、物资部（招投标管理中心）、对外联络部（品牌建设中心）、设计部、经济法律部（体改办）、人事董事部、人力资源部（社保中心）离退休工作部、后勤工作部、思想政治工作部（直属党委办公室、团委）、监察部（纪委办公室）电力调度控制中心、运营检测（控）中心、电力交易中心、工会、企协分会。另有 13 家直属企业和 12 家地市供电企业。

电网概况 黑龙江电网位于东北电网最北部，通过吉林、黑龙江省间 4 回 500kV 线路与吉林电网相联，通过 500kV 伊冯甲、乙线与蒙东电网相联，通过 500kV 阿黑线和黑河换流站从俄罗斯电网购电。截至 2015 年末，黑龙江省电网共有 500kV 变电站 13 座，运行容量为 13 166.0MVA；220kV 变电站 128 座，运行容量为 27 789.0MVA；500kV 线路 34 条，线路总长度为 5032.926km；220kV 线路 365 条，线路总长度为 13 914.33km。并网运行电厂 295 座，总装机容量为 26 610.08MW，其中火电厂 155 座，装机容量为 20 335.65MW，占比 76.42%；水电站 68 座，装机容量为 1016.53MW，占比 3.82%；风电场 69 座，装机容量为 5226.0MW，占比 19.64%；光伏电站 3 座，装机容量为 31.9MW，占比 0.12%。大容量火电厂主要分布在中、西部负荷集中区和东部的煤矿坑口地区，风电场主要集中在东部地区。

人力资源 用工总量 57 633 人，其中直接管理单位职工 25 384 人、授权管理单位职工 20 531 人、农电工 11 546 人、其他社会化用工劳务派遣 172 人。直管单位全员劳动生产率（全口径）356 655 元/人年，人才当量密度 0.972，高技能人才比例 83.354 7%，人才引进指数 1.017 7，教育培训投入总额 5514 万元，全员培训率 94.87%。荣获省诚信示范企业、国家电网公司对藏帮扶先进单位等荣誉称号。

按计划完成年度毕业生招录，持续清理劳动关系，解决存量复转军人接收安置历史难题，推进业务外包化解用工风险，长期职工净减少 716 人，用工总量实现持续负增长。

完成“五位一体”协同机制深化应用年度任务，实施人力资源管理信息系统一级部署建设。推进内部人力资源市场建设，盘活存量 1973 人，完成国家电网援藏和东西人才帮扶任务，开展内部技术和人才帮扶，优化乡镇供电所人员配置，缓解结构性缺员矛盾。

完成工资制度改革，制定印发职员职级序列管理实施意见，本部率先实施职员职级序列管理。严格依据国家、国家电网公司和属地政策开展“六险两金”管理。制定年度业绩考核提升方案，健全同业对标和对外创收激励机制，深化全员绩效考核结果应用，薪酬福利绩效管理更加规范。

加强培训竞赛调考管理，组织开展通用制度培训和班组长培训，全年培训 886 班次。完成年度职业技能鉴定工作和专业技术资格评审工作，1071 名专业技术人员晋升专业技术资格，评审通过率达到 81.5%。考核选拔省公司优秀专家人才 130 人、人才后备 190 人，新增国家电网公司优秀专家人才后备 39 人，员工素质显著提升。

电网建设与发展 建成并投运 500kV 鸡西—林海线路工程、鸡西 500kV 变电站新建工程，林海—穆棱、哈齐客专、牡绥客专等 11 项 220kV 输变电工程，牡丹江雪原、伊春新区等 9 项 110（66）kV 输变电工程。

全年投产 66kV 及以上线路 789.28km、变电容量 1325.2MVA（含农网），其中电网输电线路投产 582.93km，电网变电设备投产 922.5MVA。投产火电机组 3 台，新增容量 750MW；投产水电机组 5 台，新增容量 33MW；新扩建风电场 9 座，新增容量 589MW；新增容性无功补偿容量 1395Mvar（其中 220kV 变电站新增容性无功补偿容量 56Mvar）。

开展 2014～2015 年电网发展分析和“十二五”电网规划执行情况分析，优化规划项目建设时序，促进各级电网协调发展。适应经济环境变化，分析能源电力发展新形势，研究“十三五”电网发展规划重大问题，全面编制完成《黑龙江省“十三五”电网发展规划（企业版）》。提出东北地区及黑龙江省特高压外送通道方案，通过“强交强直”特高压外送通道将东北电网融入三华电网以形成国家东部电网，并保证与国家和黑龙江省“十三五”能源电力规划有效衔接。完成“十三五”配电网、通信网、电网智能化、农村电网等有关规划的专题研究报告。

2015 年取得 3 项 500kV 输变电工程、19 项 220kV 输变电工程、9 项 110（66）kV 输变电工程核准批复。

经营管理 开展增收节支专项行动，争取对俄购电进口增值税返还政策，收到资金 0.65 亿元。合理评估 2016 年度投资能力，压缩电网、技改、营销、信息化、小型基建投入 11 亿元，核减 648 个储备项目投资 0.26 亿元。实行损益性投资项目进项税成本控制，压缩项目成本 0.36 亿元。精益子公司利润目标管理，新建资本纽带设计单位实现利润 0.31 亿元。资金集中管理率达到 99%，统一运作集体、代管企业等资金，取得经济效益 0.6 亿元。推进营财一体化建设，实现营财电价报表和应收明细数据的集成。推进“两金”款项和长期应付资金清理，共清理应收账款、其他应收款、长期应收款及存货存量金额 25.95 亿元，清理任务完成率 100%。清理长期挂账在建工程，关闭以前年度转资项目3830项；推动企业股权清理，转让华富公司股权，取得投资收益0.24亿元。运用法律手段收回亿阳集团长期拖欠款项0.72亿元，促成中能建签署欠款偿还协议。

安全生产 完成“两会”、迎峰度夏、重要节日、重要活动等供电保障任务。完成春秋检、技改大修等工作，累计完成电网技术改造项目405项，设备大修项目570项。深化变电检修专业化工作，开展变压器大修工作专项评估，开展安全管理提升活动。发布变电检修标准化库房建设、配置标准以及变电设备运维保障管理细则。完成哈佳铁路建设电力设备迁改223项，完成迁改资金2.6亿元。完成哈尔滨群力新区配网自动化试运行，通过国家电网公司运检部组织的实用化验收测试。启动哈尔滨市非核心区以及齐齐哈尔、牡丹江、黑河3个非重点城市差异化改造。完成营配调数据贯通运检部分数据采集、建模工作。完成前3年技改、大修、电网工程回头看工作。开展配网不停电作业第四类带电作业项目，配网不停电作业技术水平明显提升。2015年未发生生产人身死亡事故；未发生电网稳定破坏、电网瓦解、大面积停电及重大设备损坏事故；未发生误操作事故；发电企业没有发生重大级以上发电设备事故。截至12月31日，省网实现连续安全运行12 520天。城市供电可靠率完成99.961 6%，综合电压合格率99.99%。

营销工作 2015年，国网黑龙江电力售电量完成675.83亿kWh，同比增长1.81%；销售收入完成381.27亿元，同比上升0.87%；售电平均单价560.84元/MWh，剔除调价因素后比年初预算目标高0.92元/MWh；应收用户电费余额完成17 692.97万元。采取停限电、上下游撮合、引入第三方等措施，控制了增长势头，获国家电网公司认可；营业外收入完成2485万元，较年初指标增长24.25%；累计净增报装容量5107.2MVA，同比增长23.03%；供电服务“十项”承诺兑现率100%。

财务、发展、调度、交易等相关部门支持协作，落实省内东部电厂增发计划，为煤电抹账创造条件。全年累计煤电抹账17.8亿元。

开展省内企业自备电厂情况调查，摸清各类园区和大型城市综合体供用电情况，超前应对可能的市场风险。坚持电力直接交易新增电量准入条件，取得控制总量、促进增量的实施效果，全年新增电量8.7亿kWh。超前谋划配网布局，维护市场份额，全年市场占有率同比提高0.56个百分点。黑河供电公司有效处置黑河园区历史遗留问题。

围绕大气污染治理和构建全球能源互联网的总体要求，推进电能替代战略，落实电能替代战略行动计划，实现电能替代电量17亿kWh。开展高寒地区新能源汽车应用试点，绥化、鹤岗供电公司共2座电动汽车充换电站、46台新能源汽车投入使用。推进中小学电采暖应用、探索弃风供热试点，全省新增电采暖面积21万m^2。

构建全环节适应市场、贴近客户的业扩报装机制，制定简化业扩手续提高办电效率实施细则和27项提升措施。省、市公司主动对接重点产业项目，地市公司成立两级“大项目办”，开发全省统一招标服务平台，出台业扩报装三项清单，哈南工业新城、华南城、哈齐客专等一大批招商引资项目和重要基础设施建设项目及时供电。采取超常措施，全省96个跨年新建住宅供电工程销号送电。

开展基本电费、峰谷电费、功率因数调整电费执行专项普查和稽查监控，共发现问题568件，整改422件，高效完成审计整改任务。强化营业降损增效，全力推进高损台区持续治理，深化线损管理三级管控，发挥线损在线分析系统作用，搭建全省统一技术平台，大于13%的高损台区较年初减少1513个，追补电费2485万元，电量0.8亿kWh。

推进营配调贯通数据建模，超资金计划完成全省高压用户和320万低压用户的采录工作。拓展“互联网+”交费渠道，在全省推广支付宝、手机客户端应用。在城市郊区、县公司及乡镇供电所推广银联全民付和手机无线终端，方便农村用户交费。

实现新装业扩用表集中采购、检定及配送，组织开展自动化检定流水线及仓储系统优化提升工作，完成“四线一库”及计量生产调度平台实用化自验收评估，清理数据13万条。MDS系统功能逐步完善，为实现省计量中心生产全业务可视化、在线实时监测和配送在线管理奠定基础。

应用采集系统计量设备在线监测功能，对全省近10万只时钟偏差电能表开展远程对时及校对工作，轮换电池欠压故障电能表9.6万只。通过采集系统发现窃电及用电异常135起，追补电费499万元。推进停电事件、全事件采集升级改造工作，实现专用变压器用户及公用变压器台区供电电压采集全覆盖。拓展采集系统运维范围，理顺关口采集运行维护管理机制，实现关口采集与用户用电信息采集同运维、同考核。开展专用变压器用户采集质量提升、计量施工质量治理和抄表率提升专项治理活动。

科技与信息化 11项科技成果分获国家电网公司、省政府科技进步奖；全年共申请专利205项，获得专利授权145项，出版论著6部，获得软件著作权3项；完成1项国家技术标准、1项国家电网公司企业标准以及3项公司技术标准制修订任务，牵头开展3项行业标准编制工作；开展国家电网公司技术标准实施评价试点工作，在标准辨识、宣贯培训、标准执行、监督检查及完善提升等环节取得成效，通过国家电网公司验收。

牵头承担的4项总部管理科技项目研发工作按计划顺利实施。在“高纬度地区输变电设备低温运行技术的试验研究”基础上，申报的国家电网公司“高寒地区电力设备可靠性提升技术科技攻关团队”和“输变电设备极端环境运行与检测技术联合实验室”，获得国家电网公司正式命名。

开展高寒地区特高压设备试验研究，完成高寒地区特高压试验基地建设方案编制。开展电力设备低温技术攻关研究，“极寒条件下特高压交流主设备性能及高寒地区特高压试验基地建设规划研究”获得国家电网公司批复立项。

荣获2015年同业对标信息通信综合评价东北区域标杆单位。优质完成17个国家电网公司信息化试点建设任务，“物力资源管理信息系统功能完善与优化提升”项目获得2015年信息化建设实施优质项目。完成“十三五”信息化规划编制工作。深化电网统一视频监控平台建设应用，研发移动录像导入存储与访问功能，实现视频资源全面共享和多业务融合。开展信息化后评估工作，提升信息化项目建设质量和应用水平，高分通过国家电网公司验评。开展基层单位基础网络建设，推进“七大五小”信息化业务系统在县供电企业的应用。

2项课题获得国家电网公司信息通信新技术研究与创新应用评价优秀成果。远程运维一体化机柜荣获第43届日内瓦国际发明展特别金奖和国家电网青年创新大赛银奖；基于即时协同应用平台，开展移动互联办公研究，实现与目录、门户、呼叫中心等平台深度融合。

优质服务 制定下发《关于改善经济发展环境、加强供电服务质量管理工作意见》，开展“助力地方经济发展、提升供电服务品质”主题活动，重点查纠客户反映较多的7类、30项服务问题。

建立供电服务投诉“日跟踪、周发布、月考核”制度，按周抽取典型客户投诉，全程跟踪投诉处理过程。先后对5家投诉问题较多的单位进行约谈，督导规范、及时、严肃、准确处理客户投诉，对自身存在的问题不推诿、不回避、不护短，规范供电服务行为，全省投诉同比下降18.37%。

开展业扩报装专项整治“回头看”和服务明察暗访，下发限时整改通知书13份，各单位均按期完成整改。处理“行风热线”受理的问题，处理和落实达到100%。完成年度重要电力客户认定工作，组织开展用电安全大检查，做到“检查、通知、备案、服务”四到位。启动应急预案，配合地方政府应对“鸡西、鹤岗”两起矿难事故，完成抗日战争胜利70周年等各项保电任务。牡丹江供电公司王清萍获国家电网公司“十佳服务之星”称号。

农电工作 全年完成农网建设与改造投资6.5亿元。全方位开展创优争先、“百日”会战、工程现场督导抽检工作。跟踪督办省委、省政府关注项目的配套电网建设工程，实现按期投运。2014年农网改造升级工程按期竣工，完成省政府整体验收前期全部工作。3个工程项目获得“国家电网公司2015年度农网（配电）百佳工程”称号。2015年农网改造升级工程全部完工；新增农网改造升级工程如期开工。完成代管供电企业和乡镇供电所两个提升工程，督导实施“1＋6”管理提升保障方案（建立健全一个长效机制，主动实施六项措施），深化专业管理延伸、专业诊断治理、管理帮扶、现场督导工作。将乡镇供电所原来的136种资料通过制定模板精简减到95种。结合实际修订《标准化示范供电所考核细则》，31个供电所通过考评验收被评为国网黑龙江电力标准化示范供电所。举办2015年乡镇供电所岗位知识技能竞赛，完成参加国家电网公司2015年乡镇供电所岗位知识技能竞赛任务。各部门、各单位围绕代管供电企业79项指标和乡镇供电所25项指标，强化重点工作措施和要求的落实，确保“两个提升”工程任务有效完成。健全完善安全监督体系，落实安全生产责任制，强化安全基础管理，加强安全教育培训，实施作业现场安全风险管控，开展安全性评价，建立应急响应体系，高效应对恶劣自然灾害对电网的考验，完成各项保供电任务。全年未发生影响品牌形象的负面新闻宣传事件和信访稳定事件。推进22家试点单位开展带电作业工作，配备带电作业工器具，88名职工通过培训获带电作业资格。与国家电网同步开展变电站精益化管理评价工作，242座变电站通过评价提升了精益化管理水平。试点推进农电企业开展配网状态检修工作。全年共治理“低电压”客户8.83万户。推进营销业务应用系统建设工作，完善农网SG186统计功能。规范同城异地窗口报装服务行为，实现营业窗口“一证受理”。延伸用电信息采集系统和计量资产全寿命周期管理，实现县公司计量管理业务和系统全覆盖。常态开展高危及重要客户用电安全隐患排查治理，提高用电安全管理工作效率。严格员工入口管理，统一高校毕业生招聘制度、信息平台和考试模式。初步实现农电用工管理组织模式、用工方式、管理机制“三统一”。66家县供电企业和五大农垦电业局实现财务管控单轨运行。推进农网改造升级工程全过程财务管控。搭建农行“资金池”，加强农电企业资金集中管控，开展税务自查和日常稽核，提高资金集中运作效益。开展仓库标准化建设宣贯、培训工作，建立仓库标准化建设项目储备。完善废旧物资回收管理。

国际业务 2015 年对俄罗斯购电量完成 32.994 亿 kWh（其中：交流线路进口结算电量 9.978 亿 kWh，直流线路进口结算电量 23.016 亿 kWh），累计进口额 1.70 亿美元。

与俄罗斯阿穆尔州区域调度局共同在哈尔滨市组织开展中俄调度会谈和调度培训，签订新的交流输电线路调度规程。与海关、税务、商务等部门积极协调，采取有效措施，应对进口电价调整，争取交流线路财政返还优惠政策，全面完成 500kV 阿黑线贸易方式变更工作。

党的建设和精神文明建设 结合“三严三实”专题教育，开展群众路线教育活动，整改落实“回头看”，完成各项整改任务。召开四次党（组）委专题教育学习研讨。组织开展党组书记讲党课工作，各级领导干部带头讲党课，全年开展 470 次党课宣讲，288 次学习研讨。

在基层党组织广泛开展“六个一”活动，组织各级党组织书记党课教育上讲台，全年共开展专题党课 126 次，召开党建工作交流会 72 次，党员领导干部学习心得体会 360 篇，举办“深入学习贯彻党的十八届五中全会精神”党支部书记培训班。开展“一先两优”评选工作，系统 12 个“电网先锋党支部”、25 名党员、12 名党务工作者，分别荣获国家电网公司“电网先锋党支部”“优秀共产党员”“优秀党务工作者”荣誉称号。

围绕“四个一百”创建工作，开展精神文明建设创新奖评选、共产党员服务队竞赛、企业文化建设示范点培育和寻找“最美国网人”等各项活动。以“十二走进”开展共产党员服务队竞赛，打通联系服务群众的“最后一公里”，累计获得客户点赞 17 407 次，国网黑龙江电力（李庆长）共产党员服务队荣获“国家电网公司金牌共产党员服务队”荣誉称号。三个精神文明建设创新项目在国家电网公司获奖。开展“微”传播，组织“微作品”竞赛，开通“卓越国网微龙江”微信公众号，开设“四个一百”网上专栏，通过手机、网络广泛传播国家电网人践行核心价值观的先进典型事迹 60 余件，获点击 90 余万次。武国良、杜军分获国家电网公司“最美国网人”“敬业楷模”“道德模范”荣誉称号。建立健全县供电企业文化示范点创建规范 24 项、站所层级班组企业文化示范点创建规范 15 项，实现“五统一”企业文化建设全覆盖。所属的宝清县电业局被国家电网公司列为县级“企业文化建设示范点”，检修公司黑河运维分部、哈尔滨供电公司群力分中心被国家电网公司列为班组（站所）“企业文化建设示范点”。

主要事件

1 月 6 日，国网黑龙江电力召开 2015 年安全工作电视电话会议。

4 月 28 日上午，党中央、国务院在北京隆重召开 2015 年庆祝“五一”国际劳动节暨表彰全国劳动模范和先进工作者大会。国网黑龙江电力有 3 名职工获得“全国劳动模范”荣誉称号，并受到党中央、国务院表彰。

5 月 14、15 日，国网黑龙江电力邀请中央和省级重要媒体“走进国家电网”，挖掘服务国家“一带一路”发展战略，服务“两大平原”现代农业综合配套改革，改善农村用电质量、保障春耕季节性用电的具体做法和有力举措，开展“在希望的田野上”主题传播活动。

5 月 28 日，国网黑龙江电力召开 2015 年防汛工作领导小组会议。

7 月 28、29 日，国家能源局党组成员、监管总监谭荣尧一行 16 人到国网黑龙江电力开展哈工大 220kV 变电站电力工程质量专项监管督查、专项监督反馈会。

8 月 24、25 日，国家能源局东北监管局副局长吴大明一行会同省公安厅相关领导组成联合检查组，对国网黑龙江电力重大活动安全保障等相关工作开展现场检查。国网黑龙江电力副总经理、党组成员王志伟出席汇报会。

9 月 9 日，国家电网公司安全大检查和缺陷隐患整治督查工作及意见反馈会议在国网黑龙江电力召开。

11 月 17 日，国家电网公司在国网黑龙江电力召开东北区域集体企业调研座谈会。

11 月 19 日，国家电网公司全球能源互联网巡回宣讲在国网黑龙江电力举行。国家电网公司总经济师赵庆波进行宣讲。

12 月 11 日，国网黑龙江电力召开干部大会。国家电网公司人事董事部副主任杨浩、省委组织部干部三处处长侯信波、省公司领导班子成员出席会议。李永莱任中共国网黑龙江省电力有限公司党组成员、书记，免去卜劲松的中共国网黑龙江省电力有限公司党组书记、成员职务；李永莱任国网黑龙江省电力有限公司副总经理，免去卜劲松的国网黑龙江省电力有限公司副总经理职务。

（岳　嬴）

【国网内蒙古东部电力有限公司】

企业概况 国网内蒙古东部电力有限公司（简称国网蒙东电力）成立于 2009 年 6 月，以建设运营电网为核心业务，负责内蒙古东部赤峰、通辽、兴安、呼伦贝尔四盟市电网的规划建设、运营管理、调度交易等工作，承担着内蒙古境内特高压工程前期和属地协调等任务。国网蒙东电力供电面积 47 万 km^2，供电人口 1160 万。

2015 年，国网蒙东电力完成售电量 288.5 亿 kWh，外送电量 493.1 亿 kWh；固定资产投资 87.3 亿元，投产 66kV 及以上线路 560km、变电容量 133 万 kVA；资产总额 382.2 亿元，综合线损率 8.28%。先后获得国家电网公司文明单位、内蒙古自治区“五一劳动奖状”、自治区“百佳诚信企业”等荣誉。

领导班子

总经理、党组副书记：王国春（2015 年 11 月任职）

总经理、党组副书记：陈连凯（2015 年 11 月离任）

党组书记、副总经理：潘尔生

副总经理、党组成员：李敏强

副总经理、党组成员：来文青

党组成员、纪检组长、工会主席：石志忠

总工程师：徐润生

总会计师：陈浩（2015 年 11 月任职）

总会计师、党组成员：赵洪伟（2015 年 11 月离任）

组织机构 国网蒙东电力有二级单位 10 个；县公司 42 个，其中分公司 7 个、子公司 35 个。

本部设置 21 个部门，有 6 家业务支撑和实施单位、4 个盟（市）供电公司。

电网概况 蒙东电网位于内蒙古自治区东部地区，以 500kV 网架为骨干、220kV 网架为主体。其中 500kV 变电站 7 座（含一座开闭站），500kV 换流站 1 座，220kV 变电站 64 座（含一座开闭站）。500kV 交流线路 33 条，直流线路 1 条双极运行，220kV 线路 205 条。蒙东四盟市电网相互独立，呼伦贝尔电网通过 2 回线 500kV 线路与黑龙江电网联网，通过 500kV 伊穆直流与辽宁电网联网；兴安电网通过 2 回 500kV 线路与吉林电网联网；通辽电网通过 2 回 500kV 线路与辽宁电网联网，通过 3 回 220kV 线路与吉林电网联网，通辽与吉林、辽宁仍存在省域间电磁环网；赤峰电网通过 4 回 500kV 线路与辽宁电网联网。

蒙东电网是典型的“大电源、小负荷”外送型电网，已形成由 11 回 500kV 交、直流线路构成的联络线外送通道。2015 年蒙东电网联络线外送电量为蒙东地区年售电量的 1.7 倍。截至 2015 年底，蒙东电网装机总容量 25 259MW，其中，火电 15 492MW，占 61.3%；风电 8804MW，占 34.9%；太阳能发电 581MW，占 2.3%；水电 327MW，占 1.3%；生物质及其他 54MW，占 0.2%。

人力资源 完成“三集五大”体系 57 项重点工作，开展“五位一体”全员宣贯培训与深化应用，不断完善“五位一体”建设成果。深化内部人力资源市场应用，开展特高压生产准备人员、经研院质监站专业人员等 6 次系统内公开竞聘，择优录用 43 人，累计优化配置 242 人。引进国家电网公司东西人才帮扶专家 15 名，选派 10 名优秀员工赴国网上海电力实践锻炼，招聘高校毕业生 674 人，选拔“订单+定向”培养高校学生 18 人。优化工资总额分配模型，强化“双控”管理，完善工资总额与企业经济效益联动机制。全员签订绩效合约，备案考核结果，严控绩效分级比例。薪酬管理进一步规范，首次开展岗位价值评估，实现岗位绩效工资制度全覆盖。实施全口径工资集中审核发放，监控工资支付行为。年金基金实现安全运营和保值增值，年度收益 7.08%。建设 9 个实训设施项目，组建技能鉴定考评员队伍，充实兼职培训师队伍。执行培训项目 1156 个，培训 6.68 万人次，应用网络大学培训 7.82 万人次。开展首届专业领军、专家后备评选和新一轮优秀专家评选，新增省公司专家 142 人。率先完成“福利项目过程管控体系建设”，并作为典型经验在国家电网公司系统推广。

电网建设与发展 立足优化配置能源、加快清洁发展、保障电网安全，编制完成国网蒙东电力“十三五”电网规划。锡盟—山东特高压交流工程有序建设，“一交两直”工程（蒙西—天津南特高压交流；锡盟—泰州、上海庙—临沂特高压直流）如期核准开工。扎鲁特—青州特高压直流工程及配套电网工程前期工作积极推进。66kV 及以上线路开工 2689km，变电容量开工 510 万 kVA；开工 500kV 岭东等 79 项工程，投产 220kV 开鲁开发区等 22 项工程，电网结构进一步优化。配电网改造步伐加快，“东西帮扶”改造工程圆满完成，2015 年及以前农网工程全部竣工。2015 年新建扩建变电站 43 座，新建改造 10kV 及以上线路 4150km，安装更新配电变压器 2691 台。扎实推进“十个全覆盖”工程，解决了 4.2 万农村用户“低电压”和 2509 户无电人口、14 个边防哨所、3 个连队的通电问题。19 项工程获评国家电网公司优质工程，优质工程率保持 100%。500kV 开鲁变电站获得国家电网公司项目管理流动红旗。5 项工程获得国家电网公司“农网百佳工程”称号。

经营管理 创建“三全五依”法治企业，开展全员普法活动，强化制度落地执行与过程管控，干部员工的法治观念明显增强，决策问法、办事依法、遇事找法、解决问题靠法成为工作习惯。开展依法治企自查自纠，风险防控能力不断提升。增收节支，强化成本管控，严控一般性和非生产性支出，争取帮扶资金15.7亿元，压降成本费用1.34亿元。开展各类审计793项，提出审计建议763条，促进增收节支及核减工程支出6961万元。推进电能替代和节能服务，替代电量7.3亿kWh。财务实时管控能力进一步提高，清理往来款项2.66亿元，土地权证登记完成率92.66%。实现年度采购批次计划刚性管理，成功开展远程异地评标，拓宽框架采购范围，提高了采购效率和规范性。物资库存高效周转，供应及时可靠。全年完成物资类采购28批，金额17.5亿元，节资率18%；非物资类采购19批次，金额30.7亿元，节资率7%。开展计划与预算等专题监测分析，运营监测范围不断扩大，促进了效益和管理提升。集体企业改革改制稳妥推进。翁牛特旗供电公司管理帮扶提升工程成效显著。

安全生产 认真宣贯新《安全生产法》，落实各级人员安全职责，未发生人身安全事件，实现了安全年。全面推进本质安全化建设，实施“一标双控”安全风险管控新模式。科学安排电网运行方式，建立电网安全风险预警预控机制，发布风险预警通知228份。扎实开展迎峰度夏及抗旱保电工作，圆满完成春秋检预试，认真落实电网预控措施，严格执行重点反事故措施，保障了电网稳定运行和电力可靠供应。开展特高压生产准备，运维人员赴山西、湖北公司和设备厂家实践学习。完成34个县公司安全性评价。建成县公司应急指挥中心，实现四级互联互通。成功开展无脚本应急演练，提升了应急处置能力。正式开展呼伦贝尔220kV电网调度业务。圆满完成纪念抗日战争胜利70周年活动等重要保电任务。

营销工作 电力市场快速发展，推广实施电能替代项目728个，推进大用户直接交易，年交易电量81亿kWh、同比增长150%。全面开展业扩报装、电费回收、低压线损等9个营销专业“树标杆、促管理”活动，挖掘管理优秀典型，推动营销基础管理水平整体提升。推行远程自动费控，实现电费催收规范化、欠费停电智能化、费清复电实时化。滚动修订“一户一策”电费回收策略，实现电费足额及时回收。试行“抄催分开”，融合抄表、催费、换表等岗位，集中管控抄核收全过程，有效解决了边远地区严重缺编、抄收质量不高、档案信息不准、台区混乱等现场问题。开展低压线损“两清一降”活动，高损台区减少170个。全力开展营配调贯通，基本实现营业区内高、低压客户全采集、全贯通。完成支付宝、银联交费渠道、手机APP、营销移动作业平台等项目建设。强化计量基础管理，健全国网蒙东电力、盟市、旗县公司三级计量管控体系，依托计量生产调度平台，实现计量生产可视化、实时在线监测。推广用电信息采集，全年安装应用智能电能表149万只，自动抄表核算比率达到93.5%，采集电量占比98%，全面完成“四表合一”项目建设。

科技与信息化 科技与信息化工作呈现良好态势，信息系统运行稳定，设备运行率、业务保障率、信息设备监控率均为100%。完成研究开发项目26个，信息项目118个，项目计划完工率100%。荣获国家电网公司科技成果二等奖1项、三等奖1项，内蒙古自治区科技进步二等奖1项、管理创新成果三等奖1项，湖北省科技进步奖三等奖一项。申请专利76项，其中发明专利40项。开展软硬件资源池扩建及性能优化，完成本地信息系统、数据库、物理机等入池工作，进一步优化提升系统性能。编制完成《国网蒙东电力信息化项目建设实施管控指导手册》，促进了信息化项目建设管理水平的提升。全面总结“十二五”期间的信息化建设成效，结合国网蒙东电力实际，完成“十三五”信息化规划编制工作。建成覆盖四盟（市）公司的10Gbit/s省级骨干传输网，有效提升数据通信网的业务支撑能力和保障能力。

优质服务 创新开展“无投诉供电企业”创建活动。以加强投诉管理为抓手，有效解决服务压力层层衰减、服务意识淡薄、服务能力不强问题，客户回访满意率提升99%以上，营销服务规范率提高5个百分点。完善供电服务机制，拓宽服务渠道。建立国网蒙东电力、盟市、旗县公司三级供电服务分析例会制度，协调解决供电服务突出问题17项。组织供电服务明察暗访，发现和处理供电服务问题6类30个。建成智能互动营业厅试点。累计推广手机APP、95598交费网站、支付宝交费等网上营业厅45万户。提高业扩办理效率，明确精简业扩工作要求，加强发展、运检、调控、营销等专业横向协同，实行“一次性告知”“一证受理”，报装资料种类减少12种，数量减少50%，取消图纸审查、中间检查环节，放开10kV及以下负荷容量，快速响应客户报装需求，业扩办理可控环节时长平均缩短2.7天。圆满完成传统节日和重要时期的保电服务任务。

党的建设和精神文明建设 扎实开展“三严三实”专题教育，坚持问题导向和严实要求，大力整治“不严不实”问题2364项，专题教育成效明显。严肃党的政治纪律和政治规矩，深入学习贯彻《党章》《准则》和《条例》，开展廉政约谈、风险防控和警示教育，“两个责任”和“一岗双责”有效落实，党员干部思想作风进一步改进。制（修）订干部管理制度7项，严格干部个人事项报告及因私出国（境）信息核查，干部监督力度不断加大。开展了“忠诚干净担当”班子创建活动，班子的方向引导作用、科学决策作用、示范带头作用、管理核心作用进一步彰显。联合举办“特高压电网与能源互联”主题高峰论坛，开展全球能源互联网主题宣讲。认真开展“四个一百”创建活动，3支共产党员服务队获“优秀共产党员服务队”称号，2人获“最美国网人”称号，3个单位获“企业文化建设示范点”称号，3个项目获精神文明创新奖。2015年，国网蒙东电力及所属5个单位获国家电网公司文明单位称号，2个单位获国家电网公司先进集体称号，1个集体获内蒙古自治区五一劳动奖状，5个班组获国家电网公司“工人先锋号”称号。2名职工被评为国家电网公司劳动模范，2名职工被评为自治区劳动模范。

主要事件

1月16日，蒙西—天津南1000kV特高压交流输变电工程获得国家发展改革委核准。

3月13日，国网蒙东电力首次获得国家电网公司文明单位荣誉。

3月27日，蒙西—天津南1000kV特高压交流输变电工程开工动员大会在北京召开。这是第4条获得核准开工的国家大气污染防治行动计划重点输电通道，也是以自治区为起点的第二条开工建设的特高压工程。

5月3日，蒙东地区风电当日发电量达10 001万kWh，自国网蒙东电力成立以来首次突破1亿kWh大关。

6月18日，“特高压电网与能源互联”高峰论坛在呼和浩特成功举办。

7月18日，锡盟—山东1000kV特高压交流工程建设现场办公会在锡盟站举行。

10月29日，“中国梦·劳动美”2015年全区送电线路工职业技能比赛落下帷幕，国网蒙东电力包揽了团体赛前八名和个人赛所有奖项。

10月30日，锡盟—江苏泰州特高压直流输电工程项目获得国家发展改革委核准批复。该工程首次将±800kV直流输电容量由800万kW提升到1000万kW，受端换流站采用分层接入500/1000kV交流电网。

11月1日零时，国网蒙东电力调度控制中心正式开展呼伦贝尔220kV电网实时调度运行业务。

12月1日，上海庙—山东临沂特高压直流输电工程项目获得国家能源局核准批复。

12月14日，国网蒙东电力召开干部任免宣布大会。国家电网公司人事董事部副主任李生权宣布国家电网公司党组任免决定，王国春同志任公司总经理、党组副书记，陈连凯同志不再担任公司总经理、党组副书记职务，陈浩同志任公司总会计师，赵洪伟同志不再担任公司总会计师、党组成员职务。

12月15日，大气污染防治行动计划“四交四直”特高压工程全面建设暨“两直”工程开工动员大会在北京召开。此次开工的“两直”特高压工程是以内蒙古为起点的锡盟—泰州、上海庙—山东临沂±800kV特高压直流工程，是纳入国家大气污染防治行动计划的重要外送输电通道项目。

（张　涛）

华　东　地　区

【国家能源局华东监管局】

基本情况　国家能源局华东监管局（简称华东能源监管局）内设综合处、市场监管处、行业监管处、电力安全监管处、资质管理处、稽查处、监察室（机关党委）和安徽业务办公室共8个处室。

领导班子　党组书记、局长潘跃龙；党组成员、巡视员何昌群（2015年11月前任局党组成员、副局长）；党组成员、副局长徐文强；党组成员、副局长杨梦云。

主要工作　2015年，加强简政放权事中事后监管，建立健全闭环监管工作机制；积极推进电力市场化改革，完善华东跨省电能交易平台建设，推进电力用户与发电企业直接交易，启动跨区辅助服务补偿试点；强化电网安全风险管控，深入开展安全监管督查，推动隐患排查治理；加大电力民生保障监管和行政执法力度，维护人民群众合法权益和公共利益；推进电力节能减排，督促企业落实升级改造和达标排放要求；不断完善网上许可监管平台，实现便民、阳光、高效许可。

（1）推进电力市场建设和改革。一是研究电力市场改革思路，完成了推进华东电力市场综合试点工作方案和电力交易机构组建及运行规则研究。二是不断完善华东跨省电能交易平台建设，全年分别实现跨省集中、双边交易电量23亿、25.17亿kWh。三是规范和推进电力用户与发电企业直接交易，安徽省直接交易规模同比翻两番，制定了《安徽省电力用户与发电企业直接交易监管实施办法》。四是在全国率先启动跨区辅助服务补偿试点工作，向家坝水电站为上海电网提供了补偿资金2600多万元。

（2）加强简政放权事中事后监管。一是开展了华东区域电力规划重大问题研究，为“十三五”规划编制建言献策。二是推动地方能源主管部门完善了火电项目优选办法，建立了核准信息共享和协同监管机制。三是开展了淮沪特高压项目运营情况专项监管、上海市在建燃机项目核准建设情况专项督查。四是研究跟进了新机商转、并网安评和安全标准化等审批事项取消后的监管措施。

(3) 强化电力安全监管。一是修订完善了突发事件应急响应、安全信息报送等制度，建立了安全生产履职督查机制。二是建立了风险信息报送、跟踪督查等工作机制，初步实现电网风险管控的常态化和制度化。三是认真组织开展了电力行业安全大检查，电网风险管控、电力工控系统安全防护等专项监管。四是开展了直流输电设备故障分析和应对、辖区发电机组一次调频能力不足、上海电网调峰能力不足等问题的研究和应对工作。

(4) 加强民生保障监管。一是开展了安徽省人民群众满意用电监管、用户受电工程市场秩序专项监管，促进供电服务水平不断提升。二是开展了上海老旧小区和安徽农网改造监管、上海市非居民用户业扩工程定额收费情况调研，督促国家相关政策有效落地。三是积极推进煤电升级改造工作，组织开展了安徽省自备电厂节能减排问题监管。四是加大了违法违规行为的查处力度。全年受理投诉举报案件 210 起，对 10 家企业或个人实施了行政处罚。

(5) 加强电力市场准入监管。一是不断完善许可网上办理平台，进一步完善工作流程，强化内部监督和责任落实。二是强化许可后续监管，开展了电网工程、新建及未核准燃煤发电机组许可制度执行情况专项监管。三是创新开展电力工程领域信用试评价工作，建立了电力工程行业信用评价体系，促进企业依法诚信经营。四是加大电工培训考核和监管力度，研发了“电工移动学习 APP 平台”(电工助手)，提升对电工的服务能力。

【国家能源局江苏监管办公室】

基本情况 国家能源局江苏监管办公室(简称江苏能源监管办)是国家能源局在江苏省设立的派出机构，内设综合处、市场监管处、行业监管处、电力安全监管处、稽查处和资质管理处等 6 个处室。

领导班子 党组书记、专员郑逸萌；党组成员副专员宋宏坤。

主要工作

(1) 专项监管。

1) 电源项目自建送出工程回购专项驻点监管。推动江苏省电力公司与 5 家发电企业签订了送出工程回购协议，回购资金 14.7 亿元，占全国回购资金总额近 1/5；无偿移交资产 1 项，涉及资金 1 亿元；年减少发电企业送出工程线路维护费约 782 万元、线损约 3438 万元。

2) 电力调度交易与市场秩序专项监管。针对电网企业在并网运行考核与辅助服务管理、新建电源接入以及信息披露等方面存在的问题，提出监管意见建议。

3) 电力业务许可制度执行情况专项监管。形成专项监管报告，通报突出问题，对涉及违法违规的企业予以行政处罚。

(2) 问题监管和工作创新。

1) 认真履行安全监管职责。开展电力工程质量专项监管，督查 21 项电力建设工程。开展发电企业燃煤机组超低排放改造安全专项整治行动，确保电网安全运行。组织华电句容电厂等部分电力企业开展机组全停、危化品泄漏和人员中毒事件等“无脚本”应急演练，提高企业应急能力。

2) 持续推进节能减排监管。研发节能减排智能化决策支持系统，在线监测及监管信息系统得到新提升。全省 125MW 及以上燃煤机组 100%完成脱硫脱硝，97%燃煤机组完成除尘设施改造，并接入江苏能源监管在线监控系统。积极开展发电权交易监管，江苏电网全年完成发电权交易电量 287.4 亿 kWh，高效环保大机组的利用效率显著提高，全省统调燃煤机组中 100 万、60 万、30 万 kW 机组分别为 5885、5194、1623h。通过替代发电分别减少二氧化硫、氮氧化物、二氧化碳排放 2.87 万、3.6 万、368 万 t，节约标准煤 142.8 万 t，节约燃料成本 7.9 亿元。

3) 强化市场准入与行政执法。进一步提高行政许可服务效率，截至 2015 年底共发放输供电业务许可证 66 张、发电业务许可证 539 张、承装(修、试)电力设施许可证 971 张、电工证 310 091 张。依法依规开展稽查工作，全年对 14 家企业负责人进行诫勉约谈；对 11 家电力企业给予行政处罚，吊销施工企业承装(修、试)电力设施许可证 3 家，有力维护电力建设市场秩序。

(3) 监管服务。

1) 扩大电力直接交易试点规模。年直接交易电量从 95 亿 kWh 扩大至 220 亿 kWh，共 25 家发电企业和 379 个电力用户参与大用户直购电，全年直接交易电量 217 亿 kWh，同比增长 128.4%，平均电价下降 2.8 分/kWh，年减少电费支出 6.1 亿元以上。

2) 当好政府参谋助手。全年先后就江苏自备电厂运营情况、江苏电力企业财务经营情况、电力企业节能减排、深化电力体制改革等方面情况向省政府形成专报，提出监管意见，省政府对此给予充分肯定，多次批示相关部门进行重点研究并落实措施方案。

【国家能源局浙江监管办公室】

基本情况 国家能源局浙江监管办公室（简称浙江能源监管办）内设综合处、市场监管处、行业监管处、电力安全监管处、资质管理处、稽查处。

领导班子 党组成员、副专员周志明（主持工作）；党组成员、综合处处长郭昌林。

主要工作

（1）电力安全监管。网源安全监管、电力工程建设安全监管、电力工程质量监管、电力系统工控和信息安全监管，已经实现全覆盖。开展了春季安全生产大检查。约谈了两起事故6家单位主要负责人。与有关单位联合组织了宁波市大面积停电应急演练。完成了电力工控系统安全防护、电力工程质量、电力建设工程落实施工方案、“六打六治”打非治违等专项监管。

（2）市场监管。开展了“三公调度及市场交易秩序”“光伏、风电等可再生能源补贴资金和全额收购有关政策执行情况”专项监管。建立了厂网（生产）调度月度例会制度。研究提出电力调峰和辅助服务市场机制建设的思路和框架，完成跨省区辅助服务市场化建设试点。参与电力直接交易扩大试点，开展了发电企业集中竞价、购售电双方交易配对结果监管。

（3）行业监管。开展了浙江省电力项目审批简政放权落实情况专项监管、浙江省非统调发电项目规划、接入系统工程建设情况专项监管。开展了《电力等能源规划、计划、产业政策和重大项目监管问题研究》，对浙江省“十三五”电力规划的编制提出意见。协调解决了实行“两部制”电价企业报停用电期间其屋顶光伏发电无法上网的问题等。

（4）稽查和电力普遍服务监管。开展了用户受电工程市场秩序驻点专项监管。开展了2014年迎峰度夏保障居民生活用电专项监管发现问题整改情况的核查。加强对12398能源监管热线管理，认真处理电力投诉举报事项，依法严肃查处违法违规行为。

（5）资质许可和管理。开展了110kV及以上在建电网工程执行许可制度情况驻点专项监管和2015年燃煤发电机组执行电力业务许可制度情况专项监管。取消了超越法律法规依据的资质许可有关管理制度和流程。开展了未持证发电企业非法经营整治和电力业务许可证环保标注。

【国家能源局福建监管办公室】

基本情况 国家能源局福建监管办公室（简称福建能源监管办）是国家能源局派驻福建、对能源行业实施统一的专业化监管的正局级管理机构。内设综合处、市场监管处、行业监管处、电力安全监管处、资质管理处、稽查处6个处。

领导班子 党组书记、专员邱水录；党组成员、副专员朱文毅。

主要工作

（1）电力安全监管。

1）开展专项监管。主要开展电力监控系统安全防护专项监管、电力建设工程落实施工方案专项和工程质量专项监管、电网安全风险管控专项监管等。

2）开展电力安全综合督查。做好全国第一届青运会等重要活动保电工作。开展电力安全生产大检查和专项整治。

3）做好防台防汛工作。做好“苏迪罗”等强台风袭击福建电网的应急响应和抗灾救灾工作。开展防汛专项督查。

4）加强安全宣教。做好安全生产法规的宣贯，组织开展安全生产月活动。对典型电力安全事件进行责任分析并通报。

（2）市场监管。

1）推进电力直接交易工作。两批直接交易电量规模首次突破100亿kWh，准入市场主体全面覆盖10kV及以上电压等级电力用户和30万kW及以上公用燃煤火电机组。

2）推进电力体制改革相关工作。向省政府专题提交《关于福建省电力改革与发展若干重大问题报告》；参与起草福建省电力体制改革试点工作方案。

3）开展专项重点监管检查。主要开展调度交易与市场秩序、用户受电工程市场秩序、供电监管、输配电成本、许可制度执行情况等专项监管检查并督促落实整改。

4）有针对性地开展问题监管。修订电厂并网考核和辅助服务补偿实施细则；协调厂网电费结算矛盾、并网接入系统改造问题；督促电网企业履行电厂送出工程回购协议；配套出台新建住宅小区供配电设施建设物资目录；持续治理“三指定”违规行为。

（3）电力行业规划、政策和项目执行情况监管。

1）加强电力规划监管。参与电力发展规划的评估、编制；形成《关于“十三五”福建电力规划若干问题的报告》并报省政府。

2）加强电力项目核准和建设情况监管。开展火电项目优选及火电建设规划实施方案全过程监管；参与项目前期工作，督促推进闽粤电网联网工程前期工作；开展风电项目配套送出工程建设情况重点问题监管和监管普查。

3）加强电力行业节能减排情况监管。制定煤电节能减排监管工作方案；对落实煤电节能减排升级与改造行动计划开展专项监管和督查；督促落实可再生能源发电全额保障性收购政策。

（4）资质许可。2015年，共完成1家供电企业、52家发电企业、17家承装（修、试）企业许可证核发工作；完成进网作业电工新证核发10 357人；完成新建能源工程备案72家。至2015年底，福建省共有输供电企业79家、发电企业1386家、承装（修、试）企业259家，电工总数120045人，新建能源备案164家。

（5）行政执法。2015年，12398热线共收到投诉举报和有效咨询信息1369件，其中，投诉举报87件，有效咨询事项1282件，办结率100%。先后对9起电力违法违规案件进行调查核实并责令限期整改；对1家电力违法违规单位进行行政处罚，罚款金额3万元；对3起电力纠纷进行调解；对7家市县供电企业负责人、10家施工企业负责人进行约谈，维护市场主体合法权益。

【国网上海市电力公司】

企业概况 国网上海市电力公司（简称国网上海电力）隶属于国家电网公司，是从事上海地区电力输、配、售的特大型企业，统一调度上海电网，参与制定、实施上海电力、电网发展规划和农村电气化等工作，并对全市的安全用电、节约用电进行监督和指导。国网上海市电力公司管辖的上海电网位于长江三角洲的东南前缘，北靠长江，东临东海，与江苏、浙江两省接壤。供电营业区覆盖整个上海市行政区。

2015年，全面完成了电网发展、经营管理、优质服务等全年各项任务目标，多项工作实现重大突破。迎峰度夏“攻坚战”取得胜利，特高压等重大工程攻坚推进，经营效益继续保持稳健增长，12345市民热线考核成绩优秀并获第一名，超额高标准完成122万户政府实事工程老旧小区电能表前设施改造任务。创新成果、先进表彰数量为历年最多，创造了多个率先和多个第一。

组织机构 截至2015年底，国网上海电力下设23个部门，直接管理24家单位、职工14095人，其中包括11家地市级供电公司以及检修公司、信通公司等13家专业公司；代管单位1家。服务客户993.4万户，供电区域包括整个上海市行政区。

电网概况 上海电网已形成“四交四直”特高压和500kV跨区电网组成的市外来电主通道，500kV电网建成双环网和南外半环，通过1000kV练塘变电站和500kV徐行、黄渡、三林变电站与华东主网连接，又通过宜华、葛沪、林枫3回500kV直流线路及1回复奉800kV直流线路同华中电网相连。220kV电网是上海电网主要供电网络，已实现杨行、徐行、亭卫、远东等13个分区运行。城市综合电压合格率99.998%，供电可靠性99.984%。

电网建设和发展 编制完成2040上海城市总体规划电力专项规划和“十三五”国网上海电力、电网发展规划，制定2015～2020年配电网建设改造实施方案。在全国率先开展全网全电压等级规划环评，完成35kV及以上输变电项目核准84项。

2015年上海电网建设任务全面完成，投产110（66）kV及以上交流线路374km、变电容量885万kVA。新开工110（66）kV及以上交流线路1047km、变电容量1669万kVA。淮南—南京—上海特高压交流工程按计划推进。500kV虹杨输变电工程成为全市安全文明施工典范。140项迎峰工程按期建成。完成12座110kV轨交站点双侧电源改造。前两批新增城农网改造工程项目全面开工。建成浦东核心区现代配电网示范区。东海风电二期工程顺利投运。深化智能变电站模块化建设试点，研制快速组合跨越架、移动升降跨越车，率先实现高跨低越机械化施工。

安全生产 全面实现年度安全工作目标。贯彻落实新《安全生产法》，进一步强化了各级安全保证体系和监督体系的责任落实。开展安全大检查和缺陷隐患整治，完成问题整治338项，消除特高压练塘站高抗套管漏油重大隐患。推进安全管理提升、应急体系完善、风险质量管控，落实公共场所电力安全预控方案，开展应急演练239次，“全面风险质量管控手册”荣获国家安全生产科技成果二等奖。完善区域联防机制和跨省电能置换机制，强化电网运行安排和设备运维保障，经受住了三大特高压直流满功率送电和500kV主网解环运行26天考验。积极应对台风、高温等恶劣天气，打赢了迎峰度夏“攻坚战”，用电负荷创2982万kW的历史新高。完成花滑世锦赛、抗日战争胜利70周年纪念活动等70余项重大保电任务。

优质服务 开展“服务民生、电靓申城”主题活动。推出O2O营销服务、电费充值卡等新举措，网上营业厅用户数突破400万，率先开展需求响应试点。为中小微企业等各类用户提供“一站式”业扩报装服务，平均接电时间同比下降40%。一级重要用户全部实现“双电源”。“零距离”服务自贸区、迪士尼等重要区域及重大项目。安全优质高效实施市政府实事工程，超计划完成老旧小区电能表前设施改造122万户。全覆盖开展供电服务专项整治行动和业扩回访，诉求处理及时率、客户满意率进一步提高，抢修投诉量同比下降14%。蝉联“上海市用户满意企业”，1人获评国家电网公司“十佳服务之星”，2人获评“优秀服务之星”。配合上海市政府出台充换电设施、港口岸电支持政策，完成电能替代项目1410个、替代电量29.37亿kWh。累计建成充换电站27座、充电桩2160个；完成居民充电桩接电1.25万户，增长7.6倍；新增和改造电锅（窑）炉572台。新装智能电能表110万只，用电采集累计覆盖988.71万户，完成5400户水、电、煤“三表合抄”推广应用。积极服务节能减排，全年实现节约电量6.81亿kWh，成功承接拥有亚洲最大区域供能和上海最大水蓄冷设备的虹桥商务核心区一期区域供能中心项目。配合政府建立道路和公共区域照明长效管理机制。

科技与信息化

（1）科技创新。制定全球能源互联网上海行动方案，编制参与上海科创中心建设行动计划，广泛开展宣讲和主题传播。131 个研究课题（含 38 个总部课题）全面完成。攻克了统一潮流控制器（UPFC）关键技术难题，并顺利通过中国电机工程协会组织的鉴定。获上海市和国家电网公司科技奖项 20 项、管理创新奖 58 项。获专利授权 206 项。首次国内主导制定 IEC TC14 国际标准“变压器直流偏磁抑制装置技术导则”。110kV 鹤墙新一代智能变电站建成投运。“城市电网输配一体化规划与运行技术科技攻关团队”获国家电网公司命名。24 项职工创新成果获上海市优秀发明奖，2 人获评“上海市十大工人发明家”。

（2）信息化建设。首批通过国家工信部“两化融合”管理体系评定和国家电网公司“领先型”资产全寿命周期管理体系验收、信息化企业现场评价。推动公司级共享数据中心建设。率先实现 PMS2.0 单轨制运行和企业级大数据平台试运行。完成信息系统自动化监测、网络与信息系统典型预案库编制等多个专项试点工作。

党的建设和精神文明建设

（1）切实加强党的建设。认真落实中央加强党的建设各项部署，深入开展“三严三实”专题教育，以上率下，坚持问题导向，全面整改“不严不实”问题。严格落实党建工作责任制，坚持党建载体创新，深入推进“两带三先”“两级联创”、党员服务队竞赛活动，深化服务型党组织建设，丰富“三会一课”形式内容。细化落实“两个责任”和“一岗双责”，梳理领导干部权力清单 1337 项。学习贯彻《党章》《准则》《条例》，开展“互联网＋”反腐教育，党员干部思想作风明显改进。探索网格化管理体系，深化重点领域协同监督，开展廉政风险防控和关联业务合规性排查，切实防范风险。

（2）加强优秀企业文化建设。强化以德育企，全面开展“两个共同”主题活动，教育引导全体干部员工自觉践行社会主义核心价值观和国家电网公司核心价值观，营造见贤思齐、崇德向善氛围。未发生不稳定事件、重大负面舆情和失泄密事件。帮助解决了 430 名青年员工住宿困难等基层急、难、愁问题，认真落实离退休老同志政治生活待遇。国网上海电力 2 家基层单位获全国文明单位称号、28 家获得上海市文明单位称号，共有 15 人、15 个集体分别获评全国、中央企业、上海市、国家电网公司劳模和先进集体称号。在国家电网公司各类评比中，青年创新创意大赛获得 1 金 4 银 2 铜，入选最美国网人和道德先进典型 3 人。

主要事件

1 月 10 日，国网上海电力在上海安亭汽车博览公园启动电动汽车“京沪行”活动，4 天亲身体验上海、江苏、山东、河北、天津、北京等六省市的国内首个高速公路跨城快充网络服务，行程 1262km。

2 月 1 日，国内目前最大顶管口径的电力隧道——潘广路—逸仙路电力隧道开始顶管施工，隧道管材采用外径 4140mm、内径 3500mm 的钢筋混凝土管。

2 月 12 日，国网上海电力建成国内首个电网工程数字化移交管理平台，为电网工程建设管理模式转变、实现电网全寿命周期数字化管理打下坚实基础。

3 月 26 日，国家 863 计划课题“电动汽车智能充放储一体化电站系统及工程示范”顺利通过国家科技部组织的技术验收。

4 月 7 日，通过采用微创式手术施工方式，国网上海电力首个 220kV 老站、超过 30 年“工龄”的长春站完成全站改造。

6 月 4 日，国网上海电力自主开发建设的电能绿色管理平台投运，可实现上海地区上网电网全过程绿色评估。

9 月 10 日，上海市目前规模最大的电动公交充电站——金高路公交充电站建成投运。该充电站整站配电容量为 1.5 万 kVA，配置 6 台 2500kVA 变压器，125 台 75kW 直流充电机，可为 258 辆电动公交提供充电服务。

12 月 30 日，《上海市供用电条例》由上海市第十四届人大常委会第二十六次会议全票表决通过，于 2016 年 6 月 1 日起实施。

【国网江苏省电力公司】

企业概况 国网江苏省电力公司（简称国网江苏电力）隶属于国家电网公司，从事江苏省境内电网建设、运行与管理，经营江苏电力销售业务。2015 年，国网江苏电力辖 13 个市、51 个县（市）供电公司及 20 余个科研、检修、施工等单位，服务江苏省 3800 多万电力客户。现有职工约 3.9 万人，农电工约 4.3 万人。拥有 35kV 及以上变电站 2993 座、输电线路 8.8 万 km，变电容量 43 416 万 kVA，电网发输电规模超过英国、意大利等国家。电压合格率、电网抵御风险的能力达到国际先进水平。江苏电网已进入特高压、大电网、高负荷时代。

2015 年，江苏省全社会用电量 5115 亿 kWh，增长 2.04%。调度口径用电最高负荷 8480 万 kW，增长 3.34%。完成售电量 4364 亿 kWh，增长 2.35%；完成固定资产投资 329 亿元；投产 110～500kV 线路 2841km、变电容量 2198 万 kVA；线损率 4.28%，同比下降 0.31 个百分点。囊括国家电网公司同业对标“综合标杆”“业绩标杆”“管理标杆” 3 项第一。获得 9 项“专业管理标杆”，其中 6 项位列第一。获得国家电网公司企业负责人业绩考核A级第一名。

领导班子

总经理、党委副书记：尹积军

党委书记、副总经理：胡玉海（2015年11月27日调任）

党委书记、副总经理：石华军（2015年11月27日任职）

纪委书记、党委委员：甘和全

副总经理、党委委员：潘震东（2015年7月22日到龄免职）

副总经理、党委委员：李作锋

副总经理、党委委员，南京供电公司总经理（兼）党委副书记：李斌（2015年7月22日任职）

副总经理、党委委员：张龙

工会主席、党委委员：黄志高

副总经理、党委委员，苏州供电公司总经理（兼）、党委副书记：韩冰

总会计师、党委委员：刘岳华（2015年11月27日调任）

副总经理、党委委员：陈庆

副总经理、党委委员：夏勇

总工程师：陈刚

总会计师：王小兵（2015年11月27日任职）

组织机构 2015年末，国网江苏电力本部设有22个职能部室：办公室、发展策划部、财务资产部、安全监察质量部（保卫部）、运维检修部、营销部（农电工作部）、科技信通部（智能电网办公室）、建设部、物资部（招投标管理中心）、对外联络部（品牌建设中心）、审计部、经济法律部（体改办）、人力资源部（社保中心）、离退休工作部、后勤工作部、思想政治工作部（直属党委办公室、团委）、监察部（纪委办公室）、电力调度控制中心、运营监测（控）中心、电力交易中心、工会和企协分会。下辖13个地级市供电公司、51个县级供电公司及13个业务支撑实施单位。

电网概况 江苏电网地处华东电网腹部，东联上海、南邻浙江、西接安徽。现由10条500kV省际联络线分别与上海、浙江、安徽相联，3条500kV线路与山西阳城电厂相联，1条500kV直流线路与三峡水电站相联，1条800kV特高压直流线路与四川锦屏水电站相联。500kV电网已成为江苏电网的骨干网架，担负着区域及省际电力交换、大型主力电源接入及重要城市供电、地区电网主要电源支撑的作用。江苏电网形成了“北电南送、西电东送”的格局及“六纵五横”的500kV网架结构。

截至2015年末，江苏共有调度电厂551座、机组6283台（其中风电机组2195台），总装机容量9240万kW，其中火电机组8108万kW，核电机组200万kW，抽水蓄能机组110万kW，风力发电机组400.26万kW，太阳能发电机组296万kW。接入220kV及以下电网装机容量4149.1万kW，接入500kV电网装机容量3533万kW。

人力资源

（1）员工队伍建设。3名员工当选国家和省部级专家人才，55人当选国家电网公司优秀人才，217人入选国家电网公司专家人才后备。安排28名交流时间长或有实际困难的处级干部回家庭所在地或附近单位工作。组织400余名处级干部、30名青年干部和60名年轻骨干集中培训。试点开展通用管理及3个专业的胜任力模型建设和管理能力培训。

（2）组织体系运转。上收4项干部管理要求，下放4项干部管理权限。修订生产一线核心班组长和农电所长、农电班组长相关管理办法。试点优化220kV输变电运检化管理模式，规范集体和农电管理。推进职务与职员常态化转任机制，修订职员职级管理办法，76名处级干部自愿申请转任职员，3名二级职员转任职务序列。加强员工退出岗位管理，清退、待岗等处分11人。基本完成集体企业劳务派遣用工规范管理工作，建立人员配置“一本账”。持续优化毕业生招聘策略，主业职工在连续15年负增长后首度实现正增长。

（3）薪酬福利管理。实施岗位绩效工资制，实行工资集中审核发放。增加同岗位处级人员之间的分配差距，减少年薪档次。加大“二次分配”力度，同类（同岗位）人员分配差距达到10%～20%。构建“能力”付薪机制，出台《各级各类人才待遇管理细则》，开展“兼岗待遇”和“一岗多能”试点。

（4）考核激励。设置电子绩效看板，公示各单位季度考核结果及考核依据。推行一线员工工作积分制。编制绩效经理人手册。开展人力资源专项审计，查找、诊断各单位专业管理存在问题172项。建立问题管理数据库，实施销号闭环管理，修订人力资源管理办法33项，截至2015年末相关问题已整改到位。

电网建设与发展

（1）基本建成“一强三优”现代公司。落实排头兵战略，制定涵盖特征内容、驱动因素、关键指标、支撑指标四个层级，64项关键指标、165项支撑指标的定量评价体系。落实月度监测、季度总结、专项调研等工作举措，全方位、全过程掌控目标完成进度。围绕评价体系，开展自评价，各项指标均达到预期值，国网江苏电力实现“三步走”规划第一步。

（2）加快电网发展步伐。探索全球能源互联网战略落地举措，落实国家电网公司与省政府战略合作框架协议，制定行动计划，加快特高压和坚强智能电网

建设。构建世界一流电网建设指标体系和评价标准。编制完成“十三五”电网发展规划，开展“江苏电网区外来电接纳能力”等专题研究。编制省政府版《江苏省“十三五”电网规划》，完成“十三五”电网规划输电网项目固化工作。完成江苏2018～2022年输电网规划研究、2018年电网系统设计和2017年迎峰度夏项目论证工作。实施地县一体化规划，推行县域配电网规划市县“双经理制”。创新应用单元制规划法，指导配网项目设计和建设。确定主动配电网规划建设等5项重点内容。

（3）完成年度建设任务。特高压交流北环工程南京站及泰州站电气安装结束，完成陆上线路工程建设（除大跨越）；特高压直流晋苏工程南京换流站交付土建施工；锡泰工程泰州换流站场平完成，工程进度适度超前国家电网公司里程碑计划。拥有自主知识产权、代表世界柔性交流输电最先进的南京西环网UPFC（统一潮流控制器）工程建成投运。投产110～500kV输变电工程211项，线路2841km、变电容量2198万kVA，81项2015年迎峰度夏重点工程全部按期投运，86项2016年迎峰度夏项目进展有序，开工建设19项农网升级改造工程，清理完成113项历年遗留工程。

经营管理

（1）完善“三集五大”体系。调整大检修、大建设业务管理范畴，优化市县财务机构设置，规范营销培训中心、职训基地管理关系。建成市县农电公司综合业务管控中心。优化完善“五位一体”协同机制，精益化管理路径初步确立。完成市县层面集体企业改制任务，编制集体企业发展规划，建立首家省级集体企业运营监测服务中心。完成国家两次煤电联动电价调整，平稳实施季节性尖峰电价政策。企业年金投资收益11.11%，创历史新高。国内首个电网物资柔性检测系统高效运行，检测率提升3倍以上。建成计划预算、配电网运营在线监测分析系统。开展非指标性电力交易，节省购电成本2.34亿元。

（2）“依法治企年”活动。开展法治企业理论和指标体系研究，在基层单位试点中取得实效。建立重点督办、考核评价等7项工作机制，3100余个“依法治企年”活动重点项目基本完成。初步构建省市县三级“问题库”。开展依法治企自查自纠，高质量完成迎审配合和问题整改等工作。发挥审计、财务、法律、监察、运营监测等部门监督作用，加强工程建设、营销农电等领域监督。

（3）创新工作取得成效。制定国网江苏电力《关于进一步加强创新管理的意见》及年度18项重点任务。2015年获得全国管理创新一等奖1项、国家电网公司一等奖1项、电力行业一等奖2项、江苏省一等奖17项。质量管理小组活动广泛开展，涌现国家级成果27项，国家电网公司级成果9项，省级成果149项。

安全生产

（1）安全生产保持良好局面。开展安全管理提升和九项主题安全活动，整改隐患1.3万余项。特高压直流满功率安全运行155天。加强设备巡视，应用带电检测、在线监测手段开展设备诊断分析，发现并处置5起主设备缺陷隐患。完成220kV及以上防污闪治理103项。设立违章“曝光台”，应用移动安全监察系统，安全监督手段进一步健全。全部完成县级公司安全性评价。建成资产全寿命周期管理“领先型”体系。推进安全实训基地建设，开发3D安全技能仿真培训系统。开展电力安装施工、电工电气制造集体企业安全性评价。

（2）保障电网设备安全。有效应对高温、台风、暴雨等恶劣天气影响，确保迎峰度夏安全可靠供电。完成苏州世乒赛、无锡世界佛教论坛等重大活动保电任务。重视电网风险管控工作，保障了特高压跨越施工等2项三级风险预警、145项五级及以上风险预警期间电网安全运行。加大电力设施保护力度，全年220kV及以上外力破坏事件同比下降28.6%，完成210座变电站反恐治安隐患整治。

（3）确保生产经营作业安全。修订《工作票制度补充规定》，出台高压开关柜检修作业重点安全措施。强化特高压施工全过程安全管理，建立“五位一体”特高压安全监督协同体系。制定《低压带电作业安全工作规范》。严格推行41项业务外包规章制度，开发外包安全测试和移动应用系统，组织2.8万人次外包人员安全测试。推进“互联网+”信息安全防护体系、电网工控系统安全控制等前沿技术研究和标准化建设，完成全省重要客户安全性评价工作。规范集体企业安全管理。

营销工作

（1）提高营业管理水平。简化业扩报装流程，高压和居民客户平均接电周期分别缩短5个和0.37个工作日。开展“电费创新年”专项活动，推广远程费控、电子化交费、微信公众号、支付宝服务窗等业务。开展台区线损异常专项排查整治，全省低压台区线损合格率达到98.6%，减少低压电量损失5亿kWh。

（2）做好基础技术支撑。保持用采系统和智能电能表全覆盖。开展计量施工质量“回头看”，梳理排查隐患缺陷221 403处。推进隐患治理和计量装置改造，2015年完成计量箱改造20.5万只、169万户。扩大试点宽带载波技术，开展水电气三表一体化采集。基本完成全口径客户基础档案核查。完成营业网点、分布式电源等营销资源数据采录及GIS沿布。实现营配调系统信息集成。

（3）开展需求侧管理。实践全负荷管理理念，创建需求响应机制，2015年夏季成功实施国内首次电力需求响应和非工空调实战调控，转移和削减尖峰负荷188.7万kW、空调负荷14万kW。对全省5.6万大工业用户平稳实施季节性尖峰电价政策，移峰成效显著。尖峰电价收入3200万元全部用于补贴电力需求响应用户。

（4）提升农电管理水平。完成农网升级改造工程。开展“农网作业安全管理提升”，完成县供电企业和乡镇供电所“两个提升”工程。优化完善农电组织机构，初步建成市县农电公司综合业务管控中心。

科技与信息化

（1）推进科技创新。开展科技成果培育行动，健全青年创新人才激励培育机制。2015年获得省部级科技奖励33项，其中首获江苏省科技进步一等奖；申请专利1268件，获授权694件，获得国家级优秀专利奖一项。科研能力建设进一步提升，电科院智能变电站实验室升级为国家电网公司重点实验室。申报的2016年国家电网公司科技指南项目数量创历史最好成绩，在国家电网公司系统保持领先。

（2）信息通信支撑能力建设。开展信息化企业登高行动、智能宽带通信网提优行动。大云物移新技术应用，大数据在负荷预测、配网运行分析、用电服务等实现重点突破。移动平台在国家电网公司系统全面推广。开展配用电终端接入网混合组网研究，试点电力无线4G技术应用。完成全省新一代骨干通信网络、全省行政语音交换平台等一批重点建设任务，省骨干传输网带宽从27Gbit/s提高到400Gbit/s，光缆长度增加近3万km，解决了全省1163所供电所通信网络“卡脖子”问题。

优质服务

（1）创新服务质量。开展“智能互动心服务，省心省钱绿色电”优质服务主题活动。构建智能互动服务体系。微信绑定户数超过500万。实现省内异地交费。实现停电信息自动推送，累计微信推送133.6万户次，APP推送2.2万户次。完成全省26万高压客户“电力一点通”手机APP绑定应用。

（2）建设智能用电小区。全省建设13个智能用电示范小区，试点应用1.7万只智能插座，实现智能小区用户1万户。推出智能用电APP，开展能效分析，优化家庭用电方式。在新建居民小区布设835个充电桩。

（3）实现电能替代。研发国内首套全系列船舶岸电系统，建成高低压及小容量岸电系统3366套，实现江河湖海岸电全覆盖。推广电锅炉（窑炉）2671台。完成电能替代项目1712项，增售电量80.5亿kWh。建成电动汽车充电桩175座，服务纯电动汽车380余辆，累计充电922万kWh，行驶里程达786万km。有效支撑国家电网公司客户服务中心南方园区正常运营。

党的建设和精神文明建设

（1）开展“三严三实”专题教育。落实专题教育工作部署要求，领导干部带头讲党课606场次，专题学习研讨394场次。督促指导2300多个基层党组织和3.5万余名党员召开专题民主生活会，开展民主评议党员工作，全面整改“不严不实”问题，确保规定动作做到位、自选动作有特色。

（2）“四个一百”活动取得成效。开展“寻找最美身边党员”主题活动，选树宣传“苏电排头兵·岗位之星”，组织全省130支队伍开展党员服务队竞赛。命名首批8个企业文化建设示范点。4支共产党员服务队被授予“国家电网优秀（金牌）共产党员服务队”称号，3位个人被授予“最美国网人”称号，3家单位成为“国家电网公司企业文化建设示范点”、3个项目获评“国家电网公司精神文明建设创新奖（2012～2014年度）”，另有1支共产党员服务队、1家单位、1个项目获提名奖，获奖数量位居国家电网公司系统前列。

（3）强化“两个责任”落实。印发《落实党风廉政建设党委主体责任和纪委监督责任清单》，明确各级党委的5大项26个小项的主体责任和各级纪委4大项18小项的监督责任，形成“报告—巡查—考核—追责”的督查机制。组织3轮次对9家基层单位开展“两个责任”落实情况以及党风廉政建设任务完成情况巡查。以“红线教育”为主线，打造网站、微信、电子杂志、教育基地“四位一体”廉政教育平台。

（4）推进价值理念知行合一。编制国网江苏电力《“十三五”企业文化建设实施意见》，制订《全面践行公司价值理念的实施意见》。开展农电工思想动态调研，逐步完善分析管理机制。举办“特高压 奉献绿色电”等各类道德讲堂756次，受众45 000余人次。国网江苏电力和13家地市供电公司全部创成全国文明单位。

（5）职工建功助力公司发展。开展“树特高压精品工程，建世界一流电网”主题等20项竞赛活动。全年实施301个群众性技术创新项目，其中15个项目分别获得国家电网公司、中电联、全国能源化学系统职工技术创新优秀成果。培育和选树先进典型，有4名员工当选全国劳模，8名员工当选国家电网公司劳模，7名员工被授予省“五一劳动奖章”，3个单位获省“五一劳动奖状”，19个集体被授予省“工人先锋号”。推进班组精益管理，巩固班组减负成效，10个班组被国家电网公司表彰为先进班组（工人先锋号）。

（6）推进青年素质提升。开展青年创新创意大赛，2个项目获国家电网公司青年创新创意大赛金奖。评选表彰杰出（优秀）青年岗位能手，开展青年竞技园地挑战赛、“青春光明行”志愿服务、微课展示秀等主题活动。完成入职十年青年现状调研，了解青年群体特征和需求。“电爱心灯”志愿服务项目在全国第二届志愿服务大赛上获得金奖。

（7）实施高端输出品牌价值。2015年在新华社、《人民日报》、中央电视台三大中央权威媒体发稿663篇，其中新华社国内动态清样及内参3篇，央视新闻联播7篇，人民日报头版及通讯5篇；在中国电力报、国家电网报头版头条发稿15篇。社会责任管理融入绩效管理的典型做法被《中央企业“十三五”社会责任战略规划研究》课题成果收录；举办以“责任电靓美好生活”为主题的最佳履责实践发布会，集中发布8个社会责任典型根植项目成果。公众微信号荣获“2015年度中国企业新媒体品牌创新奖”。

主要事件

1月7日，国务院表彰了第三次全国经济普查中涌现出的先进集体，国网江苏电力作为全国电力行业唯一一家获此殊荣的单位榜上有名，荣获先进集体称号。

2月6日，国网江苏电力接受中国电力企业联合会“两化融合”（信息化和工业化深度融合）管理体系现场审核，并顺利通过。

3月1日，中国文明网发布《关于表彰第四届全国文明城市（区）、文明村镇、文明单位的决定》，国网江苏电力新增6家全国文明单位，苏州、南通、盐城、淮安、宿迁和连云港供电公司获此殊荣。至此，国网江苏电力和13家地市供电公司全部创成全国文明单位。

3月6日，“3·5”学雷锋日前夕，中宣部公布了第一批50名全国岗位学雷锋标兵，国网苏州供电公司员工韩克勤榜上有名。

3月18日，国网江苏电力举行“智能互动心服务省心省钱绿色电”优质服务主题活动启动暨服务地方经济社会发展白皮书发布会。

4月10日，由国网江苏电力承担的国家863计划课题“高渗透率间歇性能源的区域电网关键技术研究和示范”顺利通过国家科技部专家组的技术验收。

5月21日，国网江苏电力检修分公司采用绝缘斗臂车作业法，成功地完成了对三峡电站向华东电网输送电能的主要通道之一——±500kV龙政线的带电消缺作业，为迎峰度夏期间三峡来电主通道的安全平稳运行提供了保障。这是国内首次利用带电作业车对超高压直流线路进行消缺作业。

6月10日，国家发展改革委核准晋北—江苏南京±800kV特高压直流输电工程，标志着工程可正式进入建设阶段。该工程是纳入国家大气污染防治行动计划的重点输电通道，将全面采用我国自主研发的特高压直流输电技术和装备。

6月30日，江苏省首个由地方财政补贴的船用高压岸电工程在连云港建成投运。这是国内首个具有电能质量监测功能的船用高压岸电系统，每年可实现替代电量120万kWh，减少二氧化碳等污染物排放2100t以上。

7月29日，全国最大的水上光伏发电基地，位于江苏兴化李中镇黄坯村的华电（兴化）太阳能发电项目总发电量突破10亿kWh。该项目总投资50亿元，占水产养殖面积600亩，总装机容量为500MW，平均年发电量为6.2亿kWh，可节约标煤1.85万t，减少二氧化碳排放量约4.52万t。

8月5日13时10分，江苏电网调度最高用电负荷达到8480万kW，又一次刷新纪录，较2014年最高值的8206万kW增长了3.34%，这已是2015年第三次创新高。

9月16日15时10分，±800kV特高压直流锦苏线4172号塔上，国网江苏电力检修分公司2名等电位作业人员成功带电消除了一处足以影响线路安全稳定运行的缺陷。这是江苏省首次开展国际最高电压等级直流特高压的带电作业。

12月2日，在国家电网公司和中国能源化学工会、中国电力企业联合会举行的职工技术创新成果评选中，国网江苏电力系统共有15项成果获表彰，其中一等奖4个、二等奖8个、三等奖3个。在国家电网公司系统中获奖等级和获奖数量均居第一。

12月3日，国网江苏电力“电爱心灯 与爱同行”项目荣获全国第二届志愿服务大赛金奖。

12月10日，国网江苏电力召开干部任免宣布大会。石华军任国网江苏省电力公司党委书记、副总经理，胡玉海不再担任国网江苏省电力公司党委书记、副总经理（另有任用），王小兵任国网江苏省电力公司总会计师，刘岳华不再担任国网江苏省电力公司党委委员、总会计师（另有任用）。

12月11日，国网江苏电力作为“资产全寿命周期管理体系深化应用”首批单位，高水平通过了国家电网公司资产管理体系“领先型”评价验收。

12月11日，国家电网公司重大科技示范工程、江苏南京220kV西环网UPFC（统一潮流控制器）工程顺利投运。这是中国首个自主知识产权的UPFC工程，也是国际上首个使用模块化多电平换流（MMC）

技术的UPFC工程。

12月15日，锡盟—江苏泰州±800kV特高压直流输电工程正式开工建设。该工程途经内蒙古、河北、天津、山东、江苏5省（区、市），新建锡盟、泰州2座换流站，换流容量2000万kW，线路全长1620km，工程投资254亿元，于2015年10月获得国家发展改革委核准，计划于2017年建成投运。

（缪莉庆）

【国网浙江省电力公司】

企业概况 国网浙江省电力公司（简称国网浙江电力）是国家电网公司的全资子公司，负责浙江电网的建设、运行、管理和经营，为浙江省经济社会发展和人民生活提供电力供应和服务，总用电户数达2557.52万户。

2015年，国网浙江电力完成固定资产投资382.8亿元，其中电网投资378.9亿元；售电量3086亿kWh、增长1.35%。国网浙江电力对标综合评价、业绩考核分列国家电网公司系统省市公司第二和第三；杭州、宁波公司蝉联大型供电企业对标标杆。

领导班子

总经理、党组副书记：张磊（2014年12月～2015年5月）、肖世杰（2015年5月至今）

党组书记、副总经理：陈安伟

副总经理、总会计师、党组成员（正局级）：赵元杰

副总经理、党组成员：石华军（2015年11月离任）

副总经理、党组成员：孔繁钢

副总经理、党组成员，国网杭州供电公司总经理、党委副书记：杨勇

工会主席、党组成员：王幼成

党组成员，国网宁波供电公司总经理、党委副书记：吴国诚

副总经理、党组成员：商全鸿

副总经理、党组成员：阙波

纪检组长、党组成员：李斌

总工程师：凌卫家

组织机构 国网浙江电力本部职能部门23个：办公室、发展策划部、财务资产部、安全监察质量部（保卫部）、运维检修部、营销部（农电工作部）、科技信通部（智能电网办公室）、建设部、物资部（招投标管理中心）、对外联络部（品牌建设中心）、审计部、经济法律部（体改办）、人事董事部、人力资源部（社保中心）、离退休工作部、后勤工作部、思想政治工作部、监察部（纪检组办公室）、电力调度控制中心、运营监测（控）中心、电力交易中心、工会、企协分会。有地市供电公司11家，国网浙江电力公司层面业务支撑和实施机构8家、其他机构5家。

电网概况 持续加大特高压等电网建设。落点浙江已建成的特高压项目有1000kV皖电东送交流、±800kV宾金直流、1000kV浙北—福州交流，途经浙江的特高压还有向家坝—上海直流、锦屏—苏南直流线路，在建的有宁东—绍兴直流工程，浙江电网在全国率先进入了特高压交直流混联电网时代。

除特高压联络通道外，浙江电网通过9回500kV线路分别与上海市、江苏省、安徽省及福建省电网相连。浙江电网以钱塘江为自然分割，形成南北电网，其间通过4回500kV过江线路相连接。全省500、220kV电网均能通过$N-1$校核，部分输电断面可承受$N-2$故障冲击，220kV电网正逐步实现分层分区，110kV及以下电网实现完全分层分区运行。截至2015年底，浙江电网共有1000kV变电站3座、变电容量1800万kVA；±800kV直流换流站1座，容量800万kW；500kV变电站39座、变电容量8505万kVA；220kV公用变电站289座、变电容量11 829万kVA；110kV公用变电站1215座、变电容量11 635万kVA。

截至2015年底，浙江省全口径发电装机容量8158.35万kW，全省6000kW及以上发电装机容量7659.25万kW，其中浙江省统调装机容量5648.48万kW，非统调装机容量964.37万kW，华东分部统一调度电厂装机容量1046.4万kW；6000kW以下发电装机容量499.09万kW。浙江省统调电源以火电为主，总装机规模5421.58万kW，约占95.98%，其中煤电4229.09万kW、气电1192.49万kW，水电174.9万kW，核电32万kW，太阳能发电20万kW。

人力资源 截至2015年末，国网浙江电力全口径用工总量80 498人，较上年末减少13 269人，比国家电网公司下达的年度计划少120人。实现全口径劳动生产率91.68万元/人年，完成国家电网公司下达计划的101.45%。实现职工劳动生产率116.87万元/人年，较2014年同比增长3.17%。人才当量密度达1.143 3，位居国家电网公司系统第一名。

建立完善四级四类人才选拔体系，组织开展年度各级优秀专家人才的选拔、考核和使用工作。2015年，国网浙江电力采取业绩评价和考试相结合方式，突出“业绩、创新、基层”导向，选拔产生公司级优秀专家人才350人、公司级优秀专家人才后备590人。有58人入选国家电网公司级优秀专家人才、192人入选国家电网公司级优秀专家人才后备。做好各级各类人才的年度考核工作，并根据国家电网公司的有关规定认真做好人才津贴的调整与发放。实施各级专家人才师带徒行动计划并评选产生百对“优秀师徒”。

全面推行国家职业资格证书制度，推进员工能力素质进一步提升。组织编制《员工职业发展手册》，辅助员工职业发展。2015年举办法律、技经、品牌三个专业复合型储备人才培训班，分别有22、46、27人参加，为专业发展储备了管理人才。持续推进劳模跨区域培训工作，新增15个劳模跨区培训站点，包括财务、规划、物资管理等管理（技术）专业，总数达26个，累计办班52期，525名专家参与培训教学，2125名学员参加学习，取得了较好的培训效果。国家电网公司五项竞赛全部获得表彰，其中：镇供电所岗位知识技能竞赛、调控机构监控员技能竞赛均获团体第四名；培训师教学技能竞赛（兼职组）获团体第五名；第一届档案职业技能竞赛获团体第六名。国家电网公司五项调考，国网浙江电力四项获得表彰，其中：信息安全高级督察（红蓝队）技能调考获团体第二名；基建技经管理知识调考获团体第三名。

经营管理 开展“严守纪律规矩、严格监督执纪”活动，严肃执纪问责，实施“一案双查”。落实党风廉政建设“两个责任”，完善协同监督机制，加强城农网改造升级工程建设等重点领域和关键岗位人员的廉政风险防控。积极配合中央专项巡视，完成反馈意见的核查整改。广泛开展“干事、干净”廉洁从业教育，建成省、市、县反腐倡廉教育基地82个。开展“正风肃纪”明察暗访，巩固深化作风建设成果。

开展法治企业建设诊断分析，完善企业法律风险清单库，深入开展依法治企检查，常态化管控企业风险。出台领导人员经济责任告知办法。加强跨区域、跨专业联动审计检查，完成宁波、舟山公司的全覆盖审计稽查。建立审计整改结果验收制度，推动审计成果转化。完成办公用房和培训类小型基建项目清理整顿，规范在建小型基建项目。严格“三公”管理，全面应用车辆调度和GPS监控统一平台。坚持教育引导和依法处置相结合，妥善解决信访稳定突出问题，确保了企业稳定和各项改革的顺利实施。贯彻国家电网公司企业法治行为指引，全面建设“三全五依”法治企业。荣获国资委“2011～2015年中央企业法制宣传教育先进单位”称号。

推进业扩提质提速，统一配套电网工程出资界面和项目管理模式，优化招标和物资供应流程。做好新开发区等潜在市场的电网规划建设及供电服务，建立省、市公司领导联系制度，推动54个重点项目提前送电，年增售电量26.6亿kWh。完成电能替代项目1686个，增加售电量40亿kWh。开展电力改革研究，加强与政府部门沟通，在市场、电价、资产和成本管理等方面做好准备。争取合理的大用户直供电价政策，稳妥实施煤电联动电价调整。接收用户资产32亿元。拓宽融资渠道，创新资金运作方式，降低融资成本，提升资金效益。切实加强经营困难企业电费风险控制，保证全额回收。

“五位一体”协同机制实现全覆盖。完成农电用工方式调整，2万余名农电用工转签了劳动合同。改革岗位绩效工资制度，完善基于岗位、能力、业绩的激励约束机制。实施市县公司财务一体化和集体企业一体化管理。深化现代仓储体系建设，试点实施区域集中配送，初步实现仓储配送作业的智能化和透明化。应用先进管理评价手段，成功导入卓越绩效管理模式。优化对标工作机制，持续推进基层单位结对帮扶，开展输电国际对标。建设企业级大数据云服务平台，接入生产、营销等22套核心系统全量数据。在国家电网公司系统率先开展运监业务主题库建设，识别各类异动2.7万个，促进管理改进。全面开展县公司运营监测，试点延伸至供电所。县供电企业和供电所管理提升工程通过国家电网公司验收。推进集体企业改革改制，完成相关人员安置。制定集体企业“十三五”产业发展规划指引，做强做优集体企业。

开展资产管理领先实践星级评选，深入研究五大主题特色资产管理模式，2015年底国网浙江电力首批通过国家电网公司“领先型”体系评价。

电网建设与发展 2015年，国网浙江电力110kV及以上输电线路开工2338km，投产2495km；变电开工2245万kVA，投产1995万kVA。

加强电网发展研究，与浙江大学合作成立能源互联网技术联合研究中心。制定“十三五”电网发展规划，纳入全省能源发展规划。宁夏灵州—浙江绍兴±800kV特高压直流输电工程浙江段全线架通，绍兴换流站完成土建主体工程。建成温西输变电、桐乡输变电、萧浦输变电等10个500kV项目，投运新一代智能变电站——220kV勤丰变电站。编制全省配电网网格化提升规划，实施配电网建设改造（2015～2020年）行动计划，两批80亿元城镇和农村电网改造升级项目开工建设。G20国际峰会专项保电项目顺利推进，首个会场保供电项目——110kV奥体输变电工程提前投运。

500kV吴宁变电站工程获中国电力优质工程奖和国家优质工程奖，220kV椒北变电站、安江变电站、甘北变电站、全旺变电站、祥福变电站等5项工程获“钱江杯”称号，灵绍特高压直流工程浙江段线路、500kV桐乡变电站分获国家电网公司安全质量管理流动红旗和项目管理流动红旗，500kV桐乡变电站、220kV拱东变电站等2项工程获公司质量“艺术奖”金奖。浙福特高压交流工程、溪浙特高压直流工程等215个110kV及以上工程项目通过国家电网公司优质工程复查复检，国家电网公司优质工程率保持100%。

电网建设新技术研究应用项目扎实推进，“含分布式电源的微电网关键技术研发”863课题通过国家科技部技术验收，“GIS配电装置垂直出线方式研究”“极端气候条件下变电站防洪技术研究”等2个项目顺利通过国家电网公司验收。依托宁夏灵州—浙江绍兴±800kV特高压直流输电线路工程，成功进行国内最大规格的1250mm^{2}大截面积导线展放试点，在世界上首次实现工程规模化应用。省经研院获得设计、咨询“双甲”资质，所有地市公司经研所取得“双乙”及以上资质。

安全生产 针对特高压混联电网大容量受电等特征，优化电网运行方式，强化电网风险预警控制，确保了电网安全稳定运行。推进特高压电网运维管理精细化，实施国家电网公司系统首例特高压带电作业。成功举行宁波大面积停电联合演练，国内首次实现功能演练和实战演练相结合。建成应急基地一期，实现应急基干队伍持证上岗。科学应对科学应对“灿鸿”“苏迪罗”等多次台风袭击和丽水莲都山体滑坡灾害，及时抢修恢复供电。精心组织、各方协同，圆满完成第二届世界互联网大会保电任务，实现“零故障、零差错、零闪动、零投诉”目标。

推广应用无人机、直升机、智能机器人、在线监测等先进设备和技术。加强配网管理，全面开展营配调贯通业务。6家地市公司通过国家电网公司配电自动化实用化验收，数量及实用化成效位居前列。常态化限时治理用户低电压，为国家电网公司系统唯一无低电压属实投诉的省级公司。实施全流程客户满意度管理，强化专业协同联动，全面建设集预约派单、跟踪督办、智能互动为一体的快速响应和服务质量管控平台。以客户体验为导向，研究实践“互联网+电力营销”智能互动服务创新体系。建立绿色通道，为1572个风电、光伏项目提供并网专属服务，确保清洁能源全消纳。创新节能项目商业运作模式，完成节能项目2357个。

全面实施以“构建培训体系、规范考核认证、激励员工挂钩”为核心的员工安全技术等级机制，按期完成第一轮共4.6万名应取证人员的培训认证（鉴定）工作，实现了全员安全培训和100%持证上岗。

营销工作 主动适应国家电力体制改革，积极参与市场竞争；在新增用电区域设置供电服务机构和专属客户经理，高效服务政府重点项目，确保省内54个重点项目提前送电，年增售电量26亿kWh。加快实施电能替代，成功打造港口岸电、空港陆电、锅炉煤改电等一批示范项目，完成电能替代项目1686个，完成替代电量40亿kWh。深化战略合作，完成“三环一线”高速公路35座快充站建设任务。实施业扩报装提质提速工程，全年完成业扩报装容量2972万kVA。实施低压业扩“快响”模式，实行“一岗制”作业，并承担国家电网公司业扩全流程信息公开与实时管控试点任务。

深化营配调贯通工作，建立数据同源管理机制，动态完善“站—线—变—箱—户”拓扑关系，全面推进末端融合，完成3300条高压专线、32万台高压专用变压器、1506万个低压表箱、2462万低压用户信息关系的对应。深化线损实时计算、配网主动抢修、停电到户分析、业扩供电方案辅助设计等八项应用，多项举措入选国家电网公司典型经验。健全客户交费信用体系，客户交费信用信息纳入人民银行征信体系。开展远程预付费控试点，覆盖用户463万户；试点建立客户标签画像，实现次月客户欠费风险预测；多措并举严防电费风险，实现全年电费“颗粒归仓”。完成智能表安装512万只、采集覆盖133万户，开展计量资产全寿命周期管理；试点推行电水气热“四表合一”采集模式，实现2732户信息集中、自动采集。打造精品台区和精品台区带，新增五星级标准化供电所34个；完成12 055个村的农村农用电力线路改造接收任务，建成100个标杆优质工程；全面推动农村户保更换、补装，加强智能总保运行监测和异常排查，剩余电流动作保护器投运率98.49%。国网浙江电力农村用电安全管理体系研究与实践获得国家电网公司管理创新成果二等奖。

科技与信息化 2015年，获浙江省科学技术奖8项；获中国电力科学技术奖2项；获国家电网公司科技进步奖19项，其中“多端柔性直流输电关键技术研究、设备研制与示范应用”获得一等奖。申请发明专利610项，获得授权175项；完成4项国家标准、11项行业标准和17项国家电网公司标准编制任务；分布式电源和微电网控制技术实验室升级为国家电网公司重点实验室，海洋输电工程技术实验室入选国家电网公司实验室。“含分布式电源的微电网关键技术研发”863课题通过国家科技部技术验收，对新能源的利用以及确保海岛绿色、经济、可靠供电方面具有重要的示范和推广意义。顺利投运新一代智能变电站220kV勤丰变电站，按期建成宁波港口智能岸电电能替代示范工程。与浙江大学合作成立能源互联网技术联合研究中心，加强电网规划、特高压与新能源接入消纳等领域的技术研究。科学组织“十三五”科技规划编制，确定了“十三五”发展目标和重点任务。

积极推进“信息通信新技术推动智能电网和‘一强三优’现代公司创新发展”行动计划的落实，依托大数据、云计算、物联网和移动互联等信息通信技术助力智慧能源企业服务能力提升，借鉴“互联网+”思维，优化顶层设计，完成9类49项新技术应用示范工程及应用提升梳理，筹建新技术应用研究基地。

承担国家电网公司信息通信基础架构优化综合试点，完成国家电网公司企业公共数据模型（SG-CIM2.0）修编工作，初步建成企业统一云服务平台和企业统一数据库，实现生产、营销、ERP等核心数据全量接入、全局共享。全面清理整合自建系统，加强信息系统账号权限管理。

优质服务 开展全流程客户满意度管理，建立投诉处理工作机制，组建供电服务现场调查大队，开展投诉穿透分析，落实整改“三不点”问题。深化95598供电服务评价考核，95598客户回访满意度从99.19%提高到99.75%。承担国家电网公司“互联网+电力营销”智能互动服务创新体系建设试点任务，大力推广手机APP、微信等电子化服务，完成微信公众号绑定用户280万户，手机APP注册用户25万户，95598服务网站注册用户30万户。做细、做实保电服务工作，圆满完成乌镇第二届世界互联网大会等重大保电服务任务，未发生负面舆情事件。创新节能项目商业运作模式，累计完成节能项目2357个，实现节能量6.01亿kWh。完成11个营业厅屋顶分布式光伏示范工程建设，建立绿色通道，为2784个分布式光伏发电项目提供并网专属服务，确保清洁能源全消纳。

党的建设和精神文明建设 全面开展“三严三实”专题教育，做到领导干部带头学、讲党课，深入基层调研、广泛征求意见，查摆整改“不严不实”问题，带动作风转变，增强各级党组织凝聚力和战斗力。在省、市、县和直属单位同步推进政工一体化体系建设，建立健全工作领导、会议协调、稳定风险防控、督导督办、考核评价和信息共享等六项工作机制。落实党建工作“第一责任人”职责，试行基层党委（总支）书记党建工作述职评议考核。加强机关党建工作，将机关党委职责划转至政工部。开展党员“亮身份、作榜样、比贡献”主题实践活动，完善“党员作榜样”考核评价办法。

推进精神文明和企业文化建设，4支共产党员服务队、4个企业文化建设示范点、3名最美员工和3个精神文明建设创新项目入选国家电网公司“四个一百”，3项青年创新创意成果获国家电网公司“青年创新创意大赛”金奖。开展“文明单位网上行”“道德讲堂”活动。深化职工民主管理，选聘新一届总经理联络员。深化媒体资源整合，休刊《浙江电力报》，形成“一站一刊”格局，着力打造“两微一端”新媒体传播平台。强化重大主题宣传，在中央权威媒体报道位居国家电网公司系统前列。推进社会责任根植，彰显责任央企形象。组织“迈步走向健康”活动，开展健身效果检测工作，深入创建星级健康食堂。建立班组建设联络员制度，拓宽与基层一线的沟通渠道。建设离退休“幸福驿站”，“美丽夕阳”暖心工程被评为国家电网公司重大管理创新示范成果。深化团青“阳光”系列品牌建设，组织心理、创新、法律等各类青年沙龙。国网浙江电力和7家基层单位荣获全国文明单位，国网浙江电力团委荣获全国“五四”红旗团委，5位员工获评全国劳动模范，2位员工获评浙江省道德模范，2位青工分别获评全国“最美青工”、国家电网公司十大“杰出青年岗位能手”，退休职工邹林根荣获全国道德模范提名奖和中央企业道德模范。荣获全国职工职业道德建设先进单位称号，五次荣登“浙江省最具社会责任感企业”榜首。

浙江特色 建成舟山多端柔性直流输电示范工程，实现了多端柔性直流输电技术的“中国创造”和“中国引领”；建成“两交一直”特高压工程，率先形成属地省公司建设运维管理模式；完成农电体制改革，所有代管县供电企业一次性上划；率先构建“互联网+电力营销”的智能用电服务体系；建成国内首个兆瓦级独立海岛智能微电网——鹿西岛、南麂岛微网工程，为清洁能源的开发利用提供了样板。

主要事件

1月21日，在上海召开的2014年度电力行业信用体系建设工作会议上，国网浙江电力被评为AAA行业信用企业。

2月28日，国网浙江电力被中央文明委授予第四届“全国文明单位”荣誉称号。

4月2日，国网浙江电力牵头完成的国家863课题“含分布式电源的微电网关键技术研发”顺利通过国家科技部专家组的技术验收。

5月11日，当时国内最大截面导线——1250mm^{2}大截面导线在灵州—绍兴±800kV特高压直流输电线路工程浙1标段试点展放成功，标志着中国又一输电线路技术进入世界先进行列。

6月8日，岑港风电场的风电功率预测信息成功接入舟山调度海岛型新能源智能化预测系统，标志着舟山在国内率先实现海岛风电的精准预测。

8月12日，国网浙江电力与浙江大学在杭州签署协议，成立并共建能源互联网技术联合研究中心，共同开展能源互联网技术研究，进一步加强双方在技术合作开发、资源共享、人才培养等方面的紧密合作。

11月17日，国家能源局副局长郑栅洁到国网舟山供电公司，调研世界首个五端柔性直流输电示范工程。

11月，国网浙江电力500kV吴宁变电站工程获2014～2015年度国家优质工程奖。

12月4日，在日前揭晓的第十四届全国职工职业道德建设评选活动中，国网浙江电力被授予“全国职工职业道德建设先进单位”荣誉称号，国网舟山供电公司蒋海云被授予“全国职工职业道德建设先进个人”荣誉称号。

12月30日，随着最后一相导线稳稳牵抵3601号牵引场，灵州—绍兴±800kV特高压直流输电工程浙江段全线架通。

（郑洪华）

【国网安徽省电力公司】

企业概况 国网安徽省电力公司（简称国网安徽电力）是国家电网公司的全资子公司，主要负责安徽省域电网的建设、管理和经营工作，具有电网建设、电力经营、电力施工、电力设计、电力科研和教育培训等综合功能，承担优化全省电力能源配置、满足经济社会发展电力供应的重要职责。

组织机构 国网安徽电力本部设21个职能部室（中心）、1个电力工会委员会，另设国家电网企协安徽分会1个机构。下设97个单位，其中16个市级供电公司，72个县级供电公司，9个直属单位。

电网概况 2015年，安徽省全社会发电量为2061.89亿kWh，同比增长1.66%；全社会用电量1639.79亿kWh，同比增长3.45%；完成省内售电量1257.48亿kWh，同比增长3.43%；统调最大用电负荷2878.66万kW，同比增长6.01%；向华东电网净送电量422.07亿kWh，同比下降5.91%；线损率7.42%，同比下降0.25个百分点。

截至2015年底，安徽电网拥有1000kV变电站2座，变电容量900万kVA，输电线路长度900.8km；500kV变电站20座，变电容量2685万kVA，输电线路长度4618.4km；220kV变电站184座，变电容量5512万kVA，输电线路长度14 263.4km；110kV变电站539座，变电容量4442万kVA，输电线路长度18 100.7km。安徽电网已经形成以1000kV和500kV电网为骨干、220kV电网覆盖全省的电网格局。

安全生产 吸取各类事故教训，组织开展安全生产大整顿、安全大检查和缺陷隐患治理工作，全面排查安全薄弱环节和突出问题，整治各类缺陷隐患5296项。推进安全基础管理，逐步建立正确、规范的安全生产正常秩序，突出各级保证体系和监督体系安全责任，全面推行设备主人制。进一步完善安全奖惩考核机制，建立一体化安全监督体系，常态开展“四不两直”现场稽查。强化基建施工现场安全管控，严格大型机具安全管理，突出落实分包项目现场安全人员“同进同出”要求。加强停电计划管理，实施30个220kV及以上变电站集中检修。着力提升应急处置能力，组织开展跨区域应急救援综合保障、融冰实战等演练。强化电网风险管控，成功应对阜阳、马鞍山、亳州电网重大风险，投入阜阳西部电网稳控系统和合肥庐江变电站备用电源自动投入装置，顺利实现皖电东送特高压三级电磁环网解环和特高压直流满功率运行。规范配网调度管理，实现10kV配网主干线、分支线调度全覆盖。

经营管理 推进农村配网运检集约管理，组建415个配电队，统一规范配电队和供电所的管理模式、职责界面，强化业务协同，农村地区10kV业务实现营配分离，实现高压设备专业化运维、低压设备专门化管理。推进集体企业改革改制，7家市公司全面完成处置任务，组建公司本部集体企业资产经营平台。推进县公司“子改分”工作，22家县公司实现分公司模式运作，其余49家县公司具备切换条件。持续深化“三集五大”体系建设，完成成效评估遗留问题整改，22项案例入选国家电网公司“三集五大”体系最佳实践库，6项案例入选国家电网公司“五位一体”深化应用典型案例。探索市县一体化管理，组织开展县公司管理模式优化研究，合肥公司56个专业试点推行市县一体化管理。

开展运营监测分析，完成综合计划与预算、配网运行、农网改造升级等监测分析工作，促进经营效率效益提升。开展“两金”清理，完成国家电网公司年度考核目标。加大亏损企业专项治理力度，7家亏损县公司全部实现扭亏目标。加强物资集约化管理，完成集中采购203.97亿元，节约资金17.51亿元。组织开展依法治企自查自纠和各项专项审计，配合完成国家电网公司任期经济责任审计，认真整改发现的各类问题。深化同业对标管理，明确责任目标，强化对标考核，落实对标责任，1项典型经验入选国家电网公司典型经验库。

电网发展 编制完成“十三五”发展规划和三年重点发展计划。完成2030年500kV骨干网架布局优化调整。加强项目前期工作，500kV铜北变电站等5项工程获省发展改革委核准，完成配网项目储备130.5亿元。

全面推进特高压发展，±1100kV准东—皖南、±800kV晋北—江苏特高压工程获国家发展改革委核准并开工建设，国内首条特高压送出工程——1000kV平圩电厂三期工程顺利投产，首条特高压拦河索——淮河大跨越拦河索建成投入使用，境内1000kV淮南—南京—上海、±800kV灵州—绍兴特高压工程全线贯通。成功实施世界首次同塔双回特高压线路带电作业。

推进各级电网协调发展。500kV鹭岛变电站、长临河变电站、广德变电站等工程顺利投产，38项迎峰度夏重点项目按期投运，有效解决局部地区网架薄弱和供电能力不足问题。2015年，开工建设110kV及以上线路2836km、变电容量1140万kVA；投产110kV及以上线路2382km、变电容量1027万kVA。

全力推进新增城农网建设改造工程，农网改造完成投资39.05亿元、城配网建改完成投资4亿元，全面完成年度计划。8项工程获国家电网公司农网百佳工程。“低电压”专项治理超额完成年度目标，累计完成39.1万户“低电压”治理。合肥滨湖智能电网综合建设工程通过国家电网公司整体验收。全年安装智能电能表856万只，超额完成年度任务。

信息化建设 加大科技创新力度，1项成果获省科技进步二等奖，1项成果获国家电网公司科技进步三等奖。全力推进信息通信重点工程建设，完成PMS2.0推广实施、大数据平台防窃电预警分析试点、省骨干大容量传输网OTN二期等建设任务。积极推进县公司“子改分”信息系统调整和县公司营财一体化实施工作。完成县公司通信网专项工程投资2.66亿元，18家县公司实现光缆全覆盖。强化信息通信运维管理，全年未发生八级及以上信息通信事件。

营销工作 增供扩销，推进电能替代，增售电量28亿kWh。推进输配电价改革试点工作，配合完成成本监审、试点方案和电价测算等工作。开展电力改革综合试点方案研究，做好综合试点各项准备。争取价税政策，促请出台直接交易输配电价和地源热泵优待电价政策。加大电费回收力度，开展反窃电专项行动，确保电费“颗粒归仓”。积极服务新能源发展，在京台、沪蓉高速服务区建成38座快充站；全面做好分布式电源并网接入工作，新增7891个分布式电源项目、并网容量17.26万kW。积极推进节能减排工作，节约电量7.6亿kWh。完成发电权交易电量80.5亿kWh，同比增长38.7%，节约标煤45.2万t。积极配合推进大用户直接交易工作，完成直接交易电量176亿kWh，同比增长239%。

优质服务 全面建立农村地区低压运维责任人、设备主人和客户经理“三合一”工作机制，着力改变低压设备“以抢代维”局面，1.3万名客户经理到岗到位，覆盖全省农村所有公用配电台区，做到每个农村客户都有客户经理服务，低压客户端实现营配高度融合。推行农村电费代收点承接催费业务，230个代收点开始承接催费业务。深入开展社区客户经理“走村访户”活动。规范窗口服务行为，常态开展营业厅明察暗访和“零投诉”活动。推进业扩报装提速增效，高压业扩报装时间缩短60%、停电抢修超时限投诉量降低64.6%。

队伍建设 加强干部队伍管理，完善干部管理制度和考核机制，持续深化“四好”领导班子建设。强化干部培养、锻炼和培训，9名年轻干部上挂培养锻炼，4名干部双向挂职锻炼，20名员工到本部挂职。举办1期处级党组织书记培训示范班、1期青年干部培训班、2期县公司主要负责人培训班等各类干部培训班7期、培训351人次。加强“三全”管理，整改人力资源基础数据清查存在问题，完成农电用工规范管理自评价验收。立足班组自主管理，落实班组积分制考核，建成积分标准库。在国家电网公司年度11项竞赛调考中，8项成绩进入前十名，国网系统首届调控机构监控员技能竞赛获团体第一。大力推进专家人才队伍梯队建设，30人被授予“国家电网公司专业领军人才”称号，801人入选各级优秀专家人才后备。

党的建设和精神文明建设 扎实开展“三严三实”专题教育，认真贯彻中央精神和国家电网公司党组部署，持续深化学习教育，坚持两手抓、两促进，专题教育取得明显成效。领导班子带头做党课报告，认真开展专题学习研讨，高质量召开专题民主生活会，严肃认真开展批评与自我批评，以“钉钉子”精神狠抓问题整改。各单位坚持边学边查边改，扎实开展各项“关键动作”，着力解决“不严不实”问题。各级领导班子查摆问题4573个，实施“销号”管理，完成整改2985个。认真落实“三抓三创”党建工作思路，扎实推进各级党组织和党员队伍建设，推动各项工作取得新进展。突出明责、履责、问责，全面落实党风廉政建设“两个责任”。

推进电网建设、光伏扶贫、结对帮扶等扶贫项目，加强定点扶贫工作，与金寨县政府签署《扶贫开发框架协议》。加强公司本部建设，组织修订《党组议事规则》《本部工作规则》《“三重一大”决策实施规则》。深化青年志愿服务活动，累计建成“光明驿站”100座。深化职工技术创新工作，“启金工作室”被评为全国劳模创新工作室。推行后勤一体化管理，强化小型基建项目统一管理和过程管控。全面落实离退休老同志“两项待遇”。深化品牌建设，加强舆情风险管理，排查化解不稳定因素，稳妥处置各类突发事件，保持企业和谐稳定。14家单位被评为全国文明单位。3名员工获“全国劳动模范”称号。2个集体获全国青年文明号。1个项目获国家电网公司青创赛金奖。国网安徽电力代表团获2015年省职工运动会团体第一。

主要事件

1月，国网安徽电力推荐的“特高压输电线路的运维管理体系构建与实施”管理创新成果获第二十一届全国企业管理现代化创新成果二等奖。

2月3日，国网安徽电力完成500kV官沥5365线、山沥5366线双线抢修任务。

2月14日，国家电网公司系统内首条特高压拦河索——皖电东送特高压工程淮河大跨越拦河索建成投运。

3月31日，安徽并网风电场总装机规模突破百万

kW，达到102.1万kW。

4月1日，平圩电厂三期送出特高压工程建成投运。

6月12日，安徽金寨抽水蓄能电站工程正式开工。

6月12日，1000kV淮南—南京—上海特高压工程淮河大跨越正式进入组塔施工阶段。

7月，国网安徽电力启动实施新增农村电网改造升级工程。

8月4日，安徽电网最大用电负荷达3003万kW，同比2014年增长7.48%，创历史最高纪录；全省用电量达5.79亿kWh，创历史新高。

8月6日，皖电东送特高压淮南站累计送出电量突破300亿kWh大关。

8月12日，合肥滨湖新区智能电网综合建设工程通过国家电网公司验收。

9月20日，±800kV晋北—南京特高压工程安徽段开工建设。

9月25日，皖电东送淮上线特高压工程安全稳定运行两周年。

9月26日，华东首套固定式直流融冰兼动补装置在500kV官山变电站投入试运行。

10月12日，世界首次1000kV交流特高压同塔双回线等电位带电作业成功实施。

10月23日，作为国家电网公司系统首家试点单位，国家安徽电力计量生产自动化系统通过国家电网公司实用化验收。

10月26日，国网安徽电力完成500kV官山变电站固定式融冰兼动补装置融冰实战演练。

10月，国网安徽电力启动新增城配网建设改造工程。在20家县公司试点开展“子改分”工作的基础上，国网安徽电力全面启动县公司“子改分”推广工作。

12月10日，国网安徽电力召开干部任免宣布大会，张凡华任国网安徽省电力公司党组书记、副总经理，金炜任国网安徽省电力公司副总经理、党组成员。

12月17日，±800kV灵州—浙江绍兴特高压长江大跨越工程全线贯通。

12月，国网安徽电力项目“复杂工况GIS超声局部放电检测用系列装备”获国家电网公司青创赛金奖。

（时　伟　臧家宁）

【国网福建省电力有限公司】

企业概况　国网福建省电力有限公司（简称国网福建电力）是国家电网公司的全资子公司，以电网建设和运营为核心业务。全口径用工约6.10万人，服务供电客户1579万户。

2015年，完成固定资产投资175.37亿元；完成售电量1591.31亿kWh，同比增长0.09%。业绩考核居国家电网公司系统省市公司第6名，被评为A级；同业对标居国家电网公司系统省市公司第7名，建设管理、运行管理和配套保障三个专业获得标杆。

组织机构　2015年末，国网福建电力本部22个部门，下辖9个市供电公司、62个县供电公司、13个直属单位。

电网概况　福建电网通过1000kV交流特高压与华东电网连接，省内形成“全省环网、沿海双廊”500kV主干网架。国网福建电力现有1000kV特高压变电站1座、容量600万kVA，线路342km；±320kV柔性直流换流站2座、输送容量100万kW，线路10.7km；500kV变电站21座、容量3339万kVA，线路4826km；220kV变电站171座、容量5370万kVA，线路11 860km；110kV变电站653座、容量5044万kVA，线路13 809km；35kV变电站469座、容量517万kVA，35kV及以下线路长度超过13万km。

人力资源　加强“三定”管理。统一规范各层级组织机构、名称、职责及人员配置标准，各级机构精简36%，形成集约化、扁平化、专业化的组织机构和业务模式；建立由标准岗位序列、岗位分类标准、岗位配置规范构成的岗位序列管理体系；基本建成“五位一体”，将职责、制度、标准、考核等要素与业务流程匹配；处级干部和公司本部建立职员职级序列。

建立内部人力资源市场，解决财务、电费核算、检修和部分县调业务集约人员流动问题，优化人员配置6008人次；累计招聘高校毕业生3610人，近两年补充到供电所226人。规范基层企业负责人薪酬管理。推行新的岗位绩效工资制度，市供电公司和直属单位在年内基本完成新工资制度的运行；泉州、福州地区县公司全面执行新工资制度。改进绩效管理。企业负责人实行“关键业绩制”考核；管理机关实行“目标任务制”考核；一线员工实行“工作积分制”考核。推行简化版工作积分，提升生产班组管理效率。开发考勤管理平台，实现省、市、县全员覆盖、在线考勤管理。

加强人才培养与开发。形成覆盖主要专业（工种）的三级教育培训网络；加强专业技术资格评审和技能鉴定，培养选拔各类专家人才；修订印发《员工职业发展通道管理办法》《优秀农电工管理办法》。重点加强班组长和中层干部履职能力培训，共完成中层管理人员培训62期2615人次、班组长轮训83期3835人次。培训满意率达到99.1%。

电网建设与发展　建成投运世界上电压等级最

高、输送容量最大的厦门柔性直流科技示范工程。投产500kV紫岭、东岗输变电工程，以及合福、赣龙铁路配套供电线路等重点工程。完成500kV卓然二期、厦门三期、漳州三期、福州特—三阳线路、湄洲湾二厂送出、通港输变电等6个项目核准。500kV园顶变电站获得国家优质工程奖，优质工程率100%。

加强配电网建设改造集约管理，省市县配改办一体化运作，解决管理短板和配电网建设突出问题，按“一县一方案”加快省级扶贫重点县电网建设。开展低电压和频繁停电专项整治，解决低电压问题18.16万户，全部消除供电半径超40km 10kV线路。新增中央农网项目全面开工。投产6项闽赣配电网互联工程。完成1.1万个配电网项目实地实物核查。差异化实施配电自动化建设，厦门534条、福州140条、泉州110条馈线投入全自动FA。

经营管理 制定亏损县公司三年减亏措施；完成常山公司“子改分”。接收东石、内坑等自供区，年增直供电量约23亿kWh；接收绕越产权居民小区964个。实施线损精益化管理，完善跨部门协同机制。推广配电网物资成套配送；物资及服务集中采购，节资率完成12.26%。

加强电力体制改革重大问题研究和沟通汇报。配合完成输配电价摸底测算。完成“三集五大”巩固提升重点任务208项。在综合性、跨专业工作中试点“五位一体”协同机制，建成涵盖4个专业、496项的作业流程体系。宣贯《法治企业行为指引》。月度会和专业例会覆盖县公司，推动工作有效落地。深化县公司和供电所管理提升工程。规范集体企业管理，构建同业对标评价体系，组织资金风险专项审计。开展外部环境、项目执行、供电服务等监测分析和预警。

安全生产 省电网连续安全稳定运行7578天。加强现场安全管控。严格“三种人”、班组长等关键人员岗位准入。印发《关于加强小型、分散作业安全管理的通知》，开展小型、分散作业安全专项治理。梳理运检、营销、建设、科技信息小型分散作业类型、组织辨识关键风险、制定风险控制措施。开展配电网工程管理安全监督专项行动，通过交叉督查集中整治消除进网施工队伍技工无证上岗等问题。

加大“反违章”工作。跟踪基层单位执行规范检查和保证体系“反违章”自查自纠情况，督促指导基层单位分析严重违章的管理原因。引导基层单位建立“无违章班组”月度奖励机制。推广应用微信、百度地图、视频监控等“互联网+”的技术手段，在线管控施工现场的危险因素、防范措施和事故紧急处理措施。

完成首届全国青年运动会保供电工作，加强比赛场馆、代表团驻地等201户重点用户，以及146座涉保变电站、601条输电线路的供电保障，实现“零差错、零闪动、零投诉”的目标。

成功抗击“苏迪罗”“杜鹃”台风以及暴雨洪涝等自然灾害。“苏迪罗”是近年来对福建电网影响最为严重的台风，尤其是对中低压电网造成重创，跳闸、停运的35kV及以上线路105条、10kV线路2801条，停电配电变压器6.88万台。实现“零伤亡、零事故”完成抢修复电任务。

营销工作 强化营销基础信息管理，营配贯通数据对应率提升至99.8%，基础信息规范率99.3%。首次将企业客户拖欠电费情况纳入人民银行征信系统。试点推广购电制，累计推广15.33万户。地市公司实施采集设备和低压计量箱运维一体化管理，日采集成功率保持在99%以上，初步建立低压计量装置常态化运维机制。

完成电能替代30.6亿kWh。推广移动作业终端1832台，应用至现场抄表、缺陷管理等五类业务。深化采集系统远程抄表、台区日线损管理、重要电力用户停电实时监控等7项应用，推广营销系统智能核算、档案电子化等10项应用。

建成京台、沈海高速56个快充站点。充换电设施报装容量7.87万kW，分散式充电桩100%接入运营监控系统。推动投运21条纯电动公交线路、476辆公交车。省政府明确以国网福建电力为主负责电动汽车充换电设施建设。

科技与信息化 首次牵头承担国家863科技项目，获得1个省级企业重点实验室命名，获得国家电网公司与省部级科技奖励16项；开展“万众创新”活动；组织整理约240条配电网设计、建设、运行经验口诀；推进柔性直流项目配套科研项目及新一代智能变电站建设，制作全球能源互联网宣传材料。

梳理信息系统的运行及安全边界，研究制定运维管控方案。启动营销信息系统灾备系统建设，共上报72个首发漏洞和5篇红蓝队安全典型经验被公司采纳。完成全省4个地市骨干光纤传输网扩容建设，实现带宽从2.5千兆提升至万兆；实现部分供电所带宽从10Mbit/s提升至100Mbit/s。

优质服务 出台精简业扩手续提高办电效率、优化业扩报装管理模式，业务办理“一证启动”、低压业务“免填单”，推行低压业扩工料费最高限价、统一派工制，报装时长压缩34.35%；加强业扩报装全程监督管控，省市两级每周开展典型案例分析通报及跟踪督办，实施全流程线上管控，控制体外循环；推行10kV及以下报装容量直接开放，推广应用36份标准化作业卡，实行业扩配套工程项目包制度以及停电计划周安排，高压流程压减50%、报装时长压缩34.77%。

实施自贸试验区创新服务，设立专属服务机构及窗口。推广电子服务渠道，电力微信、手机 APP、95598 网站注册（绑定）用户 75.53 万户。新增村村交费点 1237 个，覆盖率 91.6%。推出供电服务进家庭项目，以电视互动点播方式提供用电服务。推进故障报修国网 95598 直派市（县）模式上线工作，年内实现直派。上线投运窗口服务标准化业务应用项目，实现 77 个营业厅试点业务量、客流量在线监控。分层分级管控投诉，省公司重点管控“五类投诉”，地市公司管控一般投诉。

开展供电所员工从业行为专项治理，针对五类突出违规违纪问题，促成基层单位排查，治理整改 416 例问题。组织 10 个标杆县公司、88 个标杆和管理示范供电所开展结对帮扶。乡镇供电所 6 个方面 25 项指标均达到要求。

党的建设和精神文明建设 开展“三严三实”专题教育，查摆“不严不实”问题，抓好整改落实。开展党建标准化达标评星考核；在直属单位开展党组织书记述职考核；实施 39 个党建“三级联创”项目。入选省直机关“1263”党建工作示范点；14 个基层党组织、33 名党员获得上级组织表彰。开展“我的青葱岁月”主题活动，关注新入职五年内的青工群体。

开展社会主义核心价值观和形势任务宣传教育，党组中心组带头学习示范。举办“道德的力量”先进事迹报告会，开展福建电力希望工程 20 周年纪念活动。

开展企业文化示范点创建，建立 152 个班站所文化示范点，4 个示范点参加国家电网公司评选；开展青运保电、抗台抢险等主题传播。开展“践行核心价值观、争做最美国网人”活动，选树 120 名“最美国网人”。

（林志雄）

【华电江苏能源有限公司】

企业概况 中国华电集团公司江苏分公司成立于 2003 年 4 月，2013 年 8 月改制为华电江苏能源有限公司（中国华电集团公司江苏分公司，简称华电江苏公司），是中国华电集团公司在江苏区域的子公司，负责组织开展华电集团在江苏区域的发展规划、项目前期、工程建设、安全生产、经营管理、公共关系、精神文明等工作。

截至 2015 年 12 月 31 日，华电在江苏区域的在运装机容量为 922 万 kW。下属望亭发电厂（上海华电电力发展有限公司、中国华电集团公司江苏望亭发电分公司、江苏华电望亭天然气发电有限公司）、江苏华电扬州发电有限公司、江苏华电戚墅堰发电有限公司、华电江苏能源有限公司句容发电厂、江苏华电吴江热电有限公司、江苏华电仪征热电有限公司、江苏电力发展股份有限公司、江苏华电通州热电有限公司、江苏华电煤炭物流有限公司、江苏华电昆山热电有限公司、江苏华电如皋热电有限公司、江苏华电通州湾能源有限公司、江苏华电句容储运有限公司、华瑞（江苏）燃机服务有限公司、上海通华燃气轮机服务有限公司共 15 个全资和控股单位，以及区域化管理的华电福新能源股份有限公司江苏分公司。

领导班子

执行董事、总经理、党组副书记：陈海斌

党组书记、副总经理：戴军

党组成员、副总经理：齐崇勇

党组成员、副总经理：孙志宏

党组成员、副总经理：叶小平

党组成员、纪检组长、工会主席、总法律顾问：洪顺荣

党组成员、副总经理：杨惠新

组织机构 华电江苏公司本部设有办公室（法律事务部）、战略规划部、人力资源部、财务资产部、安全生产部、工程管理部、市场运营部、政治工作部（工会办公室）、监察审计部（纪检办公室）、燃料物资部 10 个部门。

工作业绩 2015 年，华电江苏公司完成发电量 394.39 亿 kWh，同比增长 1.8%；供热量 981 万 GJ，同比增长 19.5%；电费回收率 100%；煤机供电煤耗完成 288.98g/kWh，同比下降 1.61g/kWh；实现利润总额 32.27 亿元，同比增长 25.61%。

生产经营管理

（1）生产管理方面。华电江苏公司以“三会一督查”为主要手段，协调和管控区域日常安全生产，安全生产保持基本稳定。强化“零非停”理念，实施一系列奖惩考核机制，非停同比下降 7 次，扬电、仪征和吴江公司实现“零非停”。抓好机组经济运行，加强技术攻关和设备治理，全年完成 12 台次机组检修。强化厂内燃料管理，句容入厂煤标准实验室通过集团公司验收。华瑞公司初步具备修理能力，承接完成了仪征公司和天津武清电厂燃机检修任务。全面加强科技环保工作，出台科技创新奖惩办法，整理创新成果，申报 23 项国家专利，其中 15 项获得授权，实现公司系统专利零的突破。“创建标准化监审业务体系”项目获集团第四届青年创新创效优秀成果管理类金奖。实施技改责任书制度，完成望亭、扬电共 4 台机组环保改造，均达到超低排放标准，陆续取得环保电价。各企业环保设施投运率 100%，减排目标超额完成。有序推进信息化建设，ERP 试点通过集团验收，4 家单位全面推行 ERP 合同管理模块。自主开发了“六个平台”和大数据报表系统，区域信息化管控水平整体提升。

（2）经营管理方面。完善“两个会议、六个平台”，努力拓展“五个市场”，按要素管控经营活动，向市场、管理和政策要效益。加大营销力度，实施区域营销一体化运作，优化资源配置，争取各种有利政策；通过内部电量统筹、争取外部市场电量，保证了句容百万机组利用小时数全省第一。严控成本费用，对燃料、物资、资金等“大成本”实施规模化、集约化、精益化管控。2015 年常规煤种市场采购价格在区域最低，有效节约成本，同时通过长协煤置换取得一定收益；扩大集采范围，2015 年底集采率达 50%，降低了物资采购成本；通过资金平台运作，节约财务费用 0.42 亿元。强化资本资产运作，积极处置无效低效资产，年末融资利率 4.55%、流动资产周转 6.5 次、非业务类应收款占用为零，均为集团公司最好水平。加强过程管控，进一步完善“两个会议”制度，生产经营按月度考核，项目发展和基建按季度考核，每月及时预警、纠偏，加大督查督办力度，形成管理闭环，对预算偏差较大的职能部门实施连带考核。

项目发展

（1）前期项目。编制“十三五”发展规划，把发展的质量放在首位，突出战略重点，推进各产业协调发展。做强电热主业。充分发挥公司整体优势，调动各方积极性，用 7 个月时间快速核准句容二期 2 台百万煤机项目；加强项目储备，通州湾百万煤机通过集团公司立项决策，被南通市列为 2016 年重大电源项目之首；昆山、如皋热电联产项目获得核准；海上风电项目取得实质性突破，大丰项目开展测风；区外来电白音华 2 台 60 万 kW 级机组项目上报国家能源局。积极拓展热力市场，提升存量资产效益，6 家在运企业均纳入当地供热规划。加强对外合作，与地方政府、知名企业等签署 13 项战略合作协议，同心协力，全面争取资源，实现发展共赢。推进产业链项目。实施多元化发展，通过努力，赣榆 LNG 接收站项目列为集团“十三五”规划的首选项目和江苏省发展改革委 2016 年重大项目投资计划，百万煤机的码头项目通过集团公司立项决策。打造教培基地，编制了《火电技能岗位能力培训标准》，上升为集团标准并出版；建成戚电燃机运行和扬电检修两个实训基地。

（2）基本建设。严把基建各道关口，编制工程造价管控制度体系，加强全过程设计优化和对标。戚电 F 级燃机二期工程静态投资比批准概算有效下降；昆山 F 级燃机工程改善外围边界条件，工程造价比可研估算有效降低。实行工程建设责任书制度，配套实施奖惩激励机制。加强基建专业人才培训，提升各建设单位项目管控能力。句容一期工程荣获国家优质工程金质奖，戚电 F 级燃机二期工程实现“双投”，通州、扬州、昆山燃机项目主体工程实现开工，句容二期项目施工准备和桩基工程开工，华瑞公司主厂房封顶，句容储运中心、如皋、新能源项目等有序推进。

改革发展 优化管控体系，根据集团授权，明晰管控权责，坚持问题和业绩导向，抓住两头、监督中间，加强区域管控，对纳入区域化的福新江苏分公司实施一体化管理。深化标准化建设，江苏公司本部在完善标准制度的基础上，编制重要业务流程图 75 项，定期开展对口检查，强化制度执行力度和考核；基层企业均已建立管理、技术、工作三大标准体系。强化监督问责，狠抓招标规范运作，试行技术商务标和价格标错时评标，创新建立监标 18 条要点，对典型招标违规予以通报，招标秩序整体规范向好；组织相关人员签订《履职承诺书》，对监察审计、财务稽查、安全督查、工程监管、管理诊断中发现的问题实行“四不放过”，建立干部履职痕迹档案，对责任人在职务晋升、评先评优中实行“一票否决”。推进强基建设，编制区域“强基”总体方案，各企业运用 7S 管理、星级企业创建等手段，实施精益化管理，7S 管理实现全覆盖。推进重点领域改革，编制《政策研究》和《深改简报》，紧跟政策导向，及时总结深改动态；应对电改新形势，筹建区域能源服务公司；以煤炭物流公司和通华公司为平台，试行物资管理深度改革；全年 67 项具体改革任务基本完成。

党的建设、精神文明建设、企业文化建设 深化党建工作，加强领导班子和干部队伍建设，扎实开展“三严三实”专题教育，对查摆出的 650 个问题强化整改并落实考核，年内整改完成率达 80%以上。强化执纪监督问责，落实“两个责任”任务分解，下达党风廉政建设履责清单，开展岗位廉洁风险点排查。推进党建标准化建设，建成由 24 项工作标准和近 70 项管理标准构建的“大党建”制度体系。进一步完善人才培养、使用管理办法，建立了管理、技术、项目发展三条发展通道；探索建立员工职位序列体系，选聘 26 名专业技术人才为首席、一级、二级工程师（技师）；两批 23 名企业优秀同志到本部挂实职锻炼；实施“双百”工程，395 名员工完成 30 个专业、55 门课程集中培训；强化“一人一计划”人岗匹配培训，全年培训员工 1.9 万人次。推进企业文化、品牌建设，在《华电宪章》框架下，修订完善以“创者先行”为核心、各企业子文化共同组成的江苏公司企业文化体系，倡导“一党委一典范、一企业一品牌”，选树各类典型。继电保护、燃煤采制化、安全应急、党群业务等技能竞赛以赛促学，获集团公司党群业务技能竞赛二等奖、燃煤采制化竞赛三等奖。深化健康食堂、快乐运动、美化环境“三项活动”，凝聚员工精气神，提升员工幸福感。

【浙江省能源集团有限公司】

公司概况 浙江省能源集团有限公司（简称浙能集团）成立于2001年2月。截至2015年底，浙能集团共有控股、管理企业200家，其中集团直接管理的全资、控股（含参股代管）二级企业（项目单位）71家，发电企业34家，企业员工22 167人（全口径）。年末资产总额达1796亿元（无偿划转省海港集团202亿元），所有者权益949亿元（无偿划转省海港集团165亿元），分别比2014年减少了1.68%和增长了8.75%，总资产、净资产分别居浙江省省属企业第二、一。2015年浙能集团实现营业收入680亿元，实现利润146亿元，占省属企业利润总额的57.85%。企业效益位列中国500强效益排名第62位，全国发电行业收入利润率、人均净利润指标第1位，净利润第2位。

成立15年来，浙能集团累计实现利润总额855亿元；为浙江省提供电力12 320亿kWh，其中统调发电量为11 359亿kWh，占全省统调发电量的52%；销售煤炭5.6亿t，约占全省电煤需求量的40%；供应天然气379亿m^3，占全省管输天然气的100%。企业赢利能力、生产管理等各项经济技术指标也走在全国发电企业前列，控股管理电厂平均供电煤耗降到300.01g/kWh，保持业界领先水平。

浙能集团已逐步形成了“5＋2”的产业体系，“5”代表的是能源主业，即电、煤、油气、可再生能源、能源化工，“2”代表两大支持性产业，即金融地产业和能源服务业。电力产业：截至2015年底，集团控股管理发电装机容量3067.30万kW，其中全省统调装机容量为2777.058万kW，占全省统调发电装机容量的49.16%；年发电量1088.65亿kWh，其中全省统调发电量为967.12亿kWh，占全省统调发电量的48.53%。煤炭产业：2015年完成煤炭供应4592万t，同比减少7.79%；投资掌控煤炭资源40亿t；舟山六横煤炭中转码头年吞吐能力3000万t；拥有3家海运公司，总运力170.26万t，海运能力达5101万t/年。油气产业：2015年完成天然气供应65.11亿m^3，占全省天然气消费量的90%；建成、管理省级天然气管网1036km，在建485.56km；经营城市燃气公司22家。可再生能源产业：截至2015年底已建成、管理滩坑水电站等10座水电站总装机容量85.146万kW，洞头风电场装机容量1.35万kW，生物质发电厂装机容量6万kW；嘉兴1号海上风电项目获得路条，累计掌握风电项目资源301万kW；掌握光伏发电项目资源79.8万kW。1.44MW龙泉光伏发电项目投运，是截至2015年底中国最大的生物质能源与光伏发电两种清洁能源相结合的一体化示范工程；能源化工产业：控股建设的新疆伊犁新天煤化工年产20.6亿m^3煤制天然气的项目已具备投料试车条件。金融地产业：财务公司资金归集率保持在89%的较高水平。控股房地产业累计实现销售面积146万m^2。能源服务产业：煤机脱硫脱硝率均达到100%。继续引领国内超低排放改造，至2015年底，集团已实现超低排放煤电机组共24台、总容量1608万kW，占煤电总装机的63%。科技创新成果丰硕，共取得专利授权22项（其中发明专利7项），取得省部级科学技术奖项4个，有20个项目在2015年度浙江电力科学技术奖评审中获奖。大力推进废水整治，全年新增废水处理能力1900万t/年、废水回收利用1500万t/年。

浙能集团先后获得“全国五一劳动奖状”“全国国有企业创建‘四好’领导班子先进集体”、浙江省“最具社会责任感企业”“浙江省‘十一五’节能降耗工作先进集体”“浙江省减排工作先进单位”“浙江和谐企业”“诚信示范企业”“企业文化建设示范单位”等荣誉称号，并获得首届浙江省工业大奖金奖。吴国潮董事长当选为2014年度十大风云浙商。“浙能”商标新认定为“浙江省著名商标”。

领导班子

董事长、党委书记：吴国潮

副董事长、总经理、党委委员：童亚辉

董事、党委副书记：耿平

董事、副总经理、党委委员：范小宁

董事、党委委员，浙能电力股份总经理：柯吉欣

纪委书记、党委委员：张荣博

副总经理、党委委员：孙玮恒

副总经理、党委委员：黄伟建

董事、副总经理、党委委员：徐小丰

工会主席、党委委员：许强

总工程师、党委委员：朱松强

党委委员：沈宝国

组织机构 截至2015年底，浙能集团本部设有14个职能部门、4个附属中心。共有控股管理二级企业71家，均股3家。基层企业共200家左右。

改革重组 2015年，浙能集团启动了第二轮资产证券化工作，新设拟上市主体浙能燃气公司，加强上市公司管理，顺利完成浙能电力和宁波海运可转债转股。按照“保住份额，稳住价格”的目标有效地开展大用户直供电交易，实现了政府、发电企业和用户的多赢。深化经营机制改革，修订了经营考核实施细则，推行“差异化”考核，强化经营目标指标执行落实。有序推进长广集团第二阶段的整合重组和管理对接工作，妥善安置长广集团改革分流人员，社会职能移交和棚户区改造工作稳步推进。按照省委省政府重大决策部署，完成海港集团的相关组建和代培工作。

完成嘉华发电和嘉兴电厂的管理和人员整合，水电管理公司吸收合并洞头风电等工作。萧山煤机按计划实施关停。

管理提升 梳理、规范集团部门135项重要归口管理事项涉及的决策环节和决策权限。完成集团公司本部权力清单梳理工作，形成边界清晰、权责统一的职责体系和追责机制，全面建立覆盖浙能集团本级领导班子和中层干部在内74张集体和个人的权力清单，共涉及具体职权1091项。全年新增制度8项，修订制度40项，废止制度14项。开展各类审计项目130余项，节约各种资金0.77亿元。继续优化"强总部"方案，着力加强板块管理能力建设。进一步加强参股企业和"三级"末端企业管理，全面提升风险管控水平。加强筹融资管理，全年完成100亿元超短期融资券在银行间市场交易商协会注册成功、发行短融40亿元，累计节约财务成本超8亿元。

安全管理（安全生产） 全年未发生一般及以上设备事故，未发生人身死亡事故，全年平均非计划停运次数0.28次/台，同比减少0.11次/台。贯彻执行新《安全生产法》，修订完善集团公司《安全生产责任制》及考核办法，建立安全业绩记录档案，切实落实安全生产主体责任。推行安全生产稽查新机制，先后对公司系统29家单位计48个生产、基建现场进行了检查，下发督查通知书28份，查处各类违章482个。持续深化安全督查和隐患排查治理，重点开展省级长输天然气管道隐患排查和整治，发现各类隐患237项，已完成整改81项。持续推进安全生产标准化达标，公司系统90家单位完成了达标评级工作，其中一级企业13家，二级企业37家，三级企业40家。加强应急演练，提升应急处置能力，共开展各类演练300余次。

生产经营 2015年，浙能集团实现营业收入680亿元，实现利润146亿元，创集团成立15年来的历史新高。截至2015年底，浙能集团资产总额达到1796亿元，所有者权益949亿元。资产负债率保持在47.17%的优良水平。总资产、净资产分别居浙江省国资系统第二、一。利润总额继续保持浙江省省属国有企业首位。全年完成发电量1089亿kWh，完成煤炭供应4592万t，天然气供应65.11亿m^3。

电力建设 2015年浙能集团控股电力项目全年开工项目2个，有3个项目获得核准，1个项目获得路条。全年完成电力投资203.06亿元，其中集团控股电力项目投资66.62亿元。投产项目2个。新增燃煤装机332万kW，总装机突破3000万kW，装机规模位居全国地方发电集团之首。

2015年，嘉华发电公司三期工程获国家优质投资项目特别奖；淮浙煤电凤台发电公司二期工程获中国建设工程"鲁班奖"；浙能六横电厂新建工程两台100万kW机组获得国家优质工程金质奖。

科技创新 2015年，浙能集团5台机组荣获可靠性A级机组。科技创新成果丰硕，共取得专利授权22项（其中发明专利7项），取得省部级科学技术奖项4个（同比增加2个），有20个项目在2015年度浙江电力科学技术奖评审中获奖。大力推进废水整治，全年新增废水处理能力1900万t/年、废水回收利用1500万t/年。

浙能集团首创的烟气污染物超低排放技术入围"十二五"电力科技二十项重大技术进展。"多种污染物高效协同脱除集成系统"发明专利正式获得国家知识产权局授权，超低排放技术在创新性和自主性上获得了国家认可。"超低排放"百度百科专属词条正式上线，浙能集团在国内"超低排放"领域的首创地位和领先优势，获全球最大中文百科平台的权威认证。

国际业务 2015年9月17日，越南瓮安电厂一期在工程现场举行隆重投产庆典，越南国家总理阮晋勇出席典礼并为该电厂投产剪彩。浙能集团的全资公司浙江省电力建设公司作为参与者见证了这一重要的时刻。越南瓮安项目是电建公司第一个真正落实的海外项目，也是践行浙能集团"大能源战略"一次成功的尝试，电建公司在设备发货、工程合同、工程技术、跟踪服务等方面都积累了丰富的海外电厂基建经验，探索出了新的合作模式。

信息化建设 扎实推进信息化建设工作，全面推动以ERP为核心的"ZN163"项目，完成ERP系统及一体化技术平台试点阶段建设，并启动电力板块的全面推广。完成全面预算信息化系统一期建设，开展第二阶段推广应用。

文化工作 2015年，浙能集团抓好意识形态工作，持续宣贯和丰富浙能文化体系。利用集团外网、"浙能文化""浙能团青"微信公众号等平台持续宣传浙能文化，创建和谐氛围。加强网络舆情监测及应急处置工作，创造良好舆论环境。将"善美"行动引向深入，组织开展"善美在身边"主题演讲比赛，系统内10家单位22名职工参加省国资委寻找"最美员工"评选活动。

节能减排 2015年，浙能集团控股管理电厂平均供电煤耗降到300.01g/kWh，同比下降3.42g/kWh。全年完成建设和改造18台机组，总容量为1088万kW。至2015年底，浙能集团已实现超低排放煤电机组共24台、总容量1608万kW，占煤电总装机容量的63%。改造后的18台超低排放机组每年可多减排二氧化硫12 800余t，氮氧化物9700余t，粉尘近4300t。主要经济能耗指标继续在国内保持先进水平，完成8台机组通流改造，年节约标准煤约18万t，实现增容39万kW。

队伍建设 2015年，浙能集团顺利完成对所属全资、控股、代管企业（项目）共59个领导班子、295名领导人员的三年全面考察。规范选人用人工作，全年共提拔任职47人，交流79人，外部人才引进2人。注重青年人才培养，举办2期中青年干部培训班，择优遴选了三批次共40人的青年人才开展挂职锻炼。实施《人才发展管理办法》，进一步拓展人才发展通道，在科服分公司进行了试点。继续深入完善所属企业用工机制建设，完成劳务派遣骨干批量转录349人，录用应届生1152人，完成系统内人才调配393人，引进外部各类管理和技术人才24人，完成长广集团、黄岩热电人员分流工作。

党建工作 2015年，浙能集团积极开展“三严三实、履职尽职”专题教育，深化从严治党。重点策划开展了“加强党员修养，提升党员素质”、领导人员“守纪律、讲规矩”及领导人员“履职尽责”三大专项行动。分三批组织开展集团系统党员领导干部党章党规党纪轮训，共轮训118人。抓好组织建设，继续深化党建工作。以创建服务型党组织为主线，深化党建工作责任制落实，党建对标共建继续深入，深化运用党建信息化工作成果，基层党建工作整体水平提升，党内关爱、党务公开工作扎实开展，党建工作制度体系和工作机制不断完善，不断夯实“大党建”基础。

主要事件

1月7日，宁夏枣泉电厂一期工程获宁夏回族自治区发展改革委核准。

6月18日，嘉兴电厂三期“上大压小”扩建工程凭借良好的综合效益、先进的技术和管理，摘得国家优质投资项目特别奖。

8月10日，浙能集团ERP系统（一期）项目在集团本部、电力股份公司及兰溪、台二、凤台三家电厂同步上线试运行，并于2015年11月起在各电力企业全面推广实施。

8月28日，甬台温天然气管道春晓输气站至宁海输气站投产试运行成功，浙江省级天然气管网运营管理长度已超过1000km，达到1036km。11月28日，浙江省省级天然气进气量达3547万m^3，刷新历史最高单日输气纪录。

8月28日，由浙能集团培育的浙江省海港投资运营集团有限公司揭牌成立。

9月16日，浙能新疆阿克苏纺织工业城热电厂207m烟囱外筒提前结顶；12月8日，1号机组大板梁全部吊装就位。

9月17日，越南瓮安电厂一期在工程现场举行隆重投产庆典，越南国家总理阮晋勇出席典礼并为该电厂投产剪彩。

9月18日，《浙江能源报》获得2015年中国能源企业传播大奖优秀内刊奖。

10月，全国首个新建百万超低排放燃煤机组——浙江浙能中煤舟山煤电新建机组获得国家优质工程金奖。

截至10月底，浙能集团累计处理发电厂废水近4亿t，全部回用或达标排放，相当于39个西湖的蓄水量。

11月3日，由浙能集团与国家电力投资集团共同组建的合资公司——国核浙能核能有限公司在杭州揭牌成立。

11月17日，浙能集团首创的烟气污染物超低排放技术入围“十二五”电力科技二十项重大技术进展。

11月26日，“多种污染物高效协同脱除集成系统”发明专利正式获得国家知识产权局授权，超低排放技术在创新性和自主性上获得了国家认可。12月11日，“超低排放”百度百科专属词条正式上线，浙能集团在国内“超低排放”领域的首创地位和领先优势，获全球最大中文百科平台的权威认证。

12月7日21时41分，萧山发电厂2号发电机与电网解列，萧电成为纯燃机绿色电厂。

12月14日，台州第二发电厂工程2号百万千瓦机组投入商业运行，至此，浙能集团装机容量突破3000万kW。19日，温州电厂7号66万kW机组也正式投产。两家电厂均实现了年内“双投”的建设目标。至2015年底装机规模位居全国地方发电集团之首，达到3067.3万kW。

12月18日，浙能集团2014年度社会责任报告荣获“2014年度浙江省企业社会责任优秀报告”称号。

截至2015年底，浙能集团已完成13台60万kW级机组、14台30万kW级机组节能增容改造，两者合计可实现增容115万kW，年节约标准煤约45万t以上。

（罗旭杰）

华 中 地 区

【国家能源局华中监管局】

基本情况 国家能源局华中监管局（简称华中能源监管局）是国家能源局在华中区域的派出机构，接受国家能源局的垂直领导，依据国家能源局的授权履行区域电力等能源行政执法职能，设于武汉市，目前主要负责湖北、江西、重庆、西藏四省（区、市）的电力等能源监管工作。

领导班子 党组书记、局长罗毅芳；党组成员、副局长王笃奎；党组成员、副局长银车来。

主要工作

（1）进行电网风险管控，对华中电力安全生产委员会进行改组，构建以电网安全为重点的区域电力安全沟通协调机制；进行问题监管，及时开展藏中电网运行安全重点监管；进行隐患排查治理，深入开展对江西景德镇电厂、南昌电厂所属的老旧升压站等“两不管”升压站事故隐患排查工作；以加强大坝注册和定检为抓手，进一步加大水电站大坝安全监管工作力度；以新《安全生产法》宣贯为契机，及时开展“清明”期间防山火和抗战胜利70周年纪念活动保电等重点督查，帮助企业筑牢安全生产思想防线和技术防线；认真落实国家能源局关于深刻吸取天津“8·12”火灾爆炸事故教训认真做好安全生产工作的指示要求，及时开展电力安全综合督查；以电力工程质量等四项电力安全专项监管工作为载体，以点带面，督促企业严格落实安全生产主体责任。

（2）参与、推进电力体制改革试点工作；参与湖北省输配电成本监审工作，通过现场监审，有效核减企业上报成本近50亿元；发挥流域梯级水电站优化调度机制作用，提高水能利用效率；积极开展水电应急交易、协调电网运行方式安排，促进水电跨省区消纳，2015年1～10月，华中区域共开展跨省区水电应急交易电量19.9亿kWh，有效减少了水电弃水，同时着力推进跨省风火替代交易。

（3）做好华中区域“十三五”电力发展规划编制工作，开展省际电力互济、四川水电配置、区域电网主网架、区域电网运行整体优化等重点课题研究，听取区域内电网企业、发电企业、电力调度机构及政府能源主管部门的意见建议，统筹做好区域电力规划与省级电力规划之间的衔接平衡，进一步明确区域总体规划和各省专项规划的功能定位，增强电力规划的导向性、科学性和可操作性，形成了《华中区域“十三五”电力发展规划研究报告》。

同时，协助国家能源局办理全国人大代表建议；以居民欠费停复电问题专项监管为突破口，深入推进人民群众用电满意工程；深化12398热线受理范围拓展，加大对投诉举报信息处理力度，2015年已累计处理各类投诉举报及咨询等有效信息1170件。

（4）落实重点专项监管要求，加强简政放权后的事中事后监管；完善“阳光许可政务平台”建设，运用信息技术手段提高监管效能，2015年已通过“阳光许可”平台办理各类电力业务许可29 273件；全力配合地方政府推进工商登记制度改革；开展电力业务许可制度执行情况专项监管。

【国家能源局河南监管办公室】

基本情况 国家能源局河南监管办公室（简称河南能源监管办）根据国家有关法律法规和国家能源局的授权，履行对全省能源行业的监管职责。内设综合、市场监管、行业监管、电力安全监管、资质管理、稽查等6个处室。

领导班子 2015年初，匡宝珠同志为党组书记、专员，阎俊超同志为党组成员、巡视员，刘建华同志为党组成员。2015年6月，阎俊超同志不再担任党组成员、巡视员。2015年10月匡宝珠同志不再担任党组书记、专员，刘建华同志不再担任党组成员。2015年10月，葛才胜同志任党组成员、巡视员。

主要工作

（1）日常电力监管工作。

1）电力安全监管。全面贯彻落实安全生产要求和工作部署，保持了全省电力安全生产的稳定局面。切实加强电力应急管理，不断加强电力企业应急管理工作。持续开展安全生产隐患排查治理，监督、督促全省电力企业排查事故隐患，加强隐患整改，不断促进安全生产水平提高。

2）电力市场准入监管。电力业务许可证颁发工作稳步推进，2015年，全省共颁发发电类电力业务许可证19家，供电类电力业务许可证1家。各考试站共组织电工考试152场21 211人次，颁发电工进网作业许可证17 149个，全省持证电工达到164 498人。

3）电力交易监管。推进河南省大用户直购工作，会同省发展改革委出台了《河南省电力直接交易规则（试行）》。2015年河南省共有7家企业参与。参与的发电企业共计8家，交易电量近80亿kWh。结合河南电网的实际情况，为加强供热机组管理，开展供热机组参数公示工作，促进“三公”调度。

4）价格成本监管。加强电力企业财务经营预警分析。跟踪掌握电价调整情况和企业经营情况。按月发布河南省电力企业经营状况通报和统调电厂主要生产经营指标通报，受到电力企业的普遍关注。

5）供电服务监管。做好供电常态监管工作，突出抓好重要时期保供电工作，高度关注迎峰度冬、度夏期间的有序用电、错避峰、拉闸限电等情况。开展供电明察暗访工作，督促电力企业加强电网建设、隐患排查、用电宣传和应急建设，不断提高城市配网与农网的供电能力与供电质量。

6）节能减排监管。关注河南省电力企业节能减排指标变化，做好火电机组脱硫脱硝和除尘治理及可再生能源电量收购和电价政策执行情况监管工作。2015年，统调燃煤机组脱硫设施投运率99.74%，脱硫达标率97.36%。脱硝设施投运率98.70%，氮氧化物排放达标率97.34%。加强可再生能源发电运行监管，确保可再生能源电量全额收购，及时足额结算。

7）电力监管行政执法。2015年，12398热线共接收有效信息2529件。正式受理投诉事项33件，举报事项9件。受理的投诉举报事项均在规定的期限内予以办结，回访率100%，满意率97%。扎实做好行政处罚工作，对其中的6家企业进行了行政处罚，收缴罚款14万元。

（2）专项监管和问题监管。在全省范围内开展电力建设工程落实施工方案专项监管、电网安全风险管控专项监管、电力工程质量专项监管工作、电力工控系统安全防护专项监管、电力调度交易及市场秩序专项监管、电网企业输配电成本专项监管、电源项目自建配套送出工程回购专项监管、热电与天然气管网项目审批简政放权落实情况专项监管、用户受电工程市场秩序专项监管、大气污染防治成品油质量升级专项监管、在建110kV及以上电网工程项目执行许可制度专项监管、燃煤发电机组执行电力业务许可制度专项监管等12项专项监管工作。组织开展了促进供热机组“以热定电”保障“三公”调度问题监管、河南省光伏发电项目计划建设并网与补贴结算情况问题监管、承装（修、试）电力设施企业执行许可制度问题监管、重要电力用户执行电工进网作业许可制度情况问题监管等4项问题监管。

【国家能源局湖南监管办公室】

基本情况 国家能源局湖南监管办公室（简称湖南能源监管办）内设综合处、市场监管处、行业监管处、电力安全监管处、资质管理处、稽查处。

领导班子 党组书记、专员（2015年12月调任南方能源监管局党组书记、局长）陈建长；党组成员、副专员（2015年12月主持湖南能源监管办工作）夏旭；党组成员、综合处处长陈显贵。

主要工作

（1）行业监管。一是开展能源项目审批简政放权落实情况监管。开展风电、热电项目审批简政放权监管，向国家能源局和省政府上报风电、热电项目审批简政放权落实情况监管报告，指出项目审批中的问题，提出监管建议。二是开展电源项目自建送出工程回购专项监管。第一批7个电源自建送出工程回购项目，国家电网公司已下达回购计划，回购资金6亿元，2015年底基本完成回购准备工作。

（2）市场建设。一是持续推进电力直接交易。10月组织湖南省首次撮合交易，成交电量8500万kWh，出清成交价0.467元/kWh，降价幅度5元/MWh，4家用户和6家电厂达成交易。二是严格电力市场准入监管。严格开展行政许可，依法实施市场主体退出，扎实做好后续监管。

（3）电力市场秩序。一是加强对违法违规行为的查处力度。2015年共办理行政处罚案件18件，罚没金额59.8343万元，涉案标的3000多万元。二是开展重点专项（问题）监管。开展输配电成本专项监管、优化调度重点指标问题监管、110kV及以上在建电网工程许可制度执行情况专项监管等。三是加强垄断环节监管。解决长沙市中山社区分布式光伏项目并网矛盾；协调晟通科技光伏项目建设矛盾；协调解决地方变电站并网接入矛盾。

（4）电力安全可靠供应。一是抓好电力安全专项监管。开展电网安全风险管控、电力工控系统安全防护、电力工程质量和在建项目落实施工方案专项监管。二是开展重要时段电力安全监管。落实防冻融冰电力安全监管工作措施；加强汛期电力安全监管；加强抗战胜利70周年等重要活动期间电网安全监管。三是加强隐患排查治理和重大隐患督办。抓好日常隐患排查治理工作；白云大坝重大隐患已整改完毕。

（5）百姓用电权益。一是畅通12398投诉举报民生通道。2015年，12398热线受理投诉举报事项67件，同比增加9.8%。二是强化供电“两率”监管。开展农电“两率”监测，随机抽取重点监测县开展现场核查。三是开展用户受电工程市场秩序专项监管。针对专项检查中发现的问题，下达整改通知书责令整改，涉嫌违法违规的立案调查。四是开展能源行业节能减排监管。开展煤电“十二五”节能减排升级改造监管。

【国家能源局四川监管办公室】

基本情况 国家能源局四川监管办公室（简称四川能源监管办）内设综合处、市场监管处、行业监管处、电力安全监管处、资质管理处、稽查处。

领导班子 党组书记、专员张健（2015年10月因年龄原因退出现职）；党组成员、专员助理马军杰（2015年10月起主持全面工作）；党组成员、综合处处长高晓梅。

主要工作

（1）电力安全监管。2015年，四川电力系统未发生电网事故和水电站垮坝、漫坝事故。全省未发生电力生产安全事故、电力生产设备事故，发生1起电力工程建设事故、1起自然灾害事件，死亡1人。

“8·12”天津港事件后，立即对中国水利水电五、七、十局，国电成都金堂发电有限公司，部分承装（修、试）企业开展了专项督查。

印发《四川电力应急预案管理实施细则》，建立应急专家库，完成应急预案评审工作57家单位，完成备案工作31家单位。实施全省电力建设工程落实施工方案专项行动，开展“六整治五落实”工作。启动2015年四川电力工程质量专项监管工作。印发《关于继续开展在建电力建设工程防范地质灾害专项演练的通知》。开展安全培训，全省电网类培训14期，1354人；电建类培训13期，约2000人左右；发电类培训7期，454人。

(2) 电力市场监管。组织报送和初审四川省2014年度监管统计年报数据，编写季度电力供需监测报告，建立天然气信息报送制度。修订四川省电力用户与发电企业直接交易规则，编写四川省电力市场交易规则。制定《关于加强四川电网火电机组运行保养促进水电消纳的实施意见》。

撰写解决四川弃水的建议报告。协助华中监管局开展华中区域能源发展规划研究和协调工作。

召开四川省电力行业厂网联席会。完善“两个细则”考核补偿，将具备条件的地震受灾电站纳入管理。开展四川省农村用电满意度调查。督导供电企业彻底解决无电地区无电人口用电问题。

开展2015年电力调度交易监管暨规范电力市场秩序专项监管、油气管网项目审批简政放权落实情况专项监管、电网企业回购电源项目自建配套送出工程专项监管、新建电源项目投资开发秩序专项监管，开展2015年重点行业淘汰落后和过剩产能有关工作。

组织编写《四川电力市场建设方案》和《四川电力交易机构组建和规范运行方案》。

(3) 资质管理。2015年，发电类电力业务许可证新颁发46个，累计核发1424家，豁免1000kW以下小水电企业1510家；供电类电力业务许可证变更6个，累计核发249家；电工进网作业许可证新颁发9636个，累计颁发98 629个；承装（修、试）电力设施许可证新颁发37个，累计颁发572个。

所有审批事项纳入网上审批，全面实现网上申请、审批、监督和证前、证中、证后的非现场动态监管。在门户网站设置专栏公开办事指南、办事流程、咨询电话。

开展110kV及以上在建电网工程执行承装（修、试）电力设施许可制度情况专项监管。

(4) 能源执法。开展四川省用户受电工程市场秩序专项监管。启用四川省用户受电工程市场信息与监管平台，2015年共受理6754笔用电业务。

启动四川省燃煤机组节能减排升级改造专项监管，完善四川能源行业大气污染防治工作信息报送制度，协助做好相关执法工作。

2015年，共受理投诉举报46件，办结43件（含2014年转结的10件），回访43件，平均办结时间34天，回访率100%。立案查处四川省岳池县石垭建安总公司、四川省南充市水电工程有限公司违规出租《承装（修、试）电力设施许可证》资质的行为。

【国网湖北省电力公司】

企业概况 国网湖北省电力公司（简称国网湖北电力）以电网建设、管理和运营为核心业务，负责电网安全稳定运行，为湖北地区经济发展和人民生活提供电力保障。至2015年底，用工总量88 995人，其中直管职工47 741人，同比分别下降7.85%和0.51%；营业户数2204.19万户，其中居民户数2015.37万户。2015年，投产110kV及以上输电线路1816.7km、变电容量670.7万kVA；完成售电量1323.04亿kWh，同比增长0.81%；线损率6.58%，低于计划0.02个百分点；市场占有率95.32%，同比下降0.53个百分点。

领导班子

总经理、党委副书记：尹正民

党委书记、副总经理：肖黎春

副总经理、党委委员兼国网武汉供电公司总经理、党委副书记：曹福成

副总经理、党委委员：王晓希

副总经理、党委委员：杨光糯

副总经理、党委委员：李政

副总经理、党委委员、工会主席：王文桃

党委委员、纪委书记：侯春

总会计师、党委委员：许毅蒙

副总经理、党委委员：傅景伟

副总经理：张立庆

总工程师：周新风

国网武汉供电公司党委书记、副总经理：明煦

组织机构 国网湖北电力有直属单位31家，其中地市供电企业14家，直供直管县级供电企业81家。

电网概况 “十二五”时期，湖北电网500kV及以上网架形成1个中部主框架、2个西电东送大通道及1个受端双环网格局；与河南、湖南、江西、重庆电网分别通过4回、3回、3回及4回500kV交流线路联网；与华东、广东电网分别通过4回、1回±500kV直流联网；通过荆门—南阳—晋东南1000kV特高压交流线路与华北电网相联。湖北电网以220kV电网为主要供电网络，并依托500kV变电站逐步实现分片区运行。110kV电网以220kV电网为中心，实现分片分区运行，向配电网络和用户供电。2015年，湖北电网有1000kV特高压变电站1座，500kV变电站29座，220kV公用变电站165座，35kV及以上公用变电容量15 134万kVA、输电线路6.98万km。

2015年，湖北省实现电网安全稳定运行和全省电力正常供应的“双确保”目标。至2015年底，湖北

省全口径发电装机容量6410.78万kW（含三峡2240万kW），居全国第11位，同比增长3.18%；全年发电量2355.87亿kWh，居全国第10位，同比下降1.65%；全社会用电量1665.16亿kWh，同比增长0.52%，其中工业用电量1093.97亿kWh，同比下降3.17%。

2015年，湖北省以水火电为主的电源结构基本未变，全省水火电合计发电装机占比超过97%，水火电各自占比分别为56.98%和40.17%，基本保持2014年水平。同期，全省新能源发展势头迅猛，电源结构日趋优化。其中，生物质（含生物质燃烧、垃圾、沼气）发电装机容量63.77万kW，同比增长4.9%；风电装机容量134.5万kW、太阳能装机容量47.97万kW，装机容量均成倍扩大。全省新能源装机占比提升至3.80%，同比提高1.44个百分点。除发电能力稳步增长外，湖北电网结构也更加坚强。全年，湖北电网建设和改造投资163.8亿元，同比增加32.8亿元，全年投产110kV及以上电网项目87个。全省加强县域及农村电网改造升级，完成投资85.76亿元，解决了部分供电台区低电压问题，供电能力和可靠性进一步提高。“十二五”期间，湖北特高压电网、配电网“两头薄弱”问题初步缓解。境内特高压和跨区电网发展加快，酒泉—湖南特高压直流工程湖北段按期开工，中蒙西—长沙等“三交一直”省内前期工作进展顺利。新建220kVA及以上变电站53座、变电容量3245万kVA，输电线路5600km，基本建成“一个中部框架、三个受端电网”骨干网架。建成大容量骨干光传输网，承载能力较“十一五”时期提升40倍。

全年全口径发电量同比略有下降，但总体发电计划执行良好。全年发电计划完成率99.55%，其中，水电100.54%，火电98.34%，风电97.57%，太阳能104.73%。除三峡水电大幅减发外，其他主力水电厂均不同幅度增发。火电发电量稳步增长，支撑全省电力供应。

全省火电厂总发电量同比增长3.30%，对全省电力供应支撑作用十分明显。其中，统调机组发电886.05亿kWh，增长2.87%；非统调机组发电143.63亿kWh，增长5.91%。由于年内新投产火电机组较多，加之用电需求不旺，导致火电机组平均利用小时数仅有4025h，同比减少140h，火电厂产能发挥不足。

电力供应　2015年，湖北电网500kV及以上网架保持2014年格局。湖北电网以220kV电网为主要供电网络，并依托500kV变电站逐步实现分片区运行。110kV电网以220kV电网为中心，实现分片分区运行，向配电网络和用户供电。完成特高压直流线路160天满功率运行湖北境内保障工作。特高压交流变电站保持安全运行，直流换流站未发生单、双极闭锁事件。全面推行跨区线路属地化运维，加强电力设施保护，输电线路外破跳闸事件同比下降56.3%。配电网建设水平大幅提升，10kV架空线路绝缘化率21.89%，高损配电变压器、超重载配电变压器、重载线路比例分别下降至11.13%、10.33%、5.38%。全省变电站实现无人值守，输电、变电、配电运检效率分别提升31%、56%、2.5%。与“十一五”相比，变电设备非停次数下降25.6%，输电线路跳闸率下降25.2%，配电网平均故障抢修恢复时长下降18.26%。2015年，应对23轮次恶劣天气，突出主动运维，应急响应迅速，及时组织抢修恢复供电，完成“东方之星”客轮翻沉事件救援保电工作。至年底，湖北电网城市综合供电电压合格率99.995%，同比提高0.01个百分点；农网综合电压合格率98.970%，同比提高0.132个百分点。湖北电网实现安全稳定运行33周年。

电力消费　全年全社会用电量同比小幅增长0.52%，其中，第一、第三产业用电量同比分别增长6.91%和11.58%，对拉动全社会用电量增长贡献较大。工业用电量同比下降3.17%，轻重工业用电量分别为144.61亿、949.35亿kWh，增幅分别为1.05%、−3.78%，轻重工业用电比基本与2014年持平。制造业是拖累工业用电量下降的主因。主要制造行业用电分化明显，重化工行业用电普遍下降。月均用电超过2亿kWh的9个制造行业用电“3升6降”。其中，交通运输电气电子设备制造、食品饮料烟草、纺织增幅上升，增幅依次为5.53%、0.73%、0.13%，非金属矿物制品、化工、通用及专用设备制造、金属制品、黑色金属冶炼及压延加工、有色金属冶炼及压延加工增幅下降，降幅在2.64%～10.31%。

全省14个地级电网中，武汉等9城市全社会用电量同比增长，增幅在0.18%～4.69%；全社会用电量同比下降的城市有襄阳、鄂州、十堰、宜昌、神农架，降幅在1.60%～19.24%。工业用电方面，同比保持增长的城市有荆门、黄冈、咸宁；武汉、黄石等11市（州、林区）同比下降，降幅在0.01%～35.88%。2015年，大多数地市全社会用电量小幅增长、工业用电量下降，全省用电需求很不乐观。

电力环保　发电计划严格实施节能调度原则。全额安排水电、光伏、风电等可再生能源优先发电、优先上网，对火电机组实行差别电量计划，大容量、高效率、低排放的大机组利用小时数高于平均200～300h。鼓励在役中小火电机组向大型高效率机组转让发电量计划，继续实行关停机组电量计划转让，推进电煤发电效率的提升。全年落实转让发电量计划30.5

亿 kWh。支持常规火电机组实施热电联产改造，并在发电计划安排上给予奖励，努力提高燃煤能效。合理安排电网和水火电机组运行方式，在 2015 年来水丰沛情况下，全年没有发生因运行方式原因导致的弃水现象。2015 年，全省发电行业全年节约标准煤近 50 万 t，减排二氧化碳 180 万 t，湖北省电力行业主要节能减排指标连续多年居全国前列。

供电服务 初步形成 OTO 营销服务模式。以“智能电管家”为载体，整合“掌上电力”手机 APP、支付宝服务窗和网上商城，搭建“购、用、管”一体化的移动用电服务平台。该平台与 95598 语音服务相互补充，构成完善的线上服务渠道，“智能电管家”用户突破 1000 万户。推进供电服务“网格化”和“五三五”标准营业厅建设，形成点面结合的线下服务体系，建成服务网格 41 421 个、标准营业厅 1097 个。建成社会化代收网点 5.21 万个，基本实现城区“十分钟交费圈”、农村“村村有交费点”。重点推广掌上电力、支付宝、95598 智能互动网站、电子金融银行等电子交费渠道，全省“网上营业厅”推广应用 330 万户，其中支付宝用户 205.63 万户。推进营配深度融合。完成万条千伏线路“站—线—变—箱—户”关系全对应。完善高低压客户服务基础信息，建立万条结构化地址。抢修“五个一”质量明显提高，抢修时长平均缩短 34.47min。推广“e 网通”“一证受理”和居民报装“1+1”模式，在国家电网公司系统率先推出 10kVA 业扩报装工程典型设计，放开 10kVA 及以下报装申请，建立“先接入、后分流、再改造”的报装快速通道。全省高压用户项目平均接电时间压缩 1.45 天，低压居民用户项目 14.10 万个实现 1+1 模式（当日受理、次日送电）。开展营销服务突出问题专项整治，出台“企业减负七条”措施，加强 95598 投诉分析，营销服务投诉总量、百万客户投诉数双下降。

统一电网 2009～2015 年，湖北省分 4 个批次，将原趸售代管和自供自管的 1 个地市、20 个县区地方供电企业上划给国网湖北省电力公司统一管理。至 2015 年，湖北省 14 个地市、102 个县区全部实现湖北电网直供直管，统一的湖北电网和电力市场基本形成。

配电网建设 2015 年，湖北电网安排配电网总投资 195 亿元，创历史纪录，累计投产配电网项目 1.93 万个，全省“低电压”、供电“卡口”问题初步得到缓解。农网改造升级工程全面提速，有序放开建设市场，全力推进工程进度，2014 年度农网基建项目全部完成，2015 年度新增项目全面开工。

主要事件

1 月 13 日，湖北省政府召开专题会议，研究全省农村电网建设发展问题。会议提出，2015～2020 年间，全省确保每年农网投资额达到 100 亿元。全省到 2020 年基本完成农村电网改造升级，基本消除农村低电压和供电卡口问题。

1 月中旬，共青团中央通过官方微博、微信宣传推介国网湖北电力团委“三一工作法”。

1 月，国网湖北电力“新一代智能变电站关键技术及示范”“电网‘量价费损’在线监测关键技术研究与应用”成果分别通过湖北省科学技术厅、中国电机工程学会的成果鉴定。

1 月，国网湖北电力推出二维码电费通知单（提示单），并在武汉地区正式使用，方便用电客户精准查询用电信息并快捷支付电费。

1 月 27 日～2 月 2 日，湖北部分地区遭遇雨雪大风灾害性天气，累计造成 180 余条线路停运（其中 500kV 停运线路 5 条），造成 4570 个台区、33.87 万用户停电。截至 2 月 2 日 17 时 30 分，全部恢复受损停运的电力设施和所有停电用户的可靠供电。

2 月初，湖北省 2014 年政风行风评议结果公布，国网湖北电力作为唯一一家企业单位参评，位列 9 家参评单位第二名，获评“优秀单位”。

2 月 28 日，在全国精神文明建设工作表彰暨学雷锋志愿服务大会上，国网湖北电力 15 家单位获得第四届全国文明单位称号。

4 月 3～6 日，湖北多地出现中到大雨，局部地区出现暴雨并伴有雷电，湖北电网发生多起线路跳闸事件，电网预警级别由“黄色”升至“红色”。全省多地配网供电设施受到较大影响。期间，累计造成近 200 条线路跳闸（其中 500kV 线路 3 条、220kV 线路 8 条），造成 7921 个台区、291 104 个用户停电。截至 4 月 6 日 18 时，受损电力设施和停电用户全部恢复正常。

4 月 9 日，国网湖北电力员工左光满当选首届中国电力楷模。

5 月 12 日，国网湖北电力召开输配电价改革试点工作启动会议暨输配电价改革试点工作领导小组办公室第一次会议，标志着国网湖北电力参与的输配电价改革试点工作全面启动。

6 月 1 日晚约 21 点 28 分，载有 458 人的“东方之星”客轮在长江湖北荆州监利县容城新港码头下游 900m 处突遇龙卷风倾覆。灾情发生后，国网湖北电力启动一级响应，开通省、地市、县应急指挥中心，调派卫星单兵装置前往事发现场，确保了救援保电万无一失。

7 月 1 日，国网湖北电力随县供电公司正式成立。国网随县供电公司于 2015 年 2 月 9 日批复成立，供电总人口 98.14 万人，供电营业户数 24.8 万户。

8月4日22时05分，湖北电网最大用电负荷2745.8万kW，较2014年最高用电负荷略高7万kW，创历史新高。

11月18日，湖北省仅余的丹江口、兴山2家地方农电企业无偿划转国网湖北电力申报材料获国资委审查，标志着全省14个地市、102个区县全部实现由国家电网直供直管，湖北农电体制改革圆满收官，统一的湖北电网形成。

至11月，国网湖北电力已建成劳模创新工作室86家，取得国家专利1200余项，"娄先义工作室""汤正汉工作室"分别被中华全国总工会、中国能源化学工会授予"示范性劳模创新工作室"称号。

（杨　倞）

【国网湖南省电力公司】

企业概况　国网湖南省电力公司（简称国网湖南电力）是国家电网公司的全资子公司，主营业务为湖南省电网的规划、建设、运行、检修和营销。职工总人数4.37万人。服务供电客户2323.76万户。2015年，完成售电量1036.73亿kWh，同比增长0.79%。同业对标在国家电网公司系统综合排名第八，设备运维检修专业连续3年获国家电网公司标杆（第一名），获得华中区域综合、业绩、管理标杆和6项专业标杆。

组织机构　国网湖南电力下设部门24个，设直属单位30家（其中14个市供电公司）、110个县级供电公司。

电网概况　截至2015年底，湖南电网发电装机容量3964.1万kW，同比增加361.4万kW，增长10%。其中，火电2126.7万kW，占53.7%；水电1669.1万kW，占42.1%；风电151.4万kW，占3.8%；光伏发电16.9万kW，占0.4%。湖南电网拥有特高压线路3条1387km；500kV变电站18座、变压器29台、变电容量2350万kVA，线路54条4979km（含三广直流）；220kV变电站151座、变压器261台、变电容量3999万kVA，线路442条13 253km；110kV变电站640座、变压器1047台、变电容量3673万kVA，线路1395条19 906km；35kV变电站811座、变压器1337台、变电容量731万kVA，线路1495条18 232 km。

2015年，湖南省发电量1253.48亿kWh，同比下降0.59%。其中水电520.46亿kWh，增长6.63%；火电709.91亿kWh，下降7.18%；风电、光伏23.11亿kWh，增长187.08%；统调外省净输入电量141.97亿kWh，下降5.3%。统调最大负荷2294万kW，增长8.1%；统调日最大电量4.29亿kWh，增长4.9%；统调火电耗煤总量2142万t，下降12.2%。全省全社会用电量1447.63亿kWh，同比增长1.17%，增速提高0.62个百分点。第一产业用电量17.07亿kWh，占21.3%。第二产业用电量886.55亿kWh，下降3%，其中，重工业用电742.6亿kWh，减少4%；轻工业用电124.36亿kWh，增长1.9%。第三产业用电量215.45亿kWh，增长9.9%。

人力资源　深化"三集五大"体系建设，稳妥完成国网湖南电力本部、部分省公司层业务支撑单位、市公司有关职能部门、"子改分"和上划县公司的机构职责调整。制定统一的岗位岗级规范，组织各单位完成岗级套改；配合国家电网公司总部制定2015版劳动定员标准，推进定员贯标。加强劳动用工管理。完成2015年新员工入职送培工作，编制2016年毕业生招聘计划，首次全面采用机试和引入第三方面试方式，完成第一批高校毕业生招聘工作。推进内部人力资源市场应用，优化用工结构。强化企业负责人业绩考核，修订《企业负责人业绩办法》，完善指标体系和激励机制，通过业绩看板、红黄牌预警、周月季例会等方式加强监控分析。开展一线员工工时定额积分试点工作。规范薪酬管理。推行岗位绩效工资制度，制定岗位绩效工资制度方案，优化薪档套改方法，实行薪档动态调整。理顺收入分配关系，完善负责人和管理机关工资计划单列制度，调整负责人薪酬结构和核定方式。督导各单位强化绩效考核结果应用，促进工资分配向关键核心岗位、优秀专家人才、绩效突出员工、艰苦边远地区的重点倾斜激励。

电网建设与发展　深入贯彻全球能源互联网战略，开展全球能源互联网宣讲活动，在第五届"电力解除管制与重建及电力技术"国际会议上做专题演讲。开展"十二五"电网发展规划后评估，编制完成"十三五"电网发展规划。全面完成电网建设任务。酒泉—湖南±800kV特高压直流输电工程纳入湖南省政府重点工程项目，9月湘潭换流站和线路工程（湖南段）开工建设。星沙500kV输变电、220kV响水坝改造以及岩人坡—永顺—红岩溪线路等电网紧急工程均按期完成投产。常德500kV电厂送出工程提前竣工，为华电常德电厂实现年内投运创造条件。500kV攸县电厂—船山线路提前竣工。220kV攸东、110kV七区新一代智能变电站，220kV丛淮线、云淮线智能化输电线路竣工投产。岳阳500kV南输变电、星城主变压器扩建等在建工程进展顺利。常德北500kV输变电工程按期开工。开展工程创优工作，组织开展110kV及以上输变电工程流动红旗竞赛活动和"标准工艺"应用样板工地评选活动，组织优胜项目现场交流会，开展交流学习。2015年，67个110kV项目、27个220kV项目、4个500kV项目（共98个项目）创国家电网公司优质工程，优质工程率100%。星沙

500kV变电站工程荣获国家电网公司上半年变电安全质量管理流动红旗。

经营管理 强化经营诊断，经营诊断整改成效显著。配合出台电铁还贷标杆电价，配合发布电动汽车充换电服务价格标准，取消价格调节基金，湘西出台新建小区配套费收费政策。落实税收优惠政策。部署资金实时监控平台，对工程项目等4个方面实施在线稽核，开展大额暂估业务等三项内控专题评价，排查问题。强化主体责任，建立问题清单和问题销号制度，依法治企问题整改率98%。开展往来款项和“两金”专项清理，处置长期挂账往来和存货资金。完善内控体系，创建稽核规则114条，及时防范新业务、新流程、新模式调整可能出现的经营风险。推进业财协同，清理规范，夯实业财协同基础。成功试点营财一体化建设。

安全生产 2015年末发生七级及以上人身、电网、设备、信息事件，没有发生10kV及以上恶性误操作，没有发生火灾和交通事故，实现全年安全目标。开展“精益安全管理”活动。开展季节性安全检查，安全稽查，安全月、安全日等活动，逐项落实各项重点工作。狠抓安全大检查和缺陷隐患整治，全年共排查隐患13 900多项，治理完成率100%。完成东江、凤滩水电厂的安全设施标准化建设验收，对集体企业所属水电厂开展专项安全督查。加强消防和交通安全管理，连续17年实现消防零事故，连续12年未发生责任交通死亡事故。加强宣传引导，义务向社会公众发放电力设施保护宣传资料和张贴各类通告10万余份。配合公安机关，严厉打击盗窃破坏电力设施违法犯罪活动，全年共查破各类涉电案件37起。完成灾保电任务。快速发布雨雪冰冻、山火及暴雨预警，成功应对各类自然灾害。快速响应社会应急救援。确保“6·1”长江“东方之星”沉船事故发生后的现场用电需求。完成高考、“9·3”抗战胜利芷江庆祝活动、第28届亚洲男篮锦标赛和长沙国际马拉松赛等保电工作。

营销工作 实施营销精益化管理。开展营销服务诊断分析，完成对14个市州公司、16个县公司和17个供电所现场诊断稽查，查改业务不规范问题。开展审计发现问题整改，规范有关企业供用电关系。加强电价执行管控，开展特殊电价整治、定比定量核定和综合电价台区改造。推行“先购后用”市场模式，推广远程费控客户。开展台区降损，加大用电秩序整治及反窃电工作，强化台区降损考核力度。打通营销与财务的信息传递通道，贯通营销与财务的业务流程，构建营销与财务跨部门的协同工作机制，实现营财一体化正式运作，提高营销账务处理的工作质量和效率。推进营配调贯通建设，完成全省营配调基础数据全采录、全治理目标要求，全省站、线、变一致率实现三个100%，配电网10kV电网资源、高压用户、营销资源及城网低压数据采录完成100%。在PMS2.0系统单轨运行基础上实现营配调贯通，实现基于“营配调一张图”的业扩报装辅助制定、故障研判、95598故障报修定位等五项协同业务应用，有效促进营配调末端业务融合。创新“电能替代六步法”工作机制、规范工作流程，被国家电网公司列为典型工作经验。完成电能替代项目675个，累计完成替代电量32.48亿kWh。

农电工作 加快推进农村电网改造，实施“低电压”技改转网改项目。全年完成35kV及以上农网工程投资32.9亿元，优质工程率95%，建成凤凰、零陵、资兴3个电气化县，完成省政府重点民生实事“600个村”农网建设任务。配合省政府出台《关于理顺代管县电力管理体制的意见》，完成29个代管、控股县公司产权无偿划转程序并通过国务院国资委审查及获国家电网公司批复。妥善处理龙山、永顺、新化等10个公司承担托管中心费用问题。邵阳86个自供区及怀化、永州、衡阳、郴州等地区自供区接管和农网改造稳妥推进，完成国有林场电网基本情况调研。

科技与信息化 2015年，获中国专利优秀奖1项，实现获国家专利奖零的突破；获2015年中国电力技术发明一等奖1项、科技进步二等奖1项，是国网湖南电力首个中国电力技术发明奖和科技进步奖；获2015年国家电网公司技术发明一等奖1项、科技进步二等奖1项、技术标准创新贡献奖1项；5个科技项目获湖南省科技进步奖。电网输变电设备防灾减灾技术实验室成功获得“国家重点实验室”授牌。依托国家重点实验室公司继续巩固在覆冰预测预警和山火监测预警技术领域的国内领先优势。完成“电力设施噪声与振动实验室”基础设施建设，建成国内首个开展各种工况下交、直流配电变压器噪声与振动标准测试的系统，是国家电网公司系统唯一的噪声与振动专业实验室。加强配电网智能化应用技术实验室软硬件建设，顺利通过国家电网公司科技部组织的实验室现场检查。全年完成110kV及以上电网建设项目环评103项，竣工环保验收1项，水保设施验收12项，处理环保纠纷53起。建成六氟化硫气体回收处理中心，顺利通过国家电网公司验收。

信息化管理。开展信息化后评估和运维服务验评，对信息化建设项目和信通运维服务的全过程规范化管理开展自查和整改。修订信息系统应用评价考核细则并纳入绩效考核体系。

智能电网工作。株洲攸东220kV和七区110kV两座变电站被列为国家电网公司2015年新一代智能变电站创新示范工程。云田—淮川和丛塘—浏阳南两条220kV输电线路被列为公司2015年智能输电线路创新示范工程。“两站两线”工程如期完成建设任务。

优质服务 开展营销服务诊断分析，查改不规范问题。健全优质服务考核体系，加强营销、运检、调控专业指标管控，完善服务协同机制。加强供电服务投诉管控，实行三级“说清楚”制度，典型投诉量同比下降25%。精简手续提高办电效率，构建统一业扩报装服务模式，客户提交资料种类、临柜次数和业扩办理环节减少5%，居民客户平均接电时间缩短3.5天，高压客户平均接电时间缩短5.5天，全面建成城市“十分钟交费圈”和乡镇“村村有交费点”，推行“网上营业厅”，推广银行网站交费和“掌上电力”APP等新型交费方式，解决交费难问题。投运国内领先的电能计量检测研究中心，建成具备司法鉴定功能的反窃电实验室。

党的建设和精神文明建设 推进“三严三实”专题教育，查找问题1360个，制定整改措施3733项，整改率100%。学习贯彻《准则》和《条例》，制定落实党风廉政建设“两个责任”清单，严厉查处违反中央“八项规定”的问题。反腐倡廉教育基地建成投运。全力配合做好中央巡视工作，开展教育实践活动整改落实“回头看”，“四风”问题得到整治。深化服务型党组织建设、电网先锋党支部创建、共产党员服务队竞赛。“电骡子”共产党员服务队被授予国家电网公司金牌共产党员服务队。开展“六型”本部建设，改进三级本部作风。全员培训率97.23%，竞赛调考成绩排名进入国网系统前十。加强企业民主管理，建立“双路径、三保障”民主管理体系。开展企业文化“四进四同”活动，2个案例被评为国家电网公司典型案例。构建“一网两微”新媒体格局，强化舆情防控和信访维稳工作。

（汤日成）

【国网河南省电力公司】

企业概况 国网河南省电力公司（简称国网河南电力）是国家电网公司的全资子公司，国有特大型企业，肩负着为河南省经济社会发展提供可靠电力保障的重要任务。截至2015年底，用工总量16.5万人，供电服务客户数3614.55万户。当年完成售电量2286亿kWh。

组织机构 国网河南电力有直属单位31家，县级供电企业107家。

电网概况 河南电网是国家电网的重要组成部分。截至2015年底，河南电网110kV及以上变电站1220座、变电容量2.16亿kVA、线路长度4.90万km，较“十一五”分别增长36%、55%、22%。全省发电装机容量6743.60万kW，其中，统调装机容量6307.16万kW，较“十一五”分别增长33.36%、33.76%。持续完善河南500kV电网“两纵四横”梯形主网架，220kV变电站覆盖全省95%的县域，全部县域实现110kV双电源供电，80%以上乡镇实现35kV及以上变电站供电，90%以上乡镇实现两条以上10kV线路供电。2015年，河南省全社会用电量2879.62亿kWh，同比增长－1.37%，较“十一五”增长22.33%；发电量2558.89亿kWh，同比增长－4.32%，较“十一五”增长12.04%。

人力资源 完成“三集五大”建设任务，实现各专业体系向县公司、一线班组和乡镇供电所的拓展延伸。推进“五位一体”深化应用，完善1214条业务流程，梳理719个典型岗位和职责，更新匹配岗位、职责、制度标准和考核指标，形成1341份流程手册和2718份岗位手册，实现供电和非供电业务全覆盖。编制完成国网河南电力“十三五”人力资源规划，明确2016～2020年人力资源工作的总体思路、发展目标、主要任务和保障措施。优化计划管理，明确各级单位职责任务，细化工作流程，计划完成率100%。完善16.48万用工约2.5亿个信息字段，实现信息系统基础数据全覆盖。调研用工配置状况，制定内部人力资源市场10项管理实施细则，开展市场运作，盘活存量1万余人，将新入职毕业生全部补充到生产一线，解决401个班组缺员问题。新增用工全部由省公司审批，择优录取，各类用工均实现负增长。

研究提出配电网建设管理、农电管理、集体企业监督管理模式，明确省市县三级管理责任以及专业和归口管理职责。31家直属单位全部完成岗级规范和工资套改。建立与员工年度绩效、能力、贡献挂钩的工资动态晋升调整机制。建立“线上线下审核、财务人资协同”机制，集中核查16.5万人所有用工工资发放情况，及时整改存在问题。

全年培训管理技术人员2.7万人次、技能人员16.7万人次。实施网络培训考试307项、20万人次。举办12项竞赛调（普）考、表彰231人次；参加国家电网公司12项竞赛调（普）考，6项进入团体前8名、29人次获表彰。新增国家电网公司级专家人才和后备186人、省公司级426人、地市公司级1428人。

电网建设与发展 完成“十三五”电网发展规划编制。完成252项110kV及以上项目核准。配合国家电网公司完成晋北—江苏±800kV特高压直流、上海庙—山东±800kV特高压直流、淮东—华东“三直”工程核准工作。全年开工110kV及以上工程314项，输电线路4288km、变电容量2671万kVA；投产110kV及以上工程174项，输电线路2387km，变电容量1398万kVA。建成投运500kV南阳南、驻马店北等55项重点度夏工程，提前投运500kV洹仓Ⅱ回线路等重点度冬工程，解决驻马店、信阳、南阳、濮阳等地区供电缺口问题。建成哈郑配套郑州北500kV输变电工程，满足哈郑直流满功率受电要求。灵绍±800kV特高压直流工程（河南段）历时14个月实现全线架通，晋北—南京、上海庙—山东特高压直流工程开工建设。国网河南电力35kV及以上工程全部达到优质工程标准；灵绍特高压工程（河南段）获得国家电网公司线路工程安全质量管理流动红旗，500kV濮阳东变电站工程代表国家电网公司获得中国建筑工程“鲁班奖”。

经营管理 效益水平稳步增长，资产质量持续改善。加强税收筹划，节约税负支出，开展低成本融资，节约利息支出；集中招标采购；实施业扩报装“提质提速提效”专项行动，用电容量净增1191万kVA；实施电能替代，完成替代电量66亿kWh，充换电服务8.3万余次；优化购电结构，购入省外电量333亿kWh；强化风险预警预控，电费回收率100%。集体企业改制重组实施方案获国家电网公司批复，温县、正阳2家县公司划转获国务院国资委批复，完成市县两级101家供电服务公司组建，开展8家县公司“子改分”试点。组织30家直属单位、107家县公司、415家集体企业开展依法治企自查自纠工作。适应农电体制变化和农电管理要求，对107家县公司进行经营管理专项审计，促进规范县公司管理十二条禁令出台。完成14家直属单位领导干部离任经济责任审计，南水北调电力迁建工程和城市配网工程专项审计，组织实施220kV以上电网工程结算审计34项、决算审计26项。加强审计工作管理创新研究，撰写的《标准化现场审计作业指导体系构建与实践》荣获国家电网公司2015年管理创新成果三等奖。

安全生产 开展安全大检查和缺陷隐患排查整治，梳理防范公司安全生产面临的“十大风险”和“十大隐患”，没有发生上级考核的安全责任事件。优化大电网运行策略，加强大电网运行控制技术研究，完善电网风险预警管控机制，完成交直流特高压设备首次同步年度检修，特高压混联电网平稳运行。组织电网度夏度冬，电网经受住5103万kW最高用电负荷考验。统筹安排全省1637万kW容量燃煤机组超低排放改造。

深化国家电网公司安全管理提升活动，推进全年65项任务按期完成。加大现场督查力度，发现纠正现场违章4343起，下发整改通知单1554个。组织开展安全大检查和缺陷隐患整治工作，共排查发现1349项缺陷隐患，完成整治1307项。推进春季安全大检查、电网工程开复工安全督查、技改大修“六不开工”督查等系列专项督查，有效防控现场风险。累计实现安全生产百日60个，18个供电单位连续安全生产全部超过3000天。

加强停电计划管理，最大限度减少电网非正常方式运行时间。强化电网风险管控，准确评估电网风险，严格预警审批发布，强化专业协同、网源协调、政企联动，确保电网风险可控能控。完善特高压交流及天中直流大负荷事故处置预案及迎峰度夏重点事故处置预案，开展天中直流大负荷运行联合反事故演习。加强网源协调普查、环特高压专项核查、±800kV天中直流近区机组涉网技术专项核查，及时消除安全隐患。电网频率合格率、主网电压合格率、继电保护及自动装置正确动作率三大运行指标保持100%。省网日前负荷预测合格率100%。

加强机组运行管理和机组涉网装置管理，落实涉网技术要求，强化网源协调，发挥水电、燃气、风电机组作用，确保负荷高峰发供电平衡。做好机组并网服务，全年完成9台新机组并网，新增发电能力510万kW。统筹基建工程、技改大修等作业项目安排，确保度夏工程按期投运。加强需求侧管理，落实大用户有序用电措施。发挥跨区电网优势和市场调节功能，全年完成跨区电力交换352亿kW。加强负荷预测分析，合理安排运行方式，分阶段做好全年电力供需平衡，完成春节、全国“两会”、高考、“9·3”阅兵，以及上合组织成员国政府首脑理事会第十四次会议等重大活动、重要节日保电任务。城网供电可靠率完成99.957 5%，农网供电可靠率完成99.83%，分别较年度目标提升0.007 5%和0.03%；城市综合电压合格率99.998%，农网综合电压合格率99.084%，同比分别提高0.003%和0.007%。开展基建“安全质量年”主题活动，有效管控三级及以上风险作业708项，对灵绍特高压重大跨越等46个四级风险作业实施“挂牌督查”。开展营销服务安全检查及缺陷隐患整治，检查重要客户1336户，发现用电侧隐患745个。配合政府部门开展居民住宅公共区域消防安全检查，发现用电安全隐患1.49万个，完成隐患督导整改1.3万个。开展信息通信系统安全大检查和缺陷隐患整治，重点对信息通信系统、运行设备及维护管理进行排查，发现缺陷隐患304项，完成整改189项。开展集体企业安全培训，加强现场管理、分包管理，推进集体企业安全管理长效机制建设。开展调度通信大楼供电和消防安全检查“回头看”活动，排查上报安全隐患278项，完成整改218项。

营销工作 市场占有率92.37%。完成电费回收率100%。推广费控110万户，电费余额大幅下降。开展燃煤锅炉替代行动，召开电能替代工作现场经验交流会。开展“绿色电能服务万家”等宣传活动。全年推广实施电能替代项目1679个，完成替代电量66亿kWh，超额完成国家电网公司60亿kWh目标。完成全省电价调整工作，通过营业厅、微信、微博等多种渠道宣传调价政策，对于重要、敏感客户开展上门服务，共落实峰谷电价执行 6.56 万户。追补电量 2694 万 kWh。深挖节能项目潜力，全年节约电力 29.26 万 kW，节约电量 12.19 亿 kWh。完成京港澳高速公路 19 座快充站建设任务，形成省内首个高速公路快充网络，覆盖 8 个城市，续行里程 850km。全年安装智能电能表 500 万只，完成县公司 40.4 万专用变压器、公用变压器用户采集全覆盖，全省累计实现采集 1209 万户，18 个市公司采集覆盖率 100%。采集系统“四表合一”功能上线。全年完成 2172 户“四表合一”改造并实现采集。制订采集深化应用工作评价体系和管理办法，开展采集系统功能拓展及深化应用，有力支撑售电量预测、远程费控、线损分析、配电变压器监测及计量装置在线监测等业务开展。开展营销系统数据质量管控，基础数据规范率 99.97%。推进营配调数据贯通，完成低压客户信息采录 678 万户，完成率 18.76%（其中市公司 85.83%）；营销业务应用系统与电网 GIS 平台“站—线—变—户”数据对应率 89.6%。

科技与信息化 2015 年，完成全国“两会”、迎峰度夏、上合组织峰会等重大活动和重要节假日信息安全运行保障工作；完成重要信息系统和重点网站安全执法检查，被省公安厅列为“网络安全重点保卫单位”；组建信息安全红蓝队，开展信息系统漏洞扫描、渗透测试等安全防护测试工作；牵头编制国家电网公司工控安全防护专项检查方案，完成“国家电网公司信息通信测试中心”河南分中心挂牌。信息化建设应用方面完成 PMS2.0 系统单轨运行，实现省市县三级电网设备跨专业管理；完成 107 家划转县公司 ERP、财务管控、人资管控、门户目录等系统的业务融合和流程贯通；完成新交易平台推广上线，通过国网交易中心验收评价；完成全方位辅助工具营销专项指标提升工作，有效解决 GIS1.6 系统客户端遗留问题，提高营配调贯通数据质量；组织开展县公司实用化培训 8 期 77 班次，深化乡镇供电所及班组一体化信息系统应用。信息化新技术应用方面搭建大数据试验集群环境，实现调度、用电信息采集和 GIS 地理信息等大规模数据的分布式存储，开展全省客户投诉、信息外网攻防等专题分析和模型设计，初步展现大数据分析能力和效果；完成无线虚拟专网部署，实现外网通道省级集中与安全可控；完成国家电网公司系统统推内外网移动应用平台建设，并实现国家电网公司农网工程现场安全监督管控平台试点上线运行。

国网河南电力联合许继集团有限公司和国网湖南省电力申报的“智能配电网优化控制及运行技术实验室”获得国家电网公司第四批实验室命名。截至 2015 年底，共拥有 6 个省部级实验室。

获国家电网公司科技进步奖 6 项，技术发明专利二等奖 1 项、三等奖 2 项，其中“大容量多馈入交直流下的省级电网规划关键技术研究及应用”获国家电网公司科技进步一等奖；获河南省科技进步奖 16 项（其中二等奖 5 项、三等奖 11 项）；获中国电力科技奖 1 项。

优质服务 开展业扩报装“提质提速提效”专项行动，全面推行“一证受理”。围绕省委省政府“双十”行动计划确定的 7949 个重点投资项目，开展“保供电、促增长、助发展”专项行动，新增报装容量 2121 万 kVA，投产项目新增电量约 6 亿 kWh。完成 4.12 万户“三供一业”供电分离移交改造工作。加强分布式电源并网全过程管理，累计受理分布式电源客户 1419 个，并网容量 33.68 万 kW。完成全省 107 个县公司 95598 网站及支付宝交费上线，新增社会化代收网点 1.8 万个，实现城市“十分钟交费圈”和农村“村村有交费点”建设目标。建立客户信用等级评价体系，与国网电子商城合作开展积分兑换，成为国家电网公司系统首家在电力商城进行客户信用积分线上兑换的省级公司。节能公司成功获评“工业领域电力需求侧管理评价机构”；建成能效检测实验室，具备独立能效分析评价能力；“基于合同能源管理的省级电网企业节能业务体系建设”荣获国家电网公司管理创新成果二等奖。建立省、市、县公司三级供电服务周会商、月通报和典型服务事件“四不放过”制度，会商解决供电服务突出问题。建立供电服务百日考核制度，严肃查处业扩工程系统外流转、临时用电不规范等 8 大类问题。完成全省 6.65 万个供电服务网格划分，发放便民服务卡 1295 万张。

党的建设和精神文明建设 印发《关于开展全员阅读、建设书香企业的实施意见》，开展赠书、荐书、评书和领导干部带头晒阅读书单等系列活动。修订印发党组（党委）中心组学习管理办法，开展集中学习 19 次，各级党委中心组集中学习研讨 1968 次，专题讲座 472 次。强化日常教育，开展员工政治理论和形势任务学习教育，开展庆祝“七一”和纪念抗日战争胜利 70 周年系列活动。规范基层党组织设置和建设工作，集中开展基层党组织换届选举工作。分层分批培训基层党组织书记，培训率达 100%。评选表彰精神文明建设创新成果奖、金牌（优秀）共产党员服务队、最美国网人、企业文化建设示范点共计 60 项（名）先进典型；12 个集体（个人/项目）受到国家电网公司命名表彰，4 个集体（个人/项目）获得提名奖。

坚持全面从严治党和依法从严治企，切实履行“两个责任”，出台《关于进一步落实党风廉政建设主体责任和监督责任的实施意见》（豫电党组〔2015〕

30号)，细化落实“两个责任”的各项任务清单，使“两个责任”有效落地。落实八项规定，开展自查自纠和明察暗访。

上合峰会供电保障 2015年12月14～15日，上合组织成员国政府首脑（总理）理事会第十四次会议在郑州成功召开，上合组织6个成员国、6个观察国、9个国际组织的领导人和负责人齐聚郑州。会议期间电网保持了安全稳定运行，全省电力供应平稳有序。保电工作实现了电网设备“零故障、零跳闸”、主会场供电“零闪动”、重要场所供电“不间断”、保电工作“零失误、零差错”的预定目标。

（申雁冰）

【国网江西省电力公司】

企业概况 国网江西省电力公司（简称国网江西电力）是国家电网公司的全资子公司，负责江西电网的建设、管理和运营。服务供电客户1736.77万户，供电人口4542万人。2015年，完成售电量862.66亿kWh，同比增长4.15%；综合线损率6.99%，同比降低0.23个百分点；固定资产投资133.29亿元，同比增长23.53%。

组织机构 国网江西电力本部设有24个部门，下属单位22家，全资县供电公司97家。

电网概况 截至2015年底，江西电网统调发电厂40座，其中火电厂13座，水电厂11座，风电、光伏等新能源电厂16座。全网总装机容量为18 685.9MW，其中火电装机容量为15 940MW，占总装机容量的85.3%；水电装机容量为1769.7MW，占总装机容量的9.5%；新能源发电装机容量为976.2MW，占总装机容量的5.2%，全省电力供需基本平衡。

江西电网以南昌为中心，北起九江，南接赣州，东至上饶，西抵萍乡。±800kV宾金线（特高压直流输电线路）过境江西。全网500kV变电站19座，变电容量2400万kVA；输电线路47条，长度3757km。220kV变电站138座，变电容量3600万kVA；输电线路448条，线路长度11 499km。110kV变电站450座，变电容量2889万kVA；输电线路923条，长度13 989km。江西电网已形成500kV双回路主干网架，通过3回500kV线路与华中电网联网，所有县域电网实现110kV线路双电源供电。

人力资源 2015年12月，国网江西电力用工总量63 042人，同比减少3213人，人才当量密度1.070 9，同比提升12.57%。

更新完善“五位一体”深化应用工作，《推进营配调业务融合，构建“五位一体”新型供电服务体系》《基于“五位一体”新机制的职工养老保险服务管理》等6篇案例入选国家电网公司“五位一体”深化应用典型案例。

统一全省岗级设置，规范各级职工工资结构，实施岗位绩效工资制度，通过国家电网公司现场验收。实施全口径工资集中审核发放。

下发《企业负责人年度业绩考核管理办法》和《关于下达2015年度企业负责人业绩考核指标体系的通知》，统一直属单位考核关键业绩指标分类，明确省公司及地市公司对县公司的评价责任。印发《关于进一步加强考勤管理工作的通知》，实行考勤公示和月度通报，人脸识别电子化考勤覆盖率97.48%。

常态化开展网络培训考试，全年在线考试14万人次。首次作为国网技术学院合作基地，承接353名新员工培训任务。加强人才队伍建设，参加国家电网公司组织的竞赛、调考，综合成绩第4名。新增1个国家级、3个省级技能大师工作室，3名员工获评江西省首席技师；95人入选国家电网公司优秀专家人才后备，48人获得国家电网公司优秀专家人才称号，入选率88.88%。

电网建设与发展 电网建设固定资产投资完成135.39亿元，投产建设110kV及以上线路1794km、变电容量714万kVA，完成年度计划的100%；开工建设110kV及以上线路2245km、变电667万kVA，完成年度计划的100%。1～11月线损率累计完成6.06%，同比下降0.44个百分点，少损电量3.93亿kWh。

开展江西省中长期能源电力发展研究、江西电网近期电源消纳方案优化研究等专题研究，做好特高压纳入全省“十三五”能源和电力发展规划技术支撑工作。完成江西“十三五”电网规划滚动修编。完成首批17个整乡整镇配电网建设改造示范工程建设。编制完成《江西配电网建设改造实施方案（2015～2020年）》《江西农村配电网建设改造行动计划（2016～2020年）》。

全年解决220、110kV电网“单线单变”问题变电站24座，解决重（过）载变电站26座，解决低电压问题38.4万户。加快临空经济区港口220kV变电站等热点地区输配电网项目建设。全年受理办结新能源电站接入系统服务项目80项，装机容量超过330万kW。

经营管理 国网江西电力荣获国家电网公司内控评价方法创新和成果应用最佳实践单位，入选国家电网公司典型经验库，取得国家电网公司财务实时管控考核第一名。“基于全业务链的电网企业内部控制体系建设”课题荣获全国电力行业企业管理创新优秀成果二等奖。

对97家县公司下达经营诊断意见书，督导落实问题整改。分单位下达应收款项和存货分期压降目标，按月跟踪存量压降及增量控制情况，全年预计压降率完成11%。亏损企业家数预计降至12户。完成2013年及以前年度农网工程决算转资，完成2014年农网改造已完工程决算编制工作。梳理财产保险理赔流程，提高理赔效率。强化资金集中管理，撤并银行账户11个。

推进营财一体化建设，统一营财业务流程及账务核算规则，完成营财系统功能开发与改造。建设和应用可再生能源结算管理模块，实现可再生能源项目电费及补助资金结算的线上管理。开展资金监控平台建设，实时展示电费资金流入动态。开展财务在线稽核，按月通报实时监督情况，强化问题整改考核。针对管理薄弱环节约谈施工企业，督导建立整改看板与旬报进展制度。开展高风险业务领域内控专题评价和施工企业内控标准流程体系构建。

安全生产 未发生七级及以上电网、设备、人身、信息安全事件，实现安全生产零事故目标。110kV及以上线路故障停运率0.564次/（百千米·年），同比下降34.7%；110kV及以上主变压器跳闸13次，同比下降80.60%；10kV配网线路故障停运率6.602次/（百千米·年），同比降低44.32%。

制定《2015年安全监督工作要点》，推进安全管理提升30项活动主要内容和措施。坚持月度安全风险分析和预控机制，提示安全风险41项，预控建议116条。开展安全培训，贯彻《安全生产法》和《国家电网公司安全工作规定》《国家电网公司安全生产职责规范》。组织分层分级常态化开展安规调考，坚持周普考、月调考，在国家电网公司安规调考中获第一名。

开展县公司“三无作业”（无票、无调度许可令、无计划作业）专项整治，完成97家县（区）公司现场核查和通报。出台《外包工程施工安全违章处罚管理规定》。组建省、市、县三级违章稽查队，坚持典型违章月通报，查处违章6581起。

修订《电网运行风险预警管控工作实施规范》，规范建立并运转省、市两级电网运行风险预警机制，实现各级预警发布率100%，预警防控措施落实率100%。开展安全性评价，完成国家电网公司对国网江西电力第三轮输电网及南昌城市电网安全性评价整改复查。推进资产全寿命周期管理体系应用，资产管理体系覆盖到县公司。实现低压停电事件的全采集。深化电能质量在线监测系统应用，扩展电能质量在线监测范围。开展优质服务及可靠性、配网设备质量抽检、电网工程建设等质量监督专项活动。强化质量事件闭环管理，开展质量事件供应商约谈工作，累计约谈厂商39家。

成立应急抢修队伍127支，组织开展无脚本应急演练。建成省市县三级应急指挥中心104个。完善应急指挥系统互联互通，与省政府防汛办、气象局建立信息共享机制。针对灾害天气，及时发布预警6次，成功应对10余次暴雨灾害事件。

营销工作 全省供电客户数1728.51万户，完成售电量788.88亿kWh；市场占有率98.38%；电费回收率100%，应收电费余额占比1.49%。新装、增容1512.28万kVA，新增客户80.85万户。并网分布式电源2773户，发电容量12.96万kW。完成电能替代项目942项，增售电量17.06亿kWh；安装智能电能表375万只，累计安装1280万只，智能电能表覆盖率72%。未发生重大供电服务事件。

开展供电服务“零投诉”竞赛，建立营销月度视频分析会制度。完成所有低压居民客户走访，走访到位率100%，全年投诉总量3559件，同比下降33.36%；服务态度类投诉400件，同比下降50.37%。全省营业厅实现100%集中视频监控，电子渠道用户已突破300万户。

开展电费回收竞赛，严格规范抄表、停复电流程和现场服务行为。全年受理抄催类投诉1050件，同比下降48.53%，欠费停复电操作大幅下降。与省能源局联合下发《关于进一步做好全省电能替代工作的通知》。与省工信委签订电能替代、节能工作战略合作备忘录。各地市均出台新建住宅供配电设施建设收费标准，累计完成项目立项90个。组织供电服务专项检查，开展台线管理和用电稽查，发现整改各类量价费损问题1万余起。强化警企联动，查处各类违章、窃电2714户，追补电费和违约使用电费2403.9万元。

农电工作 农村电网改造升级工程完成投资39.3亿元；参加国家电网公司乡镇供电所岗位知识技能竞赛，取得团体二等奖；农网工程现场安全管理入选国家电网公司2015年“五位一体”深化应用典型案例。

深化中低压工程精益化管理。利用农网工程管控系统和农电标准化作业支持系统（SPMIS）将2万余工程子项目编入“身份号”进行管理，项目立项、工程施工开票、施工关键环节过程照片、竣工照片等全部上传进入系统，加强中低压项目过程监控。编发《农网10kV及以下工程标准化施工工艺图册》，组织建设管理、施工、监理人员培训。抓好台区示范工程建设，由监理组织验收合格后全面推广实施。组织召开工程现场会，参观学习工程质量工艺创优经验。完善工程评优机制，将低压线路纳入台区评优。组织农网工程安全督查队不打招呼深入施工现场开展督查。组织施工人员安全培训，签订安全质量协议书，实施安全风险金制度。对安全检查发现问题的施工单位，视严重情况进行约谈、暂停投标或清退。重点帮扶赣东北余干等15家困难县公司，建立帮扶县公司考核机制。

动态调整供电所对标指标，细化开展供电所分组对标。供电所各项指标提升，配电变压器三相不平衡公变比率由16.16%降至2.31%，台区线损率由9.18%降至6.91%。加强供电所标准化建设，建立供电所星级评定机制。坚持按月视频通报对标结果，加强对标数据现场核查。

科技与信息化 2015年共获省部级、国家电网公司科技进步奖各类奖项9项。其中：中国电力科学技术奖一等奖1项，三等奖1项；江西省科技进步奖二等奖1项，三等奖3项；国家电网公司科学技术进步奖二等奖2项、三等奖1项。全年申请专利160项，完成国家电网公司年度下达计划的107%。全年获得专利授权100项；累计拥有专利591项。牵头制定1项行业标准（《接地网土壤腐蚀性评价导则》）、1项国家电网公司企业标准，参与制定2项国家电网公司企业标准。建成110kV赣县双龙新一代智能变电站扩大示范工程；江西共青城基于大数据的智慧城市综合服务系统完成建设并试运行；推进国家级智能电网创新项目“以电网低碳化为特征的智能电网综合示范工程”。信息化项目完成率100%，信息通信系统全年未发生信息通信系统非计划停运，未发生信息通信安全事件。

低碳效益评估方法方面的研究及应用、抗盐渍高性能混凝土以及纳米复合环氧自修复防腐涂层等项目达到国际领先水平。防灾减灾技术领域突破了电网气象大数据集成关键技术，实现多普勒雷达数据的解析与应用，实现省地县三级统一气象信息服务。在配电网技术领域提出基于历史雷击数据、雷电地闪密度分布、地理信息线路杆塔参数的配电线路雷害风险评估方法，编制《国网江西省电力公司35kV及以下线路防雷技术改造指导意见》以及《配电线路雷电风险评估导则》。

设备（资产）运维精益管理系统、“五位一体”协同机制信息管理平台、统一车辆管理平台、营销基础数据平台、协同办公系统和内网邮件系统一级部署等项目按期完成并投入运行。实施省干西南部光通信网改造工程。建立应急处置联动机制，定期开展漏洞加固，联合应对攻击事件；组织开展信息安全2015红蓝攻防演练。

优质服务 在各地市建成供电服务指挥中心，基本建立对内统一指挥、对外统一服务的营配调融合服务机制。全年线路检修停运总时长同比减少56%，故障抢修平均处理时长同比缩减41%，运检类投诉量同比下降34.01%。省远程工作站接派单及时率为100%、停电信息合格率100%、催督办及时率100%、回单确认及时率100%、知识库报送及时率100%、知识库报送合格率100%、业务处理按时完成率99.99%、业务处理满意率99.55%。“95598”用电服务推出掌上电力APP，提供手机交费、停电公告、停电信息查询、用电电量查询、投诉举报、电动汽车服务联网业务、人工服务等业务。

开展优质服务投诉管控工作，开展“零投诉”竞赛，建立常态化预警机制。投诉总量3559件，同比下降33.36%。

开展营销信息化项目建设工作，大客户部简化业扩手续、提高办电效率，做好瑞九铁路、唯美陶瓷等9个220kV业扩工程报装服务。开展营财一体化的数据治理和培训工作。运营部加大对供电服务的分析力度，细化各类业务及专项分析。

党的建设和精神文明建设 专题教育开展“三严三实”，各级领导班子和党员领导干部按规定完成4个关键动作，修改完善党组中心组学习计划，建立领导班子成员基层党支部联系点。

改革精神文明建设同业对标工作，促进各级班子落实管党治党责任；开展基层单位党委书记培训，完成基层党支部负责人轮训；推行党员认领支部日常工作，开展共产党员服务队竞赛，承担全国党建研究会中央企业党建研究课题，2个项目获评全省机关党建工作10个最佳案例。

推进企业文化进班组和示范点建设。开展纪念抗战胜利70周年，“践行核心价值观、争做最美国网人”主题实践，“做一个好公民、好员工”大讨论，“道德讲堂”和国网江西电力重大改革教育引导等活动，13家单位获第四届全国文明单位，10家单位获国家电网公司文明单位，88家单位成功申报第十四届省文明单位，2人评为全国劳模，4人入围、3人入选“中国好人榜”。

开展青年员工“立德、立志、立岗”主题教育、“为青年办十件实事”“我身边的好青年”风采展示、全员全专业岗位知识技能拉力赛、岗位能手评选、志愿服务等活动，青年技能拉力赛实现“保七争五”目标，2个项目分获第二届中国志愿服务大赛铜奖、首届江西省志愿服务十大优秀项目奖，关心留守儿童经验做法入选国家电网公司专报。

（李丰富）

【国网四川省电力公司】

企业概况 国网四川省电力公司（简称国网四川电力）是国家电网公司的全资子公司，主要负责四川境内国家电网的规划建设、运营管理和电力供应。2015年，完成售电量1578.36亿kWh（省内全口径），同比下降0.47%。完成固定资产投资312.86亿元，同比增长17.18%，开工110kV及以上交流线路

2096km、变电容量711万kVA，投产110kV及以上交流线路2245km、变电容量1139万kVA。营业收入总额976亿元，同比下降0.27%；流动资产周转率26.09次，同比增加0.41次；资产负债率74.51%，低于计划0.59个百分点；净资产收益率0.57%，与计划持平。

领导班子

总经理、党委副书记：石玉东（2015年11月27日任职）

党委书记、副总经理：潘敬东（2015年11月27日任职，原国网公司西南分部副主任、党组成员）

副总经理、党委常委：李华

副总经理、党委常委，国网成都供电公司总经理、党委副书记：褚艳芳

副总经理、党委常委：董京营

总会计师、党委常委：杨桂荣

党委常委、纪委书记：周群

副总经理、党委常委：刘勇

工会主席、党委常委：左宇龙

副总经理：陈云辉

总工程师：石俊杰

总经理、党委副书记：王抒祥（2015年11月27日免职，续任国网公司副总经济师，国网公司西南分部主任、党组书记）

党委书记、副总经理：葛兆军（2015年11月27日免职，调任国网公司基建部主任）

副总经理、党委常委：丁燕生（2015年11月27日免职，调任国家电网公司西南分部副主任、党组成员）

正局级调研员：甘德一（2015年8月16日免职并退休）

副局级调研员：王平（2015年8月16日免调并退休）

副局级调研员：胡柏初

副局级调研员：潘贤芝

组织机构 2015年底国网四川电力本部设职能部门27个，下设发电、供电、电力建设、科学研究、教育医疗、集体企业等单位42个（其中发供电企业23个、直属单位12个）。

本部设职能部门：办公室、运营监控中心、发展策划部、财务资产部、运维检修部、安全监察质量部（保卫部）、营销部、建设部、农电工作部、电力调度控制中心、审计部、经济法律部（体改办）、人事董事部、人力资源部、电力交易中心、物资部（招投标管理中心）、科技信通部（智能电网办公室）、离退休工作部、后勤工作部、思想政治工作部（直属党委办公室）、监察部（纪委办公室）、对外联络部（品牌建设中心）、证券管理部、公司工会、国网公司企业管理协会四川分会、国家电网公司成都援藏办、四川省公安厅直属二分局。

国网四川电力有市州级供电公司22家，共有县级供电公司155个，其中全资公司100个，控股公司51个，代管公司4个。

电网概况 四川电网是国家电网与地方电网并存的省份之一，全网接入厂站614个，纳入大运行体系建设的变电站共计1429座，其中：500kV变电站42座、220kV变电站209座、110kV变电站661座、35kV变电站517座。作为四川电力市场供应主体，经营区域涵盖全省21个市州，由22个市州供电公司承担四川绝大部分地区的供电任务。同时，通过控股、代管、趸售等方式向地方电网供电。2015年，国网四川电力实现了±800kV宾金、锦苏、复奉三大特高压直流和±500kV德宝直流长时间满功率外送，川藏电力联网工程安全运行，以及阅兵、迎峰度夏、迎峰度冬、重要节假日保电等重点工作，实现了四川电网连续34年安全稳定运行。

四川电网通过锦苏直流、复奉直流、宾金直流，德宝直流以及川渝500kV交流通道、川藏220kV交流通道分别与华东、西北及重庆、西藏昌都电网相联。网内结构最大的变化是成都地区500kV广都变电站的建成投产，形成成德500kV双环网升级为“日”字型双回网架，进一步强化了四川电网的内部网架结构。2015年四川电网新增装机790.3万kW，使四川电网全社会口径装机容量达到8674.9万kW，其中水电6939.3万kW，火电1623.9万kW，风电73.4万kW，光伏38.4万kW。年调度口径最大发电出力5531万kW，最大用电负荷3055万kW；调度口径最大外送电力2810万kW；外送电量1226.34亿kWh，比2014年增加9.84%；外购电量10.92亿kWh。

人力资源 2015年末，国网四川电力全口径用工11.03万人，同比减少3.93%，其中主业用工8.86万人，减少1.09%。全员培训率96.05%，培训经费投入1.16亿元，累计举办各类培训班3929期，培训考核21.8万人次，共有1.2万人提升能力素质，人才当量密度达到0.9577。完成供电《业务外包模式下“三定”管理策略研究与实践》获得国家电网公司2015年度软科学成果三等奖，六项工作创新实践入选国家电网公司动态，7个项目获得管理创新或优秀课题奖，公司智桥大学被中国企业大学联盟评为2015年度“中国最佳企业大学”。

完成“五位一体”基础数据建设，引用梳理流程1306条，补充完善典型岗位569个、制度144个、标准325个、考核指标32个，推进顶层设计更新完善和业务全覆盖。召开深化应用现场推进会，总结经

验，推广成果，上报国家电网公司典型案例 40 个。创新完成电力配电网抢修指挥端到端示范流程建设，绵阳供电公司通过试点，使抢修时长同比缩短 25.5 分钟，延时工单同比减少 15%。

针对人力资源“又多又少”的结构性矛盾，重点探索创新劳务协作的内容、形式和激励机制，逐步推行内地与藏区、内地各单位间、单位内部县公司间的跨地区、跨单位、跨专业全方位多层次劳务协作，滚动保持 600 人的协作队伍，超缺员矛盾持续缓解。开展临时借用人员专项治理，从总量、选用标准、期限等方面从严清理规范 151 人。完成基层单位 712 名科级以下关键岗位人员到期交流，集体企业回流主业长期职工通过转岗培训交流 189 人。

电网建设与发展 2015 年，完成电网投资 309.57 亿元，按计划开工 110kV 及以上工程 64 项，线路长度 2096km，变电容量 711 万 kVA。投产 71 项，线路长度 2445km，变电容量 1139 万 kVA；开展雅中—江西南昌特高压直流工程（四川段）前期工作、大件运输及专项准备；水电送出、电铁供电等工程建设超计划推进；全面完成甘孜“电力天路”工程；有序推进川藏联网工程创优、总结、结算、档案归档等后续工作。完成 104 项 110kV 及以上电压等级工程达标投产，其中 500kV 变电站工程 1 项，220kV 变电站工程 12 项，110kV 变电站工程 41 项，500kV 线路工程 3 项，220kV 线路工程 16 项，110kV 线路工程 31 项。

川藏联网线路工程、新都桥 500kV 变电站获得国家电网公司优秀设计一等奖。“高海拔高压交流绝缘特性及输变电工程设计关键技术研究和应用”获四川省科学技术进步一等奖，设计管理水平持续提高。造价分析排名获国家电网公司第一，获中价协国家级优秀工程造价成果二等奖 1 项、优秀论文奖 6 篇。新都桥 500kV 变电站获得中国电力优质工程奖、安装之星和国家优质工程奖，实现了工程创优“零突破”。

依托地方政府，强化属地协调管理，建立与省级有关部门定期协调机制。强化工程项目管理联动，将外部协调纳入市州供电公司业绩考核，500kV 达州—黄岩线路工程属地协调试点效果良好。统筹公司发展、基建、营销、调度等内部资源，助力工程建设。扎实开展基建通用制度宣贯培训，提高各级人员对制度的学习、执行水平，基建队伍建设不断加强。举办安全质量、技术技经、项目经理、对标评价等系列培训班 28 期，4433 人次参培，有效提升基建队伍素质和能力，在国家电网公司基建技经调考中，获得团体第 5 名好成绩。

经营管理 按照“深化应用、提升功能、实时管控、精益高效”十六字总要求，以“信息实时反映、过程实时控制、结果实时监督”为核心，以标准化、信息化为手段，细化落实“三集五大”体系建设年度工作任务。2015 年实现营业收入净额 914.7 亿元，同比减少 1.94 亿元，下降 0.21%，流动资产周转率 24.6 次，同比降低 1.08 次，开展电价执行专项核查，减少电费损失 2200 余万元。争取到继续享受西部大开发税收优惠和电网新建项目“三免三减半”政策。完成电能替代和自备电厂替代交易电量 43 亿 kWh，实现灾区工商业电价并价。川藏联网工程资产和负债顺利划转。推进亏损企业专项治理，减少亏损户 26 家、减亏 4.93 亿元。清理低效无效股权投资 11 项。强化补充医疗集约管理，统筹能力得到增强。企业年金投资收益创历史新高。全面完成国家电网公司下达预算和业绩考核指标。

推广应用依法治企指标及评价体系。组织党风廉政专项巡察，出台《违纪违规问题线索移送办法》，从严惩处违规违纪行为，核实信访事项 173 件；实施“业扩报装环境整治百日行动”，出台配套制度及技术标准 12 项，规范服务行为；强化物资集中采购，6 家市公司试点电子平台采购；完成技改大修、科技信息四类项目专项检查及重点领域自查自纠等审计调查；政企警企协作创建平安电力，涉电案件同比减少 38%。参与《电力法》修订和 20 余部地方涉电条例起草。

安全生产 强化红线意识和底线思维，安全理念得到广泛认同，推进安全风险科学防控，增强安全保障控制能力，持续提升安全管理水平，安全生产局面进一步巩固。通过深入开展安全管理提升等主题活动，推进安全生产“三基”建设（安全基层建设、安全基础建设、安全基本功建设），扎实抓好缺陷隐患整治，维护了安全局面的总体稳定。一是电网建设实现快速发展，有效强化了电网安全的前端管理，按计划投产 110kV 及以上输变电工程 71 项，变电容量 1139 万 kVA，线路长度 2445km，电网架构和输电能力不断增强，安全优质完成“新甘石”联网、川藏联网、甘孜“电力天路”等项目；二是无电地区电力建设提前完成，提前半年实现全面通电目标，解决 14.03 万户、62.83 万无电人口通电问题，极大地改善了凉山、甘孜、阿坝三州偏远农牧区生产生活条件；三是全力保障三大直流、德宝直流保持安全稳定运行。积极争取政策支持、深挖外送潜力，水电外送创新高；四是应急保障能力继续行业领先，迅速高效处置宾金直流接地极线路故障，成功应对巴中、泸州、广元等区域洪涝灾害，圆满完成抗日战争胜利 70 周年等重大保电任务。

营销工作 2015 年，国网四川电力完成省内全口径售电量 1578.36 亿 kWh，排名国家电网公司第七，同比下降0.47%。母公司售电量累计完成1412.69亿kWh，同比增长0.02%。售电增速与国家电网公司平均水平基本相当。谨慎推动直购电试点，全年实施直购电150亿kWh；密切跟踪天府国际机场等集中能源站项目，主导地方充换电设施建设，积极协调政府，推动城际高速快充站建设，完成与铁投集团的战略合作，启动沪蓉高速快充服务网络建设；完善升级已建充换电设施，提高设施市场适应性和服务能力，完成充电电量840万kWh，充电9.3万台次，服务车辆行驶里程707万km。

2015年，完成766万只智能电能表换装工作，智能电能表覆盖率71.58%；累计采集接入1830万只，采集接入率93.89%，月度平均采集成功率保持在98%以上。专用、公用变压器台区总表采集覆盖率分别达到89.14%和87.98%。超过90%的统调上网电厂实现了上网电量的自动采集结算和运行状态远程监控。针对本地费控智能电表远程充值、电价修改等业务需要，在成都、天府两公司开展了13万户的信道提升试点，有效地推进远程充值业务的实施。

围绕“一型四化”（客户导向型、组织扁平化、服务线上化、运营数字化、业务跨界化）目标，积极推进营销创新转型。以天府公司为试点，落实台区客户经理制，开展网格化服务探索，提高了服务协同效率；开展供电业务线上化转移，开通居民客户网上购电远程充值业务，拓展营销移动作业应用功能，完成“掌上川电”用电申请、停电信息、故障抢修等功能设计，“掌上川电”手机APP注册客户数达到207万户。供电服务承诺兑现率100%，未发生影响和损害公司形象的重大服务及投诉事件，完成了供电服务零事故目标。深入开展“客户用电满意工程”，推行“电力服务进社区”，配置社区客户经理3976人，覆盖10 639个社区和638.76万客户，客户用电问题一次解决率达97.85%，用电意见和建议回复率达94.02%。

农电工作 2013～2015年，国网四川电力无电地区电力建设工程累计投资72.5亿元，克服了建设任务重、时间紧，并且无电户大多处于偏远地区，高寒缺氧、交通不便，施工环境恶劣，工程建设成本高等困难，多措并举，2015年6月全面完成四川无电地区的电力建设，极大地改善了甘孜州、阿坝州、凉山州、巴中市等偏远农牧区生产生活条件。

2015年农网改造升级工程全面建设完成，累计完成投资40亿元，投资完成率100%。完成“十三五”农网改造升级规划评审，编制完成2016年农网改造升级工程项目储备计划。落实资金计划，对农村“低电压”进行专项治理，完成低电压治理项目20.1亿元，截至12月底，累计完成农村“低电压”治理89.9万户，超额完成年度治理目标任务，农网低电压问题得到明显缓解。

全面应用“互联网＋农网工程安全管理”的农网工程现场安全监控系统，加强农网工程现场安全管控。已全面覆盖22个市州公司及所属县供电企业，完成5970条施工计划、1102支施工队、4383名施工人员归档管理，接入现场安全管控终端2329台。认真开展农网工程建设质量检查，组织开展农网优质工程评选，1517个项目（包括35kV项目8个）达到优质工程标准，优质工程评选比率为99.67%，其中10个项目入选国家电网公司农网“百佳工程”评选。

制定7家控股县公司地方国有产权上划工作方案，完成可研编制和相关资产剥离处置，取得地方政府意向性支持文件。以解决管理突出问题和薄弱环节为重点，制定深化县级供电企业管理提升工作方案，开展县供电企业同业对标工作，从横向和纵向两个维度进行对标诊断，强化数据质量管控，狠抓弱项指标分析，新都等三家县公司获国家电网公司标杆称号。组织开展乡镇供电所岗位知识技能竞赛，2名选手被推荐申报省五一劳动奖章；积极组队参加国家电网公司农电竞赛，2名选手被授予国家电网公司“岗位技术能手”称号。

科技与信息化 组织有关专家编制完成“十三五”科技规划，明确了“十三五”期间科技发展思路和目标，提出重点任务，制定了科技投入计划和保障措施。2015年，获得中国电力科技进步奖三等奖1项；2014年度四川省科技进步奖（2015年发布）一等奖1项，二等奖3项，三等奖4项；西藏自治区科学技术二等奖1项；国家电网公司科技进步奖二等奖4项，三等奖4项。两项IEEE国际标准（《电力系统暂态过电压在线测量与记录系统技术导则》《直流输电线路及接地极线路参数测试导则》）获IEEE标准评审委员会投票通过并发布，成为国家电网公司首个承担IEEE国际标准制订工作的省级电力公司。国家电网公司命名的“脆弱地质环境输变电设备防护技术”实验室申报成功。

优质服务 实施“客户用电满意工程”为民服务六大实事，强化“95598”运营管理和业务支撑，加大服务监督为保障，严格服务考核，严控服务质量，重构服务模式，优化运营模式，试点营销创新转型，探索“互联网＋供电服务”新模式，紧紧围绕“便民、利民、惠民”开展工作。

以共产党员服务队为载体，切实践行为民服务宗旨。在四川全省21个中心城市组建市州公司党员服务队25支，县公司党员服务队83支，建立社区服务点1507个。党员服务队兑现“有呼必应，有难必帮”的承诺，成立以来共受理电话和咨询70万次，开展上门服务 50.42 万次，社区服务 2.88 万次，联系困难群众 5541 户，捐资助学 7609 人。党员服务队坚持优质服务十年如一日，被群众亲切地称为四川电力“110”。

党的建设和精神文明建设 全面落实从严治党要求，扎实推进党的建设、精神文明建设、企业文化建设、本部建设、宣传思想政治和团青工作，取得良好成效，受到四川省国资委对公司党建工作的通报表扬。19 个基层党组织、33 名党员、16 名党务工作者受到国家电网公司党组表彰，1 个基层党组织受到省委组织部表彰，1 个基层党组织被省国资委党委确定为首批国有企业基层服务型党组织示范点。彭大权舍己救人被省委追认为中共党员。丁理杰被评为全国首届岗位学雷锋标兵，刘源获得第五届“全国道德模范提名奖”和“中央企业道德模范”称号，国网四川电力被国家电网公司推荐参评“全国电力行业思想政治工作优秀单位”，有国家电网公司企业文化示范点 3 个，获国家电网公司精神文明建设创新成果奖 4 项，3 名员工被评为“最美国网人”。10 个单位（含 2 个县供电公司）创建成第五届全国文明单位。

2015 年，国网四川电力团委坚持以“育人”和“服务”为目标，以团的思想建设和服务型团组织建设为重点，努力为青年搭平台、办实事、搞服务，团青工作呈现新气象。32 个青年集体和 9 名青年个人获省部级及以上表彰，其中 4 个青年集体获国家级表彰，为历年之最。国网四川电力作为国家电网公司青年创新创意大赛第三赛区的承办方，提前策划、科学组织，做好各项赛事服务，为两场比赛中到来的 40 余人次专家、500 余人次选手提供了强大的后勤保障，使“青创赛”第三赛区比赛顺利进行。

主要事件

1 月 7 日，四川省甘孜藏族自治州 18 个县域电网全部接入国家电网主网，从根本上解决了乡城、稻城、巴塘、得荣、丹巴、新龙、白玉、色达等 8 个县域电网“孤网”问题，解决 4.58 万户、18.86 万人口的用电问题，大幅提高了县域电网的供电能力和可靠性，结束了甘孜藏区电网长期“孤网运行”的历史。

是日，四川电网 2014 年外送水电电量首次突破千亿大关，达 1116 亿 kWh，较 2013 年增长 62%，创历史新高。

1 月 23 日下午，国内首条无线充电社区巴士商用线、四川成都社区巴士 1058 路示范线路投入试运行。

3 月 9 日，全国政协委员王抒祥在全国政协十二届三次会议上建议，将西南电网方案纳入国家“十三五”电力发展规划并加快实施，统筹安排相关电源基地建设，促进国家低碳绿色发展，为国家实现降低碳排放及非化石能源消费比重目标奠定良好的基础。西南特高压电网将由川、渝、藏电网构成坚强送端电网，与湖北、湖南、河南、江西四省直流背靠背联网，使国家电网形成三送端（东北、西北、西南）、一受端（华中）共四个同步电网新格局。

3 月 18 日，中国“西电东送”最大的输电通道 ±800kV 溪洛渡左岸—浙江金华特高压直流输电线路，顺利完成 2014 年投运以来的首次集中停电检修。

5 月 18 日，在四川省 2014 年度科学技术奖励大会上，国网四川电力“高海拔高压交流绝缘特性及输变电工程设计关键技术研究和应用”被授予四川省科学技术进步奖一等奖。

5 月 29 日，国网四川南江县供电公司职工彭大权和工友在抢通巴陕高速施工用电线路迁改工程撤离施工现场时，遭遇落石，为保护工友，彭大权被山上滑落的滚石砸中头部，抢救无效不幸遇难，年仅 48 岁。追授彭大权同志“国网四川省电力公司劳动模范”荣誉称号。

5 月 31 日，四川省并网装机容量达到 8003.25 万 kW。其中，水电 6370.63 万 kW，占总装机容量的 79.6%；火电 1583.65 万 kW（含垃圾发电 17 万 kW），占总装机容量的 19.79%；风电 35.25 万 kW，占总装机容量的 0.44%；太阳能发电 13.72 万 kW，占总装机容量的 0.17%。四川水电装机容量已占国家电网公司经营区域水电装机总量的 31.74%。

6 月 30 日，四川甘孜藏族自治州白玉县河坡乡生戈村实现通电，这是国家电网无电地区电力建设最后一批通电的村庄，四川消除了无电地区，近 19 万人告别无电时代。

7 月 1 日，四川省总工会决定追授国网南江县供电公司职工彭大权四川省五一劳动奖章，并号召全省广大干部职工向彭大权学习。

7 月 3 日，±800kV 溪洛渡—浙西特高压直流输电工程投运一年，累计向浙江输送四川清洁水电 335 亿 kWh。

7 月 8 日，±800kV 复奉（向家坝—上海）线安全运行 5 周年，累计向上海输送 992.8 亿 kWh 的清洁电能。

7 月 9 日，国网四川检修公司实现复奉、锦苏、宾金三大特高压直流满功率运行，直流线路输送功率高达 2134 万 kW。

7 月 13 日，国网四川电力面向社会、面向职工的又一重要媒体，国网四川电力官方微信公众平台——“国网川电”正式上线运行。

8 月 13 日，四川高海拔地区配电网不停电作业在阿坝州红原县进行试点实际操作演练，顺利通过国家电网公司验收，中国高海拔配网不停电作业实现了零的突破。

9月26日，技术难度极大的川藏联网工程首次全面“体检”顺利完成。

11月26日，四川三大特高压直流输电线路和一条超高压直流输电线路，累计向华东、西北电网输送清洁水电1038.41亿kWh，相当于为华东、西北减少火电原煤消耗超过4000万t，减少二氧化碳排放约1.5亿t，减少二氧化硫排放超过50万t。

12月10日，川藏联网工程通过国家水利部、长江水利委员会水土保持设施竣工验收。

12月16日，四川省实现电力“全覆盖”，无电地区电力建设历时5年，总共解决481.6万无电人口的用电问题。

截至12月31日，国网四川电力共投产110kV及以上项目71项，线路长度2445km，变电容量1139万kVA。2016年计划完成开工110kV及以上项目56项，线路长度2163km，变电容量1157万kVA；完成投产40项，线路长度1042km，变电容量576万kVA；续建78项，线路长度2802km，变电容量1547万kVA。

（程彦韬）

【国网重庆市电力公司】

企业概况 国网重庆市电力公司（简称国网重庆电力）是国家电网公司的子公司，1997年6月6日随重庆直辖成立。负责重庆地区的电网规划建设、运营管理、电力销售和供电服务工作。供电区域覆盖重庆市38个区县，面积7.9万km^2，服务人口3000万人。

2015年，国网重庆电力全年固定资产投资123.7亿元，同比增长30.9%，其中电网投资122.8亿元，均创历史新高；完成售电量646.8亿kWh，同比增长2.9%；营业收入397亿元，同比增长2%；利润总额3.58亿元，增加0.51亿元；资产总额662亿元，增加66.5亿元。酒泉—湖南特高压直流工程重庆段开工建设，新一代智能变电站扩大示范项目竣工投产，启动蟠龙抽水蓄能电站建设，新增农网投资项目全面开工，获国家电网公司“两提升”工程先进单位，圆满完成抗战胜利70周年、亚布力中国峰会等重要保电任务，参与并促进重庆市售电侧改革试点工作，“三集五大”体系建设成果入选国家电网公司最佳实践案例，提前完成全市1424个“弃管小区”配电设施三年改造任务，完成三年职工队伍能力素质提升计划，国家科技项目“山地城市电动汽车分时租赁模式及支撑技术研究与示范应用”成功立项并全面启动，5项科技成果达到国际先进或国内领先水平。

领导班子

总经理、党组副书记：路书军

党组副书记（主持党组工作），副总经理：王彦亮

副总经理、党组成员：莫文强

副总经理、党组成员：曹宁

副总经理、党组成员：吕跃春

党组成员、纪检组长：刘晋军

总会计师、党组成员：朱立

副总经理、党组成员：孙轶群

党组成员、国网重庆市区供电公司总经理、党委副书记：钟筱军

党组成员、工会主席：何建军

总工程师：刘昌盛

副局级调研员：柳杨

国网重庆市区供电公司党委书记、副总经理：陶时伟

组织机构 国网重庆电力下设二级单位42个，包括10个供电分公司、22个供电子公司、业务支撑和实施机构10个。本部设置23个部门。

电网概况 重庆电网是全国互联电网重要组成部分，处于西南水电外送通道，在国家西电东送中具有重要地位。重庆电网通过4回500kV线路西联四川、4回500kV线路东联湖北。截至2015年底，重庆电网拥有±800kV线路575km；500kV变电站12座、串补站1座，变电容量2350万kVA，输电线长3025km；220kV变电站105座，变电容量3429万kVA、输电线长6854km。重庆电网形成500kV“日”字型双回路环网，具有以500kV网络为骨干，220kV分片区辐射供电的分层分区运行特征。2015年，重庆电网积极落实复奉、锦苏、宾金三大特高压直流满送保障措施。新能源发电实现全额消纳，有效保障了电网安全稳定运行和电力需求。全年统调用电量675.6亿kWh，同比增长0.91%；外购最大电力420万kW，外送最大电力130万kW，全年未出现拉闸限电。

电力规划 重庆“贫煤少水，富气无油”，对外能源依存度大。

（1）电源规划。截至2015年底，重庆市发电装机容量2109.57万kW，其中水电676.17万kW、火电1410.4万kW、风电23.0万kW，占比分别为32.05%、66.86%、1.09%。预计2020年全市电源装机将增加到3000万kW左右。

水电方面：“十三五”期，重庆市拟开发的水电电源共计47万kW左右，均为境内中小水电。“十四五”初重庆拟开发的水电合计255.5万kW，即小南海水电站203万kW和白马水电站52.5万kW。

火电方面：“十三五”期，已明确建设火电装机770万kW，其中境内电源506万kW、外区点对网电源264万kW。

抽水蓄能方面：蟠龙抽蓄电站（4×30万kW）

已获核准，并启动开工建设，预计于“十四五”投产。

新能源方面：“十三五”期，规划建设风电61万kW，建成后规模达到84万kW。规划新建其他新能源电源14万kW。

(2) 电网规划。国网重庆电力按照《重庆市人民政府关于科学划分功能区域、加快建设五大功能区的意见》，编制完成《重庆电网“十三五”发展规划》和4个专项规划报告。主城区输变电和变配电设施布局规划通过行政评审，并配合市政府完成重庆电源布局以及西南水电消纳研究。

“十三五”期末，重庆电网将规划建成以特高压电网为支撑，500kV电网为骨干网架，各级电网协调发展为目标，以信息化、自动化、互动化为特征，主网坚强、配网可靠、城乡协调、调度灵活、运行经济的坚强智能电网。

特高压建设方面：加快推进特高压入渝，接入西部电网，川渝断面形成特高压和500kV“6+4”联网格局，500kV渝鄂断面通过直流背靠背与东部电网相连，破解“外电入渝”通道“瓶颈”；“十四五”期间，进一步连接东部特高压电网，形成全国特高压电网重要枢纽节点之一，融入全国电力优化配置平台。

配网建设方面：结合“五大功能区”发展战略，加快城乡配电网建设改造，重点解决电网“卡脖子”问题，实现城网配电自动化全覆盖、电动汽车、储能装置的“即插即用”，支持清洁能源发展，建设城乡统筹、安全可靠、经济高效、技术先进、环境友好的现代配电网。

110kV及以下配网主城区及时增补站点，解决局部地区容载比偏低问题。110kV电网和城镇及以上35kV电网$N-1$通过率达到100%。城镇10kV配电网强化分段联络建设，联络率达100%。增加农村10kV配电网配变布点，农村户均配变容量2.0kVA，全面消除“低电压”和“卡脖子”问题。

电网建设 全年电网投资122.8亿元，110kV及以上线路开工1044km，投产1067km；变电容量开工579万kVA，投产739万kVA。±800kV酒湖线（酒泉—湖南）特高压直流工程重庆段开工并完成基础施工，进入组塔阶段。建成500kV玉屏变电站，成渝客专和渝利铁路等220kV外部供电工程按期投运，新一代智能变电站扩大示范项目提前竣工投产，启动蟠龙抽水蓄能电站建设。投资24.5亿元的农网改造升级和“低电压”治理专项工程全面开工。500kV二郎电厂送出工程获国家电网公司项目管理流动红旗。110kV及以上输变电项目优质工程率100%。

推进基建管理“五提升”，实施工程精益化管控。推行工程进度统筹协同机制，受阻工程得以成功推动。建立系统化、过程化设计管控机制，建立分包队伍采购决策机制。形成“三算内验循环”技经管理机制。完成特高压工程建设省级核准要件办理工作，提前介入工程建设。

人力资源 截至2015年底，国网重庆电力有全民职工24 314人。具有研究生以上学历1694人，本科10 827人，专科8425人；高级职称1376人，中级职称4360人，高级技师1913人，中级技师5236人。人才当量0.993 7，同比提升0.025 6。

优化用工结构，有序推进农电用工方式调整，规范农电用工薪酬、绩效、培训体系。完善供电服务公司管理制度并实体化运作。建立用工效率指标模型，发布专业用工效率标杆、典型用工配置和典型业务组织方式。

完成岗位绩效工资制度改革，实施ERP人资集中部署。规范企业负责人薪酬，分类分层设定收入分配比例关系指导线。推广应用国家电网一线员工绩效系统，完成10家供电分公司农电用工薪酬制度套改。推进“五位一体”深化应用，实现管理平台上线运行。

修订《领导干部管理办法》《二线领导干部管理办法》等制度，规范领导干部管理。完成三年职工队伍能力素质提升计划，实现考评认证全覆盖。举办各类培训333班期，8.1万人天。深化应用网络大学，改善实训设施设备，增强“1+5”培训中心的支撑保障能力。物力集约化调考获得国家电网公司团体第一名。57人当选国家电网公司优秀专家人才后备，新增省公司和地市级优秀专家人才157人、优秀专家人才后备366人。

安全生产 深入开展安全管理“三提升”活动。研判三大直流满功率运行的新形势，发布常态化保障工作方案，保障特高压复奉、锦苏直流系统满功率运行安全运转，圆满完成对西藏公司安全管理帮扶工作。

开展重要输电通道风险评估，编制运维管控措施布置图，抓好隐患排查和重点治理。编制设备年度运行分析白皮书，制定三年改造计划并滚动修编。开展疑似家族性缺陷分析认定，实施防开关拒动专项治理。组织对241座变电站开展精益化管理评价，推进变电运维一体化项目落地。

开展农村供电营业所管理提升，制定供电营业所安全管理提升工作方案，明确安全管理责任主体以及监督职责，强化农电人员培训和监督。组织专家组对19家县级供电公司开展了安全性评价查评工作。

加强两级安全质量督查，完善应急预案体系，编制专项应急处置卡。强化应急专家和队伍建设，推广“无脚本”等方式的双盲演练。高效处置7月中下旬暴雨灾害突发事件。完成中央领导视察重庆，抗日战争胜利70周年，法国总统访渝、亚布力中国企业家论坛夏季高峰会和腾讯全球合作伙伴大会等各类重要活动保电工作59次，其中特别重大保电6次，重大保电48次。

经营管理 应对售电增速下滑、市场竞争加剧严峻挑战，深入开展经营诊断、增收节支、“两金”清理、亏损治理四大专项行动。落实增收节支专项行动，超额完成年度亏损企业专项治理任务，圆满完成全年利润目标。

实施电能替代项目756个，替代电量15亿kWh。趸售三家地方电网电量30.5亿kWh，同比增长23.5%。配网不停电作业次数同比增长34%，多供电量1940万kWh。化解30余家高耗能企业电费风险。可控费用下降10.4%，专项成本节约0.8亿元。

开展电网发展诊断和会诊分析，建立电网项目前评估指标体系，组织输变电工程、农网改造升级工程后评价工作。严控项目投资计划调整，跟踪里程碑计划，全力推进延期项目建设。

加强节能降损，编制线损“母线平衡、降损标准、台区线损、四分管理”等标准化工作手册，组织开展基于量化“售电量结构变化”和“年末供电量差”为边界条件的线损计划管理。推进线损异常台区治理，实现采集数据和线损统计无缝衔接，治理异常台区3.7万个。

开展基础管理提升工程，落实“三集五大”体系巩固提升重点任务，优化业绩考核管理，整合原企业经营责任制和负责人业绩两个考核体系，考核指标数精简64%。制定县供电企业和供电营业所管理提升方案并实施，被评为国家电网公司“两提升”工程先进单位。

依法从严治企，制定法律风险防范意见，建立干部违反法律风险防范措施记录，健全责任追究机制。集中开展重大经营决策、招投标等重点领域依法治企自查自纠。组织“四违”问题专项整治，启动深化工程领域依法规范管理活动，全面完成小型基建项目清理整顿。配合完成新建住宅小区电力设施建设费管理专项审计和原企业负责人经营责任审计。

推进各项改革，开展县公司“子改分”试点工作，平稳完成农电用工方式规范，供电服务公司正式运作。依法合规推进集体企业改革，完成改革改制民主程序。深入开展输配电价、购电交易市场、销售业务市场化、大用户直接交易等改革研究，积极参与重庆市售电侧改革试点工作，促使试点方案按照中发9号文件以及相关配套文件精神制定。

营销工作 全年完成售电量646.8亿kWh，新增客户73.7万户，新增容量796.37万kVA。全市已并网分布式电源用户121户，累计并网发电218.5万kWh。以绿色照明、综合用能服务为重点，完成节电量3亿kWh。深化与地电合作，全年交易电量30.5亿kWh，同比增长23.5%。帮扶9家困难钢铁企业恢复生产，增加年售电量10亿kWh。

完成345万户用电信息采集建设，覆盖率超过80%。完善高压计量巡检功能模块数据分析能力，开展远程巡检，电能表状态检验上线试运行。完成9.8万个台区信息采录，完善营销系统17个大类、23个细分类别的异常电量电费预警规则。设置27个营销业务系统监控点，对70个业务现场开展现场检查和明察暗访。拓展手机APP、微信、支付宝等电子化交费渠道，电子化交费比例提高至45%以上。

营业普查和反窃电累计查处违章窃电客户4073户，补收电量364.88万kWh，补收电费和违约使用电费3472.85万元。营业普查追补金额8673万元。反窃电工作典型经验在《国家电网工作动态》上推广。

营财一体化正式上线，通过国家电网公司现场验收。制定《输配电价研究测算工作方案》，实施居民“年阶梯”电价。对701户高压风险客户严格实施“一户一策”动态管理，实现电费回收“双结零”。

开展售电侧改革试点，认真研究改革试点中有关问题。完成适应售电侧放开的营销业务模型设计和系统上线工作，具备承接市场化业务的基本条件。借助直接交易平台组织39户大用户完成直接交易电量13.2亿kWh。

加快电动汽车充换电业务发展，布局沪蓉、沪渝高速重庆段28个快充站和4个市内公用快充站建设，交流充电桩实现充值卡业务办理和自助充电。全年实现充电量181.09万kWh，服务电动汽车5.71万车次。

科技与信息化 国家科技项目“山地城市电动汽车分时租赁模式及支撑技术研究与示范应用”成功立项并全面启动。牵头实施国家电网公司“新一代智能站数字化计量设备与监控系统现场校验技术研究”等6个项目，完成国家电网公司技术标准实施评价试点工作。完成环保专项任务，110kV及以上电网建设项目环评率和竣工环保验收率实现100%。构建三级科技攻关团队，建成2支国家电网公司、10支重庆公司科技攻关团队。5项科技成果达到国际先进或国内领先水平，4项获重庆市科技进步奖，7项获国家电网公司科技进步奖。

建成SG-ERP2.0一体化企业资源计划系统。电力交易平台、设备（生产）运维精益管理系统等23个系统上线运行。乡镇供电所及班组一体化系统覆盖1228个班组。完成GIS系统版本升级和性能提升。

开展新数据中心系统迁移及硬件扩容，推进软硬件资源池实用化。信息系统实用化评价诊断工作在国家电网区域现场会上作经验交流。通过国家电网公司信息化后评估验收和重庆市保密专项检查。建成大容量光传输网，本部到基层单位带宽扩展到1Gbit/s。

优质服务 构建以客户为导向的“四个一”业扩报装服务模式，优化业扩办理流程，开展关键环节专题监测，10kV容量全开放，安装居民一户一表30余万户。业扩平均接电时间缩短40%，业扩投诉同比下降30%。开展投诉挂牌督办，客服中心派单及时率、回单及时率均达99.99%。强化24小时应急抢修值班，配网运检投诉和超长抢修工单数均降低70%。实施营业厅视频监控，营业厅服务投诉同比下降18.91%。“互联网+供电服务”加快推广，掌上电力、95598网站、支付宝等互联网服务渠道覆盖180万客户。

“弃管小区”配电设施改造全年完成657个，三年累计完成1424个。治理6142个“低电压”台区，改善15万户居民用电质量。推广港口岸电、热泵、“暖冬计划”等项目756个，解决970所高海拔地区中小学校冬季取暖用电问题。完成14家驻渝央企供电分离移交。

工会工作 按照国家电网公司“三集五大”改革要求，所属各单位按照有关规定和民主程序，完善和健全了组织架构。

坚持召开职工代表大会，签订集体合同及工资、劳动安全卫生和女职工权益保护三个专项集体合同。坚持职工代表巡视检查，厂务公开知情度和满意度平均达到97.72%。指导公司下属42个基层工会132家集体企业召开改革改制职代会，完成“子改分”试点工作的民主程序。

加强班组建设，1106个班组达国家电网公司达标班组，占班组总数的98%。持续减轻班组负担，建立专业指标考评体系。举办班组长能力素质培训，组织100名优秀班组长开展拓展培训。国网重庆市区供电公司渝中营业班等7个班组荣获国家电网公司先进班组和工人先锋号，7个班组长获得国家电网公司优秀班组长。

大力推进技术创新，推动班组开展“五小”创新活动，搭建12个劳模创新工作室和8个职工创新工作室。1项成果获第七届全国职工技术创新成果一等奖，1项成果获国家电网公司职工技术创新成果二等奖；1项成果获重庆市职工优秀技术创新成果二等奖。举办供电“服务之星”竞赛，3名选手获国家电网公司优秀服务之星称号。

开展员工三年身体素质提升活动，举办渝中、渝西、渝东南、渝东北片区运动会，参加员工4200余人。组织开展“书香国网·幸福家园”女职工主题读书活动。累计建成全国职工书屋示范点7个，全国职工书屋11个。

党的建设和精神文明建设 扎实推进“三严三实”专题教育，领导班子成员和基层单位领导班子共讲党课306场，听众1.8万余人次。开展四个专题集中学习研讨，班子成员建立基层联系点。共梳理问题3222个，认真制定措施，及时加强整改。

优化基层党支部设置，规范流动党员和市场化用工党员管理。完成“双培养”计划，在职党员中优秀人才比例提高6.9%。建立红岩共产党员服务队101支，队员2298人，党员占比达70.6%。3支服务队被评选为国家电网公司优秀共产党员服务队。

落实“两个责任”，实施“儒电廉网”工程，组织“以案明纪”教育活动，轮换交流重点岗位人员867名。配合做好中央巡视工作，严肃处理违规违纪人员。

深化企业文化“卓越实践”主题活动，制定统一企业文化建设完善提升方案。开设建设卓越企业文化网站，编印企业文化优秀成果案例论文集，创建企业文化示范点，开展现场交流会。举办以德育企“道德讲堂”，组织班组长企业文化“微宣讲”，开展“践行核心价值观，争做最美国网人”活动，组织拍摄微视频，持续开展“平凡人·闪光事”主题传播。深入开展离退休“三靠前”和“文化养老”活动。举办首届“青年创新创意”大赛，“四常态”志愿服务项目评为国家电网公司精神文明建设创新项目一等奖。围绕特高压等策划69项主题传播，9个社会责任根植项目被确定为国家电网年度社会责任根植项目。

2015年有3家单位获全国文明单位，4家单位获全国模范职工之家，公司团委获全国五四红旗团委，1个集体获全国青年文明号，1家单位获重庆市五一劳动奖状。2名职工获全国劳动模范，2名职工获全国五一巾帼标兵，5名职工获重庆市五一劳动奖章，3名职工获国家电网公司劳模劳动模范，3名职工被评为“最美国家电网人”。

主要事件

4月16日，重庆电网首座500kV智能变电站——玉屏变电站成功投运并进入试运行阶段。

7月，重庆市新增投资26亿元的农村电网改造升级工程正式启动，工程覆盖重庆市32个区县，共有项目1908个，新增35kV及以上线路436.49km，新增变电容量68.89万kVA，新增10kV线路2551.2km，新增配变容量34.53万kVA，新增低压线路8607.75km，户表改造1 181 600户。

8月13日，重庆电力市场交易平台上线运行，完成重庆电网2笔大用户直接交易，标志着重庆电网电力交易在全国统一电力市场交易平台上线运行。

9月23日，重庆蟠龙以及河北丰宁（二期）、山东文登三个抽水蓄能电站工程开工动员大会在国家电网公司总部召开。

11月26日，历时三年，国网重庆电力承担的1424个弃管小区电力设施改造工程全部完工，惠及30万户客户，一百多万居民。

12月10日，在国家电网公司首届青年创新创意大赛中，国网重庆电力电科院青年创意项目——“铝代铜配电变压器无损快速检测方法”获金奖。

12月15日，国网重庆电力送变电公司承建的第一条海外线路工程——埃塞俄比亚GDHA 500kV输变电工程零缺陷竣工。

12月18日，国网重庆电力首次牵头承担的国家科技支撑计划项目“山地城市电动汽车分时租赁模式及支撑技术研究与示范应用”在渝正式启动。

12月31日，酒泉—湖南±800kV特高压直流输电工程重庆段重通过电力工程质量监督总站的基础中间转序验收，进入铁塔组立阶段。

12月，大容量光传送网络（简称OTN）全面建成。

12月，国网重庆电力全面建成SG-ERP2.0系统。

西　北　地　区

【国家能源局西北监管局】

基本情况　国家能源局西北监管局（简称西北能源监管局）内设综合处、市场监管处、行业监管处、电力安全监管处、资质管理处、稽查处、监察室（机关党委）。同时向青海、宁夏省（区）分别派驻监管业务办公室。

领导班子　局党组书记、局长王天才（2015年1月1日至6月15日）；局党组成员、副局长雷金娥（2015年6月15日国家能源局宣布临时负责工作）；局党组成员、副局长薛浒、仇毓宏。

主要工作

（1）电力安全生产工作。一是注重电力安全生产工作要求的落实，组织开展西北区域电力安委会相关工作，扎实开展电网风险管控工作，编写2015年西北电力系统安全分析报告。二是严格督察检查，开展了电力建设工程落实施工方案、电力工程质量、电力工控系统安全防护等专项监管和电力行业防范人身伤亡事故专项调研，重点督查30多家主要电力企业，发现问题600余项，责令停工2家施工现场。三是吸取电力安全事故教训。华能北京热电厂2号机发电设备系统发生着火事故后，立即印发通知联合陕西省安监局从发电设备设施安全、重大危险源安全管理、电力应急等方面开展专项排查整治工作。

（2）市场建设和监管。一是参与电改配套文件的起草和宣贯学习。开展9号文及其配套文件的学习宣传。二是完善交易规则，开展大用户直接交易工作，宁夏、陕西各完成直接交易电量170亿、31亿kWh，青海省首次开展了4亿kWh的直接交易。三是探索推进青海省跨省直接交易和新能源跨区发电权交易试点工作，促成华电甘肃新能源公司和湖北襄樊发电公司开展2亿kWh电量交易。四是关注企业困难，努力帮助企业解决生产经营难题。召开厂网联席会议和厂网议事委员会会议16次，呼吁协调解决新能源财政补贴不及时等问题。五是修订完善“两个细则”并印发，西北区域全年考核和补偿金额达到17亿元。六是扎实深入开展了西北区域“十二五”电网规划完成情况、煤电节能减排升级与改造行动计划落实情况、电力调度交易与市场秩序、陕西电网输配电成本、电网企业回购电源项目自建配套送出工程、新疆与西北主网联网750kV第二通道输变电工程投资收益成效、分布式光伏发电等7个专项监管。七是编制完成西北区域电力企业价格与成本情况报告、每季度电费结算简报、电网企业财务经营分析报告和发电企业财务经营分析报告；参加了国家发展改革委宁夏输配电定价成本现场监审工作。

（3）供电稽查工作。一是深入开展青海省解决无电人口用电问题专项监管，跟踪督促13家项目建设单位积极推进项目。2015年底青海省通过独立光伏解决27.2万无电人口，通过电网延伸解决19.7万无电人口，如期完成了三年行动计划目标。二是结合突出问题，开展了用户受电工程市场秩序和人民群众满意用电专项监管、110kV及以下典型电网供电能力情况专题调研。三是不断加强对12398热线人员的培训，定期编发月度通报，重视舆情监测，依法受理查处投诉举报事项101件。

（4）资质管理工作。一是简化流程，提升服务，稳步推进许可工作，2015年共新颁发发电类电力业务许可证89张，承装（修、试）电力设施许可证90张，电工进网作业许可证13 043张，续期注册12 540张。二是推行“阳光许可”，公开许可业务办理指南、建设完善许可在线申办系统，实现了许可业务在线申办、过程查询和结果公开。三是开展110kV及以上在建电网建设项目许可制度执行情况、2015年燃煤发电机组执行电力业务许可制度情况专项监管。

【国家能源局甘肃监管办公室】

基本情况 国家能源局甘肃监管办公室（简称甘肃能源监管办）内设综合处、市场监管处、行业监管处、电力安全监管处、资质管理处和稽查处等6个职能部门。

领导班子 党组成员、专员助理（2014年6月主持工作至今）顾平安；党组成员、综合处处长（2006年9月至今）谢康。

主要工作

（1）电力安全监管。宣贯落实新《安全生产法》《电力安全生产监督管理办法》等法律法规；发挥省安委会成员单位作用，确保电力系统安全稳定运行；督促电力企业落实安全生产主体责任，加大隐患排查治理力度，围绕电力建设工程质量安全监督、电网安全风险管控及发电厂氢站、氨站和贮灰场安全监管，水电站大坝管理监督，高危重要用户安全监督等重点，不断强化安全培训，监督指导电力企业开展薄弱环节整治，建立健全电力应急体系。

（2）电力市场监管。为制定《甘肃省电力体制改革实施方案》建言献策，依据职责主动介入改革任务；针对2015年甘肃省大用户直接交易试点签订的274.21亿kWh电量，加强调度交易执行等过程监管；通过风（光）火电量置换、新能源替代自备电厂发电等市场化模式，探索新能源消纳新机制，年内置换电量16.68亿kWh；进一步推进省内发电集团内部合同电量优化，提高环保高效大机组的利用小时数，完成计划合同电量4.84亿kWh。

（3）行业监管。核查河西地区违规建设光伏发电项目引起了省政府的高度重视，由能源监管机构监督后续整改落实情况；开展天然气重点调研，掌握了全省天然气管网设施基本情况和供需情况；推进省内天然气管网分输支线监管，掌握上下游用户接入、合同签订执行、产品供应情况；结合油气企业信息报送情况，分析甘肃油气企业成本构成；认真做好日常天然气供应预测预警和信息统计日报制度，确保民生用气长供久安。

（4）资质许可监管。规范电力业务许可行政审批行为，减少繁文缛节；树立优质服务文明办证大厅的窗口形象，创建3F（五项制度、五个坚持、五个上墙）服务体系；推进资质管理信息系统建设，完善许可申请、审批、监督、查询等环节的信息化管理。

（5）电力稽查。开展供电服务“两率”监管和配电网供电能力调研，督促解决了全省2.4万户11.6万无电人口的用电问题；协调解决卓尼县尼江地区牧民增收光伏工程，以及康乐县虎关乡贾家沟村、八松乡纳沟村动力电全覆盖工程；开展用户受电工程市场秩序监管，规范市场主体业扩报装、工程建设、设备招投标等行为，防止“三指定”现象反弹；进一步发挥12398能源监管热线民生通道作用，注重发掘线索并依法查处投诉举报典型案件。

（6）精准扶贫。支持通渭县、清水县火电、风电、光电、绿色能源示范县等重点能源建设项目，组织“甘肃省光伏扶贫项目专项监管”。通渭县在全省率先实现了“光伏扶贫”零的突破，清水县提前一年完成了全县所有自然村动力电全覆盖。继续衔接好优秀贫困生北京游学、基层党组织结对共建、安全用电宣传、电子商务培训、协助惠农贷款、筹建农业资金互助协会、开展文化下乡等一系列活动，变简单“输血”为有效“造血”，让国家能源局帮扶工作的影响力深入人心。

【国家能源局新疆监管办公室】

基本情况 国家能源局新疆监管办公室（简称新疆能源监管办）依照《电力监管条例》等法律法规，在新疆维吾尔自治区范围内履行能源监管和行政执法职能。内设综合处、市场监管处、行业监管处、电力安全监管处、资质管理处、稽查处6个处室。

领导班子 党组书记、专员曹继耀；党组成员、综合处兼市场监管处处长张燕军。

主要工作

（1）编制《2014年电力运行情况及2015年电力供需形势分析》，为自治区政府提供决策依据。

（2）按照国家能源局关于辅助服务补偿机制深度试点工作要求，积极参与西北区域“两个细则”修订工作，组织新版“两个细则”的试运行。根据电网冬季运行情况，结合新疆区域电源结构特点，核定《2015～2016年度新疆电网最小运行方式》，为保证自治区冬季供暖，缓解电力供需矛盾提供实施依据。

（3）审核、批复新疆电网2015年度发电权集中竞价匹配交易方案，审定2015年度新疆电网网损分摊标准，监管交易实施，限制高能耗、高排放机组作为替代方参与交易，采用发电权交易方式强制或促使小火电机组退出运行，维护交易主体的合法权益，实现交易电量共计39.655亿kWh。

（4）根据稳增长、防风险的经济工作总体要求和年度工作的具体安排，积极推进直购电试点。

（5）组织开展了2014年度和2015年上半年电力调度交易与市场秩序专项监管工作。

（6）加强输配电成本与电力企业经营情况的分析，编制电力成本与价格监管报告。

（7）开展2014年度电价执行和电费结算情况

检查。

(8) 进行自备电厂建设和运营监管。

(9) 根据国家能源局开展问题监管的要求，制定专项监管工作计划，对区域内在运的61家自备电厂生产运营情况进行了全面深入的调查。

(10) 开展执行行政许可制度专项监管，对电网公司进行现场检查。

(11) 坚持“贴近实际、贴近一线、贴近南疆”，为企业提供贴心服务。

(12) 新颁发发电类许可证51张，变更43张，持证企业总数158家；变更输电许可证1张，持证企业1家；变更供电类许可证38张，持证企业72家；新颁发承装（修、试）许可证62张，变更42张，持证企业达188家；电工进网作业许可证新发证2387张，续期1950张，持证电工达到16 894人。

(13) 针对区内及全国电力需求不旺的形势，向自治区政府和有关部门呼吁，与国网新疆电力公司共同研究推进“疆电外送”市场化运作，巩固“疆电外送”份额。

(14) 研究制定企业自备电厂参与系统调峰的实施办法，探索企业自备电厂参与系统调峰的运行机制，鼓励新能源替代企业自备电厂发电。

(15) 与自治区“访汇聚”活动领导小组办公室、国网新疆电力公司联合印发了《关于在“访惠聚”活动中做好农村群众供电用电服务的通知》。

(16) 截至2015年11月，共收到能源投诉举报有效信息315件，其中投诉举报热线接听280件，占88.89%，投诉举报系统热线留言34件，占10.79%，传真1件，占0.32%。根据《电力监管机构投诉处理规定》《电力监管机构举报处理规定》，对收到的315件有效信息进行甄别处理，其中受理投诉举报18件，占有效信息总量的5.7%。

【国网陕西省电力公司】

企业概况 国网陕西省电力公司（简称国网陕西电力）是国家电网公司的全资子公司，是陕西省电力建设、输送、销售的独立法人，是全省电网规划、建设和运营的公用事业企业，承担着为陕西经济社会发展和城乡广大电力客户提供安全可靠电力供应的重要职责，2015年售电量903.07亿kWh。

截至2015年底，国网陕西电力有员工2.31万人，资产总额521.4亿元。陕西电网总装机容量3028.64万kW，外送能力771万kW，电网最大负荷1889万kW，110kV及以上线路2.95万km、变电容量8274万kVA。

领导班子

总经理、党组副书记：卓洪树

党组书记、副总经理：邬捷龙

党组成员、副总经理：王成文

党组成员、工会主席：王向红

党组成员、纪检组长：张智民

党组成员、副总经理：何晓英

党组成员、副总经理：许子智

党组成员、副总经理：周军义

党组成员、副总经理、西安供电公司总经理：余先进

总会计师：曹海东

总工程师：刘太洪

调研员：刘文洪

调研员：王周祥

组织机构 截至2015年底，国网陕西电力本部内部设置24个部门，分别是办公室、发展策划部、财务资产部、安全监察质量部、运维检修部、营销部、农电工作部、科技信息部（智能电网办公室）、建设部、物资部（招投标管理中心）、对外联络部（品牌建设中心）、审计部、经济法律部（体改办）、人力资源部（社保中心）、离退休工作部、后勤工作部、思想政治工作部（直属党委办公室、团委）、监察部（纪检组办公室）、电力调度控制中心、运营监测（控）中心、电力交易中心、工会、企协分会、公安保卫部。辖有11个地市级供电单位（含西咸新区供电公司）和12个综合单位。

电网概况 陕西电网位于西北电网最东部，是西北电网的重要组成部分，是一个水火并济以火电为主的电网，陕西电网最高电压等级为750kV。750kV电网宝鸡—渭南—延安—榆林的“L”形主网架已经形成，对关中和陕北电网起到重要支撑作用；330kV电网东起华阴，西至宝鸡，北至府谷，南到安康，覆盖全省10个地市，在关中继续环网运行。省际间有四回750kV线路和四回330kV线路与甘肃电网相联，分别为乾县—平凉双回、宝鸡—麦积山双回、宝鸡—秦安、宝鸡—天水、宝鸡—眉岘、桃曲—丰乐各一回。

陕西电网已形成3个外送输电通道，即陕西关中东部罗敷（信义）—灵宝直流背靠背工程、关中西部宝鸡—德阳±500kV直流输电工程，实现与华中电网联网；陕北神木—忻州双回和庙沟门—忻州一回500kV交流线路，实现陕北“点对网”向华北地区送电，外送规模总计771万kW。

2015年，陕西电网发电总装机容量3028.64万kW（不含点对网外送容量），其中：水电266.37万kW，占总容量的8.8%；火电2567.48万kW，占总容量的85.07%；风电113.75万kW，占总容量的3.75%；太阳能发电72.04万kW，占总容量的2.38%。其中，统调电网装机容量2980.87万kW，

占总容量的 98.42%。

国网陕西电力直属 750kV 送电线路 20 条、2323.22km；500kV 送电线路 2 条、270.62km；330kV 送电线路 197 条。

人力资源 2015 年，国网陕西电力人力资源专业指标总体排名国家电网公司第 9，同比进步 15 名，创历史最佳。其中，全口径劳动生产率 47.42 万元/(人·年)，同比增长 19%，排名国家电网公司第 14，同比进步 2 名；全口径人事费用率 10.65%，排名国家电网公司第 15，同比进步 2 名、进段 1 位；人才当量密度 1.014 2，同比提升 6.47%，排名国家电网公司第 10，同比进步 8 名、进段 1 位；竞赛调考成绩排名国家电网公司第 6，同比进步 10 名、进段 2 位；用工配置率 105%，同比优化 11.64%，排名国家电网公司第 14，同比进步 12 名、进段 1 位。

全面建成“五位一体”，企业管理加快向精益精细转型。率先提交顶层设计成果数据，上下联动深化应用“五位一体”，43 项重要节点任务有序完成，47 个深化应用项目取得突破；以核心专业、试点单位和典型班组为重点，以点带面推进应用，“五位一体”实现班组落地融合，“两个 100%（深化应用覆盖率 100%、任务完成率 100%）”目标任务全面完成；14 个应用案例入选国家电网公司典型案例库，入选数量排名第 3；“五位一体”综合排名国家电网公司并列第二，连续两年保持前三；人资部撰写的《关于深化人力资源定编定岗支撑“三集五大”体系有效落地的实证研究》获得国家电网公司电力人才优秀论文一等奖。大力实施全口径用工管控，资源配置能力全面加强。多措并举控制总量，全口径用工减少 4065 人，同比减少 10.2%，劳务派遣用工总体占比提前减至法定比例 10%以内；通过内部市场优化配置 4209 人次，超员单位减少 10 个，超员专业减少 5 个，总量超员局面大幅改善；用工配置率从 118.83%降至 105%，从国家电网公司最后一名提升 12 位到了 B 段，实现段位跨越。稳妥推进农电用工规范管理，历史遗留问题有效破解。制定规范管理方案，开展两轮农电用工信息核查，完成 8050 名农电工劳动合同续签；首次实施供电所长期职工补员计划，优化供电所机构设置，制定供电所长期职工配置方案，年内向中心供电所配置长期职工 436 人。首次实施内部模拟市场考核，效率效益和价值导向深入人心。建成内模市场考核机制并常态运转，考核兑现占年度工资总额的 11.5%，实现全单位覆盖、全价值分解和全过程考核，利润同比增长 20%，全员的市场意识、成本意识、效益意识和价值贡献意识明显增强。开展工资制度改革。优化薪酬福利分配结构，激励机制实现重大突破。全面实施岗位绩效工资制度；首次实现工资集中审核发放和在线管控；争取省政府支持，节约社保成本 8750 万元；大幅提升职工补充医疗水平，农电工意外险保额翻两番。

新提拔和交流处级干部 93 名，集中轮训处科级干部 1442 名。构建职务、职级、专家人才三个职业发展通道。全面推行岗位绩效工资制，出台人才当量密度和竞赛调考激励制度，实施农电工个人学历提升行动计划，100 人入选国家电网公司专家人才后备，34 人入选国家电网公司优秀专家人才，高技能人才比例达到 85.34%，人才当量密度首次突破 1，乡镇供电所岗位竞赛、培训师竞赛、基建技经调考等取得优异成绩。合理配置人力资源，全口径用工同比减少 10.2%，劳务派遣用工减至 10%以内，用工配置率同比下降 14 个百分点。建成输配电带电作业实训基地。

电网建设与发展 陕西首条特高压榆横—潍坊 1000kV 交流工程开工建设；灵州—绍兴±800kV 特高压工程进入验收；酒泉—湖南±800kV 特高压工程基础浇制 82.8%。完成上海庙—山东、准东—皖南特高压工程省内前期工作，53 项 110kV 及以上工程获得核准。建成投运 750kV 西安南等 42 项重点工程，形成 750kV 关中环网。330kV 富平等 3 座新一代智能变加快建设。建成配电网统一建设管理机制，2014 年农网升级改造工程通过省级验收，中央新增 15 亿元农网改造项目加快推进。完成 46 项陕南移民搬迁电网配套工程。治理农村“低电压”7.49 万户。电网工程“四率”首次实现 100%。公司参建的哈密南—郑州±800kV 特高压工程获国家优质工程金质奖，750kV 西安南工程获国家电网公司创优示范工程，3 项工程获国家电网公司农网百佳工程。13 项小型基建工程竣工，计量中心项目主体封顶。

经营管理 2015 年，国网陕西电力分公司利润指标全部超额完成，子公司利润突破 1 亿元，公司利润首破十亿大关，资产负债率为 2008 年以来最优。大力增供扩销，断开 14 条 110kV 省外电源，推行带电作业、低谷检修，完成替代电量 19.2 亿 kWh，净增业扩报装容量 1131.92 万 kVA，同比增长 30%，售电量增速排名国家电网公司前列。安装智能电能表 174 万只，覆盖率达到 83%，6 个地市公司实现全覆盖。用电信息采集成功率达到 98.5%，较 2015 年初提升 49.7%。促成省发展改革委出台小火电机组淘汰关停实施方案，关停自备电厂 6 家。加强经济调度，消纳四川水电 47.8 亿 kWh，跨省区外送电量 40 亿 kWh，安康水电厂发电量同比增长 20.19%。强化综合计划和全面预算管理，实现项目全方位在线监控。探索资金“零余额”管理，减少利息支出 1.83 亿元。环保电价矛盾超前疏导。建成“四分”线损同期管控体系，降损增效 2.44 亿元。加强工程造价管理，

110kV 及以上电网工程结余率达到 12.08%，节约资金 5.91 亿元。建立 7 级电费回收领导责任制，电费回收率完成 100%。营业普查、营销稽查堵漏增收 1.58 亿元。两级招标采购节约成本 15.95 亿元。接收客户资产 3.23 亿元。

安全生产 2015 年，国网陕西电力形成“一级抓一级、一级对一级负责”的安全工作机制。加强精益化运维、标准化整治，强化电网风险预警管控，实行隐患缺陷销号验收“双会签”，首次开展特高压直流线路带电作业，完成春秋检任务 5380 项，35～110kV 设备外破事件次数同比下降 55.35%，110kV 及以上线路跳闸率同比下降 15.43%，客户引起的故障跳闸次数同比下降 83.67%。超前部署迎峰度夏过冬工作，在负荷五创新高的情况下电网平稳运行。资产全寿命周期管理迈入“成熟型”企业行列。圆满完成习近平总书记来陕视察等 21 项重要保电任务。负面舆情同比下降 62.2%，信访量五年来首次下降。

营销工作 2015 年，国网陕西电力完成售电量 903.07 亿 kWh，同比增长 2.74%；平均售电到户均价 608.42 元/MWh；应收电费余额 1456.29 万元，同比降低 937.77 万元，应收电费余额比重 0.32%，同比降低 2.22 个百分点；完成新装、增容 44.09 万户、1405.31 万 kVA，同比分别增长 8.65%和 25.39%，完成报装净增容量 1131.92 万 kVA，同比增长 30%；完成节约电量 5.54 亿 kWh，完成年度任务的 110.75%；完成电能替代项目 429 个，替代电量 19.2 亿 kWh，完成年度任务的 120%；10kV 及以下配网线损率 8.92%，同比降低 1.34%，较计划指标降低 0.36 个百分点；市场占有率 99.84%，同比提高 2.01 个百分点；供电服务承诺兑现率 100%，同比持平；完成堵漏增收 1.58 亿元；公司营销管理对标获得国家电网并列第 5、排名第 10 的历史最好成绩。

开拓供用电市场，断开地电引接外省电源增加趸售电量 18.41 亿 kWh；扩大供外省规模，增加河南淅川售电量 1.1 亿 kWh。充分发挥电能替代品牌示范引领作用，“一地一品”到“一地多品”，替代领域从 5 个拓宽到 13 个，超额完成全年目标任务。减少停电损失，增供电量 59.23 亿 kWh。开展自备电厂专项整治综合评价，全年增收自备电厂系统备用费或基本容量费共计 339.42 万元，增收代征基金及附加费 969.75 万元；关停自备电厂 6 户，机组 9 台，容量 5.15 万 kW，增加购网电量 3.6 亿 kWh；34 户自备电厂全部实现了计量信息远程采集。积极应对配售电市场放开改革，无偿接收易形成自供区的客户资产 3.32 亿元。

建立健全“以 95598 工单倒逼供电服务问题解决”工作机制。建立优质服务月度例会和“飞行检查”机制，累计对 10 个地市公司、46 个供电所开展了 23 次飞行检查，共发现并督促整改问题 173 个。建立供电服务违规行为“累积处罚”机制和约谈督办机制，累计受理客户投诉 2037 件，同比降低 18.77%。建立客户重复投诉分级调查处理工作机制。加快交费渠道扩展，交费方式达 20 种；累计建成城乡交费网点 17 609 个，全面实现了城市“十分钟交费圈”和农村村村有缴费点。大力创新服务方式，实施“互联网＋”供电服务，针对客户特性推行个性化服务，拓展增值服务；在各级政务大厅设立供电服务窗口，将服务端口前移，28 个政务大厅的供电服务窗口全面设置到位；组织编制了《营销服务客户手册》。

农电工作 2015 年，国网陕西电力创新建设“三基五型”供电所（基层稳定、基础牢固、基本功扎实；高效型、学习型、创新型、争先型、和谐型），出台“三基五型”标准化供电所建设考评体系标准，启动西安等驾坡、宝鸡虢镇、铜川照金示范供电所的试点建设工作。完成为期三年的乡镇供电所管理提升工程目标任务，荣获“国网公司县供电企业及乡镇供电所管理提升工程先进单位”荣誉称号。全力推进“五位一体”深化应用，推广典型经验，将县供电企业、乡镇供电所同业对标工作纳入统一对标管理体系和平台，渭南蒲城、商洛山阳、延安洛川供电分公司被命名国家电网公司标杆县公司；7 个供电所被命名为国家电网公司标杆供电所。《细化业务促考核、量化积分强绩效》管理成果入选国家电网公司农电专业最佳实践推广目录。

完成 2014 年 565 个单项和 2015 年 873 个单项农网改造升级工程建设任务，2015 年 449 项新增工程全面开工并形成实物工程量，工程建设进度排名国家电网公司系统第 6 名。35kV 优质工程比率 100%，10kV 及以下优质工程比率 97%。3 项工程荣获“国网 2015 年度农网百佳工程”称号。2014 年 19 个、2015 年 27 个陕南移民搬迁农网配套工程全部完工。

分类治理 6.385 万户“长期性”低电压和 1.105 万户“时段性”低电压，治理农村“低电压”7.49 万户，超额完成年度计划任务。

开展农电用工“高升专、专升本”个人学历提升行动计划，强化职业技能鉴定取证，供电所用工人才当量密度系数大幅提升到 0.45。组织开展省、市、县三级“乡镇供电所岗位知识技能竞赛”，发挥灞桥校区竞赛设施作用，启动供电所农电用工全员培训工作。圆满承办国家电网公司 2015 年乡镇供电所岗位知识技能竞赛，荣获团体二等奖和优秀组织奖，个人第一、第三名。

在安全大检查期间先后对西安公司等 7 个单位、42 个供电所、31 处农网施工现场进行督导检查。建立健全农网工程过程管控“三个机制”（部门协同机制、三级考核机制和督导互查机制），抽调专家不定期现场督导检查农网工程项目安全、质量和进度，实现农网工程建设“四不发生”安全目标。围绕农电8个专业监测指标，完成了自评估报告，与新农电管理系统承建方南瑞集团华源公司合作研发自主监测、安全预控功能，全面提升农网工程项目过程管控水平。持续深化供电所营业窗口建设，建成“群众满意窗口”277个，实现供电所达标覆盖率100%。组织评选50个年度优秀供电所。

科技与信息化 2015年，国网陕西电力计划完成研发投入5200万元，其中国家电网公司研发投入2600万元，研发投入2600万元。全年信息化投资9514万元。荣获国家电网科技奖4项，完成科技论文253篇，科技论著11部，软件著作2件。完成专利申请123件，其中发明申请70件，完成率达到100%，实用新型申请53件，完成率达到117.78%；完成专利授权45件，其中发明专利授权15件，完成率达到100%，实用新型专利授权30件，完成率达到100%。

推荐电网环境保护实验室申报国家电网重点实验室，先进配电自动化技术联合实验室申报国网实验室，均已顺利通过远程视频答辩和专家现场考评。启动“十大科技创新课题”跨单位组建科技攻关团队工作，通过建立多方联动攻关、例会、通报、沟通、考核等五项机制，在科技创新与管理、同业对标指标与专利成果两个方面实现突破。完成16项国家电网和行业技术标准制修订任务和技术标准建议项目申报储备。

荣获国家电网公司4项科技奖，其中二等奖3项；获9项陕西省科技进步奖，包括1项一等奖，3项获二等奖；另有1项黑龙江科技三等奖，超额完成了年度目标。评审出国网陕西电力科技进步奖129项。

积极参加国家电网特高压配套通信工程建设工作；建成覆盖灾备、省公司（含第二汇聚点）、地市公司的OTN光传输网络，实现大容量高速数据传送；启动公司省、地、县数据网优化改造，实现全省网络架构扁平化、网络技术规范化、业务承载标准化，35kV及以上变电站数据网络全覆盖；建成省、地、县一体化高清视频会议系统，全面完成“十二五”通信建设工作。

优质服务 2015年，国网陕西电力优质服务水平实现新提升。投诉总量同比下降18.77%。在28个市县政务大厅设立供电服务柜台，全面开放10kV及以下报装容量，接电时间同比缩短47.94天。城网营配调数据实现贯通，建成“网格化”抢修布点698个，开展提升配网精益化管理12个专项活动，配网抢修接派单及时率达到99.87%，抢修时长同比缩短81.95%。推广移动购电终端8万个，全面实现城市“十分钟交费圈”和农村“村村有交费点”。风电、光伏发电累计并网装机容量186万kW，全年消纳清洁能源152亿kWh，同比增长81.6%。协助省政府编制完成“十三五”电动汽车基础设施专项规划，开展电动汽车充电服务15万次，充电量同比增长1.5倍。

党的建设和精神文明建设 2015年，国网陕西电力制定从严治党实施方案，建立基层党委书记抓党建工作述职考评机制，全面规范县公司党组织设置，健全完善县公司职工代表大会制度。出台“两个责任”实施细则和责任清单，制定“四个十条”纪律规范，党风廉政建设工作有力有序。大力实施“丝路彩虹”三大工程、三项行动，3支共产党员服务队、3个精神文明创新项目、3个企业文化示范点、2名“最美国网人”入选国家电网公司“四个一百”。新媒体建设取得突破，微信、微博平台上线运行。在中央权威媒体报道数量同比增长8%。建成10个企业文化传播基地、38个示范点，企业文化传播落地实现县公司和班组全覆盖。建成全国职工书屋示范点14个、国网和陕西省示范点7个，14篇职工文学作品获国网优秀文学作品奖。引导青年员工岗位建功，3个项目获国家电网公司“青年创新创意大赛”优秀项目。完成35个精准扶贫项目。慰问老红军和困难退休人员，离退休服务水平持续提升。

主要事件

5月14日，国网陕西电力750kV西安南输变电工程全部带电投运。750kV西安南输变电工程总投资34.77亿元，为国网陕西电力单个工程投资最大的项目。

6月9日，国网陕西电力首次开展特高压输电线路带电作业，完成对±800kV天中线3172号塔极Ⅰ耐张引流线跳串钢管抱箍销子脱落缺陷进行等电位带电处理。

7月3日，商洛首座智能变电站——110kV商县变电站是商洛首座智能变电站启动投运。

10月8日，汉中首个光伏扶贫试点工程暨首家商业光伏发电项目在勉县元墩镇喇家寨村开工，工程由汉中允思光伏科技有限公司与省级扶贫资金共同出资，是扶贫对象和投资企业共同参与的新型扶贫项目。

10月20日，国网陕西电力±500kV宝鸡换流站实现安全运行6周年，累计向华中电网输送电量426.7亿kWh，向西北电网转送电量210.8亿kWh。

10月22日，延安新区首座变电站——110kV东川变电站投运。

10月，国网陕西电力创新电能替代“一地一品”

转向“一地多品”，努力打造电能替代“一地一品”示范工程。1～9月，国网陕西电力累计推广电能替代项目共计382个，实现替代电量14.91亿kWh，年度目标完成率93%。

11月2日，《中国电力报》头版头条以《“一地一品”到“一地多品”——国网陕西电力电能替代工作纪实》为题，全面深入报道国网陕西电力2015年在10个地市公司推出10个电能替代特色项目。

11月，陕送公司完成史上首个最短距离内连续跨越3条500kV特高压线路施工任务。

11月，陕送公司承建的锡盟—山东1000kV特高压交流输电线路工程（二标）带电跨越网安全拆除，标志着国内特高压交流线路建设史上首次双回线路、单场紧线、最短距离（1895m）内、连续跨越3条500kV特高压线路施工顺利完成。

12月3日，《中国电力报》头版头条以《丝路起点　电力先行——探析融入“一带一路”战略中的陕西电网》为题，全面深入报道国网陕西电力在服务“一带一路”战略中的相关工作。

12月18日，陕西省发展改革委核准批复了陕西公司拟建的神木750kV输变电工程及清水川电厂二期750kV送出工程。

截至2015年底，国网陕西电力共核准750kV工程4项，330kV工程9项。

（原增光）

【国网甘肃省电力公司】

企业概况　国网甘肃省电力公司（简称国网甘肃电力）成立于1990年2月，是国家电网公司的全资子公司，承担着建设、运行、管理和经营、发展甘肃电网的任务，为甘肃地方经济社会发展提供安全持续可靠的电力保障。

截至2015年底，国网甘肃电力辖区营业面积19.43万km^2；拥有各类供电客户812.47万户，其中大工业用户0.57万户，一般工商业及其他用户811.90万户。公司本部设置24个职能部门（含工会、企协分会），下属13个市（州）供电公司、94个县供电公司8个业务支撑实施单位、1个水电厂和3个综合产业单位。全口径用工总量48 316人。

领导班子

总经理、党组副书记：李明

党组书记、副总经理：王江亭

副总经理、党组成员：王永平

副总经理、党组成员：毛光辉

副总经理、党组成员：王多

党组成员、兰供总经理：魏琦

工会主席、党组成员：王海涛

副总经理、党组成员：李晓辉

纪检组长、党组成员：杨列銮

总会计师：张治强

总工程师：李俭

组织机构　国网甘肃电力本部设办公室、发展策划部、人事董事部、人力资源部（社保中心）、财务资产部、安全监察质量部（保卫部）、运维检修部、建设部、营销部、农电工作部、科技信通部（智能电网办公室）、物资部（招投标管理中心）、经济法律部（体改办）、审计部、监察部（纪委办公室）、思想政治工作部（直属党委办公室）、对外联络部（品牌建设中心）、后勤工作部、离退休工作部、运营监测（控）中心、电力调度控制中心、电力交易中心、工会和企协分会等职能部门。下属14个地市供电企业、2家科研单位及7家其他类企业。

电网概况　甘肃电网位于西北电网中心位置，是西北电力输送和交换的中心，是西北电网水火互济、跨省功率交换枢纽。甘肃主网架电压等级为750/330kV，通过多条750/330kV线路与新疆、青海、宁夏、陕西联网运行，承担着疆电外送、青海水电西电东送、河西千万千瓦级风电送出等重要任务。

截至2015年底，甘肃电网总装机容量43 525.458MW。其中水电8386.558MW，火电16 937MW，风电120 741.1MW，光伏6127.8MW。全网用电量943亿kWh；甘肃电网日最大用电负荷为13 030MW。跨省互供电量：其中外送华中25.361 6亿kWh、外送山东51.195 1亿kWh；外送青海51.844 3亿kWh；跨区跨省外购电量6.189 4亿kWh。新能源跨省跨区外送电量71.837 5亿kWh。

甘肃电网有750kV变电站8座，主变压器12台，容量24 000MVA；750kV开关站1座；330kV变电站59座，主变压器129台，容量34 350MVA；220kV变电站6座，主变压器18台，容量2370MVA；220kV开关站1座。有750kV线路34条，省内长度5452.75km；330kV线路224条，省内长度9127.45km；220kV线路43条，省内长度883.69km。

人力资源　修订干部管理制度。进行“四好”领导班子创建考评情况研究分析。组织24个基层党委、208名处级干部制定整改措施，实现考核、反馈、整改落实闭环管理。建立个人事项报告信息库。举办12期各级干部培训班，613人参加培训。选派56人参加国家电网公司挂职实践锻炼。制定本部职员职级序列管理实施细则，拓宽员工职业成长通道。年度绩效合约管理通过国家电网公司试点单位复查验收。优化物资、技经、营销、调控等“三集五大”体系和“五位一体”机制建设，实现主营业务全覆盖（刘家峡水电厂）。组建13家市（州）级、82家（县）级三新供电服务公司。明确机构、职责、定员设置，劳动合同转签率96%。加强“全员、全额、全口径”管理不断加强，实现用工的一体化和人工成本的一本账管理。用工管理。招聘大学生617人，接收退役士兵10人。与有关电力院校“单向”＋“定向”培养高校毕业生49人。依托内部人力资源市场盘活281人，解决结构性超缺员问题。优化配置1960人。实施岗位绩效工资制度，理顺各层级人员的薪酬分配关系。执行全口径用工工资线上集中审核发放制度，完善企业负责人考核办法。

电网建设与发展 建成新疆与西北主网联网第一/二通道、陕甘联网750kV工程，通过16回750kV线路和9回330kV线路分别与陕西、青海、宁夏、新疆电网互联。750kV网架覆盖甘肃省主要经济带，形成以兰州、白银750kV电网为核心，330kV电网为骨干的坚强中部环网。河西新能源通过武胜—河西—酒泉—敦煌—沙洲750kV通道与中部环网联接。陇东煤电基地通过2回330kV、2回750kV线路与中部电网相联。110kV及配电网投资达74亿元，解决低电压、供电“卡脖子”、设备重过载、农村三相动力用电等问题。

编制“十三五”电网规划。准东—皖南±1100kV特高压直流工程完成属地化前期任务并核准。±800kV陇东特高压直流工程完成换流站选址及预可研。17项330kV及以上项目取得核准。110kV项目实现当年可研收口并核准开工。

完成开工110kV以上线路1832km、变电容量1344万kVA，投产110kV以上线路1960km、变电容量965万kVA。酒泉—湖南±800kV特高压直流输电工程在甘肃境内建设酒泉换流站1座，线路1248km，占全线的53%。准东—华东（皖南）±1100kV特高压直流输电工程完成通道清理委托及先签后建工作。哈密—郑州±800kV特高压直流输电工程通过环保验收。兰州东750kV扩建等37项工程按期开工；750kV酒泉扩建等48项工程按期投产；兰州渝（重庆）电铁、敦（煌）格（格尔木）铁路工程完成年度目标；110kV代古寺工程荣获国家电网公司级荣誉。建成投运2个首座110kV新一代智能变电站；建成首座智能电网综合建设工程；国家智能电网管理物联网示范应用工程“甘肃智能园区”通过国家发展改革委验收，农网工程25项全部开工，张掖、金昌4项工程投产。新增农网工程10月全部开工。

经营管理 2015年甘肃省电力电量富余，新能源消纳受限。成立投资优化平衡委员会，压减无效、低效投资。全年完成直购电交易229.98亿kWh。推动电能替代，替代电量35亿kWh。完成新能源替代自备电厂交易电量16.5亿kWh。新增报装容量919.15万kVA。疏导脱硝除尘电价3.9厘/kWh。实施县供电公司内部利润考核管理。解决库区移民提灌电费欠交问题。运营监测（控）中心完成177.85万户用电采集工程建设和运行。物资集约化管理实现退役物资再利用。

建立“三集五大”体系“任务池”，开设“周五大讲堂”，深化“五位一体”建设应用，调整优化业务流程1286条。推进县公司一体化管理工作，基本实现“三集五大”体系全覆盖。加快“一县两公司”整合，临泽、肃南4个县供电公司完成整合并挂牌运营。深化县供电企业和乡镇供电所“两个提升”工程，解决各类问题351个。明确机构、岗位设置与人员编制，组建供电服务公司。深化集体企业改革，搭建集体企业监管平台，创新提出“3＋N”模式，集体企业户数减少44户。

安全生产 强化电网运行风险全过程管控，有效管控六级及以上电网风险550项。开展安全大检查和隐患排查治理，排查整改各类缺陷隐患9024项。专项诊断并整改检修公司存在问题。构建反违章长效机制，全年查纠曝光各类典型违章4523起。加强电力设施保护政企协作，现场督办治理输电线路地质灾害隐患194项。开展配网设备综合治理，完成318条频繁跳闸线路整治。完成44座220kV及以上变电站无人值班改造和完善。投运西北首座国家电网公司A级检修基地。上线运行PMS2.0系统。建成配电网抢修指挥平台。出台加强继电保护工作意见。建成省调和12个地调AVC主站系统。完成天中直流升塔改造、刘家峡岩塞爆破、330kV晒都线覆冰改造等风险作业。健全西北五省区域应急协调联动机制，完成抗日战争胜利70周年纪念活动、±800kV酒湖工程开工等重大节庆活动保电任务。制定实施年度安全工作意见和安全管理提升42项措施。编制落实《防止配农网人身伤害重点措施》。制定加强继电保护工作意见，建立二次专业区域协作机制。建立调控、运检、建设、营销等部门配合联动的风险管控机制。建成电网运行风险预警管控系统，实现全过程有痕化管理。

建成投运750kV联网、河西电网稳控和新能源集群控制系统，河西地区新能源电厂全部接入系统。按照新能源与自备电厂电量替代计划，开展全网水电联合深度调峰。在330kV中川变电站实现远程遥控启动操作和顺控操作。完成智能变电站SCD文件备案、750kV沙洲等合并单元隐患治理等工作，82座智能变电站二次专业巡视全覆盖。完善±800kV天中直流通道63个区段“6＋1”（“六防”＋群众护线）运维管控模式，有效处置异常人员登塔突发事件。创新开展技改大修项目自营自建工作，完成750kV酒泉变电站、武胜变电站、河西变电站主变压器扩建和330kV

西峰变电站、秦安变电站等5台抗短路能力不足的主变压器更换。与国网青海电力签订应急救援联动协议，完善跨省应急协调联动机制。

开展“基建安全质量年”活动和在建工程复工专项检查，强化建设工程作业受控管理，按周发布电网建设施工安全风险，规范施工方案的编审批管理，动态跟踪在建电力工程安全施工情况。

资产全寿命周期管理体系建设通过国家电网公司“成熟型”评价验收。用电采集装置安装16.79万户，覆盖率88%。完成695个低电压治理项目，解决17万户低电压问题。PMS2.0系统建设上线运行。省调D5000系统通过实用化验收，OMS/PMS完成阶段性互联。完成骨干通信网二平面和县供电公司双通道建设，信息通信业务实现100%省级集中监控。全省35kV变电站光纤覆盖率86%，供电所、营业厅光纤覆盖率77%。

举办21期培训班，对关键岗位1560人开展安全生产专项培训。推行安全素质准入，2.5万生产人员参与考试。举办甘肃省百万职工职业素质提升活动暨省级一类电力设备状态检测技能竞赛。组织参加甘肃省安全知识竞赛，获团体第二名。

营销工作 建成甘肃省电力需求侧管理平台。全年完成售电量763.02亿kWh，电费回收率99.99%。加快实施电能替代项目，完成替代电量35亿kWh。新能源替代自备电厂发电替代电量16.5亿kWh。金昌新能源就地消纳2.51亿kWh。直购电完成交易电量229.98亿kWh。优化报装管理流程，实行一证受理，高压用户平均接电时间缩短4天。全年新装增容919.15万kVA，同比增长74.35%。推进营销信息采集建设里程碑计划，完成209.7万户建设任务。完成检定流水线扩容和264.95万只计量器具检定，支撑采集系统建设和生产经营用表。深化采集系统大数据应用，台式变压器线损治理取得成效，原直供直管范围台区线损建模率达到99.10%，负线损台区数减少1861台。重要电能计量装置专项整治完成10kV及以上客户7.73万户，追补电量656.83万kWh。落实电费回收责任，“一厂一策”防范电费风险，针对部分高耗能企业拖欠电费问题，依法进行多种形式催收，保障电费及时足额到账，甘肃省发展改革委同意居民电费交纳纳入甘肃省征信体系。推动银行（信用社）邮储等网点农村代收电费，农行“惠农卡”推广60万户。至2015年底，共建有1座充电站、152台充电桩，充电3346车次、7.092万kWh。完成节能项目495项，节约电量64 131万kWh，节约电力17.48万kW。开展光伏扶贫试点工作。“四表合一”试点完成1100户。将大营销体系建设落实到上划县供电公司，69家县供电公司全部按照省公司的县级分公司一体化运作。

科技与信息化 成立全球能源互联网实践工作领导小组，设立办公室及6个工作组。组织开展传播全球能源互联网理念、宣传智能电网建设成果“十个一”系列活动。1项国家科技支撑计划项目落户国网甘肃电力。获省部级科技进步奖24项，其中首获中国专利优秀奖和中国施工企业联合会特等奖各1项，获得专利授权64项，《大规模风电送出与消纳》即将在美国出版，1项科研成果入选《国家重点推广的低碳技术目录实施指南》。

“硬件资源池”荣获国家电网优质项目、通过国家电网公司信息化后评估，国产化软硬件虚拟资源池系统入池率达到100%，获国家电网公司信息系统运行方式优秀编制单位称号。完成首部国家电网调规标准编写。建成隐患管理平台，实现“一患一档”闭环管控及常态化机制。开展县供电公司标准化信息机房建设。承担修编的国家电网公司《通信反事故演习管理办法》《通信电源运行维护规程》等6项规章制度通过评审；“多模一体化微波超视距电力应急通信系统研发”获国家电网青年创新创意总决赛银奖；骨干通信网及地市通信网改造基本完成，35kV变电站、供电所、营业厅光纤覆盖率达到77%，实施七里镇、木钵、元山等基建配套通信工程。完成2项国家电网企标制订，获得2项国家标准制订权。技术标准实施评价试点顺利通过国家电网公司验收，参与的《国家电网公司技术标准实施评价体系研究》通过整体项目验收。

优质服务 按照清洁能源优先调度及大用户直购电合同开展实时调度。实现新能源管理子系统实用化，开展“友好型新能源电厂”创建，开展全网水电联合深度调峰多消纳新能源。推进“互联网+服务”，推广“掌上电力”手机APP 20万户，全省143个城市营业厅接入移动互联网，建成甘肃省首个智能互动营业厅，贯通高压用户23 160户，低压用户93.45万户，完善投诉业务管控机制，提升95598业务处理效率。启动营销投诉综合治理专项管控，建立县供电公司营业厅服务质量包干责任制。排除报装接电、采集施工现场、危化品生产、储存企业用电隐患296处。547户高危及重要客户“服务、通知、报告、督导”达到100%。

党的建设和精神文明建设 开展“四个一百”创建活动，5支共产党员服务队、3个企业文化建设示范点、3名“最美国网人”、3项精神文明建设成果受到国家电网公司表彰。配合查办中央巡视组移交的61项问题。建立省市两级巡察监督工作机制。搭建职工文化建设平台。推进职工创新管理工作，建成12个劳模创新工作室，职工技术创新成果数量、质量居甘肃省、国家电网公司前列。开展青年员工“关怀·成长”活动。印刷发行《国网甘肃省电力公司年鉴》。退休干部董永忠被评为“热爱国网”老年之星。

主要事件

3月31日，国网甘肃电力召开集体企业改革改制启动会，提出“3＋N”模式，开展集体企业整合重组。

6月3日，酒泉—湖南±800kV特高压直流工程开工。

6月24日，国家电网公司在海拔3000m的甘南草原成功实施了两项10kV带电作业，填补了中国高海拔10kV配网带电作业历史空白。

6月26日，甘肃省精准扶贫贫困村三相动力电覆盖工程启动仪式在定西市安定区西巩驿镇百页村举行。

9月6日11时30分，国内首次大直径、高水头、厚淤泥覆盖下岩塞爆破在刘家峡水电厂顺利实施，刘家峡洮河口排沙洞及扩机工程建设进入新的施工阶段，中国水下岩塞爆破施工技术水平取得新提高。

10月27日，国网甘肃省电力公司下发《国网甘肃省电力公司关于成立供电服务有限公司的通知》（甘电司人资〔2015〕507号），依据《公司法》全资设立了13个市（州）供电有限服务公司。

12月25日，220kV主变压器运抵国网甘肃A级检修基地，国家电网公司西北首座A级检修基地，也是西北唯一一座工厂化检修基地正式投入运行。

（吉　炜　赵艳玲）

【国网青海省电力公司】

企业概况　国网青海省电力公司（简称国网青海电力）是国家电网公司的全资子公司，主要负责青海省内的电网规划、建设、运营和电力供应，承担着为青海经济社会发展提供安全、可靠、优质电力供应的任务。青海电网南北跨距800km，东西跨距1300km，现形成东接甘肃、西接新疆、南联西藏的交直流混联枢纽电网，已成为西北电网骨干网架的重要组成部分。2015年，国网青海电力完成固定资产投资83.28亿元，增长49.35%；售电量580.03亿kWh；实现利润0.42亿元，增加3.6亿元；资产总额335.62亿元，增长4.85%；资产负债率42.06%，下降1.61个百分点；线损率2.97%，下降0.11个百分点。

领导班子

总经理、党委副书记：全生明

党委书记、副总经理：施学谦

党委委员、副总经理：祁太元

党委委员、副总经理：韩悌

党委委员、副总经理：李生

党委委员、西宁公司总经理、党委副书记：赵大光

党委委员、总会计师：高浦

党委委员、工会主席：毕红卫

党委委员、副总经理：巩正俊

党委委员、纪委书记：杨明凯

总工程师：刘文泉

副局级调研员：李生海

组织机构　国网青海电力本部设办公室、发展策划部、财务资产部、安全监察质量部（保卫部）、运维检修部、营销部（农电工作部）、科技信通部（智能电网办公室）、建设部、物资部（招投标管理中心）、对外联络部（品牌建设中心）、审计部、经济法律部（体改办）、人力资源部（社保中心）、后勤工作部（离退休工作部）、思想政治工作部（直属党委办公室、团委）、监察部（纪委办公室）、电力调度控制中心、运营监测（控）中心、电力交易中心、工会、企协分会。

电网概况　青海电网覆盖西宁市、海东地区以及海南、海北、黄南、海西4个州和果洛、玉树州大部，共计4市（区）33县3行委，覆盖面积68.2万km^2，占全省面积的94.4%。截至2015年底，青海电网总装机容量为2059万kW，其中：水电装机容量为1141万kW、火电装机容量为307万kW、光伏电站装机容量564万kW、风电装机容量47万kW。现有750kV变电站4座、开关站2座，变电容量1440万kVA、线路长度2716km。330kV变电站32座，变电容量1818万kVA、线路6060km。110kV变电站128座、变电容量902万kVA、线路长度12234km。省内直流线路长度604km，直流换流容量60万kW。

2015年，青海电网形成以“一横三纵”750kV电网为骨干网架，以330kV电网为电网主网架，各级电网协调发展，结构科学、安全可靠、经济合理的坚强电网。东部通过4回750kV线路与甘肃电网相连，西部通过2回750kV线路经甘肃沙洲与新疆联网，南部通过一回±400kV直流与西藏联网。

人力资源　截至2015年底，国网青海电力职工人数7620人。其中：研究生及以上学历218人，大学本科学历3947人，大学专科学历2200人，中等职业教育学历829人，高中及以下学历426人。高级职称763人，中级职称1547人，初级职称3810人。高级技师312人，技师1223人，高级工1816人，中级工1119人，初级工263人。人才当量密度为0.9861，比2014年同期增长0.0232；脱产培训27017人次，网络培训38835人次，全员培训率为95.54%。

加强和优化基层领导班子建设和管理。提拔正处级干部1人，副处级干部10人，交流干部19人；推

进干部培训培养，集中培训处科两级干部256人，选派14名干部赴国网公司西北分部及南瑞公司、中电装备公司以及安徽省电力公司等单位实践锻炼；领导班子和领导干部年度履职考评实现了网络化和常态化。

2015年，国网青海电力推荐、选拔产生国家电网公司级优秀专家人才后备9人；23名员工取得国家电网公司高级兼职培训师资格；111名员工通过认证，取得国家电网公司初、中级兼职培训师资格。完成对20名国家电网公司级专家、61名省公司级专家、39名地市公司级专家的年度（届满）考核。

电网建设与发展 2015年，青海电网建设完成投资80.47亿元（含东西帮扶佑宁750kV输变电工程）。其中330kV及以上主网架建设完成投资40.35亿元，占比50.14%；110kV及以下配电网建设完成投资40.12亿元，占比49.86%。开工110kV及以上线路1739.02km、变电容量8726.5MVA，投产110kV及以上线路510.68km、变电容量2757.5MVA。

完成玉树和果洛网外三县无电地区电力建设代建工程投资15.06亿元，按期解决了0.65万户、2.82万人的用电问题。

新开工110kV及以上线路1711.44km、变电862.65万kVA，投产110kV及以上线路510.68km、变电275.75万kVA。2015年12月15日，玉树及果洛网外九县无电地区项目竣工；5月底，花土沟330kV输变电工程、茫崖110kV（阿卡托）变电站竣工投运，实现了青海省海西地区最后一个“电力孤网”与青海主网的联网，保证了青海油田在花土沟、茫崖产油区重要负荷的供电能力。2015年，海西开关站主变压器扩建、海西变电站330kV送出、佑宁变电站330kV送出、白崖330kV输变电、宗家输变电、西宁—日月山电磁解环网等工程相继开工建设；南朔330kV输变电、大河家水电站330kV送出工程按期投运。2015年，果洛联网工程、塔拉输变电工程、佑宁输变电工程、海西开关站扩建工程、农网升级项目进展顺利，实现年度建设进度目标。2015年，国网青海电力37项输变电工程获得国家电网公司“2015年输变电优质工程”称号，其中泽库110kV变电站工程获得“2015年度中国电力优质工程奖（中小型）”，填补了国网青海电力低电压等级输变电工程行业优质工程的空白。

经营管理 2015年，国网青海电力资产总额335.62亿元，售电量580.03亿kWh，实现利润0.42亿元。积极疏导电价矛盾，从国家层面争取到青海新能源上网电价结算基价按0.24元/kWh执行政策；争取到青海省煤炭价格下降腾出的电价空间，用于解决尚未疏导的环保电价需求，并解决了以往垫付问题；争取到配套费收费按原标准延期执行的政策；争取到享受西部大开发所得税优惠税率等税收优惠和减免政策，减免税金5379万元。

2015年，国网青海电力强化价值引领和内部挖潜，合理再利用退役资产2.5亿元，再利用废旧物资节约支出0.57亿元，并在新建工程和电网运维进行试点；开展基建标准成本管理，对符合条件的47项工程实现了项目成本的系统预警控制；开展项目全过程管控研究和工程财务管控系统研究，工程全过程财务管理实现闭环。搭建财务共享服务信息平台，完成全过程线上业务核算试点；开展工程财务在线稽核主题研究与应用，拓展在线稽核深度和广度，补充完善生产设备、检修运维在线业务稽核规则。首次开展内控专题评价，发现和整改内控缺陷，促进财务前端业务的规范性。

安全生产 2015年，国网青海电力全年未发生国家电网公司考核的安全事件和对公司造成较大影响的事件。完成玉树、青藏联网、兰新电铁线路和变电一次、二次等设备的重大隐患综合整治及环青海湖自行车赛等重大活动的保电任务。

（1）安全管控。确立各级领导干部安全红线，修订安全工作奖惩规范，严格落实“天值、日控、一讲”制度。累计排查缺陷隐患2440条，开展现场作业风险分析9012项，发布重大及中等风险143条。累计检查作业现场9160个，查处各类违章700人次，查纠违章数较2014年同比增加16.2%。完成92项资产全寿命周期管理体系的深化应用工作。

（2）电网管控。严格执行停电计划“一停多用”统筹要求，完成青藏直流、玉树联网工程年检等重点工作。完成明珠变等12座无人站“回头看”工作，整改缺陷1286条。实现瀚海变等6座330kV变电站无人值守，完成58座110kV变电站监控信息综合整治。开展110kV及以上定检、技改、验收作业现场检查67次，查出问题147项。开展继电保护专项排查，完成18座330kV、52座110kV变电站整站隐患排查治理。完成西宁、日月山地区330kV母线短路电流超标专题分析，落实降低短路电流措施。优化龙羊送出、花土汔安控系统，建成新能源日内发电计划和实时柔性功率控制系统。

（3）设备管控。完成59座110kV及以上变电站精益化评价工作；开展35kV及以上变电设备带电检测3762项；开展输电线路标准化建设达标检查，110kV及以上线路达标率达96.85%。强化配网运维管理，制定抢修、报修业务规范执行手册，按月开展配网运行分析，突出“三高、两低”隐患排查治理。提升配网带电作业装备水平，开展配网不停电作业5254次，同比提升99.77%，城网、农网线路故障停运率同比分别降低 33.3%和 56.3%。

(4) 项目全过程管控。制定技改大修项目储备原则和重点，储备项目 611 项。统筹优化项目里程碑计划，超前完成设计、施工、监理框架招标；严格项目进度月度评价，完成配网建设改造项目 1186 项，投资 30.32 亿元。

(5) 专业领域安全管控。开展基建安全质量年活动，对所有在建项目不定期开展春季复工、防汛、冬季施工、风险预控挂牌督查，对发现的 900 余条问题进行了闭环整改。健全集体企业安全组织体系，配置安全监督人员 65 人；组织开展集体企业安全大检查，下发整改通知 44 项。通过短信平台实施施工现场日控机制，处置违章 82 起；组织开展客户低压脱扣隐患督察和专项治理工作，开展客户二次设备、新能源电站和铁路牵引站隐患排查，发现隐患 479 条，下发整改通知单 346 份，督促整改 128 条，整改率同比提高 6%。完成 67 条 OPGW 光缆接地、49 套线路保护光电转换器共用电源整治，完成通信光缆隐患排查治理工作，整改问题 172 项。

(6) 隐患排查和应急管理。玉树联网工程外绝缘和鸟害问题得到彻底治理，750kV 鱼卡、官亭变电站 GIS 存在的隐患得以全面消除，兰新电铁供电工程 17 条线路隐患全面整治。治理配网缺陷隐患 4400 余条，解决了 2.95 万户“低电压”问题。修编公司总体应急预案和 21 个专项预案，新建各类应急处置卡 1112 张，针对电网风险编制专项事故预案 42 项。开展了地震、消防、防汛等应急演练 44 次，参演人数 1048 人次。组织迎峰度夏（冬）联合反事故演习，成功举办兰新高铁供电中断应急实战演练，高效应对了“11·23”海北州地震灾害三级响应工作。签订高海拔地区应急医疗保障合作协议，建立了格尔木、结古、玛多等 5 个医疗站。

(7) 安全基础管理。加大调考频次，强化基层班组安规培训，实现全员全覆盖，在国家电网公司《安规》调考中排名提升 5 位。组织动员近 2000 人，持续一年开展设备数据采集及治理工作，累计整治数据 298.38 万条，系统功能应用水平在国网公司处于领先。开展 PMS 与 ERP、CMS、OMS 等 14 个业务系统的系统互联，实现了大运行、大检修、大营销业务的横向贯通。编制系统深化应用和采集装置更换工作方案，提前 5 个月完成农网供电电压监测点升级改造，实现城市范围采集终端覆盖率达到 100%，农村范围采集终端覆盖率 75.45%。

营销工作 2015 年，国网青海电力完成售电量 580.03 亿 kWh，电费回收连续 123 个月“月结月清”。整治高损线路 43 条、台区 1886 个，10kV 有损线损率同比降低 2%。客户满意率实现 99.47%，同比提升 0.6%。用电信息采集成功率持续保持在 99.2%高位运行，集抄集核覆盖率达 97.21%，环比上升 0.42%，自动抄核发行率完成 95.11%。完成 7 家地市、14 个县公司、28 个供电所“两个提升”工程验收工作，县供电企业 30 项提升指标和乡镇供电所管理提升 25 项指标均按计划完成年度目标。全面推行“一证受理”“一站式服务”，压缩业务办理时限 50%。

试点推行“费清复电”营配末端业务融合，推进远程费控应用，费控欠费客户占比从 40%降至 8%，远程复电执行成功率达到 98%。

在保持现有农电管理体制不变的前提下，明确委托业务管理主体，精简业务部机构设置，杜绝了业务多头管理、工作多头指挥的现象。打破区域委托方式，理顺管理关系、简化管理流程，有效解决了县公司和业务部之间管理界面不清、业务协调不畅的问题。完善业务管理和考核机制，自上而下分专业下达业绩考核指标和工作任务，对县公司与业务部领导按“一岗双责”开展绩效考核，解决了管理、责任、考核、兑现不到位等问题。

科技与信息化 2015 年，国网青海电力完成信息通信投资 8758 万元，科技投资 6705 万元。统筹新能源源网协调、高海拔输变电、配用电技术等关键领域的创新需求，统筹“大云物移”新技术应用对通信网的需求，统筹信息平台承载能力提升和信息化融入全业务、全流程的需求，完成科技、信息化和通信网“十三五”发展规划编制及评审工作。

完成青海电网新能源基础数据分析及可视化系统等 5 项实验平台建设，实验室组织架构初步建成；高海拔高电压实验室试验能力提升方案通过国家电网公司专家论证；启动了清洁能源大数据中心、百兆瓦级光伏发电实证基地和智能微网协调运行示范基地建设。完成国家科技支撑课题“含大型光伏电站的多种能源发电联合运行控制关键技术研究及示范”6 项技术研究、5 项示范工程的建设。2015 年，国网青海电力获得青海省科学技术进步一等奖 1 项，电力行业科学技术进步一等奖 1 项，国家电网公司科学技术进步一等奖 3 项、二等奖 4 项，三等奖 1 项，科技奖励指数较 2014 年提升 41.59%。牵头承担国家标准 1 项，行业标准 1 项，地方标准 3 项，国家电网公司标准 1 项。申请专利 142 件，获得专利授权 65 件，完成年度目标的 155%。

修编环保管理实施细则和项目环保工作手册，加快推进电网建设项目竣工环保验收，青新联网等 8 项工程获得国家环保部和青海省环保厅批复；完成 52 座变电站（换流站）噪声监测工作；开展输电线路监测数据的不确定性问题研究，凤凰山 110kV 新一代智能变电站建成投运；国网青海经研院荣获“黄河流域生产建设项目水土保持工作先进单位”。

推进PMS2.0系统部署、接口开发、集成联调、数据治理支撑等工作，完成PMS 2.0单轨上线和营配调贯通信息系统建设。启动ERP及财务管控集中部署工作，牵头组织集成接口的梳理优化，完成业务差异分析评审和确认工作。完成营销费控系统97.3万费控用户转入，开展“营财一体化”相关业务和数据集成，完善基建投资预算管理、废旧物资处置功能，持续优化人财物集约化信息系统。改进通信网架结构，所有生产经营场所实现光纤全覆盖。开展数据资产技术标准研究，加强一体化信息平台建设及深化应用，两项信息化项目获国家电网公司优质项目。完善信息化项目建设过程文档，完成2015年信息化项目专项审计；开展信息化项目后评估工作，完成2006至2013年207个信息化项目的核查整改，以西北地区第一、国家电网公司第9名的成绩通过验评。

开展通信骨干环网和地区环网承载能力评估及设备运行状态分析，完成ADSS光缆隐患排查工作。开展信息系统运维账号权限清查，实现信息系统运维账号的主业化管理。明确信息系统业务授权许可使用管理责任，实现业务系统用户“实名制”管理。完成67条330kV及以上OPGW光缆接地、49套线路保护光电转换器共用电源整改。完成营销系统、通信管理系统和信通公司UPS电源隐患治理，信息通信系统保持安全稳定运行。整改信息系统漏洞96个、弱口令371个、下线自建系统32个、断开非统一管理的互联网出口30个；完成各信息系统测评、备案、账号清理等安全问题整改；完成国家电网公司三项信息安全试点课题研究，“工控安全研究”被青海省科技厅鉴定为国际先进水平，科信部被国家电网公司评为“信息通信新技术创新优秀集体”。

优质服务 拓展微信、掌上电力、95598网站及支付宝等互联网服务平台，网上营业厅注册客户突破30万大关。推行“一证受理”“一站式服务”，压缩业务办理时限50%。建立投诉工单协同会审机制，剖析投诉产生问题根源，查找解决供电服务的“发热点”和“出血点”。践行“你用电、我用心”优质服务理念，行风评议获全省经营服务类第一名。

党的建设和精神文明建设 深入开展“三严三实”专题教育，聚焦“不严不实”立查立改。落实“两个责任”，策划实施“九个一”专项活动，全面完成党风廉政建设“六不发生”任务。做好中央巡视组转办配合工作，未发生通报案例和事件。开展“天值、日控、一讲”“五个一”“家访”等主题系列活动，持续强化领导干部作风建设。规范基层党组织和党员管理，实施党建项目183项，A级党支部达90%。争创“四个一百”，3名员工被评为“最美国网人”，4家单位获全国文明单位称号；获“国网金牌共产党员服务队”称号1个、“国网优秀共产党员服务队”2个。推进幸福家园工程，员工体检率100%、休假率99.9%，健康筛查5263人次；开展健康食堂达标活动，二、三级食堂达标100%，69个健康小食堂通过验收；开展基层一线基础设施改善活动，29个供电所基础设施有效改善，员工周转房开工建设。弘扬社会主义核心价值观，广泛开展道德讲堂、素养提升、“最美青电人”等主题宣教活动。

主要事件

1月9日，国网青海电力推荐的《供电企业基于GPS的车辆集约管理》获全国企业管理创新成果二等奖。

1月15日，国网青海电力申报的“工作任务管控与评价系统”获国家软件著作权。

1月16日，国网青海电力员工桑吉卓玛当选“中国网事·感动2014”年度网络人物，2月4日，桑吉卓玛再获人民网“2014年度十大责任公民”称号。

1月20日，国网青海电力建设的空港110kV变电站等24项输变电工程被国家电网公司评为“2015年度第二批输变电优质工程”，全年优质工程率为100%。

2月2日，中共青海省纪委办公厅发布《青海省2014年政风行风社会评价结果通报》，国网青海电力在23家省级经营服务类企业中排名第一，实现连续九年位居第一的目标。

2月28日，国网青海电力编制下发了《国网青海省电力公司突发事件总体预案及21个专项处置预案》及配套112张《应急处置卡》。联合青藏铁路公司首次成功举办了兰新高铁供电中断应急实战演练工作。

3月25日，国网青海电力牵头完成的科技成果《青海省光伏发电规划及运行控制关键技术与应用》获2014年度青海省科学技术进步一等奖。

3月25日，国网青海电力在国网海西供电公司成立客户服务分中心，负责茫崖、冷湖地区供电服务工作。

4月，国网青海电力员工钱建华被国务院授予全国劳动模范称号。

4月，青海省以青发改价格〔2015〕244号文，转发了国家发展改革委关于调整青海燃煤机组上网电价政策文件，并于4月20日起执行。青海电网本次电价调整，煤价下降空间，主要用于青海电网垫付脱硝除尘电价和调整可再生能源电价附加征收标准，2015年增收近2亿元，预计2016年增收3亿元。

5月28日，果洛联网工程取得国家批复并全面开工。

5月20日，国网青海电力职工郭志华获全国“我身边计量人”荣誉称号。

5月30日，花土沟330kV输变电工程、茫崖110kV（阿卡托）变电站竣工投入运行，实现了青海海西地区最后一个“电力孤网”与青海主网联网。

6月16日，国网青海电力投资建设的泽库110kV变电站工程获得中国施工企业管理协会颁发的“2015年度中国电力优质工程奖（中小型）”。

7月15日，国网青海电力2个地市级、18个县级应急指挥中心全部建成运行，实现了以应急指挥中心为核心，全省各地市、区县的三级40个应急指挥中心全覆盖的管理模式。

7月22日，果洛州网外三县与青海主网联网工程开工建设。

10月26日，国网海西供电公司员工王琳被评为青海省“最美青工”、青海省“青年岗位能手”；国网果洛供电公司员工蒋尧龙被评为青海省“最美青工”提名奖、青海省“青年岗位能手”。

11月，全国总工会授予青海送变电工程公司、国网西宁供电公司、国网海西供电公司、国网海东供电公司、国网海南供电公司、国网青海信通公司全国“安康杯”竞赛活动优胜企业；授予国网西宁供电公司检修分公司配电带电班、国网海南供电公司调控中心地区调控班、国网青海信通公司西宁运维分部通信运维一班全国“安康杯”竞赛活动优胜班组；国网青海电力员工王付斌被评为全国“安康杯”组织工作优秀个人。

12月6日，敦格电铁供电工程竣工，为小柴旦、苦水沟等5座110kV电铁牵引站按期供电奠定基础。

12月23日，国网青海电力组织召开“青海省全面解决无电人口通电工程竣工投运仪式”，标志着玉树、果洛两个藏族自治州网外9县无电地区建设项目全面完工，彻底解决了全国最后9614户、3.98万无电人口通电问题。

12月30日，国网青海电力“可可西里环保志愿后援团”项目被评选为“全国志愿服务最佳志愿服务项目”。

12月31日，国网青海电力系统年度完成申请专利142件，获得专利授权65件，累计拥有专利181项，较“十一五”增长10倍。

12月，国网青海海东供电公司工会被全国总工会评为“全国模范职工之家”，国网青海检修公司西宁运维分部分会被全国总工会评为“全国模范职工小家”。

（贾宝钦）

【国网宁夏电力公司】

企业概况 国网宁夏电力公司（简称国网宁夏电力）是国家电网公司全资子公司，属国有特大型能源供应企业，主要从事宁夏回族自治区（简称自治区）境内电网的建设、运行、管理和经营，为宁夏经济社会发展和人民生产生活提供可靠电力供应和优质供电服务，是国家能源优化配置的参与者和宁夏能源战略的推动者，是关系宁夏能源安全和经济社会发展的国有重要骨干企业。

2015年，国网宁夏电力完成固定资产投资99.47亿元，其中电网基建91.68亿元。售电量642.34亿kWh，同比降低3.45%。外送电量281.95亿kWh，同比降低8.61%，其中送山东电量237.79亿kWh，同比增长2.98%。资产总额279.88亿元，资产负债率62.57%，净资产收益率4.7%。位居“宁夏百强企业”之首，连续第17年受到自治区政府表彰，连续第9年在自治区行风评议工作中荣获公共服务行业第一名。截至2015年底，国网宁夏电力长期职工8900人，农电用工3342人。

宁夏电网位于西北电网的北部，是西北电网的重要组成部分，与西北电网通过两回750kV联络线和五回330kV联络线连接，并与山东电网通过两条±660kV直流输电线路相连，主网包含750、330kV及220kV三个电压等级。截至2015年底，宁夏电网220kV及以上电压等级线路共计224条，总长度9212.554km（宁夏境内6305.897km）。其中750kV线路14条，长度1126.781km（宁夏境内1020.705km）；±660kV直流线路2条，长度2670km（宁夏境内211.792km）；330kV线路81条（包括5条省际联络线），长度3064.669km（宁夏境内2735.421km）；220kV线路127条，长度2351.104km（宁夏境内2337.979km）。新能源装机容量达到1128万kW，占发电总装机容量的38.7%。

领导班子

总经理、党委副书记：赵亮

党委书记、副总经理：张徐东

副总经理、党委委员：郭少锋

副总经理、党委委员：房喜

副总经理、党委委员、工会主席：马家斌

副总经理、党委委员：佟卫东

副总经理、总工程师、党委委员：葛俊

总会计师、党委委员：李英

党委委员：张小牧

党委委员、纪委书记：姚鲁

副局级调研员：靳昶

组织机构 国网宁夏电力本部共设置22个职能部室，下辖6个地市级供电公司（国网银川供电公司、国网吴忠供电公司、国网石嘴山供电公司、国网中卫供电公司、国网宁东供电公司、国网固原供电公司)、8个专业化分（子）公司、18个县级供电公司。

电网安全运行 合理安排电网方式，统筹发电、输电、变电设备停电计划，保障电力安全可靠供应。认真落实安全主体责任和监督责任，按照国网宁夏电力领导干部履行安全职责六项要求，领导干部全年现场履责6581人次。创新开展安全生产巡视督导工作，建立早调会通报督办机制，巡视通报的504项问题全部闭环整改。加强各专业领域风险管控，排查整改缺陷隐患14 337项，实现了人身零伤亡、电网零事故。完成近年来规模最大的联合应急演练，成功应对9月30日宁夏局地大风导致的电网局部受损险情。圆满完成纪念抗日战争胜利70周年、中阿博览会及古尔邦节、开斋节等重大活动、重要节日的保电任务。全年开展配网不停电作业2151次，设备安全运维水平持续提升。严格执行停电计划月度、日前、实时安全校核，合理安排电网运行方式，有效应对沙湖变投产过渡期电网较大安全风险。截至2015年12月31日，实现长周期安全运行5690天，宁东—山东直流安全运行5周年。

电网发展 立足服务“一带一路”开放宁夏建设，“打造全球能源互联网重要支点，加快特高压输电通道建设”正式纳入自治区“十三五”规划。拓展规划研究领域，是国家电网公司系统直接承担政府电力规划的两家单位之一。开展电力设施布局规划，首次实现电网规划与城乡发展、土地利用等规划融合。全年核准110kV及以上工程39项、变电容量1059万kVA，数量、规模均创历史新高。特高压电网发展提速，宁东—浙江直流、上海庙—山东送端接入、准东—皖南宁夏境内工程顺利推进。750kV沙湖输变电工程建成投运，宁夏与西北主网第二联络通道——太阳山—六盘山—平凉750kV输变电工程加快建设，330kV及以下输配电网同步协调发展。年内投产110kV及以上线路1139km、变电容量1002万kVA，实现“双过千”目标，宁夏“小省区、大电网”特征进一步凸显。

企业经营管理 狠抓“三集五大”体系扎根落地，基本建成“五位一体”协同机制，国网宁夏电力运营效率明显提升。加快建设“三全五依”法治企业，开展“通用制度宣贯执行年”活动，认真落实法治企业行为指引，完成“六五”普法，全员法治意识显著增强。强化预算管控，开展增收节支，加强经营诊断、审计监督和运营监测，深化核心业务和关键流程的在线监测分析。持续规范招投标管理，物资类采购集中管控范围保持100%，服务类达到98.4%。认真贯彻国家深化电力体制改革部署和国家电网公司要求，积极配合自治区输配电价改革试点工作，试点方案获国家发展改革委批复。深入开展电力市场建设、售电侧放开、交易机构设置、增量配电投资业务放开、自备电厂监督管理等问题研究，与地方党委政府达成共识。实施大用户直接交易，完成交易电量168.81亿kWh。集体企业改革改制方案获国家电网公司批复，已完成2家企业吸收合并。

营销服务 密切跟踪服务重点用电项目，完成新装增容621.80万kVA。加快推进采集建设应用，采集覆盖率达98.75%，采集成功率提升1.93个百分点。构建紧密协同、稳定高效的营配业务体系，积极开展存量营配资源数据采录、核查和贯通工作，营配数据对应率由年初7%提升到92.27%。实施电能替代“七彩行动”，促请政府将电能替代纳入发展规划，积极落实电采暖优惠电价和财政补贴政策，推动节能小区构建，推广电采暖技术，全年替代电量9.67亿kWh。全面推行“自动抄表、智能核算、费控回收、实时账务、多元交费、互动服务”新型业务模式，国网宁夏电力自动抄表率达到96.55%，电费智能核算一次通过比率达到95.72%。建成多元化交费终端运维平台，自助终端交费笔数提高28.67%。开发用电信息采集系统电费远程充值功能，完善掌上电力应用。加快“四表合一”试点建设，顺利完成总部下达1200块电、水两表采集建设任务。扎实开展“塞上电力·为民服务”主题活动，优质服务评价指数达到98.51%，同比提高4.23个百分点。投入15亿元实施农网改造升级，完成5.43万户“低电压”治理。支持惠民工程，完成1515个设施农业、226个扶贫村销号、390个生态移民项目配套供电工程建设。城、农网供电可靠率99.964%、99.874%；电压合格率99.997%、99.2%，同比提高0.007、0.462个百分点。

科技与信息化 国家科技支撑计划项目“以多环节综合互动为特征的智能电网综合示范工程”顺利完成并应用，有效提高了新能源消纳能力，全年消纳新能源发电115.87亿kWh，再创历史新高。建成输配电网全景仿真实验室，为大电网安全稳定运行提供技术支撑。首次完成±800kV特高压直流线路带电作业，首次开展110kV变电站GIS设备同频同相交流耐压试验。命名11支科技攻关团队，“宁夏电网智能化研究”创新团队获评自治区优秀科技团队。19项科技成果分获自治区、国家电网公司科技进步奖或创新奖，“超高压电网快速开关型短路电流限制技术开发与应用”获国家电网公司科技进步一等奖。完成专利申请133项，取得授权87项。6项成果获国家电网公司管理创新奖，实现零突破。国网宁夏电力获自治区自主创新标杆企业称号。

党的建设和精神文明建设 坚持全面从严治党，落实党风廉政建设“两个责任”，认真学习贯彻《中国共产党章程》和《中国共产党廉洁自律准则》《中国共产党纪律处分条例》，把纪律规矩挺在前面，加大协同监督力度，坚持有案必查，受理办结信访举报100件，给予党纪政纪处分13人次、组织处理64人次；开展明察暗访86次，处理相关责任人30人。实施党建工作项目化管理，服务型党组织建设获宁夏组织工作创新成果奖，3支共产党员服务队获国网优秀共产党员服务队。坚持以德育企，扎实开展争创“四个一百”活动，推动核心价值观全面落地。5名员工分获“中国电力楷模”“宁夏好人”“最美国网人”等荣誉称号，2个单位、1个班组获国网企业文化建设示范点，1个精神文明创新项目获国网一等奖。强化重大战略传播，营造了有利改革发展的舆论环境。深化“四好”领导班子创建，加强干部队伍建设，“关键少数”的表率作用充分发挥。

主要事件

4月13日，太阳山—六盘山—平凉750kV输变电工程项目获得核准，标志着宁夏电网与西北主网“第二条750kV通道”步入开工建设阶段。

5月29日，国网宁夏电力举行2015年应急联合演练，是近年来演练规模最大、科目最全、参演人数最多的一次实战应急联合演练。

6月16～18日，自治区政府对宁夏电力公司2013～2014年农网改造升级工程进行检查验收，一致同意国网宁夏电力农网改造升级工程通过整体验收。

7月31日，宁夏电网建设史上投资最大、建设规模最大、参与人数最多的沙湖输变电站工程正式竣工投运，宁夏电网自此进入750kV双回路环网网架结构新时代。

8月6日，国网宁夏电力以377亿元的总营业收入再次位居“2015宁夏企业100强”企业之首。

12月25日，自治区党委十一届七次全会审议通过《中共宁夏回族自治区委员会关于制定国民经济和社会发展第十三个五年规划的建议》，明确提出要“打造全球能源互联网重要支点，加快特高压输电通道建设，提高清洁能源消纳利用水平”。

（田风廷）

【国网新疆电力公司】

企业概况 国网新疆电力公司（简称国网新疆电力）是国家电网公司的全资企业，是以经营新疆电网为核心业务的国有企业。

领导班子

总经理、党组副书记：刘劲松

党组书记、副总经理：谭洪恩

党组成员、副总经理兼乌鲁木齐供电公司总经理、党委副书记：叶军

党组成员、纪检组长：开赛江·阿不都如苏里

党组成员、副总经理：许传辉

党组成员、工会主席：孙涛

党组成员、副总经理：白伟

党组成员、总会计师：涂海江

副总经理：赵青山

副总经理：黄震

副总经理：阿斯卡尔

总工程师：张龙钦

组织机构 国网新疆电力本部设25个职能部（室、中心），所属供电企业13家，业务支撑、实施和集体企业等单位9家。

电网概况 截至2015年底，国网新疆电力拥有750kV线路8条1633.39km，变电站8座150.4万kVA；500kV线路5条185.51km；220kV线路391条18 217.25km，变电站97座2972.6万kVA；110kV线路797条20 773.93km，变电站388座2509.78万kVA。统一调度的新疆电网已覆盖自治区全部14个地州（市）。

人力资源 进一步拓展和规范后备干部管理，建立了“三梯队”后备干部培养管理机制。规范了各级调研员和退二线干部管理。落实三年补员计划，完成2015年招聘毕业生1640人，落实2016年第一批次招聘944人。加大交流培养力度，选派10名青年管理人员赴河北挂职，组织18名技术骨干赴和田公司帮扶，积极争取内地省公司26名青年骨干人才开展援疆帮扶。加大全员培训力度，全年完成培训项目1707个，培训6.9万人次，人才队伍素质有效提升。

开展“书记谈心”活动和思想动态调研，宣传讲解政策，及时掌握职工队伍情况。深入落实领导干部包案、预警联动等措施，妥善处理了信访问题。

电网建设与发展 全员参与“十三五”发展规划编制，完成29个专业、1936项规划。加强与地方经济社会发展规划衔接，与昌吉、乌鲁木齐、伊犁、阿勒泰、塔城等党委政府就“十三五”电网发展达成共识。进一步凝聚了对全球能源互联网战略的共识。配合±1100kV准东—皖南特高压直流工程前期工作，率先完成新疆段核准支持性文件办理，为项目核准开工奠定了基础。加大项目前期工作力度，获得750kV输变电工程核准7项、220kV及110kV项目113项。促请自治区提前下发2016～2018年569个电网项目“路条”。

建成750kV库车—阿克苏—巴楚—喀什、五彩湾—芨芨湖—三塘湖等9项重点工程。开工建设220kV温宿、伽师等65项输变电工程，投运哈密山北变等23项迎峰度夏（过冬）工程。全面完成45.99亿元农网工程建设，竣工项目454个。实施低电压整治工作，解决72.65万户低电压问题，超额完成治理

目标。完成6个边防连队通电任务。

推进基建工程隐患排查和风险预警，提高施工安全水平。开展省、地两级工程安全质量巡察和农网工程交叉互查，促进工程质量不断提升。强化质量过程管控，实施入厂监造并反馈重大质量问题9起，开展43批次到货物资质量抽检，有效保障设备入网质量。±800kV哈密—郑州特高压直流工程获得国家优质工程金奖和电力行业优质工程奖，127项工程获国家电网公司优质工程，21项工程获农网百佳工程。

经营管理 成立电力体制改革领导小组，建立工作任务单等制度，研究落实57项工作措施，改革工作有序推进。开展集体企业改革、地州公司“子改分”、小水电资产处置等改制改革工作，进一步理顺了体制机制。完成了拜城发电厂关停和人员分流安置，实现了平稳过渡。科技创新成果丰硕，取得专利授权225项，同比增长46%；获得省部级科技进步奖17项，1项创新成果获国家电网公司“青年创新创意”大赛银奖。建成大数据智库展示平台，为新疆电网发展、全球能源互联网和自治区能源经济建设提供了翔实数据和智力支撑。

深化物资集中采购管理，完成节资率7.57%。严格落实招投标各项法规制度，强化对招标评审等关键环节的管控。将综合计划、预算和营销稽查等纳入监测，促进效率提升和风险防范。高效完成营财一体化系统建设并上线运行。加强审计、监察、法律、财务专业监督，进一步规范了“三重一大”决策和生产经营活动。完成各类审计169项。积极开展“与法同行”万人宣讲和审计案例巡讲活动。

建立领导班子赴基层联系调研机制，全年开展调研180余次，有效推动各项工作落实。推进“五位一体”协同机制深化应用，梳理业务流程1298条，实现核心业务与各专业的有效衔接。强化督察督办管理，跟踪反馈年初“两会”、总经理办公会等7大类483项决策落实情况。理清公司职能部门与电科院、经研院等业务支撑机构职责界面。全面加强通信系统建设，供电所及35kV变电站实现100%光纤通信覆盖。深入开展农电“双提升”工作，帮助基层解决1778个问题。加强对标工作管理，建立闭环管控机制，对标综合排名同比提升2位，位列国家电网公司系统第22位，达到历史最好水平。

安全生产 强化新《安全生产法》和各项规章制度执行，层层落实安全责任。开展安全大检查和专项隐患排查，查出并治理隐患1.1万项，整改率达到98.16%。严格作业风险管控，督查各类作业现场1.2万次。落实电网风险预警制度，分析预判和闭环管控能力进一步提高。优化电网方式安排和潮流分布，保证电网安全稳定运行。完成750kV 8站15线输变电设备检修，及时消除库巴Ⅰ线覆冰等重大缺陷。强化应急管理和保供电工作，高效组织了和田皮山“7·3”地震救灾工作，完成国际舞蹈节、自治区成立60周年等重要活动保电，开展十三届全国冬运会供电保障工作。

落实国家电网公司支持新疆电力发展稳定20条意见，完成21项分解任务，其余28项正有序推进。落实维稳“四集中”工作要求，完成543辆车辆、637套周转房、716套监控系统、2779名安保人员配置工作。加强与公安等单位协作，将重点场所纳入公安机关巡控范围。积极响应自治区党委“访惠聚”活动。

营销与优质服务工作 全年召开大经营工作例会29次，研议工作401项。全力配合自治区输配电成本监审工作，保证输配电成本测算在合理水平。按月召开例会分析落实，综合计划和财务预算管控效率进一步提高。将2016年预安排项目提前纳入招标，为项目开工和投运赢得了宝贵时间。

落实自治区低电价政策，稳妥实施工商同价等工作，开展大用户直接交易并完成电量44.78亿kWh。在自备电厂参与冬季调峰方面取得重要突破。创新开展自备电厂与新能源发电替代，完成电量10.24亿kWh，缓解电力产能过剩矛盾。创新外送交易的途径和品种，首次实现疆电入鄂、疆电入苏。开展电能替代，完成电能替代项目3785项，替代电量26.2亿kWh。加大市场开拓力度，独山子营业区接管工作取得重要进展。落实电费回收“一户一策”管理要求，加大违约电费追交力度，确保了经营成果颗粒归仓。

在服务发电企业方面，加强调度、交易等部门的协同配合，办理新机并网1455万kW。实现新能源发电安全可靠并网。在服务用电客户方面，开展“进园区、入企业、访用户、研市场”专项活动，走访客户1918家，解决用电难题158个。积极服务自治区重点项目，完成106个蔬菜大棚和2757家杏热烘干房供电工作。推出电力微信平台、掌上疆电等服务，完成759个标准化营业厅建设，提升了优质服务水平。建立重要电力客户服务信息系统。

党的建设和精神文明建设 扎实开展“三严三实”专题教育，各级领导班子组织专题研讨1503次，查摆整改问题3302条。严肃执纪问责，查处信访举报属实案件28件，追究责任56人。加强党组织建设，坚持党员发展“双培养”模式，打造3个标准化党支部建设示范点，4个党支部荣获国家电网公司“电网先锋党支部”称号。公司本部开展“转作风、守纪律、讲学习、倡节约”系列活动。团青工作取得新成绩，获得自治区“五四红旗团委”“青工创新创效优秀工作奖”称号。

完善企业文化建设示范点创建机制，完成173个供电所创建任务。建立“六位一体”员工思想教育体系。加大宣传力度，仅在三大中央媒体上稿达80篇。积极应对舆情风险，全年发布舆情预警37条，有效维护了品牌形象。组织职工乒乓球、篮球比赛等系列文体活动。全面加强职工书屋建设，建成书屋585个，配置书籍47万册。强化后勤保障，288个站所建设“三小园”、9家单位建设蔬菜基地，60个员工食堂和110个站所厨房达到“健康食堂、绿色厨房”标准。荣获全国文明单位荣誉称号。

主要事件

2月28日，国网新疆电力及所属奎屯供电公司荣获“全国文明单位”称号。

4月22日，国内首台750kV互感器一体化检测设备在国网新疆电力所属750kV西山变电站一次投运成功。

4月28日，国网新疆电力所属塔什库尔干县供电公司红其拉甫供电所所长加沙来提·卡斯木荣获“全国劳动模范”称号。

6月28日18时55分，国网新疆电力2015年首个750kV工程——亚中输变电工程投入运行，750kV乌昌环网形成。

7月3日9时07分，和田地区皮山县发生6.5级地震。国网新疆电力紧急启动地震灾害应急响应，开启本部应急指挥中心，积极开展电力抢修和保障工作。

2015年，新疆电网新能源总装机容量达2219.2万kW，为全国之首。其中风电装机容量1690.6万kW，同比增长110.4%；光伏装机容量528.6万kW，同比增长62.2%。累计发电量达193.6亿kWh，同比增长10.3%。

（旷路明）

【国网西藏电力有限公司】

企业概况 2007年7月，由国家电网公司控股、西藏自治区人民政府参股，组建国网西藏电力有限公司（简称国网西藏电力）。服务供电客户12.95万户。全年完成固定资产投资49.07亿元。

组织机构 国网西藏电力本部设立22个部门，下辖正处级建制基层单位22家，其中分公司19家，子公司2家，分、子公司合署办公单位1家；正科级建制子公司3家（作为分公司的二级机构管理）。

电网概况 西藏电网由西藏中部（简称藏中）、昌都、阿里电网三部分构成。藏中电网覆盖拉萨市、日喀则市、山南市、林芝市和那曲地区。

截至2015年底，藏中电网110kV及以上主网架结构基本保持不变，藏中电网（除那曲电网）均通过220kV线路相连，藏中220kV主网络形成日字形环网和外环网结构。藏中电网通过±400kV青藏直流和青海电网相联，昌都电网通过220kV双回交流线路与四川电网实现联网，阿里电网仍作为独立电网运行。6月1日，青藏直流历史性实现电力外送，最大外送电力30万kW。

2015年，西藏全区发电装机容量229.4万kW，发电量42.2亿kWh，全社会用电量44.8亿kWh。国网西藏电力管理机组完成发电量15.25亿kWh，青藏联网送入电量5.42亿kWh，外送电量3.40亿kWh；川藏联网送入电量0.78亿kWh，外送电量0.16亿kWh。

截至2015年底，藏中电网装机容量178.66万kW，其中水电装机容量122.41万kW（常规113.41万kW，抽水蓄能9万kW），火电装机容量34.88万kW，光伏装机容量16万kW，地热机组装机容量2.71万kW，余热装机容量1.91万kW，风电装机容量0.75万kW。

藏中电网新增装机容量47.66万kW，其中藏木电站34万kW、冰湖五级站2.1万kW、工字弄电站1.2万kW、多布电站6万kW、光伏4万kW、高争雪莲余热电厂0.36万kW，增长率36.38%。

人力资源 截至2015年底，国网西藏电力有职工4152人，其中汉族2264人，藏族1768人，其他少数民族120人；大专及以上学历3112人，人才当量密度0.822 7，高技能人才比例56.46%，人才引进指数0.911 5，新招聘大学毕业生454人。

以“五位一体”管理办法和信息平台为载体，实现协同机制常态管理及持续改进。共梳理完善供电类流程1217条，完成1659个典型岗位、478项制度、8853项标准、5147项考核指标、2033个风险点和5110个控制点的匹配；梳理完善非供电类流程1796条，完成387个典型岗位、1715项制度、922项标准、2129个考核指标、1880个风险点和2162个控制点的匹配。

开展岗位绩效工资制度套改工作。党组会议、职代会审定《岗位绩效工资制度工作方案》。赴基层单位开展套改现场培训。指导各单位做好套改实施方案制定工作。前期方案编制和套改测算等工作通过国家电网公司验收，完成员工职级序列职数测算工作。

编写、开发自治区级技能鉴定题库3套（包括电力调度员、运行方式员、电网调度自动化维护员3个工种）。组织开展国网西藏电力第四届职业技能竞赛活动，136名选手分别参加变压器检修、配电线路和用电客户受理三个工种技能竞赛活动。19人通过中级职称复审，18人通过高级职称复审。30人获得技师资格，147人获得高级工及以下资格，技能鉴定通过率41.7%。发挥国网西藏培训中心支撑功能，全年举办培训班652个，全年累计开展培训11448人次，全员培训率92.58%。

电网建设与发展 完成电网建设投资43.79亿元，新开工110kV以上线路697km，变电容量41.3万kVA；投产110kV以上线路1887.6km，变电容量81.2万kVA。优化西藏电网“十三五”发展规划，并纳入西藏自治区能源发展规划。实现五年规划目标当期完成。成立藏中和昌都电网联网工程及川藏铁路拉萨至林芝段供电工程建设指挥部，做好开工准备，基本具备开工条件。220kV色麦、鲁朗、果多输变电工程和多布送出工程完工，林芝输变电工程具备启动条件。加快无电地区电力建设和农网改造升级，110kV堆龙、洛扎、达孜输变电工程和阿里“四站三线”、那曲“东四县”工程建成投运，主电网覆盖西藏区内58个县（区）（2015年新增7个县，分别为洛扎、札达、革吉、日土、芒康、贡觉、比如），解决和改善了218万人用电问题。山南220kV变电站、巴青110kV变电站等30项输变电工程被评为国家电网公司优质工程。

经营管理 开展依法治企自查自纠，推进“三全五依”（全员守法、全面覆盖、全程管控、依法治理、依法决策、依法运营、依法监督、依法维权）法制企业建设。巩固提升“三集五大”体系建设成果，强化“五位一体”深化应用。严肃综合计划和财务预算刚性，严控计划外项目、预算外开支，开展亏损治理，推进资产清查等工作。开展工程投资预算，提升工程决算工作。向国家财政部、自治区财政厅等部门汇报，落实到位户表改造资金6亿元、基建财政资金33亿元。采购累计金额20.5亿元，供应计划完成率91.85%。协调物资供应问题467项，发布预警286项。定期开展生产和经营活动分析诊断，及时进行纠偏和调控。推行线损承包管理，建立线损分析考核机制，加强用电检查和反窃电工作。

安全生产 未发生人身伤亡事件、一般及以上电网和设备事件，未发生信息、消防、交通安全事件，完成2015年度安全生产工作目标。资产全寿命周期管理体系建设通过国家电网公司验收。

完善安全生产激励机制，加大安全生产奖惩力度。全年召开各类安全生产会议69次。开展安全生产整治活动，成立安全监察队，采用“四不两直”方式常态化开展安全监督检查，覆盖所有生产现场和绝大部分技改、建设项目现场。下发监督通知书44份、安全周报26期，查出问题269项，整改257项。

开展“三个不发生”百日安全、安全大检查及缺陷隐患排查、打非治违、反违章等安全管理提升活动。基层单位1908人开展《安规》普考，本部6个专业部门及各单位管理人员共295人开展《安规》抽考，考试合格率100%。举办安全知识培训班，基层20家单位164人参加培训。完成羊湖电站、老虎嘴电站、东嘎9E燃机、西藏输电网和拉萨城市电网安全性评价，并落实整改。

完成本部24项、各单位765项管理类和现场处置类应急处置卡编制、审核、发布工作。成功处置“3·2”吉隆强降雪、“4·25”抗震救灾等抢险救援任务。针对极端天气和电网运行方式变化，发布预警通知单68份。两批次组织应急救援基干分队33人分别到国网山东电力和国网四川电力应急培训基地进行应急救援培训。开展拉萨换流站反事故演习、应急演练周和迎峰度夏（冬）等10余次应急演练，参演单位19家，参演人数1132人。

加强重要输电通道、枢纽变电站安全防范。对色麦—山南220kV线路、藏木送出线路等通道下违章施工问题，向自治区相关部门汇报、备案，及时消除安全隐患。

落实交通安全“十条禁令”，开展交通安全隐患排查整治和安全教育培训，加强节假日、雨雪等恶劣天气和应急抢修、公务用车行车管理。对民爆及易燃易爆物品进行专项清理检查和登记，完善民爆及易燃易爆物品管理安全。解决东嘎、昌都、阿里燃油电站历史遗留问题。

营销工作 新增报装容量41.18万kVA，完成售电量34.39亿kWh，同比增长20.02%。落实“一户一策”催收措施，建立电费回收奖惩机制，推广预交电费措施，预收电费比重提升为35%。建设应用短信平台，实现催费、欠费、计划停电和故障停电等多种主动式服务。推广银行代收代扣、电信手机翼支付终端、自助交费终端等非现金交费方式。电费回收实现结零。以林芝、阿里供电公司为试点，转变营销模式，用电信息采集覆盖率达到73%，同比提升13%；远程自动抄表核算比率达到62.83%，同比提高21.68%；安装智能电能表1.33万只，营销专项计划完成率100%。实现远程催费停电管控手段并推广。阿里供电公司实现“全采集、全覆盖”目标，采集上线率100%，采集成功率98%以上，自动抄表核算比率95%以上，远采集抄全面替代人工抄表。建成计量生产调度平台，与营销业务系统和用电信息采集系统实现数据共享交互，实现计量资产计划需求上报、检定、配送、运行、报废等关键环节在线监控。

科技与信息化 与中国电科院签署《战略框架合作协议》。完成国网西藏电力“十三五”科技发展规划编审并通过国家电网公司评审。加强项目合同签订、资金支付、监督检查及项目验收全过程管控，2015年科技项目执行情况良好。完成2016年度科技项目储备。

科技项目获各类科技奖项4项，其中“藏川高海拔地区电网状态监测及运维技术研究”获西藏自治区科技进步奖二等奖，“小型电网调频能力分析研究——以藏中电网为例”获西藏自治区科技进步奖三等奖；“特高压直流线路宽频域电晕电流测量技术及电晕电流特性研究”获国家电网公司科技进步二等奖。

承担22个信息化专项建设任务，PMS2.0实现双轨运行，计量资产全寿命周期管理、基建管理信息系统等项目上线试运行。对“十二五”期间信息化项目进行逐项梳理、分析，发现问题471个并全部整改。

新增光通信站点50座，光通信站点达到210座；新增光缆2570km，光缆长度达到10 952km；新增光传输设备57台，光传输设备达到334台套；110kV及以上厂站光纤覆盖率100%，直管35kV变电站光纤覆盖率56%。通信技改大修4项，完成投资402万，基建配套通信项目53项，完成投资1.24亿元。重点推进一体化电视电话会议系统（二期）、数据通信网（一期）等通信项目建设。

优质服务 完成西藏自治区成立50周年庆祝活动等保电任务752次。跟踪服务拉林铁路、巨龙矿业等重大项目用电，促进电量增长，形成95598服务信息日跟踪、周通报、月考核常态机制，建立客户投诉短信推送机制，及时督促改进服务问题。丰富优质服务监管手段，供电服务品质系统上线运行。推行电信翼支付、邮政代收等交费方式，完成银联平台接入协议签订。建立主配网停电检查和停送电报送制度，缩短停电时间和次数。开展城农网供电设施巡视，及时消缺，主动为客户提供技术服务，防范因客户电力设备故障引发的电网事故。开展重负荷台区负荷实测工作，提高供电能力。完善重要客户供用电安全管理责任制体系，明晰部门、岗位业务界面和客户职责分工，统一供电保障和重要客户认定标准及供用电安全检查内容和具体要求。制定和完善客户供用电安全管理基础台账模版，明确客户台账内容，统一台账建立标准，实现客户供用电安全隐患“一患一档、整改销号、闭环管理”规范化管理。完成营业区内143个重要客户名录当地政府认定审批工作，并报国家能源局集中监管局西藏业务办备案。开展重要客户隐患排查；查出供用电安全隐患415条，下发隐患整改通知书135份，签订供电用电安全保障安全责任书148份，签订重要负荷确认书109份。

重要活动供电保障工作 9月，完成西藏自治区成立50周年和抗日战争胜利70周年纪念活动供电保障工作，国网西藏电力获得“西藏自治区成立50周年庆祝活动先进集体”荣誉称号。

成立保电领导小组，建立保电工作组织机构，加强工作督导检查。科学安排电网运行方式，电力保障范围覆盖33座变电站、93条线路，安排1600余人次开展巡视和检查。安排青藏直流降压运行，对重要变电站安排值守，对重点线路投入300余人看护。从年初开始，针对重点客户、重要场所开展隐患排查和治理。消除用电隐患及缺陷220项。针对部分重点场所和重要现场配电设施存在的供电中断风险制定应急预案，购置UPS（不间断电源）21套及配套应急设备，并在特级保障场所部署60余台应急保电车辆和设备。成立共计100余人的30个现场保电工作组。按照活动前12h人员设备就位的要求，落实重点场所现场供电保障工作。加强抢修过程管控，及时响应客户诉求，认真履行服务承诺，成功处置多起10kV线路故障。实现庆典活动期间电网覆盖地区百分之百供电及涉保服务“零投诉”目标任务。

党的建设和精神文明建设 签订《党建和思想政治工作责任书》，完善基层党建工作考核标准及配套考核评分细则。规范和细化党建工作台账。新建和修订党建制度9个、党建标准11个、反对“四风”制度4个。

开展联述联评联考、基层党务队伍建设工作。国网西藏电力系统设立党组1个，党委19个，党支部105个，设置流动性临时党支部6个。截至2015年底，共有党员1846人。规范建成22个党员活动室。国网西藏电力荣获西藏自治区驻村工作“优秀组织单位”称号。

开展“三严三实”专题教育和“党组织书记讲党课”活动。举办十八届三中、四中全会精神、社会主义核心价值观等专题讲座，累计培训县处级党员领导干部280人次。开展在职党员到社区报到服务活动，1562名在职党员到所在社区报到登记并成立12支党员志愿服务队，帮助社区困难家庭完成“微心愿”100余个。开展党内法规知识竞赛活动，建立党员“政治生日”制度。开展“安全生产党员带头、我承诺我践诺”主题活动。七地市共产党员服务队之间开展供电服务竞赛评比活动。

召开党风廉政建设和反腐败工作会议。建立全国网西藏电力纪检组、基层单位纪检委、党支部纪检委员三级纪检机构，配备专兼职纪检干部78人。逐级签订党风廉政责任书442份，重点岗位从业人员签订廉政承诺书867份。严格执行“八项规定”，开展专项治理和监督检查。

开展精神文明建设创新奖评选、创建文明单位、文明窗口等活动。以宣传片、画册、文稿集、座谈会及主流媒体报道等多种形式，广泛宣传50年西藏电力发展成就。开展“道德模范在身边”学习活动，开展评选学雷锋活动示范点和岗位学雷锋标兵活动，开展征集“讲文明树新风”公益广告作品。2015年国网西藏电力本部荣获“第四届全国文明单位”称号，1名员工获得“第五届全国道德模范”提名奖，1家基层单位获西藏自治区第四届“文明单位”称号，2人获西藏自治区第五届“文明户”称号。

（孙宗琮）

【华电新疆发电有限公司】

公司概况 华电新疆发电有限公司（简称华电新疆公司）前身为中国华电集团公司新疆分公司。2003年1月17日，根据国家“厂网分开”的电力体制改革精神，原新疆电力公司的部分发电企业移交中国华电集团公司；2003年3月28日，中国华电集团新疆分公司正式成立；2006年6月28日，新疆分公司改制成为中国华电集团公司的全资子公司——华电新疆发电有限公司，负责集团公司在新疆地区发电资产的经营和管理，负责集团公司在新疆地区的发展规划、安全生产、市场营销、协调服务等工作。2013年8月12日，华电新疆发电有限公司由国有独资企业变更为国有控股企业，注册资本为6.61亿元，其中，中国华电集团公司股权比例为65.94%，深圳上银投资基金有限公司股权比例为34.06%。

领导班子

董事长、党组书记：杨明

董事、总经理、党组成员：李东政

党组成员、纪检组长、工会主席：张卫中

党组成员、副总经理：缪宛新

总会计师：罗贤

党组成员、副总经理：水海波

副总经理：苏来曼·亚森

副巡视员：武茂伟、闫保建

主要领导人员变动情况：2015年5月水海波任党组成员、副总经理；武茂伟、闫保建任副巡视员。

组织机构 截至2015年12月31日，华电新疆公司下辖企业35家，其中内核企业6家，全资企业16家，控股企业13家，职工总数3602人。下设办公室（法律事务部）、人力资源部、计划发展部、财务资产部、安全生产部、市场运营部（燃料管理部）、工程管理部、政治工作部（工会办公室）、监察审计部（纪检办公室）等9个部门。

工作业绩 2015年，华电新疆公司完成利润5.8亿元；完成发电量188亿kWh，同比基本持平；完成售热量3363万GJ，同比增长16%；投产101万kW，核准217万kW，取得“路条”140万kW，装机规模达到620万kW，发展成果创历年之最。

生产经营管理

（1）经营管理方面。全力应对经济下行压力，着力内控成本、外拓市场，企业价值创造和抵御市场风险能力得到检验和提升。一是提升市场营销能力。累计争取市场电量61亿kWh，占全网市场电量份额的30%。加强“三同”小时对标管理，火电机组利用小时高于全网平均利用小时304h，乌鲁木齐热电厂在同类型公司火电中排名第一。积极拓展供热市场，售热量同比增加455.8万GJ，供热收入同比增加8799万元。累计完成入厂标煤单价199元/t，同比降低15元/t，减少燃料费支出8807万元。二是提升成本管控能力。持续优化融资结构，节约资金成本4278万元。强化基建项目全过程跟踪审计，核减工程费用979万元。严格控制费用支出，五项费用同比降低9%。加强招标项目审计监督，节约资金1.22亿元。全年企业净资产收益率达到10%以上，共争取财税补贴资金1.21亿元。

（2）安全生产方面。一是安全生产管理成果显著。华电新疆公司连续8年在自治区安全性评价中名列前茅；荣获“全国安康杯”示范单位，是自治区唯一获此殊荣的企业。红雁池电厂、昌吉热电厂、苇湖梁新能源公司、和田水电公司荣获集团公司“安全生产先进单位”，喀什热电公司建设项目获得电力行业优质工程称号。二是节能减排管理成效突出。优化节能降耗措施。累计完成供电煤耗314.7g/kWh，同比降低9.5g/kWh；克服“两脱一除”改造对火电能耗的影响，综合厂用电率实现稳中有降。昌吉热电厂1号机组实施高背压改造，年节约标煤6万t。扎实开展创标杆机组工作，乌鲁木齐热电厂、吐鲁番公司获得集团公司同类型标杆机组称号。

项目发展

（1）重点项目顺利投产。苇电达坂城30万kW风电项目全部建成投运。三塘湖二期、小草湖北一期等共计70万kW新能源项目投产发电。达克曲克水电项目第一台机组建成投运。截至2015年年底，华电新疆公司新能源装机容量达到238万kW，装机比例提升至39%，跃居全疆第一。

（2）优质项目稳步推进。西黑山2×66万kW“疆电外送”项目取得核准并开工建设，确定了“数字化电厂”、污水“零排放”的发展定位。吐鲁番2×35万kW冷热电项目取得核准，开创了自治区冷、热、电联供的先河。

（3）战略项目提前布局。哈密四期2×35万kW扩建项目、沙湾2×35万kW热电项目列入自治区发展规划；伊犁2×66万kW“中巴外送”电源项目得到自治区主要领导的大力支持，正在积极开展前期工作。叶尔羌河流域水电前期工作稳步推进，鱼类保护专题报告获国家农业部批复，环评报告取得自治区环保厅批准。战略项目选点布局更加科学，为新疆公司“十三五”发展奠定了坚实的基础。

改革发展

（1）优化管理格局。落实集团公司发电产业区域化管理、煤炭产业专业化管理改革部署，华电新疆公司新能源公司组建成立，众兴煤矿移交专业公司托管，投资多元化、管理一体化格局初步形成。完善本部“四定”方案，先后成立市场运营部和物资管理部，优化企业管控体系。实施多经企业整合，增加收益2070万元。优化喀什公司产权结构，降低了企业整体税负，拓展了盈利空间。

（2）优化资源配置。华电新疆公司能源综合监控中心建成投运，“风云”系统全面升级，打造了水电和新能源的“远程集控、少人维护”管理模式。ERP一期试点项目顺利完成，财务支付一体化单轨上线运行。智能热网建设大力推进，实现了企业效益和人员效率的双提升。

（3）优化管理对标。综合国内、集团、区域三个先进层级，建立了涵盖生产、经营、发展、工程、党建、综合管理6个管理维度的“综合管理对标”体系，促进了综合管理水平的整体提升。

（4）管理成果。扎实推进“7S”及“强基”管理，乌鲁木齐热电厂强基工作成效明显，连续三年荣获全国火电机组竞赛一等奖。红雁池电厂、乌鲁木齐热电厂、昌吉热电厂继续保持集团公司“五星级发电企业”称号，喀什公司、哈密公司、十三间房风电公司晋升为集团公司“四星级发电企业”。新疆公司先后荣获全国管理创新成果一等奖2项，集团公司管理创新成果一等奖1项、二等奖3项、青年创新创效银奖1项、“我为改革献良策”合理化建议表彰4项。乌鲁木齐热电厂、昌吉热电厂、煤业公司、红雁池电厂顺利通过CNAS认证，入厂煤验收达到国家级水平。

党的建设、精神文明建设、企业文化建设

（1）“三严三实”专题教育。华电新疆公司系统共举办专题党课15期，开展45次专题研讨，制定整改措施32项，对“不严不实”问题边学边查边改，领导干部从严从实的作风得到显著提升。

（2）党建工作。按照“大党建”工作格局，积极构建党建管理考评新机制，华电新疆公司党建、文化、工会、团青四大品牌建设得到高度赞誉，在集团公司首次综合考评中荣获A级。成功承办集团公司基层企业党群“强基”现场观摩、自治区国资委企业文化建设协会会员大会，党建工作得到国务院国资委，自治区党委组织部、国资委高度好评。

（3）新疆华电品牌。积极开展对口援疆，先后在喀什、乌恰、阿图什投入帮扶资金1233万元。响应自治区“访民情、惠民生、聚民心”活动号召，投入资金124万元对阿克土村实施精准扶贫。赞助第十三届冬季运动会。加强精神文明建设，红雁池电厂、吐鲁番公司荣获“全国文明单位”。推进“幸福家园”行动，华电昌吉小区交付入住，华电哈密小区即将开工建设。强化典型选树，1名员工荣获全国劳动模范，35位“平民英雄”被授予公司“最美”殊荣。

南 方 地 区

【国家能源局南方监管局】

基本情况 国家能源局南方监管局（简称南方能源监管局）是国家能源局派驻南方区域的监管机构，依法履行对广东、广西、云南、贵州、海南五省（区）电力等能源行业的监管和行政执法，以及电力安全监督管理职责。内设机构有综合处、市场监管处、行业监管处、电力安全监管处、资质管理处、稽查处、监察室（机关党委）。同时向广西壮族自治区、海南省分别派驻监管业务办公室。

领导班子 党组书记、局长陈建长；党组成员、副局长张良、高玉樵；副巡视员曾壮鹏。

主要工作

（1）加强简政放权后续监管，促进能源有序发展。

1）电力规划执行情况监管。率先完成了南方区域“十二五”电力规划实施情况中期评估，研究提出了南方区域“十三五”电力发展规划建议。

2）项目核准和政策落实情况监管。完成了南方五省（区）核准的500kV交流输变电工程相关情况等专项监管。督促南方电网加强“西电东送”重点工程项目建设。

（2）推动电力市场化改革，构建资源配置新机制。

1）研究制定南方电力市场建设方案。编写了《南方电力市场建设方案》并上报国家能源局，明确了市场建设原则和总体目标，初步确定了各阶段建设任务。

2）完善“西电东送”交易机制。向国家能源局提出建立以政府间框架协议为基础，长期合约交易和短期竞价交易相结合的省间交易机制。

3）完善广东大用户直购电机制。成功实施广东大用户与发电企业直接交易深度试点，构建了以年度合约交易为主、月度竞价交易为辅的市场化交易机制。

（3）协调保障能源供应，服务地方经济社会发展。

1）保障海南电力供应。通过协调中海油增加气电供气，跨海联网线路增送电力等措施，保障了居民及重要用户正常用电。

2）开展电力安全监管。率先搭建电力项目备案告知信息化平台，建立电力建设施工安全与质量安全责任告知机制。会同地方政府成功组织开展广西大面积停电应急联合演练。

（4）加强能源市场秩序监管，依法解决群众用能热点问题。

1）加强电力调度监管，维护市场秩序。每季度召开发电调度运行监管协调会。组织开展电力调度交易与市场秩序、用户受电工程市场秩序等专项监管，开展“两率”监测和供电驻点监管。

2）以 12398 能源监管热线为抓手，及时发现、解决好群众用能热点问题。建立完善受理处理内部闭环制度机制、外部会商协调、移送及转办工作机制和衔接联动机制。建成 12398 信息管理系统。

（5）创新监管手段，提升监管能力。建成能源综合监管信息系统。通过监管指标评价系统收集、比对数据，确定了重点监管单位和领域。开展财务成本排序监管，对区域电力企业主要经营数据进行横向及纵向比较排序，并向行业发布结果。

【国家能源局云南监管办公室】

基本情况 国家能源局云南监管办公室（简称云南能源监管办）是国家能源局派驻云南省的正厅级行政机构，按《中央编办关于国家能源局派出机构设置的通知》规定，负责云南省行政辖区内电力等能源的监督管理和行政执法，以及电力安全监管等工作。内设综合处、市场监管处、行业监管处、电力安全监管处、资质管理处、稽查处。

领导班子 党组书记、专员李现武；党组成员、副专员周光灿；党组成员、综合处处长杨新红。

主要工作

（1）开展“三严三实”专题教育，深入推进作风建设。从 2015 年 5 月开始，云南能源监管办在处以上领导干部中组织开展“三严三实”专题教育。建立党组中心组带头学习、专题党课、周四集中学习等制度，组织观看专题教育影片、开展警示教育，编发活动简报和手机报，全面扎实推进“三严三实”专题教育。

（2）强化电力安全监管，确保全省电力系统安全稳定运行和电力可靠供应。开展专项宣贯培训，督促电力企业依法落实安全生产主体责任；开展电力迎峰度夏检查，确保电力系统安全度汛；成立云南省电力安全生产委员会及其办公室，指导协调和研究落实云南省电力安全生产工作；开展安全生产分片包干督查，负责对迪庆藏族自治州安全生产开展全面包干督查；开展安全生产月活动，营造电力安全生产良好氛围。

（3）加强能源市场监管。规范电力市场运行秩序，维护市场主体合法权益；扎实开展电能交易监管、“两个细则”运行和新机商转核查工作；严格许可制度，强化电力市场准入监管，建立有效的闭环监管机制，持续推进证前、证中、证后非现场动态监管。

（4）围绕中心开展能源行业监管。开展云南电力规划体系建设研究，为“十三五”电力规划编制建言献策；积极支持化解产能过剩和淘汰落后产能工作，不断优化云南能源结构；执行节能减排信息报送和披露制度，完成全省火电企业能耗和污染物排放工作统计报送和数据校核；关注能源重点项目，开展重大输电工程监管。

（5）抓好重点专项监管工作。开展人民群众满意用电专项监管，有效提高供电可靠性和供电服务满意度；开展电力调度交易与市场秩序专项监管，涵盖电力生产、供应和使用各个环节；开展电网企业回购电源项目自建配套送出工程专项监管，组织座谈会推进回购工作；开展电力调度及弃水弃风弃光专项监管，全力减少弃水弃风电量；开展输配电成本专项监管，推动输配电成本监管工作进一步制度化、规范化。

（6）加强电力等能源行政执法，全力做好能源普遍服务监管。严格监督落实电价政策，依法查处违法违规行为；有效规范供电企业服务行为，切实维护城乡居民的用电权益；加强 12398 能源监管民生通道建设，及时处理投诉举报；加强能源形势监测分析和预测预警，继续落实省内天然气供需情况日报工作。

【国家能源局贵州监管办公室】

基本情况 国家能源局贵州监管办公室（简称贵州能源监管办）是国家能源局在贵州设立的派出机构。内设综合处、市场监管处、行业监管处、电力安全监管处、资质管理处、稽查处等六个职能处室。

领导班子 党组书记、专员潘军；党组成员沈军。

主要工作 2015 年，贵州电力行业没有发生重大以上电力人身伤亡事故，没有发生重大电力安全事故，没有发生较大电力设备事故，没有发生电力系统水电站大坝垮坝、漫坝以及对社会造成重大影响的事件，电力安全生产形势稳中向好。

（1）电力安全监管。

1）召开全省电力企业安全生产工作座谈会，宣贯《电力安全生产监督管理办法》等法规。

2）组织开展电力企业“安全生产月”宣传、安全生产事故警示教育活动和应急演练工作。对省内新建大型输变电、火电、大中型水电、风电工程进行安全督查。

3）牵头做好贵州电力行业安全隐患大排查大整治专项行动，积极协调解决“西电东送”主通道安全隐患。

4）圆满完成贵州电力建设工程质量、电力工控系统安全防护、电网安全风险管控和电力建设工程落实施工方案等四项专项监管。开展了易燃易爆危化品专项监管和抗日战争胜利70周年纪念活动保电工作专项督查。

5）对可能造成公共安全较大影响的7座大坝进行现场督查，抽查了乌江公司构皮滩水电站等部分单位防汛准备工作。陪同分管副省长到乌江公司东风水电站进行防汛安全检查。

6）组织和指导电力企业开展自然灾害应急救援、防汛、反恐等应急演练100余次。

（2）电力市场监管。

1）推动贵州电力体制改革。作为省进一步深化电力体制改革联席会议制度成员单位之一，牵头或与省发展改革委共同牵头建立辅助服务分担共享新机制、完善跨省跨区电力交易机制、遵循市场经济规律和电力技术特性定位电网企业功能等3项任务，并参与其余25项工作。牵头制定贵州省电力用户与发电企业直接交易及监管规则（试行），2015年度完成市场交易电量172.4亿kWh。在省深化电力体制改革综合试点工作启动会暨新闻通气会上宣贯国家发展改革委和国家能源局有关文件精神。

2）开展电力调度交易与市场秩序专项监管和电网企业输配电成本专项监管。参与国家发展改革委对贵州输配电价成本监审工作。

3）推进实施贵州省统调电厂辅助服务补偿及并网运行考核“两个细则”。

（3）电力稽查和节能减排监管。

1）与相关部门和单位建立能源监管联动工作机制。

2）强化12398能源监管投诉举报平台能力建设，发布通报12期。

3）监测各火电企业节能减排动态情况。监督电网企业严格执行国家节能环保电价政策，督促其对全省淘汰落后产能共33户企业按期停止供电。

（4）电力业务许可监管。

1）把好准入关。新颁发电类电力业务许可证24家，承装（修、试）电力设施许可证7家，电工进网作业许可证5670个。截至2015年底，累计颁发发电类电力业务许可证833家，输电类电力业务许可证1家，供电类电力业务许可证90家，承装（修、试）电力设施许可证288家，电工进网作业许可证68 479个。

2）开展2015年110kV及以上在建电网工程执行承装（修、试）电力设施许可制度情况专项监管和2015年燃煤发电机组执行电力业务许可制度专项监管。

3）推进阳光行政、阳光许可。实现电力业务行政许可“网上申请、网上审核、网上监管、网上查询”。

【广东电网有限责任公司】

公司概况 广东电网有限责任公司前身是广东省广电集团有限公司，2002年12月29日，国家电力体制实施重大改革，广东省广电集团有限公司划归中国南方电网有限责任公司。2005年3月31日，广东省广电集团有限公司完成工商登记注册，更名为广东电网公司，2014年6月4日，广东电网公司完成工商登记注册，更名为广东电网有限责任公司（简称广东电网公司）。

至2015年底，广东电网公司直管19个地市供电局，60个县区供电局（分公司）、51个县级供电局（子公司）、57个供电分局，1089个乡镇供电所。供电面积16.84万km^2、供电客户3029万户。

领导班子

董事长、党委书记：刘启宏

董事、总经理、党委委员：张文峰

董事、副总经理、党委委员：王江

董事、副总经理兼佛山供电局局长、党委副书记：罗辑

董事、党委委员、工会主席：顾广平

董事、副总经理、党委委员：张勉荣

董事、副总经理、党委委员：吴宝英

董事、副总经理、党委委员：陈山

董事、副总经理、党委委员、总会计师：莫锦和

董事、党委委员、纪委书记：李欢

董事、副总经理、党委委员：钟连宏

总法律顾问：唐远东

组织机构 广东电网公司本部设办公室（与党委办公室合署，增挂外事办公室牌子）、人事部、人力资源部、财务部、企业管理部、计划发展部、市场营销部、生产设备管理部、基建部、物资部、信息部、安全监管部、科技部、农电管理部、审计部、法律事务部、监察部（与纪委办公室、直属纪委办公室合

署)、党建工作部(与团委合署)、工会、系统运行部(与电力调度控制中心合署)共20个部门,以及防范窃电与电力设施保护中心、社保(年金)中心、节约用电服务中心、电力交易中心、离退休管理中心共5个挂靠机构,下辖佛山、东莞、中山、惠州、江门、韶关、湛江、茂名、清远、珠海、汕头、梅州、阳江、肇庆、揭阳、河源、汕尾、潮州、云浮供电局等19个地市供电局,电力调度控制中心(与系统运行部合署),电力科学研究院(电网器材检验中心、计量中心、物资品控技术中心)、电网规划研究中心、信息中心、物流服务中心(招标服务中心)、教育培训评价中心(党校、广东省电力工业职业技术学校、广东省电力技工学校)、管理科学研究院(安全生产风险管理体系建设指导中心)、新闻中心、服务中心、应急抢修中心、机巡作业中心等11个直属中心机构,以及广东省输变电工程公司、广东省电力物资总公司、广东电网发展研究院有限责任公司、广东电力投资有限公司、广东省电力通信有限公司、广东广华实业进出口有限公司、广东省电力工业局设备制造厂、汕特广南电力工程公司、汕头万丰热电有限公司等单位。

人力资源 2015年末,广东电网公司共有职工101 454人,其中博士178人、硕士2572人、本科28 735人、专科24 793人,正高级职称70人、副高级职称3343人、中级职称9565人、初级职称16 853人,以及高级技师1029人、技师6600人、高级工36 334人、中级工18 712人、初级工3063人。

资产规模 截至2015年底,广东电网公司资产总额2071.84亿元,资产负债率49.41%。35kV及以上输电线路66 098km,变电站1970座、主变压器3979台、变电容量32 614万kVA。其中:500kV线路8164km,变电站38座、主变压器87台、容量7903万kVA;220kV线路18 943km,变电站261座、主变压器608台、容量11 575万kVA;110kV线路31 480km,变电站1381座、主变压器2792台、容量12 828万kVA;35kV线路7511km,变电站290座、主变压器492台、容量307万kVA。

电网发展

(1)电网规划。提出"广东电网采用东西组团、组团间以柔性直流背靠背联络"的技术路线,完成柔性直流背靠背工程的系统方案论证和选址选线工作。推进"十三五"投资规划工作,明确投资规模及重点投入方向,完成投资总体规划及电网规划、小型基建规划、生产技改规划、营销技改规划、信息化规划和科技规划等6项专业规划,初步建立6大专业的投资项目前期储备库。组织完成广东电网"十三五"输电网、配电网和系统二次规划,完成广东沿海地市防风抗灾保底网架规划、"十三五"及中长期调峰电源等配套专项研究。推进农网改造升级工作,全年解决重过载配电变压器2228台、低电压台区3720个,开展连州市湟江等30个小水电自供自管区接管后的电网建设工作,建成投产清远连州黄泥田台区等46个民族乡农网改造项目,完成公司加快农村电网建设工作方案阶段性目标。

(2)项目前期工作。配合超高压输电公司推进滇西北送电广东直流项目前期工作,取得肇庆、清远、东莞、惠州、韶关、河源6个地市385km的138项路径协议及支持性文件,确保工程按计划核准。完成500kV文山(上稔)输变电、回隆(阳西)输变电工程等公司重点工程项目的全部前期工作,完成500kV演达输变电工程、甲湖湾电厂和雷州电厂送出线路工程可行性研究报告批复,按计划开展500kV惠来电厂、三百门电厂送出线路的回购工作。完成500kV祯州输变电工程的审计整改。

(3)投资计划管理。组织制定广东电网公司加快推进电网投资建设33条措施,安排城农网专项建设项目,增加年度固定资产投资,完成全年投资任务。加快在建项目建设进度,调增在建项目投资计划;安排资金提前启动城农网专项建设基金项目,重点解决城乡电网"卡脖子"、低电压等薄弱环节。完善投资计划管理,开展纵向分级控制、横向分类管理模式的固定资产投资管理工作。细化完成公司2015年投资策略,提出固定资产投资基本原则、投资方向及重点,平衡优化各专业投资结构,完成2015年固定资产投资计划编制任务。完善后评价工作招投标管理机制,首次开展并完成公司及主要地市的2012～2014年固定资产投资总体评价工作。

(4)工程建设。2015年完成的重点工程:500kV东海岛输变电工程;500kV加林输变电工程提前投产,加强珠海电网的可靠性;220kV琴韵至澳门莲花第三回线路工程投运,拓宽对澳供电的通道,提高对澳供电可靠性;佛肇、莞惠城轨的定村、客运北、云东海、广利四个铁路牵引站的供电任务顺利完成,满足城轨调试、运营需求。全年公司基建项目补充下达投资42亿元,投产完成率112%,超额完成年度"稳增长"任务。

(5)工程质量评优。全面推广应用标准设计和典型造价V1.0,2015年工程标准设计应用率和合格率均为100%。启动配电房、架空线路、低压线路等配网工程标准建设试点工作,选取5个单位的40个项目进行试点建设。连续7年开展"安全、优质、文明"样板工程创建活动,大力推动基建QC活动,开展工程质量追溯及回访工作,消缺率100%。500kV纵江变电站工程荣获中国建设领域最高奖"鲁班奖",

220kV 环澳（富祥）变电站获中国安装工程优质奖“安装之星”，3 项工程获年度中国电力优质工程奖，7 项工程获广东省建设工程优质奖，9 项工程获年度南方电网优质工程奖。

（6）物资管理。推进智慧型物资供应链建设，提升资产保值增值能力。继续完善采购的规范运作机制，全年采购 132 亿元，公开采购率达 89%，节约率为 7%。推进直属单位采购规范化试点，试点局招标的次数下降 54%，品类优化后的物资规格型号减少 58%。全省 35kV 及以上基建、生产技改项目物资实现 JIT（Just In Time）管控，7 天准时供货率 100%。通过优化采购策略、压缩签约时间、提升履约力度等方式保障 18.34 亿稳增长项目以及重点项目物资的供应。在南方电网率先投运河源区域仓库，形成《区域仓库投运验收工作标准》等 19 项工作成果。公司库存常规储备物资周转率为 247.32%，超过南方电网公司下达目标值 3 倍。报废物资省级集中处置的管理模式不断优化，年处置报废 4.25 亿元，回笼资金 1.38 亿元。源头利用闲置物资 0.24 亿元，利用率达 97.24%。率先在南方电网建立 58 份二级物资品控标准库；实施抽检不合格差异化处理，全年共对 41 家次供应商进行处理，涉及合同金额共计 3718.82 万元。率先实现储备管理的动态优化管理，加强省市两级联动，调配 1100 多人次，物资 5468 万元，连续奋战 11 个昼夜，应对台风“彩虹”的抢险救灾工作。集中解决 88.5%调配物资，除塔材及钢芯铝绞线外，93%的应急物资需求通过库存保障。组队参加南方电网“创先杯”物流技能竞赛中获得团体一等奖、个人一等奖共 7 个奖项。连续四年被南方电网公司评为“南方电网公司物资工作先进单位”。

电网运行与安全生产

（1）电力供应。2015 年广东省用电需求保持平稳增长，最高统调负荷 9348 万 kW，同比增长 3.0%。吸纳西电 1682 亿 kWh，超计划 128 亿 kWh。全省电力供应平稳有序，全年未出现电源性错峰。防风加固方面，完成沿海Ⅰ类风区 115 回输电线路长度超过 3km 耐张段加固改造，安装配网线路防风拉线 3.3 万组，加插和改造杆塔 6.5 万基，加固 10kV 线路 9437km。台风“彩虹”来临前，完成 6874 处树障隐患清理，完成 2985 条存在缺失、松动、严重锈蚀等缺陷的防风拉线整改，“彩虹”最大风力比“天兔”高出 11%，而 10kV 电杆受损率下降 60%。防雷改造方面，完成 28 952 基输电线路杆塔接地电阻测量、2713 基杆塔开挖检查和 6097 支线路避雷器的安装。对 6500 个台区加装低压避雷器，完成 4800 个不合格台区地网改造，开展配网 10kV 避雷器轮换试点，提高配网防雷水平。防冰抗冰方面，完成融冰装置、覆冰在线监测装置的缺陷处理和预试定检工作，修编线路融冰“一线一册”方案，开展融冰实操演练。

（2）安全管理。修编现场安全督查工作指引，全面构建省、地、县三级的安全督查网络，全年累计督查 17 万余次。落实现场作业违章扣分管理，直属供电局发现违章率从前三季度的 2%提升到第四季度的 14%。定期发布安全生产风险和监督要求，实行周、日作业清单备案管理；建立每周督查视频例会制度，快速通报典型问题；建立公司安全检查专家准入机制，形成覆盖 9 个专业共 228 名人员的安全检查专家库。编写安全检查应用手册，强化对问题原因的分析和整改，公司全年共检查 1165 项问题，全部制定整改计划并完成整改。组建 577 支共 24 153 人的应急队伍。推进应急指挥平台建设，牵头编制《应急电源装备技术规范》。制定公司应急装备配置标准，组织完成三年应急装备配置计划，并在 13 个灾害多发地区配置了 10kV 应急发电车。组织编制专业部门预案，构建“总体＋专项＋部门＋现场处置”的新预案体系。提前梳理年度保供电计划，明确重点保供电任务级别和要求，圆满完成 740 项保供电任务。加强与省应急办等政府机构的联系，适时启动预警和响应 141 次，及时发布应急信息 99 期，协调应急队伍和装备调用，累计出动抢修人员 34 860 人、各类车辆 5432 辆、应急发电装备 310 台，应对突发大范围山火，多轮强降雨以及台风“莲花”“彩虹”等灾害的影响。以佛山局和中山局作为“五钻”建设标杆试点单位，制定公司体系建设“五钻”突破专项方案，完成体系“五钻”建设的 30 项重点工作，建立问题快速处理和月度工作简报机制，协调解决 14 项问题。印发提升县级子公司安全生产风险管理体系运转质量工作方案，将关联施工企业纳入县级子公司体系建设范畴，通过完成 51 个县级子公司体系审核，提升县级子公司配网作业风险管控能力。在南方电网公司范围内先行先试编制省级体系建设和审核评级优化方案，确定深化体系建设和审核的 8 项重点措施。

（3）供电质量。2015 年，广东电网公司用户平均停电时间 3.39h，综合电压合格率 99.955%，中山、佛山、江门供电局获得 2014 年全国供电可靠性指标排名前十。粤东西北地区与珠三角全口径用户平均停电时间缩小至 3 倍以内。完成 700 回 10kV 线路的配网自动化改造；推进电缆馈线自动化技术试点应用，完成 150 回 10 千伏电缆线路馈线自动化改造。全年累计实施带电作业 22 983 次，减少用户平均停电时间 4.6h；实施转供电 11 361 次，减少用户平均停电时间 3.3h。开展低电压台区治理，全年安排 24.15 亿元对 8541 个低电压问题进行治理，解决 180V 以下的低电压问题。

(4) 资产全生命周期管理。全面完成资产管理系统建设推广。5月11日实现资产管理系统全省单轨试运行，6月底形成基线版本并在全网推广。安全生产管理子系统主网部分2月9日单轨运行，配网部分9月1日全省单轨运行，主配网登录人数和核心业务量等指标与旧系统持平，业务量累计410万条；投资计划、物资、基建及项目管理子系统507个功能模块共发生业务量232万条，所有业务单据均实现流程闭环。

(5) 技术措施。编制《设备规范化管理标准》和《设备规范化管理达标评审指南》。严格执行设备规范化检修体系，编制237本变电设备维护检修手册，编制变电主设备三年检修规划和2015年检修计划，完成15 621台设备A、B类检修，超额完成2015年设备规范化检修计划。与设备厂家开展合作，组织开展7期检修实操培训，提升检修人员技术水平。

(6) 一体化作业标准体系建设。优化765份典型作业指导书的内容和应用方法。结合实际情况抓好基层单位业务指导书本地化修编，完成540份业务指导书角色到岗位的转化，实现管理规范与基层实际的对接。完成业务指导书与信息系统差异梳理和分析，提出系统整改建议508条，提升安全生产管理系统实用化水平。

(7) 科技创新。牵头承担的3项863计划课题通过国家科技部验收，实现首批6项科技成果转化，获得全国电力职工技术成果奖13项、省科技进步一等奖1项，南网科技进步特等奖1项、一等奖3项，授权发明专利322项，同比增长80%。

超前部署“多元用户供需友好互动”等3项国家重点研发计划，组织开展国家“互联网+”智慧能源示范工程前期研究。开展数字电驱断路器、智能传感、无线充电等技术研究，复杂环境大型无人机巡检获南方电网公司重大研究专项，开展智能巡检技术攻关。制定“十三五”科技发展规划实施计划，提出以柔直联网、储能、卫星遥感识别、人工智能为代表的重大技术专项。确立17项科技项目自主研发课题。集中开展超导限流器核心技术攻关并取得初步研究成果。完成863微电网课题的示范工程选点及技术方案论证。开展“微创新、大作为”职工技术创新专项提升活动，在高空作业、电力巡线等领域产生385项实用成果，其中“避雷器带电测试仪”等多项成果被纳入公司成果推广计划。

(8) 技术指标。2015年，广东电网公司电网频率合格率100%；综合电压合格率99.955%，城市居民端电压合格率99.981%，农村居民端电压合格率99.914%；全口径城市用户平均停电时间2.38h，全口径农村用户平均停电时间8.02h，全口径用户平均停电时间6.74h；500kV架空线路可用系数99.999%，500kV变压器可用系数99.999%，500kV断路器可用系数99.999%；220kV架空线路可用系数99.995%，220kV变压器可用系数99.994%，220kV断路器可用系数99.995%；220kV及以上电压等级保护正确动作率100%，500kV保护正确动作率100%；生产实时控制业务通信通道平均中断时间0.095min。

(9) 安全事故事件。2015年，广东电网公司系统发生2起外单位一般人身死亡事故，同比增加2起；发生电力安全事件116起，同比减少661。一级事件0起，同比减少1起；二级事件0起，同比减少2起；三级事件6起，同比减少3起。有人为责任原因的16起，同比下降17起，重复性的0起，同比下降3起。

(10) 信息化建设。2015年完成主要业务系统的推广工作，一体化资产（含安全生产）管理、营销管理、人资管理（含培评）系统在广东电网公司系统单轨运行，一体化财务管理系统实现双轨运行，实现90%以上员工应用系统工作目标。企业管理信息系统联调测试及业务协同验证完成327个联调测试场景测试，涉及424个服务和6600个测试用例，涵盖约30个专业，实现企业管理信息系统横向协同。完成资产、营销、人资、财务、GIS系统数据的清理、转换和迁移，印发《一体化系统单轨运行数据准备工作方案》，实现数据的完整性和准确性达98.09%。建立并完善了企业级运维服务体系，企业管理信息系统累计版本发布300余次，关键应用系统运行率99.99%。

市场营销

(1) 经营指标。2015年，全年完成全口径购电量4588亿kWh，同比增长2.4%；售电量4423亿kWh，同比增长3.3%。2015年，全口径当年电费回收率99.98%，高于年度计划0.10个百分点；1年、2～3年及3年以上陈欠电费回收率分别为82.23%、50.47%和13.20%，分别高出年度计划22.23、10.47和3.20个百分点。

(2) 客户服务。推进客户全方位服务体系，完成41项客户全方位服务体系建设专项工作，14项客户全方位服务指标获得提升，客户全方位服务委员会平台共传递并解决各类客户问题5507个。走访大型骨干企业，收集并解决客户需求718个，完成25家企业新增负荷需求168.93万kW。形成“客户经理+服务调度+客服工程师”运作模式，试点建设服务调度班组、聘任专职客户经理，按照“省一市一县”层级，在涉及客户诉求的各专业部门设置客服工程师1688人，为大客户提供个性化服务，协同处理客户问题1777个。建立与物业、村委会合作提供居民供电服务的模式，推出业务预约批量办理等15条便民举措。全面推广微信交费，试点开展故障报修、空中排队功能，公司微信公众号关注数突破100万，同比增长一倍；办理业务4.4万宗，同比增加了151%，公司微信号连续两年获得广东互联网政务论坛嘉奖并获得智慧民生服务优秀案例称号。

（3）绿色环保创先。修编《电力需求侧管理节约电力电量计算方法》，规范需求侧管理考核的节约电力电量统计。完成省级电力需求侧管理平台建设。打造以客户、政府、电网公司、节能服务公司为主体的服务联盟，实现节能信息的互联互通；开展节能诊断，促进节能改造项目338个，实现节电量4.39亿kWh。支持分布式新能源发展，编制分布式光伏发电项目并网竣工检验工作指引（试行）及业务指导书等规范性文件，简化分布式光伏发电并网流程，全年完成223个新增光伏发电项目并网。2015年5月份，广东电网公司承担的国家863项目“电动汽车运营系统关键技术研究与应用”研究（2012年4月～2015年4月）通过国家科技部组织的验收。印发《广东电网公司加快电动汽车充电基础设施建设的实施方案》，组织从城市公共服务领域、城际互联网络、公司内部等三个方面做好充电基础设施建设工作。

（4）营销基础管理。完善省级集中计量系统功能应用和报表实用化；分四个批次实现系统在计量中心和19个地市局的单轨运行，推进自动抄表结算、电量自动统计、停电监测及计量装置远程检验等功能实用化；加强终端运维管理，建立常态运维和应用指标考评体系；打通与营销系统、网级计量数据平台、准实时数据平台等系统接口，推进系统在营销服务和配电运行管理的应用；推进容灾备份系统，提高灾备水平。依托计量自动化系统，推广计量装置远程监测，发布配用电实时监测数据，实地售电量数据按日发布。

（5）市场营销信息化。完成营销管理系统在试点单位及两批推广单位单轨上线运行的目标。收集各类建议3319条，形成525条修改需求。构建营销一体化业务模型，实现作业标准的本地化和信息化。

（6）营销风险管控。开展常态、专项、在线和飞行稽查，稽查范围覆盖营销全业务。公司全年稽查样本数72.91万个，纠正营销业务差错3.98万个，处理790宗营销事故（差错）问责事件，问责1329人，涉及金额180多万元；查处窃电及违约用电行为3906宗，追回电费及违约金4020.65万元。加强客户用电安全管理，2015年重要客户供电电源、自备应急电源合格率（不含正在实施、尚未完工的整改中项目）分别为97.26%和100%；指导并协助客户制定应急预案，联合客户开展应急演练，强化供用电双方的应急保障能力。

（7）营销业扩长效机制。2015年广东电网公司共完成业扩报装接电478996宗。全年累计实增容量1271.89万kVA，同比增长－26.33%。落实南方电网公司典型设计要求，10kV业扩受电工程典设应用比例达99.80%。2015年9月份制定推进业扩工程投资界面延伸实施方案，编制执行工作指引，执行业扩工程投资界面延伸至客户红线。

人力资源管理 落实党管干部原则的具体要求，严守干部选拔任用基本程序，规范班子成员分工和干部选拔动议提名方式，明确干部任免党委集体决策机制，健全干部提拔审查核实机制，防止“带病提拔”。

搭建人才管理平台，设立人才工作站，实现“五站”统筹管理（院士专家企业工作站、博士后科研工作站、研究生工作站、技术专家工作站、技能专家工作站）。分专业开展技术技能专家选聘。常态化开展人才培养与交流，实施人才区域联动。与清华大学等8所高校在人才培养等方面签订校企共建协议，联合清华大学打造公司“研究生社会实践基地”。选取电网技术领域重点研究方向，依托国家863计划等一批重点科技项目，成立12支科技创新团队。加强电网核心专业和关键领域的科技创新人才培养。

建立相应的劳动组织管理机构，明确管理职责，配备相关人员。围绕用工“零增长”的目标，加强人力资源的有效配置，逐步解决冗缺员问题。完成薪酬改革工作，进一步规范分配秩序，理顺分配关系，工资分配向一线倾斜。落实人力资源＋直线经理考核模式，由人力资源部门统一绩效管理框架，提供管理工具与业务指导，各级直线管理者开展自主考核。常态化开展“岗位大练兵、技能大比武”，2015年开展18类班组技能抽考比武和11条专业线业务普考竞赛。

经营管理

（1）创先工作。建立指标先进性评价模型，与国内26家省级电网企业和46家国际电网公司开展关键战略指标对标，与国内4家领先省级电网企业进行核心业务能力深入对标。评价结果表明，广东电网公司两方面得分均达到国内领先水平。关键战略指标评价方面，7项对标指标中有3项指标完成值排名国内电网企业首位，3项指标达到国际先进水平。核心业务能力评价方面，27项子能力中，有19项子能力达到国内领先水平，7项达到国内先进水平。

建立覆盖公司各层级、各业务领域的一体化作业标准体系。2015年制度规划完成率、典型作业标准规划完成率、本地化作业标准修编完成率均为100%。按期实现资产、营销、人资系统在全省单轨运行，财务系统在全省双轨运行，达到国资委信息化水平评价A级，实现核心业务支撑度100%以及90%以上员工应用系统工作的目标。编制并贯彻落实《完善区域联动工作的指导意见》及4个专业领域工作方案。地区间、梯队间差距逐渐缩小。对比2012年，2015年第三梯队用户年平均停电时间均值与第一梯队均值差距缩小53.4%；用户年平均停电次数均值差距缩小43%；综合电压合格率均值差距缩小95%；售电量均值差距缩小28.58亿kWh。构建管理创新成果库，梳理管理创新成果145项，组织成果归属单位提炼推广应用要点428项。荣获全国电力企业和南方电网公司管理创新成果奖10项。制定《公司2015年“三基工程”建设推进计划》，组织各局编制标杆班组试点建设与评选方案，引导各局开展标杆班组试点建设与评选。开展电改前瞻性发展研究；定期编制电改简报，组织召开电改交流分享会。印发《公司全面深化电力体制改革研究工作方案》，建立相应工作机制和信息沟通机制，明确专业研究课题。

（2）财务管理。主动适应输配电价改革，研究电价改革政策。指导各单位加强小水电及购地方电管理；制定分区域、分用户类别、分台区的电价管理指导意见；加强同国家、省相关部门沟通，取消燃气燃油加工费政策。全面预算管理覆盖计划、市场、生产、基建、调度、人资、行政办公、物资等全公司业务范围。优化预算资源配置；合理安排职工薪酬增长；严控管理型成本费用。建立县级子公司材料修理费预算分配模型和10kV及以下配网基建和技改预算分配模型，推动解决县级子公司生产投入不均衡问题。开展中长期现金流规划预测，全年资金收入计划准确率达98.73%，支持计划准确率达97.41%。强化内控体系管理，实现对公司业务全覆盖。组织完成2014年度内部控制评价，重点梳理36个业务领域和事项，发现内控一般缺陷260项并全部完成整改。全面部署和推进“6+1”财务信息系统推广工作，实现财务系统的纵向贯通、一管到底，在南方电网系统率先实现系统的横向集成。落实财税优惠政策，减免税款约10亿元。前移报废净值率管控关口，强化全过程管控，资产报废净值率较2014年下降1.61个百分点，达到12.51%。规范工程项目全过程财务管理，初步建立项目财务评价体系。

（3）农电改革与农网改造。印发《关于进一步明确小水电自供区改革接管方式和接管流程的通知》。全年启动82个自供区改革工作，投入电网资金5356.4万元。改革惠及268个自然村，用电客户1.75万户，用电人口8.11万人。完成南雄市江头、全安、百顺、帽子峰、澜河5个趸售镇改革接管工作。受惠范围包括266个自然村，用电客户8417户，供电人口3.44万人。2015年，全年投入农网资金58.4亿元，建设改造10kV线路2498km，配电变压器6270台，解决电压偏低台区2771个，过载配电变压器1338个。

（4）县级供电企业规范化建设。抓好公司《县级供电企业规范化建设工作方案》的落实，制定下达《2015年县级供电企业规范化建设计划》。2015年县级子公司各项管理指标较2011年大幅上升。

（5）审计管理。2015年全年完成经济责任审计、电力营销效益审计等8类233项审计项目，审计范围覆盖21个二级单位、16个县区局，抽查项目12 062项，抽查项目金额485.37亿元，审计发现问题4778个，查处违规金额5964.93万元、管理不规范金额10.89亿元、损失浪费金额1827.55万元，促进增收节支3029.34万元，提出审计建议4830条。创新项目管理模式。探索审计大数据应用与管理。

（6）法律事务。2015年，公司法律系统全年审核重要经营决策346宗、管理制度90项、经济合同82 213份，实现三项法律审核100%；办结案件363宗，胜诉率98.6%，避免及挽回经济损失5.66亿元，未发生因自身违法违规引发的重大法律纠纷案件。出台《广东电网公司党委关于全面推进依法治企若干问题的实施计划》，印发《法律风险信息库》。2015年，广东电网公司被国资委评为“2011～2015年中央企业法制宣传教育先进单位”，总法律顾问唐远东被国务院国资委授予“中央企业百优总法律顾问”称号，公司本部、湛江、佛山、肇庆、东莞局荣获“H5讲述‘六五’普法新媒体创意大奖”。

党建和精神文明建设 公司和直属各单位成立党建工作领导小组，明确管党治党责任，致力构建“大党建”工作格局。

开展基层党的组织工作专项检查并形成专题报告。优化基层党组织设置，严格落实党内换届选举制度。2月5日，召开广东电网公司直属党委第一次党员代表大会；7月20日召开广东电网公司第一次党员代表大会，选举产生广东电网公司新一届党委和纪委。在公司处级以上党员领导干部中开展“三严三实”专题教育，并延伸至县区供电局领导班子成员。召开2014年度党员领导干部民主生活会并抓好整改。开展党员先进性测评纳入绩效工作。首次开展“党员示范岗”评选命名工作，授予23个集体和26名个人“党员示范岗”称号。在广州地区选取10个党支部，积极开展创建“党员先锋岗”工作。

制定《从严治党专项宣传工作方案》《两项党内重要法规宣贯方案》等，开展2015～2016年党建政研课题选题、立项、申报工作，其中25个课题通过南方电网公司政研会立项。完成公司研究成果《“牵手行动”品牌建设的探索与实践》的提炼总结，并获中央企业党建政研会优秀研究成果一等奖。

完成《文化印记（2013～2014）》《广东老电力人口述史（第二辑）》《风雨彩虹》等文化丛书的编

印。做好首批企业文化示范单位、示范点的宣传和推广，以及第二批企业文化示范单位、示范点创建工作。佛山高明供电局、江门台山供电局、清远清城供电局、阳江阳春供电局、肇庆四会供电局五个单位被授予南网文明单位。稳步推进员工辅导计划。广东电网公司被授予“2014年广东省人文关怀优秀单位”称号。

细化公司党廉责任制考核标准，修订党风廉政建设责任追究办法。组建党风建设和反腐败工作协调小组，增设纪律审查科室，增加纪律审查力量；纪委、监察部门参与的议事协调机构由25个减少至11个，直属各单位、县级供电企业同步完成清理退出工作，19个地市供电局纪委书记全部不再分管其他业务。配合中央巡视组对南方电网公司的专项巡视，做好巡视整改工作。公司本部建立廉洁风险分析会议机制，基层单位结合实际，基于业务领域或业务岗位全面梳理廉洁风险点，促进廉洁风险防控融入日常管理和业务流程。以问题为导向开展专项巡视，分两轮对6个直属单位开展专项巡视，发现被巡视单位存在问题77个。修编公司采购监督实施细则，加强供应商考评结果的抽查监督。开展供电服务专项监督检查，严肃处理基层“吃拿卡要”、私接工程等违规违纪案件。全年查处违反中央八项规定精神案件12件。组织开展效能监察，公司系统全年共立项56个，发出建议书224份。

公司系统全年召开职代会及职代会联席会议174次，审议通过《公司负责人薪酬改革实施方案》等涉及职工切身利益的重大事项和规章制度134项，办理职代会提案322件，解决职工普遍关心的问题280个，办结率为100%。

各级团组织累计举办各类学习活动愈60场次、论坛演讲42场次、参与的团员青年近2.3万人次。制定印发《2015年公司团干岗位胜任力提升实施方案》，举办公司团干首次胜任力普考，1631名团干参加考试，占比约94.1%，合格率达98%。研究制定《广东电网有限责任公司基层团干部工作准则》。开展志愿服务246次，出动志愿者13 354人次，为143 911名群众提供服务，总时长约33 100h，与全省225间小学、4520名困难群众形成结对帮扶。

开展支部联建工作，实施教育文化扶贫工程、产业发展扶贫和基础设施建设扶贫工程。

主要事件

1月15日下午，国家互联网信息办公室、国务院国资委联合举办“网络名人走进新国企·一度电的旅程”开始广东电网探访，先后参观了220kV琴韵变电站、环琴甲乙线电缆隧道、无人机巡线、珠海长隆王国开关站，并进行了总结座谈。

2月3日，广东省社情民意调查结果“出炉”，广东电网公司得79.24分，连续六年蝉联满意度第一，按目前国际通行的民意调查的赋值原则，公司服务水平已经逐渐接近80分优秀。

2月10日，广东电网公司STATCOM（基于电压源变流器的±200Mvar静止同步补偿技术开发及应用）获颁2014年度中国电力科学技术一等奖，这是公司首获中国电力科学技术一等奖。

5月20、21日，广东电网公司应急抢修中心、机巡作业中心正式成立。8月19日，两个中心正式揭牌。

5月26日，广东电网公司承担的两项863计划课题“电动汽车运营系统关键技术与应用”“主动配电网的间歇式能源消纳及优化”，分别通过国家科技部高技术研究发展中心验收。两项课题均属先进能源技术领域“智能电网高级分析与优化运行关键技术”重大项目。

6月18日～7月3日，广东统调负荷三次创下新高，年内第3次新高达9348.1万kW，全年电网安全稳定运行。

6月20日，国内首个建于滩涂的500kV东海岛输变电工程投产送电。

7月20日，中共广东电网有限责任公司党代会召开，这是广东电网有限责任公司首次党代会。大会选举江毅、张文峰、王江、顾广平、罗辑、吴宝英、陈山、莫锦和、李欢等9位同志当选新一届党委委员，江毅同志当选为中共广东电网有限责任公司新一届委员会书记，李欢同志当选为纪委书记。

9月15日，广东电网公司与广东南粤交通投资建设公司签订《广东省政府还贷高速公路和高压电网工程合作框架协议》，通过协议建立长期合作关系，共同促进广东省公共基础设施的发展建设。

11月17日，2014～2015年度中国建设工程鲁班奖表彰大会在北京召开，东莞500kV纵江（东纵）变电站工程荣获中国建设工程鲁班奖。

【广州供电局有限公司】

公司概况 广州供电局有限公司（简称广州供电局）是南方电网公司的全资子公司，于2012年2月22日正式挂牌运作，注册资本60亿元，主要从事广州电网规划、投资、建设与运营，负责电力供应，提供相应服务。

截至2015年12月底，广州供电局供电面积7434km^2，供电客户数513万户。拥有110kV及以上变电站309座、主变压器容量7290.65万kVA，包括500kV变电容量1576.6万kVA，220kV变电容量2940万kVA，110kV变电容量2774.05万kVA；110kV及以上输电线路6820.46km，包括500kV线路

910.61km，220kV 线路 2557.75km，110kV 线路 3352.10km。2015 年完成供电量 739.81 亿 kWh，同比增长 1.75%；最高负荷 1498.9 万 kW，同比增长 5.05%。

领导班子

总经理（局长）、党委委员、党委副书记：甘霖

党委委员、党委书记、副总经理（副局长）：汤梅子

党委委员、纪委书记：张曙华

副总经理（副局长）、党委委员：林志波

副总经理（副局长）、党委委员：杜满权

工会主席、党委委员：张泽华

副总经理（副局长）、党委委员：李鸣洋

总会计师：孙宏兵

副总经理（副局长）、党委委员：刘育权

组织机构 广州供电局设置职能部门 17 个、挂靠机构 9 个、直属机构 21 个、分公司 5 个、子公司 1 个。截至 2015 年 12 月底，员工 10 586 人。

电网运行与安全生产

（1）电网运行。2015 年，广州地区电网负荷 4 次创历史新高，最高负荷达 1498.9 万 kW（7 月 3 日），同比增长 5.04%；年供电量 739.81 亿 kWh，同比增长 1.75%。受部分重点工程滞后影响，度夏期间网络受限问题突出，全年执行网络受限错峰 48 天，最大错峰负荷 15.7 万 kW；全年未发生电源性错峰限电及事故拉电。广州电网连续安全运行 9716 天，成功应对 110kV 及以上设备跳闸 195 起、紧急停运 91 起。电网主要运行指标良好，220kV 及以上保护正确动作率 100%，故障快速切除率 100%，主网安全自动装置正确动作率 100%，生产实时控制业务通信通道平均中断时间 0min，调度自动化主站系统失灵次数为 0 次。

持续优化“集中调控、主配协同、营配联动、快速响应”的先进城市电网管控模式，提高客户优质用电水平。落实设备差异化运维，杜绝关键设备严重故障影响电网安全运行的事件。继续深化“内部协同、外部联动”的电网风险闭环管控机制，成功化解电网风险 219 项、设备风险 3225 项。10 月 4 日 500kV 广南变电站受突发龙卷风袭击失压全停事件中，调度遥控操作 295 次，4h 内恢复所有失压变电站的供电，5h 内恢复所有失压用户的供电，创造了极端电网故障情况下恢复供电的“广州速度”。

（2）安全生产。2015 年，广州供电局没有发生事故和对社会造成重大不良影响的安全生产事件。全年发生电力安全事件 161 起，同比下降 56%。风险体系初审得分率 88%，保持四钻三星水平。连续三年继电保护和安自装置正确动作率 100%、故障快速切除率 100%。综合电压合格率 99.989%，全口径综合供电可靠率 99.977%。10kV 配网跳闸率每年每百千米 1.744 次，同比下降 13.4%。圆满完成抗日战争胜利 70 周年纪念活动、“亚冠”决赛等各级保供电任务 128 项。

在安全生产管理方面，加大安全责任及风险隐患监督整改力度，完善 3438 个岗位的安全生产职责和到位标准，实现全员覆盖和明确量化。累计完成南方电网公司新《电力安全工作规程》培训 20 108 人·次。落实月度风险重点督查工作计划，全局“四支队伍”分层分级检查作业现场 26 738 处，发现并纠正违章及不安全行为 1440 次。完成 531 家承包商的安全资质审查。开展三轮全局性安全生产大检查、回头看和分级督办，累计发现并整改问题 1694 项，完成各级安全隐患治理 2650 项，落实防风防汛专项检查发现问题整改措施 1080 项。新增防风防汛、地震灾害及大面积停电事件等部门应急预案，形成“总体预案＋专项预案＋部门预案＋现场处置方案”的新预案体系架构。全年有效应对各级应急响应 34 次。迅速安全完成“10·4”龙卷风导致广南站全站失压抢修复电及支援湛江抗灾抢修复电任务。

（3）设备管理。2015 年，完善责任到位的设备管控机制，落实设备主人制。修订广州供电局设备运维策略和实施细则，制定广州供电局年度设备运维方案，明确 110kV 及以上 4168 组输变电设备的管控要求及针对性措施。围绕设备选型采购、监造抽检等设备全生命周期各环节，明确 19 项针对性设备健康水平重点提升工作任务，着力解决设备质量问题。完成直升机作业机构的组建，完成作业吊舱及飞行服务的采购。全面推广实施配网设备差异化运维策略。印发第一批共 119 份设备检修维护手册。220kV 及以上变压器和 GIS 设备采取自主监造，110kV 及以下设备采取出厂试验见证。开展涉及 9 大类设备的 96 项监造及第三方监造技术监督工作，共计安排 1052 人·天，监造发现问题 163 项，其中重要绝缘缺陷 14 项。完成配网设备质量检测中心二期建设，检测范围拓展到 36 类设备、490 个检测项目。

（4）可靠性管理。2015 年，广州供电局用户年平均停电时间从 2010 年的 7.76h/户降低到 2.05h/户，连续三年获得全国供电可靠性 A 级企业称号。2015 年配网带电作业突破万次里程碑，达到 11 821 次，作业次数和带电作业率均在南方电网排名第一；10kV 配网跳闸率同比下降 13.4%，创下有统计数据以来的最好纪录；推进调控一体化建设，启动低压抢修驻点建设工作；完成“10·4”广南站抢修复电工作，创造了特大城市电网极端故障下复电的“南网速度”。

（5）科技创新。2015年科技投入7161万元，首次承担国家863课题“基于大数据分析的城市电网状态评估系统开发与应用”。获得148项专利授权，同比增长62.6%，其中发明专利54项。印发《广州供电局科技管理百问百答》，建立技术问题储备库。参与完成的科技成果“基于多维信息交互的电网保护与控制关键技术研究与示范”获2015年度中国电力科学技术一等奖。举办广州供电局第四届技术论坛。广州电力设计院被广东省科技厅认定为广东省电力建设工程技术研究中心，这是广州供电局首个省级工程技术研究中心。

（6）信息化管理。资产、营销、财务、人资、GIS五个业主项目部全面开展推广工作，完成南方电网公司企业管理信息系统推广重点任务，完成一体化资产系统、营销系统、人力资源系统、财务系统和GIS平台的上线运行，其中资产系统、人力资源系统、财务系统已单轨运行。数据质量管理方面，每月定期发布数据质量评价报告、开展问题分析及整改，处理问题数据1046万条，形成数据质量闭环管理机制。广州供电局财务、营销、生产、基建、物资等业务领域的数据项健康水平年度平均分达到99.7分。

电网规划与建设

（1）电网发展。开展广州电网目标网架研究。完成广州北郊近区电网优化工程方案研究报告。开展背靠背换流站选址踏勘工作。推进智能电网规划建设。

国家重点工程滇西北直流工程（广州段）完成全部前期工作，500kV沙广解口入狮洋线路工程上报核准，220kV木棉至凯旋线路最终取得环评批复。全年促成市政府全年批复市政道路同步建管沟资金3.97亿元。

编制城中村“一村一册”和“一台区一对策”，形成具体的城中村供电改造方案，发布《加快城中村用电改造激励政策方案》。

（2）基建管理。2015年广州电网建设全年完成固定资产投资49.4亿元；投产输变电工程项目22项，新投产主变容量238.5万kVA；投产线路长度128.86km。加大工程前期协调力度，促成政府成立市、区两级电力基础设施建设指挥部，形成市、区共同联动的电网建设常态协调机制。全面应用6种典型施工图，推广5S管理，打造零缺陷工程。制定《广州供电局“零缺陷”移交工作方案》，重点针对项目阶段验收、启动验收和竣工验收三个关键阶段，从设计、验收等四个方面提出17方面、43条提升措施。促成政府出台《广州市110kV及以上电压等级输电线路工程建设用地补偿工作意见》，发布《开发项目配套变电站移交合同范本》。完善电缆管沟技术标准，颁布《广州供电局市政道路同步建设电缆管沟工作指引》，规范同步电缆管沟建设管理，颁布《市政道路同步电缆管沟“风水电”建设标准和细化技术导则》，填补电缆管沟技术空白，为加快电缆管沟建设奠定基础。推广科技研究成果应用，在浔峰、磨碟洲等中心城区变电站应用变电站减震降噪等4项专利，在车城、艺苑变电站开展钢结构建筑应用。110kV余庄、10kV海珠北亭村等5项基建工程获得南方电网公司2015年度优质工程奖；500kV木棉站荣获国家优质工程奖，为广州供电局有史以来在工程建设领域获得的最高荣誉。

（3）物资管理。电商平台采购新模式上线，实现费用类物资随时下单、三天内送达、市场竞争充分的目标，降低采购及配送成本。完成16类主配网及营销产品的资质能力评估、10类配网主设备送样检测、17类物资监造、38类物资1085例到货抽检，履约评价供应商3批次148家，发文通报履约事件55起，加大供应商违约惩处力度。完成历史未履约物资合同清理，减低履约投诉或法律纠纷风险。全面实施配网基建定额方案，规范需求申报和领料时限。积极应对广南站龙卷风袭击事件，累计供应320万元30余类设备及材料。加强逆向物流管理，库存报废物资金额由年初的1.17亿元大幅下降到1180万元。首次实现变压器技术改造停电的同时完成变压器油危险废物的绿色现场回收。建设采购规范化管理体系，针对招标人、投标人、评标专家等“三种人”，完善招投标管理制度、采购范本、行为规范等实施标准及过程管理。

经营管理

（1）市场营销。2015年售电量710.65亿kWh。电费回收率达99.991 7%。全年完成50个分布式光伏发电项目共3.84万kW的并网接入。落实大用户直购电政策，与13家直购电客户签订直接交易及电网企业输配电服务三方协议15份，四方合同6份。全年查处违约用电、窃电1212宗，同比下降18.16%，追回电费本金及违约金达4338.1万元。优化业扩报装流程，规范业扩报装受限管理，推动解决报装受限负荷36.84万kVA。依托电能量数据中心建设线损管理平台，辅助线损异常分析，10kV线路和台区线损异常率分别大幅下降至2.05%和2.57%。持续推广节能服务，全年节约电量2.17亿kWh。

（2）客户服务。2015年广州供电局在广州市公共服务社情民意调查中，供电服务满意度实现十五连冠。

深化客户全方位服务体系建设，提升客户问题解决能力。开展城中村供电安全专项治理：截至2015年底，广州供电局累计报装“公改专”515台，合计容量28.9万kVA；客户自筹资金建设台区503个，合计容量30.2万kVA。

（3）资产管理。形成具有广州局特色的配网资产清查模式，账卡物一致率达到95%以上，在南方电网公司组织的突击检查中得分99分，位列全网第一名。首次系统地开展资产运营监控分析，制定35项提升举措并督促落实。组织一体化资产管理系统推广工作，截至2015年12月，生产管理子系统主配网主要模块业务覆盖率达100%，开展加快增资结算工作，2015年主网基建完成决算金额同比增长40.37%。优化资产管理核心业务策略。

（4）财务管理。2015年，整体经营效益平稳上升，完成南方电网公司下达的经营考核目标，连续2年获得财务绩效评价优秀，连续4年达到考核目标满分值。经营发展转型升级。共享服务质量和效率进一步提升。

（5）审计管理。2015年，做好国家审计署稳增长后续审计和南方电网公司例行审计配合工作，完成对海南电网公司和鼎和财产保险公司的例行审计。依法履行审计监督职责，实施审计项目41项。深化审计问题整改，组织全局开展自查整改；推进南网例行审计问题立行立改；落实整改问责。

行政管理

（1）报送信息被国家部委和南方电网公司采用比例同比增长38.3%，抗击龙卷风专报信息被国务院总值班室采用；建立基于政策研究的文稿写作机制，全年撰写综合文稿123篇；组织参加南方电网公司档案竞赛并获得团体第一。新闻宣传的正面报道同比增长180%，负面舆情下降60%。联合公安机关成功破获5宗重大涉电案件，刑拘2名内外勾结员工，破案率达84%，第四季度扭转了近8年来涉电发案数长期居于“三电”首位的局面；组织参加南方电网公司首届保卫业务技能竞赛，荣获团体第一和两个单项第一。

（2）战略管理。形成广州供电局“十二五”战略实施总结报告，启动广州供电局“十三五”规划编制工作。

2015年11月5日，广州供电局召开首届管理论坛，搭建起管理研究交流平台，促进管理研究探索与创新实践。

广州供电局持续深化“找问题，补短板”专项行动，解决历史遗留问题和困难，全年共协调解决14项局层面问题、37项基层单位问题，评选出十大问题整改优秀基层单位，在组织绩效中予以应用。

（3）法律工作。制定《广州供电局全面推进依法治企实施方案》，将法治建设成效纳入业绩考核体系。构建以岗位防控为核心的法律风险管理体系，实现所属区供电局岗位防控全覆盖。推动《广州市供电与用电管理规定》修订出台。举行“践行法治精神、共筑广供梦想”系列法治文化宣传活动，开通“法律绿色座席”法律咨询微信公众号，依托新媒体平台提供法律服务及开展法治文化宣传。广州供电局获国务院国资委2011～2015年中央企业法制宣传教育先进单位称号。

（4）纪检监察。开展工程项目和设备采购领域权力寻租专项治理，加大标准化采购和信息公开力度，一、二类项目采购方案范本使用率达95%，加强对评标专家的业务培训和监督管理，规范评标行为。制定印发《广州供电局主要廉洁风险防控及党风廉政建设对照检查发现问题整改工作方案》，将114项防控和整改措施纳入“找问题、补短板”活动进行专题督办。制定印发基层单位关键岗位人员40条廉洁从业行为规范。修编《广州供电局招标监督细则》，共开展招标监督219项，受理招标投诉26件，发现并督促落实整改问题84个。

人力资源管理

（1）劳动组织与用工管理。优化配网组织机构，完成区局组织机构优化工作，缓解一线班组缺员问题。成立变电管理三所，重新划分变电站；推进试验与检修专业业务整合，试点成立检修试验班；实施“大检修、大继保”的专业管理模式，实现继保自动化、检修的专业化、一体化管理。以组织机构优化为契机，开展重要岗位竞岗，优化人员流向。加强选人用人管理，严把进人和选人关口。

（2）薪酬绩效管理。2015年7月编制完成《广州供电局薪酬改革实施方案（2015年）》，确定并严格规范各级人员的薪酬决定机制和水平。进一步理顺内部分配关系，强化薪酬工作专业管理，缩小分配差距。

分两批次、四阶段在全局生产一线优化、推广应用个人绩效量化考核工作，量化考核结果已兑现应用于员工绩效分配。应用力度较好的单位同岗级平均差异率达到10%～20%，体现业绩差异。

（3）干部管理。完善动议提名、考察考核等程序及方式，进提高选人用人科学性和规范性。全年共调整272名干部，其中提拔74人，占调整干部人数27.2%。从严核实个人事项报告。开展干部因私出国（境）专项治理。防止带病提拔和裸官形成。

（4）教育培训。印发《关于建立技能人员培训一评价一岗位闭环管理机制的工作方案》，编制148类班组、1245个岗级的班组人员评价标准以及250个岗级的技术技能专家评价标准和配套题库，促进员工主动提升技能水平。

开展2392名规范用工人员技能培训考核工作，并将考核结果与岗薪级晋升挂钩。建成全国首个全景立体、智能可变、综合数字电缆实训基地，可用于模拟电缆直埋、穿管、大坡度、隧道等6种生产实际场景，开展针对性培训；也可用于技能评价，检验电缆施工人员、单位的实际技能技术水平。加强薄弱专业培训力度，印发实施配电、营销和变电专业培训方案，组建配电和营销专业知识专家库。

党建和精神文明建设 开展“三严三实”专题教育。运用新媒体教育方式，自主开发制作的《党建六课堂》系列教育片被中组部评为全国党员教育电视片一等奖。初步构建起可量化、可考核、全覆盖的“党委书记、党支部书记、党员队伍”的三级到位履职管控体系。推行“逐月考核、积分排名、末位降级”的党建工作量化考核，并对工作开展滞后的党组织进行约谈。编制党员责任清单，为党员履责提供规范指引。开展基层党支部书记述职述廉工作，覆盖全局153个基层党支部。综合利用专项检查与信息系统在线抽查，加大基层党组织党内生活监督力度。加强党建带团建工作，开展“奋斗的青春最美丽”“寻找抗战地图”等理想信念教育活动。打造“我帮你搞‘电’”青年志愿服务品牌，面向全市开展志愿服务，年服务时间达2000h。

抓细抓实党风廉政建设“两个责任”落实，开展“廉洁安全大讨论活动”。编制局《纪检监察工作手册》，厘清基层纪检监察机构职责任务。承接细化南方电网公司巡视整改方案，明确158项具体任务和责任清单，并落实销号管理机制。加强信访举报和问题线索管理，开展落实中央八项规定精神专项检查，纠正电力营销领域损害群众利益的不正之风。

推进创先文化建设，着力建设责任文化品牌和4个专业文化。连续8年编辑出版《广供文化》杂志（季刊）。2015年，全局1名职工荣获全国劳动模范称号，1名职工获评南网劳模称号，1名职工荣获“中国电力楷模提名奖”。

主要事件

4月7日，新版《广州市供电与用电管理规定》经过广州市政府第159次常务会议审议通过，于7月1日正式施行。

7月3日，广州电网负荷年内第四次创历史新高，达1498.9万kW，较2014年最高负荷（1427万kW）增长5.05%。此前，电网负荷已分别于6月29日、6月30日、7月2日创下三次新高。

8月31日，广州市召开居民“一户一表”用电改造动员大会，对全市“一户一表”改造工作进行了集中部署，并与各区政府签订责任书，计划在2017年6月底前解决全市“一户一表”和“临电小区”用电难等历史遗留问题。

9月29日，广州供电局变电三所正式挂牌成立，负责管理海珠、番禺、南沙行政区域以及荔湾区珠江南面区域的变电站。变电三所管辖变电站95座，其中500kV变电站2座、220kV变电站17座、110kV变电站76座。

10月4日，受超强台风“彩虹”引发的龙卷风影响，500kV广南变电站被迫停运，广州市海珠区、番禺区部分地区用电受到影响。广州供电局立即启动大面积停电一级应急响应，仅用5h恢复40.9万用户，5天全面恢复广州电网主网架，创造了特大型城市电网极端故障下复电的“广州速度”、“南网速度”。广州供电局首次获得广州市政府记功奖励。

12月上旬，广州社情民意研究中心发布2015年度广州城市状况市民评价民调报告，供电状况市民评价满意度达到85%，同比上升5个百分点，在市政状况方面各指标中持续居于首位。这是供电服务连续15年获得广州市民评价第一名。

12月，在中央组织部组织开展的全国党员教育电视片观摩交流活动中，广州供电局自主开发的系列微党课《党建云课堂一党课轻松上》作为仅有的三家央企作品之一，被评为全国党员教育电视片一等奖。

12月，500kV木棉变电站荣获2014～2015年度国家优质工程奖，为广州供电局在工程建设领域获得的最高荣誉。该站于2013年9月29日投产，建设过程中严格实施精细化管理，工程质量验收合格率100%。

12月18日，广州供电局配网带电作业次数成功突破10 000次大关，2015年全年累计实施带电作业次数11 821次，同比增长52.8%，减少用户平均停电时间3.88h。

【深圳供电局有限公司】

公司概况 深圳供电局有限公司（简称深圳供电局）成立于1979年，2012年南方电网公司将深圳供电局分立成为直接管理的全资子公司。深圳供电局承担着深圳市（蛇口除外）的供电任务，用户数293.6万户。

深圳电网是全国负荷密度最高的城市电网，2015年电网最高负荷15 596.8MW，售电量751.41亿kWh，均居全国第四、南方电网第一。2015年客户年平均停电时间2.21h/户，供电可靠性全国领先，多次获评“全国供电可靠性A级金牌企业”。在全市40项公共服务中公众满意度连续五年排名第一；第三方客户满意度85分，达到国际先进水平。

领导班子 2015年10月，根据南方电网党〔2015〕80号、南方电网人〔2015〕40号文件，吴宇宁同志任深圳供电局有限公司党委委员、副总经理（副局长）；杨志鹏同志任深圳供电局有限公司总会计师；免去王志勇同志深圳供电局有限公司党委委员、副总经理（副局长）职务，另有任用。

2015年12月，根据南方电网党〔2015〕117号、南方电网人〔2015〕61号文件，调整后深圳供电局有限公司领导班子组成如下：

董事长、党委书记：廖建平

巡视员：刘亚林

党委委员、副总经理：梁学良

党委委员、副总经理：胡帆

党委委员、副总经理：吴宇宁

党委委员、副总经理：方翎

党委委员、副总经理：胡子珩

党委委员、纪委书记：佟才

党委委员、工会主席：牟宗平

总会计师：杨志鹏

组织机构 2015年3与18日，深圳供电局政治工作部调整为党建工作；2015年11月13日，原新闻中心（挂靠办公室）独立运作，调整为直属机构。

调整后，深圳供电局二级机构共36个，其中本部部门17个、直属单位19个、挂靠机构7个。

主要工作

（1）电网发展。开展固定资产投资新建项目核查，取消不符合投资策略的项目，管控电网发展资源。推进站址预控和实控，结合城市更新规划，落实6个大型产业园区的配套变电站站址。

优化220kV变电站标准模块设计，将环网柜、工井试点成果纳入深圳配网基建标准设计。推进物资品类优化，物资品类由537个降至481个，定额物资满足配网、营销项目95%的物资需求。

协助中华电力完成核深线扩容及深圳站第三台联络变压器新建工程，提升粤港联网系统安全。首次在该工程中应用长距离户外GIB管道，工程顺利投产标志着深圳供电局已全面掌握该项技术。

与超高压公司建立联动机制，积极协调市、区两级政府部门，全力推进滇西北至广东±800kV特高压直流输变电工程，取得滇西北直流工程深圳境内全部支持性文件，提前20天完成配套交流工程前期核准。

（2）安全生产运行。落实深圳电网年度八大运行风险、950项基准风险防控。建立贯穿设备全生命周期的技术监督机制，做好设备差异化运维，落实212台关键设备“一物一册”管理策略。加强物资品控工作，自主监造发现设备质量问题56起。

深化外部安全隐患属地化协调，推动完善隐患治理联动机制，促请政府牵头开展历时40天的大规模政企联合执法集中整治行动，针对深圳南头同乐二线关线行保护区内重大安全隐患实施源头治理，探索政企合作之路。

强化可靠性管理，将供电可靠性管理全面延伸至低压客户。构建城市配电网全业务不停电作业技术体系，2015年开展不停电作业2065次。

联合政府开展深圳市处置大面积停电功能性应急演练，磨合应急处置及联动机制，圆满完成抗日战争胜利70周年纪念活动等重特大保供电任务。全力做好光明新区“12·20”特别重大滑坡事故处置的电力供应和照明保障。

（3）科技信息。针对生产实际问题策划实施重大科技项目，研究应用X光成像检测技术、变电站机器人巡视技术。2015年深圳供电局申请专利163项，授权专利100项，首次获得深圳市科技进步二等奖、南方电网技改贡献一等奖。

（4）市场服务。深化客户用电安全、电能质量及业扩报装专项治理，解决影响客户体验的跨部门、跨专业难点问题。完善客户问题工单分类分级处理机制，问题工单处理质量评价得分由85分提升至92分。统一延伸业扩投资界面至客户红线范围内，并严控客户专用线路数量，减少自由裁量空间，提升电网资源优化配置和控制能力。

与阿里巴巴集团阿里云、蚂蚁金服建立战略合作伙伴关系，探索“互联网＋供电服务”，在支付与金融服务、需求侧响应和能效服务等方面挖掘潜力。借助互联网平台，推广新型远程服务渠道，远程服务和远程业务比例分别达68.6%、39.9%，电子账单使用率92.67%。

结合客户信用评级，开展差异化催收，提高电费回收的针对性及有效性。加强重点欠费用户跟踪，针对欠费金额在5万元以上的进行提级说清楚。强化线损管控和反偷查漏工作，充分利用线损全维度分析平台开展日线损监控，分线线损异常率降至0.21%，全年查处三类案件2195起，追回电费6175.47万元，追回违约金3516.11万元。

（5）财务审计。加强成本费用监控，确保各项费用支出受控在控。落实南方电网公司关于厉行节约、反对浪费以及严肃财经纪律等工作部署，压缩非直接生产性费用开支，严格控制各项管理费用支出，办公、差旅、会议、业务招待、出国等五项费用同比下降37.75%。

进一步规范资金安全管理。做好审计署“稳增长”审计迎审配合及问题整改工作。

（6）行政管理。有针对性地持续开展公众沟通工作，加强正面宣传和舆论引导，品牌力指数升至深圳公共服务行业第一名。

全面承接南方电网公司一体化作业标准体系推广应用工作要求，制定2015版本地化业务管理框架，按计划完成全部管理制度和作业标准的编制工作，完成一体化作业标准体系推广应用考核任务。推进一体化系统推广实施工作，资产、营销、人资、财务、

GIS系统实现双轨试运行。

推动建立“准许成本＋合理收益”的输配电价新机制。获得第一个监管周期（2015～2017年）主网基建项目投资批复。

在深圳前海蛇口自贸区探索开展混合所有制改革试点工作，推动各方签署股东合作协议，完成前海合资公司组建挂牌，建立由国有资本控股的混合所有制企业，成为全国第一个增量配电网实现混合所有制改革的试点项目，为电网运营管理模式的创新发展以及供电服务领域的混合所有制改革积累经验。

制定全面推进依法治企工作实施计划。推动法律风险体系常态化运作，强化重大法律风险控制，获评国内首个企业法律风险管理国标应用示范基地。建立健全各级警电联系机制、地下管线多方协作互保机制，并与银行、税务机关等搭建信息共享平台，从源头防止涉电案件发生。

落实中央巡视组和南方电网公司巡视整改，首次开展内部巡视，实现对10个直属供电局的全覆盖。对历史信访案件线索实行“大起底”，信访件及时办结率100%。

（7）人力资源管理。完善以能力为核心、绩效为导向的激励分配机制，加大基层单位工资自主分配力度、薪酬激励作用。推进岗位责任体系建设，搭建学习发展体系，优化素质模型，绘制能力地图，推动员工能力提升。

开展第二轮技能人员岗位胜任能力测评和内训师培训及资格认证。成立创新工作室19个，全面涵盖电网主营专业。

（8）党群工作。落实管党治党责任。强化党建责任制考核，注重党建基础管理和过程考核，形成责任倒逼的压力。实施“书记项目”，围绕“两个责任”落实、严肃党内生活等热点难点问题，扎实推进首批17个项目。试行“书记述职评议”，书面述职与现场述职相结合，提升书记队伍的履职能力。加强党的组织建设。在处级及以上干部中开展“三严三实”专题教育，从严管理和监督干部，严肃做好领导干部个人有关事项报告工作，加强重点抽查、随机抽查和“凡提必查”，报告范围覆盖至正科级干部。

主要事件 1月1日，深圳输配电价改革试点工作启动。在新的价格机制下，盈利模式由现行的“购销差价”转变为“准许成本＋合理收益”，准许成本和收益由政府监管部门核定。

4月2日，深圳供电局启动为期约1年半的巡视工作，首轮巡视在4个单位开展，两轮覆盖10个单位，实现基层供电局全覆盖。

4月17日，深圳供电局取得市发展改革委对第一个监管周期（2015～2017年）主网基建项目投资计划、2015年主网基建投资计划和2015年项目前期工作计划的批复，为深圳供电局开展后续项目投资建设工作和今后的资产认定提供依据。第一个监管周期内深圳电网主网基建项目投资57.8亿元，新增变电站39座，其中续建项目82项，新建项目24项。

7月3日，深圳电网最高负荷再创新高，达到15 596.8MW，同比2014年最高负荷（15 258.5MW）增长2.2%。

7月9日，第10号台风“莲花”在汕尾陆丰登陆。“莲花”来袭期间，深圳供电局启动了防风防汛台风蓝色预警和Ⅲ级应急响应，安排38支应急抢险队伍共2254人和19台应急发电车、65台发电机。客户服务中心安排38人次值班，向客户发布台风期间的用电安全温馨提醒短信约130万条次。响应期间深圳供电局未发现设备、设施受损，未发现重大防风防汛隐患。

10月24日，由深圳供电局主办的“深圳电网开放日”正式启动，300余名市民在专业人员的带领下分赴13条特色线路，深入接触电网业务的各领域工作。

11月30日上午，深圳前海蛇口自贸区供电有限公司正式成立，成为率先在增量配电网领域成立的混合所有制供电企业。该公司由南方电网公司、招商局集团等5家企业共同出资创建。

12月20日，深圳市光明新区凤凰社区恒泰裕工业园发生山体滑坡。深圳供电局于当天在现场成立电力支援指挥部，在抢修期间持续配合落实部分应急救援场地的应急供电和照明保障，同时对部分受影响客户通过转供电、应急发电车供电等方式实施供电恢复工作，并做好现场设备巡查、抢修的安全监督工作。

【贵州电网有限责任公司】

企业概况 贵州电网有限责任公司（简称贵州电网公司）是中国南方电网有限责任公司的全资子公司，负责贵州省内电网建设、运营管理和客户服务，承担西电东送任务。供电面积17万km^2，供电户数1282.5余万户。连续6年蝉联贵州百强企业榜首，连续5年在政府机构组织开展的多行业客户满意度调查评价中排名第一。

2015年，贵州电网公司安全生产保持平稳，连续3年实现电力生产安全事件总数和三级及以上事件“双下降”。全面完成生产经营目标，完成售电量1334.7亿kWh，同比增长1.2%。其中省内844.5亿kWh（含中铝塘寨自备电厂电量45亿kWh），降低4.4%；西电东送490.2亿kWh，增长12.5%（其中黔电送粤471.7亿kWh，增长14.8%；兴义2号机送广西18.4亿kWh）。第三方客户满意度76分，同比提高5分。电费回收率99.88%。利润总额－9.8亿元，经济增加值－12.6 亿元；资产总额 711.4 亿元；资产负债率 79.79%；全资产口径线损率 6.36%。固定资产投资 81.6 亿元，完成年度计划的 102.3%。

领导班子

贵州电网有限责任公司董事长，党组成员、书记：唐斯庆（至 2015 年 12 月 30 日止）

董事长，党组成员、书记：尚春（2015 年 12 月 31 日起）

董事、总经理，党组成员：唐广学

董事、副总经理，党组成员：邱跃丰

董事、党组成员，贵阳供电局局长、党委委员、副书记：何愈国

董事、副总经理，党组成员：时蕴伟

董事、党组成员、党组纪检组组长：晋晓越

董事、党组成员、总会计师兼总法律顾问：郑添

工会主席张帆；董事、副总经理，党组成员：刘强

董事、副总经理，党组成员：徐兵

组织机构 下属单位 109 个，其中地市供电企业 10 个、基建单位 1 个、综合单位 11 个、县级供电企业 87 个。

人员状况 2015 年，贵州电网公司期末用工总量共 48 160 人，其中劳动合同制 40 314 人，占 83.71%；劳务派遣制 2254 人，占 4.68%；非全日制 5592 人，占 11.61%。

电网规划与建设

（1）电网规划。完成《贵州“十三五”固定资产投资规划》《贵州“十三五”输电网规划》、各地区“十三五”配电网规划编制及评审工作；配合南方电网公司、贵州省政府做好“十三五”黔电送粤框架协议签订前期准备工作；完成《区域变电站改造为城市中心变电站研究》和《贵州电网轻、重载变电情况分析》专题研究；加强“十三五”期配电网规划与“行动计划”各项指标和要求的对接，全面启动 12 项专项任务，重点开展贵安新区配电自动化规划、贵安新区及六盘水布点和走廊规划、六盘水饱和电网规划。

2015 年底贵州电网初步形成“三横一中心”500kV 主网架，实现各市州 500kV 电网全覆盖，形成以环网结构为中心的 220kV 坚强地区骨干网架，220kV 电网县域覆盖率从 2010 年的 60.2%提高到 79.5%，农村电网改造率从 82%提高到 98%。

（2）电网建设。2015 年完成电网建设投资 71.17 亿元，投产 35kV 及以上输变电工程 172 项，创历史新高。全年建设投产沪昆高铁东段配套电网工程，茶园电厂、织金电厂首回送出线路工程，贵安新区 220kV 林卡变电站及其送出工程等重点项目。兴义香书塘变电站 220kV 进线等一些“老大难”工程也取得突破性进展。基建安全状况平稳，连续 4 年未发生人身伤亡事故。工程质量总体水平逐步提升，诗乡 500kV 变电站工程获 2015 年度国家优质工程奖、110kV 龙井变电站 9 号电缆工程获南方电网公司优质工程奖。

电网运行 截至 2015 年底，贵州电网输变电设备情况见表 1。

表 1 截至 2015 年底贵州电网变电设备情况

电压等级（kV）	变电站座数	变压器台数	变压器容量（MVA）	线路条数	线路长度（km）
500	15	75	18 500	51	3419
220	109	170	30 150	338	10 700
110	454	730	35 835	803	14 530
合计	578	975	84 485	1192	28 649

注 500kV 不含超高压公司青岩变电站、黎平变电站及独山变电站，含八河开关站。

（1）主要运行指标。2015 年贵州电网公司 48 项生产技术指标，其中同比提高的指标有 16 项，同比持平的指标有 2 项，同比下降的指标有 17 项，其余 13 项无同期值。

（2）电网运行管理。贵州电网共计 150 座集控或巡维中心，500kV 变电站均为有人值守变电站；220kV 变电站有 86 座实现无人值守，占 220kV 变电站总数的 78.89%；110kV 变电站有 439 座实现无人值守，占 110kV 变电站总数的 96.7%。全省 110kV 及以上变电站和纳入集控管理的 35kV 变电站全部实现变电运行标准化管理。

贵州电网公司共有 10kV 馈线 7558 条，同比增加 735 条，其中公用馈线 5733 条，专用馈线 1825 条。10kV 公用线路长度 152 016km，同比增加 8846km，其中架空线路裸导线 130 528km，架空线路绝缘导线 16 675km，电缆线路 4813km。10kV 配电变压器 233 587 台，容量为 45 847.631MVA，同比台数增加 17 545 台，容量增加 8021.390MVA，其中公用配电变压器 128 634 台，容量为 18 087.504MVA，同比台数减少 6681 台，容量增加 2681.996MVA；专用配电变压器 104 953 台，容量为 27 760.127MVA，同比台数增加 10 864 台，容量增加 5339.394MVA。

安全生产 以安全生产风险闭环管控为主线，狠抓现场作业人身安全管理，重点监督“三级单位、七级管理人员”安全责任履行到位，持续提升应急联动和应急处置能力。未发生人身、设备、电力安全一级及以上事故事件，发生二级及以下电力安全事件 31

起，同比降低 92%（减少 334 起）。其中，二级事件 2 起，四级事件 11 起，五级事件 18 起。全年开展违章纠察 364 296 条，查出违章 6804 条，其中 A 类（严重）违章 77 条，平均违章率 1.68%，同比下降 1.10 个百分点。

科技创新 2015 年贵州电网公司科技投入 20 019 万元，组织实施 167 个科技项目，其中国家级项目 2 个，省重大专项 2 个，南方电网公司重点项目 4 个。策划《面向能源互联网的配网侧/需求侧能量管理通用接口互联系统的软硬件研制与集成示范》等 3 个重大项目。牵头 6 个标准（1 个国标、5 个行标）、参与 3 个标准（2 个国标、1 个行标）的编制工作。完成 2014 年科技项目研发费加计扣除的技术认证工作，申报 47 个项目共 2976 万元。

2015 年贵州电网公司共获得省部级科技奖励 42 项，其中中国电力科学技术奖 3 项，中国电力创新奖 1 项，全国电力职工技术成果奖 10 项，南方电网公司科技奖励 25 项。《基于多维信息交互的电网保护与控制关键技术研究与示范》获中国电力科学技术奖一等奖。

2015 年获得知识产权授权 271 项，同比增长 44%。其中发明专利 44 项，实用新型专利 180 项，软件著作权 47 项，专利开发率 1.355 件/百万元。

节能减排 2015 年，贵州电网有限责任公司通过节能发电调度节约标准煤 1586.51 万 t（折合原煤 2459.09 万 t），相应减排二氧化硫 98 万 t，减排二氧化碳 3493.5 万 t。2015 年监测的脱硫机组共产生 169.98 万 t 二氧化硫，排放二氧化硫 5.5 万 t，减排 164.48 万 t，平均脱硫效率为 96.76%。

深化线损管理，开展公司系统县级供电企业线损管理对标及评价，全年完成母公司口径综合线损率 3.94%、全资产口径综合线损率 6.36%。全年无综合线损率超过 10%的县级供电企业。

信息化建设 围绕 2015 年 CSG Ⅱ企业管理信息系统推广上线的目标，以“企业管理信息系统推广上线”为重点，加强对企业管理信息系统建设及推广工作的里程碑管控。年度投资计划完成率 99.63%，重点任务完成率 100%，关键业务系统运行率 100%，信息网络运行率 100%，事件响应超时率 0.33%，事件按时解决率 99.67%。全省信息安全态势平稳，未发生三级及以上信息安全事件，在南方电网公司企业管理信息系统推广实施工作考核中，取得 96.6 分的成绩。

市场营销 2015 年，贵州电网公司购电 1348.23 亿 kWh（不含中铝异地自备电厂电量），同比降低 2.18%。其中统购火电 774.45 亿 kWh，同比降低 12.28%；统购水电 476.38 亿 kWh，同比增长 13.57%；统购风电 31.94 亿 kWh，同比增长 76.85%；生物质发电上网 0.53 亿 kWh，同比增长 24.79%；供电局自购电量 64.93 亿 kWh，同比增长 13.01%。

经营管理 突出资金支付时点管控，资金计划准确率 97%，六盘水供电局、信通公司资金计划准确率达到 99%以上。加大资金集中运作力度，优化债务结构。加强电费回收工作，实现电费欠费与电厂分摊机制，化解电费欠费风险。

2015 年继续增强成本控制意识，发挥预算管控作用：压降非生产性成本开支；优化设备运维管理。

会计核算 2015 年，贵州电网公司营业收入 577.49 亿元，比去年同期下降 4.46%；营业成本 584.14 亿元，比去年同比下降 4.45%，其中：主营业务收入 570.02 亿元，同比下降 27.72 亿元，降幅 4.64%；主营业务成本 557.39 亿元，同比增加 20.81 亿元，降幅 3.6%；购电单位成本 291.92 元/MWh，同比减少 9.41 元/MWh。售电平均单价 423.29 元/MWh，同比减少 15.94 元/MWh。输配电价空间 131.37 元/MWh，同比减少 6.53 元/MWh。供电单位成本 114.24 元/MWh，同比增加 2.06 元/MWh。

2015 年 5 月，贵州省列入先期输配电价改革试点范围。10 月，贵州电网输配电价改革试点方案获《国家发展改革委关于贵州电网输配电价改革试点方案的批复》（发改价格〔2015〕2311 号）。

2015 年，贵州电网公司纳入合并范围总户数 96 个，包括公司本部及所属各级分公司、全资和控股子公司。清算注销了贵州电网公司电力工程设备监造部，清算注销了凤冈县利安电气安装有限责任公司。

农电建设 至 2015 年底，贵州电网共 87 个县级供电企业，其中分公司 7 个、子公司 80 个。87 个县级供电企业完成售电量 545.24 亿 kWh，同比降低 4.89%，占省内售电量的 64.56%；综合线损率 5.94%，同比降低 0.15 个百分点。

2015 年，贵州电网公司县级电网（即农网）建设计划投资 243 952 万元（黔电计〔2015〕137 号），实际完成投资 248 543 万元。按电压等级分为：110kV 电网完成投资 108 113 万元；35kV 电网完成投资 33 358 万元；10kV 及以下电网完成投资 107 072 万元。

人力资源管理 对干部选拔任用中存在的问题进行责任分析。严格干部选拔程序，2015 年共提拔任用处级干部 6 名（正处级 1 名，副处级 5 名），交流轮岗干部 51 名，调整完成 18 个基层单位纪委书记不再兼任工会主席。有序推进干部人事档案专项审核工作。开展优秀年轻干部交流挂职工作。举办 2014 年度公司中青年干部管理研修班。制定《公司基层单位优秀年轻人才培养方案》，选拔40名优秀年轻人才参加培训。加强选人用人工作监督。深入推进人才发展工程实施，按期完成公司人才发展工程第二阶段（2013～2015年）目标任务。完善技术人才发展通道建设，分科研类和生产类选聘技术专家，2015年共选聘助理技术专家45名，解聘11名，技术人才发展通道基本形成。选聘助理技能专家30名、三级技能专家1名、二级技能专家1名、一级技能专家1名。认真开展已聘技术专家年度考核、新聘技术专家任期目标责任书签订工作。开展公司本部科级及以下岗位公开选聘29人，选拔9人参加南方电网公司总部第五批学习岗学习锻炼。

完成岗位绩效评价指标体系本地化工作，员工年度业绩积分兑现薪级晋升21 956人，实现全员业绩考核覆盖率100%；加强员工职业发展通道建设，深化岗位胜任能力评价，组织完成16 090名员工岗位胜任能力评价；专业技术资格评审2100人，技能鉴定4226人，新增技师及高级技师266名。开展公司本部科级及以下岗位公开选聘29人，选拔9人参加南方电网公司总部第五批学习岗学习锻炼。

公司系统共举办各类培训班916期，培训60 083人次；完成配网综合岗位37个网络标准电子教材开发，120个技能类微课件开发，107个南方电网公司电子教材完善并通过专家审定；选聘地市级和省公司级培训师625名，向南方电网公司推荐报送22名培训师；完成5个技能实训室（平台）建设。

党建和精神文明建设 2015年，贵州电网公司召开了第一次党员代表大会，选举产生了新一届直属党委和直属纪委。新成立了贵州电网公司贵安供电局党委。开展党委书记、党支部书记述职评议工作，开展百名党支部书记履职情况调研，督促党组织书记更好地履职尽责，推动管党治党责任层层落实。公司在南方电网公司党建责任制考核中排名第一，获贵州省国资委企业党建责任制考核一等奖、连续三年位列第一。规范基层党组织管理，推进服务型党组织建设。

制定《2015年企业文化建设工作计划》，明确39项工作任务。制作完成7个首批南方电网企业文化示范单位、示范点宣传片。新员工南网文化培训率100%，编印《班组文化秀》《幸福南网·贵州风尚》第二季等企业文化宣传册6000余册。开展网、省公司企业文化示范单位、示范点创建工作。开展班组文化示范点创建。

在南方电网公司2015年度党建责任制、党风廉政建设责任制考核中排名分别列第一、第二，在省国资委2014～2015年度党建工作考核中获一等奖，连续3年位列第一。保持惩治腐败高压态势，立案查处违纪违法问题69件，同比上升214%。其中，自查案件65件，同比上升242%。主动发现问题线索46件，同比上升667%。全年通过监督执纪问责共查处317人，同比上升135%。通报5起问题，惩处和问责14人。查处损害群众利益行为37件，责任追究144人。

实施精准扶贫，结对帮扶紫云县，开展三都县“农村电网改造升级示范县”创建和同步小康驻村工作。重点解决县城、乡镇、工业园区、农业园区、生态移民、农村供电设施重过载及安全供电、居民用电“最后一公里”等问题。选派11名驻村第一书记、135名驻村干部开展同步小康驻村工作。公司荣获“贵州省社会扶贫先进集体”“贵州省同步小康驻村工作先进集体”，1名驻村干部被评为“贵州省优秀同步小康驻村干部”。认真开展与紫云县、三都县的结对帮扶工作和同步小康驻村工作，重点解决县城、乡镇、工业园区、农业园区、生态移民、农村供电设施重过载及安全供电、居民用电“最后一公里”等问题。新建110kV红岩变电站、35kV大坝变电站和35kV宗地变电站扩建等工程。2015年投资2925万元加强紫云电网基础设施建设，完善紫云县配电网网架，提高配电网供电能力和可靠率。选派81名驻村人员，各基层单位选派65名驻村人员开展同步小康驻村工作。共走访农户4605名，重点帮扶农户568户，提出发展思路及建议139条，帮助解决实际困难207个，培养致富带头人34人，协调资金286.92万元，引入技术项目27个；帮助湄潭县金桥村12户贫困户完成危房改造；帮助发展“金果林”等种植业和养殖业；帮助2个村打造乡村旅游观光园。

积极组织开展“团干部如何健康成长大讨论”“廉洁聚能量 青年有作为”主题演讲比赛、“清明祭英烈共铸中华魂”主题宣传教育等活动，着力打造“万家灯火·青春点亮 贵州梦想”团青品牌。2015年，公司团工委在贵州省国资委系统2014～2015年度目标管理考核中名列第一，被授予“红旗团委”称号。在南方电网公司组织举办的“智慧团建”微课大赛中，公司7部作品获奖，公司团工委荣获组织奖。公司20个基层团组织、20名团员青年获省部级团组织表彰。

主要事件

4月24日，由国务院国资委、中华全国总工会、中华全国工商业联合会、国家互联网信息办公室共同举办的“劳动最美丽——一线工人故事会”活动在北京举行，贵州电网公司“背夹巡线队”作为唯一电力行业典型参加展示，并被评为此次活动“十大最美故事”。此外，2015年，背夹巡线队获得了中宣部“企业优秀基层职工先进事迹”典型宣传，并与“金牌师傅”卢兴福、“爱心妈妈”綦芳一起当选第四届“感动南网”人物。

8月，贵州电网综合数据网完成包括省网综合数据网第一、二平面、9个地区综合数据网在内的大型城域网络建设，全面覆盖全省9家供电局、13家综合单位、87个县级供电企业，覆盖率达100%，标志贵州电网信息化“高速路”建成。

9月4日，随着“贵州省纪念中国人民抗日战争暨世界反法西斯战争胜利70周年仪式”在独山县深河桥抗战胜利纪念园落下帷幕，贵州电网公司特级保供电工作圆满完成。

9月14日，贵州电网公司在贵州省国资委年度党建责任制考核中获一等奖，连续三年位列第一。

10月10日，贵安供电局正式成立，成为贵州电网公司第10家地区供电局。

10月18日，贵州省扶贫开发领导小组授予贵州电网公司“贵州省社会扶贫先进集体”称号。

11月16日，贵州电力交易中心正式挂牌运行，标志着贵州省电力体制改革进入全面综合试点新阶段。

12月3日，贵州电网公司2015年供电所故事会暨“我最喜爱的供电所”颁奖仪式隆重举行。包括公司干部员工及客户在内的27万粉丝推举出的10个“我最喜爱的明星供电所”先后登上舞台，讲述故事，展示风采。

2015年，贵州电网公司“小康电”建设完成投资32.1亿元，完成年初计划的183.5%，新建35kV和110kV线路927km，新建、扩建110kV和35kV变电站39座，新建及改造10kV及以下线路5919km，新增配电变压器1860台，新增及改造一户一表127万户。

（蔡靖波）

【广西电网有限责任公司】

企业概况 广西电网有限责任公司（简称广西电网公司）是中国南方电网有限责任公司（简称南方电网公司）的全资子公司，注册资金37.83亿元。主要负责广西电网的规划、投资、建设和经营管理，负责输配电管理、电力购销、电力交易与调度、电力资源优化配置等业务。

广西电网地处“西电东送”主通道的中部，是南方电网的重要组成部分。截至2015年底，广西电网公司直管14个供电局，管理44家县级供电企业，供电面积23.67万km^2，供电服务人口5200多万人，供电客户达1100多万户。广西境内电厂装机容量3458.46万kW，比2014年增长7.58%。拥有35kV及以上输电线路4.5万km，公用变电容量7921万kVA，其中：35kV输电线路1.40万km，公用变电站容量557万kVA；110kV输电线路1.42万km，公用变电站容量2681万kVA；220kV输电线路1.50万km，公用变电站容量3582万kVA；500kV输电线路1720km，公用变电站容量1100万kVA。

2015年完成售电量1025.5亿kWh，同比增长1.6%；固定资产投资完成年计划的101.39%；利润总额和经济增加值分别完成南方电网公司考核目标的100.43%和101.06%。连续三年获广西八大公共服务行业公众满意度第一名，四度蝉联“全国文明单位”，连续九年荣获广西“强优工业企业”称号，连续八年被评为广西“优秀企业”。

领导班子

董事长、党组书记：于培双（法定代表人，任职至2015年12月17日）

董事长、党组书记：杨爱民（法定代表人，2015年12月24日任职）

董事、总经理、党组成员：揣小勇

董事、副总经理、党组成员：黄家林

董事、党组成员、工会主席：林辉

董事、副总经理、党组成员：吴小辰

董事、副总经理、党组成员：陈建福（任职至2015年12月17日）

董事、党组成员、纪检组组长：瞿佳兵

董事、党组成员：陈承林

董事、副总经理、党组成员：叶雄

董事、副总经理、党组成员：卑毅

总会计师、总法律顾问：李欣

巡视员：李一平（任职至2015年12月17日）

组织机构 2015年，广西电网公司本部设有20个部门、5个挂靠机构、8个直属机构，下辖18家分公司（含14个供电局）、46家全资子公司（含44家县级供电企业），控股2家公司。

电网发展

（1）电网规划。2015年，广西电网公司共组织编制完成《广西电网“十三五”投资规划》《广西电网“十三五”输电网规划》《广西“十三五”风电场送出工程规划》《广西电网二次系统“十三五”规划》等专业规划成果。同时，开展了《广西“十二五”电力发展规划评估》《广西“十三五”电力发展规划对电力直接交易适应性研究》《城镇化建设与电网规划适应性研究》等研究，为广西能源发展提供专业技术支撑。至2015年末，广西境内500kV系统除北海市外（正在规划建设），已实现所有地级市全覆盖；220kV系统形成联系紧密的多环网结构；87个县实现了110kV电压等级供电。

（2）电网建设。2015年，广西电网公司电网基建项目累计投产2885项，其中：主网61项，配网738

项，农网 2086 项。投产 110kV 及以上线路 1648.53km（其中 500kV 线路 444km，220kV 线路 644.48km，110kV 线路 560.05km），新增 110kV 及以上变电容量 328 万 kVA（其中 500kV 变电站容量 100 万 kVA，220kV 变电站容量 120 万 kVA，110kV 变电站容量 108 万 kVA）。

（3）绿色节能。2015 年，全口径综合线损率下降 0.32 个百分点，万元产值综合能耗累计完成 0.161t（标准煤）/万元，同比降低 0.003t（标准煤）/万元。完成需求侧“两个千分之三”考核目标，其中节约电量 2.42 亿 kWh，节约电力 5.37 万 kW。促进清洁电源发展利用方面，年内实现新增统调宋村电厂（9 万 kW）、融源水电（1.8 万 kW）并网发电；实现防城港核电站 1 号机组（108 万 kW）10 月并网调度发电；达成 4 项风电场、8 项光伏发电并网意向，安排风电配套送出项目 11 个、生物质配套送出项目 2 个，建成投运新能源发电项目 127 个、装机容量 86.43 万 kW，新能源上网电量完成 11.16 亿 kWh，同比增加 90.05%；消纳清洁能源实现替代标煤约 3062.34 万 t，减少二氧化碳排放约 8145.82 万 t，减少二氧化硫排放约 82.32 万 t。

（4）国际合作。2015 年，广西电网公司与越南电力贸易公司签订购售电合同补充协议，继续开展中越双方电力贸易合作。下属单位广西送变电建设公司在开拓国际工程市场方面主要有：几内亚凯乐塔水利枢纽项目，包括 220kV Kaléta 变电站、220kV Manéah 变电站工程及 220kV 凯乐塔—马内亚线路工程，线路长度为 116km；几内亚科纳克里城网改造项目，包括 110kV 变电站两座、60kV 变电站一座、110kV 线路拆除后新建项目，线路规模 2×25km、新建双回共塔 110kV 送电线路，线路规模 2×17km；几内亚凯乐塔水利枢纽补充项目，包括 30kV 线路以及相关县农村电气化工程。

电网运行与安全生产

（1）电力供应。2015 年全区全社会用电量 1334.32 亿 kWh，比 2014 年增长 2.01%。全年广西电网电力供应富足，仅发生一次网络受限错峰限电。截至 2015 年底，纳入广西电网电力电量平衡的发电装机容量（含龙滩 50%份额、含境外份额）2.66 万 MW，电网统调发受电量 1128.21 亿 kWh（含龙滩转送广东），同比增加 0.89%。区内统调发电量 832.21 亿 kWh，同比下降 7.98%，其中：区内统调水电发电量 449.43 亿 kWh，同比增长 14.32%；区内统调燃煤火电发电量 362.56 亿 kWh，同比下降 28.57%；区内统调燃气火电发电量 2.84 亿 kWh，同比增加 107.88%；区内统调风电发电量 6.12 亿 kWh，同比增加 170.44%；区内统调其他（生物质）发电量 4.49 亿 kWh，同比增长 12.68%；区内统调光伏发电量 1650 万 kWh；区内统调核电发电量 6.61 亿 kWh。全年购西电电量 295.99 亿 kWh（含龙滩转送广东、购云南） 同比增长 38.36%。

（2）电网运行。2015 年电网保持安全稳定运行，连续安全运行突破 5000 天，未发生大面积停电、电网瓦解和重大设备损坏事故。广西电网统调负荷没有创新高，最高负荷出现在 1 月 31 日，为 1.63 万 MW，比 2014 年的 1.64MW 降低 0.2%；平均负荷率为 81.35%，比 2014 年的 82.38%降低 1.27 个百分点，最大负荷率 91.19%（8 月 27 日），比 2014 年 93.25%降低 2.20 个百分点，最小负荷率 71%（2 月 23 日），比 2014 年 73.37%降低 3.23 个百分点。日电量 5 次创新高，7 月 15 日电量为全年最高值，达到 3.42 亿 kWh，同比增长 4.5%。日最大错避峰负荷 100MW，错避峰影响电量 77.8 万 kWh。全年网损率 1.9%，比 2014 年降低 0.15%；220kV 及以上保护正确动作率 100%；电网频率合格率 100%。

（3）安全生产。2015 年，广西电网公司没有发生一般及以上电力安全事故和设备事故，没有发生三级及以上电力事件，四、五级事件分别同比下降 64%、83%，四级及以上事件数在南方电网五省区最少。全年 110kV 及以上输电线路跳闸同比减少 436 起，降幅达 47.8%。累计开展带电作业 7642 次，带电作业项目覆盖率 100%，减少计划停电 55.82 万时户数，折合减少停电 3.49h/户。全年成功化解电网风险 247 项，成功处置 220kV 及以上线路跳闸 219 条次、线路紧急停运 60 条次，成功管控广西来宾银海铝业有限责任公司迁江变电站重大电网风险，形成了“政府主导、电网运作、用户参与”的重大电网风险管控新模式，被南方电网公司列入大风险管控的三个典型模式之一。全年成功应对 1 次强冷空气、9 次强降雨天气、1 次洪涝及 2 次台风袭击（“鲸鱼”“彩虹”），启动 2 次应急响应，发布暴雨蓝色预警 8 次，累计投入抢修人员 2.86 万人，出动抢修车辆 5630 台；圆满完成 334 项重要活动保供电任务。

科技信息

（1）科技创新。2015 年，广西电网公司共下达科技项目 127 项（其中新建项目 46 项、续建项目 81 项），当年应结题项目 69 项，项目完成率 100%。首次承担的国家两个 863 项目均通过国家科技部组织的技术验收。全年共获得省部级以上各类科技奖励 46 项，比 2014 年增长 58.6%；二等及以上奖励 20 项，是 2014 年的近 7 倍。其中自治区科技进步一等奖、全国电力职工技术成果奖一等奖、南方电网职工技术创新奖一等奖均为广西电网公司成立后首次获得。全年共申报专利 235 项，获授权 195 项（其中发明专利

42 项），专利申请数和授权数均突破了南方电网公司下达的指标。广西科技馆电力科普展厅和广西电网公司桂林供电局上海路营业厅科学用电指导中心被认定为“中国电机工程学会电力科普教育基地（2016～2020 年）”称号并授牌。

（2）技术改造。2015 年，广西电网公司加强沿海输电线路防风改造，累计完成 14 782 基电杆组立、加固 11 644 基电杆基础、增立铁（钢管）塔 704 基、防风拉线 8425 组。在超强台风“彩虹”袭击期间，沿海经过防风加固改造后的线路均无出现倒杆、断杆及用户大面积停电现象。全年完成 4187 个重过载低电压台区改造，改造 10kV 线路 462 条，更换高效节能配电变压器 1216 个，调整三相负荷不平衡配电变压器 1027 台。推进广西 AVC 实用化，中调 15 个直调电厂 AVC 闭环覆盖率完成 80%，地调直调 351 座 110kV 及以上变电站 AVC 闭环覆盖率完成 70.6%，全年 AVC 系统可用率 100%。

（3）信息管理。2015 年，广西电网公司完成信息化项目 490 个，投资计划完成率 100%，关键应用系统运行率达 100%，网络运行率达 100%。信息系统安全稳定运行，未发生Ⅲ级以上信息安全事件，信息化水平继续保持 A 级，在南方电网公司考核中排名第二。全年实现企业级系统全面上线运行，建成桂林、北海企业信息系统实操培训教室，完成 436 个供电所营业厅的信息基础设施标准化升级改造，完成了柳州应用级灾备中心一期建设。实施内部办公网与互联网物理分离技术措施，提高网络安全性，成功抵御境内外黑客组织的 260 多万次攻击。

市场服务 2015 年，广西电网公司在年度公共服务行业广西满意度测评中获 91.5 分，连续三年名列广西区内榜首。客户投诉率 6.2 次/百万户，同比减少 4.48 次/百万户。市场占有率 78.07%，比 2014 年提高 0.45 个百分点。进一步便利客户交费，组织完成 15 万户远程费控改造试点建设，当年居民电费回收率达到 99.99%。客户停电误报率、漏报率由年初的 35%降到 16%。全年重要客户供电电源配置合格率、自备应急电源配置合格率分别达 76%、72%，同比分别提升 24%、26%。推进客户节能改造项目 66 项，解决业扩受限容量 4.4 万 kVA，完成节约电量 2.42 亿 kWh、节约电力 5.37 万 kW，连续 4 年超额完成上级考核任务。

财务审计

（1）财务管理。2015 年，广西电网公司利润总额完成南方电网公司考核目标的 100.55%、经济增加值完成考核目标 100.40%、资产负债率比考核目标低 3.56 个百分点，财务综合绩效评价首次获南方电网公司优秀单位。财务管理信息系统推广应用工作实现了三个“率先”（即率先实现财务系统上线试运行、率先完成财务系统在全省所有单位推广、率先达到财务系统单轨运行条件），是南方电网公司首家实现财务系统全面单轨运行的单位，系统覆盖率和业务覆盖率均达到 100%。

（2）审计管理。2015 年，广西电网公司全年累计完成签证审计 17 334 项，完成审计项目 314 项，审计项目计划完成率、离任审计覆盖率、重点工程项目管理审计覆盖均达到 100%。开展审计发现问题整改工作“回头看”活动，分别对 23 个单位、309 个审计项目、1192 个审计发现问题的整改情况进行了重点检查。开展内部审计理论研讨活动，有 1 个案例获一等奖，2 个案例被评为“自治区二十佳优秀审计案例”。

行政管理

（1）行政办公。2015 年，广西电网公司工作 12 次得到上级领导的批示肯定。全年有 5 条信息被中央办公厅、国务院办公厅采用（其中实施国家农网改造升级工作信息得到国务院领导批示肯定），有 460 条信息被国家部委、自治区、南方电网公司采用，创信息报送采纳率历史新高，连续 10 年获得南方电网公司年度信息工作先进单位。

（2）企业管理。2015 年，广西电网公司基本完成第二阶段战略目标，12 项关键战略指标已完成 10 项，20 项创先关键指标已完成 18 项。基层班组资料规范化管理方面，实现生产类班组管理表单平均减少 40.21%，营销类班组平均减少 41.12%。创先方面，县级供电企业“降损管理”“提高供电可靠性”和“提高客户服务问题解决能力”三个创先成果得到有效推广应用。管理创新方面，有 4 项成果获得南方电网公司管理创新优秀奖，其中线损管理成果获全国电力行业管理创新成果一等奖。有 4 篇管理创新论文获 2015 年度全国电力企业管理创新优秀论文一等奖。

（3）法律事务。2015 年，广西电网公司积极推进《广西电力用户安全用电管理办法》立法，与自治区高级法院开展触电案件专项研究并联合编写了《广西触电人身损害赔偿纠纷案件审判规则》。组织开展工程、物资合同专项检查，累计抽查合同 278 份，发现问题 124 个，提出管理改进建议 68 项。制定下发了《广西电网公司触电案件法律风险防范指导意见》《广西电网公司触电案件办理指引》《广西电网公司劳动用工领域法律风险防范指导意见》等，并作为广西唯一企业代表接受并通过国家司法部、全国普法办“六五”普法检查验收。

人力资源管理 2015 年，广西电网公司岗位胜任能力评价合格率 90.2%，同比提升 24 个百分点；技能人员技能等级与岗位资质匹配率达 56%，同比提升 15%。新增高技能人才 2537 人，新增技能专家 73

人，专家队伍总量达到154人，高技能人才总量同比提升10.4%，技师及以上人员占技能等级人员比例达到近15%，排名南方电网五省区第一。至2015年末，规范非“三性”岗位派遣制员工4836人，农电工8426人，供电企业在岗超员率下降到1%以内，在南方电网公司系统率先全面完成供电企业规范用工工作。全年举办集中培训1345期，培训9.4万人次，建成供电所简易实训场地100个。人力资源管理“1+2”信息系统提前两个月实现所有70家单位上线试运行，累计用户登录率达到95%，被南方电网公司评为人力资源信息系统推广应用唯一的优秀单位。

党群工作

(1) 党建工作。2015年，修订完善了《党委书记工作到位标准》和《党委书记专业业绩考核方案》，出台了《专兼职党支部书记工作到位标准》和《党员到位标准》，建立健全“党委书记、党支部书记、党员队伍”三级到位履职评价体系。全年开展“党建创先五示范”创建活动，评选推出基层特色党建品牌16个，示范党支部5类16个，党员先锋示范岗36个，示范党课13篇。《电网企业基层党委书记到位履职评价体系构建的探索与研究》课题论文获南方电网公司2015年度管理创新成果优秀奖。各级团组织荣获省部级以上荣誉60项，其中全国级荣誉2项，中央企业级荣誉4项，南方电网公司级荣誉29项，自治区级荣誉25项。

(2) 企业文化和精神文明建设。2015年，出台《规范使用南网文化理念识别系统实施细则》，开展创先文化软课题研究；组织拍摄第一批企业文化示范单位、示范点专题片，总结提炼和宣传推广企业文化创建经验和做法。启动“幸福心动力”员工关爱行动，开展“幸福进班组”活动，全年大力推进精神文明建设，广西电网公司及所属6家单位顺利通过全国文明单位复核，新增全国文明单位3家，新命名广西电网公司级文明单位42家。“南网兄弟”黄春强、黄春宁和广西送变电建设公司孝老爱亲道德模范闭小莲先后入选“中国好人榜”。

(3) 工会工作。2015年，广西电网公司获全国劳动模范4人，获广西劳动模范21人，“南网兄弟”荣获首届“中国电力楷模”，劳模先进数量在南方电网公司系统名列第一。有10个单位获全国“安康杯”竞赛优胜单位，5个班组获全国“安康杯”竞赛优胜班组。有4个单位获全国厂务公开先进单位，11个单位获全区厂务公开先进单位（示范单位）称号。全年系统各级劳模创新工作室超百家，其中自治区创新工作室6个，南方电网公司创新工作室20个，地市级工作室50个，县供电公司工作室29个，共完成职工创新课题230项，解决一线生产问题269个，获得国家专利授权55项，荣获2015年全国电力企业职工技术创新成果一等奖1个，二等奖5个，三等奖4个；1项成果荣获全国能源化学系统职工创新优秀成果；荣获南方电网公司职工创新成果一等奖1个，二等奖5个，三等奖15个。全年帮扶慰问职工8357人次。下拨“职工小家”建设经费新建和完善职工食堂155个，文化活动室122个，休息室187间，职工书屋108个，成立文体协会（兴趣小组）90个，基层职工对建家满意度达到99.83%。

主要事件

2月5日上午，隆林供电有限公司在广西隆林县正式更名揭牌，标志着隆林县电网正式由广西电网公司代管转变为直供、直管，县级供电企业管理体制进一步理顺。

3月24日，广西电网公司承担的首个国家863重点科技项目——“智能电网关键技术研发（一期）”项目“灵活互动的智能用电关键技术研究”课题在南宁通过国家科技部技术验收。

4月28日，在北京举行的2015年庆祝“五一”国际劳动节暨表彰全国劳动模范和先进工作者大会上，广西电网公司电力科学研究院邓雨荣、玉林供电局黄宗彬、防城港供电局周寿华、崇左供电局马燕平等4人荣获“全国劳动模范”荣誉称号。

4月30日，广西壮族自治区党委、政府在自治区党委礼堂召开广西劳动模范和先进工作者表彰大会，广西电网公司本部廖婉婷、南宁供电局李光生等21人荣获“广西劳动模范”荣誉称号。

5月16日，作为广西电网公司社会责任示范基地的广西科技馆电力科普展厅正式对社会开放，这是国内首个由科技场馆与电力企业合作策划建设的电力主题科普展厅。

9月4日，广西电网公司圆满完成了历时16天的抗日战争胜利70周年纪念活动特级保供电工作，确保了广西电网安全稳定运行。此次纪念抗战胜利特级保供电共涉及广西电网重要变电站288座、重要线路813回、重要用户332户以及重要保供电场所37个。

10月4日，新中国成立以来10月份登陆我国陆地的最强台风“彩虹”正面袭击广西，共造成停电台区1.61万个、客户166.55万户。广西电网公司投入抢修人员近万名、车辆1700多台次、应急发电车（机）141台次，在2天半时间内全部恢复供电。

10月16日，广西电网公司为西部地区首座核电站——广西防城港核电站1号机组建设的4条500kV配套送出工程全部投运。

12月18日下午，广西壮族自治区人民政府在自治区应急指挥中心成功举行广西电网大面积停电事件应急演练。

12月28日，南方电网公司在南宁召开干部大会，宣布南方电网公司党组关于广西电网公司干部任免的决定。杨爱民同志任广西电网有限责任公司董事长、党组成员、书记。

12月31日，广西全年电网水电发电量达639.3亿kWh，其中发受电量达545.2亿kWh。

（舒 清）

【云南电网有限责任公司】

公司概况 云南电网有限责任公司（简称云南电网公司）是云南省域电网运营和交易的主体，是云南省实施“西电东送”“云电外送”和培育电力支柱产业的重要企业。截至2015年底，云南电网公司员工总数70 043人；拥有110kV及以上电压等级变电站590座、输电线路4.82万km。公司统调装机容量为6571万kW，云电外送主要依托5回500kV交流输电线路、2回220kV交流输电线路、双回±500kV直流线路和2回±800kV特高压直流线路送电广东，最大送电能力1925万kW。通过3回220kV、1回115kV线路对老挝送电，1回110kV线路对缅甸送电，1回500kV、2回220kV线路从缅甸购电。

2015年，完成售电量1817.24亿kWh，同比降低0.54%。省内售电量1067.36亿kWh，同比降低4.2%。西电东送电量945.8亿kWh，同比增长6.68%。其中，送广东电量681.87亿kWh，同比增长0.53%；送广西电量50.18亿kWh；溪洛渡电站送广东电量214.7亿kWh，同比增长9.59%。通过云南国际公司向境外送电18.83亿kWh。完成固定资产投资161.9亿元；实现营业收入732.38亿元，同比减少0.5%；实现利润总额7.27亿元；实现经济增加值（EVA）1.65亿元。截至2015年底，公司资产总额达到1053亿元，资产负债率75.97%。

领导班子

党组书记、董事长：陈允鹏（法定代表人2015年12月28日调整为汪际峰）

党组成员、董事、总经理：薛武

党组成员、董事、副总经理（正职级）：佀蜀明

党组成员、董事、副总经理：王文

党组成员、董事、副总经理：郑之茂

党组成员、董事、副总经理：汤寿泉

党组成员、董事、副总经理、总会计师：周正风

党组成员、董事、纪检组长：郑立春

工会主席：赵建华

副巡视员：邹立峰

副巡视员：杨波

组织机构 截至2015年12月31日，云南电网公司管辖单位158家。公司本部设21个部门，6个直属机构、7个挂靠中心。下设61家分公司、85家全资子公司和11家控股子公司。

创先工作 优化、调整了11个创先专项方案，持续抓好方案的落实。完善本地化作业标准体系，发布197个B类制度、179个典型业务指导书、458个典型作业指导书。持续抓好供电所规范化建设，全省816个供电所达到“1+2+1”规范化要求。不断优化创先战略地图功能，初步实现了创先工作的全景展示和动态监控。制定《“做强供电局、做精县公司、做实供电所”总体方案》，进一步优化了供电单位资源配置和管理模式。

全口径线损率6.6%，全部县级供电企业线损率降至10%以下。持续推进安风体系建设，实现地市级供电单位三钻率100%，四钻率25%。第三方客户满意度测评达76分，在云南省十大公共服务行业公众满意度调查中连续7年排名第一。

安全生产

（1）风险管控。制定并落实防范电网十大风险的45项重点工作和81项控制措施，有效杜绝了电网稳定破坏和大面积停电事故。实施差异化运维，开展安稳装置和继电保护特维及专项检查，确保西电东送通道安全运行。以隐患排查整治为重点，扎实开展安全大检查及整改“回头看”工作。全力抓好新《安规》的学习宣贯和培训实施，有效预控人身安全风险。开展“三种人”调考和“两票”专项治理，抓实问题整改，提升员工安全意识和作业安全管控能力。

（2）提升设备管理水平。落实设备维护责任制及重点维护策略，强化“一物一册”培训应用，提升检修和预试工作质量。加强缺陷管理，重大、紧急缺陷的消缺率和消缺及时率连续3年保持100%。推广带电作业成果应用，实现所有二级供电单位带电作业全覆盖。完成35kV变电站综自改造135项，变电站无人值班率达60%。首次在怒江、迪庆等海拔超过4000m的地区开展直升机巡检作业，实现了省内500kV线路机巡全覆盖。成立了小水电运维管理中心，为持续规范小水电管理奠定基础。

（3）提高应急能力。有序推进南方电网公司云南应急救援基地建设，按期完成了国有资本安全生产保障能力建设专项资金计划。开展冬春季冰雪凝冻灾害应急处置，成功应对了“3·1”临沧沧源5.5级等7次4级以上地震。圆满完成习近平总书记考察云南、纪念抗日战争胜利70周年、南博会等重大活动保供电任务。联合开展了昆明市处置电网大面积停电事件和地震灾害应急演练。

电力供应

（1）电力消纳。配合政府部门建立电力市场化交易规则和运作模式，《2015年云南电力市场化工作方案》被国家发展改革委刊发各省市区学习借鉴。推进

省内电力市场化交易，成交电量320亿kWh。实施西电东送计划外交易，成交电量60.2亿kWh，促进了富余水电消纳。开展清洁能源市场化交易，水火电发电权置换交易电量80亿kWh，缓解了云南水火电矛盾。通过市场化交易和科学优化调度，全年弃水电量为153亿kWh，比年初预计减少213亿kWh。

(2) 提升供电服务水平。深化全方位服务协同，客户用电问题首次解决率达86%，同比提升15个百分点。加强服务渠道建设，非现金交费比例达73%、远程服务比例达49%。推进客户资产接收工作，接收资产原值达4.1亿元。严格执行业扩报装“五项机制”，从规范客户工程投资界面等七个方面开展专项治理，消除权力寻租空间。提升营配信息集成水平，户变关系、接线图和用户表计信息准确率均达100%。

(3) 节能减排。落实《降低管理线损工作方案》，巩固县级供电企业降损成果，实现工作闭环。单位发受电量化石能耗29.4g/kWh，同比降低20g/kWh，关键性节能减排指标继续保持全国前列。完成国家“万家企业”和云南省“千家企业”节能目标考核。“3C”绿色电网项目110kV华晨、上河输变电工程顺利竣工投产。

电网规划与建设 完成“十三五”固定资产投资规划和电网规划编制工作。加大配网项目储备，梳理制定2016～2018年稳增长投资规划项目库。加快推进500kV马金铺等重点工程可研进度，确保项目按计划实施。优化配网规划投资策略，重点加强州市政府所在地、县城、旅游点、对外关口、经济开发区电网建设和通信信息网建设。

在2014年年初固定资产投资123亿元基础上，增加投资38.88亿元，全年固定资产投资达161.88亿元，创历史最高水平，全年投资完成100%。投产110kV及以上项目60项。推进永富直流输电工程建设。推进配网台架变“四个标准”，建成标准台架变4713个。500kV建塘变工程荣获中国建筑工程鲁班奖、中国电力优质工程奖、南方电网优质工程第一名，500kV建黄线工程荣获国家优质工程奖。

强化物资供应保障，确保了永富直流工程、中央投资农网工程等重点工程物资及时到位。深化项目物资供应JIT管理，实现了313项工程项目管控全覆盖。推进“大物流、大配送”试点成果运用，推广“一二级仓+急救包”仓储管理模式，14家供电局仓储管理达标。完成3146万元应急抢修物资采购和部署。

科技和信息化工作 编制“十三五”科技发展规划，围绕小水电、高海拔、新能源等云南特色领域开展研究。围绕主营业务开展了233项专题应用研究，16项优秀成果在公司推广应用。“输变电设备物联网”和“多特性小水电群消纳”两项“863计划”项目通过国家验收。依托“两站”，持续推动产、学、研相结合的培养方式。新增一个省级重点工程实验室，共获省部级奖励40项，新增专利400余项。完成CSGⅡ推广任务。完成CSGⅡ与创先战略地图数据共享、信息互通前期准备工作。开展SOA服务迁移和GIS系统性能优化，加快电子化移交数据发布，提升系统运行速度。完善了ITSM系统及信息安全审计系统，形成全面、完整的IT集中监控体系。建立了安全防控和运维服务常态机制，确保信息安全。

企业管理 成立了深化电力体制改革领导小组及5个专项工作组。积极参与输配电成本监审、电价调整方案测算等工作，争取合理的输配电价水平。开展新形势下新兴技术对营销业务发展影响等30个专项研究，为“十三五”发展打下基础。

增收节支，全力保障经营目标的实现。加强成本管控，可控供电成本较年初预算减少7.66亿元，办公费、差旅费实现零增长，会议费、业务招待费同比下降54%、48%。优化融资结构，置换中高利率贷款12.1亿元，节约财务费用2.96亿元。强化资金集中运作，资金集中率保持在95%以上，提高资金效益1.7亿元。严格资产报废预算管理，固定资产报废净值率控制在17%以下。

抓实监事会提及问题的整改落实，开展财经纪律、资金安全、财务监督等方面的专项检查和整改，进一步健全长效机制。组织“两金”占用及往来款项清理，“两金”余额同比下降11%，清理应收款项14.62亿元、应付款项47.8亿元。加强审计整改闭环管控，完成审计项目587项，促进增收节支6508万元。加强审计工作总结提炼，一项审计案例入选2015年中国内审协会百佳案例。

制定了全面推进依法治企工作实施计划，提出了九大法律风险和应对措施。办结法律案件117件，避免和挽回经济损失1亿元。举办了大湄公河次区域电网及联网规划建设专业培训班，向老挝提供电网稳定运行技术支持。公司被南方电网公司授予“信访工作先进集体”，一人获国资委“中央企业优秀信访工作者”称号。独龙江供电所成为南方电网社会责任示范基地。

队伍建设 坚持正确用人导向，按照从严选拔、管理、监督、教育的要求，严格抓好干部管理。不断优化基层领导班子结构选优配强各级班子，增强班子合力。以技术专家队伍带动人才队伍发展，公司技术专家达74名。做好离退休老同志服务工作，积极开展敬老爱老活动。

全面完成县级供电企业规范劳动用工管理工作，彻底理顺县级供电企业劳动用工关系。规范公司本部科级及以下岗位设置，撤销了电力教育中心、云南省电力建设公司优化调整昆明供电局等13家单位内设机构。落实《优化员工队伍结构工作方案》，推动人力资源由“数量发展型”向“素质提高型”转变。统筹招聘管理，招聘计划完成率达98.8%。制定了解决供电单位冗缺员问题试点方案，并在丽江供电局进行试点。编制教育培训评价支撑创先方案，提升培训评价的针对性和有效性。落实高技能人才培养计划，高技能人才占用工比例为26.4%，同比提升8%。9名员工获选“云岭首席技师”，获选人数名列云南各企业之首。

党建群团工作 制定《基层党组织设置的指导意见》，规范和加强基层党组织设置，完成18个基层党委（纪委）换届选举。扎实抓好《基层党委书记工作手册》《基层党支部书记工作手册》的学习和使用。加大职工持股企业党建工作指导力度。强化基层党组织书记激励保障机制建设，建立健全考核机制，落实专职或一岗多责党组织书记待遇。

开展县级供电企业党总支落实“两个责任”试点工作，构建了省、地、县、供电所落实“两个责任”四级工作体系。认真开展中央巡视组专项巡视反馈意见整改工作，按期完成了38项整改措施。完成了12家二级单位和68家县级供电企业巡视，抓实发现问题的整改。发挥监督职能，开展了领导干部亲属违规经商办企业等五项专项监督。加强改进作风和落实中央八项规定精神的监督检查，查处了一批违纪违规案件，行文通报案件26件，违规问题2项。

全面开展“和谐温馨供电所”建设，关心关爱一线员工。积极开展各类技术技能竞赛，2名员工获“云南省技术状元”，18名员工获“云南省技术能手”。发挥先进模范的带头作用，劳模工作室由11个增加到13个。组织创办“青年学堂”，开展“青年文化月”系列活动。公司17个青年集体和18名优秀青年荣获省部级以上表彰。

推进全省农村电网升级改造及挂钩扶贫点帮扶工作。持续做好易地搬迁脱贫电力保障和光伏扶贫配套接入工作。投入5.45亿元开展鲁甸、景谷、盈江、沧源4个地震灾区电网灾后重建，向维西、西盟、东川等地区投入997万元扶贫资金。从2015年起将维西县专项扶贫资金提高至600万元，采取产业化模式做好定点扶贫工作。落实云南省扶贫攻坚“挂包帮”“转走访”要求，明确20位厅、处级干部结对帮扶维西县白济汛乡永安村110户贫困户。选派两名干部到挂联点开展驻村扶贫工作。

主要事件

2月9日，缅甸政府军与缅甸果敢县穆泰区地方武装发生战争，5000余名缅甸难民涌入相邻的云南境内。云南电网公司积极配合政府，全力做好与缅甸相邻区域临沧镇康县、耿马县及各难民安置点应急供电工作。

3月25日和5月29日，云南电网公司承担的两项国家“863”计划课题“基于物联网技术的输变电设备智能监测与全寿命周期管理”和“多特性小水电群大规模接入消纳关键技术研究与应用”顺利通过国家科技部专家组验收。

4月9～10日，云南电网公司圆满完成越南共产党中央总书记阮富仲到昆明考察期间特级保供电工作。4月10日，越共中央委员、越南副总理兼外交部部长、越中双边合作指导委员会主席范平明在云南省副省长刘慧晏的陪同下到云南电网公司参观访问，与南方电网公司副总经理王久玲等人就加强合作交流、推动共同发展等进行会谈。

7月2日，云南电网统调日发电量连续3天创新高，成功突破7亿kWh大关；水电日发电量连续2天创新高，最高达6.47亿kWh；西电东送最高负荷突破1800万kW。截至7月底，公司统调装机容量突破6000万kW，达6019万kW，清洁能源装机占比达79%。

9月16日，云南电网公司承建的230kV老挝北部电网工程枢纽变电站北蒙2变115kV部分成功带电，并于17日顺利移交老挝国家电力公司。9月27日，老挝北部电网工程EPC项目正式投运。

9月，云南电网公司研发的国内首台移动高低压负荷转供车顺利通过现场验证，实现了负荷转供全程的“零停电”。同月，云南电网公司运用AS350B3型小松鼠载人直升机，顺利飞越怒江碧罗雪山，并在国内海拔最高、高差最大的220kV输电线路福剑线4200m的杆塔上开展悬停作业，标志着云南电网公司直升机巡视飞行高度首次突破了4300m。

11月17日，云南电网公司500kV建塘变电站工程荣获2014～2015年度中国建设工程鲁班奖，该奖项是国内建筑行业工程质量最高荣誉奖。

12月28日，南方电网公司在昆明召开干部大会，党组纪检组组长杨志宏出席，宣布聘任汪际峰为公司董事长、党组书记，聘任杨波为公司副巡视员，免去陈允鹏公司董事长、党组书记职务。

（张 弋）

【海南电网有限责任公司】

公司概况 海南电网有限责任公司（简称海南电网公司）是南方电网有限责任公司的全资子公司，负责经营南方电网在海南投资的国有电网资产，承担国有资产保值增值责任；对海南电网实行“统一规划、统一建设、统一调度、统一管理”，负责全省电网的安全生产工作，保证全省电网的安全、稳定、经济、优质运行，不断提高供电可靠性和服务质量；依法统一调度与省电网联网的电厂，并监督和指导电厂的安全生产工作。

截至2015年底，海南省统调装机总容量5874MW，统调最高负荷3610MW。完成售电量207.35亿kWh，同比增长7.84%，资产总额突破200亿元，达到223.67亿元。全省已形成220kV“双环网十目字型”的坚强骨干网架，并通过1回500kV海底电缆（容量60万kW）与南网主网相联。共建成投运220kV变电站28座，220kV线路总长3901.05km；110kV变电站108座，110kV线路总长3802.11km；35kV变电站151座，35kV线路总长2721.938km。供电户数232万户，乡镇、行政村和自然村的通电率均达到100%。

领导班子

党组书记、董事长：金戈鸣

党组成员、董事、总经理：娄山

党组成员、董事、副总经理：詹晓晖

党组成员、董事、副总经理：林芳泽

党组成员、董事、副总经理：孙海宏

党组成员、总会计师：唐炜

党组成员、董事、纪检组组长：郭可青

党组成员、董事、副总经理：殷健

党组成员，海口供电局局长：陈东

工会主席：陈琼生

组织机构 海南电网公司本部设置19个职能部门，包括办公室、人事部、人力资源部、财务部、企业管理部、计划发展部、市场营销部（农电管理部）、生产设备管理部、基建部、物资部、信息部、安全监管部、科技部、审计部、法律事务部、监察部（纪检组办公室）、党建工作部（直属党委办公室、团委）、工会、系统运行部。设置直属机构9个，包括电力调度控制中心、物流服务中心、培训与评价中心、信息中心、离退休管理中心、电网规划研究中心、新闻中心、客户服务中心、营销稽查中心。

公司下辖29个二级单位，包括19个供电局，4个全资子公司，1个控股子公司，3个按分公司管理的单位，1个调峰调频直属发电厂、1个试验研究单位。

人员状况 2015年末，海南电网公司拥有员工11 378人。其中，博士研究生8人，硕士研究生169人，大学本科2696人，大学专科3020人，中专及以下5485人。公司员工中，有高级职称237人，中级职称674人，初级职称3773人；高级技师3人，技师129人，高级工4021人，中级工1101人，初级工808人。全公司离退休人员3676人。

电网规划与建设

（1）电网规划。全面修编完善了“十三五”输电网规划、19个市县配电网规划及中长期电源发展规划，完成农村电网发展规划、海南沿海地区电网提升抵御风灾能力专项规划等48项专题规划。建立规划与生产运行工作的态化沟通机制，将规划工作思路进一步从解决问题向预防问题转变，统筹公司投资能力和各专业投资需求，加强项目“出库”“入库”审查，及时安排投资，解决电网运行风险、重过载、报装受限、台区低电压投诉等各类问题，有效提升项目投资效益。在海口率先将电网规划纳入城市规划，以法令的形式对变电站站址、线路走廊予以预留，为有效解决电网新建项目选址问题树立了标杆。

（2）电网建设。海南电网公司超额完成投资44.82亿元，其中电力基建项目完成投资39.14亿元，累计建成投运220kV输变电工程16个，新增主配网线路3785km，是公司有史以来完成投资最多、建成投运电气设备最多、新增主配网线路长度最长的一年。海南电网主网结构和城市220kV供电网架得到进一步优化，西电北送、南送新通道全面贯通，海口、三亚、洋浦三个区域电网得到优化提升，构建起一个与电源建设相衔接、与地方经济协调发展、重点城市双环网可靠供电的坚强电网。联网二回陆上工程于10月底如期开工，博鳌保电、西南部电厂送出、昌江核电送出、西环高铁供电等重点工程的19个配套电网项目顺利投产。

深入开展“一级仓十二级仓十急救包”运作模式的探索，物资管理水平显著提升，全年按时保质保量完成14亿元项目物资供应，并及时阻止14万只存在隐患的电能表、205基质量不合格的铁塔、3000根设计不达标的电杆流入电网。

电网运行与安全生产

（1）电网调度。建立“超前分析—及时预警—充分准备—正确应急—持续改进”的闭环管理机制，确保电网运行风险可控、在控。全面辨识2015年系统运行八大风险，分解下达79项重点工作，在缺电超过20%的情况下，有效应对了电厂12次30万kW以上大机组非计划停运；在核电3天3次100%甩负荷试验期间，用三个2min迅速化解了一触即发的大面积停电风险，保证电网安全稳定运行。通过协调联网线增送（至30万kW）、协调政府部门增加发电用气（大幅提高气电调峰出力29万kW）、优化水库调度、推进西南部和昌江核电机组及早投产，优化利用机组调试出力等多项措施，实现增发电量12.5亿kWh。有效将2015年最大错峰电力由预计的105万kW减小到73.8万kW，错峰限电天数由预计的310天减少到176天，错峰电量由预计的10.76亿kWh减少为5.79亿kWh，大幅缓解严重缺电局面。2015年，公司统调负荷七创新高，最高达361万kW，同比增长5%。

(2) 安全管理。全面落实102项安全生产提升计划，十项规定动作培训覆盖全体一线员工，安全督查延伸至6779个作业现场，健全完善分级管理、分层管控的全员安全责任体系，促进全年70项安全风险管控措施分层分级有效落实，确保各级安全管控能力有效加强，各类生产作业风险有效防范，全年未发生人身伤亡事故（含外包）。推进安全风险管理体系建设，实现4个地级供电局（海口、儋州、三亚、琼海局）100%达3钻的目标，全公司共17家单位安风体系建设达3钻水平。设备“3＋1”计划管控有效落实，按期完成858项设备消缺、6277台设备预试、5078项配网安全隐患整改及138万株树障修理，实现设备预试到期完成率、配网安全隐患整改率、紧急和重大缺陷消缺及时率3个100%，促进配网跳闸率同比下降15%，树障故障率同比下降25%，供电可靠率等生产技术指标优于年度目标值。2015年，公司各项安全生产运行指标持续向好，实现二级以上事故事件全年零发生，三级事件同比持平，四级事件同比下降67%。

(3) 重大保电。建成了全省应急指挥系统和备调系统，首次开展了重点城市（海口、三亚）大面积停电演习，并参加“海核－2015”联合演练。圆满完成“威马逊”应急处置工作的整改提升和1618条线路防风加固改造，及时响应抗击台风，累计投入应急值班和故障抢修5635人次，出动抢修车辆1287辆，确保台风期间电网未遭受重大损失。圆满完成博鳌亚洲论坛年会保供电工作，实现连续14年零差错，纪念抗日战争胜利70周年等373项重要活动保电万无一失，其中特级保供电2次，一级保供电2次，二级保供电69次，三级保供电300次。

市场营销

(1) 营销管理。推进营销技术提升，红外抄表、远程抄表、台区线损系统自动计算等营销技术手段得到推广应用，首批56万只智能户表改造全面完成，负控和配变终端首次实现全省覆盖，新营销管理系统在全网率先实现全省全覆盖单轨运行。拓宽电费交纳渠道，使覆盖全省城乡的交费方式多达21种，全年新增银行代扣45万户，非现金交费比例达83%。强化电费回收考核过程管控，各季度和年度电费回收率均创同期新高，公司全年电费回收率完成99.97%，荣获南方电网公司通报嘉奖。加快推进开发园区等优质资产的接收，全年接收28个项目1.61亿元客户资产，同比大幅增长667%。海口市全面实行新区配抄表到户政策。

(2) 需求侧管理。面对历史以来最为严重的缺电形势，在各地组织召开电力供需形势发布会50多场次，及时通报电力供需形势，积极应用营销新技术加强有序用电过程管控，主动引导客户移峰填谷，确保了有序用电和增供扩销工作的顺利完成。2015年，低谷电量同比增长17.35%，增供扩销电量11.3亿kWh，同比增长281%，公司售电量同比增长率居全网第一。

(3) 客户服务。建立重大投诉、客户重复投诉提级处理和分析机制，积极推进低电压、停电频繁、报装受限等客户问题的协同处理，解决客户问题1.64万个，协调解决率92.6%。同时从基建管理、设备运维等多维度加强停电时间管控，促进客户平均停电时间同比减少11.85h/户。积极开展挂点服务、“6个100%到位”等特色客户服务和主题活动，加强客户安全隐患的常态排查和督促整改，切实提升供电服务水平，百万客户投诉率同比下降0.55次/百万户。

科技创新与节能降耗

(1) 科技创新。推进企业管理信息系统的全面推广应用。依托首次承担的863计划和国家科技支撑计划两个国家级科研课题，建成海南电网高精度新能源功率预测系统，实现了智能调度与控制、高级配网自动化、输变电设备在线监测、电动汽车运营和微网能量管理等系统的高级应用和实用化，海南电网新能源消纳能力得到大幅提升。加强“电网雷击防护关键技术与应用”“基于PMU量测的可信数据平台”等重点科技项目的成果培育与凝练，13项科技成果获得国家科技进步二等奖、中国专利优秀奖、海南省科技进步一等奖等省部级以上科技奖励，同比增长86%，实现了国家及省级奖励的零突破，累计获得专利及软件著作授权32项，同比增长1倍。

(2) 节能降耗。2015年，全额吸纳清洁能源27.3亿kWh，促进单位发受电量化石能耗同比减少0.36g/kWh，减少二氧化碳排放209.8万t，减少二氧化硫排放0.2万t。全面开展线损专项整治，2015年线损率7.25%，同比下降0.51个百分点，降损幅度创历史新高。开展新能源汽车充换电基础设施建设，截至2015年底，共计投资约4600万元，建成了一个全自动后备厢换电模式的试点运营站（海口龙华站），建成分散性充电桩类99个，覆盖环岛高速11个市县出入口。

经营管理

(1) 财务管理。2015年，海南电网公司经营业绩实现稳健增长。全面深化预算管理，按月分解落实各单位全年经营任务，选取十余项关键指标，开展内部对标，加强指标的执行分析和问题整改，确保经营指标的可控在控。全面落实32项降本增效措施，确保全年成本费用增幅低于收入增幅，全面完成扭亏增盈目标。深入开展“两金”清理工作，累计减少资金占用0.98亿元，公司存货、工程物资和各类应收款项较2014年压降13.17%。

（2）审计管理。累计开展各类审计项目93个，包括经济责任审计12个，固定资产投资审计4个，大修技改项目审计4个，救灾资金及灾后重建项目管理审计1个，工程竣工决算审计71个，网公司交叉例行审计1个，提出审计建议352条。针对南方电网公司专项审计和公司审计发现问题，建立审计整改台账，开展后续整改跟踪审计，协同各方共同推进审计整改工作落实，督促海口、儋州、文昌供电局在规定时间内完成网公司救灾专项资金和灾后重建项目审计整改，促进公司经营管理更加合法合规。

（3）基础管理。百万客户投诉量、供电可靠率等关键指标完成2015年的战略目标值，第二阶段战略目标基本实现。南方电网公司一体化管理制度体系在海南有效落地，完成了3252项作业标准的本地化修编及推广应用。海口供电局、儋州供电局两项QC管理成果荣获全国优秀质量管理奖。

（4）法律事务。2015年，梳理管控387个企业法律风险点，抓住美丽沙电缆污损、置业公司清算、小型基建清理等重要项目开展法律服务，并围绕外力破坏、反窃电、人身触电、合同风险等风险高发领域，编印《电力营销业务法律指引》《供电企业日常业务法律指引》《电力企业合同管理实用手册》等十余个专题法律指引，切实指导基层防控法律风险。并荣获海南省“六五”普法先进单位。加强公司合同管理，突出整治合同倒签现象，累计审查经济合同10 059份，提出重大法律修改意见158条，实现合同签订及时率和准确率的大幅提升。2015年，公司案件胜诉率达92%，挽回经济损失1633万元，杜绝了因自身违法违规引发新的重要案件发生。

人力资源管理 优化干部考评任用机制，规范动议提名方式，坚持以工作业绩和群众口碑为导向，对人选的廉洁自律、适岗胜任、能力素质等方面严格把关，从严从实选用干部，选优配强各级班子，注重防止“带病”提拔的现象发生，全年共开展5批次公司党组管理干部调整任免工作。

深化组织和用工配置，加快推进解决供电局冗员与结构性缺员问题。积极构建更加公平和谐的分配关系。

培训资源注重向一线倾斜，68%的培训经费用于一线员工，文昌培训基地一期工程正式投入运营，全年建成配电技能实训场地22个，累计开展一线人员实操培训11 860人次，实现同比翻番。人才评价更加突出服务员工成长，全年组织1879名技能人员开展岗位胜任能力评价，评价覆盖率达82%；组织配电线路等23个工种的1947名职工开展技能鉴定，1062人通过鉴定；完成1840人的特种作业取证（年审）工作，准入资格证持证率100%。

党建和精神文明建设 建立起周五政治学习常态机制，累计开展中心组集体学习研讨256次，组织各级领导班子讲专题党课153场。完成22个党委、5个党总支、266个党支部换届选举，形成“一供电局一党委，一部门一支部”的党建工作新格局。深入创建“十佳特色党支部”“党员示范岗”，不断深化党员“一带二”先锋工程。深化落实党建带团建工作，深入开展青字号特色实践活动，14名青年员工和27个青年集体荣获省部级表彰。

开展中央专项巡视整改落实工作，按期完成中央专项巡视要求的61项立行立改工作和13项需长期整改的内容。优化整合纪检监察力量。常态化开展分层分类的廉洁从业教育，持续保持反腐倡廉高压态势。集中力量完成2003～2014年信访件“大起底”，强化监督执纪问责，形成有力震慑，有效减少腐败存量、遏制增量。

海南电网公司通过《公司员工惩处实施细则（2015年修订）》等3项制度。强化职代会提案办理。发挥职工民主监督作用，落实职工代表巡视检查制度，针对安全生产中“三违”和劳动保护等情况的巡视工作覆盖全省19家供电局。开展公司厂务公开民主管理贯标认证工作，公司23个基层单位通过A级认证，地市级单位通过率达100%，进一步加强和规范了厂务公开民主管理工作。

截至2015年，海南电网公司系统19家供电局，已有14家分别被评为全国、海南省和南网文明单位，覆盖面达74%。海口供电局、三亚供电局荣获“全国模范职工之家”，公司应急指挥中心荣获海南省工人先锋号。

主要事件

3月26～29日，海南电网公司投入7500人次、1200多车次，连续14年圆满完成博鳌亚洲论坛年会保电任务。

7月1日，西南部电厂—崖城Ⅰ回220kV线路新建工程启动送电成功，标志着西南电厂配套送出工程全部竣工并网，为西南部电厂正式并网发电提供可靠的外部通道。

7月10日，海南电网公司承担的首个国家863重点科技课题“多类型新能源发电综合消纳的关键技术”通过国家科技部验收，在海南建成了全国第一个含多类型新能源的弱联电网示范工程。

9月8日，昌江核电经琼中抽蓄至琼海塔洋220kV中部输电大动脉贯通，海南电网形成“双环网+目字型”的网架格局。

10月30日，“南方主网与海南电网第二回联网工程”陆地工程在海南澄迈破土动工。

11月6日，核电至李坊Ⅱ回220kV新建线路工程的合环运行，标志着昌江核电配套电网建设工程全部投运，为核电的安全送出提供可靠通道。

11月11日，西环高铁配套供电工程博厚—福山牵引站220kV线路新建工程投入运行，西环高铁电力配套工程全部完成。

12月17日，琼海110kV银海变电站送电成功。该站是海南电网首个绿色智能数字化变电站。

2015年，海南电网公司全年投资完成44.8亿元，接近“十一五”总投资的1/2，投资规模创历史新高。

2015年，海南电网公司年售电量达207.35亿kWh，同比增长7.84%，取得历史性突破。

【(香港)中电控股有限公司】

企业概况 中电控股有限公司（简称中电）在香港联交所上市，是亚太区规模最大的私营电力公司之一。中电透过成立于1901年的中华电力有限公司（香港最大的电力公司），在港经营涵盖发电、输电、供电及客户服务的纵向式综合服务，香港业务约占集团总营运盈利约七成，中电业务扩展至亚太区其他活跃的能源市场，包括中国内地、印度、东南亚及中国台湾地区、澳大利亚。中电在亚太地区不同市场拥有约510万个客户和超过80项发电资产，发电及购电容量超过22 706MW，其中可再生能源占总发电装机容量的16.8%。中电投资的发电厂2015年总发电输出量为1322.3亿kWh。截至2015年12月31日，总资产为2039.6亿港元，同比减少5.0%。2015年中电总收入807.0亿港元，同比减少12.5%，营运盈利115亿港元，同比增长14.6%；计入出售澳洲Lona燃气厂66亿港元收益后，总盈利增加39.6%至157亿港元。

领导班子

董事局主席：米高·嘉道理爵士

执行董事、首席执行官：蓝凌志

执行董事、财务总裁：彭达思

中国区总裁：陈绍雄

投资策略 中电于2014年初修订了集团投资策略，策略可归纳为三点：专注、成效、增长。这一策略涵盖四个方面：① 继续以香港为主要市场并作为策略核心，致力长期在香港建立和扩展业务；② 中国内地和印度是全球发展最蓬勃的两个市场，在能源领域具有发展潜力和投资机遇，中电在当地具有有利的发展条件以及多元化和基础稳固的业务，将为未来增长提供良好的平台；③ 部分东南亚国家未来数年对发电容量的需求将保持强劲势头，密切留意相关国家情况，寻找发展机会，把握投资机遇；④ 致力于重新体现澳洲业务的资产价值。

业务发展

（1）香港地区业务。中电在香港营运纵向式综合电力业务，为九龙、新界、大屿山及大部分离岛约240万客户（即全港八成人口）提供可靠程度达99.999%的电力服务。中电在香港经营青山发电厂、龙鼓滩发电厂及竹篙湾燃气轮机发电厂。这三家电厂属青山发电有限公司所拥有，总发电容量为8888MW。中电所拥有的电缆总长度超过14 900km，变电站数目逾14 000个。2015年全年售电量创新高，比2014年增加0.3%，达到330.3亿kWh。售予中国内地的电量为11.9亿kWh，比2014年减少3.2%。2015年中电投资76亿港元在发电、输配电网络、客户服务及配套设施上，其中包括启用三个新变电站，以配合香港不断拓展的道路及铁路网络、政府的“净化海港计划”，以及新界西北部人口增长所带来的用电需求。2015年，中电在香港的电力业务盈利为82.8亿港元，同比增加6.4%。

（2）中国内地业务。中电是中国内地最大的外资发电公司之一，投资分布在15个省（区、市），与五大发电集团、两大电网公司、中国广核集团、神华集团、中国能建、中国电建等能源企业均有良好的业务合作。至2015年底，中电在内地的发电权益及购电容量约为7960MW，其中火电容量4056MW、核电1380MW、水电及抽水蓄能1089MW、风电1260MW、光伏发电175MW。中电投资的防城港电厂二期继续按进度施工，云南省寻甸风电项目（49.5MW）和云南省西村太阳能光伏电站二期（42MW）开始商业运行；贵州省三都一期、山东省中电莱州一期及莱芜二期风电项目（合共198MW）的建造工程均继续进行。三都二期（99MW）已通过政府审批。2015年，中电与中国广核集团就广东大亚湾核电站缔约伙伴关系踏入30周年。核电站继续保持运作畅顺，使用率达89.5%。2015年，中电内地业务营运盈利为19.8亿港元，比2014年增加25.2%。

（3）印度业务。中电印度是当地领先的独立发电外资公司，也是最大的风电开发公司。2015年，中电印度有三个风力发电场（中央邦的Chandgarh风力发电场及拉贾斯坦邦的Bhakrani和Tejuva风力发电场）全面投产，中电在2015年新增了逾190MW的风电容量。马哈拉施特拉邦的Yermala风力发电场（149MW）已开始施工。2015年中电印度的营运盈利达6.1亿港元，较2014年增加126.7%。

（4）东南亚及中国台湾业务。中电从20世纪90年代初期开始拓展东南亚电力市场，至2015年持有中国台湾和平电厂和泰国Lopburi太阳能光伏发电项目的权益。2015年，中电在越南的两个开发中燃煤发电项目（Vung Ang 二期及 Vinh Tan 三期）取得重大进展。相关的设备供应和建造合约，以及煤炭供应和运输的协议均已大致落实，为建造工程和长期燃料供应敲定了重要环节。有关主要特许协议及购电协议的磋商，也已进入最后阶段。另外，Vinh Tan 三期项目公司于 11 月迈出重要一步，在中国国家主席习近平及越共总书记阮富仲的见证下，与中国主要的政策银行国家开发股份有限公司（简称国开行）签署了谅解备忘录。国开行成为拟向项目发展提供融资的其中一家银行。2015 年，中电来自东南亚及中国台湾投资项目的营运盈利为 3.12 亿港元，较 2014 年增加 5.1%。

（5）澳洲业务。EnergyAustralia 经营综合能源业务，服务澳洲东南部 264 万客户，业务范围包括燃煤、天然气、风力发电和燃气贮存等。2015 年中电重组 EnergyAustralia，新管理团队助力公司转型为具领导地位的低成本能源零售商。2015 年 12 月，集团以 99.9 亿港元完成出售 Lona 燃气厂，取得 66.2 亿港元的收益。2015 年，中电澳洲业务的营运盈利为 8.4 亿港元，较 2014 年增加 10.6%。

（郭新宇　钟文芳）

【广西桂冠电力股份有限公司】

公司概况　广西桂冠电力股份有限公司（简称桂冠电力）创立于 1992 年 9 月，当时负责开发建设经营广西红水河百龙滩水电站，是全国第一家以股份制形式筹集资金进行大中型水电站建设的企业。2000 年 3 月，桂冠电力 A 股股票在上海证券交易所上市，公司本部位于广西壮族自治区首府南宁市。

桂冠电力是中国大唐集团公司的控股子公司，拥有广西龙滩、岩滩、平班、大化、百龙滩、乐滩以及四川天龙湖、金龙潭、仙女堡、湖北沿渡河共 10 座水电站、合山 1 座火电厂，并在贵州、山东等地拥有 6 个风电场，可控装机容量为 1058.05 万 kW，其中水电 900.9 万 kW、火电 133 万 kW、风电 24.15 万 kW。

桂冠电力坚持以红水河流域开发为主线，以水电开发与运营为主导产业，适当发展其他清洁能源，实现可持续发展。2015 年 12 月 31 日，公司总资产 434.04 亿元、净资产 146.49 亿元、净资产收益率 29.99%。

领导班子

大唐集团总经理助理兼桂冠电力总经理、党组书记：戴波

桂冠电力副总经理、党组成员：罗赤橙、钟赵龙

副总经理、党组成员、工会主席：罗书葵

党组成员、纪检组长：曹树文

总会计师、党组成员：曹军

副总经理：王询

总经济师：谢丽英

组织机构　截至 2015 年底，桂冠电力公司本部共有 9 个职能管理部门，拥有龙滩水力发电厂等 9 家基层发电企业、1 个筹备处及 2 个专业公司、1 个集控中心。

经营局面　2015 年，桂冠电力实现营业收入同比增加 10.71%；利润总额同比增加 77.19%；年底公司资产负债率为 66.25%，较年初降低 9.6 个百分点。公司系统各企业创先争优，9 家发电企业 5 家提前完成年度利润目标。

加强成本指标对标日常分析管理，严控成本费用支出，较年初预算节约 5486 万元，降幅 2.90%。强化资金管理，优化债务结构，全年归还或置换到期贷款 124.85 亿元，节约财务费用 8100 万元。加强项目工程竣工结算审计，完成造价审计项目 107 项，审减金额 804 万元。

2015 年，桂冠电力全年完成发电量 423.05 亿 kWh，同比增加 14.17 %；其中：水电 384.74 亿 kWh，同比增加 23.23%；火电 34.45 亿 kWh，同比减少 36.93%；风电 3.86 亿 kWh，同比增加 3.49%。通过梯级水库联合调度，龙滩电厂在长期高水位运行压力下实现零弃水，最大限度减少了红水河流域下游弃水电量。2015 年，公司水电实现大丰收，龙滩、岩滩、大化、桂开、平班 5 家单位发电量创历史纪录并超设计值。同时，节水增发效益显著，全年水能利用提高率达 3.65%，实现节水增发电量 15.5 亿 kWh。火电方面，积极争取低能耗机组优先发电，合山 67 万 kW 机组连续在网运行 246 天。

结构调整　桂冠电力在役装机容量为 1058.05 万 kW，其中水电 900.9 万 kW、火电 133 万 kW、风电 24.15 万 kW，清洁能源比重达 85.1%。

前期工作取得积极进展。超额完成核准目标，合山 4 号机组（67 万 kW）、宾阳马王风电（10 万 kW）、贵州兴义七舍风电（4.95 万 kW）共 81.95 万 kW 项目先后获得核准。有序推进了松塔水电、八渡水电及贵州遵义枫香、枫乐风电等项目前期工作。

工程建设取得新成果。洪关太阳坪风电首次采用 EPC 总承包建设模式，年底实现首批风机投产发电，工程优良率 100%。优化设计不断加强。积极推动在建项目优化设计管理，针对洪关太阳坪风电项目场内道路、风机机型选比及电缆材料等优化设计，节省投资约 1300 万元。

安全生产　2015 年，桂冠电力继续从源头上抓好安全管理，强化红线意识，落实安全责任，安全基础进一步夯实。一是基础管理不断夯实。强化责任和制度落实，优化安全生产基础管理，深化安全生产专项工作，突出依法合规生产，积极开展隐患排查和风险

管控，保持了安全生产稳定局面。深入开展安全风险控制评估内审和外审，全年完成内审 24 家、外审 6 家，岩滩公司风险度低于 10%，龙滩、大化电厂风险度低于 15%，其他单位的管控体系正常运行，水电风险管控达到集团水电最优水平。二是设备治理持续加强。狠抓设备综合治理，深化设备缺陷“六不放过”，设备缺陷持续下降；全年完成重点技改、修理项目 131 项，完成机组检修 101 台次，通过开展重大技术、重点难点问题攻关，解决了 28 项重大设备隐患，保障了设备长周期安全运行。全年发生集团公司统计的非停 2 次，同比减少 3 次，低于集团考核目标 3 次。三是防洪度汛机制日益完善。强化防汛责任落实，科学调度，有效应对了“厄尔尼诺”异常天气和冬汛。健全水电厂“三层防护”机制，加强应急与突发事件管理，提升企业和地方联防联控水平，成功抵御了下六甲水库 10 年一遇洪水，妥善处置了“6·15”大化水库失控船只、“9·16”乐滩 2 号泄洪闸门卡阻等突发事件。四是科技创新不断深入。年度新增发明专利授权 5 项，实用新型授权 38 项；全年公司科技成果及论文获得省部级奖励 11 项，获得集团公司奖励 16 项。

节能减排 桂冠电力结合实际制定《桂冠电力公司 2015 年节能减排考核办法》和《合山发电公司 2015 年节能减排行动计划》，排放指标得到了有效控制。成立工作组织机构，制定实施工作方案，研究提出节能改造重点问题及综合治理项目。加强节能综合诊断，从优化电量结构、燃料结构、运行参数等方面做了大量有益工作。

合山发电公司确定了机组“达设计值”指标三级体系，开展了给水温度、排烟温度等指标的运行对标。67 万 kW 机组主蒸汽温度、再热汽温、锅炉效率、给水温度、排烟温度、真空度等 6 个指标均达设计值。以“优化运行”为抓手，推进节能降耗，合山 3 号机组在 50%负荷工况下，将一次风压降低 2kPa，氧量下降至 6.5%运行，引、送、一次风机总电流可下降 175A。通过研究磨煤机钢球配比减少钢球量，使磨煤机电流下降 20～30A。通过优化锅炉吹灰、启停磨控制、燃烧调整、水煤比控制等措施，3 号炉水冷壁拉裂状况明显好转，未出现水冷壁拉裂现象。2015 年，脱硫设备同步投运率 100%，脱硝设备投运率 99.9%，除尘设备同步投运率 100%；二氧化硫排放浓度达标率 100%，NO_x 排放浓度达标率 99.9%，烟尘排放达标率 100%。

资本运作 6 月 26 日龙滩重组方案以 95.37%的支持率高票通过股东大会表决，10 月 21 日获得证监会并购重组委审核通过，12 月 10 日收到中国证券登记结算公司出具的《证券变更登记证明》。至此，桂冠电力收购龙滩资产 100%股权圆满完成，成为集团公司 2015 年度最成功的资本运营案例。重组后桂冠电力资产规模大幅提高，装机容量从 567.25 万 kW 增至 1057.25 万 kW，总资产从 211.39 亿元增至 436.34 亿元。近两年来，“桂冠电力”年度股价涨幅均超过 50%，成交量增长超过 240%，并首次获得“中国主板上市公司价值百强”称号。

从严治企

（1）依法治企工作不断深化。企业法治工作新五年规划稳步实施，法律风险防范机制持续深化，合规管理体系建设不断完善，法律监督与风险管理职能逐步延伸。强化企业依法维权，妥善处理了企业间债务拖欠、合同违约、侵权责任纠纷等诉讼案件。

（2）审计工作务实开展。继续将内审的监督服务职能贯穿到生产经营各个环节，全年组织完成例行审计 27 项，完成造价审计项目 107 项，审减金额 804 万。先后组织开展审计问题整改专项约谈、依法经营规范管理暨“五类问题”专项检查等活动，全面梳理发现问题，建立审计台账，实时跟踪管理，加强督查督办工作，促进了各项重点整改任务的落实。

（3）巡视整改全面完成。按照集团公司专项巡视整改要求，对照集团公司专项巡视整改问题，整改完成了公司涉及的 9 项问题；并举一反三，对自查自纠发现的 12 项问题及时完成了整改任务。

（4）内控管理持续完善。积极开展《集团全面风险管理报送系统》运行试点工作，修编公司内控管理手册，编制年度内控评价和管理报告，对 149 项管理缺陷进行了整改，内控体系更加健全，风险管控能力有效提升。

党建思想政治工作 2015 年，广西桂冠“三严三实”专题教育扎实开展；党风廉政建设不断强化；人才队伍建设进一步加强；新闻宣传取得新成效；群团工作扎实开展。

社会责任 坚持绿色发展理念，全过程推行清洁生产，注重源头保护，坚决避免走先污染、后治理的老路。严守生态保护红线，新建项目严格履行环境影响评价和水土保持方案审批制度，严格执行环境保护和水资源保护设施建设“三同时”制度。

红水河龙滩水电站枢纽工程创建了“绿色龙滩”环保水保“六到位”（即思想认识、机构人员、管理措施、建设投资、规划设计、综合监理六到位）管理新模式，把水土保持建设与工程管理工作集成为一套科学的管理体系。积极采用新材料、新技术，防洪效果显著，取得了良好的生态、经济、社会效益。水土流失防治效果突出。扰动土地整治率为 99.38%，水土流失总治理度为 99.08%，土壤流失控制比为 1.02，拦渣率为 99%，林草植被恢复率为 95.54%，林草覆盖率为22.99%，工程达到了国家水土保持生态文明工程评审标准，通过了国家水土保持生态文明工程专家评审。

大力开展鱼类增殖放流活动。精准扶贫履行央企社会责任。积极开展社区公益活动。

主要事件 1月，龙滩水力发电厂考勤管理系统获得国家软件著作版权。

2月，大唐岩滩水力发电有限责任公司荣获中国电力企业联合会“4A级标准化良好行为企业”。

2月，广西桂冠大化水力发电总厂荣获中央精神文明建设指导委员会“全国文明单位”称号。

3月，水利部下文公布“龙滩水电工程项目被确定为国家水土保持生态文明工程”。

4月，大唐桂冠合山发电有限公司获得“全国劳动模范”称号。

同月，龙滩水力发电厂吴义斌获得“中央企业技术能手”、“中央企业青年岗位能手”称号。

同月，广西桂冠开投电力有限责任公司荣获中华全国总工会“全国‘安康杯’竞赛优胜企业、连胜杯、示范单位”称号。

6月，龙滩水力发电厂被中国能源化学工会授予“2014年度全国大型水电厂（站）劳动竞赛先进单位”称号。

7月，桂冠电力荣获“中国主板上市公司价值百强”称号。

同月，桂冠电力荣获广西企业与企业家联合会“2015广西企业100强”称号。

同月，大唐桂冠合山发电有限公司工会委员会荣获广西壮族自治区总工会“全区企业工会工作红旗单位”。

8月，龙滩水力发电厂获得了“自治区文明单位”称号。

9月，龙滩水力发电厂通过国家标准化委员会、中国电力企业联合会组织的“标准化良好行为企业”4A级现场确认。

2015年，在2015年广西知识产权优秀企业申报中，龙滩水力发电厂被自治区知识产权局认定为第三批自治区知识产权优势企业培育单位。大唐桂冠合山发电有限公司荣获“全国模范职工之家”称号。大化水电总厂继续保留“全国文明单位”荣誉称号。大化水电总厂获得“2014～2015年度全国大型水电厂青年工作先进单位”称号。大化水电总厂获得“2014年全国大型水电厂劳动竞赛先进单位”称号。

【贵州乌江水电开发有限责任公司】

公司概况 贵州乌江水电开发有限责任公司（中国华电集团公司贵州公司，简称乌江公司）前身为乌江水电开发公司，是1990年经国务院同意，原国家能源部、国家计委批准，于1992年正式成立的中国第一家流域水电开发公司，1999年改制为贵州乌江水电开发有限责任公司，产权比例为国家电力公司51%，贵州省49%。2002年12月，根据国家电力体制改革总体部署，原国家电力公司持有的乌江公司51%股权整体划转中国华电集团公司。乌江公司按照“流域、梯级、滚动、综合”开发的方针，经营管理、开发建设乌江干流贵州境内河段，全资拥有乌江干流的洪家渡、东风、索风营、乌江渡、构皮滩、思林、沙沱7座水电站。截至2013年底，7座水电站均已投产发电，乌江干流贵州段梯级水电开发任务圆满完成。2013年10月18日，贵州省人民政府国有资产监督管理委员会将持有的49%股权划转贵州产业投资（集团）有限责任公司。截至2015年底，贵州乌江水电开发有限责任公司的产权比例为集团公司51%，贵州产业投资（集团）有限责任公司49%。中国华电集团公司贵州公司于2003年2月成立，是集团公司在贵州省的派出机构，负责集团公司在贵州省的生产经营管理、发展规划、电力营销、协调服务等工作。2007年1月9日，集团公司对乌江公司、华电贵州公司进行管理整合，两公司实行“一套机构、两块牌子、合署办公”，原有人员全部合并管理。2011年3月，乌江公司完成了对集团公司在贵州区域的火电资产整合二作，收购原华电贵州公司所有资产。

截至2015年底，乌江公司已从成立之初拥有114万kW水电装机容量的单一水电流域开发公司发展成为水火电装机容量1319.5万kW、控股煤炭产能357万t/年的综合性能源企业，并涉足页岩气、管网等油气资源开发，风能、太阳能等新能源领域，初步形成了“水火互济、电煤并举、气网同步、综合发展”的发展格局。除全资拥有乌江干流的洪家渡、东风、索风营、乌江渡、构皮滩、思林、沙沱7座水电站，乌江公司（贵州公司）还控、参股贵州乌江房地产开发有限公司（100.00%股权）、贵州江电实业有限公司（100.00%股权）、贵州乌江水电成套设备公司（100.00%股权）、贵州华黔能源有限公司（50.00%股权）、贵州乌江水电工程建设监理有限责任公司（70.00%股权）、贵州华电毕节热电有限公司（92.00%股权）、贵州华电乌江电力工程有限公司（34.78%股权）、贵州华电塘寨发电有限公司（90.00%股权）、贵州华电桐梓发电有限公司（61.00%股权）、贵州乌江清水河水电开发有限公司（51.00%股权）、贵州华电清镇发电有限公司（100.00%股权）、贵州华电遵义发有限公司（100.00%股权）、贵州华电大龙发电有限公司（100.00%股权）、贵州大方发电有限公司（45.00%股权）、贵州华电（毕节）头步发电有限公司

（60.00%股权）、贵州华电安顺华荣投资有限公司（51.00%股权）、贵州华电华和能源有限公司（66.00%股权）、贵州华电水电工程项目管理有限公司（100.00%股权）、贵州黔能页岩气开发有限责任公司（51.00%股权）、贵州华电乌江售电有限公司（100.00%股权）、贵州华电蔡官发电有限公司（100.00%股权）、遵义铝业股份有限公司（26.91%股权）、中国铝业遵义氧化铝有限公司（26.72%股权）、贵州徐矿花秋矿业有限责任公司（39.72%股权）、贵州西电电力股份有限公司（3.56%股权）、重庆大唐彭水水电开发有限公司（12.00%股权）、国电安顺第二发电有限公司（18.00%股权）、华信保险经纪有限公司（6.00%股权）、华电财务有限公司（4.95%股权）、华电置业有限公司（7.20%股权）、华电煤业集团有限公司（4.83%股权）、华电福新能源股份有限公司（2.25%股权）、贵州黔源电力股份有限公司（12.40%股权）、贵州西源发电有限责任公司（21.00%股权）、贵州北源发电有限责任公司（40.00%股权）、珠海市鑫贵铝电发展有限公司（91.00%股权）、香港贵力航运企业股份有限公司（30.00%股权）、贵州通信投资股份有限公司（20.00%股权）、贵州汉方实业股份有限公司（3.85%股权）、贵州爱纶丝化纤有限公司（21.14%股权）。

领导班子

董事长、党委委员：王文琦

副董事长、党委书记：郑华

总经理、党委委员：张志强

副总经理、党委委员：杨宝银

工会主席、党委委员：王汉生

副总经理、总会计师、党委委员：罗涛

副总经理、党委委员：黄志斌［9月10日起任乌江公司（贵州公司）副总经理、党委委员］

副总经理、党委委员：李同策

副总经理、党委委员：白启树

副总经理、总工程师、党委委员：彭鹏［5月15日起任乌江公司（贵州公司）副总经理、总工程师、党委委员］

组织机构 乌江公司（贵州公司）本部设12个职能部室，共有参、控股（含全资企业）和分公司47家，其中控股及全资企业22家，分公司7家，参股企业18家。拥有投产发电装机容量1319.5万kW，其中水电869.5万kW，火电450万kW，总装机容量约占贵州省统调总装机容量的34%，是贵州省装机规模最大的发电企业。

工作业绩 2015年，乌江公司（贵州公司）完成发电量493.52亿kWh，同比增长7.6%，其中：水电310.52亿kWh，同比增长11.31%；火电183亿kWh，同比增长1.83%。完成供电煤耗330.72克/kWh，同比减少5.28克/kWh。控股煤炭产量102.05万t，同比减少58.32%。完成销售收入162.82亿元，同比增长2.21%。实现利润27.8亿元，同比增长13.61亿元。

生产经营管理 所属各单位继续保持长周期安全生产，其中洪家渡安全生产记录超过4000天，东风、索风营、乌江渡、大龙超过3000天。持续强化经营管理，实施“板块互补、要素互补”的经营策略，经济效益再创新高。

（1）水电发电量创历史最好水平。创造优化调度电量23亿kWh，创造直接经济效益6.67亿元。在来水同比减少15%的情况下，实现多发电量32亿kWh；年末水库蓄能同比增加12.35亿kWh。

（2）市场营销持续强化。公司全年共签约41.93亿kWh直供电协议；协调贵州省经信委调增大龙电量1.2亿kWh，增加收益0.43亿元；实现塘寨转移代发电量近5亿kWh，保障既得收益1.71亿元；毕节公司较去年增加利润5062万元，设备利用小时达6101h，列贵州统调机组第一名。

（3）政策争取成效突出。环保技改完成机组的脱硝、除尘电价全部到位，取得增值税退税等政策效益4.61亿元。

（4）燃料管控水平明显提升。实现市场采购价格同区域、同流向最优，全年采购标煤单价488元/t，在贵州四大发电集团对标中排名第二。

（5）资金管理不断加强。扩大直接融资品种与规模，公司系统单位资金实现平稳接续，全年财务费用同比减少3.44亿元，五项经费同比下降12.54%。

项目发展

（1）页岩气开发。所属黔能页岩气公司取得中华人民共和国气体矿产勘查乙级资质证书，优质高效完成“正安—务川”页岩气勘查区块首轮121.3km二维地震勘探工作，完成“安页1井”直井钻探并获良好气测。开展黔北天然气城际管网规划研究工作，并取得贵州省发展改革委“路条”。

（2）新能源开发。与7个县市签订或达成资源开发协议，锁定新能源资源230万kW，完成首批优选的15个风电项目的发起备案工作。

（3）火电及配套项目建设。大方二期首台机组取得贵州省发展改革委核准批复和集团公司施工准备备案批复；毕节热电二期项目已通过集团公司技经评估及投资论证会审查；毕节热网及大方铁路专用线等火电配套项目按计划有序推进。

（4）“走出去”战略。以水电项目公司为平台，在云南、新疆等地累计完成建设管理和咨询项目40

余项，并与金沙江上游公司签订巴塘水电站（75 万 kW）项目管理协议。积极参与“中非产能合作论坛”，谋划“走出去”战略，得到省政府和集团公司大力支持。

（5）通航工程建设。思林水电站升船机按期完成过船试验，成为贵州省建成的首座过坝通航工程。

改革发展 所属 9 座梯级水电站全部实现“远程集控、少人维护”管控模式，成为国内首家实现这一模式的流域发电企业。2015 年公司 5 项技术获国家专利授权，4 项科技成果获集团公司科技进步奖，32 项管理成果获省部级企业管理创新成果奖或优秀论文奖。

党的建设、精神文明建设、企业文化建设 加强思想建设，牢记宗旨，坚定信念。加强组织建设，强基固本，带好队伍。加强作风建设，严明纪律，优化服务。加强反腐倡廉建设，强化责任，严肃问责。切实加强制度建设，建立清单，划出底线。切实加强群团工作领导，汇集众智，聚强合力。扎实开展“三严三实”专题教育。

大 事 记

1月5日 中国国务院总理李克强视察中国能建广东院公司，主持召开外向型企业负责人座谈会。

同日 南方电网公司收到《国家发展改革委关于深圳供电局有限公司2015～2017年输配电价的批复》（发改价格〔2014〕2998号），深圳供电局首个监管周期的电网输配电准许收入和输配电价已获批复。这标志着深圳输配电价改革试点工作进入正式实施阶段，是我国电力市场化改革的一个重大突破。

1月6日 神华国能集团公司世界首个百万千瓦级间接空冷燃煤机组电厂获得宁夏回族自治区发展改革委核准。

1月7日 国家能源局印发《关于加强电力企业安全风险预控体系建设的指导意见》（国能安全〔2015〕1号），引导电力企业实现电力安全生产系统化、科学化、标准化、精细化管理，构建本质安全企业，防范电力事故。

同日 电力公司同行评估（CPR）离场会在北京召开。

1月9日 2014年度国家科学技术奖励大会在北京举行。中国电建所属昆明勘测设计研究院和水电工程顾问集团主持完成的华能糯扎渡水电站超高心墙堆石坝工程“超高心墙堆石坝关键技术及应用”获国家科学技术进步奖二等奖。华东勘测设计研究院参与完成的“隧道与地下工程重大突涌水灾害治理关键技术及工程应用”获国家科学技术进步奖二等奖。中国能建所属中电工程华东院公司参与完成的“大型超超临界机组自动化成套控制系统关键技术及应用”获国家科学技术进步奖二等奖。

同日 神华集团印尼南苏电厂二期扩建项目正式获得印尼国家矿能部批复，标志着该扩建项目已正式进入项目实施阶段，是二期扩建项目的重大里程碑。

1月12日 2014年中国建设工程鲁班奖（境外工程）入选工程名单揭晓，中国电建所属山东电建三公司以EPC方式承建的阿曼萨拉拉“五拖二”445MW燃气-蒸汽联合循环机组工程荣获2014年中国建设工程鲁班奖（境外工程）。中国电建参建的华东电网调度中心大楼在此前荣获2014年境内工程鲁班奖。

同日 国家能源局发布《关于鼓励社会资本投资水电站的指导意见》（国能新能〔2015〕8号），规范和完善水电投资环境，促进水电持续健康有序发展。同日，国家能源局印发《关于取消发电机组并网安全性评价有关事项的通知》（国能安全〔2015〕28号），明确国家能源局及其派出机构不再组织开展发电机组并网安全性评价工作。

1月14日 中电联与美国环保协会在北京共同召开《中国电力减排研究2014》发布会。

同日 中国能建投资的首个风电项目——浙江海盐风电场全部风机并网发电。

1月15日 第二十一届全国企业管理现代化创新成果评选结果出炉，华能集团山东公司的“发电企业基于一体化信息平台的在线经营管理”获第二十一届全国企业管理现代化创新成果一等奖，华能集团澜沧江公司的“基于BOT模式的境外大型水电站的建设与运营管理”“水电工程建设的生态环保管理”和华能集团新能源公司的“分散式接入风电项目开发建设和运行管理”获二等奖。

同日 国家标准化管理委员会批复同意由中电联承担国际电工委员会智慧能源系统委员会第一国内对口单位。

同日 新疆维吾尔自治区人民政府分别以新政函〔2015〕20号、21号文，核准批复神华集团五彩湾电厂二期2×660MW项目、准东煤电公司2×660MW项目两个特高压配套电源项目。

1月15日 2014年度电力行业信用体系建设工作会议在上海召开。会议发布了107家电力企业信用等级，发布了《电力行业信用体系建设指导意见（2015～2020年）》。

1月19日 《人民日报》头版头条发表消息《火电低排放 燃煤似燃气 华能绿色煤电曙光初见》。文章介绍了华能集团通过增加投入和技术创新，对存量燃煤机组实施超低排放改造，实现绿色发展所取得的成就。

1月20日 中国能源建设股份有限公司成立大会暨揭牌仪式在北京举行。

1月22日 中国三峡集团以EPC方式建设的马来西亚沐若水电站发电机组整体投产，总装机容量为94.4万kW。

1月26日 全国企业管理现代化创新成果审定委员会公布“第二十一届全国企业管理现代化创新成果”获奖项目，国家电网公司系统18项成果获奖，其中“特大型电网企业以‘三集五大’为核心的管理变革”“分布式光伏并网服务管理体系建设”获国家级管理创新成果一等奖。

1月30日 中电联编制完成《2015年度全国电力供需形势分析预测报告》，报送国家发展改革委等10个政府部门和理事长、副理事长单位，寄送会员单位。

1月31日 中共中央政治局常委、全国政协主席俞正声在河北保定调研期间，到国电联合动力技术（保定）有限公司考察。

2月1日 正在非洲访问的中国国家主席习近平与津巴布韦总统穆加贝举行了会谈，并共同见证了两国一系列合作文件的签署。其中，中国电建董事长晏志勇与津巴布韦能源及电力发展部部长乌登盖共同签署了合同金额约11.74亿美元的旺吉电站扩机项目协议。

2月3日 《全球能源互联网》首发仪式暨专家座谈会在北京举行。能源电力领域有关院士专家、政府有关部门领导、电力企业和相关组织代表参加了这次会议。国家电网公司董事长、党组书记刘振亚出席并讲话。

同日 中国能建与中国水力发电工程学会在北京联合主办2015年中国水电发展论坛暨水力发电科学技术奖颁奖典礼。

2月4日 阿根廷基什内尔-塞佩里克水电站项目开工令签署及视频开工仪式在北京举行。阿根廷总统克里斯蒂娜主持仪式并宣读项目开工令，国家发展改革委主任徐绍史，阿根廷联邦计划部部长、经济部部长，中国能建董事长、党委书记汪建平出席仪式。

2月6日 《特高压交直流电网》俄文版首发仪式在俄罗斯莫斯科举行。2月10日，《特高压交直流电网》英文版首发式在美国佛罗里达州奥兰多举行。

同日 中俄电力领域合作工作组第一次会议在北京召开，会议进一步落实中俄两国元首会晤成果。工作组中方主席、国家能源局副局长王禹民与工作组俄方主席、俄罗斯能源部副部长克拉夫琴科出席会议并讲话。会后，双方还签署了《中俄电力合作工作组第一次会议纪要》。

2月9日 神华集团重庆万州港电公司1号发电机组顺利通过168h试运行。该机组是国内首台高效一次再热超净排放105万kW机组。

2月10日 全国首套2.6+全预混燃燃烧系统落户神华国华电力公司余姚电厂。

2月12日 方家山2号机组提前商运，创造该类型机组从首次装料到具备商运条件最短工期纪录，秦山核电基地全面建成，成为中国机组数量最多、堆型最丰富、装机规模最大的核电基地。

2月13日 国际电工委员会（IEC）电力变压器技术委员会TC14正式批准《变压器直流偏磁抑制装置技术导则》新标准提案立项，项目编号为IEC 62984，该提案由国家电网公司发起。这是中国首次在IEC TC14主导制定国际标准。

2月16日 国家电网公司在电气与电子工程师学会（IEEE）发起的《微电网规划与设计》国际标准（P2030.9）正式立项。

2月17日 经国家发展改革委主任办公会审议通过，《电力安全生产监督管理办法》以中华人民共和国国家发展和改革委员会令（第21号）发布。

2月20日 中电联完成《中国电力工业现状与展望（2015）》服务手册编辑出版工作，并向电力行业全国两会代表进行发放。

同日 由中国电建总承包的尼日利亚奥贡75万kW联合循环燃机电站二期工程并网发电。中国电建的海外业务总装机容量达到10 872万kW（数据统计自2004年开始）。

2月28日 全国精神文明建设工作表彰暨学雷锋志愿服务大会在北京召开。华能集团所属杨柳青热电厂、包头第三热电厂、东方电厂、海口电厂、珞璜电厂、澜沧江公司、糯扎渡水电站、景洪水电厂、苗尾·功果桥水电站等9家基层单位获得“全国文明单位”称号。中国电建所属水电十三局有限公司、四川电力设计咨询公司、重庆电力建设总公司、上海电力修造总厂有限公司等4家企业获得“全国文明单位”称号；水电四局有限公司、宁夏电力建设工程公司、江西省电力设备总厂有限公司通过“全国文明单位”复查公示。中国能建所属中电工程（本部）、广西工程局、葛洲坝国际公司、中电工程华北院、中电工程中南院、浙江院、安徽电建一公司等7家企业获得“全国文明单位”称号。

2月 经中国证监会批准，由中国上市公司协会与中国证券投资者保护基金有限责任公司联合中国证券业协会、中国基金业协会共同举办的“最受投资者尊重的上市公司评选”活动获奖名单产生并经中国证监会上市部确认，国投电力荣获“2014年度最受投资者尊重的百强上市公司”称号。

3月1日 三峡坝区专用公路对社会车辆扩大开放。

3月3日 华能伊敏露天矿自行完成整体大修的WK－35型号电铲顺利投入生产。此次整体大修在国内尚属首例，开创了行业同型号电铲大修先河。

3月4日 华能天津IGCC电站成功完成机组满负荷冲击试验，实现投运以来首次满负荷运行。

3月6日 华能宁夏公司大坝电厂四期工程2×66万kW燃煤机组项目正式开工建设。该项目是宁东—浙江±800kV特高压直流输电工程配套电源项目之一。

同日 华能碳资产公司在北京举办中国大型国有电力企业碳排放数据报送及优化系统发布会。该系统是中国第一个结合温室气体排放数据报送与碳资产优化管理的系统，由碳资产公司独家研发完成，已在华能集团投入试运行。

3月10日 由中国电建所属山东电建二公司承建的广东阳江核电2号机组（100万kW）并网发电，机组各项参数正常。

3月11日 华能开发公司重庆矿产资源开发有限公司第一口煤层气参数井“綦煤2井”开钻。该参数井是依托“重庆市煤层气地面抽采技术研究与示范项目”实施的第一口煤层气参数井，设计井深990m。

3月13日14时47分 华能北京热电厂2号汽轮发电机组突然发生爆炸燃烧，事故未造成人员伤亡，共造成直接经济损失988.46万元。7月29日，华北能源监管局在其官方网站公布了《北京热电有限责任公司“3·13”2号机组一般设备事故调查报告》。报告称，本次事故系北京热电有限责任公司2号机组汽轮机第20级叶轮轮缘在运行中突然断裂引起轮缘脱落所致。经调查认定，该起事故为设备质量缺陷导致的一般设备事故。

3月17日 华能集团召开首批首席专家、首席技师聘任会议，聘任杨恂、杨寿敏为公司名誉首席专家，姚伟等11人为公司首席专家，王健等16人为公司首席技师。

3月18日 华亭煤业公司“急倾斜特厚易燃煤层群综合机械化放顶煤开采”项目通过中国煤炭工业协会组织的科技成果鉴定，达到了国际领先水平。

3月20日 神华集团北京热电厂1号机组正式与电网解列。按照停机计划安排，北京热电厂2号机已于3月19日先期停机。至此，该厂两台燃煤机组功率从此全部归零，服务首都近60年、为首都经济和社会发展做出巨大贡献的神华国华北京热电厂正式关停。

3月21日 由中国电建所属山东电建三公司承建的福建宁德核电3号机组（100万kW）并网发电，机组各项参数正常。

3月21～23日 中国发展高层论坛2015年会在北京举行，国务院副总理张高丽出席开幕式并致辞。中国国电集团公司董事长乔保平应邀参加会议，并在“节能减排与大气污染防治”峰会上做主题发言。

3月23日 中电联向国家能源局报送《全国并网风电装机容量首次突破1亿kW》专报信息，被国办采用。

3月25日 国家能源局印发《关于2015年中央发电企业煤电节能减排升级改造目标任务的通知》（国能电力〔2015〕93号），对华能、大唐等八家中央发电企业下达了2015年度煤电节能减排升级改造目标任务。

同日 由中国电建所属水电四局以BT模式承建的中国西北最大规模集中安置工程——青海省海东高铁新区项目首批（A-2、A-3小区）864套房屋全部移交海东工业园区管委会，标志着海东高铁新区项目全面进入移交阶段，为居民陆续乔迁新居打下坚实基础。

3月26日 中电联秘书长王志轩出席亚太经合组织在上海国际会议中心举办的提高燃煤火电效率创新技术论坛，并就中国燃煤清洁高效利用现状和展望发表了专题演讲。

3月27日 国务院总理李克强在人民大会堂会见了来华进行工作访问并出席博鳌亚洲论坛的哈萨克斯坦总理马西莫夫，两国总理共同见证中哈产能与投资合作备忘录以及关于两国各领域产能合作33份文件的签署。中国电建所属湖北公司签署东哈州Tainty 24MW风电项目，这也是一系列合作项目中唯一的新能源项目。

3月30日 国网智研院牵头完成的“±800kV/5000A特高压直流换流阀关键技术研究、产品研制及工程应用”和“±1100kV/5500A特高压直流换流阀研制”两个项目通过中国电机工程学会技术成果鉴定。

同日 中国核电与韩国水电核电对标交流会在韩国首尔举行。

3月31日 南方电网公司一季度西电东送完成售电量307亿kWh，创同期历史新高。

同日 中电联秘书长王志轩会见台湾旅沙电力协会理事长李锦田一行，并就搭建两岸电力行业交流平台、能源电力清洁发展等议题进行了交流。

4月1日 经国家发展改革委主任办公会审议通过，《水电站大坝运行安全监督管理规定》以中华人民共和国国家发展和改革委员会令（第23号）发布。

4月1～3日 第七届中国国际清洁能源博览会暨中国清洁电力峰会在北京召开，本届博览会以“发展清洁能源，推动能源革命”为主题，包括展会和峰会两个部分。峰会包括一个主论坛和五场专业分论坛，与政企专家共同讨论光伏发电标准、太阳能光伏电站建设投融资、太阳能光热产业及技术发展、分布式能源发展与天然气发电，以及生物质能等行业热点话题。

4月2日 《国家电网公司促进新能源发展白皮书》（简称《白皮书》）在北京发布。《白皮书》介绍了中国新能源发展的现状和国家电网公司在促进新能源发展，电网建设、调度运行、分布式光伏并网、技术创新等方面采取的措施及取得的显著成效，公布了行动计划和倡议。

4月8日 神华国华孟津电厂2号机组成为河南省首台通过168h运行的超低排放燃煤发电机组。

4月9日 首届“中国电力楷模”选树活动发布会在北京举行，华能西藏公司副总工程师兼加查水电工程筹建处主任姚更正、北方公司乌拉山发电厂咨询范志佺获评“中国电力楷模”，华能系统刘振华、王福晶、项兵、任永强等荣获“中国电力楷模提名奖”。

同日 由南方电网公司倡议发起的第二届周边国家电力企业高峰会在老挝琅勃拉邦举行。

4月9、10日 华能伊敏露天矿“设备预防性检修管理在半连续系统成功应用”在全国设备管理创新成果交流大会上获全国设备管理创新成果二等奖。

4月13日 国家发展改革委副主任、国家能源局局长努尔·白克力主持召开国家能源局全面深化改革协调领导小组第一次会议，研究落实《中共中央 国务院关于进一步深化电力体制改革的若干意见》，部署电力体制改革、石油天然气体制改革和行政审批制度改革有关工作。

同日 国家能源局下达《关于2015年电力行业淘汰落后产能目标任务的通知》（国能电力〔2015〕119号），要求全国范围内2015年底前淘汰423.4万kW落后小火电机组。

4月14日 全国人大常委会委员长张德江到许继集团调研指导工作。张德江委员长现场参观许继集团新能源并网与控制系统产业基地、电动汽车充换电产业基地，听取相关汇报，充分肯定其发展成果。

4月15日 华能新能源公司牵头承担的国家863课题三——“海上风电场设计、施工、运维技术规范及检测认证体系建设”通过国家科技部组织的验收。

4月16日 安徽淮南平圩电厂三期扩建的5号百万千瓦机组并入特高压电网，成为世界上首个一次直接升压至1000kV后接入特高压电网的发电厂。

同日 贫煤等离子点火在神华集团鸳鸯湖电厂一次性试验成功，成功攻克贫煤点火难题。

4月17日 华能开发公司重庆矿产资源开发有限公司实施的重庆黔江页岩气区块“濯页1HF井”顺利开钻。该井是重庆黔江页岩气区块内实施的第一口水平评价井。5月8日，该井三维地震勘探采集工程开工，标志着黔江页岩气区块由区域勘探进入了精细勘探阶段。

4月19日 华能山东如意（巴基斯坦）能源有限公司分别与巴基斯坦国家输配电公司（NTDC）签订了购电协议（PPA），与巴基斯坦电力管理委员会（PPIB）签订了执行协议（IA）。这两个协议的签订，标志着萨希瓦尔煤电项目开发的相关政策措施落实到具体合同文本中，获得国家主权担保，具有了法律保护效力。

4月20日 在中国国家主席习近平和巴基斯坦总理纳瓦兹·谢里夫见证下，国家电网公司总经理舒印彪与巴基斯坦水电部常务秘书达噶和国家输电公司总裁乔杜里在巴基斯坦总理府共同签署了“默蒂亚里—拉合尔和默蒂亚里/卡西姆港—费萨拉巴德输变电项目合作协议”。华能集团总经理曹培玺与巴基斯坦旁遮普省能源部长杰汗泽布在伊斯兰堡签署能源战略合作框架协议。中国三峡集团与巴基斯坦私营电力与基础设施委员会、丝路基金有限责任公司签订了《关于私营水电项目开发的谅解备忘录》，与巴基斯坦水电开发署签订了《关于印度河上游大型水电站项目的合作谅解备忘录》，与口行、开行、丝路基金签订了“关于巴基斯坦72万kW卡洛特水电站项目的融资框架协议”。中国电建董事长晏志勇代表中国电建在伊斯兰堡签署了卡西姆港燃煤电站项目和大沃风电项目相关协议；中国进出口银行、中国工商银行和巴基斯坦SK水电有限公司签订巴基斯坦SK水电站的融资协议；该项目由葛洲坝集团参股投资，并负责EPC项目实施。

4月23日 国务院副总理马凯来到第十一届中国国际核电工业展，听取了石岛湾高温气冷堆核电站工程进展情况及华能统筹开发山东石岛湾核电基地、拟规划建设CAP1400大型先进压水堆示范工程等工作汇报。

同日 大唐集团与法国电力集团在北京签署《全面深化合作行动纲领》协议。根据协议内容，双方将在中国及第三方市场相关项目加强合作。

4月23～25日 葛洲坝一公司、天津电建公司、安徽电建二公司、安徽电建一公司、江苏电建三公司五家单位荣获“2014年度全国优秀施工企业”称号。

4月28日 国家能源局发布数据称，2015年一季度中国风电新增并网容量470万kW，到3月底，累计并网容量突破10107万kW，总量同比增长25%，这也标志着中国提前完成风电“十二五”规划目标。

同日 全国劳动模范和先进工作者表彰大会在北京举行。华能北方公司达拉特发电厂运行副总工程师周涛、山东公司临沂电厂燃料公司副经理徐海、山东公司众泰电厂检修主任贺茂群，中国电建所属水电二局陈子亮、水电四局李元来、河北电建一公司王兵江、上海电建吴礼华、贵阳院湛正刚，中国能建7名职工（聂凯、陈强、李小莘、李倩、王共鸣、董俊顺、刘仔才）等获“全国劳动模范”荣誉称号。

5月4日 首届中美工商领导人对话会在北京举行。中国贸促会会长姜增伟、美中贸易全国委员会会长傅强恩联席主持会议；中国国电集团公司党组书记、董事长乔保平应邀出席，并就“改革转型新机遇”议题代表中方发言。

5月6日 华能长兴电厂2台66万kW超超临界高效超净排放燃煤机组首次同时实现满负荷运行，总出力达132万kW，实现了机组“安全、经济、环保”运行的三大设计目标。

同日 锡林郭勒清洁能源输出基地电源项目开工建设动员大会在内蒙古锡林浩特市召开。锡林郭勒清洁能源基地是国家规划的9个煤电基地之一，承担着向京津冀鲁地区输送清洁稳定电能的重任。此次开工的锡林郭勒至山东特高压交流外送通道配套电源项目，包含3个电站群共7个火电项目，总装机规模862万kV，并配套建设风电装机300万kW。华能锡林浩特胜利热电厂是7个通道配套火电项目之一，规划建设2台66万kW高效超超临界发电机组。神华集团也参与建设锡林郭勒清洁能源输出基地电源项目。

5月7日 中国国电集团公司在江苏泰州召开基本建设“双提升”工作现场会，贯彻落实集团公司工作会议精神，以“一五五”战略为指引，以“双提升”工作为抓手，加强基建管理，强化过程管控，提升工程管理和效益水平，确保实现投资决策目标。

同日 中国自主三代核电“华龙一号”全球首堆工程——福清核电5号机组正式开工。

5月8日 在国家主席习近平和俄罗斯总统普京见证下，在莫斯科克里姆林宫中，国家电网公司与俄罗斯电网公司签署“关于设立合资公司实施电网合作项目的协议”；中国三峡集团与俄罗斯水电公司签署了“关于双方成立合资公司开发俄罗斯下布列亚水电项目的合作意向协议”。

同日 大唐集团公司与美国博地能源集团在北京签署合作框架协议。根据协议内容，双方将在煤炭高效利用及有关领域加强合作。

5月12日 国家电网公司举行榆横—潍坊1000kV特高压交流输变电工程开工动员大会。国家电网公司董事长、党组书记刘振亚宣布工程开工。

同日 在中国国家主席习近平和白俄罗斯总统卢卡申科的共同见证下，华能集团旗下永诚财产保险股份有限公司接受中国-白俄罗斯工业园管委会颁发的协议书，正式进驻中白工业园。中国-白俄罗斯工业园建于明斯克机场附近，规划面积91.5km^2，总投资约56亿美元，是中国目前对外合作层次最高、占地面积最大、政策条件最为优越的海外工业园区，是中国“一带一路”战略的标志性项目。

5月13日 中电联成立“工业领域电力需求侧管理促进中心”，与中国电力企业联合会科技开发服务中心合署办公。

同日 第五届中国国际储能大会上，华能清洁能源研究院“屋顶光伏—储能微网项目”参与“2014～2015中国储能产业最具影响力”系列评选活动，并获评“中国最美微电网示范运营项目”。

同日 中国证监会审核通过了中国核电的首发申请。

5月14日 四川省发展改革委批复核准华能新能源公司四川筹备处昭觉碗厂龙恩一期风电项目。该项目建设规模为10万kW，拟建设50台单机容量0.2万kW的风电机组。

5月15日 福清核电2号机组开始首次装料。

5月17日 华能洛阳热电联产工程1、2号机组分别于5月17日和6月7日顺利通过168h满负荷试运行，投入商业运行，标志着中国首个超净排放单系列辅机35万kW热电联产工程投产，也标志着河南省新建热电联产燃煤电厂超净排放实现了“零”的突破。

5月18日 华能燃料公司满载45 048t的“瑞宁9”轮从海门港离港前往海口电厂，首次实现进口煤通过海门港向华能海南公司跨省中转煤炭。

同日 位于甘肃省定西市通渭县的华能义岗20万kW风电场第一台风机基础混凝土顺利浇筑。建成后预计年上网电量36 580万kWh。

5月19日 国务院总理李克强和巴西总统罗塞夫在巴西首都巴西利亚共同出席巴西美丽山特高压输电工程奠基仪式并为工程奠基揭幕。

同日 在国务院总理李克强和巴西总统迪尔玛·罗塞夫见证下，中国三峡集团董事长卢纯与葡电集团首席执行官安东尼奥·梅西亚签订了《32.1万kW巴西风电项目股权交割协议》。

5月19～21日 由国际水电协会主办的2015（第五届）世界水电大会在北京召开，中国能建总经理丁焰章出席大会，并作为应邀嘉宾进行交流发言。

5月20日 国务院总理李克强为在里约热内卢举行的“中国装备制造业展览”剪彩并参观中国国家电网公司展台，了解特高压输电技术和装备、美丽山特高压输电项目、公司国际业务和产业发展情况。

5月21日 国家电网公司董事长、党组书记刘振亚在法国巴黎出席由联合国全球契约、世界可持续发展工商理事会及国际商会共同组织的“商业与气候峰会”并做“全球能源互联网：清洁发展的必由之路”的主旨发言。

5月22日 中缅电力合作委员会第二次会议在北京召开，会议总结了委员会首次会议以来两国电力合作取得的成果，与会双方就下一阶段两国电力合作重点工作等事宜坦诚、深入地交换了意见。委员会中方主席、国家能源局副局长刘琦与缅甸电力部部长吴钦貌梭共同主持会议。

5月23日 在国务院总理李克强的见证下，中国三峡集团董事长卢纯与秘鲁能源矿产部签订了《建立能源领域开发合作机制谅解备忘录》。

5月26日 国务院办公厅、环保部到三河电厂调研“超低排放”示范工程。

同日 神华集团鸳鸯湖电厂二期2×1100MW机组扩建工程浇注第一方混凝土，世界首个百万千瓦级超超临界间接空冷燃煤机组正式开工建设。

5月30日 云南普洱—广东江门±800kV直流输电工程1.1倍过负荷试验顺利完成，具备500万kW额定送电的能力，标志着工程全部建成，对确保云南汛期水电送出、优化东西部资源配置将发挥重要作用。

同日 “第九届中国上市公司市值管理高峰论坛”在北京举行。国投电力荣获“2015年度中国上市公司资本品牌价值百强”和“2015年度中国上市公司资本品牌溢价百强”，连续第3年蝉联两项殊荣。

5月31日 华能苏宝顶风电场75台风机全部通过240h试运行，正式投产。该项目总装机规模15万kW，是股份公司首个风力直驱型发电项目和在华中地区投资建设的第一个高山风电项目。

5月 穆迪和惠誉分别授予中国三峡集团“Aa3/稳定”、“A+/稳定”的评级结果，双双提升至中国主权级别。

6月1日 中国核电进行首次公开发行A股网上路演。

同日 国务院国资委在北京召开中央企业首都精神文明创建工作推进会。中国电建所属水电顾问投资公司、中电建路桥集团有限公司荣获“2012～2014年度首都精神文明创建工作先进单位”称号；中国能建（本部）被授予“首都文明单位”称号，中电工程被授予“首都文明单位标兵”称号。

6月1～3日 国家电网公司总经理舒印彪在巴西里约热内卢应邀出席2015年G-SEP领导人峰会并代表公司接受G-SEP轮值主席职位。

6月2日 华能集团与韩国电力公社在公司总部分别签署《项目合作备忘录》《软科学研究战略合作谅解备忘录》《技术研究战略合作谅解备忘录》。

6月3日 电力行业信用评价标准发布会在广西南宁召开。会议正式发布了《电力企业信用评价规范》《电力企业信用评价指标体系分类及代码》《电力行业供应商信用评价规范》《电力行业供应商信用评价指标体系分类及代码》4项行业标准，电力行业成为全国首个发布信用评价标准的行业。

同日 国家电网公司在甘肃酒泉和湖南湘潭分别召开酒泉—湖南±800kV特高压直流工程开工动员大会。

6月4日 国内第一家电力企业环境信息公开系统在神华国华电力上线。

同日 中国核电举行首次公开发行股票网上摇号中签仪式。

6月5日 华电集团截至当时最大海外投资项目——印尼巴厘岛3×142MW燃煤电厂项目1号机组顺利通过168h满负荷试运行，正式投产发电。

同日 国务院国资委监事会在中国国电集团公司本部召开境外国有资产检查工作会，启动国电集团重点项目检查和境外资产检查工作。

同日23时30分 由中国电建所属山东电建二公司承建的目前全球最大的在建核电项目——阳江核电站2号机组已顺利完成168h试运行，成功移交商运。这标志着阳江核电一期工程即1、2号机组常规岛及BOP安装项目已全部结束。

6月8～11日 中电联专职副理事长魏昭峰出席第17届非洲能源论坛，并以“扩大合作互赢，促进中非电力共同发展”为题进行专题演讲。

6月10日 中国三峡集团首次成功发行双币种债券，包括10年期7亿美元债券，票面固定利率3.7%，7年期7亿欧元债券，票面固定利率1.7%，树立国际资本市场行业标杆。

同日 中国核能电力股份有限公司在上海证券交易所成功挂牌上市，成为A股第一家纯核电上市企业。

6月10日20时13分 由山东三建承建的宁德核电3号机组完成168h满负荷试运行，正式投入商业运行。

同日 全国火电600MW级机组能效水平对标及竞赛第十九届年会在西安召开。会议发布2014年度全国火电600MW（含1000MW）级机组能效对标指标（公示版），揭晓了2014年度机组竞赛结果。华能集团有16台机组获奖，其中一等奖3台、二等奖8台、三等奖5台。

6月12日 国家电网公司召开安徽金寨、山东沂蒙、河南天池抽水蓄能电站工程开工动员大会。金寨、沂蒙、天池抽水蓄能电站总投资217亿元，总装机容量360万kW，计划于2021年全部竣工投产。

同日 国家能源局、中电联在北京联合召开2015年电力可靠性指标发布会，会议回顾了全国电力可靠性30年的发展历程，发布了2014年度电力可靠性指标，通报了电力可靠性管理工作情况。华能集团共有10台机组进入各等级20强榜单。

同日 世界首次采用大容量柔性直流与常规直流组合模式的背靠背直流工程——鲁西背靠背直流工程正式开工建设。工程建成后，将有效保障云南清洁水电的稳定外送，提高南方电网主网架的安全性、可靠性。

6月15～18日 中电联与全国机械职业教育教学指导委员会合作，在南京举办了2015年教育部高等职业院校“风光互补发电系统安装与调试技能竞赛”和中等职业院校“光伏发电设备安装与调试技能竞赛”。

6月15～19日 国家电网公司青年专家团队赴俄罗斯圣彼得堡参加俄罗斯电网公司主办的2015年国际青年论坛最后阶段设计和比赛活动，取得第一名的优异成绩，获得“未来能源领导者”奖杯。

6月16日 由世界品牌实验室组织的2015年中国500最具价值品牌发布会在北京召开，国家电网公司以2508.18亿元的品牌价值，名列中国500最具价值品牌排行榜第二名，品牌价值与2014年相比提升了92.56亿元，品牌价值连续9年持续攀升。

同日 湖北华电江陵发电厂一期工程获核准批复。这是国家审批权限下放后，湖北省核准的首个大型火电项目。

6月17日 中国能建与土耳其ICK紫水晶有限公司、北京能源投资（集团）有限公司在北京签订合作备忘录，三方就投资建设土耳其SELENA 900MW燃煤机组项目达成共识。

6月18日 中电联荣获2014～2015年度国家优质投资项目推介工作优秀组织单位。

6月19日 中电联秘书长王志轩会见法国电力集团公司副总裁马识路一行，并就电力体制改革、市场供需和中法电力合作等议题进行了深入会谈。

6月23日 国务院国资委公布2014年度中央企业负责人经营业绩考核结果，共有41家中央企业被评为经营业绩考核A级。国家电网公司连续第11次获评经营业绩考核A级企业；国电集团累计第11次获评经营业绩考核A级企业；华能集团第10次获评经营业绩考核A级企业，并被授予经济效益突出贡献一等奖，在41家获评考核A级的央企中排名第7位，在五大发电集团中位居第1位；中国电建连续第三次获评经营业绩考核A级企业，排名第25名；中国能建第二次获评经营业绩考核A级企业，排名第34名。

同日 中国三峡集团呼和浩特抽水蓄能电站全部机组投产。

6月24日 华能酒泉风电公司安北第三风电场40万kW工程全部建成投产。

6月27日 中国首台66万kW超超临界二次再热发电机组——安源电厂新建工程1号机组通过168h连续满负荷试运行，脱硫、脱硝装置同步投运。8月24日，安源电厂2号机组完成168h试运，超净排放环保系统同步完工投运。试运期间，安源电厂机组平均供电煤耗272.66g/kWh，比2014年国内同容量一次再热火电机组平均水平低19.97g/kWh，两台机组每年可节约标煤14.5万t。

6月29日 山西晋北—江苏南京±800kV特高压直流输电工程开工动员大会在山西朔州和江苏淮安召开。

同日 龙源江苏如东海上风电20万kW示范项目最后一台机组气体断路器合闸，该项目50台4MW风机已全部并网发电，国内单机容量最大的海上潮间带风场建成投产。

6月30日下午 在中法两国总理李克强、曼努埃尔·瓦尔斯共同见证下，中国三峡集团董事长卢纯、法国阿尔斯通董事长兼首席执行官柏珂龙（Patrick Kron），签署了金沙江水电站建设合作的谅解备忘录。

同日 四川省甘孜州丹巴县丹东乡二道桥村通电，国家电网公司提前半年完成了国家能源局《全面解决无电人口用电问题三年行动计划（2013～2015年）》确定的无电人口通电任务。

6月 中国投资协会授予中水电对外公司老挝南立1—2水电站国家优质投资项目奖。

7月1日 华能德州电厂举行烟气超低排放改造工程开

工仪式，标志着该厂6台机组超低排放改造工作全面进入施工阶段。

7月2日 中电联秘书长王志轩会见美国能源部清洁煤和碳管理办公室、化石能源办公室高级顾问斯科特·司默思一行，并就提高煤电效率的技术、政策、标准等议题进行了交流。

7月6日 中电工程与马来西亚捷硕公司（JAKS）在马来西亚吉隆坡正式签署越南海阳火电厂BOT项目投资协议。该项目是“一带一路”重点项目，也是迄今为止中国公司在越南单笔投资金额最大的项目。

同日 中电工程中标世界首个±1100kV特高压直流输电工程勘察设计项目。

7月7日 国电海南西南部电厂1号机组成功并网。

同日 大唐集团召开会议，国务院国资委副主任、党委委员刘强同志宣布李小琳同志任大唐集团副总经理、党组成员，并做重要讲话。

7月8日 《财富》2015年中国500强排行榜发布。中国电力建设股份有限公司以2014年1670.91亿元的营业收入和47.86亿元的利润，跃居中国500强榜单第28位，较去年上升2位。

同日 神华集团海外公司沃特马克项目获澳洲联邦政府环评批复。

7月12日 神华集团首个海上风电项目获得核准。

7月13日 南方电网统调负荷创历史新高，达1.42亿kW。

7月14日 江苏省发展改革委下发《关于核准华电句容二期扩建工程项目的批复》（苏发改能源发〔2015〕678号），句容二期扩建项目获得核准。这是国家审批权限下放后江苏省核准的首个大型火电项目。

同日 在国家能源局与澳大利亚工业部代表见证下，华能清洁能源研究院与澳大利亚沃利帕森服务公司签署了“中国-澳大利亚燃烧后二氧化碳捕集可行性研究”项目合同。

7月14～20日 国家电网公司副总经理杨庆赴巴西开展美丽山水电±800kV特高压直流送出二期项目竞标有关工作。公司成功中标项目30年特许经营权，该项目成为公司首个在海外独立开展工程总承包的特高压输电项目。

7月15日 山西省发展改革委核准左权电厂2×66万kW低热值煤发电项目。

同日 中国电力投资集团公司与国家核电技术公司重组组建国家电力投资集团公司（简称国家电投）在北京举行揭牌仪式，宣布正式成立。国家电投LOGO标识——绿动未来同时发布。

7月17日 中电联秘书长王志轩会见美国爱迪生电力协会会员发展部总监马修·郝廷斯一行，并就加强中美电力行业合作达成共识。

7月18日 越南永新燃煤电厂一期BOT项目开工建设仪式在越南首都河内举行。国务院副总理张高丽，越共中央政治局委员、越南政府副总理阮春福，亲切看望越南永新燃煤电厂一期BOT项目建设人员。这是目前中国企业在越南投资规模最大的电厂项目，也是中国企业在越南的第一个BOT电力项目。

7月19日 “2015‘碧水蓝天’中国环保高峰论坛”在北京举办，华能集团与中国石化集团公司两家企业获评“2015年度中国最具环保责任企业”。

7月21日 中组部宣布国家电网公司党组成员、副总经理曹志安任南方电网公司董事、总经理、党组副书记。

7月22日 财富中文网公布了2015年《财富》世界500强企业最新排名。国家电网公司以3394.265亿美元的营业收入连续第5年列第7位；南方电网公司以766.62亿美元的营业收入列第113位；华能集团以474.014亿美元的营业收入列第224位；大唐集团以302.069亿美元的营业收入列第392位，较2014年提升4位；华电集团以344.877亿美元的营业收入列第345位，较2014年提升23位；国电集团以346.274亿美元的营业收入列第343位，连续第6次上榜；神华集团以527.311亿美元的营业收入列第196位；中国电建以430.097亿美元的营业收入列第253位；中国能建以303.221亿美元的营业收入列第391位，较2014年提升74位。

同日 国家能源局党组成员、副局长张玉清主持召开申驻大湄公河次河区电力贸易中心讨论会。

同日 由联合国全球契约中国网络主办的第三届“生态文明·美丽家园”2015关注气候中国峰会在北京举办。华电集团“火电超低排放助力减排升级”项目获评“中国绿色科技创新成果奖”。华能集团凭借2010年以来实施的“绿色发展行动计划”获评“中国企业十大绿色行动”奖。

7月24日 神华集团哈密电厂4号机组通过168h试运行，投入生产运营，哈密电厂4台机组全部投入生产运营，成为新疆地区总装机容量最大的火力发电厂。

7月25日 国家发展改革委正式下发《关于南方主网与海南电网第二回联网工程核准的批复》（发改能源〔2015〕1693号），海南联网二回工程获国家核准。

同日 中国电力企业联合会、中国企业家协会召开2015年全国企业文化年会，对2014～2015年度全国企业文化建设突出贡献人物、全国企业文化优秀案例和全国企业文化优秀成果进行了表彰。大唐集团董事长、党组书记陈进行荣获“全国企业文化建设突出贡献人物”。

7月26日 2015年“中国电力主题日”主场活动在天津举行，活动以“新时期电力企业社会责任实践与表达”为主题。同期举行了《中国史话》系列丛书之一《电力史话》新书发布、赠书仪式，该书系统梳理总结了中国电力发展130多年的历史进程。

7月27日 第三届“魅力之光”杯核电科普夏令营开营仪式在福清核电启动。

7月28日 中电联专职副理事长魏昭峰会见美国能源信息署署长亚当·赛民斯基一行，并就能源电力统计、数据收集与分析、电力信息发布等议题进行了交流。

7月31日 国家能源局印发《关于配电网建设改造行动计划（2015～2020年）的通知》（国能电力〔2015〕290号）。

同日 海南国电西南部电厂工程1号机组168h试运一次成功，顺利转为商业运营。自7月7日并网发电以来累计发电10 725万kWh，168h试运期间发电负荷率100.12%，自动投入率、保护投入率、仪表投入率均达100%，汽水品质、汽机振动主要技术指标优良，脱硫、脱硝、除尘随主机同步投入，二氧化硫排放浓度2mg/m^{3}左右，氮氧化物排放浓度30mg/m^{3}左右，粉尘排放浓度3mg/m^{3}左右，排放指标达到超净排放。

同日 中巴经济走廊首个能源项目——华能巴基斯坦萨希瓦尔燃煤电站举行主厂房第一方混凝土浇筑仪式，标志着萨希瓦尔燃煤电站建设全面启动。

7月 国家能源局发布数据显示，中国上半年上网电量

977亿kWh，同比增长20.7%；风电弃风量175亿kWh，同比增长101亿kWh，造成经济损失87亿元，平均弃风率15.2%，同比上升6.8个百分点，创三年新高。

8月1日 国家能源局在西宁召开解决最后无电人口用电问题工作协调会，部署全国最后3.98万无电人口通电工作。

同日 由中国电建所属贵阳勘测设计研究院设计、水电三局承建的大渡河枕头坝一级水电站首台机组经过72h试运行，正式移交业主国电大渡河枕头坝公司投产运营。

8月3日 2015年度美国《工程新闻记录》（ENR）“全球工程设计公司150强”和“国际工程设计公司225强”双榜排名揭晓，中国电建双双位列中国企业第一。2015年，中国电建首次以“中国电力建设集团有限公司”名义参与排名，在ENR全球工程设计公司150强排名中位列第三位，在ENR国际工程设计公司225强榜单中列30名，在上榜中国企业中均排名第一，其中，在ENR全球工程设计公司150强中位列亚洲第一。

同日 华能集团在山东石岛湾核电站举办2015年核电“公众开放日”活动。

8月4日 国家能源局在北京召开全国电力安全生产委员会全体会议，贯彻落实国务院安全生产委员会全体会议精神，安排部署有关电力安全生产重点工作，确保电力安全生产形势持续稳定，为经济社会发展和抗战胜利70周年纪念活动提供安全可靠电力供应。

8月6～8日 以“聚合行业智慧，助力持续发展”为主题的2015年全国电力行业工程造价咨询单位工作年会在北戴河召开。

8月7日 全国智能化程度最高电厂——神华国华北京燃气热电厂正式投产。

8月12日 华能山西太行电厂2台66万kW低热值煤发电机组正式开工建设。

同日 中国电建又一个援藏项目——西藏昌都地区边坝县边坝镇水电站（总装机容量1600kW）2台机组正式投产发电。

8月13日 广东省发展改革委核准华能东莞谢岗天然气热电联产项目。

同日 全国总工会《工会要情》刊登题为《国电集团实行员工“首席制”助推人才队伍建设》的文章，对国电集团员工“首席制”的适用范围、评选条件及“首席师”的职责任务等进行了详细介绍，充分肯定了国电集团员工“首席制”。

8月16日18时26分 辽宁红沿河核电3号机组结束168h试运行试验，具备商运条件。至此，国家电投发电总装机容量突破1亿kW。

8月17日 中电联专职副理事长魏昭峰出席以“共铸信用电力，践行社会责任”为主题的信用中国网“信用电力周”启动仪式并致辞。

8月20日 “全国火电300MW级机组能效水平对标及竞赛第四十四届年会”在长春召开，会议发布2014年度全国火电300MW级机组能效对标指标（公示版），揭晓了2014年度机组竞赛结果。

同日 国家发展改革委印发《关于加快配电网建设改造的指导意见》（发改能源〔2015〕1899号）。

同日 神华集团绥中电厂4号机组成功并入华北电网，标志着国家能源局“关于加快推进大气污染防治行动计划”的12条重点输电通道建设的首个项目取得成功。

8月22日 中国企业联合会、中国企业家协会发布2015中国企业500强榜单。国家电网公司列第3位，南方电网公司列第19位，华能集团列第36位，大唐集团列第84位，华电集团列第69位，国电集团列第67位，神华集团列第32位，中国电建列第46位，中国能建列第83位。

8月25日 中国电建所属河南设计院与海南设计院重组整合工作开始进行，“华中电力设计研究院有限公司”正式成立。

8月29日 “2015年央企山西行”活动在太原启动，包括神华集团、华能集团在内的58家央企集体入晋洽谈合作。

同日 国电西藏尼洋河多布水电站首台机组（4号机）完成72h试运行，正式投入商业运行。

8月31日 在国家主席习近平和老挝国家主席朱马利的见证下，中国电建董事长晏志勇分别与老挝计划投资部副部长邦萨维及老挝国家电力公司董事长西萨瓦，在北京人民大会堂签署了老挝南欧江流域梯级水电站项目（二期）的特许经营协议和购电协议。

9月1日 国电南京自动化股份有限公司武汉天和公司自主研发的500kW以上大功率无级可调等离子体发生器、智能点火系统、煤粉燃烧器，实现了低反应性煤粉（贫煤）稳定燃烧。该技术达到国际先进水平，填补了国内外等离子体点燃贫煤的技术空白。

同日 由中国电建所属福建设计院总承包建设的国内第一个核电端安全稳定控制系统在福建宁德核电站顺利投运，填补了中国核电机组参与电网安全稳定控制的一项空白。该系统是一套针对核电站在故障失稳时可能出现的热稳定和暂态稳定问题而设计的安全稳定控制系统。

9月2日 中国国家主席习近平在北京人民大会堂向30名抗战老战士老同志、抗战将领、为中国抗战胜利做出贡献的国际友人或其遗属代表颁发中国人民抗日战争胜利70周年纪念章。曾任水电十六局党委第一书记的中国电建“老兵”庄炎林获此殊荣。

9月3日 纪念中国人民抗日战争暨世界反法西斯战争胜利70周年大会在北京举行。华北分部，国网北京、天津、河北、冀北、山西电力安排保电车辆2900余台、发电车177辆、发电机298台，部署2.1万余人做好供电保障和抢修准备，实现“主网运行安全零闪动、配网供电可靠零差错、服务优质高效零投诉”的目标。

同日 在中、俄领导人共同见证下，国家电网公司董事、总经理、党组成员舒印彪与俄罗斯电网公司总经理布达尔金在人民大会堂签署《中国国家电网公司与俄罗斯电网公共股份公司关于合作实施托木斯克州500kV输变电项目的备忘录》。

9月6日 国家能源局召开全国配电网建设改造动员电视电话会议。

同日 陕西省发展改革委核准华能铜川电厂二期扩建项目。该项目是关中地区首个获核准的百万千瓦机组建设项目，也是陕北至关中第二条750kV输电大通道的电源支撑。

同日 中国葛洲坝集团股份有限公司入围2014年度中国建筑业竞争力百强，名列第2位；安徽电建一公司和安徽电建二公司入围2014年度中国建筑业成长性百强，分别位列第51位和第73位。

9月8日 中电联党组书记杨昆出席2015年中国国际能源峰会峰会以及2015中国能源产业协作圆桌会议。

9月9日 中电联与美国环保协会在北京共同举办电力行业碳交易交流论坛暨电力行业参与碳交易试点评估研讨会。中电联秘书长王志轩出席并做了题为“电力行业低碳发展的思考”的主旨讲话。

9月9、10日 第九届夏季达沃斯论坛在大连召开，国务院总理李克强出席论坛并与中外企业代表进行对话。中国国电集团公司党组成员、董事、总经理陈飞虎参加对话会及论坛开幕式。

9月10日 全国电力行业第二届风力发电运行检修技能竞赛在华能新能源公司阜新高山子风电场落下帷幕。华能集团参赛代表队获团体一等奖和个人第一名，公司获竞赛“优秀组织奖”和“特殊贡献奖”。公司10名参赛选手被授予“全国能源化学系统技术能手”称号；公司4名参赛选手被授予“全国电力行业第二届风力发电运行检修技能竞赛优秀选手”称号。

同日 中国电建微信公众账号“电建微言”开通仪式在总部举行。这是继中国电建报纸、网站传统媒体之后开辟的又一新媒体平台。

9月10～16日 国家电网公司董事长、党组书记刘振亚赴美国，与联合国秘书长潘基文举行会谈；参加《全球能源互联网》研讨会暨英文版首发式并做主题发言；到美国国家可再生能源实验室访问考察，见证国网能源研究院与美国国家可再生能源实验室签署战略合作协议。

9月15日 国家发展改革委印发《电力建设工程施工安全监督管理办法》（国家发展改革委令第28号）。

同日 国家电投中央研究院在北京未来科技城国家核电科研创新基地正式挂牌成立。

9月17日 越南总理阮晋勇出席山西电建承建的越南河静1号燃煤机组竣工剪彩仪式并致辞。

9月18日 2015年中国一东盟电力合作与发展论坛在南宁举办。中电联党组书记杨昆出席论坛并发表了题为“真诚合作，发展共赢”主旨演讲，就中国电力工业发展和与东盟电力领域的合作情况做了详细阐述。

9月22日 华能伊春热电厂1号机组顺利通过168h试运行。12月22日，伊春热电厂2号机组通过168h试运行，该工程2台机组试运行期间均实现了超低排放。项目建成后，可替代3座小电厂及200多座分散的小锅炉，满足伊春市中心城区1250万m^2供热需求。

9月23日 国家电网公司召开河北丰宁（二期）、山东文登、重庆蟠龙抽水蓄能电站工程开工动员大会，公司董事长、党组书记刘振亚宣布工程开工，公司副总经理栾军出席。

同日 神华集团灵州电厂2×135MW循环流化床锅炉机组环保示范电厂通过验收，在全国率先建成具备超低排放能力CFB机组，也是神华集团首台具备超低排放能力的CFB机组。

9月24日 “中国大坝协会2015学术年会暨第七届碾压混凝土坝国际研讨会”在四川成都召开。中国电建集团设计施工的沙牌水电站以及承建的马来西亚沐若水电站荣获第三届碾压混凝土坝国际里程碑工程奖。

同日 国家电网公司代表队斩获中央企业职工技能大赛第一届档案职业技能竞赛团体、个人比赛成绩“双第一”。

同日 华能集团与西班牙阿本戈集团在马德里签署合作框架协议。双方将在太阳能光伏、光热发电，以及常规能源方面寻求合作机会，加强高层互访、技术交流及各专业层面交流。

9月25日17时58分 由中电工程华东院公司设计、江苏电建三公司承建的世界首台百万千瓦超超临界二次再热火电机组——国电泰州电厂3号机组顺利通过168h满负荷试运行，投产发电。

9月26日 国家主席习近平在纽约联合国总部出席联合国发展峰会并发表题为《谋共同永续发展做合作共赢伙伴》的讲话，并宣布中国倡议探讨构建全球能源互联网，推动以清洁和绿色方式满足全球电力需求。

同日 长江三峡工程整体竣工验收枢纽工程验收通过国家验收。

同日 田湾核电站4号机组反应堆厂房穹顶整体吊装一次成功。

9月28日 中国三峡集团建设的几内亚凯乐塔水利枢纽项目正式投产，使几内亚总装机容量翻番，进入能源自给自足的时代。

同日 神华集团神东电力河曲发电公司2×350MW低热值煤发电工程1号机组通过168h满负荷试运行。该项目是神华集团投产的首台350MW超临界循环流化床机组，也是世界上投产的第二台350MW超临界循环流化床机组。

9月29日 国务院办公厅印发《关于加快电动汽车充电基础设施建设的指导意见》。

同日 华能山东公司“发电企业基于一体化信息平台的在线经营管理”、澜沧江公司瑞丽江一级电站“基于BOT模式的境外大型水电站的建设与运营管理”、定边新能源发电有限公司“10kV配网中分布式风电并网技术研究与应用”3项成果获2014年度中国电力创新二等奖，新能源公司“市场营销理念与风电生产管理的融合”成果获2014年度中国电力创新三等奖。

10月2日 中国三峡集团建设的老挝南椰2水电站项目竣工。

10月4日 1949年以来在10月份登陆内地的最强台风——“彩虹”正面登陆广东湛江市区，南方电网公司迅速投入抢险复电工作，在最短时间内全面恢复了受影响客户供电。

10月5～13日 2015年匈牙利青年焊工国际大会在匈牙利布达佩斯举行。华能集团派出的选手田静（上海电力检修公司）和教练程平（德州电厂）与来自西电集团、北京嘉克公司的3名选手组成的中国参赛一队获团体第二名，并获手工焊单项银奖。

10月8日 神华国华孟津电厂成为河南省首家超低排放燃煤发电企业。

10月9日 国家发展改革委印发《电动汽车充电基础设施发展指南（2015～2020年）》（发改能源〔2015〕1454号）。

10月10日 由中国电建所属成都院设计、中国水电八局施工的非洲在建最大水电站——埃塞俄比亚吉布3水电站1号机顺利并网发电，各项指标达到国际先进水平。电站碾压混凝土大坝高约243m，总装机容量1870MW。

10月10～18日 国家电网公司董事、总经理、党组成员舒印彪赴白俄罗斯参加IEC第79届大会，并成功竞选国际电工委员会（IEC）副主席，任期三年（2016～2018年）。

10月11日 《中国能源报》、中国能源经济研究院联合发布2015全球新能源企业500强榜单，科环集团、龙源电力、国电电力、联合动力进入榜单。其中，科环集团、龙源电力连续第四次上榜。华能新能源公司入选并获全球新能源企业500强卓越贡献奖。

10月12日 国家能源局会同有关部门在江苏省常州市组织召开全国电动汽车充电基础设施促进联盟成立暨建设经验交流现场会，国家电动汽车充电基础设施促进联盟正式成立。

10月13日 第五届“全国道德模范”座谈会在北京人民大会堂召开。国家电网公司系统离休干部高君芷当选第五届“全国道德模范（全国助人为乐模范）”，公司系统另有5名员工获全国道德模范提名奖。“华能榜样”——北方公司乌拉山电厂范志佺同志荣获第五届“敬业奉献类”全国道德模范提名奖，并于12月21日荣获“中央企业道德模范”称号。

同日 由中国电建所属成都院勘测设计，水电一局、水电八局参与施工的西藏藏木水电站（总装机容量51万kW）6号机组结束72h试运行投产并网发电，至此6台机组全部投入商业运营。这是西藏历史上建成投产的第一座大型水电站。

10月14～16日 第十届上海电力设备暨技术展览会在上海举办。本届展会以“专注、专业、共创共赢”为主题，有25个国家和地区近1000家中外企业参展。同期举办了2014年度电力创新奖颁奖仪式暨2015智能电力系统峰会、2015年电力行业节能环保高峰论坛暨技术应用交流会和2015年中国电力检测试验管理规定宣贯暨技术交流会等多场会议。

10月19日 在中国国家主席习近平见证下，中国三峡集团董事长卢纯与葡电首席执行官梅西亚签署了“关于合作开发英国Moray海上风电项目的合作协议”。此协议作为习近平主席访问英国的正式合作成果，列入两国政府正式发布的协议成果目录。

10月19～22日 在中国国家主席习近平和英国首相卡梅伦的见证下，华电集团与BP集团在伦敦签署了液化天然气（简称LNG）销售和购买协议。

10月20日 由中国电建所属水电八局承建的莱索托麦特隆供水项目获得了美国工程管理协会颁发的“优秀基础设施奖”和“优秀国际项目奖”。

10月21～23日 由中国工程建设焊接协会主办的2015年度创建全国优秀焊接工程活动成果发布暨先进焊接技术交流会在北京召开，中国电建所属企业承建的五项工程荣获“全国优秀焊接工程奖”一等奖和优秀奖。集团所属山东电建二公司承建的广东阳江核电厂一期（2×1000MW）机组工程1号机组常规岛及BOP建安工程、国投哈密发电有限公司一期（2×660MW）机组工程2号机组获得“全国优秀焊接工程”一等奖。集团所属山东电建一公司承建的大唐国际北京高井燃气联产机组、重庆电力建设总公司承建的合川双槐电厂二期工程（2×660MW）4号机组、上海电力安装第一工程公司承建的华能长兴电厂“上大压小”工程2号机组获得“全国优秀焊接工程”优秀奖。

10月25日 《海南省电力建设与保护条例》修订版正式对外发布，该条例首次将新建住宅小区供配电设施建设写入其中，使海南成为全国第二、南方电网五省区第一个在地方性法规中对此做出规定的省份。

10月25日 中国广核集团广西防城港核电厂1号机组并网发电。整个并网过程中，1号机组各项设备参数正常稳定，机组状态良好。中国电建所属上海电建作为广西防城港核电厂四大主体承包商之一，承建的除盐水生产车间、500kV开关站、热机修车间和仓库等技术性厂房均按时投入使用，其中500kV系统倒送电一次成功。

10月25～27日 中电联党组书记杨昆率中电联代表团赴泰国出席2015年亚太电协CEO会议。会议期间，杨昆代表中国大陆出席了亚太电协执委会会议暨第41届理事会会议。

10月26日 大唐集团副董事长、总经理、党组副书记王野平率团赴泰国出席2015年亚太电协CEO会议，并到大唐环境产业集团泰国项目部调研。

同日 神华国能集团大港发电厂成为天津市第一个获得超低排放上网电价政策支持的企业，也是天津市第一个全厂机组一次取得超低排放上网电价的企业。

10月27日 华能集团公司在晋首个燃机项目——太原东山燃机热电联产项目顺利通过168h连续满负荷试运并移交生产。该项目是山西省、太原市两级重点民生工程、环保工程，机组投产后将替代太原东部现有小机组、小锅炉，为1200万m^2区域集中供热。

10月28日 华能江苏苏州燃机热电多联产项目开工建设。该项目是江苏省省级清洁能源建设重点项目，地处苏州新区南部，建设2台25.5万kW E级燃气-蒸汽联合循环热电联产机组，配套建设热网和60km的天然气管道工程，计划于2017年一季度投产。

同日 三峡水库第6次成功试验性蓄水至175m。

10月28日～11月4日 应国务院发展研究中心和美国《财富》杂志邀请，中国国电集团公司党组成员、董事、总经理陈飞虎先后在马德里和旧金山出席了丝路国际论坛2015年会和2015财富全球论坛，并在丝路国际论坛2015年会上发表演讲。

10月29日 在中德两国总理李克强、默克尔见证下，中国三峡集团董事长卢纯与德国福伊特总裁兼首席执行官赫伯特林咋德签署了《中国长江三峡集团公司与福伊特战略合作协议》。

同日 首台AP1000核电机组反应堆冷却剂屏蔽主泵最终性能试验与试验后检查完成，通过国家核安全局专家审查。

同日 由神华集团联合东方锅炉、清华大学等30余个单位共同开展的国家重大科技攻关项目“600MW超临界CFB锅MW术开发、研制与工程示范”子课题“600MW超临界循环流化MW炉研制”，荣获2015年度“中国机械工业科学技术奖一等奖”。该项目成果系“产学研用”的成果结晶，标志着中国循环流化床锅炉制造技术达到世界领先水平。

10月30日 南方主网与海南电网第二回联网工程在海南澄迈动工。工程建成后，将使海南电网与南方主网实现双回线路联网，同时可增加60万kW输送能力。

10月 国家发展改革委下发《关于完善陆上风电、光伏发电上网标杆电价政策的通知》（讨论稿），拟将Ⅰ类/Ⅱ类/Ⅲ类资源区的光伏标杆上网电价从2015年的0.9/0.95/1.0元/kWh下调至2020年的0.72/0.80/0.90元/kWh，隐含年降幅为2%～4%。

同月 中电联出版电力造价咨询行业首卷发展报告——《中国电力造价咨询行业年度发展报告（2015）》。

11月1日 “首届中国企业社会责任前沿论坛”暨《企业社会责任蓝皮书（2015）》发布会在北京举办。华电集团被评为“十大责任国企”；“中国华电，度度关爱”社会责任理念、《中国华电水电可持续发展报告》分别入选“十大责任理念”和“十大责任报告”。中国电建荣获“中国企业社会责任十大典范企业”称号，《中国电建在赞比亚》作为首个发布中国企业海外社会责任影像志的企业，入选“十大社会责任报告”。

同日13时56分 中国广核集团如东150MW海上风电场示范项目110kV海上升压站一次带电成功，标志着亚洲首座海上升压站建设成功。

11月2日 中国国家主席习近平在人民大会堂与法国总统奥朗德举行会谈，并共同见证了两国政府和企业间多项合作文件的签署。大唐集团董事长、党组书记陈进行与法国电力集团董事长兼首席执行官乐维、三门峡市市长赵海燕共同签署了《中国大唐集团公司与法电集团关于三门峡市热电联产项目合作意向书》。华能集团与法国ENGIE集团公司签署了《中国华能集团公司与法国ENGIE集团公司战略合作谅解备忘录》。

11月3日 国家发展改革委副主任、能源局局长努尔·白克力到神华集团宁夏煤电公司调研指导工作。

11月4日 国家能源局印发《电动汽车充电设施标准体系项目表（2015年版）》（国能科技〔2015〕394号）。

同日 中国核电吴秀江荣获“全国质量奖”。

11月5日 国家发展改革委印发《国家发改委关于金沙江苏洼龙水电站项目核准的批复》（发改能源〔2015〕2571号），正式核准金沙江苏洼龙水电站，这是金沙江上游干流获得核准的首座电站。

11月6日 由国家能源局、江苏省人民政府和国际可再生能源署联合主办的“2015国际能源变革论坛”在江苏苏州隆重召开。论坛旨在响应中央提出的能源革命号召，积极参与并助力全球能源体系变革与结构调整，深入探讨中国能源革命面临的挑战和问题，形成我国全球化的能源战略思路，促进各国政府在全球能源变革领域的共识凝聚。

同日 华能威海电厂6号机组节能先进技术集成应用与示范及环保超低排放改造项目正式启动。该项目改造完成后将为整个华能系统的煤电节能减排升级与改造积累经验，做出示范。项目包括13项节能先进技术改造项目，同步实施4项环保改造项目，改造后机组烟尘、二氧化硫、氮氧化物排放浓度达到超低排放标准。

同日 山东省泰安市发展改革委核准华能新泰禹村风电项目。该项目位于新泰市禹村镇，规划装机规模10万kW，拟安装50台单机容量2000kW的风电机组。

11月7日 海南昌江核电1号机组与海南电网并网成功，开创了海南拥有核电的历史，直接增强了发电能力，改善海南电力供需，缓解困扰海南数年的电源性缺电。

11月7、8日 国电大渡河枕头坝一级、大岗山水电站最后一台机组分别通过72h试运行，国电大渡河流域水电开发公司圆满实现两个电站高标准、高质量全投目标，为国电集团新增清洁能源投产装机容量332万kW。

11月9日 2015年中国建设工程鲁班奖入选工程名单揭晓，中国电建承建的4项工程榜上有名，其中境外鲁班奖3项，境内鲁班奖1项。港航公司承建的毛里塔尼亚努瓦迪布新矿石码头工程；河北电力建设一公司承建的白俄罗斯别列佐夫电站项目；河南第一火电建设公司承建的斯里兰卡普特拉姆二期2×300MW燃煤电站工程荣获2015年中国建设工程鲁班奖（境外工程）；河南第一火电建设公司承建的濮阳东500kV变电站工程荣获2015年中国建设工程鲁班奖。

11月11日 神华国华三河电厂成为京津冀地区首家煤电超低排放企业。

同日 神华集团神皖能源公司成为安徽省唯一获得超低排放电价加价的电力公司。

同日 三门核电AP1000主泵发运，标志AP1000示范首堆取得突破性进展。

11月12日 澜沧江－湄公河合作首次外长会议期间，来华出席会议的澜沧江-湄公河沿岸国家外长考察了景洪水电厂及电厂库区移民安置点。在中国外交部部长王毅、副部长刘振民的陪同下，泰国外交部部长敦·帕马威奈、柬埔寨副首相兼外交国际合作大臣贺南洪、老挝副总理兼外交部部长通伦·西苏里、缅甸外交部部长温纳貌伦等湄公河国家外长、政府官员代表，实地考察景洪水电厂生产现场及电厂库区移民安置点江头曼咪寨，详细了解华能集团总体情况，澜沧江公司区域电力合作、流域开发保护、生态环境保护、履行社会责任情况，以及景洪水电厂在城市供水、下游防洪等方面发挥的作用。

同日 华能国际电力股份有限公司完成非公开发行H股新股的“闪电配售”，向10名合资格投资者配售7.8亿股H股，配售价为7.32港元/股，募集资金总额达57.1亿港元。此次发行为2015年下半年香港股市第二大规模的非公开发行，发行完成后，公司总股本为152亿股，其中H股占30.92%，A股占69.08%。

11月12～14日 2015珠海智能电网大会暨中国（珠海）国际智能电网展览会在珠海举办。本届大会以“网联未来能源时代”为主题，聚焦智能电网产业的最新发展，邀请了60余位国内外智能电网领域的领袖和专家作为演讲嘉宾。同期召开了智能电网与城市发展、电力信息化、智能电网与可再生能源、电力融资租赁等四场专业分论坛。

11月13日 “一带一路”（香港）高峰论坛暨中国证券金紫荆奖颁奖典礼在香港举行，华能国际电力股份有限公司荣获“最佳上市公司”奖，华能新能源股份有限公司荣获“最具投资价值上市公司”奖，华能集团总经理曹培玺以华能新能源股份有限公司董事长身份荣获本届金紫荆奖“最具影响力上市公司领袖”奖。

同日 由《大公报》主办的“中国证券金紫荆奖”颁奖典礼在香港隆重举行，中国电建荣膺2015年第五届“中国证券金紫荆奖—最佳上市公司”奖项。

11月15～17日 由中国企业文化研究会主办的“十二五”企业文化总结暨专项文化建设——中外企业文化2015峰会在重庆召开。华能集团获“十二五”企业文化建设品牌文化标杆奖。

11月16日 中俄政府间能源合作委员会第十二次会议在北京钓鱼台国宾馆举行。国务院副总理张高丽和俄联邦政府副总理德沃尔科维奇主持会议。神华集团凌文总经理代表集团公司出席了会议。

同日 长江电力股票复牌。长江电力董事会审议通过了金沙江溪洛渡和向家坝梯级电站资产证券化暨长江电力重大资产重组预案。

同日 国电泰州发电公司世界首台百万千瓦超超临界二次再热燃煤发电机组完成性能试验，各项指标数据全部达到了设计和攻关要求，机组发电效率47.82%，发电煤耗256.8g/kWh，供电煤耗为266.5g/kWh，各项环保指标全面优于国家超低排放限值，是目前世界上综合指标最优的火电机组。

11月17日 在北京召开的2014～2015年度中国建设工程鲁班奖（国家优质工程）表彰大会上，南方电网公司的东莞500kV纵江（东纵）变电站工程、云南500kV建塘变电站工程双双斩获中国建筑业工程质量最高荣誉——鲁班奖。

同日 国际知名财经杂志《财资》（The Asset）公布了“2015年度最佳公司治理奖”获奖名单，华能新能源公司获最佳公司治理奖金奖。该公司也是该奖项设立以来唯一一家获此奖项的国有新能源运营商。

11月18、19日 第二届东亚峰会清洁能源论坛电力分论坛在海口召开。中电联党组书记杨昆出席分论坛并致辞，就中国电力工业发展情况和与东亚电力领域的合作情况做了详细阐述。

11月20日 中国核电运行发布对外服务8大产品。

11月21日 山东石岛湾高温气冷堆核电站示范工程首台反应堆压力容器设备水压试验在上海电气核电设备有限公司圆满成功。反应堆压力容器设备水压试验的一次成功，标志着世界首台高温气冷堆核电项目核岛关键设备的制造在经过独立研发、自主创新后，已完全实现国产化，具备了商业化推广能力。

11月24日 “2015年全国电力行业两化融合推进会暨全国电力企业信息化大会”在长沙召开，会上颁布了199项2015年度电力行业信息化优秀成果及296篇优秀论文，发布了2015年电力行业信息化发展报告。

同日 国家电网公司系统8项工程荣获2014～2015年度国家优质工程奖，1项工程获中国建筑工程鲁班奖。其中，哈密南—郑州±800kV特高压直流输电工程、福建仙游抽水蓄能工程获国家优质工程金质奖，这是国家电网公司第6个特高压工程建设项目获得该奖项。

11月24、25日 第五届中国—中东欧国家经贸论坛在江苏苏州举行，国务院总理李克强与中东欧16国领导人共同出席论坛开幕式并致辞。国电集团公司党组书记、董事长乔保平应邀出席论坛并在“同心携手共建‘一带一路’”分论坛上发言。

11月25日 中电联召开2015年电力行业企业文化优秀成果评审工作交流会，评选出2015年电力行业企业文化建设示范单位和2015年电力行业企业文化建设优秀成果。

同日 中国三峡集团在巴西圣保罗参加朱比亚（装机容量155万kW）和伊利亚（装机容量344万kW）水电站特许权项目竞拍中顺利中标，获得30年运营权，成为巴西第二大私营发电企业。

11月26日 国家发展改革委、国家能源局印发《关于电力体制改革配套文件的通知》（发改经体〔2015〕2752号），发布《关于推进输配电价改革的实施意见》《关于推进电力市场建设的实施意见》《关于电力交易机构组建和规范运行的实施意见》《关于有序放开发用电计划的实施意见》《关于推进售电侧改革的实施意见》《关于加强和规范燃煤自备电厂监督管理的指导意见》等6个电力体制改革配套文件。

同日 中电联与中国电力发展促进会联合召开2015年度电力企业人力资源高管联席会。通过演讲、案例分析、发布调查报告和专题讨论等形式，探讨电力行业创新型人才队伍建设的发展战略和路径。

同日 中国三峡集团与Triunfo公司顺利签署股权交割协议，完成收购Garibaldi水电站、Salto水电站共30.8万kW水电资产以及电力交易平台TNE公司的全部股权。

11月27日 国家电网公司获第十七届中国专利奖金奖1项、优秀奖12项。

同日 华能日照电厂1号、2号、4号机组顺利通过了山东省环境保护厅组织的项目竣工环保验收。至此，该厂4台机组全部通过了燃煤机组超低排放验收，成为山东省首家全部机组通过超低排放验收的发电企业。

同日 中国三峡集团长龙山抽水蓄能电站正式开工。

同日 中国电建在贵阳召开贵州电建一、二公司重组整合干部大会。贵州电建一公司与贵州电建二公司重组整合为中国电建集团贵州工程公司。

11月28日～12月4日 在日本京都举行的2015世界工程师大会（World Engineering Conference and Convention，WECC）暨世界工程组织联合会全体会议（World Federation of Engineering Organizations，WFEO）上，雅砻江水电锦屏项目团队荣获2015年WFEO杰出工程建设奖（The Hassib J. Sabbagh Award for Engineering Construction Excellence）。

11月29日 由中国电建承建的中国藏区综合规模最大的水电站、拥有世界第二高土石坝的雅砻江两河口水电站按期截流，标志着中国第三大水电基地雅砻江流域中游的首座电站全面进入主体工程施工阶段。

同日 中国、老挝首个成功合作的“一带一路”电网项目——230kV老挝北部电网工程在老挝琅勃拉邦举行通电移交仪式。

同日 中国电建集团投资建设的老挝南欧江梯级电站首台机组正式投产发电，标志着中国企业在境外的首个全流域水电开发项目顺利完成首台机组发电目标。该项目分为7个梯级电站，总装机容量127.2万kW。

11月30日 全国首家混合所有制供电企业——深圳前海蛇口自贸区供电有限公司在前海正式成立。

同日 中国日报网评选出“中国政府援非八大重点工程”。其中，由中国电建承建的苏丹麦洛维大坝作为中国电建海外建设的典范成功入选。

11月 国际大坝协会授予沐若工程国际RCC大坝里程碑证书。“大型水轮发电机组铸锻件系列技术标准及工程应用”项目获得水力发电工程学会科技进步一等奖。

12月1～3日 第二届中国青年志愿服务项目大赛暨志愿服务交流会在重庆举行。国家电网公司推选的“‘红马甲’”在行动、帮扶“康复村”截瘫患者等8个项目取得四金四银的成绩，奖项项目和数量位列参赛中央企业之首。

12月2日 在中、南领导人共同见证下，国家电网公司与南非电力公司在比勒陀利亚总统府签署了《中国国家电网公司与南非电力Eskom国有控股有限公司战略合作备忘录》。国家电投与南非核能集团签署“CAP1400项目管理合作协议”.

同日 华能呼伦贝尔公司伊敏露天矿全年通过大型现代化设备半连续系统生产原煤1002万t，再次突破系统设计能力，实现连续4年产量超千万吨。

12月3日 中国核电荣获2015年度优秀企业社会责任报告奖。

12月4日 国家主席习近平、南非总统祖马和非盟轮值主席国主席、津巴布韦总统穆加贝以及30多位非洲国家元首出席了“中非装备制造业展”开幕式，并共同参观巡视了展会。习近平与各国元首仔细观看了中国电建展台上的“埃塞阿达玛二期风电项目”模型。

12 月 6 日 国家能源局在北京电建参与建设的大唐山东滨州工程现场召开全国电力安全生产现场工作会。

12 月 8 日 国家电网公司董事长、党组书记刘振亚出席第二十一届联合国气候大会工商专题论坛和利马—巴黎行动议程的技术革新论坛并做主题发言。

12 月 10 日 华能山东临沂电厂 5 号机组高背压供热改造完成后一次启动成功，与 6 号机组高背压供热循环水串联运行，实现了国内首家 2 台 14 万 kW 机组高背压供热循环水串联运行成功。

同日 孟加拉国总统阿卜杜勒·哈米德为东电一公司承建的比比亚娜Ⅱ电站项目颁授“孟加拉国 2015 年度最佳发电奖”，以表彰该电站以最低的售电价超额完成发电目标。

同日 全球能源互联网中欧技术装备研讨会在柏林召开，国家电网公司董事长刘振亚发表题为《携手攻克技术装备难题　推动全球能源互联网创新发展》的主旨演讲。

同日 证监会正式批准湖北能源集团非公开发行股票方案。本次非公开发行完成后，中国三峡集团成为湖北能源控股股东和实际控制人，继而实现对湖北能源集团的合并报表。

同日 中国能源建设股份有限公司（股票名称：中国能源建设，股份代号：3996. HK）成功在香港联合交易所有限公司主板上市。

12 月 11 日 2015 年（第七届）全国电力职工技术成果奖颁奖大会在河南郑州举行。南方电网公司共有 53 项技术成果受到表彰，占获奖总数的 1/4。其中一等奖 5 项、二等奖 23 项、三等奖 25 项。

同日 2015 年全国电力工程造价与定额管理工作暨中价协五届四次电力专委会工作会议在北京召开。会议对电力工程造价与定额管理总站和电力专委会过去两年的工作进行了总结，提出了“十三五”期间工作思路、发展目标及 2016 年重点工作计划；对两年来涌现出的电力工程定额工作、造价工作、信息工作先进集体、先进个人及电力工程造价优秀成果、优秀论文进行了表彰和颁奖；并开展了行业内互动交流与讨论。

12 月 15 日 大气污染防治行动计划“四交四直”特高压工程全面建设暨“两直”工程（锡盟—江苏、上海庙—山东）开工动员大会在北京召开，标志着国家大气污染防治行动计划“四交四直”工程已经全部启动，特高压电网取得里程碑进展。

同日 华能清洁能源研究院在三亚南山电厂的太阳能热发电示范项目顺利完成储热、换热全流程实验，实现了晚间正常稳定产汽运行。

12 月 16 日 2015 年（第七届）全国电力职工技术成果奖颁奖大会在郑州召开。会上公布了 2015 年（第七届）全国电力职工技术成果奖获奖项目名单，并对获奖项目进行了现场颁奖。

同日 标普、穆迪和惠誉三大国际评级机构正式发布公告，授予南方电网公司国家主权级国际信用评级（标普 AA－、穆迪 Aa3、惠誉 A＋）。这是中国企业能获得的最高国际信用评级。

同日 国家电投与澳大利亚 IFM Investors 基金（IFM）宣布，双方已就国家电投向 IFM 收购太平洋水电公司（Pacific Hydro）签署股权收购协议。

同日 由中国三峡集团投资建设的乌东德水电站项目核准申请通过国务院常务会议审议。至此，历经 13 年科研、勘测、设计和 5 年多的精心筹备，乌东德水电站正式获得国家核准。

12 月 17 日 世界上电压等级最高、输送容量最大的真双极柔性直流输电工程——厦门±320kV 柔性直流输电科技示范工程正式投运。

12 月 17、18 日 电力工程质量监督工作会在合肥召开，会议通报了电力工程质量监督总站 2015 年工作情况、工程质量专项督查情况，审定了 2016 年工作计划，各中心站进行了工作交流。

同日 中国施工企业管理协会 2014～2015 年度国家优质工程奖评选揭晓。中国电建承建的 7 项工程榜上有名，其中金质奖 2 项。由华东勘测设计院参与勘测设计，水电一局、水电十二局、水电十四局、水电十六局参建的福建仙游抽水蓄能工程，上海电建建筑公司参建的安徽田集电厂二期扩建工程获“国家优质工程金质奖”。由河南第二火电建设公司参建的华润盘锦热电厂“上大压小”新建工程，由山东电建一公司、山东电建二公司参建的华能临沂热电“上大压小”扩建工程，由河南火电第二建设公司、重庆电力建设总公司参建的重庆合川发电有限责任公司二期扩建工程，由西北勘测设计院勘测设计，水电四局、水电十四局参建的云南澜沧江功果桥水电站，福建闽能咨询有限公司监理的园顶 500kV 变电站工程等荣获“国家优质工程奖”。

12 月 19 日 华能集团援建西藏墨脱县亚让水电站 3 号机组顺利通过 72h 试运行投入商业运营。至此，亚让水电站 4 台机组全部投产，标志着华能对口援助墨脱骨干电源项目全面建成，其线路延伸工程将贯通墨脱县一镇七乡各行政村，墨脱县各族同胞就此结束严重缺电历史，进入清洁、安全、稳定、可靠的电网供电时代。此前的 12 月 1 日、5 日、18 日，亚让水电站 1、2、4 号机组分别投入运营。截至 12 月 19 日，电站已累计发电 34.24 万 kWh。

12 月 20 日 由世界生产力科学联盟、世界生产力科学院指导与支持，中国生产力学会主办的“第九届全国优秀生产力理论与实践成果奖颁奖典礼暨中国生产力学会第 18 届年会”在北京举行。大唐集团获得“全国先进生产力典范企业奖”；大唐集团董事长陈进行主持的“中国大唐集团公司全面创新管理理论探索与实践成效”课题和撰写的《建设规范、高效、和谐董事会推进企业改革发展上水平》论文分别获得“发展生产力杰出贡献奖”一等奖、“先进生产力论文奖”一等奖。

12 月 21 日 国家电投在北京成功发布中国首套完全自主知识产权的核电厂核设计与安全分析软件——COSINE，中国核电软件自主化工作取得关键性突破。

同日 国务院国资委在北京举行第五届中央企业道德模范学习交流活动，中国电建水电八局退休职工刘国义被授予“中央企业道德模范”称号。

同日 由中国电建设计施工的国家西部大开发重点工程、国家支持藏区发展骨干电站——四川大渡河黄金坪水电站（4×20 万 kW），圆满实现“一年四投”目标，4 台机组全部建成投产。

同日 中国神华在印尼中标两个电力项目，在印尼雅加达与印尼国家电力公司（PLN）正式签署购电协议（PPA）。

12 月 22 日 中国三峡集团承建的几内亚苏阿皮蒂水电站奠基。

同日 “华龙一号”示范工程第二台机组——福清核电 6

号机组正式开工建设。

12 月 23 日 青海无电地区通电工程及玉树西三县 110kV 联网工程竣工投运仪式在西宁举行。

同日 青海果洛藏族自治州班玛县果芒村和玉树藏族自治州曲麻莱县长江村合闸通电，国网青海电力完成网外九县无电地区通电工程援建任务，这也标志着全国最后 9614 户 3.98 万无电人口用电问题得到解决，全国无电人口通电三年行动计划圆满完成。

同日 中电联理事长刘振亚主持召开中国电力企业联合会第六次全国会员代表大会暨第六届理事会第一次会议，会议选举产生了第六届理事会理事单位、理事。

12 月 24 日 华能莱芜电厂 6 号机组顺利完成 168h 满负荷试运行，标志着华能集团公司和山东省首台百万千瓦级超超临界二次再热机组正式投产。

同日 由中国能建承担工程约 70%以上的施工份额、装机总容量 1020 万 kW 的乌东德水电站项目主体工程正式开工，这是中国已经核准建设的第三大水电站。

12 月 25 日 海南核电一号机组完成 168h 示范运行，具备商业运行条件。

12 月 27 日 华能对口援助西藏自治区昌都芒康县无电区电源建设项目——华能觉巴水电站首台机组，顺利通过 72h 试运行，投入商业运行。

12 月 27 日 田湾核电站 5 号机组开工。

12 月 29 日 “2015 年度电力行业信用体系建设工作会议”在广东省珠海市召开。会议发布了 84 家电力企业信用等级，表彰了“信用电力”知识竞赛组织奖和个人奖。

同日 江西省首台和大唐集团“十二五”末确保投产的百万机组——江西大唐国际抚州发电公司 1 号发电机组一次性高质量顺利通过 168h 满负荷试运行，正式投产发电。抚州发电公司为中法合资企业，是江西省“十二五”电源建设规划中的重点建设项目之一，被列入国务院支持赣南等原中央苏区振兴发展计划。一期工程建设两台 100 万 kW 超超临界高效燃煤发电机组。

12 月 30 日 17 时 28 分 中国能建投资分公司首个直接控股投资项目——云南永胜县四角山光伏发电项目一期工程 45MW 全部并网投运。

同日 华能新能源公司云南大理龙泉风电场 79 号风机投产发电。至此，新能源公司运营、在建的发电装机已覆盖全国 16 个省、区、市，总装机规模达到 1001.37 万 kW，突破了 1000 万 kW 大关。

同日 由华能集团牵头、华能清能院负责研发的中国首个 700℃关键部件验证试验平台在华能南京电厂成功投运并成功实现 700℃稳定运行，验证平台建设取得圆满成功，标志着中国新一代先进发电技术——700℃超超临界燃煤发电技术的研究开发工作取得了重要阶段性成果，表明中国已经初步掌握 700℃先进超超临界发电技术所涉及的高温材料冶炼、部件制造加工和现场焊接等关键技术。

12 月 31 日 由中国电建所属水电七局承建、贵阳院设计、昆明院监理的西藏昌都果多水电站首台机组投产发电。该电站位于西藏昌都市境内扎曲河上，海拔 3421m，建设总装机容量 16.5 万 kW，为西藏第二大水电站。

12 月 世界工程组织联合会授予陆佑楣院士“优秀工程奖”。中国三峡集团牵头申报的“300m 级溪洛渡拱坝智能化建设关键技术”荣获 2015 年度国家科技进步奖二等奖。中国三峡集团作为第二完成单位申报的“特大型水轮机控制系统关键技术、成套装备与产业化”荣获 2015 年度国家科技进步奖二等奖。

文 献

国务院文件

中共中央、国务院关于进一步深化电力体制改革的若干意见

（中发〔2015〕9号）

（2015年3月15日）

为贯彻落实党的十八大和十八届三中、四中全会精神及中央财经领导小组第六次会议，国家能源委员会第一次会议精神，进一步深化电力体制改革，解决制约电力行业科学发展的突出矛盾和深层次问题，促进电力行业又好又快发展，推动结构调整和产业升级，现提出以下意见。

一、电力体制改革的重要性和紧迫性

自2002年电力体制改革实施以来，在党中央、国务院领导下，电力行业破除了独家办电的体制束缚，从根本上改变了指令性计划体制和政企不分、厂网不分等问题，初步形成了电力市场主体多元化竞争格局。

一是促进了电力行业快速发展。2014年全国发电装机容量达到13.6亿kW，发电量达到5.5万亿kWh，电网220kV及以上线路回路长度达到57.2万km，220kV及以上变电容量达到30.3亿kVA，电网规模和发电能力位列世界第一。

二是提高了电力普遍服务水平。通过农网改造和农电管理体制改革等工作，农村电力供应能力和管理水平明显提升，农村供电可靠性显著增强，基本实现城乡用电同网同价，无电人口用电问题基本得到解决。

三是初步形成了多元化电力市场体系。在发电方面，组建了多层面、多种所有制、多区域的发电企业；在电网方面，除国家电网和南方电网，组建了内蒙古电网等一些地方电网企业；在辅业方面，组建了中国电建、中国能建两家设计施工一体化的企业。

四是电价形成机制逐步完善。在发电环节实现了发电上网标杆电价，在输配环节初步核定了大部分省的输配电价，在销售环节相继出台差别电价和惩罚性电价、居民阶梯电价等政策。

五是积极探索了电力市场化交易和监管。相继开展了竞价上网、大用户与发电企业直接交易、发电权交易、跨省跨区电能交易等方面的试点和探索，电力市场化交易取得积极进展，电力监管积累了重要经验。

同时，电力行业发展还面临一些亟需通过改革解决的问题，主要有：一是市场交易机制缺失，资源利用效率不高。售电侧有效竞争机制尚未建立，发电企业和用户之间市场交易有限，市场配置资源的决定性作用难以发挥。节能高效环保机组不能充分利用，弃水、弃风、弃光现象时有发生，个别地区窝电和缺电并存。

二是价格关系没有理顺，市场化定价机制尚未完全形成。现行电价管理仍以政府定价为主，电价调整往往滞后于成本变化，难以及时并合理反映用电成本、市场供求状况、资源稀缺程度和环境保护支出。

三是政府职能转变不到位，各类规划协调机制不完善。各类专项发展规划之间、电力规划与能源规划之间、全国规划和省级规划之间难以有效协调，电力规划的实际执行与规划偏差过大。

四是发展机制不健全，新能源和可再生能源开发利用面临困难。光伏发电等新能源产业设备制造产能和建设、运营、消费需求不匹配，没有形成研发、生产、利用相互促进的良性循环，可再生能源发电保障性收购制度没有完全落实，新能源和可再生能源发电无歧视、无障碍上网问题未得到有效解决。

五是立法修法工作相对滞后，制约电力市场化和健康发展。现有的一些电力法律法规已经不能适应发展的现实需要，有的配套政策迟迟不能出台，亟待修订有关法律、法规、政策、标准，为电力行业发展提供依据。

深化电力体制改革是一项紧迫的任务，事关我国能源安全和经济社会发展全局。党的十八届三中全会提出，国有资本继续控股经营的自然垄断行业，实行以政企分开、政资分开、特许经营、政府监管为主要内容的改革。《中央全面深化改革领导小组2014年工作要点》《国务院批转发展改革委关于2014年深化经济体制改革重点任务意见的通知》对深化电力体制改革提出了新使命、新要求。社会各界对加快电力体制改革的呼声也越来越高，推进改革的社会诉求和共识都在增加，具备了宽松的外部环境和扎实的工作基础。

二、深化电力体制改革的总体思路和基本原则

（一）总体思路

深化电力体制改革的指导思想和总体目标是：坚持社会主义市场经济改革方向，从我国国情出发，坚持清洁、高效、安全、可持续发展，全面实施国家能源战略，加快构建有效竞争的市场结构和市场体系，形成主要由市场决定能源价格的机制，转变政府对能源的监管方式，建立健全能源法治体系，为建立现代能源体系、保障国家能源安全营造良好的制度环境，充分考虑各方面诉求和电力工业发展规律，兼顾改到位和保稳定。通过改革，建立健全电力行业“有法可依、政企分开、主体规范、交易公平、价格合理、监管有效”的市场体制，努力降低电力成本、理顺价格形成机制，逐步打破垄断、有序放开竞争性业务，实现供应多元化，调整产业结构、提升技术水平、控制能源消费总量，提高能源利用效率、提高安全可靠性，促进公平竞争、促进节能环保。

深化电力体制改革的重点和路径是：在进一步完善政企分开、厂网分开、主辅分开的基础上，按照管住中间、放开两头的体制架构，有序放开输配以外的竞争性环节电价，有序向社会资本放开配售电业务，有序放开公益性和调节性以外的发用电计划；推进交易机构相对独立，规范运行；继续深化对区域电网建设和适合我国国情的输配体制研究；进一步强化政府监管，进一步强化电力统筹规划，进一步强化电力安全高效运行和可靠供应。

（二）基本原则

坚持安全可靠。体制机制设计要遵循电力商品的实时性、无形性、供求波动性、同质化等技术经济规律，保障电

能的生产、输送和使用动态平衡，保障电力系统安全稳定运行和电力可靠供应，提高电力安全可靠水平。

坚持市场化改革。区分竞争性和垄断性环节，在发电侧和售电侧开展有效竞争，培育独立的市场主体，着力构建主体多元、竞争有序的电力交易格局，形成适应市场要求的电价机制，激发企业内在活力，使市场在资源配置中起决定性作用。

坚持保障民生。结合我国国情和电力行业发展现状，充分考虑企业和社会承受能力，保障基本公共服务的供给。妥善处理交叉补贴问题，完善阶梯价格机制，确保居民、农业、重要公用事业和公益性服务等用电价格相对平稳，切实保障民生。

坚持节能减排。从实施国家安全战略全局出发，积极开展电力需求侧管理和能效管理，完善有序用电和节约用电制度，促进经济结构调整、节能减排和产业升级。强化能源领域科技创新，推动电力行业发展方式转变和能源结构优化，提高发展质量和效率，提高可再生能源发电和分布式能源系统发电在电力供应中的比例。

坚持科学监管。更好发挥政府作用，政府管理重点放在加强发展战略、规划、政策、标准等的制定实施，加强市场监管。完善电力监管机构、措施和手段，改进政府监管方法，提高对技术、安全、交易、运行等的科学监管水平。

三、近期推进电力体制改革的重点任务

（一）有序推进电价改革，理顺电价形成机制

1. 单独核定输配电价。政府定价的范围主要限定在重要公用事业、公益性服务和网络型自然垄断环节。政府主要核定输配电价，并向社会公布，接受社会监督。输配电价逐步过渡到按“准许成本加合理收益”原则，分电压等级核定。用户或售电主体按照其接入的电网电压等级所对应的输配电价支付费用。

2. 分步实现公益性以外的发售电价格由市场形成。放开竞争性环节电力价格，把输配电价与发售电价在形成机制上分开。合理确定生物质能发电补贴标准。参与电力市场交易的发电企业上网电价由用户或售电主体与发电企业通过协商、市场竞价等方式自主确定。参与电力市场交易的用户购电价格由市场交易价格、输配电价（含线损）、政府性基金三部分组成。其他没有参与直接交易和竞价交易的上网电量，以及居民、农业、重要公用事业和公益性服务等用电，继续执行政府定价。

3. 妥善处理电价交叉补贴。结合电价改革进程，配套改革不同种类电价之间的交叉补贴。过渡期间，由电网企业申报现有各类用户电价间交叉补贴数额，通过输配电价回收。

（二）推进电力交易体制改革，完善市场化交易机制

4. 规范市场主体准入标准。按照接入电压等级，能耗水平、排放水平、产业政策以及区域差别化政策等确定并公布可参与直接交易的发电企业、售电主体和用户准入标准。按电压等级分期分批放开用户参与直接交易。参与直接交易企业的单位能耗、环保排放均应达到国家标准，不符合国家产业政策以及产品和工艺属于淘汰类的企业不得参与直接交易。进一步完善和创新制度，支持节能环保高效特别是超低排放机组通过直接交易和科学调度多发电。准入标准确定后，省级政府按年度公布当地符合标准的发电企业和售电主体目录，对用户目录实施动态监管，进入目录的发电企业、售电主体和用户可自愿到交易机构注册成为市场交易主体。

5. 引导市场主体开展多方直接交易。有序探索对符合准入标准的发电企业、售电主体和用户赋予自主选择权，确定交易对象、电量和价格，按国家规定的输配电价向电网企业支付相应的过网费，直接洽谈合同，实现多方直接交易，短期和即时交易通过调度和交易机构实现，为工商业企业等各类用户提供更加经济、优质的电力保障。

6. 鼓励建立长期稳定的交易机制。构建体现市场主体意愿、长期稳定的双边市场模式，任何部门和单位不得干预市场主体的合法交易行为。直接交易双方通过自主协商决定交易事项，依法依规签订电网企业参与的三方合同。鼓励用户与发电企业之间签订长期稳定的合同，建立并完善实现合同调整及偏差电量处理的交易平衡机制。

7. 建立辅助服务分担共享新机制。适应电网调峰、调频、调压和用户可中断负荷等辅助服务的新要求，完善并网发电企业辅助服务考核机制和补偿机制。根据电网可靠性和服务质量，按照谁受益、谁承担的原则，建立用户参与的辅助服务分担共享机制。用户可以结合自身负荷特性，自愿选择与发电企业或电网企业签订保供电协议、可中断负荷协议等合同，约定各自的辅助服务权利与义务，承担必要的辅助服务费用，或按照贡献获得相应的经济补偿。

8. 完善跨省跨区电力市场交易机制。按照国家能源战略和经济、节能、环保、安全的原则，采取中长期交易为主、临时交易为补充的交易模式，推进跨省跨区电力市场化交易，促进电力资源在更大范围优化配置。鼓励具备条件的区域在政府指导下建立规范的跨省跨区电力市场交易机制，促使电力富余地区更好地向缺电地区输送电力，充分发挥市场配置资源、调剂余缺的作用。积极开展跨省跨区辅助服务交易。待条件成熟时，探索开展电力期货和电力场外衍生品交易，为发电企业、售电主体和用户提供远期价格基准和风险管理手段。

（三）建立相对独立的电力交易机构，形成公平规范的市场交易平台

9. 遵循市场经济规律和电力技术特性定位电网企业功能。改变电网企业集电力输送、电力统购统销、调度交易为一体的状况，电网企业主要从事电网投资运行、电力传输配送，负责电网系统安全，保障电网公平无歧视开放，按国家规定履行电力普遍服务义务。继续完善主辅分离。

10. 改革和规范电网企业运营模式。电网企业不再以上网和销售电价价差作为主要收入来源，按照政府核定的输配电价收取过网费。确保电网企业稳定的收入来源和收益水平。规范电网企业投资和资产管理行为。

11. 组建和规范运行电力交易机构。将原来由电网企业承担的交易业务与其他业务分开，实现交易机构相对独立运行。电力交易机构按照政府批准的章程和规则为电力市场交易提供服务。相关政府部门依据职责对电力交易机构实施有效监管。

12. 完善电力交易机构的市场功能。电力交易机构主要负责市场交易平台的建设、运营和管理，负责市场交易组织，提供结算依据和服务，汇总用户与发电企业自主签订的双边合同，负责市场主体注册和相应管理，披露和发布市场信息等。

（四）推进发用电计划改革，更多发挥市场机制的作用

13. 有序缩减发用电计划。根据市场发育程度，直接

交易的电量和容量不再纳入发用电计划。鼓励新增工业用户和新核准的发电机组积极参与电力市场交易，其电量尽快实现以市场交易为主。

14. 完善政府公益性调节性服务功能。政府保留必要的公益性调节性发用电计划，以确保居民、农业、重要公用事业和公益性服务等用电，确保维护电网调峰调频和安全运行，确保可再生能源发电依照规划保障性收购。积极开展电力需求侧管理和能效管理，通过运用现代信息技术、培育电能服务、实施需求响应等，促进供需平衡和节能减排。加强老少边穷地区电力供应保障，确保无电人口用电全覆盖。

15. 进一步提升以需求侧管理为主的供需平衡保障水平。政府有关部门要按照市场化的方向，从需求侧和供应侧两方面入手，搞好电力电量整体平衡。提高电力供应的安全可靠水平。常态化、精细化开展有序用电工作，有效保障供需紧张情况下居民等重点用电需求不受影响。加强电力应急能力建设，提升应急响应水平，确保紧急状态下社会秩序稳定。

（五）稳步推进售电侧改革，有序向社会资本放开配售电业务

16. 鼓励社会资本投资配电业务。按照有利于促进配电网建设发展和提高配电运营效率的要求，探索社会资本投资配电业务的有效途径。逐步向符合条件的市场主体放开增量配电投资业务，鼓励以混合所有制方式发展配电业务。

17. 建立市场主体准入和退出机制。根据放开售电侧市场的要求和各地实际情况，科学界定符合技术、安全、环保、节能和社会责任要求的售电主体准入条件。明确售电主体的市场准入、退出规则，加强监管，切实保障各相关方的合法权益。电网企业应无歧视地向售电主体及其用户提供报装、计量、抄表、维修等各类供电服务，按约定履行保底供应商义务，确保无议价能力用户有电可用。

18. 多途径培育市场主体。允许符合条件的高新产业园区或经济技术开发区，组建售电主体直接购电；鼓励社会资本投资成立售电主体，允许其从发电企业购买电量向用户销售；允许拥有分布式电源的用户或微网系统参与电力交易；鼓励供水、供气、供热等公共服务行业和节能服务公司从事售电业务；允许符合条件的发电企业投资和组建售电主体进入售电市场，从事售电业务。

19. 赋予市场主体相应的权责。售电主体可以采取多种方式通过电力市场购电，包括向发电企业购电、通过集中竞价购电、向其他售电商购电等。售电主体、用户、其他相关方依法签订合同，明确相应的权利义务，约定交易、服务、收费、结算等事项。鼓励售电主体创新服务，向用户提供包括合同能源管理、综合节能和用能咨询等增值服务。各种电力生产方式都要严格按照国家有关规定承担电力基金、政策性交叉补贴、普遍服务、社会责任等义务。

（六）开放电网公平接入，建立分布式电源发展新机制

20. 积极发展分布式电源。分布式电源主要采用“自发自用、余量上网、电网调节”的运营模式，在确保安全的前提下，积极发展融合先进储能技术、信息技术的微电网和智能电网技术，提高系统消纳能力和能源利用效率。

21. 完善并网运行服务。加快修订和完善接入电网的技术标准、工程规范和相关管理办法，支持新能源、可再生能源、节能降耗和资源综合利用机组上网，积极推进新能源和可再生能源发电与其他电源、电网的有效衔接，依照规划认真落实可再生能源发电保障性收购制度，解决好无歧视、无障碍上网问题。加快制定完善新能源和可再生能源研发、制造、组装、并网、维护、改造等环节的国家技术标准。

22. 加强和规范自备电厂监督管理。规范自备电厂准入标准。自备电厂的建设和运行应符合国家能源产业政策和电力规划布局要求，严格执行国家节能和环保排放标准，公平承担社会责任，履行相应的调峰义务。拥有自备电厂的企业应按规定承担与自备电厂产业政策相符合的政府性基金、政策性交叉补贴和系统备用费。完善和规范余热、余压、余气、瓦斯抽排等资源综合利用类自备电厂相关支持政策。规范现有自备电厂成为合格市场主体，允许在公平承担发电企业社会责任的条件下参与电力市场交易。

23. 全面放开用户侧分布式电源市场。积极开展分布式电源项目的各类试点和示范。放开用户侧分布式电源建设，支持企业、机构、社区和家庭根据各自条件，因地制宜投资建设太阳能、风能、生物质能发电以及燃气“热电冷”联产等各类分布式电源，准许接入各电压等级的配电网络和终端用电系统。鼓励专业化能源服务公司与用户合作或以“合同能源管理”模式建设分布式电源。

（七）加强电力统筹规划和科学监管，提高电力安全可靠水平

24. 切实加强电力行业特别是电网的统筹规划。政府有关部门要认真履行电力规划职责，优化电源与电网布局，加强电力规划与能源等规划之间、全国电力规划与地方电力规划之间的有效衔接。提升规划的覆盖面、权威性和科学性，增强规划的透明度和公众参与度，各种电源建设和电网布局要严格按规划有序组织实施。电力规划应充分考虑资源环境承载力，依法开展规划的环境影响评价。规划经法定程序审核后，要向社会公开。建立规划实施检查、监督、评估、考核工作机制，保障电力规划的有效执行。

25. 切实加强电力行业及相关领域科学监管。完善电力监管组织体系，创新监管措施和手段，有效开展电力交易、调度、供电服务和安全监管，加强电网公平接入、电网投资行为、成本及投资运营效率监管，切实保障新能源并网接入，促进节能减排，保障居民供电和电网安全可靠运行。加强和完善行业协会自律、协调、监督、服务的功能，充分发挥其在政府、用户和企业之间的桥梁纽带作用。

26. 减少和规范电力行业的行政审批。进一步转变政府职能、简政放权，取消、下放电力项目审批权限，有效落实规划，明确审核条件和标准，规范简化审批程序，完善市场规则，保障电力发展战略、政策和标准有效落实。

27. 建立健全市场主体信用体系。加强市场主体诚信建设，规范市场秩序。有关部门要建立企业法人及其负责人、从业人员信用记录，将其纳入统一的信用信息平台，使各类企业的信用状况透明、可追溯、可核查。加大监管力度，对企业和个人的违法失信行为予以公开，违法失信行为严重且影响电力安全的，要实行严格的行业禁入措施。

28. 抓紧修订电力法律法规。根据改革总体要求和进程，抓紧完成电力法的修订及相关行政法规的研究起草工作，充分发挥立法对改革的引导、推动、规范、保障作用。加强电力依法行政。加大可再生能源法的实施力度。加快能源监管法规制定工作，适应依法监管、有效监管的要求，及时制定和修订其他相关法律、法规、规章。

四、加强电力体制改革工作的组织实施

电力体制改革工作关系经济发展、群众生活和社会稳定，要加强组织领导，按照整体设计、重点突破、分步实施、有序推进、试点先行的要求，调动各方面的积极性，确保改革规范有序、稳妥推进。

*（一）加强组织协调。*完善电力体制改革工作小组机制，制定切实可行的专项改革工作方案及相关配套措施，进一步明确职责分工，明确中央、地方、企业的责任，确保电力体制改革工作顺利推进。

*（二）积极营造氛围。*加强与新闻媒体的沟通协调，加大对电力体制改革的宣传报道，在全社会形成推进电力体制改革的浓厚氛围。加强改革工作的沟通协调，充分调动各方积极性，凝聚共识、形成工作合力。

*（三）稳妥有序推进。*电力体制改革是一项系统性工程，要在各方共识的基础上有序、有效、稳妥推进。逐步扩大输配电价改革试点范围。对售电侧改革、组建相对独立运行的电力交易机构等重大改革事项，可以先进行试点，在总结试点经验和修改完善相关法律法规的基础上再全面推开。

国务院关于印发《深化标准化工作改革方案》的通知

（国发〔2015〕13号）

各省、自治区、直辖市人民政府，国务院各部委、各直属机构：

现将《深化标准化工作改革方案》印发给你们，请认真贯彻执行。

国务院（印）
2015年3月11日

深化标准化工作改革方案

为落实《中共中央关于全面深化改革若干重大问题的决定》《国务院机构改革和职能转变方案》和《国务院关于促进市场公平竞争维护市场正常秩序的若干意见》（国发〔2014〕20号）关于深化标准化工作改革、加强技术标准体系建设的有关要求，制定本改革方案。

一、改革的必要性和紧迫性

党中央、国务院高度重视标准化工作，2001年成立国家标准化管理委员会，强化标准化工作的统一管理。在各部门、各地方共同努力下，我国标准化事业得到快速发展。截至目前，国家标准、行业标准和地方标准总数达到10万项，覆盖一二三产业和社会事业各领域的标准体系基本形成。我国相继成为国际标准化组织（ISO）、国际电工委员会（IEC）常任理事国及国际电信联盟（ITU）理事国，我国专家担任ISO主席、IEC副主席、ITU秘书长等一系列重要职务，主导制定国际标准的数量逐年增加。标准化在保障产品质量安全、促进产业转型升级和经济提质增效、服务外交外贸等方面起着越来越重要的作用。但是，从我国经济社会发展日益增长的需求来看，现行标准体系和标准化管理体制已不能适应社会主义市场经济发展的需要，甚至在一定程度上影响了经济社会发展。

一是标准缺失老化滞后，难以满足经济提质增效升级的需求。现代农业和服务业标准仍然很少，社会管理和公共服务标准刚刚起步，即使在标准相对完备的工业领域，标准缺失现象也不同程度存在。特别是当前节能降耗、新型城镇化、信息化和工业化融合、电子商务、商贸物流等领域对标准的需求十分旺盛，但标准供给仍有较大缺口。我国国家标准制定周期平均为3年，远远落后于产业快速发展的需要。标准更新速度缓慢，“标龄”高出德、美、英、日等发达国家1倍以上。标准整体水平不高，难以支撑经济转型升级。我国主导制定的国际标准仅占国际标准总数的0.5%，“中国标准”在国际上认可度不高。

二是标准交叉重复矛盾，不利于统一市场体系的建立。标准是生产经营活动的依据，是重要的市场规则，必须增强统一性和权威性。目前，现行国家标准、行业标准、地方标准中仅名称相同的就有近2000项，有些标准技术指标不一致甚至冲突，既造成企业执行标准困难，也造成政府部门制定标准的资源浪费和执法尺度不一。特别是强制性标准涉及健康安全环保，但是制定主体多，28个部门和31个省（区、市）制定发布强制性行业标准和地方标准；数量庞大，强制性国家、行业、地方三级标准万余项，缺乏强有力的组织协调，交叉重复矛盾难以避免。

三是标准体系不够合理，不适应社会主义市场经济发展的要求。国家标准、行业标准、地方标准均由政府主导制定，且70%为一般性产品和服务标准，这些标准中许多应由市场主体遵循市场规律制定。而国际上通行的团体标准在我国没有法律地位，市场自主制定、快速反映需求的标准不能有效供给。即使是企业自己制定、内部使用的企业标准，也要到政府部门履行备案甚至审查性备案，企业能动性受到抑制，缺乏创新和竞争力。

四是标准化协调推进机制不完善，制约了标准化管理效能提升。标准反映各方共同利益，各类标准之间需要衔接配套。很多标准技术面广、产业链长，特别是一些标准涉及部门多、相关方立场不一致，协调难度大，由于缺乏权威、高效的标准化协调推进机制，越重要的标准越“难产”。有的标准实施效果不明显，相关配套政策措施不到位，尚未形成多部门协同推动标准实施的工作格局。

造成这些问题的根本原因是现行标准体系和标准化管理体制是20世纪80年代确立的，政府与市场的角色错位，市场主体活力未能充分发挥，既阻碍了标准化工作的有效开展，又影响了标准化作用的发挥，必须切实转变政府标准化管理职能，深化标准化工作改革。

二、改革的总体要求

标准化工作改革，要紧紧围绕使市场在资源配置中起决定性作用和更好发挥政府作用，着力解决标准体系不完善、管理体制不顺畅、与社会主义市场经济发展不适应问题，改革标准体系和标准化管理体制，改进标准制定工作机制，强化标准的实施与监督，更好发挥标准化在推进国家治理体系和治理能力现代化中的基础性、战略性作用，促进经济持续健康发展和社会全面进步。

改革的基本原则：一是坚持简政放权、放管结合。把该放的放开放到位，培育发展团体标准，放开搞活企业标准，激发市场主体活力；把该管的管住管好，强化强制性标准管理，保证公益类推荐性标准的基本供给。二是坚持国际接轨、适合国情。借鉴发达国家标准化管理的先进经验和做法，结合我国发展实际，建立完善具有中国特色的标准体系和标准化管理体制。三是坚持统一管理、分工负责。既发挥好国务院标准化主管部门的综合协调职责，又充分发挥国务院各部门在相关领域内标准制定、实施及监督的作用。四是坚持依法行政、统筹推进。加快标准化法治建设，做好标准化重大改革与标准化法律法规修改完善的有机衔接；合理统筹改革优先领域、关键环节和实施步骤，通过市场自主制定标准的增量带动现行标准的存量改革。

改革的总体目标：建立政府主导制定的标准与市场自主制定的标准协同发展、协调配套的新型标准体系，健全统一协调、运行高效、政府与市场共治的标准化管理体制，形成政府引导、市场驱动、社会参与、协同推进的标准化工作格局，有效支撑统一市场体系建设，让标准成为对质量的“硬约束”，推动中国经济迈向中高端水平。

三、改革措施

通过改革，把政府单一供给的现行标准体系，转变为由政府主导制定的标准和市场自主制定的标准共同构成的新型标准体系。政府主导制定的标准由6类整合精简为4类，分别是强制性国家标准和推荐性国家标准、推荐性行业标准、推荐性地方标准；市场自主制定的标准分为团体标准和企业标准。政府主导制定的标准侧重于保基本，市场自主制定的标准侧重于提高竞争力。同时建立完善与新型标准体系配套的标准化管理体制。

（一）建立高效权威的标准化统筹协调机制。建立由国务院领导同志为召集人、各有关部门负责同志组成的国务院标准化协调推进机制，统筹标准化重大改革，研究标准化重大政策，对跨部门跨领域、存在重大争议标准的制定和实施进行协调。国务院标准化协调推进机制日常工作由国务院标准化主管部门承担。

（二）整合精简强制性标准。在标准体系上，逐步将现行强制性国家标准、行业标准和地方标准整合为强制性国家标准。在标准范围上，将强制性国家标准严格限定在保障人身健康和生命财产安全、国家安全、生态环境安全和满足社会经济管理基本要求的范围之内。在标准管理上，国务院各有关部门负责强制性国家标准项目提出、组织起草、征求意见、技术审查、组织实施和监督；国务院标准化主管部门负责强制性国家标准的统一立项和编号，并按照世界贸易组织规则开展对外通报；强制性国家标准由国务院批准发布或授权批准发布。强化依据强制性国家标准开展监督检查和行政执法。免费向社会公开强制性国家标准文本。建立强制性国家标准实施情况统计分析报告制度。

法律法规对标准制定另有规定的，按现行法律法规执行。环境保护、工程建设、医药卫生强制性国家标准、强制性行业标准和强制性地方标准，按现有模式管理。安全生产、公安、税务标准暂按现有模式管理。核、航天等涉及国家安全和秘密的军工领域行业标准，由国务院国防科技工业主管部门负责管理。

（三）优化完善推荐性标准。在标准体系上，进一步优化推荐性国家标准、行业标准、地方标准体系结构，推动向政府职责范围内的公益类标准过渡，逐步缩减现有推荐性标准的数量和规模。在标准范围上，合理界定各层级、各领域推荐性标准的制定范围，推荐性国家标准重点制定基础通用、与强制性国家标准配套的标准；推荐性行业标准重点制定本行业领域的重要产品、工程技术、服务和行业管理标准；推荐性地方标准可制定满足地方自然条件、民族风俗习惯的特殊技术要求。在标准管理上，国务院标准化主管部门、国务院各有关部门和地方政府标准化主管部门分别负责统筹管理推荐性国家标准、行业标准和地方标准制修订工作。充分运用信息化手段，建立制修订全过程信息公开和共享平台，强化制修订流程中的信息共享、社会监督和自查自纠，有效避免推荐性国家标准、行业标准、地方标准在立项、制定过程中的交叉重复矛盾。简化制修订程序，提高审批效率，缩短制修订周期。推动免费向社会公开公益类推荐性标准文本。建立标准实施信息反馈和评估机制，及时开展标准复审和维护更新，有效解决标准缺失滞后老化问题。加强标准化技术委员会管理，提高广泛性、代表性，保证标准制定的科学性、公正性。

（四）培育发展团体标准。在标准制定主体上，鼓励具备相应能力的学会、协会、商会、联合会等社会组织和产业技术联盟协调相关市场主体共同制定满足市场和创新需要的标准，供市场自愿选用，增加标准的有效供给。在标准管理上，对团体标准不设行政许可，由社会组织和产业技术联盟自主制定发布，通过市场竞争优胜劣汰。国务院标准化主管部门会同国务院有关部门制定团体标准发展指导意见和标准化良好行为规范，对团体标准进行必要的规范、引导和监督。在工作推进上，选择市场化程度高、技术创新活跃、产品类标准较多的领域，先行开展团体标准试点工作。支持专利融入团体标准，推动技术进步。

（五）放开搞活企业标准。企业根据需要自主制定、实施企业标准。鼓励企业制定高于国家标准、行业标准、地方标准，具有竞争力的企业标准。建立企业产品和服务标准自我声明公开和监督制度，逐步取消政府对企业产品标准的备案管理，落实企业标准化主体责任。鼓励标准化专业机构对企业公开的标准开展比对和评价，强化社会监督。

（六）提高标准国际化水平。鼓励社会组织和产业技术联盟、企业积极参与国际标准化活动，争取承担更多国际标准组织技术机构和领导职务，增强话语权。加大国际标准跟踪、评估和转化力度，加强中国标准外文版翻译出版工作，推动与主要贸易国之间的标准互认，推进优势、特色领域标准国际化，创建中国标准品牌。结合海外工程承包、重大装备设备出口和对外援建，推广中国标准，以中国标准“走出去”带动我国产品、技术、装备、服务“走出去”。进一步放宽外资企业参与中国标准的制定。

四、组织实施

坚持整体推进与分步实施相结合，按照逐步调整、不断完善的方法，协同有序推进各项改革任务。标准化工作改革分三个阶段实施。

（一）第一阶段（2015～2016年），积极推进改革试点工作。

——加快推进《中华人民共和国标准化法》修订工作，提出法律修正案，确保改革于法有据。修订完善相关规章制度。（2016年6月底前完成）

——国务院标准化主管部门会同国务院各有关部门及地方政府标准化主管部门，对现行国家标准、行业标准、地方标准进行全面清理，集中开展滞后老化标准的复审和修订，解决标准缺失、矛盾交叉等问题。（2016年12月底前完成）

——优化标准立项和审批程序，缩短标准制定周期。改进推荐性行业和地方标准备案制度，加强标准制定和实施后评估。（2016年12月底前完成）

——按照强制性标准制定原则和范围，对不再适用的强

制性标准予以废止，对不宜强制的转化为推荐性标准。（2015 年 12 月底前完成）

——开展标准实施效果评价，建立强制性标准实施情况统计分析报告制度。强化监督检查和行政执法，严肃查处违法违规行为。（2016 年 12 月底前完成）

——选择具备标准化能力的社会组织和产业技术联盟，在市场化程度高、技术创新活跃、产品类标准较多的领域开展团体标准试点工作，制定团体标准发展指导意见和标准化良好行为规范。（2015 年 12 月底前完成）

——开展企业产品和服务标准自我声明公开和监督制度改革试点。企业自我声明公开标准的，视同完成备案。（2015 年 12 月底前完成）

——建立国务院标准化协调推进机制，制定相关制度文件。建立标准制修订全过程信息公开和共享平台。（2015 年 12 月底前完成）

——主导和参与制定国际标准数量达到年度国际标准制定总数的 50%。（2016 年完成）

（二）第二阶段（2017～2018 年），稳妥推进向新型标准体系过渡。

——确有必要强制的现行强制性行业标准、地方标准，逐步整合上升为强制性国家标准。（2017 年完成）

——进一步明晰推荐性标准制定范围，厘清各类标准间的关系，逐步向政府职责范围内的公益类标准过渡。（2018 年完成）

——培育若干具有一定知名度和影响力的团体标准制定机构，制定一批满足市场和创新需要的团体标准。建立团体标准的评价和监督机制。（2017 年完成）

——企业产品和服务标准自我声明公开和监督制度基本完善并全面实施。（2017 年完成）

——国际国内标准水平一致性程度显著提高，主要消费品领域与国际标准一致性程度达到 95%以上。（2018 年完成）

（三）第三阶段（2019～2020 年），基本建成结构合理、衔接配套、覆盖全面、适应经济社会发展需求的新型标准体系。

——理顺并建立协同、权威的强制性国家标准管理体制。（2020 年完成）

——政府主导制定的推荐性标准限定在公益类范围，形成协调配套、简化高效的推荐性标准管理体制。（2020 年完成）

——市场自主制定的团体标准、企业标准发展较为成熟，更好满足市场竞争、创新发展的需求。（2020 年完成）

——参与国际标准化治理能力进一步增强，承担国际标准组织技术机构和领导职务数量显著增多，与主要贸易伙伴国家标准互认数量大幅增加，我国标准国际影响力不断提升，迈入世界标准强国行列。（2020 年完成）

国务院办公厅关于加强节能标准化工作的意见（摘要）

（国办发〔2015〕16 号）

一、总体要求

（一）指导思想。（略）

（二）基本原则。坚持准入倒逼，加快制修订强制性能效、能耗限额标准，发挥准入指标对产业转型升级的倒逼作用。坚持标杆引领，研究和制定关键节能技术、产品和服务标准，发挥标准对节能环保等新兴产业的引领作用。坚持创新驱动，以科技创新提高节能标准水平，促进节能科技成果转化应用。坚持共同治理，营造良好环境，形成政府引导、市场驱动、社会参与的节能标准化共治格局。

（三）工作目标。到 2020 年，建成指标先进、符合国情的节能标准体系，主要高耗能行业实现能耗限额标准全覆盖，80%以上的能效指标达到国际先进水平，标准国际化水平明显提升。形成节能标准有效实施与监督的工作体系，产业政策与节能标准的结合更加紧密，节能标准对节能减排和产业结构升级的支撑作用更加显著。

二、创新工作机制

（四）建立节能标准更新机制。制定节能标准体系建设方案和节能标准制修订工作规划，定期更新并发布节能标准。建立节能标准化联合推进机制，加强节能标准化工作协调配合。完善节能标准立项协调机制，每年下达 1～2 批节能标准专项计划，急需节能标准随时立项。完善节能标准复审机制，标准复审周期控制在 3 年以内，标准修订周期控制在 2 年以内。创新节能标准技术审查和咨询评议机制，加强能效能耗数据监测和统计分析，强化能效标准和能耗限额标准实施后评估工作，确保强制性能效和能耗指标的先进性、科学性和有效性。改进国家标准化指导性技术文件管理模式，探索团体标准转化为国家标准的工作机制，推动新兴节能技术、产品和服务快速转化为标准。（国家标准委、发展改革委、工业和信息化部等按职责分工负责）

（五）探索能效标杆转化机制。适时将能效“领跑者”指标纳入强制性终端用能产品能效标准和行业能耗限额标准指标体系，将“领跑者”企业的能耗水平确定为高耗能及产能严重过剩行业准入指标。能效标准中的能效限定值和能耗限额标准中的能耗限定值应至少淘汰 20%左右的落后产品和落后产能。（国家标准委、发展改革委、工业和信息化部等按职责分工负责）

（六）创新节能标准化服务。建设节能标准信息服务平台，及时发布和更新节能标准信息，方便企业查询标准信息、反馈实施情况、提出标准需求。探索节能标准化服务新模式，开展标准宣传贯彻、信息咨询、标准比对、实施效果评估等服务，鼓励标准化技术机构为企业提供标准研制、标准体系建设、标准化人才培养等定制化专业服务。普及节能标准化知识，增强政府部门、用能单位和消费者的节能标准化意识。（国家标准委、发展改革委、工业和信息化部等按职责分工负责）

三、完善标准体系

（七）加强重点领域节能标准制修订工作。实施百项能效标准推进工程。在工业领域，加快制修订钢铁、有色、石化、化工、建材、机械、船舶等行业节能标准，形成覆盖生产设备节能、节能监测与管理、能源管理与审计等方面的标准体系；完善燃油经济性标准和新能源汽车技术标准。在能源领域，重点制定煤炭清洁高效利用相关技术标准，加强天然气、新能源、可再生能源标准制修订工作。在建筑领域，完善绿色建筑与建筑节能设计、施工验收和评价标准，修订建筑照明设计标准，建立绿色建材标准体系。在交通运输领域，加快综合交通运输标准的制修订工作，重点制修订用能设备设施能效标准、绿色交通评价等标准。在流通领域，加快制修订零售业能源管理体系、绿色商场和绿色市场等标准。在公共机构领域，制修订公共机构能源管理体系、能源审计、节约型公共机构评价等标准。在农业领域，加快制修订农业机械、渔船和种植制度等农业生产领域高产节能，省柴节煤灶炕等农村生活节能，以及农作物秸秆能源化高效利用等相关技术标准。（国家标准委、发展改革委、工业和信息化部、住房城乡建设部、交通运输部、农业部、商务部、国管局、能源局按职责分工负责）

（八）实施节能标准化示范工程。选择具有示范作用和辐射效应的园区或重点用能企业，建设节能标准化示范项目，推广低温余热发电、吸收式热泵供暖、冰蓄冷、高效电机及电机系统等先进节能技术、设备，提升企业能源利用效率。（国家标准委、发展改革委、工业和信息化部、能源局牵头负责）

（九）推动节能标准国际化。跟踪节能领域国际标准发展，实质性参与和主导制定一批节能国际标准，扩大节能技术、产品和服务等国际市场份额。加强节能标准双边、多边国际合作，推动与主要贸易国建立节能标准互认机制。（国家标准委、发展改革委、商务部牵头负责）

四、强化标准实施

（十）严格执行强制性节能标准。强化用能单位实施强制性节能标准的主体责任，开展能效对标达标活动，发挥节能标准对用能单位、重点用能设备和系统能效提升的规范和引导作用。以强制性能耗限额标准为依据，实施固定资产投资项目节能评估和审查制度，对电解铝、铁合金、电石等高耗能行业的生产企业实施差别电价和惩罚性电价政策，对煤炭、石油、有色、建材、化工等产能过剩行业和稀土等战略资源行业的生产企业进行准入公告。以强制性能效标准和交通工具燃料经济性标准为依据，实施节能产品惠民工程、节能产品政府采购、能效标识制度。建筑工程设计、施工和验收应严格执行新建建筑强制性节能标准。政府投资的公益性建筑、大型公共建筑以及各直辖市、计划单列市及省会城市的保障性住房，应全面执行绿色建筑标准。将强制性节能标准实施情况纳入地方各级人民政府节能目标责任考核。（地方各级人民政府，发展改革委、工业和信息化部、财政部、住房城乡建设部、交通运输部、质检总局、国管局等按职责分工负责）

（十一）推动实施推荐性节能标准。强化政策与标准的有效衔接，制定相关政策、履行职能应优先采用节能标准。在能源消费总量控制、生产许可、节能改造、节能量交易、节能产品推广、节能认证、节能示范、绿色建筑评价及公共机构建设等领域，优先采用合同能源管理、节能量评估、电力需求侧管理、节约型公共机构评价等节能标准。推动能源管理体系、系统经济运行、能量平衡测试、节能监测等推荐性节能标准在工业企业中的应用。积极开展公共机构能源管理体系认证。（发展改革委、工业和信息化部、财政部、住房城乡建设部、商务部、质检总局、国管局、国家认监委等按职责分工负责）

（十二）加强标准实施的监督。以节能标准实施为重点，加大节能监察力度，督促用能单位实施强制性能耗限额标准和终端用能产品能效标准。完善质量监督制度，将产品是否符合节能标准纳入产品质量监督考核体系。畅通举报渠道，鼓励社会各方参与对节能标准实施情况的监督。（发展改革委、工业和信息化部、质检总局等按职责分工负责）

五、保障措施

（十三）加大节能标准化科研支持力度。实施科技创新驱动发展战略，加强节能领域技术标准科研工作规划。强化节能技术研发与标准制定的结合，支持制定具有自主知识产权的技术标准。建设产学研用有机结合的区域性国家技术标准创新基地，培育形成技术研发—标准研制—产业应用的科技创新机制。（科技部、国家标准委牵头负责）

（十四）加快节能标准化人才培养步伐。完善节能标准化人才教育体系，鼓励节能标准化人才担任节能国际标准化技术组织职务。加强基层节能技术人员和管理人员培训工作，提升各类用能单位特别是中小微企业运用节能标准的能力。（国家标准委、工业和信息化部、发展改革委、科技部、国管局按职责分工负责）

各地区、各有关部门要充分认识节能标准化工作的重大意义，精心组织，加强配合，抓紧研究制定具体实施方案，拓宽节能标准化资金投入渠道，扎实推动各项工作，确保各项政策措施落实到位。

国务院办公厅（印）

2015 年 3 月 24 日

国务院关于印发《中国制造 2025》的通知（摘要）

（国发〔2015〕28 号）

各省、自治区、直辖市人民政府，国务院各部委、各直属机构：

现将《中国制造 2025》印发给你们，请认真贯彻执行。

国务院（印）

2015 年 5 月 8 日

中国制造 2025（摘要）

制造业是国民经济的主体，是立国之本、兴国之器、强国之基。18 世纪中叶开启工业文明以来，世界强国的兴衰史和中华民族的奋斗史一再证明，没有强大的制造业，就没有国家和民族的强盛。打造具有国际竞争力的制造业，是我国提升综合国力、保障国家安全、建设世界强国的必由之路。

新中国成立尤其是改革开放以来，我国制造业持续快速发展，建成了门类齐全、独立完整的产业体系，有力推动工业化和现代化进程，显著增强综合国力，支撑我世界大国地位。然而，与世界先进水平相比，我国制造业仍然大而不强，在自主创新能力、资源利用效率、产业结构水平、信息化程度、质量效益等方面差距明显，转型升级和跨越发展的任务紧迫而艰巨。

当前，新一轮科技革命和产业变革与我国加快转变经济发展方式形成历史性交汇，国际产业分工格局正在重塑。必须紧紧抓住这一重大历史机遇，按照“四个全面”战略布局要求，实施制造强国战略，加强统筹规划和前瞻部署，力争通过三个十年的努力，到新中国成立一百年时，把我国建设成为引领世界制造业发展的制造强国，为实现中华民族伟大复兴的中国梦打下坚实基础。

《中国制造 2025》，是我国实施制造强国战略第一个十年的行动纲领。

一、发展形势和环境（略）

二、战略方针和目标（略）

三、战略任务和重点

实现制造强国的战略目标，必须坚持问题导向，统筹谋划，突出重点；必须凝聚全社会共识，加快制造业转型升级，全面提高发展质量和核心竞争力。

（一）～（五）（略）

（六）大力推动重点领域突破发展。

瞄准新一代信息技术、高端装备、新材料、生物医药等战略重点，引导社会各类资源集聚，推动优势和战略产业快速发展。

1.～5.（略）

6. 节能与新能源汽车。继续支持电动汽车、燃料电池汽车发展，掌握汽车低碳化、信息化、智能化核心技术，提升动力电池、驱动电机、高效内燃机、先进变速器、轻量化材料、智能控制等核心技术的工程化和产业化能力，形成从关键零部件到整车的完整工业体系和创新体系，推动自主品牌节能与新能源汽车同国际先进水平接轨。

7. 电力装备。推动大型高效超净排放煤电机组产业化和示范应用，进一步提高超大容量水电机组、核电机组、重型燃气轮机制造水平。推进新能源和可再生能源装备、先进储能装置、智能电网用输变电及用户端设备发展。突破大功率电力电子器件、高温超导材料等关键元器件和材料的制造及应用技术，形成产业化能力。

8.～10.（略）

（七）～（九）（略）

四、战略支撑与保障（略）

国务院关于推进国际产能和装备制造合作的指导意见（摘要）

（国发〔2015〕30号）

一、重要意义（略）

二、总体要求

（一）～（三）（略）。

（四）指导思想和总体思路。（略）

（五）基本原则。

坚持企业主导、政府推动。

坚持突出重点、有序推进。

坚持注重实效、互利共赢。

坚持积极稳妥、防控风险。

（六）主要目标。力争到2020年，与重点国家产能合作机制基本建立，一批重点产能合作项目取得明显进展，形成若干境外产能合作示范基地。推进国际产能和装备制造合作的体制机制进一步完善，支持政策更加有效，服务保障能力全面提升。形成一批有国际竞争力和市场开拓能力的骨干企业。国际产能和装备制造合作的经济和社会效益进一步提升，对国内经济发展和产业转型升级的促进作用明显增强。

三、主要任务

（七）总体任务。将与我国装备和产能契合度高、合作愿望强烈、合作条件和基础好的发展中国家作为重点国别，并积极开拓发达国家市场，以点带面，逐步扩展。将钢铁、有色、建材、铁路、电力、化工、轻纺、汽车、通信、工程机械、航空航天、船舶和海洋工程等作为重点行业，分类实施，有序推进。

（八）立足国内优势，推动钢铁、有色行业对外产能合作。

（九）结合当地市场需求，开展建材行业优势产能国际合作。

（十）加快铁路“走出去”步伐，拓展轨道交通装备国际市场。

（十一）大力开发和实施境外电力项目，提升国际市场竞争力。加大电力“走出去”力度，积极开拓有关国家火电和水电市场，鼓励以多种方式参与重大电力项目合作，扩大国产火电、水电装备和技术出口规模。积极与有关国家开展核电领域交流与磋商，推进重点项目合作，带动核电成套装备和技术出口。积极参与有关国家风电、太阳能光伏项目的投资和建设，带动风电、光伏发电国际产能和装备制造合作。积极开展境外电网项目投资、建设和运营，带动输变电设备出口。

（十二）加强境外资源开发，推动化工重点领域境外投资。

（十三）发挥竞争优势，提高轻工纺织行业国际合作水平。

（十四）通过境外设厂等方式，加快自主品牌汽车走向国际市场。

（十五）推动创新升级，提高信息通信行业国际竞争力。

（十六）整合优势资源，推动工程机械等制造企业完善全球业务网络。

（十七）加强对外合作，推动航空航天装备对外输出。

（十八）提升产品和服务水平，开拓船舶和海洋工程装备高端市场。

四、提高企业“走出去”能力和水平

（十九）发挥企业市场主体作用。各类企业包括民营企业要结合自身发展需要和优势，坚持以市场为导向，按照商业原则和国际惯例，明确工作重点，制定实施方案，积极开展国际产能和装备制造合作，为我拓展国际发展新空间做出积极贡献。

（二十）拓展对外合作方式。在继续发挥传统工程承包优势的同时，充分发挥我资金、技术优势，积极开展“工程承包＋融资”“工程承包＋融资＋运营”等合作，有条件的项目鼓励采用BOT、PPP等方式，大力开拓国际市场，开展装备制造合作。与具备条件的国家合作，形成合力，共同开发第三方市场。国际产能合作要根据所在国的实际和特点，灵活采取投资、工程建设、技术合作、技术援助等多种方式，与所在国政府和企业开展合作。

（二十一）创新商业运作模式。积极参与境外产业集聚区、经贸合作区、工业园区、经济特区等合作园区建设，营造基础设施相对完善、法律政策配套的具有集聚和辐射效应的良好区域投资环境，引导国内企业抱团出海、集群式“走出去”。通过互联网借船出海，借助互联网企业境外市场、营销网络平台，开辟新的商业渠道。通过以大带小合作出海，鼓励大企业率先走向国际市场，带动一批中小配套企业“走出去”，构建全产业链战略联盟，形成综合竞争优势。

（二十二）提高境外经营能力和水平。认真做好所在国政治、经济、法律、市场的分析和评估，加强项目可行性研究和论证，建立效益风险评估机制，注重经济性和可持续性，完善内部投资决策程序，落实各方面配套条件，精心组织实施。做好风险应对预案，妥善防范和化解项目执行中的各类风险。鼓励扎根当地、致力于长期发展，在企业用工、采购等方面努力提高本地化水平，加强当地员工培训，积极促进当地就业和经济发展。

（二十三）规范企业境外经营行为。企业要认真遵守所在国法律法规，尊重当地文化、宗教和习俗，保障员工合法权益，做好知识产权保护，坚持诚信经营，抵制商业贿赂。注重资源节约利用和生态环境保护，承担社会责任，为当地经济和社会发展积极做贡献，实现与所在国的互利共赢、共同发展。建立企业境外经营活动考核机制，推动信用制度建设。加强企业间的协调与合作，遵守公平竞争的市场秩序，坚决防止无序和恶性竞争。

五、加强政府引导和推动（略）

六、加大政策支持力度（略）

七、强化服务保障和风险防控（略）

国务院（印）

2015 年 5 月 13 日

国务院关于积极推进“互联网＋”行动的指导意见（摘要）

（国发〔2015〕40 号）

一、行动要求

（一）总体思路。

顺应世界“互联网＋”发展趋势，充分发挥我国互联网的规模优势和应用优势，推动互联网由消费领域向生产领域拓展，加速提升产业发展水平，增强各行业创新能力，构筑经济社会发展新优势和新动能。坚持改革创新和市场需求导向，突出企业的主体作用，大力拓展互联网与经济社会各领域融合的广度和深度。着力深化体制机制改革，释放发展潜力和活力；着力做优存量，推动经济提质增效和转型升级；着力做大增量，培育新兴业态，打造新的增长点；着力创新政府服务模式，夯实网络发展基础，营造安全网络环境，提升公共服务水平。

（二）基本原则。

坚持开放共享。营造开放包容的发展环境，将互联网作为生产生活要素共享的重要平台，最大限度优化资源配置，加快形成以开放、共享为特征的经济社会运行新模式。

坚持融合创新。鼓励传统产业树立互联网思维，积极与“互联网＋”相结合。推动互联网向经济社会各领域加速渗透，以融合促创新，最大程度汇聚各类市场要素的创新力量，推动融合性新兴产业成为经济发展新动力和新支柱。

坚持变革转型。充分发挥互联网在促进产业升级以及信息化和工业化深度融合中的平台作用，引导要素资源向实体经济集聚，推动生产方式和发展模式变革。创新网络化公共服务模式，大幅提升公共服务能力。

坚持引领跨越。巩固提升我国互联网发展优势，加强重点领域前瞻性布局，以互联网融合创新为突破口，培育壮大新兴产业，引领新一轮科技革命和产业变革，实现跨越式发展。

坚持安全有序。完善互联网融合标准规范和法律法规，增强安全意识，强化安全管理和防护，保障网络安全。建立科学有效的市场监管方式，促进市场有序发展，保护公平竞争，防止形成行业垄断和市场壁垒。

（三）发展目标。

到 2018 年，互联网与经济社会各领域的融合发展进一步深化，基于互联网的新业态成为新的经济增长动力，互联网支撑大众创业、万众创新的作用进一步增强，互联网成为提供公共服务的重要手段，网络经济与实体经济协同互动的发展格局基本形成。

——经济发展进一步提质增效。互联网在促进制造业、农业、能源、环保等产业转型升级方面取得积极成效，劳动生产率进一步提高。基于互联网的新兴业态不断涌现，电子商务、互联网金融快速发展，对经济提质增效的促进作用更加凸显。

——社会服务进一步便捷普惠。健康医疗、教育、交通等民生领域互联网应用更加丰富，公共服务更加多元，线上线下结合更加紧密。社会服务资源配置不断优化，公众享受到更加公平、高效、优质、便捷的服务。

——基础支撑进一步夯实提升。网络设施和产业基础得到有效巩固加强，应用支撑和安全保障能力明显增强。固定宽带网络、新一代移动通信网和下一代互联网加快发展，物联网、云计算等新型基础设施更加完备。人工智能等技术及其产业化能力显著增强。

——发展环境进一步开放包容。全社会对互联网融合创新的认识不断深入，互联网融合发展面临的体制机制障碍有效破除，公共数据资源开放取得实质性进展，相关标准规范、信用体系和法律法规逐步完善。

到 2025 年，网络化、智能化、服务化、协同化的“互联网＋”产业生态体系基本完善，“互联网＋”新经济形态初步形成，“互联网＋”成为经济社会创新发展的重要驱动力量。

二、重点行动

（一）“互联网＋”创业创新。（略）

（二）“互联网＋”协同制造。（略）

（三）“互联网＋”现代农业。（略）

（四）“互联网＋”智慧能源。

通过互联网促进能源系统扁平化，推进能源生产与消费模式革命，提高能源利用效率，推动节能减排。加强分布式能源网络建设，提高可再生能源占比，促进能源利用结构优化。加快发电设施、用电设施和电网智能化改造，提高电力系统的安全性、稳定性和可靠性。（能源局、发展改革委、工业和信息化部等负责）

1. 推进能源生产智能化。建立能源生产运行的监测、管理和调度信息公共服务网络，加强能源产业链上下游企业的信息对接和生产消费智能化，支撑电厂和电网协调运行，促进非化石能源与化石能源协同发电。鼓励能源企业运用大数据技术对设备状态、电能负载等数据进行分析挖掘与预测，开展精准调度、故障判断和预测性维护，提高能源利用效率和安全稳定运行水平。

2. 建设分布式能源网络。建设以太阳能、风能等可再生能源为主体的多能源协调互补的能源互联网。突破分布式发电、储能、智能微网、主动配电网等关键技术，构建智能化电力运行监测、管理技术平台，使电力设备和用电终端基于互联网进行双向通信和智能调控，实现分布式电源的及时有效接入，逐步建成开放共享的能源网络。

3. 探索能源消费新模式。开展绿色电力交易服务区域试点，推进以智能电网为配送平台，以电子商务为交易平台，融合储能设施、物联网、智能用电设施等硬件以及碳交易、互联网金融等衍生服务于一体的绿色能源网络发展，实现绿色电力的点到点交易及实时配送和补贴结算。进一步加强能源生产和消费协调匹配，推进电动汽车、港口岸电等电能替代技术的应用，推广电力需求侧管理，提高能源利用效率。基于分布式能源网络，发展用户端智能化用能、能源共享经济和能源自由交易，促进能源消费生态体系建设。

4. 发展基于电网的通信设施和新型业务。推进电力光纤到户工程，完善能源互联网信息通信系统。统筹部署电网和通信网深度融合的网络基础设施，实现同缆传输、共建共享，避免重复建设。鼓励依托智能电网发展家庭能效管理等新型业务。

（五）“互联网＋”普惠金融。（略）

（六）“互联网＋”益民服务。（略）

（七）“互联网＋”高效物流。（略）

（八）“互联网＋”电子商务。

巩固和增强我国电子商务发展领先优势，大力发展农村电商、行业电商和跨境电商，进一步扩大电子商务发展空间。电子商务与其他产业的融合不断深化，网络化生产、流通、消费更加普及，标准规范、公共服务等支撑环境基本完善。（发展改革委、商务部、工业和信息化部、交通运输部、农业部、海关总署、税务总局、质检总局、网信办等负责）

1. 积极发展农村电子商务。（略）

2. 大力发展行业电子商务。鼓励能源、化工、钢铁、电子、轻纺、医药等行业企业，积极利用电子商务平台优化采购、分销体系，提升企业经营效率。推动各类专业市场线上转型，引导传统商贸流通企业与电子商务企业整合资源，积极向供应链协同平台转型。鼓励生产制造企业面向个性化、定制化消费需求深化电子商务应用，支持设备制造企业利用电子商务平台开展融资租赁服务，鼓励中小微企业扩大电子商务应用。按照市场化、专业化方向，大力推广电子招标投标。

3. 推动电子商务应用创新。（略）

4. 加强电子商务国际合作。（略）

（九）“互联网＋”便捷交通。（略）

（十）“互联网＋”绿色生态。

推动互联网与生态文明建设深度融合，完善污染物监测及信息发布系统，形成覆盖主要生态要素的资源环境承载能力动态监测网络，实现生态环境数据互联互通和开放共享。充分发挥互联网在逆向物流回收体系中的平台作用，促进再生资源交易利用便捷化、互动化、透明化，促进生产生活方式绿色化（发展改革委、环境保护部、商务部、林业局等负责）

1. 加强资源环境动态监测。针对能源、矿产资源、水、大气、森林、草原、湿地、海洋等各类生态要素，充分利用多维地理信息系统、智慧地图等技术，结合互联网大数据分析，优化监测站点布局，扩大动态监控范围，构建资源环境承载能力立体监控系统。依托现有互联网、云计算平台，逐步实现各级政府资源环境动态监测信息互联共享。加强重点用能单位能耗在线监测和大数据分析。

2. 大力发展智慧环保。（略）

3. 完善废旧资源回收利用体系。（略）

4. 建立废弃物在线交易系统。（略）

（十一）“互联网＋”人工智能。（略）

三、保障支撑（略）

国务院（印）
2015 年 7 月 1 日

中共中央、国务院关于深化国有企业改革的指导意见（摘要）

一、总体要求

（一）指导思想（略）

（二）基本原则

——坚持和完善基本经济制度。

——坚持社会主义市场经济改革方向。

——坚持增强活力和强化监管相结合。

——坚持党对国有企业的领导。

——坚持积极稳妥统筹推进。

（三）主要目标

到 2020 年，在国有企业改革重要领域和关键环节取得决定性成果，形成更加符合我国基本经济制度和社会主义市场经济发展要求的国有资产管理体制、现代企业制度、市场化经营机制，国有资本布局结构更趋合理，造就一大批德才兼备、善于经营、充满活力的优秀企业家，培育一大批具有创新能力和国际竞争力的国有骨干企业，国有经济活力、控制力、影响力、抗风险能力明显增强。

（略）

二、分类推进国有企业改革

（四）划分国有企业不同类别。根据国有资本的战略定位和发展目标，结合不同国有企业在经济社会发展中的作用、现状和发展需要，将国有企业分为商业类和公益类。通过界定功能、划分类别，实行分类改革、分类发展、分类监管、分类定责、分类考核，提高改革的针对性、监管的有效性、考核评价的科学性，推动国有企业同市场经济深入融合，促进国有企业经济效益和社会效益有机统一。按照谁出资谁分类的原则，由履行出资人职责的机构负责制定所出资企业的功能界定和分类方案，报本级政府批准。各地区可结合实际，划分并动态调整本地区国有企业功能类别。

（五）推进商业类国有企业改革。（略）

（六）推进公益类国有企业改革。公益类国有企业以保障民生、服务社会、提供公共产品和服务为主要目标，引入市场机制，提高公共服务效率和能力。这类企业可以采取国有独资形式，具备条件的也可以推行投资主体多元化，还可以通过购买服务、特许经营、委托代理等方式，鼓励非国有企业参与经营。对公益类国有企业，重点考核成本控制、产品服务质量、营运效率和保障能力，根据企业不同特点有区别地考核经营业绩指标和国有资产保值增值情况，考核中要引入社会评价。

三、完善现代企业制度

（七）推进公司制股份制改革。加大集团层面公司制改革力度，积极引入各类投资者实现股权多元化，大力推动国有企业改制上市，创造条件实现集团公司整体上市。根据不同企业的功能定位，逐步调整国有股权比例，形成股权结构多元、股东行为规范、内部约束有效、运行高效灵活的经营机制。允许将部分国有资本转化为优先股，在少数特定领域探索建立国家特殊管理股制度。

（八）健全公司法人治理结构。重点是推进董事会建设，建立健全权责对等、运转协调、有效制衡的决策执行监督机制，规范董事长、总经理行权行为，充分发挥董事会的决策作用、监事会的监督作用、经理层的经营管理作用、党组织的政治核心作用，切实解决一些企业董事会形同虚设、“一把手”说了算的问题，实现规范的公司治理。要切实落实和维护董事会依法行使重大决策、选人用人、薪酬分配等权利，保障经理层经营自主权，法无授权任何政府部门和机构不得干预。加强董事会内部的制衡约束，国有独资、全资公司的董事会和监事会均应有职工代表，董事会外部董事应占多数，落实一人一票表决制度，董事对董事会决议承担责任。改进董事会和董事评价办法，强化对董事的考核评价和管理，对重大决策失误负有直接责任的要及时调整或解聘，并依法追究责任。进一步加强外部董事队伍建设，拓宽来源渠道。

（九）建立国有企业领导人员分类分层管理制度。坚持党管干部原则与董事会依法产生、董事会依法选择经营管理者、经营管理者依法行使用人权相结合，不断创新有效实现形式。上级党组织和国有资产监管机构按照管理权限加强对国有企业领导人员的管理，广开推荐渠道，依规考察提名，严格履行选用程序。根据不同企业类别和层级，实行选任制、委任制、聘任制等不同选人用人方式。推行职业经理人制度，实行内部培养和外部引进相结合，畅通现有经营管理者与职业经理人身份转换通道，董事会按市场化方式选聘和管理职业经理人，合理增加市场化选聘比例，加快建立退出机制。推行企业经理层成员任期制和契约化管理，明确责任、权利、义务，严格任期管理和目标考核。

（十）实行与社会主义市场经济相适应的企业薪酬分配制度。企业内部的薪酬分配权是企业的法定权利，由企业依法依规自主决定，完善既有激励又有约束、既讲效率又讲公平、既符合企业一般规律又体现国有企业特点的分配机制。建立健全与劳动力市场基本适应、与企业经济效益和劳动生产率挂钩的工资决定和正常增长机制。推进全员绩效考核，以业绩为导向，科学评价不同岗位员工的贡献，合理拉开收入分配差距，切实做到收入能增能减和奖惩分明，充分调动广大职工积极性。对国有企业领导人员实行与选任方式相匹配、与企业功能性质相适应、与经营业绩相挂钩的差异化薪酬分配办法。对党中央、国务院和地方党委、政府及其部门任命的国有企业领导人员，合理确定基本年薪、绩效年薪和任期激励收入。对市场化选聘的职业经理人实行市场化薪酬分配机制，可以采取多种方式探索完善中长期激励机制。健全与激励机制相对称的经济责任审计、信息披露、延期支付、追索扣回等约束机制。严格规范履职待遇、业务支出，严禁将公款用于个人支出。

（十一）深化企业内部用人制度改革。建立健全企业各类管理人员公开招聘、竞争上岗等制度，对特殊管理人员可以通过委托人才中介机构推荐等方式，拓宽选人用人视野和渠道。建立分级分类的企业员工市场化公开招聘制度，切实做到信息公开、过程公开、结果公开。构建和谐劳动关系，依法规范企业各类用工管理，建立健全以合同管理为核心、以岗位管理为基础的市场化用工制度，真正形成企业各类管理人员能上能下、员工能进能出的合理流动机制。

四、完善国有资产管理体制

（十二）以管资本为主推进国有资产监管机构职能转变。国有资产监管机构要准确把握依法履行出资人职责的定位，科学界定国有资产出资人监管的边界，建立监管权力清单和责任清单，实现以管企业为主向以管资本为主的转变。该管的要科学管理、决不缺位，重点管好国有资本布局、规范资本运作、提高资本回报、维护资本安全；不该管的要依法放权、决不越位，将依法应由企业自主经营决策的事项归位于企业，将延伸到子企业的管理事项原则上归位于一级企业，将配合承担的公共管理职能归位于相关政府部门和单位。大力推进依法监管，着力创新监管方式和手段，改变行政化管理方式，改进考核体系和办法，提高监管的科学性、有效性。

（十三）以管资本为主改革国有资本授权经营体制。改组组建国有资本投资、运营公司，探索有效的运营模式，通过开展投资融资、产业培育、资本整合，推动产业集聚和转型升级，优化国有资本布局结构；通过股权运作、价值管理、有序进退，促进国有资本合理流动，实现保值增值。科学界定国有资本所有权和经营权的边界，国有资产监管机构依法对国有资本投资、运营公司和其他直接监管的企业履行出资人职责，并授权国有资本投资、运营公司对授权范围内的国有资本履行出资人职责。国有资本投资、运营公司作为国有资本市场化运作的专业平台，依法自主开展国有资本运作，对所出资企业行使股东职责，按照责权对应原则切实承担起国有资产保值增值责任。开展政府直接授权国有资本投资、运营公司履行出资人职责的试点。

（十四）以管资本为主推动国有资本合理流动优化配置。坚持以市场为导向、以企业为主体，有进有退、有所为有所不为，优化国有资本布局结构，增强国有经济整体功能和效率。紧紧围绕服务国家战略，落实国家产业政策和重点产业布局调整总体要求，优化国有资本重点投资方向和领域，推动国有资本向关系国家安全、国民经济命脉和国计民生的重要行业和关键领域、重点基础设施集中，向前瞻性战略性产业集中，向具有核心竞争力的优势企业集中。发挥国有资本投资、运营公司的作用，清理退出一批、重组整合一批、创新发展一批国有企业。建立健全优胜劣汰市场化退出机制，充分发挥失业救济和再就业培训等的作用，解决好职工安置问题，切实保障退出企业依法实现关闭或破产，加快处置低效无效资产，淘汰落后产能。支持企业依法合规通过证券交易、产权交易等资本市场，以市场公允价格处置企业资产，实现国有资本形态转换，变现的国有资本用于更需要的领域和行业。推动国有企业加快管理创新、商业模式创新，合理限定法人层级，有效压缩管理层级。发挥国有企业在实施创新驱动发展战略和制造强国战略中的骨干和表率作用，强化企业在技术创新中的主体地位，重视培养科研人才和高技能人才。支持国有企业开展国际化经营，鼓励国有企业之间以及与其他所有制企业以资本为纽带，强强联合、优势互补，加快培育一批具有世界一流水平的跨国公司。

（十五）以管资本为主推进经营性国有资产集中统一监管。稳步将党政机关、事业单位所属企业的国有资本纳入经营性国有资产集中统一监管体系，具备条件的进入国有资本投资、运营公司。加强国有资产基础管理，按照统一制度规范、统一工作体系的原则，抓紧制定企业国有资产基础管理条例。建立覆盖全部国有企业、分级管理的国有资本经营预算管理制度，提高国有资本收益上缴公共财政比例，2020年提高到30%，更多用于保障和改善民生。划转部分国有资本充实社会保障基金。

五、发展混合所有制经济

（十六）推进国有企业混合所有制改革。以促进国有企业转换经营机制，放大国有资本功能，提高国有资本配置和运行效率，实现各种所有制资本取长补短、相互促进、共同发展为目标，稳妥推动国有企业发展混合所有制经济。对通过实行股份制、上市等途径已经实行混合所有制的国有企业，要着力在完善现代企业制度、提高资本运行效率上下功夫；对于适宜继续推进混合所有制改革的国有企业，要充分发挥市场机制作用，坚持因地施策、因业施策、因企施策，宜独则独、宜控则控、宜参则参，不搞拉郎配，不搞全覆盖，不设时间表，成熟一个推进一个。改革要依法依规、严格程序、公开公正，切实保护混合所有制企业各类出资人的产权权益，杜绝国有资产流失。

（十七）引入非国有资本参与国有企业改革。鼓励非国有资本投资主体通过出资入股、收购股权、认购可转债、股权置换等多种方式，参与国有企业改制重组或国有控股上市公司增资扩股以及企业经营管理。实行同股同权，切实维护各类股东合法权益。在石油、天然气、电力、铁路、电信、资源开发、公用事业等领域，向非国有资本推出符合产业政策、有利于转型升级的项目。依照外商投资产业指导目录和相关安全审查规定，完善外资安全审查工作机制。开展多类型政府和社会资本合作试点，逐步推广政府和社会资本合作模式。

（十八）鼓励国有资本以多种方式入股非国有企业。充分发挥国有资本投资、运营公司的资本运作平台作用，通过市场化方式，以公共服务、高新技术、生态环保、战略性产业为重点领域，对发展潜力大、成长性强的非国有企业进行股权投资。鼓励国有企业通过投资入股、联合投资、重组等多种方式，与非国有企业进行股权融合、战略合作、资源整合。

（十九）探索实行混合所有制企业员工持股。坚持试点先行，在取得经验基础上稳妥有序推进，通过实行员工持股建立激励约束长效机制。优先支持人才资本和技术要素贡献占比较高的转制科研院所、高新技术企业、科技服务型企业开展员工持股试点，支持对企业经营业绩和持续发展有直接或较大影响的科研人员、经营管理人员和业务骨干等持股。员工持股主要采取增资扩股、出资新设等方式。完善相关政策，健全审核程序，规范操作流程，严格资产评估，建立健全股权流转和退出机制，确保员工持股公开透明，严禁暗箱操作，防止利益输送。

六、强化监督防止国有资产流失

（二十）强化企业内部监督。完善企业内部监督体系，明确监事会、审计、纪检监察、巡视以及法律、财务等部门的监督职责，完善监督制度，增强制度执行力。强化对权力集中、资金密集、资源富集、资产聚集的部门和岗位的监督，实行分事行权、分岗设权、分级授权，定期轮岗，强化内部流程控制，防止权力滥用。建立审计部门向董事会负责的工作机制。落实企业内部监事会对董事、经理和其他高级管理人员的监督。进一步发挥企业总法律顾问在经营管理中的法律审核把关作用，推进企业依法经营、合规管理。集团公司要依法依规、尽职尽责加强对子企业的管理和监督。大力推进厂务公开，健全以职工代表大会为基本形式的企业民主管理制度，加强企业职工民主监督。

（二十一）建立健全高效协同的外部监督机制。强化出资人监督，加快国有企业行为规范法律法规制度建设，加强对企业关键业务、改革重点领域、国有资本运营重要环节以及境外国有资产的监督，规范操作流程，强化专业检查，开展总会计师由履行出资人职责机构委派的试点。加强和改进外派监事会制度，明确职责定位，强化与有关专业监督机构的协作，加强当期和事中监督，强化监督成果运用，建立健全核查、移交和整改机制。健全国有资本审计监督体系和制度，实行企业国有资产审计监督全覆盖，建立对企业国有资本的经常性审计制度。加强纪检监察监督和巡视工作，强化对企业领导人员廉洁从业、行使权力等的监督，加大大案要案查处力度，狠抓对存在问题的整改落实。整合出资人监管、外派监事会监督和审计、纪检监察、巡视等监督力量，建立监督工作会商机制，加强统筹，创新方式，共享资源，减少重复检查，提高监督效能。建立健全监督意见反馈整改机制，形成监督工作的闭环。

（二十二）实施信息公开加强社会监督。完善国有资产和国有企业信息公开制度，设立统一的信息公开网络平台，依法依规、及时准确披露国有资本整体运营和监管、国有企业公司治理以及管理架构、经营情况、财务状况、关联交易、企业负责人薪酬等信息，建设阳光国企。认真处理人民群众关于国有资产流失等问题的来信、来访和检举，及时回应社会关切。充分发挥媒体舆论监督作用，有效保障社会公众对企业国有资产运营的知情权和监督权。

（二十三）严格责任追究。建立健全国有企业重大决策失误和失职、渎职责任追究倒查机制，建立和完善重大决策评估、决策事项履职记录、决策过错认定标准等配套制度，严厉查处侵吞、贪污、输送、挥霍国有资产和逃废金融债务的行为。建立健全企业国有资产的监督问责机制，对企业重大违法违纪问题敷衍不追、隐匿不报、查处不力的，严格追究有关人员失职渎职责任，视不同情形给予纪律处分或行政处分，构成犯罪的，由司法机关依法追究刑事责任。

七、加强和改进党对国有企业的领导（略）

八、为国有企业改革创造良好环境条件（略）

2015年8月24日

国务院办公厅关于印发《贯彻实施〈深化标准化工作改革方案〉行动计划（2015～2016年）》的通知

（国办发〔2015〕67号）

各省、自治区、直辖市人民政府，国务院各部委、各直属机构：

《贯彻实施〈深化标准化工作改革方案〉行动计划（2015～2016年）》已经国务院同意，现印发给你们，请认真贯彻执行。

国务院办公厅（印）

2015年8月30日

贯彻实施《深化标准化工作改革方案》行动计划（2015～2016年）

为贯彻实施《国务院关于印发深化标准化工作改革方案的通知》（国发〔2015〕13号，以下简称《改革方案》），协同有序推进标准化工作改革，确保第一阶段（2015～2016年）各项任务落到实处，制定本行动计划。

一、开展强制性标准清理评估。研究制定强制性标准整合精简工作方案。按照强制性标准制定范围和原则，对现行强制性国家、行业和地方标准及制修订计划开展全面清理、评估，不再适用的予以废止；不宜强制的转化为推荐性标准；确需强制的，提出继续有效或整合修订的工作建议。在工业领域先行开展整合修订试点，制定发布覆盖面广、通用性强的强制性国家标准。各部门、各地区不再下达新的强制性行业标准和地方标准计划。依法制定强制性国家标准管理办法，加快清理修订涉及强制性标准的相关规章制度。（质检总局、国家标准委牵头，各有关部门、各省级人民政府按职责分工负责）

法律法规另有规定以及《改革方案》已明确按或暂按现有模式管理的领域，依据现有管理职责，按照《改革方案》精神，分别开展强制性标准的清理评估工作。（各有关部门、各省级人民政府按职责分工负责）

二、开展推荐性标准复审和修订。对现行推荐性国家、行业和地方标准开展集中复审，不再适用的予以废止；不同层级间存在矛盾交叉的，根据复审结果进行整合修订；与国际标准存在较大差距、已经滞后于产业和技术发展的，分批次开展修订工作。（国家标准委、各有关部门、各省级人民政府按职责分工负责）

三、优化推荐性标准制修订程序。简化推荐性标准制修订程序，缩短制修订周期，提高标准质量和制修订效率。加强标准立项评估，从源头上确保标准质量和协调性。加强对标准起草、征求意见、技术审查等环节的监督。改进行业和地方标准备案管理，加强各级推荐性标准立项、批准发布信息交换和共享，提高各级推荐性标准的协调性。（国家标准委牵头，各有关部门、各省级人民政府按职责分工负责）

四、开展团体标准试点。研究制定推进科技类学术团体开展标准制定和管理的实施办法。做好学会有序承接政府转移职能的试点工作，在市场化程度高、技术创新活跃、产品类标准较多的领域，鼓励有条件的学会、协会、商会、联合会等先行先试，开展团体标准试点。在总结试点经验基础上，加快制定团体标准发展指导意见和标准化良好行为规范，进一步明确团体标准制定程序和评价准则。（国家标准委、民政部、中国科协牵头负责）

五、开展企业产品和服务标准自我声明公开和监督制度试点。建立完善企业产品和服务标准信息公共服务平台。研究制定企业产品和服务标准自我声明公开和监督制度指南，鼓励企业进行标准自我声明公开。（质检总局、国家标准委牵头负责）

六、加强标准实施与监督。加大科技研发对标准研制的支持，增强标准适用性。建立标准实施信息反馈机制，开展强制性标准实施效果评价，探索建立强制性标准实施情况统计分析报告制度。加强标准的培训、解读、咨询、技术服务，培育发展标准化服务机构，推动发展标准化服务业。加大依据强制性国家标准开展监督检查和行政执法的力度，严肃查处违法违规行为。（质检总局、国家标准委、科技部等有关部门、各省级人民政府按职责分工负责）

七、改进标准化技术委员会管理。修订《全国专业标准化技术委员会管理规定》，提高标准化技术委员会组成的代表性，完善广泛参与、公开透明、协商一致、管理科学的工作机制。（质检总局、国家标准委牵头负责）

加强对标准化技术委员会日常运行的监督管理，严格委员投票表决制度，完善考核评价机制。（国家标准委、各有关部门、各省级人民政府按职责分工负责）

八、提高标准国际化水平。加强参与国际标准化活动的管理，积极参与国际标准化战略规划、政策和规则的制定。推动我国企业、产业技术联盟和社会组织积极参与国际、区域标准化组织和国际国外先进产业技术联盟的标准化活动。鼓励外资企业参与我国标准化活动，营造更加公开、透明、开放的标准化工作环境。制定实施国际标准化人才培训规划，加大国际标准化人才培养和引进力度。不断拓宽参与国际标准化活动的领域范围，以新兴产业和我国特色优势领域为重点，争取承担更多国际标准组织技术机构领导职务和秘书处，实质参与国际标准制修订，逐步提高主导制定国际标准比例。加大对国际标准的跟踪、评估和转化力度，不断提高国内标准与国际标准水平一致性程度。（国家标准委牵头负责）

九、推动中国标准"走出去"。围绕"一带一路""中国制造2025"、国际产能和装备制造合作等战略，研究制定中国标准"走出去"工作方案，推动铁路、电力、钢铁、航天、核等重点领域标准"走出去"。研究制定标准联通"一带一路"行动计划，开展"一带一路"沿线重点国家国别分析和大宗商品标准、终端用能产品能效标准的比对分析研究。加强中国标准外文版翻译出版工作，加大与主要贸易国标准互认力度，推动农业标准化海外示范区建设。开展面向俄罗斯、中亚、东盟和非洲的标准化专家交流和人才培训项目。（国家标准委牵头负责）

十、加强信息化建设。按照积极稳妥、分步实施的原则，推进跨部门、跨行业、跨区域标准化信息交换与资源共享，规划建设统一规范的全国标准信息网站，为社会提供服务。建立标准公开制度，推动政府主导制定标准的信息公开、透明和共享，及时向社会公开标准制修订过程信息，免费向社会公开强制性标准全文，研究推动逐步免费向社会公开推荐性标准文本。（国家标准委牵头，各有关部门、各省级人民政府按职责分工负责）

十一、加大宣传工作力度。在全国范围内开展对标准化工作改革精神的宣传解读，组织电视媒体、平面媒体和网络媒体宣传标准化工作改革的重要意义。加强各部门之间的信息联动共享机制建设，加强对标准化重大政策和重点工作的普及性宣传，加大重要标准宣传贯彻力度，营造良好的舆论氛围。（国家标准委牵头负责）

十二、加强标准化工作经费保障。各级财政应根据工作实际需要统筹安排标准化工作经费。制定强制性标准和公益类推荐性标准以及参与国际标准化活动的经费，由同级财政予以安排。探索建立市场化、多元化经费投入机制，鼓励、引导社会各界加大投入。（财政部、质检总局、国家标准委牵头，各有关部门、各省级人民政府按职责分工负责）

十三、加强标准化法治建设。加快推进《中华人民共和国标准化法》修订工作，制定工作方案，组织开展有关重大问题研究，提出法律修正案，推动实现立法与改革决策的有

效衔接。（质检总局、国家标准委、法制办牵头负责）

开展对现行标准化相关法规、规章和规范性文件的清理评估，明确立改废的重点。开展标准化法配套法规、规章的研究和起草工作。（各有关部门、各省级人民政府按职责分工负责）

十四、建立国务院标准化统筹协调机制。建立由国务院领导同志为召集人、各有关部门负责同志为成员的国务院标准化协调推进部际联席会议制度。鼓励地方参照建立相应的工作机制。（质检总局、国家标准委牵头负责）

各地区、各部门要按照国务院统一部署，进一步提高对深化标准化工作改革重要性的认识，加强对标准化工作的组织领导和统筹协调，强化协同配合。各地区、各部门要按照本行动计划，结合实际，落实责任分工，确保按时保质完成各项任务。

中共中央办公厅、国务院办公厅《深化科技体制改革实施方案》（摘要）

一、指导思想、基本原则和主要目标

（一）指导思想（略）

（二）基本原则

激发创新。把增强自主创新能力、促进科技与经济紧密结合作为根本目的，以改革驱动创新，强化创新成果同产业对接、创新项目同现实生产力对接、研发人员创新劳动同其利益收入对接，充分发挥市场作用，释放科技创新潜能，打造创新驱动发展新引擎。

问题导向。坚持把破解制约创新驱动发展的体制机制障碍作为着力点，找准突破口，增强针对性，在重要领域和关键环节取得决定性进展，提高改革的质量和效益。

整体推进。坚持科技体制改革与经济社会等领域改革同步发力，既继承又发展，围绕实施创新驱动发展战略和建设国家创新体系，制定具有标志性、带动性的改革举措和政策措施，抓好进度统筹、质量统筹、落地统筹，增强改革的系统性、全面性和协同性。

开放协同。统筹中央和地方改革部署，强化部门改革协同，注重财税、金融、投资、产业、贸易、消费等政策与科技政策的配套，充分利用国内国际资源，加强工作衔接和协调配合，形成改革合力，更大范围、更高层次、更有效率配置创新资源。

落实落地。坚持科技体制改革的目标和方向，统筹衔接当前和长远举措，把握节奏，分步实施，增强改革的有序性。明确部门分工，强化责任担当，注重可操作、可考核、可督查，确保改革举措落地生根，形成标志性成果。

（三）主要目标

到2020年，在科技体制改革的重要领域和关键环节取得突破性成果，基本建立适应创新驱动发展战略要求、符合社会主义市场经济规律和科技创新发展规律的中国特色国家创新体系，进入创新型国家行列。自主创新能力显著增强，技术创新的市场导向机制更加健全，企业、科研院所、高等学校等创新主体充满活力、高效协同，军民科技融合深度发展，人才、技术、资本等创新要素流动更加顺畅，科技管理体制机制更加完善，创新资源配置更加优化，科技人员积极性、创造性充分激发，大众创业、万众创新氛围更加浓厚，创新效率显著提升，为到2030年建成更加完备的国家创新体系、进入创新型国家前列奠定坚实基础。

二、建立技术创新市场导向机制

企业是科技与经济紧密结合的主要载体，解决科技与经济结合不紧问题的关键是增强企业创新能力和协同创新的合力。要健全技术创新的市场导向机制和政府引导机制，加强产学研协同创新，引导各类创新要素向企业集聚，促进企业成为技术创新决策、研发投入、科研组织和成果转化的主体，使创新转化为实实在在的产业活动，培育新的增长点，促进经济转型升级提质增效。

（一）建立企业主导的产业技术创新机制，激发企业创新内生动力

1. 建立高层次、常态化的企业技术创新对话、咨询制度，发挥企业和企业家在国家创新决策中的重要作用。吸收更多企业参与研究制定国家技术创新规划、计划、政策和标准，相关专家咨询组中产业专家和企业家应占较大比例。

2. 市场导向明确的科技项目由企业牵头、政府引导、联合高等学校和科研院所实施。政府更多运用财政后补助、间接投入等方式，支持企业自主决策、先行投入，开展重大产业关键共性技术、装备和标准的研发攻关。开展国家科技计划（专项、基金）后补助试点。

3. 开展龙头企业创新转型试点，探索政府支持企业技术创新、管理创新、商业模式创新的新机制。

4. 坚持结构性减税方向，逐步将国家对企业技术创新的投入方式转变为以普惠性财税政策为主。

5. 统筹研究企业所得税加计扣除政策，完善企业研发费用计核方法，调整目录管理方式，扩大研发费用加计扣除政策适用范围。

6. 健全国有企业技术创新经营业绩考核制度，加大技术创新在国有企业经营业绩考核中的比重。对国有企业研发投入和产出进行分类考核，形成鼓励创新、宽容失败的考核机制。完善中央企业负责人经营业绩考核暂行办法。

7. 建立健全符合国际规则的支持采购创新产品和服务的政策，加大创新产品和服务采购力度。鼓励采用首购、订购等非招标采购方式以及政府购买服务等方式予以支持，促进创新产品的研发和规模化应用。

8. 研究完善使用首台（套）重大技术装备鼓励政策，健全研制、使用单位在产品创新、增值服务和示范应用等环节的激励和约束机制。推进首台（套）重大技术装备保险补偿机制。

（二）加强科技创新服务体系建设，完善对中小微企业创新的支持方式

9. 制定科技型中小企业的条件和标准，为落实扶持中小企业创新政策开辟便捷通道。

10. 完善中小企业创新服务体系，加快推进创业孵化、知识产权服务、第三方检验检测认证等机构的专业化、市场化改革，构建面向中小微企业的社会化、专业化、网络化技术创新服务平台。

11. 修订高新技术企业认定管理办法，重点鼓励中小企业加大研发力度，将涉及文化科技支撑、科技服务的核心技术纳入国家重点支持的高新技术领域。

12. 落实和完善政府采购促进中小企业创新发展的相关措施，完善政府采购向中小企业预留采购份额、评审优惠等措施。

（三）健全产学研用协同创新机制，强化创新链和产业链有机衔接

13. 鼓励构建以企业为主导、产学研合作的产业技术创新战略联盟，制定促进联盟发展的措施，按照自愿原则和市场机制，进一步优化联盟在重点产业和重点区域的布局。加强产学研结合的中试基地和共性技术研发平台建设。

14. 探索在战略性领域采取企业主导、院校协作、多元投资、军民融合、成果分享的新模式，整合形成若干产业创新中心。

15. 制定具体管理办法，允许符合条件的高等学校和科研院所科研人员经所在单位批准，带着科研项目和成果、保留基本待遇到企业开展创新工作或创办企业。

16. 开展高等学校和科研院所设立流动岗位吸引企业人才兼职的试点工作，允许高等学校和科研院所设立一定比例流动岗位，吸引有创新实践经验的企业家和企业科技人才兼职。试点将企业任职经历作为高等学校新聘工程类教师的必要条件。

17. 改进科研人员薪酬和岗位管理制度，破除人才流动的体制机制障碍，促进科研人员在事业单位与企业间合理流动。加快社会保障制度改革，完善科研人员在事业单位与企业之间流动社保关系转移接续政策。

三、构建更加高效的科研体系

科研院所和高等学校是源头创新的主力军，必须大力增强其原始创新和服务经济社会发展能力。深化科研院所分类改革和高等学校科研体制机制改革，构建符合创新规律、职能定位清晰的治理结构，完善科研组织方式和运行管理机制，加强分类管理和绩效考核，增强知识创造和供给，筑牢国家创新体系基础。

（四）加快科研院所分类改革，建立健全现代科研院所制度

18. 完善科研院所法人治理结构，推动科研机构制定章程，探索理事会制度，推进科研事业单位取消行政级别。

19. 制定科研事业单位领导人员管理暂行规定，规范领导人员任职资格、选拔任用、考核评价激励、监督管理等。在有条件的单位对院（所）长实行聘任制。

20. 推进公益类科研院所分类改革，落实科研事业单位在编制管理、人员聘用、职称评定、绩效工资分配等方面的自主权。

21. 坚持技术开发类科研机构企业化转制方向，对于承担较多行业共性任务的转制科研院所，可组建产业技术研发集团，对行业共性技术研究和市场经营活动进行分类管理、分类考核。推动以生产经营活动为主的转制科研院所深化市场化改革，通过引入社会资本或整体上市，积极发展混合所有制。对于部分转制科研院所中基础能力强的团队，在明确定位和标准的基础上，引导其回归公益，参与国家重点实验室建设，支持其继续承担国家任务。

22. 研究制定科研机构创新绩效评价办法，对基础和前沿技术研究实行同行评价，突出中长期目标导向，评价重点从研究成果数量转向研究质量、原创价值和实际贡献；对公益性研究强化国家目标和社会责任评价，定期对公益性研究机构组织第三方评价，将评价结果作为财政支持的重要依据，引导建立公益性研究机构依托国家资源服务行业创新机制。扩大科研机构绩效拨款试点范围，逐步建立财政支持的科研机构绩效拨款制度。

23. 实施中国科学院率先行动计划。发挥集科研院所、学部、教育机构于一体的优势，探索中国特色的国家现代科研院所制度。

（五）完善高等学校科研体系，建设一批世界一流大学和一流学科

24. 按照中央财政科技计划管理改革方案，实施“高等学校创新能力提升计划”（2011 计划）。

25. 制定总体方案，统筹推进世界一流大学和一流学科建设，完善专业设置和动态调整机制，建立以国际同类一流学科为参照的学科评估制度，扩大交流合作，稳步推进高等学校国际化进程。

26. 启动高等学校科研组织方式改革，开展自主设立科研岗位试点，推进高等学校研究人员聘用制度改革。

（六）推动新型研发机构发展，形成跨区域、跨行业的研发和服务网络

27. 制定鼓励社会化新型研发机构发展的意见，探索非营利性运行模式。

28. 优化国家实验室、重点实验室、工程实验室、工程（技术）研究中心布局，按功能定位分类整合，构建开放共享互动的创新网络。制定国家实验室发展规划、运行规则和管理办法，探索新型治理结构和运行机制。

四、改革人才培养、评价和激励机制

创新驱动实质上是人才驱动。改革和完善人才发展机制，加大创新型人才培养力度，对从事不同创新活动的科技人员实行分类评价，制定和落实鼓励创新创造的激励政策，鼓励科研人员持续研究和长期积累，充分调动和激发人的积极性和创造性。

（七）改进创新型人才培养模式，增强科技创新人才后备力量

29. 开展启发式、探究式、研究式教学方法改革试点，弘扬科学精神，营造鼓励创新、宽容失败的创新文化。改革基础教育培养模式，尊重个性发展，强化兴趣爱好和创造性思维培养。

30. 以人才培养为中心，着力提高本科教育质量，加快部分普通本科高等学校向应用技术型高等学校转型，开展校企联合招生、联合培养试点，拓展校企合作育人的途径与方式。

31. 分类改革研究生培养模式，探索科教结合的学术学位研究生培养新模式，扩大专业学位研究生招生比例，增进教学与实践的融合，建立以科学与工程技术研究为主导的导师责任制和导师项目资助制，推行产学研联合培养研究生的“双导师制”。

32. 制定关于深化高等学校创新创业教育改革的实施意见，加大创新创业人才培养力度。

（八）实行科技人员分类评价，建立以能力和贡献为导向的评价和激励机制

33. 建立健全各类人才培养、使用、吸引、激励机制，制定关于深化人才发展体制机制改革的意见。

34. 改进人才评价方式，制定关于分类推进人才评价机制改革的指导意见，提升人才评价的科学性。对从事基础和前沿技术研究、应用研究、成果转化等不同活动的人员建立分类评价制度。

35. 完善科技人才职称评价标准和方式，制定关于深化职称制度改革的意见，促进职称评价结果和科技人才岗位聘

用有效衔接。

36. 研究制定事业单位高层次人才收入分配激励机制的政策意见，健全鼓励创新创造的分配激励机制。优化工资结构，保证科研人员合理工资待遇水平。推进科研事业单位实施绩效工资，完善内部分配机制，重点向关键岗位、业务骨干和做出突出贡献的人员倾斜。

（九）深化科技奖励制度改革，强化奖励的荣誉性和对人的激励

37. 制定深化科技奖励改革方案，逐步完善推荐提名制，突出对重大科技贡献、优秀创新团队和青年人才的激励。

38. 完善国家科技奖励工作，修订国家科学技术奖励条例。

39. 引导和规范社会力量设奖，制定关于鼓励社会力量设立科学技术奖的指导意见。

（十）改进完善院士制度，健全院士遴选、管理和退出机制

40. 完善院士增选机制，改进院士候选人推荐（提名）方式，按照新的章程及相关实施办法开展院士推荐和遴选。

41. 制定规范院士学术兼职和待遇的相关措施，明确相关标准和范围。

42. 制定实施院士退出机制的具体管理措施，加强院士在科学道德建设方面的示范作用。

五、健全促进科技成果转化的机制

科技成果转化为现实生产力是创新驱动发展的本质要求。要完善科技成果使用、处置和收益管理制度，加大对科研人员转化科研成果的激励力度，构建服务支撑体系，打通成果转化通道，通过成果应用体现创新价值，通过成果转化创造财富。

（十一）深入推进科技成果使用、处置和收益管理改革，强化对科技成果转化的激励

43. 推动修订促进科技成果转化法和相关政策规定，在财政资金设立的科研院所和高等学校中，将职务发明成果转让收益在重要贡献人员、所属单位之间合理分配，对用于奖励科研负责人、骨干技术人员等重要贡献人员和团队的比例，可以从现行不低于20%提高到不低于50%。

44. 结合事业单位分类改革要求，尽快将财政资金支持形成的，不涉及国防、国家安全、国家利益、重大社会公共利益的科技成果的使用权、处置权和收益权，全部下放给符合条件的项目承担单位。单位主管部门和财政部门对科技成果在境内的使用、处置不再审批或备案，科技成果转移转化所得收入全部留归单位，纳入单位预算，实行统一管理，处置收入不上缴国库。总结试点经验，结合促进科技成果转化法修订进程，尽快将有关政策在全国范围内推广。

45. 完善职务发明制度，推动修订专利法、公司法等相关内容，完善科技成果、知识产权归属和利益分享机制，提高骨干团队、主要发明人受益比例。完善奖励报酬制度，健全职务发明的争议仲裁和法律救济制度。

46. 制定在全国加快推行股权和分红激励政策的办法，对高等学校和科研院所等事业单位以科技成果作价入股的企业，放宽股权奖励、股权出售对企业设立年限和盈利水平的限制。建立促进国有企业创新的激励制度，对在创新中做出重要贡献的技术人员实施股权和分红激励政策。

47. 落实国有企业事业单位成果转化奖励的相关政策，国有企业事业单位对职务发明完成人、科技成果转化重要贡献人员和团队的奖励，计入当年单位工资总额，但不纳入工资总额基数。

48. 完善事业单位无形资产管理，探索建立适应无形资产特点的国有资产管理考核机制。

（十二）完善技术转移机制，加速科技成果产业化

49. 加强高等学校和科研院所的知识产权管理，完善技术转移工作体系，制定具体措施，推动建立专业化的机构和职业化的人才队伍，强化知识产权申请、运营权责。逐步实现高等学校和科研院所与下属公司剥离，原则上高等学校、科研院所不再新办企业，强化科技成果以许可方式对外扩散，鼓励以转让、作价入股等方式加强技术转移。

50. 建立完善高等学校和科研院所科技成果转化年度统计和报告制度，财政资金支持形成的科技成果，除涉及国防、国家安全、国家利益、重大社会公共利益外，在合理期限内未能转化的，可由国家依法强制许可实施。

51. 构建全国技术交易市场体系，在明确监管职责和监管规则的前提下，以信息化网络连接依法设立、运行规范的现有各区域技术交易平台，制定促进技术交易和相关服务业发展的措施。

52. 统筹研究国家自主创新示范区实行的科技人员股权奖励个人所得税试点政策推广工作。

53. 研究制定科研院所和高等学校技术入股形成的国有股转持豁免的政策。

54. 推动修订标准化法，强化标准化促进科技成果转化应用的作用。

55. 健全科技与标准化互动支撑机制，制定以科技提升技术标准水平、以技术标准促进技术成果转化应用的措施，制定团体标准发展指导意见和标准化良好行为规范，鼓励产业技术创新战略联盟及学会、协会协调市场主体共同制定团体标准，加速创新成果市场化、产业化，提高标准国际化水平。

六、建立健全科技和金融结合机制

金融创新对技术创新具有重要的助推作用。要大力发展创业投资，建立多层次资本市场支持创新机制，构建多元化融资渠道，支持符合创新特点的结构性、复合性金融产品开发，完善科技和金融结合机制，形成各类金融工具协同支持创新发展的良好局面。

（十三）壮大创业投资规模，加大对早中期、初创期创新型企业支持力度

56. 扩大国家科技成果转化引导基金规模，吸引优秀创业投资管理团队联合设立一批子基金，开展贷款风险补偿工作。

57. 设立国家新兴产业创业投资引导基金，带动社会资本支持战略性新兴产业和高技术产业早中期、初创期创新型企业发展。

58. 研究设立国家中小企业发展基金，保留专注于科技型中小企业的投资方向。

59. 研究制定天使投资相关法规，鼓励和规范天使投资发展，出台私募投资基金管理暂行条例。

60. 按照税制改革的方向与要求，对包括天使投资在内的投向种子期、初创期等创新活动的投资，统筹研究相关税收支持政策。

61. 研究扩大促进创业投资企业发展的税收优惠政策，

适当放宽创业投资企业投资高新技术企业的条件限制，并在试点基础上将享受投资抵扣政策的创业投资企业范围扩大到有限合伙制创业投资企业法人合伙人。

62. 结合国有企业改革建立国有资本创业投资基金制度，完善国有创投机构激励约束机制。

63. 完善外商投资创业投资企业规定，引导境外资本投向创新领域。

64. 研究保险资金投资创业投资基金的相关政策，制定保险资金设立私募投资基金的办法。

（十四）强化资本市场对技术创新的支持，促进创新型成长型企业加速发展

65. 发挥沪深交易所股权质押融资机制作用，支持符合条件的创新创业企业发行公司债券。

66. 支持符合条件的企业发行项目收益债，募集资金用于加大创新投入。

67. 推动修订相关法律法规，开展知识产权证券化试点。

68. 开展股权众筹融资试点，积极探索和规范发展服务创新的互联网金融。

69. 加快创业板市场改革，推动股票发行注册制改革，健全适合创新型、成长型企业发展的制度安排，扩大服务实体经济覆盖面，强化全国中小企业股份转让系统融资、并购、交易等功能，规范发展服务小微企业的区域性股权市场。加强不同层次资本市场的有机联系。

（十五）拓宽技术创新间接融资渠道，完善多元化融资体系

70. 建立知识产权质押融资市场化风险补偿机制，简化知识产权质押融资流程，鼓励有条件的地区建立科技保险奖补机制和再保险制度，加快发展科技保险，开展专利保险试点，完善专利保险服务机制。

71. 完善商业银行相关法律。选择符合条件的银行业金融机构，探索试点为企业创新活动提供股权和债权相结合的融资服务方式，与创业投资、股权投资机构实现投贷联动。

72. 政策性银行在有关部门及监管机构的指导下，加快业务范围内金融产品和服务方式创新，对符合条件的企业创新活动加大信贷支持力度。

73. 稳步发展民营银行，建立与之相适应的监管制度，支持面向中小企业创新需求的金融产品创新。

七、（略）

八、构建统筹协调的创新治理机制

深化科技管理改革是提升科技资源配置使用效率的根本途径。要加快政府职能转变，加强科技、经济、社会等方面政策的统筹协调和有效衔接，改革中央财政科技计划管理，完善科技管理基础制度，建立创新驱动导向的政绩考核机制，推进科技治理体系和治理能力现代化。

（十八）完善政府统筹协调和决策咨询机制，提高科技决策的科学化水平

82. 建立部门科技创新沟通协调机制，加强创新规划制定、任务安排、项目实施等的统筹协调，优化科技资源配置。

83. 建立国家科技创新决策咨询机制，发挥好科技界和智库对创新决策的支撑作用，成立国家科技创新咨询委员会，定期向党中央、国务院报告国际科技创新动向。

84. 建立并完善国家科技规划体系，国家科技规划进一步聚焦战略需求，重点部署市场不能有效配置资源的关键领域研究。进一步明晰中央和地方科技管理事权和职能定位，建立责权统一的协同联动机制。

85. 建立创新政策协调审查机制，启动政策清理工作，废止有违创新规律、阻碍创新发展的政策条款，对新制定政策是否制约创新进行审查。

86. 建立创新政策调查和评价制度，定期对政策落实情况进行跟踪分析，及时调整完善。

（十九）推进中央财政科技计划（专项、基金等）管理改革，再造科技计划管理体系

87. 对现有科技计划（专项、基金等）进行优化整合，按照国家自然科学基金、国家科技重大专项、国家重点研发计划、技术创新引导专项（基金）、基地和人才专项等五类科技计划重构国家科技计划布局，实行分类管理、分类支持。

88. 构建统一的国家科技管理平台，建立国家科技计划（专项、基金等）管理部际联席会议制度，组建战略咨询与综合评审委员会，制定议事规则，完善运行机制，加强重大事项的统筹协调。

89. 建立专业机构管理项目机制，制定专业机构改建方案和管理制度，逐步推进专业机构的市场化和社会化。

90. 建立统一的国家科技计划监督评估机制，制定监督评估通则和标准规范，强化科技计划实施和经费监督检查，开展第三方评估。

（二十）改革科研项目和资金管理，建立符合科研规律、高效规范的管理制度

91. 建立五类科技计划（专项、基金等）管理和资金管理制度，制定和修订相关计划管理办法和经费管理办法，改进和规范项目管理流程，提高资金使用效率。

92. 完善科研项目间接费管理制度。

93. 健全完善科研项目资金使用公务卡结算有关制度，健全科研项目和资金巡视检查、审计等制度，依法查处违法违规行为，完善科研项目和资金使用监管机制。

94. 制定加强基础研究的指导性文件，在科研布局、科研评价、政策环境、资金投入等方面加强顶层设计和综合施策，切实加大对基础研究的支持力度。完善稳定支持和竞争性支持相协调的机制，加大稳定支持力度，支持研究机构自主布局科研项目，扩大高等学校、科研院所学术自主权和个人科研选题选择权。在基础研究领域建立包容和支持“非共识”创新项目的制度。

95. 完善科研信用管理制度，建立覆盖项目决策、管理、实施主体的逐级考核问责机制和责任倒查制度。

（二十一）全面推进科技管理基础制度建设，推动科技资源开放共享

96. 建立统一的国家科技计划管理信息系统和中央财政科研项目数据库，对科技计划实行全流程痕迹管理。

97. 全面实行国家科技报告制度，建立科技报告共享服务机制，将科技报告呈交和共享情况作为对项目承担单位后续支持的依据。

98. 全面推进国家创新调查制度建设，发布国家、区域、高新区、企业等创新能力监测评价报告。

99. 建立统一开放的科研设施与仪器国家网络管理平台，将所有符合条件的科研设施与仪器纳入平台管理，建立国家重大科研基础设施和大型科研仪器开放共享制度和运行补助机制。

（二十二）完善宏观经济统计指标体系和政绩考核机制，强化创新驱动导向

100. 改进和完善国内生产总值核算方法，体现科技创新的经济价值。研究建立科技创新、知识产权与产业发展相结合的创新驱动发展评价指标，并纳入国民经济和社会发展规划。

101. 完善地方党政领导干部政绩考核办法，把创新驱动发展成效纳入考核范围。

九、推动形成深度融合的开放创新局面

以全球视野谋划和推动科技创新。坚持引进来和走出去相结合，开展全方位、多层次、高水平的国际科技合作与交流，深入实施“千人计划”“万人计划”，加大先进技术和海外高层次人才引进力度，充分利用全球创新资源，以更加积极的策略推动技术和标准输出，提升我国科技创新的国际化水平。

（二十三）有序开放国家科技计划，提高我国科技的全球影响力

102. 制定国家科技计划对外开放的管理办法，鼓励在华的外资研发中心参与承担国家科技计划项目，开展高附加值原创性研发活动，启动外籍科学家参与承担国家科技计划项目实施的试点。

103. 在基础研究和重大全球性问题研究领域，研究发起国际大科学计划和工程，积极参与大型国际科技合作计划。吸引国际知名科研机构来华联合组建国际科技中心。鼓励和支持中国科学家在国际科技组织任职。

（二十四）实行更加积极的人才引进政策，聚集全球创新人才

104. 制定外国人永久居留管理的意见，加快外国人永久居留管理立法，规范和放宽技术型人才取得外国人永久居留证的条件，探索建立技术移民制度，对持有外国人永久居留证的外籍高层次人才在创办科技型企业等创新活动方面，给予中国籍公民同等待遇。

105. 加快制定外国人在中国工作管理条例，对符合条件的外国人才给予工作许可便利，对符合条件的外国人才及其随行家属给予签证和居留等便利。对满足一定条件的国外高层次科技创新人才取消来华工作许可的年龄限制。

106. 开展国有企业事业单位选聘、聘用国际高端人才实行市场化薪酬试点，加大对高端人才激励力度。

107. 围绕国家重大需求，面向全球引进首席科学家等高层次科技创新人才。建立访问学者制度，广泛吸引海外高层次人才回国（来华）从事创新研究。

108. 开展高等学校和科研院所非涉密的部分岗位全球招聘试点，提高科研院所所长全球招聘比例。

109. 逐步放宽外商投资人才中介服务机构的外资持股比例和最低注册资本金要求。鼓励有条件的国内人力资源服务机构走出去与国外人力资源服务机构开展合作，在境外设立分支机构。

（二十五）鼓励企业建立国际化创新网络，提升企业利用国际创新资源的能力

110. 进一步完善同主要国家创新对话机制，积极吸收企业参与，在研发合作、技术标准、知识产权、跨国并购等方面为企业搭建沟通和对话平台。

111. 健全综合协调机制，支持国内技术、产品、标准、品牌走出去，支持企业在海外设立研发中心、参与国际标准制定。强化技术贸易措施评价和风险预警机制。

（二十六）优化境外创新投资管理制度，鼓励创新要素跨境流动

112. 研究通过国有重点金融机构发起设立海外创新投资基金，外汇储备通过债权、股权等方式参与设立基金工作，积极吸收其他性质资金参与，更多更好利用全球创新资源。

113. 制定鼓励上市公司海外投资创新类项目的措施，改革投资信息披露制度。

114. 制定相关规定，对开展国际研发合作项目所需付汇，实行研发单位事先承诺、事后并联监管制度。

115. 对科研人员因公出国进行分类管理，放宽因公临时出国批次限量管理政策。

116. 改革检验管理，对研发所需设备、样本及样品进行分类管理，在保证安全前提下，采用重点审核、抽检、免检等方式，提高审核效率。

十、营造激励创新的良好生态

积极营造公平、开放、透明的市场环境，推动大众创业、万众创新。强化知识产权保护，改进新技术新产品新商业模式的准入管理和产业准入制度，加快推进垄断性行业改革，建立主要由市场决定要素价格的机制，形成有利于转型升级、鼓励创新的产业政策导向，营造勇于探索、鼓励创新、宽容失败的文化和社会氛围。

（二十七）实行严格的知识产权保护制度，鼓励创业、激励创新

117. 完善知识产权保护相关法律，研究降低侵权行为追究刑事责任门槛，调整损害赔偿标准，探索实施惩罚性赔偿制度。完善权利人维权机制，合理划分权利人举证责任。

118. 完善商业秘密保护法律制度，明确商业秘密和侵权行为界定，研究制定相关保护措施，探索建立诉前保护制度。

119. 研究商业模式等新形态创新成果的知识产权保护办法。

120. 完善知识产权审判工作机制，推进知识产权民事、行政、刑事案件审判“三合一”，积极发挥知识产权法院的作用，探索建立跨地区知识产权案件异地审理机制，打破对侵权行为的地方保护。

121. 健全知识产权侵权查处机制，强化行政执法与司法衔接，加强知识产权综合行政执法，将侵权行为信息纳入社会信用记录。

122. 建立知识产权海外维权援助机制，完善中国保护知识产权网海外维权信息平台建设和知识产权海外服务机构、专家名录。

（二十八）打破制约创新的行业垄断和市场分割，营造激励创新的市场环境

123. 加快推进垄断性行业改革，放开自然垄断行业竞争性业务，建立鼓励创新的统一透明、有序规范的市场环境。切实加强反垄断执法，及时发现和制止垄断协议和滥用市场支配地位等垄断行为，为中小企业创新发展拓展空间。

124. 打破地方保护，清理和废除各地妨碍全国统一市场的规定和做法，纠正地方政府不当补贴或利用行政权力限制、排除竞争的行为，探索实施公平竞争审查制度。

（二十九）改进市场准入与监管，完善放活市场、拉动创新的产业技术政策

125. 改革市场准入制度，制定和实施产业准入负面清

单，对未纳入负面清单管理的行业、领域、业务等，各类市场主体皆可依法平等进入。

126. 破除限制新技术新产品新商业模式发展的不合理准入障碍。对药品、医疗器械等创新产品建立便捷高效的监管模式，深化审评审批制度改革，多种渠道增加审评资源，优化流程，缩短周期，支持委托生产等新的组织模式发展。

127. 对新能源汽车、风电、光伏等领域制定有针对性的准入政策。

128. 完善相关管理制度，改进互联网、金融、环保、医疗卫生、文化、教育等领域的监管，支持和鼓励新业态、新商业模式发展。

129. 改革产业监管制度，将前置审批为主转变为依法加强事中事后监管为主。

130. 明确并逐步提高生产环节和市场准入的环境、节能、节水、节地、节材、质量和安全指标及相关标准，形成统一权威、公开透明的市场准入标准体系。健全技术标准体系，制定和实施强制性标准。

131. 加强产业技术政策、标准执行的过程监管。建立健全环保、质检、工商、安全监管等部门的行政执法联动机制。

（三十）推动有利于创新的要素价格改革，形成创新倒逼机制

132. 运用主要由市场决定要素价格的机制，促使企业从依靠过度消耗资源能源、低性能低成本竞争，向依靠创新、实施差别化竞争转变。

133. 加快推进资源税改革，逐步将资源税扩展到占用各种自然生态空间。

134. 推进环境保护费改税。

135. 完善市场化的工业用地价格形成机制。

136. 健全企业职工工资正常增长机制，实现劳动力成本变化与经济提质增效相适应。

（三十一）培育创新文化，形成支持创新创业的社会氛围

137. 发展众创、众筹、众包和虚拟创新创业社区等多种形式的创新创业模式，研究制定发展众创空间推进大众创新创业的政策措施。

138. 深入实施全民科学素质行动计划纲要，加强科学普及，推进科普信息化建设，实现到2020年我国公民具备基本科学素质的比例达到10%。

139. 创新科技宣传方式，突出对重大科技创新工程、重大科技活动、优秀科技工作者、创新创业典型事迹的宣传，在全社会营造崇尚科学、尊重创新的文化氛围和价值理念。

十一、推动区域创新改革

遵循创新区域高度集聚的规律，突出分类指导和系统改革，选择若干省（自治区、直辖市）对各项重点改革举措进行先行先试，取得一批重大改革突破，复制、推广一批改革举措和重大政策，一些地方率先实现创新驱动发展转型，引领、示范和带动全国加快实现创新驱动发展。

（三十二）打造具有创新示范和带动作用的区域性创新平台

140. 遵循创新区域高度集聚的规律，在有条件的省（自治区、直辖市）系统推进全面创新改革试验，授权开展知识产权、科研院所、高等教育、人才流动、国际合作、金融创新、激励机制、市场准入等改革试验，努力在重要领域和关键环节取得新突破，及时总结推广经验，发挥示范和带动作用，促进创新驱动发展战略的深入实施。出台关于在部分区域系统推进全面创新改革试验的总体方案，启动改革试验工作。

141. 深入推进创新型省份和创新型城市试点建设。

142. 按照国家自主创新示范区的建设原则和整体布局，推进国家自主创新示范区建设，加强体制机制改革和政策先行先试。

143. 制定京津冀创新驱动发展指导意见，支撑京津冀协同发展。

深化科技体制改革是关系国家发展全局的重大改革，要加强领导，精心组织实施。国家科技体制改革和创新体系建设领导小组要加强统筹协调、督促落实。各有关部门、各地方要高度重视，认真落实好相关任务。各牵头单位对牵头的任务要负总责，会同其他参与单位制定具体落实方案，明确责任人、路线图、时间表，加快各项任务实施，确保按进度要求完成任务。

国务院关于国有企业发展混合所有制经济的意见

（国发〔2015〕54号）

各省、自治区、直辖市人民政府，国务院各部委、各直属机构：

发展混合所有制经济，是深化国有企业改革的重要举措。为贯彻党的十八大和十八届三中、四中全会精神，按照“四个全面”战略布局要求，落实党中央、国务院决策部署，推进国有企业混合所有制改革，促进各种所有制经济共同发展，现提出以下意见。

一、总体要求

（一）改革出发点和落脚点。国有资本、集体资本、非公有资本等交叉持股、相互融合的混合所有制经济，是基本经济制度的重要实现形式。多年来，一批国有企业通过改制发展成为混合所有制企业，但治理机制和监管体制还需要进一步完善；还有许多国有企业为转换经营机制、提高运行效率，正在积极探索混合所有制改革。当前，应对日益激烈的国际竞争和挑战，推动我国经济保持中高速增长、迈向中高端水平，需要通过深化国有企业混合所有制改革，推动完善现代企业制度，健全企业法人治理结构；提高国有资本配置和运行效率，优化国有经济布局，增强国有经济活力、控制力、影响力和抗风险能力，主动适应和引领经济发展新常态；促进国有企业转换经营机制，放大国有资本功能，实现国有资产保值增值，实现各种所有制资本取长补短、相互促进、共同发展，夯实社会主义基本经济制度的微观基础。在国有企业混合所有制改革中，要坚决防止因监管不到位、改革不彻底导致国有资产流失。

（二）基本原则。

——政府引导，市场运作。尊重市场经济规律和企业发展规律，以企业为主体，充分发挥市场机制作用，把引资本与转机制结合起来，把产权多元化与完善企业法人治理结构结合起来，探索国有企业混合所有制改革的有效途径。

——完善制度，保护产权。以保护产权、维护契约、统一市场、平等交换、公平竞争、有效监管为基本导向，切实

保护混合所有制企业各类出资人的产权权益，调动各类资本参与发展混合所有制经济的积极性。

——严格程序，规范操作。坚持依法依规，进一步健全国有资产交易规则，科学评估国有资产价值，完善市场定价机制，切实做到规则公开、过程公开、结果公开。强化交易主体和交易过程监管，防止暗箱操作、低价贱卖、利益输送、化公为私、逃废债务，杜绝国有资产流失。

——宜改则改，稳妥推进。对通过实行股份制、上市等途径已经实行混合所有制的国有企业，要着力在完善现代企业制度、提高资本运行效率上下功夫；对适宜继续推进混合所有制改革的国有企业，要充分发挥市场机制作用，坚持因地施策、因业施策、因企施策，宜独则独、宜控则控、宜参则参，不搞拉郎配，不搞全覆盖，不设时间表，一企一策，成熟一个推进一个，确保改革规范有序进行。尊重基层创新实践，形成一批可复制、可推广的成功做法。

二、分类推进国有企业混合所有制改革

（三）稳妥推进主业处于充分竞争行业和领域的商业类国有企业混合所有制改革。按照市场化、国际化要求，以增强国有经济活力、放大国有资本功能、实现国有资产保值增值为主要目标，以提高经济效益和创新商业模式为导向，充分运用整体上市等方式，积极引入其他国有资本或各类非国有资本实现股权多元化。坚持以资本为纽带完善混合所有制企业治理结构和管理方式，国有资本出资人和各类非国有资本出资人以股东身份履行权利和职责，使混合所有制企业成为真正的市场主体。

（四）有效探索主业处于重要行业和关键领域的商业类国有企业混合所有制改革。对主业处于关系国家安全、国民经济命脉的重要行业和关键领域、主要承担重大专项任务的商业类国有企业，要保持国有资本控股地位，支持非国有资本参股。对自然垄断行业，实行以政企分开、政资分开、特许经营、政府监管为主要内容的改革，根据不同行业特点实行网运分开、放开竞争性业务，促进公共资源配置市场化，同时加强分类依法监管，规范营利模式。

——重要通信基础设施、枢纽型交通基础设施、重要江河流域控制性水利水电航电枢纽、跨流域调水工程等领域，实行国有独资或控股，允许符合条件的非国有企业依法通过特许经营、政府购买服务等方式参与建设和运营。

——重要水资源、森林资源、战略性矿产资源等开发利用，实行国有独资或绝对控股，在强化环境、质量、安全监管的基础上，允许非国有资本进入，依法依规有序参与开发经营。

——江河主干渠道、石油天然气主干管网、电网等，根据不同行业领域特点实行网运分开、主辅分离，除对自然垄断环节的管网实行国有独资或绝对控股外，放开竞争性业务，允许非国有资本平等进入。

——核电、重要公共技术平台、气象测绘水文等基础数据采集利用等领域，实行国有独资或绝对控股，支持非国有企业投资参股以及参与特许经营和政府采购。粮食、石油、天然气等战略物资国家储备领域保持国有独资或控股。

——国防军工等特殊产业，从事战略武器装备科研生产、关系国家战略安全和涉及国家核心机密的核心军工能力领域，实行国有独资或绝对控股。其他军工领域，分类逐步放宽市场准入，建立竞争性采购体制机制，支持非国有企业参与武器装备科研生产、维修服务和竞争性采购。

——对其他服务国家战略目标、重要前瞻性战略性产业、生态环境保护、共用技术平台等重要行业和关键领域，加大国有资本投资力度，发挥国有资本引导和带动作用。

（五）引导公益类国有企业规范开展混合所有制改革。在水电气热、公共交通、公共设施等提供公共产品和服务的行业和领域，根据不同业务特点，加强分类指导，推进具备条件的企业实现投资主体多元化。通过购买服务、特许经营、委托代理等方式，鼓励非国有企业参与经营。政府要加强对价格水平、成本控制、服务质量、安全标准、信息披露、营运效率、保障能力等方面的监管，根据企业不同特点有区别地考核其经营业绩指标和国有资产保值增值情况，考核中要引入社会评价。

三、分层推进国有企业混合所有制改革

（六）引导在子公司层面有序推进混合所有制改革。对国有企业集团公司二级及以下企业，以研发创新、生产服务等实体企业为重点，引入非国有资本，加快技术创新、管理创新、商业模式创新，合理限定法人层级，有效压缩管理层级。明确股东的法律地位和股东在资本收益、企业重大决策、选择管理者等方面的权利，股东依法按出资比例和公司章程规定行权履职。

（七）探索在集团公司层面推进混合所有制改革。在国家有明确规定的特定领域，坚持国有资本控股，形成合理的治理结构和市场化经营机制；在其他领域，鼓励通过整体上市、并购重组、发行可转债等方式，逐步调整国有股权比例，积极引入各类投资者，形成股权结构多元、股东行为规范、内部约束有效、运行高效灵活的经营机制。

（八）鼓励地方从实际出发推进混合所有制改革。各地区要认真贯彻落实中央要求，区分不同情况，制定完善改革方案和相关配套措施，指导国有企业稳妥开展混合所有制改革，确保改革依法合规、有序推进。

四、鼓励各类资本参与国有企业混合所有制改革

（九）鼓励非公有资本参与国有企业混合所有制改革。非公有资本投资主体可通过出资入股、收购股权、认购可转债、股权置换等多种方式，参与国有企业改制重组或国有控股上市公司增资扩股以及企业经营管理。非公有资本投资主体可以货币出资，或以实物、股权、土地使用权等法律法规允许的方式出资。企业国有产权或国有股权转让时，除国家另有规定外，一般不在意向受让人资质条件中对民间投资主体单独设置附加条件。

（十）支持集体资本参与国有企业混合所有制改革。明晰集体资产产权，发展股权多元化、经营产业化、管理规范化的经济实体。允许经确权认定的集体资本、资产和其他生产要素作价入股，参与国有企业混合所有制改革。研究制定股份合作经济（企业）管理办法。

（十一）有序吸收外资参与国有企业混合所有制改革。引入外资参与国有企业改制重组、合资合作，鼓励通过海外并购、投融资合作、离岸金融等方式，充分利用国际市场、技术、人才等资源和要素，发展混合所有制经济，深度参与国际竞争和全球产业分工，提高资源全球化配置能力。按照扩大开放与加强监管同步的要求，依照外商投资产业指导目录和相关安全审查规定，完善外资安全审查工作机制，切实加强风险防范。

（十二）推广政府和社会资本合作（PPP）模式。优化政府投资方式，通过投资补助、基金注资、担保补贴、

贷款贴息等，优先支持引入社会资本的项目。以项目运营绩效评价结果为依据，适时对价格和补贴进行调整。组合引入保险资金、社保基金等长期投资者参与国家重点工程投资。鼓励社会资本投资或参股基础设施、公用事业、公共服务等领域项目，使投资者在平等竞争中获取合理收益。加强信息公开和项目储备，建立综合信息服务平台。

（十三）鼓励国有资本以多种方式入股非国有企业。在公共服务、高新技术、生态环境保护和战略性产业等重点领域，以市场选择为前提，以资本为纽带，充分发挥国有资本投资、运营公司的资本运作平台作用，对发展潜力大、成长性强的非国有企业进行股权投资。鼓励国有企业通过投资入股、联合投资、并购重组等多种方式，与非国有企业进行股权融合、战略合作、资源整合，发展混合所有制经济。支持国有资本与非国有资本共同设立股权投资基金，参与企业改制重组。

（十四）探索完善优先股和国家特殊管理股方式。国有资本参股非国有企业或国有企业引入非国有资本时，允许将部分国有资本转化为优先股。在少数特定领域探索建立国家特殊管理股制度，依照相关法律法规和公司章程规定，行使特定事项否决权，保证国有资本在特定领域的控制力。

（十五）探索实行混合所有制企业员工持股。坚持激励和约束相结合的原则，通过试点稳妥推进员工持股。员工持股主要采取增资扩股、出资新设等方式，优先支持人才资本和技术要素贡献占比较高的转制科研院所、高新技术企业和科技服务型企业开展试点，支持对企业经营业绩和持续发展有直接或较大影响的科研人员、经营管理人员和业务骨干等持股。完善相关政策，健全审核程序，规范操作流程，严格资产评估，建立健全股权流转和退出机制，确保员工持股公开透明，严禁暗箱操作，防止利益输送。混合所有制企业实行员工持股，要按照混合所有制企业实行员工持股试点的有关工作要求组织实施。

五、建立健全混合所有制企业治理机制

（十六）进一步确立和落实企业市场主体地位。政府不得干预企业自主经营，股东不得干预企业日常运营，确保企业治理规范、激励约束机制到位。落实董事会对经理层成员等高级经营管理人员选聘、业绩考核和薪酬管理等职权，维护企业真正的市场主体地位。

（十七）健全混合所有制企业法人治理结构。混合所有制企业要建立健全现代企业制度，明晰产权，同股同权，依法保护各类股东权益。规范企业股东（大）会、董事会、经理层、监事会和党组织的权责关系，按章程行权，对资本监管，靠市场选人，依规则运行，形成定位清晰、权责对等、运转协调、制衡有效的法人治理结构。

（十八）推行混合所有制企业职业经理人制度。按照现代企业制度要求，建立市场导向的选人用人和激励约束机制，通过市场化方式选聘职业经理人依法负责企业经营管理，畅通现有经营管理者与职业经理人的身份转换通道。职业经理人实行任期制和契约化管理，按照市场化原则决定薪酬，可以采取多种方式探索中长期激励机制。严格职业经理人任期管理和绩效考核，加快建立退出机制。

六、建立依法合规的操作规则

（十九）严格规范操作流程和审批程序。在组建和注册混合所有制企业时，要依据相关法律法规，规范国有资产授权经营和产权交易等行为，健全清产核资、评估定价、转让交易、登记确权等国有产权流转程序。国有企业产权和股权转让、增资扩股、上市公司增发等，应在产权、股权、证券市场公开披露信息，公开择优确定投资人，达成交易意向后应及时公示交易对象、交易价格、关联交易等信息，防止利益输送。国有企业实施混合所有制改革前，应依据本意见制定方案，报同级国有资产监管机构批准；重要国有企业改制后国有资本不再控股的，报同级人民政府批准。国有资产监管机构要按照本意见要求，明确国有企业混合所有制改革的操作流程。方案审批时，应加强对社会资本质量、合作方诚信与操守、债权债务关系等内容的审核。要充分保障企业职工对国有企业混合所有制改革的知情权和参与权，涉及职工切身利益的要做好评估工作，职工安置方案要经过职工代表大会或者职工大会审议通过。

（二十）健全国有资产定价机制。按照公开公平公正原则，完善国有资产交易方式，严格规范国有资产登记、转让、清算、退出等程序和交易行为。通过产权、股权、证券市场发现和合理确定资产价格，发挥专业化中介机构作用，借助多种市场化定价手段，完善资产定价机制，实施信息公开，加强社会监督，防止出现内部人控制、利益输送造成国有资产流失。

（二十一）切实加强监管。政府有关部门要加强对国有企业混合所有制改革的监管，完善国有产权交易规则和监管制度。国有资产监管机构对改革中出现的违法转让和侵吞国有资产、化公为私、利益输送、暗箱操作、逃废债务等行为，要依法严肃处理。审计部门要依法履行审计监督职能，加强对改制企业原国有企业法定代表人的离任审计。充分发挥第三方机构在清产核资、财务审计、资产定价、股权托管等方面的作用。加强企业职工内部监督。进一步做好信息公开，自觉接受社会监督。

七、营造国有企业混合所有制改革的良好环境

（二十二）加强产权保护。健全严格的产权占有、使用、收益、处分等完整保护制度，依法保护混合所有制企业各类出资人的产权和知识产权权益。在立法、司法和行政执法过程中，坚持对各种所有制经济产权和合法利益给予同等法律保护。

（二十三）健全多层次资本市场。加快建立规则统一、交易规范的场外市场，促进非上市股份公司股权交易，完善股权、债权、物权、知识产权及信托、融资租赁、产业投资基金等产品交易机制。建立规范的区域性股权市场，为企业提供融资服务，促进资产证券化和资本流动，健全股权登记、托管、做市商等第三方服务体系。以具备条件的区域性股权、产权市场为载体，探索建立统一结算制度，完善股权公开转让和报价机制。制定场外市场交易规则和规范监管制度，明确监管主体，实行属地化、专业化监管。

（二十四）完善支持国有企业混合所有制改革的政策。进一步简政放权，最大限度取消涉及企业依法自主经营的行政许可审批事项。凡是市场主体基于自愿的投资经营和民事行为，只要不属于法律法规禁止进入的领域，且不危害国家安全、社会公共利益和第三方合法权益，不得限制进入。完善工商登记、财税管理、土地管理、金融服务等政策。依法妥善解决混合所有制改革涉及的国有企业职工劳动关系调整、社会保险关系接续等问题，确保企业职工队伍稳定。加快剥离国有企业办社会职能，妥善解决历史遗留问题。完善统计制度，加强监测分析。

（二十五）加快建立健全法律法规制度。健全混合所有制经济相关法律法规和规章，加大法律法规立、改、废、释工作力度，确保改革于法有据。根据改革需要抓紧对合同法、物权法、公司法、企业国有资产法、企业破产法中有关法律制度进行研究，依照法定程序及时提请修改。推动加快制定有关产权保护、市场准入和退出、交易规则、公平竞争等方面法律法规。

八、组织实施

（二十六）建立工作协调机制。国有企业混合所有制改革涉及面广、政策性强、社会关注度高。各地区、各有关部门和单位要高度重视，精心组织，严守规范，明确责任。各级政府及相关职能部门要加强对国有企业混合所有制改革的组织领导，做好把关定向、配套落实、审核批准、纠偏提醒等工作。各级国有资产监管机构要及时跟踪改革进展，加强改革协调，评估改革成效，推广改革经验，重大问题及时向同级人民政府报告。各级工商联要充分发挥广泛联系非公有制企业的组织优势，参与做好沟通政企、凝聚共识、决策咨询、政策评估、典型宣传等方面工作。

（二十七）加强混合所有制企业党建工作。坚持党的建设与企业改革同步谋划、同步开展，根据企业组织形式变化，同步设置或调整党的组织，理顺党组织隶属关系，同步选配好党组织负责人，健全党的工作机构，配强党务工作者队伍，保障党组织工作经费，有效开展党的工作，发挥好党组织政治核心作用和党员先锋模范作用。

（二十八）开展不同领域混合所有制改革试点示范。结合电力、石油、天然气、铁路、民航、电信、军工等领域改革，开展放开竞争性业务、推进混合所有制改革试点示范。在基础设施和公共服务领域选择有代表性的政府投融资项目，开展多种形式的政府和社会资本合作试点，加快形成可复制、可推广的模式和经验。

（二十九）营造良好的舆论氛围。以坚持“两个毫不动摇”（毫不动摇巩固和发展公有制经济，毫不动摇鼓励、支持、引导非公有制经济发展）为导向，加强国有企业混合所有制改革舆论宣传，做好政策解读，阐释目标方向和重要意义，宣传成功经验，正确引导舆论，回应社会关切，使广大人民群众了解和支持改革。

各级政府要加强对国有企业混合所有制改革的领导，根据本意见，结合实际推动改革。

金融、文化等国有企业的改革，中央另有规定的依其规定执行。

国务院（印）

2015年9月23日

国务院办公厅关于加快电动汽车充电基础设施建设的指导意见（摘要）

（国办发〔2015〕73号）

一、总体要求

（一）指导思想。（略）

（二）基本原则。

统筹规划，科学布局。加强充电基础设施发展顶层设计，按照“因地制宜、快慢互济、经济合理”的要求，根据各地发展实际，做好充电基础设施建设整体规划，加大公共资源整合力度，科学确定建设规模和空间布局，同步建设充电智能服务平台，形成较为完善的充电基础设施体系。

适度超前，有序建设。着眼于电动汽车未来发展，结合不同领域、不同层次的充电需求，按照“桩站先行”的要求，根据规划确定的规模和布局，分类有序推进建设，确保建设规模适度超前。

统一标准，通用开放。加快制修订充换电关键技术标准，完善有关工程建设、运营服务、维护管理的标准。严格按照工程建设标准建设改造充电基础设施，健全电动汽车和充电设备的产品认证与准入管理体系，促进不同充电服务平台互联互通，提高设施通用性和开放性。

依托市场，创新机制。充分发挥市场主导作用，通过推广政府和社会资本合作（PPP）模式、加大财政扶持力度、建立合理价格机制等方式，引导社会资本参与充电基础设施体系建设运营。鼓励企业结合“互联网+”，创新商业合作与服务模式，创造更多经济社会效益，实现可持续发展。

（三）工作目标。到2020年，基本建成适度超前、车桩相随、智能高效的充电基础设施体系，满足超过500万辆电动汽车的充电需求；建立较完善的标准规范和市场监管体系，形成统一开放、竞争有序的充电服务市场；形成可持续发展的“互联网+充电基础设施”产业生态体系，在科技和商业创新上取得突破，培育一批具有国际竞争力的充电服务企业。

二、加大建设力度

（四）加强专项规划设计和指导。各地要将充电基础设施专项规划有关内容纳入城乡规划，完善独立占地的充电基础设施布局，明确各类建筑物配建停车场及社会公共停车场中充电设施的建设比例或预留建设安装条件要求。要以用户居住地停车位、单位停车场、公交及出租车场站等配建的专用充电设施为主体，以公共建筑物停车场、社会公共停车场、临时停车位等配建的公共充电设施为辅助，以独立占地的城市快充站、换电站和高速公路服务区配建的城际快充站为补充，形成电动汽车充电基础设施体系。原则上，新建住宅配建停车位应100%建设充电设施或预留建设安装条件，大型公共建筑物配建停车场、社会公共停车场建设充电设施或预留建设安装条件的车位比例不低于10%，每2000辆电动汽车至少配套建设一座公共充电站。鼓励建设占地少、成本低、见效快的机械式与立体式停车充电一体化设施。

（五）建设用户居住地充电设施。鼓励充电服务、物业服务等企业参与居民区充电设施建设运营管理，统一开展停车位改造，直接办理报装接电手续，在符合有关法律法规的前提下向用户适当收取费用。对有固定停车位的用户，优先在停车位配建充电设施；对没有固定停车位的用户，鼓励通过在居民区配建公共充电车位，建立充电车位分时共享机制，为用户充电创造条件。

（六）建设单位内部充电设施。具备条件的政府机关、公共机构和企事业单位，要结合单位电动汽车配备更新计划以及职工购买使用电动汽车需求，利用内部停车场资源，规划建设电动汽车专用停车位和充电设施。各地可将有关单位配建充电设施情况纳入节能减排考核奖励范围。

（七）建设公共服务领域充电设施。对于公交、环卫、机场通勤等定点定线运行的公共服务领域电动汽车，应根据线路运营需求，优先在停车场站配建充电设施，沿途合理建设独立占地的快充站和换电站。对于出租、物流、租赁、公安巡逻等非定点定线运行的公共服务领域电动汽车，应充分挖掘单位内部停车场站配建充电设施的潜力，结合城市公共充电设施，实现高效互补。

（八）建设城市公共充电设施。公共充电设施建设应从城市中心向边缘、从城市优先发展区域向一般区域逐步推进。优先在大型商场、超市、文体场馆等建筑物配建停车场以及交通枢纽、驻车换乘（P＋R）等公共停车场建设公共充电设施。鼓励在具备条件的加油站配建公共快充设施，适当新建独立占地的公共快充站。鼓励有条件的单位和个人充电设施向社会公众开放。

（九）建设城际快速充电网络。充分利用高速公路服务区停车位建设城际快充站。优先推进京津冀鲁、长三角、珠三角区域城际快充网络建设，适时推进长江中游城市群、中原城市群、成渝城市群、哈长城市群城际快充网络建设，到2020年初步形成覆盖大部分主要城市的城际快充网络，满足电动汽车城际、省际出行需求。

三、完善服务体系

（十）完善充电设施标准规范。加快修订出台充电接口及通信协议等标准，积极推进充电接口互操作性检测、充电服务平台间数据交换等标准的制修订工作，实现充电标准统一。开展充电设施设置场所消防等安全技术措施研究，及时制修订相关标准。完善充换电设备、电动汽车电池等产品标准，明确防火安全要求。制定无线充电等新型充电技术标准。完善充电基础设施计量、计费、结算等运营服务管理规范，加快建立充电基础设施的道路交通标志体系。

（十一）建设充电智能服务平台。大力推进“互联网＋充电基础设施”，提高充电服务智能化水平，提升运营效率和用户体验，促进电动汽车与智能电网间能量和信息的双向互动。鼓励围绕用户需求，运用移动互联网、物联网、大数据等技术，为用户提供充电导航、状态查询、充电预约、费用结算等服务，拓展平台增值业务。

（十二）建立互联互通促进机制。组建国家电动汽车充电基础设施促进联盟，配合有关政府部门严格充电设施产品准入管理，开展充电设施互操作性的检测与认证。构建充电基础设施信息服务平台，统一信息交换协议，有效整合不同企业和不同城市的充电服务平台信息资源，促进不同充电服务平台互联互通，为制定实施财税、监管等政策提供支撑。

（十三）做好配套电网接入服务。各地要将充电基础设施配套电网建设与改造项目纳入配电网专项规划，在用地保障、廊道通行等方面给予支持。电网企业要加强充电基础设施配套电网建设与改造，确保电力供应满足充换电设施运营需求；要为充电基础设施接入电网提供便利条件，开辟绿色通道，限时办结。电网企业负责建设、运行和维护充电基础设施产权分界点至电网的配套接网工程，不得收取接网费用，相应资产全额纳入有效资产，成本据实计入准许成本，并按照电网输配电价回收。

（十四）创新充电服务商业模式。鼓励探索大型充换电站与商业地产相结合的发展方式，引导商场、超市、电影院、便利店等商业场所为用户提供辅助充电服务。鼓励充电服务企业通过与整车企业合作、众筹等方式，创新建设充电基础设施商业合作模式，并采取线上线下相结合等方式，提供智能充放电、电子商务、广告等增值服务，提升充电服务企业可持续发展能力。

四、强化支撑保障

（十五）简化规划建设审批。各地要按照简政放权、放管结合、优化服务的要求，减少充电基础设施规划建设审批环节，加快办理速度。个人在自有停车库、停车位，各居住区、单位在既有停车位安装充电设施的，无须办理建设用地规划许可证、建设工程规划许可证和施工许可证。建设城市公共停车场时，无须为同步建设充电桩群等充电基础设施单独办理建设工程规划许可证和施工许可证。新建独立占地的集中式充换电站应符合城市规划，并办理建设用地规划许可证、建设工程规划许可证和施工许可证。

（十六）完善财政价格政策。加大对充电基础设施的补贴力度，加快制定“十三五”期间充电基础设施建设财政奖励办法，督促各地尽快制定有关支持政策并向社会公布，给予市场稳定的政策预期。在产业发展初期通过中央基建投资资金给予适度支持。对向电网经营企业直接报装接电的经营性集中式充换电设施用电，执行大工业用电价格，2020年前暂免收取基本电费；其他充电设施按其所在场所执行分类目录电价。允许充电服务企业向用户收取电费及服务费，对不同类别充电基础设施，指导各地兼顾投资运营主体合理收益与用户使用经济性等，及早出台充电服务费分类指导价格，并在总结各地经验基础上，逐步规范充电服务价格机制。

（十七）拓宽多元融资渠道。各地要有效整合公交、出租车场站以及社会公共停车场等各类公共资源，通过PPP等方式，为社会资本参与充电基础设施建设运营创造条件。鼓励金融机构在商业可持续原则下，创新金融产品和保险品种，综合运用风险补偿等政策，完善金融服务体系。推广股权、项目收益权、特许经营权等质押融资方式，加快建立包括财政出资和社会资本投入的多层次担保体系，积极推动设立融资担保基金，拓宽充电基础设施投资运营企业与设备厂商的融资渠道。鼓励利用社会资本设立充电基础设施发展专项基金，发行充电基础设施企业债券，探索利用基本养老保险基金投资支持充电基础设施建设。

（十八）加大用地支持力度。各地要将独立占地的集中式充换电站用地纳入公用设施营业网点用地范围，按照加油加气站用地供应模式，根据可供应国有建设用地情况，优先安排土地供应。供应新建项目用地需配建充电基础设施的，可将配建要求纳入土地供应条件，允许土地使用权取得人与其他市场主体合作，按要求投资建设运营充电基础设施。鼓励在已有各类建筑物配建停车场、公交场站、社会公共停车场、高速公路服务区等场所配建充电基础设施，地方政府应协调有关单位在用地方面予以支持。

（十九）加大业主委员会协调力度。制定全国统一的私人用户居住地充电基础设施建设管理示范文本。各地房地产行政主管部门、街道办事处和居委会要按照示范文本，主动加强对业主委员会的指导和监督，引导业主支持充电基础设施建设。业主大会、业主委员会应依据示范文本，结合自身实际，明确物业服务区域内建设管理充电基础设施的流程。

（二十）支持关键技术研发。依托示范项目，积极探索充电基础设施与智能电网、分布式可再生能源、智能交通融合发展的技术方案，加强检测认证、安全防护、与电网双向互动、电池梯次利用、无人值守自助式服务、桩群协同控制等关键技术研发。充分发挥企业创新主体作用，加快推动高功率密度、高转换效率、高适用性、无线充电、移动充电等新型充换电技术及装备研发。

（二十一）明确安全管理要求。各地要建立充电基础设施安全管理体系，完善有关制度和标准，加大对用户私拉电线、违规用电、不规范建设施工等行为的查处力度。依法依规对充电基础设施设置场所实施消防设计审核、消防验收以及备案抽查，并加强消防监督检查。行业主管部门要督促充电基础设施运营使用的单位或个人，加强对充电基础设施及其设置场所的日常消防安全检查及管理，及时消除安全隐患。

五、做好组织实施

（二十二）落实地方主体责任。各地要切实承担起统筹推进充电基础设施发展的主体责任，将充电基础设施建设管理作为政府专项工作。建立由发展改革（能源）部门牵头、相关部门紧密配合的协同推进机制，明确职责分工，完善配套政策。2016 年 3 月底前发布充电基础设施专项规划，制定出台充电基础设施建设运营管理办法，并抓好组织实施。

（二十三）加大示范推广力度。各地要结合新能源汽车推广应用需要，针对充电基础设施发展的重点和难点，开展充电基础设施建设与运营模式试点示范。建立“示范小区与单位”“示范城市与区县”“城际快充示范区域”三级示范工程体系。在示范项目中要充分发挥现有公共设施的作用，加强政企合作，创新城市充电基础设施建设与运营模式，完善相关标准规范与配套政策，探索各种先进适用充电技术，总结形成可复制、可推广的充电基础设施发展经验，促进充电基础设施加快普及。

（二十四）营造良好舆论环境。各有关部门、企业和新闻媒体要通过多种形式加强对充电基础设施发展政策、规划布局和建设动态等的宣传，让社会各界全面了解充电基础设施，吸引更多社会资本参与充电基础设施建设运营，同时加强舆论监督，曝光阻碍充电基础设施建设、损害消费者权益等行为，形成有利于充电基础设施发展的舆论氛围。

（二十五）形成合力协同推进。发展改革委、能源局要会同工业和信息化部、住房城乡建设部、国土资源部等有关部门，依托节能与新能源汽车产业发展部际联席会议制度，加强部门协同配合，强化对各地的指导与监督，及时总结推广成功经验和有效做法，重大情况及时向国务院报告。能源局要从严格标准执行、理顺价格机制、加强供电监管、促进互联互通、引入社会资本等方面加快完善充电服务监管；住房城乡建设部、国土资源部、公安部要分别从规划建设标准、设施用地、消防安全和交通标志等方面为充电基础设施建设运营创造有利条件；财政部、银监会、保监会要通过加大财政支持、强化金融服务与保障等方式，增强社会资本信心。国管局、国资委要分别指导政府机关、公共机构和国有企事业单位率先在内部停车场建设充电基础设施。其他相关部门要按照各自职责分工，做好协同配合工作。

国务院办公厅（印）
2015 年 9 月 29 日

中共中央、国务院关于推进价格机制改革的若干意见（摘要）

一、总体要求

（一）指导思想。（略）

（二）基本原则

——坚持市场决定。正确处理政府和市场关系，凡是能由市场形成价格的都交给市场，政府不进行不当干预。推进水、石油、天然气、电力、交通运输等领域价格改革，放开竞争性环节价格，充分发挥市场决定价格作用。

——坚持放管结合。进一步增强法治、公平、责任意识，强化事中事后监管，优化价格服务。政府定价领域，必须严格规范政府定价行为，坚决管细管好管到位；经营者自主定价领域，要通过健全规则、加强执法，维护市场秩序，保障和促进公平竞争，推进现代市场体系建设。

——坚持改革创新。在价格形成机制、调控体系、监管方式上探索创新，尊重基层和群众的首创精神，推动价格管理由直接定价向规范价格行为、营造良好价格环境、服务宏观调控转变。充分发挥价格杠杆作用，促进经济转型升级和提质增效。

——坚持稳慎推进。价格改革要与财政税收、收入分配、行业管理体制等改革相协调，合理区分基本与非基本需求，统筹兼顾行业上下游、企业发展和民生保障、经济效率和社会公平、经济发展和环境保护等关系，把握好时机、节奏和力度，切实防范各类风险，确保平稳有序。

（三）主要目标。到 2017 年，竞争性领域和环节价格基本放开，政府定价范围主要限定在重要公用事业、公益性服务、网络型自然垄断环节。到 2020 年，市场决定价格机制基本完善，科学、规范、透明的价格监管制度和反垄断执法体系基本建立，价格调控机制基本健全。

二、深化重点领域价格改革，充分发挥市场决定价格作用

紧紧围绕使市场在资源配置中起决定性作用，加快价格改革步伐，深入推进简政放权、放管结合、优化服务，尊重企业自主定价权、消费者自由选择权，促进商品和要素自由流动、公平交易。

（四）完善农产品价格形成机制。（略）

（五）加快推进能源价格市场化。按照“管住中间、放开两头”总体思路，推进电力、天然气等能源价格改革，促进市场主体多元化竞争，稳妥处理和逐步减少交叉补贴，还原能源商品属性。择机放开成品油价格，尽快全面理顺天然气价格，加快放开天然气气源和销售价格，有序放开上网电价和公益性以外的销售电价，建立主要由市场决定能源价格的机制。把输配电价与发售电价在形成机制上分开，单独核定输配电价，分步实现公益性以外的发售电价由市场形成。按照“准许成本加合理收益”原则，合理制定电网、天然气管网输配价格。扩大输配电价改革试点范围，逐步覆盖到各省级电网，科学核定电网企业准许收入和分电压等级输配电价，改变对电网企业的监管模式，逐步形成规则明晰、水平合理、监管有力、科学透明的独立输配电价体系。在放开竞争性环节电价之前，完善煤电价格联动机制和标杆电价体系，使电力价格更好反映市场需求和成本变化。

（六）完善环境服务价格政策。统筹运用环保税收、收费及相关服务价格政策，加大经济杠杆调节力度，逐步使企业排放各类污染物承担的支出高于主动治理成本，提高企业主动治污减排的积极性。按照“污染付费、公平负担、补偿成本、合理盈利”原则，合理提高污水处理收费标准，城镇污水处理收费标准不应低于污水处理和污泥处理处置成本，探索建立政府向污水处理企业拨付的处理服务费用与污水处理效果挂钩调整机制，对污水处理资源化利用实行鼓励性价格政策。积极推进排污权有偿使用和交易试点工作，完善排污权交易价格体系，运用市场手段引导企业主动治污减排。

（七）理顺医疗服务价格。（略）

（八）健全交通运输价格机制。（略）

（九）创新公用事业和公益性服务价格管理。清晰界定政府、企业和用户的权利义务，区分基本和非基本需求，建立健全公用事业和公益性服务财政投入与价格调整相协调机制，促进政府和社会资本合作，保证行业可持续发展，满足多元化需求。全面实行居民用水用电用气阶梯价格制度，推行供热按用热量计价收费制度，并根据实际情况进一步完善。教育、文化、养老、殡葬等公益性服务要结合政府购买服务改革进程，实行分类管理。对义务教育阶段公办学校学生免收学杂费，公办幼儿园、高中（含中职）、高等学校学费作为行政事业性收费管理；营利性民办学校收费实行自主定价，非营利性民办学校收费政策由省级政府按照市场化方向根据当地实际情况确定。政府投资兴办的养老服务机构依法对“三无”老人免费；对其他特殊困难老人提供养老服务，其床位费、护理费实行政府定价管理，其他养老服务价格由经营者自主定价。分类推进旅游景区门票及相关服务价格改革。推动公用事业和公益性服务经营者加大信息公开力度，接受社会监督，保障社会公众知情权、监督权。

三、建立健全政府定价制度，使权力在阳光下运行

对于极少数保留的政府定价项目，要推进定价项目清单化，规范定价程序，加强成本监审，推进成本公开，坚决管细管好管到位，最大限度减少自由裁量权，推进政府定价公开透明。

（十）推进政府定价项目清单化。中央和地方要在加快推进价格改革的基础上，于2016年以前制定发布新的政府定价目录，将政府定价范围主要限定在重要公用事业、公益性服务、网络型自然垄断环节。凡是政府定价项目，一律纳入政府定价目录管理。目录内的定价项目要逐项明确定价内容和定价部门，确保目录之外无定价权，政府定价纳入权力和责任清单。定期评估价格改革成效和市场竞争程度，适时调整具体定价项目。

（十一）规范政府定价程序。对纳入政府定价目录的项目，要制定具体的管理办法、定价机制、成本监审规则，进一步规范定价程序。鼓励和支持第三方提出定调价方案建议、参与价格听证。完善政府定价过程中的公众参与、合法性审查、专家论证等制度，保证工作程序明晰、规范、公开、透明，主动接受社会监督，有效约束政府定价行为。

（十二）加强成本监审和成本信息公开。坚持成本监审原则，将成本监审作为政府制定和调整价格的重要程序，不断完善成本监审机制。对按规定实行成本监审的，要逐步建立健全成本公开制度。公用事业和公益性服务的经营者应当按照政府定价机构的规定公开成本，政府定价机构在制定和调整价格前应当公开成本监审结论。

四、加强市场价格监管和反垄断执法，逐步确立竞争政策的基础性地位

清理和废除妨碍全国统一市场和公平竞争的各种规定和做法，严禁和惩处各类违法实行优惠政策行为，建立公平、开放、透明的市场价格监管规则，大力推进市场价格监管和反垄断执法，反对垄断和不正当竞争。加快建立竞争政策与产业、投资等政策的协调机制，实施公平竞争审查制度，促进统一开放、竞争有序的市场体系建设。

（十三）健全市场价格行为规则。在经营者自主定价领域，对经济社会影响重大特别是与民生紧密相关的商品和服务，要依法制定价格行为规则和监管办法；对存在市场竞争不充分、交易双方地位不对等、市场信息不对称等问题的领域，要研究制定相应议价规则、价格行为规范和指南，完善明码标价、收费公示等制度规定，合理引导经营者价格行为。

（十四）推进宽带网络提速降费。（略）

（十五）加强市场价格监管。建立健全机构权威、法律完备、机制完善、执行有力的市场价格监管工作体系，有效预防、及时制止和依法查处各类价格违法行为。坚持日常监管和专项检查相结合，加强民生领域价格监管，着力解决群众反映的突出问题，保护消费者权益。加大监督检查力度，对政府已放开的商品和服务价格，要确保经营者依法享有自主定价权。

（十六）强化反垄断执法。密切关注竞争动态，对涉嫌垄断行为及时启动反垄断调查，着力查处达成实施垄断协议、滥用市场支配地位和滥用行政权力排除限制竞争等垄断行为，依法公布处理决定，维护公平竞争的市场环境。建立健全垄断案件线索收集机制，拓宽案件来源。研究制定反垄断相关指南，完善市场竞争规则。促进经营者加强反垄断合规建设。

（十七）完善价格社会监督体系。充分发挥全国四级联网的12358价格举报管理信息系统作用，鼓励消费者和经营者共同参与价格监督。加强举报数据分析，定期发布分析报告，警示经营者，提醒消费者。建立健全街道、社区、乡镇、村居民价格监督员队伍，完善价格社会监督网络。依托社会信用体系，加快推进价格诚信建设，构建经营者价格信用档案，开展价格诚信单位创建活动，设立价格失信者“黑名单”，对构成价格违法的失信行为予以联合惩戒。鼓励和支持新闻媒体积极参与价格社会监督，完善舆论监督和引导机制。

五、充分发挥价格杠杆作用，更好服务宏观调控

在全面深化改革、强化价格监管的同时，加强和改善宏观调控，保持价格总水平基本稳定；充分发挥价格杠杆作用，促进节能环保和结构调整，推动经济转型升级。

（十八）加强价格总水平调控。加强价格与财政、货币、投资、产业、进出口、物资储备等政策手段的协调配合，合理运用法律手段、经济手段和必要的行政手段，形成政策合力，努力保持价格总水平处于合理区间。加强通缩、通胀预警，制定和完善相应防范治理预案。健全价格监测预警机制和应急处置体系，构建大宗商品价格指数体系，健全重要商品储备制度，提升价格总水平调控能力。

（十九）健全生产领域节能环保价格政策。建立有利于节能减排的价格体系，逐步使能源价格充分反映环境治理成本。继续实施并适时调整脱硫、脱硝、除尘等环保电价政策。鼓励各地根据产业发展实际和结构调整需要，结合电力、水等领域体制改革进程，研究完善对“两高一剩”（高

耗能、高污染、产能过剩）行业落后工艺、设备和产品生产的差别电价、水价等价格措施，对电解铝、水泥等行业实行基于单位能耗超定额加价的电价政策，加快淘汰落后产能，促进产业结构转型升级。

（二十）完善资源有偿使用制度和生态补偿制度。加快自然资源及其产品价格和财税制度改革，全面反映市场供求、资源稀缺程度、生态环境损害成本和修复效益。完善涉及水土保持、矿山、草原植被、森林植被、海洋倾倒等资源环境收费基金或有偿使用收费政策。推进水资源费改革，研究征收水资源税，推动在地下水超采地区先行先试。采取综合措施逐步理顺水资源价格，深入推进农业水价综合改革，促进水资源保护和节约使用。

（二十一）创新促进区域发展的价格政策。对具有区域特征的政府和社会资本合作项目，已具备竞争条件的，尽快放开价格管理；仍需要实行价格管理的，探索将定价权限下放到地方，提高价格调整灵活性，调动社会投资积极性。加快制定完善适应自由贸易试验区发展的价格政策，能够下放到区内自主实施的尽快下放，促进各类市场主体公平竞争。

六、保障措施

价格工作涉及面广、政策性强、社会关注度高，牵一发而动全身。必须加强组织落实，科学制定方案，完善配套措施，做好舆论引导，为加快完善主要由市场决定价格机制提供有力保障。

（二十二）加强组织落实。各地区各有关部门要充分认识加快完善主要由市场决定价格机制的重要性、紧迫性和艰巨性，统一思想、形成合力，以敢啃“硬骨头”精神打好攻坚战。要深入调研、科学论证，广泛听取各方面意见，突出重点、分类推进，细化工作方案，及时总结评估，稳步有序推进，务求取得实效。影响重大、暂不具备全面推开条件的，可先行开展试点，发挥示范引领作用，积累可复制、可推广的经验。要以抓铁有痕、踏石留印的作风，狠抓落实，明确时间表、路线图、责任状，定期督查、强化问责，全力打通政策出台的“最先一公里”、政策实施的“中梗阻”与政策落地的“最后一公里”，确保各项措施落地生根。

（二十三）健全价格法制。紧密结合价格改革、调控和监管工作实际，加快修订价格法等相关法律法规，完善以价格法、反垄断法为核心的价格法律法规，及时制定或修订政府定价行为规则以及成本监审、价格监测、价格听证、规范市场价格行为等规章制度，全面推进依法治价。

（二十四）强化能力建设。在减少政府定价事项的同时，注重做好价格监测预警、成本调查监审、价格调控、市场价格监管和反垄断执法、价格公共服务等工作，并同步加强队伍建设，充实和加强工作力量，夯实工作基础。大力推进价格信息化建设，为增强价格调控监管服务能力提供有力支撑。鼓励高等学校和科研机构建立价格与反垄断研究机构，加强国际交流合作，培养专门人才。整合反垄断执法主体和力量，相对集中执法权。

（二十五）兜住民生底线。牢固树立底线思维，始终把保障和改善民生作为工作的出发点和落脚点。推行涉及民生的价格政策特别是重大价格改革政策时，要充分考虑社会承受能力，特别是政策对低收入群体生活的可能影响，做好风险评估，完善配套措施。落实和完善社会救助、保障标准与物价上涨挂钩的联动机制，完善社会救助制度特别是对特困人群的救助措施，保障困难群众基本生活不受影响。加强民生领域价格监管，做好价格争议纠纷调解处理，维护群众合法价格权益。

（二十六）做好舆论引导。加大对全面深化价格改革、规范政府定价、强化市场价格监管与反垄断执法等方面的宣传报道力度，加强新闻发布，准确阐述价格政策，讲好“价格改革故事”，及时引导舆论，回应社会关切，传递有利于加快完善主要由市场决定价格机制、推动经济转型升级的好声音和正能量，积极营造良好舆论氛围。

2015 年 10 月 12 日

国务院关于改革和完善国有资产管理体制的若干意见（摘要）

（国发〔2015〕63 号）

一、总体要求

（一）指导思想。（略）

（二）基本原则。

坚持权责明晰。实现政企分开、政资分开、所有权与经营权分离，依法理顺政府与国有企业的出资关系。切实转变政府职能，依法确立国有企业的市场主体地位，建立健全现代企业制度。坚持政府公共管理职能与国有资产出资人职能分开，确保国有企业依法自主经营，激发企业活力、创新力和内生动力。

坚持突出重点。按照市场经济规则和现代企业制度要求，以管资本为主，以资本为纽带，以产权为基础，重点管好国有资本布局、规范资本运作、提高资本回报、维护资本安全。注重通过公司法人治理结构依法行使国有股东权利。

坚持放管结合。按照权责明确、监管高效、规范透明的要求，推进国有资产监管机构职能和监管方式转变。该放的依法放开，切实增强企业活力，提高国有资本运营效率；该管的科学管好，严格防止国有资产流失，确保国有资产保值增值。

坚持稳妥有序。处理好改革、发展、稳定的关系，突出改革和完善国有资产管理体制的系统性、协调性，以重点领域为突破口，先行试点，分步实施，统筹谋划，协同推进相关配套改革。

二、推进国有资产监管机构职能转变

（三）准确把握国有资产监管机构的职责定位。国有资产监管机构作为政府直属特设机构，根据授权代表本级人民政府对监管企业依法履行出资人职责，科学界定国有资产出资人监管的边界，专司国有资产监管，不行使政府公共管理职能，不干预企业自主经营权。以管资本为主，重点管好国有资本布局、规范资本运作、提高资本回报、维护资本安全，更好服务于国家战略目标，实现保值增值。发挥国有资产监管机构专业化监管优势，逐步推进国有资产出资人监管全覆盖。

（四）进一步明确国有资产监管重点。加强战略规划引领，改进对监管企业主业界定和投资并购的管理方式，遵循市场机制，规范调整存量，科学配置增量，加快优化国有资本布局结构。加强对国有资本运营质量及监管企业财务状况的监测，强化国有产权流转环节监管，加大国有产权进场交易力度。按照国有企业的功能界定和类别实行分类监管。改进考核体系和办法，综合考核资本运营质量、效率和收益，以经济增加值为主，并将转型升级、创新驱动、合规经营、履行社会责任等纳入考核指标体系。着力完善激励约束机制，将国有企业领导人员考核结果与职务任免、薪酬待遇有机结合，严格规范国有企业领导人员薪酬分配。建立健全与劳动力市场基本适应，与企业经济效益、劳动生产率挂钩的工资决定和正常增长机制。推动监管企业不断优化公司法人治理结构，把加强党的领导和完善公司治理统一起来，建立国有企业领导人员分类分层管理制度。强化国有资产监督，加强和改进外派监事会制度，建立健全国有企业违法违规经营责任追究体系、国有企业重大决策失误和失职渎职责任追究倒查机制。

（五）推进国有资产监管机构职能转变。围绕增强监管企业活力和提高效率，聚焦监管内容，该管的要科学管理、决不缺位，不该管的要依法放权、决不越位。将国有资产监管机构行使的投资计划、部分产权管理和重大事项决策等出资人权利，授权国有资本投资、运营公司和其他直接监管的企业行使；将依法应由企业自主经营决策的事项归位于企业；加强对企业集团的整体监管，将延伸到子企业的管理事项原则上归位于一级企业，由一级企业依法依规决策；将国有资产监管机构配合承担的公共管理职能，归位于相关政府部门和单位。

（六）改进国有资产监管方式和手段。大力推进依法监管，着力创新监管方式和手段。按照事前规范制度、事中加强监控、事后强化问责的思路，更多运用法治化、市场化的监管方式，切实减少出资人审批核准事项，改变行政化管理方式。通过“一企一策”制定公司章程、规范董事会运作、严格选派和管理股东代表和董事监事，将国有出资人意志有效体现在公司治理结构中。针对企业不同功能定位，在战略规划制定、资本运作模式、人员选用机制、经营业绩考核等方面，实施更加精准有效的分类监管。调整国有资产监管机构内部组织设置和职能配置，建立监管权力清单和责任清单，优化监管流程，提高监管效率。建立出资人监管信息化工作平台，推进监管工作协同，实现信息共享和动态监管。完善国有资产和国有企业信息公开制度，设立统一的信息公开网络平台，在不涉及国家秘密和企业商业秘密的前提下，依法依规及时准确地披露国有资本整体运营情况、企业国有资产保值增值及经营业绩考核总体情况、国有资产监管制度和监督检查情况，以及国有企业公司治理和管理架构、财务状况、关联交易、企业负责人薪酬等信息，建设阳光国企。

三、改革国有资本授权经营体制

（七）改组组建国有资本投资、运营公司。主要通过划拨现有商业类国有企业的国有股权，以及国有资本经营预算注资组建，以提升国有资本运营效率、提高国有资本回报为主要目标，通过股权运作、价值管理、有序进退等方式，促进国有资本合理流动，实现保值增值；或选择具备一定条件的国有独资企业集团改组设立，以服务国家战略、提升产业竞争力为主要目标，在关系国家安全、国民经济命脉的重要行业和关键领域，通过开展投资融资、产业培育和资本整合等，推动产业集聚和转型升级，优化国有资本布局结构。

（八）明确国有资产监管机构与国有资本投资、运营公司关系。政府授权国有资产监管机构依法对国有资本投资、运营公司履行出资人职责。国有资产监管机构按照“一企一策”原则，明确对国有资本投资、运营公司授权的内容、范围和方式，依法落实国有资本投资、运营公司董事会职权。国有资本投资、运营公司对授权范围内的国有资本履行出资人职责，作为国有资本市场化运作的专业平台，依法自主开展国有资本运作，对所出资企业行使股东职责，维护股东合法权益，按照责权对应原则切实承担起国有资产保值增值责任。

（九）界定国有资本投资、运营公司与所出资企业关系。国有资本投资、运营公司依据公司法等相关法律法规，对所出资企业依法行使股东权利，以出资额为限承担有限责任。以财务性持股为主，建立财务管控模式，重点关注国有资本流动和增值状况；或以对战略性核心业务控股为主，建立以战略目标和财务效益为主的管控模式，重点关注所出资企业执行公司战略和资本回报状况。

（十）开展政府直接授权国有资本投资、运营公司履行出资人职责的试点工作。中央层面开展由国务院直接授权国有资本投资、运营公司试点等工作。地方政府可以根据实际情况，选择开展直接授权国有资本投资、运营公司试点工作。

四、提高国有资本配置和运营效率

（十一）建立国有资本布局和结构调整机制。政府有关部门制定完善经济社会发展规划、产业政策和国有资本收益管理规则。国有资产监管机构根据政府宏观政策和有关管理要求，建立健全国有资本进退机制，制定国有资本投资负面清单，推动国有资本更多投向关系国家安全、国民经济命脉和国计民生的重要行业和关键领域。

（十二）推进国有资本优化重组。坚持以市场为导向、以企业为主体，有进有退、有所为有所不为，优化国有资本布局结构，提高国有资本流动性，增强国有经济整体功能和提升效率。按照国有资本布局结构调整要求，加快推动国有资本向重要行业、关键领域、重点基础设施集中，向前瞻性战略性产业集中，向产业链关键环节和价值链高端领域集中，向具有核心竞争力的优势企业集中。清理退出一批、重组整合一批、创新发展一批国有企业，建立健全优胜劣汰市场化退出机制，加快淘汰落后产能和化解过剩产能，处置低效无效资产。推动国有企业加快技术创新、管理创新和商业模式创新。推进国有资本控股经营的自然垄断行业改革，根据不同行业特点放开竞争性业务，实现国有资本和社会资本更好融合。

（十三）建立健全国有资本收益管理制度。财政部门会同国有资产监管机构等部门建立覆盖全部国有企业、分级管理的国有资本经营预算管理制度，根据国家宏观调控和国有资本布局结构调整要求，提出国有资本收益上交比例建议，报国务院批准后执行。在改组组建国有资本投资、运营公司以及实施国有企业重组过程中，国家根据需要将部分国有股权划转社会保障基金管理机构持有，分红和转让收益用于弥补养老等社会保障资金缺口。

五、协同推进相关配套改革

（十四）完善有关法律法规。健全国有资产监管法律法规体系，做好相关法律法规的立改废释工作。按照立法程序，抓紧推动开展企业国有资产法修订工作，出台相关配套法规，为完善国有资产管理体制夯实法律基础。根据国有企业公司制改革进展情况，推动适时废止全民所有制工业企业法。研究起草企业国有资产基础管理条例，统一管理规则。

（十五）推进政府职能转变。进一步减少行政审批事项，大幅度削减政府通过国有企业行政性配置资源事项，区分政府公共管理职能与国有资产出资人管理职能，为国有资产管理体制改革完善提供环境条件。推进自然垄断行业改革，实行网运分开、特许经营。加快推进价格机制改革，严格规范政府定价行为，完善市场发现、形成价格的机制。推进行政性垄断行业成本公开、经营透明，发挥社会监督作用。

（十六）落实相关配套政策。落实和完善国有企业重组整合涉及的资产评估增值、土地变更登记和国有资产无偿划转等方面税收优惠政策，切实明确国有企业改制重组过程中涉及的债权债务承接主体和责任，完善国有企业退出的相关政策，依法妥善处理劳动关系调整和社会保险关系接续等相关问题。

（十七）妥善解决历史遗留问题。加快剥离企业办社会职能，针对“三供一业”（供水、供电、供热和物业管理）、离退休人员社会化管理、厂办大集体改革等问题，制定统筹规范、分类施策的措施，建立政府和国有企业合理分担成本的机制。国有资本经营预算支出优先用于解决国有企业历史遗留问题。

（十八）稳步推进经营性国有资产集中统一监管。按照依法依规、分类推进、规范程序、市场运作的原则，以管资本为主，稳步将党政机关、事业单位所属企业的国有资本纳入经营性国有资产集中统一监管体系，具备条件的进入国有资本投资、运营公司。

金融、文化等国有企业的改革，中央另有规定的依其规定执行。

各地区要结合本地实际，制定具体改革实施方案，确保国有资产管理体制改革顺利进行，全面完成各项改革任务。

国务院（印）

2015 年 10 月 25 日

国务院办公厅关于印发《国家标准化体系建设发展规划（2016～2020 年）》的通知

（国办发〔2015〕89 号）

各省、自治区、直辖市人民政府，国务院各部委、各直属机构：

《国家标准化体系建设发展规划（2016～2020 年）》已经国务院同意，现印发给你们，请认真贯彻执行。

国务院办公厅（印）

2015 年 12 月 17 日

国家标准化体系建设发展规划（2016～2020 年）（摘要）

一、总体要求

（一）指导思想。（略）

（二）基本原则。

需求引领，系统布局。围绕经济、政治、文化、社会和生态文明建设重大部署，合理规划标准化体系布局，科学确定发展重点领域，满足产业结构调整、社会治理创新、生态环境保护、文化繁荣发展、保障改善民生和国际经贸合作的需要。

深化改革，创新驱动。全面落实标准化改革要求，完善标准化法制、体制和机制。强化以科技创新为动力，推进科技研发、标准研制和产业发展一体化，提升标准技术水平。以管理创新为抓手，加大标准实施、监督和服务力度，提高标准化效益。

协同推进，共同治理。坚持“放、管、治”相结合，发挥市场对标准化资源配置的决定性作用，激发市场主体活力；更好发挥政府作用，调动各地区、各部门积极性，加强顶层设计和统筹管理；强化社会监督作用，形成标准化共治新格局。

包容开放，协调一致。坚持各类各层级标准协调发展，提高标准制定、实施与监督的系统性和协调性；加强标准与法律法规、政策措施的衔接配套，发挥标准对法律法规的技术支撑和必要补充作用。坚持与国际接轨，统筹引进来与走出去，提高我国标准与国际标准一致性程度。

（三）发展目标。到 2020 年，基本建成支撑国家治理体系和治理能力现代化的具有中国特色的标准化体系。标准化战略全面实施，标准有效性、先进性和适用性显著增强。标准化体制机制更加健全，标准服务发展更加高效，基本形成市场规范有标可循、公共利益有标可保、创新驱动有标引领、转型升级有标支撑的新局面。“中国标准”国际影响力和贡献力大幅提升，我国迈入世界标准强国行列。

——标准体系更加健全。政府主导制定的标准与市场自主制定的标准协同发展、协调配套，强制性标准守底线、推荐性标准保基本、企业标准强质量的作用充分发挥，在技术发展快、市场创新活跃的领域培育和发展一批具有国际影响力的团体标准。标准平均制定周期缩短至 24 个月以内，科技成果标准转化率持续提高。在农产品消费品安全、节能减排、智能制造和装备升级、新材料等重点领域制修订标准 9000 项，基本满足经济建设、社会治理、生态文明、文化发展以及政府管理的需求。

——标准化效益充分显现。农业标准化生产覆盖区域稳步扩大，农业标准化生产普及率超过 30%。主要高耗能行业和终端用能产品实现节能标准全覆盖，主要工业产品的标准达到国际标准水平。服务业标准化试点示范项目新增 500 个以上，社会管理和公共服务标准化程度显著提高。新发布的强制性国家标准开展质量及效益评估的比例达到 50%以上。

——标准国际化水平大幅提升。参与国际标准化活动能力进一步增强，承担国际标准化技术机构数量持续增长，参与和主导制定国际标准数量达到年度国际标准制修订总数的 50%，着力培养国际标准化专业人才，与“一带一路”沿线国家和主要贸易伙伴国家的标准互认工作扎实推进，主要消费品领域与国际标准一致性程度达到 95%以上。

——标准化基础不断夯实。标准化技术组织布局更加合理，管理更加规范。按照深化中央财政科技计划管理改革的要求，推进国家技术标准创新基地建设。依托现有检验检测机构，设立国家级标准验证检验检测点 50 个以上，发展壮大一批专业水平高、市场竞争力强的标准化科研机构。标准化专业人才基本满足发展需要。充分利用现有网络平台，建成全国标准信息网络平台，实现标准化信息互联互通。培育发展标准化服务业，标准化服务能力进一步提升。

二、主要任务

（一）优化标准体系。

深化标准化工作改革。把政府单一供给的现行标准体系，转变为由政府主导制定的标准和市场自主制定的标准共同构成的新型标准体系。整合精简强制性标准，范围严格限定在保障人身健康和生命财产安全、国家安全、生态环境安全以及满足社会经济管理基本要求的范围之内。优化完善推荐性标准，逐步缩减现有推荐性标准的数量和规模，合理界定各层级、各领域推荐性标准的制定范围。培育发展团体标准，鼓励具备相应能力的学会、协会、商会、联合会等社会组织和产业技术联盟协调相关市场主体共同制定满足市场和创新需要的标准，供市场自愿选用，增加标准的有效供给。建立企业产品和服务标准自我声明公开和监督制度，逐步取消政府对企业产品标准的备案管理，落实企业标准化主体责任。

完善标准制定程序。广泛听取各方意见，提高标准制定工作的公开性和透明度，保证标准技术指标的科学性和公正性。优化标准审批流程，落实标准复审要求，缩短标准制定周期，加快标准更新速度。完善标准化指导性技术文件和标准样品等管理制度。加强标准验证能力建设，培育一批标准验证检验检测机构，提高标准技术指标的先进性、准确性和可靠性。

落实创新驱动战略。加强标准与科技互动，将重要标准的研制列入国家科技计划支持范围，将标准作为相关科研项目的重要考核指标和专业技术资格评审的依据，应用科技报告制度促进科技成果向标准转化。加强专利与标准相结合，促进标准合理采用新技术。提高军民标准通用化水平，积极推动在国防和军队建设中采用民用标准，并将先进适用的军用标准转化为民用标准，制定军民通用标准。

发挥市场主体作用。鼓励企业和社会组织制定严于国家标准、行业标准的企业标准和团体标准，将拥有自主知识产权的关键技术纳入企业标准或团体标准，促进技术创新、标准研制和产业化协调发展。

（二）推动标准实施。

完善标准实施推进机制。发布重要标准，要同步出台标准实施方案和释义，组织好标准宣传推广工作。规范标准解释权限管理，健全标准解释机制。推进并规范标准化试点示范，提高试点示范项目的质量和效益。建立完善标准化统计制度，将能反映产业发展水平的企业标准化统计指标列入法定的企业年度统计报表。

强化政府在标准实施中的作用。各地区、各部门在制定政策措施时要积极引用标准，应用标准开展宏观调控、产业推进、行业管理、市场准入和质量监管。运用行业准入、生产许可、合格评定/认证认可、行政执法、监督抽查等手段，促进标准实施，并通过认证认可、检验检测结果的采信和应用，定性或定量评价标准实施效果。运用标准化手段规范自身管理，提高公共服务效能。

充分发挥企业在标准实施中的作用。企业要建立促进技术进步和适应市场竞争需要的企业标准化工作机制。根据技术进步和生产经营目标的需要，建立健全以技术标准为主体、包括管理标准和工作标准的企业标准体系，并适应用户、市场需求，保持企业所用标准的先进性和适用性。企业应严格执行标准，把标准作为生产经营、提供服务和控制质量的依据和手段，提高产品服务质量和生产经营效益，创建知名品牌。充分发挥其他各类市场主体在标准实施中的作用。行业组织、科研机构和学术团体以及相关标准化专业组织要积极利用自身有利条件，推动标准实施。

（三）强化标准监督。

建立标准分类监督机制。健全以行政管理和行政执法为主要形式的强制性标准监督机制，强化依据标准监管，保证强制性标准得到严格执行。建立完善标准符合性检测、监督抽查、认证等推荐性标准监督机制，强化推荐性标准制定主体的实施责任。建立以团体自律和政府必要规范为主要形式的团体标准监督机制，发挥市场对团体标准的优胜劣汰作用。建立企业产品和服务标准自我声明公开的监督机制，保障公开内容真实有效，符合强制性标准要求。

建立标准实施的监督和评估制度。国务院标准化行政主管部门会同行业主管部门组织开展重要标准实施情况监督检查，开展标准实施效果评价。各地区、各部门组织开展重要行业、地方标准实施情况监督检查和评估。完善标准实施信息反馈渠道，强化对反馈信息的分类处理。

加强标准实施的社会监督。进一步畅通标准化投诉举报渠道，充分发挥新闻媒体、社会组织和消费者对标准实施情况的监督作用。加强标准化社会教育，强化标准意识，调动社会公众积极性，共同监督标准实施。

（四）提升标准化服务能力。

建立完善标准化服务体系。拓展标准研发服务，开展标准技术内容和编制方法咨询，为企业制定标准提供国内外相关标准分析研究、关键技术指标试验验证等专业化服务，提高其标准的质量和水平。提供标准实施咨询服务，为企业实施标准提供定制化技术解决方案，指导企业正确、有效执行标准。完善全国专业标准化技术委员会与相关国际标准化技术委员会的对接机制，畅通企业参与国际标准化工作渠道，帮助企业实质性参与国际标准化活动，提升企业国际影响力和竞争力。帮助出口型企业了解贸易对象国技术标准体系，促进产品和服务出口。加强中小微企业标准化能力建设服务，协助企业建立标准化组织架构和制度体系、制定标准化发展策略、建设企业标准体系、培养标准化人才，更好促进中小微企业发展。

加快培育标准化服务机构。支持各级各类标准化科研机构、标准化技术委员会及归口单位、标准出版发行机构等加强标准化服务能力建设。鼓励社会资金参与标准化服务机构发展。引导有能力的社会组织参与标准化服务。

（五）加强国际标准化工作。

积极主动参与国际标准化工作。充分发挥我国担任国际标准化组织常任理事国、技术管理机构常任成员等作用，全面谋划和参与国际标准化战略、政策和规则的制定修改，提升我国对国际标准化活动的贡献度和影响力。鼓励、支持我国专家和机构担任国际标准化技术机构职务和承担秘书处工作。建立以企业为主体、相关方协同参与国际标准化活动的工作机制，培育、发展和推动我国优势、特色技术标准成为国际标准，服务我国企业和产业走出去。吸纳各方力量，加强标准外文版翻译出版工作。加大国际标准跟踪、评估力度，加快转化适合我国国情的国际标准。加强口岸贸易便利化标准研制。服务高标准自贸区建设，运用标准化手段推动贸易和投资自由化便利化。

深化标准化国际合作。积极发挥标准化对“一带一路”战略的服务支撑作用，促进沿线国家在政策沟通、设施联通、贸易畅通等方面的互联互通。深化与欧盟国家、美国、俄罗斯等在经贸、科技合作框架内的标准化合作机制。推进太平洋地区、东盟、东北亚等区域标准化合作，服务亚太经济一体化。探索建立金砖国家标准化合作新机制。加大与非洲、拉美等地区标准化合作力度。

（六）夯实标准化工作基础。

加强标准化人才培养。推进标准化学科建设，支持更多高校、研究机构开设标准化课程和开展学历教育，设立标准化专业学位，推动标准化普及教育。加大国际标准化高端人才队伍建设力度，加强标准化专业人才、管理人才培养和企业标准化人员培训，满足不同层次、不同领域的标准化人才需求。

加强标准化技术委员会管理。优化标准化技术委员会体系结构，加强跨领域、综合性联合工作组建设。增强标准化技术委员会委员构成的广泛性、代表性，广泛吸纳行业、地方和产业联盟代表，鼓励消费者参与，促进军、民标准化技术委员会之间相互吸纳对方委员。利用信息化手段规范标准化技术委员会运行，严格委员投票表决制度。建立完善标准化技术委员会考核评价和奖惩退出机制。

加强标准化科研机构建设。支持各类标准化科研机构开展标准化理论、方法、规划、政策研究，提升标准化科研水平。支持符合条件的标准化科研机构承担科技计划和标准化科研项目。加快标准化科研机构改革，激发科研人员创新活力，提升服务产业和企业能力，鼓励标准化科研人员与企业技术人员相互交流。加强标准化、计量、认证认可、检验检测协同发展，逐步夯实国家质量技术基础，支撑产业发展、行业管理和社会治理。加强各级标准馆建设。

加强标准化信息化建设。充分利用各类标准化信息资源，建立全国标准信息网络平台，实现跨部门、跨行业、跨区域标准化信息交换与资源共享，加强民用标准化信息平台与军用标准化信息平台之间的共享合作、互联互通，全面提升标准化信息服务能力。

三、重点领域

（一）加强经济建设标准化，支撑转型升级。

以统一市场规则、调整产业结构和促进科技成果转化为着力点，加快现代农业和新农村建设标准化体系建设，完善工业领域标准体系，加强生产性服务业标准制定及试点示范，推进服务业与工业、农业在更高水平上有机融合，强化标准实施，促进经济提质增效升级，推动中国经济向中高端水平迈进。

着重健全战略性新兴产业标准体系，加大关键技术标准研制力度，深入推进《战略性新兴产业标准化发展规划》实施，促进战略性新兴产业的整体创新能力和产业发展水平提升。

（二）加强社会治理标准化，保障改善民生。

以改进社会治理方式、优化公共资源配置和提高民生保障水平为着力点，建立健全教育、就业、卫生、公共安全等领域标准体系，推进食品药品安全标准清理整合与实施监督（完善食品安全国家标准体系工作，在国家食品安全监管体系“十三五”规划中另行要求），深化安全生产标准化建设，加强防灾减灾救灾标准体系建设，加快社会信用标准体系建设，提高社会管理科学化水平，促进社会更加公平、安全、有序发展。

（三）加强生态文明标准化，服务绿色发展。

以资源节约、节能减排、循环利用、环境治理和生态保护为着力点，推进森林、海洋、土地、能源、矿产资源保护标准化体系建设，加强重要生态和环境标准研制与实施，提高节能、节水、节地、节材、节矿标准，加快能效能耗、碳排放、节能环保产业、循环经济以及大气、水、土壤污染防治标准研制，推进生态保护与建设，提高绿色循环低碳发展水平。

（四）加强文化建设标准化，促进文化繁荣。

以优化公共文化服务、推动文化产业发展和规范文化市场秩序为着力点，建立健全文化行业分类指标体系，加快文化产业技术标准、文化市场产品标准与服务规范建设，完善公共文化服务标准体系，建立和实施国家基本公共文化服务指导标准，制定文化安全管理和技术标准，促进基本公共文化服务标准化、均等化，保障文化环境健康有序发展，建设社会主义文化强国。

（五）加强政府管理标准化，提高行政效能。

以推进各级政府事权规范化、提升公共服务质量和加快政府职能转变为着力点，固化和推广政府管理成熟经验，加强权力运行监督、公共服务供给、执法监管、政府绩效管理、电子政务等领域标准制定与实施，构建政府管理标准化体系，树立依法依标管理和服务意识，建设人民满意政府。

四、重大工程

（一）农产品安全标准化工程。（略）

（二）消费品安全标准化工程。（略）

（三）节能减排标准化工程。落实节能减排低碳发展有关规划及《国家应对气候变化规划（2014－2020年）》，以有效降低污染水平为目标，开展治污减霾、碧水蓝天标准化行动，实现主要高耗能行业、主要终端用能产品的能耗限额和能效标准全覆盖。

滚动实施百项能效标准推进工程，加快能效与能耗标准制修订速度，加强与能效领跑者制度的有效衔接，适时将领跑者指标纳入能效、能耗强制性标准体系中。重点研究制定能源在线监测、能源绩效评价、合同能源管理、节能量及节能技术评估、能源管理与审计、节能监察等节能基础与管理标准，为能源在线监测、固定资产投资项目节能评估和审查等重要节能管理制度提供技术支撑。针对钢铁、水泥、电解铝等产能过剩行业，实施化解产能过剩标准支撑工程，重点制定节能、节水、环保、生产设备节能、高效节能型产品、节能技术、再制造等方面标准，加速淘汰落后产能，引导产业结构转型升级。研究制定环境质量、污染物排放、环境监测与检测服务、再利用及再生利用产品、循环经济评价、碳排放评估与管理等领域的标准。制修订相关标准500项以上，有效支撑绿色发展、循环发展和低碳发展。围绕国家生态文明建设的总体要求，开展100家循环经济标准化试点示范。加强标准与节能减排政策的有效衔接，针对10个行业研究构建节能减排成套标准工具包，推动系列标准在行业的整体实施。完善节能减排标准有效实施的政策机制。

（四）基本公共服务标准化工程。围绕国家基本公共服务体系规划，聚焦城乡一体化发展中的基层组织和特殊人群保护等重点领域，加快推进基本公共服务标准化工作，促进基本公共服务均等化。

围绕基本公共服务的资源配置、运行管理、绩效评价，农村、社区等基层基本公共服务，老年人、残疾人等特殊人群的基本公共服务，研制300项以上标准，健全公共教育、劳动就业、社会保险、医疗卫生、公共文化等基本公共服务重点领域标准体系。鼓励各地区、各部门紧贴政府职能转变，开展基本公共服务标准宣传贯彻和培训，利用网络、报刊等公开基本公共服务标准，协同推动基本公共服务标准实施。开展100项以上基本公共服务领域的标准化试点示范项目建设，总结推广成功经验。加强政府自我监督，探索创新社会公众监督、媒体监督等方式，强化基本公共服务标准实施的监督，畅通投诉、举报渠道。加强基本公共服务供给模式、标准实施评价、政府购买公共服务等基础标准研究，不断完善基本公共服务标准化理论方法体系。

（五）新一代信息技术标准化工程。（略）

（六）智能制造和装备升级标准化工程。围绕“中国制造2025”，立足国民经济发展和国防安全需求，制定智能制造和装备升级标准的规划，研制关键技术标准，显著提升智能制造和装备制造技术水平和国际竞争力，保障产业健康、有序发展。

建立智能制造标准体系，研究制定智能制造关键术语和词汇表、企业间联网和集成、智能制造装备、智能化生产线和数字化车间、智慧工厂、智能传感器、高端仪表、智能机器人、工业通信、工业物联网、工业云和大数据、工业安全、智能制造服务架构等200项以上标准。搭建标准化验证测试公共服务平台，重点针对流程制造、离散制造、智能装备和产品、智能制造新业态新模式、智能化管理和智能服务5个领域开展标准化试点示范。组织编制制造业标准化提升计划，制修订2000项以上技术标准。聚焦清洁发电设备、核电装备、石油石化装备、节能环保装备、航空装备、航天装备、海洋工程装备、海洋深潜和极地考察装备、高技术船舶、轨道交通装备、工程机械、数控机床、安全生产及应急救援装备等重大产业领域，开展装备技术标准研究。重点制定关键零部件所需的钢铁、有色、有机、复合等基础材料标准，铸造、锻压、热处理、增材制造等绿色工艺及基础制造装备标准，提高国产轴承、齿轮、液气密等关键零部件性能、可靠性和寿命标准指标。加快重大成套装备技术标准研制，在高铁、发动机、大飞机、发电和输变电、冶金及石油石化成套设备等领域，建立一批标准综合体。结合新型工业化产业示范，发挥地方积极性，加大推动装备制造产业标准化试点力度。通过产业链之间协作，开展优势装备“主制造商＋典型用户＋供应商”模式的标准化试点。组织编制《中国装备走出去标准名录》，服务促进一批重大技术装备制造企业走出去。

（七）新型城镇化标准化工程。（略）

（八）现代物流标准化工程。（略）

（九）中国标准走出去工程。按照“促进贸易、统筹协作、市场导向、突出重点”的要求，大力推动中国标准走出去，支撑我国产品和服务走出去，服务国家构建开放型经济新体制的战略目标。

围绕节能环保、新一代信息技术、高端装备制造、新能源、新材料、新能源汽车、船舶、农产品、玩具、纺织品、社会管理和公共服务等优势、特色领域以及战略性新兴产业领域，平均每年主导和参与制定国际标准500项以上。围绕实施“一带一路”战略，按照《标准联通“一带一路”行动计划（2015—2017）》的要求，以东盟、中亚、海湾、蒙俄等区域和国家为重点，深化标准化互利合作，推进标准互认；在基础设施、新兴和传统产业领域，推动共同制定国际标准；组织翻译1000项急需的国家标准、行业标准英文版，开展沿线国家大宗进出口商品标准比对分析；在水稻、甘蔗和果蔬等特色农产品领域，开展东盟农业标准化示范区建设；在电力电子设备、家用电器、数字电视广播、半导体照明等领域，开展标准化互联互通项目；加强沿线国家和区域标准化研究，推动建立沿线重点国家和区域标准化研究中心。

（十）标准化基础能力提升工程。以整体提升标准化发展的基础能力为目标，推进标准化核心工作能力、人才培养模式和技术支撑体系建设，发挥好标准在国家质量技术基础建设及产业发展、行业管理和社会治理中的支撑作用。

围绕标准化技术委员会建设和标准制修订全过程管理，推进标准化核心工作能力建设。整合优化技术委员会组织体系，引入项目委员会、联合工作组等多种技术组织形式；建立技术委员会协调、申诉和退出等机制，加强技术委员会工作考核评价。推动标准从立项到复审的信息化管理，将标准制定周期缩短至24个月以内；加强标准审查评估工作，围绕标准立项、研制、实施开展全过程评估；依托现有检验检测机构，设立国家级标准验证检验检测点50个以上，加强对标准技术指标的实验验证；加快强制性标准整合修订和推荐性标准体系优化，集中开展滞后老化标准复审工作。

围绕标准化知识的教育、培训和宣传，完善标准化人才培养模式。开展标准化专业学历学位教育，推动标准化学科建设；开展面向专业技术人员的标准化专业知识培训；开展面向企业管理层和员工的标准化技能培训；开展面向政府公务人员和社会公众的标准化知识宣传普及。实施我国国际标准化人才培育计划，着力培养懂技术、懂规则的国际标准化专业人才；依托国际交流和对外援助，开展面向发展中国家的标准化人才培训与交流项目。

围绕标准化科研机构、标准创新基地和标准化信息化建设，加强标准化技术支撑体系建设。加强标准化科研机构能力建设，系统开展标准化理论、方法和技术研究，夯实标准化发展基础。加强标准研制与科技创新的融合，针对京津冀、长三角、珠三角等区域以及现代农业、新兴产业、高技术服务业等领域发展需求，按照深化中央财政科技计划管理改革的要求，推进国家技术标准创新基地建设。进一步加强标准化信息化建设，利用大数据技术凝练标准化需求，开展标准实施效果评价，建成支撑标准化管理和全面提供标准化信息服务的全国标准信息网络平台。

五、保障措施

（一）加快标准化法治建设。加快推进《中华人民共和国标准化法》及相关配套法律法规、规章的制修订工作，夯实标准化法治基础。加大法律法规、规章、政策引用标准的力度，在法律法规中进一步明确标准制定和实施中有关各方的权利、义务和责任。鼓励地方立法推进标准化战略实施，制定符合本行政区域标准化事业发展实际的地方性配套法规、规章。完善支持标准化发展的政策保障体系。充分发挥标准对法律法规的技术支撑和补充作用。

（二）完善标准化协调推进机制。进一步健全统一管理、分工负责、协同推进的标准化管理体制。加强标准化工作的部门联动，完善农业、服务业、社会管理和公共服务等领域标准化联席会议制度，充分发挥国务院各有关部门在标准制定、实施及监督中的作用。地方各级政府要加强对标准化工作的领导，建立完善地方政府标准化协调推进机制，加强督查、强化考核，加大重要标准推广应用的协调力度。在长江经济带、京津冀等有条件的地区建立区域性标准化协作机制，协商解决跨区域跨领域的重大标准化问题。加强标准化省部合作。建立健全军民融合标准化工作机制，促进民用标准化与军用标准化之间的相互协调与合作。

（三）建立标准化多元投入机制。各级财政应根据工作实际需要统筹安排标准化工作经费。制定强制性标准和公益类推荐性标准以及参与国际标准化活动的经费，由同级财政予以安排。探索建立市场化、多元化经费投入机制，鼓励、引导社会各界加大投入，促进标准创新和标准化服务业发展。

（四）加大标准化宣传工作力度。各地区、各部门要通过多种渠道，大力宣传标准化方针政策、法律法规以及标准化先进典型和突出成就，扩大标准化社会影响力。加强重要舆情研判和突发事件处置。广泛开展世界标准日、质量月、消费者权益保护日等群众性标准化宣传活动，深入企业、机关、学校、社区、乡村普及标准化知识，宣传标准化理念，营造标准化工作良好氛围。

（五）加强规划组织实施。国务院标准化行政主管部门牵头组织，各地区、各部门分工负责，组织和动员社会各界力量推进规划实施。做好相关专项规划与本规划的衔接，抓好发展目标、主要任务和重大工程的责任分解和落实，将规划实施情况纳入地方政府和相关部门的绩效考核。健全标准化统一管理和协调推进机制，完善各项配套政策措施，确保规划落到实处。适时开展规划实施的效果评估和监督检查，跟踪分析规划的实施进展。根据外部因素和内部条件变化，对规划进行中期评估和调整、优化，提高规划科学性和有效性。

各地区、各部门可依据本规划，制定本地区、本部门标准化体系建设发展规划。

国务院办公厅关于印发《国家大面积停电事件应急预案》的通知

（国办函〔2015〕134号）

各省、自治区、直辖市人民政府，国务院各部委、各直属机构：

经国务院同意，现将《国家大面积停电事件应急预案》印发给你们，请认真组织实施。2005年5月24日经国务院批准、由国务院办公厅印发的《国家处置电网大面积停电事件应急预案》同时废止。

国务院办公厅（印）
2015年11月13日

国家大面积停电事件应急预案

1 总则

1.1 编制目的

建立健全大面积停电事件应对工作机制，提高应对效率，最大程度减少人员伤亡和财产损失，维护国家安全和社会稳定。

1.2 编制依据

依据《中华人民共和国突发事件应对法》《中华人民共和国安全生产法》《中华人民共和国电力法》《生产安全事故报告和调查处理条例》《电力安全事故应急处置和调查处理条例》《电网调度管理条例》《国家突发公共事件总体应急预案》及相关法律法规等，制定本预案。

1.3 适用范围

本预案适用于我国境内发生的大面积停电事件应对工作。

大面积停电事件是指由于自然灾害、电力安全事故和外力破坏等原因造成区域性电网、省级电网或城市电网大量减供负荷，对国家安全、社会稳定以及人民群众生产生活造成影响和威胁的停电事件。

1.4 工作原则

大面积停电事件应对工作坚持统一领导、综合协调，属地为主、分工负责，保障民生、维护安全，全社会共同参与的原则。大面积停电事件发生后，地方人民政府及其有关部门、能源局相关派出机构、电力企业、重要电力用户应立即按照职责分工和相关预案开展处置工作。

1.5 事件分级

按照事件严重性和受影响程度，大面积停电事件分为特别重大、重大、较大和一般四级。分级标准见附件1。

2 组织体系

2.1 国家层面组织指挥机构

能源局负责大面积停电事件应对的指导协调和组织管理工作。当发生重大、特别重大大面积停电事件时，能源局或事发地省级人民政府按程序报请国务院批准，或根据国务院领导同志指示，成立国务院工作组，负责指导、协调、支持有关地方人民政府开展大面积停电事件应对工作。必要时，由国务院或国务院授权发展改革委成立国家大面积停电事件应急指挥部，统一领导、组织和指挥大面积停电事件应对工作。应急指挥部组成及工作组职责见附件2。

2.2 地方层面组织指挥机构

县级以上地方人民政府负责指挥、协调本行政区域内大面积停电事件应对工作，要结合本地实际，明确相应组织指挥机构，建立健全应急联动机制。

发生跨行政区域的大面积停电事件时，有关地方人民政府应根据需要建立跨区域大面积停电事件应急合作机制。

2.3 现场指挥机构

负责大面积停电事件应对的人民政府根据需要成立现场指挥部，负责现场组织指挥工作。参与现场处置的有关单位和人员应服从现场指挥部的统一指挥。

2.4 电力企业

电力企业（包括电网企业、发电企业等，下同）建立健全应急指挥机构，在政府组织指挥机构领导下开展大面积停电事件应对工作。电网调度工作按照《电网调度管理条例》及相关规程执行。

2.5 专家组

各级组织指挥机构根据需要成立大面积停电事件应急专家组，成员由电力、气象、地质、水文等领域相关专家组成，对大面积停电事件应对工作提供技术咨询和建议。

3 监测预警和信息报告

3.1 监测和风险分析

电力企业要结合实际加强对重要电力设施设备运行、发电燃料供应等情况的监测，建立与气象、水利、林业、地震、公安、交通运输、国土资源、工业和信息化等部门的信息共享机制，及时分析各类情况对电力运行可能造成的影响，预估可能影响的范围和程度。

3.2　预警

3.2.1　预警信息发布

电力企业研判可能造成大面积停电事件时，要及时将有关情况报告受影响区域地方人民政府电力运行主管部门和能源局相关派出机构，提出预警信息发布建议，并视情通知重要电力用户。地方人民政府电力运行主管部门应及时组织研判，必要时报请当地人民政府批准后向社会公众发布预警，并通报同级其他相关部门和单位。当可能发生重大以上大面积停电事件时，中央电力企业同时报告能源局。

3.2.2　预警行动

预警信息发布后，电力企业要加强设备巡查检修和运行监测，采取有效措施控制事态发展；组织相关应急救援队伍和人员进入待命状态，动员后备人员做好参加应急救援和处置工作准备，并做好大面积停电事件应急所需物资、装备和设备等应急保障准备工作。重要电力用户做好自备应急电源启用准备。受影响区域地方人民政府启动应急联动机制，组织有关部门和单位做好维持公共秩序、供水供气供热、商品供应、交通物流等方面的应急准备；加强相关舆情监测，主动回应社会公众关注的热点问题，及时澄清谣言传言，做好舆论引导工作。

3.2.3　预警解除

根据事态发展，经研判不会发生大面积停电事件时，按照“谁发布、谁解除”的原则，由发布单位宣布解除预警，适时终止相关措施。

3.3　信息报告

大面积停电事件发生后，相关电力企业应立即向受影响区域地方人民政府电力运行主管部门和能源局相关派出机构报告，中央电力企业同时报告能源局。

事发地人民政府电力运行主管部门接到大面积停电事件信息报告或者监测到相关信息后，应当立即进行核实，对大面积停电事件的性质和类别作出初步认定，按照国家规定的时限、程序和要求向上级电力运行主管部门和同级人民政府报告，并通报同级其他相关部门和单位。地方各级人民政府及其电力运行主管部门应当按照有关规定逐级上报，必要时可越级上报。能源局相关派出机构接到大面积停电事件报告后，应当立即核实有关情况并向能源局报告，同时通报事发地县级以上地方人民政府。对初判为重大以上的大面积停电事件，省级人民政府和能源局要立即按程序向国务院报告。

4　应急响应

4.1　响应分级

根据大面积停电事件的严重程度和发展态势，将应急响应设定为Ⅰ级、Ⅱ级、Ⅲ级和Ⅳ级四个等级。初判发生特别重大大面积停电事件，启动Ⅰ级应急响应，由事发地省级人民政府负责指挥应对工作。必要时，由国务院或国务院授权发展改革委成立国家大面积停电事件应急指挥部，统一领导、组织和指挥大面积停电事件应对工作。初判发生重大大面积停电事件，启动Ⅱ级应急响应，由事发地省级人民政府负责指挥应对工作。初判发生较大、一般大面积停电事件，分别启动Ⅲ级、Ⅳ级应急响应，根据事件影响范围，由事发地县级或市级人民政府负责指挥应对工作。

对于尚未达到一般大面积停电事件标准，但对社会产生较大影响的其他停电事件，地方人民政府可结合实际情况启动应急响应。

应急响应启动后，可视事件造成损失情况及其发展趋势调整响应级别，避免响应不足或响应过度。

4.2　响应措施

大面积停电事件发生后，相关电力企业和重要电力用户要立即实施先期处置，全力控制事件发展态势，减少损失。各有关地方、部门和单位根据工作需要，组织采取以下措施。

4.2.1　抢修电网并恢复运行

电力调度机构合理安排运行方式，控制停电范围；尽快恢复重要输变电设备、电力主干网架运行；在条件具备时，优先恢复重要电力用户、重要城市和重点地区的电力供应。

电网企业迅速组织力量抢修受损电网设备设施，根据应急指挥机构要求，向重要电力用户及重要设施提供必要的电力支援。

发电企业保证设备安全，抢修受损设备，做好发电机组并网运行准备，按照电力调度指令恢复运行。

4.2.2　防范次生衍生事故

重要电力用户按照有关技术要求迅速启动自备应急电源，加强重大危险源、重要目标、重大关键基础设施隐患排查与监测预警，及时采取防范措施，防止发生次生衍生事故。

4.2.3　保障居民基本生活

启用应急供水措施，保障居民用水需求；采用多种方式，保障燃气供应和采暖期内居民生活热力供应；组织生活必需品的应急生产、调配和运输，保障停电期间居民基本生活。

4.2.4　维护社会稳定

加强涉及国家安全和公共安全的重点单位安全保卫工作，严密防范和严厉打击违法犯罪活动。加强对停电区域内繁华街区、大型居民区、大型商场、学校、医院、金融机构、机场、城市轨道交通设施、车站、码头及其他重要生产经营场所等重点地区、重点部位、人员密集场所的治安巡逻，及时疏散人员，解救被困人员，防范治安事件。加强交通疏导，维护道路交通秩序。尽快恢复企业生产经营活动。严厉打击造谣惑众、囤积居奇、哄抬物价等各种违法行为。

4.2.5　加强信息发布

按照及时准确、公开透明、客观统一的原则，加强信息发布和舆论引导，主动向社会发布停电相关信息和应对工作情况，提示相关注意事项和安保措施。加强舆情收集分析，及时回应社会关切，澄清不实信息，正确引导社会舆论，稳定公众情绪。

4.2.6　组织事态评估

及时组织对大面积停电事件影响范围、影响程度、发展趋势及恢复进度进行评估，为进一步做好应对工作提供依据。

4.3　国家层面应对

4.3.1　部门应对

初判发生一般或较大大面积停电事件时，能源局开展以下工作：

（1）密切跟踪事态发展，督促相关电力企业迅速开展电力抢修恢复等工作，指导督促地方有关部门做好应对工作；

（2）视情派出部门工作组赴现场指导协调事件应对等工作；

（3）根据中央电力企业和地方请求，协调有关方面为应对工作提供支援和技术支持；

（4）指导做好舆情信息收集、分析和应对工作。

4.3.2 国务院工作组应对

初判发生重大或特别重大大面积停电事件时，国务院工作组主要开展以下工作：

（1）传达国务院领导同志指示批示精神，督促地方人民政府、有关部门和中央电力企业贯彻落实；

（2）了解事件基本情况、造成的损失和影响、应对进展及当地需求等，根据地方和中央电力企业请求，协调有关方面派出应急队伍、调运应急物资和装备、安排专家和技术人员等，为应对工作提供支援和技术支持；

（3）对跨省级行政区域大面积停电事件应对工作进行协调；

（4）赶赴现场指导地方开展事件应对工作；

（5）指导开展事件处置评估；

（6）协调指导大面积停电事件宣传报道工作；

（7）及时向国务院报告相关情况。

4.3.3 国家大面积停电事件应急指挥部应对

根据事件应对工作需要和国务院决策部署，成立国家大面积停电事件应急指挥部。主要开展以下工作：

（1）组织有关部门和单位、专家组进行会商，研究分析事态，部署应对工作；

（2）根据需要赴事发现场，或派出前方工作组赴事发现场，协调开展应对工作；

（3）研究决定地方人民政府、有关部门和中央电力企业提出的请求事项，重要事项报国务院决策；

（4）统一组织信息发布和舆论引导工作；

（5）组织开展事件处置评估；

（6）对事件处置工作进行总结并报告国务院。

4.4 响应终止

同时满足以下条件时，由启动响应的人民政府终止应急响应：

（1）电网主干网架基本恢复正常，电网运行参数保持在稳定限额之内，主要发电厂机组运行稳定；

（2）减供负荷恢复80%以上，受停电影响的重点地区、重要城市负荷恢复90%以上；

（3）造成大面积停电事件的隐患基本消除；

（4）大面积停电事件造成的重特大次生衍生事故基本处置完成。

5 后期处置

5.1 处置评估

大面积停电事件应急响应终止后，履行统一领导职责的人民政府要及时组织对事件处置工作进行评估，总结经验教训，分析查找问题，提出改进措施，形成处置评估报告。鼓励开展第三方评估。

5.2 事件调查

大面积停电事件发生后，根据有关规定成立调查组，查明事件原因、性质、影响范围、经济损失等情况，提出防范、整改措施和处理处置建议。

5.3 善后处置

事发地人民政府要及时组织制订善后工作方案并组织实施。保险机构要及时开展相关理赔工作，尽快消除大面积停电事件的影响。

5.4 恢复重建

大面积停电事件应急响应终止后，需对电网网架结构和设备设施进行修复或重建的，由能源局或事发地省级人民政府根据实际工作需要组织编制恢复重建规划。相关电力企业和受影响区域地方各级人民政府应当根据规划做好受损电力系统恢复重建工作。

6 保障措施

6.1 队伍保障

电力企业应建立健全电力抢修应急专业队伍，加强设备维护和应急抢修技能方面的人员培训，定期开展应急演练，提高应急救援能力。地方各级人民政府根据需要组织动员其他专业应急队伍和志愿者等参与大面积停电事件及其次生衍生灾害处置工作。军队、武警部队、公安消防等要做好应急力量支援保障。

6.2 装备物资保障

电力企业应储备必要的专业应急装备及物资，建立和完善相应保障体系。国家有关部门和地方各级人民政府要加强应急救援装备物资及生产生活物资的紧急生产、储备调拨和紧急配送工作，保障支援大面积停电事件应对工作需要。鼓励支持社会化储备。

6.3 通信、交通与运输保障

地方各级人民政府及通信主管部门要建立健全大面积停电事件应急通信保障体系，形成可靠的通信保障能力，确保应急期间通信联络和信息传递需要。交通运输部门要健全紧急运输保障体系，保障应急响应所需人员、物资、装备、器材等的运输；公安部门要加强交通应急管理，保障应急救援车辆优先通行；根据全面推进公务用车制度改革有关规定，有关单位应配备必要的应急车辆，保障应急救援需要。

6.4 技术保障

电力行业要加强大面积停电事件应对和监测先进技术、装备的研发，制定电力应急技术标准，加强电网、电厂安全应急信息化平台建设。有关部门要为电力日常监测预警及电力应急抢险提供必要的气象、地质、水文等服务。

6.5 应急电源保障

提高电力系统快速恢复能力，加强电网“黑启动”能力建设。国家有关部门和电力企业应充分考虑电源规划布局，保障各地区“黑启动”电源。电力企业应配备适量的应急发电装备，必要时提供应急电源支援。重要电力用户应按照国家有关技术要求配置应急电源，并加强维护和管理，确保应急状态下能够投入运行。

6.6 资金保障

发展改革委、财政部、民政部、国资委、能源局等有关部门和地方各级人民政府以及各相关电力企业应按照有关规定，对大面积停电事件处置工作提供必要的资金保障。

7 附则

7.1 预案管理

本预案实施后，能源局要会同有关部门组织预案宣传、培训和演练，并根据实际情况，适时组织评估和修订。地方各级人民政府要结合当地实际制定或修订本级大面积停电事件应急预案。

7.2 预案解释

本预案由能源局负责解释。

7.3 预案实施时间

本预案自印发之日起实施。

附件：1. 大面积停电事件分级标准

2. 国家大面积停电事件应急指挥部组成及工作组职责

附件 1

大面积停电事件分级标准

一、特别重大大面积停电事件

1. 区域性电网：减供负荷30%以上。

2. 省、自治区电网：负荷20 000MW以上的减供负荷30%以上，负荷5000MW以上20 000MW以下的减供负荷40%以上。

3. 直辖市电网：减供负荷50%以上，或60%以上供电用户停电。

4. 省、自治区人民政府所在地城市电网：负荷2000MW以上的减供负荷60%以上，或70%以上供电用户停电。

二、重大大面积停电事件

1. 区域性电网：减供负荷10%以上30%以下。

2. 省、自治区电网：负荷20 000MW以上的减供负荷13%以上30%以下，负荷5000MW以上20 000MW以下的减供负荷16%以上40%以下，负荷1000MW以上5000MW以下的减供负荷50%以上。

3. 直辖市电网：减供负荷20%以上50%以下，或30%以上60%以下供电用户停电。

4. 省、自治区人民政府所在地城市电网：负荷2000MW以上的减供负荷40%以上60%以下，或50%以上70%以下供电用户停电；负荷2000MW以下的减供负荷40%以上，或50%以上供电用户停电。

5. 其他设区的市电网：负荷600MW以上的减供负荷60%以上，或70%以上供电用户停电。

三、较大大面积停电事件

1. 区域性电网：减供负荷7%以上10%以下。

2. 省、自治区电网：负荷20 000MW以上的减供负荷10%以上13%以下，负荷5000MW以上20 000MW以下的减供负荷12%以上16%以下，负荷1000MW以上5000MW以下的减供负荷20%以上50%以下，负荷1000MW以下的减供负荷40%以上。

3. 直辖市电网：减供负荷10%以上20%以下，或15%以上30%以下供电用户停电。

4. 省、自治区人民政府所在地城市电网：减供负荷20%以上40%以下，或30%以上50%以下供电用户停电。

5. 其他设区的市电网：负荷600MW以上的减供负荷40%以上60%以下，或50%以上70%以下供电用户停电；负荷600MW以下的减供负荷40%以上，或50%以上供电用户停电。

6. 县级市电网：负荷150MW以上的减供负荷60%以上，或70%以上供电用户停电。

四、一般大面积停电事件

1. 区域性电网：减供负荷4%以上7%以下。

2. 省、自治区电网：负荷20 000MW以上的减供负荷5%以上10%以下，负荷5000MW以上20 000MW以下的减供负荷6%以上12%以下，负荷1000MW以上5000MW以下的减供负荷10%以上20%以下，负荷1000MW以下的减供负荷25%以上40%以下。

3. 直辖市电网：减供负荷5%以上10%以下，或10%以上15%以下供电用户停电。

4. 省、自治区人民政府所在地城市电网：减供负荷10%以上20%以下，或15%以上30%以下供电用户停电。

5. 其他设区的市电网：减供负荷20%以上40%以下，或30%以上50%以下供电用户停电。

6. 县级市电网：负荷150MW以上的减供负荷40%以上60%以下，或50%以上70%以下供电用户停电；负荷150MW以下的减供负荷40%以上，或50%以上供电用户停电。

上述分级标准有关数量的表述中，“以上”含本数，“以下”不含本数。

附件 2

国家大面积停电事件应急指挥部组成及工作组职责

国家大面积停电事件应急指挥部主要由发展改革委、中央宣传部（新闻办）、中央网信办、工业和信息化部、公安部、民政部、财政部、国土资源部、住房城乡建设部、交通运输部、水利部、商务部、国资委、新闻出版广电总局、安全监管总局、林业局、地震局、气象局、能源局、测绘地信局、铁路局、民航局、总参作战部、武警总部、中国铁路总公司、国家电网公司、中国南方电网有限责任公司等部门和单位组成，并可根据应对工作需要，增加有关地方人民政府、其他有关部门和相关电力企业。

国家大面积停电事件应急指挥部设立相应工作组，各工作组组成及职责分工如下：

一、电力恢复组：由发展改革委牵头，工业和信息化部、公安部、水利部、安全监管总局、林业局、地震局、气象局、能源局、测绘地信局、总参作战部、武警总部、国家电网公司、中国南方电网有限责任公司等参加，视情增加其他电力企业。

主要职责：组织进行技术研判，开展事态分析；组织电力抢修恢复工作，尽快恢复受影响区域供电工作；负责重要电力用户、重点区域的临时供电保障；负责组织跨区域的电力应急抢修恢复协调工作；协调军队、武警有关力量参与应对。

二、新闻宣传组：由中央宣传部（新闻办）牵头，中央网信办、发展改革委、工业和信息化部、公安部、新闻出版广电总局、安全监管总局、能源局等参加。

主要职责：组织开展事件进展、应急工作情况等权威信息发布，加强新闻宣传报道；收集分析国内外舆情和社会公众动态，加强媒体、电信和互联网管理，正确引导舆论；及时澄清不实信息，回应社会关切。

三、综合保障组：由发展改革委牵头，工业和信息化部、公安部、民政部、财政部、国土资源部、住房城乡建设部、交通运输部、水利部、商务部、国资委、新闻出版广电总局、能源局、铁路局、民航局、中国铁路总公司、国家电网公司、中国南方电网有限责任公司等参加，视情增加其他电力企业。

主要职责：对大面积停电事件受灾情况进行核实，指导恢复电力抢修方案，落实人员、资金和物资；组织做好应急救援装备物资及生产生活物资的紧急生产、储备调拨和紧急配送工作；及时组织调运重要生活必需品，保障群众基本生活和市场供应；维护供水、供气、供热、通信、广播电视等设施正常运行；维护铁路、道路、水路、民航等基本交通运行；组织开展事件处置评估。

四、社会稳定组：由公安部牵头，中央网信办、发展改革委、工业和信息化部、民政部、交通运输部、商务部、能源局、总参作战部、武警总部等参加。

主要职责：加强受影响地区社会治安管理，严厉打击借机传播谣言制造社会恐慌，以及趁机盗窃、抢劫、哄抢等违法犯罪行为；加强转移人员安置点、救灾物资存放点等重点地区治安管控；加强对重要生活必需品等商品的市场监管和调控，打击囤积居奇行为；加强对重点区域、重点单位的警戒；做好受影响人员与涉事单位、地方人民政府及有关部门矛盾纠纷化解等工作，切实维护社会稳定。

国家发展和改革委员会文件

国家发展改革委关于深圳供电局有限公司2015～2017年输配电价的批复

（发改价格〔2014〕2998号）

广东省发展改革委：

报来《关于核定2015～2017年深圳市输配电准许收入及价格水平等问题的请示》（粤发改价格〔2014〕815号）收悉。根据《国家发展改革委关于深圳市开展输配电价改革试点的通知》（发改价格〔2014〕2379号，以下简称《试点通知》）有关要求，经商国家能源局，现批复如下：

一、同意你委按“成本加收益”方法测算的深圳供电局有限公司第一个监管周期（2015～2017年）输配电准许收入和输配电价。各年平均输配电价及分电压等级输配电价详见附件，自2015年1月1日起执行。

二、深圳市开展发电企业与电力用户直接交易的输配电价，应在附件中规定的分电压等级输配电价基础上，考虑你省省级电网分摊的输电成本和地区间交叉补贴因素确定。具体水平授权你委制定公布，并报我委备案。

三、请你委会同深圳市发展改革委按照《试点通知》有关要求，持续密切监测深圳供电局有限公司的投资、收入、成本等情况，于每年7月1日前将上一年相关情况上报我委。

四、请你委精心组织、周密安排，确保相关改革措施落实到位，并督促电网企业进一步加强管理、约束成本、提高服务水平。试点中发现问题，请及时反馈我委。

附件：2015～2017年深圳供电局有限公司输配电价

国家发展改革委（印）

2014年12月31日

附件

2015～2017年深圳供电局有限公司输配电价

单位：元/kWh

电压等级（kV）	2015年	2016年	2017年
平均输配电价	0.1435	0.1433	0.1428
其中：220	0.0541	0.0539	0.0537
110	0.0683	0.0682	0.0679
20	0.1363	0.1360	0.1354
10	0.1805	0.1802	0.1794

续表

注 1. 深圳市为城市电网，目前无500kV用户。
2. 表中输配电价均含增值税，不含线损和政府性基金及附加。
3. 表中数据仅为深圳市当地电网的输配电价，未包含广东省省级电网输电线路分摊的成本和广东省地区间交叉补贴。
4. 深圳供电局2015～2017年的综合线损率均按4.1%计算，实际运行中线损率超过或低于4.1%带来的风险或收益均由深圳供电局承担。
5. 2015～2017年深圳供电局有限公司预测的销售电量分别为778.45亿、811.02亿kWh和846.71亿kWh。

国家发展改革委关于适当调整陆上风电标杆上网电价的通知

（发改价格〔2014〕3008号）

各省、自治区、直辖市发展改革委、物价局：

为合理引导风电投资，促进风电产业健康有序发展，提高国家可再生能源电价附加资金补贴效率，依据《中华人民共和国可再生能源法》，决定适当调整新投陆上风电上网标杆电价。现就有关事项通知如下：

一、对陆上风电继续实行分资源区标杆上网电价政策。将第Ⅰ类、Ⅱ类和Ⅲ类资源区风电标杆上网电价每千瓦时降低2分钱，调整后的标杆上网电价分别为每千瓦时0.49、0.52元和0.56元；第Ⅳ类资源区风电标杆上网电价维持现行每千瓦时0.61元不变。

二、鼓励通过招标等竞争方式确定业主和上网电价，但通过竞争方式形成的上网电价不得高于国家规定的当地风电标杆上网电价水平。具体办法由国家能源主管部门会同价格主管部门另行制定。

三、继续实行风电价格费用分摊制度。风电上网电价在当地燃煤机组标杆上网电价（含脱硫、脱硝、除尘）以内的部分，由当地省级电网负担；高出部分，通过国家可再生能源发展基金分摊解决。燃煤机组标杆上网电价调整后，风电上网电价中由当地电网负担的部分相应调整。

四、各风力发电企业和电网企业必须真实、完整地记载和保存风电项目上网交易电量、价格和补贴金额等资料，接受有关部门监督检查。各级价格主管部门要加强对风电上网电价执行和电价附加补贴结算的监管，督促风电上网电价政策执行到位。

五、上述规定适用于2015年1月1日以后核准的陆上风电项目，以及2015年1月1日前核准但于2016年1月1日以后投运的陆上风电项目。

国家发展改革委（印）
2014年12月31日

国家发展改革委关于规范天然气发电上网电价管理有关问题的通知

（发改价格〔2014〕3009号）

各省、自治区、直辖市发展改革委、物价局：

为规范天然气发电上网电价管理，促进天然气发电产业健康、有序、适度发展，经商国家能源局，现就有关事项通知如下：

一、根据天然气发电在电力系统中的作用及投产时间，实行差别化的上网电价机制。

（一）对新投产天然气热电联产发电机组上网实行标杆电价政策。具体电价水平由省级价格主管部门综合考虑天然气发电成本、社会效益和用户承受能力确定。

（二）新投产天然气调峰发电机组上网电价，在参考天然气热电联产发电上网标杆电价基础上，适当考虑两者发电成本的合理差异确定。

（三）鼓励天然气分布式能源与电力用户直接签订交易合同，自主协商确定电量和价格。对新投产天然气分布式发电机组在企业自发自用或直接交易有余，并由电网企业收购的电量，其上网电价原则上参照当地新投产天然气热电联产发电上网电价执行。

（四）已投产天然气发电上网电价要逐步向新投产同类天然气发电上网电价归并。

二、具备条件的地区天然气发电可以通过市场竞争或与电力用户协商确定电价。

三、建立气、电价格联动机制。当天然气价格出现较大变化时，天然气发电上网电价应及时调整，但最高电价不得超过当地燃煤发电上网标杆电价或当地电网企业平均购电价格每千瓦时0.35元。有条件的地方要积极采取财政补贴、气价优惠等措施疏导天然气发电价格矛盾。

四、加强天然气热电联产和分布式能源建设管理。国家能源局派出机构和省级政府能源主管部门要加强天然气热电联产和分布式能源建设的监督管理，新建企业必须符合集中供热规划，同时要落实热负荷，防止以建设热电联产或分布式能源的名义建设纯发电的燃气电厂。

五、对天然气发电价格管理实行省级负责制。各地天然气发电上网电价具体管理办法由省级政府价格主管部门根据上述原则制定，报我委备案，并自2015年1月1日起执行。

国家发展改革委（印）
2014年12月31日

国家发展改革委关于公布《电力安全生产监督管理办法》的通知

（国家发展改革委第21号令）

《电力安全生产监督管理办法》已经国家发展和改革委员会主任办公会审议通过，现予公布，自2015年3月1日起施行。

国家发展改革委主任：徐绍史
2015年2月17日

电力安全生产监督管理办法

第一章　总　　则

第一条　为了有效实施电力安全生产监督管理，预防和减少电力事故，保障电力系统安全稳定运行和电力可靠供应，依据《中华人民共和国安全生产法》《中华人民共和国突发事件应对法》《电力监管条例》《生产安全事故报告和调查处理条例》《电力安全事故应急处置和调查处理条例》等法律法规，制定本办法。

第二条　本办法适用于中华人民共和国境内以发电、输电、供电、电力建设为主营业务并取得相关业务许可或按规定豁免电力业务许可的电力企业。

第三条　国家能源局及其派出机构依照本办法，对电力企业的电力运行安全（不包括核安全）、电力建设施工安全、电力工程质量安全、电力应急、水电站大坝运行安全和电力可靠性工作等方面实施监督管理。

第四条　电力安全生产工作应当坚持"安全第一、预防为主、综合治理"的方针，建立电力企业具体负责、政府监管、行业自律和社会监督的工作机制。

第五条　电力企业是电力安全生产的责任主体，应当遵照国家有关安全生产的法律法规、制度和标准，建立健全电力安全生产责任制，加强电力安全生产管理，完善电力安全生产条件，确保电力安全生产。

第六条　任何单位和个人对违反本办法和国家有关电力安全生产监督管理规定的行为，有权向国家能源局及其派出机构投诉和举报，国家能源局及其派出机构应当依法处理。

第二章　电力企业的安全生产责任

第七条　电力企业的主要负责人对本单位的安全生产工作全面负责。电力企业从业人员应当依法履行安全生产方面的义务。

第八条　电力企业应当履行下列电力安全生产管理基本职责：

（一）依照国家安全生产法律法规、制度和标准，制定并落实本单位电力安全生产管理制度和规程；

（二）建立健全电力安全生产保证体系和监督体系，落实安全生产责任；

（三）按照国家有关法律法规设置安全生产管理机构、配备专职安全管理人员；

（四）按照规定提取和使用电力安全生产费用，专门用于改善安全生产条件；

（五）按照有关规定建立健全电力安全生产隐患排查治

理制度和风险预控体系，开展隐患排查及风险辨识、评估和监控工作，并对安全隐患和风险进行治理、管控；

（六）开展电力安全生产标准化建设；

（七）开展电力安全生产培训宣传教育工作，负责以班组长、新工人、农民工为重点的从业人员安全培训；

（八）开展电力可靠性管理工作，建立健全电力可靠性管理工作体系，准确、及时、完整报送电力可靠性信息；

（九）建立电力应急管理体系，健全协调联动机制，制定各级各类应急预案并开展应急演练，建设应急救援队伍，完善应急物资储备制度；

（十）按照规定报告电力事故和电力安全事件信息并及时开展应急处置，对电力安全事件进行调查处理。

第九条 发电企业应当按照规定对水电站大坝进行安全注册，开展大坝安全定期检查和信息化建设工作；对燃煤发电厂贮灰场进行安全备案，开展安全巡查和定期安全评估工作。

第十条 电力建设单位应当对电力建设工程施工安全和工程质量安全负全面管理责任，履行工程组织、协调和监督职责，并按照规定将电力工程项目的安全生产管理情况向当地派出机构备案，向相关电力工程质监机构进行工程项目质量监督注册申请。

第十一条 供电企业应当配合地方政府对电力用户安全用电提供技术指导。

第三章 电力系统安全

第十二条 电力企业应当共同维护电力系统安全稳定运行。在电网互联、发电机组并网过程中应严格履行安全责任，并在双方的联（并）网调度协议中具体明确，不得擅自联（并）网和解网。

第十三条 各级电力调度机构是涉及电力系统安全的电力安全事故（事件）处置的指挥机构，发生电力安全事故（事件）或遇有危及电力系统安全的情况时，电力调度机构有权采取必要的应急处置措施，相关电力企业应当严格执行调度指令。

第十四条 电力调度机构应当加强电力系统安全稳定运行管理，科学合理安排系统运行方式，开展电力系统安全分析评估，统筹协调电网安全和并网运行机组安全。

第十五条 电力企业应当加强发电设备设施和输变配电设备设施安全管理和技术管理，强化电力监控系统（或设备）专业管理，完善电力系统调频、调峰、调压、调相、事故备用等性能，满足电力系统安全稳定运行的需要。

第十六条 发电机组、风电场以及光伏电站等并入电网运行，应当满足相关技术标准，符合电网运行的有关安全要求。

第十七条 电力企业应当根据国家有关规定和标准，制订、完善和落实预防电网大面积停电的安全技术措施、反事故措施和应急预案，建立完善与国家能源局及其派出机构、地方人民政府及电力用户等的应急协调联动机制。

第四章 电力安全生产的监督管理

第十八条 国家能源局依法负责全国电力安全生产监督管理工作。国家能源局派出机构（以下简称“派出机构”）按照属地化管理的原则，负责辖区内电力安全生产监督管理工作。

涉及跨区域的电力安全生产监督管理工作，由国家能源局负责或者协调确定具体负责的区域派出机构；同一区域内涉及跨省的电力安全生产监督管理工作，由当地区域派出机构负责或者协调确定具体负责的省级派出机构。

50MW 以下小水电站的安全生产监督管理工作，按照相关规定执行。50MW 以下小水电站的涉网安全由派出机构负责监督管理。

第十九条 国家能源局及其派出机构应当采取多种形式，加强有关安全生产的法律法规、制度和标准的宣传，向电力企业传达国家有关安全生产工作各项要求，提高从业人员的安全生产意识。

第二十条 国家能源局及其派出机构应当建立健全电力行业安全生产工作协调机制，及时协调、解决安全生产监督管理中存在的重大问题。

第二十一条 国家能源局及其派出机构应当依法对电力企业执行有关安全生产法规、标准和规范情况进行监督检查。

国家能源局组织开展全国范围的电力安全生产大检查，制定检查工作方案，并对重点地区、重要电力企业、关键环节开展重点督查。派出机构组织开展辖区内的电力安全生产大检查，对部分电力企业进行抽查。

第二十二条 国家能源局及其派出机构对现场检查中发现的安全生产违法、违规行为，应当责令电力企业当场予以纠正或者限期整改。对现场检查中发现的重大安全隐患，应当责令其立即整改；安全隐患危及人身安全时，应当责令其立即从危险区域内撤离人员。

第二十三条 国家能源局及其派出机构应当监督指导电力企业隐患排查治理工作，按照有关规定对重大安全隐患挂牌督办。

第二十四条 国家能源局及其派出机构应当统计分析电力安全生产信息，并定期向社会公布。根据工作需要，可以要求电力企业报送与电力安全生产相关的文件、资料、图纸、音频或视频记录和有关数据。

国家能源局及其派出机构发现电力企业在报送资料中存在弄虚作假及其他违规行为的，应当及时纠正和处理。

第二十五条 国家能源局及其派出机构应当依法组织或参与电力事故调查处理。

国家能源局组织或参与重大和特别重大电力事故调查处理；督办有重大社会影响的电力安全事件。派出机构组织或参与较大和一般电力事故调查处理，对电力系统安全稳定运行或对社会造成较大影响的电力安全事件组织专项督查。

第二十六条 国家能源局及其派出机构应当依法组织开展电力应急管理工作。

国家能源局负责制定电力应急体系发展规划和国家大面积停电事件专项应急预案，开展重大电力突发安全事件应急处置和分析评估工作。派出机构应当按照规定权限和程序，组织、协调、指导电力突发安全事件应急处置工作。

第二十七条 国家能源局及其派出机构应当组织开展电力安全培训和宣传教育工作。

第二十八条 国家能源局及其派出机构配合地方政府有关部门、相关行业管理部门，对重要电力用户安全用电、供电电源配置、自备应急电源配置和使用实施监督管理。

第二十九条 国家能源局及其派出机构应当建立安全生产举报制度，公开举报电话、信箱和电子邮件地址，受理有关电力安全生产的举报；受理的举报事项经核实后，对违法行为严重的电力企业，应当向社会公告。

第五章　罚　　则

第三十条　电力企业造成电力事故的，依照《生产安全事故报告和调查处理条例》和《电力安全事故应急处置和调查处理条例》，承担相应的法律责任。

第三十一条　国家能源局及其派出机构从事电力安全生产监督管理工作的人员滥用职权、玩忽职守或者徇私舞弊的，依法给予行政处分；构成犯罪的，由司法机关依法追究刑事责任。

第三十二条　国家能源局及其派出机构通过现场检查发现电力企业有违反本办法规定的行为时，可以对电力企业主要负责人或安全生产分管负责人进行约谈，情节严重的，依据《安全生产法》第九十条，可以要求其停工整顿，对发电企业要求其暂停并网运行。

第三十三条　电力企业有违反本办法规定的行为时，国家能源局及其派出机构可以对其违规情况向行业进行通报，对影响电力用户安全可靠供电行为的处理情况，向社会公布。

第三十四条　电力企业发生电力安全事件后，存在下列情况之一的，国家能源局及其派出机构可以责令限期改正，逾期不改正的应当将其列入安全生产不良信用记录和安全生产诚信“黑名单”，并处以1万元以下的罚款：

（一）迟报、漏报、谎报、瞒报电力安全事件信息的；

（二）不及时组织应急处置的；

（三）未按规定对电力安全事件进行调查处理的。

第三十五条　电力企业未履行本办法第八条规定的，由国家能源局及其派出机构责令限期整改，逾期不整改的，对电力企业主要负责人予以警告；情节严重的，由国家能源局及其派出机构对电力企业主要负责人处以1万元以下的罚款。

第三十六条　电力企业有下列情形之一的，由国家能源局及其派出机构责令限期改正；逾期不改正的，由国家能源局及其派出机构依据《电力监管条例》第三十四条，对其处以5万元以上、50万元以下的罚款，并将其列入安全生产不良信用记录和安全生产诚信“黑名单”：

（一）拒绝或阻挠国家能源局及其派出机构从事监督管理工作的人员依法履行电力安全生产监督管理职责的；

（二）向国家能源局及其派出机构提供虚假或隐瞒重要事实的文件、资料的。

第六章　附　　则

第三十七条　本办法下列用语的含义：

（一）电力系统，是指由发电、输电、变电、配电以及电力调度等环节组成的电能生产、传输和分配的系统。

（二）电力事故，是指电力生产、建设过程中发生的电力安全事故、电力人身伤亡事故、发电设备或输变电设备设施损坏造成直接经济损失的事故。

（三）电力安全事件，是指未构成电力安全事故，但影响电力（热力）正常供应，或对电力系统安全稳定运行构成威胁，可能引发电力安全事故或造成较大社会影响的事件。

（四）重大安全隐患，是指可能造成一般以上人身伤亡事故、电力安全事故、直接经济损失100万元以上的电力设备事故和其他对社会造成较大影响的隐患。

第三十八条　本办法自二〇一五年三月一日起施行。原国家电力监管委员会《电力安全生产监管办法》同时废止。

国家发展改革委关于鼓励和引导社会资本参与重大水利工程建设运营的实施意见

（发改农经〔2015〕488号）

各省、自治区、直辖市、新疆生产建设兵团发展改革委、财政厅（局）、水利（水务）厅（局）：

水利是国民经济和社会发展的重要基础设施。对具备一定条件的重大水利工程，通过深化改革向社会投资敞开大门，建立权利平等、机会平等、规则平等的投资环境和合理的投资收益机制，放开增量，盘活存量，加强试点示范，鼓励和引导社会资本参与工程建设和运营，有利于优化投资结构，建立健全水利投入资金多渠道筹措机制；有利于引入市场竞争机制，提高水利管理效率和服务水平；有利于转变政府职能，促进政府与市场有机结合、两手发力；有利于加快完善水安全保障体系，支撑经济社会可持续发展。根据党的十八届三中、四中全会精神和《国务院关于创新重点领域投融资机制鼓励社会投资的指导意见》（国发〔2014〕60号）有关要求，结合水利实际，提出如下实施意见。

一、明确参与范围和方式

（一）拓宽社会资本进入领域。除法律、法规、规章特殊规定的情形外，重大水利工程建设运营一律向社会资本开放。只要是社会资本，包括符合条件的各类国有企业、民营企业、外商投资企业、混合所有制企业，以及其他投资、经营主体愿意投入的重大水利工程，原则上应优先考虑由社会资本参与建设和运营。鼓励统筹城乡供水，实行水源工程、供水排水、污水处理、中水回用等一体化建设运营。

（二）合理确定项目参与方式。盘活现有重大水利工程国有资产，选择一批工程通过股权出让、委托运营、整合改制等方式，吸引社会资本参与，筹得的资金用于新工程建设。对新建项目，要建立健全政府和社会资本合作（PPP）机制，鼓励社会资本以特许经营、参股控股等多种形式参与重大水利工程建设运营。其中，综合水利枢纽、大城市供排水管网的建设经营需按规定由中方控股。对公益性较强、没有直接收益的河湖堤防整治等水利工程建设项目，可通过与经营性较强项目组合开发、按流域统一规划实施等方式，吸引社会资本参与。

（三）规范项目建设程序。重大水利工程按照国家基本建设程序组织建设。要及时向社会发布鼓励社会资本参与的项目公告和项目信息，按照公开、公平、公正的原则通过招标等方式择优选择投资方，确定投资经营主体，由其组织编制前期工作文件，报有关部门审查审批后实施。实行核准制的项目，按程序编制核准项目申请报告；实行审批制的项目，按程序编制审批项目建议书、可行性研究报告、初步设计，根据需要可适当合并简化审批环节。

（四）签订投资运营协议。社会资本参与重大水利工程建设运营，县级以上人民政府或其授权的有关部门应与投资经营主体通过签订合同等形式，对工程建设运营中的资产产权关系、责权利关系、建设运营标准和监管要求、收入和回报、合同解除、违约处理、争议解决等内容予以明确。政府和投资者应对项目可能产生的政策风险、商业风险、环境风险、法律风险等进行充分论证，完善合同设计，健全纠纷解决和风险防范机制。

二、完善优惠和扶持政策

（五）保障社会资本合法权益。社会资本投资建设或运营管理重大水利工程，与政府投资项目享有同等政策待遇，不另设附加条件。社会资本投资建设或运营管理的重大水利工程，可按协议约定依法转让、转租、抵押其相关权益；征收、征用或占用的，要按照国家有关规定或约定给予补偿或者赔偿。

（六）充分发挥政府投资的引导带动作用。重大水利工程建设投入，原则上按功能、效益进行合理分摊和筹措，并按规定安排政府投资。对同类项目，中央水利投资优先支持引入社会资本的项目。政府投资安排使用方式和额度，应根据不同项目情况、社会资本投资合理回报率等因素综合确定。公益性部分政府投入形成的资产归政府所有，同时可按规定不参与生产经营收益分配。鼓励发展支持重大水利工程的投资基金，政府可以通过认购基金份额、直接注资等方式予以支持。

（七）完善项目财政补贴管理。对承担一定公益性任务、项目收入不能覆盖成本和收益，但社会效益较好的政府和社会资本合作（PPP）重大水利项目，政府可对工程维修养护和管护经费等给予适当补贴。财政补贴的规模和方式要以项目运营绩效评价结果为依据，综合考虑产品或服务价格、建设成本、运营费用、实际收益率、财政中长期承受能力等因素合理确定、动态调整，并以适当方式向社会公示公开。

（八）完善价格形成机制。完善主要由市场决定价格的机制，对社会资本参与的重大水利工程供水、发电等产品价格，探索实行由项目投资经营主体与用户协商定价。鼓励通过招标、电力直接交易等市场竞争方式确定发电价格。需要由政府制定价格的，既要考虑社会资本的合理回报，又要考虑用户承受能力、社会公众利益等因素；价格调整不到位时，地方政府可根据实际情况安排财政性资金，对运营单位进行合理补偿。

（九）发挥政策性金融作用。加大重大水利工程信贷支持力度，完善贴息政策。允许水利建设贷款以项目自身收益、借款人其他经营性收入等作为还款来源，允许以水利、水电等资产作为合法抵押担保物，探索以水利项目收益相关的权利作为担保财产的可行性。积极拓展保险服务功能，探索形成“信贷+保险”合作模式，完善水利信贷风险分担机制以及融资担保体系。进一步研究制定支持从事水利工程建设项目的企业直接融资、债券融资的政策措施，鼓励符合条件的上述企业通过IPO（首次公开发行股票并上市）、增发、企业债券、项目收益债券、公司债券、中期票据等多种方式筹措资金。

（十）推进水权制度改革。开展水权确权登记试点，培育和规范水权交易市场，积极探索多种形式的水权交易流转方式，鼓励开展地区间、用水户间的水权交易，允许各地通过水权交易满足新增合理用水需求，通过水权制度改革吸引社会资本参与水资源开发利用和节约保护。依法取得取水权的单位或个人通过调整产品和产业结构、改革工艺、节水等措施节约水资源的，可在取水许可有效期和取水限额内，经原审批机关批准后，依法有偿转让其节约的水资源。在保障灌溉面积、灌溉保证率和农民利益的前提下，建立健全工农业用水水权转让机制。

（十一）实行税收优惠。社会资本参与的重大水利工程，符合《公共基础设施项目企业所得税优惠目录》《环境保护、节能节水项目企业所得税优惠目录》规定条件的，自项目取得第一笔生产经营收入所属纳税年度起，第一年至第三年免征企业所得税，第四年至第六年减半征收企业所得税。

（十二）落实建设用地指标。国家和各省（自治区、直辖市）土地利用年度计划要适度向重大水利工程建设倾斜，予以优先保障和安排。项目库区（淹没区）等不改变用地性质的用地，可不占用地计划指标，但要落实耕地占补平衡。重大水利工程建设的征地补偿、耕地占补平衡实行与铁路等国家重大基础设施建设项目同等政策。

三、落实投资经营主体责任

（十三）完善法人治理结构。项目投资经营主体应依法完善企业法人治理结构，健全和规范企业运行管理、产品和服务质量控制、财务、用工等管理制度，不断提高企业经营管理和服务水平。改革完善项目国有资产管理和授权经营体制，以管资本为主加强国有资产监管，保障国有资产公益性、战略性功能的实现。

（十四）认真履行投资经营权利义务。项目投资经营主体应严格执行基本建设程序，落实项目法人责任制、招标投标制、建设监理制和合同管理制，对项目的质量、安全、进度和投资管理负总责。已通过招标方式选定的特许经营项目投资人依法能够自行建设、生产或者提供的，可以不进行招标。要建立健全质量安全管理体系和工程维修养护机制，按照协议约定的期限、数量、质量和标准提供产品或服务，依法承担防洪、抗旱、水资源节约保护等责任和义务，服从国家防汛抗旱、水资源统一调度。要严格执行工程建设运行管理的有关规章制度、技术标准，加强日常检查检修和维修养护，保障工程功能发挥和安全运行。

四、加强政府服务和监管

（十五）加强信息公开。发展改革、财政、水利等部门要及时向社会公开发布水利规划、行业政策、技术标准、建设项目等信息，保障社会资本投资主体及时享有相关信息。加强项目前期论证、征地移民、建设管理等方面的协调和指导，为工程建设和运营创造良好条件。积极培育和发展为社会投资提供咨询、技术、管理和市场信息等服务的市场中介组织。

（十六）加快项目审核审批。深化行政审批制度改革，建立健全重大水利项目审批部际协调机制，优化审核审批流程，创新审核审批方式，开辟绿色通道，加快审核审批进度。地方也要建立相应的协调机制和绿色通道。对于法律、法规没有明确规定作为项目审批前置条件的行政审批事项，一律放在审批后、开工前完成。

（十七）强化实施监管。水行政主管部门应依法加强对工程建设运营及相关活动的监督管理，维护公平竞争秩序，建立健全水利建设市场信用体系，强化质量、安全监督，依法开展检查、验收和责任追究，确保工程质量、安全和公益性效益的发挥。发展改革、财政、城乡规划、土地、环境等主管部门也要按职责依法加强投资、规划、用地、环保等监管。落实大中型水利水电工程移民安置工作责任，由移民区和移民安置区县级以上地方人民政府负责移民安置规划的组织实施。

（十八）落实应急预案。政府有关部门应加强对项目投资经营主体应对自然灾害等突发事件的指导，监督投资经营主体完善和落实各类应急预案。在发生危及或可能危及公共利益、公共安全等紧急情况时，政府可采取应急管制措施。

（十九）完善退出机制。政府有关部门应建立健全社会资本退出机制，在严格清产核资、落实项目资产处理和建设与运行后续方案的情况下，允许社会资本退出，妥善做好项目移交接管，确保水利工程的顺利实施和持续安全运行，维护社会资本的合法权益，保证公共利益不受侵害。

（二十）加强后评价和绩效评价。开展社会资本参与重大水利工程项目后评价和绩效评价，建立健全评价体系和方式方法，根据评价结果，依据合同约定对价格或补贴等进行调整，提高政府投资决策水平和投资效益，激励社会资本通过管理、技术创新提高公共服务质量和水平。

（二十一）加强风险管理。各级财政部门要做好财政承受能力论证，根据本地区财力状况、债务负担水平等合理确定财政补贴、政府付费等财政支出规模，项目全生命周期内的财政支出总额应控制在本级政府财政支出的一定比例内，减少政府不必要的财政负担。各省级发展改革委要将符合条件的水利项目纳入 PPP 项目库，及时跟踪调度、梳理汇总项目实施进展，并按月报送情况。各省级财政部门要建立 PPP 项目名录管理制度和财政补贴支出统计监测制度，对不符合条件的项目，各级财政部门不得纳入名录，不得安排各类形式的财政补贴等财政支出。

五、做好组织实施

（二十二）加强组织领导。各地要结合本地区实际情况，抓紧制订鼓励和引导社会资本参与重大水利工程建设运营的具体实施办法和配套政策措施。发展改革、财政、水利等部门要按照各自职责分工，认真做好落实工作。

（二十三）开展试点示范。国家发展改革委、财政部、水利部选择一批项目作为国家层面联系的试点，加强跟踪指导，及时总结经验，推动完善相关政策，发挥示范带动作用，争取尽快探索形成可复制、可推广的经验。各省（区、市）和新疆生产建设兵团也要因地制宜选择一批项目开展试点。

（二十四）搞好宣传引导。各地要大力宣传吸引社会资本参与重大水利工程建设的政策、方案和措施，宣传社会资本在促进水利发展，特别是在重大水利工程建设运营方面的积极作用，让社会资本了解参与方式、运营方式、盈利模式、投资回报等相关政策，稳定市场预期，为社会资本参与工程建设运营营造良好社会环境和舆论氛围。

国家发展改革委
财　　政　　部（印）
水　　利　　部
2015 年 3 月 17 日

国家发展改革委、国家能源局关于改善电力运行调节促进清洁能源多发满发的指导意见

（发改运行〔2015〕518 号）

北京市、河北省、江西省、河南省、陕西省、西藏自治区发展改革委，各省、自治区、直辖市经信委（工信委、工信厅、经贸委、经委），国家能源局派出机构，中国电力企业联合会，国家电网公司、中国南方电网有限责任公司，中国华能集团公司、中国大唐集团公司、中国华电集团公司、中国国电集团公司、中国电力投资集团公司、中国长江三峡集团公司、神华集团有限责任公司、国家开发投资公司：

为贯彻中央财经领导小组第六次会议和国家能源委员会第一次会议部署，落实《中共中央、国务院关于进一步深化电力体制改革的若干意见》（中发〔2015〕9 号）有关要求，现就改善电力运行调节，促进清洁能源持续健康发展，提出以下指导意见：

一、统筹年度电力电量平衡，积极促进清洁能源消纳

（一）各省（区、市）政府主管部门组织编制本地区年度电力电量平衡方案时，应采取措施落实可再生能源发电全额保障性收购制度，在保障电网安全稳定的前提下，全额安排可再生能源发电。

（二）在编制年度发电计划时，优先预留水电、风电、光伏发电等清洁能源机组发电空间；鼓励清洁能源发电参与市场，对于已通过直接交易等市场化方式确定的电量，可从发电计划中扣除。对于同一地区同类清洁能源的不同生产主体，在预留空间上应公平公正。风电、光伏发电、生物质发电按照本地区资源条件全额安排发电；水电兼顾资源条件和历史均值确定发电量；核电在保证安全的情况下兼顾调峰需要安排发电；气电根据供热、调峰及平衡需要确定发电量。煤电机组进一步加大差别电量计划力度，确保高效节能环保机组的利用小时数明显高于其他煤电机组，并可在一定期限内增加大气污染物排放浓度接近或达到燃气轮机组排放限值的燃煤发电机组利用小时数。

（三）各省（区、市）政府主管部门在统筹平衡年度电力电量时，新增用电需求原则上优先用于安排清洁能源发电和消纳区外清洁能源，以及奖励为保障清洁能源多发满发而调峰的煤电机组发电。

（四）能源资源丰富地区、清洁能源装机比重较大地区在统筹平衡年度电力电量时，新增用电需求如无法满足清洁能源多发满发，应采取市场化方式，鼓励清洁能源优先与用户直接交易，充分挖掘本地区用电潜力，最大限度消纳清洁能源。

（五）京津冀、长三角、珠三角以及清洁能源比重较小地区在统筹平衡年度电力电量时，新增用电需求优先满足清洁能源消纳，明确接受外输电中清洁能源的比例并逐步提高，促进大气环境质量改善。

（六）政府主管部门在组织国家电网公司、南方电网公司制定年度跨省区送受电计划时，应切实贯彻国家能源战略和政策，充分利用现有输电通道，增加电网调度灵活性，统筹考虑配套电源和清洁能源，优先安排清洁能源送出并明确送电比例，提高输电的稳定性和安全性。对于同一地区内同类清洁能源的不同生产主体，在送出安排计划上应公平公正。

（七）跨省区送受电各方应统筹电力供需、输电通道能力，充分自主协商确定年度送受电计划，尽可能增加清洁能源送出与消纳，全力避免弃水、弃风、弃光。经协商无法达成一致意见的，由国家发展改革委协调确定，协调结果抄送国家能源局。

（八）国家发展改革委会同各省（区、市）政府主管部

门、电力企业，按照简政放权和规范行政审批事项的要求，健全省级发供电计划和跨省区发供电计划协商机制。省级年度发电计划、跨省区送受电计划在每年一季度前报国家发展改革委备案。经备案的年度发电计划、跨省区送受电计划纳入各省（区、市）电力电量平衡，电网企业负责组织实施。

二、加强日常运行调节，充分运用利益补偿机制为清洁能源开拓市场空间

（九）各省（区、市）政府主管部门在确定年度发电计划和跨省区送受电计划后，电力企业应据此协商签订购售电合同，并通过替代发电（发电权交易）、辅助服务等市场机制，实现不同类型电源的利益调节，促进清洁能源多发满发。具备条件的地区，可跨省区实施。

（十）各地应建立完善调峰补偿机制，加大调峰补偿力度，鼓励通过市场化方式确定调峰承担方，鼓励清洁能源直接购买辅助服务。对于煤电机组为避免弃水、弃风、弃光而进行的深度调峰或机组启停，应通过增加发电量等方式进行奖励，所需电量在年度电量计划安排中统筹考虑，年终结清。

（十一）可再生能源消纳困难的地区，可通过市场化的经济补偿机制激励煤电机组调峰。调峰深度没有达到平均调峰率的，不予补偿；调峰深度超过平均调峰率的，予以递进补偿；实施启停调峰的，予以一次性补偿。补偿所需费用由受益的可再生能源和煤电机组根据程度进行相应分摊。补偿与分摊费用应保持平衡。

（十二）水电装机比重较大地区应研究制定水火发电互济机制。在明确煤电机组最小开机方式的前提下，组织水电机组、煤电机组进行替代发电，对为保障水电多发满发而减发的煤电机组进行补偿。如产生电网增收，应主要用于煤电机组补偿。并可尝试通过梯级电站流域补偿、冷备用补偿、股权置换等方式实现不同发电主体间的利益调节。

（十三）各省（区、市）政府主管部门应会同相应能源监管机构，结合运行经验和供需形势，重新核定煤电机组（含热电）的最小技术出力和开机方式，不断研究探索水电、风电、光伏发电与煤电（含热电）等联合运行和优化运行。

（十四）健全跨省区送受电利益调节机制。跨省区送受电协议已由国家协调明确价格的应遵照执行，市场机制比较完善的也可由送受电双方根据实际运行情况，按照风险共担、利益共享原则全部或部分重新协商确定，并将协商结果报送国家发展改革委和国家能源局；国家未明确价格的，由送受电双方协商确定送电价格和电量。

（十五）各省（区、市）政府主管部门应和有关部门定期公布发电运行考核结果，及时公开发布电网运行信息和机组调峰参数等信息。能源监管机构应按月向省（区、市）政府有关部门通报辅助服务管理和并网运行管理数据。

三、加强电力需求侧管理，通过移峰填谷为清洁能源多发满发创造有利条件

（十六）各省（区、市）政府主管部门应加强电力需求侧管理，鼓励电力用户优化用电负荷特性、参与调峰调频，加大峰谷电价差，用价格手段引导移峰填谷，缓解发电侧调峰压力，促进多消纳清洁能源。

（十七）各省（区、市）政府主管部门要加快电力需求侧管理平台开发建设，推广在线监测，帮助用户实现用电精细化，为减少电网峰谷差提供技术支持。

（十八）各省（区、市）政府主管部门要积极尝试开展需求响应试点，以在线监测和互联网技术为支撑，综合运用补贴政策、价格政策等，对在高峰时段主动削减负荷的用户给予经济补偿，或通过与清洁能源开展直接交易给予补偿。

（十九）各省（区、市）政府主管部门应研究完善配套政策，创新工作思路，督促电网企业落实分布式发电并网政策，促使电网企业多吸纳分布式发电。

（二十）鼓励有条件的地区推广热电机组蓄热技术，开展低谷电力供热试点。

四、加强相互配合和监督管理，确保清洁能源多发满发政策落到实处

（二十一）清洁能源发电企业应满足并网技术要求，提高出力预测精度，加强生产运行管理，提升电能质量，减轻电网稳定运行的压力。

（二十二）电网企业应统一负责清洁能源发电出力预测，科学安排机组组合，充分挖掘系统调峰潜力，合理调整旋转备用容量，在保证电网安全运行的前提下，促进清洁能源优先上网，落实可再生能源全额保障性收购；加快点对网输电线路改造，提升吸纳可再生能源能力。有条件的电网，可以开展清洁能源优先调度试点，即以最大限度消纳清洁能源上网电量为目标，联合优化调度，灵活安排运行备用容量。

（二十三）电网企业应加强清洁能源富集地区送电通道的建设，发展智能电网技术，改善清洁能源并网条件，扩大资源配置范围。

（二十四）各省（区、市）政府主管部门应会同相应能源监管机构，加强对电力调度、发电运行和年度发电计划实施的监督，定期组织通报电力运行信息，协调清洁能源并网及运行矛盾，切实保障清洁能源多发满发。

（二十五）能源监管机构要对可再生能源全额上网情况进行监管，对未能全额上网的，应查明原因，理清责任，督促相关方限期改正。

国家发展改革委
国家能源局（印）
2015年3月20日

国家发展改革委关于公布《水电站大坝运行安全监督管理规定》的通知
（国家发展改革委第23号令）

《水电站大坝运行安全监督管理规定》已经国家发展和改革委员会主任办公会审议通过，现予公布，自2015年4月1日起施行。

国家发展改革委主任：徐绍史
2015年4月1日

水电站大坝运行安全监督管理规定

第一章 总 则

第一条 为了加强水电站大坝运行安全监督管理，保障人民生命财产安全，促进经济社会持续健康安全发展，根据《中华人民共和国安全生产法》《水库大坝安全管理条例》《电力监管条例》《生产安全事故报告和调查处理条例》《电力安全事故应急处置和调查处理条例》等法律法规，制定本规定。

第二条　水电站大坝运行安全管理应当坚持安全第一、预防为主、综合治理的方针。

第三条　本规定适用于以发电为主、总装机容量 50 000kW 及以上的大、中型水电站大坝（以下简称大坝）。

本规定所称大坝，是指包括横跨河床和水库周围垭口的所有永久性挡水建筑物、泄洪建筑物、输水和过船建筑物的挡水结构以及这些建筑物与结构的地基、近坝库岸、边坡和附属设施。

第四条　电力企业是大坝运行安全的责任主体，应当遵守国家有关法律法规和标准规范，建立健全大坝运行安全组织体系和应急工作机制，加强大坝运行全过程安全管理，确保大坝运行安全。

第五条　国家能源局负责大坝运行安全综合监督管理。

国家能源局派出机构（以下简称派出机构）具体负责本辖区大坝运行安全监督管理。

国家能源局大坝安全监察中心（以下简称大坝中心）负责大坝运行安全技术监督管理服务，为国家能源局及其派出机构开展大坝运行安全监督管理提供技术支持。

第二章　运　行　管　理

第六条　电力企业应当保证大坝安全监测系统、泄洪消能和防护设施、应急电源等安全设施与大坝主体工程同时设计、同时施工、同时投入运行。

大坝蓄水验收和枢纽工程专项验收前应当分别经过蓄水安全鉴定和竣工安全鉴定。

第七条　电力企业应当加强大坝安全检查、运行维护与除险加固等工作，保证大坝主体结构完好，大坝安全设施运行可靠。

第八条　电力企业应当加强大坝安全监测与信息化建设工作，及时整理分析监测成果，监控大坝运行安全状态，并且按照要求向大坝中心报送大坝运行安全信息。对坝高 100m 以上的大坝、库容 1 亿 m^3 以上的大坝和病险坝，电力企业应当建立大坝安全在线监控系统，并且接受大坝中心的监督。

第九条　电力企业应当对大坝进行日常巡视检查。

每年汛期及汛前、汛后，枯水期、冰冻期，遭遇大洪水、发生有感地震或者极端气象等特殊情况，电力企业应当对大坝进行详细检查。

电力企业应当及时处理发现的大坝缺陷和隐患。

第十条　电力企业应当每年年底开展大坝安全年度详查，总结本年度大坝安全管理工作，整编分析大坝监测资料，分析水库、水工建筑物、闸门及启闭机、监测系统和应急电源的运行情况，提出大坝安全年度详查报告并且报送大坝中心。

第十一条　电力企业应当按照国家规定做好水电站防洪度汛工作。

水库调度和发电运行应当以确保大坝运行安全为前提，严格遵循批准的汛期调度运用计划和水库运用与电站运行调度规程。汛期水库汛限水位以上防洪库容的运用，必须服从防汛指挥机构的调度指挥。

汛期发生影响正常泄洪的情况时，电力企业应当及时处置并且报告大坝中心。

第十二条　电力企业应当建立大坝安全应急管理体系，制定大坝安全应急预案，建立与地方政府、相关单位的应急联动机制。

遇有超标准洪水、地震、地质灾害、大体积漂浮物等险情，电力企业应当按照规定启动大坝安全应急机制，采取必要措施保障大坝安全，并且报告派出机构和大坝中心。

第十三条　任何单位、部门不得擅自改变或者调整水电站原批准的功能。任何改变或者调整水电站功能的方案，应当依法报有关项目核准（或者审批）部门批准。

第十四条　水电站进行工程改造或者扩建，应当依法报有关项目核准（或者审批）部门批准。

大坝枢纽范围内新建、改建或者扩建建筑物，应当按照规定进行大坝安全影响专项论证并且经过大坝安全技术监督单位评审。

第十五条　工程降低等别以及大坝退役（包括大坝报废、拆除或者拆除重建）应当充分论证，经过有关项目核准（或者审批）部门同意后方可实施。

第十六条　电力企业负责人及相关管理人员应当具备大坝安全专业知识和管理能力，定期培训。

从事大坝运行安全监测、维护及闸门启闭操作的作业人员应当经过相关技术培训，持证上岗。

第十七条　电力企业应当按照国家规定及时收集、整理和保存大坝建设工程档案、运行维护资料及相应原始记录。

第十八条　电力企业委托大坝运行安全专业技术服务单位承担大坝运行安全分析、监测、测试、检验、检查、维护等具体工作的，大坝运行安全责任仍由委托方承担。

国家对专业技术服务有资质要求的，承担技术服务的单位应当具有相应资质。

第三章　定　期　检　查

第十九条　大坝中心应当定期检查大坝安全状况，评定大坝安全等级。

定期检查一般每 5 年进行一次，检查时间一般不超过一年半。首次定期检查后，定期检查间隔可以根据大坝安全风险情况动态调整，但不得少于 3 年或者超过 10 年。

第二十条　大坝遭受超标准洪水或者破坏性地震等自然灾害以及其他严重事件后，大坝中心应当对大坝进行特种检查，重新评定大坝安全等级。

第二十一条　大坝安全等级分为正常坝、病坝和险坝三级。

符合下列条件的大坝，评定为正常坝：

（一）防洪能力符合规范要求；或者非常运用情况下的防洪能力略有不足，但大坝安全风险低且可控；

（二）坝基良好；或者虽然存在局部缺陷但无趋势性恶化，大坝整体安全；

（三）大坝结构安全度符合规范要求；或者略有不足，但大坝安全风险低且可控；

（四）大坝运行性态总体正常；

（五）近坝库岸和工程边坡稳定或者基本稳定。

具有下列情形之一的大坝，评定为病坝：

（一）正常运用情况下的防洪能力略有不足，但风险较低；或者非常运用情况下的防洪能力不足，风险较高；

（二）坝基存在局部缺陷，且有趋势性恶化，可能危及大坝整体安全；

（三）大坝结构安全度不符合规范要求，存在安全风险，可能危及大坝整体安全；

（四）大坝运行性态异常，存在安全风险，可能危及大坝安全；

（五）近坝库岸和工程边坡有失稳征兆，失稳后影响工程正常运用。

具有下列情形之一的大坝，评定为险坝：

（一）正常运用情况下防洪能力不足，风险较高；或者非常运用情况下防洪能力不足，风险很高；

（二）坝基存在的缺陷持续恶化，已危及大坝安全；

（三）大坝结构安全度严重不符合规范要求，已危及大坝安全；

（四）大坝存在事故征兆；

（五）近坝库岸或者工程边坡有失稳征兆，失稳后危及大坝安全。

第二十二条 电力企业应当限期完成对病坝、险坝的处理。

病坝、险坝以及正常坝的重大工程缺陷和隐患的处理应当专项设计、专项审查、专项施工和专项验收。

第二十三条 大坝评定为险坝后，电力企业应当立即降低水库运行水位，直至放空水库。病坝消缺前或者消缺过程中，如情况恶化或者发生重大险情，应当降低水库运行水位，极端情况下可以放空水库。

第四章 注 册 登 记

第二十四条 大坝运行实行安全注册登记制度。电力企业应当在规定期限内申请办理大坝安全注册登记。

在规定期限内不申请办理安全注册登记的大坝，不得投入运行，其发电机组不得并网发电。

第二十五条 大坝安全注册应当符合下列条件：

（一）依法取得核准（或者审批）手续；

（二）新建大坝具有竣工安全鉴定报告及其专题报告；已运行大坝具有近期的定期检查报告和定期检查审查意见；

（三）有完整的大坝勘测、设计、施工、监理资料和运行资料；

（四）有职责明确的管理机构、符合岗位要求的专业运行人员、健全的大坝安全管理规章制度和操作规程。

第二十六条 大坝中心具体受理大坝安全注册登记申请，组织注册现场检查并且提出注册检查意见，经国家能源局批准后向电力企业颁发大坝安全注册登记证。

第二十七条 大坝安全注册等级分为甲、乙、丙三级。

（一）通过竣工安全鉴定或者安全等级评定为正常坝的，根据管理实绩考核结果，颁发甲级注册登记证或者乙级注册登记证；

（二）安全等级评定为病坝的，管理实绩考核结果满足要求的，颁发丙级注册登记证；

（三）安全等级评定为险坝的，在完成除险加固后颁发相应注册登记证。

不满足注册条件或者未取得注册登记证的大坝，电力企业应当在大坝中心登记备案，并且限期完成大坝安全注册。

第二十八条 大坝安全注册实行动态管理。甲级注册登记证有效期为5年，乙级、丙级注册登记证有效期为3年。

注册事项发生变化，电力企业应当及时办理注册变更。注册登记证有效期满前，电力企业应当申请大坝安全换证注册。期满后逾期6个月仍未申请换证的，注销注册登记证。

工程降低等别应当办理大坝安全注册变更手续；大坝退役应当办理大坝安全注册注销手续。

第二十九条 新建大坝通过蓄水安全鉴定后，在其发电机组转入商业运营前，应当将工程蓄水安全鉴定报告和蓄水验收鉴定书以及有关安全管理情况等报大坝中心备案。

第五章 监 督 管 理

第三十条 国家能源局应当定期公布大坝安全注册登记和定期检查情况。

派出机构应当督促电力企业开展安全注册登记和定期检查工作，并且结合注册现场检查、定期检查等工作对电力企业执行国家有关安全法律法规和标准规范的情况进行监督检查，发现违法违规行为，依法处理；发现重大安全隐患，责令电力企业及时整改。

派出机构应当会同大坝中心对电力企业病坝治理、险坝除险加固等重大安全隐患治理和风险管控工作进行安全督查，督促电力企业按照要求开展相关工作。

第三十一条 大坝中心应当对电力企业大坝安全监测、检查、维护、信息化建设及信息报送等工作进行监督、检查和指导，对大坝安全监测系统进行评价鉴定，对电力企业报送的大坝运行安全信息进行分析处理，对注册（备案）登记的大坝运行安全进行远程在线技术监督。

第三十二条 国家能源局及其派出机构、大坝中心应当依法对大坝退役安全进行监督管理。

国家能源局及其派出机构、大坝中心应当依法组织或者参与大坝溃坝、库水漫坝等运行安全事故的调查处理。

第三十三条 电力企业应当积极配合国家能源局及其派出机构、大坝中心做好大坝安全监督管理工作。

第六章 法 律 责 任

第三十四条 电力企业有下列情形之一的，依据《安全生产法》第九十五条，由派出机构责令停止建设或者停产停业整顿，限期改正；逾期未改正的，将其列入安全生产不良信用记录和安全生产诚信“黑名单”，处以50万元以上100万元以下的罚款，对其直接负责的主管人员和其他直接责任人员处以2万元以上5万元以下的罚款：

（一）大坝安全设施未与主体工程同时设计、同时施工、同时投入运行的；

（二）未按照规定组织蓄水安全鉴定和竣工安全鉴定的；

（三）未按照规定开展大坝安全定期检查的；

（四）擅自改变、调整水电站原批准功能的，擅自进行工程改造或者扩建的，擅自降低工程等别或者实施大坝退役的。

第三十五条 电力企业未按照规定及时开展病坝治理、险坝除险加固等重大安全隐患治理和风险管控工作的，依据《安全生产法》第九十九条，由派出机构给予警告并且责令限期整改；拒不整改的，责令停产停业整顿，将其列入安全生产不良信用记录和安全生产诚信“黑名单”，并且处以10万元以上50万元以下的罚款，对其直接负责的主管人员和其他直接责任人员处以2万元以上5万元以下的罚款。

第三十六条 电力企业有下列情形之一的，依据《安全生产法》第九十八条，由派出机构责令限期改正，可以处以10万元以下的罚款；逾期未改正的，责令停产停业整顿，将其列入安全生产不良信用记录和安全生产诚信“黑名单”，并且处以十万元以上20万元以下的罚款，对其直接负责的主管人员和其他直接责任人员处以2万元以上5万元以下的罚款：

（一）未在规定期限内办理大坝安全注册登记和备案的；

（二）未按照规定制定大坝安全应急预案的。

第三十七条　电力企业未按照规定及时报告大坝险情或者提供虚假报告的，依据《安全生产法》第九十一条，由派出机构对其主要负责人处以 2 万元以上 5 万元以下的罚款，将其列入安全生产不良信用记录和安全生产诚信“黑名单”。

第三十八条　电力企业有下列情形之一的，由派出机构给予警告并且责令限期改正；逾期未改正的，可以处以 1 万元的罚款，并且对其主要负责人处以 1 万元的罚款：

（一）未按照规定开展大坝安全监测、检查、运行维护、年度详查、信息报送和信息化建设的；

（二）未按照规定收集、整理、分析和保存大坝运行资料的。

第三十九条　从事大坝安全分析、监测、测试、检验等专业技术服务的单位，出具虚假材料或者造成事故的，依法追究责任，并且将其列入安全生产不良信用记录和安全生产诚信“黑名单”。

第四十条　大坝中心违反本规定，有下列情形之一的，由国家能源局责令限期改正；逾期未改正的，对直接负责的主管人员和其他直接责任人员，依法给予行政处分：

（一）没有正当理由，拒不受理大坝安全注册登记申请和备案的；

（二）未经批准，擅自颁发大坝安全注册登记证的；

（三）不按照要求开展定期检查和特种检查的。

第四十一条　大坝安全监督管理工作人员未按照本规定履行大坝安全监督管理职责的，由所在单位责令限期改正；存在徇私舞弊、滥用职权、玩忽职守行为的，由所在单位或者上级行政机关依法给予行政处分；构成犯罪的，依法追究刑事责任。

第七章　附　　则

第四十二条　水电站输水隧洞、压力钢管、调压井、发电厂房、尾水隧洞等输水发电建筑物及过坝建筑物及其附属设施应当参照本规定相关要求开展安全检查，发现缺陷及时处理。

第四十三条　对运行大坝进行安全评价等技术服务，依照国家有关规定，实行公示基准价格的有偿服务。

第四十四条　以发电为主、总装机容量小于 50 000kW 的大坝运行安全监督管理，参照本规定执行。

第四十五条　大坝安全注册登记、备案、定期检查、除险加固、安全监测、信息报送、信息化建设以及应急管理等方面的具体要求由国家能源局另行制定。

第四十六条　本规定自 2015 年 4 月 1 日起施行。原国家电力监管委员会《水电站大坝运行安全管理规定》同时废止。

国家发展改革委、财政部关于完善电力应急机制　做好电力需求侧管理城市综合试点工作的通知

（发改运行〔2015〕703 号）

北京市、河北省、江苏省、广东省、上海市电力运行主管部门、价格主管部门、财政厅（局），国家电网公司、中国南方电网有限责任公司：

为贯彻落实《中共中央、国务院关于进一步深化电力体制改革的若干意见》（中发〔2015〕9 号），加强电力需求侧管理，完善电力应急机制，各有关单位要在前期北京市、苏州市、唐山市、佛山市电力需求侧管理城市综合试点（以下简称试点城市）和上海市需求响应试点工作基础上，进一步突出特色，建立长效机制，更好发挥试点的引领示范作用，现就有关事项通知如下：

一、充分认识电力需求侧管理的重要意义

实施电力需求侧管理，有利于削减或转移高峰用电负荷，化解多年来反复出现的高峰电力短缺问题，并节约大量电源电网投资；有利于提升电力应急保障能力，应对重大自然灾害和突发事件，保障电力供需平衡和生产生活秩序；有利于消纳可再生能源发电，推动智能电网的应用和发展，提升用能管理、企业管理乃至社会管理水平。

二、强化机制创新，实施需求响应

试点城市及所在省份要借鉴上海需求响应试点的实践和国际经验，组织实施需求响应，完善电力应急机制，以更加市场化的方式保障电力供需平衡。为吸引用户主动减少高峰用电负荷并自愿参与需求响应，可以制定、完善尖峰电价或季节电价，具体方案请当地价格主管部门会同电力运行主管部门等共同研究确定。请于 2015 年 6 月底前制定实施方案，并报国家发展改革委备案；在 2015 年夏季、冬季用电高峰以及供应紧张时实施需求响应，相应减少的负荷计入临时性减少高峰电力负荷。

三、建立技术支撑，注重能力建设

试点城市及所在省份要加强电力需求侧管理平台建设（以下简称平台），引导、鼓励用户实现用电在线监测，推广电能服务，为提高运行管理水平和增强应急响应能力建立技术支撑。一是鼓励、支持发展电能服务业，吸引全国乃至全球的优秀电能服务企业参与试点工作。二是鼓励用户按照《电力需求侧管理平台建设技术规范（试行）》要求，实现用电在线监测并接入国家平台。三是对于已安装建筑分项计量或能源管理系统（EMS）等具备用电在线监测功能的用户，鼓励通过必要的数据接口接入国家平台。四是引导与发电企业直接交易的用户加快实现在线监测并接入国家平台。五是对于接入国家平台并主动参与需求响应的用户，原则上不再采取拉闸限电措施。六是大力加强能力建设，通过现场会、经验交流会等推广宣传好的经验和案例，利用国家平台的网络培训等功能加强宣传培训。

四、加强经验交流，相互支持配合

试点城市及所在省份间要加强经验交流，提高组织实施水平，加强政策创新，强化机制建设。上海市要深化实施需求响应试点，完善政策，探索经验，并加强和试点城市的交流借鉴。电网企业要大力支持试点工作，一是积极配合有关地区做好相关政策的制定和落实工作，实施电力需求侧管理项目。二是于 6 月底前，按照《国家发展改革委办公厅关于加强国家电力需求侧管理平台数据收集整理分析的通知》（发改办运行〔2014〕1292 号）要求，将试点城市及所在省份、上海市的有关电力数据提供给相应省级电力需求侧管理平台，以便实施需求响应、加强经济运行监测分析。三是于 6 月底前，通过手机 APP 等方式，向试点地区的用户提供其准实时用电数据，以便吸引用户参与需求响应。

五、创新资金应用，建立长效机制

试点城市及所在省份要注重总结实践经验，创新试点资金使用方式，除支持项目实施、平台建设和能力建设外，还可支持投融资服务、政府和社会资本合作项目（PPP）的融资、建设和运维，以及电力需求侧管理平台的升级改造和运行维护等。

六、明确评估原则，及早做好准备

国家发展改革委、财政部将对试点城市工作目标完成情况和工作措施落实情况进行评估验收。为了引导试点城市兼顾项目实施和机制建设，将统筹评估电力负荷节约和转移量指标完成情况、工作措施落实情况；在总任务量不变的前提下，试点城市可根据实际情况，对临时性减少高峰电力负荷、永久性节约电力负荷和转移高峰负荷任务量进行适当调整。试点城市及所在省份要及早做好评估验收的准备工作，及时完善地方配套政策，加强机制建设，以便复制、推广。

国家发展改革委
财　　政　　部（印）
2015 年 4 月 7 日

国家发展改革委等三部门关于发布电力（燃煤发电企业）等三项清洁生产评价指标体系的公告
（2015 年第 9 号）

为贯彻落实《清洁生产促进法》（2012 年修正案），进一步形成统一、系统、规范的清洁生产技术支撑文件体系，指导和推动企业依法实施清洁生产，我们整合修编了《电力（燃煤发电企业）行业清洁生产评价指标体系》《制浆造纸行业清洁生产评价指标体系》，制定了《稀土行业清洁生产评价指标体系》，现予以发布，并于公布之日起施行。

国家发展改革委发布的《制浆造纸行业清洁生产评价指标体系（试行）》（国家发展改革委 2006 年第 87 号公告）、《火电行业清洁生产评价指标体系（试行）》（国家发展改革委 2007 年第 24 号公告），环保部发布的《清洁生产标准造纸工业（漂白碱法蔗渣浆生产工艺）》（HJ/T 317—2006）、《清洁生产标准造纸工业（漂白化学浆烧碱法麦草浆生产工艺）》（HJ/T 339—2007）、《清洁生产标准造纸工业（硫酸盐化学木浆生产工艺）》（HJ/T 340—2008）、《清洁生产标准造纸工业（废纸制浆）》（HJ 468—2009）同时停止施行。

附件：1. 电力行业（燃煤发电企业）清洁生产评价指标体系（摘要）
2.《制浆造纸行业清洁生产评价指标体系》（略）
3.《稀土行业清洁生产评价指标体系》（略）

国家发展改革委
环 境 保 护 部（印）
工业和信息化部
2015 年 4 月 15 日

附件 1

电力行业（燃煤发电企业）清洁生产评价指标体系（摘要）

1　适用范围

本指标体系规定了燃煤发电企业清洁生产的一般要求。本指标体系将清洁生产指标分为五类，即生产工艺及设备指标、资源和能源消耗指标、资源综合利用指标、污染物排放指标和清洁生产管理指标。

本指标体系适用于燃煤发电企业的清洁生产审核、清洁生产潜力与机会判断、清洁生产绩效评定和清洁生产绩效公告制度，也适用于燃煤发电企业环境影响评价、排污许可证等资源能源消耗清洁生产管理需求，其他火力发电企业可参照执行。

2　规范性引用文件（略）

3　术语和定义

GB 8978、GB 12348、GB 13223、GB 21258、DL/T 287、DL/T 904 所确立的以及下列术语和定义适用于本指标体系。

3.1　清洁生产

不断采取改进设计、使用清洁的能源和原料、采用先进的工艺技术与设备、改善管理、综合利用等措施，从源头削减污染，提高资源利用效率，减少或者避免生产、服务和产品使用过程中污染物的产生和排放，以减轻或者消除对人类健康和环境的危害。

3.2　清洁生产评价指标体系

由相互联系、相对独立、互相补充的系列清洁生产水平评价指标所组成的，用于衡量清洁生产水平的指标集合。

3.3　指标基准值

为评价清洁生产水平所确定的指标对照值。

3.4　指标权重

衡量各评价指标在清洁生产评价指标体系中的重要程度。

3.5　指标分级

根据现实需要，对清洁生产评价指标所划分的级别。

3.6　清洁生产综合评价指数

根据一定的方法和步骤，对清洁生产评价指标进行综合计算得到的数值。

4　评价指标体系

4.1　指标选取说明

本指标体系根据清洁生产的原则要求和指标的可度量性，进行指标选取。根据评价指标的性质，可分为定量指标和定性指标两种。

定量评价指标选取了有代表性的、能反映“节能”“降耗”“减污”和“增效”等有关清洁生产最终目标的指标。企业在清洁生产审核过程中，通过对各项指标的实际达到值、评价基准值和指标分值进行计算和评分，综合考评企业实施清洁生产的状况和企业清洁生产程度。定性评价指标主要根据国家有关推行清洁生产的产业发展和技术进步政策、资源环境保护政策规定以及行业发展规划选取，用于定性评价企业执行有关政策的符合性以及实施清洁生产工作的效果。

4.2　指标基准值及其说明

在定量评价指标中，各指标的评价基准值是衡量该项指标是否符合清洁生产基本要求的评价基准。本评价指标体系确定各定量评价指标的评价基准值的依据是：a）凡国家或行业在有关政策、法规、标准等文件中对该项指标有明确要求的，应选用其严格的指标值；b）凡国家或行业有关政策、法规、标准中无明确要求的，应选用国内同类型燃煤发电机组近年来清洁生产所实际达到的优良水平的指标。因此，本定量评价指标体系的评价基准值代表了行业清洁生产平均先进水平。

在定性评价指标体系中，衡量该项指标贯彻执行国家、地方或行业有关政策、法规的情况，按“是否符合”或“符合程度”两种选择来评价。

4.3　指标体系

燃煤发电企业清洁生产评价指标体系包括生产工艺及设备指标、资源和能源消耗指标、资源综合利用指标、污染物排放指标和清洁生产管理指标，各评价指标、评价基准值及权重见表 1。

表 1　　燃煤发电企业清洁生产评价指标、评价基准值及权重

序号	一级指标	一级指标权重	二级指标		单位	二级指标权重	Ⅰ级基准值	Ⅱ级基准值	Ⅲ级基准值
1	生产工艺及设备指标	0.10	汽轮机设备			15	汽轮机设备采用高效、节能、先进的设计技术或进行高效节能技术改造		
			锅炉设备			15	锅炉设备采用高效、节能、先进的设计技术或进行高效节能技术改造		
			机组运行方式优化			15	对机组进行过整体运行优化，具有实时在线运行优化系统		对机组进行过整体运行优化
			国家、行业重点清洁生产技术			20	执行国家、行业重点清洁生产技术或重点清洁生产技术改造		
			泵、风机系统工艺及能效			15	采用泵与风机容量匹配及变速技术，且达到一级能效水平		采用泵与风机容量匹配及变速技术，达国家规定的能效标准
			汞及其化合物脱除工艺			10	采用烟气治理组合协同控制技术		
			废水回收利用			10	具有完备的废水回收利用系统		
2	资源和能源消耗指标	0.36	*纯凝湿冷机组供电煤耗	超超临界 1000MW等级	g/kWh	70	282	286	290
				超超临界600MW等级	g/kWh		287	292	298
				超临界600MW等级	g/kWh		296	302	306
				超临界300MW等级	g/kWh		312	316	319
				亚临界600MW等级	g/kWh		312	316	320
				亚临界300MW等级	g/kWh		318	323	331
				超高压200MW等级	g/kWh		336	346	355
			*纯凝空冷机组供电煤耗	直接空冷机组	g/kWh		湿冷+16	湿冷+16	湿冷+18
				间接空冷机组	g/kWh		湿冷+10	湿冷+10	湿冷+12
			*纯凝循环流化床机组供电煤耗		g/kWh		湿冷+7	湿冷+8	湿冷+10
			*供热机组供电煤耗		g/kWh		非供热工况供电煤耗率基准值同纯凝汽机组，供热工况参照纯凝机组并结合实际供热负荷情况进行评价		
			*循环冷却机组单位发电量耗水量	600MW级及以上	m^3/MWh	30	1.49	1.56	1.68
				300MW级	m^3/MWh		1.55	1.63	1.71
				＜300MW 级	m^3/MWh		1.70	1.78	1.85

续表

序号	一级指标	一级指标权重	二级指标		单位	二级指标权重	Ⅰ级基准值	Ⅱ级基准值	Ⅲ级基准值
2	资源和能源消耗指标	0.36	*直流冷却机组单位发电量耗水量	600MW级及以上	m^3/MWh	30	0.29	0.31	0.33
				300MW级	m^3/MWh		0.30	0.32	0.34
				<300MW 级	m^3/MWh		0.36	0.39	0.41
			*空气冷却机组单位发电量耗水量	600MW级及以上	m^3/MWh		0.31	0.34	0.37
				300MW级	m^3/MWh		0.32	0.35	0.38
				<300MW 级	m^3/MWh		0.39	0.41	0.45
3	资源综合利用指标	0.15	粉煤灰综合利用率		%	30	90	80	70
			脱硫副产品综合利用率		%	30	90	80	70
			废水回收利用率		%	40	90	88	85
4	污染物排放指标	0.25	*单位发电量烟尘排放量		g/kWh	20	0.06	0.09	0.13
			*单位发电量二氧化硫排放量		g/kWh	20	0.15	0.22	0.43
			*单位发电量氮氧化物排放量		g/kWh	20	0.22	0.43	0.43
			*单位发电量废水排放量		kg/kWh	15	0.15	0.18	0.23
			汞及其化合物排放浓度			15	按照GB 13223标准，汞及其化合物排放浓度达标		
			厂界噪声排放强度		dB(A)	10	厂界达标及敏感点达标		
5	清洁生产管理指标	0.14	*产业政策符合性			8	符合国家和地方相关产业政策，未使用国家明令禁止或淘汰的生产工艺和装备		
			*总量控制			8	企业污染物排放总量及能源消耗总量满足国家和地方政府相关规定要求		
			*达标排放			8	企业污染物排放浓度满足国家及地方政府相关规定要求		
			*清洁生产审核			12	按照国家和地方规定要求，开展了清洁生产审核		
			清洁生产监督管理体系			10	设有清洁生产管理部门和配备专职管理人员；具有健全的清洁生产管理制度和奖励管理办法；制定有清洁生产工作规划及年度工作计划		
			燃料平衡			5	按照DL/T 606.2标准规定进行燃料平衡		
			热平衡			5	按照DL/T 606.3标准规定进行热平衡		
			电能平衡			5	按照DL/T 606.4标准规定电能平衡		
			水平衡测试			5	按照DL/T 606.5标准规定进行水平衡测试		
			污染物排放监测与信息公开			6	按照国家、行业标准的规定，安装污染物排放自动监控设备，并与环保、电力主管部门的监控设备联网，并保证设备正常运行		按照国家、行业标准的规定，对污染物排放进行定期监测

续表

序号	一级指标	一级指标权重	二级指标	单位	二级指标权重	Ⅰ级基准值	Ⅱ级基准值	Ⅲ级基准值
5	清洁生产管理指标	0.14	建立危险化学品、固体废物管理体系及危险废物环境应急预案		6	具有完善的危险化学品、固体废物管理体系及危险废物环境应急预案		
			*审核期内未发生环境污染事故		6	审核期内，不存在违反清洁生产相关法律法规行为，未发生环境污染事故		
			用能、用水设备计量器具配备率		8	参照GB/T 21369和GB 24789标准，主要用能、用水设备计量器具配备率100%	参照GB/T 21369和GB 24789标准，主要用能、用水设备计量器具配备率95%	参照GB/T 21369和GB 24789标准，主要用能、用水设备计量器具配备率90%
			开展节能管理		8	按国家规定要求，组织开展节能评估和能源审计工作，挖掘节能潜力，实施节能改造项目完成率为100%	按国家规定要求，组织开展节能评估和能源审计工作，挖掘节能潜力，实施节能改造项目完成率为80%	按国家规定要求，组织开展节能评估和能源审计工作，挖掘节能潜力，实施节能改造项目完成率为60%

注 表中带*的指标为限定性指标。

5 评价方法（略）

6 指标解释（略）

附录A（略）

国家发展改革委关于贯彻中发〔2015〕9号文件精神加快推进输配电价改革的通知

（发改价格〔2015〕742号）

各省、自治区、直辖市发展改革委、物价局，国家电网公司、南方电网公司、内蒙古电力公司：

为贯彻落实《中共中央国务院关于进一步深化电力体制改革的若干意见》（中发〔2015〕9号），建立科学合理的输配电价形成机制，决定加快推进输配电价改革，现就有关事项通知如下：

一、扩大输配电价改革试点范围

在深圳市、内蒙古西部率先开展输配电价改革试点的基础上，将安徽、湖北、宁夏、云南省（区）列入先期输配电价改革试点范围，按“准许成本加合理收益”原则单独核定输配电价。鼓励具备条件的其他地区开展输配电价改革试点。请试点省（区）价格主管部门参照深圳市输配电价改革试点经验，结合当地实际，拟定本省（区）电网输配电价改革试点方案，于2015年7月底前报送我委。

二、全面开展输配电价摸底测算工作

上述试点范围以外的地区，要同步开展输配电价摸底测算工作。请非试点省（区、市）价格主管部门认真做好推进输配电价改革的前期准备工作，全面调查摸清电网输配电资产、成本和企业效益情况，深入分析输配电价管理中存在的主要矛盾和问题。在此基础上，初步测算本省（区、市）电网各电压等级输配电价水平，研究提出推进输配电价改革的工作思路，于2015年10月底前将测算结果和改革思路书面报送我委。

三、改革对电网企业的监管模式

通过加快输配电价改革，对电网企业监管由现行核定购电售电两头价格、电网企业获得差价收入的间接监管，改变为以电网资产为基础对输配电收入、成本和价格全方位直接监管。电网企业按照政府核定的输配电价收取过网费，不再以上网电价和销售电价价差作为主要收入来源。在输配电价核定过程中，既要满足电网正常合理的投资需要，保证电网企业稳定的收入来源和收益水平，又要加强成本约束，对输配电成本进行严格监审，促进企业加强管理，提高效率。我委今年将出台输配电定价成本监审办法，并在认真总结改革试点经验基础上，尽快研究完善输配电价管理办法，建立健全对电网企业成本约束和收入监管机制。

四、积极稳妥推进电价市场化

结合电力体制改革，把输配电价与发售电价在形成机制上分开，积极稳妥推进发电侧和售电侧电价市场化，分步实现公益性以外的发售电价格由市场形成。鼓励电力用户或售电主体与发电企业通过自愿协商、市场竞价等方式自主确定市场交易价格，并按照其接入电网的电压等级支付输配电价。

五、加强组织实施

推进输配电价改革是中发〔2015〕9号文件提出的明确要求和近期重点任务。各地价格主管部门要高度重视，周密部署，加强与有关部门的合作，组织精干力量扎实推进，确保按期完成工作。国家电网公司、南方电网公司、内蒙古电力公司要配合做好输配电价改革试点和摸底测算工作，客观、真实提供电网成本、投资、电量等相关信息及证明材料，确保相关工作顺利进行。

国家发展改革委（印）

2015年4月13日

国家发展改革委关于完善跨省跨区电能交易价格形成机制有关问题的通知

（发改价格〔2015〕962 号）

各省、自治区、直辖市发展改革委、物价局、电力公司，国家能源局派出机构，国家电网公司、南方电网公司，内蒙古电力公司，华能、大唐、华电、国电、中电投集团公司，三峡集团公司，国家开发投资公司：

为贯彻落实《中共中央国务院关于进一步深化电力体制改革的若干意见》（中发〔2015〕9 号）精神，完善电价形成机制，推进跨省跨区电力市场化交易，促进电力资源在更大范围优化配置，经商国家能源局，现将有关问题通知如下：

一、跨省跨区送电由送电、受电市场主体双方在自愿平等基础上，在贯彻落实国家能源战略的前提下，按照“风险共担、利益共享”原则协商或通过市场化交易方式确定送受电量、价格，并建立相应的价格调整机制。

二、国家鼓励通过招标等竞争方式确定新建跨省跨区送电项目业主和电价；鼓励送受电双方建立长期、稳定的电量交易和价格调整机制，并以中长期合同形式予以明确。

三、国家已核定的跨省跨区电能交易送电价格，送受电双方可重新协商并按照协商确定的价格执行，协商结果报送国家发展改革委和国家能源局。

四、送受电双方经协商后确实无法达成一致意见的，可建议国家发展改革委、国家能源局协调。

五、国家发展改革委和国家能源局将组织对跨省跨区送电专项输电工程进行成本监审，并根据成本监审结果重新核定输电价格（含线损，下同）。输电价格调整后，同样按照“利益共享、风险共担”的原则将调整幅度在送电方、受电方之间按照 1∶1 比例分摊。

六、以上电价政策自 2015 年 4 月 20 日起执行。

七、现有办法和规定与本通知不一致的，按本通知规定执行。

附件：部分跨省跨区送电价格协调结果

国家发展改革委（印）

2015 年 5 月 5 日

附件

部分跨省跨区送电价格协调结果

按照“风险共担、利益共享”原则，根据市场供需情况变化，经有关各方协商一致，就向家坝、溪洛渡和雅砻江梯级水电站跨省跨区送电价格达成以下意见：

一、向家坝、溪洛渡、四川锦屏一级、锦屏二级、官地梯级水电站送电到上海、江苏、浙江、广东的落地价格，按 2015 年 4 月 20 日落地省燃煤发电标杆上网电价降低标准同步下调，即：向家坝、溪洛渡水电站送上海落地电价为每千瓦时 0.438 6 元，送浙江为每千瓦时 0.451 3 元，送广东为每千瓦时 0.469 5 元；雅砻江公司锦屏一级、锦屏二级、官地梯级水电站送江苏落地电价为每千瓦时 0.423 6 元。

二、按照上述落地价格扣除现行输电价格和线损倒推确定上网电价。其中，向家坝、溪洛渡水电站送上海的上网电价为每千瓦时 0.314 9 元，送浙江为每千瓦时 0.339 1 元，送广东为每千瓦时 0.356 5 元；雅砻江公司锦屏一级、锦屏二级、官地梯级水电站送江苏上网电价为每千瓦时 0.298 7 元。

三、向家坝和溪洛渡左岸机组上网侧关口按上网电价每千瓦时 0.321 8 元结算；溪洛渡右岸机组上网侧关口按上网电价每千瓦时 0.342 1 元结算；锦屏一级、锦屏二级、官地梯级水电站统一按上网电价每千瓦时 0.308 4 元结算。

四、今后，向家坝、溪洛渡和锦屏一级、锦屏二级、官地梯级水电站送电到上海、江苏、浙江、广东落地价格按落地省燃煤发电标杆电价提高或降低标准（不含环保电价标准调整）同步调整。

五、以上价格水平和价格调整机制自 2015 年 4 月 20 日起执行。

国家发展改革委、国家能源局关于印发《输配电定价成本监审办法（试行）》的通知

（发改价格〔2015〕1347 号）

各省、自治区、直辖市发展改革委、物价局、电力公司，国家能源局派出机构，国家电网公司，南方电网公司，内蒙古电力公司：

为贯彻落实《中共中央国务院关于进一步深化电力体制改革的若干意见》（中发〔2015〕9 号）精神，推进输配电价改革，我们制定了《输配电定价成本监审办法（试行）》，现印发给你们，请按照执行。

省级电网输配电定价成本监审工作由国家发展改革委统一组织，国家能源局配合，各省级价格主管部门和国家能源局派出机构按照国家要求做好相关工作。

附件：输配电定价成本监审办法（试行）

国家发展改革委
国家能源局（印）

2015 年 6 月 9 日

附件

输配电定价成本监审办法（试行）

第一章　总　　则

第一条　为加强对电网输配电成本的监管，规范输配电定价成本监审行为，提高输配电价制定的科学性、合理性和透明度，根据《中华人民共和国价格法》《中共中央国务院关于进一步深化电力体制改革的若干意见》（中发〔2015〕9 号）和《政府制定价格成本监审办法》（国家发展改革委令第 42 号）等有关规定，制定本办法。

第二条　本办法适用于对提供输配电服务的电网经营企业（以下简称电网企业）实施定价成本监审的行为。

第三条　输配电定价成本监审应遵循以下原则：

（一）合法性原则。计入定价成本的费用应当符合《中华人民共和国会计法》等有关法律、行政法规和财务会计制

度的规定。

（二）相关性原则。计入定价成本的费用，应当与输配电服务相关。

（三）合理性原则。计入定价成本的费用应当符合输配电服务的合理需要，影响定价成本水平的主要经济、技术指标应当符合行业标准或者公允水平。

第四条 电网企业应当按照输配电定价监管需要建立、健全成本核算制度，按照电压等级、服务和用户类别准确记录和合理归集输配电的生产经营成本（费用）数据。

第五条 输配电定价成本监审，应当以近三年经会计师事务所或审计、税务等政府部门审计（审核）的年度财务会计报告、会计凭证、账簿及电网投资、生产运行、政府核准文件等相关原始资料为基础。

第二章　输配电定价成本构成与归集

第六条 输配电定价成本包括折旧费和运行维护费。

第七条 折旧费指按与输配电服务相关的固定资产原值和一定折旧率计提的费用。

第八条 运行维护费指电网企业维持电网正常运行的费用，包括材料费、修理费、职工薪酬和其他费用。

（一）材料费指电网企业提供输配电服务所耗用的消耗性材料、事故备品、低值易耗品等费用。

（二）修理费指电网企业为了维护和保持输配电相关设施正常工作状态所进行的修理活动所发生的费用。

（三）职工薪酬指电网企业为提供输配电服务的职工提供的各种形式的报酬，包括职工工资、奖金、津贴和补贴，职工福利费，养老保险、医疗保险费、工伤保险费、失业保险和生育保险费等保险费用，住房公积金，工会经费和职工教育经费等。

（四）其他费用指电网企业提供正常输配电服务发生的除以上成本因素外的费用。包括办公费、会议费、水电费、研究开发费、电力设施保护费、差旅费、劳动保护费、物业管理费、保险费、劳动保险费、土地使用费、无形资产摊销等。

第九条 下列费用不得列入输配电定价成本：

（一）不符合《中华人民共和国会计法》等有关法律、行政法规和国家财务会计税收制度规定的费用；

（二）与电网企业输配电业务无关的费用或虽与输配电业务有关但按照国家有关规定由政府补助、政策优惠、社会无偿捐赠等冲减的费用；

（三）滞纳金、违约金、罚款；

（四）捐赠、公益广告、公益宣传费用；

（五）除不可抗力外的固定资产盘亏、毁损、闲置和出售的净损失；

（六）特许经营权费用；

（七）向上级公司或管理部门上交的利润性质的管理费用、代上级公司或管理部门缴纳的各项费用、向出资人支付的利润分成以及对附属单位的补助支出等；

（八）其他不合理支出。

第十条 输配电定价成本按共用网络服务成本和专项服务成本分别归集。

第十一条 共用网络服务成本指电网企业利用共用网络经营输配电业务所发生的成本。共用网络服务成本应以省级电网为单位按电压等级归集。

第十二条 专项服务成本是指电网企业利用自有专用输配电设施为特定电力用户及发电企业提供服务的成本，按具体工程项目归集。

第三章　输配电定价成本核定方法

第十三条 折旧费的核定。计入定价成本的折旧费原则上按照监审时前一年的可计提折旧输配电固定资产原值和定价折旧率分类核定。

可计提折旧的输配电固定资产原值。可计提折旧的输配电固定资产，指经履行必要审批、决策手续建设的符合规划的包括线路、变电设备以及其他与输配电业务相关的资产，不包括从电网企业分离出来的辅助性业务单位，多种经营企业及“三产”资产等。固定资产原值原则上按照历史成本核定。按规定进行过清产核资的，按财政或国有资产监督管理部门认定的各类固定资产价值确认。以下情况不能列入可计提折旧的输配电固定资产原值范围：进行过清产核资但未经财政或国有资产监督管理部门认定的；用户或地方政府无偿移交等非电网企业投资形成的资产；不能提供固定资产价值有效证明的；固定资产的评估增值部分；已计提完折旧仍在使用的固定资产。

定价折旧率。输配电固定资产定价折旧采用年限平均法。定价折旧年限根据输配电固定资产的类别、设备运行环境和实际使用情况等因素确定。2015 年 1 月 1 日以前形成的输配电固定资产，定价折旧率按照国家电网公司、南方电网公司规定的折旧年限的中值并结合固定资产实际使用寿命确定，其他电网企业参照执行；2015 年 1 月 1 日及以后新增的输配电固定资产，按照本办法规定的电网企业固定资产分类定价折旧年限（见附件），结合各地自然环境及电网发展水平等实际情况确定。固定资产残值率一般按 5%确定。

第十四条 运行维护费的核定。计入定价成本的运行维护费的各项费用按以下方法分别核定：

（一）材料费。原则上按监审时剔除不合理因素后的前三年平均值核定。

（二）修理费。原则上按监审时剔除不合理因素后的前三年平均值核定。高于行业平均水平较多的，可根据实际情况适当核减。

（三）职工薪酬。国家电网公司、南方电网公司所属电网企业工资总额参照监审时前一年国务院国有资产监督管理部门有关国有企业工资管理办法核定。非国家电网公司、南方电网公司所属的地方国有电网企业的工资总额参照监审时前一年地方国有资产监督管理部门有关工资管理办法核定。其他电网企业参考国有电网企业工资水平合理核定。

职工养老保险、医疗保险、失业保险、工伤保险、生育保险等分别按计入定价成本的工资总额和电网企业所在地省级政府规定的提取比例核定。

职工福利费、住房公积金、职工教育经费、工会经费最高不得超过计入定价成本的工资总额的 14%、12%、2.5% 和 2%。

职工薪酬中的其他费用按电网企业实际水平并剔除不合理因素后核定。

（四）其他费用。原则上按监审时剔除不合理因素后的前三年平均值核定，其中，会议费、差旅费、办公费、广告宣传费、业务招待费、物业管理费等非生产性质的费用，按剔除不合理因素后的最低年份水平确定。其他费用高于行业平均水平较多的，可根据实际情况适当核减。

第十五条 电网企业同时提供专项服务和共用网络服务

或提供多个专项服务而发生的共用成本，应按照核定的输配电固定资产原值比例进行分摊。

第十六条 电网企业输配电和非输配电业务的共用成本，应当根据实际情况按照合理方法进行分摊。

第十七条 核定单位输配电定价成本所对应的电量，原则上按照监审时前一年电网企业实际销售电量确定。

第十八条 输配电损耗率，原则上参考监审时电网经营企业前一年实际线损率确定，并分电压等级予以明确。

第四章 附 则

第十九条 本办法由国家发展和改革委员会会同国家能源局解释。

第二十条 本办法自2015年7月1日起施行。

附件

电网企业固定资产分类定价折旧年限

序号	资产类别/名称	折旧年限（年）
一	输配电线路	
1	500kV（330kV）及以上	30～35
2	220kV	28～32
3	110kV（66kV）	24～30
4	35kV	18～25
5	10kV及以下	15～22
二	变电配电设备	
1	110kV以上	20～30
2	110kV及以下	15～22
三	其他	
1	用电计量设备	6～9
2	通信线路及设备	6～9
3	自动化设备及仪器仪表	8
4	检修维护设备	10
5	运输设备	10
6	生产管理用工器具	10
7	非生产用设备及器具	20
8	房屋、建筑物	30

国家发展改革委关于公布《电力建设工程施工安全监督管理办法》的通知

（国家发展改革委第28号令）

《电力建设工程施工安全监督管理办法》已经国家发展和改革委员会审议通过，现予公布，自2015年10月1日起施行。

国家发展改革委主任：徐绍史

2015年8月18日

电力建设工程施工安全监督管理办法

第一章 总 则

第一条 为了加强电力建设工程施工安全监督管理，保障人民群众生命和财产安全，根据《中华人民共和国安全生产法》《中华人民共和国特种设备安全法》《建设工程安全生产管理条例》《电力监管条例》《生产安全事故报告和调查处理条例》，制定本办法。

第二条 本办法适用于电力建设工程的新建、扩建、改建、拆除等有关活动，以及国家能源局及其派出机构对电力建设工程施工安全实施监督管理。

本办法所称电力建设工程，包括火电、水电、核电（除核岛外）、风电、太阳能发电等发电建设工程，输电、配电等电网建设工程，及其他电力设施建设工程。

本办法所称电力建设工程施工安全包括电力建设、勘察设计、施工、监理单位等涉及施工安全的生产活动。

第三条 电力建设工程施工安全坚持“安全第一、预防为主、综合治理”的方针，建立“企业负责、职工参与、行业自律、政府监管、社会监督”的管理机制。

第四条 电力建设单位、勘察设计单位、施工单位、监理单位及其他与电力建设工程施工安全有关的单位，必须遵守安全生产法律法规和标准规范，建立健全安全生产保证体系和监督体系，建立安全生产责任制和安全生产规章制度，保证电力建设工程施工安全，依法承担安全生产责任。

第五条 开展电力建设工程施工安全的科学技术研究和先进技术的推广应用，推进企业和工程建设项目实施安全生产标准化建设，推进电力建设工程安全生产科学管理，提高电力建设工程施工安全水平。

第二章 建设单位安全责任

第六条 建设单位对电力建设工程施工安全负全面管理责任，具体内容包括：

（一）建立健全安全生产组织和管理机制，负责电力建设工程安全生产组织、协调、监督职责；

（二）建立健全安全生产监督检查和隐患排查治理机制，实施施工现场全过程安全生产管理；

（三）建立健全安全生产应急响应和事故处置机制，实施突发事件应急抢险和事故救援；

（四）建立电力建设工程项目应急管理体系，编制应急综合预案，组织勘察设计、施工、监理等单位制定各类安全事故应急预案，落实应急组织、程序、资源及措施，定期组织演练，建立与国家有关部门、地方政府应急体系的协调联动机制，确保应急工作有效实施；

（五）及时协调和解决影响安全生产重大问题。建设工程实行工程总承包的，总承包单位应当按照合同约定，履行建设单位对工程的安全生产责任；建设单位应当监督工程总承包单位履行对工程的安全生产责任。

第七条 建设单位应当按照国家有关规定实施电力建设工程招投标管理，具体包括：

（一）应当将电力建设工程发包给具有相应资质等级的单位，禁止中标单位将中标项目的主体和关键性工作分包给他人完成；

（二）应当在电力建设工程招标文件中对投标单位的资质、安全生产条件、安全生产费用使用、安全生产保障措施等提出明确要求；

（三）应当审查投标单位主要负责人、项目负责人、专职安全生产管理人员是否满足国家规定的资格要求；

（四）应当与勘察设计、施工、监理等中标单位签订安全生产协议。

第八条 按照国家有关安全生产费用投入和使用管理规定，电力建设工程概算应当单独计列安全生产费用，不得在电力建设工程投标中列入竞争性报价。根据电力建设工程进展情况，及时、足额向参建单位支付安全生产费用。

第九条 建设单位应当向参建单位提供满足安全生产的要求的施工现场及毗邻区域内各种地下管线、气象、水文、地质等相关资料，提供相邻建筑物和构筑物、地下工程等有关资料。

第十条 建设单位应当组织参建单位落实防灾减灾责任，建立健全自然灾害预测预警和应急响应机制，对重点区域、重要部位地质灾害情况进行评估检查。

应当对施工营地选址布置方案进行风险分析和评估，合理选址。组织施工单位对易发生泥石流、山体滑坡等地质灾害工程项目的生活办公营地、生产设备设施、施工现场及周边环境开展地质灾害隐患排查，制定和落实防范措施。

第十一条 建设单位应当执行定额工期，不得压缩合同约定的工期。如工期确需调整，应当对安全影响进行论证和评估。论证和评估应当提出相应的施工组织措施和安全保障措施。

第十二条 建设单位应当履行工程分包管理责任，严禁施工单位转包和违法分包，将分包单位纳入工程安全管理体系，严禁以包代管。

第十三条 建设单位应在电力建设工程开工报告批准之日起15日内，将保证安全施工的措施，包括电力建设工程基本情况、参建单位基本情况、安全组织及管理措施、安全投入计划、施工组织方案、应急预案等内容向建设工程所在地国家能源局派出机构备案。

第三章 勘察设计单位安全责任

第十四条 勘察设计单位应当按照法律法规和工程建设强制性标准进行电力建设工程的勘察设计，提供的勘察设计文件应当真实、准确、完整，满足工程施工安全的需要。

在编制设计计划书时应当识别设计适用的工程建设强制性标准并编制条文清单。

第十五条 勘察单位在勘察作业过程中，应当制定并落实安全生产技术措施，保证作业人员安全，保障勘察区域各类管线、设施和周边建筑物、构筑物安全。

第十六条 电力建设工程所在区域存在自然灾害或电力建设活动可能引发地质灾害风险时，勘察设计单位应当制定相应专项安全技术措施，并向建设单位提出灾害防治方案建议。

应当监控基础开挖、洞室开挖、水下作业等重大危险作业的地质条件变化情况，及时调整设计方案和安全技术措施。

第十七条 设计单位在规划阶段应当开展安全风险、地质灾害分析和评估，优化工程选线、选址方案；可行性研究阶段应当对涉及电力建设工程安全的重大问题进行分析和评价；初步设计应当提出相应施工方案和安全防护措施。

第十八条 对于采用新技术、新工艺、新流程、新设备、新材料和特殊结构的电力建设工程，勘察设计单位应当在设计文件中提出保障施工作业人员安全和预防生产安全事故的措施建议；不符合现行相关安全技术规范或标准规定的，应当提请建设单位组织专题技术论证，报送相应主管部门同意。

第十九条 勘察设计单位应当根据施工安全操作和防护的需要，在设计文件中注明涉及施工安全的重点部位和环节，提出防范安全生产事故的指导意见；工程开工前，应当向参建单位进行技术和安全交底，说明设计意图；施工过程中，对不能满足安全生产要求的设计，应当及时变更。

第四章 施工单位安全责任

第二十条 施工单位应当具备相应的资质等级，具备国家规定的安全生产条件，取得安全生产许可证，在许可的范围内从事电力建设工程施工活动。

第二十一条 施工单位应当按照国家法律法规和标准规范组织施工，对其施工现场的安全生产负责。应当设立安全生产管理机构，按规定配备专（兼）职安全生产管理人员，制定安全管理制度和操作规程。

第二十二条 施工单位应当按照国家有关规定计列和使用安全生产费用。应当编制安全生产费用使用计划，专款专用。

第二十三条 电力建设工程实行施工总承包的，由施工总承包单位对施工现场的安全生产负总责，具体包括：

（一）施工单位或施工总承包单位应当自行完成主体工程的施工，除可依法对劳务作业进行劳务分包外，不得对主体工程进行其他形式的施工分包；禁止任何形式的转包和违法分包；

（二）施工单位或施工总承包单位依法将主体工程以外项目进行专业分包的，分包单位必须具有相应资质和安全生产许可证，合同中应当明确双方在安全生产方面的权利和义务。施工单位或施工总承包单位履行电力建设工程安全生产监督管理职责，承担工程安全生产连带管理责任，分包单位对其承包的施工现场安全生产负责；

（三）施工单位或施工总承包单位和专业承包单位实行劳务分包的，应当分包给具有相应资质的单位，并对施工现场的安全生产承担主体责任。

第二十四条 施工单位应当履行劳务分包安全管理责任，将劳务派遣人员、临时用工人员纳入其安全管理体系，落实安全措施，加强作业现场管理和控制。

第二十三条 电力建设工程开工前，施工单位应当开展现场查勘，编制施工组织设计、施工方案和安全技术措施并按技术管理相关规定报建设单位、监理单位同意。

分部分项工程施工前，施工单位负责项目管理的技术人员应当向作业人员进行安全技术交底，如实告知作业场所和工作岗位可能存在的风险因素、防范措施以及现场应急处置方案，并由双方签字确认；对复杂自然条件、复杂结构、技术难度大及危险性较大的分部分项工程需编制专项施工方案并附安全验算结果，必要时召开专家会议论证确认。

第二十六条 施工单位应当定期组织施工现场安全检查和隐患排查治理，严格落实施工现场安全措施，杜绝违章指挥、违章作业、违反劳动纪律行为发生。

第二十七条 施工单位应当对因电力建设工程施工可能造成损害和影响的毗邻建筑物、构筑物、地下管线、架空线缆、设施及周边环境采取专项防护措施。对施工现场出入口、通道口、孔洞口、邻近带电区、易燃易爆及危险化学品存放处等危险区域和部位采取防护措施并设置明显的安全警示标志。

第二十八条 施工单位应当制定用火、用电、易燃易爆材料使用等消防安全管理制度，确定消防安全责任人，按规定设置消防通道、消防水源，配备消防设施和灭火器材。

第二十九条 施工单位应当按照国家有关规定采购、租赁、验收、检测、发放、使用、维护和管理施工机械、特种设备，建立施工设备安全管理制度、安全操作规程及相应的管理台账和维保记录档案。

施工单位使用的特种设备应当是取得许可生产并经检验合格的特种设备。特种设备的登记标志、检测合格标志应当置于该特种设备的显著位置。

安装、改造、修理特种设备的单位，应当具有国家规定的相应资质，在施工前按规定履行告知手续，施工过程按照相关规定接受监督检验。

第三十条 施工单位应当按照相关规定组织开展安全生产教育培训工作。企业主要负责人、项目负责人、专职安全生产管理人员、特种作业人员需经培训合格后持证上岗，新入场人员应当按规定经过三级安全教育。

第三十一条 施工单位对电力建设工程进行调试、试运行前，应当按照法律法规和工程建设强制性标准，编制调试大纲、试验方案，对各项试验方案制定安全技术措施并严格实施。

第三十二条 施工单位应当根据电力建设工程施工特点、范围，制定应急救援预案、现场处置方案，对施工现场易发生事故的部位、环节进行监控。实行施工总承包的，由施工总承包单位组织分包单位开展应急管理工作。

第五章 监理单位安全责任

第三十三条 监理单位应当按照法律法规和工程建设强制性标准实施监理，履行电力建设工程安全生产管理的监理职责。监理单位资源配置应当满足工程监理要求，依据合同约定履行电力建设工程施工安全监理职责，确保安全生产监理与工程质量控制、工期控制、投资控制的同步实施。

第三十四条 监理单位应当建立健全安全监理工作制度，编制含有安全监理内容的监理规划和监理实施细则，明确监理人员安全职责以及相关工作安全监理措施和目标。

第三十五条 监理单位应当组织或参加各类安全检查活动，掌握现场安全生产动态，建立安全管理台账。重点审查、监督下列工作：

（一）按照工程建设强制性标准和安全生产标准及时审查施工组织设计中的安全技术措施和专项施工方案；

（二）审查和验证分包单位的资质文件和拟签订的分包合同、人员资质、安全协议；

（三）审查安全管理人员、特种作业人员、特种设备操作人员资格证明文件和主要施工机械、工器具、安全用具的安全性能证明文件是否符合国家有关标准；检查现场作业人员及设备配置是否满足安全施工的要求；

（四）对大中型起重机械、脚手架、跨越架、施工用电、危险品库房等重要施工设施投入使用前进行安全检查签证。土建交付安装、安装交付调试及整套启动等重大工序交接前进行安全检查签证；

（五）对工程关键部位、关键工序、特殊作业和危险作业进行旁站监理；对复杂自然条件、复杂结构、技术难度大及危险性较大分部分项工程专项施工方案的实施进行现场监理；监督交叉作业和工序交接中的安全施工措施的落实；

（六）监督施工单位安全生产费的使用、安全教育培训情况。

第三十六条 在实施监理过程中，发现存在生产安全事故隐患的，应当要求施工单位及时整改；情节严重的，应当要求施工单位暂时或部分停止施工，并及时报告建设单位。施工单位拒不整改或者不停止施工的，监理单位应当及时向国家能源局派出机构和政府有关部门报告。

第六章 监督管理

第三十七条 国家能源局依法实施电力建设工程施工安全的监督管理，具体内容包括：

（一）建立健全电力建设工程安全生产监管机制，制定电力建设工程施工安全行业标准；

（二）建立电力建设工程施工安全生产事故和重大事故隐患约谈、诫勉制度；

（三）加强层级监督指导，对事故多发地区、安全管理薄弱的企业和安全隐患突出的项目、部位实施重点监督检查。

第三十八条 国家能源局派出机构按照国家能源局授权实施辖区内电力建设工程施工安全监督管理，具体内容如下：

（一）部署和组织开展辖区内电力建设工程施工安全监督检查；

（二）建立电力建设工程施工安全生产事故和重大事故隐患约谈、诫勉制度；

（三）依法组织或参加辖区内电力建设工程施工安全事故的调查与处理，做好事故分析和上报工作。

第三十九条 国家能源局及其派出机构履行电力建设工程施工安全监督管理职责时，可以采取下列监管措施：

（一）要求被检查单位提供有关安全生产的文件和资料（含相关照片、录像及电子文本等），按照国家规定如实公开有关信息；

（二）进入被检查单位施工现场进行监督检查，纠正施工中违反安全生产要求的行为；

（三）对检查中发现的生产安全事故隐患，责令整改；对重大生产安全事故隐患实施挂牌督办，重大生产安全事故隐患整改前或整改过程中无法保证安全的，责令其从危险区域撤出作业人员或者暂时停止施工；

（四）约谈存在生产安全事故隐患整改不到位的单位，受理和查处有关安全生产违法行为的举报和投诉，披露违反本办法有关规定的行为和单位，并向社会公布；

（五）法律法规规定的其他措施。

第四十条 国家能源局及其派出机构应建立电力建设工程施工安全领域相关单位和人员的信用记录，并将其纳入国家统一的信用信息平台，依法公开严重违法失信信息，并对相关责任单位和人员采取一定期限内市场禁入等惩戒措施。

第四十一条 生产安全事故或自然灾害发生后，有关单位应当及时启动相关应急预案，采取有效措施，最大程度减少人员伤亡、财产损失，防止事故扩大和衍生事故发生。建设、勘察设计、施工、监理等单位应当按规定报告事故信息。

第七章　罚　　则

第四十二条　国家能源局及其派出机构有下列行为之一的，对直接负责的主管人员和其他直接责任人员依法给予处分；构成犯罪的，依法追究刑事责任：

（一）迟报、漏报、瞒报、谎报事故的；

（二）阻碍、干涉事故调查工作的；

（三）在事故调查中营私舞弊、作伪证或者指使他人作伪证的；

（四）不依法履行监管职责或者监督不力，造成严重后果的；

（五）在实施监管过程中索取或者收受他人财物或者谋取其他利益；

（六）其他违反国家法律法规的行为。

第四十三条　建设单位未按规定提取和使用安全生产费用的，责令限期改正；逾期未改正的，责令该建设工程停止施工。

第四十四条　电力建设工程参建单位有下列情形之一的，责令改正；拒不改正的，处5万元以上50万元以下的罚款；造成严重后果，构成犯罪的，依法追究刑事责任：

（一）拒绝或者阻碍国家能源局及其派出机构及其从事监管工作的人员依法履行监管职责的；

（二）提供虚假或者隐瞒重要事实的文件、资料；

（三）未按照国家有关监管规章、规则的规定披露有关信息的。

第四十五条　建设单位有下列行为之一的，责令限期改正，并处20万元以上50万元以下的罚款；造成重大安全事故，构成犯罪的，对直接责任人员，依照刑法有关规定追究刑事责任；造成损失的，依法承担赔偿责任：

（一）对电力勘察、设计、施工、调试、监理等单位提出不符合安全生产法律、法规和强制性标准规定的要求的；

（二）违规压缩合同约定工期的；

（三）将工程发包给不具有相应资质等级的施工单位的。

第四十六条　电力勘察设计单位有下列行为之一的，责令限期改正，并处10万元以上30万元以下的罚款；情节严重的，责令停业整顿，提请相关部门降低资质等级，直至吊销资质证书；造成重大安全事故，构成犯罪的，对直接责任人员，依照刑法有关规定追究刑事责任；造成损失的，依法承担赔偿责任：

（一）未按照法律、法规和工程建设强制性标准进行勘察、设计的；

（二）采用新技术、新工艺、新流程、新设备、新材料的电力建设工程和特殊结构的电力建设工程，设计单位未在设计中提出保障施工作业人员安全和预防生产安全事故的措施建议的。

第四十七条　施工单位有下列行为之一的，责令限期改正；逾期未改正的，责令停业整顿，并处10万元以上30万元以下的罚款；情节严重的，提请相关部门降低资质等级，直至吊销资质证书；造成重大安全事故，构成犯罪的，对直接责任人员，依照刑法有关规定追究刑事责任；造成损失的，依法承担赔偿责任：

（一）未按本办法设立安全生产管理机构、配备专（兼）职安全生产管理人员或者分部分项工程施工时无专（兼）职安全生产管理人员现场监督的；

（二）主要负责人、项目负责人、专职安全生产管理人员、特种（殊）作业人员未持证上岗的；

（三）使用国家明令淘汰、禁止使用的危及电力施工安全的工艺、设备、材料的；

（四）未按照规定在施工起重机械和整体提升脚手架、模板等自升式架设设施验收合格后取得使用登记证书的；

（五）未向作业人员提供安全防护用品、用具的；

（六）未在施工现场的危险部位设置明显的安全警示标志，或者未按照国家有关规定在施工现场设置消防通道、消防水源、配备消防设施和灭火器材的。

第四十八条　挪用安全生产费用的，责令限期改正，并处挪用费用20%以上50%以下的罚款；造成重大安全事故，构成犯罪的，依法追究刑事责任。

第四十九条　监理单位有下列行为之一的，责令限期改正；逾期未改正的，责令停业整顿，并处10万元以上30万元以下的罚款；情节严重的，提请相关部门降低资质等级，直至吊销资质证书；造成重大安全事故，构成犯罪的，对直接责任人员，依照刑法有关规定追究刑事责任；造成损失的，依法承担赔偿责任：

（一）未对重大安全技术措施或者专项施工方案进行审查的；

（二）发现安全事故隐患未及时要求施工单位整改或者暂时停止施工的；

（三）施工单位拒不整改或者不停止施工，未及时向有关主管部门报告的；

（四）未依照法律、法规和工程建设强制性标准实施监理的。

第五十条　违反本办法的规定，施工单位的主要负责人、项目负责人未履行安全生产管理职责的，责令限期改正；逾期未改正的，责令施工单位停业整顿；造成重大安全事故、重大伤亡事故或者其他严重后果，构成犯罪的，依照刑法有关规定追究刑事责任。

作业人员不服管理、违反规章制度和操作规程冒险作业造成重大伤亡事故或者其他严重后果，构成犯罪的，依照刑法有关规定追究刑事责任。

施工单位的主要负责人、项目负责人有前款违法行为，尚不够刑事处罚的，处2万元以上20万元以下的罚款或者按照管理权限给予撤职处分；自刑罚执行完毕或者受处分之日起，5年内不得担任任何施工单位的主要负责人、项目负责人。

第五十一条　本办法规定的行政处罚，由国家能源局及其派出机构或者其他有关部门依照法定职权决定。有关法律、行政法规对电力建设工程安全生产违法行为的行政处罚决定机关另有规定的，从其规定。

第八章　附　　则

第五十二条　本办法自公布之日起30日后施行，原电监会发布的《电力建设安全生产监督管理办法》（电监安全〔2007〕38号）同时废止。

第五十三条　本办法由国家发展和改革委员会负责解释。

国家发展改革委关于印发《电动汽车充电基础设施发展指南（2015～2020年）》的通知

（发改能源〔2015〕1454号）

各省、自治区、直辖市、新疆生产建设兵团发展改革委（能源局）、工业和信息化主管部门、住房城乡建设厅（委、局），国家电网公司、南方电网公司：

为落实《国务院办公厅关于加快新能源汽车推广应用的指导意见》（国办发〔2014〕35号），科学引导电动汽车充电基础设施建设，促进电动汽车产业健康快速发展，我们组织编制了《电动汽车充电基础设施发展指南（2015～2020年）》，现予印发，请认真贯彻执行。

附件：电动汽车充电基础设施发展指南（2015～2020年）

国家发展改革委
国家能源局
工业和信息化部
住房城乡建设部
（印）
2015年10月9日

附件

电动汽车充电基础设施发展指南（2015～2020年）（摘要）

一、前言（略）

二、发展基础（略）

三、问题挑战（略）

四、需求预测

根据我国在公交、出租、环卫与物流等专用车、公务与私人乘用车等领域的汽车增长趋势，结合国家新能源汽车推广应用相关政策要求和规划目标，经测算，到2020年全国电动汽车保有量将超过500万辆，其中电动公交车超过20万辆，电动出租车超过30万辆，电动环卫、物流等专用车超过20万辆，电动公务与私人乘用车超过430万辆。

根据各应用领域电动汽车对充电基础设施的配置要求，经分类测算，2015～2020年需要新建公交车充换电站3848座，出租车充换电站2462座，环卫、物流等专用车充电站2438座，公务车与私家车用户专用充电桩430万个，城市公共充电站2397座，分散式公共充电桩50万个，城际快充站842座。

在北京、天津、河北、辽宁、山东、上海、江苏、浙江、安徽、福建、广东、海南等电动汽车发展基础较好，雾霾治理任务较重，应用条件较优越的加快发展地区，预计到2020年，推广电动汽车规模将达到266万辆，需要新建充换电站7400座，充电桩250万个。

在山西、内蒙古、吉林、黑龙江、江西、河南、湖北、湖南、重庆、四川、贵州、云南、陕西、甘肃等示范推广地区，预计到2020年，推广电动汽车规模将达到223万辆，需要新建充换电站4300座，充电桩220万个。

在广西、西藏、青海、宁夏、新疆等尚未被纳入国家新能源汽车推广应用范围的积极促进地区，预计到2020年，推广电动汽车规模将达到11万辆，需要新建充换电站400座，充电桩10万个。

五、指导思想与原则（略）

六、发展目标

（一）总体目标

根据需求预测结果，按照适度超前原则明确充电基础设施建设目标。到2020年，新增集中式充换电站超过1.2万座，分散式充电桩超过480万个，以满足全国500万辆电动汽车充电需求。

优先建设公交、出租及环卫与物流等公共服务领域充电基础设施，新增超过3850座公交车充换电站、2500座出租车充换电站、2450座环卫物流等专用车充电站。

积极推进公务与私人乘用车用户结合居民区与单位停车位配建充电桩，新增超过430万个用户专用充电桩，以满足基本充电需求。鼓励有条件的设施对社会公众开放。

合理布局社会停车场所公共充电基础设施，按照适度超前原则，新增超过2400座城市公共充电站与50万个分散式公共充电桩，以满足临时补电需要。

结合骨干高速公路网，建设“四纵四横”的城际快充网络，新增超过800座城际快充站，以满足城际出行需要。

（二）分区域建设目标

1. 加快发展地区

到2020年新增集中式充换电站超过7400座，分散式充电桩超过250万个，以满足超过266万辆电动汽车充电需求。

在新能源汽车推广应用城市，公共充电桩与电动汽车比例不低于1∶7，城市核心区公共充电服务半径小于0.9km；其他城市公共充电桩与电动汽车比例力争达到1∶12，城市核心区公共充电服务半径力争小于2km。

率先建成京津冀、长三角、珠三角三个雾霾防治重点区域的城际快充网络，各主要城市间实现互联互通。

2. 示范推广地区

到2020年新增集中式充换电站超过4300座，分散式充电桩超过220万个，以满足超过223万辆电动汽车充电需求。

在新能源汽车推广应用城市，公共充电桩与电动汽车比例不低于1∶8，城市核心区公共充电服务半径小于1km；其他城市公共充电桩与电动汽车比例力争达到1∶15，城市核心区公共充电服务半径力争小于2.5km。

加强与加快发展地区的互联互通，以高速公路网为基础，逐步推进全国范围的城际快充网络建设。

3. 积极促进地区

到2020年新增集中式充换电站超过400座，分散式充电桩超过10万个，以满足超过11万辆电动汽车充电需求。

省会等主要城市公共充电桩与电动汽车比例不低于1∶12，城市核心区公共充电服务半径小于2km。

按需开展城际快充网络建设。

（三）分场所建设目标

（1）结合公交、出租、环卫与物流等公共服务领域专用停车场所，适当补充独立占地的充换电站，新建超过3850座公交车充换电站，超过2500座出租车充换电站，超过2450座环卫与物流等专用车充电站。

（2）在居民区，建成超过280万个用户专用充电桩。鼓励有条件的设施对社会公众开放。

(3) 在公共机构、企事业单位、写字楼、工业园区等单位内部停车场，建成超过 150 万个用户专用充电桩。鼓励有条件的设施对社会公众开放。

(4) 在交通枢纽、大型文体设施、城市绿地、大型建筑物配建停车场、路边停车位等城市公共停车场所，建成超过 2400 座城市公共充电站与 50 万个分散式公共充电桩。

(5) 在城际高速公路服务区，2015 年之前初步形成“四纵两横三环”（四纵：京沪高速、京港澳高速、沈海高速、京台高速，两横：青银高速、沪蓉高速，三环：京津冀、长三角、珠三角）的城际快充网络，建成超过 500 座城市快充站；2020 年之前形成“四纵四横”（四纵：沈海、京沪、京台、京港澳，四横：青银、连霍、沪蓉、沪昆）城际快充网络，建成超过 1000 座城市快充站。

七、重点任务

（一）推动充电基础设施体系建设

以用户居住地停车位、单位内部停车场、公交及出租等专用场站配建的专用充电基础设施为主体，以城市公共建筑物配建停车场、社会公共停车场、路内临时停车位配建的公共充电基础设施为辅助，以独立占地的城市快充站、换电站和高速公路服务区配建的城际快充站为补充，以充电智能服务平台为支撑，加快建设适度超前、布局合理、功能完善的充电基础设施体系。

1. 着力推进公共服务领域充电基础设施建设

对于公交、环卫、机场通勤等定点定线运行的公共服务领域电动汽车，应根据线路运营需求，优先结合停车场站建设充电基础设施；可根据实际需求，建设一定数量独立占地的快充站与换电站。对于出租、物流、租赁、公安巡逻等非定点定线运行的公共服务领域电动汽车，应充分挖掘有关单位内部停车场站配建充电基础设施的潜力，同步推进城市公共充电基础设施建设，通过内部专用设施与公共设施的高效互补提高用车便捷性。

2. 加快推动用户居住地充电基础设施建设

对于有固定停车位的用户，优先结合停车位建设充电桩。对于无固定停车位的用户，鼓励企业通过配建一定比例的公共充电车位，建立充电车位的分时共享机制，开展机械式和立体式停车充电一体化设施建设与改造等方式为用户充电创造条件。引导充电服务、物业服务等相关企业参与居民区的充电基础设施建设与运营，鼓励企业统一开展停车位改造和直接办理报装接电手续，允许企业在不违反相关法规的前提下向用户适当收费，建立合理反映各方“责、权、利”的市场化推进机制，切实解决居民区充电基础设施建设面临的“最后一公里”难题。

3. 积极开展单位内部停车场充电基础设施建设

具备条件的政府机关、公共机构及企事业单位，要结合单位电动汽车配备更新计划以及职工购买使用电动汽车需求，利用单位内部停车场资源，规划电动汽车专用停车位，配建充电桩。各地可将有关单位配建充电基础设施情况纳入节能减排考核奖励范围。

4. 加快推进城市公共充电网络建设

优先结合大型商场、文体场馆等建筑物配建停车场，以及交通枢纽、驻车换乘（P+R）等社会公共停车场开展城市公共充电基础设施建设，鼓励在具备条件的加油站配建公共快充设施，适当新建独立占地的公共快充站。公共充电基础设施布局应按照从城市中心到边缘、优先发展区域向一般区域逐步推进的原则，逐步增大公共充电基础设施分布密度。鼓励有条件的单位和个人充电基础设施向社会公众开放。结合实际需求，推广占地少、成本低、见效快的机械式与立体式停车充电一体化设施，提高土地利用效率。

5. 大力推进城际快充网络建设

依托高速公路服务区停车位，建设城际快充网络。优先推进京津冀鲁、长三角、珠三角区域的城际快充网络建设并实现区域间互联；适时推进长江中游城市群、中原城市群、成渝城市群、哈长城市群城际快充网络建设；2020 年底前初步形成覆盖大部分主要城市的城际快充网络，满足电动汽车城际、省际出行需求。

6. 同步构建充电智能服务平台

充电智能服务平台建设要与充电基础设施建设同步考虑，融合互联网、物联网、智能交通、大数据等技术，通过“互联网+充电基础设施”，积极推进电动汽车与智能电网间的能量和信息互动，提升充电服务的智能化水平。鼓励围绕用户需求，为用户提供充电导航、状态查询、充电预约、费用结算等服务，拓展增值业务，提升用户体验和运营效率。

（二）加强配套电网保障能力

1. 加强配套电网建设

各地要将充电基础设施配套电网建设与改造项目纳入当地配电网专项规划，并与其他相关规划相协调，在用地保障、廊道通行等方面给予支持，切实做到“设施建设、电网先行”。根据各类建筑物配建充电基础设施需求，合理提高各类建筑物用电设计标准，加强相关标准与规范的制修订工作。电网企业要加强充电基础设施配套电网建设与改造，保障充电基础设施无障碍接入，确保电力供应的“畅通无阻”，满足充换电设施运营需求。

2. 完善供电服务

电网企业要为充电基础设施接入电网提供便利条件，开辟绿色通道，优化流程，简化手续，提高效率，限时办结。充电基础设施产权分界点至电网的配套接网工程，由电网企业负责建设和运行维护，不得收取接网费用，相应资产全额纳入有效资产，相应成本据实计入准许成本，纳入电网输配电价回收。

（三）加快标准完善与技术创新

1. 加快推进充电标准化工作

加快修订出台充电接口及通信协议等标准，积极推进充电接口互操作性检测及服务平台间数据交换等标准的制修订，开展已有充电基础设施改造，加快实现充电标准的统一，实现不同厂商充电设备与不同品牌电动汽车之间的兼容互通。进一步完善充电基础设施相关工程建设标准与管理规范，以及计量、计费、结算等运营标准与管理规范。进一步开展电动汽车充电基础设施设置场所消防等安全技术措施的研究，及时制修订完善相关标准；完善充换电设备、电动汽车电池等产品标准，明确防火安全要求。加快建立充电基础设施的道路交通标识体系和相关规范。

2. 积极支持关键技术的研发应用

充分发挥企业创新主体作用，加快高功率密度、高转换效率、高适用性、无线充电、移动充电等新型充换电技术及装备研发。加强检测认证、安全防护、与电网双向互动、电池梯次利用、无人值守自助式服务、桩群协同控制等关键技术研究。依托示范项目，积极探索充电基础设施与智能电网、分布式可再生能源、智能交通融合发展的技术方案。

（四）探索可持续商业模式

1. 积极引入社会资本

各地应有效整合公交、出租场站以及社会公共停车场等各类公共资源，通过政府与社会资本合作（PPP）等方式培育市场主体，引入社会资本建设运营公共服务领域充电基础设施、城市公共充电网络及智能服务平台。加快形成私人用户居住地与单位内部停车场充电基础设施建设运营的市场机制。构建统一开放、竞争有序的充电服务市场。

2. 鼓励拓展多种商业模式

鼓励探索大型充换电站与商业地产相结合的发展方式，引导商场、超市、电影院、便利店等商业场所为用户提供辅助充电服务。鼓励充电服务企业与整车企业在销售和售后服务方面创新商业合作模式。充分利用融资租赁、特许经营权质押等融资模式，借鉴合同能源管理等业务模式，推进商业模式创新。大力推动"互联网＋充电基础设施"相关商业模式与服务创新，引入众筹、线上与线下相结合等新兴业务模式，积极拓展智能充放电、电子商务和广告等增值服务，吸引更多社会资源参与，提高企业可持续发展能力。

（五）开展相关示范工作

1. 开展建设与运营模式示范

各地要结合新能源汽车推广应用需要，按照因地制宜、适度超前原则，针对不同层次和不同领域充电基础设施发展的重点和难点，从城市与区县充电基础设施体系建设、居民区与单位配建充电设施、城际快充网络建设等方面，积极开展建设与运营模式示范。通过示范项目，理顺充电基础设施建设运营管理机制，探索系统化的支持政策以及可行的商业模式，以点带面，加快充电基础设施建设整体进程，提高发展质量、速度和效益。在示范项目中积极探索无人值守自助式服务、无线充电、移动充电、智能电网等新技术的应用。

2. 加强示范经验总结与交流推广

建立多层次的充电基础设施示范经验交流推广机制，通过多种形式开展示范工作经验交流，提升示范效果，发挥带动作用。各地要加强对充电基础设施示范工作的总结，积极加强与其他地区的经验交流。对示范工作中的成功经验要加大推广力度，对暴露出来的一些共性问题要及时解决，建立有效机制，完善政策法规，为下一步普及推广打好基础。

八、保障措施

（一）加强规划指导

各地要将充电基础设施专项规划的有关内容纳入城乡规划，完善独立占地的充电基础设施布局，明确各类建筑物配建停车场及社会公共停车场中充电设施的建设比例或预留条件要求。原则上，新建住宅配建停车位应100%建设充电基础设施或预留建设安装条件，大型公共建筑物配建停车场、社会公共停车场建设充电基础设施或预留建设安装条件的车位比例不低于10%，每2000辆电动汽车应至少配套建设一座公共充电站。有关部门和地方应将城际快充网络纳入相关高速公路规划，明确在高速公路服务区配建充电基础设施的要求。

（二）加大用地支持力度

各地要将独立占地的集中式充换电站用地纳入公用设施营业网点用地，按照加油加气站用地供应模式，根据可实施供应的国有建设用地情况，优先安排土地供应。新建项目用地需配建充电基础设施的，可将配件要求纳入土地供应条件，允许土地使用权取得人与其他市场主体合作，按要求投资建设运营充电基础设施。鼓励在已有各类建筑物配建停车场、公交场站、社会公共停车场与高速公路服务区等场所配建充电基础设施，地方政府应协调有关单位在用地方面予以支持。

（三）简化规划建设审批

各地要减少充电基础设施的规划建设审批环节，加快办理速度。个人在自有停车库、停车位，各居住区、单位在既有停车泊位安装充电设施的，无须办理建设用地规划许可证、建设工程规划许可证和施工许可证。建设城市公共停车场（楼）时，无须为同步建设充电桩群等充电基础设施单独办理建设工程规划许可证和施工许可证。新建单独占地的集中式充、换电站应符合城市规划，并办理建设用地规划许可证、建设工程规划许可证和施工许可证。

（四）强化安全管理

各地要建立充电基础设施安全管理体系，完善有关制度标准，加大对用户私拉电线、违规用电、建设施工不规范等行为的查处力度。依法依规对充电基础设施设置场所实施消防设计审核、消防验收以及备案抽查，并加强消防监督检查。行业主管部门要督促充电基础设施运营使用的单位或个人，加强对充电基础设施及其设置场所的日常消防安全检查及管理，及时消除安全隐患。

（五）加大物业协调力度

制定全国统一的私人用户居住地充电基础设施建设管理示范文本。各地房地产行政主管部门、街道办事处和居委会应按照示范文本，主动加强对业主委员会的指导和监督，引导业主支持充电基础设施建设。业主大会、业主委员会应当依法履行自治管理职责，依据示范文本，结合自身实际，明确物业服务区域内建设管理充电基础设施的流程，并将相关内容纳入物业服务合同。对拒不配合或阻挠充电基础设施建设的物业服务企业，各地房地产行政主管部门应制定相应的处罚措施，扣减相关企业和负责人的信用信息评分。

（六）加强供用电监管力度

各级电力监管部门应对充电基础设施供用电环节加强监管。电网企业和充电基础设施运营企业应配合监管部门进行监督检查，按规定和要求提供真实完整的信息。对于电网企业服务不合规、充电基础设施运营企业和个人违规用电等情况，依法依规进行查处，并视情节予以处罚。

（七）完善财政价格政策

加大对充电基础设施补贴力度，加快制定"十三五"充电基础设施建设的财政奖励办法，督促各地尽快制定有关支持政策并向社会公布，给予市场稳定的政策预期。在产业发展初期给予中央基建投资资金适度支持。允许充电服务企业向电动汽车用户收取电费及服务费两项费用，对向电网经营企业直接报装接电的经营性集中式充换电设施用电，执行大工业用电价格，2020年前暂免收基本电费；其他充电设施按其所在场所执行分类目录电价。针对不同类别充电基础设施，兼顾投资运营主体合理收益与用户使用经济性等，指导各地及早出台充电服务费分类指导价格，在总结各地经验基础上，逐步规范充电服务价格机制。

（八）强化金融服务支撑

鼓励金融机构在商业可持续原则下，创新金融产品和保险品种，综合运用风险补偿等政策，完善金融服务体系。推广股权、项目收益权、特许经营权等质押融资方式，加快建立包括财政出资和社会资本投入的多层次担保体系，积极推动设立融资担保基金，拓宽充电基础设施投资运营企业与设备厂商的融资渠道。鼓励利用社会资本设立充电基础设施发展专项基金，发行充电基础设施企业债券，探索利用基本养老保险基金投资支持充电基础设施建设。

（九）落实地方主体责任

各地政府要切实承担起统筹推进充电基础设施发展的主体责任，将充电基础设施建设管理作为政府专项管理内容，建立由发展改革（能源）部门牵头、相关部门紧密配合的协同推进机制，明确职责分工，完善配套政策，在2016年3月底前发布充电基础设施专项规划，制定出台充电基础设施建设运营管理办法，并抓好组织实施。

（十）建立互联互通促进机制

设立国家电动汽车充电基础设施促进联盟，配合有关政府部门严格充电基础设施产品准入管理，开展充电基础设施互操作性的产品检测与认证。构建充电基础设施信息服务平台，统一信息交换协议，有效整合不同企业和不同城市的充电服务平台信息资源，促进不同服务平台之间的互联互通，为制定实施财政、监管等政策提供支撑。

（十一）营造良好舆论环境

各有关部门、企业和新闻媒体要通过多种形式加强充电基础设施发展政策、规划布局和建设动态等的宣传，让社会各界全面了解充电基础设施，吸引更多社会资本参与充电基础设施的建设运营，引导消费者购买使用电动汽车。加强舆论监督，曝光阻碍充电基础设施建设、损害消费者权益等行为，形成有利于充电基础设施发展的舆论氛围。

国家发展改革委、国家能源局关于做好电力项目核准权限下放后规划建设有关工作的通知

（发改能源〔2015〕2236号）

各省、自治区、直辖市、新疆生产建设兵团发展改革委（能源局），国家电网公司、南方电网公司，华能、大唐、华电、国电、国电投集团公司，神华集团、中煤集团、国投公司、华润集团，中国国际工程咨询公司、电力规划设计总院：

为贯彻落实国务院关于转变职能、简政放权的工作部署，构建“规划、政策、规则、监管”协调一体的电力项目规划建设管理新机制，确保电力项目（本通知指火电、电网项目，下同）核准权限下放后“权力与责任同步下放、调控与监管同步强化”，保障电力安全稳定供应，根据国务院有关文件精神，现将有关事项通知如下：

一、强化电力规划指导作用

（一）统筹国家和地方电力发展规划。国家五年电力发展的相关规划确定各地区规划期内电力需求预测水平、非化石能源开发目标、省（区）间电力送受能力、火电（含自备电站）建设规模及布局、电网发展总体方针及重点建设任务等。其中，燃煤电站明确分年度总量控制目标和结构调整目标，电网发展明确跨区输电通道和配套外送电力规模、区域电网主网架、500kV及以上电网建设任务。

省级五年电力发展的相关规划要在国家五年电力发展的相关规划指导下制定。电源方面重点明确本地区规划期内燃气电站、燃煤背压电站（含自备电站）的建设规模，以及燃煤、燃气、非化石能源电站的重点布局。电网方面重点提出330/220kV及以下城乡电网建设任务，并对本地区750/500kV电网建设任务进行补充完善。

省级电力发展规划要统筹地市级（县级）政府能源主管部门编制的城市热电联产规划、计划单列市编制的电力发展规划。

（二）各地区优选确定燃煤电站项目。省级发展改革委（能源局）按总量控制目标、《关于推进大型煤电外送基地科学开发的指导意见》（国能电力〔2014〕243号）分别开展自用燃煤电站规划项目（含自备电站）和外送燃煤电站规划项目优选工作。国家能源局及其派出机构对优选工作实施事中事后监管，监管意见通报有关方面或实施公告。

（三）及时修订燃煤电站总量控制目标。国家发展改革委、国家能源局结合电力需求变化、电源项目与输电通道建设进度、落后产能淘汰工作进度，加强分地区电力电量供需平衡衔接，保障电力安全稳定供应。出现重大变化时，及时组织衔接修订各地区燃煤电站总量控制目标。

（四）滚动调整燃煤电站规划项目。为保障电力规划有效实施，确保电力电量平衡和电力供应安全，燃煤电站项目纳入规划后，长期不具备开工条件的，省级发展改革委（能源局）应及时补选替代项目或滚入次年该地区总量控制目标。

（五）适时调整电网规划项目。500kV及以上交流、±400kV及以上直流电网项目，经评估或其他原因需要调整的，国家发展改革委、国家能源局组织相关单位滚动调整规划。330/220kV及以下城乡电网建设项目，由省级发展改革委（能源局）组织调整。接入电网管理办法另行制定。

（六）优化调整规划项目内容。将已纳入国家规划的电力项目形成各省项目库，对项目库进行定期跟踪，以方便宏观管理。已纳入国家规划的电力项目，规划建设内容拟作优化调整，且不涉及总量控制目标、规划布局等重要事项的，省级发展改革委（能源局）自行组织调整，并报国家发展改革委、国家能源局。在燃煤电站建成投产前，不允许控股投资方以牟利为目的进行项目转让。

二、做好项目优选工作

（七）高度重视优选工作。有关单位要高度重视燃煤电站项目（含外送燃煤电站项目）优选工作，严格按照“公平、公开、公正”原则，按程序推进项目决策的科学化、透明化、民主化，未经优选的燃煤电站项目不得纳入规划。

（八）公开制定优选办法。省级发展改革委（能源局）应结合当地实际情况，广泛征求有关方面意见，平等对待各类投资主体，综合考虑规划布局、对系统安全稳定影响、煤源及运输、机组选型、机组可用率、机组调峰能力、环境保护和资源利用、技术创新等因素，制定印发和公开本地区燃煤电站项目优选办法（含优选流程、评选标准等，下同），并抄送国家能源局相关派出机构。

（九）严格开展优选工作。省级发展改革委（能源局）要依据制定的优选办法组织开展项目优选工作，优选前及时将优选办法、时间和要求告知相关单位，优选时组织专家组进行评选并主动邀请国家能源局相关派出机构等单位进行监督，优选后及时将评选结果（含项目排序、采用评分制的项目得分等）告知项目单位。备选项目所提材料内容深度应达到《火力发电厂初步可行性研究报告内容深度规定》等

行业标准要求。

（十）履行社会公示程序。省级发展改革委（能源局）要将优选后的项目进行社会公示（公示内容包括项目规模、建设地点、控股投资方等基本信息）。对社会公示中出现重大争议的项目，要组织开展深入论证，必要时进行调整。公示后拟纳入电力建设规划的项目报送国家发展改革委、国家能源局，抄送国家能源局相关派出机构。

三、依法依规承接核准工作

（十一）贯彻执行新的核准制度。省级发展改革委（能源局）要按照国务院办公厅《关于印发精简审批事项规范中介服务实行企业投资项目网上并联核准制度工作方案的通知》（国办发〔2014〕59号）、《关于创新投资管理方式建立协同监管机制的若干意见》（国办发〔2015〕12号）、《关于一律不得将企业经营自主权事项作为企业投资项目核准前置条件的通知》（发改投资〔2014〕2999号）等有关要求对纳入电力建设规划的项目进行核准。核准工作应遵循“公开、透明、高效”的原则，简化电力项目核准前置条件，优化审批程序，制定并公开电力项目核准工作规则、审批流程、办事指南，实行并联审批、在线审批，并公开审批进度和审批结果，主动接受社会监督。

（十二）按权限履行核准工作。由地方政府核准的电力项目，省级政府可根据本地实际情况具体划分地方各级政府的核准权限。燃气电站（分布式除外）、500kV及以上交流、±400kV及以上直流电网项目宜由省级政府履行核准，对确需下放到省级以下地方政府核准的，省级发展改革委（能源局）要加强规划指导及后续监管工作，确保“放而不乱”。

（十三）及时上报核准信息。省级发展改革委（能源局）要将燃煤电站、燃气电站、500kV及以上交流和±400kV及以上直流电网项目核准文件抄报国家发展改革委、国家能源局，抄送国家能源局相关派出机构。地市级及以下政府核准的电力项目，由省级发展改革委（能源局）每月汇总后报送。同时，应充分利用发改系统项目信息联动机制，切实做到核准信息的在线、及时、准确、共享。

四、加强项目规划建设管理，深化全过程监管

（十四）建立健全电力规划体系。国家发展改革委、国家能源局加快构建科学合理、权责清晰的电力规划体系。全国电力规划指导省级电力规划，省级电力规划服从全国电力规划，全国电力规划和省级电力规划应做到上下衔接，协调统一。国家能源局另行制定电力规划管理办法，明确国家五年电力发展规划的编制、实施、评估、调整、监管等相关要求。

（十五）确保优选工作科学公正。省级发展改革委（能源局）要确保优选工作科学公正。国家能源局派出机构监督优选过程，不参与项目优选决策。国家能源局加强事中事后监管，对超出总量控制目标的，要求省级发展改革委（能源局）原则上按优选排序进行削减。对不符合产业政策或规划布局、建设条件等有重大缺陷的，由省级发展改革委（能源局）进行规划调整。

（十六）做好项目前期论证设计。电网项目业主须优化工程方案，控制建设成本，工作深度要达到《输变电工程可行性研究报告内容深度规定》。火电项目在纳入规划后，项目业主要进一步加强科学论证，工作深度要达到《火力发电厂可行性研究报告内容深度规定》，项目用能、用地、用水、用材、环保排放等指标要达到国家产业政策和行业技术标准规定。相关项目业主可根据需要对项目前期论证设计工作自行委托评审。

国家能源局将按照国务院关于深化投资体制改革的有关要求组织修订有关行业标准和规范。

（十七）落实好外部建设条件。项目业主应及时落实项目用地、用煤、用水、铁路接轨、电网接入等外部建设条件。电网企业要积极主动为火电规划项目提供公平无歧视的接入电网服务，抓紧组织开展配套送出工程相关工作，保证电源送出工程同步建设，不影响项目正常建设进度。

（十八）依法开工建设。项目核准后，项目单位取齐法律法规规定的审批文件后开工建设，并将项目建设信息及时上报有关部门。重点地区燃煤火电项目开工前，要落实国家关于煤炭等量（减量）替代有关要求。

（十九）加强项目建设管理。项目单位要严格执行《招投标法》等相关法律法规，高度重视工程质量、环境保护、拆迁安置等工作。省级发展改革委（能源局）要做好项目建设过程中的指导和协调，确保项目顺利建设，项目建成后，按规定开展工程验收和后评价工作，对项目单位超规划和核准要求擅自增容行为加强监管。国家能源局派出机构依据省级发展改革委（能源局）的核准意见确定电力业务许可证的许可容量。

（二十）加强政府协调服务。省级发展改革委（能源局）要做好项目建设指导工作，提高协调和服务水平。对纳入规划的项目，前期工作和建设进度明显迟缓时，要分析原因并采取有效解决措施，做好项目服务工作。督促协调电网企业和发电企业同步建设，满足电源送出要求。按月将已纳入规划、核准在建电力项目的前期、投资与建设进度等上报国家发展改革委、国家能源局。

（二十一）严厉查处违规建设行为。省级发展改革委（能源局）要会同国家能源局派出机构加强电力项目建设事中、事后监管，充分依托投资项目在线审批监督平台，实现纵横协同监管，全程跟踪、及时预警、严肃问责。按照“谁核准、谁负责、谁处理”的原则，对未按核准要求建设及未核先建行为，及时发现并责令整改。对未达开工条件建设的，要会同有关部门严厉查处。对于违规建设的火电项目，国家能源局派出机构不予办理电力业务许可证，电网企业不予并网。

（二十二）建立异常信用记录和“黑名单”制度。对违规开工建设的、不按审批内容建设的以及前期工作及建设进度严重滞后的行为，记入项目异常信用记录，情节严重的要将项目单位纳入“黑名单”并向金融机构和社会公布。省级发展改革委（能源局）要对发生异常项目信用记录的项目单位及时予以警告，对列入“黑名单”的项目单位实行项目限批，并将有关情况上报国家发展改革委、国家能源局。

（二十三）加强规划政策执行情况监管。国家发展改革委、国家能源局重点从总量控制目标、产业政策和规划布局方面加强规划执行情况监管。国家能源局派出机构会同省级发展改革委（能源局）监管国家相关电力规划、政策、标准和其他建设要求的落实情况，及时上报监管中发现的问题和处理措施建议。对于问题严重的，国家能源局及其派出机构约谈责任方，必要时予以通报。

（二十四）总结深化简政放权工作。省级发展改革委（能源局）定期对电力项目核准权限下放后的承接情况、

存在问题和实施效果进行总结并结合电力体制改革有关精神，进一步探索创新市场化的火电项目开发和投资管理机制。

国家发展改革委
国家能源局（印）
2015年10月8日

国家发展改革委、国家能源局关于印发电力体制改革配套文件的通知
（发改经体〔2015〕2752号）

各省、自治区、直辖市人民政府，新疆生产建设兵团：

为贯彻落实《中共中央国务院关于进一步深化电力体制改革的若干意见》（中发〔2015〕9号），推进电力体制改革实施工作，经报请国务院同意，现将国家发展改革委、国家能源局和中央编办、工业和信息化部、财政部、环境保护部、水利部、国资委、法制办等部门制定，并经经济体制改革工作部际联席会议（电力专题）审议通过的6个电力体制改革配套文件，印发给你们，请按照执行。

附件：1.《关于推进输配电价改革的实施意见》
2.《关于推进电力市场建设的实施意见》
3.《关于电力交易机构组建和规范运行的实施意见》
4.《关于有序放开发用电计划的实施意见》
5.《关于推进售电侧改革的实施意见》
6.《关于加强和规范燃煤自备电厂监督管理的指导意见》

国家发展改革委
国家能源局（印）
2015年11月26日

附件1

关于推进输配电价改革的实施意见

为贯彻落实《中共中央　国务院关于进一步深化电力体制改革的若干意见》（中发〔2015〕9号）有关要求，理顺电价形成机制，现就推进输配电价改革提出以下意见。

一、总体目标

建立规则明晰、水平合理、监管有力、科学透明的独立输配电价体系，形成保障电网安全运行、满足电力市场需要的输配电价形成机制。还原电力商品属性，按照“准许成本加合理收益”原则，核定电网企业准许总收入和分电压等级输配电价，明确政府性基金和交叉补贴，并向社会公布，接受社会监督。健全对电网企业的约束和激励机制，促进电网企业改进管理，降低成本，提高效率。

二、基本原则

试点先行，积极稳妥。输配电资产庞大，关系复杂，历史遗留的问题很多，各地情况千差万别，要坚持试点先行、积极稳妥的原则，在条件相对较好、矛盾相对较小、地方政府支持的地区先行开展试点，认真总结试点经验，逐步扩大试点范围，确保改革平稳推进。

统一原则，因地制宜。输配电价改革要遵循中发〔2015〕9号文件要求，在国家统一指导下进行，按照“准许成本加合理收益”原则，核定电网企业准许总收入和各电压等级输配电价，改变对电网企业的监管方式。同时，考虑到各地区实际情况，允许在输配电价核定的相关参数、总收入监管方式等方面适当体现地区特点。

完善制度，健全机制。电价改革，要制度先行。需要制订和完善输配电成本监审、价格管理办法，建立健全对电网企业的激励和约束机制，制度和办法要明确、具体、可操作。

突出重点，着眼长远。输配电价改革的重点是改革和规范电网企业运营模式。电网企业按照政府核定的输配电价收取过网费，不再以上网电价和销售电价价差作为主要收入来源。在输配电价核定过程中，既要满足电网正常合理的投资需要，保证电网企业稳定的收入来源和收益水平，又要加强成本约束，对输配电成本进行严格监审，促进企业加强管理，降低成本，提高效率。在研究制定具体试点方案时，要着眼长远，为未来解决问题适当留有余地。

三、主要措施

（一）逐步扩大输配电价改革试点范围。在深圳市、内蒙古西部率先开展输配电价改革试点的基础上，将安徽、湖北、宁夏、云南、贵州省（区）列入先期输配电价改革试点范围，按“准许成本加合理收益”原则核定电网企业准许总收入和输配电价。凡开展电力体制改革综合试点的地区，直接列入输配电价改革试点范围。鼓励具备条件的其他地区开展试点，尽快覆盖到全国。

输配电价改革试点工作主要可分为调研摸底、制定试点方案、开展成本监审、核定电网准许收入和输配电价四个阶段。鼓励试点地区在遵循中发〔2015〕9号文件明确的基本原则基础上，根据本地实际情况和市场需求，积极探索，勇于创新，提出针对性强、可操作性强的试点方案。试点方案不搞一刀切，允许在输配电价核定的相关参数、价格调整周期、总收入监管方式等方面适当体现地区特点。

（二）认真开展输配电价测算工作。各地要按照国家发展改革委和国家能源局联合下发的《输配电定价成本监审办法》（发改价格〔2015〕1347号），扎实做好成本监审和成本调查工作。其中，国家发展改革委统一组织对各试点地区开展输配电定价成本监审。各试点地区要配合做好成本监审具体工作，严格核减不相关、不合理的投资和成本费用。非试点地区同步开展成本调查，全面调查摸清电网输配电资产、成本和企业效益情况。在此基础上，以有效资产为基础测算电网准许总收入和分电压等级输配电价。试点地区建立平衡账户，实施总收入监管与价格水平监管。非试点地区研究测算电网各电压等级输配电价，为全面推进电价改革做好前期准备工作。

（三）分类推进交叉补贴改革。结合电价改革进程，配套改革不同种类电价之间的交叉补贴，逐步减少工商业内部交叉补贴，妥善处理居民、农业用户交叉补贴。过渡期间，由电网企业申报现有各类用户电价间交叉补贴数额，经政府价格主管部门审核后通过输配电价回收；输配电价改革后，根据电网各电压等级的资产、费用、电量、线损率等情况核定分电压等级输配电价，测算并单列居民、农业等享受的交叉补贴以及工商业用户承担的交叉补贴。鼓励试点地区积极探索，采取多种措施保障交叉补贴资金来源。各地全部完成交叉补贴测算和核定工作后，统一研究提出妥善处理交

叉补贴的政策措施。

（四）明确过渡时期电力直接交易的输配电价政策。已制定输配电价的地区，电力直接交易按照核定的输配电价执行；暂未单独核定输配电价的地区，可采取保持电网购销差价不变的方式，即发电企业上网电价调整多少，销售电价调整多少，差价不变。

四、组织实施

（一）建立输配电价改革协调工作机制。国家发展改革委会同财政部、国资委、能源局等有关部门和单位成立输配电价改革专项工作组。专项工作组要定期沟通情况，对改革涉及的重点难点问题充分讨论，提出措施建议。

（二）加强培训指导。国家发展改革委加强对各地输配电价改革的指导，统一组织成本监审，审核试点方案和输配电准许收入、水平，对试点效果及时总结，完善政策。同时，组织集中培训、调研交流，提高各地价格主管部门业务能力，为顺利推进改革奠定基础。

（三）正确引导舆论。根据党中央、国务院确定的改革方向，在中发〔2015〕9号文件框架内加强输配电价改革宣传和政策解释工作，灵活采取多种方式进行宣传，正确引导社会舆论，凝聚共识，稳定预期，在全社会形成推进改革的浓厚氛围。

（四）夯实工作基础。各地价格主管部门要加强与电力投资、运行及国家能源局派出机构等部门的合作，充分听取各方意见，集中力量做好改革试点工作。加强上下沟通，健全信息沟通机制，对在方案研究、成本监审、电价测算等过程中遇到的重要情况和问题，及时向国家发展改革委反映。电网企业要积极配合输配电价改革工作，客观真实提供输配电成本监审和价格核定所需的各种财务报表、资产清单等，主动适应输配电价改革要求，改进核算方式，接受政府有关部门监督。

附件 2

关于推进电力市场建设的实施意见

为贯彻落实《中共中央　国务院关于进一步深化电力体制改革的若干意见》（中发〔2015〕9号）有关要求，推动电力供应使用从传统方式向现代交易模式转变，现就推进电力市场建设提出以下意见。

一、总体要求和实施路径

（一）总体要求。遵循市场经济基本规律和电力工业运行客观规律，积极培育市场主体，坚持节能减排，建立公平、规范、高效的电力交易平台，引入市场竞争，打破市场壁垒，无歧视开放电网。具备条件的地区逐步建立以中长期交易为主、现货交易为补充的市场化电力电量平衡机制；逐步建立以中长期交易规避风险，以现货市场发现价格，交易品种齐全、功能完善的电力市场。在全国范围内逐步形成竞争充分、开放有序、健康发展的市场体系。

（二）实施路径。有序放开发用电计划、竞争性环节电价，不断扩大参与直接交易的市场主体范围和电量规模，逐步建立市场化的跨省跨区电力交易机制。选择具备条件地区开展试点，建成包括中长期和现货市场等较为完整的电力市场；总结经验、完善机制、丰富品种，视情况扩大试点范围；逐步建立符合国情的电力市场体系。

非试点地区按照《关于有序放开发用电计划的实施意见》开展市场化交易。试点地区可根据本地实际情况，另行制定有序放开发用电计划的路径。零售市场按照《关于推进售电侧改革的实施意见》开展市场化交易。

二、建设目标

（一）电力市场构成。主要由中长期市场和现货市场构成。中长期市场主要开展多年、年、季、月、周等日以上电能量交易和可中断负荷、调压等辅助服务交易。现货市场主要开展日前、日内、实时电能量交易和备用、调频等辅助服务交易。条件成熟时，探索开展容量市场、电力期货和衍生品等交易。

（二）市场模式分类。主要分为分散式和集中式两种模式。其中，分散式是主要以中长期实物合同为基础，发用双方在日前阶段自行确定日发用电曲线，偏差电量通过日前、实时平衡交易进行调节的电力市场模式；集中式是主要以中长期差价合同管理市场风险，配合现货交易采用全电量集中竞价的电力市场模式。

各地应根据地区电力资源、负荷特性、电网结构等因素，结合经济社会发展实际选择电力市场建设模式。为保障市场健康发展和有效融合，电力市场建设应在市场总体框架、交易基本规则等方面保持基本一致。

（三）电力市场体系。分为区域和省（区、市）电力市场，市场之间不分级别。区域电力市场包括在全国较大范围内和一定范围内资源优化配置的电力市场两类。其中，在全国较大范围内资源优化配置的功能主要通过北京电力交易中心（依托国家电网公司组建）、广州电力交易中心（依托南方电网公司组建）实现，负责落实国家计划、地方政府协议，促进市场化跨省跨区交易；一定范围内资源优化配置的功能主要通过中长期交易、现货交易，在相应区域电力市场实现。省（区、市）电力市场主要开展省（区、市）内中长期交易、现货交易。同一地域内不重复设置开展现货交易的电力市场。

三、主要任务

（一）组建相对独立的电力交易机构。按照政府批准的章程和规则，组建电力交易机构，为电力交易提供服务。

（二）搭建电力市场交易技术支持系统。满足中长期、现货市场运行和市场监管要求，遵循国家明确的基本交易规则和主要技术标准，实行统一标准、统一接口。

（三）建立优先购电、优先发电制度。保障公益性、调节性发用电优先购电、优先发电，坚持清洁能源优先上网，加大节能减排力度，并在保障供需平衡的前提下，逐步形成以市场为主的电力电量平衡机制。

（四）建立相对稳定的中长期交易机制。鼓励市场主体间开展直接交易，自行协商签订合同，或通过交易机构组织的集中竞价交易平台签订合同。优先购电和优先发电视为年度电能量交易签订合同。可中断负荷、调压等辅助服务可签订中长期交易合同。允许按照市场规则转让或者调整交易合同。

（五）完善跨省跨区电力交易机制。以中长期交易为主、临时交易为补充，鼓励发电企业、电力用户、售电主体等通过竞争方式进行跨省跨区买卖电。跨省跨区送受电中的国家计划、地方政府协议送电量优先发电，承担相应辅助服务义务，其他跨省跨区送受电参与电力市场。

（六）建立有效竞争的现货交易机制。不同电力市场模式下，均应在保证安全、高效、环保的基础上，按成本最小原则建立现货交易机制，发现价格，引导用户合理用电，促进发电机组最大限度提供调节能力。

（七）建立辅助服务交易机制。按照“谁受益、谁承担”的原则，建立电力用户参与的辅助服务分担共享机制，积极开展跨省跨区辅助服务交易。在现货市场开展备用、调频等辅助服务交易，中长期市场开展可中断负荷、调压等辅助服务交易。用户可以结合自身负荷特性，自愿选择与发电企业或电网企业签订保供电协议、可中断负荷协议等合同，约定各自的辅助服务权利与义务。

（八）形成促进可再生能源利用的市场机制。规划内的可再生能源优先发电，优先发电合同可转让，鼓励可再生能源参与电力市场，鼓励跨省跨区消纳可再生能源。

（九）建立市场风险防范机制。不断完善市场操纵力评价标准，加强对市场操纵力的预防与监管。加强调度管理，提高电力设备管理水平，确保市场在电力电量平衡基础上正常运行。

四、市场主体

（一）市场主体的范围。

市场主体包括各类发电企业、供电企业（含地方电网、趸售县、高新产业园区和经济技术开发区等，下同）、售电企业和电力用户等。各类市场主体均应满足国家节能减排和环保要求，符合产业政策要求，并在交易机构注册。参与跨省跨区交易时，可在任何一方所在地交易平台参与交易，也可委托第三方代理。现货市场启动前，电网企业可参加跨省跨区交易。

（二）发电企业和用户的基本条件。

1. 参与市场交易的发电企业，其项目应符合国家规定，单位能耗、环保排放、并网安全应达到国家和行业标准。新核准的发电机组原则上参与电力市场交易。

2. 参与市场交易的用户应为接入电压在一定电压等级以上，容量和用电量较大的电力用户。新增工业用户原则上应进入市场交易。符合准入条件的用户，选择进入市场后，应全部电量参与市场交易，不再按政府定价购电。对于符合准入条件但未选择参与直接交易或向售电企业购电的用户，由所在地供电企业提供保底服务并按政府定价购电。用户选择进入市场后，在一定周期内不可退出。适时取消目录电价中相应用户类别的政府定价。

五、市场运行

（一）交易组织实施。电力交易、调度机构负责市场运行组织工作，及时发布市场信息，组织市场交易，根据交易结果制定交易计划。

（二）中长期交易电能量合同的形成。交易各方根据优先购电发电、直接交易（双边或集中撮合）等交易结果，签订中长期交易合同。其中，分散式市场以签订实物合同为主，集中式市场以签订差价合同为主。

（三）日前发电计划。分散式市场，次日发电计划由交易双方约定的次日发用电曲线、优先购电发电合同分解发用电曲线和现货市场形成的偏差调整曲线叠加形成。集中式市场，次日发电计划由发电企业、用户和售电主体通过现货市场竞价确定次日全部发用电量和发用电曲线形成。日前发电计划编制过程中，应考虑辅助服务与电能量统一出清、统一安排。

（四）日内发电计划。分散式市场以 5～15min 为周期开展偏差调整竞价，竞价模式为部分电量竞价，优化结果为竞价周期内的发电偏差调整曲线、电量调整结算价格、辅助服务容量、辅助服务价格等。集中式市场以 5～15min 为周期开展竞价，竞价模式为全电量竞价，优化结果为竞价周期内的发电曲线、结算价格、辅助服务容量、辅助服务价格等。

（五）竞争性环节电价形成。初期主要实行单一电量电价。现货市场电价由市场主体竞价形成分时电价，根据地区实际可采用区域电价或节点边际电价。为有效规避市场风险，对现货市场以及集中撮合的中长期交易实施最高限价和最低限价。

（六）市场结算。交易机构根据市场主体签订的交易合同及现货平台集中交易结果和执行结果，出具电量电费、辅助服务费及输电服务费等结算依据。建立保障电费结算的风险防范机制。

（七）安全校核。市场出清应考虑全网安全约束。电力调度机构负责安全校核，并按时向规定机构提供市场所需的安全校核数据。

（八）阻塞管理。电力调度机构应按规定公布电网输送能力及相关信息，负责预测和检测可能出现的阻塞问题，并通过市场机制进行必要的阻塞管理。因阻塞管理产生的盈利或费用按责任分担。

（九）应急处置。当系统发生紧急事故时，电力调度机构应按安全第一的原则处理事故，无须考虑经济性。由此带来的成本由相关责任主体承担，责任主体不明的由市场主体共同分担。当面临严重供不应求情况时，政府有关部门可依照相关规定和程序暂停市场交易，组织实施有序用电方案。当出现重大自然灾害、突发事件时，政府有关部门、国家能源局及其派出机构可依照相关规定和程序暂停市场交易，临时实施发用电计划管理。当市场运营规则不适应电力市场交易需要，电力市场运营所必需的软硬件条件发生重大故障导致交易长时间无法进行，以及电力市场交易发生恶意串通操纵行为并严重影响交易结果等情况时，国家能源局及其派出机构可依照相关规定和程序暂停市场交易。

（十）市场监管。切实加强电力行业及相关领域科学监管，完善电力监管组织体系，创新监管措施和手段。充分发挥和加强国家能源局及其派出机构在电力市场监管方面的作用。国家能源局依法组织制定电力市场规划、市场规则、市场监管办法，会同地方政府对区域电力市场及区域电力交易机构实施监管；国家能源局派出机构和地方政府电力管理部门根据职能依法履行省（区、市）电力监管职责，对市场主体有关市场操纵力、公平竞争、电网公平开放、交易行为等情况实施监管，对电力交易机构和电力调度机构执行市场规则的情况实施监管。

六、信用体系建设

（一）建立完善市场主体信用评价制度。开展电力市场交易信用信息系统和信用评价体系建设。针对发电企业、供电企业、售电企业和电力用户等不同市场主体建立信用评价指标体系。建立企业法人及其负责人、从业人员信用记录，将其纳入统一的信息平台，使各类企业的信用状况透明，可追溯、可核查。

（二）建立完善市场主体年度信息公示制度。推动市场主体信息披露规范化、制度化、程序化，在指定网站按照指定格式定期发布信息，接受市场主体的监督和政府部门的监管。

（三）建立健全守信激励和失信惩戒机制。加大监管力度，对于不履约、欠费、滥用市场操纵力、不良交易行为、电网歧视、未按规定披露信息等失信行为，要进行市场内部曝光，对有不守信行为的市场主体，要予以警告。建立并完善黑名单制度，严重失信行为直接纳入不良信用记录，并向社会公示；严重失信且拒不整改、影响电力安全的，必要时可实施限制交易行为或强制性退出，并纳入国家联合惩戒体系。

七、组织实施

在电力体制改革工作小组的领导下，国家发展改革委、工业和信息化部、财政部、国务院国资委、国家能源局等有关部门，充分发挥部门联合工作机制作用，组织协调发电企业、电网企业和电力用户，通过联合工作组等方式，切实做好电力市场建设试点工作。

（一）市场筹建。由电力体制改革工作小组根据电力体制改革的精神，制定区域交易机构设置的有关原则，由国家发展改革委、国家能源局会同有关省（区、市），拟定区域市场试点方案；省级人民政府确定牵头部门并提出省（区、市）市场试点方案。试点方案经国家发展改革委、国家能源局组织专家论证后，修改完善并组织实施。

试点地区应建立领导小组和专项工作组，做好试点准备工作。根据实际情况选择市场模式，选取组建区域交易机构或省（区、市）交易机构，完成电力市场（含中长期市场和现货市场，下同）框架方案设计、交易规则和技术支持系统基本规范制定，电力市场技术支持系统建设，并探索通过电力市场落实优先购电、优先发电的途径。适时启动电力市场试点模拟运行和试运行，开展输电阻塞管理。加强对市场运行情况的跟踪了解和分析，及时修订完善有关规则、技术规范。

（二）规范完善。一是对比分析不同试点面临的问题和取得的经验，对不同市场模式进行评估，分析适用性及资源配置效率，完善电力市场。二是继续放开发用电计划，进一步放开跨省跨区送受电，发挥市场机制自我调节资源配置的作用。三是视情况扩大试点范围，逐步开放融合。满足条件的地区，可试点输电权交易。长期发电容量存在短缺风险的地区，可探索建设容量市场。

（三）推广融合。一是在试点地区建立规范、健全的电力市场体系，在其他具备条件的地区，完善推广电力市场体系。进一步放开竞争性环节电价，在具备条件的地区取消销售电价和上网电价的政府定价；进一步放开发用电计划，并完善应急保障机制。二是研究提出促进全国范围内市场融合实施方案并推动实施，实现不同市场互联互通，在全国范围内形成竞争充分、开放有序、健康发展的市场体系。三是探索在全国建立统一的电力期货、衍生品市场。

附件 3

关于电力交易机构组建和规范运行的实施意见

为贯彻落实《中共中央　国务院关于进一步深化电力体制改革的若干意见》（中发〔2015〕9 号）有关要求，推进构建有效竞争的市场结构和市场体系，建立相对独立、规范运行的电力交易机构（以下简称交易机构），现就电力交易机构组建和规范运行提出以下意见。

一、总体要求

（一）指导思想。

坚持市场化改革方向，适应电力工业发展客观要求，以构建统一开放、竞争有序的电力市场体系为目标，组建相对独立的电力交易机构，搭建公开透明、功能完善的电力交易平台，依法依规提供规范、可靠、高效、优质的电力交易服务，形成公平公正、有效竞争的市场格局，促进市场在能源资源优化配置中发挥决定性作用和更好发挥政府作用。

（二）基本原则。

平稳起步，有序推进。根据目前及今后一段时期我国电力市场建设目标、进程及重点任务，立足于我国现有网架结构、电源和负荷分布及其未来发展，着眼于更大范围内资源优化配置，统筹规划、有序推进交易机构组建工作，建立规范运行的全国电力交易机构体系。

相对独立，依规运行。将原来由电网企业承担的交易业务与其他业务分开，实现交易机构管理运营与各类市场主体相对独立。依托电网企业现有基础条件，发挥各类市场主体积极性，鼓励具有相应技术与业务专长的第三方参与，建立健全科学的治理结构。各交易机构依规自主运行。

依法监管，保障公平。交易机构按照政府批准的章程和规则，构建保障交易公平的机制，为各类市场主体提供公平优质的交易服务，确保信息公开透明，促进交易规则完善和市场公平。政府有关部门依法对交易机构实施监管。

二、组建相对独立的交易机构

（一）职能定位。

交易机构不以营利为目的，在政府监管下为市场主体提供规范公开透明的电力交易服务。交易机构主要负责市场交易平台的建设、运营和管理；负责市场交易组织，提供结算依据和相关服务，汇总电力用户与发电企业自主签订的双边合同；负责市场主体注册和相应管理，披露和发布市场信息等。

（二）组织形式。

将原来由电网企业承担的交易业务与其他业务分开，按照政府批准的章程和规则组建交易机构。交易机构可以采取电网企业相对控股的公司制、电网企业子公司制、会员制等组织形式。其中，电网企业相对控股的公司制交易机构，由电网企业相对控股，第三方机构及发电企业、售电企业、电力用户等市场主体参股。会员制交易机构由市场主体按照相关规则组建。

（三）市场管理委员会。

为维护市场的公平、公正、公开，保障市场主体的合法权益，充分体现各方意愿，可建立由电网企业、发电企业、售电企业、电力用户等组成的市场管理委员会。按类别选派代表组成，负责研究讨论交易机构章程、交易和运营规则，协调电力市场相关事项等。市场管理委员会实行按市场主体类别投票表决等合理议事机制，国家能源局及其派出机构和政府有关部门可以派员参加市场管理委员会有关会议。市场管理委员会审议结果经审定后执行，国家能源局及其派出机构和政府有关部门可以行使否决权。

（四）体系框架。

有序组建相对独立的区域和省（区、市）交易机构。区域交易机构包括北京电力交易中心（依托国家电网公司组建）、广州电力交易中心（依托南方电网公司组建）和其他服务于有关区域电力市场的交易机构。鼓励交易机构不断扩大交易服务范围，推动市场间相互融合。

（五）人员和收入来源。

交易机构应具有与履行交易职责相适应的人、财、物，日常管理运营不受市场主体干预，接受政府监管。交易机构人员可以电网企业现有人员为基础，根据业务发展需要，公开选聘，择优选取，不断充实；高级管理人员由市场管理委员会推荐，依法按组织程序聘任。交易机构可向市场主体合理收费，主要包括注册费、年费、交易手续费。

（六）与调度机构的关系。

交易机构主要负责市场交易组织，调度机构主要负责实时平衡和系统安全。日以内即时交易和实时平衡由调度机构负责。日前交易要区别不同情形，根据实践运行的情况和经验，逐步明确、规范交易机构和调度机构的职能边界。

交易机构按照市场规则，基于安全约束，编制交易计划，用于结算并提供调度机构。调度机构向交易机构提供安全约束条件和基础数据，进行安全校核，形成调度计划并执行，公布实际执行结果，并向市场主体说明实际执行与交易计划产生偏差的原因。交易机构根据市场规则确定的激励约束机制要求，通过事后结算实现经济责任分担。

三、形成规范运行的交易平台

（一）拟定交易规则。

根据市场建设目标和市场发展情况，设计市场交易品种。编制市场准入、市场注册、市场交易、交易合同、交易结算、信息披露等规则。

（二）交易平台建设与运维。

逐步提高交易平台自动化、信息化水平，根据市场交易实际需要，规划、建设功能健全、运行可靠的电力交易技术支持系统。加强技术支持系统的运维，支撑市场主体接入和各类交易开展。

（三）市场成员注册管理。

省级政府或由省级政府授权的部门，按年度公布当地符合标准的发电企业和售电主体，对用户目录实施动态监管。进入目录的发电企业、售电主体和用户可自愿到交易机构注册成为市场交易主体。交易机构按照电力市场准入规定，受理市场成员递交的入市申请，与市场成员签订入市协议和交易平台使用协议，办理交易平台使用账号和数字证书，管理市场成员注册信息和档案资料。注册的市场成员可通过交易平台在线参与各类电力交易，签订电子合同，查阅交易信息等。

（四）交易组织。

发布交易信息，提供平台供市场成员开展双边、集中等交易。按照交易规则，完成交易组织准备，发布电力交易公告，通过交易平台组织市场交易，发布交易结果。

（五）交易计划编制与跟踪。

根据各类交易合同编制日交易等交易计划，告知市场成员，并提交调度机构执行，跟踪交易计划执行情况，确保交易合同和优先发用电合同得到有效执行。

（六）交易结算。

根据市场交易发展情况及市场主体意愿，逐步细化完善交易结算相关办法，规范交易结算职能。

交易机构根据交易结果和执行结果，出具电量电费、辅助服务费及输电服务费等结算凭证。交易机构组建初期，可在交易机构出具结算凭证的基础上，保持电网企业提供电费结算服务的方式不变。

（七）信息发布。

按照信息披露规则，及时汇总、整理、分析和发布电力交易相关数据及信息。

（八）风险防控。

采取有效风险防控措施，加强对市场运营情况的监控分析，当市场出现重大异常时，按规则采取相应的市场干预措施，并及时报告。

四、加强对交易机构的监管

（一）市场监管。

切实加强电力行业及相关领域科学监管，完善电力监管组织体系，创新监管措施和手段。充分发挥和加强国家能源局及其派出机构在电力市场监管方面的作用。国家能源局依法组织制定电力市场规划、市场规则、市场监管办法，会同地方政府对区域电力市场及区域电力交易机构实施监管；国家能源局派出机构和地方政府电力管理部门根据职能依法履行省（区、市）电力监管职责，对市场主体有关市场操纵力、公平竞争、电网公平开放、交易行为等情况实施监管，对电力交易机构和电力调度机构执行市场规则的情况实施监管。

（二）外部审计。

试点交易机构应依法依规建立完善的财务管理制度，按年度经具有证券、期货相关业务资格的会计师事务所进行外部财务审计，财务审计报告应向社会发布。

（三）业务稽核。

可根据实际需要，聘请第三方机构对交易开展情况进行业务稽核，并提出完善规则等相关建议。

五、组织实施

（一）加强领导。

为促进不同电力市场的有机融合，逐步形成全国电力市场体系，在电力体制改革工作小组的领导下，国家发展改革委、工业和信息化部、财政部、国务院国资委、国家能源局等有关部门和企业，发挥好部门联合工作机制作用，切实做好交易机构组建试点工作。

（二）试点先行。

在试点地区，结合试点工作，组建相对独立的交易机构，明确试点交易机构发起人及筹备组班子人选。筹备组参与拟定交易机构组建方案，试点方案经国家发展改革委、国家能源局组织论证后组织实施。

（三）组织推广。

总结交易机构组建试点经验，根据各地市场建设实际进展，有序推动其他交易机构相对独立、规范运行相关工作。

附件 4

关于有序放开发用电计划的实施意见

为贯彻落实《中共中央　国务院关于进一步深化电力体制改革的若干意见》（中发〔2015〕9 号）有关要求，推进发用电计划改革，更多发挥市场机制的作用，逐步建立竞争有序、保障有力的电力运行机制，现就有序放开发用电计划提出以下意见。

一、总体思路和主要原则

（一）总体思路。通过建立优先购电制度保障无议价能力的用户用电，通过建立优先发电制度保障清洁能源发电、调节性电源发电优先上网，通过直接交易、电力市场等市场化交易方式，逐步放开其他的发用电计划。在保证电力供需平衡、保障社会秩序的前提下，实现电力电量平衡从以计划手段为主平稳过渡到以市场手段为主，并促进节能减排。

（二）主要原则。坚持市场化。在保证电力安全可靠供应的前提下，通过有序缩减发用电计划、开展发电企业与用户直接交易，逐步扩大市场化电量的比例，加快电力电量平衡从以计划手段为主向以市场手段为主转变，为建设电力市场提供空间。

坚持保障民生。政府保留必要的公益性、调节性发用电计划，以确保居民、农业、重要公用事业和公益性服务等用电。在有序放开发用电计划的过程中，充分考虑企业和社会的承受能力，保障基本公共服务的供给。常态化、精细化开展有序用电工作，有效保障供需紧张情况下居民等重点用电需求不受影响。

坚持节能减排和清洁能源优先上网。在确保供电安全的前提下，优先保障水电和规划内的风能、太阳能、生物质能等清洁能源发电上网，促进清洁能源多发满发。

坚持电力系统安全和供需平衡。按照市场化方向，改善电力运行调节，统筹市场与计划两种手段，引导供应侧、需求侧资源积极参与调峰调频，保障电力电量平衡，提高电力供应的安全可靠水平，确保社会生产生活秩序。

坚持有序推进。各地要综合考虑经济结构、电源结构、电价水平、送受电规模、市场基础等因素，结合本地实际情况，制定发用电计划改革实施方案，分步实施、有序推进。

二、建立优先购电制度

（一）优先购电基本内容。优先购电是指按照政府定价优先购买电力电量，并获得优先用电保障。优先购电用户在编制有序用电方案时列入优先保障序列，原则上不参与限电，初期不参与市场竞争。

（二）优先购电适用范围。一产用电，三产中的重要公用事业、公益性服务行业用电，以及居民生活用电优先购电。重要公用事业、公益性服务包括党政军机关、学校、医院、公共交通、金融、通信、邮政、供水、供气等涉及社会生活基本需求，或提供公共产品和服务的部门和单位。

（三）优先购电保障措施。一是发电机组共同承担。优先购电对应的电力电量由所有公用发电机组共同承担，相应的销售电价、上网电价均执行政府定价。二是加强需求侧管理。在负荷控制系统、用电信息采集系统基础上，推广电用能在线监测和需求侧管理评价，积极培育电能服务，建立完善国家电力需求侧管理平台。在前期试点基础上，推广需求响应，参与市场竞争，逐步形成占最大用电负荷3%左右的需求侧机动调峰能力，保障轻微缺电情况下的电力供需平衡。三是实施有序用电。常态化、精细化开展有序用电工作。制定有序用电方案，进行必要演练，增强操作能力。出现电力缺口或重大突发事件时，对优先购电用户保障供电，其他用户按照有序用电方案确定的顺序及相应比例分担限电义务。通过实施有序用电方案，保障严重缺电情况下的社会秩序稳定。四是加强老少边穷地区电力供应保障。加大相关投入，确保无电人口用电全覆盖。

三、建立优先发电制度

（一）优先发电基本内容。优先发电是指按照政府定价或同等优先原则，优先出售电力电量。优先发电容量通过充分安排发电量计划并严格执行予以保障，拥有分布式风电、太阳能发电的用户通过供电企业足额收购予以保障，目前不参与市场竞争。

（二）优先发电适用范围。为便于依照规划认真落实可再生能源发电保障性收购制度，纳入规划的风能、太阳能、生物质能等可再生能源发电优先发电；为满足调峰调频和电网安全需要，调峰调频电量优先发电；为保障供热需要，热电联产机组实行“以热定电”，供热方式合理、实现在线监测并符合环保要求的在采暖期优先发电，以上原则上列为一类优先保障。为落实国家能源战略、确保清洁能源送出，跨省跨区送受电中的国家计划、地方政府协议送电量优先发电；为减少煤炭消耗和污染物排放，水电、核电、余热余压余气发电、超低排放燃煤机组优先发电，以上原则上列为二类优先保障。各省（区、市）可根据本地区实际情况，按照确保安全、兼顾经济性和调节性的原则，合理确定优先顺序。

（三）优先发电保障措施。一是留足计划空间。各地安排年度发电计划时，充分预留发电空间。其中，风电、太阳能发电、生物质发电、余热余压余气发电按照资源条件全额安排发电，水电兼顾资源条件、历史均值和综合利用要求确定发电量，核电在保证安全的情况下兼顾调峰需要安排发电。二是加强电力外送和消纳。跨省跨区送受电中原则上应明确可再生能源发电量的比例。三是统一预测出力。调度机构统一负责调度范围内风电、太阳能发电出力预测，并充分利用水电预报调度成果，做好电力电量平衡工作，科学安排机组组合，充分挖掘系统调峰潜力，合理调整旋转备用容量，在保证电网安全运行的前提下，促进清洁能源优先上网；面临弃水弃风弃光情况时，及时预告有关情况，及时公开相关调度和机组运行信息。可再生能源发电企业应加强出力预测工作，并将预测结果报相应调度机构。四是组织实施替代，同时实现优先发电可交易。修订火电运行技术规范，提高调峰灵活性，为消纳可再生能源腾出调峰空间。鼓励开展替代发电、调峰辅助服务交易。

四、切实保障电力电量平衡

未建立现货市场的地区，应以现有发用电计划工作为基础，坚持公开、公平、公正，参照以下步骤做好年度电力电量平衡工作。

（一）做好供需平衡预测。每年年底，各地预测来年本地区电力供需平衡情况，预测总发用电量，测算跨省跨区送受电电量（含优先发电部分、市场交易部分），测算本地区平均发电利用小时数，点对网发电机组视同为受电地区发电企业。

（二）安排优先发电。优先安排风能、太阳能、生物质能等可再生能源保障性发电；根据电网调峰调频需要，合理安排调峰调频电量；按照以热定电原则安排热电联产机组发电；兼顾资源条件、系统需要，合理安排水电发电；兼顾调峰需要，合理安排核电发电；安排余热余压余气发电；考虑节能环保水平，安排高效节能、超低排放的燃煤机组发电。

（三）组织直接交易。组织符合条件的电力用户和发电企业，通过双边交易或多边交易等方式，确定交易电量和交易价格；尽可能确保用户用电负荷特性不得恶化，避免加大电网调峰压力；尽可能避免非理性竞争，保障可持续发展。其中，供热比重大的地区，直接交易不得影响低谷电力平衡和保障供热需要；水电比重大的地区，直接交易应区分丰水期、枯水期电量。

（四）扣除相应容量。为促进直接交易价格合理反映电力资源产品价值，在安排计划电量时，原则上应根据直接交易情况，相应扣除发电容量。为调动发电企业参与积极性，直接交易电量折算发电容量时，可根据对应用户最大负荷利用小时数、本地工业用户平均利用小时数或一定上限等方式折算。

（五）安排好年度电力电量平衡方案。扣除直接交易的发电量、发电容量后，剩余发电量、发电容量可以按照现行的差别电量计划制定规则，考虑年度检修计划后，确定发电计划。计划电量执行政府定价。电力企业应根据年度电力电量平衡方案协商签订购售电合同。

（六）实施替代发电。发电计划确定后，在满足安全和供热等约束条件下，组织发电企业通过自主协商或集中撮合等方式实施替代发电，促进节能减排。计划电量和直接交易电量，均可按照有关规定实施替代发电。

（七）保障电力平衡。所有统调发电机组均承担电力平衡和调峰调频任务，对应的电量为调峰调频电量，计入计划电量，原调度方式不变。

（八）适时调整年度电力电量平衡方案。通过调整方案，确保交易电量得以执行。可于四季度，根据直接交易电量变化、用电增速变化，以及有关奖惩因素等，按照上述规则调整年度电力电量平衡方案，并签订调整补充协议。

五、积极推进直接交易

通过建立、规范和完善直接交易机制，促进中长期电力交易的发展，加快市场化改革进程。

（一）用户准入范围。允许一定电压等级或容量的用户参与直接交易；允许售电公司参与；允许地方电网和趸售县参与；允许产业园区和经济技术开发区等整体参与。落后产能、违规建设和违法排污项目不得参与。各地可结合本地区实际情况、产业政策，以及能耗、环保水平等完善准入条件，并尽可能采用负面清单、注册制方式。选择直接交易的用户，原则上应全部电量参与市场交易，不再按政府定价购电。

（二）发电准入范围。允许火电、水电参与直接交易；鼓励核电、风电、太阳能发电等尝试参与；火电机组中，超低排放的燃煤发电机组优先参与。不符合国家产业政策、节能节水指标未完成、污染物排放未达到排放标准和总量控制要求、违规建设等电源项目不得参与。各地可结合本地区实际情况、发电产业政策，以及发电机组容量、能耗、环保水平等完善准入条件，并尽可能采用负面清单方式。发电机组参与直接交易的容量应保持合理比例，以便保持调峰调频能力、避免影响供需平衡。

（三）交易方式和期限。符合条件的发电企业、售电企业和用户可以自愿参与直接交易，协商确定多年、年度、季度、月度、周交易量和交易价格。既可以通过双边交易，也可以通过多边撮合交易实现；一旦参与，不得随意退出。年度交易量确定后，可以根据实际情况进行月度电量调整。直接交易合同原则上至少为期一年，双方必须约定违约责任，否则合同不得中途中止。具备条件的，允许部分或全部转让合同，即卖电方可以买电、买电方也可以卖电，以降低参与方的违约风险。

（四）直接交易价格。对于发电企业与用户、售电企业直接交易的电量，上网电价和销售电价初步实现由市场形成，即通过自愿协商、市场竞价等方式自主确定上网电价，按照用户、售电主体接入电网的电压等级支付输配电价（含线损、交叉补贴）、政府性基金等。暂未单独核定输配电价的地区、扩大电力直接交易参与范围的地区，可采取保持电网购销差价不变的方式，即发电企业上网电价调整多少，销售电价调整多少，差价不变。

（五）保持用电负荷特性。为保持用户用电特性，避免加大系统调峰压力，初期，直接交易电量应区分峰谷电量，实行峰谷电价，峰谷电价比值应不低于所在省份峰谷电价比值；有条件的地区，鼓励发用电双方提供负荷曲线。中期，在直接交易中努力实现电力基本匹配，发用电双方均需提供负荷曲线，但不严格要求兑现。后期，所有卖电方均需提供预计出力曲线；所有买电方均需提供预计用电曲线。

（六）避免非理性竞争。为了建立长期稳定的交易关系，促进可持续发展，参与直接交易的发电能力和用电量应保持合理比例、基本匹配，避免出现非理性竞争，影响市场化改革进程。具体比例可参考本地区可供电量与用电量的比值确定。

六、有序放开发用电计划

根据实际需要，在不影响电力系统安全、供需平衡和保障优先购电、优先发电的前提下，全国各地逐步放开一定比例的发用电计划，参与直接交易，促进电力市场建设。

（一）逐步放大直接交易比例。用电逐步放开。现阶段可以放开110kV（66kV）及以上电压等级工商业用户、部分35kV电压等级工商业用户参与直接交易。下一步可以放开全部35kV及以上电压等级工商业用户，甚至部分10kV及以上电压等级工商业用户参与；允许部分优先购电的企业和用户自愿进入市场。具备条件时，可以放开全部10kV及以上电压等级用户，甚至允许所有优先购电的企业和用户自愿进入市场；也可以通过保留一定交叉补贴，使得无议价能力用户价格比较合理，在市场上具有一定竞争力，通过市场解决；供电企业仍承担保底供电责任，确保市场失灵时的基本保障。

发电相应放开。随着用电逐步放开，相应放开一定比例的发电容量参与直接交易。目前保留各类优先发电，鼓励优先发电的企业和用户自愿进入市场。具备条件时，调峰调频电量、供热发电、核电、余热余压余气发电等优先发电尽可能进入电力市场。

跨省跨区送受电逐步放开。现阶段，国家计划、地方政府协议送电量优先发电；其他跨省跨区送受电可给予一定过渡期，在历史均值基础上，年电量变化幅度应控制在一定比例范围内，或可通过跨省跨区替代发电实现利益调节。下一步，鼓励将国家计划、地方政府协议送电量转变为中长期合同；其他跨省跨区送受电由送受电各方自行协商确定，鼓励签订中长期合同。逐步过渡到主要通过中长期交易、临时交易实现；既可以是政府间中长期交易，电力企业、用户间中长期交易，也可以是电力企业、用户间临时交易。

（二）促进建立电力市场体系。通过建立、规范和完善直接交易机制，促进电力中长期交易的发展。首先，选取试点地区开展现货市场试点，探索建立电力电量平衡新机制。然后，在现货市场试点基础上，丰富完善市场品种，探索实施途径、积累经验、完善规则，尝试建立比较完整的电力市场体系，为全国范围推广奠定基础。鼓励需求侧资源参与各类市场竞争，促进分布式发电、电动汽车、需求响应等的发展。后期，进一步完善各类电力市场和交易品种，并逐步在全国范围推广、建立比较完善的电力市场体系，使得电力电量平衡能够主要依靠电力市场实现，市场在配置资源中发挥决定性作用。

结合直接交易用户的放开，适时取消相应类别用户目录电价，即用户必须自行参与市场或通过售电公司购电。逐步取消部分上网电量的政府定价。除优先发电、优先购电对应的电量外，发电企业其他上网电量价格主要由用户、售电主体与发电企业通过自主协商、市场竞价等方式确定。在电力市场体系比较健全的前提下，全部放开上网电价和销售电价。

（三）不断完善应急保障机制。通过实施需求响应和有序用电方案，完善电力电量平衡的应急保障机制和体系。在面临重大自然灾害和突发事件时，省级以上人民政府依法宣布进入应急状态或紧急状态，暂停市场交易，全部或部分免除市场主体的违约责任，发电全部或部分执行指令性交易，包括电量、电价，用电执行有序用电方案。

七、因地制宜组织实施

（一）切实加强组织领导。各地区要建立工作机制，有关部门要分工协作、相互配合，结合本地区实际情况，制定实施方案并报国家发展改革委和国家能源局；对于过渡时期可能出现的各种问题，早做考虑、早做预案；认真落实本指导意见提出的各项任务，遇有重大问题及时反映。国家发展改革委和国家能源局将会同有关部门加强对各地区实施方案制定和具体工作推进的指导和监督；适时组织评估有序放开发用电计划工作，总结经验、分析问题、完善政策。

（二）因地制宜开展工作。鉴于我国不同地区间电源电网结构、实际运行特点以及经济结构等均存在较大差异，改革过程中面临的困难各不相同、同步实施难度较大，各地可根据工作基础、实施难度和实际进展等因素，在本地区实施方案中确定主要时间节点，并制定不同阶段的放开比例和具体工作方案。建立现货市场的试点地区，可以根据需要另行设计发用电计划改革路径。

（三）充分发挥市场作用。无论是制定、实施本地区实施方案，还是组织开展试点工作，各地都要坚持发挥市场的作用，注重制定完善规则，按规则办事，避免自由裁量空间过大。特别是在直接交易等实施过程中，不得指定交易对象、交易电量、交易价格。国家能源局派出机构应加强对此类情况的监督检查。如经核实出现类似情况，将暂停该地区试点工作或改革推进工作，待整改完毕后再行推进。

附件 5

关于推进售电侧改革的实施意见

为认真贯彻《中共中央　国务院关于进一步深化电力体制改革的若干意见》（中发〔2015〕9号）精神，现就推进售电侧改革提出以下意见。

一、指导思想和基本原则、工作目标

（一）指导思想。

向社会资本开放售电业务，多途径培育售电侧市场竞争主体，有利于更多的用户拥有选择权，提升售电服务质量和用户用能水平。售电侧改革与电价改革、交易体制改革、发用电计划改革等协调推进，形成有效竞争的市场结构和市场体系，促进能源资源优化配置，提高能源利用效率和清洁能源消纳水平，提高供电安全可靠性。

（二）基本原则。

坚持市场方向。通过逐步放开售电业务，进一步引入竞争，完善电力市场运行机制，充分发挥市场在资源配置中的决定性作用，鼓励越来越多的市场主体参与售电市场。

坚持安全高效。售电侧改革应满足供电安全和节能减排要求，优先开放能效高、排放低、节水型的发电企业，以及单位能耗、环保排放符合国家标准、产业政策的用户参与交易。

鼓励改革创新。参与交易的市场主体采用公示和信用承诺制度，不实行行政审批。整合互联网、分布式发电、智能电网等新兴技术，促进电力生产者和消费者互动，向用户提供智能综合能源服务，提高服务质量和水平。

完善监管机制。保证电力市场公平开放，建立规范的购售电交易机制，在改进政府定价机制、放开发电侧和售电侧两端后，对电网输配等自然垄断环节和市场其他主体严格监管，进一步强化政府监管。

二、售电侧市场主体及相关业务

（一）电网企业。

电网企业是指拥有输电网、配电网运营权（包括地方电力公司、趸售县供电公司），承担其供电营业区保底供电服务的企业，履行确保居民、农业、重要公用事业和公益性服务等用电的基本责任。当售电公司终止经营或无力提供售电服务时，电网企业在保障电网安全和不影响其他用户正常供电的前提下，按照规定的程序、内容和质量要求向相关用户供电，并向不参与市场交易的工商业用户和无议价能力用户供电，按照政府规定收费。若营业区内社会资本投资的配电公司无法履行责任时，由政府指定其他电网企业代为履行。

电网企业对供电营业区内的各类用户提供电力普遍服务，保障基本供电；无歧视地向市场主体及其用户提供报装、计量、抄表、维修、收费等各类供电服务；保障电网公平无歧视开放，向市场主体提供输配电服务，公开输配电网络的可用容量和实际使用容量等信息；在保证电网安全运行的前提下，按照有关规定收购分布式电源发电；受委托承担供电营业区内的有关电力统计工作。

电网企业按规定向交易主体收取输配电费用（含线损和交叉补贴），代国家收取政府性基金；按照交易中心出具的结算依据，承担市场主体的电费结算责任，保障交易电费资金安全。

鼓励以混合所有制方式发展配电业务。向符合条件的市场主体放开增量配电投资业务。社会资本投资增量配电网绝对控股的，即拥有配电网运营权，同时拥有供电营业区内与电网企业相同的权利，并切实履行相同的责任和义务。

（二）售电公司。

售电公司分三类，第一类是电网企业的售电公司。第二类是社会资本投资增量配电网，拥有配电网运营权的售电公司。第三类是独立的售电公司，不拥有配电网运营权，不承担保底供电服务。

售电公司以服务用户为核心，以经济、优质、安全、环保为经营原则，实行自主经营，自担风险，自负盈亏，自我约束。鼓励售电公司提供合同能源管理、综合节能和用电咨询等增值服务。同一供电营业区内可以有多个售电公司，但只能有一家公司拥有该配电网经营权，并提供保底供电服务。同一售电公司可在多个供电营业区内售电。

发电公司及其他社会资本均可投资成立售电公司。拥有分布式电源的用户，供水、供气、供热等公共服务行业，节能服务公司等均可从事市场化售电业务。

（三）用户。

符合市场准入条件的电力用户，可以直接与发电公司交易，也可以自主选择与售电公司交易，或选择不参与市场交易。

三、售电侧市场主体准入与退出

（一）售电公司准入条件。

1. 按照《中华人民共和国公司法》，进行工商注册，具有独立法人资格。

2. 资产要求。

（1）资产总额在2000万元至1亿元人民币的，可以从事年售电量不超过6亿～30亿kWh的售电业务。

（2）资产总额在1亿～2亿元人民币的，可以从事年售电量不超过30亿～60亿kWh的售电业务。

（3）资产总额在2亿元人民币以上的，不限制其售电量。

（4）拥有配电网经营权的售电公司其注册资本不低于其总资产的20%。

3. 拥有与申请的售电规模和业务范围相适应的设备、经营场所，以及具有掌握电力系统基本技术经济特征的相关专职专业人员，有关要求另行制定。

4. 拥有配电网经营权的售电公司应取得电力业务许可证（供电类）。

（二）直接交易用户准入条件。

1. 符合国家产业政策，单位能耗、环保排放均应达到国家标准。

2. 拥有自备电源的用户应按规定承担国家依法合规设立的政府性基金，以及与产业政策相符合的政策性交叉补贴和系统备用费。

3. 微电网用户应满足微电网接入系统的条件。

（三）市场主体准入。

1. 符合准入条件的市场主体应向省级政府或由省级政府授权的部门申请，并提交相关资料。

2. 省级政府或由省级政府授权的部门通过政府网站等媒体将市场主体是否满足准入条件的信息及相关资料向社会公示。

3. 省级政府或由省级政府授权的部门将公示期满无异议的市场主体纳入年度公布的市场主体目录，并实行动态管理。

4. 列入目录的市场主体可在组织交易的交易机构注册，获准参与交易。在新的交易机构组建前，市场主体可先行在省级政府或由省级政府授权的部门登记。

有关市场主体准入、退出办法另行制定。

（四）市场主体退出。

1. 市场主体违反国家有关法律法规、严重违反交易规则和破产倒闭的须强制退出市场，列入黑名单，不得再进入市场。退出市场的主体由省级政府或由省级政府授权的部门在目录中删除，交易机构取消注册，向社会公示。

2. 市场主体退出之前应将所有已签订的购售电合同履行完毕或转让，并处理好相关事宜。

四、市场化交易

（一）交易方式。

市场交易包括批发和零售交易。在交易机构注册的发电公司、售电公司、用户等市场主体可以自主双边交易，也可以通过交易中心集中交易。拥有分布式电源或微网的用户可以委托售电公司代理购售电业务。有关交易方式另行制定。

（二）交易要求。

参与交易的有关各方应符合电力市场建设的有关规定，到交易机构注册成为市场交易主体。市场有关各方应依法依规签订合同，明确相应的权利义务关系，约定交易、服务等事项。参与双边交易的买卖双方应符合交易的有关规定，交易结果应报有关交易机构备案。

（三）交易价格。

放开的发用电计划部分通过市场交易形成价格，未放开的发用电计划部分执行政府规定的电价。市场交易价格可以通过双方自主协商确定或通过集中撮合、市场竞价的方式确定。参与市场交易的用户购电价格由市场交易价格、输配电价（含线损和交叉补贴）、政府性基金三部分组成。

输配电价由政府核定，暂未单独核定输配电价的地区，可按现行电网购销价差作为电力市场交易输配电价。

（四）结算方式。

发电公司、电网企业、售电公司和用户应根据有关电力交易规则，按照自愿原则签订三方合同。电力交易机构负责提供结算依据，电网企业负责收费、结算，负责归集交叉补贴，代收政府性基金，并按规定及时向有关发电公司和售电公司支付电费。

五、信用体系建设与风险防范

（一）信息披露。

建立信息公开机制，省级政府或由省级政府授权的部门定期公布市场准入退出标准、交易主体目录、负面清单、黑名单、监管报告等信息。市场主体在省级政府指定网站和“信用中国”网站上公示公司有关情况和信用承诺，对公司重大事项进行公告，并定期公布公司年报。

（二）信用评价。

建立市场主体信用评价机制，省级政府或由省级政府授权的部门依据企业市场履约情况等市场行为建立市场主体信用评价制度，评价结果应向社会公示。建立黑名单制度，对严重违法、违规的市场主体，提出警告，勒令整改。拒不整改的列入黑名单，不得再进入市场。

（三）风险防范。

强化信用评价结果应用，加强交易监管等综合措施，努力防范售电业务违约风险。市场发生严重异常情况时，政府可对市场进行强制干预。

（四）强化监管。

国家能源局和省级政府应加强市场主体和交易机构的市场行为的监管，建立完善的监管组织体系，及时研究、分析交易情况和信息以及公布违反规则的行为。

六、组织实施

（一）分步推进。

在已核定输配电价的地区，鼓励社会资本组建售电公司，开展试点工作。在未核定输配电价的地区，因地制宜放开售电业务，可采取电网购销差价不变的方式开展用户直接交易。在及时对改革试点工作进行总结的基础上，逐步在全国范围内放开所有售电业务。

（二）加强组织指导。

国家发展改革委、工业和信息化部、财政部、环境保护部、国家能源局等有关部门加强与试点地区的联系与沟通，通力合作、密切配合，切实做好售电侧改革试点相关工作。各省级政府要高度重视，加强领导，建立健全工作机制，全面负责本地区改革试点工作，协调解决改革工作中的重大问题。

试点地区要按照电力体制改革总体部署，编制工作方案、配套细则，报国家发展改革委、国家能源局备案。要对改革试点情况定期总结，及时上报，推动改革不断深入。国家发展改革委会同国家能源局要对全国试点地区改革工作总体情况进行及时总结，宣传典型做法，推广改革成功经验。

（三）强化监督检查。

国家发展改革委、国家能源局会同有关部门及时掌握试点地区改革动态，加强指导、协调和督促检查，依据相关法律法规和监管要求对售电市场公平竞争、信息公开、合同履行、合同结算及信用情况实施监管。对改革不到位或政策执行有偏差的及时进行纠正，防止供应侧和需求侧能耗、排放双增高。

试点地区要及时检查指导各项试点探索工作。对在改革过程中出现的新情况、新问题，要积极研究探索解决的办法和途径，重大问题及时报告，确保改革的顺利进行。

建立电力交易督查机制，对各类准入交易企业的能耗、电耗、环保排污水平定期开展专项督查，及时查处违规交易行为，情节严重的要追究相关责任。

国家能源局派出机构和省级有关部门依据相关法律法规，对市场主体准入、电网公平开放、市场秩序、市场主体交易行为、电力普遍服务等实施监管，依法查处违法违规行为。

附件 6

关于加强和规范燃煤自备电厂监督管理的指导意见

为贯彻落实《中共中央 国务院关于进一步深化电力体制改革的若干意见》（中发〔2015〕9号）精神，加强和规范燃煤自备电厂监督管理，现提出如下意见：

一、重要意义

燃煤自备电厂（以下简称“自备电厂”）是我国火电行业的重要组成部分，在为工业企业生产运营提供动力供应、降低企业生产成本的同时，还可兼顾周边企业和居民用电用热需求。随着自备电厂装机规模持续扩大和火电行业能效、环保标准不断提高，进一步加强和规范自备电厂监督管理，逐步推进自备电厂与公用电厂同等管理，有利于加强电力统筹规划，推动自备电厂有序发展；有利于促进清洁能源消纳，提升电力系统安全运行水平；有利于提高能源利用效率，降低大气污染物排放；有利于维护市场公平竞争，实现资源优化配置。

二、基本原则

坚持统筹规划的原则。强化电力发展规划的引领约束作用，统筹能源资源和市场需求，科学规划建设自备电厂。

坚持安全可靠的原则。严格执行电力行业相关规章，提升自备电厂运行水平，维护电力系统安全稳定运行。

坚持节能减排的原则。严格新建机组能效、环保准入门槛，落实水资源管理“三条红线”控制指标。持续升级改造和淘汰落后火电机组，切实提升自备电厂能效、环保水平。

坚持公平竞争的原则。执行统一的产业政策和市场规则，推动自备电厂成为合格市场主体，公平参与市场交易。

坚持科学监管的原则。构建“规划、政策、规则、监管”协调一致的监管体系，强化对自备电厂的监督管理，维护电力建设运行秩序。

三、强化规划引导，科学规范建设

（一）统筹纳入规划。新（扩）建燃煤自备电厂项目（除背压机组和余热、余压、余气利用机组外）要统筹纳入国家依据总量控制制定的火电建设规划，由地方政府依据《政府核准的投资项目目录》核准，禁止以各种名义在总量控制规模外核准。

（二）公平参与优选。新（扩）建燃煤自备电厂要符合国家能源产业政策和电力规划布局要求，与公用火电项目同等条件参与优选。京津冀、长三角、珠三角等区域禁止新建燃煤自备电厂。装机明显冗余、火电利用小时数偏低地区，除以热定电的热电联产项目外，原则上不再新（扩）建自备电厂项目。

（三）科学规范建设。自备电厂要按照以热定电、自发自用为主的原则合理选择机型和装机规模。开工建设前要按规定取得核准文件和必要的支持性文件，建设过程中要严格执行火电建设相关产业政策和能效、水效、环保、安全质量等各项标准。严禁未批先建、批建不符及以余热、余压、余气名义建设常规燃煤机组等违规行为。禁止公用电厂违规转为企业自备电厂。

（四）做好电网接入。电网企业应对符合规定的自备电厂无歧视开放电网，做好系统接入服务。并网自备电厂应按要求配置必要的继电保护与安全自动装置以及调度自动化、通信和电量计量等设备，切实做好并网安全等相关工作。鼓励有条件并网的自备电厂按自愿原则并网运行。

四、加强运行管理，参与辅助服务

（一）加强运行管理。并网自备电厂要严格执行调度纪律，服从电力调度机构的运行安排，合理组织设备检修和机组启停。全面落实电力行业相关规章和标准，进一步加强设备维护，做好人员培训，主动承担维护电力系统安全稳定运行的责任和义务。

（二）参与辅助服务。并网自备电厂要按照“两个细则”参与电网辅助服务考核与补偿，根据自身负荷和机组特性提供调峰等辅助服务，并按照相关规定参与分摊，获得收益。

五、承担社会责任，缴纳各项费用

（一）承担社会责任。企业自备电厂自发自用电量应承担并足额缴纳国家重大水利工程建设基金、农网还贷资金、可再生能源发展基金、大中型水库移民后期扶持基金和城市公用事业附加等依法合规设立的政府性基金以及政策性交叉补贴，各级地方政府均不得随意减免或选择性征收。

（二）合理缴纳备用费。拥有并网自备电厂的企业应与电网企业协商确定备用容量，并按约定的备用容量向电网企业支付系统备用费。备用费标准分省统一制定，由省级价格主管部门按合理补偿的原则制定，报国家发展改革委备案。向企业自备电厂收取的系统备用费计入电网企业收入，并由政府价格主管部门在核定电网企业准许收入和输配电价水平时统筹平衡。随着电力市场化改革逐步推进，探索取消系统备用费，以市场化机制代替。

六、加强综合利用，推动燃煤消减

（一）加强综合利用。鼓励企业回收利用工业生产过程中产生可利用的热能、压差以及余气等建设相应规模的余热、余压、余气自备电厂。此类项目不占用当地火电建设规模，可按有关规定减免政策性交叉补贴和系统备用费。

（二）鼓励对外供热供电。余热、余压、余气自备电厂生产的电力、热力，在满足所属企业自身需求的基础上，鼓励其按有关规定参与电力交易并向周边地区供热。

（三）推动燃煤消减。推动可再生能源替代燃煤自备电厂发电。在风、光、水等资源富集地区，采用市场化机制引导拥有燃煤自备电厂的企业减少自发自用电量，增加市场购电量，逐步实现可再生能源替代燃煤发电。

七、推进升级改造，淘汰落后机组

（一）推进环保改造。自备电厂应安装脱硫、脱硝、除尘等环保设施，确保满足大气污染物排放标准和总量控制要求，并安装污染物自动监控设备，与当地环保、监管和电网企业等部门联网。污染物排放不符合环保要求的自备电厂要采取限制生产、停产改造等措施，限期完成环保设施升级改造。对于国家要求实施超低排放改造的自备燃煤机组，要在规定期限内完成相关改造工作。鼓励其他有条件的自备电厂实施超低排放改造。

（二）提高能效水平。自备电厂运行要符合相关产业政策规定的能效标准要求。供电煤耗、水耗高于本省同类型机组平均水平 5 克/千瓦时、0.5 千克/千瓦时及以上的自备燃煤发电机组，要因厂制宜，实施节能节水升级改造。

（三）淘汰落后机组。对机组类型属于《产业结构调整目录》等相关产业政策规定淘汰类的，由地方政府明确时间表，予以强制淘汰关停。能耗和污染物排放不符合国家和地方最新标准的自备电厂应实施升级改造，拒不改造或不具备改造条件的由地方政府逐步淘汰关停。淘汰关停后的机组不得转供电或解列运行，不得易地建设。主动提前淘汰自备机组的企业，淘汰机组容量和电量可按有关规定参与市场化交易。

八、确定市场主体，参与市场交易

（一）确定市场主体。满足下列条件的拥有并网自备电厂的企业，可成为合格发电市场主体。

1. 符合国家产业政策，达到能效、环保要求；

2. 按规定承担国家依法合规设立的政府性基金，以及与产业政策相符合的政策性交叉补贴；

3. 公平承担发电企业社会责任；

4. 进入各级政府公布的交易主体目录并在交易机构注册；

5. 满足自备电厂参与市场交易的其他相关规定。

（二）有序参与市场交易。拥有自备电厂的企业成为合格发电市场主体后，有序推进其自发自用以外电量按交易规则与售电主体、电力用户直接交易，或通过交易机构进行交易。

（三）平等参与购电。拥有自备电厂但无法满足自身用电需求的企业，按规定承担国家依法合规设立的政府性基金，以及与产业政策相符合的政策性交叉补贴后，可视为普通电力用户，平等参与市场购电。

九、落实责任主体，加强监督管理

（一）明确主体责任。拥有自备电厂的企业，要承担加强和规范自备电厂管理的主体责任，强化自备电厂内部管理，严格执行能效、环保标准，切实维护电力系统安全稳定运行，公平承担社会责任。

（二）加强组织协调。各省级发改（能源）、经信（工信）、价格、环保等相关部门以及国家能源局派出机构要进一步明确责任分工，加强协调，齐抓共管，形成工作合力，确保自备电厂规范有序发展。

（三）开展专项监管。国家能源局会同有关部门按规定开展自备电厂专项监管和现场检查，形成监管报告，对存在的问题要求限期整改，将拒不整改的企业纳入黑名单，并向社会公布。

（四）强化项目管理。各省级能源主管部门要进一步加强对本地区新（扩）建自备电厂项目的管理。国家能源局及其派出机构要加强对未核先建、批建不符、越权审批等违规建设项目及以余热、余压、余气名义建设常规燃煤机组等问题的监管，一经发现，交由地方能源主管部门责令其停止建设，并会同相关部门依法依规予以处理。

（五）规范运行改造。各省级发改（能源）、经信（工信）、环保等主管部门会同国家能源局派出机构，按照职责分工对燃煤自备电厂安全生产运行、节能减排、淘汰落后产能等工作以及余热、余压、余气自备电厂运行中的弄虚作假行为开展有效监管。对安全生产运行不合规，能效、环保指标不达标，未按期开展升级改造和淘汰落后等工作的自备电厂，要依法依规予以严肃处理，并视情况限批其所属企业新建项目。

（六）加强监督检查。财政部驻各省（区、市）监察专员办事处加强对拥有自备电厂企业缴纳政府性基金情况的监督检查。各省级价格、能源主管部门及国家能源局派出机构加强对拥有自备电厂缴纳政策性交叉补贴情况的监督检查。对存在欠缴、拒缴问题的，要通报批评、限期整改，并依法依规予以处理。

工业和信息化部文件

工业和信息化部、质检总局、国家发展改革委关于印发《配电变压器能效提升计划（2015～2017年）》的通知
（工信部联节〔2015〕269号）

各省、自治区、直辖市及计划单列市、新疆生产建设兵团工业和信息化主管部门、质量技术监督局（市场监督管理部门）、发展改革委，有关中央企业：

为贯彻《节约能源法》，落实《重大节能技术与装备产业化工程实施方案》，加快高效配电变压器开发和推广应用，促进配电变压器产业结构升级，全面提升配电变压器能效水平，我们制定了《配电变压器能效提升计划（2015～2017年）》。现印发你们，请认真贯彻执行。

工业和信息化部
质检总局 （印）
国家发展改革委
2015年8月10日

配电变压器能效提升计划（2015～2017年）

为贯彻《中华人民共和国节约能源法》，落实《重大节能技术与装备产业化工程实施方案》（发改环资〔2014〕2423号），加快高效配电变压器开发和推广应用，全面提升配电变压器能效水平，促进配电变压器产业结构升级，工业和信息化部、质检总局和发展改革委决定组织实施全国配电变压器能效提升计划。

一、实施配电变压器能效提升计划的必要性

配电变压器是指运行电压等级为6～35kV、容量在6300kVA及以下，直接向终端用户供电的电力变压器，广泛应用于工业、农业、城市社区等终端用能领域。截至2013年底，我国在网运行的配电变压器总台数约1530万台，总容量约48亿kVA。其中，电网公司运行管理的配电变压器台数约860万台，其他企业运行管理的约670万台。

据统计，我国输配电损耗占全国发电量的6.6%左右，其中配电变压器损耗占到40%～50%。以2013年全国发电量5.32万亿kWh计算，全国配电变压器电能损耗约1700亿kWh，相当于三峡电站2013年全年发电量（约1000亿kWh）的1.7倍，电能损耗十分严重。

作为节能减排的重要措施，国际上很多国家都出台了配电变压器能效提升政策。美国早在1998年就发起“能效之星变压器计划”，欧盟在2005年实行了“配电变压器推广合作伙伴计划”，日本于2006年开始实施“变压器能效领跑者计划”。

近年来，我国也出台了多项政策，推动高效配电变压器应用和产业发展。2012年，国务院发布了《节能减排“十二五”规划》，明确要求“十二五”期间降低电力变压器损耗，其中空载损耗降低10%～13%，负载损耗降低17%～19%。2013年，质检总局和国家标准委共同发布了国家标准《三相配电变压器能效限定值及能效等级》（GB 20052—2013），对配电变压器能效指标提出了更高要求。在这些政策推动下，我国配电变压器产业得到一定发展，高效配电变压器（GB 20052—2013中规定的2级能效及以上的配电变压器）产量有所增加，但整体能效水平仍然偏低。截至目前，全国在网运行配电变压器中高效配电变压器比例不足8.5%，新增量中高效配电变压器占比仅为12%，产业发展相对滞后，节能潜力巨大。

通过制定实施配电变压器能效提升计划，加快高效配电变压器的推广应用，全面提升我国配电变压器运行能效水平，对降低配电变压器电能损耗，推动配电变压器产业发展，促进工业节能降耗具有重要意义。

二、总体思路、基本原则和主要目标

（一）总体思路

以企业为主体，以提升能效为目标，围绕配电变压器开发、生产、使用和回收等环节，加快推广、促进淘汰，逐步提升高效配电变压器在网运行比例；加强政策引导，强化标准规范，完善认证体系，严控市场准入，加大监督检查力度，建立激励与约束相结合的实施机制，全面提高配电变压器能效水平，推动配电变压器产业转型升级，促进节能降耗。

（二）基本原则

坚持存量调整与增量优化相结合。在生产端，严格执行能效标准，推动生产工艺升级换代，加强高效配电变压器供给能力；在用户端，依照年度推广计划，通过存量更新与增量提升相结合，扩大高效配电变压器运行比例。

坚持重点突破与全面推进相结合。以电网公司运行管理的配电变压器能效提升为重点，以工业企业运行管理的配电变压器能效提升为突破对象，通过淘汰落后、节能监察、宣传指导、应用示范等多种形式，全面推进高效配电变压器推广应用。

坚持政策引导与市场规范相结合。加强宏观指导，运用财税、信贷等政策促进配电变压器产业转型升级，提高产品能效；加强监督检查，完善配电变压器检测、认证、评定等标准体系，健全配电变压器市场准入机制，规范配电变压器市场秩序。

（三）主要目标

到2017年底，初步完成高耗能配电变压器的升级改造，高效配电变压器在网运行比例提高14%；建成较为完善的配套体系和规范的市场秩序，当年新增量中高效配电变压器占比达到70%；预计到2017年，累计推广高效配电变压器6亿千伏安，实现年节电94亿kWh，相当于节约标准煤310万t，减排二氧化碳810万t。

三、主要任务

（一）扩大高效配电变压器应用比例

1. 加快高效配电变压器推广

充分利用财税政策引导市场需求。一是推动实施配电变压器能效领跑者制度，研究制定相关激励措施，加大高效配电变压器推广力度。结合《三相配电变压器能效限定值及能效等级》及其他相关标准，定期发布高效配电变压器产品和

企业推荐目录，通过市场机制推动高效配电变压器使用。二是推动高耗能行业差别性电价政策，提升用能单位节能内生动力，提高企业购买高效配电变压器的积极性。三是鼓励各级地方政府制定实施差异化的高效配电变压器补贴政策，进一步带动高效配电变压器推广应用。

推动配电变压器生产转型。加强源头管理，禁止企业生产、销售达不到能效限定值要求的高耗能配电变压器。加强市场监督，强化配电变压器能效标识备案管理，确保新增高效配电变压器产品全部达到能效标准要求，引导现有变压器制造企业逐步转型生产高效配电变压器。

到 2017 年底，累计实现推广高效配电变压器 6 亿 kVA。其中，新建增量推广不低于 3.5 亿 kVA。年度推广计划如表 1 所示。

表 1　高效配电变压器分年度推广计划　kVA

年份＼项目	能效 1 级	能效 2 级	小计
2015	500	13 000	13 500
2016	2000	18 000	20 000
2017	3500	23 000	26 500
合计	6000	54 000	60 000

2. 加快高耗能配电变压器淘汰

推动淘汰高耗能变压器。综合利用行政手段和市场机制，推动高耗能配电变压器逐步退出应用。一是依据相关标准，将达不到能效限定值要求的高耗能配电变压器类型纳入《高耗能落后机电设备（产品）淘汰目录（第四批）》。二是推动电网公司和工业企业开展在用配电变压器普查，对列入淘汰范围的高耗能配电变压器，制定淘汰计划并组织实施，并将其纳入万家企业节能低碳行动工作。

到 2017 年底，基本完成 S9（1997 年前投运）及以下型号高耗能配电变压器淘汰任务，年度淘汰计划如表 2 所示。同时，鼓励企业主动淘汰运行时间不到 20 年、但运行经济性差的 S9 系列配电变压器。

表 2　高耗能配电变压器年度淘汰计划

淘汰型号系列	淘汰依据	年度淘汰计划			合计
		2015	2016	2017	
SJ、SJ1、SJ2、SJ3、SJ4、SJ5、SJL、SJL1、S、S1、SZ、SL、SLZ、SL1、SLZ1、SL7、S7 及能耗值大于 S7 的其他型号	《高耗能落后机电设备（产品）淘汰目录（第一批）》	20%	40%	40%	100%
S8、SC（B）8、SG（B）8 系列	《高耗能落后机电设备（产品）淘汰目录（第二批）》	20%	30%	50%	100%
S9 系列（1997 年前投运）	《高耗能落后机电设备（产品）淘汰目录（第四批）》（拟制定）	0%	30%	70%	100%

建立配电变压器回收管理体系。制定高耗能配电变压器回收拆解技术规范，支持在有条件地区建立规模化、规范化的回收基地，加强废旧材料再利用管理。

（二）提升高效配电变压器产业化能力

1. 解决配电变压器关键原材料问题

解决非晶合金带材和高性能硅钢片产能低与质量稳定性差的问题。支持国产非晶合金带材研发，重点解决非晶合金带材生产宽度受限、韧性一致性差、抗潮性弱等核心技术难题，提高非晶合金带材质量和产量。加快推动钢铁企业改进硅钢片制造工艺，提高高性能硅钢片产量与稳定性，重点支持国产高磁感取向钢生产和质量提升。

解决变压器用绝缘材料性能提升问题。支持变压器各类纸绝缘材料生产企业改进现有制作工艺，提升产品稳定性和品质。重点解决高性能、环保型植物绝缘油抗老化和量产问题，促进环保型植物绝缘油推广应用。

2. 解决配电变压器基础生产工艺问题

解决非晶合金铁心和立体卷铁心生产工艺问题。开展非晶合金铁心制造工艺研究，重点支持非晶合金铁心退火工序改进，降低变压器运行损耗和噪音，提升产品性能。加强立体卷铁心工装设备研发和绕组绕制工艺研究，提高设备自动化水平和生产效率，降低制造成本。

3. 加强配电变压器系统节能技术研究

开展新型高效配电变压器应用技术研究。加强高效配电变压器新技术、新结构、新材料应用研究，重点研究单相配电变压器、有载调容调压配电变压器、铝绕组配电变压器、高燃点植物绝缘油配电变压器的适用场合和技术可靠性。

开展无功补偿技术在配电变压器系统应用研究。充分发挥无功补偿技术与配电变压器节能技术的协同作用，开展新建配电网无功补偿配置规划系统研究，合理选择配电变压器容量，实现整个配电网系统的经济稳定运行。

开展配电变压器系统经济运行分析研究。工业企业根据配电变压器能效技术经济评价相关国家或行业标准，定期开展变压器经济运行分析和技术经济评价。在保证变压器安全运行和供电质量的前提下，开展经济运行研究，对多台变压器运行方式进行优化组合，使系统处于最佳运行区间。

4. 提升配电变压器产业持续创新能力

加强配电变压器基础共性技术研究。推动高效配电变压器研发机构和试验平台建设，开展配电变压器共性技术研究，提升基础研究、技术开发、试验验证等创新能力。鼓励制造企业开展高效配电变压器优化设计，推广应用计算机三维仿真设计系统，全方位改进配电变压器性能水平。

（三）完善高效配电变压器配套体系建设

1. 加快修制订和完善相关标准与规范

加快修订配电变压器相关技术标准，制定涵盖多电压等级全容量配电变压器能效标准。完善配电变压器检测标准，明确检测要求、检测内容、检测方法及检测结果的判定方法，加快修订《电力变压器试验导则》（JB/T 501—2006）。推动制定配电变压器节能效果评定规范，明确评定依据、评定方法和评定内容。完善配电变压器认证规范，明确认证依据、认证适用范围、容量范围划分界限、认证所需材料。

2. 规范配电变压器检测与认证机构

加强对检测与认证机构监督管理。充分发挥检测和认证机构在规范配电变压器市场秩序方面的积极促进作用。培育一批技术能力强、管理规范的变压器检测和认证机构，进行统一管理，规范检测和认证工作，提高工作质量和效率，推动形成有利于高效配电变压器推广的市场环境。

3. 建立配电变压器全寿命周期评价体系

加快全寿命周期管理评价体系建设。引导用户以变压器全寿命周期的资产回报和效益为考核评价指标，将环境资源使用成本、资源循环利用成本、能源电力价格、运行管理和维护成本落实到成本评价体系中，以全寿命周期变压器资产管理为核心，建立涵盖电力缴费政策、采购政策、运行维护、替换更新决策和性能效率评估等内容的综合管理方法体系，引导变压器生产企业对产品全寿命周期下的材料、结构和性能进行优化设计，提升服务体系，促进产业各相关方共享高效变压器节能效益。

（四）开展高效配电变压器制造和应用示范

1. 开展高效配电变压器制造示范

在全国范围内选择合适区域建立 3～5 个高效配电变压器制造示范基地，推动技术创新的先行先试，形成以示范基地为核心的高效配电变压器制造产业集群，稳步推进新材料和新工艺应用，培育一批集聚效应强、技术力量雄厚的制造企业。

2. 开展高效配电变压器系统应用示范

选取典型城网、农网和重点工业企业开展配电变压器节能改造和系统优化，建立 3～4 个高效配电变压器系统应用示范，突出节能效果，发挥引领带动作用。

四、保障措施

（一）加强组织协调

加强组织领导，由工业和信息化部、质检总局和发展改革委以及国家电网公司、南方电网公司共同负责配电变压器能效提升计划的组织实施，建立协调推进机制，负责宣传、培训、技术推广等工作。省级工业主管部门负责本地区重点用能企业的配电变压器能效提升工作，鼓励制定相应的配电变压器能效提升实施方案。中央企业集团要起表率作用，将配电变压器能效提升作为节能减排目标任务考核的重点内容，加大资金投入力度。

（二）加强政策支持

充分利用现有财税优惠政策，支持配电变压器能效提升。发挥财政资金的引导作用，支持企业利用各级财政资金实施配电变压器节能改造，加快高耗能配电变压器淘汰更新，推动实施高效配电变压器产业化示范。发挥政府采购对高效配电变压器推广的引导作用，中央政府采购项目原则上应采用高效配电变压器，鼓励地方政府采购项目采用高效配电变压器。加强国际合作，利用有关国际组织和机构的资源和资金，支持基础能力建设。

（三）加强监督管理

一是工业和信息化部会同质检总局、发展改革委联合部署，组织省级工业主管部门会同质监部门对配电变压器生产企业执行能效标准和标识情况进行核查，对生产达不到能效限定值和与标识不一致的企业，下达限期整改通知书。对未按期整改或整改后仍不达标的企业，通报相关部门和金融机构，并向全社会公开曝光，各级财政和信贷资金不得支持该企业，用户不能采购其产品。二是加强对生产企业检测报告内容一致性、完整性、真实性审核，对伪造虚假报告和资质的企业以黑名单方式向全社会通告，特别要将结果通知到电力和工业企业以限制其投竞标资格。三是严格能评把控，新建高耗能项目配电变压器必须达到 1 级能效标准，改扩建高耗能项目应选用高效配电变压器。四是开展重点耗电企业高耗能配电变压器淘汰情况专项检查，对工作不力、未达年度淘汰目标的企业，明确整改时限，及时督促整改。

（四）推进合同能源管理

鼓励高效配电变压器生产企业成立节能服务公司或与专业节能服务公司合作，重点利用合同能源管理模式开展配电变压器能效提升项目。推动建立配电变压器能效提升产业联盟，鼓励专业节能服务公司、研究机构、制造企业、检测认证机构加强合作，加快高效配电变压器推广，支持节能服务产业发展。

（五）加强技术服务与宣传

推动建立配电变压器和配电网节能技术研究中心，支撑高效节能配电变压器与配电网综合节能技术研究、试验检测、节能效果评估、配电网节能技术评审及相关标准制定工作。依托相关机构，面向节能监察机构、重点用电企业开展配电变压器节能技术、政策、标准、规范培训。加强与国际标准化组织的合作，开展配电变压器能效对标和标准互认。充分利用通信网络、期刊、电视、广播等多种媒体宣传配电变压器能效提升工作，提高企业节能意识和节能内生动力。

国务院国有资产监督管理委员会文件

国资委关于开展中央企业“十三五”发展战略和规划编制工作的通知

（国资厅规划〔2015〕83号）

各中央企业：

党的十八大以来，我国经济发展进入新阶段，面临的发展机遇和风险挑战前所未有。为进一步认识新常态、适应新常态，全面把握发展机遇，科学应对风险挑战，做强做优做大中央企业，现就开展中央企业“十三五”发展战略和规划编制工作的有关事项通知如下：

一、各中央企业要在认真总结评估“十二五”发展战略和规划实施效果的基础上，深入分析国际国内经济新形势、产业发展新动向，按照“做强做优做大中央企业、培育具有国际竞争力的跨国公司”的目标要求，加强对重大问题的调研论证，研究提出企业“十三五”规划发展总体思路，制定企业“十三五”发展战略和规划。

二、各中央企业制定“十三五”发展战略和规划时，要与国家中长期规划、专题规划、科技规划以及相关产业政策相衔接，与企业自身发展的远景目标相适应，确保企业“十三五”发展战略和规划的科学编制和有效实施。

三、各中央企业要进一步完善以战略规划的制定、实施、检查、调整为主要内容的闭环管理体系，以聚焦主业，增强企业核心竞争力为目标，着力推进结构调整、转型升级、科技创新和国际化经营等工作，不断增强中央企业的活力、控制力、影响力和抗风险能力。

四、国资委将根据工作需要，提前介入企业“十三五”发展战略和规划编制工作，并就“十三五”发展战略和规划编制工作与企业加强沟通指导。

五、各中央企业要组织精干班子，配备得力人员，认真做好企业“十三五”发展战略和规划编制的各项工作，并将该项工作的负责人和联络员报我委规划发展局备案。请各中央企业于2016年3月底前将编制完成的企业“十三五”发展战略和规划一式3份（并附电子版）报送我委规划发展局。

国资委办公厅（印）
2015年3月6日

中国银行业监督管理委员会文件

中国银监会、国家发展改革委关于印发《能效信贷指引》的通知

（银监发〔2015〕2号）

各银监局，各省、自治区、直辖市及计划单列市、新疆生产建设兵团发展改革委（经信委、经委、工信厅、经发局），各政策性银行、国有商业银行、股份制商业银行、金融资产管理公司、邮储银行，银监会直接监管的信托公司、企业集团财务公司、金融租赁公司：

为落实国家节能低碳发展战略，促进能效信贷持续健康发展，积极支持产业结构调整和企业技术改造升级，提高能源利用效率，降低能源消耗，银监会、国家发展改革委共同制定了能效信贷指引。现印发给你们，请遵照执行。

中国银监会
国家发展和改革委员会（印）
2015年1月13日

能效信贷指引

第一章 总 则

第一条 为促进银行业金融机构能效信贷持续健康发展，积极支持产业结构调整和企业技术改造升级，根据《中华人民共和国银行业监督管理法》《中华人民共和国商业银行法》《中华人民共和国节约能源法》等法律法规，制定本指引。

第二条 中华人民共和国境内经中国银监会批准设立的银行业金融机构开展能效信贷业务，适用本指引。

重点用能单位、节能服务公司、第三方节能量审核机构依据本指引开展与能效信贷有关的活动。

第三条 本指引所称能效信贷是指银行业金融机构为支持用能单位提高能源利用效率，降低能源消耗而提供的信贷融资。

第四条 中国银监会依法对银行业金融机构开展能效信贷业务实施监督和管理。国家发展改革委依法负责对重点用能单位、节能服务公司、第三方节能量审核机构开展的节能工作实施监督和管理。

第二章 服务领域及重点项目

第五条 能效信贷业务的重点服务领域包括：

（一）工业节能，主要涉及电力、煤炭、钢铁、有色金属、石油石化、化工、建材、造纸、纺织、印染、食品加工、照明等重点行业；

（二）建筑节能，主要涉及既有和新建居住建筑、国家机关办公建筑和商业、服务业、教育、科研、文化、卫生等其他公共建筑，建筑集中供热、供冷系统节能设备及系统优化，可再生能源建筑应用等；

（三）交通运输节能，主要涉及铁路运输、公路运输、水路运输、航空运输和城市交通等行业；

（四）与节能项目、服务、技术和设备有关的其他重要领域。

第六条 能效项目是指通过优化设计、更新用能设备和系统、加强能源回收利用等方式，以节省一次、二次能源为目的的能源节约项目，具备以下特征：

（一）技术类型复杂，专业性强：包括锅炉（窑炉）、电机系统、信息处理等设备，生产线节能改造，热电联产，能量系统优化，余热余压利用，建筑节能，交通运输节能，绿色照明等，涉及各类节能低碳专业技术，且技术创新较快；

（二）涉及内容广，参与主体多：包括节能技术有偿使用、节能设备和产品生产与销售、节能工程建设、节能运行与管理、节能信息服务、节能金融服务等多个方面，涉及众多市场参与者，包括用能单位、节能服务公司、节能设备和产品的供应商与销售商、工程设计单位、金融机构等；

（三）市场潜力大，兼具经济、环境、社会效益：能源稀缺性日益凸显，价格长期呈上升趋势，能效项目经济效益显著，能效提高可以有效降低能源消耗、减少二氧化碳和污染物排放，环境社会效益突出。

第七条 银行业金融机构应在有效控制风险和商业可持续的前提下，加大对以下重点能效项目的信贷支持力度：

（一）有利于促进产业结构调整、企业技术改造和重要产品升级换代的重点能效项目；

（二）符合国家规划的重点节能工程或列入国家重点节能低碳技术推广目录的能效项目及合同能源管理项目，效益突出、信用良好、能源管理体系健全的“万家企业”中的节能技改工程等；

（三）高于现行国家标准的低能耗、超低能耗新建节能建筑，符合国家绿色建筑评价标准的新建二、三星级绿色建筑和绿色保障性住房项目，既有建筑节能改造、绿色改造项目、可再生能源建筑应用项目、集中性供热、供冷系统节能改造、节能运行管理项目、获得绿色建材二、三星级评价标识的项目，符合国家能效技术规范和绿色评价标准的新建码头及配套节能减排设施等；

（四）符合国家绿色循环低碳交通运输要求的重点节能工程或试点示范项目，符合船舶能效技术规范和二氧化碳排放限值的新建船舶，列入低碳交通运输“千家企业”的节能项目等；

（五）符合国家半导体照明节能产业规划的半导体照明产业化及室内外半导体照明应用项目等；

（六）获得国家或地方政府有关部门资金支持的节能技术改造项目和重大节能技术产品产业化项目；

（七）其他符合国家产业政策或者行业规划的重点能效项目。

第三章 信贷方式与风险控制

第八条 能效信贷包括用能单位能效项目信贷和节能服务公司合同能源管理信贷两种方式。

（一）用能单位能效项目信贷是指银行业金融机构向用能单位投资的能效项目提供的信贷融资。用能单位是项目的投资人和借款人。

（二）合同能源管理信贷是指银行业金融机构向节能服务公司实施的合同能源管理项目提供的信贷融资。节能服务公司是项目的投资人和借款人。

合同能源管理是指节能服务公司与用能单位以合同形式约定节能项目的节能目标，节能服务公司为实现节能目标向用能单位提供必要的服务，用能单位以节能效益支付节能服务公司的投入及其合理利润的节能服务机制。合同能源管理包括节能效益分享型、节能量保证型、能源费用托管型、融资租赁型和混合型等类型。

节能服务公司是指提供用能状况诊断、能效项目设计、改造（施工、设备安装、调试）、运行管理等服务的专业化公司。

第九条 银行业金融机构应明确纳入能效信贷的相关能效项目、用能单位和节能服务公司的准入要求：

（一）能效项目所属产能应符合国家区域规划政策、产业发展政策和行业准入要求；

（二）能效项目应具备技术可行性和经济可行性。技术可行是指已有类似技术成功实施并已推广应用，或虽属新技术但有充分依据可推广应用，或列入国家发展改革委国家重点节能低碳技术推广目录以及工业和信息化部、住房城乡建设部、交通运输部等有关部门节能技术、装备、产品目录，项目节能减排效果可测量、可报告和可核证。经济可行是指在预定期限内可通过节能效益回收投资，项目现金流具有可实现性、持续性和稳定性；

（三）用能单位经营合法合规，财务和资信情况良好，具有可持续经营能力，还款来源依靠能效项目产生的节能收益及其他合法还款来源；

（四）合同能源管理中的用能单位除符合前项条件外，还需满足历史能耗数据较为完整或项目能耗基准线得到用能单位与节能服务公司一致认可，能源统计和管理制度健全并有效执行，有良好的节能效益支付能力和支付意愿等条件；

（五）节能服务公司经营合法合规，掌握核心技术，具备合同能源管理专业人才和项目运作经验，财务和经营情况良好。

第十条 银行业金融机构应按照国家有关规定，综合考虑项目风险水平、借款人财务状况以及自身风险承受能力等因素，合理测算项目投资、融资需求，根据预测现金流和投资回收期合理确定贷款金额、贷款期限和还款计划。对于合同能源管理贷款要素的确定，还应合理评估合同能源管理项目的节能收益，充分考虑节能效果的季节性差异、设备检修、合同能源管理合同中规定的借款人节能收益分享比例、期限和支付方式等因素。

第十一条 银行业金融机构应加强能效信贷尽职调查，全面了解、审查用能单位、节能服务公司、能效项目、节能服务合同等信息及风险点，包括但不限于以下内容：

（一）对借款人及能效项目进行严格的合规性审核，包括所需审批（或核准、备案）文件的真实性、完整性和相关程序的合法性，环境和社会风险管理的合规性，确认符合国家产业政策和环保法规；

（二）对借款人的财务状况、生产经营情况，借款人或能效项目所在地区节能减排的税收优惠和财政奖补相关政策的落实情况进行调查评估；

（三）对节能服务公司享受政府优惠政策资格、被主管部门取消备案资格或列入负面清单、节能服务公司项目设计、实施和运营保障能力、技术团队及项目管理团队人员数量和资质、拥有的核心技术和专利、相关专业资质、已成功实施的合同能源管理项目、获得国家和地方财政奖励、主要设备供应商的产品质量、市场占有率及售后服务等情况进行调查评估；

（四）对合同能源管理项目技术、设计目标、建设期限、投资总额、资金到位情况、经济效益测算、开工情况、工程进度等项目情况进行调查评估，了解未开工项目施工条件的具备情况，了解已建成项目的方案设计、合同执行、节能效益结算等情况；

（五）调查用能单位经营情况，包括在技术水平、产品质量、市场份额等方面的发展状况及在行业中所处的地位、财务状况、财务管理体系、节能效益支付能力、不良信用记录、能源统计和管理制度、历史能耗记录等；

（六）审查节能服务合同中会对借款人偿债能力产生重大不利影响的条款，包括项目的操作模式、验收标准、期限及工期延误责任、基准能耗量、节能量计算与测量、节能效益计算与分配方法、付款条件、违约及争议处理等。审查借款人在节能服务合同项下的收款权利及权利转让或质押是否存在限制、是否存在对项目履约、付款等产生重大不利影响的条款；

（七）对于项目收益部分来源于碳资产交易或排放权交易的，应重点关注当地交易平台和主管部门相关政策，跟踪资产交易价格，合理评估权益价值。

第十二条　能效项目涉及行业广泛，技术复杂且创新较快，银行业金融机构在办理能效信贷业务时，应对项目技术风险和节能效益进行评估，形成评估意见，并在评估意见中对以下内容进行重点分析和报告：

（一）能效项目所属产能是否属于国家明确限期淘汰或限产类型，项目的专项技术和关键设备是否处于示范应用或创新应用阶段，尚未进行大规模推广；

（二）项目实施方是否具备专项技术实施能力和同类项目施工经验，项目是否存在竣工风险；

（三）预测、评估节能效益的方法是否审慎、科学、合理；

（四）用能单位及时支付节能收益的承诺是否有约束力，项目经济性能否有效实现。

必要时，银行业金融机构可寻求合格、独立的节能监察机构、节能量审核机构等第三方机构和相关主管部门在项目技术和节能量评估等方面给予指导和支持。

第十三条　合同能源管理信贷以借款人在节能服务合同项下的收款权利进行质押的，银行业金融机构应严格、规范办理应收账款质押登记手续，并加强对应收账款质押登记的后期跟踪与维护。

第十四条　银行业金融机构应加强能效信贷授信合同管理，当触发重大违约事件时，可通过约定相应的救济措施，包括追加担保、中止或终止贷款拨付、加速贷款回收、提前行使抵质押权等，落实风险管理措施。其中可以约定的重大违约事件包括但不限于：节能工程施工严重滞后，节能技术和设备出现严重缺陷，主体设施或设备停减产导致用能负荷大幅下降，实际节能量明显低于预测量，贷款挪用，节能收益不能及时回流指定账户，借款人参与民间高利借贷，未经贷款人同意对外担保或举借新债，主要财务指标严重恶化，贷款本息未能按时支付等。

第十五条　银行业金融机构应加强能效信贷贷后管理，密切关注国家产业结构调整、节能减排政策变化和节能减排标准提高对授信企业和项目产生的实质性影响，定期对信贷风险进行评价，并建立信贷质量监控和风险预警制度。贷后管理主要包括现场核查和非现场管控：

（一）现场核查要求定期赴企业和项目现场，掌握借款人整体经营情况，检查信贷资金实际用途，项目建设、竣工和运营状况，节能减排效果。对于合同能源管理信贷，还需考察用能单位的经营稳定性及其对项目服务的评价，并现场审核用能单位和节能服务公司双方共同确认的节能量确认表或第三方节能量审核报告（或通过财政奖励资金推算经政府认可的实际节能量），通过对比实际节能量与预测量，审核用能单位实际付款记录，判断合同能源管理信贷的还款来源的稳定性和可靠性；

（二）非现场管控要求及时掌握国家产业调整及节能减排等政策最新调整情况，定期向借款人收集财务报表，评估财务状况变化情况。对于合同能源管理信贷，应建立管理台账制度，逐笔登记合同能源管理项目节能量、节能服务公司应分享收益、财政奖励资金、约定回款金额、实际分享收益和还本付息金额等，定期监测项目节能效益回款的连续性和稳定性。如发现项目出现重大异常，节能量远低于预测量，实际节能收益低于预期收益等情况，应按授信合同约定要求借款人增加担保措施、提前还贷、提前行使抵质押权等风险管理措施，降低风险。

第四章　金融创新与激励约束

第十六条　银行业金融机构应在做好风险防范的前提下加快能效信贷产品和服务创新，积极提供包括银行信贷、外国政府转贷款、债券承销、保理、融资租赁、引入投资基金等多种融资方式，扩大支持面，提高服务效率。积极探索以能效信贷为基础资产的信贷资产证券化试点工作，推动发行绿色金融债，扩大能效信贷融资来源。

第十七条　银行业金融机构应积极探索能效信贷担保方式创新，以应收账款质押、履约保函、国际金融机构和国内担保公司的损失分担（或信用担保）、知识产权质押、股权质押等方式，有效缓解节能服务公司面临的有效担保不足、融资难的问题，同时确保风险可控。

第十八条　银行业金融机构应加强能效信贷能力建设，提高能效信贷的风险识别和管理能力，积极开展能效信贷的培训，积累有关节能减排重点行业、节能环保技术专业知识，培养和引进具有金融和节能环保专业技术能力的复合型、专业型人才。

第十九条　银行业金融机构应建立能效信贷推广和创新的激励约束机制，配备相应资源，提供内部激励政策，包括总行优先保证能效信贷专项规模，实施差异化经济资本分配和内部资金配套，加强内部考核评价，在风险可控的前提下，鼓励经营机构加大能效信贷投放。

第二十条　银行业金融机构应将能效信贷理念贯穿于其他信贷业务之中，积极开展贷前能效筛查，主动向客户提供与改善能效有关的增值服务。对符合信贷条件，达到先进能效标准的固定资产和项目融资需求优先支持；对达不到国家能效标准的固定资产和项目融资需求，不予支持。

第五章　附　则

第二十一条　银行业金融机构向提高水资源和其他自然资源利用效率、降低二氧化碳和污染物排放的项目或从事相关服务的公司提供信贷融资，参照本指引执行。

第二十二条　本指引由中国银监会、国家发展和改革委员会负责解释。

第二十三条　本指引自印发之日起施行。

国家能源局文件

国家能源局关于加强电力企业安全风险预控体系建设的指导意见
（国能安全〔2015〕1号）

国家电网公司、南方电网公司，中国华能、大唐、华电、国电、中电投集团公司，中国电建、能建集团公司，有关电力企业：

为进一步深化“安全第一、预防为主、综合治理”的安全生产方针，实现电力安全生产的系统化、科学化、标准化和精细化管理，提高电力企业安全管理水平，有效防范各类电力事故的发生，现就加强电力行业安全风险预控体系建设提出如下意见。

一、总体要求和建设目标

（一）总体要求。准确把握电力生产的特点和规律，深入研究如何在现有安全管理基础上提升安全管理的系统性、前瞻性、可控性，探索适合电力行业生产实际的、基于风险的，系统化、规范化与持续改进的安全风险管理模式，逐步构建一套理念先进、方法得当、管控有效的安全风险预控体系，建立隐患排查新常态和安全生产长效机制，有效防范各类事故，保持电力安全生产形势的持续稳定，为我国经济社会的快速发展提供安全可靠的电力保障。

（二）建设目标。以风险控制为主线，以危害辨识、风险评估、风险控制和持续改进的闭环管理为原则，结合本单位生产实际，系统地提出电网、设备设施、劳动安全、作业环境、职业健康风险管控的内容、目标与途径，强调事前危害辨识与风险评估、事中落实管控措施、事后总结与改进，最终达到风险超前控制和持续改进的目的。

二、主要建设任务

（三）实施危害辨识和风险评估。电力企业要建立科学的风险评估技术标准，规范风险评估方法，量化风险等级。要发动全员，全方位、全过程地辨识生产系统、设备设施、人员行为、环境条件等因素可能导致的安全、健康和社会影响等方面的风险，确保危害辨识和风险评估的及时性、全面性、科学性。要对辨识出的风险分类梳理、分级管控、分层落实，确定出各类、各级、各层的安全预控重点。要建立风险数据库并持续地开展动态辨识，评估更新，对辨识出的风险进行动态管理。

（四）完善管理制度和技术标准。电力企业要按照“沿用、完善、建立”的总体思路，“以规范、简洁、高效”为指导思想，以风险控制为主线，以PDCA（策划—执行—检查—改进）的闭环管理为原则，系统梳理完善风险预控的规程、标准和制度，建立企业安全风险预控体系文件，为体系建设提供技术支撑。在制度和标准的编制过程中，应详细梳理各项管理业务，明确各项业务的工作流程和工作步骤，并在制度中以流程图等直观、简明的形式让风险管理的要求有效落地，为全面规范、深化体系应用奠定基础。

（五）做好风险管控工作。电力企业要对评估出来的不可接受的风险，结合风险类型和性质，结合企业自身的安全技术和经济能力，结合安全生产隐患排查治理、标准化创建、技术改造等日常管理工作，制定针对性的应对措施。对不同种类、不同等级的风险应该明确相应的管理职责和实施主体，使风险管控在日常工作得到落实。

（六）建立检查、审核等持续改进的工作机制。电力企业要对风险预控工作进行定期检查，并通过安全生产工作会、安全分析会等形式对风险预控工作进行总结和分析，对检查和回顾中发现的问题，要及时纠正、限期整改。要建立体系审核工作机制，编制体系审核管理办法，明确审核内容和方法，检验风险预控体系的有效性、全面性和适宜性，确保风险可控在控。要根据人员、设备、环境和管理等因素变化，持续地进行危害辨识、风险评估、管控与更新完善，实现风险预控体系的持续改进。

三、措施保障

（七）树立“关口前移、系统管控”的安全理念，为体系建设奠定思想基础。各单位要从促进电力工业科学发展、安全发展的高度，提高对安全风险预控体系重要性的认识，树立关口前移和系统控制的安全理念，以理念指导思想，以思想引领行动，从源头上消除不安全意识和行为，为安全风险预控体系建设奠定坚实的思想基础。

（八）强化理念宣贯和人员培训，为体系建设构筑人才保障。体系的建立和实施涉及安全生产各环节，需要全体员工的积极、主动参与。电力企业在体系的推进过程中必须进行理念的宣贯和全员培训，使企业员工，特别是各级管理人员掌握体系管理内容、体系结构和运作方法，解决员工基本认知，并掌握体系核心内涵，彻底消除员工畏难情绪和抵触情绪，激励全员做好体系建设的内在动力，有效推动体系的建设和实施。

（九）坚持闭环管理的工作原则，为体系建设提供有效手段。电力企业要按照体系建设PDCA闭环管理的原则，结合本单位实际情况，建立起符合本单位生产实际的、科学的、规范的风险预控流程：从构建目标责任机制、运行推进机制、考核激励机制、持续改进机制等方面下功夫，将安全风险预控体系建立和日常管理有机结合，建立常态化、制度化、体系化的工作机制。

（十）培育安全文化，为体系建设营造良好氛围。电力企业要大力实施理念引领，文化渗透工程。大力弘扬先进的安全理念，培养员工“事前风险辨识、事中风险管控、事后回顾总结”的作业与管理行为模式，推动企业安全管理从他律阶段向自律阶段、团队互助阶段过渡，实现从“要我安全”到“我要安全”的转变，实现安全管理的自主管理、自主提升。

四、工作要求

（十一）结合生产实际，实现体系本土化和专业化。电力企业安全风险体系建设应基于本单位安全生产管理现状，能够切实解决安全生产实际问题。在建设过程中，要结合电力安全生产传统有效的管理方法和手段，对国际上先进的安全管理体系要加以消化和吸收，坚持传承和创新并重，实现体系本土化和专业化，避免生搬硬套。各级各类人员的业务技能，包括管理技能、技术技能，是风险预控管理建设质量的最大制约因素，需要不断进行培训，提高体系专业化水平。

（十二）加强组织领导，建立协调机制。电力企业要结合安全风险预控体系建设需求，加强组织领导，设立体系建设组织机构，确定管理机构职责、人员构成和职责分工。要根据体系建设的基础和初步准备情况，制定推动体系建设的工作目标、工作任务、工作方法、责任分工和工作周期等。在体系的推行过程中，要强化生产技术、调度、安监、教育培训等部门的通力合作、相互协调，发挥专业优势，确保所制定的制度标准符合生产实际和风险预控的要求。

（十三）坚持全员参与，促进安全意识的提升。风险预控体系以一种自下而上的方式，电力企业要发动全员（包括承包商及其员工）参与到岗位危害的辨识、风险评估和管控工作中，使员工清楚自身面临的安全风险、可能后果和控制方法，建立按标准做事的行为模式，促进全员安全意识的提升。

（十四）杜绝形式主义，实现持续改进。安全风险管理体系推行要坚决杜绝形式主义，不能将体系的建设和实施作为一种运动和一项短期工作进行突击，各单位要切实把推行体系建设作为提高安全生产管理水平，实现持续改进的手段，切实发挥体系作用。

国家能源局（印）
2015 年 1 月 7 日

国家能源局关于鼓励社会资本投资水电站的指导意见
（国能新能〔2015〕8 号）

各省、自治区、直辖市发展改革委（能源局）：

为贯彻落实《国务院关于创新重点领域投融资机制鼓励社会投资的指导意见》（国发〔2014〕60 号）有关要求，鼓励和引导社会投资，规范和完善水电投资环境，促进水电持续健康有序发展，现提出如下指导意见：

一、充分认识鼓励社会投资的重要意义

水电站是兼具经营性和公益性的重要基础设施，目前已基本实现水电建设市场化和投资主体多元化。在做好生态环境保护、移民安置和确保工程安全的前提下，通过业主招标等方式，进一步鼓励和积极支持社会资本投资常规水电站和抽水蓄能电站，有利于创新投融资机制，拓宽社会资本投资渠道；有利于加快政府职能转变，发挥市场配置资源的决定性作用；有利于建立政府与社会资本利益共享和风险分担机制，理顺政府与市场的关系，确立企业投资主体地位，促进水电健康有序发展。

二、发挥市场在资源配置中的作用

（一）实行资源配置市场化。鼓励通过市场方式配置水电资源和确定项目开发主体。中小河流上新建的水电站和中小型水电站，未依法依规明确开发主体的，一律通过市场方式选择投资者；对于重要河流，除国家已明确开发主体或前期工作主体，以及特殊的战略性重大工程外，原则上均应通过市场方式选择投资者。未明确开发主体的抽水蓄能电站，可通过市场方式选择投资者。统筹流域梯级开发，根据河流、河段实际情况，实行流域或梯级捆绑，实现资源综合有效利用。

（二）实行统一市场准入。通过采取业主招标等方式，创造平等投资机会，遵循公开、公平、公正和诚实信用的原则择优选择具有相应资金实力、融资能力、管理能力和抗风险能力的投资者作为项目业主。制定符合水电特点、宽严适度的准入门槛，严禁随意抬高准入门槛以及制定针对特定投资者的歧视性或指向性条件，建立公平的市场竞争环境和投资环境。其中涉及外商投资的项目，应符合我国外商投资相关产业政策。

（三）建立公平市场规则。规范市场配置资源方式和工作流程，从项目选择、方案审查、业主确定、退出机制等方面完善制度设计，确保项目实施决策科学、程序规范、过程公开、责任明确。水电项目实施业主招标，应遵循以下基本原则和要求。

1. 项目选择：应选择水电规划已经审批、无建设重大制约因素、有预期收益且条件成熟的项目。

2. 招标方案：招标方案应包含项目概况、招标范围、招标方式、招标组织形式、投标人资格要求、评标办法、主要合同条款（含项目经营年限、退出机制、合同各方的责、权、利）等内容。招标方案应事先采取合适方式广泛征求社会意见，确保方案公平公正、科学合理、现实可行、风险可控。

3. 评标原则：应根据建设方案、生态环保、移民安置及长远发展、工程安全、运行技术要求、建设运营风险、合理投资回报和经济社会效益等进行综合评标。对于具有较好投资效益的项目，在招标约定价格机制等条件下，应将不同投标人项目收益等利益分享承诺作为主要评标因素；对于需要政府投资补贴等政策支持的项目，应将对支持政策的需求要价作为主要评标因素。

（四）构建风险共担机制。水电是社会性的系统工程，具有投资大、建设条件复杂、技术和管理要求高、投资回收周期长等特点，特别是大型水电项目，面临地质地震、水文气象、移民稳定、建设运营等诸多风险。应合理界定水电开发中的政府责任和企业行为，评估项目风险，建立有效的风险共担机制。原则上，项目的投资、建设、运行、经营风险由企业（项目法人）承担；法律、政策调整，移民搬迁安置（企业依法应承担的责任和依合同约定应承担的义务除外），地质地震、水文气象等建设条件重大变化等风险由政府（招标人）承担；自然灾害等不可抗力风险由双方共同承担。

（五）明确实施主体责任。根据国发〔2014〕60 号文件要求和部门职责分工，以及水电开发实际，建立以业主招标为主要形式的鼓励社会资本投资常规水电站和抽水蓄能电站的工作机制，国家能源局负责制定相关政策措施，明确水电领域鼓励社会投资的总体要求、基本原则，以及业主招标的市场规则和有关要求；省级政府（或其授权的地方政府）负责组织水电项目业主招标工作，依法制订招标方案、编制招标文件，并承担实施主体责任。

三、确立企业在投资中的主体地位

（一）发挥政府引导投资作用。要适应深化投资体制改革和行政审批制度改革的要求，切实转变政府职能，准确把握政府在水电行业投资管理中的职责定位，改进和创新政

府投资管理。政府要牢固树立市场观念和服务意识，集中精力做好政策完善、规则制定、市场监管等工作，营造良好投资环境，维护市场秩序，支持和引导社会资本投资水电站，强化企业投资主体地位。

（二）落实政府承担责任义务。在社会主义市场经济活动中，政府既是管理者、服务者，也是市场行为的契约一方，对于通过招标等市场方式配置资源、开发水电，应按照权责明确、规范高效的原则订立项目合同，依法承担应尽的责任和义务。根据水电特点，负责招标的省级政府（或其授权的地方政府）应承担以下基本责任义务。

1. 保证项目无开发权争议。

2. 保障无重大制约因素影响项目实施。

3. 明确项目基本建设条件和投资回报机制，其中招标约定的价格机制应符合国家价格政策。

4. 在项目业主依法保障和拨付移民资金、配合相应工作和履行合同约定相关义务的情况下，负责建设征地移民安置工作落实，切实保障移民合法权益，确保满足项目建设和投产需要。

5. 提供应尽的项目风险提示。

（三）发挥企业投资主体地位。各类投资主体均享有依法依规参与水电开发市场公平竞争的权利。在做好生态环境保护、移民安置和确保工程安全的前提下，水电项目业主可自主开展项目实施的各项活动。项目业主应充分认识水电特点，谨慎预判和防范项目风险，项目的市场前景、经济效益、资金来源、工程技术方案等均由企业自主决策、自担风险。

（四）依法开展社会投资活动。政府和企业均应依法开展社会资本投资水电站的各项活动，牢固树立法律意识、契约意识和信用意识。业主招标完成、项目合同一经签署必须严格执行，并依法承担相应责任。为维护水电市场公平和开发秩序，禁止招标暗箱操作和违法违规倒卖资源。对于履约过程中出现的问题，应本着平等协商、依法合规的原则共同协商解决；对于重大分歧和影响履约的重大问题，由相关方通过法律途径解决。

四、加强政府宏观调控和市场监管

（一）强化规划指导。政府及政府能源主管部门要及时制修订河流水电开发规划、抽水蓄能电站选点规划和发展规划，以及相关规划，明确开发重点、建设布局以及综合利用、流域调度等有关要求。强化规划对水电站建设的指导作用，社会资本投资和开发建设水电站，应符合国家制定的相关规划。国家能源局定期对规划执行情况进行监督评估，并依法实施监管。

（二）发挥政策引导。明确水电开发政策和保障措施，继续实行在做好生态保护和移民安置的前提下积极发展水电的方针，统筹流域上下游、干支流、大中小型电站开发，坚持水电建设市场化和投资主体多元化。对于重要流域，在继续推行以流域公司开发为主的流域开发政策的同时，积极推进开发主体多元股份制结构和混合所有制形式。通过建立完备的水电开发管理、财税价格、投资回报等政策体系，支持和引导社会资本投资水电站。

（三）加强市场监管。加大对竞争环境、市场秩序的监督管理，强化对政府责任主体进行业主招标等水电开发活动的行政监督，建立健全法规制度，依法严格责任追究。国家能源局依法依规对地方政府招标规则、依法履职等进行监督评估，适时制定发布统一规范的水电领域业主招标指南和示范文本。加快水电领域信用体系建设，建立水电企业和投资方失信的黑名单制度，建立健全信用记录，并纳入国家统一的信用信息共享交换平台，增强各方的守信自律、诚信经营意识，提高违法违约成本。通过加强市场监管，维护市场公平，以及权利平等、机会平等、规则平等的投资环境。

五、完善社会资本投资的政策措施

（一）完善水电开发政策。建立健全以企业为市场主体的水电投融资体制和以项目业主为主体的水电建设管理体制；完善流域开发政策和水电开发的环保、移民等政策；推进水电价格市场化，研究流域梯级效益补偿机制，根据电力市场化进程，逐步完善水电价格机制和项目投资回报机制。

（二）加强政府投资引导。针对今后拟建水电项目经济性普遍差、市场竞争力下降、投资风险增大等情况，研究政府投资的支持政策。优化政府投资方向，对藏区水电以及综合利用任务重、公益性强、预期收益差的重要水电项目，研究通过投资补助、资本金注入、贷款贴息等方式予以支持，并优先支持引入社会资本的项目。

（三）创新投融资体制机制。鼓励银行业金融机构加大金融创新力度，探索以发电预期收益权或项目整体资产作为贷款的抵（质）押担保物，允许利用水电项目相关收益作为还款来源，加大对水电建设的信贷支持力度；鼓励和支持水电项目开展股权和债权融资，拓宽融资渠道。

（四）建立利益共享机制。水电站是具有一定开发经济性和比较优势的经营性基础设施项目。政府和企业要切实转变水电开发理念，在做好移民安置、环保安全工作，保障水资源开发综合利用效益充分发挥的同时，要充分考虑资源地利益，依法依规积极探索和研究建立项目业主、地方政府、移民群众多方受益的水电开发利益共享机制，并将实现利益共享作为项目业主选择和水电效益发挥的主要指标。

创新投融资机制、鼓励社会资本投资水电站是党中央、国务院的重大决策部署，是推进经济结构战略性调整，促进经济持续健康发展的重要举措。各地、各有关单位要高度重视，进一步提高认识，转变职能，按本指导意见要求认真做好各项工作，确保各项措施落到实处，保障水电领域投融资体制机制改革顺利推进。

国家能源局（印）

2015年1月12日

国家能源局关于取消第二批风电项目核准计划未核准项目有关要求的通知

（国能新能〔2015〕14号）

各派出机构、各省（区、市）发展改革委、能源局，国家电网公司、南方电网公司、华能集团公司、大唐集团公司、华电集团公司、国电集团公司、中电投集团公司、中国长江三峡集团公司、神华集团公司、中广核集团公司、中国节能环保集团公司、水电水利规划设计总院、电力规划设计总院、中国可再生能源学会风能专委会、国家可再生能源中心：

为规范风电开发建设，根据有关管理要求，现将加强风电项目核准计划管理有关要求通知如下：

一、自2015年1月1日起，已列入“十二五”第二批风电项目核准计划但未完成核准的项目（详见列表），不再纳入核准计划管理，取消核准资格。如若再启动项目核准建设，需重新申请纳入核准计划。

二、请各省（区、市）发展改革委（能源局）加强组织协调，落实项目建设条件，特别是电网接入条件和电力消纳市场，督促项目单位深化前期工作，加快落实第三、四批核准计划项目的各项要求，争取在文件规定期限内完成核准工作。

附：取消纳入“十二五”第二批及增补风电项目核准计划管理的项目列表（略）

国家能源局（印）

2015 年 1 月 12 日

国家能源局关于废止 122 项能源领域行业标准的公告

（国家能源局公告 2015 年第 1 号）

依据《中华人民共和国标准化法实施条例》规定，国家能源局组织有关能源领域行业标准化管理机构对各自归口管理且已实施 5 年以上的能源领域行业标准进行了复审，决定废止《常压立式储罐抗震鉴定技术标准》（SY 4064—1993）等 122 项能源领域行业标准（石油天然气 37 项、能源装备 34 项和电力 51 项），现予公布，自公布之日起生效。

附件：废止 122 项能源领域行业标准一览表（略）

国家能源局

2015 年 1 月 14 日

国家能源局关于取消发电机组并网安全性评价有关事项的通知

（国能安全〔2015〕28 号）

各派出机构，国家电网公司、南方电网公司，华能、大唐、华电、国电、中电投集团公司，有关电力企业：

为贯彻落实《国务院关于取消和调整一批行政审批项目等事项的决定》（国发〔2014〕50 号），现就取消发电机组（含风电场、太阳能发电项目，下同）并网安全性评价的有关事项通知如下：

一、国家能源局及其派出机构不再组织开展发电机组并网安全性评价工作。

二、发电企业要加强发电机组并网运行安全技术管理，保证并网运行发电机组满足《发电机组并网安全条件及评价》（GB/T 28566）等相关标准，符合并网运行有关安全要求。

三、发电企业要按照电力建设工程质量管理相关规定和要求，加强发电机组建设过程中的质量管理，认真做好涉网设备、系统的试验和调试等工作，严把设备质量关，确保新建、改建或扩建发电机组安全稳定并网运行。

四、电力调度机构要依据相关法律法规和标准规范，加强发电机组并网运行安全调度管理，配合做好发电机组涉网设备、系统的试验和调试等工作，共同确保发电机组并网运行安全。

五、国家能源局派出机构要加强监督检查，督促发电企业及时消除发电机组涉网设备和系统存在的重大隐患。发生因发电机组涉网设备和系统原因造成事故事件的，依法依规进行调查处理。

电力企业对发电机组存在影响电网安全运行的有关问题，可向国家能源局及其派出机构反映。

六、自本通知印发之日起，《发电机组并网安全性评价管理办法》（国能安全〔2014〕62 号）停止执行。

国家能源局（印）

2015 年 1 月 27 日

国家能源局综合司关于组织申报 2015 年能源自主创新和能源装备专项项目的通知

（国能综科技〔2015〕52 号）

各有关单位：

为了促进能源科技创新、推动能源装备自主化，进一步加强中央预算内投资管理，我局拟公开组织申报 2015 年能源自主创新和能源装备专项项目。现就有关事项通知如下：

一、专项安排原则、支持范围和要求

（一）安排原则

1. 紧密围绕构建清洁、高效、安全、可持续的现代能源体系的要求，重点安排对推动能源消费革命、供给革命和技术革命、保障国家能源安全具有突出意义，引领能源科技创新和能源装备转型升级的重大项目。

2. 按照公平、公正、公开原则开展第三方评审，择优选拔项目。

3. 能源自主创新专项和能源装备专项对获得支持的项目分别按照固定资产投资的 15%和 10%给予投资补助。

（二）重点支持范围

1. 能源自主创新专项主要支持国家能源研发（实验）中心的建设及续建完善项目，以及有关企业、科研院所实施的以完善研发、检测、实验条件为主要建设内容的固定资产投资项目。能源装备专项主要支持有关企业实施的以完善工艺装备为主要建设内容的技术改造项目，原则上不支持单纯的产能建设项目。

2. 能源自主创新及能源装备专项支持方向请参照《国家能源科技“十二五”规划》（国能科技〔2011〕395 号）和《国家能源局综合司关于做好能源领域“十二五”后期中央预算内投资计划的通知》（国能综科技〔2013〕201 号，附件一）。

（三）项目要求

1. 能源自主创新专项要求项目单位研发基础条件良好，研发能力较强，在能源和能源装备行业具有较大影响力和良好组织协调能力。能源装备专项要求项目单位拟生产产品具有自主知识产权，技术水平达到国内领先以上，已有应用业绩或持有订单。

2. 项目备案、环评批复、土地等固定资产投资手续基本完备，目前具备开工条件或近期已开工建设，且未获得过同类资金支持。

3. 项目建设周期一般不超过 3 年。

二、项目申报

1. 地方、中央企业项目分别通过项目所在地的省（直辖市、自治区）发展改革委（能源局）、所属中央企业集团或其他符合条件部门（以下简称“组织申报单位”）汇总上报我局。

2. 组织申报单位要严格把关，确保项目质量，明显不符合本专项安排原则、支持范围和要求的项目不得上报；应于2015年2月28日前向国家能源局提交上报文件、项目信息表及汇总表（附件二、附件三）。

三、工作程序

1. 国家能源局收到项目申请后，统一汇总登记，并委托开展第三方评审。

2. 项目评审由国家能源局委托具有工程咨询甲级资质单位或权威行业协会牵头独立开展，与评审单位利益相关项目另行安排评审单位。

3. 通过评审的项目，由组织申报单位将项目资金申请报告汇总报送国家能源局。

4. 国家能源局根据评审结果和专项规模批复项目资金申请报告并下达投资计划。

四、监督检查

1. 项目批复确定的投资规模和建设内容不得擅自变更，确需调整的，应通过组织申报单位向国家能源局提出申请，且调整投资规模一般不超过总投资的20%。

2. 项目单位在项目实施过程中，要严格执行项目法人责任制、招标投标制、工程监理制、合同管理制和工程质量终身责任制；要做好项目资料档案管理，招标、采购等相关材料应及时归档。

3. 组织申报单位要按照国家发改委要求和部署，认真做好项目执行过程的监督检查。项目建设过程中，如出现违法、违规行为或提供虚假信息，将视情节予以查处，直至撤销项目批复、收回中央预算内投资并追究有关人员责任。已发现问题整改不到位的，暂停本项目单位乃至组织申报单位的申报资格。

4. 项目建成后应按规定及时开展土地、环境、卫生、安全等单项验收和总体验收。地方项目总体验收原则上委托各省（直辖市、自治区）发展改革委（能源局）组织，验收结论及时报送国家能源局；中央企业项目总体验收由国家能源局负责组织。

特此通知。

附件：1. 中央预算内投资能源装备技术改造和能源自主创新领域及重点方向（略）
2. 项目信息表（表式）（略）
3. 项目信息汇总表（表式）（略）

国家能源局综合司（印）
2015年1月29日

国家能源局关于下达2015年光伏发电建设实施方案的通知
（国能新能〔2015〕73号）

各省（自治区、直辖市）发展改革委（能源局）、新疆生产建设兵团发改委，各派出机构，国家电网公司、南方电网公司，内蒙古电力公司、陕西地方电力公司，水电规划总院、电力规划总院：

根据光伏发电项目建设管理有关规定，综合考虑全国光伏发电发展规划、各地区2014年度建设情况、电力市场条件以及各方面意见，我局组织编制了2015年光伏发电建设实施方案。现将有关内容及要求通知如下：

一、为稳定扩大光伏发电应用市场，2015年下达全国新增光伏电站建设规模1780万kW。各地区2015年计划新开工的集中式光伏电站和分布式光伏电站项目的总规模不得超过下达的新增光伏电站建设规模，规模内的项目具备享受国家可再生能源基金补贴资格。对屋顶分布式光伏发电项目及全部自发自用的地面分布式光伏发电项目不限制建设规模，各地区能源主管部门随时受理项目备案，电网企业及时办理并网手续，项目建成后即纳入补贴范围。光伏扶贫试点省区（河北、山西、安徽、宁夏、青海和甘肃）安排专门规模用于光伏扶贫试点县的配套光伏电站建设。

二、各地区应完善光伏发电项目的规划工作，合理确定建设布局。鼓励结合生态治理、设施农业、渔业养殖、扶贫开发等合理配置项目。优先安排电网接入和市场消纳条件好、近期具备开工条件的项目。鼓励通过竞争性方式配置项目资源，选择技术和经济实力强的企业参与项目建设，促进光伏发电上网电价下降，对降低电价的地区和项目适度增加建设规模指标。优先满足新能源示范城市、绿色能源示范县和分布式光伏发电示范区等示范区域的建设规模指标需求，示范区域在已下达规模内的光伏发电项目建成后，可向国家能源局申请追加建设规模指标。按照有关文件要求规范市场开发秩序，对明显缺乏相应的资金、技术和管理能力的企业，不应配置与其能力不相适宜的光伏电站项目。弃光限电严重地区，在项目布局方面应避免加剧弃光限电现象。

三、鼓励各地区优先建设以35kV及以下电压等级（东北地区66kV及以下）接入电网、单个项目容量不超过2万kW且所发电量主要在并网点变电台区消纳的分布式光伏电站项目，电网企业对分布式光伏电站项目按简化程序办理电网接入手续。集中式光伏电站项目的建设规模应与配套电力送出工程相匹配，原则上单个集中式光伏电站的建设规模不小于3万kW，可以一次规划、分期建设。

四、各省级能源主管部门按下达的新增建设规模抓紧确定项目清单，连同往年结转在建的光伏电站项目，一并形成本地区2015年光伏发电建设实施方案，并于2015年4月底前报送我局，同时抄送国家能源局派出机构、相关省级电网企业和国家可再生能源信息管理中心，报送内容包括项目名称、项目业主、建设规模和预计并网时间等，具体报送格式见附件2。未经备案机关同意，实施方案中的项目在投产之前，不得擅自变更投资主体和建设内容。2014年底前未安排的年度规模指标作废，各地区对符合规模管理的已备案项目要督促开工建设，对不具备建设条件的项目要及时清理。

五、各级电网企业应配合地方能源主管部门确定年度建设实施方案。对列入实施方案中的光伏发电项目，应本着简化流程和提高效率原则，按照有关规定和时限要求，及时出具项目接网意见和开展配套送出工程建设，按月衔接光伏电站和配套电网建设进度，并报送相关情况，确保项目建成后及时并网运行。

六、建立按月监测、按季调整、年度考核的动态管理机制。各级项目备案机关和电网企业应按照《国家能源局综合司关于加强光伏发电项目信息统计及报送工作的通知》（国能综新能〔2014〕389号）要求，通过国家可再生能源信息管理系统填报信息，有关信息将作为调整和确定建设规模以及形成补贴目录的基本依据。在4月底前，对未将新增建设规模落实到具体项目的地区，其规模指标将视情况调剂到落实好的地区。7月底前，经综合平衡后，对建设进度快的地区适度追加规模指标。10月底前，对年度计划完成情况进行考核，并网规模未达新增建设规模50%的，调减下一年度规模指标。第四季度，编制下一年度光伏发电建设实施方案。

七、各省级能源主管部门应按季公开发布本省光伏发电项目建设信息，包括在建、并网及运行等情况，以引导各地区光伏发电建设。能源局各派出机构要通过信息管理平台，及时跟踪了解各地年度计划执行情况，对光伏发电项目建设运行情况以及电网企业办理电网接入各环节的服务、全额保障性收购、电费结算和可再生能源补贴发放等情况进行监管。国家太阳能发电技术归口管理单位负责信息管理平台的运行维护，充分利用信息管理平台等信息化手段，加强光伏发电项目建设、运行情况的监测和信息统计。

附件：1. 2015年光伏发电建设实施方案
2. 2015年各地区光伏发电建设实施方案报送表（略）

国家能源局
2015年3月16日

附件1

2015年光伏发电建设实施方案

序号	地区	2015年新增光伏电站建设规模（万kW）	备注
合计	全国	1780	
1	河北	120	其中30万kW专门用于光伏扶贫试点县的配套光伏电站项目
2	山西	65	其中20万kW专门用于光伏扶贫试点县的配套光伏电站项目
3	内蒙古	80	
4	辽宁	30	
5	吉林	30	
6	黑龙江	30	
7	江苏	100	
8	浙江	100	
9	安徽	100	其中40万kW专门用于光伏扶贫试点县的配套光伏电站项目
10	福建	40	
11	江西	60	
12	山东	80	
13	河南	60	
14	湖北	50	
15	湖南	40	
16	广东	90	
17	广西	35	
18	海南	20	
19	四川	60	
20	贵州	20	
21	云南	60	
22	陕西	80	
23	甘肃	50	其中25万kW专门用于光伏扶贫试点县的配套光伏电站项目
24	青海	100	其中15万kW专门用于光伏扶贫试点县的配套光伏电站项目
25	宁夏	100	其中20万kW专门用于光伏扶贫试点县的配套光伏电站项目
26	新疆	130	
	兵团	50	

注　1. 新增光伏电站建设规模包括集中式光伏电站和分布式光伏电站。
2. 北京、天津、上海、重庆及西藏在不发生弃光的前提下，不设建设规模上限。

国家能源局关于做好2015年度风电并网消纳有关工作的通知
（国能新能〔2015〕82号）

各省（自治区、直辖市）发展改革委、能源局，各派出机构，国家电网公司、南方电网公司、华能、大唐、华电、国电、中电投、中国神华、中国华润、中国长江三峡集团公司、国家开发投资公司、中国核工业集团公司、中国广核集团公司、中国电力建设集团公司、中国能源建设集团公司、中国风能协会、国家可再生能源中心：

2014年，全国风电弃风限电问题进一步缓解，除新疆自治区外，其他地区弃风限电比例均有所下降。受当年风速偏小等因素的影响，全国风电平均利用小时数同比下降约180h，但弃风限电问题仍是影响我国风电健康发展的主要矛盾。此外，风电机组和风电场运行管理也面临不少问题，特别是设备故障和风电场非计划停运较为突出，必须引起高度重视。为促进风电产业持续健康发展，做好风电开发利用工作，现将2014年度各省（区、市）风电年平均利用小时数予以公布，并就做好2015年风电并网和消纳工作的有关要求通知如下：

一、要高度重视风电市场消纳和有效利用工作。做好风电的市场消纳和有效利用工作，是落实“十三五”规划任务，完成15%非化石能源发展目标的重要保障。2015年，华北、东北和西北（简称“三北”）地区投产的风电规模会有较大幅度的提高，风电消纳的形势将非常严峻。各省（区、市）能源主管部门和电网企业要高度重视风电有效利用工作，在深入分析本地区风电消纳形势的基础上，大胆推动体制改革和机制创新，优化本地电网调度运行，协调好风电与自备电厂、供热机组之间的关系，明确不同电源之间的调度次序，结合电力体制改革，各派出机构在我局统一部署下建立健全辅助服务补偿机制，深入挖掘系统调峰潜力，确保风电等清洁能源优先上网和全额收购。要结合资源条件、区域电网运行现状对可再生能源并网运行提出考核性保障指标，切实构建起适应风电等可再生能源大规模并网的电力运行和调度体系。我局将依据各省（区、市）报送的风电并网运行指标对风电并网运行情况进行考核。

二、认真做好风电建设的前期工作。目前，风电项目核准权限已全部下放地方能源主管部门。前期工作是项目建设管理的重要组成部分，也是编制年度计划的基本依据。各省（区、市）能源主管部门要进一步规范风电项目建设前期工作的管理，引导开发企业扎实开展测风、资源评价等工作，协调有关部门及时落实项目建设选址、用地用海预审等项目核准条件，避免因风能资源评价不充分或土地、选址等建设条件不落实导致项目无法实施。要加强风电项目并网的衔接，明确风电项目接入电网的条件和要求，督促电网企业积极开展已列入年度核准计划或国家重点规划的跨省跨区风电基地项目的接入系统设计和建设工作，确保配套电网设施与风电项目同步建成投产，避免因电力配套设施建设滞后导致的弃风限电。各风电开发企业要加强风能资源测评、地质勘查、微观选址、设备选型和接入系统设计等工作，提高风电项目建设的前期工作质量。

三、统筹做好“三北”地区风电的就地利用和外送基地的规划工作。“三北”地区是我国风能资源最丰富的地区，有效利用“三北”地区的风能资源是我国风电发展的重要任务。首先要多措并举，加快风能资源的就地利用，同时也必须要注重风电基地建设，利用跨省或跨区输电通道扩大风能资源的配置范围，是我国促进风电规模化的重要措施。内蒙古、新疆、宁夏、甘肃、山西、陕西等省（区）要根据输电通道规划和大气污染防治工作的部署，加快推进与本地区已规划的跨区、跨省输电通道配套的风电基地规划工作，纳入“十三五”时期“三北”地区风电发展规划统筹考虑。要统筹考虑风电开发规模和电网消纳能力，新建风电基地项目需落实电力消纳市场。其中以新能源建设为主的风电基地，要根据输电线路的输送容量确定风电建设规模，确保最大限度地送出清洁能源电力。与煤电基地同步规划建设的风电基地，要最大限度的利用火电机组的调峰能力，在保证电网运行安全的前提下，确保清洁能源电量在外送电量中达到较高比例。电网企业和相关技术咨询机构要结合已有的建设和运行经验，进一步完善风电与火电协调运行跨区送电的技术方案和运行调度规则，确保基地项目建成后的顺利运行。

四、加快中东部和南方地区风电的开发建设。近年来，推动风电建设向消纳能力强的中东部和南方地区布局的工作已取得了积极成效，目前中东部和南方地区风电并网装机容量已接近风电总装机容量的20%。但这些地区风电建设仍然滞后，必须要更加重视风电的开发建设工作，加快推进风电产业发展。首先要推动技术进步，支持设备企业研发适应中东部和南方地区资源特点的风电设备和运行管理技术。二是要督促开发企业更加重视前期工作，做好风能资源评价和土地利用的协调工作。三要积极完善风电开发建设的技术标准，更加重视水土保持、植被恢复和环境保护等工作，避免风电开发对当地环境造成不利影响。

五、积极开拓适应风能资源特点的风电消纳市场。为提高本地电网消纳风电的能力，促进风电的就地利用，近年来，在吉林、内蒙古和河北等省（区）开展了风电清洁供暖等示范工作，取得了良好的效果。“三北”地区各省（区、市）能源主管部门要全面分析本地区风电并网运行现状和供暖需求，在具备条件的地区，结合新城镇建设和新城区开发规划，因地制宜，大胆创新，进一步完善体制机制，积极推广应用风电清洁供暖技术，着力解决周边地区存量风电项目的消纳需求。河北、吉林省要加快推进风电制氢的示范工作，进一步积累经验。同时，要大胆推动技术革新，积极鼓励企业开展其他促进风电就地利用的技术示范工作。

六、加强风电场的建设和运行管理工作。随着我国风电并网运行规模的迅速增加，必须要高度重视风电场的建设和运行管理工作，不断提高风电产业的整体技术水平以及风电运行与电网的适应性。各设备制造企业要高度重视产品质量，不断提高设备的技术水平和可靠性。各开发企业要加强项目设计、工程建设、运行维护的技术管理，建立完善的风电建设和运行管理体系，提高风电场规划、设计、运输、施工安装、检修维护的专业化服务能力。要加强施工现场监理、机组运行调试、风电场并网检测、项目竣工验收等风电建设各环节的管理，加强技术和质量监督，实行重大项目建设后评估制度。相关技术机构要不断完善风电场建设和运行标准，建立并完善风电产业运行和设备质量信息监测评价系统，对于重大事故和普遍性技术问题，要及时向主管部门报告。

附件：2014年度各省级电网区域风电利用小时数统计表

国家能源局（印）

2015年3月23日

附件

2014年度各省级电网区域风电利用小时数统计表

h

国家电网 1887	华北电网	1989	西北电网	1863	东北电网	1714
	北京	1929	陕西	1961	蒙东	1785
	天津	2250	甘肃	1596	辽宁	1734
	冀北	1908	青海	1723	吉林	1501
	河北南网	1519	宁夏	1973	黑龙江	1753
	山西	1853	新疆	2094		
	山东	1782	西藏	1333		

续表

国家电网 1887	华中电网	1959	华东电网	2136		
	河南	2056	上海	2082		
	湖北	2032	江苏	2064		
	湖南	1717	浙江	2202		
	江西	1873	安徽	1665		
	四川	2433	福建	2478		
	重庆	1880				
南方电网 1995	广东	1615	云南	2511	海南	1645
	广西	1819	贵州	1575		
蒙西电网	2089					
全国平均	1893					

注　根据中电联统计快报数优化调整，仅供参考。

国家能源局关于在北京开展可再生能源清洁供热示范有关要求的通知

（国能新能〔2015〕90号）

北京市、河北省发展改革委（能源局），国家电网公司、水电水利规划设计总院：

为促进北京市调整能源结构，加快大气污染治理，探索能源生产和消费革命途径，经研究，拟在北京市实施可再生能源清洁供热示范建设，现将有关工作要求通知如下：

一、充分认识实施可再生能源清洁供热的重要意义。热能利用是能源消费的重要形式，当前我国热能消费主要由燃煤锅炉提供，不仅能源利用效率低，而且环境污染严重。京津冀地区是我国经济社会最为发达地区之一，长期以来，能源消费以煤为主，不仅能源消费量大，而且利用方式粗放，这是出现严重大气雾霾的重要原因。京津冀及其周边地区风能等可再生能源资源丰富，充分利用这些可再生能源替代燃煤供热对于推动京津冀地区能源转型、有效治理大气雾霾、加速京津冀地区协同发展和一体化进程具有重要意义，同时也是我国调整能源结构、推动能源生产和消费革命、促进经济社会可持续发展的重要内容。要充分认识开展可再生能源清洁供热的重要性，积极采取有效措施尽快开展可再生能源清洁供热示范项目。

二、有效利用京津冀区位条件和既有工作基础推动风电清洁能源供热。北京市地处京津冀核心区域，经济社会发展水平相对较高，电力和热力负荷增长需求显著；张家口地区紧邻北京市，风能资源丰富，风电出力特性与北京市热负荷匹配度高，区位优势明显，两地区适宜联合开展可再生能源清洁供热示范项目。北京市和河北省要充分利用联合申办冬奥会的契机，借鉴吉林、内蒙古等地区可再生能源清洁供热示范项目技术经验和工作基础，联合实施可再生能源清洁供热项目。

三、请北京市发展改革委会同市政管委会等单位，认真梳理北京市供热现状，结合大气污染治理和燃煤供热锅炉改造，研究提出北京市可再生能源清洁供热指导意见，明确北京市供热系统发展方向、具体目标和主要任务，提出清洁能源供热相关要求，落实配套支持政策和保障措施。并以延庆县为先行试点地区，依托延庆绿色能源示范建设，结合延庆县"无煤化"供热规划，组织有关技术管理单位，提出延庆县可再生能源清洁供热示范实施方案，落实可再生能源清洁供热的范围、规模、时序，并尽快组织实施建设。

四、请河北省发展改革委（能源局）会同有关技术管理单位，结合张家口创建可再生能源应用综合创新示范特区，结合张家口三期风电基地规划研究，会同北京市发展改革委做好与延庆县清洁供热示范项目需求负荷的衔接，明确相应的风电开发项目规模、布局、开发时序，落实参与清洁供热示范项目的能源企业，保证清洁供热示范项目的有效实施和企业的合理效益。

五、请国家电网公司根据延庆可再生能源清洁供热实施方案和匹配的张家口风电项目规划，提出配套电网建设方案，研究论证清洁能源供热工程与大型风电基地协同建设运行机制，优先消化现有富余风电，创新供电与供热的相互调节作用，提出电力热力联合调度运行机制，为进一步推广可再生能源供热和热力电力联合运行提供经验。

六、请水电水利规划设计总院结合京津冀可再生能源资源布局、清洁能源供热条件，总结已有可再生能源清洁供热示范项目建设和运行经验，配合北京市、河北省发展改革委（能源局）编制技术方案，提出延庆清洁能源供热项目的技术标准、保障措施及政策建议。

请各有关单位按照上述要求，加强合作，密切配合，认真落实好各项工作，尽快组织开展可再生能源清洁供热示范建设，为推动京津冀地区能源转型、治理大气雾霾、加速京津冀地区协同发展和一体化进程做出积极贡献。

国家能源局（印）

2015年3月25日

国家能源局印发《能源行业统计工作制度》

（国能规划〔2015〕92号）

《能源行业统计工作制度》

第一章　总　　则

第一条　为深入贯彻中央财经领导小组第六次会议精神，落实《国务院办公厅转发国家统计局关于加强和完善部门统计工作意见的通知》（国办发〔2008〕2号），健全能源行业统计工作制度，做好能源形势监测分析和预测预警工作，根据《中华人民共和国统计法》、《中华人民共和国统计法实施细则》等有关法律、法规，特制定本制度。

第二条　能源统计系指对全国能源开发、生产、建设、加工转换、消费、运输、贸易、价格、库存、效率、排放、装备制造、科技成果以及能源规划等数据资料进行收集、整理和分析，提供统计资料和统计咨询意见，开展能源统计监督管理等活动的总称。本制度所称能源行业统计工作是指以补充政府综合能源统计为目的，以部门统计调查制度为基础开展的能源行业统计监督管理等活动。

第三条　本制度适用于国家和地方能源主管部门、能源行业协会等单位开展的能源行业统计活动。

第四条　应当遵循客观性、科学性、一致性和及时性的原则，按照不重不漏、统计可比等要求，依法依规开展能源行业统计工作。能源行业统计调查对象必须如实提供统计资料，不得迟报、漏报、瞒报、虚报、拒报、不得伪造和篡改。有关单位和人员对在能源行业统计工作中知悉的国家秘密、商业秘密，应当予以保密。

第二章　统计职责与分工

第五条　国家能源局负责组织领导、监督管理和协调全国能源行业统计工作，接受国家统计局的统计业务指导。地方能源主管部门在国家能源局的指导下，负责开展辖区内的能源行业统计调查活动。地方能源行业统计、能源行业协会开展的统计调查活动是能源行业统计的重要组成部分。

第六条　国家能源局履行下列统计工作职责：

（一）组织编制、修订能源行业统计工作制度和统计调查报表制度；

（二）按照能源行业管理需要，组织开展政府综合能源统计以外的能源行业统计、调查、监测和预测等工作；

（三）负责与国家统计局沟通衔接能源行业统计调查活动的审批、备案等相关事宜；

（四）负责组织或委托有关单位开展所属行业（煤、电、油、气、新能源等）统计、调查、监测和预测等工作，委托相关单位定期开展统计调查报表制度的修编工作；

（五）建立健全能源行业统计指标体系、数据库，组织开展能源行业统计信息化建设，规范统计信息接口，保障统计数据安全有序报送和应用；

（六）组织开展能源行业统计科学研究和国家能源局采集的能源行业统计数据的密级界定工作；

（七）负责收集、审定、管理、出版能源行业统计资料，编印统计资料汇编等；

（八）组织或委托开展能源行业统计业务培训。

第七条　地方能源主管部门在国家能源主管部门的指导下，履行下列统计工作职责：

（一）根据地方能源管理工作需要，开展辖区内能源行业统计、调查、监测和预测等工作；

（二）建立健全辖区内能源行业统计指标体系和数据库，组织开展辖区内能源行业统计信息化建设，规范统计信息接口，保障统计数据安全有序报送和应用；

（三）在与国家能源主管部门编制的能源行业统计资料衔接一致的情况下，负责编印辖区内能源行业统计资料；

（四）国家能源局主管部门委托的其他涉及地方的能源行业统计职责。

第八条　开展所属行业（煤、电、油）统计工作的行业协会，履行下列职责：

（一）负责组织开展政府综合能源统计以外、所属行业的统计调查活动，负责制定该行业统计调查报表，负责报表制度的定期修编；

（二）负责所属行业统计数据的汇总、审核、报送和归档，开展统计数据分析；

（三）组织开展所属行业统计业务培训；

（四）建立所属行业统计工作质量责任制；

（五）国家能源局主管部门委托的其他行业统计职责。

第九条　能源生产供应、消费、运输、贸易、仓储企业是能源行业统计调查的主要对象，履行国家统计法律法规规定的责任和义务，向国家和地方能源主管部门、能源行业协会报送统计资料。统计调查对象原则上应取自国家统计基本单位名录库或部门统计调查单位名录库。

第三章　统计调查报表制度

第十条　能源行业统计调查按照“科学精简、不重不漏”的原则，设立统计调查项目、制度统计调查报表制度，并按程序报批或备案。

第十一条　能源行业统计调查报表制度包括国家和地方能源主管部门、能源行业协会制定的统计调查报表制度。能源行业统计调查报表制度既要满足行业管理需要，又要满足国家宏观调控和决策需求。

第十二条　能源主管部门和能源行业协会要规范统计调查项目，科学组织统计调查，规范公布统计数据，建立统计调查制度的定期评估机制，根据实际执行情况不断完善制度。

第十三条　国家能源局主管部门制定或完善的统计调查报表制度，报国家统计局批准或备案后组织实施。

地方能源主管部门制定辖区内能源行业统计调查报表制度，调查项目的统计标准、统计口径应与国家能源主管部门保持一致，送同级政府综合统计机构审批、同时送国家能源主管部门备案后组织实施。

能源行业协会修订完善现行统计调查报表制度或新制定能源统计调查报表制度，需征得国家能源主管部门同意。

第十四条　能源主管部门和能源行业协会必须严格按照统计调查报表制度组织实施统计调查，保证统计指标含义、计算方法、分类目录、调查表式和统计编码等内容的标准化和规范化。

第十五条　能源主管部门和能源行业协会应规范统计调查活动，保障能源行业统计所需人力、物力和财力，按照法定程序将调查内容、报送时间、报送频度及填报要求告知被调查对象并给予必要指导。

第四章　统计信息的采集和报送

第十六条　能源行业统计信息通过互联网、国家电子政务内网、电子政务外网、信息传输专网或传真等方式进行采集和报送。

能源主管部门根据行业管理工作需要，可以拓展能源行业统计信息的采集、报送方式。

第十七条　能源企业向能源主管部门报送统计信息的频度为：日、旬、月、委、年度和不定期报。地方能源主管部门、能源行业协会向国家能源主管部门报送统计信息的频度：月、季、年度和不定期报。

能源主管部门根据行业管理工作需要，可以调整能源行业统计信息的报送频度。

第十八条　能源主管部门要积极推动能源行业统计信息化建设，以电子政务内网、电子政务外网和互联网为依托，加快推行互联网直报、数据留痕等统计数据采集方式。

第十九条　能源主管部门、能源行业协会必须建立健全能源行业统计数据质量控制体系和统计档案管理制度，建立涵盖能源行业统计调查各环节、各岗位的质量标准、技术规范和工作责任制，做好统计资料立卷、归档、交接和保管工作。

第五章　统计信息的公开共享

第二十条　为加快建设服务型政府，推进政府信息公开共享，依据《中华人民共和国统计法》和《国务院办公厅转发国家统计局关于加强和完善部门统计工作意见的通知》，能源主管部门、能源行业协会统计调查取得的统计数据应依据统计调查报表制度公布，公布的内容、范围应当符合有关法律法规，不得损害其他单位或者个人的合法权益。

第二十一条　原则上被采集单位的原始数据不得公布和对外提供。

第二十二条　能源主管部门依据已对外公布的统计数据和可以在多部门（单位）间共享的能源行业统计数据，加快建设共享数据库，规范数据库技术标准，积极推广大数据、云计算等现代信息技术的应用。

第二十三条　能源主管部门与数据使用部门（单位）可以通过双边或多边协议的形式，依法明确信息共享的内容、方式、时限、渠道以及应承担的责任等。

第二十四条　能源行业统计数据的保密管理按照《中华人民共和国保密法》及有关法律、法规执行，明确为国家秘密、商业秘密以及涉及国家能源、经济安全的统计数据不得对外公布。

第六章　统计监督检查

第二十五条　国家能源主管部门组织对地方能源主管部门、能源行业协会和能源企业进行统计监督检查。

第二十六条　统计监督检查的内容包括：统计法律法规和规章制度的执行情况，统计机构和人员配置情况，统计资料的真实、准确、完整程度，统计资料的档案管理情况，统计数据库和信息系统建设情况，统计工作保密管理情况以及其他与统计工作有关的内容。

第二十七条　地方能源主管部门，能源行业协会和能源企业应当定期对本单位统计工作进行检查和总结，发现问题的，应当及时纠正。

第二十八条　数据和信息报送单位负责人不得违规修改、强令或者授意统计部门、统计人员篡改或者编造虚假统计信息。能源主管部门发现相关单位报送的能源行业统计信息存在错误的，有权责令其进行订正并做出书面说明。

第七章　附　　则

第二十九条　本制度由国家能源局负责解释并监督执行。

第三十条　本制度自颁发之日起执行。

国家能源局关于开展全国光伏发电工程质量检查的通知

（国能新能〔2015〕110号）

各省（自治区、直辖市）发展改革委（能源局）、新疆生产建设兵团发展改革委，各派出机构，国家电网公司、南方电网公司、内蒙古电力公司，水电水利规划设计总院、鉴衡认证中心、中国质量认证中心、中国电力科学研究院：

为进一步贯彻《国务院关于促进光伏产业健康发展的若干意见》精神，加强光伏发电工程质量管理，我局决定组织开展光伏发电工程质量检查工作，并制定了质量检查工作方案，现印发各相关单位参照实施。

请水电总院牵头负责整体组织检查工作，并具体负责工程建设运行质量检查工作；请鉴衡认证中心、中国质量认证中心分地区负责开展主要设备质量检查工作；请中国电科院重点参与光伏发电项目有关并网工作的建设运行质量检查。

请光伏电站和分布式光伏重点检查省（区）按工作方案要求组织项目企业做好配合工作。请其他省（区、市）按照工作方案要求采取自查或委托其他机构检查的形式开展工作。请水电总院在2015年7月底前将检查成果报送国家能源局，请非重点省在2015年7月底前将各省检查成果报送国家能源局。

附件：光伏发电工程质量检查工作方案（略）

国家能源局（印）
2015年4月7日

国家能源局、国家安全监管总局关于推进电力安全生产标准化建设工作有关事项的通知

（国能安全〔2015〕126号）

国家能源局各派出机构，各省、自治区、直辖市及新疆生产建设兵团安全生产监督管理局，国家电网公司、南方电网公司，华能、大唐、华电、国电、中电投集团公司，各有关单位：

按照国务院安委会的统一部署，国家能源局会同国家安全监管总局积极推进电力安全生产标准化建设工作（下简称“标准化建设”），相继出台了《关于深入开展电力安全生产标准化工作的指导意见》《电力安全生产标准化达标评级管理办法》等规范性文件，并印发了发电企业、电网企业、电力工程建设项目和电力勘测设计、建设施工企业等标准化规范和达标评级标准，形成了较为完善的标准化达标评级制度和标准体系。按照工作要求，电力企业全面推进标准化建设，截至2014年底，全国大中型发电企业基本完成达标评级任务，电网企业、电力工程建设项目和电力勘测设计、建设施工企业标准化建设稳步推进。通过标准化建设工作，进一步提高了电力企业本质安全水平和防范事故能力。

为贯彻落实新颁布的《中华人民共和国安全生产法》和国务院简政放权工作要求，结合电力安全生产标准化标准规范体系已经较为完备的实际情况，决定自本通知印发之日起，电力安全生产标准化建设工作由电力企业按照电力安全生产标准化标准规范自主开展，国家能源局及其派出机构不再组织电力企业安全生产标准化达标评级工作。现将有关事项通知如下。

一、标准化建设工作由电力企业自主开展。电力企业要落实《中华人民共和国安全生产法》等法律法规，按照相关标准规范，强化自主管理，继续加强安全生产标准化建设。要将标准化建设作为企业日常安全管理的重要内容，结合本单位实际和安全风险预控体系建设，进一步完善安全生产管理标准、作业标准和技术标准，全方位和持续改进地开展标准化建设工作，促进企业安全生产水平的不断提升。

二、电力企业要认真贯彻落实《国务院安全生产委员会关于加强企业安全生产诚信体系建设的指导意见》（安委〔2014〕8号）和《电力安全生产监督管理办法》（国家发展改革委令第21号），依法依规、诚实守信开展标准化建设工作。国家能源局派出机构、各地安全监管部门对未开展标准

化建设的电力企业，应责令其限期完成；对拒不开展标准化建设和弄虚作假的，应将其列入安全生产不良信用记录；对未开展标准化建设和按照相关标准规范自评未达到70分（小型发电企业除外），并发生电力事故的，依法依规责令其停产整顿。

三、电力企业要对照电力安全生产标准化规范及标准，结合日常安全大检查工作，按照“边查边改”的原则，每年组织开展标准化自查自评工作，并将经上级单位审批的自评报告抄送当地派出机构，作为开展标准化工作的依据。

国家能源局及其派出机构不再受理现场查评申请，不再颁发证书和牌匾。目前已经开展第三方现场查评工作（含一级标准化）的，经专家审核后，由有关派出机构在6月30日前公示、确认。

四、能源监管机构、各地安全监管部门要加强监督指导，结合日常安全监管工作，通过安全生产风险预控体系建设、安全生产诚信体系建设、安全检查、专项监管和问题监管等方式，督促电力企业开展标准化建设工作。要结合电力安全事故（事件）调查处理，查找电力企业标准化建设工作中存在的突出问题，依法依规予以处理。

五、国家能源局、原国家电监会、国家安全监管总局印发的关于电力安全生产标准化建设方面的相关文件与本通知有不一致的，按照本通知执行。

国家能源局
国家安全监管总局（印）
2015年4月20日

国家能源局关于印发“十二五”第五批风电项目核准计划的通知
（国能新能〔2015〕134号）

各省（区、市）、新疆兵团发展改革委（能源局），各派出机构，国家电网公司、南方电网公司、中国华能集团公司、中国大唐集团公司、中国华电集团公司、中国国电集团公司、中国电力投资集团公司、中国神华集团公司、中国长江三峡集团公司、华润集团公司、中国节能环保集团公司、中国广核集团公司、水电水利规划设计总院、电力规划设计总院、中国风能协会、国家可再生能源中心：

为认真做好风电发展工作，促进能源结构调整，推动能源生产和消费革命，根据《政府核准投资项目管理办法》和《国家能源局关于加强和完善风电项目开发建设管理有关要求的通知》的要求，统筹考虑风能资源、电力市场及各地区发展状况，各省（区、市）编制完成了“十二五”第五批风电项目核准计划。现予以公布，并就有关事项通知如下：

一、根据各省（区、市）市场消纳能力和前期工作的情况，经充分沟通协商，各省（区、市）能源主管部门自主提出了列入“十二五”第五批风电核准计划的项目共计3400万kW。考虑到一季度新疆（含兵团）、吉林、辽宁等省（区）弃风限电比例增加较快，暂不安排新增项目建设规模，待上述省（区）弃风限电问题有效缓解后另行研究制定。

二、分散式接入风电项目由各省（区、市）严格按照分散式接入风电的技术标准自行核准建设，不再纳入核准计划下发，建成后按有关规定纳入国家补贴目录。

新疆百里风区、四川省凉山州、甘肃通渭和宁夏风电基地项目以及制氢示范项目按照统一部署的建设方案由相关省（区、市）确定项目业主后，有序推进项目建设，不再纳入年度计划下发，建成后按有关规定纳入国家补贴目录。

支持黑龙江省在西部地区，按照不增加当地弃风率的原则，开展市场化配置资源的招标试点工作。

晋北、锡林郭勒、准东等需通过跨省或跨区输电通道集中外送的地区，由相关省（区）抓紧开展规划研究工作，待建设方案和消纳技术方案确定后，根据输电线路的建设进度尽快启动项目建设。

三、请各省（区、市）发展改革委（能源局）加强组织协调，认真落实项目建设条件，特别是电网接入条件和消纳市场，督促项目建设单位深化前期工作，按规定及时核准项目建设。2015年内须完成列入计划项目的核准工作，未核准的项目将取消核准计划，不得置换。年度计划的执行情况将作为安排下一年度建设规模的基本依据。

同时，各省（区、市）发展改革委（能源局）要加强项目审批管理，项目业主单位要选取有开发实力、工程经验丰富、管理团队能力较强的企业，严禁不具备开发意愿和开发实力的企业获取资源后违法违规倒卖批文等行为。

四、各省（区、市）发展改革委（能源局）要高度重视项目建设过程中的质量监督、环境保护和项目建成后的运行管理工作，采取有效措施确保项目建成之后所发电量的全额上网。2015年将按照各省（区、市）能源主管部门提出的年度风电利用小时数和运行指标进行考核，并作为下次安排年度建设规模的基本依据。

五、各派出机构要加强后续监管工作，重点对项目核准过程中违法违规倒卖批文、设备招投标、质量监督、项目接入电网以及建成后的并网运行等工作开展监管，以确保项目建设合法合规进行，以及项目建成后能够及时接入电网和所发电量的全额优先上网。

六、各电网公司要积极配合做好列入核准计划风电项目的配套电网建设工作，落实电网接入和消纳市场，及时办理并网支持性文件，加快配套电网送出工程建设，确保风电项目建设与配套电网同步投产和运行。

七、各风电投资开发企业要认真做好核准计划内风电项目的建设工作，高度重视环境保护和工程建设质量，按计划完成风电建设任务。对已列入核准计划且在核准计划规定的时间范围内未能完成核准的项目须说明原因。

附表：各省（区、市）“十二五”第五批拟核准风电项目计划表（略）

国家能源局（印）
2015年4月24日

国家能源局关于印发《水电站大坝安全定期检查监督管理办法》的通知
（国能安全〔2015〕145号）

各派出机构，大坝中心，各有关电力企业：

为了规范水电站大坝安全定期检查工作，提高大坝安全监督管理水平，确保大坝运行安全，我局制定了《水电站大坝安全定期检查监督管理办法》。现印发你们，请依照执行。

国家能源局（印）
2015 年 5 月 6 日

水电站大坝安全定期检查监督管理办法

第一章　总　　则

第一条　为了加强水电站大坝（以下简称大坝）运行安全监督管理，规范大坝安全定期检查（以下简称大坝定检）工作，根据《水电站大坝运行安全监督管理规定》，制定本办法。

第二条　大坝定检是指定期对已运行大坝的结构安全性和运行状态进行的全面检查和安全评价。

大坝定检范围：挡水建筑物、泄水及消能建筑物、输水及通航建筑物的挡水结构、近坝库岸及工程边坡、上述建筑物与结构的闸门及启闭机、安全监测设施等。

大坝定检应当按照“系统排查、突出重点、全面评价”的原则，客观、公正、科学地评价大坝安全状况。

第三条　本办法适用于以发电为主、总装机容量 50 000kW 及以上的大、中型水电站大坝定检及其监督管理工作。

国家法律法规另有规定的，从其规定。

第四条　大坝定检一般每五年进行一次。首次定检后，定检间隔可以根据大坝安全风险情况动态调整，但不得少于 3 年或者超过 10 年。

大坝首次定检应当在工程竣工安全鉴定完成五年期满前一年内启动；工程完建后五年内不能完成竣工安全鉴定的，应当在期满后 6 个月内启动首次大坝定检。

第五条　国家能源局大坝安全监察中心（以下简称大坝中心）负责定期检查大坝安全状况，评定大坝安全等级。

电力企业应当按照要求做好大坝定检相关工作，落实大坝定检经费。

第六条　国家能源局负责大坝定检的综合监督管理。

国家能源局派出机构（以下简称派出机构）负责辖区内大坝定检的监督管理。

第二章　定检程序及要求

第七条　大坝中心应当制定并实施大坝定检规划和年度计划。

第八条　大坝中心应当根据大坝实际情况，组织大坝定检专家组（以下简称专家组）进行大坝定检。

专家组一般由六至九名技术水平较高、工程经验丰富并且具有高级工程师以上职称的专家组成，技术问题特别复杂的大坝可适当增加专家数量。专家组应当至少有一名参加过拟定检大坝上一次定检工作或熟悉该大坝的专家，但直接参与大坝建设或管理的专家和电力企业推荐的专家总人数不应当超过专家组总人数的 1/3。

第九条　专家组应当分析大坝以往运行状况与工作性态，提出定检工作重点，确定定检工作大纲。

第十条　电力企业应当按照专家组意见总结上次大坝定检或工程竣工安全鉴定以来大坝运行状况和维护情况，提出运行总结报告。

第十一条　电力企业应当按照专家组意见对大坝进行现场检查，并且提出现场检查报告。

专家组应当对大坝安全重点部位和重要事项进行现场核查。

第十二条　专家组应当针对大坝具体情况，从以下方面选择确定必要的专项检查项目，提出检查内容和技术要求：

（一）地质复查；
（二）大坝的防洪能力复核；
（三）结构复核或者试验研究；
（四）水力学问题复核或试验研究；
（五）渗流复核；
（六）施工质量复查；
（七）泄洪闸门和启闭设备检测和复核；
（八）大坝安全监测系统鉴定和评价；
（九）大坝安全监测资料分析；
（十）结构老化检测和评价；
（十一）需要专项检查和研究的其他问题。

对经过多次定期检查的大坝，上述（一）～（七）项在上次定期检查时已查清，且上次定期检查以来主要影响因素无不利变化，可以不再进行专项检查。

第十三条　电力企业应当按照专家组意见，组织开展专项检查，提出专项检查报告并且经过专家组审查。

国家及相关部门对专项检查有资质要求的，专项检查承担单位应当具备相应资质。承担单位应当按照专家组的要求开展工作，提交满足大坝安全评价技术要求的技术成果。

第十四条　专家组应当根据大坝实际运行情况，对大坝的结构性态和安全状况进行综合分析，全面评价大坝安全状况，提出大坝定检报告。

大坝定检报告应当包括以下主要内容：

（一）工程概况；
（二）历次大坝定检（或竣工安全鉴定、枢纽工程专项验收）意见落实情况；
（三）本次大坝定检工作情况；
（四）大坝设计、施工质量评价（仅对首次大坝定检）；
（五）大坝运行和检查情况；
（六）专项检查（研究）成果；
（七）大坝安全评价及大坝安全等级评定意见；
（八）存在问题和处理意见；
（九）运行中应当重点关注的部位和问题。

第十五条　大坝定检报告应当评定大坝安全等级，对工程缺陷与隐患提出处理要求。

重要函件公文、收集的现场资料与试验数据、专题论证以及咨询报告等均应当作为大坝定检报告的附件。

专家组成员对存在问题和评价结论的意见不一致时，应当写入大坝定检报告。

第十六条　大坝中心应当对专家组提出的大坝定检报告在三个月内进行审查，在六个月内形成大坝定检审查意见（以下简称审查意见）。审查意见应当包括大坝基本情况、定检工作情况、大坝安全评价及大坝安全等级评定结果、存在的问题及处理意见、运行中应当重点关注的部位和问题。

大坝中心应当将审查意见通知电力企业，并且抄送有关派出机构。对于首次定检或安全等级发生变化的大坝，大坝中心应当将审查意见报送国家能源局。

第十七条　大坝定检时间一般不超过一年半。对于工程相对复杂、安全问题突出、风险较大的大坝，大坝定检时间可以适当延长，但不得超过两年半。

大坝定检时间以专家组首次会议为起始时间，以印发大坝定检审查意见为结束时间。

第三章　监　督　管　理

第十八条　电力企业应当针对定检发现的问题，根据大坝除险加固有关规定，按照大坝定检审查意见提出的处理意见和要求，制定整改计划，限期完成补强加固、更新改造等整改工作，并且将整改计划及整改结果及时报送大坝中心，抄送有关派出机构。

对存在重大缺陷与隐患的大坝，电力企业应当进行大坝险情评估，并且完善大坝险情预测和应急预案。

第十九条　大坝中心应当加强定检组织，严格专家组管理，督促和指导电力企业按照要求开展大坝定检相关工作、落实大坝定检审查意见、及时完成整改工作。

第二十条　派出机构对不按照要求开展大坝定检相关工作，以及不按照规定及时开展病坝治理、险坝除险加固等重大安全隐患治理和风险管控工作的电力企业，依法处理。

第二十一条　国家能源局应当定期通报大坝定检情况。

第四章　附　　则

第二十二条　水电站的引水发电建筑物、通航建筑物及其附属设施，可以参照本办法相关要求进行安全定期检查。

第二十三条　大坝安全特种检查和以发电为主、总装机容量小于五万千瓦小型水电站的大坝定检，参照本办法执行。

第二十四条　大坝安全等级按照《水电站大坝运行安全监督管理规定》第二十一条分为正常坝、病坝和险坝三级。

第二十五条　大坝定检和特种检查的收费标准按照公示基准价格确定。

第二十六条　大坝中心应当根据本办法制定相关配套文件。

第二十七条　本办法自发布之日起施行。原国家电力监管委员会《水电站大坝安全定期检查办法》（电监安全〔2005〕24号）同时废止。

国家能源局综合司关于开展电力建设工程落实施工方案专项行动的通知

（国能综安全〔2015〕163号）

全国电力安委会成员单位，中国电力建设企业协会：

2013年以来，国家能源局按照国务院安委会办公室统一部署，在电力工程建设领域先后开展了全国电力行业“六打六治”打非治违专项行动，预防坍塌事故专项整治“回头看”活动和燃煤发电机组环保设施改造施工安全专项督查，从督查情况看，存在大量施工现场无施工方案、不按方案及操作规程施工的现象。为有效防范和遏制电力建设工程事故，按照《国务院安委会办公室关于开展建设工程落实施工方案专项行动的通知》，国家能源局决定自即日起到2015年11月底，在全国范围内开展电力建设工程落实施工方案专项行动。现将有关事项通知如下：

一、总体工作目标

强化施工现场安全管理，落实企业和从业人员安全管理责任，提高从业人员遵法守规意识，降低施工现场系统性安全风险，确保危险性较大的分部分项工程全部具有施工方案，并按照方案组织实施，继续对电力建设工程施工安全重特大事故实现“零控制”，使2015年电力建设工程人身伤亡事故有所下降。

二、整治范围及落实重点

突出现场，突出一线，在各类电力建设工程施工现场开展“五整治五落实”工作。

（一）突出整治以下5类分部分项工程：

1. 基坑支护；
2. 土方（隧道）开挖；
3. 脚手架；
4. 模板支撑体系；
5. 起重机械安装、吊装及拆卸等。

（二）突出在施工现场落实以下5项规定：

1. 施工作业前必须编制施工方案；
2. 施工方案必须按规定审批或论证；
3. 施工作业前必须进行安全技术交底；
4. 施工过程中必须按施工方案施工；
5. 施工方案完成后必须经验收合格后方可进入下道工序。

三、时间安排

（一）自查阶段

第一阶段为电力工程建设单位自查阶段，时间4月9日～4月24日，自查内容为电力建设工程施工安全有关法律法规和施工现场“五整治五落实”情况。

（二）现场督查阶段

第二阶段为能源监管机构现场督查阶段，时间4月25日～10月30日，各派出机构根据辖区实际，适时组织开展辖区内督查工作，并按要求报送专项行动实施情况汇总表和检查报告，能源局安全司将会同中国电力建设企业协会组成督查组，按照“四不两直”的原则重点对山东、辽宁、宁夏、江苏、湖北、云南等省份开展现场督查工作。

（三）总结阶段

10月10日前，各派出机构起草完成辖区内检查报告并报能源局安全司。

11月底前，能源局安全司起草完成《2015年电力建设工程施工安全专项行动督查报告》，向有关单位通报有关情况，上报国务院安委会办公室。

四、工作要求

（一）加强领导，周密部署

各有关单位要加强组织领导，结合本单位建设工程的实际，制定详细的实施方案，全面动员部署，迅速开展行动。

（二）加强检查，强化落实

有关电力企业要加强工作指导和监督，认真组织建设、施工、监理单位按职责开展自查自纠工作，按季度汇总专项行动实施情况。各派出机构要制定详细检查计划，原则上按照每季度一次，“四不两直”的方式，对辖区内重点地区、重点企业、重点项目进行暗查抽查。国家能源局将按照国务院安委会办公室的统一安排组织督查组进行专项督查，推动工作落实。

（三）严格执法，严肃问责

依照《安全生产法》及相关法律法规的规定，对施工现场无施工方案、不按方案及操作规程施工造成事故隐患的，一律依法责令立即消除或者限期消除，并予以经济处罚；发现重大事故隐患的，一律停工整改。专项行动期间因隐患排查治理不力导致生产安全事故的，一律依法暂扣或吊销安全生产许可证；发生较大以上生产安全事故的，一律依法责令停业整顿、降低资质等级或吊销资质证书，并严格追究相关责任单位和人员的责任。

附件：建设工程落实施工方案专项行动实施情况汇总表（略）

国家能源局综合司（印）
2015年4月9日

国家能源局关于进一步完善风电年度开发方案管理工作的通知
（国能新能〔2015〕163号）

各省（区、市）、新疆兵团发展改革委（能源局），各派出机构，国家电网公司、南方电网公司、中国华能集团公司、中国大唐集团公司、中国华电集团公司、中国国电集团公司、中国电力投资集团公司、中国神华集团公司、中国长江三峡集团公司、华润集团公司、中国节能环保集团公司、中国广核集团公司、水电水利规划设计总院、电力规划设计总院、中国风能协会、国家可再生能源中心：

根据《国务院关于发布政府核准的投资项目目录（2014年本）的通知》（国发〔2014〕53号）的有关规定，为深入贯彻落实国务院简政放权和转变政府职能总体要求，进一步简化审批程序，提高行政效能，促进风电产业健康发展，现将进一步完善风电年度开发方案管理的有关要求通知如下：

一、风电年度开发方案是指根据全国风电发展规划要求，按年度编制的滚动实施方案。全国年度开发方案包括各省（区、市）年度建设规模、布局、运行指标和有关管理要求。各省（区、市）年度开发方案根据本省（区、市）风电发展规划和全国年度开发方案的要求编制，包括项目清单、预计项目核准时间、预计项目投产时间、风电运行指标和对本地电网企业的管理要求。

二、跨省或跨区输送的大型风电基地开发方案由我局会同项目所在地省级能源主管部门制定，明确风电基地建设总规模、年度规模、风电占外送电量的比例和运行调度要求后，由各省（区、市）按年度落实具体项目建设单位后，纳入本省（区、市）年度开发方案。

在本省（区、市）范围内就地消纳的风电项目，由各省（区、市）能源主管部门自行选择项目，确定项目建设单位，并纳入年度开发方案。鼓励各省（区、市）开展以市场化手段配置风能资源的试点工作。

分散式风电由各省（区、市）自行按照有关技术要求组织建设，纳入年度开发方案，纳入年度开发方案的项目，按有关管理规定享受电价补贴。

三、各省（区、市）能源主管部门应按照以下原则确定年度建设规模：

不存在弃风限电情况的省（区、市）每年由各省（区、市）能源主管部门根据本省（区、市）风电建设情况和本省（区、市）风电发展规划，按照平稳有序发展的原则，自主提出本年度的开发建设规模。

出现弃风限电问题的省（区、市），须对本地区风电开发建设和并网运行情况进行深入分析评估，科学制定本年度风电开发建设的规模和布局，同时要编制相关的分析评估报告，提出保障风电并网运行的措施和预计风电运行指标，报我局作为对地方能源主管部门的建设和运行责任进行考核和监管的依据。

弃风限电比例超过20%的地区不得安排新的建设项目，且须采取有效措施改善风电并网运行情况，研究提出促进风电并网和消纳的技术方案，报我局作为对地方能源主管部门的建设和运行责任进行考核和监管的依据。

四、各省（区、市）能源主管部门每年一月底前将本年度的建设规模建议及相关材料报送我局，经统筹平衡后形成全国年度开发方案，于每年二月底前印发实施。各省（区、市）能源主管部门根据全国年度开发方案的要求制定本省（区、市）的年度开发方案，于一季度前向全社会公布，并抄送我局。我局不再统一印发含项目清单的核准计划。

五、纳入年度开发方案的项目需满足至少1年的测风时间，落实项目建设用地、规划选址等条件，并在当年完成核准，无法按时核准的项目作废，不得用其他项目置换。对年度开发方案完成率低于80%的省（区、市），下一年度不安排新建项目规模。

六、电网企业要根据各省（区、市）年度开发方案中项目核准和投产的时间，编制配套的风电接入电网工作方案，根据风电项目的建设进度协调落实好配套电网建设工作，确保风电项目建成后及时并网运行。如果项目无法如期核准或者投产，须提前告知电网企业，及时调整配套电网设施的建设计划。

七、年度开发方案将作为实施风电行业宏观管理和对地方能源主管部门工作进行指导和监管的基本依据，我局对各省（区、市）风电建设运行情况进行监测和考核，并定期公开发布关键指标。地方能源主管部门和电网企业要按有关要求落实责任，建立相应的信息统计和报送机制，及时反馈本地区风电开发建设和并网运行的有关情况。各派出机构要根据各省（区、市）年度开发方案做好本省（区、市）风电建设和运行的监管工作。

请各有关单位按照上述要求，加强协调，落实责任，及时开展相关的工作，以保障风电产业的持续健康发展。

国家能源局（印）
2015年5月15日

国家能源局综合司关于进一步做好可再生能源发展“十三五”规划编制工作的指导意见
（国能综新能〔2015〕177号）

各省（区、市）发展改革委（能源局），国家发展改革委能源研究所、水电水利规划设计总院、电力规划设计总院、国家可再生能源中心、国家地热能中心、国家海洋技术中心、风能协会、光伏专委会，有关研究机构：

为促进可再生能源产业持续健康发展，做好“十三五”可再生能源发展工作，根据《可再生能源法》及国家能源局“十三五”能源规划工作方案，统筹考虑能源、电力规划及水电、风电、太阳能、生物质能等专项规划，现就进一步做好可再生能源发展“十三五”规划编制工作，提出如下指导意见：

一、高度重视可再生能源发展“十三五”规划的研究编制工作

可再生能源发展“十三五”规划是能源发展“十三五”

规划的重要组成部分，是调整优化能源结构、转变能源发展方式的重要内容，是“十三五”时期指导可再生能源产业持续健康发展的纲领性文件，对理顺可再生能源发展思路、明确可再生能源发展目标、优化可再生能源产业布局、促进可再生能源持续健康发展具有重要意义。

各地区、各有关部门要高度重视编制可再生能源发展“十三五”规划的重要意义，紧紧围绕推动能源生产和消费革命、打造中国能源升级版的战略部署，把做好可再生能源规划作为转变能源发展方式、调整能源结构的重要任务，科学提出可再生能源发展目标，明确可再生能源重大项目、重点任务、重大利用措施以及体制机制创新方案，为实现2020年非化石能源消费占比15%和2030年非化石能源消费占比20%的战略目标、推动能源生产和消费革命、促进国民经济和社会可持续发展提供重要保障。

二、规划编制的工作重点

（一）突出转变能源发展方式和推动能源结构调整方向。要围绕2020年非化石能源消费占比15%、2030年非化石能源消费占比20%的战略目标以及2020年各省（区、市）需完成的可再生能源电力配额指标要求，结合能源、电力增长需求和环境约束条件，在“十三五”时期，充分发挥非化石能源的替代作用，大力推动能源结构调整。“三北”和“西南”等地区新增用电需求主要以可再生能源供应为主，中东部地区主要以非化石能源和外来电为主。各地区要明确提出本地区“十三五”时期非化石消费占一次能源消费的比重目标，作为能源规划、电力规划和可再生能源规划中的关键发展指标，要提出非化石能源装机占全部装机的比重、非化石能源发电量占全部发电量的比重等具体考核指标，并相应提出煤炭消费比重及火电装机控制性指标，做好规划目标的衔接工作。

（二）要科学论证“十三五”期间各类可再生能源发展目标。要系统总结本地区“十二五”可再生能源规划执行情况和可再生能源发展现状，认真分析本地区可再生能源资源特点和条件，结合市场消纳能力、电网送出条件以及技术进步趋势，在能源总体规划框架下，研究提出“十三五”时期本地区可再生能源发展的总体目标和水电、风电、太阳能发电、生物质发电以及各类非电可再生能源的发展目标，明确本地区可再生能源发电量占全社会用电量的比重，以及可再生能源消费占一次能源消费的比重，建立相应的指标体系，纳入本地区电力、能源以及经济社会发展“十三五”规划，我局将按照《可再生能源法》的规定，依据全国可再生能源规划目标，结合各地区提出的规划目标及规划主要内容，提出各地区可再生能源规划发展目标的意见，商有关部门后作为各地区可再生能源的发展目标。

（三）认真研究本地区“十三五”时期可再生能源重点任务和重大项目布局。“十三五”时期，要继续坚持“集中式与分布式并举、本地消纳与外送相结合”的发展方针，统筹研究可再生能源发展重点任务和重大项目布局。“三北”、“西南”等可再生能源资源丰富地区，要提出水电、风电、太阳能发电基地及重大项目，科学论证基地及重大项目规模、布局和消纳市场，明确开发时序。中东部地区要发挥市场优势，积极开发利用当地可再生能源资源，做好风能、太阳能、生物质能和地热能利用的布局工作，落实好分散式风电和分布式光伏发电建设任务。已批复的抽水蓄能选点规划和海上风电发展规划省份，要结合规划明确项目建设规模、建设布局。具备开展太阳能热发电的省份，要提出太阳能热发电基地及重点区域布局。要优化各类可再生能源利用方式，因地制宜发展生物质成型燃料、沼气及太阳能热水器等非电可再生能源。结合本地区实际，继续规划建设清洁能源示范省、新能源示范城市、绿色能源示范县等，提出更高可再生利用水平（如100%可再生能源）示范区的规划设想，以及扩大示范和深化推动发展机制创新的设想和建设。结合电力体制改革，规划建设若干以智能电网、物联网和储能技术为支撑、新能源发挥重要作用的微电网示范工程或新能源综合供能区域。

（四）统筹好可再生能源本地消纳和外送电需求。要把落实可再生能源发电的消纳市场作为编制可再生能源规划的核心任务。把提高可再生能源消纳能力作为编制能源、电力规划的重要内容。积极开展各类促进可再生能源消纳的示范项目规划，挖掘本地区消纳可再生能源的潜力。统筹协调好大型可再生能源基地和跨省跨区输电通道规划建设，充分利用跨省跨区输电通道最大限度送出可再生能源。可再生能源资源丰富地区可根据资源条件和市场消纳情况，提出若干可再生能源送出专线需求，纳入本地区可再生能源及能源、电力发展规划，及时向我局报送纳入国家能源规划的建议。

（五）加快可再生能源技术装备和产业体系建设。各有关研究单位要围绕可再生能源产业链建设、技术研发、人才培养和服务体系配套等方面，进一步加强可再生能源产业体系研究。系统分析“十三五”时期海上风电、太阳能热发电技术、太阳能工业供热技术、生物质供热、地热供热、风电供热技术、海洋能等技术发展前景。以技术进步为核心，着力提高可再生能源装备制造能力，研究建立国家、地方和企业共同构成的多层次可再生能源技术创新模式，培育具有自主知识产权的可再生能源产业体系，提出对国家完善可再生能源行业人才培养机制和加强配套产业服务体系建设的有关建议。

（六）研究提出支持可再生能源发展的配套政策和保障体系。加快推进职能转变，简政放权，合理下放可再生能源审批权限，明确审核条件和标准，规范简化审批程序，加强事中事后监管。完善可再生能源管理体系，建立省级政府可再生能源开发建设和运行管理一体化管理体系。结合电力体制改革总体部署，率先开展体制机制改革试点。提出各地区发展可再生能源配套政策措施和保障体系，明确本地区对发展可再生能源的土地、税收等优惠政策，提出本地区对可再生能源发展的支持措施。

三、编制规划的主要任务及时间安排

（一）2015年6月底前完成各地区规划建议初稿和国家规划专题研究工作。各省（区、市）能源主管部门在已有规划研究工作基础上，认真组织本地区可再生能源发展“十三五”规划研究工作，提出规划初稿。特别是应尽早提出希望列入全国能源规划、电力规划和可再生能源规划的重大可再生能源发电基地、重大示范项目和重大机制创新的规划建议。国家可再生能源中心等研究机构及行业协会要按照任务分工和规划编制需要，开展国家可再生能源发展“十三五”规划专题研究工作，形成相关课题研究成果。规划期为2016～2020年，发展目标展望到2030年。各有关单位于2015年6月底前，将各地区规划初稿和相关课题研究成果报送国家能源局新能源司。

（二）2015年9月底前形成全国规划初稿。国家能源局新能源司组织有关单位，在各地区、各研究机构及行业协会规划建议稿及相关课题研究成果基础上，编制全国可再生能源发展“十三五”规划初稿，并与国家相关规划衔接后，于2015年9月底前印发全国可再生能源发展“十三五”规划初稿，征求各地区、各有关部门意见建议。

（三）2015年12月底前形成全国规划送审稿。各省（区、市）能源主管部门对全国可再生能源发展“十三五”规划初稿提出意见建议，并于2015年10月底前，将意见反馈国家能源局，国家能源局将根据各地区和有关部门意见建议完善规划初稿，12月底前，形成规划送审稿，按程序批准后印发实施。

（四）各地区完成本地区规划。各省（区、市）能源主管部门在全国可再生能源发展“十三五”规划印发两月内，按照全国可再生能源发展“十三五”规划以及我局会同各省（区、市）人民政府商定的各行政区域可再生能源开发利用目标和其他规划内容的衔接情况，修改完善本地区可再生能源发展“十三五”规划，经本级人民政府批准后，报国家能源局备案。

四、有关工作要求

（一）加强组织协调。国家能源局委托国家可再生能源中心牵头编制国家可再生能源发展“十三五”规划，水电水利规划设计总院、电力规划设计总院、国家地热能中心、国家海洋技术中心及相关企业做好配合工作。各省（区、市）能源主管部门应成立相应工作机构，组织本地区相关部门及企业参与规划编制工作。

（二）做好规划衔接。要按照规划编制工作统一部署，做好可再生能源规划与能源总体规划、能源专项规划，省级可再生能源规划与国家可再生能源规划，可再生能源规划与城乡、国土、环保、交通等相关规划之间的衔接，确保规划的科学性和可操作性。

（三）广泛征求意见。规划编制过程中，要加强调查研究，对规划方案进行科学论证。要通过专题研讨、座谈研讨、专家论证和公开征求意见等方式，广泛听取各方意见和建议，确保规划研究论证充分。

（四）及时提供资料。各地区、各行业协会要积极配合，按照规划编制工作安排，及时协助国家可再生能源中心统计各地区可再生能源发展目标、重大项目及工程情况，提交规划所需各类基础数据和资料，参与“十三五”规划系列研讨会和征求意见会议。

各地区、各相关单位收到通知后，请按照要求尽快开展可再生能源发展“十三五”规划编制工作。国家能源局将根据进度安排和工作需要，适时召开会议协调推进规划编制相关工作。

附件：全国可再生能源发展“十三五”规划研究专题及分工（略）

国家能源局综合司（印）
2015年4月13日

国家能源局、工业和信息化部、国家认监委关于促进先进光伏技术产品应用和产业升级的意见

（国能新能〔2015〕194号）

各省、自治区、直辖市及新疆生产建设兵团发展改革委（能源局）、工业和信息化主管部门、质监局，国家能源局各派出机构，国家电网公司、南方电网公司，华能集团、国电集团、大唐集团、华电集团、中电投集团、神华集团、中节能集团、中核集团、中广核集团、中电建集团、中能建集团：

2013年国务院发布《关于促进光伏产业健康发展的若干意见》（国发〔2013〕24号）以来，我国光伏技术进步明显加快，市场规模迅速扩大，为光伏产业发展提供了有力的市场支撑。与此同时，也出现了部分落后产能不能及时退出市场、先进技术产品无法进入市场、光伏产业整体技术升级缓慢、光伏发电工程质量存在隐患等问题。为促进先进光伏技术产品应用和产业升级，加强光伏产品和工程质量管理，现提出以下意见：

一、发挥市场对技术进步的引导作用。充分发挥市场配置资源的决定性作用，提高光伏产品市场准入标准，引导光伏技术进步和产业升级。根据不同发展阶段的光伏技术和产品，采取差别化的市场准入标准，支持先进技术产品扩大市场，加速淘汰技术落后产品，规范光伏发电技术和质量监督管理。逐步建立光伏产品市场准入标准的循环递进机制，加速光伏发电技术进步和产业升级。

二、严格执行光伏产品市场准入标准。自本文件发布之日起，光伏发电项目新采购的光伏组件应满足工业和信息化部《光伏制造行业规范条件》（2015年版）相关产品技术指标要求。其中，多晶硅电池组件和单晶硅电池组件的光电转换效率分别不低于15.5%和16%；高倍聚光光伏组件光电转换效率不低于28%；硅基、铜铟镓硒（CIGS）、碲化镉（CdTe）及其他薄膜电池组件的光电转换效率分别不低于8%、11%、11%和10%；多晶硅、单晶硅和薄膜电池组件自项目投产运行之日起，一年内衰减率分别不高于2.5%、3%和5%，之后每年衰减率不高于0.7%，项目全生命周期内衰减率不高于20%。高倍聚光光伏组件自项目投产运行之日起，一年内衰减率不高于2%，之后每年衰减率不高于0.5%，项目全生命周期内衰减率不高于10%。上述指标将根据产业发展情况适时调整。

三、实施“领跑者”计划。国家能源局每年安排专门的市场规模实施“领跑者”计划，要求项目采用先进技术产品。2015年，“领跑者”先进技术产品应达到以下指标：多晶硅电池组件和单晶硅电池组件的光电转换效率分别达到16.5%和17%以上；高倍聚光光伏组件光电转换效率达到30%以上；硅基、铜铟镓硒、碲化镉及其他薄膜电池组件的光电转换效率分别达到12%、13%、13%和12%以上。“领跑者”计划通过建设先进技术光伏发电示范基地、新技术应用示范工程等方式实施。国家能源局提出示范工程的主要技术进步指标、建设规范、运行管理及信息监测等要求。省级能源主管部门通过竞争性比选机制选择技术能力和投资经营实力强的开发投资企业，企业通过市场机制选择达到“领跑者”先进技术指标的产品。

四、发挥财政资金和政府采购支持光伏发电技术进步的作用。国家支持的解决无电人口用电、偏远地区缺电问题和光伏扶贫等公益性项目、国家援外项目、国家和各级能源主管部门组织实施的各类光伏发电应用示范项目、各级地方政府使用财政资金支持的光伏发电项目以及在各级政府机构建筑设施上安装的光伏发电项目，优先采用“领跑者”先进技术产品。

五、加强光伏产品检测认证。加强光伏产品检测认证能力建设，逐步提高光伏产品认证标准，提高光伏行业国际标准制定和国际互认能力。光伏组件生产企业应具备组件及其使用材料的产品试验、例行检验所必需的检测能力。企业生产的关键产品必须通过第三方检测认证，并由第三方检测认证机构公布检测认证结果。光伏组件生产企业在产品说明书中应明确多晶硅、电池片、玻璃、银浆、EVA、背板等关键原辅材料的来源信息，确保进入市场的光伏产品必须是经过检测认证且达标的产品。

六、加强工程产品质量管理。光伏发电项目采用的光伏组件、逆变器及关键产品，须通过国家认监委批准的认证机构认证且与认证送检产品保持一致。各光伏发电开发投资企业应建立光伏发电关键设备的技术及质量管理制度，在产品招标采购、到货验收、竣工验收环节，对光伏产品技术指标提出明确的要求。

七、加强技术监测和监督。国家能源局、工业和信息化部和国家认监委等部门定期组织有关单位对光伏市场产品开展技术质量检查，重点检查光伏产品关键技术性能和产品质量，完善技术质量管理政策，检查结果向社会公布。对产品未达到市场准入标准的制造企业，予以公告。对国家组织实施的“领跑者”计划项目，委托第三方检测认证机构进行全过程技术监测评价，在工程竣工验收时重点检查是否达到承诺的指标，在工程投产一年后进行后评估并公布评估结果。

八、完善光伏发电运行信息监测体系。行业技术支撑单位要按照行业管理有关要求，开展并网运行光伏发电项目建设运行信息统计工作。电网企业要建立和完善并网运行信息监测系统，监测项目输出功率和发电量等数据，保持运行信息的连续性和完整性，配合开展光伏发电技术评价和质量检查信息服务工作。项目单位应向国家可再生能源信息系统报送光伏发电设施的基本信息，包括光伏组件类型、规格、额定功率、安装方式、逆变器型号、系统最大输出功率等。项目设施进行检修和发生故障时，项目单位应按运行规程及时向电网企业通报有关情况。

附件：主要技术指标说明（略）

国家能源局
工业和信息化部（印）
国家认监委
2015 年 6 月 1 日

国家能源局关于推进新能源微电网示范项目建设的指导意见

（国能新能〔2015〕265 号）

各省（区、市）发展改革委（能源局）、新疆生产建设兵团发展改革委，国家电网公司、南方电网公司，各主要发电投资企业，中国电建集团、中国能建集团、水电水利规划设计总院，中科院：

可再生能源发展“十二五”规划把新能源微电网作为可再生能源和分布式能源发展机制创新的重要方向。近年来，有关研究机构和企业开展新能源微电网技术研究和应用探索，具备了建设新能源微电网示范工程的工作基础。为加快推进新能源微电网示范工程建设，探索适应新能源发展的微电网技术及运营管理体制，现提出以下指导意见：

一、充分认识新能源微电网建设的重要意义

新能源微电网代表了未来能源发展趋势，是贯彻落实习近平总书记关于能源生产和消费革命的重要措施，是推进能源发展及经营管理方式变革的重要载体，是“互联网+”在能源领域的创新性应用，对推进节能减排和实现能源可持续发展具有重要意义。同时，新能源微电网是电网配售侧向社会主体放开的一种具体方式，符合电力体制改革的方向，可为新能源创造巨大发展空间。各方面应充分认识推进新能源微电网建设的重要意义，积极组织推进新能源微电网示范项目建设，为新能源微电网的发展创造良好环境并在积累经验基础上积极推广。

二、示范项目建设目的和原则

新能源微电网示范项目建设的目的是探索建立容纳高比例波动性可再生能源电力的发输（配）储用一体化的局域电力系统，探索电力能源服务的新型商业运营模式和新业态，推动更加具有活力的电力市场化创新发展，形成完善的新能源微电网技术体系和管理体制。

新能源微电网示范项目的建设要坚持以下原则：

（一）因地制宜，创新机制。结合当地实际和新能源发展情况选择合理区域建设联网型微电网，在投资经营管理方面进行创新；在电网未覆盖的偏远地区、海岛等，优先选择新能源微电网方式，探索独立供电技术和经营管理新模式。

（二）多能互补，自成一体。将各类分布式能源、储电蓄热（冷）及高效用能技术相结合，通过智能电网及综合能量管理系统，形成以可再生能源为主的高效一体化分布式能源系统。

（三）技术先进、经济合理。集成分布式能源及智能一体化电力能源控制技术，形成先进高效的能源技术体系；与公共电网建立双向互动关系，灵活参与电力市场交易，使新能源微电网在一定的政策支持下具有经济合理性。

（四）典型示范、易于推广。首先抓好典型示范项目建设，因地制宜探索各类分布式能源和智能电网技术应用，创新管理体制和商业模式；整合各类政策，形成具有本地特点且易于复制的典型模式，在示范的基础上逐步推广。

三、建设内容及有关要求

新能源微电网是基于局部配电网建设的，风、光、天然气等各类分布式能源多能互补，具备较高新能源电力接入比例，可通过能量存储和优化配置实现本地能源生产与用能负荷基本平衡，可根据需要与公共电网灵活互动且相对独立运行的智慧型能源综合利用局域网。新能源微电网项目可依托已有配电网建设，也可结合新建配电网建设；可以是单个新能源微电网，也可以是某一区域内多个新能源微电网构成的微电网群。鼓励在新能源微电网建设中，按照能源互联网的理念，采用先进的互联网及信息技术，实现能源生产和使用的智能化匹配及协同运行，以新业态方式参与电力市场，形成高效清洁的能源利用新载体。

（一）联网型新能源微电网

联网型新能源微电网应重点建设：利用风、光、天然气、地热等可再生能源及其他清洁能源的分布式能源站；基于智能配电网的综合能量管理系统，实现冷热电负荷的动态平衡及与大电网的灵活互动；在用户侧应用能量管理系统，指导用户避开用电高峰，优先使用本地可再生能源或大电网低谷电力，并鼓励新能源微电网接入本地区电力需求侧管理平台；具备足够容量和反应速度的储能系统，包括储电、蓄热（冷）等。联网型新能源微电网优先选择在分布式可再生能源渗透率较高或具备多能互补条件的地区建设。

联网型新能源微电网示范项目技术要求：① 最高电压等级不超过 110kV，与公共电网友好互动，有利于削减电网峰谷差，减轻电网调峰负担。② 并网点的交换功率和时段要具备可控性，微电网内的供电可靠性和电能质量要能满足用户需求。微电网内可再生能源装机功率与峰值负荷功率的比值原则上要达到 50%以上，按照需要配置一定容量的储能装置；在具备天然气资源的条件下，可应用天然气分布式能源系统作为微电网快速调节电源。③ 具备孤岛运行能力，保障本地全部负荷或重要负荷在一段时间内连续供电，并在电网故障时作为应急电源使用。

（二）独立型新能源微电网

独立型（或弱联型）新能源微电网应重点建设：利用风、光、天然气、地热等可再生能源及其他清洁能源的分布式能源站；应急用柴油或天然气发电装置；基于智能配电网的综合能量管理系统，实现冷热电负荷的动态平衡；技术经济性合理的储能系统，包括储电、蓄热（冷）等。独立型（或弱联型）新能源微电网主要用于电网未覆盖的偏远地区、海岛等以及仅靠小水电供电的地区，也可以是对送电到乡或无电地区电力建设已经建成但供电能力不足的村级独立光伏电站的改造。

独立型新能源微电网示范项目技术要求：① 通过交流总线供电，适合多种可再生能源发电系统的接入，易于扩容，容易实现与公共电网或相邻其他交流总线微电网联网。② 可再生能源装机功率与峰值负荷功率的比值原则上要达到 50%以上，柴油机应作为冷备用，其发电量占总电量需求的 20%以下（对于冬夏季负荷差异大的海岛，该指标可以放宽到 40%）；在有条件并技术经济合理的情况下，可采用（LNG 或 CNG 为燃料的）天然气分布式能源。③ 供电可靠性要不低于同类地区配电网供电可靠性水平。

四、组织实施

（一）示范项目申报。各省（区、市）能源主管部门负责组织项目单位编制示范项目可行性研究报告（编制大纲见附件 2），并联合相关部门开展项目初审和申报工作。示范项目要落实建设用地、天然气用量等条件，与县级及以上电网企业就电网接入和并网运行达成初步意见。

（二）示范项目确认。国家能源局组织专家对各地区上报的示范项目申请报告进行审核。对通过审核的项目，国家能源局联合相关部门发文确认。2015 年启动的新能源微电网示范项目，原则上每个省（区、市）申报 1～2 个。

（三）示范项目建设。各省（区、市）能源主管部门牵头组织示范项目建设。项目建成后，项目单位应及时向省级能源主管部门提出竣工验收申请，省级能源主管部门会同国家能源局派出机构验收通过后，组织编制项目验收报告，并上报国家能源局。

（四）国家能源局派出机构负责对示范项目建设和建成后的运行情况进行监管。省级能源主管部门会同国家能源局派出机构对示范项目进行后评估，将评估报告上报国家能源局，对后期运行不符合示范项目技术要求的，应责令项目单位限期整改。

（五）关于新能源微电网的相关配套政策，国家能源局将结合项目具体技术经济性会同国务院有关部门研究制定具体支持政策，鼓励各地区结合本地实际制定支持新能源微电网建设和运营的政策措施。

附件：1. 新能源微电网技术条件
2. 示范项目实施方案编制参考大纲（略）

国家能源局（印）
2015 年 7 月 13 日

附件 1

新能源微电网技术条件

一、联网微电网

联网微电网是解决波动性可再生电力高比例接入配电网的有效方案。相对于不带储能的简单可再生能源分布式并网发电系统具有如下功能和优势：

1. 通过微电网形式可以有效提高波动性可再生能源接入配电网的比例，功率渗透率（微电网额定装机功率与峰值负荷功率的比值）可以做到 100%以上，此次申报项目原则上要求做到 50%以上；

2. 微电网具备很强的调节能力，能够与公共电网友好互动，平抑可再生能源波动性，消减电网峰谷差，替代或部分替代调峰电源，能接受和执行电网调度指令；

3. 与公共电网联网运行时，并网点的交换功率和交换时段可控，且有利于微电网内电压和频率的控制；

4. 在微电网自发自用电量效益高于从电网购电时，或在公共电网不允许“逆功率”情况下，可以有效提高自发自用电量的比例，避免损失可再生能源发电量，提高效益；当公共电网发生故障时，可以全部或部分孤岛运行，保障本地全部负荷或重要负荷的连续供电；

5. 延缓公共电网改造，不增加甚至减少电网备用容量；

6. 在电网末端可以提高供电可靠性率，改善供电电能质量，延缓电网（如海缆）改造扩容，节约电网改造投资；

7. 与其他清洁能源（如 CHP）和可再生能源不同利用形式结合，可以同时解决当地热水、供热、供冷和炊事用能问题。

主要技术条件：

1. 与公共配电网具有单一并网点，应能实现联网和孤岛 2 种运行模式，根据所在地区资源特点、负荷特性以及电网需求和架构，可以具备上节联网微电网的一种或多种功能。

2. 微电网接入 110kV 公共配电网，并网点的交换功率应≤40MW，微电网接入 35kV 公共配电网，并网点的交换功率应≤20MW，微电网接入 10kV 公共配电网，并网点的交换功率应≤6MW，微电网接入 400V 公共配电网，并网点的交换功率应≤500kW。

3. 储能装置的有效容量由所希望实现的功能、负荷的日分布特性、孤岛运行时间以及电网调峰需求决定，应根据实际情况设计。

4. 在具备天然气资源的条件下，可应用天然气分布式能源系统，作为微电网快速调节电源，为消纳高比例、大规模可再生能源发电提供快速调节能力。

5. 具有从发电到用电的智能能量管理系统，具有用户用能信息采集功能和远程通信接口。

6. 微电网与公共配电网并网，应符合分布式发电接入电力系统的相关技术规定；微电网供电范围内的供电安全和电能质量亦应符合相关电力标准。

二、独立微电网

独立微电网适用于电网未覆盖的农村、海岛等边远无电地区，仅有小水电但供电不可靠的地区，以及对于在国家“送电到乡”工程中已经建成，但供电能力已严重下降的光伏或风光互补村落电站的改造。

独立微电网建设的主要目的是有效解决我国边远无电地区和无电海岛的用电问题，替代柴油发电机组，降低供电成本。示范要求采用交流总线技术，与传统的直流总线技术相比，交流总线微电网更高效、更灵活，更适合于多种可再生能源发电系统的接入，供电半径宽，易于扩容，通过从发电到用电的能量管理系统可以做到实时的供需平衡，大大提高供电保证率，在将来还可以很容易地同公共电力系统或相邻其他交流总线微电网并网。

主要技术条件：

1. 微电网采用交流总线技术，在解决电力供应的同时，尽可能利用可再生能源解决热水、采暖、供冷、炊事用能问题。

2. 微电网电压等级 110kV，可再生能源总装机应≤200MW（不含水电和柴油发电装机）；微电网电压等级 35kV，可再生能源总装机应 ≤100MW（不含水电和柴油发电装机）；微电网电压等级 10kV，可再生能源总装机应≤20MW（不含水电和柴油发电装机）；微电网电压等级 400V，可再生能源总装机应≤2MW。

3. 供电保证率不低于同类地区配电网供电可靠性水平；柴油机组作为备用，对于季节性负荷差异较小的地区和海岛，柴油发电替代率要求不低于 80%，柴油机组发电量占总电量需求的 20%以下；对于季节性负荷差异较大的地区和海岛，柴油发电替代率允许放宽到 40%；在有条件并技术经济合理的情况下，可采用（LNG 或 CNG 为燃料的）天然气分布式能源。

4. 独立微电网应具有从发电到用电的能量管理系统。

5. 微电网的供电安全和电能质量应符合相关电力标准。

国家能源局关于印发《配电网建设改造行动计划（2015～2020 年）》的通知

（国能电力〔2015〕290 号）

各省（区、市）、新疆生产建设兵团发展改革委（能源局），中国电力企业联合会，国家电网公司、中国南方电网有限责任公司：

为贯彻落实中央“稳增长、防风险”有关部署，加快配电网建设改造，推进转型升级，服务经济社会发展，特制定《配电网建设改造行动计划（2015～2020 年）》。现印发你们，请按照执行。

附件：《配电网建设改造行动计划（2015～2020 年）》

国家能源局（印）

2015 年 7 月 31 日

附件

配电网建设改造行动计划（2015～2020 年）

配电网是国民经济和社会发展的重要公共基础设施。近年来，我国配电网建设投入不断加大，配电网发展取得显著成效，但用电水平相对国际先进水平仍有差距，城乡区域发展不平衡，供电质量有待改善。建设城乡统筹、安全可靠、经济高效、技术先进、环境友好的配电网络设施和服务体系一举多得，既能够保障民生、拉动投资，又能够带动制造业水平提升，为适应能源互联、推动“互联网＋”发展提供有力支撑，对于稳增长、促改革、调结构、惠民生具有重要意义。为加快推进配电网建设改造，特制定本行动计划。

一、指导思想

围绕全面建成小康社会宏伟目标，贯彻《关于加快配电网建设改造的指导意见》，切实落实稳增长、防风险的重大措施，结合当前我国配电网实际情况，用 5 年左右时间，进一步加大建设改造力度。以满足用电需求、提高可靠性、促进智能化为目标，坚持统一规划、统一标准，统筹城乡、协同推进，着力解决城乡配电网发展薄弱问题，推动装备提升与科技创新，加大政策支持，强化监督落实，全面加快现代配电网建设，支撑经济发展和服务社会民生。

二、行动目标

到 2020 年，中心城市（区）智能化建设和应用水平大幅提高，供电可靠率达到 99.99%，用户年均停电时间不超过 1h，供电质量达到国际先进水平；城镇地区供电能力及供电安全水平显著提升，供电可靠率达到 99.88%以上，用户年均停电时间不超过 10h，保障地区经济社会快速发展；乡村及偏远地区全面解决电网薄弱问题，基本消除长期“低电压”，户均配变容量不低于 2kVA，有效保障民生（见表 1）。

加快建设现代配电网，以安全可靠的电力供应和优质高效的供电服务保障经济社会发展，为全面建成小康社会提供有力支撑。提升供电能力，实现城乡用电服务均等化。构建简洁规范的网架结构，保障安全可靠运行。应用节能环保设备，促进资源节约与环境友好。推进配电自动化和智能用电信息采集系统建设，实现配电网可观可控。满足新能源、分布式电源及电动汽车等多元化负荷发展需求，推动智能电网建设与互联网深度融合。

通过实施配电网建设改造行动计划，有效加大配电网资金投入。2015～2020 年，配电网建设改造投资不低于 2 万亿元，其中 2015 年投资不低于 3000 亿元，“十三五”期间累计投资不低于 1.7 万亿元。预计到 2020 年，高压配电网变电容量达到 21 亿 kVA、线路长度达到 101 万 km，分别是 2014 年的 1.5 倍、1.4 倍，中压公用配变容量达到 11.5 亿 kVA、线路长度达到 404 万 km，分别是 2014 年的 1.4 倍、1.3 倍。

表 1　配电网建设改造指导目标

指　标	单位	2014 年	2017 年	2020 年
1. 供电可靠率	%	99.35	99.69	99.82
其中：中心城市（区）	%	99.95	99.97	99.99

续表

指　标	单位	2014年	2017年	2020年
城镇	%	99.80	99.85	99.88
乡村	%	99.16	99.45	99.72
2. 用户年均停电时间	h	57.0	27.0	15.7
其中：中心城市（区）	h	4.4	2.6	1.0
城镇	h	17.5	13.2	10.0
乡村	h	73.6	48.0	24.0
3. 综合电压合格率	%	95.88	97.53	98.65
其中：中心城市（区）	%	99.94	99.96	99.97
城镇	%	96.92	97.95	98.79
乡村	%	90.77	94.69	97.00
4. 110kV及以下线损率	%	6.2	6.1	6.0
5. 高压配电网容载比		2.01	1.8～2.2	
6. 乡村户均配变容量	kVA	1.55	1.8	2.0
7. 配电自动化覆盖率	%	20	50	90
8. 配电通信网覆盖率	%	40	60	95
9. 智能电表覆盖率	%	60	80	90

注　1. 中心城市（区）：指市区内人口密集以及行政、经济、商业、交通集中的地区。
2. 城镇：包括城市的建成区及规划区，县级及县级以上地区的城区以及工业、人口在本区域内相对集中的乡、镇地区。
3. 乡村：除中心城市（区）、城镇以外的地区。
4. 2014年数据源于配电网普查中各省级发展改革委（能源局）、电网企业上报数据的加权平均值。

三、重点任务

（一）加强统一规划，健全标准体系

强化配电网统一规划。统一规划城乡配电网，统筹解决城乡配电网发展薄弱问题，促进新型城镇化建设和城乡均等化发展。配电网与市政规划相协调，在配电网规划的基础上，开展电力设施布局规划，将规划成果纳入城乡发展规划和土地利用规划，实现配电网与城乡其他基础设施同步规划、同步建设。电网电源统一规划，优化电源与电网布局，加强规划衔接，促进新能源、分布式电源、电动汽车充换电设施等多元化负荷与配电网协调有序发展。实现输配电网、一次网架设备与二次系统、公共资源与用户资源之间相衔接。

健全配电网技术标准体系。根据区域经济发展水平和可靠性需求，整合和优化已有标准化成果，完善技术标准，明确发展重点，科学指导规划、建设与改造，全面推行模块化设计、规范化选型、标准化建设。

（二）做好供电保障，服务社会民生

实现中心城市（区）高可靠供电。围绕中心城市（区）发展定位和高可靠用电需求，统筹配置空间资源，保护变电站站址和电力廊道落地，高起点、高标准建设配电网，提高供电可靠性和智能化水平，力争2020年供电可靠率达到99.99%以上，用户年均停电时间不超过1h，达到国际先进水平。

满足城镇快速增长的用电需求。结合国家新型城镇化规划及发展需要，适度超前建设配电网；紧密跟踪市区、县城、中心城镇和产业园区等经济增长热点，及时增加供电能力，消除城镇用电瓶颈；力争2020年供电可靠率达到99.88%以上，用户年均停电时间不超过10h。

提升乡村电力普遍服务水平。继续对未改造农村配电网实施改造，逐年提高乡村配电网供电能力和质量，解决已改造地区出现的新的不适应问题；远近结合、多措并举，加快解决“卡脖子”“低电压”等突出问题，有效缓解春节、农忙等季节性负荷突增引起的供电问题，大幅改善居民生活用电条件；因地制宜对粮食主产区农田节水灌溉、农村经济作物和农副产品加工、畜禽水产养殖等供电设施进行改造，支撑农业现代化建设。力争2020年，农村地区供电可靠率不低于99.72%，用户年均停电时间控制在24h以内，综合电压合格率不低于97.0%。

加快边远贫困地区配电网建设。做好国家扶贫开发重点县和集中连片特殊困难地区电网规划，加大电网投资力度，切实解决边远贫困地区用电问题。做好偏远地区移民搬迁、游牧民定居等安置点供电保障。通过电网延伸和光伏、风电、小水电等供电方式，2015年解决全部无电人口用电问题。

（三）优化完善结构，消除薄弱环节

切实保障变电站站址和线路廊道规划落地，构建强简有序、相互支援的目标网架，远近结合，科学制定过渡方案。按照供电区“不交叉、不重叠”原则，合理划分变电站供电范围，解决网架结构不清晰问题；合理设置中压线路分段点和联络点，提升中压线路联络率，提高配电网转供能力。

（四）推进标准配置，提升装备水平

推进配电网设备标准化。完善设备技术标准体系，引导设备制造科学发展；优化设备序列，简化设备类型，规范技术标准，推行功能模块化、接口标准化，提高配电网设备通用性、互换性；注重节能降耗、兼顾环境协调，采用技术成熟、少（免）维护、具备可扩展功能的设备；在可靠性要求较高、环境条件恶劣（如高海拔、高寒、盐雾、污秽严重等）以及灾害高发等区域适当提高设备配置标准。

实现配电网装备水平升级。推广应用固体绝缘环网柜、选用节能型变压器、配电自动化以及智能配电台区等新设备新技术；积极开展基于新材料、新原理、新工艺的变压器、断路器和二次设备的研制；在符合条件的区域，结合市政建设，提升电缆化水平，提高城镇地区架空线路绝缘化率；提升设备本体智能化水平，推行功能一体化设备；采用先进物联网、现代传感和信息通信等技术，实现设备、通道运行状态及外部环境的在线监测，提高预警能力和信息化水平。

开展综合管廊建设试点。按照“政府主导、统一规划、科学使用、权责明晰”的原则，大中城市加快启动地下综合管廊示范试点工程，部分中小城市因地制宜建设综合管廊项目。将供水、电力、通信、广播电视、排水等管线进行统一规划、设计和施工，促进城市空间集约化利用。为保障电网安全可靠运行，避免城市综合管廊内管线间相互影响，应独立建设电力舱。

（五）推广适用技术，实现节能减排

应用先进配电技术，科学选择导线截面和变压器规格，提升经济运行水平；加强配电网无功规划和运行管理，实现各电压层级无功就地平衡，减少电能传输损失；推广电能替代，带动产业和社会节能减排；加强需求侧管理，引导用户科学用能，积极参与需求响应，提高能源利用效率，促进节能减排。

（六）提高自动化水平，实现可观可控

加强配电自动化建设。持续提升配电自动化覆盖率，提高配电网运行监测、控制能力，实现配电网可观可控，变“被动报修”为“主动监控”，缩短故障恢复时间，提升服务水平。中心城市（区）、城镇地区推广集中式配电自动化方案，合理配置配电终端，缩短故障停电时间，逐步实现网络自愈重构；乡村地区推广简易配电自动化，提高故障定位能力，切实提高实用化水平。

加强配电通信网支撑。坚持一二次协调的原则，同步规划建设配电通信网；确保通信带宽容量裕度，提高对相关业务的支撑能力；中心城市（区）加强10kV通信接入网的光纤建设，有效支撑配电自动化遥控可靠动作和用电信息采集业务；城镇及乡村地区加强35kV电网的配套光纤建设，10kV通信接入网主要采用无线、载波通信方式；积极探索电力光纤通信全业务和增值信息服务模式，全面支撑智能电网建设。2020年，配电通信网覆盖率达到95%。

推进用电信息采集全覆盖。加快智能电表推广应用，全面建设用电信息采集系统，推进用户用电信息的自动采集。探索应用多元化、网络化、双向实时计量技术和用电信息采集技术，全面支撑用户信息互动、分布式电源及多元化负荷接入等业务，为实现智能双向互动服务提供信息基础。2020年，智能电能表覆盖率达到90%。

（七）推动智能互联，打造服务平台

支持新能源及多元化负荷接入。综合应用新技术，大幅提升配电网接纳新能源、分布式电源及多元化负荷的能力；推进配电网储能应用试点工程，提高设备利用率；建设智能互动服务体系，实现配电网友好开放、灵活互动。

探索能源互联平台建设。探索以配电网为支撑平台，构建多种能源优化互补的综合能源供应体系，实现能源、信息双向流动，逐步构建以能源流为核心的“互联网＋”公共服务平台，促进能源与信息的深度融合，推动能源生产和消费革命。

四、政策保障

（一）加大财政资金支持力度

发挥各级政府财政资金的杠杆作用，带动企业与社会资金投入，扩大投资规模，形成支持配电网发展的长效机制。通过农村电网改造升级等现有中央预算内投资专项，研究设立城镇配电网建设改造中央预算内投资专项，结合新型城镇化、“三大战略”，支持配电网基础设施升级改造。研究对节能降耗、新技术应用、智能示范等项目，以及利用清洁电集中供暖等民生项目给予专项运营补贴。鼓励有条件的地区对社会资本投资的配电网项目给予支持。

（二）完善电价政策

结合输配电价改革，将配电网建设改造投资纳入电网企业有效资产，将运营成本计入准许成本，通过电价回收，保障合理收益。对于配电网综合示范、老旧小区改造、线路入地等项目以及建设成本高、收益低等地区，加大配电价格政策支持力度。针对高可靠性、特殊电能质量要求、不同用电时段等用户定制供电需求，实行差异化电价。将地下电力管线建设纳入地方重点工程，享受城市道路占用、开挖、破绿等政策性收费优惠。

（三）发行配电网建设改造专项企业债券

鼓励配电网项目实施主体通过发行企业债券、专项债券、项目收益债券、中期票据等方式直接融资。在综合管廊建设方面，通过发行专项债券融资，推进政府购买服务，完善特许经营制度。拓展金融融资渠道，创新配电网建设改造融资服务，积极推动投资、金融机构与电网企业建立投融资服务平台。

（四）强化信贷支持

完善配电网项目建设贷款支持机制，出台贴息贷款政策。引导政策性银行在依法合规、风险可控前提下，加大对配电网建设改造项目的信贷支持力度，鼓励银行企业加大对配电网建设改造项目的贷款发放力度，各地政府根据实际情况适当安排财政性资金给予贷款贴息。

（五）加大转移支付力度

统筹研究加大中西部地区的中央资本金投入，优先支持边疆少数民族地区和国家级贫困县。加快研究出台电力普遍服务补偿机制，支持企业在偏远地区做好电网建设和运行维护工作。

（六）鼓励社会资本参与配电网投资

开展试点示范，逐步向符合条件的市场主体放开增量配电投资业务，充分发挥市场机制作用，调动社会资本参与配电网建设的积极性。研究出台社会资本投资配电业务、政府和社会资本合作（PPP）建设经营配电网基础设施的具体措施。

（七）鼓励多种方式购售电

鼓励符合国家准入条件的配电网企业成立售电公司，采取多种方式通过电力市场购电，在按照国家有关规定承担电力基金、政策性交叉补贴、普遍服务、社会责任等义务前提下，向用户售电。鼓励通过创新服务、加强管理、降低成本，构建主体多元、竞争有序的市场格局。

（八）加快研究税收扶持政策

研究将配电网建设改造项目纳入企业所得税优惠目录以及将西部地区配电网建设运营纳入《西部地区鼓励类产业目录》。对利用清洁电集中供暖、电动汽车充电基础设施、分布式电源接入配套电网工程等研究税收支持政策。鼓励各地因地制宜制定配电网建设改造税费支持政策，加大支持力度。

五、组织实施

（一）统筹规划

国家能源局会同有关部门负责全国配电网建设改造工作的总体指导、组织协调和监督管理，制定发展战略、实施办法与行动计划，统一规划建设技术标准，协调重大问题和重大政策。

各省（区、市）政府要按照“统筹协调、因地制宜、突出重点、合理适用”的原则，结合各地实际需求和电价承受能力，选择相应的专栏，制定本省（区、市）配电网建设改造实施方案（2015～2020年），于2015年10月底前报送国家能源局。

各省级能源主管部门要按照统一的规划深度要求及规划大纲，组织、指导地市编制配电网发展专项规划（5年），定期滚动调整。根据专项规划，各省级能源主管部门制定年度实施（投资）计划，于每年12月底前汇总后，报送国家能源局。

各电网企业要配合各级政府开展配电网规划相关研究工作，参与配电网规划编制，提出规划建议。国家电网、南方电网要积极发挥中央企业的表率作用，及时将政府明确的目标任务分解落实，并按照规定，编制企业配电网发展专项规划；根据专项规划，制定年度实施（投资）计划，于每年12月底前汇总后，报送国家能源局。

（二）协同推进

各级政府要切实履行职责，建立“政府主导、企业参与、上下联动、协同推进”的常态协调机制，积极协调财政部门研究并出台地方预算内资金的支持政策，进一步加大对配电网建设改造的投入；协调税务部门研究落实配电网建设改造和运营的税收优惠政策；协调价格主管部门落实配电网建设改造方面的电价政策；督促金融企业依据各地配电网建设改造计划，进一步落实建设资金和信贷扶持政策；协调城市规划管理部门、土地管理部门将配电网设施布局选线规划中确定的变电站、供电设施和线路走廊等，纳入城乡总体规划、控制性详细规划以及各级土地利用规划。

各级能源主管部门要会同有关部门做好配电网建设改造的协同推进与保障工作，强化政策支撑，形成工作合力，协调推进配电网建设改造行动计划各项工作。

电网企业应积极配合各级政府有关部门开展相关工作，加强内部管理，落实国家和地方支持政策，筹措建设改造资金，依法做好工程的项目管理，确保完成目标任务。

（三）监督管理

国家能源局会同有关部门开展配电网建设改造方案和项目实施的监督管理工作，制定相关办法，规范实施流程，进一步加强对配电网建设改造资金和还贷资金使用管理情况的监督，并开展专项检查及现场抽查，确保发挥效益。

各级能源主管部门应加强规划落实、目标完成、项目管理履责情况等内容监督检查；依据国家和地方预算内资金的有关规定，严格项目资金管理与风险管控，及时纠正执行偏差和管理漏洞。

电网企业是配电网建设改造的实施责任主体，要自觉接受政府部门监督，健全企业内部的监督管理体系，进一步强化项目规划计划、前期可研、招标管理、施工建设、资金使用、竣工验收、运行管理的全过程管控，确保高效优质完成配电网建设改造任务。

（四）考核评价

加强配电网建设改造项目管理和投资管理，建立健全评价考核机制。各级能源主管部门要根据配电网建设改造目标，加强对项目推进与完成情况、资金投入力度等的考核评估，建立奖惩机制，有效推进配电网建设改造工作。

国家能源局会同有关部门每年3月组织对上年度配电网建设改造目标任务完成情况进行考核，并进行通报。针对各省（区、市），综合评价其电价、财税、投融资、土地、规划、城建等政策的落实与支持力度；针对电网企业，重点评价配电网建设改造的具体目标及指标、资金投入力度、重点专栏任务等完成情况。

各省（区、市）有关部门可因地制宜制定对地方、企业的考核和奖励办法。

（五）舆论支持

各地政府、有关部门及电网企业要充分发挥报刊、广播、电视、网络等新闻媒体作用，宣传配电网建设改造作为民生工程的重要意义，以及在保障城乡发展、带动经济增长中的公益性基础设施定位。科学引导，提升公众对配电网建设改造在促经济、保民生、节能减排等方面贡献的认识，调动广大群众支持配电网项目建设的积极性，形成有利于配电网发展的舆论氛围与环境。

国家能源局综合司关于开展风电清洁供暖工作的通知

（国能综新能〔2015〕306号）

内蒙古、辽宁、吉林、黑龙江、河北、新疆、山西省（区）发展改革委（能源局），国家电网公司、内蒙古电力公司：

为积极推进大气污染物防治工作，促进经济社会可持续发展，确保风电产业持续健康发展。根据我局工作部署，请你单位在梳理现有风电并网运行情况、区域供暖需求、当地电力规划和热电联产机组建设等情况的基础上，研究探索风电清洁供暖工作，有条件开展的地区可按如下要求编制2015年度风电清洁供暖工作方案，对社会公开发布，并抄送我局备案：

一、风电清洁供暖对提高北方风能资源丰富地区消纳风电能力，缓解北方地区冬季供暖期电力负荷低谷时段风电并网运行困难，促进城镇能源利用清洁化，减少化石能源低效燃烧带来的环境污染，改善北方地区冬季大气环境质量意义重大，而且通过吉林、内蒙古等地的示范项目建设，已经具备了推广应用的技术条件，各相关省（区）要充分认识做好风电清洁供暖工作的重要意义，认真分析和总结各地区冬季供暖状况，结合风能资源特点和风电发展需求，研究利用冬季夜间风电进行清洁供暖的可行性，制定促进风电清洁供暖应用的实施方案和政策措施，因地制宜开展风电清洁供暖工作。

二、风电清洁供暖项目以替代现有的燃煤小锅炉或解决分散建筑区域以及热力管网或天然气管网难以到达的区域的供热需求为主要方向，按照每 1 万 kW 风电配套制热量满足 2 万 m^2 建筑供暖需求的标准确定参与供暖的装机规模，鼓励新建建筑优先使用风电清洁供暖技术。鼓励风电场与电力用户采取直接交易的模式供电。

三、风电清洁供暖项目安排原则上以解决目前已有风电项目的弃风限电问题为主，山西、辽宁、新疆达坂城地区、蒙西可以酌情按照不高于 100 万 kW 的规模适度安排新建项目参与风电清洁供暖。

新疆达坂城和阿勒泰地区作为此次风电清洁供暖推广工作的重点地区，由我局会同新疆自治区发改委和上述地区的能源主管部门，统筹编制风电清洁供暖实施方案，充分发挥风电清洁供暖的节能环保作用。

四、风电清洁供暖项目由相关省（区）自行组织实施，各省（区）能源主管部门要积极制定和督促落实促进风电清洁供暖工作的配套措施，特别是协调好风电制暖设备与热力管网的衔接工作，力争于 2015 年底前建成并发挥效益，并于年底前将本省（区）风电清洁供暖项目的进展情况以书面形式报送我局。

五、电网企业要加快开展适应风电清洁供暖发展的配套电网建设，研究制定适应风电清洁供暖应用的电力运行管理措施，保障风电清洁供暖项目的可靠运行。

请各有关单位按照上述要求，积极推动风电清洁供暖技术的应用，使其成为促进风电消纳和解决大气环境问题的有效措施。

国家能源局综合司（印）
2015 年 6 月 5 日

国家能源局关于印发《亚临界煤电机组改造、延寿与退役暂行规定》的通知
（国能电力〔2015〕332 号）

各省、自治区、直辖市、新疆生产建设兵团发展改革委（能源局），国家电网公司、南方电网公司，华能、大唐、华电、国电、国电投集团公司，神华集团、中煤集团、国投公司、华润集团，中国国际工程咨询公司、电力规划设计总院，有关电力企业：

为科学做好亚临界煤电机组节能升级与改造、延寿与退役等工作，特制定《亚临界煤电机组改造、延寿与退役暂行规定》，现印发你们，请遵照执行。

附件：亚临界煤电机组改造、延寿与退役暂行规定

国家能源局（印）
2015 年 9 月 6 日

附件

亚临界煤电机组改造、延寿与退役暂行规定

第一条 为落实《煤电节能减排升级与改造行动计划（2014～2020 年）》，挖掘存量煤电机组节能潜力，科学做好亚临界煤电机组节能升级与改造、延寿与退役等工作，制定本规定。

第二条 亚临界煤电机组节能升级与改造、延寿与退役等工作的基本原则是遵循产业政策、坚持统筹规划、厉行节约高效、加强系统优化。

第三条 要采用技术成熟、经济适用的节能升级与改造技术，对亚临界煤电机组实施综合性、系统性改造，降低能耗和排放，努力达到同类机组先进水平（详见附件），为实现全国燃煤发电机组平均供电煤耗低于 310g/kWh 和 60 万 kW 及以上机组（除空冷机组外）平均供电煤耗低于 300g/kWh 的总体目标做出积极贡献。

第四条 亚临界煤电机组节能升级与改造，应根据机组机型特点、运行情况、能效水平、服役期限、场地条件、外部限制等因素，优先采用供热改造、汽轮机通流部分改造、冷端优化、汽封改造、锅炉烟气余热回收利用、电机变频、运行优化调整等技术经济成熟的改造措施。

亚临界纯凝机组位于城市（工业园区）周边、具备集中供热条件的，在满足环保要求的前提下，应优先考虑进行供热改造，替代供热范围内的分散燃煤小锅炉。电网调峰困难地区供热改造应统筹考虑决策。

第五条 为合理调控新增煤电装机规模，亚临界煤电机组原则上不宜跨代升级增容改造为超（超）临界机组。在电力供需紧张地区，运行期满 20 年的 60 万 kW 亚临界煤电机组，在充分比较论证的基础上，可跨界升级改造为超（超）临界机组。跨代升级改造增容纳入国家煤电总量控制目标。

第六条 运行期满 30 年或 20 万 h 的亚临界煤电机组，经延寿改造、安全评估后，30 万、60 万 kW 级机组一般可延长 10～15 年服役期限。延寿运行时，要定期对主要承压部件进行寿命检测和评估，加强日常监控，确保机组安全稳定运行。

第七条 亚临界煤电机组要充分发挥其调峰的经济比较优势，积极参与系统调峰，提升其他大容量高参数清洁高效煤电的利用小时数。通过节能环保电力调度与交易，逐步完善电力调峰补偿机制和电价形成机制，对发电机组调峰进行合理补偿，促进各类机组承担合理发电任务，提高电力系统整体运行效率。

第八条 不具备延寿条件或延寿运行期满的亚临界煤电机组，可自然退役。退役机组容量计入所在地区电力电量平衡。经电力电量平衡测算有新建煤电规模的地区，在条件允许的情况下，可优先考虑在退役机组原厂址进行建设。

第九条 亚临界机组改造后许可容量发生变化的，按规定向国家能源局派出机构申请容量变更。

附件：亚临界煤电机组供电煤耗参考值

附件

亚临界煤电机组供电煤耗参考值

单位：g/kWh

机组类型		现役机组生产供电煤耗	
		平均水平	先进水平
60 万 kW 级	湿冷	320	315
亚临界	空冷	337	332

续表

机组类型		现役机组生产供电煤耗	
		平均水平	先进水平
30 万 kW 级亚临界	湿冷	330	320
	空冷	347	337

国家能源局关于组织太阳能热发电示范项目建设的通知

（国能新能〔2015〕355 号）

各省（区、市）发改委（能源局），新疆生产建设兵团发改委，国家能源局各派出机构，国家可再生能源中心、水电水利规划设计总院、电力规划设计总院：

太阳能热发电是太阳能利用的重要新技术领域，为推动我国太阳能热发电技术产业化发展，决定组织一批太阳能热发电示范项目建设。现将有关事项通知如下：

一、示范目标

目前国内光热产业处于起步阶段，尚未形成产业规模，工程造价较高，技术装备制造能力弱，缺乏系统集成及运行技术。为攻克关键技术装备，形成完整产业链和系统集成能力。太阳能热发电示范项目以槽式和塔式为主，其他类型也可申报，示范目标：一是扩大光热发电产业规模。通过示范项目建设，形成国内光热设备制造产业链，支持的示范项目应达到商业应用规模，单机容量不低于 5 万 kW。二是培育系统集成商。通过示范项目建设，培育若干具备全面工程建设能力的系统集成商，以适应后续光热发电发展的需要。

二、示范项目要求

（一）资源条件和技术要求。场址太阳直射辐射（DNI）量不应低于 1600kWh/（m^2·a）。示范项目各主要系统的技术参数要达到国际先进水平。鼓励示范项目采用技术较先进，实现国内产业化的设备。原则上符合随此通知印发的《太阳能热发电示范项目技术规范》（试行）的技术要求。

（二）示范项目实施方案编制要求（附件 2）。实施方案要包括项目技术和工程方案、投资经济性测算报告。技术和工程方案应包括设备来源、技术合作方、系统集成方案等信息，并提供项目支持性文件、筹措资金材料等。投资经济性测算报告应对工程各环节的投资成本构成分列测算，以便于对各申报项目汇集后相互比较，逐一测算工程造价，为测算电价提供参考。若项目单位申报价格明显偏高，我们将不考虑该项目纳入示范的可能性，对存在不正常偏差和不规范测算的项目，也取消列入示范的资格。

（三）经济性分析边界条件。项目资本金比例不低于总投资的 20%；项目贷款利息按照项目企业实际获得的贷款利率计算；项目建设期按 2 年，经营期按 25 年；资本金财务内部收益率参考新能源发电项目平均收益水平；增值税税率暂按经营期 25 年内 17%测算。

（四）目前太阳能热发电尚未形成完整的技术和装备制造体系，为减少重复建设和浪费，对同一技术来源和类型的项目要控制数量。对各地申报项目数量做以下限制：同一项目业主在一个省（区、市）的项目超过 1 个时，应为不同的技术路线；一个企业可以在不同的省（区、市）申报项目，但总数量不超过 3 个，同一技术路线和技术来源的不超过 2 个。

三、示范项目组织

（一）示范项目申报。各省（区、市）能源主管部门组织经济性较好、实力较强的投资业主编制太阳能热发电厂示范项目实施方案，并开展项目初审和申报工作。项目技术和工程方案与投资经济测算报告分开编写上报。示范项目申请报告请于 10 月底前报国家能源局新能源司。

（二）示范项目审核。国家能源局组织专家审核示范项目技术方案的先进性、设备的国产化率、经济性测算指标的合理性、项目前期工作情况，以及项目是否具备近期开工条件等，通过审核的项目列入备选项目名单。

（三）示范项目上网电价。国家能源局组织专家对各申报项目根据投资经济测算报告进行统一评审，综合比较后提出上网电价的建议，若投资经济测算报告中的数据明显不合理，则将该项目从备选名单中剔除。

（四）示范项目确认。国家能源局统筹考虑进入备选名单项目的经济性、设备国产化率和技术先进性，对名单项目进行排序并确认示范项目名单。

（五）示范项目建设。各省（区、市）能源主管部门牵头组织示范项目建设。项目建成后，项目单位应及时向省级能源主管部门提出竣工验收申请，省级能源主管部门会同国家能源局派出机构验收通过后，组织编制项目验收报告，并上报国家能源局。

附件：

1. 太阳能热发电示范项目技术规范（试行）
2. 《太阳能热发电示范项目实施方案》编制要求（略）

国家能源局（印）
2015 年 9 月 23 日

附件 1

太阳能热发电示范项目技术规范（试行）

（一）抛物面槽式太阳能热发电机组示范工程技术要求

1　建设规模及参数

单机容量：汽轮发电机组容量不小于 50MW；电厂的建设规模根据具体厂址条件进行规划建设；

汽轮机进汽额定参数温度不低于 370 ℃，压力为 9.8MPa（a），采用再热机组。

2　传热工质

集热器传热工质宜选用导热油，其最高工作温度不低于 390 ℃。

3　储热介质及系统容量

3.1　储热介质

储热介质为熔融盐。

3.2　储热系统容量

储热容量应满足短期云遮不停机，且保证汽轮机额定功率满发不少于 1h，具体储热容量根据优化确定。

3.3　储热系统关键设备（储罐、换热器、泵等）

储热系统应至少包括热熔融盐储罐、冷熔融盐储罐、热熔融盐泵、冷熔融盐泵、导热油—熔融盐换热器、熔融盐仓储及熔融盐熔化装置等。

热熔融盐泵及冷熔融盐泵需分别设置 1 台备用，运行泵的总容量不低于最大熔融盐流量的 110%。

3.4 防凝系统

应根据厂址气候条件、设备配置及系统设计特点设计可靠的熔融盐防凝措施。管路和阀门应配有伴热防凝系统。

4 集热及蒸汽发生系统

4.1 抛物面槽式集热器

抛物面槽式集热器应包括吸热管、反射镜、支架、跟踪驱动装置等。

1）吸热管

应采用长度 4060mm 规格。

2）反射镜

可采用玻璃热弯镜、钢化镜或复合镜，应根据当地环境气象条件确定。

3）支架

采用钢结构形式，应满足当地环境气象条件下的设计要求。

4）跟踪驱动装置

可采用液压驱动或机械驱动。

4.2 蒸汽发生系统

应至少包括预热器、蒸汽发生器、过热器及再热器等。

4.3 导热油系统设备

应至少包括导热油循环泵、膨胀油箱、溢流油箱等。

导热油循环泵应至少设置 1 台备用泵，运行泵的总容量不低于最大导热油流量的 110%。

4.4 聚光器清洗系统

缺水地区，聚光器清洗系统宜采用干式清洗系统或免冲洗，其他有条件地区可采用水清洗系统。

5 汽轮发电机组及其辅助系统

5.1 汽轮发电机组型式

汽轮发电机组应采用中温高压再热式机组，汽轮发电机组应具有快速响应进汽参数变化及低负荷连续运行的能力。

5.2 冷却方式

缺水地区，汽轮机组冷却方式应采用空冷方式，其他有条件地区可采用湿冷方式。

5.3 回热系统及设备

应设置回热、旁路、给水等常规火力发电厂汽水系统。应结合汽轮发电机组容量和运行时间，优化设计汽轮发电机组回热系统，如选用合理的回热级数、设置低加疏水泵等，以提高机组的热电效率。

6 辅助燃料系统

6.1 辅助燃料

应选择天然气或燃油作为燃料，若示范工程附近有其他热源，可就近引接。辅助燃料排放应符合环保标准。

6.2 系统设置原则

辅助燃料系统仅考虑电站启动、寒冷地区冬季厂区采暖、导热油系统和储热系统的防凝，尽可能不参与机组的运行调节。全年全部辅助燃料的低位热值与集热场输出热量之比宜不高于 9%。

7 运行模式和系统控制

7.1 机组运行模式

机组运行模式至少应包含以下各项：

1）导热油循环泵组和低温熔盐泵组均投入运行，汽轮发电机组正常运行发电（储热系统储热）；

2）导热油循环泵组和高温熔融盐泵组均投入运行，汽轮发电机组正常运行发电（储热系统放热）；

3）导热油循环泵组和低温熔融盐泵组不运行，高温熔融盐泵组运行，汽轮机所需蒸汽全部来自储热系统；

4）导热油循环泵组和低温熔融盐泵组运行，集热场产生的热量全部输往储热系统（低温熔融盐泵组运行）；

5）导热油循环泵组、低温熔融盐泵组和高温熔融盐泵组均不运行，防凝系统运行。

7.2 系统控制

集热系统的控制应统一纳入电厂 DCS 控制系统。

8 其他

太阳能热发电示范项目达标验收时，机组连续运行不少于 5 天，每天持续不间断运行时数大于 4h；机组设计出力连续运行时间为：在设计的气象条件下，机组在设计出力 90% 以上连续运行大于 1h。

（二）熔融盐工质塔式太阳能热发电机组示范工程技术要求

1 建设规模及参数

1.1 单机容量：汽轮发电机组容量不小于 50MW；电厂的建设规模根据具体厂址条件进行规划建设。

1.2 汽轮发电机组初参数：再热式超高压或高压参数。

2 传热工质

吸热器传热工质为熔融盐。熔融盐特性应满足汽轮机进汽参数的要求。

3 集热系统

3.1 定日镜

1）定日镜包括反射镜镜面、镜面支撑、立柱、跟踪装置、驱动装置以及配套动力及通信电缆等。为保证整体性能，宜集成采购定日镜。

2）定日镜的规格应根据示范工程厂址条件、技术方案特点（如聚光比等），经技术经济分析选择确定。

3.2 定日镜清洗系统

缺水地区，定日镜清洗宜采用干式清洗方式或免清洗，其他有条件地区可采用水清洗系统。

3.3 吸热器

1）镜场宜为南北镜场，吸热器宜采用表面式。应有确保熔融盐吸热器安全的设计。

2）吸热器的材料应根据吸热器设计温度、表面热流密度、成本等因素综合考虑选择。

4 熔融盐蒸汽发生系统

4.1 熔融盐蒸汽发生器用于将液态储热熔融盐的热量传递给汽轮机工质水/蒸汽的换热装置。

4.2 应采用预热、蒸发、过热和再热多级受热面设计，且宜带有炉水强制循环泵的蒸汽发生器，确保蒸汽发生器局部受热面不同负荷时不超出金属材料的安全使用温度。

4.3 蒸汽发生器应有可靠防凝措施，确保给水预热器熔融盐入口温度在特殊情况下不低于凝固温度。

5 储热介质及系统容量

5.1 储热介质

储热介质与传热工质相同为熔融盐。

5.2 储热系统容量

储热容量应满足短期云遮不停机，且保证汽轮机额定功率满发不少于 2h，具体储热容量应结合镜场设计优化配置。

5.3　储热系统关键设备（储罐、泵等）

储热系统应至少包括热熔融盐储罐、冷熔融盐储罐、热熔融盐泵、冷熔融盐泵、熔融盐仓储及熔融盐熔化装置等。

1）熔融盐储罐

采用高低温双罐熔融盐储热方案，储罐的大小应满足单独一个储罐储存所有熔融盐的需要。

2）熔融盐泵组

低温熔融盐泵组的选型应以吸热器设计最大热功率为选型工况。储热单元充热能力应与吸热器最大热功率相匹配。

高温熔融盐泵组的选型应以汽轮机最大连续安全运行工况对应蒸汽流量为选型工况。

熔融盐泵组应设置备用泵。

5.4　防凝系统

应根据厂址气候条件、设备配置及系统设计特点设计可靠的熔融盐防凝措施。管路和阀门应配有伴热防凝系统。

6　汽轮发电机组及其辅助系统

6.1　汽轮发电机组型式

充分考虑到太阳能塔式光热发电的特点，汽轮发电机组应具有快速响应进汽参数变化及低负荷连续运行的能力。

6.2　冷却方式

缺水地区，汽轮机组冷却方式应采用空冷方式，其他有条件地区可采用湿冷方式。

6.3　回热系统及设备（回热加热器、除氧器、给水泵）

应设置回热、旁路、给水等常规火力发电厂汽水系统。应结合汽轮发电机组容量和运行时间，优化设计汽轮发电机组回热系统，如选用合理的回热级数、设置低加疏水泵等，以提高机组的热效率。

7　辅助燃烧系统

7.1　辅助燃料

应选择天然气或燃油作为燃料，若示范工程附近有其他热源，可就近引接。辅助燃料排放应符合环保标准。

7.2　系统设置原则

辅助燃烧系统仅考虑用于初始熔融盐熔化和熔融盐防凝的功能，不参与机组运行调节。全年全部辅助燃料的低位热值与集热场输出热量之比宜不高于8%。

辅助燃烧系统应考虑寒冷地区电厂的冬季采暖需求。

8　运行模式和系统控制

8.1　机组运行模式

机组运行模式至少应包含以下各项：

1）低温熔融盐泵组和高温熔融盐泵组均投入运行，汽轮发电机组正常运行发电；

2）低温熔融盐泵组不运行，汽轮机所需蒸汽全部来自储热系统；

3）高温熔融盐泵组不运行，吸热器产生的热量全部输往储热系统；

4）低温熔融盐泵组和高温熔融盐泵组均不运行，防凝系统运行。

8.2　系统控制

集热系统的控制应统一纳入电厂DCS控制系统。

9　其他

太阳能热发电示范项目达标验收时，机组连续运行不少于5天，每天持续不间断运行时数大于4h；机组设计出力连续运行时间为：在设计的气象条件下，机组在设计出力90%以上连续运行大于1h。

（三）水工质塔式太阳能热发电机组示范工程技术要求

1　建设规模及参数

1.1　单机容量：汽轮发电机组容量不小于50MW；电厂的建设规模根据具体厂址条件进行规划建设。

1.2　汽轮发电机组初参数：非再热式超高压或高压参数。

2　传热工质

吸热器吸热工质采用水。

3　集热系统

3.1　定日镜

1）定日镜包含反射镜镜面、镜面支撑、立柱、跟踪装置、驱动装置以及配套动力及通信电缆等。为保证整体性能，宜集成采购定日镜。

2）定日镜的规格应根据示范工程厂址条件、技术方案特点（如聚光比等），经技术经济分析选择确定。

3.2　定日镜清洗系统

缺水地区，定日镜清洗宜采用干式清洗方式或免清洗，其他有条件地区可采用水清洗系统。

3.3　吸热器

可采用表面式吸热器或腔式吸热器，应根据工程条件结合镜场容量及布置特点等因素综合考虑确定。

4　储热系统

4.1　储热系统

示范工程是否设置储热系统，应经技术、经济比较论证后确定。

如果设置储热系统，储热介质宜优化选择；储热容量应优化确定，并应满足短期云遮不停机和机组正常起停的要求。

4.2　防凝系统

如设置储热系统，且采用显热液态熔盐作为储热介质，则应根据厂址气候条件、设备配置及系统设计特点设计可靠的熔盐防凝措施。如采用潜热相变熔盐的多罐储热系统，应充分考虑储罐设备的安全。液态熔盐管路和阀门应配有伴热防凝系统。

4.3　熔盐蒸汽发生系统

1）如设置储热系统，且采用显热液态熔盐作为储热介质，熔盐蒸汽发生器宜采用卧式管壳式。

2）应采用预热、蒸发和过热多级受热面设计，且宜带有炉水强制循环泵的蒸汽发生器，确保蒸汽发生器局部受热面不同负荷时不超出金属材料的安全使用温度。

3）蒸汽发生器应有可靠的防凝措施，确保给水预热器熔盐入口温度在特殊情况下不低于凝固温度。

5　汽轮发电机组及其辅助系统

5.1　汽轮发电机组型式

充分考虑到太阳能塔式光热发电的特点，汽轮发电机组应具有快速响应进汽参数变化及低负荷连续运行的能力。

5.2　冷却方式

缺水地区，汽轮机组冷却方式应采用空冷方式，其他有条件地区可采用湿冷方式。

5.3　回热系统及设备

应设置回热、旁路、给水等常规火力发电厂汽水系统。应结合汽轮发电机组容量和运行时间，优化设计汽轮发电机组回热系统，如选用合理的回热级数、设置低加疏水泵等，以提高机组的热效率。

6 辅助燃烧系统

6.1 辅助燃料

应选择天然气或燃油作为辅助燃料，若示范工程附近有其他热源，可就近引接。辅助燃料排放应符合环保标准。

6.2 系统设置原则

如设置储热系统，则辅助燃烧系统按照不参与机组的运行调节、仅满足机组启停要求设置。

如不设置储热系统，则辅助燃烧系统按照短期云遮不停机的要求参与机组的运行调节。

辅助燃烧系统应考虑寒冷地区电厂的冬季采暖需求。

全年全部辅助燃料的低位热值与集热场输出热量之比宜不高于6%。

7 运行模式和系统控制

7.1 机组运行模式

如设置储热系统，则机组运行模式至少应包括以下各项：

1）吸热器产生的过热蒸汽全部送往汽轮机，驱动发电机发电；

2）吸热器及镜场不运行，汽轮机所需蒸汽全部来自储热系统；

3）汽轮发电机组不运行，吸热器产生热量全部输往储热系统；

4）吸热器产生的热量一部分用于发电，一部分用于储热；

5）汽轮机的过热蒸汽来自吸热器和储能系统；

6）防凝运行（主要针对设储热系统机组需要防凝保护时）。

如不设置储热系统，则机组运行模式至少应包括以下各项：

1）吸热器产生的过热蒸汽送往汽轮机，驱动发电机发电；

2）辅助锅炉产生的过热蒸汽送往汽轮机，驱动发电机发电，用于特殊情况下满足机组带负荷的需求；

3）辅助锅炉产生的过热蒸汽送往汽轮机和辅汽系统，用于暖机和热力系统预热。

7.2 系统控制

集热系统的控制应统一纳入电厂DCS控制系统。

8 其他

太阳能热发电示范项目达标验收时，机组连续运行不少于5天，每天持续不间断运行时数大于4h；机组设计出力连续运行时间为：在设计的气象条件下，机组在设计出来90%以上连续运行大于1h。

国家能源局发布《电网运行安全风险分析报告（2014～2015）》

（国能综安全〔2015〕362号）

第一部分 基本情况

一、电网主干网架基本情况

2014年，全国电网依然保持快速增长态势，电网整体规模逐步扩大，跨省跨区互联显著加强，大范围内资源优化配置能力进一步提高。

华北电网500kV主网结构与2013年相比变化不大，保持“七横三纵”主网架，区域内电网呈现西电东送、北电南送特点。

东北电网500kV主网架结构与2013年相比变化不大，潮流保持西电东送、北电南送格局。

西北电网±800kV天中直流、750kV兰州东—麦积山—宝鸡、750kV巴州—库车等重点工程先后建成投运，甘肃青海断面750/330kV电磁环网、陕西关中西部750/330kV电磁环网陆续解环，西北电网外送能力和规模进一步扩大。

华东电网投运了±800kV宾金直流和1000kV浙福交流输电线路，跨区、跨省交直流通道相互支援能力显著提高。

华中电网500kV主网结构与2013年相比变化不大。随着±800kV天中、宾金直流投运后，华中跨区通道形成“十二直一交”的跨区联络格局。区域内电网呈现出特高压“四直一交”、大水电、大火电、大容量送、受并重的运行特点。

南方电网投运了±800kV普侨直流双极、±500kV牛从直流双回四极输电线路，形成了“八交八直”主网架结构，西电东送送电能力进一步得到提升。

二、电网安全运行情况

（一）电力安全事故情况

2014年，全国电网运行总体平稳，发生1起较大电力安全事故。

（二）电力安全事件情况

2014年，全国累计发生涉及电网的电力安全事件18起。其中，220kV及以上变电站对外全停8起，直流输电线路双极闭锁3起，因安全故障造成城市电网减供负荷比例达到一般电力安全事故比例数值60%以上4起，因线路故障导致电厂对外全停事件3起。

三、电网安全风险管控工作开展情况

2014年，各派出机构及各有关电力企业认真贯彻国家能源局《电网安全风险管控办法（试行）》（国能安全〔2014〕123号），初步建立了电网安全风险识别、分级、监视、控制全过程闭环管理机制，不断完善电网薄弱环节管控措施。持续开展隐患排查治理工作，加强与地方政府相关部门工作联系，巩固电网防外破工作沟通联系机制，电力设施保护工作稳步推进；狠抓电网自然灾害风险防控，自然灾害监控预警防范机制不断完善，运维策略不断细化，电网抗御自然灾害能力不断加强；深化电力应急管理，加强应急人员培训和物资储备，建立政府与电力企业、各电力企业之间、电力企业与关联单位的应急联动机制。

第二部分 电网运行安全风险分析

按照国家能源局2014年工作部署，各电力企业在本年度的电网安全风险管控工作中共排查出二级以上电网安全风险191项，其中，一级风险18项，二级风险173项。

从风险的地区分布来看，华北区域风险39项，西北区域风险37项，华东区域风险33项，华中区域风险34项，南方区域风险48项。

从导致风险的故障原因来看，由于线路故障原因可能导致的一级风险共5项；由于变电站故障原因可能导致的一级风险共8项；由于变电站（或线路）故障加上保护、稳控等二次设备拒动原因导致的一级风险共3项；由于低频振荡、电磁环网等其他原因导致的重大事故风险共2项。

一、一次系统存在的安全风险

（一）电网结构存在的安全风险

1. 交直流混联电网运行的安全风险

直流落点近区的交流系统故障可能会引发直流系统换相失败导致闭锁，单重故障转变成多重故障，系统稳定运行受到威胁；直流系统故障可能会导致交流电气量快速变化，同时造成相关交流断面潮流大范围转移，可能导致交流系统失稳，严重时甚至会发生大面积停电事故。

2. 高低压电磁环网运行的安全风险

高一电压等级的输电通道建设初期，低一电压等级的电网暂不具备解环运行条件，存在高低压电磁环网运行的情况，部分地区甚至会出现三级电磁环网运行。高低压电磁环网的存在将使不同电压等级电网运行相互制约，若发生高一电压等级的线路故障断开后，可能会出现因潮流转移、阻抗增大造成的系统热稳定和动稳定破坏的问题，影响电网正常运行。

3. 电网短路电流超标的安全风险

长三角、珠三角、京津唐等地区负荷中心电网网架密度高、电气距离短，短路电流水平往往较高，部分枢纽变电站在全接线全开机方式下，短路电流将超过开关遮断能力，运行中普遍采用分层分区运行方式以及拉停线路、线路出串、母线分母、打开部分开关等措施，部分分区仅通过一个500kV变电站和主网联络，系统可靠性降低。

4. 部分输电通道间的耦合关系导致的安全风险

随着特高压交直流输电通道建设，区域间、省间电网联系更加紧密，部分输电通道之间形成耦合关系，电磁暂态与机电暂态交织，多种稳定约束并存，大电网运行技术复杂化程度加剧，安全运行风险增加。

5. 部分地区电网建设滞后的安全风险

部分地区负荷增长迅速，电网建设速度滞后于负荷增长速度，导致负荷高峰时部分输变电设备重载；部分能源基地当地负荷水平低，电力消纳需要大量外送，存在送出通道不能满足外送需求和长期压极限运行的情况；部分特高压直流落点交流配套工程建设脱节，直流消纳难度不断加大。

6. 部分地区电网网架结构薄弱的安全风险

部分地区单个变电站或单条线路的送变电比重过大，单一元件故障将导致电力安全事故；部分地区电网与主网联系薄弱，事故情况下应急支援能力严重不足；部分地区受线路走廊的制约，输电通道采取同杆并架方式日益普遍，部分地区重要电力用户用电占比较大，电网运行风险增大。

（二）电力主设备方面的安全风险

1. 部分主设备质量存在的安全风险

部分主设备存在质量问题，有些甚至是由于设计、材质、工艺等共性因素导致的“家族性”缺陷，部分设备监造、试验和安装等环节把关不严，严重威胁电网安全稳定运行。

2. 因设备老旧可能导致的安全风险

部分地区电力设备运行年限过长，长时间未操作，设备性能下降、安全裕度降低、故障概率增大，加之备品备件缺失、抢修恢复困难，易给电网运行带来冲击，一旦遭受外部冲击或电网波动，极有可能造成设备损毁，甚至引发电力事故。

（三）部分电力建设、施工、调试存在的安全风险

1. 电力建设、施工存在的安全风险

部分电力工程基建施工管理不到位，竣工验收时部分较为明显的施工问题未被发现或及时整改；验收标准及规范未及时更新，不够细化，不符合目前电力行业反措要求；部分单位设备试验管理制度不健全，对电气设备试验的要求落实不严，试验报告缺失，在对试验的数据、台账的管理、趋势的分析不够完善。

2. 电力调试存在的安全风险

部分特高压直流送端在检修方式下发生联络线严重故障时可能被动进入“孤岛”运行，“孤岛”系统内电网运行条件较为苛刻，出现过电压以及频率稳定问题的风险较高，而目前部分直流输电工程“孤岛”运行相关的试验工作尚未开展，存在较大的安全运行风险。

二、二次系统存在的安全风险

随着电网规模的逐步扩大，保护、控制等二次系统的可靠运行对电网安全稳定和可靠供电的影响日益突出。

（一）继电保护存在的安全风险

继电保护是电网安全稳定的第一道防线，一旦继电保护误动作或拒动作都会给电力系统带来严重危害。另外，由于对继电保护设备的维护不到位或继电保护动作逻辑、时间配合设置不合理等原因，可能导致事故无法得到有效控制。

（二）安稳控制系统存在的安全风险

安全稳定自动装置是电网安全稳定运行的第二、第三道防线，一旦安全稳定控制策略存在漏洞或安全稳定自动装置出现误动、拒动，都可能导致电网事故扩大。

（三）通信系统存在的安全风险

电力通信系统的可靠运行是继电保护、安稳装置等二次设备正确动作的前提和保证。一旦因为通信原因造成相应二次设备信号丢失、紊乱等情况，可能引起二次设备的误动、拒动，甚至可能引发电网大面积停电事故。

（四）电力监控系统存在的安全防护风险

部分电力企业对于电力监控系统安全护工作的重视程度不够，可能会给电网安全稳定运行带来严重后果。电力监控系统安全防护中存在的问题主要有：新能源领域网络与信息安全防护不到位，网络节点多且分散，极易遭受网络攻击；广泛使用进口工业交换机、工业控制系统和PLC设备等，存在后门口令、漏洞及远程溢出、口令绕过等安全隐患；部分计量、配电自动化系统加密认证措施不完善，主站端安全防护措施强度不够等问题。

三、运行维护管理及其他方面的安全风险

（一）企业安全管理中存在的安全风险

部分电力企业安全管理基础薄弱，安全责任制落实不到位，安全教育培训不全面，个别人员的安全意识淡薄，习惯性违章、误操作等现象仍然存在，给电网安全运行维护管理带来较大风险。

（二）调度运行中存在的安全风险

当前部分地区电网运行方式安排易受不利因素影响，给电网安全带来一定风险。例如在配套设施不完善的情况下，部分区域电网中的风电反调峰和波动性等特点使电网运行方式安排更加复杂；部分地区的电力建设改造任务繁重，一些施工停电时间较长，个别线路潮流不合理，过载重载现象严重，电网运行风险加大。

（三）自然灾害和外力破坏导致的安全风险

我国疆域辽阔，气候条件复杂，电力设施所在冰雪凝冻、台风、雷击等自然灾害频发，磁暴对电力运行影响，同时站线周边施工、违建等外力破坏的影响因素较多，易导致

开关设备跳闸、杆塔损毁、线路污闪、变电站设备破坏等故障，可能引发电网失稳或大面积停电事故。

（四）应急管理中存在的安全风险

部分电力企业存在应急管理机制不健全，应急预案编制、评审、培训不到位，多方联合演练及演练后的评估工作有待进一步加强。

（五）部分电厂和用户涉网管理中存在的安全风险

当前部分电厂和用户相关人员业务能力存在不足，运维水平有待提高，部分厂网界面缺乏协调管理，给电网安全运行带来一定的风险。

第三部分 监管意见及建议

一、加强电网施工建设管理，有效消除和降低电网安全风险

（一）合理配置选用主要设备

要合理配置选用设备，严把入网设备质量关。要加强设备安装调试、运行和检修管理，严把电力设备验收关口，实现设备生产、采购、安装的全过程质量控制。要根据局部地区高湿度、重污秽等环境的特殊要求，有针对性配置使用主要设备，减少设备故障或失效的发生，提升电网抵御恶劣环境的能力。对于在电力安全事故（事件）调查以及隐患排查中发现存在安全隐患的关键设备和技术，要谨慎选用，以健全完善设备质量控制的闭环管理机制，避免形成影响电网安全稳定运行的隐患。

（二）加强电网建设施工安全、质量管理

要全面落实安全生产管理责任，严格执行工程质量检查、检测、控制和验收制度，及时发现和消除基建过程中存在的安全隐患和质量缺陷；要制定合理工期，坚决杜绝抢工期、赶进度现象；要加强对参建各单位的监督检查和考核．保证工程建设质量；要严格执行国家能源局关于承装（修、试）电力设施许可的有关规定，不得无资质或超越资质施工。

二、加强电网运行维护管理，提高电网安全稳定运行水平

（一）深入开展电网安全风险管控工作

要严格执行《电网安全风险管控办法（试行）》（国能安全〔2014〕123号），不断健全完善全面覆盖、全程管控、高效协同的电网安全风险管控机制；要精心安排、不断优化电网运行方式，有效落实电网风险控制措施。

（二）推进电网企业安全生产标准化建设

要贯彻新修订的《安全生产法》要求，按照《电网企业安全生产标准化规范及达标评级标准》（国能安全〔2014〕254号），以落实安全生产主体责任为主线，全面推进安全生产标准化建设，健全安全生产管理体系，加强风险管理和控制，完善安全生产管理标准、作业标准和技术标准，规范电力生产人员作业行为，改善设备安全状况和环境条件，夯实基础，切实提高安全生产管理水平。

（三）加强电网安全基础管理

要强化调度、运维检修、基建等部门的生产计划协调机制，加强基建、技改、检修等作业风险管理，防止因现场作业导致电力安全事故；要开展“三未”设备的治理工作，合理安排检查性操作或检修，消除设备隐患，杜绝可能因为“三未”设备造成的不必要停电事故；要认真落实安全生产培训责任，扎实开展安全技能和专业知识培训，提升全员安全意识和业务素质；要加强厂网沟通协调，及时消除涉网安全隐患；加强重要电力用户涉网安全技术监督和指导，防范因重要电力用户故障引起的电力安全事故；要加强电力设施保护，减少外损外破对电网安全稳定运行的影响。

（四）加强电力二次系统安全管理

要加强针对继电保护和安全自动装置不正确动作、通信中断可能引发电网大面积停电的风险分析，进一步论证安全自动装置配置合理性，制定并组织落实各项风险控制措施，有效防范系统级运行风险。要认真梳理分析电力系统继电保护和安全自动装置等二次系统的配置和策略，开展继电保护及安全自动装置、电力监控系统安全防护风险专项管控，完善电网安全三道防线，杜绝因二次系统拒动、误动导致重大电力安全事故。

三、加强应急管理，提高应急处置能力

（一）加强应急组织体系建设

要建立健全应急领导、监督、保证体系，成立应急领导小组以及相应工作机构，明确应急工作职责和分工，完善上下级电网统一的应急指挥平台体系。要加强专兼职应急抢险救援队伍和专家队伍建设。定期进行训练。

（二）加强应急预案管理

要按照国家能源局有关应急预案管理和编制导则要求，制定完善上下贯通、多方联动的应急预案体系，规范开展应急预案的评审、备案工作。要结合自身实际积极开展桌面、实战演练，大力推进电力企业与政府、其他相关企业的联合应急演练，推动应急联动机制建设。要对演练效果进行评估，根据评估结果修订完善应急预案，改进应急管理。

（三）加强应急能力建设

要加大应急投入力度，强化从业人员应急教育培训，完善应急工作机制。针对不同级别的响应，要做好应急启动、应急指挥、应急处置和现场救援、应急资源调配等应急响应工作。

四、积极推进电网安全管理、技术研究，提升驾驭大电网安全稳定运行的能力

要加强电网安全风险管控相关理论研究，结合电网规划、电网建设、生产计划安排、物资管理、隐患排查治理、可靠性管理、应急管理等工作实际，完善年度电网安全风险管控报告，细化风险管控措施，有针对性地提出风险管控意见和建议。要加大对电网科技创新与核心技术研发的支持和投入力度，积极开展交直流混合电网运行风险研究、超标短路电流治理、动态无功补偿、智能微电网、柔性直流输电等一批电网安全领域的重大、重点项目研究，研发适应电网快速发展所必需的新型控制技术、维护技术等，加强新型电力设备的研发和应用，提升驾驭大电网安全运行的能力。

国家能源局综合司关于深入开展电力行业防范粉尘爆炸安全大检查的通知

（国能综安全〔2015〕397号）

各派出机构，各有关电力企业：

2015年6月27日，台湾新北市八仙水上乐园举办“彩虹派对”大型活动时发生可燃性彩色粉尘爆燃，造成大量人员受伤。为此，国务院安委会办公室近日印发《关于深入开展粉尘作业和使用场所防范粉尘爆炸大检查的通知》（安委

办明电〔2015〕14号，见附件，以下简称《通知》），在全国范围部署防范粉尘爆炸大检查工作。为贯彻落实《通知》精神，现就有关工作要求如下：

一、各单位要充分认识粉尘爆炸的严重危害性，认真贯彻落实《通知》精神，按照《防止电力生产事故的二十五项重点要求》（国能安全〔2014〕161号）有关要求，认真分析安全风险，开展隐患排查，完善防范措施，切实防止粉尘爆炸事故的发生，有效保护人员生命财产安全和设备设施运行安全。

二、有关电力企业要认真落实安全主体责任，于2015年7～12月期间，重点针对燃煤电厂煤场和制粉系统等粉尘作业和使用场所开展大检查，从法规标准、安全责任、使用管理、现场防控、人员组织、应急处置等方面认真查找存在的问题，加大治理力度，完善规章制度，强化责任落实，建立长效机制，有效防范和遏制粉尘爆炸事故的发生。

三、各派出机构要严格落实安全监管责任，督促有关电力企业限期完成防范粉尘爆炸自查工作，结合当前正在开展的四项专项安全监管工作，采取"四不两直"等多种形式，推动企业自查自改措施的落实，配合地方政府做好相关督查工作。

附件：国务院安委会办公室关于深入开展粉尘作业和使用场所防范粉尘爆炸大检查的通知（安委办明电〔2015〕14号）（略）

国家能源局综合司（印）
2015年7月14日

国家能源局关于印发《核电厂消防安全监督管理暂行规定》的通知
（国能核电〔2015〕415号）

中国核工业集团公司、中国广核集团有限公司、国家电力投资集团公司、中国华能集团公司：

为进一步规范核电厂消防设计和验收审批流程，强化核电厂消防安全监督管理工作，保障核电厂安全，根据《中华人民共和国消防法》，我局制定了《核电厂消防安全监督管理暂行规定》，现印发你们。本暂行规定自2016年1月1日起实施，请遵照执行。

国家能源局（印）
2015年11月16日

核电厂消防安全监督管理暂行规定

第一条　为加强核电厂消防安全监督管理，预防火灾和减少火灾危害，加强应急救援工作，维护核电厂安全，根据《中华人民共和国消防法》，制定本规定。

第二条　本规定适用于核电厂工程设计、施工以及运行过程中的消防安全监督管理。

本规定所称核电厂工程包括核岛工程、常规岛工程、核电厂控制区单围墙内的所有辅助厂房与配套设施。

第三条　核电厂消防安全工作贯彻预防为主、防消结合的方针。

第四条　业主单位对核电厂消防安全全面负责。

第五条　核电厂消防设计、施工和运行应当符合我国有关安全法规的要求和国家有关工程建设消防技术标准的规定，消防资源配备应当满足相关行业标准。

由国外合作方设计的核电厂，在遵守我国法律、法规的前提下，可以采用国外合作方经验证过的消防技术规范和标准。

第六条　核电厂消防初步设计未经审核或者审核不合格的，不得进行主体工程施工。

第七条　核电厂消防工程竣工后，由业主单位组织消防自验收，并应当在首次换料后3个月内向国家能源局申请消防验收。

第八条　国家能源局负责核电厂消防工作的监督管理，实施核电厂消防初步设计审批和消防工程竣工验收，根据需要对核电厂消防工作进行检查。

第九条　核电厂控股企业集团负责审查核电厂消防设计变更；督促、检查和指导核电厂消防安全工作，提高核电厂消防安全水平。

第十条　业主单位应当承担下列消防责任：

（一）依法申请核电厂消防初步设计审核、消防验收并接受检查；

（二）对消防设计、施工采取严格的质量和安全管理措施，选用具有国家规定资质的设计和施工单位；

（三）制定并实施防火大纲，确定逐级消防安全责任制，批准实施消防安全工作制度和保障消防安全的操作规程，批准实施年度消防工作计划；

（四）根据消防法规的规定建立专职消防队；

（五）组织防火检查，督促落实火灾隐患整改，及时处理涉及消防安全的重大问题；

（六）组织制定符合本单位实际的灭火和应急疏散预案，并实施演练；

（七）确保消防设施的完备可用。

第十一条　核电厂控股企业集团应当在核电厂主体工程拟开工前6个月向国家能源局上报消防初步设计有关材料，具体包括：

（一）消防初步设计审查申请书；

（二）初步设计消防专篇；

（三）与消防有关的初步设计文件；

（四）由国外合作方设计的核岛、常规岛工程，需提供设计中所采用的国外消防技术标准、规范的文本；

（五）国家能源局认为需要提供的其他相关材料。

第十二条　申请消防验收的核电厂控股企业集团应当向国家能源局提交以下文件、材料：

（一）消防验收申请书；

（二）消防验收专项报告；

（三）消防自动装置检测报告；

（四）消防自验收报告；

（五）核电厂火灾危害性分析评价报告；

（六）国家能源局认为需要提供的其他相关材料。

第十三条　国家能源局及其派出机构组织对核电厂消防安全管理情况进行监督检查。业主单位应当按照监督检查意见的要求采取整改措施，消除隐患或不安全因素，并将整改情况书面报送国家能源局及其派出机构。

第十四条　属于一般火灾事故的，业主单位应当在火灾发生后的二十四小时内报告国家能源局及其派出机构；属于较大火灾事故的，业主单位应当在火灾发生后的八小时内报告国家能源局及其派出机构；属于重大、特别重大火灾事故的，业主单位应当在当火灾发生后的一小时内报告国家能源局及其派出机构。

第十五条 业主单位违反本规定，有下列行为之一的，国家能源局应当责令限期整改，逾期不改正的责令核电厂工程停止施工或停止运行：

（一）核电厂工程未经消防初步设计审核擅自施工的；

（二）已通过消防初步设计审查的核电厂工程，变更初步设计导致消防安全功能降低的；

（三）业主单位要求核电厂工程设计单位或者施工单位降低消防技术标准进行设计、施工的。

第十六条 本规定由国家能源局负责解释。

第十七条 本规定自发布之日起施行，原《核电厂消防安全监督管理规定》（科工法〔2006〕1191号）同时废止。

国家能源局关于印发《水电工程验收管理办法》（2015年修订版）的通知

（国能新能〔2015〕426号）

各省、自治区、直辖市发展改革委、能源局，国家电网公司、南方电网公司、中国华能集团公司、中国大唐集团公司、中国华电集团公司、中国国电集团公司、国家电力投资集团公司、中国长江三峡集团公司、国家开发投资公司、中国电力建设集团有限公司、中国能源建设集团有限公司，水电水利规划设计总院：

为落实国务院简政放权有关要求，加强水电工程建设管理，进一步规范验收工作，我局对《水电工程验收管理办法》进行了修订。现印发给你们，请遵照执行。

国家能源局（印）
2015年11月25日

抄送：国家发展改革委、环境保护部、水利部、审计署、安全监管总局、国家档案局，国家能源局各派出机构

水电工程验收管理办法（2015年修订版）

第一章 总 则

第一条 为加强水电工程建设管理，规范验收工作，保障水电工程安全及上下游人民生命财产安全，根据《水库大坝安全管理条例》、《建设工程质量管理条例》和国家有关规定，制定本办法。

第二条 本办法适用于国家核准（审批）水电站项目。其他水电工程可参照执行。

第三条 水电工程验收包括阶段验收和竣工验收。

阶段验收分为工程截流验收、蓄水验收和水轮发电机组启动验收。截流验收和蓄水验收前应进行建设征地移民安置专项验收。

工程竣工验收在枢纽工程、建设征地移民安置、环境保护、水土保持、消防、劳动安全与工业卫生、工程决算和工程档案专项验收的基础上进行。

第四条 水电工程在截流、蓄水、机组启动前以及工程完工后，必须进行验收。

第五条 水电工程验收工作，应当做到科学、客观、公正、规范。

第六条 国家能源局负责水电工程验收的监督管理工作。省级人民政府能源主管部门负责本行政区域内水电工程验收的管理、指导、协调和监督。跨省（自治区、直辖市）水电工程验收工作由项目所涉及省（自治区、直辖市）的省级人民政府能源主管部门共同负责。

各级能源主管部门按规定权限负责和参与本行政区域内水电工程验收的管理、指导、协调和监督。

第七条 工程蓄水验收、枢纽工程专项验收和工程竣工验收由省级人民政府能源主管部门负责，并委托有资质单位作为验收主持单位，组织验收委员会进行。省级人民政府能源主管部门也可直接作为验收主持单位组织验收。

工程截流验收由项目法人会同工程所在地省级人民政府能源主管部门共同组织验收委员会进行；水轮发电机组启动验收由项目法人会同电网经营管理单位共同组织验收委员会进行，具体要求按相关规定执行。

建设征地移民安置、环境保护、水土保持、消防、劳动安全与工业卫生、工程决算和工程档案专项验收按相关法规和规定办理。

第八条 水电工程验收的主要依据是：

（一）国家有关法律、法规及行业有关规定；

（二）国家及行业相关规程规范与技术标准；

（三）项目审批、核准、备案文件；

（四）经批准的可行性研究设计、施工图设计、设计变更及概算调整等文件；

（五）工程建设的有关招标文件、合同文件及合同中明确采用的质量标准和技术文件等。

第九条 项目法人应组织协调设计、施工、监理、监测、设备制造安装、运行、安全鉴定、质量监督等单位提交验收所需的资料，协助验收委员会开展工作。

以上单位对各自在工程验收中所提交资料的真实性负责。

第二章 工程蓄水验收

第十条 项目法人应根据工程进度安排，在计划下闸蓄水前6个月，向工程所在地省级人民政府能源主管部门报送工程蓄水验收申请，并抄送验收主持单位。

第十一条 工程蓄水验收申请材料应包括以下主要内容：

（一）项目基本情况。包括工程开发任务、建设规模、建设方案、投资规模、主要投资方、项目审批（核准）情况等；

（二）项目进展情况。包括工程进度、形象面貌、投资完成情况及其安全度汛措施等；

（三）蓄水验收计划安排；

（四）建设征地移民安置实施情况；

（五）工程蓄水安全鉴定单位建议。

第十二条 验收主持单位收到工程蓄水验收申请材料后，应会同工程所在地省级人民政府能源主管部门，并邀请相关部门、项目法人所属计划单列企业集团（或中央管理企业）、有关单位和专家共同组成验收委员会进行验收。必要时可组织专家组进行现场检查和技术预验收。

验收委员会主任委员由验收主持单位有关负责同志担任。

第十三条　通过水电工程蓄水验收应当具备的基本条件：

（一）工程形象面貌满足水库蓄水要求，挡水、引水、泄水建筑物满足防洪度汛和工程安全要求；

（二）近坝区影响工程安全运行滑坡体、危岩体、崩塌堆积体等地质灾害已按设计要求进行处理；

（三）与蓄水有关的建筑物的内外部监测仪器、设备已按设计要求埋设和调试，并已测得初始值。需进行水库地震监测的工程，其水库地震监测系统已投入运行，并取得本底值；

（四）已编制下闸蓄水施工组织设计，制定水库调度和度汛规划，以及蓄水期事故应急救援预案；

（五）安全鉴定单位已提交工程蓄水安全鉴定报告，并有可以下闸蓄水的明确结论；

（六）建设征地移民安置已通过专项验收，并有不影响工程蓄水的明确结论。

第十四条　验收委员会完成蓄水验收工作后，应出具工程蓄水验收鉴定书。验收主持单位应在下闸蓄水前将验收鉴定书报送省级人民政府能源主管部门。省级人民政府能源主管部门认为不具备下闸蓄水条件的，应在5个工作日内通知验收主持单位和项目法人。

验收主持单位应在下闸蓄水1个月后、3个月内，将下闸蓄水及蓄水后的有关情况报省级人民政府能源主管部门。

第十五条　水电工程分期蓄水的，可以分期进行验收。

第三章　枢纽工程专项验收

第十六条　项目法人应根据工程进度安排，在枢纽工程专项验收计划前3个月，向工程所在地省级人民政府能源主管部门报送枢纽工程专项验收申请，并抄送验收主持单位。

第十七条　验收申请报告应包括以下主要内容：

（一）项目基本情况；

（二）项目建设情况。包括工程进度、工程面貌、投资完成情况等；

（三）工程运行情况。包括工程蓄水、水轮发电机组和各单项工程运行情况、工程运行效益情况等；

（四）枢纽工程专项验收计划安排。

第十八条　验收主持单位收到枢纽工程专项验收申请材料后，应会同工程所在地省级人民政府能源主管部门，并邀请相关部门、项目法人所属计划单列企业集团（或中央管理企业）、有关单位和专家共同组成验收委员会进行验收。必要时可组织专家组进行现场检查和技术预验收。

验收委员会主任委员由验收主持单位有关负责同志担任。

第十九条　通过水电工程枢纽工程专项验收应当具备的基本条件：

（一）枢纽工程已按批准的设计文件全部建成，工程重大设计变更已完成变更手续；

（二）施工单位在质量保证期内已及时完成剩余尾工和质量缺陷处理工作；

（三）工程运行已经过至少一个洪水期的考验，多年调节水库需经过至少两个洪水期考验，最高库水位已经达到或基本达到正常蓄水位，全部机组均能按额定出力正常运行，每台机组至少正常运行2000h（含电网调度安排的备用时间），各单项工程运行正常；

（四）工程安全鉴定单位已提出工程竣工安全鉴定报告，并有可以安全运行的结论意见。

第二十条　验收委员会完成枢纽工程专项验收工作后，应出具枢纽工程专项验收鉴定书。验收主持单位应及时将验收鉴定书报送省级人民政府能源主管部门。

第二十一条　水电工程分期建设的，可根据工程建设进度分期或一次性进行验收。

第四章　竣　工　验　收

第二十二条　项目法人应在工程基本完工或全部机组投产发电后的一年内，开展竣工验收相关工作，单独或与枢纽工程专项一并向省级人民政府能源主管部门报送开展工程竣工验收工作的申请，并抄送验收主持单位。

第二十三条　验收申请报告应包括项目基本情况、工程建设运行情况、专项验收计划及竣工验收总体安排等内容。

第二十四条　验收主持单位收到竣工验收申请材料后，应会同工程所在地省级人民政府能源主管部门，并邀请相关部门、项目法人所属计划单列企业集团（或中央管理企业）、有关单位和专家共同组成验收委员会进行验收。必要时可组织专家组进行现场检查和技术预验收。

验收委员会主任委员由验收主持单位有关负责同志担任。

第二十五条　枢纽工程、建设征地移民安置、环境保护、水土保持、消防、劳动安全与工业卫生、工程决算和工程档案专项验收完成后，项目法人应对验收工作进行总结，向验收委员会提交工程竣工验收总结报告。

工程竣工验收总结报告应包括项目基本情况，各专项验收鉴定书的主要结论以及所提主要问题和建议的处理情况，遗留单项工程的竣工验收计划安排等。

第二十六条　水电工程通过竣工验收的条件：

（一）已按规定完成各专项竣工验收的全部工作；

（二）各专项验收意见均有明确的可以通过工程竣工验收的结论；

（三）已妥善处理竣工验收中的遗留问题和完成尾工；

（四）符合其他有关规定。

第二十七条　验收委员会完成竣工验收工作后，应出具竣工验收鉴定书。验收主持单位应及时将工程竣工验收总结报告、验收鉴定书及相关资料报送省级人民政府能源主管部门。

第二十八条　省级人民政府能源主管部门在收到工程竣工验收总结报告和验收鉴定书后，对符合竣工验收条件的水电工程颁发竣工验收证书（批复）。

第二十九条　水电工程竣工验收完成后，项目法人应当按国家有关规定办理档案、固定资产移交等相关手续。

第五章　附　　则

第三十条　验收结论应当经2/3以上验收委员会成员同意，验收委员会成员应当在验收鉴定书上签字。验收委员会成员对验收结论持有异议的，应当将保留意见在验收鉴定书上明确记载并签字。

第三十一条　验收过程中如发生争议，由验收委员会主任委员协调、裁决，并将验收委员会成员提出的涉及重大问题的保留意见列入备忘录，作为验收鉴定书的附件。主任委员裁决意见有半数以上委员反对或难以裁决的重大问题，应由验收委员会报请验收主持单位决定，重大事项应及时报省级人民政府能源主管部门。

第三十二条 水电工程验收管理的其他有关要求按《水电工程验收规程》执行。

第三十三条 本办法由国家能源局负责解释，自发布之日起施行。2011 年 8 月印发实施的《水电工程验收管理办法》（国能新能〔2011〕263 号）同时废止。

国家能源局关于印发农村电网改造升级管理工作有关要求的通知

（国能新能〔2015〕431 号）

各省（区、市）及新疆生产建设兵团发展改革委、能源局，国家电网公司，南方电网公司：

近期，国务院领导同志就加强组织领导和统筹协调、解决农村电网改造升级工程实施中的烦琐手续问题等做出重要批示。为落实国务院领导批示精神，规范农网改造升级管理，提高管理水平和效率，推进农网改造升级工程顺利实施，现就农网改造升级管理工作有关要求通知如下：

一、加强组织领导。各省（区、市）发展改革委、能源局要报告所在省（区、市）人民政府，将农网改造升级工程作为扩大有效投资、促进经济平稳增长的重要工作，纳入本地区经济社会发展总体工作部署，列入工作考核范围。充分发挥本省（区、市）农网改造升级工程领导小组的作用，加强对农网工程的组织领导，明确目标，落实责任，研究解决重大问题，督促相关部门建立简便高效的管理机制，采取并行办理等措施，规范管理，简化程序，提高效率，做好服务，并实施效能考核。指导地市级、县级政府成立相应的农网改造升级工程领导小组，积极做好支持配合和服务。

二、加强统筹协调。各省（区、市）发展改革委、能源局要在本省（区、市）农网改造升级工程领导小组的领导下，牵头建立有国土资源、环境保护、城乡建设、水利、交通、林业等部门参加的农网改造升级工作协调机制，加强统筹协调和督促检查。积极牵头协调解决农网工程实施过程中出现的问题和困难，特别是对于程序烦琐、效率不高等问题，要及时提出解决方案和有效措施，尽快解决问题。对于相关部门达不成一致意见的以及其他重大问题，要尽快提请本省（区、市）农网领导小组审议研究决定。加强对项目单位工程实施的督促检查，督促提高招投标效率及做好征地、青苗补偿等具体工作。加强对地市级、县级管理部门的指导，督促做好相关配合工作，支持项目单位顺利实施工程建设。加强信息公开工作，接受社会各界的监督。

三、加强规划指导。各省（区、市）发展改革委、能源局组织编制和实施“十三五”农网改造升级规划。高度重视县级规划的作用，在组织地市和县级发展改革部门及电网企业编制各县农网改造升级规划的基础上，编制本省（区、市）规划。做好与当地新型城镇化建设规划、土地利用规划以及移民搬迁、游牧民定居、旧城改造等专项规划的衔接协调，及时进行滚动修编。特别是西藏、青海最近几年纳入国家电网企业供区范围的县，要以县为单位制定农网改造升级工程实施方案，“十三五”时期加快建设到乡到村完整的农村电网。

四、做好项目储备。各省（区、市）发展改革委、能源局要按照“五年规划、三年储备、年度实施”的要求，组织督促项目单位做好项目前期工作，尽快建立三年项目储备库，列入储备库的项目要具备相应的前期工作条件，并及时滚动修订储备库，确保储备项目的质量，尽快组织编制项目可行性研究报告，加快落实项目建设条件。根据国家年度农网改造升级工作目标及重点，及时将具备建设条件的项目从三年储备库转入年度项目库，加快批复项目可行性研究报告，加强工程施工组织管理，确保工程按期建成投产。

五、上下形成合力。国家能源局成立了由主要负责同志担任组长、国家电网企业主要负责同志等作为成员的农网改造升级工程领导小组，加强对全国农网改造升级工程的组织指导和统筹协调。对于本地区范围内难以协调解决的重大问题，请各省（区、市）农网改造升级工程领导小组及省级发展改革委、能源局及时上报国家能源局农网改造升级工程领导小组。国家能源局及农网改造升级工程领导小组将加强组织管理和协调监督，督促各地进一步规范和简化农网管理程序，提高管理效能，并为各地和企业做好相关服务工作。通过各级农网改造升级工程领导小组及各级发展改革、能源部门的努力，上下联动，形成合力，大力推进农网改造升级工程实施，加快缩小城乡电力差距，提高电力普遍服务水平，为全面建成小康社会提供更好的电力保障。

请各省（区、市）发展改革委、能源局按照上述要求，切实做好农网改造升级管理工作，规范程序，提高效能，保证工程顺利实施，推进社会主义新农村和新型城镇化建设，扩大有效投资、促进经济平稳增长。

国家能源局（印）
2015 年 11 月 27 日

国家能源局关于印发《燃气电站天然气系统安全管理规定》的通知

（国能安全〔2015〕450 号）

各派出机构，华能、大唐、华电、国电、国家电投集团公司，各发电企业：

为加强燃气电站天然气系统安全管理，防范各类电力事故的发生，我局组织制定了《燃气电站天然气系统安全管理规定》，已经局长办公会审议通过，现印发你们，请依照执行。

国家能源局（印）
2015 年 12 月 22 日

燃气电站天然气系统安全管理规定

第一章 总 则

第一条 为加强燃气电站天然气系统安全生产管理，防范事故发生，依据《中华人民共和国安全生产法》《石油天然气管道保护法》《石油天然气工程设计防火规范》《城镇燃气设计规范》《输气管道工程设计规范》《火力发电厂与变电所设计防火规范》《联合循环机组燃气轮机施工及质量验收规范》等法律法规及有关标准规范，制定本规定。

第二条 本规定适用于燃气电站天然气系统的设计、施工、运行维护和安全及应急管理工作。

本规定所称燃气电站，是指利用天然气、煤层气、煤制气或液化天然气（LNG）作为燃料生产电能的发电企业。天然气系统，是指燃气电站产权边界内发电生产用的天然气设备设施，包括过滤、调压、调温、输送、计量、贮存、放散、控制及其他（紧急切断、防雷防静电等）设备设施。

第三条　燃气发电企业是燃气电站安全生产管理责任主体，应严格遵守国家有关法律法规和标准规范，全面履行燃气电站天然气系统安全生产管理责任。

第二章　安　全　要　求

第四条　燃气发电工程设计单位应具备相应等级的资质证书，并应严格执行国家规定的设计深度要求和标准规范中的强制性条文。

第五条　进入燃气电站的天然气气质应符合《天然气》（GB 17820）中的相关要求，同时还应满足《输气管道工程设计规范》（GB 50251）等国家和行业标准中的有关规定；天然气在电站内经过滤、加热及调压后，最终应满足燃气轮机制造厂对天然气气质各项指标的要求。

第六条　燃气电站天然气系统的设计和防火间距应符合《石油天然气工程设计防火规范》（GB 50183）的规定。

第七条　调压站与调（增）压装置的设计，应遵循以下原则：

（一）天然气调压站应独立布置，应设计在不易被碰撞或不影响交通的位置，周边应根据实际情况设置围墙或护栏；

（二）调压站或调（增）压装置与其他建、构筑物的水平净距和调（增）压装置的安装高度应符合《城镇燃气设计规范》（GB 50028）的相关要求；

（三）设有调（增）压装置的专用建筑耐火等级不低于二级，且建筑物门、窗向外开启，顶部应采取通风措施；

（四）调（增）压装置的进出口管道和阀门的设置应符合《城镇燃气设计规范》（GB 50028）及《输气管道工程设计规范》（GB 50251）的相关要求；调（增）压装置前应设有过滤装置。

第八条　天然气系统管道设计，应遵循以下原则：

（一）天然气进、出调压站管道应设置关断阀，当站外管道采用阴极保护腐蚀控制措施时，其与站内管道应采用绝缘连接。天然气管道不得与空气管道固定相连；

（二）天然气管道宜采用支架敷设或直埋敷设；

（三）天然气管道应有良好的保护设施。地下天然气管道应设置转角桩、交叉和警示牌等永久性标志。易于受到车辆碰撞和破坏的管段，应设置警示牌，并采取保护措施。架空敷设的天然气管道应有明显警示标志；

（四）地下天然气管道不得从建筑物和大型构筑物（不包括架空的建筑物和大型构筑物）的下面穿越。地下天然气管道与建筑物、构筑物或相邻管道之间的水平和垂直净距应符合《城镇燃气设计规范》（GB 50028）第 6.3.3 条有关规定，且不得影响建（构）筑物和相邻管道基础的稳固性；

（五）地下天然气管道埋设的最小覆土厚度（路面至管顶）应符合《城镇燃气设计规范》（GB 50028）第 6.3.4 条有关规定；

（六）地下天然气管道与交流电力线接地体的净距应不小于《城镇燃气设计规范》（GB 50028）第 6.7.5 条有关规定；

（七）除必须用法兰连接部位外，天然气管道管段应采用焊接连接；

（八）连接管道的法兰连接处，应设金属跨接线（绝缘管道除外），当法兰用 5 副以上的螺栓连接时，法兰可不用金属线跨接，但必须构成电气通路。如天然气管道法兰发生严重腐蚀，电阻值超过 0.03Ω 时，应符合《压力管道安全技术监察规程—工业管道》（TSG D0001）的有关规定。

第九条　天然气系统泄压和放空设施设计，应遵循以下原则：

（一）天然气系统中，两个同时关闭的关断阀之间的管道上，应安装自动放空阀及放散管。为使管道系统放空而配置的连接管尺寸和排放通流能力，应满足紧急情况下使管段尽快放空要求；

（二）在天然气系统中存在超压可能的承压设备，或与其直接相连的管道上，应设置安全阀。安全阀的选择和安装，应符合《安全阀安全技术监察规程》（TSG ZF001）和《城镇燃气设计规范》（GB 50028）的有关规定；

（三）天然气系统应设置用于气体置换的吹扫和取样接头及放散管等。放散管应设置在不致发生火灾危险的地方，放散管口应布置在室外，高度应比附近建（构）筑物高出 2m 以上，且总高度不应小于 10m。放散管口应处于接闪器的保护范围内。

第十条　天然气爆炸危险区域的范围应根据释放源的级别和位置、易燃物质的性质、通风条件、障碍物及生产条件、运行经验等现场实际情况，经技术经济比较综合确定。爆炸危险区域内的设施应采用防爆电器，其选型、安装和电气线路的布置应按《爆炸危险环境电力装置设计规范》（GB 50058）执行。

第十一条　天然气系统设备的防雷接地设施设计应符合《建筑物防雷设计规范》（GB 50057）及《石油天然气工程设计防火规范》（GB 50183）的有关规定。防静电接地设施设计应符合《化工企业静电接地设计规程》（HG/T 20675）的有关规定。

第十二条　天然气系统消防及安全设施设计应执行《火力发电站与变电所设计防火规范》（GB 50229）和《城镇燃气设计规范》（GB 50028）的有关规定。

第十三条　天然气工程设计完毕后，应由工程建设单位组织图纸会审，会审时应对设计图纸的规范性、安全合规性、实用性和经济性等方面进行综合评定。

第十四条　天然气工程施工单位应具备相应等级的资质证书，禁止施工单位将工程项目转包、违法分包和挂靠资质等行为。

第十五条　燃气发电企业应建立工程建设质保体系并建立健全工程质量管理制度，指定专人对天然气工程质量进行监督管理。

第十六条　设施设备与管材、管件的提供厂商必须具备相应的生产资质，进场设备和材料规格必须符合国家现行有关产品标准的规定和设计要求，进场设备和材料必须具备出厂合格证及必要的检验报告。

第十七条　天然气工程施工前必须进行技术交底，并有书面交底记录资料和履行签字手续。燃气发电企业和施工单位对施工人员必须进行针对天然气工程建设特点的三级安全教育。

第十八条　施工必须按设计文件进行，如发现施工图有误或天然气设施的设置不能满足《城镇燃气设计规范》（GB

50028）时，施工单位不得自行更改，应及时向燃气发电企业和设计单位提出变更设计要求。修改设计或材料代用应经原设计部门同意。

第十九条 承担天然气钢质管道、设备焊接的人员，必须具有锅炉压力容器压力管道特种设备操作人员资格证（焊接）焊工合格证书，且在证书的有效期及合格范围内从事焊接工作。间断焊接时间超过 6 个月，应重新考试合格后方可再次上岗。

第二十条 天然气系统施工中管道、设备的装卸运输和存放、土方施工、地下和架空管道敷设、调压设施安装，以及管道附件与设备安装应符合《城镇燃气输配工程施工及验收规范》（CJJ 33）的有关规定要求。

第二十一条 管道、设备安装完毕后应按《城镇燃气输配工程施工及验收规范》（CJJ 33）的有关规定，依次进行吹扫、强度试验和严密性试验。

第二十二条 工程竣工验收应以批准的设计文件、国家现行有关标准、施工承包合同、工程施工许可文件和本规定为依据。工程竣工验收应由燃气发电企业（建设单位）主持，组织勘察、设计、监理及施工单位对工程进行验收。验收合格后，各部门签署验收纪要。燃气发电企业及时将竣工资料、文件归档，然后办理工程移交手续。验收不合格应提出书面意见和整改内容，签发整改通知限期完成。整改完成后重新验收。整改书面意见、整改内容和整改通知编入竣工资料文件中。

第二十三条 竣工资料的收集、整理工作应与工程建设过程同步，工程完工后应及时做好整理和移交工作。整体工程竣工资料包括工程依据文件、交工技术文件和检验合格记录等，具体可参照《城镇燃气输配工程施工及验收规范》（CJJ 33）中 12.5.3 条规定执行。

第三章 运 行 维 护

第二十四条 燃气发电企业应根据本单位天然气系统的实际情况，制定切实可行的天然气系统运行、维护规程，安全操作、巡回检查规定，并严格落实操作票和工作票制度的有关规定。

第二十五条 运行维护人员巡检天然气系统区域，必须穿着防止产生静电的工作服，使用防爆型的照明用具、工器具和劳保防护用品。严禁携带非防爆无线通信设备和电子产品。进入调压站前必须交出火种并释放静电，未经批准严禁在站内从事可能产生火花性质的操作。进入天然气系统区域的外来人员不得穿易产生静电的服装、带铁掌的鞋。机动车辆进入天然气系统区域，应装设阻火器。

第二十六条 对天然气系统设备进行拆装维护保养工作前，必须根据《城镇燃气设施运行、维护和抢修安全技术规程》（CJJ 51）的相关规定，进行惰性气体置换工作。

第二十七条 天然气系统区域的设施应有可靠的防雷装置，防雷装置每年应进行两次监测（其中在雷雨季节前应监测一次），接地电阻不应大于 10 欧姆。

第二十八条 天然气系统区域应有防止静电荷产生和集聚的措施，并设有可靠的防静电接地装置，每年检测不得少于一次。

第二十九条 天然气系统的压力容器使用管理应按《特种设备安全监察条例》（国务院令第 549 号）的规定执行。

第三十条 安全阀应做到启闭灵敏，每年委托有资格的检验机构至少检查校验一次。压力表等其他安全附件应按其规定的检验周期定期进行校验。

第三十一条 进入压缩机房等封闭的天然气设施场所作业，应遵循以下原则：

（一）进入前应先检测有无天然气泄漏，在确定安全后方可进入；

（二）进行维护检修，应采取防爆措施或使用防爆工具。

第三十二条 管道及其附件的运行与维护，应遵循以下原则：

（一）根据运行和维护有关规定，对天然气管道进行定期巡查，作好巡查记录，巡查中发现问题及时上报并采取有效的处理措施；

（二）定期巡查应包括管道安全保护距离内有无影响管道安全情况、管道沿线渗漏检查、天然气管道和附件完整性检查等内容；

（三）在役管道防腐涂层和设置的阴极保护系统的检查、维护周期和方法，应符合《城镇燃气埋地钢质管道腐蚀控制技术规程》（CJJ 95）有关规定的要求；

（四）运行中的管道第一次发现腐蚀漏气点后，应对该管道选点检查其防腐涂层及腐蚀情况，针对实测情况制定运行、维护方案。钢制管道埋设 20 年后，应对其进行评估，确定继续使用年限，制定检测周期，并应加强巡视和泄漏检查；

（五）应根据天然气系统运行情况对燃气阀门定期进行启闭操作和维护保养。

第三十三条 调压站设备的运行与维护，应遵循以下原则：

（一）调压装置的巡检内容应包括压缩机、调压器、过滤器、阀门、安全设施、仪器、仪表等设备的运行工况和严密性情况。当发现有燃气泄漏及调压装置有喘息、压力跳动等问题时，应及时处理；

（二）新投入运行或保养修理后重新启用的调压设备，必须经过调试，达到技术标准后方可投入运行；

（三）应定期进行过滤器前后压差检查，并及时排污和清洗；

（四）调压器、泄压阀、快速切断阀及其他辅助设施应定期检查，查验设备是否在设定的数值内运行；

（五）压缩机的检修应严格按设备的保养、维护标准执行。

第三十四条 天然气系统消防安全工作，应遵循以下原则：

（一）天然气系统应建立严格的防火防爆制度。消防设施和器材的管理、检查、维修和保养等应设专人负责；

（二）天然气爆炸危险区域，应按《石油天然气工程可燃气体检测报警系统安全技术规范》（SY 6503）的规定安装、使用可燃气体在线检测报警器；

（三）天然气系统区域应设有“严禁烟火”等醒目的防火标志和风险告知牌，消防通道的地面上应有明显的警示标识，消防通道应保持畅通无阻，消防设施周围不得堆放杂物；

（四）天然气调压站内压缩机房、工艺区、站控楼、配电室等处均应配置专用消防器材，运维人员应定期检查器材的完整性，专业人员定期对站内消防器材校验和更换；

（五）天然气区域动用明火或可能散发火花的作业，应办理动火工作票，检测可燃气体浓度符合规定后方可动火，在动火作业过程中必须对气体浓度进行连续检测，保证动火作业安全。严禁对运行中的天然气管道、容器外壁进行焊接、气割等作业。

第四章 安全及应急管理

第三十五条 燃气发电企业应按国家有关规定建立、健全安全生产责任制，依法配置安全生产管理机构和专职安全生产管理人员，保证天然气系统的安全运行。企业主要负责人对本单位的天然气系统安全管理工作全面负责。

第三十六条 燃气发电企业应当和天然气供应单位签订安全生产管理协议，界定天然气系统设备设施产权和管理边界，明确各自的安全生产管理职责和应当采取的安全措施，并指定专职安全生产管理人员进行安全检查与协调。

第三十七条 燃气发电企业的天然气系统新建、改建和扩建工程项目，其防火、防爆设施应与主体工程同时设计、同时施工、同时验收投产。

第三十八条 燃气发电企业应建立天然气系统的安全生产规章制度和操作规程，并定期审核、修订，保持其有效性；同时对落实安全生产规章制度和操作规程情况进行检查和考核。燃气发电企业应制定天然气系统的安全技术措施和反事故措施，定期检查措施计划的完成情况，对每项措施计划项目按程序进行检查验收，确保每项措施计划项目能达到预期效果。

第三十九条 燃气发电企业应加强安全生产风险预控体系建设和隐患排查治理工作，建立隐患管理台账，积极开展隐患排查、统计、分析、上报、治理和管控工作，及时发现并消除事故隐患。

第四十条 燃气发电企业应根据《危险化学品重大危险源辨识》（GB 18218）有关规定要求，依法开展重大危险源辨识、评估、登记建档、备案、核销及管理工作。

第四十一条 燃气发电企业应加强安全生产教育培训，主要负责人和安全管理人员应经安全培训合格；专业管理人员、操作人员和作业人员应经天然气专业知识和业务技能培训合格后上岗；每年应组织开展有关天然气安全知识、防护技能及应急措施的安全培训；根据作业性质对外来作业人员进行有针对性的天然气安全知识交底。

第四十二条 燃气发电企业应配置志愿消防员。距离当地公安消防队（站）较远的可建立专职的消防队，根据规定和实际情况配备专职消防队员和消防设施，并符合国家和行业的标准要求。

第四十三条 燃气发电企业应根据有关规定，开展职工职业危害防护工作，严禁安排禁忌人员从事具有职业危害的岗位工作。燃气发电企业应按照《个体防护装备选用规范》（GB/T 11651）的相关要求，按时、足额向从业人员发放劳动防护用品。

第四十四条 燃气发电企业应依据《生产经营单位安全生产事故应急预案编制导则》（GB/T 29639）和国家能源局《电力企业应急预案管理办法》（国能安全〔2014〕508 号）等相关要求，开展以下工作：

（一）建立天然气系统泄漏、着火、爆炸专项应急预案和现场处置方案；

（二）每年制定应急预案演练计划，定期开展应急预案演练工作；

（三）配备必要的应急救援装备、器材，并定期检查维护，保证完好可用；

（四）每年至少组织进行一次全厂范围的天然气系统应急处置演练。

第五章 附 则

第四十五条 燃气发电企业除应遵守本规定外，还应执行国家现行的有关标准规定。

第四十六条 本规定由国家能源局负责解释。

第四十七条 本规定自印发之日起实施。

国家能源局综合司关于深刻吸取天津“8·12”火灾爆炸事故教训 认真做好当前安全生产工作的紧急通知

（国能综安全〔2015〕466 号）

各派出机构、各有关企业：

2015 年 8 月 12 日 23 时 30 分左右，天津港区瑞海国际物流有限公司危险品仓库发生一起特别重大火灾爆炸事故，造成重大人员伤亡、经济损失和社会影响，教训极其深刻。截至 8 月 14 日 10 时，事故已造成 51 人死亡、住院治疗 701 人（含重症 71 人）。党中央、国务院高度重视，习近平总书记、李克强总理做出了重要指示批示，要求深刻汲取此次事故的沉痛教训，坚持人民利益至上，认真进行安全隐患排查，全面加强危险品管理，切实把各项安全生产措施落到实处，确保人民生命财产安全。为认真贯彻落实党中央、国务院领导同志重要指示批示精神，按照《国务院安全生产委员会关于深入开展危险化学品和易燃易爆物品安全专项整治的紧急通知》（安委明电〔2015〕3 号）要求，现就有关要求通知如下：

一、各单位要认真学习、深刻领会习近平总书记、李克强总理等党中央、国务院领导同志的重要指示批示精神，进一步增强对安全生产工作重要性的认识，强化红线意识，切实把思想和行动统一到党中央、国务院的决策部署上来，以更加坚决的态度、更加务实的作风、更加有力的措施，认真做好安全生产工作。要按照“党政同责，一岗双责，齐抓共管”的要求，切实加强安全生产的组织领导，全面落实安全生产主体责任，严格落实各项安全生产措施，坚决防范事故发生。

二、各单位要按照 8 月 4 日召开的全国电力安全生产委员会全体会议的精神和要求，认真组织开展安全生产大检查和“打非治违”专项行动。近期要立即组织开展针对制氢站、制氢区、燃油罐区、易燃易爆危险化学品仓库、燃煤电厂储煤场和制粉系统、燃气电厂天然气系统等安全情况的检查。要加强安全检查的组织领导，落实安全检查责任，对安全检查工作不落实、不认真、走过场的和存在重大安全隐患的企业，要依法责令停业整顿，要严肃追究单位主要负责人和有关人员的责任。

三、各单位要切实做好危险化学品和易燃易爆物品的隐患整治工作，发现重大事故隐患，必须立即整改；一时难以整改到位的，切实做到整改措施、责任、资金、时限和预案“五落实”。对因隐患治理工作不到位、隐患整改不达标的，要严肃追究单位主要负责人和有关人员的责任。

四、各单位要加强危险化学品和易燃易爆物品的管理，完善危险化学品和易燃易爆物品的采购、场内运输、装卸、存储、使用等管理制度，建立健全危险化学品和易燃易爆物品管理台账，落实重大危险源自动监控措施，提高本质安全水平，从源头上消除安全隐患，确保电力安全生产。

五、各单位加强危险化学品和易燃易爆物品事故应急处置能力建设，针对危险化学品和易燃易爆物品的特点制定完善相应的事故应急预案，健全政企联动机制和社会专业救援队伍合作机制，提高应急处置能力和水平。

六、各监管机构要结合当前安全监管工作，督促电力企业落实安全生产的主体责任，加强对生产现场、员工住房选址、安全教育培训、应急机制的安全管理，采取有效措施，确保人民群众生命安全和国家财产安全。

国家能源局综合司（印）

2015 年 8 月 14 日

统计资料

电力统计基本数据一览表

基本数据项目	单位	2015 年	2014 年	同比增长（%）
一、发电量	**亿 kWh**	**57 399**	**56 801**	**1.05**
水电	亿 kWh	11 127	10 601	4.96
其中：抽水蓄能	亿 kWh	158	132	19.44
火电	亿 kWh	42 307	43 030	−1.68
其中：燃煤	亿 kWh	38 977	40 266	−3.20
燃气	亿 kWh	1669	1333	25.23
燃油	亿 kWh	42	44	−6.10
核电	亿 kWh	1714	1332	28.65
风电	亿 kWh	1856	1598	16.17
太阳能发电	亿 kWh	395	235	67.92
其他	亿 kWh	1	5	−72.40
6000kW 及以上火电厂发电量	**亿 kWh**	**42 181**	**42 925**	**−1.73**
燃煤	亿 kWh	38 948	40 205	−3.13
其中：煤矸石发电	亿 kWh	2282	1587	43.83
燃气	亿 kWh	1654	1322	25.12
其中：常规燃气	亿 kWh	1586	1288	23.10
煤层气发电	亿 kWh	47	21	118.91
燃油	亿 kWh	38	44	−13.56
其他	亿 kWh	1541	1354	13.83
其中：余温、余气、余压发电	亿 kWh	1002	892	12.26
垃圾焚烧发电	亿 kWh	252	245	2.86
秸秆、蔗渣、林木质发电	亿 kWh	287	216	32.72
二、全社会用电量	**亿 kWh**	**56 933**	**56 393**	**0.96**
1. 全行业用电合计	**亿 kWh**	**49 648**	**49 455**	**0.39**
第一产业	亿 kWh	1040	1014	2.55
第二产业	亿 kWh	41 442	41 770	−0.79
其中：工业	亿 kWh	40 743	41 048	−0.74
其中：轻工业	亿 kWh	6772	6677	1.41
重工业	亿 kWh	33 971	34 371	−1.16
第三产业	亿 kWh	7166	6671	7.42
2. 城乡居民生活用电合计	**亿 kWh**	**7285**	**6938**	**5.01**
其中：城镇居民	亿 kWh	4104	3934	4.31
乡村居民	亿 kWh	3181	3004	5.92
三、发电装机容量	**万 kW**	**152 527**	**137 887**	**10.62**
水电	万 kW	31 954	30 486	4.82

续表

基本数据项目	单位	2015 年	2014 年	同比增长（%）
其中：抽水蓄能	万 kW	2303	2211	4.16
火电	万 kW	100 554	93 232	7.85
其中：燃煤	万 kW	90 009	84 102	7.02
燃气	万 kW	6603	5697	15.91
燃油	万 kW	434	512	−15.12
核电	万 kW	2717	2008	35.31
风电	万 kW	13 075	9657	35.40
太阳能发电	万 kW	4218	2486	69.66
其他	万 kW	9	19	−54.69
6000kW 及以上火电厂装机容量	**万 kW**	**100 036**	**92 731**	**7.88**
燃煤	万 kW	89 913	83 976	7.07
其中：煤矸石发电	万 kW	4473	3349	33.55
燃气	万 kW	6562	5666	15.81
其中：常规燃气	万 kW	6317	5526	14.32
煤层气发电	万 kW	153	91	69.25
燃油	万 kW	219	270	−18.75
其他	万 kW	3341	2819	18.52
其中：余温、余气、余发电	万 kW	2200	1838	19.67
垃圾焚烧发电	万 kW	477	469	1.80
秸秆、蔗渣、林木质发电	万 kW	664	512	29.69
四、35kV 及以上输电线路回路长度	**km**	**1 696 849**	**1 628 472**	**4.20**
1. 交流	**km**	**1 671 420**	**1 603 488**	**4.24**
其中：1000kV	km	3114	3111	0.10
750kV	km	15 665	13 881	12.85
500kV	km	157 974	152 107	3.86
330kV	km	26 811	25 146	6.62
220kV	km	380 121	358 377	6.07
110kV	km	591 637	566 571	4.42
35kV	km	496 098	484 296	2.44
2. 直流	**km**	**25 429**	**24 984**	**1.78**
其中：±800kV	km	10 580	10 132	4.42
±660kV	km	1336	1336	0.00
±500kV	km	11 872	11 875	0.00
±400kV	km	1640	1640	0.00
五、35kV 及以上变电设备容量	**万 kVA**	**569 928**	**526 685**	**8.21**
1. 交流	**万 kVA**	**551 546**	**509 134**	**8.33**
其中：1000kV	万 kVA	5700	5700	0.00
750kV	万 kVA	10 850	8090	34.11

续表

基本数据项目	单位	2015 年	2014 年	同比增长（%）
500kV	万 kVA	107 082	100 011	7.07
330kV	万 kVA	11 679	10 493	11.31
220kV	万 kVA	182 893	167 342	9.29
110kV	万 kVA	185 819	171 588	8.29
35kV	万 kVA	47 521	45 909	3.51
2. 直流	**万 kVA**	**18 383**	**17 551**	**4.74**
其中：±800kV	万 kVA	3180	3180	0.00
±660kV	万 kVA			
±500kV	万 kVA	15 203	14 230	6.84
±400kV	万 kVA		141	
六、新增发电装机容量	**万 kW**	**13 184**	**10 443**	**26.25**
水电	万 kW	1375	2180	−36.92
其中：抽水蓄能	万 kW	92	60	53.33
火电	万 kW	6678	4791	39.40
其中：燃煤	万 kW	5402	3498	54.42
燃气	万 kW	696	946	−26.49
其中：常规燃气	万 kW	692	938	−26.25
煤层气发电		4	8	−54.49
燃油	万 kW			
其他	万 kW	581	346	67.68
其中：余温、余气、余压	万 kW	529	254	107.96
垃圾焚烧发电	万 kW	4	21	−79.57
秸秆、蔗渣、林木质发电	万 kW	47	71	−33.35
核电	万 kW	612	547	11.88
风电	万 kW	3139	2101	49.42
太阳能发电	万 kW	1380	825	67.30
其他	万 kW			
七、火电机组退役和关停容量	**万 kW**	**1091**	**909**	**20.04**
八、年底主要发电企业电源项目在建规模	**万 kW**	**18 175**	**14 500**	**25.35**
水电	万 kW	5748	4328	32.82
火电	万 kW	7824	5524	41.64
核电	万 kW	3054	2863	6.68
风电	万 kW	1317	1676	−21.38
九、新增直流输电线路长度及换流容量				
1. 线路长度	**km**		**2876**	**−100.00**
其中：±800kV	km		1653	−100.00
±660kV	km			
±500kV	km		1223	−100.00

续表

基本数据项目	单位	2015年	2014年	同比增长（%）
±400kV	km			
2. 换流容量	**万kW**	**250**	**3860**	**−93.52**
其中：±800kV	万kW	250	2900	−91.38
±660kV	万kW			
±500kV	万kW		960	−100.00
±400kV	万kW			
十、新增交流110kV及以上输电线路长度及变电设备容量				
1. 线路长度	**km**	**57 110**	**59 799**	**−4.50**
其中：1000kV	km	5	1206	−99.59
750kV	km	1639	1314	24.78
500kV	km	7389	7272	1.61
330kV	km	2162	1202	79.87
220kV	km	22 054	22 098	−0.20
110kV（含66kV）	km	23 862	26 708	−10.66
2. 变电设备容量	**万kVA**	**29 432**	**30 853**	**−4.61**
其中：1000kV	万kVA		1800	−100.00
750kV	万kVA	3570	660	440.91
500kV	万kVA	8880	7555	17.54
330kV	万kVA	642	741	−13.36
220kV	万kVA	8810	11 602	−24.06
110kV（含66kV）	万kVA	7530	8495	−11.36
十一、本年完成电力投资	**亿元**	**8576**	**7805**	**9.87**
1. 电源投资	**亿元**	**3936**	**3686**	**6.78**
水电	亿元	789	943	−16.28
火电	亿元	1163	1145	1.61
核电	亿元	565	533	6.07
风电	亿元	1200	915	31.10
太阳能发电	亿元	218	150	45.21
其他	亿元			
2. 电网投资	**亿元**	**4640**	**4119**	**12.64**
送变电	亿元	4514	3993	13.04
其中：直流	亿元	216	168	28.90
交流	亿元	4298	3825	12.35
其他	亿元	126	126	−0.27
十二、单机6000kW及以上机组平均单机容量				
水电：单机容量	万kW/台	6.40	6.34	0.06
机组台数	台	4119	3945	4.41
机组容量	万kW	26 361	25 020	5.36

续表

基本数据项目	单位	2015 年	2014 年	同比增长（%）
火电：单机容量	万 kW/台	12.89	12.53	0.37
机组台数	台	7526	7162	5.08
机组容量	万 kW	97 033	89 723	8.15
十三、6000kW 及以上电厂供热量	**万 GJ**	**368 012**	**323 687**	**13.69**
十四、6000kW 及以上电厂发电标准煤耗	**g/kWh**	**297**	**300**	**−3**
十五、6000kW 及以上电厂供电标准煤耗	**g/kWh**	**315**	**319**	**−4**
十六、6000kW 及以上电厂厂用电率	**%**	**5.09**	**4.85**	**0.24**
水电	%	0.32	0.50	−0.19
火电	%	6.04	5.85	0.19
十七、6000kW 及以上电厂发电设备利用小时	**h**	**3988**	**4348**	**−360**
水电	h	3590	3669	−79
其中：抽水蓄能	h	702	609	93
火电	h	4364	4778	−414
核电	h	7403	7787	−384
风电	h	1724	1900	−176
太阳能发电	h	1225	1235	−11
十八、6000kW 及以上电厂燃料消耗				
发电消耗标煤量	万 t	115 015	120 346	−4.43
发电消耗原煤量	万 t	167 310	179 498	−6.79
供热消耗标煤量	万 t	14 405	12 509	15.15
供热消耗原煤量	万 t	21 104	18 950	11.37
十九、6000kW 及以上火电厂热效率				
电厂热效率	%	45.05	43.81	1.24
电厂供热效率	%	87.17	88.29	−1.12
电厂能源转换总效率	%	48.54	46.87	1.66
二十、供、售电量及线损				
供电量	亿 kWh	48 572	48 676	−0.21
售电量	亿 kWh	45 347	45 442	−0.21
线损电量	亿 kWh	3226	3234	−0.26
线路损失率	%	6.64	6.64	0.00
二十一、发用电设备比				
发电装机容量：用电设备容量		1:3.77	1:3.71	
二十二、电力弹性系数				
电力生产弹性系数		0.15	0.58	−0.43
电力消费弹性系数		0.14	0.56	−0.42

注 1. 风电、太阳能发电装机容量和发电量等指标均为并网口径。
2. 变电设备容量包含换流变压器容量，2014 年国家电网公司调整直流换流容量至转换对应电压等级。
3. 生物质发电 2015 年底装机容量 1280 万 kW，2015 年发电量 578 亿 kWh。
4. 自 2015 年起，山东魏桥集团正式纳入电力行业统计口径，对 2014 年同期数据进行了相应调整。

分地区发电装机容量

单位：万 kW，%

地区	合计			水电			火电			核电			风电			太阳能发电			其他
	2015	2014	同比	2015	2014	同比	2015	2014	同比	2015	2014	同比	2015	2014	同比	2015	2014	同比	2015
全 国	**152 527**	**137 887**	**10.62**	**31 954**	**30 486**	**4.82**	**100 554**	**93 232**	**7.85**	**2717**	**2008**	**35.31**	**13 075**	**9657**	**35.40**	**4218**	**2486**	**69.66**	**8.5**
北 京	1086	1090	−0.36	98	101	−2.96	965	970	−0.52				15	15	0.00	7.6	2.5	206.05	0.0
天 津	1324	1357	−2.42	1	1	0.00	1283	1323	−3.04				29	29	0.00	12.1	4.7	159.87	0.0
河 北	5778	5544	4.22	182	182	0.03	4350	4283	1.57				1022	963	6.21	221.9	114.5	93.82	1.6
山 西	6966	6304	10.50	244	244	0.00	5940	5564	6.76				669	455	46.96	111.5	41.3	169.73	1.9
内蒙古	10 397	9273	12.12	238	177	34.37	7263	6710	8.24				2425	2100	15.46	470.5	285.4	64.86	0.0
辽 宁	4322	4192	3.12	293	293	0.08	3074	3084	−0.30	300	200	50.00	639	608	5.01	16.3	7.0	133.19	
吉 林	2611	2560	2.01	377	377	0.01	1783	1768	0.84				444	408	8.92	6.7	6.1	10.34	
黑龙江	2647	2499	5.91	102	97	5.17	2041	1948	4.77				503	454	10.88	2.1	1.1	81.58	0.0
上 海	2344	2184	7.33				2261	2138	5.76				61	37	67.24	21.1	8.7	141.53	
江 苏	9541	8611	10.79	114	114	0.13	8380	7727	8.45	212	212	0.00	412	302	36.38	422.4	256.2	64.91	0.0
浙 江	8158	7412	10.06	1002	995	0.69	6231	5746	8.44	657	549	19.85	104	73	42.79	163.7	49.8	228.39	0.4
安 徽	5161	4322	19.41	291	288	1.15	4613	3911	17.94				136	82	64.71	120.8	40.0	202.33	
福 建	4919	4449	10.57	1300	1288	0.87	2890	2667	8.38	545	327	66.67	172	159	8.06	12.9	7.8	66.11	
江 西	2389	2078	14.95	490	484	1.18	1788	1537	16.34				67	37	83.46	43.5	20.4	113.08	0.0
山 东	9716	8841	9.90	107.7	107.8	−0.05	8754	8073	8.44				721	622	15.91	132.7	30.6	333.87	0.0
河 南	6744	6196	8.85	399	396	0.54	6213	5735	8.33				91	44	107.99	40.8	20.1	103.34	
湖 北	6411	6213	3.18	3653	3627	0.72	2576	2501	2.99				135	77	75.38	48.0	8.6	455.85	
湖 南	3889	3567	9.02	1534	1510	1.60	2187	1983	10.29				151.4	70	116.67	16.9	4.9	249.28	
广 东	9817	9163	7.13	1355	1323	2.42	7323	6863	6.70	829	721	15.07	246	204	20.69	61.7	51.1	20.75	1.9
广 西	3458	3215	7.58	1645	1626	1.20	1652	1572	5.09	109			40	12	224.10	12.2	4.5	170.89	0.0

续表

地区	合计			水电			火电			核电			风电			太阳能发电			其他
	2015	2014	同比	2015	2014	同比	2015	2014	同比	2015	2014	同比	2015	2014	同比	2015	2014	同比	2015
海　南	635	504	25.98	62	83	−25.17	461	376	22.55	65			31	31	0.00	15.9	13.9	14.37	
重　庆	2109	1774	18.91	676	652	3.78	1410	1113	26.73				23	10	138.84	0.0	0.0		0.0
四　川	8673	7874	10.14	6939	6293	10.27	1624	1547	4.95				73	29	154.69	36.4	5.4	569.61	
贵　州	5066	4669	8.50	2056	1955	5.21	2684	2482	8.14				323	233	38.69	3.0	0.0		0.0
云　南	7915	7078	11.83	5782	5361	7.86	1402	1402	−0.01				614	287	113.96	117.4	28.2	316.86	0.0
西　藏	196	144	36.37	135	87	55.60	40	40	0.00				1	1	0.00	17.0	13.0	30.75	2.7
陕　西	3389	2866	18.22	266	253	5.13	2936	2498	17.57				114	84	35.50	72.0	31.3	130.01	0.0
甘　肃	4643	4191	10.78	851	814	4.63	1930	1850	4.34				1252	1008	24.28	609.6	517.3	17.85	
青　海	2074	1829	13.38	1145	1143	0.19	318	242	31.55				47	32	46.62	563.8	412.4	36.71	0.0
宁　夏	3157	2424	30.27	43	43	0.00	1984	1790	10.83				822	418	96.77	308.8	173.4	78.12	
新　疆	6992	5464	27.96	573	573	0.00	4199	3791	10.76				1691	774	118.44	528.7	326.1	62.13	

分地区新增发电装机容量

单位：万 kW

地区	合计	水电		火电										核电	风电	太阳能发电	其他
					燃煤		燃气		燃油	其他							
		合计	抽水蓄能	合计	合计	煤矸石发电	合计	常规燃气		合计	余温、余气、余压发电	垃圾焚烧发电	秸秆、蔗渣、林木质发电				
全　国	13 184	1375	92	6678	5402		696	692		581	529	4	47	612	3139	1380	
北　京	100			95			95	95								5	
天　津	8			2						2	1		0.6			6	

续表

地区	合计	水电		火电										核电	风电	太阳能发电	其他
		合计	抽水蓄能	合计	燃煤		燃气		燃油	其他							
					合计	煤矸石发电	合计	常规燃气		合计	余温、余气、余压发电	垃圾焚烧发电	秸秆、蔗渣、林木质发电				
河　北	390			168	150					18.6	14.1		5		84	137.2	
山　西	634			320	200		89.6	86		30	29		1		223	91	
内蒙古	557	60	60	114	106					8	8				335	49	
辽　宁	154			1						1	1			112	34	7	
吉　林	103			14						14	8		6		88		
黑龙江	138	4.4		91	70					21	14		7		42	0.3	
上　海	148			124	22		101.1	101		1	1				25		
江　苏	686	0.1		490	238		216	215.6		37	32	1.6	3		68	128	
浙　江	761	36		524	338		156	156		30	28		2	109	28.7	64	
安　徽	831			732	718					14	11		3		49	50.3	
福　建	474	22		211	200					11	10	1		218	20	3	
江　西	303	13		252	232					20	17		3		23	15	
山　东	397			274	240					34	25		9		83	40	
河　南	714	2		659	634					25	25				40	13	
湖　北	205	32		81	38		37.8	37.8		6	3		3		49	42.9	
湖　南	280	21		156	142					14	13	1.2			101	2	
广　东	584	32	32	415	415									109	25	4	
广　西	78	3		37						37	31		6		30	9	
海　南	142			70	70									65		7.0	
重　庆	317	10		284	276					8	8				23		
四　川	796	632		78	70					8	8				58	29	

续表

地区	合计	水电		火电										核电	风电	太阳能发电	其他
		合计	抽水蓄能	合计	燃煤		燃气		燃油	其他							
					合计	煤矸石发电	合计	常规燃气		合计	余温、余气、余压发电	垃圾焚烧发电	秸秆、蔗渣、林木质发电				
贵　州	368	77		198	198							0.0			89	3	
云　南	515	268		0.0						0.0		0.0			225	22	
西　藏	67.4	61													0.0	6.0	
陕　西	488	13		385	350					35	35				42	48	
甘　肃	493	24		75						75	75				264	130	
青　海	285	28		101	101					0.3		0.3			25	131	
宁　夏	634			178	118					60	60				321	134	
新　疆	1535	37		549	477					72	72				743	206	

分地区发电量

单位：亿 kWh，%

地区	合计			水电			火电			核电			风电			太阳能发电			其他
	2015	2014	同比	2015	2014	同比	2015	2014	同比	2015	2014	同比	2015	2014	同比	2015	2014	同比	2015
全　国	**57 400**	**56 801**	**1.05**	**11 127**	**10 601**	**4.96**	**42 307**	**43 030**	**−1.68**	**1714**	**1332**	**28.64**	**1856**	**1598**	**16.17**	**394.8**	**235.1**	**67.92**	**1.5**
北　京	421	369	14.08	7	7	−2.54	412	359	14.73				3	3	−11.76	0.4	0.2	66.67	0.0
天　津	601	612	−1.77	0.2	0.2	−16.67	594	605	−1.91				6	6	8.25	0.6	0.31	103.23	0.0
河　北	2301	2383	−3.41	11	13	−9.81	2106	2200	−4.30				168	164	2.55	16.3	5.8	179.25	0.0
山　西	2457	2643	−7.01	31	34	−8.04	2319	2530	−8.34				100	76	31.30	7.7	3.2	138.20	0.1
内蒙古	3923	3861	1.62	36	35	5.20	3422	3415	0.20				408	386	5.61	57.0	24.7	131.06	0.0

续表

地区	合计			水电			火电			核电			风电			太阳能发电			其他
	2015	2014	同比	2015	2014	同比	2015	2014	同比	2015	2014	同比	2015	2014	同比	2015	2014	同比	2015
辽　宁	1619	1617	0.12	32	42	−23.98	1329	1351	−1.62	145	120	20.94	112	104	8.01	1.4	0.7	105	
吉　林	704	758	−7.10	53	70	−23.58	590	630	−6.32				60	58	3.24	1.0	0.49	106.12	
黑龙江	895	894	0.11	19	21	−9.85	804	801	0.35				72	72	0.50	0.2	0.2	23.53	0.0
上　海	821	808	1.62				810	800	1.30				10	7	35.73	0.9	0.8	6.17	
江　苏	4426	4348	1.80	12	12	0.68	4152	4098	1.33	166	168	−0.90	64	57	13.67	31.2	13.9	124.59	0.0
浙　江	2972	2913	2.01	229	203	12.67	2222	2340	−5.04	496	354	40.08	16	13	27.48	7.7	2.6	195.37	0.1
安　徽	2062	2028	1.68	49	41	17.50	1989	1972	0.83				21	13	58.47	3.7	1.0	293.68	
福　建	1883	1870	0.66	439	413	6.32	1109	1277	−13.18	290	142	104.43	44	38	15.77	1.0	0.5	115.56	
江　西	982	876	12.06	171	133	29.22	797	737	8.14				11	6	97.73	2.4	1.0	137.37	0.0
山　东	4619	4493	2.80	7.2	5.5	30.60	4484	4383	2.31				121	101	20.30	6.8	1.9	258.42	0.0
河　南	2559	2675	−4.32	109	96	12.98	2435	2571	−5.29				12	7	75.00	3.1	0.45	591.11	
湖　北	2356	2395	−1.65	1303	1385	−5.90	1030	997	3.30				21	13	61.07	2.3	0.6	275.00	
湖　南	1253	1261	−0.59	520	488	6.63	710	765	−7.18				22	8	183.46	0.8	0.19	336.84	
广　东	3789	3805	−0.42	284	289	−1.67	2854	2933	−2.68	606	549	10.39	42	34	22.73	3.5	0.9	276.34	0.2
广　西	1319	1298	1.58	762	631	20.60	544	664	−18.08	7			6	2	171.24	0.6	0.4	27.78	0.0
海　南	256	246	3.98	9	25	−62.87	234	215	9.23	4			6	5	18.29	1.9	1.7	16.87	
重　庆	683	674	1.30	229	241	−4.70	450	431	4.36				3	2	70.17	0.0	0.0		0.0
四　川	3209	3130	2.52	2767	2578	7.34	429	547	−21.54				10	4	166.67	2.2	0.50	342.00	
贵　州	1931	1845	4.66	827	733	12.82	1071	1094	−2.06				33	18	77.62	0.2	0.0		0.0
云　南	2553	2550	0.13	2177	2082	4.58	276	401	−31.30				94	63	47.47	6.4	2.9	117.81	0.0
西　藏	38	26	48.13	34	20	72.85		3	−89.38				0.1		44.44	2.4	1.8	36.31	1.1
陕　西	1321	1326	−0.32	83	71	16.30	1215	1240	−2.01				18	13	32.94	5.6	0.9	503.26	0.0
甘　肃	1228	1241	−1.06	336	355	−5.30	706	731	−3.40				127	115	10.37	59.1	40.0	47.81	
青　海	573	596	−3.87	371	403	−7.98	120	131	−8.28				7	4	59.40	75.5	58.2	29.88	0.0
宁　夏	1166	1167	−0.08	16	18	−11.44	1026	1053	−2.52				88	71	24.90	35.9	25.9	38.24	
新　疆	2479	2093	18.41	203	159	28.21	2067	1756	17.70				151	135	11.90	57.4	43.6	31.67	

分地区全社会用电量

地　区	用电量（亿 kWh）	同比增长（%）
全　国	**56 933**	**0.96**
北　京	953	1.67
天　津	801	0.79
河　北	3176	−4.18
山　西	1737	−4.69
内蒙古	2543	5.22
辽　宁	1985	−2.64
吉　林	652	−2.37
黑龙江	869	1.11
上　海	1406	2.67
江　苏	5115	2.04
浙　江	3554	1.35
安　徽	1640	3.45
福　建	1852	−0.21
江　西	1087	6.75
山　东	5117	2.77
河　南	2880	−1.37
湖　北	1665	0.52
湖　南	1448	1.17
广　东	5311	1.44
广　西	1334	2.01
海　南	272	8.13
重　庆	875	0.94
四　川	1992	−1.11
贵　州	1174	0.04
云　南	1439	−5.94
西　藏	41	19.27
陕　西	1222	−0.35
甘　肃	1099	0.30
青　海	658	−9.02
宁　夏	878	3.48
新　疆	2160	13.69

全国分行业用电量

指 标 名 称	用户个数（个）	用户用电装接容量（kW）	用电量（万 kWh）		
			2015 年	2014 年	同比增长（%）
全社会用电总计	**518 659 958**	**5 756 195 833**	**569 329 864**	**563 926 497**	**0.96**
1. 全行业用电合计	56 345 285	3 312 502 793	496 477 773	494 548 845	0.39
第一产业	9 474 469	145 299 365	10 398 273	10 140 146	2.55
第二产业	13 170 248	2 054 402 014	414 416 634	417 697 220	−0.79
第三产业	33 700 568	1 112 801 415	71 662 869	66 711 485	7.42
2. 城乡居民生活用电合计	462 314 673	2 443 693 041	72 852 085	69 377 653	5.01
城镇居民	186 313 874	1 179 500 634	41 039 425	39 342 306	4.31
乡村居民	276 000 799	1 264 192 407	31 812 665	30 035 354	5.92
全行业用电分类	**56 345 285**	**3 312 502 795**	**496 477 783**	**494 548 850**	**0.39**
一、农、林、牧、渔业	**9 474 469**	**145 299 365**	**10 398 275**	**10 140 147**	**2.55**
1. 农业	3 563 322	50 348 697	3 135 314	2 970 192	5.56
2. 林业	86 753	2 672 585	155 873	155 662	0.14
3. 畜牧业	1 011 938	14 679 948	1 133 100	1 000 760	13.22
4. 渔业	507 481	8 997 257	1 158 080	1 089 967	6.25
5. 农、林、牧、渔服务业	4 304 975	68 600 881	4 815 911	4 923 503	−2.19
其中：排灌	3 228 970	53 675 982	3 862 964	3 896 021	−0.85
二、工业	**11 744 273**	**1 913 971 739**	**407 429 919**	**410 479 271**	**−0.74**
轻工业	7 297 454	365 604 437	67 715 498	66 771 222	1.41
重工业	4 446 819	1 548 367 302	339 714 409	343 708 042	−1.16
（一）采矿业	438 331	140 315 343	23 519 415	25 683 205	−8.42
1. 煤炭开采和洗选业	88 400	56 037 842	8 837 857	9 396 696	−5.95
2. 石油和天然气开采业	27 057	19 559 354	4 592 572	4 332 660	6.00
3. 黑色金属矿采选业	36 903	17 000 385	3 448 192	4 688 141	−26.45
4. 有色金属矿采选业	60 707	15 169 876	3 252 623	3 518 191	−7.55
5. 非金属矿采选业	139 401	21 356 898	2 257 350	2 416 041	−6.57
6. 其他采矿业	85 863	11 190 986	1 130 818	1 331 484	−15.07
（二）制造业	10 807 531	1 301 920 503	305 298 386	307 050 292	−0.57
1. 食品、饮料和烟草制造业	3 951 098	92 663 843	10 189 993	9 982 733	2.08
其中：农副食品加工业	3 011 189	54 260 726	5 138 756	4 902 490	4.82
2. 纺织业	694 109	54 064 604	15 616 337	15 239 109	2.48
3. 服装鞋帽、皮革羽绒及其制品业	495 156	26 074 570	3 966 639	3 961 111	0.14
4. 木材加工及制品和家具制品业	757 187	30 992 223	3 994 960	4 083 116	−2.16

续表

指 标 名 称	用户个数（个）	用户用电装接容量（kW）	用电量（万kWh）		
			2015年	2014年	同比增长（%）
其中：轻工业	254 287	11 166 627	1 419 040	1 425 789	−0.47
5. 造纸及纸制品业	111 980	22 361 004	6 349 191	6 324 022	0.40
6. 印刷业和记录媒介的复制	91 144	7 414 304	1 119 768	1 113 695	0.55
7. 文体用品制造业	50 112	4 148 805	731 069	729 383	0.23
8. 石油加工、炼焦及核燃料加工业	18 168	36 537 477	7 319 607	6 746 310	8.50
9. 化学原料及化学制品制造业	171 529	137 708 400	43 549 640	42 812 695	1.72
其中：轻工业	56 595	6 922 943	1 199 857	1 263 382	−5.03
其中：氯碱	3163	12 647 626	4 944 502	5 250 119	−5.82
电石	673	14 844 305	8 699 796	8 733 329	−0.38
黄磷	480	4 546 845	1 250 430	1 164 712	7.36
其中：肥料制造	13 358	29 805 474	9 566 500	9 286 679	3.01
10. 医药制造业	64 617	18 535 560	3 151 870	3 020 493	4.35
11. 化学纤维制造业	21 493	11 104 384	3 620 459	3 516 757	2.95
12. 橡胶和塑料制品业	507 798	59 810 858	11 746 935	11 710 310	0.31
其中：轻工业	248 008	23 106 189	4 945 754	4 824 418	2.52
13. 非金属矿物制品业	690 128	141 637 081	31 054 236	33 255 745	−6.62
其中：轻工业	65 653	8 724 936	2 170 845	2 225 809	−2.47
其中：水泥制造	96 137	53 762 844	14 663 236	15 928 002	−7.94
14. 黑色金属冶炼及压延加工业	41 550	162 110 948	50 566 103	55 775 446	−9.34
其中：铁合金冶炼	6600	28 987 160	11 462 691	12 697 565	−9.73
15. 有色金属冶炼及压延加工业	124 615	133 388 284	53 784 052	50 557 960	6.38
其中：铝冶炼	2332	84 907 709	33 474 458	30 986 195	8.03
16. 金属制品业	1 096 262	100 986 584	16 413 005	17 086 905	−3.94
其中：轻工业	130 417	9 348 280	1 837 321	2 026 577	−9.34
17. 通用及专用设备制造业	636 018	83 123 393	11 962 986	12 232 743	−2.21
其中：轻工业	14 231	1 533 651	240 249	267 042	−10.03
18. 交通运输、电气、电子设备制造业	356 585	137 051 233	24 935 742	23 797 104	4.78
其中：轻工业	84 385	18 756 803	4 476 180	4 447 134	0.65
其中：交通运输设备制造业	88 803	42 449 829	6 463 512	6 294 028	2.69
19. 工艺品及其他制造业	812 283	36 297 456	4 558 855	4 408 269	3.42
20. 废弃资源和废旧材料回收加工业	115 699	5 909 501	666 925	696 409	−4.23
（三）电力、燃气及水的生产和供应业	498 411	471 735 896	78 612 113	77 745 752	1.11
1. 电力、热力的生产和供应业	210 626	425 763 998	73 015 765	72 477 771	0.74
其中：电厂生产全部耗用电量	33 027	130 733 617	38 611 175	37 498 558	2.97
线路损失电量	50 506	81 046 980	29 878 592	30 998 195	−3.61

续表

指标名称	用户个数（个）	用户月电装接容量（kW）	用电量（万kWh）		
			2015年	2014年	同比增长（%）
抽水蓄能抽水耗用电量	9037	8 265 744	1 761 446	1 337 651	31.68
2. 燃气生产和供应业	55 293	16 523 249	1 483 736	1 387 963	6.90
3. 水的生产和供应业	232 492	29 448 650	4 112 615	3 880 018	5.99
其中：轻工业	151 886	13 380 492	2 145 536	2 076 647	3.32
三、建筑业	**1 425 975**	**140 430 275**	**6 986 731**	**7 217 953**	**−3.20**
四、交通运输、仓储和邮政业	**592 568**	**184 542 080**	**11 256 102**	**10 594 762**	**6.24**
1. 交通运输业	207 418	160 416 173	9 720 479	9 260 201	4.97
其中：城市公共交通	30 870	13 922 410	971 107	863 366	12.48
其中：管道运输业	5546	12 825 222	453 931	492 058	−7.75
其中：电气化铁路	50 992	85 935 897	5 059 716	4 776 527	5.93
2. 仓储业	334 059	22 110 006	1 185 471	1 077 168	10.05
3. 邮政业	51 091	2 015 899	250 158	257 390	−2.81
五、信息传输、计算机服务和软件业	**3 068 843**	**42 454 575**	**4 835 292**	**4 217 216**	**14.66**
1. 电信和其他信息传输服务业	2 980 231	35 338 479	4 244 799	3 703 796	14.61
2. 计算机服务和软件业	88 612	7 116 097	590 488	513 416	15.01
六、商业、住宿和餐饮业	**17 536 975**	**296 941 129**	**21 220 448**	**19 959 984**	**6.31**
1. 批发和零售业	15 332 043	225 631 073	15 070 437	14 011 191	7.56
2. 住宿和餐饮业	2 204 932	71 310 054	6 150 009	5 948 793	3.38
七、金融、房地产、商务及居民服务业	**6 239 945**	**298 716 802**	**15 428 406**	**14 356 834**	**7.46**
1. 金融业	294 530	15 739 281	1 458 636	1 372 551	6.27
2. 房地产业	2 443 584	180 062 727	7 800 078	7 249 777	7.59
3. 租赁和商务服务业、居民服务和其他服务业	3 501 831	102 914 792	6 169 685	5 734 503	7.59
八、公共事业及管理组织	**6 262 237**	**290 146 835**	**18 922 626**	**17 582 680**	**7.62**
1. 科学研究、技术服务和地质勘查业	109 556	26 417 294	1 239 406	1 167 857	6.13
其中：地质勘查业	7620	758 224	56 777	58 316	−2.64
2. 水利、环境和公共设施管理业	2 869 335	71 059 698	4 149 428	3 853 889	7.67
其中：水利管理业	130 656	13 551 843	657 090	644 632	1.93
其中：公共照明业	1 528 802	33 721 086	2 213 786	2 035 613	8.75
3. 教育、文化、体育和娱乐业	1 000 424	81 579 857	5 800 028	5 350 855	8.39
其中：教育	598 674	55 771 585	4 343 595	3 898 751	11.41
4. 卫生、社会保障和社会福利业	537 318	37 172 646	3 315 799	3 034 040	9.29
5. 公共管理和社会组织、国际组织	1 745 604	73 917 342	4 417 964	4 176 035	5.79

分地区全社会用电量分类

地区	全社会用电量总计	1. 行业用电量合计	第一产业	第二产业	第三产业	2. 城乡居民生活用电量合计	其中：城镇居民	其中：乡村居民	各行业用电分类	一、农、林、牧、渔业	1. 农业	2. 林业	3. 畜牧业	4. 渔业
全国	**569 329 864**	**496 477 773**	**10 398 273**	**414 416 633**	**71 662 870**	**72 852 085**	**41 039 425**	**31 812 665**	**496 477 783**	**10 398 275**	**3 135 314**	**155 873**	**1 133 100**	**1 158 080**
北京	9 527 169	7 779 583	185 031	3 238 220	4 356 332	1 747 586	1 496 078	251 508	7 779 582	185 030	62 990	4417	28 099	5408
天津	8 006 009	7 133 077	153 364	5 647 432	1 332 279	872 934	671 074	201 860	7 133 086	153 367	78 336	2820	15 446	26 290
河北	31 756 587	28 039 419	985 117	23 324 939	3 729 363	3 717 168	1 462 808	2 254 360	28 039 419	985 117	318 799	5792	96 956	39 218
山西	17 372 078	15 773 339	409 692	13 733 279	1 630 367	1 598 739	999 331	599 409	15 773 339	409 692	100 308	3647	28 961	812
内蒙古	25 428 724	24 147 261	413 591	22 554 847	1 178 823	1 281 463	911 622	369 841	24 147 261	413 591	88 216	7030	20 248	1813
辽宁	19 848 946	17 546 912	324 419	14 521 765	2 700 728	2 302 034	1 512 664	789 370	17 546 912	324 419	89 842	2201	68 690	79 684
吉林	6 519 580	5 450 922	122 630	4 197 410	1 130 882	1 068 658	688 664	379 994	5 450 922	122 630	32 521	6925	38 351	2185
黑龙江	8 689 722	7 013 517	407 553	5 478 877	1 127 087	1 676 205	1 015 006	661 200	7 013 517	407 553	197 312	23 350	32 366	5265
上海	14 055 464	12 200 571	73 502	8 003 660	4 123 409	1 854 893	1 827 157	27 736	12 200 571	73 502	30 665	7025	10 724	9038
江苏	51 147 024	45 855 059	525 128	39 525 719	5 804 212	5 291 965	2 574 604	2 717 361	45 855 059	525 128	85 957	4924	88 100	121 218
浙江	35 538 966	31 100 198	238 055	26 381 141	4 481 002	4 438 768	2 375 494	2 063 274	31 100 198	238 055	78 897	3816	37 868	46 254
安徽	16 397 885	13 886 117	168 495	11 579 901	2 137 721	2 511 768	1 082 698	1 429 071	13 886 117	168 495	72 497	1636	37 208	3972
福建	18 518 590	15 068 976	256 107	12 466 241	2 346 628	3 449 614	1 706 419	1 743 196	15 068 975	256 107	55 159	4776	41 690	127 835
江西	10 872 598	9 028 480	105 057	7 477 128	1 446 295	1 844 117	983 273	860 842	9 028 481	105 057	26 756	2273	22 968	3191
山东	51 170 465	46 137 272	973 124	40 935 089	4 229 066	5 033 189	2 243 408	2 789 784	46 137 272	973 124	269 828	6492	170 196	129 924
河南	28 796 157	25 105 518	544 012	21 793 704	2 767 803	3 690 639	1 656 209	2 034 430	25 105 518	544 012	193 777	6417	59 456	9139
湖北	16 651 571	13 861 941	221 463	11 198 497	2 441 979	2 789 629	1 842 599	947 029	13 861 941	221 463	68 949	1214	35 502	13 572
湖南	14 476 266	11 190 695	170 698	8 865 510	2 154 487	3 285 571	1 584 080	1 701 491	11 190 695	170 698	78 353	3575	22 160	4728
广东	53 106 919	44 647 339	901 380	34 977 617	8 768 342	8 459 581	5 042 804	3 416 777	44 647 339	901 380	247 017	14 834	98 804	404 839
广西	13 343 203	10 833 035	266 053	9 094 160	1 472 822	2 510 168	1 363 335	1 146 833	10 833 035	266 053	99 741	8646	58 523	26 805

续表

地区	全社会用电量总计	1. 行业用电量合计	第一产业	第二产业	第三产业	2. 城乡居民生活用电量合计	其中：城镇居民	其中：乡村居民	各行业用电分类	一、农、林、牧、渔业	1. 农业	2. 林业	3. 蓄牧业	4. 渔业
海南	2 723 561	2 226 563	127 749	1 377 857	720 958	496 997	242 074	254 923	2 226 563	127 749	23 433	1773	5518	73 443
重庆	8 753 737	7 370 098	24 223	5 854 534	1 491 341	1 383 640	832 533	551 107	7 370 098	24 223	8857	962	9555	3023
四川	19 924 010	16 515 991	123 957	13 608 463	2 783 571	3 408 019	2 003 174	1 404 845	16 515 991	123 957	42 128	3094	21 586	6191
贵州	11 742 067	9 766 630	52 394	8 702 651	1 011 586	1 975 437	1 266 222	709 215	9 766 630	52 394	26 458	1056	4807	372
云南	14 386 072	12 211 962	141 873	10 648 594	1 421 495	2 174 110	1 210 667	963 443	12 211 962	141 873	60 094	6004	16 191	2906
西藏	405 334	330 107	1523	202 940	125 644	75 227	56 605	18 622	330 107	1523	286	118	76	
陕西	12 217 292	10 339 253	374 959	7 972 973	1 991 321	1 878 038	1 150 568	727 470	10 339 255	374 959	100 657	3878	10 185	1505
甘肃	10 987 197	10 221 090	443 787	8 732 694	1 044 609	766 107	423 558	342 550	10 221 090	443 787	66 254	2204	10 238	284
青海	6 579 958	6 350 787	24 256	6 056 653	269 879	229 170	160 102	69 067	6 350 787	24 256	3031	1390	2081	117
宁夏	8 783 285	8 544 485	164 086	8 033 543	346 856	238 800	146 736	92 065	8 544 485	164 086	11 044	6409	15 001	2587
新疆	21 603 427	20 801 576	1 474 997	18 230 595	1 095 984	801 851	507 859	293 992	20 801 576	1 474 997	517 152	7176	25 546	6463

地区	5. 农、林、牧、渔服务业	其中：排灌	一、工业	1. 轻工业	2. 重工业	（一）采矿业	1. 煤炭开采和洗选业	2. 石油及天然气开采业	3. 黑色金属矿采选业	4. 有色金属矿采选业	5. 非金属矿采选业	6. 其他采矿业	（二）制造业	1. 食品、饮料和烟草制造业（轻）
全国	**4 815 911**	**3 862 964**	**407 429 918**	**67 715 498**	**339 714 408**	**23 519 415**	**8 837 857**	**4 592 572**	**3 448 192**	**3 252 623**	**2 257 350**	**1 130 818**	**305 298 385**	**10 189 993**
北京	84 116	73 065	3 030 638	558 469	2 472 169	51 215	18 416	5148	23 277	68	3502	804	1 830 941	153 711
天津	30 475	7734	5 522 952	863 014	4 659 934	161 010	400	144 352	1945	556	13 203	554	4 303 822	131 701
河北	524 350	496 359	23 001 708	2 655 678	20 346 032	1 795 979	423 883	219 497	921 832	87 348	83 470	59 951	16 990 617	493 856
山西	275 965	260 797	13 564 889	486 711	13 078 178	2 872 732	2 359 723	43 013	291 863	87 946	29 155	61 033	7 180 987	110 851
内蒙古	296 284	248 846	22 455 628	891 753	21 563 875	1 441 032	786 803	84 618	136 835	302 320	68 039	62 416	16 446 425	300 930
辽宁	84 002	71 503	14 248 947	1 209 293	13 039 654	1 288 942	251 564	306 155	545 864	90 765	87 171	7423	9 780 273	392 383
吉林	42 648	37 009	4 099 294	523 112	3 576 182	435 692	96 454	202 582	41 352	71 421	20 286	3597	2 192 113	215 487
黑龙江	149 260	83 870	5 356 851	642 606	4 714 244	1 891 202	417 934	1 359 668	5122	84 161	16 060	8257	1 920 798	291 112
上海	16 050	4309	7 870 247	1 487 402	6 382 845	3589	65	1268		181	936	1139	6 426 914	166 084
江苏	224 929	125 315	39 036 127	9 851 700	29 184 427	259 290	95 716	50 701	34 315	14 760	54 693	9105	33 310 164	687 062

续表

地区	5. 农、林、牧、渔服务业	其中：排灌	二、工业	1. 轻工业	2. 重工业	（一）采矿业	1. 煤炭开采和洗选业	2. 石油及天然气开采业	3. 黑色金属矿采选业	4. 有色金属矿采选业	5. 非金属矿采选业	6. 其他采矿业	（二）制造业	1. 食品、饮料和烟草制造业（轻）
浙　江	71 220	46 924	25 843 018	10 503 525	15 339 493	157 798	3007	3215	7973	11 799	108 676	23 129	21 775 351	463 947
安　徽	53 182	46 290	11 327 853	1 714 369	9 613 484	1 035 902	578 201	3404	206 347	101 494	109 489	36 967	7 925 365	325 712
福　建	26 647	5762	12 207 788	3 944 003	8 263 784	266 489	48 523	46	20 900	98 156	68 307	30 556	9 519 150	545 424
江　西	49 869	37 432	7 299 269	1 474 837	5 824 431	542 435	80 695	339	37 537	296 603	69 269	57 991	4 476 346	181 732
山　东	396 688	364 127	40 547 503	6 182 045	34 365 455	2 190 080	660 687	782 352	172 007	291 392	242 836	40 805	32 428 431	1 293 560
河　南	275 222	172 360	21 547 940	2 892 026	18 655 915	1 361 428	655 934	183 553	58 738	292 365	98 128	72 710	15 632 494	819 001
湖　北	102 228	42 461	10 939 686	1 446 143	9 493 541	432 795	21 617	37 089	82 781	62 491	148 058	80 759	7 459 104	294 051
湖　南	61 882	52 710	8 669 638	1 243 630	7 426 008	706 765	226 395		66 319	186 461	148 801	78 790	5 954 305	353 831
广　东	135 886	51 188	34 374 551	12 098 825	22 275 726	467 569	15 319	161 843	41 140	56 476	138 986	53 804	27 606 570	904 716
广　西	72 338	33 598	8 926 300	1 129 700	7 796 600	246 017	23 668	720	13 164	99 739	74 500	34 226	7 256 788	507 437
海　南	23 583	8772	1 286 974	327 113	959 861	66 689	791	4433	19 590	16 161	17 057	8657	803 821	53 148
重　庆	1825	1809	5 633 833	723 331	4 910 502	238 360	147 980	20 075	18 941	1778	41 790	7796	4 322 201	101 640
四　川	50 958	34 215	13 214 668	1 493 361	11 721 307	938 456	180 850	89 828	302 988	121 348	139 662	103 781	9 557 799	361 679
贵　州	19 702	13 479	8 511 516	766 608	7 744 908	758 236	478 434	4895	12 790	39 260	118 047	104 810	5 972 930	227 314
云　南	56 678	32 914	10 375 399	617 124	9 758 275	805 233	177 419	1162	108 782	383 626	97 956	36 287	7 867 872	266 335
西　藏	1043	712	191 312	11 396	179 916	26 623		455	4847	19 170	1252	895	63 626	4965
陕　西	258 732	192 607	7 705 288	462 485	7 242 803	1 259 339	599 783	456 348	29 844	120 571	25 544	27 250	4 109 819	129 186
甘　肃	364 808	347 898	8 602 209	222 689	8 379 520	480 656	100 625	158 499	60 867	63 829	52 537	44 300	6 708 660	93 135
青　海	17 636	12 107	5 995 169	54 819	5 940 347	258 267	12 494	43 849	12 147	51 876	127 522	10 377	5 290 065	22 329
宁　夏	129 045	121 089	7 968 932	251 203	7 717 729	240 821	179 525	45 168	862	4673	10 118	474	6 447 609	90 926
新　疆	918 660	835 703	18 073 792	986 529	17 087 263	838 774	194 952	178 296	167 223	193 829	42 299	62 175	13 737 025	206 747

续表

地区	其中：农副食品加工业	2. 纺织业（轻）	3. 服装鞋帽、皮革羽绒及其制品业（轻）	4. 木材加工及制品和家具制造业	其中：轻工业	5. 造纸及纸制品业（轻）	6. 印刷业和记录媒介的复制（轻）	7. 文体用品制造业（轻）	8. 石油加工、炼焦及核燃料加工业	9. 化学原料及化学制品制造业	其中：轻工业	其中：氯碱	电石	黄磷
全　国	5 138 756	15 616 337	3 966 639	3 994 960	1 419 040	6 349 191	1 119 768	731 069	7 319 607	43 549 641	1 199 857	4 944 502	8 699 796	1 250 430
北　京	57 532	13 506	26 323	49 066	33 538	21 879	51 861	4095	239 993	48 179	9649			
天　津	49 148	65 262	24 127	39 507	19 239	173 957	12 099	10 963	55 933	743 607	29 204	61	7	
河　北	251 087	525 723	122 825	286 653	63 853	305 587	40 447	14 610	397 022	1 687 779	55 799	247 085	760	
山　西	52 904	32 444	3964	14 053	3252	24 131	5566	1498	443 092	1 511 069	2349	74 304	111 290	
内蒙古	141 089	12 637	9648	38 335	6911	13 171	7491	4936	166 959	6 169 555	68 276	427 662	4 503 672	48
辽　宁	254 978	83 687	36 425	77 942	32 668	116 683	12 925	2940	811 561	716 361	12 799	172 447	21 542	
吉　林	105 961	28 146	4401	49 241	9777	47 031	5394	799	71 288	318 283	5066	25 423	2751	
黑龙江	129 121	20 562	6331	46 224	10 690	46 052	6362	1341	184 337	256 462	2318	50 460		
上　海	41 005	110 580	78 001	61 821	56 295	67 675	43 814	20 081	308 410	868 239	77 667	173 902		
江　苏	388 028	4 346 371	452 917	332 531	108 326	490 475	115 990	70 958	302 939	4 304 078	159 156	362 004		
浙　江	182 279	1 166 126	818 895	298 329	169 138	941 931	170 189	150 271	191 339	1 888 792	117 505	378 095		7437
安　徽	187 693	228 160	54 214	146 578	39 326	191 800	22 957	7933	83 617	1 345 218	28 516	85 376	14 289	1
福　建	249 819	982 913	618 242	202 492	93 272	353 121	42 893	46 502	121 823	754 857	43 156	84 018		
江　西	111 038	173 620	64 468	121 799	48 189	92 198	14 533	12 513	45 434	300 253	19 626	116 357	27	89
山　东	834 551	1 835 340	157 442	409 043	109 857	977 309	58 667	33 003	859 455	4 604 083	88 836	341 635	1249	293
河　南	350 451	629 380	93 580	241 395	94 294	337 810	36 473	9276	197 261	2 513 764	62 753	406 858	135 256	3013
湖　北	156 604	428 490	52 043	106 040	20 207	138 176	21 324	2664	185 494	1 744 101	8144	270 109	27 217	87 987
湖　南	228 035	107 001	41 162	48 479	12 671	282 622	27 956	5338	116 314	718 212	52 382	136 276	29 499	92
广　东	422 276	1 211 192	1 179 386	779 230	314 757	692 944	309 579	315 960	535 650	817 619	163 854	83 104	5413	1819
广　西	354 957	35 142	25 090	195 527	30 285	192 164	11 950	1332	213 527	595 920	35 969	110 606	18 924	796
海　南	27 731	4399	721	20 257	8789	220 733	1221	60	132 423	34 284	97			
重　庆	44 437	40 373	15 141	31 440	21 899	171 013	13 831	731	3254	513 385	38 224	134 971	310	802

续表

地　区	其中：农副食品加工业	2. 纺织业（轻）	3. 服装鞋帽、皮革羽绒及其制品业（轻）	4. 木材加工及制品和家具制造业	其中：轻工业	5. 造纸及纸制品业（轻）	6. 印刷业和记录媒介的复制（轻）	7. 文体用品制造业（轻）	8. 石油加工、炼焦及核燃料加工业	9. 化学原料及化学制品制造业	其中：轻工业	其中：氯碱	电石	黄磷
四　川	64 485	164 380	51 646	165 978	24 782	236 156	27 695	2527	256 230	1 643 053	13 241	199 283	203 730	110 438
贵　州	80 388	14 802	8448	66 481	14 099	30 585	18 640	2436	25 070	1 218 504	26 508	14 133	6922	366 351
云　南	105 121	8702	4104	69 362	26 513	60 744	16 496	4982	68 092	1 367 754	12 061	30 412	84 391	664 427
西　藏	2386	281	77	648	322	237	61		11	653	113			
陕　西	65 044	96 649	4160	20 346	3679	43 884	10 931	1729	423 711	1 025 194	7637	32 841	378 222	20
甘　肃	54 299	12 247	2146	12 519	3785	15 609	2394	275	149 004	513 425	2785	23 538	204 885	5199
青　海	11 668	3227	284	1161	388	41	630	7	27 598	537 249	87	119 414	191 309	1617
宁　夏	17 426	19 960	914	2379	1907	20 784	1982	32	80 031	1 828 379	4173	7573	1 036 266	
新　疆	117 216	216 035	9514	60 103	36 331	42 689	7416	1276	622 735	2 961 329	51 906	836 555	1 721 864	

地　区	其中：肥料制造	10. 医药制造业（轻）	11. 化学纤维制造业（轻）	12. 橡胶和塑料制品业	其中：轻工业	13. 非金属矿物制品业	其中：轻工业	其中：水泥制造	14. 黑色金属冶炼及压延加工业	其中：铁合金冶炼	15. 有色金属冶炼及压延加工业	其中：铝冶炼	16. 金属制品业	其中：轻工业
全　国	**9 566 500**	**3 151 870**	**3 620 459**	**11 746 935**	**4 945 754**	**31 054 236**	**2 170 845**	**14 663 236**	**50 566 101**	**11 462 691**	**53 784 052**	**33 474 458**	**16 413 004**	**1 837 321**
北　京	1695	61 908	2907	57 683	28 987	178 807	2290	48 435	52 946		14 901		102 309	5562
天　津	866	72 226	93 861	168 487	52 286	145 061	3406	29 287	932 427	2357	203 138	513	482 276	11 202
河　北	633 416	243 909	78 675	586 842	226 768	1 637 984	181 926	565 253	7 305 178	77 416	285 904	14 408	1 714 732	29 067
山　西	919 140	111 355	39 259	67 914	5182	627 135	11 890	343 686	2 360 362	454 888	1 202 632	668 141	184 579	5379
内蒙古	84 588	207 873	145 715	70 319	18 844	551 414	32 496	206 327	3 466 923	2 431 684	5 026 089	4 575 485	80 190	2169
辽　宁	65 532	58 789	34 874	244 870	63 886	1 323 027	82 839	312 491	3 354 989	185 320	1 106 970	663 972	268 359	17 544
吉　林	64 889	63 193	39 087	49 514	7562	329 552	522	160 412	455 272	77 966	67 763	122	47 085	868
黑龙江	41 621	50 069	853	38 541	11 856	304 028	1916	117 984	227 555	1014	77 418	10	42 748	672
上　海	748	91 732	106 698	361 846	167 696	140 734	6312	24 354	1 492 492	511	61 537		433 630	66 317
江　苏	593 366	322 388	824 550	1 627 169	659 590	1 884 687	85 700	785 550	4 882 062	395 632	644 812		2 765 895	247 594
浙　江	111 123	332 625	995 434	1 927 466	768 507	1 461 583	62 667	667 728	694 214	19 103	558 018	348	2 111 019	208 235

续表

地 区	其中：肥料制造	10. 医药制造业（轻）	11. 化学纤维制造业（轻）	12. 橡胶和塑料制品业	其中：轻工业	13. 非金属矿物制品业	其中：轻工业	其中：水泥制造	14. 黑色金属冶炼及压延加工业	其中：铁合金冶炼	15. 有色金属冶炼及压延加工业	其中：铝冶炼	16. 金属制品业	其中：轻工业
安 徽	616 369	69 259	114 548	275 046	86 430	1 688 240	37 078	952 069	1 480 238	52 325	352 330		389 581	4115
福 建	138 705	45 340	301 600	462 687	173 577	1 349 484	97 834	453 167	1 151 504	462 427	730 575	215 372	513 508	40 715
江 西	46 823	77 909	62 481	110 630	53 272	1 363 850	327 636	503 375	716 171	27 151	407 190	31 612	136 849	11 646
山 东	1 377 794	335 087	195 605	1 157 788	274 477	2 536 231	263 461	1 534 996	3 161 194	276 053	10 942 581	1 407 971	1 406 388	75 450
河 南	1 121 435	176 725	99 889	391 871	63 768	1 828 054	86 748	533 326	1 447 265	286 692	4 866 548	4 049 458	596 506	41 065
湖 北	837 822	109 004	29 906	168 885	15 527	1 139 862	48 700	578 827	1 273 293	63 994	389 408	9830	287 863	15 467
湖 南	183 544	45 401	5720	66 647	23 919	1 141 121	107 781	624 033	1 191 092	221 306	936 877	391 882	218 063	16 151
广 东	27 314	252 513	187 696	3 119 288	2 034 472	3 107 460	333 371	1 121 751	1 446 451	285 518	846 747	180 856	3 382 626	842 460
广 西	242 261	32 848	7029	84 218	12 241	1 112 563	42 064	791 013	2 254 940	821 009	1 364 412	967 634	99 574	3940
海 南	31 648	19 743	872	19 628	3396	197 380	2853	160 737	22 363	4	2143	13	12 589	400
重 庆	108 862	32 143	28 621	115 366	31 390	799 245	16 447	445 730	510 661	58 979	868 869	574 861	212 944	4751
四 川	207 250	70 794	74 573	193 169	28 882	1 568 812	73 247	632 034	2 227 086	384 216	1 283 691	647 605	332 231	67 116
贵 州	695 354	46 865	48 571	78 446	17 812	1 149 766	101 017	909 824	1 142 897	577 140	1 322 656	1 004 769	241 350	44 463
云 南	489 642	36 960	2283	85 436	30 241	1 036 430	58 942	737 618	1 772 407	159 542	2 809 831	2 112 931	94 610	6267
西 藏	4	404	62	224	40	53 019		43 573	1983	7	90		129	20
陕 西	181 009	27 270	10 789	48 123	4234	477 729	32 369	353 190	624 341	306 270	447 361	28 293	101 708	6606
甘 肃	122 710	23 803	7706	34 208	6254	643 088	18 697	314 692	1 009 262	609 990	4 060 708	3 331 211	45 828	401
青 海	122 983	3783	1258	4771	1228	282 990	170	125 646	1 248 520	1 134 202	3 125 153	2 996 642	6177	201
宁 夏	137 576	66 970	446	19 733	4249	500 572	3454	145 371	2 036 057	1 943 562	1 724 779	1 686 912	20 343	62
新 疆	360 411	62 982	78 891	110 121	69 182	494 327	47 012	440 757	623 962	146 412	8 052 920	7 913 605	81 315	61 416

续表

地区	17. 通用及专用设备制造业	其中：轻工业	18. 交通运输、电气、电子设备制造业	其中：轻工业	其中：交通运输设备制造业	19. 工艺品及其他制造业（轻）	20. 废气资源和废旧材料回收加工业	（三）电力、燃气及水的生产和供应业	1. 电力、热力的生产和供应业	其中：电厂生产全部耗用电量	线路损失电量	抽水蓄能抽水耗用电量	2. 燃气生产和供应业	3. 水的生产和供应业
全国	**11 962 986**	**240 249**	**24 935 742**	**4 476 180**	**6 463 512**	**4 558 855**	**666 927**	**78 612 113**	**73 015 765**	**38 611 175**	**29 878 592**	**1 761 446**	**1 483 737**	**4 112 614**
北京	182 100	4883	529 972	16 107	216 964	34 836	3959	1 148 482	994 698	285 903	612 944	23 308	5488	148 296
天津	222 671	2786	671 361	83 075	319 923	49 021	6137	1 058 121	972 516	418 366	481 778		13 520	72 085
河北	555 426	4361	567 854	80 515	171 104	110 675	28 938	4 215 112	3 967 299	1 801 211	1 944 757	57 766	81 894	165 924
山西	241 206	195	124 046	7788	43 968	64 730	11 101	3 511 169	3 187 532	2 097 945	931 190	89 720	184 986	138 651
内蒙古	51 043	1173	97 148	27 194	7596	21 853	4197	4 568 171	4 404 186	3 322 233	861 450	44 502	76 407	87 578
辽宁	582 438	3221	487 704	37 180	285 031	57 025	10 321	3 179 732	2 892 215	1 456 693	975 828	197 504	48 806	238 711
吉林	64 953	201	320 930	3234	288 665	11 441	3249	1 471 489	1 344 324	797 990	277 536	50 280	16 664	110 501
黑龙江	85 191	315	79 819	7151	55 448	153 923	1868	1 544 851	1 443 076	820 669	516 516		44 943	56 832
上海	606 306	7046	1 078 784	28 666	392 666	325 098	3352	1 439 744	1 315 796	559 761	754 868	88	25 038	98 910
江苏	2 785 981	46 501	5 989 780	624 660	1 043 916	402 466	77 053	5 466 673	4 997 339	2 676 288	1 950 160	140 122	70 883	398 451
浙江	1 770 758	23 131	2 355 776	541 197	592 239	443 055	36 585	3 909 869	3 590 599	1 842 218	1 365 652	355 517	22 634	296 637
安徽	209 835	10 701	821 169	319 971	200 884	101 645	17 280	2 366 585	2 229 518	1 154 401	1 008 233	17 086	22 552	114 515
福建	246 365	1945	647 112	130 649	120 547	353 281	49 428	2 422 148	2 282 017	1 260 051	829 345	139 695	18 799	121 332
江西	60 162	2929	327 603	96 915	85 111	186 194	20 760	2 280 490	2 184 207	1 451 072	651 948	168	12 653	83 631
山东	1 153 076	11 176	1 033 648	126 808	433 854	216 464	62 464	5 928 991	5 574 719	3 647 274	1 720 747	86 990	64 949	289 323
河南	558 096	3742	529 173	50 303	136 651	227 901	32 526	4 554 018	4 325 934	1 964 990	2 085 155	130 563	96 271	131 813
湖北	288 341	3682	672 310	72 967	324 963	102 804	25 042	3 047 783	2 858 944	1 822 831	948 581	70 996	49 631	139 208
湖南	162 265	2300	410 004	19 033	138 052	62 182	14 018	2 008 567	1 881 345	711 798	1 074 185	73 879	16 521	110 701
广东	1 199 953	54 579	6 162 891	1 912 318	1 035 295	1 028 919	125 751	6 300 411	5 681 568	2 654 008	2 359 145	281 597	90 987	527 857
广西	118 114	5564	235 451	4590	105 479	152 573	16 978	1 423 495	1 334 381	485 315	814 065		6935	82 179
海南	27 223	41	19 493	34	16 047	7615	7526	416 464	385 975	216 584	163 647		5821	24 669
重庆	245 462	467	580 796	90 370	316 524	30 771	6519	1 073 273	909 761	404 923	492 875	2	40 453	123 059

续表

地区	17. 通用及专用设备制造业	其中：轻工业	18. 交通运输、电气、电子设备制造业	其中：轻工业	其中：交通运输设备制造业	19. 工艺品及其他制造业（轻）	20. 废气资源和废旧材料回收加工业	（三）电力、燃气及水的生产和供应业	1. 电力、热力的生产和供应业	其中：电厂生产全部耗用电量	线路损失电量	抽水蓄能抽水耗用电量	2. 燃气生产和供应业	3. 水的生产和供应业
四 川	177 211	8264	557 490	131 445	47 148	144 952	18 445	2 718 413	2 526 246	713 576	1 743 624	24	61 696	130 471
贵 州	83 335	19 732	81 500	6917	37 154	133 498	31 763	1 780 349	1 703 517	988 332	715 185		11 960	64 872
云 南	43 333	1375	55 423	13 108	20 906	46 158	18 430	1 702 294	1 633 599	443 374	1 190 225		15 292	53 402
西 藏	95		255		66	374	58	101 063	95 587	6181	55 249		170	5303
陕 西	151 436	1581	409 389	24 337	8935	49 885	5993	2 336 130	2 169 901	1 143 762	989 281	40	90 372	75 856
甘 肃	35 471	39	39 866	599	8058	5026	2938	1 412 894	1 269 403	704 061	525 592	1595	78 482	65 008
青 海	3052		11 444	5216	441	9237	1155	446 836	418 246	216 873	182 510		11 839	16 752
宁 夏	18 372	4	7519	332	4677	1791	5640	1 280 503	1 204 882	890 281	236 330	4	30 419	45 202
新 疆	33 717	18 315	30 031	13 501	5201	23 462	17 453	3 497 993	3 236 435	1 652 213	1 419 989		166 673	94 885

地区	其中：轻工业	三、建筑业	四、交通运输、仓储、邮政业	1. 交通运输业	其中：城市公共交通	管道运输业	电气化铁路	2. 仓储业	3. 邮政业	五、信息传输、计算机服务和软件业	1. 电信和其他信息传输服务业	2. 计算机服务和软件业	六、商业、住宿和餐饮业	1. 批发和零售业
全 国	**2 145 536**	**6 986 731**	**11 256 102**	**9 720 479**	**971 107**	**453 931**	**5 059 716**	**1 185 471**	**250 158**	**4 835 292**	**4 244 799**	**590 488**	**21 220 448**	**15 070 437**
北 京	86 426	207 583	466 072	406 461	172 868	3576	119 007	48 700	10 911	286 680	234 816	51 864	869 568	566 049
天 津	28 603	124 485	263 038	238 854	20 690	469	137 636	22 439	1745	53 975	46 994	6981	324 122	230 690
河 北	77 083	323 231	875 498	793 762	9213	27 779	476 815	72 306	9433	203 507	190 173	13 333	1 233 179	1 007 919
山 西	56 878	168 390	543 134	495 799	4514	44 266	267 381	42 650	4686	98 711	89 457	9254	350 370	243 740
内蒙古	10 434	99 219	230 178	184 245	7300	797	130 953	32 273	13 660	120 607	72 886	47 721	454 896	268 104
辽 宁	163 425	272 818	467 404	408 733	23 189	23 353	233 309	52 783	5888	190 549	170 922	19 627	894 120	669 863
吉 林	80 900	98 116	192 151	149 987	9393	24 602	3767	38 763	3402	114 141	102 066	12 075	348 784	261 856
黑龙江	31 083	122 026	131 437	92 591	11 490	20 081	22 348	32 775	6071	82 419	75 749	6670	340 523	253 951
上 海	67 640	133 413	421 222	355 861	190 552	1864	316	55 945	9416	191 762	144 099	47 663	782 902	650 681
江 苏	206 996	489 592	627 215	497 588	99 123	12 850	92 995	106 682	22 945	433 353	359 735	73 618	1 619 440	1 179 294

续表

地区	其中：轻工业	三、建筑业	四、交通运输、仓储、邮政业	1. 交通运输业	其中：城市公共交通	管道运输业	电气化铁路	2. 仓储业	3. 邮政业	五、信息传输、计算机服务和软件业	1. 电信和其他信息传输服务业	2. 计算机服务和软件业	六、商业、住宿和餐饮业	1. 批发和零售业
浙江	131 673	538 123	512 359	439 603	45 851	26 296	156 422	59 485	13 270	372 032	325 822	46 209	1 469 775	1 013 796
安徽	71 999	252 048	267 419	243 619	7105	15 471	164 304	17 870	5931	136 793	128 994	7801	670 081	508 045
福建	73 539	258 453	256 383	222 526	5261	83	89 645	21 074	12 783	189 239	169 389	19 850	827 644	591 970
江西	48 979	177 860	284 572	272 025	242	242	208 782	7991	4554	124 742	115 254	9486	458 717	297 167
山东	129 507	387 586	808 540	581 692	11 139	39 848	329 924	210 754	16 092	257 249	233 237	24 008	1 186 949	886 805
河南	59 320	245 764	556 352	493 844	19 019	1524	429 334	48 642	13 866	157 620	141 471	16 149	859 242	644 794
湖北	82 984	258 815	420 982	397 265	34 545	8240	162 975	18 548	5172	105 353	95 524	9830	858 810	613 817
湖南	78 180	195 872	425 262	405 583	10 902	1840	315 828	13 981	5698	129 198	120 708	8490	624 336	424 399
广东	360 110	603 067	824 238	692 497	148 861	11 347	256 064	107 395	24 346	585 773	517 437	68 337	2 927 534	1 995 016
广西	29 482	167 860	232 873	208 974	8436	12 417	105 595	15 539	8360	112 905	105 635	7270	431 209	247 423
海南	2991	90 884	41 892	32 654	3569	78	11 304	6559	2679	41 924	40 418	1507	223 151	83 340
重庆	85 517	220 701	178 625	160 264	14 978	12 713	75 288	14 949	3412	89 280	83 398	5882	479 327	353 848
四川	11 982	393 795	366 311	334 767	36 286	1955	98 629	22 749	8796	210 329	179 089	31 240	971 255	744 675
贵州	4897	191 135	238 608	219 426	21 770	7843	167 035	8327	10 855	78 900	65 122	13 779	281 875	174 786
云南	21 853	273 195	241 996	202 981	13 215	1257	150 261	34 823	4192	141 333	136 807	4527	417 250	244 769
西藏	4440	11 628	10 952	8757	355	54		673	1522	6273	5944	329	37 279	21 981
陕西	7558	267 686	533 723	501 249	8850	54 131	370 776	23 309	9165	102 726	85 105	17 622	577 551	409 416
甘肃	27 787	130 485	410 376	388 566	2177	53 626	309 338	18 791	3019	73 603	71 401	2202	235 493	163 763
青海	6738	61 487	62 272	60 110	156	478	54 097	1404	759	23 158	22 878	280	66 192	45 633
宁夏	33 216	64 611	71 135	65 666	389	935	58 873	3940	1530	27 205	26 225	980	109 960	76 285
新疆	63 316	156 803	293 883	164 530	29 670	43 915	60 716	23 352	6001	93 951	88 046	5905	288 914	196 561

续表

地 区	2. 住宿和餐饮业	七、金融、房地产、商务及居民服务业	1. 金融业	2. 房地产业	3. 租赁和商务服务、居民服务和其他服务业	八、公共事业及管理组织	1. 科学研究、技术服务和地质勘查业	其中：地质勘查业	2. 水利、环境和公共设施管理业	其中：水利管理业	其中：公共照明	3. 教育、文化、体育和娱乐业	其中：教育	4. 卫生、社会保障和社会福利业	5. 公共管理和社会组织、国际组织
全 国	6 150 009	15 428 406	1 458 636	7 800 078	6 169 685	18 922 627	1 239 406	56 777	4 149 428	657 090	2 213 786	5 800 028	4 343 595	3 315 799	4 417 965
北 京	303 519	1 438 843	101 683	1 029 996	307 164	1 295 168	221 842	1033	116 773	18 960	47 024	431 960	310 426	169 588	355 005
天 津	93 432	359 036	25 891	224 434	108 711	332 110	30 782	1053	73 812	19 361	32 700	115 552	92 309	50 147	61 817
河 北	225 258	502 076	53 940	225 211	222 923	915 104	42 757	5565	220 767	56 955	129 044	268 391	223 103	163 064	220 126
山 西	106 630	224 599	25 051	52 952	146 596	413 553	20 560	2223	104 393	32 298	23 182	128 457	96 213	56 298	103 845
内蒙古	186 792	122 057	27 451	40 186	54 421	251 085	10 363	2407	84 238	16 583	38 968	65 803	21 894	39 346	51 334
辽 宁	224 257	512 245	57 958	187 135	267 152	636 410	34 989	1331	111 479	11 388	60 761	218 487	164 424	114 419	157 036
吉 林	86 928	179 860	29 400	50 011	100 448	295 946	16 005	635	49 279	7263	14 925	105 951	85 319	53 306	71 405
黑龙江	86 572	283 125	20 643	95 657	166 824	289 584	16 420	1142	54 178	7722	21 634	94 885	76 198	47 557	76 544
上 海	132 221	1 795 377	156 600	1 134 741	504 036	932 146	152 651	1009	160 090	58 682	37 691	305 126	236 572	146 365	167 914
江 苏	440 146	1 418 208	101 681	889 947	426 580	1 705 990	127 330	2328	392 332	57 812	238 041	564 686	428 520	297 570	324 069
浙 江	455 979	862 379	113 191	332 087	417 100	1 264 458	46 010	1161	289 576	21 162	250 428	390 470	269 287	216 750	321 652
安 徽	162 035	455 741	36 459	200 891	218 392	607 687	28 831	1793	128 074	18 927	74 209	209 759	175 158	124 600	116 420
福 建	235 674	349 312	50 478	108 959	189 875	724 049	26 685	1491	165 726	12 605	138 181	229 902	170 771	112 362	189 373
江 西	161 550	182 045	31 579	88 451	62 014	396 219	9791	1095	88 304	19 666	38 443	134 779	104 843	75 684	87 663
山 东	300 145	897 540	86 383	402 924	408 234	1 078 790	41 926	4914	238 715	56 108	102 328	220 115	147 080	261 796	316 240
河 南	214 448	488 635	57 423	286 481	144 730	705 954	39 575	4996	140 128	29 644	72 962	231 168	191 093	145 016	150 067
湖 北	244 993	380 793	35 035	257 143	88 613	676 041	54 648	1102	157 975	15 721	106 097	212 316	174 979	125 599	125 505
湖 南	199 937	298 964	32 707	199 260	66 997	676 729	23 988	1512	241 648	20 790	67 866	180 832	146 702	122 969	107 292
广 东	932 517	2 268 320	179 855	623 877	1 464 588	2 162 476	87 076	2745	514 185	59 748	297 555	632 084	464 404	370 904	558 227
广 西	183 786	269 702	28 743	120 039	120 920	426 133	11 597	1189	85 952	6283	49 331	121 611	71 506	97 823	109 148
海 南	139 811	237 858	10 915	170 260	56 683	176 132	6691	621	20 616	3779	12 034	49 554	34 083	24 483	74 788

续表

地 区	2. 住宿和餐饮业	七、金融、房地产、商务及居民服务业	1. 金融业	2. 房地产业	3. 租赁和商务服务、居民服务和其他服务业	八、公共事业及管理组织	1. 科学研究、技术服务和地质勘查业	其中：地质勘查业	2. 水利、环境和公共设施管理业	其中：水利管理业	其中：公共照明	3. 教育、文化、体育和娱乐业	其中：教育	4. 卫生、社会保障和社会福利业	5. 公共管理和社会组织、国际组织
重 庆	125 479	370 755	20 115	290 083	60 557	373 354	11 186	426	104 788	9373	75 727	123 838	112 451	69 386	64 156
四 川	226 580	525 405	46 354	367 371	111 680	710 271	75 728	1407	173 830	12 098	44 101	195 833	94 889	129 709	135 172
贵 州	107 089	112 998	29 453	42 194	41 351	299 204	8972	2093	92 301	19 521	51 572	77 554	57 522	49 439	70 938
云 南	172 481	240 284	24 750	96 192	119 341	380 632	12 658	1104	71 674	23 274	37 955	135 612	97 911	62 817	97 872
西 藏	15 298	7559	3645	927	2987	63 581	1657	245	24 882	1744	20 885	8020	4536	4808	24 214
陕 西	168 135	286 574	28 308	136 589	121 676	490 749	39 928	1321	92 731	15 313	38 631	183 098	160 513	80 763	94 228
甘 肃	71 730	125 234	14 718	40 548	69 966	199 903	15 949	1763	37 103	7283	25 630	63 736	51 766	32 959	50 156
青 海	20 559	50 412	5510	29 511	15 393	67 843	4424	616	14 131	2883	6393	16 413	11 467	10 773	22 100
宁 夏	33 675	41 190	6240	25 330	9620	97 365	3207	535	31 504	3043	13 876	27 040	21 137	14 801	20 813
新 疆	92 353	141 281	16 476	50 691	74 114	277 955	15 170	5921	68 245	11 102	45 612	56 996	46 519	44 698	92 846

分地区 6000kW 及以上电厂发电技术经济指标

地 区	利用小时（h）					厂用电率（%）			发电标准煤耗（g/kWh）	供电标准煤耗（g/kWh）	发电消耗原煤量（万 t）	发电消耗标煤量（万 t）
	合计	水电	火电	核电	风电	合计	水电	火电				
全 国	**3988**	**3590**	**4364**	**7403**	**1724**	**5.09**	**0.32**	**6.04**	**297**	**315**	**167 310**	**115 015**
北 京	3806	664	4158		1703	2.80	1.10	2.85	210	215	157	851
天 津	4453		4519		2227	6.08		6.12	282	300	2010	1662
河 北	4116	563	4846		1808	5.87	2.31	6.30	306	326	8846	6315
山 西	3744	1245	4100		1697	8.44	0.48	7.53	301	326	10 702	6597
内蒙古	4064	1756	4979		1865	6.49	0.69	7.30	314	337	20 178	10 634

续表

地 区	利用小时（h）					厂用电率（%）			发电标准煤耗（g/kWh）	供电标准煤耗（g/kWh）	发电消耗原煤量（万t）	发电消耗标煤量（万t）
	合计	水电	火电	核电	风电	合计	水电	火电				
辽 宁	3822	1082	4343	5815	1780	6.44	2.43	6.53	292	313	6845	3863
吉 林	2742	1400	3326		1430	6.23	1.06	6.93	283	304	3204	1640
黑龙江	3519	1864	4081		1520	6.22	1.22	6.70	307	329	4322	2451
上 海	3671		3716		1999	4.44		4.45	287	300	2750	2289
江 苏	4908	1011	5125	8308	1753	5.17	0.64	5.15	288	302	15 268	12 079
浙 江	4019	2137	3950	7639	1887	4.87	0.41	4.96	284	298	7637	6150
安 徽	4274	1444	4541		1742	4.56	0.57	4.63	288	301	7692	5330
福 建	3996	3368	3872	6885	2658	5.01	0.23	4.91	294	309	3900	2976
江 西	4564	3276	4927		2030	4.69	0.62	5.23	295	310	2935	2073
山 东	4974	698	5303		1795	6.29	1.18	6.37	303	322	17 417	13 017
河 南	3913	2655	4025		1793	5.47	0.34	5.69	298	316	10 301	7057
湖 北	3750	3620	4024		1927	2.25	0.11	5.17	298	313	3518	2782
湖 南	3375	3362	3452		2117	3.98	0.62	6.02	304	323	2776	1972
广 东	3978	2796	3966	7728	1765	4.90	0.62	5.55	292	310	8479	6557
广 西	3740	4385	3184		2143	2.72	0.35	6.68	298	319	1536	1089
海 南	4768	1518	5586	7594	1914	7.28	0.95	7.44	282	306	775	630
重 庆	3602	3514	3658		2184	5.24	0.47	7.39	306	330	1891	1372
四 川	3946	4286	2682		2360	1.53	0.27	4.55	304	323	1451	960
贵 州	3933	3840	4304		1199	4.56	0.14	7.54	305	328	4625	2814
云 南	3618	3913	1973		2573	1.61	0.19	7.57	313	337	1171	628
西 藏	2268	3118	74		1760	3.38	0.81	13.23	374	403		1
陕 西	4441	3063	4690		2014	6.88	0.71	7.23	306	329	5156	3576
甘 肃	2776	3854	3778		1184	4.06	0.68	5.91	304	324	3171	2130
青 海	3052	3257	4958		1952	1.72	0.21	7.42	339	371	559	385
宁 夏	4294	3693	5422		1614				290	311	4229	2768
新 疆	3753	3617	4730		1571	5.60	1.46	6.38	303	325	3809	2366

分地区 6000kW 及以上电厂供热情况

地区	供热容量（万 kW）	供热量（GJ）	供热厂用电		供热标准煤耗（kg/GJ）	供热消耗燃料原煤（万 t）	供热消耗标准煤量（万 t）
			厂用电量（万 kWh）	厂用电率（kWh/GJ）			
全　国	**37 309**	**3 680 121 603**	**3 091 313**	**8.4**	**39.1**	**21 104**	**14 405**
北　京	690	78 308 097	62 393	8.0	38.4	186	300
天　津	895	77 234 706	68 825	8.9	39.9	350	308
河　北	2721	203 633 136	185 130	9.1	38.8	1185	790
山　西	2813	130 360 967	120 171	9.2	39.0	818	509
内蒙古	3132	241 222 116	254 402	10.5	39.3	1861	948
辽　宁	2044	322 606 718	321 272	10.0	39.8	2093	1285
吉　林	1314	191 385 269	210 622	11.0	39.8	1434	761
黑龙江	1298	234 608 584	209 990	9.0	38.3	1631	899
上　海	424	64 443 856	50 476	7.8	37.9	271	244
江　苏	4563	560 830 083	430 349	7.7	39.3	3058	2206
浙　江	943	413 592 529	263 681	6.4	37.4	2091	1549
安　徽	1127	43 323 636	31 793	7.3	39.7	250	172
福　建	695	31 494 803	19 474	6.2	40.3	186	127
江　西							
山　东	4429	686 459 086	548 408	8.0	37.8	3443	2591
河　南	1704	96 431 741	82 542	8.6	42.8	627	413
湖　北	598	15 252 026	9582	6.3	40.9	84	62
湖　南	149	45 817 170	35 735	7.8	57.0	160	261
广　东	4614	46 140 504	25 008	5.4	38.0	190	175
广　西							
海　南							
重　庆	185	45 996 567	37 048	8.8	40.4	272	186

续表

地 区	供热容量（万 kW）	供热量（GJ）	供热厂用电		供热标准煤耗（kg/GJ）	供热消耗燃料原煤（万 t）	供热消耗标准煤量（万 t）
			厂用电量（万 kWh）	厂用电率（kWh/GJ）			
四 川							
贵 州							
云 南							
西 藏							
陕 西	674	26 157 803	24 189	9.3	40.5	157	106
甘 肃	962	67 059 871	52 866	7.9	40.0	391	268
青 海							
宁 夏	339						
新 疆	996	57 762 335	47 355	8.2	42.5	367	246

分地区 35kV 及以上输电线路回路长度

单位：km

地 区	合计	1000kV	±800kV	750kV	±660kV	500kV		±400kV	330kV	220kV	110kV（含 66kV）	35kV	电缆
						合计	±500kV						
全 国	1 696 849	3114	10 580	15 665	1336	169 845	11 872	1640	26 811	380 121	591 637	496 098	50 063
北 京	9953					1506				2810	3717	1920	1923
天 津	11 806					804				2850	3747	4405	5796
河 北	92 100				202	10 561				20 342	30 729	30 267	1508
山 西	65 881	116	249		305	7978				15 322	19 113	22 797	675
内蒙古	89 517					7930	715			25 995	37 252	18 340	82
辽 宁	56 829					7762	193			17 094	31 935	38	1180
吉 林	32 983					2865				10 614	19 459	44	213

续表

地区	合计	1000kV	±800kV	750kV	±660kV	500kV		±400kV	330kV	220kV	110kV（含66kV）	35kV	电缆
						合计	±500kV						
黑龙江	55 149					4470				13 825	23 866	12 988	501
上海	9929	34	106			1230	81			3467	918	4173	10 720
江苏	87 519	13	65			11 772	147			26 022	29 686	19 961	5295
浙江	61 354	1185	412			8364	472			15 876	20 643	14 874	4709
安徽	63 194	901	771			6170	1583			14 385	17 083	23 884	1330
福建	47 065	342				4812				11 959	16 076	13 876	948
江西	47 726		450			4017				11 867	14 784	16 607	470
山东	92 605				415	6931				22 473	29 343	33 443	4465
河南	72 381	343	148			7560			140	17 212	23 005	23 974	601
湖北	68 551	180	981			11 397	1798			13 722	20 860	21 410	1089
湖南	65 414		1387			4978	857			13 779	22 347	22 922	489
广东	73 140					9623				21 838	34 118	7561	3529
广西	67 160					1721				15 548	19 433	30 458	395
海南	10 445									3939	3964	2542	126
重庆	33 312		575			3114				7968	10 123	11 532	624
四川	91 661		854			13 779	240			20 264	28 325	28 438	1333
贵州	47 575					3419				10 891	15 239	18 026	194
云南	80 750					10 642				14 318	23 893	31 897	362
西藏	13 423							423		2261	5125	5614	7
陕西	55 024		168	2323	308	565	294		8880	327	24 011	18 443	982
甘肃	60 684		1351	5086					9323	847	21 881	22 196	137
青海	28 904			2716				1217	6123		11 643	7204	92
宁夏	15 600		112	1128	106				2345	2282	6063	3564	93
新疆	70 537		166	4412		186				19 821	23 254	22 699	166
跨区	18 677		2787			15 691	5493			200			31

分地区 35kV 及以上变压器情况（含公用变压器和自备变压器）

地区	合计			1000kV			±800Kv			750kV		
	座数（座）	组数（组）	铭牌容量（万 kVA）	座数（座）	组数（组）	铭牌容量（万 kVA）	座数（座）	组数（组）	铭牌容量（万 kVA）	座数（座）	组数（组）	铭牌容量（万 kVA）
全国	67 045	130 974	569 928	10	19	5700	9	56	3180	34	61	10 850
北京	566	1347	11 143									
天津	1276	3290	8734									
河北	4065	8316	34 023									
山西	2726	5562	19 747	1	2	600						
内蒙古	2163	3740	20 559									
辽宁	2617	4989	23 605									
吉林	1309	2098	6908									
黑龙江	2092	3437	8530									
上海	1705	3739	18 305	1	2	600	1					
江苏	5276	11 391	50 966				1	24	818			
浙江	3030	6157	38 614	3	6	1800	1					
安徽	3008	5987	18 171	2	3	900						
福建	1560	2737	16 106	1	2	600						
江西	1606	2823	10 402									
山东	6091	12 505	40 974									
河南	3264	6237	28 096	1	2	600	1					
湖北	2543	4669	19 439	1	2	600						
湖南	2411	4356	13 438									
广东	2864	6103	47 669									

续表

地区	合计			1000kV			±800kV			750kV		
	座数（座）	组数（组）	铭牌容量（万kVA）	座数（座）	组数（组）	铭牌容量（万kVA）	座数（座）	组数（组）	铭牌容量（万kVA）	座数（座）	组数（组）	铭牌容量（万kVA）
广西	2348	4869	11 728									
海南	320	546	1630									
重庆	1102	2142	10 861									
四川	2723	4783	26 760									
贵州	1735	3255	10 831									
云南	2314	4041	14 932									
西藏	250	288	529									
陕西	1776	3260	11 528							6	10	2100
甘肃	1514	3055	11 035							8	12	2400
青海	512	1060	6107							3	8	1440
宁夏	612	1408	7083							3	8	1440
新疆	1636	2671	12 333				1			14	23	3470
跨区	31	113	9144				4	32	2362			

地区	±660kV			500kV						±400kV		
				合计			±500kV					
	座数（座）	组数（组）	铭牌容量（万kVA）	座数（座）	组数（组）	铭牌容量（万kVA）	座数（座）	组数（组）	铭牌容量（万kVA）	座数（座）	组数（组）	铭牌容量（万kVA）
全国	1			**626**	**1615**	**122 285**	**26**	**285**	**15 203**	2		
北京				10	44	2761						
天津				7	16	1485						
河北				37	85	7295						
山西				20	39	3353						
内蒙古				30	67	5194	1	4	357			
辽宁				26	60	5616	2	10	1060			

续表

地区	±660kV			500kV						±400kV		
				合计			±500kV					
	座数（座）	组数（组）	铭牌容量（万kVA）	座数（座）	组数（组）	铭牌容量（万kVA）	座数（座）	组数（组）	铭牌容量（万kVA）	座数（座）	组数（组）	铭牌容量（万kVA）
吉林				11	38	1882						
黑龙江				13	19	1496	1	2	179			
上海				14	71	5080	2	32	1390			
江苏				51	164	10 043	1	12	340			
浙江				39	106	9472		8	917			
安徽				21	36	2885						
福建				21	36	3252						
江西				19	29	2275						
山东	1			36	92	6666		12	464			
河南				35	76	6815		9	994			
湖北				27	96	5273	5	54	1574			
湖南				18	41	2690	1	12	340			
广东				51	118	10 473						
广西				8	14	1100						
海南												
重庆				12	27	2351						
四川				48	170	10 364	4	84	2974			
贵州				17	31	2300						
云南				27	49	4050						
西藏										1		
陕西				1	2	357	1	2	357			
甘肃												
青海										1		

续表

地区	±660kV			500kV						±400kV		
				合计			±500kV					
	座数（座）	组数（组）	铭牌容量（万kVA）	座数（座）	组数（组）	铭牌容量（万kVA）	座数（座）	组数（组）	铭牌容量（万kVA）	座数（座）	组数（组）	铭牌容量（万kVA）
宁夏												
新疆					8	972		8	972			
跨区				27	81	6783	8	36	3283			

地区	330kV			220kV			110kV（含66kV）			35kV		
	座数（座）	组数（组）	铭牌容量（万kVA）	座数（座）	组数（组）	铭牌容量（万kVA）	座数（座）	组数（组）	铭牌容量（万kVA）	座数（座）	组数（组）	铭牌容量（万kVA）
全国	**190**	**485**	**11 679**	**5578**	**11 898**	**182 893**	**26 545**	**49 467**	**185 819**	**34 050**	**67 373**	**47 521**
北京				85	226	3965	352	854	4185	119	223	233
天津				90	214	3266	227	470	1941	952	2590	2041
河北				319	713	11 139	1302	2615	11 343	2407	4903	4245
山西				241	499	6496	861	1764	6827	1603	3258	2471
内蒙古				248	570	8361	1169	1941	5860	716	1162	1144
辽宁				271	576	8149	2315	4346	9825	5	7	15
吉林				102	179	2222	1193	1878	2803	3	3	1
黑龙江				146	261	3045	1070	1768	3074	863	1389	914
上海				123	317	6139	216	449	1988	1350	2900	4498
江苏				558	1090	18 316	2230	4027	17 951	2436	6086	3837
浙江				331	692	12 245	1357	2741	12 637	1299	2612	2460
安徽				218	446	6304	723	1288	5582	2044	4214	2500
福建	1	2	106	198	385	5908	750	1356	5552	589	956	689
江西				165	295	3893	520	905	3339	902	1594	895
山东				395	842	13 765	1734	3254	14 330	3925	8317	6212
河南		2	133	282	604	9253	1172	2166	8837	1773	3387	2458
湖北				212	407	5896	1016	1781	6407	1287	2383	1263
湖南				183	380	4743	889	1482	4801	1321	2453	1204

续表

地区	330kV			220kV			110kV（含66kV）			35kV		
	座数（座）	组数（组）	铭牌容量（万kVA）	座数（座）	组数（组）	铭牌容量（万kVA）	座数（座）	组数（组）	铭牌容量（万kVA）	座数（座）	组数（组）	铭牌容量（万kVA）
广　东				377	938	17 974	1913	4049	18 788	523	998	434
广　西				180	428	5014	581	1012	3974	1579	3415	1641
海　南				26	48	701	125	223	771	169	275	158
重　庆				110	225	3861	450	864	3898	530	1026	752
四　川				245	507	7696	971	1787	7182	1459	2319	1517
贵　州				127	269	3610	578	1146	3909	1013	1809	1011
云　南				156	374	5050	589	1097	4595	1542	2521	1237
西　藏				8	20	272	70	80	206	171	188	51
陕　西	59	141	3164				735	1398	4898	975	1709	1009
甘　肃	68	159	3799	10	43	421	471	918	3437	957	1923	978
青　海	43	119	2745				219	465	1696	246	468	227
宁　夏	19	62	1733	34	80	1449	238	503	2008	318	755	452
新　疆				138	270	3740	509	840	3175	974	1530	975
跨　区												

分地区35kV及以上换流变压器情况

地区	合计			800kV			660kV		
	换流站（座）	换流变压器组数（组）	换流变压器容量（万kVA）	换流站（座）	换流变压器组数（组）	换流变压器容量（万kVA）	换流站（座）	换流变压器组数（组）	换流变压器容量（万kVA）
全　国	50	379	19 558	9	56	3180	1		
北　京									
天　津									

续表

地区	合计			800kV			660kV		
	换流站（座）	换流变压器组数（组）	换流变压器容量（万kVA）	换流站（座）	换流变压器组数（组）	换流变压器容量（万kVA）	换流站（座）	换流变压器组数（组）	换流变压器容量（万kVA）
河　北									
山　西									
内蒙古	1	4	357						
辽　宁	2	10	1060						
吉　林									
黑龙江	1	2	179						
上　海	7	38	1536	1					
江　苏	2	36	1158	1	24	818			
浙　江	7	15	1040	1					
安　徽									
福　建	1	2	106						
江　西									
山　东	1	12	464				1		
河　南	2	12	1170	1					
湖　北	5	54	1574						
湖　南	1	12	340						
广　东									
广　西									
海　南									
重　庆									
四　川	4	84	2974						
贵　州									
云　南									
西　藏	1	6	71						
陕　西	1	2	357						

续表

地区	合计			800kV			660kV		
	换流站（座）	换流变压器组数（组）	换流变压器容量（万kVA）	换流站（座）	换流变压器组数（组）	换流变压器容量（万kVA）	换流站（座）	换流变压器组数（组）	换流变压器容量（万kVA）
甘肃									
青海	1	2	71						
宁夏		12	484						
新疆	1	8	972	1					
跨区	12	68	5644	4	32	2362			

地区	500kV			400kV			330kV		
	换流站（座）	换流变压器组数（组）	换流变压器容量（万kVA）	换流站（座）	换流变压器组数（组）	换流变压器容量（万kVA）	换流站（座）	换流变压器组数（组）	换流变压器容量（万kVA）
全国	26	285	15 203	2			1	18	793
北京									
天津									
河北									
山西									
内蒙古	1	4	357						
辽宁	2	10	1060						
吉林									
黑龙江	1	2	179						
上海	2	32	1390						
江苏	1	12	340						
浙江		8	917						
安徽									
福建							1	2	106
江西									
山东		12	464						
河南		9	994					2	133

续表

地区	500kV			400kV			330kV		
	换流站（座）	换流变压器组数（组）	换流变压器容量（万kVA）	换流站（座）	换流变压器组数（组）	换流变压器容量（万kVA）	换流站（座）	换流变压器组数（组）	换流变压器容量（万kVA）
湖北	5	54	1574						
湖南	1	12	340						
广东									
广西									
海南									
重庆									
四川	4	84	2974						
贵州									
云南									
西藏				1					
陕西	1	2	357						
甘肃									
青海				1				2	71
宁夏								12	484
新疆		8	972						
跨区	8	36	3283						

地区	220kV			110kV（含66kV）			35kV		
	换流站（座）	换流变压器组数（组）	换流变压器容量（万kVA）	换流站（座）	换流变压器组数（组）	换流变压器容量（万kVA）	换流站（座）	换流变压器组数（组）	换流变压器容量（万kVA）
全国	6	11	328	2	5	43	3	4	11
北京									
天津									
河北									
山西									
内蒙古									
辽宁									

续表

地区	220kV			110kV（含 66kV）			35kV		
	换流站（座）	换流变压器组数（组）	换流变压器容量（万 kVA）	换流站（座）	换流变压器组数（组）	换流变压器容量（万 kVA）	换流站（座）	换流变压器组数（组）	换流变压器容量（万 kVA）
吉林									
黑龙江									
上海	1	2	134	1	2	7	2	2	4
江苏									
浙江	5	2	80		3	36	1	2	7
安徽									
福建									
江西									
山东									
河南		1	43	1					
湖北									
湖南									
广东									
广西									
海南									
重庆									
四川									
贵州									
云南									
西藏		6	71						
陕西									
甘肃									
青海									
宁夏									
新疆									
跨区									

全国百万千瓦电厂生产情况表

电　厂　名　称	省份	期末装机容量（万 kW）	发电量（亿 kWh）	利用小时（h）
合计		72 130	29 897	4330
水电		15 400	5200	3580
火电		54 123	23 014	4461
核电		2608	1684	7247
水　　电				
三峡水电站	湖北省	2240	865	4388
溪洛渡水电站	云南省、四川省	1323	552	3980
向家坝水电站	四川省	600	307	5124
华能澜沧江水电有限公司糯扎渡水电站	云南省	585	206	3515
龙滩水电开发有限公司	广西区	490	184	3756
锦东水电站	四川省	480	232	4843
云南华能澜沧江水电有限公司小湾电站	云南省	420	145	3454
锦西电厂	四川省	360	168	4679
汉源瀑布沟水电站	四川省	360	130	3613
拉西瓦水电站	青海省	350	96	2750
二滩水电站	四川省	330	136	4107
构皮滩发电厂	贵州省	300	102	3397
葛洲坝水电站	湖北省	272	178	6514
大岗山水电站	四川省	260	21	2825
广州抽水蓄能电站	广东省	240	25	1040
惠州抽水蓄能电站	广东省	240		
官地水力发电厂	四川省	240	117	4869
大唐观音岩水电开发有限公司观音岩水电站	云南省	240	55	4364
金安桥电站	云南省	240	104	4324
云南华电鲁地拉水电有限公司	云南省	216	61	3491
云南金沙江中游水电开发有限公司阿海水电站	云南省	200	57	2852
小浪底水电站	河南省	194	71	3662
水布垭水电站	湖北省	184	32	1680
大唐岩滩水力发电厂	广西区	181	87	4811
天荒坪抽水蓄能电站	浙江省	180	16	910
华能龙开口水电有限公司龙开口水电站	云南省	180	51	2810
大唐彭水电站	重庆市	175	60	3451
云南华能澜沧江水电有限公司景洪电站	云南省	175	69	3960

续表

电厂名称	省份	期末装机容量（万 kW）	发电量（亿 kWh）	利用小时（h）
白山水电站总厂	吉林省	170	18	1064
华能漫湾发电厂	云南省	167	60	3595
李家峡水电站	青海省	160	54	3385
公伯峡水电站	青海省	150	48	3210
水口水力发电厂（控）	福建省	140	72	5143
刘家峡水电站	甘肃省	136	51	3775
国投云南大朝山水电有限公司	云南省	135	56	4131
天生桥二级水电站	贵州省	132	87	6580
龙羊峡水电站	青海省	128	54	4202
乌江渡发电厂	贵州省	125	43	3410
隔河岩水电站	湖北省	121	26	1871
西龙池抽水蓄能电站	山西省	120	6	517
呼和浩特抽水蓄能电站	内蒙古	120	3	394
蒲石河抽水蓄能公司	辽宁省	120	16	1336
华东桐柏抽水蓄能发电有限公司	浙江省	120	11	883
福建仙游抽水蓄能电站	福建省	120	11	939
宝泉抽水蓄能电站	河南省	120	9	764
白莲河抽水蓄能电站	湖北省	120	4	211
黑麋峰抽水蓄能电站	湖南省	120	6	520
中电投五强溪电站	湖南省	120	63	5268
天生桥一级水电站	贵州省	120	60	4960
云南华电金沙江中游水电开发有限公司梨园水电站	云南省	120	40	4126
威信云投粤电扎西能源有限公司	云南省	120	19	1558
沙沱发电厂	贵州省	112	47	4197
亭子口电厂	四川省	110	24	2161
黄河万家寨水利枢纽	山西省、内蒙古	108	20	1895
思林发电厂	贵州省	105	42	3966
光照水电站	贵州省	104	26	2533
积石峡电站	青海省	102	30	2912
响水涧抽水蓄能电站	安徽省	100	9	850
河北省张河湾蓄能发电有限责任公司	河北省	100	4	384
华东宜兴抽水蓄能有限公司	江苏省	100	9	937
泰山抽水蓄能电站	山东省	100	7	708
三板溪水电站	贵州省	100	35	3507
火电				
大唐托克托发电公司	内蒙古	480	254	5286

续表

电 厂 名 称	省份	期末装机容量（万 kW）	发电量（亿 kWh）	利用小时（h）
浙江浙能嘉华发电有限公司	浙江省	458	180	4037
沁北电厂	河南省	440	187	4252
华阳后石电厂	福建省	420	167	3982
华能海门电厂	广东省	407	164	4028
华能国际电力股份有限公司玉环电厂	浙江省	400	190	4739
正蓝旗上都上发电公司	内蒙古	372	173	4655
新疆农六师煤电有限公司自备电厂	新疆区	364	177	5149
江苏常熟发电有限公司	江苏省	332	167	5030
华电宁夏灵武发电有限公司	宁夏区	332	194	5838
达拉特发电公司	内蒙古	318	133	4182
国电泰州发电有限公司	江苏省	300	136	5848
国华粤电台山电厂 1～5 号机组	广东省	300	113	3763
中国国电集团谏壁发电厂	江苏省	299	162	5917
华能湖南岳阳发电有限责任公司	湖南省	271	79	2905
鄂尔多斯电力有限公司	内蒙古	270	175	8584
华能德州电厂	山东省	270	144	5329
淮沪煤电有限公司田集发电厂	安徽省	266	111	4292
江苏大唐国际吕四港发电有限责任公司	江苏省	264	132	4991
浙江浙能乐清发电有限责任公司	浙江省	264	125	4931
华能重庆分公司珞璜电厂	重庆市	264	98	3700
神华国能哈密煤电集团公司哈密电厂	新疆区	264	98	5086
邹县电厂	山东省	261	113	4319
淮南凤台电厂	安徽省	258	111	4288
华能上安电厂	河北省	256	125	4890
张家口发电厂	河北省	256	118	4604
国华定洲发电有限公司	河北省	252	134	5310
河北省国华沧东发电有限责任公司	河北省	252	124	4931
国电电力大同发电有限公司	山西省	252	120	4778
浙江浙能兰溪发电有限责任公司	浙江省	252	111	4487
大唐宁德发电厂	福建省	252	107	4248
红海湾电厂	广东省	252	100	3980
阳西海滨电力发展有限公司	广东省	252	105	7794
平凉发电有限责任公司	甘肃省	251	61	2421
江阴利港发电股份有限公司	江苏省	250	109	4332
平顶山姚孟发电有限责任公司	河南省	247	84	3418
内蒙古岱海发电有限责任公司	内蒙古	246	146	5921

续表

电 厂 名 称	省份	期末装机容量（万 kW）	发电量（亿 kWh）	利用小时（h）
杭州华电半山发电有限公司	浙江省	242	29	1181
鲁能河曲发电厂	山西省	240	97	4040
华电辽宁铁岭发电有限公司	辽宁省	240	100	4171
浙江国华浙能发电有限公司	浙江省	240	99	4138
浙江大唐乌沙山发电有限责任公司	浙江省	240	114	4734
可门电厂	福建省	240	104	4336
发耳发电厂	贵州省	240	104	4319
纳雍发电总厂	贵州省	240	84	3494
广东粤电集团盘南发电厂	贵州省	240	95	3967
云南滇东能源有限公司滇东电厂	云南省	240	40	1664
陕西国华锦界能源有限责任公司	陕西省	240	169	7042
阳城国际发电有限责任公司	山西省	210	111	5286
华电莱州发电有限公司	山东省	210	119	5654
神华集团万州发电厂	重庆市	210	34	2548
酒钢四厂	甘肃省	210	128	6115
华润电力（贺州）有限公司	广西区	209	58	2796
鲁阳电厂	河南省	206	84	4079
天津国投津能发电有限公司	天津市	200	98	4907
国华绥中电厂	辽宁省	200	36	4923
外高桥第三发电有限公司	上海市	200	96	4793
上海上电漕泾发电有限公司	上海市	200	96	4784
国华徐州发电有限公司	江苏省	200	119	5950
华能南京金陵发电有限公司	江苏省	200	117	5864
铜山华润电力有限公司	江苏省	200	119	6525
江苏华电句容发电有限公司	江苏省	200	122	6100
江苏南通发电有限公司	江苏省	200	111	5566
国电浙江北仑第三发电有限公司	浙江省	200	100	4988
浙江国华浙能发电有限公司	浙江省	200	98	4903
华润电力（温州）有限公司	浙江省	200	93	4655
浙江浙能中煤舟山煤电有限责任公司	浙江省	200	100	5004
浙江浙能台州第二发电有限责任公司	浙江省	200	21	4125
平圩三厂	安徽省	200	59	5614
安徽安庆皖江发电有限责任公司二期	安徽省	200	67	4962
伍堡火电厂	福建省	200	68	3728
华电邹县发电有限公司	山东省	200	131	6528
潍坊发电厂	山东省	200	102	5082

续表

电 厂 名 称	省份	期末装机容量（万 kW）	发电量（亿 kWh）	利用小时（h）
密东电厂二期	河南省	200	77	3867
蒲圻二期	湖北省	200	77	4076
广东粤电靖海发电公司 3、4 号机组	广东省	200	80	3994
广东惠州平海发电厂有限公司	广东省	200	81	4070
大唐国际潮州发电公司二期	广东省	200	68	3421
国华粤电台山电厂 6、7 号机组	广东省	200	84	4202
浙江浙能北仑发电有限公司	浙江省	198	99	4994
浙江浙能温州发电有限公司	浙江省	198	30	3347
沙角 C 电厂	广东省	198	117	5920
华润电力（常熟）有限公司	江苏省	195	105	5391
大唐金竹山新厂	湖南省	195	57	2927
华能国际井冈山发电厂	江西省	192	90	4684
重庆合川发电有限责任公司	重庆市	192	69	3577
内蒙古霍煤鸿骏铝电有限责任公司	内蒙古	190	120	6315
七台河第一发电厂	黑龙江	190	73	3853
中电投江西–贵溪发电厂	江西省	188	88	4678
妈湾发电厂	广东省	188	82	4390
太原第二热电厂	山西省	186	60	3241
华能营口发电厂	辽宁省	184	79	4280
山西漳山发电公司	山西省	180	70	3893
兆光发电有限责任公司	山西省	180	67	3724
山西兴能发电有限公司	山西省	180	65	3616
元宝山发电有限责任公司	内蒙古	180	71	3962
外高桥第二发电有限公司	上海市	180	78	4345
国电宣威发电有限责任公司	云南省	180	22	1239
江苏华电戚墅堰发电有限公司	江苏省	173	34	3271
山东南山铝业股份有限公司—东海	山东省	173	95	5475
内蒙古锦联铝材有限公司	内蒙古	172	35	8799
莱芜电厂	山东省	171	38	5158
新海发电有限公司	江苏省	166	81	4878
上海申能临港燃机电厂	上海市	165	26	1577
双鸭山发电厂	黑龙江	161	60	3707
绥中发电有限责任公司	辽宁省	160	113	4084
辽宁清河发电责任有限公司	辽宁省	160	61	3840
哈尔滨第三发电厂	黑龙江	160	59	3658
黄岛发电厂	山东省	157	74	4709

续表

电厂名称	省份	期末装机容量（万kW）	发电量（亿kWh）	利用小时（h）
宝钢电厂	上海市	155	90	5803
前云LNG电厂	福建省	154	27	1770
江苏镇江发电有限公司	江苏省	153	76	4950
石圳LNG电厂	福建省	153	27	1758
江苏利港电力有限公司	江苏省	144	55	3841
华能南通发电厂	江苏省	140	62	4393
华能大连电厂	辽宁省	140	59	4229
华能福州电厂	福建省	140	50	3606
中电投江西-新昌发电厂	江西省	140	68	4831
江西赣能股份丰城二期发电厂	江西省	140	67	4818
国电湖南宝庆煤电有限公司	湖南省	140	41	2916
珠海电厂	广东省	140	73	5181
东方电厂	海南省	140	91	6486
新疆东方希望有色金属公司	新疆区	140		
新疆其亚铝电有限公司	新疆区	140	91	6798
新疆神火煤电有限公司	新疆区	140	97	6922
北京大唐高井发电厂	北京市	138	58	4196
蒲城发电有限公司	陕西省	138	57	4128
国电九江发电有限公司	江西省	136	69	5050
江西丰城发电有限责任公司	江西省	136	66	4878
华能威海发电有限公司	山东省	136	72	5330
华能国际电力股份有限公司日照电厂	山东省	136	75	5514
黄台电厂	山东省	136	74	5412
西塞山二期	湖北省	136	54	4288
双辽发电有限责任公司	吉林省	134	21	1650
华能九台发电厂	吉林省	134	39	2926
浙江浙能电力股份有限公司台州发电厂	浙江省	134	49	3720
南埔电厂二期	福建省	134	57	4271
邯峰发电厂	河北省	132	66	5003
河北省西柏坡发电有限责任公司	河北省	132	60	4509
山西同华轩岗电厂	山西省	132	69	5224
华能左权煤电有限责任公司	山西省	132	56	4295
希望铝业集团希望电厂	内蒙古	132	105	7940
内蒙古国华准格尔发电有限责任公司	内蒙古	132	64	4837
国电建投内蒙古能源有限公司	内蒙古	132	56	4235
白城发电公司	吉林省	132	40	3046

续表

电厂名称	省份	期末装机容量（万 kW）	发电量（亿 kWh）	利用小时（h）
华能上海石洞口发电有限公司	上海市	132	60	4575
华能淮阴第二发电有限责任公司	江苏省	132	58	4404
江苏射阳港发电有限责任公司	江苏省	132	67	5134
大唐南京发电厂	江苏省	132	74	5623
中国华电集团公司望亭发电厂	江苏省	132	66	4974
江苏国华陈家港发电有限公司	江苏省	132	75	5651
江苏国信靖江发电有限公司	江苏省	132	56	4612
浙江浙能长兴发电有限公司	浙江省	132	45	3410
华能国际电力股份有限公司长兴电厂	浙江省	132	54	4120
皖能马鞍山发电有限公司	安徽省	132	63	4802
芜湖天门山电厂	安徽省	132	63	4762
华电芜湖发电有限公司	安徽省	132	63	4807
马鞍山当涂发电有限公司	安徽省	132	71	5370
安徽马鞍山万能达发电有限责任公司	安徽省	132	56	4228
淮北虎山电厂	安徽省	132	61	4608
华电六安发电公司二期	安徽省	132	64	4889
华能福州二厂	福建省	132	58	4427
中电投江西-景德镇发电厂	江西省	132	63	4748
华能安源发电有限责任公司	江西省	132	30	4774
新乡宝山电厂	河南省	132	53	4006
新乡中益发电有限公司	河南省	132	44	3728
华润电力焦作有限公司	河南省	132	45	4700
神华国能焦作电厂有限公司	河南省	132	26	2323
许昌禹龙电厂	河南省	132	54	4120
华豫电厂二期	河南省	132	50	3761
伊川电厂	河南省	132	80	6234
襄阳电厂	湖北省	132	50	3724
湖南华电常德发电有限公司	湖南省	132	3	710
湛江电厂	广东省	132	50	3786
国电南宁发电有限责任公司	广西区	132	34	2606
贵州省习水鼎泰能源开发有限责任公司二郎电厂	重庆市	132	4	2290
黔桂发电公司（盘县发电厂）	贵州省	132	58	4358
店塔电厂	陕西省	132	5	2783
华能秦岭电厂	陕西省	132	65	4940
华电陕西蒲城电厂三期	陕西省	132	56	4208
国电宝鸡发电有限责任公司	陕西省	132	57	4310

续表

电厂名称	省份	期末装机容量（万 kW）	发电量（亿 kWh）	利用小时（h）
华电榆横电厂	陕西省	132	52	3917
崇信电厂	甘肃省	132	50	3768
景泰电厂	甘肃省	132	48	3661
靖远第二发电有限责任公司	甘肃省	132	41	3122
鸳鸯湖电厂	宁夏区	132	79	5977
宁夏京能宁东发电有限责任公司	宁夏区	132	76	5792
大坝发电有限责任公司	宁夏区	132	71	5418
石嘴山发电有限公司	宁夏区	132	70	5272
国投哈密发电集团公司	新疆区	132	62	4723
神华国能天津大港电厂	天津市	131	59	4453
北京京西燃气热电有限公司	北京市	131	58	4441
莱城发电厂	山东省	131	65	5232
大唐国际发电股份有限公司陡河发电厂	河北省	130	61	4535
国华三河发电有限责任公司	河北省	130	65	4991
石洞口发电公司	上海市	130	51	3893
江苏徐塘发电有限公司	江苏省	130	45	3447
太仓港协鑫发电有限公司	江苏省	130	72	5541
国电集团黄金埠发电厂	江西省	130	70	5351
国电聊城发电有限公司	山东省	130	70	5381
国电费县发电有限公司	山东省	130	72	5561
鄂州二期	湖北省	130	54	4103
华电长沙发电有限公司	湖南省	130	38	2917
湖南益阳发电有限公司	湖南省	130	46	3528
华润电力湖南有限公司	湖南省	130	56	4327
国投宣城电厂	安徽省	129	49	4971
华润电力（菏泽）有限公司	山东省	129	72	5575
阳光发电厂	山西省	128	51	3950
外高桥发电有限公司	上海市	128	31	2439
徐州华润电力有限公司	江苏省	128	50	3920
安徽淮南平圩第二发电有限责任公司	安徽省	128	59	4643
阜阳华润发电公司	安徽省	128	63	4918
襄樊二期	湖北省	128	52	4004
阳逻三期	湖北省	128	53	4124
荆门三期	湖北省	128	53	4615
大别山电厂	湖北省	128	53	4136
青岛发电厂	山东省	127	62	5075

续表

电厂名称	省份	期末装机容量（万 kW）	发电量（亿 kWh）	利用小时（h）
扬州第二发电有限责任公司	江苏省	126	59	4673
国华太仓发电有限责任公司	江苏省	126	69	5450
张家港沙洲电力有限公司	江苏省	126	67	5322
国电常州发电有限公司	江苏省	126	71	5600
华能太仓发电有限责任公司	江苏省	126	69	5474
江苏国信扬州发电有限公司	江苏省	126	63	4993
华能巢湖发电有限责任公司	安徽省	126	58	4640
国电蚌埠发电有限公司	安徽省	126	54	4258
华电宿州发电有限公司	安徽省	126	54	4294
淮南洛河发电厂三期	安徽省	126	58	4625
安徽淮南平圩发电有限责任公司	安徽省	126	53	4226
国电铜陵发电有限公司	安徽省	126	63	5016
临沂电厂	山东省	126	63	4973
国电石横电厂	山东省	126	66	5244
华阳电厂二期	河南省	126	53	4185
华润首阳山电厂	河南省	126	63	4974
荥阳电厂	河南省	126	47	3758
华润登封二期	河南省	126	66	5225
阳逻电厂	湖北省	126	47	3732
大唐湘潭新厂	湖南省	126	37	2945
珠江发电厂	广东省	126	47	3709
国投钦州发电有限公司	广西区	126	37	2924
华电贵港发电有限公司	广西区	126	31	2440
广西防城港电力有限公司	广西区	126	31	2486
大唐彬长电厂	陕西省	126	49	3890
运河电厂	山东省	124	57	4609
浙江浙能电力股份有限公司萧山发电厂	浙江省	123	26	2118
牡丹江第二发电厂	黑龙江	122	37	3025
江阴苏龙热电有限公司	江苏省	122	62	5141
天津华能杨柳青热电有限责任公司	天津市	120	54	4522
天津大唐盘山发电有限责任公司	天津市	120	59	4923
河北省建投沙河发电有限责任公司	河北省	120	60	5024
国电河北省龙山发电有限责任公司	河北省	120	66	5503
西柏坡第二发电有限责任公司	河北省	120	60	4980

续表

电厂名称	省份	期末装机容量（万kW）	发电量（亿kWh）	利用小时（h）
河北省大唐王滩发电有限公司	河北省	120	55	4548
同煤大唐塔山发电公司	山西省	120	59	4928
大唐运城发电有限公司	山西省	120	45	3750
武乡和信电厂	山西省	120	43	3571
山西华光发电公司	山西省	120	45	3730
山西中电神头发电有限公司	山西省	120	50	4171
国电霍州发电厂	山西省	120	53	4434
大同第二发电厂	山西省	120	56	4525
大唐阳城发电公司	山西省	120	65	5376
王曲电厂	山西省	120	57	4772
华电内蒙古能源有限公司包头发电分公司	内蒙古	120	55	4543
内蒙古大板发电有限责任公司	内蒙古	120	50	4193
通辽霍林河坑口发电有限责任公司	内蒙古	120	52	4369
内蒙古国华呼伦贝尔发电有限公司	内蒙古	120	46	3859
国网能源鄂温克发电厂	内蒙古	120	45	3709
内蒙古京隆发电有限责任公司	内蒙古	120	70	5851
白音华金山发电有限公司	内蒙古	120	50	4172
国电电力大连庄河发电公司	辽宁省	120	48	4015
国电康平发电有限公司	辽宁省	120	48	4033
富拉尔基总厂	黑龙江	120	49	4070
鹤岗发电厂	黑龙江	120	47	3920
石洞口二厂	上海市	120	53	4377
华能上海燃机电厂	上海市	120	18	1479
吴泾第二发电有限责任公司	上海市	120	39	3227
江苏阚山发电有限公司	江苏省	120	64	5358
江苏南热发电有限责任公司	江苏省	120	67	5584
国电浙江北仑第一发电有限公司	浙江省	120	55	4566
江阴电厂	福建省	120	51	4250
鸿山热电厂	福建省	120	63	5252
聊城发电厂	山东省	120	66	5523
丰鹤电厂	河南省	120	47	3895
鸭河口天益公司	河南省	120	42	3477
黎阳电厂	河南省	120	3	852
梨园电厂	河南省	120	49	4045

续表

电厂名称	省份	期末装机容量（万 kW）	发电量（亿 kWh）	利用小时（h）
开封电厂	河南省	120	49	4061
孟津电厂	河南省	120	49	4061
广东粤电靖海发电公司	广东省	120	48	3986
珠海金湾发电有限公司	广东省	120	49	4048
湛江中粤能源有限公司	广东省	120	47	3897
大唐国际潮州发电公司一期	广东省	120	58	4853
佛山恒益发电有限公司	广东省	120	52	4345
广东宝丽华电力有限公司	广东省	120	58	4844
深能合和电力（河源）有限公司	广东省	120	49	4075
国电金堂电厂	四川省	120	45	3780
泸州川南发电有限公司	四川省	120	35	2879
广安发电厂（三期）	四川省	120	42	3532
高县戎州（福溪）电厂	四川省	120	33	2739
新平火电厂	四川省	120	39	3248
鸭溪发电厂	贵州省	120	57	4741
都匀发电有限公司	贵州省	120	46	3842
塘寨发电厂	贵州省	120	43	3590
大方发电厂	贵州省	120	50	4200
桐梓发电厂	贵州省	120	49	4068
黔北发电厂	贵州省	120	56	4702
黔西发电厂	贵州省	120	54	4519
黔东火电厂	贵州省	120	36	3030
云南滇东雨旺能源有限公司（二期）	云南省	120	16	1320
国投曲靖发电有限公司	云南省	120	22	1847
昭通镇雄电厂	云南省	120	18	1513
陕西府谷电厂（庙沟门）	陕西省	120	82	6834
韩城第二发电有限责任公司二期	陕西省	120	44	3697
铜川电厂	陕西省	120	60	4991
韩城第二发电有限责任公司	陕西省	120	53	4434
渭河发电有限公司	陕西省	120	70	5801
宝鸡第二电厂	陕西省	120	45	3776
宁夏大唐国际大坝发电有限公司	宁夏区	120	65	5395
深圳广前电力公司（LNG）	广东省	117	35	3010
广东惠州天然气发电公司	广东省	117	33	2856

续表

电厂名称	省份	期末装机容量（万 kW）	发电量（亿 kWh）	利用小时（h）
深圳能源集团东部电厂	广东省	117	34	2873
新疆天业自备电厂	新疆区	114	79	6957
呼和浩特热电厂	内蒙古	110	51	4679
阜新发电有限责任公司	辽宁省	110	45	4082
大唐耒阳电厂	湖南省	108	32	3006
秦皇岛发电有限责任公司	河北省	107	50	4704
海渤湾电厂	内蒙古	106	48	4502
铜陵发电厂	安徽省	105	60	5735
大唐云岗热电公司	山西省	104	43	4087
洛阳首阳山电厂	河南省	104	29	2824
天津国华盘山发电有限责任公司	天津市	100	54	5104
神头第二发电厂	山西省	100	42	4177
大唐神二电厂	山西省	100	47	4650
包头二电厂	内蒙古	100	45	4453
大唐抚州发电有限责任公司	江西省	100	2	4984
华电滕州新源热电有限公司	山东省	100	51	5070
郑州热电厂	河南省	100	37	3716
汉川电厂三期	湖北省	100	42	4515
核电				
宁德晴川核电站	福建省	327	202	7034
辽宁红沿河核电有限公司	辽宁省	300	145	5815
核电秦山联营有限公司	浙江省	262	203	7742
秦山核电有限公司（方家山）	浙江省	218	155	7390
福清玉融核电站	福建省	218	88	6560
岭澳核电 B 站	广东省	217	168	7742
阳江核电站	广东省	217	129	5961
江苏核电有限公司	江苏省	200	166	8308
岭澳核电 A 站	广东省	198	154	7767
大亚湾核电站	广东省	197	154	7840
秦山第三核电有限公司	浙江省	146	112	7716
广西防城港核电有限公司	广西区	109	7	

主要发电企业发电装机容量及发电量

企业名称	发电装机容量（万 kW）									
	合计		水电		火电		核电		风电	
	2015	2014	2015	2014	2015	2014	2015	2014	2015	2014
中国华能集团公司	16 063	15 149	2089	2045	12 348	11 867			1508	1151
中国国电集团公司	13 500	12 520	1645	1297	9478	9177			2303	1976
中国华电集团公司	13 471	12 254	2522	2329	9628	8959			1163	842
中国大唐集团公司	12 717	12 048	2290	1979	9171	9001			1190	1006
国家电力投资集团公司	10 740	9667	2094	2071	6827	6333	336	224	998	667
神华集团有限责任公司	7851	6685	13	13	7242	6122			580	538
中国长江三峡集团公司	5263	5003	4695	4632					426	258
华润电力控股有限公司	4044	3652	47	47	3570	3234			425.4	371.0
浙江省能源集团有限公司	3067	2727	85	85	2981	2641			1	1
广东省粤电集团有限公司	2909	2695	218	215	2659	2452			23	21
国投电力控股股份有限公司	2839	3205	1657	1612	1108	1533			64	49
中国广核集团有限公司	2677	2128	158	148	65	68	1492	1162	835	693
北京能源投资（集团）有限公司	1774	1732	58	56	1455	1480			212	165
中国核工业（集团）总公司	1222	919					1152	869	61	50
黄河万家寨水利枢纽有限公司	150	150	150	150						
新力能源开发有限公司	390	270			390	270				
河北省建设投资集团有限公司	862	877			694	735			165	140
山西国际电力集团有限公司	507	403	13	13	447	347			33	29

续表

企业名称	发电装机容量（万 kW）									
	合计		水电		火电		核电		风电	
	2015	2014	2015	2014	2015	2014	2015	2014	2015	2014
申能（集团）有限公司	753	676			733	667			20	9
江苏省国信资产管理集团有限公司	993	771	10	10	942	739			35	17
安徽省能源集团公司	555	555			555	555				
江西省投资集团公司	150	150	10	10	140	140				
湖北能源集团股份有限公司	607	586	369	369	219	200			16	16
广州发展集团有限公司	323	317			319	317			3	
深圳能源集团股份有限公司	623	583	14		548	541			42	37
甘肃省电力投资集团公司	468	462	174	174	197	197			80	80
中铝宁夏能源集团公司	264	264			132	132			115	115

企业名称	发电量（亿 kWh）									
	合计		水电		火电		核电		风电	
	2015	2014	2015	2014	2015	2014	2015	2014	2015	2014
中国华能集团公司	6040	6355	743	799	5071	5369			212	178
中国国电集团公司	4837	5014	466	423	3985	4247			375	333
中国华电集团公司	4838	4893	844	727	3832	4048			145	105
中国大唐集团公司	4788	4968	799	637	3793	4146			187	177
国家电力投资集团公司	3808	3805	728	729	2754	2820	144	120	126	98
神华集团有限责任公司	3172	3229	7	7	3057	3122			106	98
中国长江三峡集团公司	1981	2005	1923	1958					43	37
华润电力控股有限公司	1641	1625	19	18	1552	1544			69	64
浙江省能源集团有限公司	1089	1148	20	20	1068	1128				

续表

企业名称	发电量（亿 kWh）									
	合计		水电		火电		核电		风电	
	2015	2014	2015	2014	2015	2014	2015	2014	2015	2014
广东省粤电集团有限公司	1152	1206	87	76	1061	1126			3	3
国投电力控股股份有限公司	1222	1349	744	699	470	639			8	9
中国广核集团有限公司	1177	991	57	55	22	25	960	801	130	102
北京能源投资（集团）有限公司	750	731	19	16	688	676			37	34
中国核工业（集团）总公司	764	544					755	538	9	6
黄河万家寨水利枢纽有限公司	31	38	31	38						
新力能源开发有限公司	189	207			189.5	207				
河北省建设投资集团有限公司	372	399			340	371			31	27
山西国际电力集团有限公司	144	124	6	7	131	114			5	2
申能（集团）有限公司	247	233			243	232			4	2
江苏省国信资产管理集团有限公司	443	380	2	2	436	375			5	3
安徽省能源集团公司	252	273			252	273				
江西省投资集团公司	71	70	3	3	67	68				
湖北能源集团股份有限公司	160	154	76	71	81	81			3	2
广州发展集团有限公司	127	137			127	137				
深圳能源集团股份有限公司	217	242	4		204	235			6	6
甘肃省电力投资集团公司	127	151	61	67	55	73			9	10
中铝宁夏能源集团公司	91	106			69	84			19	20

全国火电 100MW 及以上容量机组运行可靠性综合指标

机组容量（MW）	机组分类	台数	台年数	平均容量（MW/台）	利用小时（h）	可用小时		不可用小时及次数						降低出力等效停运小时（h）	等效可用系数（%）	等效强迫停运率（%）
						运行（h）	备用（h）	计划停运		非计划停运		强迫停运				
								次数	h	次数	h	次数	h			
100～120	燃煤	25	24.87	103.6	3859.86	4884.6	3591.59	0.76	270.04	0.12	13.78	0.12	13.78		96.76	0.28
	燃煤国产	22	21.87	104.09	3707.66	4762.28	3759.86	0.73	222.26	0.14	15.59	0.14	15.59		97.28	0.33
	燃煤进口	3	3	100	5014.75	5812.75	2314.7	1	632.56						92.78	0.00
125	燃煤	27	25.55	125	4908.57	6525.23	1807.22	1.1	411.97	0.27	15.58	0.27	15.58	3.51	95.08	0.24
	燃煤国产	23	21.87	125	5020.21	6525.82	1808.28	1.1	407.71	0.32	18.2	0.32	18.2	4.1	95.09	0.28
	燃煤进口	4	3.68	125	4244.54	6521.7	1800.97	1.09	437.34						95.01	0.00
130～138	燃煤	84	80.34	134.96	3955.04	5432.88	2823.9	0.96	430.88	0.51	72.34	0.49	69.46	6.06	94.19	1.28
	燃煤国产	84	80.34	134.96	3955.04	5432.88	2823.9	0.96	430.88	0.51	72.34	0.49	69.46	6.06	94.19	1.28
140～150	燃煤	61	60.4	147.31	4405.44	5939.92	2242.91	0.96	475.79	0.48	109.31	0.41	68.17	29.91	93.07	1.14
	燃煤国产	58	57.46	147.24	4408.65	5864.9	2350.2	0.97	477.97	0.45	75.27	0.44	71.69	0.05	93.78	1.21
	燃煤进口	3	2.94	148.64	4343.33	7391.28	167.28	0.68	433.62	1.02	767.82			607.51	79.35	0.00
160～185	燃煤	10	10	164	4672.69	6513.94	1329.19	1	868.58	0.3	48.3	0.3	48.3	2.17	89.51	0.75
	燃煤国产	4	4	162.5	4966.79	6561.68	1817.2	1	381.12						95.65	0.00
	燃煤进口	6	6	165	4479.6	6482.59	1008.79	1	1188.62	0.5	80.01	0.5	80.01	3.6	85.48	1.25
100～199	燃煤	207	201.16	134.92	4249.13	5740.81	2496.47	0.95	454.55	0.41	70.77	0.38	56.14	12.77	93.89	0.98
	燃煤国产	191	185.54	134.51	4229.22	5667.24	2611.27	0.95	423.98	0.42	60.35	0.4	57.88	3.1	94.47	1.02
	燃煤进口	16	15.62	139.75	4476.36	6580.63	1186.13	0.96	803.47	0.38	189.76	0.19	36.22	123.12	87.26	0.56
200	燃煤	109	107.79	200	4124.44	5610.38	2516.97	0.91	622.79	0.28	9.86	0.26	7.4	0.45	92.77	0.13
	燃煤国产	107	105.87	200	4175.83	5681.16	2448.34	0.92	620.46	0.28	10.04	0.26	7.53	0.46	92.8	0.13
	燃煤进口	2	1.92	200	1285.21	1700.17	6308.44	0.52	751.39						91.42	0.00

续表

机组容量（MW）	机组分类	台数	台年数	平均容量（MW/台）	利用小时（h）	可用小时		不可用小时及次数						降低出力等效停运小时（h）	等效可用系数（%）	等效强迫停运率（%）
						运行（h）	备用（h）	计划停运		非计划停运		强迫停运				
								次数	h	次数	h	次数	h			
205～250	燃煤	62	58.97	216.94	4337.5	5456.37	2611.88	1	688.24	0.25	12.49	0.25	12.49	1.75	92.06	0.24
	燃煤国产	55	52.88	215.73	4381.8	5484.99	2577.42	1	698.14	0.21	9.52	0.21	9.52	1.62	91.99	0.17
	燃煤进口	7	6.08	226.43	3971.04	5219.63	2896.93	0.99	606.35	0.66	37.08	0.66	37.08	2.9	92.62	0.76
200～299	燃煤	171	166.76	206.14	4203.77	5553.04	2552.31	0.94	647.16	0.27	10.84	0.26	9.29	0.93	92.51	0.17
	燃煤国产	162	158.75	205.34	4247.95	5612.48	2493.53	0.94	647.66	0.26	9.86	0.25	8.23	0.86	92.51	0.15
	燃煤进口	9	8	220.56	3386.92	4454.21	3638.88	0.88	637.9	0.5	29.02	0.5	29.02	2.27	92.36	0.70
300	燃煤	371	369.46	300	4188.54	5843	2260.46	0.88	646.19	0.36	19.25	0.35	18.38	1.8	92.42	0.34
	燃煤国产	363	361.69	300	4189.34	5847.63	2249.64	0.89	652.32	0.36	19.5	0.35	18.61	1.81	92.35	0.34
	燃煤进口	8	7.78	300	4151.52	5627.59	2763.52	0.51	361.12	0.13	7.78	0.13	7.78	1.3	95.77	0.15
310～328.5	燃煤	63	62.63	320.3	4009.65	5800.6	2437.57	0.83	515.58	0.13	6.25	0.13	6.25	3.37	94	0.11
	燃煤国产	56	55.84	320.21	4005.48	5801.41	2412.69	0.84	539.01	0.13	6.89	0.13	6.89	3.78	93.73	0.12
	燃煤进口	7	6.79	321	4043.9	5793.91	2641.59	0.74	323.51	0.15	0.98	0.15	0.98		96.3	0.02
330～340	燃煤	235	231.82	330.34	4403.46	6232.97	1940.89	0.86	586.38	0.25	12.27	0.23	11.75	1.2	93.22	0.20
	燃煤国产	228	224.82	330.35	4420.05	6257.74	1921.26	0.85	581.76	0.24	12.14	0.22	11.6	1.24	93.28	0.20
	燃煤进口	7	7	330	3870.23	5436.61	2571.98	1	734.88	0.57	16.54	0.57	16.54	0.01	91.42	0.30
350～352	燃煤	106	105.44	350.04	4549.22	6631.39	1621.36	0.75	496.26	0.35	13.41	0.33	12.35	4.21	94.13	0.22
	燃煤国产	69	69	350	4520.81	6620.67	1685.04	0.75	449.92	0.25	8.07	0.25	8.07	5.46	94.71	0.16
	燃煤进口	37	36.44	350.11	4602.99	6651.68	1500.82	0.74	583.98	0.55	23.52	0.49	20.47	1.83	93.04	0.33
360～380	燃煤	12	12	362.42	4380.64	6094.46	2131.9	0.75	483.96	0.75	49.68	0.75	49.68	7.38	93.82	0.93
	燃煤国产	4	4	365	5354.58	7098.73	980.96	1	574.31	1.5	106.01	1.5	106.01	0.11	92.23	1.47
	燃煤进口	8	8	361.13	3888.45	5586.93	2713.55	0.63	438.3	0.38	21.22	0.38	21.22	11.05	94.63	0.58
300～399	燃煤	787	781.36	318.38	4297.16	6081.02	2079.28	0.85	592.16	0.31	15.72	0.3	15.01	2.2	93.07	0.27
	燃煤国产	720	715.35	316.34	4293.43	6069.17	2086.29	0.86	598.1	0.3	15.42	0.29	14.82	2.16	93.01	0.26
	燃煤进口	67	66.01	340.3	4334.66	6200.31	2008.66	0.73	532.35	0.44	18.69	0.41	16.95	2.6	93.68	0.31

续表

机组容量（MW）	机组分类	台数	台年数	平均容量（MW/台）	利用小时（h）	可用小时		不可用小时及次数						降低出力等效停运小时（h）	等效可用系数（%）	等效强迫停运率（%）
						运行（h）	备用（h）	计划停运		非计划停运		强迫停运				
								次数	h	次数	h	次数	h			
500	燃煤进口	8	7.68	503.75	5069.55	6695.24	1679.3	0.52	363.31	0.52	22.15	0.52	22.15		95.6	0.33
600	燃煤	259	256.79	600	4307.18	6165.02	1975.85	0.71	598.66	0.39	23.8	0.38	22.87	2.44	92.87	0.39
	燃煤国产	236	233.86	600	4264.14	6124.34	2036.27	0.71	577.67	0.41	25.38	0.41	24.82	2.53	93.09	0.43
	燃煤进口	23	22.92	600	4746.23	6580.02	1359.51	0.74	812.86	0.13	7.61	0.09	3	1.53	90.62	0.05
630～650	燃煤	70	69.64	635.71	4547.04	6521.01	1485.01	1.02	726.83	0.27	27.15	0.24	23.89	2.31	91.37	0.38
	燃煤国产	68	67.64	635.88	4543.34	6518.77	1490.56	0.99	722.73	0.28	27.95	0.25	24.59	2.38	91.4	0.39
	燃煤进口	2	2	630	4673.35	6597.52	1295.62	2	866.87						90.1	0.00
660～680	燃煤	113	112.1	661.91	4627.93	6652.4	1400.96	0.92	675.67	0.52	31.83	0.51	30.26	4.21	91.88	0.50
	燃煤国产	108	107.39	662	4572.55	6605.02	1451.1	0.9	673.34	0.49	31.44	0.48	29.8	4.4	91.9	0.50
	燃煤进口	5	4.71	660	5893.81	7735.57	254.81	1.27	728.77	1.06	40.85	1.06	40.85		91.21	0.53
	燃煤	442	438.52	621.40	4433.46	6355.53	1739.61	0.81	640.45	0.4	26.53	0.39	25.05	2.9	92.35	0.42
	燃煤国产	412	408.89	622.17	4397.52	6325.33	1780.5	0.8	628.92	0.41	27.51	0.4	26.17	3.03	92.47	0.44
	燃煤进口	30	29.64	612	4938.04	6779.49	1165.54	0.91	802.19	0.27	12.78	0.24	9.28	1.16	90.68	0.14
700	燃煤	8	8	700	5097.97	6985.79	749.48	1.25	974.22	0.5	50.51	0.5	50.51	0.72	88.29	0.73
	燃煤国产	4	4	700	4824.64	7129.32	715.4	1.25	815.87	0.75	99.42	0.75	99.42		89.55	1.38
	燃煤进口	4	4	700	5371.3	6842.26	783.56	1.25	1132.57	0.25	1.61	0.25	1.61	1.43	87.04	0.04
800	燃煤进口	2	1.93	880	3954.91	6215.29	2332.68	1.04	170.96	2.07	41.06	2.07	41.06	9.23	97.47	0.79
900	燃煤进口	2	2	900	4531.17	6405.53	1400.25	0.5	954.23						89.11	0.00
1000	燃煤国产	67	66.54	1006.6	4977.01	6904.22	1100.89	0.95	721.5	0.23	34.73	0.2	34.32	10.76	91.24	0.52
500～1000	燃煤	529	524.67	671.7	4552.47	6473.11	1602.97	0.83	657.45	0.39	28.35	0.37	27.13	4.34	92.12	0.44
	燃煤国产	483	479.43	676.14	4520.93	6451.88	1630.89	0.83	649.66	0.39	29.62	0.38	28.49	4.6	92.19	0.47
	燃煤进口	46	45.25	625	4913.97	6716.52	1282.94	0.86	746.7	0.38	13.84	0.35	11.6	1.44	91.3	0.18
100～1000	燃煤	1694	1673.95	394.96	4426.15	6248.27	1867.55	0.87	624.1	0.34	24.44	0.33	22.85	3.71	92.57	0.39
	燃煤国产	1556	1539.07	394.15	4409.67	6232.26	1886.85	0.87	621.1	0.34	24.54	0.32	23.52	3.43	92.61	0.40
	燃煤进口	138	134.88	404.14	4609.34	6426.18	1653.05	0.81	657.42	0.42	23.35	0.37	15.34	6.81	92.15	0.26
燃气轮机		145	139.05	289.98	2717.35	4019.95	4115.88	1.15	605.93	0.37	21.66	0.35	19.52	1.48	92.82	0.49

全国水电 40MW 及以上容量机组运行可靠性综合指标

机组分类	机组容量（MW）	台数	台年数	平均容量（MW/台）	利用小时（h）	可用小时		不可用小时及次数						降低出力等效停运小时（h）	等效可用系数（%）	等效强迫停运率（%）
						运行（h）	备用（h）	计划停运		非计划停运		强迫停运				
								次数	h	次数	h	次数	h			
水电轴流机组	全部	144	140.82	106.84	4569.97	5607.66	2518.28	1.74	634.14	0.11	0.78	0.02	0.09		92.75	0.00
	40～99	69	67.89	59.12	3711.15	4482.87	3546.85	2.21	730.59	0.21	2.86	0.03	0.27		91.63	0.01
	150	13	12.81	150	5396.98	6422.83	1750.21	1.56	586.96						93.3	0.00
	200	7	7	200	4589.06	5969.69	2016.91	1.71	773.39						91.17	0.00
	300 及以上	2	2	600	3704.18	5687.78	2122.03	1	950.2						89.15	0.00
水电混流机组	全部	656	653.66	239.07	3743.33	4780.24	3319.94	1.49	656.32	0.09	3.83	0.04	3.02	7.86	92.38	0.06
	40～99	267	266	59.11	3531.53	4843.55	3375.67	1.36	535.15	0.06	6.51	0.01	0.2	77.98	92.93	0.00
	150	17	17	150	3517.62	4088.48	4027.12	1.65	642.03	0.53	2.37	0.18	0.61		92.64	0.01
	200	15	15	200	2135.76	3305	4859.45	1.27	595.55						93.2	0.00
	250	18	18	250	3122.53	4295.03	3945.28	1.28	519.69						94.07	0.00
	300 及以上	193	191.96	549.4	3906.85	4937.66	3152.01	1.67	667.09	0.07	3.25	0.07	3.25		92.35	0.07
抽水蓄能机组	全部	85	85	250.24	1801.18	1999.94	5812.85	8.33	930.88	1.98	17.33	1.64	8.63		89.18	0.43
	40～99	9	9	63.33	2333.79	3203.37	4903.32	8.44	650.48	1.22	2.83	1.22	2.83		92.54	0.09
	150	6	6	150	1846.33	1737.48	5706.28	12.33	1310.32	1.17	5.93	1.17	5.93		84.97	0.34
	200	4	4	200	1890.28	2120.99	5888.97	5.75	742.33	1.5	7.72	1.5	7.72		91.44	0.36
	250	16	16	250	1603.49	1695.01	6189.29	9.56	869.53	0.94	6.17	0.94	6.17		90	0.36
	300 及以上	50	50	300	1826.19	2044.82	5749.36	7.64	945.19	2.58	22.06	2	9.71		88.96	0.47
全部机组		885	879.48	218.62	3593.33	4537.62	3532.8	2.19	684.94	0.27	5.08	0.19	3.41	6.38	92.05	0.08

各省（区、市）电力公司供电可靠性指标

企业名称	供电可靠率（%）			平均停电时间（h/户）			等效总用户数		
	城市	农村	全口径	城市	农村	全口径	城市	农村	全口径
全国	**99.953 4**	**99.854 5**	**99.880 1**	**4.08**	**12.74**	**10.50**	**2 063 303**	**5 919 300**	**7 982 603**
国家电网公司	99.955 4	99.855 9	99.882 2	3.91	12.62	10.32	1 770 098	4 908 612	6 678 710
华北区域	99.956 8	99.871 2	99.893 0	3.79	11.28	9.38	482 841	1 414 881	1 897 722
冀北电力有限公司	99.950 0	99.853 9	99.868 8	4.38	12.80	11.49	44 350	240 935	285 284
北京市电力公司	99.980 2	99.903 6	99.946 3	1.74	8.45	4.71	77 530	61 581	139 111
河北省电力公司	99.957 0	99.901 6	99.910 6	3.76	8.62	7.83	78 743	408 519	487 262
山西省电力公司	99.869 1	99.661 2	99.701 9	11.46	29.68	26.11	37 949	155 536	193 486
天津市电力公司	99.974 4	99.923 3	99.949 4	2.24	6.72	4.44	50 860	48 857	99 717
山东电力集团公司	99.961 4	99.911 0	99.925 1	3.38	7.79	6.56	193 409	499 453	692 862
东北区域	99.953 3	99.809 0	99.851 2	4.09	16.73	13.03	223 842	541 019	764 861
辽宁省电力公司	99.959 9	99.842 3	99.879 3	3.51	13.81	10.58	95 282	208 106	303 388
吉林省电力公司	99.947 3	99.807 8	99.846 9	4.62	16.84	13.42	46 090	118 438	164 527
黑龙江省电力公司	99.957 0	99.900 1	99.921 5	3.77	9	7	63 499	105 101	168 600
内蒙古东部电力有限公司	99.922 2	99.659 4	99.698 2	6.82	29.84	26.44	18 971	109 374	128 345
华东区域	99.965 9	99.886 0	99.906 8	2.99	9.98	8.16	525 540	1 488 402	2 013 941
江苏省电力公司	99.973 0	99.928 2	99.940 2	2.37	6.29	5.24	192 758	527 574	720 332
浙江省电力公司	99.971 7	99.905 2	99.918 7	2.48	8.31	7.12	115 743	449 745	565 488
安徽省电力公司	99.943 7	99.762 0	99.813 5	4.93	20.85	16.34	89 845	227 174	317 019
上海市电力公司	99.982 9	99.952 5	99.964 9	1.50	4.16	3.08	62 419	91 101	153 520
福建省电力有限公司	99.948 7	99.840 8	99.867 9	4.49	13.95	11.57	64 774	192 809	257 583
华中区域	99.956 4	99.853 8	99.882 3	3.82	12.81	10.31	410 328	1 066 252	1 476 580
河南省电力公司	99.960 2	99.898 0	99.914 7	3.49	8.94	7.48	109 721	299 601	409 321
湖北省电力公司	99.961 0	99.788 0	99.837 6	3.42	18.57	14.23	80 767	200 634	281 401
湖南省电力公司	99.956 9	99.806 2	99.853 5	3.78	16.98	12.84	75 528	165 073	240 601
江西省电力公司	99.947 9	99.891 8	99.906 0	4.56	9.48	8.23	50 399	148 801	199 200
四川省电力公司	99.944 6	99.887 1	99.902 0	4.86	10	9	53 567	153 214	206 781
重庆市电力公司	99.962 4	99.824 4	99.864 4	3.29	15.38	11.88	40 346	98 930	139 275

续表

企业名称	供电可靠率（%）			平均停电时间（h/户）			等效总用户数		
	城市	农村	全口径	城市	农村	全口径	城市	农村	全口径
西北区域	99.921 0	99.758 1	99.796 7	6.92	21.19	17.81	123 463	397 869	521 332
陕西省电力公司	99.945 4	99.870 5	99.903 6	4.78	11.34	8.44	32 723	41 413	74 136
甘肃省电力公司	99.934 3	99.734 4	99.767 3	5.76	23.27	20.39	27 156	137 788	164 944
青海省电力公司	99.822 7	99.729 5	99.759 9	15.54	23.69	21.03	10 091	20 847	30 937
宁夏电力公司	99.961 3	99.847 0	99.883 1	3.39	13.40	10.24	15 977	34 632	50 609
新疆电力公司	99.899 2	99.734 3	99.765 2	8.83	23.27	20.57	37 516	163 189	200 705
西藏电力有限公司	99.495 9	99.294 3	99.487 0	44.16	62	45	4084	189	4274
南方电网公司	99.962 8	99.873 1	99.893 1	3.26	11.12	9.37	278 888	972 008	1 250 896
广东省	99.976 0	99.915 0	99.931 0	2.14	7.43	6.04	154 409	434 304	588 713
广东电网有限责任公司	99.970 2	99.899 4	99.915 5	2.61	8.81	7.40	102 056	347 111	449 167
广州供电局有限公司	99.982 5	99.972 3	99.976 6	1.53	2.43	2.05	30 246	40 777	71 023
深圳供电局有限公司	99.990 5	99.982 9	99.985 3	0.84	1.50	1.29	22 107	46 417	68 524
广西电网有限责任公司	99.971 0	99.896 2	99.913 8	2.54	9.09	7.55	37 640	122 341	159 981
云南电网有限责任公司	99.950 6	99.855 2	99.870 0	4.33	12.69	11.38	39 154	212 133	251 287
贵州电网有限责任公司	99.915 9	99.777 7	99.802 2	7.37	19.47	17.33	36 573	169 692	206 266
海南电网有限责任公司	99.955 6	99.838 6	99.867 8	3.89	14.14	11.59	11 111	33 538	44 649
内蒙古电力（集团）有限责任公司	99.850 9	99.783 7	99.805 3	13.06	18.95	17.05	42 097	88 521	130 617
山西国际电力集团公司	99.828 3	99.684 1	99.710 9	15	28	25.33	2531	11 097	13 628
陕西省地方电力（集团）有限公司	99.196 4	98.555 6	98.690 6	70	127	114.70	2352	8809	11 161
广西水利电业集团公司	99.648 0	99.068 0	99.157 5	31	82	73.80	13 589	72 482	86 071

直辖市及省会城市用户供电可靠性指标

企业名称	供电可靠率（%）			用户平均停电时间（h/户）			用户数		
	城市	农村	全口径	城市	农村	全口径	城市	农村	全口径
北京市电力公司	99.980 2	99.903 6	99.946 3	1.74	8.45	4.71	77 530	61 581	139 111
石家庄供电公司	99.967 4	99.954 5	99.956 8	2.86	3.99	3.78	20 725	94 040	114 765
太原供电分公司	99.948 4	99.856 0	99.897 7	4.52	12.62	8.97	7317	8900	16 217

续表

企业名称	供电可靠率（%）			用户平均停电时间（h/户）			用户数		
	城市	农村	全口径	城市	农村	全口径	城市	农村	全口径
天津市电力公司	99.974 4	99.923 3	99.949 4	2.24	6.72	4.44	50 860	48 857	99 717
济南供电公司	99.964 6	99.928 2	99.941 0	3.10	6.29	5.17	15 443	28 585	44 029
沈阳供电公司	99.959 9	99.842 3	99.919 3	3.51	13.81	7.07	95 282	208 106	58 365
长春供电公司	99.955 2	99.795 8	99.844 7	3.93	17.88	13.60	15 089	34 076	49 166
哈尔滨供电公司	99.975 5	99.922 0	99.949 9	2.14	7	4.39	28 508	26 193	54 702
南京供电公司	99.991 2	99.981 5	99.985 6	0.77	1.62	1.26	26 587	36 006	62 593
杭州供电公司	99.982 7	99.913 9	99.936 0	1.52	7.54	5.61	28 128	59 003	87 131
合肥供电公司	99.974 6	99.872 5	99.930 2	2.22	11.17	6.11	20 890	16 042	36 932
上海市电力公司	99.982 9	99.952 5	99.964 9	1.50	4.16	3.08	62 419	91 101	153 520
福州供电公司	99.951 0	99.888 1	99.908 3	4.30	9.80	8.03	14 602	30 865	45 467
郑州供电公司	99.987 8	99.983 7	99.985 6	1.07	1.43	1.26	21 692	24 795	46 487
武汉供电公司	99.975 7	99.907 4	99.947 2	2.13	8.11	4.62	28 642	20 488	49 130
长沙供电公司	99.962 7	99.866 0	99.917 4	3.26	11.74	7.24	21 357	18 868	40 225
南昌供电公司	99.968 0	99.943 8	99.952 9	2.80	4.92	4.13	9658	16 095	25 754
成都供电公司	99.960 4	99.910 2	99.927 5	3.47	8	6.35	19 047	36 296	55 344
重庆市电力公司	99.962 4	99.824 4	99.864 4	3.29	15.38	11.88	40 346	98 930	139 275
西安供电公司	99.949 6	99.869 7	99.918 2	4.41	11.42	7.17	17 096	11 097	28 193
兰州供电公司	99.956 1	99.893 4	99.920 5	3.85	9.34	6.96	7481	9828	17 309
西宁供电公司	99.939 4	99.794 8	99.863 0	5.3[illegible]	17.97	12.00	5134	5759	10 893
银川供电公司	99.979 6	99.884 8	99.927 1	1.79	10.09	6.38	7361	9124	16 485
乌鲁木齐供电公司	99.963 5	99.923 6	99.940 7	3.20	6.69	5.19	7459	9914	17 373
拉萨供电公司	99.584 4			36.41			1954		
广州供电局有限公司	99.982 5	99.972 3	99.976 6	1.53	2.43	2.05	30 246	40 777	71 023
南宁供电局	99.974 6	99.896 7	99.919 6	2.23	9.05	7.04	11 273	27 036	38 309
昆明供电局	99.986 3	99.925 3	99.942 0	1.20	6.54	5.08	10 197	27 186	37 382
贵阳供电局	99.972 6	99.903 3	99.929 9	2.40	8.47	6.14	9205	14 808	24 014
海口供电局	99.969 5	99.907 3	99.939 6	2.68	8.12	5.29	4368	4029	8397
呼和浩特供电公司	99.899 5	99.844 2	99.873 8	8.80	13.65	11.06	7826	6816	14 641

2013、2014年发电企业综合厂用电率情况统计表

单位：%

地区	燃煤发电			燃气发电			水电		
	2014年	2013年	增长率	2014年	2013年	增长率	2014年	2013年	增长率
全国平均	6.99	7.01	−0.29	2.59	2.66	−2.48	1.38	1.54	−10.28
北京	9.90	9.80	1.03	2.27	2.31	−1.65	—	—	—
天津	6.30	6.33	−0.47	—	—	—	—	—	—
河北	6.80	6.90	−1.45	—	—	—	—	—	—
山西	8.75	8.29	5.55	—	—	—	0.88	1.32	−33.33
山东	5.82	5.78	0.69	—	—	—	1.56	1.46	6.85
内蒙古（东部）	8.90	8.99	−0.91	—	—	—	—	—	—
内蒙古（西部）	7.10	7.00	1.43	—	—	—	—	—	—
辽宁	6.40	6.57	−2.55	—	—	—	1.62	1.07	51.84
吉林	7.82	8.18	−4.49	—	—	—	0.82	0.48	70.47
黑龙江	6.45	6.48	−0.54	—	—	—	0.92	0.65	41.27
陕西	7.66	8.07	−5.09	—	—	—	2.39	2.76	−13.41
甘肃	7.30	7.28	0.27	—	—	—	1.43	1.23	15.99
宁夏	7.58	7.54	0.56	—	—	—	2.55	2.54	0.39
青海	8.57	7.29	17.60	—	—	—	0.68	0.75	−9.70
新疆	9.06	7.36	23.14	—	—	—	1.27	4.15	−69.28
上海	4.67	4.83	−3.31	2.63	2.71	−2.83	—	—	—
浙江	5.99	6.52	−8.11	3.03	3.19	−5.14	1.33	1.31	1.43
江苏	4.49	4.67	−3.85	1.68	1.72	−2.33	1.85	2.25	−17.78
安徽	5.01	5.22	−4.17	—	—	—	3.35	1.63	105.29
福建	5.71	5.95	−4.04	1.79	1.84	−2.41	1.12	1.21	−7.62
湖北	5.95	5.89	1.02	4.16	4.17	−0.19	0.66	0.72	−8.79
河南	9.07	8.96	1.23	1.95	1.99	−2.10	2.58	2.20	17.71
湖南	5.27	6.39	−17.57	—	—	—	0.52	0.67	−22.22
江西	5.17	6.08	−14.93	—	—	—	2.82	2.71	4.04
四川	7.62	7.63	−0.16	2.66	2.70	−1.52	1.25	1.29	−3.10
重庆	7.84	7.83	0.11	—	—	—	0.58	0.86	−31.97
广东	6.57	5.47	20.17	3.22	3.28	−1.88	0.70	0.83	−16.16
广西	7.37	7.63	−3.42	—	—	—	0.86	1.01	−14.66
云南	6.95	6.80	2.32	—	—	—	0.19	0.19	0.77
贵州	9.32	8.79	6.03	—	—	—	1.00	0.85	17.65
海南	5.13	6.87	−25.34	2.54	2.68	−5.34	1.52	5.80	−73.85

续表

地区	风电			核电			太阳能发电			生物质能发电		
	2014年	2013年	增长率	2014年	2013年	增长率	2014年	2013年	增长率	2014年	2013年	增长率
全国平均	2.51	2.50	0.76	6.24	6.27	−0.48	8.59	10.2	−15.86	9.46	9.64	−1.89
北京	—	—	—	—	—	—	—	—	—	—		—
天津	2.74	3.62	−24.31	—	—	—	—	—	—	—	—	—
河北	2.15	2.14	0.47	—	—	—	1.69	1.47	14.97	3.31	6.04	−45.20
山西	2.74	3.02	−9.27	—	—	—	—	—	—	—	—	—
山东	2.69	2.77	−2.89	—	—	—	7.59	3.43	121.28	10.35	9.39	10.22
内蒙古（东部）	1.15	1.04	9.99	—	—	—	—	—	—	—	—	—
内蒙古（西部）	1.90	2.10	−9.52	—	—	—	1.91	2.20	−13.18	—	—	—
辽宁	1.57	1.75	−10.42	5.78	6.83	−15.37	—	—	—	—	—	—
吉林	1.40	1.29	7.94	—	—	—	—	—	—	—	—	—
黑龙江	1.91	1.89	1.23	—	—	—	—	—	—	—	—	—
陕西	1.11	2.66	−58.27	—	—	—	0.86	1.01	−14.27%	—	—	—
甘肃	2.62	2.52	3.88	—	—	—	1.46	1.38	6.00	—	—	—
宁夏	4.10	3.37	21.66	—	—	—	0.39	3.37	−88.53%	5.40	4.89	10.43
青海	3.57	3.91	−8.70	—	—	—	1.28	1.59	−19.50	—	—	—
新疆	2.70	3.29	−17.76	—	—	—	2.46	3.79	−35.09	—	—	—
上海	3.86	3.00	28.64	—	—	—	—	—	—	—	—	—
浙江	2.47	3.03	−18.29	6.77	6.25	8.27	70.33	85.71	−17.95	7.20	6.25	15.25
江苏	2.91	2.75	5.82	6.41	6.45	−0.66	4.04	1.34	201.30	11.17	11.98	−6.78
安徽	2.49	2.72	−8.26	—	—	—	—	—	—	10.09	9.93	1.69
福建	1.50	2.24	−33.24	7.05	7.44	−5.21	—	—	—	13.66	12.32	10.82
湖北	3.58	2.68	33.63	—	—	—	—	—	—	5.12	4.45	15.07
河南	2.32	1.96	17.96	—	—	—	7.74	6.95	11.25	10.25	11.08	−7.52
湖南	2.96	2.65	11.69	—	—	—	—	—	—	12.74	12.48	2.04
江西	—	—	—	—	—	—	—	—	—	11.99	11.35	5.70
四川	1.90	1.99	−4.33	—	—	—	3.28	—	—	16.21	17.07	−5.06
重庆	3.46	3.82	−9.54	—	—	—	—	—	—	—	—	—
广东	—	—	—	5.20	4.39	18.53	—	—	—	5.49	8.12	−32.41
广西	—	—	—	—	—	—	—	—	—	—	—	—
云南	2.13	1.89	12.56	—	—	—	—	—	—	—	—	—
贵州	2.11	2.70	−21.96	—	—	—	—	—	—	—	—	—
海南	3.85	0.56	583.68	—	—	—	—	—	—	—	—	—

注 1. 综合厂用电率＝发电量与上网电量差/发电量。
2. 此次统计不含西藏。

2013、2014年发电企业平均上网电价情况统计表

单位：元/MWh、%

地区	燃煤发电			燃气发电			水电		
	2014年	2013年	增长率	2014年	2013年	增长率	2014年	2013年	增长率
全国平均	418.77	427.01	−1.93	758.36	682.60	11.1	291.61	283.19	2.97
北京	514.61	529.40	−2.79	882.45	795.92	10.87			—
天津	430.30	433.10	−0.65			—	—	—	—
河北	425.39	427.97	−0.6			—	—	—	—
山西	384.42	388.80	−1.13			—	369.64	336.70	9.78
山东	456.79	462.27	−1.18			—	—	—	—
内蒙古（东部）	283.68	280.92	0.98			—	—	—	—
内蒙古（西部）	318.58	325.86	−2.23			—	—	—	—
辽宁	363.98	373.01	−2.42			—	692.75	590.23	17.37
吉林	321.39	337.84	−4.87			—	—	—	—
黑龙江	401.67	403.86	−0.54			—	392.07	391.48	0.15
陕西	380.59	390.57	−2.56			—	321.67	318.93	0.86
甘肃	312.02	326.57	−4.46			—	207.66	208.08	−0.2
宁夏	280.82	265.80	5.65			—	265.82	259.97	2.25
青海	348.36	351.80	−0.98			—	256.31	226.63	13.1
新疆	253.90	256.74	−1.11			—	246.29	248.64	−0.95
上海	457.74	464.70	−1.5	767.33	647.47	18.51	—	—	—
浙江	482.60	492.48	−2	942.29	859.99	9.57	693.03	689.46	0.52
江苏	412.55	424.05	−2.71	853.54	702.41	21.52	557.89	653.00	−14.57
安徽	427.54	432.55	−1.16			—	272.41	297.22	−8.34
福建	428.45	430.52	−0.48	588.32	584.18	0.71	301.43	304.69	−1.07
湖北	466.85	479.70	−2.68	962.83	767.02	25.53	291.89	264.07	10.54
河南	453.23	454.00	−0.17	667.19	605.26	10.23	357.39	352.93	1.26
湖南	489.17	503.28	−2.8			—	366.13	344.79	6.19
江西	469.39	488.53	−3.92			—	281.81	282.03	−0.08
四川	469.22	532.74	−11.92	905.31	838.56	7.96	304.98	301.60	1.12
重庆	445.73	445.79	−0.01			—	314.65	318.66	−1.26
广东	536.36	544.28	−1.45	589.19	590.41	−0.21	272.65	285.14	−4.38
广西	488.42	493.83	−1.1			—	284.06	259.06	9.65
云南	356.66	338.84	5.26			—	250.15	265.10	−5.64
贵州	380.69	379.10	0.42			—	291.01	288.08	1.02
海南	471.16	491.62	−4.16	445.61	424.48	4.98	396.30	391.29	1.28

续表

地区	风电			核电			太阳能发电			生物质能发电		
	2014年	2013年	增长率	2014年	2013年	增长率	2014年	2013年	增长率	2014年	2013年	增长率
全国平均	572.06	562.31	1.73	455.70	436.15	4.48	1075.82	1064.37	1.08	846.14	720.23	17.48
北京				—	—	—	—	—	—	—	—	—
天津	607.37	608.95	−0.26	—	—	—	—	—	—	—	—	—
河北	543.76	546.87	−0.57	—	—	—	1260.38	1170.00	7.73	749.97	749.97	—
山西	619.23	611.17	1.32	—	—	—	—	—	—	—	—	—
山东	755.73	767.39	−1.52	—	—	—	1484.13	1552.84	−4.42	755.81	755.93	−0.02
内蒙古（东部）	535.84	467.04	14.73	—	—	—	—	—	—	—	—	—
内蒙古（西部）	507.66	517.64	−1.93	—	—	—	1031.04	1054.31	−2.21	—	—	—
辽宁	513.38	526.30	−2.45	—	—	—	—	—	—	—	—	—
吉林	506.50	554.57	−8.67	—	—	—	—	—	—	678.60	637.87	6.38
黑龙江	599.55	620.58	−3.39	—	—	—	—	—	—	—	—	—
陕西	642.03	597.62	7.43	—	—	—	849.26	886.56	−4.21	—	—	—
甘肃	566.44	548.80	3.21	—	—	—	960.89	916.33	4.86	—	—	—
宁夏	595.87	582.39	2.31	—	—	—	1056.40	1226.60	−13.88	484.22	496.62	−2.5
青海	831.55	635.61	30.83	—	—	—	1019.03	911.84	11.76	—	—	—
新疆	563.47	563.07	0.07	—	—	—	979.51	936.06	4.64	—	—	—
上海	819.36	878.97	−6.78	—	—	—	827.78	827.78	—	—	—	—
浙江	672.07	705.51	−4.74	419.42	418.36	0.25	1473.33	1462.50	0.74	662.47	578.12	14.59
江苏	592.92	588.62	0.73	454.97	450.58	0.97	1392.52	1542.04	−9.7	1352.20	729.53	85.35
安徽	610.00	610.00	0	—	—	—	1000.00		—	750.01	750.01	0
福建	576.49	533.64	8.03	501.60	405.88	23.58	—	—	—	521.27	583.81	−10.71
湖北	823.87	823.27	0.07	—	—	—	—	—	—	689.47	472.50	45.92
河南	614.53	609.99	0.74	—	—	—	345.41	435.52	−20.69	733.78	737.05	−0.44
湖南	763.61	741.77	2.94	—	—	—	—	—	—	782.80	712.47	9.87
江西	—	—	—	—	—	—	—	—	—	745.77	751.14	−0.71
四川	609.86	566.12	7.73	—	—	—	1127.53	—	—	512.52	619.27	−17.24
重庆	597.27	609.93	−2.08	—	—	—	—	—	—	—	—	—
广东	—	—	—	441.68	436.20	1.26	—	—	—	747.01	747.02	0
广西	—	—	—	—	—	—	—	—	—	—	—	—
云南	477.89	587.75	−18.69	—	—	—	1854.9	1346.18	37.79	—	—	—
贵州	603.79	604.20	−0.07	—	—	—	—	—	—	—	—	—
海南	566.13	615.36	−8	—	—	—	—	—	—	—	—	—

注 平均上网电价＝售电收入/上网电量×1.17，含税。

2013、2014 年电网企业线损率统计表

单位：%

地　区	2014 年	2013 年	增长率
全国平均	6.20	6.53	−5.05
北京	6.89	7.57	−8.99
天津	6.76	6.80	−0.60
河北（北网）	5.50	6.51	−15.62
河北（南网）	7.83	8.04	−2.50
山西	6.60	7.06	−6.48
山东	6.68	7.47	−10.59
内蒙古（东部）	9.07	8.89	2.05
内蒙古（西部）	4.29	4.42	−0.13
辽宁	6.21	6.34	−2.07
吉林	7.34	7.68	−4.45
黑龙江	7.21	7.22	−0.18
陕西	7.19	7.20	−0.14
甘肃	5.13	5.18	−1.04
宁夏	3.64	3.92	−7.13
青海	3.08	3.72	−17.04
新疆	7.99	11.47	−30.30
上海	6.24	6.31	−1.18
浙江	4.41	4.67	−5.69
江苏	4.59	5.98	−23.25
安徽	7.67	7.96	−3.59
福建	5.65	6.10	−7.33
湖北	6.42	6.81	−5.82
河南	6.06	6.33	−4.29
湖南	8.95	9.50	−5.74
江西	7.22	7.36	−1.95
四川	9.45	9.52	−0.82
重庆	7.48	7.93	−5.71
广东	5.64	5.96	−5.32
广西	6.80	6.89	−0.09
云南	6.62	7.18	−7.8
贵州	6.41	6.1	5.08
海南	7.76	7.90	−1.77
广州	5.05	5.21	−3.07
深圳	3.22	4.14	−0.92

2013、2014年电网企业平均购销差价（不含税）统计表

单位：元/MWh、%

地区	购销差价（含线损）			购销差价（不含线损）		
	2014年	2013年	增长率	2014年	2013年	增长率
全国平均	208.11	192.7	8.0	185.32	168.21	10.17
北京	216.19	208.40	3.74	184.49	180.74	2.07
天津	212.97	199.99	6.49	183.45	173.12	5.96
河北（北网）	152.89	145.69	4.94	138.61	122.97	12.72
河北（南网）	205.56	204.54	0.50	174.10	172.73	0.80
山西	118.59	114.72	3.37	105.42	98.87	6.63
山东	220.92	182.10	21.32	198.10	160.84	23.16
内蒙古（东部）	225.46	197.70	14.04	202.24	177.04	14.23
内蒙古（西部）	104.98	108.88	−3.59	91.73	94.85	−3.3
辽宁	197.75	197.62	0.06	175.39	174.78	0.35
吉林	196.25	199.70	−1.73	172.78	175.35	−1.46
黑龙江	142.59	150.46	−5.23	120.82	128.37	−5.88
陕西	157.25	147.71	6.46	135.82	123.88	9.64
甘肃	149.17	117.19	27.30	137.83	108.75	26.74
宁夏	100.06	94.98	5.36	94.44	89.04	6.07
青海	94.84	108.60	−12.68	87.73	100.13	−12.39
新疆	169.84	126.95	33.79	156.89	109.32	43.52
上海	237.39	216.53	9.63	210.34	188.25	11.73
浙江	222.81	216.14	3.09	203.15	194.44	4.48
江苏	211.02	201.40	4.77	195.05	178.38	9.35
安徽	226.73	192.35	17.87	200.47	164.10	22.16
福建	204.43	196.33	4.12	182.29	173.81	4.88
湖北	224.14	215.10	4.20	200.24	189.64	5.59
河南	128.00	96.79	32.25	114.08	76.34	49.44
湖南	221.27	215.63	2.62	187.29	177.09	5.76
江西	251.24	243.95	2.99	221.11	213.24	3.69
四川	196.60	187.36	4.93	177.83	169.35	5.01
重庆	233.24	222.44	4.85	207.91	194.72	6.77
广东	178.08	174.76	1.90	152.04	146.55	3.74
广西	159.57	145.67	9.54	135.87	120.16	13.07
云南	135.68	145.58	−6.80	118.37	126.72	−6.58
贵州	137.9	143.81	−4.11	117.26	123.68	−5.19
海南	232.07	234.25	−0.93	198.08	199.46	−0.69
广州	195.59	197.99	−1.21	170.14	171.47	−0.77
深圳	147.54	152.36	−3.16	128.91	128.09	0.64
国家电网公司本部	48.71	47.04	3.55	39.93	38.89	2.68
南方电网公司本部	81.07	78.74	2.95	62.84	61.65	1.92

注 省级电网全口径电量购销价差，未剔除对省外送电的数据影响。

2013、2014年电网企业平均销售电价和居民用电平均电价统计表

单位：元/MWh、%

地区	平均销售电价			居民用电平均电价		
	2014年	2013年	增长率	2014年	2013年	增长率
全国平均	647.05	635.49	1.82	557.48	555.22	0.41
北京	776.09	737.88	5.18	495.68	489.86	1.19
天津	719.35	676.80	6.29	502.37	500.40	0.39
河北（北网）	596.32	591.43	0.83	514.91	491.10	4.85
河北（南网）	664.24	667.44	−0.48	524.74	526.33	−0.30
山西	520.67	521.51	−0.16	485.95	487.18	−0.25
山东	711.83	672.04	5.92	535.66	536.14	−0.09
内蒙古（东部）	556.32	531.78	4.61	504.03	504.93	−0.18
内蒙古（西部）	400.88	412.06	−2.71	439.81	440.49	−0.15
辽宁	628.12	629.24	−0.18	511.17	512.25	−0.21
吉林	625.87	629.16	−0.52	533.80	533.16	0.12
黑龙江	559.26	564.22	−0.88	480.81	481.11	−0.06
陕西	560.45	557.94	0.45	507.35	507.90	−0.11
甘肃	461.92	426.65	8.27	526.40	525.34	0.20
宁夏	407.34	408.41	−0.26	456.31	446.70	2.15
青海	384.24	382.43	0.47	406.99	405.94	0.26
新疆	444.22	393.02	13.03	531.62	531.66	−0.01
上海	768.82	752.50	2.17	569.73	574.31	−0.80
浙江	753.64	755.87	−0.30	556.62	560.66	−0.72
江苏	693.94	695.87	−0.28	519.63	525.78	−1.17
安徽	690.14	656.28	5.16	568.63	573.59	−0.86
福建	668.68	663.27	0.82	557.33	546.66	1.95
湖北	674.89	677.92	−0.45	585.79	594.36	−1.44
河南	569.43	542.52	4.96	569.83	581.23	−1.96
湖南	672.83	674.23	−0.21	607.38	614.20	−1.11
江西	732.71	737.37	−0.63	618.50	620.38	−0.30
四川	549.84	541.39	1.56	531.00	539.83	−1.64
重庆	643.31	647.15	−0.59	538.39	545.07	−1.23
广东	714.83	722.32	−1.04	647.04	641.79	0.82
广西	566.79	573.66	−1.20	461.34	460.51	0.18
云南	444.24	454.51	−2.26	476.43	473.88	0.54
贵州	511.95	529.27	−3.27	484.77	489.71	−1.01
海南	744.18	748.61	−0.59	604.79	599.75	0.84
广州	788.64	796.17	−0.95	654.24	649.89	0.67
深圳	827.82	836.62	−1.05	715.17	711.62	0.50
国家电网公司本部	412.61	417.03	−1.06	—	—	—
南方电网公司本部	459.42	464.92	−1.18	—	—	—

注 1. 平均销售电价不含政府性基金及附加，含税。
2. 居民用电平均电价为到户价。

2013、2014年电网企业政府性基金及附加平均水平统计表

单位：元/MWh、%

地区	2014年	2013年	增长率
全国平均	38.96	35.05	11.17
北京	49.96	45.71	9.30
天津	56.12	51.55	8.87
河北（北网）	33.48	28.47	17.59
河北（南网）	29.32	25.48	15.07
山西	44.34	39.25	12.96
山东	37.59	28.12	33.68
内蒙古（东部）	40.32	34.95	15.36
内蒙古（西部）	48.44	43.61	4.83
辽宁	31.97	27.75	15.22
吉林	45.90	41.87	9.64
黑龙江	23.96	19.96	20.06
陕西	42.19	39.96	5.59
甘肃	19.49	16.16	20.62
宁夏	24.40	22.94	6.36
青海	21.93	18.80	16.67
新疆	9.14	7.94	15.12
上海	63.82	58.44	9.21
浙江	40.94	36.40	12.47
江苏	41.87	36.57	14.48
安徽	36.55	50.66	−27.85
福建	22.34	20.00	11.69
湖北	47.38	43.16	9.78
河南	33.32	29.87	11.58
湖南	45.71	40.94	11.65
江西	27.87	24.12	15.58
四川	45.34	39.84	13.80
重庆	65.76	60.08	9.46
广东	41.31	37.09	11.38
广西	43.17	39.64	8.90
云南	43.68	40.35	8.25
贵州	28.4	23.71	19.78
海南	38.93	34.56	12.64
广州	40.67	36.52	11.36
深圳	43.16	37.74	14.36

注 电网企业省内售电量口径平均值，含税。

企业风采

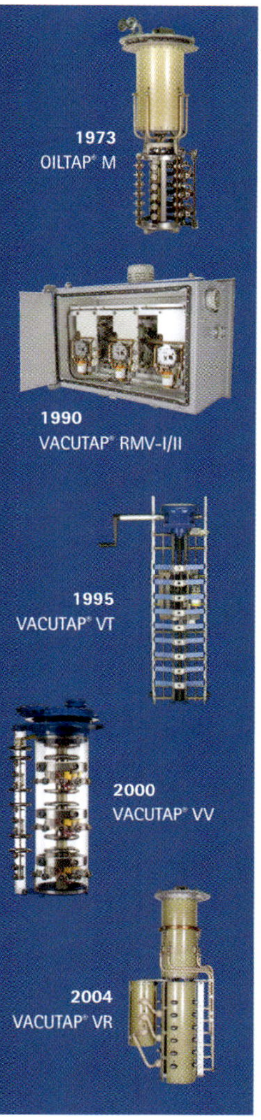
1973
OILTAP® M
1990
VACUTAP® RMV-I/II
1995
VACUTAP® VT
2000
VACUTAP® VV
2004
VACUTAP® VR

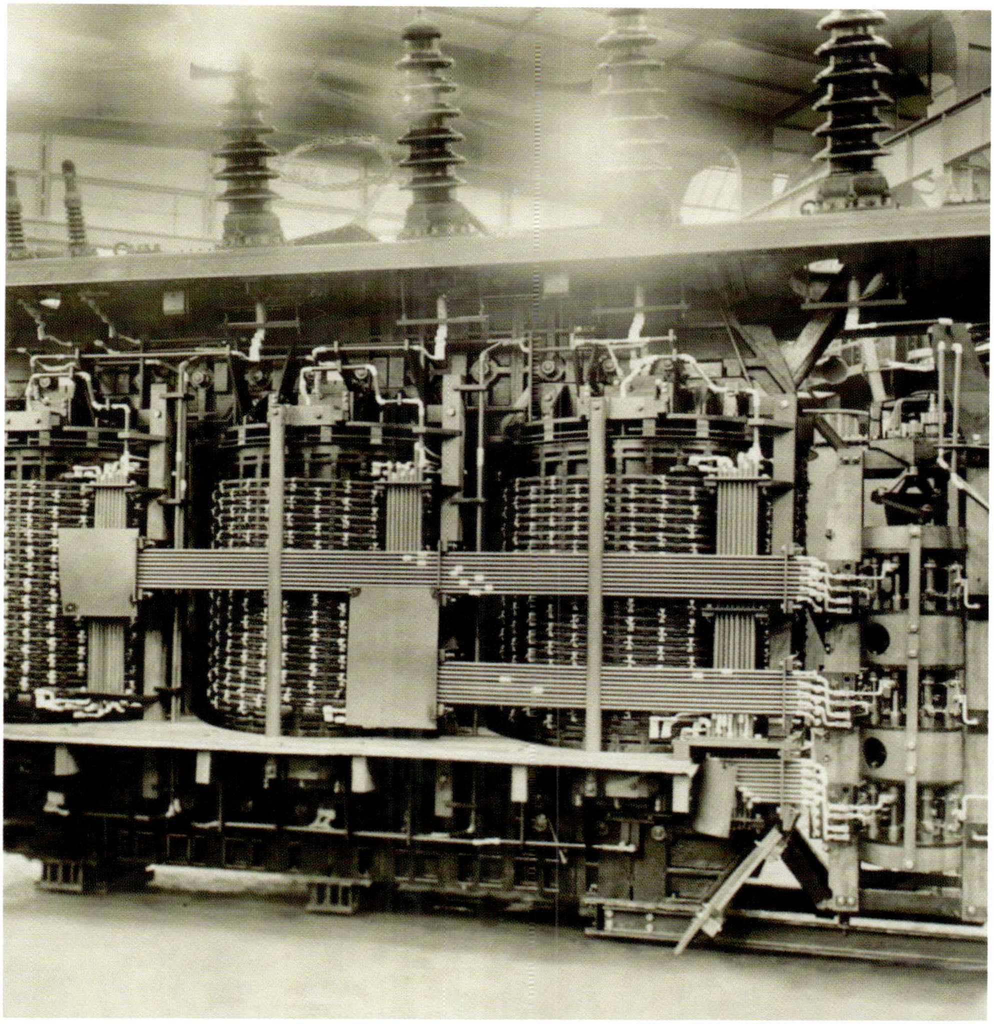

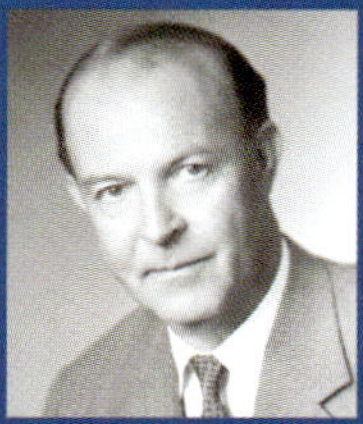

中电控股有限公司
嘉道理家族——心系祖国

1985 年，国家领导人邓小平接见罗兰士·嘉道理勋爵

中电控股有限公司主要股东为嘉道理家族。嘉道理家族与内地的渊源可谓非常深厚，其历史始自家族事业的创始人艾利·嘉道理爵士于 19 世纪末在香港及上海两地创业。20 世纪 30 年代，罗兰士·嘉道理(后获封勋爵)任中电董事时，已开始探讨香港与广东两地间的供电计划，惟计划因战乱告吹。

1985 年，中电集团主席罗兰士·嘉道理勋爵参加在人民大会堂举行的广东大亚湾核电站签约仪式

1985 年，嘉道理勋爵的粤港合作愿景终于得到实现，中电决定投资参建国内首个大型商用核电项目——广东大亚湾核电站，并由旗下的香港核电投资有限公司与广东核电投资有限公司（为中国广核集团全资附属公司）在北京人民大会堂签署合营合同，为中国核电事业的历史翻开新的一页，也成为内地改革开放以来最早期和最大型的中外合资项目之一。大亚湾核电站由 1994 年投产至今，一直为香港和广东省提供可靠和洁净的能源。

1985 年，国家领导人邓小平于北京接见中电管理层

罗兰士·嘉道理一直相信，香港作为与国家的两种意识形态和行政管理模式之间的中性点，可以发挥重要的作用。而在过去 30 年这一远见已

经变成了现实。今天香港与内地，已经在各个领域正在更加紧密地结合在一起。

随后，中电在嘉道理勋爵儿子米高·嘉道理爵士的领导下，除了透过中电控股有限公司，积极在内地多个地区投资多元化的电力业务外，家族其他业务同时拓展至不同领域，包括基础建设、能源、酒店、航空、制造业等。另外，嘉道理家族一直热心公益，设立慈善基金积极推动慈善事业，善举惠及亚洲多个地区的人民，至今在内地赞助了超过100个慈善项目，遍布22个省（区、市）。

展望将来，中电将按集团所定下的“专注·成效·增长”投资策略，视中国内地为主要增长市场之一，采取灵活而专注的投资方针，重点发展内地可再生能源，例如全新的风电和太阳能光伏发电项目，以及高效的燃煤发电项目。

中电亦会秉持“关心社群”的价值观，在业务所在地继续推行各项社区活动，致力改善当地人民的生活质素，为社区发展带来正面影响。

2008年，国务委员刘延东在北京接见中电集团主席米高·嘉道理爵士

2013年，国家副主席李源潮在人民大会堂接见中电集团主席米高·嘉道理爵士（右四）率领的中电代表团，包括中电控股有限公司首席执行官蓝凌志（左四）、中华电力有限公司副主席阮苏少湄（左三）、中国区总裁陈绍雄（右二）以及中电中国区域总部总经理蔡静伟（左一）

2014年广东省委书记胡春华在广州接见中电集团主席米高·嘉道理爵士

中电集团
百年基业
CLP Group - A Century of Excellence

中电是亚太区内能源业的主要投资者及营运商。中电立足香港，百多年来一直为这东方之珠的经济繁荣而努力。中电业务遍布中国内地、印度、东南亚、中国台湾及澳大利亚。在业务所在地，我们积极参与当地的社会及经济发展，与广大社群共缔可持续增长。

CLP is a leading investor and operator in the energy sector in Asia Pacific. With over a century of history we have played a pivotal role in powering Hong Kong's success. Today, our business spans across Mainland China, India, Southeast Asia, China Taiwan and Australia. Where we operate, we become part of the social and economic fabric of the local communities, working with them to achieve sustainable growth.

香港 HONG KONG

中电在香港经营纵向式的电力业务，涵盖发电、输电和供电，以及零售服务，受管制计划协议规管。为 240 万个客户提供可靠度高达 99.999% 的世界级电力服务。

CLP operates a vertically-integrated and regulated power business in Hong Kong, which includes generation, transmission and distribution, and retail, serving 2.4 million customers with a reliability rate of 99.999%.

中国内地 MAINLAND CHINA

中电自 1979 年起踏足中国内地的电力行业，是内地发电行业最大的境外发电商之一，发展洁净及低碳能源，包括高效燃煤、核电和可再生能源。

CLP has been in the Mainland power industry since 1979. We are one of the largest external independent power producers, with a focus on producing clean and low-carbon energy such as efficient coal, nuclear and renewables.

印度 INDIA

中电在印度发展多元化的环保发电项目，涵盖燃煤、天然气及可再生能源，是印度电力行业中最大的外商之一，并且是当地最大的风力发电投资者。

CLP has a diversified and climate-friendly generation portfolio that includes coal, gas and renewable energy in India. We are the biggest wind power generator and one of the largest foreign investors in the Indian electricity sector.

东南亚及中国台湾 SOUTHEAST ASIA & TAIWAN

中电于 1990 年初已开始投资于东南亚及中国台湾市场。目前，我们持有台湾和平电厂及泰国 Lopburi 太阳能光伏发电项目的权益；并正与业务伙伴合作发展在越南的两个燃煤发电项目。

We began our investment in Southeast Asia and China Taiwan in the early 1990s. Currently, we have interests in Ho-Ping Power Station in Taiwan, the Lopburi solar project in Thailand and are co-developing two coal-fired projects in Vietnam.

澳大利亚 AUSTRALIA

EnergyAustralia 经营综合能源业务，服务澳大利亚东南部 260 万个客户，拥有数十亿元资产组合，包括燃煤、天然气、风力发电及燃气贮存设施。

Through EnergyAustralia, we operate an integrated energy business serving 2.6 million customers across southeast Australia. Our multi-billion dollar asset portfolio includes coal, gas and wind generation as well as gas storage facilities.

我们承诺在发展及实现业务目标的过程中，遵循可持续发展的原则

We are guided by our commitment to the principles of sustainable development

中电的目标是成为亚太区最具领先地位的负责任能源供货商，代代相承。

CLP's vision is to be the leading responsible energy provider in the Asia-Pacific region, from one generation to the next.

我们向业务有关人士做出的承诺，表明我们对落实价值观的决心。

Our commitments are the promises that we make to our stakeholders about the way in which we will uphold our values.

在瞬息万变的世界中，我们的使命是在生产及供应能源的同时，致力把对环境的影响减至最低，为股东、雇员及广大社群创优增值。

In a changing world, our mission is to produce and supply energy with minimal environmental impact to create value for shareholders, employees and the wider community.

透过中电的政策声明和纪律守则，我们得以在日常实务中体现集团的价值观和承诺。

CLP's policy statements and our code of conduct serve as the mechanism we use to incorporate our values and commitments into everyday practices.

集团的价值观为我们实践使命提供指引，达成目标。
Our values guide us in fulfilling our mission and turning CLP's vision into reality.

- 中电以人为本 CLP Cares for People
- 中电关心社群 CLP Cares for the Community
- 中电爱护环境 CLP Cares for the Environment
- 中电重视表现 CLP Cares about Performance
- 中电守法循章 CLP Respects Laws and Standards
- 中电重视创意和知识 CLP Values Innovation and Knowledge

中广核新能源简介

中国广核集团是中国乃至世界领先的清洁能源开发商和服务提供商，内部实行“核能、新能源、核燃料、金融以及综合服务等”的“4+X”产业化板块运作。

中广核新能源板块作为中国广核集团发展的第二支柱产业，业务包括风力发电、太阳能发电、水力发电、燃气发电、生物质能发电、热电联产等类型，地域覆盖全国29个省（区、市），海外项目覆盖韩国、澳大利亚、新加坡、马来西亚、埃及、孟加拉国、阿联酋、巴基斯坦等地。

中广核新能源板块由中国广核新能源控股有限公司、中广核风电有限公司、中广核太阳能开发有限公司、中广核能源开发有限责任公司、中广核节能产业发展有限公司组成。其中，中国广核新能源控股有限公司2014年10月成功在香港上市（港股代码：1811.HK），定位为中国广核集团开发、运营非核清洁及可再生能源发电项目的全球唯一平台。

截至2016年9月，中广核新能源板块控股装机容量累计2200万kW，总资产1600多亿元。

新能源

风电业务

中广核新能源板块风电业务，遍布全国 27 个省（区、市），在运装机容量 900 多万 kW，排名全国前三，自主开发能力每年 150 万 kW 以上，创造了风电行业“七个第一”和“四个领先”的佳绩。

如东海上风电示范项目

宁海一市风电场

4 个领先

◆在全国“十二五’第五批风电拟核准计划中获批容量行业排名第一。

◆年度新增核准容量 337 万 kW，行业排名领先。

◆年度新增投运 150 万 kW 以上，行业排名前列 。

◆度电成本、度电利润达到行业领先水平。

七个第一

◆中标了中国第一个最大的风电特许权项目——内蒙古锡盟灰腾梁 30 万 kW 风电场。

◆参加了中国第一个百万千瓦风电基地——张家口风电基地的建设。

◆参加了中国第一个千万千瓦风电基地——酒泉风电基地的建设。

◆参与了中国第一个大型海上风电项目——上海东海大桥 10 万 kW 海上示范项目建设。

◆承建了中国第一个分散式示范项目——新疆哈密分散式示范项目的相关工作。

◆实现了央企第一个全内资海外风电项目——澳大利亚 ML 风电项目的建设投产。

◆自主开发建设中国第一个满足“双十”标准的海上风电项目——如东 15 万 kW 海上风电场示范项目。

太阳能业务

中广核新能源板块太阳能业务，致力于太阳能电站及其他新能源的投资、建设和运营维护以及太阳能相关技术研发，包括大型光伏地面电站、分布式光伏发电（农光互补、渔光互补、建筑一体化）、光热发电、微电网、生物质能发电、多种清洁能源一体化等。业务遍布全国 29 个省（区、市），在运装机容量近 200 万 kW，行业排名全国前列。2015 年新增投产容量 90 万 kW，为前 5 年投产容量总和的 1.5 倍，自主开发总量位列全国央企第二。业务扩张迅速，开创“三个第一”“三项最大”。

西藏桑日光伏发电项目

新能源

3个第一

3项最大

2012 年 9 月，建成当时世界上容量最大的单体并网光伏电站——锡铁山 100MW 光伏电站

2014 年 11 月，开工建设世界上规模最大的民航机场光伏电站——中广核深圳机场屋顶光伏发电示范项目二期工程

2015 年 7 月，成功中标公司成立以来单体最大中标项目——山西大同采煤沉陷区 300MW 光伏示范项目

水电业务

广西柳州红花水电站

中广核新能源板块水电业务，在运控股装机 158 万 kW，拥有投运水电站十余个，具备扎实的水电站运营管理能力。中广核能源开发有限责任公司积极开拓抽水蓄能市场，抽水蓄能在运权益装机容量 220.8 万 kW，位居全国第三，是中国第一座抽水蓄能电站，也是世界上最大的抽水蓄能电站——广州抽水蓄能电站的第二大股东，是中国第一座周调节性能的抽水蓄能电站——惠州抽水蓄能电站的第二大股东。

中广核新能源板块抽水蓄能业务发展较早，目前除在运抽水蓄能电站外，抽蓄能资源储备近 700 万 kW，与国家电网公司和南方电网公司建立了良好的合作关系。目前，抽水蓄能业务依托核电主业及风电、太阳能等新能源开发，在核蓄、风蓄、光蓄配套方面有自身的需求和长期研究，在抽水蓄能电站开发方面积累了丰富的建设运营管理经验，具有较强的技术、资金和管理实力。

广州抽水蓄能电站

新能源

节能业务

东力燃气公司

中广核新能源板块节能业务致力于全社会的节能减排与高效能源利用，以“低碳、低能耗、低排放”方式为市场和客户提供“高能效、高品质、高价值”的清洁能源产品和服务。目前已经在广东、江苏、山东、江西、河北、广西、新疆等地建设车船加气站、工业气化站、LNG分销储运站、生物质制天然气、分布式能源站等多个项目。

新疆呼图壁种牛场养殖废弃物生产生物天然气项目是国家规模化生物天然气试点项目，项目于2015年5月20日开工，并于当年12月29日产出工业沼气，刷新了国内同类项目最快建设速度，也是2015年中国唯一建成投产的规模化生物天然气试点项目。

新疆呼图壁项目

国际业务

中广核新能源板块积极落实国家“一带一路”战略，努力开拓国际市场，目前海外项目已覆盖韩国、澳大利亚、新加坡、马来西亚、埃及、孟加拉国、阿联酋、巴基斯坦等地，海外装机总量达884.3万kW。其中，通过收购马来西亚埃德拉项目一举获得了“一带一路”沿线5个国家13个清洁能源项目，合计控股在运装机容量662万kW，使国际业务实现飞跃发展。

韩国栗村燃气二期项目

中广核新能源板块通过做好战略谋划、市场研究和重点区域开发等工作，使国际业务具备了强劲的市场开发能力、海外公司治理和管控能力、系统集成能力和资源整合能力、项目管理和“安质环”管控能力以及资本运营和融资能力，成为中国央企中国际市场开发走在前列的企业。

企业风采专栏特约编委

附 录

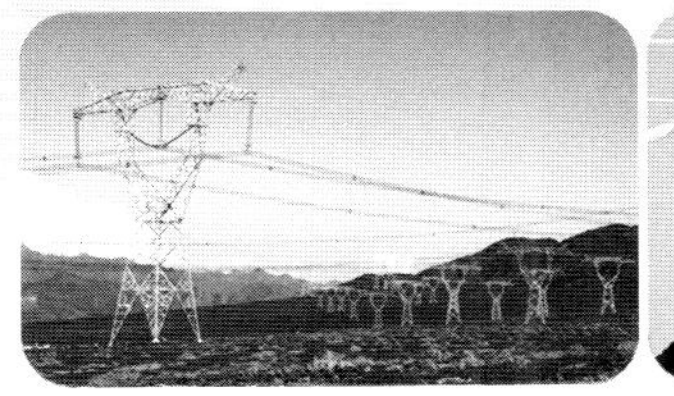

2015年发布的电力国家标准

序号	标准编号	标准名称	代替标准	实施日期
1	GB/T 31365—2015	光伏发电站接入电网检测规程		2015-09-01
2	GB/T 31366—2015	光伏发电站监控系统技术要求		2015-09-01
3	GB/T 31367—2015	中低压配电网能效评估导则		2015-09-01
4	GB 51096—2015	风力发电场设计规范		2015-11-01
5	GB/Z 25320.7—2015	电力系统管理及其信息交换　数据和通讯安全　第7部分：网络和系统管理（NSM）的数据对象模型		2015-12-01
6	GB/T 31460—2015	高压直流换流站无功补偿与配置技术导则		2015-12-01
7	GB/T 31461—2015	火力发电机组快速减负荷技术导则		2015-12-01
8	GB/T 31464—2015	电网运行准则		2015-12-01
9	GB/T 18487.1—2015	电动汽车传导充电系统　第1部分：通用要求	GB/T 18487.1—2001	2016-01-01
10	GB/T 27930—2015	电动汽车非车载传导式充电机与电池管理系统之间的通信协议	GB/T 27930—2011	2016-01-01
11	GB/T 31840.1—2015	额定电压1kV（U_m＝1.2kV）到35kV（U_m＝40.5kV）铝合金芯挤包绝缘电力电缆　第1部分：额定电压1kV（U_m＝1.2kV）和3kV（U_m＝3.6kV）电缆		2016-02-01
12	GB/T 31840.2—2015	额定电压1kV（U_m＝1.2kV）到35kV（U_m＝40.5kV）铝合金芯挤包绝缘电力电缆　第2部分：额定电压6kV（U_m＝7.2kV）到30kV（U_m＝36kV）电缆		2016-02-01
13	GB/T 31840.3—2015	额定电压1kV（U_m＝1.2kV）到35kV（U_m＝40.5kV）铝合金芯挤包绝缘电力电缆　第3部分：额定电压35kV（U_m＝40.5kV）电缆		2016-02-01
14	GB/T 51106—2015	火力发电厂节能设计规范		2016-02-01
15	GB/T 31960.1—2015	电力能效监测系统技术规范　第1部分：总则		2016-04-01
16	GB/T 31960.2—2015	电力能效监测系统技术规范　第2部分：主站功能规范		2016-04-01
17	GB/T 31960.3—2015	电力能效监测系统技术规范　第3部分：通信协议		2016-04-01
18	GB/T 31960.4—2015	电力能效监测系统技术规范　第4部分：子站功能设计规范		2016-04-01
19	GB/T 31960.5—2015	电力能效监测系统技术规范　第5部分：主站设计规范		2016-04-01
20	GB/T 31960.6—2015	电力能效监测系统技术规范　第6部分：电力能效信息集中与交换终端技术条件		2016-04-01

续表

序号	标准编号	标　准　名　称	代替标准	实施日期
21	GB/T 31960.7—2015	电力能效监测系统技术规范　第7部分：电力能效监测终端技术条件		2016-04-01
22	GB/T 31960.8—2015	电力能效监测系统技术规范　第8部分：安全防护规范		2016-04-01
23	GB/T 31989—2015	高压电力用户用电安全		2016-04-01
24	GB/T 31990.1—2015	塑料光纤电力信息传输系统技术规范　第1部分：技术要求		2016-04-01
25	GB/T 31990.2—2015	塑料光纤电力信息传输系统技术规范　第2部分：收发通信单元		2016-04-01
26	GB/T 31990.3—2015	塑料光纤电力信息传输系统技术规范　第3部分：光电收发模块		2016-04-01
27	GB/T 31991.1—2015	电能服务管理平台技术规范　第1部分：总则		2016-04-01
28	GB/T 31991.2—2015	电能服务管理平台技术规范　第2部分：功能规范		2016-04-01
29	GB/T 31991.3—2015	电能服务管理平台技术规范　第3部分：接口规范		2016-04-01
30	GB/T 31991.4—2015	电能服务管理平台技术规范　第4部分：设计规范		2016-04-01
31	GB/T 31991.5—2015	电能服务管理平台技术规范　第5部分：安全防护规范		2016-04-01
32	GB/T 31992—2015	电力系统设备通用告警规范		2016-04-01
33	GB/T 31993—2015	电能服务管理平台管理规范		2016-04-01
34	GB/T 31994—2015	智能远动网关技术规范		2016-04-01
35	GB/T 31997—2015	风力发电场项目建设工程验收规程		2016-04-01
36	GB/T 31998—2015	电力软交换系统技术规范		2016-04-01
37	GB/T 31999—2015	光伏发电系统并网特性评价技术规范		2016-04-01
38	GB/T 32128—2015	海上风电场运行维护规程		2016-05-01
39	GB/T 51121—2015	风力发电工程施工与验收规范		2016-08-01

2015年发布的电力行业标准

序号	标准编号	标　准　名　称	代替标准	实施日期
1	NB/T 20005.31—2015	压水堆核电厂用碳钢和低合金钢　第31部分：安全壳用15Mn锻件		2015-09-01
2	NB/T 20005.32—2015	压水堆核电厂用碳钢和低合金钢　第32部分：安全壳用15MnHR钢板		2015-09-01
3	NB/T 20005.33—2015	压水堆核电厂用碳钢和低合金钢　第33部分：安全壳用15Mn钢管		2015-09-01

续表

序号	标准编号	标 准 名 称	代替标准	实施日期
4	NB/T 20005.34—2015	压水堆核电厂用碳钢和低合金钢　第34部分：安全壳用碳钢栓钉		2015-09-01
5	NB/T 20006.31—2015	压水堆核电厂用合金钢　第31部分：安全壳用10MnNiMoHR钢板		2015-09-01
6	NB/T 20007.31—2015	压水堆核电厂用不锈钢　第31部分：安全壳用022Cr19Ni10不锈钢锻件		2015-09-01
7	NB/T 20007.32—2015	压水堆核电厂用不锈钢　第32部分：安全壳用022Cr19Ni10不锈钢无缝钢管		2015-09-01
8	NB/T 20007.33—2015	压水堆核电厂用不锈钢　第33部分：反应堆冷却剂管道用015Cr17Ni12Mo2N不锈钢锻管		2015-09-01
9	NB/T 20007.34—2015	压水堆核电厂用不锈钢　第34部分：模块用03Cr22Mn5Ni2MoCuN双相不锈钢板		2015-09-01
10	NB/T 20007.35—2015	压水堆核电厂用不锈钢　第35部分：安全壳机械贯穿件用06Cr18Ni11Ti不锈钢板		2015-09-01
11	NB/T 20007.36—2015	压水堆核电厂用不锈钢　第36部分：控制棒驱动机构承压部件用奥氏体不锈钢锻棒		2015-09-01
12	NB/T 20007.37—2015	压水堆核电厂用不锈钢　第37部分：控制棒驱动机构非承压部件用奥氏体不锈钢棒		2015-09-01
13	NB/T 20007.38—2015	压水堆核电厂用不锈钢　第38部分：控制棒驱动机构锁紧螺钉用奥氏体不锈钢棒		2015-09-01
14	NB/T 20007.39—2015	压水堆核电厂用不锈钢　第39部分：控制棒驱动机构驱动杆用马氏体不锈钢棒		2015-09-01
15	NB/T 20008.21—2015	压水堆核电厂用其他材料　第21部分：控制棒驱动机构用GH4169合金棒		2015-09-01
16	NB/T 20008.22—2015	压水堆核电厂用其他材料　第22部分：控制棒驱动机构用GH4145合金棒		2015-09-01
17	NB/T 20039.16—2015	核空气和气体处理规范　通风、空调与空气净化　第16部分：净化部件用排架	EJ/T 1182—2005	2015-09-01
18	NB/T 20327.1—2015	压水堆核电厂特种门　第1部分：设计		2015-09-01
19	NB/T 20327.2—2015	压水堆核电厂特种门　第2部分：施工		2015-09-01
20	NB/T 20328.1—2015	核电厂核岛机械设备无损检测另一规范　第1部分：通用要求		2015-09-01
21	NB/T 20328.2—2015	核电厂核岛机械设备无损检测另一规范　第2部分：超声检测		2015-09-01
22	NB/T 20328.3—2015	核电厂核岛机械设备无损检测另一规范　第3部分：射线检测		2015-09-01
23	NB/T 20328.4—2015	核电厂核岛机械设备无损检测另一规范　第4部分：渗透检测		2015-09-01

续表

序号	标准编号	标 准 名 称	代替标准	实施日期
24	NB/T 20328.5—2015	核电厂核岛机械设备无损检测另一规范 第5部分：磁粉检测		2015-09-01
25	NB/T 20328.6—2015	核电厂核岛机械设备无损检测另一规范 第6部分：涡流检测		2015-09-01
26	NB/T 20329—2015	非能动压水堆核电厂系统/设备代码		2015-09-01
27	NB/T 20330—2015	非能动压水堆核电厂文件代码		2015-09-01
28	NB/T 20331—2015	核电厂设计厂址参数技术规定		2015-09-01
29	NB/T 20332—2015	压水堆核电厂预应力混凝土安全壳建造规范	EJ/T 998—1996	2015-09-01
30	NB/T 20333—2015	压水堆核电厂一回路安全降压和排气系统设计准则		2015-09-01
31	NB/T 20334—2015	压水堆核电厂反应堆及一回路噪声分析一般要求	EJ/T 737—1992	2015-09-01
32	NB/T 20335—2015	核电厂软件配置管理		2015-09-01
33	NB/T 20336—2015	核电厂软件项目生命周期过程		2015-09-01
34	NB/T 20337—2015	核电厂安全级金属封闭式开关柜抗震鉴定		2015-09-01
35	NB/T 20338—2015	核电厂安全重要电阻温度计响应时间原位测量		2015-09-01
36	NB/T 20339—2015	核电厂自密实混凝土应用技术规程		2015-09-01
37	NB/T 20340—2015	核电厂核岛被动防火保护结构安装及验收技术规程		2015-09-01
38	NB/T 20341—2015	压水堆核电厂核岛厂房用孔洞封堵材料和嵌缝材料技术要求		2015-09-01
39	NB/T 20342—2015	核电厂安全重要仪表和控制系统执行A类功能系统中的数据通信	EJ/T 1223—2007	2015-09-01
40	NB/T 20343—2015	压水堆核电厂反应堆压力容器及反应堆冷却剂系统管道和设备保温层设计制造规范	EJ/T 720—2008	2015-09-01
41	NB/T 20344—2015	核电厂安全级电子设备鉴定规程		2015-09-01
42	NB/T 31065—2015	风力发电场调度运行规程		2015-09-01
43	NB/T 31066—2015	风电机组电气仿真模型建模导则		2015-09-01
44	NB/T 31067—2015	风力发电场监控系统通信 信息模型		2015-09-01
45	NB/T 31068—2015	风力发电场监控系统通信 信息交换模型		2015-09-01
46	NB/T 31069—2015	风力发电场监控系统通信 映射到通信规约		2015-09-01
47	NB/T 31070—2015	风力发电场监控系统通信 一致性测试		2015-09-01
48	NB/T 31071—2015	风力发电场远程监控系统技术规程		2015-09-01
49	NB/T 31072—2015	风电机组风轮系统技术监督规程		2015-09-01
50	NB/T 31073—2015	风电场工程劳动安全与工业卫生验收规程		2015-09-01
51	NB/T 31074—2015	高海拔风力发电机组技术导则		2015-09-01

续表

序号	标准编号	标 准 名 称	代替标准	实施日期
52	NB/T 32025—2015	光伏发电调度技术规范		2015-09-01
53	NB/T 32026—2015	光伏发电站并网性能测试与评价方法		2015-09-01
54	NB/T 33017—2015	电动汽车智能充换电服务网络运营监控系统技术规范		2015-09-01
55	NB/T 33018—2015	电动汽车充换电设施供电系统技术规范		2015-09-01
56	NB/T 33019—2015	电动汽车充换电设施运行管理规范		2015-09-01
57	NB/T 33020—2015	电动汽车动力蓄电池箱用充电机技术条件		2015-09-01
58	NB/T 33021—2015	电动汽车非车载充放电装置技术条件		2015-09-01
59	NB/T 33022—2015	电动汽车充电站初步设计内容深度规定		2015-09-01
60	NB/T 33023—2015	电动汽车充换电设施规划导则		2015-09-01
61	NB 35047—2015	水电工程水工建筑物抗震设计规范	DL 5073—2000	2015-09-01
62	NB/T 35048—2015	水电工程验收规程	DL/T 5123—2000	2015-09-01
63	NB/T 35049—2015	水电工程泥沙设计规范	DL/T 5089—1999	2015-09-01
64	NB/T 35050—2015	水力发电厂接地设计技术导则	DL/T 5091—1999	2015-09-01
65	NB/T 35051—2015	水电工程启闭机制造安装及验收规范	DL/T 5019—1994	2015-09-01
66	NB/T 35052—2015	水电工程地质勘察水质分析规程	DL/T 5194—2004	2015-09-01
67	NB/T 35053—2015	水电站分层取水进水口设计规范		2015-09-01
68	NB/T 35054—2015	水电工程过鱼设施设计规范		2015-09-01
69	NB/T 42045—2015	余热锅炉用钢制烟囱技术条件		2015-09-01
70	NB/T 42046—2015	烟气挡板门技术条件		2015-09-01
71	NB/T 42047—2015	干熄焦余热锅炉技术条件		2015-09-01
72	NB/T 42048—2015	烧结冷却机余热锅炉技术条件		2015-09-01
73	NB/T 42049—2015	3kV 及以下直流系统用无间隙金属氧化物避雷器		2015-09-01
74	NB/T 42050—2015	光纤复合中压电缆		2015-09-01
75	NB/T 42051—2015	额定电压 0.6/1kV 铝合金导体交联聚乙烯绝缘电缆		2015-09-01
76	NB/T 42052—2015	小水电机组启动试验规程		2015-09-01
77	NB/T 42053—2015	防孤岛效应试验装置技术规范		2015-09-01
78	DL/T 246—2015	化学监督导则	DL/T 246—2006	2015-09-01
79	DL/T 419—2015	电力用油名词术语	DL/T 419—1991	2015-09-01
80	DL/T 433—2015	抗燃油中氯含量的测定 氧弹法	DL/T 433—1992	2015-09-01
81	DL 493—2015	农村低压安全用电规程	DL 493—2001	2015-09-01
82	DL/T 552—2015	火力发电厂空冷凝汽器传热元件性能试验规程	DL/T 552—1995	2015-09-01
83	DL/T 567.5—2015	火力发电厂燃料试验方法 第 5 部分：煤粉细度的测定	DL/T 567.5—1995	2015-09-01

续表

序号	标准编号	标准名称	代替标准	实施日期
84	DL/T 588—2015	水质　污染指数测定	DL/T 588—1996	2015-09-01
85	DL/T 673—2015	火力发电厂水处理用001×7强酸性阳离子交换树脂报废标准	DL/T 673—1999	2015-09-01
86	DL/T 680—2015	电力行业耐磨管道技术条件	DL/T 680—1999	2015-09-01
87	DL/T 715—2015	火力发电厂金属材料选用导则	DL/T 715—2000	2015-09-01
88	DL/T 831—2015	大容量煤粉燃烧锅炉炉膛选型导则	DL/T 831—2002	2015-09-01
89	DL/T 842—2015	低压并联电容器装置使用技术条件	DL/T 842—2003	2015-09-01
90	DL/T 866—2015	电流互感器和电压互感器选择及计算规程	DL/T 866—2004	2015-09-01
91	DL/T 904—2015	火力发电厂技术经济指标计算方法	DL/T 904—2004	2015-09-01
92	DL/T 943—2015	烟气湿法脱硫用石灰石粉反应速率的测定	DL/T 943—2005	2015-09-01
93	DL/T 1080.11—2015	电力企业应用集成　配电管理的系统接口　第11部分：配电公共信息模型		2015-09-01
94	DL/T 1400—2015	油浸式变压器测温装置现场校准规范		2015-09-01
95	DL/T 1401—2015	输变电钢结构用钢管制造技术条件		2015-09-01
96	DL/T 1402—2015	厂站端同步相量应用技术规范		2015-09-01
97	DL/T 1403—2015	智能变电站监控系统技术规范		2015-09-01
98	DL/T 1404—2015	变电站监控系统防止电气误操作技术规范		2015-09-01
99	DL/T 1405.1—2015	智能变电站的同步相量测量装置　第1部分：通信接口规范		2015-09-01
100	DL/T 1406—2015	配电自动化技术导则		2015-09-01
101	DL/T 1407—2015	低压电力线载波通信设备通用技术条件		2015-09-01
102	DL/T 1408—2015	1000kV交流系统用油—六氟化硫套管技术规范		2015-09-01
103	DL/T 1409—2015	发电厂用1000kV升压变压器技术规范		2015-09-01
104	DL/T 1410—2015	1000kV可控并联电抗器技术规范		2015-09-01
105	DL/T 1411—2015	智能高压设备技术导则		2015-09-01
106	DL/T 1412—2015	优质电力园区供电技术规范		2015-09-01
107	DL/T 1413—2015	变电站用接地线绕线装置		2015-09-01
108	DL/T 1414.301—2015	电力市场通信　第301部分：公共信息模型		2015-09-01
109	DL/T 1415—2015	高压并联电容器装置保护导则		2015-09-01
110	DL/T 1416—2015	超声波法局部放电测试仪通用技术条件		2015-09-01
111	DL/T 1417—2015	低压无功补偿装置运行规程		2015-09-01
112	DL/T 1418—2015	燃煤电厂SCR烟气脱硝流场模拟技术规范		2015-09-01
113	DL/T 1419—2015	变压器油再生与使用导则		2015-09-01
114	DL/T 1420—2015	磷酸酯抗燃油水解安定性测定法		2015-09-01
115	DL/T 1421—2015	脱硫浆液循环泵过流部件磨蚀损坏修复与防护技术导则		2015-09-01

续表

序号	标准编号	标 准 名 称	代替标准	实施日期
116	DL/T 1422—2015	18Cr-8Ni 系列奥氏体不锈钢锅炉管显微组织老化评级标准		2015-09-01
117	DL/T 1423—2015	在役发电机护环超声波检测技术导则		2015-09-01
118	DL/T 1424—2015	电网金属技术监督规程		2015-09-01
119	DL/T 1425—2015	变电站金属材料腐蚀防护技术导则		2015-09-01
120	DL/T 1426—2015	联合循环汽轮机性能试验规程		2015-09-01
121	DL/T 1427—2015	联合循环余热锅炉性能试验规程		2015-09-01
122	DL/T 1428—2015	直接空冷系统验收导则		2015-09-01
123	DL/T 1429—2015	电站煤粉锅炉技术条件	SD 268—1988	2015-09-01
124	DL/T 1430—2015	变电设备在线监测系统技术导则		2015-09-01
125	DL/T 1431—2015	煤（飞灰、渣）中碳酸盐二氧化碳的测定 盐酸分解—库仑滴定法		2015-09-01
126	DL/T 1432.1—2015	变电设备在线监测装置检验规范　第 1 部分：通用检验规范		2015-09-01
127	DL/T 1433—2015	变压器铁芯接地电流测量装置通用技术条件		2015-09-01
128	DL/T 1435—2015	速差式防坠器疲劳试验装置技术要求		2015-09-01
129	DL/T 1436—2015	架空绞线用复合芯棒卷绕试验机技术要求		2015-09-01
130	DL/T 1437—2015	手拉葫芦无载动作试验装置技术要求		2015-09-01
131	DL/T 1438—2015	单相配电变压器选用导则		2015-09-01
132	DL/T 1439—2015	镇村户配电技术导则		2015-09-01
133	DL/T 1440—2015	智能高压设备通信技术规范		2015-09-01
134	DL/T 1441—2015	智能低压配电箱技术条件		2015-09-01
135	DL/T 1442—2015	智能配变终端技术条件		2015-09-01
136	DL/T 1443—2015	农网工频载波通信系统技术规范		2015-09-01
137	DL/T 1445—2015	电站煤粉锅炉燃煤掺烧技术导则		2015-09-01
138	DL/T 1446—2015	煤粉气流着火温度的测定方法		2015-09-01
139	DL/T 1447—2015	燃煤电厂电袋复合除尘器运行维护导则		2015-09-01
140	DL/T 1448—2015	发电工程混凝土试验规程		2015-09-01
141	DL/T 1449—2015	电力行业统计编码规范		2015-09-01
142	DL/T 1450—2015	电力行业统计数据接口规范		2015-09-01
143	DL/T 1451—2015	在役冷凝器非铁磁性管涡流检测技术导则		2015-09-01
144	DL/T 1452—2015	火力发电厂管道超声导波检测		2015-09-01
145	DL/T 1453—2015	输电线路铁塔防腐蚀保护涂装		2015-09-01
146	DL 5027—2015	电力设备典型消防规程	DL 5027—1993	2015-09-01
147	DL/T 5113.7—2015	水电水利基本建设工程单元工程质量等级评定标准　第 7 部分：碾压式土石坝工程		2015-09-01
148	DL/T 5131—2015	农村电网建设与改造技术导则	DL/T 5131—2001	2015-09-01

续表

序号	标准编号	标 准 名 称	代替标准	实施日期
149	DL/T 5144—2015	水工混凝土施工规范	DL/T 5144—2001	2015-09-01
150	DL/T 5156.1—2015	电力工程勘测制图标准　第1部分：测量	DL/T 5156.1—2002	2015-09-01
151	DL/T 5156.2—2015	电力工程勘测制图标准　第2部分：岩土工程	DL/T 5156.2—2002	2015-09-01
152	DL/T 5156.3—2015	电力工程勘测制图标准　第3部分：水文气象	DL/T 5156.3—2002	2015-09-01
153	DL/T 5156.4—2015	电力工程勘测制图标准　第4部分：水文地质	DL/T 5156.4—2002	2015-09-01
154	DL/T 5156.5—2015	电力工程勘测制图标准　第5部分：物探	DL/T 5156.5—2002	2015-09-01
155	DL/T 5160—2015	电力工程岩土描述技术规程	DL/T 5160—2002	2015-09-01
156	DL/T 5170—2015	变电站岩土工程勘测技术规程	DL/T 5170—2002	2015-09-01
157	DL/T 5330—2015	水工混凝土配合比设计规程	DL/T 5330—2005	2015-09-01
158	DL/T 5495—2015	35kV～110kV户内变电站设计规程		2015-09-01
159	DL/T 5496—2015	220kV～500kV户内变电站设计规程		2015-09-01
160	DL 5497—2015	高压直流架空输电线路设计技术规程		2015-09-01
161	DL/T 5498—2015	330kV～500kV无人值班变电站设计技术规程		2015-09-01
162	DL/T 5499—2015	换流站二次系统设计技术规程		2015-09-01
163	DL/T 5500—2015	配电自动化系统信息采集及分类技术规范		2015-09-01
164	DL/T 5501—2015	冻土地区架空输电线路基础设计技术规程		2015-09-01
165	DL/T 5715—2015	电力光纤到户组网技术规程		2015-09-01
166	DL/T 5716—2015	电力光纤到户施工及验收规范		2015-09-01
167	DL/T 5717—2015	农村住宅电气工程技术规范		2015-09-01
168	DL/T 5718—2015	单三相混合配电方式设计规范		2015-09-01
169	DL/T 5719—2015	水电水利工程施工基坑排水技术规范		2015-09-01
170	DL/T 5720—2015	水工自密实混凝土技术规程		2015-09-01
171	DL/T 5721—2015	水工喷射混凝土试验规程		2015-09-01
172	DL/T 5722—2015	水电水利工程施工机械安全操作规程塔带机		2015-09-01
173	DL/T 5723—2015	水电水利工程施工机械安全操作规程履带式布料机		2015-09-01
174	DL/T 5724—2015	水电工程砂石系统废水处理技术规范		2015-09-01
175	NB/T 20007.40—2015	压水堆核电厂用不锈钢　第40部分：堆内构件用奥氏体不锈钢锻件		2015-12-01
176	NB/T 20007.41—2015	压水堆核电厂用不锈钢　第41部分：堆内构件用奥氏体不锈钢无缝钢管		2015-12-01
177	NB/T 20007.42—2015	压水堆核电厂用不锈钢　第42部分：堆内构件用沉淀硬化不锈钢棒		2015-12-01

续表

序号	标准编号	标 准 名 称	代替标准	实施日期
178	NB/T 20008.23—2015	压水堆核电厂用其他材料　第23部分：控制棒驱动机构用镍基合金丝		2015-12-01
179	NB/T 20008.24—2015	压水堆核电厂用其他材料　第24部分：堆内构件用GH4145合金棒		2015-12-01
180	NB/T 20008.25—2015	压水堆核电厂用其他材料　第25部分：堆内构件用GH4169合金丝		2015-12-01
181	NB/T 20009.22—2015	压水堆核电厂用焊接材料　第22部分：安全级设备用低合金钢手工电弧焊焊条		2015-12-01
182	NB/T 20009.24—2015	压水堆核电厂用焊接材料　第24部分：安全级设备用镍基合金手工电弧焊焊条		2015-12-01
183	NB/T 20009.28—2015	压水堆核电厂用焊接材料　第28部分：安全级设备用镍基合金焊丝		2015-12-01
184	NB/T 20009.33—2015	压水堆核电厂用焊接材料　第33部分：安全级设备埋弧焊用不锈钢焊丝和焊剂		2015-12-01
185	NB/T 20197.4—2015	核电厂仪表和控制设备可靠性及老化检测　第4部分：电路板		2015-12-01
186	NB/T 20345—2015	压水堆核电厂燃料破损啜吸装置安装与试验技术规程		2015-12-01
187	NB/T 20346—2015	压水堆核电厂反应堆厂房环形吊车轨道梁制作与安装技术规程		2015-12-01
188	NB/T 20347—2015	核电厂可行性研究阶段厂址安全分析技术规范		2015-12-01
189	NB/T 20348—2015	压水堆核电厂安全壳永久性仪表系统的安装和试验技术规程		2015-12-01
190	NB/T 20349—2015	核电厂清水混凝土施工技术规程		2015-12-01
191	NB/T 20350—2015	非能动核电厂设计和建造阶段质量保证分级和管理要求		2015-12-01
192	NB/T 20351—2015	核电厂安全级保护继电器及辅助器件的鉴定	EJ/T 970—1995	2015-12-01
193	NB/T 20352—2015	核电厂安全级电缆热缩附件安装技术规程		2015-12-01
194	NB/T 20353—2015	压水堆核电厂松动部件与振动监测系统安装技术规程		2015-12-01
195	NB/T 20354.1—2015	压水堆核电厂汽轮机转子设计制造规范　第1部分：整锻转子		2015-12-01
196	NB/T 20354.2—2015	压水堆核电厂汽轮机转子设计制造规范　第2部分：套装转子		2015-12-01

续表

序号	标准编号	标　准　名　称	代替标准	实施日期
197	NB/T 20354.3—2015	压水堆核电厂汽轮机转子设计制造规范　第3部分：焊接转子		2015-12-01
198	NB/T 20355—2015	核电厂建设工程核岛建筑安装工程费用定额		2015-10-01
199	NB/T 20356—2015	核电厂建设工程常规岛建筑安装工程费用定额		2015-10-01
200	NB/T 20357—2015	核电厂建设工程机械台班费用定额		2015-10-01
201	NB/T 20358.1—2015	核电厂建设工程预算定额　第1部分：核岛建筑工程		2015-10-01
202	NB/T 20358.2—2015	核电厂建设工程预算定额　第2部分　核岛装饰工程		2015-10-01
203	NB/T 20358.3—2015	核电厂建设工程预算定额　第3部分：核工艺设备安装工程		2015-10-01
204	NB/T 20358.4—2015	核电厂建设工程预算定额　第4部分：核岛工艺管道安装工程		2015-10-01
205	NB/T 20358.5—2015	核电厂建设工程预算定额　第5部分：核岛通风空调安装工程		2015-10-01
206	NB/T 20358.6—2015	核电厂建设工程预算定额　第6部分：核岛电气设备安装工程		2015-10-01
207	NB/T 20358.7—2015	核电厂建设工程预算定额　第7部分：核岛自动化控制仪表安装工程		2015-10-01
208	NB/T 20358.8—2015	核电厂建设工程预算定额　第8部分：核岛通信设备安装工程		2015-10-01
209	NB/T 20358.9—2015	核电厂建设工程预算定额　第9部分：核岛防腐、保温工程		2015-10-01
210	NB/T 20358.10—2015	核电厂建设工程预算定额　第10部分：核岛钢结构工程		2015-10-01
211	NB/T 20358.11—2015	核电厂建设工程预算定额　第11部分：常规岛建筑工程		2015-10-01
212	NB/T 20358.12—2015	核电厂建设工程预算定额　第12部分：常规岛热力设备安装工程		2015-10-01
213	NB/T 20358.13—2015	核电厂建设工程预算定额　第13部分：常规岛电气设备安装工程		2015-10-01
214	NB/T 20359—2015	核电厂技术状态管理		2015-12-01
215	NB/T 20360—2015	核电厂安全重要土建结构抗龙卷风设计规定	EJ/T 420—1989	2015-12-01
216	NB/T 20361.1—2015	核电厂核岛机械设备在役试验　第1部分：通用要求		2015-12-01
217	NB/T 20361.2—2015	核电厂核岛机械设备在役试验　第2部分：泵		2015-12-01
218	NB/T 20361.3—2015	核电厂核岛机械设备在役试验　第3部分：阀门		2015-12-01

续表

序号	标准编号	标 准 名 称	代替标准	实施日期
219	NB/T 20361.4—2015	核电厂核岛机械设备在役试验　第4部分：阻尼器		2015-12-01
220	NB/T 20362—2015	压水堆核电厂安全二级离心泵设计制造通用技术要求		2015-12-01
221	NB/T 20363—2015	压水堆核电厂安全三级离心泵设计制造通用技术要求		2015-12-01
222	NB/T 20364—2015	核电厂用柔性石墨板技术条件		2015-12-01
223	NB/T 20365—2015	核电厂用石墨密封垫片技术条件		2015-12-01
224	NB/T 20366—2015	核电厂核级石墨密封垫片试验方法		2015-12-01
225	NB/T 20367—2015	核电厂核级石墨密封垫片鉴定规程		2015-12-01
226	NB/T 25045—2015	核电厂消防设施性能评价与监督导则		2015-12-01
227	NB/T 25046—2015	核电厂水工设计规范		2015-12-01
228	NB/T 42054—2015	小型水轮机操作器技术条件		2015-12-01
229	NB/T 42055—2015	小水电低压机组自动化控制技术规范		2015-12-01
230	NB/T 42056—2015	小型水轮机进水阀门基本技术条件		2015-12-01
231	NB/T 42057—2015	低压静止无功发生器		2015-12-01
232	NB/T 42058—2015	智能电网用户端系统通用技术要求		2015-12-01
233	DL/T 392—2015	1000kV交流输电线路带电作业技术导则	DL/T 392—2010	2015-12-01
234	DL/T 422—2015	火电厂用工业合成盐酸的试验方法	DL/T 422.1—1991 DL/T 422.2—1991 DL/T 422.3—1991 DL/T 422.4—1991	2015-12-01
235	DL/T 425—2015	火电厂用工业氢氧化钠试验方法	DL/T 425.1—1991 DL/T 425.2—1991 DL/T 425.3—1991 DL/T 425.4—1991 DL/T 425.5—1991 DL/T 425.6—1991	2015-12-01
236	DL/T 429.6—2015	电力用油开口杯老化测定法	DL/T 429.6—1991	2015-12-01
237	DL/T 449—2015	油浸纤维质绝缘材料含水量测定法	DL/T 449—1991	2015-12-01
238	DL/T 626—2015	劣化悬式绝缘子检测规程	DL/T 626—2005	2015-12-01
239	DL/T 641—2015	电站阀门电动执行机构	DL/T 641—2005	2015-12-01
240	DL/T 657—2015	火力发电厂模拟量控制系统验收测试规程	DL/T 657—2006	2015-12-01
241	DL/T 703—2015	绝缘油中含气量的气相色谱测定法	DL/T 703—1999	2015-12-01
242	DL/T 753—2015	汽轮机铸钢件补焊技术导则	DL/T 753—2001	2015-12-01
243	DL/T 774—2015	火力发电厂热工自动化系统检修运行维护规程	DL/T 774—2004	2015-12-01
244	DL/T 803—2015	带电作业用绝缘毯	DL/T 803—2002	2015-12-01
245	DL/T 853—2015	带电作业用绝缘垫	DL/T 853—2004	2015-12-01

续表

序号	标准编号	标 准 名 称	代替标准	实施日期
246	DL/T 859—2015	高压交流系统用复合绝缘子人工污秽试验	DL/T 859—2004	2015-12-01
247	DL/T 889—2015	电力基本建设热力设备化学监督导则	DL/T 889—2004	2015-12-01
248	DL/T 903—2015	磨煤机耐磨件堆焊技术导则	DL/T 903—2004	2015-12-01
249	DL/T 1000.2—2015	标称电压高于1000V架空线路用绝缘子使用导则 第2部分：直流系统用瓷或玻璃绝缘子	DL/T 1000.2—2006	2015-12-01
250	DL/T 1000.3—2015	标称电压高于1000V架空线路用绝缘子使用导则 第3部分：交流系统用棒形悬式复合绝缘子	DL/T 864—2004	2015-12-01
251	DL/T 1022—2015	火电机组仿真机技术规范	DL/T 1022—2006	2015-12-01
252	DL/T 1023—2015	变电站仿真机技术规范	DL/T 1023—2006	2015-12-01
253	DL/T 1024—2015	水电仿真机技术规范	DL/T 1024—2006	2015-12-01
254	DL/T 1454—2015	电力系统自动低压减负荷技术规定		2015-12-01
255	DL/T 1455—2015	电力系统控制类软件安全性及其测评技术要求		2015-12-01
256	DL/T 1456—2015	电力系统数据库通用访问接口规范		2015-12-01
257	DL/T 1457—2015	电力工程接地用锌包钢技术条件		2015-12-01
258	DL/T 1458—2015	矿物绝缘油中铜、铁、铝、锌金属含量的测定 原子吸收光谱法		2015-12-01
259	DL/T 1459—2015	矿物绝缘油中金属钝化剂含量的测定高效液相色谱法		2015-12-01
260	DL/T 1460—2015	矿物绝缘油中腐蚀性硫的定量测试 铜粉腐蚀法		2015-12-01
261	DL/T 1461—2015	发电厂齿轮用油运行及维护管理导则		2015-12-01
262	DL/T 1462—2015	发电厂在线氢气系统仪表检测规程		2015-12-01
263	DL/T 1463—2015	变压器油中溶解气体组分含量分析用工作标准油的配制		2015-12-01
264	DL/T 1464—2015	燃煤机组节能诊断导则		2015-12-01
265	DL/T 1465—2015	10kV带电作业用绝缘平台		2015-12-01
266	DL/T 1466—2015	750kV交流同塔双回输电线路带电作业技术导则		2015-12-01
267	DL/T 1467—2015	500kV交流输变电设备带电水冲洗作业技术规范		2015-12-01
268	DL/T 1468—2015	电力用车载式带电水冲洗装置		2015-12-01
269	DL/T 1469—2015	输变电设备外绝缘用硅橡胶辅助伞裙使用导则		2015-12-01
270	DL/T 1470—2015	交流系统用盘形悬式复合瓷或玻璃绝缘子串元件		2015-12-01

续表

序号	标准编号	标 准 名 称	代替标准	实施日期
271	DL/T 1471—2015	高压直流线路用盘形悬式复合瓷或玻璃绝缘子串元件		2015-12-01
272	DL/T 1472.1—2015	换流站直流场用支柱绝缘子　第1部分：技术条件		2015-12-01
273	DL/T 1472.2—2015	换流站直流场用支柱绝缘子　第2部分：尺寸与特性		2015-12-01
274	DL/T 1474—2015	标称电压高于1000V交、直流系统用复合绝缘子憎水性测量方法		2015-12-01
275	DL/T 1475—2015	电力安全工器具配置与存放技术要求		2015-12-01
276	DL/T 1476—2015	电力安全工器具预防性试验规程		2015-12-01
277	DL/T 1477—2015	火力发电厂脱硫装置技术监督导则		2015-12-01
278	DL/T 1478—2015	电子式交流电能表现场检验规程		2015-12-01
279	DL/T 1479—2015	发电厂水汽中乙醇胺浓度的测定　离子色谱法		2015-12-01
280	DL/T 1480—2015	水的氧化还原电位测量方法		2015-12-01
281	DL/T 1481—2015	架空输电线路故障风险计算导则		2015-12-01
282	DL/T 1482—2015	架空输电线路无人机巡检作业技术导则		2015-12-01
283	DL/T 1483—2015	石灰石-石膏湿法烟气脱硫系统化学及物理特性试验方法		2015-12-01
284	DL/T 1484—2015	直流电能表技术规范		2015-10-01
285	DL/T 1485—2015	三相智能电能表技术规范		2015-10-01
286	DL/T 1486—2015	单相静止式多费率电能表技术规范		2015-10-01
287	DL/T 1487—2015	单相智能电能表技术规范		2015-10-01
288	DL/T 1488—2015	单相智能电能表型式规范		2015-10-01
289	DL/T 1489—2015	三相智能电能表型式规范		2015-10-01
290	DL/T 1490—2015	智能电能表功能规范		2015-10-01
291	DL/T 1491—2015	智能电能表信息交换安全认证技术规范		2015-10-01
292	DL/T 5028.1—2015	电力工程制图标准　第1部分：一般规则部分	DL 5028—1993	2015-12-01
293	DL/T 5028.2—2015	电力工程制图标准　第2部分：机械部分	DL 5028—1993	2015-12-01
294	DL/T 5028.3—2015	电力工程制图标准　第3部分：电气、仪表与控制部分	DL 5028—1993	2015-12-01
295	DL/T 5028.4—2015	电力工程制图标准　第4部分：土建部分	DL 5028—1993	2015-12-01
296	DL/T 5340—2015	直流架空输电线路对电信线路危险和干扰影响防护设计技术规程	DL/T 5340—2006	2015-12-01
297	DL/T 5364—2015	电力调度数据网络工程初步设计内容深度规定	DL/T 5364—2006	2015-12-01
298	DL/T 5502—2015	串补站初步设计内容深度规定		2015-12-01

续表

序号	标准编号	标 准 名 称	代替标准	实施日期
299	DL/T 5503—2015	直流换流站施工图设计内容深度规定		2015-12-01
300	DL/T 5504—2015	特高压架空输电线路大跨越设计技术规定		2015-12-01
301	DL/T 5505—2015	电力应急通信设计技术规程		2015-12-01
302	DL/T 5506—2015	电力系统继电保护设计技术规范		2015-12-01
303	DL/T 5507—2015	火力发电厂水工设计基础资料及其深度规定		2015-12-01
304	DL/T 5508—2015	燃气分布式供能站设计规范		2015-12-01
305	DL/T 5509—2015	架空输电线路覆冰勘测规程		2015-12-01
306	DL/T 5725—2015	35kV 及以下电力用户变电所建设规范		2015-12-01
307	DL/T 5726—2015	1000kV 串联电容器补偿装置施工工艺导则		2015-12-01

索　引

内容索引

说明

本索引是全书条目和条目内容的主题分析索引。索引主题按先数字大小，再字母顺序，最后汉语拼音字母的顺序，并辅以汉字笔画、起笔笔形顺序排列。同音时，按汉字笔画由少到多的顺序排列，笔画数相同的按起笔笔形一(横)、丨(竖)、丿(撇)、丶(点)、㇕(折，包括㇆、㇗、㇛等)顺序排列。第一字相同时，同原则按第二字排列，余类推。

A

B

C

D

E

F

G

H

J

K

L

M

N

P

Q

R

S

T

W

X

Y

Z

《2016中国电力年鉴》编辑出版人员

责任编辑　肖　兰　胡顺增　刘亚南　柳　璐

封面设计　张俊霞

版式设计　张　娟

责任校对　郝军燕　黄　蓓

出版印刷　蔺义舟